नवजागरणकालीन
पत्रकारिता और मतवाला

नवजागरणकालीन पत्रकारिता और मतवाला
खंड 1

संपादक

कर्मेन्दु शिशिर

अनामिका पब्लिशर्स एंड डिस्ट्रीब्यूटर्स (प्रा.) लिमिटेड
4697/3, 21-ए, अंसारी रोड, दरियागंज, नई दिल्ली 110 002
टैलीफोन : 011-2328 1655, 011-2327 0239;
फैक्स : 011-2786 8035
Email : anamikapublishers@yahoo.co.in

प्रथम संस्करण 2012

आई.एस.बी.एन. 978-81-7975-391-0
आई.एस.बी.एन. 978-81-7975-390-3 (सेट)

भारत में मुद्रित

अनामिका पब्लिशर्स एंड डिस्ट्रीब्यूटर्स (प्रा.) लिमिटेड, 4697/3, 21-ए, अंसारी रोड, दरियागंज, नई दिल्ली 110 002 द्वारा प्रकाशित। अर्पित प्रिंटोग्राफर्स, शाहदरा, दिल्ली 110 032, द्वारा शब्दांकित एवं मुद्रित।

ज्ञानरंजन और सुनयना भाभी
को सादर

अनुक्रम

सामाजिक

सांप्रदायिकता

राजशाही

राजनीतिक

साइमन कमीशन

दो शब्द

पहली बार 1980 ई. में मेरे प्राध्यापक और हिंदी के प्रसिद्ध आलोचक डॉ.नंदकिशोर नवल ने अकादमिक जीवन की व्यावहारिक जरूरतों को समझते हुए मुझे 'मतवाला' पर शोध करने का परामर्श दिया। काश! उनकी बात मैंने मान ली होती, तो उन जहालतों से बच जाता, जो जीवन में भुगतनी पड़ी। तकनीकी अकादमिक व्यवस्था के प्रति गहरी उदासीनता और ऊब के कारण विधिवत शोध तो मैं नहीं कर सका, लेकिन 'मतवाला-मंडल' के दो सदस्यों से पारिवारिक निकटता के कारण यह कार्य मुझे एक तरह से पितृ-ऋण से उऋण होने जैसा लगा। अपने ननिहाल मुंशी नवजादिकलाल श्रीवास्तव के यहां मुझे 'मतवाला' की फाइल मिली और अपने चाचा डॉ. मंगलमूर्त्ति से 'मतवाला-मंडल' के आपसी पत्राचार देखने-पढ़ने का सुयोग! मैं इस काम में लग गया।

तब से लेकर आज तक 'मतवाला' पर मैं कुछ न कुछ करता रहा। 'मतवाला' पर छिटफुट लिखे लेखों के अलावे विभिन्न पत्र-पत्रिकाओं में इसके कुछ अंशों की पुनर्प्रस्तुति भी की। सोमदत्त जी ने तो मेरी सामग्री के आधार पर 'साक्षात्कार' का 'मतवाला-अंक' ही निकाला। मंगलेश डबराल के 'जनसता' में इसके अंशों की एकाधिक बार प्रस्तुति की। फिर मैंने 'मतवाला' के दो महत्वपूर्ण स्तंभों को संकलित-संपादित कर *मतवाले की बहक* और *मतवाला की चक्की* नामक दो पुस्तकें प्रकाशित कराईं। इसकी भूमिकाएं क्रमशः डॉ. रामविलास शर्मा और हरिशंकर परसाई ने लिखीं। रामविलासजी ने अपनी भूमिका में 'मतवाला' लेखन में छद्‌म नामों पर सावल उठाये, जिसका संक्षिप्त उत्तर मैंने उसी की भूमिका में दिया। लेकिन आगे चलकर डॉ. मंगलमूर्त्ति और डॉ. भवदेव पांडेय ने इस पक्ष को और विस्तार दिया। 'मतवाला' में छपे छद्‌म नामों का निर्धारण सचमुच कठिन कार्य था, इसलिए मैंने इस पक्ष पर विस्तृत छानबीन की और 'मतवाला' के छद्‌म नामों को लेकर किंचित् विस्तार से एक स्वतंत्र आलेख लिखा। बाद में इसके अग्रलेखों का एक संकलन *मतवाले का मत* नाम से भी प्रकाशित हुआ। 'मतवाला' पर काम करते हुए मैंने यह महसूस किया कि व्यंग्य की इस अनोखी पत्रकारिता का उत्कर्ष इसके होली विशेषांकों में है, जो प्रति वर्ष होली के अवसर पर प्रकाशित होते थे। इसलिए मैंने इसके तमाम होली विशेषांकों से *मतवाले की होली* नाम से एक स्वतंत्र संकलन संपादित किया। इस पूरे कार्य के दौरान और नवजागरण पर अलग से भी काम करते

हुए मुझे ऐसा लगा कि इनकी लिखी सामग्री से उतर इनके सरोकार, समर्पण, सक्रियता, जीवन-संघर्ष और आपसी रिश्तों को लेकर भी काम किया जाना चाहिए। इसलिए मैंने 'मतवाला-मंडल' की अदंरूनी अंतर्कथा को लेकर एक पुस्तिका लिखी—*मतवाला-मंडल*। इसे 'पहल' ने प्रकाशित किया और विष्णु नागर, उदय प्रकाश सहित समकालीन लेखकों ने इसे मुक्त-मन से सराहा। लेकिन ये सारे काम बिखरे शक्ल में थे और विभिन्न जगहों से काफी अंतराल के बाद प्रकाशित हुए थे। सबसे चिंतनीय बात यह थी कि इसकी शेष विविध सामग्री का एक पूरा खंड अभी तक अप्रकाशित था।

इस तरह एक साथ सुव्यवस्थित रूप में 'मतवाला' इस तरह सम्यक संपादित शक्ल में सामने आया ही नहीं। लगभग तीन दशकों बाद अब यह तीन खंडों में एक साथ प्रकाशित हो रहा है, तो जाहिर है मुझे गहरी प्रसन्नता और संतोष है।

इसके पहले खंड में चयनित अग्रलेख शामिल हैं। इसमें वे अग्रलेख भी हैं, जो चयन के बावजूद *मतवाले के मत* में किसी कारणवश शामिल नहीं हो पाए थे। वे विषय के आधार पर विभाजित रूप में तो पहले भी थे, लेकिन उस पर लिखी गई संपादकीय टिप्पणियों को थोड़ा परिवर्द्धित और परिष्कृत कर दिया गया है। इसी खंड में *मतवाला-मंडल* पुस्तिका भी शामिल की गई है, जिससे पाठक 'मतवाला' प्रवेश के पूर्व उस युग, उसके लोग और लेखन के मन-मिजाज को ज्यादा बेहतर ढंग से समझ सकेंगे।

इसके दूसरे खंड में *मतवाला* के दो प्रमुख स्तंभों *बहक* और *चक्की* की संकलित-संपादित पुस्तकें और 'होली विशेषांकों' से चयनित पुस्तक भी शामिल की गई है। साथ ही 'बहक' की रामविलासजी द्वारा और 'चक्की' की परसाईजी द्वारा लिखी भूमिकाएं भी हैं। रामविलासजी ने इसी भूमिका में पहली बार छद्म नामों को लेकर कुछ सवाल उठाए थे जिसकी चर्चा मैंने तीसरे खंड की भूमिका में विस्तार से की है। इस खंड के अंत में विस्तार से वर्गीकृत परिशिष्ट भाग है, जिससे पाठक संदर्भ-संकेतों को एक हद तक ढूंढ़ सकते हैं।

तीसरे खंड में अब तक अदीठ वह सारी सामग्री है, जो अग्रलेख, बहक और चक्की के अतिरिक्त स्तंभों या स्वतंत्र रचनाओं से चयनित की गई है। जाहिर है इसमें निरालाजी की कविताएं, अन्य सुज्ञात लेखन और उग्रजी की नामित रचनाएं चाहकर भी शामिल नहीं की जा सकीं। वैसे भी वे रचनाएं सहज, सुलभ और सुज्ञात हैं।

इसने दीर्घ काल तक चले इस कार्य में किसी न किसी रूप में मुझे मदद करने, परामर्श या सुझाव देने अथवा प्रोत्साहित करने वालों की एक बड़ी संख्या है। बाबा

नागार्जुन, डॉ. रामविलास शर्मा, हरिशंकर परसाई, डॉ. नंदकिशोर नवल, डॉ. मैनेजर पांडेय, डॉ. आनंदमूर्त्ति, डॉ. मंगलमूर्त्ति, भृगुनंदन त्रिपाठी और नीलाम मिश्र का खासतौर से आभारी हूं। अपनी पत्नी शीला सिन्हा को भी मैं स्मरण करना चाहूंगा, जिन्होंने बहुत कष्ट झेलकर इस कार्य में कई स्तरों पर मदद की *मतवाला* की इस नई प्रस्तुति में मुझे प्रिय राजीव रंजन गिरि और आत्मीय अच्युतानंद मिश्र ने काफी सहयोग किया। अंत में मैं अपने प्रकाशक श्री पंकज शर्मा को भी खासतौर से धन्यवाद देना चाहूंगा, जिन्होंने पूरे मनोयोग से अंततः इसे इस रूप में मूर्त्त किया।

कर्मेन्दु शिशिर

हिन्दी विभाग
बी.डी. कॉलेज
मीठापुर, पटना 800001
26.8.2010

मतवाला-मंडल

हिंदी की साहित्यिक पत्रकारिता का इतिहास भारतेंदु-युग से प्रारंभ होता है और वह अपने कालखंड में ही एक उत्कर्ष भी अर्जित कर लेता है। आगे उसी उत्कर्ष आलोक में 'सरस्वती' का प्रकाशन इस शताब्दी के प्रारंभ से शुरू होता है जो हिंदी की साहित्यिक पत्रकारिता का सर्वाधिक दायित्वपूर्ण और रचनात्मक अध्याय है। सन् 1920 ई. में आचार्य द्विवेदी के 'सरस्वती' से मुक्त होने के बाद कोई उन सा व्यक्तित्व न था, जो हिन्दी की बागडोर को उसी हैसियत से संभाल सके। परंतु 'सरस्वती' ने अनेक पाठकों और रचनाकारों में हिंदी की एक ऐसी लौ लगायी थी जो भिन्न-भिन्न रूपों में आगे चलकर अभिव्यक्त हुई। हिंदी की साहित्यिक पत्रकारिता की जो पृष्ठभूमि आचार्य द्विवेदी ने तैयार की उसी के आलोक में 'चांद', 'माधुरी' या 'सुधा' जैसी पत्रिकाएं अपनी महत्वपूर्ण भूमिका के साथ सामने आयी। परंतु 'मतवाला' की पत्रकारिता इस परंपरा से किंचित् भिन्न थी। निश्चय ही 'मतवाला' के सदस्यों और रचनाकारों का संपर्क आचार्य द्विवेदी से न जुड़कर एक हद तक भारतेंदु-युग से ज्यादा जुड़ी रही।

तब कलकत्ते की साहित्यिक पत्रकारिता का एक अलग संसार था। श्री बालमुकुंद गुप्त, श्री सदानंद मिश्र, श्री दुर्गाशंकर मिश्र, पं. माधवप्रसाद मिश्र और श्री गोविंदनारायण मिश्र ने उसे विशेष गौरव दिया गया उसके बाद भी राधामोहन गोकुल, पं. माधव शुक्ल, श्री अमृतलाल चक्रवर्ती, श्री कार्त्तिकेयचरण मुखोपाध्याय, पं. अंबिका प्रसाद वाजपेयी, पं. लक्ष्मण नारायण गर्दे, पं. ईश्वरी प्रसाद शर्मा, पं. रुद्रदत्त शर्मा, पं. झाबरमल शर्मा, पं. बाबूराव विष्णुराव पराड़कर, चंद्रशेखर पाठक, पं. चंद्रशेखर शास्त्री, प्रो. सकलनारायण शर्मा, पं. रामगोविंद त्रिवेदी और पं. जगन्नाथ प्रसाद चतुर्वेदी-जैसे लेखकों की एक पूरी जमात थी, जो अपने समय के बहुत ही सम्मानित लेखक-पत्रकार रहे हैं। आज उनकी अलभ्य रचनाओं को संकलित-संपादित कर प्रकाशित-मूल्यांकित किया जाय तो निश्चय ही उनके महत्व को रेखांकित किया जा सकता है। परंतु इन लेखकों का कालखंड भारतेंदु और द्विवेदी युग के मध्य पड़ता है—फलतः इनका किसी युग में शुमार न हुआ और वे आज तक उपेक्षित रहे। ये सभी रचनाकार 'मतवाला-मंडल' से अंतरंग रूप से गहरे जुड़े रहे।

द्विवेदी-युग के आखिरी काल-छोर पर खड़े 'मतवाला-मंडल' महज चार ऐसे उत्साही रचनाकारों की मस्त जमात थी, जो उम्र से युवक और निष्ठा से हिंदी के

समर्पित योद्धा थे। उनमें सूझ और प्रतिभा का ऐसा दुर्लभ संयोग था कि उन्होंने अपनी साहित्यिक गतिविधियों से एक साथ पूरी हिंदी का ध्यान आकृष्ट किया। निस्संदेह 'मतवाला' का प्रकाशन तत्कालीन हिंदी की साहित्यिक पत्रकारिता में एक सार्थक कोशिश थी। 'मतवाला' ने न सिर्फ हिंदी की साहित्यिक बल्कि सामाजिक, सांस्कृतिक, आर्थिक और राष्ट्रीय गतिविधियों में गंभीरता से हस्तक्षेप किया। संक्षिप्त पृष्ठों वाले इस अखबारी पत्र ने एक साथ हिंदी भाषा, साहित्य, संस्कृति, धर्म, राजनीति और सामाजिक व्यवस्था की गहरी पड़ताल की और उसके अंतर्विरोधों को गंभीरता से आकलित किया। उसके आकलन की प्रस्तुति इतनी मौलिक थी कि उसने साहित्यिक पत्रकारिता में अपनी एक अद्वितीय मिसाल कायम की। ऊपर से देखने में यह कोशिश जितनी भी अव्यवस्थित सोच का संयोग लगे, मगर वस्तुतः यह एक जागरूक पत्रकारिता का गंभीर नमूना था। तत्कालीन समय में व्यंग्य-बोध की जितनी ऊंची मिसाल 'मतवाला' की शैली में सहज सुलभ हुई, आगे वही हिंदी व्यंग्य परंपरा की शिखर ऊंचाई बन गई।

'मतवाला' के संचालक-संपादक थे—महादेव प्रसाद सेठ। वे मिर्जापुर के अमीर खत्री परिवार से आते थे। इनके पितामह, पिता और चाचा, चौधरी बदरीनारायण प्रेमघन के साथ उठते-बैठते थे, वे सभी साहित्यिक मिजाज वाले थे। परिवार में पत्थर का बड़ा भारी व्यवसाय था, जिसके सूत्र कलकत्ता से जुड़े थे। नीबू तल्ले में अपनी आढ़त गद्दी थी। परंतु उदार चित्त के इस युवक महादेवप्रसाद सेठ को साहित्य का स्वाद लग चुका था और उनके लेख भी 'हिंदी प्रदीप', 'अभ्युदय' तथा 'सरस्वती' में प्रकाशित हुए थे। स्वभावतः परिवार के व्यवसाय वैभव से अरुचि के कारण उनके विरागी मन को मेल नहीं बैठा और उन्हें पंद्रह रुपये माहवार की साहित्य सम्मेलन की चाकरी ज्यादा रास आयी। व्यवसाय वैभव से बिदके इस युवक का विद्रोह परिवार की प्रतिष्ठा के प्रतिकूल था। अंततः पारिवारिक गुरुजनों ने नसीहतें दी—अगर साहित्य में ही रहना है तो इससे जुड़ा ही व्यवसाय करो। व्यवसाय और व्यसन के पारस्परिक संयोग की बात जांच गई और महादेवप्रसाद सेठ नौकरी छोड़कर कलकत्ता आ गये। जहां उनकी भेंट मुंशी नवजादिकलाल श्रीवास्तव से हुई। वे 'वीरभारत' में काम करते थे। कम ही मुलाकातों में दोनों ने एक दूसरे को भांप लिया और दोनों को ऐसा लगा कि उनकी मैत्री का एक भविष्य हो सकता है। साहित्य सम्मेलन की पंद्रह रुपये वाली चाकरी छोड़कर महादेवप्रसाद सेठ जिस व्यवसाय और व्यसन का संयोग चाहते थे, उसे विस्तार दिया मुंशी नवजादिक लाल ने और शुरू हुआ पुस्तक प्रकाशन—**सुलभ-ग्रंथ-प्रचारक मंडल**! सेठजी ने पैसे लगाये, बाकी प्रबंध संभाला मुंशीजी ने। व्यवसाय चल निकला। इससे उत्साहित होकर सेठजी ने और पैसे घर

से लिये और भारतेन्दु युग के प्रसिद्ध लेखक बालकृष्ण भट्ट के नाम पर प्रेस खोला—**बालकृष्ण प्रेस**।

मुंशी नवजादिकलाल श्रीवास्तव उत्तर प्रदेश जिला बलिया, गांव चिलकहर के निवासी थे। वे 'मतवाला' में सबसे अधिक वय के पैंतीस वर्षीय अनुभवी पत्रकार थे। वे कठोर जीवन-संघर्ष से जूझकर पत्रकार बने थे। एक उपेक्षित और अनाथ बालक से उनका जीवन शुरू हुआ था और 'मतवाला' सदस्य की महत् गरिमा तक पहुंचे थे। इसके पीछे उनकी बेजोड़ कर्मठता और दायित्व के प्रति कठोर परिश्रम था। अपनी लगन, अध्यवसाय, अध्ययन और चित की निर्मलता से वे हिंदी के सुयोग्य गद्यकार-पत्रकार हो चुके थे। उनका जीवन हाड़तोड़ गरीबी की मार्मिक कथा है। पिता श्री रामलाल श्रीवास्तव बचपन में ही संन्यासी होकर घर से निकल गये थे। घोर उपेक्षा और प्रताड़ना में भविष्य की कोई कल्पना संभव न थी। फिर भी पता नहीं किस आकांक्षा से प्रेरित मुंशीजी ने गांव के छोटे से स्टेशन पर जलते लैंप की रोशनी में अक्षर टोहना शुरू किया था और एक ग्रामीण की कृपा-कोर पकड़ कलकत्ता पहुंचे थे। ट्राम में काम न मिला तो किसी तरह डाक विभाग में घुसे। अनिश्चित भविष्य वाले मुंशीजी के पांवों के नीचे जमीन दिखी। वे डाकिया हो गये। घर पर मां का निधन हुआ तो भाई को भी साथ बुला लिया। तब तक न अंग्रेजी आती थी और न कायदे की हिंदी, मगर स्वाध्याय की ऐसी तीव्र ललक कि समाचारपत्रों और धार्मिक पुस्तकों के सहारे हिंदी, बंगला और उर्दू पर एक साथ हाथ साधना शुरू किया। इसी क्रम में सबसे पहला परिचय सधा पं. सदानंद शुक्ल और बिहार के पुराने गद्यकार श्री यशोदानंद अखौरी से। उसी साहचर्य में श्री रामानंद द्विवेदी से मैत्री हुई, जो 'वीरभारत' साप्ताहिक में काम करते थे। वहीं मुंशीजी की जुगत बैठ गई।

मुंशीजी 'वीरभारत' साप्ताहिक के संपादकीय विभाग में आ चुके थे। डाकिये से पत्रकार तक की हैसियत में कोई तर्क संगत साम्य न था। यह मौका प्रारब्ध से छूटे नहीं इसलिए घोर परिश्रम किया। प्रेस और पत्र की व्यवस्था से प्रूफ संपादन तक। नियमित लेखन और पठन का सिलसिला भी चलता रहा। हिंदी, बँगला और उर्दू पर हाथ सधने लगा था। तब कलकता हिंदी पत्रकारिता का गढ़ हो रहा था—अपनी सांस्कृतिक, राजनीतिक, धार्मिक, आर्थिक और साहित्यिक गतिविधियों में कलकत्ता केंद्र था। आर्यसमाजियों और सनातनियों का बोलबाला था। आर्यसमाज, रामकृष्ण मिशन और ईश्वरचंद्र विद्यासागर के सामाजिक आंदोलनों का तूफानी दौर चल रहा था। नारी जागरण की नवीन लहर थी। सेठ-मारवाड़ी वर्ग में धर्म को लेकर एक नया उत्साह था। उनके जातीय संगठनों के द्वारा धार्मिक पत्रों का प्रकाशन होता था—जिससे हिंदी को बल मिल रहा था। प्रेस, पत्रिका और पुस्तक प्रकाशन के व्यवसाय तेजी

से पनप रहे थे। हिंदीभाषी प्रदेशों से गये लोगों की कलकत्ता में पूरी जमात थी—जो इन प्रकाशनों के स्थानीय पाठक थे। मुंशीजी इन हलचलों के संपर्क में आते ही सक्रिय हो गये थे। पत्रकारिता के अतिरिक्त सभा-सोसाइटियों में शिरकत करते, बड़े लेखकों से सुलभ संपर्क साधते और नियमित अध्ययन और लेखन करते। परिवेश अनुकूल था अतः उत्साहित हो, रात जगा मेहनत कर, संपादन के गुर में माहिर हो गये। अन्ततः 'वीरभारत' के संपादक हुए। वे पूरी निष्ठा से अपने दायित्व में तल्लीन रहते। इसी दौरान उन्होंने बंगला से कुछ अनुवाद किया। राधामोहन गोकुल कट्टर देशभक्त और विधवा विवाह के घोर समर्थक थे। साम्यवाद और हिंदू धर्म जैसे परस्पर विजातीय विचारों का उनमें आश्चर्यजनक मिलाप था। मुंशीजी भी गँवई धार्मिक चेतना वाले व्यक्ति थे। जीवन की आपदाओं में आस्तिकता से बल मिला था, इसलिए स्वाद से निरामिष और स्वभाव से हिन्दू मतावलंबी थे। नियमित पूजा-पाठ करते लेकिन संकीर्ण न थे। विचारों की उदारता और सांप्रदायिक सहिष्णुता उनमें थी। उर्दू भाषा के जानकर और उर्दू शायरी के रसिक पाठक थे। फलतः राधामोहन गोकुल से उनकी मैत्री सहज ही सघन हो गई। दोनों जात-पात छुआछूत नहीं मानते, दोनों विचारों में राष्ट्रवादी और हिंदू थे। एक सच्चे देशभक्त, प्रखर और जागरूक पत्रकार तथा सुगद्य लेखक के रूप में दोनों ख्यात हो चुके थे। राधामोहन गोकुल उम्र में बड़े और लेखक भी ऊँचे दर्जे के थे। उनके सघन साहचर्य से मुंशीजी की प्रतिष्ठा बहुत बढ़ गई थी और कलकत्ता की साहित्यिक सरगर्मी में उनका शुमार होने लगा था। राधामोहन गोकुल सहित अन्य अनेक सुयोग्य और प्रतिष्ठित लेखकों की रचनाओं से उन्होंने 'वीरभारत' को एक महत्वपूर्ण पत्रिका बना दिया था।

मुंशीजी का परिचय पटना सिटी निवासी श्री किशोरीलाल चौधरी से भी था। चौधरीजी रसिक तबियत के व्यवसायी सेठ थे। तेल, साबुन, इत्र की उनकी एक मशहूर कंपनी थी। मुंशीजी से उनकी सघन मैत्री थी, अंत तक निबाही भी। चौधरीजी व्यवसाय कार्य के लिए एक विश्वासी और कर्मठ आदमी की खोज में थे। अंततः मुंशीजी को ही राजी करना शुरू किया। मुंशीजी बड़ी लगन और संयोग से अनुकूल पेशा पा सके थे। इसलिए मन में द्वंद्व था। मगर वे मित्रता की कद्र करते थे। न चाहते हुए भी सौ रुपये माहवार पर कंपनी की नौकरी स्वीकार कर ली। कंपनी का नाम भूतनाथ और वे बने उसके मैनेजर। भूतनाथ कंपनी का सारा काम बालकृष्ण प्रेस में ही होता था। इस नाते भी दोनों में गहरी छनने लगी। दोनों रईस तबियत के उम्दा स्वाद वाले साहित्यिक जीव थे। भंग-भवानी के नियमित सेवक। धार्मिक, राजनीतिक और साहित्यिक पक्षों पर भी समानता थी ही, दोनों में कोई आक्रामक न था। मित्रता सहज ही सघन हो गई। पुस्तक प्रकाशन का व्यवसाय मुंशीजी की

कर्मठता और सुव्यवस्थित संचालन से बहुत सुदृढ़ हो गया। उधर कंपनी का भी दारोमदार मुंशीजी के ही माथे पर था। दोनों सेठ अपने विश्वस्त मित्र पर भार डालकर निश्चित थे। मुंशीजी दोनों मोर्चों पर खड़े रहे। आश्चर्य कि इस दोहरी जिम्मेवारी के बावजूद अध्ययन और लेखन का सिलसिला नियमित चलता रहा। प्रकाशन के लिए स्वयं बंगला से कई अनुवाद किये। इतिहास दोनों के प्रिय विषय थे। अतः कई इतिहास से संबंधित पुस्तकें प्रकाशित की, उसमें संपूर्णानंद की 'मिस्र की स्वाधीनता' प्रमुख है। मुंशीजी की भी एक पुस्तक प्रकाशित हुई 'गृहिणी-कर्त्तव्य!'

भारतीय परंपरा और संस्कृति के आलोक में नारी के नैतिक आदर्श की मूल्य प्रतिष्ठा उस युग की खास पहचान थी। प्राचीन भारतीय साहित्य से आदर्श और उदात्त नारी-चरित्रों के औपन्यासिक आख्यान तेजी से प्रकाशित हो रहे थे। नल-दमयंती, सावित्री-सत्यवान, पार्वती, चिंता, शकुंतला, सीता, सती बेहुला इत्यादि। मुंशी नवजादिकलाल ने कुछ आख्यानों की रचना की। ऐसी रचनाओं का एक मध्यवित्त पाठक वर्ग था—जिसमें गांव के परंपरा-बोध और नैतिक मोह का प्रबल आग्रह था। ऐसी पुस्तकों के पीछे तत्कालीन नारी जागरण के जबर्दस्त आंदोलन की पीठिका थी और था पाश्चात्य और आधुनिक सभ्यता के बढ़ते प्रभाव को रोकने की प्रबल आकांक्षा। ये पुस्तकें तब खूब बिक रही थीं। इनके और संस्करण हुए, और कई भाषाओं में अनुवाद भी छपे। ज्यादातर बंगला और उड़िया में अनुवाद होते क्योंकि कलकत्ता में इसकी अनुकूल स्थितियां मौजूद थीं। ऐसे आख्यानों की लंबी परंपरा में दो ऐसी पुस्तकें भी मिली हैं—जिनकी मुक्त प्रशंसा आचार्य महावीरप्रसाद द्विवेदी ने की। इन पुस्तकों की गद्य-शैली में हिंदी के समर्थ स्वरूप का स्पष्ट निदर्शन है। ये पुस्तकें—पं. ईश्वरीप्रसाद शर्मा की 'श्री राम चरित्र' और मुंशी नवजादिकलाल श्रीवास्तव की 'श्रीकृष्णचरित'। मुंशीजी बाजाप्ता एक घोषित लेखक हो चुके थे। अपने समय के सम्मानित और समर्थ लेखक पं. रामगोविंद त्रिवेदी ने इनका एक मौलिक उपन्यास भी प्रकाशित कर दिया था—'शांतिनिकेतन'। 'सुलभ-ग्रंथ-प्रचारक-मंडल' का व्यवसाय काफी बढ़ चुका था। अंततः महादेवप्रसाद सेठ ने अनुरोध किया और दोनों एक ही साथ रहने लगे, उसी मकान में—जहाँ आगे-चलकर ऊपरी मंजिल पर आ गये थे 'समन्वय' संपादक—सूर्यकांत त्रिपाठी।

'मतवाला-मंडल' के चार मुख्य स्तंभों में सबसे कम वय लगभग 24 वर्गीय युवक सूर्यकांत ही 'मतवाला' मुकुट थे, जिन्होंने अपनी असाधारण प्रतिभा से पूरे मंडल को आगे चलकर इतिहास में गौरव-दीप्त किया। निराला के आसंग में 'मतवाला' की भूमिका को रेखांकित करते हुए हिंदी के मूर्द्धन्य आलोचक डॉ. रामविलास शर्मा ने उसके योगदान को गंभीरता से आकलित किया और विस्तार से

निराला के काव्य नायकत्व में 'मतवाला' की पृष्ठभूमि को उजागर किया।

अपनी प्रतिभा और योग्यता पर असाधारण रूप से विश्वास करने वाले सूर्यकांत पिता की मृत्यु के बाद महिषादल की नौकरी से सामंजस्य नहीं कर पा रहे थे। वे सन् 1920-21 का तूफानी समय था। असहयोग आंदोलन की जबर्दस्त आंधी में हिंदू-मुस्लिम एक जुट होकर राष्ट्रीय आंदोलन में संघर्ष कर रहे थे। पूरे देश में जागरण की अभूतपूर्व लहर उमड़ रही थी। अंतरराष्ट्रीय स्तर पर रूस की क्रांति के तप्त समाचार भारतीय राष्ट्रीय आंदोलन को क्रांतिकारी प्रेरणा दे रहे थे। जारशाही के विनाश और साम्यवादी उदय के समाचार ने पूरे देश में ऐसा उबाल ला दिया था कि कट्टर हिंदू मतावलंबी भी साम्यवाद की दुहाई दे रहे थे। इन स्थितियों से सूर्यकांत के भीतर राष्ट्रीय भाव उत्प्रेरित हुए और वे अपनी रचनात्मक सहभागिता को विवश हुए। इसी आसंग में उन्होंने 1921 ई. वसंत में एक राष्ट्रीय गीत लिखा 'जन्मभूमि'! 'प्रताप' संपादक गणेशशंकर विद्यार्थी एक साहित्यिक पत्र भी निकालते थे—'प्रभा'! सूर्यकांत का गीत उसी के जून अंक में प्रकाशित हुआ। प्रकाशित रचना के उत्साह से अलग सूर्यकांत अपने भीतर के रचनात्मक दबाव से ज्यादा प्रेरित हो रहे थे। महिषादल में अपने बंगला मित्रों के बीच हिंदी बंगला की भाषागत तुलना का प्रश्न उन्हें सामयिक रूप से उत्तेजित कर रहा था। उन्होंने उसी साल अगस्त में 'बंग भाषा का उच्चारण' शीर्षक से एक लिखा। अपने सबल तर्कों के अतिरिक्त उन्हें लेख महत्वपूर्ण लगा और उसे अतिशय सम्मान सहित एक पत्र के साथ पं. महावीर प्रसाद द्विवेदी को भेज दिया। उस समय 'सरस्वती' के संपादक पं. देवीदत शुक्ल थे मगर सूर्यकांत ने लेख भेजा आचार्य महावीर प्रसाद द्विवेदी को। लेख अक्टूबर 1920 के ही अंक में मामूली शब्दगत हेरफेर के साथ प्रकाशित हो गया। इसके साथ ही सूर्यकांत का पत्र संपर्क आचार्य द्विवेदी से सघन हुआ। सूर्यकांत अपने गांव लौटे तो साल मील दूर आचार्य द्विवेदी को भेंट करने के उद्देश्य से आमों की टोकरी माथे पर लिये पैदल ही चल पड़े। इस प्रसंग का सुंदर वर्णन डॉ. रामविलास शर्मा ने किया है और बताया है कि सूर्यकांत ने भरे-पूरे भावोत्साह में ही ऐसा किया न कि संबंध सहूलियत के लिए। आचार्य द्विवेदी सूर्यकांत के इस भाव से गहरे प्रभावित हुए, बातचीत में उनकी योग्यता के मन ही मन कायल भी।

सन् 1921 की शरद में स्वामी माधवानंद रामकृष्ण मिशन के मुखपत्र 'समन्वय' के लिए संपादक की तलाश में थे। इसी क्रम में उन्होंने उपयुक्त चुनाव के लिए आचार्य द्विवेदी की राय मांगी। आचार्य द्विवेदी के पास एक ही नाम था—सूर्यकांत त्रिपाठी का। मगर सूर्यकांत की स्वीकृति सहज ही संभव न थी। बात न पटी। स्वामीजी ने अपने ही संपादन में पत्र प्रकाशित किया और उसकी प्रति रचनात्मक

सहयोग के लिए अनुरोध सहित सूर्यकांत के पास भेज दिया। सूर्यकांत ने अपने दार्शनिक चिंतन का पूरा जौहर दिखलाया और 'श्रीरामकृष्णावतार' लेख लिखा और 'समन्वय' संपादक को भेज दिया। लेख 1921 वर्ष अंक ज्येष्ठ सं. 1979 में प्रकाशित हुआ। आलेख की प्रशंसा संन्यासियों ने तो की ही, आचार्य द्विवेदी ने भी सराहा। जब सन् 1922 की बरसात में सूर्यकांत कलकत्ते आए तो संन्यासियों से मामला पटता सा लगा। अंततः वे अघोषित, फिर घोषित रूप से 'समन्वय' के संपादक हो गये। 'समन्वय' कार्यकाल से थोड़ी दूर पर निश्चित हुआ संपादक का आवास; उसी मकान के ऊपरी तल्ले पर जिसके नीचे रहते थे महादेवप्रसाद सेठ और मुंशी नवजादिकलाल।

दोनों नियमित देखते थे—मिशन के संन्यासियों से सम्मानित देवोपम व्यक्तित्व और असाधारण दीप्ति वाले सूर्यकांत त्रिपाठी को। तीनों एक दूसरे को जानते रहे और अंततः परिचित भी हुए। सूर्यकांत के आकर्षक व्यक्तित्व पर दोनों मुग्ध थे। सूर्यकांत की कम रचनाओं के बावजूद दोनों ने बखूबी समझ लिया था कि सूर्यकांत भविष्य के दिग्गज रचनाकार हैं, जबकि उस समय के अनेक रचनाकार इसे स्वीकार न कर सके थे। निश्चय हुआ भविष्य के युग-प्रवर्त्तक कवि का एक संकलन प्रकाशित हो। प्रकाशक में नाम छपा मुंशी नवजादिकलाल श्रीवास्तव का और छोटे आकार में कुल चालीस पृष्ठों की 'अनामिका' प्रकाशित हो गई।

'मतवाला-मंडल' के आखिरी महनीय सदस्य शिवपूजन सहाय ने 'मतवाला' में अपनी सहभागिता के प्रसंगों को अपने संस्मरणों में विस्तार से लिखा है। गहरी आत्मीयता और संवेदनशील गद्य की चारुता से उनके वर्णित प्रसंग अतिरिक्त रूप से संवेद्य हो उठे हैं। उनके गहरे लगाव के कारण उनके संस्मरणों में अनेक ऐसे आत्मीय प्रसंग आये हैं, जिसमें स्मृतियों की मार्मिक व्यंजना हुई है।

शिवपूजन सहाय का जन्म शाहाबाद (भोजपुर) के एक छोटे से गांव उनवांस के ठेठ मध्यवर्गीय किसान परिवार में हुआ था। पिता घोर आस्तिक थे, उन्हीं के साथ मानस के नियमित साहचर्य में शुरू हुई थी शिवपूजन सहाय की साहित्य-साधना। मानस की चौटाइयां रटा-रटाकर पिता ने जो शील और संस्कार डाले उसी ने शिवपूजन सहाय को विमल और विनम्र व्यक्तित्व दिया। 'रसकुसुमाकर' के सरस-सवैये और कोमल कवित रटाकर चित् को चारु बनाया बड़े बहनोई ने। फिर तो, सत्संग-सौरभ की ऐसी बास बसी मन में कि दूसरा कुछ चित् चढ़ा ही नहीं। फिर आरा में शिक्षा प्राप्त की और आगे चलकर उसी स्कूल में शिक्षक हुए जहां कभी छात्र थे।

तब आरा की नागरी प्रचारिणी सभा का अपना रुतबा था। इसका गठन भारतेंदु सखा शिवनंदन सहाय और प्रसिद्ध लेखक पं. सकलनारायण शर्मा के उद्योग से हुआ

था और वह हिंदी भाषा तथा साहित्य के क्षेत्र में एक महत्वपूर्ण संस्था थी। वहां से अनेक दुर्लभ ग्रंथों का प्रकाशन भी हुआ था तथा उसके साहित्यिक समारोहों में भारतेंदु स्वयं शामिल हुए थे। इसके विकास में पं. किशोरीलाल गोस्वामी का भी योगदान रहा। शिवपूजनजी की साहित्यिक सक्रियता बढ़ गई, उनके लेख प्रकाशित होने लगे। इसी साहित्यिक मंडली में थे पं. ईश्वरीप्रसाद शर्मा। शर्माजी थे तो लगभग समान वय के, मगर उनकी साहित्यिक योग्यता और सशक्त गद्य से शिवपूजनजी इतनी अभिभूत थे कि उन्हें ही अपना साहित्यिक गुरु बनाया। वे 'मनोरंजन' नामक एक साहित्यिक मासिक का प्रकाशन करते थे जिसमें शिवपूजनजी के भी लेख प्रकाशित हुए। अखिल भारतीय हिंदी साहित्य सम्मेलन के लखनऊ और प्रयाग की दो साहित्यिक यात्राएं भी कीं जिसमें अनेक लेखकों के दर्शन हुए, प्रेमघन, श्रीधर पाठक तथा कई नये साहित्यिक संपर्क सधे। इसकी विस्तार से चर्चा शिवपूजनजी ने अपने संस्मरणों में की है।

सन् 1921 के असहयोग आंदोलन की आंधी ने शिवपूजनजी के राष्ट्रीय भावों को उत्प्रेरित किया, वे नये उत्साह में थे। उन्होंने टाउन स्कूल की सरकारी नौकरी छोड़ दी—कुछ दिनों के लिए नेशनल स्कूल में आ गये। उनके एक उत्साही और होनहार छात्र थे—हरद्वारप्रसाद जालान। वे नगर के समृद्ध मारवाड़ी परिवार से आते थे—स्वभाव से साहित्यिक। शिवपूजनजी उन्हें पढ़ाने जाते। मगर दोनों के बीच साहित्यिक चर्चाएं ही अधिक होतीं। आगे उनके कुछ उपन्यास भी प्रकाशित हुए थे 'दिल्ली एक्सप्रेस', 'पंजाब मेल'। दुर्भाग्य से कच्ची उम्र में ही वे काल कवलित हो गये। जालानजी के अतिरिक्त दो अन्य मारवाड़ी युवकों में श्री नवरंगलाल तुलस्यान और दुर्गाप्रसाद पोद्दार भी साहित्यिक तबियत के जागरूक युवक थे। फिर तीनों के सम्मिलित निर्णय से सन् 1920 में एक सुधारवादी संस्था 'मारवाड़ी सुधार समिति' का गठन हुआ। तब के जातीय संगठन आज से बिल्कुल भिन्न थे। जातियां तब भी थीं, जाति सेवा के भाव भी थे, उनके अपने घोषित संगठन भी। मगर उनकी नीयत को आंकना आज सर्वथा असंभव है। क्योंकि आज की चित्रगुप्त, वैश्य, रघुवंशी, यदुवंशी से लेकर शम्बूक परिषदों तक की दुर्दशा से उनके बारे में कोई तर्क संगति अनुमान नहीं किया जा सकता। वे अपनी नीयत में समाज, राष्ट्र और भाषा के प्रति गंभीर रूप से जागरूक थे—उनमें एक नया उत्साह था। कुछ ही दिनों में तीनों के उत्साह और कर्मठता से संस्था बहुत सुदृढ़ हो गई और निश्चित हुआ कि संस्था का एक मुखपत्र प्रकाशित किया जाय इसी निर्णयालोक में सन् 1921 के चैत में पत्र प्रकाशित हुआ—'मारवाड़ी-सुधार'। शिवपूजनजी के रूप में एक सुयोग्य संपादक सहज सुलभ थे ही। इस संपादन सुयोग के बाद शिवपूजन सहाय ने नौकरी

छोड़ दी। ब्राह्मण, राजपूत जैसी जातीय पत्रिकाओं की एक लंबी परंपरा भारतेंदु युग से ही चली आ रही थी। 'मारवाड़ी सुधार' या विशेषकर 'हिंदू पंच' जैसे संकीर्ण जातीय और सांप्रदायिक पत्रों को देखकर आश्चर्य भी होता है। हिंदी और राष्ट्र के प्रति उनमें सच्ची लगन थी—सामाजिक दायित्व के प्रति जागरूकता थी और सबसे बढ़कर थी उनकी नीयत की पवित्रता और व्यक्तित्व की गंभीरता।

'मारवाड़ी-सुधार' के एक सदस्य श्री दुर्गाप्रसाद पोद्दार का व्यवसाय संबंध कलकत्ता से था और वे हरिसन रोड के मकान में रहते थे। शिवपूजन सहाय इस सिलसिले में जाते तो वहीं ठहरते, वैसे वे आरा में रहकर ही संपादन करते थे। उनके साहित्यिक गुरु पं. ईश्वरीप्रसाद शर्मा उन दिनों कलकत्ता में ही हिंदी प्रकाशक श्री रामलाल वर्मा के बर्मन प्रेस में काम करते थे। प्रेस का अपना प्रकाशन व्यवसाय भी था जिससे अनके रोचक पुस्तकें प्रकाशित हुई थीं। आगे चलकर यहीं से 'हिंदू पंच' का प्रकाशन हुआ जो 'मतवाला' की शैली से प्रभावित एक जागरूक साप्ताहिक था। शर्माजी ने अपने शिष्य की सुविधा का ध्यान कर पत्र प्रकाशन की व्यवस्था बालकृष्ण प्रेस में करा दी। शर्माजी ने उनका परिचय कराया प्रेस मालिक महादेवप्रसाद सेठ से, जहां मुंशी नवजादिकलाल श्रीवास्तव से भी भेंट हुई। शिवपूजनजी की संपादित मूल सामग्री को देखकर दोनों ने खूब सराहा, मगर इनकी वैष्णवी मुद्रा से मन ही मन संदेह भी किया—एक प्रत्यक्ष प्रणाम भी था—इनके अक्षर पं. ईश्वरीप्रसाद शर्मा से मिलते थे। परंतु वस्तुस्थिति जानने के बाद उनके पारखी मन के भीतर इन्हें भी अपनी जमात में समेटने और सम्मिलित करने की इच्छा कसमसाई। पत्र छपने लगा। मुंशी जी और महादेवप्रसाद सेठ का नियमित पत्राचार शिवपूजनजी से होता। पत्रिका में सूर्यकांत और मुंशीजी की भी रचनाएं छपीं। अब प्रतीक्षा थी उचित समय की। उचित समय आना था—आया भी। सेठ जमुनालाल बजाज की प्ररेणा से 'अखिल भारतीय मारवाड़ी अग्रवाल महासभा' की स्थापना कलकत्ता के प्रमुख सेठों को मिलाकर की गई। उसके मुखपत्र के रूप में हेमचंद्र जोशी के संपादन में पत्र निकला—'मारवाड़ी-अग्रवाल'। उसमें शिवपूजनजी के भी लेख छपे—मगर तब उनके पत्र 'मारवाड़ी-सुधार' की उतनी जरूरत नहीं रही। पत्र के आखिरी अंक की तैयारी होने लगी। आखिर एक दिन सेठजी ने प्रस्ताव किया। मुंशीजी ने लाभ-लोभ दिखलाया फिर भी मित्र पोद्दार की भावनाएं आड़े आ रही थीं। इसे हल किया महादेवप्रसाद सेठ ने और तीन-चार माह बीतते न बीतते शिवपूजनजी भी सविस्तर जमात में शामिल हो गये। किसी दिन संयोग लहा मुंशी ने जमात के सेनापति सूर्यकांत त्रिपाठी का परिचय इन शब्दों में कराया, 'एक तो महाकवि बिहारीलाल की नायिका भौंहों में हंसती थी, दूसरे हमारे निरालाजी भौंहों में हंसा करते हैं, बल्कि यह तो बिहारी की नायिका के भी कान कतर

चुके हैं—इनकी पलकें हंसती हैं, बरौनियां हंसती हैं, आंखों के कोए हंसते हैं।

जिंदादिली उस युग की प्राण-वायु थी। अब उनकी नियमित जमात बैठने लगी, कभी-कभी अन्य महत्वपूर्ण साहित्यकार भी शामिल हो जाते। विजयोत्सव, शरबत, हुल्का, पान और मिठाई की रससिद्ध संध्याएं साहित्यिक सत्संग की सरसता से सिक्त हो उठीं। अक्सर ही इनमें तात्विक बहसें उठ जातीं फिर तो सबसे कम वय के सूर्यकांत त्रिपाठी सबसे बुजुर्ग हो जाते। मुंशीजी की सरल उक्तियों से उत्तेजित सूर्यकांत की सरस्वती बिफर उठती। गंभीर और गहरी विवेचना-शक्ति साहित्यिक, राजनीतिक या दार्शनिक तमाम विषयों पर एक समान थी। प्रतिभा फूटी पड़ रही थी। सेठजी मौन हुक्का गुड़गुड़ाते शेष मुंह ताकते—सूर्यकांत अप्रतिरोधी जमात के जगमगाते नक्षत्र थे। ऐसी अलभ्य और सघन संध्याओं में चारों की मैत्री अटूट हुई थी। वे अतीत की दुर्लभ संध्याएं ही हिंदी की धरोहर बनीं। निश्चय ही इन संध्याओं का कुछ होना था। सामयिक राजनीति, सामाजिक, धार्मिक, सांस्कृतिक और साहित्यिक गतिविधियों में हस्तक्षेप जरूरी था। बंगला की पत्रकारिता तब विशेष रूप से जागरूक थी। उसमें हास्य-व्यंग्य की एक पत्रिका निकली 'अतवार'। मुंशीजी उसका पहला अंक खरीद लाये। जमात में पढ़कर सुनाया। उसके मार्मिक व्यंग्य-विनोद से सभी प्रभावित हुए। मसाला मजेदार था—Guaranteed circulation ...। निश्चय होने लगा हिंदी में भी इस टक्कर का एक पत्र निकाला जाय। हर रोज चर्चा इसी पर केंद्रित होने लगी। भंग की तरंग में तरह-तरह की योजनाओं के कल्पना महल बने-बिगड़े, विचारों की उड़ानों में स्थिरता आनी ही थी। अंततः तय हुआ, बात पक्की हुई और 20 अगस्त 1923 की रविवार को निश्चय ने निश्चित आकार भी ले लिया। अगले दिन सोमवार 21 अगस्त को मुंशीजी ने पत्र का नामकरण भी कर दिया—'मतवाला'। और उसी की संगति में सूर्यकांत के आगे जोड़ा 'निराला'। नाम दोनों पसंद आये क्योंकि दोनों नाम रोचक थे। मुंशीजी इसी धुन में रम गये। अब कमिटी गठित हुई—दायित्व बाँटे गये। पत्र की सामग्री तय हुई—स्तंभों के शीर्षक लिये गये, डिजाईन, ब्लॉक, कागज प्रेस में जमा हो गये। मुखपृष्ठ के लिए नटराज का चित्र बनाया चित्रकार चारु बाबू ने। गोकि ब्लॉक का उपयोग महीने भर बाद हुआ, पांच अंकों के बाद। सूर्यकांत ने कविता और समालोचना का दायित्व लिया—मुंशीजी ने हास्य-व्यंग्य का। शिवपूजनजी का संकोची स्वभाव था—चुप थे। तब महादेवप्रसाद सेठ से स्नेहादेश दिया—शिवपूजनजी अग्रलेख लिखेंगे, प्रूफ देखेंगे, घटती-बढ़ती भी इन्हीं के जिम्मे। निरालाजी ने एक सामयिक कविता तैयार की 'रक्षा-बंधन'। समालोचना कसौटी स्तंभ के अंतर्गत लिखा—**चतुर्वेदी-चातुर्य चर्चा**—स्वर्गीय पंडित जगन्नाथप्रसाद चतुर्वेदी पर एक रोचक समीक्षा।

'मतवाला की बहक' और 'चलती चक्की' सामायिक घटनाओं पर सीधे व्यंग्य के स्तंभ थे। इसे तैयार किया मुंशी नवजादिकलाल ने। शिवपूजनजी मुश्किल में थे। अपने संस्मरण में उस दिन के मनोभाव को उतारा है—इन शब्दों में—'मैं दहल गया! दिल धड़कता था मेरी अल्पज्ञता थरथराती थी। ईश्वर का भरोसा भी डगमगा रहा था। हड़कंप समा गया। अब मंझधार में पड़ गया।'

ता. 23 बुधवार की रात को मैं लिखने बैठा। कई बार कई तरह से लिखा और फाड़ डाला। बहुत रात बीत गई। नींद भी नहीं आती थी। दिमाग चक्कर काट रहा था। मन जहाज का पंछी हो रहा था। एकाएक एक शैली सूझ पड़ी लिखने लगा। भाव टपकने लगे। धारा चली। मन तृप्त हो गया। अग्रलेख पूरा करके सो रहा। सुबह उठते ही सेठजी ने मांगा। तब डरते ही डरते दिया; किंतु ईश्वर ने लाज रख ली सबने पसंद किया। शीर्षक था—'आत्म परिचय'। एक व्यंग्य कहानी भी छपी 'सर की दवा', संभवतः इसे तैयार किया मुंशी नवजादिकलाल श्रीवास्तव ने। मेरा अनुमान है यह बंगला के किसी पत्र की रचना के आधार पर तैयार किया गया होगा। 'सर' की उपाधि पर व्यंग्य था।

'सुलभ-ग्रंथ-प्रचारक-मंडल' की तीन पुस्तकों के विज्ञापन छपे 'गृहिणी कर्त्तव्य', 'मिस्र की स्वाधीनता' और 'अनामिका'। अंग्रेजी में स्वामी विवेकानंद की ग्रंथावली का विज्ञापन भी शामिल किया गया और भूतनाथ कंपनी के दो विज्ञापन सहज ही मिल गये। आठ पृष्ठ के अखबार साईज के 'मतवाला' का पहला अंक छपा—26 अगस्त 1923 रविवार को।

'मतवाला' छपकर बाजार में आया और धूम मच गई। ऐसा मौलिक मिजाज अब तक देखने में नहीं आया था। यह कोई सनसनीखेज पत्र न था परंतु, उसका प्रभाव कुछ-कुछ वैसा ही पड़ा। अपनी ओर से किसी पक्ष को बख्शा नहीं गया—साहित्य, समाज, संस्कृति, शासन, धर्म, राजनीति तक सभी पक्षों के नासूरों में बेहरमी से नख गड़ाये गये। ऐसी कोई निश्चित विचारधारा तो न थी, मगर वैचारिक रूप से तिलक के सोच में जुड़ी क्रांतिकारी भावनाएं इसमें विशेष रूप से मुखर थीं। गांधीजी में आस्था थी—उनका साम्राज्यवाद विरोधी आंदोलन और उनके विरोध के नायाब तरीकों पर 'मतवाला' का पक्का भरोसा था। कांग्रेस और स्वराज्य-दल के अवसरवादियों और कायरों की खूब खबर ली गई; तो धर्म के पाखंडियों की धज्जी भी उड़ाई गई। आगे हिंदुओं के हित में विवेकानंद वाली भावना की ओर झुके, तो सांप्रदायिक जनून में अपना पक्ष भी लिया। समय का प्रभाव था—जिसमें आंदोलन के अपने अंतर्विरोध थे। 'मतवाला' इससे अप्रभावित न था।

निराला में भाषा की गंभीर सूझ-बूझ थी। शिवजी सावधान और समर्थ गद्य

पारखी थे। मुंशीजी भी पकठाये पत्रकार थे, निस्संदेह संपादन श्रेष्ठता निर्विवाद थी। भाषा और व्याकरण भी शील-सुरक्षा में सावधानी बरती जाती—दूसरों की तीखी मरम्मत भी होती। निराला की प्रतिभा का अपना जोर-ज्वार था। पूरे हिंदी-जगत् में अनोखी धाक जम रही थी। विरोध-प्रत्यावरोध में उनकी प्रखरता पल्लवित होकर सामने आती तो बहुतों की सांस टंग जाती शिवजी के गद्य में व्यंग्य-वैभव था और छायावादी काव्यात्मक सरसता भी। वे छायावाद के सर्वोत्तम गद्यकारों में थे। मुंशीजी भी चुटीली चोट करने में माहिर लेखक थे। हिंदी भाषा और साहित्य के प्रति सात्विक-बोध के अतिरिक्त, समय की तमाम हलचलों को समेटकर सूझ-बूझ की टिप्पणी जड़ देने में दोनों की कलम मंज गई थी। निर्भीकता ऐसी कि किसी से टकराने की हूब और हुलास अलग से आकर्षित करती। मतवाला-मद की मस्ती को पूरी हिंदी ने पसंद किया और उसकी व्यापक तथा बहुरंगी प्रतिक्रिया हुई। तमाम तत्कालीन पत्र-पत्रिकाओं ने वाहवाही की, आश्चर्य प्रकट किया और मुग्ध हो अच्छी कामनाएं प्रकट कीं। दिग्गज पत्रकार भी दंग रह गये। आचार्य द्विवेदी सहित साहित्यकारों ने खुलकर चुक्कड़ थामा। एक प्याला—एक आना, पूरी वार्षिक बोतल—मात्र तीन रुपये। विज्ञापन भी मुकम्मिल हास्य की रचना ही थी—उसकी भाषा और लाजवाब प्रस्तुति की अनदेखी असंभव थी।

मतवाले की चुहल ओर चोट तिलमिला देने वाली थी और उसकी गुदगुदी भी कम गरिमावान न थी। 'मतवाला' के तमाम सदस्य शैव स्वभाव के थे। उनमें सरसता और सार्थकता का दुर्लभ संयोग था। उनकी शरारतों में बनारसीपन था—जिसका एक अपना साहित्यिक स्वाद और संस्कार था। उनके व्यंग्य अंततः मुग्ध ही करते क्योंकि, वे निष्पाप हृदय की उपज थे। मैंने प्रारंभ में कहा—वह समय तप्त राजनीतिक सरगर्मियों का था और कलकत्ते की हिंदीभाषी जनता राष्ट्रीय जागरण के क्रांतिकारी आवेग में थी। दस हजार की तत्काल खपत से मिली अप्रत्याशित सफलता में 'मतवाला' मत्त हो, परवान ही चढ़ता रहा। उमंग और उत्साह का अतिरेक भी था, मगर कलम की तल्खी और निर्भीकता से उसका तेवर हमेशा धारदार बना रहा। महादेवप्रसाद सेठ का 'फरमान' था—कोई चाहे कितना ही 'बड़ा' क्यों न हो, 'जरा भी चले तो धरकर रगड़ डालो।' जेल की कोई परवाह न थी।! 'निर्द्वंद्व होकर खूब मस्ती में' लिखने को कहते, 'जो होगा—देखा जायेगा।' जेल जाने पर भी 'मतवाला' की बुलन्दी कायम रही। ज्वलंत देशभक्ति पल भर को भी मद्धिम न पड़ी। सेठजी कभी-कभी टोकते भी रहते; अमुक स्थल में 'टोन' कुछ नरम पड़ गया है। वे नहीं चाहते थे सच्ची बात कहने में कभी किसी का 'मुलाहजा' किया जाय। 'कसौटी हरदम खरी रहे'—बस!

'मतवाला' ने प्रवेशांक में जो संकल्प घोषित किया उसकी प्रामाणिकता भी सिद्ध की। 'मतवाला' ने कहा—'वह अपनी यात्रा' की 'नियमित' रपट प्रकाशित करेगा। 'सच्ची' सूचनाएं देगा और 'यथेष्ट रीति' से 'देश की दशा' बतायेगा। उसके 'बताने का ढंग' जरूर 'निराला' होगा जिसे 'मतवाला' की तरह स्वतंत्र 'मत' वाला ही इस ढंग को 'समझने वाला' होगा। यानी 'मतवाला' सिर्फ मस्ती का ही नहीं 'मत' (विचार) वालों का भी पत्र होगा। उसने संकल्प किया और विश्वास दिलाया कि 'संकोच, भय, ग्लानि, चिंता और पक्षपात का उसी प्रकार त्याग' करेगा जिस प्रकार 'यहां के नेता स्वार्थ का त्याग' कर देते हैं। अंतिम वाक्य में 'मतवाला' की दुधारी धार ने अल्टीमेटम दे दिया था। उसका यह 'टोन' उसकी शरारतों की संगति में था। विषय बहुलता अपनी जगह! समाज का कोई कोना न छुपे—मर्म तक पहुंचने वाले नश्तर का नुकीलापन ऐसा बिंधे कि तिलमिला कर रख दे—तारीफ यह कि सारा खेल हंसा-हंसाकर हो। व्यंग्य-बोध की शानदार शैली ने एकबारगी सामान्य से विशिष्ट पाठकों तक को पूरी तरह मुग्ध कर दिया।

रोज-प्रति-रोज समाचारपत्रों से कटिंग जमा होती। उसमें खास तरह के समाचारों या घटनाओं का चयन होता। व्यंग्य-बिंदु की खोज होती। कमान सधती। तीरें चलतीं। आश्चर्य, बिना लहूलुहान के फतह भी हो जाती। अपने लिये दायित्वों के स्तंभों पर तर्क होते—बहसें होतीं। संध्या घिरती तो फिर मजलिस जम जाती। फिर वही नियमित का दौर चलता। बैठे हुक्का गुड़गुड़ाते महादेवप्रसाद सेठ की मिर्जापुरी रईसी! प्रेस, पत्रिका और पुस्तक प्रकाशन! काम इतना कि दम मारने की फुर्सत न मिले। फूलते-फलते व्यवस्था की डोर बेफिक्री से ढीली ही रखी। भंग घुटती और तय होती शरबत की किस्में! आज कसेरू की भंग छनेगी या दुधिया! बेल कि फालसा! संतरे का रस होगा या आम का पन्ना! अन्नानास कि केसरिया बादाम, खूब गाढ़ा! मिठाइयों की तालिका बनती। सभी के सिरहाने रसगुल्लों के पुरवे रख दिये जाते। गिलौरियों की थाल परोसी पड़ी रहती। भंग का गिलास थामे सेठजी मंद-मंद मुस्कराते, तंबाकू का सरूर भी साथ चलता। वे कहीं से कुछ छेड़ देते और खुद मूक-मौनी बन जाते। मुखरता का सेहरा तो हमेशा की तरह मतवाला मणि सूर्यकांत त्रिपाठी के माथे। मुंशीजी की टोक-टाक लड़खड़ाती और सूर्यकांत की फन काढ़ती जिह्वा का जोर खुलता। सरस्वती बिफर उठती। वाणी की पूरी संपन्नता अपने गरिमावान वैभव से मजलिस को चमत्कृत कर देती। वाक्-पटुता से निःसृत अजस्र शब्दों का श्री, मूर्त्त हो उठता—उस आधिपत्य को पूरी शताब्दी में कोई चुनौती देने वाला सामने नहीं आया। शिवजी अभिभूत मूक वाणी का सौंदर्य निहारते। यह अकारण न था कि वे निराला से उम्र में बड़े होकर भी उनके पांवों पर वे अपना माथा तक रखते थे। विरल मैत्री की

विरल भक्ति थी। 'मतवाला-मंडल' का सब कुछ ऐसा लगता, मानो कलकत्ते में प्रत्यक्ष काशी उतर आया हो। उनकी कलम उस प्रदेश में हिंदी लिख रही थी–जहां रवींद्र थे और शरद भी! जाने और भी कितने बड़े दिग्गज! 'मतवाला' हिंदी की संभावित राष्ट्रीय गरिमा की मूर्ति को गढ़ रहा था–व्यापक जनता के बीच जाकर–जिससे परदेश गये लोगों को वाणी का बेगानापन न खले।

'मतवाला-मंडल' ने कलकत्ते में एक साहित्यिक केंद्र के रूप में पूरी हिंदी जगत् को आकर्षित किया। पं. अंबिकाप्रसाद वाजपेयी एक प्रखर पत्रकार थे। 'नृसिंह' और 'भारतवर्ष' के संपादन से 'स्वतंत्र' जैसे राजनीतिक पत्रों को वे निकाल चुके थे और 'समाचारपत्रों का इतिहास' उनकी आज भी मूल्यवान और दुर्लभ पुस्तक है। पं. अमृतलाल चतुर्वेदी क्रांतिकारी पत्रकार थे। 'बंगवासी' 'भारतमित्र' से 'हिंदुस्तान' तक को संपादित कर चुके थे। क्रांतिकारियों के जीवन लेखन के साथ सिक्खों के युद्ध पर एक पुस्तक भी लिखी थी। ईश्वरीप्रसाद शर्मा बड़े ही लिक्खाड़ पत्रकार थे। डेढ़ सौ से अधिक पुस्तकें लिख डालीं–आयु मात्र 34-35 ही पायी। मराठी, बंगला, गुजराती और अंग्रेजी के ऐसे विद्वान् कि पृष्ठ के पृष्ठ पढ़ लेते फिर दुबारा देखते भी नहीं और अनुवाद संपन्न! संस्कृत पर अधिकार रखते थे–व्याकरण में पारंगत थे। बंगला से हिंदी और हिंदी से बंगला का कोश तैयार किया। सन् 1857 के गदर का दुर्लभ इतिहास लिखा–माना कि यह स्वाधीनता संग्राम था। 'हिंदूपंच' के यशस्वी संपादक हुए। निष्ठा ऐसी निभायी कि दुलारी बिटिया का निधन हुआ फिर भी नियमित अंक की चिंता लगी रही। शिवजी उनके शिष्य थे। गणेशशंकर विद्यार्थी तब कलकत्ते चंदे के लिए आये तो उनके सामने भी अधिकार जताया कि यह मेरा चेला है जाकर बाजार से रसगुल्ले लाओ। विद्यार्थीजी ने मना किया–सभी साथ ही दूकान तक गये। वे 'मतवाला' में खूब लिखे–नाम से, और छद्म नामों से भी! जीवनी लेखक चंद्रशेखर पाठक भी जागरूक पत्रकार थे। लाला लाजपत राय के प्रबल समर्थक! 'सन् सतावन्न का गदर' लिखा और पंजाब के भीषण हत्याकांड पर पुस्तक भी तैयार की। मुंशी नवजादिकलाल की तीन शादियां हुई थी–सभी एक ही बहनें थीं। पाठकजी अक्सर लिहाड़ी लेते–'मुंशीजी ने तीन बार सेंध मारी और वह भी एक ही घर में!' रामगोविंद त्रिवेदी आर्य समाजी थे। भारतीय वांड़्मय में निष्णात! सफल पत्रकार! कलकत्ते में ही रहते थे–निरालाजी के 'मास्टर साहब', राधामोहन गोकुल–'रेडिकल पत्रकार!' अंतिम सांस तक अंग्रेजी हुकूमत की खिलाफत करते रहे और पूरी उम्र जेल जाते-आते रहे। उनका निरालाजी बड़ा सम्मान करते थे। परिचय कराया था प्रसिद्ध साम्यवादी नेता मुजफ्फर अहमद ने। परंतु गोकुलजी साम्यवादी भी थे और हिन्दू संगठन में शुद्धि आंदोलन के प्रणेता भी। विधवा-विवाह और अछूतोद्धार में प्राणप्रण से लगे–इसके लिए जोरदार ढंग से

लिखते थे, धुआंधार बोलते थे। बड़े ही निपुण वक्ता थे। भारतेंदु-सखा प्रतापनारायण मिश्र की शागिर्दी में साहित्य सीखा था। कहते हैं स्वामी दयानंद सरस्वती से शास्त्रार्थ करके वे आर्य समाजी भी बने थे। 'प्रणवीर' जैसी हुकूमत की धज्जी बिखेरने वाली पत्रिका का जोरदार संपादन कर चुके थे। डॉ. रामविलास शर्मा ने 'भारत में अंग्रेजी राज और मार्क्सवाद' में बहुत ही विस्तार से लिखते हुए उनकी 'कम्युनिज्म क्या है?', 'देश का धन', 'श्रमोपजीवी समवाय' जैसी पुस्तकों का सटीक विश्लेषण भी किया है। वे जीवन के आखिरी दौर में गांवों में जाकर किसान आंदोलनों के लिए काम करते हुए बीमार पड़े। भयानक पेचिस हुई और अंततः शहादत मिली। 'मतवाला' में धारावाहिक 'रूस की अतिक्रांति' 'प्रत्यक्षदर्शी' के छद्मनाम से लिखा। नाथूराम शर्मा 'शंकर', गयाप्रसाद शुक्ल 'स्नेही', मैथिलीशरण गुप्त, लाला भगवानदीन, गोपालशरण सिंह, अन्नपूर्णानंद, परिपूर्णानंद, जी. पी. श्रीवास्तव, अनूप शर्मा, हरिऔध, गांगेय नरोत्तम शास्त्री, नरदेव शास्त्री, माधव शुक्ल, बदरीनाथ भट्ट, रामनाथ 'सुमन' बालकृष्ण शर्मा 'नवीन', लक्ष्मणनारायण गर्दे, श्रीधर पाठक, प्रफुल्लचंद ओझा 'मुक्त'—'मतवाला' के लेखकों की संख्या बहुत अधिक थी। स्तंभ, सदस्य लिखते ही—शेष का अभाव न था। 'मतवाला' का मायाजाल काफी फैला हुआ था और उसकी धाक लगातार जमती ही गई।

कुछ माह की अवधि तक यह सब ठीकठाक चला। कार्य भार बढ़ा तो प्रबंध की समस्या सामने आयी। मुंशीजी 'भूतनाथ-कंपनी' के मैनेजर, जिसकी सुगंधित तेलों की किस्में विदेशों तक जातीं। मगर पत्रकारिता का उफान और आवेग इतना प्रबल था कि उसे छोड़ दिया। मुंशीजी ने सेठजी से कहा भी—'कहीं यह भविष्य की मैत्री के लिए घातक न हो।' सेठजी ने चाबी का गुच्छा फेंका, ठहाका लगाया—इसकी परवाह कहां थी? हिसाब-किताब में पक्के मुंशीजी में प्रबंध पटुता थी ही। तुरंत एक निश्चित व्यवस्था दी। सेठजी ने कभी कोई बाधा न दी। आटा-दाल से तरकारी तक का हिसाब रहता। वे बहुत सफाई पसंद थे। स्वयं बैठते तो एक-एक कण-कतरा साफ करते। कलम-पेंसिल तक धो डालते। धूप में सुखाते और करीने से कार्यकाल और आवास सजाये रहते। 'मतवाला' खुद मदहोश नहीं रह सकता था, क्योंकि वह 'मत' वाला था।

'मतवाला' के मुकुट थे—सूर्यकांत त्रिपाठी! सभी उनके मान-सम्मान का ख्याल करते। रामगोविंद त्रिवेदी पहली बार मिले तो मुंशीजी ने परिचय कराया। 'हमारे यहां एक क्रांतिकारी कवि हैं। उनको आपने देखा है? पद्मपलाशलोचन, आजानुबाहु, काकपक्षधारी, वृषभस्कंध और कोकिलकंठ हैं। उनकी उंगलियां अजंता-गुहा के चित्रों की छवि छीनती हैं। उनकी मांस-पेशियां ग्रीस-रोम की मूर्त्तियों की याद दिलाती हैं।

सुए कि टोंट-सी उनकी नासिका और अनारदाने से उनके दाँत देखकर आप घपले में पड़ जाये। जब ये भुजदंड ठोंककर अपने प्रशस्त वक्षःस्थल का विस्तार दिखाते हैं, बुद्धि पगुरी करने लगती है। डीलडौल पंजाबी, बोलचाल बैसवाड़ी, खानपान बंगाली, रहन-सहन वेदांती। जनेऊ को साबुन लगाकर धूप में रख देते हैं। तो जब तक कोई उसकी याद न दिलावे, तब तक उसका ध्यान छोड़ अपनी धुन में मस्त रहते हैं, 'सजीव रसगुल्ले' के बड़े प्रेमी हैं। 'केंचुआ-छंद' के आदि-कवि हैं। उनकी शंख-ध्वनि से हिंदी-जगत् में हड़कंप छा गया है।'

शिवाजी ने लिखा है—इस परिचय में कहे गये शब्द मुंशीजी के हैं। मुंशीजी ग्यारह वर्ष निराला से बड़े थे—इसका अहसास मुंशीजी ने कभी नहीं रखा—कहते—'महाराज! आपको पाकर हम लोगों ने 'आकाश-कुसुम' तोड़ लिया है। हम लोगों के सिवा इस संसार में 'गूलर का फूल' किसी ने न देखा होगा। निराला आंखों में हंसकर कृतज्ञता महसूस करते। निरालाजी जब अपनी कविताएं स्वाभाविक भाव-भंगिमा से सुनाते तो उनकी 'शिराएँ तन जातीं।' 'मुंह से फेन' निकलने लगता। 'आंखें तक लाल' हो जातीं। 'पूर्ण युवावस्था से सुडौल शरीर से ओजस्विनी। वाणी के साथ' उनके अभिनेय पाठ पर 'पुलकित' होकर सेठजी 'अंकवार में भर' लेते थे। मुंशीजी कहते—'आप योगभ्रष्ट योगी' हैं। पं. चंद्रशेखर पाठक की टिप्पणी थी—'निराला का डील-डौल ठीक-ठीक प्राचीन आर्यों की आकृति के समान है। तथा उनकी उँगलियाँ एवं उनके नेत्र अजन्ता के चित्रों का स्मरण कराते हैं।'

सेब की टोकरी हो या मिठाई का डब्बा—निरालाजी के हाथ आता, तो वे उसे भिखमंगों में बांटकर ही दम लेते। सुगंधित तेल की शीशी चाहे जिस मान-सम्मान के भाव से भेंट की हो—मुंशीजी ने! निरालाजी भिखमंगों के माथ पर लगाकर पूछते—'कैसा गमगमा रहा है—बोलो तो!' शिवजी ने लिखा है—'भिखमंगे भी निरालाजी को पहचान गये थे। अंगूर हो या 'मस्कट के मीठे खजूर' भिखमंगों को देकर कहते मेरे सामने चखकर बताओ कैसा है? मुंशीजी टोकते पैसे ही दे देते, चना-चबेना खरीदकर खाता तो पेट भरता। निरालाजी दो संतरे और दे देते। सेठजी कहते एक दिन संतरे या सेब खिलाने से भूखी हड्डियों का बदन सुर्ख लाल कैसे होगा? निरालाजी कहते—'दो रुपये दे दीजिये।' सेठजी बिना हिचक दे देते। निरालाजी महामौन में जीवन के दुर्भिक्ष को गुनते हुए साथ चलते। एक बार 'मतवाला' के एक मुसलमान कर्मचारी का समूचा हाथ मशीन में पिस गया। निरालाजी उसके घर गये। अस्पताल में उसे देखने जाते, गुलदस्ता भेंट करते। बीड़ी पीता था तो सिगरेट दे जाते। उसे पेशगी रुपये दिलवाये। उसके घर की मासिक व्यवस्था ठीक कर आये। 'मतवाला' का एक निर्धन हॉकर था। भाड़े की साइकिल पर पत्रिका बेचता। उसे नई साइकिल खरीद

कर दी—पैसे आये एक प्रकाशक से। 'मैं एक पुस्तक लिखकर आपको दूंगा।' उसके लिए 'डबल सूट' भी बनवाया और वादा किया, पढ़ाई जारी रखो—पुस्तकों के पैसे वे देंगे। 'मतवाला' का दरबान था एक गोरखपुर-बस्ती का सुंदर-सजीला युवक! उसकी शादी होने वाली थे। निरालाजी ने 'रेशमी साड़ी, मखमली कुर्ती, सोने का कर्णभूषण-इत्र-फुलेल और दस रुपये उपहार दिये। कनखी भी मारी, मुस्कराकर चुटकी ली और धीरे से कान में सुहागरात के गुर भी बता दिये। शिवजी की पत्नी बीमार पड़ी। शिवजी 'मतवाला' में व्यस्त रहते। निरालाजी ने कार्यालय में कमरा खाली कराया। सेवा-सुश्रूषा का जिम्मा लिया ऐसा कि मल-मूत्र तक की सफाई से भी न हिचके। ब्रह्मण्य भावभक्ति वाले बेहद संकोची शिवजी को लगा, धरती फट जाती तो शरण मिलती। हाथ जोड़ नरक में धकेलने की तोहमत लगाते हुए पूरी विनम्रता में पिघलते रहे। निरालाजी ने सहज होकर कहा—वे रामकृष्ण मिशन के सेवाव्रती हैं। और तो और एक बार आ रहे थे तो एक कुत्ता कराहता मिला। उसकी पीठ पर एक बड़ा व्रण था। सामने दवाखाना से मरहम खरीद लाये। रूमाल निकालकर घाव पोंछा, मरहम का लेप किया। नल पर हाथ धोकर लौटे तो मुंशीजी ने कहा बेचारे को खाने के लिए कुछ नहीं दिया। झट खोमचेवाले से पकौड़ियां लेकर सामने रख आये। उसकी आतुरता से गपकने की क्रिया देखकर ठहाके भी लगाये। वे देवोपम फकीर थे। शिवजी ने लिखा—'उनका स्वाभिमान बड़ा दुलार चाहता था। उनका नाज उठाना सबके वश का न था।' 'मतवाला' की मित्र-मंडली ने उन्हें भरे कलेजे से उठाया था और नेह तथा मान से सराबोर कर रखा था।

'मतवाला' ने पूरे हिंदी-जगत् में हड़कंप मचा दिया था। सनातन पाखंडियों पर ऐसी करारी चोट की कि वे 'धर्म-रक्षक' साप्ताहिक निकालकर अपनी सुरक्षा की टाटी खड़ी किये। पारसी थियेटरों के भद्देपन को लेकर खूब रगड़ाई की। इन थियटरों से दर्जनों मुफ्त 'पास' आते मगर यह बात आज के पत्रकारों को नोट करने की है कि किसी सदस्य ने कभी मुफ्त तमाशा नहीं देखा। बराबर 'मतवाला' के पैसों से देखा और छूटकर लिखा। ऐसा 'तहलका' मचा कि वे कार्यालय में आकर 'पनाह' मांगने लगे। इनमें एक थे हरिकृष्ण 'जौहर'! 'हिंदी बंगवासी' में काम किया था और पुराने साहित्यसेवी थे। पेट पोसने के लिए पारसी थियेटर के मुलाजिम हुए थे। वे मुंशीजी से इस बात की चर्चा करते कि 'ललितकंठ गायक' और कोकिल कंठी सुंदरियों के इशारे पर नाटक और गीत कांटे-छांटे जाते हैं। एक दिन बड़ी ही मार्मिक विनय की 'जईफी के आलम में जो सूखी रोटी और नमक नसीब है वह भी जब 'मतवाला' को पसंद नहीं है तब अपनी लेखनी को 'मतवाला-मंडल' में ही बंधक रखना चाहता हूं।' इतना कहकर उनकी 'आंखें छलछला' आयीं। 'मतवाला' ने उस दिन से पारसी

थियेटर को बक्श दिया।

'मतवाला' के सभी सदस्यों में विवेक था और बोध भी। हिम्मत और हुलास का अभाव भी न था। मगर निश्चित राजनैतिक संकल्प और उसके उद्देश्य को समर्पित कार्य-योजना न थी। विवशताएं दुनियादारी की थीं, मग़र कोई दुनियादार न था। दायित्व की अनदेखी का प्रवाह में बहते खुद को छोड़ जाने की मंशा से काम चल जाय—इसकी संभावना कमजोर पड़ती गई। स्वभाव संकोची शिवजी में साहस न था। वे बड़े बेतकल्लुफ होकर मजाक तो कर सकते थे मगर मेहनताने की मांग के लिए किसी तरह से मन को मना पाना उनके लिए संभव न था। होली के समय जो मिला—लेकर मार्च 1924 में गांव आये और वापस लौटने का मन फिर नहीं बना पाये।

चीजें अपनी गति से बेहतरी की ओर ही बढ़ती चली जायं तो देश, भाषा, साहित्य और समाज का चेहरा कुरूप क्यों हों? 'मतवाला' का वर्ष भी न पूरा, और मंडल में दरार आ गई। निरालाजी ने सेठजी को कहा—शिवजी असंतुष्ट लौटे हैं। मुंशीजी ने सफाई दी—शिवजी ने कुछ नहीं कहा। सेठजी को लगा भोले-भाले संकोची शिवजी अंदर ही अंदर कुढ़ते क्यों रहें? वे आहत हुए। लंबा खत लिखा। शिवजी ने इस मामले को कभी शब्द नहीं दिया। डॉ. रामविलास शर्मा ने निराला की जीवनी में इसकी छानवीन की और निष्कर्ष निकाला कि शिवजी पर पारिवारिक दायित्व था। प्रेस, पत्रिका में काफी आमदनी थी। 'मतवाला' के कारण प्रेस को काम बहुत मिल रहा था। मेहनताना के अनुरूप स्वयं सेठजी को पर्याप्त रकम देनी चाहिए थी। सेठजी ने इसे व्यापार नहीं माना, हालांकि कर वे व्यापार ही रहे थे। हाँ! मौज-मस्ती में कभी एतराज नहीं किया। पत्र में जोर देकर, आहत होकर, गुस्से जताकर साफ-साफ पूछा। शिवजी ने न रकम खोली, न ही आये। 'मतवाला-मंडल' का एक सदस्य जो निरालाजी के शब्दों में 'चमेली के फूल' की तरह गद्य लिखता था—अलग हो गया।

शिवजी अलग हुए—इसका असर 'मतवाला' पर पड़ा—इससे इंकार तो 'मतवाला' को भी न था। मगर स्वीकार में शान भी शामिल हो गया। 'मतवाला' की आदत थी अन्य पत्रिकाओं पर चुटकी लेने की। माधुरी, मनोरमा, चाँद, सुधा, वीणा—उसकी प्रेमिकाएं थीं। 'सरस्वती' को वह जननी मानता था। 'माधुरी' के प्रति उसकी दीवानगी बेइंतहा व्यक्त हुई। व्यंग्य-चित्रों में रूसना-फूलना, मान-मनौवल, अपहरण और विवाह तक की वारदातें थीं। 'माधुरी' की भाषा में दोष दिखाये तो वह रूठ गई। 'मतवाला' महाराज को मनाते-मनाते परेशान होना पड़ा। 'माधुरी' बोलती—'जाओ! तुम मेरी बोली में खोट निकालते हो, मैं तुमसे नहीं बोलूंगी।' टिप्पणियों में संपादक द्वय 'रूपकुमारी' और 'दुलारी'—रूपनारायण पांडेय और दुलारेलाल भार्गव की तो तोबह-तिल्ला मची रहती। ऐसी थी तब की स्पर्द्धा और आपसी नोंक-झोंक! एक प्रसंग में मामला

ग्राम्यता तक पहुँच गया। प्रेमचंद ने एक कड़ी चिट्ठी शिवजी को लिखी। 'मतवाला' की उक्त हरकत की तीखी निंदा की। थू...थू तक हुई। जाहिर था विवाद धीमा पड़ा। स्वाभाविक था उस 'मतवाला' से एक महारथी का हटना महत्वपूर्ण घटना हो गई। शिवजी के गद्य की सुवास हिंदी दिगंत में पसर चुकी थी। उनके काव्यात्मक गद्य के लालित्य ने सभी को मुग्ध कर लिया था। उधर दुलारेलाल भार्गव ने खतो-किताबत की। पक्की जानकारी इकट्ठी की और गांव के पते पर शिवजी को तार दिया। शिवजी कुछ सोच-विचार करते कि उनका मैनेजर गांव पहुंचा। मित्रता की। रकम के बारे में घरवालों को बताया। सभी ने दबाव दिया—शिवजी विवश, बाध्य होकर साथ गये। काशी में उतरकर मित्रों से मिलने का मन बनाया तो मैनेजर ने उनका सामान नहीं दिया। आप मित्रों से मिलकर कल आवें, मेरा घर रायबरेली में है, वहीं मिलूंगा। शिवजी लखनऊ आये और 'माधुरी' में शामिल हो गये।

शिवजी का 'माधुरी' में काम करना एक साहित्यिक हलचल थी। पाठक शिवजी की अनुपस्थित कलम की शिकायत करते—वैसे उसकी ग्राहक संख्या पर कोई असर न पड़ा। मूल प्रश्न था, क्यों हटे? 'मतवाला' और महादेव प्रसाद सेठ की प्रतिष्ठा को ठेस जरूर लगी। खड्गविलास प्रेस (पटना) की 'शिक्षा' ने इस प्रसंग को मजे लेकर छापा। 'पाठक तो उनके लेखों पर लट्टू थे।' इस पत्र की प्रशंसा का श्रेय तो उन्हें प्राप्त था। 'शिक्षा' की टिप्पणी 'मतवाला' को नागवार लगी। न चाहते हुए भी प्रतिष्ठा का प्रश्न बना। कलकत्ते में इसका काफी विरोध था। 'मतवाला' के 27 मई 1924 के अंक में मुंशीजी ने टिप्पणी लिखी।

'मतवाला-मंडल' भाई शिवपूजन सहाय का अनन्य प्रेमी और उनकी योग्यता का खूब कायल है और इसमें भी संदेह नहीं, कि उन्हें पाकर 'माधुरी' संपादकों ने एक योग्य सहायक पा लिया है। परंतु इस तरह का ख्याल जाहिर करना, बिल्कुल वाहियात है। इसी प्रसंग में यह कह देना भी अनुचित न होगा कि प्रायः दो महीने से भाई शिवपूजन सहाय 'मतवाला' में नहीं हैं, इसलिए जो लोग उनके लेखों पर 'लट्टू' रहे हों, वे अब कृपा कर 'मतवाला' न पढ़ा करें और इधर दो महीनों तक जो कुछ पढ़ चुके हैं, उसे वापस कर दें। साथ ही आइंदे से 'शिक्षा' पढ़ा करें, क्योंकि उसमें 'मतवाला' से भी बढ़कर मतवालापन रहता है।'

परन्तु वास्तविकता यह थी कि सेठजी और मुंशीजी न सिर्फ चिंतित थे बल्कि उन्हें वापस बुलाने को आतुर भी। उग्र को खत लिखा कि उसके जाने से सभी दुःखी हैं। लिखने का उद्देश्य कटाक्ष कदापि न था। उन्हें 'प्रेम की मूर्त्ति' कहा। उन्होंने बताया कि कलकते में एक दल 'मतवाला' का विरोधी है—वे प्रचार करते हैं कि 'मतवाला' गिर रहा है। शान की सुरक्षा में यह लिखना पड़ा। उनसे संबंध चिरस्थायी

है उसमें कोई कमी नहीं आ सकती। महादेवप्रसाद सेठ ने लिखा—भाई शिवपूजन को 'प्रेम-संभाषण' कह दीजियेगा। कहियेगा कि 'मतवाला' और महादेव 'दोनों उनके अभाव में निष्प्राण' से हो रहे हैं।' शिवजी को 'मतवाला' में मुंशीजी की टिप्पणी के छपने का कोई मलाल न था। उन्होंने उग्र को लिखा भी कि 'मतवाला' के प्रति उनका 'आमरण' भाव वही रहेगा। उनसे वियुक्त होने की 'यंत्रणा' भी चिरस्थायी ही रहेगी। वे मानते थे उनका कार्य उदर सेवा का है। वे पहले भी उग्र को स्पष्ट लिख चुके थे कि 'जीवन-भर' 'जपते' रहेंगे कि 'मतवाला' सा 'व्यवहार-बर्ताव' 'इस संसार' में 'कभी नहीं मिलेगा'। 'दिल' में भाव है। दुनिया जो कहे। उन्होंने आशंका भी जतलायी कि यहां 'अधिक दिनों' तक नहीं रहेंगे लेकिन 'मतवाला' की 'शरण' भी नहीं जायेंगे। इस निश्चय पर संदेह भी प्रकट किया कि 'बिना पेंदी का लोटा' कभी इधर, कभी उधर 'लुढ़क जाय' तो भी 'आश्चर्य' नहीं। प्रारंभ में लगा भी था कि रूपनारायण पांडेय और कृष्णबिहारी मिश्र की उदारता और सहृदयता सज्जनापूर्ण है। कोई शिकायत न थी। वे मानकर चल रहे थे कि घरवालों ने पैसों के लिए उन्हें बेच दिया है। वे रुपये के बल पर खरीद कर लाये गये हैं। वे सेठजी और मुंशीजी के 'कृपाभाव' को 'आमरण' याद रखने की दुहाई बार-बार दे रहे थे। कुछ दिनों बाद तक सेठजी और मुंशीजी ने बुलाने का पत्र लिखा—शिवजी के आने के बारे में लिखा। 'माधुरी' में वास्तविकता का ज्ञान भी होने लगा। एक पत्र में उग्र को लिखा—'माधुरी' कार्यालय 'यमालय' है। दूर का 'ढोल' सुहावना। उन्हें सीधा-सपाटा जानकर 'अधिकार का अंकुश' बढ़ाया जा रहा था। जो हो, आपसी मलाल किसी ने पनपने नहीं दिया। मनो-मालिन्य कायम ही न रहा। यह उस युग के निष्पाण मन की अपनी नहीं विशिष्टताएं थीं। एक ही नशा—'हिंदी का हित!' स्वाभिमान और विनम्रता का अद्भुत संतुलन, उनके व्यक्तित्व की बुनियाद में ही था।

'मतवाला' की निर्भीकता और आक्रामकता कायम रही। उसके मजाक और व्यंग्य से चिढ़ भी हुई—कई पत्रिकाएं खार खाए बैठी थीं ही। एक बार तो 'सरस्वती' पर भी कटाक्ष कर दिया था—तो आचार्य द्विवेदी ने 'मतवाला' का एक अंक पूरी तरह रंग कर दिखा दिया था कि तुम्हारी भाषा की व्याकरणिक हैसियत क्या है? शिवजी ने लिखा है—उस अंक को लेकर निरालाजी देर तक हंसते रहे थे।

प्रयाग से एक पत्रिका निकलती थी—'मनोरमा' संपादक थे संभवतः ज्योतिप्रसाद 'निर्मल'! उसमें एक टिप्पणी छपी—निराला पर रवींद्रनाथ की कविताओं की भाव चोरी का। 'मतवाला' में प्रतिवाद छपा 'अंध-परंपरा', लेखक थे मुंशीजी! तभी एक और दुर्घटना हुई। 'प्रभा' के संपादक थे—बालकृष्ण शर्मा 'नवीन'। वहां 'भावों की भिड़ंत' नाम से एक लेख छपने को आया। निराला पर स्पष्ट आरोप थे। नवीनजी

ने मुंशीजी को पत्र लिखा। मुंशीजी ने लेख मंगवाया मगर 'प्रभा' में छापने के लिए नवीनजी ने उसे रख लिया। पूर्व सुरक्षा की दृष्टि से सूर्यकांत त्रिपाठी निराला ने संपादक के नाम एक पत्र भेजा। मुंशीजी ने उसे 'मतवाला' में प्रकाशित कर दिया। इससे बात बनी नहीं। 'प्रभा' में 'भावों का भिड़ंत' छद्मनाम 'श्रीयुत भावुक' की ओर से छपा। यह एक जबर्दस्त धमाका था। हंगामा मच गया। यह दूसरा बड़ा धक्का था। 'मतवाला' को पहली बार कोई पत्रिका उसी की शैली में करारा उतर दे रही थी। दुर्भाग्य से यह वार झेलना था 'मतवाला-मुकुट' को ही। 'मतवाला'-कार्यालय में पहले तो सन्नाटा छाया रहा परंतु फिर कमर कसी गई। निराला भाल तिलक थे। उन पर पुती कालिख स्वीकार और सह्य नहीं थी। मुंशीजी ने लंबा लेख लिखा—'निराला बनाम रवींद्र!' परंतु मामला वैसा जमा नहीं। 'मनोरमा' ने लिहाड़ी ली, कहा—'चोर की सफाई।' निराला का नशा महादेवप्रसाद सेठ से अगर उतरने नहीं लगा, तो धूमिल जरूरी हुआ। निराला भी बुरी तरह आहत हुए। 'मतवाला' में उनकी कविताएं छपनी बंद हो गई। 'मतवाला' की हेकड़ी मशहूर थी। अब लोग 'मतवाला' पर, निराला पर और उसके सदस्यों पर हँसते, मजाक उड़ाते।

महादेवप्रसाद सेठ का साहित्य-बोध लड़खड़ाया या नहीं, भाव-बोध में जरूरी परिवर्तन हुआ। निरालाजी जैसा स्वाभिमानी अपने कंधे से हाथ भर नीचे को, बहुत ज्यादा झेल नहीं सकते थे। निराला ने 'मतवाला' को गौरव दिया था, उसकी कीमत भला सेठजी क्या आंकते? निराला ने मन ही मन कुछ तय किया। मुंशीजी से चालीस रुपये लिए और गढ़ाकोला को चल दिये। 'मतवाला' को यह बहुत बड़ा धक्का था और जबर्दस्त था। निराला के बिना 'मतवाला' श्री-हीन हुआ। शताब्दी का प्रतिनिधि कवि अपमानित वापस हुआ।

हिंदी में कुछ प्रतिभाएं उल्कापात की तरह थीं। जब तक रहीं—अपने आसपास बवंडर लिए रहीं। आंधी-तूफान से भरी रहीं। चमकी तो चकाचौंध किये रहीं। गईं तो झकझोरती गईं। उग्र-भुवनेश्वर और राजकमल चौधरी! ये जैसी भी थीं—पैने नाखूनों वाली झपट्टेदार प्रतिभा—जो मानवीयता की सदहदों को तोड़कर भी अपराध नहीं महसूस करती। इनमें उन्मुख अराजकताएं थीं—भरपूर स्वेच्छाचारिता! इनके कारनामों को सहन करना तो दूर, कभी-कभी सुनना भी शयाद ही कोई गंवारा करें! मगर वे हिंदी की धरोहर स्मृतियां भी बनीं।

उग्र की नफासतें तो इत्र की चम्पी करनेवाली थीं, मगर विकृतियों की बदबू दम घोंटनेवाली। बिगड़े बादशाह-सी सनकें थीं। बुराई पर बकोटा मारा, तो बहुत ठीक-अच्छाई को दरमेशा तो कोई फिक्र ही नहीं। जो जी में आये, परिणाम की परवाह

नहीं। ठेंगे पर साहित्य और समाज! मन की तरंग पर कभी लगाम ही नहीं रही। कोई माने या मत माने—इनकी कलम में शोखी थी और असामान्य ताकत भी थी—उसका गरूर भी था!

उग्र ने उम्र की सीढ़ियां भी नहीं चढ़ी थी कि घोर निर्धनता में धंसें पाँवों ही होश संभाला। बाप पुजारी, पेशा जजमानी। भाई आवारा। उसे गांजा, चरस और शराब की स्थायी लत थी। जुए में गहने तक कौन कहे घर की जजमानी पोथी-पथरा तक बेच दिया। विरोध करने पर मां, पत्नी को जूतों और लातों से मारा। उग्र ने आठ साल के बचपन में सुनहरी जुल्फें पाली। फूल-चिड़ी लगाया। सीता का अभिनय किया। रामलीला मंडली में रासलीला की जहालत भरी जिंदगी झेली। महंत भागवतदास की मंडली में लाहौर, अमृतसर, बन्नू-कोहाट तक यात्रा की। उग्रजी के आग्रह पर उनके चाचा ने काशी में उनको स्कूल में भर्ती करा दिया। एक बार गांधीजी के जन्मदिन पर तुकबंदी सुनाई तो धाक जम गई। सहपाठी, मित्र बने—कमलाप्रसाद त्रिपाठी, लक्ष्मीनारायण मिश्र, रामनाथ लाल 'सुमन', विनोदशंकर व्यास। प्रसाद, प्रेमचंद, संपूर्णानंद के स्नेह भाजन भी बने। एक बार काव्य प्रतियोगिता हुई तो पंतजी प्रथम आये, उग्रजी द्वितीय! वहां से 'उग्र' नाम से एक हस्तलिखित पत्रिका भी निकाली। मगर 20 वर्ष की उम्र हुई तो स्वाधीनता आंदोलन में किसानों के बीच भाषाण देने लगे। किस्मत ने पल्टी खायी और काशी के 'आज' तक जीवन की बहती हुई नाव लगी। 'आज' के मालिक शिवप्रसाद गुप्त समर्पित और समझदार स्वाधीनता सेनानी थे। स्वयं सुयोग्य और जागरूक पत्रकार। 'मर्यादा' में उनके अनेक महत्वपूर्ण राजनीतिक लेख प्रकाशित हैं। 'आज' घोषित रूप से कट्टर राष्ट्रवादी पत्र था। स्वाधीनता आंदोलन में उसकी अग्रगामी भूमिका जगजाहिर थी। संपादक तो श्रीप्रकाशजी थे, मगर मुख्य दायित्व था बाबूराव विष्णुराव पराड़कर पर। बाद में वे ही संपादक बनें। बिड़ला ने पराड़करजी को डेढ़ हजार रुपये से भी ज्यादा वेतन का वास्ता दिया। उन्होंने पेशकश ठुकराकर साठ पर ही काम करना स्वीकार किया। 'आज' की माली हालत खराब हुई तो अपना ही वेतन कम कर लिया। उग्र ने अपनी एक कहानी किसी परिचित के माध्यम से भिजवायी। श्रीप्रकाशजी ने कहा—लड़कों की रचनाएं 'आज' नहीं छापता। पराड़करजी ने उस रचना को वापस नहीं किया। उसमें सुधार किये और प्रकाशित कर दिया, उग्र ने लिखा है—'श्रद्धेय पराड़करजी मेरे गुरु थे और सच मानिये—ज्ञानमंडल, 'आज' और पराड़करजी न होते तो 'उग्र' कदपि न होता। एक दिन एकाएक 'आज' में देखा—वही कहानी प्रकाशित! इस एक घटना ने मुझे शक्ति दी, रोटी दी, रोजी दी—आंखें खोलीं, दृष्टा और स्रष्टा स्पष्ट किये। उक्त कहानी छपने के बाद मुझे भारी भरोसा हुआ—हिम्मत हुई श्रद्धेय पराड़करजी के सामने जाकर करबद्ध खड़े होने की।

मैंने प्रार्थना की—'पंडितजी, मैं भी आपके चरणों की कृपा से कुछ सीख लेता तो मेरा बेड़ा पार हो जाता—'मेरी कोई कहूं नाहिं, चरन गहत हौं।'

उग्र पत्रकार और लेखक बन गये। कहानी, कविता, एकांकी और लेख—सब कुछ लिखा। गोरखपुर में 'स्वदेश' के एक अंक का संपादन क्या किया पत्रिका ही जब्त करा दिया। नौ माह की सजा भी हुई। उग्र देखते-देखते क्रांतिकारी हो गये। पूरी हिंदी ने इसे प्रमुखता से लिया। 'स्वदेश' का जब्त 'विजयांक' (5 अक्टूबर 1924) एक धरोधर अंक बना। उनकी भाषा में बला की ताकत थी—मगर अपनी प्रतिभा का इस्तेमाल पूरी स्वेच्छाचारिता में की। 1921 ई. में जेल से आने के बाद 'आज' में कविता छपी—'कामना'। 'भयंकर ज्वालाएं जाग उठें, सब ओर आग की हो जाय भरमार।' 'अपनी खबर' (108) में लिखा है—“मेरी लेखनी में अंग्रेजी राज के प्रति घोर घृणा तथा क्रांतिकारियों के लिए महामोह था।”

उग्र के नाम का डंका बज चुका था। महादेवप्रसाद सेठ भी मिर्जापुर के ही रहने वाले थे। शिवजी से उग्र का पत्राचार 'मारवाड़ी सुधार' और 'आदर्श' के समय से ही था। मुंशीजी से भी 'मतवाला' में काम करते पत्राचार हुए थे। शिवजी ने 'मतवाला' में सचित्र जीवनी के लिए चित्र और चरित्र की मांग भी की थी। पत्राचार सेठजी से भी था। उग्र कलकत्ता आये तो पृष्ठभूमि तैयार थी। उग्र 'मतवाला' में शामिल हुए और जम गये। 'मतवाला' के अन्य सदस्य जितनी भंग खाते उग्र उतनी अकेले चढ़ा जाते। सभी शाम को ही सेवन करते। उग्र ने नशे की किस्मों और लेने के समय से पाबंदी हटा रखी थी। वे धुआंधार लिखते भी। भाषा की तल्खी और शोखपन का पूछना ही क्या! सामाजिक पाखंडों के कुत्सित पक्षों का तफसील में उद्‌घाटन अपनी चटपटी चित्रात्मकता और मार्मिक शैली में करते हुए, बड़े ही लोकप्रिय हुए। उग्र को उर्दू नहीं आती थी—बल से! सुनकर ही शब्दों का प्रयोग कर लेते। डॉ. रामविलास शर्मा ने लिखा 'अनुप्रास की छटा', 'शोख शैली का चुलबुलापन' लिए 'ठुमकती-थिरकती' शैली से पाठकों को मोहित किया। गाली में पूरा हिंदी संसार उनका लोहा मानता था। एक बार पाला परसाई से पड़ा। किसी रचना पारश्रमिक पर पत्र लिखा। ऐसी-तैसी वाली भाषा। हरिशंकर परसाई ने वस्तुस्थिति बताया और लिखा—'जहां तक गालियां की बात है, तो वह मैं आपको आपसे ज्यादा दे सकता हूं।' उग्र ने पोस्टकार्ड लिखा 'जीते रह पट्‌ठे!' उग्र के बारे में रामचंद्र शुक्लजी ने लिखा—'समाज के भिन्न-भिन्न क्षेत्रों के बीच धर्म, समाज-सुधार, व्यापार-व्यवसाय, सरकारी काम, नई सभ्यता आदि की ओट में होने वाले पाखंड पूर्ण पापाचार के चटकीले चित्र सामने लाने वाली कहानियां उग्रजी की हैं। उग्र की भाषा बड़ी अनूठी चपलता और आकर्षक-वैचित्र्य के साथ चलती है।' उग्र के पास विलक्षण मायाजाल था, मोहनी मटक थी और निरंकुश

कलम! वे महादेवप्रसाद सेठ को प्रभावित करने के लिए काफी थीं और 'मतवाला' छा जाना बांये का हुनर था। उग्र के पास दो जबर्दस्त विषय थे—वेश्याओं की जिंदगी और लड़कों से अप्राकृतिक अत्याचार! 'चाकलेट' छपा तो पं. बनारसीदास चतुर्वेदी ने 'घासलेटी साहित्य' के नाम पर तीखा विरोध किया और एक तरह से आंदोलन ही खड़ा कर दिया। उग्र ने कहा यह तो सामाजिक बुराई को दूर करने के लिए अनिवार्य दायित्व है। विश्वास कीजिए—'चाकलेट' पर महात्मा गांधी ने अपनी सम्मति दी। शोर-शराबे की शानदान परंपरा रच डालने के फन में माहिर उग्र ने सेठजी को मुग्ध कर लिया। शिवजी की कमी न खली, मुंशीजी गौण पड़ रहे थे। सेठजी का साहित्यबोध लड़खड़ा गया। सेठजी को उग्र एक नये धूमकेतु की तरह लगे। सेठजी में बोध और वैचारिकता का अभाव था—वे भावप्रवण व्यक्ति थे।

शिवजी कुछ दिनों तक लखनऊ में जमे। मगर अचानक भयानक दंगा छिड़ा। उन्होंने अपनी दुर्लभ पांडुलिपियों और अमूल्य पत्रों की पिटरी छोड़कर किसी तरह जान बचायी। भागकर गांव आये। बमुश्किल जान बची थी। 20 सितंबर 1924 को 'मतवाला' में लखनऊ दंगे पर शिवजी की एक बहुत ही दहशत भरी मार्मिक चिट्ठी छपी। उस चिट्ठी में उन्होंने बताया कि उनकी काफी दुर्लभ रचनात्मक सामग्री, नोट्स तथा बिहार के साहित्यिक इतिहास की सामग्री खो गई। दुलारेलाल भार्गव ने फिर वापस आने को लिखा। लाभ-लोभ दिखाया। शिवजी को अच्छा मौका मिला था। 'मतवाला' का स्वाद बार-बार याद आ रहा था—खास तौर से उसकी अलभ्य समृद्ध संध्याएं। लिखा—'घरवाले नहीं मानते। मैं कलकत्ते जा रहा हूँ।' शिवजी जनवरी 1925 में कलकत्ता आ गये। 29 जनवरी 1925 को 'मतवाला' में यह सूचना छपी कि शिवजी पुनः 'मतवाला' में आ गये। यह 'मतवाला' की बड़ी विजय थी। एक बार फिर पुरानी दुनिया की दौलत वापस हुई। 'मतवाला' और मत्त हुआ।

इसी बीच निराला गांव रहे, ससुराल गये और फिर कलकत्ता! मान के कारण कभी 'मतवाला' की ओर रुख नहीं किया। बिना निराला के 'मतवाला' का सूनापन भर नहीं पाता था। सेठजी मिर्जापुर में थे। उन्हें वहीं निरालाजी के कलकत्ता पहुंचने की सूचना मिली। कचोट थी ही मन में। शिवजी को पत्र लिखा—'निराला को प्रणाम निवेदित कीजिए। उनके कलकत्ता में रहते 'मतवाला' में कविताएं न छपें, घोर लज्जा की बात है!' वसंत, 1925 में सेठजी कलकत्ता आये। सेठजी ने सभी 'मतवाला' सदस्यों के साथ मान-मनौव्वल की। निराला का नाज तो दुलार ही चाहता था। मान गये। फिर वर्ष 1925 से निराला की कविताएं 'मतवाला' में छपने लगीं। 'मतवाला' का पुराना वैभव अपनी पूरी संपन्नता में दीप्त हो उठा। 'मतवाला' इस भरी-पूरी समृद्धि से एक बार फिर झूम उठा।

स्वाधीनता आंदोलन का विकास अपने ढंग से विकसित हो रहा था। अंग्रेजों को साम्यवादी लहर दबाने की चिंता थी। किसानों का विद्रोह परवान चढ़ने को आतुर था। कारखानों के मजदूर संगठित विद्रोह पर उतारू थे। उन्होंने नई चाल खेली। सांप्रदायिक शक्तियों को उभरने दिया। हिंदू और मुसलमानों के अनेक संगठन सामने आये। इसमें हिंदू महासभा और मुस्लिम लीग प्रमुख थे। आर्य समाजी, सनातनी—अन्य अनेक नये संगठन भी खड़े हुए। कांग्रेस में सभी का घालमेल था।

'मतवाला-मंडल' के संस्थापक महादेवप्रसाद सेठ का झुकाव हिंदुत्व की ओर था। वे 'मतवाला' के स्वर को मुसलमान विरोधी बना रहे थे। मुशीजी भी इसी सोच की ओर झुके मालूम पड़ते हैं। शिवजी में वैष्णवी धर्म-भीरुता तो थी मगर वे उदारमना थे। यह परिस्थितियों की उपज थी। घोर सांप्रदायिक कोई नहीं था। उग्र की आस्था का कोई अंदाज नहीं था। सब कुछ उनकी इच्छा पर था। निराला पर इन दबावों का असर नहीं पड़ रहा था। वे 'शिवाजी का पत्र' नामक राष्ट्रीय चेतना की कविता से आगे नहीं बढ़े। शिवजी ढाई-तीन महीने बाद ही फिर 'मतवाला' से अलग हो गये। एक पत्र में निरालाजी ने लिखा 'मतवाला' का मुकदमा सुनकर चिंता हुई। यह होनी ही थी। सांप्रदायिकता के आरोप में सेठजी जेल भी हो आये।

उग्र का अत्याचार बढ़ता ही गया। उपेक्षा निरालाजी ने भी महसूस की। उग्र के नाज-नखरे लगातार बढ़ते जा रहे थे। वे सेठजी को गालियां देते तो भी वे खुशामद ही करते। निराला की पुस्तक छपने की चर्चा तक नहीं—उग्र धड़ाधड़ छप रहे थे। 'दिल्ली का दलाल' डेढ़ महीने में 1,100 बिक गया। 'मतवाला' में उग्र की तस्वीर छपी—निराला की कभी नहीं। उग्र को जब यह लगा कि निराला कुढ़ रहे हैं तो सीधी कमान ही साध ली। बाजार-सम्राट उग्र की डींगों से निराला क्रुद्ध हो जाते। उग्र को विलायती पीने का शौक था और पहचान का दावा। निराला ने रंग घोलकर ठर्रा पिला दिया। विनोदशंकर व्यास आये तो बता दिया—'उग्र बड़ा चालू बनता है।' उन्होंने बात उग्र तक पहुंचा दी। उग्र ने कहा—'मैं तो पीते ही पहचान गया था। यह भी कोई बात है? जहर दे दो—फिर कहो पीनवाले को जहर की पहचान ही नहीं।' उग्र ने इसे याद रखा। हिंसक और अमानवीय निश्चय की हिलोरें ठाठें मार रही थीं। वह निरंतर निरंकुश होते जा रहे थे। उनकी दादागिरी से मुंशीजी मरमरा जाते, मगर चुप रहते। सेठजी उनसे बुढ़ापे में व्याही बीबी की तरह पैमाल थे। उग्र मौके की ताक में थे। निराला को सोनागांछी ले गये और गंदे रोग वाली वेश्या से संपर्क करा दिया। निराला रोगग्रस्त हो बुरी तरह परेशान हो उठे। उन्हें प्रसादजी ने काशी बुलाया। अच्छे वैद्य से इलाज करवाया। हितैषी हिन्दी संसार चिंतित, दुश्मन प्रसन्न!

राधामोहन गोकुल ने पत्र लिखा—'आपका पत्र पढ़कर दुःख हुआ पर आपकी

सत्यवादिता से प्रसन्नता हुई। अब आप सीधे मार्ग पर चलेंगे तो आपका कल्याण होगा। पुस्तक लिखें। सादा भोजन, मूँग की दाल, रोटी, शाक खायें और चौथे रोज 'केलोमेल 200' ले लिया करें तो रोग कुछ काल में जड़ से चला जायेगा। मेरी हाथ जोड़कर प्रार्थना है कि अब अपने स्वभाव को और आचार-विचार को सँभाले। आप सदृश योग्य पुरुष का समाज के हाथ से निकल जाना बड़े दुःख की बात है। समाज में रहने के लिए समाज का थोड़ा बहुत ख्याल रखना ही पड़ता है।' शिवजी ने उन्हें लिखा था 'प्रसादजी दवा भिजवा चुके। निराला ने गढ़ाकोला से शिवजी को पत्र लिखा कि 'बीमारी एक आना है।' 'उस समय निरालाजी के पैर की अंगुली में भी चोट थी। उसी पत्र में नीचे जोड़ा—'मतवाला' वाले हमेशा टट्टी की ओट से शिकार खेलते हैं।' 'उग्र की यह भी एक मौलिकता थी।' शिवजी ने एक सुंदर और आत्मीय पत्र भेजा कि एक आना बीमारी को जानकर प्रसन्नता हुई। अपनी चली आ रही चिन्ता की चर्चा की। आगे लिखा—'कृपया अब बराबर लिखा कीजिए। आप बहुत कुछ कर सकेंगे। आप में जो कुछ है, उसे मुझसे अधिक बहुत कम लोग जानते होंगे। पैर की अंगुली की चोट अब कैसी है? रक्षा कीजिए शरीर की। आप हिंदी की धरोहर हैं।'

निरालाजी के बाद 'मतवाला' पूरी तरह उग्रमय हो गया। उनकी रचनाएं! उनकी पुस्तकों के विज्ञापन! इस समय के अंकों का स्तर इतना गिर गया था कि सहसा विश्वास नहीं होता कि इसी 'मतवाला' ने हिंदी में धूम मचायी थी। सेठजी उग्रजी की पुस्तकों से खूब पैसे उगाहते 'मतवाला' में उन पुस्तकों का धारावाहिक प्रकाशन होता। सेठजी उग्र पर दिलोजान से निछावर हो गये थे। एक पत्र में लिखा—'मेरी लालसा है कि बीसवीं सदी आपका Sole Publisher रहे। आपने बाल कटाकर अच्छा नहीं किया, कम-से-कम मुझे पसंद नहीं सारा आर्ट और सारा हुस्न ही जाता रहा। आपका यह विचार कि आप बैंक में कुछ रुपया रखना चाहते हैं, मुझे खूब पसंद है। आपके पास (Ready Money) रहना और मेरे पास रहना समान ही है। जहां तक संभव हो बचाइए और संग्रह कीजिए। आवश्यक होने पर 'महाजन' बनाऊंगा परंतु सूद न खाने दूंगा कसम मौला की—सूद खाना हराम है! दलाल का तीसरा संस्करण आरंभ कर दिया है।' सेठजी शिवजी से और निरालाजी से 'मतवाला' के लिए रचनाएं मांगते। 1928 के होली-अंक के लिए रचना मांगी। निराला ने दिया भी।

उग्र की एक ही किरकिरी थे—मुंशीजी! अकेले मुंशीजी के लिए भी उग्र को झेलना दुष्कर हो गया। उनकी मानसिक पीड़ा शिवजी के नाम भेजे पत्रों में बंद पड़ी है। उन्होंने अपनी विवशताओं का उल्लेख करते हुए उग्र की घृणित विकृतियों का भी खुलकर वर्णन किया है। शिवजी किसी एक की बात, दूसरे से नहीं करते। उनकी निजी निकटता मुंशीजी से अत्यंत सघन बनी रही, परंतु कभी किसी से बिगाड़ भी

न हुआ। वे काफी झुककर, अतिशय विनम्रता और प्रशंसा करते हुए संबंधों का निर्वाह करते रहे। उग्र की रचनाओं पर उनके नाम भेजे पत्रों में जो प्रतिक्रियाएं हैं—वे पूरी तरह अभिभूत होकर लिखी गई हैं। 'चंद हसीनों के खतूत' पर उनकी शानदार सम्मति 'मतवाला' में विज्ञापित की जाती रही। यह एक लंबी प्रतिक्रिया थी—जिसमें कलम तोड़ उच्छ्‌वास शैली में भावनाओं का अतिरेक व्यक्त हुआ था। उनकी प्रतिक्रिया पूरी तरह घोर प्रशंसा में लिखी गई थी। मुंशीजी ने इस पर गहरा आश्चर्य प्रकट लिया कि उनके जैसा नैतिक मूल्यों का पक्षधर और सावधान लेखक भी शब्दों और भावों की इतनी फिजूलखर्ची कैसे कर गया? मित्रता में? मुंशीजी ने अपने पत्र में उग्र की प्रतिभा को स्वीकार भी किया था। वे उग्र की अराजकता और अश्लीलता के कट्टर विरोधी थे। वे नहीं चाहते थे शिवजी जैसा सम्मानित लेखक उग्र की पक्षधरता करके, उसकी अराजकताओं की स्वीकृति दिलाये। उन्होंने उग्र का हाल बयान किया कि किस तरह 'मतवाला' कार्यालय में कमसिन बटुक बालकों की भीड़ से उग्र घिरा रहता है। उन्होंने यह भी लिखा कि प्रतिष्ठा बचानी मुश्किल! वे तो तुरंत 'मतवाला' छोड़ेंगे। बाहर मुंह चुराना पड़ता है। उन्होंने जिक्र किया था कि एक बार उग्र उन्हें सुनाकर कह रहा था कि मैं तो अपनी बेटी को भी नहीं छोड़ता। पेड़ मैंने रोपा तो पहला फल भी मैं ही खाऊंगा। यह तो संयोग ही था कि उग्रजी आजीवन कुंवारे रह गये। घृणा से मुंशीजी की कलम भी घिना रही थी। वे कहाँ तक लिखते—मिलने पर सुना सकते हैं। ध्यान देने की दो बातें यह हैं कि मुंशीजी फिर भी उग्र को प्रतिभाशाली मान रहे थे और कह रहे थे कि उग्र ने प्रतिभा का अपव्यय किया—खुद पर अत्याचार किया। दूसरी बात यह कि शिवजी निर्लिप्त भाव से सब कुछ सुनकर भी उग्र के साथ पत्राचार कायम रखे और आत्मीय मैत्री का आजीवन निर्वाह किया। उन्होंने सेठजी की भी चर्चा की—किस तरह उनकी आंख उलट रही है। उन्होंने लिखा था आप तो जानते ही हैं कि 'मतवाला' के लिए उन्होंने क्या-क्या किया। अपनी शानदार नौकरी तक छोड़ दी। परंतु सेठजी दगा दे रहे हैं। उन पत्रों में मुंशीजी की मानसिक पीड़ा का मार्मिक प्रतिबिंबन हुआ है। उनके मन का छलनी होना स्वाभाविक ही था।

1-10-27 को 'मतवाला' में सूचना छपी 'उग्रजी कुछ दिनों के लिए काशी जा रहे हैं। उनके मित्रों और प्यारों को नोट कर लेना चाहिए। फिलहाल उनका पता होगा—'कबीर चौरा, बनारस सीटी।' कुछ दिनों बाद 19-11-26 को फिर छापा गया—'उग्रजी पुनः काशी से मंडल आ गये। अब हम शीघ्र ही 'बुधुआ की बेटी' 'मतवाला' में प्रकाशित करने की आशा करते हैं।' आप उग्र के रुतबे का अंदाज कर सकते हैं। जिस तरह की हैसियत उग्र को मिल रही थी—वैसी मुखर धृष्टता

किसी पत्र ने, किसी के लिए न किया होगा—'मतवाला' सदस्यों में शेष की तो बात ही अलग। जिस 'मतवाला' ने भगतसिंह जैसे क्रांतिकारियों के लेख छापे। पारसी थियेटर की भड़ैती पर लिखकर उससे पनाह मंगवायी। अपनी बेबाक और सार्थक आलोचना से हिंदी पत्रों में अग्रगामी हैसियत प्राप्त की—जिसकी राजनीतिक टिप्पणियों ने मालवीय और नेहरू तक को नहीं बक्शा। अनेक राज्यों के निरंकुश राजाओं की अंदरूनी पोल खोलने के साथ, महंथों और धार्मिक कट्टरता की धज्जी उड़ायी। उसी 'मतवाला' की ऐसी अधोगति निःसंदेह खेदजनक थी। मुंशीजी के पत्रों में इस पीड़ा का खुलकर इजहार है।

सेठजी की मति में जो षड्यंत्र चल रहा था उसका एक कारण उनका संकोच था। वे खुलकर मुंशीजी से बात करने में कतरा रहे थे। मुंशीजी भी मर्यादा वाले थे। शिवजी को खुलकर लिख तो सकते थे मगर साफ-साफ सेठजी से बात करने में थथम जाते थे। वे अंदर-अंदर चेत रहे थे और सम्मानजनक रास्ते की ताक में थे। परिवार काफी बड़ा था—ससुराल के भी कुछ लोग साथ रहते थे, मगर ऐसा होना आसान भी न था। उन्होंने 'मस्त मतवाला' साप्ताहिक से समानान्तर प्रतिपक्ष खड़ा करने की शुरुआत भी की। इस बाबत शिवजी को भी पत्र लिखा। पत्र निकालने भी लगे, मगर डौल जमा नहीं। वैसे पत्र तो निकलता ही रहा। इसी बीच 'भूतनाथ' कंपनी के मालिक के भतीजे कनकाप्रसाद चौधरी के प्रस्ताव पर 'सरोज' नाम से सुंदर सुरुचिपूर्ण मासिक निकाला। उग्र से भी कहानी मांगी। उग्र ने वही कहानी 'मतवाला' में भी दे दी—सेठजी ने नाम बदलकर छापने को कहा। इस बाबत सेठजी और मुंशीजी में और मनमुटाव हुआ। निराला से कविता और मोटो की मांग की—निराला ने भेज दिया। इन बीच वे 'मतवाला' में रहकर भी प्रायः उदासीन रहते। उधर उग्र ने पैसों की मांग करके सेठजी पर भी दबाव बढ़ा दिया था। उग्र अक्सर कलकता से बाहर जाते तो बिना मनावन के लौटते ही न थे। वे सेठजी के भाव का भरपूर दोहन कर रहे थे। सेठजी के उग्र के नाम छपे पत्र, इस दृष्टि से काफी दिलचस्प हैं। 'विजयादशमी' के पहले कोई कापी न देने की बात का हठ छोड़ दो। ऐसी जिद्‌द करने से मर जाऊँगा। दया करो महाराज! क्रोध संवरण करो।' उग्र लौटने को राजी भर हो जाते तो सेठजी पिघलकर पानी! 'आप कलकता आने पर राजी हैं, यह जानकर अर्द्ध निहाल हो गया। मुंशीजी से संभवतः शीघ्र ही पिंड छूटेगा ऐसी धारणा यहां कि स्थिति देखकर हो रही है।' इस सबका 'मतवाला' की बिक्री पर भी असर पड़ रहा था। उसकी साख गिर रही थी।

मुंशीजी उग्र, शिवजी, निरालाजी, सहित तमाम लेखकों की रचनाएं मांगते, सम्मति मांगते, सहायता मांगते और 'मस्त मतवाला' तथा 'सरोज' जमकर निकालते रहे। शिवजी की सर्वोत्तम रचना 'कहानी का प्लॉट' इसी में प्रकाशित हुई थी। 'सरोज'

निस्संदेह एक उच्च कोटि का महत्वपूर्ण मासिक बन गया।

उग्र के सम्मोहन में सेठजी की आशक्ति इस स्तर तक पहुंचती गई कि वे सब कुछ समेटकर मिर्जापुर ले जाने की बाबत सोचने लगे। 19-1-29 को 'मतवाला' में एक सूचना छपी—"मेरे कृपालु मित्र, मुझे नीचे लिखे पते पर पत्रादि भेजा करें। अब यही मेरा स्थायी पता है—नवजादिकलाल श्रीवास्तव, सहसंपादक, 151 मछुआ बाजार स्ट्रीट, कलकत्ता"।

यह सूचना 'मतवाला' की ओर से नहीं, मुंशीजी की ओर से थी। मुंशीजी 'मतवाला-मंडल' से अलग हो गये थे मगर हिसाब-किताब नहीं हुआ था। सेठजी 24-6-29 के पत्र में उग्र को लिखते हैं—'यह खूब सोच-समझकर निश्चय कर लिया है कि पुस्तकों का कारबार मिर्जापुर से ही करूंगा। आरंभ में कुछ क्षति हो तो हो। 'बुधुआ की बेटी'—दो भाग, 'बलात्कार' और 'चाकलेट' तथा शेष पुस्तकों की बची हुई प्रतियां मालगाड़ी से मिर्जापुर भेज रहा हूं। हां, मिर्जापुर में काम जमाने का सारा भार आप ही को वहन करना होगा। इस संबंध में 'हां-नां' की गुंजाइश नहीं। इसे आग्रह समझो, अनुरोध समझो या आदेश पर करना होगा तुम्हें अवश्य-अवश्य समझे? तैयार रहना। Agreement मुंशीजी को दे दिया है। कुछ साधारण गरमागरमी भी आज सबेरे हो गई। किंतु तुम तो खुद देख चुके हो कि अब मैं दबना नहीं चाहता। जो हो, कुछ-न-कुछ कर ही डालूंगा। तै हो जाने पर पूरा हाल लिखूंगा।'

'मतवाला' इस तनातनी में कुछ दिन बंद रहा। उग्र सेठजी की निर्भरता का भरपूर लाभ उठाने लगे थे। 6-9-29 के पत्र में सेठजी ने लिखा—'प्रतीक्षा करते-करते एक तरह से आंखें पथरा गईं परंतु आपका एक सप्ताह बाद दर्शन देने का वायदा पूरा न हुआ। दया कीजिए कुछ दिनों के लिए यहां आइए।' 29-9-29 को लिखा—'अपनी शान के लिए हमारी जान न मारो!! कलकत्ता चलना स्वीकार करो। मैं निहाल हो जाऊं।' 'मतवाला' का विजयदशमी अंक निकलना था और रचनाओं का अकाल था। मुंशीजी छोड़ दिये उग्र ने भी तान दिया।

संभवतः अगस्त 1929 को 'मतवाला' का मिर्जापुर से प्रकाशन तय था। शिवजी को आमंत्रित किया गया था—काशी से मिर्जापुर की दूरी ही क्या थी? उन्होंने 23-8-29 को काशी से उग्र को लिखा कि वे 'मतवाला' के मिर्जापुर में 'नवजन्म' पर नहीं पहुंच पायेंगे। 'मन मसोसने' और 'बड़ी ग्लानि' की चर्चा की। उग्र 'मतवाला' के लिए शिवजी से रचनाएं मांगते! शिवजी रामलोचनशरण के लहेरियासराय, दरभंगा वाले प्रकाशन संस्थान में आ गये थे। समय नहीं मिलता या जो कारण हो, वे लिख नहीं पाते। क्षमता और खेद प्रकट करते, अपना दुखड़ा सुनाते। निराला उग्र से कभी सहमत नहीं रहे। वे शिवजी की तरह उन्हें बड़ा लेखक भी नहीं मानते थे।

28-12-29 के एक पत्र में साफ-साफ और करारी चोट भी कर दी। उनसे जो टकराया—तुरंत पाया—

"प्रिय कलक्टर-काका कोलाहलकर जी, सप्रेम!

एक बार 'मतवाला' में पहले जैसे किसी ने 'निराला'-रूपक पहचान लिया था, उसी तरह उसी आधार पर, आपकी यह पंक्ति—'सोचते हैं ऐं-ऐं—मुझ-सा चमकीला कौन है? ये-दूसरे!' मुझसे अगर कुछ भी संबंध रखती है, तो क्या मैं आपसे पूछ सकूँगा, कि इस तरह की भावना के प्रमाण, आपके 'मतवाला' में 'उग्रजी' की तरफ से आपको नहीं मिले? आप 'मतवाला'-मंडलेश से सलाह कर लीजिए। और आपने उग्र-साहित्य की जैसी तारीफ की है जान पड़ा, वास्तव में आपको वह साहित्य अच्छा लगा है। पर समालोचक क्या अंधे ही आपको मिलते रहते रहे हैं?—आप भी एक ही निष्पक्ष लिक्खाड़ दिखाई दिये। आपकी इन बातों से एक बार मन ही मन हंस लेने के सिवा और कोई उत्तर नहीं। प्रतिभा की आपने जैसी पहचान कराई, खेद है, सहमत न हो सका। निराला के उग्र से काफी गहरे मतभेद हो चुके थे। यह संयोग ही है कि 'मतवाला' के सभी सदस्यों में उग्र से उनकी आत्मीय अंतरंगता कम ही रही। दोनों के बीच पत्राचार के भी बहुत प्रणाम नहीं हैं। उग्र से मुंशीजी का कम और शिवजी का संबंध सबसे ज्यादा रहा। वे अजातशत्रु थे। व्यक्तिगत बातचीत में रामविलासजी ने एक दिलचस्प बात बतायी थी। उनका कहना था कि उग्र स्वयं तो निराला या किसी 'मतवाला'-सदस्य की आलोचना करते थे, खरी-खोटी सुना जाते। मगर दूसरा करता तो बिगड़ जाते, गालियां देते, मारने तक को उतारू! एक बार रामविलासजी उनसे मिलने गये तो वे चिढ़ाते हुए निराला निंदा करने लगे। पास ही बैठा उनका एक भक्त भी उत्साह में निरालाजी के बारे में बोल पड़ा फिर क्या? उग्रजी ने उठकर उसका टेटुआ पकड़ लिया। 'स्साले वह तो मेरा दोस्त है, मैं जो चाहूं बोलूं। तुम स्साले की क्या औकात जो मेरे दोस्त की निंदा करेगा?' ऐसी थी उनकी दोस्ती और ऐसी थी दुश्मनी!

1929 में सेठजी के पिता का निधन हो गया। अंततः उन्हें मिर्जापुर वापस आना पड़ा। 'मतवाला' भी कलकत्ता से मिर्जापुर आ गया। सेठजी स्वयं ही सब कुछ करते। सारे स्तंभ तक लिखते।

मिर्जापुर आकर 'मतवाला' का प्रभाव काफी कम हो गया। उग्र और सेठजी के बीच भी खटपट शुरू हो गई। 'उग्र' 'मतवाला' से विरक्त होने लगे। 1-2-30 के एक पत्र में शिवजी ने उग्र को लिखा कि 'मतवाला' से तुम्हारी 'विरक्ति' की 'आशा' न थी। 'परिस्थिति जो न करा डाले। उग्र के निकलने पर 'मतवाला' 'फीका' रहेगा।

5-2-30 को लिखा–तुम्हारा मिर्जापुर से 'जी उचट गया' यह 'मतवाला' के लिए 'खतरनाक' हो रहा। इसका कारण भी पैसा ही लगता है। उग्र की पुस्तकों से सेठजी बेतहाशा कमा रहे थे। उग्र पूरी रकम की जानकारी चाहते थे और पर्याप्त हिस्सा। उग्र ने आरोप भी लगाया कि आप जमा कर रहे हैं। सेठजी अपना रोना रो रहे थे। 12-2-30 के एक पत्र में सेठजी ने उग्र को लिखा–'कुछ समझ में नहीं आता कि आपका कलाप्रिय मस्तिष्क और हृदय इतनी निर्दयता कैसे संभाल सकता है। मैं आपसे प्रेम करता हूं, आपके साहित्य से प्रेम करता हूं, आप और मैं बहुत दिनों तक एक साथ रह चुके हैं। आपको कखौरी निकली थी, आप अस्वस्थ थे। मैं आपको देखने और साथ ही यदि आप आने योग्य हों तो आपसे यहां आने की प्रार्थना करने गया था। यह बहुत साधारण-सी बात है। इसमें नहीं मालूम आपको चालबाजी भरा साधुता के दर्शन किस कोने में हो गए। दूसरी बता यह कि आपको 'रुपये चाहिए–और सहस्त्र-सहस्त्र।... आजकल मैं यह भी सोचता हूं कि अब मेरा-आपका व्यापारिक संबंध न रहना ही ठीक होगा। परंतु यह कोई बात नहीं कि व्यापारिक संबंध विच्छेद के साथ ही साथ पारस्परिक सहानुभूति भी त्याग दी जाय।' इतना सब लिखकर भी सेठजी उग्र की पुस्तकों को छोड़ना नहीं चाहते थे। अपनी आर्थिक परेशानियों का विस्तार से वर्णन करने साथ यह भी लिखते हैं कि 'जिन पुस्तकों को मुझे देने को कहा है उन पर मेरा हक है। व्यापारिक हक नहीं, क्योंकि इस समय मुझसे उसकी क्षमता नहीं है, प्रेम का हक–और मेरा दृढ़ विश्वास है कि वे मुझे अवश्य मिलेंगी।' उग्र ने सेठजी पर 'बनियाई' का स्पष्ट आरोप लगाया। सेठजी को संभालना मुश्किल हो गया। अब उग्र मुंशीजी और शिवजी के विच्छेद का भी सारा दोष सेठजी पर ही मढ़ रहे थे। सेठजी की सफाई का कोई प्रभाव न था। इसमें सेठजी ने अपनी मंशा यों खोली हैं–'मैं मोनोपोली चाहता था अपनी और आपकी–दोनों की प्रतिष्ठा और सुविधा के लिए और मोनोपोली का भरपूर मूल्य देकर अवश्य ही अपनी शक्ति सामर्थ्य भर। इसमें मैंने कभी कोई बात छिपाई या आपको किसी प्रकार ठगा हो यह मेरी समझ में नहीं आता।' (17-4-31) 'स्वदेश' के विस्फोटक संपादन के कारण वारंट निकता तो उग्रजी 1925 में चार महीनों के लिए बंबई फरार हो गये। "सामने थी बंबई फिल्म-कंपनी, शराब, कबाब और जनाब बतलाऊं! मैं भूल ही गया जवानी के जोश में कि प्राणों के पीछे वारंट था।" (अपनी खबर 133) आगे लिखा है–"गृहस्थ बनी एक वेश्या मुझ पर आशक्त थी और एक अर्धवेश्या पारसी परम सुंदरी पर मैं बुरी तरह मोहित था।" दूसरी बार मिर्जापुर से 'मतवाला' छोड़ 1930 में बंबई आये तो पूरे आठ साल जमे रहे। 1931 में शारदा टाकिज से जुड़े। बाद में कई दूसरी कंपनियों से जुड़े। उनकी कहानियों और संवाद पर बनी फिल्में–रामविलास, पतितपावन, राधामोहन,

नंदलाल और छोटी बहू खूब सफल रहीं। 1934 के 'विशाल भारत' में चतुरसेन शास्त्री का लिखा लेख दिलचस्प है। "सागर फिल्म कंपनी गया। रात को शूटिंग हो रही थी, वह भी देखा। उग्र की कहानी थी, उग्रजी हजिर थे। देखते ही पास बैठे और पानों का बंडल पेश किया। गिलौरियों पर सोने के वर्क चढ़े थे।" चतुरसेन शास्त्री ने व्यंग्य किया। 'सोने के वर्क चढ़ी गिलौरियों में आप हिंदी साहित्य को भूल गये।' पागल कुत्ता काट खाया था—चतुरसेन शास्त्री को! उग्रजी ने तड़ाक पलटवार किया—"अजी अश्लीलता के नाते हम-आप साढू हैं। मैं तो इस नई विद्या का अध्ययन करता हूं, हिंदी साहित्य को आप संभालिये।"

यहां से वहां बिहरने वाले उग्रजी ने आठ साल फिल्म इंडस्ट्रीज में गुजारे यह आश्चर्य ही था।

स्पष्ट था सेठजी ने प्रायत्निक रूप से सब कुछ किया और एक ऐतिहासिक पत्र की शुरुआत का गौरव पाकर भी उसकी समाप्ति का अपयश भी लिया। 1930 ई. में गांधीजी के नमक सत्याग्रह में 'मतवाला' के संपादन का भार नंदकिशोर तिवारी को सौंपकर सेठजी राजनीति में कूदे। तिवारीजी के पूरे परिवार को अपने परिवार के साथ रखा। मिर्जापुर के प्रथम डिक्टेटर बने और अन्ततः जेल गए। 'मतवाला' सरकारी कोपभाजन बना। 'मतवाला' बंद हो गया। सेठजी ने 'रणभेरी' नाम से एक गुप्त पत्र निकाला। 1936 में 'मतवाला' के मूल नियामक सेठजी का निधन हो गया। वे पहले सदस्य थे जो मतवाला से बिछुड़ गए। उग्रजी के साथ तनातनी का ऐसा प्रकरण! मगर जब उग्रजी का अंतिम समय आया था, तो उन्होंने अपनी रचनाओं का सारा अधिकार पत्र लिखकर सेठजी के सुपुत्र हरगोविंद सेठ को दे दिया। उन्होंने इस अधिकार का इस्तेमाल ही नहीं किया। यह बात उन्होंने एक निजी पत्र में मुझे लिखी। ऐसा अजब था उग्रजी का मन-मिजाज!

'मतवाला-मंडल' बिखर गया। बिखराव के झटकों का सभी पर प्रभाव पड़ा। मुंशीजी को सबसे अधिक कसक रही। शिवजी भी उन दिनों की आत्मीय याद अक्सर ही करते रहते थे। निराला के जीवन में भी वे सुख के दिन थे। कटुता वैसे स्थायी रूप से कायम तो नहीं रही, मगर टीस जरूर बनी रह गई। फिर भी इसके सदस्यों में मुंशीजी, शिवजी और निरालाजी के भीतर आस्थावान और गरिमापूर्ण मैत्री अंत तक बनी रही। निरालाजी ने 'रंगीला' का संपादन किया तो शिवजी को लिखा 'शीघ्र कुछ भेजिये।' 19-6-32 को मजेदार ढंग से लिखा—'क्या आपका वह खून बिल्कुल पानी हो गया? हाथ बटाइये, चल गया तो ठीक है। नहीं तो 'मस्तराम के सोंटे से' कलकत्ता अब वह नहीं।' कलकत्ता भले ही बदल जाय—ये लोग न बदले थे। 'जागरण',

'गंगा', 'बालक'—शिवजी ने जितने पत्रों का संपादन किया निरालाजी और उग्र को रचनात्मक सहायता के लिए लिखा। उग्र के प्रति भी उनका आजीवन मैत्री भाव रहा। अपने से छोटों को भी 'आप' कहने वाले शिवजी, उग्रजी को हमेशा 'तुम' ही संबोधित करते थे। 'देशदूत' 22 दिसंबर सन् 1940 में उग्रजी का छपा एक दिलचस्प संस्मरण है। 'श्रीमती शिवपूजन सहाय।' काशी में एक बार उग्रजी जुए में पैसे हार गये थे। पास ही रहते शिवजी से उधार लेने गये, तो देखा वे रो रहे हैं। पूछने पर पता चला उनकी पत्नी का निधन हो गया है। उग्रजी को पत्नी के निधन पर रोने से आश्चर्य हुआ था। 'भला पत्नी के मरने पर भी कोई रोता है!' जब उन्होंने बताया कि वे जुए में पैसे हार गये हैं और उधार के लिए आये हैं। अभी तो वे पैसे दे दें, बाद में आकर मैं बात करूंगा। उग्रजी ने लिखा है कि शिवजी ने रोते हुए संदूक खोली, पैसे निकालकर दिये और वे लेकर चले गये। हारकर वे लौटे, तो संवेदना प्रकट की या जो बात करनी थी किये। ऐसे थे नवजागरण के ये सेनानी! ऐसा था इनका मानस, ऐसी थी इनकी मैत्री! निराला के प्रति शिवजी आजन्म समर्पित रहे। निरालाजी ने भी शिवजी पर अंत-अंत तक सर्वाधिक भरोसा किया। डॉ. रामविलास शर्मा ने ठीक ही लिखा कि निराला पर अधिकार जताते हुए शिवजी की प्रसन्नता किसी सधवा की तरह छिपाये नहीं छिपती थी। निरालाजी भी अटूट विश्वास बनाये रहे। 7-10-33 के पत्र में उन्हें लिखा भी—'मैं आपका पहले ही जैसा चिर-शुचि स्नेहाकांक्ष मित्र हूं।' निराला के पास महादेवप्रसाद सेठ का संभवतः 125 रु. बकाया रह गया था। 25-2-30 के पत्र में भरोसा दिलाया कि 'शीघ्र ही आपके ऋण से मुक्ति मिलेगी?' वे किसी के एहसान को ढोने वाले न थे। सेठजी के किए की भरपाई की—सम्मान सहित 'अनामिका' समर्पित कर।

मुंशीजी शिवजी के सजातीय और पड़ोसी जिले के थे। वे हर बात में शिवजी की राय लेते। मुंशीजी के ससुराल में चंडीप्रसाद बड़े ही प्रसिद्ध क्रांतिकारी हुए थे। उनकी स्मृति आज भी बलिया शहर के चौके पर सुरक्षित है। इस कारण अंग्रेजी हुकूमत के कोपभाजन रहे। विपन्नता के कारण ही विवाह की समस्या भी रही। मुंशीजी की दूसरी पत्नी के निधन होते ही तीसरी के लिए उनके ही साले ने सलाह दी। मुंशीजी ने शिवजी से राय ली। मुंशीजी के साले उनके साथ रहकर कुछ काम करते थे। 'मस्त मतवाला' और 'सरोज' के अर्थाभाव ने फिर एक बार पांवों के नीचे से जमीन खिसका दी। शिवजी ने लिखा है—'मुंशीजी प्रारब्ध को कोसने वाले न थे। भाग्यचक्र की प्रताड़ना सहते-सहते उनका कलेजा पोढ़ हो गया था। साफ कहा करते थे—'मैंने जीवन-भर के लिए दरिद्रता देवी को आलिंगित किया है; यह मेरे ही साथ चिता पर सती होगी।'

कलकत्ता से हताश मुंशीजी प्रयाग आ गये। यहां 'चांद' के संचालक रामरिख सहगल ने बड़े ही सम्मान से उन्हें रखा। मुंशीजी को दूसरे कनका प्रसाद चौधरी मिल गये। एक बार फिर जिंदगी में सुख लौटा। शिवजी 'द्विवेदी अभिनंदन-ग्रंथ' के संपादन के क्रम में प्रयाग आये तो उन्हीं के साथ टिके। 'इस जीवन में अब वैसे दिन न बहुरेंगे।' 'मतवाला' की कचोटती स्मृतियां इस कदर कुरेदती रही कि बार-बार मन वहीं जाय। वे भावुक हो जाते। यदि शिवजी और निरालाजी फिर 'कमर कस लें' तो वे 'कब्र कुरेदने' को प्राण-प्रण से लग सकते थे। शिवजी ने लिखा है—'यह मनोरथ तो ताश का महल था! साहित्यिकों के हवाई महल को पृथ्वी अपनी छाती पर टिकने नहीं देती।' 'चांद' और सहगलजी से जुड़ा चुनार का 'नरेंद्र पब्लिशिंग प्रकाशन था।' वहां से एक-से-एक महत्वपूर्ण पुस्तकें बहुत ही शानदार ढंग से प्रकाशित हुई थीं। मुंशीजी की भी दो पुस्तकें छपीं। इस दौरान मुंशीजी ने सबसे महत्वपूर्ण कार्य किया 36 देशों में चल रहे स्वाधीनता संघर्ष की गाथा—जो 'पराधीनों की विजय यात्रा' नाम से छपी। संभवतः इसे तत्कालीन सरकार ने जब्त भी किया। ख्वाजा हसन निजामी की मशहूर पुस्तक 'बेगमों के आंसू' का सुंदर अनुवाद किया। यह अनुवाद गंगा पुस्तक माला से छपे अनुवाद से बेहतर माना गया। पुस्तक बहुत ही सुरुचिपूर्ण ढंग से छापी गई। इस पर प्रेमचंद ने टिप्पणी लिखी। 'चांद' में मुंशीजी ने काफी सम्मानित जीवन जिया। पत्रिका में नेहरू खानदान के बारे में सचित्र लेख छपते थे। मोतीलाल नेहरू पत्र-पत्रिकाओं और मालिकों को सहायता देते, लाभ पहुंचवाते और अपना तथा अपने पूरे परिवार का प्रचार भी कराते। दरअसल वे अंग्रेजों की भक्ति से एकाएक कांग्रेसी हुए थे। दूर दृष्टि थी ही, इरादा भी पक्का कर लिये। आजाद भारत में ऊँची जगह की ओर लपलपाती निगाह पहले से गड़ी रहेगी, तो लाभ भी सुनिश्चित रहेगा। मुंशीजी की विधवा रामसंवारी देवी ने बताया था—मुंशीजी का मोतीलाल नेहरू आदर करते। एक बार प्रदर्शनी में गये तो मोतीलाल नेहरू के साथ इंदिरा गांधी भी थीं। मोतीलालजी ने उनसे मुंशीजी और उनको प्रणाम करने को कहा।

'चांद' एक प्रतिष्ठित पत्र था और उसमें साहित्यिक, सामाजिक और विविध तरह की सामग्री छपती थी। परंतु उसका मूल स्वर राजनीतिक था। अग्रलेख, संपादकीय टिप्पणियां और विशेष लेख के रूप में अनेक मूल्यवान सामग्री अभी तक ओट में दबी पड़ी है। मुंशीजी के ही आग्रह पर डॉ. रामविलास शर्मा ने निराला पर अपना पहला समीक्षात्मक आलेख लिखा। उनके सहयोगी सत्यभक्तजी थे जो भारतीय साम्यवादी दल के मुख्य संस्थापक थे। सत्यभक्तजी ने एक पत्र में मुझे लिखा था कि वे (मुंशीजी) बड़े ही 'सच्चे सज्जन प्रकृति' के थे। दोनों का परिवार साथ ही रहता था। मुंशीजी ने उन्हें एक रोचक संस्मरण सुनाया था कि जिन दिनों

सिनेमा का अस्तित्व न था, थियेटर ही मुख्य मनोरंजन के साधन थे। यह सन् 1910 के आसपास की बात है। एक बार कलकत्ते के किसी सेठ के यहां विवाहोत्सव में तब की भारत प्रसिद्ध गौहरबाई का कार्यक्रम था। मुंशीजी और उनके एक मित्र ने योजना बनाकर बढ़िया पोशाक किराये पर लिया। आठ आना देकर दो सौ गज से एक सुंदर फिटन तय किया और उक्त सेठ के फाटक के पास रुके। दरवान ने सलाम किया और अंदर जाने दिया। भोजन के समय चुपचाप खिसक लिए।

सहगलजी जब तक रहे मुंशीजी का सम्मानजनक ढंग से निभ गया। उनके छोटे भाई ने भी निबाह दिया। बाद में, नये संचालकों ने मान का ध्यान रखना बंद किया तो मुंशीजी का अखंड स्वाभिमान जगा। शिवजी ने लिखा है–'स्वाभिमान में ठेस लगते ही मुंशीजी की आत्मा ग्लानि में गड़ जाती थी। केवल आत्माभिमान में ठोकर लगने पर ही उनकी आंखें सजल होती थीं, और कभी नहीं।' मुंशीजी ने 'चांद' का संपादन छोड़ दिया।

छोटे-छोटे बच्चे, सयानी बिटिया का विवाह और पूरी गृहस्थी! मुंशीजी बीमार पड़े और गांव आ गये। थके शरीर और आहत मन में अशांत आंधी भरी रही। सहगलजी तब लखनऊ में थे। उन्होंने मुंशीजी को बुलवाया, इलाज कराया और सम्मानजनक ढंग से विदा किया। मुंशीजी ने इस दारुण स्थिति के बारे में बड़े ही मार्मिक ढंग से शिवजी को पत्र लिखा। उसमें यह भी था कि वे एक बार अकेले में सचमुच रोने लगे थे। शिवजी ने लिखा है–'यह स्वाभाविक करुणा उनकी कातरता न थी यह 'स्वावलंबन-भावना की सौत न बन सकी।' आत्मसम्मान और आत्मविश्वास की बागडोर ढीली न थी। अपनी पूरी ताकत बटोर कर वे फिर खड़े हुए और कलकत्ता आये। ईश्वरीप्रसाद शर्मा द्वारा संपादित 'हिन्दूपंच' जो काल-कवलित हो गया था– पुनर्जीवित किया। परंतु, कुछ दिनों के बाद फिर पाला मार दिया। फसल मारी गई। शिवजी ने कितना सटीक लिखा है–'अक्लांत मस्तिष्क' के बल पर में 'हिंदूपंच' 'कुछ दिन' चला, 'पर किसान के परिश्रम पर छूंछे बादलों ने पानी फेर दिया!'

जीवन की इस बेला में बार-बार हारकर टूटते मुंशीजी को महादेवप्रसाद सेठ का अभाव मामूली नहीं था। तभी 'जागृति' के लिए मिहिरचंद धीमान् ने उन्हें संपादक नियुक्त कर लिया। सूख चले पौधों को शीतल जल मिला। उन्होंने शिवजी को पत्र लिखा 'मेरे लिए दूसरे महादेवप्रसाद सेठ पैदा हो गये।' पत्र तो कुछ दिन चला लेकिन इस बार उनका ही अंत आ गया। संयोग से मुंशीजी ने सयानी बिटिया का विवाह कर दिया था। दिन भर लोगों से मिल-जुलकर हंसी-ठहाके लगाने वाले मुंशीजी अचानक, बिल्कुल अप्रत्यशित ढंग से शाम ढले आरामकुर्सी पर लेटे और अपनी चिरसंगिनी गरीबी से मुक्त हो गये। दो लड़के और तीन लड़कियों के साथ उनकी

विधवा अपने गांव आयीं तो सामने पहाड़-सी जिंदगी, कोई आस कहीं, किसी छोर तक दिखाई नहीं पड़ रही थी।

तब का समय नवजागरण के उत्कर्ष का था। हिंदी संसार कुछ ऐसा जरूर था जिसमें पारिवारिकता थी। व्यक्तिगत द्वेष, राग को प्रभावित न करता था, द्वेष, राग को टाल नहीं पाता था। स्वाभिमान और विनम्रता का अद्‌भुत संतुलन कम या अधिक लगभग हर साहित्यकार में था—चाटुकारिता का प्रायः अभाव था। भावुकता ज्यादा ही मिलती थी। लगभग सभी गंवई आत्मीयता वाले लोग थे। प्रयाग में एक बैठक हुई—सूर्यकांत त्रिपाठी 'निराला', बाबूराम सक्सेना, रामनरेश त्रिपाठी, रामचंद्र टंडन, सत्यजीवन वर्मा, नंददुलारे वाजपेयी, शंकरदयालु श्रीवास्तव की एक समिति बनी उसकी ओर से एक लंबी अपील निकली। जुलाई 1940 की 'सरस्वती' में यह अपील छपी भी है। उसमें उनके परिवार की दुर्दशा और मुंशीजी के रचनात्मक योगदान के बारे में बताया गया था। इनकी योजना यह थी कि प्राप्त आय से थोक या मासिक सहायता दी जाय। इसके संयोजक थे—डॉ. बाबूराम सक्सेना, प्रधानमंत्री, हिंदी-साहित्य-सम्मेलन-प्रयाग। समिति का नाम था—'मुंशी नवजादिकलाल परिवार-सहायता-समिति।' अंत में यह भी लिखा गया था—'आय-व्यय का ब्यौरा नियमित रूप से प्रतिमास प्रकाशित किया जायेगा। यह एक सार्वजनिक योजना है—कार्य भी सार्वजनिक तरीके से होगा। 'सरस्वती' संपादक पं. देवीदत्त शुक्ल ने अपने संस्मरण में लिखा है—'लगभग दो हजार का चंदा हुआ, जो परिवार को दिया गया। यह रकम तब के लिए कम न थी। अपील करने वाले बड़े और महत्वपूर्ण नाम थे। काम ज्यादा मूल्यवान था—इसलिए पं. शुक्ल को यह रकम बहुत कम लगीं उन्हें लज्जा महसूस हुई! लिखा है—'अपील करनेवालों के जब मैं नाम पढ़ता हूं और स्वर्गीय मुंशीजी की दयनीय परिस्थिति पर ध्यान देता हूं तो एक ओर लज्जा आती है तो दूसरी ओर दुःख होता है। ऐसे श्रेष्ठ लेखक साथ ही देशभक्त संपादक के परिवार की ऐसी अल्प सहायता? परंतु हिंदी में कदर करनेवाले रहे ही कब? ऐसी दशा में इस सहायता को भी बहुत कुछ समझना चाहिए।'

आप कल्पना कर सकते हैं कैसा मन पाया था पं. देवीदत्त शुक्ल ने! किस तरह के भाव रहते थे उनके मन में! आज हम इतने प्रगतिशील, जनवादी, बौद्धिक और समझदार हो गये हैं कि ऐसी मानवीय सहृदयता का आधुनिकता से मेल नहीं बना पाते और भावुक मूढ़ताओं वाले परंपरावादी, दकियानूसी और प्रगतिविरोधी आरोपों से इसे दरकिनार कर देते हैं। अगर हम अपने संगठनों को ऐसी जन सहायताओं से सक्रिय किये होते तो शायद हमारी धारा का कोई कवि आज भी अपने अंतिम दौर में सरकारी सुविधाओं को कभी स्वीकार नहीं करता।

निरालाजी इस बात को समझते थे कि ये पैसे पर्याप्त हल नहीं। उनके मन में था मुंशीजी की महान् निष्ठा, दुर्लभ मैत्री! उनकी पत्नी का बनाया सश्रद्ध सुस्वाद व्यंजन, अरूई का बजका—जो खासतौर से उनके लिए बनाती थी। निराला मुंशीजी की रसोई को सर्वोत्तम ठहरा चुके थे। उन्हें याद था—मुंशीजी का पंखा झलना! उन्होंने नियमित कुछ भेजना शुरू किया। इसी बीच उन्हें 2100 रुपये का मंगलाप्रसाद पारितोषिक मिला और उन्होंने उसे उनकी विधवा को भिजवा दिये। सारे पैसे उन तक न पहुंचे—इसके जिम्मेवार भला वे कैसे? इसमें बाधा डाली हिंदी की एक बड़ी हस्ती महादेवी वर्मा ने! हालाँकि मुंशीजी की विधवा रामसंवारी देवी और उनके सुपुत्र प्रकाशचंद्र श्रीवास्तव जो महादेवी वर्मा के घर का चक्कर लगाते-लगाते थक गये थे। जब जाते कभी टरका देतीं, तो कभी कुछ लेकर आते, मगर पूरी रकम कभी नहीं ले पाये। वे सभी महादेवी वर्मा को बहुत गलत मानते रहे। मगर मुझे लगता है, लगता क्या है—बात भी यही थी कि महादेवीजी, निरालाजी के औडरदानी स्वभाव से चिंतित रहतीं। उनका परिवार भी विपन्नता में था। वे उन पैसों को उनके परिवार में देना चाहती होंगी। जो बचा होगा, उसे जरूर उनके परिवार को ही सौंपा होगा। जो हो, निरालाजी का मन इतना सब करने पर भी न भरा—अपने लेखों का संकलन 'चाबुक' मुंशीजी की स्मृति को समर्पित किया। ऐसे थे महामानव सूर्यकांत त्रिपाठी निराला!

पेट का पालना पहाड़ था—मगर पार तो लगता ही गया। अब थीं—रामसंवारी देवी के माथे पर तीन बिटियों का विवाह! यह दुर्गम कार्य था। मुंशीजी की विधवा रामसंवारी देवी की आंखों में रातों को भी नींद नहीं रहती। चारों ओर खाई-ही-खाई! डूबते को तिनका तलाशना था। सुना था शिवजी पटना में रहते हैं। बड़े लेखक थे—लोग जानते ही होंगे। एक पत्र लिखा। 'मंजधार में हूं, कोई खेवइया नहीं।' पता लिखा 'श्रीयुत बाबू शिवपूजन सहाय बहुत भारी लेखक, पटना-बिहार।' पत्र भेजकर आस भी न लगायी। कौन-किसको पूछता है! पता भी अंदाज पर। लेकिन पत्र पहुंच गया था—तब 21वीं सदी वाली डाक-व्यवस्था न थी! शिवजी नामी आदमी—डॉ. राजेंद्रप्रसाद के भी अंतरंग! पत्र मिलते ही उत्तर दिया—'मेरे दो लड़के हैं, अगर आप चाहें तो दोनों लड़कियों को बहू बना सकता हूं।' मुंशीजी की बिटिया—शिवजी की बहुएं बने—फर्क ही क्या? वे अब टूअर नहीं रहेंगी। अंधे को दो आंखें मिले! और क्या चाहिए?

इस तरह भला, किसी के कभी दिन बहुरते हैं? ऐसी अकल्पित मुराद कहीं मिलती है? रामसंवारी देवी झार-झार रोयीं। मुंशीजी बड़ी याद आये। उनकी आत्मा ने शिवजी से याचना की होगी! बड़ी बेटी तारा—शिवजी के बड़े सुपुत्र आनंदमूर्त्ति से उम्र में थोड़ी बड़ी निकल गई। उसका विवाह उससे अधिक उम्र वाले भतीजे मनोरंजन से हो! यह विचार लिखा—रामसंवारी देवी को। रामसंवारी देवी के लिए हर

विकल्प वरदान ही था। भतीजे मनोरंजन की शादी संयोग से उसी समय तय हो गई थी। भाई देवनंदन को दबाव दिया—रिश्ता तोड़वाया और शादी पक्की! छोटी बिटिया चंदा को अपनी बहू बना घर लाये। तीसरी इंदु दो-एक वर्ष बाद ही बीमार पड़ी, चल बसी! शिवजी ने मुंशीजी के बड़े लड़के प्रकाशचंद श्रीवास्तव को बुलाया। अपने बड़े आनंदमूर्त्ति तथा भतीजे मनोरंजन के साथ कालेज में पढ़ाने लगे। छोटा जगदीश रामसंवारी देवी के पास ही रहा। शिवजी ने मैत्री की महानता को मूर्त्त किया। नवजागरण पर विमर्श विवाद करना और उसे जीने में कितना फर्क होता है!

निरालाजी प्रयाग में बीमार पड़े, और बहुत जबर्दस्त ढंग से बीमार पड़े। शिवजी अपने बड़े लड़के आनंदमूर्त्ति और पौत्र सीताराम के साथ उन्हें देखने गये। प्रयाग में बड़ी खींचतान चल रही थी। बहुत साहित्यकार वहां नहीं जाते थे। शिवजी वाचस्पति पाठक के यहाँ रुके। उन्हें देखने जा रहे थे तो सोचा फूल ले लूं। गली में एक अति साधारण फूलों की दूकान थी। एक छोटी लड़की बेचने बैठी थी। पीछे कोठरी में एक कृशकाय वृद्ध खाना खा रहा था। शिवजी ने पूछा—'इधर सूर्यकांत त्रिपाठी 'निराला' रहते हैं?'

बच्ची अकचकायी—किसको पूछ रहे हैं? अनभिज्ञता जाहिर की, तभी अंदर से बूढ़े ने आवाज लगाई—'अरे पंडितजी के पूछत हवउन। एक ठो गुलाब अपनी ओर से इन्हिका दे देउ। पंडितजी के पांव पर हमारी ओर से रख दिहन।'

शिवजी ने मन-मन उस वृद्ध को प्रणाम किया। निराला मनुष्य नहीं देवता थे। देवता की उम्र क्या? पांच वर्ष छोटे निराला के पांवों पर माथा रखा शिवजी ने! निराला ने देखा तो चेहरा दमक उठा।

शिवजी ने कहा—'मैं तो आपको ही बुलाना चाहता था।'

'सोचा पटने को यही बुला लूं।' साहित्य के शहंशाह निराला सोचें और पटना न आवे? निराला प्रशांत शून्य में निहारते रहे काफी देर साथ रहे। पौत्र सीताराम को गोद में लेकर दुलारते रहे। सामने ऊंची आलमारी पर निरालाजी का जूता रखा था। उसे उतारना था। आनंदमूर्त्तिजी ने उठकर उतारने की कोशिश की। कद छोटा था। पहुंच नहीं पा रहे थे। निरालाजी ने कहा—'वहां तक नहीं पहुंच सकते।'

कई साहित्य सेवी निरालाजी को देखने आये थे। पटने के एक सज्जन चाहते थे—तस्वीर! निरालाजी ने कहा—'नो फोटोग्राफ।' इच्छुक सज्जन ने शिवजी से ताईद की। शिवजी सकुचाये। फिर धीरे से अनुनय किया। 'दूर से आये हैं। साहित्यानुरागी हैं। आपकी तस्वीर चाहते हैं।'

निरालाजी ने शिवजी की ओर देखा। शिवजी विनम्रता की मूर्त्ति सरीखे थे।

'आपके साथ चाहें तो ले सकते हैं।'

तभी कोई एक साधारण-सा आदमी आया। शायद कोयला वाला था। निरालाजी शेली, कीट्स और वर्ड्सवर्थ की कविताएं धारावाहिक सुना रहे थे। बुदबुदा रहे थे। मित्र में भी परम आत्मीय शिवजी! फिर भी प्रकृतिस्थ नहीं। कोयले वाले को देखते ही बदल गये। उसे पास बुलाया। बैठाया। पूरा हाल-चाल यूं पूछने लगे—जैसे कोई आत्मीय पूछता है। उसकी लड़की के बारे में पूछा—जो पिछले वर्ष ससुराल गई थी। उसको बच्चा हुआ या नहीं।

शिवजी चलने को हुए तो बोले—'आप खाना यहीं खायेंगे।' दूसरे दिन का आमंत्रण तय हुआ। निरालाजी तुरंत साथ चलने को तैयार! शिवजी भौचक्के! ऐसी कठिन बीमारी। आग्रह किया—'आप कहाँ जायेंगे? आराम करें। मैं कल फिर आऊंगा।' बमुश्किल निराला-सा हठी तैयार हुआ। बात मान ली। रुक गये। कहा—'अच्छा आप चलिये! मैंने मोतीलाल नेहरू को फोन कर दिया है। गाड़ी लेकर आयेगा। उसी से पहुंचूंगा।' निरालाजी बिस्तर पर लेट गये।

निरालाजी को देखने बहुत साहित्यकार आते। कविवर सनेहीजी भी आये। निरालाजी ने उनसे कहा—'देखो, मैं मरना चाहता हूं और लोग मुझे मरने भी नहीं देते! मैं किसके लिए जीऊं? आज भाषा और साहित्य तो राजनीति के अस्त्र-शस्त्र बन गए हैं और हिंदी की जो दुर्दशा हो रही है, उसे मैं अब और नहीं देख सकता। अंग्रेजी ही आज सर्वप्रिय भाषा बनी हुई है—जनता समझे या न समझे! निरालाजी को आशा भी स्वराज्य होने पर राष्ट्रभाषा हिंदी का प्रभुत्व पूरा हो जायेगा। अच्छा ही था—आज की दुर्दशा देखने को वे जीवित न रहे!

शिवजी, वाचस्पति पाठक के यहाँ आये। वहां काफी साहित्यकार जमा थे। शिवजी जैसा वरेण्य साहित्यकार आया था। पाठकजी के घर में गांव से सेब की तरह बड़े आकार के लड्डू आये थे। घर से थाल आने ही वाली थी कि लुंगी, सिलाई हुई गंजी और खड़ाऊं में अवतरित हुए देवदूत निराला! सभी सकते में थे। मोतीलाल नेहरू की कार तो नहीं थी। रिक्शा वाला जरूर था। आकर बैठे तो पहली तश्तरी उन्हें ही पेश हुई। 'एक नहीं—दो चाहिए।' तुरंत दूसरा सामने आया। निरालाजी उठे और आगे बढ़कर एक रिक्शेवाले के हाथ में थमा आये।

निरालाजी का निधन हो गया। शिवजी की छाती पर हिमालय सवार की पीड़ा। देवोपम साहित्यकार, अद्वितीय महामानव, दीनबंधु और दुर्लभ आत्मीय उठ गया। संस्मरण पर संस्मरण लिखे। डॉ. रामविलास शर्मा ने जोर दिया—आग्रह किया। निरालाजी को सताने वालों को उजागर कीजिए। आप लिखकर जाइये। छपेगा आपके जीवनकाल के बाद ही! शिवजी ने जीवित लोगों का भय दिखाया—दिवंगत आत्माओं का वास्ता दिया। अपनी वैष्णवी नैतिकता के भार तले दबे, न लिखा, न बताया।

पूर्वी उत्तर प्रदेश के बलिया जिले का एक गांव चिलकहर। मिट्टी के खपरैल मकान में विधवा रामसंवारी देवी को गश आ गया। दांत लग गये। फूट-फूट रोईं। कई दिनों तक न अन्न ग्रहण किया, न जल। निरालाजी न रहे। विश्वास ही न हुआ—कहीं देवता भी मरते हैं? वे विधवा थीं—अब अनाथ हो गईं।

शिवजी राष्ट्रभाषा परिषद् के संचालक थे। उनकी वर्ष भर और सेवा वृद्धि हो जाती तो राज्य का सांस्कृतिक स्तर गिर जाता। प्रदेश की आर्थिक स्थिति कमजोर हो जाती क्योंकि शिवजी के पेंशन का भार बढ़ जाता। आजादी के तुरंत बाद की कल्याणकारी कांग्रेसी सरकार थी। लोग प्रयत्नशील थे कि इस बूढ़े को जो किसी राजनीतिज्ञ का दरबार नहीं करता—सबक सिखा दिया जाय। इधर शिवजी शिक्षा-विभाग को स्वयं याद दिला रहे थे। सरकार से हुए अनुबंध के मुताबिक मात्र दो दिन ही तो शेष थे! लोग कह रहे थे आप मिलकर देखिये, कार्यकाल बढ़ जायेगा तो पेंशनधारी हो जायेंगे। आपके मुंह खोलने भर की देर है। आप चार्ज दीजिए ही नहीं। शिवजी के बैंक में था मात्र 150 रुपये। मकान किराये का। पटना में जगह-जमीन क्या करते—घर की तिहाई जमीन भी बेच डाली थी। भारतेंदु की नकल पर साहित्य-सेवियों का विपुल आतिथ्य था। रिश्तेदारों की जमघट थी। दोनों लड़के भी बेरोजगार थे। मगर शिवजी कांग्रेसियों को 'मतवाला'-काल से ही समझ रहे थे। कितनी बार पोल खोलने वाली टिप्पणियां छाप चुके थे। सबसे बड़ी बात यह कि विनम्रता के अतिरेक के बावजूद उनमें मूक स्वाभिमान की अखंड आस्था थी। वे कहीं नहीं गये। मित्रता तो मुख्यमंत्री-शिक्षामंत्री को कौन कहे—डॉ. राजेंद्रप्रसाद राष्ट्रपति से थी, वह भी अंतरंगता ऐसी कि मिलने के लिए 'स्पेशल कोच' में बुलवाते। मगर शिवजी को गरल पीने की आदत थी। वे ऐसा कर ही नहीं सकते थे। उन्हें समय के बदलाव का पक्का अहसास था। 10 अगस्त 1959 की डायरी में लिखा—"सचिवालय में अकर्मण्यता का राज्य है। किसी सरकारी कर्मचारी को उत्तरदायित्व की चिन्ता या लोक सेवा की लगन या जनता की सेवा की श्रद्धा हीं नहीं है। इस राज्य का रक्षक राम ही है।" 'सरकार विमाता की तरह' व्यवहार कर रही। 'साहित्य के अभ्युदय' में किसी की रुचि नहीं। अनुदान में कटौती। 'देश का घोर दुर्भाग्य।' 'परिषद् अनाथ असहाय संस्था है। टूअर की तरह रहकर काम करना व्यर्थ है।' यह जमाना विश्व-प्रसिद्ध राजनेता, समाजवादी तस्वीर वाले पंडित जवाहरलाल नेहरू का था।

7 सितंबर को लिखा—'सभी मित्रों और हितैषियों ने कार्यभार सौंपने से मना किया, और आग्रह करते रहे कि चार्ज मत दीजिए, परंतु अंतरात्मा ने बार-बार प्रेरित किया कि इस घोर अन्याय को सहर्ष शिरोधार्य करने से ही तुम्हारा कल्याण होगा। रामजी की कृपा! भगवत्कृपा से मैं परिषद् से कार्यमुक्त हो गया! श्रीसीतारामजी की

इच्छा से आज मैं स्वाधीन हो गया। मुझसे सरकार ने जबर्दस्ती हठपूर्वक कार्यभार ले लिया। इस अनर्थ और अपमान को रामजी के चरणों में रख दिया।' अक्टूबर को डायरी में लिखा—"हाथ एकदम खाली है। एक पैसा पास नहीं है। रामकृपा का भरोसा है। मन में शांति है। हृदय संतुष्ट है। आंखों से सूझता तो लिख-पढ़कर कुछ कमाता। अन्धी गाय धरम रखवार।' हिंदी के लिए तिल-तिल हड्डियां गलाने वालों की यही वकत थी—आजादी के बाद!

घर में दोनों लड़के बेरोजगार थे। मगर एक ही चिंता थी परिषद् के निषेध और अपमान के बावजूद 'हिंदी साहित्य और बिहार' पूरा हो जाय। एक दशक से भी कम समय मिला था। परिषद् का पुस्तकालय बनाया। दूर-दराज गांवों में जाते। घुटने भर पानी पार कर माथे पर पुस्तकों का बंडल लिये स्वयं सामग्री जुटाकर पुस्तकालय को दुर्लभ बनाया। बिहारी भाषाओं, आदिवासी भाषाओं के लोकगीत, संस्कारगीत ओर लोक कथाओं को जमा कराया। कृषि संबंधी शब्दों का चयन, लोकोक्तियां, मुहावरे, कहावतें, पहेलियां जमा करायीं। तमाम मठों से संत साहित्य जमा किया। गद्यकारों की ग्रंथवालियां प्रकाशित करायीं। बौद्ध क्षेत्र बिहार पर विपुल सामग्री। गैर-हिंदीभाषी प्रदेशों के गौरव ग्रंथों का अनुवाद कराया। तमिल के महान् ग्रंथ 'कंब रामायण' छपा। अंग्रेजी के इतर भारत संबंधी अन्य विश्व भाषाओं के गौरव ग्रंथ अनुवादित कराये। फ्रेंच विद्वान् पिशेल का प्राकृत व्याकरण! प्रारंभिक बिहारी गद्यकर सदल मिश्र की सामग्री अपने दामाद नाटककार वीरेन्द्र नारायण से लंदन इम्पीरियल लाइब्रेरी से जुटायी। 'कथा सरित्सागर' से 'काव्य-मीमांसा' जैसे संस्कृत की मानक पुस्तकों का सर्वाधिक उत्तम अनुवाद प्रकाशित कराया। संस्कृति पर अनेक ग्रंथों के अतिरिक्त डॉ. मोतीचंद्र की 'सार्थवाह'—हजारीप्रसाद द्विवेदी से 'हिंदी साहित्य का आदिकाल'—साहित्य, संस्कृति, पुरातत्व, इतिहास, साहित्यिक इतिहास, विज्ञान, धर्म, दर्शन, भाषा-विज्ञान, विधि, लोक-साहित्य, संगीतशास्त्र, अर्थशास्त्र, राजनीतिशास्त्र, समरनीति, मनोविज्ञान, हस्तशिल्प-कला यात्रा-संस्मरण, सामान्य ज्ञान, खगोलशास्त्र—सब पर शानदार पुस्तकें सर्वोत्तम अधिकारी विद्वानों से लिखाया। राहुलजी और अन्य अनेक मित्र लेखकों से लिखवाया। हिंदी का मानक रूप अपनाया और कठोरता से पालन किया। अंग्रेजी में छपने वाली पुस्तकों में प्रूफ की एक भी गलती नहीं रहती तो हिंदी में भी नहीं रहेगी। इस प्रण में आंख चौपट कर डाली। जो नहीं किया—वह था राजनेताओं की प्रशस्ति—उनके दरबार! अपने पास विपुल साहित्यिकों के पत्र थे। उसे परिषद् को दे आये। उनसे संचालक पद छीनने वालों में एक ने कहा—'इस कूड़ा-कचरा को हटाइये।' शिवजी ने उसे रिक्शे पर लदवाया और किराये के मकान में ठकच दिया। परिषद् का निर्णय था शिवजी 'हिंदी साहित्य और बिहार' तैयार कर सकते हैं। नया फरमान निकला जिसमें

निर्णय रद्द नहीं किया गया—सिर्फ रिक्शा किराया नहीं मिलेगा। आवास से पैदल एक कोने में लिपिक की टेबुल और कुर्सी की सुविधा में ग्रंथ तैयार कराते, सहायक को बोलकर लिखवाते। भूमिका तक लिख दी—तीन खंड तैयार। एक खंड जीवन-काल में छपा। आत्मा को राहत मिली। एक दिन बरसात में भींगते लौटे। पैदल थे। बीमार पड़े। बेहोश हुए। टी.वी. के पुराने मरीज। बेहोशी के बाद पटना अस्पताल में भर्ती हुए और अंततः दिवंगत हुए। निधन के बाद दूसरा खंड छपा। सहायक का नाम भी चढ़ा। भूमिका से उनका नाम हटा। तीसरे खंड में पूरी तरह उनका ही नाम हटा दिया गया। परिषद् उनकी जुटायी सामग्री को प्रभावशालियों द्वारा संपादित कराती-छपाती रही। फिर भी, आज तक पूरी सामग्री नहीं छप सकी है।

जैसा कि होता है—दिवंगत होते ही संवेदनाओं का ज्वार आया। अनेक पत्रिकाओं में विपुल सामग्री छपी। शोक सभाएं हुईं। संवेदना प्रकट करने वालों में पंडित जवाहरलाल नेहरू थे और सर्वपल्ली डॉ. राधाकृष्णन् भी। डॉ. संपूर्णानंद और जयप्रकाश नारायण भी। डॉ. राजेंद्रप्रसाद कार्यमुक्त होकर पटना में थे। कई बार रेडियो स्टेशन पर आये। उद्‌गार थमते ही नहीं थे। मगर—जीवन-काल में?

रामसंवारी देवी पूरी बीमारी का समाचार अखबार मंगवाकर सुनती। पढ़वाती। क्षीण रोशनी के बावजूद स्वयं पढ़ती। रोती। प्रार्थनाएं करतीं। एक दिन 'आज' के आवरण को देखा और माथा दिवाल पर टिकाकर दिनों तक शून्य पड़ी रहीं। रोने को दो आंखें कम पड़ रही थीं। जीवन के शेष हिस्से में दो ही देवता तो पाये थे—सूर्यकांत त्रिपाठी निराला और शिवपूजन सहाय। दोनों छिन गये। उन्हें सचमुच विश्वास हो गया—देवता भी मरते हैं।

लगभग बीस वर्षों तक वे और जीवित रहीं। 1983 में उनकी भी यात्रा का अंत आया। 'मतवाला-मंडल' की वे भी एक दुर्लभ निधि थीं। वे भी दिवंगत हुईं।

'मतवाला-मंडल' के आख़िरी नायक-खलनायक बचे पांडेय बेचन शर्मा 'उग्र'! आठ वर्षों तक बंबई में फिल्म जीवन से उकताये उग्रजी अचानक भागकर इंदौर आ गये। खंडवा के 'स्वराज' साप्ताहिक, 'वीणा' और 'विक्रम' का संपादन किया। मगर स्वभाव से लाचार थे। हर जगह न उन्हें महादेवप्रसाद सेठ मिल सकते थे, न ही शिवपूजन सहाय। संचालकों की खुली और कटु आलोचनाओं से विवाद बढ़ता रहा। उनका जीवन कठोर-कटुता और अभाव में गुजरता रहा और वे प्रतिकूलताओं के बीच 1940 से 1945 तक इंदौर, उज्जैन, खंडवा में भटकते रहे। फिर वे उकताकर 1945 में बंबई भागे। वहां 'विक्रम' और 'संग्राम' का संपादन करने लगे। लेकिन बात नहीं बनी। देश आजाद हुआ, तो वे फिर अपने घर गऊघाट मिर्जापुर लौट आये। मन नहीं रमा तो 1950 ई. में फिर कलकत्ता गये। लेकिन वहां भी डौल नहीं जमा। न वे दिन

थे, न वे लोग। जैसे-तैसे जिंदगी गुजरी। 1953 ई. के अंत में वे दिल्ली आ गये। लिखा है—"दिल्ली सब्जी मंडी, पंजाबी बस्ती में रहा 7-8 महीने। फिर तीन साल से ज्यादा लोदी बस्ती में बसा। तीन ही बरसों से इधर जमुना पार कृष्णनगर में रह रहा हूं।" दिल्ली प्रवास के दिनों का एक दिलचस्प वाकया हिंदी के सुकवि इब्बार रब्बी ने एक पत्र में लिखा था। मैं उसे अविकल दे रहा हूं—

नवभारत टाइम्स
टाइम्स हाउस
7 बहादुरशाह जफर मार्ग,
नई दिल्ली 110002
फोन : 3312277
दिनांक : 2/12/99

प्रिय शिशिर

तुम्हारे दो पत्र मिले। उत्तर देने में इसलिए देर हुई क्योंकि उग्रजी के संबंध में जो संस्मरण तुमने जानना चाहा है उसे सुनाने वाले व्यक्ति इस अपार संसार में अब नहीं हैं। मुझे इतना तो याद है लेकिन अखबार और पत्र का नाम ठीक से याद नहीं है शायद बिड़ला या डालमिया का या और कोई मारवाड़ी सेठ पर नाम याद नहीं है। अखबार का नाम भी याद नहीं है। एक वयोवृद्ध पत्रकार जीवित हैं पर उनकी उम्र अधिक होने से सुनने में असमर्थ हैं उनसे बात नहीं हो पाती है।

वह अखबार नवभारत टाइम्स नहीं था। वह अखबार जल्दी बंद हो गया अधिक चला नहीं। संस्मरण इस प्रकार है—एक सेठ ने अखबार निकाला सलाहकारों से सर्वश्रेष्ठ हिंदी लेखक और पत्रकार का नाम पूछा। लोगों ने उग्रजी का नाम बताया। उग्रजी ने संपादक बनना स्वीकार नहीं किया। सेठ बहुत पीछे पड़ा। बार-बार उनके पास आदमी भेजा, तरह-तरह से दबाव डाला तो उग्रजी ने कड़ी शर्तें रखीं, मैं जो चाहे लिखूंगा। मुझे पूरी आजादी होगी। वेतन भी उस समय के लिहाज से तीन या चार गुना अधिक मांगा ताकि सेठ टल जाए पर सेठ माना नहीं उसने हर शर्त मंजूर कर ली। मजबूर होकर उग्रजी ने संपादक बनाना स्वीकार कर लिया पर उन्हें वह नौकरी पसंद नहीं थी उन्होंने काम सँभालते ही अखबार में संपादकीय लिखा। सेठ ने कोई बड़ा मंदिर बनवाया था बड़ा यज्ञ करवाया था सेठ का संदेश आया कि हमारे इस धर्म कार्य का प्रचार करो। धर्म प्रेमी है उनकी खूब तारीफ की अब मंदिर बनवा रहे हैं यज्ञ करा रहे हैं इतना दान-पुण्य कर रहे हैं इतना लाख धर्मार्थ काम कर रहे हैं। भूरी-भूरी प्रशंसा सेठ की की। पूरा संपादकीय उनकी धार्मिक सेवा पर था लेकिन

अंतिम वाक्य था कि वे वहीं सेठ हैं, जिन्होंने द्वितीय विश्वयुद्ध में ब्रिटिश सेना के लिए गोमांस की सप्लाई करके इतने लाख का मुनाफा कमाया था अब गोरक्षा के लिए आंदोलन चला रहे हैं। यह संपादकीय सुबह जस का तस छप गया, संपादक को पूरा अधिकार था। सुबह हल्ला मचा लेकिन उग्रजी वापस नहीं आए वही उनका अंतिम दिन था। उन्होंने वहां मुश्किल से तीन-चार दिन या सप्ताह भर ही काम किया था।

ये संस्मरण मुझे सुनानेवाले लोग अब नहीं हैं मुझे ठीक से सेठ और अखबार का नाम याद नहीं है केवल वृत्तांत याद है। इससे अगर तुम्हारा काम चल जाए तो चला लो ये संस्मरण मैंने 1965-66 में सुना था कब तक याद रहेंगे उस समय कहीं लिखा भी नहीं ये सोच कर कि ये लोग तो रोज ही मिलते हैं वे एक-एक कर के ऊपर जाते रहे।

बच्चों के बारे में जानकर अच्छा लगा, भाभी को नमस्कार, दिल्ली और मित्रों को नमस्कार कहो।

तुम्हारा

इब्बार रब्बी

अंततः 23 मार्च 1967 को हिन्दी का यह उल्कापात शांत हो गया। 'मतवाला' के आखिरी नायक-खलनायक का भी अंत हो गया। लेकिन रह गई इन सबकी समवेत कोशिशों की अनुपम उपलब्धि—**मतवाला!**

कर्मेन्दु शिशिर

आत्म-कथ्य

'मतवाला' का पहला अग्रलेख 'आत्म-परिचय' आचार्य शिवपूजन सहाय ने लिखा है और इसके लिखने के पूर्व की मनःस्थिति का बहुत ही रोचक और सजीव वर्णन किया है। इसमें शिव-पार्वती की रूपकता में जातीय मिथक के सांस्कृतिक आधार का स्पर्श ही है—धार्मिकता या संकीर्णता की बास नहीं। 'मतवाला' ने अपने पूरे स्वभाव में बात कहने के निरालेपन से जैसा व्यक्तित्व अभिव्यक्त किया उससे उसके स्वभाव का सिर्फ निहंग लाड़लापन ही पता नहीं चलता, बल्कि 'मैं तो अपने धुन का मतवाला हूं' का कबीरपन भी मिलता है। वह घोषित करता है कि 'सिर्फ मेरी यात्रा का लक्ष्य स्मरण रखिएगा।' वह देश की अंदरूनी यात्रा के अनुभवों का चाक्षुष वर्णन करेगा—उसके बताने का ढंग निराला होगा और वह पूरा निर्भीक रहेगा। यह संकल्प ऐसा है मानो 'मतवाला' अकेले नहीं, अपने युग की अग्रगामी पत्रकारिता की ओर से यह घोषणा कर रहा हो। पत्रकारिता के मूल में संभवतः यह भाव-विचार स्थायी होने चाहिए। दो वर्ष पूरा करने पर 'राम कहानी' एक पड़ाव जैसा लगता है, जिससे अलग आकलन को भी हम स्वतंत्र हैं।

अगर वाकई 'मतवाला' को उसके संकल्प-आसंग में देखा जाय तो दो वर्षों के बाद की 'राम कहानी' ज्यादा सच लगेगी। 'मतवाला' के इन अग्रलेखों का पहला आकर्षण तो शीर्षक ही हैं जो कहावतों या मुहावरों की शैली में और मुखर हो उठते हैं। अग्रलेखों को पढ़कर उनके शीर्षकों की व्यंजकता, उनका सटीकपन और अधिक फबता है। उसने देश के जिस पहलू की अंदरूनी रपट की, वह आज समय पर सच की लकीर की तरह लगती है। आज की पत्रकारिता जहां मंच की नाटकीयता तक जाकर रुक जाती है वहां 'मतवाला' का ढंग, मंच और नाटक की अंदरूनी सच्चाई को भी बयान कर देने वाला है। सिर्फ क्षमता या दक्षता का ही मामला मानकर हम आगे नहीं बढ़ सकते। हमें नीयत, साहस और शैली की भी दाद देनी पड़ेगी। दरअसल इन्हीं तत्त्वों से ये अग्रलेख विशिष्ट भी होते हैं।

1. आत्म-परिचय

एक दिन शिव-पार्वती कैलास-शिखर पर बैठे हुए थे। एक ओर लंबोदर गजानन अपना सूंड़, और कान हिला रहे थे, दूसरी ओर भीमोदर नंदी पूंछ डुलाकर मक्खियां उड़ाते हुए बड़े गौर से पागुर कर रहे थे। सामने बड़े-बड़े विकटासन और विकृतानन बैठे हुए थे। शिव-पार्वती की शोभा भी निराली ही थी। वे भस्म रमाये और ये अंगराग लगाये! वे सर्प लपेटे और ये जूड़ा समेटे! वे बाघंबर ओढ़े और ये पीतांबर पहने! उनकी मद-भरी आंखें, इनकी रसभरी आंखें! उधर मुंडमाला, इधर मुक्तामाला! मालूम होता था मानो प्रलय के साथ सृष्टि बैठी हो, त्याग की बगल में शांति शोभती हो और विश्वास के साथ उपासना विराज रही हो। कुंदेदु-धवल कैलास ऐसा जान पड़ता था मानो पुण्यात्माओं की यशोराशि हो। बातों ही बातों में पार्वती ने पूछा–'भगवन्! प्रलय होने को अब कितने दिन बाकी हैं?' सवाल सुनकर शंकरजी बड़े जोर से ठठाकर हंसे और बोले, 'देवि! क्या आज ही से सृष्टि की तैयारी करोगी?' पार्वती–'मैं खेती करना चाहती हूं। आप अपना नंदी बैल दीजिए और कोई दूत भेजकर द्वारका से बलदेवजी का हल मंगा दीजिए तथा भैरव के कुत्ते को खलिहान की रखवाली के लिए नियुक्त कर दीजिए।' शंकरजी अट्टहासपूर्वक बोलो–'यह आज तुम्हें क्या सूझा है? तुम्हें क्या कमी है जो खेती करने पर उतारू हुई हो?' पार्वती ने कहा–'मेरे पीहर के पड़ोसी भारतवासी अन्न बिना भूखों मर रहे हैं। मैं स्वयं हल चलाकर पृथ्वी की लुप्त उर्वरा शक्ति को पुनरुज्जीवित करना चाहती हूं।' शिवजी फिर हंसकर बोले–'पहले खेत में खाद डालने की तैयारी करो, जोतने की चिंता पीछे करना। अनंतशक्तिमयी काली बनकर पृथ्वी को रक्तसिक्त कर डालो। फिर तो मांस-मज्जा की खाद से मेदिनी खिल उठेगी। रक्त खारा होता है, खाद भी खारी ही होनी चाहिए।' पार्वती खिलखिला उठीं और बोलीं–'मैं आपका असली मतलब ताड़ गयी। आप अपने भूत-बैतालों को भोज देना चाहते हैं। देवासुर-संग्राम में ली हुई पुरानी मुंडमाला को बदलना चाहते हैं। किंतु मैं अब भूलकर भी दुर्गा न बनूंगी।' शिवजी ने मुस्कराते हुए कहा–'तो फिर काशी में अन्नपूर्णा के पास संवाद भेजो।' पार्वती–'उन्हें तो अपने ही पेट से फुरसत नहीं है। वे तो रोज ही छप्पन प्रकार का भोग गपकती हैं। उन्हें दूसरों के पेट की क्या चिंता है?' शिवजी–'अच्छा तो मैं वीरभद्र को भारतवर्ष की सच्ची दशा का पता लगाने के लिए तैनात करता हूं और सख्त ताकीद किये देता हूं कि वहां जाकर वह असली हालत की जांच करके मुझे खबर दे तो शीघ्र सारी

व्यवस्था कर दूं। गणेश! जरा वीरभद्र को भेजना तो।' पिता की आज्ञा पाते ही एकदंत तुंदिलकाय गजानन ने चिंघाड़ते हुए कहा, 'वीरभद्र!'

मैं तो पास ही बैठकर योगिनी के साथ भर-भर खप्पर मदिरा पी रहा था। गजेंद्र-वदन से निकली हुई गर्जन-ध्वनि बड़ी कर्कशता से एकाएक आकर मेरे कानों के पर्दे पर टकरा गयी। मैं चौंक पड़ा। योगिनी ने कहा, 'जाओ, दौड़ो, गणनायक पुकार रहे हैं।' मैं दौड़ा हुआ उनके पास गया तो उन्होंने कहा कि, 'तुम्हें पिताजी ने अभी पुकारा था, उन्हीं के पास जाओ।' वहां गया तो उन्होंने कहा कि, 'तुम्हें पार्वती ने बुलाया है।' मैं तो बेढब घपले में पड़ गया कि, 'भगवती कहीं और किसी के पास न भेज दें। मालूम नहीं, यह बुलाहट का सिलसिला कहां जाकर खत्म होगा।' खैर मैं जब भगवती पार्वती के सामने हाथ जोड़कर खड़ा हुआ, तो वे बोलीं कि, 'तुम्हें षडानन के ननिहाल जाना होगा।' मैं–'क्या दक्ष प्रजापति की तरह आपके पिता भी कोई यज्ञ कर रहे हैं।' भगवती–'यह पूछने से तुम्हें क्या गरज?' मैं–'शायद यज्ञ विध्वंस करने के लिए मुझे जाना पड़े, क्योंकि सती के पिता का यज्ञ मैंने ही विध्वंस किया था।' भगवती रोषपूर्वक बोलीं–'तू बड़ा अमंगलवादी है। बिना समझे-बूझे बीच ही में क्यों बुद्धि लड़ाने लगता है?' भगवान शंकर ने हंसकर कहा, 'वीरभद्र ठीक तो कहता है। उस पर बेकार क्यों लाल-पीली हो रही हो? वीरभद्र! तुम इनके पीहर के पड़ोसी भारतवासियों की वास्तविक अवस्था जांचने के लिए जाओ, वहां की हालत देखकर मेरे पास लगातार खबर पहुंचाओं, फेंकने पर जहां तुम्हारा त्रिशूल गड़ जाय वहीं आसन जमाओ और सब श्रेणी के लोगों का हाल जानने के लिए घर-घर चक्कर लगाओ।'

आज्ञा पाते ही मैं भगवान् भूतनाथ को साष्टांग दण्डवत् करके योगिनी के पास आया और वहां भर-भरकर अस्सी सात सतासी खप्पर मदिरा चढ़ा गया! जिस तरह मरुभूमि की यात्रा करने से पहले ऊंट एक ही बार सात दिन के लिए जल अपने पेट में भर लेता है उसी प्रकार भारतवर्ष की लंबी यात्रा से पूर्व मैंने भी खूब कसकर जमा लिया। अच्छी तरह ढालकर मैं जब त्रिशूल लेकर खड़ा हुआ तब मालूम होने लगा कि, 'पूर्व दिशा से एक भीषण हाहाकार क्रमशः गंभीर होता हुआ हिमालय की दरियों को प्रतिध्वनित करता हुआ आ रहा है।' मैंने समझा कि कोई दैत्य है। मैंने उसका संहार करने के लिए सरोष त्रिशूल फेंका। फेंकने पर मुझे भगवान् भूतेश की बात याद पड़ी। मैंने सोचा, 'हाय! अब अपने हेडक्वाटर का स्थान कैसे निश्चित करूंगा?' इतना ही सोचकर मैं त्रिशूल की तलाश में अंधाधुंध दौड़ा। न जाने कितनी देर और कितनी दूर दौड़ने के बाद मैंने अचानक देखा कि, 'भागीरथी के तीर पर 'कलि-कांता' नगरी के मध्य त्रिशूल खड़ा गड़ा पड़ा हुआ है। फिर क्या था, देवाधिदेव

'महादेव' का नाम लेकर मैंने वहीं आसन जमा दिया। मेरे डमरू-निनाद द्वारा प्रतिध्वनित 'शंकर-घोष' से समस्त नगरी गूंज उठी। किंतु जिस दैत्य के लिए मैंने त्रिशूल छोड़ा था, उसका आज तक कहीं पता न लगा। उसकी माया तो देखी, पर वह मायावी नजर न आया। उसकी छाया तो देखी, पर वह छायापुत्र कहीं दिखाई न पड़ा। अतएव, उसकी तलाश में आज मैं कलकत्ते से बाहर निकला हूं। मैं तो 'अपनी धुन का मतवाला' हूं, जब उसकी तलाश करने पर तुल गया हूं तब सारा संसार छान डालूंगा—कहां जायगा? किधर जायगा? एक न एक दिन पकड़ पाऊंगा, तो फिर 'मृत्युंजय का जप' भी रक्षा न कर सकेगा, क्योंकि मैं भी तो मृत्युंजय का मुसाहब हूं और उन्हीं की प्रेरणा से यहां आया हूं!

शिव! शिव! नशे की झक में मैं क्या-क्या बक गया! अच्छा, लहर ही तो है। लेकिन इस लहर में आप न पड़िएगा। सिर्फ मेरी यात्रा का लक्ष्य स्मरण रखिएगा। मैं अपनी यात्रा की रिपोर्ट नियमित रूप से प्रकाशित करता रहूंगा। उसमें सच्ची और स्वाभाविक सूचना रहेगी। उसके द्वारा मैं यथेष्ट रीति से इस देश की आंतरिक दशा बतलाऊंगा। लेकिन बतलाने का ढंग निराला होगा। जो मेरी ही तरह स्वतंत्र 'मत'वाला होगा वही उस ढंग का समझनेवाला होगा। राष्ट्र, जाति, संप्रदाय, भाषा, धर्म, समाज, शासनप्रणाली, साहित्य और व्यापार आदि समस्त विषयों का निरीक्षण और संरक्षण ही मेरी योजना का अभिसंधान है। मैं उसे पूरा करने के लिए संकोच, भय, ग्लानि, चिंता और पक्षपात का उसी प्रकार त्याग कर दूंगा जिस प्रकार यहां के नेता निजी स्वार्थ का त्याग करते हैं! इसी अभिवचन के साथ, अब मैं, अपने इष्टदेव का स्मरण करते हुए, यात्रा-पथ पर आरूढ़ होता हूं—

"सीस जटा गंगवारे भूखन भुजंगवारे
गौरी अरधंगवारे चंद दुतिवारे हैं।
वृखभ तुरंगवारे मरदन अनंगवारे
अड़भंग ढंगवारे मुंडमाल धारे हैं॥

[26.8.1923]

2. राम कहानी

कल्याण-कल्पद्रुम अभयंकर शंकर के चिरस्मरणीय चरणों में इस किंकर की श्रद्धांजलि अंगीकृत हो—यही अपनी इस तीसरी जयंती का श्रीगणेश करते हुए हमारी आंतरिक अभिलाषा है। दूसरे वर्ष का सेवा-कार्य उन्हीं चरणों की अनुकंपा से सानंद संपन्न हुआ है। विश्वास है, इस तीसरे वर्ष पर भी उन चरण पल्लव की सघन सुशीतल छाया बनी रहेगी।

जिस गुरुतर कार्य पर हमारी नियुक्ति हुई थी, उसे सविधि संपन्न करने में हमने अपनी शक्ति का प्रत्येक कण अर्पित किया है, और आज भी, भविष्य के निमित्त, वैसा ही करने का अटल संकल्प करते हैं, कहना न होगा कि इस संकल्प के मूल में प्रलय-तांडवकारी नटेश्वर के परमाराध्य चरणों की दृढ़ आस्था विद्यमान है।

भगवान् भुजंगभूषण! आपने हमें कैसे भयंकर कार्यक्षेत्र में नियुक्त किया है? यह कार्यक्षेत्र तो एक भीषण विषधर की विषम विष-ज्वाला से धधक रहा है। हे नीलकंठ! इस ज्वाला को शीघ्र कंठस्थ करो। हे गंगाधर! इस ज्वाला को शीघ्र शांत करो। हे त्रिलोचन! अपने तीसरे नेत्र की प्रचंड ज्वाला से इस ज्वाला का दमन करो।

इन्हीं आरंभिक प्रार्थनाओं के साथ हम अपने दूसरे वर्ष के भ्रमण का इतिवृत्त उपस्थित करते हैं—उन चरणों के समक्ष, जिन पर सिर टेककर हम भ्रमण के लिए बिदा हुए थे—आज से पूरे दो वर्ष पूर्व—श्रावणी पूर्णिमा के दिन।

राजनीति की दशा तो ठीक नव-विवाहित बूढ़े के हिर्स की-सी हो गई है—शक्ति नहीं है, पर लालसा बड़ी तीव्र, अभिलाषा बड़ी लंबी है—चाहिए तो अमृत, लेकिन छांछ का भी सामान नहीं—मनसूबे तो ऊंट की गरदन की तरह लंबे मगर भाग्य कछुए की गरदन से भी छोटा।

नेताओं की खिचड़ी पकनेवाली है—पहले अपनी-अपनी डफली अपना-अपना राग था, अब बतीसे का लड्डू बनेगा, नाम पड़ेगा स्वराज-मोदक। अष्टधातु की तोप बनेगी, सलामी दगेगी स्वराज की।—पार्टियों का पंचगव्य बनेगा, उसमें मिश्री घुलेगी दलबंदी की।

समाज में भी बड़े-बड़े ठीकेदार पैदा हो गए हैं।—चूमते हैं गोरों के चरण, और विरोध करते हैं विलायत यात्रा का। खुद तो पहनते हैं विलायती कपड़े और अछूत समझते हैं दूसरों को। लालसाओं की पंचाग्नि में तपाते हैं विधवाओं को और आदर्श पेश करते हैं सावित्री का। बेईमानी करते हैं भाई के साथ और जप करते हैं गायत्री

का। दगा करते हैं देश से, तिलक करते हैं चंदन का। ब्याह करते हैं बच्चों का, आबाद करते हैं 'दाल ही मंडी'।

धर्म के कुरुक्षेत्र में भी एक नये भीष्म पितामह पैदा हुए हैं। उनका दावा है कि दूर ही से भरी थैली दिखा दो, इस सारे देश में धर्म की ध्वजा फहरा देंगे। थैलीवाले उन्हें दूर ही से दिखा रहे हैं, वे भी 'धर्म-ध्वजा' उड़ा रहे हैं—आत्मीयों से भी उड़वा रहे हैं।

महंतों की जिम्मेवारी ली है एक मौलाना ने, जो गांव के अंदेशे से मरनेवाले काजीजी हैं। पचाते हैं सारी कामधेनु, गाते हैं सनातन-धर्म का गीत। तुड़वाते हैं मंदिर, शुभ कामना करते हैं सनातन-धर्म की। चुराते हैं बच्चे और स्त्रियां, बखान करते हैं स्वधर्म-गौरव का।

व्यवस्थाएं देने की ठीकेदारी पंडितों ने ली है। पेट में कसाई का अन्न, सिर पर शास्त्रों का बोझ। नस-नस में हां-हुजूरी, जबान पर ऋषि-संतान होने का दंभ। हृदय में गोभक्षक-भक्ति, गले में तुलसी की कंठी। आंखें गड़ी हैं सुंदरी युवती पर, हाथ पड़ा है गोमुखी में। खरीदते हैं खिताब, बेचते हैं व्यवस्था।

राजनीति, समाज और धर्म की तरह 'साहित्य' की भी बड़ी दुर्दशा है। 'भारत-भारती' नजरबंद, कोकशास्त्र स्वच्छंद। 'मुंहफट' यहां मौज करता है और 'हिंदी नवजीवन' वहां घाटा उठा रहा है। लगभग 50 वर्ष का अनुभवी बूढ़ा 'सैनिक' मैदान छोड़कर पीछे हट आया, और सिंह की गद्दी पर बैठकर स्यार माल मार रहा है। साहित्य-सौंदर्यमयी 'चंद्रवदनी' राष्ट्र-रथी 'प्रतापी' पुरुष पर त्योरी चढ़ा रही है, और उस बेचारी पर 'तिल-चावली' भी नहीं चढ़ाता। 'प्रणवीर' और 'स्वदेश' चल बसे, मैदान 'प्रभा'-शून्य हो गया। कविता बेचारी पनाह मांगती है, ऊपर से उलटी पपड़ी पड़ती है। गद्य लिंगों के झमेले में पड़ा हुआ है, पद्य भारत माता को खदेरे फिरता है।

'शिक्षा' की जान बड़े घपले में है। वह लाख कांखती है, कोई पुष्ट बच्चा निकलता ही नहीं—अगर कांख-कूखकर कोई निकालती भी है, तो फौरन ही यम छू जाता है। जान पड़ता है, जिंदगी भर निपूती ही रह जाएगी।

व्यापार लवण-भास्कर चख रहा है, मगर पेट फूलता ही चला जाता है। वैद्य कहता है, मंदाग्नि है, उपवास चिकित्सा से काम लो। रोगी कहता है—ऊपर भर, नीचे झर, कैसा डर। वैद्य की गालियां देखकर छींक आती है, और...की गालियां रंग लाती हैं।

भगवान् त्रिशूली! यही तो दूसरे साल की जांच-पड़ताल है। इसी से अंदाज लगा लीजिए कि आपके प्यारे भारत का क्या हाल है। और अब आगे की जांच-पड़ताल के लिए नया परवाना जारी कीजिए। इस पड़ताल में हमारे जो सहायक थे, उन्हें

आशीर्वाद भी दीजिए।

अब हम अपने उन सहायकों का स्मरण करके आपसे उनके कल्याण के लिए प्रार्थना करते हैं, जो दूरस्थ होकर भी समय-समय पर हमारी सहायता में निस्संकोच तत्पर होते रहे हैं। श्रीवास्तवजी, निखट्टूजी, भट्टजी, शंकरजी, हरिऔधजी और गुप्तजी आदि के साथ ही साथ अपने सभी सहयोगियों के लिए भी, सारा भेद-भाव भूलकर, आपसे कल्याण की भिक्षा मांगते हैं। और, इसी सिलसिले में, हम उऩ लोगों के हृदयों में भरने के लिए आपसे थोड़ी-सी सुबुद्धि और कुछ थोड़ी-सी क्षमा भी मांगते हैं, जिन्हें हमारी कड़वी—पर सच्ची—बातों ने कभी-कभी बहुत चंचल कर दिया है।

आशा है, आप हमारी इन सारी याचनाओं को सफल करके हमारे सहृदय ग्राहक-अनुग्राहकों, हित-मित्रों और सहकारी-सहयोगियों के लिए शृंगी-निनाद द्वारा इस आशीर्वचन को दिग्दिगंत में भर देंगे—

"सर्वे भवंतु सुखिनः सर्वे संतु निरामयाः॥
सर्वे भद्राणि पश्यंतु मा कश्चिद् दुखभाग्भवेत्॥

[8.8.1925]

सांस्कृतिक

हिंदी नवजागरण की पत्रकारिता में ऐसी कई नई परंपराएं विकसित हुईं जिससे हिंदी पत्रकारिता का मौलिक व्यक्तित्व उभरकर सामने आया। 'मतवाला' का जैसा मन-मिजाज था उसके अनुरूप ही इन अग्रलेखों में सांस्कृतिक पर्वों के अवसर-उपयोग की विलक्षणता दिखाई देती है। उसे इस बात का गहरा अहसास था कि जनता से उसकी सांस्कृतिक भाषा में ही सच्चा संवाद संभव है। तभी उसने अपने भावों और विचारों को कारगर तरीके से जनता के बीच ले जाने के लिए, इन पर्वों का भी गहरे राजनीतिक उद्देश्य से इस्तेमाल किया। यह परंपरा कोई नई नहीं थी। इसका सूत्रपात भारतेंदु-युग में ही हो चुका था और वह भी काफी प्रभावशाली तरीके से।

सांस्कृतिक पर्वों पर लिखे इन अग्रलेखों में उल्लास और गुलामी की पीड़ा का दोहरा अहसास था। इसमें दो मत नहीं कि यह सही जनवादी पत्रकारिता का सर्वोत्तम उदाहरण है। इसमें भरे ताप का स्पर्श हमें आज भी उत्तेजित करता है गो कि इतिहास की गर्द कुछ ज्यादा ही पड़ी है। यही उत्तेजना संकेत है—उस भाव-विचार के सच का जिसे लिखनेवाले ने अहसास किया। यहां भावुकता कहकर नकारना संभव नहीं। इसकी भाषा में आज भी जैसा सम्मोहन है—उसकी असलियत उसके निर्दोष सच में है।

न सिर्फ 'मतवाला' बल्कि उस युग की पत्रकारिता को उस काल के साहित्यिक समय के आसंग में देखा जाए तो कई दिलचस्प निष्कर्ष सूझते हैं। जिस छायावाद के शिल्प और अंतर्वस्तु को आज तक कविता में ही तलाश किया जाता रहा—अगर उसका विस्तार छायावादी युग की पत्रकारिता सहित तमाम गद्य लेखन तक फैलाया गया होता तो आज भाषा और विचार में संपन्नता ज्यादा आयी रहती। साथ ही उस युग पर हमारी विचारणा भी ज्यादा सच और ठोस हुई होती। आप सहजता से 'मतवाला' के गद्य का काव्यत्व और उसकी तरलता भांप सकते हैं—जो कुछ-कुछ छायावादी रोमांटिकता के समीप ले जाती है। मेरा ख्याल है जिस तरह छायावाद का प्रतिनिधित्व करती कविताओं में भाव-विचार की स्तरीयता की एक ऊंची मिसाल है—पत्रकारिता में 'मतवाला' के ये अग्रलेख उसी को संभव करते हैं। निःसंदेह इसके उदाहरण 'मतवाला' के अलावे भी हैं और प्रचुर हैं। कविता हो या पत्रकारिता, सबके इतिहास में ऊंचे शिखर हैं—सबका महत्त्व है। इसका यह मतलब नहीं कि

हम कविता और पत्रकारिता को एक-दूसरे के सामने रख रहे—बल्कि दोनों को साथ रख रहे। आखिर 'मतवाला' में ही निराला की वे कविताएं छपीं जो आज पूरी शताब्दी में, हिन्दी की प्रतिनिधि कविताओं के रूप में समादृत हैं।

इस सबके बावजूद जो बात हमें इस पक्ष के दूसरे पहलुओं पर भी सोचने को विवश करती है कि तमाम सकारात्मकता के बावजूद इस लेखन में 'हिंदुत्व' की एकांगिकता है। वह भले ही गैरसांप्रदायिक सोच और निर्दोष मन की अभिव्यक्तियां हो, लेकिन उसमें दूसरे धर्मों के भावों, प्रतीकों और विचारों की पूरी अनदेखी है। आखिर क्यों नहीं एक भी अग्रलेख ईद को लेकर लिखा गया है? भारतेंदु युग से इस युग तक आते-आते एक वक्त बीत चुका था और वातावरण में सांप्रदायिक वैमनस्य के जहर घुले हुए थे। प्रेमचंद ने इस परिवेश के विरुद्ध एक नई धारा की शुरुआत भी कर दी थी। 'मतवाला' की इस पत्रकारिता को हम सांप्रदायिक भले न कहें, मगर इसमें थोड़ी संकीर्णता अवश्य थी। खासतौर से 'विजया या विजिता' अग्रलेख में अपने धार्मिक अधिकारों के लिए हिंदुओं को उत्तेजित करने वाली ललकार भरी शैली गौर करने वाली है। प्रेमचंद और 'मतवाला' की चेतना में यह बुनियादी फर्क है। यह बात खासतौर से रेखांकित की जानी चाहिए।

1. चूड़ी साड़ी की जय बोलो!

आंख और कान में चार अंगुल का फर्क है, पर देखने और सुनने में आसमान-जमीन का फर्क है। सुनते-सुनते कान पक गये कि विजयादशमी के दिन मर्यादापुरुषोत्तम रामचंद्र ने विजय-यात्रा की थी, विजयादशमी के दिन भारतवर्ष में शस्त्र-पूजा होती थी, विजयादशमी के दिन पुण्य भारत का क्षात्र तेज एक नवीन संजीवनी शक्ति से अनुप्राणित हो उठता था, विजयादशमी के दिन समस्त भारतखंड एक बार शस्त्रों की उल्लासपूर्ण झनकार से गूंज उठता था, देश की छाती फूल उठती थी, वीरता का मस्तक गर्वोन्नत हो जाता था, प्रताप का सूर्य प्रचंड और आत्माभिमान का भाव अखंड हो उठता था। किंतु अब कानों पर विश्वास करने के लिए आंखें तैयार नहीं हैं। ये निगोड़ी आंखें तो अब यही देखती हैं कि, न वे राम हैं, न वह अयोध्या है, न वह विजय-यात्रा है, न वह शस्त्र-पूजा है, न वह क्षात्र तेज है, न वह शस्त्रों की झनकार है, देश की छाती छलनी हो गई है, वीरता का मस्तक चूर्ण हो गया है, प्रताप का सूर्य अस्त और आत्माभिमान ध्वस्त हो गया है। फिर कैसी विजयादशमी और कैसी उसकी पवित्र स्मृति? इसीलिए कहता हूं कि, 'चूड़ी साड़ी की जय बोलो'—आंखें खोलों, आंसुओं से मुंह धो लो, फिर कलेजा थामकर, लंबी सांस खींचकर, चारों ओर देखो;—शस्त्रों की झनकार के बदले कौंसिल की पुकार है, न्याय के विस्तार के बदले असह्य अत्याचार है, शांति के विस्तार के बदले भीषण हाहाकार है! देखा? कैसी विजया की बहार है? बस, अब आंखें बंद कर लो, नहीं तो आंखें फोड़ दी जायंगी; जबान बंद करो, नहीं तो जबान खींच ली जायगी; हृदय के भावों को कलमबंद न करो, नहीं तो हृदय मसल दिया जायगा; छाती को उमड़ने न दो, नहीं तो उस पर मूंग दली जायगी; कलेजे को सुलगने न दो, नहीं तो कलेजा काढ़ लिया जायगा; आंसुओं को बहने न दो, नहीं तो आंसू पीकर रह जाना पड़ेगा। खबरदार! फटकार की बौछार सह लेना, हथियार की झनकार सुन लेना, हथियार का शिकार भी हो जाना, लेकिन जबान पर उफ न लाना, नजर नीची कर लेना, पृथ्वी अगर शरण दे तो उसी में धंस जाना। फिर नजर ऊंची कर लेना, आकाश अगर दया दिखाए तो अनभ्र वज्रपात की प्रार्थना कर देना। फिर चारों ओर नजर घुमाना—हवा अगर आंसू पोंछने आवे तो हृदय की प्रलयंकारी आंधी को उसके साथ लगा देना। किंतु दिशाएं जब सान्त्वना देने आवें तब जोर से चिल्लाकर कहना—'चूड़ी साड़ी की जय! जय!! जय!!!' सुनकर वे शरमायेंगी और दबी जबान से फरमायेंगी—'तुम कौन हो?' फौरन

से पेश्तर जवाब देना—"मैं भारतवासी हूं"। वे पूछेंगी—"यह नई जय-जयकार कैसी?" तुम छूटते ही कहना—"विजयिनी विजया का स्वागत कर रहा हूं।" वे फिर चकित होकर पूछेंगी—"क्या तुम सचमुच भारतवासी हो?" तुम उन दस दिगंगनाओं में से गौरवर्णांगी रक्तलोचना 'पश्चिम दिशा' की ओर इशारा करके आह मारते हुए कहना—"इन्ही खड्ग-खप्पर-धारिणी नर-मुंड-मालिनी महामाया भगवती गौरी से पूछिए।" बस, तुम्हारा इशारा पाते ही सब दिशाएं उसकी ओर उंगली उठाकर, सतेज दृष्टि से, उसको आपाद-मस्तक निहारेंगी। वहीं तुम्हें वास्तविक विजयादशमी के दर्शन होंगे। वहीं तुम्हारे सजल नेत्र सफल होंगे।

हा! यह क्या? मैं विजया की तरंग में क्या-क्या बक गया? क्या वास्तविक विजयादशमी के दर्शन से हम भारतवासियों के नेत्र सफल होंगे? यदि हां, तो क्या उस दिन पृथ्वी स्थिर रहेगी? क्या उस दिन आकाश शांत रहेगा? क्या उस दिन समुद्र गंभीर मुद्रा धारण कर लेगा? क्या उस दिन प्रलय की आंधी मंद पड़ जायगी? नहीं, नहीं, हरगिज नहीं, उस दिन मखमली दस्ताने से निकलकर क्रूरता का फौलादी पंजा कायरता का गला न घोंट सकेगा, उस दिन अहंकार का भयंकर आतंक दीनता की छाती पर चढ़कर लहू न पी सकेगा, उस दिन माया का प्रपंच सचेत साधकों पर जाल न फेंक सकेगा। उसी दिन शस्त्रों की झनकार, वीणा की झनकार से भी मधुर हो उठेगी। उसी दिन 'चूड़ी साड़ी की जय-जयकार' आकाश के अंतिम छोर को पार कर सदा के लिए लुप्त हो जायगी।

किंतु आज? आज की विजयादशमी क्या यों ही चली जायगी? इस साल उसका स्वागत नहीं किया जायगा? नहीं, उससे कह दो कि, 'विजये! अगर तुम्हें हम लोगों की चूड़ियों की झनकार से घृणा हो रही है, तो चली जाओ, 'नाभा' में—वहीं सुनोगी शस्त्रों की झनकार, वहीं देखोगी स-बूट पदाघात की भरमार, वहीं देखोगी कोड़ों की बौछार, वहीं देखोगी देवासुर-संग्राम का अभूतपूर्व दृश्य! वहां विजयोल्लास और विजय-गर्व का तुमुल संघर्ष देखकर तुम्हारे रोंगटे खड़े हो जायंगे। वहीं तुम चकित-चिंतित होकर समझ सकोगी कि, इस वीर-जननी वसुंधरा पर 'चूड़ी साड़ी की जय-जयकार' से तुम्हारा स्वागत क्यों किया जा रहा है?"

[20.10.1923]

2. सदा 'दिवाली' साध की, जो घर गेहूं होय!

चला गया, बड़ी बेरहमी से चला गया, कई अरब मन चला गया, सात समुद्र पार चला गया, राली ब्रादर के पेट में चला गया, विलायती नानबाइयों के घर चला गया, और कभी न बुझने वाले भयंकर जठरानल में भस्म हो गया, अब कहां है गेहूं? अब कहां है भारत-सर्वस्व किसानों का रक्त-बिंदु? अब कहां है कृषि-सर्वस्व भारत का अन्नकूट? अब कहां है, 'सेंतमेंत का गेहूं घर-घर पूजा?' अब तो हम सर्वभक्षी हुताशन के पाले पड़े हैं, अब तो हमें दाने-दाने के लाले पड़े हैं, अब तो हमारा पेट-पीठ एक हो गया है, अब तो हमारा 'मुंह चिकना पेट खाली' हो गया है, अब तो हमारा दिवाला ही वास्तव में दिवाली हो गया है। क्यों न हो, जैसे दो आंखों के बीच में पड़कर 'नाक' स्त्रीलिंग हो गई वैसे ही इकतीस करोड़ जनानों के बीच में रह जाने से 'दिवाला' के पुरुषत्व की नाक कट गई—वह दिवाली कहलाने लगा। नहीं तो, अब दिवाली कैसी? "जब दिल को हो करार, तब सूझै त्योहार!" क्यों याद रहे, 'इस गेहूं के लिए, फौलाद का पेट होना चाहिए।' इस गेहूं से जिस दिन यह देश अन्नपूर्णा का मंदिर बना हुआ था उसी दिन असली दिवाली थी;—अब इस भीमांधकार में—अत्याचारी राजा के नरक-पथ में छाये हुए अंधकार से भी घने अंधकार में—विधाता के भाग्य से भी भीषण अंधकार में—मूर्ख के हृदय से भी काले अंधकार में—अविद्या के सूची-भेद्य अंधकार में दिवाली कैसी?

दिवाली! दिवाली! दया कर, मत आ, आती भी तो मत आ, दबे पांव लौट जा, कलंक की कालिमा से लिप्त हमारे निर्लज्ज मुखड़े पर प्रकाश डालने के लिए मत आ, हमारे क्षुधा-पीड़ित नग्न कंकाल को अमावस्या के गाढ़े अंधकार में छिपा ही रहने दे, सच कहते हैं—मत आ,—नहीं तो हमारे तिरस्कारों और अपमानों पर पड़ा हुआ अंधकार का मोटा पर्दा हट जायेगा, हमारे पापों और दुर्दशाओं को ढक देने वाला काला बादल फट जायेगा,—सारा संसार हमारी दीनता और कायरता देख लेगा। तब फिर कभी अगर तू असंख्य घृत-कर्पूर-दीपकों की मंजु माला पहनकर अथवा श्यामा अमावस्या-निशा का सुभग शृंगार बनकर आयेगी तो तेरे दिव्य प्रकार के प्रवाह में अपना काला मुंह धो लेने पर भी हम संसार के सामने मुंह न दिखा सकेंगे, लज्जा से सिर न उठा सकेंगे। इसीलिए हम अनुनय-विनय करते हैं। मान जा, मत आ। कृपा कर उधर ही रह। उधर ही अभी बिजली के खिलौने खेल-खेल कर दिल बहलाती रह, उधर ही अभी सर्वनाश के पथ पर पूर्ण प्रकाश पहुंचाती रह, उधर ही अभी 'भरभूजे

की लड़की के सिर में केसर का तिलक' लगाती रह, उधर ही अभी 'भीख के टुकड़े खाकर बाजार में डकराने वालों' की सूरत अपने उजाले से संसार को दिखलाती रह। इधर आकर क्या करेगी? इधर काजल की कोठरी है। इसमें आते ही तेरे उज्ज्वल अंग में दाग लग जायेंगे। इधर 'नाम बड़े दर्शन थोड़े' को चरितार्थ करने मत आ, इधर 'हाथ मल-मलकर हथेली की लकीरें मिटाने वालों' के उदास मुखड़े देखने मत आ, इधर 'आपके आदर्श पूर्वजों का गौरव धूल में मिलने वालों' के मलिन मुखड़े देखने मत आ;—इधर 'पुरानी लकीर के फकीरों' की घनी बस्ती है, इधर 'सुयोग्य पिता की अयोग्य संतान' की जीर्ण-शीर्ण पर्णकुटी है,—कहीं इस टूटी-फूटी कुटी के उजड़े हुए छप्पर की फूस में आग लग गई तो तेरा आना और न आना—दोनों—बराबर हो जायेंगे। इसीलिए बारंबार कह रहे हैं कि अब रहम कर, असहाय जानकर भी तो रहम कर, निरुपाय समझकर भी तो रहम कर, अशिक्षित एवं असभ्य देखकर भी तो तरस खा, लौट जा, मत आ। शीशे के अंदर बंद होकर मत आ, बिजली द्वारा प्रेरित होकर मत आ, बनावटी बाना बनाकर मत आ,—अगर आना ही है, अगर आये बिना रहा ही नहीं जाता, तो आ, मगर भारत की भाग्यलक्ष्मी को भी अपने साथ लेती आ। नहीं तो तेरी अवाई की बधाई में हम किसकी पूजा करेंगे? किसकी आरती उतारेंगे? आरती उतारने के लिए गाय का पवित्र घी और कपास की शुद्ध रूई कहां पायेंगे? घी तो आंख में आंजने को भी मुअस्सर नहीं, रूई तो लज्जा छिपाने और घाव (!) पर पट्टी चढ़ाने को भी नसीब नहीं, फिर कैसा तेरा स्वागत और कैसा तेरा उत्सव?

एक दिन वह था जिसकी याद आते ही तेरे प्रकृत रूप का नेत्रोन्मेषी चित्र इन आंखों के आगे झूलने लगता है, एक दिन वह था जिसकी याद आते ही तेरी शांति विस्तारिणी शीतल प्रभा इन आंखों में घड़ी भर के लिए एक अनैसर्गिक ज्योति जगा देती है, एक दिन वह था जिसकी याद आते ही चकाचक लड्डुओं का लोभ रोके नहीं रुकता;—एक दिन वह था! और आज? आज तो तेरे विद्युज्ज्वालामय रूप का हृदयदाहक चित्र इन निगोड़ी आंखों के आगे शून्य श्मशान का दृश्य खड़ा कर रहा है, आज तो तुझे अंधकार के गर्त में ढकलने वालों का मचाया हुआ हृदय-विदारक हाहाकार कानों की झिल्लियां फाड़ रहा है, आज तो पेट की दारुण ज्वाला में जलने वाले करोड़ों भारतीयों के आर्तनाद से आकाश फटा जा रहा है! किंतु आकाश फटकर भी तो वज्र नहीं गिराता! क्या उसी आकाश में तेरे नाम पर हम आकाशदीप दिखायें? क्या उसी आकाश को आलोकित करने के लिए तू यहां आना चाहती है? तो दया कर दिवाली! दया कर, क्षमा कर, मत आ, वह निर्दय आकाश 'असंख्य भारतीय विधवाओं की गरम आह से झुलसा हुआ अपना मुखड़ा तुझे दिखाना नहीं चाहता, पददलित भारतीयों के चीत्कार से प्रतिध्वनित होकर भी निर्घोष बना रहने वाला वह निष्ठुर

आकाश तेरी ज्योति लहरी में नहाकर अपना कलंक-पंक प्रक्षालन करना नहीं चाहता। अपनी किरणों का हाथ फैलाकर उसके लज्जित मुख पर से अंधकार की चादर मत हटा। इस समय तेरी किरणों की झाड़ू उसके अंग से अंधकार की धूल नहीं झाड़ सकती। अतएव ग्राहक के साथ कहते हैं—मत आ, अगर हमारी बात न मानकर आयेगी तो सिर धुन-धुनकर पछतायेगी और उसी तरह ग्लानि के साथ तुझे वापस जाना पड़ेगा जिस तरह जुआड़ी युधिष्ठिर और नल के घर से तुझे जाना पड़ा था। याद है? कहीं वह दिन तू भूल तो नहीं गई? अगर भूल गई हो, तो आ, एक बार और अलग से ही झांककर देख जा;—युधिष्ठिर और नल की संतान कहलाने वाले आज भी जुआ खेलकर तेरा तिरस्कार करने पर तुले हुए हैं, तेरा बहिष्कार करने के लिए घर-घर में मामू शकुनि के भांजे-भतीजे पैदा हुए हैं, उनके हाथों में गरीबों की हड्डियों के बने हुए पांसे झनझना रहे हैं; क्या तू यही सब देखने के लिए आना चाहती है? तो आ, पर याद रख—

'प्रगट' विरोध मान जहं कोई।
तहां गये कल्यान न होई॥

[10.11.1923]

3. फोटो लेकर चाटो!

होली खेली थी क्रोधांध भीम ने मुक्तकुंतला द्रौपदी के साथ—कुरुक्षेत्र में—दुःशासन के रक्त से! होली खेली थी आनंदकंद श्रीकृष्णचंद्र ने युधिष्ठिर की यज्ञशाला में—जहां छिन्न मस्तक शिशुपाल की धमनियां पिचकारियां बनी थीं उष्ण रक्त की! होली खेली थी रणधीर वीर राम ने लंका में राक्षसराज रावण के साथ—जहां रक्ताक्त राम का श्याम शरीर यों शोभता था मानो नीलकमल पर वीरबधूटियां बैठी हों—मरणोन्मत्त रावण 'रण-रंग' में इतना शराबोर था कि 'कज्जल-गिरि' से गेरू के पनारे बहते थे—उस होली के हुल्लड़शाह भी आपादमस्तक रक्तभिषिक्त होकर 'कुसुमित किंशुक तरु' की तरह शोभा पाते थे!

हां, जी भर कर होली खेली थी तेजस्वी मनस्वी तपोधन परशुधर राम ने!—मेदिनी रक्तरंजित हो उठी थी!—दिशाएं लाल हो गई थीं!—नक्षत्रमंडल भी लोहित हो उठा था! किंतु, होली का सबसे सुंदर स्वांग रचा था भगवान् नरसिंहदेव ने!—जिनका विलक्षण विकराल रूप अहंकारी हिरण्यकशिपु के हृदय-रक्त से सिक्त था!—जिसके गले में उस मदांध अन्यायी की अंतड़ियों की माला थी!—जिनके तीक्ष्णतर नखों की अग्निज्वाला अत्याचारी के वक्षस्थल के रक्तकुंड में शांत हुई थी!

फिर होली हुई थी—दनादन पिचकारियां चली थीं—'राजस्थान' का एक-एक पवित्र रज-कण रक्त-सिक्त हो गया था! उस होली में एक ओर थी स्वतंत्रता की लालसा और दूसरी ओर था अधिकार का अहंकार! खूब होली मची थी! लालसा-ललना के दिव्य वस्त्र रक्त-रंग से शराबोर हो गये थे! वैसी रंग-भरी होली क्या गुलामों की आंखें कभी देख सकती हैं? हरगिज नहीं!

रंगीली होली की बातें जाने दो। होलिका-दहन भी तुमने कहां देखा?—सत्याग्रही प्रह्लाद ने हंसते-हंसते देखा था—भयंकर अग्नि की लोल लपटें भी चंदन की चैलियां बन गई थीं!—अत्याचार की प्रलयाग्नि भी मंदाकिनी की धारा बन गई थी! फिर होली जलाई थी हनुमान ने लंकागढ़ में—त्राहि-त्राहि की पुकार से आकाश कांप उठा था! हां, उस साल, समस्त भारत में, होली जलाई थी महात्मा गांधी ने विदेशी वस्त्रों की—लंकाशायर में हाहाकार मच गया था!—मैन्चेस्टर के पेट में आग लग गई थी! याद है? नहीं? तो फिर तुम्हें असली होली कहां मिलेगी? यों ही टापते रहो।

दूर क्यों जाते हो? तुम्हारे देश में—समाज में—साहित्य में—सर्वत्र होली जल रही है। जरा आंखें गड़ाकर गौर से देखो। देश में भारतीयों का स्वत्व प्रह्लाद बना है,

नौकरशाही 'होलिका' बनी है। समाज में बाल-विधवाएं अपनी लालसाओं की होली जला रही हैं। साहित्य में सुविचारों की होली जलाई जा रही है! क्या साहित्य में अब ऐसी होली देखने को नहीं मिलेगी?—क्या हम 'भिखारियों' और 'दासों' को कविवर भिखारीदास का यह होली-वर्णन सुहावना लग सकता है?—

"कढ़ि कै निसंक पैठि जात रुंड झुंडन में
लोगन को देखि 'दास' आनंद पगति है।
दौरि दौरि जेहि तेहि लाल करि डारति है
अंक लागि कंठ लगिबे को उमगति है।
चमक - दमकवारी ठमक - जमकवारी
रमक-तमकवारी जाहिरे जगति है।
राम! असि रावरो की रन में नरन में
निलज्ज बनिता-सी होरी खेलनि लगति है॥"

ऐसी रंगदार होली का जमाना जाता रहा! 'बीती ताहि बिसारि कै, आगे की सुधि लेहु।' अब प्रेम की पिचकारियों से काम लो, मुख पर गौरव का गुलाल मलो, सामाजिक कुप्रथाओं की होली जलाओ, खादी की सादी पोशाक पर अमल अनुराग का अबीर छिड़को, आपस की फूट की धूल उड़ाओ, कायरता पर कीच उछालो, ऊंच-नीच का भेद मिटाओ, राष्ट्रीयता का राग अलापो, मादक वस्तुओं का मुंह काला करो, विदेशी वस्तुओं की जूतियों के हार पहनाओ और गुलामी को गधे पर चढ़ाओ।

बस, वही होली का समयानुकूल स्वांग होगा, वही होली वास्तविक आनंद की अठखेलियों से भरी होगी, वही होली भारत के समस्त रोगों की दवा होगी, उसी होली के दिन इस दरिद्र भारत के घर-घर में चकाचक पुए की कड़ाहियां गरगरायंगी, उसी होली के दिन भारत की शुष्कप्राय जातीयता की जड़ में संजीवन-सलिल की धारा पहुंचेगी, उसी होली के दिन शांति और स्वराज में परस्पर रंग-फाग मचेगा। यदि उस होली के दर्शनार्थ तुम्हारी आंखें उत्सुक नहीं हैं—हृदय उद्विग्न नहीं है—मस्तिष्क अशांत नहीं है—प्राण व्याकुल नहीं हैं, तो वही अपने बाबा के गीत गा-गा कर उसी पुरानी होली का फोटो लेकर चाटते रहो!

[15.3.1924]

4. कृष्णजन्माष्टमी

भारत! सुख की कल्पना में तुम कितना भूले! सुख की जहरीली लहरों में—विषैले वायुमंडल के नीचे सुख की मृदुल सेज पर—तुम खूब बहे—अच्छा सोये! तुम जिसे अपनी जागृति समझकर जाग्रत आंखों को स्वप्न की जड़ता से मुंदी हुई बतलाते हो वह तुम्हारे घोर मोह का एक दूसरा प्रमाण है। जरा सोचो तो, जिस भूमि पर पांचजन्य तुमुल घोष में स्वतंत्रता के संग्राम का विजय-मंत्र फूंका गया था—जिस भूमि पर क्षात्रवीर्य के नग्न तांडव में अपने जन्मसिद्ध अधिकार के लिए पापात्मा आत्मीयों की हत्या भी अपराध नहीं मानी गई थी, वहां और उसी वीरकेसरी के सामने जिसने 'तस्मादुत्तिष्ठ' कह-कह स्नेहाभिभूत भारत (अर्जुन) में क्षत्रियत्व का जीवन-संचार किया था, यह घंटी हिलाते हुए भक्ति-भावना के रूप में अपने ही हृदय की दुर्बलता दिखा रहे हो! जिसके जन्म-दिवस में तुम इतना आनंद मनाते हो, क्या तुम्हें एक बार भी उसके जन्म की परिस्थितियों पर विचार करने का अवकाश नहीं मिलता? उसका जन्म कहां हुआ था?—इसी सुख के हिंडोले पर जिस पर उसे झुलाते हुए तुम आनंद की लोरियां—सुख के सोहर गा रहे हो? जिसका जन्म अंधक़ार-कारागार में हुआ था, जिसका बाल्य निष्काम प्रेम की सरल क्रीड़ा में व्यतीत हुआ था, कैशोर के प्रथम चरण में पदार्पण करते ही जिसने शत्रु से बदला लिया था—पिता-माता की बेड़ियां काटकर उन्हें कारागृह से मुक्त कर दिया था, जिसके यौवन काल में राजनैतिक विशृंखलता पर उन्माद-तांडव मच गया था, क्या तुम उसके कर्मों पर भी ध्यान देते हो? तुम्हारी घंटी की टिनटिनाहट से वह मुस्करा रहा है, उसका वह हास्य निरर्थक नहीं। उसमें जो भाव छिपे हैं वे उसी की परिस्थितियों के सूचक हैं। एक नहीं—आज तुम्हारी अनेक माताएं अपने जीवन की निरपराध घटनाओं के साथ तुम्हें याद करती हैं, तुम्हारे कितने ही पिता जो तुम्हारे स्वतंत्र विकास की बाधाओं के दूर करने के अपराध में पकड़े गये थे, उस अंध कोठरी में तुम्हें याद कर रहे हैं; तुम्हारा बाल्य बीत गया—यौवन ढल चुका, परंतु न तुम्हारे शिशु हाथों की दुर्बलता गई, न उनकी दुर्दशा का अंत हुआ! तुम बालकों की तरह हंसते हो, नाचते हो, गाते हो, बाजे बजाते हो, स्वांग भरते हो, परंतु तुम्हें विचार करने का अवकाश नहीं! वह शक्ति भी तुम्हारे मस्तिष्क में नहीं रह गई! तुम नहीं सोचते, जिन मंदिरों में नाचकर तुम क्रमशः दुर्बल होते जा रहे हो उनके द्वार तो तुम्हारे लिये खोल दिये जाते हैं परंतु जिस मस्तिष्क में तुम्हारे स्वाधीन विचारों का आनंद-नृत्य होता है उसके द्वार पर तोप, संगीन, बंदूक और बम से सतर्क

संतरियों का पहरा लगा रहता है। तुम नहीं सोचते, जिसके दूध और घी से तुम्हारे शीर्ण तंतुओं में रक्त की नवीन धारा बह चलती है, उसी का खून पीकर तुम्हें दबा रखने की शक्ति का संचार किया जाता है—हां, उसी का खून पीकर जिसकी सेवा तुम्हारे श्रीकृष्ण के कुसुम के सदृश कुमार हाथों ने की थी, जिसका दूध पीकर ही वे शत्रु को पछाड़ने में समर्थ हुए थे। तुम मत कहो कि हम कृष्ण के उपासक हैं। ऐसा कहोगे तो स्वतंत्रता की ध्वजा फहरानेवाले उस विजयी वीर की—स्वतंत्रता की उस पवित्र मूर्ति की, उस सर्वशास्त्र पारदर्शी भगवान् वेदांतश्रय की—भारत पृथे! संसार-रथ पर बैठे हुए उस धीमान मनःसारथी की निंदा होगी—उसका अपमान होगा, जिसकी यह वाणी है—

"क्लैब्यं मास्म गमः पार्थ नैतत्त्वय्युपपद्यते ॥
क्षुद्रं हृदयदौर्बल्यं त्यक्त्वोत्तिष्ठ परंतप ॥"

उसका घोर अपमान होगा। तुम उसकी पूजा न करो, तुम्हारे हाथ कलुषित हो रहे हैं, वे स्वाधीनता के सिंहासन पर आसीन उस तत्त्वमय अवतार पुरुष को छूने लायक नहीं रह गये; तुम अपनी जीभ पर उस पवित्र नाम का उच्चारण न करो, वह पराधीन हो रही है। जिसकी आंखों के सामने जिसकी माता को नग्न करके पशुबल अपने अत्याचार का घृणित रूप दिखला सकता है, जिसके रहते ही जिसकी बहनों और धर्मपत्नियों की बेइज्जती हो सकती है, वही कापुरुष कृष्ण जैसे स्वच्छंद बिहारी की अर्चना करे; जिसके हृदय की बात हृदय में ही मुरझा जाय, जिसे खुलकर कुछ कहने का अधिकार नहीं और इस अधिकार को जिसने कबूल कर लिया हो, वह डरपोक कृष्ण का नाम ले; यह कितनी बड़ी मूर्खता है!

भारत! युदि तुम कृष्ण के सच्चे उपासक बनना चाहते हो तो तुम अपने कृष्ण को घंटी की टिनटिनाहट से प्रसन्न करने का मूर्खतापूर्ण अभिप्राय छोड़ दो। संग्राम का भीम घोष सुनकर उसके हृदय में प्रसन्नता आती है, अतः जीवन-संग्राम के लिए तैयार हो जाओ—'तस्मादुत्तिष्ठ कौन्तेय युद्धाय कृतनिश्चयः।' अपने कर्मों द्वारा उन्होंने तुम्हें जो शिक्षाएं दी हैं उन्हीं की साधना में तत्पर हो जाओ। उन्होंने संगठन किया था और बिना संगठन के शक्ति का संचय होना असंभव है, अतः तुम भी संगठन करो; वे ब्राह्मण से लेकर एक शूद्र तक को समदृष्टि से देखते थे,—बिना इसके एक विशाल रूप में संगठन होना—घृणाजन्य भेदभाव के रहते व्यापक संगठन होना—सर्वथा असंभव है; अतः घृणा दूर करके अपने भाइयों से मिलो। विजय की आशा से उन्होंने युधिष्ठिर से असत्य कहलाया था, दुर्योधन की जांघ पर गदा-प्रहार करने का इशारा किया था, अतः तुम भी छल, बल और कौशल की सहायता से स्वजाति की कल्याण-साधना

करो; अभिप्राय यह कि कृष्ण को पुष्प-चंदन से चाहे आपादमस्तक आच्छादित कर दो, उससे उतना लाभ न होगा जितना उस निर्भय वीर के पदांक का अनुसरण करने से हो सकता है। जिस दया-भाव का दूसरा अर्थ हृदय की दुर्बलता है उसे छोड़ो; क्योंकि श्रीकृष्ण का कथन है—

"अव्यक्तादीनि भूतानि व्यक्तमध्यानि भारत।
अव्यक्त निधनान्यैव तत्र का परिवेदना।"

[23.9.1924]

5. गुजरा हुआ जमाना!

विजया आ गई। अभागे भारत को—अधःपतित हिंदू जाति को गुजरे हुए जमाने की सुधि दिलाने के लिए, उनके अतीत इतिहास की याद दिलाने के लिए विजया हर साल आती है और रक्त के आंसू बहाकर चली जाती है। विजया ने कपिल और कणादि का काल देखा है, रामराज्य देखा है और कर्मयोगी कृष्ण के मुख से 'क्लेव्यमभास्मगमः' की कड़क सुन चुकी है, शायद वही लोभ—वही अतीत युग के गौरव विमंडित आनंदोत्सव की आशा विजया को हर साल खींच लाती है और भारत के श्मशान की—इस उजड़े हुए दयार की सैर कराके लौटा देती है! शायद अभागिनी को मालूम नहीं कि यह प्रस्तावों का युग है। भारत स्वतंत्र होना चाहता है, प्रस्तावों के बल पर; हिंदू संगठित होनेवाले हैं, प्रस्तावों के भरोसे; अछूतों का उद्धार हो रहा है, प्रस्तावों के सहारे; हिंदू-मुसलमानों का मेल हो रहा है, प्रस्तावों द्वारा। जाति अधोगति की सीमा पर पहुंच गई है, परंतु उसे उसका तनिक भी ध्यान नहीं है। स्वर्ग के पवित्र राज्य से गिरकर अधःपतन के रौरव तक पहुंच चुकी है, परंतु होश का नामोनिशान भी दिखाई नहीं देता। मानो इस अधःपतन को ही वह अपने लिये बड़े गौरव की बात समझती है। आज वह इतनी निर्जीव बन गई है, कि उसे देखकर कोई विश्वास भी नहीं कर सकता, कि एक दिन इसकी धमनियों में इतना प्रबल रक्त-प्रवाह जारी था, कि उसमें कितने ही अत्याचारी बहकर लापता हो गये! इसके हृदय में वह भीषण आग थी, जिसने अगणित बार अन्याय और पाखंड के संसार को जलाकर खाक कर डाला था। इसकी आत्मा में वह ज्योति थी जिसने अनंत अंधकार का ध्वंस कर संसार को मुक्ति का मार्ग दिखला दिया था, इसकी वाणी में वह बल था जिसने वज्रगंभीर स्वर से गर्जन कर मिथ्याभिमान का हृदय हिला दिया था। विजया के मानस-पट पर वह दृश्य आज तक अंकित है, उसके कर्ण-कुहरों में वे कहानियां आज तक गूंज रही हैं, इसी से वह शरद् के आरंभ में एक बार भारत को देखने के लिए चली आती है।

विजये, रहने दो। हमारे सामने वे पन्ने न उलट। अतीत की वह पवित्र कथाएं हमारे अपवित्र कानों को न सुना। हम कायर हैं, कापुरुष हैं, वीरता का वह भयावह चित्र हमें न दिखा। वीर पुरुषों की वीर गाथाएं सुनकर हम कांप उठते हैं, हम 'तीरेनजर' के घायल हैं, आशिकाना तराने हमारे कानों में गूंज रहे हैं, और तू वीर रागिनी छेड़कर हमें डरा रही है। हम विलासी हैं, कष्ट सहिष्णुता की वह अनंत महिमा

हमारे लिये आकाश-पत्र पर लिखी हुई स्वर्ग की कहानी-सी प्रतीत होगी। वह हमारी जड़बुद्धि में घुस नहीं सकती। हम निर्जीव हैं, जीवन का असीम वेग हमारे लिये वर्षाकालीन नदी के वेग की तरह असह्य है। चल हट, अपनी राह लग। हम स्वार्थियों को त्याग की अक्षय संपत्ति का प्रलोभन देने आई है! जानती नहीं, हम स्वार्थ के लिए क्या नहीं कर डालते? धर्म, कर्म, मनुष्यत्व, इहलोक, परलोक सब हमने स्वार्थ पर निछावर कर दिया है। हमारा अनंत जीवन आज अंतिम सांस ले रहा है। अतीत के पवित्र गौरव की पूजा करने के लिए हममें न शक्ति है, न भक्ति है और न श्रद्धा है। हमारी भावनाएं शून्य में विलीन हो चुकी हैं। तू उन्हें जगा नहीं सकती।

सुना है, हमारे पूर्व पुरुष बड़े वीर थे, उन्होंने आध्यात्मिक स्वतंत्रता को जन्म देकर मनुष्य को पशुत्व पर अधिकार जमाने का ढंग सिखाया था। इसीलिए पशुत्व को अपनाकर पशु बनकर हम उनके पापों का प्रायश्चित कर रहे हैं! हमारा शोणित शीतल हो गया है। हम पग-पग पर ठोकरें खाते हैं, अपमान सहते हैं, खटमलों और मच्छरों की तरह रौंदे जाते हैं, परंतु हमारा खून नहीं खौलता, प्रतिहिंसा का भाव नहीं जागता, क्षोभ और ग्लानि की बिजली नहीं दौड़ती। हमने कायरता का नाम सहनशीलता रख लिया है, अयोग्यता को उदासीनता समझते हैं। माताओं और बहनों का सतीत्वापहरण, भाइयों का बध और धर्म का ध्वंस देखते-देखते हमारी आंखें पथरा गई हैं। बात यह है कि विधाता ने हमें गुलाम बनाकर—गुलामी करने के लिए, चाटुकारिता करने के लिए संसार में भेजा है। विजये, देश में, परदेश में सब जगह हम हीन, नीच, गुलाम समझे जाते हैं, विदेशों में पशुओं का जितना आदर होता है हम उतने के भी अधिकारी नहीं है। परंतु तो भी हम अपने को कुलीन समझते हैं। मिथ्याभिमान, थोथा जात्याभिमान, मूर्खतापूर्ण शिक्षाभिमान हमारे संबल हैं। जिस तरह कुत्ता दूसरे कुत्ते को देखते की भूंकने लगता है, उसी तरह हम भी अपने भाइयों को देखकर कटकटाने लगते हैं। रस्सी जल गई है, परंतु ऐंठन नहीं गई है। ऐसे अधःपतितों को—निर्जीवों को अतीत की कथा सुनाने से क्या लाभ होगा? 'मुए करै का सुधा तड़ागा!'

[4.10.1924]

6. शवारूढां महाभीमां पिवंतीं रुधिरं मुहुः

नहीं, दीवाली नहीं। हम तेरा स्वागत नहीं कर सकते। करने की इच्छा रखते हुए भी नहीं कर सकते। इसीलिए दीन भाव से गिड़गिड़ाते हुए हाथ जोड़कर गत वर्ष भी तुझसे प्रार्थना की थी कि यहां मत आ और समय रहते ही इस बार भी तुझे सचेत किए देते हैं कि यहां मत आ, जहां तक आ चुकी है वहीं से एक बार हमारी लाचारी को देख और दया के दो बूंद आंसू गिराकर उल्टे पैर लौट जा, क्यों व्यर्थ निराशा और अपमान के अंधकारमय गर्त्त में फंसकर अपनी कोटिचंद्रप्रभश्री को कलंकित करने के लिए इतनी उतावली हो रही है? माना कि यह तेरा सनातन अधिकार है। किंतु अभागिनी जरा आंखें खोल, अक्ल की दवा कर, अपना असमय का इठलाना छोड़कर शांत चित्त से विचार कर कि केवल 'सनातन अधिकार' की दुहाई देने ही से क्या तू अपने उस अधिकार का उपभोग करने की अधिकारिणी हो सकती है? अपने भाग्य निर्णय का हमारा अधिकार भी तो सनातन है। किंतु क्या इस सनातनत्व की निर्जीव दलील पर हमें स्वभाव निर्णय का अधिकार प्राप्त हो रहा है? नहीं; तो फिर तू किस मुंह से अपने अधिकार को अक्षुण्ण बनाए रखने का दुस्साहसपूर्ण प्रयत्न कर रही है? क्या तुझे नहीं मालूम कि यह शक्ति का युग है, जिसकी लाठी उसकी भैंस का जमाना है। इस युग में तलवारों की झनझनाहट के बीच अट्टहास करनेवाला ही अधिकार जैसे पवित्र शब्द का सार्थक उच्चारण कर सकता है। इस युग धर्म की उपेक्षा करने के कारण ही हम गत कई सौ वर्षों से अपमानित, लांछित और पददलित होते आ रहे हैं। इस युग धर्म से मुंह मोड़ने के कारण ही हम अपनी असूर्यम्पश्या स्त्रियों और कलेजे के टुकड़े बालक-बालिकाओं की 'खुले खजाना' लूट को मुर्दों जैसी स्थिरता से देख रहे हैं और इसी युग धर्म की अवहेलना करने के कारण आज हम विवश होकर, कलेजे पर पत्थर रखकर इस बेमुरौवती से तुझे दुरदुराने के लिए बाध्य हो रहे हैं। ऐं क्या कहती हैं? पूछती हैं इसमें तेरा अपराध? हां, सोलहों आने तेरा ही अपराध है। यदि तू अपने दिव्य आलोक से हमारी आंखों में चकाचौंध उत्पन्न न करती, हमें विलासिता के पापपूर्ण पथ पर अग्रसर होने का प्रलोभन न देती तो आज हमें इस अकिंचन भाव से अपनी दीनता का पर्दाफाश करने के लिए क्यों विवश होना पड़ता। याद कर उस जमाने को जब हम दीपोत्सव करते थे मृत्यु-भय को जीतने के महत् उद्देश्य से—मृत्युंजय बनने की अदम्य लालसा से प्रेरित होकर। उस समय हम तेरी भुवनमोहिनी मधुर मंजुल मूर्ति से प्रेम करते हुए भी यह जानते थे कि अत्याचारी असुरों का बध करने के

लिए धनुर्धारण करनेवाले रुद्र के बाहुओं में शक्तिरूप से तेरा ही निवास है। तेरी आलोक-मंडित छवि से मुग्ध होकर लक्ष्मी-रूप में तेरे स्वागत का आयोजन करते हुए भी हम अमा निशा के सूचीभेद्य अंधकार को, मृत्यु की निष्ठुर छवि को, श्मशान की कठोर उदासीनता को और काल की संहार-छाया को भूले नहीं थे। परंतु तूने अपने भयंकर वेश को, अपनी रणरंगिनी मूर्ति को छिपाकर हमारे उस कोमल कठोर भाव की एकत्र उपासना की प्रवृत्ति के लोप होने में कितनी सहायता पहुंचाई है! यदि तू अपनी खड्गखप्परधारिणी, नृमुंडमालिनी मूर्ति को न छिपाती तो क्या आज हम रक्त के नेत्र-रंजक वर्ण को देख पागल होकर तांडव करने के बदले करुणा तथा भय से विचलित होकर आंखें ढांकने की उपहासास्पद चेष्टा करते? खैर जाने दे, व्यर्थ उपालंभ देकर हम तुझे अधिक लज्जित नहीं करना चाहते और बीती को बिसारने के लिए सहर्ष तैयार हैं, परंतु फिर कहे देते हैं और अंतिम बार कहे देते हैं कि अब हम तेरे पद्मासनासीन आलोक रंजित मधुर रूप का नहीं वरन्—

शवारूढ़ां महाभीमां घोर दंष्ट्रां वरप्रदाम्
हास्य युक्तां त्रिनेत्रांच कपाल कर्त्तृकाकराम्
मुक्तकेशीं ललज्जिह्वां पिवंतीं रुधिरं मुहुः
चतुर्बाहु युतां देवीं वराभयकरां.............

रूप का स्वागत कर सकते हैं। अतएव यदि आती ही है तो इसी वेश में आ। देख 'भौमवारे तमिस्त्रायां' का स्वर्ण सुयोग सामने है और 'शूल विद्धं खड्ग विद्धं' एक नहीं अनेक शव तैयार हैं।

[25.10.1924]

7. वसंत की लहर!

उमड़ी आ रही है—दिग्दिगंत से अनंत-धारा होकर वसंत की लहर उमड़ी आ रही है। कान देकर कलकल निनाद सुनो। कितना माधुर्य है! कितना आह्लाद है! कितना आकर्षण है! प्रतीक्षा करो—उत्कंठा और धैर्य के साथ। स्वागत करना होगा—उत्साह और साहस के साथ।

चारों ओर से लोग चिल्ला रहे हैं—वसंत आ गया, सौंदर्य छा गया, गुलाबी जाड़ा पड़ने लगा, वसंती रंग उमड़ने लगा, पेड़ गदराने लगे, पल्लव लहराने लगे, कोयल कूकने लगी, लता झूमने लगी, हवा का अल्हड़पन और भौंरों का मंडलाना शुरू हो गया, सरसों के खेत और पलास के वन, लहालोट हो उठे। अरे भाइयो, जरा ठहरो भी तो, एक ही सुर में वसंत का अंत कर दोगे क्या? कहां का वसंत और कहां की शोभा, कुछ नजर भी तो आए? या यों ही गला फाड़ रहे हो—वसंत आया, वसंत आया, वसंत आया? खाक आया, तुम्हारा सर आया? अरे वसंत आया पेड़-पत्तों के लिए या तुम्हारे लिए? खेत में सरसों फूलेगी, वन में पलास फूलेंगे, तो तुम्हें क्या मिलेगा? जंगल-पहाड़ और बाग-बगीचे के लहलहाने से तुम्हें क्या लाभ? बेल पकने से कौवे को क्या? असल में तो वसंत देश में आना चाहिए। क्या पेड़-पहाड़ और बाग-बगीचे ही देश हैं? नहीं। क्या नद-नदी और लता-पुष्प देश हैं? नहीं। खेत, खलियान और ग्राम-नगर देश हैं? नहीं। देश के निवासी ही देश हैं। यदि उनमें वसंत आए, तो वास्तव में वसंत का आना सार्थक है। नहीं तो जड़-लोक में वसंत आने से चैतन्य-जगत् को लाभ ही क्या?

जड़-जगत् में प्रतिवर्ष वसंत आता है; पर चैतन्य-जगत् में आज तक नहीं आया। देश की भूमि पर हर साल वसंत की विभूति बरसती है; पर देश के निवासियों पर तो उसका एक छींटा भी नहीं पड़ता। देशवासियों में जो वसंत आनेवाला है, उसकी लहर अभी बहुत दूर है। हां, जैसे पलटन आने से पहले गारद आती है, वैसे ही स्वराज्य की पलटन आने से पूर्व नौकरशाही की प्रचंड नीति-रूपी गारद देश में पधार चुकी है। प्राकृतिक वसंत की गारद का नाम पतझड़ है और स्वराज्य-वसंत की गारद का नाम दमन। पतझड़ के जमाने में जड़-जगत् की जो दुर्दशा होती है, दमन से देश की वैसी ही दुर्दशा हो रही। किंतु इस दमन से घबराने की कोई जरूरत नहीं। यह दमन भावी कल्याण का सूचक है—यह घोर दमन-दावानल उस स्वराज्य-वसंत की असह्य प्रसव-वेदना है। पृथ्वी पर जब-जब दमन की प्रचंड ज्वाला प्रज्वलित हुई है,

वह केवल भावी आनंद की मंगलमयी सूचना मात्र थी।

कंस के अत्याचार से जब पृथ्वी को अपार प्रसव-पीड़ा होने लगी, तब नंदनंदन माधव साक्षात् वसंत की मूर्ति धारण कर ब्रजमंडल में अवतरित हुए। रावण के उत्पीड़न और उत्पात से जब धरातल कांप उठा, तब राम-राज्य का वसंत भूमंडल पर अवतीर्ण हुआ। पृथ्वी की प्रसव-यंत्रणा जितनी ही भयंकर होगी, वह उतनी ही महान् संतान उत्पन्न करेगी। आज जो संसार में इतना हाहाकार मचा हुआ है वह किसी ऐसे दिव्य पुरुष के जन्म की प्रसव-पीड़ा का रूप है जो संसार को शांति का सच्चा संदेश देगा।

जिस प्रकार पतझड़ जड़-जगत् की तपस्या का युग है, उसी प्रकार यह दमन भी देश के लिए तपस्या का युग है। पतझड़ में पेड़ सिर्फ वल्कल धारण कर नंगे बदन शीत और घाम का कष्ट सहन करते हैं, उनकी सारी संपत्ति मिट्टी में मिल जाती है, लताएं भी नंगी हो जाती हैं—उनकी गोद सूनी हो जाती है, पक्षी आश्रयहीन हो जाते हैं, भौंरे गुलाब की कंटीली डालों में अटक रहते हैं, पर उनका यह कष्ट-सहन व्यर्थ नहीं जाता, परिणाम में वसंत का वैभव प्राप्त होता है। फिर तो, धधकती आंच से निकलने पर जैसे कुंदन दमकने लगता है, वैसे ही पतझड़ के सताये हुए पेड़ के अंदर से ही उसकी सारी संपत्ति और शोभा ज्यों-की-त्यों पुनः प्रकट हो जाती है—वृक्ष रूपी तपस्वी दधीचि की सूखी हड्डियां व्रज बनकर पतझड़ दैत्य का संहार और वसंत-इंद्रासन पर अधिकार कर लेती हैं, डहडही लताओं के सुकुमार अंचल भर जाते हैं, पक्षियों का खंडहर नये महल के रूप में बदल जाता है, भौंरों का करीर-कानन नंदन-निकुंज बन जाता है। धैर्यपूर्वक उच्चाटन-मंत्र जपते-जपते प्रकृति देवी का हाथ अचानक मोहन-मंत्र की सुमिरनी पर पहुंच जाता है। फिर वही निराली हरियाली, वही स्निग्ध शोभा, वही सौरभ संपत्ति, वही भृंग गुंजार, वही मृदु-मंद पवन, वही कलकंठ-गान, वही विकास हास, वही उमंग-तरंग और वही संगीत-विलास! मानो प्रलय का तूफान निकल जाने पर नवीन सृष्टि की संजीवनी धारा पृथ्वीमंडल को परिप्लावित कर देती है।

इसी प्रकार तुम भी दमन के पतझड़ में शांतभाव से स्थिर बने रहो। यह भयानक लहर आनन-फानन निकल जायगी और इसके बाद ही वह 'वसंत की लहर' आयेगी, जो तुम्हारे उजड़े हुए चमन को आबाद कर देगी।

[29.1.1925]

8. पिचकारी मत पकड़ो!

चलने दो दनादन। धार मोटी है तो क्या, चोटीली है तो क्या; धार पर डटे रहो; पीछे पैर न दो; छाती खोलकर सामने अड़ जाओ। यही तुम्हारी अग्नि-परीक्षा का समय है। याद करो; यह होली उस अग्नि-परीक्षा का स्मारक दिन है, जो एक दृढ़ सत्याग्रही का अस्तित्व मिटाने के लिए हुई थी। एक ओर था भीषण अत्याचार, दूसरी ओर था सत्य-संकल्प। एक ओर चमचमाती हुई तलवार, दूसरी ओर थी सत्य पर बलि होने की धधकती हुई आकांक्षा। एक ओर भयंकर ज्वालाएं, दूसरी ओर भक्ति गद्गद अश्रुधाराएं। एक ओर प्रलयंकारी निष्ठुरता, दूसरी ओर अटल व्रत-निष्ठा। एक ओर प्रचंड क्रोध का ज्वालामुखी, दूसरी ओर एकांत ईश्वर-विश्वास की मंदाकिनी। बड़ी विकट अग्नि-परीक्षा थी।

उसी अग्नि-परीक्षा में सफल होनेवाले दृढ़व्रती की याद दिलाने के लिए आज होली आई है। याद करो उस दृढ़ता को, उस निर्भीकता को, उस सच्ची लगन को और उस आस्था को, जिसके सहारे वह सत्याग्रही विजयी हुआ था। विजय के उन्हीं साधनों के साथ तुम्हें आज आगे बढ़ना चाहिए। उसी सत्याग्रही का आदर्श, तुम्हें दनादन चलनेवाली पिचकारी की चोटीली धार के सामने, हिमाचल की तरह, अचल बने रहने की शक्ति प्रदान करेगा। हतोत्साह होने का कोई कारण नहीं। हिचकने का कोई हीला नहीं। काले और गोरे के भेद से सकुचाने की जरूरत नहीं। व्रजमंडल में तो एक ओर 'काला' अकेला ही था, दूसरी ओर गोरियों का गुट चारों तरफ से उस पर पिचकारियां चलाता था। वह हंसते ही हंसते पिचकारियों की धारों को चीरता हुआ गोरियों के गुट में घुस पड़ता था। फिर तो भगदड़ मच जाती थी। सारी पिचकारियों का मुंह वह एक ही 'पंप-हजारा' बंद कर देता था।

तुम उसी काले के उपासक हो। उसी की तरह पिचकारी की धार पर डटना सीखो। आज देश में गोरी सरकार दमन की पिचकारी दनादन चला रही है। होली की धमार की तरह चारों ओर हाहाकार मचा हुआ है। उड़ते हुए अबीर गुलाल के बादल की तरह विपत्तियों के बादल सिर पर मंडरा रहे हैं। यही अवसर है तुम्हारी पुरुषत्व-परीक्षा का। यही कसौटी है तुम्हारे पुरुषत्व-कंचन का। अतएव, उल्लास के साथ शान्तभाव से हंसते-हंसते, मत्त-गजेंद्र-गति से, आगे बढ़ो; मैदान तुम्हारे हाथ है, विजयश्री तुम्हारे साथ है।

किंतु आगे बढ़ते हुए यह याद रक्खो, पिचकारी की धारें चाहे तुम्हें बेपनाह कर

दें, चाहे त्राहि-त्राहि पुकारने को बाध्य कर दें, चाहे एड़ी से चुटिया तक सराबोर कर दें, तिलभर न डिगो। आखिर पिचकारी चलानेवाले की शक्ति की भी कोई हद है। दुःशासन के भुजदंड चीर का छोर पाने से पहले ही शिथिल हो गये थे। यह दमन की पिचकारी भी उसी दशा को प्राप्त होगी। विश्वास रखो द्रौपदी दुकूलवर्द्धक पर। चलने दो धुआंधार। पिचकारी मत पकड़ो।

[7.3.1925]

9. विजया या विजिता

आज सारे देश में बड़ी-बड़ी सभाएं होंगी, लंबी-चौड़ी स्पीचें झाड़ी जायेंगी, पत्रों के विशेषांक निकलेंगे, मर्यादा पुरुषोत्तम भगवान् रामचंद्रजी की लंका-यात्रा के गीत गाये जायंगे। कोई कहेगा, मेरे बाबा ने घी खाया था, मेरी हथेली सूंघ लो। कोई कहेगा, मेरे पुरखों ने हाथी पाला था, मैं सींकड़ लिए फिरता हूं। कोई कहेगा, अहा, कैसा था वह दिन, जिस दिन, विजयोल्लास से भरकर वीर बंदरों ने अपनी भयंकर हूह से आकाशमंडल को प्रकंपित कर दिया था। कोई कहेगा, आज ही के दिन 'पदुम अठारह जुत्थप बंदर' वाली विराट सेना के प्रस्थान से त्रस्त होकर सहस्र फणी ने बार-बार कमठ पृष्ठ पर अपने चोखे दांतों की लेखनी द्वारा अमिट आर्यकीर्त्ति अंकित की थी।

किंतु सबकी बातें बेकार हैं। की होगी किसी ने लंका-यात्रा, कंपाया होगा किसी ने भूमंडल और नभोमंडल, गुंजाया होगा किसी ने दसों दिशाओं को शस्त्रों की झनकार से, पर आज उसका नाम-निशान नहीं है—वह प्रतापी होगा, पर दैव दुर्विपाक से निर्वंश हो गया। उसकी गाथा बाल्मीकीय रामायण में होगी; पर सूम की संपत्ति की तरह। उसके शुभ जन्म से भारतवर्ष ही धन्य हुआ होगा; पर कोई दूसरा भारतवर्ष—यह आज का भारतवर्ष नहीं—यह कायर-कपूतों का भारतवर्ष नहीं—यह गीदड़ों और गुलामों का भारतवर्ष नहीं—उसकी अमर लीलाओं के गानेवाले कभी रहे होंगे किसी पृथ्वी खंड पर; किंतु आज उस पृथ्वीखंड का पता नहीं—भले ही उसकी नक़ली शक्ल का कोई दूसरा पृथ्वीखंड बन गया हो, भले ही उसके वंशधर कहलाने के लिए करोड़ों दावेदार मुंह बाये हुए हों, भले ही उसकी वास्तविक संतान बनने के हिमायती आज भी आर्यगौरव का दम भरते हों; पर वह—जिसने समुद्र का शासन किया था, दो ही भुजाओं से बीस भुजाओं का मानमर्दन किया था, धर्म और सभ्यता की छाती में चुभा हुआ अत्याचार का भाला निकालकर शांति का मलहम लगाया था—अब संतानवान होने से बाज आया। उसे निस्संतान होना पसंद है; पर कीड़े-मकोड़ों का पिता होना नहीं। भले ही कोई अपने को धनी का साला कहता फिरे; पर धनी को कभी गरीब का बहनोई बनना पसंद नहीं। सपूत को गोद लेने के लिए दुनिया तैयार रहती है पर कपूत की कोई बात भी नहीं पूछता। हम लाख कहते फिरें कि हम राम और कृष्ण की संतान हैं; पर तब तक हो नहीं सकते उनकी संतान—जो स्वत्व और न्याय की रक्षा के लिए लंका और कुरुक्षेत्र की मिट्टी को अनेक युगों के लिए लाल कर चुके हैं—जब तक जान लड़ाकर उनके प्रकृत आदर्श की हम रक्षा नहीं कर सकते। जब हम

रामलीला को कानून के डर से बंद कर सकते हैं, जब कायरता को छिपाने के लिए कानून के सामने हम मौन व्रत धारण करते हैं, जब असहयोग का ढोंग रचकर अपने जातीय महोत्सव को तिलांजलि दे सकते हैं, तब हमें कोई अधिकार नहीं कि अपने को उस भू-भार-भंजन भगवान् के भक्त कहें। हम तो तभी उसके भक्त हो सकते हैं, जब उसके लिए—उसी लीला के लिए—उसके कीर्ति-स्तंभ की रक्षा के लिए, उसके आदर्शों की पुण्य स्मृति मनाने के लिए—अपने को प्रचंड-से-प्रचंड अग्निज्वाला में स्वाहा कर दें। अगर हम ऐसा नहीं कर सकते, तो मनुष्यता के तकाजे पर हमारे लिए यह लाजिम है कि वीर-गाथा रामायण को गंगा में प्रवाहित कर दें। हम गला फाड़कर और ढोल पीटकर गाते हैं—'घायल वीर विराजहिं कैसे, कुसुमित किंसुक के तरु जैसे'—किंतु उसके महत्व का हमें जरा भी ध्यान नहीं। हम कोटि कंठ से गाते हैं—'जौ रन हमहिं पछारइ कोऊ, लरहिं सुखेन काज किन होऊ; क्षत्रिय तनु धरि समर सकाना, कुल कलंक तेहिं पांवर जाना, कहउं सुभाव न कुलहिं प्रसंसी, कालहु डरहिं न रन रघुवंसी'—किंतु हमारे शून्य हृदय पर इन ओजस्वी वाक्यों की छाया तक नहीं पड़ती। फिर न जाने हम किस मुंह से रामायण पढ़ने और पुण्य लूटने का पाखंड करते हैं। क्या रामायण उनके पढ़ने के लिए है, जो केवल प्रस्ताव पास कर और महोत्सव बंद कर अपनी जातीय सभ्यता की रक्षा पर संतोष कर लेते हैं? क्या रामलीला का जुलूस वे निकालना चाहते हैं, जो 'एहि के कंठ कुठार न दीन्हा, तौ मैं काह कोप करि कीन्हा' का अर्थ तक नहीं समझते? क्या जातीय उत्सव वे मनाने चले हैं—जो खड्ग-खप्परधारिणी नर मुंड-मालिनी, लोल जिह्वा, सिंह-वाहिनी और दैत्य-दर्प-विदारिनी दुर्गा के इस नवरात्र-महाव्रत को गोमुखी में हाथ डाले-ही-डाले बिता देना चाहते हैं? क्या अपने अधिकारों की रक्षा कर सकने का स्वप्न वे देखना चाहते हैं, जिनके शरीर का खून—धार्मिक विषयों में हस्तक्षेप होने पर खौल नहीं उठता? कदापि नहीं। जो कहता है कि हमारे शंकर त्रिशूलधारी हैं—हमारे विष्णु चक्रधारी हैं—हमारे राम धनुर्धारी हैं—हमारे हनुमान गदाधारी हैं—हमारे इंद्र बज्रधारी हैं—हमारे कृष्ण क्षत्रियवंशावतंस अर्जुन की मोहनिद्रा भंग करनेवाले हैं, वही अगर अपने जातीय महोत्सव को निर्विघ्न संपन्न करने के लिए दूसरे के सामने सहायता की भिक्षा मांगता है—दांत दिखाकर प्रार्थना करता है, तो निश्चय ही उसके न कोई शंकर हैं न विष्णु, न राम हैं न हनुमान, न चंडी हैं न इंद्र, और न कृष्ण हैं न हलधर बलराम! उसका इष्टदेव कोई नपुंसक, निर्वीय, असमर्थ और शक्तिहीन होगा। भला जिसके इष्टदेव रणगंभीर रामचंद्र हों, वह क्या अपने जन्मसिद्ध अधिकारों को छोड़कर घर में दुम दबाए बैठा रह सकता है? भला जिसके इष्टदेव गांडीवधारी के गुरु श्रीकृष्णचंद्र हों, वह क्या अपने हक को छिनते देखकर कभी सब्र कर सकता है? नहीं, हरगिज नहीं।

अभी हाल में पानीपत और प्रयाग के हिंदुओं ने रामलीलाएं बंद करके अपनी भयानक भीरुता का जो घृणित परिचय दिया है, वह हृदय में शत-शत वृश्चिक दंश की वेदना उत्पन्न करते हुए स्पष्ट बतला रहा है कि अब हमारे जातीय उत्सवों को मनाया जाना हमारी मर्जी पर मुनहसर नहीं है, बल्कि दूसरों ही की मर्जी के मुआफिक हमें अपनी जातीय उत्सव मनाने पड़ेंगे। सबसे बढ़कर अफसोस और शर्म तो इस बात पर है कि जो नगर हिंदुओं का तीर्थराज है, जहां आदर्श मालवीय परिवार रहता है, वहीं ऐसा भयंकर धार्मिक अपमान-कांड घटित हो गया। क्या धर्म के नाम पर बलिदान होनेवाले तेजस्वी मालवीय-परिवार की शक्ति कुंठित हो गई? क्या निर्भीकता और साहस के मूर्तिमान आदर्श पंडित कृष्णकांत मालवीय के लिए केवल 'अभ्युदय' में कलक्टर को चलेंज देकर ही शांत हो जाना शोभा देता है? चलेंज किस मर्ज की दवा है? गवर्नर से अधिकारी वर्ग को बदलने की प्रार्थना किस मर्ज की दवा है? राम-दल न निकालने की प्रतिज्ञा किस मर्ज की दवा है? क्या इन दवाओं से मर्ज अच्छा हो गया, या और भी बढ़ गया? क्या पंडित कपिलदेव मालवीय और पंडित रमाकांत मालवीय, यह देखते हुए भी कलक्टर की आज्ञा के विरोध में आज जितने हजार हिंदू जमा हुए हैं उतने 1921 के बाद किसी सभा में नहीं हुए थे, इतना बल न ग्रहण कर सके कि अन्यायपूर्ण आज्ञा को तुच्छ समझकर अपने धार्मिक अधिकार की रक्षा कर सकें? क्या उनकी आत्मा विश्वास करती है कि उनकी प्रार्थना सुनकर गवर्नर महोदय प्रयाग के अधिकारियों को बदल देंगे? महान् आश्चर्य है! इससे बढ़कर आश्चर्य की बात हो नहीं सकती। जिस जाति के नेता एक ऐसी शक्ति के सामने भिक्षा की झोली का मुंह फैलाते हैं, जो दो दलों के संघर्ष में ही अपनी स्वार्थसिद्धि समझती है, उस जाति का कल्याण ईश्वर शायद ही करे तो करे। जहां जनता के नेता ही अपने अधिकारों को छाती पर हाथ रखकर संतोष के साथ छोड़ देते हैं, वहां जनता का बड़ा से बड़ा समुदाय भी पंगु और अपाहिज है। जब तक जनता की शक्ति का हम तिरस्कार करते रहेंगे, तब तक सर्वशक्तिशाली दुर्गा की सत्ता हमसे कोसों दूर रहेगी। जनता निहत्थी है तो क्या, कपि सेना भी निहत्थी ही थी, पर उसके नायक के हृदय में विजय पर अटल विश्वास था। इसलिए असंगठित सेना ने भी संगठित सेना को परास्त किया। यह केवल उसके उन्नायक के हृदय की दृढ़ता का परिणाम है। जब हमारे नेता भी जनता की शक्ति का विराट रूप हृदयंगम करेंगे, तभी वे सच्चा विजयोत्सव मनाने में समर्थ होंगे। और उसी दिन हमारी असली विजयदशमी होगी। उसी दिन दुर्गा का विराट रूप देखकर ब्रह्मांड विकंपित हो उठेगा। आज तो 'विजया' नहीं 'विजिता है!

[26.9.1925]

10. मुंह चिकना, पेट खाली

आज मालूम होता है कि असंख्य 'प्रदीप्त-नेत्रों' से भारतवसुंधरा आकाश की ओर देख रही है। झोपड़ी से लेकर महल तक के 'ज्वालामय नेत्र' आकाश की ओर टकटकी बांधे हुए हैं। पर वज्रहृदय आकाश नहीं फटता—वज्रपात नहीं होता। ऐ निष्ठुर आकाश! आह को निकलने की भी तो जगह दे। नहीं तो तेरे सात तलों को भेदकर यह निकल जायगी। इस गरम आह का धुआं तेरे मुख को मलिन कर देगा। यह गरीब की मोटी हाय तुझे कंपित कर देगी। देख, जरा गौर से देख, कैसी विचित्रता है, बिना स्नेह के दीपक जल रहे हैं—रक्तशून्य शरीर में अग्निशिखा प्रज्वलित हो रही है। फिर भी अंधकार नहीं मिटता। सिर्फ चिराग के नीचे ही अंधेरा नहीं है, चिराग के चारों ओर भी अंधेरा छा रहा है। चिराग सिर धुन-धुनकर रह जाते हैं, अंधेरा नहीं हटता। मगर वह देख, थोड़े ही चिरागों ने मिलकर—निर्वाण पथ पर डटकर—बुझने के समय की प्रदीप्त शिखा में अंधकार को गर्भस्थ कर लिया। फिर स्नेह-संचार से वे पूर्ववत् प्रज्वलित होने लगे। कैसा विचित्र दृश्य है?

और भी देख, आज हमारे कितने चिराग तो जेलों की अंधेरी कोठरी में उजाला फैला रहे हैं। पर उनकी रोशनी काल-कोठरी की बेदर्द दीवारों को पार कर चारों तरफ प्रकाश फैला रही है। उस प्रकाश के आगे इन लक्ष-लक्ष क्षुद्र दीपकों का प्रकाश कैसा मंद पड़ रहा है? आज जितने चिराग जल रहे हैं, सब उन्हीं चिरागों के लिए सिर धुन रहे हैं। यद्यपि वे किसी भव्य भवन के शिखर पर नहीं हैं, यद्यपि हृदय-मंदिर का उन्नत शिखर उनके लिए खाली पड़ा हुआ है—बेचिराग हो रहा है। जिस दिन वे इसे मंडित करेंगे, उसी दिन हमारी दिली दिवाली होगी। उसी दिन स्नेह का दीपक जलेगा। आज तो रक्त का दीपक जल रहा है—बत्ती की तरह हड्डी घुल रही है। किंतु यही दधीचि की हड्डी घुल-घुलकर जिस दिन वज्र के रूप में परिणत होगी, उस दिन वह अमावस्या का भीमांधकार क्या हिमाचल और विंध्याचल की गुफाओं में छिपकर भी अपने प्राण बचा सकेगा? बोल, चुप क्यों हो गया? गरजकर क्यों नहीं जवाब देता?

अच्छा, और देख, आज जो दीपक जल रहे हैं, वे तुझे वाह्य जगत् का गाढ़ांधकार न देखने देंगे, इसलिए तू अन्तर्जगत् की अमावस्या देखने के लिए तैयार हो जा। यदि भारतीयों के अंतर्जगत् के अंधकार में तू एक बार भी गोते लगा ले, तो फिर सैकड़ों सूर्य के रश्मि-प्रवाह में स्नान करके भी तू उज्ज्वल न हो सकेगा। यद्यपि वह अंतर्जगत् का अंधकार मेघनाद के माया-रचित अंधकार की तरह केवल एक ही

रामबाण में छिन्न-भिन्न हो जायगा, तथापि उसकी भीषणता तो देख। राक्षसी-मायाकृत अंधकार ने निःशस्त्र कपि-कटक को व्याकुल कर दिया था, और आज यह मोहांधकार भी निहत्थे भारतीयों के हृदय-तल तक पैठकर सर्वनाश कर रहा है; उस मोहांधकार को दूर करने के लिए जो दिवाली मनाते हैं, वे अपनी ऊंची अटारियों पर चिराग नहीं जलाते, वे तो वहां चिराग जलाते हैं, जहां इन ऊंची अटारीवालों के चिराग जल ही नहीं सके। क्या इनके चिराग हाहाकार में जल सकते हैं? नहीं, जलना तो दूर, टिमटिमा भी नहीं सकते? हाहाकार में तो उन्हीं के चिराग जल सकते हैं, जिनके चिराग केवल मोहांधकार दूर करने के लिए ही जलाये गये हैं।

हां, तू तो अंतर्जगत् का अंधकार देखने आया है न? अच्छा देख, एक यह भी विचित्र दृश्य है—कलेजे पर चिराग जल रहा है। चर्बी तेल का काम दे रही है। नसें बत्तियां बन रही हैं। फिर भी अंधकार उसे घेरकर खड़ा है। यदि इसी दृश्य को तू और भी स्पष्ट और प्रत्यक्ष रूप में देखना चाहे तो नगरों की सीमा से बाहर—खेत-खलियानों के बीच में—खपरैलों की बस्ती की ओर देख। वहां तू ऐसे अंधकार के गंभीर गर्त में डूब जायगा कि हाथ को हाथ न सूझेगा। कहीं रोशनी नहीं, कहीं जगमगाहट नहीं, कहीं रौनक नहीं, बाहर-भीतर—ऊपर-नीचे—चारों ओर घोर अंधकार! वहीं तू एक अनोखा दृश्य देखेगा—खेत के अग्निकुंड में अपनी हड्डियों का ईंधन डालकर और हल-रूपी श्रुवा से अपने रक्त की घृताहुति देकर किसान जो यज्ञ कर रहे हैं, उससे सारे संसार का कल्याण तो हो रहा है, पर वे दुर्भिक्ष दैन्य-दलित होकर दुःख पा रहे हैं। कैसा विपरीत दृश्य है। उनके पवित्र अग्निहोत्र से बना हुआ मेघ सारे संसार का संताप शांत कर रहा है, पर वे बेचारे जलहीन मीन की तरह तड़प रहे हैं। तू क्यों नहीं उनके अग्निहोत्र से बने मेघों को उन्हीं के लिए संगठित करता? तू क्या कम निष्ठुर है!

अच्छा, बहुत देख चुका, अब चलते समय उन स्थानों के भी दृश्य देखता जा, जहां गरीबों की हड्डियों से बने हुए पांसे खनक रहे हैं—जहां अड़ोस-पड़ोस में खड़ी रहकर पुलिस इधर-उधर निगाह दौड़ाती हुई अपना कर्त्तव्य-पालन कर रही है, जहां इतने चिराग़ों के जलते हुए भी अंधकार ही छा रहा है। देख, वहां अज्ञान और दरिद्रता हाथ से हाथ मिलाकर नृत्य करती हुई गा रही हैं—

मुंह चिकना पेट खाली।
फिर कैसी दिवाली?

[17.10.1925]

11. विजया

अनार्यत्व के अंधकार में चमकते हुए नक्षत्रों पर दशमी की प्रभात-रश्मि, मर्यादा-पुरुषोत्तम भगवान् श्रीरामचंद्रजी की अनार्य-राक्षसों में प्रधान रावण पर विजय—विद्याशक्ति और अविद्याशक्ति के पारस्परिक संघर्ष का फल—त्रेता के सुदूर अतीत से लेकर आज तक उसी तरह आर्य-वशंधरों के मनोमंदिर में अचंचल ज्योतिरेखा की तरह मधुर, स्थिर और स्थायी हो रही है, कारण वे विद्याशक्ति के उपासक हैं, उन्हें बहिर्बंधनों में रहकर भी अपने पारलौकिक लक्ष्य को प्राप्त करना है, भगवती सती के उद्धार की तरह अपनी अनेक सद्‌भावनाओं का उद्धार करना है, कलि के निर्दय राक्षस क्रूर प्रहारों को झेलकर।

जिस समय से इस विजय का वृत्तांत भारतवर्ष के कर्णगोचर हुआ, उसी समय से इसकी रक्षा के साथ अपने सत्य के प्रोत्साहन के लिए भारतवर्ष के लोग तत्पर हुए—क्रमशः भगवान् रामचंद्रजी की मूर्ति, उनकी वाहिनी के साथ, तैयार कर, रामलीला के रूप में इसका उत्सव मनाने लगे। जीवन की यह दीर्घकालीन स्थिति जैसे दिवस के अनेक कर्मों की मुखर चंचलता को पार कर रात्रि के परिश्रांत आलस्य में आ गई हो, बल्कि जैसे सुप्ति के सघन अंधकार में कुछ काल के लिए समाच्छन्न हो गई हो। इस समय उसका वह अर्थ-गौरव, केलि-कलरव और हास-परिहास में अपनी प्राचीन अनुभूति को भूल-सा गया है, इस समय वह विनोद का स्मारक है, न कि अपने विगत इतिहास के मर्म का। भारतवर्ष में चारों ओर शक्ति-मंत्र पाठ, दशभुजा-पूजन, शक्ति-पीठों की अर्चना और रामलीला के उत्सवों की धूम है। परंतु लक्ष्य क्या है? कितने मनुष्य ऐसे हैं जिन्हें इनके सत्य की मर्यादा की रक्षा के साथ अपनी प्रसुप्त शक्ति के प्रबोधन की बात सूझती हो—जो अनार्य भावों पर विजय पाने, अपने हृदय की सती भावना की सीता का उद्धार करने के लिए तत्पर हों? 'या देवी सर्वभूतेषुशक्तिरूपेण संस्थिता' के तुमुल कलरव से शिखास्फालन करनेवाले तो बहुत हैं और रामलीला में जांघिया और लाल जाकट पहनकर बानरों की सेना में अवतीर्ण हो अनेक प्रकार के उल्लंफन उदाहरणों से दर्शकों को प्रसन्न करनेवालों की भी कमी नहीं, परंतु श्लोक के अर्थ की अपनी अस्तित्व में सजीवता खोजनेवाले लाल जांघिया के धारण से पैदा हुई विजय का मूल्य समझनेवाले क्या वास्तव में भारतवर्ष में हैं?—यदि होते तो शक्तिस्वरूपा नारियों को अपमान, लांछन और अपने पुरुषों द्वारा बहिष्कार के जघन्य उपयोग न देखने पड़ते और न लाल जांघिया के धारण

करनेवाले ही आवश्यकता के सामने अपनी पलायन-पटुता के उदाहरण पेश करते।

परंतु, भरोसा इतना ही है कि जिस सत्य के आधार पर विजय-श्री दशमी के दिन उत्सव आदि किये जाते हैं, कुछ काल के पश्चात् जब प्रबुद्ध भारत की नाड़ियों में नवीन रक्त का प्रवाह तेज होगा,—मस्तिष्क की ग्राहिका शक्ति प्रबल होगी—मांसपेशियों, दृढ़, सक्षम होंगी, वह अपने उच्चतम शिखर पर उसे प्रतिष्ठित कर देगा। अतीत का निर्मल स्वच्छ जलाशय चिरकाल से संचित गलित पत्रादि से भर गया है, उसका जल दूषित होकर लोगों के स्वास्थ्य के लिए हानिकर हो रहा है। अवश्य यह जलाशय का दोष नहीं, दोष है उसमें कूड़ा डालनेवालों का, जो क्रमशः स्वास्थ्य-रक्षा के ज्ञान से रहित हो गए थे और आज भी जिन्हें, जलाशय के अतीत जल के महत्त्व की याद कर, गंदा विषाक्त-जीवाणु-पूरित जलपान करने में किसी प्रकार का संकोच-विचार नहीं होता। जलाशय की भूमि इस समय भी वैसी ही है, जल को स्वच्छ रखने की शक्ति उसमें इस समय भी पूर्ववत् ही है, चाहिए उसके उदर से यह विषैला पानी निकाल देना, क्लेद-कर्दम साफ कर देना।

शक्ति के मंत्रों का उच्चारण मात्र करके निश्चिंत रह जाना, उसके अर्थ की ओर ध्यान न देना, तदनुसार कार्य न करना प्रतिदिन की हमारी दुर्दशाओं की जड़ तो हैं ही, किंतु हमारी पराधीनता भी इन्हीं कारणों से पुष्ट होती है। पराधीन जाति की विजया से अर्थ की संगति में जो अड़चन है, वही उसके लिए विजया का महत्त्व समझकर तदनुसार कार्य करने में इस समय हो रही है।

'विजया' की व्याख्या केवल एक धार्मिक व्याख्या नहीं। यह हम धर्म के संक्षिप्त अर्थ से कह रहे हैं—उस व्यापक अर्थ से नहीं जिसमें मानवीय संपूर्ण कार्य धर्म के अंतर्गत कर लिये गये हैं। किन गुणों के रहने और किन कार्यों के करने पर 'विजया' की सार्थकता जीवन में सिद्ध हो सकती है, भगवान् रामचंद्र की ओर देखिए। फिर राष्ट्र का विचार कीजिए—वे खुद एक राष्ट्र के विधाता हैं; समाज की ओर ध्यान दीजिए, समाज की रीति-नीतियों के आचरण से प्राप्त बल के कारण ही वे विजयी हुए—एक उस समाज पर जो आसुरी आचरणों को लेकर स्पर्द्धा कर रहा था, उनके शुद्ध आचरणों की विजय हुई; धर्म, दर्शन, न्याय, चाहे जिस तरह से आप विचार करें, श्रेष्ठ की निकृष्ट 'विजय' देखेंगे। यही भगवान् रामचंद्र की विजय की यथार्थ व्याख्या है। विजया के मर्म में जो गहन तत्त्व छिपा हुआ है, उसका उद्धार कर तदनुसार हमें कार्य-तत्पर होना चाहिए।

हमारी पराधीनता की जड़ यही है कि हम विजया का यथार्थ सम्मान नहीं कर सके। हमारी विजया का गौरवसूर्य उसी दिन अस्त हो गया जिस दिन हम पराधीन हुए।

'विजया' के दार्शनिक तत्त्व पर यदि हम विचार करेंगे तो उसका विशिष्ट रूप

हमारी कमजोरियों को जाहिर कर देगा। 'विजया' के उच्च आसन पर प्रतिष्ठित हुए बिना कभी कोई जाति मौलिकता का आदर नहीं करती—प्रवहमान संसार के परिवर्तन के साथ अपने सनातन सत्य की रक्षा करती हुई परिवर्तित नहीं हो सकती। वह प्रचलित प्रथाओं के विवर्त्तन में कुछ रीतियों, कुछ रूढ़ियों को स्वीकृत कर, मौलिकता से बहुत दूर चली जाती है। कुछ नियमों और आचरणों में वह शक्ति कहां जो उसे स्वाधीन रख सके? मौलिकता से संबंध छोड़ने ही का दूसरा अर्थ है मस्तिष्क की शक्ति से रहित होना, विचार न कर सकना, नवीन उद्‌भावना से च्युत हो जाना। मस्तिष्क से दुर्बल हुई जाति अलक्ष्य रीति से अपने शासन के लिए दूसरी शक्ति को आमंत्रित करती है। पराधीनता की व्याख्या कभी एक ओर से न होगी, पराधीनता तभी होगी जब उसके साथ स्वाधीनता का भी संबंध होगा। इस तरह अपनी पराधीनता के कारण हमीं हैं, हमीं ने दूसरी स्वाधीन जातियों को अपने शासन के लिए आमंत्रित किया, और यह केवल इसलिए कि हम 'विजया' का यथार्थ गौरव समझ नहीं सके।

[1.10.1927]

12. बांकी झांकी

कल जनमाष्टमी थी। कोटि-कोटि हिंदू नर-नारियों, ने व्रत, उपवास और फलाहार के साथ बांके बिहारी का पूजन और दर्शन करके आकबत के अंदेशे से छुट्टी पा ली, न रौ-रौ का भय रहा न कुंभिपाक का खटका। प्रभुवर की एक ही बांकी झांकी में जन्मजन्मांतर के पापों का पहाड़ काफूर हो गया। परंतु भवभयहारी बांके बिहारी ने अपने आविर्भाव और आदर्श आचरणों द्वारा मुक्ति का जो मार्ग दिखाया था, उस पर विचार करने की बेहूदगी किसी से न बन पड़ी। किसी ने न सोचा कि उस छैल-छबीले रंग-रंगीले को क्या पड़ी थी, इस पापतापपूर्ण धराधाम पर अवतीर्ण होने की। गोलोकधाम का वह अव्यक्त आनंद छोड़कर करील की कंटीली झाड़ियों से शरीर नुचवाने का शौक चर्रा उठा हजरत के दिल में? ग्वालबाल, राधा, ललिता, विशाखा श्रीदाम और सुदामा क्या वहां गोलोकधाम में न मिलते या वहां बासुंरी के लिए कागजी बांसों के झाड़ की कमी थी? नहीं, उस समय प्रभुवर की खेती सूख रही थी। उसे अनाचार और दुराचार का पाला मार गया था। कंस, जरासंध ओर शिशुपाल आदि दुराचारियों ने ऊधम मचा रखा था, समाज में विशृंखलता फैल रही थी, धर्म का ह्रास हो रहा था राजनीति में लबड़धोंधों चल रही थी। चारों ओर 'जिसकी लाठी उसकी भैंस' वाली कहावत चरितार्थ हो रही थी। उस समय देश को एक आदर्श मानव-चरित्र की आवश्यकता थी, भ्रांत मानव-समाज की मुक्ति का पथ दिखाने के एक अविश्रांत सर्वमानवोचित गुणों से विभूषित आदर्श पथ-प्रदर्शक की आवश्यकता थी। इसी से द्वापर के अंत और कलि के आरंभ में—भारत के घोर घटाच्छन्न दुर्दिन में भगवान् ने आविर्भूत होकर, अपने आदर्श चरित्र द्वारा मानव-समाज को मुक्ति का मार्ग दिखाया था। ध्वंस और निर्माण उनके आदर्श जीवन का उद्देश्य था। इसी से आततायियों का ध्वंस कर उन्होंने धर्मराज्य की स्थापना की थी। पुराने अवसाद-ग्रसित समाज, धर्म और राष्ट्र का ध्वंस कर उसकी जगह नवीन आदर्श की स्थापना उन्होंने की थी। समाज को अभिनव रूप प्रदान किया था, धर्म का नवीन मार्ग लोगों को दिखाया था। जातीय जीवन में एक नवीन शक्ति का संचार किया था। यही उनके आविर्भाव का उद्देश्य था। वह मक्खन-मलाई चाबकर वंशीवट की डालों पर हिंडोला झूलने नहीं आये थे। वह आये थे, क्लैव्यम् मास्मगमः की कड़क सुनाकर पार्थ की रगों में क्षात्रबल का स्रोत बहाने और निष्काम कर्म का उपदेश प्रदान करने। वह आये थे, 'परित्राणाय साधुनां विनाशाय च दुष्कृताम्।' वह आदर्श वीर थे। आदर्श

पंडित थे, आदर्श राजनीतिज्ञ थे, आदर्श योद्धा थे, आदर्श तैराक और आदर्श दौड़नेवाले थे। उन्हें 'लडुआ गोपाल' बनाकर पालने पर झुलाना तो उनका अपमान करना है। उनकी बांकी झांकी मंदिरों में नहीं, उनकी गीता में, उनके सार्थित्व में है। उनके सच्चे भक्त उनकी इसी बांकी मूर्त्ति की आराधना कर परम पद लाभ करते हैं। वे उनकी मानवता का अनुकरण और उनकी ईश्वरता की पूजा कर अपने जीवन को सार्थक बनाते हैं। यही उनकी सच्ची झांकी है। आज से साढ़े पांच हज़ार वर्ष पूर्व भारत की जो दुरवस्था थी, वही आज भी उपस्थित है। आज भी भारत का वाह्यांतर घोर तमसाच्छन्न है, पराधीनता के कठोर बंधन में वह जकड़ा है, धर्म की ग्लानि और अधर्म का प्राबल्य चारों ओर फैल रहा है। उनकी प्यारी भारत भूमि उजड़ रही है। ऊंच-नीच, धनी-दरिद्र और छुआछूत के मारे विषम विशृंखलता उपस्थित हो रही है। इस समय उनकी सच्ची आराधना–सच्ची पूजा इस विषमता को दूर करने में है। उनकी बांकी झांकी के दर्शन की सच्ची अभिलाषा है तो अछूत नामधारी उनके प्यारे बालगोपालों को छाती से लगा लो। सद्धर्म और सदाचार का प्रचार कर सारे भेदभावों की जड़ उखाड़ कर एक जाति के रूप में परिणत हो जाओ। अधर्म और अधर्मियों का ध्वंस कर सार्वभौम धर्मराज की प्रतिष्ठा की चेष्टा करो। उनकी गीता का प्रचार करो। उनके पवित्र उपदेशों से काम लो। सच्चे हिंदू–सच्चे धार्मिक बनो। अपने स्वार्थ की सिद्धि के लिए उनके उदार धर्म को संकुचित मत करो। उनकी मूर्ति और उनके मंदिर को अपनी बपौती समझकर उनकी प्यारी संतान को उनके दर्शनों से वंचित मत करो। जब तक तुम्हारे अंदर यह भयावह विषमता बनी रहेगी तब तक उनकी प्रस्तर मूर्ति की झांकी भले ही प्राप्त हो, वास्तविक रूप की बांकी झांकी तो दुर्लभ ही समझो।

[8.9.1928]

साहित्य

'मतवाला' मुख्य रूप से राजनीतिक पत्र ही था—जिसे हिंदी के कुछ युवा साहित्यकार निकालते थे। साहित्य संबंधी सामग्री लगभग उतनी ही छपती थी, जितनी किसी राजनीतिक पत्र में अमूमन छपती है। वैसे 'मतवाला' की पत्रकारिता भी साहित्य ही है। साहित्य की सामग्री में निरालाजी की कविताएं सर्वोत्तम उपलब्धि हैं। 'मतवाला' के अग्रलेखों का क्षेत्र व्यापक था और उसमें जो साहित्य था वह राजनीति से अलग भी नहीं।

'भैंसासुर की नानी!' तत्कालीन पारसी थियेटरों की अश्लीलता, भोंडेपन और गैरसांस्कारिकता पर केंद्रित एक तीखा अग्रलेख है। महत्त्वपूर्ण बात यह है कि 'मतवाला' नाटकों या रंगमंचों की स्तरीयता के सवाल को भाषा के सम्मान से जोड़ता है। भाषा, समाज या देश में ऐसे हलाहल घोलने और ऐसी मर्यादाहीनता फैलाने का वह तीव्र विरोध करता है। उसकी व्यंग्यात्मक और विवेचनात्मक शैली का प्रभाव अत्यंत गहरा पड़ता है। फिल्मों को लेकर ऐसी तीखी टिप्पणी सामान्यतः आज भी देखने को नहीं मिलती।

'बच गई बेचारी!' प्रो. रामदास गौड़ द्वारा तैयार की गई पाठ्यपुस्तकों को जब्त करने के सिलसिले में लिखा गया एक तीखा अग्रलेख है। इसमें बेवजह पुस्तकों की जब्ती पर व्यंग्य और गुस्सा है। 'हिंदी की अवस्था' में भाषा-रूप को लेकर विचार किया गया है। हिंदी के मौलिकपन पर 'मतवाला' की चिंता सामने आती है। इसमें उर्दू और हिंदी की अभेदता का स्वीकार नहीं है। फिर भी भाषा के विकास में एक खुलेपन की बात की गई है। लेकिन 'है वह मुर्दा देश जहां साहित्य नहीं है'। अग्रलेख में पाश्चात्य प्रभाव के संग्रह और त्याग के विवेक की बात महत्त्वपूर्ण है। 'एक पंथ दो काज!' और 'ब्रजेश्वरी के अंचल में', साहित्य सम्मेलनों के अधिवेशनों के अवसर पर अत्यंत रोचक और आकर्षक शैली में लिखे गये विवरणात्मक अग्रलेख हैं। 'एक पंथ दो काज!' में अपनी भाषा के महत्त्व स्थापना के साथ-साथ एक गैरहिंदी भाषी बंगाली चक्रवर्तीजी के वार्षिक सम्मेलन में सभापति होने पर जिस उत्साह से स्वागत करने का आह्वान है, वह गौर करने वाली बात है। इसमें हिंदी के प्रति अनुराग और मार्मिक दाह विशेष रूप से ध्यातव्य है। तब की पत्रकारिता में भाषा-समर्पण और गहरी निष्ठा

बुनियाद में थी। भारतीय भाषाओं के विकास और वर्चस्व की स्वर-परंपरा, हिंदी में प्रारंभ से चली आ रही है। 'मुर्दा है वह देश जहां साहित्य नहीं है' वस्तुतः साहित्य की सामाजिकता के महत्व पर लिखा गया आलेख है—इसमें जातीयता का प्रसंग हमारा सबसे अधिक ध्यान आकृष्ट करता है। वैसे यह एक ढीला-ढाला आलेख है। न सोच में सघनता है, न गद्य में कसावट।

1. भैंसासुर की नानी!

संसार में सबकी नानी अधेड़ या बूढ़ी होती है, पर भैंसासुर की नानी तो युवावस्था के क्षेत्र में अब पनपने लगी है। अगर विश्वास न हो तो आइए कलकत्ता, कीजिए भैंसासुर-संहारिणी महाकाली के दर्शन, दीजिए 'पहला प्यार' की दक्षिणा, लीजिए 'संसार-चक्र' का टिकट, मारिए गोली काम-धंधे को, लूटिए जीवन का आनंद, फिर देखिए भैंसासुर की नानी की करामात! जिस समय पारसी थियेटर के स्टेज पर भैंसासुर की नानी निकल आती है उस समय कालीजी के पुजारी लोग आपे से बाहर हो जाते हैं। वह अपने एक-एक इशारे पर, लोगों को, मदारी के बंदर की तरह, वाह बुद्धू वाह! कहकर नाचती है और उछल-कूदकर गाती है—

"औरत की जय बोलो चोली साड़ी की जय बोलो।
ऐ वाह वाह जी मैंने सबकी मूंछें नीची कर दीं,
इन तीसमार खां मर्दों की मैंने नाक काट के धर दी;
भूल गये मूंछों का मलना छा गई मुंह पर जर्दी।
टोपी जूता छोड़ के भागा जिस पर लाठी तानी,
कुंभकर्ण की चाची हूं मैं भैंसासुर की नानी।"

यह गाना 'भारत के (?) एक माननीय (!) कवि (?) और सुप्रसिद्ध (!) नाट्यकार (?) की प्रभावशालिनी लेखनी' से निकला है। बंगला के द्विजेंद्र और हिंदी के हरिश्चंद्र स्वर्ग से ही यह देखकर प्रसन्न हो रहे होंगे कि उनका स्थान अब खाली नहीं है। जिस नाटक-साहित्य का उद्धार उनसे न हो सका उसे अब 'नाटक-निस्तारक माननीय कविजी' पूरा कर डालेंगे। आपने बीड़ा उठा लिया है। देखिए, एक बेचारे सेठ की नौजवान बीवी, आपकी आज्ञा से, स्टेज पर तनकर खड़ी होती है और ज्यों ही आपके कलम की नोक—सूई—उसके हृदय के रेकर्ड पर पड़ती है त्यों ही वह, नखरों की नाक में दम करती हुई, यह गीत गा उठती है—

"मर्दों का वहीं तक प्यार जहां तक औरत की है जवानी।
थे भ्रमरे (?) नई कली के, हैं भूल जात रस पीके।
दिल में इनके ज़हर भरा है, मुंह पर मीठी बानी,
मर्दों की जात है स्यानी।

जब तक हैं कटीले सैना, जब तक मतवाले नैना॥
जब तक बातों में लटका मटका, चाल ढाल मस्तानी,
सब कहते जानी जानी।
जिस रोज बुढ़ापा आया, गालों का फूल मुर्झाया॥
जब सूख गयी जोबन की नदी, बह गया सारा पानी,
तब कहते नानी नानी।"

वाह री कविजी की कविदानी! धन्य है यह कविता लासानी! हो गई कविता भी बे-पानी!

सचमुच अगर ऐसी बीवी किसी सेठ को मिल जाय तो शहर की वेश्याएं फिर मक्खियां मारा करें। जब घर ही में तीर्थ, तो भटकने से मतलब? किंतु 'माननीय कविजी' के सेठ की तरह सभी सेठ 'करम के धनी' नहीं होते। कविजी ने किस सेठ के घर में ऐसी स्त्री देखी है? क्या किसी गृहस्थ के घर की कर्कशा का स्वाभाविक चित्र इतना गंदा हो सकता है? वेश्या का चरित्र अंकित करके क्या आप किसी गृहिणी के दुष्ट स्वभाव का सच्चा चित्र दिखाना चाहते हैं? यदि हां, तो दया कीजिए, भगवन्! हिंदी का पिंड छोड़िए, साहित्य का गला न घोंटिए, हिंदू-परिवार का आदर्श चौपट न कीजिए, नाटक की नाक न काटिए, जनता की रुचि न बिगाड़िए, सरस्वती को मत समझाइए, दयानिधान! 'प्रधान' कवि की नकल मत कीजिए—

"सासु के बिलोके सिंहनी सी जमुहाई लेई, ससुर के देखे बघिनी सी मुंह बावती।
ननद के देखे नागिनी सी फुफकारे बैठ, देवर के देखे डांकिनी सी डरपावती॥
भनत 'प्रधान' मोंछैं जारती परोसिन की, खसम के देख खांव खांव करि धावती।
करकसा कसाइन कुबुद्धिनी कुलच्छनी ये करम के फूटे घर ऐसी नारि आवती।"

किंतु नकल भी तो नहीं कर सके। कौवा मोर की चाल सीखने लगा, तो अपनी चाल भी भूल गया! 'प्रधान' ने कर्कशा का भीषण रूप दिखलाया है और आपने घृणित! किंतु जो घृणित है वही जनता की रुचि के अनुकूल है। क्योंकि जनता इस क़दर पतित हो गई है कि वह दिल बहलाने के लिए अपने देश, अपने साहित्य, अपने आदर्श, अपने चरित्र, अपनी भाषा और अपनी आर्य सभ्यता तक की हत्या करने में तनिक भी नहीं हिचकती। वह महीनों में लाखों रुपये बरबाद करती है—केवल मनोरंजन के लिए, केवल आदर्श-भ्रष्ट नाटक देखने के लिए, केवल चरित्रहीन होकर आरत-भारत को गारत करने के लिए। पारसी कंपनियों की नाट्यशाला देखिये, पोशाक की तड़क-भड़क देखिये और साज-सामान देखिये, सबमें विदेशीपन की भरमार

है। जनता को बुद्धू बनाकर तोड़े ऐंठना और विदेशी वस्तुओं के चाकचिक्य से उसकी आंखों में चकाचौंध पैदा करना—यही पारसी कंपनियों का प्रधान लक्ष्य है। पात्र और पात्री नशे में चूर, दर्शकगण बांकी तिरछी चितौनों में चूर, थियेटर के डाइरेक्टर धन-मद में चूर, अगड़धत्त नाटककार पेट की चिंता में चूर, चारों ओर चकनाचूर, सब काम बे-दस्तूर। किंतु जब तक हैं 'शरीफा' और 'अंगूर' तब तक नाचते ही रहेंगे लंगूर और माल भी मिलेगा भरपूर—इसीलिए तो समालोचक भी हैं मजबूर। धत्तेरे मजबूरी की। इस मजबूरी से मजदूरी अच्छी।

कलकत्ता के थियेटरों और बायस्कोपों ने क्या-क्या सिखलाया? इस प्रश्न का उत्तर एक वाक्य में नहीं दिया जा सकता। जरा गौर फरमाइए—मैं गिनता हूं—आप गिनते जाइए। मोटर की डकैती करना एक, तमंचा और छुरा मारकर लूटने का ढंग दो, सोनागाछी और रामबागान का सैर-सपाटा तीन, धन में आग लगाकर तापने का अभ्यास चार, भारतीय आदर्श के घोर पतन पर तालियां पीटना पांच, चुंबन और आलिंगन का नया फैशन छ, नखरातिल्ला देखने के लिए बारंबार तालियां पीटना सात, अपने साथ-साथ गृह देवियों की ट्रेनिंग करना आठ, इतिहास और पुराण पर निर्मूल कल्पना का बनावटी रंग चढ़ाना नव, सामाजिकता और स्वाभाविकता की हत्या करना दस, षड्यंत्र रचना ग्यारह, सभ्यता और शिष्टता का सर्वनाश करना बारह, विलासिता में फंसकर चरित्र-भ्रष्ट होना तेरह, दिल-बहलाव के लिए साहित्य और धर्म को कलंकित करना चौदह, प्राचीन आर्य आदर्शों की मर्यादा भंग करना पंद्रह तथा नौजवान रईस-नंदनों को ऐयाशी के फंदे में डालकर तबाह होना और तड़पना सोलह। थियेटरों और बायस्कोपों का यही सोलह शृंगार है। इसी शृंगार पर जनता लट्टू है और यह शृंगार-रचना 'सुप्रसिद्ध नाट्यकारों की प्रभावशालिनी लेखनी' की अद्भुत करामात है! हिन्दीभाषी जनता की रुचि को, ऐसे धुरंधर नाटकाचार्यों से, भगवान् ही बचावें।

लोग कहते हैं कि, भैंसासुर की नानी कमाल करती है। कमाल करती है या हलाल करती है, यह तो कलकत्ता के सेठ-साहूकार या धनी महाजन जानते होंगे। मैं तो इतना ही कह सकता हूं कि, वह हिंदू-समाज का जो घृणात्मक स्वांग दिखलाती है वह अत्यंत निंदनीय और अस्वाभाविक है—उससे कवि-कल्पना की असह्य निरंकुशता प्रकट होती है। एक जगह 'कुंभकर्ण की चाची' फरमाती हैं—

"बुढ़िया सासें बहुओं के गले की दुनिया में हैं फांसी;
भूल बैठे यमराज इनको हैजा हो न खांसी।
ऊपर से सीधी बुढ़ियां, अंदर से जहर की पुड़िया।

बहुओं को ये समझे गुड़िया।
मुख और मन में अंतर जितना दिल्ली से झांसी।
साठ बरस की आयु में (?) भी मुंह चिकना है घी सा।
ना जाने खाती हैं ये सब किस चक्की का पीसा।"

याद रहे, यह 'भारत के माननीय कविजी' की रचना है। इसमें तुकबंदी है या कवित्व, यह तो 'पारसी कंपनी के पुराने पुरोहित पिंगलाचार्यजी' से पूछिये। किंतु स्पष्ट यही है कि, कर्कशा सेठानी या भैंसासुर की नानी के मुख से बूढ़ी सास के प्रति घृणापूर्ण क्रोध का भाव व्यक्त कराया गया है। साथ ही जनता की रुचि पर अपनी आसुरी माया का गाढ़ा रंग चढ़ाने की चेष्टा भी की गई है और यह चेष्टा, इससे भी अधिक मात्रा में, अन्यत्र-सर्वत्र विद्यमान है, बल्कि पात्र-पात्रियों की तो सारी चेष्टाएं अमर्यादित हैं। थियेटरों में समाज की भीतरी दशा का नग्न चित्र दिखाने में जिस वीभत्स प्रणाली का अवलंबन किया जा रहा है, वह समाज को अतिशीघ्र रसातल पहुंचाकर ही दम लेगी। राष्ट्रीयता का कहीं नाम नहीं, देश-भक्ति का कहीं पता नहीं, प्राचीन गौरव का कुछ ध्यान नहीं, भाषा और भाव पर नजर नहीं, सिर्फ टके की धुन, सिर्फ जनता को चस्का लग जाने की परवा; देश की जागृति चूल्हे में पड़े और साहित्य बला से जहन्नुम जाय, कुछ भय नहीं। ऐसे निरंकुश स्वार्थियों को मालामाल बनानेवाली कलकतिया जनता युग-युग जीती रहे, ताकि यहां के नाटकाचार्यों की कृपा से हिंदी भी हलाहल का प्याला पीती रहे।

[13.10.1923]

2. नाटकों का पितरपख

पुरखों के लिए साल भर पर आश्विन में पितरपख आता है। किंतु कलकत्ता में हिंदी-नाटकों के लिए हर महीने में पितरपख होता है। गयाजी में पितरों का श्राद्ध होता है और कलकत्ता में नाटकों का। वहां जनेऊ पहनकर सब जाति के लोग गयावाल पंडे बन जाते हैं और यहां कमर हिलाने तथा अंगुली चमकाने का अभ्यास करके लोग नट और नटी बन जाते हैं—बल्कि तुक में तुक मिलाकर और बिना सिर-पैर की बात बनाकर लोग नाटककार भी बन जाते हैं। यहां पिंडदाताओं की कमी नहीं है। पुरोहित भी बहुत हैं। पुरोहित भी ऐसे-वैसे नहीं, सत्य हरिश्चंद्र के पुरोहित विश्वामित्र से भी बड़े-चढ़े! 'आंख के अंधे गांठ के पूरे' यजमानों का विधिपूर्वक मुंडन करने वाले बड़े-बड़े काइयां 'ठाकुर' भी लोखर लिए फिरते हैं।

पहले कलकत्ता में पारसी कंपनियों के सिवा जनता द्वारा संगठित कोई नाटक मंडली नहीं थी। जब से हिंदी के सुप्रसिद्ध राष्ट्रीय कवि पं. माधव शुक्ल कलकत्ता में आये तब से कलकत्तावासियों में शुद्ध हिंदी नाटकों के प्रचार का उत्साह बढ़ने लगा। पेशे वाली कंपनियों ने कितने नवयुवकों को 'बिगड़े नवाब' बना डाला था, उनकी नर्तकियों ने बड़े-बड़े शौकीन मालदारों को बरछी की नोंक पर नचाया था,— आज भी 'शरीफा' और 'अंगूर' के लिए बड़े-बड़े फलाहारी अपना व्रत भंग करने का मौका ताक रहे हैं। इसी भ्रष्टाचार का प्रचार रोकने के लिए शुक्ल जी ने 'हिंदी-नाट्य-परिषद्' की स्थापना की थी। किंतु उनका उद्देश्य सफल न हो सका, क्योंकि उनके उद्देश्य-पथ पर बहुतों ने टांग अड़ा दी। सब पांचवां सवार बनने के लिए 'बेताब' हो गये। मिलजुलकर काम करने का भाव तो हवा खाने गया, नाम लूटने और यश कमाने की धुन सबके सिर पर सवार हो गई। कोई स्टेज थिरकने और भटकने के लिए बैचेन हो उठा, कोई नाजनी बनकर अपने नखरे में गरम मसाले भरवाने के लिए अधीर हो उठा, किसी को पटाका बनकर तबीयतदार रईसों की दौलत में आग लगाने का शौक चर्राया, स्टेज पर रेंकने के लिए किसी का गला खुजलाने लगा, तालियां पिटवाने और 'एक पंथ दो काज' संवारने के लिए बहुतों ने आलिंगन करते हुए (स्टेज से) प्रस्थान करना सीखा। नजीजा क्या हुआ?—"देखा-देखी साधे योग, छीजे काया बाढ़े रोग।"

शुक्ल जी की नाटक मंडली के बाद कई नाटक मंडलियां स्थापित हो गईं। कितनी मंडलियां अभी गर्भ में हैं और कितनी पैदा हो चुकी हैं। किंतु पारसी कंपनियों

के नाटकों से इनके नाटकों में कोई विशेषता नहीं। पेशे वाली कंपनियों ने जिस अनहितकारी प्रभाव से जनता को बचाने के लिए इन नाटक मंडलियों की स्थापना हुई थी उस अनिष्टकारक प्रभाव से वे स्वयं न बच सकीं। ये मंडलियां चली तो थीं दूसरों को राह बताने, पर स्वयं रास्ता भूल गईं। शुक्ल जी की मंडली की भी यही दशा हुई। कलकत्ता में लगभग आधा दरजन संगठित मंडलियां हैं। किंतु उनसे न तो हिंदी साहित्य का ही कुछ उपकार हुआ और न जनता की विकृत रुचि में ही कुछ परिवर्तन हुआ। सब एक ही धारा में बह गईं। वह धारा इन मंडलियों की सृष्टि के पहले से ही कलकत्ता में प्रवाहित हो रही थीं। उसी धारा का दूसरा नाम है 'जनता की भ्रष्ट रुचि'।

जिसका सुधार करना रहता है उसी का अनुकरण नहीं किया जाता, बल्कि एक ऐसा आदर्श निर्माण करके उसके आगे उपस्थित किया जाता है कि वह स्वयं स्वभावतः आकर्षित होकर उसका अनुकरण करे और आदर्श का अनुयायी बनकर अपने आपको सुधारे। किंतु यहां तो जो नेता बनने का हौसला लेकर चले थे वे न तो सच्चे नेता ही रहे और न कट्टर अनुयायी ही हुए—फिसड्डी रह गये। इसके कई कारण हैं।

पहला कारण तो यह है कि इन मंडलियों का अपना कोई खास स्टेज नहीं। हिंदी नाटकों के अभिनय सदा पारसी और बंगला कंपनियों के स्टेजों पर ही हुआ करते हैं। इन मंडलियों के कारण आज तक कलकत्तावासियों के लाखों रुपये खर्च हो चुके होंगे, किंतु कुछ भी स्थायी कार्य न हो सका। हां, पात्र-पात्रियों की चुहलबाजी और छेड़छाड़ पर तालियां पीटकर दिलचस्पी जरूर ली गई। मनचले नवजवानों का पुराना हौसला जरूर पूरा हुआ। चुने हुए छोकरों का गुट भी बंधा। और क्या-क्या गुल खिला, सो तो मंडली के अंतरंग जानते ही होंगे।

दूसरा कारण यह कि पात्रों का चुनाव बिलकुल बेढंगा है। जो तोते की तरह महीनों रटने पर भी शुद्ध भाषा नहीं बोल सकते, जो शब्दों का स्पष्ट उच्चारण करने में भी असमर्थ हैं, जो यह भी नहीं जानते कि भावुकता किस चिड़िया का नाम है, जो भारतीय आदर्श का गौरव और साहित्य में नाटक का महत्त्व कभी सपने में भी नहीं सोचते-समझते उन्हें ही पात्रों के अस्तबल में भरती कर लिया गया। इसलिए कि वे चंदे की गहरी रकमें दे सकते हैं और काम पड़ने पर दो-चार-दस यों भी अंटी से निकाल सकते हैं। जो लड़के भरती होते हैं उन्हें नाचने, गाने और रिझाने का काम सीखना पड़ता है। उन्हें लचकना और बहकना सिखलाया जाता है। इसलिए कि पारसी कंपनियों के तमाशे पर जिस प्रकार जनता लट्टू हो जाती है उसी प्रकार वह इन मंडलियों पर भी न्यौछावर हो जाय। त्राहि हे नाथ!

तीसरा कारण है जनता की रुचि के पीछे पड़कर आदर्श को भूल जाना और

पारसी कंपनियों की शैली द्वारा ही जनता को रिझाना। इसीलिए भद्र-मंडली द्वारा खेले जाने वाले नाटक भी अपनी गुरुता और विशेषता का सिक्का जनता पर नहीं जमाने पाते। जब तक नवीनता और अपूर्वता न होगी तब तक इन मंडलियों से कुछ लाभ नहीं। इनसे साहित्य की श्रीवृद्धि तो तब तक होना असंभव है जब तक इनके संगठन और संचालन में पूर्ण पवित्रता तथा निष्पक्षता से काम न लिया जाय। यदि पांच-छह मंडलियों की संघ-शक्ति भी कलकत्ता-निवासियों की पतित प्रवृति न रोक सकी तो हताश होकर कहना होगा कि बंगला स्टेजों पर बंगालियों का नाट्य-कौशल देखकर भी हिंदी वाले केवल पारसी कंपनियों की जूठी पत्तलें चाटते रह गये।

कलकत्ते में ज्यों ही इन मंडलियों की धूम चमी त्यों ही पारसी कंपनियों ने भी हिंदी नाटक खेलना शुरू कर दिया। यद्यपि उन नाटकों में विशेष साहित्यिक सौंदर्य अथवा आदर्श-रक्षा का गौरव नहीं है तथापि इन मंडलियों को अपना प्रतिद्वंद्वी समझकर पारसी कंपनियों ने इन्हें नष्ट करने के उद्देश्य से ही उन नाटकों का श्रीगणेश किया। कंपनियों का उद्देश्य सिद्ध हो गया। क्योंकि ये मंडलियां प्रभावशालिनी न बन सकीं। किंतु कंपनियों की तुच्छ सफलता पर वे भी इतराते हैं और तालियां पीटते हैं जो नियमानुसार इन मंडलियों के उद्देश्यों के अनुयायी सदस्य हैं। क्या ऐसे ही सच्चरित्र सदस्य शुद्ध हिंदी के नाटकों का अभिनय दिखाकर जनता की भावना पलट सकते हैं!

कलकत्ता के नाटक-लेखक और नाटक-प्रकाशक तो और भी गजब ढा रहे हैं। लेखक तो इतने सिद्धहस्त हो गये हैं कि चुटकियों में, सुबह शाम में, नाटक लिख डालते हैं और प्रकाशक भी ऐसे बे-नथे बैल हैं कि भाषा और भाव की हत्या का रहस्य रेशमी और सुनहली जिल्द के अंदर ढंक देने की जबर्दस्ती कोशिश करते हैं। ऐसे निरंकुश लेखकों और अदूरदर्शी प्रकाशकों ने हिंदी की जो मिट्टी खराब की है उसका सारा दोष इन्हीं नाटक-मंडलियों के सिर पर है। क्योंकि इन्हीं मंडलियों ने उन नाटकों को अभिनीत करके उन्हें प्रोत्साहित किया और साहित्य का उपकार करने के बदले उसका संहार कर डाला। जब उन मंडलियों से न तो जनता के हृदय में शुद्ध साहित्य की अभिरुचि ही उत्पन्न हुई, न नाट्यकला के कुछ विशेषज्ञ ही उत्पन्न हुए, न नाट्य-कौशल की शिक्षा की ही व्यवस्था हुई, न हिंदी की नाट्यशाला ही बनी, न हिंदी में खेलने योग्य ललित एवं विशुद्ध नाटक ही तैयार हुए और जनता के विचार में कुछ क्रांति ही पैदा हुई, तब फिर ये समझती अपने को किस मर्ज की दवा हैं?

[6.10.1923]

3. बच गई बेचारी!

प्रोफेसर रामदास गौड़ की पोथियां जो देश के प्रायः सभी राष्ट्रीय विद्यालयों में पढ़ाई जाती हैं और जिन्हें संयुक्त प्रांत की प्रजाहितैषिणी सरकार ने जब्त कर लेने की दूरदर्शिता दिखाई है, वास्तव में बड़ी ही खौफनाक, खतरनाक और भयंकर हैं! जिन्हें अल्लाह मियां ने पीने का शौक दिया है, वे उन पोथियों को पढ़कर स्पष्ट देख सकेंगे, कि उनके वर्ण-वर्ण में ढ़ाल तलवार, तोप, बंदूक, गोला, बम, पिस्तौल, रिवालवर, डाइनामाइट वगैरह, साम्राज्य को तहस-नहस कर धूल में मिला देनेवाले सभी खूंखार हथियार भरे पड़े हैं। इसमें जरा भी संदेह नहीं कि जिन छात्रों ने उन पोथियों को पढ़ा होगा, वे अवश्य ही 'मेगजीन' बन गये होंगे और काल पाकर राशि-राशि ध्वंसकारी आग्नेयास्त्र और वायव्यास्त्र उगलने लगेंगे। इसलिये कानून-मंत्रपूत सरकार दौलत मदार से मेरा नम्र निवेदन है कि वह यदि भारत की भलाई चाहती है, प्रजा की रक्षा चाहती है, भारत में ब्रिटिश साम्राज्य का अस्तित्व कायम रखना चाहती है, तो अविलंब उन आफत के परकाले छात्रों को भी जब्त कर ले। वरना किसी दिन अचानक कोई छोटा-सा छात्र भड़क उठेगा तो बड़ी मुश्किल होगी।

प्रोफेसर गौड़ ने इन अनर्थकारी पुस्तकास्त्रों के तैयार करने में हिंदी के नये-पुराने प्रायः सभी पत्र-पत्रिकाओं को घोंट डाला है और उनमें से हरिश्चंद्र, प्रताप, प्रेमघन, भट्ट, द्विवेदी, गुप्त, पाठक, प्रेमचंद आदि बीसियों नये-पुराने राजद्रोहियों, क्रांतिकारियों और बमबाजों के वक्तव्यों का संग्रह कर डाला है। इसलिये सरकार को मेरी दूसरी सलाह यह है, कि वे उन पत्र-पत्रिकाओं और संगृहीत लेखों के लेखकों को, जो इस अभागे देश में अभी तक जीते हैं, जब्त कर ले, पकड़कर जेलों में ठूंस दे या गोली मरवा दे। उन लेखों के लेखकों में कुछ ऐसे सज्जन भी हैं, जो सरकारी मुलाजिम रह चुके हैं, या अभी तक उसी गुलामी की जंजीर में जकड़े हुए हैं। सरकार को चाहिये कि ऐसे लोगों को कोई गुरुतर दंड प्रदान करे। क्योंकि उनका अपराध और भी भयंकर और अमार्जनीन है।

गौड़जी की पोथियों को गौर से पढ़ लेने पर हठात् मन में यह खयाल पैदा हो जाता है कि या तो संयुक्त प्रांत की सरकार का दिमाग बिगड़ गया है, या उसके सलाहकार पूरे पियक्कड़ हैं और नशे की झोंक में उन्होंने सरकार को पोथियां जब्त कर लेने की सलाह दी है। परंतु वास्तव में बात ऐसी नहीं है। उन पोथियों में अंग्रेज लेखकों और सरकार के खुशामदी जीहुज़ूर लेखकों की तरह, बच्चों को गुलाम,

बुजदिल, देशद्रोही, खुशामदी, शौकीन और मूर्ख बनानेवाले लेख नहीं हैं। उनमें यह नहीं लिखा है कि तुम्हारे पूर्वपुरुष जंगली थे, उनका घर मंगोलिया में था, वे नंगे रहते थे, यह देश तुम्हारा नहीं है, यहां के लिए जैसे अंग्रेज हैं, वैसे ही तुम हो, तुम्हारे बाप-दादा असभ्य थे, मूर्ख थे, चोर थे, दब्बू थे, आपस में लड़ा करते थे। यह तुम्हारा परम सौभाग्य है कि अंग्रेज आ गये, तुम्हारा उद्धार हो गया, नहीं तो तुम अब तक मर मिटे होते। बस, इसलिये सरकार ने उन पोथियों पर कुठाराघात किया है। उसने अपनी इस निर्लज्जता, निरंकुशता और धृष्टतापूर्ण हरकत से प्रमाणित कर दिया है कि वह देश को सदैव गुलामी की जंजीर में जकड़कर रखना चाहती है। वह हरगिज नहीं चाहती कि भारत में बच्चे आत्मनिर्भरता सीखें। वास्तव में सरकार ने इन पुस्तकों को जब्त करके अपने कलुषित हृदय का परिचय प्रदान किया है। राष्ट्रीय-शिक्षा-प्रचार पर उसका यह प्रत्यक्ष आक्रमण है! साथ ही उसने हिंदी-साहित्य-प्रचार पर भी प्रच्छन्न वार किया है। क्योंकि जब्ती के घोषणापत्र में यह भी लिख दिया गया है कि भविष्य में इन पुस्तकों के अवतरण भी न प्रकाशित किये जायें। अर्थात् गौड़जी ने जिन लेखों का संग्रह इन पुस्तकों में किया है, वे भी जब्त कर लिये गये हैं।

ऐसी दशा में यह स्पष्ट है कि संयुक्त प्रांत की सरकार ने समस्त हिंदी संसार को चलेंज देकर हिंदी साहित्य के उन्नति-प्रवाह को रोकने की घृणित चेष्टा की है! हिंदी को भारतीय राष्ट्र की भाषा होने का गौरव प्राप्त है। इसके द्वारा समस्त भारत के विभिन्न प्रांतों को एकता-सूत्र में आबद्ध होने की संभावना है। इसलिये सरकार की आंखों में इसका खटकना अस्वाभाविक नहीं कहा जा सकता। इसलिए हिंदीवालों को दृढ़तापूर्वक डटकर सरकार की इस नीचता का उपयुक्त उत्तर प्रदान करना चाहिये! यह प्रसन्नता की बात है कि संयुक्त प्रदेश की कांग्रेस कमिटी ने सरकार को ललकार का उपयुक्त उत्तर प्रदान किया है। उसने निर्णय किया है कि सरकार की इस वाहियात आज्ञा की परवाह न की जाय और पोथियां समस्त राष्ट्रीय स्कूलों में पढ़ाई जायं। परंतु इतने से ही इस कर्त्तव्य की इतिश्री नहीं हो जाती! हिंदी की समस्त पत्र-पत्रिकाओं को और सभाओं को भी इसके लिए आंदोलन करना चाहिए। स्थानीय सहयोगी 'स्वतंत्र' ने यह आशा प्रकट की है कि संयुक्त प्रांत के हिंदी पत्र उन पुस्तकों के अवतरण प्रकाशित कर सरकार के चलेंज का उत्तर देंगे। वह खुद भी ऐसा करने के लिए तैयार है। आशा है कि सहयोगी की यह आशा निराशा में न परिणत होगी और हिंदी के समस्त पत्र हिम्मत करके मैदान में आ डटेंगे।

[2.8.1924]

4. हिंदी की अवस्था

संसार में कोई भी वस्तु चिरस्थायी नहीं। चिरस्थायी होना भी नहीं चाहिए। स्वभाव कुछ ऐसे उपकरणों से बनाया गया है कि उसे एक ही रूप से, एक ही भाव से, एक ही दृश्य से तृप्ति नहीं होती। इस परिवर्तनशील संसार में वह नित्य ही नवीनता देखना चाहता है। नवीनता देखने की इच्छा ही सृष्टि की जननी है– नये-नये रूप उसकी गोद के लाल हैं। दूसरी बातें जाने दीजिए, भाषा को लीजिए। कुछ लोग जिन्होंने भ्रमवश भाषा को अपनी मौरूसी जायदाद समझ लिया है, जब उसके रूप को किसी प्रकार परिवर्तित होते देखते हैं तो उनसे रहा नहीं जाता, वे जल उठते हैं, और जिस रूप के संवारने में उनके जीवन का कुछ समय लग चुका है, उसे ही वे भाषा का स्थिर रूप सिद्ध करने पर तुल जाते हैं, यद्यपि भाषा का स्थिर रूप एक विवादग्रस्त विषय है। जो लोग स्थिर रूप के विषय में तर्क किया करते हैं, वे यदि सोचें, तो उन्हें बहुत से प्रमाण मिल जायंगे कि एक ही समय के दो लेखकों की भाषा के रूप जुदे-जुदे हैं। यदि हम पूज्यपाद पंडित महावीर प्रसादजी द्विवेदी और बाबू श्यामसुंदर दासजी बी.ए. की भाषा पर विचार करें तो रूप भिन्नता का तत्त्व हमारी समझ में आ जाय। किसी भी लेखक को लीजिए, उसकी भाषा दूसरे लेखकों से कुछ-न-कुछ कोई-न-कोई भेद अवश्य रखती होगी। आप द्विवेदीजी की भाषा और बाबूसाहब की भाषा को एक नहीं कह सकते, क्यों? हैं तो वे एक ही समय की, फिर उनमें इतना अंतर क्यों है? दोनों ही लेखक 'मनुष्य' का अर्थ 'आदमी' करते हैं, दोनों ही के मुहावरे हिंदी के प्रयोगों के अनुकूल होते हैं, दोनों ही के शब्द-संगठन, वाक्य, यू.पी. की हिंदी का सच्चा स्वरूप दिखलाते हैं, फिर भी उनमें भेद यथेष्ट मात्रा में पाया जाता है। इसका कारण क्या है? कुछ लोग कहेंगे, द्विवेदीजी का झुकाव संस्कृत की ओर और बाबूसाहब का अंग्रेजी की ओर है, भेद इसीलिए होता है। परंतु हमारा विचार कुछ और है; हम कहेंगे, इस भेद का कारण व्यक्तित्व है–द्विवेदीजी का व्यक्तित्व और बाबूसाहब का व्यक्तित्व एक नहीं–भेद इसीलिए होता है। दूसरी बात यह है कि यदि भेद सृष्टि की अनेकता का यथार्थ कारण है, और यही भेद स्पष्ट करता है, कि भाषा का रूप अस्थिर है। जबकि एक ही समय के दो लेखकों की भाषा में भेद की स्पष्ट छाप लगी रहती है तो दस-बीस या पचास वर्ष बाद के लेखकों की भाषा में उनके प्राचीन आचार्यों की भाषा से भिन्नता पाई जायगी, इसमें आश्चर्य

ही क्या है? यह बात मनोविज्ञान से भी संभव है। अपनी सीमा में हर एक मनुष्य का मन स्वतंत्र है। इसकी प्रत्येक क्रिया स्वतंत्र है। अतएव, यदि वह भाषा के प्रवाह में भी स्वतंत्रता दिखलावे तो आक्षेप क्यों?

एक दिन मैं 'लंडन-मैगजीन' की पुरानी फाइल उलट रहा था। अचानक एक सुंदर चित्र पर दृष्टि पड़ी। नीचे एक कहानी लिखी थी। मैं पढ़ने लगा। उस कहानी में एक स्त्री के विशेषण में [अंग्रेजी में वह Verbal noun था] 'Governessing' शब्द आया था। यह देखकर मुझे बड़ा आश्चर्य हुआ। तब तक मुझे ऐसा अद्‌भुत शब्द नहीं मिला था, मैंने सोचा, औरत हो या मर्द, Governing का ही प्रयोग ठीक होगा। 'Ing' कभी शब्द के पीछे नहीं लगाया जाता, वह तो धातु के ही अंत में आता है। उधर Governess = बीबी-गर्वनर = शब्द और उसके पीछे पुछल्ला 'Ing' यह कैसा? मैंने शंका समाधान के लिए अपने एक प्रोफेसर मित्र से पूछा, उन्होंने कहा, आजकल ऐसा हो रहा है।

अस्तु हम देखते हैं, सभी भाषाएं अपने पूर्व नियमों का उल्लंघन करती हैं। यही जीवित भाषा के लक्षण हैं।

हमें उर्दू पर भी कुछ कहना है। कुछ लोगों का खयाल है कि अच्छी हिंदी वही लिख सकते हैं, जो लोग उर्दू अच्छी जानते हैं। मेरे विचार से यहां हिंदी के लेखक बड़ी भारी भूल करते हैं। मैं तो कहूंगा कि उर्दू से अधिक संबंध रखने के कारण ही हिंदी को देश की अपर उन्नत प्रांतीय भाषाओं के सामने नीचा देखना पड़ रहा है। उर्दू का वाक्य-विन्यास जैसा होता है, उसे देखते हुए हम यही कहेंगे कि अरब या ईरान के बाशिंदों के लिए इसका उच्चारण संभव हो सकता है, परंतु हिंदुस्तान के बच्चे के लिए वैसा उच्चारण उसकी शारीरिक और मानसिक शृंखला का घातक है। मैं इसके प्रमाण में बहुत कुछ लिखता, परंतु स्थान की कमी है, अतएव इस पर फिर कभी विचार करूंगा। एक प्रमाण देता हूं। जिस समय यहां यावनी प्रकृति का राज्य था, उस समय भी हमारी भाषा में उसका आधिपत्य नहीं हो पाया। ब्रजभाषा का शब्द-विन्यास वाक्य-प्रकरण देखिए। उसमें हिंदी और संस्कृत के ही अपभ्रष्ट रूपों का बाहुल्य है। जिन लोगों ने उर्दू के शब्दों का प्रयोग किया है उनकी कविता के वाक्य-विन्यास में हिंदी ही की बू आती है। परंतु आजकल की खड़ी बोली की बुनियाद उर्दू कहें तो अत्युक्ति नहीं होती। यही कारण है कि भाषा की गति अत्यंत शिथिल हो गई है। मैं उर्दू शब्दों का विरोधी नहीं। जो शब्द आ गये हैं उनका उपयोग करना चाहिए। परंतु वाक्य-विन्यास में हिंदीपन हो। भारत की दूसरी भाषाओं में भी उर्दू का प्रभाव पड़ा है इससे उनको हानि नहीं पहुंची। उन्होंने शब्दों को अपनाया है, भाषा के रूप को नहीं। वंगभाषा का रूप तो इतना विशाल है कि उसमें दूसरी भाषा.

के जिस किसी वाक्य का अनुवाद, ज्यों का त्यों, किया जा सकता है। परंतु हिंदी में, भाषा व्याकरण सम्मत होने पर भी, कहीं बंगलापन, कहीं अंग्रेजीपन, कहीं कुछ, कहीं कुछ—आ ही जाता है! यदि मापदंड हिंदी का होता तो अपने ही प्रांत की भाषाओं का सच्चा अनुवाद उसके कानों को न खटकता। हम देखते हैं, जब हिंदी अक्षरों में उर्दू लिखी जाती है तब हिंदी के विद्वान् उसे उसी रूप में हिंदी मान लेते हैं और अच्छी हिंदी। शुद्ध हिंदी का रूप देने के लिए उसे विकृत करने की आवश्यकता नहीं होती!

इस परिवर्तन के युग में, हिंदी की उन्नति के लिए, यह अत्यंत आवश्यक है कि विद्वान् लेखक समालोचना की जरा भी परवा न करें, व्याकरण पर दृष्टि रखते हुए जैसा चाहें, शब्द और वाक्य गढ़ते जायें। हिंदी को व्यापक रूप तभी मिल सकता है।

[30.8.1924]

5. 'है वह मुर्दा देश जहां साहित्य नहीं है'

साहित्य के व्यापक अर्थ में सभ्यता के सब अंग आ जाते हैं, यों तो साहित्य शब्द का प्रयोग भाषा-साहित्य के लिए ही होता है। साहित्य के शब्दगत अर्थ पर विचार कीजिए तो जिन उपादानों का एकत्र समावेश सम्मिलित शक्ति को, जाति को व्याख्या देता है, वे सब साहित्य में ले लिये जाते हैं। राजनीति, समर-नीति, विज्ञान, धर्मशास्त्र, समाज-शास्त्र, अर्थ-विज्ञान, चिकित्सा-शास्त्र, वाणिज्य-विज्ञान, साधारण और ललित कलाएं आदि ये जितने अंग जाति की पुष्टि के लिए आवश्यक माने गये हैं, इन सबका संबंध साहित्य से है—चाहे यह भले ही हो कि किसी खास विज्ञान की उन्नति के द्वारा किसी जाति का गौरव बढ़ा हो—वह संसार में प्रतिष्ठित हो सकी हो। परंतु जिस तरह शरीर की पुष्टि और वृद्धि के साथ-साथ संपूर्ण अंगों की पुष्टि और वृद्धि होती रहती है, उसी तरह किसी खास विज्ञान को अपना जातीय लक्ष्य माननेवाले जनसमूह के दूसरे ज्ञानांग भी पलते और बढ़ते रहते हैं। इस तरह, हम देखते हैं, किसी जाति के जातीय-साहित्य में किसी खास विद्या की प्रधानता चाहे भले ही रही हो, परंतु उसकी उन्नति के साथ दूसरी विद्याएं भी समुन्नत होती गई हैं। जिस तरह मानवीय शक्ति की वृद्धि के लिए अधिक से अधिक मनुष्यों का सहयोग अपेक्षित है, उसी तरह साहित्य की उन्नति भी अपर विद्याओं की सदैव सहयोग प्रार्थिनी रहती हैं। किसी एक अंग की पुष्टि से जातीयता अपंग रहती है—जैसे मजबूत हाथों का लंगड़ा। इसीलिए संसार की सभ्य जातियों को आजकल हम मस्तिष्क, वीर्य, वाणिज्य और कृषि, इन चारों पर चौकसी के साथ काम करते हुए देखते हैं यद्यपि वह निर्विवाद है कि उनमें एक ही की ओर उनका खिंचाव अधिक रहता है—यह संबंध बहुत कुछ स्वभाव का है अतएव स्वाभाविक भी। उदाहरण के रूप में अंग्रेज-जाति को लीजिए। अंग्रेज-जाति में ब्राह्मण, क्षत्रिय, वैश्य और शूद्र इन चारों वृत्तियों का सहयोग है। वह शिक्षा देती है, शिक्षा के सब विभागों की—ज्ञानकांड की रचना भी स्वयं ही करती है, लड़ती है, व्यवसाय और खेती भी करती है। चारों वृत्तियों को अपनाए हुए भी उसका अधिक ध्यान व्यवसाय पर ही लगा रहता है। अंग्रेज-जाति मस्तिष्क के जितने कार्य करती है उनमें उसका झुकाव ज्यादातर व्यवसाय की ओर ही देख पड़ता है। इस तरह सर्वांगीण उन्नति करके भी वह एक खास लक्ष्य को अपना जातीय ध्येय समझती है। यही हाल संसार की और जातियों का भी है यद्यपि आजकल यह निर्विवाद-सा हो रहा है कि पश्चिमी सभ्यता का रंग सब पर चढ़ा हुआ है और सब जातियां एक ही सांचे

में ढलकर मजबूत बन जाने की धुन में लगी हुई हैं—सत्य और शिक्षा की ओट में जबर्दस्त स्वार्थपरता को छिपाए हुए हैं—नेशन के नाम पर मुट्ठीभर आदमी भेड़ियों की तरह संघबद्ध होकर राह चलते एक निर्दोष जीव को झपट लेना अपनी शक्ति के लिए गौरव समझते हैं। अस्तु, अनेकानेक साधनों द्वारा बुद्धि को विकसित करके दूसरों के लूटने के जितने उपाय हैं, साहित्य में उन सबके लिए जगह है। हम उन पर दूसरों के लूटने का इलजाम लगाते हुए युक्ति से उस साहित्य की निंदा करते हैं और वे जातियां उसी उपाय को बचने का साधन मानकर उसे आदरणीय सिद्ध करती हैं—वह न हो तो जैसे उनका जीवन भी मृत्यु की व्याख्या प्राप्त करता हो। इंग्लैंड के व्यवसाय-लक्ष्य को छोड़कर हम देखते हैं, फ्रांस की कला में और जर्मनी के विज्ञान में वही व्यवसाय समाया हुआ है यद्यपि वह उनका जातीय-लक्ष्य नहीं।

भारत का जातीय-लक्ष्य आध्यात्मिकता है। उसकी राजनीति देखिए, आप देखेंगे, आध्यात्मिकता की धारा वहां भी बह रही है। आप उसके व्यवसाय पर (मेरा मतलब प्राचीन व्यवसाय से है) नजर डालिए, आप देखेंगे, वहां भी आध्यात्मिकता का प्रवाह नहीं रुका—सत्यनारायण की कथा में लीलावती और कलावती के पतियों की कहानी आप सालभर में दो बार तो अवश्य ही सुनते होंगे और अगर आप हिंदू-महाजन हैं तब तो आपको श्रीमतीजी की ताड़ना से विवश हो गांठ जोड़कर प्रति पूर्णिमा और अमावस्या को वह कथा सुननी ही पड़ती होगी। खैर, उतने ही में आप देखिए, आध्यात्मिकता की धारा ब्राह्मण, क्षत्रिय, वैश्य और शूद्र चारों वर्णों में वर्तमान है। इस समय आप चाहे अछूतों को गोली मार दें, परंतु उस समय शुद्धात्मा शूद्रों के लिए इस तरह का अविचार न था। गोपों और तुंगध्वज महाराज की कहानी याद कीजिए, उसी सत्यनारायणजी की कथा में है—किस तरह महाराजा साहब को गोपों के द्वारा पूजा कराके प्रसाद ग्रहण करना पड़ा था। इस तरह हमारी दृष्टि में भारत की आध्यात्मिकता ही उसका जातीय-लक्ष्य सिद्ध होती है। हम जब बौद्ध काल की कला पर ध्यान देते हैं, तो वहां भी आध्यात्मिकता के चित्र प्रत्यक्ष होते हैं। मूर्तियों की अलग-अलग भावनाओं में—अलग-अलग अंगभंगिओं में आध्यात्मिकता की ही रेखा खिंची हुई है। जिस तरह ग्रीस की चित्रकला में बहिर्मुखी शौर्य है उसी तरह भारत के शिल्प में है अंतर्मुखी आध्यात्मिकता। भारत को छोड़कर संसार की वर्तमान सभ्य-जातियों का साहित्य अपने विकास के साथ स्वार्थ का जितना घनिष्ठ संबंध रखता है, उतना ही भारत का संपूर्ण साहित्य आध्यात्मिकता के साथ। भारत के जितने संप्रदाय अपनी कृति में जातीय-जीवन की यह छाप नहीं भर सके, वे सबके सब पतित कर दिये गये हैं। मयदानव की चित्रकला प्रसिद्ध है, परंतु वह आसुरी थी—उससे वासना का अंकुर देखनेवाले के हृदय में उगता था, इसलिए उसकी कृति

को भारत ने दानवी कृति करार दिया।

अस्तु हम देखते हैं, भारत की सभ्यता संसार की सभ्यता से बिलकुल एक न-मिलती-जुलती-हुई और चीज है जिसकी व्याख्या के लिए संसार की दूसरी कोई सभ्य भाषा परिभाषा का काम नहीं दे सकती। एक बहुत बड़े विद्वान् का कथन है कि 'श्रद्धा' शब्द का जो अर्थ है—उसके धातुगत अर्थ से जो भाव प्रगट होता है, उस तरह का भाव प्रगट करनेवाला पश्चिमी भाषाओं में कोई शब्द नहीं। अब बतलाइए, भारत की सभ्यता में—उसके जीवन में—उसकी संपूर्ण शिक्षा के बीज-रूप से जो एकमात्र 'श्रद्धा' शब्द है, पश्चिमी भाषाओं में उसका प्रतिशब्द भी नहीं। इसका न रहना पश्चिमी सभ्यता के पर्दे में स्वार्थ का नग्न तांडव—तृष्णा की भयावनी चीख—तड़क-भड़क से मुग्ध करके धन खींचनेवाली वेश्या है; दूसरी, बाहरी आडंबर से दूर—अपने आपमें पूर्ण—संसार की ओर सहृदयता की दृष्टि फेरनेवाली देवी 'श्रद्धा' है—मानवीय विकास की पूर्णता—देवत्व-ऋषित्व-परमेश्वरत्व की व्याख्या। पश्चिमी सभ्यता 'नेशन' के नाम से मुट्ठी भर आदमियों के जीने के लिए करोड़ों निरपराध मनुष्यों को पीसकर खा जाने की बुनियाद पर उठी है और भारतीय सभ्यता जातीय संगठन और वर्णाश्रम-विभाग के द्वारा संसार को, मनुष्यता-अनुमोदित न्याय के मार्ग पर रहकर विकास की बाधाओं को दूर करते हुए, देवत्व और पूर्णत्व की ओर ले जानेवाली व्यवस्था पर अवस्थित है। पहली, विषयवासना की कलुषित नाली में डालनेवाली, नीच सुखलालसा की रंगी दृष्टि में फंसानेवाली—जड़ संसार को अपने सुख का सर्वस्व सिद्ध करनेवाली है और दूसरी, मनुष्य को भोग की तुच्छ इच्छा से बचाकर त्याग के अमृत मंत्र से गूंजते हुए अमर जीवन की ओर ले चलनेवाली—कर्त्ता को माया के फंदों से बचने की शिक्षा देनेवाली, संसार के जर्जर शरीर में अमृतशक्ति संचार करनेवाली है।

लोग पूछते हैं, भारतीय सभ्यता के इस साहित्य से—क्या कहीं यह सिद्ध होता है कि भारत में भी कभी 'नेशन' के नाम से एक संगठित शक्ति का उद्भव हुआ था या कोई संगठित शक्ति जगी थी? उत्तर यह है—संगठित शक्ति के दो भेद हैं, एक शक्ति पशुओं की तरह संगठित होती है दूसरों से लड़कर अपने भोजन-संग्रह के लिए—उन्हें मारकर अपनी रक्षा की आवाज उठाने के लिए, और दूसरी शक्ति का संगठन होता है मनुष्यों को पूर्ण शांति का अधिकारी बनाने के लिए—पूर्ण शक्ति के मार्ग पर, गौणरूप से, आत्मरक्षा, शौर्यवीर्य, व्यवसाय, कृषि आदि की आवश्यकता पर, जितने प्रश्न उठते हैं, वे पूर्ण शक्ति की आवश्यकता-पूर्ति के समय आप हल हो जाते हैं। 'योगः कर्मसु कौशलम्', 'माते संगो स्त्वकर्मणि' आदि शास्त्रोक्तियों से सिद्ध होता है, कार्य से विरक्ति, विरक्ति नहीं। विरक्ति भोग से होनी चाहिए। भारत

के आचार्यों ने कभी किसी को उसके जातीय व्यवसाय से नहीं विरक्त किया। बल्कि किस तरह उस अखंड शांति से मिलकर—युक्तात्मा होकर मनुष्य कार्य कर सकता है, इसकी शिक्षा दी है। यह शिक्षा मनुष्य की दृष्टि को उन्नत रखकर उसे कर्मतत्पर बनाये रखती है। 'कर्मण्येवाधिकारस्ते मा फलेषु कदाचन' से हम यही सीखते हैं। हम कार्य में संलग्न रहेंगे, फल आप पैदा होगा। फल की कामना करने की हमारे लिये कोई आवश्यकता नहीं। हमारा इतिहास दिखलाता है, कसाई और चमार भी अपने कार्य में तत्पर रहकर ईश्वरत्व को प्राप्त कर चुके हैं। यही संगठन भारतीय संगठन है और यही भारत की 'नेशनलटी'। इतना बड़ा संगठन देखकर भी जो लोग भारत की जातीयता पर संदेहजनक प्रश्न करते हैं, उनके लिए हमारे पास एक यही वाक्य है—"भारत के ऋषि—भारत के महापुरुष उन पर कृपा करें—उन्हें सुबुद्धि दें।" भारत के इस संगठन पर लिखे गये, दूसरों के द्वारा ध्वस्त और स्वयमेव विनाश प्राप्त होकर बचे हुए भारतीय ग्रंथ ही भारत-साहित्य के आधार हैं।

जब तक लक्ष्य नहीं नष्ट हो जाता तब तक किसी व्यक्ति या किसी समष्टिगत जनसमूह का जीवन भी नहीं नष्ट होता। आज सोन की बाढ़ से रेल लाइन भले ही नष्ट हो गई हो, परंतु जब तक गाड़ी चलाने का लक्ष्य कलकत्ता तक स्थिर रहेगा, तब तक गाड़ी का कलकत्ता पहुंचना निश्चित है—चाहे वह गया से घूमकर आवे अथवा लाइन के बन जाने पर आवे। इसी तरह, हमारे अधिकांश जातीय साहित्य के नष्ट होने पर भी यदि हमारा लक्ष्य—भारतीयता स्थिर है, तो उसके पुनर्निर्माण के संबंध में हमारी ओर से कोई निराशा नहीं—वह फिर बनकर तैयार हो जायगा। अपने जातीय जीवन पर अटल भाव से डटे रहनेवाले भारतीय वीर अपने लक्ष्य के असंख्य मार्ग—साहित्य की असंख्य शाखाओं को आप तैयार कर लेंगे।

कोई-कोई महाशय प्रश्न कर सकते हैं—आप अगर आध्यात्मिकता के इतने बड़े उपासक हैं, तो कोई हानि नहीं, आप इससे कुछ और बढ़ जाइए; परंतु यह तो बतलाइए कि पश्चिमी सभ्यता की इस भयानक बाढ़ से आप अपने जातीय साहित्य को कैसे बचाइगा? उसका जहर क्या आपके वर्तमान साहित्य में नहीं पड़ रहा या भविष्य में उसके फैलने की संभावना जाती रहेगी? उत्तर यह है कि पश्चिमी सभ्यता का स्वरूप और भारतीय सभ्यता का स्वरूप हम पहचानते हैं, अतएव साहित्य में जहां पश्चिमी साहित्य की छाया पड़ी है, वहां हमारी नजरों से बचकर वह रह नहीं सकेगी। दोनों के भाव हमारी अर्थ-दृष्टि के सामने खुल जायेंगे। फिर तो, स्वरूप के खुल जाने पर, पश्चिमी सभ्यता की छाया—यदि वह हमारे लिए दुःख देनेवाली है, हमारा कुछ नहीं बिगाड़ सकती, और यदि उत्तम है तो उसे आदरपूर्वक अपने साहित्य में जगह देंगे। शास्त्रों में भी तो प्रक्षिप्त आसुरी भाव यथेष्ट हैं, परंतु वे कब तक हमारी दृष्टि

बचाकर रह सके?

एक बात और, आध्यात्मिकता के नाम मात्र से डरनेवाले बाबुओं को हम विनयपूर्वक सूचित करते हैं, आध्यात्मिक का अर्थ वे संसार छोड़कर दर-दर भीख मांगनेवाले भगतों की वृद्धि से देश का दरिद्र बनना ही न सोच लें। आध्यात्मिकता का अर्थ है अन्तर्विकास। यह अंतर्विकास कला, शिल्प, संगीत, विज्ञान, राजनीति, चिकित्सा और समरशास्त्र आदि साहित्य के सब अंगों से संबंध रखता है। किसी एक विषय में मनुष्यता की उन्नति जब चरम सीमा पर पहुंचती है तब वह उस विषय का चरम अंतर्विकास कहलाता है—वही उस विषय की पूर्ण आध्यात्मिकता है। इस तरह हम देखते हैं, मनुष्य अपनी रुचि के अनुसार साहित्य के किसी भी अंग की वृद्धि करते हुए, उसी के द्वारा पूर्ण पद पर प्रतिष्ठित हो सकता है और भारत में ऐसे मनुष्य हो भी चुके हैं। योगशास्त्र भी पूर्ण पद पर पहुंचता है और चिकित्साशास्त्र भी उसी जगह पर स्थित रहने की शक्ति रखता है; कारीगर भी भावमयी कमनीय कृति के द्वारा अपने को पूर्ण विकसित कर देते हैं और गायक भी लोगों का सच्चा स्वप्न उतारकर शांति से अमर आसन पर अधिष्ठित हो जाते हैं। प्रत्येक वर्ण में, प्रत्येक विभाग में मनुष्य को अंतर्विकास के लिए समान सुविधा है। कवि यदि कविता में अपनी अंतरात्मा को विकसित कर सकता है तो वीर शत्रु के सामने समर-भूमि पर। आत्मविकास में जो जितना ही निपुण है, वह उतना ही उन्नत है। इस आत्मविकास की सब प्रकार की धाराएं भारतीय साहित्य में सम्मिलित हैं, बल्कि यही भारतीय साहित्य है—साहित्य की शीर्ण और लुप्त अनेकानेक धाराओं को प्रवाहशील करना ही हमारा वर्तमान उद्देश्य होना चाहिए।

[12.9.1925]

6. एक पंथ दो काज!

कानपुर के गत त्रयोदश साहित्य-सम्मेलन के स्वागत मंच में श्रद्धेय द्विवेदीजी ने कहा था कि मानसिक स्वराज्य मातृभाषा ही के आधार पर प्राप्त हो सकता है और बिना इस आधार के, शासन-विषयक, स्वराज्य मिल जाने पर भी, सफलतापूर्वक संचालित नहीं हो सकता; जातीय जीवन को एक सूत्र में बांधने के लिए भी सबसे श्रेष्ठ उपाय मातृभाषा का स्वराज्य ही है, उससे स्वधर्म की रक्षा भी हो सकती है, ऐक्य की भी वृद्धि हो सकती है और थोड़े ही श्रम से परंपरागत ज्ञान की उपलब्धि भी हो सकती है।

इसी प्रकार संसार के सभी विद्वान् इस एक बात पर मुक्तकंठ से सहमत हैं कि मातृभाषा ही जातीय जागरण और देशोत्थान का मूल कारण है। मातृभाषा की उपेक्षा करके कोई देश या कोई जाति उन्नत नहीं हो सकती। जिस राष्ट्र के लोगों में मातृभाषानुराग का अभाव है उस राष्ट्र का अभ्युदय असंभव है। इसलिए मातृभाषा से संबंध रखनेवाली संस्था तीर्थराज से कम पवित्र और मोक्षप्रद नहीं है। हम हिंदीभाषियों का तीर्थराज साहित्य सम्मेलन है, जिसकी बदौलत आज देश-विदेश में हिंदी की विजय पताका फहरा रही है। उसी साहित्य सम्मेलन का वार्षिक अधिवेशन आगामी नवंबर मास के प्रथम सप्ताह में वृंदावन में होनेवाला है। परम संतोष का विषय है कि उसके सभापति चुने गये हैं वयोवृद्ध सुलेखक और यशस्वी संपादक पं. अमृतलालजी चक्रवर्ती। चक्रवर्तीजी बंगाली हैं, पर हिंदी की सेवा में ही आप दत्तचित्त हैं—हिंदी सेवा के लिए ही अपना जीवन उत्सर्ग कर दिया है। आप स्पष्ट शब्दों में स्वीकार करते हैं कि ब्रजभाषा के लालित्य और माधुर्य तथा सौकुमार्य पर मुग्ध होकर ही मैंने हिंदी को अपनाया है। आनंद की बात है कि सम्मेलन का अधिवेशन ब्रजभाषा की जन्मभूमि में हो रहा है और उसके सभापति ऐसे सज्जन चुने गये हैं, जो मित्र भाषाभाषी होकर भी ब्रजभाषा द्वारा हिंदी के क्षेत्र में आकर्षित हुए हैं। इतने दिनों के बाद हिंदीवालों ने एक मित्र भाषाभाषी का हिंदी सेवा का सत्कार किया, यह आश्चर्यजनक होने पर भी परम संतोषजनक है! किंतु इस कर्त्तव्य की पूर्ति से ही कर्त्तव्य की इतिश्री नहीं हुई। अभी इससे भी बड़ा कर्त्तव्य और आगे है। वह यह है कि बहुसंख्यक हिंदीप्रेमी तीर्थराज की यात्रा के लिए सोत्साह तैयार हो जायं। खासकर बंगाल के हिंदीप्रेमियों से हमारा सानुरोध निवेदन है कि वे सभापति की ब्रजयात्रा को साहित्यिक समारोह से विशेष आकर्षक और प्रभावशाली बनाने की चेष्टा करें। बंगाल के जिस किसी स्थान में हिंदीप्रेमी रहते हैं, सभी इस बार ब्रजमंडल की परिक्रमा करने

के इस सुलभ अवसर का सदुपयोग करें। कलकत्ता-निवासी हिंदीप्रेमियों और साहित्य-सेवियों का कर्त्तव्य तो और भी महान् तथा गुरुतर है। वे चक्रवर्तीजी को ऐसे समारोह से ले चलें कि बंगालियों पर हिंदी-संसार की उदारता और हिंदी भाषा की व्यापकता का पूर्ण प्रभाव पड़े। बंगाली भाई देखें कि हिंदीवाले अपने साहित्य-सेवी का कितना अधिक सम्मान करते हैं। इसके लिए कलकत्ता-निवासी हिंदीप्रेमियों तथा हिंदी हितैषिणी संस्थाओं को अभी से ऐसा उद्योग करना चाहिए कि सभापति के प्रस्थान के समय इस महानगर में एक विराट जलूस निकले और नगर से लेकर हावड़ा स्टेशन तक सहस्र-सहस्र कंठ से हिंदी की जय-ध्वनि उठे। साथ ही, बंगाल के स्थानीय लेखकों तथ पत्र-संपादकों को निमंत्रण देकर चक्रवर्त्तीजी को एक ऐसा प्रीतिभोज देना चाहिए, जिससे बंगालियों के चित्त पर हिंदी की विशालता का सिक्का जम जाय। यदि ऐसा सुअवसर पाकर भी यहां के हिंदीवाले चूक गये, तो फिर यह कहना किसी समय शोभा न देगा कि कलकत्ता हिंदी प्रचार का केंद्र अथवा उर्वर क्षेत्र है। इस समय हिंदी के उन्नति क्षेत्र में कलकत्ता का जो महत्त्व है, उसकी रक्षा करने के लिए भी इस सुअवसर से लाभ उठाना आवश्यक है। हम अपने स्थानीय सहयोगियों से भी इस विषय में हिंदीभाषी जनता को प्रोत्साहन प्रदान करने के लिए सादर अनुरोध करते हैं। दक्षिण भारत, पंजाब, ब्रह्मप्रदेश और आसाम में हिन्दी का स्वराज्य स्थापित होता जा रहा है। बंगाल ही एक ऐसा प्रांत है, जहां हिंदी की विजय-वैजयंती फहराने के लिए विशेष प्रयास करना पड़ेगा। यदि ऐसे सुअवसर पर उस महान् प्रयास का श्रीगणेश किया जाय, तो भविष्य में सुगमता अवश्य होगी। सौहार्द से ही बंगाली आकृष्ट होंगे। और, सौहार्द के भव्य प्रदर्शन का ऐसा सुअवसर फिर शायद ही सुलभ हो।

इसी सिलसिले में हम अन्य प्रांतों के हिंदीप्रेमियों से अनुरोध करते हैं कि वे हिंदी का जन्मभूमि 'ब्रजमंडल' के लिए प्रचुर संख्या में प्रस्थान करें और अपनी मातृभाषा का अनुराग तथा अभिमान दिखाकर राष्ट्रभाषा हिंदी के मंदिर में अन्य भाषा-भाषियों का आह्वान करें। वृंदावन में बंगालियों की संख्या अधिक है। वे भी देखें कि हिंदी कैसी सजीव और देशव्यापी भाषा है। एक तो तीर्थराज साहित्य सम्मेलन का पुण्य-समारोह, दूसरे ब्रजमंडल की शोभा का दिव्य-दर्शन, एक पंथ दो काज होंगे।

[19.9.1925]

7. व्रजेश्वरी के अंचल में

आज वृंदावन का एक-एक रजकण पुलकित हो रहा होगा। साहित्यिकों के समारोह से व्रजमंडल का वह कमनीय केंद्र आनंद सागर में गोते लगा रहा होगा। आज एक बार फिर साहित्य स्वर लहरी से व्रजमंडल की दिशाएं परिप्लावित हो उठेंगी, जो आज से कुछ ही हजार वर्ष पूर्व रसिकेश ब्रजेश की वंशी के रसप्लावी रंध्र से निकलकर दिग्दिगंत को भर देती थी। षोडशवर्षीय साहित्य-सम्मेलन के साथ अनिंद्य सुंदरी स्थिर यौवना ब्रजभाषा का यह मधुर मिलन देखकर वास्तव में हाथ से प्याला छूट पड़ता है। वाह! कैसा सरस संयोग है! 'राधा' हैं, 'गोपाल' हैं, 'विष्णु' हैं, 'चैतन्य' हैं, 'सुधाकर' हैं, एक विचित्र 'छबीली' छटा है, साहित्य सम्राट श्रीकृष्णचंद्र के क्रीड़ा उद्याम में आज रसानंद का अद्भुत 'चक्रवर्तित्व' है। साहित्यिकों के हृदय में आज आनंद के कैसे हिलोरें उठते होंगे, उनके पुलक प्रफुल्लित शरीर में आज कैसी संजीवनी शक्ति का संचार हो रहा होगा, यह संसार के किसी भी कोने में बैठा हुआ सहृदय हिंदीप्रेमी भली-भांति अनुभव कर सकता है। निश्चय ही आज सभी साहित्यिकों के हृदय में आशा और विश्वास का एक दिव्य आलोक प्रस्फुटित हो रहा होगा, क्योंकि व्रजेश्वरी राधारानी के रमणीय चित्र से हिंदी साहित्य सर्वांग सुंदर अलंकृत होकर ही प्रत्येक हिंदी भाषाभिमानी का मस्तक गर्वोन्नत करने योग्य बना। एक बार उस भक्तिमय देवी के ध्यान मात्र से ही वह साहित्यिक श्यामसुंदर हृदय के प्रत्येक स्तर में थिरक उठता है। अहा! कैसी बांकी झांकी थी! कैसा लोक-लावण्य था! कैसी मुनिमन मोहिनी मधुर मुरली थी! कैसी मुग्धकारिणी मयूर-चंडिका और कैसी त्रिभंगी भावभंगी थी! वह वंशी-वट, वह कदंब कुंज, वह कालिंदी कूल, वह 'हरित बांस की बांसुरी', वह सांवले-सलोने घनश्याम शरीर पर सधिक्कण पीतांबर की विपुल छटा, वह वत्सों का धवरी धेनु की मुरली-लयतल्लीनता, वह मृदंग मंजीर मुखरित वृंदावन, आह! एक बार की वह पुण्य-स्मृति प्राणों में पुलक भर देती है, नेत्रों को सजल सफल कर देती है, आत्मा को तन्मय कर देती है! अंग-अंग में विद्युत्प्रवाह छा जाता है! अलौकिक है वह हिंदी साहित्य का अवस्थान। हिंदी साहित्यिकों का समारोह ऐसे स्थान में अवश्य हिंदी का सौभाग्य संपन्नता सूचित कर रहा है।

किंतु आनंदातिरेक से आत्मविस्मृत होकर कहीं ऐसा न हो कि साहित्य के संपोषण और संवर्द्धन की ओर से साहित्यिकों का हृदय असावधान रह जाय। साहित्यजनित लोकोत्तरानंद का उपभोग करते हुए भी प्रत्येक साहित्यिक का यह

कर्त्तव्य होना चाहिए कि हिंदी के देदीप्यमान भविष्य को न भूले। वह बड़ा ही उज्ज्वल है। बड़ा ही गौरवपूर्ण है। और साहित्य सम्मेलन भी यदि अपनी किशोरावस्था के माधुर्य से शुभाशा-संवलित भविष्य को विशेष आकर्षक बनाना चाहता है, तो उसे कोई ऐसा मंत्र सभी साहित्यिकों के कान में फूंकना चाहिए कि साल भर में एक बार कहीं एकत्र होकर दो-चार रोज साहित्यिक रंगरलियां मचा लेने से ही वे अपने कर्त्तव्य की इतिश्री न समझें; बल्कि अपने-अपने स्थान पर वापस जाकर द्विगुणित उत्साह से साहित्य के संदेश का प्रचार करें। ऐसी-ऐसी साहित्यिक टोलियां बनावें, जो जनता के अंतस्थल में साहित्यिक जागृति उत्पन्न करने में सचेष्ट हों; क्योंकि वास्तव में साहित्य का सच्चा अनुराग ही मानव-जाति के हृदय को उत्फुल्ल कर सकता है, उसे शांति-सुधा पिलाकर ईर्ष्या-द्वेषक संतन से बचा सकता है। यदि आज कलह-कोलाहल से भरे हुए इस अशांत देश के निवासियों में सुललित सुमिष्ट साहित्य का सुस्वादु रस प्रवाहित होता, तो समाज और धर्म की निष्प्राणता कभी परिलक्षित न होती। अतएव, सत्साहित्य से देश और समाज को अनुप्राणित करने के लिए सम्मेलन में विशेष आयोजन होना चाहिए। किंतु उस विराट आयोजन में संपादक सम्मेलन और कवि सम्मेलन को भी साहित्य सम्मेलन का हाथ बंटाना पड़ेगा। इस समय पत्र-पत्रिकाओं की बाढ़ और कविताओं के तूफान से हिंदी साहित्य का संरक्षण परमावश्यक है। हिंदी साहित्य के प्रेमी पत्र-पत्रिकाओं की बाढ़ से ऊब उठे हैं और कविताओं की आंधी से भगवती वाणी की वीणा के तार टूटते जा रहे हैं। अगर प्रकाशकों और पद्य-प्रणेताओं ने हिंदी पर रहम न किया, तो कितने उत्साही पस्त पड़ जायंगे और हिंदी के इस युग का अंधेर भावी संतान के मन में घृणा उत्पन्न कर देगा; जो लोग इन छोटी-छोटी चैलियों की आत्माहुति से साहित्य-यज्ञ की अग्निशिखा को भविष्य में अधिकाधिक प्रज्वलित देखने के मनसूबे बांधा करते हैं, उन्हें भी अतिशयतापूर्ण उच्छृंखलता के नियंत्रण के लिए थोड़ी देर अपने विचारांकुश का प्रयोग करना चाहिए। तभी यह साहित्य की धवल-धारा अपने पवित्र प्रवाह-क्षेत्र की सीमा का उल्लंघन न करके लोककल्याण साधन करती हुई समुन्नति सागर की ओर अमर गति से प्रवाहित होती रहेगी। भगवान् करें; व्रजेश्वरी के अंचल की शीतल छाया में सम्मेलन की ये सारी साधनाएं सफल हों।

[7.11.1925]

सामाजिक

भारतीय स्वाधीनता संघर्ष विदेशी सत्ता के खात्मे का ही आंदोलन न था, बल्कि वह तमाम तरह की सामाजिक रूढ़ियों, कुरीतियों और जड़ताओं के प्रति नये विचारों का आमंत्रण भी था। धार्मिक स्तर पर अछूत समस्या जितनी क्रूर जड़ता के साथ कायम थी—उसके विरुद्ध एक ताकतवर कोशिश निरंतर चल रही थी। 'मतवाला' ने इस कोशिश को लगातार स्वर दिया। सामंती व्यवस्था में अछूतों और स्त्रियों का निर्मम दमन होता रहा है—हिंदी में प्रारंभ से ही इसके प्रतिकार की परंपरा रही है। इन दोनों विषयों को लेकर 'मतवाला' ने गहरी चिंता प्रकट की है।

'है अजब औंधी तुम्हारी खोपड़ी!' में 'मतवाला' ने इस जड़ता की चर्चा की है कि धर्म सुधारकों की निरंतर कोशिशों के बावजूद समानता की चेतना विकसित नहीं हुई। वह 'मनुष्योचित अधिकारों' की चर्चा करता है और मद्रास में हुए अछूतों की बगावत का स्वागत करता है। वह उस क्रांति के वज्राघात का आमंत्रण करता है और कूपमंडूकता की तीखी भर्त्सना! वह लिखता है कि आनेवाले समय में यह थोथी अहम्मन्यता समाप्त हो जायगी। "गुलामों के मालिक बनकर गुलामी से पिंड छुड़ाना चाहते हो, दूसरों की स्वतंत्रता का रक्तपान कर स्वयं स्वतंत्र बनना चाहते हो, स्वराज्य लेना चाहते हो। धिक्कार है तुम्हें और तुम्हारी औंधी खोपड़ी को।" ब्राह्मण, क्षत्रिय और वैश्य की श्रेष्ठता पर व्यंग्य की चोट करते हुए वह शूद्रों की समानता और अधिकार का समर्थन करता है और जड़ता छोड़ने का आह्वान करता है। 'मतवाला' का विश्वास है कि यह सामाजिक विभेद आजादी की राह में एक बड़ी बाधा है। 'मुख में राम बगल में छुरी' अग्रलेख में वह आदिम जीवन की समस्या का हवाला देकर, धर्म के नाम पर शोषण की तीव्र आलोचना करता है। वह धर्म के ठेकेदारों के कुत्सित पाखंडों पर जोरदार चोट करते हुए इसके विरुद्ध सामूहिक जागरण और एकजुटता की वकालत करता है। 'देश के सपूत, फिर भी अछूत?' में वह चेताने की कोशिश करता है कि अगर नहीं संभल सके तो गर्त में चले जाओगे। अगर तुमने एकता कायम की तो 'शक्ति के धनी' बन जाओगे। उसके धिक्कार में यह विवेक भरी बात भी है कि 'क्या ये गोभक्षक अंग्रजों से भी गये गुजरे हैं?' वह आत्ममंथन की भी बात उठाता है और तमाम धार्मिक-सामाजिक विसंगतियों की चर्चा करता है। 'चक्रव्यूह में मत घुसो' सनातन धर्म के नेता

व्याख्यान वाचस्पति पं. दीनदयालु शर्मा के पिछड़ेपन के विरोध में है। इसमें ध्यान देने की बात है कि 'मतवाला' देश की आजादी के सवाल के सामने धार्मिक उन्माद की व्यर्थता का निषेध कर रहा है। "देश की आकांक्षाएं बहुत अग्रसर हो चुकी हैं—अब उनका पीछे लौटना असंभव है। देश तो अग्रसर होने के लिए आज इतना अधीर है कि राजनीतिक क्षेत्र में आगे न बढ़ने के कारण महात्मा गांधी जैसे जगत्प्रसिद्ध नेता को भी कोसने से बाज न आया।" इसमें जनता के संघर्ष-पथ पर बढ़ते पांवों की चाप स्पष्ट सुनाई देती है। दूसरा महत्त्वपूर्ण संकेत धर्म के पीछे धन्नासेठों की भूमिका का है—"कुछ स्थानीय कूपमंडूक सेठों की भरी थैलियों ने ही उन्हें असली रूप में प्रकट किया है।" 'मतवाला' धर्म और धन के गठजोड़ पर अंगुली रखता है। 'नरक के कीड़े' में धर्म के ठेकेदारों को 'शास्त्र-ज्ञानहीनं वितंडावादी पेटपंथी' कहा गया है। यह बहुत ही कठोर टिप्पणी है। इसमें समस्या का सम्यक् विश्लेषण सामने आता है। 'अक्ल पर पर्दा!' नारी आंदोलन की नई रोशनी का संकेत है। एक जड़ सामंती समाज में स्त्रियों को पर्दे से बाहर एक नई दुनिया में शामिल करने का यह सशक्त स्वर उनके लिए मुक्ति का नया द्वार खोलने जैसा था। इसे आज के भद्रजनित नारी-मुक्ति आंदोलन के सापेक्ष देखना दिलचस्प होगा।

1. है अजब औंधी तुम्हारी खोपड़ी!

लाइलाज मर्ज है—असाध्य रोग है! सारा आयुर्वेद शास्त्र उलट डालो, तिब्बे-यूनानी और मिश्रानी को मथ डालो, धन्वंतरि के धुर्रे उड़ा डालो, लुकमान और अरस्तू की खोपड़ी चचोर डालो, हनीमैन को घोलकर पी जाओ और मेटेरिया मेडिका को मीसकर फांक लो, इस औंधी खोपड़ी की दवा न मिलेगी। इस खोपड़ी को पटक दो, फोड़ दो, तोड़ दो, कूंच दो और थूर दो, परंतु ज्यों की त्यों बनी रहेगी! कुत्ते की दुम की तरह सदैव टेढ़ी ही रहेगी। खुदा जाने बनानेवाले ने इसमें कौन-सा जादू भर दिया है!

लोग समझाते-समझाते थक गये, तर्क करते-करते मर मिटे, उपदेश देते-देते हैरान हो गये, परंतु खोपड़ी बदस्तूर साबिक औंधी पड़ी रही। बुद्ध आये, कबीर आये, नानक आये, चैतन्य आये, दयानंद आये। सबने इसे सीधी करने की चेष्टा की, जोर लगाया, परंतु वाह री खोपड़ी, लोगों के हजार सर मारने पर भी टस से मस न हुई; किसी का किया कुछ न हुआ;—कोई इसे उलटकर सीधी न कर सका!

उसी औंधी खोपड़ी को सीधी करने के भगीरथ प्रयत्न में मद्रास के अछूत [पंचम] लगे हैं। संग्राम जारी है। वीरगण अटल-निश्चल भाव से सरे मैदान डटे हैं। सारा संसार सोत्सुक दृष्टि से उनकी ओर देख रहा है। धर्म के नाम पर आचार-विचार की दुहाई देकर और शुद्धता की रक्षा के बहाने, लाखों मनुष्यों को, उनके मनुष्योचित अधिकारों से वंचित रखने का जो घृणित प्रयत्न हुआ है, उसका दुष्परिणाम देखने के लिए कतिपय, दंभी धर्म-ढोंगियों को छोड़कर, सारा देश टकटकी लगाये बैठा है। अब खोपड़ी की खैर नहीं, क्योंकि पाप का घड़ा भर चुका है, गरीबों की आह भयंकर दावानल की तरह धधक उठी है, पैशाचिक दुर्व्यवहार का नतीजा विषम वज्र बनकर औंधी खोपड़ी पर गिरना चाहता है। मनु की दुहाई देते रहे, अपनी पाताल तक पहुंची हुई जड़ की मजबूती पर इतराते रहो और अपनी कूपमंडूकता के घमंड में फूलकर कुप्पा बने बैठे रहो। खोपड़ी की आयु पूरी हो चुकी है, क्रांति का शिकंजा उसे चूर कर डालने के लिए तैयार हो चुका है। जिन्हें अब तक तुम घृणित समझते हो, जिनको मलभक्षी पशु से भी गया-गुजरा मानते हो, जिनके चरण-स्पर्श से तुम्हारी (?) पृथ्वी नापाक हो जाती है, जिनको छू जाने से तुम्हारे सर्वशक्तिमान देवता की सारी शक्ति गदहे की सींग की तरह गायब हो जाती है, और वह 'मिट्टी की मूरत' बन जाते हैं, जिनकी छाया छू जाने से तुम अपने को 'कुंभीपाक' का प्राणी समझने लगते हो, जिनके परिश्रम की कमाई खाकर तुम्हारी तोंद भिश्ती की मशक की तरह फूली

रहती है और जिनका मुंह देख लेने से तुम्हारी यात्रा बिगड़ जाती है, वे ही धर्म के आधार, संसार के सर्वश्रेष्ठ प्राणी, सृष्टि के सेवक और रक्षक तथा परमात्मा के प्यारे, तुम्हारी औंधी खोपड़ी को सीधी करने के लिए कमर कसकर तैयार हो गये हैं। तुम्हारे असाध्य रोग की अव्यर्थ महौषधि उनको मिल गई है। अब तुम्हारा रोग दूर हो जायगा। तुम्हारी औंधी खोपड़ी सीधी हो जायेगी। अब तुम्हें कृत्य कर्म्मों का फल भोगना पड़ेगा।

जरा आंखें खोलकर देखो तो धर्म की ऐसी विकराल और वीभत्स मूर्ति संसार में कहीं और भी दिखाई देती है? तुम अपने भाइयों से घृणा करते हो और चाहते हो कि दूसरे तुमसे घृणा न करें! गुलामों के मालिक बनकर गुलामी से पिंड छुड़ाना चाहते हो, दूसरों की स्वतंत्रता का रक्तपान कर स्वयं स्वतंत्र बनना चाहते हो—स्वराज्य लेना चाहते हो! धिक्कार है तुम्हें और तुम्हारी औंधी खोपड़ी को। सचमुच तुम्हें होश नहीं है, तुम पागल हो गये हो। स्वार्थपरता और अहंमन्यता ने तुम्हें अंधा बना दिया है। तुम्हारी हिये की आंखें चौपट हो गई हैं, नहीं तो तुम इस तरह धर्म की आंख में धूल झोंकने की चेष्टा कर संसार के सामने हास्यास्पद न बनते।

मूर्खों ने मोहवश दयानिधान, समदर्शी जगदीश्वर को भी संकीर्ण हृदय सनातन धर्मावलंबी हिंदू समझ लिया है! जिन्होंने भीलनी के जूठे बेर खाये, नाई और कसाई को गले लगाया, वेश्या जिनकी प्यारी पुत्री थी और चमार जिनका प्रियपात्र था, उन्हें कुछ लोगों ने अपनी 'बपौती' समझ लिया है। गोया अल्लाह मियां के खानदान में यही ब्राह्मण, क्षत्रिय और वैश्य बच गये हैं! अथवा ये ही उनकी ब्याहती बीबी के पुत्र हैं और बाकी बेचारे 'जारज' हैं। विश्व नियन्ता के विपुल ऐश्वर्य के ये द्विजाति ही एकमात्र उत्तराधिकारी हैं! उनकी सारी संपत्ति इन्हीं तीन लायक लड़कों के हिस्से में आई है। रास्ता इनका है, पृथ्वी इनकी है, देवता इनके है।, कुएं इनके हैं, गंगा इनकी हैं, ब्रह्मा, विष्णु और महेश इनके हैं। ये चोरी करेंगे, हरामखोरी करेंगे, वेश्याओं का थूक चाटेंगे, पर्दे की ओट में भक्ष्याभक्ष्य भक्षण करेंगे और अपनी बहू-बेटियों को पाप की दृष्टि से देखेंगे, परंतु 'द्विजाति' बने रहेंगे। ककहरा से वाकफियत न रखने पर भी 'पंडितजी' कहलायेंगे, एक थप्पड़ में तीन झोंके खाने पर भी 'वीरेंद्रसिंह' ही बने रहेंगे और व्यवसाय के बहाने जुआ खेलने पर भी 'श्रीमान सेठजी' शब्द को चरितार्थ करते रहेंगे। कहां तक गिनाऊं, संसार के जितने दुराचार हैं, सब करते रहेंगे, दिन-रात पाप में सने रहेंगे, परंतु 'जाति' इनके शरीर में चिपकी रहेगी, जाति क्या है, जोंक है।

बतलाइए तो सही इस महामोह का, इस जड़ता का, इस घोर कुसंस्कार का कहीं ठिकाना है? क्या जीवित जाति के यही लक्षण हैं? क्या इन्हीं गुणों से हिंदू एक दिन

समस्त संसार के गुरु बने थे?

भाइयो, जड़ता छोड़ो। अपने महान् धर्म की उदारता पर ध्यान दो। अपने बिछुड़े हुए भाइयों को गले लगा लो। जिन्हें तुम अछूत समझ रहे हो, वे तुम्हारी जाति देह के अंग हैं। यदि अपने शरीर को अविकल रहने देना चाहते हो तो उन्हें अपने से अलग न होने दो।

[19.4.1924]

2. मुख में राम बगल में छुरी!

'जबां पे नामे खुदा है जारी,
बगल में बोतल शराब की है।'

यह जाति विपत्ति के बवंडर में फंसी है, चारों ओर से भीषण विभीषिकाएं उठ रही हैं, निराशा का घनांधकार फैला हुआ है, काल की करालमूर्ति सिर पर खड़ी अट्टहास कर रही है, भीतरी तथा बाहरी शत्रु प्राणपण से इसकी जड़ खोदने में लगे हैं, परंतु यह कुंभकर्ण की नानी,—अजदहा की खाला बेखबर पड़ी खर्राटे ले रही है। बहुत शोरगुल मचाने पर, बार-बार कोंचने पर, जरा सगबगाती भी है, तो बस, 'टुकुर टुकुर दीदम दम न कसीदम!' जिनकी एक दिन संसार में कोई पूछ न थी, जो पशुवत् जंगलों में जीवन बिताते थे, जिनके पास रहने को घर और खाने को दाने न थे, जो जानवरों की तरह कच्चा मांस खाकर बिलों में बास करते थे, वे इस जाति के जान और माल के मालिक बने बैठे हैं। इसे ज्ञान के गीत सुनाकर सभ्यता के सोपान पर चढ़ाते हैं, जोंक की तरह इसका रक्त चूसते और सिर उठाने पर कान गरम कर देते हैं। मध्य एशिया के लुटेरे, इसी जाति के अंत्यजों और अछूतों से अपना बल बढ़ाकर दिन-रात 'मियां की जूती और मियां का सर' वाली कहावत चरितार्थ कर रहे हैं। घरों में घुसकर बहू-बेटियों को बेइज्जत कर डालते हैं, मंदिरों में घुसकर मूर्तियों को अपवित्र कर डालते हैं, जाति की जीवनाधार गायों को काटकर खा जाते हैं, कल-बल-छल से इस जाति का सत्यानाश करने में लगे हैं और चूं करने पर सर उतार लेते हैं—पीठ का सनीचर उतार देते हैं और खोपड़ी का भूत भगा देते हैं। परंतु यह दईमारी दम तक नहीं लेती। "चुप 'पड़ी है' कब्र में, अब हां न हूं कुछ भी नहीं!"

विदेशियों की—बाहरी शत्रुओं की बातें जाने दो। 'मुख में राम और बगल में छुरी' वाले, इसी जाति के जने, इसी जाति के कंकाल को चबाकर, मरघट के कुत्ते की भांति मोटे बने हुए, विपुल ऐश्वर्य के अधीश्वर, गले में 'गटरमाला' डाले साधु वेशधारी नर पिशाचों की कथा सुनो! ये अभागे, जिन झोंपड़ोंवालों की बदौलत महलों में मुलायम सेज पर सोते हैं, जिन रंकों की बदौलत राजे बने हैं, जिन वस्त्रहीन नंगे पैरवालों की बदौलत मोटरें दौड़ाते हैं, जिन भूखों की बदौलत छप्पन प्रकार के व्यंजन उड़ाते हैं, उन्हीं की जड़ काट रहे हैं, उन्हीं की कन्याओं और वधुओं को अपनी कुत्सित विलासवह्नि की आहुति बनाते हैं। ये शूकर वृत्तिवाले, ईश्वर के एजेंट, धर्म के ठीकेदार, संन्यासी

और साधु नाम को कलंकित करनेवाले नरराक्षस, देवताओं के नाम पर, धर्म की आड़ में जो जघन्य कर्म कर रहे हैं, उसकी कथा सुनकर कलेजा कांप उठता है, शरीर के रोंगटे खड़े हो जाते हैं। परंतु हिंदू जाति के कानों पर जूं तक नहीं रेंगती। उसकी आंखों के सामने दिन-रात यह घोर अनर्थ हो रहा है, परंतु वह चुप है। न जाने कौन-सी माया, कौन-सा जादू, उसे इन दृश्यों को देखकर भी देखने नहीं देता, जानकर भी प्रतिकार के लिए उठने नहीं देता! प्रत्युत् इसी जाति में ऐसे भी नरपुंगव मौजूद हैं, जो हवा की हत्या कर खुले खजाने ऐसे पापियों का पक्ष ले रहे हैं और जो लोग हिंदू जाति के सिर से इस कलंक कालिमा को धोने के अथक प्रयत्न में लगे हैं, उन्हें निःसंकोच भाव से गालियां दे रहे हैं! देश के लाखों नौनिहाल दाने-दाने को तरसकर अकाल में ही काल-कवलित हो रहे हैं, करोड़ों भाई अविद्या के अंधकार में पड़े पशुवत् जीवन बिता रहे हैं, करोड़ों विधवाएं हिंदू समाज के नाम को रो रही हैं और महंत नामधारी हिंदू धर्म के सांड़, अगाध संपत्ति के मालिक बने हिंदू धर्म के अधःपतन का पथ परिष्कार कर रहे हैं। अभी उस दिन सहयोगी 'स्वतंत्र' ने लिखा था, कि शायद ही कोई ऐसा महंत होगा जिसने एक-दो रखनियां न रखी हों। इन पंक्तियों का लेखक बलिया जिले के एक ऐसे लक्षाधीश महंत को जानता है, जिसने अपनी रखनी की लड़की को भी रख लिया है और उस लड़की की लड़की को उसके चेले ने रखा है। हिंदू समाज की छाती पर यह जघन्य कर्म हो रहा है। हजारों अभागे हिंदू इस बात को जानते हैं और उन महापापियों का पैर पूजकर अपने को कृतार्थ समझते हैं। ऐसे ही उन्नत चरित्र महापुरुषों के हाथ में आज हिंदू धर्म की बागडोर है। ऐसे ही साधु पुरुषों की चरण-रज अपने मस्तक पर धारण कर हिंदू जाति वैकुंठ की आशा किये बैठी है और इसी को अपना सनातन धर्म कहकर फूली नहीं समाती। हाय, जो साधु-संन्यासी और मठाधीश हिंदू धर्म की नौका के पतवार थे, भव-जाल-जड़ित जीवों को मुक्ति का मार्ग दिखाते थे, अहर्निश हिंदू जाति की मंगल-कामना ही जिनका जीवनव्रत था, जो अपने अपूर्व त्याग के लिए विश्वविख्यात थे, वे आज इंद्रियों के दास हैं, अपनी मातृ स्थानीया हिंदू रमणियों को कामलोलुप दृष्टि से देखते हैं; त्याग, जप, योग के बदले खुल्लमखुल्ला पंच मकार की आराधना में लगे हैं और अबोध-धर्मांध हिंदू अम्लान वदन से उनकी विलासाग्नि के लिए ईंधन जुटा रहे हैं, स्वयं भूखों रहकर, आधा पेट खाकर इन पापियों को–हरामखोरों को धर्म के नाम पर अपने परिश्रम की कमाई दे देते हैं। देवमंदिरों में, देवमूर्तियों के सामने जो पैशाचिक लीलाएं होती हैं, उसे कौन हिंदू नहीं जानता? तीर्थों के पंडों और मंदिरों के अधिकांश पुजारियों के घृणित चरित्र का हाल किससे छिपा है? परंतु किसी में इतना साहस नहीं जो अपनी स्त्रियों को मंदिरों में जाने से रोक दे, इन दुराचारियों की हराम की आमदनी का पथ बंद कर दे

अथवा कान पकड़कर इन्हें मंदिरों और मठों से निकाल दे। क्या मठाधीशों की विपुल संपत्ति उनकी बपौती है? उन्हें क्या अधिकार है उस धर्म के धन को अपनी पाप-वासना पूरी करने में खर्च करने का? क्यों नहीं, वह धन इन नारकीयों से छीनकर किसी धर्म के काम में लगा दिया जाता? क्या बीस कोटि हिंदू नामधारी जीवों में इतनी भी शक्ति नहीं है? क्या हिंदू चाहते हैं कि उनके धर्म के नाम पर दिए हुए पैसे का यों ही अपव्यय होता रहे? यदि नहीं तो कमर कसकर, आलस्य छोड़कर, धर्मवीर की तरह अपने धर्म की रक्षा के लिए उठकर खड़े हो जायं। धर्मवीर अकालियों ने और त्यागमूर्ति स्वामी शिवानंद ने अपने महावीर दल को लेकर कार्यारंभ कर दिया है। तारकेश्वर के स्वेच्छाचारी महंत के विरुद्ध युद्ध-घोषणा कर दी गई है। कोटि-कोटि हिंदुओं को चाहिए कि धर्म की रक्षा के लिए, पुण्यधाम तारकेश्वर की पवित्रता के लिए तैयार हो जायं और इसी तरह, एक-एक कर सारे महंतों की पोल खोलकर संसार को दिखा दें, कि हिंदू जगे हैं। अब धर्म के नाम पर लकड़धोंधों के दिन गये।

आये दिन तारकेश्वर के महंत के संबंध में जो खबरें अखबारों में छप रही हैं, उसे पढ़कर लज्जा और घृणा से सिर नीचा कर लेना पड़ता है। धन मदोन्मत्त महंत अपनी साधुता और सच्चरित्रता प्रमाणित करने के बदले, धनवानों की सगी बहन नौकरशाही के अंचल का आश्रय लेकर अपनी बदनामी को ढंकने की चेष्टा में लगे हैं। हिंदुओं को अपनी समवेत शक्ति द्वारा महंत का यह कुत्सित प्रयत्न विफल कर देना चाहिए। जो लोग इसे बंगालियों और हिंदुस्तानियों के झगड़े का रूप देना चाहते हैं, वे धर्म के शत्रु हैं, स्वार्थी हैं, पाप और पापी को प्रश्रय देनेवाले हैं। ऐसे 'मुख में राम और बगल में छुरी' रखनेवालों से हिंदुओं को सावधान रहना चाहिए। [पत्र छपते-छपते खबर लगी है कि तारकेश्वर के धर्म-युद्ध में स्वामी सच्चिदानंदजी मार डाले गये और महावीर दल के स्वयंसेवक घायल हो गये हैं।]

[17.5.1924]

3. देश के सपूत, फिर भी अछूत?

संभलो। जमाना चिल्ला रहा है—संभलो! राष्ट्र पुकार रहा है—संभलो। सुअवसर मिल गया है संभलने का—शीघ्र संभल जाओ। याद करो, तुम्हारे ही पूर्वज थे कुंभज ऋषि। उन्होंने आतापी राक्षस को खाकर पचा डाला था। तुम भी अपनी पाचनशक्ति बढ़ाओ। कै करते-करते तुम्हारी आंतें ढीली पड़ गई हैं। क्षय-रोग ने तुम्हारा कलेजा चूस लिया है। जरा आंखें खोलकर अपना जातीय शरीर तो देखो। रक्त-मांस का लेस मात्र नहीं है, सिर्फ सूखी हड्डी की ठठरी पर पुराना चमड़ा चढ़ा हुआ है। इस तरह जेठ के कुक्कुर कब तक बने रहोगे? तुम्हारे ही रक्तमांस से दूसरे मोटे-ताजे होकर तुम्हें ठुकरा रहे हैं। तुम्हारे ही लाखों भाई तुम्हारी ही अज्ञानता के कारण तुमसे बिछुड़कर दूसरे की शक्तिवृद्धि कर रहे हैं। उन्हें प्रेम से गले लगाओ। जिस डाल पर खड़े हो, उसी को न काटो। होश करो, नीचे अंधकूप है, गिरोगे तो लापता हो जाओगे।

जो अछूत हैं, वास्तव में कपूत नहीं हैं, सच्चे सपूत हैं। उन्हें अगर हृदय से अपनाओगे, तो साल ही भर में शक्ति के धनी कहलाओगे। वे उन्हीं चरणों की संतान हैं, जिनसे त्रिलोकपावनी गंगा निकली हैं, जिनकी धूलि तपस्वियों को भी जल्दी नसीब नहीं होती, और जिन पर सारा संसार सिर झुकाता है। यदि न अपनाओगे, अपने मुंह की खाओगे, दीन-दुनिया से जाओगे, बाप-दादों की लुटिया डुबाओगे। इसके सिवा और क्या होगा?

पंडे-पुजारियों और मठाधीश-महंतों को पूजते हो; क्या वे अछूतों से अच्छे हैं? गोमांस भक्षकों की गुलामी करते हो, क्या अछूत उनसे भी गये बीते हैं? क्या वेश्यागामियों से अछूत श्रेष्ठ नहीं हैं? क्यों आंख रहते अंधे बने हुए हो? गुड़ खाना और गुलगुले से परहेज करना कहां की नीति है? जब चेथरू चमार मिस्टर बकलैंड बन जाता है, तब उसका हैट देखकर दुम दबाते शर्म नहीं आती? भुआली भंगी जब कादिर मियां बन जाता है तब तो तुम्हारी मजाल नहीं है कि कुएं में उसे बधना न डालने दो? जब सती देवियों पर अत्याचार करनेवाले व्यभिचारी पंडे-पुजारी मंदिर में रहकर मूर्तिपूजा कर-करा सकते हैं, तो क्या अछूत दर्शन से भी रहे? कल का जल शुद्ध है और अछूतों के कुएं का जल अशुद्ध। अंधे कहीं के, पूरे चौपट हो चौपट, एड़ी से चुटिया तक खाली खोगीर भरा है, सचमुच साढ़े तीन हाथ के भोंदूमल हो।

तुम्हें शायद सनातनधर्मी होने का अभिमान है। ईमान से कहो, तुम सनातनधर्मी

कहलाने योग्य हो? तुम्हारे मंदिर टूट रहे हैं, गंगा बंध रही है, गायें कट रही हैं, विधवाएं भ्रष्ट हो रही हैं, बच्चे बिछुड़ रहे हैं, धर्मग्रंथ कुचले जा रहे हैं, पुरोहित मक्खियां लील रहे हैं, तीर्थ अत्याचार के अड्डे हो रहे हैं, फिर तुम किस बिरते पर इतना इतराते हो? छाती पर हाथ रखकर कहो, तुम्हारा वह धर्म कहां है, जिसे सिर से पैर तक पाक कहा करते हो? क्या पोथियों के श्लोकों में धर्म की पवित्रता ढूंढने से अब तुम धर्मरक्षक कहलाओगे? हरगिज नहीं, सौ जन्म में नहीं। लाख ढकोसले करो, धार्मिक दुर्बलता पर परदा नहीं पड़ सकता।

सतियों पर हाथ साफ करनेवाले ढोंगी पुजारियों के छूने से, गाय की चर्बी से पुते हुए विदेशी वस्त्र धारण करने से, राली ब्रादर्स का चर्बी-मिश्रित घी भोग लगाने से, क्या तुम्हारे ठाकुरजी अशुद्ध नहीं होते? तो क्या अछूतों की दृष्टि पड़ते ही अशुद्ध हो जायंगे? क्यों इस तरह न्याय के गले पर भोंडी छुरी रेत रहे हो? जरा गहराई में डूबकर विचार करो। मनुष्यता से काम लो। हृदयहीन होकर कब तक धर्म को फांसी देते रहोगे? जरा अपने ठाकुरजी से पूछो : क्या अछूत उनके प्यारे पुत्र नहीं हैं? क्या तुम्हारे घर में आकर उन्होंने 'पतितपावन' और 'अधर्मोद्धारण' कहलाना छोड़ दिया?

एकांत में बैठकर सोचो। अंतरात्मा से सवाल-जवाब करो। पुराणों में आदर्श-चरित्रों की ओर देखो। इतिहासों पर हठधर्मी की हरताल न फेरो। आपत्तिकाल का उपचार न भूलो। संकट का सामना करने से न पिछड़ो। नहीं तो ऐसा डूबोगे कि लाश न मिलेगी। ऐसी जगह पर मारे जाओगे जहां एक बूंद पानी न होगा। ऐसे सुनसान जंगल में घसीटे जाओगे, जहां खाली बबूल-ही-बबूल होंगे। अब भी चेतो। जागो। उठो। भ्रम छोड़ो। गंवा रहे हो। पछताओगे। खोपड़ी में बलगम भर गया हो तो नाक में बांस डालकर छींको। माथा हलका हो जायगा। समझ दुरुस्त हो जायगी। तब ये बातें समझोगे। अभी तो तुम्हें अपनी पवित्रता का मिथ्या अभिमान सता रहा है। तुम्हारी वह कैसी पवित्रता है, जो अपवित्र को पवित्र नहीं कर सकती? तुमसे तो जड़ कहलानेवाली गंगा ही अच्छी, जो कर्मनाशा को गोद में लेकर दूध-मिसरी हो गई।

प्यारे हिंदुओ, जानबूझकर अपने पैरों में कुल्हाड़ा न मारो। इस समय अछूतों को जनेऊ देने से हम सहमत नहीं हैं, अछूतों से रक्त-संबंध करने में हम एकमत नहीं हैं। अछूतों को पूज्यपाद ब्राह्मणों के सिर पर चढ़ा देने के कायल नहीं हैं। हम पक्षपाती हैं उनके सच्चे सामाजिक अधिकारों के। उनके प्राकृतिक स्वत्वों को न कुचला जाय। वे हमारे भाई हैं। वे हमारे अंग हैं। वे हमारी राष्ट्रीयता की खाद हैं। वे हमारी शक्ति की सत्ता हैं। वे हमारी पूंजी हैं, रक्त-बिंदु हैं, सगे हैं, सर्वस्व हैं। यदि वे मलिनता से दूर न होंगे, हम उनसे दूर रहने के लिए बाध्य हैं। किंतु वे तो स्वच्छ होने को उत्सुक हैं। वे निर्मल जातीय गंगा में नहाने को उत्कंठित हैं। उन्हें रास्ता दो, घाट बताओ,

नहलाओ, छाती से लगाओ। मनुष्यता तुम्हें लाख बार असीसेगी। शक्ति तुम्हें हजार बार उकसायेगी। पुरुषत्व तुम्हें सौ-सौ बधाइयां देगा।

यदि तुम्हारी अंतरात्मा स्पष्ट कहती है कि वे तुम्हारे अपने ही भाई हैं, तो तुम संसार की बनावटी लज्जा छोड़कर अपने भाई से मिलो। और, यदि तुम्हारी आत्मा छोटी है, हृदय संकीर्ण है, मन मलिन है, तो कान में ग्यारह गांठ रुई ठूंस लो, हमारी बात मत सुनो। अपनाना है, तो सच्चे दिल से, शुद्ध मन से, अपनाओ। उनकी शिक्षा की व्यवस्था करो, नहीं तो ईसाई मिशनरीवाले तुम्हारी पूंजी लूट ले जायेंगे। उन्हें भक्ष्याभक्ष्य से बचने का उपदेश दो, नहीं तो आबकारी विभाग की जहरीली धारा में तुम्हारा 'सर्वस्व' बह जायगा। उन्हें स्वच्छ आचार-विचार की शिक्षा दो, नहीं तो पैर सड़ जाने से तुम कोढ़ी हो जाओगे। दया करके अब भी जातीयता को गलित कुष्ठ से बचाओ। हिंदू धर्म के झंडे के नीचे समूह शक्ति का संघटन दिखाकर संसार की आंखों में चकाचौंध डाल दो। सच कहते हैं उसी दिन तुम्हें अपनी बेवकूफी समझ में आ जायगी, उसी दिन तुम्हारे हृदय में सवाल उठेगा—जो देश के सपूत हैं, फिर वे कैसे अछूत?

परमात्मा करें वह दिन तुम्हें शीघ्र ही नसीब हो। वही दिन तुम्हारे जातीय जीवन का सच्चा त्योहार होगा। उसी दिन के लिए ईश्वर को साक्षी मानकर, शास्त्रों को मध्यस्थ बनाकर, शुद्ध हृदय से देशोद्धार का संकल्प धारण करो। संकल्प की साधना में कष्ट और सिद्धि में सुख होता है। मजहबी कमजोरियों को धता बताकर यदि संकल्प धारण करोगे, तो तुम्हारे संकल्प की शंखध्वनि तुम्हारे चारों ओर के वायुमंडल में विजयमंत्र भर देगी। तुम्हारा समाज सर्वांग सुंदर और संघटन सर्वांगसंपन्न हो जायगा। तुम्हारी शक्ति अजेय और जातीयता सनाथ हो जायगी। यही सब सोच-समझकर संसार के सामने अपनी यह घोषणा प्रकाशित कर दो कि अछूत हमारे अपने ही भाई हैं, अछूत हमारे अपने ही अंग हैं, उन्हें हम ममता के साथ अपनावेंगे, उन्हें हम अपना बनाकर सुधारेंगे-दुलारेंगे; क्योंकि उनका सुख-दुःख हमारा सुख-दुःख है, उनका उत्थान-पतन हमारा उत्थान-पतन है, उन पर हम और हम पर वे आश्रित हैं, वे हमारे और हम उनके बल हैं। यही घोषणा संसार में तुम्हारा सिक्का जमा देगी। तुम्हारी देखादेखी, तुम्हारे स्वर में स्वर मिलाकर संसार भर कह उठेगा—जो देश के सपूत हैं, फिर वे कैसे अछूत हैं?

[14.2.1925]

4. चक्रव्यूह में मत घुसो!

संसार में आज तक किसी का अहंकार टिका न रह सका। हिरण्यकशिपु ने अपने सत्याग्रही पुत्र से गरजकर कहा—कहां है तेरा रक्षक राम? उसके गर्जन की प्रतिध्वनि के साथ ही उत्तर मिला—हममें तुममें, खंग खंभ में! सचमुच खंभा फट पड़ा। विकराल नृसिंह-मूर्ति प्रकट हुई। चारों ओर प्रचंड तेज छा गया। जलते हुए कोयले की तरह धधकती हुई उसकी आंखें बंद हो गईं। सारा अहंकार क्षणभर में चूर्ण हो गया। रावण ने भी अहंकार में चूर होकर अट्टहासपूर्वक कहा—'महि अकास करि फेरि दुहाई, धरि मारहु तपसिन दोउ भाई!' ईश्वरीय शक्ति ने उपेक्षा की हंसी हंसकर नीरव भाषा में कहा—इतने क्षुद्र शक्ति मद पर न फूलो, शंकर पर चढ़ाए हुए तुम्हारे ये दसों शीश शीघ्र ही गीदड़ों के पैरों तले धूल में लोटेंगे। संधि के संदेशवाहक श्रीकृष्ण का तिरस्कार करते हुए अहंकारी दुर्योधन कह उठा—पांच गांवों की तो बात ही क्या, सुई की नोंक बराबर भूमि भी लड़े बिना न दूंगा। हाड़-मांस के पुतले के अंदर अहंकार की इतनी विषम उत्तेजना देखकर श्रीकृष्ण मन-ही-मन मुस्कराए और चुपचाप चले आए। आखिर सुई की नोंक के बदले सारी सुई ही दे देनी पड़ी। जर्मन-सम्राट कैसर ने एक दिन मदांध होकर कह डाला—सारे भूमंडल की शक्तियों की जड़ें हिला दूंगा। एक छिपी हुई अनंत शक्ति ने उसे तुच्छ समझते हुए धीरे से कहा—ऐ चुल्लू भर पानी में फुदकनेवाली छोटी मछली, तू है किस खेत की मूली?

सचमुच ईश्वरीय शक्ति के सामने इनसान की कोई हस्ती नहीं—इस बात को अहंकारी भी समझता है; पर मोहवश सचेत नहीं होता। भगवान् उसके हृदय से जब अहंकार का अंकुर समूल नष्ट कर देते हैं, तब कहीं उसे अपनी गलती का ज्ञान होता है। उस समय वह लज्जा और ग्लानि से सिर झुकाकर पश्चात्ताप करने लगता है। यदि अतिशय निर्लज न हुआ, तो आत्मघात कर गुजरता है।

अब यहां प्रश्न यह उठता है कि परमपूज्य पं. दीनदयालु शर्मा की वैसी ही दशा क्यों न होगी, उनके लिए 'अंत भला तो सब भला' सार्थक होगा या नहीं। प्रश्नों के उत्तर स्पष्ट हैं—मगर सिर्फ उन्हीं के लिए जो वर्तमान संसार में होनेवाले परिवर्तनों की गतिविधि से परिचित हैं। महामान्य शर्माजी आजकल हर जगह डंके की चोट पर घोषित करते फिरते हैं कि जब तक दम-में-दम है तब तक तो सनातन धर्म का कोई बाल भी बांका नहीं कर सकता। कसम ईमान की सच कहिएगा, पहले अपने आपको तौल लीजिए, संभलकर पकड़िए—साढ़े तीन हाथ की देह की एक छोटी बिल

से इतनी बड़ी गर्वोक्ति निकली जा रही है, कहीं आसमान में छेद न कर दे और सिर पर वज्र न गिर पड़े। ऐसी-ऐसी लाखों गर्वोक्तियां भी सनातन धर्म को वर्तमान संकट से नहीं बचा सकतीं। और फिर, सनातन धर्म की रक्षा क्या वह कर सकता है जो स्वार्थांध और मदांध होकर स्वदेश और स्वजाति को गुमराह कर रहा है? सनातन धर्म का रक्षक क्या वह हो सकता है, जो अपने व्याख्यानवाचस्पतित्व के घमंड में चूर है? सनातन धर्म का झंडा क्या वह फहरा सकता है, जो धर्माचार्य होने का दम भरते हुए भी जाति और समाज की वास्तविक अवस्था से अनभिज्ञ है? कदापि नहीं। सनातन धर्म की रक्षा का बीड़ा तो वही उठा सकता है जिसमें चरित्र की कमजोरियां न हों, जिसे राज्य-लाभ का स्वार्थ भी कर्त्तव्य-पथ से इंच भर डिगा न सके। पर हंसी तो आती है यह देखकर कि जो रुपये की थैलियों पर ईमान तक निछावर कर देने में तनिक आगापीछा नहीं सोचते, जो ईर्ष्या, द्वेषवश जाति और समाज के कल्याण में विघ्न डालते नहीं सकुचाते, वे भी आज परमाराध्य सनातन धर्म की रक्षा करने के लिए कमर कसने की निर्लज्जता दिखा रहे हैं। ऐसे रंगे स्यारों से सनातन धर्म के वास्तविक महत्त्व को समझनेवाले लोग सावधान हो जायं। चाहे सनातन धर्म की सेवा में किसी के बाल सफेद हो गये हों, चाहे सनातन धर्म के लिए किसी ने सर्वस्व लुटा दिया हो, कुछ परवा नहीं, इस समय जो जैसा आचरण करेगा उसे वैसा ही फल भोगना पड़ेगा। हिंदू संसार के पास अब इतना समय या धैर्य नहीं है कि वह किसी की पुरानी सेवाओं के लिए हर हालत में उसके पीछे-पीछे आदर की टोकरी लिए फिरे। देश की आकांक्षाएं बहुत अग्रसर हो चुकी हैं। अब उनका पीछे लौटना असंभव है। देश तो अग्रसर होने के लिए आज इतना अधीर है कि राजनीतिक क्षेत्र में आगे न बढ़ने के कारण महात्मा गांधी जैसे जगत्प्रसिद्ध नेता को भी कोसने से बाज न आया। देशबंधु दास के आदर्श त्याग की महिमा निश्चय ही उस समय भूल जानी पड़ती है, जिस समय वे लोकमत को कुचलकर जनता के हृदय पर जबरदस्ती अपनी कूटनीतिज्ञता और दूरदर्शिता की धाक जमाना चाहते हैं। इस समय हिंदू जाति को इतना अवकाश ही नहीं है कि वह किसी की आदरणीय सेवाएं स्मरण कर-करके पुलकित होती रहे। चूल्हे भाड़ में जाय किसी की सेवा और किसी का त्याग। संकटापन्न जाति क्या किसी की सेवा और त्याग लेकर चाटेगी। अब तो जाति और समाज का वही आराध्य देवता होगा, जो समय-समय पर आवश्यकता और परिस्थितियों के अनुसार, जाति और समाज को, विवेक के साथ निरापद मार्ग पर आगे बढ़ा सकेगा। आज यदि माननीय मालवीयजी भी क्रांति की लहरों से घबराकर जनता का साथ छोड़ दें तो अवस्था-वैषम्य के कारण विवश होकर, उनकी सारी तपस्या भुला देने के लिए जनता बाध्य हो जाएगी। भले ही इसे कोई उच्छृंखलता

और अशिष्टता कह डाले; पर जनता इस समय लाचार है, वह अपना साथ न देनेवाले को अवश्य ही लताड़ेगी, चाहे वह ब्रह्मा की सृष्टि का 'पुरुष नं. 1' ही क्यों न हो। फिर शर्माजी और सेठजी या किसी जी की क्या हस्ती है! पांच लाख नहीं, पांच करोड़ रुपये जमा हो—एक नहीं, दस-बीस दैनिक पत्र निकाले जायं—पं. दीनदयालुजी और जगद्गुरुजी दल-बल-सहित कंधे भिड़ा दें, तो भी कुछ नहीं होने का। कहां ईश्वरीय शक्ति का वेग और कहां जबानी जमाखर्च चुकानेवालों की बकझक। अगर रुपयों की थैलियां नजर न आतीं तो ये व्याख्याता और व्यवस्थादाता कभी अपने ऊपर जनता से कीच न उछलवाते। जिस समय काशी की महासभा के मंच पर एक मोची-भाई को खड़ा करके मालवीयजी ने कहा था—घोषित कर दो कि जो चाहे सो हिंदू बन जायं—उस समय से आज तक—एक वर्ष वर्णाश्रम-धर्म के प्रतिपालक पं. दीनदयालु शर्मा कहां थे? यहां विवश होकर कह देना पड़ता है कि कुछ स्थानीय कूपमंडूक सेठों की भरी थैलियों ने ही उन्हें असली रूप में प्रकट किया है। हम अपने सभी उदार सहयोगियों और पाठकों से बड़े आग्रह के साथ अनुरोध करते हैं कि वे यथाशक्ति हिंदू-महासभा के संबंध में भ्रम न फैलने दें और भोले-भाले हिंदुओं को इन नादानों के चक्कर में आने से बचावें। "नादान होने पर भी हमारे परम प्यारे भाइयो, द्रव्य-लोभियों के इशारे पर नाचकर विधर्मियों को हंसी उड़ाने का मौका मत दो। हम मानते हैं कि हठधर्मी पर सर्वस्व निछावर करने के लिए तुम तैयार हो, पर आंखें पसारकर यह भी देखना चाहिए कि देशभर के सनातनधर्मियों का झुकाव किस ओर है। सारे भारत के सामयिक पत्र एक स्वर से हिंदू-महासभा का राग अलाप रहे हैं, सारी जनता की उसके साथ सहानुभूति है। पर तुम्हारी संख्या कितनी है? कलकत्ता नगर में तो तुम उंगलियों पर गिन लेने योग्य हो, तुम तो बेकार 'अभिमन्यु' की तरह महारथियों के दल में घुसकर जान गंवाना चाहते हो। जिस समय तुम प्रचार के साधनों को लेकर मैदान में उतरोगे, उस समय चारों ओर से धज्जियां उड़ाई जाने लगेंगी। इसलिए नाहक रुपये बरबाद न करो, चारों ओर हमलों के बीच में न आओ, चक्रव्यूह में मत घुसो।"

[9.5.1925]

5. नरक के कीड़े

दुनिया उन्नति की ओर सरपट भागी जा रही है, जन्म-जन्मांतर के गुलाम अपनी गुलामी की बेड़ियां लेकर तोड़कर फेंक देने के लिए व्याकुल हो रहे हैं, संसार अपना शत-शत वर्षों का मैल धोकर बहा देने के लिए व्यस्त हो रहा है, सुधार और संसार के दुंदुभी-निनाद से विश्व-व्योममंडल गूंज रहा है! परंतु कुछं पुराने खयाल के हिंदू मानो घोड़े बेचकर खर्राटे ले रहे हैं! ठोकर पर ठोकर लगते-लगते कमबख्तों की चांद गंजी हो रही है, परंतु चौंकना तो दूर रहा, ये मौत से बाजी लगानेवाले सुगबुगाने तक का भी नाम नहीं लेते। उन्हें न तो अपने उज्ज्वल अतीत का कुछ गर्व है न वर्तमान और न भविष्य की चिंता! ये अवस्था के दास, पेटपंथी अजगर की तरह जहां पड़े हैं, वहीं मरकर मिट्टी में मिल जाना चाहते हैं। संसार स्वतंत्रता के लिए व्यग्र है और ये अपने धार्मिक, सामाजिक और राजनीतिक गुलामी के बंधन को सुदृढ़ करने की फिक्र में लगे हैं। देश, धर्म, समाज तथा लोक-परलोक आदि, सब कुछ इनका वही भिश्ती मियां की मशक की तरह फूला हुआ पापी पेट है। सब कुछ जहन्नुम में चला जाय परंतु इनके पेट को रेप न लगे, बस यही इनके जीवन का उद्देश्य है। पुराने खंडहर की तरह इनका समाज-सौंध और अति प्राचीन धर्मभवन भहरा रहा है, उनके पुराने कोटरों से रूढ़ियों की भयंकर उलूक-ध्वनि सुनाई दे रही है, शृगाल, कुक्कुर आदि निशाचर इन्हें मुर्दा समझकर इनकी ओर लोलुप दृष्टि से ताक रह हैं, परंतु ये निश्चिंत हैं!

उफ! जिस जाति ने एक दिन संसार को सभ्यता की शिक्षा दी थी, अंधकार में भटकनेवालों को समुज्ज्वल धर्मालोक प्रदान किया था और पशुओं की तरह वनों में विचरनेवाले जिससे ज्ञान लेकर आज संसार में सर्वश्रेष्ठ जाति के नाम से विख्यात हो रहे हैं, वही जगद्गुरु जाति अंधकार में पड़कर अधःपतन की पराकाष्ठा तक पहुंच गयी है, यह देखकर कौन सहृदय अश्रु संवरण कर सकता है।

हिंदू जाति की इस दुर्गति का मुख्य कारण यह है कि धर्म की बागडोर आज शास्त्र-ज्ञानहीन वितंडावादी पेटपंथियों के हाथ में है, भग्न समाज तरी का पतवार मदोन्मत्त लकीर के फकीरों ने पकड़ रखा है। जातीय-शक्ति शतधा विभक्त होकर अबाध गति से इधर-उधर भटक रही है। ब्राह्मण, बनिया, तेली, तमोली, धोबी, नाई, छूत, अछूत—जितने आदमी नहीं, उतनी जातियां बन गई हैं! जाति के सूत्रधार, आर्यत्व और ब्राह्मणत्व के पीछे लट्ठ लेकर दोड़नेवाले कूपमंडूक, जिनके लकड़दादों ने

जाति की आवश्यकता और समय की परिवर्तनशीलता की ओर लक्ष्य करके समसामयिक धर्मशास्त्रों का निर्माण किया था, जिनकी सृजन-शक्ति और समाज-विन्यास-कौशल देखकर आज भी संसार दांतों तले उंगली दबा लेता है, वे मूर्खतापूर्ण लोकाचार के दास बन रहे हैं। संस्कार और सुधार का नाम सुनते ही, पेटपूर्ति में बाधा पड़ जाने की आशंका से थर्रा उठते हैं। स्वार्थपरतापूर्ण कुसंस्कारों के कारण इनकी सुधार और सृजनशक्ति नष्ट-भ्रष्ट हो गई है। दूसरे बिखरे हुए विशृंखल समाजों को समेटकर एकत्र करना तो दूर रहा, ये स्वयं ही शतधा विभक्त होकर उद्भ्रांत की तरह तीर घाट और मीर घाट की ओर दौड़ रहे हैं। जिनमें आत्मसंस्कार की भी शक्ति नहीं वे समाज-संस्कार या धर्म-संस्कार क्या खाक कर सकते हैं? और इन पोंगापंथियों की सुनता ही कौन है? अपनी अहंमन्यता के कारण उदार सनातन धर्म को इन्होंने संकीर्ण और संकुचित कर डाला है। सुधार करनेवालों को, जाति की बिखरी शक्ति को केंद्रीभूत करके उसे प्रबल शक्तिशालिनी बनानेवालों को गालियां देने में ही ये अपना सारा पांडित्य खर्च कर डालते हैं। प्रबल सामाजिक और धार्मिक क्रांति देखकर इनकी अक्ल चकरा रही है, दिमाग खराब हो गया है, टिटिहरी की आकाश उठा लेनेवाली स्पर्द्धा की तरह केवल गालियां देकर क्रांति के प्रबल वेग को रोकने की चेष्टा करते हैं। इन्होंने अपनी पेंदी का सारा बल खर्च करके अच्छी तरह आजमा लिया है, कि हजार मूंड मारने पर भी प्रबल सुधारधारा रोकी नहीं जा सकती, तथापि वे उसके स्वागत के लिए तैयार नहीं होना चाहते।

ऐसे ही नरक के कुछ कीड़े राजनीति क्षेत्र में भी दिखाई देते हैं। अपना उल्लू सीधा करने के लिए, अपने स्वार्थ की रक्षा के लिए ये अपना धर्मकर्म—यहां तक कि आत्मा को भी बेच देने से बाज नहीं आते।

अधःपतन की अंतिम अवस्था तक पहुंची हुई, इस जाति को उठाने के लिए उसमें आमूल परिवर्तन की आवश्यकता पड़ेगी और यह काम उस वक्त तक पूरा न होगा, जब तक जाति का नवीन सुधारक दल इन नरक के कीड़ों को बलपूर्वक कुचल डालने के लिए तैयार नहीं हो जाएगा। परंतु यह काम सहज नहीं, इसके लिए प्रबल युवक शक्ति की जरूरत है।

[14.1.1928]

6. अक्ल पर पर्दा!

बिहार, तिरहुत डिवीजन की स्त्रियों ने अपने स्त्री-शिक्षा कांफरेंस में यह प्रस्ताव पास किया है कि पर्दे की वर्तमान प्रथा स्त्रियों की शिक्षा के बाधक तथा स्वास्थ्य के लिए हानिकारक है, इसलिए पर्दे की कड़ाई को धीरे-धीरे दूर करना चाहिए।

बिहारी महिलाओं के इस निर्भीकतापूर्ण उचित प्रस्ताव की जितनी प्रशंसा की जाय थोड़ी है। वास्तव में जब तक हमारे देश की स्त्रियां पर्दे की कैद से निकल नहीं जायंगी, तब तक उनकी शारीरिक और मानसिक किसी प्रकार की भी उन्नति नहीं होगी। घर की चहारदीवारी के अंदर बैठकर, उसी छोटे-से आंगन को विश्व समझते-समझते उनकी बुद्धि संकुचित हो गई है। उनके घर के बाहर भी दुनिया है, इसका उन्हें पता भी नहीं। माताओं की इस कूपमंडूकता के कारण देश और जाति की कितनी क्षति हो रही है, इसे देश के चिंताशील व्यक्तियों ने अच्छी तरह समझ लिया है और यही कारण है कि पर्दा के विरुद्ध आंदोलन उत्तरोत्तर जोर पकड़ता जा रहा है। उसी आंदोलन का फल है कि आज महाराष्ट्र, बंबई और मद्रास की तरह बिहारी बालाएं भी पर्दा फेंक देने के लिए कटिबद्ध हो गई हैं। उनका यह प्रयत्न सर्वथा समर्थनीय और प्रशंसनीय है। इससे कुछ दिन पहले बिहार में पर्दा के विरुद्ध आंदोलन करने के लिए महात्मा गांधी ने अपने कई शिष्यों और शिष्याओं को बिहार भेजा था। उनके इस प्रयत्न का फल शीघ्र ही सामने आ गया, यह अतीव शुभ लक्षण है, इसमें जरा भी संदेह नहीं।

वास्तव में वह दिन लद गये जब हम स्त्रियों को गाय और भैंस की तरह अपनी खास संपत्ति समझते थे और उनकी व्यक्तिगत स्वतंत्रता का कोई मूल्य नहीं समझते थे। उस समय हम यही समझते थे कि स्त्रियों की सृष्टि विधाता ने केवल हमारी सेवा के लिए की है और चुपचाप हमारी परिचर्या में जीवन बिता देना ही उनका कर्त्तव्य और धर्म है। इसी से उन्हें हम पर्दे में—चांदी-सोने की तरह—छिपाकर रखते थे। जहां श्रद्धा का अभाव होता है, वहां ऐसा होना स्वाभाविक है। एक बार स्वीडन नरेश की रानी ने एक कैदी को छोड़ देने के लिए पति से अनुरोध किया था। उत्तर में राजा ने कहा—"भद्रे, लड़के-लड़कियां देने के लिए तुमसे विवाह किया है, उपदेश देने के लिए नहीं।" वास्तव में यही भाव पुरुषों के हृदयों में था। परंतु अब जमाना बदल गया है। स्वीडन की स्त्रियों को भी मालूम हो गया है कि वे केवल संतान देनेवाली मशीनें नहीं हैं, बल्कि संसार में उनका और भी बहुत कुछ कर्त्तव्य है। साथ

ही उन्होंने पुरुषों से भी यह स्वीकार करा लिया है। वही क्यों, सारा यूरोप इस बात को समझ गया है कि स्त्रियों को भी ईश्वर ने वही अधिकार दे रखा है जो पुरुषों को प्राप्त है। उन्होंने सिर झुकाकर अपने देश की स्त्रियों की यह उचित मांग स्वीकार कर ली है। हमारा विश्वास है कि भारत को भी अपनी स्त्रियों का स्वतंत्रता संबंधी उचित अधिकार स्वीकार कर लेना पड़ेगा। क्यों यूरोप की व्यक्तिगत स्वतंत्रता यहां भी अपना कदम जमा रही है। जैसे-जैसे इस देश में स्त्री-शिक्षा का प्रचार बढ़ रहा है, वैसे-वैसे स्त्रियों को भी अपने अधिकारों का ज्ञान हो रहा है। अब वे संतान-प्रसव करनेवाली मशीनें न रहेंगी। जब उन्हें अपने स्वतंत्र अस्तित्व का ज्ञान अच्छी तरह हो जायेगा तो वे उसके विकास की भी अवश्य ही चेष्टा करेंगी। उस समय केवल जननी और पत्नी बनकर ही वे संतोष लाभ न कर सकेंगी, बल्कि समाज, धर्म, देशसेवा और राजनीति में वे अपना अस्तित्व कायम रखने की चेष्टा करेंगी। यह पर्दा प्रथा का विरोध स्त्रियों के उसी भावी विकास का सूत्रपात है। और, हमारा विश्वास है कि देश के शिक्षित समाज ने इसे स्वीकार भी कर लिया है। क्योंकि देश का प्रत्येक नवयुवक स्त्री-शिक्षा का पक्षपाती है और पढ़ी-लिखी बालिकाओं को ही अपनी जीवन-संगिनी बनाने के लिए समुत्सुक है। इसलिए पढ़े-लिखे भारतीय मात्र को स्त्रियों की इस जागृति का सादर स्वागत करना चाहिए और उनके व्यक्तित्व के विकास में उनको भरपूर सहायता करनी चाहिए। ईश्वर बिहारी बहनों की आशाएं फलवती करें।

[30.6.1928]

सांप्रदायिकता

हिंदी पत्रकारिता में हिंदू-मुस्लिम एकता का न सिर्फ प्रमुख स्वर रहा है, बल्कि प्रारंभ से रहा है और काफी सशक्त। हिंदी की अग्रगामी धारा में एकता का यह स्वर लगभग स्थायी रूप से स्वीकृत भी रहा है। कम से कम साहित्य की दुनिया में हिंदुत्व की प्रतिच्छाया भी छिपी न रही और उसकी आलोचना हुई—भले ही तुलसीदास जैसी महान् प्रतिभा का प्रसंग क्यों न हो। हिंदू सांप्रदायिक संकीर्णता कभी हिंदी का स्वभाव नहीं रही। यह यथार्थ अलग है कि इसकी पत्रकारिता में यह संघर्ष भरपूर मिलता है। पत्रकारिता की यह धारा आज भी है—और वह स्वाभाविक है। स्वाभाविक इसलिए कि समाज में जब सांप्रदायिक ताकतें हैं और उनकी राजनैतिक अहमियत है—तो उनकी अभिव्यक्ति पत्रकारिता में रहेगी ही। प्रश्न यह है कि सांप्रदायिकता का स्वर—हिंदी का स्वर नहीं है। विश्व की सबसे आधुनिक और विकसित भाषा के रूप में समादृत इंगलिश तो इस मामले में ज्यादा तरक्की पर है। देश की हर भाषा, बोली तक में इस सांप्रदायिकता की अभिव्यक्ति है और उसका तीखा प्रतिरोध भी साथ-साथ है। इसलिए रूढ़ि और प्रगति के द्वंद्व को अकेले आरोप के रूप में रखना मूढ़ता है। हिंदी ही नहीं, बल्कि अन्य भारतीय भाषाओं में भी यही परंपरा मिलती है।

वैसे यह बात भी सही है कि प्रगतिशील आंदोलन के पहले या बाद में भी हिंदी में अधार्मिकता का स्थायी भाव नहीं आया। लोग धार्मिक थे और उनके स्वधर्म की आस्था भी उदार और स्पष्ट रही। ऐसे कई बड़े रचनाकार हैं और वे सहज समादृत भी हैं। लेकिन उन पर सांप्रदायिकता का आरोप कोई सुनने को तैयार तक न मिलेगा। दिक्कत यह है कि हमने यूरोपीय रेनांसा के आकलन की तरह धार्मिकता और संकीर्णता का फर्क नहीं किया। हम बार-बार हिंदी को हिंदू संकीर्णता से जोड़ते रहे और पूरे नवजागरण पर थोपते रहे। ऐसा करके हमने ब्रिटिश सत्ता की सांप्रदायिकता नीतियों और पहल को ढंकने की कोशिश की।

धर्म सांस्कृतिक धुरी थी और उसकी अभिव्यक्ति लगातार हुई। भक्ति आंदोलन को हिंदी में लोकजागरण और इतिहास का स्वर्णकाल माना गया। कबीर तो सांप्रदायिक कट्टरता के विरुद्ध राष्ट्रीय प्रतीक बन गये। धार्मिकता और सांप्रदायिकता में फर्क किये बिना इसको समझना और न्यायपूर्ण निर्णय लेना संभव नहीं।

'मतवाला' की पत्रकारिता का एक हिस्सा हिंदूवादी पत्रकारिता है–इससे कड़ा एतराज नहीं किया जा सकता। आमतौर पर हिंदुत्व की ओर झुकाव मिलता है। इसके सदस्यों में निराला कठोर सांप्रदायिकता-विरोधी थे। लगातार दबाव के बावजूद वे हिंदुत्व के पक्षधर नहीं हो सके। मतवाला-मठाधीश महादेवप्रसाद सेठ पर हिंदुत्व का गहरा असर था। वैसे उर्दू-फारसी के दोनों गहरे जानकार–महादेवप्रसाद सेठ और मुंशी नवजादिकलाल श्रीवास्तव–वैचारिक स्तर पर हिंदुत्व के पक्षधर थे। लेकिन वे कट्टरता और संकीर्णता के शिकार नहीं थे। इसका एक कारण था–तत्कालीन हालात का जबर्दस्त प्रभाव। शिवपूजन सहाय की हिंदुत्व में गहरी आस्था थी लेकिन उनमें सांप्रदायिकता की तलाश करने से बेहतर होगा उनके हिंदुत्व और धर्मनिरपेक्षता की पहचान। वे विचारों में गांधी जी की दक्षिणपंथी रुझान वाले थे, लेकिन हिंदुत्व के प्रति उनकी आस्था दृढ़ थी। उनके स्वभाव और विचार को जानने के लिए उनका लिखा अग्रलेख 'जोगी जोगी लड़ै, खप्परों की हानि!' को पढ़ लेना पर्याप्त होगा। यह बात जरूर थी कि जातीय चेतना के जागरण में हिंदू समाज के प्रति उद्‌बोधन, कुरीतियों के नाश तथा एकता का स्वर उनकी पत्रकारिता में मुखर है। वे बार-बार हिंदू प्रतीकों को उठाते हैं और भाषा के स्तर पर भी प्रेमचंद जैसी हिंदी-उर्दू अभेदता का वरण नहीं करते। फिर भी वे धार्मिक और आस्तिक ही लगते हैं। उग्र में ऐसी प्रतिबद्धता नहीं थी–वे मौजी थे और उन्होंने हिंदुत्व के पक्ष में भी जोरदार लिखा। सेठजी ने कहा तो खुलकर खेले। लेकिन वे कहीं से सांप्रदायिक नहीं थे। 'मुझे हंसने दो' उनका लिखा अग्रलेख देखें। वे मानते हैं कि अगर नौकरशाही चाहती तो सांप्रदायिकता का महाभारत कभी न होता। उन्होंने नेताओं की कुटिलता और पाखंड़ों की भी कड़ी आलोचना की है। इसे भी सांप्रदायिकता का एक कारण माना है। यही कारण था कि शिवपूजनजी और निरालाजी के हटने के बाद 'मतवाला' पर सांप्रदायिक रंग गाढ़ा हुआ। तत्कालीन समय में कलकत्ता हिंदू-मुस्लिम दंगे का केंद्र बना हुआ था। ऐसे संवेदनशील समय में पक्ष-विपक्ष की घटनाएं स्वभावतः अपने तरीके से आंदोलित कर रही थीं। इसके प्रभाव से बिलकुल अप्रभावित होना निरालाजी की तरह सबके लिए आसान न था। जिन्हें पूरी हिंदी में हिंदूवादी धारा का प्रबल प्रभाव दिखाई पड़ता है–उन्हें हिंदी पत्रकारिता के सांप्रदायिकता-विरोधी स्वर को भी देखना चाहिए। हिंदी पत्रकारिता में सांप्रदायिकता-विरोध की परंपरा भारतेंदु काल से ही चली और धीमी तथा तेज होती हुई अंत में वही हिंदी की अग्रगामी धारा बनी। 'मतवाला' में भी इस परंपरा का सर्वथा अभाव नहीं था। उसमें भी एकता का स्वर है और जितना है, वह अत्यंत महत्त्वपूर्ण है।

'मतवाला' के ये अग्रलेख गवाह हैं कि हिंदू-मुस्लिम एकता के प्रति उसका दृष्टिकोण कितना साफ, सही और सकारात्मक था। इसके भीतर इस बात की ध्वनि भी सुनाई पड़ेगी कि तब के राजनेता भी आज की तरह ही किस तरह एकता का

पाखंड रचते थे और इसके प्रति अपेक्षित रूप से संजीदा नहीं थे। हिंदुत्व के प्रति विशेष कटु तथा मुस्लिम के प्रति मूक सदाशयता की प्रगतिशीलता 'मतवाला' की नहीं थी। वह नीयत की निश्छलता के सवाल पर बिलकुल बेबाक था। सांप्रदायिकता पर 'मतवाला' के ये विचार हमारे ऐसे दस्तावेज हैं, जिनके बीच से गुजरते हुए हमें आज आत्म-मंथन कर समाज को नये सिरे से तैयार करना चाहिए और हिंदी को हिंदू संकीर्णता का पर्याय कहनेवाले का कसकर विरोध करना चाहिए। क्योंकि ऐसा अज्ञानता के कारण कम, उद्दंडता के कारण ज्यादा है। 'की तनु प्राण कि केवल प्राना' में लेखक ने स्पष्ट लिखा है कि इसके पीछे तत्कालीन नेताओं की अवसरवादिता और अदूरदर्शिता है। यहां लेखक ने धर्मनिरपेक्षता के पाखंड पर चोट की है। बेशक वह मुसलमानों की कट्टरता, सांप्रदायिकता और अत्याचारों पर लीपापोती नहीं करता। वह यथार्थ स्थिति का वर्णन कर साफ लिखता है कि 'लड़नेवाले और लड़ानेवालों की अपेक्षा इन झगड़ों को उपेक्षा की दृष्टि से देखनेवाले नेता ही अधिक दोषी हैं।' फिर भी दोष इन लेखकों पर मढ़ा जाता है। ऐसी सोच पर अंग्रेजियत का बीमार प्रभाव है। कोई माने या न माने लेकिन बार-बार हिंदी, हिंदू और हिंदुस्तान का तुक मिलाकर एकांगी तरीके से कोसते रहने का एक ही परिणाम होगा—प्रतिक्रिया में हिंदुओं को कट्टरता और सांप्रदायिकता की ओर धकेलना। हम तो तीखे प्रहार से खुद को धर्मनिरपेक्षता का चैंपियन बना लेते हैं, मगर हिंदू सांप्रदायिकता को जाने-अनजाने और मजबूत कर जाते हैं।

1. जोगी जोगी लड़ै, खप्परों की हानि!

टूट गया। एक ही धक्के में टूट गया। कच्चा सूत था। शीशे की तरह तुनुक था। हाथ से छूटते ही चकनाचूर हो गया। बालू की भीत थी। पानी पर नींव थी। लहरें निगल गईं। स्वार्थ का मेला था। कुछ दिन चहल-पहल रही। बाजार गुलजार रहा। जब उठ गया तो सूना मैदान रह गया। अब चारों ओर नजर फैलाकर देखिए, कहीं कुछ नहीं।

रामायण और कुरानशरीफ की सवारियां एक साथ निकलीं, राम-रहीम की आवाज से मंदिर और मसजिद के गुंबद गूंज उठे, बहुत दिनों के बिछुड़े हुए एक दूसरे को कलेजे से लगाकर भेद-भाव भूल से गये, जुम्मा मसजिद में स्वामी श्रद्धानंद पीर-पैगंबर की तरह पूजे गये, मौलाना साहबों की कदमबोसी हासिल करने के लिए बड़े-बड़े बाबाजी लोग झुक पड़े, ईद-बकरीद और मुहर्रम में चाय-शरबत और पान-इलायची के तोहफे बांटे गये, होली में दाढ़ियों पर भर-भर मुट्ठी गुलाल मला गया, दशहरे के जलूस में मिल-जुलकर संसार को मेल का खेल दिखलाया गया, मक्काशरीफ को काशी और प्रयाग के साथ जोड़ा गया, कब्र और मसान की धूल एक में मिलकर खिल उठी।

वह जमाना मतलब का था। अगर वैसा जमाना फिर आ जाय तो देखिए फिर वही रंग-ढंग। उस जमाने का दृश्य अब सपने की संपत्ति की तरह गायब हो गया। भारत के भाग्याकाश में बिजली की तरह चमककर लुप्त हो गया। अगर फिर घटा घिर आये तो देखिए फिर वही चमक-दमक। किंतु भगवान् न करें फिर घटा घिरे।

मलकानों का शुद्धि-आंदोलन उठ खड़ा हुआ और मुसलमान-भाइयों का जी बैठ गया। उनके लिए शुद्धि हौआ हो गई। उनके मन में यह शंका हुई कि अब सारे भारत के मुसलमान हिंदू बना लिये जायेंगे। शुद्ध के कार्यकर्त्ताओं पर वार करने से भी वे बाज न आए। हिंदू-सभा और हिंदू-संगठन को औरंगजेबी नजर से देखने लगे। स्वामी श्रद्धानंद और माननीय मालवीयजी का अपमान करने में वे तनिक भी संकुचित न हुए। बड़े-बड़े मुसलमान नेताओं ने भी अपनी तंगदिली का परिचय दे डाला! उल्माओं की जमायत ने इस सवाल को बेतरह उलझनदार बना डाला! दिल्ली-कांग्रेस में मौलवियों को 'वंदेमातरम्' का गाना भी पसंद न आया। यहां तक कि एक मौलवी साहब पंडाल से उठकर चले भी गये थे। स्वागतकारिणी को बाजा तक पंडाल से हटा देना पड़ा था। इतना ही नहीं, ता. 18 सितंबर को गांधी-दिवस

के सम्मानार्थ जब सारी कांग्रेस खड़ी हुई थी तब मंच पर बैठे हुए बहुत से मौलवी लाख कहने पर भी न उठे। यह सब क्या था? शुद्धि का मुंहतोड़ जवाब? नहीं, शुद्धि का जवाब तो ऐसी तंगदिली के साथ दिया गया कि उसे दुहराने की कोई जरूरत नहीं है—वह हिंदू-मुसलमानों की एकता के इतिहास में बड़ा ही भयंकर अध्याय है।

उस भयंकर अध्याय की इतिश्री अभी नहीं हुई है और जल्दी होती नजर भी नहीं आती, क्योंकि मुसलमान-भाइयों का आतंक मुसलमान-नेताओं पर भी छा गया है। वे इस मामले में चूं तक करना नहीं चाहते। अगर चाहते भी हैं तो 'काफिर' करार दिये जाने के डर से चुप हैं। जो चुप नहीं रहते वे नजर से गिर जाते हैं, उनकी ओर जमायत उंगली उठा देती है। जमायत चाहे आग में मूतती हो, चाहे आग में घी डालती हो, चाहे हिंदुओं की पीस डालना चाहती हो, पर मुसलमान-भाइयों की समझ में इस समय सबसे बढ़कर उनकी हितू वही है। अच्छा हो, लेकिन वह अपनी धर्मांधता और अदूरदर्शिता के कारण अपनी पीठ ठोकनेवाली तीसरी पार्टी की खुशी के लिए अपने घर में आग लगाकर जो तमाशा दिखा रही है वह तमाशा उसी के भविष्य पर अंतिम पर्दा गिराकर खत्म होगा। किंतु जमायत को इतनी दूरंदेशी से काम लेना पसंद नहीं है। वह मारकाट मचाकर शुद्धि बंद करना चाहती है। वह जगह-जगह अखाड़े खोलकर हिंदू-सभाओं पर रोब गांठना चाहती है। पर अब भबकियों से कुछ होना-जाना नहीं। हिंदू जागते जा रहे हैं, मार ही खाकर सही। ईश्वर कष्ट भी देता है तो भलाई ही के लिए। जो जितना ही ठोकर खाता है वह उतना ही सचेत होता है और सचेत हो जाने पर उसे ठुकरानेवाले की ही शामत आ जाती है। यह बात जमायत भी समझती होगी। परंतु दहशत के मारे वह आगा-पीछा सोचने में असमर्थ है, यद्यपि उस दहशत की कोई बुनियाद नहीं; क्योंकि हिंदू अपना संगठन इसलिये नहीं करना चाहते कि मुसलमानों को भारत से मारकर भगा देंगे, शुद्धि-आंदोलन वे इसलिए नहीं करते कि सारे भारत के मुसलमानों को हिंदू बनाकर भारत से इस्लामी झंडा उखाड़कर फेंक देंगे। यदि इस मंशा से शुद्धि और संगठन हो रहा हो तो निश्चित ही उसे फौरन से पेश्तर बंद कर देना चाहिए; क्योंकि किसी जाति या धर्म के साथ द्वेष करके यदि हिंदू उन्नत हुए तो वह उन्नति कदापि भारतीय हिंदुओं के योग्य नहीं। हिंदू तो उसी दिन उन्नत होंगे जिस दिन वीर और समर्थशाली होने पर भी उनके दिल में दूसरों के सताने का इरादा न रहेगा, सुसंगठित और शक्ति-संपन्न होने पर भी उनके दिल में उदारता और अभय-दान का आदर्श भाव भरा रहेगा। यदि ऐसा न हुआ, यदि अपने प्राचीन आदर्शों का गौरव भूलकर ही हिंदू उन्नत हुए, यदि दूसरों को नीचा दिखाने के लिए ही वे संगठित हुए, यदि बदला लेने की डाह ने ही उन्हें उभाड़कर खड़ा किया, तो कहना पड़ेगा कि आज की दशा से भी उनकी दशा पतित

हो गई। हां, मुसलमान-भाई भी यदि हिंदुओं को जागने या उठने देना नहीं चाहते हैं, तो वे ईश्वर की इच्छा के मार्ग में विघ्न के रोड़े अटकाना चाहते हैं, एक जागती हुई जाति के हृदय में आरंभ से ही अपने भविष्य के लिए ईर्ष्या-द्वेष का बीज बो रहे हैं। यदि मुसलमान-भाइयों के द्वेष और विरोध के भावों को हृदयंगम करते हुए ही हिंदू जाग उठे तो उनका जागना मुसलमान भाइयों के लिए तो भयंकर होगा ही, खासकर उनके लिए भी अत्यंत लज्जास्पद और अपघातक होगा। जिस तरह आज मुसलमान भाई हिंदू-महिलाओं और मंदिरों पर अत्याचार कर रहे हैं, उसी तरह यदि हिंदू भी उनके देवालयों और अबलाओं पर अत्याचार करने लग जायं तो हिंदुओं की प्राचीन विशेषता नष्ट हो जायगी। हिंदुओं को अपनी परिस्थिति इतनी दृढ़ कर लेनी चाहिए, अपनी शक्ति ऐसी अजेय बना लेनी चाहिए, अपनी सत्ता और महत्ता की इयत्ता यहां तक बढ़ा लेनी चाहिए कि उनकी महिलाओं की ओर कोई आंख उठाकर देखने का भी साहस न कर सके, उनके मंदिरों का अपमान करने की बात भी कोई सोच न सके और उनके जलूसों को रोकने का स्वप्न भी कोई देख न सके। अगर मुसलमान भाई अपनी पाशविक शक्ति का भय दिखाकर, मंदिरों और मूर्तियों का ध्वंस करने की धमकियां देकर, हिंदुओं के जलूस में बाधा डालें तो हिंदुत्व के नाम पर हिंदुओं को मर मिटना चाहिए और यदि वे हिंदुत्व की लाज न रख सकें तो उन्हें चुल्लू भर पानी में डूब मरना चाहिए। हां, भाईचारा के नाते से यदि मुसलमान-भाई अपनी मसजिदों के सामने बाजा न बजाने की सूचना दें, तो हिंदू जाति की विश्वविख्यात धर्मप्राणता के नाम पर हिंदुओं का प्रधान कर्त्तव्य होगा कि अपने छोटे भाइयों के संतोष के लिए वहां बाजा बजाना बिलकुल बंद कर दें। अगर किसी खास जगह पर बाजा न बजाने से ही एकता का सूत्र टूटने से बच जाय तो हिंदुओं को हठवश अपने सिर पर कलंक का टीका न लगाना चाहिए। सिर्फ इसलिए कि मुसलमान-भाई मनुष्यत्व की छाती पर मूंग दलकर हमारे साथ भाईचारा निबाहना नहीं चाहते, हमें भी मनुष्यता को धता बताकर उन्हीं की तरह नर-पिशाच बन जाना चाहिए, यह कोई सभ्य दलील नहीं है। हमें तो किसी की कोई परवा न करके दत्तचित्त होकर अपनी शक्ति को यथेच्छ वृद्धि करने में लग जाना चाहिए। फिर न तो कोई हमें चिढ़ाने के उद्देश्य से गोबध ही कर सकेगा और न हमारा और किसी तरह का अपमान करने का ही साहस कर सकेगा। किंतु अपनी लकीर बड़ी करने के लिए दूसरे की लकीर काटने की जरूरत नहीं है। जरूरत इस बात की है कि दूसरे की लकीर के सामने शांतिपूर्वक अपनी लकीर बड़ी खींचकर दिखा दी जाय। जिसे आंखें होंगी वह देखते ही आपसे आप सटक सीताराम हो जायगा।

जो लोग हिंदू-संगठन को मुसलमान-भाइयों के लिए घातक समझते हैं वे वास्तव

में हिंदुत्व की पवित्र मर्यादा से परिचित नहीं हैं, वे दूसरे की उन्नति देखकर अंगार पर लोटने के आदी हैं, वे पद-पद पर शंकित रहनेवाले कच्चे दिल के ओछे मनुष्य हैं। हिंदू यह अच्छी तरह समझते हैं कि मुसलमान भाइयों के साथ मिल-जुलकर रहने में ही भारत का कल्याण है। वे उनके अधिकारों को हड़पना नहीं चाहते, वे उनके धर्म का अपमान करना नहीं चाहते। वे जानते हैं कि अब भारत में हिंदुओं और मुसलमानों का हित इस कदर मिश्रित हो गया है कि जुदा करने से जुदा नहीं हो सकता। किंतु मुसलमान भाई ऐसा नहीं समझते। वे आज भी 'काफिरों' और 'बुतपरस्तों' को घृणा की दृष्टि से देखते हैं, आज भी वे हिंदुओं के दिल दुखाने में तनिक नहीं हिचकते। क्या वे चाहते है कि हिंदू उनसे सद्व्यवहार पाने के लिए नम्र प्रार्थना करें? क्या वे चाहते हैं कि हिंदू उनकी मर्जी के मुताबिक ही हिंदुस्तान में रहने की कोशिश करें? यदि बात ऐसी ही हो, तो उन्हें हर हालत में समझ रखना चाहिए कि हिंदुओं से विरोध करके वे किसी बड़ी से बड़ी जबरदस्त शक्ति की दुहाई देकर भी हिंदुस्तान में अमनचैन के साथ नहीं रह सकते। प्रेम के बल से वे हिंदुओं से सब कुछ करा सकते हैं, भय दिखाकर नहीं।

जो लोग स्वराज्य और असहयोग की दुहाई देकर हिंदू-मुसलमानों के बीच बढ़ते हुए वैमनस्य को ढंकना चाहते हैं और जरा-सी हवा से उड़ जानेवाली राख के नीचे भयंकरतापूर्वक सुलगनेवाली आग को ढंकना चाहते हैं वे देश को गुमराह करनेवाले हैं। आंवां पर कीच का लेप चढ़ाने से क्या भीतर की आग नहीं धधकती? जब तक दोनों तरफ का भ्रम दूर करके पारस्परिक प्रेम, विश्वास और सचाई के साथ समझौता न कराया जायेगा तब तक वर्तमान लक्षण यही बतलाता है कि किसी प्रकार का राजनैतिक आंदोलन सफल नहीं हो सकता।

[17.11.1923]

2. अपने मुंह मियां मिट्ठू!

वही लहंगा, वही साड़ी, जो पहले थी, वह अब भी है!

नहीं, पहले से भी हालत खराब है। इस खराबी के कारण हैं—मि. दास। उन्होंने अपनी कानूनदानी, कूटनीतिज्ञता और तर्क मिश्रित युक्ति से सारे देश को ऐसी भूल-भुलैया में डाला कि उनका 'देशबंधु' विशेषण तो संज्ञाहीन हो ही गया, देश की भी कमर टूट गई। हजारों रुपये की आमदनी पर लात मारने से ही कोई नेता नहीं हो सकता। हजारों आदमियों ने देश की पुकार सुनकर असाधारण त्याग दिखलाया था। जो एक हाथ से कमाते और दूसरे हाथ से खाते थे, जेल जाने पर जिनके घर में सोलहों दंड एकादशी हुई थी—बाल-बच्चों पर अमानुषिक अत्याचार हुए थे—धन लूट लिया गया था, उनका त्याग क्या किसी के त्याग से कम महत्त्वपूर्ण है? इस दलित, पीड़ित देश को अब ऐसे त्यागी तर्कशास्त्रियों की जरूरत नहीं है जो अपनी दूरदर्शिता और राजनैतिक चालबाजियों से जनता को घपले में डालकर अपनी प्रमुखता बनाये रखना चाहते हैं। जो लोग 'त्याग'-'त्याग' चिल्लाकर 'त्याग' के सामने सर झुकाते फिरते हैं उनकी भी अब देश को जरूरत नहीं है। अब जरूरत है सिर्फ कट्टर आत्मत्यागियों की—एक ही अमोघ सिद्धांत पर बलि हो जाने वालों की—आनंदोन्मत्त होकर फांसी पर चढ़ने वालों की—मुस्कराते-मुस्कराते तोप के आगे डर जाने वालों की—संगीन के सामने अड़कर सीना खोल देने वालों की। जरूरत है उस मूक पतंग-दल की जो एक साथ ही अपने प्राण न्योछावर करके चिराग बुझा दे, जरूरत है उस शांतिमयी सेना की जो पशुबल का भयंकर खंदक अपनी लाशों से पाटकर भारत के लिए स्वराज-दुर्ग का मार्ग सुगम कर दे। अब पैर पटककर जोरदार लेक्चर झाड़ने वाले स्वयंभू नेताओं की जरूरत नहीं है। जब जरूरत थी, तब थी, अब कहां?

देश के सामने इस समय जितने प्रश्न उपस्थित हैं उनमें हिंदू-मुस्लिम एकता ही सर्वापेक्षा महत्त्वपूर्ण है। वही सफलता की जड़ है, वही स्वराज की नींव है। अन्यान्य प्रश्न अम्बोह रुपये खर्च करके और प्रचार-कार्य तथा प्रोत्साहन प्रदान करके सहल बनाये जा सकते हैं—सुलझाये जा सकते हैं, पर एकता का सवाल हल करना टेढ़ी खीर है। मिस्टर दास ने तो उसे और भी टेढ़ी खीर बना दिया। अब बेचारी रुग्ण राष्ट्रीयता बड़े कष्ट से उसे गले से नीचे उतार सकेगी। बीच में बंगाल-प्रांतीय

समझौते का अड़ंगा लगाकर अब लगे हैं वे अपनी बारिस्टरी की शान बघारने! उन्होंने कोकनद की विद्यार्थी परिषद् में स्पष्ट कहा है कि "मैं अपनी स्वतंत्रता अलग चाहता हूं। मैं यह अधिकार चाहता हूं कि मेरी समझ में जो बात मेरे प्रांत के लिए सर्वोत्तम है उसे मैं कर सकूं और उसके लिए मैं किसी भी मध्यस्थ संगठन या संस्था से, फिर वह चाहे भारत की राष्ट्रीय महासभा [कांग्रेस] ही क्यों न हो, नहीं दबूंगा।" मत दबिये दयानिधान, दब जाने से त्याग और नेतृत्व का दबदबा न रहेगा, गठा हुआ रोब बिगड़ जायेगा, धोखाधड़ी कामयाब न होगी, कानूनदानी पंगु हो जायेगी! भगवान्! आप अपने प्रांत के लिए [बंगाल] कोई खास अधिकार अथवा अलग स्वतंत्रता चाहते हैं? क्या आप कांग्रेस से बंगाल को अलग ही रखना चाहते हैं? कांग्रेस को इस तरह फटकार कर आप क्या भारतवर्षीय नेता बनना चाहते हैं? हरे नारायण! भला अब भी तो चुप रहिये, अपनी छोटी-सी विजय पर इतना क्यों इतराते हैं? यह तो सबको मालूम है कि भारत का 'बंगाल' आयरलैंड का 'अलस्टर' है, बंगाल तो जन्म से ही संकीर्ण-हृदय है—वह तो अन्य प्रांत वालों को मनुष्य समझता ही नहीं—वह तो 'सप्तकोटि' और 'बंगजननी' का उपासक है। इस राष्ट्रीयता के पवित्र युग में आप क्यों उसके स्वाभाविक हृदयोद्गारों की दुर्गंध फैला रहे हैं? क्यों न हो, विज्ञानाचार्य प्रफुल्लचंद्र और त्यागमूर्त्ति चक्रवर्ती को पछाड़कर आप बंगाल की राजनैतिक गद्दी पर बैठे हैं न? अच्छा, घबराइये नहीं, आ रही है आंधी, उजाड़ देगी छप्पर, बिगाड़ देगी सूरत, भूल जायेगी सारी हैंकड़ी। आप तो अब राजभक्ति की शपथ लेने जा रहे हैं और कह भी चुके हैं कि कौंसिल-संबंधी कार्यक्रम या मंतव्य स्थिर करने में स्वराज दल कांग्रेस का आदेश मानने के लिए बाध्य न होगा। बस, अब और चाहिए ही क्या? इससे अधिक आप कांग्रेस को क्या धता बता सकते हैं? यह तो आपने प्रत्यक्ष प्रकट कर दिया कि केवल अपना मतलब गांठने के लिए ही कांग्रेस के साथ लगे हुए हैं अथवा 'देशबंधु' के गौरवपूर्ण अर्थ की लाज निबाहते हैं। नहीं तो और जरूरत ही क्या है? आपने तो स्पष्ट ही कह दिया है कि "जिन संस्थाओं के साथ सहयोग करने से मेरी उन्नति में बाधा पहुंचती है उनके साथ मैं असहयोग करने और भीतर से उनका ध्वंस करने का दावा करता हूं।" अच्छी बात है, कीजिए दावा, इतने दिनों तक बारिस्टरी करके आपने दावा करने के सिवा और सीखा ही क्या है? आप तो यह घोषणा भी कर चुके हैं कि "मैंने आज तक किसी की बात नहीं मानी, सदा अपनी ही बात मनाने के लिए दूसरों को बाध्य करता रहा और अपने हठ पर अड़कर दूसरों को कायल करने में ही अपना जीवन बिताया।" भला ऐसी दशा में आप कांग्रेस या किसी संस्था को क्यों न फटकारें जबकि उनके द्वारा आपकी उन्नति में बाधा पहुंचाई जाती है? जरूर फटकारिये, उसी तरह फटकारिये जिस तरह गया की कांग्रेस में आप

फटकारे गये थे, क्योंकि राजनीतिज्ञ और भैंसे बारह वर्ष के बाद तक बदला चुकाते हैं; आप कौंसिल का तो भीतर से ध्वंस करेंगे ही, कांग्रेस की भी जान न छोड़ेंगे। धीरे-धीरे आपने उसे अपने पंजे में फंसा ही लिया। किंतु वह अधिक दिनों तक आपकी मुट्ठी में न रह सकेगी, यह गांठ में बांध रखिये। जब तक बेचारी जनता आप-जैसों को नहीं पहचानती तब तक जो जी में आवे सो कर डालिये—"परम स्वतंत्र न सिर पर कोई, भावै मनहिं करहु सोइ सोई।"

अपने मायावी समझौते के जाल में मुसलमान-भाइयों को फांसकर कांग्रेस में राजनैतिक पैंतरे बदलते हुए समझौते के फंदे से खुद निकल भागना मि. दास जैसे कूटनीतिज्ञ को ही शोभा दे सकता है। कभी तो आप फरमाते हैं कि बंगाल को अपना स्वतंत्र मत या विचार या प्रस्ताव कांग्रेस के सामने उपस्थित करने का पूर्ण अधिकार है—उसे कोई छीन नहीं सकता। कभी आप फरमाते हैं कि बंगाल ने कांग्रेस में पेश करने के लिए समझौते का एक चिट्ठा मात्र तैयार किया है, कांग्रेस चाहे उसे अस्वीकार कर दे, पर वह यह नहीं कह सकती कि राष्ट्रीय समझौते के बीच में इस प्रांतीय समझौते पर विचार न किया जायेगा। क्यों जनाब, बंगाल की तरह क्या और किसी प्रांत को इतना दिमाग नहीं था कि वह भी अपनी ओर से एक चिट्ठा पेश करता? जब आप अपने को कांग्रेस से अलग दल वाला समझते हैं तब आप कांग्रेस के राष्ट्रीय समझौते के बीच में टांग अड़ाने वाले होते कौन हैं? आप बंगाल का दम क्यों भरते हैं? यों स्पष्ट क्यों नहीं कहते कि स्वराज दल के नेता की हैसियत से मैंने ही अपना विचार समझौते के रूप में प्रकट किया है? और जब आप अपनी डेढ़ ईंट की मसजिद अलग ही बनाना चाहते हैं तो फिर कांग्रेस के सामने चिट्ठा पेश करने से मतलब? इस तरह चक्करदार बारिस्टरी के पेंच में डालकर हिंदुओं और मुसलमानों में व्यर्थ क्यों द्वेष पैदा करा रहे हैं? अब तो ऊंट की पकड़ की तरह आपके समझौते की शर्तों को मुसलमान भाइयों ने दृढ़ता से पकड़ लिया; क्या अब भी आप देशबंधुता का दम भरते रहेंगे? यदि आपका समझौता राष्ट्रीय समझौते की राह न काटता, तो आप समझते हैं कि एकता के सवाल की उलझन कितनी जल्दी सुलझ जाती? अब तो राष्ट्रीय समझौते के साथ-साथ आपका समझौता पुछल्ले की तरह देश में लटका फिरेगा और अधिकांश मुसलमान-भाई वही स्वराजपार्टी की दुम पकड़कर एकता-वैतरणी पार करने के लिए दुराग्रही बन जायेंगे। परिणाम क्या होगा? इसका उत्तर तो बस आपकी सूक्ष्मदर्शिनी कूट बुद्धि ही दे सकती है। संभवतः एकता पर विचार करते-करते स्वराज-दल को अजीर्ण हो गया, इसीलिए उसने अपने विचारों को कैद कर दिया! क्या लोग यह समझ लें कि स्वराज दल भी अखिल भारतवर्षीय प्रश्नों पर प्रकाश डालने की प्रतिभा रखता है? फिर मि. दास ने जो यह फरमाया है कि "यह

शर्तनामा केवल बंगाल के लिए ही तैयार किया गया था, सारे देश पर लागू होने के लिए नहीं" तो क्या बंगाल के हिंदुओं ने आपको इतना बड़ा धार्मिक अधिकार विश्वासपूर्वक दे डाला था? अगर नहीं, तो आप बंगाल की ओर से ही इतनी उदारता दिखाने के लिए कैसे उतारू हो गये? क्या आपको भय था कि बंगाल के हिंदू अपने मुसलमान भाइयों के साथ बेईमानी करेंगे? अथवा, स्वराज दल की ओर मुसलमान-संसार की हार्दिक सहानुभूति आकर्षित करने के लिए ही आपको हिंदुओं के अधिकारों पर हमला करना पड़ा? और नहीं तो माजरा क्या है?

हिंदुओं को कांग्रेस पर विश्वास रखना चाहिए। उन्हें अपनी सनातन धर्म-परायणता के अनुसार इस्लाम धर्म पर पूर्ण श्रद्धाभक्ति प्रकट करके मुसलमान भाइयों को सहृदयता और उदारता द्वारा बाध्य करने का इरादा रखना चाहिए। झगड़े-रगड़े बहुत हो चुके। अब कांग्रेस को मतभेद और दलबंदी की चक्की में पीसना बड़ी भारी भूल होगी। दोनों जातियों के सर्वमान्य नेता शुद्ध हृदय से ईश्वर को साक्षी मानकर जो कोई निष्पक्ष समझौता तैयार कर दें उसे सहर्ष एवं सप्रेम स्वीकार करने के लिए हिंदुओं और मुसलमानों को तैयार हो जाना चाहिए। स्वराज दल के समझौते को यदि मुसलमान भाई हठवश महत्त्व देंगे तो विरोध बढ़ता ही जायेगा और देश तबाह होता रहेगा, कांग्रेसी का कोई भी काम सफल न हो सकेगा। उल्माओं की जमायत ने बंगाल के शर्तनामे की तारीफ करके मुसलमानों को बहकाने का इरादा किया है। मुसलमानों पर उल्माओं का पूर्ण प्रभाव है। इसलिए, बड़ी भारी आशंका इस बात की है कि कहीं दोनों शर्तनामों पर मत संग्रह करने के बाद एकता का प्रश्न और भी उलझनदार न बन जाय। उस समय राष्ट्रीय समझौते के पक्षी पंख फड़फड़ाते हुए घबराकर कहेंगे कि वह "दूल्हे की बंगालिन चाची" 'ख्वाहमख्वाह बीबी' कहां हैं?

[12.1.1924]

3. दाढ़ी और चोटी का मेल!

देश के बड़े-बड़े बुद्धिमानों, शुभचिंतकों और नेताओं ने एक स्वर से कह दिया है, कि जब तक दाढ़ी और चोटी में गठबंधन न होगा, शेख साहब और शर्माजी घी-शक्कर की तरह घुल-मिलकर एक न हो जायेंगे तब तक भारत का कल्याण न होगा और न पराधीनता से इसका पिंड ही छूटेगा। कांग्रेस कांफरेंस करो या पानी पी-पीकर लेक्चर उगलते रहो; प्रस्तावों का पहाड़ खड़ा कर दो या डेपुटेशनों का तांता बांध दो; भिक्षा की झोली लेकर लंडन की गलियों में फेरी लगाते फिरो या भारत मंत्री के द्वार पर धूनी रमा दो; शिमला शैल पर चढ़कर बूढ़े लाट साहब की कौंसिल पर धावा बोल दो या नौकरशाही का बजट बिगाड़ते रहो। इन तमाम पचड़ों का कोई परिणाम ही न होगा, जब तक मौलवी साहब और पंडितजी अपनी अजान और शंख का स्वर एक न कर देंगे। बात बिल्कुल सच है, इसमें संदेह की जरा भी गुंजाइश नहीं। परंतु दाढ़ी और चोटी मिलें तो कैसे मिलें? "कहु 'रहीम' कैसे बने केर बेर को संग। वे डोलत मुख आपने उनके फाटत अंग!" हजारों वर्ष के बाद चोटी ने जरा सिर उठाया, आंखों के आगे का अंधकार दूर हुआ। अपनी दीन-हीन अवस्था देखकर आंखें भर आईं, अरुणोदय की स्निग्ध ज्योति के कारण चकाचौंध मिटने लगी। बिखरे हुए, अछूत, पददलित तथा लांछित भाइयों की दुर्दशा देखकर करुणा से हृदय विगलित हो उठा, पश्चात्ताप, आत्मग्लानि और लज्जा से सिर नीचा हो गया। उन्हें एक बार गले लगाकर अपने युग-युगांतर के पापों का प्रायश्चित कर डालने की अभिलाषा उत्पन्न हुई। यह देखते ही दाढ़ी के होश पैंतरा कर गये, रोष से रोम-रोम फड़क उठा। फिर क्या था, दाढ़ी उछलकर चोटी पर चढ़ बैठी! देखते-देखते सैकड़ों सिर धड़ से अलग कर दिये गये, सैकड़ों स्त्रियों का सतीत्व नष्ट कर दिया, 'तबलीग' के नाम पर सैकड़ों बच्चों की मूत्रेंद्रियों पर निर्दयतापूर्वक छुरियां चला दी गईं। बेचारी गायों की गर्दनें नापी जाने लगीं। वायु को विशुद्ध कर, स्वास्थ्य का संचार करनेवाले पीपल के वृक्षों पर दिल की कसक मिटाई जाने लगी! पूजा-पाठ और आरती पर आ बनी। दाढ़ी की भीषण मूर्ति देखकर पत्थर की मूर्तियां तक थर्रा उठीं। सहारनपुर, मुलतान, हवड़ा और तेलिनी पाढ़ा आदि भारत के नाना स्थानों में धड़ाके के साथ औरंगजेबी अत्याचारों की आवृत्तियां हो गईं! गुजरा हुआ जमाना विस्मृति के गर्भगह्वर से निकलकर, इस बीसवीं शताब्दी में एक बार फिर हिंदुओं की आंखों के सामने भीषण विभीषिका उत्पन्न करने लगा। भय-विह्वल हिंदू जाति त्राहि-त्राहि पुकारने लगी। नेता बोले—'घबराओ नहीं, छोटे

भय्या मचल गये हैं, अभी मान जायेंगे। तुम तो क्षमाशील हो! सहनशीलता ही तो तुम्हारी विशेषता है। जाने दो, क्षमा कर दो। इस समय इनसे कुछ बोलने का मौका नहीं है। चीं-चपड़ करोगे और 'अजीजुल कद्र' कहीं अधिक रुष्ट हो जायेंगे तो सारा गुड़ गोबर हो जायेगा, बरसों की मेहनत बरबाद हो जायेगी और दिल्ली का लड्डू—स्वराज—फिर हजार मूंड़ मारने पर भी नसीब न होगा।' बस, कायरों को—बीस करोड़ कपूतों को जी चुराने का मौका मिल गया! माताओं और बहनों की लांछना, धर्म का अपमान और गायों का खून स्वराज्य की आशामरीचिका पर निछावर हो गया! मूर्खों ने एक बार भी विचार नहीं किया कि जो जाति अपने धर्म की रक्षा नहीं कर सकती, अपनी स्त्रियों का सतीत्व नहीं बचा सकती, जो आत्मसम्मान के लिए मरना नहीं जानती, उसे स्वराज्य या स्वतंत्रता नहीं मिला करती। ये अमूल्य वस्तुएं कायरों के लिए नहीं, वीरों के लिए हैं। जिनके हाथ केवल शरीर के लिए बने हैं, आत्मरक्षा की शक्ति जिनमें बिल्कुल नहीं है, उन नाजुक हाथों द्वारा स्वराज्य जैसी वस्तु की रक्षा कैसे होगी! जिनसे अपने घर की रक्षा नहीं हो सकती वे देश की या राज्य की रक्षा कैसे कर लेंगे? स्वराज्य मिलने पर क्या मुसलमान इस देश से चले जायेंगे या गले में 'कंठी' धारण कर परम वैष्णव बन जायेंगे अथवा उस समय हिंदुओं के अंदर भीम का बल आ जायेगा? स्वराज्य की आशा पर इतना घोर अपमान कब तक बरदाश्त किया जायेगा। यह निश्चित है कि स्वराज्य केवल हिंदुओं को ही नहीं मिलेगा। जब तक हिंदू और मुसलमान परस्पर मिलकर उसके लिए प्रयत्न नहीं करेंगे, तब तक उसे प्राप्त करने की कल्पना आकाशकुसुम की तरह असंभव है। इसलिए जब तक मुसलमानों के हृदयों में स्वराज्य की अभिलाषा उत्पन्न नहीं होती, तब तक स्वराज की दोहाई देकर उनका लात खाते रहना हिंदुओं के लिए घृणित कायरता के सिवा और कुछ भी नहीं है। इस समय हिंदुओं को सब भूलकर चोटी की रक्षा का उपाय सोचना चाहिए। हिंदू सहनशील हैं, शांत हैं, क्षमाशील हैं। ईश्वर करे उनके ये सद्गुण उनमें बने रहें। परंतु याद रहे, ये गुण अक्षमों और कायरों के लिए नहीं है। मुसलमानों ने अपना असली रूप धारण कर लिया है। हिंदुओं को धर्मभ्रष्ट करने के लिए घृणित उपायों से काम ले रहे हैं। इस समय हिंदुओं को सचेत होकर आत्मरक्षा के लिए तैयार रहना चाहिए। पारस्परिक ईर्ष्या-द्वेष, छुआछूत और ऊंच-नीच का भेदभाव भूलकर जल्द से जल्द अपना सुदृढ़ संगठन कर डालना चाहिए। जब तक हिंदू शक्तिशाली न होंगे और संसार को यह दिखा न देंगे, कि उनमें आत्मरक्षा का बल है, तब तक दाढ़ी और चोटी का मेल असंभव है।

[14.6.1924]

4. की तनु प्राण कि केवल प्राना

धर्म और ईश्वर के नाम पर हजारों निर्दोष मनुष्यों, स्त्रियों और बच्चों का खून कर, अबलाओं का सतीत्व नष्ट कर, प्रतिवेशियों का घर-बार लूटकर, उनके धार्मिक भावों को कुचलकर भारतमाता के नालायक पुत्रों ने जो घोर पाप किया है, उसके प्रायश्चित के लिए महाप्राण महात्मा गांधीजी ने इक्कीस दिनों तक निराहार रहकर ईश्वर से प्रार्थना करने की भीष्म प्रतिज्ञा की है। इसमें संदेह नहीं कि चंद दाने किसमिस तथा थोड़े से दूध के भरोसे जीनेवाले शरीर के लिए इक्कीस दिनों का अनशन व्रत बड़ा ही कठोर और खतरनाक है! यदि ईश्वर अनुकूल न हुआ, देशवासियों की आंखें न खुलीं, दोनों जातियों के हृदयों का कलुष न मिटा, धर्मांधता, गुंडई, जड़ता, कायरता और कापुरुषता का अंत नहीं हुआ तो भारत का भविष्य चिरकाल के लिए घोर अंधकारमय हो जायगा। वास्तव में इस अभागे देश के लिए बड़ा ही भीषण समय उपस्थित है।

महात्माजी के अनशन व्रत की खबर भारत के कोने-कोने में पहुंच चुकी है। सारा देश खलबला उठा है। बच्चे से लेकर बूढ़े तक उन मुट्ठी-भर हड्डियों की चिंता में निमग्न हैं, सबकी जिह्वा पर वही एक चर्चा है। सहृदय देशभक्तों की आंखें अश्रुपूर्ण हो रही हैं। सभी एक मन प्राण से इस भीषण गृहविवाद के अवसान के लिए समुत्सुक हो रहे हैं। कल सारे देश ने महापुरुष के कल्याणार्थ हड़ताल और उपवास करके उनकी मंगलकामना के लिए ईश्वर से प्रार्थना की है। सभी चाहते हैं कि यह जघन्य गृहविवाद दूर हो। भारत की स्वतंत्रता के लिए, राष्ट्र की उन्नति के लिए, संसार में मनुष्य बनकर जीते रहने के लिए हिंदुओं और मुसलमानों के मिलकर रहने की आवश्यकता के सभी कायल हैं।

महापुरुष की भीष्म प्रतिज्ञा की खबर पाकर भारत के भविष्य के साथ खेलनेवाले प्रायः सभी 'भुईफोड़' नेता दिल्ली पहुंच गये हैं और हिंदू-मुसलिम कलह की अंतिम मीमांसा के लिए दृढ़ संकल्प किये बैठे हैं। सुनते हैं, जब तक दोनों जातियां घुलमिल कर एक न हो जायेंगी, तब तक वे अपने स्थान से टस से मस न होंगे, कुर्सी नहीं छोड़ेंगे, बज्र पड़ने पर भी नहीं उठेंगे। इधर तो राजा जनक के धनुष भंगवाले प्रण से भी बढ़ा-चढ़ा कठोर प्रण और उधर कुछ बुजुर्गों की निराशापूर्ण आशंका, कि इन लीडरों के किये कुछ भी होने जाने का नहीं! जनता पर इनका कुछ भी प्रभाव नहीं है। क्योंकि ये जनता की रुचि और विचारों की

कभी परवाह नहीं करते। ये देश के सेवक नहीं, बल्कि देश को अपना सेवक समझते हैं। ये खुद भारतवर्ष, हिमालय पहाड़, भारतीय महासागर और भारत-धर्म हैं। इसलिए यह आशा नहीं की जा सकती कि दिल्ली में जो मीमांसा होगी, वह चिरस्थायिनी होगी और भविष्य में फिर हिंदू-मुसलिम द्वंद्व न होगा। हां, यह संभव है कि यह धधकती हुई कलहाग्नि राख के ढेर में कुछ काल के लिए छिपा दी जाय और वैसा ही एक क्षण स्थायी मेल जो जाय, जैसा कि खिलाफत आंदोलन के समय हुआ था। परंतु देश, हिंदू-जाति और महात्मा गांधी ऐसा ऊपरी मेल नहीं चाहते। इस तरह का ऊपरी मेल भारत के लिए—हिंदुओं के लिए कल्याणकारी नहीं होगा। हिंदुओं की मूर्तियां तोड़ी गई हैं, देवमंदिर विध्वंस किये गये हैं, उनके बच्चे चुराये गये हैं, विधवाएं बहकाई गई हैं, उनकी स्त्रियों का सतीत्व नष्ट किया गया है, उनकी औरतों के पेट चीरे गये हैं, मासूम बच्चे कत्ल किये गये हैं, असमर्थ बूढ़े तलवार के घाट उतारे गये हैं, उनकी सारी संपत्ति लूटी गई है, उनके घर जलाये गये हैं, उन पर वे अत्याचार हुए हैं जो औरंगजेब और नादिरशाह के जमाने में भी नहीं हुए। हिंदू इन तमाम अत्याचारों को भूल सकते हैं, केवल चिरस्थायी मेल की आशा पर! झूठे मेल का प्रलोभन देकर उन्हें भुलाने की चेष्टा व्यर्थ होगी। दूध से जिनका मुंह जल चुका है, वे अब मट्ठा फूंककर पियेंगे। मेल की चेष्टा करनेवालों को इन बातों पर अच्छी तरह ध्यान दे लेना चाहिए।

महात्माजी ने स्पष्ट शब्दों में कह दिया है कि मिथ्या और क्षणिक संधि से मेरा दुःख और भी बढ़ जायगा और मेरी वह अवस्था वर्तमान अवस्था से भी अधिक खराब हो जायेगी। इसलिए महात्माजी के उपवास के कारण दयार्द्र चित्त होकर जो लोग मेल का प्रयत्न करने बैठे हैं और केवल उन्हें अन्न ग्रहण कराने के लिए दिल्ली में दरबार कर रहे हैं, वे तीस करोड़ भारतवासियों के साथ ही संसार की एक महान् आत्मा को धोका देने का पंड परिश्रम कर रहे हैं। उन्हें इसमें सफलता नहीं प्राप्त होगी।

हिंदू-मुसलिम विवाद का कारण अब तक केवल गायें थीं, परंतु अब जमाना बदल गया है। आजकल शंख-निनाद, बाजा, ख्वाजा, पीपल, शुद्धि संगठन, तबलीग और अछूतोद्धार आदि दर्जनों नये कारण पैदा हो गये हैं और इन तमाम कारणों के लकड़दादा हैं, हमारे भाग्य-विधाता कांग्रेसी लीडर। सच पूछिए तो आजकल इन्हीं नेता नामधारी विचित्र जीवों की बदौलत हिंदू-मुसलमान आपस में लड़कर तबाह और बरबाद हो रहे हैं। यदि वे वास्तविक नेता होते, राष्ट्र की मंगल कामना इनके नेतृत्व का उद्देश्य होता, तो न हिंदू मुसलमानों के ये सच्चे शुभचिंतक होते, धर्म के ऊपर इनकी सच्ची आस्था होती तो भारत में इस तरह घृणित झगड़ों का अस्तित्व ही न रहता। झगड़े का कारण उपस्थित होने पर; झगड़ा

आरंभ हो जाने पर इनका कहीं पता ही नहीं रहता। परंतु जब सिरफुड़ौअल खतम हो जाती है, लाशों की अन्त्येष्टि हो चुकती है तब ये कलम-दावात लेकर जांच करने बैठते हैं और लच्छेदार भाषा में एक बड़ी-सी रिपोर्ट लिखकर अपने महान् कर्त्तव्य की इतिश्री कर डालते हैं। दिल्ली और लखनऊ के दंगों की आशंका लोगों को बहुत पहले से थी, खुल्लमखुल्ला तैयारियां और सभाएं होती रहीं, वक्ता लोग एक दूसरे के प्रति खूब आग उगलते रहे, उस समय नेता लोग गदहे की सींग की तरह लापता थे। यदि इन नेताओं में परिस्थिति के अनुकूल कार्य करने की बुद्धि होती तो जो 'संधि कांफरेंस' इस समय दिल्ली में बैठी है वह बहुत पहले बैठी होती और अब तक देश की जो क्षति हुई है वह नहीं होती। फलतः लड़नेवाले और लड़ानेवालों की अपेक्षा इन झगड़ों को उपेक्षा की दृष्टि से देखनेवाले नेता ही अधिक दोषी हैं। अस्तु। यदि नेता चाहते हैं कि भविष्य में ये दोनों जातियां शांतिपूर्वक रहें तो वे सबसे पहले अपनी कमजोरियां दूर करें और दोनों जातियों को एक दृष्टि से देखने का अभ्यास करें।

इस समय प्रत्येक भारतवासी को—चाहे वह हिंदू हो या मुसलमान—अपने देश, जाति और धर्म की रक्षा के लिए इस पारस्परिक विद्वेष का अवसान करने के लिए प्राणपण से चेष्टा करनी चाहिए। ऐसा न हो कि हमारी उदासीनता के कारण संसार के सर्वश्रेष्ठ पुरुष को अपना प्राण विसर्जन कर देना पड़े। हृदय की संकीर्णता को भूलकर, उदार भाव से सबके धर्म को धर्म समझकर इस विवाद की मीमांसा करनी चाहिए, जब तक प्रत्येक हिंदू मुसलमान तहे-दिल से इस जातीय संकट को दूर करने की चेष्टा नहीं करेगा, तब तक महात्मा के उपवास करने से या मर मिटने से, नेताओं के कांफरेंस करने से या लेक्चर देने से कोई नतीजा नहीं निकलेगा। नेता यदि दोनों जातियों को इस आसन्न बिपद से बचाना चाहते हैं तो सबसे पहले उन धर्मांध कट्टरों को समझाने की चेष्टा करें जिनके इशारों पर झगड़े हुआ करते हैं।

[27.9.1924]

5. मिले न कबहुं सुभट रन गाढ़े

'रे सठ का मारसि कपि भालू?
मोहि बिलोकु तोर मैं कालू।'

प्राचीन भारत में चार ही जातियां थीं—ब्राह्मण, क्षत्रिय, वैश्य और शूद्र। नवीन भारत में एक पांचवीं जाति पैदा हुई है—गुंडा, इसकी पैदाइश का श्रेय नौकरशाही को मिलना चाहिए, यद्यपि नौकरशाही के जमाने में इस जाति के पूर्वपुरुष प्रकट हो चुके थे, पर जरा खानदानी सिलसिला देखिए—नौरंगशाही, नौकरशाही और गुंडाशाही। किंतु नौरंगशाही जमाने में गुंडाशाही को पनपने का ऐसा निष्कंटक क्षेत्र नहीं मिला था जैसा इस नौकरशाही जमाने में मिला है। जैसे भगवान् तिलक के जमाने में नौकरशाही शब्द प्रचलित हुआ, वैसे ही असहयोग के जमाने में बेचारे असहयोगियों को लक्ष्य कर नौशेरवां के नातियों ने गुंडाशाही शब्द को चालू कर दिया। खुदा के फजल से असहयोग समाप्त होते ही मुसलमान भाइयों में से एक ऐसा दल निकल आया, जिसने गुंडाशाही को अनाथ न होने दिया। असहयोग के जमाने में जिस गुंडाशाही (?) ने नौकरशाही का घांघरा बिगाड़ दिया था, वही आज उसका बिगड़ा हुआ प्रोग्राम बना रही है। तभी तो नौकरशाही अपनी पीठ की धूल झाड़कर उठ खड़ी हुई है और मूछों(!) पर ताव देकर यह कहने का साहस कर रही है कि 1929 के पहले हिंदुस्तानियों को अधिकार-संबंधी किसी प्रकार की रियायत नहीं दी जा सकती और अगर कुछ दी भी जायगी तो एक बार इस समय राजनीतिक आंदोलन को अच्छी तरह कुचल डालने की पूर्ण चेष्टा कर लेने के बाद परिस्थिति देखकर। देश की वर्तमान अवस्था बतला रही है कि नौकरशाही को हमारी किस कमजोरी के कारण ऐसा कहने का साहस और बल प्राप्त हुआ है। यदि आज हिंदुओं और मुसलमानों में परस्पर अप्रीति और अविश्वास न होता, तो नौकरशाही की इस गर्वोक्ति का कुछ मूल्य न था। पर भाग्य ने ऐसा पलटा खाया कि एक दिन जिस देश के जागरण से नौकरशाही का लहंगा बिगड़ रहा था, उसकी कूटनीति की चालबाजियों से आज उसी देश का प्रोग्राम बिगड़ रहा है। सारा देश आंतरिक कलह से जर्जर हो रहा है। इस विषय में वह अपनी तटस्थता दिखाती है, पर अभाग्यवश पूरी तरह दिखा नहीं पाती, ताड़नेवाले ताड़ ही जाते हैं। हिंदुओं और मुसलमानों को आपस में लड़कर जुझाने का काम वह इतनी चालाकी और सावधानी से कर रही है कि परखनेवाले भी दंग

हैं। इसके लिए नौकरशाही की तारीफ के सिवा शिकायत नहीं की जा सकती, क्योंकि पाश्चात्य रीति से वह अपना कर्त्तव्य पालन कर रही है। उसे कोसना बेकार है। भगवान् रामचन्द्र ने विभीषण को फोड़कर लंका का विध्वंस किया, तो उनकी वह कूटनीति कदापि दोषी नहीं, दोषी दरअसल विभीषण हैं। मूर्खों को स्वार्थसिद्धि का साधन बनाना बुद्धिमानों के लिए निस्संदेह प्रशंसा की बात है। जो लोग प्रजापालन के आदर्श और जिम्मेवारी आदि की दुहाई देकर नौकरशाही को फटकारते हैं उन्हें सबसे पहले देश में होनेवाली प्रत्यक्ष घटनाओं से सबक सीखना चाहिए। नौकरशाही तो रक्षा करने का ढोंग भी रचेगी, उत्तरदायित्व के ढकोसले भी दिखाएगी और संसार में थातीदार होने का डंका भी पीटेगी। अगर इस पर कोई उसे अयोग्य कहे तो अच्छा हो यदि वह एकांत में बैठकर योग्यता की परिभाषा 'घोखा' करे। चूल्हे-भाड़ में गई शासन की योग्यता और शांति-स्थापन की ठीकेदारी, कोई लुटे, कोई पटे, कोई तबाह हो, उसे तो अपने काम से काम। कौन नहीं जानता कि कोहाट-कांड के समय यदि नौकरशाही अपनी पूरी शक्ति भिड़ा देती और उपद्रव शांत करने पर कमर कस लेती, तो एक-दो घंटे के अंदर उत्पात-शमन न हो जाता? कौन नहीं जानता कि डेराइस्माइलखां में आज तो भीषण आतंक फैल रहा है उसे वह चुटकियों में नहीं उड़ा सकती? कौन कह सकता है कि भारत साम्राज्य की राजधानी दिल्ली में दंगे की आशंका को सदा के लिए मिटा देना उसके बायें हाथ का खेल नहीं है। वह सब कर सकती है। उसमें शक्ति की कमी नहीं है। मगर प्रश्न तो यह है कि वह ऐसा करे ही क्यों? वह क्यों न भारत के घरेलू झगड़ों से लाभ उठाए? वह क्यों न असहयोग के जमाने की कसर निकाले सूद समेत?

आज मुसलमान गुंडे अमानुषिक अत्याचार कर रहे हैं, वह यद्यपि प्रकट रूप में नौकरशाही की इच्छा के विरुद्ध है, पर अप्रकट रूप में क्या है, यह सबको समझना चाहिए। आज नौकरशाही अगर गुंडाशाही का नामनिशान मिटाने पर तुल जाय, तो उसके लिए कोई बड़ी बात नहीं, पर उससे ऐसी आशा रखना ही घोर मूर्खता और कायरता है। सीमा प्रांत में जो कुछ हुआ है अथवा हो रहा है, उसके लिए भी नौकरशाही की नपुंसक जिम्मेवारी को कोसते रहना बेकार है। क्योंकि वह देश के भिन्न-भिन्न स्थानों में होनेवाले मजहबी दंगों द्वारा यह अच्छी तरह दिखा चुकी कि प्रजा का जानोमाल भले ही खतरे में रहे, पर सुव्यवस्था का सुयश तो हमारे ही बांटे पड़ा है। ऐसी दशा में डेराइस्माइलखां के अंदर जो अभूतपूर्व और अश्रुतपूर्व भयंकर कांड उपस्थित है, उसके विषय में सरकारी विज्ञप्ति द्वारा जो यह कहा गया है कि हिंदुओं के घरों में जहां-जहां आग लगी है, वहां मुसलमानों की पहुंच नहीं हो सकती, वह कोई ऐसी बात नहीं है, जिस पर आश्चर्य या खेद प्रकट किया जाय। कृपा करके हिंदू अब

यह भी समझना छोड़ दें कि अंग्रेजी राज्य में उनकी अरक्षित अवस्था देखकर सारा संसार अंग्रेजों की शासन संबंधी अयोग्यता का उपहास करेगा। कोई कुछ करे, कोई कुछ कहे, कोई कुछ लिखे, कोई कुछ सोचे, अपने घर में करता-कहता और लिखता-सोचता रहे, इस समय तो भारत के थातीदारों का बस पौबारह है। हिंदुओं में अगर आत्मरक्षा करने की शक्ति हो, तो सबका आसरा छोड़कर केवल भगवान् के भरोसे पर, संगठित हो जाने में प्राण-पण से लग जाय। ईश्वर जो कुछ करता है, भलाई के लिए ही करता है। इस समय हिंदुओं पर जितने भी आक्रमण हो रहे हैं, सबके प्रेरक परमपिता परमेश्वर हैं, जिनकी यह इच्छा दिन-दिन स्पष्ट होती जा रही है कि सदियों के सोये हिंदू अब जगें, आंखें खोलें, शिथिलता छोड़ें, नहीं मिट जाना पड़ेगा। उसी परमात्मा की प्रेरणा से जमाना ठोकरों पर ठोकर देकर कह रहा है कि उठो या मिटो। किंतु, याद रहे, मिट नहीं सकते वे, जो बड़े-बड़े राष्ट्रों का मिटना देख चुकने पर भी आज अमिट हैं। गुंडाशाही मिट जायगी, नौकरशाही मिट जायगी, पर वे कदापि न मिटेंगे, जिनकी सभ्यता, जिनका साहित्य, जिनका सुयश, प्रलयपर्यंत मिटनेवाला नहीं। हम मानते हैं कि सीमा प्रांत में हिंदुओं की संख्या कम है, कम मानते हैं कि सीमा प्रांत में अफरीदियों और वजीरियों का बड़ा आतंक है पर इससे क्या हिंदुओं को सचमुच असहाय होकर सीमा प्रांत छोड़ देना पड़ेगा? हरगिज नहीं। कलकत्ता की कष्ट निवारिणी सभा की सहानुभूतिपूर्ण सहायता को धन्यवादपूर्वक अस्वीकार करते हुए वहां के हिंदुओं ने जो सूचित किया है कि वे स्वावलंबी और वीर हैं, उन्हें किसी बाहरी सहायता की जरूरत नहीं, इससे क्या यह प्रकट नहीं होता कि हिंदुओं से सीमा प्रांत खाली कराना हंसी खेल नहीं है? सीमा प्रांत में तो इतनी शेखी और बनारस में इतनी सहृदयता कि बकरीद में गोकुशी की कोई जरूरत ही नहीं है। जहां हिंदू मुट्ठी-भर हैं, वहां गुंडे फुदकते हैं और जहां उनका ठट्ट है, वहां नानी मरती है। इसे कायरता कहें या वीरता? वीरता तो तब होती जब बिहार या संयुक्त प्रांत में ऐसी ही नौरंगशाही घोषणा प्रकाशित करके आतंक फैलाया जाता। किंतु मुसलमानों को याद रखना चाहिए कि वे व्यर्थ ही एक तीसरे के हाथ के कठपुतले बनकर भारत की दासता की अवधि बढ़ा रहे हैं। उनको इसलामी सल्तनत का स्वप्न भूल जाना चाहिए। तेहि तो दिवसा गताः। अब वे हिंदुओं के साथ मिलकर ही शांति से रह सकते हैं। नहीं उन्हें भी आज के हिंदुओं ही की तरह किसी दिन फल भोगना पड़ेगा। हिंदू अब जगे बिना रह नहीं सकते। और जागेंगे भी जल्दी ही। फिर उस समय मुसलमानी राज्य स्थापित करने का वर्तमान दुःस्वप्न बड़ा रंग लायेगा। डेराइस्माइलखां के भयंकर षड्यंत्र को हिंदू कभी न भूलेंगे, चाहे स्वराज्य आवे या जाय, उसकी तो इस समय जरूरत नहीं। इस समय तो हमारे लिए संगठन ही स्वराज्य है। हिंदू-महासभा ही कांग्रेस है। लाला और मालवीय ही

महात्मा गांधी हैं। जब हम पूर्ण संघटित हो जायेंगे,—चाहे दो साल के बाद ही हों, पर होंगे जरूर और जल्दी ही,—तो फिर हमें स्वराज्य के लिए आगे बढ़ते देखकर आपसे आप उन्हें हमारे पीछे चलने के लिए बाध्य होना पड़ेगा। किंतु भविष्य की सारी बातें ध्यान में रखते हुए भी हम भारत के कोने-कोने में बसनेवाले हिंदुओं से बलपूर्वक अनुरोध करते हैं कि वे इस समय सीमा प्रांत के हिंदुओं के दुःखों को अपना दुःख समझें, उनके संकट को अपना संकट समझें, उनके अस्तित्व को हिंदू जाति का अस्तित्व समझें, उनकी सहायता के लिए सर्वदा कटिबद्ध रहें और सीमा प्रांत के आततायियों को तुलसीबाबा की चौपाइयों के उपर्युक्त तीन 'चरण' डंके की चोट सुना दें।

[27.6.1925]

6. पानीपत

राजनीतिज्ञ विद्वान् झट कह दिया करते हैं, ब्रिटिश नौकरशाही में शासन करने की योग्यता नहीं है। हमें उनके कथन पर बड़ा आश्चर्य होता है और उनके सांसारिक ज्ञान पर भी बड़ा तरस आता है। हमारा तो कहना यह है कि अब तक भारतवर्ष के सभी शासक बेवकूफ थे और हमारी ब्रिटिश नौकरशाही अजहद चालाक है। अगर कोई ब्रिटिश नौकरशाही की चालाकी में नुक्ताचीनी करे, तो बेशक हम उसकी टांग के नीचे से निकल जायं। हमारा तो दावा है कि ऐसी चालाक नौकरशाही संसार के इतिहास में ढूंढ़े नहीं मिल सकती। अगर कोई ढूंढ़कर निकाल दें, तो जो कहे सो।

अब चालाकी के सबूत लीजिए। प्रत्यक्ष रूप से तो धार्मिक विषयों में हस्तक्षेप न करने की झांसापट्टी देकर हिंदू और मुसलमान दोनों बुद्धुओं को फंसाया—फंसाया ही क्यों, बंदर का नाच नचाया—और अप्रत्यक्ष रूप से क्या किया, तो कट्टर सनातन-धर्मियों से पूछिये—गोरक्षा-साहित्य का अध्ययन कीजिए—और मक्का-मदीने के भक्तों से भी पूछ लीजिए। है कोई इतिहास में ऐसी चालाक नौकरशाही? कोई बता तो दे!

भारत को प्रांतों के टुकड़ों में बांटकर आपस में ही जुझा मारा—भारत को प्रांतीय स्वार्थों का रंगमंच बना डाला। जहां हिंदुओं की बस्ती अधिक वहां मुसलमान हुक्काम और जहां मुसलमानों की बस्ती अधिक वहां हिंदू हुक्काम! कैसी बारीक सूझ है? मगर जब देखा कि खिलाफत छोड़कर मुसलमान अब हिंदू संगठन के पीछे पड़ गये, तो झट नक्शा बदल दिया—जहां मुसलमानों की बस्ती अधिक, वहां मुसलमान हुक्काम और जहां हिंदुओं की अधिक वहां हिंदू हुक्काम! लीजिए, अब चलिए शतरंजी चाल, एक ही गोटी में मात—पाखाने तक खदेर मारा! बल्कि अब कहीं-कहीं तो ऐसा किया कि मुसलमानी बस्तियों में मुसलमान कोतवाल रखा ही, हिंदू बस्तियों में भी मुसलमान कोतवाल रख छोड़े। फिर क्या? मजहबी झगड़ों की आग ऐसी धधकाई कि इंग्लैंड बैठे तापकर सर्दी दूर कर ली।

अभी हाल में पानीपत के हिंदू-मुसलमानों में जो दंगा हुआ है, इसके लिए अखबारवाले केवल नौकरशाही पर ही सारा इलजाम लगा रहे हैं। कहते हैं कि वहां के डिपटी और कोतवाल आदि सरकारी अफसर मुसलमान हैं, तथा मुसलमानों का पक्ष लेकर नौकरशाही ने वहां के हिंदुओं पर अत्याचार किया है, और अभी तक करती ही जा रही है। लेकिन जो लोग हमारी परम प्यारी नौकरशाही को पक्षपाती और अन्यायी कहते हैं, उन्हें क्या यह मालूम नहीं है कि दो बुद्धुओं को लड़ाने के लिए एक का पक्ष करना कितना जरूरी है? अगर नहीं मालूम हो तो बकवास किया करें। नौकरशाही तो ऐसा ही करेगी—

एक बार नहीं, हर जगह करेगी–जिसे मंजूर हो, वह इस नौकरशाही की सत्ता माने और जिसे मंजूर न हो, वह अपनी राह देखे। अंधेर नगरी में न्याय की दुहाई बिल्कुल बेकार है। कुछ लोग नौकरशाही से कमीशन बिठाने के लिए कह रहे हैं, मगर हम तो नहीं समझते कि कमीशन बिठा देने से ही पानीपत के हिंदुओं का दुःख दूर हो जायगा। अब हिंदुओं के दुःख दूर करने की शक्ति न कमीशन में है और न किसी तरह की शिकायत या फरियाद में। हिंदुओं के सब दुःखों की एक दवा बस हिंदू संगठन है। उसी संगठन के लिए, अभी केवल एक ही जगह नहीं, जहां कहीं मुसलमानों की बस्ती अधिक है, सर्वत्र हिंदुओं को अनेक प्रकार की कठिनाइयों का सामना करना पड़ेगा। हिंदू-संगठन की नींव बलिदान से पक्की होगी। लेकिन जब पक्की हो जायेगी, तब उसकी दृढ़ता के लिए मुसलमानों के सारे अत्याचारों को भूल जाना पड़ेगा! किंतु इस समय तो भूल जाना बड़ा कठिन है। इस समय तो बस वीरतापूर्वक उनके सभी तरह के अत्याचारों का प्रतिकार होना चाहिए। यदि पानीपत के हिंदू पीड़ित हो रहे हैं, तो भारत के प्रत्येक स्थान के हिंदू उनके दुःख से दुःखी और उनके सुख से सुखी होने का व्रत धारण करें। साथ ही, पानीपत के हिंदू भाई भी अपने प्राणों पर खेलकर हिंदुत्व की रक्षा के लिए डटे रहें। जैसे डेराइस्माइलखां के वीर हिंदुओं ने अत्याचारों का स्वागत किया, उसी प्रकार पानीपत के हिंदू भी हिंदुत्व की लाज रखें। हिंदू जाति से सच्ची सहानुभूति रखनेवाली जितनी संस्थाएं देश में मौजूद हैं, इस समय सबके सब पानीपत को ही अपनी चिंता का केंद्र बना लें । पानीपत के हिंदू और उनकी वर्तमान अवस्था से सहानुभूति रखनेवाले सभी हिंदू नौकरशाही या नेताशाही की आशा छोड़कर उस बादशाही का आसरा करें, जो केवल उसी की सहायता करती है, जो अपनी सहायता आप करता है, जिसे उसके सिवा किसी और की सहायता का भरोसा नहीं।

दिल्ली और पंजाब के अखबारों में चौधरी दुलीचंद, डॉ. गोकुलचंद, लाला दुनीचंद, स्वामी श्रद्धानंद और लाला रामप्रसाद आदि के जो पत्र तथा वक्तव्य प्रकाशित हुए हैं, उन्हें पढ़ने से पानीपत के हिंदू भाइयों के दुःख का जो भयंकर चित्र आंख के सामने उपस्थित होता है, वह कोई ऐसा अपूर्व चित्र नहीं है, जिसे इन आंखों ने कभी देखा न हो। ऐसे चित्र देखते-देखते बहुतों की आंखें पथरा गईं। किंतु इससे अधीर या हताश होने की कोई आवश्यकता नहीं। वह समय बहुत दूर नहीं है, जबकि ऐसे चित्र अंकित करनेवालों के हाथ एकदम लाचार हो जायंगे। पर जब तक लाचार नहीं होते, कम से कम तब तक तो जरूर ही उनके अंकित किये हुए चित्रों की ओर सिंह दृष्टि से देखते रहना पड़ेगा। विश्वास है कि पानीपत के हिंदू-भाई चक्रव्यूह में अभिमन्यु की तरह पूर्ण निर्भीकता और साहस के साथ धार पर डट जायेंगे तथा बाहर के हिंदू उनकी सहायता के लिए अविलंब दौड़ पड़ेंगे।

[22.8.1925]

7. खुदाहाफिज!

दर्जनों मनुष्यों की जानें लेकर और कई दर्जन मनुष्यों को अस्पतालों में सुलाकर कलकत्ता का मुहर्रमी मेला समाप्त हो गया। हफ्तों पहले पुलिस कमिश्नर बहादुर ने एक इश्तिहार निकालकर मुहर्रमियों को कानूनी शिकंजे में ऐसा जकड़ा था, जैसे ढीठ केकड़े कभी-कभी बगुलों का गला पकड़ लेते हैं। उस समय पुलिस की सरगर्मी देखकर लोगों ने समझा था कि शायद मुहर्रमुलहराम खैरियत से खतम होगा, गुंडे शांत रहेंगे या सर उठावेंगे तो चपत खायेंगे और शायद अबकी दिलोजान से गुंडई का दमन कर पुलिस भी अपने मुंह की कलंक कालिमा धो डालेगी, परंतु कार्यतः वही टांय-टांय फिस्स! गुंडों को दमन करना तो दरकिनार, उलटे पुलिस ने ही आरमेनियन स्ट्रीट के कई घरों में घुसकर गुंडई का अभिनय करके लोगों को स्तंभित कर दिया। गुंडों ने कह दिया कि कौवा कान ले गया तो किसी पुलिस अफसर ने सत्यासत्य का निर्णय नहीं किया और खिलाफती बदमाशों के साथ हिंदुओं के घरों में घुस गये तथा मनमाना तांडव आरंभ कर दिया। बंद कमरों के ताले तोड़ दिये गये, चीजें इधर-उधर बिखरा दी गईं, साग चीरने की छुरी और छड़ी तक नहीं बचने पाई। कमिश्नर साहब ने आज्ञा दी थी कि मुहर्रम के जुलूस में कोई तलवार, छुरी, कटारी, लाठी, मशाल या आतिशबाजी लेकर नहीं जा सकेगा। यदि शांति भंग होगी तो प्रत्येक दल का सरदार या दलपति उसके लिए जिम्मेदार समझा जायेगा। परंतु, गुंडों ने इस आज्ञा की बाल बराबर भी परवाह न की। उनके पास ईंटों का काफी स्टाक था, किसी मुहर्रमी का हाथ हथियार से खाली न था। स्वामी विश्वानंद ने उनके दल में घुसकर देखा था कि कोई ऐसा मुहर्रमी नहीं था, जो खाली हाथ हो। पटाखे सिगनल या संकेत का काम दे रहे थे और पुलिस पालतू कुतिया की तरह दुम दबाकर उनकी आज्ञा का पालन कर रही थी। पुलिस के सामने उन्होंने दर्जनों मकानों पर ईंटों की वर्षा की, पुलिस के सामने उन्होंने गेंडातालाब के चौराहे पर मिठाई और पान की दूकानें लूट लीं। पुलिस के सामने सेंट्रल एवेन्यू के कई घरों में आग लगाने की चेष्टा की गई। दूसरे दिन पुलिस के सामने बसु-विज्ञान-मंदिर पर हमला किया गया, असिस्टेंट पुलिस कमिश्नर श्रीयुत् नलिनी सेन के मकान पर ईंटों की बौछार की गई, विज्ञान कॉलेज पर आक्रमण हुआ, ब्राह्मबालिका विद्यालय पर आक्रमण किया और गूंगों और बहिरों के स्कूल पर हमला हुआ। इस तरह उन्होंने पग-पग पर अशांति बरपा की, और मनमाने ऊधम मचाते रहे। परंतु पुलिस से कुछ करते-धरते नहीं बना। मुसलमान गुंडे और उनके लीडर

शायद उन्मत्त हो गये हैं, तेरहवीं सदी के सत्यानाश का भूत उनकी खोपड़ी पर सवार है। वे और ही किसी सुखस्वप्न में विभोर हैं, इसलिए विज्ञान-कॉलेज, ब्राह्मबालिका विद्यालय और मूकवधिर विद्यालय आदि सार्वजनिक संस्थाओं पर नीचता और असभ्यतापूर्वक आक्रमण देखकर, मुमकिन है, उन्हें शर्म न आती हो। परंतु ब्रिटिश सरकार तो सभ्य सरकार है, उसे अपनी नेकनीयती, शांतिप्रियता, सभ्यता और सुशृंखलता पर अजहद नाज है। क्या अपनी लाड़ली पुलिस की मौजूदगी में मुसलमान गुंडों का अकांड तांडव देखकर उसे शर्म आई है? हमारे हलधर लाट साहब और भारत के छोटे भाग्यविधाता लार्ड विंटरटन ने अभी हाल में ही इस बात का रोना रोया है, कि लोग व्यर्थ ही सरकार को लांक्षना लगाते हैं। क्या ये दोनों महानुभाव दया करके बतायेंगे कि गत मुहर्रम पर गुंडों ने जो बदमाशियां की हैं उसका जिम्मेदार कौन है? क्या सरकार और उसकी पुलिस की यह घृणित अकर्मण्यता देखकर भी लोग उनके चरणोदक के लिए हाथ फैलाये रहें और गुंडों द्वारा अपमानित होते रहें? यदि सरकार और उसकी पुलिस गुंडों से डरती है, उन्हें दमन करने का दम उनमें नहीं है अथवा किसी राजनीतिक उद्देश्य की सिद्धि के लिए उन्हें सर पर चढ़ा लेना अत्यावश्यक समझती है तो पुलिस कमिश्नर साहब को कोरा सरकूलर निकालकर बहादुरी की डींग मारने की कौन-सी जरूरत पड़ गई थी?

कलकत्ता में आज से नहीं, बल्कि अपरेल के आरंभ से ही गुंडेशाही जारी है। अब तक कई दंगे हो चुके हैं, सैकड़ों जानें जा चुकी हैं और हजारों घायल हो चुके हैं। ऐसी अवस्था में, यदि कलकत्ता पुलिस में कोई अनुभवी मनुष्य होता तो अपनी अभिज्ञता और दूरदर्शिता से काम लेकर पहले से ही सतर्क रहता, न कि एक सरकूलर निकालकर चुपचाप राम के भरोसे बैठा रहता। परंतु यहां तो सारी बहादुरी केवल हिंदुओं को पीसने के समय दिखाई जाती है और गुंडों को गुलछर्रे उड़ाने के लिए छोड़ दिया जाता है। शांति-रक्षा की दुहाई देकर चरकपूजा का जुलूस रोका गया, सिक्खों का जुलूस रोका गया, राजराजेश्वरी का जुलूस रोका गया, परंतु मुहर्रम का जुलूस रोकना तो अलग रहा उसे संयत रखने की भी शक्ति सरकार और उसकी पुलिस में नहीं दिखाई पड़ी। इससे मालूम होता है कि कलकत्ता में अभी बहुत दिनों तक गुंडाशाही जारी रहेगी और नौकरशाही उसकी दुम में तेल लगाती रहेगी। भले आदमियों का खुदाहाफिज!

[24.7.1926]

8. मेल!

भरपेट मूंड़कुटौअल कर करा लेने के बाद, सुनते हैं, यारों को मेल-मिलाप की सूझी है। 'भूतेर मुखे राम नाम' की तरह 'छोलतान' आदि मुसलमानी अखबार भी मेल-मिलाप की चर्चा करने लगे हैं। उधर 'स्टेट्समैन' और 'इंगलिशमैन' आदि गोरे पेपर भी आंखें गुड़ेड़कर कह रहे हैं कि जल्द से मेल कर लो नहीं तो सरकार दाढ़ी-चोटी को कसकर बांध देगी। बड़े लाट साहब ने भी फरमाया है कि यदि खुशी-खुशी मेल नहीं करोगे, तो कागज के पन्ने की तरह गोंद लगाकर साट दिये जाओगे। यही नहीं, शायद किसी सरकारी अनुचर ने भी हिंदू-मुसलिम लीडरों से मिलकर मेल-मिलाप की चर्चा भी छेड़ दी है। इसलिए पियक्कड़ कुलभूषण महामति 'मतवाला' महाराज भी धूलधक्कड़ झाड़कर तथा लंगोटी संभालकर मेल के लिए तैयार हो गये हैं। आम हिंदुओं की तरह इनकी भी राय है कि मेल होना चाहिए और जरूर होना चाहिए। आखिर हाड़मांस की खोपड़ी ही बेचारी कब तक इष्टक-प्रहार बरदाश्त करती रहेगी। इसलिए उसकी भी सोलहों आने यही राय है कि मेल-मिलाप हो जाये! परंतु मेल होना चाहिए, स्थायी—दूध पानी की तरह न कि तेल पानी की तरह!

हिंदू मुसलमानों में मेल-मिलाप की चर्चा बहुत पुरानी है। बड़ी-बड़ी खोपड़ियों ने इस विषय में अपनी करामात दिखाई है, परंतु आज तक किसी को सफलता नहीं मिली। जब कभी मेल का प्रयत्न हुआ है, तभी हिंदुओं ने अतिरिक्त उदारता दिखाई है और मुसलमानों ने उसे हिंदुओं की कमजोरी समझकर, उससे अतिरिक्त लाभ उठाने की चेष्टा की है। इसलिए जो लोग मेल-मिलाप के उद्योगी हैं, वे चाहे सरकार के अनुचर हों या राष्ट्र के हितैषी, उन्हें सबसे पहले इसी बात पर विचार करना चाहिए। हिंदुओं की अतिरिक्त उदारता और मुसलमानों की उससे अनुचित लाभ उठाने की प्रवृत्ति जब तक जीती रहेगी तब तक हिंदू-मुसलमानों में मेल नहीं होगा—नहीं होगा। इसलिए मेल करानेवालों को सबसे पहले दोनों दलवालों की इस पुरानी बेहूदी आदत का मूलोच्छेद कर डालना चाहिए। क्योंकि यही हिंदू-मुस्लिम मेल का प्रथम अध्याय है और इसके कारण आज बात-बात में खोपड़ियों का श्राद्ध हो जाता है। यदि हिंदू दूरंदेशी से काम लें और उदारता को बालायेताक रखकर मुसलमानों की खुशामद से बाज आयें तो शायद मेल के लिए हायतोबा मचाने की जरूरत न पड़े।

कई दिन पहले 'स्टेट्समैन' में मेल-मिलाप संबंधी कुछ शर्तें छपी थीं। उनका आशय यह था कि जिस स्थान पर गोहत्या करने से हिंदुओं की दृष्टि को कष्ट

पहुंचता हो वहां मुसलमान गोहत्या न करें, शहर में जहां मुसलमानों की बस्ती है वहां की मसजिदों के सामने हिंदू बाजे न बजायें, अन्यान्य स्थानों में जहां हिंदू अधिक हैं या मुसलमानों के बराबर हैं, वहां सिर्फ निमाज के समय बाजे न बजने पायें। 'स्टेट्समैन' नीम-सरकारी पेपर है, इसलिए मुमकिन है सरकार के इशारे से ही ये शर्तें उसने प्रकाशित की हों। साथ ही यह भी मुमकिन है कि आपस में किसी प्रकार का समझौता न होने पर सरकार ऐसा ही कोई कानून बनाकर बलपूर्वक मेल कराए। इसलिए हिंदू नेताओं को खूब सावधानी से काम लेना चाहिए। अपनी स्वाभाविक उदारता या सरकार के भय से भयभीत होकर ऐसी शर्त न स्वीकार कर लेनी चाहिए, जो हिंदू-हितों की घातक हो। बाजे का प्रश्न बिल्कुल आधुनिक और केवल हिंदुओं को दबाने के लिए उठाया गया है। केवल हिंदू ही नहीं, इंसाफ-पसंद और ईमानदार मुसलमानों ने भी स्वीकार किया है कि कुरान या हदीस में कहीं भी बाजे की मुमानियत नहीं है। केवल हिंदुओं को सताने के लिए, उनकी खोपड़ी की मरम्मत करने के लिए यह बहानेबाजी ढूंढ़ निकाली गई है। इसलिए मेल-मिलाप के पंडों को यह बात कदापि न भूलनी चाहिए कि हिंदू अपना बाजा बजानेवाला अधिकार छोड़कर या उसे खर्ब करके मेल करने की गंदी आदत से बाज न आयेंगे, तब तक कोई आत्माभिमानी हिंदू मेल के लिए तैयार न होगा।

बाजे की तरह गोहत्यावाला प्रश्न भी बिल्कुल कृत्रिम और हिंदुओं को कष्ट देने के लिए खत्म किया गया है। कोई खुदापरस्त ईमानदार मुसलमान नहीं कह सकता कि मुसलमानों के लिए गोहत्या करनी अनिवार्य है। आज भी हिंदुस्तान में बहुत से ऐसे मुसलमान मौजूद हैं जो गोहत्या नहीं करते और न गोमांस खाते हैं। मुसलमानों ने जान-बूझकर हिंदुओं का दिल दुखाने के लिए गोहत्या को अपना धार्मिक कृत्य बना लिया है। इसलिए छिपाकर या प्रगट रूप से जब तक गोहत्या इस देश में होती रहेगी तब तक हिंदू-मुसलमानों में प्रकृत मेल नहीं होगा। यह बात अभी अप्रिय सत्य है। इस पर पर्दा डालकर जो मेल-मिलाप होगा, उसकी नींव सदा कमजोर रहेगी और उस पर बनी हुई इमारत एक न एक दिन अवश्य ही भहराकर गिर पड़ेगी। मुसलमानों की इस वाहियात जिद्द के कारण भारत का गोवंश ध्वंस हो रहा है, गोरस दुर्लभ हो रहा है। आज यदि मुसलमान अपने अनुचित हठ से बाज आयें और गोहत्या छोड़ दें तो गोरों की उदरदरी भरने के लिए जो गायें काटी जाती हैं, वह बात की बात में रोक दी जा सकती हैं। यदि मुसलमान अपनी हठधर्मी के कारण गोहत्या को अपना धार्मिक कृत्य न बनाते तो सारे हिंदू इस प्रयत्न में लग जाते कि इस देश में गोहत्या न हो। इसलिए गोरों की उदरपूर्ति के लिए जो गायें हलाल की जाती हैं, उसके कारण भी परोक्षभाव से मुसलमान ही हैं।

फलतः 'स्टेट्समैन' में मेल-मिलाप की जो शर्तें प्रकाशित हुई हैं, वह बिल्कुल एकतर्फी, अन्यायपूर्ण और हिंदुओं के हितों की घातक हैं। ऐसी किसी शर्त पर मेल-मिलाप की आशा करनेवाले चाहे वे परम पंडित और बड़े बुद्धिमान क्यों न हों, मतवाला राम की दृष्टि में एक दुधमुंहे बबुआ से बढ़कर वकअत नहीं रखते।

सुना है कि हमारे बड़े लाट साहब बड़े सहृदय और उदार पुरुष हैं। उनकी आंतरिक इच्छा है कि हिंदू-मुसलमान पारस्परिक कलह छोड़कर प्रेम और सद्भाव से रहें। इसके लिए आप प्रयत्नशील भी हैं। हम उनकी इस शुभैषणा के लिए उन्हें कोटिशः धन्यवाद देते हैं। प्रजा के पारस्परिक कलह को मिटाकर देश में शांति रखना ही प्रकृत शासक का कर्त्तव्य है। ईश्वर लाट साहब की इस सद्प्रवृत्ति को अंत तक कायम रखे। परंतु यदि वे मेल कराना चाहते हैं, तो उन्हें पूरी संजीदगी के साथ इस बात की जांच करनी होगी कि इस विवाद का मूल क्या है और किसने पहले उसका सूत्रपात किया है। यदि हिंदू-मुसलमानों के सौभाग्य से उन्हें इस बात का ठीक-ठीक पता लग जाये तो उन्हें इंसाफ और दृढ़ता से काम लेकर इस कलह की जड़ को ही मिटाने की चेष्टा करनी चाहिए। केवल किसी के धार्मिक कृत्य में हस्तक्षेप न करने की दुहाई देकर हिंदुओं के हितों की हत्या करने से मेल नहीं होगा। हिंदू मुसलमानों की बहुत नाजबरदारी कर चुके हैं, अब वे किसी के अबरुए खमदार से भयभीत होकर अपने अधिकार नहीं छोड़ेंगे क्योंकि वे अब वास्तविक मेल चाहते हैं।

[31.7.1926]

9. मुझे हंसने दो!

ही ही ही ही, हू हू हू हू हू, हा हा हा हा! खी खी खी खी, खू खू खू खू, खा खा खा खा, उफ! मारे हंसी के दम घुटा जा रहा है। पेट फूलकर मिस्टर जॉनबुल के पापों का गट्ठर-सा हुआ जा रहा है। बरसों से, कांख-कांखकर इस बात की कोशिश कर रहा हूं कि इस हंसी को रोकूं; मगर, यह मूं-चढ़ी मानती ही नहीं; ब्रिटिश-कांजरवेटिवों की पर-धन पिपासा की तरह दिन दूनी और रात चौगुनी बढ़ती ही जा रही है।

ही ही ही ही, हू हू हू हू, अर्रर्र! देखो न अब सभी उसी ओर ताक रहे हैं जिस ओर मैं—याने महामहिमामंडित मानववर 'मतवाला' महाराज महोदय महाशय—अपने जनम से दस बरस पहले से ताक रहा हूं। अब सभी की खोपड़ी की हांडी में, समय की तीव्र आंच में, वही एक ही अंचार पक रहा है। अब सभी की एक आंख में दाढ़ी और दूसरी में चोटी नाच रही है। राष्ट्रीयता—हमारे चंद 'विचारमान' लीडरों की प्राणप्यारी और दुलारी मायामयी 'राष्ट्रीयता'—एक कोने में निर्जीव-सी खड़ी सिसक रही है। अहिंसावाद और असहयोग और कल्पित दाढ़ी-चोटी-गठबंधन दूसरे कोने में बैठे पछाड़ खा-खा कर रो रहे हैं—और; चारों ओर मार-काट, ध्वंस-विध्वंस, रुंड-मुंड, छुरी-छुरे, डंडे-भाले, बंदूक-तमंचे, आनंदविभोर होकर, गद्‌गद और रोमांचित होकर, नाच रहे हैं। कैसा जमा हुआ भयानक-स्वर है, कैसी मंजी हुई अद्‌भुत गति है। इस भीषण-तांडव ने दर्शकों पर कैसा आत्म-विस्मृतिकारी प्रभाव डाला है। देश के सारे लीडर, लीडरतर और लीडरतम कैसे 'घोंचू' और 'उजबक', कैसे 'कोंपर' सिद्ध हुए हैं कि—हा हा हा हा! उफ! हंसी रुकती नहीं। पेट में बल पड़ गये। आंखों में आंसू आ गये!

नन्हीं-नादान, भोली-अनजान, देश के कोन-कोने में कल्पित-क्रांतिकारियों के हथियार पकड़ने वाली और उन्हें बरबस अपनी उन्मत्त राक्षसी, खूनी, भुजाओं में कसनेवाली हमारी विलायती बीबी नौकरशाही ने अगर चाहा होता तो भारत के रंगमंच पर यह दाढ़ी-चोटी महाभारत कदापि न छिड़ता। मगर, वह तो अपने सगे चहेते क्रांतिकारियों के लिए दरबदर की खाक छानने में मशगूल थीं। उन्हें इतनी फुर्सत कहां कि वह सम्राट की प्रजा हिंदू-मुसलमानों के घर में—अपने तुच्छ स्वार्थों के लिए—आग लगानेवालों को, अपने प्राण-धन खुफियावालों से ढुंढ़वातीं। फल वही हुआ जिसे दुहरा-दुहरा कर मैं बरसों से लोट-पोट हो रहा हूं। स्वार्थियों के हृदय की आग, सहस्र-सहस्र चिनगारियों में विभक्त होकर, धरम और मजहब की पुकार के कागजी-लिफाफों में बंद होकर, देश के कोने-कोने में फैल गई। डंडे-छुरे, हत्या और

घात-प्रतिघात नाच उठे! मेरी हंसी में बड़े जोर का तूफान आ उठा!

हा हा हा हा! वायसराय महोदय ने हिंसा के इस उग्र तांडव पर, देश की प्रायः सभी 'बड़ी' खोपड़ियों की उपस्थिति में, शिमला-शिखर पर, बड़ा कारुणिक, बड़ा मार्मिक, हृदय को सिर से पैर तक पिलपिला देने वाला, भाषण दिया है। उन्होंने भरे हुए गले से, भरी सभा में, फर्माया कि अट्‌ठारह महीनों के भीतर इस देश में, इस दाढ़ी-चोटी महाभारत में, ढाई सौ से लेकर तीन सौ तक आदमी शहीद या बलि हो गये और कोई ढाई हजार हिंदू-मुसलमान घायल घर के अतिथि हुए। वाह! वाह!! नौकरशाही शासन के नखरों-तिल्लों की कैसी धवल और विषद विरदावली है। उधर सीमांत प्रदेश से सम्राट की शांत हिंदू-प्रजा धर्म के धमधूसरों द्वारा पीड़ित की और निकाली जा रही है। सेना और मशीनगनों पर इतरानेवालों की जय हो! कलकत्ता के गत भीषण दंगे में, बीबी नौकरशाही की प्रेममयी मधुर और मनोहारिणी उत्तरदायित्वहीनता ने गुंडों को राह चलतों के पेट में छुरे घुसेड़कर 'हा हा हा हा' करने का ऐसा सुंदर चस्का लगा दिया कि अब देशभर के गुंडे खुले-खजाने छुरा-घुसेड़-राग अलाप रहे हैं। कलकत्ता की हवा दिल्ली की गलियों में और दिल्ली की गलियों की हवा लाहौर और कानपुर-बरेली के कूचों में खून की होली का संदेशा दे चुकी और दे रही है। शासन का कैसा प्रहसन है! हा हा हा हा!

तंजीमी नेता चौंके हैं और तबलीगी भी; संगठनी नेता कनमनाये हैं और आर्यसमाजी भी; मगर, मुझे यह सब अच्छा नहीं मालूम पड़ता। मैं तो नेताओं के इस शांति के घूंघट में भी किसी भावी-भयानक अशांति का छाया देख रहा हूं। इसी से मुझे हंसी आ रही है। मैं हंसूंगा, बोलो मत; मुझे हंसने दो।

घर जल रहा है; हा हा हा! विधवाएं कराह रही हैं; हा हा हा! बच्चे सिसक रहे है; हा हा हा! माताएं मर रही हैं; हा हा हा! कूटनीति नाच रही है; हा हा हा! देश तबाह हो रहा है; हा हा हा! हमारा सर्वनाश हो रहा है; हा हा हा! बोलो मत! बड़ा मजा आ रहा है। मुझे हंसने दो!

[3.9.1927]

10. मेल का खेल!

इस भाग्यवान् देश के सर्वगुणसंपन्न नेताओं की गुणावलियों को यदि महाकवि व्यास भगवान् 'डिक्टेट' कराने बैठें और लंबोदर गणेशजी लिखने बैठें; तो अपने राम का तो रुपये में साढ़े-सोलह आने यही विश्वास है कि, दो-के-दोनों को चारों खाने चित्त असफलता का लाभ होगा। हमारे नेता नेता नहीं, चलते-फिरते अजायबघर हैं। जहां और जब जैसी जरूरत देखते हैं तहां और तब वैसी ही पुड़िया—अपनी खोपड़ी रूपी भानमती की पिटारी से बाहर पटक-मारते हैं।

वह इन नेताओं की ही जबरदस्त खोपड़ी है जिसने कभी तिल को ताड़ का रूप देकर और कभी पहाड़ को राई-सा बताकर इस देश में फूट और वैमनस्य की आग सुलगा दी है। यही लोग बुजुर्ग अल्ला मियां के स्वयं निर्वाचित प्रतिनिधि हैं। खुदा और परमेश्वर के पेट की एक-एक बात, उनके माथे का एक-एक शिकन, उनकी आंखों के रंग की एक-एक तब्दीली, न तो देश के सूफियों, फकीरों और खुदा-परस्तों को दिखाई पड़ती है और न साधु-संतों या योगी-महात्माओं को। फिलहाल खुदा और परमेश्वर की आज्ञाओं, इच्छाओं और समय-समय के भावों का ठेका इन नेताओं के ही हाथों में है। यह प्रसन्नता की बात है।

इधर पखवारों से देश के कोने-कोने से 'मेल' की पुकार सुनाई पड़ रही है। जरूर वह पुकार जनता के गले से नहीं, हमारे भाग्यों के सूत्रधार नेताओं के गले से निकली हुई है। साधारण लोगों की समझ में अगर मेल की बात आ गई हो तो, वह इस मेल-'मंथ' में; कानपुर, बरेली, अहमदाबाद, नागपुर, यहां और वहां, एक दूसरे से 'कुकुर-चोंथाव' न करते, एक दूसरे की खोपड़ी न थूरते, दूसरे के प्राणों को शरीर पिंजर से बरबस मुक्त करते न दिखाई पड़ते। यह मसजिद और बाजा, यह शुद्धि और तबलीग, यह ले और दे आदि के विचार, जनता के मौलिक विचार नहीं हैं। हमारे नेताओं ने जनता के हृदय में उक्त विचारों को समय-समय पर ठूंस-ठूंस कर भर दिया है। जनता जड़ होती है। एक बात को ग्रहण कर फिर उसे जल्द ही छोड़ देना उसे नहीं आता। इसीलिए शिमला-शिखर के मेल-महोत्सव की कलकल रागिनी कानपुर-नागपुर आदि स्थानों के या सर्व-साधारण के कानों तक नहीं पहुंची। इसीलिए नेता वहां मेल-मेल पुकारते रहे और जनता अपनी-अपनी जगहों पर वही पुरानी रागिनी छेड़ती रही। मगर, मालूम पड़ता है अब दोनों दल के नेताओं का रोजगार बिना मेल के—चाहे वह क्षणिक और कूट मेल ही क्यों न हो—चल नहीं रहा

है। तभी वे बहुत परेशान दिखाई पड़ते हैं। देश के कोने-कोने से झपट-झपटकर, स्वदेश और स्वजाति के लिए—रास्ते के पहाड़ों और नदियों, टीलों और खाइयों का विचार न कर, अनेक कष्ट झेलकर, रेल के फर्स्ट क्लास के डिब्बों की सांस सहकर, शिमला में एकत्र होते हैं। बल्कि, कल तक प्रायः सभी बड़े नेता वहां पहुंच गये होंगे। अब सुलह पर, दाढ़ी-चोटी के अखुल गठबंधन पर, बहसें और तकरीरें होती होंगी।

इच्छा होने पर भी, इस विषय पर हम, इस समय, कुछ अधिक नहीं कहना चाहते। इसका एक जबरदस्त कारण यह है कि नेतृ-मंडली सबसे अधिक हम अखबारवालों पर ही नाराज है। उसने अपने मेल विज्ञापनों में हमारे चुप रहने पर बड़ा जोर दिया है। और स्वयं हम भी चुप रहना ही अच्छा समझते हैं। गुलाम देश के नेताओं का असफल नृत्य चुपचाप रहकर देखने में ही बड़ा मजा मिलता है। मगर, फिर भी, एक बात कहे बिना हमारे पेट का फूलना न बंद होगा। वह बात यह है कि यदि हमारा प्रत्येक मेल-पंथी नेता—मेल-मीटिंग में कुछ बोलने से पहले—अपने हृदय पर का कूट परदा नहीं हटा देगा तो मेल होना गैरमुमकिन है। अगर नेताओं ने मेल की जरूरत महसूस की है तो उन्हें सच्चे हृदय से पहले अपने भीतर की सफाई कर लेनी होगी। दोनों दलों के भावों पर उदारतापूर्वक, सच्चे हृदय से, देश की मंगलकामना से प्रेरित होकर, विचार करने से ही अब काम चलेगा। और, यदि ऐसा नहीं हुआ। हमेशा की तरह खींच-तानकर केवल प्रस्ताव ही 'पास' और 'फेल' हुए; तो, इस बार का मेल भयानक खेल का रूप अवश्य धारण कर लेगा।

इस बार मेल-खेल में असफलता मिलने पर इस देश से नेताओं का, जनता का और इस शस्यश्यामला वसुंधरा का भविष्य किस रंग में रंग जायगा, इसकी कल्पना भी भयानक है!

[17.9.1927]

राजशाही

पराधीन भारतीय समाज जहां ब्रिटिश साम्राज्यवाद के कठिन दमन में दबा था वहीं सामंती राजशाही के निर्मम शोषण का भी शिकार था। इस दोहरी व्यवस्था में कराहते जनजीवन की पीड़ा को हिंदी पत्रकारिता ने सशक्त स्वर दिया। हिंदी पत्रकार श्री विजयसिंह 'पथिक' ने अपने शानदार प्रतिरोध से सबका ध्यान आकृष्ट किया। 'कूपमंडूक', 'पींजड़े में शेर', 'अलवर-हत्याकांड', 'चुल्लू भर...में डूब मरो' तथा 'सबसे पहले उत्तर हम देंगे!'—ये अग्रलेख अलग-अलग मसलों के, लेकिन राजशाही पर ही केंद्रित हैं। इनमें राजशाही के कठोर दमन का अलक्षित संसार उद्घाटित है। 'सीकर' राज्य की अंदरूनी पड़ताल जिस तरह की गई है—उसके आईने में हम चाहें तो पूरी तत्कालीन राजशाही का अनुमान लगा सकते हैं। विजयसिंह 'पथिक' का उदयपुर की सामंतशाही को दी गई चुनौती का वीरोचित स्वागत 'मतवाला' की जनप्रतिबद्धता की शानदार मिसाल है। पथिकजी सिर्फ हिंदी के पत्रकार भर नहीं थे, बल्कि वे असाधारण जीवट के क्रांतिकारी किसान नेता भी थे। उनके ऐतिहासिक, राजनीतिक और पत्रकारिता के कार्यों के स्मृति-महत्त्व का अहसास हमें आज भी रोमांचित कर देता है। दुर्भाग्य से ऐसे दुर्धर्ष योद्धा, आज इतिहास की ओट में कर दिये गये हैं। बस्तर की राजकुमारी के साथ ब्रिटिश हुकूमत के सलूक को लेकर जैसी उत्तेजक और जातीय ललकार से भरी भाषा का प्रयोग है उसका जोश और साहस हमें खास तौर से आकृष्ट करता है। निःसंदेह इसमें क्षत्रियत्व को लेकर जिस तरह की भाषा-शैली का प्रयोग हुआ है उसमें समझ और वैचारिकता तो थोड़ी कमजोर जरूर लगती है, परंतु भाव और नीयत असंदिग्ध हैं। महत्त्वपूर्ण तथ्य राजशाही का जनता के साथ सलूक और राजशाही के साथ ब्रिटिश साम्राज्वाद के सलूक-संबंधों पर प्रत्यक्ष पड़ती रोशनी है। साम्राज्यवादी पालतू राजशाही से शातिर खेल करते उनके शासकों को गद्दीनसीन ही नहीं करते थे, बल्कि गद्दी से उतारते भी थे। सन् 1857 के स्वाधीनता आंदोलन में सामंती ताकतों के विरुद्ध ब्रिटिश शासन की प्रगतिशीलता प्रमाणित करने की जनद्रोही कोशिशों को, यह भी देखना चाहिए कि साम्राज्यवादी ताकतों का भारतीय राजशाही से वास्तविक रिश्ता क्या था?

1. कूपमंडूक

'भोदू भाव न जाने—पेट भरे से काम।' हमारे अधिकांश देशी नरेशों की आजकल ठीक यही दशा है। सारे संसार में बीसवीं शताब्दी बीत रही है, परंतु इनके यहां वही बाबा आदम के वक्त का दकियानूसी युग चला आ रहा है। इनके राज्यों में घोर अन्याय होता है, कुपोष्य कर्मचारी भोली-भाली अशिक्षित प्रजा का रक्त चूस लेते हैं, दिन-दहाड़े कभी-कभी ऐसे घृणित पैशाचिक कांड हो जाते हैं जिनकी कथा सुनकर दिल दहल जाता है, शरीर के रोंगटे खड़े हो जाते हैं, घृणा और लज्जा से सिर नीचा हो जाता है, परंतु इन लक्ष-लक्ष प्रजा के दंडमुंड के विधाताओं को कुछ खबर ही नहीं होती। प्रजा का हाड़ चूसकर कोषागार भरना, दोनों वक्त छप्पन प्रकार का व्यंजन गटकना, बुलबुल-बटेर की लड़ाई देखना, शराब-कबाब उड़ाना, ऐशोआराम करना, जड़ाऊ गहनों से अपने कमनीय कलेवर की शोभा बढ़ाना, और आंखों में सुरमा लगाना, बस यही इनका राज्योचित कर्त्तव्य, क्षत्रियत्व, वीरत्व प्रजापालन और राज्य शासन है। मानो विधाता ने केवल सुख भोगने और अंत में मर जाने के लिए ही इन्हें बनाया है। इनमें से कोई-कोई कभी बहुरूपियों की तरह जड़ाऊ गहने और ताशबादला का चोगा पहनकर योरुप जाते हैं, तो वहां वालों के दिल बहलाव के लिए एक सामग्री मिल जाती है और जिस तरह कलकत्ते की साम्राज्य प्रदर्शनी में लोग सींगवाला आदमी देखने के लिए टूट पड़ते हैं। वास्तव में ये अद्‌भुत दिमाग के राजे देखने की ही चीज होते हैं। ये विलायत से मेम ब्याह लाते हैं, तरह-तरह की विलास सामग्री बटोर लाते हैं, अंग्रेजों के कितने ही अवगुण सीख आते हैं, परंतु वहां की सुंदर, सुगठित शासन-प्रणाली इनके दिमाग में किसी तरह नहीं धंसती। मालूम नहीं, इन आमोद-प्रमोद प्रिय, विलासी नरेशों की आंखें कब खुलेंगी। कब इनके देश में सुधरी हुई शासन-प्रणाली का प्रचलन होगा, कब ये प्रजा की भलाई के लिए, प्रजा की उन्नति के लिए, अपना राज्योचित कर्त्तव्य पालन करने के लिए तैयार होंगे?

राजपूताना में, जयपुर राज्य के अंतर्गत 'सीकर' नाम का एक बहुत पुराना और प्रतिष्ठित राज्य है। सुनते हैं, सीकर के रावराजा साहब बड़े बुद्धिमान, उदार और प्रजावत्सल नरेश हैं, परंतु आये दिन अखबारों में आपके राज्य की, राजकर्मचारियों की, न्यायाधीशों की और पुलिस की जो विलक्षण कीर्त्ति-कथा छपा करती है, उसे पढ़कर तो यही कहना पड़ता है, कि हे नारायण! यह राज्य है, या मदारी मियां की झोली? यहां के कर्मचारी मनुष्य हैं, या स्वार्थ की प्रतिमूर्ति, यहां का कानून

सभ्यतानुमोदित कानून है या बर्बरोचित कुव्यवस्था? मालूम नहीं सीकर राज्य की तरह 'अंधेर नगरी' पृथ्वी पर कहीं और है या बूढ़े विधाता ने अपना कमाल दिखाने के लिए यही पहली सृष्टि की है? अब जरा इस अद्‌भुत राज्य की विलक्षण शासन-प्रणाली की कथा सुन लीजिए। आजकल सीकर में न्याय की बिक्री होती है। जिस तरह कुछ अर्थ लोलुप दाम देकर लड़कियां बेच देते हैं, हिंदू नामधारी चांडाल कसाइयों के हाथ गायें बेच देते हैं, उसी तरह सीकर के न्यायाधीश यथोचित् मूल्य पर अपराधियों के हाथ न्याय बेच देते हैं। आमदनी हो या न हो, रोजगार चलता हो या बंद हो, व्यवसाई व्यवसाय करता हो, या भूखों मरता हो, इनकम टेक्स जरूर वसूल कर लिया जाता है। प्रजा के दखल में जमीन हो या न हो पर मालगुजारी कड़ी से कड़ी ले ली जाती है। इस रक्तशोषिणी प्रथा का नाम है, 'बिना बाई का हासल!' बिना बाई का हासल चुकानेवाला यदि देश छोड़कर अन्यत्र चला जाये और कुछ वर्षों के बाद लौटकर आये तो उसकी गैरहाजिरी की मालगुजारी या लगान, उससे कौड़ी-कौड़ी वसूल कर ली जाती है। कहिए, कैसी हराम की आमदनी है! हाड़-मांस समेत प्रजा को कच्चे चबा जाने का कैसा सुंदर तरीका है। 'मुफ्त की गंगा और हराम का गोता' का कैसा ज्वलंत उदाहरण है! अपने राज्य में 'टका सेर भाजी और टका सेर खाजा' बिकवानेवाला, 'अंधेर नगरी' का 'बेबूझ राजा' बेचारा नाहक बदनाम है! 'बिना बाई का हासल' वसूल करनेवाली शैतान प्रजा के सामने 'टका सेर भाजी और टका सेर खाजा' वाली पुरानी, काल्पनिक प्रथा की क्या बिसात है? उस प्रथा का परिचालक तो साफ कह सकता है कि—

"ऊंचे ऊंचे मुजरिमों की पूछ होगी हश्र में।
कौन पूछेगा मुझे, मैं किन गुनहगारों में हूं!"

परंतु सीकर के शासनकर्त्ता से जब धर्मराज पूछेंगे, कि क्यों दोस्त! 'बिना बाई का हासल' के मानी दारद? तो क्या जवाब देंगे, उनका धर्म और ईमान जानें।

अच्छा जनाब, अब सीकरशाही के अलौकिक न्याय का भी एक छोटा नमूना ले लीजिए। सन् 1921 की तीसरी मार्च को मुसम्मात मरियम मार डाली गई। मामला अदालत गया। गवाही-शहादत हुई। मालूम हुआ, कि कई औरतें मरियम को व्यभिचार के लिए बहका लाई थीं। परंतु उसने यह सत्कर्म स्वीकार नहीं किया इसलिए छत पर से ढकेल दी गई। परंतु अभागिनी का प्राण-पखेरू उसकी देह-पिंजर में भटकता ही रह गया और उसे शीघ्र निकाल बाहर करना जरूरी था, क्योंकि मरियम जी कर सारा किस्सा कह सकती थी। इसलिए उसे जहर की गोलियां खिला दी गईं! बेचारे मरियम के प्राण को देह-पिंजर से निकलकर भाग जाने के लिए बाध्य होना

पड़ा। इधर पुलिस ने रिपोर्ट दी, कि मरियम को कटहे कुत्तों ने भगाया था। वह दौड़कर एक डेढ़ हाथ ऊंचे चौतरे पर चढ़ गई और उस पर से गिरकर कांच की पुतली की तरह चूर-चूर हो गई! बस अदालत ने यह बात मान ली। मामला खारिज कर दिया गया। न्यायाधीश और पुलिस ने रुपयों का तोड़ा घर में रखकर मूंछों पर ताव दिया। बेचारा न्याय सीकरशाही के नाम को रोता रह गया। अब सुनते हैं, बासी कढ़ी में उबाल आया है। मरियम की मृत आत्मा ने न्याय के लिए एक बार और जोर मारा है। इधर चांदी की जूतियां भी तैयार हैं। मामला बेढब आ पड़ा है। न्याय बेचारे की जान महासंकट में पड़ी है, देखिए अबकी ऊंट किस करवट बैठता है। दूसरी घटना प्रायः चार वर्ष पुरानी है। किसी महाब्राह्मण को किसी ने तलवार से मार डाला। खूनी पकड़ा गया। अदालत में अपराध स्वीकार कर लिया। परंतु इससे अदालत को क्या लाभ होता? इसलिए न्याय नीलाम पर चढ़ा दिया और खूनी ने नकद 1700 रु. में उसे खरीद लिया। मामला डिसमिस!!! कहिए न्याय का ऐसा अद्भुत व्यापार संसार में और भी कहीं सुनने में आया है! जो राजपूताना अपने न्यायविचार और वीरत्व के लिए एक दिन सारे संसार में विख्यात था, उसी की छाती पर सीकरशाही का यह उल्लंध नृत्य हो रहा है। वास्तव में सीकर की रामकहानी बड़ी ही अद्भुत, बड़ी ही विचित्र और बड़ी ही रोचक है। उसका एक छोटा से छोटा अध्याय सहृदय जनों को रुला देने के लिए, आश्चर्य में डाल देने के लिए काफी है। इस अजीबोगरीब राज्य में पुलिस विभाग का ठीका दिया जाता है ठीकेदार निर्दिष्ट रकम राजकोष में देकर, इस विभाग से मनमानी आमदनी करता है। खून पचा देना, भ्रूण हत्या करा देना, दोषी को निर्दोष और निर्दोष को दोषी बनाकर पैसे वसूल करना पुलिस ठीकेदार का प्रधान उद्देश्य है। क्या करें, रोजगार ठहरा, पैसा उपार्जन न करें तो काम कैसे चले! पुलिस का ठीका बंद कराने के लिए प्रजा ने बहुत हाथ-पैर मारा, खूब पंख फटफटाया, राव-राजा तक आवेदन-निवेदन पहुंचाया गया। परंतु प्रजा की भलाई के लिए राज्य और राजकर्मचारियों की आमदनी में जानबूझकर खलल डालना भला कैसे मुमकिन था? इस सत्यानाशी प्रथा के कारण चोरी होती है, परंतु इससे क्या मतलब! हराम के माल से तिजोरी तो भरती है।

पाठकप्रवर! सीकरशाही की दास्तान बड़ी लंबी है। उसका सम्यक् वर्णन 'मतवाला' तो क्या 'मतवाला के बाप' के लिए भी संभव नहीं है। यदि विधाता ने आपको पत्थर का कलेजा दिया हो और आपको पूर्ण भरोसा हो कि वह सीकरशाही की वीभत्स दास्तान सुनकर भी टूक-टूक नहीं हो जायेगा तो 'विश्वमित्र' और 'स्वतंत्र' की दो हफ्ते की फाइलें टटोल जाइए। सच कहता हूं ऐसी रोमांचकारी कहानी आपने कभी न सुनी होगी। सीकर राज्य में टके के लिए क्या नहीं होता। ऐसा कौन-सा

महापाप है, जिसे टके के लिए सीकर के राजकर्मचारी नहीं कर डालते! जुआ तो सीकरराज की आमदनी की जान है। इस महापुण्यकार्य द्वारा प्रतिवर्ष प्रचुर धन से राजकोष की वृद्धि होती है, राजकर्मचारी मालामाल हो जाते हैं, प्रजा का सत्यानाश होता है, प्रजा दिवालिया बनती है। ये जुए के ठीकेदार इजारदार कहलाते हैं। इनसे राजकर्मचारियों को, पुलिस को और राज को खासी आमदनी होती है। इसलिए ठीका पुलिस और अमले उन्हें अपने बाप से भी बढ़कर मानते हैं। इन इजारदारों के आमाल भयंकर कुत्सित कर्मों से भरे हैं। ये बटुक-विलासी होते हैं, व्यभिचारी होते हैं, जुआरी होते हैं, दुराचारी होते हैं, गुंडे होते हैं और संडमुसंडे होते हैं। ये सब प्रकार के पापाचार अनायास ही कर डालते हैं। यहां तक कि खून करने पर भी इनका कोई कुछ नहीं बिगाड़ सकता। इन पर कितने ही लड़कों और स्त्रियों के खून तक का इलजाम लग चुका है। बलात्कार तो इनके बायें हाथ का खेल है। परंतु ये सीकर राज्य के कलंक निर्द्वंद्व आनंद करते हैं।

सुनते हैं, इन सत्यानाशी प्रथाओं के लिए सीकर नरेश की सेवा में आवेदन निवेदन भी किया जा चुका है परंतु अभी तक प्रतिकार की कोई तदबीर होती नहीं दीखती। इसलिए कुछ लोग इसे जयपुर नरेश के कानों तक पहुंचाना चाहते हैं। अच्छी बात है पहुंचावें। परंतु मेरी समझ में केवल आवेदन-निवेदन से विशेष प्रतिकार न होगा। इस कुप्रथा के मूलोच्छेद के लिए आत्मोत्सर्ग करनेवाले सच्चे वीरों की आवश्यकता है। जयपुर, सीकर, फतेहगढ़ और लक्ष्मणगढ़ आदि के बहुत से मारवाड़ी कलकत्ता में रहते हैं, उनमें जो शिक्षित और देशप्रेमी हों, जिनकी आत्मा में बल और हृदय में दृढ़ता हो, जो अपने देश और अपनी जाति को, इस अमानुषिक अत्याचार से बचाने के अभिलाषी हों, उन्हें यह कार्य अपने हाथ में लेना चाहिए और निडर भाव से जयपुर राज्य के प्रत्येक नवयुवक को उत्साहित करके एक सुसंगठित सेवक संघ तैयार कर डालना चाहिए। दकियानूसी ख्याल के कूपमंडूकों की कुंभकरणी निद्रा भंग करने के लिए तुमुल आंदोलन की जरूरत है। जो बहुत दिनों से इस तरह की घृणित प्रथाओं का आश्रय लेकर अर्थोपार्जन कर चुके हैं और करते हैं, वे सहज ही नहीं मान जायेंगे। तीव्र आंदोलन द्वारा इसके लिए उन्हें विवश करने की जरूरत पड़ेगी। खून का स्वाद पा जाने पर हिंसक जंतु सहज ही निरामिषभोजी नहीं बन जाते। उन्हें शाकाहारी बनाने के लिए उनके दांतों को तोड़ देने की आवश्यकता है। उत्साही वीरों को खम ठोंककर मैदान में आ जाना चाहिए। तभी वे कूपमंडूक मानेंगे।

[7.6.1924]

2. पींजड़े में शेर

सत्रह महीने से उदयपुर की विशेष अदालत गर्भवती थी। गत ता. 11 फरवरी को उसके गर्भ में 'रावण' का जन्म हुआ! ता. 10 सितंबर 1923 को, वर्जित पत्र और पुस्तकें रखने के अपराध में गिरफ्तार किये गये 'पथिकजी' के मुकदमे का फैसला उसी दिन सुना दिया गया! राजस्थान-सेवा-संघ के अध्यक्ष, राजस्थानी प्रजा के वीर उद्धारक, बिजौलिया-सत्याग्रह के आदर्श संचालक और देशी रियासतों के सच्चे शुभचिंतक श्रीयुत् राष्ट्रीय पथिकजी आज मेवाड़ के बंदीगृह में मेहमान हैं। हमारे एक राजस्थानी सहयोगी का खयाल है कि यह निर्णय कानून की दृष्टि से न्यायसंगत नहीं कहा जा सकता। किंतु हमारा खयाल है कि जो अदालत एक राजनीतिक अपराधी को सत्रह महीनों तक हवालात में सड़ाकर मनमानी सजा दे सकती है, उसके निर्णय पर कानूनी दृष्टि डालना ही व्यर्थ है। न्यायसंगत निर्णय की आशा क्या उस अदालत से, जो दूसरे के इशारे पर कृत्रिम न्याय का नाटक खेलती है? न्यायसंगत निर्णय की आशा क्या उस अदालत से, जो नाना प्रकार की जालसाजियों और चालबाजियों से एक निर्दोष आत्मा को कुचल रही है? न्यायसंगत निर्णय की आशा क्या उस अदालत से, जो झूठे सबूतों के सहारे संसार की आंखों में धूल झोंककर न्याय का गला घोट सकती है? नहीं, कदापि नहीं। आशा और विश्वास—दोनों ही ऐसे पवित्र पदार्थ हैं कि उन्हें ईश्वर के सिवा और किसी पर आश्रित रहने देना सर्वथा निष्प्रयोजन है।

क्रूर कसाई से करुणा की भिक्षा नहीं मिलती। अन्यायी से दया की आशा ही कैसी? जो सैकड़ों बार का परखा हुआ विश्वासघाती है, उस पर निर्भरता कैसी? जो अन्याय करने का आदी है, उसके न्याय पर विश्वास ही कैसा? पथिकजी को सत्रह महीने तक हिरासत में रखकर एक वर्ष के लिए जेल की सख्त सजा दी गई है और ऊपर से एक हजार रुपये का जुर्माना भी। न्याय के आसन को धन्य बनानेवाला यह जानता था कि पथिकजी जुर्माना न देंगे, पर यह जानते हुए भी उसने सीधी तरह सवा वर्ष की सजा न सुनाकर जुर्माने का अड़ंगा लगाते हुए, एक ही वर्ष की सजा सुनाई, और तीन महीने की सख्त सजा को, मिट्टी की मूर्ति की तरह, जुर्माने का लिबास पहनाकर, अपनी कानूनदानी के ताक पर रख दिया! ऐसे संयमी और निष्ठावान न्यायाधीश के निर्णय पर किसी तरह की प्रश्नावली उपस्थित करना निरर्थक है। भले ही पथिकजी निर्दोष थे, बला से उन पर अत्याचार किया गया, चीं चपड़ की जरूरत नहीं है। जिस प्रकार इस अत्याचार का सूत्रधार कोई और ही है, जो परदे की आड़ में

बैठकर कठपुतलियां नचा रहा है, उसी प्रकार एक और भी गुप्त महान् शक्ति है जो छिपकर इस अत्याचार-नाटक की यवनिका धीरे-धीरे गिरा रही है। आश्चर्य की बात तो यह है कि अभी तक हम अत्याचार और अन्याय से ऊबे ही चले जाते हैं। हमें तो अब तक अन्याय का अभ्यासी हो जाना चाहिए था! इतने बरसों तक अंग्रेजी राज्य की छाया में रहने पर भी यदि हम अत्याचारों की मश्क न कर सके तो फिर कभी अन्याय अभ्यस्त रहने का स्वर्ण-सुयोग न मिलेगा। देशी राज्यों में जो अन्याय या अत्याचार हो रहे हैं, उनकी जड़ में एक ऐसी शक्ति का हाथ है, जो हिंदुस्तान के लाल नक्शे को दागदार बनानेवाले देशी राज्यों को सफाचट करना चाहती है। लेकिन इधर तो दागदार नक्शे पर सुर्खी पोतने के षड्यंत्र चल रहे हैं और उधर एक अदृश्य शक्ति सारा नक्शा ही बिगाड़ने का आयोजन कर रही है!

देशी राज्यों के विरुद्ध लोकमत भड़काने की जितनी चालें चली जाती हैं उनमें यह चाल बड़े मार्के की है। पथिकजी की सेवाएं और उनकी कुर्बानियां मेवाड़ के इतिहास में, किसी समय, बड़ी गौरवपूर्ण भाषा में लिखी जायेंगी। राजस्थान के कंटकपूर्ण कार्यक्षेत्र में जिस अविचल शांति और दृढ़ संगठन के साथ वे डटे हुए थे, वह प्रत्येक प्रजाहितैषी के लिए अनुकरणीय है। जिस समय वे हवालात में सताये जा रहे थे, उस समय भी शिकायत की कोई जरूरत नहीं थी, और अब जब कि वे कैदखाने के कोल्हू पेरने के लिए भेज दिये गये, तब भी किसी तरह की फरियाद की जरूरत नहीं है। न्याय हुआ या अन्याय, उसे हम प्रिय पथिकजी की आदर्श लोकसेवाओं के साथ, उस सर्वशक्तिमान के आगे उपस्थित करते हैं, जिसकी मर्जी के बिना एक पत्ता भी नहीं हिलता। वही सच्चा न्याय करेगा, वही राष्ट्रीय पथिक की निर्भीक आत्मा को हंसते-हंसते दमनचक्र में पिस जाने की शक्ति प्रदान करेगा, वही इस न्याय के नकली नाटक का निरीक्षक है, उसकी निरीक्षकता में जो कुछ हो रहा है, वह किसी भीषण रहस्य से खाली नहीं है।

राजस्थान के सार्वजनिक सैनिकों का परम प्यारा सेनाध्यक्ष उनसे जबरदस्ती जुदा कर दिया गया। ऐसे अवसर पर उन लड़ाके सैनिकों के साथ सारे देश की हार्दिक सहानुभूति होनी चाहिए। जिस ज्वलंत उत्साह और अदम्य साहस के साथ पथिकजी अपना संग्राम संचालित करते थे उसी शक्ति और कौशल के साथ उस संग्राम का संचालन होना चाहिए, ताकि पथिकजी का कष्ट सहन जैसे परमात्मा के दरबार में पुरस्कृत होगा, वैसे ही उनकी तीर्थ-भूमि मेवाड़ में भी सफल हो। निस्संदेह उनको हम उस कसौटी की दमकती हुई कनक रेखा समझते हैं, जिस पर बड़े-बड़े स्वर्ण खंड खोटे निकल चुके हैं। आज बड़े सौभाग्य और संतोष की बात है कि हम उस वीर व्याघ्र के कृतकृत्य जीवन का महत्त्व स्मरण करते हुए 'पींजड़े में शेर' का सादर स्वागत कर रहे हैं।

[28.2.1925]

3. अलवर-हत्याकांड

कहां हैं माननीय मालवीयजी महाराज? आवें, इस मौके पर उन्हीं की तो जरूरत है, क्योंकि पंजाब हत्याकांड के समय पहले वे ही पंजाब के पीड़ितों की सेवा के लिए दौड़े थे। अब आज क्यों नहीं दौड़े जाकर आबू-पर्वत पर अलवर नरेश से पूछते कि क्या दिल्ली से मशीनगन मंगाने के लिए ही आपको हिंदू विश्वविद्यालय से सम्मानवर्द्धक उपाधि दी गई थी? अलवर नरेश हिंदू विश्वविद्यालय के कनवोकेशनों में भाषण देने के समय तो प्रजाहितैषणा की साक्षात् मूर्ति बन जाते हैं और अब यह आपने सर्वापेक्षा शिक्षित नरेश होने का कैसा सुंदर आदर्श संसार के सामने रख दिया? भारत के प्रतिनिधि बनकर विलायत जाने और भारतीय अधिकार पर ओजस्वी भाषण देनेवाले का क्या यही असली रूप है? क्या यह ओडायरशाही सीखने के लिए ही विलायत गये थे? खोल रक्खा है इतिहास-विभाग और एकत्र कर रक्खा है इतिहासज्ञ विद्वानों का समूह—क्या इसीलिए कि हिंदू राजाओं के इतिहास में जो बात कभी किसी काल में न हुई हो, उसे ही कर दिखाया जाय? इतिहासज्ञों ने नमकहलाली दिखाने के लिए कहीं किसी इतिहास प्रसिद्ध प्रजाध्वंसक राजा का आदर्श तो नहीं ढूंढ़ निकला? क्या कहीं ऐतिहासिक खोज में यह भी निकल आया कि किसी हिंदू राज्य के एक सारे गांव की प्रजा भाड़ के कच्चे चने की तरह भूज डाली गई? तब तो इस अद्वितीय खोज की सूचना ब्रिटिश गवर्नमेंट को दे देनी चाहिए ताकि वह एक और लंबा 'पुछल्ला' लगा दे अथवा हिंदू विश्वविद्यालय के सिनेट-हॉल में मालवीयजी महाराज से लगवा दे। यह सब हो या न हो, पर इतना तो जरूर हो गया कि रियासत के इतिहास-विभाग को एक ऐसी महत्त्वपूर्ण घटना घर ही में मिल गई, जिसे सदियों बाद तक इतिहास-पाठक आंखें फाड़-फाड़कर पढ़ेंगे और चकित होकर कहा करेंगे कि अलवर राज्य ने अपने तैयार कराये हुए इतिहास के लिए और कहीं उल्लेखनीय घटना ढूंढ़ने न जाकर घर ही में घटना घटित कर अपना इतिहास बना डाला। अखिल भारतवर्षीय क्षत्रिय-महासभा को भी अपने रेकार्ड में यह दर्ज कर लेना चाहिए कि उसके एक महत्त्वपूर्ण कमीशन के भूतपूर्व सभापति प्रजापालन में बड़े सुदक्ष हैं। नरेंद्रमंडल के अलंकार-स्वरूप अलवर नरेश के लिए वाजिब भी यही था कि मंडल के सामने एक ऐसा आदर्श रख देते, जिसे देख नरेंद्र भी मुंह बाकर रह जायं। नरेंद्रमंडल को चाहिए कि अलवर-नरेश को धन्यवाद दें क्योंकि उन्होंने दिल्ली के अधिकारियों से मुफ्त ही मशीनगन पाने का रास्ता साफ कर दिया। इस महापाप का

प्रत्यक्ष प्रायश्चित भी हो सकता है। एक-दो लाख का चंदा हिंदू विश्वविद्यालय के नाम घोषित कर दिया जाय। फिर मालवीयजी के सिवा ऐसे हत्याकांडों पर कौन हो-हल्ला मचा सकता है। अब चाहे कौंसिलों में प्रश्न पूछे जायं या पत्रों में अलवर-नरेश की सभ्यता की दुहाई देकर इस रोमांचकारी घटना पर दिल के फफोले फोड़े जायं, कोई परिणाम नहीं हो सकता। होगा भी तो संतोषजनक नहीं। क्योंकि इसका परिणाम तो अत्याचारी का सर्वनाश ही होना चाहिए।

डायर और ओडायर से जो नहीं बन पड़ा था, कोहाट के कसाई जिसे नहीं पूरा कर सके थे, उसे अलवर के शिक्षित नरेश ने कर दिया। वास्तव में अलवर की दानवी लीला की कथा सुनकर परलोक में डायर की आत्मा फड़क उठी होगी और विलायत में सर माइकेल ओडायर मूछों पर ताव देता होगा। बहुत दिनों के बाद पृथ्वी पर राक्षसी लीला की पुनरावृत्ति देखकर राक्षस मंडली तांडव नृत्य करती होगी और अलवर राज्य के नर-राक्षसों का स्वास्थ्य सुरा-पान कर उन्हें आशीर्वाद प्रदान करता होगा।

पाठक, नीमूचांण बस्ती की निरपराध प्रजा को अलवर के राजा ने तोपों और मशीनगनों से उड़वा दिया है। उनके घरों पर किरासन तेल छिड़ककर उनमें आग लगवा दी है। इसके बाद दिमाग ठंडा करने के लिए आप आबू की चोटी पर गये हैं। कितने ही नीमूचांण के निवासी लखपती आज अपने प्रजावत्सल नरेश की कृपा से पथ के भिखारी हो रहे हैं। शरीर पर केवल एक वस्त्र के सिवा उनके पास कुछ भी नहीं रह गया है। मदोन्मत्त नर-राक्षसों ने निर्दयतापूर्वक समस्त ग्राम की प्रजा को भुट्टे की तरह भून डाला है।

मालूम होता है, अलवर पर साढ़ेसाती की दया-दृष्टि पड़ गई है, रूस के अत्याचारी जार की तरह इस राजसत्ता के ध्वंस का समय भी आ गया है वरना बैठे-बैठाये यह घोर पाप प्रवृत्ति उनके सिर सवार न होती। गरीबों की आह, मजलूमों का करुणा-क्रंदन अवश्य ही जगन्नियंता के कानों तक पहुंचेगा और ऐसी नृशंस राजसत्ता का एक-एक कण ध्वंस होगा। एवमस्तु!

[6.6.1925]

4. चुल्लू भर...में डूब मरो!

है कोई माई का लाल इस भारत-वसुंधरा की गोद में जो अपने को दरअसल क्षत्रिय कहने का दावा रखता हो? अगर है कोई, तो उतर आवे मैदान में ताल ठोंककर। आ पहुंचा है परीक्षा का समय। अगर अभी तक भारत की क्षत्राणियां निपूती न हुई हों, अगर अभी तक किसी की नस में राम, कृष्ण, अर्जुन और प्रताप का शुद्ध रक्त प्रवाहित होता हो, अगर अभी तक क्षत्रिय-जाति के निर्वीज हो जाने की बात कोई सहन न कर सकता हो, तो अब वह वीर एक दिन भी छिपा न रहे। निकल आवे संसार की उत्सुक दृष्टियों के सामने, दिखा दे दुनिया को कि अभी तक भारत में असल क्षत्रिय मौजूद हैं, सुझा दे संसार को कि क्षत्रिय जाति अभी सत्त्वहीन नहीं हुई है, बता दे डंके की चोट कि भारत से सूर्यवंशी और चंद्रवंशी क्षत्रियों का लोप नहीं हुआ है, मिटा दे लोगों का यह भ्रम कि आधुनिक भारत के क्षत्रिय शेर की खाल में गीदड़ हैं। नहीं तो अब बाध्य होकर संसार यह निश्चय रूप से समझने जा रहा है कि भारत में अब असल क्षत्रिय एक भी नहीं, किसी क्षत्रिय की पेंदी में दम नहीं, किसी की नस में भीमार्जुन का रक्त नहीं, किसी की माता सिंहजननी नहीं—सबके सब गीदड़ हैं, कायर-कपूत हैं, वासुकी-वंश में केंचुआ हैं। अगर इस दारुण कलंक से क्षत्रिय जाति को बचाना हो, अगर संसार को अपनी वास्तविक जातीयता का गौरव दिखाना हो, अगर अपने अस्तित्व की धूम मचाकर पूर्वजों का मान रखना हो, तो चाहे तो क्षत्रिय छाती ठोंककर आगे बढ़ आवे और दुनिया की आंखों में उंगली करके दिखावे कि भारतीय क्षत्रिय-समाज आज भी निष्प्राण नहीं हुआ है, आज भी वह अपनी मान-रक्षा में पूर्ण समर्थ है।

किंतु जब तक ऐसा नहीं होता तब तक तो लाचार होकर यह कहना ही पड़ता है कि भारत में आज सच्चे क्षत्रिय हैं ही नहीं—कहीं उनका नामनिशान ही नहीं नजर आता। अगर कहीं होते, तो बस्तर की राजकुमारी की दयनीय दशा पर द्रवित होकर अवश्य ही अपनी जातीय तेजस्विता का जौहर दिखाते। क्षत्रिय-जाति की वह बेचारी राजकन्या आज पक्षहीन दीन पक्षी की तरह कफस में बंद है—निर्वात पिंजड़े में बंद है—न अपनी माता से मिल सकती है, न अपनी जबान हिला सकती है, न अपने भावी जीवन का स्वर्णमय स्वप्न देख सकती है, न अपनी कुललज्जा बचा सकती है और न आर्य महिला की सनातन मर्यादा ही स्थिर रख सकती है। यह क्या तमाशा है? क्या भारत के क्षत्रिय सचमुच नपुंसक हो गये? क्या अपनी जाति की एक श्रेष्ठ

कन्या का इस तरह निरंकुशता से कुचला जाना वे खुली आंखों देख सकते हैं? क्या उनकी निर्लज्जता इस सीमा को पहुंच गई? क्या उनके कानों में शीशा पिघल गया है? क्या उनकी आंखें फूट गई हैं? क्या उनकी छाती के अंदर 'हृदय' नाम की कोई वस्तु ही नहीं है? आखिर क्या कारण है कि अपने समाज की एक उच्चाभिलाषिणी निष्कलंक राजकन्या का ऐसा भयानक उत्पीड़न खुले आम देख रहे हैं? कहां है क्षत्रिय-महासभा? क्या उसकी लुटिया डूब गई? क्या राजपूती शान का चिराग बुझ गया? क्या देशी राज्यों की गद्दी पर अब एक भी दहाड़नेवाला शेर न रहा? क्या नरेंद्र-मंडल अब गीदड़ों की सभा कहलाना चाहता है? क्या क्षत्रिय धर्म को इस प्रकार अनाथ करके भी अब कोई असल क्षत्रिय बनने का दम भर सकता है? धिक्कार है ऐसी हिजड़ा जाति पर।

जिस आदर्श क्षत्रिय कन्या के पवित्र व्रत की दृढ़ता और महत्ता सुनकर एक बार हृदय में श्रद्धा और अभिमान की तरंगें लहरा उठती हैं, जिस स्ववंशाभिमानिनी राजकन्या की पीड़ाएं सुनकर एक बार निर्दयता भी थरथरा उठती है, जिस अटल संकल्पमयी देवी पर होनेवाले अत्याचारों और नियंत्रणों को देखकर एक बार मुर्दादिल का भी खून खौल उठता है, उस स्वजातिधन्य कन्या की ओर से इस प्रकार असावधान और उदासीन रहकर भी क्या क्षत्रिय-जाति इस संसार में अपने अस्तित्व का गर्व कर सकती है? कदापि नहीं। भारत के क्षत्रिय सनातन काल से पीड़ितों और त्रस्तों का त्राण करते आये हैं। अब यदि अपनी ही जाति की एक कन्या की रक्षा नहीं कर पाते, तो फिर वे कहां के क्षत्रिय और कब के क्षत्रिय? मिथ्या है उनका इतिहास, व्यर्थ है उनका जातीय अभिमान, घृणित है उनका जातीय चरित्र, तुच्छ है उनकी जातीय शक्ति-संपत्ति। कौन कहता है कि देशी रजवाड़े बड़े स्वाभिमानी होते हैं? कौन प्रमाणित कर सकता है कि क्षत्रियों में अभी तक प्राचीन भारतीय शौर्य वीर्य की झलक विद्यमान है? क्या स्वाभिमान और शूरता का यही चिह्न है? स्वजाति की कन्या का ऐसा घोर अपमान चुपचाप देखते रह जाना क्या स्वाभिमानी का लक्षण है? यह सब केवल शक्ति और संपत्ति तथा नकली प्रतिष्ठा को बपौती बनाये रखने का ढकोसला है। बस, इसी एक घटना ने वर्तमान भारतीय क्षत्रियों का भंडाफोड़ कर दिया। कसौटी पर चढ़ते ही असलियत निकल आई। खोटापन साफ प्रकट हो गया। मुलम्मा उतर गया। इतिहास बिगड़ गया। छिः!

ऐ क्षत्रियनामधारियों! क्यों अपने बाप-दादों की इस तरह लुटिया डुबो रहे हो? क्या सचमुच तुम संसार में अब गीदड़ों की औलाद कहलाना चाहते हो? क्या तुम्हारी कायरता पर सदा के लिए विश्वास कर लिया जाय? क्या अपनी जातीय दुर्बलता की छाप संसार के दिमाग से तुम नहीं मिटा सकते? क्या तुममें से एक हजार

सत्याग्रही भी अपनी पूजनीया बहन प्रफुल्लकुमारी पर बलिदान नहीं हो सकते? क्या तुम अपनी कन्या पर होनेवाले भीषण अमानुषिक अत्याचार का तीव्र प्रतिकार नहीं कर सकते? क्यों तुम ऐसे निर्जीव होकर जगत् में अपने पूर्वजों का उपहास करा रहे हो? क्यों अपने कलंकित मुखड़े पर संसार को थूकने का अवसर देते हो? उठो, अपनी शक्ति संभालो, तुममें वही वज्रशक्ति विद्यमान है, तुम उसी आग की चिनगारी हो, पहचानों अपने आपको, बचाओ अपनी कन्या को, फटकारो उसके सतानेवाले को, वह कातर दृष्टि से तुम्हारी ही ओर देख रही है। अब भी अगर उसे न उबारोगे, इतने पर भी अगर उसके लिए सत्याग्रह न छेड़ोगे, तो घृणाजनित क्रोध से दांत कटकटाकर सारा संसार तुम्हारी कायरता को कोसेगा। तुम्हारी असलियत की जांच बस इसी मामले के साथ हुई जाती है। या तो आकाश पाताल एक करके प्रफुल्लकुमारी का उद्धार करो, या चुल्लू भर...में डूब मरो, क्या पसंद है?

[28.11.1925]

5. सबसे पहले उत्तर हम देंगे!

पहले भारत में जितने शासक हुए हैं, सब चौपटनंदन थे, मगर आजकल के शासक चकारनंदन नहीं जान पड़ते—बड़े चुस्त-चालाक हैं। अगर पं. पद्मसिंह शर्मा को 'काइयांपन' शब्द का उपयुक्त प्रयोग मालूम होता, तो वे सबसे पहले आधुनिक शासकों के लिए उसका प्रयोग करते। दरअसल इनका 'काइयांपन' सारे संसार के प्राचीन और अर्वाचीन इतिहास में अपना जोड़ नहीं रखता। जिस किसी ने इन्हें मदारी कहा है, उसने बेशक बड़े पते की बात कही है। सचमुच ये अजीब मदारी हैं—तुमड़ी बजाकर अजगर को भी मनमाना नाच नचाते हैं—जादू की लकड़ी फेरकर रस्सी को भी सांप कर दिखाते हैं—नजर बांधकर अचंभे में डालनेवाले तमाशे दिखा देते हैं। दुनिया की आंखों में धूल झोंकना कभी कोई जानता रहा होगा—किसी गुजरे जमाने में—मगर इनसे उतरकर, बढ़कर तो हरगिज नहीं। चाणक्य अगर आज जीवित होते, तो राजनीति में इनकी धूर्तता का प्रपंच देखकर जरूर इनसे सबक सीखते। इनकी उस्तादी को आज तक करोड़ों भारतवासियों में केवल एक ने ही समझा था—वही राष्ट्र सूत्रधार-स्वर्गीय! उसके पहले भी किसी ने ठीक नहीं समझा था, और उसके बाद भी कोई समझनेवाला नहीं रह गया। अगर कोई समझनेवाला हो भी, तो वह उस्तादी की स्पष्ट व्याख्या करना पंसद नहीं करता और, इनकी उस्तादी अगर सब लोग समझकर चौकन्ने हो जायं, तो इनकी सारी उस्तादी हवा हो जाय। मगर जब उस्तादी को सब लोग समझ ही जायेंगे, तब उस्ताद की तारीफ ही क्या? उस्ताद की सबसे बड़ी सिफ्त यही तो है कि हाथ की सफाई कोई लख न पाये।

देखिए न, इंदौर-नरेश के मामले में ऐसा पेंच लगाया कि आपसे आप वे गद्दी छोड़ बैठे। संधि, मित्रता, प्रतिष्ठा, सहानुभूति, विश्वास, सब हवा हो गया! दुःख है कि इंदौर-नरेश ने अपने अधिकार का कुछ भी महत्त्व नहीं समझा, और इंदौर की भोली-भाली प्रजा भी आंख पसारे यह अनिष्ट कांड देखती रह गई। यदि नौकरशाही की धमकियों के भय से इंदौर-नरेश की तरह सभी देशी रजवाड़े अपने अधिकार से हाथ धोने लग जायें, तो भारत से कुछ ही दिनों में देशी राज्यों का अस्तित्व मिट जाएगा। पता नहीं, इंदौर-नरेश ने किसकी सम्मति अथवा प्रेरणा से इंदौर के उज्ज्वल इतिहास में यह काला धब्बा लगने दिया है। क्या देशी रजवाड़ों ने भिक्षा-रूप में अपनी रियासतें पाई हैं? क्या उनमें इतना भी आत्मबल नहीं कि अपने अधिकार पर आग्रहपूर्वक डटे रहकर शांतिपूर्वक परिणाम की प्रतीक्षा करें?

श्रीमती एनीबेसेंट ने कह डाला, देशी नरेश भारत-सम्राट के मित्र हैं, बड़े लाट की हैसियत क्या जो उनके मामले में दखल दें। मगर श्रीमतीजी ने राजनीति की पूर्ण पंडिता होते हुए भी—इतना ही क्यों, अपने गोरे भाइयों की चालबाजियों से पूरी जानकारी रखते हुए भी—यह नहीं सोचा कि इस अंधाधुंध के जमाने में सम्राट की मैत्री का भी कुछ मूल्य नहीं है। अजी जनाब, कहां की मैत्री और कैसी मैत्री, आप हैं किस फेर में?

हमें तो दया आती है उस 'दृढ़ विश्वास' पर, जो सरल प्रकृति इंदौर-नरेश ने चिर-कलंकित ब्रिटिश न्याय पर प्रगट किया है। सौभाग्य से इन उस्ताद साहब को ऐसे-ऐसे भोले-भाले विश्वासी भी मिल जाते हैं! और विश्वास भी साधारण नहीं—दृढ़, अटल, स्थायी! कमाल है भाई! प्रेत-पूजकों का अंधविश्वास भी मात है। हे नारायण, 'हित अनहित पसु-पंछिउ जाना!'

हमारा तो विश्वास है कि जितने ऐसे दृढ़ विश्वासी रजवाड़े हैं, सब एक दिन इसी गति को प्राप्त होंगे। किंतु अब चाहे जो हो, नौकरशाही की इच्छा पूरी करके इंदौर-नरेश ने अपनी अखंड राजभक्ति प्रकट कर दी। अब अगर कुछ अधिक होनेवाला होगा, तो बस यह कि लोग अखबारों में, लेक्चरों में, कौंसिलों में, नौकरशाही की कूटनीति को कोसते हुए यह सवाल पूछेंगे कि इंदौर-नरेश को इस विकट स्थिति में पहुंचाने का भागी कौन है? इसका उत्तर सबसे पहले हम देंगे और यह देंगे कि—'ब्रिटिश न्याय पर अखंड विश्वास!!!'

[6.3.1926]

राजनीतिक

'मतवाला' के ये अग्रलेख तत्कालीन समय और राजनीति के विभिन्न पक्षों पर लिखे गये हैं जिन्हें अन्य उपखंडों में विभाजित करना तर्कसंगत और उपयुक्त नहीं हो पाया। इस कारण प्रत्येक अग्रलेख को टिप्पणी में शामिल कर इसे और अनावश्यक लंबा करना भी उचित नहीं लगा। इन जोशीले अग्रलेखों में गहन देशभक्ति और स्वतंत्रता की उत्कट आकांक्षा है। साहस और निर्भीकता के ताप में इसके गद्य से एक उत्तेजक अनुभूति भी होती है। 'भारतमाता' के प्रति आत्मीय उद्‌गारों और संबोधनों से भद्र बुद्धिजीवियों को सहज ही संकोच हो सकता है—मगर तत्कालीन समय में 'मतवाला' अपने मनोलोक की भावुकता के साथ उन स्तरों तक जाकर, जन के मनोभावों तक बेधड़क पहुंचने में कोई संकोच नहीं करता। हम चाहें तो इसे छायावादी प्रभाव की तर्कसंगति से जोड़ सकते हैं और दोनों में भाव-विचार के साम्य भी ढूंढ़ सकते हैं। देशभक्ति, राष्ट्रवाद आज एक पिछड़ी आवधारणा हो सकती है, है भी—लेकिन जब देश ब्रिटिश साम्राज्यवाद से लड़ रहा था तब यह अवधारणा मूल्यवान थी। इसे उसी आसंग में देखा जाना चाहिए।

महात्मा गांधी के अहिंसात्मक आंदोलन और नेतृत्व के प्रति 'मतवाला' में स्थायी प्रतिबद्धता थी। लेकिन उसके नियंत्रण में कसमसाती 'मतवाला' की भावनाओं के प्रचंड वेग से हम तत्कालीन समय के अहसास तक पहुंच जाते हैं। जगह-जगह गांधीजी के नेतृत्व पर उठते सवालों का द्वंद्व भी मिलता है। परंतु, उनके प्रति आस्था डगमगाने की हद तक नहीं। 'मतवाला' की गांधी-भक्ति इतनी सुदृढ़ और प्रबल है कि वह 'गांधी-विहीन स्वराज्य' को यदि वह स्वराज्य स्वर्ग से भी सुंदर हो तो उसे 'नरक के समान त्याज्य' मानेगा। उनके जेल जाने पर भारतीय राजनेताओं की भद्र औपचारिक कोशिशों की वह धज्जियां बिखेर देता है। गांधीजी के प्रति उनके अनुयायियों के पाखंड को खोलता है। कहीं-कहीं भावों और विचारों की ऐसी अभिव्यक्ति हुई है कि अग्रलेख की मूल प्रकृति कुछ वैयक्तिक निबंधों की शैलीवाली हो जाती है। इसमें राष्ट्रवादिता, लोकतांत्रिकता और बौद्धिक उदारता विशेष रूप से हमारा ध्यान आकृष्ट करती हैं।

जनता और खासकर युवकों को आह्वान करता 'मतवाला' का कोप देखते बनता है। इतनी फड़कती भाषा में धिक्कार कर उत्तेजना पैदा करने की भाव-शक्ति

कई अग्रलेखों में है। इनमें भाव-शक्ति ऐसी प्रबल है कि विचार-तत्त्व घुल-मिल जाते हैं या कहें गौण पड़ जाते हैं। यह सब उस युग की दुर्लभ देशभक्ति से संभव हुआ—जो तत्कालीन पत्रकारिता की बुनियाद में थी। पत्रकारिता में ऐसी उत्प्रेरणा पेशे से संभव नहीं होती। यह तो मिशन की पत्रकारिता से ही संभव है। कुछ अग्रलेखों में यह स्वर धीमा भी लगेगा। यह उतार-चढ़ाव तत्कालीन घटनाओं, कानूनों, संघर्षों या दमन की सामयिकता से भी प्रभावित था। लगभग संपूर्ण लेखन की मूल डोर अखंड देशभक्ति से जुड़ी रही—इसमें कहीं कोई कसर नहीं मिलती। ऐसी बात नहीं कि उत्तेजकता 'मतवाला' का एकांगी स्वर है। कहीं-कहीं वैचारिक गंभीरता भी मुख्य स्वर के रूप में आती है। वैसे ओजस्वी भाषा और चाक्षुषता में 'मतवाला' का जवाब नहीं। कहीं-कहीं भावुकता का अतिरेक भी होता है वहां भारतमाता के प्रति भाव थोड़े भिन्न पड़ते हैं। भारतमाता के मानवीकृत स्वरूप को निवेदित भावनाओं का महत्त्व हिंदी पत्रकारिता के पवित्र अध्याय माने जाने चाहिए। किसी अग्रलेख में भारत की दर्शनिक महत्ता भी प्रतिष्ठित है। भारत के अतीत गौरव का अहसास तत्कालीन समय में स्वाभाविक ही था।

भारतीय राजनीति के दक्षिणपंथी दल में शामिल जो भद्रलोक था—उसका सामाजिक और शासकीय दबदबा जबर्दस्त था। डॉ. सप्रू, श्रीनिवास शास्त्री, सर शंकर नायर जैसे असाधारण रूप से पढ़े-लिखे, ऊंचे ओहदे और अंतर्राष्ट्रीय ठाटवाले, ये बुद्धिजीवी ब्रिटिश सत्ता और कांग्रेस की राष्ट्रवादी धारा के बीच सामंजस्य कर—सम्मानित थे। इनकी कुछ सक्रियताएं ऐसी थीं—जो अंग्रेजों के लिए कवच के रूप में काम आतीं और वे अक्सर इनका इस्तेमाल अपनी सहूलियत से करते और ये खुद उनके इस्तेमाल के लिए प्रस्तुत भी रहते। इन सबके प्रति 'मतवाला' की बड़ी ही तीखी प्रतिक्रिया थी और जिस रूप में वह इन अग्रलेखों में व्यक्त हुई है—उससे इनकी सच्ची और श्रेष्ठ 'राष्ट्रनिर्माता' की पदवी संदिग्ध ही होती है। भारत की आजादी पाने के ऐसे पाखंड भरे तरीकों से 'मतवाला' को गहरी चिढ़ थी। ऐसे लोगों के लिए सघन घृणा और इनके कार्यों के प्रति तीखी भाषा में प्रतिकार व्यक्त करने में 'मतवाला' को कोई हिचक नहीं आयी। वह ऐसे भद्रलोक के पाखंड को बड़ी ही निर्भीकता से खोलता है और उन्हें बेपर्द कर देता है। यह सही अर्थों में जनता के पक्ष की पत्रकारिता है। यही सही अर्थों में हिंदी की अपनी जातीय पहचान है। यही पहचान उसे अंग्रेजियत की भद्र पत्रकारिता के स्वभाव और चरित्र से हिगराती भी है। क्या आज हमारे समय के भद्रलोक को खोलनेवाली ऐसी पत्रकारिता देखने को मिलती है? एक अनुकूल और भद्र संतुलन या सामंजस्य कायम रखने की कोशिश और नंगी व्यावसायिकता आज की पत्रकारिता में स्पष्ट दिखती है।

आज भारतीय राजनीति के परिदृश्य में कांग्रेस या अन्य दूसरे दलों में जैसी

अंदरूनी अराजकता मिलती है—उसके सूत्र काफी पुराने हैं। पार्टियों के समारोही चरित्र, सुविधाभोगी स्वभाव और जनहितशून्य बहसबाजी का इतिहास वाकई पुराना है। आजादी का दम भरने और उस श्रेय का भरपूर दोहन करने के पीछे का सच—'मतवाला' के इन अग्रलेखों में बिखरा पड़ा है।

"पब्लिक के पैसे की आतिशबाजी उठी। चंदे के रकम ने 'माले मुफ्त दिले बेरहम' का सबक सीखा। देश के हजारों रुपयों पर—और साथ ही जनता की आशाओं पर, पानी फिर गया। दरिद्र भारत का द्रव्य पानी की तरह बहाकर पानी पर नींव डाली गई।"

राजनीतिक भ्रष्टाचार की ऐसी निर्लज्जता को 'मतवाला' 1923 में दर्ज करता है। उसने कांग्रेस अधिवेशनों पर जैसी आलोचनात्मक टिप्पणी की है—वह नजरिया ही उसे जनता का प्रबल प्रवक्ता बनाता है। अधिवेशनों के पूर्व और बाद दोनों को एक साथ देखने पर 'मतवाला' की एकाग्र और प्रतिबद्ध दृष्टि का पता चलता है। जाहिर था आजादी लेने का सच्चा श्रेय सिर्फ जनता को है और इन दलों की भूमिका शायद आजादी पाने की गति को धीमी करने, नेतृत्व का श्रेय लूटने और अधिकतम लाभ उठाने की ही रही है। जनता पर काबिज ये लोग ज्यादातर अवसरवादी थे। राजनीतिक मतभेदों को ढंके रहने के पाखंड पर भी 'मतवाला' की नजर रही। सिर्फ महात्मा गांधी एकमात्र ऐसे राजनेता थे—जिनके प्रति 'मतवाला' की गहरी आस्था थी—लगभग अंधभक्ति जैसा भाव रहा। परंतु 'मतवाला' खुद गांधीवादी न था। गो कि वह साम्यवादियों और क्रांतिकारियों के प्रति महात्मा गांधी के रुख की कहीं आलोचना नहीं करता मगर उनके विचारों का अतिक्रमण कर, उनका खुलकर, आगे बढ़कर, भरपूर समर्थन करता है। उनका प्रबल प्रवक्ता बन जाता है। 'मतवाला' के 'मत' की यह अपनी शैली थी, अपना सोच था। वह गांधीजी को 'भगवान्' का संबोधन करता है—एक पंक्ति भी उनके विरुद्ध नहीं बोलता, यानी 'मतवाला' महात्मा गांधी के प्रति पूरी तरह गैरआलोचनात्मक दृष्टिकोण रखता रहा। बाकी नेताओं की तीखी भर्त्सना करने हुए वह अक्सर सापेक्ष रूप में प्रत्यक्ष-अप्रत्यक्ष गांधीजी को ही खड़ा करता है। उसका कटु मतभेद और तीखा विरोध—घोर दक्षिणपंथी और स्वराजदलियों के प्रति था। यह बात अलग है कि कुछ मामले में खुद उसके विचार दक्षिणपंथी थे। उसके प्रहार करने की भाषा इतनी कठोर है कि पढ़ते हुए लगता है जैसे वह पूरी ताकत से जोर लगाकर, लगातार चोटें कर रहा है। वह उनकी देशभक्ति को भी संदिग्ध कर देता है—कम से कम कुछ स्थलों पर देशभक्ति के प्रति निष्ठा को तो अवश्य कमजोर दिखाता है।

'मतवाला' को अंग्रेजों, नौकरशाही और अंग्रेजियत की इतनी अचूक, पैनी और पक्की पहचान थी कि इस आसंग के अग्रलेखों को पढ़ते हुए आज भी चकित रह जाना पड़ता है। समय आने पर यह अपने साथ किये बर्तावों को भूलकर पूरी

कृतघ्नता का परिचय देते हैं—बस! 'गौं' (दांव/मौका) की तलाश करते हैं। झूठ, मक्कारी, शातिरपना और धूर्तता इनका बुनियादी स्वभाव है। तब इनकी न्यायप्रियता, सभ्यता और आधुनिकता पता नहीं कहां चली जाती है! 'मतवाला' इन सबको अपनी पैनी निगाह से उकेरता है और कलम की नुकीली नोंक से दर्ज करता है। इन आलेखों में राजनीतिक दृष्टिकोण और विश्लेषण की पद्धति बहुत महत्त्वपूर्ण है। अंग्रेजी सत्ता के पूंजी-चक्र में भारतीय व्यवसायियों के कार्यों की आलोचना 'मतवाला' की गहरी सूझ-बूझ का प्रमाण है। उनकी अर्थ लाभ की भर्त्सना देशभक्ति के आधार पर की गई है। गांधीजी ने खद्दर के प्रचलन से ब्रिटिश पूंजी को प्रभावहीन करने का जो अभियान चलाया था—उसमें असहयोग करते भारतीय व्यवसायी वर्ग की कठोर आलोचना की गई है। आज के न्यायालय और तंत्र का ढांचा ब्रिटिश काल का ही है। अंग्रेजी न्यायप्रियता की पक्षधरता का भारतीय बुद्धिजीवियों में अभाव नहीं। उन्हें 'मतवाला' के ऐसे अग्रलेखों को अवश्य पढ़ना चाहिए जो 'परपंच' फैलाकर 'पंच' कहे जाते हैं। अंग्रेजी जाति की न्याय-कथा की यह अंदरूनी दास्तान एक काले अध्याय की तरह हमारे भीतर आज भी रोष भरती है।

'मतवाला' में सामयिक सरकारी घटनाओं, गतिविधियों या शासकीय कार्यों पर भी कई अग्रलेख मिलते हैं। इनमें तत्कालीन हलचलों का ताप सहज ही महसूस होता है। क्रांतिकारी प्रसार को रोकने के लिए सरकार समय-समय पर नये बिल लाती थी जिसमें रॉलेट एक्ट 21 मार्च 1919 को शुरू किया गया। सर सिडनी की अध्यक्षता में बनी कमेटी ने 'भारत-रक्षा-कानून' के नाम पर यह काला कानून तीन वर्षों के लिए कायम किया। उसी का विस्तार 15 अक्टूबर 1924 को 'बंगाल आर्डिनेंस' के नाम पर हुआ जिसका उद्देश्य था—बंगाल के क्रांतिकारी आंदोलन को कुचल देना। 'मतवाला' ने इसे 'रॉलेट एक्ट का बच्चा' कहा। इन अग्रलेखें में 'मतवाला' की कलम अत्यंत तीक्ष्ण, अत्यंत धारदार हो गई है। ऐसी स्थिति में स्वराज दलवाले, कौंसिलवादी प्रस्ताव पास कर आजादी की भीख मांगते हैं तो 'मतवाला' को यह पाखंड सह्य नहीं होता। वह बिफरकर सीधी चोट करता है।

मेरा खयाल है बिना किसी संपादकीय टिप्पणी के ही ये अग्रलेख सहज और सीधे पाठकों के मन-मस्तिष्क को झकझोरेंगे और उन्हें उस समय के आसंग में अपने समय को देखने-परखने में कई स्तरों पर मदद भी करेंगे।

1. औघड़ों ने थूक कर चाटा!

भारत की बुढ़िया राजधानी में एक पंडाल बनाया गया। खद्दरधारियों का मेला हुआ। भों-भों करनेवाली मोटरें दौड़ीं। तालियां पिटीं। जयजयकार हुई। मोटे-मोटे गजरे पहनाए गये। गरमागरम चाय के प्याले उड़े। शरबत के चुक्कड़ों और तबकदार बरफियों की तश्तरियों से म्युनिसिपैलिटी की कूड़ा-गाड़ियां भर गईं। स्वयंसेवकों की सलामियां दगीं। बड़े-बड़े चश्माधारियों ने गला फाड़कर कान के पर्दे फाड़ डाले। पब्लिक के पैसे की आतिशबाजी उड़ी। चंदे की रकम ने 'माले मुफ्त दिले बेरहम' का सबक सीखा। देश के हजारों रुपयों पर—और, साथ ही, जनता की आशाओं पर, पानी फिर गया! दरिद्र भारत का द्रव्य पानी की तरह बहाकर पानी पर नींव डाली गई। मीठा पानी, खारा पानी और गरम पानी की बोतलें ढाल-ढालकर—पानी पी-पीकर—असहयोग की असफलता को कोसा गया। कांग्रेस बेचारी पानी-पानी हो गई। वाह! "काटती है युक्तियों को काटती रहैगी कहौ 'दासता'—कटारियों का कैसा कड़ा पानी है!!"

देशभर की आंखें लगी हुई थीं उसी विशेष कांग्रेस की ओर। पर उन आंखों में दोनों हाथों से धूल झोंक दी गई। सिर काटकर बालों की रक्षा की गई। आजाद साहब ने आजादी के साथ फरमा दिया कि, "गोली मारो असहयोग को, दाढ़ी और चुटिया के गठ-बंधन पर अक्षत, गंगाजल और सुपाड़ी का संकल्प छोड़ दो। बस, शैतान स्वयं आकर तुम्हारे घरवाले ताक पर स्वराज रख जायगा। सिद्धांत के लिए क्यों बेकार मूंड़ मुड़ाकर फकीर हुए जा रहे हो? क्या नहीं सुना है कि, 'गांव लुटे तो लुट जाय, लड़कों का मन रखना चाहिए?' लड़कों के मचलने पर तो बूढ़े बाप भी चौपाये बन जाते हैं?"

अहा! रोगी को जो भाया, वैद्य ने वही बताया! देश का रोग बढ़ गया तो बढ़ जाय, उसकी ऐसी-तैसी, 'पार्टी का प्लेग' न बढ़ना चाहिए। व्यासगद्दी का फैसला न माने, ऐसा कौन है माई का लाल? 'पांसा पड़े सो दांव, राजा करे सो न्याव।' बस, फिर, क्या था, बिल्ली के भाग्य से छीका टूट पड़ा।

लालाजी फरमा ही चुके थे कि "खबरदार! अगर कहीं मतभेद का नाम भी रह गया तो कांग्रेस की 'लाज' चली जायगी, 'पर्त' उतर जायगी।" कांग्रेस क्या है, 'कुम्हड़ की बतिया' है। इसी पर एक बात याद आ गई। कोढ़ी अक्सर कहा करते हैं कि, 'दे दो पैसा, नहीं तो थूक देंगे!' उसी के डर से, मतभेद का नाम कौन कहे, कांग्रेस का नाम भी न रहने दिया गया। 'धब्बा रहा कपड़े पर न कपड़ा बाकी।'

देशबंधु और नेहरू आदि तो शुरू से ही फिरंट थे। मुनासिब भी यही था। गया की कांग्रेस में जनता ने उन्हें दूध की मक्खी की तरह निकालकर क्यों फेंक दिया? खैर, वे किसी तरह परमपद को पहुंच गये,—दिल्ली में औघड़ों की जमात ने उन्हें आंख मूंदकर गले से नीचे उतारा और डकारकर जनता को अंगूठा दिखाते हुए कहा, "लो, देशबंधु और नेहरू का स्वादिष्ट स्वार्थत्याग लेकर चीनी के साथ चाटो।"

औघड़ थूक चाटकर प्रसन्न हुए। देश के लोग स्वार्थत्याग चाटकर खिन्न हुए। दोनों ही ने त्याग ही तो चाटा; पर प्रसन्न और खिन्न क्यों हुए? इस पर जरा खोपड़ी खपाइए। त्यागी हुई चीज को सिद्ध पुरुष ही निगलकर पचा सकते हैं। निषिद्ध को हजम करके ही लोग सिद्ध होते हैं। अघोरपंथ का यही नियम है। फिर तो सिद्ध होते ही गिद्ध की-सी दूरदर्शिता बढ़ जाती है। इसी कारण से, थूक चाटते ही दूरदर्शिता इतनी बढ़ गई कि सिद्ध महापुरुषों को दिल्ली से ही कौंसिल चेंबरों के टेबुलों पर स्वराज की मूर्ति रखी हुई नजर आने लगी।

मौलाना मुहम्मद अली लोहे के सिंकचों के अंदर से जब गरजते हुए निकले तो मालूम हुआ कि आसमान फाड़कर यरवदा-जेल की कुंजी गिर पड़ेगी। किंतु, अफसोस! 'हो गरजते जिस कदर उतने बरसते तुम नहीं।' सचमुच, अगर गरजने वाला उतना ही बरस दिया करे जितना कि वह गरजता है, तो बिना भूकंप के ही रोज प्रलय होता रहे। देश के उजड़े हुए चमन में अभी ऐसे-ऐसे 'पाटल' के पेड़ बहुत हैं। 'कटहल' तो बस एक ही है। वह बिना फूले ही एड़ी से चोटी तक फलता हैं। वह अगर हाते से बाहर रहता तो उसके पके फलों की सुगंध से हर तरफ मस्ती छाई रहती। यहां तो मस्ती की जगह मुर्दनी छा रही है। क्यों न छाये? मेघगर्जन सुनकर चातकों ने चोंच बा दिया था। तब तक निर्दय मेघ ने स्वातिबिंदु के बदले वज्र गिरा दिया! चोंच चकनाचूर हो गई। साथ ही आशा भी काफूर हो गई। सच है, 'सराही बहुरिया डोम-घर जाय!' कहां तो निकले थे कुंजी की तलाश में और चल पड़े वोट की सिफारिश के लिए। वाह! 'मिजाज क्या है तमाशा! घड़ी में तोला घड़ी में माशा!'

अघोरपंथियों के चेले कहा करते हैं कि लालाजी और मालवीयजी जैसे राजनीतिज्ञ, देशबंधु और नेहरूजी जैसे स्वार्थत्यागी तथा अलीबंधु जैसे निर्भीक वीर, संसार में दुर्लभ हैं। भगवान् करें, दुर्लभ ही रहें। अभागे भारत को तो सुलभ भी हुए, तो अंत में उसी की टांग पकड़कर उसे ही घसीटने लगे। घसीटते-घसीटते फिर उसी 'दरवाजे' पर ले जाकर उसकी लाश रख आये जहां से उसको अधमरा उठाकर 'कांग्रेस-अस्पताल' में लाये थे। वाह रे सपूतो! इसी तरह दिन काटते चले जाओ। आखिर तो जिंदगी भी धीरे-धीरे कट ही जायगी। तब तक मैं भी रोज ईश्वर से मना रहा हूं कि, "हे भगवान्! इन राजनीतिज्ञों और स्वार्थत्यागियों के जीते जी इस देश की जनता को कभी

सत्याग्रह करने योग्य मत बनाना। नहीं तो जनता को तैयार देखकर ये धुरंधर वीर आफत मचा देंगे। दुहाई दीनानाथ की! अंग्रेजी राज्य में बड़ा सुख है! इन तर्कशास्त्रियों का राज्य होगा तो ये और भी युक्तियों के कोल्हू में पेर डालेंगे।"

सचमुच पेर डालेंगे। जनवरी 1923 से ही पेर रहे हैं। अभी 1924 में भी पेरेंगे। जरा कोकनद-कांग्रेस तो हो जाने दीजिए। वहां भी तो मौलाना साहब ही रहेंगे। कहिए तो, भला इस समय देशबंधु का पैर कैसे जमीन पर पड़े? पिछली हार का सारा दुःख अगली जीत के आनंद में क्यों न भूल जायं? दिल्ली-कांग्रेस के कौंसिल-प्रवेश-प्रस्ताव में जनता की उपस्थिति बहुत कम थी, तो भगवान् करें कोकनद में और भी कम हो; जनता की न्यूनता और जड़ता की वृद्धि होने से ही 'दासता' का दमामा बजेगा। किंतु, इतने पर भी, दिल्ली-कांग्रेस की सफलता पर इतराने वाले याद रक्खें, 'हनोज दिल्ली दूर अस्त!'

[22.9.1923]

2. गौं निकली, आंख बदली!

देखि लाग मधु कुटिल किराती।
जिमि 'गवं तकै लेऊं केहि भांती'॥

अंधी खोपड़ी के लोग कहा करते हैं कि सरकार उठने ही नहीं देती। कैसे उठने दे? उठने के लिए तुम्हारी कमर में ताकत भी तो हो? तुम भी तो उसे शांत बैठने नहीं देते? फिर वही क्यों तुम्हें उठने दे? अगर कहो कि सरकार तो पतलून कसकर तैयार है, इसलिये कसी-कसाई हालत में वह बैठ नहीं सकती, तो तुम्हें भी गिरने में अधिक सुख अनुभव होता है, इसलिए तुम उठना नहीं चाहते। अगर तुम उठना भी चाहो तो तुम्हारे जैसे बूढ़े राष्ट्र का गिर जाने पर उठ खड़ा होना सरकार देखना नहीं चाहती; क्योंकि तुम्हारे जैसे बूढ़े राष्ट्र का अब तक जितना पतन हो चुका है उतने पतन से सरकार अभी संतुष्ट नहीं हुई है। हो भी नहीं सकती। होना भी नहीं चाहिए। फिर बूढ़े राष्ट्र का उत्थान ही उसे क्योंकर पसंद होगा? वह तो अपनी मस्ती में चूर है। उसकी मस्तानी चाल बहुतों की आंखों में गड़ी हुई है। उसने अब तक कितने घर घाले हैं। आजकल वह पंजाबी पट्ठों के साथ भिड़ी हुई है। जब वे पट्ठे उसके घर में जाकर, अपनी जबरदस्त मरदानगी का जौहर दिखलाकर, उसकी छाती ठंडी कर आये थे, तब तो उसने बड़े प्यार से कहा था, 'जो कुछ हो सो तुम्हीं हो।'

किंतु वे दिन अब उसे याद नहीं है, बहुत जल्द भूल गये। जिनकी मरदानगी ने एक दिन उसकी छाती फुलाई थी उन्हीं की छाती पर आज वह मूंग दल रही है। अच्छा, दले, किंतु याद रहे, यह वही छाती है जिसने फ्रांस की रणभूमि में शत्रुओं की छाती में छेद कर दिया था, यह वही छाती है जिसे ठोककर सिक्ख-सेना ने शत्रु-दल को अपनी प्रचंड ललकार से त्रस्त कर दिया था, यह वही छाती है जिसकी कठोरता से टकराने पर शत्रुओं की संगीनों ने भी मुंह मोड़ लिया था। हां, आज भी वही छाती है, आज भी उसे ठोककर वे ललकार रहे हैं, आज भी उस छाती की कठोरता पर बूटों के दांत खट्टे हो रहे हैं; पर भला हो अहिंसात्मक असहयोग का, जिसकी बदौलत सिक्ख जैसी कट्टर जाति ने अंग्रेजों की वीरता (?) का भंडा फोड़ दिया। फिर भला हो भगवान् गांधी का, जिनके अमोघ अस्त्र ने यह सिद्ध कर दिया कि अंग्रेजों की वीरता निहत्थों पर भी सफल नहीं होती। सफल तो हथियारबंदों पर भी नहीं होती। अगर होती भी है तो निहत्थों की सहायता से ही होती है। तो भी वह निहत्थों की

कृतज्ञता भूल जाती है। यही—कृतघ्नता ही—तो उसकी सबसे बड़ी विशेषता है।

महामना राजमाता विक्टोरिया ने भारत की पहली राज्यक्रांति—सन् सत्तावन का गदर—के बाद इस देश का शासन-भार ग्रहण करते हुए प्रजा को जो अधिकार-पत्र प्रदान किया था उस घोषणा में स्पष्ट अक्षरों में लिखा हुआ है कि "किसी को उसके धार्मिक विश्वास या अनुष्ठान के लिए किसी प्रकार का कष्ट न दिया जायगा।" उनकी इस पवित्र थाती के संरक्षक आज उनकी उस प्यारी आकांक्षा की, स्वार्थ-साधन की चक्की में निर्दयतापूर्वक डालकर, जिस प्रकार धज्जियां उड़ा रहे हैं उसे देखकर उनकी आत्मा स्वर्ग में निश्चय ही प्रसन्न और संतुष्ट होती होगी। जो राजा प्रजा को प्रसन्न नहीं कर सकता उसकी उपमा नीतिकारों ने—'अजागलस्तन' से दी है। किंतु नीति की बातें तो उसके लिए है जिसके किसी अंग में कुछ शर्म हो। जिसको शर्म है ही नहीं उसके लिए कैसा धर्म और कैसा कर्म? फिर धर्म-कर्म की दुहाई भी क्या उसके सामने जो न्याय का दम भी भरे और न्याय का गला भी घोंटे? धर्म-कर्म की दुहाई भी क्या उसके सामने जो कहलाये रक्षक और पेश आये भक्षक जैसा? धर्म-कर्म की दुहाई क्या उसके सामने जिसने भारत को 'गजभुक्तकपित्थवत्' बना डाला? नहीं, हरगिज नहीं, दुहाई कैसी? दुहाई तो कई दहाई तक पहुंच चुकी! अब दुहाई से रिहाई नहीं मिलेगी। अब अगर रिहाई चाहते हो तो अपने अकाली-भाइयों के कंधे से कंधा भिड़ाकर स्वेच्छाचार और अत्याचार की रबरदार सड़क पर निर्विघ्न चले जाते हुए दमनचक्र की राह में आत्मबल की चट्टान डाल दो। किंतु सावधान! वह आत्मबल की चट्टान ऐसी हो जिसे तूफानी लहरें भी डिगा न सकें, जिसे प्रलय की आंधी भी हिला न सके, जिसे हत्याकांड का हथौड़ा भी तोड़ न सके, जिस पर तोप के गोले भी पड़कर चकनाचूर हो जायं, और जिसकी दृढ़ता से टक्कर खाकर अहंकार-सागर में चला आता हुआ आशा का जहाज चूर-चूर हो जाय। तभी तुम्हारी विजय होगी, तभी तुम्हारी लाली रहेगी, तभी तुम्हारे पवित्र रक्त से सिक्त धूलि का एक-एक कण पुलकित होकर प्रलय-पर्यंत पुकार-पुकार कर कहता रहेगा कि 'सत्यमेव जयते नानृतम्।'

जिस समय शिला के नीचे हाथ दबे हुए थे, जिस समय फन पकड़कर विष के दांत रगड़-रगड़ कर तोड़े जा रहे थे, जिस समय पाजामा और प्रोग्राम एक साथ ही बिगड़ रहे थे, उस समय तो जो कुछ थे बस सिक्ख ही थे, जो कुछ थे बस भारतवासी ही थे—'त्वमेव बंधुश्च सखा त्वमेव, त्वमेव सर्वं मम देव देव।' किंतु आज? आज तो नाभा में तलवार के जोर पर इस अक्षय सत्य की शिक्षा दी जा रही है कि "विदेशी शासक के लिए लड़ना घोरतम अपराध है—महापाप है और इस अक्षम्य पाप की प्रायश्चित अत्याचार की अग्नि में तपने से ही होता है।" आज वीर सिक्ख और उनके द्वारा समूचा भारत फ्रांस की रणभूमि में किये हुए अपने उसी महापाप का

प्रायश्चित कर रहा है। इस प्रायश्चित के निर्विघ्न संपन्न होने पर, इस अग्निपरीक्षा में सच्चे ठहरने पर, जिस अजेय शक्ति का जन्म होगा उसे देखकर वीर-वेशधारी कायरों के कलेजे दहल जायंगे, और उसकी सत्याग्रह रूपी वैजयंती के सामने अन्याय और अत्याचार की तलवार सदा के लिए अपना मस्तक नीचा कर लेगी। किंतु यह तभी संभव हो सकता है जब इस 'सत्याग्रह-सिद्धांत के राजसूय यज्ञ' में समस्त देश की ओर से 'आहुति' पड़े।

[3.11.1923]

3. चहिय अमिय जग जुरै न छांछी!

'मन अति रंक मनोरथ राऊ!'

हिंदुस्तान एक अजीब देश है। इसकी खोपड़ी ही विचित्र है। यह चाहे लाख हताश हो, अपमानित हो, पीड़ित हो, पर अपनी बुरी लत नहीं छोड़ता। अनेक बार यह अंग्रेजी राज्य की न्याय-वाटिका के कड़वे फल चख चुका, पर अभी तक यह उत्सुकता से किसी न किसी तरह के फल की प्रतीक्षा करता ही रहता है। इंग्लैंड में जब कभी कोई परिषद होती है, झट यह आशापूर्ण दृष्टि से उसी तरफ देखने लग जाता है। हाल में जो वहां साम्राज्य परिषद हुई थी, उसके परिणाम पर भी इसकी नजर गड़ी हुई थी। शास्त्रीजी महाराज न्याय के बाग से जो फल लाये थे उसे चखकर यह मुंह बिचका चुका था, इतने पर भी डॉ. सप्रू साहब और अलवर-नरेश की बाट जोहने से यह बाज न आया। अनेक बार अन्याय का दुःखांत नाटक देखकर भी यह न्याय पाने की आशा से मुक्त नहीं होता। न्याय के लिए लालायित रहने वाले ऐसे देश को, भगवान् ने खूब समझ-बूझकर, विदेशियों की अधीनता में रक्खा है। भारतवर्ष जैसे देश पर अंग्रेज यदि अन्याय करते हैं तो बुरा नहीं करते। उनका अन्याय करना स्वाभाविक है और उचित भी है। जिस देश की जलवायु में देशद्रोहियों, कायरों, पाखंडियों और खुशामदी नीचों को सांस लेने का अधिकार प्राप्त है उस देश पर यदि राजा रामचंद्र भी न्याय करें तो बदनामी के सिवा नेकनामी नहीं पा सकते। जिस देश में भाई का गला भाई घोंटता है, जिस देश में अबलाओं पर नाना प्रकार के सामाजिक अत्याचार होते हैं, जिस देश में स्वार्थान्धता और धर्मान्धता का बोलबाला है, जिसमें शिक्षा द्वारा गुलामी के भाव हृदयंगम किये जाते हैं और जिसमें आत्माभिमान लेशमात्र नहीं रह गया है, उस पर यदि अंग्रेज अन्याय करते हैं तो वे ईश्वर की इच्छा को स्पष्ट चरितार्थ करते हैं। वे अपने लिए चाहे बुरा ही करते हों, पर भारत का तो वे महान् उपकार कर रहे हैं। ईश्वर करें अंग्रेजों को जी खोलकर घोरतर अन्याय करने का अवसर मिले। ईश्वर करें अंग्रेजों की क्रोधाग्नि में अभी कुछ दिन और भारत जलता रहे। जब तक यह देश जी भरकर सताया न जायगा, जब तक इस पर छूटकर अत्याचार न होगा, जब तक यह घोर दमन-दावानल में दग्ध न होगा, जब तक इसकी लाश को नोच-नोचकर कुत्ते न खा जायंगे, तब तक इसकी सद्गति हो ही नहीं सकती, इसका कल्याण हो ही नहीं सकता, इसका

उद्धार ही असंभव है। रोग असाध्य है। नस-नस में जहरीले कीटाणु पैदा हो गये हैं। उन्हें मारने के लिए 'डॉक्टर साहब' को नसों में विष का संचार करना पड़ेगा, क्योंकि 'विषस्य विषमौषधम्।' एवमस्तु।

डॉक्टर सप्रू और अलवर-नरेश को विश्वविख्यात होने का अच्छा मौका मिल गया। भारत ने यह समझकर भी कि वे जनता के सच्चे प्रतिनिधि नहीं बल्कि भारत-सरकार द्वारा भारतीय हित के लिए जबरन ठूंस-ठांसकर बनाये हुए प्रतिनिधि हैं, उनकी ओर आशापूर्ण दृष्टि से देखने की मूर्खता की है। लोग कहते हैं कि दोनों महाशयों ने प्रवासी भारतीयों की स्वत्व-रक्षा के प्रश्न पर खूब प्रकाश डाला, उसको खूब महत्त्व दिया, उसकी ओर संसार का ध्यान खूब आकर्षित किया। किंतु यह धारणा गौरवजनक नहीं, यह विचार प्रशंसनीय नहीं। दूसरे के घर में जाकर चिल्लाने से क्या लाभ? क्रोधांध से शरण की प्रार्थना किस काम की? अपमानित होकर भी भोज खानेवालों से किसी तरह की आशा कैसी? उनके कार्य की ओर दृष्टिपात करने की जरूरत कैसी? उनके प्रतिनिधित्व को महत्त्व देने का विचार ही कैसा? क्या अभी आशा और विश्वास करने से पेट नहीं भरा? क्या अभी न्याय पाने की आशा अधूरी ही है? क्या अभी अन्याय की विकट लीलाएं देखने से संतोष नहीं हुआ? धिक्कार है ऐसी आशा पर। असह्य अन्याय के शिकार होने पर भी यदि आंखें न खुलीं, बार-बार फटकार खाने पर भी यदि होश नहीं हुआ, अनेक बार ठेस लगने पर भी यदि मार्ग परित्याग करते न बना, तो डूब मरना चाहिए, आत्मघात कर लेना चाहिए। अब आशाएं कैसी? अब विश्वास कैसा? अब प्रार्थना किससे? अब त्राहि-त्राहि की पुकार किसलिये? अब 'अंधा आगे रोना अपना दीदा खोना' चरितार्थ करने का दुस्साहस किसलिये? जब उंगली दिखाते और आस्तीन चढ़ाते हुए शास्त्रीजी महाराज पीछे की ओर हटते चले आये तब भी आशा लगी ही रही। साम्राज्य-परिषद में जनरल स्मट्स् ने जब सूखा जवाब दे दिया तब भी आशा लगी ही रही। कमिटी बनाने के रोग ने तब भी पिंड न छोड़ा। अब कुछ दिन कमिटी के निर्णय की ओर आशा लगी रहेगी। किंतु असल में न तो कमिटी से कुछ होना-जाना है, न डेपुटेशनों से कुछ काम सरना है और न प्रस्तावों तथा प्रार्थनाओं से बाल बांका होने की संभावना है। अगर सब रोगों की कोई एक ही दवा है तो बस अहिंसात्मक असहयोग—शांतिपूर्ण सत्याग्रह।

जिसने महात्मा गांधी जैसे विश्वप्रेमी को कैद कर रक्खा है उससे फिर किसी तरह की आशा रखना निंदनीय मूर्खता नहीं तो और क्या है? जिसने भारत की अब तक की सारी आकांक्षाओं को निर्दयतापूर्वक पद-दलित किया है उससे न्याय पाने की आशा रखना चूतियापंथी नहीं तो और क्या है? अगर संसार में अपने अधिकारों की रक्षा करने योग्य शक्ति अर्जित करना अभीष्ट है, अगर संसार में अपनी

मानमर्यादा कायम रखने का इरादा है, तो भारत के लिए लाजिम है कि वह दूसरों का आसरा बिल्कुल छोड़ दे, किसी और का आश्रय पाकर उठ खड़ा होने का भरोसा सदा के लिए आज ही दिल से निकाल बाहर कर दे। मुक्ति बाहरी साधनों से नहीं मिलती। भीतरी साधनों के सदुपयोग से ही मुक्ति मिलती है। अंतरात्मा पापी है तो पत्थर की मूर्ति के आगे हाथ जोड़कर गिड़गिड़ाने से मुक्ति नहीं मिल सकती। परभाग्योपजीवी कभी सुखी नहीं होता। स्वावलंबी के लिए ही यह संसार स्वर्ग है, 'पराये' की मर्जी पर अपनी भलाई को छोड़ देनेवाले के लिए यह संसार नरक से भी बढ़कर है। पंडित बनारसीदासजी चतुर्वेदी और महामना एंडरूज साहब पर सारा भार छोड़ देने से ही प्रवासी भारतीयों का उद्धार न होगा। उद्धार तो उनका तभी होगा जब हम अपने घर में ही आत्माभिमान और आत्मसम्मान की रक्षा करने की यथेष्ट शक्ति प्राप्त कर लेंगे। अपने घर में तो हम पग-पग पर ठोकरें खा रहे हैं, विदेशीपन के रंग में रंगकर स्वदेश की नसें दुह रहे हैं, दमन की चक्की चलाने में हाथ बटा रहे हैं, फिर हम अपने प्रवासी भाइयों की सहायता किस प्रकार कर सकते हैं? जब खून साफ ही नहीं हुआ तो मलहम लगाने से खाज कैसे अच्छी हो जायगी? अंतड़ी की गड़बड़ी अभी दूर ही नहीं हुई, फिर बाहरी उपद्रवों के लिए उपचार कैसा? अगर हमें प्रवासी भारतीयों के लिए हमदर्दी दिखाने की इच्छा है, अगर हम सचमुच उनके दुःख से दुःखी हैं, तो दुःख की जड़ सींचने से हमें हाथ हटा लेना चाहिए। जब तक पेट की तिल्ली बढ़ती जायगी तब तक बाहरी अंग हरगिज पुष्ट नहीं हो सकते।

डॉक्टर सप्रू किस मुंह से समकक्ष नागरिकता का अधिकार मांगने के लिए गये थे? देश की वेदी पर जिन्होंने आत्मबलिदान किया है, क्या उन्हें ईश्वर ने मुंह नहीं दिया है? क्या अंग्रेज ऐसे नासमझ हैं कि समान नागरिकता का अधिकार ऐसे देश को दे डालें जिसके रोम-रोम में महात्मा गांधी के कैद होने पर भी चुप्पी साध जाने की निर्लज्जता भरी हुई है? क्या अंग्रेज ऐसे बुद्धू हैं कि स्वदेशी और असहयोग का पुण्य व्रत भंग करनेवाले हम भोंदुओं की प्रसन्नता के लिए प्रवासी भारतीयों की स्वत्व-रक्षा का प्रश्न सहज ही हल कर दें? हो नहीं सकता, असंभव है, दुर्लभ है। उन्हें क्या पड़ी है जो इतने बड़े-बड़े अधिकारों का दान देकर अपनी दानवीरता को कलंकित करें? हमें अगर गरज हो तो हम उन्हें लाचार कर दें, ताकि विवश होकर, निरुपाय होकर, किंकर्त्तव्यविमूढ़ होकर, वे हमारी आकांक्षाओं की प्रतिष्ठा करें, हमारी मांगों की अवहेलना करने से बाज आवें। दांत दिखाने और नाक रगड़ने से कुछ न होगा, दांत खट्टे करने और नाक में दम देने से ही मनोरथ सफल होगा।

क्या हम चाहते हैं कि विदेशी वस्तुओं का बहिष्कार और राष्ट्रीय शिक्षा का प्रचार किये बिना ही हमारी पुकार की सुनवाई हो जाय। हम चाहते हैं कि 'घी भी न लगे

और पक्की हो?' क्या हम चाहते हैं कि असहयोग के सिद्धांत लिपिबद्ध प्रस्तावों के शब्दों में ही पड़े रहें और हमारा उद्धार हो जाय? यदि हां, तो वामन होकर भी हम चांद छूने का व्यर्थ प्रयास करते हैं, आकाशकुसुम लोढ़कर सफलता देवी के चरणों में पुष्पांजलि चढ़ाना चाहते हैं, वंध्यापुत्र के विवाह में ढोल बजाना चाहते हैं।

हमें तो सब छोड़कर अपने पूर्व-निर्दिष्ट मार्ग पर दिव्य प्रकाश पहुंचानेवाले 'सत्य-सूर्य' को अंधकार के गर्भ से निकालना चाहिए, ताकि निर्विघ्न भाव से हम स्वराज-मंदिर में प्रवेश कर सकें। फिर संसार में किसकी बिसात है जो हमारा अपमान कर सकेगा? संसार में कौन-सी ऐसी शक्ति है जो हमें नीचा दिखा सकेगी? कौन ऐसा माई का लाल है जो हमें अधिकार की भीख देने का दम भरेगा?

बस। केवल स्वराज, केवल आत्मशक्ति का अखंड ज्ञान, केवल आत्मबलिदान का पवित्र भाव, केवल स्वदेशीपन की दृढ़ कट्टरता, केवल आत्माभिमान का प्रचंड गौरव और केवल शासन-चक्र-संचालन से अपने हाथों को खींच लेना ही हमारे सब तरह के अधिकारों की रक्षा का मूल मंत्र है। यदि इस बीज मंत्र को सिद्ध करने में हम शिथिल हैं, तो अभी कुछ दिन और हवा खाएं। यदि इस शिथिलता का खेल हृदय में रखते हुए ही हम अधिकारों की मांगें पूरी कराना चाहते हैं, तो हमें पहले गंदी गढ़ही में मुंह धो आना चाहिए। 'मति अति नीच-ऊंच रुचि आछी!'

[24.11.1923]

4. बैठे से बेगार भली!

मसल मशहूर है कि 'बैठा बनिया क्या करे? इस कोठे का धान उस कोठे में धरे!' यही हाल हमारे देश के नेताओं का है। वे करना-धरना तो कुछ जानते नहीं, सिर्फ प्रस्ताव पास करना और लंबी-चौड़ी स्पीचें झाड़ना जानते हैं। मुफ्त रुपये मिलते हैं, पंडाल बन जाता है, बिजली के तार लग जाते हैं, झंडियां फहराने लगती हैं, मोटरें दौड़ती-फिरती हैं, जय-जयकार होती है, तालियां पिटती हैं, एक-आध सप्ताह चहल-पहल रहती है, दलीलें और बहसें होती रहती हैं। परिणाम क्या होता है? कुछ नहीं। जनता आशापूर्ण दृष्टि से देखती ही रह जाती है, उसकी कोई परवा भी नहीं करता, वह गरीब है—आतुर है—उत्सुक है—आशान्वित है—विश्वासपरायण है—उत्साह से भरी-पूरी है, चंदा भी देती है, आदेश भी मानती है, साथ भी देती है। किंतु हमेशा उसी के सिर दोष मढ़कर पल्ला छुड़ा लिया जाता है, अपनी कमजोरी की ओर कोई नहीं देखता, सबकी जुबानें बे-लगाम कह दिया करती हैं—"अभी जनता तैयार ही नहीं है, अभी देश में काफी जागृति नहीं है, अभी कमजोरियां बहुत हैं—इत्यादि।" इस पर कोई बेधड़क पूछनेवाला होता तो फटकारकर पूछता कि जनता ने कब आपका साथ नहीं दिया? वह कब पिछड़ी रह गई? उसमें जागृति के कौन-से लक्षण नहीं हैं? उसकी कमजोरियां क्या आपसे भी बढ़ी-चढ़ी हैं?

जब कभी कांग्रेस ने आवाज दी है, आगे बढ़ने के लिए ललकारा है, जनता ने भी सच्ची सहानुभूति दिखाई है—आगे बढ़कर बलिदान की वेदी पर डटे रहने में आंशातीत साहस दिखाया है। जनता बेचारी और क्या करें? स्वागत करती ही है, मानपत्र देती ही है, जयध्वनि से आकाश कंपाती ही है, और अधिक उससे आप चाहते ही क्या हैं? आप तो अगड़धत्त विद्वान् होकर एक बात पर कायम रहते ही नहीं, फिर अशिक्षित जनता से आप कैसे आशा करते हैं कि वह एक ही सिद्धांत पर डटी रहे? जनता को ललकार के साथ आगे बढ़ाकर स्वयं पीछे पैर हटा लेना क्या आदर्श नेता का काम है? सैनिकों को रणचंडी के विकराल मुख में ढकेलकर खुद पीठ दिखाना क्या वीर सेनापति का काम है? हरगिज नहीं। जनता जान देने के लिए तैयार है, पर आप जैसे संदिग्धमति नेताओं को नहीं, जो जनता की शक्ति पर कभी विश्वास ही नहीं करते। पहले आप अपनी जान हथेली पर लेकर आगे बढ़िये, फिर देखिये कि जनता भी सिर से कफन बांधे आपके पीछे-पीछे दौड़ती है या नहीं। जनता को तो आपने तर्क-वितर्क की चक्की में पीसकर मार डाला, गूढ़ दलीलों के जाल में फांसकर उसे हैरान कर डाला, अब क्या

आप उससे कुछ और अधिक चाहते हैं? अगर आप उससे चार अंगुल और अधिक आशा रखते हैं, तो वह आपसे डेढ़ गज और अधिक आशा रखती है। अगर आप उसकी आशा आज पूरी कर दें, तो वह गत कल से ही आपकी आशा पूरी करके रक्खे रहेगी। मंजूर है?

नहीं। गया की कांग्रेस में तो जनता ने छाती ठोंककर कह दिया कि हम महात्माजी के सिद्धांत पर मर मिटने को तैयार हैं—सहारा दीजिये—हमें अटल समझकर हमारे साथ रहिये—हम डिग नहीं सकते। परंतु आपने क्या कहा? आपने तो बूट की ठोकरों से बेचारों की खोपड़ियों को ठुकरा दिया और अपनी देशभक्ति के अभिमान में फूलकर तिरस्कार के साथ कहा—'तुम्हारी परवा करता कौन है? टर्राते रहो।' बस, 'स्वराजपुरी' की सुंदर रचना में जनता के जो हजारों रुपये खर्च हुए थे उन पर पानी फिर गया—'टांय-टांय फिस्स' होकर रह गया। महीनों तक जनता घपले में पड़ी रही। उसे गुमराह करके आप दौरा करते फिरे, पार्टी तैयार करते रहे, फिर दिल्ली में वही तमाशा। स्वागतकारिणी बनी, पंडाल बना, धूमधाम से स्वागत हुआ, दूर-दूर से लोग दौड़े आये, जमघट देखकर फिर आशा बंधी। किंतु सेमर के लाल फूलों को कमल-वन समझकर दौड़े आये हुए हंसों को हताश हो जाना पड़ा। जनता भूखी थी अपनी पुरानी अभिलाषा की पूर्ति के लिए, पर उसके आगे भर कठौता 'समझौता' परस दिया गया, वह आह भरकर रह गई। बड़े अभिमान से कहा गया कि जब तक हिंदू-मुसलिम एकता का सवाल हल न होगा तब तक हम लोग दिल्ली न छोड़ेंगे, पर धीरे से एक कमिटी बनाकर सबके सब रफूचक्कर हो गये। कमिटी न जाने किस खंदक में पड़ी है, पता नहीं। रिपोर्ट निकल गई, इकरारनामे का मसौदा बन गया, हस्ताक्षर भी हो गये, और चाहिए ही क्या? 'सत्याग्रह' के लिए भी जांच-कमिटी बनी। गरीबों के पसीने से बने हुए रुपये कमिटी के देशाटन में फूंक दिये गये। और, रिपोर्ट निकालकर घोषित कर दिया गया कि 'सचमुच सारा देश सत्याग्रह करने योग्य नहीं है।' बस, अपने घर का गुप्त भेद पराये को बतला दिया गया, अपनी कमजोरियों को संसार की आंखों में उंगली करके दिखा दिया गया, किंतु यही कभी किसी जगह नहीं कहा गया कि 'हम नेताओं के पारस्परिक मतभेद से ही अब तक देश की ऐसी दुर्दशा हुई है।' अगर कहिये कि दिल्ली में इस बात का अनुभव मात्र किया गया, तो वह भी ढोंग के सिवा और कुछ नहीं, क्योंकि बेतार के तार से आया हुआ महात्माजी का संदेश कूटराजनीतिज्ञता की चालबाजी में लपेट कर जनता को सुनाया गया और झूठ बोलकर वह यहां तक बहकाई गई कि अपने परम श्रद्धेय तीर्थ-प्रवासी नेता का नाम बीच में आ जाने से वह कानों पर हाथ देकर चुप रह गई। बस, सन् 1924 साल इसी लबड़धोंधों में गुजर गया। जिन लोगों ने कांग्रेस की पुकार पर अपनी रोजी का

जरिया छोड़कर देश का साथ दिया था वे कातर दृष्टि से कांग्रेस की निर्दयता की ओर ताकते रह गये। राष्ट्रीय शिक्षा के लोभ से जो नवयुवक स्कूल और कॉलेजों को छोड़कर अपने घरवालों की आंखों के कांटे बने थे वे कलेजा मसोसकर रह गये। कितने राष्ट्रीय विद्यालय और खद्दर-भंडार अनिश्चित विचार वाले नेताओं के डावांडोल सिद्धांतों के चक्रव्यूह में पड़कर अभिमन्यु की तरह अकाल ही में कालकवलित हो गये। जनता सदा निन्यानबे के फेर में पड़ी रही। आपने उसे कभी आगे, कभी पीछे, कभी इस तरफ, कभी उस तरफ—बढ़ाकर, हटाकर, बवंडर की तरह नचाया और छकाया। एक तो इस देश की जनता आप ही दुःखी और पीड़ित है, दूसरे आपने उसे घनघोर शास्त्रार्थ की भूलभुलैया में डालकर हैरान-परेशान कर मारा। इतने पर भी आप उसके दोष-दर्शन से बाज नहीं आते। आप तैयार नहीं हैं, इसलिये आपको स्वभावतः समझ लेना पड़ता है कि जनता भी तैयार न होगी। क्या आपके जेल जाने पर क्षुब्ध और उद्विग्न होकर समुद्र की तरह उमड़ी हुई कारागार-द्वार तक वह नहीं पहुंची? क्या जेल से बाहर निकलते ही उसने आपको अपनी आंखों पर नहीं बिठाया? क्या जब कभी आप उसके पास गये तब उसने आपकी राह में आंखों के पांवड़े नहीं बिछाये? क्या आपके, संगीन के सामने, सीना खोलकर डट जाने पर वह पीछे हट आई? क्या उससे एक करोड़ रुपया लेकर असहयोग-कार्यक्रम को पूरा न करने पर भी वह आपसे हिसाब या जवाब तलब करती है? वह तो हरदम आपका मुंह जोहती रहती है, टकटकी बांधकर आपके इशारे की ओर देखती रहती है। किंतु आप, उफ, बड़े निष्ठुर हैं। यदि किसी दूसरे देश की जनता के आप नेता होते तो वह 'नेटा' की तरह आपको अलग फेंककर अपनी राह लेती। किंतु आपका अहोभाग्य है जो भारतीय जनता जैसी श्रद्धालु और सरल जनता के आप नेता हुए हैं। अभाग्य जनता का है जो वह आप जैसे दुराग्रही और कर्कश राजनीतिज्ञ के पाले पड़ गई। किंतु अब वह आपका असली रूप पहचानती चली जा रही है। वह देख रही है कि आप कहां तक साथ देने योग्य हैं। किंतु आप तो कतई इसकी परवा नहीं करते, क्योंकि उसको फिर आप सिद्धांतों के कोल्हू में डालकर पेरने का आडंबर फैला रहे हैं। दिल्ली की विशेष कांग्रेस में महात्माजी का नाम लेकर आपने समझौता करा डाला, पर फिर भी मतभेद न मिटा। कोकनद-कांग्रेस में फिर पैंतरे बदलने की तैयारियां हो रही हैं। कोई कहता है, दिल्ली के निश्चय पर पानी फेर दो और नागपुर के निश्चय पर पानी चढ़ा दो। कोई कहता है, परिवर्तनों को मटियामेट करके फिर असली रूप को पकड़ो। जो जिसके जी में आता है, बक रहा है, डेढ़ चावल की खिचड़ी पका रहा है, अपनी डफली बजाकर अलग ही अलाप रहा है—भले आदमियों को यह भी नहीं सूझता कि कांग्रेस की क्या दशा होगी? उसका महत्त्व रहेगा या नहीं? उसकी प्रतिष्ठा में बट्टा लगेगा या

नहीं? उसकी दृढ़ता पर सार्वजनिक अविश्वास की छाप लगेगी या नहीं?

किंतु, इतना सोचने की फुर्सत भी तो हो? 'दल-पति' शब्द को सार्थक करने के लिए जोशीली दलीलों और तीक्ष्ण युक्तियों की उद्‌भावना से छुट्टी भी तो मिले? जनता की असुविधा से फिर उन्हें गरज ही क्या है? उन्हें कांग्रेस की नीति से सरोकार ही क्या है? उन्हें तो बस अपने सिद्धांत की विजय चाहिए। अगर उनका सिद्धांत सब लोगों ने मान लिया तो कांग्रेस बड़ी अच्छी और अगर लोगों ने फटकार दिया तो कांग्रेस की ऐसी-तैसी। इस बार कोकनद-कांग्रेस में अपरिवर्तनवादी दल फिर टांग अड़ाना चाहता है। उसकी इच्छा है कि स्वराज दल को धता बता कर फिर असहयोग की वंशी टेरी जाय। किंतु इस तरह के क्षणिक परिवर्तनों से कुछ लाभ नहीं हो सकता। हम यद्यपि स्वयं कट्टर अपरिवर्तनवादी हैं, हमें कौंसिलों से किसी जन्म में कुछ आशा नहीं है और महात्माजी के सिद्धांतों के साथ देश का मर मिटना ही हमें सोलहों आने पसंद है, तथापि हमारी राय में अपरिवर्तनवादियों को उदारतापूर्वक स्वराज दल के कौंसिल-युद्ध में सहायता देनी चाहिए। जो मौका उसे दिया गया है, राजी से या नाराजी से, उसे इतनी जल्दी छीन लेना दिल्ली में की गई गलती को डबल बनाना है। एक बार तो गलती हो ही चुकी, अब फिर गलती करने का इरादा बड़ा भारी ओछापन होगा। हमें सत्याग्रह, राष्ट्रीय शिक्षा, पंचायत-प्रथा और स्वदेशी-प्रचार तथा मादक-वस्तु-निषेध की संपूर्ण कार्यावली अपने हाथ में लेकर, ज्वलंत उत्साह और अदम्य साहस के साथ, आगे बढ़ना चाहिए। साथ ही, स्वराज दल के कौंसिल-युद्ध पर चैतन्य-दृष्टि रखते हुए कांग्रेस की गलती को संभालना चाहिए। यदि स्वराज दल कौंसिल के कुरुक्षेत्र में कांग्रेस की आज्ञाओं को भूल जाने की नमकहरामी करेगा, तो भी कुछ चिंता नहीं, देश हमारे साथ है, जिस दम हम चाहेंगे, उसे दूध की मक्खी की तरह अलग फेंक देंगे। और, यदि स्वराज दल चुनाव की प्रतिद्वंदिता में प्राप्त अपने विजय गर्व का गौरव स्मरण रखते हुए कांग्रेस के प्रति नमकहलाल बना रह गया, तो उसे अपने अस्त्र की शक्ति का पता लग जायगा और कौंसिलों के मायाजाल का भेद पाकर वह इतना सचेत हो जाएगा कि हमारे पक्ष में आश्रय ग्रहण करने के सिवा उसे कहीं शरण न मिलेगी। और, अगर मिले भी तो हमें अधीर न होना चाहिए, क्योंकि हमें अपने अमोघ अस्त्र पर पूर्ण विश्वास है और वह विश्वास हिमालय की तरह अटल है। अतएव, कोकनद-कांग्रेस में असहयोग के भावी रचनात्मक कार्यक्रम को स्फूर्तिशाली बनाने का विचार छोड़कर जो लोग कांग्रेस के एक अंधे बच्चे को जन्मते ही नमक चटाना चाहते हैं वे एक बेकार काम करके अपनी बेकारी दूर करने का दुस्साहस कर रहे हैं। ऐसे बैठे-ठाले चंचलमति नेताओं को अगर जनता ठेंगे न समझे तो क्या बुरा है?

[8.12.1923]

5. एकहिं बार आस सब पूजी!

कोकनद की कांग्रेस ने सारे देश की नजर बांध ली है। 'देश' से आप क्या समझे? 'देश' मोटर पर नहीं चढ़ता, ताली नहीं पीटता, पत्र-संपादन नहीं करता, लेक्चर नहीं झाड़ता, प्रस्ताव पास नहीं करता, तर्कशास्त्रियों का गड़बड़झाला नहीं समझता,—उसको तो स्वत्व का भी ज्ञान नहीं,—वह भोलाभाला है—गौ है—अबोध है—अगर उसे कसाई को दे डालिये तो बिना चीं-चपड़ किये चला जायगा। वह तो सिर्फ चार शब्द जानता है—'गांधीबाबा', 'भारतमाता', 'कांग्रेस' और 'स्वराज'। पांचवां शब्द उसके लिये कुछ भी नहीं। वह तो गंदे शहरों से दूर, लहलहे खेतों के बीच में, नील निर्मल नभोमंडल के नीचे, केवल चार शब्दों का जप करता रहता है। जहां वह रहता है वहां तक मोटर नहीं पहुंचती, अखबार नहीं पहुंचते, मानपत्र लेनेवाले नेता नहीं पहुंचते, कांग्रेस के मंच पर पैर पटककर चिल्लानेवाले नहीं पहुंचते, बिजली नहीं पहुंचती, राजनीति की गंध तक नहीं पहुंचती। पहुंचती है सिर्फ उस परमाराध्य कर्मयोगी की आत्मा की दिव्यज्योति, पहुंचता है वायुमंडल में उड़ता हुआ सिर्फ गांधीबाबा का संदेश। न जाने उस प्रायःस्मरणीय नाम में कौन-सा जादू है। वह जादू सिर्फ उसी 'देश' पर कारगर होता है,—स्कूलों और कॉलेजों तथा विश्वविद्यालयों और महासभाओं के दूषित वायुमंडल में पले हुए नाकिस दिमागों पर वह जादू नहीं चलता। अगर चलता भी है तो उसका असर अधिक देर तक नहीं ठहरता।

कोकनद में बड़ी-बड़ी तैयारियां हुई हैं। बस इसी से समझ जाइये कि रेलवे-कंपनी ने कांग्रेस के अहाते में अपना प्लेटफॉर्म तक बना दिया है। बड़ी धूम है। एक सप्ताह के अंदर भारत के कई लाख रुपये खर्च हो जायेंगे। वहां अच्छे-अच्छे कैंप बने हैं, होटल खुले हैं, सड़कें बनाई गई हैं और विविध भांति की सजावट की गई है। एक-डेढ़ सप्ताह तक बेतरह रेल-पेल रहेगी। गजरों के खर्च से कितनी फुलवाड़ियां उजड़ जायेंगी। फलों और मिठाइयों की तश्तरियों की तो बात ही न पूछिये। जय-जयकार करते-करते कितनों के गले बैठ जायेंगे। भड़कीले जलूसों से सड़कों की धज्जियां उड़ जायेंगी। किंतु आकाश-पाताल एक करनेवाले इस विराट आयोजन का परिणाम क्या होगा?—बस, प्रस्तावों की आवृत्ति और खंडन-मंडनात्मक बहस! जब मेला उठ जायेगा तब अखबारवालों की बारी आवेगी; तो वे भी उसी तरह गला फाड़कर चिल्लाना शुरू करेंगे जिस तरह मंच पर फुदकनेवाले नेता। अगर इससे कुछ और अधिक होगा तो यही हो सकता है कि जनता से एक करोड़ या पचास

लाख की अपील की जाय, क्योंकि संगठन और आंदोलन के सर्वस्व केवल नगद-नारायण महाराज हैं। यदि इससे भी कुछ अधिक होगा तो यही कि भिन्न-भिन्न कमिटियां बनाई जायेंगी और उनके लिए भी अलग अलग अपीलें निकलेंगी।

कोकनद कुरुक्षेत्र होगा। आचारी-दल और दास-दल में महाभारत मचेगा। मालवीयजी मध्यस्थ बन जायेंगे। लालाजी तटस्थ हो जायेंगे। मौलाना तो इस बार सारथी हैं। वे तो जिस तरफ खुला मैदान देखेंगे उसी तरफ घोड़े की बागडोर ढीली कर देंगे। तात्पर्य यह कि भरी सभा में दिल्ली बेचारी को नागपुर पछाड़ देगा! क्योंकि आचारीजी महाराज अभी से इस परिणाम की सूचना दे रहे हैं। दिल्ली में समझौते के समय तो आप अज्ञातवास करने चले गये। उस समय तो कह दिया कि मौलाना जो करें सो ठीक। अब विश्राम करने के बाद जब मैदान में आये हैं तब फिर वही चर्खा चलाने लगे। लालाजी ने भी उस समय बेधड़क कह दिया कि समझौता न होगा तो कांग्रेस छोड़ दूंगा। कोई निडर कहनेवाला होता तो स्पष्ट कह देता कि "दुहाई लालाजी की, चले जाइये हिमालय की चोटी पर, वहीं से देश की दयनीय दुर्दशा देखकर भी योगी अरविंद की तरह कहते रहियेगा कि अभी तपस्या अधूरी है, जब ईश्वर की आज्ञा होगी तो कार्य-क्षेत्र में उतरूंगा। कांग्रेस को ईश्वर की मर्जी पर छोड़ दीजिये। आप अपनी देखिये, अब किसी एक के बिना कांग्रेस बंद नहीं हो सकती।" किंतु ऐसा कहे कौन? यहां तो स्वार्थत्याग की इज्जत करते-करते नाकों दम है, चिरस्मरणीय देश-सेवा के आगे सिर झुकाते-झुकाते गरदन टेढ़ी हो गई। देश-सेवा और स्वार्थत्याग चाटने की चीजें नहीं हैं। बेचारी अशिक्षित और पराधीन भारतीय जनता किसी की देशभक्ति और स्वार्थत्याग चाटकर तृप्त नहीं हो सकती। उसने संसार का इतिहास नहीं पढ़ा है जो उसे राजनीति के क्षेत्र में अखंड धैर्य और संतोष बना रहे। वह तो यही चाहती है कि 'भर बांह चूड़ी या झटपट रांड़।' किंतु उसे सच्चा नेता नहीं मिलता। जब मौका आता है, नेता उसकी टांग पकड़कर बड़ी बेमुरौवती से पीछे की ओर खींच देते हैं। जब तक सच्चा नेता उसके साथ लगा रहा, उसने प्रत्यक्ष दिखला दिया कि संसार में किसी देश की अशिक्षित और प्रपीड़ित जनता इस प्रकार अपने नेता की एक आवाज पर कुरबान नहीं हो सकती। हड़तालें तो ऐसी-ऐसी हुईं जिन्हें सदियों तक तवारीखें बड़े गर्व से मुस्करा-मुस्कराकर कहती रहेंगी। विदेशी वस्त्रों के इतने बड़े-बड़े ढेर जलाये गये जिन्हें देखकर दुश्मन का दिल दहल गया। जेलों में जगह न रही तो भाड़े के तंग मकानों में लोग ठूंस दिये गये। बड़ी-बड़ी यूनिवर्सिटियां थर्रा उठीं। लंकाशायर और मैंचेस्टर में त्राहि-त्राहि की पुकार मच गई। भारतवर्ष के एक सिरे से दूसरे सिरे तक क्रांति की जबरदस्त लहरें फैल गईं। यह सब जनता का काम नहीं तो किसका है? जनता ने ही जेलों के फाटकों पर नर-मुंड का समुद्र उमड़ाया है,

जनता ने ही नेताओं के लिए कई बार मर मिटने का अपूर्व भाव दिखाया है। और अधिक उसके पास है ही क्या? अगर योग्य पात्र मिलें तो वह आज भी स्वतंत्रता के लिए सर्वस्व देने को तैयार है। कोई सच्चा लेनेवाला भी तो हो?

दास महाशय और नेहरूजी ने लाखों रुपयों की आमदनी पर लात मारी। जनता ने दोनों के स्वागत के लिए आंखें बिछा दीं। 'देशबंधु' कहकर कांग्रेस का सभापतित्व तक दे डाला। किंतु दास और नेहरू ने कौंसिल की चट्टान बीच में डालकर जागृति की लहर को कैसे नाजुक समय में रोका, यह सारा देश जानता है। दोनों ने हठवश जनता का तिरस्कार किया। सिर्फ अपने हठ की सफलता प्रमाणित करने के लिए दोनों ने मदोन्मत्त भैंसे की तरह चक्कर लगाकर कमल-वन-शोभित विमल-सलिलपूर्ण असहयोग-सरोवर को मथ डाला। कीचड़ के सिवा और कुछ न रहा। लोग कहते हैं कि दलबंदी जागृति की निशानी है। किंतु बात ऐसी नहीं। पराधीन देशों में, और फिर भारत जैसे देश में, जो मनुष्यों और जातियों तथा भाषाओं और धर्मों का अजीब चिड़ियाखाना है, दलबंदियों का परिणाम कभी अच्छा हो ही नहीं सकता। दलबंदी स्वाधीन देशों में ही जागृति पैदा करती है जहां शासक और शासित का ध्येय एक है। किंतु यहां तो राजा और प्रजा के उद्देश्य में आकाश-पाताल का अंतर है, ऐसी दशा में रुचि-वैचित्र्य और मति-विभिन्नता से प्रजा का कल्याण होना असंभव है,—पराधीन देश की प्रजा का कल्याण तो राष्ट्रीय एकता से ही हो सकता है; पर केवल मौखिक एकता नहीं—भाव, विचार, सिद्धांत, कार्य-प्रणाली और ध्येय आदि सबकी दृढ़ एकता चाहिए। किंतु वैसी दृढ़ एकता ऐसे नेताओं से नहीं मिल सकती जो जनता को सरकार की गुलामी से छुड़ाकर अपनी गुलामी कराना चाहते हैं, जो उसे हमेशा अंधी और नादान तथा पीछे लगी फिरनेवाली भेंड़ ही समझते हैं, जो उसे कभी स्वतंत्र विचार प्रकट करने का अधिकार नहीं देते। ऐसे नेताओं के पंजे से जहां तक जल्द हो सके जनता को छुटकारा पाना चाहिए।

अभी हाल ही में देश के लाखों रुपये कौंसिल-यज्ञ में स्वाहा हो चुके हैं और अब फिर दिल्ली का प्रस्ताव रद्द कर देने की कानाफूसी जोर पकड़ रही है। कांग्रेस का प्रस्ताव क्या है 'फुटबॉल' है, जो जहां पावे वहीं 'शूट' जमा दे! चुनाव के परिणामों से सब जगह यही सूचना मिली है कि 'कांग्रेस', 'गांधीबाबा' और 'स्वराज' की दुहाई सुनकर ही पचास फीसदी जनता ने दास-दल को जयमाल पहनाया है, चाहे अब वह भले ही नमकहरामी करे। इससे यह साफ जाहिर होता है कि यदि कांग्रेस की आज्ञा न होती तो स्वराज दल को जनता का कुत्ता भी नहीं पूछता और यह भी प्रकट होता है कि जनता कौंसिल नहीं चाहती—सिर्फ 'स्वराज' और 'कांग्रेस' शब्दों ने ही उसके भोलेपन से अनुचित लाभ उठाया है। वह आज भी बड़ी उत्सुकता से आंदोलन की

जबरदस्त आंधी की प्रतीक्षा कर रही है। किंतु उसकी आशा तो दिल्ली में ही कुचल दी गई। अब यदि दलबंदी की दुष्ट भावना को उत्तेजना पाने का अवसर देकर कोकनद में भी उसकी आशा का गला घोंट दिया गया, तो बेचारी बेमौत मरी। दास-दल मचल रहा है कि 'हठ न छूट छूटै बरु देहू' और अपरिवर्तनवादी-दल मनसूबा बांध रहा है कि 'उलटउं महि जहं लगि तव राजू'। इस खींचातानी में जनता पिस रही है। किंतु बारिस्टरों, वकीलों और लेकचरारों को इसकी परवा नहीं। दिल्ली का समझौता अगर रद्दी की टोकरी में डाल दिया गया तो दास-दल अवश्य ही अड़ियल टट्टू की तरह भड़क जायगा और उसके भड़कने पर कई अच्छे-अच्छे कार्यकर्त्ता निश्चय ही गाल फुलावेंगे। जब दास-दल दौड़धूप करके अपने माया-जाल में कार्यकर्त्ताओं को फांस रहा था, उस समय तो अपरिवर्तनवादी-दल सो रहा था। और अब, सबके सब कान और पूंछ फटफटाने लग गये। मौलाना साहब दिल्ली में 'बापूदेव' का नाम लेकर जो जहर का घूंट पी गये थे—क्या उसे कोकनद में वे कै भी करेंगे?

यह तो मौत की तरह निश्चित है कि कौंसिलों से कुछ होना-जाना नहीं। यह आप भी जानते हैं और हम भी जानते हैं और जनता भी जानती है। किंतु आपने यह जानते हुए भी अपना नेतृत्व स्वेच्छापूर्वक छोड़कर जनता को स्वराज-दल के हाथ में सौंप दिया। अब उसे इतना शीघ्र अपने इंगित पथ पर चलने के लिए कहने का आपको कोई हक नहीं है और न आपका ऐसा कहना उचित ही है। इस समय न्याय-बुद्धि का तकाजा तो यही है कि जिस राष्ट्रीय एकता को बनाए रखने के लिए महात्माजी के कार्यक्रम का खून किया गया उसी एकता की खैर मनाई जाय और जब तक स्वराज्य दल के कौंसिल-कार्यक्रम की भली-भांति परीक्षा न हो ले तब तक जनता के सामने कौंसिल बहिष्कार का प्रश्न उपस्थित करके उसे धोबी का कुत्ता न बनाया जाय। हमारा यह दृढ़ विश्वास है कि यदि अपरिवर्तनवादी-दल धैर्य से काम लेगा तो बहुत अल्प समय में ही वह अवसर उपस्थित होगा जब त्रिविध बहिष्कार के पक्षपाती गर्व के साथ स्वराज्य दल से कह सकेंगे कि तुम्हारे दुराग्रह और मिथ्या विश्वास को दूर करने के लिए ही हम लोगों ने अपना एकमात्र ध्येय—त्रिगुणात्मक असहयोग कार्यक्रम—स्थगित किया था और चूंकि तुम्हारा अनुगमन करके देश पूर्ण स्वाधीनता के पथ की ओर तिलमात्र भी अग्रसर नहीं हो सका इसलिए अब तुम कौंसिल के अंतर्गत वैध आंदोलन का मायाजाल छिन्न करके हमारा साथ दो। यदि उस समय भी स्वराज्य-दल अपने हठ पर अड़ा रहे तो हम दूध की मक्खी की तरह उसे अनायास ही परित्याग कर सकेंगे।

क्या हम कौंसिलों का प्रश्न छोड़कर आगे नहीं बढ़ सकते? क्या ग्राम-संगठन

करने में स्वराज-दल बाधा डालेगा? क्या राष्ट्रीय शिक्षा और पंचायत-प्रथा के प्रचार-मार्ग में वह विघ्न होकर अड़ जायगा? क्या सत्याग्रह-युद्ध में वह दगा देगा? क्या वह 'करों' का भार लादने में सरकार का साथ देगा? ऐसी कोई संभावना नहीं, आशा नहीं, और यदि हो भी तो वह तृणवत् उपेक्षणीय है। वह है किस खेत की मूली? देश हमारे साथ है। हमें उसी को अमृत पिलाने का प्रयत्न करना चाहिए। उसी विराट शक्ति की आराधना करके हम सब कुछ पा सकते हैं। अब मिल जुलकर अपनी क्षीण हुई शक्ति का पुनः संचय करने में हमें लग जाना चाहिए। अगर कोकनद में ऐसा न हुआ तो यह निश्चित है कि अभी देश को पराधीनता की जंजीर के असह्य भार को कुछ दिनों तक और सहन करने के लिए वाध्य होना पड़ेगा—और दोनों दलों की उछल-कूद को देखते हुए तो ऐसा न होना ही अधिक संभवनीय प्रतीत होता है क्योंकि दिल्ली की दशा देखकर ही आशा पूरी हो चुकी है।

[22.12.1923]

6. ओस चाटने से प्यास नहीं बुझती!

संसार का सिरताज, भारत का सर्वस्व, राष्ट्र का प्राण, सभ्यता का शृंगार, शांति का कल्पद्रुम और प्रेम का आदर्श आज अत्याचार-केंद्र की क्षुद्र सीमा को घेरनेवाली बेदर्द दीवारों के अंदर बंद है। जिसका पवित्र नाम बेचकर स्वराज-दल विजयी हुआ उसे ही मुक्त करने के लिए वह दया की भीख मांगने जा रहा है। क्या करें? पेंदी में दम नहीं, अंटी में दाम नहीं। अपरिवर्तनवादी बेचारे तो बड़े ही संतोषी हैं। वे केवल मुक्ति की अफवाहें सुनकर ही संतोष कर लेते हैं। प्रार्थनाएं करने का तो वे ठीका ले चुके हैं। हर महीने की अठारहवीं तारीख को आसमान की ओर वे वैसे ही करुण-कातर दृष्टि से ताका करते हैं जैसे सूखती हुई खेती देखकर बेचारे भारतीय किसान! किंतु आसमान की ओर ताकने से कुछ न होगा,—आसमान सिर पर उठाना होगा। कांग्रेस के मंच पर आह मारकर जनानों की तरह दो बूंद आंसू टपका देने से सहानुभूति कृतार्थ न होगी! जिस समय महात्माजी जेल भेजे गये, उस समय तो सारे देश ने अहिंसात्मक सिद्धांत की दृढ़ता दिखाने में कमाल कर दिया! मालूम हुआ मानो महात्माजी की आज्ञा का पालन करके देश कृतार्थ हो गया! नेता लोग जगह-जगह सभाएं करके शांति-रक्षा का उद्योग करने लगे! नौकरशाही ठहाके पर ठहाके मारकर हंसती रह गई! संसार का अनुमान केवल भ्रम निकला। करोड़ों आंखें ताकती ही रह गईं, महात्माजी आसानी से जेल में ठूंस दिये गये! नंपुसकता और कायरता को शांति और अहिंसा के नाम से पुकारकर संसार को गर्व के साथ दिखलाया कि हमारा सत्य-व्रत अटल है। किंतु निष्प्राणता और संजीवनी शक्ति में जो अंतर है और जहां पर उस अंतर की सजीव परिभाषा प्रकट होती है, वह संसार को भलीभांति मालूम है। इसीलिये, महात्माजी के जेल चले जाने पर हमने अपने अमोघ अस्त्रों को निस्तेज बना डाला तब स्वतंत्रता का वास्तविक मूल्य समझनेवालों ने हमारी निर्लज्जता पर उपेक्षा और घृणा के साथ नाक सिकोड़ ली। किंतु हमने अहिंसा के सच्चे पुजारी की हैसियत से उसे अपनी बड़ी भारी विजय समझी। छीः! जिसके रोम-रोम में स्वराज रम रहा है, जो स्वदेश की स्वाधीनता के लिए सर्वस्व का बलिदान कर चुका है, जो इस गिरी दशा में भी भारत का मस्तक ऊंचा कर रहा है, जो समस्त भूमंडल की उदार दृष्टियों का एकमात्र आकर्षण-केंद्र है, जो अपनी अजेय शक्ति से किसी विराट साम्राज्य को भी कंपित कर सकता है—वही राष्ट्र की आंख, वही बुढ़िया की लकड़ी, वही भक्ति की प्रतिमा, चौंसठ करोड़ आंखों के सामने से हटा ली गई—संसार चौंक उठा—किंतु हम? कुछ नहीं, सिर्फ मुंह ताकते

रह गये! आसमुद्र हिमालय मौनता का सिक्का जम गया! कलेजा निकालनेवाला अंतड़ी तक खींच ले गया, पर हम क्षमा का ढकोसला दिखाकर अपनी अहिंसावृत्ति पर फूलते-इतराते रह गये। हाय री आदर्शप्रियता, तू भी कलियुग को सत्ययुग बनाने के फेर में पड़कर भारत को खूब नाच नचा रही है। नहीं तो, क्या प्रलयंकारी आंधी आती और समुद्र में तूफान न उठता? जहाज को भयंकर भंवर में डालकर समुद्र में बिना उथल-पुथल मचाये ही आंधी निकल जाती? हरगिज नहीं।

जो हमारे लिये अपनी हस्ती तक मिटाने को तैयार था उसके आंखों से ओट होते ही हमने उसके उपदेशों पर अमल करना भी छोड़ दिया। फिर भी हम उसके लिए आंसू बहाकर कर्त्तव्यपरायणता जैसी पवित्र वस्तु को कलंकित करने से बाज नहीं आते! हमारे रोम-रोम में कृतघ्नता और निर्लज्जता व्याप्त है, पर तब भी हम अपनी दंभ-लीला दिखाने से नहीं चूकते। धिक्कार है हमारी गांधी-भक्ति पर! हमें तो कोई अधिकार ही नहीं कि हम गांधी की भक्ति का दम भरें। क्या कांग्रेस के विशाल पंडाल के बीच में उस बुद्ध-ईसा-समकक्ष महात्मा का चित्र स्थापित कर देने से ही हमारी भक्ति-भावना कृतकृत्य हो गई? क्या किसी एक दिन उसके लिए ईश्वर-प्रार्थना करके ही हमें संतुष्ट हो जाना चाहिए? क्यों जिस कौंसिल-प्रवेश ने उसके पवित्र सिद्धांतों को कुचल डाला उसी कौंसिल द्वारा उसकी मुक्ति के लिए उद्योग करना उसका अपमान नहीं है? किंतु यह सब सोचे कौन? मौलाना शौकत अली किष्किंधा से होकर लंका चले गये, तब भी यरवदा-जेल की कुंजी नहीं मिली। मौलाना मुहम्मद अली ने केवल ठंडी सांस खींचकर दो बूंद आंसू गिरा दिये, बेड़ा पार हो गया! माननीय मालवीयजी ने कौंसिल में छुटकारे का प्रस्ताव पेश करने की घोषणा सुना दी, कर्त्तव्य पूरा हो गया! पूज्य लालाजी ने भी मालवीयजी के सुर में सुर मिला दिया, लीडरी निहाल हो गई! मिस्टर दास का हाल मत पूछिये, वे तो 'बंगाल के बिना ताज के राजा' हो गये—यद्यपि उन्हें अच्छी तरह मालूम है कि जो 'बंगाल के बिना ताज के राजा' होते हैं उनकी अंत में क्या दशा होती है! खैर, अब हमें समझ लेना पड़ता है कि 'बापूदेव' को सब लीडरों ने मिलजुलकर छुड़ा लिया! यदि ऐसा समझने की गलती हम नहीं कर सकते तो हमें बिना विलंब सत्याग्रह की शरण लेकर लीडरों को अपना पिछलगुआ बनने के लिए बाध्य करना चाहिए; क्योंकि गांधी-विहीन स्वराज यदि स्वर्ग से भी सुंदर हो तो वह नरक के समान त्याज्य है। उस एक महात्मा पर ही शत-शत स्वराज न्यौछावर कर देने योग्य हैं। उसके बिना स्वराज का स्वप्न भी कैसा? वही हमारा प्रत्यक्ष स्वराज है। यदि वह हमारी आंखों के सामने बना रहे, तो स्वराज चरणों पर लोटता रहेगा। जिस एक के बिना हमारा सब कुछ लवण-हीन व्यंजन हो रहा है उसी एक को पाकर हम अनेक 'एक' हो सकते हैं।

[26.1.1924]

7. ढकोसला का ढोल क्यों पीटते हो!

मिस्टर दास तो गांधी बाबा के मुख से 'बारडोली' का नाम सुनकर चौंक पड़े होंगे। गांधी बाबा को जरा भी दया नहीं आई, मुक्त होते ही उन्होंने झट कह डाला कि बारडोली का सिद्धांत अटल है और अटल रहेगा। दास महाशय समझते थे कि महात्मा जी हमारे ही उद्योग से मुक्त हुए हैं, अतएव जरूर ही हमारा कुछ मुलाहजा करेंगे। लेकिन महात्मा जी ने तो मुरव्वत को अपने पास फटकने भी न दिया। वे तो फिर वही चरखा और वही सूत लेकर जेल से निकले! हां, अपनी साधु प्रकृति के कारण उन्होंने इतना अवश्य कह दिया कि नेताओं से सलाह कर लेने के बाद मैं कोंसिल के संबंध में अपना विचार प्रकट करूंगा।" उनकी यह सलाह करने वाली सरलतापूर्ण बात तो बड़ी डरावनी मालूम होती है, क्योंकि वे शत्रु का भी दिल दुखाना नहीं चाहते और उनकी भोली-भाली प्रकृति तथा साधु प्रवृत्ति से लोग अनुचित लाभ उठाया करते हैं। किंतु, तो भी अंदेशे की कोई बात नहीं। यह पूर्व दिशा के सूर्योदय की तरह निश्चित है कि चरखा, एकता, अछूतोद्धार और सत्याग्रह की अटल प्रतिज्ञा से, संसार की कोई बड़ी से बड़ी शक्ति भी, उन्हें विचलित नहीं कर सकती। देश की वर्तमान अव्यवस्थित दशा देखकर उनका रोम-रोम फिर उसी अद्‌भुत अलौकिक शक्ति से अनुप्राणित हो उठा है जिस शक्ति की तेजस्विता ने सारे देश में एक बार स्वर्गीय दृश्य उपस्थित कर दिया था। उनकी दिव्य दृष्टि के सामने कभी निरुत्साह और निराशा का अंधकार नहीं छा सकता। शुभ्र आशा और दृढ़ विश्वास की उस मंजुल मूर्ति के हृदय से स्वतंत्रता की जो मंदाकिनी प्रवाहित होती है उसके प्रचंड वेग को विकट कठिनाइयों की विशाल शिलाएं भी नहीं रोक सकतीं। अब एक बार फिर कलह-कोलाहल की कर्कश ध्वनि से भरे हुए देश में शांति की दिगंतव्यापिनी शंखध्वनि गूंजेगी। सचेत हो जाओ। कौंसिल के विषय में उनकी राय सुनने के लिए विशेष उत्सुक रहने की आवश्यकता नहीं है। वे तो अस्पताल में ही कह चुके हैं कि "असहयोग का कार्यक्रम यदि पूरा किया जाता तो कौंसिल द्वारा मेरे छुटकारे की भीख मांगने की आवश्यकता न होती। यरवदा जेल की कुंजी तो देश के हाथ में थी।" बेशक, लेकिन 'देश किसके हाथ में था?' इस प्रश्न का उत्तर देने को जी नहीं चाहता। घृणा, क्रोध, ग्लानि, लज्जा और मर्म वेदना से चित्त अतिशय चंचल हो उठता है। क्या मि. दास और मौलाना साहब महात्मा जी के उक्त वाक्यों की गहराई तक न पहुंचते होंगे? क्या पूज्य लाला जी और माननीय मालवीय जी इन वाक्यों का मर्म

न समझते होंगे? क्यों नहीं? सब समझते होंगे। तारीफ तो यही है कि समझते भी हैं और आनंद भी मनाते हैं! मौलाना साहब तो समस्त देश में खुशियां मनाने की घोषणा करके अपनी शर्मिंदगी छिपाना चाहते हैं! किंतु वह क्या इस तरह घोषणा के घांघरे में छिप सकती है? हरगिज नहीं। मि. दास तो असहयोग के कार्यक्रम की पूर्ति में लगने वाली समस्त राष्ट्रीय शक्ति को कौंसिल के भांड़ में झोंककर अब लगे हैं महात्मा जी के स्वागतार्थ रोशनी और जुलूस की तैयार कराने! उस अवतारी पुरुष का स्वागत क्या रोशनी और जुलूसों से करना चाहिए? जिसके हृदय में अत्याचार-पीड़ितों का आर्त्तनाद हाहाकार मचा रहा है, उसे क्या जुलूसों की जयध्वनि सुख पहुंचा सकती है? जिसकी आंखें भारत में अविद्या और दरिद्रता का भीमांधकार देखकर आठ-आठ आंसू बहा रही हैं उसके सामने करोड़ों दीपकों की रोशनी क्या प्रकाश का तमाशा दिखा सकती है? कदापि नहीं। क्या महात्मा जी अबोध बच्चे हैं जो उन्हें तरह-तरह के खिलौने दिखाकर फुसलाना चाहते हैं? उनकी आरोग्यता के लिए तो हम बड़े बैचेन रहते हैं। पर जब उन्होंने स्वयं स्पष्ट कह दिया कि 'एकता और खद्दर ही मुझे स्वस्थ बना सकते हैं' तब जान पड़ता है कि हम मन ही मन झुंझला उठे! किंतु हमें स्मरण रखना चाहिए कि महात्मा जी का सच्चा स्वागत तो केवल उनके सात्विक सिद्धांतों के सविधि पालन से ही हो सकता है; अन्यथा नहीं। लाखों की थैलियां भेंट करने की बात सब लोग सोच रहे हैं, पर खद्दर धारण करने का कोई स्वप्न भी नहीं देखता! क्या थैलियों से उस आत्मा की तृप्ति होगी जिसकी नजरों में त्रिलोकी का राज्य भी तुच्छातितुच्छ पदार्थ है? उसे तो त्रिविध बहिष्कार की पूर्णता ही तृप्त कर सकती है। जब तक विदेशी बनियों की थैलियां भरती रहेंगी तब तक महात्मा जी को करोड़ों की थैलियां भेंट करने से भी कुछ फल न होगा। यदि हमारे हृदय में महात्मा जी के लिए वास्तविक त्याग का भाव है, श्रद्धा और भक्ति है, प्रेम और सहानुभूति है, तो हमें चाहिए कि अकुंठित भाव से अपने बिछुड़े हुए असंख्य अछूत भाइयों को गले लगावें, खद्दर का प्रचार बढ़ावें, मादक-वस्तु निषेध में जोर लगावें, राष्ट्रीय शिक्षा का विस्तार और ब्रिटिश वस्तुओं का बहिष्कार करें, अदालतों का माया-जाल तोड़ें और भीख के टुकड़े की तरह स्वतंत्रता मांगने की आदत छोड़ें। यदि हम ऐसा नहीं कर सकते, 'सुदर्शन' चक्र की शक्ति पर भरपूर भरोसा नहीं रख सकते, एकता के नाम पर आत्म-बलिदान नहीं कर सकते, तो ढकोसला का ढिंढोरा पीटने से क्या लाभ? क्या संसार को अपनी गांधी-भक्ति का अभिनय दिखाने के लिए? राम राम! अब भी तो शर्म करो। संसार तो उसी समय हमारी गांधी-भक्ति देखकर निहाल हो गया जिस समय उनके निरपराध कैद होने पर हम आह भरकर चुप बैठ गये। अगर संसार को हमें अपनी गांधी-भक्ति का सजीव अभिनय दिखाना हो तो

उन्हें थैलियां देने से पहले हमें अपना हृदय और स्वार्थ दे डालना चाहिए, केवल 'हृदय-सम्राट' कह देने से काम न चलेगा। जो महात्मा जी को राष्ट्र के दारुण दुःख-दावानल में जलने से बचाने का उद्योग नहीं करता, वह लाख तालियां पीटे, लाख थैलियां भरे, लाख जयजयकार करे, हजार बार उनकी मूर्ति पर पुष्पवृष्टि करे, करोड़ बार उनके चरण स्पर्श करे, कुछ न होगा—न होगा—न होगा—न होगा।

[16.2.1924]

8. चुल्लू भर पानी में डूब मरो!

जितना ही गोली चले उतना ही हंसो। अगर सुनने में आये कि मशीनगन से तुम्हारे भाई भुट्टे की तरह भून डाले गये, तो ठठाकर हंस पड़ो। अगर खबर मिले कि तुम्हारे प्यारे भाई बेरहमी से कुचल डाले गये, तो सबसे पहले दिल खोलकर हंस लो। अगर अखबारों में पढ़ो कि दमन-चक्र चलाने में शैतानियत की हद कर दी गई, तो हंसते-हंसते लोट जाओ। अगर घोर अन्याय और अमानुषिक अत्याचार का संवाद मिल जाय, तो आनंदोन्मत्त होकर घर-घर में यह खुशखबरी फैला दो कि 'नौकरशाही के पाप का घड़ा बड़ी शीघ्रता से भर रहा है!'

घड़ा कब भरेगा? जब तुम अकुंठित भाव से, अदम्य साहस से, शांत हृदय से, अपना रक्त देने के लिए तैयार हो जाओगे। उसी दिन यह 'गजब गरूर भरी' गोरी नौकरशाही अपनी किस्मत की गेंड़री पर पाप का घड़ा रखकर 'सांकरी गैल की कांकरी चुनती हुई' अपने घर चली जायगी। तुम तो नाहक बेचारी को अटकाये हुए हो। वह तो जाने के लिए तैयार बैठी है। अभी घड़ा भर दो, वह फौरन चली जाय। तुम जिस गरज से उसको अटकाये हुए हो, वह मतलब अब न गठेगा। उसे जाने दो, देर हो रही है, बड़ी दूर जाना है, भर दो घड़ा। क्या वह फिर कभी तुम्हारे द्वार पर यह घड़ा लेकर आवेगी? ऐसी आशा भी मत करना, ऐसा स्वप्न भी न देखना। इस बार उसका घड़ा भर दोगे, तो वह जन्मजन्मांतर के लिए विदा हो जायगी।

है हिम्मत? दे सकते हो रक्त? भर सकते हो घड़ा? कर सकते हो विदा? नहीं, तुमसे कुछ न होगा। तुममें हिम्मत कहां है?—शांतिपूर्वक रक्त देने की शक्ति कहां है?—प्रेमपूर्वक विदा करने की उत्कट इच्छा कहां है? अगर होती तो तुम अपने वीर भाइयों के भीषण हत्याकांड का संवाद सुनकर भी क्या चुप रह जाते?—मुंह ताकते रहते?—तमाशा देखते रहते? नहीं—उसी समय टिड्डी-दल की तरह टूट पड़ते और नौकरशाही के धूम्रयज्ञ में चुपचाप स्वाहा हो जाते,—उसी समय असंख्य मूक पतंग राशि की तरह गिरकर अनीति की दीपशिखा को बुझा देते, एक एक अकाली शहीद पर अपनी हजार-हजार जानें हंसते-हंसते कुरबान कर डालते,—मशीनगन की गोलियां खप जातीं,—कोड़े मारते-मारते जल्लादों के हाथ दुख जाते,—भीड़ कुचलते-कुचलते घोड़ों की टाप टुकड़े-टुकड़े हो जाती!

किंतु ऐसा कुछ होने की आशा नहीं नजर आती। डॉक्टर किचलू और प्रोफेसर गिडवानी तो फिर जबरदस्ती जेल में ठेल दिये गये! जलियांवाला बाग का दृश्य पुनः

दिखला दिया गया! झूठी विज्ञप्ति बड़ी शान से प्रकाशित कर दी गई! जत्थे के मत्थे दोष मढ़कर महात्माजी से कहला दिया गया—'जत्था भेजना बंद कर दो।' बस, धोखेबाजी धन्य हो गई! अहा! कैसी अपार माया है! कितनी गहरी चालबाजी है! वाह! ईश्वर करें पाप छिपाने का दुस्साहस दिन-दूना रात-चौगुना बढ़ता जाय! भगवान् करें असत्य में दिन-दिन श्रद्धा की वृद्धि हो! परमात्मा करें मशीनगन बिजली से चलाने की जरूरत पड़े!—कोड़ों के कारखाने खोलने पड़ें!—जेलखानों के लिए मकानों के लाले पड़ जायं। फिर तो सुबह-शाम में पाप का घड़ा भर जायगा!

भगवान् ने भी भारतवर्ष में ऐसा भोलाभाला महात्मा भेज दिया है कि नौकरशाही जब चाहती है उनकी साधुता की हजामत बना देती है। उसने गोली भी चलाई, पाशविक अत्याचार भी कर डाला और घोर निर्लज्जता के साथ सफेद झूठ भी कह दिया कि 'जत्था हथियारबंद और उत्तेजित था!' बस, महात्माजी ने निषेध-सूचक हाथ उठाकर कह दिया—'ठहरो!' भगवन्! मायाविनी नौकरशाही की मिथ्या विज्ञप्ति पर इतना दृढ़ विश्वास? भला कहिये तो, पाप का घड़ा कैसे भरेगा? भारतीयों को नौकरशाही के धूम्रयज्ञ में आत्मबलिदान करने का अवसर कब मिलेगा? नाभा की निरंकुश नौकरशाही कब निरुत्तर होगी?

घबराओ नहीं, अवश्य होगी। अपने आराध्य देवता को मनाओ। बाध्य करो, पैर पकड़ो, हाथ जोड़ो, मचल जाओ, गिड़गिड़ा कर कहो—"महात्मन्! अब मत रोको, बढ़ने दो आगे, फूंकने दो शंख, फेर दो आशीर्वाद का हाथ, ललकार दो अपनी शांति-सेना, दे दो हाथ में सत्याग्रह का झंडा;—विश्वास करो, हम शांत रहेंगे—तुम्हारी लाज रखेंगे—तुम्हारी टेक निबाहेंगे;—अविचल धैर्य हमारा रथ होगा—प्रेम हमारा अस्त्र होगा—अहिंसा और सहिष्णुता हमारी विजयलक्ष्मी की प्यारी सहेलियां होंगी।"

आशा है, तुम्हें आदेश मिलेगा। किंतु पहले तुम वरदान पाने की उत्सुकता भी तो प्रकट करो, उत्साह का तो पता नहीं है, मुर्दे को कौन ललकारे? यदि तुम अपनी सजीवता और सहनशीलता का विश्वास दिला सको, तो तुम्हारा हृदयाराध्य देवता तुम्हें ऐसे अमोघ मंत्र से दीक्षित कर सकता है कि भयंकर से भी भयंकर भुजंग को तुम उंगलियों पर नचा सकते हो—मदांध मतंग को भी अंकुश की नोक पर खेल खेला सकते हो। तुम्हारे सरकस-मास्टर का अपूर्व कौशल चुटकियों में शेर को जेर कर सकता है, जरा तुम उसके संतोष का साधन तो बनो।

देखो, याद रखो, बहादुर सिख तुम्हारी माता के बांके लड़ाके लाल हैं। नौकरशाही उनके वीरत्व का अस्तित्व मिटा देना चाहती है। अगर कहीं तुम्हारी उदासीनता और असावधानता से मिट गया अस्तित्व, तो समझ लो कि जाता रहा माता का महत्त्व। फिर भारतीय शौर्य साहस स्वप्न-धन हो जायगा। संकट के समय तुम्हें सिर

धुन-धुनकर पछताना पड़ेगा। अश्वत्थामा के मणिहीन मस्तक की तरह भारत निर्वीर्य और निस्तेज हो जायगा। अपने वीर बच्चों की बलि चढ़ा चुकने पर तुम्हारी जैसी कायर संतान से भारतमाता अपनी कोख न ठंडी कर सकेगी। केवल इन विचारों से प्रेरित होकर भी यदि तुम ईश्वर पर भरोसा रखकर आगे बढ़ोगे, अहिंसा की ध्वजा लेकर मोरचे पर डटोगे, शांति-वीणा की झंकार पर नौकरशाही-नागिन को नचाओगे, तो तुम्हारा यह अभूतपूर्व विजय-गौरव वास्तव में अत्याचारियों का गर्व खर्व कर देगा। अतएव, अब आगा-पीछा करना छोड़ो और शांतिपूर्वक झुंड के झुंड नाभा पहुंचकर अहिंसात्मक भाव से परिस्थिति को इतना विषम बना दो कि नौकरशाही नाक रगड़कर अकाली-भाइयों की आकांक्षाएं पूरी करे। यदि तुम्हारे नेता इस धधकते हुए यज्ञकुंड में तुम्हारे साथ अपने आपको न होम कर सकें, तो उनके नेतृत्व के पीछे भ्रातृत्व का गला न घोंटो। और अगर घोंटो, तो चुल्लू भर पानी में डूब मरो!

[8.3.1924]

9. अजहुं न बूझ अबूझ!

बहुत शोर सुनते थे पहलू में दिल का।
जो चीरा तो इक कतरये खून निकला॥

महात्मा गांधी के सत्य के अपरिहार्य प्रभाव से खिंचे हुए मुरीदों ने, जब महात्मा की गिरफ्तारी के बाद, किसी कारणवश पथभ्रष्ट होकर स्वराज-पार्टी का संगठन किया था और जब कौंसिल प्रवेश की आज्ञा न पाने पर, कांग्रेस के परित्याग की धृष्टतापूर्ण धमकी के रूप में, अप्रत्यक्ष भाव से, अपनी सहानुभूति के अभाव में, कांग्रेस के एक प्रकार से नेस्तनाबूद हो जाने का मिथ्या भय देश के सामने उपस्थित किया था, उस समय यह स्पष्ट रूप से कहा गया था कि कांग्रेस का समर्थन पाकर यदि स्वराज-पार्टी कौंसिलों पर कब्जा करने में समर्थ हो सकी तो वह एक जातीय मांग National demand सरकार के सामने पेश करेगी और यदि वह अस्वीकृत हुई तो शासन-संबंधी प्रत्येक कार्य में बाधा उपस्थित करेगी। यह नेशनल डिमांड का भाव दृढ़ असहयोगवादियों को पसंद, नैराश्य-सागर के किनारे पर खड़े उनके हृदयों से आत्मावमानना के कारण पैदा हुआ असमर्थता का भाव महात्मा गांधी की देवोपम आत्मा के आविर्भाव के साथ ही दूर हो चुका था और उनकी आत्मा दैन्य से ध्रुवों की दूरी से भी दूर हो चुकी थी। परंतु उन पीर साहबों की चिकनी-चुपड़ी बातों के गोरखधंधे में पड़कर, जो स्वयं अपनी अकर्मण्यताजनित आत्मग्लानि तथा हया दोनों को जहर के घूंट में घोलकर पान कर चुके थे; उन्हें यह दैन्य-प्रकाश रूपी विष का प्याला हसरत भरी आंखों से पान करने के लिए बाध्य होना पड़ा था। खैर, कांग्रेस की आज्ञा प्राप्त हुई; कल-बल-छल की सम्मिलित शक्ति के आगे लोकमत ने हार स्वीकार की। करोड़ों रुपये Election Campaign 'चुनाव युद्ध' में वोट-प्राप्ति की चेष्टा रूपी तलवार की धार पर कट गये। इन रुपयों से इस दरिद्र देश के साधारण अन्न-वस्त्र के अभाव से पीड़ित हमारे ही जैसे हाड़-मांस के मनुष्यों को सक्षम और सुखी बनाने में कितनी सहायता प्राप्त हो सकती थी, ये रुपये देश के आशा-भरोसा उन भोले-भाले बालकों की अबूझ नैराश्य तथा विषाद भरी आंखों में जो अपने अभिभावकों की आर्थिक असमर्थता के कारण, अपनी प्राकृतिक आकांक्षाओं की पूर्ति के लिए भी तरसते रहते हैं, प्रसन्न हास्य की रेखा खींच देने में किस हद तक सहायक हो सकते थे, इस पर किसी ने स्वप्न में भी विचार नहीं किया। खैर, गांधी बाबा और कांग्रेस के नाम के जादू ने असहयोग के

कंटकाकीर्ण मार्ग पर दृढ़तापूर्वक, अविचलित चित्त से अग्रसर होती हुई जनता को सम्मोहित कर इस युद्ध में स्वराज्यवादियों का बोलबाला किया।

मनुष्य-हृदय प्रकृति से ही आशावादी है, वह अंत समय तक निराशा स्वीकार करना नहीं चाहता। सुतरां जनता इन लीडरों को इनके असहयोग सिद्धांत पर अविश्वास प्रकट करने तथा इसके कार्यक्रम का विरोध करने पर भी सहसा परित्याग न कर सकी। फलतः जनता में जो लोग राजनीतिक दावपेंच में कुछ अधिक दखल रखने का दावा रखते थे, पहले उनके हृदयों में 'जातीय मांग' और 'राज्य-परिचालन में अड़ंगा' शब्दों ने आशा का संचार किया और उन्होंने इन शब्दों की व्याख्या करते हुए जनता को जो सब्जबाग दिखलाये उनकी सम्मोहिनी शक्ति ने उसे फिर ढाढ़स बंधाया, वह निश्चल-निष्पंद हृदय से टकटकी बांधकर कौंसिल-ध्वंस की प्रतीक्षा करने लगी। बड़े शोर-शराबे के साथ पार्टी-संगठन का कार्य आरंभ हुआ और स्वराज्यवादी तथा इंडिपेंडेंट पार्टी के सदस्यों की रूह के सम्मिश्रण द्वारा एक मजमूआ तैयार हुआ जिसको नाम दिया गया नेशनलिस्ट पार्टी।

भारत की प्राचीन राजधानी दिल्ली में जमघट हुआ, खूब उछल-कूद मची, डींगें हांकी गईं, पैंतरे बदले गये, मूंछें ऐंठ-ऐंठकर बरछी की नोक बनाई गईं, जो कुछ अधिक मनचले थे वे कुदाल-फावड़ा लेकर भारत सरकार की कब्र खोदने के लिये बलबलाने लगे। किंतु जिसे भयभीत करने के उद्देश्य से ये चेष्टाएं हो रही थीं वह कौवे से भी अधिक चालाक निकला, उसकी अंतर्दृष्टि गृद्धराज की दृष्टि से भी अधिक दूरदर्शी सिद्ध हुई। उसने यह अनुमान कर लिया कि संसार के मुकुटमणि मनुष्य जाति के गर्व, भारतवसुंधरा के हृदयधन महात्मा गांधी के गिरफ्तार होते ही पीठ दिखला देने वाले लोगों का दरजा 'मुंड़चिरे' फकीरों से अधिक नहीं हो सकता। अतएव उसने कुटिल हास्य से दीप्त आंखों से इन पर एक उपेक्षापूर्ण दृष्टि डाली और मुंह फेर लिया। इस उपेक्षा ने अपना अभिप्रेत कार्य किया। हृदय तो पहले ही से हारा हुआ था, आत्मविश्वास था ही नहीं, दाता की रुखाई ने रही-सही आशा पर भी पानी फेर दिया। आत्मपुरुषार्थ के बल पर स्वाधीन होने की अपेक्षा स्वराज की याचना ही अधिक श्रेयस्करी प्रतीत हुई। और, याचना का भाव पैदा होते ही ज्ञान, तेज, बल, मान और यश, अधम प्रणों को विपन्न अवस्था में छोड़कर, अपना रास्ता लेते हैं, यह एक स्वयं सुव्यक्त सत्य है। फलतः इन ज्ञान तेजादि मनुष्योचित सद्‌गुणों से ही याचकों ने उस नेशनल डिमांड को जिसके सहारे हताशप्राय जनता अब भी हृदय संभाले हुए थी, जो रूप दिया वह था राउंडटेबल कानफरेंस की भिक्षा। यह 'राउंडटेबल कानफरेंस' शब्द अपनी अव्यक्त भाषा में जो पुरदद दास्तान कह रहा है वह बड़ी ही मर्मभेदिनी है, उसका विचार करने से कलेजा मुंह को आता है। राउंडटेबल! वही

राउंडटेबल जो कुछ ही समय पहले भारत-सरकार का सर अपनी बगल में दबाये भारत की आधा पेट खानेवाली दरिद्र जनता के नेता, लंगोटधारी गांधी बाबा के सामने 'बांधे हुए हाथों को बउम्मीद इजाबत' उपस्थित हुआ था और महात्माजी ने अनावश्यक कहकर उसकी उपेक्षा की थी। परंतु आज उसी राउंडटेबल कानफरेंस को लोकमत द्वारा चुने हुए प्रतिनिधियों की सम्मिलित सम्मति द्वारा समर्पित होते हुए भी भारत सरकार की ओर से सर सिडनी ओलिवियर अनावश्यक बता रहे हैं और कह रहे हैं कि भारतीयों में अभी शासन प्रणाली में परिवर्तन करने के उद्देश्य से बैठनेवाली कानफरेंस की कार्रवाई में भाग लेने की योग्यता ही नहीं है! आह! कितना हृदयदाही परिवर्तन है! इस दुर्दशा को देखकर महात्माजी का वह कथन याद आता है जिसमें उन्होंने कहा था कि कौंसिलों के विषाक्त वायुमंडल का प्रभाव उन्नत से उन्नत मन के मनुष्य में भी दासता के भाव भर देता है। सर मलकम हेली के इस सीधे-सादे और स्पष्ट प्रश्न पर कि क्या इस प्रस्ताव का उद्देश्य पूर्ण स्वायत्त शासन की अविलंब स्थापना है, नेशनलिस्ट पार्टी के अनेक असेंबलियों में परीक्षित वीरों के बगलें झांकने तथा पेचदार शब्दों के आवरण में, इस बात से कि राउंडटेबल कानफरेंस का उद्देश्य पूर्ण स्वाधीनता का प्रतिपादन करना ही है, इनकार करने से बढ़कर भी क्या कोई दीनता तथा लाचारी प्रकट करनेवाला कार्य भारत की जनता की ओर से किया जा सकता है? जिस समय मि. जिन्ना स्पष्ट शब्दों में यह स्वीकार कर रहे थे कि राउंडटेबल का उद्देश्य पूर्ण स्वाधीनता का प्रतिपादन नहीं और जिस समय स्वराज पार्टी के लीडर पं. मोतीलाल नेहरू शब्दों का जाल बिछाकर सर मलकम हेली के उक्त प्रश्नों का उत्तर देने से बचने की चेष्टा कर रहे थे, उस समय उन्हें क्या वोट दाताओं के भावों का—लोकमत का—जरा भी खयाल था? लोकमत तो पूर्ण स्वराज आज चाहता है और इसी समय चाहता है—सर मलकम हेली पशुबध के मद से अंध होने के कारण हमारा यह जन्मसिद्ध अधिकार अभी स्वीकार न करें, यह दूसरी बात है। यदि पूर्ण स्वराज की अविलंब प्राप्ति, हमारे विरोधियों के कथनानुसार, हमारे लिये आत्मघातक भी सिद्ध हो तो भी हम अंग्रेजों के श्येन-पंजे से छूटने की ही कामना करते हैं, क्योंकि अंग्रेजी शासन के अन्यायों से हम इस कदर ऊब गये हैं कि कवि का यह अमर वाक्य सदा हमारी जुबान पर रहता है कि—'दुख दारिद्र्य भोगकर जीने से अच्छा मर जाना है' यदि वे नेता अपनी बुद्धिमानी का आवश्यकता से अधिक विश्वास न करते और बेचारी उस जनता के हृदय की पड़ताल करते जिसे अंग्रेजी शासन की बुराइयों का विशेष रूप से शिकार बनना पड़ता है तो वे स्पष्ट देख पाते कि जनता वर्तमान शासन-प्रणाली में परिवर्तन अवश्य और बहुत शीघ्र चाहती है। इस परिवर्तन का परिणाम आरंभ में अमंगलकारक हो तो भी वह भयभीत नहीं, वह तो इस

समय विदेशी शासन के असह्य बोझ से ऐसी बेचैन हो रही है कि इस अवस्था में भला या बुरा किसी प्रकार का परिवर्तन होने ही में वह संतुष्ट होगी। जनता तो राउंडटेबल पर बैठकर अपने जन्मसिद्ध अधिकार स्वायत्त शासन के प्रश्न के संबंध में छीना-झपटी करना भी पसंद नहीं करती। यह तो महात्मा गांधी के असहयोग आदि कार्यक्रम में बार-बार असफल होने पर भी द्विगुण उत्साह से अग्रसर होने को, कौंसिलों में बैठकर स्वाधीनता की भिक्षा मांगने और उत्तर में लाल-पीली आंखें देखने तथा कटुवाक्य सुनने की अपेक्षा कहीं अधिक श्रेयस्कर और वांछनीय समझती है। उसने कौंसिल-प्रवेश समर्थन करनेवाले लीडरों के बेमौका मचल जाने पर, उनके अनुचित हठ करने पर, जब उनका भ्रम दूर करने के उद्देश्य से, उन्हें कौंसिलों की सार्थकता की परीक्षा का अवसर प्रदान किया था, उस समय उसे इसका जरा भी भय नहीं था कि वे सिर बचाकर वार करनेवाले योद्धा उसकी लाज की नैया इस प्रकार किनारे पर ही डुबा देंगे। उसे नेशनल डिमांड से आशा थी अमेरिका के Declaration of Independence जैसे घोषणा-पत्र की। यदि सर मलकम के प्रश्न का उत्तर देने से बचने की चेष्टा करने की अपेक्षा स्वराज्य-पार्टी के समस्त सदस्य श्रीरंगा अय्यर के स्वर में स्वर मिलाकर यह कह देते कि Round Table का उद्देश्य भारत को बिना विलंब पूर्ण स्वाधीनता प्राप्त कराना होगा और इस संबंध की असेंबली की आज की बहस भारत के सब श्रेणी और सब विचारों के लोगों का एकमत से दिया हुआ ब्रिटिश ब्यूरोक्रेसी के नाम Ultimatum है, तो जनता अतिशय प्रसन्नता और अपनी पूर्ण शक्ति से उनके इस कथन का समर्थन करती और इन्हें अपना प्रतिनिधि स्वीकार करने में अपने को गौरवान्वित समझती। खैर, स्वराज पार्टी के अनुचित हठ की रक्षा करने में जनता ने जिस शांति और उदारता का परिचय दिया था उसी उदारता के प्रतिदान-स्वरूप अब वह उससे चाहती है सर मलकम हेली की निस्सार कटूक्तियों का परिहार और सर सिडनी ओलीवियर के कोरे जवाब का करारा उत्तर।

इसमें कोई संदेह नहीं कि यदि स्वराज पार्टी जनता की उक्त इच्छा को पूर्ण करने की चेष्टा करेगी अर्थात् चुनाव के समय की हुई अपनी प्रतिज्ञा का पालन करने का उचित साहस दिखलायेगी और असेंबली के राज्य-परिचालन में बाधा उपस्थित करेगी तो उसे अनेक कष्टों का सामना करना पड़ेगा और यह भी निर्विवाद है कि—स्वाधीनता की घोषणा का उस समय तक कुछ मूल्य और महत्त्व नहीं होता जब तक उसे कार्य में परिणत करने के लिए उपयुक्त शक्ति यथेष्ट परिमाण में न हो! परंतु यह सब जानते हुए भी, जनता, वर्तमान शासन-प्रणाली को नष्ट करने के लिए, अतिशय उत्कंठित और व्यग्र हो रही है। क्योंकि महात्मा गांधी के अहिंसात्मक असहयोग की अमोघता पर उसे दृढ़ विश्वास है और धर्म और न्याय के लिए कष्ट सहने की उसकी

शक्ति और धीरता तो इतिहासप्रसिद्ध और अप्रतिम है। आज तक जो वह अपनी शक्ति का ज्ञान और उस पर विश्वास रखते हुए भी किंकर्त्तव्यविमूढ़ बनी रही वह एक ऐसे सर्वस्व त्यागी नेता के अभाव के कारण जो उसे उसके हौसले के अनुसार ध्येय पथ पर मार्ग की कठिनाइयों से सावधान करता हुआ अग्रसर कर सके। महात्मा गांधी को अपने बीच में फिर पाकर उसकी यह आकस्मिक शिथिलता फिर दूर हो चली है और वह नये प्राण और नये उत्साह के साथ आशा और आग्रहपूर्ण नेत्रों से उनका मुंह जोह रही है। अपने खोये हुए मार्ग का पुनः अनुसरण करने के लिए उसकी नसों में खून दौड़ने लगा है। और यह निश्चित है कि वह महात्माजी के नेतृत्व में रक्तपातहीन क्रांति का अभूतपूर्व दृश्य दिखलाकर पशुबल पर विश्वास रखनेवाले कायरों का कलेजा कंपा देगी और संसार से पशुबल की प्रधानता के पैर उखाड़ देगी; परंतु, यदि स्वराज-पार्टी तथा उसके विधाताओं ने सेक्रेटरी ऑफ स्टेट और होम मेंबर के स्पष्ट कथन के बाद भी ब्रिटिश सरकार का रुख न पहचाना, कौंसिलों की हुल्लड़शाही की निरर्थकता और निस्सारता का यह ताजा प्रमाण पाकर भी सबक न सीखा और अपने भूत दुराग्रह का प्रायश्चित करने के इस उपयुक्त अवसर को हाथ से जाने दिया तो समसामयिक इतिहास की सम्मति उनके संबंध में 'अजहुं न बूझ अबूझ' से मिलती-जुलती ही होगी।

[29.3.1924]

10. पतलून ढीली हो गई!

अभी उस दिन विलायती वैध-क्रांति के नक्कालों ने, भारतीय व्यवस्थापिका परिषद् में, जब बड़े लाट की प्रार्थनापूर्ण सिफारिश की अवहेलना कर फाइनेंस बिल को निर्दयतापूर्वक ठुकरा दिया तब इनकी बंदरघुड़की और उछलकूद देखकर, जनता ने समझा, कि इनकी कमर बिल्कुल ढीली नहीं है, पतलून के भीतर लंगोट भी कसा है। इसलिये आशा की एक क्षीण रेखा उसकी आंखों के आगे चमक उठी, अथाह नैराश्य सागर में डूबते हुओं को तिनके का एक सहारा मिल गया! उसने समझा कि भरपेट कौंसिल की धूल फांककर पेट पर हाथ फेरते हुए ये अपने घर लौट आयेंगे और 'दिनभर का भूला हुआ शाम को घर आ जाने पर भूला नहीं कहलाता' इस कहावत को चरितार्थ करते हुए नौकरशाही की आंखों में उंगली कोंचकर बता देंगे, कि अब भारतवासी असेंबली द्वारा बजट नामंजूर हो जाने पर स्वेच्छाचारिता से काम लेनेवाली सरकार को 'टेक्स' देने के लिए—ऐसे स्वेच्छाचारी शासक को शासक मानने के लिए तैयार नहीं। वह जानती थी कि यह मार्ग अत्यंत कंटकाकीर्ण और पथरीला है। परंतु उसकी आंखों के सामने जलियांवाला बाग में शहीद होनेवाले चिरस्मरणीय पुरुषरत्नों की आत्माएं खड़ी हो गईं; पुत्रहीना माताओं और अनाथिनी विधवाओं की करुण क्रंदन ध्वनि उसके कानों में गूंज उठी, क्रूरकर्मा डायर, ओडायर और जान्सन की भीषण मूर्तियों का दानव-नृत्य उसे दिखाई दे गया। इसलिये वह इस अन्यायी शासन-प्रणाली का अंत करने के लिए बौखला उठी और उत्सुकतापूर्वक अपने नेताओं की ओर देखने लगी। परंतु अफसोस! सद अफसोस! स्वजातीय शासकों द्वारा शासित देशों के इतिहास से प्राप्त आलोक के सहारे विदेशी शासकों की स्वेच्छाचारिता से अपने देश को मुक्त करने के अभिलाषी, जनता के हृदय से कोसों दूर रहकर जनता की भलाई का ढोंग करनेवाले स्वराजवादी नेताओं को उसके अहिंसा के प्रण पर विश्वास न हुआ। महात्मा गांधी के जिस अभिनव अमोघ अस्त्र की उपकारिता सारे संसार के राजनीतिज्ञ मुक्त कंठ से स्वीकार कर रहे हैं, वह हमारे महामान्य नेताओं को बिल्कुल निर्बल और निःसार प्रतीत हुआ। जिस जनता ने अपने नेता का इशारा पाकर नौकरशाही की जेलों को, पच्चीस हजार की संख्या में जाकर भर दिया था, जिसने नागपुर, मुलशीपेठा और नाभा आदि में सत्याग्रह को सफल बनाकर संसार को आश्चर्य से चकित कर दिया था, उसी के संबंध में ये आत्मावमानना के पुतले यह कहते हुए जरा भी संकुचित नहीं हुए कि जनता कमजोर है। अपनी कमजोरियों को जनता के मत्थे मढ़ने का हास्यास्पद उद्योग इससे बढ़कर और क्या हो सकता है? यही नहीं, लोकलज्जा को तिलांजलि देकर सी.

पी. के स्वराजी लीडर ने तो यह तक कह डालने की हिमाकत की कि करबंदी के आंदोलन का नेतृत्व स्वयं महात्माजी भी सफलतापूर्वक नहीं कर सकते। जनाब आली, क्षमा कीजिये। अपने हृदय से महात्मा के विशाल हृदय को नापने का प्रयत्न न कीजिये। सीपी को सामने रखकर समुद्र के क्षेत्रफल का अंदाजा नहीं लगाया जा सकता। वह देखिये, देश के गत कई वर्षों के इतिहास का प्रत्येक वर्ष आपकी इस निराशावादिता पर दया की हंसी हंस रहा है। जनता की सारी आशाएं आपकी उक्ति का मर्सिया पढ़ रही हैं। जनता के हृदय में बार-बार यह प्रश्न उठ रहा है, कि जिस समय कांग्रेस द्वारा कौंसिल-प्रवेश का प्रस्ताव पास कराने के लिए, उचित-अनुचित सब प्रकार की तदवीरों से काम लिया गया था, उस समय, इस स्थिति पर भी विचार कर लेने की बुद्धि कहां चली गई थी? हाय, यदि ये अहंमन्य नेता कौंसिल का परिणाम सोचकर कौंसिल में घुसते, और कौंसिल से विफल मनोरथ होकर लौटने से पहले ही, देश की स्थिति को अग्रसर होने के उपयुक्त बना लिए होते तो यह छीछालेदर न होती!

दिव्यद्रष्टा महात्मा को जनता की परिस्थिति का ज्ञान था, इसी से उन्होंने असहयोग आंदोलन को स्थगित कर दिया था और विधायक कार्यक्रम को पूरा कर, देश की स्थिति को उपयुक्त बनाने का परामर्श दिया था। यदि स्वराज दल वाले अपनी राजनीतिज्ञता के घमंड में न आकर, महात्मा की अनुपस्थिति में, उनके बताये मार्ग का अनुसरण कर, देश को अहिंसात्मक असहयोग के महायज्ञ में हंसते-हंसते अपने प्राणों की आहुति प्रदान करने के उपयुक्त बनाने की चेष्टा किए होते, तो आज लाट साहब की मजाल न थी कि जनता के प्रतिनिधियों की सम्मिलित शक्ति की अवहेलना कर अपने विशिष्ट अधिकारों से काम लेते।

खैर, जाने दो। जो बात गई उसकी चिंता छोड़ो। जनता पर विश्वास करो। वह तुम्हारी अक्षम्य गलती भूल जाने के लिए अब भी तैयार है। जलियांवाला बाग का खून उसे याद है, योग्य नेता के नेतृत्व में, अहिंसात्मक असहयोग द्वारा उसका उपयुक्त उत्तर देने के लिए वह सर्वथा प्रस्तुत है। वह चाहती है कि हमारे भूले हुए स्वराजी भाई महात्मा के पास जाकर अपनी भूलें स्वीकार करें और नेतृत्व की बागडोर उनके पतले किंतु सुदृढ़ हाथों में देकर देश की दासता की जंजीर से मुक्त करने का अनुरोध करें।

क्या ये नेता इतना सत्साहस दिखा सकेंगे? यदि ये ऐसा न कर सके और कर-बंदी का आंदोलन आरंभ कर सके तो पशुबल की प्रधानता के पक्षपाती विद्रूप की हंसी हंसते हुए महाकवि अकबर के शब्दों में यह कहे बिना न रहेंगे कि—

सायये मगरिब में शौके दिल ने फैलाये तो पांव,
चार ही दिन में मगर पतलून ढीली हो गई।

[5.4.1924]

11. महा अंधेर! महा अंधेर!

यह क्या हो रहा है और क्यों हो रहा है? क्यों इस देश में बात-बात में गोलियां चल जाती हैं? क्यों इस देश के मनुष्य निर्दयतापूर्वक भुट्टे की तरह भून डाले जाते हैं? जलियांवाला बाग में भूने गये, कलकत्ता में भूने गये, दिल्ली में भूने गये, कुंबाकोनम में भूने गये, नागपुर में भूने गये और हाल में कानपुर में भूने गये हैं! इस महा अंधेर का, इस अवाध हत्याकांड का, इस राक्षसी तांडवनृत्य का, इस जघन्य बर्बरता का और इस क्रूर कसाईपन का कारण क्या है? इस घोर घृणित कर्म का, इस महा बदमाशी का जिम्मेदार कौन है, नौकरशाही? हरगिज नहीं। क्योंकि शैतान के लिए शैतानी स्वाभाविक है। दोषी वे हैं जो शैतानी को चुपचाप सह लेते हैं। इसलिये इस महा अनर्थ के जिम्मेदार तुम हो। क्योंकि तुम मार खाकर केवल रोते हो, उसके प्रतिकार का उपाय नहीं करते! तुम पशु हो, भारतमाता के वक्षस्थल के भार हो, कुलांगार हो, कपूत हो। तुम वीरों के वंश में कायर और जांबाजों के वंश में बुजदिल हो। कुत्ते की मौत मरते हो, तो भी मृत्यु से डरते हो। तुम्हारी जबान गरम है परंतु कलब ठंडे पड़ गये हैं। तुम्हारी धमनियों में रक्त की जगह, नाबदान का गंदा पानी बह रहा है। तुम सजीव मनुष्य नहीं, बल्कि मिट्टी के निर्जीव पुतले हो। तुम्हारे जैसे निकृष्ट जीव का इस पृथ्वी से विलुप्त हो जाना ही अच्छा है। इसी से तुम बार-बार खटमलों और मच्छरों की तरह निर्दयतापूर्वक कुचल डाले जाते हो। तुम्हारे कर्मों का यही प्रतिफल है, तुम्हारे फेलों का यही नतीजा है। तुम केवल मार खाने के लिए, सबूट चरणों से रौंदे जाने के लिए, मार खाकर खीस निकालने के लिए और दुरदुराये जाकर तुम हिलाने के लिए बने हो। तुम अपने देश में लूटे जाते हो, पीटे जाते हो, दिनदहाड़े तुम्हारी इज्जत उतार ली जाती है। विदेश में तुम्हारे साथ पशुवत् व्यवहार होता है, पग-पग पर तुम अपमानित और लांक्षित होते हो। जो अपने देश में तुम्हें कुत्ते से भी घृणित समझते हैं, वे तुम्हारे देश में आकर स्वर्ग-सुख लूट रहे हैं। जो अपने देश से तुम्हें दूध की मक्खी की तरह निकाल फेंकना चाहते हैं, तुम उनका चरण चूमकर अपने को धन्य समझते हो। इसलिये इस धरा-धाम पर तुम्हारे जैसा मनुष्य नामधारी पशु दूसरा नहीं है। विधाता ने इहलोक में ही नर्क-यातना भोगने के लिए तुम्हें पैदा किया है। ओह! तुम्हारे अधःपतन का कहीं ठिकाना है!!!

यदि तुम मनुष्य होते, तुममें मनुष्योचित आत्माभिमान होता, अपनी आन पर जान दे देना जानते होते, मृत्यु को अमर पथ का साधन समझते, आत्मगौरव और

आत्मसम्मान का महत्त्व समझते, आत्मनिर्भरता के कायल होते और ईंट का जवाब पत्थर से देना जानते, तो अखिल संसार में कौन माई का लाल ऐसा दिलेर था जो तुम्हारी ओर आंख उठाकर देख सकता? किसके पंजे फौलाद के थे, जो तुम्हारे ऊपर घूंसा तानने का साहस कर सकता? किसके बाजू में इतना बल था, जो अकंपित भाव से तुम्हारे सामने बंदूक तानकर खड़ा रह सकता? किसका कलेजा इतना बड़ा था जो तुम्हें अपमानित करने का इरादा करता? तुम तीस करोड़ हो। इतनी चींटियां भी यदि एकत्र हो जायें तो कुछ कर सकती हैं! परंतु तुम कुछ नहीं कर सकते। क्योंकि मरना नहीं जानते! तुम्हें जान प्यारी है, मान नहीं। इसीलिये कानपुर के महा अंधेर की सारी जिम्मेदारी तुम्हारे ही सिर है; तुम्हीं उन गरीब भाइयों की हत्या करनेवाले खूनी हो!

जलियांवाला बाग की घटना से लेकर आज तक तुम्हारे सैकड़ों भाई कुत्ते की मौत मार डाले गये, परंतु तुमने आह भी न की; तुम्हारे लज्जाहीन नेत्रों से दो बूंद आंसू भी न गिरे! तीस करोड़ मनुष्यों की आह में, तीस करोड़ मनुष्यों के उष्ण श्वास वायु में क्या एक भी जल्लाद को झुलस डालने की शक्ति न थी? साठ करोड़ आंखों से निकले हुए आंसू क्या एक पापी को भी डुबाने के लिए काफी न थे? उफ! ऐसी भंयकर आत्मविस्मृति!!!

कानपुर में जो महा अंधेर हुआ है, उसका पासंग भी यदि दूसरे देश में हो गया होता तो सारे संसार की सकौतुक दृष्टि उधर खिंच गई होती और जिन क्रूरों ने यह महापाप किया या कराया है, वे अपने पाप का प्रायश्चित करने के लिए बाध्य होते। परंतु यहां वे हत्यारे इनाम पायेंगे, भविष्य में फिर इसी तरह का अमानुषिक अत्याचार करने के लिए उत्साहित किये जायंगे। जो अभागे अभी तक अर्धमृत अवस्था में पड़े कराह रहे हैं, उन पर मुकद्दमा चलाकर न्याय का भयावह अभिनय किया जायेगा! इसके लिए पहले से ही रास्ता साफ कर लिया गया है। सत्य को मिथ्या के आवरण में ढंकने की चेष्टा की गई है। कानपुर में अफवाह उड़ रही है कि मजदूरों की कुछ लाशें इंजिन के बायलट में झोंक दी गई हैं। कुछ लोगों ने इस अफवाह की सत्यता की जांच करना चाहा था, परंतु उन्हें संतुष्ट करने के लिए, तुम्हारा आंसू पोछने के लिए यह छोटा-सा काम करने की आवश्यकता भी न समझी गई! क्या इस तरह की राक्षसी लीलाएं इस देश में बराबर होती रहेंगी और तुम चुपचाप देखते रहोगे? कमिटी बनाकर साक्ष्य-संग्रह करनेवाले लेक्चरबाज लीडरों का आसरा छोड़ो। वे जो कुछ करते हैं, करने दो। आत्मनिर्भरता से काम लो, अपने पैरों के बल खड़े होने की चेष्टा करो।

क्या कहा? तुम निहत्थे थे। सशस्त्र अत्याचारियों का सामना तुम कैसे कर सकते थे? आह! यही तो तुम्हारी भूल है। इसी नपुंसक भाव को दूर करने के

लिए—पशुबल के मुकाबले में आत्मबल की प्रधानता सिद्ध करने के लिए ही तो महात्मा ने तुम्हें अहिंसात्मक असहयोग की दीक्षा दी थी। तलवार का सामना तलवार और बंदूक से तो सभी कर सकते हैं। उसमें तुम्हारी विशेषता क्या होती? तुम्हारी हजारहा साल की संस्कृति और सभ्यता का क्या गौरव होता? परंतु हाय! तुम उसकी महत्ता को स्वीकार करके भी उस पर अमल करने का साहस नहीं कर सकते। यदि तुम महात्मा गांधी के दिखाये हुए मार्ग का अवलंबन करते, भय को दूर भगाकर, जान को हथेली पर लेकर, अत्याचार को शांति और सहनशीलता से जीतने के लिए प्रस्तुत होते और पर्वत की चट्टान की तरह निश्चल भाव से गोलियों की बौछार सहने के लिए डटे रहते, आत्मसम्मान के लिए मर मिटने को तैयार हो जाते, अपनी सम्मिलित शक्ति से काम लेते तो संसार की कोई शक्ति तुम्हारे सामने ठहर न सकती। तुम्हारे उद्वेगहीन वीर भाव के सामने अत्याचारियों की बंदूकें आपसे आप नीची हो जातीं। पेट के लिए अपने भाइयों का खून बहानेवाले कायरों के हाथों को काठ मार जाता! और यदि ऐसा न भी होता तो यह निश्चय है कि तुम इस प्रकार के अत्याचारों से अपनी संतानों की रक्षा के पुण्य भागी तो अवश्य ही होते। याद रहे, यह तुम्हारी परीक्षा का समय है। यदि अब भी सावधान न हुए, इतनी मार खाकर भी आंखें न खुलीं तो समझ लो, कि तुम्हारे जीवन के दिन पूरे हो गये हैं! अफसोस! तुम वीर आर्यों की संतान होकर घृणित जीव की तरह बंधे जाते हो और सांस तक नहीं लेते! इससे बढ़कर अंधेर! महा अंधेर और क्या हो सकता है?

[12.4.1924]

12. होश आयेगा उन्हें मौत की बेहोशी में

खुदा जाने इस अभागे देश के नमक में कैसा अजीब असर है, कि जिसके उदर गह्वर में इसका एक भी कण प्रविष्ट हो जाता है, उसे परेशान कर देता है, फूट पड़ता है और अंत में उसे नमकहराम बनाकर छोड़ता है। इतिहास के पन्नों में, पग-पग पर इस नमक की करामात का प्रमाण मिलेगा। इस विचित्र नमक की विचित्र शक्ति देखकर हैरान हो जाना पड़ेगा। दरअसल ऐसा अद्भुत असरदार नमक संसार में और कहीं नहीं मिलेगा। नमक क्या है, आफत की पुड़िया है।

आजकल इस नमक ने कलकत्ता की 'गोरी सभा' को बेतरह बेचैन कर दिया है। बेचारी हैरान है, परेशान है, लहंगे से बाहर निकल पड़ी है, चिल्ला उठी है, चीख रही है, त्राहि-त्राहि कर रही है। जब कभी इस देश में आंदोलन आरंभ होता है, तभी यह नमक लौहशलाका बनकर गोरी सभा का कोमल कलेजा कोंचने लगता है और वह बौखला उठती है, वाही-तबाही बकने लगती है। अंग्रेजी साम्राज्य के समूलध्वंस का भयंकर दृश्य उसकी आंखों के सामने नाचने लगता है, बेचारी अधीर हो उठती है। आजकल उसकी दयादृष्टि स्वराज दल वालों पर पड़ी है। नमक ने जोर मारा है। इस दल के उद्देश्यों में राजद्रोह की गहरी छाप देखकर बीबी के होश उड़ गये हैं, इसलिये वह निर्लज्ज भाव से स्वराजियों के ऊपर टूट पड़ने के लिए कमर कसकर तैयार हो गई है। उसने एक लंबा पत्र लिखकर भारत मंत्री को सावधान कर दिया है, कि स्वराज दलवाले राजद्रोही हैं, क्रांतिकारी हैं, ब्रिटिश साम्राज्य को विध्वंस करनेवाले हैं। वे भारत की कोटि-कोटि मूक जनता के प्रतिनिधि नहीं हैं। इसलिए उनके आंदोलन करने से भारत के शासन-कार्य में किसी तरह का सुधार नहीं होना चाहिए, नहीं तो महा अनर्थ हो जायगा, सुविस्तृत ब्रिटिश-साम्राज्य धूल में मिल जायगा, इंगलैंड की भूमि धंसकर पाताल में चली जायगी और अंग्रेज जाति का नाम-निशान मिट जायगा।

इस बेहूदे नमक ने मांटेगू-चेम्सफोर्ड सुधार के समय भी इसी तरह जोर मारा था। उस समय भी गोरी सभा ठीक इसी तरह घांघरा खोलकर खड़ी हो गई थी और भारत की कोटि-कोटि अशिक्षित जनता की भलाई की दुहाई देकर, भूखी स्यारन की तरह घोर क्रंदन आरंभ कर दिया था।

किंतु बीबी साहबा! संभलिये, जरा होश में आइये। अब वे गुलछर्रे उड़ाने के दिन बीत चले। व्यवसाय-वाणिज्य के बहाने जीर्ण-शीर्ण भारतवासियों का रक्त शोषण कर

तांडव-नृत्य करने का समय अब नहीं रहा। भारतवासी अब पूतनाओं के फेर में पड़नेवाले नहीं हैं। बहुत दिनों के बाद इस जाति ने करवट बदली है, अब आंखें खुल गई हैं। निरक्षर अबोधों के हृदय में भी स्वतंत्रता की अभिलाषा मौज मारने लगी है। भारतमंत्री की कृपापूर्वक दी हुई अधिकार शिक्षा का भरोसा अब उन्हें नहीं है। मांटेगू-चेम्सफोर्ड सुधार ने इस 'विषरस भरे कनक घट' की पोल खोल दी है। इसलिये भारतमंत्री की चिकनी-चुपड़ी कोरी बातें और आपका स्नेहास्फालन अब भारत को घोका नहीं दे सकता। आप चिंता न करें, आपके अबोध बच्चों ने आप जैसी डायनों को अच्छी तरह पहचान लिया है। उन्होंने स्वावलंबन-मंत्र की दीक्षा ली है और तत्परतापूर्वक उसकी सिद्धि में लगे हैं। और वह दिन दूर नहीं है जब भारतमंत्री को झख मारकर उनका अधिकार उन्हें अर्पण करने के लिए विवश होना पड़ेगा और मनुष्य नाम को कलंकित करनेवाले स्वार्थ पर, जीवों की सभायें चिल्लाती ही रह जायेंगी।

स्वार्थपरता मनुष्य को कितना अधम बना देती है, यह यूरोपियन एसोशियेशन की करतूत से साफ जाहिर हो जाता है। जिस भारत की बदौलत ये गोरे बनिये मालामाल हो रहे हैं, जिसकी बदौलत इन्हें इस पृथ्वी पर ही स्वर्गसुख प्राप्त हो रहा है, जिसकी बदौलत ये संसार में सभ्य जाति बनने का दम भरते हैं, उसकी भलाई की चर्चा मात्र से उनकी नानी मर जाती है और ये निर्लज्जता पूर्वक चीत्कार कर उठते हैं। ये अभागे समझते हैं कि भारत सदैव इसी तरह बेवकूफ बना रहेगा और हम लोग इसकी छाती पर कोदो दलते रहेंगे।

यही नहीं, इस सभा ने श्री देशबंधु के संबंध में जो बेहूदा विचार प्रकट किया है, वह इसे हास्यास्पद ही नहीं, घृणित बना रहा है। अहमकों ने लिखा है कि देशबंधु क्रांतिवादी हैं। मूर्खो! तुम्हें खबर नहीं, देशबंधु ही क्यों आज भारत का बच्चा-बच्चा क्रांतिकारी है। आबाल-वृद्ध-वनिता भारत आज नौकरशाही के पाशविक अत्याचारों से कांप उठा है और चाहता है कि शीघ्र ही इस नौकरों की हुकूमत का अंत हो जाय। परंतु वह रक्त की नदी बहानेवाली राक्षसी क्रांति नहीं चाहता। वह आत्मबल की अभिनव-क्रांति उपस्थित कर संसार के इतिहास की धारा पलट देना चाहता है। देशबंधु जैसा प्रतिभासंपन्न मनुष्य यदि रक्तरंजित क्रांति का पक्षपाती होता तो भारत के स्वार्थ का इस तरह खुल्लमखुल्ला विरोध करने का साहस तुममें न होता। तुम बेहोश हो, स्वार्थ ने तुम्हें अंधा बना दिया है। जब असहयोग के अमोघ अस्त्र की मार से नौकरशाही पर मौत की बेहोशी छा जायगी, तब तुम्हारी आंखें खुलेंगी, तब तुम्हें होश आयेगा।

[26.4.1924]

13. होगी न कद्र जान की कुरबां किए बगैर!

"Strike off thy fetters!
Bonds that bind thee down."
—Swami Vivekananda

देर नहीं लगती और गोली चल जाती है; ताजा घाव पुरने नहीं पाता, नया जख्म तैयार हो जाता है; आठ-आठ आंसू रोकर दम भी नहीं ले पाते, खून के आंसू टपकाने की नौबत आ जाती है। हृदय पर हाथ रखकर पूछनेवाला कोई नहीं—सहानुभूति के चार शब्द सुनानेवाला कोई नहीं। श्मशान यात्रियों की तरह सभी मौन हैं, एक-दूसरे का मुंह ताकते और सहम कर रह जाते हैं। भारत! जानते हो यह सब क्यों हो रहा है? क्या कहा? समय का फेर?—पराधीनता?

'समय का फेर और पराधीनता' ये दोनों शब्द तो आज हजार वर्षों से तुम्हारे कोने-कोने में आह के साथ गूंज रहे हैं। आज हजार वर्षों से यही एक सूत्र अब तक साधने को पड़ा हुआ है। धर्म में 'समय का फेर और पराधीनता', समाज में 'समय का फेर और पराधीनता', राज्यव्यवस्था में 'समय का फेर और पराधीनता', शिक्षा-उदारता में 'समय का फेर और पराधीनता'। कहां तक गिनायें, ऐसा है कौन-सा विषय जिसके लिए तुम्हारी 'समय का फेर और पराधीनता' की रट न हो?

तुम्हारे प्रथम युग में, ब्राह्मणों की तूती बोलती थी, तब मंत्र—हां-हां, एक शब्द अथच अज्ञातअर्थ!—सुन लेने के कारण तुम्हारे दयनीय दीन बच्चों के कानों में सीसा गलाकर छोड़ दिया जाता था, अगर कभी शब्दों पर जीभ डुल गई तो उसी वक्त काट ली जाती थी—निकाल ली जाती थी। द्वितीय युग में, जब क्षत्रियों की शमशीर थी तिस पर सहायक था ब्राह्मणों का मस्तिष्क, तब भी तुम्हारे 'समय का फेर और पराधीनता' की दवा नहीं हो सकी। कौरव-पांडव कटे, यदुवंशी कटे, बौद्ध कटे और आपस की मारकाट में कट गये युग और कितने ही युगांतर। इस मारकाट का अंत देखते हुए आये मुसलमान जिनके आने पर कितनी ही चोटियां कट गईं और कट गये कितने ही चुटिया समेत। काटते हुए उनके हाथ जब कुछ थक गये तब आये अंग्रेज। इनके आने पर काटना कुछ बंद हुआ, बेधना शुरू हुआ। बजबज में—पंजाब में—रायबरेली में,—और किस जगह नहीं?—अभी हाल में कानपुर में बेधने की कोई त्रुटि नहीं दिखलाई गई। तुमने कह दिया—'समय का फेर और पराधीनता!' बस सर पर हाथ रखकर बैठ गये!

'समय का फेर और पराधीनता' की आवाज ने जब से गूंज-गूंजकर, संसार के वायुमंडल में श्मशान की-सी भीति जगानेवाली शंका का तीव्र कंपन भर दिया है तब से आज तक वह ज्यों का त्यों ही बना हुआ है; कोई घटना हुई नहीं कि शंका का वही कंपन द्रुत हो जाता है। कलेजे को दहलानेवाली वह पिशाच मूर्ति आंखों के सामने नाचने लगती है। लोग फिर त्रस्त भाव से चीख उठते हैं—'समय का फेर और पराधीनता!'

दूसरी ओर हिंदू-धर्म—हिंदू-समाज—हिंदू-संन्यासी—हिंदू-पंडे—हिंदू-कुलगुरु—हिंदू-स्त्रियां—हिंदू-विधवाएं—हिंदू-शूद्र और सबसे पहले हिंदू नाम के कातर कंठ में वही एक शब्द—'समय का फेर और पराधीनता।'

जब कि संसार में जीवित रहने के लिए सिद्धांत जोर-जोर से पुकार कर कह रहा है कि एक का खून बढ़ता है दूसरे का खून चूसने पर; अन्यथा जीना असंभव है, तब चाहे आप विलायत में भिक्षा की झोली लटकाये हुए दर-दर की खाक छानें, चाहे अमेरिका का दरवाजा खटखटाएं; भीख भीख ही भर मिलेगी। इतिहास देखिये, ब्राह्मणों से क्षत्रियों ने अधिकार छीना, वैश्यों ने ब्राह्मण-क्षत्रियों से। अब शक्तिमान शूद्रों में भी यही उठान देख पड़ता है। विदेश की क्रांतियों में भी यही भाव है। अतः समस्त हिंदू-धर्म और समस्त जातीय अधिकारों के लिए वही सिद्धांत आवश्यक है। जरूरत है शक्ति की,—अपने शूद्रों—अपनी विधवाओं—अपने अधिकारों के लिए एक संगठित हिंदू-शक्ति की,—'होगी न कद्र जान की कुरबां किए बगैर।'

[3.5.1924]

14. सर्राफ की नजर ने तुमको परख लिया है!

भीख मांगते प्रायः आधी शताब्दी बीत गई, परंतु 'सनहक' खाली ही पड़ी रही। सूम ने एक टुकड़ा रोटी या चुटकी-भर चावल तो क्या एक कण उच्छिष्ट भी उठाकर न फेंका। तथापि भिखमंगे हताश नहीं हुए, मांगना नहीं छोड़ा, फेरी लगाने से बाज नहीं आये। सैकड़ों बार 'माफ करो बाबा' सुना, धक्के खाये, दुरदुराये गये, गरदनिया देकर निकाले गये, परंतु हाथ फैलाये ही रहे। उनके कुष्ठ-धवल मुख की कितनी प्रशंसा की, उनके कर्ण कर्कश स्वर को निःसंकोच वीणा विनिंदित स्वर कहते रहे, उनकी कंजूसी को दाताकरण की उदारता बतलाया, उनकी निर्दयता को स्नेहशीलता समझते रहे, संसार के कोने-कोने में उनके सुयश के गीत गा आये, 'देहि पदपल्लवमुदारम्' की रट लगाकर उनके सबूट चरणों को चाटते रहे, उन्हें रिझाने के लिए—उन्हें प्रसन्न करने के लिए मानापमान को जलांजलि प्रदान कर दी, कहां तक बतायें, उनका गुणगान करते-करते जीभ सूखकर जूती का तल्ला बन गई। परंतु उस संगदिल-बुते-काफिर ने 'कभी न पूछा, कि हाल क्या है?' बहुत दिन की बात नहीं, अभी उस दिन केनिया-प्रवासियों का दुःखड़ा रोने जाकर नौकरशाही के भाट राईट ऑनरेबल मि. श्रीनिवास शास्त्री को धक्के खाने पड़े। प्रवासी भारतवासियों के साथ केनिया में जो राक्षसी व्यवहार हो रहा है, उसे सुनकर दो शब्दों में सहानुभूति प्रकट कर सांत्वना देना तो दूर रहा, भारत के सहकारी भाग्यविधाता अर्ल ऑफ विंटर्टन ने मि. शास्त्री का मुख देखना भी पसंद नहीं किया! अपमानित, लांछित, शास्त्री डबडबाई हुई आंखें लिए सिसकते हुए वापस लौट आये! वह हृदय-विदारक दृश्य, आज भी सहृदयजनों के स्मृति-पट पर अंकित है, भारत के घोर अपमान की वह करुण कहानी आज भी भारत के कानों में गूंज रही है। साम्राज्य परिषद् में सर सप्रू को मुंह की खानी पड़ी थी, सारे साम्राज्य की प्रतिनिधि सभा में जनरल स्मट ने जो फटकार सुनाई थी, उसे अंग्रेजों के खुशामदी टट्टू, मानापमान को पीसकर पी जानेवाले, कुछ नगण्य निर्लज्जों के सिवा और कौन भूल सकता है? उस समय इंग्लैंड से लौटकर, रूमाल से आंखें पोंछते हुए मि. शास्त्री ने कहा था, भीख मांगने से अधिकार नहीं मिलते। उसके लिए स्वावलंबन ही एकमात्र पथ है। दक्षिण अफ्रिका से लौटने पर उन्हीं के मुंह से यह भी सुनने में आया था कि "The have a way of remaining deaf and blind until something in the nature of a political explosion takes place and a crisis is reached." बहुत थोड़े शब्दों में इसका मर्मार्थ यही है, कि जब तक केकड़ा गला नहीं पकड़ता, तब तक बगुलाजी के होश ठिकाने नहीं आते। इन वाक्यों को सुन लेने पर किसे विश्वास था कि एक बार

सिर फोड़वाकर गीदड़ फिर ताड़ के नीचे जायगा, बार-बार अपमानित और लांछित होकर कौन बेहया भिखारी फिर उनके आगे हाथ फैलायेगा? कौन जानता था कि मि. शास्त्री जैसा विलक्षण राजनीतिज्ञ अपना सुदीर्घ काल का अनुभव इतना शीघ्र भूल जायगा और सनहक लेकर फिर भीख मांगने के लिए दौड़ पड़ेगा। श्रीमती एनी बेसेंट का 'अंटसंट' तो भारत बहुत दिनों से देख रहा है। वृद्धा के कितने ही रूप इस वृद्ध भारत की आंखों के सामने नाच रहे हैं। वे पहेली हैं—गोरखधंधा हैं, उन्हें समझना, उनके असली रूप को पहचानना बड़ा कठिन है। वे बेकार नहीं रह सकतीं। इसलिए निर्वाणोन्मुख प्रदीप की अंतिम दीप्ति की भांति एक बार फिर भारत के राजनीतिक क्षेत्र को उद्‌भाषित करने चली हैं। उन्हें विश्वास है कि उनकी प्रार्थना से प्रसन्न होकर, उनके कीर्तन पर मुग्ध होकर, उनकी अनन्य भक्ति पर रीझकर दयामूर्ति बड़े साहब भारत के लिए कोई अच्छी शासन-प्रणाली उनके कंपमान हाथों में दे देंगे! जाते समय अपनी लड़खड़ाती आवाज में उन्होंने महाप्रभुओं को बहुत कोसा है। ब्रिटिश अविचार का उल्लेख कर कह गई हैं, कि तुमने भारत को क्लीव और कापुरुष बना रखा है। परंतु इस क्लीवता और कापुरुषता का एकमात्र इलाज उनकी जराजीर्ण बुद्धि के अनुसार बड़े साहब की खुशामद है। 'भिक्षां देहि, भिक्षां देहि' के सिवा और कोई दवा इस क्लीवता को दूर नहीं कर सकती। सारे राजनीतिशास्त्र को टटोल डालने पर यही एक अमोघ 'बाजीकरण' श्रीमती एनी बेसेंट और उनके चेलों को प्राप्त हुआ है। यही एक बीजमंत्र है, जिसे सिद्ध कर लेने पर कापुरुष भारत महापुरुष बन जायगा। धन्य हो, भिखारियो! धन्य हो! तुम्हारी दृढ़ता, तुम्हारा अध्यवसाय और भिक्षा-वृत्ति पर तुम्हारा अटल विश्वास प्रशंसनीय है। जाओ एक बार और लंडन की गलियों में फेरी लगा आओ। तुम्हारी फेरी का जो कुछ परिणाम होगा, उसे भारत जानता है और तुम्हारे भाग्य में जो कुछ बदा है, वह भी किसी से छिपा नहीं है। यद्यपि कुछ लंडनवासी तुम्हें भारत का प्रतिनिधि समझकर, धोखा खायेंगे, तुम्हारी भिक्षावृत्ति पर हंसेंगे, घृणा प्रकाश करेंगे, परंतु इसकी कोई चिंता नहीं है। चिंता इस बात की है कि धोबी के कुत्ते की तरह तुम न घर के रहे न घाट के। भारत बहुत दिनों से तुम्हारी आशा छोड़ चुका है। महात्मा की कृपा से भारत को आत्मावलंबना का आस्वाद मिल चुका है। उसे अच्छी तरह मालूम हो चुका है, कि स्वतंत्रता और स्वराज का मूल्य आत्मबलि है। भिक्षा द्वारा वह नहीं प्राप्त हो सकती। चाहे लेबरपार्टी हो या लिबरपार्टी। कोई अपने और अपनी जाति के स्वार्थों की बलि देकर भारत को स्वराज या स्वतंत्रता न देगा। भिक्षावृत्ति पर विश्वास करनेवाले तुम्हारे जैसे खुशामदी टट्टू अब भारत में बहुत थोड़े रह गये हैं। उन्हें यहां की जनता अच्छी तरह पहचान चुकी है। अबकी विलायत के जौहरियों को भी तुम्हारी परख हो जायगी और कांच के टुकड़े की तरह तुम दूर फेंक दिये जाओगे।

[10.5.1924]

15. हक तो यूं है कि हक अदा न हुआ!

जब कोई जाति ध्वंस की ओर जाने लगती है, तो उसे बचाना मनुष्य तो क्या विधाता के लिए भी शायद कठिन हो जाता है। जिस तरह अथाह-असीम सागर में तैरनेवाली नौका की पेंदी में छेद हो जाने पर उसका डूबना अनिवार्य और उद्धार कठिन पर हो जाता है, जिस तरह ध्वंस कीट समा जाने पर महा महीरुह का खड़ा रहना असंभव हो जाता है, उसी तरह नाना मतमतांतर वाली—जितनी खोपड़ी उतने ही सिद्धांतोंवाली जाति का बचना भी कठिन हो जाता है। आजकल भारतीय राष्ट्र की वही दशा है। कुछ लोग भीख मांगने के लिए विलायत गये हैं, कुछ कौंसिल में प्रस्ताव करने के लिए शिमला पहुंचे हैं, कुछ लोगों के समझ में ही नहीं आता है कि क्या करना चाहिए। इन बातों को देखने से मालूम होता है, कि यह जाति 'रामखुदैया' में पड़ी है। इस कठिन गोरखधंधे से निकलना सहज नहीं है।

जिस समय जालियांवाले बाग को अपने हृदय के उष्णरक्त से सींचकर इस जाति ने असहयोग व्रत का अवलंबन किया था, उस समय संसार को कुछ आशा हुई थी। विशाल विश्व अपनी अमित आंखें फाड़कर समुत्सुक दृष्टि से इसकी जागृति को लक्ष्य करने लगा था। सहस्र-सहस्र वर्षों से अनवरत ध्वंस की ओर जानेवाली जाति को जड़ता छोड़कर एकाएक उत्थित देखकर संसार चकित और स्तंभित हो गया था। आशावादियों का हृदय-उद्यान आशापुष्पों से आच्छादित हो गया था। विश्वव्यापिनी भावी शांति की कल्पना-मूर्ति देखकर लोग विमुग्ध हो रहे थे। सारे संसार से युद्ध-विग्रह के तिरोभाव के सुखद स्वप्न ने शांतिकामियों को आनंद-विह्वल कर दिया था। पार्थिव बल के साथ आत्मबल का अभूतपूर्व संघर्ष देखकर लोग आश्चर्य में पड़ गये थे। हाय, किसे विश्वास था कि यह 'चार दिन की चांदनी' है, इसके बाद फिर वही घनांधकारपूर्ण अमानिशा आनेवाली है! यह उत्साह—यह जोश क्षणिक है, यह उबाल केवल सोडावाटर का उबाल है। यह जुगनू की ज्योति है। ये पानी के क्षणभंगुर बुलबुले हैं, इनकी हस्ती महज दम भर के लिए है। हवा का एक मामूली झोंका इन्हें नेस्तोनाबूद कर देने के लिए काफी है। आसमुद्र-हिमाचल के लक्ष-लक्ष कट्टर अहिंसा ब्रतियों की परीक्षा का स्थान वही गोरखपुर का 'चौरी-चौरा' है!!! असहयोग को बनवास देने के लिए मंथरा की तरह विधाता ने उसी को 'अजस पिटारी' बनाकर भेजा है! बेचारे 'आनंद' और 'बारदोली' को क्या खबर थी, उनके खरे-खोटे की पहचान की कसौटी सुदूर चौरीचौरा में रखी है! ठीक है। 'खेत खाय गदहा और मारा जाय जुलाहा'!

फिर भी आशा थी। अपने नेताओं पर अटल विश्वास रखनेवाली जनता, किंचित् हताश हुई। उसने सोचा, शायद समय नहीं आया है पाप के दिन अभी पूरे नहीं हुए हैं! बात भी वही थी, दरअसल इस अभागे देश की ग्रह दशा नहीं कटी थी। भाग्य में जो कुछ बदा था, वह पूरा नहीं हुआ था। इसलिये नौकरशाही ने साहस करके असहयोग आंदोलन के एकमात्र सूत्रधार को पकड़कर यरवदा जेल की चहारदीवारी के अंदर बंद कर दिया। सिपहसालार पकड़ा गया। फौज तितर-बितर हो गई! मैदान शत्रु के हाथ रहा! देखते-देखते असहयोग की चिता-भस्म पर 'कुकुरमुत्ता' की तरह कौंसिलवादी दल पैदा हो गया और उसने असहयोग के प्रति केवल अविश्वास ही नहीं प्रकट किया बल्कि उसे हर तरह से क्षतिग्रस्त करने पर भी उतारू हो गया! यहां तक कि सर्ववादी सिद्धांत खद्दर और चरखे पर भी उसकी आस्था न रही। इसलिए तथा असहयोगियों की किंकर्त्तव्यविमूढ़ता के कारण आंदोलन शिथिल पड़ गया। अब ईश्वर की दया से महात्माजी ने फिर आंदोलन का सूत्र अपने सुदृढ़ हाथों में धारण कर लिया है। कौंसिलवादी दल को कौंसिलों में जाकर अपनी शक्ति की परीक्षा करने का पूर्ण अवसर देकर उन्होंने असहयोग के कार्यक्रम को अग्रसर करने का विचार किया है और आशा है कि वे शीघ्र ही अपनी अलौकिक शक्ति लेकर मैदान में आवेंगे। फलतः देश के प्रत्येक स्वतंत्रताप्रेमी को नवीन उद्यम और उत्साह के साथ-साथ अपने श्रद्धेय महात्मा के आदेशानुसार कार्य करने के लिए प्रस्तुत हो जाना चाहिए। स्वतंत्रता कोई बाजार की सस्ती रेवड़ी नहीं है। उसके लिए बहुत कुछ त्याग स्वीकार की जरूरत है। यहां तक कि आवश्यकता पड़ने पर उसके लिए प्राणों का भी विसर्जन कर देना पड़ता है। इसलिये एक सरसों पेरकर जो लोग घड़ा भर तेल की प्रत्याशा किये बैठे हैं, केवल चंद रोज असहयोगी बनकर स्वतंत्रता जैसी महामूल्यवान वस्तु को प्राप्त करने की अभिलाषा रखते हैं, वे अतिरिक्त आशावादी हैं। उन्हें स्वतंत्रता कभी भी नहीं प्राप्त हो सकती। फलतः यदि आप स्वतंत्रता के अभिलाषी हैं, अपने देश में स्वराज्य की प्रतिष्ठा चाहते हैं, तो तन, मन और धन से अपने नेता महात्मा गांधी के आदेशों का पालन करना आरंभ कीजिये; कांग्रेस के कार्यक्रम को पूरा करने में लग जाइये। स्मरण रहे माता-पिता की तरह 'स्वर्गादपि गरीयसी' जन्मभूमि का भी हक तुम्हारे ऊपर है। उस हक को अदा किये बिना तुम्हारे जीवन का उद्देश्य, तुम्हारा कर्त्तव्य अधूरा रह जायेगा। उस हक को अदा करने का उपयुक्त अवसर आया है। क्योंकि ईश्वर ने दया करके तुम्हारे नेतृत्व के लिए महात्मा को निरामय करके भेजा है। अब तक तुमने जो कुछ किया है, उससे जन्मभूमि का हक पूर्णरूप से अदा नहीं हुआ है। इसे याद रखना।

[31.5.1924]

16. परपंच करें पर पंच कहावें

ओडायर और डायर के मामले का फैसला देखकर भारत और इंग्लैंड के बुद्धिमान बौखला उठे हैं और जामे से बाहर होकर एक स्वर से सारे के सारे बेचारे जज मेकार्डी पर टूट पड़े हैं और पानी पी-पीकर उन्हें कोस रहे हैं। ब्रिटिश पार्लियामेंट के एक मनचले मेंबर साहब तो यहां तक बिगड़ पड़े हैं कि बादशाह सलामत से कहकर बेचारे की जजी ही छिनवा लेना चाहते हैं। खुदा जाने मेकार्डी साहब ने ऐसा कौन-सा गुरुतर अपराध कर डाला है—कौन-सी ऐसी नई हरकत की है, जिसके लिए लोग इस तरह नोन-सत्तू बांधकर उनके पीछे पड़ गये हैं। जिस जाति के जजों ने महाराज नंदकुमार को निरपराध फांसी की सजा दी थी, जिस जाति के एक आला दर्जे के ऑफिसर ने अवध की बेगमों का अकारण अपमान किया था, जिस जाति ने प्रातः स्मरणीय देशभक्त मेकस्विनी को जेल में भूखों मार डाला था, जिस जाति ने देवी जोन को जलाकर खाक कर डाला था, जिस जाति ने आयरलैंड के सैकड़ों देशभक्तों का खून कर दिया था, जिस जाति के जज ने जलियांवाला बाग में साम्राज्य की रक्षा के लिए थोड़ी देर तक कत्लेआम मचानेवाले, कतिपय निरपराध बच्चों का खून करनेवाले, साम्राज्य को नेस्तनाबूद कर डालने को भयंकर साजिश करनेवाली जनता पर बम बरसानेवाले, स्त्रियों को नंगी कर संसार को ब्रिटिश सभ्यता का दिग्दर्शन करानेवाले और अपनी जाति और धर्म की रक्षा के लिए निर्दोषों के गुह्यद्वारों में लाठी घुसेड़ देनेवाले पुण्यपुरुष की तारीफ कर दी, उसे साम्राज्य का रक्षक, ब्रिटिश जाति का मुखोज्ज्वल करनेवाला और परम देशभक्त कह दिया तो क्या बुरा कर दिया? यह तो ब्रिटिश जाति की पुरानी परिपाटी, पुरानी रीति और पुरानी नीति है। हंटर कमिटी ने डायर को निर्दोषी बताया, भारत सरकार ने उसकी पीठ ठोंकी, अंग्रेज जाति ने चंदा करके उसे तोड़ा प्रदान किया और आज भी बहुत से ऐसे अंग्रेज मौजूद हैं, जो अपने बाप-दादा की तरह उसका सम्मान करते हैं और गुरु की तरह उसे पूज्य समझते हैं। ऐसी दशा में यदि मेकार्डी ने उसकी पेंशन बंद कर देने के लिए, उसे नौकरी से बरखास्त कर देने के लिए पार्लियामेंट की निंदा कर दी तो कौन-सा अस्वाभाविक कार्य कर डाला? जज मेकार्डी से, ब्रिटिश न्यायालय से और ब्रिटिश जाति से इस तरह के मामलों में न्याय की आशा सर शंकरन् जैसे राजभक्त, माडरेट और Most Obedient Servant ही कर सकते थे। भले आदमियों को तो इस न्याय के दर्शन 'तिलक-चिरोल' केस के समय ही अच्छी तरह हो चुके थे। लोग उसी समय जान

गये थे कि यह ब्रिटिश सिंह का अखाड़ा है, यहां निरीह प्राणियों का गुजर नहीं। जो बलवान नहीं, जो न्याय को लूट लेने की शक्ति नहीं रखता, जो पराधीन है, जिसे केवल सत्य और धर्म का भरोसा है और जो धूर्तता नहीं जानता उसे यहां न्याय नहीं प्राप्त हुआ करता। इस अखाड़े की सबसे मूल्यवान वस्तु स्वार्थ है। स्वार्थ के लिए यहां न्याय की गर्दन नाप ली जाती है, सत्य का खून चूस लिया जाता है, लोकलज्जा नापाक चीज की तरह फेंक दी जाती है। भारत के लिए ब्रिटेन के परंपरागत न्याय का यही असली रूप है। अंग्रेज न्यायाधीशों से, काले-गोरों के मामले में जो लोग इससे अधिक न्याय पाने की आशा रखते हैं, वे मेरी समझ में या तो पागल हैं, या उनके दिमाग में बुद्धि की जगह कोई और ही वस्तु बुद्धिमान विधाता ने रख दी है।

सर शंकरन् ने कहा है कि उनकी अन्नदात्री गोरी मालकिन—भारत सरकार ने उन्हें यह पुस्तक लिखने की आज्ञा दी थी। परंतु उसने महात्मा गांधी और असहयोग की निंदा करवाने के लिए पुस्तक लिखवाई थी और सर शंकरन् को वाजिब था, कि एक फरमाबरदार नमकहलाल नौकर की तरह महात्मा और असहयोग की निंदा करके ही चुप रह जाते। ब्रिटिश साम्राज्य के परम रक्षक सर माइकेल और जनरल डायर की निंदा करके उन्होंने केवल अनधिकार चर्चा ही नहीं की, बल्कि सेवाधर्म के भी विपरीत कार्य किया था। उनका यह अपराध निश्चय ही अमार्ज्जनीय था और उसका प्रतिफल जो कुछ उन्हें मिलना चाहिए था, वही मिला। मेरी समझ में जज मेकार्डी ने उनके साथ भी पूर्ण न्याय ही किया है।

हम भारतवासी तो जज मेकार्डी के इस फैसले का कृतज्ञतापूर्ण हृदय से स्वागत करते हैं क्योंकि जलियांवाला बाग की अमानुषिक नृशंसता ने जो भीषण दावाग्नि हमारे हृदयों में प्रज्वलित कर दी थी, और असहयोग आंदोलन की शिथिलता के कारण जो बहुत कुछ मंद पड़ गई थी, वह प्रपंचहीन पंच मेकार्डी साहब की इस न्यायकारिता से पुनः प्रज्वलित हो उठी है। यदि मेकार्डी साहब इसके विपरीत फैसला करते हैं और जनरल डायर जैसे वीर पुरुष की प्रशंसा से बाज आते तो ब्रिटिश न्याय में अंध श्रद्धा रखनेवाले भारतीय अभी कुछ समय तक और मोह निद्रा में पड़े रहते।

[21.6.1924]

17. अच्छा ही हुआ

चलो अच्छा ही हुआ, बखेड़ा मिटा और चिंता दूर हुई। अहमदाबाद की कांग्रेस कमिटी में दूरदर्शी महात्मा ने कौंसिल-घुस्सुओं और चर्खा-चुस्सुओं की इज्जत बाल-बाल बचा ली। अब ये 'लेक्चरबाजी' द्वारा कौंसिल ध्वंस करके उसकी चिता-भस्म में से स्वराज-रत्न ढूंढ़ निकालें और वे चर्खा चलाकर ब्रिटिश साम्राज्य को धुन डालें! ये गरीबों के पैसे का श्राद्ध कर शिमला शैल की सैर करें और वे जबानी जमाखर्च द्वारा देश को उठाकर उन्नति के चर्म शिखर पर फेंक दें। सरल हृदय महात्मा ने समझा था, इन लीडर नामधारी रंगे सियारों में कुछ जीवन है, जलियांवाला बाग की आग इनके हृदयों में धधक रही है, अन्यायी राजसत्ता से समस्त संबंध-विच्छेद कर ये उसे अचल और अयश कर देने के अभिलाषी हैं। जिन कोटि-कोटि निरीह नर-नारियों के स्वयंसिद्ध प्रतिनिधि बनकर ये कांग्रेस और कौंसिल की कुर्सियां तोड़ रहे हैं, उनके हृदयों से, उनकी आकांक्षाओं से और उनकी आंतरिक वेदनाओं से इनका कुछ परिचय—कुछ संबंध है! परंतु महात्मा की यह धारणा बेबुनियाद सिद्ध हुई! क्योंकि उनकी कठिन परीक्षा में 'फुल मार्क' किसी ने भी प्राप्त नहीं किया! महीने में दस तोले सूत कातकर देने का नाम सुनते ही कौंसिल कुमारों की धोतियां ढीली हो गईं और वे जली-कटी सुनाकर मचलकर कमिटी से बाहर चले गये! जो बाकी रह गये उनमें भी सब ऐसे नहीं थे, जो एक स्वर से महात्माजी के प्रस्ताव के पक्ष में अपना अभिमत प्रकाश करते! फलतः मताधिक्य से महात्माजी का प्रस्ताव पास हो जाने पर भी बात स्वतःसिद्ध हो गई कि यदि कौंसिल घुस्सू मचलकर निकल न गये होते तो महात्माजी का प्रस्ताव 'फेल' हो जाता! इसी से सम्मति देनेवालों की अधिक संख्या अपनी ओर होने पर भी, साधारण 'पोलिटिशियनों' की तरह महात्माजी ने इस सुयोग से लाभ उठाना उचित नहीं समझा और पलायित-पराजित कौंसिलपंथियों के सर पर विजय सेहरा इच्छापूर्वक बांध दिया! महात्मा की नीति पर अविचल आस्था रखनेवाली कोटि-कोटि जनता की अभिरुचि के प्रतिकूल होने पर भी उनकी इस उदारतापूर्ण नीति से साफ जाहिर हो जाता है, कि वे अपने भूतपूर्व सहकर्मियों के प्रति, अपने विशाल हृदय में कितनी ममता रखते हैं। जनमत का उन्हें कितना खयाल है और नियमतंत्र के वे कितने बड़े हिमायती हैं! कौंसिल में जाकर केवल लेक्चरबाजी द्वारा भारत के उद्धार की हास्यास्पद चेष्टा करनेवाला उद्भ्रांत नेहरू दास दल यदि महात्माजी की इस विशेषता को हृदयंगम कर, उसके अनुकरण की चेष्टा करता और किंकर्त्तव्यविमूढ़

अपरिवर्तनवादी दल, हाथ धोकर स्वराजवादियों के पीछे पड़ने के बदले सच्चे हृदय से महात्माजी के सिद्धांतों पर डटा रहता और यथाशक्ति उसके प्रचार की चेष्टा में लगा रहता तो आज सहृदयजनों को कांग्रेस की इस कर्महीन अवस्था पर अश्रुपात करने का अशुभ अवसर न मिलता! कूटनीतिज्ञ सी.आर. दासी-दल को अपनी अवस्था का ज्ञान था, इसी से वह सर्वदा सचेष्ट और सावधान था। पाश्चात्य नीति विशारदों का अनुकरण कर, छल-प्रपंच तथा रूठने-मचलने का आश्रय लेकर वह अपने मत की प्रधानता के लिए सदैव चेष्टा किया करता था। यदि दिल्ली-कांग्रेस के समझौते को लक्ष्य में रखकर अपरिवर्तनवादी दल भी सेचष्ट भाव से अपने कार्य में लगा रहता और जनता को मालूम होता, कि महात्मा गांधी के रोपे हुए असहयोग वृक्ष को सींचकर जिलानेवाले लीडर भी अभी तक जीते हैं तो आज अहमदाबाद में महात्मा को दुखी होकर नेतृत्व परित्याग करने की इच्छा न करनी पड़ती और न असहयोगियों को ही उनके सामने बैठकर अश्रु नीर विसर्जन करने की जरूरत पड़ती! जो हो, अभी भी भारत के विशाल जनसमूह की जितनी आस्था महात्माजी के नेतृत्व पर है, उतनी और किसी नेता के नेतृत्व पर नहीं है। क्योंकि देश व्याख्यानबाजी नहीं चाहता; कार्य चाहता है! महात्मा ने उसकी आंखें खोल दी हैं। उसने अच्छी तरह देख लिया है कि चालीस वर्षों की लेक्चरबाजी से जो कार्य नहीं हुआ है, उसे उन्होंने बहुत थोड़े दिनों में कर दिखाया है।

स्वराज या स्वतंत्रता कोई ऐसी आसान चीज नहीं है, कि स्वार्थ पर अंग्रेजों की तरह कोटि-कोटि भारतवासियों के 'मां-बाप' बन जानेवाले दस-बीस अहम्मन्य नेताओं के प्रस्ताव पास करने या कौंसिल में जाकर लंबी-चौड़ी स्पीचें झाड़ने से प्राप्त हो जाये। इस अलभ्य वस्तु के लिए यथाशक्ति प्रत्येक भारतवासी को चेष्टा करनी होगी और यह चेष्टा तभी संभव हो सकती है जब भारत के बच्चे-बच्चे के हृदय में उसे प्राप्त करने की उत्कट अभिलाषा उत्पन्न हो जाये! क्या यह अभिलाषा चुरुटबाज स्वराज-दल उत्पन्न कर सकता है? अथवा वे स्वयंभू नेता उत्पन्न करने का उपदेश देते फिरते हैं और स्वयं बोतल की बोतल गटक जाते हैं? क्या तीस कोटि भारतवासियों के हृदयक्षेत्र में स्वाधीनता का बीज वपन करने का गुरुभार उनके ऊपर न्यस्त किया जा सकता है, जो नौकरशाही के स्वेच्छाचारी कर्मचारी की भांति पग-पग पर जनमत की अवहेलना किया करते हैं? कदापि नहीं। यह महत्त्वपूर्ण कार्य वही कर सकते हैं, जिनकी पहुंच छोटे से ग्राम की उस छोटी-सी झोंपड़ी तक है, जिसमें शीर्णकाय दरिद्रनारायण का निवास है। क्या शिमला शैल के उत्तुंग शृंग पर बैठकर 'माई लार्ड माई लार्ड' की बांग देनेवाली, भारत की नवीना भाग्यविधात्री दास-नेहरू पार्टी उस दुर्गम स्थान तक पहुंच सकती है? वहां तक पहुंचने के लिए त्याग की

जरूरत है! कोई शीर्णकाय कोपीनधारी दरिद्र ही उस पुण्यपूत फूस-मंदिर तक पहुंच सकता है। गरीबों के पैसे से सेकंड क्लास के मुलायम कोच पर लेट कर सफर करनेवालों का गुजर वहां कहां! वहां रेलगाड़ी नहीं जाती, मोटर और बग्गी नहीं दौड़ती, बड़ा ही ऊबड़-खाबड़ और कंटकाकीर्ण पथ है। तिस पर मजा यह कि यात्री को पदत्राण भी उतार देने की जरूरत पड़ती है। इसलिये भारत के शतशत नेताओं में केवल कोपीनधारी, नग्नपद महात्मा गांधी ही वहां तक पहुंच सकते हैं। भारत की प्रत्येक झोंपड़ी तक स्वराज का शुभ संदेशा पहुंचाना उन्हीं का काम है। गांधी नाम का जादू जगाये बिना साठ करोड़ कानों तक, इस दीना-हीना पराधीन देशमातृका की पुकार नहीं पहुंच सकती और जब तक देश का कोना-कोना इस पुकार से गूंज नहीं उठता तब तक स्वराज प्राप्त कर लेना केवल विडंबना है। परंतु अफसोस है, कि यह छोटी-सी बात स्वराज पार्टी की मोटी बुद्धि में नहीं घुसती। पंच बहिष्कार के विकट मार्ग का अवलंबन करना उसके लिए कठिन है। उसे महात्मा पर विश्वास नहीं, उनके हजारों अनुयायियों और देश की कोटि-कोटि जनता पर विश्वास नहीं। विश्वास है, केवल कौंसिल पर, प्रस्तावों पर और लेक्चरबाजी पर। अपने इस अचल विश्वास को वह जबरदस्ती कांग्रेस के दिमाग में भी ठूंसना चाहती है। क्योंकि कांग्रेस को छोड़कर, कौंसिल में लेक्चरबाजी करने का कोई प्रभाव ही नहीं पड़ सकता! चालबाज नौकरशाही कांग्रेसीहीन स्वराज दल को एक क्षण में धता बता सकती है। इसी से स्वराज-दल वाले कल, बल और छल से कांग्रेस के अंदर अपना अस्तित्व अक्षुण्य रखना चाहते हैं और उसके लिए आवश्यकता पड़ने पर औद्धत्य प्रकाश करने से भी बाज नहीं आते! इसके अतिरिक्त महात्माजी के अनुयायी कहलानेवाले, उनके सिद्धांतों पर अपना अटल विश्वास दिखानेवाले 'नो-चेंजरों' में भी अधिकतर रंगे सियार ही हैं। इसका प्रत्यक्ष प्रमाण महात्माजी को आल इंडिया कांग्रेस कमिटी में मिल गया। ऐसी अवस्था में कांग्रेस के लिए दो ही पथ रह गये थे। या तो दास दल कांग्रेस से अलग हो जाता या स्वयं महात्माजी। परंतु शांतिपूर्वक कांग्रेस को छोड़कर वह कर ही क्या सकता है? ऐसी अवस्था में विजय-मुकुट स्वराज दल के मस्तक पर रखकर महात्माजी ने अच्छा ही किया। अपने सिद्धांत के लिए झगड़कर कांग्रेस की मट्टी पलीद करना, अथवा उसे छोड़कर कोटि-कोटि जनता की सहानुभूति से उसे वंचित कर देना महात्माजी जैसे सत्यनिष्ठ नेता के लिए असंभव था। इसीलिये अनिच्छापूर्वक—केवल कांग्रेस को विषम कलह से बचाने के लिए, जानबूझकर महात्मा को पंचवहिष्कारों का बंधन भी ढीला कर देना पड़ा। महात्माजी ने अपने सहकर्मियों को अच्छी तरह पहचान लिया। यह अच्छा ही हुआ। इस समय यदि कांग्रेस में फूट हो जाती, चेंजर और नो-चेंजर अलग हो जाते तो नौकरशाही के लिए

अवश्य ही बड़ी प्रसन्नता की बात होती। इसलिये अहमदाबाद कांग्रेस कमिटी का परिणाम देखकर नौकरशाही की नींद-भूख हराम हो गई हो तो कोई आश्चर्य की बात नहीं। हिंदू और मुसलमानों के वैमनस्य के कारण, इस समय देश की दशा संकटापन्न हो रही है, ऐसी अवस्था में यदि कांग्रेस में वैमनस्य उत्पन्न हो जाता तो निस्संदेह सारे देश में नौकरशाही का नंगा नाच आरंभ हो जाता और स्वराज का भविष्य-पथ और भी कंटकाकीर्ण हो जाता। इसलिये भी अहमदाबाद कांग्रेस कमिटी ने जो कुछ किया है, अच्छा ही किया है। साथ ही कोकनद की कांग्रेस में जो विधि-व्यवस्था स्वीकृत हो चुकी है, उसके विपरीत नई विधि-व्यवस्था प्रचलित करना कांग्रेस कमिटी की शक्ति से बाहर की बात थी। ऐसी अवस्था में स्वराज-दल के साथ समझौता कर लेने के सिवा और उपाय ही क्या था? फलतः कोकनद कांग्रेस की विधि-व्यवस्था में जब तक कोई परिवर्तन नहीं होता तब तक स्वराज प्राप्ति का कोई सुनिश्चित मार्ग ढूंढ़ निकालना महात्माजी के लिए कठिन है, इसलिये वे नेतृत्व छोड़ देना चाहते थे। परंतु प्रसन्नता की बात है, कि उन्होंने ऐसा नहीं किया। देश की इस नैराश्यपूर्ण अवस्था में यदि महात्माजी अलग हो जाते तो कांग्रेस की तथा स्वराज आंदोलन की जो दुर्गत होती, हिंदू-मुसलिम वैमनस्य का जो भयंकर परिणाम होता, अछूतोद्धार आंदोलन जिस दुरवस्था में पड़ जाता, उसका अनुमान कर लेना कोई कठिन बात नहीं। महात्मा के तपो बल ने देश में नवीन जागृति पैदा कर दी है। राजनीतिक क्रांति के साथ-साथ देश में धार्मिक और सामाजिक क्रांति भी उपस्थित हो गई है, उनके निश्छल नेतृत्व पर कोटि-कोटि भारतवासियों का अचल अटल विश्वास है। इस समय यदि भारत उनके नेतृत्व से वंचित हो जाता तो निस्संदेह उसके दुर्भाग्य का कोई ठिकाना न होता। विधाता ने भारत को उस संकटपूर्ण अवस्था से बचा लिया, यह सबसे अच्छा हुआ!

[5.7.1924]

18. भारी भ्रम!

अखबारों में खबर छपी है, कि श्रीमती बेसंत, प्रभुपद-पद्म-पराग-लोलुप मि. शास्त्री, और गौर-चरण चंचरीक सर सप्रू आदि भारत भिखारी, लंडन की गलियों में स्वराज की फेरी लगाकर खाली सनहक लिए, मुख मलीन और तनु क्षीण किये लौट रहे हैं। बेचारों ने बहुत समझाया, बहुत धमकाया, बहुत गुण गाया, विविध भांति से रिझाया परंतु गौरांग प्रभु टस से मस न हुए, पत्थर न पसीजा, बुते-काफिर के दिल में जरा भी रहम न आया! अरे भले मानसो, शास्त्री और सप्रू पर दया न आई तो न सही, बेचारी बुढ़िया पर तो रहम करते! वह तो चंद दिनों की मेहमान है, नेकी-बदी की गठरी लेकर शीघ्र ही इस आलम-फानी को अलविदा कहनेवाली है। यदि उसकी 'मलसी' में एक टुकड़ा डाल देते तो तुम्हारे कुबेर के भंडार में कौन-सी कमी आ जाती! हाय, हाय, बेचारी मन की अभिलाषा मन में ही लिए चली जायेगी। हत्तेरे कंजूस की!!!

जाने दो। इन भिखारियों का जिक्र ही क्या? ये देश के होते ही कौन हैं? ये लंडन की सैर कर आये, विलायत वालों को व्याख्यानों की बानगी दिखा आये, बड़े साहब से हाथ मिला आये। यही उनके लिए बहुत है। बस, इतने में ही इनका जीवन सफल हो गया, आकबत बन गई और मुक्ति का मार्ग मिल गया! अब जरा इन नये उभरे हुए मनचले यारों का तो मुंह देखो! बेचारे कौंसिल के मरु प्रांतर में स्वराजवल्लरी ढूंढ़ रहे हैं, कुटिल नीति-विशारद, स्वार्थ पर बनियों को कौंसिल-ध्वंस का भय दिखाकर, उनसे स्वराज ले लेने की आशा कर रहे हैं। दिन-रात कानून की खिचड़ी पकानेवाले खुर्राटों को कानून के फंदे में फंसाकर गिरा देना चाहते हैं। देखा नहीं, 'चट मंगनी और पट व्याह' का नमूना? बंगाल के मिनिस्टरों की वेतन की मांग, आगामी कौंसिल में न पेश करने देने के लिए, स्वराज-दल वाले कानूनी दांवपेंच ढूंढ़ते ही रह गये, तब तक शिमला शैल से, भारतमंत्री के सील मुहर के साथ एक आजमूदा नुसखा टपक पड़ा! एक बार की ठुकराई हुई 'मांग' को दोबारा कौंसिल में पेश करने का अधिकार सरकार को कल नहीं था, आज हो गया! कहिये जनाब, जो सरकार अपना मतलब गांठने के लिए, बात की बात में कानून प्रसव कर सकती है, वह कानूनी फंदे में कैसे आ जायेगी?

परंतु इतने पर भी विभ्रांत दल का भारी भ्रम दूर होता नहीं दीखता! वह भ्रूणहीना बंध्या पार्लियामेंट से स्वराज प्रसव कराने की आशा रखता है। कहीं ऐसा न हो कि आशा मरीचिका के फेर में पड़कर यह दल फिर कोई नया खुराफात खड़ा कर दे, इसलिये 'उदई और भान'—लार्ड पील और लार्ड ओलीवर ने एक साथ ही अपने विशुद्ध हृदय का परिचय दे डाला है। स्पष्ट शब्दों में धमकी दी गई है कि यदि ज्यादा उछल-कूद

मचाओगे तो 'दिल्ली का लड्डू'—वही हस्तांतरित विषय, जो अत्यंत कृपा परवश होकर दिये गये हैं—छीन लिए जायेंगे! इसके लिए तैयारियां हो रही हैं। शिमला शिखरारूढ़, 'दूध का दूध और पानी पानी' करनेवाले न्याय-निपुण बूढ़े राजहंस और बंगाल तथा मध्यप्रदेश के नवाबों में परामर्श चल रहा है! हां, यदि कुछ लेना चाहते हो तो भोंदू बने चुपचाप बैठे रहो, जो पा चुके हो उसे लेकर चाटते रहो और बीच-बीच में सतृष्ण दृष्टि से लंडन की ओर ताकते रहो। जब समय आयगा और यह समझ लिया जायगा कि तुम शऊरदार हो गये हो—जो खिलौने तुम्हें दिये जायेंगे, उन्हें नष्ट न करोगे तो फिर एक आध सुंदर मुलम्मेदार—निस्सार—ठीक वैसे ही जैसे मांटेगु बाबा ने दिये थे—दिये जायेंगे!

'पील-ओलीवर' ने दया करके इस देश का स्मरण इसलिये किया है, कि गोरे राज-कर्मचारियों का उदरखोह भरने के लिए बूढ़े भारत की रगों का थोड़ा-सा और रक्त चूसना है। क्योंकि भारत की भलाई के लिए, 'सात समुंदर तेरह नदी' पार कर यहां पधारने की कृपा करनेवाले गोरों को जो वेतन मिलता है, यह यद्यपि संसार के सब देशों से अधिक है, तथापि उनकी नवाबी के लिए यथेष्ट नहीं होता! घोड़ा, गाड़ी, मोटर, बंगला, बीफ, बरांडी, बीबी, बाबा, कुत्ता आदि इन आवश्यक वस्तुओं और सुपोष्य व्यक्तियों के चर्खे के अतिरिक्त गरमियों में बीबी और कुत्तों के शैल विहार का खर्च, छोटे बाबा और उनके 'पोनी' का खर्च, बीबी के सालाना 'होम' जाने-आने का खर्च है। तिस पर यदि कभी बूट की ठोकर से किसी भारतवासी की तिल्ली फट जाती है या काले कौवे के धोके में किसी काले को गाली लग जाती है, तो उसके लिए भी पांच-दस रुपये खर्च करने पड़ते हैं। ऐसी दशा में, यदि भारत की सूखी हड्डियों से कुछ और रक्त नहीं निकाला जायेगा तो बेचारे गोरों का यह खर्च कैसे चलेगा?

बस, गोरों की उदरपूर्ति तथा गोपीनाथ साहा वाले प्रस्ताव के लिए श्रीदेशबंधु जी को धमकाने के लिए लार्ड पील और लार्ड ओलीवर ने भारत को याद किया है। शायद लार्ड युगल जानते नहीं कि इंगलैंड के आश्वासन, प्रलोभन और धमकी को अब भारत उपेक्षा की दृष्टि से देखता है। इस तरह के हास्यजनक कथनों का अब उसके चित्त पर कोई प्रभाव नहीं पड़ता! वह इस तरह का अभिनय बहुत दिनों से देख रहा है। उसे धीरे-धीरे आत्म-निर्भरता की शिक्षा मिल रही है। उसने समझ लिया है कि इंग्लैंड की पार्लमेंट मांगने से किसी को कुछ नहीं देती! जब लेनेवाला उसकी नाक में दम कर देता है, तब उसकी आंख खुलती है।

जो लोग दुर्भाग्यवश अभी तक भ्रम में पड़े हैं, वे बहुत थोड़े हैं, ईश्वर की कृपा से ब्रिटिश सरकार की यही रफ्तार कुछ दिन और कायम रह गई तो उनका भ्रम भी शीघ्र ही दूर हो जायेगा।

[26.7.1924]

19. मियां की दौड़ मसजिद तक

बंगाल के मिनिस्टरों का वेतन-बिल, बंगाल-कौंसिल ने नामंजूर कर दिया! बंगाल में द्वैत शासन-प्रणाली का अंत हो गया। अब 'एकोहम् द्वितीयो नास्ति' के अनुसार हस्तांतरित विषयों का इंतजाम भी स्वयं लाट साहब ही करेंगे। कौंसिल भी अनिश्चित काल के लिए बंद हो गई। सुनते हैं, विताड़ित मंत्री मि. फजलुल हक साहब भी माथा ठंडा करने के लिए 'पुण्यधाम' लंडन की यात्रा करने वाले हैं।

इस असाधारण विजय के कारण स्वराज पार्टी के घर घी के दिये जल रहे हैं। विजय-दुंदुभी के गगनभेदी निनाद से भारत वसुंधरा कांप गई है, हिमालय तिलमिला रहा है, महासिंधु विक्षुब्ध हो रहा है, मि. दास इंग्लैंड को धमकियां दे रहे हैं, पं. मोतीलाल नेहरू निश्चिंत होकर फिर से वकालत शुरू करनेवाले हैं और अन्यान्य बाल गोपाल भावी स्वराज-सुख की कमनीय मूर्ति देखकर आनंद-विह्वल हो रहे हैं। परन्तु इस अभागे देश की वही दशा है, जो पहले थी। इसके कर्म-कमंडलु में एक बूंद की भी वृद्धि नहीं हुई। स्वराज दल की अक्लांत चेष्टा और जांफिशानी से बंगाल सरकार को प्रायः छह लाख की बचत हो गई परंतु देश के भिखमंगे उसी तरह दाने-दाने को तरस रहे हैं। डायरकी मर गई। 'राम नाम सत्य है' और 'बोलो हरी, हरी बोल' से श्मशान गूंज उठा परंतु महापात्र भूखे ही रह गये!

कौंसिल ध्वंस करने पर स्वराज वालों ने कहा था कि असहयोगियों के साथ जो भेद था, वह मिट गया। अब दोनों दल मिलकर गठन कार्य करेंगे। भुक्खड़ों ने सोचा, चलो अच्छा ही हुआ। दिनभर का भूला शाम को घर आ गया, चिंता दूर हुई। अब शायद कौंसिल का अखाड़ा छोड़कर स्वराज-दल फिर असहयोग के मैदान में उतर पड़ेगा और देश को संघबद्ध करके व्यापक भाव से निरुपद्रव प्रतिशोध नीति का आश्रय लेकर नौकरशाही का होश ठिकाने कर देगा। परंतु मि. दास ने इस आशा पर पानी फेर दिया। आपने स्पष्ट शब्दों में कह दिया कि अब स्वराज-दल देश को आगामी कौंसिल निर्वाचन के लिए तैयार करने में लगेगा। इसके बाद भीख मांगने के लिए स्वयं दास महाशय इंग्लैंड की यात्रा करेंगे। यानी देश फिर वही 'देहि पद पल्लव मुदारम्' महामंत्र का जप करेगा।

यद्यपि देशबंधु ने देश में भयंकर विद्रोही दल का अस्तित्व स्वीकार कर अंग्रेजों को धमकी दी है कि यदि वे स्वराज-दल से संधि नहीं स्थापित करेंगे तो देश में भयंकर विद्रोहानल धधक उठेगा और उसका निवारण करना कठिन होगा परंतु बड़े

साहब इस पट्टी में आनेवाले नहीं हैं। उन्हें खूब मालूम है कि पेट भर अन्न के लिए तरसनेवाले भारतवासियों में इतना दम नहीं कि वे हथियार लेकर सरे मैदान उतर पड़ें। शायद देशबंधु भी मन ही मन इस बात को अनुभव करते होंगे।

खैर, इन बातों से मालूम होता है कि 'मियां की दौड़ मसजिद तक' थी, वह खतम हो गई! अब स्वराज-दल पहले देश की सारी कौंसिलें तोड़ेगा। दो वर्ष तक देश को 'कौंसिलतोड़' मंत्र सिद्ध करने का उपदेश देगा और कौंसिल तोड़ने पर भी यदि बड़े साहब भयभीत होकर स्वराज की गठरी न सौंपेगा, तो 'गदका-बनैटी' लेकर पैंतरा बदलना प्रारंभ करेगा। ऐसी दशा में असहयोगी क्या करेंगे! स्वराज-दल की कलाबाजी देखेंगे या देश को संगठित कर नौकरशाही से संपूर्ण असहयोग करने के लिए तैयार करने में लगेंगे?

यदि कुछ काम करना हो तो देश की बिखरी हुई शक्ति को केंद्रीभूत करके एक स्वर से 'स्वराज-स्वराज' चिल्लाना आरंभ कर दो। जब तक देश के कोने-कोने में स्वराज पुकार नहीं मचेगी, तब तक सारे भारत की कौंसिलें तोड़ने का कोई नतीजा नहीं होगा। थोथी धमकियों में आकर अंग्रेज स्वराज नहीं देंगे। जब तक तीस करोड़ कंठों से निकली हुई, गगनभेदी ध्वनि उनके कानों के पर्दे नहीं फाड़ेगी तब तक वे चैतन्य नहीं लाभ करेंगे। उन्होंने जो खिलौना दिया है, उसे तोड़कर मचल जाने से दूसरा ला देंगे, ऐसी आशा वृथा है; डायन से पवित्र वात्सल्य प्रेम की आशा लड़कपन है। समय आने पर स्वराज दल की भी आंखें खुलेंगी। मोह का पर्दा हट जाने पर वे अवश्य ही राहरास्त पर आ जायेंगे। महात्माजी ने इस बात का अनुभव किया है। इसी से उन्होंने निश्चय किया है कि आगामी बेलगांव कांग्रेस में स्वराजवादियों से मोरचा लेकर देश की शक्ति को नष्ट न करेंगे। उनको बाधा प्रदान करने की चेष्टा कर समय बरबाद करने की अपेक्षा कांग्रेस के अन्यान्य प्रोग्रामों के अनुसार कार्य करना ही देश के लिए कल्याणकर और उचित है।

स्वराजदल के जबानी जमाखर्चों पर ध्यान न देकर उसकी कार्यप्रणाली पर विचार करने से अच्छी तरह मालूम हो जाता है कि उसके इस उछलकूद का परिणाम यही होगा, जो माडरेटों की नीति का हो रहा है। 'अन्हवटे हुए तेली के बैल' की तरह चक्कर काटकर वह फिर उसी स्थान पर आ जायगा जहां से चला था। 'मियां की दौड़ मसजिद तक' समाप्त हो जायगी।

[6.9.1924]

20. गोरों की काली जोंकें

"न चैन पायेगा तू भी जालिम किसी को खानेखराब करके।
यह याद रखना कि लेगा बदला जनाबवारी हिसाब करके।"

महात्माजी समझाते-समझाते हार गये, लालाजी लेक्चर देते-देते थक गये, मालवीयजी का उपदेश निष्फल हो गया, नेहरूजी के नाकों दम हो गया, दास की युक्ति तर्क खाक में मिल गया। कोटि-कोटि दरिद्रों का करुण क्रंदन अरण्य रोदन हो गया, हजारों नवयुवक कातर प्रार्थना करके—सत्याग्रह करके—पिकेटिंग करके हताश हो गये, परंतु गोरों की काली जोंकें अपने भाइयों का रक्त चूसने से बाज न आईं। देश कहते-कहते थक गया परंतु इन रक्तवाहिनी मोरियों का प्रखर प्रवाह न रोक सका।

सारा देश खद्दर-खद्दर चिल्ला रहा है, विदेशी बहिष्कार और स्वदेशी की पुकार मचाकर कांग्रेसवाले नाजुक दिमागों के कान खाये जा रहे हैं। सहयोगी, असहयोगी, स्वराजी और हां हजूरी सभी स्वदेशी के कायल हैं—सभी खद्दर का प्रचार चाहते हैं, देश की भलाई के लिए देशी व्यवसाय की उन्नति चाहते हैं, परंतु अर्थलोलुप विदेशी वस्तु-व्यवसायी, 'छांड़ि न सकहिं टेक जो टेकी!' देश रसातल की राह ले, जाति का सत्यानाश हो जाये, धर्म धरती में धंस जाये, मनुष्यत्व की नानी मर जाये, परंतु ये अभागे देशद्रोही अपने स्वार्थ से तिलभर भी नहीं डिगेंगे। खुदा जाने विदेशियों से इनका कौन-सा गहरा रिश्ता कायम हो गया है?

सारे संसार की खाक छान डालिये, चश्मा लगाकर विश्व का कोना-कोना ढूंढ़ डालिये, ऐसे हीनचरित्र, मूर्ख और अधम जीव आपको कहीं न मिलेंगे। जापानी व्यवसाय करते हैं जापान के लिए, अमेरिकन व्यवसाय करते हैं अमेरिका के लिए, जर्मन व्यवसाय करते हैं जर्मनी के लिए, और महाप्रभु अंग्रेज व्यवसाय करते हैं इंग्लैंड के लिए, परंतु हमारे घोंघा वसंत ढुनमुनराम, भोंदूमल, चोकंदर उल्लाह और चौपटचंद व्यवसाय करते हैं गोरों की गहरी खंदक भरने के लिए—विलायतवालों के गुलछर्रे उड़ाने के लिए—विदेशियों को विलास-सामग्री जुटाने के लिए। वास्तव में ऐसे अर्थपिशाच, स्वार्थी और महापापी व्यवसायी दुनिया के पर्दे में और कहीं नहीं हैं।

देश के बच्चे भूखों मर रहे हैं, वस्त्र के लिए आत्महत्याएं हो चुकी हैं, देश दरिद्रता का स्थायी मस्कन बन रहा है, भिखारियों और बेकारों का दल बढ़ता जा रहा है, परंतु ये नृशंस अपनी स्वार्थपरता से बाज नहीं आते। अपनी पैशाचिक प्रवृत्ति की

पूर्ति के लिए, व्यवसाय के नाम पर महान् से महान् पाप कर डालने में इन्हें जरा भी संकोच नहीं होता। झूठी बातें बनाकर भोले-भाले खरीदारों को धोका देने में, मार्काहीन विलायती वस्त्र को स्वदेशी कहकर बेचने में, खद्दरधारियों को देशी खद्दर के बदले जापानी या देशी मिलों का बना हुआ मोटा कपड़ा देकर पैसे ऐंठ लेने में, घी में चर्बी मिलाकर धर्म और देशवासियों के स्वास्थ्य का गला घोंटने में, महा अपवित्र विलायती अखाद्य वस्तु को घी कहकर बेचने में इन्हें जरा भी लज्जा नहीं आती। भारत-वसुंधरा के ये निकृष्टतम जीव अपने स्वार्थ की पूर्ति के लिए निःसंकोच भाव से इस तरह के न जाने कितने पापाचार कर डालते हैं।

इन असाधुप्रकृति दुकानदारों ने कितनी ही बार विलायती वस्त्र न मंगाने की प्रतिज्ञा की। परंतु स्वार्थान्धता के कारण उसका पालन न कर सके। घी में चर्बी मिलाकर बेचने के लिए सारे देश ने इनके मुंह पर थूका परंतु ये लज्जित न हुए। ये धर्मध्वजी बनते हैं, परंतु दूसरों के धर्म का नाश करने में पूरे हातिम हैं, ये गोरक्षक बनते हैं, परंतु इनकी सारी कमाई गोभक्षकों के पेट में चली जाती है। ये अपने को हिंदू कहते हैं, परंतु इनके कर्म म्लेच्छों से भी बढ़कर हैं। ये भारतीय कहलाते हैं, परंतु भारत का रक्त शोषण करने में विदेशियों को भी मात करते हैं। टके के लिए इन्होंने भारत के कोने-कोने में विदेशी वस्त्र पहुंचाया है। टके के लिए जुआ खेलना, दीवाला मारना, झूठ बोलना, इनके लिए साधारण काम है। वास्तव में भारत के व्यवसायी पूरे टकापंथी हैं। एकमात्र टका ही इनके जीवन का ध्येय है, टका ही इनका कर्म है और टका ही इनका तप है। टके के लिए ये जो न कर डालें वह थोड़ा है।

यदि इन अंधों के आंखें होतीं, यदि इनके उपलवत् कठोर हृदय में देश के प्रति तनिक भी ममता होती, यदि ये भारतभूमि को मातृभूमि समझते, यदि ये समझते कि इनकी तोंद इसी देश की मिट्टी से बनी है और इसी देश की मिट्टी में मिल जायेगी तो आज भारत की यह दुर्दशा न होती। यदि ये सच्चे व्यवसायी होते तो खद्दर के रोजगार में लाखों रुपये लगाकर देशोपकार के साथ ही अपनी तिजोरी भी भर सकते। विलायती माल के व्यापार में इनके करोड़ों रुपये लगे हैं, यदि ये धीरे-धीरे उन्हें निकालकर खद्दर बनवाने और बेचने में लगाते तो तैंतीस कोटि मनुष्यों को लज्जा निवारण के लिए मंचस्टर का मुंह ताकना नहीं पड़ता। आह, समय के फेर से अंग शोणित ही बैरी बन रहा है, काली जोंकें ही कालों का रक्त चूसकर गोरों के पेट में डाल रही हैं। इन्हीं देशी मोरियों द्वारा भारत का धन खींचकर विलायत जा रहा है। हमारे ही भाई हमारी पराधीनता, दरिद्रता और दुर्दशा के कारण बन रहे हैं।

इन हीनचरित्र व्यवसायियों को देशद्रोह के घोर पाप से बचाने का एकमात्र उपाय चर्खा और खद्दर है। भारत के प्रत्येक ग्राम में खद्दर और चर्खे की दुंदुभी बज जानी

चाहिए। प्रत्येक गृहस्थ को अपनी आवश्यकता के अनुसार सूत कातकर अपने ग्राम के जुलाहों से वस्त्र बनवाकर व्यवहार करना चाहिए। जिस दिन भारत का कोना-कोना चर्खे की घरघराहट से गूंज उठेगा, उस दिन इन व्यवसायियों की मोह निद्रा भंग होगी। वह दिन दूर नहीं है। देश की जागृति कभी निष्फल नहीं जाती। गरीबों की पुकार सुनकर भगवान् का आसन भी डोल जाता है। भारत उठेगा। कोटि-कोटि दरिद्रों का रक्त पीकर अकड़नेवाले देशद्रोहियों को उनके कर्मों का फल भोगना पड़ेगा। जोंकें चाहे गोरी हों या काली, भारत का रक्त एक दिन उनका पेट फाड़ेगा। साम्यवाद का बीज वपन हो रहा है। सावधान!!!

[20.9.1924]

21. आओ मां! हैं बिछी हुई पलकें!

आओ मां छिन्नमस्ते! आओ। देखें सात करोड़ 'बालक-युवा-वृद्ध' नर-नारियों ने अपनी चौदह करोड़ आंखें तुम्हारा स्वागत करने के लिए, पांयदाज के रूप में बिछा ली हैं और 23 करोड़ मनुष्य Reserve Force की भांति आवश्यकता पड़ने पर अपनी आंखें बिछा लेने के लिए कमर बांधे तैयार खड़े हैं। सोच करने की आवश्यकता नहीं मां, तुम्हारी 'डाकिनी' और 'वर्णिर्नी' अतृप्त न रहने पायेंगी। यद्यपि सदियों से अपनी 'रोज की रोटी' के अभाव रूपी अग्नि की कभी न बुझनेवाली प्रचंड ज्वाला में भस्म होते आने के कारण इस समय हम कंकाल मात्र रह गए हैं तथापि मां, हम अपने जीवनावलंब हृदय के एक बूंद रक्त को एकत्र, संचित कर उनकी रक्त-पिपासा शांत करने के लिए, दिग्विदिक् ज्ञानशून्य उन्मत्त की भांति ताली बजाते हुए नृत्य कर रहे हैं। भूल जाओ मां हमारी भूत कापुरुषता को, आज हम नए अरमानों और नई उमंगों से नश्वर शारीरिक सुखों की मनुष्यत्व हारी माया को छिन्न कर तुम्हारे विनोद के लिए प्रवृत्तित दमन-चक्र में हंसते-हंसते अपनी गर्दन डाल देने के लिए दृढ़-प्रतिज्ञ होकर खड़े हैं, और अपने सौभाग्य-समय की शेष स्मृति की पवित्रता की शपथ करके कहते हैं कि हम अब पश्चात्पद न होंगे। आज हमने अपनी अंतर्निहित अजेय शक्ति को पहचान लिया है, और पहचान लिया है बंगाल आरडिनेंस तथा उसके निर्माता, भारत और बंगाल के स्वेच्छाचारी भाग्यविधाता लार्ड रेडिंग और लिटन के रूप में छिपी हुई तुम्हारी भयंकरी मूर्ति और प्रलयंकरी विभूतियों को। तुम्हारे दर्शनों से आज हममें वह अदम्य इच्छा-शक्ति और आत्म-विश्वास जाग उठा है कि, रेगुलेशन 3 की भयंकरता और जेल की यमयंत्रणायें हमें अपने निश्चय से डिगा नहीं सकतीं, लक्ष्य भ्रष्ट नहीं कर सकतीं।

देखो, देखो मां, उसी पुराने चरखे की पिनपिनाहट आज फिर आरंभ हो गई है। आज हमारे नेताओं के संसार के सर्वश्रेष्ठ महापुरुष, आत्मजित महात्मा के अहिंसा सिद्धांत का अनुयायी होने की हिमालय की सबसे ऊंची चोटी पर से स्पष्ट घोषणा करने पर भी हम हिंसाप्रिय क्रांतिवादी होने का मिथ्या अपराध लगाकर केवल दानवता को प्रसन्न करने के लिए बिना वारंट गिरफ्तार किए जा रहे हैं, और अपनी निर्दोषिता प्रमाणित करने का अवसर पाए बिना ही पृथ्वी के नर्क जेलों में अनिश्चित काल के लिए ठूंसे जा रहे हैं। बंग माता की आंखों के तारे शांति और अहिंसा के मूर्तिमंत उदाहरण धर्मभीरु सुभास और अनिलवर्ण को विदेशों से अस्त्र-शस्त्र और विस्फोटक

द्रव्यों को संग्रह करने और भारत सरकार की पाताल तक गड़ी हुई नींव को हिला देने के उद्देश्य से बम तैयार करने का अपराधी सिद्ध करने की निर्लज्जतापूर्ण चेष्टा हो रही है, और इस मिथ्या अपराध की सत्यता प्रतिपादित करने के लिए देशबंधु की उस नीतिपूर्ण चेतावनी की, Human Psychology द्वारा समर्थित उस सत्य की घोषणा की जो उन्होंने अभी हाल ही में एक पत्र प्रतिनिधि से बातें करते हुए प्रकाशित की थी दुहाई दी जा रही है। अपनी अपहृत स्वतंत्रता की पुनर्प्राप्ति की, अपने अनुदिन क्षीण होते हुए मनुष्यत्व को पुनर्विकसित करने की शांतिपूर्ण चेष्टा में विफल मनोरथ होने पर देश के नवयुवकों में अराजकता की, अनारकिज्म की, अग्नि जल उठेगी। बतलाओ मां, क्या यह एक अक्षय सत्य Oxiomatic Truth नहीं है? क्या इस सत्य सिद्धांत की घोषणा में हिंसा की प्रेरणा Incitement to violence का यत्किंचित् भी अभ्यास है?

क्या कहती हो मां? यह सब विचार व्यर्थ है। औचित्यानौचित्य विचार करने का हमें अधिकार नहीं—अवसर भी नहीं। पुरुषकार के साथ मिलकर यह तुम्हारी उन्मत्त प्रलय क्रीड़ा है। हमें हिंदू, मुसलमान, ईसाई, पारसी—बंगाली, मदरासी, पंजाबी, हिंदुस्तानी—आदि कृत्रिम भेदों को भूलकर एक तन एक मन से तुम्हारी इस क्रीड़ा की मूक पुत्तलिका बन तुम्हारा मनोरंजन करना चाहिए। अच्छा मां, तथास्तु, स्वीकार है तुम्हारी यह आज्ञा, शिरोधार्य है तुम्हारा यह अनुशासन, लो छोड़े देते हैं हम अपने को तुम्हारी इच्छा पर। किंतु मां! ध्यान रखना, हम हाड़-मांस के मनुष्य कमजोरियों के सजीव पुतले हैं। आशीर्वाद दो, कि हम तुम्हारी इस क्रीड़ा की डाकिनी पिशाचिनी प्रभृति विकराल सहचरियों को देखकर तुम्हारे दिग्दिगंत को कंपायमान करनेवाले पादप्रहार पर इठलाती और खिलखिलाती हुई ताल देनेवाली मृत्यु की कराल छाया को देखकर भयभीत न हों। पिला दो मां वह उन्मत्तकारी मदिरा जिसके नशे में विभोर होकर हम सांसारिक माया बंधनों को छिन्न कर तोपों और राइफलों के भैरव गर्जन के बीच आत्मस्थ होकर निश्चल निष्पंद भाव से डटे रह सकें।

सुनो, भारतीय राजनीति के अग्रज बंगवासी भाइयो सुनो, माता के 'तथास्तु' की प्रतिध्वनि से दिशाएं गूंज उठी हैं। हमारी दलबंदी की सुविस्तृत खाई माता की अलक्ष्य प्रेरणा से आपसे आप पट गई है और सब जाति के और सब श्रेणी के मनुष्य अपनी-अपनी नरम, गरम और मध्यस्थ वृत्ति के अनावश्यक और स्वाभाविक भेदों को भूलकर तुम्हारे पदांक का अनुसरण करने के लिए उतावले हो रहे हैं। चिंता, भय, विषाद आदि का समय नहीं, पीछे मुड़कर देखने की आवश्यकता नहीं, बढ़ो और, 'यशोलभस्व'।

[1.11.1924]

22. अब न चूक चौहान!

No regulation is law unless it is based on the consent of the people; where such consent is wanting, the people are under no obligation to obey.

It is the inalienable right of every individual and of every nation to stand on truth and to offer a stubborn resistance to the promulgation of lawless laws.

... the disobedience of particular laws which are eminently unlawful, laws which are the creatures of "law and order," laws which are alike an outrage on humanity and an insult to God... every attempt should be made to offer disobedience to such laws.

—*Deshbandhu*

बंगाल में निर्लज्ज, नृशंस नौकरशाही का नंगा नाच आरंभ हुए आज पूरे आठ दिन हो गए। इन आठ दिनों में मदांध क्षमता की उन्मत्त क्रीड़ा के कारण बंगाल के कोने-कोने में खलबली मच गई; विवेकशून्य राजशक्ति की विषाक्त फुफकार से शांत, निर्मल बंगाकाश आरक्तिम हो उठा। टाउनहॉल में समवेत देशभक्तों का तर्जन-गर्जन सुनकर और अपनी पराधीनता के अंत का इतना सुंदर आरंभ देखकर भारतमाता के मुरझाये हुए हृदय में फिर से आशा का संचार हुआ। देशबंधु के अश्रुपूर्ण नेत्र और रुंधे हुए कंठ की यह कातर प्रार्थना कि सर्वशक्तिमान भगवान् बंगाल के हृदय में वह अग्नि प्रज्वलित कर दें जो बिना स्वतंत्रता प्राप्त किये किसी प्रकार भी निर्वापित न हो स्वीकृत हो गई। समस्त बंगाल अपने सब तरह के भेदभावों को भूलकर, अपने प्राणों की ममता त्यागकर, अपनी पराधीनता के बंधन को छिन्न कर देने के लिए उन्मत्त हो उठा और आशापूर्ण नेत्रों से देशबंधु की ओर देखने लगा। पिता ने पुत्र को, पत्नी ने पति को और भगिनी ने भाई को विजय-तिलक देकर मातृभूमि की सेवा के लिए हंसते-हंसते बिदा कर दिया। इतना ही नहीं, देशबंधु को आग्रहपूर्वक महात्मा गांधी को निमंत्रित करते देखकर मुमूर्षप्राय असहयोग कार्यक्रम में भी चेतना आ गई और उसने देशबंधु को संबोधन कर बज्र गंभीर स्वर में गरजते हुए कहा, 'अब न चूक चौहान'। परंतु, देशबंधु ने क्या इस चेतावनी को सुना। गत वृहस्पतिवार को स्वराज पार्टी के साथ महात्माजी के परामर्श का परिणाम प्रकाशित

करने के लिए महात्मा गांधी, देशबंधु और पंडित मोतीलाल नेहरू के हस्ताक्षरों सहित जो विज्ञप्ति निकाली गई है उसे देखते हुए दुःख से कहना पड़ता है कि देशबंधु दास ने अपनी भूत भूलों से जरा भी लाभ नहीं उठाया है और अपनी पार्टी के मिथ्या सम्मान के फेर में पड़कर वे इस बार भी चूक ही गए।

इस विज्ञप्ति द्वारा विदेशी वस्त्रों के बहिष्कार के अतिरिक्त असहयोग का अन्य कार्यक्रम स्थगित कर दिया गया है और कौंसिलों तथा असेंबली द्वारा स्वाधीनता की चेष्टा कांग्रेस कार्यक्रम का अंग स्वीकार कर ली गई। बहुत ध्यानपूर्वक विचार करने पर भी हम इस निश्चय के महत्त्व को नहीं समझ सके हैं और इस विज्ञप्ति को प्रकाशित करनेवालों के प्रति समुचित सम्मान प्रदर्शित करते हुए जानना चाहते हैं कि क्या यह निश्चय आरडिनेंस और रेगुलेशन की ओट में होनेवाली स्वेच्छाचारिता का समीचीन उत्तर हुआ है! लेजिस्लेटिव असेंबली और बंगाल कौंसिल की उपेक्षा कर लॉर्ड रेडिंग और लॉर्ड लिटन ने इस आरडिनेंस की रचना द्वारा यह तो भली भांति सिद्ध कर दिया है कि कौंसिलों की उछल-कूद से ब्रिटिश सिंह की निरंकुशता नियंत्रित नहीं की जा सकती। अब रही विदेशी वस्त्रों के बहिष्कार की बात, इस संबंध में हमारा मत तो यह है कि देश में इस समय खद्दर के प्रति लोगों की जो आस्था है उसका ज्ञान रखते हुए मेनचेस्टर की मिलों को क्षति पहुंचाकर सरकार के ऊपर प्रभाव डालने की कल्पना करना संसार की दृष्टि में उपहासास्पद बनना है। इसमें कोई संदेह नहीं कि अपने वस्त्र-व्यवसाय से होनेवाले लाभ से मदांध होकर ही अंग्रेज जाति इस प्रकार हमें लांछित और हमारे मनुष्यत्व को पददलित कर रही है और यदि हम एकमत होकर विलायती वस्त्रों का व्यवहार त्याग दें तो अपनी प्रभुता के गर्व से इठलानेवाली अंग्रेज सरकार हमारे तलुए चाटने के लिए बाध्य होगी। परंतु यह समय सापेक्ष्य है, जादू की छड़ी घुमाकर हठात् समस्त देश को खद्दर धारण नहीं कराया जा सकता। अतिरिक्त इसके एक प्रधान प्रश्न यह भी है कि यदि सरकार की इस चुनौती का एकमात्र उत्तर स्वराज्य-पार्टी के कौंसिल प्रवेश को कांग्रेस कार्यक्रम का अंग बना देना ही था तो क्या उसके लिए इस भगीरथ प्रयत्न की आवश्यकता थी? हमारे मत से तो जूहू कानफरेंस की इस जरा-सी कमी को पूरा करने के लिए महात्मा गांधी को—29 दिन की कठोर तपस्या के कारण कृशतनु महात्मा को—इतनी दूर आने का कष्ट देने से स्वराज्य-पार्टी की अदूरदर्शिता ही सिद्ध हुई है। यदि स्वराज्य-पार्टी के नेता देशबंधु को उन असंख्य नवयुवकों की आकांक्षाओं का जरा भी ध्यान होता जो उनकी पुकार को 'मायेर डाक' समझकर अपने भविष्य जीवन के तकाजे को सुना-अनसुना कर जलती हुई आग में पूर्वा पर विचार किए बिना ही कूद पड़े थे, तो वे स्वेच्छाचारिता के लिए दृढ़-प्रतिज्ञ लाट साहबों के चैलेंज का ऐसा

भद्दा उत्तर देने का साहस न करते। आरंभ में श्रीयुत् सुभाषचंद्र बोस की गिरफ्तारी का संवाद पाकर जब देशबंधु दास ने एक पत्र प्रतिनिधि से यह कहा था कि "यदि सुभाषचंद्र बोस विप्लववादी हैं तो समस्त बंगाल विप्लववादी है और सरकार को चाहिए कि हम सबको गिरफ्तार कर ले," तब लोगों को देशबंधु के गया कांग्रेस में व्यक्त किए गए भावों की याद आ गई थी और यह अनुमान हुआ था कि देशबंधु महात्माजी के सामने घुटने टेक अपनी पुरानी भूलों के लिए प्रायश्चित करेंगे और उनसे जोरदार सत्याग्रह आरंभ करने की अनुमति प्राप्त करने का उद्योग करेंगे। परंतु आज लोगों की उस आशा पर पानी फिर गया और लोग कलेजा मसोसकर हतबुद्धि की भांति खड़े एक-दूसरे का मुंह ताक रहे हैं।

[8.11.1924]

23. रो, खूब जी खोलकर रो!

रो, अभागिनी! खूब जी खोलकर रो। माना कि सैकड़ों वर्षों से रोते आने के कारण तेरा हृदय सूख गया है, तेरी आंखों का एक-एक कण आंसू खत्म हो चुका है; किंतु और कोई दूसरा उपाय भी तो नहीं है। तीस करोड़ मनुष्यों की—हृदयहीन, कायर मनुष्यों की मां होने का प्रायश्चित सिवाय रोने के और क्या हो सकता है? परंतु सावधान! यह तेरा रोना उस समय के रोने जैसा न हो जब तुझे प्रतिहिंसापरायण अत्याचारियों के हाथों में निर्लज्जतापूर्वक सौंपकर तेरी चिरप्रसिद्ध वीरता को कलंकित करनेवाली संतान प्राणों के भय से कोठरियों में जा छिपी थी और न तेरा रोना उस समय जैसा ही हो जब तेरी अंतःपुर की स्वर्गीय पवित्रता को अपने पाप-पंकिल पैरों से नष्ट-भ्रष्ट करते हुए तेरी असूर्यंपश्या कुल-बंधुओं को नर राक्षसों के निर्दयी पंजों से क्रूरतापूर्वक खींचते हुए राजमार्ग में ला खड़ा किया था और भांति-भांति के अश्रुतपूर्व अतर्क्य उपायों द्वारा अपमानित कर पैशाचिक प्रसन्नता के साथ हंस रहे थे। मां तेरे उस समय के रोने की स्मृति-मात्र से आज हमारा मस्तक लज्जावनत हो जाता है और हमारे हृदय में एक कसकसी पैदा हो जाती है। सच कहते हैं मां! तेरे उस समय के हाहाकर में 'बकस विलाई तोता लुंडा ही जिए' के भाव की पुट थी इसीलिए तेरे वे आंसू हमारी कायरता को धो बहाने और हमारे पामर प्राणों की वीरता के पवित्र जल से अभिषिक्त करने में समर्थ नहीं हो सके थे। तेरा उस समय का रोना देखकर हमारे हृदय में करुण रस की उद्दीपना हुई थी और हमने तेरे अपमानकर्त्ता से प्रतिशोध लेने की अपेक्षा डबडबाई हुई आंखों से तेरे तार-तार उड़े हुए अंचल में मुंह छिपा लेने को ही अधिक श्रेयस्कर समझा था।

हां मां! रो, खूब जी खोलकर रो और उस तरह से रो जिस तरह सन् 1919 में पंजाब हत्याकांड के समय पगली होकर रोई थी। तेरे इस रोने में वह गर्व था—संसार को कंपा देनेवाली वह शक्ति थी जो वीर केशरी बोनापार्ट की मां के उस एक बूंद आंसू में थी जिसका वास्तविक मूल्य समस्त संसार का साम्राज्य निछावर कर देने पर भी नहीं चुकाया जा सकता था। तेरे उस समय के रोने में वह जादू था जिसने आसमुद्र हिमालय, समूचे देश में एक नवीन जीवन फूंक दिया था, वह शक्ति थी जिससे अनुप्राणित होकर तेरे बच्चे तेरी बलिवेदी पर सर कटाने की प्रतिस्पर्द्धा में एक-दूसरे से बाजी मार ले जाने के लिए उन्मत्त हो उठे थे। उस समय अमीर-गरीब, पढ़े-अनपढ़े, हिंदू-मुसलमान, ईसाई-पारसी आदि का भेदभाव तिरोहित हो गया

था–उस समय राह का मोट ढोनेवाला मजदूर भी चार अंगुल खद्दर का टुकड़ा लेकर मशीनगनों और राइफलों से सुसज्जित राजशक्ति की उपेक्षा करता हुआ जेल की गाड़ियों में हंसते-हंसते प्रवेश करता था और अपने को महात्मा के प्रदर्शित पथ का पथिक समझकर अनैसर्गिक गौरव अनुभव करता हुआ अपने हृदय के अंतस्तल से 'महात्मा गांधी की जय!' घोषणा करता था। सचमुच मां! तेरा वह रोना बड़ा ही प्रभावोत्पादक था, तेरी उसी रुदन-ध्वनि से आकर्षित होकर नेपाल से–उस नेपाल से जो आज सैकड़ों वर्षों से मनुष्यकृत, काल्पनिक भेदभावों के कारण अपने को हमसे पृथक् मानकर हमारे दुःखों के प्रति उदासीन रहने का आदी हो गया है–वीर श्रेष्ठ, कर्मयोग का सफल साधक दलबहादुर गिरि तेरा आंसू पोंछने के लिए पुत्र-कलत्र की मोहिनी माया को छिन्न-भिन्न कर, सांसारिक सुखों की वासना को पददलित कर पागलों की भांति दौड़ा आया था। किंतु मां! उस समय तूने एक बड़ी भारी भूल की थी। अपने पुत्रों की तत्परता देखकर अपने शौर्य का परिचय पाकर तू गद्गद हो उठी थी, तेरी आंखों में गर्व और प्रसन्नता की एक रेखा खिंच गई थी। तेरे दुःख में भी प्रसन्न रहने की उस परंपरागत स्वाभाविक चेष्टा को तेरी संतुष्टि का द्योतक समझकर तेरे पुत्रों ने उतने ही में अपनी इति कर्त्तव्यता समझ ली; मिथ्या विजय के गर्व से उन्मत्त होकर शस्त्र रख दिए और आमोद-प्रमोद में लीन हो गए। परिणाम वही हुआ जो होना था। शत्रु को अपनी अस्त-व्यस्त शक्ति को फिर से सुसंगठित करने का अवसर प्राप्त हो गया और अपनी द्विगुणित शक्ति के साथ आक्रमण करने के उद्देश्य से अपने शस्त्रों पर नए सिरे से शान दे ली। जिनके हृदयों में तेरे आंसू अपना वास्तविक काम कर गए थे, जिन्होंने तेरी उस मुस्कान का अर्थ समझा था वे अकारण ही पकड़कर जेल में डाल दिए गए, जहां उन्हें भांति-भांति से यंत्रणाएं दी गईं; अस्वास्थ्यकर भोजन देकर, काल-कोठरियों के दूषित वायुमंडल में रखकर वे घुल-मिलकर मरने के लिए क्षय रोग के हवाले कर दिये गए। मृत्यु के साथ निर्भय क्रीड़ा करनेवाला, दृढ़-प्रतिज्ञता और अध्यवसाय की प्रतिमूर्ति, आदर्श चरित्र दलबहादुर गिरि भी तेरे अपमानों का बदला लेने की चेष्टा के लिए नौकरशाही की क्रूरता का शिकार हुआ! उसे पथभ्रष्ट करने के लिए भांति-भांति के प्रलोभन दिये गए और अंत में किसी प्रकार काबू में न आने पर अत्याचार की चक्की में पीसकर मरणासन्न अवस्था में मुक्त कर दिया गया। आज मां का वह सच्चा सपूत सिद्ध साधक की भांति अत्याचारियों की ओर क्षमापूर्ण नेत्रों से देखकर, दर्दभरी किंतु दृढ़ आवाज में–

"खिज़ां आई चमन में ख़ाक एक सय्याद उड़ती है,
क़फ़स से अब जो करता है मुझे आज़ाद, क्या हासिल।"

कहता हुआ मातृभूमि के श्रीचरणों में अंतिम प्रणाम कर अमरपुरी को पवित्र करने के लिए प्रस्थान कर गया। अस्तु, मां पूरे पांच वर्षों बाद आज तेरे रोने का दूसरा अवसर फिर उपस्थित हुआ है। दयामयी मां! रो और इस बार इतना रो कि तेरा कलेजा खून होकर बह चले। तेरी प्रेमपूर्ण आंखों से निकले हुए पवित्र शोणित का प्रवाह हमारे प्यारे और तेरी आंखों के तारे दलबहादुर गिरि की आत्मा को सद्‌गति प्रदान करने में तो सहायक होगा ही। साथ-साथ हम कायरों की कमजोरियों को दूर कर हमें दलबहादुर गिरि के एकमात्र आराध्य को, उनकी स्वराज्य-प्राप्ति की मृत्युकालीन कामना को पूरा करने के लिए प्राण-विसर्जन करने की क्षमता भी प्रदान करेगा।

[15.11.24]

24. खिचड़ी

महात्मा गांधी की प्रेरणा, मौलाना मोहम्मद अली के उद्योग और सब दलों के नेताओं की सहानुभूति से 'बंबई' में एकता की खिचड़ी कांग्रेस के ठंडे चूल्हे पर चढ़ा दी गई! उक्त खिचड़ी की तैयारी के लिए स्वराज्य पार्टी ने 'काठ की हांड़ी' दी है और महात्मा गांधी ने अपने खून के आंसुओं का 'जल' दिया है। भंडारी मौलाना मोहम्मद अली ने, चुटिया-दाढ़ी, पतलून-धोती, स्वदेशी-विदेशी, खद्दर-मांचेस्टर, साड़ी-गाउन, टाई-जनेऊ और शस्त्र-शांति को—चावल, चना, मसूर, मटर, टमाटो की तरह—एक साथ उस हांड़ी में छोड़ दिया है। बेलगांव कांग्रेस तक यदि चारों ओर से सच्ची लगन की 'आग' लगी तो संभव है किसी तरह यह खिचड़ी तैयार हो जाय, अन्यथा 'तुलसी हांड़ी काठ की—चढ़ै न दूजी बार!'

हम निराशावादी न होते हुए भी अंधे आशावादी नहीं हैं। हमें 'माडरेटों' की वह मंद मुस्कराहट भूली नहीं है जो उस समय भी उनके होंठों पर नाच रही थी जिस समय कि देश, दमन की दुर्दमनीय भट्ठी में भूना जा रहा था! हमें 'लिबरलों' की वह ललित लीला मजे में याद है जिसे वे अपने 'वैध'-रंगमंच पर उस समय दिखा रहे थे जिस समय हमारे कितने भोले भाई, नौकरशाही के नारकीय कारागारों में, अपने हृदय के रक्त से माता स्वतंत्रता के चरण धो रहे थे। हम विख्यात वसंती दल को भी खूब जानते हैं और पहचानते हैं उसके उस वीभत्स हृदय को जिसने 'आत्मा' की दोहाई देकर महात्मा के पवित्र आंदोलन, असहयोग को पानी पी-पीकर कोसने का घृणित प्रयत्न किया था। भिक्षुक का रूप धारण कर स्वराज्य प्राप्ति की कल्पना करनेवाले, विदेशियों की जूतियों के नीचे रहकर भारत को उन्नति-पथ पर अग्रसर करनेवाले, कौंसिलों में जबानी और कागजी घोड़े दौड़ाकर, घोर साम्राज्यवादियों को मात करनेवाले, क्षुद्रमिनिस्टरी और गवर्नरी के 'पदों' पर लोटपोट होनेवाले महानुभावों से हमारा दुखी देश कितनी आशा रखता है, यह भी हम जानते हैं। हमें तो यह आशा नहीं है कि देश के दीन भिखारी, महात्मा गांधी के आंसुओं की क़द्र की जायगी, बंगाल के क्षत-विक्षत हृदय पर मरहम लगाया जायगा और देश को शीघ्र ही 'स्वराज्यस्वप्न' की सार्थकता समझायी जायगी।

ऐसा नहीं कहा जा सकता कि बंबई के खिचड़ी-सम्मेलन में कुछ भी नहीं हुआ। पर जो कुछ हुआ है उसका मूल्य, किसी विशाल ग्रंथ के 'अथ' से अधिक नहीं हो सकता। हमारी 'अथ-शूरता' तो विश्वविख्यात है, पचासों वर्षों से हम अनेक

आंदोलनों का 'अथ' करते चले आ रहे हैं परंतु 'इति' कभी नहीं कर पाते। कभी 'इति' के दर्शन होते भी हैं तो देशद्रोहियों की कूटनीति से, नौकरशाही की भीति से और नेताओं की मति-विपरीत से! बेचारे असहयोग की 'इति' भी उपर्युक्त कारणों ही से हुई है! खिचड़ी-सम्मेलन का तो 'अथ' भी सकुशल नहीं हो सका। कारण, जिस समय बंगाल के काले कानून के विरुद्ध देश के प्रायः सभी नेताओं ने आवाज उठाने की चेष्टा की; उसी समय श्रीमती बेसेंट और उनके पिट्ठुओं ने छींक दिया! बंगाल आर्डिनेंस का अभिनंदन और क्रांतिकारियों का विरोध करते हुए बेसेंट-दल ने अपनी डेढ़ चावल की खिचड़ी को अलग ही पकाना आरंभ कर दिया!! हम नहीं समझ सकते कि देश के समझदार नेता, श्रीमती बेसेंट को 'मार-मारकर हकीम' बनाने की चेष्टा क्यों कर रहे हैं। 'मुकता प्रसव की संबुक ताली, फरहि कि कोदौ बालि सुशाली?'

जो हो, अब तो एकता की खिचड़ी चढ़ गई है। एक कमेटी बनी है जिसमें देश के सब दलों के प्रतिनिधि रक्खे गये हैं। यह कमेटी 31 मार्च तक अपनी रिपोर्ट प्रकाशित करेगी। उसी रिपोर्ट में महात्मा गांधी के प्यारे 2,000 गज सूत के प्रस्ताव का निपटारा होगा और होगी भारत की स्वतंत्रता की व्याख्या—स्वराज्य के रूप—का प्रहसन! प्रायः सब दलों के नेताओं ने बेलगांव कांग्रेस में योग देने का वचन भी दिया है। इस समय देश का वर्तमान, खिचड़ी-सम्मेलन के भविष्यत् की ओर उत्सुकता से देख रहा है। देखें यह खिचड़ी पककर और एक होकर, रोगी भारत के लिए पथ्य का काम करती है या कच्ची ही रहकर कांग्रेस का हाजमा खराब करती है।

[29.11.1924]

25. अंत और आरंभ

अट्टहास करनेवाला प्रलय, नूतन सृष्टि की सूचना देता है; पतझड़ के प्रकोप से पतित पुराने पत्ते पृथ्वी पर पड़े-पड़े 'खरखर स्वर' से वसंत के बालकों, नव्य-दलों, का स्वागत गान गाया करते हैं, प्राची के प्रांगण को अपने पवित्र रक्त से ओतप्रोत कर, अंत में गर्भ में जाती हुई मयंक-मंडिता निशा, आह्लादमय प्रभात के आरंभ की आनंदमयी आशा को साथ लिए जाती है। अस्तु, असहयोग के क्षणिक अंत को धैर्य के साथ विदा देते हुए, उन्हें—जो अपने को अपरिवर्तनवादी कहते या समझते हैं—चाहिए कि उसके आदर्श आरंभ की आयोजना में लग जायें। ठोकर खाकर गिरना बुरी बात नहीं, बुरी बात है गिरकर अकर्मण्य हो जाना। संसार के कर्मवीर उस पतन का स्वागत करते हैं, जिसकी कृपा से उत्थान के दर्शन मिलते हैं। आज असहयोगियों को अपने पुराने अनुभवों से लाभ उठाते हुए, अपनी कमजोरियों को दूर करते हुए, कर्मक्षेत्र की ओर कदम बढ़ाना चाहिए। सबसे पहले हमें अपनी उन दुर्बलताओं को नमस्कार करना होगा जिनके कारण हमारा बना-बनाया खेल चौपट हो गया, जिनके कारण हंसता हुआ स्वदेश रोने लगा और रोती हुई नौकरशाही—हमें मूर्ख बनाती हुई—खिलखिलाने लगी, जिनके कारण भुवनमोहिनी सुंदरी स्वतंत्रता देवी की आती हुई सवारी लौट गयी और पिशाचिनी परतंत्रता के उखड़ते हुए पैर मजबूती से जम गये! जब तक हममें आत्मविश्वास का अभाव है, जब तक हम मतभेद के कारण आपस की एकता की हत्या करते रहेंगे, जब तक हम अपने को सबसे पहले 'मनुष्य' और फिर हिंदू, मुसलमान, सिख, पारसी, ईसाई समझना नहीं सीखेंगे तब तक देश में कोई भी आंदोलन सफलता नहीं प्राप्त कर सकता। यह ध्रुव निश्चय है।

'असहयोगी' की जो परिभाषा महात्मा गांधी बतलाते हैं, वही सच्चे 'मनुष्य' की परिभाषा है। महात्मा गांधी का 'असहयोगी' मन, कर्म और वचन से अहिंसावादी होता है। वह जिस वातावरण में विचरण करता है उसमें हिंसा नहीं, द्वेष नहीं, फूट नहीं, कलह नहीं—चारों ओर प्रेम ही प्रेम होता है। वह अपने विरोधियों को तर्क से नहीं—व्याख्यानबाजी से नहीं, भाड़े के प्रतिनिधियों के मतों से नहीं—आत्मबल से पराजित करता है। वह पराजित विपक्ष को ताने नहीं देता, घृणा से नहीं देखता, दंड नहीं देता, तोप से नहीं उड़ा देता वरन् अपना अभिन्न अंग समझकर गले से लगाता है और कहता है—"भाई, अभी तक तुम भटक रहे थे, अब ठीक रास्ते पर आ गये हो, यही पथ पवित्र विश्वप्रेम की ओर जाता है।" ऐसे असहयोगी कितने हैं और कहां

हैं? उन्हीं को आगे बढ़ना चाहिए, उन्हीं को अपनी कर्मवीरता से देश के दुर्बल हृदय में बल भरना चाहिए, उन्हीं को अपने त्याग से लुटेरों का कलुषित मन शुद्ध करना चाहिए और उन्हीं को 'सच्चे असहयोग' का आरंभक बनना चाहिए।

देश हर तरह से दरिद्र है, फिर भी उसके हृदय में सच्चे असहयोगी के लिए अपार श्रद्धा है,—तुम आओ! अपना चरखा लेकर, 'वह तपस्वी! तपस्वी! देशभक्त! देशभक्त!' कहकर—अपने आंसुओं के तंदुलों से तुम्हारी पूजा करेगा, अपना कलेजा निकालकर तुम्हारे सामने रख देगा! तुम्हारे पास स्वराजिस्टों, लिबरलों, माडरेटों या नेशनलिस्टों से वाद-विवाद करने के लिए समय कहां है? तुम तो एक ऐसी दानवी शक्ति का सामना कर रहे हो जो भारत-सुधारक सभी दलों की विरोधिनी है। ऐसे अवसर पर आपस में 'तू-तू मैं-मैं' करना प्रतिपक्षी को सहायता देना है। सत्य, स्वयं प्रभ एवं आकर्षक होता है, उसको किसी के सिर पर लादने की आवश्यकता नहीं पड़ती। जैसे प्रस्फुटित पद्म भावुक भ्रमर को अनायास ही अपनी ओर आकर्षित कर लेता है; जैसे सरल सौंदर्य मानव-मन को मुग्ध कर लेता है; जैसे सुंदर स्वर लहरी मतवाली मृगमंडली को अपनी ओर खींच लेती है—वैसे ही तुम्हारा सत्य, पवित्र शांति और दयामय अद्वितीय आंदोलन, लोकमत को अपनी ओर खींच लेगा। आवश्यकता है, आकाश की तरह विशाल हृदय की; आवश्यकता है, हिमालय की तरह अचल मन की; आवश्यकता है, गंगा की तरह पवित्र आत्मा की; आवश्यकता है, महात्मा मोहन की तरह सरल सत्य स्नेह की और अत्यंत आवश्यकता है, भ्रांत क्रांतिकारी देशभक्त गोपीनाथ की तरह मातृप्रेम की। जिनका हृदय उपर्युक्त सुरदुर्लभ सद्गुणों का सुंदर सदन हो उनको नव्य उत्साह, नयी लगन के साथ कर्मक्षेत्र की ओर अग्रसर होना चाहिए और होना चाहिए उनके हाथ में चक्र सुदर्शन तथा हृदय में 'वसुधैवकुटुंबकम्' का भाव। ऐसे लोग असहयोग के 'अंत' की ओर निस्पृह दृष्टि से देखें और 'आरंभ' को गले लगाते हुए कहें—

'कर्मण्येवाधिकारस्ते मा फलेषु कदाचन!' एवमस्तु।

[6.12.1924]

26. टिड्डियां कब की गईं खेती को चाट!

क्यों और किसलिए? आज दिशाएं आसमान के वज्रादपि कठोर हृदय को कंपायमान करती हुई इतने करुण स्वर में महाकवि अकबर के—"बर्क मंडलाती है अब किस चीज पर, टिड्डियां कब की गईं खेती को चाट।"

इस शेर की आवृत्ति क्यों कर रही हैं! उफ! अभागिनी हिंदू जाति आज तेरा इतना पतन हो गया है—तेरी बुद्धि इस तरह मारी गई है कि इस स्पष्टतः स्पष्टतः प्रश्न का उत्तर पाने के लिए भी तू दूसरों का मुंह ताक रही है! अच्छा ले सुन—और अच्छी तरह कान खोलकर सुन और यदि एकबारगी ही तेरा कंठावरोध न हो गया हो तो गले के नीचे उतारकर शत-शत वर्षों से हृदयहीनता के साथ छेदे जाते हुए अपने हृदय-पट पर सावधानी से अंकित कर ले। गत सप्ताह बाबा ज्ञानानंद की, विलास क्रीड़ा धर्म—सनातन धर्म—के पवित्र नाम की दोहाई देकर धर्माचरण के नाम से अभिहित करने वाले भारत धर्म महामंडल के अधिवेशन के अध्यक्ष की हैसियत से अपने जड़ाऊ क्रीट-मुकुट एवं ताश बादले के चोगा चपकन की चमक से दर्शकों की आंखों में चकाचौंध उत्पन्न करते हुए दरभंगा नरेश ने जो भाषण दिया है उसमें प्रकट किए गये ऊल-जलूल विचारों और असंबद्ध युक्ति-तर्कों के कारण क्षुब्ध होकर ही आज दिशाएं महाराजा की हिंदू-धर्म-हितैषणा पर आठ आंसू रोती हुई सनातन धर्म का मर्सिया पढ़ रही हैं। क्या कहा? समझ में नहीं आया। आवे भी कैसे? यदि तेरी अक्ल ही ठिकाने होती, यदि तुझमें समझने की शक्ति ही होती तो क्या तुझे कोहाट और मलावार जैसी दुर्घटनाओं को पथराई हुई आंखों से देखने के लिए विवश होना पड़ता? और राष्ट्रीय एक्य के पवित्र सिद्धांत को कलंकित करने वाले विधर्मी नेताओं को अछूत कहलाने वाले तेरे हाड़-मांस को आध-आध बांट लेने का प्रस्ताव करने का साहस होता? खैर, जाने दें, उन बीती बातों के उद्धरण से हम तुझे लज्जित नहीं करना चाहते। किंतु जरा होश संभाल और देख कि अपने को हिंदू कहलाने वालों की 'विषकुंभ पयोमुखं' नीति के कारण तेरी कैसी छीछालेदर हो रही है; तेरा रोम-रोम तेरे संगठन की आवश्यकता का—अनिवार्य आवश्यकता का—अनुभव कर रहा है और तेरी संतति तेरी 'जांबलब' अवस्था का इलाज करने के लिए हाथ-पैर मार रही है, परंतु तेरी हिमायत का दम भरने वाली ज्ञानानंद एंड कंपनी उसके पथ में रोड़े अटकाने में ही अपनी धर्मधुरीणता का खात्मा कर रही है।

इस कंपनी के प्रधान डाइरेक्टर की हैसियत से दरभंगा नरेश ने तेरे 'रोग की

पूरी-पूरी पहचान कर लेने' का मिथ्या दंभ करते हुए तुझे नीरोग करने के लिए जिस औषध का प्रयोग करना निश्चय किया है वह उन्हीं के शब्दों में यह है—"वर्तमान परिस्थिति से परित्राण पाने का एकमात्र उपाय सनातन धर्मानुमोदित आचार-विचारों को दृढ़ता से अपनाना और अपने जीवन को उसकी अलौकिक शिक्षाओं का मूर्तिमान उदाहरण बना देना है।" यह सनातन धर्मानुमोदित आचार-विचार क्या है जानती है? 'अष्ट वर्षाभवेद गौरी' के अनुसार दुधमुंही बालिकाओं को गौरी-दान का पुण्य लूटने की उत्कट लालसा से प्रकृति-निर्दिष्ट समय से पहले ही पात्रापात्र का विचार त्याग व्याह देना और दुर्भाग्यवश यौवनागमन से पहले ही वैधव्य-विपत्ति के आ उपस्थित होने पर बेहयाई के साथ उन्हें 'अभागिनी' आदि कटु शब्दों से बेधना और मनुष्य-जीवन की स्वाभाविक दुर्बलता के फंदे में फंसकर 'सनातन धर्म' के पथ से भटक जाने पर छिपे-छिपे भ्रूणहत्या करते हुए भी उन्हें मनु और पराशर की दुहाई देकर पुनर्विवाह की आज्ञा न देना; लाट साहब के सबूट चरणों को सादर अभ्यर्थना पूर्वक देवमंदिर में ले जाते हुए भी अपने भाई-बंदों को अछूत कहकर भगवान के दर्शनों से वंचित रखना, आदि आदि। देखा कैसी सुंदर औषध-व्यवस्था है? इतना ही नहीं, इस औषधोपचार की देख-रेख का भार सौंपा गया है तीर्थों के पंडों तथा मंदिरों के पुजारियों और महंतों को। पंडे, पुजारी और महंत आख्या रखने वाले जीवों में अधिकांश दुराचारी, दुर्व्यसनी होते हैं तो परवाह नहीं। महामंडल का 'सनातन धर्म' तो इनका पृष्टिपोषक है। महामंडल के जिस सनातन धर्म का अनुयायी होने के कारण दरभंगा महाराज स्वयं चमड़े का व्यवसाय करते हुए और अपने राज्य में गोचर भूमि पर अत्यधिक कर लगाते हुए भी मरणासन्न हिंदू जाति और हिंदू धर्म की रक्षा के लिए पीयूषपाणि होने का दम भरने और संसार के मुकुटमणि धर्म के मूर्तिमंत अवतार महात्मा गांधी के प्रति अश्रद्धा प्रकट करने और उनसे यह कहने में कि "आपसे मेरा अनुरोध है कि आप जब तक हमारी स्मृतियों, धर्मशास्त्रों का अवलोकन कर—धर्म तत्त्व नहीं जान लेते और सनातन धर्म के सच्चे धमाचार्यों से मिलकर उनकी बातें नहीं सुन लेते तब तक आप हमारे धर्म के संबंध में कोई काम न प्रगट करें" कहने में संकुचित और लज्जित नहीं हुए उसी सनातन धर्म का अनुगामी होने के बल पर इन महंतों और पंडों को तेरे औषधोपचार का अधिकार जो प्राप्त है। अस्तु, हतभागिनी हिंदू जाति अब तू स्वयं विचार कर कि तेरी उजड़ी हुई खेती की रक्षा करने के बहाने उसमें मट्ठा ढालने वाले महामंडल की मालकिन ज्ञानानंद एंड कंपनी का इस निर्लज्ज पैंतरेबाजी को देखकर दिशाओं का दीनता-व्यंजक स्वर में अकबर के शब्दों में—"वर्क मंडलाती है अब किस चीज पर। टिड्डियां कब की गईं खेतों को चाट।"

कहना क्या अनुचित है?

[20.12.1924]

27. राजनीति का पितरपख

आज प्रायः चालीस वर्षों से इस देश के 'अपटूडेट अक्लमंद' पूस के पहले पखवारे को 'पितरपख' (मुसलमान भाइयों के महा-रजमान से इसकी मिसाल नहीं दी जा सकती, क्योंकि उसमें रोजा रखना पड़ता है और इस राजनीतिक पितरपख में चा-बिस्कुट से लेकर पंच मकार तक, कुछ भी मना नहीं।) की तरह पवित्र और पूज्य मानते चले आते हैं। शिशिर के इस मध्यकाल में देश के प्रायः बहुत से विख्यात और अख्यात बाबू और बाबुनियां कहीं न कहीं एकत्र होकर अपनी-अपनी श्रद्धा और रुचि के अनुसार बूढ़े भारत की राजनीतिक, सामाजिक और धार्मिक आदि सर्वांगीन श्राद्ध किया करती हैं। इस सांवत्सरिक श्राद्ध के शुभ अवसर पर भारत के बहुत से नगरों को गया का गौरव प्राप्त हो जाता है। इस साल बेलगांव, बंबई, बनारस, लखनऊ, गया, मुजफ्फरपुर, गोरखपुर और दिल्ली आदि कतिपय नगरों और नगरियों को यह परम सौभाग्य प्राप्त था। श्रद्धालुओं ने, कहार कांफरेंस, प्रादेशिक कांफरेंस, सोशल कांफरेंस, गोरक्षा कांफरेंस, खिलाफत कांफरेंस, लिबरल कांफरेंस, महामंडल कांफरेंस, आयुर्वेदिक कांफरेंस, पुस्तकालय कांफरेंस, राष्ट्रभाषा कांफरेंस, थ्रिफ्ट कांफरेंस, मुसलिम लीग, हिंदू महासभा और सबकी लकड़दादी राष्ट्रीय महासभा उर्फ 'इंडियन नेशनल कांग्रेस' आदि विविध रूप से भारत के विविध अंगों का खूब श्राद्ध किया। बड़ी धूमधाम थी, बड़ी चहल-पहल थी। सारे भारत में—इस छोर से उस छोर तक—शोर मच गया था। मालूम होता था कि अब भारत के हफ्त अकलीम पर पहुंचने में पलभर की भी देर नहीं है। श्राद्ध मंत्र पढ़ते-पढ़ते पुरोहितों के कंठ रुद्ध गये। हाथ हिलाते-हिलाते बाजू में दर्द पैदा हो गया। पेट में वह भीषण दावाग्नि धधक उठी कि चाय का पियाला होंठों के पास पहुंचते ही भाप बन जाने लगा। बेचारे अखबारवाले परेशान हो गये। तारों का ट्रांसलेशन करते-करते बेचारे असिस्टेंट एडीटर की कलाई दुखने लगी और पुरूफरीडर बेचारे को चश्मा बदलने की जरूरत पड़ गई!

इस महा समारोह का सम्यक्-वर्णन 'मतवाला' से तो क्या 'मतवाला' के बाप के लिए भी संभव नहीं। वह तो केवल दो-चार इधर-उधर की सुनी-सुनाई बातों का तजिकरा करके अपने नशा-पानी की तैयारी करेगा।

खैर, सुनिये। इस साल और सब आई सभायें तो पूर्ववत् धूम-धड़ल्ले से तर्ज्जन-गर्ज्जन कर अपने-अपने घर गईं परंतु बेलगांव की कांग्रेस ने इस साल राजनीति का

श्राद्ध बिल्कुल नहीं किया। बेचारे बाबुओं की सारी उमंगों को तुषार मार गया। गरमा-गरम लेक्चर कंठ के भीतर ही ठंडा हो गया।

बेलगांव की महासभा सात्विक थी। चारों ओर अहिंसा का शांतिमय साम्राज्य फैला था। त्यागमूर्ति महात्मा अध्यक्ष के आसन पर बैठे हुए अपनी शांत-गंभीर वाणी द्वारा अहिंसा-मंत्र का उच्चारण कर रहे थे। उनके छोटे, किंतु सारगर्भित, भाषण में भारत के भावी जीवन की सभी समस्याओं की आलोचना मौजूद है। उससे महात्मा की, भारत की अवस्था संबंधीय चिंताशीलता का परिचय प्राप्त होता है। भारत की दरिद्रता, भारत की सब समस्यायों की नानी है। इसी से महात्मा ने अपने भाषण में उसी को कुछ स्पष्ट रूप से देश के सामने रखा है। साथ ही उसके प्रतिकार का अमोघ अस्त्र खद्दर भी दिखा दिया है। महात्मा ने साफ शब्दों में कह दिया है कि देश की अवस्था असहयोग आंदोलन के उपयुक्त नहीं है, इसीलिये उसे स्थगित रखना पड़ा है। असहयोग पर महात्मा का दृढ़ विश्वास है। उन्होंने स्पष्ट कह दिया है कि जब तक वर्तमान सरकार का यही रूप रहेगा तब तक वे व्यक्तिगत भाव से असहयोग स्थगित नहीं रखेंगे।

स्वराज की प्राप्ति के लिए त्याग की जरूरत पड़ती है, परंतु स्वराज चाहनेवाले बाबू लोग चुरुट तक त्यागने को तैयार नहीं है। विलास, आलस्य और अवसाद दिन-रात ओढ़े रहेंगे और लेंगे स्वराज! शृंखलाबद्ध होकर समवेत शक्ति से काम लेने की जरूरत पड़ेगी तो सींग-पूंछ हिलाकर आफत मचा देंगे, इसीलिये महात्मा ने बिछुड़े हुए बाबुओं को कुछ दिन मुलायम कच्चे धागे में बांध रखने का विचार किया है। प्रतिमास सूत देकर कांग्रेस का सदस्य बनने की नीति इसीलिये जारी हुई है। यदि मनचले बाबुओं ने छटपटाकर कच्चे धागे को छिन्न-भिन्न नहीं किया तो धीरे-धीरे एक ही तबेले में रहने की आदत पड़ जायेगी और कुछ-कुछ कष्ट सहना भी सीख जायेंगे। क्योंकि स्वराज कुछ दालभात का कौर नहीं है। उसे प्राप्त करने में बड़ी तकलीफ होती है।

महात्मा परिचालित बेलगांव की सात्विक सभा का पहला उल्लेखनीय कार्य हुआ है 'पैक्टपरिग्रहण'। कांग्रेस के इस कार्य का मूल लक्ष्य है, विभिन्न दलों को घसीटकर अपने में मिला लेना। परंतु कुछ अक्लमंदों की राय में इसकी सफलता में संदेह की काफी गुंजाइश मौजूद है। क्योंकि लखनऊ की 'सनहक-पंथ-सभा' 'पैक्ट' की धाराएं पढ़कर निराशा के महासागर में एकदम डूब गई है और दृढ़ निश्चय कर लिया है कि जब तक उसकी सौत कांग्रेस भीख मांगना नहीं कबूल करेगी तब तक उसका साथ न दूंगी! बेचारी बुढ़िया मि. वसंती इस बुढ़ौती में एक बार फिर कांग्रेस को गुलजार करने के लिए बहुत उत्सुक थी, परंतु पैक्ट का रूप देखते ही बेचारी की

सारी उत्सुकता फुर से उड़ गई!

असहयोग की समाधि पर समाधि लगाकर महात्मा ने नवीन साधना आरंभ की है। यदि राजनीति का श्राद्ध करनेवाले बाबुओं ने धोखाधड़ी से काम नहीं लिया और सच्चे मन से कांग्रेस के आदेशों का पालन किया तो भविष्य में राजनीति का श्राद्ध न होगा। वास्तव में इस साल राजनीति क्षेत्र के पितरों के लिए पौष का पितरपख एकदम खाली गया!

[3.1.1925]

28. रौलट बिल का बच्चा

'आके सज्जादेनशीं कैस हुआ मेरे बाद,
रही न सहरा में खाली कोई जा मेरे बाद।'

महीनों तक चीखकर आकाश-पाताल एक कर देने के बाद श्रीमती बंगाल-सरकार की प्रसव वेदना दूर हो गई। बड़े भाग्य से बाबा भोलानाथ ने यह शुभ दिन दिखाया, श्रीमती की गोद भरी और रौलट बिल के बूड़े हुए वंश की रक्षा हो गई! निगोड़े स्वराजियों ने तो अश्वत्थामा की तरह, ब्रह्मास्त्र चलाकर भ्रूण ही भस्म कर डालने की चेष्टा की थी, परंतु सच है, 'उदू गर कवी अस्त तो निगहबां कवीतरास्त!' भगवान् भला करें बंगाल के लाटसाहेब का जिन्होंने महामृत्युंजय मंत्र पढ़कर हाथ फेर दिया, जिससे सारी तकलीफ आनन-फानन दूर हो गई, नहीं तो बंगाल की नौकरशाही पर सनीचर देवता की दृष्टि पड़ चुकी थी। बेचारी की श्मशान-यात्रा में जरा भी देर न थी। जो भयंकर वेदना उठी थी, वह बिना प्राण लिए कदापि दम न लेती! बड़ी खैर हुई! अब परमात्मा करें यह नवजात शिशु (बंगाल आर्डिनेंस) सब प्रकार की आधिव्याधियों से बचकर दीर्घजीवी हो और अपने जनक-जननी का मुखोज्ज्वल करता रहे,—

'तुम सलामत रहो हजार बरस,
हर बरस के हों दिन पचास हजार!'

कांग्रेस चिल्लाती रह गई, कांफरेंसें पुकारती रह गईं, लेक्चर देते-देते लीडरों की जबानें लड़खड़ाने लगीं, 'जी हुजूरपंथी' मदरतों ने भी रो-रोकर चिरौरी की, परंतु 'न्यायात पथः प्रविचलंति पदं न धीराः।' सारा देश खलबला उठा, परंतु हमारे लाट साहब लोग पत्थर की तरह अविचल रहे और बड़े लाट ने तो अपने बूढ़े कानों के पास न्याय का वह जबरदस्त पहरा बैठा दिया था, कि 'परिंदे भी डरते थे पर मारते।' आखिरश आपकी न्यायनिष्ठा के सामने सबका रोना-चिल्लाना, समझाना-बुझाना और डराना-धमकाना 'फुर' से उड़ गया! और अंत में 'बंगाल आर्डिनेंस' नाम (इनके खानदान में जन्म से पहले ही नामकरण हो जाने का रिवाज है।) का बच्चा अंडा फोड़कर जीता-जागता बाहर निकल पड़ा। अब बस, एक बार लॉर्ड रीडिग महोदय के 'छूः' कह देने भर की देर है। फिर तो पांच वर्ष तक स्वयं यमराज भी उसका 'बाल बांका' नहीं कर सकते।

देश में—खासकर बंगाल में—विप्लव का बड़वानल धधक उठा है। यद्यपि कुछ घोंघाराम लोग उसका अस्तित्व नहीं स्वीकार करते परंतु ठंडे मुल्क की रहनेवाली

सरकार अपनी दिव्य घ्राणशक्ति की बदौलत उसका अनुभव अच्छी तरह कर रही है। यदि लाट साहब अभी से चौकन्ने होकर उसे निर्वापित करने की चेष्टा न करते तो उसकी गर्मी में नौकरशाही की सारी देह पिघलकर पानी हो जाती है और साथ ही कोटि-कोटि प्रजा का जानोमाल भी विषम संकट में पड़ गया होता। अतएव जो लोग इस लोक हितैषणापूर्ण कार्य के लिए सरकार की निंदा करते हैं, वे निश्चय ही अकलोदानाई से कोई वास्ता नहीं रखते। शायद उन्हें मालूम नहीं कि सरकार हमारी 'मां-बाप' है, अल्लाह मियां ने उसे हमारे जीवन-मरण का 'परमानेंट कंट्राक्ट' दे रक्खा है! हमारी भलाई की जितनी फिक्र उसको है, उतनी हमें नहीं हो सकती, क्योंकि हम अभी बच्चे हैं, अयोग्य हैं, अभी हममें अपने पैरों के बल खड़े होने की शक्ति नहीं है। इसीलिए हजार चीखें-चिल्लाएं सरकार हमारी भलाई करके ही दम लेगी। इसके लिए उसने लहंगे की काछनी अच्छी तरह काछ ली है।

सरकार तो अपना काम करती ही जाती है और मौका ताड़कर एक ठोकर जड़ देती है परंतु यार लोग क्या करते जरा वह भी सुन लीजिये। लीडरों के लंबे-लंबे लेक्चर जब सरकार की टोकरी की शोभा बढ़ाने लगते हैं, तो उन्हें लोकमत याद आता है। चपत पड़ने पर अम्मा जान की याद बुरी नहीं। परंतु यारो, तुमने कब लोकमत की परवाह की है? जिस समय कौंसिलगढ़ तोड़ने के लिए तू हुंकार पर हुंकार दे रहे थे, उस समय लोकमत तुम्हारे पैरों पर लोट रहा था, बारंबार कह रहा था, भई, वह धोखे की टट्टी है, मृगमरीचिका है, उसके फेर में पड़कर अपनी शक्ति का दुरोपयोग मत करो। कौंसिल का फंदा तुम्हें फंसाकर उल्लू बनाने के लिए रचा गया है। वह दो कौड़ी का खिलौना तुम्हें 'बबुआ' समझकर भुलाने का साधन मात्र है। वह टूटे चाहे रहे इससे सरकार की स्वेच्छाचारिता में कोई बाधा नहीं पड़ सकती। परंतु उस समय लोकमत को तुमने पैरों से ठुकरा दिया। कौंसिल में अपना बहुमत बढ़ाकर केवल लेक्चरबाजी के भरोसे सरकार को पंगु बनाने का हास्यास्पद प्रयत्न करने चले थे। उसका परिणाम तुम्हें हाथोंहाथ मिल रहा है। जिस तरह तुमने लोकमत की उपेक्षा की थी, उसी तरह सरकार ने भी तुम्हारे मत को लात मार दिया। अब लोकमत की दुहाई तुम्हें शोभा नहीं देता। इसलिये बेचारे को याद करके जले पर नमक छिड़कने की चेष्टा मत करो।

यदि वास्तव में कुछ कार्य करने की इच्छा है तो पहले स्वयं लोकमत का आदर करना सीखो। उसे शक्तिशाली बना डालो। हाय, यदि आज देश में लोकमत का प्राबल्य होता। जाति संघबद्ध होती, लीडरगण अपने को जनता का सेवक समझते होते और उसकी इच्छा के अनुसार कार्य करते तो लार्ड लिटन को 'बेंगाल आर्डिनेंस' जैसा बर्बरतापूर्ण कानून, 'सार्टीफिकेट' के बल पर जारी कर देने की हिम्मत न होती।

सरकार की ऐसी स्वेच्छाचारिता का एकमात्र प्रतिकार संघशक्ति है। यदि देश की सेवा अभीष्ट है तो चुपचाप जाति को गठित करने की चेष्टा करो। अन्यथा यों ही ठोकर खाते जिंदगी बीत जायेगी। न लोकमत ही तुम्हारा साथ देगा और न सरकार ही तुम्हारे उछल-कूद पर ध्यान देगी।

कुमार कार्तिकेय रूप 'बेंगाल आर्डिनेंस' के जन्मोत्सव के उपलक्ष में लंडन के पुराने न्यायाधीश ने दिल्ली की बड़ी मुहफिल के सामने, अपने वार्द्धक्य जनित भग्न कंठ से जो 'सोहर' गाया है, वह बड़ा ही सरस, बड़ा ही मधुर और बड़ा ही मनोहर हुआ है। सुप्रसिद्ध गानवती मि. गौहरजान के गले में वैसा माधुर्य तो शायद 'खुर्दबीन' लेकर ढूंढ़ने से भी मिलना संभव न होता। अस्तु, उस मंगलगान से स्पष्ट प्रतीत होता है, कि 'देवता-पितर' सभी कुमार के आविर्भाव के लिए उत्सुक थे। इसलिये भारत से लेकर लंडन तक के भारतहितैषियों की राय में राय मिलाकर लार्ड लिटन महोदय ने यह शुभ कार्य संपन्न किया है। कौंसिल के भारतीय सदस्यों के मत की परवाह इसलिये नहीं की गई, कि वे इसका दायित्व अपने ऊपर लेने में नितांत असमर्थ थे। साथ ही उनमें इतनी बुद्धि भी तो नहीं, कि वे सरकार की कठिनाइयों को अच्छी तरह समझ सकें।

ऐसी दशा में न्याय और लोकमत की दुहाई देने से क्या लाभ हो सकता है? जब भारत से लेकर लंडन तक के सभी राजनीति विशारद इस देश को दमननीति द्वारा पीस डालने पर उतारू हैं, तो तुम्हारे लेक्चर का उन पर क्या असर पड़ सकता है? इन अत्याचारों को रोकने का बस वही एक उपाय है एकता, जो तुम्हारे लिये अत्यंत कठिन है। इसलिये हे भारत के लीडरो, नाहक बावेला मचाना छोड़कर सद्यःप्रसूता नौकरशाही की मंगलकामना में लगो और एक मन-प्राण होकर रौलट एक्ट की वंश-वृद्धि के लिए भगवान् से प्रार्थना करो।

[24.1.1925]

29. छाती खोलें या धोती?

कौंसिलों के लाख चिल्लाने पर भी बड़े लाट ने अपने विशेषाधिकार का सदुपयोग कर डाला—न्याय और शांति की दुहाई देते हुए बंगाल-आर्डिनेंस पास कर दिया। अब कोई हजार प्रयत्न करके भी अंग्रेजी-साम्राज्य का तख्ता नहीं उलट सकता। उसकी जड़ पाताल में चली गई। अब षड्यंत्रों और क्रांतियों से उसका एक रोआं भी टेढ़ा न होगा। रिवॉल्वर और बम गये—सुंदरवन की हवा खाने। लाल बंगाल के क्रांतिकारी पर्चों को लाट साहब ने तिलंगियों की तरह उड़ा डाली। अब अंग्रेज जहां चाहें लेडियों के गलबहियां डालकर मौज से बिहरें। कोई खतरा नहीं। अब पुलिस की नाक में सूंघने की शक्ति और भी बढ़ गई। कोतवाली या थाने में बैठे-ही-बैठे वह जिले-भर के घरों में छिपाये हुए तमंचों की खुशबू लिया करेगी। वाह रे बंगाल-आर्डिनेंस। तूने लॉर्ड लिटन की लाली तो रख ली। शाबास पट्ठा! जुग-जुग जीता रह! तूने दुनिया को दिखा दिया कि 'रौलट-बिल के बच्चे' ने 'असहयोग के बच्चे' (स्वराज-दल) को पटक मारा। क्यों न हो, तेरा बाप कितनों के कलेजे का खून चूसकर ताकतवर हुआ है और 'स्वराज-दल का बाप' बेचारा तो खून का नाम सुनते ही देश छोड़ भागता है। तब भला हरी-हरी दूब चरनेवाला मृगछौना कभी भेड़िया से भिड़ सकता है?

बंगाल-आर्डिनेंस को आप सिर्फ बंगाल की ही तपस्या का वरदान न समझें, अब उसे आप समस्त भारतीयों के लिए दिया हुआ आशीर्वाद समझें। जब वह बंगाल-कौंसिल या लॉर्ड लिटन के दरबार तक ही रह जाता, तब भले ही केवल बंगाल में शांति का शंख फूंकता। अब तो वह बड़ी कौंसिल से उछलकर बड़े लाट की गोद में चला गया, और माता से तिरस्कृत हुआ, तो पिता की गोद में जाकर अभय हो गया—भारत के भाग्याकाश में 'ध्रुवतारा' की तरह अचल हो गया, अब तो समस्त देश में उसके दर्शन होंगे। आप हैं किस गुमान में? अभी इतने ही पर नाक न सिकोड़िये, दांत दबाकर पेंदी के नीचे तवा बांधिये, अभी तो यह सिर्फ घलुआ ही है।

सच पूछिए तो यह हमारी ही करतूतों का फल है। अपने ही सवार को लताड़नेवाले हम-जैसे घोड़ों के लिए ऐसा ही दाना चाहिए—शांति के लोहे के चने। अब हिनहिनाते क्या हैं? चबाइये, दांत रहें या जायें। भोगिए, अपनी करनी का फल। चले थे आप भी 'अफीद के पौदे' से 'अंगूर का गुच्छा' तोड़ने। लीजिये, न्याय लीजियेगा न? कौंसिलों में अधिकार की रेवड़ी बट रही थी न? लेते जाइये, घर पहुंचकर चखिएगा। पिछाड़ क्यों खुजलाते हैं?

आप चाहते हैं कि कौंसिलों के संसार के सामने माया-जल सिद्ध कर देने से शासन की पोल खुल जायगी। मगर यहां तो बहुत अर्से से खुली-खुलाई है जनाब, अभी तक क्या खोलना बाकी ही है? और संसार के सामने आप दूसरे की पोल क्यों दिखाने जा रहे हैं? जरा अपनी पोल भी तो देखिए। अपन फूली देखते ही नहीं, दूसरे का ढेर क्यों निहारते हैं? संसार तो अच्छी तरह आपकी शक्ति से भी खूब परिचित है। उसके पिट्ठू पत्र जब चाहते हैं, आप पर फबतियां कस देते हैं, आप क्या कर लेते हैं उनका? अजी जनाब, अभी कुछ दिन पिछाड़ सेकिये, तब बोल निकलेंगे।

चले थे शासन की प्रगति में रोड़े अटकाने और इधर अपने आपमें रोड़ा अटक गया। अब कांखिये बैठकर। जबानी जमा खर्च चुकाने में तो आप इतने तेज हैं कि दो ही रुपये पा मिनिस्टरी की डाक खत्म कर देते हैं—मगर अब पड़ गई बेभाव की, तब सारी जबानदराजी घुस गई। कहां गई युक्तियां? घुस गईं?

खैर, अब भी तो संभलिये। अब भी तो भ्रम के फंदे से निकलिये। इतने पर भी तो उस शक्ति का आवाहन कीजिये, जिसने मनमानी करनेवालों के छक्के छुड़ा दिये थे। हो चुकी परीक्षा! देखा गया आपकी पेंदी का जोर। बस कीजिये। आइये सीधी राह पर। कीच से कीच को न धोइये। देश का अमूल्य अवसर न खोइये। उसके धन और शक्ति का दुरुपयोग न कीजिये। शरमाए हुए लड़के की तरह सिर न खुजाइये। श्री 108 वायसराय महोदय ने काले कानून की दुम में पलीता लगा दिया। अब शीघ्र देशवासियों को बताइये कि वे उसके आगे अपनी छाती खोलें या धोती?

विलायत में गत 20 को भारत के भूतपूर्व वायसराय लॉर्ड कर्जन का देहांत हो गया। हाय! भारतवर्ष में जागृति का बीज बोनेवाला प्रचंड कूटनीतिज्ञ अब इस संसार में न रहा। बंग-भंग करके जमती हुई अंग्रेजी सल्तनत के रंग में भंग करनेवाला दिमागदार संसार से उठ गया। दमनचक्र चलाने में लार्ड लिटन के उस्ताद होने की योग्यता रखनेवाला आत्माभिमानी शासक परलोक सिधार गया। 'बम' का जन्मदाता, मिस्टर पाल और सर सुरेंद्र का विधाता, कन्हाईलाल दत्त का सृष्टिकर्ता, उपेंद्र और वारींद्र का जीवन-सुधारक, संगठित आंदोलन का प्रचारक और भारतीय पुरातत्व का उद्धारक 66 वर्ष की अवस्था में स्वर्गवासी हो गया। शोक! महाशोक!! अब विलायत के पार्लियामेंट में बैठे-बैठे भारत की हित-चिंता कौन करेगा? कामन सभा में भारतीय समस्याओं पर लंबे-लंबे भाषण कौन देगा? सात समुद्र पार बैठकर भी भारत के नमक का बदला कौन चुकाएगा? हे परमात्मन्। हमारे स्वर्गीय लाट साहब की आत्मा को शांति देना, क्योंकि उन्हीं की कृपा से आज कितने ही भारतीयों की आत्माएं शांति पा रही हैं।

[28.3.1925]

30. सांप पर पैर पड़ गया

फरीदपुर के गत बंगीय राजनीतिक सम्मेलन में देशबंधु दास ने सभापति की हैसियत से जो भाषण दिया है, उस पर लोग बेतरह चौंक पड़े हैं। मगर चौंकने की कोई बात भी तो हो। जो बात पहले से निश्चित थी, वही तो सामने आई। कोई ऐसी नई बात भी तो नहीं है, जिसकी कभी आशा ही न थी। जो लोग इससे अधिक आशा रखते थे, वे अपनी समझ की बलैया लें। यहां तो ओस चाटकर प्यास बुझानेवाले स्वराज-दल और उसके कूटनीतिज्ञ नेताओं से पहले भी कुछ आशा न थी, और अब भी नहीं, आगे का हाल राम जानें।

समझदारों का कहना है कि देशबंधु दास ने बहुत बड़ा स्वार्थत्याग किया है, उसे किसी तरह उनकी गलतियों के लिए, भुलाना न चाहिए। बेशक न भुलाना चाहिए, हम भी मानते हैं, पर हम यह मानना नहीं चाहते कि महात्मा गांधी या योगी अरविंद जैसे तपस्वी भी यदि लोकमत को बुरी तरह कुचलने का दुस्साहस करें, तो भी उन्हें अवतारी पुरुष समझकर दूध से नहला न दिया जाय। लोकमत को निर्दयतापूर्वक पद-दलित करके अपने आदर्श व्यक्तित्व और राजनीतिक पांडित्य को सिक्का जमानेवाला चाहे ब्रह्मा क्यों न हो, वह क्षम्य और उपेक्षणीय नहीं। देशबंधु का स्वार्थत्याग निस्संदेह प्रातःस्मरणीय है, पर उनका भाषण तो पैरों से ठुकरा देने के काबिल है, भले ही श्रद्धेय महात्माजी इसके अक्षर-अक्षर से सहमत हों और यहां तक सहमत कि इसके नीचे सही भी करनी पड़े, तो एक शब्द भी बदले बिना सही करने पर लंगोटी कस लें। अब इसमें कोई संदेह नहीं कि देश की महत्त्वाकांक्षा को कुचल डालने के महापाप का फल नेताओं को शीघ्र ही भोगना पड़ेगा। जनता की टांगें पकड़-पकड़कर बार-बार पीछे की ओर खींचते रहना और फिर भी उसके हितैषी होने का जबरदस्त दावा रखना कितनी बड़ी हिमाकत है, यह सब बताने की जरूरत नहीं।

आज से तीन दर्जन साल पहले जहां पर गुलामी की बेड़ियां तोड़ने की लड़ाई शुरू हुई थी, उसी जगह पर, कोसों आगे बढ़कर भी, फिर लौट आना या तो देशबंधु-जैसे सेनापति को ही शोभा दे सकता है, या महात्माजी-जैसे निरीह व्यक्ति को, जो सेना को मोर्चेबंदी के सिंहद्वार तक आगे बढ़ाकर स्वयं पीछे हट आनेवाले और फहराते हुए झंडे को समेटकर संधि-पत्र लिखने पर कमर कसनेवाले सेनापति की पीठ ठोंकने में जरा भी न हिचके। मुरौवत और मुलाहजे की भी हद होती है। लेकिन महात्माजी तो उस हद को भी पार कर गये। देश की रही-सही आशा भी नकटी हो गई। श्रीयुत विपिनचंद्रपाल, सर सुरेंद्रनाथ बनर्जी, श्रीयुत हरदयाल नाग आदि बंगीय

नेताओं के ललाट की सिकुड़न मिटाने के लिए उनके प्रश्नों के उत्तर में महात्माजी ने यह सफाई दी है कि हमने तो दास-दल को मुख्तारनामा लिख दिया है—उसके काम में दखल देना नहीं चाहते और उस पर हमारा पूरा भरोसा है—इत्यादि। वह सफाई इसलिए भले ही कुछ मूल्य रखती हो कि एक अवतारी महापुरुष के अंतस्तल से निकली है, पर देश की वर्तमान परिस्थिति की विषमता के सामने उसका कुछ भी मूल्य नहीं। महात्माजी का यह भोलापन देश के लिए सचमुच बड़ा खतरनाक है। नरम-दल के नेता उन्हें राजनीतिक क्षेत्र के लिए जैसा खतरनाक समझते हैं, महात्माजी ने अपने को वैसा ही सिद्ध कर दिया—बारडोली में सिद्ध कर ही चुके थे, फरीदपुर में उस सिद्धि पर पक्की मुहर लगा दी। और तारीफ यह कि यह कहते हुए मुहर लगाई कि अब हममें युद्ध की भावना रह ही न गई। तो फिर देश के हृदय से भी युद्ध की भावना निकाल डालिये—न रहेगा बांस, न बजेगी बंसी।

ऐसे अवसरों पर लोकमान्य तिलक का अभाव बेतरह अखरता है। उनको अपनी राजनीतिक चालबाजियों की तह में लपेटकर उनसे अपनी पीठ ठुकवाना किसी बड़े-से-बड़े पैंतरेबाज नेता के लिए भी बड़ा बीहड़ काम था। वे लड़ाई के घोड़ों और लदुए टट्टुओं की नसें खूब पहचानते थे। आधी रोटी पर संतोष करना उन्होंने सीखा ही न था। वे तो भूखों मरते रहने पर भी सूखे तृणों पर जीभ न लपकाने वाले पुरुषार्थी सिंह थे। अगर आज वह 'मानमूहता-मग्रेसरः केसरी' भारतीय कानन में दहाड़ता होता, तो चंचल मृगशावकों की ऐसी उच्छृंखल उछल-कूद कहीं देखी न जाती। किंतु बीती बात के लिए तो यह रोना है ही, आगे आई हुई बात के लिए भी कम रोना नहीं है। भारत-सचिव लार्ड बर्कनहेड ने एक टुकड़ा फेंक दिया, एक शिगूफा छोड़ दिया, बस देशबंधु उतने ही में बुलबुल हो उठे, 'स्वराज की परिभाषा' ही पलट दी—विद्वत् बाबू भगवानदास की 'व्याख्या' का चीरहरण कर डाला, मुख्तारनामा हाथ में लेकर अच्छा अंगूठा दिखाया।

हम यहां देशबंधु के भाषण से उद्धरण दे-देकर उन पर टीका टिप्पणी करना नहीं चाहते। वह है तो इसी योग्य, पर फिर भी हम उसकी उपेक्षा करने के लिए ही विवश हैं, क्योंकि देश पर उसका कुछ प्रभाव न पड़ेगा—इसलिये कि वह देश के सच्चे प्रतिनिधि का हृदयोद्गार नहीं, अंतस्तल में भारतीय लोकमत की गूंज नहीं है। है केवल एक ऐसे व्यक्ति की स्वतंत्र सम्मति, जो जनता को अपनी लंगूर में लपेटकर पछाड़ना चाहता है, और जिसे अपने उन अंग्रेज मित्रों को संतुष्ट करने की धुन सवार है, जो निकट भविष्य में उसे बंगाल की लाटगिरी दिलाने की सिफारिश करेंगे। जब इतने बड़े लाभ की आशा है, तब मालूम नहीं, भाषण पढ़ते ही, अखबारवाले ऐसे क्यों चौंक पड़े, मानो सांप पर पैर पड़ गया हो।

[16.5.1925]

31. अनभ्र वज्रपात

अघटितघटितं घटयति सुघटितघटितानि दुर्घटीकुरुते।
विधिरेव तानि घटयति यानि पुपमान्नैव चिन्तयति॥

लोग कहते हैं, निष्ठुर-हृदय कभी अमर नहीं होते,—निर्मम को यश नहीं मिलता, क्रूरकर्मा को दुनिया कभी याद नहीं करती, पर 16 जून तो निष्ठुर, निर्मम और क्रूर होकर भी संसार के इतिहास में अमर हो गया। कौन उसे याद न करेगा? संसार की क्या बिसात जो उसे भूल जाय? वह तो बिछी हुई शतरंज की बिसात से एक ऐसी गोटी मार ले गया, जो संसार के पैंतरेबाजों को भी चूना लगाती थी। गजब किया 16 जून ने भी। 'चितरंजन' को संसार के 'चित पर चोट पहुंचाने' का अस्त्र बना डाला। बंग-सम्राट पर हाथ साफ कर तिथियों का सम्राट बन गया। धन्य है 16 जून। न जाने कब का भूखा था? ऐसी पवित्र पारणा मिली कि कृतार्थ हो गया। या तो रघुवंश के द्वितीय सर्ग के उस मायावी सिंह ने 'कामधेनु नंदिनी' की पारणा पाई थी, यह इस 16 जून ने देशबंधु की पुण्यात्मा की पारणा पाई है। इसका व्रत पूरा हो गया या नहीं, यह कौन कह सकता है? भारत के भाग्य की ओर देखकर कौन कह सकता है कि यही अंतिम वज्रपात है?

कोई नहीं कह सकता, कब क्या होगा? जो प्रचंड मार्तंड अभी अपनी प्रखर किरणं की अजस्र धारा से गगन-मंडल को प्लावित कर रहा है, उसे अब घन पटल अपने श्यामल अंचल में छिपा लेगा, यह कौन जानता है? अभी तो सुकुमार मल्लिक-वल्लरी मुकुलित बकुल का आलिंगन कर रही है, उसे कब प्रबल प्रभंजन का पदाघात धराशायी कर देगा यह कोई जान सकता है? अभी तो स्तनधन्य शिशु माता के स्नेह सुधा सिक्त करुणा की शीतल छाया में विश्राम कर रहा है, उसके सिर से कब वात्सल्य की छाया हट जायेगी, यह कोई बतला सकता है? अभी तो सती-साध्वी सुंदरी अपने प्रियतम को बाहुपाश में बद्ध होकर प्रेमामृत पान कर रही है, उसे कब चिताधिरोहण करना पड़ेगा, वह क्या कोई पहले ही बता सकता है? परम प्रिय व्यक्ति के मृत्यु मुख में प्रवेश करने से पहले क्या किसी को पता रहता है कि अभी क्षण-भर बाद कैसा घोर वज्रपात होने वाला है? नहीं, कदापि नहीं।

यदि दशा देशबंधु के असामयिक वियोग की हुई। किसे मालूम था कि स्वच्छ आकाश अनायास फट पड़ेगा। कौन जानता था कि भारत के भाग्याकाश का

ध्रुव-नक्षत्र अकाल में ही टूट पड़ेगा? किसे पता था कि बंग-सम्राट का वियोग इतनी जल्दी हृदय को टूक-टूक करने वाला है? अफसोस! जिसे देश ने आंखों पर बिठाया था, वह आंखों का आंसू बनकर निकल भागा। अच्छा, जाओ, हृदय से जब जाओगे, तब समझेंगे कि 'स्टेट्समैन' के कथनानुसार तुम वस्तुतः वीर नेपोलियन हो।

गोरी सरकार भले ही बंग-भूमि पर राज करती हो, पर तुम्हारा राज तो बंगीय हृदय पर स्थापित था। तुम क्या चले गये, प्रतिभा का अधिनायक, असहायों का अवलंब, दीनों का परमबंधु, क्रांतिकारियों का अन्नदाता, स्वार्थत्यागियों का सिरमौर, आश्रितों का सर्वस्व और भारत का एक अद्‌भुत तेज चला गया। नौकरशाही की नाक का बाल उखड़ गया। कौंसिल के विजय दुर्ग का गड़ा हुआ झंडा उखड़ गया। कांग्रेस-कानन में दहाड़ने वाला शेर मौन हो गया। न जाने द्वैध शासन की चिताभस्म का त्रिपुंड लगाकर अपने धुन की धूनी रमाने वाला, ज्वलंत देशभक्ति ज्वाला में अपने हृदय कंचन को तपाने वाला और अपने एक-एक शब्द से प्रसुप्त देश को उद्‌बुद्ध करने वाला तथा स्वाधीनता की आकांक्षा को शंखध्वनि से शत्रु हृदय को कंपित करने वाला, राजनीतिक महाभारत का धनुर्धर अर्जुन, कहां चला गया? भगवान् उसकी प्राप्ति की शांति दें, उसके शोक-संतप्त परिवार को धैर्य दें, भारतमाता को पुनः उसकी प्राप्ति की सांत्वना दें और भारतवासियों के देशबंधु के इन बातों को हृदयंगम करने की सुबुद्धि दें—"देशभक्ति यदि अपराध है, तो मैं स्वयं सबसे बड़ा अपराधी हूं। जो झूठ-मूठ क्रांतिकारी समझकर दमनचक्र में पीसे जाते हैं, वे वास्तव में क्रांतिकारी नहीं हैं, और यदि वे वास्तव में हैं तो मैं यह स्पष्ट करता हूं कि उनसे कहीं बढ़कर क्रांतिकारी मैं हूं। यदि वे पकड़े जाने योग्य हैं, तो नौकरशाही को सबसे पहले मुझे पकड़ना चाहिए। मुझे एक नई क्रांति में कुछ विश्वास नहीं है। फिर भी, मैं यह घोषित करता हूं कि जब तक दमन बंद न होगा, तब तक क्रांति के भाव कदापि निर्जीव न होंगे।"

[20.6.1925]

32. एक घंटा बीस मिनट

'देखहुं बनरन्ह केर ढिठाई, धरि मारहु कपि भागि न जाई।'

अहोभाग्य! हमारे अन्नदाताजी कुछ भी बोले तो सही। मगर अच्छी सायत में नहीं बोले। अखबारवालों ने रंग नहीं जमने दिया—साफ कर डाला, बंदर-घुड़की है, बेहूदगी है, मूर्खता है, नीचता है, चालबाजी है, स्वार्थान्धता है। यारो, बस भी करो, हमारे अन्नदाताजी का पहला भाषण है, नया-नया हौसला है, टटकी शान है, कोरी डींग है, इस तरह क्यों रेप केस कर रहे हो? अन्नदाताजी का क्या दोष? आठ महीने से तो प्रसव-वेदना ही सह रहे थे। अब क्या नवें महीने भी न उगलें? कहीं पेट ही में सड़ जाता तो? जाने दो, 'रावण' पैदा हुआ, तो अच्छा ही हुआ। राम के पैदा होने की आस तो बंधी?

सब तो सब, लालाजी और नेहरूजी ने भी ताल ठोंककर ललकारा। अन्नदाताजी ने समझा था कि धाक जम जायगी, मगर अफसोस, लेने के देने पड़ गये। फटकार, बौछार, फजीहत, छीछालेदर, कोई दुर्गति बाकी न रही। छोटा-मोटा आदमी होता, चुल्लू-भर पानी में शरण लेता। मगर वाह रे हमारे अन्नदाताजी, खाक परवा न की किसी की, बे-लगाम कह डाला जो कहना था—चाहे इतिहास का गला घुटा या न्याय की नानी मरी, बला से, दिल का बुखार तो निकल गया, इन्फ्लुएंजा से जकड़ी हुई छाती तो हल्की हुई। साधु! साधु! ताव दीजिये मूंछों पर, बेहयाई भी क्या समझेगी कि पाला पड़ा था किसी भले आदमी से। ईमान की कसम, हम हमेशा आपकी पीठ पर रहेंगे, चाहे बोरिया-बंधना बिक जाय तो बिक जाय, मगर आपकी दुम का सहारा पकड़े ही रहेंगे—क्या करेगी दुनिया निगोड़ी? इसकी ऐसी-तैसी।

सच पूछिये, तो हमने इस जीवन में सिर्फ दो ही भाषण पढ़े और तारीफ यह कि एक ही महीने के अंदर—एक तो पटने में दिया हुआ मौलाना हसन निजामी का, और दूसरा विलायत की सरदार-सभा (House of Lords) में दिया हुआ आपका! बस, भाषण पढ़ने का हौसला पूरा हो गया। गजब है आपका दिमाग! अनोखी है आपकी सूझ! कमाल है आपका इतिहास-ज्ञान। भला हसन निजामी साहब की क्या बिसात है? आपकी जबान में एक अजीब ही फंद-कमंद है। द्वादश ज्योतिर्लिंग पूजकर हमने आप जैसा अन्नदाता पाया है। वाह रे हम और वाह रे आप! हम इतनी दूर से कैसे क्या करें? आप वहीं अपने हाथ से अपनी पीठ ठोंक लीजिये, या हमारे पुराने

न्यायाधीशजी से...वहीं तो हैं।

हां तो, सच मानिये, हम आपका पल्ला न छोड़ेंगे। छोड़ें भी कैसे? ऐसे पल्ला मिलेगा कहां? पल्ला अपना आप झुकावें, गल्ला सारा आप पचावें, हल्ला जग में आप मचावें, भल्ला चोखा आप दिखावें, कल्ला धरकर आप दबावें,—फिर आपके सिवा दूसरा कौन माई का लाल हमारा अन्नदाता बन सकता है? आप न होते तो आज हमारी वही दशा होती, जो दशा कुछ ही सौ वर्ष पहले आपके पूर्वजों की थी। सचमुच आपने आदर्श उन्नति की। तराजू लेकर धीरे-धीरे आये और तलवार लेकर अब शेखी से उछलने लगे। अल्लाह तेरी कुदरत!

आप हिंदुस्तानी अखबारों और लीडरों की बातों पर कान न दीजिये, चाहे कोई बनिया-बकाल कहे या अंग्रेज लेखकों के इतिहास-ग्रंथों से उद्धरण दे-देकर यह दिखावे कि आगरे के बाजारों में गोरों पर कोड़े बरसाये जाते थे, मुगल सम्राट् के पास एक अंग्रेज ने लिखा था कि हमारा मस्तक आपके पैर रखने का स्टूल है, और करनाटक के युद्ध में हिंदुस्तानी सिपाहियों ने असहाय अंग्रेजों को मांड़-भात खिलाकर जिलाया था। कोई लाख झिंपावे, हरगिज न झेंपिये। भलेमानस का काम है कि गाली-गलौज और लत्तंजुत्तं बरदाश्त करके भी अपना काम निकाल ले जाय। आपकी नीति को हम तहे दिल से पसंद करते हैं। देखिये, रावण की बहन की नाक काटी गई, भाई मारे गये, लंका जलकर खाक हो गई, बेटा बिछुड़ गया, मगर क्या मजाल कि जवान टस-से-मस हुआ हो।

भारतीयों ने 'प्रिंस-ऑफ-वेल्स' और 'ड्यूक-ऑफ-कनाट' के स्वागत के समय आपकी तेज तलवार की धार को दिन दहाड़े अंगूठा दिखा दिया। मगर आपने भी 'बंगाल आर्डिनेंस-बिल' को भारतव्यापी बनाकर अच्छी तरह उसका मजा चखा दिया। कभी तो आपने नीचा नहीं देखा, इसीलिये तो हम प्रतापी रावण से आपकी तुलना करते हैं। वह भी अव्वल दर्जे का 'लतखोरी लाल' था—कहीं बांधा गया, कहीं कूटा गया, कहीं दुतकारा गया, कहीं कांख में सड़ता रहा, मगर पट्ठे ने कहीं हार न मानी—कहीं नीचा न देखा, जिंदगी भर शेखी ही छांटता रहा।

आपसे भी हम कहे देते हैं, हिंदुस्तानी चाहे आपकी आबरू बिगाड़ डालें, चाहे आपकी सत्ता न मानें, चाहे आपकी तेज तलवार से खौफ न खायं, मगर डटे रहिये, हटिये मत, भलमनसी न छोड़िये—आखिर ये कहां तक दुतकारेंगे? कभी तो झाड़-फटकार से ऊबेंगे? फिर तो बस आप ही आप रह जायेंगे। समझे? इस नेक सलाह पर गौर फरमाइये। हम सच कहते हैं, आपका भाषण सुनकर हिंदुस्तानी इस समय बेकार गला फाड़-फाड़कर चिल्ला रहे हैं कि जिस समय जर्मन ने खूटा ठोंका था, उस समय यह तेज तलवार की धार कहां थी। आप क्यों नहीं फिर से खुलकर कह देते

कि उस समय हिंदुस्तानी सिपाहियों को तलवार दे दी गई थी? क्या ऐसा कहने में कोई शर्म है? और अगर है भी तो आपको क्या? आप तो 'सब समरथ कोसलपुर राजा, जो कछु करौ तुम्हें सब छाजा।'

अच्छा, एक बात हम आपसे यह जानना चाहते हैं कि आपके भारत को एक राष्ट्र न स्वीकार करने पर यहां जो यह आवाज हर तरफ से बुलंद हो रही है कि भारत अगर राष्ट्र नहीं है, तो असहयोग के जमाने में देश के एक ओर से दूसरे ओर तक समान भाव से जागृति की लहर का उमड़ना देखकर रात-रात भर लॉर्ड रीडिंग और लायड जार्ज सिर क्यों खुजलाते रह जाते थे, तो क्या यह बात सच है? अगर सच है तो फिर से यह बताइये कि उस समय आपकी तेज तलवार की धार किस म्यान में थी? बताइये तो सही, फिर देखिये कि हम आज ही आपका पक्ष लेकर सारे देश की बुलंद आवाज पस्त किये देते हैं।

हमको सख्त अफसोस है कि मछली फंसाने के लिए आपने चारा तो फेंका मगर मछली न फंसी। ऐसी घोर निराशा की स्थिति में हम आपके साथ सच्ची सहानुभूति रखते हैं। आपको हिंदुस्तानी पत्र और नेता जितना ही लताड़ रहे हैं, हमारा हृदय उतना ही व्यथित हो रहा है। नाहक आपने भैंस के आगे बीन बजाई। भैंस ऐसी भड़की कि सींग पर उछालकर पछाड़ मारा, हड्डी और बीन—दोनों चकनाचूर। बत्तीस करोड़ भेड़ों के भेड़िहर होने का दावा रखते हुए भी आप ऐसे अनाड़ी चरवाहे निकलेंगे, यह हमें विश्वास न था।

खैर, जो हुआ सो हुआ, अब आगे अपनी जबान पर काबू रखिये। हिंदुस्तानियों को महात्मा गांधी ने ठठेरे के घर की बिल्ली बना दी, जो अब सूप की भड़भड़ाहट से नहीं डर सकती। आपके लिए वाजिब तो यह था कि इज्जत-आबरू के साथ आप अपना हाथ समेट लेते, ताकि जिंदगी-भर आपस की सही सलामत बनी रहती, नहीं अगर नदी नाव संयोग कहीं तोबा तिल्ला मचा, तो घर का बना-बनाया इतिहास नाहक बिगड़ जायगा। हम देख तो रहे हैं कि इस देश के जंगल-पहाड़, नदी-नाले, खेत-खलिहान, बाग-बगीचे, कुएं-तालाब और सड़कों तथा मकानों पर तो आपका राज्य मंडला रहा है, मगर वहां के निवासियों के हृदय पर आपका राज्य बिल्कुल नहीं है। ऐसी दशा में अगर आप बरसों गीदड़ भभकियां देते रहें, तो भी कुछ होने-जाने का नहीं। फिर इस एक घंटा बीस मिनट की बकवास का तो मूल्य ही क्या?

[18.7.1925]

33. सौ रोगों की एक दवा

'शिव संकल्प कीन्ह मन माहीं, यहि तन सती भेंट अब नाहीं।'

अन्नदाताजी हमारी बात मान गए—सब दुर्गति होने पर भी डटे रह गये आन पर, इज्जत ससुरी रहे या जाय, सलज्जता कदापि न छोड़ेंगे—1929 के पहले कुछ न देंगे—सुधार-स्कीम में सहयोग न करने से सब दरवाजे बंद कर लेंगे। अब? क्या उपाय है? डांट-फटकार से तो कुछ काम न सरा,—सरेगा भी नहीं। नौकरशाही में इतनी भलमनसी कभी नहीं आ सकती कि पद-पद पर होनेवाले अपमानों से खिन्न होकर इतने बड़े देश का शासनाधिकार छोड़ दे। उसकी पाशविक शक्ति अपार है, फिर भी वह बात-बात में जिल्लतें बरदाश्त कर रही है—क्योंकि न करेगी तो खायगी क्या? पेट के लिए संसार में कौन क्या बरदाश्त नहीं करता? पेट के लिए अगर नौकरशाही अपनी आबरू गंवा देती है, तो नैतिक आदर्श की दुहाई देनेवाले भले ही कोसते रहें, वह बेचारी तो बस अपना पेट ही देखेगी। भारत छोड़ने पर इतनी मौज—ऐसी बहार—कहां मिलेगी? अंग्रेज अगर भारत का स्वराज्य दे देंगे, तो उनका पेट कैसे भरेगा? और फिर मुफ्त ही मिली हुई इतनी बड़ी—और इतनी अच्छी—जमींदारी क्या वे महज अपमान से ऊबकर छोड़ दें? है कोई माई का लाल जमींदार, जो एक इंच भी जमीन बाज आये? चार अंगुल जमीन के लिए तो मुकदमे के मोक्ष-धाम—हाईकोर्ट तक पहुंच जाते हैं, यहां तो आसमुद्र पृथ्वी का मामला है। सहज ही छोड़कर अंग्रेज कैसे चले जायं? क्यों न वे थातीदार होने का ढोंग रचें? क्यों न वे तलवार के बल दखल करने की डींग हांकें? क्यों न वे ढोंग और डींग के लिए शर्म-हया धो बहावें? क्यों न वे इतनी बड़ी संपत्ति के लिए बेईमानी को सवाब समझें? क्यों न वे हर जायज और नाजायज तरीके से इतनी बड़ी दौलत की हिफाजत करें? क्यों न वे सब तरह के अपमानों के गुरुतर नितंब के नीचे दबाकर मूंछों पर ताव दें? वे जो कुछ भी करें, उनके लिए शिकायत की कोई बात नहीं। वे जानते हैं कि अब भारत में हम कुछ ही दिनों के मेहमान हैं, वे समझते हैं कि भारत की आंखें खुल गईं, वे देखते हैं कि भारत की आकांक्षाएं जितना ही छंटती हैं उतना ही पनपती चली जाती हैं, पर सब कुछ जानते, समझते और देखते हुए भी वे आखिरी सांस तक क्यों न आशा लगाये रहें। हमें अगर कहना है, तो कहते रहें कि अन्यायी का राज्य टिक नहीं सकता—अत्याचारी का नाश अवश्यंभावी है। इससे क्या होता जाता है? प्रजा की आह से

डरनेवाले राजा जब थे तब थे, अब आह की परवाह किसे है? कोटि कंठ से प्रजा सरापती रहे, महात्मा गांधी अपनी तपस्या का फल—इस सत्ता का नाश मांगते रहें, कम से कम तत्काल कुछ होने-जाने का नहीं। तदबीर ऐसी होनी चाहिए कि तत्काल कुछ लाभ हो।

भारत-सचिव ने देशबंधु के मरते ही जले पर नमक छिड़क दिया। यह सिर्फ खयाली पुलाव है कि देशबंधु होते, तो भारत-सचिव इतनी डींग हांकने की हिम्मत न करते। लालाजी और नेहरूजी ने जो जवाब दिया, उससे अधिक देशबंधु के पास भी कोई जवाब नहीं था। कुछ और अधिक जोश के साथ जली-कटी या खरी-खोटी सुनाने के सिवा वे भी विशेष कुछ न कर सकते। हां, यदि स्वराज्य-दल की अड़ंगा-नीति से कुछ दूर आगे बढ़कर गया कांग्रेस की अपनी भूल को सुधारते, तो संभव था, कुछ कर पाते। भगवान् जानें, वे रहते, तो क्या करते! परंतु अप्रिय सत्य होने पर भी प्रसंगवश यह कहना पड़ता है कि फरीदपुर-कांफरेंस में 'सम्मानपूर्वक (?) सहयोग' करने के लिए उन्होंने जो हाथ बढ़ाया, उसी राष्ट्रीय दुर्बलता ने भारत-सचिव का भी मन बढ़ाया। भला इस जन्म में गोरी नौकरशाही कभी भारतीयों से सम्मानपूर्वक (?) सहयोग कर सकती है? दुनिया इस पर भले ही विश्वास कर ले, कम से कम हम नहीं कर सकते, जनता भी नहीं करती। क्या अहंकारी गोरों की दृष्टि में भारतवासी इतनी जल्दी सम्मान और प्रतिष्ठा के योग्य बन जायेंगे? क्या शक्तिमद और धनमद से अंधे हुए गोरे कभी निहत्थे कालों से बराबरी का बर्ताव करना पसंद करेंगे? कदापि नहीं। गोरे इतने उदार कब के? गोरे ऐसे समझदार कहां के? वे ऐसे साधारण जीव नहीं हैं कि सीधी उंगली से घी निकलने दें। अगर हमारे सभी स्वर्गीय श्रद्धेय नेता भी उतर आवें और सभी वर्तमान मान्य नेता भी उनके साथ मिलकर कोशिश लड़ावें, तो भी इस अवस्था में अंग्रेज हमसे सहयोग करने के लिए हाथ न बढ़ावेंगे। चाहे स्वराज दल, नरम दल, गरम दल, स्वतंत्र दल, जी हुजूर दल, देश के सारे 'दल-दल' मिल-जुलकर गोल-मेज पंचायत करते रहें—स्वराज की योजना पेश करते रहें, सहयोग की शर्तों का मजमून चुस्त-दुरुस्त करते रहें,—मगर स्वार्थान्ध और मदांध गोरे अधिक से अधिक मधुर आश्वासन के सिवा कभी धेला नहीं दे सकते। इस समय तो देश में स्वराज-दल ही न सबसे अधिक मजबूत राजनीतिक दल माना जाता है? शुरू से आज तक उसने गोरों के कौन से परोबाल नोच लिये? मिनिस्टर नहीं चुने गये, कौंसिलें जकड़ गईं, बजट नहीं पास हुए, पर क्या इनसे शासनचक्र भी तनिक शिथिल हुआ? मध्य प्रदेश के मिनिस्टर दो-दो रुपये पर नीलाम कर दिये गये, कारपोरेशनों और मनसपलटियों तथा जिला-बोर्डों में टांगें अड़ाई गईं—पर क्या इनसे शिक्षा, सेना, आबकारी और अर्थ विभागों पर कुछ भी सिक्का जमा? खिल्ली उड़ाने से क्या गोजर का एक पैर भी टूटा? मार्केदार दिल्लगियों

से भी क्या अंग्रेज कुछ झिंपे? देश एक पग भी आगे बढ़ा? हम तो नहीं समझते। और समझें भी कैसे? बंगाल के काले कानून ने सैकड़ों निरपराध देशभक्तों को पीस डाला, सर्वापेक्षा शक्तिशाली कहलानेवाला स्वराज-दल मुंह ताकता रह गया। कुछ भी करते-धरते न बना। कौंसिलों के प्रश्न होते ही रह गये, नाभा के अकाली कैदियों पर अमानुषिक अत्याचार का क्रम जारी ही रहा—अन्यान्य जेलों में सड़नेवाले देशभक्त बंदी भी पिसते ही रहे। क्या-क्या न होता रहा—मनमानी कुछ भी थमी? तो, जब सारा नाटक ज्यों का त्यों होता ही रहा—हुकूमत की चक्की जरा भी शिथिल नहीं हुई—विषधर का एक भी दांत न टूटा—तब क्या कौंसिलों के भंडाफोड़ को ही हम स्वराज-दल की सफलता मान लें? कौंसिलों का मायाजाल तो पहले भी परखा जा चुका था, और उसे परखकर ही हमने कौन-सा बड़ा शिकार कर डाला? संसार को कौंसिलों की निस्सारता दिखाने से क्या दुनिया में ब्रिटिश साम्राज्य की सत्ता क्षीण हो गई? हरगिज नहीं।

स्वराज-दल के समर्थक चाहे लाख उछलें-कूदें, मगर वे तब तक देश का कदम आगे नहीं बढ़ा सकते, जब तक उनके हृदय से सदा के लिए सहयोग शब्द निकल न जाय। कैसा 'सहयोग' और कैसी 'सहयोग' की शर्तें? और सहयोग भी क्या उसके साथ जो खून चूसकर हड्डी चबाने से भी बाज नहीं आता? सहयोग क्या उससे, जिसके पास मनुष्यता कभी फटकने नहीं पाती? कभी नहीं। स्वराज-दल या उसकी पीठ पर हाथ रखनेवाले महात्मा गांधी यदि सचमुच सहयोग करने जा रहे हैं, तो जायं भले ही, जनता उन्हें जाने के लिए नहीं कहती। जनता तो आज भी, यदि कोई वास्तविक मांगनेवाला और लेनेवाला हो तो, 32 करोड़ में से कम से कम 32 लाख देने को तैयार है—चाहे वे मशीन-गन के सामने खड़े कर दिये जायं या तोपों से उड़ा दिये जायं। मगर कोई ऐसा निकले भी तो, जो आगे कदम बढ़ाकर फिर प्रलय हो जाने पर भी पीछे न हटे। आधा भीतर आधा बाहर वाली टिमटिमाती हुई नीति पर जनता पतंग नहीं हो सकती—अखंड ज्वाला चाहिए।

अभी-अभी हाल में यहां जो स्वराजी नेताओं की बैठक हो चुकी है, उसमें एक प्रकार से देशबंधु के फरीदपुर वाले भाषण को दुहराकर ही लॉर्ड बिरकनहेड का जवाब काफी समझ लिया गया है, क्योंकि उसकी कार्यवाहियों का सारांश भी सम्मानपूर्ण सहयोग ही है। तारीफ यह कि महात्माजी ने भी अपने आपको स्वराजियों के जिम्मे कर दिया है—बल्कि यह कहना भी अनुचित न होगा कि कांग्रेस भी उन्हीं के हवाले कर दी गयी है—अर्थात्, भगवान् ने चाहा तो इस साल की कांग्रेस भी 'सम्मानपूर्ण सहयोग' के लिए हाथ बढ़ा देगी। यदि कहीं नरम दल और स्वतंत्र दल के महा-महा मुखिया भी जुटे, जैसा कि लक्षण प्रतीत हो रहा है, तो अभी से पेशगी तौर पर समझ लीजिये कि 'सहयोग द्वारा स्वराज-प्राप्ति की योग्यता-वृद्धि' वाली नीति अवश्य ही

कांग्रेस-मंच पर नृत्य करेगी, चाहे जनता रीझे या जहन्नुम जाय। इस प्रकार 'फौलादी कांग्रेस' अब 'गाजर मूली-कांग्रेस' बन जायेगी। जिन नरमदलियों की बातें कभी जनता के कानों में गूंजने भी नहीं पाती थीं, वे ही अब राजनीतिक मतैक्य के नाम पर अपने दुराग्रहों को सफल बनाने की चेष्टा करेंगे। सूत-मताधिकार तो करीब-करीब ले ही बीते, अभी और आगे न जाने व क्या करेंगे। कौंसिलों की लड़ाई ने इन्हें भी प्रधानता बख्श दी, नहीं 32 करोड़ में केवल 32 भी तो इनके अनुयायी नहीं थे। सिर्फ कौंसिल-युद्ध के लिए दलबंदियां तोड़ने की धुन में ऐसों को प्राधान्य और प्राबल्य प्रदान किया गया है, जो केवल टर्राते रहनेवाले थे और जो अब कांग्रेस को बीस वर्ष पीछे की ओर खींच ले जाने के लिए पेट में बैठना चहाते हैं।

ऐसी दशा में, हम बड़े प्रेम और आदर के साथ, आह्वान करते हैं देश की उन प्रबुद्ध आत्माओं को, जो अपने ही इष्टदेव द्वारा तिरस्कृत होकर अपरिवर्तनवादी के वेश में, देश के प्रत्येक भाग में, शांत भाव से अपनी व्रत-निष्ठा निबाह रहे हैं। वे अब जागें, फिर एक बार जागें, सदा के लिए जागें—कभी न सोने के लिए जागें। वे अपने इष्टदेव को, उसी श्रद्धा-भक्ति के साथ, पीछे छोड़कर आगे बढ़ें और लॉर्ड बिरकनहेड को शेखी का मजा चखाएं—अपने अमोघ सत्याग्रह अस्त्र का संधान करें—फिर एक बार प्रेम और शांति की तुमुल शंखध्वनि से नौकरशाही के कानों के परदे फाड़ डालें—और तब तक दम न लें जब तक लॉर्ड बिरकनहेड पार्लियामेंट की कुर्सी से लेकर घर के 'कमोड' तक सिर खुजलाते और दांतों उंगली दबाते न फिरने लगें। याद रहे, नौकरशाही कभी कड़ी से कड़ी आलोचना या निर्भीक डांट-फटकार से चलायमान नहीं हो सकती। जोशीली बहस और झिड़कियों से भरी स्पीच से उसका कुछ नहीं बिगड़ सकता। वह इसी तरह सींग-पूंछ दबाए लत्तंजुत्तं सहती रहेगी, मगर पीछा नहीं छोड़ सकती। पीछा तभी छोड़ेगी, जब फिर उसी 'अचूक रामबाण' का प्रयोग किया जायगा, जिसने सारी चौकड़ी भुला दी थी, जिसके आतंक से नींद-भूख हराम हो गई थी। बस, सौ रोगों की एक दवा वही है—शांतिमय अहिंसात्मक असहयोग।

[25.7.1925]

34. ऊंट किस करवट बैठेगा?

महात्माजी अपने सत्याग्रह-आश्रम में विश्राम कर रहे हैं; क्योंकि कानपुर कांग्रेस में स्वराज दल की सहायता करने के लिए कुछ शक्ति-संचय करना आवश्यक है। आश्रम में ही एक प्रेस-प्रतिनिधि आपसे मिला, तो आप बोले—मैं कानपुर में स्वराज दल की मदद करने के सिवा और कोई काम न करूंगा।

प्रेस-प्रतिनिधि की जगह कोई और होता, तो यह कहे बिना न रहता कि ऐसी नियत है तो आप जनवरी-भर यहीं विश्राम कीजिए, कानपुर चलने की आवश्यकता नहीं है—अच्छा हुआ कि आप इस बार युक्त प्रांत में गये भी, तो कानपुर में न उतरे!

किंतु, यदि वास्तव में महात्माजी कानपुर न आवें—जैसा कि कभी हो नहीं सकता—तो उनका संकल्प पूरा हो जायगा, स्वराज दल का ही बोलबाला रहेगा; क्योंकि उन्होंने भी पहले ही कह रक्खा है—मैंने अपने आपको स्वराज दल के हाथ में सौंप दिया है, पण्डितजी ही आगामी प्रोग्राम बनावेंगे इत्यादि, और पंडितजी ने तो डंके की चोट घोषित कर दिया है कि कांग्रेस की नीति स्वराज-दल की ही नीति होगी।

इसलिये, आज से कुछ ही वर्ष पूर्व, कांग्रेस के जिस मंच पर बैठकर एक दिन उस दुबली-पतली तेजस्विनी मूर्ति ने आसेतु-हिमाचल भारतवर्ष को प्रकंपित कर दिया था, उसी मंच पर आज मंद ज्योति होकर वही मूर्ति फिर विराजमान होगी; पर वह किसी और के हाथ बिकी रहेगी—किसी करामाती हाथ की कठपुतली रहेगी।

परंतु, पंडितजी अभी तक जैसी लंबी-चौड़ी आशाएं और आकांक्षाएं प्रकट करते आए हैं, उन्हें पूर्ण करने के लिए यदि वस्तुतः वे प्राणपण से कटिबद्ध होकर कांग्रेस मंच पर उतरेंगे, तो आशा की जा सकती है कि डेढ़ लाख का खर्च और सारे देश के गिने-चुने लोगों का खर्चीला जमघट कानपुर में सार्थक होगा। किंतु कांग्रेस का भाग्य-सूत्र हाथ में लेनेवाले पंडितजी की, और उनके अहम्मन्य दल की, दशा तथा करतूतें देखते हुए यह कहना पड़ता है कि अभी तक देश को सिर्फ झांसापट्टी दी गई है? क्या जनता को दमपट्टी देना कांग्रेस का संचालन सूत्र थामनेवाले को शोभा देता है? बंबई में प्रेस-प्रतिनिधि से बिना सोचे-समझे पंडितजी ने कह तो दिया कि हम लोग सत्याग्रह आरंभ करेंगे, मगर सत्याग्रह वास्तव में सोहन हलवा नहीं है कि बिना प्रयास हलक के नीचे उतर जायेगा, लोहे का चना है, जिसे नाको चबाना पड़ेगा। 1921-22 के अनुमंडल में सामूहिक सत्याग्रह न छिड़ा तो अब देखना है कि 25 में पंडितजी किस बिरते पर छेड़ते हैं। भारत की नौकरशाही अब इतनी

अनाड़ी नहीं है कि सत्याग्रह की धमकी से खौफ खा जायेगी। वह ठोंक-पीटकर दमड़ी की हांड़ी का दाम कूत चुकी। पंडितजी भले ही समझते हों कि सत्याग्रह की धमकी से डरकर सरकार शासन-सुधार का प्रस्ताव स्वीकार कर लेगी; पर वास्तव में सरकार इस नपुंसक धमकी पर हंस रही होगी—वह समझती होगी कि चुल्लू भर पानी में ही शफरी फरफरा रही है। अगर सचमुच पंडितजी के सत्याग्रह का कुछ मूल्य है, तो दमनचक्र का शमन करने के लिए वे क्यों नहीं उस अमोघ अस्त्र का प्रयोग करते? बंगाल के चुने हुए स्वराजी नेता पिस गये, पंडितजी का सत्याग्रह आनंदभवन में ही सड़ता रहा। अब जरा कानपुर में देखना है कि दूध में कैसे दही का जामन डालते हैं। और उस समय यह सत्याग्रह का भाव कहां था, जब स्वराज दल की ओर से कुली प्रथा का समर्थन किया गया था—कुली प्रथा के विरोध में कुछ भी न बोलने का वचन देना ही तो उसका समर्थन है? फिर स्कीन-कमेटी के मेंबर होकर सरकारी भत्ते पर विलायत की यात्रा करनेवाले के लिए क्या सत्याग्रह संग्राम छेड़ना आसान है? भोली-भाली दुनिया को यह दम-दिलासा देकर घपले में रखना है कि 'राजनीतिक दांव-पेंच समझना टेढ़ी खीर है'—क्या नेतृत्व का कोई विशेष लक्षण है? स्वराजी नेता मि. पटेल बड़ी कौंसिल के सभापति बनकर तोड़े भी ऐंठते रहेंगे और सत्याग्रह भी—खासकर स्वराज दल की—देख-रेख में चलता रहेगा। न मालूम वह कैसा वर्णशंकरी सत्याग्रह होगा! मालूम नहीं, महात्माजी अपनी जिंदगी में ही सत्याग्रह की ऐसी मिट्टी पलीत करा रहे हैं? अगर वे अपने भोलेपन से लाचार हो गये हों, तो उन्हें राजनीतिक क्षेत्र से अपने व्यक्तित्व की छाया हटा लेनी चाहिए—क्योंकि उसी छाया में स्वराजियों की माया का प्रपंच फैल रहा है।

पंडितजी बारंबार कहते हैं—बंबई में अभी हाल में कहा है कि स्वराज दल की नीति में अभी कोई परिवर्तन नहीं हो सकता। किंतु स्वराज दल का इतिहास स्पष्ट बतला रहा है कि उसकी कोई स्थिर नीति ही नहीं है। पहले प्रांतीय मिनिस्टरी से घृणा थी, तो अब कौंसिल की प्रेसिडेंटी से प्रेम हो गया। कहां सरकार के पैसे को हराम समझने की कसम ली गई थी और कहां प्रजा का रक्त चूसकर बटोरे हुए सरकारी धन में से वेतन लेना भी जायज हो गया। पहले कौंसिल में कोई प्रस्ताव न लेने का व्रत लिया गया, तो अब प्रस्तावों की झड़ी बांध दी गई। क्या यही अपरिवर्तनीय नीति है? इसी बूते पर सत्याग्रह की घोषणा? क्या इन करतूतों से यह नहीं लक्षित होता कि इस बार कांग्रेस में भारत का राजनीतिक ऊंट किस करवट बैठेगा?

[14.11.1925]

35. तुम चुप क्यों हो?

सब लोग तो अपनी-अपनी धुन में है। तुम किस धुन में हों? सब लोगों ने रंग बदल दिया। जमाना भी रंग बदल चुका है। पर अभी तक तुम अपरिवर्तनवादी ही बने हुए हो। वास्तव में यह तुम्हारे योग्य काम है। पर यह और किसी को शोभा नहीं देता। और किसी में इतना दम भी नहीं कि एक ही टेक पर डटकर पुर्जे-पुर्जे कट जाय। और लोग पैंतरे बदलना जानते हैं। मगर तुम जानते हो तूफान में भी चट्टान की तरह पड़े रहना। और लोग लक्ष्य का सर्वांग देख रहे हैं। तुम एकाग्र भाव से उसका केंद्र देख रहे हो। किंतु अब देखते ही न रह जाओ। एक बार धनुष टंकार से दिशाओं को कंपा चुके हो। अब मंडलाकार धनुष चढ़ाकर निशाना मार ही दो। समय आ गया है। सब लोग परीक्षा दे चुके। कोई लक्ष्य भेद न सका। आचार्य की दृष्टि तुम्हारे ही ऊपर अड़ी हुई है। खींचो कान तक धनुष, करो शर-संधान, लक्ष्य तुम्हारी ही प्रतीक्षा कर रहा है।

जबकि और लोग कौंसिलों में जा रहे हैं, सहयोग के लिए हाथ बढ़ा रहे हैं, सरकारी ओहदो की ओर लपक रहे हैं, तब तुम गांवों की ओर कदम बढ़ाओ। रहने दो कांग्रेस रूपी गदा उन्हीं के हाथों में, जो सिर्फ पैंतरे बदलने में प्रवीण हैं और राजनीतिक दावपेंच जानने का दम भरते हैं। तुम बस गांवों की ओर देखो। वहीं जाकर धूनी रमाओ। उन्हीं को अपना कार्य-क्षेत्र बनाओ। वहीं सफलता का केंद्र है। वहीं कौंसिलों की कुंजी है। वहीं स्वराज गंगा की गंगोत्री है।

कोई हानि नहीं यदि तुम्हारी संख्या थोड़ी है। सफलता कभी संख्या पर निर्भर नहीं करती। वह शक्ति पर अवलंबित है। तुममें शक्ति मौजूद है, पहचानो उसे। याद करो उसकी करामात। सात समुद्र पार का सिंहासन डोल उठा था। संसार के ललाट में सिकुड़न पड़ गई थी। फिर वे दिन बहुरेंगे, सिर्फ तुम्हारे कमर कसने की देर है। गांववाले पलक बिछाये हुए हैं। जाकर उन्हीं को चेला मूड़ो। वे तुम्हारे ही दीक्षित हैं। फिर तो तुम्हारे ही सूत्र के इशारे पर सबके सब मदारी बंदर की तरह नाचेंगे।

याद रखो, जो लोग ऊपर ही ऊपर तैर रहे हैं, उनके हाथ तिनका रहेगा। तुम अंदर डुबकी लगाओगे, तो तुम्हारे हाथ मोती रहेगा। मोती निकालने के लिए देश के अंतस्थल में पैठ जाओ। एक छोटी-सी भी टोली भीतर पैठ जायगी, तो अंजुरियों मोती लेकर ही निकलेगी।

इस बार बीड़े रक्खे जायेंगे कांग्रेस के मंच पर। कोई कौंसिलों का बीड़ा

उठायेगा। कोई एकता का बीड़ा उठायेगा। पर तुम केवल संगठन नाम का बीड़ा उठाना। अगर कोई उस पर लपके, तो उससे छीनकर बीड़ा ले लेना। वही बीड़ा तुम्हारे मुंह की लाली रक्खेगा।

उसे लेकर फैल जाना देहातों में। चर्खा, अछूतोद्धार, एकता—सब पा जावोगे। लोग उस उत्साह से तुम्हारा स्वागत करेंगे। दुनिया की आंखें उसी तरह चकित हो उठेंगी। फिर वही दृश्य आंखों के सामने आ जायगा। किंतु अभी से इसे मन में ठानकर बीड़ा उठाने जाओ कि देहातों में जगह-जगह केंद्र बनाकर हम जगा डालेंगे देश की उस प्रसुप्त शक्ति को जिसके सामने सारे संसार को एक दिन झुकना पड़ेगा।

हां, अपनी इस साधना की सिद्धि के लिए तुम्हें अपनी समस्त बिखरी हुई शक्तियों का संचय करना होगा। झंडे के नीचे सबको एकत्र करना होगा। संचय के बाद वितरण होगा—टोलियों के रूप में—देश के कोने-कोने में। फिर उस वितरण के बाद जागरण होगा—रात्रि पाठशालाओं के रूप में, व्याख्यान केंद्रों के रूप में, करघा-घरों के रूप में और चरखा-प्रचार के रूप में। फिर तो मोह निशा का अवसान और स्वराज प्रभाव का उदय निश्चित है। इसलिये, तुम स्वराजी कांग्रेस के किनारे रहकर, दलबंदी से दूर होकर, अपने सिद्धांत का झंडा उठाकर, संगठित रूप में, चारों और शांति के साथ, फैल जाओ। देश के लिए, जनता के नाम पर, संन्यास ग्रहण कर लो। जैसे अब तक अपने व्रत पर अटल रहे, वैसे ही सदा के लिए संकल्प कर लो। इतने दिन तक तुम चुपचाप रहकर सबकी डींगें सुनते रहे, और सबकी करतूत देख भी चुके पर अब मौनी मत बने रहो। जब सब लोग अपनी-अपनी नीति की घोषणा कर रहे हैं, तब तुम्हीं क्यों चुप हो?

[19.12.1925]

36. कानपुर में कलकंठी-कूजन

आज शनिवार है। कानपुर में कांग्रेस हो रही होगी। भगवान् उसे शनैश्चर-दृष्टि से बचावें, ताकि समस्त भारत के खद्दडपोशों और झिल्लड़धारियों का जमघट सार्थक हो, देशवासियों की खुली हुई चोंच में स्वाति-बिंदुपात हो, चंदादाताओं के मुंह की लाली रहे, स्वागतकारियों की दौड़धूप सफल हो,—तिलक-नगर, नेहरू-रोड, खद्दर-पंडाल, गरम पानी, हलुवा-पूरी के हजारों रुपये का खर्च चरितार्थ हो, चर्खा-दंगल में सभानेत्रीजी कामयाब हों, दलील-दंगल में दंगलबंदियों की दाल न गले, राजनीति की कठोरता 'कविता की कोमलता' को मसल न डाले, लेक्चरारों की लगाम ढीली न हो, सपूत देशभक्तों की जुबान-मुबारक सहयोग की सड़क पर सरपट न दौड़े, हाथ उठानेवालों का दिमाग न बिगड़े, वोट गिननेवालों में दृष्टिदोष न हो और दाढ़ी-चुटिया का 'टग-ऑफ-वार' भी न हो। एक बात और न हो—नोचेंजरों का मुंह काला। और अगर हो सके, तो यह भी न हो—स्वराजियों का दिवाला। मगर एक बात जरूर हो—गोरे पत्रों के लिए गाली देने का सामान!

चाहे जो हो, अभी कुछ कहा नहीं जा सकता। कहा इतना ही जा सकता है कि इस बार कुछ ठोस काम होने की आशा है। और, अगर ऐसा न हुआ, तो यह भी आशा है कि थुक्का-फजीती और लत्तंजुत्तं में कोई कसर न रहेगी। मान लीजिये, थोड़ी देर के लिए सही, कसर रह भी जाय, तो प्रत्यक्ष लक्षणों के अनुसार, वह आशा भी सफल होती नजर नहीं आती, जिसे तोते की तरह आतुर जनता ने अपने हृदय के पिंजड़े में सालभर से पाल रक्खा है। अगर वह आशा पूरी न हुई, तो प्रतिनिधियों की तालियां भले ही पिटें, स्वराज का डंका नहीं पिट सकता—'कांग्रेस की कोयल' भले ही कूके, कांग्रेस की तूती नहीं बोल सकती—प्रस्तावों पर हाथ भले ही उठें, देश नहीं उठ सकता। देश तो तभी उठ सकता है, जब प्रचार, बहिष्कार और उद्धार के साथ क्रमशः चर्खा, विदेशी-वस्त्र और अछूतों का संयोग हो। साथ ही, दिल्ली के एकता-सम्मेलन की लाश का जनाजा खूब धूमधाम से उठाया जाय—!!

सबसे बड़ा काम यही है। दाढ़ी-चुटिया का गठबंधन कसे बिना भांवरी फिर नहीं सकती—और न स्वराज की दुहाई ही फिर सकती है। इसलिये धार्मिक और सामाजिक झगड़े मिटाने की कोशिश सबसे पहले होनी चाहिए; क्योंकि जब तक एक-दूसरे के धर्म और समाज का आदर करना हम नहीं सीखते, जब तक राजनीति के शुद्ध दूध में अपनी सारी भिन्नताओं की मिसरी नहीं घुला देते, तब तक किसी

कार्यक्रम के सफल होने की कुछ आशा नहीं है। मसजिदों के सामने बाजे बजाना 'जबरन' रोक दिया जाय, और स्वराज का नगाड़ा भी बज उठे, ऐसा हो नहीं सकता। स्त्रियों और लड़कों की चोरी जारी रहे, हिंदू अछूतों के बहकाने का काम चलता रहे, गुंडों और उपद्रवियों की पीठ ठोकी जाती रहे, मंदिरों और मूर्तियों का अपमान होता रहे, और मीठा-मीठा मिलाप भी हो जाय, यह हो ही नहीं सकता। चाहे नतीजा जो हो जाय, ताली जब बजेगी तब दोनों हाथों से ही बजेगी, एक उंगली से चुटकी भी नहीं बज सकती।

अगर कहीं इस बार कांग्रेस ने चुटकी बजवा दी, तो बस चुटकियों में सारा काम फतह हो जायगा। नहीं भोलाबाबा का चर्खा अकेला तो है ही, चलता रहेगा अपनी धुन में मस्त।

किंतु तीन साल के लगातार पतझड़ के बाद इस साल राजनीतिक आशा-कानन से अभिनव वसंत का विकास दिखाने के लिए जो वसंत-बसीठी आई है, उसके कल-कूजन से भी यदि कटुता में सरसता का संचार न हुआ, 'कविता की अमृतधारा' भी एकता की सूखी क्यारी सींच न सकी, तो कहना न होगा कि वह स्वराज-वसंत अभी बहुत दूर है, जिसके शुभागमन से भारत की अभिलाषाएं पल्लवित और पुष्पित होंगी। भगवान् करें, कानपुर में भारतीय कलकंठी कूजन वास्तविक स्वराज-वसंत का आह्वान करने में समर्थ हो।

[26.12.1925]

37. सकल सभा की मति भइ भोरी!

गत सप्ताह कानपुरी कांग्रेस अभूतपूर्व सफलता के साथ समाप्त हुई। वही पुराने कार्यक्रम की सड़ी लाश देश के सामने रख दी गई—अब सालभर स्वराजी गिद्ध भोज खायंगे।

कुछ बातें नई भी देखने में आईं—गूंगे और बहरे इकट्ठे हुए थे। जब नेहरूजी ने कहा—मेरा मत न मानोगे, तो कांग्रेस को आज ही से नमस्कार करूंगा—तब किसी से कहते न बना कि कल नमस्कार करना हो, तो दया करके आज ही, अभी, नमस्कार कीजिये, छोड़िये पिंड देश का। और, जब जनता चिल्लाई कि देश बिल्कुल तैयार है, जब किसी भले आदमी के कान में भनक न पड़ी। पड़े भी कैसे? कोई भला आदमी खुद भी तो तैयार हो!

इस प्रकार गूंगे और बहरे इकट्ठे होकर खूब काम कर गये—देश के लाखों रुपये पर, जनता के आशा-विश्वास पर, पानी फेर दिया। शर्म-हया को पिछली जेब में रखकर कह दिया—असहयोग सफल नहीं हुआ। तो क्या स्वराज-दल सफल हुआ?

असहयोग ने रॉलट बिल की मिट्टी खराब की—साम्राज्य की धरती कंपा दी—नौकरशही की नींद-भूख हराम कर दी—देश में निर्भीकता भर दी—विलासियों को त्यागी बना दिया—तो वह असफल हो गया! और—बंगाल-आर्डिनेंस के कैदी जेल में सड़ रहे हैं, अकाली सिक्खों पर दानवी अत्याचार हो रहे हैं, काकोरी-डकैती के षड्यंत्र में देश के लाल पिस रहे हैं, शासन-चक्र विद्युद्वेग से चल रहा है, तो भी स्वराज-दल सफल हो गया! अजब अंधेर है भगवन्! स्वराज दल के हिमायती नाजायज तरीके से टिकट देकर स्वपक्षी वोटरों को कांग्रेस में घुसा दें, और राजपूताना के कट्टर-भक्त झांकने भी न पावें, भला इससे बढ़कर स्वराज दल की सफलता हो ही क्या सकती है?

इस साल फिर धमकियों और धोखाधड़ियों से स्वराज-दल ने नरेश को घपले में डाल रखने का ठीका ले लिया। दो साल तो मनमाने ढंग से देश को भरमाया ही था, अब तीसरे साल भी उसकी छाती पर पत्थर रखेगा। न जाने स्वराजी हैं, किस शान-गुमान में—भगवान् कब यह छाती का पत्थर उतारेंगे? क्या महात्माजी के पीठ ठोक देने से वह अपने को बहादुर और कांग्रेस को अपनी जागीर समझता है? अगर ऐसी बात है, तो देश के नवयुवकों को अब कांग्रेस का भरोसा छोड़कर अपने पथ का पथिक होना चाहिए। देखी गई कांग्रेस की करतूत और नेताशाही की चालबाजियां। हो गई इतिश्री नेताओं के आत्मविश्वास की। वे खुले शब्दों में कह चुके कि नवयुवक चाहें तो नेताओं को अपने पीछे घसीट ले चलें; पर नेताओं को पीछे-पीछे ले चलने से नवयुवकों का काम न सरेगा, वे ऐन मौके पर ही टांग पकड़कर पीछे खींचेंगे। नेताओं को कांग्रेस

की कब्र में ही छोड़, सिर से कफन बांधकर नवयुवकों को अब आगे बढ़ना पड़ेगा। फिर वही शांति का शंख एक हाथ में, और अहिंसा का झंडा दूसरे हाथ में, लेकर बलिदान की वेदी की ओर 'क्विक मार्च' करना होगा। आवश्यकता आ पड़ने पर विनयपूर्वक छोड़ना होगा उस हृदयाराध्य देवता को भी, जिसने अपने भोलेपन के कारण—अपनी साधुता के कारण—धोखे में आकर सारी शक्ति गंवा दी।

एक बार एक करोड़ चूल्हे में गया ही, हर साल लाखों रुपये फूंक-तापकर छुट्टी किये ही जाते हैं, अब इससे अधिक नेताशाही कुछ नहीं कर सकती। उसकी आंखों के सामने सचमुच अंधेरा छा रहा है। वह अपने प्राणों के मोह में फंसी हुई है। देश में दमन और माल-जब्ती का दौरदौरा होने देना उसे अभीष्ट नहीं है। किंतु इनके बिना देशोद्धार भी असंभव है। यदि स्वतंत्र होकर ही रहना है, तो बड़े से बड़ा बलिदान करना ही होगा—सर्वस्व की बाजी लगानी ही पड़ेगी। निहत्थे भारतवर्ष के लिए उद्धार का और कोई मार्ग ही नहीं है। जैसे नौकरशाही से लोहा लेकर लड़ना असंभव है, वैसे ही राजनीतिक दाव-पेंच के साथ जबानी लड़ाई लड़ना भी महज बेवकूफी है। संपूर्ण संबंध-विच्छेद के सिवा कोई अमोघ अस्त्र किसी दशा में नजर नहीं आता। आखिर सबको झख मारकर अंत में उसी अस्त्र का सहारा लेना पड़ेगा; मगर अभी गदहपचीसी में लोग दिन काट रहे हैं। अपने दिल की कमजोरी जनता के सिर मढ़ रहे हैं। बार-बार यह दुहराते हुए जरा भी नहीं लजाते कि 'देश तैयार नहीं है।' बेशक गीदड़ों के पीछे चलने के लिए देश तैयार नहीं है। अगर कोई आगे बढ़कर फिर कभी पीछे न हटनेवाला हिम्मत के साथ खुले मैदान में उतरकर एक बार बज्र-कंठ से ललकारे तो सही, फिर देख ले कि देश कैसे नहीं तैयार है। खुद किसी की पेंदी में दम ही नहीं है, तो देश क्या खाक तैयार होगा? बे-पेंदी के लोटों के साथ देश क्यों तैयार होने लगा?

देश को तैयार देखने से पहले आप ही क्यों नहीं तैयार होते जनाब? आप फर्स्ट-क्लास में सफर करेंगे, पक्की सड़कों पर मोटर दौड़ाते फिरेंगे, देशभर के अभिनंदन-पत्र बटोरते चलेंगे, तो देश कैसे तैयार रहेगा? अखबारों के कालमों में देश तैयार नहीं मिलेगा। नगरों के जलूसों में भी उसकी तैयारी का पता नहीं लगेगा। और देश को तैयार करने के लिए आप असली देश में गये ही कब? कांग्रेस में आकर हाथ हिला-हिलाकर जनता को कोसने और अपनी जयजयकार करा देने से ही आप देश तैयार कर लेंगे? देश तैयार करना हो, तो सच्चा फकीरी बाना बनाइये, खेतों और झोंपड़ों में जाइये, फिर देखिये कि देश के दिल में स्वराज की कैसी सच्ची लगन है। अफसोस है कि कांग्रेस में जनता के प्रतिनिधि बनकर जो लोग आये थे, वे भी नेताओं के हाथ की कठपुतली ही बन रहे। इस बार वास्तव में कांग्रेस पर शनैश्चर की दृष्टि पड़ी रही। तभी तो 'सकल सभा की मति भइ भोरी'—'अब मोहि 'शंभु-चाप' गति तोरी!'

[2.1.1926]

38. तुलसी मस्तक जब नवे, धनुष-बान लो हाथ!

नरमदलियों की सभा में सर तेजबहादुर सप्रू ने कौंसिल-करामातियों पर यह ठीक ही विश्वास प्रकट किया कि "इन लोगों ने ऐसी धमकियां दीं, जिन्हें यह पूरा न कर सके; और जो धमकियां पूरी न हुईं, उनसे अंग्रेजों के सामने सिद्ध हो गया कि ये लोग हो-हल्ला मचाने के सिवा कुछ करना-धरना नहीं जानते—मैं तो देख रहा हूं कि भारत सरकार का कार्य पहले ही की तरह शांतिपूर्वक चल रहा है।"

जब स्वराजियों के विषय में एक नरमदलिया नेता ऐसा कह रहा है, तब गरमदलियों की तो बात ही क्या! वे तो बरसों से डंके की चोट चिल्ला रहे हैं कि कौंसिलरों की पेंदी में इतना दम नहीं है जो मदांध नौकरशाही को झुका सके। उनका तो अटल अखंड विश्वास यह है कि चरखे से मंचेस्टर और लंकाशायर की नानी भले ही मरे, कौंसिलों की अड़ंगा-नीति से नौकरशाही भले ही झुंझलाकर छान-पगहे तुड़ाये; मगर स्वराज जब होगा तब भयंकर बलिदान से ही होगा—जिस दिन भारतवासियों के रुंड-मुंड से पटकर भारत-वसुंधरा श्मशान बन जायगी, उसी दिन परितृप्त गिद्ध के समान पंख फड़फड़ाता हुआ हजारों कोस से उड़कर चला आयेगा।

किंतु वह दिन तब तक नहीं नसीब होगा, जब तक कांग्रेस की अध्यक्षता के शब्दानुसार हम ऐसे मिशनरी देश-सेवकों का एक दल तैयार नहीं कर लेते, जिनके आग लगी हुई हो, जो गृहस्थों की पवित्र भिक्षा के सहारे जीवन-निर्बाह करते हुए अपनी सारी भौतिक आवश्यकताओं से मुक्त न हो जायं, और जो देश के एक कोने से दूसरे कोने तक फैलकर स्वावलंबन और निर्भयता का प्रचार न कर डालें।

कांग्रेस की अध्यक्षा ने तो अपने भाषण में गांवों के गरीब किसानों और शहरों के पीड़ित मजदूरों को संगठित करने का ऐसा आदेश दिया, और कांग्रेस के प्रस्तावों में एक जगह केवल नामोल्लेख के सिवा उस ग्राम-संगठन का कहीं जिक्र भी नहीं आया, जिसके लिए सारे देश से अपील करके स्वर्गीय देशबंधु के नाम पर चंदे की रकमें इकट्ठी की गईं—इतना ही क्यों, देशबंधु के लिए संवेदना प्रकाशित करते हुए स्वराज-दल के उत्तराधिकारी की ओर से यह वादा भी किया गया कि देशबंधु का अधूरा काम पूरा करना ही स्वराजियों का सबसे पहला काम होगा!

तो क्या प्रस्ताव में एक जगह 'ग्रामसंगठन' शब्द मात्र रख देने से ही देशबंधु का अधूरा काम पूरा हो जायगा? अथवा, कौंसिलों के लिए वोट मांगने के समय गांव-गांव मोटर दौड़ाने से ही ग्राम-संगठन का कार्य सिद्ध हो जायगा?

किंतु इन प्रश्नों से कोई लाभ नहीं, क्योंकि कानपुर में एक पत्र-प्रतिनिधि से

स्वराज-दल के सर्वेसर्वा नेहरूजी स्पष्ट कह चुके हैं कि "असली काम तो अभी अब शुरू होगा, अब तक हम लोग केवल रास्ता साफ करते रहे हैं।" खैर, तो वह 'अब शुरू होनेवाला असली काम' भी सामने आ ही चला है। उस समय लोग देखेंगे कि वोट की भीख मिल जाने के बाद कौंसिल-करामाती कभी गांवों की ओर झांकते हैं या नहीं। अंदाज तो प्रस्तावों से ही मिल गया कि ग्राम-संगठन के लिए उनके दिल में कैसी सच्ची लगन है। अगर वे धोखाधड़ी और चालबाजी से अपनाई हुई कांग्रेस और महात्मा गांधी के नामों को बेचकर गांवों में काफी वोट-भिक्षा पा लें, तो बात ही और है; पर ग्राम-संगठन के प्रति ऐसी कृतघ्नता और विश्वासघात करने के मजे वैसे ही चखने पड़ेंगे, जैसे स्वराज-दल के मेरुदंड-स्वरूप महाराष्ट्र-दल की सहानुभूति असहयोग की हत्या के कड़वे फल चखने पड़े हैं।

जो हो, सत्याग्रह की खोखली धमकी और ग्राम-संगठन की निंदनीय उपेक्षा के कारण कानपुर की सफल (!) कांग्रेस के अंदर से देश की जो शोचनीय असफलता उत्पन्न हुई है, उसके फैलाये हुए निराशा के भीषण अंधकार में आशा की एक उज्ज्वल ज्योति-रेखा भी नजर आ रही है—वह है राजनीतिक कैदी-सम्मेलन में उन लड़ाके वीरों के संगठन की तैयारी, जो बड़े धैर्य और उत्सुकता से जुझाऊ बाजों के बज उठने की बाट जोह रही हैं। कांग्रेस के साथ-साथ जितने सभा-सम्मेलन हुए, उनमें, पहले-पहल होनेवाले इस कैदी-सम्मेलन के समान, कोई जोरदार नहीं हुआ—और जोरदार भी ऐसा-वैसा नहीं, कांग्रेस पर भी खासी फटकार पड़ी! वह सत्याग्रह की माला ही फेरती रह गई, और कैदी-सम्मेलन के अध्यक्ष ने यह स्पष्ट घोषित कर दिया कि शांतिपर्व से पहले भगवद्गीता का उपदेश हुआ था, इसलिये महात्माजी तक यह संदेश पहुंचा देना चाहते हैं कि हम हजारों नवयुवक आपके झंडे के नीचे मरने को तैयार हैं—हम युद्ध करने को विह्वल हो रहे हैं।

किंतु इस विह्वलता और युद्ध-लालसा को अपने संगठन-कार्य की तह में सालभर अभी और दबा रखना पड़ेगा, ताकि इस साल के अंत में, स्वराजियों को कौंसिल-स्वप्न भंग होने के बाद, एक वर्ष के विश्राम से संचित की हुई साधना-शक्ति के साथ, जब वह 'लड़ाका कमांडर' अपने निश्चित कार्यक्षेत्र में उतरे, तब उसके सामने एक ऐसी सेना उमड़ी हुई नजर आये, जो स्थिरतापूर्वक हंसते-हंसते हवाई जहाजों के बमगोलों को पुष्पवृष्टि की तरह शिरोधार्य कर ले। पर जब तक वह दिन नहीं आता, तब तक कांग्रेस में अपने 'तटस्थ कमांडर' के प्रति श्री श्यामसुंदर चक्रवर्ती द्वारा कहे गये तुलसीदास के इस दोहे को बलिदानी वीर जपते रहें—

कहा कहौं छवि आज की, भले बने हो नाथ।
तुलसी मस्तक जब नवे, धनुषबान लो हाथ॥

[9.1.1926]

39. आग उगलनेवाले जंतु!

प्रवासी भारतवासियों पर मदांध गोरों के जो अत्याचार हो रहे हैं, उनके प्रतिकार के लिए भारत के सभी राजनीतिक दलों में बड़ी खलबली मची हुई है!! गत सप्ताह बंबई में, 'सर' आगा खां के सभापतित्व में, दक्षिण अफ्रीका के एशियाटिक बिल के विरुद्ध जो सभा हुई है, उसमें सुप्रसिद्ध स्वराजी नेता मिस्टर जयकर ने स्पष्ट कहा है—"सरकार बार-बार कहती है कि सर्वसम्मत अधिकार की मांग पूरी करने को हम सदा तैयार हैं, तो इस प्रश्न पर भारत के सभी दल एकमत हैं, और यही उस घोषणा की कसौटी है, अब वह अपनी घोषण पूरी करे।" किंतु मिस्टर जयकर को समझना चाहिए था कि सरकार इस तरह अगर कदम-कदम पर अपनी घोषणाएं पूरी करती चले, तो आज ही भारत की छाती में गड़ा हुआ उसके साम्राज्य का मजबूत खूंटा उखड़ जाय। कैसी घोषणा और कहां की घोषणा? घोषणा की ऐसी-तैसी! राजमाता विक्टोरिया के घोषणापत्र में घुन लग गया, तो और घोषणाओं की हस्ती ही क्या है? घोषणाएं तो इस न्यायदंभी राज्य की स्वाभाविक घटनाएं हैं। न जाने आज तक कितनी घोषणाएं हो चुकीं; मगर होंगी कहीं पड़ी किसी रद्दी की टोकरी में, फल तो उनका कहीं नजर नहीं आता। आशा भी नहीं है कि 'जली-कटी सुनाकर सरकार को कोसने में बहादुर' वर्तमान नेताओं के जीते-जी कुछ फल नजर आयेगा। विरोध-सभाओं में लंबी-चौड़ी डींग हांकने से डरनेवाली सरकार कहीं और होगी, यह तो कांटेवाले तराजू पर पेंदी का दम अंदाजती है। अगर सचमुच सभी दल के नेता प्रवासी भारतवासियों के कष्ट दूर करने पर एकमत हैं, तो अलग-अलग शान बघारना छोड़कर शीघ्र एक हो जायें, और जो कुछ कर दिखाना हो सो कर दिखावें। महात्माजी ने कानपुर-कांग्रेस में दक्षिण अफ्रीका के काले बिल पर बोलते हुए कहा था कि इस अत्याचार के निवारण का अजेय अस्त्र हमारे पास है बशर्ते कि सब लोग दिलोजान से तैयार हों। लेकिन इस ललकार पर तैयार होकर डट जाना सब दल के नेताओं का काम नहीं है। वे मशीनगन के सामने न जायेंगे, बम-गोले की चोट न सहेंगे, कालकोठरी की चक्की न चलायेंगे, तोप के मुंह के आगे खड़े न होंगे, फांसी के तख्ते पर न चढ़ेंगे, सिर्फ अधिकार लेंगे—प्रांतों की गवर्नरी लेंगे—अभिनंदन पत्र लेंगे—कौंसिल में लेक्चर झाड़ेंगे—सरकार को अन्यायी कहकर दिल की आग बुझायेंगे, और बड़ी-बड़ी स्कीमें पेश करेंगे। तो इनसे कुछ होने-जाने का नहीं। प्रस्तावों में आग उगलने से ब्रिटिश-साम्राज्य भस्म नहीं हो सकता, और मौखिक सहानुभूति से प्रवासी

भारतवासियों का काम भी नहीं बन सकता। अगर कुछ करना-कराना है, तो टेढ़ी उंगली से काम लीजिए—सीधी उंगली कुछ नहीं निकाल सकती। और अगर उंगली पक्षाघात-पीड़ित है—किसी तरह टेढ़ी नहीं होती, तो कृपा करके मुंह बंद कीजिए—जबानदराजी किसी मर्ज की दवा नहीं है।

बंबई की उक्त सभा में ही 'सर' चिम्मनलाल सितलवाद ने भी कहा है कि इस एशियाटिक बिल से साम्राज्य की जड़ कट जायगी, और मालूम नहीं—साम्राज्य के ऊपर क्या बीतनेवाला है! एक 'सर' के सभापतित्व में होनेवाली सभा के अंदर एक दूसरे 'सर' महाशय का यह हार्दिक (?) अभिशाप क्या वस्तुतः फलित होगा? क्या ऐसी भविष्यवाणी कभी सफल भी हो सकती है? ब्रिटिश-साम्राज्य की जड़ क्या आकाश-लता की जड़ के समान है? क्या उस पर आइंदे बीतनेवाली बात को वह दृष्टि देख सकती है, जो देश की दशा की ओर से मुड़कर ऊंचे-ऊंचे खिताबों की ओर टकटकी बांधे हुई है? कदापि नहीं! अत्याचारी शक्ति पर वज्रपात करने के लिए हृदय के केंद्र से—पूंजीभूत साधना के अंदर से आह उठनी चाहिए। मालूम नहीं, किस करनी-करतूत के बल पर मिस्टर जिन्ना से दक्षिण-अफ्रीका-डेपुटेशन के अध्यक्ष डॉक्टर रहमान को यह आश्वासन दिया है कि प्रवासी भाइयों के इस युद्ध में भारतवर्ष अक्लांत सहायता देगा। क्या वे वर्तमान परिस्थिति में सब दलों के संयोग से कोई ऐसा सम्मिलित उद्योग कर सकते हैं, जिससे सरकार को बाध्य होकर इस प्रश्न का अनुकूल निर्णय करना ही पड़े? अगर ऐसा वे कुछ कर सकते हैं, तो घी से भी चिकना—गुड़ से भी मीठा—बशर्ते कि कुछ कर सकते हों। कोरी सांत्वना से प्रवासी भारतवासियों को कुछ सहारा नहीं मिल सकता। घर में भेद-भाव और दलबंदी का तमाशा करते हुए बाहरवालों का कुछ उपकार नहीं किया जा सकता। यदि सभी दल इस बात पर मुस्तैद हैं कि दक्षिण अफ्रीका के भारतवासियों के साथ न्याय कराके ही दम लेंगे, तो अपनी भिन्नताओं को भूलकर घोषित कर दें कि इसी प्रश्न पर हम अपनी संघशक्ति का बलिदान कर देंगे—और नहीं यों ही टर्राते रहें।

उसी विरोध-सभा में एक तीसरे 'सर' महोदय ने दक्षिण अफ्रीका में बरती जानेवाली गोरी-नीति को ब्रिटिश-साम्राज्य और सभ्यता के लिए बड़ा भारी खतरा बतलाया है। साथ ही, मिस्टर जे.बी. पेटिट ने एशियाटिक बिल पास होते ही गोरों और कालों में एक ऐसे बड़े युद्ध की संभावना बताई है, जो पहले के युद्ध से भी जबरदस्त होगा। किंतु पेटिट महाशय शायद यह बात भूल गये हैं कि काले-गोरों की उस लड़ाई में सर राबर्ट और लॉर्ड किचनर मौजूद थे, जिनके बूते पर गोरों ने अपनी विजय-पताका फहराई थी, और आज भी गोरे उसी बूते पर उछल-कूद मचा रहे हैं—जब तक उसका जवाब देने योग्य शक्ति अपने में नहीं है, तब तक युद्ध का स्वप्न

देखना भी नितांत हास्यास्पद है। फौजी बजट पर बहस के समय तो बड़ी कौंसिल में नेहरूजी से साफ कह दिया गया था कि प्रयाग जाकर एक सेना तैयार करके जंगी लाट से निपट लीजिये। फिर क्यों नहीं निपटे? क्या निपटने की हाजत ही नहीं मालूम हुई? बात तो असल यह है कि हमारे देश में काम कर दिखानेवाले लोग तो ऐसे ही वैसे हैं, आग उगलनेवाले जंतु बहुत बढ़ गये हैं!

[23.1.1926]

40. उल्लू बनाकर सीधा करने की चेष्टा

"य' आहो फरियाद है जो लब पर बुझी हुई शमः का धुआं है।"

शत-शत वर्षों से बिना कान-पूंछ हिलाये, गुलामी के दुर्वह-जुए की मनुष्यत्वहारी भार को वहन करते आने के कारण निष्प्रभ और निस्तेज-प्राय भारतीयों के प्रतिनिधित्व का दम भरनेवाले स्वराजदली रंगरूट, पहलवान और उनके उस्तादजी पंडित बड़े नेहरू साहब, उस दिन सदल-बल व्यवस्था-परिषद् और धारा-सभाओं को त्यागकर चले आने के कारण फूले अंग नहीं समा रहे हैं और अपनी सफाचट मूंछों पर ताव देते हुए भोली-भाली जनता को यह समझाने की चेष्टा कर रहे हैं कि वे नागपुर कांग्रेस का आदेश [Mandate] मानकर ऐसा करने के कारण देश के कृतज्ञता पात्र हुए हैं; इसलिए आगामी चुनाव में वोट पाने के पूर्ण अधिकारी हैं। परंतु सावधान, यदि आपकी आंखें एकदम ही बंद नहीं हो गई हैं तो इनकी इस कला-परिचालित पुत्तलिका की-सी कलाबाजी के धोके में न आइएगा। यह एक क्षण के लिए भी न भूलिएगा कि वे यही महारथी हैं जिन्होंने भारतीय आकांक्षाओं के मूर्तिमंत अवतार महात्मा गांधी की गिरफ्तारी के साथ ही साथ कांग्रेस के विरुद्ध बगावत का झंडा ऊंचा कर देश के उबलते हुए जोश को नैराश्य के अटल सागर में डुबो दिया था तथा देश को अधिकार-मत्त हृदयहीन शासकों की टिटकारी का दयनीय पात्र बना दिया था। गत तीन वर्षों में भारतीय नौकरशाही की वैज्ञानिक आंच में तपते रहने के कारण बदरंग हुए झंडे को नए सिरे से रंगने की आवश्यकता का अनुभव करके ही उन्होंने उसे नीचा किया और आपसे सहयोग की भिक्षा मांग रहे हैं। एक बार सहयोग दान द्वारा आपने उसे रंगीन बनाया नहीं कि ये दूध पिलाये हुए विषधर की भांति फुंकार मारते हुए आपकी सहानुभूति का तीखा फल चखाने के लिए फिर तैयार हो जायंगे। याद रखिये कि यदि ये प्रलय काल तक इसी प्रकार निकलते पैठते रहें तो भी अत्याचार और अनाचार की सजीव पुतली नौकरशाही का बाल-बांका नहीं होने का। क्योंकि केवल धुआं देखकर अग्नि के भय से किनाराकशी करना इसके वैज्ञानिक तर्कशास्त्र ने इसे सिखाया ही नहीं, यह तो धुआं देखकर इस बात का पता लगाने के लिए व्यग्र हो उठती है कि इसके अंदर 'प्रजापीड़न सत्तापात् समुद्भुध तो हुताशनः' का—दिल जले कवि के शब्दों में 'आहे सो जां' का भी अस्तित्व है या नहीं और गत दिन वर्षों तक चतुर मदारी की भांति इन्हें खिलाकर उसने यह पता लगा लिया है कि इनके नेतृत्व के भूखे हृदय

से पेंच-ताव खाकर निकलनेवाले धुएं के नीचे दिग्दिगंत को भस्म कर देनेवाली अग्नि की लपटें नहीं वरन् बुझी हुई सरकंडे की आधा तक आंच मात्र है। अतएव वह तो इनके इस शक्तिहीन उछल-कूद की इस थोथे निर्देशन की—लेशमात्र भी परवा करती नहीं, हां, आपकी स्वातंत्र्य-चेष्टा को आशान्वित और सहानुभूतिपूर्ण दृष्टि से देखनेवाले संसार के विचार में आपके उपहासास्पद और नगण्य सिद्ध होने में जो कसर बाकी रह गई है वह अवश्य पूर्ण हो जायेगी।

यह सत्य है कि प्रतिनिधित्वमूलक शासन संस्थाओं का इस प्रकार का त्याग स्वातंत्र्य-युद्ध का एक प्रकार है और स्वयं हमारे वर्तमान शासकों ने सत्रहवीं शताब्दी में अपने यहां के अत्याचारी शासकों के पंजे से मुक्त होने के लिए इसी मार्ग का अनुसरण किया था। किंतु उनकी स्थिति में जमीन-आसमान का, बल्कि यदि हो सकता हो तो उससे भी अधिक अंतर है। अपने प्रतिनिधियों के यह घोषित कर देने पर कि 'शासक के सारे अधिकार प्रजा के दिये हुए हैं और चूंकि शासक उन अधिकारों का दुरुपयोग करता है इसलिए प्रजा को हर तरह से यह अधिकार है कि वह उन अधिकारों को बिना किसी प्रकार के मुलाहिजा और मुरौवत के वापस ले ले', उनके बाजुओं में तलवार ग्रहण करने की शक्ति थी और उन्होंने रक्त की पिपासा से व्याकुल स्वतंत्रता की अधिष्ठात्री देवी को सगर्व नमस्कार करते हुए अपनी मातृभूमि को अत्याचार परायण शासकों के पीड़न से मुक्त करने के लिए शस्त्र ग्रहण किया भी था। परंतु विपरीत इसके हमारे ये स्वयंभू नेता तीन वर्ष तक परिषद् और सभाओं में झखमारी करके भी जनता को क्रांति के लिए—यह क्रांति सशस्त्र हो या आत्मिक बल की—ललकारने योग्य दम अपने कलेजे में नहीं पैदा कर सके हैं और आगामी चुनाव में और भी अधिक संख्या में इन असेंबली और कौंसिलों में जाकर रक्तरंजित तलवार को कांडाकांड ज्ञानशून्य होकर भांजनेवाली नौकरशाही के मुहाल में खम ठोंकने की दयनीय लालसा का पोषण करने की बेहयाई दिखा रहे हैं। यह नहीं कि राजनीति के अखाड़े के ये धुरंधर मल्ल अपनी इस लालसा की निःसारता से अनभिज्ञ हैं। नहीं वे इसे समझते हैं, और हमारे आप जैसे साधारण व्यक्तियों की अपेक्षा कहीं अधिक समझते हैं। पर, वे करें तो क्या करें, वे देश की स्वतंत्रता के मतवाले होकर हंसते-हंसते तोपदम होने को तैयार जो नहीं और जनता को शासकों से शासनाधिकार को बलपूर्वक छीन लेने के लिए ललकारकर—क्रांति के लिए आह्वान करके बगलें झांकने से कलई खुल जाने का, नेतृत्व छिन जाने का—भय जो है। अतएव... के त्याग के बाद का कदम उठाने की उनसे आशा नहीं की जा सकती।

यदि व्यवस्था परिषद् का त्याग करते समय अत्याचारियों के पतनशील हृदय को कंपा देनेवाले दृढ़ गंभीर शब्दों में पंडितजी भारतीय नौकरशाही को संबोधन कर

यह घोषित कर सकते कि तीन वर्षों तक अपने मकसूर भर हर तरह से सरकार से सहयोग करने की चेष्टा में विफल होकर हम अभिमान भरे हृदयों से परिषद् त्याग कर रहे हैं और बाहर आकर जनता से अपनी भूत भूलों के लिए कमर कसने का परामर्श दे सकते तथा उसकी अजेय शक्ति के द्वारा शासन व्यवस्था को अधिकृत करके परिषद् में प्रवेश करने की चेष्टा करते तो भारतमाता का मुरझाया हुआ हतोत्साह मुख आनन-फानन में खिल उठता और उनके परिषद् त्याग का कुछ अर्थ होता। परंतु जो नहीं हुआ उसके होने की कल्पना और उससे होनेवाले परिणाम की चिंता करना व्यर्थ है। सुतरां हमारा तो यही मत है कि इनके इस निष्प्रयोजन निदर्शन के आवरण में जनता को उल्लू बनाकर आगामी चुनाव में अपना उल्लू सीधा करने की चेष्टा ही छिपी हुई है और जिस प्रकार प्रथम बार संसार-पूज्य महात्मा के पवित्र नाम की दुहाई देकर चुनाव युद्ध में जयी हो चुकने के बाद इन्होंने जनता को अंगूठा दिखलाया था उसी प्रकार इस बार भी दिखलायेंगे।

[13.3.1926]

41. बगावत का झंडा

मदांध राजसत्ता के पाप का घड़ा यद्यपि छलक नहीं उठा था परंतु अब भरा और तब भरा की अवस्था को पहुंच चुका था; गुलामी के सबसे अंतिम परिणाम दरिद्रता का सामना करते-करते देश का एक-एक कण क्षुब्ध और अधीर हो उठा था, एक ओर अत्याचारी राजशक्ति अपना समूचा रक्तपिपासु शस्त्रागार अपनी पीठ पर लादे तैयार खड़ी दांत पीस रही थी और दूसरी ओर दीन-हीन जनता अपनी गुलामी का अनंतकाल के लिए अंत कर देने का अटल निश्चय किये और मूल्य स्वरूप अपनी जान हथेली पर लिए शांत भाव से खड़ी मुस्करा रही थी। केवल 'मोहन' के अपना पांचजन्य फूंकने मात्र की देर थी और अन्यायी के पाप का घड़ा भरा ही दिखायी देता। सारा संसार एक अश्रुतपूर्व दृश्य देखने की आशा और लालसा में दम बखुद हो रहा था। किंतु अधिनायक को अपनी शांति सेना के कुछ सैनिकों की उन्मत्तता का पता लगा और उसने होंठों तक आये हुए अपने हाथ को नीचा कर दिया। देश की इसी कुघड़ी में कुछ अविश्वासी सैनिकों ने आस्तीन के सांप का काम किया और अधिनायक के अलौकिक समर-सिद्धांत के प्रति अनास्था प्रकट करते हुए उसके विरुद्ध बगावत का झंडा ऊंचा किया। स्वराज्य पार्टी के नाम से इन बागियों ने गत तीन वर्षों तक देश के उठते हुए जोश के गले पर निर्दयतापूर्वक भोंथी छुरी फेरी और आज वह स्वीकार करते हुए भी कि कौंसिलों में ये बेहयाई और बेशरमी के साथ रहे हैं और देश का कुछ विशेष उपकार नहीं कर सके हैं, फिर भी उसी बेशरमी की पुनरावृत्ति के लिए प्रस्तुत हो रहे हैं। अतएव इस समय देश के सामने यह प्रश्न उपस्थित है कि वह इन भले आदमियों से असेंबली और कौंसिलों में और अधिक पानी पिटवाने को तैयार है या नहीं। इस प्रश्न का उत्तर देने के पहले यह निश्चय कर लेना अत्यंत आवश्यक है कि यदि देश इनकी अपील स्वीकार कर अन्य किसी भी पार्टी को वोट न दे और केवल स्वराज्य पार्टी को ही कौंसिलों में भेजे तो क्या ये शासनचक्र को अचल कर देने में समर्थ हो सकेंगे। इतिहास, राजनीति-शास्त्र और 'कॉमन सेंस' तो इस प्रश्न का उत्तर नहीं में ही देते हैं और स्पष्ट शब्दों में कह रहे हैं कि 'इनकी हस्ती थी ही क्या और थी जो कुछ वो हो चुकी।' अतएव अधिक से अधिक संख्या में जाकर भी ये यदि अधिक से अधिक कुछ कर सकते हैं तो फाइनेंस बिल रद्द कर सकते हैं, परंतु उसके बाद खजांची को शासन परिचालन के लिए अर्थ न प्रदान करने की आज्ञा देनेवाली शक्ति का इनके पास अभाव है। फलतः इनका फाइनेंस बिल का पास

करना या न करना कुछ भी महत्त्व नहीं रखता। कहा जाता है कि ये लोग संसार को वर्तमान शासन की अनुत्तरदायिता दिखाकर तब जनता को क्रांति के लिए तैयार करने के उद्देश्य से ग्राम संगठन का काम करेंगे। परंतु पार्टी के प्रेस्टिज के प्रलोभन में ये कुछ ऐसे पागल हो रहे हैं कि संसार को इस कदर मूर्ख मान लेने में इन्हें जरा भी संकोच नहीं होता। यह समझते हैं कि इन्हीं की तरह समस्त संसार अज्ञान में पड़ा हुआ है और ये आज नए सिरे से उसे अंग्रेजी शासन की अनाचारिता और अनुत्तरदायिता का परिचय देंगे। इंगलैंड का इतिहास स्वयं ही इसकी अनुत्तरदायी और अत्याचारी प्रकृति का परिचय दे रहा है, यह जानते हुए भी ये अनजान बनते हैं। अतएव हमारा तो यह अनुरोध है कि आगामी चुनाव के समय जब ये लोग वोटरों के पास जायें तो प्रत्येक वोटर इनसे स्पष्ट शब्दों में यह कह दे कि अपने गत कारनामों के लिए चाहे पश्चात्ताप करते हुए, चाहे दोनों हाथों से अपनी पीठ ठोंकते हुए अब ये कौंसिलों के हुरदंगों से विरत हो जायें और देश की दयनीय दशा से द्रवित होकर अपने बगावत के झंडे को पददलित कर डालें और पराधीनों के परित्राणार्थ आविर्भूत हुए पृथ्वी के सर्वश्रेष्ठ महापुरुष महात्मा गांधी के चरणों में नतमस्तक होकर उन्हें अपने को एक बार फिर और सदा के लिए सर्वशक्तिमान नेता अनुभव करने तथा देश की शक्ति को प्रकट होने का अवसर दें। क्योंकि यह एक अक्षय सत्य है कि निःशस्त्र प्रजा के पास शासन व्यवस्था को स्वीकार करने से शांतभाव से इनकार कर देने और पशुबल की रक्तलोलुप तलवार के हंसते-हंसते बलि हो जाने के अतिरिक्त और कोई उपाय ही नहीं है।

इस संबंध में अपने को अपरिवर्तनवादी असहयोगी समझने का दावा रखनेवालों का भी दायित्व कम नहीं है। यदि ये हतोत्साह और उदासीन होकर मैदान छोड़ न देते तो संभवतः देश की लाचारी इस दरजा न बढ़ जाती। अतएव देश के इस आश्चर्यमय पतन में अपने भाग के लिए अनुतप्त हृदय से प्रायश्चित करने के उद्देश्य से हमें गांवों-गांवों में घूमकर इन विद्रोहियों के गुजरे हुए कारनामें की याद दिलाने और इनके प्रति देशमय असंतोष एवं अश्रद्धा उत्पन्न कराकर असहयोग के उपयुक्त वायुमंडल तैयार करने और इस बगावत के झंडे को झुका देने की चेष्टा करनी चाहिए।

[27.3.1926]

42. जरूरत नहीं

हमारे परमाराध्य भगवान् भोलानाथ परले दर्जे के रंगीले हैं। बूटी की तरंग में कभी तो केवल 'गाल के बजाये तें निहाल करि देते हैं' और कभी वह कठिन तपस्या कराते हैं कि साधक को छट्ठी का दूध याद आ जाता है। उजड्ड अहीर पका बेल तोड़ने के लिए बाबा के ऊपर चढ़ गया, उन्होंने पिनिक में सोचा, वाह, यह भक्त तो राक्षसराज रावण का भी चचा निकला। राक्षसराज दश मौलि था। अभयंकर की आराधना में अपना एक-एक सिर काटकर यज्ञकुंड में होम कर दिया। परंतु इस नये अहीर भक्त ने तो एक साथ ही सारा शरीर अर्पण कर दिया। बस, फिर क्या था, बाबा भोलानाथ तहेदिल से खुश हो गये और बेल तोड़नेवाले अहीर को बात ही बात में निहाल कर दिया। परंतु 'जनम कोटि लगि रगरि हमारी, बरौं संभु न तु रहौं कुवांरी।' ऐसी कठोर और अटल प्रतिज्ञा करनेवाली श्रीगिरिराज सुता को पत्ते चबवाकर दम लिया। देवर्षि नारद और सप्तर्षियों की जांच से जी न भरा तो स्वयं ब्रह्मचारी वेष में परीक्षा करने के लिए हिमालय की चोटी पर चढ़ गये और दमड़ी की हंड़िया खरीदनेवाले चतुर खरीदार की तरह खूब ठोंक बजा लिया, तब कहीं जाकर पसीजे!

मालूम होता है, विश्वेश ने अपनी प्यारी हिंदू जाति की भी परीक्षा आरंभ की है। पराधीनाजनित रोग, शोक, संताप, दरिद्रता, फूट और कलह आदि के अग्निकुंडों के डाल-डालकर इसे बारंबार तपा रहे हैं। इस जाति की यह कठिन परीक्षा बहुत दिनों से जारी है और संभवतः और भी बहुत दिनों तक जारी रहेगी। क्योंकि जब तक सारा मैल भस्म होकर पूरी निर्मलता न आयगी, तब तक यह कठिन परीक्षा भी बंद न होगी।

हिंदू जाति को पराधीनता के कठोर बंधन से विमुक्त होकर स्वाधीनता प्राप्त करना है। परंतु स्वाधीनता कोई मामूली वस्तु नहीं है। उसे प्राप्त करने के लिए, उसके कमनीय चरणों पर सर्वस्व उत्सर्ग कर देना पड़ता है। घोर तप करने की आवश्यकता पड़ती है, तब कहीं जाकर वह अलभ्य वस्तु प्राप्त होती है। लंबे-लंबे लेक्चर झाड़कर या नौकरशाही को कौंसिल तोड़ने की झूठी और थोथी धमकी देकर जो पराधीन भारत को स्वतंत्र करने की अभिलाषा करते हैं, वे आत्म-प्रवंचना के साथ-साथ अपने करोड़ों भाइयों को धोखा देने का महापाप कर रहे हैं। वे केवल मौखिक तथा लेखनी के बल द्वारा स्वराज प्राप्त करना चाहते हैं। वे जानते हैं कि स्वराज प्राप्त करने के लिए नैतिक, मानसिक और दैहिक शक्ति की जरूरत है, इन्हीं सम्मिलित उपादानों द्वारा उसकी प्राप्ति हो सकती है। इसमें से कोई एक उपादान तनहा कुछ नहीं कर सकता। इसीलिये स्वतंत्रता के सच्चे साधक इन वाग्वीरों के फेर में न पड़कर जाति को संगठित

करने की धुन में लगे हैं। कौंसिलों के लिए 'वोट' प्राप्त करने के लिए मुसलमानों के यहां अपने धर्म को गिरवी रखने के बदले वे अपने बिछुड़े हुए भाइयों को अपनाना अधिक आवश्यक समझते हैं। स्वराज की प्राप्ति के लिए जजीरातुल अरब को स्वाधीन कर लेने की जरूरत वे बिल्कुल महसूस नहीं करते। वे समझ गये हैं, कि मुसलमानों को अपना बनाने के लिए हमने जितना श्रम, समय और धन नष्ट किया है, उतना यदि अपने दस करोड़ अछूतों और अर्द्ध अछूतों को अपने निकट खींचने में लगाते तो स्वराज का लबेजाम शायद दो ही चार हाथ के फासले पर रह गया होता। स्मरना के अकाल-पीड़ितों के बदले यदि हम उड़ीसा के अकाल पीड़ितों की सेवा करते, अंगोरा को 'ऐरोप्लेन' देने के बदले यदि देश के चमारों के बालकों की शिक्षा के लिए पैसे खर्च कर सकते तो स्वराज के पथ में अवश्य ही कुछ अग्रसर हुए होते।

इसलिए एकमात्र संगठन ही स्वराज-प्राप्ति का सर्वश्रेष्ठ साधन है। यदि परीक्षा की आंच में अच्छी तरह तपकर सब प्रकार के हीन विचारों और भेद-भावों को भस्म करके हम एक सूत्र में आबद्ध हो सकेंगे और नैतिक, आत्मिक तथा शारीरिक बल से बलवान होंगे तभी हमारी तपस्या पूरी होगी और तभी भगवान् भूतभावन का भी नशा उतरेगा और वे हमें मनोवांच्छित वर प्रदान कर हमारी अभिलाषा पूरी करेंगे। जब तक हम पूर्णरूप से संगठित न हो लें, अपनी दैहिक, आत्मिक और नैतिक कमजोरियों को दूर न कर लें तब तक लेक्चर देकर कौंसिलें तोड़ने की आशा छोड़ दे और कौंसिलों में अपनी ओर से ऐसे लोगों को भेजें जो सच्चे हिंदू हों, संगठन, शुद्धि और अछूतोद्धार के प्रेमी हों, खिलाफत तथा खिलाफतियों के तानेदर न हों।

महात्मा गांधी के असहयोग आंदोलन की हत्या करनेवाली, देश को कोसों पीछे ढकेल देनेवाली, अहमदाबाद पैक्ट की पूतना और बंगाल के पैक्ट के लिए विधवा विलाप करनेवाली स्वराज पार्टी का दिवाला निकल गया, यह अच्छा ही हुआ। इसके कारबार पर अब हमें जरा भी विश्वास नहीं करना चाहिए और साथ ही इंडियन नेशनल कांग्रेस को भी स्पष्ट शब्दों में चेतावनी दे देनी चाहिए, कि यदि उसका उद्देश्य खिलाफत की रक्षा करना है और खिलाफत का उद्देश्य मुसलमानों को संगठित कर हिंदुओं के विरुद्ध जेहाद करना है, जैसा कि खिलाफत कमेटी के स्पेशल अधिवेशन की स्पीचों से मालूम हुआ है, तो ऐसी कांग्रेस से हिंदुओं का कोई तअल्लुक नहीं रहना चाहिए। इसलिए कांग्रेस को इस संबंध में अपनी नीति स्पष्ट कर डालनी चाहिए। हिंदुओं की हम-तलफ़ी न करके कांग्रेस चाहे तो भारत के मुसलमानों को सातवें आसमान पर चढ़ा दे, इसमें किसी हिंदू को कोई एतराज न होगा, परंतु खिलाफत तथा खिलाफतवालों की खुशामद के लिए हिंदुओं के हितों की हत्या करनेवाली कांग्रेस की अब हमें कोई जरूरत नहीं है।

[29.5.1926]

43. भैरव-राग

सन् 1926 की जीवन-निशा का पिछली घड़ियों से ही, सुदूर पूर्व के कोने से, भैरव-राग सुनाई पड़ रहा है। मधुर, हृदयाकर्षक, उन्मादकारी वह राग, सन् 1927 के भोर में और भी अधिक स्पष्ट हो गया है। अब सभी जान गये हैं कि वह मां की वीणा और कंठ से निकलकर समस्त संसार को रोमांचित, पुलकित, प्रफुल्लित और कंपित कर रहा है। मां की दया-दृष्टि इस बार हमारी ही तरह दीन, हमारी ही तरह शक्ति-हीन, हमारी ही तरह पर-पद-दलित, हमारी ही तरह घर के फूट और कलह से उबरकर हमारी ही तरह महान्—चीन पर पड़ी है। ... स्वाधीनता का दिव्यरथ इस समय चीन के प्रशस्त-प्रांगण में विद्युत गति से दौड़ रहा है। चीन के बच्चे, चीन के बूढ़े, चीन के युवक और चीन की कोमलांगी युवतियां अपने आंगन में ही मां की वीणा और कंठ से निकले हुए भैरव-राग सुधा का पान कर उन्मत्त और आनंद विभोर हो रही हैं। अधिक से अधिक बलिदान के लिए प्रस्तुत होकर, शिशु की तरह भोली और शैल की तरह दृढ़, चीन की कोटि-कोटि जनता ने माता स्वाधीनता का स्वागत किया—'मां! हमारे आंगन में अपना मंगलमय झंडा फहराओ, हमारे कानों को अपना पवित्र भैरव-राग सुनाओ, हमारे हृद्यानों पर अपने देव-मुनि बंदित चरण धरो। आओ, तुम्हारी जय हो!' राग चलता ही रहा, वीणा बजती ही रही, मां गाती ही रहीं—बलिदान! बलिदान!! मां की पुकार सबके कानों में पड़ी, सबने सुना। बच्चे ने बूढ़े से कहा—हम बलिदान देंगे। बूढ़े ने युवक से कहा—स्वाधीनता के लिए हम बलिदान देंगे। युवक ने युवतियों को सुनाया—हम बलिदान देंगे। युवतियों ने मां से कहा—मां, हम भी बलिदान देंगी। अस्तु!

वही चीन, जो कल तक अफीम के नशे में बेहोश पड़ा था, वही चीन जिसके रूखे मुख पर मक्खियां उड़ रही थीं, वही चीन, जिसका शासन-सूत्र संसार की, एक-दो नहीं, तेरह-तेरह शक्तियों के हाथों में है, वही चीन, जिसके चालीस बड़े-बड़े शहर ब्रिटेन, अमेरिका, फ्रांस, जर्मनी, जापान, इटली और रूस आदि के कब्जे में हैं, वही चीन, जिसके बंदरों पर और नदियों में विदेशी राष्ट्रों के जंगी और व्यापारी जहाज पर-पताकाओं का मुकुट पहले, छाती फुलाकर गश्त लगाया करते हैं, वही चीन, जिसकी प्राकृतिक संपत्ति को विदेशियों ने आपस में बांट लिया है, वही चीन, जिसके आने और जानेवाले मालों पर विदेशियों के आज्ञानुसार कर लगाया जाता है, वही चीन, जिसके घर के कानून में—अपराधी होने भी संधियों के अनुसार विदेशी फंसते

ही नहीं, और वही चीन, जिसके अनेक निरपराध बच्चों को, उस दिन, सभ्य-शिरोमणि अंग्रेजों ने बुरी तरह भून दिया था—अब माता स्वाधीनता का कट्टर उपासक बना हुआ है। चीन के प्रातःस्मरणीय, स्वर्गवासी अमर वीर डॉक्टर सनयात सेन, जिन माता स्वाधीनता और जिस भैरव-राग का आह्वान करते-करते अपनी जननी जन्मभूमि के चरणरज में विलीन हो गये, उनका प्रादुर्भाव अब हुआ। सनयात सेन द्वारा स्थापित 'कुओ मिंगतांग' का अर्थ है, 'जनता का राष्ट्रीय दल'। चीन के 22 प्रांतों में से इस समय 7 प्रांत इस दल के अधिकार में हैं। अब कुओ मिंगतांग-दल को सरकार के नाम से पुकारा जाता है और उसकी सेनाएं क्रांतिकारी सेना कहलाती हैं। इस दल के प्रधान नेता का नाम है जनरल चांग काईशेक। कुओमिंग दल अपने वीर जनरल काईशेक के साथ जिधर ही झुकता है, उधर ही 'विजय विजय' की आवाज सुनाई पड़ने लगती है। अब तक पंद्रह करोड़ से अधिक प्राणी इस दल के झंडे के नीचे आ चुके हैं। अभी कल की बात है इसी दल ने हांकाउ पर कब्जा किया है, ब्रिटिश 'कन्सेशन' (विशेषाधिकार-नगर) को अंग्रेजों से खाली कराया है, अंग्रेज बीबी-बाबों को शंघाई की ओर भगाया है, साहबों को जहाज में पहुंचाया है, 'यूनियन जैक' को हटाया है, और उसके स्थान पर चीन का राष्ट्रीय झंडा फहराया है। इसी दल को चकमा देने के लिए चीन-स्थित ब्रिटिश प्रधान अधिकारी ने लंडन के सुफेद देवों के पास कृपा का खरीता भेज़ा था, जिसके अनुसार अंग्रेज यह मानने के लिए तैयार थे कि चीन की राष्ट्रीय सरकार दक्षिण में अपना शासन चलाये मगर बाकी चीन को विदेशी लुटेरों और स्वदेशी जयचंदों के लिए छोड़ दे। अपने 'नोट' में ब्रिटेन ने यह स्वीकार किया था कि चीन में विदेशियों को जो विशेष कानूनी अधिकार प्राप्त हैं वह छोड़ दिया जाय और नगरों तथा बंदरों को धीरे-धीरे खाली कर दिया जाय। मगर कुओ मिंगतांग सरकार ने ब्रिटेन की उक्त शर्तों को नफरत से ठुकरा दिया। इसी दल को धमकाने के लिए ब्रिटिश ड्रेटनाट, वारक्रूजर और डिस्ट्रायर चीन की ओर प्रयाण कर रहे हैं। इसी दल ने ब्रिटिश मान के मुख पर भरपूर घूसा जमाया है। यही दल विदेशियों और विदेशी वस्तुओं (विशेषतः ब्रिटिशों और ब्रिटिश वस्तुओं) के विरुद्ध भीषण बहिष्कार का प्रचार कर रहा है। और इसी दल की पीठ पर भयानक सोवियत रूस का वरद-पाणि पड़ा है। मगर चीन के इस राष्ट्रीय दल के सामने अड़चनें भी कम नहीं हैं। घर की और बाहर की दोनों ही शक्तियों का मुकाबला करना है। घर में अनेक सूबों पर अधिकार कर अनियंत्रित सैनिक शासन करनेवाले तीन-तीन जयचंद इसके विरुद्ध हैं। जापान का चेला चांग सोलिन और अंग्रेजों के दस वू-पी-फू तथा चुआन फांग। उक्त तीनों जनरलों के अलावा एक चौथे जनरल फेंग यूसियांग हैं जिनके कब्जे के प्रदेश राष्ट्रीय सरकार का साथ देने को तैयार हैं। बहुत शीघ्र ही

राष्ट्रीय जनरल चांग काईशेक और फेंग यूसियांग की सम्मिलित वाहिनी, शंघाई के मैदान में, जयचंद चांग सोलिन और उसके देशी-विदेशी पिट्ठुओं से लोहा लेनेवाली है। शंघाई के युद्ध में ही बहुत कुछ राष्ट्रीय चीन के भाग्य का निर्णय हो जायगा। यदि राष्ट्रीय सरकार ने घर के नालायकों को परास्त कर दिया तो, संभव है बाहर के शत्रु भी कान-पूंछ दबाकर चुपचाप अपने रास्ते लेंगे।

बाहरी शत्रुओं में चीन पर अधिक से अधिक समय तक कब्जा रखने के इच्छुक मुख्य तीन राष्ट्र हैं। ब्रिटेन, अमेरिका और जापान। चीन की खानों और कच्चे मालों के कारण ही उनके दांत उस पर गड़े हैं। मगर चीन इस समय केवल अंग्रेजों के विरुद्ध खड्ग-हस्त है। कारण, वह जानता है कि दुर्बल राष्ट्रों की स्वाधीनता का सबसे बड़ा शत्रु ब्रिटेन ही है। ब्रिटेन ने चीन की परिस्थिति पर सब राष्ट्रों का रुख देखने की चेष्टा भी की थी। मगर, किसी ने कोई रुख दिया ही नही, सब मौन, सब तटस्थ। जापान और ब्रिटेन साथ-साथ दिखाई पड़ते हैं, इससे अमेरिका, जो जापान का प्रसिद्ध प्रतिद्वंद्वी है, और भी क्षुब्ध है। लंडन के अंग्रेज राजनीतिज्ञों में दो मत काम कर रहे हैं—(1) चीन को रगड़ दिया जाय, और (2) ठहरो, देखो क्या होता है। चीन में युद्ध छेड़ने से संभव है दूसरा महा-ग्रेटवार आरंभ हो जाय, इसलिये यूरोपियन राष्ट्र और भी घबराते हैं। क्योंकि किसी में इतनी जल्दी पुनः युद्ध में सम्मिलित होने की न तो शक्ति है और न हिम्मत ही। फिर भी क्या होनेवाला है, यह कहना मुश्किल है।

जो हो, माता स्वाधीनता की पवित्र झांकी चीनियों की आंखों में बस गयी है। उन्होंने 'बलिदान' का मंत्र स्मरण और ग्रहण कर लिया है। मुंड-मालिनी-भैरवी स्वाधीनता के रथ-पथ में रक्त से लथ-पथ मुंडों और शवों को बिछाने की प्रवृत्ति उनमें आ गयी है। वे भैरव-राग को समझना, गाना और उसके तालों पर उन्मत्त होकर नाचना सीख गये हैं। अब चीन में अभागिनी परतंत्रता के जीवन के दिन गिने हुए हैं।

[15.1.1927]

44. स्मरण

ज़ालिम मैं कह रहा कि तू इस खूंसे दर गुज़र,
'सौदा' का क़त्ल है ये छिपाया न जायगा।

तुम्हारा चेहरा गवाही दे रहा है, तुम्हारी आंखें ढिंढोरा पीट रही हैं, तुम्हारा हया-हीन मुख घोषणा कर रहा है, तुम्हारी बुजदिल दुनिया पुकार रही है कि, तुम उस राष्ट्रीय अपमान को भूल गये हो। मार्शल ला की मर्म-भेदिनी कथा, जलियांवाला बाग की जलती हुई कहानी तुम्हारी बेशर्म खोपड़ी के बाहर हो गई है। जरूर यही बात है। तभी तो तुम इस तरह दांत निकाल-निकालकर निर्लज्जता की हंसी हंस रहे हो। तभी तो तुम मुख्य विपक्षी को भूलकर आपस में ही 'तू-मैं' राग अलाप रहे हो। तभी तो तुम कुत्तों की तरह अपनी जघन्य उदर-दरी को भरने और पशुओं की तरह वासनाओं की रस्सी में जकड़े जाने के लिए तैयार हो। तभी तो तुम यह जानकर भी कि, देश के हजारों देव-हृदय बालक पूतना नौकरशाही के भयानक पंजों में पिसे जा रहे हैं—कुछ नहीं करते। न आकाश को अपनी आहों से दहलाते हो, न पृथ्वी को अपनी आत्म-शक्ति से हिलाते हो। न समुद्रों से तूफान उठवाते हो और न ज्वालामुखियों से आग उगलवाते हो। छिः! छिः!!! तुम अपने को वेदपाठी और कुरान-प्रेमी कहते हो; ब्राह्मण-क्षत्रिय और शेख-सैयद बनते हो; बड़ी ऊंची नाक और बड़ी लंबी पगड़ीवाले कहलाते हो; वीर 'आर्य' हो और जबरदस्त 'मुसलमान' हो—फिर भी; तुम्हें इस राष्ट्रीय-अपमान जलियांवाला बाग की याद नहीं? तुम मनुष्य हो??

उफ; भूल नहीं सकते! हम उस विदेशी अत्याचार, अंग्रेजी-राक्षसता, ओडायरी बदमाशी और डायरी-पिशाचता को भूल नहीं सकते! यही अप्रैल का महीना है और यही तपता हुआ आसमान और जलती हुई जमीन थी। यही अपवित्र, अमानुषिक, असभ्य और अन्यायपूर्ण नौकरशाही-शासन था। यही देश था और इसी देश के नमक से अपना और अपने परिवार का पेट पालनेवाले कृतघ्न अधिकारी थे। हमारे ही पैसों से खरीदी हुई—पाश्चात्य सभ्यता की कलंक—बंदूकों ने हमारी ही छातियों को छलनी बनाया था। हमारे ही देश में, हमारी ही पृथ्वी पर, हमारे ही नौकरों ने—हमारी इन्हीं आंखों के आगे—राक्षसों की तरह हमारे बच्चों को भून दिया था! और किसलिये? इसलिए कि हम अपने जबरदस्त विदेशी मालिकों से अपने जन्मसिद्ध अधिकारों को मांग रहे थे। बड़ी शांति से, बड़े पवित्र हृदय से और बड़ी-बड़ी आशाओं से। हमारे

साथ पलटनें नहीं थीं, हमारे हाथों में मृत्यु-सहचरी बंदूकें नहीं थीं, हमारी जेबों में भयानक बम भी नहीं थे। खाली माता 'स्वतंत्रता' का नाम लेने ही से हमारी उतनी दुर्दशाएं की गई थीं। उफ! मालूम पड़ता है अभी कल की घटना है। जलियांवाला बाग की याद से देह में आग-सी लग जाती है, आंखों में खून उतर आता है!

हम नहीं भूल सकते उस 'बेखिले मुरझा गये' बालक मदन की ब्रिटिश गोलियों से छिदी छाती हो! हम नहीं भूल सकते मार्शल लॉ के उस बर्बर 'रेन-ऑव टेरर' को! हम नहीं भूल सकते लाहौर, अमृतसर, गुजरांवाला, कसूर आदि की छाती पर खेले गये उस राक्षसी-अंग्रेजी नाटक को! हम नहीं भूल सकते पेट के बल रेंगने को, टिकठियों पर बेत खाने-खाते बेहोश होने को! हम नहीं भूल सकते उन—न जाने कितने—निर्दोष-प्राणियों की भयानक मृत्यु को और, हम कभी नहीं भूल सकते अभागिनी विधवा रतन देवी के उन मर्मभेदी आंसुओं को जो उसने अपने पति के जलियांवाला बाग में मारे जाने पर बहाए थे!

नौकरशाही-शासकों! इसे स्मरण रखो कि, बलिदानवाला बाग हमारी छाती पर ज्वलंत दाग की तरह जग गया है। हम उसे इस लोक में भी नहीं भूल सकते और उस लोक में भी। उसका स्मरण आते ही हम एक बार बल उठेंगे, जल उठेंगे, उबल उठेंगे। वह हमारा जातीय अपमान था, हमारी दुर्बलता से भयानक परिहास था, हमारे प्रति तुम विदेशियों का घोर-कृतघ्न और नारकीय व्यवहार था।

ईश्वर करे जलियांवाला की स्मरणाग्नि हमारी छाती में तब तक जलती रहे जब तक कि वह नौकरशाही-शासन जलकर खाक न हो जाय!

[9.4.1927]

45. पागल अवारी

कैसा अक्ल का दुश्मन आदमी है वह नागपुर सशस्त्र सत्याग्रह का प्रवर्त्तक सेनापति अवारी! वह अंग्रेजी राज्य का तख्ता तबाह कर देना और भारतीय प्रजातंत्र स्थापित करना चाहता है। देश के बड़े-बड़े खोपड़ीवाले नेता उसके प्रोग्राम को सुनकर उसकी मूर्खता पर उपेक्षा से मुस्करा रहे हैं। अंग्रेजी राज ऐसे राम-राज्य को उलटने का विचार और बीसवीं सदी के भारतीय के हृदय में! यह उपेक्षा से हंसने की बात नहीं तो और क्या है? कौन विचारवान नेता या संपादक या प्रसिद्ध कौंसिल का वक्ता अवारी की बातों पर कान देगा! कौन कुर्सीतोड़, कलममोड़ और दावातफोड़ एडीटर उसकी इस व्यर्थ-कल्पना की प्रशंसा करेगा? कौन उसकी हां में हां मिलायेगा! कोई नहीं। सभी एक स्वर से कहते हैं, सबकी एक ही राय है—सेनापति मंचेरशा अवारी सनकी है, पागल है, वहशी है, दीवाना है।

इस देश पर धवल-वरण गोरों ने जो-जो उपकार किये हैं और बराबर करते जा रहे हैं उन पर एक दृष्टि डालने से भी अवारी पागल ही मालूम पड़ता है। अंग्रेजों का और उनके, इस देश की छाती पर जमे, पवित्र चरणों का एक-एक उपकार भूलने लायक नहीं है। एक नहीं चार-चार युग तक उनकी गुलामी करके भी भारत उनके ऋणों से उऋण नहीं हो सकता। बेचारे अंग्रेज आरंभ में आये थे इस देश में व्यापार करने। पीठ पर गट्ठर लादकर दर-दर मामूली कांच-पत्थर की बहुमूल्य विलायती चीजों को बेचने और यहां की रद्दी अशरफियों को अपने देश की ओर रवाना करने। उन्हें क्या गरज थी साम्राज्य-विस्तार-लोभ से और यहां राज्य करने की इच्छा से। मगर यहां की अज्ञानावस्था देख उनका ज्ञानमय दयालु हृदय पिलपिला उठा। उन्होंने अनुभव किया कि इस देश पर शासन करने की योग्यता न तो हिंदुओं में है और न मुसलमानों में। संगठित सेनाएं नहीं थीं, कूटनीति बर्तने की बुद्धि नहीं थी, प्रजा का रक्त चूसने की अकल नहीं थी। इतने बड़े देश में महात्मा क्लाइव या महामना हेस्टिंग्स की तरह प्रथम श्रेणी के धोखेबाज नहीं थे, 'सोप' नहीं थे 'पाउडर' नहीं थे, बूट नहीं थे, सूट नहीं थे, विलायती शराबों की भरमार नहीं थी, आपस में फूटकर एक-दूसरे की जड़ खोद डालने की तमीज नहीं थी। ऐसा 'बकवर्ड' था यह अभागा देश; गौरांग महाप्रभु के आगमन के पूर्व!

अंग्रेजों ने अपनी बुद्धि और प्रताप से इस देश को कुछ से कुछ कर दिया। मिट्टी को सोना और कीचड़ को चंदन बना दिया। यहां के लाखों जुलाहों को दिन-भर

खट-खट करने के पाप से बचा दिया; उन्हें घर बैठे बने-बनाये विलायती वस्त्रों से लाद दिया। देश के बच्चों को व्यर्थ की तलवारों और बोझेवाली बंदूकों को ढोते रहने के कष्ट से, आर्म्स एक्ट बनाकर, मुक्त कर दिया और गोरे सैनिकों की टोलियों से देश का कोना-कोना सुरक्षित कर दिया। इन धर्म-भक्तों ने स्वर्ग की बड़ी बहन पुण्यमयी शराब के प्रचार का ऐसा सुंदर प्रबंध किया कि उसकी तारीफ नहीं की जा सकती। छोटे-बड़े, अमीर-गरीब, ब्राह्मण, वैश्य, शूद्र, राजा, प्रजा सबके लिए मैखानों के द्वार मुक्त कर दिये; ह्विस्कियों, रमों, स्वीट-लीकरों, शेम्पेनों और ठर्रों की बोतलों के काग खोल दिये। बहुत से देशी राज्यों की गर्दनें मरोड़-मरोड़, उन्हें बीबी नौकरशाही के लहंगे में नथ कर अनेक आरामतलब राजों को राज करने के कष्ट से बचा दिया, सुंदर और सभ्यता से भरी अंग्रेजी शिक्षा का प्रचार कर हमारे युवकों और बच्चों को सड़ी-गली और बदबूदार पुरानी भारतीय शिक्षा के जहर से दूर कर दिया। कहां तक गिनाये जायें, अंग्रेजों और उनके उपकारों का पूरा लेखा लिखने के लिए 'मतवाला' के क्षुद्र कालम किसी तरह भी पर्याप्त नहीं। मगर इतने पर भी अवारी की मूर्खता तो देखो, वह उन्हें पापी साम्राज्यवादी कहकर उन पर दोष लगाता है कि—"तुम लोग हत्यारों, अत्याचारियों, राक्षस, डाकुओं, शराबखोरों और लंपटों के दलवाले हो और संसार तुम्हें भ्रष्टों और कायरों का राष्ट्र मानता है।"

छिः! छिः!! छिः!!! कान बंद कर लो! कान बंद कर लो!! पुण्यात्मा अंग्रेजी सरकार की इस तरह निंदा जो भारतीय सुन लेगा उसको—'होइ पाप गोघात समाना।' अवारी की बात कोई मत सुनो। उसका प्रजातंत्र उसके घर रहे। हमें अंग्रेजतंत्र के आगे और कोई भी तंत्र-मंत्र पसंद नहीं। आग लगे सशस्त्र सत्याग्रह में। हमें शस्त्रास्त्रों की क्या आवश्यकता है? हम अपना राज्य स्थापित कर क्या फायदा उठायेंगे? हमारा तो मंत्र है—"कोउ नृप होइ हमें का हानी, चेरि छांड़ि का होइब रानी"

नेताओ, विरोध करो। बुद्धिमानो, विरोध करो; सुधारको और संपादको, विरोध करो! हिंदुओ और मुसमलानो, ईश्वर और खुदा के लिए, विरोध करो! नागपुर सत्याग्रह को कुचल डालो! उक्त आंदोलन को तुम्हारे पॉकिट से एक कौड़ी न मिले, तुम्हारे प्रभावक्षेत्र से एक स्वयंसेवक न मिले। प्रजातंत्र की कल्पना ही मूर्खता और पागलपन की कल्पना है। प्रजा या जनतंत्र का स्वप्न देखनेवाले सभी पागल थे, पापी और मूर्ख थे। इतिहासकारों से पूछो, वह तुम्हें बतायेंगे कि मेजिनी पागल था, गैरीबाल्डी पागल था, अमरीका का वाशिंगटन पागल था, सनयात सेन पागल था, लेनिन और मैक्स्विनी पागल थे, मुस्तफा कमाल पागल है, डी वे लेरा पागल है। यदि तुम उक्त पागलों की लिस्ट में एक भी भारत संतान का नाम जोड़ दोगे तो अनर्थ

हो जायगा। तुम्हारी और तुम्हारी मनुष्यता की नाक कट जायगी। तुम्हें रौरव नरक निवास का दंड परलोक में मिलेगा। तुमसे प्रजातंत्र से क्या संबंध। सड़ने दो अवारी और बंगाली अवारियों को बीबी नौकरशाही के स्वर्गीय जेलों में। हो सके तो उन्हें फांसी के तख्ते पर भेजने का और हमेशा के लिए ऐसे कांटों को दूर कर देने का प्रयत्न करो। तुम अंग्रेजों और उनकी सरकार की जय मनाओ! मारो गोली पागल अवारी को!

[2.7.1927]

46. नागपुर-सत्याग्रह

महीने-भर से ऊपर हुआ नागपुर-सत्याग्रह के प्रवर्त्तक वीरवर श्री मंचेरशा अवारी नौकरशाही के नारकीय कारागार की चहारदीवारी के भीतर भारतीय स्वतंत्रता के शत्रुओं के हाथों न जाने क्या-क्या कष्ट उठा रहे हैं। देश में एक बड़ा, बल्कि बहुत बड़ा दल ऐसा भी है जो सेनापति अवारी की इतनी जल्दी गिरफ्तारी और ऐसी भयानक सजा का बहुत कुछ दोष महात्मा गांधी और उनके 'नागपुर-सत्याग्रह' शीर्षक 'यंग इंडिया' के लेख को देता है। ऐसे भी महात्माजी नागपुर-सत्याग्रह के विरुद्ध हैं और वह उसमें हिंसा और आत्मघात का भविष्य देखते हैं। महात्माजी की आड़ से अनुचित लाभ उठानेवाले तथा अपने व्यक्तित्व को सुरक्षित रखनेवाले अनेक दब्बू और नामधारी नेता भी उक्त सत्याग्रह और उसके प्रोग्राम के विरुद्ध हैं। बहुतों की राय में ऐसा सत्याग्रह सफल नहीं हो सकता और बहुतों की राय में इस प्रकार का आंदोलन पागलपन और जल्दबाजी है। यह सब कुछ होने हुए भी; देश में एक से एक बड़े मस्तिष्कवान, विचारवान और तार्किक नेता के रहते हुए भी; किसी के पास अभागे भारत के वर्तमान दास्य-रोग की कोई औषधि नहीं। कोई आंदोलन नहीं, कोई प्रोग्राम नहीं। उलटफेरों की जननी देश की अनंत जनता की अल्हड़ शक्ति नेता और प्रोग्राम के अभाव से व्यर्थ और आत्मघातक आंदोलनों में नष्ट हो रही है। विपक्ष से भिड़ने का अवसर, और; योग्यमुख से योग्य आदेश न पाकर जनता फिजूल-फिजूल की कल्पनाएं कर, एक-दूसरे के बहकावे में आकर आपस में ही लड़-मर रही है। हमारा भविष्य सांवले से काला और काले से महाकाला रूप धारण करता जा रहा है। कांग्रेस अपनी मृत्यु की घड़ी जोह रही है। असहयोग काल के अच्छे-बुरे सभी नेता अपने प्रभाव-दिवाकर का अस्त अश्रुपूर्ण आंखों से देख रहे हैं। इस समय किसी भी नेता में शक्ति नहीं—कोई नव राष्ट्रीय आंदोलन खड़ा करने की। किसी में भी तेज नहीं, जनता को अपनी ओर, अपनी आवाज की ओर आकृष्ट करने का!

ऐसी नपुंसकता और ऐसी अकर्मण्यता के युग में भारत के हृदय मध्य प्रदेश के एक कोने से वीरवर अवारी की शस्त्र-विधान अवज्ञा-सत्याग्रह की गंभीर और दृढ़ आवाज सुनकर एक बार तो सारा देश सन्नाटे में आ गया। अवारी की दृढ़ता और सत्यवादिता के प्रशंसक भी शस्त्र-सत्याग्रह का 'अथ' देखकर दंग रह गये। मगर धीरे-धीरे देश के स्वर में बल आने लगा। लोग अवारी की इस सामयिक सूझ की प्रशंसा करने लगे। बहुतों ने तो स्पष्ट स्वर में उनको उत्साहित भी किया। मध्य प्रदेश

की माताएं और बहनें भी हाथ में तलवार लेकर और दुष्ट नौकरशाही को बंगाल के बंदियों को छोड़ने को ललकारकर देश के दब्बुओं और नपुंसकों को पुरुषत्व का सबक देने लगीं। एक-दो नये और खरे नेता भी आगे बढ़े। देश के प्राण नवयुवक-स्वयंसेवकों ने भी धीरे-धीरे अपनी छातियां दमन-दुनाली के आगे करनी आरंभ कीं। नौकरशाहों ने भी अपनी नीच लीलाएं शुरू कर दीं। सभाओं में बाधाएं दी जाने लगीं; हिंसा के लिए लोग भड़काये जाने लगे। जनता की शांति के शिर पर जयचंदों ने पत्थर-वृष्टि भी आरंभ कर दी और अंत में अनेक धाराओं की जंजीरों में जकड़कर शस्त्र-सत्याग्रह का सृष्टा चार वर्षों के लिए जेल में ठूंस दिया गया! पर वह सब होते-होते आंदोलन ने जड़ पकड़ लिया। एक अवारी की गिरफ्तारी के बाद दूसरे अवारी मैदान में आये और उन्होंने आंदोलन चलाते रहने की गंभीर गर्जना की। मगर उस दिन प्रसिद्ध पारसी देशभक्त मिस्टर मरुचा को एक पत्र लिखकर महात्मा गांधी ने उक्त सत्याग्रह को एक धक्का पुनः दिया। महात्माजी ने मरुचाजी को लिखा है कि सत्याग्रह द्वारा न तो शस्त्र-विधान टूट ही सकता है और न उसे तोड़ने के लिए सत्याग्रहास्त्र का प्रयोग करना ही उचित है। आपके मत से शांतिपूर्ण सत्याग्रही को तलवार या बंदूक से कोई नाता नहीं रखना चाहिए। 'जो आदमी' उन्होंने अपने पत्र में लिखा है "मरने या अपनी जान देने के निकला है वह हाथ में तलवार कैसे रख सकता है? अपने उद्देश्य तथा शांति एवं सत्याग्रह के नाम को बदल देने के बाद चाहे जो किया जाय पर शांति और सत्याग्रह की आड़ में अशांति और असत्य को कैसे स्थान दिया जा सकता है?" महात्माजी की नागपुर सत्याग्रह के विरुद्ध उक्त दलीलें उन्हीं के योग्य हैं। पर हम जैसे साधारण संसारी प्राणियों का महात्माजी की उक्त दलीलों से इस युग में कोई भी उपकार न हो सकेगा इसमें कोई संदेह नहीं। हम श्री अवारी की इस बात को मानते हैं, और बड़े जोर से मानते हैं कि दुर्बल की शांति और सत्याग्रह का कोई मूल्य नहीं। मजा और खूबसूरती तो तब हो जब हम सशस्त्र और सबल होकर भी शांत और सत्याग्रही रहें। नौकरशाही ने शस्त्र विधान की नीच रचना कर इस देश का जो नुकसान किया है उसका वर्णन करना कठिन है। शस्त्रों से दूर रहने के कारण हमारी वर्तमान पीढ़ी ऐसी कायर हो गई है कि हम विदेशी अत्याचारियों की तो बात ही दूर, स्वदेशी डाकुओं, बदमाशों और गुंडों से भी अपनी मां-बहनों की मर्यादा और अपने मंदिर-मसजिदों की रक्षा नहीं कर सकते। तलवार और भाले, बंदूक और पिस्तौलें देखकर हमारी रूह फना हो जाती है, कलेजा मुंह को आ लगता है, आत्मा कांप उठती है। और ऐसी दुर्बल आत्मा से महात्माजी का अशस्त्र-सत्याग्रह भी नहीं हो सकता। इसमें कोई भी संदेह नहीं कि अवारी के आंदोलन से देश की नसों में वीर-रक्त का संचार होगा। हमें सबसे पहले निर्भय और वीर बनने की जरूरत है। क्योंकि महात्माजी

का सत्याग्रह भी कायरों का नहीं, वीरों का दिव्यास्त्र है।

महात्माजी के उक्त पत्र का आदर कर, भारत के अन्य प्रदेशों की राय जानने के व्याज पर, फिलहाल एक महीने के लिये नागपुर कांग्रेस कमिटी और सशस्त्र-सत्याग्रह-समिति ने सत्याग्रह को स्थगित कर दिया है। इस अवसर पर हमारी आंतरिक कामना है कि, देश के कोने-कोने से नागपुर सत्याग्रह के समर्थन की आवाज आये। अब हमें, अपने देश और अपने भविष्य पर दया कर हू-ब-हू असहयोग आंदोलन की आशा छोड़ देनी चाहिए। असहयोग का युग और कार्य समाप्त हो गया और—यदि देश के विद्वान् हमें क्षमा करें तो महात्मा गांधी का कार्य और युग भी समाप्त हो गया। महात्माजी के चरणों में शुद्ध श्रद्धा रखते हुए भी अब हमें उनकी साधु परिभाषाओं पर भय से वा सुविधा के विचार से ध्यान देना बंद कर देना चाहिए। स्पष्ट बात तो यह है कि हो सके तो महात्माजी का प्रभाव भी कम करना चाहिए क्योंकि जब तक उनकी आवाज में बल रहेगा तब तक देश में दूसरा कोई भी आंदोलन पनप न सकेगा। हम महात्माजी को—यदि हमारी उपमाएं ठीक हों तो—महात्मा ईसा से पहले आनेवाला 'सेंट जान दी बैप्टि' मानते हैं—ईसा नहीं। अभी हमारा ईसा आनेवाला है। महात्माजी ने असहयोग का बप्तिस्मा देकर देश को उस 'आनेवाले' के उपयुक्त भर बना दिया है। अब हमें महात्माजी की परिभाषाओं से अधिक आशीर्वाद की आवश्यकता है जिससे हम अधिक शक्ति से अधिक दृढ़ होकर उस 'आनेवाले' के स्वागत के लिए तैयार रहें।

हम जानते हैं, हमारी ये बातें बहुतों को तीखी और अनेक को 'छोटे मुंह की बड़ी बातें' मालूम पड़ेंगी। पर लाचारी है, हम जो विश्वास करते हैं वही कहते हैं। नागपुर शस्त्र-सत्याग्रह के बारे में हमारा यही दृढ़ मत है कि महात्माजी के व्यक्तित्व का विचार छोड़कर लोग स्पष्ट स्वर में अपनी राय दें और देश के सामने रखे हुए वीरवर अवारी के इस आंदोलन के साथ न्याय करें। साथ ही, इस एक महीने के अवकाश पर भी ध्यान रखना होगा। ऐसा न हो कि सैनिकों की पेटियां खुल जायें और अवारी का सुख-स्वप्न जेल की क्रूर कोठरी और उनके हृदय में ही विलीन होकर रह जाय शस्त्र-सत्याग्रह की संचालिनी समिति को इस अवकाश काल में जोर-शोर से संघटन कार्य करना चाहिए। महीना-भर के भीतर ही सैकड़ों और हजारों वीर-स्वयंसेवक और लाखों रुपये नागपुर की ओर भेजे जायें जिससे इस बार आरंभ होने पर केवल धुआं ही उठकर न रह जाय—आग भी लगे; और ऐसी आग लगे जिसकी क्रांतिकारिणी लपटों में हमारी कायरता और नपुंसकता जल जाय, हमारा तुच्छ प्राणों का मोह भस्म हो जाय और हमारी दासता का बंधन जलकर राख हो जाय।

[9.7.1927]

47. डॉक्टर अंसारी का वक्तव्य

चारों ओर से मद्रास कांग्रेस के सभापति पद के लिए अपने ही नाम की पुकार सुनकर उस दिन एसोसिएटेड प्रेस के प्रतिनिधि को अपना एक वक्तव्य देकर डॉक्टर अंसारी साहब ने आजकल अखबारों और नामी-गिरामी लीडरों के लेखों तथा व्याख्यानों के प्याले में कुछ तूफान-सा पैदा कर दिया है। डॉक्टर साहब ने अपने लंबे-चौड़े वक्तव्य की भूमिका में यह बात स्पष्ट रूप से बता दी है कि मैं जिस नीति का प्रयोग अपने सभापतित्व काल में दिखाना चाहता हूं उसे पहले ही इसलिये घोषित कर देता हूं कि लोग मेरे विचारों से भली-भांति अवगत होकर ही मुझे चुनें। अपने को असहयोग आंदोलन का सच्चा भक्त और कौंसिलों का सच्चा विरक्त बताते हुए डॉक्टर साहब ने फरमाया है कि कौंसिलों में अडंगा-नीति बिल्कुल व्यर्थ साबित हुई है। पिछले चार वर्षों से देश सहयोग की ओर झुक रहा है। ऐसी परिस्थिति में कौंसिलों में रहकर अड़ंगा या असहयोग का राग अलापना आत्म-प्रवंचना के सिवा और कुछ भी नहीं है। सहयोग छोड़कर वर्तमान मायामयी कौंसिलों में कुछ हो ही नहीं सकता। कौंसिल प्रेमियों को डॉक्टर साहब की यह राय है कि—साफ-साफ यह मंजूर कर लेना चाहिए कि हम कौंसिलों में और मंत्रिमंडलों में सरकार से सहयोग करने के लिए जा रहे हैं। इसके अलावा जो कौंसिलों में हैं उनसे मैं यह प्रार्थना करूंगा कि वे अपने झगड़ों का अंत करके जनपक्ष की एक पार्टी बना लें और सरकार से सहयोग करके जो कुछ पाने की आशा करते हैं उसे हथियाने का उद्योग करें। देश की वर्तमान अधोगति पर विचार करते हुए डॉक्टर साहब ने कहा है कि हमारे पतन का मुख्य कारण हिंदू-मुसलमानों के भयानक झगड़े हैं। इन्हीं झगड़ों के कारण कांग्रेस की शक्ति नष्ट हो गई है और बराबर होती जा रही है। कहीं-कहीं तो कांग्रेस की सहयोगिनी संस्थाओं से इन झगड़ालू संस्थाओं का अधिक प्रभाव है। ऐसी हालत में कौंसिल के भीतर या बाहर कहीं से भी सरकार का मुकाबला करना संभव नहीं। अस्तु, डॉक्टर साहब का कथन है कि यदि देशवासियों ने उन्हें आगामी कांग्रेस का प्रेसीडेंट चुना तो वह सबसे पहले हिंदुस्थान की विविध जातियों को एक दृढ़ राष्ट्र के रूप में संगठित करने का प्रयत्न करेंगे। दिल्ली एकता कांफरेंस के प्रस्तावों के प्रसार का उद्योग करेंगे और कांग्रेस का द्वार अधिक-से-अधिक भारतीय देशभक्तों के लिए मुक्त रखने के लिए खद्दर की शर्त उठवा देने की चेष्टा करेंगे। साथ ही मजूरों के संगठन और एक शासन-विधान के निर्माण की आवश्यकता पर भी आपने लोगों का ध्यान आकृष्ट किया है।

उपर्युक्त लकीरों में हमने संक्षेप में डॉक्टर साहब का वक्तव्य अपने पाठकों की

सेवा में रखने की चेष्टा की है। कांग्रेस के महामंच पर स्थान ग्रहण करने के पूर्व ही दृढ़ शब्दों में अपना मत इस तरह व्यक्त कर डॉक्टर साहब ने कांग्रेस के सभापतियों के इतिहास में एक चिरस्मरणीय और मौलिक घटना जोड़ दी है। डॉक्टर साहब उन इने-गिने मुसलमान नेताओं में हैं जिनकी बातों को दोनों दल विश्वास और श्रद्धापूर्वक सुनता है। आपके इस वक्तव्य को लेकर आजकल खूब ही टीका-टिप्पणी हो रही है। कोई कुछ कह रहा है, कोई कुछ। हमारे दोस्त, स्वराजी अखबार और उनके लीडरान, डॉक्टर साहब के वक्तव्य के उस हिस्से से सहमत नहीं जिसमें उन्होंने वर्तमान कौंसिलों और उनके गैरसरकारी सदस्यों की चर्चा की है। कहा है कि बिना सहयोग किये कौंसिलों का उपयोग हो ही नहीं सकता। अभी विलायत जाते-जाते श्रीमान् पंडित मोतीलाल नेहरू महोदय फरमा गये हैं कि हमें आशा थी कि डॉक्टर साहब लोगों को कौंसिलों के बाहर आकर कुछ अधिक उपयोगी कार्य करने की सलाह देंगे, मगर उन्होंने वह नहीं किया। वे कहते हैं कि देश की वर्तमान दशा में न तो हम कौंसिलों के भीतर ही सरकार का विरोध कर सकते हैं और न बाहर ही। मगर नरम-से-नरम विचार रखनेवालों की भी अब यही धारणा है कि विरोध करते रहने से ही हमारी अवस्था का कुछ सुधार हो सकता है।

मगर हम डॉक्टर साहब के मत का समर्थन करते हैं और यह स्वीकार करते हैं कि कौंसिलों में अड़ंगा-नीति व्यर्थ का पर्याय है। कौंसिलों से कोई लाभ नहीं और अगर कुछ छोटा-मोटा लाभ हो भी सकता है तो वहां पर जाकर सरकार की दुम में तेल लगाते रहने से। अस्तु, देश के जिन ईमानदार सेवकों को ऐसा करना पसंद हो वे स्पष्ट रूप से, एक नाम और एक दल का निर्माण कर, वहां रहें और मिट्टी के देवता से वरदान की कामना किया करें। शेष लोगों को जो 'सहयोगी' रूप से वहां रहना अपमानजनक समझते हों, वहां से बाहर आना और देश को एक बार पुनः जागृत करने की चेष्टा में लग जाना चाहिए। इसमें कोई संदेह नहीं कि हमारे सामने इस समय सबसे आवश्यक प्रश्न हिंदू-मुसलिम एका का है। देश के सभी हित-चिंतकों को सब कुछ भूलकर पहले इसी गुत्थल को सुलझाने का उद्योग करना चाहिए। इस देश की इन दो बड़ी जातियों के एक हुए बिना, हमारे नेताओं को उनके किसी भी उद्योग में सफलता न मिलेगी यह ध्रुव सत्य है। और, इस एका के लिए सबसे अधिक आवश्यक बात है नेताओं को अपने मन का मैल साफ कर डालना। जैसा कि स्वयं डॉक्टर साहब ने भी स्वीकार किया है, हमारी आज की पतनावस्था के मूल कारण हमारे तीन-तेरह नेता ही हैं। अस्तु, सबसे पहले हमारे सेनानायकों को ही होश की दवा करनी चाहिए। सेना उनका अनुगमन करने को तैयार थी—है—और रहेगी।

[27.8.1927]

48. पतलून खिसक रही है

हमारे जिगरी दोस्त, मिस्टर जानबुल, जिनकी गंदी गवर्नमेंट इस देश की छाती पर हुकूमत का 'कोदों' दल रही है, आजकल कुछ घबराये से नजर आ रहे हैं। पहले तो मिस्टर जानबुल, उनके उजले-उजले अंडे और लाल-लाल बच्चे, एक स्वर से यही राग अलाप रहे थे कि—सहयोग करो, साइमन कमीशन को सफल करो, तभी मजा मिलेगा, तभी सुधार के कुछ और टुकड़े हमारी मेजों से नीचे गिरेंगे। इसके बाद जब जानबुल एंड को. ने देखा कि अब तो भारत के नेताओं ने अपनी आवाज साइमन-सप्तक के विरुद्ध तीव्रतर कर दी है कि तब वे अनेक स्थानों और अनेक भावों से चिल्लाने लगे कि—नाः नाः! यह बहुत बुरा है। हड़ताल होने से बलवा हो सकता है, गदर हो सकता है, सिरफोड़ और पैरतोड़ राग गाये जा सकते हैं। ऐसा होने से स्थापित गवर्नमेंट की न्याय और व्यवस्था में बाधा उपस्थित होगी जो किसी भी तरह वांछनीय नहीं।

मगर, हमारे बुजुर्ग दोस्त और उनके अंडों-बच्चों की दाल, बुद्धिमान लोकमत के बटुए में, न गल सकी। हड़ताल हुई और अखिल भारतीय हड़ताल हुई। हड़ताल हुई और ऐसी हड़ताल हुई जैसी गत असहयोग आंदोलन के बाद इस देश में कभी हुई ही नहीं थी। चंद भोले-भाले मूर्ख या गरीब, अथवा सरकार की नौकरी के हाथों बिके हुए विवशों और अंध औंधी खोपड़ीवाले मुसलमान लीडरों के अनुयायियों को छोड़; बाकी इस विशाल भारत ने—अपनी दूकानें बढ़ाकर, व्यापार बंद कर, घर के दरवाजे मूंदकर और काले झंडे फहराकर, इस जबरदस्त सरकार के इस मायावी कमीशन का बहिष्कार किया। साइमन-टोली के आने से पूर्व ही मिस्टर जानबुल के सगों को यह भास गया था कि हो-न-हो बहिष्कार और हड़ताल जोर पकड़ ले। अस्तु, हड़ताल को असफल करने की चेष्टाएं भी जयचंदों और मीरजाफरों की आड़ में करायी गईं। यहां तक कि ठीक हड़ताल के दिन भी भारत के अनेक शहरों के, स्थानीय शांति और व्यवस्था के ठेकेदारों ने, जनता को भड़काने की चेष्टा की। फलतः, और तो कहीं नहीं, मगर मद्रास और कलकत्ता में कुछ ऐसी घटनाएं हो गयीं, जिन्हें लेकर मिस्टर जानबुल और उनके भाई-भतीजे, जमीन और आसमान के सिरे एक कर रहे हैं। नौकरशाहों की इसी व्यग्रता को देखकर हमारे मन में यह विचार आ रहा है कि शायद असहयोग आंदोलन के बाद अब एक बार पुनः मिस्टर जानबुल की 'पतलून ढीली हो रही' है!

कहनेवाले कहते हैं और जोर से कहते हैं कि उक्त दोनों स्थानों के उपद्रवों का संपूर्ण उत्तरदायित्व इसी पाजी नौकरशाही और उसके लाड़लों के हैटों पर है। साइमन कमीशन की तूती देश और संसार में किसी-न-किसी तरह बज जाय, इसीलिये यह सब खुराफात किया और कराया जा रहा है। उधर, कलकत्ता और मद्रास का नाम लेकर गोरे चिल्ला रहे हैं कि रोको, इन हड़तालों को और इनके प्रचारकों को और प्रबंधकों को; नहीं तो अजब नहीं कि गजब हो जाय! विलायत के एक बेहूदा अखबार 'डेलीमेल' मद्रास के उपद्रवों में सोवियत रूस का हाथ तक देख रहा है। मगर है यह सब कुछ नहीं—केवल हमारे दोस्त मिस्टर जानबुल की पतलून, हममें एकता का संचार होते देख, ढीली हो रही है।

पतलून ढीली हो रही है, हां-हां जरूर हो रही है, तभी तो मद्रास में हड़ताल के विरुद्ध 144 धारा चारों और फैला दी गई है। तभी तो वहां के मेजिस्ट्रेट ने वहां के अच्छे-अच्छे राष्ट्रीय कार्यकर्त्ताओं के मुंह बंद कर दिये हैं। तभी तो वहां पर (1) हड़ताल करने के उद्देश्य से सभा बुलाना या सभा में बोलना या सभा में जाना, (2) उक्त उद्देश्य से किसी जुलूस में सम्मिलित होना, उनका संचालन करना, उसमें भाषण देना, (3) स्वयंसेवकों को भरती करना, उनका नेता होना या उन्हें नियुक्त करना, (4) हड़ताल के लिए हैंड बिल, पोस्टर या परचों का प्रचार करना, (5) दूसरों को उत्तेजित करना आदि कार्यों के विरुद्ध 144 दफा जारी कर नादरशाही फर्मान जारी किये गये हैं! तभी तो कलकत्ता के पुलिस कमिश्नर सर चार्ल्स टैगर्ट ने अपने वर्दी-पेटी धारियों की गुंडई को छिपाकर कलकत्ते की भयानक हड़ताल की रिपोर्ट बंगाल सरकार के आगे पेश की है। तभी तो स्थानीय कॉलेजों के छात्रों और छात्राओं के विरुद्ध नौकरशाही सरकार का 'छिपा हाथ' अनर्थ कर रहा है।

मगर हम इसे देश के लिए शुभ-लक्षण समझते हैं। सरकार और उनके नौकरों के दमनों से हमें घबराना न चाहिए बल्कि डटकर लोहा लेना चाहिए। हमें पहाड़ की तरह दृढ़ होकर यह दिखा देना चाहिए कि हम अपमानजनक इस साइमन-टोली की तृण बराबर भी परवाह नहीं करते। हम इसकी निंदा करते हैं, हम इसके विरोधी हैं, हम इसका हड़तालों और शोक-चिह्नों से तिरस्कार करेंगे, हमें इस मृगमरीचिका की जरूरत नहीं है, यह लौट जाय, यह मायावी कमीशन अपना मुंह काला करे हम गरीबों के पुण्य देश से!

[11.2.1928]

49. बारदोली की शिक्षा

आज से कई दिन पहले महात्मा गांधीजी ने 'नवजीवन' में लिखा था कि, मैं यह जानता हूं कि जनसाधारण में कोई कमजोरी नहीं है। इसी से मुझे विश्वास हो रहा है कि विलायत वस्त्र-बहिष्कार आंदोलन एक न एक दिन अवश्य ही सफलता लाभ करेगा। केवल कुछ उच्च कोटि के शिक्षित ही इस सफलता के बाधक हो रहे हैं। क्योंकि उनमें विश्वास की कमी है। यदि वे भय और अविश्वास को छोड़कर आंदोलन को अग्रसर करें तो जनता अवश्य ही उनकी अनुगामिनी होगी। इसमें संदेह नहीं कि महात्मा की यह धारणा सत्य है और बारदोली के वीरों ने अपनी अपूर्व दृढ़ता और त्याग द्वारा इसे और भी सत्य करके दिखा दिया है। अपने आचरणों द्वारा इन बांके वीरों ने अच्छी तरह प्रमाणित कर दिया है कि भारत की रगों में अभी भी यथेष्ट शक्ति मौजूद हैं अभी भी इस देश में दयासिंह और धर्मसिंह जैसे सर देनेवाले वीरों की कमी नहीं है, कमी है गुरु गोविंदसिंह जैसे सर मांगनेवाले नेताओं की। अपनी स्वार्थपरता, नीचता और मूर्खता के कारण इस अभागे देश ने जिन करोड़ों भाइयों को अछूत, अनादरणीय और गुलाम कहकर ठुकरा दिया है, यदि उन्हें उनकी वास्तविक दशा का ज्ञान करा दिया जाय, हमारे लीडर यदि लेक्चर देने और प्रस्ताव पास करने में अपनी शक्ति का अपव्यय न कर, इन कोटि-कोटि भाइयों की शिक्षा, चरित्र-बल और स्वास्थ्योन्नति में लग जायें, उन्हें आत्मबोध करा दें तो आज ही भारत का समस्त दुःखदैन्य मिट सकता है। क्या बारदोली के किसानों ने यह प्रमाणित नहीं कर दिया है कि उपयुक्त नेता की अधीनता में वे अपने देश की भलाई के लिए बात की बात में अपना सर्वस्व निछावर कर सकते हैं? महामति वल्लभभाई पटेल की निर्भीक आह्वान-वाणी सुनकर वे अपना सर हथेली पर लेकर मैदान में डट गये हैं। श्रीमहादेव देसाई ने स्वयं देखकर बारदोली सत्याग्रह संग्राम का जो विवरण अखबारों में छपवाया है, उसे पढ़कर प्रत्येक भारतवासी का हृदय आनंदित हुए बिना नहीं रहेगा। वीर किसानों ने दृढ़ प्रतिज्ञा की है कि जब तक सरकार बढ़ी हुई मालगुजारी वसूल करने का विचार परित्याग न कर देगी, तब तक वे उसे एक पैसा भी नहीं देंगे। चाहे इसके लिए उनका सर्वस्व छीन लिया जाय। संग्राम की भीषणता के साथ-साथ उनकी दृढ़ता भी बढ़ती जाती है। एक ओर नौकरशाही के कर्मचारी अपनी सारी अक्लमंदी खर्च कर, नाना प्रकार का दम-दिलासा देकर मालगुजारी वसूल करने की चेष्टा में हैं और दूसरी ओर शत-शत समवेत कंठों से यह घोषणा होती है कि हरगिज नहीं देंगे।

छोटे-छोटे बालक और स्त्रियां उत्साहवर्द्धक गीत गा-गाकर लोगों की दृढ़ता की वृद्धि कर रही हैं। भविष्य में आनेवाली सब प्रकार की विपत्तियों का अविचलित भाव से मुकाबला करने के लिए बारदोली तैयार है। ग्राम-ग्राम में स्वयंसेवकों का संगठन हो रहा है। प्रत्येक स्वयंसेवक-दल के सरदार को एक बिगुल दे दिया गया है। कुर्की का परवान लेकर या अन्य किसी उद्देश्य से आते हुए सरकारी कर्मचारी को देखते ही वे तूर्यनिनाद करने लगते हैं। और सरकारी कर्मचारी को देखते ही स्त्रियां और बच्चे उनकी खिल्ली उड़ाना आरंभ कर देते हैं। सरकार ने स्वयंसेवक-सरदारों को पकड़-पकड़ कर जेल भी देना आरंभ कर दिया है। इससे उनका उत्साह और भी बढ़ रहा है। सरकार की इस बौखलाहट को वे अपनी विजय और उसकी कमजोरी समझते हैं। बारदोली वालों की यह तत्परता और दृढ़ता देखकर यह आशा होती है कि ईश्वर उन्हें सफलता प्रदान करेगा और वे भारत के 'शिक्षा गुरु' का उच्च आसन अधिकार करेंगे। वास्तव में बारदोली की सफलता सारे देश की सफलता होगी और निराशावादियों की यह धारणा भ्रांत सिद्ध होगी कि देश असहयोग या सत्याग्रह के लिए तैयार नहीं है। साथ ही अब यह कहने का कौन साहस कर सकता है कि बारदोली के लिए जो संभव है, वह अन्यान्य प्रदेशों के लिए असंभव है। कौन नहीं जानता कि स्वाधीनता की एक मनोमुग्धकर मूर्ति आज भारत के करोड़ों नवयुवकों के हृदयों में अठखेलियां कर रही है और उसकी प्राप्ति के लिए वे कभी-कभी जान पर खेल जाने को भी तैयार हो जाते हैं। यदि कोई अनुभवी उनका परिचालक होता, देश की बलिवेदी पर आत्मोसर्ग करने के लिए उन्हें आह्वान करनेवाला कोई सच्चा साधक होता, बारदोली की शिक्षा से उन्हें शिक्षान्वित करनेवाला कोई गुरु होता तो आज सारे देश में बारदोली का मनोरम दृश्य देखने को मिलता।

[12.5.1928]

50. प्रेस्टिज का प्रश्न

बीसवीं शताब्दी के महापुरुष का सिद्धांत एक बार फिर परीक्षा की आग में तप रहा है, एक बार फिर संसार की आंखों को भारत की ओर आकर्षित होने का अवसर आ रहा है, और एक बार फिर भारत–तीव्र रोष और आकुल आवेश से अशांत होकर, किंतु सब प्रकार अहिंसात्मक रहकर अपना सर्वस्व बलिवेदी पर चढ़ा देने के लिए उद्यत होने जा रहा है।

गत सप्ताह देशभर की आंखें सूरत की ओर लगी हुई थीं, जहां बंबई के गवर्नर बारदोली के किसानो से राजीनामा करनेवाले थे। बंबई के गवर्नर सूरत पहुंचे, और बारदोली के किसानों का प्रतिनिधिमंडल भी श्री वल्लभभाई पटेल के नेतृत्व में सूरत पहुंचा। दोनों ओर की शर्तें सामने रखी गईं परंतु परिणाम शून्य से अधिक महत्त्व का न निकला। बात यह है कि बंबई-सरकार सनक में आकर न्याय की झोपड़ी पर प्रेस्टिज को बिठाना चाहती है। स्टेट्समन, पायोनियर आदि अर्ध-सरकारी पत्रों तक ने भी, जो सरकार का पक्ष लेते-लेते और भारतीयों को कोसते-कोसते नहीं अघाते, बारदोली के किसानों की मांग को उचित मांग कहा है, परंतु बंबई-सरकार को यह उचित मांग अब गैरकानूनी दिख पड़ी है। सूरत में समझौते की कांफरेंस भंग हो जाने के अनंतर बंबई-कौंसिल में गवर्नर ने अपने भाषण में बारदोली सत्याग्रह के शांतिपूर्ण और वैध आंदोलन को गैरकानूनी पुकारा है।

वल्लभभाई पटेल के सामने सूरत में जो सरकारी शर्तें रखी गईं उनका प्रधान अंश यह है, (1) पुराने लगान की पूरी रकम चुका दी जाय, (2) पुराने और नये लगान का अंतर अर्थात् नये प्रबंध में जितना कर बढ़ाया गया है वह सरकारी खजाने में जमा कर दिया जाय, और (3) वर्तमान आंदोलन पूर्ण रूप से बंद कर दिया जाय तो (4) सरकार अपने माल के महकमे के अफसर से इस बात की दुबारा जांच करवा देगी कि बढ़ाया हुआ कर ठीक है या नहीं? वल्लभभाई पटेल ने सरकार से चाहा था कि (1) जांच न्याय विभाग द्वारा होनी चाहिए, (2) जांच होने से पहले इस झगड़े में जिनको जेल की सजा दी गई है, वे छोड़ दिये जायें, जिन्होंने नौकरियां छोड़ दी हैं या जो बरखास्त कर दिये गये हैं उनको फिर पुरानी नौकरियां मिल जायें, जब्त की हुई, बेची हुई जमीनें लौटा दी जायें, तथा जिसकी जो हानि हुई है वह पूरी कर दी जाय।

सरकार अपनी उद्दंड नीति से डिगना नहीं चाहती फिर समझौता हो तो कैसे

हो? सत्याग्रह आरंभ करने से पहले बारदोली के किसानों ने तो सरकार से केवल यही मांग की थी कि निष्पक्ष हाथों द्वारा बढ़ाये हुए कर की जांच फिर करवा दी जाय। यह न करके बंबई-सरकार ने, ऊपर से दमनचक्र चलाया और बारदोली के किसानों को आत्मिक, शारीरिक तथा आर्थिक चोटें पहुंचाईं जिसका उत्तरदायित्व पूर्ण रूप से बंबई-सरकार पर है, इसलिए वल्लभभाई पटेल की ओर से, जांच होने से प्रथम, ऊपर की मांग सर्वथा न्यायोचित मांग थी।

किंतु प्रेस्टिज के भूत ने सर पर सवार होकर गवर्नर के मस्तिष्क में भारी भ्रम उत्पन्न कर दिया, वे बारदोली के वैध और सर्वथा न्यायानुमोदित आंदोलन की बात को खींचखांच कर जहां जा पहुंचे हैं, उसके देखने से यह बात स्पष्ट हो जाती है। वे अपने भाषण में कहते हैं—बारदोली के प्रश्न का एक प्रकार से अब यह रूप हो गया है कि साम्राज्य के एक भाग में सम्राट का कानून चलेगा अथवा कुछ गैरसरकारी मनुष्यों के दल का आदेश माना जायगा। न्याय करने की प्रार्थना करना भी सम्राट के प्रति विद्रोह करना हो गया। इसे बंबई-सरकार की सनक नहीं तो और क्या कहा जाय। लालाजी अपने 'पीपल' में लिखते हैं, 'बारदोली का यह निरुपद्रव प्रतिरोध कानून की किसी प्रकार भी अवज्ञा नहीं करता। ...प्रजा जिस कानून को अन्याय और अनुचित समझे उसका निरुपद्रव भाव से प्रतिकार करने का अधिकार पृथ्वी की किसी भी गवर्नमेंट द्वारा अस्वीकार नहीं किया जा सकता।' स्वयं बंबई-कौंसिल के अधिकांश सदस्यों ने ही बारदोली के संबंध में कौंसिल में दिये हुए गवर्नर के भाषण पर वक्तव्य निकाल कर जोरों से प्रतिवाद किया है और कहा है कि बारदोली का सत्याग्रह गैरकानूनी नहीं है।

बंबई-सरकार ने कौंसिल-सदस्यों को विचार करने के लिए समय दिया है। हम चाहते हैं कि बंबई-सरकार इस समय की अवधि में स्वयं भी सोचे और एक बार फिर परिस्थिति पर पूर्ण विचार करे। वह देखे कि बारदोली के किसानों की कितनी उचित और विनम्र मांग है, वह देखे कि उनकी मांग के इस औचित्य को भारतीयों ने ही नहीं, यूरोपियनों तक ने जिनको शासन-तंत्र से खासा संपर्क है, स्वीकार किया है, और वह देखे कि उसकी वर्तमान गतिविधि से न्याय का देवता किस प्रकार तिलमिला उठा है।

नहीं तो, लालाजी के शब्दों में अवस्था क्रमशः 1921 ई. की-सी फिर हुई जा रही है। बंबई-सरकार की धमकी से बारदोली का न्यायानुमोदित आदेश प्रशमित नहीं हो सकता। सरकार के दमन को तो बारदोली पहले ही से स्वागत कर रहा है अब उस स्वागत में भाग लेने के लिस समूचा भारत लालायित हो उठा है। लालाजी, मालवीयजी बारदोली जाने के लिए प्रस्तुत हो चुके हैं। श्री रायजादा हंसराज तो बारदोली के लिए

यात्रा कर भी चुके। इतना ही नहीं, सत्याग्रह सिद्धांत के अपने ढंग पर प्रवर्त्तक स्वयं महात्मा गांधीजी भी बारदोली के लिए तैयार बैठे हैं। हम मानते हैं कि भारत सरकार और साम्राज्य सरकार बंबई-सरकार की पीठ ठोंकने के लिए उतावली हो रही है, परंतु बंबई-सरकार को यह न भूल जाना चाहिए कि 1921 और 1928 की स्थिति में बड़ा अंतर है, समय का प्रवाह अब सात वर्ष आगे बढ़ चुका है। रही प्रेस्टिज की बात, सो न्यायहीन प्रेस्टिज का कोई मूल्य नहीं है। न्यायहीन प्रेस्टिज झूठा गर्व, कमीनी शान, रद्दी पाखंड और भद्दे ढोंग के अतिरिक्त और कुछ नहीं है। बंगाल सरकार के सर पर भी बंग-भंग के समय इसी प्रकारके प्रेस्टिज का भूत सवार हुआ था किंतु परिणाम क्या हुआ? भारत सरकार और साम्राज्य सरकार बंगाल सरकार की पीठ ठोंकती ही रहीं पर बंग-भंग का अस्तित्व बिना मिटे न रह सका।

[28.7.1928]

51. प्रेम का फंदा

आजकल हमारी सखी नौकरशाही जैसी मुसीबत में पड़ी है, वैसी मुसीबत में खुदा किसी दुश्मन को भी न डाले। बाहर, भीतर, अगल-बगल, आगे-पीछे चारों ओर मानो विपत्तियों की बाढ़-सी आ गई है। बूढ़े औपनिवेशिक स्वराज के लिए कमर थामे खड़े हैं, नौजवान पूर्ण स्वाधीनता के लिए अकड़ रहे हैं, बोलशेविज्म का भूत अलग आंखें गुरेर रहा है, शाह अमानुल्लाह के मन में क्या है, खुदा ही जाने, पर्दा से लेकर दाढ़ी तक को उन्होंने कंपा दिया है। इसके अलावा सारे संसार का श्रमिक समाज अलग महा अजगर की तरह सांसें ले रहा है। इसलिये सखी विशेष चिंताकुला हैं और कम से कम अपने पैंतीस करोड़ बाल-गोपालों को सुसंयत रखने के लिए तो बहुत ही फिक्रमंद हो रही हैं। सखी के जीते जी, पराधीन, पीड़ित, विजित काले बोलते हैं, लिखते हैं, स्वाधीनता की बातें सोचते हैं, कहीं कोई गोरा शिकारी कौवे का शिकार करता है तो कांव-कांव करने लगते हैं। अगर इनकी यही दशा रही, तो एक दिन अवश्य ही कोई अनर्थ कर बैठेंगे, इसलिये इन कालों की जबान में दो-एक और ताले लग जायें तो सखी की चिंता कुछ दूर हो। यद्यपि फंदों की कोई कमी नहीं है। 14ए, 1563 ए और सन् 83 का वह बूढ़ा रेगुलेशन आदि नये-पुराने, कोमल, कठिन, चिकने, खारदार, एक से एक बढ़े-चढ़े मजबूत फंदे मौजूद हैं, परंतु तो भी कांव-कांव बंद नहीं होती, इसलिये सखी ने बोलशेविज्म बिताड़न बिल के साथ ही एक काला मुखमर्दन बिल भी कौंसिल में पेश कर दिया है।

बात यह है कि आजकल संसार में स्वतंत्रता की आंधी-सी चल पड़ी है। जिसे देखिये वही तीसमार खां बनने के लिए कमर कस रहा है और साम्राज्यवाद की—खास विधाता के हाथ की दी हुई पवित्र और सुदृढ़ नींव खोद डालने के लिए फावड़ा लिए तैयार है। भारत, फिलीपाइन, कोरिया, मिस्र आदि कोई भी अब सोने के पिंजड़े में रहना नहीं चाहता। कोई अमेरिका को कोस रहा है तो कोई जापान को, कोई ग्रेट ब्रिटेन को गालियां दे रहा है तो कोई खुद सखी की ही ओढ़नी नोचे डालता है। बड़ी आफत है—बड़ी कड़वाहट है। इसलिये सखी की इच्छा है कि उनके साथ ही उनके चाहनेवाले—उनके मौसेरे भाइयों के विरुद्ध भी कोई अंगुली उठाने का साहस न करे।

इसके अलावा दो-एक और भी छोटे मोटे कारण हैं। देखिये, न अमेरिका की बी. मेयो ने एक सुंदर-सी पोथी लिखी, भारतीयों के स्वर्णशृंखल को और भी मजबूत कर डालने की सलाह दी तो सभी कालों ने एक साथ ही वह चिल्लपों मचाई कि

अल्लाह रे अल्लाह! अमेरिका के साथ ही इंग्लैंड, फ्रांस, जर्मनी आदि सारे यूरोपीय देशों की बखिया उधेड़कर रख दी। परम दयालु गोरों ने चीन को निश्चिंततापूर्वक चंडूखाने का मजा लेते रहने के लिए बाध्य किया तो काले अखबारवालों ने बावेला मचाना आरंभ कर दिया। बेचारे जापान ने मंचूरिया को अपने प्रेम-पाश में बांधने की चेष्टा की तो काले चौंक उठे। परम सत्यवादी गौरांग देवों ने रूस के बोलशेविकों को राक्षस कहा तो काले उन्हें देवता करार देने लगे। ऐसे-ऐसे खुराफात भला कोई नौकरशाही कैसे बर्दाश्त कर सकती है? इसलिये इस बात की परम आवश्यकता है कि कालों के होंठ मजबूत धागे से अच्छी तरह सी दिये जायें। इसीलिये सखी अपने हाथों में एक और सुतीक्ष्ण अस्त्र रख लेना चाहती है ताकि उनके प्रेमपात्रों के विरुद्ध भी कोई चूं न कर सके।

प्रेम के इस नये फंदे का नाम सुनते ही कालों के पेट में चूहों ने धमाचौकड़ी आरंभ कर दी है। कोई उसे काला कानून कह रहा है तो कोई राक्षसी फंदा बता रहा है। एक काला-संपादित अंग्रेजी अखबार ने तो यहां तक कह डाला है कि ऐसा नृशंसतापूर्ण कानून संसार में कहीं भी नहीं है और सरकार ने अखबारों की स्वतंत्रता छीन लेने के लिए यह अतीव घृणित आयोजन किया है। चारों ओर से इस प्रेम के फंदे की निंदा हो रही है। कौंसिल वाले तो इसके विरोध के लिए पहले से ही लंगोटा बांधे तैयार हैं। सखी के दो-चार खास आशिकजारों के सिवा कोई इसकी ताईद न करेगा। परंतु इससे क्या होगा? यह प्रेम का फंदा तो तैयार होगा ही। कौंसिल से अगर ठुकरा दिया गया तो लाट साहब अपने खास अधिकार का प्रयोग करके उसे पास करेंगे। रोओ या चिल्लाओ, इस प्रेम के फंदे से पिंड नहीं छूटेगा। सखी क्या नहीं जानती हैं कि मियां की दौड़ मसजिद तक के अनुसार लेक्चर देने के सिवा और तुम कर ही क्या सकते हो। अगर तुममें दम होता, ऐसे-ऐसे गंदे फंदों को तोड़कर फेंक देने की ताकत होती तो इस तरह बार-बार जकड़े थोड़े ही जाते।

[22.9.1928]

52. नवजवानी फिर कहां?

बंगाली छात्रों का विराट् सम्मेलन विपुल समारोह के साथ संपन्न हो गया। सनीचर कमीशन को बहिष्कार, स्वतंत्रता-संघ का समर्थन, अखिल भारतीय छात्र-सम्मेलन की प्रचेष्टा, खड़गबहादुर की मुक्ति का समर्थन, छात्र-स्वेच्छासेवक मंडल का संगठन आदि, एक दो नहीं, पूरे एक दर्जन का प्रस्ताव पेश और पास हुए। इस युवक सम्मेलन का नेतृत्व आदर्श युवक–हिंदुस्तान के कोहनूर–पंडित जवाहरलाल नेहरू ने ग्रहण किया था, इसलिये बंगाली युवकों के साथ-साथ हिंदुस्तानी बिहारी और मारवाड़ी युवकों में भी कुछ उत्साह और स्फूर्ति दिखाई पड़ गई थी। कई संस्थाओं ने पंडितजी को बुलाकर मानपत्र दिये, खूब फड़कती हुई स्पीचें हुईं, अखबारों में लंबे-लंबे लेख छपे। खूब चहल-पहल रही, बड़ा मजा आया। नवयुवकों का उमंग और उत्साह देखकर बेचारे बूढ़े होंठ चाटते रह गये। गुजरे हुए जमाने की एक खूबसूरत स्मृति उनकी आंखों के सामने से अठखेलियां करती निकल गई। हमारी नवजवानी, एक बार फिर आ जाती।

परंतु 'जाकर के न आये वह जवानी देखी।' वह लौटती नहीं–ठहरती नहीं। संसार-भर के कर्त्तव्य का गुरु भार मूंड़ पर लादकर आती है और क्षण-भर चमक चली जाती है। अगर उसी थोड़े समय में कुछ बन गया तो बन गया, नहीं तो 'हाय बुढ़ौती तोरे मारे अब तो हम नकिआई गइनु' गाते रहिये और कमर पर हाथ धरकर खांसते रहिये। या उसकी स्मृति में शहर लगाकर चाटते रहिये। बस, यही एक अटल सत्य उपर्युक्त चहल-पहल में, पं. जवाहरलाल की वाणी में, छात्र-सम्मेलन में, जमादार-संघ आदि के मानपत्रों में और उनके उत्तरों में गूंज रहा था–अंततः 'मतवाला' की खुमार भरी खोपड़ी में तो इससे अधिक कुछ भी नहीं घुस सका।

देश की स्वाधीनता और विश्व की शांति का सारा दार-मदार इसी नवजवानी पर है। पंडित जवाहरलाल ने साफ शब्दों में घोषणा कर दी है कि 'केवल युवक ही इस देश का उद्धार और सारे संसार में शांति की स्थापना कर सकते हैं।' कर्त्तव्य का गुरु भार अपने मूंड पर लादकर इसीलिये चंचला जवानी आई है। अगर तुम उसका सदुपयोग नहीं कर सके–उसे निरर्थक हो जाने दिया तो पछताओगे, हाथ मलोगे और सिर धुनकर रह जाओगे। आंखें खोलकर देखो। संसार का तरुण समाज अपने कर्त्तव्यपथ का साथी बनाने के लिए तुम्हारा आह्वान कर रहा है। विश्व में शांति की स्थापना करने के लिए तुम्हारी बड़ी जरूरत है। इसी से पंडितजी ने कहा है कि–'जो

तरुण-शक्ति आज सारे संसार में फैल गई है, उसकी उपलब्धि और प्रयोग तुम्हें भी करना चाहिए ताकि बुढ़ौती में पछताना न पड़े।'

पंडितजी ने महायुद्ध का उदाहरण देकर बतलाया है कि बूढ़ों के दिन गये। संसार की शांति के नाम पर लाखों नवजवानों का खून कराकर और लाखों को अपाहित बनाकर भी वे कुछ नहीं कर पाये। इसलिये उन्हें अतीत की स्मृति का आनंद लूटने के लिए छोड़कर सारे संसार की युवक-शक्ति ने अपने समुन्नत सिर पर शांति की स्थापना का गुरु भार उठा लिया है। विश्व की उस विराट् शक्ति के साथ भारतीय युवकों को भी योगदान करना होगा और इसके लिए सबसे पहले अपने देश को स्वाधीन करना होगा। इस कठिन कार्य के लिए असीम साहसिकता और अदम्य उत्साह की आवश्यकता है। विपाद की परवाह न कर निर्भय होकर वीर की तरह तुम्हें अपने आदर्श की ओर अग्रसर होना होगा। लाभालाभ को बालायेताक रखकर, अतीत और भविष्य की चिंता छोड़कर, स्वार्थ को जलांजली प्रदान कर, जीवन-मरण के तुच्छ प्रश्न पर विचार करना छोड़कर अनवरत अग्रसर होना ही नवजवानी की शोभा है। संसार में अपना आदर्श छोड़ जानेवाले किस नवयुवक ने कब दुर्गम पथ की कठिनाइयों और अज्ञात भविष्य की विभीषिकाओं से भयभीत होकर पीछे कदम रखा है? मानव-जाति के कल्याण के लिए इस संसार में जितने आंदोलन हुए हैं, उन्हें सफ़लता की सीमा पर क्या बूढ़ों ने पहुंचाया है? पराधीनता की बेड़ी क्या शक्तिहीन कलाइयां तोड़ सकती हैं? देश के नवजवानों का ही काम है अत्याचार के लौह शृंखल को तोड़कर फेंक देना। रूस, इटली, जर्मनी, मिस्र, चीन और तुर्किस्तान के नवजवानों ने तुम्हें बता दिया है कि जिसे प्राण होता है, वही प्राणदान कर सकता है। और, जो प्राणदान कर सकता है, उसी की जवानी सार्थक समझी जाती है।

कमजोरों के साथ शहजोरों की दोस्ती नहीं हो सकती। इसलिये विश्व की विराट् शक्ति के साथ सहयोग करने के लिए भारतीय नवजवानों को सबसे पहले शक्तिशाली बनने की आवश्यकता है। दुर्भाग्यवश हमारी शक्ति विशृंखलित हो गई है। अछूत और अनुन्नत कहकर हमने अपने अधिकांश देश भाइयों को मनुष्योचित अधिकारों से वंचित कर रखा है। हमारी मूर्खता और स्वार्थपरता के कारण वे अज्ञान के घोर अंधकार में भटक रहे हैं और कुसंस्कार के जाल में फंसकर निर्बल हो गये हैं। इसके सिवा अपने को उच्च, पवित्र और उन्नत समझनेवाले भी मोहांधकार में ठोकरें खा रहे हैं। इसी से पं. जवाहरलाल ने नारी जाति के उत्थान की प्रचेष्टा के साथ ही बंगाल के नवयुवकों का ध्यान उन कोटि-कोटि देहातियों की ओर भी आकर्षित किया है। श्रमजीवियों की ओर भी आकर्षित किया है और कृषकों को

उनकी वास्तविक अवस्था का ज्ञान प्रदान करने की सलाह दी है। ऊंच-नीच के भेदभाव को मिटाकर सामाजिक साम्य की प्रतिष्ठा के लिए अग्रसर होने को कहा है। उन्होंने स्पष्ट शब्दों में बता दिया है कि भारत की स्वतंत्रता की आवश्यकता अंग्रेजी पढ़े-लिखे वकीलों, बैरिस्टरों, जमींदारों और साहूकारों को नहीं है और न समानाधिकारवाद के प्रचार में ही उनसे कुछ सहायता प्राप्त हो सकती है। जिन्हें भारत की पराधीनता की बदौलत सुयश, मान और संपत्ति मिली है, वे उसके उत्थान और मुक्ति में हमारा साथ कैसे दे सकते हैं? उनमें इतना आत्मबल भी कहां है जो देश की भलाई के लिए अपने स्वार्थ को छोड़ सकें? इसलिये वास्तविक शक्ति संचय की आकांक्षा रखनेवाले भारतीय नवजवानों को सबसे पहले कृषक और श्रमिक-शक्ति को जागृत करने की चेष्टा करनी चाहिए। पंडितजी ने कहा है—देश की वास्तविक शक्ति उन्हीं किसानों और मजदूरों में निहित है। क्योंकि ब्रिटिश शासन का सत्यानाश हो जाने से उनका कुछ नुकसान नहीं, बल्कि लाभ है। इसलिये भावी स्वराज संग्राम के सैनिक वही कृषक और मजदूर ही होंगे। देश के युवकों का लक्ष्य उन्हीं की ओर होना चाहिए और सबसे पहले उन्हीं को शक्तिशाली बनाने की चेष्टा होनी चाहिए।

लखनऊ से लेकर कलकत्ता तक, एक-दो बार नहीं, कई बार पंडितजी ने देशवासियों को यह बताया है कि किसी आंदोलन की सफलता के लिए उसके पीछे एक प्रबल शक्ति की आवश्यकता होती है, चाहे वह हिंसात्मक हो अथवा अहिंसात्मक। उन्होंने सर्वदल सम्मेलन में बूढ़े लीडरों से पूछा भी था कि अगर अंग्रेज तुम्हारे भावी औपनिवेशिक स्वराज विधान को ठुकरा देंगे तो तुम क्या करोगे? इस प्रश्न का एकमात्र उत्तर है, अछूतों, कृषकों और श्रमजीवियों के उत्थान की चेष्टा। क्योंकि एकमात्र उन्हीं की शक्ति पर भावी विधान की स्वीकृति, देश की पराधीनता से मुक्ति और विश्व-शक्ति के साथ सहयोग आदि सभी बातें निर्भर हैं।

इसलिये भारतीय नवजवानों, अगर देश को पराधीनतापाश से विमुक्त करना चाहते हो, अपनी जवानी को सार्थवती बनाना चाहते हो, विराट् विश्व-शक्ति के साथ सहयोग करके मनुष्य की तरह संसार में जीना चाहते हो और अपने बाद अपनी आनेवाली पीढ़ियों के लिए कोई आदर्श छोड़ जाना चाहते हो तो शक्तिशाली बनो, अपनी क्षणभंगुर नवजवानी का सदुपयोग करो। याद रहे, यह समय और सुयोग फिर नहीं आने का। 'जिंदगी गर कुछ रही तो नवजवानी फिर कहां?'

[29.9.1928]

53. राष्ट्र-धर्म

राष्ट्रों की उत्पत्ति और विकास का इतिहास अत्यंत रोचक है। मनुष्य-जाति की अराजकता को दूर करने तथा बलशाली एवं धनियों के अत्याचारों से निर्धन और निर्बलों को बचाने के लिए ही राष्ट्र के आंतरिक शासन की आवश्यकता हुई थी; परंतु जहां राष्ट्र की आंतरिक शांति और सुख के लिए आंतरिक शासन की आवश्यकता हुई, वहां उसकी बाह्य रक्षा के लिए राष्ट्रों के बल-संचय की भी आवश्यकता हुई, जिनमें जाति, धर्म अथवा प्रदेश के क्रम से विभक्त राष्ट्र, अन्य किसी राष्ट्र अथवा बाह्य शक्तियों के आक्रमण से अपनी रक्षा कर सकें। इस प्रकार राष्ट्रों की सृष्टि की जड़ में उनकी आंतरिक और बाह्य सुख-शांति और जान-माल की रक्षा ही प्रधान वस्तु है और उस आंतरिक और बाह्य सुख-शांति तथा जान-माल की रक्षा के निमित्त ही राष्ट्र-धर्म की स्थापना हुई; परंतु राष्ट्र का यह धर्म राष्ट्रों की भिन्न-भिन्न परिस्थितियों और आवश्यकताओं के अनुसार भिन्न-भिन्न होता है। भारत और ब्रिटेन की परिस्थितियों के दृष्टांत पर हम राष्ट्र-धर्म के संबंध में इस स्थान पर प्रकाश डालना उचित समझते हैं। अस्तु!

राष्ट्र-धर्म के भिन्न-भिन्न रूपों तथा राष्ट्रों के पारस्परिक झगड़ों का आज कोई स्थान ही नहीं होता, यदि राष्ट्रों के निर्माण का सैद्धांतिक और व्यावहारिक उद्देश्य सार्वभौम राष्ट्र होता; परंतु परिस्थितियां भिन्न हैं। संसार में मनुष्य-जाति का एक राष्ट्र नहीं। भिन्न-भिन्न देशों के पृथक्-पृथक् राष्ट्र हैं। यह सभी राष्ट्र अपने स्वार्थ की दृष्टि से परस्पर एक-दूसरे का स्वत्व अपहरण करना चाहते हैं। सभी अपने बल का प्राधान्य स्थापित कर दूसरे राष्ट्रों को राजनीतिक एवं आर्थिक रूप से पराधीन करना चाहते हैं। वैयक्तिक राष्ट्रों के इन्हीं स्वार्थ-साधनों द्वारा आज तक इतिहास के युद्ध होते आए हैं और भविष्य में होते रहेंगे। प्लेग और महामारी, भूकंप और ज्वालामुखी तथा हिंसक जंतुओं से जितने मनुष्यों की अकाल मृत्यु होती है, उससे कहीं अधिक संख्या में मनुष्यों के प्राण मनुष्यों के द्वारा अपहरण किए जाते हैं! मनुष्यों का समूह अपने को राष्ट्र का नाम देकर मनुष्यों के दूसरे समूह का इतना भयानक संहार करता है, जिसे देख हृदय एकबारगी दहल उठता है! और ये सभी अभिनय राष्ट्र-धर्म के नाम से किए जाते हैं। विगत यूरोपीय युद्ध राष्ट्र-धर्म के नाम से ही संपन्न हुआ था; परंतु उसमें ब्रिटेन, फ्रांस, जर्मनी आदि राष्ट्रों का साम्राज्यवाद छिपा था। उसमें यूरोपीय राष्ट्रों की रक्त-शोषण नीति छिपी थी। भारत और ब्रिटेन

का आज का संघर्ष इसी साम्राज्यवाद के आधार पर है। भारत में ब्रिटेन अपना प्रभुत्व रखना चाहता है। भारत के द्वारा वह आर्थिक और राजनीतिक रूप से सारे संसार का बलशाली राष्ट्र हो सकता है। भारत से हीन होकर ब्रिटेन अपने साम्राज्य का अस्तित्व नहीं रख सकता। इसलिए वह भारत से अपना अधिकार हटाना नहीं चाहता। दूसरी ओर भारत ब्रिटिश साम्राज्य की रक्त-शोषण नीति से व्याकुल हो उठा है। बीस करोड़ से अधिक भारतवासियों को दोनों समय भरपेट अन्न नहीं मिलता। अन्न के अभाव से भारतीय बच्चों और स्त्रियों की अकाल मृत्यु का भयानक चित्र, संसार में अन्यत्र कहीं भी नहीं है। इसलिए भारत ब्रिटिश राज्य के भार से आज कांप उठा है और उसका दुःख आज और भी दारुण हो उठा है, जब उस पर प्रतिदिन लाठियों, बंदूकों, गिरफ्तारियों और जेल-दंडों का पुरस्कार सम्राट जॉर्ज के प्रतिनिधि लॉर्ड इरविन की सरकार द्वारा इसलिए दिया जा रहा है कि वह अपने नैसर्गिक अधिकार को ब्रिटेन से मांगता है। कानून और शांति के नाम पर लॉर्ड इरविन की सरकार आज कानून के भयानक विद्रोह और दारुण अशांति की सृष्टि कर रही है। उसके इस कार्य में केवल राष्ट्र-धर्म के सिद्धांतों का ही अपमान नहीं, वरन् ब्रिटेन का नैतिक-पतन भी है। अस्तु।

ब्रिटेन और भारत दोनों ही एक-दूसरे से भिन्न राष्ट्र हैं। ब्रिटेन की भाषा, साहित्य, संस्कृति और सभ्यता भारत से पूर्णतः भिन्न है। भारतीय धर्म और आदर्श भी ब्रिटिश धर्म और आदर्श से भिन्न है। और सबसे बड़ी बात तो यह है कि भारत की राजनीतिक परिस्थितियां ब्रिटेन की राजनीतिक परिस्थितियों से सर्वथा भिन्न हैं। ब्रिटेन स्वाधीन है, भारत पराधीन है। ब्रिटेन शासक-राष्ट्र है और भारत उसका गुलाम अथवा अधीन-राष्ट्र है। इस अवस्था में यदि ब्रिटिश शासन के अत्याचारों से कांपकर भारत स्वतंत्रता के युद्ध की ओर अग्रसर हो रहा है, तो वह वही काम कर रहा है, जो उसे करना चाहिए और जो उसके राष्ट्र-धर्म के लिए सर्वथा अनुकूल और न्यायोचित है। यदि भारतवासियों के देश-प्रेम का मूल्य गिरफ्तारियां और जेल-दंड है, तो निश्चय ही सरकार के दमन का मूल्य, ऐसी सरकार के प्रति असहयोग और अहिंसात्मक विद्रोह का प्रचार करना ही है। भारत और ब्रिटेन की परिस्थितियों की भिन्नता कितनी मर्मस्पर्शी और दारुण है। जिन कार्यों के लिए लायड जॉर्ज और बाल्डविन, बर्कनहेड और रैमजे मैकडौनल्ड, इरविन और रीडिंग को ब्रिटेन अधिक से अधिक प्रतिष्ठा-दान कर सकता है, ठीक उन्हीं कार्यों के लिए, ठीक उसी ब्रिटेन द्वारा गांधी और मोतीलाल, पटेल और राजेंद्र प्रसाद, शिवप्रसाद गुप्त और पुरुषोत्तमदास टंडन, सत्यपाल और किचलू, सुभाष बोस और जवाहरलाल को 'हिज़ मैजिस्टी' के घृणित जेलों में कैद की सजाएं मिलती हैं। जिन कार्यों के लिए ब्रिटेन की जनता

का सम्मान प्रदर्शन तोपों और मशीनगनों की सलामियों के द्वारा हो सकता है, ठीक उसी प्रकार के कार्यों के लिए बंबई और पेशावर, करांची और कलकत्ता, दिल्ली और लखनऊ में गोलियां चलती हैं। इस हालत में जब कि ब्रिटेन आज भारत पर अपने भयानक अत्याचारों द्वारा राष्ट्र-धर्म के नाम पर स्वार्थवाद और साम्राज्यवाद की सिद्धि करता है तब भारत का भी सर्वश्रेष्ठ राष्ट्र-धर्म यह है कि वह ब्रिटेन के अत्याचारों का उत्तर अपने त्याग और तपस्याओं से दे। इतना ही नहीं भारत के राष्ट्र-धर्म की पूर्ण उपासना हम तभी कर सकते हैं, जब कि हममें से प्रत्येक प्राणी ब्रिटेन के विरुद्ध असहयोग का प्रचार करे। भारत की ब्रिटिश सरकार के प्रति अहिंसात्मक विद्रोह का प्रचार करना ही प्रत्येक भारतवासी का राष्ट्र-धर्म है। अपना शासन स्थापित करने के लिए हम आर्थिक रूप से भारत के ब्रिटिश शासन के अस्तित्व को मिटा देंगे। हमारे राष्ट्र-धर्म की आज्ञा यही है कि हम भारत से ब्रिटेन के अन्यायी शासन का अंत कर दें; परंतु साथ ही हम यह बात कभी भी विस्मरण न करें कि इस पथ में अहिंसात्मक रहना ही हमारा सर्वश्रेष्ठ धर्म है। हिंसा के पथ पर पैर रखने से कहीं अधिक अच्छा है कि हम सदा गुलाम रहे; कारण हिंसा की वृत्तियां हमारी नैतिक शक्ति का सर्वनाश कर देंगी और नैतिक शक्ति से हीन राष्ट्र के जीवित रहने से कहीं अधिक अच्छा है कि वह सदा के लिए मिट जाय। पूर्ण अहिंसा की दृढ़ नींव पर प्रत्येक भारतवासी के हृदय में ब्रिटेन के प्रति विद्रोह का प्रचार करना ही हमारा सर्वश्रेष्ठ राष्ट्र-धर्म है और इस राष्ट्र-धर्म की पवित्र उपासना में लाठी और बंदूकों, जेल और फांसियों के सारे कष्टों का सहस्रों बार स्वागत है! ब्रिटेन के सारे अत्याचार हमारी ही शक्ति के पक्ष में होंगे, यदि हम पूर्ण अहिंसा व्रत का पालन कर अपने को उन कष्टों के साथ मातृभूमि की बलिवेदी पर समर्पित कर दें!

[17.7.1930]

साइमन कमीशन

ब्रिटिश चरित्र की भद्रता और उसमें छिपे शातिरपने की अचूक पहचान हिंदी नवजागरण की पत्रकारिता का अपना वैशिष्ट्य है। साइमन कमीशन का पाखंड उनके शासन की तर्कसंगत शैली ही थी। इसके विरुद्ध पूरे देश में जोरदार आंदोलन चला था। इस एक मुद्दे पर 'मतवाला' ने लगातार लिखा था। इसे पढ़ते हुए आज हमें कई नये अनुभवों का रोमांच होता है। मसलन इस पत्रकारिता में साइमन कमीशन के प्रति तत्कालीन जनरोष का वह कलरव सुनाई पड़ता है, जो इतिहास की पुस्तकों में अमूमन नहीं मिलता। यह 'कलरव' जनता और देश के रिश्ते का अहसास ही नहीं कराता, बल्कि हमें अपने समय में पहले से कहीं ज्यादा सक्रिय होने की प्रेरणा भी देता है।

साइमन कमीशन पर 'मतवाला' की व्यक्त ये प्रतिक्रियाएं, उसका विरोध या संघर्ष जिस गद्य में प्रकट हुआ है उसके पीछे गहरी देशभक्ति में तपी हुई निष्ठा बिल्कुल साफ झलकती है। इसकी भाषा पर विचार करते हुए—जहां ढीले-ढाले विस्तारवाले स्थल आते हैं, वहां जटिल बातों या यथातथ्यों को रखने का जो तरीका दिखाई पड़ता है, वह एक नागरिक, सामान्यजन से संवाद के उद्देश्य से है। पाठकीय बोध का ऐसा सहज अहसास अकेले 'मतवाला' के गर्व की बात नहीं थी, बल्कि उस युग की पत्रकारिता के पूरे गद्य का ही यह सहज-सामान्य गुण था। समझ के स्तर पर भी कई पत्रिकाओं की बातें साइमन कमीशन पर ज्यादा महत्त्व की हो सकती हैं लेकिन 'मतवाला' की विशिष्टता तो उसकी अपनी व्यंजना शैली से है। 'मतवाला' की अभिव्यक्ति का अंदाज ही अलग है। इसमें कमीशन को अनेक स्तरों पर, अनेक तर्कों से निरस्त करने की विलक्षण क्षमता हमें सहज ही प्रभावित कर लेती है।

1. सोने की बेड़ियां!

जिस ब्रिटिश रॉयल कमीशन की चर्चा बहुत दिनों से हो रही थी, अंत में 8 नवंबर की शाम को एक असाधारण पत्र द्वारा उसकी घोषणा हो गई। कमीशन में सर जान साइमन प्रधान हैं, इनके अतिरिक्त 6 और सदस्य हैं। कमीशन की सदस्यता प्राप्त करने का सौभाग्य किसी भारतीय को प्राप्त नहीं हुआ। प्राप्त कैसे होता, 1919 की घोषणा के अनुसार, "हम धीरे-धीरे भारतवासियों को स्वराज्य के मार्ग में अग्रसर करेंगे। किंतु किस विधि से और किस गति से, यह निर्णय करना हमारे हाथ रहेगा।" निर्णय पार्लमेंट के हाथ में है। उसकी दृष्टि में भारतीय इस योग्य अभी कहां हुए जो अपनी स्थिति पर विचार कर सकें! बच्चे को यह ज्ञान कहां होता है कि वह संभलकर उचित वेग से पैर बढ़ाना स्वयं निर्णय कर सके। यह तो उसके अभिभावकों का काम है कि वह उसके लिए विधि और गति का निर्णय करें और उसे चलावें। भारतीयों की योग्यता के उपहास का नाटक ब्रिटिश-पॉलिसी कितनी चतुरता के साथ खेल रही है! रॉयल कमीशन की नियुक्ति जिस ढंग पर की गई है, यह भारत के सम्मान पर सीधा प्रहार है, ढोंग के उस अभिनय का दूसरा सीन है जिसका पहला सीन 1919 में दिखलाया जा चुका है और है भारतीयों की उस अकर्मण्यता का सर्टिफिकेट जिसकी छाया में आलस्यपूर्ण निर्लज्ज जीवन बिताते हुए ये भारत-वसुंधरा को कलंकित और लांछित कराते नहीं अघाते। प्रायः विदेशी शासन का प्रत्येक रूप—संकुचित भावना से भरा हुआ रूप, अथवा उदारता की ज्योति से जगमगाता हुआ रूप—आत्म-सम्मान रखनेवाली शासित जाति के हृदय में प्रतिपल, प्रतिघड़ी और प्रतिदिन कांटे के समान खटकता रहता है, किंतु जब उत्तरदायित्व के नाम पर, उस उत्तरदायित्व के नाम पर जिसकी ओट में स्वार्थपरता खड़े मुस्कराती रहती है, शासित जाति की हंसी उड़ाई जाती है तब उस कांटे में मानो गति उत्पन्न हो जाती है और वह आगे-पीछे, दायें-बायें घूम-घूमकर सैकड़ों स्थान पर हृदय को क्षत-विक्षत कर डालता है। भारतीय आज इसी अवस्था में हैं, उनके हृदय-स्थित कांटे ने गतिशील होकर एक असहनीय टीस उत्पन्न कर दी है और वे वेदना से व्यथित हो उठे हैं। इस व्यथापूर्ण अवस्था में मन बहला देने की चेष्टा की जाय, क्षत-विक्षत हृदय पर मरहम-पट्टी रखकर नहीं, यों ही, केवल बातों से,—यह बात शासक-मंडल ने पहले ही सोच ली थी। गत सप्ताह देहली में एक-एक करके देश के प्रायः सभी विख्यात नेताओं ने वायसराय के मिलने का जो

खेल खेला गया वह इसी चेष्टा का परिणाम था।

हमारे प्रभु हमारी योग्यता का उपहास करते हैं पर, दिल्लगी यह है कि वे हम ऐसे अयोग्यों से घबड़ाते भी जाते हैं। वे सशंकित हैं, कहीं ऐसा न हो, भारतीय कमीशन का बहिष्कार कर दें। इसीलिये लॉर्ड इरविन ने वाग्जाल द्वारा भारतीय नेताओं के हृदय में कमीशन के प्रति सहानुभूति का स्रोत संचालित करना चाहा। किंतु आये हुए समाचारों से जहां तक पता चलता है, वह यह है कि इस संबंध में लॉर्ड इरविन अच्छे खिलाड़ी नहीं सिद्ध हुए। उनके अंतस्तल में यह भावना भर चुकी है कि कमीशन का बहिष्कार हो जाना असंभव नहीं है। ब्रिटिश-पॉलिसी ने बहिष्कार के भयंकर अवसर से बचने के लिए एक बड़ा सुंदर जाल फेंका है। कमीशन की घोषणा के साथ ही वायसराय महोदय अपने वक्तव्य में कहते हैं—"कमीशन जब अपनी रिपोर्ट दाखिल कर देगा तब भारत-सरकार और ब्रिटिश-सरकार द्वारा उसकी परीक्षा होगी। तदनंतर ब्रिटिश-सरकार पार्लामेंट में प्रस्ताव उपस्थित करेगी। किंतु, ब्रिटिश-सरकार यह नहीं चाहती कि पार्लामेंट भारत के विभिन्न दलों को स्वमत प्रकाशन की पूरी सुविधा दिये बिना प्रस्ताव स्वीकार कर ले।

"इसीलिये पार्लामेंट से कहा जायगा कि वह कामंस सभा और लार्ड्स सभा के सदस्यों द्वारा संगठित एक ज्वाइंट कमिटी की रचना करे और इसी कमिटी के सामने सब प्रस्ताव रखे। इस कमिटी के सामने भारतीय-व्यवस्थापक और राष्ट्रीय परिषदों को अपना मत, प्रतिनिधियों द्वारा व्यक्त करने के लिए आमंत्रित किया जायेगा और उन प्रतिनिधियों को ज्वॉइंट-कमिटी के साथ आलोचना करने का सुयोग प्रदान किया जायेगा। ज्वाइंट-पार्लमेंटरी-कमिटी यदि अन्य किसी संस्था से भी परामर्श करना चाहेगी तो उसके प्रतिनिधि भी कमिटी के सामने उपस्थित हो सकेंगे।"

ब्रिटिश विधि-विधान पर विश्वास रखनेवाले राजनीतिज्ञों को ऊपर की पंक्तियां आशा का मोहक संदेश देती हैं, दुर्भाग्य से हमारे देश में ऐसे राजनीतिज्ञों की भी कुछ संख्या है। वे इस मोहक संदेश में मुग्ध हो सकते हैं और सोच सकते हैं कि कमीशन का बहिष्कार करना आवश्यक नहीं है, विलायत चलकर अंत में प्रस्तावों पर वाद-विवाद कर लेंगे। उनका यह सोचना ठीक है, वे वाद-विवाद कर सकते हैं, पर उनकी यह धारणा कि ब्रिटिश-सरकार के बने-बनाये विचार-भवन में कुछ फेर-फार करा सकेंगे, द्वार और खिड़कियों की संख्या में, या उनके विस्तार-क्षेत्रफल में परिवर्तन करा सकेंगे, भ्रम-मात्र है, इसलिए आवश्यकता है कि समूचा देश एकमत होकर कमीशन का बहिष्कार करने के लिए पूर्णरूपेण प्रस्तुत हो जाय!

हमें न भूलना चाहिए कि स्वराज्य और स्वाधीनता दान में मिलनेवाली वस्तुएं नहीं हैं, वे शक्ति और योग्यता के बल पर अधिकृत किये जानेवाले पदार्थ हैं। हमें

न भूलना चाहिए कि ब्रिटिश रॉयल कमीशन चतुर सुजान की भांति हमारी लोहे की बेड़ियों पर चढ़े हुए उस हलके, धुंधले सोने के पानी को और गहरा करने आ रहा है जो अब से आठ वर्ष पहले चढ़ाया गया था और साथ ही में हमें न भूलना चाहिए कि सोने का पानी चढ़ जाने पर भी जकड़ और बंधन में लोहे की बेड़ियां लोहे की बेड़ियां ही बनी रहती हैं, हां, देखने में वे देख पड़ती हैं सोने की बेड़ियां।

[12.11.1927]

2. सपूत!

देश की दुर्दशा की ज्वाला में झुलसते हुए देखकर जिन सपूतों की आंखें भर आती हैं और जो तत्काल आंखें पोंछकर, अपना सर्वस्व लेकर प्रयत्न की बलिवेदी पर भेंट हो जाने के लिए उद्यत हो जाते हैं, आज हम, उन सपूतों की चर्चा नहीं करने बैठे। आज ये पंक्तियां हम लिख रहे हैं उन सपूतों के संबंध में जो स्वार्थ के लिए—क्षुद्र मनोभावनाओं की पूर्ति के लिए—अषने को, अपनी जाति को और अपने देश तक को बेच डालते हैं। सपूत विभीषण की गाथा रामायण में मिलती है, आर्य-रत्न मर्यादा पुरुषोत्तम राम के स्थान पर यदि किसी दूसरे ने लंका में विजय प्राप्त की होती तो, कौन सह सकता है कि लंका-निवासियों को पराधीनता की विषैली वायु में न घुटना पड़ता। भारत के अंतिम हिंदू सम्राट पृथ्वीराज को सपूत जयचंद की कृति पर बलि हो जाना पड़ा और अनेक शताब्दियों के लिए, जिनके अंत का पता आज भी नहीं मिल रहा है, देश को अन्याय और अत्याचार की जंजीर में बंध जाना पड़ा। इस जंजीर को तोड़ना तो दूर रहा, मानसिंह, शक्तिसिंह आदि सपूतों ने अपना जीवन, इसे और दृढ़ बनाने में लगा दिया। आज भी ऐसे सपूतों का अभाव नहीं है। पार्लमिंट ने रॉयल कमीशन के नियुक्त किये जाने की घोषणा की है। इस कमीशन के निर्माण के संबंध में भारतीयों के भाव तो अच्छे हैं ही नहीं, अनेक अंग्रेज तक इसे अनुपयोगी बतला रहे हैं, कर्नल वेजवुड भारतीयों को कमीशन से असहयोग करने की सम्मति देते हुए कहते हैं, "मेरी यह धारणा नहीं है कि कमीशन के सामने यदि भारतीय नेता गवाही न देंगे तो भारत को हानि पहुंचेगी।...मैं नहीं सोचता कि पूर्ण समानता के अतिरिक्त और किसी भी शर्त पर कमीशन से सहयोग करना भारतीय नेताओं के गौरव के अनुरूप होगा।" इसी कमीशन से सहयोग करने के लिए भारत-जननी के सपूत सर मुहम्मद शफी व्यग्र हो उठे हैं। पंजाब-मुस्लिम लीग के अधिवेशन में बोलते हुए, हिंदू ऐसा करेंगे—इस कल्पना के साथ, आपने अपनी सपूती का परिचय इन शब्दों में दिया है, "मुसलमानों के लिए साइमन कमीशन का बहिष्कार करना कर्त्तव्य न होगा।" क्यों कर्त्तव्य होगा, कमीशन का बहिष्कार यदि कर्त्तव्य हो जायगा तो गुलामी की कड़ियों के ढीली पड़ जाने की संभावना है न? सर मुहम्मद शफी के बाद सपूतों की सूची में राजा नरेंद्रनाथ का नाम आता है जिन्होंने मुसलमान ऐसा करेंगे—के आधार पर हिंदुओं को कमीशन से सहयोग करने की सम्मति प्रदान की है। राजा नरेंद्रनाथ ने उपर्युक्त सम्मति व्यक्तिगत रूप से दी है परंतु सर शफी ने जो पंजाब-मुस्लिम लीग

के सभापति के आसन से उस प्रस्ताव का समर्थन करते हुए उपर्युक्त शब्द कहे हैं जिसमें मुसलमानों को कमीशन से सहयोग करने के लिए उकसाया गया है। यह तो पंजाब की बात हुई, बंगाल के मि. गजनवी भी अपनी सपूती को अपने ही तक सीमित न रख सके। उन्होंने भी अपने अनुयायियों के साथ, कमीशन को अपनाने का निर्णय किया है। सपूती का यह रोग पश्चिम और पूर्व भारत में ही नहीं दक्षिण भारत में भी फैल रहा है, बंबई की जमैयतुलउल्मा ने भी कमीशन का बहिष्कार हानिकारक समझा है। मद्रास की व्यवस्थापक सभा में अनुन्नत संप्रदाय के तीन सदस्य हैं, इन तीनों सदस्यों ने एक स्वर से साइमन कमीशन की नियुक्ति पर संतोष प्रकट किया है। दिल्ली में इसी सप्ताह, मंत्रियों ने एकत्र होकर कमीशन की समस्या पर विचार किया। पर वे किसी परिणाम पर न पहुंचे! पहुंचते कैसे? उनमें भी तो बड़ी संख्या सपूतों की ही है! भिन्न-भिन्न प्रदेशों में सब मिलाकर देश में 22 मंत्री हैं किंतु इनमें संभवतः चार ही ऐसे हैं जो कमीशन-बहिष्कार में देश का साथ दे सकेंगे। मध्य प्रदेश के श्रीराघवेंद्र राव तथा श्री देशमुख, बंगाल के नवाब मुशर्रफ हुसैन, इसलिये कि सर अब्दुर्रहीम के अनुयायी हैं और मद्रास के श्रीरंगनाथम मुदालियर, इसलिये कि डॉ. बेसेंट के अनुगमनकारी हैं। सर अब्दुर्रहीम और डॉ. बेसेंट दोनों ही कमीशन बहिष्कार के पक्ष में हैं।

कमीशन में किसी भारतीय को न लेकर ब्रिटिश-नीति ने शासक और शासित जाति के बीच की रेखा को स्पष्ट से स्पष्टतर कर दिया है। शासन-सुधार का आयोजन-यज्ञ पराधीन भारतीयों के संपर्क से अपवित्र हो जाता—इतना बड़ा अपमान भी सपूतों की समझ में नहीं आ रहा है! स्वतंत्र हाथों से जब भारत का इतिहास लिखा जायगा तो उनकी इस स्थिति का अत्यंत उपहासपूर्ण चित्र खींचा जायगा, लिखा जायगा—

> बीसवीं शताब्दी में भारत के कुछ सपूतों के हृदय में दासता ने यहां तक घर कर लिया था कि वे ठुकराये जाने पर भी ठुकरानेवालों के पावों पड़ते थे और कहते थे, हमारी नाव खेकर पार लगानेवाले तुम्हीं हो प्रभु!

[26.11.1927]

3. चटाई का लहंगा

'नसीम जागो कमर को बांधो,
उठाओ बिस्तर कि रात कम है।'

चारों ओर से साइमन कमीशन के बहिष्कार की आवाज सुनकर सखी नौकरशाही चौकन्नी हो गई है और रांड बहादुरों तथा दस्तरखान बहादुरों को बलिदान का बकरा बनाकर अपना उल्लू सीधा कराने की फिक्र में दिलोजान से लग गई हैं। जमींदारों के पैगंबर श्री दरभंगेश, मुसलमानों के पैगंबर हाजी गजनीव, पंजाब के सर सफी तथा सर इकबाल वगैरह और अछूतानंद आदि सखी के पास सफरदाइयों ने घोषणायें निकाल-निकालकर कमीशन-बहिष्कार की जड़ में मट्ठा डालने का प्रयत्न आरंभ कर दिया है। जमींदारी हुकूक को जन्म-जन्मांतर के लिए अचल बनाने का प्रलोभन दिलाकर, दरभंगा के राजा बहादुर जमींदारों को फोड़ने की फिक्र में हैं और सीमाप्रांत में सुधार जारी करा लेने तथा सिंध को बंबई से अलग कर वहां इस्लाम का अटल राज्य कायम कराने का लालच दिलाकर हजरत गजनवी मुसलमानों को बहकाने में लगे हैं। सर सफी और सर इकबाल की पंजाबी टोली का कहना है कि कांग्रेस, हिंदू सभा और मुसलिम लीग ने अभी तक कोई कार्यक्रम देश के सामने नहीं रखा है और न हिंदुओं के बहुमत से हमारे नवाबी अधिकारों को ही आंख मूंदकर स्वीकार किया है। इसलिए अब हम लोगों को झटपट अंग्रेज महाप्रभुओं के चरणों में नाक रगड़ना आरंभ कर देना चाहिए और गुलामी के तख्त पर बैठकर हिंदुओं पर प्रभुत्व प्राप्त करने का ऐसा सुवर्ण सुयोग हर्गिज नहीं परित्याग करना चाहिये। साथ ही कलकत्ता के कुछ सनातनी चपकनियें मारवाड़ी भी किसी दस्तरखानी मुसलमान के बहकावे में आकर लाट-दर्शन का पुण्य लूटने दिल्ली पहुंचे हैं। ये शायद अपने टेढ़ी कमरवाले सनातन धर्म के दीर्घ जीवन के लिए श्रीलाट चरणों की धूलि लेंगे और कमीशन के सामने नाक रगड़कर बाल-विवाह और वृद्ध-विवाह का इस्तमरारी पट्टा सखी नौकरशाही से लिखवा लेंगे। इस तरह हमारी प्रवीणा सखी ने बहुत से देशी शृंगधारी चाटुकारों की पूंछ मरोड़ कर बहिष्कारवादियों को हुरपेटने के लिए अग्रसर कर लिया है। इसके सिवा कोयंबटूर के कलेक्टर मि. काक्स बहादुर ने देशियों की एक सभा में फरमाया है कि संसार के अधिकांश जीवों को अधिकाधिक सुख प्रदान करने के लिए ही बुद्धिमान विधाता ने धराधाम पर अंग्रेजों को भेजा है। इसलिये उनकी सत्यता और साधुता पर संदेह करने का कोई ऐतिहासिक

कारण नहीं दिखा सकता। बेचारे दिन-रात संसार की मंगल कामना में लगे रहते हैं। इसलिये आप लोग अखबारों और अपने नेताओं के बहकावे में हर्गिज न आइये और अखबार पढ़ना छोड़कर गौरांग देवों के लिखे इतिहास पढ़ना आरंभ कर दीजिये। यह याद रखिये कि आपके तथा आपके पूर्वपुरुषों के पुण्यप्रताप से ही अंग्रेजों का स्नेह-स्रोत रॉयल कमीशन के रूप में प्रवाहित होकर यहां आ रहा है। उसमें डुबकी लगाते ही आपको और आपके बूढ़े भारत को मनोवांछित मुक्ति प्राप्ति हो जायगी। इससे मालूम होता है कि भोले-भाले भारतवासियों से रॉयल कमीशन का समर्थन कराने के लिए सखी का नमकख्वार दल भी कम प्रयत्न नहीं करेगा। फलतः डबरे में बैठकर बहिष्कार की बांग लगाने से और अखबारों में गर्मागर्म 'मेनिफेस्टो' छपाने से कमीशन बहिष्कार न होगा और न लेक्चर तथा प्रस्ताव से घबराकर साइमन दादा स्वराज का 'अमलोल' भारतवासियों को थमा जायेंगे। इसके लिए सबसे पहले सखी कांग्रेस को अपना स्वराज पार्टी का दिया हुआ वह पुराना 'चटाई का लहंगा' उतार फेंकना होगा। चिर-यौवना सखी नौकरशाही और उनके हिमायती जयचंदों के मुकाबले के लिए नवीन उत्साह, नवीन उद्यम और बिल्कुल नये चोगा-चपकन से लैस होकर मैदान में उतरना होगा। बड़े भाग्य से कांग्रेस को यह अलभ्य अवसर प्राप्त हुआ है। साइमन दल के शुभागमन की खबर ने बड़े-बड़े हा-हुजूरियों की आंखों का पर्दा हटा दिया है। भारत के भाग्य-विधाताओं ने आज अपना असली रूप दिखाकर अपने अनन्य भक्तों को भी विरक्त कर डाला है। नरम, गरम, बेशरम, चरमपंथी, मध्यपंथी और अघोरपंथी, सभी वह निष्ठुर मूर्ति देखकर चकित और स्तंभित हो गये हैं। सखी नौकरशाही की न्याय-निष्ठा पर अटल आस्था रखनेवाले भी 'बहिष्कार बहिष्कार' चिल्ला रहे हैं। परम धीर मध्यपंथी महामना मालवीयजी भी प्रभुवर की निष्ठुर मूर्ति देखकर विचलित हो गये हैं और कमीशन-बहिष्कार से लेकर टैक्सबंदी तक कर देने के लिए कमर कसे तैयार हैं। आज तक जिन्हें कांग्रेस फूटी आंख भी नहीं भाती थी वे भी उसके सुर में सुर मिलाने को तैयार हैं! इन तमाम रंग-बिरंगे पक्षियों को एक ही पिंजड़ें में बंद करके चहकाने के लिए सखी कांग्रेस को अपना रूप बदल देना होगा। कमीशन-बहिष्कार को सफल बनाने के लिए कांग्रेस के पुनर्गठन की परम आवश्यकता है। असहयोग नीति से भयभीत होकर जिन्होंने कांग्रेस को तलाक दे दिया था, उन्हें बुलाकर वर्तमान समय के उपयुक्त कोई अच्छी कार्यप्रणाली बना लेने का मौका देना कांग्रेस के वर्तमान कर्णधारों का परम कर्त्तव्य है। अगर उनकी 'बहिष्कार-वाणी' केवल बंदरघुड़की नहीं है तो वे अवश्य ही कांग्रेस के झंडे के नीचे आयेंगे। इसलिये कांग्रेस की नियमावली में कोई ऐसा परिवर्तन होना चाहिए, जिसमें अलग-अलग अपनी डेढ़ ईंट की मसजिद बनानेवाले भी अपने प्रतिनिधि भेज सकें। कांग्रेस के कर्णधार श्री आयंगार महोदय ने बुलाया

तो सबको है, परंतु रास्ता वही गया की 'ब्रह्मयोनि' की तरह संकीर्ण रहने दिया जिसे महात्मा गांधी और उनके अपरिवर्तनवादी अनुयायियों को धता बताने के लिए स्वराज पार्टी ने तामीर कराया था। इसलिये मोटी तोंदवाले नये बहिष्कारवादियों को उसमें प्रवेश करने में कुछ कष्ट हो जाने की बड़ी संभावना है। अपने सिंह गर्जन में पंडित मालवीयजी ने कांग्रेस के पुनर्गठन के संबंध में जो प्रस्ताव किया है उसकी ओर भी आयंगार महाशय ने ध्यान नहीं दिया। क्योंकि उनके बहिष्कार संबंधी घोषणापत्र में उसका जिक्रमजकूर कुछ नहीं है। 'मतवाला' राम के मतानुसार ये लक्षण अच्छे नहीं हैं। चटाई के लहंगे के भरोसे सुधरी हुई फैशनेबुल नौकरशाही से कांग्रेस का भिड़ंत सफलताप्रद न होगा। और, अगर अबकी पासा नहीं पड़ा तो बहुत दिनों तक स्वराज का स्वाद याद करके होंठ चाटते रहना होगा।

[10.12.1927]

4. मीर जाफर दल!

कांग्रेस के भावी प्रधान डॉ. अंसारी ने एक लंबा-चौड़ा पत्र भेजकर देश के विभिन्न मतावलंबी लीडरों को मद्रास कांग्रेस में सम्मिलित होकर, देश की वर्तमान राजनीतिक परिस्थिति पर विचार करने के लिए आह्वान किया था। शाही कमीशन को भारतीय-विहीन देखकर सखी नौकरशाही के खास आशिकजारों तक का मुंह बिचकाना तथा उसके बहिष्कार के लिए गला फाड़-फाड़कर चिल्लाना देखकर आशावादियों को यह आशा हुई थी कि डॉक्टर साहब का यह प्रेमपूर्ण आह्वान खाली न जायगा, सफरदाई दल कांग्रेस का साथ देकर देश के इस घोर अपमान का बदला लेगा और सखी नौकरशाही को बतला देगा कि जयचंद और मीर जाफर का अस्तित्व अब इतिहास के पन्नों में ही रह गया है। परंतु डॉक्टर साहब के पत्र के जो उत्तर अखबारों में छपे हैं, उन्हें देखने से मालूम होता है कि भारत के उजड़े दयार में अभी भी मीर जाफरों और जयचंदों की पलटन की पलटन खड़ी है। देश रसातल जाय, उसकी गुलामी की मियाद युग-युगांतर तक के लिए बढ़ जाए परंतु ये स्वार्थी, देशद्रोही अपनी जयचंदी प्रकृति से बाज नहीं आने के। इनकी 'सर' की दुम कायम रहे, रायबहादुरी सलामत रहे, लाट साहब के सामने दुम हिलाने का अवसर मिलता रहे और येन-केन प्रकारेण अपना मतलब गंठता रहे, यही इनके लिए बहुत है। देश के कोने-कोने से कमीशन के बहिष्कार की आवाज आ रही है। नौकरशाही की नेकनीयती पर हजार जान से निछावर होनेवालों ने भी घृणा से मुंह फेर लिया है, परंतु जयचंदी समुदाय अभी भी कमीशन के सामने दांत निपोरने के लिए तैयार है। साथ ही कुछ माडरेट नामधारी विलक्षण जीव भी कमीशन का बहिष्कार तो चाहते हैं, परंतु कांग्रेस का नाम सुनते ही बिगड़ैल भैंस की तरह गरदन झाड़ते हैं। इनकी समझ में दो-चार लेक्चर झाड़ देने से ही कमीशन का बहिष्कार हो जायगा या 'बहिष्कार बहिष्कार' चिल्लाने से ही बड़े साहब कमीशन में इनके लिए मुलायम गद्दीदार कुर्सी रखवा देंगे। इसलिये कांग्रेस में शरीक होकर ये अपना धर्म नहीं बिगाड़ेंगे और उन्हीं दिनों बंबई में एकत्र होकर लंडन की ओर मुंह करके 'हुआं हुआं' या 'बहिष्कार बहिष्कार' चिल्लायेंगे। परंतु 'मतवाला' राम को इनसे कोई शिकायत नहीं। क्योंकि 'मियां की दौड़ मसजिद तक' के अनुसार जन्म-भर लेक्चर देने के सिवा इन बेचारों ने और कुछ किया ही नहीं। इसलिये यदि ये 'दांत निपोरना' छोड़कर चुपचाप अलग बैठे रहें और कमीशन के मनहूस कदम के आने पर लंबी तान लें तो भी इनकी बड़ी

मेहरबानी ही समझिये। क्योंकि ये चुपचाप बैठे रह कर भी देश-सेवा का उतना ही पुण्य प्राप्त कर लेंगे जितना कांग्रेस वाले और दूसरे सच्चे देशभक्त देश के लिए भयंकर से भयंकर संकटों का सामना करके प्राप्त कर सकते हैं। आजन्म नौकरशाही की मुलायम गोद में विश्राम करनेवाले, आरामगाहों में पड़े-पड़े स्वराज का सुख स्वप्न देखनेवाले कमीशन के सामने दांत निपोरना नहीं चाहते, यही बहुत है। उनसे इससे अधिक आशा करना विडंबना मात्र है। इसलिये 'मतवाला' राम की तो राय है कि जिन्हें भारत की स्वतंत्रता की सच्ची लगन हो वे मीर जाफरों, जयचंदों, अर्द्ध जयचंदों तथा कोरे लेक्चरबाजों की ओर न देखकर देश को उद्‌बुद्ध करने का आयोजन करें। क्योंकि वर्तमान भारत का ध्येय केवल आनेवाले रॉयल कमीशन का बहिष्कार करना, थोड़ा-सा और रिफार्मी लड्डू प्राप्त करके संतुष्ट हो जाना या नौकरशाही की गोद में हाथ-पांव फैलाकर जन्म-जन्मांतर तक सोना ही नहीं वरन देश को गुलामी के बंधन से विमुक्त करना है। पराधीनता के कठोर शिकंजे ने हमारे जातीय जीवन को पंगु बना दिया है। हमारा संग्राम कुशासन के विरुद्ध नहीं वरन पराधीनता के विरुद्ध है। इसलिये कोई मीर जाफर कमीशन के बहिष्कार में हमारा साथ दे या साइमन साहब के सबूत चरणों पर नाक रगड़ें, हमें इसकी कोई चिंता न करके अपने उसी पवित्र ध्येय की ओर अग्रसर होना चाहिए। जिन्होंने अंग्रेजी शासन को विधाता का विधान मान लिया है वे केवल कमीशन का बहिष्कार करके ही संतुष्ट हो सकते हैं या नौकरशाही की धांधली के विरुद्ध दो-चार लेक्चर झाड़कर निहाल हो सकते हैं। वे दया के पात्र हैं, उनकी तकदीर में भीख मांगना और ठोकर खाना बदा है। उनके लिए और उपाय ही क्या है? उसी तरह मि. जिन्ना की फटकार सुनकर भी कमीशन की दुम में तेल लगाने के लिए पहले से ही तैयार रहनेवाले मीर जाफर दल या चपकनियां पंवरिये भी हमारे लिए घृणा के पात्र हैं। इन्हें यहीं छोड़कर हमें अपने ध्येय की ओर अग्रसर होना चाहिए। देश हमारा साथ देगा, प्रकृति हमारा साथ देगी और ईश्वर का शुभाशीर्वाद हमें प्राप्त होगा।

[17.12.1927]

5. मायावी मित्र

जानि न जाई निसाचरि जाया।
काम रूप केहि कारन आया॥

जिस तरह कोई काजीजी शहर के अंदेशे में पड़कर दिन-रात दुबले रहा करते थे, उसी तरह इंग्लैंड की लेबरपार्टी या मजूरमंडली वाले बूढ़े भारत की भलाई के लिए बेचैन रहते हैं। जब होता है तभी दाल-भात में मसूरचंद की तरह इस पार्टी के कुछ मनचले मेंबर बिना बुलाये ही भारतीय मामलों में टांगें अड़ा दिया करते हैं और अपने अयाचित उपदेशामृत से आप्यायित किया करते हैं। परंतु जब भारत की भलाई का इसे कोई अवसर हाथ में आता है तो ये हमारे परम मित्र साम्राज्यवादियों के भी चचा बन जाते हैं। आज से कई वर्ष पहले जब इंग्लैंड का शासन-सूत्र इन मजूरों के हाथ में आया था तब कितने ही सरल हृदय भारतीयों को यह आशा हुई थी कि शायद भारत के वे दिन अब नहीं रहेंगे। हमारा परम हितैषी मजूर-दल अपनी भारत-हितैषिता का कुछ न कुछ परिचय देकर, संपूर्ण नहीं तो कुछ थोड़ा अधिकार हमें अवश्य प्रदान करेगा। परंतु उनकी वह आशा शीघ्र ही घोर निराशा के रूप में परिणत हो गई। भारतवासियों को स्वराज संबंधी कुछ नवीन अधिकार देना तो दूर रहा मजूरों की सरकार ने बेचारे भारत की खोपड़ी पर वह करारी धौल जमा दी जो उसे आजन्म याद रहेगी। 'बेंगाल आर्डिनेंस' जैसा भीषण दमन-चक्र चलाकर हमारे इन परम हितैषी बंधुओं ने स्वाधीनता-कामी युवक शक्ति को अच्छी तरह पीस कर भारत में ब्रिटिश साम्राज्य की नींच अचल कर दी। वही हमारे हितैषी बंधु आजकल हमें रॉयल कमीशन के सामने दांत निपोरने के लिए पानी पी पीकर उपदेश प्रदान कर रहे हैं। कोई विलायत में बैठा-बैठा उपदेशामृत की वर्षा कर रहा है तो कोई यहां आकर कानों के पास से मंत्र फूंक रहा है। इस दल के प्रधान नायक मि. रेमज़े मेक्डानेल्ड महोदय ने मि. ग्रेहमपोल की मार्फत कहला भेजा है कि भारत को स्वराज दिलवाने के लिए हम लोग सिरतोड़ परिश्रम कर रहे हैं। जब तक भारत इस तरह पराधीन है, तब तक हम लोगों को खाना-पीना कुछ नहीं अच्छा लगता। परंतु जो लोग रॉयल कमीशन के बहिष्कार की तैयारी कर रहे हैं, वे अपने देश का सत्यानाश करने जा रहे हैं। उन्हें चाहिए कि नम्रतापूर्वक अपनी दुःखगाथा रॉयल कमीशन के सामने निवेदन कर दें। बस, इसके बाद जो कुछ करना होगा वह हम लोग कर लेंगे। इसी तरह का मधुर

उपदेश एक-दूसरे मजूर नेता मि. लांसबरी साहब ने प्रदान करने की कृपा की है। कमीशन-बहिष्कार का घोर रव सुनकर आप एकदम अधीर हो उठे हैं। भारतवासियों को 'देहिपद पल्लवमुदारम्' का ऐसा सुयोग छोड़ते देखकर आपका कोमल चित्त व्याकुल हो रहा है। कहीं ऐसा न हो कि बहिष्कार का नाम सुनकर रॉयल कमीशन के गोरे प्रभुगण रुष्ट हो जायें और सरकारी कर्मचारियों की सलाह से शासन संस्कार संबंधी कोई नई 'स्कीम' तैयार कर डालें तो गजब हो जायगा! भारत की तमाम आशाओं और आकांक्षाओं पर बिना मेघ के बिजली गिर पड़ेगी और भारत की भलाई के लिए आप लोगों ने जो एड़ी-चोटी का पसीना एक कर दिया है, उस पर पानी फिर जायगा। परंतु दुःख है, कि रोते-रोते भारत की आंखें सूज गई हैं, चिल्लाते-चिल्लाते उसका गला बैठ गया और इस तरह की चिकनी-चुपड़ी बात सुनते-सुनते कान अकुला गये हैं। अब वह मायाजाल में फंसना नहीं चाहता। जिनके ऊपर यह जादू आसानी से चल जाता था, वे भी अब अल्लाह के फजल से चौकन्ने हो गये हैं। भारत नितांत बबुआ नहीं है। मि. लांसबरी और मि. मेक्डानेल्ड की उंगली पकड़कर चलना सीखने की ख्वाहिश उसे नहीं है। सात समुद्र तेरह नदी पार से आये उपदेशों का आश्रय लेने से स्वराज मिल जायगा और भारत का दुखदैन्य दूर हो जायगा, ऐसी मूर्खतापूर्ण धारणा अब शायद, दो एक खुशामदी टट्टुओं को छोड़कर और किसी भारतवासी के दिल में नहीं है। मेसर्स मेक्डानेल्ड, ग्रेहमपोल, लांसबरी और फुलौरी यदि भारत के शुभचिंतक हैं तो धन्यवाद—कोटि-कोटि धन्यवाद! परंतु बात-बात में भारत को उपदेश प्रदान करने की स्पर्द्धा अब उन्हें छोड़ देनी चाहिए। क्योंकि इससे भारत का और उसके नेताओं का अपमान होता है और वह उसे कदापि नहीं बरदाश्त कर सकता। पंडित जवाहरलाल नेहरू ने ठीक ही कहा है कि मजूर पार्टी के ये महानुभाव भारत की भलाई के लिए जबानी जमाखर्च तो खूब करते हैं, परंतु कार्यतः कुछ नहीं। यही नहीं, पंडितजी को विश्वास है कि 'भविष्य में यदि मजूर सरकार बनी रही तो वह हमारे लिए उतनी ही आपत्तिजनक होगी, जितने लॉर्ड बर्कनहेड हैं। वरन लॉर्ड बर्कनहेड-सा स्पष्टवादी शत्रु उन दोस्तों से अच्छा है, जो बात तो बहुत करते हैं पर करते-धरते कुछ नहीं।' इसलिये भारत को अपने इस मायावी मित्रों से हमेशा सावधान रहना चाहिए। क्योंकि ये हमें स्वाधीन करानेवाले नहीं वरन हमारे गुलामी के बंधन को और मजबूत करनेवाले हैं।

[24.12.1927]

6. अब?

अब, जब राष्ट्रीय महासभा ने अपना निश्चय प्रस्तावों के रूप में प्रकट कर दिया, जब परतंत्रता की विषैली वायु में दम घुटता हुआ देखकर देश ने मदरास-कांग्रेस मंच से अपना ध्येय स्वाधीनता प्राप्त करना बतला दिया और जब, वर्तमान परिस्थिति में, बिखरी हुई शक्तियों को एकत्र करने की जो संभव युक्ति सोची जा सकती थी, देश के नेताओं ने उसे शब्दों का रूप दे दिया—कर्त्तव्य के गंभीर उत्तरदायित्व का चित्र हमारे सामने आ खड़ा हुआ है।

मिट्टी के सर्प में न दंशन-शक्ति होती है और न विष-ज्वाला ही। प्रस्ताव भी, जब तक उन्हें क्रियात्मक रूप न दिया जाय, फिर वे चाहे जितने तीव्र और चाहे जितने उग्र हों, मिट्टी के सर्प से अधिक महत्त्व नहीं रखते। शक्ति और साधनों का सिंहावलोकन करके, हमें क्या करना चाहिए—निश्चित परिणाम पर पहुंचना निस्संदेह एक काम है, किंतु इससे भी बढ़कर काम है यह सोच लेना कि जो कुछ हमें करना है, वह इस प्रकार करना है। हम मानते हैं कि महासभा ने कर्त्तव्य-निश्चय के साथ-साथ हमारे पथ को परिष्कृत करने का भी प्रयास किया है, बाजे और गोवध के प्रस्ताव में, निर्णय के रूप का दर्शन न होने पर भी, कलकत्ता की शब्दावली ने जिस उग्र कटुता और खिजलाहट को जन्म दे दिया था, वह खो गई, इसमें संदेह के लिए स्थान नहीं है, यह पथ परिष्कृत करने का प्रयास नहीं तो और क्या है। किंतु यह प्रयास पथिकों के लिए यथेष्ट नहीं है। सहस्त्रों मील विस्तृत भारत-सदृश विशाल देश में, साधन और मार्ग का ऊपरी रूप एक होते हुए भी समय और स्थिति के अनुसार कार्य-क्षेत्र की आंतरिक शाखाओं में कुछ न कुछ विभिन्नता होना अनिवार्य है। इसलिये अब समय आ गया है कि हमारे नेता देश में चारों ओर फैलकर देश को संगठित करने में जुट जायें और प्रत्येक भारतीय के हृदय में उस अपमान को, मनुष्यता को चुनौती देनेवाले उस घातक अपमान को, जिसे ब्रिटेन ने साइमन कमीशन से भारतीयों का बहिष्कार करके प्रदर्शित किया है, यथार्थ रूप में अनुभव कर सकनेवाली भावना को जगा दें। और जगा दें आत्मसम्मान के उस सुप्त भाव को, जिसके बिना मनुष्य-जीवन में और कीड़ों-मकोड़ों के दिन यापन में अंतर नहीं रह जाता।

हमें विश्वास हो जाना चाहिए कि आत्मबल—केवल आत्मबल ही संसार में अजेय बल है। आत्मबल-पूरित पथिक जब अपने पथ पर अग्रसर हो पड़ता है, तब

कांटे फूल बन जाते हैं और बाधायें-अड़चनें त्रस्त और भीत होकर दायें-बायें खिसक जाती हैं। हमें विश्वास हो जाना चाहिए कि हमने जो ध्येय निश्चित किया है वह ध्येय मानवीय ध्येय है और मनुष्यों द्वारा—हम ऐसे मनुष्यों द्वारा—ही प्राप्त करने योग्य है। और हमें विश्वास हो जाना चाहिए कि हमारा भविष्यत् आलोकमय है, ऐतिहासिक साक्षी के सुवर्ण किरण समूह पर वह आलोक अपनी पूर्ण प्रतिभा के साथ प्रतिबिंबित हो रहा है।

युद्ध-घोषणा हो चुकी है। कर्मक्षेत्र वीरों का आह्वान कर रहा है। हमारे नवयुवकों को जननी की पुकार सुनकर, उसके चरणों में अपने को उत्सर्ग करने के लिए, उसके जननीत्व और अपने पुत्रत्व को सफल बनाने के लिए फिर आगे बढ़ना चाहिए। इस शताब्दी के आरंभ काल की विफलता—असहयोग युद्ध की असफलता—अब अधिक काल तक हमको अनुत्साहित बनाये रखने के लिए सक्षम नहीं हो सकती, इस बात को, हम चाहते हैं कि हमारे वीर हृदय पूर्णरूपेण अनुभव करें। 'कर्मण्येवाधिकारस्ते मा फलेषु कदाचन' गीता-गायक के इन पवित्र शब्दों का उच्चारण करते हुए हमें अपने कर्म-क्षेत्र में प्रवेश करना चाहिए। हमें यह न विस्मरण करना चाहिए कि हम सांसारिक जीवन में एक ऐसी वस्तु को प्राप्त करने के लिए लालायित हो उठे हैं, जो उच्च से उच्च और महान् से महान् है, इतनी उच्च और इतनी महान् कि उसके समान केवल वही है। स्वाधीनत्ता-सी वस्तु को प्राप्त करने के लिए बड़े से बड़े त्याग और बड़े से बड़े तप की आवश्यकता है।

हमको रीते हाथों और सच्चाई के साथ एक ऐसी शक्ति से सामना करना है जो नव-आविष्कृत अस्त्र-शस्त्रों से सुसज्जित है तथा अपनी कूटनीतिज्ञता से वसुंधरा के शक्ति-संपन्न शासनों को छकाये हुए है। रेखागणित के साध्यों के समान सुशृंखल और सुसंबद्ध तर्क-वितर्क से भले ही न सिद्ध हो किंतु क्या यह स्पष्ट नहीं है कि नवीन शासन-सुधारों के युग में ही मसजिद और बाजों का वह भयंकर प्रश्न उठ खड़ा हुआ है जो देश की शांति के साथ कबड्डी खेल रहा है? किंतु इन सब बातों से हमें तनिक भी विचलित होने की आवश्यकता नहीं है। आवश्यकता है केवल आशा की देदीप्यमान ज्योति में, अपने मार्ग पर दृढ़ता के साथ बढ़े चलने की। आंधियां थम जायेंगी, बादल छंट जायेंगे और गगन मंडल खुल जायगा—यह वैसे ही निश्चित है जैसे पूर्व में प्रातःकाल सूर्योदय होना।

अब इतना कह चुकने के अनंतर देश के प्रधान नेताओं के सामने भी एक बात स्पष्ट रूप से रख देना हम उचित समझते हैं। साइमन कमीशन का बहिष्कार करने और देश के लिए भावी शासन-विधान का निर्णय कर लेने पर देश का क्या कर्त्तव्य होगा—यह, समय रहते, उनको भली प्रकार सोच लेना पड़ेगा और उनको सोच लेना

पड़ेगा कि डेढ़-दो वर्ष के अनंतर ब्रिटिश-पार्लमेंट अभिनव शासन-सुधार के नाम पर जो भार हमारे कंधों पर डालने की घोषणा करेगी, उसे हम वहन न करने के लिए क्या करेंगे। विलायती वस्तुओं का—कुछ वस्तुओं का—बहिष्कार करने की आयोजना की जा रही है। अच्छी बात है। पर, हम चाहते हैं कि इस अवसर पर यह स्मरण कर दिया जाय कि कम से कम दो बार यह योजना पहले भी देश के सामने रखी जा चुकी है। देश की जाग्रत-शक्ति के साथ खिलवाड़ करने का हमें कोई अधिकार न होना चाहिए और न होना चाहिए हमें यह अधिकार भी कि देश के जीवन को हम, आगे चलकर निराशा और अनुत्साह के गड्ढे में ढकेल दें। सारांश, अब जो कुछ होने जा रहा है वह पूरे बल और पूरे निश्चय के साथ होना चाहिए।

[31.12.1927]

7. हड़ताल और बहिष्कार

भगवान् भूतभावन की पावन पुरी में बैठकर देश के नेताओं ने साइमन कमीशन के बहिष्कार और उसके आगमन के उपलक्ष में हड़ताल करने की जो दृढ़ घोषणा की है, वह देशवासियों के हृदयों में आनंद के साथ ही आशा का और महा मायावी गोरों के हृदयों में निराशा का संचार करेगी, इसमें जरा भी संदेह नहीं। इन मायावियों के बड़े सरदार ने बड़े घमंड से कहा था कि भारतवासी कमीशन का बहिष्कार करने में सफल नहीं होंगे और थोड़ी देर तक उछल-कूद मचाकर फिर शांत हो जायेंगे। भारत के राजनीतिक क्षेत्र में, हिंदुओं की अगणित उपजातियों की तरह योगी, असहयोगी, अर्द्धयोगी, मदरत स्वराजी और हें हें पंथी आदि विविध प्रकार के जीवों की भरमार और दाढ़ी-चोटी का गुत्थमगुथ देखकर उनके हृदय में जो आशा लता लहलहा रही थी, वह हमारे नेताओं के इस निश्चय से मुरझा जायगी और उनकी समझ में आ जायगा कि कमीशन के सामने भारतवासियों से नाक रगड़वा लेना, उन्होंने जितना आसान समझ रखा था, उतना आसान नहीं है। बेचारों ने स्वप्न में भी नहीं सोचा होगा कि कांग्रेस, मुस्लिम लीग, हिंदूसभा और लिबरल फेडरेशन, आदि संस्थायें एक साथ ही कमर कसकर कमीशन के बहिष्कार के लिए तैयार हो जायेंगी। परंतु काशी में एक ही प्लेटफॉर्म पर खड़े होकर पं. मालवीय, डॉ. सप्रू, श्रीयुत विपिनचंद्र पाल, मौ. अब्दुल कलाम, डॉ. अंसारी, मि. सेनगुप्त, डॉ. मुंजे और मौ. मुहम्मद अली आदि विभिन्न मतावलंबी नेताओं की कमीशन के बहिष्कार की सम्मिलित वाणी सुनकर उनके हृदयों में कुलबुलाहट पैदा हो गई, इसलिये मीर जाफरों के दुम हिलाने पर भी उन्हें संतोष नहीं हो रहा है इसलिये अपने दंभ की रक्षा के लिए किसी नये फंदे की तलाश में लगे हैं। उनके पत्रों ने अपना स्वर बदल दिया है। ठगने के लिए कोई राजनीतिक कैदियों को छोड़ने की सलाह दे रहा है तो कोई भारतीय कमिटी को अधिक अधिकार दिलवाने की सिफारिश कर रहा है। प्रयागी पंडा 'पायनियर' ने स्पष्ट स्वीकार कर लिया है कि आंदोलन प्रबल होता जा रहा है और अब उसकी उपेक्षा नहीं की जा सकती। इसलिये उसने कमीशन की सफलता के लिए 'हां हुजूरियों' और दुमदारों को पकड़कर नचाने की सलाह दी है। परंतु जिनकी खोपड़ी में विधाता ने चुटकी भर भी अक्ल रख दी है, वे जानते हैं कि इन मुट्ठी भर नगण्य जीवों की नाक घिसवा डालने से भी कमीशन की मान रक्षा संभव नहीं। इसलिये वे कभी साइमन साहब की उदारता और निरपेक्षता का ढिंढोरा पीटते हैं, कभी

राउंडटेबिल कांफरेंस का प्रलोभन दिखाते हैं और कभी भारतीय नेताओं से परामर्श लेने की बात कहते हैं। परंतु यहां 'वह गुड़ नहीं जो चिउंटे खायं।' काशी के सर्वदल सम्मेलन ने अपनी दृढ़ घोषणा द्वारा आंख में अंगुली डालकर अच्छी तरह दिखा दिया है, कि यार लोग अब किसी झांसापट्टी में आनेवाले नहीं हैं। अब इस देश में बहुत थोड़े ऐसे अभागे रह गये हैं जो यह आशा करते हैं कि अंग्रेज हमारे दांत निपोरने से हमें कुछ दे देंगे। प्रत्येक भारतवासी जिसने अपने स्वार्थ की रक्षा के फेर में पड़कर अपनी आत्मा को कलुषित नहीं कर दिया है, जानता है कि अंग्रेज इस देश में येन-केन प्रकारेण अपना उल्लू सीधा करने की नीयत से आये हैं, उनकी बंद मुट्ठी आसानी से खुलनेवाली नहीं है। इसी से उन्होंने भी दृढ़ता से काम लेने की प्रतिज्ञा की है।

हम आशा करते हैं कि प्रस्ताव पास करने में हमारे नेताओं ने जिस दृढ़ता और एकता का परिचय दिया है, उसी तरह उसे सफल बनाने में भी यत्नशील होंगे। साथ ही भविष्य में भी जाति को इसी तरह संघबद्ध करके अग्रसर करते रहेंगे। यह कभी नहीं भूलना चाहिए कि हमारा मुकाबला संसार की सबसे अधिक चालाक और धूर्त अंग्रेज जाति से है। वे अवसर पाते ही चारों ओर से हमारे ऊपर आक्रमण करना आरंभ करेंगे, कमीशन का जाल छिन्न-भिन्न होते ही वे बौखला उठेंगे, इसलिये हमें चारों ओर दृष्टि रखकर अत्यंत तत्परता और सावधानी से काम करना होगा, आत्मरक्षा के साथ ही प्रत्याक्रमण के लिए भी हमें प्रस्तुत रहना पड़ेगा। कमीशन का बहिष्कार और हड़ताल भावी युद्ध का श्रीगणेश मात्र है।

नेताओं के साथ ही इस हड़ताल और बहिष्कार की बहुत कुछ जिम्मेदारी देशवासियों पर भी है। इस समय प्रत्येक भारतवासी का यह परम कर्त्तव्य है कि वह तन-मन से अपने नेताओं के निश्चय को कार्यान्वित करने के लिए कटिबद्ध हो जाय। जाति के मान की रक्षा के लिए, अहंमन्य गोरे राजनीतिज्ञों की धृष्टता का मुंहतोड़ उत्तर प्रदान करने के लिए, समस्त भेदभाव भूलकर हमें अपने नेताओं की घोषणा को सफल बनाने की चेष्टा करनी चाहिए। साथ ही हमें इस बात की ओर भी सतर्कता से लक्ष्य रखना होगा कि शांति भंग न होने पावे। आगामी 3 फरवरी की हड़ताल पर ही हमारी विजय निर्भर है, इसे अच्छी तरह याद रख लेना चाहिए।

[21.1.1928]

8. प्रेम का फंदा

ज्यों-ज्यों साइमन सप्त-गुट्ट के शुभागमन की तिथि, 3 फरवरी निकट आ रही है और बूढ़ा भारत उसे ठुकरा देने के लिए कमर कस रहा है, त्यों-त्यों गोरे और उनके पत्रों के पेट में चूहे कूद रहे हैं। धीरे-धीरे उनकी समझ शरीफ में, यह बात कीचड़ में लाठी की तरह धंसती जा रही है, कि अब इस हड़ताल पर हड़ताल फेरना हंसी-खेल नहीं है। इसलिये मजाक छोड़कर उन्होंने भारतवासियों पर प्रेम का फंदा फेंकना आरंभ किया है। अब वे कहने लगे हैं कि "व्यवस्थापक सभा और इंडिया कौंसिल के सदस्यों को लेकर जो एक संयुक्त समिति बननेवाली है, उसे कुछ और अधिकार दिये जायेंगे और जयकर, केलकर और मुंजे आदि उसमें सम्मिलित हो जायेंगे। और, लॉर्ड बर्कनहेड की बातों से भारतवासियों को जो दुःख हुआ है, उसे साइमन साहब आने के साथ ही पोंछकर फेंक देंगे। क्योंकि बेचारे साधु पुरुष, परम त्यागी और महा उदार हृदय हैं। भारत की भलाई के लिए उन्होंने अभी हाल में ही अपनी वकालत छोड़ दी है। ऐसे महापुरुष पर अविश्वास करना भला कहां की बुद्धिमानी है?"

साइमन-स्तोत्र के साथ ही हमें धमकी भी दी जाती है कि कमीशन का विरोध करोगे तो कोंपर के सिवा और कुछ भी हाथ न लगेगा, बहुत पछताना पड़ेगा और अंत में दांत निपोरकर हमारे सामने हाथ फैलाने के लिए बाध्य भी होना पड़ेगा।

परंतु भारत अब इन थोथी बंदरघुड़कियों से भयभीत होनेवाला नहीं है और न साइमन साहब की उदारता और त्याग ही उसे विमुग्ध कर सकते हैं। अंग्रेज महाप्रभुओं की उदारता, त्याग और परोपकारिता की परीक्षा वह प्रायः पौने दो सौ वर्षों से करता आ रहा है। वह समझ गया है कि ये महा मायावी हैं और अपनी माया के जाल में फांसते आ रहे हैं परंतु जमाने ने पलटा खाया है, अब एक नहीं, सौ साइमन भी अगर आकर कहें कि हमारा विश्वास करो, हम तुम्हें दिल्ली का लड्डू और मथुरा का खुरचन देने आये हैं तो भी भारत उनका विश्वास नहीं करेगा। अब वह अच्छे से अच्छे पराधीन शासन को ठुकरा देगा। तुम अपना प्रेम, अपनी उदारता और अपना त्याग अपने घर रखो। हम अपने भाग्य का निर्णय स्वयं कर लेंगे। बहुत नचा चुके दोस्त, बहुत दिनों तक धोका दिया, अब जबानी जमाखर्च और भविष्य की आशा में भुलाये रखने से काम नहीं चलेगा। साइमन कमीशन को ठुकरा देने से नुकसान होगा तो बला से होगा, अपमान तो नहीं होगा। तुम्हारे अत्याचारों में बाधा देने जाकर बूढ़े भारत को जो चोट लगेगी, उसे वह बरदाश्त कर लेगा, परंतु तुम्हारे फेंके हुए रोटी के टुकड़े

पर पूंछ हिला-हिलाकर खा लेना पसंद नहीं करेगा। इस हीनता और क्लीवता से भगवान् रक्षा करें, यही उसकी कामना—यही उसकी आंतरिक प्रार्थना है।

साइमन कमीशन का नाम सुनकर दो-एक नगण्य चाटुकारों के मुंह से लार टपकने लगी है, उससे यह समझ लेने की भूल कदापि न कर बैठना कि सारा भारतवर्ष तुम्हारे अनुग्रह के लिए लालायित है। तुम्हारे भल्लूकालिंगन से अभी हमारा पिंड नहीं छूटेगा, यह ठीक है, परंतु इसके लिए हम अपने मनुष्यत्व को तिलांजलि भी नहीं प्रदान करेंगे, यह उससे भी बढ़कर ठीक है।

जलियानवाला बाग की गोलियों के दाग अभी ताजे हैं, सूखे नहीं। उसकी विषम पीड़ा अभी भी हमें बेचैन कर दिया करती है। देश के नौजवानों को जबरदस्ती बंद करके हमारी युवक-शक्ति को कुचल डालने का जो निष्ठुर प्रयास तुमने किया है, वह भी शीघ्र ही भूल जाने की चीज नहीं। इसी से त्याग, उदारता और न्यायपरायणता के भरोसे तुम्हें साइमन कमीशन का समर्थन कराने का प्रयास करते देखकर, कसम तुम्हारे सर की, हमें बड़ी हंसी आती है। हमने बारंबार कहा है कि हमें कमीशन नहीं चाहिए, हम भिखमंगे नहीं हैं, तुम्हारी दया नहीं चाहते। परंतु तुम अपनी स्वाभाविक उदारता से कैसे बाज आते? हम चाहें या न चाहें, तुम हमारी भलाई किये बिना दम नहीं लोगे, यह हमें अच्छी तरह मालूम हो गया है। हमारी भलाई के लिए ही तुमने अपनी मेयो को भेजकर सारे संसार में हमें हेय प्रमाणित करने की चेष्टा की है और हमारी भलाई के लिए ही सात समुंदर तेरह नदी पार कर साइमन गुट तशरीफ ला रहा है! धन्य हो दोस्त! हद कर दी तुमने निर्लज्जता, कपटता ओर तोताचश्मी की।

तीसरी फरवरी की हड़ताल की सफलता के आसार तुम्हारी कुटिल आंखें देख रही हैं। इसलिये उसे विफल कर देने की चेष्टा भी तुम्हारे लिये स्वाभाविक ही है। परंतु प्रेम के फंदे में ये अकृतज्ञ काले अब फंसना नहीं चाहते। साइमन साहब हमारे लिए हजारों की आमदनी को लात मारकर हमारी भलाई के लिए दौड़े आये, ईश्वर उनका भला करें, वो दूधों नहायें, पूतों फलें, मसानियां बाबा उन्हें कौवे की आयु प्रदान करें और मरने पर अक्षय स्वर्ग लाभ हो। परंतु दोहाई दोस्त, त्याग और उदारता की महिमा सुनाकर हमारा उद्धार करने की चेष्टा अब एकदम छोड़ दो। अपना प्रेमपाश दया करके समेट लो। 'बक्सो बिलार मुर्गा बांड़े हो के रहिहें।'

[20.8.1.1928]

9. रिस परिहास कि साचहुं सांचा?

बात आज की नहीं त्रेता युग की है। मर्यादा पुरुषोत्तम श्रीराम के अभिषेक का संपूर्ण आयोजन हो चुका था। बस, रात बीतती और प्रातःकाल वेदविहित विधानों के साथ श्रीराम युवराज पदाभिषिक्त कर दिये जाते। परंतु, महाप्रतापी राक्षस राज रावण के पाप का घड़ा भी भर चुका था, और अदृष्ट पथ के सर्वशक्तिमान सूत्रधार की इच्छा थी कि राम के हाथों रावण का वध कराकर संसार से स्वेच्छाचार, अनाचार, और अत्याचार की हस्ती मिटाकर आनेवाले राम-राज्य के उपयुक्त परिस्थिति उपस्थित कर जनसमाज को राम-राज्य का शुद्ध और सात्त्विक हृदय से स्वेच्छा और स्वतंत्रतापूर्वक स्वागत करने योग्य बनावे। फलतः महारानी कैकेयी मंथरा की दुर्बुद्धि के बहकावे में आकर महाराज दशरथ से 'चौदह वर्ष राम वनवासू' का वरदान मांग बैठीं। इस भीषण मांग को सुनकर महाराज को काठ मार गया। वे सहसा अपने कानों पर विश्वास न कर सके, साथ ही उन्हें कैकेयी की गंभीरता पर भी विश्वास न हुआ और उन्होंने बड़े ही मर्म-भेदी शब्दों में कैकेयी से जिज्ञासा की कि—'रिस परिहास कि साचहुं सांचा'?

आज इतने दिनों बाद महाराज दशरथ की वही करुण जिज्ञासा चतुर्दिक व्यापी वायुमंडल से फिर प्रतिध्वनित हो रही है। साइमन कमीशन की नियोजना के बहाने हमारे स्वयंभू भाग्यविधाताओं ने हमारे मनुष्यत्व का तथा हमारे राष्ट्रत्व का जो अपमान किया है उसकी मर्मान्तक चोट से व्यथित होकर हमारे नेताओं ने कमीशन का बहिष्कार और उसकी पूर्वसूचना स्वरूप देशव्यापी हड़ताल मनाने की जो सम्मिलित घोषणा की थी उसके एक-एक अक्षर को चरितार्थ करने के बाद आज वह हड़ताल की घोषणा करनेवाले सर्वदल सम्मेलन के संयोजकों तथा प्रतिनिधियों से महाराज दशरथ के उसी करुणा-व्यंजक प्रश्न—'रिस परिहास कि साचहुं सांचा' को दोहरा रही है। वह जानना चाहती है, और उसे जानने का संपूर्ण अधिकार है कि साम्राज्य-लोलुप ब्रिटिश पार्लियामेंट की नीयत पर और उसकी मौखिक सहानुभूति पर उन्हें जो अविश्वास हुआ है वह सत्य है या जबानी जमाखर्च मात्र। महारानी कैकेयी की गंभीरता पर जिस प्रकार महाराज दशरथ विश्वास नहीं करना चाहते थे उसी प्रकार इन नेताओं के मनोभावों की गंभीरता पर आज जनता विश्वास करने से हिचक रही है। और उसका यह हिचकना अकारण नहीं। इस हिचकिचाहट के लिए उस पर किसी प्रकार का दोषारोप भी नहीं किया जा सकता और न उसकी शक्ति एवं

देशभक्ति पर ही संदेह किया जा सकता है। क्योंकि, यह अपमान न तो प्रथम ही है और न अपने ढंग का अकेला ही। इस तरह के अपमान तो बराबर होते आ रहे हैं। हमें तो यह कहने में भी संकोच नहीं होता कि अंग्रेजों के इस देश में प्रथम पदार्पण से लेकर आज तक इस देश का इतिहास हमारी राष्ट्रीयता के अपमान की कहानी से ओतप्रोत है। अंग्रेजों की स्वेच्छाचारिता और अहंमन्यता के दर्शन हमारे इतिहास के एक-एक क्षेत्र में हो रहे हैं। इस प्रकार देशव्यापी हड़ताल द्वारा समस्त राष्ट्र का एक होकर घृणा, क्रोध तथा अस्वीकृति व्यंजित करने का तरीका भी नया नहीं है। प्रिंस ऑफ वेल्स तथा रौलट-एक्ट की हड़तालों की स्मृति अभी कल की-सी बात है। उस समय भी इन्हीं नेताओं के आदेशानुसार जनता स्वराज्य संग्राम के लिए अपनी तत्परता तथा प्रस्तुतता दिखाने के लिए अदम्य उत्साह के साथ हड़ताल मनाने को तैयार हुई थी और ऐसी हड़ताल मनाई थी कि वह संसार के इतिहास की अमर बात हो गई है। उस समय उसने समझा था कि बड़ी-बड़ी खोपड़ियों ने एक साथ परामर्श कर खूब सोच-विचार के बाद जो कदम बढ़ाया है उसे पीछे न हटाएंगे और 'सर से कफन को बांधे' उत्तरोत्तर अग्रसर होते जायेंगे। इसी आशा पर वह परिणाम-ज्ञान शून्य होकर अट्टहास करती हुई तांडव नृत्य कर उठी थी। किंतु उसकी वह आशा दैवदुर्विपाक से सफल न हुई और देश, शासकों के औद्धत्य के विचार से, ठीक उसी स्थान पर उसी अवस्था में स्थित है जिस स्थान पर और जिस अवस्था में वह क्लाइव और हेस्टिंग्स के जमाने में था। आज इन शासन-सुधारों के जमाने में भी एक छोटा से छोटा अंग्रेज एक बड़े से बड़े भारतीय का स्वेच्छापूर्वक और अपने को अदंड्य समझता हुआ अपमान कर सकता है। किंतु विफल-मनोरथ होने पर भी जनता निराश नहीं हुई और उसने गत कल की देशव्यापी हड़ताल द्वारा हिमालय की सबसे ऊंची चोटी पर से वज्र गंभीर शब्दों में यह घोषित कर दिया कि वह इंग्लैंड की अधीनता से यत्परोनास्ति ऊब उठी है और इसके फौलादी पंजे से मुक्त होने के लिए नेताओं के एक जरा से इशारे पर सब कुछ करने और सहने को तैयार है। साथ ही वह यह भी जान लेना चाहती है कि नेतागण अपने इस निश्चय पर अंत तक दृढ़ रहेंगे या नहीं? वह नेताओं से वद्धांजलि होकर नम्रतापूर्वक प्रश्न करती है कि यदि श्वेतांग महाप्रभुओं ने आपके इस हड़ताल रूपी अल्टीमेटम की अवहेलना की जिसकी कि पूर्ण संभावना है और जैसा ब्रिटिश पत्रों और ब्रिटिश जनता की उपेक्षा मिश्रित धमकियों से स्पष्ट है, तो क्या आप दृढ़तापूर्वक मातृभूमि के मुख की लाली रखने के लिए निर्भय और वीरगति से एक कदम और आगे बढ़ा सकिएगा? ब्रिटिश जनता का रुख किस ओर है इसकी बानगी 'मैंचेस्टर गार्जियन' के अभी हाल ही के इस कथन से स्पष्ट हो जाती है कि–'(मिलनर मिशन का विरोध करने के लिए) जो

युक्तियां मिस्र में प्रयुक्त और सफल हुई थीं उस तरह की युक्तियों से भारत संबंधीय इंग्लैंड के निश्चय नहीं डगमगा सकते। इसका खुलासा अर्थ यह है कि भारत को क्या दिया जायगा इसका निश्चय हमारे प्रभुओं ने पहले ही कर रखा है और यह साइमन कमीशन एक प्रहसन मात्र है। ऐसी परिस्थिति में जबकि हमारी राष्ट्रीय महासभा पूर्ण स्वाधीनता अपना लक्ष्य घोषित कर चुकी है तब हमारे न्याय-अधिकारों से पाशविक-शक्ति के बल पर हमें वंचित रखनेवालों के विरुद्ध हमें जिन उपायों को अवलंबन करना चाहिए तथा ऐसी परिस्थिति में पड़कर संसार के अन्य स्वाधीन राष्ट्रों ने जिन उपायों से सफलता लाभ की थी उन उपायों को काम में लाने का साहस आपमें है? यदि हां, तो महासभा के लक्ष्य को ध्यान में रखते हुए, कमीशन की पूर्ण अवहेलना करते हुए, अपनी स्वाधीनता प्रतिपादन की आयोजना कीजिए और अन्य स्वाधीन राष्ट्रों की भांति स्वाधीनता की घोषणा कर दीजिए। जनता आपके साथ है और आंधी बवंडर की तरह साथ है। यह सत्य है कि यह पथ कंटकाकीर्ण है किंतु, अब इतना अग्रसर हो जाने पर है एकमात्र पथ। इसमें संदेह नहीं कि आपकी इस नीति से किटकिटाकर मदांध पशु-शक्ति अपना नंगा नाच नाचने के लिए विवश होगी। परंतु इसके लिए चिंता करने की आवश्यकता नहीं। स्मरण कीजिये जलियांवाला बाग के भीषण समय की अपनी शांतिपूर्ण शक्ति का और बोलिए संपूर्ण असहयोग और सत्याग्रह की जय! आपके इस जय गान में जनता इतने जोरों से आपका साथ देगी कि एक बार समस्त संसार कांप उठेगा। हम जनता की ओर से हाथ जोड़कर एक बार फिर प्रार्थना करते हैं कि हे हमारे सेनानायको! देखना, कहीं अन्याय आंदोलनों और हड़तालों की तरह यह हड़ताल और आंदोलन भी तमाशा ही मात्र न रह जाय और अंत में महाकवि अकबर के शब्दों में ठंडी सांस भरकर कहना पड़े कि—

सद हैंफ़ कि माहे रमज़ां ख़त्म हुआ आज।
फिर रात को आलम है वही बे-ख़बरी का।

[4.2.1928]

10. कदर उल्लू की उल्लू जानता है

देशभर के काले कांव-कांव करते ही रह गये, परंतु साइमन महाप्रभु का कमीशन दोबारा इस देश में आ ही गया। इसलिये कविवर के उपर्युक्त महावाक्य के अनुसार 'मतवाला' राम उसका हार्दिक स्वागत करना अपना परम धर्म समझते हैं। क्योंकि कमीशन के शुभागमन से यह निश्चय हो गया कि विधाता ने भारत की तकदीर का इस्तमरारी पट्टा लॉर्ड बर्केनहेड बहादुर को लिख दिया है। भारतवासी चिल्लायें, चाहे रोयें, साइमन सप्तक के शुभागमन के उपलक्ष में मातम मनायें या उसकी भूरी आंखों को कष्ट से बचाने के लिए अपने घर चिराग गुल कर दें। परंतु होगा वही जो लॉर्ड बर्केनहेड चाहेंगे। देश की इस कृतदासता और गुलामी का अनुभव 'मतवाला' राम को अच्छी तरह हो रहा है। साइमन कमीशन का महत्त्व उनकी समझ में अच्छी तरह आ गया है। इसलिये वे उसका आंतरिक अभिनंदन करने के लिए दिलोजान से तैयार हैं। जिसकी बदौलत अपनी अवस्था का पूर्ण ज्ञान प्राप्त हो उसके प्रति अपनी आंतरिक कृतज्ञता न प्रकाश करना, उसकी हार्दिक अभ्यर्थना न करना भला कहां की भलमनसाहत है?

सारे देश ने कमीशन के आने की बात सुनकर घृणा से नाक सिकोड़ दी, सब दल के राजनीतिकों ने एक स्वर से फटकार बताई, पहली बार जब कमीशन आया था, तो उसके स्वागतार्थ सारे देश में सार्वजनिक हड़ताल मनाई गई थी, सुदूर ग्रामों में भी अगर किसी ने सुना कि हजरात तशरीफ लाये हैं तो 'लाहौल विलाकूव्वत' कहकर रह गया। परंतु वाह रे हया की औंधी खोपड़ी पर चपत जमानेवाले। इतना कुछ होने पर भी चले ही आये। इस साहस, इस हिम्मत और इस पराकाष्ठा की निर्लज्जता के लिए कौन भला आदमी कमीशन की तारीफ न करेगा?

'मतवाला' की तरह और भी बहुत से कद्रदां, अल्लाह के फजल से इस देश की छाती के भारस्वरूप मौजूद हैं। कमीशन के स्वागत के लिए कौंसिली गुलाम दल दुम फटकारे तैयार हैं, प्रत्येक प्रांत का चपरासी मंडल कमर में दुपट्टा लपेट रहा है, कुछ कुफ्रतोड़ दढ़ियल जीव भी अपने अधिकारों का आमोखता पढ़ रहे हैं, जमींदार, साहूकार, उपाधिधारी, हां-हुजूरी, पेटपंथी और स्वार्थलोलुप आदि तरह-तरह के जीव कमीशन के स्वागत के लिए, उसके आगे दांत निपोरने के लिए, भारत के भविष्य को कुछ दिन और अंधकार में ढकेलने के लिए तैयार हैं। ऐसी हालत में 'मतवाला' राम की भी कद्रदानी कुनमुना उठी है तो आश्चर्य ही क्या है?

कमीशन और कमीशन की दुम पकड़कर नचानेवाले मदारी देख रहे हैं कि स्वतंत्रता की स्निग्ध-मधुर ज्योति भारतीय युवकों के हृदयों में चमक उठी है। रूस जाग उठा है, टर्की तनकर खड़ा हो गया है, अफगानिस्तान ने सर उठाया है, चीन ने तो अफीम की प्याली पटक देने के साथ ही अपने यहां की दाल की मंडियों और जुआखानों को भी उखाड़ फेंकने की तैयारी कर दी है। महान् एशिया खंड की यह अद्भुत जागृति देखकर तरुण भारत मुस्करा रहा है। बंबई, पंजाब, मद्रास और बंगाल का तरुणदल एक साथ ही गुलामी की जंजीर तोड़ डालने के लिए तड़फड़ा उठा है। बूढ़ों की औपनिवेशिक स्वराज की मांग उसे जरा भी पसंद नहीं, वह चाहता है पूर्ण स्वाधीनता। परंतु इस महान् युगपरिवर्तन को देखते हुए भी हमारे गौरांग महाप्रभुओं ने कमीशन भेजकर इसे अपने मायाजाल से ढंक देने की चेष्टा की है, इसलिये और भी उनकी मूर्खता का मुंह चूम लेने को जी चाहता है।

महाप्रभुओं की धारणा है कि यह जागृति सारे भारत की जागृति नहीं है। मुट्ठी-भर शिक्षित ही अपना उल्लू सीधा करने के लिए अथवा बड़ी-बड़ी नौकरियां प्राप्त करने के लिए यह आंदोलन कर रहे हैं। इन्हें अपने देशवासियों को पीसने के लिए थोड़ा और अधिकार दे देने से ही काम बन जायगा। बस, कौंसिल की मेंबरी और तहसीलदारी पाकर ही ये चीं-चपड़ करना छोड़ देंगे। इसी से उन्होंने कमीशन को फिर से भेजने की बुद्धिमानी की है। फलतः हजार बेहयाई करने पर भी यह कमीशन उन्हें बता देगा कि उनकी धारणा भ्रमात्मक है। बंबई और पूना की जनता के मनोभावों को अनुभव करने की शक्ति और बुद्धि अगर विधाता ने कमीशनवालों की खोपड़ी में रख दी होगी तो वे आसानी से समझ गये होंगे कि अब वे फाखता उड़ानेवाले दिन नहीं रह गये। भारत अब वह भारत नहीं है जो आज से पच्चीस वर्ष पहले था। अब कौंसिल की मेंबरी या कुछ नौकरियां पाकर वह संतुष्ट नहीं होगा। उसे अपनी गुलामी का अच्छी तरह अनुभव हो गया है। अब यह संसार में पराधीन-गुलाम बनकर नहीं, बल्कि आदमी बनकर रहना चाहता है। यह संभव है कि राजनीतिक स्वार्थपरता के कारण कमीशन और उसके सूत्रधार भले आदमी की तरह स्पष्ट शब्दों में इसे स्वीकार न करें, परंतु उनकी अंतरात्मा इस बात को अनुभव किये बिना न रहेगी। बस, इसी सच्ची आशा ने और उपर्युक्त कारणों ने 'मतवाला' की नजरों में उसकी कद्र बढ़ा दी है और इसीलिये वह बोतल प्याली के साथ साइमन सप्तक के स्वागतार्थ तैयार है।

[13.10.1928]

नवजागरणकालीन पत्रकारिता और मतवाला

नवजागरणकालीन पत्रकारिता और मतवाला

खंड 2

संपादक

कर्मेन्दु शिशिर

अनामिका पब्लिशर्स एंड डिस्ट्रीब्यूटर्स (प्रा.) लिमिटेड
4697/3, 21-ए, अंसारी रोड, दरियागंज, नई दिल्ली 110 002
टैलीफोन : 011-2328 1655, 011-2327 0239;
फैक्स : 011-2786 8035
Email : anamikapublishers@yahoo.co.in

प्रथम संस्करण 2012

आई.एस.बी.एन. 978-81-7975-392-7
आई.एस.बी.एन. 978-81-7975-390-3 (सेट)

भारत में मुद्रित

अनामिका पब्लिशर्स एंड डिस्ट्रीब्यूटर्स (प्रा.) लिमिटेड, 4697/3, 21-ए, अंसारी रोड, दरियागंज, नई दिल्ली 110 002 द्वारा प्रकाशित। अर्पित प्रिंटोग्राफर्स, शाहदरा, दिल्ली 110 032, द्वारा शब्दांकित एवं मुद्रित।

सत्यभक्त जी
की
पुण्य-स्मृति को

अनुक्रम

परिशिष्ट

दो शब्द

भारतीय स्वाधीनता आंदोलन में तीसरा दशक राजनीति ही नहीं, पत्रकारिता की दृष्टि से भी अत्यंत महत्वपूर्ण था। जनता के संघर्ष में जिन हिंदी पत्रों का जुझारू योगदान अगली कतार का रहा उसमें **मतवाला** भी एक था। लंबे अंतराल के बावजूद आज भी इसके बीच से गुजरना एक अर्थवान अनुभव है, तो इसका कारण यह नहीं कि हम इस प्रक्रिया में सिर्फ इतिहास का ही स्पर्श भर कर रहे होते हैं। बल्कि, आज के आसंग में इसकी प्रासंगिकता हमें बहुत कुछ सोचने पर विवश करती है। महत्वपूर्ण बात यह है कि पत्रकारिता की नवजागरणकालीन परंपरा से हम किन-किन स्तरों पर आज की पत्रकारिता के समृद्ध कर सकते हैं। मेरा ख्याल है इस दृष्टि से **मतवाला** की पत्रकारिता के आइने में हम समकालीन पत्रकारिता का आकलन करते हुए, कई उत्तेजक सवालों को देख सकते हैं।

मतवाला की पत्रकारिता में जो बातें खासतौर से आकृष्ट करती हैं—उसमें सबसे महत्वपूर्ण है नीयत! उनका हित भाषा, समाज और देश के हित से अलग न था। इस कारण उन्हें नीयत के विचारों या भाषा-कौशल में छुपाने की चिंता न थी। इससे उनकी पत्रकारिता में सीधी चोट करने वाली बेधकता ज्यादा मुखर मिलती है। इस मायने में वे जनता की सचेत कतार के लोग थे—जो अपनी कलम के साथ हमेशा अगले मोर्चे पर मौजूद होते। उनके लिए पत्रकारिता एक संपूर्ण राजनीतिक कार्रवाई थी।

मतवाला के बीच से गुजरते हुए अक्सर हमें उसकी भाषा बिलमा लेती है। जनता के देसी सोच, संवेदन की ठेठ अभिव्यक्ति में उसके बोलचाल वाली कहावतों, लोकक्तियों और मुहावरों का प्रयोग तथा भाषा में तद्भव और उर्दू का साहचर्य अब कम ही देखने को मिलता है। साथ ही हम अन्य भारतीय भाषाओं की पत्रकारिता का ताप भी महसूस करते हैं। अन्य पत्रिकाओं के प्रति उसका पारिवारिक सौहार्द, हास-परिहास, चुहल या आलोचना आज संभव नहीं, क्योंकि आज पत्रों के संस्थानों की आपसी स्पर्द्धा आड़े आती है। ऐसे अनेक सवाल पाठकों के भीतर उठेंगे।

मतवाला में व्यंग्य-टिप्पणियों के कई स्तंभ थे। कुछ जुड़ते-छूटते भी रहे, मगर **मतवाले की बहक** और **मतवाले की चक्की** अंत तक नियमित रहे। सिर्फ दो-तीन अंक ही ऐसे रहे, जिसमें **चलती-चक्की** नहीं छपे। ये टिप्पणियां हमारे निकटतम अतीत के यथार्थ को दीप्त करती हैं और पाठकों को तत्कालीन राजनीतिक, सामाजिक,

धार्मिक, साहित्यिक और सांस्कृतिक हलचलों का सुखद संस्पर्श कराती हैं।

इस तरह की टिप्पणियों के अन्य स्तंभों में **चंडूखाने की गप** भी था, जो यदा-कदा ही छपा लेकिन मूल रूप से इनमें कोई अंतर नहीं था। **रंगरूटों की फौज** दरअसल इन स्तंभों को पढ़कर प्रेरित पाठकों की भेजी गई टिप्पणियां हैं, जिसे इस स्तंभ के अंतर्गत संपादित कर प्रकाशित किया जाता था।

मतवाला एक साप्ताहिक पत्र था, इसलिए जाहिर था, इसमें सामयिक विषयों पर ज्यादा टिप्पणियां होती थीं। मोटे तौर पर लगभग छह वर्षों तक नियमित छपी इन टिप्पणियों की कुल संख्या नौ-दस हजार से कम नहीं होगी। जाहिर था इसके चयन में सहज पाठकीय बोध के साथ-साथ आज के समय की प्रासंगिकता का भी ध्यान रखा गया। यह बात अलग है कि अंततः समझ की एक तरह की एकांगिकता होती है और सीमाएं भी। वैसे नितांत सामयिक संदर्भों, तात्कालिक घटनाओं या महत्वहीन प्रसंगों से जुड़ी टिप्पणियों को एकबारगी छोड़ दिया गया है।

इन सारी टिप्पणियों को कालानुक्रम से संयोजित किया गया है। **मतवाले की बहक** की टिप्पणियां राजनीतिक, सामाजिक और साहित्यिक उपखंडों में वर्गीकृत कर कालानुक्रम से दी गई हैं। पहले इसके और भी विषयवार वर्गीकरण थे, लेकिन भूमिका लिखते समय डॉ. रामविलास शर्मा की राय थी कि इसे बिना किसी वर्गीकरण के सिर्फ कालानुक्रम से ही संयोजित किया जाना चाहिए। इसके बाद मैंने **मतवाले की बहक** की टिप्पणियों को राजनीतिक, सामाजिक और साहित्यिक, मात्र तीन उपशीर्षकों तक ही सीमित कर दिया लेकिन **मतवाले की चक्की** के संपादन में उनके सुझाव का सम्मान करते हुए बिना किसी वर्गीकरण के सारी टिप्पणियां एक साथ कालानुक्रम से ही रहने दीं। इससे पाठकों को दोनों सरणियों को समझने में सहूलियत होगी।

अंत में दी गई परिशिष्ट की सामग्री दोनों पुस्तकों में विभाजित थी, इस कारण शायद दोनों में यह पक्ष अपूर्ण था। अब एक साथ संकलित होने से सारे संदर्भ-संकेतों को समझने में ज्यादा सहूलियत होगी।

हिंदी विभाग
बी.डी. कॉलेज
मीठापुर, पटना 800001

कर्मेन्दु शिशिर

"इन्तहाये नशा में आता है होश,
होशियारी इन्तहाये नशा है॥"

भूमिका

रामविलास शर्मा

बालकृष्ण भट्ट अपने समय के सबसे क्रांतिकारी विचारक और लेखक थे। वह भारतेंदु हरिश्चंद्र और महावीर प्रसाद द्विवेदी दोनों के समकालीन थे, वह दो युगों को जोड़नेवाली कड़ी थे। **मतवाला** के संस्थापक महादेव प्रसाद सेठ ने उनकी परंपरा से नाता जोड़ते हुए अपने छापेखाने का नाम 'बालकृष्ण प्रेस' रखा था। **मतवाला** ने भारतेंदु युग के व्यंग्य विनोद, उसकी जानदार गद्य शैली को ही नहीं अपनाया, उसने बालकृष्ण भट्ट की राजनीतिक चेतना का भी विकास और प्रसार किया। भट्टजी की मृत्यु के बाद जब उनके पुत्र जनार्दन भट्ट ने **हिंदी प्रदीप** का प्रकाशन फिर आरंभ किया, तब **मतवाला** ने बड़े उल्लास से लिखा, "बड़े ही संतोष की बात है कि पूज्यपाद स्वर्गीय पंडित बालकृष्ण भट्ट के संपादकत्व में लगातार 30 वर्षों तक प्रकाशित होकर हिंदी और हिंदुस्तान की निःस्वार्थ सेवा करनेवाला प्राचीन प्रतिष्ठित मासिक पत्र **हिंदी प्रदीप** अब फिर भट्टजी के सुयोग्य पुत्र पं. जनार्दन भट्ट, एम.ए. के संपादकत्व में शीघ्र ही कलकता से निकलने जा रहा है। भट्टजी के लोकांतरित होने पर द्विवेदीजी ने **सरस्वती** में तब लिखा था, 'हम, भट्टजी का प्रतिबिंब जनार्दन में देखना चाहते हैं।' अब यह कौन कह सकता है कि द्विवेदीजी सफल भविष्यवाणी नहीं करते?"

बालकृष्ण भट्ट की तरह **मतवाला** मंडल के लेखकों की सहज सहानुभूति क्रांतिकारियों के प्रति थी। काकोरी के वीरों के शहीद होने पर **मतवाला** ने लिखा था, "काकोरी कांड के उद्भ्रांत देशभक्त श्री राजेंद्र, श्री रौशन सिंह, श्री रामप्रसाद और श्री अशफाक उल्लाह गत 16 और 29 सितंबर को प्रातःकाल हंसते-हंसते फांसी पर चढ़ गए! उनकी माताओं की कोख धन्य हो गई, गोरखपुर, गोंडा, नैनी और फैजाबाद के जेलखाने धन्य हो गए, अभागिनी भारत माता धन्य हो गई, न्याय धन्य हो गया और धन्य हो गई नौकरशाही! आशा है, उनके उद्भ्रांत देश-प्रेमी को विस्मृति के गढ़े में ढकेल कर हम अभागे गुलाम तीस करोड़ नरक के कीड़े भी शीघ्र हो जायेंगे!!!" बंदी जीवन बिताने की व्यथा, कारगर कदम न उठा पाने की छटपटाहट यहां मार्मिक ढंग से व्यक्त हुई है। **मतवाला** ने दिवंगत आत्माओं की शांति के लिए प्रार्थना की, "प्रार्थना करने से यदि किसी को कुछ दिया करते हो तो हे ईश्वर! प्रत्येक भारतीय

के हृदय में राजेंद्र, रौशन, अशफाक और रामप्रसाद की तरह उद्भ्रांत प्रेम की आग धधका दो! तभी आत्माएं शांति प्राप्त करेंगी।"

काकोरी के शहीदों में रामप्रसाद बिस्मिल अत्यंत साहसी विचारक थे। उन्होंने यह अनुभव किया था और स्पष्ट लिखा था कि स्वाधीनता प्राप्ति के लिए थोड़े से युवकों की सशस्त्र कार्रवाई काफी नहीं है, उसके लिए किसानों को संगठित करना जरूरी होगा। जनार्दन भट्ट हिंदी के उन लेखकों में हैं, जिन्होंने किसानों और मजदूरों के अपने संगठन बनाने की आवश्यकता को सबसे पहले पहचाना था। इस विषय पर उनका लेख 'रूस क्रांति से पहले' महावीर प्रसाद द्विवेदी ने **सरस्वती** में प्रकाशित किया था। क्रांतिकारी विचारधारा का यह विकासमान रूप **मतवाला** में भी प्रतिबिंबित हुआ था। समाज में गरीब और अमीर दो तरह के लोग हैं, इनकी देशभक्ति एक ही तरह की नहीं है।

प्रमुख राष्ट्रीय पत्र **आज** के संपादक का हवाला देते हुए **मतवाला** ने लिखा था, "संपादक सम्मेलन के सुयोग्य सभापति पं. बाबूराव विष्णु पराड़कर ने बहुत ठीक कहा है कि संपादक भविष्य में भी स्वाधीन न होंगे, पूंजीपतियों के ही अधीन रहेंगे, फिर भी उनका भविष्य उज्ज्वल होगा। इस भविष्यवाणी का अर्थ बाबू शिव प्रसाद गुप्त के सिवा और कौन समझेगा?" अंग्रेजी राय में संपादक स्वाधीन नहीं हैं, भारत के स्वाधीन होने पर भी वे "पूंजीपतियों के अधीन रहेंगे।" पूंजीवादी संसार का 'फ्री प्रेस' पूंजीपतियों के अधीन है। फिर भी यदि बाबूराव विष्णु पराड़कर जैसे संपादक हों तो पत्रकारों का भविष्य उज्ज्वल होगा। **आज** के संपादक शिव प्रसाद गुप्त स्वयं हिंदी लेखक और स्वाधीनता आंदोलन के समर्थक थे।

कलकत्ते का एक पुराना और प्रतिष्ठित पत्र **भारत मित्र** था। बालमुकुंद गुप्त ने अपनी प्रतिभा और क्षमता का पूर्ण उपयोग करके इसे हिंदी का अत्यंत लोकप्रिय पत्र बना दिया था। इसका संपादन लक्ष्मण नारायण गर्दे ने भी किया। साम्यवाद के प्रारंभिक विवेचकों में गर्दे जी हैं। **भारत मित्र** के मालिकों ने उसकी नीति में परिवर्तन किया। गर्देजी ने नई नीति का समर्थन नहीं किया, वे पत्र से अलग हो गए। नई नीति का आभास **मतवाला** की इस टिप्पणी में होगा—"हिंदी पत्रों के लकड़दादा सहयोगी **भारत मित्र** की चिंता-भस्म पर वर्णाश्रम-पक्षियों का तांडव नृत्य होनेवाला है। सहयोगी के जराजीर्ण कंकाल पर गृद्धों की लोलुप दृष्टि पड़ चुकी है।" अपनी साम्राज्य-विरोधी राह छोड़कर **भारत मित्र** नई साम्राज्य समर्थक लीक पर चलने लगा। ऐसी स्थिति में स्वाभिमानी पत्रकार उससे अलग होकर ही अपनी स्वाधीनता की रक्षा कर सकते थे। **मतवाला** ने लिखा—"सहयोगी **भारत मित्र** अब 'जी हुजूर' पार्टी के हाथों में चला गया। इसलिए श्रद्धेय पं. लक्ष्मण नारायण गर्दे, मित्रवर पं. बसुदेवजी

मिश्र और बाबू हरिनंदसिंह उसके संपादकीय विभाग हो गए। बरसात में इन कोकिलों की जरूरत भी तो नहीं। अबों तो दादुर बोलिहैं, इन्हें पूछिहैं कौन।" नए संपादक को अपनी व्यंग्यवाणों से बेधते हुए **मतवाला** ने लिखा, "पुरोडाश का स्वाद राक्षस लोग भी चखेंगे। बधाई।"

कानपुर का **वर्तमान** सन् 20-30 वाले दशक में हिंदी का प्रगतिशील पत्र था। उसके संपादक रमाशंकर अवस्थी, लक्ष्मण नारायण गर्दे की तरह, साम्यवाद के आदि विवेचकों में थे। अंग्रेजों की आंखों में यह पत्र खटकता था। परिणाम यह कि "**वर्तमान** के संपादक श्रीयुत रमाशंकरजी अवस्थी गिरफ्तार हो गए। संयुक्त प्रांत की नौकरशाही के पथ पर महान् कंटक दूर हो गया।" कानपुर के कुछ धनी जन **भविष्य** नाम का पत्र निकालने की योजना बना रहे थे। **मतवाला** ने चोट की– "कानपुर के धोरियों का कर्तव्य है कि **वर्तमान** को बिगाड़कर **भविष्य** को बनावें। अगर उनके जीते ही जी **वर्तमान** भी जीता रहा, तो भलमनसी कहां रही?"

मतवाला ने हिंदी पत्रकारों के स्वाधीन चिंतन और लेखन के लिए बराबर संघर्ष किया। ब्रिटिश सरकार पत्रों और पत्रकारों का दमन करती रही, **मतवाला** बड़ी दृढ़ता से जनता को इस दमन नीति के विरुद्ध सचेत करता रहा। **देश** के संपादक पारसनाथ को तीन वर्ष की सजा हुई। "आशा है, पारस के स्पर्श से बिहार की नौकरशाही का 'लौहत्व' दूर हो जाएगा और मित्रवर पारसनाथ भी जेल की भट्टी में तप कर खरा सोना निकलेंगे।" **स्वेदश**–संपादक दशरथ द्विवेदी को सरकार ने कोई सूचना दिए बिना अचानक पकड़ लिया। सरकार यदि सूचना देती और दशरथ महाराज साम्राज्य को उठाकर समुद्र में फेंक देते, तब क्या होता। बाप रे बाप! हिंदी में अखबार निकालना और वह भी गोरखपुर से। ऐसे अपराध के लिए दशरथजी को फांसी नदीं दे दी गई, वही बहुत है।"

मतवाला ने अंग्रेजी राज में जनता के शोषण और उसकी बढ़ती हुई बदहाली पर अनेक बार टिप्पणियां लिखीं। 1850 में एक भारतवासी की औसत आय दो आने थी, 1882 में वह डेढ़ आना हुई और 1900 में तीन पैसे रह गई। "सन् 1920 के हिसाब से मालूम होता है कि अब ढाई पैसे से भी कम है! अब सिर्फ थोड़ी कसर है। भगवान करें अंग्रेजी राज अभी कुछ दिन और रहे। वह कसर भी पूरी हो जाएगी।" हिंदी पत्रों को ब्रिटिश भारत की सरकार रियासती भारत की सरकार के विरोध का भी सामना करना होता था। माखनलाल चतुर्वेदी का **कर्मवीर** इंदौर की जारशाही की पोल खोलता था। इंदौर सरकार ने उसे चेतावनी दी। **मतवाला** ने सलाह दी : "हां भैया 'कर्मवीर', रियासती राम-राज्य की सैर करना है तो बस वहां के अधिकारियों का स्तोत्र आरंभ कर दो। वहां के कर्मचारी प्रजा का रक्त चूसें, उनकी सहज स्वतंत्रता

का गला घोंट दें, उनके मुंह में ताले जड़ दें, उनकी जहालत की वृद्धि करते रहें, उन पर मनमाना अत्याचार करने के लिए उन्हें कूपमंडूक बनाए रखें परंतु कोई कुछ न बोले। क्योंकि वे प्रजा की जानेमाल के स्वयंभू ठेकेदार हैं, अल्लाह ताला से इस्तेमरारी पट्टा लिखा लाए हैं।"

मतवाला की एक अत्यंत मार्मिक टिप्पणी रियासती प्रजा के अधिकारों के लिए लड़नेवाले देशभक्त **विजय सिंह 'पथिक'** पर है।

"प्रातः स्मरणीय श्री विजय सिंहजी 'पथिक' देशभक्त हैं, देशमाता के सच्चे सेवक हैं, स्वयंसेवकवाहिनी के वीर सिपाही हैं। मेवाड़ की मदांध राजसत्ता उन्हें उनकी देशभक्ति का पुरस्कार प्रदान कर रही है। निर्जन कारावास क्या चीज है, पाथिक जैसे वीरों का पुरस्कार तो सूली है। मातृभूमि का अनन्य भक्त अपने इष्टदेव के चरणों में आत्मबलि देने जा रहा है। उसके इस आत्मविसर्जन की कथा मातृभूमि की मुक्ति में महामंत्र का काम करेगी। ऐसी दशा में उसके छुटकारे के लिए अधिकारियों से प्रार्थना करना उस पवित्र आत्मा का अपमान करना है। खबरदार, देशभक्त का अपमान न करना।"

सरकार जन आंदोलन से आतंकित थी। उसने उग्र की **चिनगारियां** पुस्तक जब्त की थी और मैथिलीशरण गुप्त की **ईश वंदना**। **कर्मवीर** ने लिखा था, मध्य प्रांत की सरकार ने केवल बरार के लिए **ईश वंदना** को जब्त किया था। **मतवाला** ने चोट की–"यह सुनकर लोगों को आश्चर्य हो रहा है। परंतु हमें तो इसमें आश्चर्य की जरा भी गुंजाइश नहीं मालूम होती क्योंकि यह सभी जानते हैं कि घी मनुष्य के लिए अत्यंत उपकारी होने पर भी कुत्ते के लिए अनिष्टकारी है! ऐसी अवस्था में वह कविता बरार के लिए मुजिर साबित हुई हो, तो कौन-सी आश्चर्य की बात है?"

मतवाला ने उन उदारपंथी नेताओं की आलोचना की जो पग-पग पर ब्रिटिश सरकार से समझौता करने को तैयार रहते थे। बड़े नामों से आतंकित न होकर उसने **मदनमोहन मालवीय** के बारे में लिखा था, "मालवीयजी जनता के सच्चे प्रतिनिधि हैं क्योंकि जनता के विरोध करने पर भी बड़े लाट के स्वागत से बाज न आए।" और भी "परम त्यागी मालवीयजी सब छोड़ेंगे परंतु कौंसिल नहीं छोड़ेंगे। सच है, 'कहैया और सुनैया तजौं, बाप और भैया तजौं, मैया तजौं दैया पै कन्हैया नाहिं तजिहौं।"' भारतीय रूढ़िवाद की आलोचना करते हुए **मालवीयजी** के प्रसंग में ही **मतवाला** ने लिखा था, "हिंदुओं के अधःपतन का कारण पं. मालवीयजी ने धर्मोपदेश का अभाव बतलाया है। संभव है, बुढ़ौती की कमजोर दृष्टि के कारण धर्मोपदेश का अभाव दृष्टिगोचर हो गया हो, वरना यह बाजार तो इतना गर्म है कि खुदा की पनाह!

बड़े-बड़े मंदिरों से, तीर्थस्थानों से, महंतों के मठों से, रमते योगियों के आशीर्वादों से और गुरुजी के दिए गुरुमंत्रों से जो धर्मोपदेशामृत का अविरल प्रवाह जारी है, उससे यथेष्ट कल्याण हो रहा है।"

यह रूढ़िवाद राजाओं और जमींदारों का समर्थक, जाति-बिरादरी तथा ऊंच-नीच के भेदभाव का पोषक था। विधवा विवाह जैसे आवश्यक समाज-सुधार का वह घोर विरोधी था। राधामोहन गोकुलजी स्त्री शिक्षा और विधवा विवाह के समर्थ प्रचारक थे। रूढ़िवादियों से उनके संघर्ष का उदाहरण **मतवाला** की यह टिप्पणी है : "बूढ़े दादा श्रीमान् राधामोहन गोकुलजी ने गत 18 जुलाई को **मेरी शंका** शीर्षक एक छोटा-सा परचा वितरण कराया था। उसमें हिंदू पंडितों से पूछा गया था, 'जो विधवाएं ब्रह्मचर्य का पालन न कर सकें, उनका पुनर्विवाह कर देना अच्छा है या उनका विधर्मिनी हो जाना, व्यभिचार कराया, वेश्या बना जाना और भ्रूणहत्या कराना अच्छा है?' परंतु किसी पंड़ित ने आज तक दादाजी की इस शंका का समाधान नहीं किया। करें कैसे अभी-अभी तो सावन बीता है, मदोदर के मैदान में खीर-पूरी का तुमुल द्वंद्व जारी है। सामने पहाड़-सा 'पितरपख' खड़ा है और उसके पीछे देवपक्ष ताक लगाये डटा है। एक व्याधि ने नर मरहिं ये असाध्य बहुव्याधि। बेचारों को फुर्सत कहां जो ऐसी तुच्छ शंकाओं का समाधान करते फिरें?"

मतवाला मंडल से **राधामोहन गोकुलजी** का घनिष्ठ संबंध था। वह लेखक होने के अलावा सक्रिय राजनीतिक कार्यकर्ता भी थे। उनकी वृद्धावस्था पर ध्यान न देकर शासकों ने उन्हें अनेक बार जेल की सजा दी थी। **मतवाला** ने लिखा था, "**प्रणवीर** संपादक श्रीयुत राधामोहन गोकुलजी जेल से छूटकर आ गए। हम लोग उनका स्वागत कर रहे हैं और वे फिर जेल जाने की तैयारी कर रहे हैं। वास्तव में जब बुद्धि सठिया जाती है, तो ऊंट की अकड़ की तरह मनुष्य भी दुराग्रही हो जाता है।" और भी—"हमारे वेदांती दादा श्रीयुत राधामोहन गोकुलजी के पोपले मुंह पर आयुष्मती पुलिस, मालूम होता है, दिलोजान से फरेफ्ता है। दादाजी कानपुर में चारपाई पर लेटे पंद्रह दिन से श्लेष्मिक ज्वर की पंचाग्नि ताप रहे थे, इतने में गत 1 नवंबर को आयुष्मतीजी के अनुचर वारंट लेकर पहुंच और सारे कमरे की तलाशी ले डाली। न हुए कविवर केशव, नहीं तो इस बुढ़ौती में आयुष्मती द्वारा दादाजी की यह कद्र देखकर 'गजगामिनि मृगलोचनी, बाबा कहि कहि जाएं' वाली उक्ति का निरर्थकता पर पछता कर मूड़ पटक देते।"

हिंदी पत्रकार सत्यभक्त के प्रयत्न से कानपुर में कम्युनिस्ट सम्मेलन हुआ और कम्युनिस्ट पार्टी की स्थापना हुई। उसके एक संस्थापक राधामोहन गोकुलजी थे। इस नई पार्टी के गठन पर **मतवाला** ने लिखा, " 'नरम, गरम, सहयोगी और असहयोगी'

तो थे ही, सुनते हैं, कानपुर में साम्यवादियों ने भी अपना अड्डा जमा लिया है। बीबी नौकरशाही! यह तो बड़ी बुरी बला आ रही है। मांग का सिंदूर कैसे बचेगा?" सत्यभक्त ने कानपुर से **साम्यवादी** पत्र निकाला था। कांग्रेसी नेताओं ने प्रेस पर दबाव डालकर उसका प्रकाशन रुकवा दिया। **मतवाला** ने टिप्पणी लिखी : "कानपुर के जिन कांग्रेस कार्यकर्ताओं ने प्रेमवालों पर दबाव डालकर **साम्यवादी** का प्रकाशन रोकवा दिया है, उन्हें चाहिए कि साम्यवाद के प्रचारक श्रीयुत सत्यभक्त और मौ. हसरत मोहानी की भी जिबह कर दें। जड़ ही पकड़ कर उखाड़ दें, तो सारा बखेड़ा ही मिट जाय।"

हसरत मोहानी कांग्रेसी नेता थे, किंतु वे उग्र विचारों के, भारत की पूर्ण स्वाधीनता के, किसानों के संगठित संघर्ष के समर्थक थे। वह कानपुर के कम्युनिस्ट सम्मेलन के स्वागताध्यक्ष थे। उनसे भिन्न कांग्रेस में ऐसे नेता उभर रहे थे जो देशसेवा के बहाने स्वार्थ सेवा के मार्ग पर बढ़ रहे थे। 'साम्यवादी' के सिलसिले में ऐसे नेताओं की आलोचना करते हुए **मतवाला** ने लिखा, "अभी होली का नशा अच्छी तरह उतरने भी नहीं पाया था, तब तक कानपुर से खबर आई कि कांग्रेस के कार्यकर्ताओं के स्तुल्य प्रयत्न से सहयोगी 'साम्यवादी' का प्रकाशन बंद हो गया। वाह, बड़ी बात हुई! कानपुर की नाक रह गई और गरीबों का रक्त चूसकर नेतागिरी करने का पथ भी निष्कंटक हो गया!"

प्रेमचंद के **गबन** में देवीदीन खटिक कांग्रेसी नेताओं की जो अलोचना करने वाला था, उसका पहला मसौदा 26 मार्च 1926 के **मतवाला** में प्रकाशित हो गया था। इस प्रकार :

> "जिस देश में गरीबों के उष्ण रक्त से देशभक्त नेताओं की मोटरें दौड़ती हैं, शराब की बोतलें उड़ती हैं, वार-बनिताएं बगलें गरमाती हैं, और जिन्हें बाल उखाड़ने का भी शऊर नहीं, वे बरियार खां बन जाते हैं, वहां साम्यवाद और साम्यवादी की जरूरत ही क्या है? देश में साम्यवाद फैल जाएगा, तो हमारे बड़े कांग्रेसी नेता लोग क्या बैठकर कोंपर चाटेंगे?"

आप मानेंगे, **मतवाला** की कुछ टिप्पणियां 1984 के भारत के लिए भी प्रासंगिक हैं। वे हिंदी जनता का प्रत्यक्ष राज इतिहास तो हैं ही। बेशक सभी टिप्पणियां राजनीतिक नहीं हैं; किंतु **मतवाले की बहक** स्तंभ में राजनीति का स्थान सर्वोपरि है। **मतवाला** का सबसे तीखा व्यंग्य **बहक** की राजनीतिक टिप्पणियों में है। इतने संक्षेप में अंग्रेज शासकों के प्रति ऐसी घनीभूत घृणा हिंदी में अन्यत्र कम ही व्यक्त हुई है। ये टिप्पणियां **मतवाला** को **हिंदी प्रदीप, कर्मवीर, भारत मित्र, प्रताप** जैसा पत्रों की शानदार क्रांतिकारी परंपरा से जोड़ती हैं। वे वर्तमान भारत के कर्मवीरों को कर्तव्यबोध भी कराती हैं।

भारत मित्र की तरह **मतवाला** कलकत्ते से प्रकाशित होता था। आज की तरह उस समय भी कलकत्ते में काफी हिंदीभाषी थे। **मतवाला** के लेखक इस हिंदी परिवेश से जुड़े हुए थे। इसके साथ ही वे अपने जनपदों से, हिंदी प्रदेश के प्रमुख नगरों से, हिंदी साहित्यकारों और साहित्य से संपर्क बनाए हुए थे। कलकत्ते की साहित्यिक बंगला से **मतवाला** की भाषा की तुलना की जाए, तो दोनों में बहुत बड़ा अंतर दिखाई देगा। तत्सम शब्दों का व्यवहार साहित्यिक बंगला की अपेक्षा **मतवाला** की हिंदी में बहुत कम है। **मतवाला** शुद्ध हिंदी की चिंता न करके बोलचाल की हिंदी का हामी है। हिंदी के जातीय स्वरूप की रक्षा करते हुए वह प्रचिलत अरबी-फारसी शब्दों को स्वच्छंद भाव से अपनाता है।

कर्मेन्दु शिशिर ने **मतवाले की बहक** स्तंभ की टिप्पणियां संकलित करके सराहनीय काम किया है। इनके लेखक के बारे में उन्होंने शिवपूजन सहाय का कथन उद्धृत किया है कि **मतवाला की बहक** लिखना मुंशी नवजादिक लाल श्रीवास्तव के जिम्मे थे। कर्मेन्दु शिशिर ने उनका यह कथन भी उद्धृत किया है कि जब 'मतवाला' का प्रबंध संबंधी काम बहुत बढ़ गया, "तब मुंशी **मतवाले की बहक** लिखने के लिए समय नहीं निकाल पाते थे। इस तरह 'बहक' का बोझ भी मेरे ही ऊपर आ पड़ा। मुंशीजी कभी-कभी यथावकाश कुछ दिया करते थे।"

कर्मेन्दु शिशिर ने ठीक लिखा है कि शिवजी "लगभग एक वर्ष ही **मतवाला** से जुड़े थे।" यह बात भी सही है कि शिवजी और मुंशीजी "दोनों की भाषा-शैली में एक हद तक एकरूपता थी।" फिर भी **मतवाले की बहक** में शिवपूजन सहाय के योगदान को ध्यान में रखना उचित है। 'मतवाला मंडल' के अन्य किसी सदस्य पर प्रबंध व्यवस्था का भार नहीं था! सार भार मुंशीजी पर था। महादेव प्रसाद सेठ सूत्रधार थे, पत्र के संचालक थे—व्यवस्थापक नवजादिक लाल श्रीवास्तव। किसी साप्ताहिक पत्र की व्यवस्था का भार उठाने के साथ नियमित रूप से एक स्तंभ लिखना बहुत कठिन कार्य है।

मतवाले की बहक के अलावा उस पत्र से शिवपूजन सहाय के संबंध का प्रश्न ऐतिहासिक महत्व का है। 26 अगस्त 1923 को 'मतवाला' का पहला अंक प्रकाशित हुआ था। 26 मार्च 1924 को महादेव प्रसाद सेठ ने शिवपूजन सहाय को लिखा था, "आज जरा देर पहले श्री निराला महाराज की जुबानी यह खबर पाकर कि तुम मेरे और मुंशीजी के व्यवहार—निष्ठुर व्यवहार—से दुःखित और असंतुष्ट होकर यहां से गए हो, मुझे अनिर्वचनीय दुःख हुआ।" साल भर से भी कम समय तक **मतवाला** का साथ देने के बाद शिवजी उससे अलग हो गए, पर वह पूरी तरह

उससे कभी अलग नहीं हुए। पहली जुलाई सन् 25 को महादेव प्रसाद सेठ ने उन्हें लिखा था, "लीडर आप लिखते हैं, इसका अनुमान तो मैं लीडर पढ़कर ही कर लिया करता था। परंतु आप तीन महीने से एकदम अलग हैं, यह खबर नहीं थी।" सेठजी मिर्जापुर में थे, शिवजी कलकत्ते में **मतवाला** के अग्रलेख लिख रहे थे, फिर भी उससे 'एकदम अलग' थे। 14 अगस्त सन् '25 के पत्र में सेठजी ने उन्हें हिदायत भेजी, "हिंदू महासभा के विरोधियों का मुलाहजा करने की जरूरत नहीं।"

20 अक्टूबर सन् 28 के पत्र में शिवजी की व्यंग्य टिप्पणियों के बारे में सेठजी ने उन्हें लिखा, "ऐसे notes यदि आप प्रति सप्ताह एक पेज लिख दिया कीजिए तो बेचारे मतवाला को चलायमान Prestige को स्थिर होने का साधन मिल जाए। यथाशक्ति "'पत्रं पुष्पं' में आनाकानी न करूंगा।" 20 फरवरी सन् 29 के पत्र में सेठजी ने शिवजी द्वारा भेजी हुई सामग्री की पावती स्वीकार की, और भी notes भेजने को लिखा। 3 दिसंबर सन् 29 को शिवजी से प्राप्त सामग्री की सूचना देने के बाद सेठजी ने लिखा, "शर्तें यदि आप एक बार बतला देते तो बड़ी सहूलियत होती। आखिर हर्ज ही क्या है?"

ये पत्र मैंने शिवजी के संग्रह में देखे थे। पूरे संग्रह की व्यवस्थित छानबीन से **मतवाला** और शिवजी के संबंधों का विस्तृत इतिहास लिखा जा सकता है। उद्धृत अंशों से इतना तो स्पष्ट हो जाएगा कि **मतवाला** से शिवजी का संबंध पूरी तरह कभी नहीं टूटा।

मतवाला की बहक यदि शिवपूजन सहाय का योगदान था तो **मतवाला** के अग्रलेखों में नवजादिक लाल का योगदान भी था। 1931 में शिवजी ने अपने अग्रलेख संकलित करने का विचार किया था। सेठजी ने 9 सितंबर सन् 31 के पत्र में उत्तर दिया, "**मतवाला** में आपके जो अग्रलेख छपे हैं, उन्हें आप बड़ी खुशी से बिना किसी संकोच के संग्रह कर सकते हैं। मुझे कोई आपत्ति नहीं। हां, मैं स्वयं विचार कर रहा था कि—और कई साल से—आपके मुंशीजी के और उग्र के अग्रलेखों का एक संग्रह आप लोगों के नाम से छापूं। परंतु इस कहने का यह भाव नहीं है कि आपके संग्रह करने का रंचमात्र भी विरोध है।"

अनेक लेखकों के सहयोग और सम्मिलित प्रयत्न का फल था **मतवाला**। किस लेखक का योगदान कहां तक और कितना है, यह निश्चित करना कठिन है। किंतु उन लेखकों को सहयोग से वह पत्र युगांतरकारी बना, इसमें संदेह नहीं। कोई सरकारी या गैर सरकारी संस्थान **मतवाला** के सारे अंक ज्यों-के-त्यों फिर से छाप दे, तो हिंदी का बड़ा उपकार हो। जब तक यह काम नहीं होता, तब तक आप प्रस्तुत संकलन से काम चलाएं।

भाग-1

राजनीतिक टिप्पणियां

1. श्रीमान् **नाभा-नरेश** को राजगद्दी से ढकेलकर नौकरशाही से बहुत अच्छा काम किया। उसके इस काम की जहां तक प्रशंसा की जाय, थोड़ी है। क्योंकि श्रीमान् **नाभा-नरेश** की खोपड़ी बहुत दिनों से खराब हो गई थी। एक तो, वे अकाली हैं, सिक्ख धर्म के कट्टर पक्षपाती हैं, स्वतंत्रता के प्रेमी हैं, स्वेदश भक्त हैं; और दूसरे, न तो वे **बीकानेर-नरेश** की तरह ऊंटों की पलटन लेकर **जर्मनी** को जीतने गए थे, न **काशी-विश्वविद्यालय** की जन्मोत्सव-सभा में **बसन्ती-बीबी** के भड़काने पर सब राजाओं के साथ सभा छोड़कर भाग चले गये थे और न मंसूरी की **तिलक-स्मृति-सभा** के अध्यक्ष ही होने से बाज आये थे। भला कहिये तो, इतने बड़े-बड़े अपराध नौकरशाही की आंखों में क्यों न गड़ें? क्या **नाभा-नरेश** की यह इच्छा है कि, '**लोकमान्य-मेमोरियल फंड** में चंदा देकर भी हम एक देशी रियासत के अधिकारी बने रहें?' कृपा करके वे अपनी इस इच्छा को ताक पर रख दें—जब समय आवेगा तब उनका कोई वंशधर इस इच्छा को ताक पर से उतार लेगा! उनको यह माला जपते रहना चाहिये कि, 'लंका में विभीषण नहीं रहने पाया था।' (26.8.23)
2. कुछ लोगों का कहना है कि नौकरशाही ने बहुत से असहयोगियों पर काल्पनिक दोष लगाकर उन्हें जेल में ठेल दिया। उन्हें मालूम होना चाहिए कि काल्पनिक अपराध पर तो **महाराज नंदकुमार** को फांसी तक दे दी गई थी, असहयोगियों को यदि जेल ही हुआ तो कौन-सी बड़ी बात हुई? यह तो नौकरशाही का सनातन धर्म है। (1.9.23)
3. सुप्रसिद्ध असहयोगी **डाक्टर बरदा राजूलू नायडू ने** जेल में चक्की पीसने से इंकार कर दिया है नौकरशाही को चाहिए कि जेल की चक्की में उन्हें ही पीस डाले। (1.9.23)
4. **पं. मोतीलाल नेहरू** की राय में **नागपुर** में स्वयंसेवकों के सत्याग्रह ने कुछ नहीं किया। उनके त्याग से देश एक इंच भी अग्रसर नहीं हुआ! देखें आपकी **कौंसिल** का आग्रह देश को कितने फीट आगे करता है? (1.9.23)

5. पूज्य **लालाजी** ने भी कौंसिल के पक्ष में अपनी राय दे दी। चलिये बखेड़ा मिटा। आजकल **स्वराज-दल** भाड़े के प्रतिनिधि भेजकर आगामी विशेष **कांग्रेस** में अपना दल बढ़ाने के लिए जो 'वैध' चेष्टा कर रहा है, यदि **लालाजी** कृपा करके उसका भी समर्थन कर देते तो बेड़ा पार हो जाता। (1.9.23)
6. **स्वराज दल वालों** ने कलकत्ता तथा **ढाका** में अपनी दो सगी सभाओं का ध्वंस कर **कौंसिल** ध्वंस का उत्कृष्ट नमूना दिखा दिया है। यदि वे इसी तरह दो-चार और सभाओं का ध्वंस कर सके तो **कौंसिल** ध्वंस करने में अवश्य ही सिद्धहस्त हो जायेंगे। **कौंसिल** विरोधी अब अपना बोरिया बंधना समेट लें। (1.9.23)
7. जेल की यंत्रणा भोगने पर भी **मौलाना मुहम्मद अली** और **डाक्टर किचलू** आदि **कौंसिल** के पक्षधारी नहीं बने। किसी ने ठीक कहा है, "कोयला होय न ऊजरो नौ मन साबुन लाय।" **स्वराज्य दल** वाले उन्हें एक बार और जेल भेजवाने की चेष्टा क्यों न करें। शायद दुबारा तपाये जाने से वे 'खरे' निकलें।(8.9.23)
8. **पंडित नेहरूजी** फरमाते हैं, कि **केनिया** के सम्बन्ध में जो भारतव्यापी हड़ताल हुई थी, वह बिल्कुल व्यर्थ थी और **विलायत** का **मार्निंग-पोस्ट** कहता है, कि भारत में ब्रिटिश राज्य की जड़ खोद डालने के लिए जो नाना प्रकार की तदबीरें हो रही हैं, उनमें **केनिया-संबंधी** हड़ताल अन्यतम है। इस विचार-वैचित्र्य से **मतवाले** की बहक सार्थक हो गई। (8.9.23)
9. 1922 में 3263 भारतवासियों को जंगली जानवरों ने मार डाला था। निहत्थे भारतीय प्रार्थना करें कि अंग्रेजी राज्य चिरस्थायी हो। (15.9.23)
10. 22 जून को सारे भारत में 1 अरब 72 करोड़ 38 लाख 1 हजार 8 सौ 58 रुपये के नोट लोगों के हाथों में चक्कर लगा रहे हैं। वाह रे अंग्रेजी राज्य! कागज के घोड़े खूब दौड़ाए। (15.9.23)
11. भारतीयों की आमदनी दिन-दिन घटती ही जा रही है। सन् 1850 ई. में हर आदमी की रोजाना आमदनी की औसत दो आने थी। सन् 1882 ई. में डेढ़ आना थी और वह सन् 1900 ई. में केवल तीन पाई रह गई। सन् 1920 ई. के हिसाब से मालूम होता है कि अब ढाई पैसे से भी कम है! अब सिर्फ थोड़ी सी कसर है। भगवान करें अंग्रेजी राज्य अभी कुछ दिन और रहे। वह कसर भी पूरी हो जायेगी। (15.9.23)
12. **जापान** की दुर्घटना के सामने बिहार की दुर्घटना बिल्कुल छोटी है। ऐसी दशा में **बिहार** की सहायता करना भी अवश्य ही छोटा काम है। बड़े आदमियों को ऐसे छोटे कामों में हाथ न डालना चाहिये। (15.9.23)
13. मालूम होता है कि पूज्यपाद **मालवीयजी** भी देशप्रेम का संकीर्ण दायरा छोड़कर

विश्वप्रेम के कुशादा मैदान में उतरने वाले हैं। इसी से उन्होंने **बिहार** के बाढ़ पीड़ितों की चिंता छोड़, रोगशय्या पर पड़े-पड़े जापानियों के लिये आंसू बहाना आरंभ कर दिया है। (15.9.23)

14. भारत के देशी रजवाड़ों में गद्दी छोड़ने की व्याधि, देखते हैं, संक्रामक होती जा रही है। **नाभानरेशने** गद्दी छोड़ी, **चंबा नरेश** ने छोड़ी और **उदयपुर** के **राना** छोड़ने वाले हैं। मालूम नहीं, रजवाड़ों में यह सक्रामक व्याधि फैलाने वाले चूहे हैं या मच्छड़? विज्ञान-विशारदों को पता लगाना चाहिये। (15.9.23)
15. **दिल्ली** की सभा में तय हुआ है कि **नाभा** के मामले में मुसलमान भी **अकालियों** का साथ देंगे। दाढ़ी वालों के दो-दो दल देखकर कहीं, नौकरशाही का दिल न दहल जाय। (15.9.23)
16. **मालवीयजी** का कहना है कि, मेमों के मुख पर एक ज्योति है जो ब्रिटिश साम्राज्य की शक्ति की सूचक है और यही उन मेमों की हर जगह रक्षा करती है। क्या उस ज्योति का अक्स कलकत्ते की मारवाड़ी-महिलाओं के मुख पर नहीं उतारा जा सकता? (22.9.23)
17. यमराज की बहन **यमुना** के किनारे **कांग्रेस** की छमासी (श्राद्ध क्रिया) विधिपूर्वक समाप्त हो गई है। बड़े-बड़े महापात्र जुटे थे। खूब चकाचक लड्डू उड़े। रसगुल्ले उड़े। गुलछर्रे उड़े। बेचारी बुढ़िया का श्राद्ध था न? कर्मकांडी थे एक से एक तीर्थयात्री और स्वार्थत्यागी। पिंडदान और तर्पण का मंत्र था–'दादा भाई तृप्यन्ताम्!" (22.9.23)
18. नौकरशाही ने **श्रीयुत सावरकर** को जीवन की अंतिम घड़ी तक जेल में बन्द रखने का विचार कर लिया है। अर्थात् उन्हें पच्चीस वर्ष की उमर में पचास वर्ष के लिये द्वीपांतर की मामूली सजा दी गई है। यमराज को चाहिए कि पचहत्तर की उमर तक सावरकर की तरफ आंख न उठावें। (22.9.23)
19. **श्रीयुत सावरकर** को छोड़ देने से बिना भूकंप के ही ब्रिटिश साम्राज्य रसातल चला जाएगा। नौकरशाही! सावधान!! (22.9.23)
20. **महात्माजी** यदि छूट जायेंगे तो उसका सारा श्रेय दासदल को होगा। क्योंकि उसी ने **कौंसिल-प्रवेश** की धमकी देकर नौकरशाही का खाना-पीना हराम कर दिया है। (22.9.23)
21. **स्वराजदल** वाले कहते हैं कि **कौंसिल** में जाने से भारतवर्ष शीघ्र ही स्वराज पा जाएगा। परंतु **'मतवाला'** तो कहता है–"तेरे कूचे को वो बीमारगम दारुशिफ़ा समझे, अजल को जो तबीब और मर्ग को अपनी दवा समझे।" (22.9.23)
22. **दिल्ली** में एकता का अभिनय करते हुए **स्वराज पार्टी** ने सत्याग्रह समर्थन

किया और असहयोग दल ने **कौंसिल**-प्रवेश का। "कुछ झुकके वह सीने लगी, कुछ झुक के मैं सीने लगा।" (22.9.23)

23. **महात्माजी** ने कहा है, कि "अवधि से पहले छूटने पर अध्ययन में बाधा पड़ेगी।" इतना ही क्यों? **देशबंधु** और **नेहरूजी** का **कौंसिल** की स्पीचें तैयार करने में भी तो बाधा पड़ेगी? (22.9.23)
24. **मि. दास ने** मद्रास में कहा था, कि खद्दर से कुछ न होगा कानपुर में कह आये है, कि खद्दर से ही देशोद्धार होगा। **मि. दास** कोई तोता-मैना थोड़े ही हैं जो सदैव एक ही बात बोला करें। (29.9.23)
25. सुनते हैं, काशी के एक प्रोफेसर साहब स्वराज दल के विरोधी बनकर **मालवीयजी** के जोर से, **कौंसिल** में जाना चाहते हैं। पराये के भरोसे औलाद चाहने वाले सचमुच बड़े दुस्साहसी होते हैं। (29.9.23)
26. **नाभा** में शायद नौकरशाही का नंगा नाच हो रहा है। इसी से बाहरी दर्शकों के लिए प्रवेश निषेध हो गया है। बेचारी पर्दानशीन जो ठहरी। (29.9.23)
27. **छोटे नेहरूजी** के **नाभा** में पकड़े जाने की खबर पाकर पड़े **नेहरूजी** उनसे मिलने चले और लाटों को तार दिया कि "मैं अपने पुत्र से मिलने के लिए **नाभा** जाता हूं। देखना, वहां मुझसे किसी प्रकार की छेड़छाड़ न हो।" क्या राजभक्ति की शपथ लेकर कौंसिल में जाने के लिए तैयार होने पर भी छेड़छाड़ का डर बाकी ही है? "माथहूं मुड़ाये गरीब गिरि नाम?" (29.9.23)
28. **इंग्लैंड** में बेकारों की संख्या बारह लाख से ऊपर तक पहुंच गई है, यह रत्नगर्भा भारत-बसुंधरा के लिए बड़े ही कलंक की बात है। बेकार, अंग्रेजों को चाहिये, कि शीघ्र पासपोर्ट लेकर यहां चले आवें। यहां आने पर और कुछ न सही, बूट की ठोकर से दो-चार भारतीयों की तिल्ली ही फाड़ेंगे। बेकार से बकार रहना अच्छा है। (29.9.23)
29. **अकाली सिक्ख** बड़े धर्मांध हैं। इसी से जब होता है तभी धर्म के लिए कष्ट सहने को तैयार हो जाते हैं। हिंदुओं को इस धर्मान्धता के फेर में नहीं पड़ना चाहिये। शरीर रहेगा तो बहुत धर्म-कर्म हो सकेगा। (29.9.23)
30. खबर है कि **'पाल'** भी **कौंसिल** में गाल बजाने जायेंगे। जाना ही चाहिए। गले का मोरचा छुड़ाने का ऐसा मौक़ा फिर कहां मिलेगा? (29.9.23)
31. **प्रयाग** के रिफार्म अफसर ने घोषणा की है, कि **पं. जवाहरलाल नेहरू** और **श्रीयुत पुरुषोत्तमदास टंडन** चूंकि **'दागी'** हैं—अर्थात् छः मास से अधिक काल तक श्रीधर में निवास कर चुके हैं, इसलिये **कौंसिल** में नहीं प्रवेश कर सकेंगे। **मतवाले** की राय में ये बाहर से **कौंसिल** पर ढेले फेंके तो अच्छा हो। क्योंकि

मतलब तो **कौंसिल** तोड़ने से ठहरा। (29.9.23)

32. **दिल्ली** में असहयोग की अन्त्येष्टि होते ही **श्री टंडन जी** ने स्वतंत्रता की घोषणा कर देने का प्रस्ताव पेश कर दिया है! यह बेवक्त की शहनाई भी अच्छी रही!

दी मोअज़्ज़न ने अजां वस्ल की शब पिछले पहर,
हाय कमबख्तको किस वक्त खोदा याद आया। (29.9.23)

33. **डाक्टर किचलू ने कांग्रेस** के नेताओं को नाभा में सत्याग्रह करने के लिये आह्वान किया है। नेताओं को तो अभी दुराग्रह से फुरसत नहीं, वे सत्याग्रह कैसे करेंगे? (29.9.23)

34. **कानपुर** में **देशबंधु** ने कहा है—"हम चाहते हैं कि नौकरशाही पर बाहर और भीतर दोनों ओर से आक्रमण हो" तथा नेहरू जी ने कहा है—"आप लोग **कौंसिल** में यदि अपने ही आदमी भेजें तो दो महीने में सरकार कांप उठेगी।" **देशबंधुजी** से यही निवेदन है कि यदि आप दोनों ओर से आक्रमण करेंगे तो नौकरशाही चारों ओर से करेगी; "बन का गीदड़, जायगा किधर?" **नेहरूजी** से भी एक निवेदन है—"आपसे और **देशबंधु** से बढ़कर 'अपने ही आदमी' कहां मिलेंगे? जनता की प्रतिनिधि **कांग्रेस** ने तो आप लोगों को **कौंसिल** का पासपोर्ट दें ही दिया। अब, दो महीने की तो बात ही क्या, दिसंबर तक भी तो सरकार को कंपाइये? किंतु खाली गरजकर ही रह जाने से वह न कांपेगी। (29.9.23)

35. **नाभा** की पुलिस बड़ी बहादुर है। क्योंकि गिरे हुए **अकाली** को घसीटकर जेल में ले जाती है। (6.10.23)

36. सुनते हैं, **पंडित जवाहरलाल नेहरू प्रिंस ऑफ वेल्स** के 'क्लासफेलो' हैं। इसी से नौकरशाही उन पर अधिक कृपा रखती है। (6.10.23)

37. मर्दुमशुमारी की रिपोर्ट से मालूम हुआ है, कि **कलकत्ता** में बनिस्बत मर्दों के औरतों की संख्या कम है। अर्थात् दो मर्दों के बीच एक औरत का पड़ता है। ऐसी दशा में **विलायत** से कुछ बीबियां मंगा ली जायं तो कैसा? **कांग्रेस** ने तो विलायती माल का बहिष्कार किया है, न कि बीबियों का। (6.10.23)

38. **डॉ. सप्रू** की मोटर से किसी साहब का कुत्ता दब गया। इस पर अदालत ने ड्राइवर पर केवल 70/- जुर्माना किया। साहब का कुत्ता मार डालने पर भी ड्राइवर को फांसी नहीं हुई। यह उसकी जिंदगी ही बेहयाई नहीं तो क्या है? (6.10.23)

39. **सन् 1818 के रेगुलेशन ऐक्ट** की उमर पूरे 105 वर्ष की हो गई, परंतु उसका जोशो-खरोश जरा भी कम नहीं हुआ है। **बंगाल** सरकार ने आजकल इसी बूढ़े

जामवंत का आश्रय लेकर देशभक्तों पर चढ़ाई की है। (6.10.23)

40. **बंगाल** की नौकरशाही ने कितने ही कार्यकर्त्ताओं को पकड़कर कैद कर लिया, परंतु बंगालियों ने चूं तक नहीं किया! मालूम होता है, **मिस्टर सी.आर. दास** ने **कौंसिल-प्रवेश** का मंत्र बंगालियों में अच्छी तरह फूंक दिया है। (6.10.23)

41. विधाता ने **मौलाना हसरत मोहानी** को शायद आजन्म निश्चिंत रहने के लिये ही बनाया है। इसी से नौकरशाही ने उन्हें बहुत दिनों तक मेहमान रखने की व्यवस्था की है। (6.10.23)

42. साम्राज्य-परिषद के महा अधिवेशन में महामंत्री ने भारत के साथ सहानुभूति दिखाई है। इसलिए अब भारतवासियों को निश्चिंत हो जाना चाहिये। (6.10.23)

43. धीरे-धीरे **जीहुजूरवादी दल** और **स्वराजवादी दल** का मेल बढ़ रहा है। कारूरे में कारूरा मिल रहा है। अब देशोद्धार में देर नहीं है। (6.10.23)

44. **कवींद्र रवींद्र** ने कहा कि "**कौंसिल** को तोड़ने से कुछ लाभ न होगा, बल्कि कौंसिलों के समकक्ष संस्थाएं कायम करनी चाहिये।" **पायनियर** को पता लगाना चाहिये कि, **रविबाबू** को सिनफिनरों से कुछ रिश्वत तो नहीं मिली है। (6.10.23)

45. **पंडित जवाहरलाल नेहरू** को बंगाली अखबार वाले 'जहर लाल' लिखते हैं। ठीक है, रत्नों में विष तो होता ही है। राजाओं और रानियों को आत्महत्या करने की आवश्यकता पड़ती है, तो वे हीरे की कनी चाट लिया करते हैं। शायद इस विषैलेपन के कारण ही **नाभा** के चतुर अधिकारियों ने उन्हें जेल में रखना मुनासिब नहीं समझा। (13.10.23)

46. **सीकर राज्य** में दसहरे के दिन गरीब किसानों का पाला-पोसा भैंसा बांधकर वध कर डाला जाता है। सब क्षत्रिय उसे घेरकर मार डालते हैं। वाह वीरों! क्षत्रित्व भी अब तुम्हीं लोगों तक रह गया। (13.10.23)

47. अलमोड़ा में **मुहम्मद अली** ने कहा है कि 'अब मैं जनता को सरकार के विरुद्ध न भड़काऊंगा।' बहुत बेहतर राजभक्ति का प्रचार कीजिये। (13.10.23)

48. कट्टर वीर **हसरत मोहानी** को पहले दो वर्ष की सजा मिली थी। अब फिर उन पर एक मामला चला कर उन्हें ढाई साल की सजा दी गई है। अब अंग्रेजी राज्य की मियाद ढाई वर्ष और बढ़ गई। (13.10.23)

49. जब तक कौंसिलवादी दल **कौंसिल** को तोड़-मरोड़ कर 'कीचक' के रूप में परिणत न कर लें, तब तक असहयोगी दल को सांस भी न लेनी चाहिये। नहीं

तो **कांग्रेस** की आज्ञा भंग करने का महापातक साबुन लगाकर धोने पर भी नहीं छूटेगा! (13.10.23)

50. इस समय हमारे राजनीतिज्ञों के हाथों में दो अमोघ अस्त्र है। एक 'प्रतिवाद' और दूसरा 'हड़ताल'। सन् 1818 **के तीसरे रेगूलेशन** का प्रतिवाद तो हो चुका। अब एक दिन हड़ताल भी हो जानी चाहिये। 'रामबाण' और 'मकरध्वज' का प्रयोग करने पर भी रोग न छूटे तो बेचारा वैद्य क्या करे? (13.10.23)

51. **सन् 1818 के तीसरे रेगूलेशन** का प्रतिवाद करने के लिये उस दिन स्थानीय टौन हाल में एक सभा हुई थी। सभापति थे राजनीति क्षेत्र के पालक महारथी **मि. व्योमकेश चक्रवर्ती** और प्रधान वक्ता थे पोलिटिकल ग्राउंड में लुढ़कने वाले फुटबाल **मि. पाल** तथा **कौंसिल** के कूड़ा-करकट में स्वराज-रत्न ढूंढने वाले **मि. दास**। रेगुलेशन का प्रतिवाद करते-करते दोनों वीर अंत में 'वोट' के लिए भिक्षा मांगने लगे! हाय उदर-ज्वाला! आये थे हरिभजन को, ओटन लगे कपास। (13.10.23)

52. स्वर्गीय **कन्हाई लालदत्त** की जीवनी ब्रिटिश भारत में नहीं आने पायेगी। क्योंकि नौकरशाही 'भूत' से बहुत डरती है! (13.10.23)

53. परमत्यागी **मालवीयजी** सब छोड़ेंगे, परंतु कौंसिल नहीं छोड़ेंगे। सच है, "कहैया और सुनैया तजौं बाप और भैया तजौं, मैया तजौं दैया पै कन्हैया नाहिं तजिहौं।" (20.10.23)

54. साम्राज्य-परिषद् में **डाक्टर सप्रू साहब** को अच्छी जगह नहीं मिली तो कोई हरज नहीं। लज्जतदार 'बीफ' और 'मटन' तो मिले! क्या सुना नहीं है, कि "भोंदू भाव न जाने पेट भरे से काम?" अच्छी जगह लेकर क्या चाटते? (20.10.23)

55. सुनते हैं, **ग्रेट ब्रिटेन अमेरिका** में भारत की खूब बदनामी करा रहा है। यही तो भारत के नमक की विशेषता है। (20.10.23)

56. सरकार ने नोटिस निकाला है कि, जो पेंशन याफ्ता सरकारी नौकर अराजभक्ति का दोषी पाया जायगा उसकी पेंशन ज़ब्त कर ली जायगी। बड़ी कृपा होगी, हजारों बूढ़े भारतवासी, जो अपने ही भाइयों के खून से सना हुआ अन्न खाकर अपनी आकबत बिगाड़ रहे हैं, अंतिम समय में कृतार्थ हो जायेंगे। (20.10.23)

57. गरम अफ़वाह है कि **पटियाला-नरेश** को तीन वर्ष तक **विलायत** में जाकर रहने के लिये बाध्य किया जा रहा है और उनकी गैरहाजिरी में उनकी सेना से सत्याग्रही अकालियों का दमन कराया जायेगा। अच्छा होता यदि सब देशी नरेशों को **इंग्लैंड** भेज दिया जाता और उनकी सेनाओं से असहयोगियों तथा

सत्याग्रहियों को जबरन दबा देने का काम लिया जाता है। खर्च भी बचता, क्योंकि राजाओं के खजाने तो हाथ में रहते ही भारतवासियों की नीचता का डंका भी बज जाता, क्योंकि अपने ही देश के भाइयों पर अत्याचार करना सिवा भारतवासियों के और कोई बेइया जानता ही नहीं? (20.10.23)

58. **ग्रेट ब्रिटेन** के कुछ अनुभवी विद्वानों की राय है, कि हिंदोस्तान एक न काटने वाला कुत्ता है। परंतु **मतवाले** के दोलायमान धर्म कांटे पर यह 'राय' ठीक 'बावन तोले पाव रत्ती' नहीं उतरती। हां, इस देश में कुछ कुत्ते अवश्य हैं। जैसे, पालतू कुत्ते, दुम हिलाकर दीनता दर्शाने वाले कुत्ते, वृथा कांय-कांय करने वाले कुत्ते, बात-बात पर भौंकने वाले कुत्ते, दुम दबाकर भागने वाले कुत्ते, अपने 'हमशक्ल' को देखकर गुर्राने वाले कुत्ते, गैरों के टुकड़ों पर पलने वाले कुत्ते, अपने भाई का आहार छीनकर खा जाने वाले कुत्ते, सीधे का मुंह चाटने वाले कुत्ते, पागल कुत्ते और कातिक के कुत्ते! पर इन कुत्तों की जूठी पत्तलें चाटकर मोटे बने हुए कुत्ते **ग्रेट-ब्रिटेन** में भी तो कम नहीं हैं? हां वे कुत्ते काटते हैं और ये नख-दन्तविहीन हैं; काटना नहीं जानते! (27.10.23)

59. इस देश में शराबखोरी बंद हो जाने से सरकार की आमदनी घट जायेगी और भारतीयों की शिक्षक के लिए जो गहरी (?) रकम खर्च की जाती है, वह न की जा सकेगी इसलिए यदि आप शिक्षा का विस्तार चाहते हैं तो आज ही से विलायती शराब ढालना आरंभ कर दीजिये और यदि निःशुल्क शिक्षा की ख्वाहिश हो तो सारे देश को शराबी बनाइये! देखते हैं, शिक्षा और शराब में गहरी मिताई है। (27.10.23)

60. **वायरस** ने **अमृतसर** की **शिरोमणि गुरुद्वारा प्रबन्धक कमिटी** को राजद्रोही संस्था घोषित कर दिया। उसके सैकड़ों सदस्य पकड़ लिये गये। इतने पर भी सत्याग्रही अकालियों का अकाल नहीं है। अगर सच पूछिये तो **अकालियों** ने इस चलाचली के समय **वायसराय महोदय** के न्याय का दिवाला निकाल कर बड़ा बुरा किया। (27.10.23)

61. अखबारी दुनिया के वायुमंडल में यह ख़बर भर गई है कि भारत सरकार अब सिक्खों की सेना तोड़ देगी। **फ्रांस** की रणभूमि में सिक्खों ने जो अद्भुत वीरता दिखाई थी उसका पुरस्कार देने की इतनी बड़ी उदारता दिखाने में देर क्यों की गई? खैर, 'देर आयद दुरुस्त आयद!' (27.10.23)

62. सुनते हैं, **कौंसिल** के चुनाव का झमेला खत्म होने पर **देशबन्धु दास** मजूरों का संगठन करेंगे। अच्छी बात है, नेताओं का संगठन कर ही चुके, अब मजूरों का भी कर डालें। देश में कौंसिल का कोलाहल मचा कर अब

व्यापारियों के घर घालने चले। (27.10.23)

63. **मौलाना मुहम्मद अली** कहते है कि 'यरवदा जेल की कुंजी जनता के जेब में है' तो फिर आपके जेब में क्या कौंसिल की कुंजी है? और जनता बेचारी के पास जेब ही कहां है? उसे तो 'करजनी कैंची' ने कभी का कतर लिया! (27.10.23)
64. खबर है कि **तुर्किस्तान** की स्त्रियां भी विदेशी पुरुषों के साथ नाचती हैं। उन्हें चाहिये, कि अपने 'बुर्के' हिंदुस्तानी नेताओं के लिए भेज दें। (3.11.23)
65. **कलकत्ता** बड़ाबाजार के करोड़पतियों, लखपतियों और सहस्रपतियों की ओर से कौंसिल में जाने वाले हैं 'सातकौड़ीपति'! उचित ही तो है, क्योंकि कौड़ी-कौड़ी माया बटोर कर ही तो लोग करोड़पति और लखपति बनते हैं। (3.11.23)
66. **कौंसिल** में 'सातकौड़ी' के पहुंचते ही 'पौ बारह' हो जायेगा, नौकरशाही का 'छक्का' छूट जायेगा, देश के सारे कसाईखाने बंद हो जायेंगे और गोरे गोमांस खाना छोड़कर गौरांग महाप्रभु के अनुयायी परम वैष्णव बन जायेंगे। (3.11.23)
67. **अकालियों** ने सत्याग्रह आरंभ कर रखा है, इसलिये **कांग्रेसी वीरों** को अरविंद बाबू से गुरुमंत्र लेकर तपस्या आरंभ कर देनी चाहिये। (3.11.23)
68. **स्वराज दल** के कुछ लोग कौंसिल का ध्वंस करेंगे, कुछ सब प्रस्तावों का विरोध करेंगे और कुछ लोग अच्छे प्रस्तावों का समर्थन करेंगे। तब तो कौंसिल में **सोनपुर मेला** के चिड़िया बाजार का आनंद मिलेगा। (3.11.23)
69. **मौलाना मुहम्मद अली** इस समय बड़े असमंजस में पड़े हुए हैं। अगर खुले शब्दों में **हिंदू-संगठन** ओर **शुद्धि-आंदोलन** का विरोध करके मुसलमान संगठन की चर्चा चलाते हैं, तो ऑल इंडिया-लीडरी छीन जाती है; और अगर **हिंदू-संगठन** का समर्थन करते हैं तो मुसलमान भाई उन्हें 'काफिर' कहकर निकाल बाहर करते हैं। **मौलाना** की जान अजब कशमकश में है।। "भई गति सांप छछुंदर केरी!" (3.11.23)
70. देशभक्त **लाला लाजपतराय** की राय है कि "भारत-सरकार ने, **नाभा** में अकाली-भाइयों पर अत्याचार करके, भारतीय जनता को चुनौती दी है उसे स्वीकार कर लेना चाहिये; नहीं तो, वह समझेगी कि ललकार सुनकर लोग डर गये।" **लालाजी** की राय लोगों को अवश्य मान लेनी चाहिए, क्योंकि **लालाजी** तो उसी समय सरकार की चुनौती स्वीकार कर चुके जबकि उन्होंने घोषित कर दिया कि "**कौंसिल** प्रवेश पास न हुआ तो मैं कांग्रेस छोड़ दूंगा।" (3.11.23)

71. मालूम होता है कि **उदयपुर-राज्य** में 'कुत्ते की तरह दुम हिलाने वाले' कर्मचारी बहुत हैं। उन्हीं में से एक हजरत का कहना है कि **"बी.एस. 'पथिक'** पबलिक का पैसा पचा जाने वाला बदमाश, धोखेबाज और राजद्रोही है!" क्यों जनाब आली! हमजिन्स और हमपेशा को पहचानने की यह अजीब तरकीब आपने कहां सीखी थी? (3.11.23)
72. बेचारे **पं. बनारसीदास** बड़बड़ाया करें, मि. एंड्रूज रो-रो कर मर जायें, **महात्मा गांधी** सर पटक दें और भारत के भूत बड़े लाट **लार्ड हार्डिंग** हाहाकार करते रहें, परंतु इस देश से कुलियों का विदेश में जाना न रुकेगा क्योंकि यह अंग्रेजी राज्य का सुफल है। (10.11.23)
73. **विलायत** में बेकार बहुत हो गये है। इसीलिये **हवड़ा पुल** का काम शीघ्र ही आरंभ हो जाना चाहिये। क्योंकि ऐसा करने से कलकत्ता शहर की शोभा बढ़ेगी और बेकार भी निराकार होने से बच जायेंगे। (20.11.23)
74. **विलायत में डाक्टर तेजबहादुर सप्रू** को भोजन में विष दे दिया गया था। किंतु राजभक्ति की कृपा से उनके प्राण वैसे ही बच गये जैसे ईश्वर भक्ति की कृपा से **प्रह्लाद** के बचे थे। (10.11.23)
75. सुनते हैं, आगामी जनवरी में भारत के भूतपूर्व मंत्री **मि. मॉण्टेगू** भारत में फिर आने वाले हैं। एक बार आये तो भारत का 'सुधार' हो गया अब आते हैं तो 'बंटाढार' हो जायेगा। (10.11.23)
76. **म. गांधी** के **यंग इंडिया** में लिखा है कि **लार्ड रीडिंग** ने जो बम फेंका है, वह दीपावली के उपलक्ष्य में बंगाल को तोहफा मिला है और बंगाल द्वारा तमाम हिंदुस्तान को! वाह! वाह!! क्या बढ़िया तोहफ़ा है। देने वाले और पाने वाले दोनों को बधाई है! (10.11.23)
77. सुनते है इस नये हथियार के पुराने प्रेमी **'इंडिपेंडेंट' दल वालों** ने भी बिल के समर्थन का पुण्य संचय कर लिया। क्यों बाबा! इस नन्हीं उमर में अभी से परलोक की तैयारी! स्वराजपार्टी की कमजोरी देखकर मुंह में पानी तो नहीं भर आया है न? (10.11.23)
78. **पंजाब** की नौकरशाही रात को बहुत देखती है। इसीलिये बड़े-बड़े **अकाली नेताओं** की गिरफ्तारी आधी रात को हुई। (10.11.23)
79. **पंजाबी** नौकरशाही ने एक अंधे वकील को पकड़ लिया है। शायद वह प्राज्ञचक्षु नौकरशाही का भविष्य देख रहा था। (10.11.23)
80. **जर्मनयुद्ध** में **सिक्खों** ने अपना रक्त बहाकर **ग्रेट ब्रिटेन** का मुखोज्ज्वल किया था। कहीं वह उज्ज्वलता श्वेतकुष्ठ न हो जाय, इसलिये नौकरशाही ने **सिक्खों**

को जेल में ठूंसकर उस पर कालिमा पोतने का विचार किया है। (10.11.23)

81. **वायसराय महोदय** ने **इलाहाबाद** हाईकोर्ट में अपने अभिनंदन का उत्तर देते हुए जजों और वकीलों को न्याय की खूब शिक्षा दी है, आपने कहा है, "जैसे **प्रयागराज** की **त्रिवेणी** में स्नान करने से हिंदुओं के पाप नष्ट हो जाते हैं वैसे ही न्याय की पवित्र धारा से मनुष्य-जाति का अन्यायजनित सारा दुःख नष्ट हो जाता है। 'भगवान! इसी भरोसे पर अन्याय किया कीजिये। इंग्लैंड में जाकर 'न्याय की नर्मदा' में नहा लीजियेगा। (10.11.23)

82. **मौ. मुहम्मद अली** और **मौ. शौकत अली महात्मा जी** की दो भुजायें हैं। जब भुजायें जेल से बाहर आ गई हैं तो शरीर भी धीरे-धीरे आ ही जायेगा। इसलिये अब नीलकंठी नेताओं को निश्चिंत हो जाना चाहिये। (10.11.23)

83. **देशबंधुदास** और **पंडित नेहरू जी** स्वयं में न जायेंगे। ठीक है, व्यर्थ क्या करेंगे जाकर? अलग से ही कौंसिल के लिये लड़ने वालों का तमाशा देखें। क्योंकि आग लगाकर अलग से तमाशा देखने में बड़ा मजा आता है। (10.11.23)

84. खबर है कि **जम्मू** के लुहारों को **सिक्खों** के लिये कृपाण न बनाने की आज्ञा हुई है। न जाने **वायसराय** ने भोज की उमंग में किस बुनियाद पर कह दिया है कि **सिक्खों** से सरकार जरा भी नहीं डरती। (10.11.23)

85. पूना की **कांग्रेस-कमिटी** में दोनों दल के लोग तितर-बटेर की तरह लड़ गये हैं उन्हें लड़ते देखकर शिकारी कुत्ते की तरह पुलिस भी झपट पड़ी है। **देशबंधु दास** की दया से इस समय देश को मुर्गा-मुर्गी की लड़ाई देखने का अच्छा मौका मिला है। (10.11.23)

86. **पंजाब** में अकालियों के मुखिया **धन्नीसिंह** ने अपनी गिरफ्तारी के समय 'बम-गोले' से पांच पुलिस-सिपाहियों को मार डाला है और दो अंग्रेज पुलिस-अफसरों को बुरी तरह घायल कर दिया है। देखते हैं 'बम भोलानाथ' बंगाल से अपना अखाड़ा **पंजाब** में ले गये। (10.11.23)

87. **दास महाशय** स्वयं **कौंसिल** में जाने के लिए थोड़े व्यग्र थे? वे तो व्यग्र थे इसलिये कि सारा देश **महात्माजी** का असफल सिद्धांत छोड़कर उनका अमोघ सिद्धांत ग्रहण कर ले। (10.11.23)

88. **काबुल**-निवासियों की एक सार्वजनिक सभा में नाभा-नरेश और **अकाली** आंदोलन के प्रति सहानुभूति प्रकट की गई है। काबुल के अमीर साहब को **राजा महेंद्र प्रताप** पर और भारत सरकार को अमीर साहब पर कड़ी नजर रखनी चाहिये। नहीं तो, अन्याय का फल पकड़ कर तैयार हो गया है।

(17.11.23)

89. सरकार ने **अजमेर** की मल्लशाला को राजनीतिक संस्था समझकर बंद कर देने की आज्ञा दी है। आजकल नौकरशाही की नाक हर राजनीति की गंध सूंघती फिरती है। मालूम होता है कि कुछ दिनों में भारत की हर एक चीज में से राजनीति की ऐसी कड़ी बू निकलने लगेगी कि या तो नौकरशाही की नाक फट जायगी या नाक में दम हो जाने में वह **अरबी ऊंट** की तरह नाक की सीध पर चली जायगी। (17.11.23)

90. भारत की नौकरशाही बड़ी रसिक है। सुनते हैं, जेल में तलाशी लेने के वक्त कैदियों को लंगोटा खोलकर उछलना पड़ता है। इस दर्शनपुण्य से नौकरशाही के पितरों का अवश्य उद्धार हो जाना चाहिये। (24.11.23)

91. दुनिया में जैसे कई तरह के आदमी होते हैं—चतुर, चौकस, चालबाज, चूतिया, चापलूस, चटोरा, चपरगट्टू और निखट्टू आदि-वैसे ही एक 'ख्वाहमख्वाह' भी होते हैं। चाहे कोई उन्हें पूछे या ना पूछे, वे बने-बनाये दूल्हे की चाची हैं। वे 'अपने मुंह मियां मिट्ठू' बनने के लिये उतावले बने फिरते हैं। कोई उनका असली रूप लाख पहचाने वे अदबदाकर 'मान न मान मैं तेरा मेहमान' बन ही जाते हैं। ऐसे (Ready-made) ख्वाहमख्वाह इस देश में एक नहीं, दो नहीं, तीन नहीं, सच पूछिये तो, दरजनों हैं। ऐसे ही दो ख्वाहमख्वाह ने इस बार **इंग्लैंड** में भारतीय जनता का प्रतिनिधित्व ग्रहण करके भारत-भक्त बनने का ढकोसला दिखाया है। 'अक्लमंदां रा इशारा काफी अस्त?' (24.11.23)

92. **कानपुर** की विक्टोरिया मिल के **टेलर साहब ने शिवरतन सिंह** की नाक तोड़ दी। खूब किया! भारतवासियों के चेहरे पर नाक की जरूरत ही क्या है? (24.11.23)

93. साम्राज्य परिषद् में **डॉ. सप्रू ने** कहा था, कि यदि भारतवर्ष के प्रति सहनुभूति की कोई बात न होगी, तो मैं Strong Action लूंगा। यह बंदर-घुड़की 'जी हुजूर' दल का अंतिम अमोघास्त्र है। (24.11.23)

94. **बड़े लाट ने सर सप्रू** को उनकी सफलता के लिये बधाई दी है। इतनी बड़ी परिषद् में सर **सप्रू** को रोकर दो बूंद आंसू बहाने का अलभ्य अवसर मिल गया! इससे बढ़कर सफलता और क्या होगी? (24.11.23)

95. **मालवीयजी** जनता के सच्चे प्रतिनिधि हैं, क्योंकि जनता के विरोध करने पर भी **बड़े लाट** के स्वागत से बाज न आये। (24.11.23)

96. सनातन धर्मावलंबियों को खद्दर नहीं पहनना चाहिये। क्योंकि मनु या पराशर ने अपनी स्मृतियों में इसके संबंध में कुछ नहीं लिखा है। (1.12.23)

97. बूढ़े 'बिहारबंधु' का एक दीवाना-संवाददाता महीनों से बकबक कर रहा है

कि **डुमरांव (शाहाबाद)** के **महाराजा साहब बहादुर** अपनी राजधानी की प्रजा पर मनमाना अत्याचार कर रहे हैं और जो कोई आह करता है उसे उजाड़ डालना चाहते हैं। मालूम होता है 'दीवाना' का दिमाग दुरुस्त नहीं है क्या उसे मालूम नहीं है कि महाराजा साहब एक छोटे 'बाबू' से इतने बड़े 'बहादुर' बने हैं? बीसवीं सदी की 'बहादुरी' की लाज रखने के लिये यदि वे गरीबों पर अत्याचार ही करते हैं तो बुरा क्या करते हैं? जिसकी दुआ से बहादुरी मिली उस पर यदि अत्याचार न करेंगे तो ईश्वर के सामने कैसे मुंह दिखायेंगे? और प्रभुता पाकर भी यदि अत्याचार न करें तो क्या प्रभुता लेकर चाटें।

(1.12.23)

98. **मौलाना शौकत अली ने** कहा है कि अब तक जिन नमकहरामों ने **कौंसिलों** में रहकर देश की दासत्व-शृंखला दृढ़ की है उन्हें मार भगाने के लिये स्वराज दल **कौंसिलों** में जा रहा है। किंतु उसे सावधान होकर जाना चाहिये, क्योंकि कौंसिलें भी नमकहरामों के ढालने की मशीनें हैं। उनमें पड़ते ही सूरत बदल जाती है। (1.12.23)

99. मिस्टर **सी.आर. दास** और मिस्टर **मोतीलाल नेहरू महात्माजी** के सच्चे अनुयायी हैं, क्योंकि **महात्माजी** जेल में सूत के लिये चर्खा चला रहे हैं और ये लोग बाहर **कौंसिल** का चर्खा चला रहे हैं। (1.12.23)

100. बेगूं (मेवाड़), के **मुनसरिम साहब** ने **पथिक जी** की शिकायतों का पर्चा बड़े शुभ मुहूर्त में छपवाकर बंटवाया था, क्योंकि जिसने उसे पढ़ा उसी ने उन्हें भर पेट गाली दी। (1.12.23)

101. **स्वराज दल** को राजनीति के अगाध सिंधु में डूबते देखकर कुछ दयाशीलों ने पुकार मचानी आरंभ की है। वे कहते हैं कि **कांग्रेस** का यह प्यारा बालक **अभिमन्यु** की तरह चक्रव्यूह में जाकर फंसा है, इसके उद्धार का प्रयत्न करना चाहिये। परंतु **मतवाले** की राय तो यह है कि इस परम हठी लड़के को अपनी जिद्द का मजा चखने दिया जाय। जब इसी तरह दो-चार गोते खा लेगा, तब इसका होश ठिकाने आयेगा और यदि डूब मरा तो भी कोई हानि नहीं, क्योंकि कुवंश की अपेक्षा 'निर्वंश' रहना कहीं अच्छा है! (1.12.23)

102. **बंबई** के **गवर्नर साहब महात्मा गांधी** को जिंदा ही गाड़ देना चाहते हैं, पर उन्हें स्वयं यह सोचना चाहिये—'हम मरने पर भी गाड़े जायेंगे या नहीं?'

(1.12.23)

103. **बुद्धगया** के महंतों ने **बिहार उड़ीसा** के **गर्वनर** के आने के उपलक्ष में बौद्धों को मन्दिर में जाकर पूजा नहीं करने दी। इससे कुछ बौद्ध नाराज हैं। जहां

साक्षात् गौरांगदेव की पूजा का आयोजन हो रहा था, वहां तुम्हारे बुद्धदेव को कौन पूछता? लाट की खुशामद से तो महंती कायम रह सकती है। तुम्हारी पूजा से क्या बनने-बिगड़ने को है? (1.12.23)

104. **महात्माजी** जब जेल में गये तो इस देश के नेताओं को सिर्फ चार काम सौंप गये—घूमघाम कर मानपत्र बटोरना, लेक्चर झाड़ना, कमिटी बनाना और अपील करना। चारों काम बड़ी चुस्ती और चौकसी से हो रहे है। (8.12.23)

105. आजकल के वोटर बड़े नमकहलाल हैं। दूसरे की मोटर पर सवार होकर आते हैं, तीसरे की कचौड़ी खाते हैं और चौथे को वोट देते हैं। सुनते हैं, ऐसे ही वोटरों के भरोसे पर **सुरेंद्रबाबू** ने सरकार की सेवा में अर्जी दी है कि फिर चुनाव होना चाहिये, क्योंकि गत चुनाव में जुआचोरी की गई है । वाह जी वाह, पीठ में धूल लगने से संतोष न हुआ तो अब मुंह में कालिख लगाने चले! (8.12.23)

106. अंग्रेज जाति वास्तव में वीर जाति है क्योंकि वह केवल निहत्थों पर ही वार करती हैं, हथियारबंदों पर नहीं। और केवल हीजड़ों पर ही शासन कर सकती है, पुरुषार्थियों पर नहीं। वह कट्टर देशभक्त भी है, क्योंकि स्वदेश के लिये वह सब तरह के पाप भी कर सकती है। (15.12.23)

107. **काशी** की एक सार्वजनिक सभा में मानवीय **मालवीयजी** पर ईंट फेंकी गई है। बनारसी गुंडे वास्तव में अपने बाप को भी कुछ नहीं समझते हैं। (15.12.23)

108. **निजाम-हैदराबाद** में **वायसराय** महाशय ने कहा है—"भारत सरकार चेष्टा कर रही है कि भारत की उन्नति के लिये सर्वश्रेष्ठ साधन काम में लाये जायं।" जैसे?—नमक-'कर' की वृद्धि, सामरिक व्यय की वृद्धि, पुलिस सैन्य की वृद्धि और दमनचक्र की तीव्र गति की वृद्धि। (15.12.23)

109. **नाभा** में बलिदान होने वाले अकालियों को घबराना न चाहिये, क्योंकि देश के नेताओं ने मिलजुलकर उनकी सहायता के लिये एक कमिटी बना ली है और **कोकनद-कांग्रेस** में उन्हें काफी बधाई मिल जायेगी। (15.12.23)

110. भारत की नौकरशाही को अपनी प्रतिष्ठा से कुछ गरज नहीं। अगर गरज है तो सिर्फ भारत की नसें दुहने से। पराजय या अपमान की उसे मुतलक परवा नहीं, उसे तो बस टके चाहिये। "भोंदू भाव न जानते पेट भरे से काम।" (15.12.23)

111. **मद्रास** सरकार ने आखिरकार **पंडित प्रतापनारायण वाजपेयी** को जेल की चक्की में पीसकर मार ही डाला। अगर अहिंसात्मक असहयोग की बलि-वेदी

पर आत्मोसर्ग द्वारा **वाजपेयीजी** की पवित्रात्मा अक्षय स्वर्ग को न गई होती तो वे ब्रह्मपिशाच बनकर बड़ा उत्पात करते—अपनी विकट प्रेत-लीला से मद्रास-सरकार का अहंकार-स्वप्न अत्यंत भयंकर बना देते। (15.12.23)

112. **गुजरात** के खेड़ा जिले की बोरसद तहसील में डाकू बहुत हैं। सरकार उनका दमन नहीं कर सकती, क्योंकि वे बड़े जबरदस्त हैं और जबरदस्तों से भिड़ना सरकार की नीति नहीं। इसलिये वह प्रजा से भिड़ी है, क्योंकि 'प्रजा' भी स्त्रीलिंग और 'सरकार' भी स्त्रीलिंग—बल्कि 'पुलिस' भी स्त्रीलिंग—'बंदूक' भी स्त्रीलिंग और 'तलवार' भी स्त्रीलिंग-'नीति' भी स्त्रीलिंग और 'हुकूमत' भी स्त्रीलिंग। राम कहिये, भला काफला का काफला ही जहां स्त्रीलिंग है वहां जबरदस्तों की क्यों न बन आये? (22.12.23)

113. 'कौंसिल' बेचारी तो 'स्त्रीलिंग' है। किंतु कौंसिल के लिये जो लोग खड़े किये जाते हैं वे क्या हैं? (22.12.23)

114. **बंगाल** में डाके बहुत पड़ते हैं। मालूम होता है, यहां धन बहुत है, क्योंकि विदेशी डाकुओं ने भी पहले-पहल यहीं डाका डाला था। (22.12.23)

115. **पंडित जवाहरलाल नेहरू** को **स्वराज दल** की सफलता पर विश्वास नहीं है, इसलिये उन्हें सुयोग्य पिता की सुयोग्य संतान कहने में भी कोई हानि नहीं है। (22.12.23)

116. **जनरल स्मट्स** ने **अलवर-नरेश** को **दक्षिण अफ्रीका** आने के लिये सादर निमंत्रण दिया है, क्योंकि महाराजा बहादुर की अतुलनीय राजभक्ति पर वह मुग्ध है। महाराजा साहब को जाना चाहिये, क्योंकि भारतीयों के शत्रु से मित्रता निभाना देशी नरेशों का पारंपरिक कर्त्तव्य है। (22.12.23)

117. **कोकनद** में दरजनों महासभाओं के अधिवेशन होने वाले हैं। जहां कहीं **कांग्रेस** जाती है, दरजनों अंडे दे देती है। क्या बहुत अंडे देने से मुर्गी कमजोर नहीं होती? (22.12.23)

118. **बंगाल** के **लाटसाहब ने स्वराजदल** के सामने मिनिस्टरी का चारा फेंक दिया है। अगर कोई मछली फंस गई तो **देशबंधु** का ग्रैंड तवाजा रक्खा हुआ है। (22.12.23)

119. सुनते हैं, **मिस्टर दास** भी **जैसोर** और **मिदनापुर जिले** की ओर से कौंसिल में जाने वाले हैं। पहले गारद चली गई, अब पलटन जायगी। (22.12.23)

120. राजनीति का सबसे बड़ा पंडित वह है जो हमेशा अपनी चाल बदलता रहे—जब जैसा तब तैसा—'जैसी बहै बयार पीठ तब तैसी दीजै"। इसलिये, एक ही नीति पर मर मिटने वालों को 'दृढ़प्रतिज्ञ' न कहकर 'लकीर के

फकीर' कहना चाहिये। (22.12.23)

121. **बरेली** के तीन षड्यंत्रकारी नवयुवकों को डामस भेज दिया गया। कभी-कभी घोर आतंक स्थापित करने के लिये सरकार को विवश होकर आदर्श न्याय का नमूना दिखाना पड़ता है। (22.12.23)

122. यरवदा-जेल में **देशभक्त सावरकर** बहुत बीमार हैं। उन्हें छुड़ाने की चेष्टा न करनी चाहिये, क्योंकि इस अहिंसात्मक असहयोग के शांतिमय युग में उन जैसे प्रचंड क्रांतिकारी की आवश्यकता ही क्या है? (22.12.23)

123. **केनिया** में **जस्पर इब्राहम** नामक यूरोपियन (गोरे) ने अपनी एक घोड़ी या बछेड़ी पर चढ़ने के कारण **किटोश** नामक प्रवासी भारतीय को कोड़ों से पीटकर मार डाला है। कृपा करके अब कोई भारतवासी कभी यूरोपियनों की घोड़ियों या बछेड़ियों पर चढ़ने का दुस्साहस न करें। (22.12.23)

124. **दक्षिण हैदराबाद** की **निजाम-सरकार** ने अपने राज्य में सहयोगी **'तेज'** का जाना बंद कर दिया है, क्योंकि 'तेज' हीन होकर वह उन्नत होना चाहती है। (22.12.23)

125. अब **लालाजी** फरमाते हैं कि नागपुर न जाकर **बारडोली** चलो, क्योंकि **महात्माजी** वहीं तक असहयोग का रथ पहुंचा कर जेल चले गये। और आपने जो दिल्ली के समझौते के समय **कांग्रेस** छोड़ने की धमकी देकर उस रथ को बारडोली से कोसों दूर ठेल दिया उसका हर्जाना कौन देगा? (22.12.23)

126. **अकाली** पत्रों की चिट्ठियां सरकार डाकखाने में ही रोक लेती है, क्योंकि "खिसियानी कुतिया खंभा नोचे" यह मसल मशहूर है। सुनते हैं, मनीआर्डर और बीमा भी उन्हें नहीं दिये जाते । तब तो आमदनी की खासी सूरत खड़ी हो गई है! दमन का खर्च निकल आवेगा? प्रत्यक्ष होने पर भी सरकार इस बात को स्वयं प्रमाणित करना चाहती है कि रुपये-पैसे के बारे में प्रजा को कभी सरकार का विश्वास नहीं करना चाहिये। (22.12.23)

127. **पंडित हृदयनाथ कुञ्जरू** और **पंडित वेङ्कटेशनारायण त्रिपाठी** एम.ए. **कौंसिल-चुनाव** में हार गये। बेचारों ने सेवा-समिति द्वारा जनता की बड़ी सेवा की थी। **गांधी बाबा** ने कितनों की मिट्टी खराब कर दी। (22.12.23)

128. **बोरसद-तहसील** में सत्याग्रह पनप रहा है। उसे सींचने के लिये गरम खून की जरूरत है। भगवती सरकार को खंग-खप्पर लेकर मैदान में उतर जाना चाहिये। किंतु, रास्ते में अगर कहीं नंग-धड़ंग फ़टकार-सिद्ध बम भोलानाथ पैर तले पड़ गये तो चकित-लज्जित होकर लंबी जीभ निकाल देनी पड़ेगी। (22.12.23)

129. **मिस्टर दास** ने फ़रमाया है कि '**कांग्रेस** के आदेशानुसार **स्वराज दल** अपना कार्यक्रम निश्चित करेगा।' अच्छा होगा, नमकहरामी सनाथ हो जायगी। फिर कोई न कह सकेगा कि कौंसिलें नमकहरामों के गढ़ने की मशीनें नहीं हैं। (22.12.23)

130. **बोरसद-तहसील** की प्रजा पर अतिरिक्त पुलिस तैनात की गई है। उसके लिये प्रजा से दो लाख चालीस हजार 'कर' वसूल किया जा रहा है, क्योंकि बिना भाड़ा लिये सरकार किसी की रक्षा नहीं करती। भाड़े पर चलने वाली स्त्रीलिंग सरकार से आपने क्या समझा? (22.12.23)

131. दरिद्र भारत के गोरे कर्मचारियों को जितना अधिक वेतन मिलता है उतना संसार के किसी समृद्ध देश के राजकर्मचारियों को नहीं मिलता तथापि इन भुक्खड़ों की जठर ज्वाला उपशमित नहीं होती। हर घड़ी वेतन बढ़ाने का बावेला मचाये रहते हैं। राम! राम! पेट है या खंदक! मालूम होता है, ये अभागे इस देश की मिट्टी तक खाकर दम लेंगे। (29.12.23)

132. गोरी सरकार **अफ़गानिस्तान** पर बहुत बिगड़ी है। उस दिन बंबई के बंदरगाह में उसने अफगानों के हथियार (जो **फ्रांस** से आते थे) पकड़ लिये और **अफ़गानिस्तान** से अपनी गोरियों को भी बुला लिया। परंतु भिड़ने की संभावना कम है। हां, इसी बहाने भारत का सैनिक व्यय कुछ और बढ़ जाय तो आश्चर्य नहीं। (29.12.23)

133. **स्वराज पार्टी** के कौंसिल-ध्वंस-संबंधी विचारों को सुनकर **कलकत्ता** की गोरी सभा (**यूरोपियन एसोसियेशन**) घांघरे से बाहर निकल पड़ी है और भूखी बाघन की तरह मुंह बा कर खड़ी हो गई है। अब स्वराज दल का खुदा हाफिज। (29.12.23)

134. **स्वराज पार्टी** के सामने सरकार ने माडरेटों का जूठा टुकड़ा (मिनिस्टरी) फेंक कर उसे पुचकारा था, परंतु 'घी देत छोड़ नरियाय' के अनुसार वे छान-पगहा तुड़ाकर एकदम भाग खड़े हुए। चलो, अखाड़े के बाहर तो नाक रह गई। भीतर के लिये राम मालिक हैं। (29.12.23)

135. श्रीयुत सात कौड़ीपति राय **स्वराज पार्टी** से अलग हो गये। वास्तव में पार्टी ने एक जबरदस्त 'केपिटलिस्ट' खो दिया! (29.12.23)

136. राजनीतिक मतभेद जाति की सजीवता का लक्षण है। इसी से यहां के राजनीतिज्ञों में कई दल दिखाई पड़ रहे हैं। यदि दो-चार दल और हो गये, तो फिर लीजिये न स्वराज। 'अधिकस्य अधिकं फलम्'। (29.12.23)

137. सुना है, **अमृतसर** का सहयोगी **अकाली** अपने तीन साल के जीवन में ही,

नौकरशाही की कुनीति-वेदी पर, अब तक अपने अट्ठारह संपादकों और एक लाख इक्कीस हजार रुपयों का बलिदान कर चुका था। अब वह अपनी चिट्ठी-पत्री, बीमा-रजिस्ट्री और मनीआर्डर आदि का स्वाहा करके नौकरशाही के अन्याय-यज्ञ में पूर्णाहुति दे रहा है। बोलिये, पोस्टआफिसाय नमः स्वाहा! रेलवे मेल सर्विसाय नमः स्वाहा! टेलीग्राफाय नमः स्वाहा। प्रेस ऐक्टाय नमः स्वाहा! पराये के धन पर लक्ष्मीनारायणाय नमः स्वाहा। अंधेर नगरी चौपट राजाय नमः स्वाहा! (29.12.23)

138. **कोकनद** में **कांग्रेस** हो रही है। बड़ी तैयारी है, बड़ी धूमधाम है। खूब चंदा आया है और उसका सदुपयोग भी खूब सोच-विचारकर हो रहा है। नेताओं का स्वागत करने में जरा भी कोर-कसर नहीं छोड़ी गई है। उनके आरामोआशा इसकी भी यथोचित व्यवस्था की गई है। साथ ही प्रतिनिधियों को भी सब प्रकार की सुविधाएं पहुंचाने का खूब आयोजन हुआ है। उनके बैठने के लिये कुर्सी लिखने के लिये मेज, कागज, कलम, दावात, स्याही, पेंसिल और ब्लाटिङ्ग वगैरह स्टेशनरी के सब सामान, खाने-पीने की सारी सामग्रीमय गरम पानी और पान, कामकाज के बाद विश्राम करने के लिये पलंग और चटाई तथा भरपूर देखने की सुविधा के लिये बिजली की रोशनी की व्यवस्था की गई है। इसके अलावे और क्या-क्या किया गया है, राम जानें। परंतु अभी तक भारत की भाग्यलिपि का नया पन्ना नहीं उलटा गया है! देखें, स्वराज के तृषातुरों की खुश्क चोंचें स्वाती की बूंदों से तर होती हैं या उपल-वृष्टि से चकनाचूर! आजकल की घटा का विश्वास ही क्या? (29.12.23)

139. **यरवदा-जेल** की कुंजी का पता **मौलाना मुहम्मद अली** को मिल गया! आप अपनी स्पीच में फरमाते हैं, "एकता, स्वतंत्रता, खद्दर, कांग्रेस-संगठन, सविनय अवज्ञा—इन्हीं में यरवदा-जेल की कुंजी है।" तब तो बड़े दुर्गम स्थान में है और पथ भी कंटकाकीर्ण है। जाने दीजिये, बार-बार उस कुंजी की याद दिलाकर असहयोग की चिताभस्म को न कुरेदिये! (5.1.24)

140. **पूना** में **माडरेटों** का 'फेडरेशन' भी हो गया। सभापति **सर सप्रू ने** अपने दल की बहादुरी की डींग तो खूब हांकी, परंतु **नागपुर-सत्याग्रह, अकाली आंदोलन** और देशव्यापी असंतोष का कोई जिक्र तक भी न किया! करते कैसे? कानून-खुशामद के अनुसार ऐसी बातों का जिक्र घोर अपराध जो है। इसके सिवा फेडरेशनपति के मुंह से इन बातों का जिक्र भूत के मुंह से राम-नाम की तरह अच्छा भी तो न लगता। (5.1.24)

141. **यरवदा-जेल** से खबर आई है, कि **महात्माजी** का वजन पंद्रह पौंड घट गया

है। घट तो जाना ही चाहिये। क्योंकि उनकी कृपा से जेल जाकर बहुत से सज्जन अपने शरीर का वजन बढ़ा भी तो आये हैं। पृथ्वी का बोझ बढ़ाना क्या हंसी-खेल है? (5.1.24)

142. **पूना** में **माडरेटों** ने सर्वसम्मति से यह प्रस्ताव पास कर लिया कि सरकारी नौकरियां अधिकतर भारतवासियों को ही दी जायें! इतना जबरदस्त प्रस्ताव पास हो गया, तिसपर भी लोग **माडरेटों** के एहसानमंद नहीं होते! वास्तव में हिंदुस्तान वाले बड़े अकृतज्ञ हैं। (5.1.24)

143. सरकारी वार्षिक उपाधि-वर्षा हो गई। इससे भारत में दुमदार की तादाद कुछ और बढ़ गई। बरसात में नये जीवों का पैदा होना अस्वाभाविक नहीं। (5.1.24)

144. **कोकनद-कांग्रेस** में दिल्ली का समझौता कायम रह गया। **मि. सी. आर. दास** और **श्रीयुत राजगोपालाचारी** में मेल हो गया। ईश्वर करे यह 'नर बानर' का अपूर्व मिलन कांग्रेस के लिये शुभ हो। (5.1.24)

145. उस दिन **सर सुरेंद्र** ने भी कह दिया, कि **कौंसिल** में जाकर देश की दुर्दशा नहीं दूर की जा सकती। इसे 'श्मशान-वैराग्य' कहें या शैतान द्वारा अल्लाह मियां का सिजदा? या अब की **कौंसिल** में नहीं जा सके, इसलिये अंगूर ही खट्टे हो गये! (5.1.24)

146. मालूम होता है, **कांग्रेस में स्वराज दल** का प्राबल्य देखकर सरकार डर गई है। इसी से **कांग्रेस** के प्रस्ताव पास करते ही उसने **सावरकर** को छोड़ दिया! (12.1.24)

147. तेरह वर्ष की तपस्या के बाद **सावरकर** को मुक्ति तो मिली परंतु युक्ति से जकड़ी हुई। अर्थात् वे जेल में न रहेंगे, परंतु अपने जिले से बाहर भी न जा सकेंगे। इससे मालूम होता है कि जेल से निकल आने पर भी जेल की बू लगी ही रही। क्योंकि अभी उनकी तपस्या पूरी नहीं हुई थी। (12.1.24)

148. **सावरकर** को सहज न समझियेगा। बड़े खूंखार हैं। जब विलायत में थे, तब उन्होंने दो कवितायें लिखी थीं! उन दोनों में ब्रिटिश साम्राज्य को नेस्तोनाबूद करने वाला मसाला कूट-कूटकर भर दिया था। परंतु हमारी न्यायनिष्ठ सरकार ने उन्हें फांसी न देकर केवल पचास वर्ष के लिये द्वीपांतरित कर दिया था! ईश्वर इस सरकार को चिरायु करें! (12.1.24)

149. गत बार **शेषगिरि अय्यर** को **महात्माजी** को छुड़ाने का शौक चर्राया तो झट उन्होंने **कौंसिल** में एक प्रस्ताव पेश कर दिया। उस प्रस्ताव की जो दुर्दशा हुई, वह तो हुई ही। इसके अतिरिक्त मुंहफट **सर हेली** ने महात्माजी को

गालियां भी दीं। अब की पूज्य **मालवीयजी** के दिमाग में वही खब्त समाया है। देखें, अब की **सर हेली** का पार्ट कौन लेता है! ईश्वर **महात्माजी** को इन मेहरबानों से बचाये रखे तो अच्छा है। (12.1.24)

150. हमारे लीडर सर्वस्व छोड़ सकते हैं, परंतु शराब नहीं छोड़ सकते। क्योंकि उससे लोक-परलोक दोनों ही सुधारता है। (12.1.24)

151. मालूम होता है, **अकालियों** के आंदोलन ने कौवे का मांस खा लिया है। इसी से नौकरशाही के हजार चेष्टा करने पर भी उसकी मृत्यु नहीं होती। (12.1.24)

152. बड़े दिन के उपलक्ष में, **नाभा-नरेश** के बंगले में, बाल-नाच हुआ था। श्मशान में भूतों का तांडव व नृत्य तो होना ही चाहिये। (12.1.24)

153. जनता ने खद्दर धारण करने की प्रतिज्ञा तोड़ी तो कुछ नेताओं ने शराब छोड़ने की प्रतिज्ञा तोड़ी। लिहाजा, अब कोई नहीं कह सकता कि हमारे नेता जनता के साथ नहीं हैं! (12.1.24)

154. **सर मलकम हेली** ने **महात्माजी** को गालियां देने का फल पा लिया। पहले भारत-सरकार के होम-मेंबर थे, अब **पंजाब** के लाट हो गये। **तुलसी बाबा** ने ठीक ही कहा है–

भाव कुभाव अनख आलसहूं।
राम जपत मंगल दिसि दसहूं॥ (12.1.24)

155. **पूना** में **माडरेट** सभा को बड़ी 'सक्सेस' हुई। मनुष्यों की संख्या पांच सौ से अधिक न थी, तो भी सभा 'खचाखच' भरी थी। यदि यह खचाखच कुछ दिन और रही तो इन्हें देखने के लिये खुर्दबीन की जरूरत पड़ेगी। (12.1.24)

156. अल्लाह मियां ने **महात्मा लेनिन** को बुला लिया, क्योंकि वे संसार से अन्यायियों का नामोनिशान मिटाकर खुदा मियां के कयामत के राज का मजा बिगाड़ देना चाहते थे। (2.2.24)

157. अफ़वाह है कि **बर्दवान** के महाराजाधिराज सी.पी. के लाट होंगे। "हां भैया! वाह भैया" से क्या नहीं होता? (2.2.24)

158. स्थानीय **चौरंगी-हत्याकांड** ने 'अखबारी दुनिया' और 'गोरी दुनिया' में बड़ी हलचल मचा दी है। कोई कहता है कि **गोपीनाथ साहा** हत्यारा नहीं बल्कि निर्भीक वीर और साहसी देशभक्त है। कोई कहता है कि वह भयंकर क्रांतिकारी और दृढ़प्रतिज्ञ षड्यंत्री है। कोई कहता है कि वह लेनिन का चेला और सिनफ़िनरों का साथी है। कोई कहता है कि वह बेरहम और खूंखार जल्लाद है। किंतु सबके सब झूठे हैं। पुलिस-कमिश्नर टेगार्ट साहब के सिवा

उसे दूसरा कौन ठीक पहचान सकता है? (2.2.24)

159. **अकालियों** पर घोर अत्याचार हो रहा है और नेता लोग कटहल के कोये खाते फिरते हैं, जब देखेंगे कि **अकाली** विजयी हो रहे हैं तब नामवरी और वाहवाही लूटने के लिये कंगलों की तरह टूट पड़ेंगे। (2.2.24)

160. सुनते हैं, बड़ी **कौंसिल** में यह भी प्रस्ताव किया जाने वाला है कि डायर और **ओडायार** की पेंशन बंद कर दी जाय! अजी जनाब, प्रस्ताव ही करना है तो उन्हें एक बार और भारतवर्ष में बुलाने का प्रस्ताव कीजिये,—बला से, एक ही मास के लिये सही। (2.2.24)

161. **बंगाल-कौंसिल** में चौदह 'जी हुजूरों' ने राजनैतिक कैदियों को छोड़ने के विरुद्ध वोट दिया है। उनकी नामावली अखबारों में छपी है। किंतु इतना छूट गया है—"शव सम जीवत चौदह पानी।" (2.2.24)

162. भारत-कलकंठी **श्रीमती सरोजिनी नायडू** ने **दक्षिण अफ्रीका** के भारतीयों की **कांग्रेस** में खूब गरमागरम लेक्चर झाड़कर जनता में आग लगा दी है! 'हिंदी' के संपादक **पंडित भवानीदयाल** उसे बुझाने की चेष्टा करें, क्योंकि श्रीमतीजी तो भारत को लौट आवेंगी, जलना होगा उन्हीं को! (2.2.24)

163. युक्तप्रांतीय **कौंसिल** में एक सज्जन के यह पूछने पर कि कैदियों से कोल्हू क्यों खिंचवाया जाता है, एक किसी राजा साहब ने स्पष्ट उत्तर दिया कि जिसको कड़ी सजा दी जाती है उससे कोल्हू चलवाना सरकार जुर्म नहीं समझती, बल्कि पसंद करती है। बेशक, पसंद क्यों न करे? गुलामी की घानी पेरने वाले आप जैसे कोल्हू के बैल जो मिल गये हैं! अच्छा, घबराइये नहीं, दुलत्तियां झाड़ने वाले अड़ियल टट्टू भी आपके करीब पहुंच गये हैं—वह दुलत्तियां जमावेंगे कि नाक और दांतों का सफाया ही हो जागया। (9.2.24)

164. नौकरशाही ने **महात्मा गांधी** को छोड़कर अपने पापों का किंचित् प्रायश्चित करके अच्छा की किया! यह शुभ कार्य उसकी स्वर्ग प्राप्ति का सहायक होगा। (9.2.24)

165. **दिल्ली** में चक्रव्यूह की तरह लंबी-चौड़ी इमारतें बन गई परंतु नौकरशाही ने अपना शैल-विहार नहीं बंद किया! चूसो बाबा! जब तक इस बूढ़े भारत की हड्डियों में रक्त रहे तब तक चूसते जाओ, पहाड़ों पर मौज करो, गुलछर्रे उड़ाओ, जोरू की कमर पकड़कर, टांग उठा-उठाकर नाचो। जब तक हराम की मिठाई मिलती रहे तब तक नानी का फातहा करते जाओ। (9.2.24)

166. सुनते हैं, नौकरशाही पर मरने वाले **माडरेट** भी **सी.आर. दास** दल का 'कलमा' पढ़ेंगे। यह नटखट नौकरशाही न यार ही को खुश रख सकी न

भरतार ही को। (9.2.24)

167. **बड़े लाट** ने कहा है कि जोर-जबरदस्ती से पार्लामेंट कुछ न देगी। फलतः भारतवासियों को 'भवतु भिक्षां देहि' मंत्र जपते रहना चाहिये। (9.2.24)

168. **बड़े लाट** ने अपने भाषण में कहा है कि भारत की आर्थिक अवस्था पहले की अपेक्षा अब बहुत कुछ सुधर गई है। नमक-कर बढ़ गया, डाक-टिकट का दाम बढ़ गया और तमाशों पर भी कर लग गया। अगर इतने पर भी आर्थिक अवस्था न सुधरेगी तो उससे बढ़कर बेहया कौन होगा? (9.2.24)

169. **जगलुल पाशा मिस्र-राज्य** के प्रधानमंत्री हो गये। सुनते हैं, वे **मिस्र** को पूर्ण स्वतंत्र कर देने की चेष्टा करेंगे। हा दुर्दैव! ब्रिटिश जाति के जीते-जी यह अनर्थ! (9.2.24)

170. नौकरशाही 'बुढ़िया' हो गई! अब इसके रुखसारे-नाजनीन में वह रौनके गुल बिलकुल न रही! इसी से उसके आशिकेजार **माडरेटो** ने मुंह मोड़ लिया। मिसेज **ऐनी बेसेंट** की तरह अब उसे भी किसी जगद्गुरु का आश्रय लेना चाहिये। (16.2.24)

171. नौकरशाही की नई राजधानी की तैयारी में साढ़े आठ करोड़ स्वाहा हो चुके, परंतु अभी तक उसका कोई अंग दुरुस्त नहीं हुआ! मालूम होता है कि जब तक भारतवासी दोनों शाम फाका न करने लगेंगे तब तक यह कमबख्त अपनी फजूलखर्ची न बंद करेगी। (16.2.24)

172. **चौरीचौरा** के थाने में जितने पुलिस-कर्मचारी मारे गये थे वे अमर हो गये; क्योंकि **लाट साहब** ने उनका स्मारक उद्घाटित कर दिया। राजभक्ति के नाम पर जान देने वालों को निमंत्रण देने का कैसा अच्छा तरीका? (16.2.24)

173. **स्वराज पार्टी** वालों ने तो मिनिस्टरों पर अविश्वास किया ही था; सुनते हैं, **संयुक्त प्राप्त** की सरकार भी उन पर विश्वास नहीं करती! उसने नियम बनाया है कि रक्षित विषयों से संबंध रखने वाले कागजात मिनिस्टरों को न दिखाये जायं! "धोबी का कुत्ता न घर का हुआ न घाट का!" (16.2.24)

174. कुछ गोरों को इस बात की चिंता हो रही है, कि भारतवासियों को स्वराज मिल जायगा, तो उनका रोबदाब कम हो जायगा। क्यों साहब! अब तक 'मां-बाप' बनकर रहे, अगर कुछ दिन 'बेटा-बीबी' बनकर रहोगे तो क्या कुछ बिगड़ जायगा? रिश्ता तो कायम रहेगा? (16.2.24)

175. **सर मलकम हेली** ने बड़ी चेष्टा की, बहुत सर मारा, खूब समझाया, परंतु जिद्दी **स्वराजवादियों** ने एक न सुनी और अंत में **कौंसिल** द्वारा दायित्वपूर्ण स्वराज का प्रस्ताव पास कराकर ही दम लिया! भाड़ में जायें अभागे, एक

शुभचिन्तक अभिभावक का जो कर्त्तव्य था, उसका पालन **सर मलकम** ने अच्छी तरह कर दिया। (23.2.24)

176. दाता का रुख देखकर हाथ फैलाना चतुर भिखमंगों का काम है। इसलिये **पंडित मोतीलालजी नेहरू** ने पूर्ण स्वराज के बजाय आधे स्वराज के लिये ही दरख्वास्त पेश की। (23.2.24)

177. **सर मलकम हेली** ने **पंडित मोतीलालजी** के धैर्य और सहिष्णुता की तो खूब तारीफ की। परंतु भिक्षा की झोली में मुट्ठी भर भी न डाला! उस दिन वह फकीर ठीक ही कह रहा था—"एक, पैसा मैंने मांगा राहे-मौला वाहजी! फूटे मुंह से यह न निकला लेते जाना शाहजी!" (23.2.24)

178. दिन दहाड़े **मि. डे** को गोली मार देने वाले बंगाली युवक **गोपीनाथ साहा** को जजों ने फांसी की आज्ञा दे दी। इस पर उसने चिल्लाकर कहा—"मेरा प्रत्येक रक्त बिंदु भारत के प्रत्येक गृह में स्वाधीनता का बीज वपन करेगा! ...जब तक जालियावांला बाग और चांदपुर की-सी घटनायें होती रहेंगी तब तक इस तरह के कांड भी होते ही रहेंगे।" सरकार **गोपीनाथ** पर राजद्रोह का मुकदमा क्यों नहीं चलाती? क्या एक आदमी को दो बार फांसी नहीं दी जा सकती? (23.2.24)

179. **गोपीनाथ साहा बंगाल** के इतिहास में अमर न होगा, क्योंकि उसने अहिंसा युग में **मि. डे** को मारा है। (23.2.24)

180. **पंजाब की** नौकरशाही **अकालियों** का 'गोधन कूट' रही है और हमारे देशभक्त केवल सहानुभूति दिखा रहे हैं। भगवान जाने, इस 'सहानुभूतिबाज' देशभक्तों से इस अभागे देश का पिंड कब छूटेगा? (1.3.24)

181. **अकाली** अपमानित हुए, लांछित हुए, पीटे गये, लूटे गये, कैद हुए। उनकी धार्मिक संस्था गैरकानूनी बनाई गई, उनकी स्त्रियां अपमानित हुई! वे अग्निवर्षा द्वारा भूने गये! बेचारों पर क्या-क्या सितम न ढाये गये, परंतु देश ने सहानुभूति दिखाने के सिवा और कुछ न किया!!! इससे मालूम होता है कि भारतवर्ष रसातल की ओर बड़ी फुर्ती से बढ़ रहा है! 'मंजिले-मकसूद' अब बहुत दूर नहीं है। (1.3.24)

182. खैरियत हुई! नाक रह गई! **आजमगढ़** की **कांग्रेस-कमिटी** ने देश की इज्जत रख ली! उसने प्रस्ताव पास कर डाला, कि आजमगढ़ के हिंदू और मुसलमान प्राणपण से अकालियों की सहायता के लिये प्रस्तुत हैं। परंतु **अकालियों** की सहायता के लिये तो रक्त की जरूरत है और यहां गोरे मुंहवालों का ख्याल आते ही भारतवासियों का रक्त सूख जाता है! बिल्ली

के गले में घंटी बांधेगा कौन? (1.3.24)

183. जिस गोरे कसाई ने निःशस्त्र **अकालियों** पर गोलियां चलवाई हैं, गोरे पत्र उसकी खूब पीठ ठोंक रहे हैं! इसलिये देशी पत्रों को चाहिये, कि **श्रीयुत गोपीनाथ साहा** को खूब गालियां दें। (1.3.24)

184. **पंजाब** प्रांतीय सरकार ने घोषणा निकाल कर जनता को चेतावनी दी है कि जो कोई **अकालियों** को चंदा देगा वह गिरफ्तार कर लिया जायगा! उसमें इतना और जोड़ देना चाहता था कि जो कोई सरकार को चंदा देगा वह रायबहादुर बना दिया जायगा! क्योंकि गिरफ्तार करके फांसना या रायबहादुर बनाकर फांसना—दोनों—एक ही बात है! (1.3.24)

185. निरपराध **अकालियों** का हत्या का हाल सुनकर सहृदय **मालवीयजी** की आंखें डबडबा गई होंगी। आश्चर्य नहीं, कि आंसुओं से दामन भी तर हो गया हो। परंतु **कौंसिल** के प्रति जो आपकी अचल आस्था है, उसका इससे कुछ भी न बिगड़ा होगा! पत्थर में पसीना कहां? (1.3.24)

186. **अकालियों** का एक जत्था अखंड पाठ करने के लिए जैतू जा रहा था। एक साथ इतने मनुष्यों को जाते देखकर **नाभा-राज्य** का गोरा शासक भड़क उठा और अपने सिपाहियों को गोली चलाने की आज्ञा दे दी! फलतः बहुत से अकाली मरे और बहुत से घायल होकर अधमरे रह गये! यह खबर पूज्यास्पद **मालवीयजी** के कानों तक पहुंची, तो आपने उसी दम **कौंसिल** में प्रस्ताव पेश कर दिया, कि अकालियों के इस हत्याकांड पर विचार किया जाये। परंतु कौंसिलपति की नजरों में वह प्रस्ताव बिलकुल नाजायज जंचा! इसलिये उन्होंने उस प्रस्ताव को पेश ही न होने दिया! बस, इसी बात से **मालवीय जी** मचल गये और अपने साथियों के साथ कौंसिल छोड़कर चले आये! परंतु इसे यह न समझ लीजियेगा, कि आप कौंसिल से रुष्ट हो गये! अजी, इस तरह के चोचले तो रोज ही हुआ करते हैं! माशूक के 'नाजो नखरे' क्या आशिकों के नाराज होने के लिये हुआ करते हैं? (1.3.24)

187. सरकारने यह सूचना निकाली है कि **जैतू** में जो गोली चलाई गई थी उससे **अकाली** जत्था का कोई आदमी नहीं मरा, बल्कि चार दर्शक मरे और बारह घायल हुए हैं! इस पर लोग खुल्लमखुल्ला कह रहे हैं कि असंभव सत्य कहते सरकार को जरा भी शर्म नहीं आती! क्यों जी, सरकार से और शर्म से कब का सरोकार? शर्म तो उसके लिये है जो सरकार को सलज्ज समझता है। (8.3.24)

188. वीर **अकालियों** का शहीदी जत्था 'शहीद' होने के लिये **जैतू** की ओर रवाना

हो गया! नौकरशाही को अपनी मशीनगनों का मोरचा साफ करा लेना चाहिये, देशवासियों को सहानुभूति-सभा करने के लिये प्रस्तुत हो जाना चाहिये और **पूज्यवाद मालवीयजी** को कौंसिल में पूछने के लिये सुदीर्घ प्रश्नावली तैयार कर लेनी चाहिये! पहले से प्रस्तुत रहना अच्छा है! (8.3.24)

189. नौकरशाही के नोटिस निकालने पर भी **पंजाब** वाले **अकाली** जत्थे की सहायता कर रहे हैं! **बड़े लाट** तार देकर **मि. डायर** को क्यों नहीं बुला लेते? **विलायत** के बड़े न्यायाधीश को नाम अमर कराने का ऐसा नायाब मौका फिर कहां मिलेगा? (8.3.24)

190. **बड़ी कौंसिल** में एक खां साहब ने फरमाया है कि देश को बरवक्त अपना पेट भरने की जरूरत है—स्वराज की नहीं। जान पड़ता है एसेंबली में कुछ ऐसे पेटू भी जुटे हैं जिन्हें यह भी नहीं मालूम कि स्वराज का सवाल रोटी दाल के सवाल से भिन्न नहीं है। (8.3.24)

191. कोई कुछ भी कहो, अपने राम को तो **स्वामी श्रद्धानंदजी** का स्वागत भाषण खूब पसंद आया। क्योंकि जैसे स्वामीजी बिना दाढ़ी-मूंछ हैं, वैसे ही आपका भाषण भी बिना सींग-पूंछ का था! (8.3.24)

192. **लार्ड ओलीवर** की स्पीच पढ़कर भारत के राजनीतिज्ञों को निराश न होना चाहिये, क्योंकि दुरदुराने पर भी कुत्ते दुम हिलाना नहीं छोड़ते! (8.3.24)

193. गत शनिवार को **गोपीनाथ साहा** का फांसी दे दी गई। सरकार के आदेशानुसार जेलखाने के अंदर ही उसका अंतिम संस्कार भी हो गया! परंतु उसकी चिता भस्म अभी कैद है। क्योंकि सरकार ने उसे लेकर गंगा में बहाने की अनुमति न दी! "खाक" से इतना खौफ!!! (8.3.24)

194. सुनते हैं, फांसी का हुक्म होने पर **गोपीनाथ** के शरीर का वजन पांच पौंड बढ़ गया था। तब तो दुबले-पतले और हल्के मनुष्यों को मोटा और भारी बनने के लिये फांसी एक खासी दवा है! कोई औषधि-विक्रेता इस नायाब नुसखे को 'पेटेंट' क्यों नहीं कर लेता? (8.3.24)

195. पंजाब का व्योममंडल 'सत् श्रीअकाल!' के गम्भीर निनाद से गूंज उठा है, तो आप भी तो मनुष्य ही हैं, अपने वायुमंडल को 'अररर गच्च गच्च!' के भैरव निनाद से भर दीजिए और घर की पतिव्रताओं को कह दीजिए, कि 'यहि पाखे पतिव्रत ताखे धरो!' आखिर बिना कुछ किये कराये फागुन में कैसे रहियेगा? (15.3.24)

196. मालूम होता है, **लेनिन** की प्रेतात्मा **कमालपाशा** के सिर सवार हो गई है। **मौ. मुहम्मद अली** शीघ्र कोई ओझा तलाश कर झड़वा लें या 'शाह मदार' की

दरगाह में जाकर 'मन्नत' मान आवें। (15.3.24)

197. अरे ओ, मुहर्रमी सूरत वाले खब्बीसो, दकियानूसो और आबनूसो! जरा इस होली के मौके पर तो हंसो! यों न हंसी आती हो तो **स्वराज पार्टी** की अक्ल पर हंसो, नौकरशाही की अदूरदर्शिता पर हंसो, **मतवाला** के नक्कालों पर हंसो, और परिहास के बदले गलीज वमन करने वाले संपादकों पर, लेखकों की दशा पर हंसो! तुम्हें तुम्हारे बाप की कसम एक दफे जरूर हंस पड़ो! (15.3.24)

198. **सर मलकम** का नाम तो है, 'मल'–'कम' परंतु उनके विचार नितांत मलपूर्ण हैं। बेचारे **मालवीयजी** 'फिनाइल' 'छिड़कते-छिड़कते हैरान हैं! (15.3.24)

199. **सर मलकम** में गर्वनर होने की पूरी योग्यता है, क्योंकि 'रड़ंहो-पुतहो' करने में वे **बनारस** की खटकीनों और **लखनऊ** की भटियारनों से 'बाल' भर भी कम नहीं हैं। (15.3.24)

200. **कलकत्ता** के सिक्ख नेता **सरदार लक्ष्मण सिंह जी** का देहांत हो गया। सरदार साहब पक्के मस्त थे; देशभक्ति के नशे में दिन-रात चूर रहते थे! इसलिये इस पराधीन अभागे देश में, विधाता ने उनकी जरूरत न समझी! क्योंकि "इस मैकदे में काम नहीं होशियारी का!" (29.3.24)

201. **बंगाल** की **कौंसिल** ने मिनिस्टरों के वेतन की मांग नामंजूर कर दी! अब मिनिस्टर लोग बैठकर 'नींबू नोन चाटें!' (29.3.24)

202. **बंगाल** के एक मंत्री महोदय वेतन न पाने पर भी मिनिस्टरी करेंगे। ठीक है, टुकड़ा न पाने पर भी कुत्ते दुम हिलाना नहीं छोड़ते! (29.3.24)

203. **बड़े लाट** ने **मि. पाल** को भोज देकर बड़ी अकलमंदी की है। इसी से बेचारे पाल **स्वराज दल** वालों को पानी पी पीकर कोस रहे हैं। आखिर बेचारे नमकहरामी कैसे करते? (29.3.24)

204. **अकालियों** का धर्म-रोग तो देखते हैं, लाइलाज होता जा रहा है। **बड़े लाट** अब कोई दूसरी पुड़िया तलाश करें। (29.3.24)

205. **दिल्ली** की एक भोज-सभा में 'मांस खाई करि मदिरापान' उन्मत्तप्राय **सर मलकम हेली** ने कहा है कि असहयोग मर गया, स्वराजी हें हें दल में शामिल हो जायेंगे और हम लोग भारत का कल्याण करेंगे। कर डालो बाबा! बूढ़े भारत के रक्त-मांस का कल्याण तो कर चुके हो, अब हड्डियां बाकी हैं, उन्हें भी शीघ्र चबा डालो! (29.3.24)

206. **दक्षिण अफ्रीका** में प्रवासी भारतीयों को अत्याचार की चक्की में पीसने वाले गोरों को फटकार बताती हुई **श्रीमती सरोजनी नायडू** ने कहा—"जब तक

भारतवासियों के शरीर में एक बिंदु रक्त रहेगा, तब तक वे ऐसा अन्याय नहीं होने देंगे।" परंतु देवि! अभागे भारतवासियों के शरीर में रक्त है कहां? उसे तो गोरो ने बहुत पहले ही चूस लिया है। (29.3.24)

207. एप्रिल ईसाइयों का 'फूल्सडे' (बेवकूफों का दिन) और भारत सरकार के साल का नया दिन होता है। बेवकूफों के देश की सरकार के लिये इससे बढ़कर उपयुक्त दिन और कौन हो सकता है। (5.4.24)

208. आजकल **जैतू** में बड़ा मजा है। लायक नौकरशाही दमन का चाबुक मार-मार कर **अकालियों** को उनके गन्तव्य पथ की ओर अग्रसर कर रही है और **वीर अकाली** 'सतश्री अकाल' की गंभीर ध्वनि से शत्रुओं का कलेजा कंपाते हुए आगे बढ़ रहे हैं। भाई साहब, देशभक्त जी! आप छिप जाइये, भीतर चले जाइये। नहीं तो **सत्याग्रह-संग्राम** की आंच से आपका कोमल कलेवर झुलस जायेगा! (5.4.24)

209. **लाट** लोग खाने बैठते हैं, तो बैंड बजता है। बजाने वालों को पूरी तनखाहें मिलती हैं। सुनते हैं, कुछ लोगों की राय में यह सरकार की फजूलखर्ची है। इसलिये इसे बंद कर देना चाहिये। वाह! और अगर भोजन के समय कानों में बाजों की आवाज न जाने से लाट साहब को बदहजमी हो गई तो कौन जिम्मेदार होगा? (5.4.24)

210. **नाभा-जेल** के पिंजड़े से निकलते ही **डॉ. किचलू** ने चहकना आरंभ कर दिया है। आप कहते हैं कि जिस **अकाली** जत्थे पर जैतू में गोलियां चलाई गई थीं, उसके पास धर्म-चिह्न, कृपाण के सिवा और हथियार न थे। वाह हजरत! इतना झूठ! अपने धर्म पर कुर्बान होने का अदंय उत्साह और शांति से पशुबल का मुकाबला करने का सत्साहस, ये दो अमोघ अस्त्र तो अवश्य ही मौजूद थे। आपको मालूम नहीं, नौकरशाही की नजरों में तलवार-बंदूक की अपेक्षा ये हथियार अधिक खूंखार हैं! वह हथियार पहचानना खूब जानती है। (5.4.24)

211. **बंगाल कौंसिल** के स्वराजी सदस्य भी अजीब खब्ती हैं। गवर्नर के Travelling Salloon के निर्माण के लिये मांगी रकम को नामंजूर करते हुए एक सदस्य ने कह डाला कि 'जब **महात्मा गांधी** जैसे नेता तीसरे दरजे में यात्रा करते हैं...' आदि। अरे दोस्त, जरा यह तो सोचते कि **महात्माजी** और **लाटसाहब** में कितना अंतर है। क्या **गांधी बाबा** निहत्थों पर गोली चलाने की आज्ञा देने का सत्साहस कर सकते हैं? फिर यह बेजोड़ तुलना कैसी? (5.4.24)

212-13. स्वर्ग से निकलने पर हजरत आदम को जितना दुःख हुआ था उतना ही भारत परित्याग करने के समय **लार्ड विलिंगडन** को भी हुआ। कहा जाता है कि जहाज पर सवार होने के समय इनकी आंखें डबडबा आई थीं! यहां की नवाबी की स्मृति अभी बहुत रुलायेगी। (5.4.24)

214. **कलकत्ता** में विलायती शराब की दुकानें 96, देशी की 48, अफीम की 60, गांजा की 34, भंग की 13, चरस की 3 और ताड़ी की 27 हैं! बस, इतने बड़े शहर में नशा पानी की यही मामूली व्यवस्था? इससे तो अपना बनारस ही अच्छा है। जहां देखो घुटी-घुटाई बूटी रखी है। पैसा फेंको, चकाचक छानो और मौज करो। (19.4.24)

215. आजकल **इंग्लैंड में मजूर दल** का राज्य है, इसलिये भारत के मजूरों पर गोलियां जरूर चलानी चाहिये। **मजूर दल** के शासनकाल में स्वराज का सुख-स्वप्न देखने वालों को बगलें बजाकर नाचना आरम्भ कर देना चाहिये। (26.4.24)

216. **पंजाब-सरकार** के किसी प्रिय पात्र ने **नाभा-नरेश** की बड़ी प्रशंसा की है। **अकालियों** के सत्याग्रह की 'तरी' के कारण पारा नीचे तो नहीं उतर रहा है? (26.4.24)

217. **कानपुर** काटन मिल के हत्याकांड की जांच जारी है। देश के 'लीडर' लोग जांच कर रहे हैं। जांच खतम होकर अखबारों में रिपोर्ट छपी नहीं कि **कानपुर** का उद्धार हुआ! आहा। हमारे लीडर बड़े लायक हैं। (26.4.24)

218. शराब, स्वराज तो क्या स्वतंत्रता की अम्माजान है। विश्वास न हो तो एक प्याला ढालकर देखिये। उस समय दुनिया में बस आप ही आप दिखाई देंगे। यही कारण है कि आजकल कितने ही छापा-तिलकधारी सज्जन भी रात-बिरात एक 'डोज़' ले लिया करते हैं। (26.4.24)

219. 'शराब', 'शराब।' अहा कैसा श्रुति-मधुर नाम है। सुनकर मुंह में पानी भर आता है! 'पिला साकिया' अरगवानी शराब, जो पीरी में दे नौजवानी शराब।' इस भूलोक के अमृत ने कितने ही स्वराज पंथी बूढ़ों में जवानी की उमंग भर दी है। इसी की बदौलत उन्होंने कौंसिल कमिटी को धर दबाया है। (26.4.24)

220. **वाइकोम सत्याग्रह-संग्राम** में पुलिस की नीचता से लोग बेतरह क्षुब्ध हो उठे हैं। 'इब्तदाये इश्क है—रोता है क्या? आगे-आगे देखिये होता है क्या?' (3.5.24)

221. **मौलाना अबुल कलाम आजाद** स्वास्थ्य सुधारने के लिये **विलायत** जाना

चाहते थे, परंतु सरकार ने पासपोर्ट न दिया! अच्छा किया! शत्रु का स्वस्थ रहना किसे अच्छा लगता है? (3.5.24)

222. **बिहार-प्रांतीय कांग्रेस कमिटी** को कान में तेल डालकर सो रहना चाहिये क्योंकि आरा की म्युनिसपलटी, आरा वालों पर चौगुना टैक्स लगाकर, उन्हें भावी स्वराज की बानगी दिखा रही है। (3.5.24)

223. म्युनिसपलटियों के मेंबर भावी भारतीय पार्लामेंट के मेंबर हैं; उन्हें एक दिन देश का शासन-भार अपने ऊपर लेना है। इसलिये प्रजा पर टैक्स लगाने का अभ्यास उन्हें पहले से ही कर लेना चाहिये। क्योंकि राज्यशासन का सारा दारमदार टैक्स पर ही रहता है। (3.5.24)

224. **कानपुर-**कसाई-कांड की जांच हो गई और रिपोर्ट भी छप गई। जांच करने वाले थे नौकरशाही के नौकर और हिंदोस्तान के नमकख्वार एक मजिस्ट्रेट, गवाह थे कानपुर के कलक्टर और गोलियां चलाने वाले पुलिसवाले, गंभीर गवेषणा के बाद निष्कर्ष निकला कि सारा दोष कुलियों का और रूस के वोलशेविकों का था। गोली चलाने के सिवा और कोई उपाय न था और जरूरत से ज्यादा गोलियां नहीं चलाई गईं। रिपोर्ट पढ़कर अपने राम ने मारे खुशी के डबल 'पेग' चढ़ा लिया। क्योंकि तीस कोटि नरक-कीटों के देश में ऐसी घटनाओं की रिपोर्ट इससे बढ़कर सच्ची और हो नहीं सकती। (3.5.24)

225. इससे बाद हमारे लीडरों की रिपोर्ट निकलेगी। वह कुछ वही होगा। उसमें लिखा होगा, गोली चलाने की कोई जरूरत न थी। कुली निर्दोष थे। गोली चलाकर घोर अन्याय हुआ बस 'अल्लाह खैर सल्लाह' इसके बाद इस जन्म में फिर उन अभागे कुलियों का कोई नाम लेगा, तो उसकी नानी मर जायगी। भगवन् ! दयामय! इस देश में ऐसे अभिनय और कब तक होते रहेंगे। (3.5.24)

226. अब भारत को शीघ्र की स्वराज मिल जायगा, क्योंकि **मि. एनी बेसेंट** अपने चेलों के साथ भिक्षा की झोली लेकर **विलायत** जा रही हैं। (3.5.24)

227. सुनते हैं, **श्रीमती सरोजिनी नायडू** की गरमागरम स्पीचों से **दक्षिण अफ्रीका** के गोरों के मिजाज का पारा बहुत नीचे उतर आया है! (3.5.24)

228. कुरानशरीफ में खद्दर का जिक्र नहीं है, इसलिये ईद को मुसलमानों ने विलायती कपड़े का खूब व्यवहार किया। (10.5.23)

229. **अपरिवर्तनवादी दल** को इस समय अपनी सारी शक्ति **स्वराज दल** वालों को कोसने में ही खर्च कर डालनी चाहिये। क्योंकि जब तक यह प्रधान कंटक दूर न होगा तब तक स्वराज न मिलेगा। (10.5.24)

230. सुनते हैं, पूज्य **लालाजी** की खद्दर की गांधी टोपी देखकर विलायत के अंग्रेज

बहुत भड़क रहे हैं, ब्रिटिश सरकार को चाहिये, कि **लालाजी** को फौरन **इंग्लैंड** से निकाल दे, नहीं तो यह खद्दरातङ्क रोग **ग्रेट ब्रिटेन** को ध्वंस कर डालेगा? (10.5.24)

231. पूज्य **लाला लाजपतरायजी विलायत** जा रहे थे। एक दिन जहाज के केबिन में अपनी गांधी टोपी रखकर भोजन करने गये, इतने में किसी दूरंदेश अंग्रेज ने उसे ले जाकर समुद्र में फेंक दिया। क्या करता बेचारा! ऐसी खतरनाक चीज भी कोई जहाज में ले जाता है? गांधी टोपी की दूषित वायु से कोई अंग्रेज मर जाता तब क्या होता? (10.5.24)

232. **जनरल डायर** बीमार है। प्रत्येक भारतवासी को उनकी स्वास्थ्यरक्षा के लिये 'टोस्ट' पान करना चाहिये। क्योंकि उन्होंने भारत को जगाया था, कायरों को जवां मर्दी का पाठ पढ़ाया था, विविध संप्रदायमुक्त भारतवासियों के सम्मिश्रित उष्ण रक्त की होली खेलकर साम्य की कमनीय मूर्त्ति का दर्शन कराया था और प्रत्येक भारतवासी के हृदय पर ब्रिटिश राज्य का अमिट स्मृति-चिह्न अंकित कर दिया था। भगवान भोलानाथ उनकी रक्षा करें। (10.5.24)

233. **माडरटों** के बुजुर्गवार **सर दीनशाह वाय** ने फरमाया है, कि भारत का उद्धार माडरेट ही करेंगे। अपने राम को भी यह बात बावन तोले पाव रत्ती जंच गई? क्योंकि **माडरेट** लोग 'खुशामद महामंत्र' सिद्ध कर चुके हैं और इस अमोघ मन्त्र का प्रयोग कभी खाली जाता ही नहीं। क्यों? यही बात है न? (17.5.24)

234. **दक्षिण अफ्रीका** में भारतीयों की संख्या बढ़ते देखकर वहां के गोरों की पतलून ढीली हो रही है। इसलिये वे कालों की दुकानों का बहिष्कार करने पर उतारू हुए हैं। अब हमारे लीडरों को फौरन एक जबरदस्त लेक्चर झाड़ देना चाहिये। क्योंकि मौक़े से चूकना अच्छा नहीं! (17.5.24)

235. **ब्रिटिश गायना** के हिंदुस्तानी कुली कई कारणों से असंतुष्ट थे, इसलिये पुलिस ने उनमें से बारह को गोली मार दी। गोरों के अत्याचार से असंतुष्ट होने की तो सजा ही यह है! (17.5.24)

236. भारत के भाग्य में बदा होगा तो स्वराज यों ही मिल जायगा। खद्दर पहनना हो तो **महात्माजी** पहना करें। अपने राम तो जीते जी मलमल न छोड़ेंगे। चाहे पीछे हाथ मलमलकर रह जांय। (24.5.24)

237. **लाहौर** में **मौ. शौकत अली** ने कहा है कि अंत में निराश होकर **स्वराज दल** को **कौंसिल** छोड़कर सत्याग्रह के झंडे के नीचे आना पड़ेगा। ठोकर खा लेने

पर जो कुछ करना पड़ेगा, किया जायेगा, बहरहाल तो जरा आराम से गुजर लें! (31.5.24)

238. **प्रवीणशियाल कानफरेंस** में **सी.आर. दासी दल** की भरमार थी। इसलिये 'हुआ हुआ' का हल्ला खूब मचता रहा। (7.6.24)

239. जुआ किस्मत अजमाने का प्रधान साधन है। इसलिये **सीकर-नरेश** यदि अपने राज्य में जुए को प्रश्रय देते हैं तो अत्यंत उचित करते हैं। जिस राज्य में प्रजा को अपनी किस्मत अजमाने का अवसर न प्राप्त हो वह भी कोई राज्य है? (14.6.24)

240. 'पोलटेक्स' के विरुद्ध आंदोलन करने के लिये **केनिया** में लीडरों की कमी हो रही है। और यहां लीडरों के मारे नाक में दम हो रहा है। 'नाई की बारात में सभी ठाकुर दिखाई देते हैं।' इसलिए **पं. बनारसीदासजी चतुर्वेदी** यहां से चार 'टोकरी' भेज क्यों नहीं देते? (14.6.24)

241. **अमेरिका** की सरकार ने **जापानियों** के विरुद्ध जो कानून पास किया है, उस से नाराज होकर एक **जापानी** ने आत्महत्या कर ली है। अपने प्रवासी भाइयों की भलाई के लिए भारतवासियों को भी आत्महत्या आरंभ कर देनी चाहिये। आशा है, **डॉ. सप्रू साहब** इस विषय में पथप्रदर्शक बन जायंगे।(14.6.24)

242. दोनों दलों के (**स्वराज दल** आदि **अपरिवर्तनवादी दल**) साथ काम करने का तरीका भी **लालाजी** ने **विलायत** में दिखा दिया है। स्वराज के लिये **इंग्लैंड** में आंदोलन करना **महात्माजी** अनावश्यक समझते हैं, इसलिये **लालाजी** वहां जाकर चुप हैं और **स्वराज दल** वाले वहां आंदोलन करना आवश्यक समझते हैं, इसलिये **लालाजी** वहां लेक्चर दे रहे हैं। (14.6.24)

243. **आर्यसमाजियों** को चाहिए, कि **महात्माजी** को खूब गालियां दें, क्योंकि गाली-गलौज का रिवाज वैदिक है; अनादिकाल से चला आता है। (21.6.24)

244. भगवान ने यह दुर्लभ शरीर धूल-मिट्टी लगाने के लिये नहीं बनाया है, इसलिये कसरत-प्रेमी नवजवानों को अखाड़े में जाकर पलंग पर ही दो-चार दंड पेल लेना चाहिये। (21.6.24)

245. **माडरेट** मल्लों ने स्वराज की भिक्षा के लिये भारतमंत्री की सेवा में एक प्रार्थना-पत्र देने का विचार किया है। आजकल बहुत से भिखारी भीख मांगने लगे हैं। (28.6.24)

246. **कौंसिल** में जाने से स्वराज अवश्य ही मिल जायेगा, क्योंकि सरकार असहयोग की अपेक्षा लेक्चरबाजी से बहुत डरती है! (5.7.24)

247. **ऑल इंडिया कांग्रेस कमिटी** भारत के पहुंचे हुए 'वालखिल्यों' की जमात है, इसलिये **सिक्खों** की सफलता के लिये उसकी सहानुभूति ही काफी है। वास्तव में 'जबानी जमाखर्च' वाला नुसखा भी लाजवाब है। जब, जहां चाहिये इसका प्रयोग कर दीजिये, काम फतह! (5.7.24)

248. **स्वराज दल** अपने लेक्चरों के हथौड़े से **कौंसिल** तोड़ रहा है, बसंत-दल **लंडन** के बुर्ज पर व्याख्यानवाण बरसा रहा है और **मजूर दल** पार्लमेंट की मुंह-चुथौवल में बार-बार हार रहा है। मामला बेढब है, ब्रिटिश साम्राज्य का खुदा हाफिज! (5.7.24)

249. स्वराज दल के सर्व प्रधान नेता श्रीमान् **पंडित मोतीलालजी नेहरू** को खद्दर और चरखों पर विश्वास नहीं है। क्योंकि खद्दर से इस गरीब देश को करोड़ों की बचत हो सकती है और चर्खा कातकर करोड़ों गरीब अपनी जीविका चला सकते हैं! (5.7.24)

250. खद्दर के प्रचार से मंचेस्टर के वस्त्र व्यवसायियों की क्षति होगी और 'मन-वचन-कर्म' से भी किसी को क्षति पहुंचाना 'अहिंसा परमोधर्मः' के विपरीत है। इसलिये धर्मात्माओं को हरगिज खद्दर नहीं पहनना चाहिये। (5.7.24)

251. उस दिन मेरे एक **आर्यसमाजी** बंधु कहते थे—**आर्यसमाज** गांधी का 'मुंह थूर' कर मारेगा! अब तक भला किसे मालूम था कि आर्यसमाज की गुदरी में ऐसे बेशकीमती लाल 'गुप्त' रूप में पड़े हैं। (5.7.24)

252. **दिल्ली** के **एशिया** नामक पत्र में किसी आर्यवीर ने एक पत्र छपवा कर **महात्माजी** को मार डालने की धमकी दी है। वाह पट्ठे! तुमने तो सचमुच **आर्यसमाज** की नाक रख ली! (5.7.24)

253. स्वर्गवासी **गोपीनाथ** की देशभक्ति और आत्मोत्सर्ग के प्रति जिन लोगों की सहानुभूति हो, उन्हें अब उसे साबुन लगाकर धो डालना चाहिये, नहीं तो **कांग्रेस** की नाक कट जायेगी और देश स्वराज शिखर से भहरा पड़ेगा। (5.7.24)

254. अल्लाह मियां को चाहिये कि **स्वर्गीय गोपीनाथ** की 'देशभक्ति' छीनकर उसे अपने दाहसल्तनत से निकाल दें। क्योंकि आज **इंडिया कांग्रेस कमिटी** ने उसकी देशभक्ति के प्रति भी सहानुभूति नहीं प्रगट की! (5.7.24)

255. सुप्रसिद्ध देशभक्त **श्रीयुक्त दलबहादुर गिरि** अपनी अनन्य देशभक्ति का फल हाथों हाथ पा रहे हैं! आजकल बीमार होकर **दार्जिलिंग** के अस्पताल में पड़े हैं और पैसे-पैसे को मुंहताज हो रहे हैं। चंदे के पैसे से गुलछर्रे उड़ाने वाले

नेताओं को बधाई। (5.7.24)

256. **डाक्टर किचलू साहब** फरमाते हैं, कि यदि **सर मलकम हेली ने अकालियों** को कुचल डालने का निश्चय किया है, तो हमने भी जेलों को भर देने और एक की जगह दस **जैतू** की सृष्टि कर डालने का निश्चय कर लिया है! डाक्टर साहब! नौकरशाही का मर्ज लाइलाज हो गया है। उसे अब भारतवासियों का 'कुश्ता' इस्तेमाल कराइये। (12.7.24)

257. भारत-भक्त **मौलाना हसरत मोहानी** शीघ्र ही छूटनेवाले हैं। शायद नौकरशाही के बुरे दिन आ गये हैं, वरना ऐसी **दुर्बुद्धि** क्यों होती। (12.7.24)

258. **मौलाना मोहानी** हिंदू मुसलिम एत्तहाद के पक्के हामी, कट्टर मुसलमान और सच्चे देशभक्त हैं। अर्थात् 'त्रिदोष' की साक्षात् मूर्त्ति हैं। इसलिये नौकरशाही को इस महाव्याधि से सावधान रहना चाहिये। (12.7.24)

259. सुनते हैं, **बिहार-उड़ीसा** के मिनिस्टर **श्रीयुत मधुसूदन दास** असहयोगी हो गये। दिमाग खराब होने पर यही सब होता है कि और कुछ? (12.7.24)

260. नौकरशाही ने अपने **'हें हें दल'** के सपूतों द्वारा एक **शिरोमणि सिक्ख सुधार कमिटी** कायम करायी है। नौकरशाही की इस लाड़ली बेटी ने आंख मटका कर **गुरुद्वारा प्रबंधक कमिटी** की निंदा करनी आरंभ कर दी है। जब तक भारत में **हें हें जी के** वंशधर मौजूद हैं तब तक नौकरशाही की पौ बारह है। (12.7.24)

261. उपयुक्त **हें हें कमिटी** का उल्लेख करता हुआ सहयोगी **स्वतंत्र** लिखता है– "जैसा हमने कहा था 'वही' (वही ही नहीं?) हुआ" अगर यही बात है तो आइंदे से आप जरा सोच समझकर कुछ कहा कीजिये। नहीं तो आपकी यह भविष्यवादिता एक दिन देश को खतरे में डाल देगी। (12.7.24)

262. **दासदल** अवश्य ही स्वराज ले लेगा, क्योंकि दुलत्तियां झाड़ने में वह बड़ा पटु है। (12.7.24)

263. मुआज अल्लाह! ये **कानपुर** वाले तो बड़े खूंखार मालूम होते हैं, जरा इनकी हिम्मत तो देखो। **कलकत्ता** से जाने वाले **अकालियों** का दिन दहाड़े स्वागत कर दिया! दोहाई सरकार बहादुर! जल्दी 'मारशियाल' कानून जारी हो, जिससे **कानपुर वालों** की आखें खुल जायं। (12.7.24)

264. **इंग्लैंड** की पार्लामेंट में प्रस्ताव होने वाला है, कि **जनरल डायर** को निर्दोषिता का सर्टीफिकेट लिख देने के लिये बादशाह की सेवा में दरखास्त दी जाये। जरूर दी जाये और अल्लाह करें, बादशाह उसे निर्दोष भी बता दें। इससे भारत का कल्याण ही होगा। परंतु सबसे अच्छी तरकीब तो यह है, कि भारतमंत्री

की अध्यक्षता में अल्लाह मियां की सेवा में एक डेपुटेशन भेजकर प्रार्थना की जाये कि वे जनरल डायर को निर्दोष कह दें। (19.7.24)

265. उर्दू **अकाली** अखबार का एक संवाददाता लिखता है कि **अकालियों** को कुचल डालने के लिए **पंजाब** की सरकार विशेष आयोजन करने वाली है। ऐसा तो होना ही नहीं चाहिये, क्योंकि अकालियों ने अंग्रेजों का उपकार भी नहीं किया है! (19.7.24)

266. **कानपुर काटन मिल** के कुलीकांड के समय **मजूर** पत्र के संपादक ने कुलियों को खड़े रहने के लिये उत्साहित किया था, इसलिये उन्हें अदालत से जेल की सजा दी गई है। 'अक्ल-अजीर्ण' रोग के रोगियों का कहना है, कि संपादकजी के साथ न्याय नहीं हुआ। वाह, न्यायमूर्त्ति **लार्ड रीडिंग** के शासनकाल में और न्याय न हो! राम राम! 'अंधौ बधिर न कहहिं अस?' बात असल यह है, कि यदि **मजूर संपादक** कुलियों को खड़े रहने को न कहते, तो बेचारी पुलिस को गोली चलाकर अपनी नाजुक कलाई को तकलीफ देने की जरूरत न पड़ती! इसलिये **मतवाला** की रायशरीफ में 'मजूर' संपादक ने अवश्य अपराध किया था, घोर अपराध किया था । इसके लिये उन्हें जिंदा ही गड़वा देना उचित होता। (19.7.24)

267. भारत सरकार ने राज की वृद्धि करने की तदवीर सोचने के लिये एक कमिटी बिठाई है। इससे मालूम होता है कि बूढ़े भारत की हड्डियों में अभी रस बाकी है। (19.7.24)

268. लीजिये अब क्या है! एक दम पौ बारह **पार्लियामेंट** के **हौस ऑफ लार्ड्स** में भी भारत का जिक्र छिड़ गया। बस अब घड़ी दो घड़ी में स्वराज टपकना ही चाहता है। मूसर से ढोल बजाना आरंभ कर दीजिये। (26.7.24)

269. **विलायत** की मजदूर सरकार दस बार हार गई परंतु इस्तीफा नहीं दिया, **सी.पी.** और **बंगाल** के मिनिस्टरों के वेतन का बजट नहीं पास हुआ, परंतु उन्होंने इस्तीफा नहीं दिया और **कांग्रेस** के कार्यकर्त्ताओं ने चर्खा नहीं चलाया। परंतु इस्तीफा नहीं दिया। इससे मालूम होता है, कि बेहयाई भी राजनीति की खास चीज है। (26.7.24)

270. **बंबई** की सरकार ने कई असहयोगियों से बंदूक रखने का लाइसेंस छीन लिया है। अहिंसक असहयोगियों को बंदूक रखने की आवश्यकता भी तो नहीं थी! (26.7.24)

271. **पंजाब कौंसिल** में एक सदस्य प्रश्न करने वाले हैं, कि "क्या सरकार जानती है कि **ओडायर-नायर** मामले के फैसले से इस प्रांत में बड़ी उत्तेजना फैली

है और लोगों का विश्वास ब्रिटिश न्याय से उठ गया है।" जानती सब कुछ है परंतु अपाहिजों की उत्तेजना और असंतोष की उसे कुछ परवाह जो नहीं है! (26.7.24)

272. **बंगाल** के **दासी** दल वाले जरूर स्वराज ले लेंगे, क्योंकि उनके अखबार **पंडित श्यामसुंदर चक्रवर्ती** को खूब गालियां दे रहे हैं। **चक्रवर्तीजी** की देश सेवा की कद्र तो होनी ही चाहिये। (2.8.24)

273. **दासीदल** के गुंडों के जीते जी **पंडित श्यामसुंदर जी** ने **कलकत्ता** में 'ननकोआपरेशन' लीग स्थापित कर लिया। ऐसी दशा में उन्हें गालियां न दी जायं तो क्या उन पर फूल बरसाये जायं? (2.8.24)

274. सुनते हैं, कि **श्रीमान लालाजी** भी **कांग्रेस** की कार्यकारिणी से इस्तीफा दे देंगे! वास्तव में 'चर्खे' ने सबको चर्खा कर दिया। (2.8.24)

275. हां, इस समय एक गहरी रकम लंडन भेज दीजिये, क्योंकि वहां एक गाड़ी पहाड़ पर से लुढ़क गई है। जिससे सात आदमी मर गये हैं और दस घायल हो गये हैं। हाय, उन बेचारों की जरूर खबर लीजिये। यदि रायबहादुरी लेना चाहते हैं, तो इस स्वर्ण सुयोग से हरगिज न चूकिये। आज ही लाट साहब के पास एक चेक भेज दीजिये? (9.8.24)

276. गत **31 जुलाई** को **विलायती पार्लमेंट** की **लार्ड सभा** में फिर भारत की चर्चा हो गई। भारत के नमकख्वारों ने खूब विष वमन किये। किसी ने कहा, भारत की अयोग्यता अभी दूर नहीं हुई, किसी ने कहा, हम भारत की जान-माल के खुदाई ठेकेदार हैं, किसी ने कहा, गोरे हटे नहीं, कि भारतवासी आपस में कट मरे, किसी ने कहा, मि. दास पक्के राजद्रोही हैं, किसी ने कहा, क्रांतिकारियों को शीघ्र पीसना चाहिये, किसी ने कहा, भारत का रक्त चूसकर गोरे-गोरियों का उदर-खंदक अवश्य भर देना चाहिये। संक्षेपतः यह कि निर्लज्जतापूर्वक जो कुछ कहा जा सकता है, वह सभी 'माई लार्डों' ने भारत के संबंध में कह डाला! (9.8.24)

277. **जालियांवाला बाग** की हिंदू सभा से भगवान **तिलक** का चित्र हटाकर **डाक्टर किचलू** ने भी अपने हृदय की स्वच्छता का परिचय दे दिया! **गोस्वामीजी** की विख्यात चौपाई सार्थक हो गई—

"उघरहिं अंत न होइ निबाहू। कालनेमि जिमि रावण राहू।" (9.8.24)

278. खैरियत हुई, **कलकत्ता कारपोरेशन** ने स्वराजी नेताओं को जो मानपत्र दिया था, वह सुंदर रेशमी वस्त्र पर छपा था। कहीं खुरदरे खद्दर पर छपा होता तो नेताओं के कोमल हाथों को बड़ा कष्ट होता! 'सखि, तोर कोमल रे हथेलिया

खद्दर चुभि-चुभि जाला न।' (23.8.24)

279. **स्वराज दल** वालों को फूलकर कुप्पा हो जाना चाहिये। क्योंकि मिनिस्टरीका अंत हुआ नहीं, कि भारत को स्वतंत्रता मिली। (30.8.24)

280. **पंजाब** के जमींदारों पर **75 लाख** का नया कर लादा गया है। सुनते हैं, वे सत्याग्रह करेंगे। अपनी बला किसानों के मत्थे मढ़ देने से ही तो काम चल जाता। सत्याग्रह की क्या जरूरत थी? (13.9.24)

281. **महात्माजी** ने **पंडित नेहरूजी** को लिखा है, यदि **कांग्रेस** वाले प्रतिमाह 2000 गज सूत काता करें तो मैं पांचों बहिष्कार बंद कर दूंगा। मालूम होता है, महात्मा जी सारे देश को जुलाहा बनाकर छोड़ेंगे। (13.9.24)

282. **विलायत** के **डेली टेलीग्राफ** को फिक्र है, कि भारत से नौकरशाही हटी नहीं, कि वहां खून की नदियां बहीं। वास्तव में इन शुभचिंतकों को भारत की बड़ी चिंता है। इस देश के गरीबों का नमकीन रक्त स्वादिष्ट भी तो बहुत होता है। (27.9.24)

283. **अकालियों** का एक शहीदी जत्था सत्याग्रह करने के लिये **अमेरिका** से यहां आया है। तकदीर खींच लाई है, तो कोई क्या करें? (27.9.24)

284. **इंग्लैंड** और **टर्की** में दांत पिसौवल हो रही है। 'खोपड़ी चचोरोअल' कब आरंभ होती है? मालूम होता है, रणचंडिका की रक्त-पिपासा अभी नहीं बुझी है। (4.10.24)

285. **बंगाल** में फिर दमन-चक्र तेजी से घूम रहा है। जगह-जगह पर संदेहमात्र में ही धर पकड़ जारी है। समझदारों की राय है, कि सरकार ईंट के लिये मसजिद ढा रही है! आमीन! (1.11.24)

286. **बंगाल सरकार** और भारत सरकार दोनों ने अपने इश्तहार के अंत में लिखा है कि बंगाल में सर्वत्र विप्लववादियों का दौर दौरा है, मामूली कानूनों से उनको दबाया नहीं जा सकता था, जब लोगों को अच्छी तरह पीस डालने के लिये ही नये कठोर कानून की सृष्टि हुई है। शांति प्रेमियों को इससे डरने की आवश्यकता नहीं! और 'ला एंड आर्डर' की दुहाई देकर शांति प्रेमी(?) महाशयों से विप्लव-दमन कार्य में सहायता और सहयोगिता की अपील भी की गई है। रायबहादुरी और खानबहादुरी आदि उपाधियों के भुक्खड़ "हां हुजूरों' के लिये अच्छा मौका है! सरकार को विप्लववादियों के पकड़ने में मदद देकर उपाधि प्राप्त कर सकेंगे। उधर समाज में भी उनकी 'नाक' ज्यों की त्यों अछूती बनी रहेगी! समझे भाई गंधर्व सेन! 'एक पंथ दो काज' होंगे। (1.11.24)

287. गजब हो गया! सरकार बहादुर को विश्वस्तसूत्र से खबर मिली है, कि **बंगाल** विप्लववादियों की कई मजबूत संस्थाएं उसकी जड़ खोदने में लगी हुई हैं। इससे सरकार बौखला गई है। और बौखलाहट में ही उसने **श्री सुभाष बाबू** आदि को पकड़ कर जेल में ठूंस दिया है! क्रांतिकारी संस्थाएं यदि आपकी जड़ खोदती हैं तो आप उनसे भिड़िए! इन बेचारे अहिंसावादियों को क्यों व्यर्थ परेशान किया जा रहा है!! (1.11.24)

288. सरकार बड़ी समझदार है वह जानती है, कि भारतवासियों में ऐसे विभीषणों की कमी नहीं है जो अपना मतलब गांठने के लिये 'ला एंड आर्डर' की ओट में अपने ही देशबंधुओं पर घातक-प्रहार करने से बाज नहीं आयेंगे। ऐसे ही लोगों से उक्त इश्तहार में सहायता की अपील की गई है। सूझ तो मार्के की है। लेकिन बहुत सयाने कौवा को...ही खाना पड़ता है। (1.11.24)

289. कुछ दिन पहले एक प्रेस-प्रतिनिधि से बातचीत करते हुए **देशबंधु दास** ने कहा था, कि **बंगाल** में विप्लववादियों का दल है, और प्रान्तिक स्वराज्य न देने पर जोर बढ़ जाना संभव है। और भी कई इसी आशय की बातें थीं, अब दास बाबू की इस बात को लेकर सरकार भी अपने पक्ष का समर्थन करती है, और ऐंग्लो इंडियन तथा विलायती अखबार वाले भी! चलो अच्छा हुआ! बेचारों की 'नाक' तो बनी रहेगी! (1.11.24)

290. **मिसेज बीसेंट** ने भी **देशबंधु दास** की उपर्युक्त उक्ति के सहारे कह डाला है, कि जब विप्लव का आयोजन है, तब सरकार ने दमन नीति का अवलंबन करके ठीक ही किया है। श्रीमती यही कर शांत नहीं हो गईं, आप कहती हैं कि सब लोग मिलकर सरकार का समर्थन करें! ठीक है, श्रीमती जरूर करेंगे। **सन् 17** की कांग्रेस में इस बंगाल में ही न आप **कांग्रेस** की प्रेसीडेंट बनी थीं! कृतज्ञता चुकाने का आपने अच्छा मार्ग पकड़ा है!! (1.11.24)

291. **म. गांधी** ने और भी कहा है, कि जो लोग सचमुच राज-विद्रोही हैं, और विप्लववाद में विश्वास करने वाले हैं, मैं उनसे कहूंगा, कि आपके स्वदेश प्रेम को देखकर मैं मुग्ध हूं। यद्यपि प्रति हिंसा-विवर्जित शुद्ध आत्म-त्याग के द्वारा ही भारत स्वाधीन हो सकेगा। तथापि यदि आप लोग नितान्त ही हिंसा-नीति में विश्वास रखने वाले हों, तो मृत्यु की उपेक्षा करके वीरों की तरह उसकी घोषणा कर दीजिये! मालूम पड़ता है, कि **महात्माजी** का भी किसी गुप्त-पार्टी से संबंध है! गवर्नमेंट को चौकन्ना हो जाना चाहिये! (1.11.24)

292. **योरोप** के सुविख्यात साहित्य विशारद **बर्ट्रेंड रसेल** ने एक बड़ी ही अद्भुत बात कही है, वे कहते हैं, बीस वर्ष के बीच में हम लोग स्वाधीन हो जायेंगे।

किस तरह से इसके उत्तर में वे कहते हैं, मुझे जान पड़ता है **इंग्लैंड** शीघ्र ही एक भयंकर युद्ध में उतरेगा। **मतवाला** की राय में तो यदि अंग्रेजों के युद्ध में फंसने ही से भारत स्वाधीन हो सकता तो अब तक कभी का हो गया होता! (8.11.24)

293. **देशबंधु दास** महोदय के कथन पर विश्वास कर सरकार ने दमनचक्र घुमा दिया। किंतु **देशबंधु** की बताई औषधि का प्रयोग करना उचित नहीं समझा! कैसे करती! रोगी को तो केवल रोग बतला देने ही का अधिकार है। औषधि और अनुपान बतलाना तो उसकी मूर्खता है! (8.11.24)

294. लोग कहते हैं, दमन के द्वारा सरकार सफल न होगी। अराजकता रक्तबीज वंशज है, स्वाधीनता का संग्राम जब आरंभ होता है तो उसका अंत विजय के साथ होता है। जो जाति मरने के लिए तैयार बैठी है, जिसका अंत होने वाला है, वह उत्पीड़न से कभी भयभीत न होगी **मतवाला** की राय में बड़े लाट साहब को अपने फौलादी पंजे से अत्याचार की कसौटी पर कसकर इन सिद्धांत वागीशों का भ्रम दूर करने में विलंब न करना चाहिये। (8.11.24)

295. **लार्ड रीडिंग** महोदय आये थे भारत में शांति स्थापित करने। और जा रहे है भारत के भावी शासकों के पथ में अशांति की एक भयंकर खाई खोदकर! हाय! हाय, लिखत सुधाकर लिखिगा राहु। (8.11.24)

296. **स्वामी श्रद्धानंद** की राय है कि दमन की जो भयंकर आग **बंगाल** में प्रज्वलित की गई है वह समस्त देश में जा लगेगी और सबसे पहले इसका नंबर पंजाब का है।—यदि **बंगाल** में विप्लववादी हैं तो वे जोर पकड़ेंगे और नहीं हैं तो उनका जन्म होगा और संक्रामक रोग की तरह वे समस्त देश में फैल जायंगे। दोहाई है **लार्ड रीडिंग साहब** की स्वामीजी की इस भविष्यवाणी से सावधान होकर पंजाब के लिये भी एक आर्डिनेंस बना डालिये और आग लगने पर कुआं खोदने की मूर्खता से बच जाइये। (8.11.24)

297. **लार्ड सेसिल** की राय है कि अंग्रेज जाति सिद्धांतों की बुनियाद पर कुछ करना पसंद नहीं करती परंतु उसे यदि आवश्यकता का अनुभव करा दिया जाय तो वह सब कुछ करने को तैयार रहती है! बात तो सत्य है परंतु औंधी खोपड़ी वालों की समझ में आये तब न। (15.11.24)

298. **अमृतसर** की पुलिस ने एक युवक को, जो देखने में बंगाली जान पड़ता है, पागल समझ कर गिरफ्तार किया था। उस पागल ने अदालत में कहा—"मेरा धर्म जीवदया है जिसका अर्थ यह है कि एक या दो या दस बीस आदमियों की हत्या से यदि सहस्रों मनुष्यों को सुख पहुंचता हो तो ऐसी हत्याएं जीवदया

या मनुष्यों की रक्षिका है।" देखते हैं खुफिया पुलिस के चङ्ग पर चढ़ते ही पागल भी 'होशियारों' की तरह बातें करने लगते हैं। पर भाई पागल! हमारे देश के हृदय में—

तुमसे कातिल के लिए, तुमसे सितमगर के लिए
दिल नहीं, हां दिल नहीं, हां दिल नहीं, हां दिल नहीं॥ (22.11.24)

299. **तुर्की** के **नेपोलियन गाजी मुस्तफा कमालपाशा** सदलबल **फ्रांस** जाने वाले हैं। जाते हैं तो जायं, पर **पाशा महोदय** को पेरिस कामनियों के वेणीपाशा का सामना करना पड़ेगा। वहीं पर उन्हें ऐसे सिपाही से लोहा लेना होगा जो 'लड़ते हैं मगर हाथ में तलवार भी नहीं।' देखें 'तीरेनजर' के घावों से घबराकर कमालपाशा भी 'इस सादगी पर कौन न मर जाय ऐ खुदा!!' कहते हैं या नहीं। (22.11.24)

300. **इंग्लैंड** की **लिबरल पार्टी** मर रही है। उसे अमर बनाने के लिये वहां के लिबरल घनघोर प्रयत्न कर रहे हैं। गत **20 नवंबर** को उन्होंने अपनी प्रधान सभा से एक प्रस्ताव पास कराया है कि **लिबरल दल** की उन्नति के लिये **75 लाख** रुपये एकत्र करने का प्रयत्न किया हाय। **75 लाख** के लिये लिबरलों को बहुत दूर न जाना होगा। **इंग्लैंड** के खजाने में **मिस्र** के जुर्माने के **75 लाख** नये सिक्के अभी-अभी आये हैं, उन्हीं पर हाथ फेर दें। ऐसा 'गोल्डेन चांस' फिर जल्द न मिलेगा। (29.11.24)

301. **ब्रिटिश इंडिया** का नेकनाम और नमकहलाल भूत नौकर तथा भारत माता का सगा भाई (?) **लार्ड सिडनहम** इन दिनों **अमेरिका** में भारतमाता के उद्धार का उपाय सोच रहा है। इस पुण्य कार्य के संपादन के लिए वह पत्रों में लेख छपवाता है और एक आना प्रति शब्द के हिसाब से पुरस्कार भी लेता है, उसने लिखा है, "यदि ब्रिटिश राज्य भारत से उठ जाय तो, वहां सर्वज्ञ अनाचार और अंधेर फैल जायगा, जिसका परिणाम योरोपीय राष्ट्रों के लिये भी भयंकर हो सकता है" आदि। वाह रे मामू! बढ़ के बोलना तो तुम्हारी बपौती है—

"तेरा में बुर्रिश प' ऐ होली नहीं,
जिस कदर जुबां करती है काट।" (29.11.24)

302. अरे जिस दिन **ब्रिटिश राज्य** भारत से 'रामनामसत्य' हो जायेगा उस दिन **मांचेस्टर** के पेट पर तवा बंध जायगा लंडन के पेट में चूहे डंड पेलेंगे और खूंखार ब्रिटिश सिंह घास खाता नजर आयेगा। समझे? जरा अक्ल के नाखून लो। (20.11.24)

303. **सन्त एन्ड्रूजडे** के उपलक्ष में **लार्ड लिटन** को भोज दिया गया था। उसमें

अतिथियों का स्वागत करते हुए, चीफ जस्टिस **सर लैंसाट** की ओर लक्षकर मिस्टर **जानटेसी** ने कहा—"आपके पूर्वज पहले सीधे-सादे स्काटलैंडवासियों को लूटकर जीवन निर्वाह करते थे। अपने पूर्वजों के उसी पाप के प्रायश्चित के लिये आपको **कलकत्ता** के सीधे सादे स्काटलैंड के व्यापारियों की, धूर्त मारवाड़ियों और बंगालियों से, रक्षा करनी पड़ रही है।" देखा? जादू वह जो सर चढ़ बोले। जिसके बाप-दादे लुटेरे थे वे ही हमारे देश में 'न्यायाधीश' बनकर हमारी रक्षा कर रहे हैं। (6.12.24)

304. **सेंट एंड्रूजडे** के उत्सव में 'महिष खाई करि मदिरा पाना' **लार्ड लिटन** ने कहा—"बाइबिल में एक कथा है कि 'एक मनुष्य के उत्तम खेत में एक दुष्ट ने जाकर रात में कांटे बो दिये इसी प्रकार बंगाल के सुंदर राजनीतिक उद्यान में दुष्टों ने विषैला पौधा बो दिया है।" सज्जन शिरोमणि—**लिटन साहब** को बाइबिल से उदाहरण नहीं देना चाहिये था क्योंकि कहावत है कि आवश्यकता पड़ने पर शैतान भी धर्मपुस्तक की दोहाई देता है। (6.12.24)

305. 'यदि **स्वराज्य दल** का दमन हमारा उद्देश्य होता' **लार्ड लिटन** ने कहा 'तो हम तीन को न गिरफ्तार कर चालीस को पकड़ते और इस तरह मैं अपने मार्ग के रोड़ों को दूर कर देता।' अब से भला है गवर्नर साहब, **लार्ड रीडिंग** से प्राप्त हथियार द्वारा अपने सुंदर 'मार्ग' के रोड़े हटा डालिये! नहीं तो मर्ज बढ़ जाने पर कुछ करते न बनेगा। (6.12.24)

306. आवश्यकता है एक विभीषण की! क्योंकि **ईर्स्टन बंगाल रेलवे** के अधिकारियों ने सूचना निकाली है कि जो कोई **दार्जिलिंग** मेल के उलटने वाले का पता देगा अथवा उसे गिरफ्तार करा देगा उसे दस हजार रुपये पुरस्कार में मिलेंगे। है कोई रावण का भाई या जयचंद्र का भतीजा? (6.12.24)

307. मिस्टर **जानटेसी** ने मारवाड़ियों और धर्मात्मा बंगालियों को धूर्त कहा है। जिसके टुकड़ों पर जीना उसी को गाली देना, यही अंग्रेजों की उदारता है। **जानटेसी साहब** आप किसी को किस मुंह से 'धूर्त' कहते हैं? आपके साम्राज्य की तो बुनियाद ही धूर्त्तता की छाती पर पड़ी हुई है। हमारे पवित्र देश में अंग्रेजी राज्य की जड़ जमाने वाले आपके पूज्य—**क्लाइव, हेस्टिंग्स** और **डलहौजी** कौन थे? महाधूर्त ही न? (6.12.24)

308. **मिस्टर पटेल** की तरह **देशबंधुदास** भी वायसराय के स्वागत का बहिष्कार करेंगे, पर इन्हें 'मेयर के' पद का त्याग नहीं करना पड़ेगा। बहुमत, स्वागत के विरुद्ध है। उहं! विरुद्ध है तो होने दो, वायसराय का स्वागत तो होगा ही। **जी हजूर** दलवाले अपने 'मां-बाप' सरकार के प्रतिनिधि के दर्शनों के लिए

हबड़ा स्टेशन पर जरूर जायेंगे। बाकी काम **मि. टेगार्ट** कर लेंगे। दुनिया भर के कुली कबाड़ी सड़कों पर पुलिस द्वारा, **दीनबंधु (देशबंधु)** वायसराय के स्वागत के लिये खड़े कर दिये जायेंगे। (6.12.24)

309. **स्वराज पार्टी** ने **कलकत्ता** से दो लाख पच्चीस हजार चंदा वसूल किया है। इतने कम मूल्य में तो स्वराज नहीं मिलेगा। दाताओं को जरा और उदारता से काम लेना चाहिये। स्वराज न मिलेगा तो न सही नेताओं की तोंद तो मोटी होगी। बेचारे गेहूं की खेती थोड़े ही करते हैं। (20.12.24)

310. आगामी **कांग्रेस** में कुछ लोग पूर्ण स्वाधीनता का प्रस्ताव पेश करने वाले हैं। भारत के राजनीतिज्ञों का 'प्रस्तावरोग' उत्तरोत्तर असाध्य होता जा रहा है। खुदा खैर करे। (20.12.24)

311. नरम, गरम, सहयोगी और असहयोगी तो थे ही, सुनते हैं, **कानपुर** में **साम्यवादियों** ने भी अपना अड्डा जमा लिया है। बीबी नौकरशाही! यह तो बड़ी बुरी बला आ रही है। मांग का सिंदूर कैसे बचेगा? (20.12.24)

312. **कलकत्ता** बड़ा बाजार के धनी मारवाड़ी **श्रीयुत ओंकारमल जटिया** 'शरीफ' हो गये। इस नगर के बारह लाख कमीनों में एक 'शरीफ'!! माशा अल्लाह बधाई है। (20.12.24)

313. **महात्मा जी** ने **बेलगांव** में अपरिवर्तनवादियों की सभा में कहा है, कि यदि चर्खे का काम न चलेगा तो मैं **कांग्रेस** छोड़ा दूंगा। महाराज, छोड़ दीजिये या रखिये। परंतु बेचारे देश की भलाई के लिये कितना चिल्लाते हैं, जरा इस पर भी तो ध्यान दीजिये। (27.12.24)

314. अपने **मिथिला प्रदेश** की प्रजा को उन्नति के शिखर पर स्थापित कर **दरभंगा** के राजासाहब आजकल बंगाल का उद्धार करने में लगे हैं। अभी हाल में ही आपने **बंगाल** के आर्डिनेंस का समर्थन किया है। महामंडल कमंड से धार्मिक बुकनी वितरण किया है। इसके बाद यहां के जमींदारों को अपने अमूल्य उपदेशों से आप्यायित कर डाला है। अब सुनते हैं, शीघ्र ही एक रक्षणशील दल की सृष्टि करने वाले हैं। इस अयाचित उपकार के लिये बंगालियों ने अभी तक महाराज साहब का कोई स्मारक नहीं बनाया यही आश्चर्य है। (27.12.24)

315. **महात्माजी** बारंबार कह रहे हैं, कि बिना चर्खे के स्वराज नहीं मिल सकता। देशवासियों को भी चिल्लाकर कह देना चाहिये कि हमें चर्खेवाला स्वराज नहीं चाहिये। चर्खा कातकर ही स्वराज लेना होगा तो आपका महात्म्य क्या रहा? "अपने ही कर्म करि उतरेंगे तो हम हीं करतार करतार तुम काहे के?" (27.12.24)

316\. **बेलगांव कांग्रेस** में एक 'बंगाली माशा' प्रस्ताव करने वाले हैं कि **अखिल भारतीय कांग्रेस-कमिटी** की बैठकों में शामिल होने वाले सदस्यों को रेल भाड़ा **अखिल भारतीय कांग्रेस-कमिटी** के कोष से दिया जाये। ठीक है। केवल रेल भाड़ा ही नहीं, कुछ भत्ता भी दिया जाया करे तो और भी अच्छा है। क्योंकि घर का खाकर दूसरे का बेगार कोई कब तक करता रहेगा। बिना प्रसाद पाये देवभक्ति भी तो नहीं होगी। और कुछ न हो तो चरणामृत ही सही। (27.12.24)

317\. महामहिम प्रलोकवासी रावण की राजधानी **लंका** के लीडरों ने प्रतिज्ञा की है कि जब तक सरकार स्वराज न दे देगी तब तक विलायती कपड़े न खरीदेंगे। सुभान अल्लाह! 'खेत खांय गदहे मारे जायें मंचेस्टर के जुलाहे।' मालूम होता है, **लंका** में अभी तक अहिंसा की हवा नहीं पहुंची है। (27.12.24)

318\. इतना ही नहीं **लंका** के लीडरों ने यह भी प्रतिज्ञा कर डाली है कि जब तक स्वराज नहीं मिलेगा सरकारी भोज में भी शामिल न होंगे। ठीक है, जब 'हुक्का पानी' बन्द होगा तभी इस गोरी गरबीली नौकरशाही की आंखें खुलेंगी। (27.12.24)

319\. **कांग्रेस** ने मिस्रवासियों को निहाल करने के लिये उनके साथ सहानुभूति तो प्रकट कर दी, परंतु **महामति लेनिन** का नाम सुनते ही उसका कोमल कलेजा कांप गया। मूर्छा नहीं आ गई यही खैरियत हुई। (3.1.25)

320\. नये वर्ष की उपाधि वर्षा का एक बूंद भी **दरभंगा नरेश** पर न पड़ा। **बंगाल आर्डिनेंस** का समर्थन सोलह आने खाली गया! हाय, हाय, इस तरह किसी की तपस्या बरबाद होती है। (3.1.25)

321\. अब की नये वर्ष के शुभ अवसर पर बहुत से भारतवासी 'दुमदार' बना दिये गये हैं। आशा है भारत में शीघ्र ही किष्किंधा-कांड आरंभ हो जायेगा। (3.1.25)

322\. हिंदुओं के अधःपतन का कारण पंडित **मालवीयजी** ने धर्मोपदेश का अभाव बतलाया हैं। सम्भव है, बुढ़ौती की कमजोर दृष्टि के कारण धर्मोपदेश का अभाव दृष्टिगोचर हो गया हो, वरना यह बाजार तो इतना गर्म है कि खुदा की पनाह! बड़े-बड़े मंदिरों से, तीर्थस्थानों से, महंतों के मठों से, रमते योगियों के आशीर्वाद से और गुरुजी के दिये गुरुमंत्र से जो धर्मोपदेशामृत का अविरल प्रवाह जारी है; उससे यथेष्ट कल्याण हो रहा है। (3.1.25)

323\. **बर्धा** की एक सभा में **पंडित मोतीलालजी नेहरू** ने कह डाला है कि "**स्वराज्य दल** ने आज तक देश के लिये हितजनक कोई काम नहीं किया?" वाह

हजरत, असहयोग की अंत्येष्टि जैसे महत्वपूर्ण कार्य को आप कोई चीज ही नहीं समझते? (17.1.25)

324. 'चंदा' और 'तोंद' दोनों इकारांत शब्द हैं, दोनों का संबंध अनिवार्य है—अवश्यंभावी है। इसलिए चंदे की रकम का तोंद में घुस जाना कोई आश्चर्यजनक घटना नहीं कही जा सकती। 'इति मनुरब्रबीत्!" (17.1.25)

325. **श्रीमती एनी बेसेंट** ने स्वराज्य का एक Indian made नक्सा तैयार किया है। सुनते हैं, **पार्लमेंट** में पेश होगा और उसे देखते ही बड़े साहब उस पर दस्तखत कर देंगे। यह अजीब बुढ़िया सदैव एक न एक गुल खिलाया ही करती है। (24.1.25)

326. **बड़े लाट** ने फरमाया है, कि इस साल देश में खेती की हालत बहुत अच्छी रही। जी हां, नमक पर और थोड़ा-सा महसूल बढ़ा दीजिये। दो पैसा पैदा करने का अच्छा मौका है। (24.1.25)

327. भारत की भलाई के लिये अगले वर्ष **लाट साहब** एक बड़ा जबरदस्त काम करने वाले हैं। यानी मुद्रा पद्धति और आर्थिक-अवस्था पर विचार करने के लिये एक समिति बैठाने वाले हैं। यह समिति बैठी नहीं कि भारत का सारा कष्ट दूर हुआ। (24.1.25)

328. **विलायत** के बड़े साहब ने फरमाया है, कि **सिंगापुर** में जो फौजी अड्डा बनेगा, उसके खर्च का एक हिस्सा भारत भी देगा। क्यों नहीं देगा, भारत का रक्त पड़े बिना तो उस अड्डे की नींव ही कमजोर हो जायगी। (29.1.25)

329. उच्छवृति-कार्तिक के सिवा सदैव भोगविलास से अलग रहना 'या निशा सर्वभूतानां तस्यां जागर्ति संयमी' की तरह देश को जगाना, भारत के **माडरेट** राजनीतिज्ञों की तरह प्रभु को देखते ही दुम हिलाना, भारतवासियों की तरह अपने सजातीय को देखते ही उठकर गुर्राना, जिस तरह नौकरी के लिए हिंदू-मुसलमान लड़ा करते हैं, उसी तरह जूठी पत्तलों के लिये लड़ना, जिस तरह विदेशी भारत की हड्डियां चबाते हैं, उसी तरह हड्डी चबाना, गोरों की तरह कमजोरों पर टूट पड़ना और शहजोरों को देखते ही दुम दबाकर चम्पत हो जाना आदि कितने ही सद्गुण कुत्तों में मौजूद हैं, इससे स्वतः सिद्ध हो जाता है, कि वे अवश्य ही किसी ऊंच वंश के जीव हैं और जिस तरह नाई, भूमिहार, कायस्थ, कलवार आदि संयोगवशात् वर्ण भ्रष्ट हो गये हैं उसी तरह ये बेचारे भी जाति भ्रष्ट हो गये हैं। (7.2.25)

330. **दिल्ली** की बड़ी मजलिस में **मि. नियोगी** का **रेलवे सुधार बिल** पास हो गया।

अब गोरों के लिये 'रिजर्व,' डब्बे नहीं रहा करेंगे। मालूम होता है, वर्णाश्रम धर्म की तरह 'रंगातंक धर्म' पर भी राहू महाराज की नजर पड़ गई है। (7.2.25)

331. **लार्ड लिटन** महोदय अंधेरे में पट्टाबाजी खेलते ही रह गये, उधर क्रांतिकारियों ने सारे भारत के बड़े-बड़े शहरों में अपने पर्चे बांट दिये हैं। सरकार को चाहिये कि दो-चार और स्वराजियों को पकड़कर जेल में ठूंस दे जिसमें 'मियां को पावे नहीं बीबी को नोचे' वाली कहावत चरितार्थ हो जाये। आखिर गुस्सा उतारने के लिये कुछ तो करना ही पड़ेगा। (7.2.25)

332. **फ्रांस** के मंत्री महाशय ने कहा है, कि **जर्मनी** भीतर ही भीतर तैयारी कर रहा है और हमारी आंखों में धूल झोंकना चाहता है। मालूम होता है कि **जर्मनी** की करारी चपत के कारण **मित्र** राष्ट्रों की चपतगाह अभी तक भन्ना रही है इसी से उनके अधिकारी **जर्मनी** के संबंध में कभी-कभी प्रलाप बक दिया करते हैं। 'भन्नाहट' दूर हो जाने पर यह हालत नहीं रहेगी। (7.2.25)

333. **लंदन** में **लिबरलों** का सम्मेलन आरंभ हो गया है। **लार्ड आसक्विथ** के सर पर सेहरा बांध चुका है। शीघ्र ही दमामा बजने वाला है। ईश्वर ने बड़े सौभाग्य ये दिन दिखाये हैं। भारत के **लिबरलों** को नई झोली लेकर तैयार हो जाना चाहिये। मैं जोर देकर कहता हूं अब की सवाल खाली न जायेगा। कुछ न कुछ अवश्य ही मिलेगा। कहो तो कसम खा लूं। (7.2.25)

334. **मतवाला** की राय है, कि कुत्तों को कम-से-कम क्षत्रिय अवश्य बना लिया जाये क्योंकि **आर्मस एक्ट** के रहते हुए भी वे युद्ध से कभी विरत नहीं होते। केवल नखदंत की सहायता से बेचारों ने अभी तक युद्ध कला को जिला रखा है, यह क्या कम बहादुरी की बात है? (7.2.25)

335. **बर्मा-प्रांत** के गवर्नर जंगली जातियों के नाच देखने में बड़ी दिलचस्पी लेते हैं। अभी तक पुराना असर दूर नहीं हुआ। जातीय संस्कार की बलिहारी है। (7.2.25)

336. **पंजाब के** स्वनामधन्य लीडर **डाक्टर किचलू** ने सरकार को सलाह दी है, कि 'सत्यार्थ प्रकाश' जब्त कर लेना चाहिये। अवश्य! इसके साथ ही आर्यसमाजियों को भी गोली मार देनी चाहिये, क्योंकि इनके कारण बिहिश्त में हूरो-गिलभाओं की बेकारी बढ़ रही है। (14.7.25)

337. **अलवर-नरेश** ने अभी हाल में **हिंदू-विश्वविद्यालय** के छात्रों को गोपियों और कृष्ण के आदर्श प्रेम पर अपनी बनाई हुई एक अत्यंत ललित कविता सुनाई है। जब ऐसी रंगीन-मिजाजी है, तभी तो स्वर्गीय बड़े महाराज के एक करोड़

छोड़ जाने पर भी आज रियासत पर पचास लाख का ऋण है। आज तक रासलीला और ब्रजभाषा के पेट में न जाने कितनी रियासतें समा गई। (14.2.25)

338. **फ्रांस** में गेहूं महंगा हो रहा है, इसलिये वहां की सरकार को कुछ चिन्ता हो गई है। घबराइये नहीं, भारत में गेहूं की फसल अच्छी है और खुदा के फजल से ब्रिटिश राज्य भी कायम है। फौरन जहाज भेजिये। (14.2.25)

339. कहते हैं कि **अलवर-राज्य** के किसानों ने बेगार के मारे नाको दम हो जाने के कारण अपनी गाड़ियां तक जला डाली हैं। वाह! तभी तो **अलवर-नरेश हिंदू-विश्वविद्यालय** के जल्सों में विद्यार्थियों के कर्त्तव्य-परायण होने की शिक्षा दिया करते हैं। लोग झूठ नहीं कहते कि दूसरों को कर्त्तव्य-सिखलाना साबूदाना से भी हल्का है। (14.2.25)

340. बड़ी **कौंसिल** में **स्वराज दल** वाले लड़ते ही रह गये, पर नौकरशाही मूंछें ही ऐंठती रह गई। अरे यारो, नौकरशाही की बेहयाई से अब भी तो सबक सीखो। (14.2.25)

341. अहमदाबाद में **मौलाना हसरत मोहानी** ने कहा कि **महात्माजी** जब आत्मसम्मान की रक्षा के लिये हिंसा से काम लेने की अनुमति देते हैं, तब राष्ट्र की सम्मान-रक्षा के लिये क्यों नहीं देते? हमारी समझ में तो **महात्माजी** और कुछ लेते-देते नहीं—लेते हैं सिर्फ पुरुषत्व की परीक्षा और देते हैं सिर्फ अक्लमंदों को इशारा। (21.2.25)

342. अभी पचास ही वर्ष की बात है कि **विलायत** में एक नव वर्ष के लड़के को फांसी की सजा दी गई थी। अपराध इतना ही था कि उसने दस पैसे का रंग चुराया था! तारीफ तो यह कि इतने पर भी विलायत वाले अपने को सृष्टि के आदिकाल से ही सभ्य समझते हैं। इस ढिठाई और बेहयाई का क्या ठिकाना है। (21.2.25)

343. इतना ही नहीं, सौ वर्ष की बात है, **स्काटलैंड** में हवा का सहारा लेकर रेल का इंजन चलाया जाता था। हवा कम होने पर मुसाफिर लोग अपने-अपने छाते खोलकर 'पाल' का काम लेते थे, और अगर हवा बंद या प्रतिकूल होती थी, तो मुसाफिर ही उतरकर गाड़ियां ठेलते थे। ऐसी तो उन्नत दशा थी हजरत के पूर्वजों की। महज सौ ही साल की उन्नत दशा पर मिसेज टिटहरी उतान सोती हैं। (21.2.25)

344. बड़ी व्यवस्थापक-सभा में भाषण करते हुए **पं. मोतीलाल नेहरू** ने कहा है कि यह सरकार प्रजा की इच्छा पर नहीं, बल्कि पशु-बल पर टिकी हुई है। पंडित

जी की यह बात बिलकुल बे-मतलब है। यह सरकार सोलहों आने प्रजा की इच्छा पर टिकी हुई है, एक पाई भी पशु-बल पर नहीं। प्रजा की इच्छा के अभाव में पशु-बल पर कोई सरकार किसी देश में क्षण-भर नहीं टिक सकती। यदि सारी प्रजा की इच्छा दृढ़तापूर्वक बदल जाय तो सारा पशु-बल ताक पर धरा रह जाय। ज्वलंत इच्छा शक्ति का पशु-बल क्या करेगा? (21.2.25)

345. **सन् 1923-24** में **बिहार-उड़ीसा** की सरकार को आबकारी महकमे से **1,83,28,000**) की आय हुई है। फिर भी सरकार को अफसोस है कि पहले से बहुत कम आय हुई! क्यों न हो, **1924-25** साल में भी तो देशी शराब की खपत **60,357** गैलन कम हो गई है, अफीम **9 मन** और गांजा **25 मन** कम हुआ है। आबकारी की **173** दुकानें टूट गई हैं, देशी शराब की **64 भट्ठियां** उठ गई हैं, गांजे की **17** तथा अफीम की **5** दुकानें बंद हो गई हैं। **बिहार-उड़ीसा** के पियक्कड़ों के इस भीषण ह्रास पर **मतवाला-मंडल** हार्दिक दुःख प्रकट करता है और चिंतित **बिहार सरकार** के साथ सचमुच सहानुभूति रखता है। (21.2.25)

346. जिन **कौंसिलों** पर बड़े-बड़े मंसूबे बांधे गये थे और जिनके पनपने के लिये असहयोग का सिर कलम किया गया, उन्हीं **कौंसिलों** का भयानक भंडाफोड़ जनता के सामने प्रकट होता जा रहा है। **स्वराज दल** पर धीरे-धीरे असहयोग का खून सवार हो रहा है। बेचारे निरीह को जैसे धता बताया, वैसे ही अपनी भी छीछालेदर हो रही हैं। "क्या नकद सौदा खूब है! इस हाथ दे उस हाथ ले!" (21.2.25)

347. भारतवर्ष में सैनिक महाविद्यालय की स्थापना का प्रस्ताव **बड़ी कौंसिल** में पास हो गया। क्यों यारो, कालों को फौजी शिक्षा देने की सूझी? क्या 'गोरी गरबीली' से किसी दिन 'होली' मचाने की राय है? (7.3.25)

348. भारतवर्ष के लिये **विलायत** में फौलाद का एक हवाई जहाज बना है। **विलायत** में भारतवर्ष के लिये जो कुछ बनता है, सब फौलाद की औलाद ही तो होता है। (7.3.25)

349. **अमेरिका** के संयुक्त राज्य के सभापति सिर्फ **2,25,000/-** सालाना और **फ्रांस** के सभापति केवल **60,000/-** ही पाते हैं। किंतु हमारे **वायसराय** महोदय तो **2,50,800/-** मासिक वेतन पाते हैं। **1,96,000/-** तो राजभोग आदि के भत्ते की रकमें पाते हैं। सफर खर्च के लिये **3,65,000/-** दफ्तर और बैंड-बाजा तथा शरीर रक्षक आदि के खर्च के लिये **4,36,000/-** अर्थात् कुल जमा **1,71,89,000/-!** कहिये, होली हमारे आपके घर होगी या

वायसराय के? (7.3.25)

350. तमाशा तो देखिये, भारतवर्ष के **कौंसिल** में **स्वतंत्र दल** आजकल विचित्र रासलीला कर रहा है। कभी तो वह **स्वराज पार्टी** का फफूंदी सरकाता है, और कभी गोरी सरकार का घूंघट उठाता है। ऐसे नटखट की छेड़खानियों से भगवान ही सतीत्व की रक्षा करें। (21.3.25)

351. **मद्रास-प्रांत** के एक गांव में डाकुओं ने पहले-पहल बम का प्रयोग किया है। **बंगाल** से **पंजाब** में बम गया ही था, **मद्रास** में भी पहुंचा। क्रांतिकारियों के षड्यंत्री पर्चों की तरह बम भी भारतव्यापी होता जा रहा है। नौकरशाही को **श्रीनिवास शास्त्री** से किसी पुरश्चरण का अनुष्ठान कराना चाहिये। (21.3.25)

352. लोग कहते हैं, कि **डाक्टर किचलू** ने जहर उगल दिया है तो अमृत कब उगला था? जन्म तो जहर उगलते ही बीता! संभव है, कभी 'कालनेमिनुमा अमृत' भी उगला हो। (21.3.25)

353. **जापानी** तोपों की विशालता और भयंकरता देखकर अंग्रेजों ने भी अपनी तोप का मुहड़ा कुछ और चौड़ा बढ़ाया है! देखा चाहिये, दोनों मुहड़े भिड़ते कब हैं? भिड़ान के बिना गोलों के उड़ान की परीक्षा कैसे होगी? यों तो हमारी अंग्रेजी सरकार की तोप का मुंह इतना चौड़ा है कि उसमें सारा **एशिया** समा जाय! क्रुप कारखाने के हाविटजर का बाप है जनाब! (21.3.25)

354. **विलायत** में 20 मार्च को भारत के भूतपूर्व वायसराय **लार्ड कर्जन** का देहांत हो गया। हाय! भारतवर्ष में जागृति का बीज बोने वाला प्रचंड कूटनीतिज्ञ अब इस संसार में न रहा। बंग-भंग करके जमती हुई अंग्रेजी सल्तनत के रंग में भंग करने वाला दिमागदार संसार से उठ गया। दमनचक्र चलाने में **लार्ड लिटन** के उस्ताद होने की योग्यता रखनेवाला आत्माभिमानी शासक परलोक सिधार गया। 'बम' का जन्मदाता **मिस्टर पाल** और **सर सुरेंद्र** का विधाता, **कन्हाईलाल दत्त** का सृष्टिकर्त्ता, **उपेंद्र** और **बारींद्र** का जीवन-सुधारक, संगठित आंदोलन का प्रचारक और भारतीय पुरातत्व का उद्धारक, 66 वर्ष की अवस्था में स्वर्गवासी हो गया। शोक! महाशोक! अब **विलायत** के **पार्लियामेंट** में बैठे-बैठे भारत की हित-चिंता कौन करेगा? **कामन-सभा** में भारतीय समस्याओं पर लंबे-लंबे भाषण कौन देगा? सात समुद्र पार बैठकर भी भारत के नमक का बदला कौन चुकायेगा। हे परमात्मन्! हमारे स्वर्गीय **लाट साहब** की आत्मा को शांति देना। क्योंकि उन्हीं की कृपा से कितने ही भारतीयों की आत्माएं शांति पा रही हैं। (28.3.25)

355. सुनते हैं, बड़ी **कौंसिल** के **140** मेंबरों में **50** सरकार के पिट्ठू खां, **45 स्वराजी, 25 स्वतंत्र-दल** के और शेष सब 'फुटकर' हैं। तो क्या फुटकर बिल्कुल लावारिस हैं? क्या **नरम दल** वाले उन्हीं अनाथों में चले गये? (4.4.25)

356. **मिस्टर पटेल** ने बड़े **कौंसिल** में 'भाषते हुए' कहा है, यदि बड़ी **कौंसिल** के गत तीन वर्षों के कार्यों का सिंहावलोकन किया जाय, तो विदित होता है, कि उसने, बेचारे भारत पर **40 करोड़** नया कर लादने और लगातार दमनचक्र चलाकर असहयोग का ध्वंस करने के सिवा, और कोई देशहित का कार्य नहीं किया है। वाह जी वाह! जान पड़ता है, देश के दुर्भाग्य से शायद **कौंसिल-मेंबरों** के दिमाग में नमदे के टुकड़े भर गये हैं। कर-भार लादने और अहसयोग के ध्वंस करने से कितना बड़ा देश-हित का काम हुआ है, इसकी कुछ खबर भी है? (4.4.25)

357. **नेपाल** के प्रधानमंत्री **महाराजा चंद्र शमशेर जंगबहादुर** ने **नेपाल राज्य** से गुलामी की प्रथा उठाते हुए यह घोषित किया है कि "राजा हरिश्चंद्र और रानी शैव्या के आंसुओं पर अंत में देवताओं को तो दया आ गई थी, पर इस कलिकाल में गुलामों के रुधिर मिश्रित आंसुओं को देखकर 'मनुष्यों' के पाषाण हृदय नहीं पिघलते।" भला यह तो बताइए कि ऐसे पाषाण हृदयवालों को आप जैसे 'मनुष्य' समझते हैं उन 'मनुष्यों की' परिभाषा क्या है? (11.4.25)

358. **पटना-स्टेशन** पर पंजाब मेल में एक गोरे ने **पटना** डिवीजन के भारतीय कमिश्नर का अपमान किया है। उन्होंने अपना परिचय देकर रोब गांठना चाहा था। मगर कमिश्नर होने ही से थोड़े रोब जम सकता है। पाश्चात्य नीति के अनुसार रोब तो जमता है गोधन कूटने से। नौकरशाही का नमक खाकर भी इतना न सीखा, तो नाहक आई.सी.एस. पास किया! (11.4.25)

359. लोग बिना समझे-बूझे कह देते हैं कि भारतीयों से इतनी घृणा करके गोरे चमड़े वाले बड़ा अन्याय करते हैं, क्योंकि जिस पत्तल में खाना, उसी में छेद करना, भला मानस का काम नहीं है। क्या खूब, आप ही तो बेतरह उनके पीछे लगे फिरते हैं जूं की तरह सटे चलते हैं, बेचारे ऊबकर नकियाकर घृणा करते हैं तो बुरा क्या करते हैं। आप उनके पीछे पड़े रहना छोड़ दीजिये वे भी आपसे घृणा करना छोड़ देंगे। बस एक ही नुस्खे में झगड़ा तय है! (11.4.25)

360. मालूम होता है, हिंसा की निंदा और अहिंसा की घोषणा करने के कारण ही **महात्माजी ने दास बाबू** की पीठ ठोंकी है। राजनीतिक चालबाजी इसे कहते

हैं जनाब–पीठ भी ठुकवाई और जेल से भी जान बचाई! (9.5.25)

361. **देशबंधु** चाहते है कि गोरी सरकार की अधीनता में ही स्वराज्य हो, जैसे वर्णाश्रम धर्मवाले चाहते हैं कि घर में शूद्राणी रखेली और बाजार में वेतनभोगी वेश्या भी बनी रहे और सनातन धर्म की रक्षा का पुण्य भी नसीब हो। (9.5.25)

362. **जनरल हिंडेनबर्ग जर्मनी** के नये राष्ट्रपति चुने गये हैं। कहा जाता है कि वे युद्ध-प्रेमी हैं, सैनिक संगठन करने में सिद्धहस्त हैं और गत महायुद्ध में **जर्मनी** पर किये गये अत्याचारों का बदला भी चुकाना चाहते हैं। तब तो सभी ग्रह एकत्र हो गये हैं। लगे ग्रहण किसी दिन। (9.5.25)

363. लोग कह रहे हैं कि **देशबंधु दास** राजनीति के क्षेत्र में गिरगिट की तरह रंग बदलते हैं। मगर हम तो इसी बात को यों कहना चाहते हैं कि **दास बाबू** राजनीतिक क्षेत्र में खूब पैंतरे करते हैं। अजीब खिलाड़ी हैं। तारीफ है हाथ की सफाई की। पूरे उस्ताद निकले! (9.5.25)

364. अगर राजनीति **दासबाबू** की 'रखेल' है, तो धर्म भी **पं. दीनदयालजी** का 'बटुक' है। (16.5.25)

365. **फरीदपुर** में **बंगाल** के युवकों का जोश देखकर **देशबंधु** का जोश बेहोश हो गया। इतना बेहोश हुआ कि उनका दिमाग लेकर भारत **विलायत** भाग गया! (16.5.25)

366. **हैदराबाद** के **निजाम** ने श्रीमान् **मालवीयजी** को अपने राज्य में नहीं घुसने दिया। जानबूझकर प्लेग बुलाना कोई बुद्धिमानी भी तो नहीं थी। (23.5.25)

367. संसार की जनसंख्या वृद्धि रोकने के लिये बड़े 'मत' वाले मत्था मार रहे थे। कोई संतान-निग्रहका उपदेश देता था, कोई ब्रह्मचर्य पालन करने की सल्लाह बताता था और कोई 'फ्रेंचलेदर' आदि अभिनव वैज्ञानिक औजारों का व्यवहार समीचीन मानता था, परंतु किसी का किया कुछ नहीं हुआ और अलवर के राजकर्मचारियों ने इस कठिन मसले को आनन-फानन में ऐसी खूबी के साथ हल कर दिया, कि देखकर बेचारे **मालवीयजी** भी दंग रह गये। (27.6.25)

368. **नीमूचाण** में जो लोग मर गये हैं, वे अमृत पीकर थोड़े आये थे, एक न एक दिन तो मरते ही! प्लेग होता, हैजा होता, बीमार पड़ते; हफ्तों, महीनों, बरसों पड़े-पड़े कराहते। दवा-इजाज के लिये बेचारे घरवाले भी परीशान होते। उससे तो यही बेहतर हुआ, कि चट गोली लगी, पट गिरे और झट प्राणपखेरू उड़कर सुरधाम पहुंचा। ऐसी बिना 'हर्रे फिटकरी' की मौत तो बड़े-बड़े ऋषिश्वरों को भी नसीब नहीं होती। इसलिए माबदौलत 'फतवा' देते हैं, कि **नीमूचाण** में

जिन लोगों ने दया करके गोलियां चलाई हैं उनके प्रति विनम्र कृतज्ञता प्रकाश की जाये और प्रार्थना की जाये कि प्लेग तथा इन्फ्लूएंजा की तरह, हर साल जाड़े में एक बार सारे भारत का दौरा कर दिया करें। (27.6.25)

369. **अलवर** के राज्याधिकारी **नीमूचाण** की घटना की जांच के लिये कोई कमिटी नहीं बिठाना चाहते, अच्छा ही करते हैं, ऐसी कौन सी 'मार्के' की बात हो गई है, जिसके लिये जांच-पड़ताल की तवालत की जाये। प्रजा के कुछ घर जल गये और कुछ जानें भवबंधन से विमुक्त हो गईं; तो क्या आसमान उतर आया? आखिर प्रजा है, किस मरज की दवा? (27.6.25)

370. अफवाह है, कि **लार्ड रीडिंग** का कार्यकाल कुछ दिन और बढ़ा दिया जायेगा। परंतु **पायनियर** का लंडनी संवाददाता कहता है, कि **लाट साहब** यह बात स्वीकार न करेंगे। परलोक के लिये काफी पुण्य संचय कर चुके होंगे तो क्यों स्वीकार करेंगे? दूरदराज की सफर होगी, नाहक बोझ बढ़ाने से फायदा? (4.7.25)

371. **लार्ड विरकनहेड** के विषोद्धार की धज्जियां उड़ाते हुए श्रीमान **लाला लाजपतरायजी** ने कहा है कि स्वतंत्रता प्राप्त करना हमारा ध्येय है और हम उसे प्राप्त करके ही दम लेंगे। आपकी धमकियों की हमें जरा भी परवाह नहीं है। ऐसा न कहिये भगवन् बड़े साहब इस बूढ़े भारत के मां-बाप हैं। इस अंधे के हाथों की लाठी है। इसकी भलाई के लिये बेचारे कितनी जहमतें उठाते हैं। इसकी सूखी हड्डियों में जब तक रक्त का एक बूंद तक बाकी रहेगा, तब तक वे इसका पिंड नहीं छोड़ेंगे। (11.7.25)

372. "आर भय नाई दादा दांड़िये छे।" **विलायत** के बड़े साहब **लार्ड बिरकन हेड** धीरे-धीरे अपना असली रूप प्रकट कर रहे हैं। एक भोज में भर पेट मांस-मदिरा उड़ाकर होशोहवास दुरुस्त कर लेने पर आपने फरमाया है कि "अंग्रेज भारत में कलह शांत करने के लिये ही गये थे।"—इसमें क्या संदेह। परंतु अफसोस तो यह है कि पग-पग पर इस सदुद्देश्य का परिचय प्राप्त करने पर भी अभागे भारतवासियों की आंखें नहीं खुलतीं। (11.7.25)

373. **लार्ड बिरकन हेड** की स्पीच ने तो आनरेबल मि. **श्रीनिवास शास्त्री** को भी हताश कर दिया। 'हां हुजूर', 'जी हुजूर' महामंत्र की कठिन साधना पर मंत्री प्रवर ने इस बेमुरौवती से पानी फेर दिया। हताश होने की तो बात ही है। (18.7.25)

374. यारों ने खबर उड़ाई है, कि स्वराजियों और सरकार में समझौते की चर्चा चल रही है। परंतु स्वराजी कहते हैं कि खबर बिल्कुल गलत है। तब तो दिल्ली

के लड्डू का नाम सुनकर जिन बेचारों के मुंह में पानी भर आया था। उन्हें होंठ चाटकर ही रह जाना पड़ा। (1.8.25)

375. या अल्लाह, सर **तेजबहादुर सप्रू** को भी **लार्ड बिरकन हेड** की 'स्पीच' न सुहाई! उन्होंने भी उसका प्रतिवाद कर डाला! आजन्म घी-तेल की मालिस करते रहने पर भी कुत्ते की दुम टेढ़ी ही रह गई, तो बेचारे क्या करें? (8.8.25)

376. उस दिन **तिलक स्मृति वाली** सभा में **मि. जे. एम. सेनगुप्त** ने कहा कि जनता को आंख मूंद कर अपने नेताओं की बात माननी चाहिये। ठीक है, परमात्मा ने विवेक बुद्धि दी हो तो उसका अचार डाल दीजिये। अभी तो आंख बंद करके नये-नये नेताओं के पीछे-पीछे चले चलते जाइये। (8.8.25)

377. उस दिन स्थानीय जर्नलिस्ट ऐसोशियेशन की ओर से **स्वर्गीय सर सुरेंद्रनाथ बनर्जी** की मृत्यु पर शोक प्रकट करने के लिये एक सभा बुलाई गई थी। सुनते हैं, केवल दो सज्जन उपस्थित थे। कलकत्ता के जर्नलिस्टों में दो सज्जन सहृदय और सलज्ज निकल आये यही गनीमत है। (15.8.25)

378. गत 17 अगस्त को **कलकत्ता** में आशावादी मदरतों की मीटिंग थी। मदरताधीश **सर सप्रूजी** ने कहा था, कि सुधार चाहे कुछ भी हो, हम उसको लेने से इंकार नहीं करेंगे। हाय-हाय, बेचारे सर **सप्रूजी** को क्या मालूम था, कि यह **बिरकन हेड**-घनघटा है, इसका काम केवल गर्जना है, बरसना नहीं। (22.8.25)

379. बहुत से मृतकों की मर्सिया पढ़ने के बाद **लाट साहब** ने कहा है, कि भारत कृषि प्रधान देश है। कृषि की उन्नति के लिये शीघ्र ही एक केंद्रीय समिति संगठित की जायेगी। लीजिये, अब क्या चाहते हैं। दिल लगाकर खेती-बारी कीजिये। गेहूं के बस्ते **विलायत** भेजते रहिये। जिससे मोटे-तगड़े गोरे आकर बूटों की ठोकरों से तिल्ली फोड़ा करें। हाथों-हाथ मुक्ति लीजिये, स्वराज्य और सुधार में क्या खाक धरा है? (22.8.25)

380. **बड़े लाट** ने कहा है, कि **विलायत** के सभी दल के राजनीतिक भारत से सहानुभूति रखते हैं। परंतु अभी कुछ मिलने-मिलाने की आशा नहीं है। कालों के प्रति गोरों की सहानुभूति क्या कोई मामूली चीज है? बस, सहानुभूति लेकर चाटते रहिये और स्वराज का सुखस्वप्न देखते रहिये। (22.8.25)

381. **दक्षिण अफ्रीका** से भारतीयों को निकाल बाहर करने का पूरा आयोजन हो रहा है। शीघ्र ही 'काल-विताड़न-कानून' पास होने वाला है। भारत के लीडरों को चाहिये कि गोरों के सबूट चरणों की आराधना आरंभ कर दें। (5.9.25)

382. एक विलायती भविष्यवक्ता ने कहा है, कि आगामी सन् **1927** में संसारव्यापी दुर्भिक्ष पड़ेगा, लोग दाने-दाने को तरसेंगे। परंतु भारतीयों के लिये यह कोई नयी बात न होगी। क्योंकि बीबी नौकरशाही की दया से यहां बहुतों को नित्य 'चांद्रायण' का पुण्य प्राप्त हुआ करता है। (19.9.25)

383. कांग्रेसी बाबुओं के सिर का सनीचर उतर गया, क्योंकि चर्खा चलाना और **कांग्रेस** को सूत देना अनिवार्य न रहा। (26.9.25)

384. **बंगाल** की नौकरशाही के सिर का भूत आजकल **संयुक्त प्रान्त** की नौकरशाही के सिर पर चढ़ बैठा है। इसलिये सखी ने लहंगा-साड़ी उतारकर वीभत्स तांडव आरंभ कर दिया है। शीघ्र किसी उपयुक्त ओझा का बंदोबस्त नहीं हुआ, तो सखी लाज-हया घोलकर पी जायेगी। राजद्रोहांतक रोग को जलातंक रोग से कम न समझिये। (10.10.25)

385. अब तक अखबारों में जिन सज्जनों के पकड़े जाने का सुसंवाद पढ़ने का शुभ अवसर प्राप्त हुआ है, उनमें अधिकांश सुशिक्षित, शांत, शिष्ठ, सभ्य, सज्जन, सच्चरित्र और सहृदय हैं। वे देशप्रेमी हैं, कांग्रेस कर्मी हैं, अछूतोद्धारक हैं, जाति सेवक हैं, धीर हैं; गंभीर हैं, कर्मवीर हैं। इसलिये हमारी प्राण प्यारी सखी नौकरशाही की आंखों के शहतीर हैं। बाप रे बाप? ये खूंखार कुंदे कहीं एकत्र होकर जल उठें, तो नौकरशाही जलकर भाफ हो जाये। वास्तव में इन साम्राज्य-ध्वंसकों को पकड़कर सखी ने मुंह चूम लेने का काम किया है। (10.10.25)

386. कुछ आशावादियों का अनुमान है, कि नौकरशाही अपने इस कुकृत्य पर एक दिन पछतायगी, शरमायगी, परंतु 'यहां वह गुड़ नहीं जो चिउंटे खांय।' भारत की नौकरशाही बहुत पहले से लाज-हया घोलकर पी चुकी है। जो बेहया जलियांवाले बाग के हत्याकांड में नहीं भरमाई, वह इस मामूली कुकर्म से कब शरमा सकती है? (10.10.25)

387. मजाक गया भाड़ में, अब जरा अक्ल पर हमला करना छोड़कर दो-चार काम की बातें सुन लीजिये। **संयुक्त प्रांत** की नौकरशाही नशे में है। एक तो मतवाली दूसरे हाथ में हथियार? मामला बेढब है। इस समय **कांग्रेस-कांफरेंस** छोड़कर चले जाइये बीबी की बगल में। जान बची रहेगी तो बहुत देश-सेवा होगी। फिर जब नौकरशाही का मिजाज ठिकाने आ जायेगा। तो सरे मैदान आकर दो-चार गर्मागरम लेक्चर झाड़ दीजियेगा और किसी समाचार-पत्र में एक फड़कता हुआ आर्टिकल छपवा दीजियेगा। बंदा दाद देने और ताली पीटने के लिये तैयार है। इस समय तो बस 'टुकुर-टुकुर

दीदम, दम न कशीदम।' (10.10.25)

388. माननीय **मालवीयजी** बूढ़े हो गये हैं, तो क्या? बड़े रसिक हैं। इस बुढ़ौती में भी बीबी नौकरशाही के हुस्नोजमाल के एक ही कद्रदां हैं; उसके नाजो अंदाज पर दिलोजान से फिदा रहते हैं। लोग कहते हैं, कि बीबी का मेढ़े लड़ाने का शौक **लखनऊ** के 'बटेरबाज' नवाबों से भी बढ़ा-चढ़ा है, दिन-रात दाढ़ी और चोटी वाले मेढ़क लड़ाया करती हैं। परंतु उनके 'आशिकेजार' को इस बात से बिलकुल इंकार है। "तेरी अटखेलियों से खून ऐजां होते जाते हैं, व लेकिन हम तो तेरे ममनुं एहसां होते जाते हैं।" (18.10.25)

389. **स्वराज दल** का खुदा हाफिज! क्योंकि हमारे भविष्यवादी सहयोगी **स्वतंत्र** ने कह दिया है, कि पार्टी टूट जायेगी "मृषा न होइ देव ऋषि वानी।" (24.10.25)

390. **स्वराज दल** के प्रमुख **श्रीयुत सेनगुप्त** ने कहा है, कि अब यह बात तै हो जानी चाहिये कि **स्वराज दल** सभी सरकारी पदत्याग करे या कोई-कोई ही! क्योंकि सब छोड़ देने से 'पेटपूजा' में बड़ी बाधा पहुंचेगी। (24.10.25)

391. **पंडित मोतीलाल नेहरू** ने कहा है—लोग पूछते हैं **कांग्रेस** का राजनीतिक काम स्वराज-दल के हाथ में क्यों छोड़ दिया गया। इसका कारण यह है कि **स्वराज दल** की नीति **कांग्रेस** की नीति है। बेशक, नीति का तख्ता खूब उलटा, नीचे आसमान, ऊपर धरती! इस जवाब पर ईमान लाओ भाई। (31.10.25)

392. आजकल देश में चारों ओर वोट के भिखारियों का बड़ा दौर दौरा है। लोगों को फूंक-फूंककर मट्ठा-पानी चाहिये। भाइयों, भिखमंगों का भेष नखशिख निहार लेने के बाद भीख देने के लिये हाथ उठाना—"क्योंकि 'करतब' बायस भेस मराला"। (21.11.25)

393. स्वराजियों की शक्ति की थाह पाकर अब **लालाजी** भी **कौंसिल** में चले। 'सकल सभा की मति भइ भोरी!' मालूम होता है, राजनीतिक कुएं में भंग पड़ गई है। (21.11.25)

394. दौराने-तकवीर में **बड़े लाट साहब** ने आशा की है कि भविष्य में भारत कृषि और वाणिज्य में उन्नति करेगा। भगवान करें, आपकी आशा फलवती हो, नहीं तो विलायत के मोटे-मोटे गोरे क्या धूल फांक कर जियेंगे? भारत के कृषि वाणिज्य की उन्नति पर ही तो बेचारों की 'तोंद-उन्नति' निर्भर है! (19.12.25)

395. **कानपुर-कांग्रेस** की सबसे मार्केदार घटना रही **नेहरू मालवीय** मल्लयुद्ध! दोनों बूढ़े पहलवान लंगोट कस-कसकर मैदान में उतर पड़े थे। खूब उठा-पटक

हुई। बड़ा मजा आया! देश भाड़ में जाय, अपने राम को तो यह द्वंद्व देखकर नवाब वाजिद अली शाह का जमाना याद आ गया। कसम खुदा की, उस जमाने के बटेरों को भी इतने दांवपेंच न याद रहे होंगे। (2.1.26)

396. **कानपुर-कांग्रेस** की करामात देखकर **महात्माजी** ने साल भर तक **साबरमती आश्रम** में विश्राम करने का विचार किया है। अच्छी बात है, **साबरमती** में बैठकर शक्तिसंचय कीजिये, जब लंगड़ी **स्वराज-पार्टी** की दूसरी टांग भी टूट जायगी, तब आइयेगा। (9.1.26)

397. देश का 'पोलिटिक पितरपख' सांगोपांग समाप्त हो गया। **कांग्रेस**—स्वराज तृप्यन्ताम, खद्दर-खर्चा तृप्यन्ताम्, लिबरल-मदरत तृप्यन्ताम्, हिंदू-मुस्लिम तृप्यन्ताम्, सोशल-रिफार्म तृप्यन्ताम्, खंडमंड दल तृप्यन्ताम्, साम्यवाद दल तृप्यन्ताम् और सबके दुम में लेकचरबाजी तृप्यन्ताम् की खासी धूम रही। देश, जाति और धन का खूब श्राद्ध हुआ। परंतु पितृदल अतृप्त ही रह गया! भूख के मारे बेचारों की अंतड़ियां कुलबुलाती ही रह गईं! किसी ने एक पिंड भी नहीं प्रदान किया। (9.1.26)

398. **नाभा नरेश** का सर्वस्व अपहरण करने के समय नौकरशाही ने उनके खर्च के लिये तीन लाख रुपये सालाना देने का वादा किया था। परंतु अब तक उस वादे की पूर्ति न हुई। वादावफा करना माशूकों की आदत के खिलाफ भी तो है। (6.2.26)

399. बड़ी व्यवस्थापिका सभा में न्यायालयों की मानहानि वाला बिल पास हो गया! अब अदालतें दिल खोलकर न्याय की गर्दन नापा करेंगी। यदि कोई अखबार उंगली उठायेगा तो उसकी देह के सारे रोएं उखाड़ लिये जायेंगे। न्याय-प्रेमी **लार्ड रीडिंग** महोदय ने चलते-चलते न्यायालयों के लिये भी एक नया हथियार खड़ा कर दिया, यह अच्छा ही हुआ। (13.2.26)

400. विलायती **लेबर पार्टी** के नेता **मि. रदरफोर्ड** ने किसी पत्र प्रतिनिधि से कहा है, कि **महात्मा गांधीजी** संसार के सबसे बड़े आध्यात्मिक नेता हैं। वे भारत रूपी जहाज को बड़ी आसानी से स्वतंत्रता के बंदरगाह तक पहुंचा देंगे। इसीलिये तो **कौंसिल वाले** उसे डुबाने लिये जी जान से कोशिश कर रहे हैं। (13.2.26)

401. कागज पर तो कर लगा ही था, अब हमारी प्यारी सरकार ने छापे की स्याही पर भी कर (देखना, स्याही वाला कर कहीं मुंह पर न फेर लेना!) लगाने का विचार किया है। बात असल यह है कि कागज और स्याही आदि छापे का सामान सस्ता रहेगा तो इस देश में विद्या का प्रचार बढ़ सकता है और

भारतवासियों में विद्या का प्रचार बढ़ा नहीं कि अंग्रेजी राज्य का दम निकला इसलिये कोई ऐसी तरकीब निकलनी चाहिये जिसमें विलायती व्यवसायियों को भी माल मिलता रहे, सरकार की तिजोरियां भी खचाखच भरी रहें और भारतवासियों पर श्रीमती मूर्खता देवी की दयादृष्टि भी बनी रहे!

(13.3.26)

402. अब भारत को स्वराज मिलने में देर नहीं है, क्योंकि **पं. मोतीलाल नेहरू** अपने दलबल के साथ **कौंसिल** छोड़कर बाहर निकल आने वाले हैं। क्या करें, अब वहां दाल गलने की संभावना भी तो नहीं है! अंगूर एकदम खट्टे निकले!

(6.3.26)

403. **बंगाल आर्डिनेंस** के कैदी **श्रीयुत सुभाषचंद्र बसु** आदि ने नौकरशाही की खातिरदारी से खुश होकर **मंडाले** की जेल में अन्न-जल परित्याग कर दिया है। इसके प्रतिकार के लिये गत होली के दिन देशभक्त बाबुओं ने भर-भर पेट माछ-भात ठूंसकर हड़ताल मनाई थी और कुछ लोग भंग छानकर 'अररर कबीर' चिल्ला रहे थे। बेहयाई का यह डबल नजारा भी काबिलेदीद था। इससे मालूम होता है, निर्लज्जता में हमारे लीडर भी नौकरशाही से बाल भर भी कम नहीं हैं। (6.3.26)

404. सखी नौकरशाही के सरंगीबरदार **अलकजंडर** ने कहा है कि कैदियों के इस हथियार (उपवास) से हम जरा भी भयभीत नहीं हैं। ठीक है, बेहया की पीठ पर वृक्ष उगा चलो छाया ही मिली! इसमें भयभीत होने की कौन-सी बात है। नहीं, खायेंगे, अभागे भूखों मरेंगे और सरकारी खजाने के कुछ पैसे ही बचेंगे।

(6.3.26)

405. अभी होली का नशा अच्छी तरह उतरने भी नहीं पाया था, तब तक **कानपुर** से खबर आ गई कि **कांग्रेस** के कार्यकर्त्ताओं के स्तुत्य प्रयत्न से सहयोगी **साम्यवाद** का प्रकाशन बंद हो गया! वाह! बड़ी बात हुई? **कानपुर** की नाक रह गई और गरीबों का रक्त चूसकर नेतागिरी करने का पथ भी निष्कंटक हो गया! (6.3.26)

406. जिस देश में गरीबों के उष्ण रक्त से देश-भक्त नेताओं की मोटरें दौड़ती हैं— शराब की बोतलें उड़ती हैं, बार बनितायें बगलें गरमाती हैं और जिन्हें बाल उखाड़ने का भी शऊर नहीं वे बरियार खां बन जाते हैं, वहां **साम्यवाद** और **साम्यवादी** की जरूरत ही क्या है? देश में **साम्यवाद** फैल जायगा तो हमारे बड़े कांग्रेसी नेता लोग क्या बैठकर कोंपर चाटेंगे? (6.3.26)

407. **कानपुर** के जिन **कांग्रेसकर्ताओं** ने प्रेस वालों पर दबाव डालकर **साम्यवादी**

का प्रकाशन रोकवा दिया है, उन्हें चाहिये कि **साम्यवाद** के प्रचारक **श्रीयुत सत्यभक्त** और **मौ. हसरत मोहानी** को भी जबह कर दें। जड़ ही पकड़कर उखाड़ लें तो सारा बखेड़ा ही मिट जाय। (6.3.26)

408. गत ता. 8 **मार्च** को **स्वराज पार्टी** रूठकर **कौंसिल** से चली आई! सौत रूठी भरतार की जान बची! सखी नौकरशाही को खुलकर खेलने का मौका मिला! बड़ी बात हुई! (13.3.26)

409. **कौंसिल** से रूठकर निकलते समय पार्टी के पैगम्बर **पंडित नेहरूजी** ने गंभीरतापूर्वक कहा, कि 'हमारी मनोकामना पूरी न हुई, इसे विनम्रतापूर्वक स्वीकार करके जाते हैं।' बड़ी देर के बाद आपने एक सच्ची बात स्वीकार की, गनीमत है। खैर, जाइये, खुदा हाफिज! परंतु जब जख्म अच्छा हो जाय तो फिर तशरीफ लाइयेगा। घर आप ही का है । लेक्चर झाड़कर स्वराज लेने का यही सबसे बेहतर अखाड़ा है। (13.3.26)

410. **कौंसिलों** और एसेंबली से **स्वराज पार्टी** के रूठकर चले आने के कारण भारत बंधु **स्टेटमैन** अत्यंत व्याकुल हो गया है। भारत के भीषण भविष्य की चिंता से बंधुवर की आंखें डबडबा आई हैं! चश्मा लगाने पर भी कुछ नहीं सूझता! मालूम नहीं इस व्याकुलता के कारण शराब की घूंट हलक के नीचे उतरती है या नहीं! (13.3.26)

411. बंधुवर को बड़ी चिंता है कि यदि **इंग्लैंड** वाले खफा होकर 'रिफार्म' छीन लेंगे तो क्या होगा! बस यही चिन्ता अंठई बनकर अपने **मतवाला** राम को भी बींध रही है, ऐसा गोलमटोल, चिकना चुपड़ा, आतःसारशून्य चोंचों का मुरब्बा छिन गया, तो हमारे देशभक्त लीडर लोग क्या करेंगे? फिर तो कंठकंडुयन मिटाने के लिये खारदार थूहरदंड तलाश करना पड़ेगा! वाकई बड़ी मुश्किल होगी! (13.3.26)

412. हमारे नये 'हलधर' लाट आजकल **विलायत** में बिदाई का भोज चाबकर कूब्बत-हाजमा बढ़ाने का अभ्यास कर रहे हैं और भारत की भलाई के लिये नाना प्रकार के मंसूबे बांध रहे हैं। मुंह के तो अच्छे जान पड़ते हैं, हृदय के कैसे हैं, राम जाने? (13.3.26)

413. भारत का शासनदंड थामने वाले हैं न। इसीलिये खा-पीकर दो चार पैग चढ़ा लेने पर, अच्छी तरह से होशहवास दुरुस्त करके बूढ़े भारत को याद करते हैं। कभी-कभी अपने कर्तव्य की बाधाओं की भी चिंता करते हैं। परंतु चिंता की तो कोई बात नजर नहीं आती। न्याय के नगाड़ची **लार्ड रीडिंग** महोदय ने हलालखोर की तरह झाड़-बुहारकर सारा पथ परिष्कार कर दिया है। पुलिस

है, **आर्डिनेंस** है, **रेगुलेशन नं. 3** है, **दफा 144** है, लश्कर है, गोली है, तोप है, बंदूक है, निश्चिंतता के सारे समानों के साथ भारत के नमक से पला हुआ विशालोदर सिविलियन दल है। चिंता किस बात की है। आइये, पांच वर्ष की सैर है, शिमला शैल की बहार लूटिये, भक्तों की भक्ति पुष्पांजलि ग्रहण कीजिये, चूजों की कमर पकड़कर थिरकिये, लेक्चर झाड़िये, हाथी पर चढ़कर शिकार खेलिये। तकदीर ने जोर मारा है। खेती लहलहा रही है। आपका 'हल' तो धरा ही रह जायेगा। हां, मोरचा छुड़ाने के लिये कभी-कभी उसका प्रयोग कर सकते हैं। (13.3.26)

414. **मि. चिंतामणि** ने **बंबई** की एक स्पीच में कहा है, कि सरकार **स्वराजियों** को चाहती है **लिबरलों** को नहीं चाहती, या अल्लाह! यह कब से? तब तो वाकई सौतियाडाह की बात है। लिबरलों ने इतना तेल लगाया, 'देहि पद पल्लव मुदारस्' कहते-कहते बेचारों की जीभ सूखकर जूती का तल्ला बन गई। परंतु 'सइयां न पसीजे गई अखियां!' (27.3.26)

415. भारतीय बेकारों के लिये **एसेंबली** में एक प्रस्ताव पेश हुआ था, तो सरकार ने साफ़ कह दिया, कि बेकारों से हमारी सहानुभूति है, पर हम कुछ कर नहीं सकते। कैसा निबुआ नोन की तरह लज्जतदार जबाब है। सुनते ही मुंह में पानी भर आता है। (27.3.26)

416. **स्वराज पार्टी** पर राजनीतिक नवग्रहों की कुदृष्टि पड़ गई है! जिन्ना, **मालवीय, केलकर, बसंती, चिंतामणि, चिम्मनलाल, पाल,** सभी बेचारी का सौभाग्य सिंदूर पोंछने पर उत्सुक हो गये हैं। सखी को इन नवग्रहों की शांति का उपाय करना चाहिये! (27.3.26)

417. **भाईजी (परमानंदजी)** अनन्य देशभक्त हैं, नौकरशाही की आंखों की किरकिरी हैं, लोग उन्हें 'देवता स्वरूप' कहते हैं। परंतु चूंकि वे कांग्रेस के 'भाट' नहीं हैं, इसलिये उन्हें अवश्य गालियां दी जानी चाहिये, नहीं तो देश का उद्धार कैसे होगा! (27.3.26)

418. सुनते हैं, **विलायत** में गोरे बेकार हो गये हैं, उनकी बेकारी दूर करने के लिये तरह-तरह की तदबीरें सोची जा रही हैं। **मि. सेमुथल** की राय है, कि **विलायत** से हल जुआठ और इंजिन आदि खेती का सामान हिंदुस्तान में खूब भेजा जाये तो गोरों की बेकारी दूर हो। बाबा अभी भी इस देश के लुहार, बढ़ई, हल जुआठ, हेंगा, कोल्हू आदि खेती का सामान बनाकर किसी तरह जीविका अर्जन कर रहे हैं। यह ब्रिटिश जाति के लिये बड़े कलंक की बात है। इसलिये विलायती हल जुआठ भेजकर यहां के लुहारों को स्वर्ग भेजना आरंभ

कर दो। अंग्रेजी राज्य में रहकर भारतवासी पेट खायं, यह अनर्थ है—महा अनर्थ है। इसे फौरन दूर करना चाहिये। (27.3.26)

419. श्रीमती **कांग्रेस** के सतीत्व की रक्षा के लिये सभापति महाशय ने अपने भाषण में एक जगह लिखा था, कि राजनीति-क्षेत्र में जो लोग अभी बलप्रयोग के पक्षपाती हैं या जिनके ऊपर किसी तरह से इस चर्चा का दाग लग गया है, उन्हें कांग्रेस से चल देना चाहिये। बात तो ठीक ही है, सतियों के अखाड़े में आशिकमिजाजों का गुजर कहां। वहां तो केवल सइयां की सुहागिनें और 'अनुकूल नायक' ही रह सकते हैं। इसीलिये तो **कम्युनिस्ट अखाड़े** के पट्ठों को देखते ही **सती शिरोमणि** कानपुरी कांग्रेस ने अपने कोठे की खिड़की बंद कर ली थी। फलतः **कृष्णनगर** कांफरेंस के सभापति ने बिलजब्र' (?) वालों के हाथ से **कांग्रेस** का धर्म बचाने के लिये उन्हें प्रमोद-भवन में न घुसने देने की इच्छा प्रगट कर दी थी, तो क्या बुरा कर दिया। यह तो खुशीराजी का सौदा है, इसके लिये नाराज होने की क्या जरूरत थी? कोई अपने घर में न घुसने देगा तो क्या आप जबरदस्ती घुस जाइयेगा? (29.5.26)

420. **लार्ड ओलिवर** ने लिखा है, कि भारत की नौकरशाही राष्ट्रीय आंदोलन दबाने के लिय मुसलमानों के साथ पक्षपात करती है और हिंदू-मुसलमानों में दंगे कराती है। हरे हरे! सखी की पाकदामिनी पर कलंक के ये छींटें। हमारी सखी पूरी सावित्री है, वे क्या जानें दंगा या लड़ाई। **लार्ड ओलिवर** ने नाहक श्रीमती पर लांछन लगाया है। (17.7.26)

421. **पटना** के कसाई-कांड के बारे में सखी नौकरशाही ने एक निहायत नाजो अंदाज का इश्तिहार जारी किया है। उससे मालूम होता है कि सखी को संड-मुसंडे गुंडों से पूरी आशनाई है। सखी ने घूंघट उठाकर तथा आंखें मटका कर फरमाया है 'उहूं' गुंडों की खातिरदारी के लिये गोरखे नहीं भेजूंगी। क्योंकि गोरखों की सूरत देखकर गुंडे नाराज हो जायंगे। बात तो ठीक ही है, यदि गुंडे नाराज हो गये तो हिंदुस्तान में ब्रिटिश राज्य किसके भरोसे रहेगा? (17.7.26)

422. **लार्ड बर्केनहेड** के स्वर में स्वर मिलाकर भारत के नये वायसराय **लार्ड इर्विन** ने कहा है, कि भारत की नौकरशाही पर यह इलजाम व्यर्थ ही लगाया जाता है, कि वह हिंदू-मुसलमानों को लड़ाती है। जी हां बिलकुल व्यर्थ। हमारी सखी से लड़ने-भिड़ने और लड़ाने-भिड़ाने से क्या वास्ता। सखी तो केवल बैठी-बैठी गुलछर्रे उड़ाती हैं, कोई लड़े-भिड़े या भाड़ में जाय। (24.7.26)

423. **कांग्रेस** के पिंजड़े की बुलबुलें हजार-दास्तान ने तो ऐन बरसात में चहक-

चहककर, कर्ण-कटु-कोलाहल-पटु दादुरों को भी मात कर दिया है। आपके दिलसोज नगमों ने बड़े-बड़े बूढ़ों के दिल में गुदगुदी पैदा कर दी है। बेचारे 'त्राहिमाम्' 'पाहिमाम' पुकार उठे हैं? देखना भई अल्लाह मियां बचाना बेचारे बूढ़ों को बुलबुले हजार दास्तान की तेजतरीर चोंच से। (31.7.26)

424. गत सप्ताह **युक्तप्रांत** और **बंगाल** की **कौंसिलों** का उद्घाटन-महोत्सव था। कौंसिलरों ने तुलसी-गंगाज़ल उठाकर राजभक्ति की शपथ खाई। जो वोटरों के सामने स्वराज दिलाने की प्रतिज्ञा कर आये हैं, उन्होंने लाट साहब के आगे राजभक्ति की कसम खा ली, तो क्या कमाल किया। 'किरिया मिठाई तो खाने की चीज ही है।' (15.1.27)

425. **शंघाई** में बड़ी धूमधाम से रक्त की होली खेली जा रही है। एक ओर चीन को विदेशियों के नारकीय पंजे से मुक्त करने वाले वीर राष्ट्रीय सिपाही हैं तो दूसरी ओर संसार के रक्त से पेट पालने वाले अभागे साम्राज्यवादी राष्ट्र। राष्ट्रीय सेना को पगपग पर रक्त-रंजित सफलता मिल रही है और उनके विपक्षी दल वालों की पतलूनें कदम-कदम पर ढीली पड़ रही हैं। (26.3.27)

426. **लाहौर** के **पारस** पत्र को श्रीमान **लाला लाजपत राय** ने दीवाली के उपलक्ष में पैगाम भेजा है कि मैं अब लीडर नहीं रहा, इसलिये देशवासियों के लिये मेरा कोई पैगाम नहीं। लीडरी है तो बहुत बुरा मर्ज? उससे यदि **लालाजी** को रिहाई मिल गई हो तो कम से कम **मतवाला** राम के लिये तो कोई चिंता की बात नहीं हो सकती। परंतु देश के इस दुर्दिन में अगर केसरी ही मांद की शरण लेंगे तो 'अपर जीव कहि लेखे मांही।' (29.10.27)

427. **बड़े लाट** बहादुर ने घोषणा की है, कि **रायल कमीशन** में सारे के सारे गोरे ही होंगे, काला एक भी नहीं। इससे सुनते हैं , यहां के राजनीतिज्ञ महारानी कैकयी की तरह कोपभवन में जाने वाले हैं। 'वालानाम् रोदनं बलम्' के सिवा और उपाय ही क्या है? (12.11.27)

428. निकलघुस पार्टी से लेकर दंतनिपोर दल तक सभी एक स्वर से **रायल कमीशन** का बहिष्कार करने की घोषणा कर रहे हैं। **जिन्ना साहब** शीघ्र ही छूत-अछूत, हेंहें-हांहां, रमई-बलई और सर-बेसर आदि छत्तीसों जाति के राजनीतिज्ञों को जोड़-बटोरकर एक खिचड़ी कांफरेंस करने वाले हैं। यह भावी कांफरेंस विचार करेगी कि **रायल कमीशन** का बहिष्कार किया जाय या नहीं। हर्गिज नहीं। सात समुंदर पार से हमारे विड़ालाक्ष भाग्य विधाता हमें देखने, नापने और तौलने आवेंगे। जाड़े भर इस देश में गुलछर्रे उड़ावेंगे और फिर

गर्मियों में **लंदन** जाकर हमारी भाग्यलिपि लिखेंगे, ऐसी दशा में उनका बहिष्कार करना भला कौन-सी बुद्धिमानी की बात होगी? (12.11.27)

429. **नेहरू जी मास्को** से **लंदन** लौट आये। बैठने भी न पाये थे कि **साइमन कमीशन** पर उनसे सम्मति मांगी गई। बोले, "दो-एक दिन ठहरो, सब बातें समझ-बूझ लेने दो।" ठीक कहा, अभी मस्तिष्क में **सोवियत रूस** की गर्मी भरी हुई है। मस्तिष्क ठंडा हो जाय तभी कुछ कहना ठीक भी है। इस बात पर भी तो ध्यान रखना है कि मुंह से और का और न निकल जाय, कहीं **मि. सकलतवाला** की तरह उनको पासपोर्ट देना रोक दिया जाय। (19.11.27)

430. **काकोरी-कांड** के उद्भ्रांत देशभक्त **श्री राजेंद्र, श्री रोशन सिंह, श्री रामप्रसाद** और **श्री अशफाक उल्लाह** गत **16** और **19 दिसंबर** को प्रातः काल हंसते-हंसते फांसी पर चढ़ गये! उनकी माताओं की कोख धन्य हो गई, गोरखपुर, गोंडा, नैनी और फैजाबाद के जेलखाने धन्य हो गये, अभागिनी भारतमाता धन्य हो गई, न्याय धन्य हो गया और धन्य हो गई नौकरशाही। आशा है, उनके उद्भ्रांत देशप्रेम को विस्मृति के गहरे गढ़े में ढकेल कर हम अभागे-गुलाम तीस करोड़ नरक के कीड़े भी शीघ्र ही धन्य हो जायेंगे!!! (24.12.27)

431. आत्मा की नश्वरता पर विश्वास करने वाला, पुनर्जन्म के सिद्धांत पर मूड़ मारने वाला अकिंचन **मतवाला** उन पवित्र आत्माओं की शांति के लिये देवी-देवता नहीं मनायेगा और न उनके परिवारवालों के लिये धैर्य की कामना करके सहानुभूति प्रदर्शन का ढोंग रचना ही उसे पसंद है। प्रार्थना करने से यदि किसी को कुछ दिया करते हो तो ईश्वर! प्रत्येक भारतीय के हृदय में **राजेंद्र, रोशन, अशफाक** और **रामप्रसाद** की तरह उद्भ्रान्त देश-प्रेम की आग धधका दो! तभी उनकी आत्मायें शांति प्राप्त करेंगी। अन्यथा, "देश काज किन्हें बिना, उन्हें कहां विश्राम!" (24.12.27)

432. भारत के नाम पर विदेशी सरकारें भारत सरकार या ब्रिटेन को ऋण न दें उसके लिये हम भारतवासी उत्तरदायी न होंगे—इस आशय का प्रस्ताव कांग्रेस पहले ही पास कर चुकी थी। इस वर्ष स्वाधीनता का प्रस्ताव भी पास कर दिया। **मतवाला** राम अभी से सूचना देते हैं कि वे अगली **कांग्रेस** में, सभी विदेशी सरकारों में अपने राजदूत रखने का प्रस्ताव करेंगे। करेंगे नहीं, प्रस्ताव पास करावेंगे। (31.12.27)

433. ब्रिटिश वल्लभ लार्ड सिंह महोदय की राय है कि कांग्रेस ने स्वतंत्रता का

प्रस्ताव महज दिल्लगी के तौर पर पास किया है। खैरियत हुई कि हमारे **लार्ड महोदय** को इस प्रस्ताव के कारण हृत्कंप नहीं हुआ। नहीं तो इस बुढ़ौती में अपार कष्ट होता। (7.1.28)

434. कमीशन के शुभागमन की खबर ने **कलकत्ता** की 'गोरा-टोली' में काफी चहल-पहल मचा दी है। अभी से उसके सतीत्व की घोषणा आरम्भ हो गई है। कमीशन किसी सरकारी कर्मचारी की परछाईं भी नहीं छुएगा। लाटभवन की दावत भी नहीं खाया। उसके डेरे की व्यवस्था किसी होटल में की जायेगी। अब इतने पर भी काले कमबख्त न माने तो बेचारे **लार्ड बर्केनहेड** क्या करें? कंपे का सारा 'लासा' खर्च कर देने पर भी चिड़िया न फंसे तो बहेलिये का क्या दोष? (21.1.28)

435. **हिंदुस्तान टाइम्स** के संवाददाता ने खबर दी है कि विगत शुक्रवार को वायसराय महोदय दिल्ली की जुमा मसजिद में तशरीफ ले गये थे, इस पर लोग तरह-तरह के अटकल लगा रहे हैं। अमां, **साइमन सप्तगुट्ट** को जादू टोना बचाने के लिये किसी मुल्ला से दुआ-ताबीज लेने गये होंगे। अथवा भोले-भाले निमाजियों से **साइमन सप्तक** के आगे सिजदा कराने की फिक्र में! (28.1.28)

436. ज्योतिषाचार्य की राय में शरीफ में यह आता है कि (1) ऋतुविशेष में आग उगलने वाले जंतुओं की तरह भारतवासी भी कमीशन के सत्ययुग यानी प्रथम चरण में पूंछ उठाकर तथा सींग नचाकर भीषण फुंकार छोड़ते हुए कमीशन के प्रधान मदारी को भयभीत करने की चेष्टा करेंगे और (2) त्रेतायुग यानी द्वितीय चरण में मदारी की जादू की छड़ी के वश होकर हिंदू-मुस्लिम हित की होड़ा-होड़ी का बहाना करके, दुम दबाकर दुबक जायेंगे। (3) द्वापर युग में अर्थात् तृतीय चरण में, **गोलमेज कांफरेंस** नाम के प्रहसन के गोरखधंधे में पड़कर नकली समानता और सम्मान का बोरका पहनकर कमीशन की खिदमत में गुजारिश अर्ज करने के लिये हाथ बांधे हुए हाजिर हो जायेंगे और (4) कलियुग अर्थात् चौथे चरण में कमीशन का फैसला सुनकर (जो बहुत कुछ इस आशय का होगा कि भारत के राजनीतिक दलों में इतना मतभेद है, हिंदू मुसलमानों के भाव परस्पर इतने बिगड़े हुए हैं और हिंदुओं के अंदर छुआ-छूत, ऊंच-नीच की ऐसी गहरी खाई है कि इन्हें दायित्वपूर्ण स्वायत्त शासन देना मनुष्यता के लिये खतरनाक है जो इन्हें सुधार सकती है—यदि इनका सुधरना संभव हो। आदि, आदि) पछताएंगे, हा-हुताश करेंगे और अंग्रेजों को कोसने में अपने दिलों का सारा बुखार निकालेंगे। हमारे ज्योतिषाचार्य की यह भविष्यवाणी सत्य होगी

या मिथ्या यह समय सापेक्ष्य है। (4.2.28)

437. सुंदर शक्ति सुकेतिक सरकारी ज्योतिषी, दिल्ली ने **साइमन** के संबंध में निर्भ्रांत भविष्यवाणी की है कि (1) आरंभ में कमीशन का भारत में स्वागत नहीं होगा और लोकमत इसका तीव्र विरोध करेगा जिसके परिणाम स्वरूप कमीशन के सभापति **सर जानसाइमन** भारतीय परिस्थिति का अध्ययन करने के लिये द्विगुणित उत्साह और अथक अध्यवसाय साथ उपयुक्त वायुमंडल तैयार करने की चेष्टा करेंगे। (2) प्रायः समस्त देशी राजे और उपाधिधारी व्यक्ति उनकी सहायता करेंगे। (3) कमीशन की जांच का परिणाम आरंभ में भारत के हित का विरोधी प्रतीत होगा किंतु अंत में वह फिर भारतीय हित के अनुकूल हो जायेगा और (4) **सर जानसाइमन** भारत के भावी **बड़े लाट** होंगे। यह भविष्यवाणी सरकारी मिनिस्टरों, देशी राजों तथा प्रधान संपादकों के पास भेजी गई है। (4.2.28)

438. **मद्रास** में, सुना है, भारत-भलाई-पसंद नौकरशाह और कुछ जयचंद्र वंशावतंश, राष्ट्रीय हड़ताल के विरुद्ध आपस में कार्तूस-पिस्तौल की तरह मिल गये थे। इसीलिये उस ओर से गोलियों की आवाज भी सुनाई पड़ी है। (11.2.28)

439. दानव-कुल-गुरु, एकाक्ष, हिज-खतरनाक-होलिनेस श्री शुक्राचार्य महोदय के परम प्रिय दिन शुक्रवार (गत तीसरी फरवरी) का सात समुंदर पार से सात ही गौरांग ऋषि, इस दुखी भारत के भाग्य को भकाभक्क भभका देने को कृपा कर पधारें! (11.2.28)

440. **कलकत्ता** पुलिस का सालाना आमाल नामा प्रकाशित हो गया। राहजनी के मामलों में 50 सैकड़े की कमी और चोरी के मामले में वृद्धि हुई है। 'बाप मरा घर बेटा हुआ।' घाटे का नाम नहीं। पुलिस की नाक रह गई। (7.7.28)

441. **देहरादून** में **पंडितजी** ने कहा कि हमारे सारे दुखों की एकमात्र दवा है पूर्ण स्वाधीनता। बोलशेविज्म का प्रचार। अगर ऐसी बात है तो सखी नौकरशाही के सतीत्व के राम ही रखवैया हैं! (29.9.28)

442. **पटियाला नरेश लंडन** जा रहे हैं। एक प्रेस प्रतिनिधि से आपने कहा है कि देशी नरेशों का अंग्रेजों से अविच्छिन्न संबंध है वह टूटने का नहीं। हम ब्रिटिश भारत के नेताओं के इशारे पर चलने वाले नहीं हैं। भाग्य में 'देहि पद पल्लवमुदारम्' बदा है तो किसी के इशारे पर चलकर पावित्र पातिव्रत क्यों भंग कीजियेगा। जब महाराज **नाभा** और **भरतपुर** की-सी दशा उपस्थित होगी तो रोने के लिये आंखें तो मौजूद ही हैं। (29.9.28)

443. **लालाजी** की मृत्यु के समाचार से सारा **पंजाब** और आसमुद्र हिमाचल कंपति, रूदित और स्तंभित हो उठा। उनकी अरथी के साथ एक लाख से अधिक हिंदू, मुसलमान, ईसाई, सिख, पुरुष, स्त्री और बच्चे थे। शहीदों के बलिदानों की मर्मस्पर्शिनी कहानियां गायी जा रही थीं। स्थान-स्थान पर उस पुण्यात्मा के शव की आरतियां उतारी जा रही थीं। उस पर पुष्प और गुलाब जल की वृष्टि की जा रही थी। लोग मोती भी बरसा रहे थे—और ढेर-ढेर। मगर अपने कलेजे से निकालकर आंखों के रास्ते। (24.11.28)

444. यद्यपि यह देश, कराल कलिकाल के इस राज में नपुंसक-सा दिखाई पड़ रहा है और यद्यपि इस देश के लोग आवश्यकतानुसार हंसने, रोने या क्रुद्ध-विरुद्ध होने के लिये भी स्वतंत्र नहीं हैं, फिर भी चारों ओर एक तरह का सन्नाटा-सा व्यापा हुआ है। लालाजी के महाप्रयाण शोक से भींगी हुई इसके बच्चों की एक-एक सांस मानों सुनने वालों से कह रही है कि यह उस तपस्वी की अंतिम सांस या प्रकृत मृत्यु नहीं, बल्कि ब्रह्म हत्या है। (24.11.28)

445. देश-पूज्य **पंजाब केसरी** की फौलादी हड्डियां पंजाबी नौकरशाही की शहबुद्धि के कारण, जब ब्रिटिश राज की अरथी में ठोंक दी गयीं, तब मानों सातो सयानों के सरदार **सर साइमन** की उजली आंखें खुली हैं। अपनी प्रथम कमीशनी-यात्रा में शायद उन्हें भारतीय पुलिस की योग्यता का पता नहीं चला था। अस्तु धन्यवाद दीजिये लाहौर की पुलिस को और उसके उस गोरंटे अधिकारी को जिसने डंके की चोट श्रद्धेय और वयोवृद्ध **लालाजी** की पवित्र छाती पर **डंडे** मारकर साइमन की आंखें खोल दी। अब यह देखने लगे कि बेशक यहां की पुलिस संसार के किसी भी सभ्य शासन यंत्र का मुंह गोरा-प्योर लंडन-मेड-कर सकती है। (8.12.28)

भाग-2

सामाजिक टिप्पणियां

1. **काशी** के 'तर्क-ताड़ों, और 'व्याकरण-व्याघ्रों' की राय में हिंदुओं की सामाजिक कुरीतियां भी सनातन धर्म हैं। सनातन धर्म की यह नयी व्याख्या लोगों को याद कर लेनी चाहिये। (1.9.23)
2. शायद वृद्धावस्था के कारण **श्रद्धेय मालवीयजी** की बुद्धि सठिया गई है। इसी से उन्होंने एक ही कुएं में सब जाति के मनुष्यों को पानी भरने का प्रस्ताव पास होने दिया है। शिव! शिव!! इस अंधेर का भी कहीं ठिकाना है? जब धोबी, डोम, चमार, मेहतर और ब्राह्मण तथा क्षत्रिय आदि एक ही कूप से जल भरने लगेंगे तो हमारे पुराने ख्याल के कूप-मंडूक कहां रहेंगे? (1.9.23)
3. सुनते हैं, **कलकत्ते** के कुछ मेहतर भी अखबार पढ़ते हैं। इसलिये अब ब्राह्मण क्षत्रिय आदि उच्चवर्ण वालों को अखबार पढ़ना छोड़ देना चाहिये। क्योंकि मेहतर का काम उच्चवर्ण वालों को नहीं करना चाहिये। (22.9.23)
4. **मालवीयजी** ने फिर अपने भाषण में कहा है कि जिस दिन मुसलमानों को मालूम हो जायेगा कि एक प्रहार करने पर हिंदू दो करेंगे उसी दिन प्रेम पक्का हो जायगा। क्या **माननीय पंडितजी** अब महात्मा गांधी के 'पूज्यपाद' रहना नहीं चाहते हैं? (22.9.23)
5. बंगाली अब कापुरुष या डरपोक नहीं रहे। क्योंकि **राजबलहाट** के तीन वीर बंगाली नवजवानों ने एक बारह वर्ष की बालिका को व्यभिचार करके मार डाला है। इन वीरों का कोई स्मारक बन जाना चाहिये। (13.10.23)
6. हमारे कुछ दूरदर्शी सहयोगी हिंदू-मुस्लिम मेल के लिये विशेष रूप से व्यस्त हैं। परंतु **मतवाले** की राय में मेल का सूत्रपात हो चुका है। हिंदुओं के मस्तक और मुसलमानों की लाठी की घनिष्ठता उत्तरोत्तर बढ़ रही है। जब श्रीगणेश हुआ है, तब इतिश्री भी अवश्य ही होगी। इसके लिये व्यग्र होने की क्या आवश्यकता है? (13.10.23)
7. **काशी** के पंडितों के जीते ही जी अनूपशहर में एक अनूप बात हो गई। यहां रामलीला में चमार आदि भी शामिल हुए थे। यहां तक कि चमारों ने भी

प्रसाद चढ़ाया था। अब काशी के पंडितों को चाहिये कि शबरी और निषाद के निस्तारक भगवान रामचंद्र का ही बायकाट कर दें। नहीं तो, बप्पारे बप्पा! अब राजा रामचंद्र के दरबार में भी उनका और चमारों का एक ही दरजा हुआ चाहता है। (3.11.23)

8. **रामबगान, सोनागाछी** आदि की वेश्याओं ने वहां एक मुक्ति समाज स्थापित किया है। बड़ा बाजार से मुक्तिकामियों को अब किसी दूसरे बागान में 'गाछी' रोपने की चेष्टा करनी चाहिये। (24.11.23)
9. हिंदू लोग मस्जिदों के सामने ढोल बजा रहे हैं और मुसलमान लोग मंदिरों की मूर्त्तियां तोड़ रहे हैं। इसी तरह परस्पर मिलजुलकर मस्जिदों और मंदिरों का सर्वनाश कर डालना चाहिये, क्योंकि इन्हीं दोनों ने मिलजुलकर देश का सर्वनाश किया है। (8.12.23)
10. भूतनाथ की राजधानी **काशी** की स्त्रियां भूतों की पूजा करके संतानवती होने की चेष्टा कर रही हैं। **काशी** के पंडितों को मर-मरकर भूत होने का ऐसा अच्छा अवसर हाथ से जाने न देना चाहिये। (15.12.23)
11. **इंगलिशमैन महात्माजी** से यह आशा करने का साहस करता है कि "अब वे (गांधीजी) यह समझ जायेंगे कि 'शैतान' कहलाने वाली सरकार भी उदारता से खाली नहीं है।" क्या कहना है, जिसकी उदारता इतनी भयंकर है कि एक शांतिप्रिय निरपराध व्यक्ति को भी जेल में ठूंस सकती है, उसकी शैतानियत को उदारता से खाली समझना क्या **महात्मा** जैसे कृतज्ञ का काम है? (9.2.24)
12. हिंदुओं की होली देखकर भारतबंधु **स्टेट्समैन** ने शर्म से पतलून में मुंह छिपा लिया है। क्यों पट्ठे! हिंदुओं की होली तुम्हारे 'एप्रिलफूल' से भी बुरी है न? और तुम्हारी कुमारियां अपने भावी भरतारों के साथ कुंजों में बैठकर जो सतीत्व का श्राद्ध करती हैं, यह कैसी सभ्यता है? (9.2.24)
13. आठ हजार निर्दोष फूलों की हत्या के बाद मंदिर तो अवश्य ही पवित्र हो जायगा और उनमें के देवता की भी जात-पांत बच जायगी, देवसमाज में रोटी-बेटी का व्यवहार बंद होने की कोई संभावना नहीं रहेगी। परंतु बेचारे यमराज बाबा अभी से इस चिंता में पड़ गये होंगे कि **बैकम** के धर्मात्माओं के पदार्पण करने के बाद उनके नरक राज्य की शुद्धि कैसे होगी। (16.2.24)
14. स्वराज्य हमारा जन्मसिद्ध अधिकार है। परंतु अछूतों को देवमंदिर में जाने का, 'छूतों' के कुओं से पानी भरने और उनके पड़ोस में बसने का कोई अधिकार नहीं! क्योंकि उन्हीं की कमाई हमारी तोंद बढ़ाती है। (16.2.24)

15. देवता द्विजातियों की बपौती हैं। इसलिये अछूतों को मंदिर में नहीं जाने देना चाहिये। (16.2.24)

16. **दारजीलिंग** का एक गोरा पिता अपनी किशोरी कन्या का पति बन गया और कलकत्ता के **अखिल भारतवर्षीय अनाथाश्रम** के अध्यक्ष ने एक अनाथा रमणी को सनाथा कर डाला! इन दोनों महापुरुषों की स्मृति-रक्षा का उपाय होना चाहिये। क्योंकि इन्होंने संसार को एक नवीन आदर्श दिखाया है। (1.3.24)

17. **मालवीयजी महाराज** की राय है, कि मदरास के अछूत अपने अधिकार के लिये सत्याग्रह न करें। क्योंकि आप (**मालवीयजी**) स्वयं मदरास जाकर वहां के 'सछूतों' से इसके लिये प्रार्थना करेंगे। वास्तव में प्रार्थना महामंत्र पर मालवीयजी का विश्वास अटल है! (5.4.24)

18. तीर्थों के पंडे, मंदिरों के पुजारी और मठों के महंत हिंदू-धर्म के स्तंभ हैं। फलतः ये यदि किसी हिंदू की बहू-बेटी से छेड़-छाड़ करें तो आंख मूंदकर हट जाना चाहिये। नहीं तो खंभा हिला नहीं, कि सनातन-शामियाना गिरा! (5.4.24)

19. विलायत वालों की खुशामद करते रहिये, उनके सामने हाथ जोड़कर गिड़गिड़ाते रहिये, पानी पी-पीकर उन्हें 'हुजूर-हुजूर' करते रहिये, परंतु जो लोग विलायत से लौटकर आवें उन्हें आपने देश में हर्गिज घुसने न दीजिये, नहीं तो धर्म की नाव डूब जायगी। (5.4.24)

20. देश रसातल की राह ले और जाति जहन्नुम में चली जाय, परंतु हिंदुओं को अपनी कुप्रथायें नहीं छोड़नी चाहिये। आखिर, पूर्व पुरुषों का नाम कैसे रहेगा! (5.4.24)

21. **मदरास** 'महोच्च' हिंदू वहां के अछूतों को भारत वसुंधरा पर रहने देते हैं, यही क्या कम उदारता है? अब क्या अछूतों के लिये वे अपने बाप दादों का धर्म छोड़ दें? (5.4.24)

22. **मदरास** में महान् अनर्थ हो रहा है। जिस रास्ते पर वहां के ब्राह्मण, क्षत्रिय वैश्य, वैष्णव, शैव, शाक्त, सूअर, गदहा, कूकुर आदि उच्च जाति के जीव चलते हैं, उसी रास्ते पर चलने के लिये वहां के अछूतों ने भी आंदोलन आरंभ किया है। इस घोर कलियुग में जो न हो, वही थोड़ा है! (5.4.24)

23. **गोरखपुर** की **ज्ञानशक्ति** के संपादक की राय है, कि मुसलमानों के उत्पीड़न से बचने के लिये हिंदुओं को सरकार से मिल जाना चाहिये। **ज्ञान शक्ति** के संपादक जयचंद के वंशज तो नहीं है परंतु मालूम होता है, कि जयचंद का भूत उनकी खोपड़ी पर चढ़ बैठा है, नहीं तो दूसरे के अमंगल के लिये अपनी

नाक नहीं कटाते! (12.4.24)

24. समझ में नहीं आता, कि **तारकेश्वर महंत** और उनके अनुचर, औरतों के साथ मंदिर में छेड़छाड़ न करें तो क्या तारकेश्वर-भक्तों के घरों में जाकर करें? छेड़छाड़ से शर्मात हो तो 'चील के घोंसले में मांस' क्यों रखने जाते हो? नामर्दों की औरतों को कौन नहीं छेड़ता। निर्बल की जोरू तो सबकी भौजाई होती ही है। (19.4.24)

25. लीजिये, फैसला हो गया ! सारा झगड़ा आनन-फानन में तय हो गया! पूज्यपाद **जगद्गुरु श्री मच्छंकराचार्यों** ने 'फतवा' दे दिया कि शूद्रों के सिवा और किसी वर्ण को समुद्र यात्रा नहीं करनी चाहिये। (19.4.24)

26. कुछ लोगों की शिकायत है, कि **तारकेश्वर** के **महंत** अपनी संपत्ति अपने घरवालों के दे देते हैं! वाह साहब, अपना माल कोई अपने घरवालों को न दे तो क्या आपको दे दे? (26.4.24)

27. क्यों यारो! इस तरह हाथ धोकर बूढ़ों के पीछे क्यों पड़े हो? बुढ़ौती में किशोरी कन्या का पाणिग्रहण, 'चंद्र रोजा' जीवन सफल करने की आकांक्षा करने वाले गरीब बूढ़ों का सुख देखकर तुम्हारी छाती क्यों फटने लगती है? उनके मरने पर उनका उच्छष्ट 'माल' किसी न किसी नवयुवक के हिस्से में तो आ ही जायेगा, फिर नाहक क्यों बावेला मचा रहे हो? (3.5.24)

28. **विश्वमित्र** में खबर छपी है कि कोई 48 वर्ष के कमसीन (1) डागाजी किसी किशोरी के कल्याणार्थ, उसे अपनी अर्द्धांगिनी बनाने के लिए कमर कसे तैयार हैं। वाह बुढ़ौती में इतनी हिम्मत? ऐसे मजबूत कमर वाले बूढ़े से आजकल के 'नई जवानी मांझा ढीला' वाले नवयुवकों को शिक्षा ग्रहण करनी चाहिये। (3.5.24)

29. वृद्धावस्था में विवाह करने से और कुछ हो या नहीं, एक लाभ अवश्य होता है। अर्थात् जब तक बूढ़े मियां की युवती विधवा जीती रहती है, तब तक संसार में उनकी स्मृति बनी रहती है। क्या यह लाभ कुछ कम हैं? (3.5.24)

30. **महात्माजी** का विचार है कि उन विधवाओं का दुबारा विवाह किया जाना चाहिए, जिन्होंने अपने पतियों का मुख तक नहीं देखा है। परंतु उन बाल-विधवाओं के संबंध में क्या किया जाना चाहिये जो दो-चार मास 'पति-सहवास' का अवसर पाने के बाद विधवा हुई हों? **महात्मा जी** विधवा-विवाह के भीतरी उद्देश्य को भी स्पष्ट कर दें तो अच्छा हो। (3.5.24)

31. **झरिया** में एक पचास वर्ष के बूढ़े ने एक दस वर्ष की लड़की पर बलात्कार कर डाला और हावड़ा में एक पच्चीस वर्ष के नवयुवक ने पांच वर्ष की लड़की

पर! अब किसी साढ़े बारह वर्ष के आसामवासी वीर को चाहिए कि ढाई वर्ष की बालिका पर बलात्कार कर दे, जिससे एक साथ ही बिहार, बंगाल और आसाम का उद्धार हो जाय। (10.5.24)

32. **बुद्ध गया** के मंदिर में गो-शूकर-भक्षक अंग्रेज महाप्रभु सबूट प्रवेश कर सकते हैं, पर देवता की पवित्रता नष्ट नहीं होती और **मद्रास** के अछूत भाई राज-पथ पर कदम रख देते हैं, तो वहां के हिंदुओं को अशौच लग जाता है। वास्तव में 'धर्मस्य तत्वं निहितं गुहायां।' (10.5.24)

33. कुछ निम्न श्रेणी के हिंदू सूअर का मांस खाते हैं, इसलिये मुसलमानों की नजर में वे नापाक हैं और मुसलमान गाय खाते हैं, इसलिये हिंदू उन्हें अपवित्र समझते हैं। अंग्रेज सूअर और गाय दोनों खाते हैं, इसलिये वे मुसलमान और हिंदू दोनों के लिये महापवित्र और पूज्य हैं। (10.5.24)

34. बूढ़े मियां की बगल में नसैची बीबी देखते ही आजकल के सुधारकों के कान खड़े हो जाते हैं। खुदा जाने ये मुए बेचारे बूढ़ों के पीछे क्यों पड़े रहते हैं। (14.6.24)

35. **ढाका** में एक गोरे ने एक हिंदुस्तानी स्त्री का बलात्कार कर लिया। इसकी शिकायत मजिस्ट्रेट से की गई तो उसने उत्तर दिया कि क्लब में बहुत से यूरोपियन आते हैं, ऐसी दशा में अपराधी का पता लगाना असंभव है। इस नालायक मजिस्ट्रेट से कोई पूछता कि यदि किसी धर्मशाला के निकट कोई मनचला काला किसी गोरी का घाघरा उलट कर चढ़ बैठता तो क्या कहता, धर्मशाला में बहुत से काले आते हैं, अपराधी का पता नहीं लग सकता? यदि नहीं तो ऐसे नालायक मनुष्य को मजिस्ट्रेटी की कुर्सी से कान पकड़कर उठा क्यों नहीं दिया जाता? (28.6.24)

36. **दिल्ली** के मुसलमानों द्वारा लूटे जाने वाले हिंदुओं और उनके घरों की दशा देखकर **पूज्यपाद मालवीयजी** रो पड़े! हिंदुओं की चौवालीस करोड़ आंखों में केवल दो आंखें पानीदार निकलीं! गनीमत है!!! (16.8.24)

37. **लार्ड लिटन** कहते हैं, कि पुलिसवालों को बदनाम करने के लिये भारतवर्ष की स्त्रियां उन पर सतीत्व-नाश का मिथ्या दोषारोपण किया करती हैं। (16.8.24)

38. **रेली ब्रादर्स** की कृपा से आजकल बाजार में जो पवित्र घी आया है, सुनते हैं, उसमें सूअर और गाय दोनों की चर्बी मिली है। तब तो इस घी का व्यवहार घर-घर होना चाहिये, क्योंकि इससे हिंदू-मुसलिम एकता खूब बढ़ेगी। (6.9.24)

39. इन दोनों जातियों के मेल का प्रधान बाधक धर्म है और सूअर तथा गाय की चर्बी मिला घी दोनों के धर्मनाश का सहज साधन है। ऐसी अवस्था में जाति-हितैषियों को इस पवित्र घी के प्रचार का पूर्ण प्रयत्न करना चाहिये, जिसमें विवाद की जड़ ही कट जाय। (6.9.24)
40. हिंदू बच्चों और स्त्रियों की रक्षा के लिये हिंदू सभा लंगोटा कस रही है। देखें, अखाड़े में कब तक उतरती है। (13.9.24)
41. कहते क्या हैं कि हिंदू-मुसलमानों का आपस में लड़ना अच्छा नहीं। बलिहारी है इन आंख के अंधे गांठ के पूरे उपदेश कार्यों की। भला हिंदू-मुसलमान आपस में मरकट कर वीरता का अभ्यास न करें तो क्या सात समुंदर पार जाकर करें। (18.10.24)
42. **लाला लाजपत राय** के मकान पर गत 6 दिसंबर को हिंदू-मुसलिम नेताओं की कांफरेंस हुई जिसमें हिंदू-मुसलिम मेल के प्रश्न पर विचार हुआ। एकता कांफरेंस की इस पूर्णाहुति के लिये इसके संयोग को बधाई है। (13.12.24)
43. **खेचड़ी** निवासी **पं. किशोरीलाल** नाम के एक दिलेर नवयुवक ब्राह्मण ने एक विधवा स्त्री से विवाह कर लिया है, इससे कूपमंडूकों ने बेतरह गटरगों, मचाना आरंभ कर दिया है और मारे घृणा-सूचक प्रस्तावों के सारे बड़ा बाजार में गंदगी फैला दी है। ये दकियानूसी विचार वाले गंगा किनारे जाकर अपने बूढ़े धर्म के नाम पर आंसू क्यों नहीं बहाते? (20.12.24)
44. एक साहब ने (संभव है, इस देश का नमक इन के शरीर में भी किसी तरह प्रवेश कर गया हो) **लंडन** के **टाइम्स** में लेख लिखकर भारत की सरकार को उपदेश दिया है, कि हिंदू-मुसलमानों में फूट फैलाकर मुसलमानों को अपने में मिला लेने का यही उपयुक्त अवसर है। परंतु यह नुस्खा तो आजमूदा होने पर भी पुराना है। साहब को चाहिये कि कोई नया नुस्खा ढूंढ़े! (27.12.24)
45. जब **कांग्रेस** के अछूतोद्धार संबंधीय प्रस्ताव उठा तो **पूज्यपाद पंडित मालवीयजी** पंडाल से बाहर चले गये। बड़ी बुद्धिमानी की। कहीं बैठे रह जाते तो इस पूस के कड़ाकेदार जाड़े में, इस महापाप का प्रायश्चित करने में बूढ़े शरीर को बड़ा कष्ट होता। (3.1.25)
46. **मालवीयजी** ने यह भी कह डाला है कि, हिंदुओं के अंदर बाल विधवायें बहुत हैं, तो इसमें क्या बुराई है महाराज, यह तो हिंदू जाति के लिये एक बड़े गौरव की बात है। इन्हीं बाल ब्रह्मचारियों की बदौलत तो हिंदू जाति का मुख उज्ज्वल हो रहा है। इसलिये उनकी संख्या घटाने की चेष्टा कदापि कल्याणकारिणी नहीं। (3.1.25)

47. दो पूज्यपाद बूढ़ों ने अफवाह सुनाई है, कि स्थानीय **आर्य-कन्या-विद्यालय** की कनिष्ठा अध्यापिका **श्रीमती दुर्गादेवी** के पाणिपीड़क **पंडित किशोरी लाल शर्मा** अब विवाह से इंकार करते हैं। वाह यार! यदि यह अफवाह सत्य है, तब तो तुमने कदम चूम लेने का काम कर दिया। तुम्हारे कुकृत्य से मारवाड़ी ब्राह्मण मस्तक पर जो कलंक का टीका लगा था, उसे तुमने साफ धो डाला। (3.1.25)

48. गोरक्षा के नाम परक आजकल बहुत हिंदू पेट पालते हैं। बड़ा बढ़िया रोजगार है। गुलछर्रे उड़ाने में भी आता है और लोग 'गोभक्तजी' भी कहते हैं। ऐसी दशा में यदि कोई ब्राह्मण के बटोरे हुए गोरक्षा के पैसे हजम कर जाये तो उसे 'गौ-ब्राह्मण हितैषी' की पदवी बिला उज्र मिलनी चाहिये। **मारवाड़ी अग्रवाल महासभा** को अपने अगले महाअधिवेशन में यह शुभ कार्य कर डालना चाहिये। (3.1.25)

49. भभूतिया भाटने भीख मांगकर गोरक्षा के लिये कुछ रुपये एकत्र किये थे, उसे स्थानीय **वांसतल्ला** के किसी वैश्य ने हजम कर लिया है। मामला अदालत में चल रहा है। यहां के अग्रवालों को झटपट अग्रसर होकर भभूतिया को भगा देना चाहिये क्योंकि गोरक्षा के पैसों पर वैश्यों का पूर्ण अधिकार है, उनके बड़े-बड़ों ने गो-ब्राह्मण का बड़ा उपकार किया है। (17.1.25)

50. सम्मलेन के डेपुटेशन को चाहिये कि अपना डेराडंडा **रामबगान** या **सोना गाछी** में खड़ा कर दें। क्योंकि बड़ा बाजार के धनवान आजकल बिना पुण्य क्षेत्र के दानपुण्य नहीं करते। (17.1.25)

51. अखबारों में खबर छपी है, कि एक पचास वर्ष के बूढ़े ने तेरह वर्ष की बालिका से विवाह किया है। विवाह के लिये पचास वर्ष की बुढ़िया मिलती नहीं तो बूढ़े क्या करें? (29.1.25)

52. सफेदपोश संन्यासी **स्वामी सत्यदेवजी** ने एक व्याख्यान में कहा है, कि हिंदुओं की मानसिक वृत्ति वीर नहीं है, वह संघर्ष से घबराती है। मेरे खयाल में स्वामीजी का यह अनुभव बिलकुल गलत है। हिंदू संघर्ष से बिलकुल नहीं घबराते, बशर्ते कि संघर्ष वाली वस्तु जरा मुलायम हो। (14.2.25)

53. सरकारी नौकरियां रूखी हड्डियां हैं। हिंदू और मुसलमान 'नेटिवडाग' हैं। चबा रहे हैं चाव से और चख रहे हैं अपने ही मुंह के रक्त का स्वाद। फिर भी तारीफ में कहते जा रहे हैं कि "ऊख में, पियूख में, मयूख में, न पाई जात जैसी मधुराई सूखे हाड़ के चबाने में!" (7.3.25)

54. हिंदुओं और मुसलमानों में पहले तो सिर्फ धर्म ही का झगड़ा था, अब भाषा

और लिपि का झगड़ा भी जोर पकड़ने लगा। बोलो अंग्रेजी राज्य की जय! जय!! (28.3.25)

55. **विश्वमित्र** में छपा है कि चिड़ावा के कोई सेठजी एक दस वर्ष की बालिका को जीवन-संगिनी बनाने की तैयारी में हैं। अच्छी बात है। संसार में अपनी जीती जागती स्मृति छोड़ जाने का, बुढ़ौती में विवाह करने से बेहतर तरीका अगर कोई बतला दे तो **मतवाला** राम उसके पुत्र को चचा कहने को तैयार हैं। (28.3.25)

56. **गया** के पंडों को दुराचारी कहते लोग जरा भी नहीं शरमाते। प्रत्यक्ष प्रमाण है, अगर वे दुराचारी होते, तो हिंदुओं के पितर-देवता उनका पहुंचाया हुआ पिंड-पानी कैसे लेते? हां, अगर पितर-देवता कुछ अछूतोद्धारक बन गये हों, तो बात ही और है। (2.5.25)

57. फरमाते हैं आप, (**श्री हरिहरस्वरूप शर्मा**) विधवाओं पर जो भयानक विपत्ति है, उसे कौन सहृदय पुरुष, स्वीकार कर सकता है? परंतु उसका प्रतिकार क्या उनका फिर से विवाह कर देना ही है? जी नहीं। उन्हें बधिया बनाकर विचरण करने देना चाहिये। विवाह कर देने से तो महा अनर्थ हो जायगा। गुप्त व्यभिचार नहीं होगा, भ्रूण हत्याओं का ह्रास हो जायेगा, **सोनागाछी** की आबादी रुक जायेगी, गो-भक्षकों की संख्या नहीं बढ़ सकेगी, विधर्मियों की खाना आबादी में बाधा पड़ जायगी और बेचारे रंडुए तो बेमौत मर जायेंगे। इतने शुभकर्म जब न होंगे, तब बेचारे बूढ़े सनातन धर्म की जान कैसे बचेगी? (30.5.25)

58. **कलकत्ता** के **कविराज वामनदास** ने 70 वर्ष की उमर में 9 वर्ष की दुलहिन का पाणिपीड़न करके 'सट्ठा तब पट्ठा' वाली कहावत चरितार्थ कर देने का विचार किया था परंतु यारों ने सारा मजा ही किरकिरा कर दिया। बेचारे के आकवत का समान अधूरा ही रह गया!!! (20.6.25)

59. नववर्षीया बालिका और बूढ़े बाभन की जोड़ी होती तो बड़ी मजेदार! इस नई जोड़ी के सामने **मतवाला** और **माधुरी** की पुरानी जोड़ी अवश्य ही महत्वहीन हो जाती परंतु बालिका के पिता ने कविराज जी पर मुकदमा चलाकर बेचारे का 'वाजीकरण-सेवन' बिल्कुल वृथा कर दिया। (20.6.25)

60. **महात्माजी** ने विधवाओं को सलाह दी है, कि वे अपने पालकों के सामने अपनी इच्छायें व्यक्त करें ओर योगपति मिले तो विवाह कर लें। महाराज, विधवाओं के लिये कोई चिंता न कीजिये। वे मरने पर पतिलोक में जाकर फिर सधवा

ही जायेंगी। बेचारे रंडुओं के लिये कोई व्यवस्था कीजिये। ये गरीब मरने पर किस 'पत्नी लोक' में जायेंगे? (25.7.25)

61. सुनते हैं, **भूपाल** में प्रतिमास एक न एक हिंदू जबरदस्ती मुसलमान बना लिया जाता है। बेचारे हिंदू पुकार मचाते ही रह जाते हैं, पर कोई सुनवाई नहीं होती। समझ में नहीं आता कि **भूपाल** की बेगम साहिबा बुढ़ौती में यह सवाब क्यों कमा रही हैं। विहिश्त की नायाब चीजें उनके किस काम आयेंगी? (1.8.25)

62. जनाब आली, पूरी बोतल साफ कर जाने के बाद बंदा भी इसी नतीजे पर पहुंचा है, कि विधवाओं का पुनर्विवाह होना अधर्म ही नहीं; महा अधर्म है। भ्रूण हत्या, गुप्त व्यभिचार, वेश्यावृत्ति और धर्मान्तर ग्रहण आदि मतापुण्यकार्य पुनर्विवाह से हजार दर्जे अच्छे हैं। उनसे जाति का महान कल्याण हो रहा है। यदि वेश्यायें न होती तो कुलवतियों की जान पर आ बनी होती, रईसों को रियासत का कोई मूल्य ही न होता, नौजवानों की जवानी पानी में बह गई होती, किशोरावस्था में ही बुढ़ापे का मजा न मिलता, शीघ्र भव बंधन से पिंड न छूटता, गर्मी और सूजाक की दवायें बेचकर जीने वाले वैद्यों और डाक्टरों की रोटियां न चलतीं और बेचारे बूढ़े वेश्याबाजों की तो लंका ही लचक गई होती। बताइये तो सही, कितना अनर्थ होता। (8.8.25)

63. **टीटागढ़** ही होली इस साल कच्ची ही रह गई। क्योंकि मुसलमानों ने जलाने नहीं दी। क्या श्रीमती होलिका से भी इस्लाम का कोई सगा संबंध है। (13.3.26)

64. सनातन धर्म की रक्षा के लिये श्रीमान् **लंबगोड़ाजी** ने **सेठ जमनालालजी** को वह धराउ सीठने सुनाये हैं कि **बजाजजी** को वैसा सांगोपांग गोत्रोच्चार अपने विवाह के समय ससुराल में भी सुनने को नहीं मिला होगा। आशा है, कि **बजाजजी** ने धर्म को जो क्षति पहुंचाई है, उसकी पूर्ति हो गई होगी। (13.3.26)

65. अछूतों को सड़कों पर चलने देने और मंदिरों में जाकर देवदर्शन करने की सुविधा करने की बात सुनते ही भारतवर्ष की सड़कों के ठीकेदार, बड़े-बड़े पक्के कुओं वाले, तीस कोटि अबोध देवताओं के एकमात्र अविनायक बूढ़े **दीनदयालु बाबा** फनफनाकर खड़े हो गये! इससे मालूम होता है, कि बाबा की कमान सी कमर में अभी काफी बल है परंतु अफसोस!—"भीलन छीनी कृष्ण तिय वहि अर्जुन वहि बान!!" (20.3.26)

66. बाबा बड़े समझदार हैं। जानते हैं, कि जमाने ने रूख पलटा है, धर्म की ठीकेदारी

की मीआद खतम हो चली है, लड़के पढ़-लिखकर होशियार हो गये हैं, देवलोक से डाइरेक्ट कारबार नहीं है, तो भी नहीं मानते! मौका देखते ही बार्द्धक्य-विकंपित टांग अड़ा देते हैं। क्या करें, आदत से मजबूर हैं। (20.3.26)

67. **मदरास** प्रांत के **बैकम** नामक स्थान के किसी शिव मंदिर के पास से अछूत निकल गये थे, इसलिये वहां के धर्मप्राण हिंदुओं ने उस मंदिर को शुद्ध कर डालने का विचार किया है और इसके लिये आठ हजार फूल मंदिर में बिछाने का निश्चय किया है। परंतु भरपेट गोबर खाकर ऊपर से थोड़ा-सा गो-मूत्र पी लेने से ही तो पुश्त दरपुश्त के लिये शुद्धि हो जाती। 'फूलों' ने फूलों की दुर्दशा करने की क्यों ठानी है? (10.9.27)

68. **लालाजी** ने, बूढ़े होकर भी बूढ़ों पर हल्ला बोल दिया है, कहते हैं–'बूढ़े मां-बाप, दादा-दादी ऐसे सुधारों का विरोध करते हैं, उनके विरोध का सामना करना होगा, उनका उल्लंघन करना होगा।' विचारों ने पिंडा-पानी का आसरा तो पहले ही छोड़ दिया था। अब चलते चलाते शायद कुश्ती भी लड़ना पड़े तो कोई आश्चर्य नहीं! (5.11.27)

69. **लालाजी** भगवान बुध के समय से **स्वामी दयानंद सरस्वती** के समय तक आते हैं और कहते हैं–'इतने आक्रमण हुए, पर जाति-पांति का ध्वंस न हुआ, कई स्थानों पर कुछ दीवालें टूटी हैं, पर दुर्ग अभी पक्का बना है।' लालाजी, यह दुर्ग ऐसे नहीं टूटने का। क्योंकि दुरंदेश सनातन धर्म दादा ने इसकी रक्षा के लिये 'जो है सो जयकार करके' कूपमंडूकों की जबरदस्त पलटन खड़ी कर रखी है। (5.11.27)

70. "लोग उठें और उपजातियों की दीवालें तोड़ डालें और परस्पर अंतर्विवाह करना आरंभ कर दें।" यह सब पढ़कर हम तो सूखकर काठ हो गये। अब हमारे कनौजिया भाई क्या करेंगे जो अपनी अनेक उपजातियों में विवाह करना, खाना-पीना तो दूर रहा उनके यहां से दिशा तक के लिये पानी नहीं लेते? हमारी तो राय है कि वे जाति और धर्म की रक्षा के लिये आवदस्त लेना ही छोड़ दें! (5.11.27)

71. **आर्य सेवक** कहता है, कि भारतवर्ष में पैंतीस लाख विधवाएं हैं, जिनमें चौंतीस लाख केवल हिंदू हैं। बाइस करोड़ हिंदुओं के लिए इतनी विधवाएं तो 'दाल में नमक' के बराबर भी नहीं हैं, तब लोग क्यों 'विधवा विधवा' चिल्लाकर कान खाये जाते हैं? हिंदुओं को इन बकबादियों की बातों पर ध्यान न देना चाहिये। (10.12.27)

भाग-3

साहित्यिक टिप्पणियां

1. देश-सेवा की अपेक्षा विश्व-सेवा विशेष निरापद है। क्योंकि देश-सेवा का पुरस्कार है जेल और विश्व सेवा का **नोबुल प्राइज**। इसी से **रवींद्र बाबू** पहले को छोड़ पिछले को अपनाया है। अन्याय लीडरों को भी उनका अनुसरण करना चाहिये। (8.9.23)
2. **स्वतंत्र** लिखता है—"हमने कहा था कि **मि. दास** और **पंडित मोतीलाल नेहरू** जैसे नेताओं से काम लेना है, तो उनकी प्रकृत्ति के अनुकूल काम दो।" ठीक है। बराह भगवान को लड्डू का भोग दोगे तो वे कैसे प्रसन्न होंगे? उन्हें तो उनकी प्रकृति के अनुकूल ही भोग मिलना चाहिये। (22.9.23)
3. मालूम होता है, कि हिंदी अब देवलोक की भी राष्ट्रभाषा बनेगी। इसी से हिंदी के महारथी 'यके बाद दीगरे' स्वर्ग सिधार रहे हैं। (29.9.23)
4. बंगाली दैनिक **आनंद बाजार पत्रिका** फरमाती है, कि "बंगला भाषा भारत की सार्वभौमिक भाषा होने की संपूर्ण योग्यता रखती है। परंतु अपनी उदारता के कुटेव के कारण बंगाली कुछ चेष्टा नहीं करते।" आहा, जा बोलेछो बाछा धोन! एक बार चेष्टा कोरे देखो ईना घोड़ारडिम! (29.9.23)
5. हम निंदा ही छापा करते हैं, प्रतिवाद नहीं, क्योंकि हम **स्वतंत्र** संपादक हैं। (13.10.23)
6. **प्रणवीर**-संपादक **श्रीयुत् राधामोहन गोकुलजी** जेल से छूटकर आ गये। हम लोग उनका स्वागत कर रहे हैं और वे फिर जेल जाने की तैयारी कर रहे हैं। वास्तव में जब बुद्धि सठिया जाती है तो ऊंट की पकड़ की तरह मनुष्य भी दुराचारी हो जाता है। (20.10.23)
7. नौकरशाही ने बूढ़े **लाला राधामोहन गोकुलजी** को जीते जी छोड़ दिया। नौकरशाही यदि उनकी फौलादी हड्डियों की गोलियां बनवाकर रख लेती तो भावी **सिख-विद्रोह** के दमन में बड़ी आसानी हो जाती। (20.10.23)
8. **पंडित बनारसीदास चतुर्वेदी** ब्रिटिश उपनिवेश में अपनी यजमानी कायम करना चाहते हैं। इसीलिये दिन-रात प्रवासी भारतीयों की भलाई की चिंता में

लगे रहते हैं। इसलिये देशवासियों को उनकी बातों में न आना चाहिये। (27.10.27)

9. **पंडित बनारसीदास चतुर्वेदी विशाल भारत** नामक ग्रंथ लिखने वाले हैं। इसलिये **पंडित माखनलाल चतुर्वेदी** 'कंगाल भारत' और **पंडित द्वारिका प्रसाद चतुर्वेदी** को 'शृंगाल भारत' लिखना चाहिये। (27.10.23)

10. **लाहौर** के हिंदू (?) अपने लड़कों को 'हिंदी' पढ़ाना नहीं चाहते। संभवतः उन्हें भय है कि शायद 'हिंदी' पढ़ाने से लड़कों का हिंदुत्व नष्ट हो जाय। 'हिंदी' में हिंदुओं के रुष्ट होने के कारण यह जान पड़ता है कि 'विद्यावती' की कृपा से **लाहौर** में 'हिंदी' की ज्योति फैली हुई है और हिंदुओं को 'हिंदी' से विरक्त होने के लिये ईश्वर ने 'आकाशवाणी' द्वारा प्रेरित किया है। (3.11.23)

11. कलकत्ता के हिंदी-पुस्तक-प्रकाशन चित्रों द्वारा ही हिंदी-साहित्य की उन्नति कर डालेंगे। इसीलिये **कलकत्ता** से कोई पुस्तक बिना चित्र के नहीं निकलती। (10.11.23)

12. **कानपुर** में होने वाली **अखिल भारतवर्षीय कान्यकुब्ज-नवयुवक-महासभा** के सभापतित्व के लिये बड़े-बड़े नवयुवकों के नाम चुने गये हैं। जैसे—**पंडित महावीर प्रसाद द्विवेदी, पंडित अंबिकाप्रसाद वाजपेयी, पंडित श्यामबिहारी मिश्र** और **पंडित जगन्नाथ प्रसाद शुक्ल** आदि-आदि इत्यादि। पूर्वोक्त पूर्ण वयस्क नवयुवकों के सिलसिले में **माधुरी** संपादक **पंडित रूपनारायण पांडेय** का नाम भी नत्थी कर दिया गया है। **मतवाला-मंडल** की राय में पांडेय जी जैसे लखनवी नवयुवक के सभापति होने से महासभा की 'मधुरिमा' बेहद बढ़ जायगी। (13.11.23)

13. **हिंदी-साहित्य-सम्मेलन** के सभापतित्व के लिये किसी को, भूलकर भी **पंडित अमृतलाल चक्रवर्ती** का नाम नहीं लेना चाहिये, क्योंकि बंगाली होने पर भी उन्होंने हिंदी की सेवा में अपना अमूल्य जीवन नष्ट किया है। उन्हें भी अब खींझना नहीं चाहिये, क्योंकि अपनी मातृभाषा छोड़कर जो दूसरों की मातृभाषा अपनाता है वह इस स्वार्थी संसार में इसी तरह पछताता है। (17.11.23)

14. **रवींद्रबाबू** अब विश्व का उद्धार किया बिना न मानेंगे। मालूम होता है कि **विश्वभारती** के लिये वे संसार भर के लोगों की थैली टटोल डालेंगे। माननीय **मालवीय जी** को **हिंदू विश्वविद्यालय** के लिये और **मौलाना मुहम्मद अली को अलीगढ़ यूनिवर्सिटी** के लिये झोली लटकाकर अब भूमंडल का फेरा लगाना चाहिये। नहीं तो **रवींद्र बाबू विश्वभारती** के पीछे **भारतभारती** का नक्शा बिगाड़ डालेंगे। (1.12.23)

15. **बाबू भूपेंद्रनाथ वसु** ने **प्रयाग विश्वविद्यालय** के वंगीय संघ में भाषण देते हुए कहा है—"हिंदी राष्ट्रभाषा होने योग्य नहीं है। अतएव, अंग्रेजी को अपनाना चाहिये, क्योंकि **बंगाल** के साहित्य-रत्न **बंकिम, मधुसूदन** और **रवींद्र** अंग्रेजी-शिक्षा के ही उत्तम फल हैं।" और आप भी तो उसी डाल के फल हैं? अपना नाम तो आप उसी तरह भूल गये जैसे गंगा पार करने वाले बनैले बाराहों का मुखिया औरों को बारंबार गिनकर भी अपने आपको गिनना भूल जाने से भ्रमजाल में पड़ गया था। **बंकिम, माइकेल** और **रवींद्र** के बाद अपना नाम कहकर 'चौका लगाना' आप भूल ही गये। (8.12.23)

16. **पंडित राधामोहन गोकुलजी** बहुत बूढ़े हो गये, पर उनकी हड्डी दधीचि की हड्डी से कम मजबूत नहीं है। उनके सुरधाम सिधारने पर (भगवान न करें ऐसा हो) उनकी हड्डी की भस्म पुड़ियों में रख लेनी पड़ेगी जिसे शहद के साथ चाटने से इस देश के नामर्द जवां मर्द हो जायेंगे। शहद के लिये चिंता करने की जरूरत नहीं है, **श्रीयुत् नेहरूजी** और **कवींद्र रवींद्र** चाहेंगे तो काफी सप्लाई कर सकेंगे। (8.12.23)

17. अब तबलची भी नाटक लिखने लगे। और, नाटक भी ऐसा-वैसा नहीं, इतना सरस, इतना सरस, कि नाटक-दर्शकों की भीड़ से फाटक टूट जाता है। इसलिये, यह विश्वास हो गया कि अब नाटक-साहित्य का उद्धार होने में सिर्फ डेढ़ इंच की कसर है। (15.12.23)

18 **अजमेर** के **राजस्थान-सेवा-संघ वाले** बेकार हल्ला मचा रहे हैं कि **पथिक जी** के मामले की सुनवाई क्यों नहीं होती। क्या उन्हें मालूम नहीं कि **पथिकजी** को नमक की तरह गलाकर राणा-वंश की कीर्ति का अचार डाला जायगा? (22.12.23)

19. **काशी**-निवासी **शिवप्रसाद गुप्त** की राय है कि हिंदू लोग हिंदी या हिंदुस्थानी भाषा को हिंदी न कहकर उसे उर्दू पुकारा करें और मुसलमान लोग इसे अरबी अक्षरों में न लिख देवनागरी अक्षरों में लिखा करें। **गुप्तजी** भी एक लिपि के प्रश्न पर वैसा ही समझौता कराना चाहते हैं जैसा **दिल्ली** के विशेष **कांग्रेस** में हुआ था—**मौलाना साहब** ने कौंसिल का समर्थन किया और देशबंधु दास ने सत्याग्रह का, फिर दोनों ही दोनों से—? (22.12.23)

20. हास्यरस के सुप्रसिद्ध हिंदी-लेखक **श्रीयुत् जी.पी. श्रीवास्तव** की हालत, आजकल, लेखनी देखकर, वैसी ही हो रही है जैसी कामिनी देखकर नपुंसक की होती है। **श्रीवास्तवजी** को मथुरा के **पंडित क्षेत्रपाल शर्मा** से कोई दवा पूछनी चाहिये। (5.1.24)

21. **कानपुर** के प्रसिद्ध हिंदी-साप्ताहिक **प्रताप** के प्रतापी संस्थापक और संपादक **श्रीयुत् गणेशशंकरजी विद्यार्थी** तीसरी बार ससुराल से आये हैं। उनका हार्दिक स्वागत करने से पहले हम यह पूछना चाहते हैं कि श्रीमती चक्की-बीबी से कैसी पटती रही? दहेज की रकम भी तो खासी मिली होगी? (2.2.24)

22. **पथिकजी** का मामला **चित्तौरगढ़** की विशेष अदालत में पेश है। उन पर राजद्रोह का अभियोग लगाया गया है। अब अन्याय ही करना है तो ढोंग रचने की क्या जरूरत है? क्या दुनिया को तमाशे दिखाने से **चित्तौरगढ़ की प्रतिष्ठा बनी रह जायगी**? सचमुच किसी ने ठीक ही कहा कि भूत घुला-घुलाकर जान मारता है। (9.2.24)

23. विश्वबंधु **श्रीरवींद्रनाथ** महात्माजी की रिहाई इसलिये नहीं चाहते थे कि उन्हें जेल में तकलीफ हो रही थी, बल्कि इसलिये कि उससे नौकरशाही लोगों की नजरों से गिरी जा रही थी। किसी कवि ने ठीक ही कहा है–'सर के कटने का मुझे कुछ गम नहीं। खम न आ जाय तेरी तलवार में।' (9.2.24)

24. **दिल्ली** के कवि-सम्मलेन में इस बार कवियों ने मिलजुलकर कविता को नाच नचाने का मनसूबा बांधा है। सुनते हैं, **बेताबजी** पिंगल की पखावज बजावेंगे, **लाला भगवानदीन जी** समस्या की सारंगी घोटेंगे, **उग्रजी** मजीरा टुनटुनायंगे और **पंडित जगन्नाथ प्रसादजी चतुर्वेदी** ताल के अनुसार तालियां पीटकर कहते जायेंगे "अजी वाह, कहो वाह वा!" (16.2.24)

25. **माधुरी** के साथ **मतवाला** का गठबंधन **कानपुर** के **वर्तमान** संपादक और **इटावा** के **कर्त्तव्य**–संपादक से देखा नहीं जाता! यह अनुचित डाह कैसी? छोटे भाई की चीज पर बड़े भाइयों का मन चलाना कैसा? धन्य है फागुन! (16.2.24)

26. हिंदी के होनहार कवि **पंडित बेचन शर्मा 'उग्र'** की तलाश में हिंदी के गारियार कवि **पंडित खरीदन शर्मा 'व्यग्र'** दिल्ली के कवि-सम्मलेन तक दौड़ लगाने वाले हैं। तब तो उर्दू-बेगम के किले में दो-चार रोज खासी चहल-पहल रहेगी? (16.2.24)

27. कहावत है, कि 'रुपया रुपये के पासा जाता है' इसलिये **मंगलाप्रसाद परितोषक** भी **श्रीयुत् पंडित गौरीशंकर हीराचंद जी ओझा** के पास चला गया। क्योंकि **ओझाजी** के पास रुपये की कमी नहीं है। (23.2.24)

28. **पंडित जगन्नाथ प्रसादजी चतुर्वेदी** ने **हिंदी-साहित्य-सम्मेलन** को divorce (डाइवोर्स) कर दिया है। इसलिये अब की सम्मेलन में सभापति के चुनाव वाले प्रस्ताव का समर्थन बे-मजा रहेगा। क्योंकि 'महफिले विरान जहां भांड़

न बाशद।' (23.2.24)

29. **पंडित जगन्नाथ प्रसाद चतुर्वेदी** ने **हिंदी-साहित्य-सम्मेलन** से असहयोग कर लिया, क्योंकि मुराद पूरी हो चुकी। 'गंजेडी यार किसके, दम लगाये खिसके।' सभापतित्व से अधिक वहां रखा ही क्या है? (23.2.24)

30. **मंगलाप्रसाद पारितोषिक** बूढ़ों को ही मिलना चाहिये, क्योंकि बूढ़ों में उत्साह का अभाव रहता है और साहित्य को उत्साहित करना पारितोषिक का ध्येय है। (23.2.24)

31. **मंगलाप्रसाद पारितोषिक** बूढ़ों को इसलिये मिलना चाहिये, कि वे स्वर्गवासी मंगलाप्रसाद जी को शीघ्र इसकी खबर दे सकेंगे। जवानों द्वारा यह काम जरा मुश्किल है। (23.2.24)

32. **मंगलाप्रसाद पारितोषिक** की प्रत्याशा करने वालों को शीघ्र बूढ़े होने की चेष्टा करनी चाहिये। लाला 'दीनजी' **पंडित त्रयंबक शास्त्री** से कोई 'वार्द्धक्य वर्द्धक चूर्ण' क्यों नहीं बनवा लेते? (23.2.24)

33. **कानपुर** से **वर्तमान** तो निकलता ही था, अब **भविष्य** भी निकलने लगा है। कमी केवल **भूत** की रह गई है। यदि किसी के सिर चढ़ गया तो कानपुर त्रिकालदर्शी हो जायेगा। (23.2.24)

34. **कानपुर** का भविष्य अच्छा नहीं दिखाई देता। क्योंकि **वर्तमान** के बाद ही **भविष्य** के संपादक और प्रिंटर पर भी राजद्रोह का मामला चल रहा है। अब **कानपुर वालों** को किसी ओझा से नौकरशाही का **भूत** झड़वाने की फिक्र करनी चाहिए। (23.2.24)

35. **भारतमित्र** वास्तविक भारतमित्र है। उसके लिये 'चोर' साहूकार, तुंबाफेरी वाले और चनाचूर की फेरी वाले--सभी बराबर हैं। यही तो उसके लिये गौरव की बात है। (1.3.24)

36. **काशी** का वयोवृद्ध **सहयोगी भारत जीवन नाभा** की डायरशाही पर लिखता है कि ऐसे कार्यों से नौकरशाही अपने कफन में कांटा ठोक रही है--"नहीं यार, अपनी किस्मत...में खूंटा ठोक रही है।" (1.3.24)

37. श्रीयुत् **राजेंद्र प्रसादजी** नौकरशाही के शिकंजे में न आये तो उनके अखबार **देश** को उसने धर दबोचा। बहुत दिनों के विचाराभिनय के बाद **देश** संपादक **पंडित पारसनाथजी** को तीन वर्ष की सजा हो गई। आशा है, **पारस** के स्पर्श से बिहार की नौकरशाही का 'लौहत्व' दूर हो जायेगा और मित्रवर **पारसनाथ** भी जेल की भट्टी में तपकर खरा सोना होकर निकलेंगे। (1.3.24)

38. हाय हाय! गजब हो गया! सारा गुड़ गोबर हो गया! बना बनाया खेल बिगड़

गया! **मतवाला** की सोने की गृहस्थी खाक में मिल गई! अब की महीना खतम होकर पर प्यारी **माधुरी** अपने **मतवाला** के पास न आई! खुदा जाने निकाह के साथ ही तलाक की नौबत आ गई या किसी छैल-छबीले ने बहकाकर अपने घर में डाल लिया? ओ भाई **वर्तमान** के **मौ. मनसुखा** और **देशभक्त** के **मि. भेदिया**! अरे यारो! कुछ पता लगाओ बेचारे नशेबाज की जान बचाओ। हाय मेरी **माधुरी** रे !!! 'काटे नहीं कटती अरी फुर्कत की शब! इलाही यह कैसी शब है कि जिसमें सहर ही नहीं।' (8.3.24)

39. अपने नटनागर रसिकों को रिझाने के लिये 'सिंदूर बिंदु विधवा ललाटे' की तरह हमारी संन्यासिनी सखी **प्रभा** को भी शृंगार करने की जरूरत पड़ती है! इससे मालूम होता है कि संसार में गुण की अपेक्षा रूप की अधिक कद्र है। चुहियों की अपेक्षा छछुंदरें अभी अधिक पसंद की जाती हैं। (8.3.24)

40. **हिंदी-साहित्य-सम्मेलन** वाले, बूढ़ों को सभापति बनाया करें तो भाषण पढ़ने के लिये कोई 'सुकंठी' नौजवान असिस्टेंट भी चुन लिया करें। आखिर बेचारे **पं. जगन्नाथ प्रसाद चतुर्वेदी** कब तक यह जहमत उठाया करेंगे? वे भी बूढ़े हो चले! (8.3.24)

41. **दिल्ली** में **हिंदी-साहित्य-सम्मेलन** की अपेक्षा कवि सम्मलेन को अधिक सफलता प्राप्त हुई। हिंदी में गद्य-लेखकों की अपेक्षा पद्य-लेखकों की संख्या भी तो अधिक है। **सनेही** से लेकर 'निरमोही' तक जिसे देखिये, वह कवि ही कवि तो बना दिखाई देता है। (8.3.24)

42. **मतवाला** की संगदिल माशूका **माधुरी** ने ऐन होली के अवसर पर दगा दिया। क्या पूछते हो यार जमाना पलट गया! सारा नशा किरकिरा हो गया !! हौसिला पस्त हो गया और सारी उमंग खाक में मिल गई!!! अब होली क्या तुम्हारे से खेलें या अपने? उफ कंबख्त ने बड़ा धोखा दिया! लिखा था यों कि 'फसले-गुल में छूटे आशियां अपना!!' (15.3.24)

43. जिनके 'सौ पुश्त है पेशये आबा सिपहगरी' वे खर-सवार भी कविता समझने लगे हैं। वह भी किसी साधारण-कवि की कविता नहीं, हिंदी कविता-संसार में युगांतर उपस्थित करने वाले **कविवर 'पंत'** और **कविवर 'निराला'** की कविता! भई, बिरहा गाने वालों के वंशज! 'स्निग्ध हंसी' और 'लोल कपोल' का अर्थ तुम्हारी गोल-मटोल खोपड़ी में नहीं घुसेगा, व्यर्थ मूंड न मारो। (15.3.24)

44. हिंदी के राष्ट्रभाषा होने में अब कोई संदेह नहीं रह गया क्योंकि उसके संपादकगण अपने भाइयों की मां-बहनों तक की भी खबर लेने लगे हैं। यही तो साहित्योन्नति का प्रधान लक्षण है। (29.3.24)

45. वाह भई **आर्य सेवक!** विधवाओं के लिये तो तुम्हें इतनी फिक्र और बेचारे रंडुओं के लिये जरा भी नहीं! **मतवाला** के मतानुसार तो जब तक रंडुओं के लिये कोई मुनासिब बंदोबस्त नहीं हो लेगा, तब तक विधवायें चैन से नहीं रह सकेंगी। (19.4.24)

46. **पं. भवानी दयालजी** लिखते हैं, "यदि सन् **1924** के अंदर कर्ज चुका देने का प्रबंध न हो सका तो **हिंदी** का जीवन संकटापन हो जायेगा।" बला से हो जायेगा। यहां तो रोज ही पत्र निकलते हैं और दाने-दाने को तरस कर मर जाते हैं! कौन किसकी फिक्र करता है? यहां के धनवानों को ऐसो इशरत से कहां फुरसत है, जो ऐसी तुच्छ बातों पर ध्यान दिया करें। (26.4.24)

47. हमारा दोस्त **हिंदी केसरी** लिखता है, कि **कर्मवीर** बंद हो गया। इसलिये अपने स्वजातीय को देखकर कुत्ते की तरह भूंकने वाले तथा दूसरे की उन्नति देखकर कुढ़ने वाले कतिपय नीच प्रकृति अखबारों के साथ ही, हिंदी प्रेम का झूठा ढोंग दिखाने वाले हिंदी संसार को बधाई है। (3.5.24)

48. **महात्माजी** के छूटने की खबर पाकर **विलायत** का **डेलीमेल** मूर्च्छित हो गया है। सुनते हैं, श्रीकृष्ण के आविर्भाव का समाचार सुनकर कंस की भी यही दशा हुई थी। (3.5.24)

49. पूज्य **लालाजी** के **वंदेमातरम्** पत्र पर एक अंग्रेज ने मानहानि का दावा कर दिया था। उसके मान के मरम्मत के लिये अदालत ने उसे दस हजार की डिग्री दी है। इसलिये **लालाजी** ने देशवासियों से **वंदेमातरम्** की सहायता के लिये अपील की है, बाप रे बाप! साहब का मान बिगाड़ने वाले पत्र की सहायता! खबरदार दोस्तों! एक पैसा भी न देना। देना ही हो तो रंडियों को दो, भंडुओं को दो, खुशामदियों को दो या लाट साहब कोई फंड खोलें उसमें दिल खोलकर चंदा दो। **वंदेमातरम्** जैसे देशहितैषी पत्र की सहायता के लिये एक कौड़ी देना भी परिश्रम की कमाई को पानी में फेंकना है। (17.5.24)

50. **द्वादश हिंदी-साहित्य-सम्मेलन** के सभापति, हिंदी के विख्यात मौजी लेखक पूज्य चरण **पंडित जगन्नाथ प्रसाद चतुर्वेदी** और हिंदी की सर्वश्रेष्ठ पत्रिका **सरस्वती** के स्वनामधन्य संपादक श्रद्धेय **श्रीयुत् पदुमलाल पुन्नालाल बख्शी** बी.ए. महाशय, किसी भले आदमी का पूरा नाम लिखना सभ्यता के खिलाफ समझते हैं इसलिये इन सज्जनों को कोई 'चौबे जगन्नाथ' और पुन्ना बख्शी' लिखे तो कोई हर्ज नहीं क्योंकि, "महाजनों येन गतः सपन्थाः।" (15.5.24)

51. मेरे बनारसी दोस्त **हिंदी केसरी** ने एक पुस्तक की समालोचना करते हुए लिखा है—"पुस्तक में इसी प्रकार के भाषा-दोष, विचार-दोष, शैली-दोष और परंपरा

दोष भरे हैं। पर इसमें संदेह नहीं कि लेखक का प्रयत्न प्रशंसनीय है।" प्रशंसनीय तो होना ही चाहिये। इतने दोषों को एकत्र कर देना क्या कोई मामूली काम है? (17.5.24)

52. हां, **शंकर** के साथ शोखी शुरू हुई थी, तब **मौजी** के मजमून में मनचलों को माकूल मजा मिलता था। क्योंकि उसमें व्यंग के बदले बेहूदापन, मसखरापन के बदले मतवालापन, छेड़छाड़ के बदले छिछोरपन, नोकझोंक के बदले नंगपन, बहस के बदले बकवास, और व्याकरण के बदले बेसिर पैर की बातों का बड़ा बाहुल्य रहता था। (24.5.24)

53. परंतु इससे यह न समझ लीजियेगा कि 'विचार वैचित्र्य' में कुछ होता ही नहीं। राम ! राम!! 'मिटइ कि मलिन सुभाउ अभंगू?'—अभी भी बहुत कुछ होता है। ताजा उदाहरण लीजिये—"**लालाजी** के साथ अगर **पाल** का नाम आयेगा तो कुछ हर्ज नहीं क्योंकि 'गूगोबर' का साथ है।" अब आप ही बताइये **मौजी** के इस 'गूगोबर' में गंदगी, गलाजत, गंवारपन और गाली—क्या नहीं है? (24.5.24)

54. श्रीमती **शिक्षा** की राय है कि "मारवाड़ी स्त्रियों के वस्त्रों में चोली अच्छी नहीं। उससे पेट नहीं छिपता। उनकी साड़ी बहुत पतली होती है। वे प्रायः नग्न-सी रहती है।" भला मारवाड़ी स्त्रियों की चोली और साड़ी की समालोचना करने का अधिकार **शिक्षा** को कब से प्राप्त हुआ? वह अधिकार तो शायद मारवाड़ियों ने किसी और को सौंपा है? (24.5.24)

55. 'जब कोई दिल की कशिश का असर दिखाता है, वह अपने यार को पहलू में खींच लाता है।' **माधुरी** के ग्राहक नं. 2075 की आहोजारी ने इस कलाम को हरफ बहरफ सही साबित कर दिया है। **मतवाला** कासिद उनकी बेकरारी की खबर लेकर झूमता हुआ ज्योंही लखनऊ की तरफ रवाना हुआ त्योंही एकाएक कानों में आवाज आई—'आती है चमन में मेरे गुलरू की सवारी।' और देखते-देखते श्रीमतीजी आकर टेबिल पर विराज गईं। **माधुरी** संचालकों का यह सुचारु प्रबंध सराहानीय है। इसके लिये उन्हें कोटिशः धन्यवाद!

(31.5.24)

56. मेरे मस्ताना सहयोगी **विश्वमित्र** ने स्वराज प्राप्त करने के लिये एक निहायत लाजवाब और बिलकुल आसान तरीका ढूंढ निकाला है। सहयोगी लिखता है—"हम तीस करोड़ भारतवासी एक साथ मिलकर घास भी काटें तो स्वराज पा सकते हैं।" वाह भाई, ऐसा आसान तरीका मालूम था तो अब तक क्यों नहीं बताया? खैर, भारतवासियों को चाहिये कि खुर्पी-खांची लेकर शीघ्र

कार्यारंभ कर दें। घंटे-दो घंटे का मामला है। बरसात का मौसिम है, घास की भी कमी नहीं। परंतु अपने राम की तो सीधी-सादी सम्मति यह है कि जब तक भारत वसुंधरा भारतीयों के उष्ण रक्त से सींची नहीं जायेगी, तब तक स्वराज तो क्या स्वराज की परछाईं भी नसीब होने की नहीं। (5.7.24)

57. संयुक्त प्रांत की सरकार ने **श्रीयुत् सत्यभक्त** लिखित 'अगले सात साल' नाम की पुस्तक जब्त कर ली! अब अगले सात साल तक ब्रिटिश साम्राज्य बज्र के मारे भी नहीं मर सकता। (12.7.24)

58. यद्यपि 'अगले सात साल' नाम की पुस्तक में बहुत-सी बातें 'बाइबिल' के आधार पर लिखी गई है। परंतु, चूंकि उसे एक हिंदोस्तानी ने हिंदी में लिखा है, इसलिये उसमें ब्रिटिश साम्राज्य को ध्वंस कर देने की काफी ताकत आ गई है। ऐसी खूंखार पुस्तक को जब्त कर सरकार ने कमाल दर्जे की दूरंदेशी दिखाई है। (12.7.24)

59. संयुक्त प्रदेश की सरकार को चाहिये, कि 'अगले सात साल' नाम की पुस्तक को गहरा गड्ढा खोदवाकर गड़वा दे। अन्यथा, उसका एक आध पन्ना अचानक भड़क उठेगा, तो महा अनर्थ हो जायगा। (12.7.24)

60. संयुक्त प्रांत की सरकार का तीर्थराज से उठकर लखनऊ जाना, उसके कुछ आशिकों को बिलकुल नापसंद है। बेचारे भावी वियोग—व्यथा से थर्रा उठे हैं। परंतु **मतवाला** के लिये यह बड़ी बात है। क्योंकि **लखनऊ** यदि संयुक्त प्रांत की राजधानी होगी तो **माधुरी** अवश्य राजधानी की रानी होगी। अपना न सही उसका घर तो आबाद हो। (2.8.24)

61. भारत-बंधु, **स्टेट्समैन** और चौरंगी के चिराग **इंग्लिशमैन** की राय है कि **लार्ड लिटन** ने भारतीय स्त्रियों का कोई अपमान नहीं किया है, बल्कि उन्होंने जो कुछ कहा है, उसका अर्थ ही लोगों की समझ में नहीं आया है। ठीक है दोस्तों, उस भठियारखाने की भाषा में जो गूढ़ आध्यात्मिक अर्थ भरा है, उसे तुम लोगों के सिवा और कौन समझ सकता है? 'खग जाने खग ही की भाषा।' (16.8.24)

62. **भारतमित्र** का 'मौजी' लिखता है—**पं. जगन्नाथ प्रसाद चतुर्वेदी का** सुपुत्र, पर अपत्नीक चित्र देखकर **प्रणवीर** संपादकों को दुखी न होना चाहिये, क्योंकि यह उनके हाथ की बात है वह चाहें तो सहज ही चतुर्वेदी का सपत्नीक देख सकते हैं।" यह प्रदर्शन कब से प्रारंभ होगा और फीस क्या होगी? (16.8.24)

63. **प्रणवीर** को पता लगा है कि **भारतमित्र** संपादक ने कृपा करके एक नया कालम 'भांड़ों' के लिख रख दिया है, क्योंकि **प्रणवीर** के आ. संपादक

श्रीयुत् राधामोहन गोकुलजी नागपुर से कलकत्ते आ गये हैं और भांड़ों के नाच के बड़े प्रेमी हैं। (16.8.24)

64. **जोधपुर** के महाराज की फूफी के साथ जयपुर के महाराज का शुभविवाह हो गया। यह जोड़ी भी **मतवाला** और **माधुरी** की जोड़ी से कम मजेदार न होगी। क्योंकि वधू की उमर वर से दुगुनी है। (23.2.24)

65. या अल्लाह! सुनते हैं, सखी **शिक्षा** भी पाठकजी के 'वारांगना रहस्य' की प्रशंसा कर चुकी है। परंतु वह जमाना कुछ और था। उस समय न तो सखी में इतनी बुजुर्गी ही आई थी और न अड़बंगी **मतवाला** ही मौजूद था। बिना कारण कार्य की उत्पत्ति भी तो नहीं होती। (23.8.24)

66. **शिक्षा** के तीर्थराजजी को चाहिए, कि कविवर **उग्रजी** के साथ ही हिंदी के विख्यात लेखक **श्रीयुत् पंडित चंद्रशेखर पाठक** को भी देश से निकलवा दें, क्योंकि **पाठक जी** ने अपने 'वारांगना रहस्य' में वेश्याओं के छलछंदों का विस्तृत वर्णन किया हैं। कहीं ऐसा न हो, कि उसे पढ़कर सखी **शिक्षा** की तबीयत बिगड़ जाये और वह भी उन्हीं छलछंदों को मश्क करने लगे। (23.8.24)

67. **डॉ. बुद्धिधन शर्मा** बी.ए.एम.आर.ए.एस. (लंडन) केवल विद्या के ही बी.ए. नहीं, बल्कि इतरता, अभद्रता और अशिष्टता के भी बी.ए. मालूम होते हैं। आपने अपने अखबार में, मतवाला-मंडल के **श्री निरालाजी** के संबंध में जैसी इतर जनोचित उक्ति का प्रयोग किया है, वह निस्संदेह आपके उपयुक्त ही हुआ है। ऐसी मूर्खतापूर्ण जघन्य गालियों का उत्तर **मतवाला** के पास नहीं है, क्योंकि वह डाक्टर साहब की मां-बहनों को अपनी ही मां बहनें समझता है! (30.8.24)

68. **हिंदी-साहित्य-सम्मेलन** वालों को चाहिये, कि इस साल सभी बूढ़े साहित्य-सेवियों को एक साथ ही सभापति बना डालें। क्योंकि ये पके फल कब चू पड़ेंगे, कुछ ठीक नहीं। (30.8.24)

69. **लार्ड लिटन** की गालियों के प्रति सारे देश ने घृणा प्रकट की, परंतु अंग्रेजी सरकार द्वारा 'डाक्टर' और 'सर' के शिकंजे में जकड़े हुए 'विश्वबंधु' **कवींद्र रवींद्र** को इस बात पर विश्वास ही न हुआ कि लाट साहब ने भारतीय स्त्रियों का अपमान किया है। दस-बीस करोड़ मनुष्यों की बातों पर विश्वास कर लेना विश्व प्रेम के विरुद्ध भी तो है! (30.8.24)

70. **महाकवि कालिदास** ने मार्कंडेय पुराण से **शकुंतला** चुरा ली, **गोस्वामी तुलसीदासजी** ने आदि कवि के 'राम-रावण को' चुरा लिया, **सूरदास** ने

बाबा वेदव्यास के 'श्री कृष्ण' को मय गोपियों और ऊधव को चुरा लिया। बस इसी जबरदस्त कानूनी आधार पर फौजी ने भी **महाकवि अकबर** की कविता चुराकर अपने हुनर का 'जौहर' दिखा दिया। बड़ों की कृति की रक्षा तो करनी ही चाहिये! (6.9.24)

71. **श्री मंगलाप्रसाद पारितोषिक** के बारह सौ रुपयों ने तो हिंदी लेखकों में बेतरह खलबली मचा दी है। किसी के मुंह में पानी भर आया है, कोई होंठ चाट रहा है और किसी के पेट में चूहे कूद रहे हैं। कहीं, 'उठापटक की नौबत न आ जाय?' (13.9.24)

72. **करौली राज्य** की प्रजा का सारा भाग हिंदू है और हिंदी पढ़ता है, परंतु वहां की अदालतों की कारवाई उर्दू में होती है। ठीक हैं, अदालतें भी यदि प्रजा की बोली समझने लगें तो उनकी शान ही क्या रहेगी? (27.10.24)

73. राजपूताना के प्रायः सभी नरेशों ने अपने राज्यों की अदालत में हिंदी को स्थान दिया है, सुनते हैं, **जयपुर** में भी हिंदी का सौभाग्य-सूर्य चमकने वाला है। इसलिये **करौली नरेश** को चाहिये, कि अपने रामराज्य की अदालतों में 'हिब्रू' या 'पस्तो' का प्रचार कर दें। क्योंकि दो इंच आगे बढ़े रहना ही वीरों का काम है। (27.10.24)

74. **बाबू श्यामसुंदरदासजी** को चाहिये, **पंडित जगन्नाथ प्रसाद चतुर्वेदीजी** की खानगी चिट्ठियां भी संग्रह करके काशी नागरी प्रचारिणी सभा के संग्रहालय में रख दें। क्योंकि **चतुर्वेदीजी ने द्विवेदीजी** पर जितनी पुष्पवर्षा की है, उतनी और किसी ने नहीं की। (27.9.24)

75. हिंदी साहित्य सेवियों को यह जानकर प्रसन्नता होगी कि आगामी 15वें **हिंदी साहित्य-सम्मेलन** के सभापति हिंदी के पुराने पहलवान **पंडित राधाचरणजी गोस्वामी** निर्वाचित हुए हैं। **पं. जगन्नाथ प्रसादजी चतुर्वेदी** को अभी से कुलंजन खाकर आवाज साफ कर रखनी चाहिये। क्योंकि वयोवृद्ध **गोस्वामीजी** के वकृत्ता पढ़ने का काम तो उन्हीं को दिया जायेगा। एक बात और, पंडित नरेदवजी शास्त्री को कम से कम सम्मेलन के प्रथम दिन के अधिवेशन का समय रात्रि में रखना चाहिये, क्योंकि यदि **गोस्वामी** को अपनी जवानी की याद आ गई और 'उल्लूगाथा' का तराना छेड़ दिया तो दिन में वकृत्ता का जमाना मुश्किल होगा। (18.10.24)

76. खबर है, यू.पी. की श्रीमती नौकरशाही जी ने **कानपुर** प्रकाशित 'भारतीय साम्यवादी दल' नामक पुस्तिका जब्त कर ली है। ठीक है। "गिरगिट की दौड़ बिटौरे तक!" (18.10.24)

77. **कानपुर** की **कम्युनिस्ट पार्टी** के पर्चों को सरकार ने जब्त कर लिया है! और इस पर बिगड़कर **श्री सत्यभक्त** ने सरकार को चैलेंज दे डाला है! अरे भाई! सरकार तुम्हारे ऐसे मुड़चिरों से भिड़कर अपनी शान गंवाना नहीं चाहती। (15.10.24)

78. **तरुण राजस्थान** के संपादक को एक वर्ष की सजा हो गई है। वृद्ध राजस्थान की तो बांछें खिल गई होंगी? (15.11.24)

79. **प्रताप** के संपादक **श्री गणेशशंकर विद्यार्थी** का प्रस्ताव कि स्वराज का अर्थ पूर्ण-स्वाधीनता है। थोड़े से (!) वादविवाद के बाद संयुक्त प्रांतीय राजनीतिक कांफरेंस ने बहुमत से स्वीकार कर लिया। बस अब इस पर **लार्ड रीडिंग** महोदय की मुहर लगना भर बाकी है। भारत निवासियों को बिना किसी गैर के सहारे आप अपने पैरों पर खड़े होने का साहस संचित कर रखना चाहिये। न जाने कब लाट साहब अपनी मुहर कर दें। (15.11.24)

80. **देहरादून साहित्य-सम्मेलन** के 'बायकाटकों में' **स्वामी मंगलनाथ, स्वामी सत्यदेव विचारानंद** तथा **सेठ लक्ष्मीनारायण डिडवानिया** आदि सज्जन भी थे। **मतवाला-मंडल** के मनस्वियों के मत से इन सज्जनों का अक्ल से उतना ही रिश्ता है जितना **पं. गांगेय नरोत्तम शास्त्री** का 'कविता' से, **पंडित जगन्नाथ प्रसाद चौबे** का 'हास्यरस' से, **बाबू दुलारेलाल भार्गव** का संपादकता से, **बीबी बसंती** का भारत की 'स्वतंत्रता' से, **लार्ड रीडिंग** का 'न्याय' से, नौकरशाही का 'अमन से', **काशी** के लीडरों का 'हिम्मत' से, और उनका क्या नाम है—श्रीमान् गर्दभ जी का श्रीयुत 'सींग' से। (22.11.24)

81. परशुराम बाबा की कृपा से देहरादून का **हिंदी साहित्य सम्मेलन** खूब सफल हुआ। प्रतिनिधियों के लिये 'लेह्य, पेय, धर्व्य, चोष्य' की खासी व्यवस्था रही। शीतप्रधान पहाड़ी देश में समागत साहित्यिकों ने भूरिभोजन प्राप्त किया। इससे बढ़कर सफलता और क्या हो सकती है? (22.11.24)

82. **मतवाला मंडल** में कविवर **पांडेय बेचन शर्मा उग्र** के शुभागमन का संवाद पाकर **मतवाला** के कुछ शुभचिंतकों की बुरी दशा हो रही है। बकौल **महाकवि शंकरजी** के, 'पोंकिया पुरीषसे' पाजामें भर जाने की नौबत आ गई है। घबराओ न दोस्तों, रोग प्रबल हो गया हो तो डाक्टर बर्मन का अर्ककपूर सेवन करना आरंभ कर दो। **उग्रजी** यहां मुर्दा मारने नहीं आये हैं। "जो आपी मर गया है, उसको गर मारा तो क्या मारा?" (22.11.24)

83. विलायत के उस वैज्ञानिक से, जिसने मुर्गी को मुर्गा बनाकर ख्याति प्राप्त की है, **पंडित रामनरेश त्रिपाठी जी** ने बहुत-सा लिंग प्रवर्त्तक चूर्ण मंगवाया है। उस

चूर्ण की सहायता से त्रिपाठीजी सरस्वती को 'सरस्वता', लक्ष्मी को 'लक्ष्मा', कविता कौमुदी को 'कविता कौमुदा' और नौकरशाही को 'नौकरशाहा' बना डालेंगे। **मतवाला-मंडल** का पूर्ण विश्वास है कि शीघ्र ही त्रिपाठीजी अपने 'लिखना से' लिखेंगे, 'त्रिवेण' में स्नान करेंगे, 'रात्रा के' 'गोद' में विश्राम करेंगे और प्रयाग के 'म्युनिसिपेलेटा' से अनुरोध कर देंगे कि वह उनके 'गला' (गली नहीं) को हमेशा कूड़ा कर्कट रहित रक्खे! देखना है, 'स्त्री सुधार के' समर्थक **त्रिपाठी जी** का क्या बिगाड़ लेते हैं। (29.11.24)

84. **मद्रास** की **श्रीमती सदाशिवपट्टवर** आनरेरी मैजिस्ट्रेट बनायी गयी हैं, इसलिये **प्रयाग** वाले **महाकवि पंडित त्रिपाठी** को एक 'शोक-शतक' गढ़ डालना चाहिये, 'कविकौमुद' तो है ही। **मिस कार्नेलिया सोराबजी** कलकत्ता हाईकोर्ट की प्रथम महिला एडवोकेट नियुक्त हुई हैं, इसलिये **पथिक प्रणेता** को कम से कम, पांच दिनों का अनशन व्रत करना चाहिये। और बाबा रे! गजब हो गया!! स्त्री होते हुए भी **श्रीमती फर्ग्यूसन** अमेरिका के **न्यूयार्क** और **कैंसस** प्रांतों की गवर्नर हुई है!!! इसके लिये तो श्रीमान् त्रिपाठीजी को लाठी लेकर अमेरिकन गवर्नमेंट पर धावा बोल देना चाहिये। बिना घोर दमन के औरत-आंदोलन, रुक नहीं सकता। "ढोल, गंवार, शूद्र, पशु, नारी, सकल ताड़ना के अधिकारी"—अतः हे—**पंडित रामनरेश त्रिपाठी,** "नारि नास की करहु तयारी!' (29.11.24)

85. **कृष्णकांतजी** बनाना चाहते थे 'शेर' मगर बन रही थी 'लोमड़ियां', तभी तो उन्होंने खीझ कर कहा है—

"जो कहे शेर वो मजमूं तो कहे कुछ 'कृश्ना',
करना यूं शौक ही क्या काफिया पै माईका।" (6.12.24)

86. **पंडित कृष्णकांत मालवीयजी** का प्रेम, इन दिनों जान पड़ता है फिर फदफदा रहा है तभी तो उनका कहना है—

"जिस तरह खाक बगूलों की उड़ा करती है
हाल पहशत में वही है तेरे सौदाई का,
सो रहा तेरी जंजीर रखे सरके तले,
काबिले दीद है आलम तेरे सौदाई का।" (6.12.24)

87. **पंडित कृष्णकांतजी** जी गजल लिखने के वक्त 'कृश्ना' बन जाते हैं। अतः कविता लिखने के समय **पंडित रामनरेश त्रिपाठी** को 'रमा', **सुमित्रानंदनजी** को 'सुमित्रा', **गिरीशजी** को 'गिरिजा' और **नवीनजी** को 'नवीना' बन जाना चाहिये। क्योंकि, महाजनों येनगतः स पंथाः। (6.12.24)

88. **निजाम** ने उस दिन **इंग्लिशमैन** को अपने राज्य में आने से रोका था, अब

सुनते हैं, **ट्रिब्यून** को भी रोक दिया है। जान पड़ता है, अखबारों की सूरत देखने से **निजाम साहब** को सर्दी हो जाती है, मुसलमान शासकों की तुनक मिजाजी दुनिया में मशहूर है। (6.12.24)

89. प्रसिद्ध **पेरिस** में चेहरे का एक अस्पताल खुला है। उसमें स्त्रियां मुखमंडल का, इलाज करवाया करती हैं। अधिक नहीं, केवल पांच दिनों तक कुछ मसालों के साथ-चेहरे को एक ढांचे में दबाने से, वृद्धा स्त्रियां युवती सी दिखायी पड़ने लगती हैं। इस समाचार से भारतवर्ष के 'वृद्धों' में बड़ी सनसनी फैली हुई है। शीघ्र ही **श्रीमती बेसेंट** की अध्यक्षता में एक डेपुटेशन पेरिस की ओर जाने वाला है जिसमें **पंडित जगन्नाथ प्रसाद चौबे** और उनके 'वृद्ध बंधु' **पंडित सकलनारायण शर्माजी** शामिल होंगे। पांच दिनों तक चेहरे को 'चपवा' कर उक्त सज्जन एकदम 'शोड़षा' बन जायंगे। (6.12.24)

90. **प्रयाग** की नवीन सखी **मनोरमा** आजकल बहुत दुबली हो गई है। किसी प्रयागी पंडे की नजर तो नहीं लग गई है। **वैद्यवर महावीर प्रसाद जी मालवीय** कोई ओझा क्यों नहीं बुलाते? (13.12.24)

91. सहयोगी **स्वदेश** ने अपने प्रांत के अखबार-प्रेमियों से अपील की है, कि वे इस नागहानी मुसीबत के वक्त उसकी मदद करें। लाहौलबिला कूव्वत, मदद ही करनी हो तो नौकरशाही की करनी चाहिये, जिससे और कुछ नहीं तो रायबहादुरी की तो आशा हो। (20.12.24)

92. सहयोगी **स्वदेश** पर नौकरशाही की शनिदृष्टि पड़ी है। उसके संपादक महोदय गिरफ्तार हुए हैं। संयुक्त प्रांत की सरकार का अखबार प्रेम बढ़ रहा है। वहां के सहयोगियों को चाहिये कि शनिदेव को संतुष्ट रखने के लिये 'लौहदान' प्रारंभ कर दें। (20.12.24)

93. बहुत दिनों की गहरी गवेषणा के बाद **मैसूर** दरबार की समझ में अखबारों की भयंकरता आ गई। फलतः इन कागजी भूतों के नियंत्रण के लिये शीघ्र ही दरबार में एक बिल पेश होने वाला है। दरबार में पेश करना ही था, तो कोई 'खाई' या 'कुआं' पेश करते। बिल से अखबारों का क्या बिगड़ेगा। (20.12.24)

94. कुछ सीधे सादे सज्जन सरकार पर इसलिये नाखुश हैं कि उसने **स्वदेश** संपादक **श्रीयुत् दशरथ प्रसाद द्विवेदी** को बिना सूचना दिये अचानक पकड़ लिया। शायद इन्हें मालूम नहीं कि सरकारी वारंट कुछ भोजखाने का निमंत्रण नहीं हुआ करता। सरकार यदि सूचना दे देती और दशरथ महाराज साम्राज्य को उठाकर समुद्र में फेंक देते तब क्या होता! बाप रे बाप! हिंदी में अखबार

निकालना और वह भी **गोरखपुर** से! ऐसे अपराध के लिये **दशरथजी** को फांसी नहीं दे दी गई, यही बहुत है। (27.12.24)

95. ओ भई, बुलानाला का मसनिया **भूत** इतना न छान यार! सखी **माधुरी** के मानसंभ्रम का भी तो जरा ख्याल कर लिया कर। जानता नहीं, सखी बड़े घर की लाड़ली हैं। जबानदराजी की आदत पड़ जाना कोई आश्चर्य की बात नहीं। फिर अवस्था भी तो 'गदह पच्चीसी' की ठहरी। अल्लढ़पन से उनकी परछाईं पर संदेह करना उचित नहीं। सखी साक्षात् 'सावित्री' हैं, यह मैं आधी गंगा में खड़ा होकर कह सकता हूं। (3.1.25)

96. खुदा खैर करे, सुनते हैं **प्रयाग** की छोटी 'बी' **मतवाला** से भिड़ने के लिये घांधरे के ऊपर लंगोट चढ़ाकर अखाड़े में डट गई है। अमां 'लखनऊ वाली' की छोटी ...न है। खुदा के फजल से अपना उनका रिश्ता ही ऐसा मधुर है। (3.1.25)

97. **हिंदी-साहित्य-सम्मेलन** के भिक्षुकों की टोली बड़ा बाजार की गलियों में प्रायः महीनों से फेरी लगा रही है, परंतु अभी तक झोली भरने के कोई लक्षण नहीं दिखाई देते। बात असल यह है कि फजूल खर्ची का परिणाम बड़ा बाजार के धनवानों की समझ में आ गया है। (17.1.25)

98. हिंदुस्तान की सरकार इन संपादकों के मारे हैरान है। नित्य ही, दो-चार को पकड़-पकड़ जेलों में ठेला करती है, परंतु रक्तबीज का वंश खतम होने का नाम ही नहीं लेता। एक के बाद दूसरा न जाने कहां से टपक पड़ता है। सरकार को चाहिये किसी 'पुरश्चरणी पंडित' से इनके नाश की उलटी माला फेरवाना आरंभ कर दे, वरना ये चैन नहीं लेने देंगे। (17.1.25)

99. **मतवाला** को अपने एक विश्वस्त गुप्तचर से पता लगा है कि किसी सज्जन ने स्थानीय किसी उदाराशय धनी व्यक्ति से प्रसिद्ध देशभक्त **लाला राधामोहन गोकुलजी** के नाम पर सहायतार्थ कुछ रुपये लिये हैं। **मतवाला-मंडल** को यह सुनकर अत्यंत आश्चर्य हुआ है; क्योंकि वह **गोकुलजी** तथा उनकी निस्पृहता से बहुत दिनों से परिचित है और यदि उसका अनुमान गलत न हो तो **लालाजी** ने आज तक वैयक्तिक स्वार्थ के लिए कभी किसी से सहायता के रूप में कुछ नहीं लिया है। जो हो, **राधामोहनजी** इस समय कलकत्ता में उपस्थित हैं। अतएव इस खबर की सत्यता के संबंध में हम उनकी ओर से कुछ सुनना चाहते हैं। (17.1.25)

100. प्रायः लोग पूछा करते हैं कि हिंदी में जो इतने अधिक अखबार निकलते चले जाते हैं, आखिर खायेंगे क्या? अजी वाह, क्या खूब सवाल है! पाठकों की

खोपड़ी के सिवा और क्या खायेंगे? अगर वह भी न मिलेगी, तो सरकार का सिर खायेंगे। कहीं अभाग्यवश वह भी न मिला, तो अपने मां-बाप की खोपड़ी चबा जायेंगे। (7.2.25)

101. **वर्तमान** के संपादक **श्रीयुत् रमाशंकरजी अवस्थी** गिरफ्तार हो गये। संयुक्त प्रांत की नौकरशाही के पथ का महान कंटक दूर हो गया। **लार्ड मेस्टन साहब** को शीघ्र ही ब्रह्मभोज की व्यवस्था करनी चाहिये। क्योंकि ऐसे शुभ अवसर बारंबार नहीं आया करते। श्राद्ध का यही मौका है। (7.2.25)

102. संयुक्त प्रांत के हिंदी पत्रों को चाहिये, कि किसी ज्योतिषी से अपनी जन्म कुंडलियां दिखाकर यथासाध्य शीघ्र साढ़े साती की शांति की व्यवस्था ले लें। मेस्टनशाही को सहज न समझें। (7.2.25)

103. हिंदी की अखबारी दुनिया में इधर कुछ दिनों से विशेषांकों की आंधी-सी आ गई है। विशेषांक की बीमारी बढ़ रही है। हिंदी बेचारी को कहीं विशेषांक विशूचिका तो नहीं हो गई है? (14.2.25)

104. सुनते हैं, **श्रीयुत् अन्नपूर्णानंदजी** फिर **भूत** के संपादक होने वाले हैं। शायद इससे उनकी 'नवोढ़ा' अत्यंत चिंताकुल हो रही हैं। कहीं ऐसा न हो कि इस संपादक की बदौलत उनकी फिर एक शादी हो जाये और वह डबल ग्रेजुएट बन जायें। यदि वे नहीं मानेंगे तो उनकी बीबी भी किसी ऐसे ही पुर-असर संपादकीय आसन की तलाश करेंगी। इसलिये आशा नहीं है कि वे बुलानाले की ओर मुंह करें। (14.2.25)

105. ऐसे आनंदोत्सव के अवसर पर भइया **भूत** को कैसे भूलें? अहा, **मौजी, रसगुल्ला, गोलमाल** आदि 'सवा लाख नाती-पोतों' में वही तो एक नाम लेवा पानी देवा रह गया है! अल्लाहताला उसे सेहत कुली अता फरमायें और कम से कम अगले पितरपख तक तो अवश्य ही सलामत रखें, नहीं तो पानी की आशा पर एकदम पानी फिर जायेगा। (14.2.25)

106. **स्वदेश** के दूसरे संपादक पर भी गोरखपुर की पुलिस ने दांत गड़ा दिया। उनके शरीर से बोलशेविज्म की ऐसी उत्कट दुर्गंध आई कि थाने में बैठे-ही-बैठे पुलिस की नाक फट गई। खैरियत हुई जो वह बेचारी बच गई। नहीं तो यह सोलहों आने जान जाने ही का खतरा था। (14.2.25)

107. **वर्तमान** संपादक **श्रीयुत् रमाशंकर अवस्थी** को महज दो हजार की जमानत पर छोड़कर अदालत ने भयंकर भूल की है। कहीं **अवस्थीजी** 'उलटों महि जहं लगि तब राजू' कहकर परशुराम बाबा की तरह सरे मैदान में डट जायें तो संयुक्त प्रांत की नौकरशाही बेचारी कहीं की न हो। (14.2.25)

108. सुनते हैं, **अवस्थीजी** सहज ही नौकरशाही की मेहमानदारी नहीं कबूल करेंगे, लड़ेंगे। लड़ें चाहे भिड़ें। राम की दया से बहुत दिनों पर शिकंजे में आये हैं। रससागर नटनागर को पाकर नवेली नौकरशाही **भुज-भर** भेंटे बिना कदापि नहीं मानेगी। (14.2.25)

109. हवालात में सत्रह महीने तक **पथिकजी** का अचार डाल कर अब एक वर्ष के लिये जेल में सड़ने-गलने को भेजा गया है। न्याय का नमक-मसाला ऐसे तुले अंदाज से पड़ा है कि **पथिकजी** बड़े स्वादिष्ट अचार तैयार होंगे। देखियेगा, निर्दोष-पीड़न व्यर्थ न जायगा। महाकालदेव उसी अचार के साथ रियासत-रूपी रोटी खा जायंगे। लोग बेकार कहते हैं कि देशी राज्यों का पक्ष समर्थन करना चाहिये। इसी बात को यों सीधी तरह क्यों नहीं कहते कि अन्याय और अत्याचार का समर्थन करना चाहिये। (21.2.25)

110. **भूत** का संपादन करने के कारण **श्रीयुत् अन्नपूर्णानंदजी** ग्रेजुएट ही नहीं बन गये, बल्कि उनकी शादी भी हो गई। रंडुओं और कुंआरों को चाहिये कि **भूत** की संपादकी प्राप्त करने के लिये भूतनाथ अर्थात् प्रोपराइटर भूत की सेवा में शीघ्र दरखास्तें भेज दें। घर आबाद कर लेने का ऐसा नायाब मौका फिर हाथ नहीं लगेगा। (7.3.25)

111. सुनते हैं **भूत** की सेवा करने से **बाबू अन्नपूर्णानंदजी** की आशा **काशी** के पास ही **आशापुर** में पूरी हुई है। वर्तमान **भूत** संपादक को होशियार रहना चाहिये। उनकी आशा कहीं निराशापुर में न चली जाय। (7.3.25)

112. मित्रवर **चांद**—संपादक का यह कर्तव्य है कि वे **चांद** के अगले अंक में **प्रताप**—संपादक को उत्तर देते हुए **महात्माजी** के इस वाक्य का भी सप्रमाण और सचित्र खंडन प्रकाशित करें। "संतानोत्पत्ति की इच्छा बिना संभोग पाप है।" उफ! पाप की यह परिभाषा सुनकर कहीं भारतीय नवयुवक जहर न खा जाय। (21.3.25)

113. **डॉ. दीनानाथ सिगतिया** का **गोलमाल श्रीयुत् मूलचंदजी** के **विश्वामित्र** में मिलकर अनंग हो गया। डाक्टर ने ऐसा 'डोज' पिलाया कि मरा नहीं और जीता भी नहीं रहा। (21.3.25)

114. अफसोस! बेचारा **मौजी** अकाल में ही काल-कवलित हो गया। इससे मालूम होता है, कि **मतवाला** का वंश नहीं चलेगा। भैया **भूत** सावधान! बी. 'लखनऊ वाली' का मृतवत्सा-रोग बढ़ता ही जाता है। पिंडा-पानी के लिये किसी होनहार बालक को गोद लेने की चेष्टा करो। (21.3.25)

115. **मुस्लिम लीग** ने सरकार से प्रार्थना की है कि म्युनिसिपलिटियों और ज़िला

बोर्डों में उर्दू की जगह हिंदी का प्रवेश रोक दिया जाय। हमारी भी यही राय है, क्योंकि काफिरों की भाषा है, हद से ज्यादा सीधी-सादी है, उसके अक्षर इतने सरल हैं कि जरा भी दिमाग लड़ाना नहीं पड़ता, सबसे बढ़कर आपत्तिजनक है उसका विराट लिंग-विभ्राट! और उर्दू? अहा! न पूछिये जनाब! विलासिनी बेगमों की प्यारी जबान है! पालटपंथी बादशाहों और नवाबों के महलों में पली है। नफासत और नजाकत यहां तक कि सारा साहित्य ही चाकलेट-चर्चा से भरा पड़ा है। अक्षर अमरबेल-को भी मात करने वाले-अगर लिखनेवाला हो, तो 'शार्टहैंड' वाले झख मारते रह जायं—लिखें मूसा और पढ़े खुदा! लिखावट इतना मानीदार कि—

लिख्यौ हकीम औषधी में, 'आलू बोखारा'।
उल्लू बनो मोलबी पढ़ि—'उल्लू बेचारा'॥
साहिब 'किस्ती' चहो पठाई मुनसी 'कसबी'।
'नमक' पढ़ायो भई 'तमस्सुक' की जब तलबी॥
पढ़त 'सुनार' 'सितारा' 'किताब' 'कबाब' बनावत।
'दुआ' देतहूं 'दगा' देन को दोष लगावत॥
मेम साहिबा 'बड़े-बड़े मोती' चाह्यो जब।
'बड़ी-बड़ी मूली' पठवायो तसिल्दार तब॥ (28.3.25)

116. बड़े ही संतोष की बात है कि **पूज्यपाद स्वर्गीय बालकृष्ण भट्ट** के संपादकत्व में लगातार 30 वर्षों तक प्रकाशित होकर हिंदी और हिंदुस्तान की निःस्वार्थ सेवा करने वाला प्राचीन प्रतिष्ठित मासिक पत्र **हिंदी-प्रदीप** अब फिर भट्टजी के सुयोग्य पुत्र **पं. जनार्दन भट्ट एम.ए.** के संपादकत्व में शीघ्र ही कलकत्ता से निकलने जा रहा है। भट्टजी के लोकांतरित होने पर श्रद्धेय द्विवेदी जी ने **सरस्वती** में तब लिखा था—"हम भट्टजी का प्रतिबिंब 'जनार्दन' में देखना चाहते हैं।" अब यह कौन कह सकता है कि द्विवेदीजी सफल भविष्यवाणी नहीं करते? (4.4.25)

117. **भट्टजी** के यशस्तंभ को ऊंचा होते देखकर हम इसलिये इतने तृप्त हो रहे है कि **भट्टजी** ने जिस हिंदी प्रेम-मिश्रित स्नेह से **जनार्दनजी** का हृदय सींचा था, आज उसी 'स्नेह की धारा' **हिंदी-प्रदीप** को प्रज्ज्वलित करने जा रही है। हमें सबसे अधिक प्रसनंता इसी बात की है कि **हिंदी-प्रदीप** के प्रथमांक की समालोचना करते हुए हमारे वयोवृद्ध सहयोगी **स्वतंत्र** को भविष्यवाणी करने का अच्छा अवसर मिलेगा। वह निश्चय ही कहेगा—"एक बार हमने कहा था कि **भट्टजी** का अनन्य हिंदी-प्रेम किसी-न-किसी दिन अवश्य फल देगा।

यह लीजिये, **हिंदी-प्रदीप** पुनः अवतीर्ण हुआ, हुई न हमारी बात सच?" बेशक! (4.4.25)

118. **संदेश**—संपादक **पंडित नेकीरामजी शर्मा** का यह दुर्भाग्य ही कहना चाहिये कि भारतवर्ष में मशाल लेकर ढूंढ़ने पर भी उन्हें अंग्रेजों की न्यायबुद्धि नाम की कोई चीज नजर नहीं आती!अफसोस! प्रपीड़ित—**पंजाब** में रहकर भी धृतराष्ट्र ही बन गये। अजी शर्माजी महाराज! गोद में लड़का और शहर में ढिंढोरा? रखिये मशाल, जलाइये दियासलाई की बत्ती, देखिये—हम आपको दिखाते हैं अंग्रेजों की न्याय बुद्धि के नमूने। गिनते जाइये। **जलियांवाला बाग** एक, **गुरु का बाग दो, नाभा-कांड** तीन, **बंगाल-आर्डिनेंस** चार, **बस्तर-मयूरभंज** पांच, **प्रवासी-भारतीय**-प्रश्न छः। अब सूझ पड़ा न? आप आंख मूंदकर मशाल क्यों थामते हैं? आंखों से भी काम लीजिये। अंग्रेजों की न्याय बुद्धि भी जुगुनू की दुम की तरह आप ही चारों ओर जगमगा रही है। (4.4.25)

119. **वर्तमान**—संपादक की प्रार्थना पर श्रीमान् **द्विवेदीजी** ने जो आशीर्वाद प्रदान किया है, उसका फल तो हाथों-हाथ मिल गया। क्योंकि आगामी 16 तारीख को फिर **वर्तमान** के मुकदमे की पेशी होने वाली है। दुहाई द्विवेदी जी महाराज की! कृपाकर दो-चार और अखबारों को ऐसा ही शुभाशीर्वाद प्रदान कर दीजिये। (11.4.25)

120. **दशरथजी** के ससुराल जाने पर **स्वदेश** को गोरखपुर वाले पचा गये। आशा है, **अवस्थीजी** की अनुपस्थिति में **कानपुर** वाले भी गोरखपुरियों का आदर्श पालन करेंगे। (2.5.25)

121. **कानपुर** के दैनिक **वर्तमान** के संपादक **अवस्थी जी** ससुराल चले गये। अब हिंदी वालों की भलमनसी तो यही है कि उनके लौटते-लौटते वे **वर्तमान** को हजम कर जायं। (2.5.25)

122. **चांद** का 'वेश्या-अंक' निकल गया। बी. **मनोरमा** को 'मुमताज-अंक' निकालना चाहिये। होड़ तो होड़ ही सही। (2.5.25)

123. **कानपुर** के धनी-धोरियों का कर्तव्य है कि **वर्तमान** को बिगाड़कर **भविष्य** को बनावें। अगर उनके जीते-ही-जी **वर्तमान** भी जीता रहा, तो भलमनसी कहां रही? (2.5.25)

124. उचित मूल्य पाकर कितने ही हिंदू कसाइयों को गायें और बूढ़ों को लड़कियां दे देते हैं, ऐसी दशा में यदि बीस हजार में **भारतमित्र** वर्णाश्रमियों के हाथ बिक रहा हो तो आश्चर्य ही क्या है। रुपये के लिये

इस देश में क्या-क्या नहीं होता! (9.5.25)

125. हिंदी-पत्रों के लकड़दादा सहयोगी **भारतमित्र** की चिता भस्म पर वर्णाश्रम पक्षियों का तांडव नृत्य होने वाला है। सहयोगी के जराजीर्ण कंकाल पर गिद्धों की लोलुप दृष्टि पड़ चुकी हैं। **कलकत्ता** के हिंदी-हितैषियों को 'हासातमासा' की तैयारी आरंभ कर देनी चाहिये। (9.5.25)

126. **कलकत्ता** के हिंदी वाले और हिंदू सभा वाले सब मूसलों से ढोल पीटना आरंभ कर दें, क्योंकि उनके जीते जी **भारतमित्र** स्वर्ग जा रहा है। उपयुक्त उत्तराधिकारियों के सामने संसार से उठ जाना बूढ़ों के लिये बड़े सौभाग्य की बात है । (9.5.25)

127. **भारतमित्र** के संपादकीय मसनद पर जहां **श्रीमान् गर्देजी** विराजमान हैं, नवीन व्यवस्था होने पर वहां धर्मभवन के **भगदत्त भैरव** और **बाबा ज्ञानानंद** के परित्यक्त 'लटकन' श्रीमान् वेदांताचार्य वीपिंग फिलासफर विराजेंगे। पुरोडाश का स्वाद रासभ लोग भी चखेंगे। बधाई है। (9.5.25)

128. **चांद** के संपादक महाशय **प्रताप**—संपादक पर क्षतिपूर्ति के लिये अदालत में **5,000/-** का दावा करना चाहते हैं। वाह! चांद-सा मुखड़ा और कटारी-सी आंखें? (9.5.25)

129. मोटी धात्री के होते हुए भी भैया **स्वार्थ** को सूतिकागार में ही ऐंठ जाना पड़ा। **प्रयाग मर्यादा** को ऐन जवानी में 'काशी प्राप्ति' हो गयी। अब बेचारी **प्रभा** भी **स्वामी सत्यदेव** की तरह कैलाश-यात्रा करने वाली है। हिंदी-प्रेमियों की दशा तो ठीक उन कलयुगी मनुष्यों की तरह हो रही है, जो "कुलवंती निकारहिं नारि सती, गृह आनहिं चौरहिं चोर गती।" अभागे चिल्लू भर पानी में डूब क्यों नहीं मरते! (23.5.25)

130. **ब्राह्मण समाचार** का 'रावणांक' देखकर हमारे एक राजपूत मित्र अपने छोटे से मासिक पत्र का एक बृहत् 'कंसांक' निकालने वाले हैं। आपका कहना है कि राजा उग्रसेन जैसे साधु पुरुष का बेटा कभी ऐसा नालायक नहीं हो सकता। यह सब देख सुनकर **मतवाला** का भी एक—'पियक्कड़ांक' निकालने के लिये बंदे की तबियत मचल रही है। यदि भगवती सुधा देवी की दया बनी रही तो आगामी होली के शुभ अवसर पर एक शानदार 'पियक्कड़ांक' निकलेगा और उसमें सभी पौलस्त्यवंशी पियक्कड़ों के सचित्र कारनामे रहेंगे। (23.5.25)

131. गत तारीख **20 मई 1925** के **मतवाला** में **फिजूलखर्ची** शीर्षक एक कविता महाकविवर(!) **गजाधर तिवारीजी** की छपी है। एक साहित्यिक जासूस ने

रिपोर्ट दी है, कि वह कविता **पूज्यपाद आचार्य द्विवेदीजी** की है और **इंडियन प्रेस (प्रयाग)** की 'अपर प्राइमरी जेनरल रीडर' के **पृष्ठ 113** पर छपी है। उसी के 'परोबाल' नोचकर **श्रीमान गजाधरजी** ने अपना बना लिया है। **लाला तूफान प्रसाद** ग्रेजुएट की राय है, कि आजकल साहित्यिक डाकेजनी का नंबर बढ़ गया है, इसलिये ऐसे डाकुओं को काबुल भेजकर 'संगसार' करा देना चाहिये। परंतु अपने राम की राय तो यह है कि **श्रीमान् द्विवेदीजी** के माल पर समस्त हिंदी-जगत का पूर्ण अधिकार है, उस पर जो चाहे दखल जमा सकता है, इसलिये सबसे पहले अपना 'हक' हासिल कर लेने के लिये महाकविजी को बधाई दी जानी चाहिये। (13.6.25)

132. प्रातः स्मरणीय **श्री विजयसिंहजी पथिक** देशभक्त हैं, देशमाता के सच्चे सेवक हैं, स्वयंसेवक-वाहिनी के वीर सिपाही हैं, मेवाड़ की मदांध राजसत्ता उन्हें उनकी देशभक्ति का पुरस्कार प्रदान कर रही है। निर्जन कारावास क्या चीज है, **पथिक** जैसे वीरों का पुरस्कार तो सूली है। मातृभूमि का अनन्य भक्त अपने इष्टदेव के चरणों में आत्मबलि देने जा रहा है। उसके इस आत्म-विसर्जनों की कथा मातृभूमि की मुक्ति में महामंत्र का काम करेगी। ऐसी दशा में उसके छुटकारे के लिये अधिकारियों से प्रार्थना करना उस पवित्र आत्मा का अपमान करना है। खबरदार, देशभक्त का अपमान न करना! (13.6.25)

133. वर्षों तक **पथिक**-प्रवर को न्याय का नग्न नृत्य दिखाकर, अंत में **मेवाड़** की हाईकोर्ट ने उनके विरुद्ध कोई प्रमाण न पाया, इसलिये लाचार होकर छोड़ दिया गया। परंतु **पथिक जी** के कद्रदानों को संतोष कैसे हो? उन्होंने हाईकोर्ट की नानी यानी एक कमीशन बुलाकर **पथिकजी** को सुपुर्द किया। कमीशन ने **पथिकजी** को पांच साल तक कुंभलगढ़ या राहाड़ी के निर्जन दुर्ग में निवास करने की व्यवस्था दी है। ईश्वर करें कमीशन वाले दूधों नहाय, पूतों फलें और मरने पर इंद्र के अखाड़े की शोभा बढ़ाते रहें। वास्तव में बेचारों ने न्याय की नाक रख ली। (13.6.25)

134. अच्छा जनाब, अब जरा होशोहवास की बातें सुन लीजिये। इक्कीस महीने से बेचारे **पथिक उदयपुर** में सड़ाये जा रहे हैं। उनके विरुद्ध कोई प्रमाण न होने पर भी उन्हें निर्जन कारावास की अमानुषिक सजा दी गई है। परंतु यार लोग अभी तक 'न्याय-न्याय' चिल्लाते ही जा रहे हैं। कोई **उदयपुर** के महाराणा की न्यायनिष्ठा की दुहाई देता है, तो कोई राजकुमार साहब की इंसाफ परवरी के तराने उड़ा रहा है। मालूम नहीं लोगों ने बेचारे न्याय को इतना बेहया क्यों समझ लिया है? इतनी लांछना भोगने पर यदि अभागे न्याय ने **उदयपुर** का

पिंडदान न छोड़ा हो तो उसे पंगु ही समझना चाहिये। (13.6.25)

135. कलकत्ता का सुप्रसिद्ध सहयोगी **अग्रसर** छः हजार का तावान सहकर अकस्मात् 'पश्चाद्पद' हो गया। हिंदी पत्रों की जनसंख्या के साथ ही मृत्यु संख्या भी बढ़ती जा रही है। **चांद** के **सहगलजी** 'संतान-निग्रह' की तरह 'पत्र-प्रसव-निग्रह' के लिये भी कोई अभिनव 'फ्रेंचलेदर' आविष्कृत कर सके तो हिंदी का बड़ा उपकार हो। (20.6.25)

136. **चांद** का 'वेश्या अंक' तो 'सद्यफल प्रसू' साबित हो गया। उसकी बदौलत चार वेश्यायें विवाह करने को तैयार हैं। वेश्याओं के पास माल भी है फलतः विवाह करने वालों को दहेज भी खासा प्राप्त हो जायगा। यदि वयोवृद्धा सखी **सरस्वती** सखी **माधुरी** और छोटी सखी **मनोरमा** भी दया करके अपना एक-एक वेश्या अंक निकाल डालें तो खुदा की कसम कितने ही घर आबाद हो जायें। **मतवाला** राम भी अब की मुहर्रम में अपना 'रंडुआ अंक' निकालकर तकदीर आजमाई करने वाले हैं। (27.6.25)

137. **भारतमित्र** के संपादकीय आसन पर संपादकाचार्य **पंडित रुद्रदत्तजी, पं. अमृतलालजी चक्रवर्ती, पं. प्यारेलाल मित्र, बा. बालमुकुंद गुप्त, पं. अंबिका प्रसाद बाजपेयी** और **पं. लक्ष्मण नारायण गर्दे** आदि कितने ही पंडित प्रवर विराज चुके हैं। इस मराल-मंडल में **चतुर्भुजजी** के आ जाने से, आशा है, 'गोरे गाल पर काल गोदनवां' की तरह शोभा कुछ और ही बढ़ जायगी। (18.7.25)

138. हाय, हाय, अंतिम खबर ने तो सारा गुड़-गोबर कर दिया। सुनते हैं बेचारे **चतुर्भुज** जी केवल शिखंडी का ही 'पार्ट' अदा किया करेंगे। टट्टी की ओट में शिकार खेलने वाले कोई और ही धनुर्धर होंगे। अब की तो 'लंबोदर कुमार' ने किसी तरह इज्जत रख ली है। आइंदे के लिये राम मालिक है। (18.7.25)

139. सहयोगी **भारतमित्र** अब **जी हजूर पार्टी** के हाथों में चला गया । इस लिये श्रद्धेय **पंडित लक्ष्मण नारायण गर्दे**, मित्रवर **पंडित वासुदेवजी मिश्र** और **बा. हरिनंदन सिंह** उसके संपादकीय विभाग से अलग हो गये। बरसात में इन कोकिलों की जरूरत भी तो नहीं। 'अब तो दादुर बोलिहें इन्हें पूछि हैं कौन! (18.7.25)

140. **भारतमित्र** के नये संपादक हुए हैं, कोई **पं. चतुर्भुज त्रिवेदी**। वास्तव में 'संघ' वालों ने संपादक चुनने में बड़ी दूरदर्शिता से काम लिया है। अथवा यों कहिये, कि चारों हाथ-पैर लगा दिया है। क्योंकि इस बुढ़ौती में बिना

'चतुर्भुज' के किसी 'द्विभुज' संपादक द्वारा सहयोगी का संभलना बहुत कठिन था। (18.7.25)

141. मध्य प्रांत की सरकार ने कविवर **मैथिलीशरण गुप्त** की **भारत-भारती** में छपी हुई **ईश विनय** शीर्षक कविता जब्त कर ली है। अंग्रेजी अमलदारी में **ईश विनय**!!! लंका में बैठकर रामनाम! सरकार को चाहिये कि गुप्त जी को कहीं **'इंटर्न'** करके उनका गुप्त नाम सार्थक कर दे। (25.7.25)

142. गुप्तजी की इस कविता को सूंघकर जिसने उसमें राजद्रोह की गंध का पता लगाया है वास्तव में उसकी नाक वैज्ञानिकों के बड़े काम की चीज है। मध्यप्रांत की सरकार को चाहिये कि उसे काटकर अपने जासूसी विभाग को सौंप दे ताकि राजद्रोह का खटका हमेशा के लिये मिट जाये। (25.7.25)

143. हत्तेरे नशे की ऐसी तैसी। परमपूज्य **पंडित अंबिकाप्रसादजी वाजपेयी** का शुभ नाम तो भूल ही गया था। अभी हाल में **गोस्वामी तुलसीदासजी** की एक चौपाई के संबंध में आपने जो 'रिसर्च' कर डाला है, आपके सभापतित्व के लिये वही काफी से बढ़कर है, और सिफ्तों का तो जिक्र ही क्या! सुनिये, "काव्यविवेक नेकु नहीं मेरे। सत्य कहौं लिखि कागद कोरे।" लिखने के समय **गोस्वामीजी** को काव्य ज्ञान नहीं था, यह तो स्वीकार ही नहीं किया जा सकता। इसका यदि कोई अर्थ हो सकता है तो यही कि धारा प्रवाह की भांति कविता **गोस्वामीजी** के मुंह से निकल जाती थी, वे बिना सोचे विचारे ही लिखते जाते थे। इसीलिये उन्होंने यह चौपाई लिख दी। क्या समझा आपने? जिसके मुंह से धारा प्रवाह की भांति कविता निकल जाती हो, बस समझ लीजिये, कि उसमें 'काव्यविवेक नेकु' नहीं है, इतने पर भी यदि **वाजपेयी** सम्मेलन के सभापति न बनाये गये तो कहना होगा कि हिंदी वाले बड़े ही कृतघ्न हैं। (1.8.25)

144. सहयोगी **कर्मवीर** लिखता है, कि कविवर **मैथिलीशरण गुप्त** की **ईशवंदना** शीर्षक कविता मध्यप्रांत की सरकार ने केवल **बरार** के लिये जब्त किया है। यह सुनकर लोगों को आश्चर्य हो रहा है। परंतु हमें तो इसमें आश्चर्य की जरा भी गुंजाइश नहीं मालूम होती। क्योंकि यह सभी जानते हैं, कि घी मनुष्य के लिये अत्यंत उपकारी होने पर भी कुत्ते के लिये अनिष्टकारी है। ऐसी अवस्था में यदि वह कविता **बरार** के लिये मुंजिर साबित हुई तो कौन-सी आश्चर्य की बात है? (1.8.25)

145. **हिंदी-साहित्य-सम्मेलन** का 16वां अधिवेशन आगामी 7, 8 और 9 नवंबर को वैष्णवों के पुण्यधाम वृंदावन में होगा। स्वागत-समिति के अध्यक्ष हैं,

पं. राधाचरण जी गोस्वामी और मंत्री पं. **छबीलेलाल गोस्वामी**। यदि सम्मेलन के सभापति **पं. किशोरीलालजी गोस्वामी** बना दिया जायें, तो **गोस्वामी तुलसीदासजी** के "जस दूल्ह तस बनी बराता" उक्ति एक बार फिर सार्थक हो जाये और सम्मलेन भी खासा 'गोस्वामियों का गिरोह' बन जाये। (1.8.25)

146. **वृंदावन** ब्रजभाषा का केंद्रस्थल है, इसलिये **पंडित जगन्नाथ प्रसाद चतुर्वेदी** की राय है कि ब्रजभाषा मर्मज्ञ सज्जन ही सभापति का आसन सुशोभित करें। परंतु **मतवाला** की जोरदार राय यह है, कि वृंदावन और मथुरा में बंदरों और कछुओं की बड़ी भरमार है। इसलिये सम्मेलन का सभापति कोई इन्हीं श्रेणियों का साहित्यसेवी बनाया जाय। (1.8.25)

147 **पं. जगन्नाथ प्रसादजी चतुर्वेदी** ने सम्मेलन के सभापति के लिये कई नामों के साथ व्याख्यानवाचस्पति **पंडित दीनदयाल शर्मा** का भी नाम लिया है। 'शर्कराभावे शालिचूर्णम' की व्यवस्था बुरी नहीं। क्योंकि यह शास्त्रीय उक्ति है। (1.8.25)

148. **वृंदावन** के लिये **रत्नाकरजी** और **हीराचंदजी** का नाम लेकर चतुर्वेदी जी ने बड़ी गलती की है। जंगल और जवाहिरात से क्या वास्ता? 'वन' के लिये तो 'दान' ही उपर्युक्त जंचते हैं और वह 'दीन' जिन्हें 'लाला भगवा न दीन।' यदि वन में पाकर कोई लूटने की इच्छा भी करें तो मुंह बा कर रह जाये! (1.8.25)

149. एक हिंदी प्रेमी सज्जन की राय है, कि काशी के रईस **श्रीयुत् शिवप्रसाद गुप्त** ने तन, मन और धन से हिंदी की सेवा की है और करते हैं, इसलिये अब की सम्मेलन के सभापति का आसन वही सुशोभित करें। वास्तव में प्रस्ताव अति उत्तम है, परंतु संदेह है कि इतने 'वजनदार' सभापति का बोझ सम्मेलन का सिंहासन बरदाश्त कर सकेगा। (1.8.25)

150. परंतु अपने राम की तो यह राय है, कि चाहे कुर्सी टूटे या रहे, अब की **गुप्तजी** ही सम्मेलन के सभापति बनाये जायें और इसके बाद दो-चार वर्ष तक सम्मेलन का अधिवेशन बिना सभापति के ही हुआ करे, तो कोई हरज नहीं, क्योंकि अकेले **गुप्तजी** ही प्रायः पांच सभापतियों के बराबर हो सकते हैं। (1.8.25)

151. सम्मेलन के सभापतित्व के हकदार वयोवृद्ध साहित्यसेवी **पूज्यचरणषट मिश्रबंधु** भी हैं। परंतु एक साथ ही तीन पति होने से सम्मेलन-सभा कहीं द्रौपदी न बन जाये, इसलिये आशा है, मिश्रबंधुओं को सभापति चुनने की गलती न की जायेगी, गो उनकी सेवायें स्तुत्य हैं, इसे कोई अस्वीकार

नहीं कर सकता। (1.8.25)

152. सम्मेलन के सभापतित्व के लिये **पं. जगन्नाथ प्रसाद चतुर्वेदी** ने जो नाम पेश किये हैं, उनमें उनके परम मित्र, सुविख्यात साहित्य शिल्पी **तीर्थत्रयी पं. सकलनारायण शर्मा** का नाम न देखकर कुछ लोगों का कहना है, कि आखिर **चतुर्वेदीजी** की इस अहसान फरामोशी का हेतु क्या है! **वृंदावन** में कोई 'बिहारी' ही सभापति बनाया जाये तो क्या बुरा हो? फिर शर्माजी ने हिंदी की सेवा भी तो कुछ कम नहीं की है। सम्मेलन के सभापति में ऐसी कौन सी विशेषता होनी चाहिये जो शर्माजी में चतुर्वेदी जी को नहीं दीख पड़ी? खुदा जाने चतुर्वेदीजी इन प्रश्नों का उत्तर क्या देंगे। परंतु मेरा तो अनुमान है, कि **वृंदावन** ठहरा तीर्थस्थान और शर्माजी के सभापति हो जाने से वृंदावन 'महातीर्थराज' बन जाये, तो बेचारे असली तीर्थराज **प्रयाग** की बड़ी हतक होगी। कट्टर सनातन धर्मावलम्बी **पं. जगन्नाथ प्रसाद चतुर्वेदी** भला 'तीर्थराज' की तौहीन कब तक कर सकते हैं। (1.8.25)

153. एक बात और भी है! सुनते हैं, 'वृंदा' और 'नारायण' में कोई प्रिय संबंध भी था। कहीं **वृंदावन** में जाकर **सकलनारायणजी** ने उस पुराने 'जग'आलूदा' संबंध को रगड़कर फिर से ताजा कर लेने का विचार किया तो वास्तव में बड़ी मुश्किल होगी। इसलिये जब किसी 'पलास-वन' में **हिंदी-साहित्य-सम्मेलन** का अधिवेशन हो तब पं. सकलनारायणजी सभापति बनाये जायें तो अच्छा है। (1.8.25)

154. निरामिषभोजी वैष्णवों के पवित्र तीर्थस्थान **वृंदावन** में होने वाले सम्मेलन के सभापतित्व के लिये 'चिंगड़ीखोर' बंगाली **पं. अमृतलालजी चक्रवर्ती** का नाम लेना ही वृथा है। एक तो कच्छपगर्भा 'जमुना मैया' यों ही **मथुरा-वृंदावन** से नाराज होकर भागी जा रही हैं, कहीं **चक्रवर्तीजी** सभापति बना दिये गये तो उनकी मत्स्यवाहिनी पर एक नई आफत आ जायेगी। इसलिये, पं. चक्रवर्ती ने अपना सारा जीवन हिंदी-सेवा में बिता तो दिया है, परंतु क्या कहा जाय 'जमुना मैया' की राजी-नाराजगी का तो ख्याल करना ही होगा। (1.8.25)

155. बूढ़े दादा **श्रीमान राधामोहनगोकुलजी** ने गत 18 जुलाई को 'मेरी शंका' शीर्षक एक छोटा-सा परचा वितरण कराया था। उसमें हिंदू पंडितों से पूछा गया था, "जो विधवायें ब्रह्मचर्य का पालन न कर सकें उनका पुनर्विवाह कर देना अच्छा है या उनका विधर्मिनी हो जाना, व्यभिचार कराना, वेश्या बन जाना और भ्रूणहत्या कराना अच्छा है?" परंतु किसी पंडित ने आज तक दादाजी की इस शंका का समाधान नहीं किया। करें कैसे, अभी-अभी तो

सावन बीता है, महोदर के मैदान में खीर-पूरी का तुमुल द्वंद्व जारी है। सामने पहाड़-सा 'पितरपख' खड़ा है और उसके पीछे देवपक्ष ताक लगाये डटा है। "एक व्याधि ते नर मरहिं, ये असाध्य बहु व्याधि।" बेचारों को फुर्सत कहां है, जो ऐसी-ऐसी तुच्छ शंकाओं का समाधान करते फिरें? (8.8.25)

156. परंतु **दादाजी** को चैन कहां? एक दिन पोपला मुंह लिये लकुटिया टेकते पूज्यपाद बड़े बाबा, **महात्मा गांधी** के पास पहुंचे। बड़े बाबा ने कहा, बहुत विचार के बाद मैं इस नतीजे पर पहुंचा हूं, कि जो विधवा ब्रह्मचर्य का पालन न कर सकती हो, उसका पुनर्विवाह करना जरूरी ही नहीं अपितु धर्म है। भाड़ में जाय ऐसा धर्म। जो विधवा ब्रह्मचर्य का पालन न कर सकती हो, उससे जबरदस्ती पालन कराया जाय! ब्रह्मचर्य का पालन ही नहीं करना था तो विधवा क्यों हुई? सनातन धर्मावलंबी हिंदू के घर में जन्म लेना क्या कोई हंसी खेल समझ लिया है? (8.8.25)

157. सखी **माधुरी** की चौथी और **मतवाला** की तीसरी वर्षगांठ एक साथ ही सानंद संपन्न हो गई। इस नैसर्गिक मेल के लिये परमात्मा को धन्यवाद और चौथे वर्ष में खुशी-खुशी प्रवेश करने के लिये 'सखी' को बधाई है। या परवर दिगार! सखी का हुस्नोजमाल दिन दूना रात चौगुना तरक्की करता रहे। (8.8.25)

158. अपनी तथा सखी **माधुरी** की वर्षगांठ के उपलक्ष में **मतवाला** अपने अन्यान्य प्रेमियों तथा प्रेमिनियों, सहयोगियों और सहयोगिनियों को भी सप्रेम अभिवादन करता है और उनके स्वास्थ्य का 'रोस्ट' सहर्ष पान करता है। (8.8.25)

159. **प्रयाग** की छोटी सखी **मनोरमा** ने तो आजकल मियां **जहूर बख्श** से यारी कर ली है। इसलिये **मतवाला** के साथ ही महाकवि देव और हिंदुओं के परमसाध्य भगवान श्रीकृष्ण को भी खरी-खोटी सुनाने लगी है। कमसिनी के कारण अल्हड़पन यहां तक बढ़ गया है, कि समस्त हिंदू जाति को गुंडे से गालियां दिलवा चुकी है। परंतु कुछ भी हो अपने राम तो सखी के अनन्य प्रेमी हैं– "शिकवा करते हैं जबां से न गिला करते हैं। तुम सलामत रहो हम रोज दुआ करते हैं।" वर्षगांठ की खुशी में सखी को **मतवाला माधुरी** का बहुत-बहुत प्रेमालिंगन पहुंचे। (8.8.25)

160. ईश्वर न करे सुनने में आया है, कि हिंदी संसार की ब्रह्मचारिणी सखी **प्रभा, श्रीमती सरला देवी चौधरानी** की तरह वानप्रस्थ लेने वाली है। मालूम होता है 'चुनरी वाली' पत्रिकाओं के 'तीरे नजर' ने हिंदी वालों को अच्छी तरह घायल कर दिया है, नहीं तो ऐसी नशा हिरन करने वाली खबर क्यों सुनने में आती! (8.8.25)

161. हिंदी राष्ट्रभाषा होने वाली है। विभिन्न भाषा भाषी प्रांतों में उसके प्रचार के लिये उद्योग हो रहा है, ऐसी दशा में यदि **पंडित अमृतलालजी चक्रवर्ती** को आगामी **हिंदी साहित्य सम्मेलन** का सभापति बना दिया जायगा तो प्रचार-कार्य में भयंकर बाधा उपस्थित होगी और हिंदी वालों के सिर से कृतघ्नता का कलंक भी मिट जायगा। फलतः हिंदी वालों को ऐसी चेष्टा करनी चाहिये, जिसमें यह देदीप्यमान तिलक (कलंक) मिटने न पावे। (16.8.25)

162. **देहरादून-हिंदी-साहित्य-सम्मेलन** के मंत्री **पंडित नरदेव शास्त्री** घासपार्टी के आर्यसमाजी हैं और **पंडित अमृतलालजी चक्रवर्ती** ठहरे मत्स्यभक्षी बंगाली। फलतः यदि चक्रवर्तीजी को सभापति बनाया गया तो शास्त्रीजी को 'माछेर झोली' की व्यवस्था करनी पड़ेगी। ऐसी दशा में श्रद्धेय **पंडित राधाचरणजी गोस्वामी** ही सभापति बनें, क्योंकि आप वैष्णव हैं। और कुछ न सही, मंत्री और सभापति निरामिषभोजी तो होगा। क्योंकि जमाना अहिंसा का है। (16.8.25)

163. अब की **त्रिवेणी** तट की तपस्विनी वीणा-पुस्तक-धारिणी (**सरस्वती**) बड़ी सखी ने भी इस वृद्धावस्था में 'कांगरू-काव्य' के कारचोबी से आंचल अलंकृत करा डाला है। अच्छा हुआ, सखी ने 'सौखीन बुढ़िया चटाई का लहंगा' वाली कहावत पूरी कर दी। (29.8.25)

164. और सुनिये, सखी को यह नकली 'कलाबत्तू' प्रदान किया है, अजमेरी अखाड़े के कांगरू-काव्य विरोधी महाकविजी ने, जो नये ढंग की कविता देखते ही घबराहट के मारे लखनऊ वाली के लहंगे की ओर दौड़ गये थे, परंतु 'गुंजाइशाभाव' के कारण अंत में **कानपुर** की कर्मयोगिनी के आंचल में मुंह छिपाकर रो पड़े थे। कहिये कविजी, चोरी का गुड़ कैसा मीठा रहा? (29.8.25)

165. खैर! आशा है, कांगरू-काव्य की करामात अब कविजी की समझ में आ गई होगी! क्योंकि बिना अपने मरे स्वर्ग नहीं दिखाई देता। अपने 'नकली रबड़ छंद' की खींचतान में डालकर कविजी ने भाषा और भाव के जो छक्के छुड़ाये हैं, उसका सम्यक मजा तो बेचारे भुक्तभोगी ही जानते होंगे। यदि जबान होती तो बेचारे चीखते होते। (29.8.25)

166. अब की सखी **मनोरमा** का मनोरम रूप-लावण्य देखकर **मतवाला** महाराज मस्त हो गये हैं। क्योंकि—

"सिसुताई अजौं न गई तनते तउ जीवन जोति बटोरे लगी।
सुनि कै चरचा हरिचंद्र की कान कछूक दै भौहें मरोरे लगी।

बचि सासु जेठानिन सों पियतें दुरि घूंघट में दृग जोरे लगी।
दुलही उलही सब आंगन तैं दिन द्वै तैं पियूष निचौरे लगी।" (5.9.25)

167. मियां **मौजी** को चाहिये, कि कभी-कभी थोड़ा फिनैल पी लिया करें, जिससे 'विचार वैचित्र्य' लिखने के समय 'गूगोबर' न निकल जाया करे! (5.9.25)

168. एक अमेरिकन ज्योतिषी ने कहा है, कि आगामी **1944** में सारे संसार का शासन एक ही अधिकारी करेगा और सारे संसार के पार्लामेंट की बैठक अमेरिका में हुआ करेगी। यह खबर सुनकर चंडूखाने के जनरल सेक्रेटरी ने लिखा है, कि उक्त पार्लामेंट प्रेसीडेंट होंगे, विख्यात विश्वप्रेमी कविवर **सर रवींद्र**। (19.9.25)

169. सहयोगी **कानपुरी भविष्य** के संपादक श्रीमान **पं. अंबिका प्रसादजी त्रिपाठी** पर राजद्रोही लेख लिखने के लिये मुकदमा चल रहा था। हमें यह सुनकर परम प्रसन्नता हुई कि **श्रीमान त्रिपाठीजी** ने माफी मांगकर दोनों कुल की रक्षा कर ली! नाजो-नेमत से पले हुए कमनीय कलेवर को जेल की यंत्रणा से बचा लिया और लेख के कारण 'राहुग्रस्त' नौकरशाही का अहिवात भी अक्षुण्ण रह गया! इसी को कहते हैं, 'एक ढेले में दो शिकार!' (19.9.25)

170. **मतवाला** के पाठकों के चिरपरिचित 'श्रीमान् बनरसिया' औघड़ ने लिखा है कि कविवर **प्रोफेसर लाला भगवानदीनजी 'दीन'** को गदहे ने लात मारकर गिरा दिया। बेचारे घायल हो गये हैं। एक तो बुढ़ापे का जर्जर शरीर, दूसरे देश में कवि-सम्मेलनों की धूम! ऐसे बेमौके यह आफते-नागहानी! खुदा जाने कंबख्त गदहे ने हमारे लाला जी से कब का बदला चुकाया है! (10.10.25)

171. **श्रीमान त्रिपाठी** ने **लाट साहब** की खिदमत फैज दरजत में अर्जी दी थी, कि मैं पुश्त-दर-पुश्त का राजभक्त हूं। अभी तो मेरे कितने ही रिश्तेदार 'राजभक्तियोग' की सिद्धि में लगे हुए हैं। बस, अर्जी पढ़ते ही **लाट साहब** लट्टू हो गये और माफ कर दिया । ऐसे जन्म-जन्मान्तर के राजभक्त को माफ न करते तो क्या करते। हां, यदि **लाट साहब** संपादक महोदय से थुकवाकर चटवा लेते तो और भी अच्छा होता। भविष्य नौकरशाही को **भविष्य** का खतरा ही न रह जाता! (10.10.25)

172. हमारे काशीवाल सहयोगी **भूत** ने एक नया ढंग पकड़ा है। अपने सहयोगियों से जी भरकर उधार लेता है, पर भूलकर भी उनके नाम नहीं लेता। काशीवालों की यही रीति है—'राम राम जपना, पराया माल अपना!' (10.10.25)

173. स्थानीय **हिंदी-पुस्तक-एजेंसी** के केडियाजी का **उपन्यास—तरंग सही** सलामत

निकल आया! बड़ी बात हुई। सहयोगी 'दारोगा दफ्तर' के वंश की रक्षा हो गई और साथ ही 'बरसों मिमियानी तो एक चुहिया बियानी!' यह कहावत भी चरितार्थ हो गई! (17.10.25)

174. **कानपुर** के उदार हिंदीप्रेमी **खन्नाजी** समस्त भारतीय कवियों का संगठन करना चाहते हैं। क्या मंशा है महाराज! **गद्य** के गढ़ पर गोले बरसाइयेगा? प्रतिभा कहां पनाह पायेगी? (31.10.25)

175. **मिश्रबंधु** (दी सीनियर्स) को सभापति बनाने में बड़ा मजा है। आप लोगों की स्पीच में 'तीनतारा तंबूरे' का आनंद आयेगा और सम्मेलन सभा भी एक साथ ही तीन पति पाकर पंचकन्याओं में शामिल हो जायेगा। भई, सभापतित्व के मुस्तहकतो ये लोग भी है। 'कोविद-मणिमाला' के साथ ही महामूल्यवान 'नवरत्नों' का हार पहना कर आप लोगों ने हिंदी को खूब अलंकृत किया है और दाम कुछ भी नहीं लिया। ऐसे निःस्वार्थ सेवकों का समादर देखकर हिंदी आनंद से गद्गद हो जायगी। इसीलिये ऐसा खोटा काम कदापि नहीं करना चाहिये। (7.11.25)

176. **मिश्रबंधु नंबर 1** तो शायद सभापति होकर ही सम्मेलन में पधारेंगे। किंतु **मिश्रबंधु नंबर 2** तो शायद पहुंच चुके हैं। आशा है; साहित्यिक मनोरंजन की अच्छी बहार रहेगी। पर संभव है कि बहार एक-दो-इंच कम हो जाय; क्योंकि **पंडित कृष्णबिहारी मिश्र** तो आये ही होंगे; पर **लाला भगवानदीन** हरगिज न आये होंगे। फिर **देव–बिहारी** का भिड़ंत कैसे होगा? (7.1.25)

177. संपादक-सम्मेलन में जरा इसकी भी पूछताछ होनी चाहिये कि **माधुरी** के चित्रों के नीचे वाली कविता किस की कलम की करामात है। ऊपर वाले की या नीचे वाले की? (7.11.25)

178. **वृंदावन** के कवि-सम्मेलन के सभापति कविवर **गोपालशरण सिंहजी** ने अपने भाषण में एक जगह कहा है कि कविता सीधे हृदय से निकलती है और सीधे हृदय में प्रवेश करती है। किंतु आजकल की कविता तो सीधे कलम से निकलती है और सीधे अखबार में प्रवेश करती है। अधिकांश कवितायें तो सीधे बुकपोस्ट से निकलकर सीधे रद्दी के टोकरे में प्रवेश करती हैं। (14.11.25)

179. संपादक-सम्मेलन के सुयोग्य सभापति **पं. बाबूराव विष्णु पराड़कर** ने बहुत ठीक कहा है कि संपादक भविष्य में भी स्वाधीन न होंगे, पूंजीपतियों के ही अधीन रहेंगे, फिर भी उनका भविष्य उज्ज्वल होगा। इस भविष्यवाणी का अर्थ **बाबू शिवप्रसाद गुप्त** के सिवा और कौन समझेगा? (21.11.25)

180. **वृंदावन** के कवि-सम्मेलन के लिये कई हिंदी-समस्याएं भी दी गई हैं उनमें

एक यह भी है–'कोयल के लाल कूर कौवन के पाले हैं।' इस पर तो हिंदी के कवि चीलों और गिद्धों की तरह लंबी उड़ान भरेंगे। देखिये तो, क्या उस उड़ान के साथ इस बयान की भिड़ान हो सकती है?

"माडरेट दल के ये हिमायती किफायती,
न कौड़ी भी स्वारथ की अंटी से निकाले हैं।
'किये फरहार पर मुंडे पंडे गया के हैं
गंदे भाव भरे जैसे कासी के पनाले हैं।
कहने को 'काले' पर 'गोरे' हैं, निराले आले
दमन के मसाले बने कैसे पर घाले हैं।
पीते चाय-प्याले मार देस के दिवाले ऐसे
कोकिल के लाल कूर कौवन के पाले हैं।" (8.12.25)

181. **माधुरी** संपादक श्रीयुत् **पं. दुलारेलाल भार्गव** और कविवर **श्रीयुत् जगन्नाथदासजी रत्नाकर** के प्रयत्न से **कानपुर** के दोनों कवि-सम्मेलन एक में मिल गये! अच्छा हुआ 'खींचतानी' से जान बची। अब कोई माई का लाल **मतवाला माधुरी में** भी मेल करा दे तो अच्छा हो। कसम खुदा की जाड़े का मजा किरकिरा हो रहा है। दुहाई भाई **दुलारेलालजी** और कविवर **रत्नाकरजी** की। (19.12.25)

182. हत्तेरे नशे की! बसंत आया और अपने राम को कुछ खबर ही नहीं! ऐसे पुनीत अवसर पर न बड़ी सखी को कोई तोहफा न छोटी सखी को कुछ सौगात! बेचारियां मन ही मन कुरबुराती होंगी और देवी-देवता मानती होंगी कि ऐसा पियक्कड़ भतार मर जाय तो अच्छा! (23.1.26)

183. परंतु कुछ भी हो, सखी **माधुरी** का बहारदार बसंती बाना देखकर तो **मतवाला** राम के मुंह में पानी भर आया है! आनंद से हृदय बांसों उछल रहा है! 'लखि रहीम सुख होत है, बढ़त आपनो गोत-ज्यों बड़री अंखियन लखि अंखियन को सुख होत।' (23.1.26)

184. सखी के रूपरंग, बनाव-सिंगार, हाव-भाव, सभी एक से एक बढ़े-चढ़े हैं। एक-एक अदा पर सौ-सौ बार जान निसार है। बस सच पूछिये तो आजकल हिंदी में हमारी सखी के ही हुस्नोजमाल की बहार है। जालिम की मदभरी अंखिया देखकर पूरी बोतल का नशा चढ़ जाता है। प्रेमियों, दौड़ पड़ो लखनऊ के अमीनाबाद पार्क की ओर। (23.1.26)

185. हां, श्रीमान् **चक्रवर्तीजी** ने यदि अपनी चुनचुनाहट मिटाने के लिये व्यर्थ ही भंडमंडल को भपूजा हो तो भले आदमी की तरह भंडेश्वर जी के सामने खीस

निपोर कर खड़े हो जायं अथवा यदि पेंदी में कुछ दम हो तो 'मुकाबिल में खम ठोंककर आवो हां, पछड़ने से डरते नहीं पहलवां!' (23.1.26)

186. **कानपुरी** भंडमंडल के भंडेश्वर महाराज **चक्रवर्तीजी** के चपेटाघात से बेतरह मचल गये हैं और माफी मंगवाने के लिये **मतवाला** की बोतल पकड़ लेने पर उतारू हैं परंतु **मतवाला** राम अपने बाप से तो माफी मांगते ही नहीं 'भंड-संड केहि लेखे माहीं।' (23.1.26)

187. भई, यदि और कहीं कवि-सम्मेलन हो तो अपने राम को भी खबर देना; क्योंकि आजकल अनिद्रा रोग बहुत सता रहा है। यदि निद्रा का यह नायाब नुस्खा पहले मालूम हो गया होता तो श्लीलता और अश्लीलता के कर्णकोंच कोलाहल के कारण नींद हराम न होती। खैर, 'देर आयद दुरुस्त आयद!' (13.2.26)

188. हास्यरसार्णव **पंडित जगन्नाथ प्रसाद चतुर्वेदी,** जब से मलयपुर गये हैं, तब से एकदम पट पड़ गये हैं। लोग कितना ही करते हैं, परंतु सुगबुगाने का नाम तक नहीं लेते। इस होली के अवसर पर किसी ने कुछ कर तो नहीं दिया? (20.2.26)

189. वृद्धावस्था के कारण आजकल **पं. अंबिकाप्रसाद वाजपेयी** का चित् बिलकुल शिथिल हो गया है। इसलिये आपने-अपने नीचे बाबू **ललिता प्रसाद बी.ए.** को रख लिया है। परंतु 'अंबिका' ललिता के सहयोग का फल ही क्या हो सकता है? इसलिये ऊपर से **पं. रामशंकर त्रिपाठी** भी भिड़ गये हैं। आशा है, ये शंकर रूप से अंबिकाजी को और राम रूप से ललिताजी को संतुष्ट करते रहेंगे। (20.2.26)

190. **पृष्ठ 495** शीर्ष स्थानीय कमलवन में अर्द्धशायिता, आलुलायित-कुंतला, विक्षिप्तवसना, पाठनिरता, विविध विषय-भूषण-विभूषिता **मनोरमा** के चंद्रानन की **निर्मल ज्योति** (ज्योतिप्रसाद 'निर्मल') झीन पटाच्छादित, केहरिसी कमनीय कटि, 'गिरीश'—शृंग से तुंग 'एक नाम दो वीर' की अनुपम शोभा देखते ही मेरे एक अभिन्न की खोपड़ी में कविता फनफना कर खड़ी हो गई जरा कानों को फिनाइल से धोकर सुन लीजिये—

"जोबन को बांटति जगाति इतराति बैठि,
महिमा दिखावति अनंग प्रभुताई की।
'घोंघाकर' घोंघासी ऐंठी बलभद्र-सुता,
मानो धरे अंगनि विभूति बेहयाई की।
हेरिफेरि प्रतिमास आवति है रमि जाति,
छेड़ि छेड़ि छोड़ति कु-'छींट' छेछराई की।

गरुड़ की पीठ चढ़ी साथ में जंवाई लिये,
बाई भले घर की लुगाई किंतु नाई की।" (20.2.26)

191. अब की फागुन में सारी सहयोगिनियों, अपने **मतवाला** राम को सखी **मनोरमा** ही अच्छी लगी! आज से पहले कौन जानता था, कि इस छोटी उमर में सखी इतना बढ़िया लगने लगेगी? (20.2.26)

192. **पटना** हाईकोर्ट को कविवर **मैथिलीशरण गुप्त** के **ईश-विनय** नाम की कविता में राजद्रोह की गंध नहीं मिली। सरकार को चाहिये कि हाईकोर्ट को अपनी नाक दे दे। (13.3.26)

193. **मतवाला-मंडलेश श्रीयुत् महादेव प्रसाद सेठ** को ससुराल के माल पर बड़ी ममता है। हाल में केवल नमक-रोटी और चना-गुड़ खाकर बसर करते हैं परंतु घर में खीर-पूरी भी नहीं रुचती थी! श्रीमान् गुसाईंजी ने ठीक ही लिखा है, 'ससुरारि पियारि भई जबतें, रिपु रूप कुटुंब भये तबते'! (17.7.26)

194. ससुरार की खातिरदारी और बेकारी से ऊबकर **श्री सेठजी** ने अपने लिये कुछ काम मांग लिया है। नये कैदियों को कपड़े वितरण करते हैं और छूटने वालों का वस्त्र मोचन करते हैं। 'बेकार मबाश कुछ किया कर, कपड़े उधेड़ कर सिया कर!' (17.7.26)

195. खैर, अब निर्विवाद सिद्ध हो गया, कि **श्रीयुत् प्रेमचंदजी** की **रंगभूमि** से और **श्री थैकरे** के विख्यात उपन्यास **वैनिटीफेयर** से कोई वास्ता नहीं। 'रंगभूमि' के सूरदास, विनय, क्लार्क, रानी, इंदु, और ईसाइन छोकड़ी सोफिया, जड़ी-बूटी, संभव-असंभव बेहूदगी, बेवकूफी, गुण, अवगुण जो कुछ भी 'रंगभूमि' में है, वह सब-सोलह आने उपन्यास सम्राट् के उर्वर मस्तिष्क की उपज है उसमें किसी का कोई साझा नहीं है—न वैनिटीफेयर का और न उसके बाप का! इसलिये **प्रोफेसर उपाध्याय** का दावा बिलकुल गलत और बातिल करार किया जाता है और उन्हें हिदायत की जाती है, आइंदे फिर कभी किसी 'सम्राट्' के काम में दखल ने दे, नहीं तो फौरन राजद्रोह के अपराध में चालान कर दिया जायेगा। (17.7.26)

196. श्रीयुत् **पंडित अवध उपाध्याय** महोदय तो पूरे आफत के पर काले निकले। आव देखा न ताव हिंदी जगत् के उपन्यास सम्राट् **श्रीयुत् प्रेमचंदजी** के विरुद्ध बगावत का झंडा खड़ा कर दिया। उपाध्यायजी की यह गुस्ताखी देखकर सम्राट् महोदय के कितने ही जंगजू सिपहसालार उन्हें सर करने के लिये कमर कसकर तैयार हो गए। परंतु बागी सरकश निकला इसलिए स्वयं सम्राट् को भी हथियार पकड़ने की जरूरत पड़ गई। ठीक है, "जो नहिं दंड करौं खल

तोरा, भ्रष्ट होइ श्रुति मारग मोरा!" (27.7.26)

197. **लाला प्रेमचंद** 'फसनेनबीस' हैं, आज तक उन्होंने केवल कल्पना की है। उनका दिमाग सदा कल्पना के मैदान में दुलत्तियां झाड़ा करता है। और वस्तुस्थिति का अनुशीलन कर उस पर अपनी राय कायम करना कल्पनाबाजों का काम नहीं है। परंतु अपने राम को अफसोस तो इस बात का है, कि ऐसी बेसिर-पैर की बेहूदी कल्पना को **आज** के सुविज्ञ संपादक महोदय ने अपने पत्र में क्यों स्थान दिया। क्या **लाला प्रेमचंद** की तरह आपको भी बुढ़ौती में हूरोगिलमा का शौक हुआ है? (24.7.26)

198. निर्मला, भक्ति-शिरोमणि, भठिहारिणी 'भीरू प्रिये' **मनोरमा!** देखो, चोंचले न बधारो, दूर ही से नजारे ने मारो, जरा पास आ रहो और मुझे जी खोल कर लगा लेने दो थोड़ा-सा गुलाल अपने 'फुटबाल' की तरह फूले गालों पर। सुकुमारी हो तो क्या, कुमारी हो तो क्या, निर्भतारी हो तो क्या, आज ऐसा करा लेने से कोई कुछ न कहेगा। यह तो रस्मे दुनिया भी है, मौका भी है, दस्तूर भी है। (12.3.27)

199. कविवर **रवींद्रनाथ** आजकल **विश्वभारती** की झोली लेकर 'विश्वभ्रमण' कर रहे हैं। जावा से बाली गये हैं, वहां से सिंगापोर होकर श्याम और कंबोज में विश्व मैत्री का नगाड़ा बजाने जायेंगे और दिसंबर के अंत में भारत पधारेंगे। भारतोद्धार के जेलयातनापूर्ण झमेले में न पड़कर कविवर ने एक साथ ही सारे ब्रह्मांड का उद्धार कर डालने का विचार किया है। कमबख्त देश के झगड़े में कौन पड़े? (17.9.27)

200. 'अबलाओं को इंसाफ' नामक पुस्तक के संबंध में लिखते हुए **चांद** बीबी कहती है—"क्या हिंदू-धर्म ग्रंथों की अधिकांश कथायें, रासलीला के **615 गोपियों** का विहार आादि घटनायें अश्लीलता से पूर्ण नहीं हैं?" बीबी की इन बातों से **मतवाला** राम सवा सोलह आना सहमत हैं। हिंदू धर्म-ग्रंथों में, वेदों में, ब्राह्मणों में, शास्त्रों और उपनिषदों में, पुराणादि धर्मगाथाओं में 'अधिकांश कथायें' केवल रासलीला और गोपियों के विहार की हैं, जो सिर से पैर तक अश्लीलता में डूबी पड़ी हैं। यही नहीं पहले लोग नंगे रहा करते थे, इसलिये **चांद** बीबी को भी चाहिए कि घाघरा और चोली उतारकर 'हिप हिप हुर्रे' करना आरंभ कर दें। (5.11.27)

201. 'पंतजी कहां रहती हैं?'—यह पूछते हुए कल एक बिगड़े दिल व्याकरणाचार्य हमारे आफिस में आ धमके। हमने कहा—'रहती हैं या रहते हैं?' वे बिगड़कर बोले—"हमारा वाक्य ही हमको कहने-सुनने में अच्छा लगता है, आप इस पर

आपत्ति करने वाले कौन?" 'पल्लव' में 'हमारी द्वार' 'प्रभात हो गई' आदि क्या इसीलिये नहीं लिखा गया कि ऐसी लिखना पंतजी को अच्छी लगती है? (5.11.27)

202. हमारे बूढ़े वेदांती दादा **श्रीयुत् राधामोहन गोकुलजी** के पोपले मुंह पर आयुष्मती पुलिस, मालूम होती है, दिलोजान से फरेफ्ता है। दादाजी **कानपुर** में चारपाई पर लेटे-लेटे पंद्रह दिन से श्लेष्मिक ज्वर की पंचाग्नि ताप रहे थे, इतने में गत **1 नवंबर** को आयुष्मतीजी के अनुचर वारंट लेकर पहुंचे और सारे कमरे की तलाशी ले डाली! न हुए **कविवर केशव,** नहीं तो इस बुढ़ौती में, आयुष्मती द्वारा दादाजी की यह कद्र देखकर "गजगामिनि मृगलोचनी बाबा कहि कहि जाय" वाली उक्ति की निरर्थकता पर पछताकर मूड़ पटक देते। (12.11.27)

203. बूढ़े **लाला भगवान दीन** ने **पंडित श्रीकृष्णबिहारी** की 'मतिराम ग्रंथावली' की आलोचना क्या कर दी, मानों बर्रे का छत्ता छेड़ दिया। लखनऊ और सीतापुर के सारे के सारे रंगरूटों ने एक साथ ही लालाजी पर धावा बोल दिया है। **मतवाला** की प्रत्येक डाक में एक न एक बमगोला पहुंचा ही रहता है। अरे यारो, रहम करो, भिड़ंत के लिए कोई मजबूत कमर वाला पट्ठा ढूंढ़ों। बेचारे सट्ठे के पीछे क्यों पड़े हो? अकेला बुड्ढा इतने शिखंडियों की तृप्ति कर सकेगा? (10.12.27)

204. **चांद** ने लिखा है कि "मारवाड़ी समाज की व्यभिचार लीला पराकाष्ठा पर पहुंची हुई है।" इस पर मारवाड़ी युवक **चांद** पर बिगड़ रहे हैं। बेचारे ने नाक तक डूबकर 'पराकाष्ठा' का पता लगाया तो भी लोग दाद नहीं देते। (17.12.27)

205. बसंत आ गया है न, इसलिये बहुत दिनों के बाद सखी **मनोरमा** ने अपने **मतवाला** को याद फरमाया है। सखी अब इसी तरह गाहेमाहे याद कर लेती हैं। परंतु 'प्रेम को नाता' निबाहे जा रही है। जहे किस्मत! (21.1.28)

206. विलायत की स्त्रियां कभी-कभी प्रेम-जाल में फंस जाने का भी बीमा करा लेती हैं, इसलिये हमारी **मनोरमा** पूछती हैं—तो भारत की नारियां क्यों नहीं बीमा करा लेतीं?" इसलिये कि कोई सखी सी सुयोग्या पथ-प्रदर्शिका नहीं है। आशा है, सखी कार्यारंभ कर देंगी। क्योंकि बड़े घर के कामों का असर काफी पड़ता है। (21.1.28)

207. हमारे इस नये सुंदर और होनहार सहयोगी **विशाल भारत** के संपादक **पंडित बनारसीलालजी चतुर्वेदी** ठीक **मतवाला** की तरह पूरे पागल हैं। फर्क सिर्फ

इतना ही है कि यह कमबख्त निखालिस 'देशी' के नशे में चूर रहता है और चतुर्वेदीजी देशसेवा के नशे में। काम से आपको बहुत प्रेम है, इसलिये आपके सभी काम अच्छे भी होते हैं, परंतु यह **विशाल भारत** तो 'अच्छे' से भी एक इंच आगे है। इसलिये एक बार फिर स्वागतम् और आयुष्मान् भव!

(28.1.28)

208. हर महीने **सुधा** टपकाने वाले **लाला-पंडित दुलारेलाल भार्गव** अपनी प्यारी दुलारी के खास-खास अंकों को बड़े-बड़े नेताओं से संपदवावेंगे। संपदवावें भाई! चीज उनकी है, चाहे जिसके हवाले कर दें—एक ही महीने के लिए सही। जो कर्म-सांड संपादेगा वह कम-से-कम एक 'ऋतु' का मजा ले लेगा!

(3.3.28)

209. गत रविवार को हमारे मित्र **बाबू शिवपूजन सहाय** बिहारी विलासपुर से 'कला की दृष्टि से एक अनमोल चीज' को हथिया (पाणिग्रहण) कर सानंद अपनी जन्मभूमि **उनवास** में लौट आये। इस उपलक्ष में प्रेमी **मतवाला मंडल** भगवान भूतनाथ से यह प्रार्थना करता है कि, उनके 'हनीमून' में उन्माद भरने के लिये इस बार के पावस की छाती पर, दो बार सावन का नाच हो। तथास्तु।

(2.6.28)

210. **खंडवा** का सहयोगी **कर्मवीर** कभी-कभी **इंदौर** की जारशाही उफ दर-नौकरशाही शासन की पोल खोल दिया करता है। इससे हिज हाईनेस की सरकार उस पर सख्त नाराज हो गई है और प्रधान सचिव महोदय ने **कर्मवीर** संपादक को लिखा है कि भविष्य के लिये सावधान हो जाइये और भूत के लिये हाथ जोड़कर क्षमा प्रार्थना कीजिये, नहीं तो **कर्मवीर** के लिये फाटक बंद? प्रवेश निषेध! (30.6.28)

211. बंगाल के सुविख्यात औपन्यासिक **श्रीयुत् शरतचंद्र चट्टोपाध्याय** का **पथेर दाबी** नामक उपन्यास सरकार ने जब्त कर लिया है। कारण यह है, कि लेखक ने इसमें साम्राज्य विध्वंसकारी मसाले कूट-कूटकर दिये हैं। खैरियत हुई, कि प्रथम संस्करण अप्राप्य होते ही पुलिस के चतुर जासूसों की नजर उस भयंकर मैगजिन पर पड़ गई, नहीं तो जो भयंकर ज्वालामुखी उसमें भभकता कि आफत हो जाती! (15.1.27)

212. अपने राम तो संघ के सभापति **पं. अयोध्या सिंह उपाध्याय** की बुद्धिमानी पर बहुत प्रसन्न हैं। आपने भाषण में छायावाद और छायावादियों की खूब प्रशंसा की। अच्छा किया। कौन जाय टंटा मोल लेने इन रंगीला रसूलियों से!

(7.7.28)

(ले.–'फटकचंद गिरधारी, जिनके पास न लोटा थाली')

कह रहा है असमां यह सब समां कुछ भी नहीं।
पीस दूंगा एक गर्दिश से जहां कुछ भी नहीं॥

डॉ. रामविलास शर्मा
की
पुण्य-स्मृति को

भूमिका

हरिशंकर परसाई

1923 में 'मतवाला' का प्रकाशन पत्रकारिता के क्षेत्र में कई दृष्टियों से महत्वपूर्ण घटना थी। इसके तेवर नये थे और तीखे थे। व्यंग्य और विनोद इसका मूल स्वर था, पर यह गंभीर, राजनैतिक, सामाजिक, धार्मिक प्रश्नों पर बेधड़क प्रगतिशील मत व्यक्त करता था। 'मतवाला' की, कहन का ठाठ कबीरदास का ठाठ था—सीधा, हड्डीतोड़!

दाढ़ी बढ़ाय जोगी होय गैल बकरा
इंद्रिय जराय जोगी होय गैल हिजरा

निश्चित ही आचार्य महावीर प्रसाद द्विवेदी की 'सरस्वती' की स्पिरिट से 'मतवाला' अलग था। 'सरस्वती' की शालीनता, सौम्य, अनुशासन 'मतवाला' में नहीं थे। मतवाला मंडल तथाकथित शालीनता में सत्य को छिपाता नहीं था और तथाकथित मर्यादा के बहाने पाखंड को ढांकता नहीं था। इसकी साफगोई, अक्खड़ता, फक्कड़पन, अभय इसे भारतेंदु हरिश्चंद्र के युग की परंपरा से जोड़ते हैं। भारतेंदु के एक पद की कुछ पंक्तियां हैं—

सेवक गुनीजन के चाकर चतुर के हैं
कविन के मीत चित हित गुन गानी के
सांचे सौं सांचे महा बांके हम बांके सौं
हरिचंद नगद दमाद अभिमानी के।

यह 'नगद दामाद' का व्यक्तित्व 'मतवाला' का था। 'मतवाला' मंडल के ये लोग तोड़ने वाले और नया बनाने वाले थे। 'निराला' ने छंद तोड़ा और मुक्त छंद का अनुशासन भी बनाया। कबीरदास ने कहा था—

बंधते अबंध किया तोड़ सब तंगी।
अगम को गम कीया प्रेम रंग रंगी॥

'उग्र' का शक्तिशाली यथार्थवादी गद्य जिसने नकली रेशम में ढंके सारे घिनौने

यथार्थ को उघाड़ दिया। विरल होती है ऐसी लेखनी। यदि 'उग्र' में दिशा होती, बुनियादी राजनैतिक, सामाजिक, शिक्षण होता, तो और कलाम हो गया होता। जब 'मतवाला' निकला तब और उसके पहले से हिंदी में पत्र-पत्रिकाएं निकल रही थीं और लक्ष्मणनारायण गर्दे जैसे पाये के निर्भीक पत्रकार थे। पर 'मतवाला' इस तरह की समझ, ऐसे उद्देश्य, ऐसी शैली में निकाला क्यों? माना कि इसमें लगे लोग एक के सिवा सब तीस साल से कम उम्र के थे। पर तीस साल के तो पराजित बूढ़े भी हम देखते हैं। उम्र का अपना महत्व है। मगर ऐतिहासिक कारण भी थे।

महात्मा गांधी एक नये प्रकार के विद्रोह और संघर्ष की विधि लेकर आ गए थे, जिसका परीक्षण वे अफ्रीका में कर चुके थे। सत्याग्रह, असहयोग, सविनय अवज्ञा आंदोलन नये थे। ताल्सताय की एक कहानी जरूर इस अहिंसक संघर्ष विधि वर है। ताल्सताय को वे गुरु भी मानते थे, पर ताल्सताय के उपन्यास 'पुनर्जीवन' में व्यक्तिगत नैतिक प्रयासों की असफलता गांधीजी समझ गए थे। यह भी गलत है कि उन्हें सविनय अवज्ञा आंदोलन की प्रेरणा थोरो के लेख 'सिविल डिसओबीडिएंस' से मिली। "जब मैंने अफ्रीका में यह आंदोलन किया तब मैंने थोरो का वह लेख नहीं पढ़ा था। बाद में पढ़ा और मेरे विचारों की उससे पुष्टि हुई"—ये शब्द महात्मा गांधी के ही हैं। सन् 1920-21 के सत्याग्रह में लाखों-लाखों लोगों ने भाग लिया। इतिहास में ऐसा जन-आंदोलन नहीं हुआ था, जिसमें इतनी बड़ी संख्या में जनता के सब तबकों की शिरकत हो। किसान, मजदूर, मध्यमवर्ती, बुद्धिजीवी सब इसमें शामिल थे। बिना प्रतिकार के अत्याचारी शासन के लाठी, गोली सह लेना और स्वेच्छा से जेल चले जाना सचमुच वीरता थी। गांधीजी ठीक कहते थे कि अहिंसा वीर आदमी का अस्त्र है।

इस आंदोलन ने देश को जगा दिया था। बिजली फैल गई थी। विद्रोही भावना जनता में भर गई थी। भय चला गया था। उत्सर्ग की प्रेरणा मिली थी। अपनी शक्ति पर भरोसा हुआ था। विकट प्रभाव था इस आंदोलन का। दूसरी कम्युनिस्ट इंटरनेशनल में लेनिन ने एम.एन. राय की थीसिस की धज्जी उड़ा दी थी और कहा था कि गांधी राष्ट्रीय मुक्ति के लिए लाखों-लाखों लोगों का विराट जन-आंदोलन चला रहा है; वह साम्राज्यवाद विरोधी है। वह क्रांतिकारी है।

इस आंदोलन ने देश के युवाओं में विद्रोह की आग जला दी थी। 1917 में लेनिन के नेतृत्व में रूस में किसान-मजदूरों ने क्रांति की थी। इस क्रांति का बहुत असर भारतीय मानस पर पड़ा। यह क्रांति अत्यंत उत्प्रेरक घटना दुनिया भर के लिए थी। श्रमिकों के हाथों में राजसत्ता आ गई थी। दुनिया भर के शोषितों में आशा जागी थी।

युवकों में नई जागृति आई थी। एक नई मूल्य-पद्धति रूसी समाज में विकसित हो रही थी। सन् 1930 में रवींद्रनाथ ठाकुर रूस गये थे और उन्होंने लिखा था कि एक नई मानव-संस्कृति का उदय मैं रूसी समाज में देख रहा हूं।

यह बाद की बात हुई। क्रांति के तत्काल बाद सामान्य जन में नया जोश और विश्वास पैदा हुआ। तब मार्क्सवादी साहित्य भारत में बहुत कम आ पाता था। रूस के समाचार भी अंग्रेज सरकार रोकती थी। फिर भी चोरी-छिपे मार्क्सवादी और रूसी क्रांति संबंधी साहित्य भारत में आता था, विशेषकर पर्यटकों के माध्यम से। फिर बड़े बुर्जुआ घरानों के जिन लड़कों को आई.सी.एस. या बैरिस्टरी करने इंग्लैंड भेजा जाता था, उनमें कुछ कम्युनिस्ट होकर लौटते थे। इनमें भारतीय कम्युनिस्ट पार्टी के कुछ नेता भी हुए। सामान्य रूप से समाजवादी विचार लेकर तो बहुतेरे लौटते थे। कांग्रेस के भीतर मार्क्सवादी थे। जयप्रकाश के नेतृत्व में बाद में कांग्रेस समाजवादी संगठन बना। 1925 में कानपुर में साम्यवादी पार्टी की स्थापना हुई। इस सम्मेलन में कांग्रेस के बड़े और तेजस्वी नेता उपस्थित थे जैसे—बालकृष्ण शर्मा 'नवीन' और गणेश शंकर विद्यार्थी।

उत्तर भारत में आर्य समाज का सुधारवादी आंदोलन तेजी पर था। जाति और वर्ण विरोध, छुआछूत विरोध, बाल विवाह निषेध, पुनर्विवाह का स्त्री के अधिकार, धार्मिक कर्मकांड, अंध-विश्वासों का विरोध आर्य समाज के मुख्य मुद्दे थे। इससे उत्तर भारत के हिंदुओं में नई चेतना आई। वे रूढ़ियों से छूटे। पर स्वामी दयानंद पुनरुत्थानवादी थे, राममोहन राय पुनर्जागरणवादी। दयानंद सारा ज्ञान-विज्ञान वेदों में ढूंढ़ते थे, राममोहन राय पश्चिम के नये ज्ञान-विज्ञान को अंगीकार करते थे। आर्य समाजी अंततः दकियानूसी और सांप्रदायिक हुए। वे वैदिक युग के 'यूटोपिया' में जीने लगे। वे वेदों में हवाई जहाज और अंतरिक्ष यान तक के सूत्र खोजते थे। अभी भी पढ़े-लिखे लोग ऐसे मिलते हैं जो कहते हैं कि अमरीका और रूस से ऊंचा अणु-विज्ञान वेदों में है। मैं उनसे कहता हूं तो आप अणु शोध संस्थान के अध्यक्ष डॉक्टर राजा रमन्ना को बता दीजिए न। कहते हैं—बढ़िया हवाई जहाज बनाते थे वैदिक आर्य। मैं कहता हूं—इतनी खुदाई की है पुरातत्ववेत्ताओं ने मगर एक बाईसिकिल भी तो नहीं मिली। अगर दयानंद उत्तर भारत के राजा राममोहन राय होते तो, इस क्षेत्र का राजनैतिक-सामाजिक नक्शा ही आज दूसरा होता। बहरहाल, 'मतवाला' के जमाने में आर्य समाज का सुधारवादी आंदोलन प्रेरक था।

'मतवाला' कलकत्ता से निकला था। कलकत्ता सशस्त्र क्रांतिकारियों का अड्डा था। इस जोशीले युवकों के संबंध कलकत्ता के जागरूक पत्रकारों से थे। ये पत्रकार

इन क्रांतिकारियों के समर्थक थे। उन्हें मदद देते थे। उन्हें भूमिगत रहने की सुविधा देते थे। बाबूराव विष्णु पराड़कर कलकत्ता से बनारस आये और 'आज' के संपादक हुए। तब भी वे क्रांतिकारियों की मदद करते थे। स्वाभाविक था कि 'मतवाला' मंडल का समर्थन इन क्रांतिकारियों को हो और उनका प्रभाव 'मतवाला' पर हो।

ऐसी परिस्थितियां तब थीं जिनके प्रभाव से, जमाने के दबाव से और एक जरूरत की पूर्ति के लिए यह पत्र निकला। इसमें सक्रिय और इसके साथ के लोग लगभग समान विश्वास वाले थे। इन्हें 'लाइफमाइंडेड' पूरी तरह नहीं कह सकते—सच्चे 'लाइफ माइंडेड' बेवकूफ ही हो सकते हैं।

'मतवाला' रेडिकल था। राजनीति में यह पूर्ण स्वाधीनता का समर्थक था। कांग्रेस में गरम दल का समर्थक था, समझौतों के विरुद्ध था और वाइसराय की काउंसिल की सदस्यता ग्रहण करने के विरुद्ध था। इस मामले में इन्होंने पंडित मदनमोहन मालवीय की भी आलोचना की—

> "परम त्यागी मालवीयजी सब छोड़ेंगे परंतु कौंसिल नहीं छोड़ेंगे। सच है—कहैया और सुनैया तजों, बाप और मैया तजों, भैया तजों, दैया पै कन्हैया नहिं तजिहों।"

ये लोग 'माडरेट' कहलाते थे। इंग्लैंड में भी 'माडरेट' थे। श्री निवास शास्त्री तथा कुछ और 'माडरेट' ब्रिटिश सरकार से समझौता-वार्ता करने लंदन गए थे। ये लौटे तब जवाहरलाल नेहरू ने इनकी बड़ी खिल्ली उड़ाई। आत्मकथा में नेहरू ने लिखा है कि इंग्लैंड में माडरेटों के बारे में दो पंक्तियाँ उपहास में प्रचलित हैं—

इन माडरेशन प्लेसिंग आल माई ग्लोरी
टोरीज काल मी एक ह्विग एंड ह्विग्ज ए टोरी

'मतवाला' गांधीजी का समर्थक था, परंतु सशस्त्र क्रांतिकारियों का भक्ति की हद तक प्रशंसक और समर्थक था। इनकी वीरता, त्याग और बलिदान का कम महत्व नहीं था पर रामप्रसाद 'बिस्मिल' ने जो बहुत प्रबुद्ध थे, अपने अंतिम संदेश में यही कहा था कि हमें जन-आंदोलन चलाना चाहिए। यही भगतसिंह का विचार था। मैंने भगवानदास माहौर से उन लोगों के और गांधीजी के संबंधों के बारे में पूछा तो उन्होंने बताया कि नैतिक दृष्टि से वे हिंसा के खिलाफ थे। पर वे हमारी लगन और बलिदान के प्रशंसक थे, तथा मानते थे कि युवकों में चेतना का संचार करते हैं। पर वे कहते थे कि आजादी तुम्हारे रास्ते से नहीं आयेगी, मेरे रास्ते से आयेगी—जन-आंदोलन के रास्ते से।

'मतवाला' खिलाफत आंदोलन का समर्थक नहीं था। वह इसे संदेह की नजर से देखता था। वह इसे मुस्लिम सांप्रदायिकता मानता था। 'मतवाला' के कुछ साथी राष्ट्रीय होते हुए भी हिंदूवादी थे। वे आक्रामक हिंदू राष्ट्रवादी नहीं थे, पर हिंदू जाति की बढ़ती और समृद्धि में इनकी अलग से आस्था थी। ये हिंदुओं को मुसलमान बनाने के विरुद्ध थे। पर आर्य समाज के 'शुद्धि संस्कार' से मुसलमानों को हिंदू बनाने के समर्थक थे। एक टिप्पणी देखिए–

> "हमारे कुछ दूरदर्शी सहयोगी हिंदू-मुस्लिम मेल के लिए विशेष व्यक्त हैं। परंतु मतवाले की राय में तो मेल का सूत्रपात हो चुका है। हिंदुओं के मस्तक और मुसलमानों की लाठी की घनिष्ठता उत्तरोत्तर बढ़ रही है।"

ये लोग हिंदू धर्म के पाखंड, पोंगापंथी, कर्मकांड के जरूर खिलाफ थे। महंतों, मठाधीशों और धर्मोपदेशकों के खिलाफ थे। दकिनायूसी के विरुद्ध थे। पर गौरक्षा के समर्थक थे और गोकुशी पर तीव्र प्रतिक्रिया करते थे। कसाईखाने खोले जाने के विरुद्ध थे। यों पंडित माखनलाल चतुर्वेदी ने भी 'कर्मवीर' में सगार के पास रतौना में बूचड़खाना खोले जाने का विरोध किया था। पर संदर्भ दूसरा था। एक ब्रिटिश कंपनी को तीस साल का ठेका दे दिया था। तीन हजार जानवर रोज कटने वाले थे। इनमें गाय और सूअर दोनों थे। कसाईखाने के विरुद्ध जो सत्याग्रह हुआ, उसमें हिंदू और मुसलमान दोनों शामिल थे। सगार के कांग्रेसी नेता अब्दुल गनी ने भी सत्याग्रह में भाग लिया। माखनलाल चतुर्वेदी ने इसे राष्ट्रीय दृष्टि से देखा था, सांप्रदायिक दृष्टि से नहीं।

'मतवाला' मौलना मुहम्मद अली और मौलाना शौकत अली का आलोचक था। गांधीजी से उनकी निकटता भी उसे पसंद नहीं थी। कारण एक तो यह हो सकता है कि खिलाफत आंदोलन ही प्रतिगामी था। दूसरे हिंदूवाद भी कारण था। तीसरे इन दोनों भाइयों पर 'मतवाला' वाले विश्वास नहीं करते थे। टिप्पणी है–

> –मौलाना मुहम्मद अली अभी इस समय बड़े असमंजस में पड़े हुए हैं। अगर खुले शब्दों में हिंदू संगठन और शुद्धि आंदोलन का विरोध करके मुसलमान संगठन की चर्चा चलाते हैं तो आल इंडिया लीडरी छिन जाएगी और अगर हिंदू संगठन का समर्थन करते हैं तो मुसलमान भाई उन्हें 'काफिर' कहकर निकाल बाहर करते हैं। मौलानाजी की जान अजब कशमकश में है। 'भई गति सांप छछूंदर केरी'!

'मतवाला' की राष्ट्रीयता को समझ लेना जरूरी है। यह पूरी तरह वह राष्ट्रीयता नहीं

थी, जो गांधीजी की थी। इसमें हिंदू सांप्रदायिकता की थोड़ी मिलावट थी।

वैसे कुछ लोगों का ख्याल है कि अकबर 'इलाहाबादी' ने भी इस शेर में दोनों मौलाना भाइयों पर कटाक्ष किया है—

बुद्धू मियां भी हजरते गांधी के साथ हैं।
गौ गर्देराह हैं मगर आंधी के साथ हैं॥

साम्यवाद के समर्थन में 'मतवाला' पक्का था। साम्यवादी पार्टी के संस्थापकों में राधामोहन गोकुलजी तो 'मतवाला' मंडल के बहुत निकट थे। 'मतवाला' दूसरे साम्यवादी नेता मौलाना हसरत मोहानी का समर्थक और परम प्रशंसक था। 1925 में कानपुर में कम्युनिस्ट पार्टी की स्थापना का 'मतवाला' ने जोरदार समर्थन किया। फिर आगे जब कांग्रेसियों ने छापाखाने वाले पर दबाव डालकर 'साम्यवादी' पत्र का प्रकाशन रोक दिया, तब 'मतवाला' ने बड़ी कठोर टिप्पणी की। 'मतवाला' लेनिन का भक्त था। लेनिन द्वारा स्थापित साम्यवाद में उसका विश्वास था। लेनिन की मृत्यु पर एक टिप्पणी है—

—अल्लाह मियां ने महात्मा लेनिन को बुला लिया क्योंकि वे संसार से अन्यायियों का नामोनिशान मिटाकर खुदा मियां के कयामत के रोज का मजा बिगाड़ देना चाहते थे।

कम्युनिस्ट नेता राधामोहन गोकुलजी की जेल से रिहाई पर लिखा—

—नौकरशाही ने बूढ़े लाला राधामोहन गोकुलजी को जीते जी छोड़ दिया। नौकरशाही यदि उनकी फौलादी हड्डियों की गोलियां बनवाकर रख लेती तो भावी सिख विद्रोह के दमन में बड़ी आसानी होती।

मौलना हसरत मोहानी को दुबारा जेल भेजने पर टिप्पणी थी—

—कट्टर वीर हसरत मोहानी को पहले दो वर्ष की सजा मिली थी। अब फिर उन पर एक मामला चलाकर उन्हें ढाई साल की सजा दी गई है। अब अंगरेजी राय की मियाद ढाई वर्ष और बढ़ गई।

लार्ड रीडिंग पर यह विकट टिप्पणी थी—

—इंग्लैंड के प्रधान न्यायाधीश्वर लार्ड रीडिंग भारत में न्याय करने के लिए आए हैं। इसलिए जब तक न्याय के दम में दम बाकी रहेगा तब तक ये भारत का पिंड नहीं छोड़ेंगे। उनके इस्तीफे की अफवाह गलत है।

और कायस्थ बंधु भी जिसका मजा लें, ऐसी एक टिप्पणी–

—पटना हाईकोर्ट के प्रसिद्ध जज जस्टिस ज्वालाप्रसाद के सभापतित्व में गया जिले के कायस्थों का सम्मेलन होने वाला है। राजभक्ति के ख्याल से जज साहब को इस बात का ध्यान रखना चाहिए कि कायस्थों के सुधार से सरकार के आबकारी विभाग की आमदनी मारी जाएगी।

'मतवाला' जब निकला, तब इसकी सामग्री के बारे में प्रबुद्ध जनों, लेखकों, पत्रकारों का क्या मत था, यह देख लेना चाहिए। अधिकतर लोगों ने इसे हंसी-मजाक, विनोद, दिल्लगी का पत्र माना। नमूने कुछ ये हैं–

मनोरंजन इसका उद्देश्य है। (दैनिक 'भारत मित्र')
सजीव भाषा में पाठकों के विनोदार्थ प्रकाशित किया गया है। (दैनिक विश्वासमित्र)
खूब मनोरंजन हुआ। (पं. महावीर प्रसाद द्विवेदी)
'मतवाला' की सब संस्थाएं रोचक हैं। (श्रीधर पाठक)
पत्र क्या है हंसाने वाला पूरा विदूषक है। ('देश' पटना)

पर बहुत लोगों ने 'मतवाला' का सही प्रयोजन भी समझा। सबसे महत्वपूर्ण टिप्पणियां 'कर्मवीर' में पंडित माखनलाल चतुर्वेदी और 'प्रताप' में गणेश शंकर विद्यार्थी की हैं। 'कर्मवीर' ने मूल स्वर पकड़ा—राजनैतिक, सामाजिक, साहित्यिक समस्याओं पर प्रभावकारी रूप से लिखता है। 'प्रताप' ने इससे आगे बढ़कर लिखा—मजाक में आच्छादित करुणा (Suppressed Pathos) है।

'मतवाला' लगभग 60 साल पहले निकलता था। मेरे लिए जरूरी था कि मैं उसके प्रकाशन की पृष्ठभूमि समझूं और समझाऊं। 'मतवाला' मंडल के लेखकों, पत्रकारों के राजनैतिक, सामाजिक, धार्मिक, विश्वास बताऊं। उनके व्यक्तित्व का आकलन करूं। उनके अंतर्विरोध भी इंगित करूं। इसके बिना एक लंबे युग के बाद 'मतवाला' में प्रकाशित सामग्री को सही रूप में नहीं समझा जा सकता।

'मतवाला' में स्तंभ बहुत महत्वपूर्ण थे। 'मतवाले की बहक', 'चलती चक्की' और 'चाबुक' नियमित स्तंभ थे। इनकी टिप्पणी तीखी और असरदार होती थी। 'मतवाले की बहक' पर डॉ. रामविलास शर्मा ने एक बहुत अच्छा लेख लिखा है। 'चलती चक्की' में टिप्पणीकार कोई समाचार उठाते थे और उस पर व्यंग्य टिप्पणी कर देते थे। कभी इसमें सिर्फ कटाक्ष होता था और कभी व्यंग्य जिससे उस प्रश्न पर लेखक का मत प्रकट होता था। ये टिप्पणियां विविध विषयों पर होती थीं।

राजनैतिक, सामाजिक, धार्मिक, नैतिक सब तरह के समाचारों पर टिप्पणी होती थी। कुछ नमूने 'चलती चक्की' से पेश करता हूं—

—विलायत के 'मार्निंग पोस्ट' ने लिखा है कि—"जो कुछ रियायतें अब तक भारतीयों के साथ की गईं उनके कारण भारत में ब्रिटिश शासन निर्बल हुआ है।" जनाब आली! जरा उन रियायतों की फेहरिस्त तो पेश कीजिए। विलायत और रियायत से सरोकार?

—पूना के फर्गुसन कालेज में एक ऐसे छात्रावास की व्यवस्था की गई है जिसमें सब जाति के बालक एक साथ रहेंगे। यह समाचार सुनकर कहीं काशी के पंडितों के पेट में दर्द न पैदा हो जाय।

—जलेसर (जिला एटा) के मुसलमान बड़े प्रेम से रामलीला में शामिल हुए थे। उनकी ओर से राजगद्दी के दिन श्री रामचंद्रजी को नजरें भी दी गई थीं। शाहजहांपुर, सहारनपुर और नागपुर के मुसलमानों का धर्म है कि जलेसर के मुसलमान भाइयों को 'काफिर' करार दे दें।

—अर्ल विंटरटन साहब ने भगवान भोजन भट से कहा है कि भारतवासियों से बढ़कर मित्रता, सहृदयता और स्वागत का भाव दर्शाने वाले मनुष्य किसी देश में नहीं हैं। कैसे हों? और किसी देश के लोगों का इस तरह अर्क भी तो नहीं जुआया जाता।

—आगरा के एक हत्यारे ने सेठ को मारने के बदले, भ्रमवश उसके नौकर को मार डाला। सिठानी की तरह हत्यारा भी भ्रम में पड़ गया।

—दिल्ली में हिंदुओं ने अछूतों को अपने कुओं में पानी भरने की आज्ञा दे दी। काशी के पंडितों को चाहिए कि फौरन जाकर दिल्ली के कुओं में गिर पड़ें क्योंकि बिना हत्याग्रह के खाली धर्मोपदेश से अब हिंदू सीधी राह पर नहीं आयेंगे।

जब 'मतवाला' निकलता था, तब मेरी उम्र उसे पढ़ने की नहीं थी। जब मैं बड़ा हुआ और साहित्य में रुचि लेने लगा, तब कुछ अंक 'मतवाला' के जहां-तहां पढ़ने को मिले। बेचन शर्मा 'उग्र' ने उत्तर प्रदेश में शायद मिर्जापुर से 'मतवाला' दुबारा निकाला। उसका एक अंक ही मेरे हाथ लगा। पिछले साल कर्मेंदु शिशिर ने 'मतवाला' की फाइल मुझे दी; मैंने पढ़ा। मैं चकित रह गया। 'मतवाला' मंडल में सब युवक थे। सिर्फ मुंशी नवजादिक लाल श्रीवास्तव तीस साल से ऊपर थे। 'निराला', शिवपूजन सहाय और 'उग्र' तीस साल से कम थे। प्रकाशक महादेव प्रसाद सेठ भी इसी उम्र के थे। अंग्रेजों का शासन था। इन तरुणों की राजनैतिक, सामाजिक

समझ देखकर मैं दंग रह गया। उनका साहस भी सराहनीय था। उन्हीं सालों में लिखे 'कर्मवीर' में माखनलाल चतुर्वेदी के तेजस्वी लेख मुझे याद आ गए।

'मतवाला' ने पत्रकारिता में इतिहास बनाया। लोग इस बात को भूल चले थे कभी उन सालों में क्रांतिकारी साप्ताहिक भी निकलता था। इतिहास, पत्रकारिता और साहित्य की यह जरूरत थी कि 'मतवाला' को याद किया जाय। बड़ी खुशी की बात है कि कर्मेंदु शिशिर ने यह भारी काम किया। 'मतवाला' की तब प्रकाशित सामग्री के संग्रह तैयार करके वे बहुत उपयोगी और अनिवार्य काम कर रहे हैं।

मतवाले की चक्की

1. एक बड़े बे-हिसाब हिसाबी ने यह हिसाब लगाया है कि, भारत में 60 लाख भिखारी हैं! वाह रे अंग्रेजी राज्य! तुम्हारी जय हो!! उसने फिर लिखा है कि 16 लाख पुरोहित और 6 लाख पुजारी हैं! वाह रे हिंदू-धर्म! तुम्हारी जय हो!! बोलो सनातन धर्म की जय!!! यदि भारत में अंग्रेजी राज्य और सनातन धर्म का प्रभुत्व कुछ दिन और रह गया तो सारे देश में केवल भिखारी ही रह जाएंगे। (26.8.23)
2. **मौलाना मुहम्मद अली दिल्ली** के स्पेशल कांग्रेस में यह प्रस्ताव करेंगे कि आल इंडिया कांग्रेस कमिटी तथा वर्किंग कमिटी के प्रत्येक सदस्य को एक प्रतिज्ञापत्र पर हस्ताक्षर करना होगा कि, 'हम देश की स्वतंत्रता के युद्ध में सर्वस्व समर्पण कर देने के लिए हर हालत में हमेशा तैयार रहेंगे।' सचमुच **मौलाना** ने कांग्रेस की वेदी पर यह एक ऐसी कसौटी रख दी कि अब कांग्रेस में अधिकांश महाशयों की ओर से केवल सहानुभूति के तार ही पहुंचेंगे, साथ ही अस्वस्थता के कारण अनुपस्थिति की क्षमा-प्रार्थना भी रहेगी। (1.9.23)
3. **केनिया-प्रवासी** भाइयों के भाग्य-विधाता बनकर **शास्त्रीजी** सात समुद्र पार शास्त्रार्थ करने गये थे। किंतु 'भरा समंदर घोंघा हाथ रहा।' उन्हें ब्रिटिश-न्याय पर अटल विश्वास था। नौकरशाही की चालबाजियों के कड़वे फल चखती रहनेवाली भारतीय जनता तो पहले ही से इस परिणाम को जानती थी। उसे इसका गम नहीं है। 'मुर्दे पर जैसे एक टोकरी मिट्टी वैसे ही सौ टोकरी।' गम करें वे जिनकी दशा 'त्रिशंकु' की-सी हुई है। 'दोनों दीन से गये पांडे, हलुवा हुए न मांडे!' (1.9.23)
4. **महाराज गायकवाड़** के पुत्र का देहांत हो गया। खबर है कि महाराज बहादुर **पेरिस** में अंत्येष्टि क्रिया करेंगे। किंतु चिताभस्म **भारतवर्ष** भेज देंगे। महाराज की इस स्वदेशभक्ति पर कहीं सरकार की नजर न लग जाय! (1.9.23)
5. तेजस्वी **'तेज'** ने ओजस्वी शब्दों में लिखा है कि दिल्ली से कुछ ही दूर के एक गांव में डिपटी-कमिश्नर साहब बहादुर की आज्ञा से एक बुढ़िया की झोपड़ी फूंक डाली गयी। बुरा क्या हुआ? अब तक न जाने कितने डिपटी-कमिश्नरों ने अनेक घर फूंक तापे हैं। कृपा करके भारत-सरकार विलायत की सरकार को सूचना दे दे कि जिन लोगों को **इंग्लैंड** में अधिक

सर्दी मालूम हो, वे दया करके भारत चले आए। यहां फूंक तापने लायक गरीबों के असंख्य झोपड़े हैं। (1.9.23)

6. सहयोगी **तरुण भारत** पर बिहार-सरकार ने मामला चलाया है—**सैनिक गान** प्रकाशित करने के लिये! क्या **तरुण भारत** को याद नहीं है कि **पाटलिपुत्र** की **फिरंगिया** नामक कविता जब्त हो गई थी? (8.9.23)
7. पुलिस-सब-इंस्पेक्टर साहब ने जब अकाली **सरदार दलिपसिंह** के कान में कहा कि **नाभा** मता जाइयेगा।' तब उन्होंने गरजकर कहा, 'अवश्य जाऊंगा, जायदाद भले ही जब्त हो, चिंता नहीं।' सुनकर दारोगाजी ने कद्दू-सा मुंह लटका लिया! (8.9.23)
8. **कलकत्ते** थियेटरवाले, बिहार में हाहाकार मचानेवाली बाढ़ का दृश्य दिखलायेंगे। बाढ़-पीड़ित भूखों मर रहे हैं और इन्हें अपने ही पेट की धुन सवार है। कहीं गांव के गांव चौपट हो गये और यहां लोग तमाशे देखकर दिल बहलायेंगे। 'चिड़ियों की जान जाय, लड़कों का खिलौना!' (8.9.23)
9. पहले हिंदुस्तानियों ने **केनिया** में जाकर जंगल काटा और जमीन आबाद किया। अब पकी-पकाई चीज पर गोरे हाथ साफ कर रहे हैं। यह तो सनातन धर्म है कि, "कमाते हैं धोतीवाले और खाते हैं टोपीवाले!" (8.9.23)
10. **बुलंदशहर** के मुसलमान मजिस्ट्रेट ने हिंदुओं को श्रावणी का जलूस निकालने नहीं दिया। बहुत अच्छा किया। हिंदू बड़े शोख हुए जा रहे हैं। ऐसी ही कड़ी कनैठी से उन्हें चेत होगा। मालूम होता है कि **बुलंदशहर** में चुल्लू भर पानी का भी अकाल है! (8.9.23)
11. **एटा** जिले के कलक्टर ने **कासगंज (यू.पी.)** में भाषण देते हुए हिंदुओं की निंदा की है कि, "हिंदू बहुत-सी जातियों के कारण नेता-शून्य मनुष्य हैं।" **काशी** के पंडितों को उक्त कलक्टर साहब पर नालिश ठोक देना चाहिए। भला उनके जीते जी हिंदू कभी नेता-शून्य हो सकते हैं? (8.9.23)
12. उस दिन **सरदार जसवंतसिंह** ने अकाली सिक्खों की दीवान-सभा में सचमुच 'दीवाना' की तरह व्याख्यान झाड़ दिया। उन्होंने कहा कि, **नाभा** रियासत रूपी मेवा को सरकार ने अपने मुंह में तो रख लिया है, पर अकालियों के गला दबा देने से वह न तो उसे निगल ही सकती है और न अपमान के भय से जल्दी उगल ही सकती है। राम! राम! अकालियों ने अजीब कशमकश में डाल दी। "भई गति सांप छुछुंदर केरी।"
13. **केनिया-कांड** से खफा होकर माडरेट बहादुरों ने अजा-युद्ध का आयोजन आरंभ कर दिया। **शास्त्री, बेसेंट** और **जमनालाल द्वारकादास** ने उच्चस्वर से

घोषणा कर दी है, कि हम लोग साम्राज्य-प्रदर्शनी में शामिल न होंगे। बस, फिर क्या है? अब ब्रिटिश-साम्राज्य थर्रा उठेगा। वाह रे वीरों! इतना बड़ा दुस्साहस!!!

14. **इंग्लैंड** में एक बुढ़िया के 93 साल की उमर में तिबारा दांत निकल रहे हैं! न जाने अब किसको चबायेगी! (15.9.23)
15. **चौराचोरी** के 19 अभियुक्तों को भिन्न-भिन्न जेलों में फांसी दे दी गई!! कौंसिल-पक्षियों को यह नोट कर लेना चाहिए। (15.9.23)
16. गत वर्ष **कलकत्ते** की ट्रामवे कंपनी को 15 लाख 78 हजार 534 रुपये का मुनाफा हुआ था। हड़ताली डूब मरें। (15.9.23)
17. **अमृतसर** के हिंदू-मुसलमानों में फिर चखाचखी चल रही है। भावी दंगा दबाने के लिए अभी से पुलिस की शक्ति बढ़ाई जा रही है। "घर फूटे गंवार लूटे!" (15.9.23)
18. **निजाम**-सरकार को **बरार** प्रांत वापस दिलाने का प्रयत्न करने के लिए **सर अली इमाम** विलायत गए थे। वे असफल होकर लौट रहे हैं। शायद उन्हें मालूम नहीं था कि, अजगर के पेट में जो गया सो गया! (15.9.23)
19. सहयोगी **भारतजीवन** लिखता है कि, "गायकवाड़ **बड़ौदा** की दौलत का अंदाजा लगाना एक तरह से असंभव है। उनके पास जो हीरे हैं केवल उन्हीं की कीमत 87,50,000 रुपये है। उनके पास एक जवाहिरात का पर्दा है जो 44,00,000 रुपये का है। पांच-पांच मनों की ठोस सोने की तोपें उनके महल के दरवाजे पर रक्खी हुई हैं। क्या अंग्रेजों को इस दौलत का पता नहीं है? (15.9.23)
20. **श्रीनिवास शास्त्री ने केनिया** के निर्णय से असंतुष्ट होकर एक पश्चात्तापपूर्ण विज्ञप्ति प्रकाशित की है। उसके प्रत्येक शब्द से आपकी अटल राजभक्ति टपकती है! (22.9.23)
21. **सहारनपुर** के हिंदुओं की सहायता के लिए लालाजी ने दो हजार रुपये भेजे थे। हिंदुओं ने रुपये वापस कर दिये। क्या वे चाहते हैं कि **लालाजी (लाजपतराय)** मेल का राग न अलापें? (22.9.23)
22. **दिल्ली** में नेताओं ने अपना जलूस न निकालने दिया। क्योंकि महात्माजी जेल में हैं; इसलिए गम की जगह खुशी न मनानी चाहिए। किंतु कौंसिल प्रवेश पास होने पर—एकता के नाम पर—तालियां खूब पीटी गईं। ढोंगियों का ढकोसला कितना सुंदर है? (22.9.23)
23. **जापान** के रिलिफ़ फंड में **दरभंगा-नरेश** ने दस हजार दिया है और भारत

सम्राट् **पंचम जार्ज** ने 500 पौंड अर्थात् साढ़े सात हजार! बादशाह को क्या महाराज से भी अधिक अर्थाभाव है? (29.9.23)

24. दस वर्ष के दो अकाली लड़के साढ़े चार दिनों तक भूखों रहकर लगभग 70 कोस (140 मील) पैदल चले हैं और सत्याग्रही अकालियों के जत्थे के साथ मरते-पिटते **नाभा** कांड में सम्मिलित हुए हैं। **पंजाब** के लड़के भी आफत के परकाले ही हैं! (29.8.23)
25. **दीनबंधुदास** अंग्रेजी में एक राष्ट्रीय दैनिक पत्र निकालने वाले हैं। उसका नाम होगा फ़ारवर्ड (Forward) मगर अच्छा होता बैकवर्ड (Backward)! (29.9.23)
26. **पूना** की म्युनिसिपलिटी ने **मौलाना मुहम्मद अली** को 500 रुपये खर्च करके मानपत्र देने का निश्चय किया है। क्या उसके सभी मेंबर कौंसिल के उम्मीदवार ही हैं? (29.9.23)
27. **मद्रास** के गवर्नर **लार्ड वेलिंगटन** ने कहा है कि, यदि दूसरे रंग की जातियों के प्रति अंग्रेज लोग विशेष सहनशीलता का भाव प्रकट किया करें तो भारत से ईर्षा-द्वेष गायब हो सकता है। हां, हो तो सब सकता है, किंतु शासक और शासित में भेद क्या रह जाएगा? (29.9.23)
28. श्रीमती **लेडी रीडिंग** के महिला-फंड में **मोखा** के ठाकुर साहब ने 45 हजार और **भरतपुर** के बेगम ने साढ़े सात हजार दान दिया है। क्या अब भी भारतीय महिलाओं की उन्नति का मार्ग निष्कंटक न होगा? (29.9.23)
29. **फारस-सरकार** ने अपने अफसरों को स्वदेशी कपड़ा पहनने की आज्ञा दी है। जो इस आज्ञा को न मानेगा उसका मुशाहरा कम कर दिया जाएगा। भारत-सरकार को इसका उलटा हुक्म जारी करना चाहिए। (29.9.23)
30. **बंगाल** के कुछ होनहार सपूत **अलीपुर-राजनैतिक-षड्यंत्र** के मामले में पकड़े गये हैं। उसी संबंध में कलकत्ते में धड़ल्ले से धर-पकड़ शुरू हो गई। अनाड़ी छोकरे जीते रहे तो भी अपने देशवासियों ही पर आफत ढाते रहे और मरने लगे तो भी स्वदेश की चलती चक्की में पीस गए। (29.9.23)
31. बड़े लाट के **जापान-रिलिफ़ फंड** में **बड़ौदा-नरेश** ने 5,000 रुपये, **जंबू** की रानी साहिबा ने 1,000 रुपये, **दतिया-नरेश** ने 1,000 रुपये, **करौली-नरेश** ने 500 रुपये, **बाबू देवीप्रसाद खेतान** ने 500 रुपये दान में दिया है। **खेतानजी** बड़ी हिम्मत करके नरेशों की श्रेणी में पहुंचे हैं! खैर, पहुंचे तो सही? (29.9.23)
32. **लंदन** का **डेली न्यूज** कहता है कि **लंदन** में दुराचार दिन पर दिन बढ़ता जा

रहा है। वहां के पार्कों में दुराचार के लज्जाजनक दृश्य खुले खजाने देखे जाते हैं। गत वर्ष केवल एक **हाइड पार्क** में ही, दस रातों में ऐसे-ऐसे 746 दृश्य देखे गए। 'हाइड' के से पांच पार्क और भी हैं जिनमें खुले आम ऐसे ही 2615 दृश्य और भी देखे गये थे। **भारत** में अत्याचार और **लंदन** में व्याभिचार! क्या अंग्रेजी राज्य में अत्याचार और व्यभिचार का ही सितारा बुलंद रहेगा? (29.9.23)

33. ब्रिटिश-साम्राज्य-प्रदर्शनी में **भारतवर्ष** की प्रसिद्ध वेश्याएं भी जायेंगी। **इंदौर** के **सेठ सर हुकुमचंदजी** प्रदर्शनी में जा रहे हैं। लक्ष्मीवान और लक्ष्मीदासी संयोग का ऐसा सुयोग 'छप्पन छुरी' को न छोड़ना चाहिए। (6.10.23)
34. **खड़गपुर (मुंगेर)** में **भारत दुर्दशा** नाटक खेला गया था। सबडिविजनल अफसर भी नाटक-दर्शकों में मौजूद थे। उनकी दृष्टि में उक्त नाटक अंग्रेजों और मुसलमानों के प्रति घृणा का भाव फैलानेवाला है। संचालकों और प्रबंधकों पर मामला चल रहा है। कानून के अनुसार तो अफसर साहब पर भी मामला चल सकता है। उन्होंने ऐसा नाटक देखा ही क्यों? (6.10.23)
35. **केनिया** से निकलनेवाले **डिमोक्रेट** नामक हिंदुस्तानी पत्र के संपादक **सीताराम आचारी** ने भारत-हितैषी **मिस्टर एंडरूज** पर मिथ्या आक्षेप किया है कि, 'उन्होंने **केनिया** के लिए कुछ भी नहीं किया।' वाह! किया क्यों नहीं? यही क्या कम है कि, आप जैसे निर्लज्ज 'आचारी' की कृतघ्नता का भंडा फोड़ दिया? (6.10.23)
36. **भारतवर्ष** में गायों की संख्या इतनी कम हो गई कि जनसंख्या के अनुसार हिसाब लगाने पर अब प्रत्येक भारतवासी के हिस्से में ढाई छटांक से भी कम दूध आता है। कुछ दिनों में हर एक के हिस्से में एक ही चम्मच दूध आवेगा। भगवान् इस सलतनत को कायम रक्खें और विदेशी वस्तु के व्यापारियों के गोदाम आग-पानी से बचावें! (6.10.23)
37. **चुनारगढ़** के रिफ़ारमेटरी स्कूल में छोटे-छोटे बंदी बालकों को आजकल कठिन दंड दिया जा रहा है । बेचारे अबोध लड़के रो-कलपकर रह जाते हैं। क्या करें? फरियाद करने पर और भी पीटे जाते हैं। असल जबरदस्त वही है जो मारे तो भरपेट, पर तनिक भी सांस न लेने दे!
38. **लाहौर** के कुछ मुल्लाओं ने फतवा देकर **डॉ. किचलू** को काफिर बतलाया है! **औरंगजेब** के दोस्तों की जय हो! (6.10.23)
39. गत अगस्त मास में **बंगाल** प्रांत के भिन्न-भिन्न जिलों में कुल 51 डाके पड़े!

अभी **बंगाल-पुलिस** की संख्या और बढ़ानी चाहिए, ताकि 'डाका शतक' पूरा हो जाए। (6.10.23)

40. भूकंप-पीड़ित जापानियों के सहायतार्थ **लेनिन** नामक रूसी जहाज दवाएं लेकर **जापान** गया था। किंतु बोलशेविकों की जहाज समझकर **जापान** ने उसे अपना तट भी न छूने दिया। **लेनिन** का नाम साम्राज्यों के लिए 'हौआ' हो गया! (6.10.23)

41. **लखनऊ** का सहयोगी **लक्ष्मण** बंद हो गया। 'लखनपुर' में 'लखनलाल' सा ब्रह्मचारी कब तक टिका रहे? हिंदीवालों को बधाई है! (6.10.23)

42. नरेंद्रमंडल (राजाओं की सभा) का अधिवेशन आगामी नवंबर में होने वाला था। वायसराय महोदय ने उसे 1924 तक के लिए स्थगित कर दिया। सूझ इसे कहते हैं। न मंडल की बैठक होगी-न **नाभा** का प्रश्न उठेगा। (6.10.23)

43. विलायत के **मार्निंग पोस्ट** ने लिखा है कि "जो कुछ रियायतें अब तक भारतीयों के साथ की गईं, उनके कारण **भारत** में ब्रिटिश शासन निर्बल हुआ है।" जनाब आली! ज़रा उन रियायतों की फिहरिस्त तो पेश कीजिए। विलायत और रियायत से सरोकार? (6.10.23)

44. **राजस्थान-सेवा-संघ** के मुख्य स्तंभ वीर-व्याघ्र **पथिकजी** आजकल **मेवाड़** के मेहमानखाने में हैं। उनका खूब आदर-सत्कार किया जा रहा है! लोग कह रहे हैं कि सीसोदिया वंश ने आज तक किसी का ऐसा स्वागत नहीं किया था! क्या लोगों को यह मालूम नहीं है कि, अब इस बीसवीं सदी में वह वंश दिन-दिन उन्नत होता जा रहा है? (6.10.23)

45. **इलाहाबाद** के **पायनियर** को रह-रहकर संदेह हो रहा है कि, **मौलाना मुहम्मद अली अमीर काबुल** से मिले हुए हैं और भीतर ही भीतर अंग्रेजी राज्य के विरूद्ध षड्यंत्र-रचना कर रहे हैं। पापी का मन सदा शंकित रहता है! (6.10.23)

46. **मद्रास** में एक स्टीमर पकड़ा गया है जिसमें **जर्मनी** के बने हुए कई रिवाल्वर और कारतूस आदि पाये गए हैं। **अलीपुर-षड्यंत्र** के मामले में गवाही देते हुए एक अभियुक्त ने भी कहा है कि, "हम लोग **जर्मनी** से हथियार मंगाते थे।" ज़रा इन निगोड़ी घटनाओं का संयोग तो देखिए। (6.10.23)

47. एक कुली की मृत्यु के संबंध में किसी जहाज का एक अंग्रेज कप्तान पकड़ा गया था। उसको कराची के एक पुलिस इंस्पेक्टर ने पकड़ा था। बेचारा पुलिस अफसर बरखास्त हो गया! ऐसे अन्याय के ज़मानेमें भी **मद्रास** के गवर्नर

साहब गोरे और काले रंग का भेद उठा देने का प्रस्ताव करने चले हैं! (6.10.23)

48. **काशी-नरेश** के राज्य में उर्दू-भाषा और उर्दू-लिपि का ही प्रचार है। किंतु महाराजा-बहादुर हिंदुओं की सभा-सोसाइटियों में व्याख्यान देते हुए सदा हिंदी ही लिखने-पढ़ने का उपदेश दिया करते हैं। 'पर उपदेस कुशल बहुतेरे, जे आचरहिं ते नर न घनेरे।' (6.10.23)
49. **जर्मनी** के एक वैज्ञानिक ने चुंबन नापने का एक यंत्र बनाया है। उस यंत्र के द्वारा यह मालूम हुआ है कि स्त्रियों की अपेक्षा पुरुष ज्यादा कसकर चुंबन करते हैं। यह तो पहले ही से नाप-तौलकर सोची-समझी हुई बात थी? इसके लिये नई कल ईजाद करने का कष्ट क्यों किया गया? (6.10.23)
50. **अजमेर** में ढिंढोरा पिटवाया गया है कि, "कोई आदमी किसी प्रकार का छोटा-मोटा हथियार भी नहीं रख सकता।" पिटवाना ही था तो यों पिटवाना और अच्छा होता कि, "सब लोग चूड़ी, साड़ी पहनकर, चूल्हे के पास बैठकर, अंडे सेवें!" (13.10.23)
51. **पूना** के **फरगुसन कालेज** में एक ऐसे छात्रावास की व्यवस्था की गई है जिसमें सब जाति के बालक एक साथ रहेंगे। यह समाचार सुनकर कहीं **काशी** के पंडितों के पेट में दर्द न पैदा हो जाय! (13.10.23)
52. **दिल्ली** के हिंदू अब रामलीला आदि धार्मिक उत्सवों में अछूतों को भी सम्मिलित होने देंगे। **काशी** के पंडित बेचारे कहीं के न रहे! (13.10.23)
53. **शिमला** में भारत-सरकार का हेड-क्वार्टर है। उसके पास ही कोठी राज्य है। वहां एक मेला लगता है। उसमें औरतें बेची जाती हैं। 'चिराग तले अंधेरा' रहना ही चाहिए। (13.10.23)
54. हिंदुओं की शुद्धि का विरोध करने के लिये मुसलमान भाई दस लाख रुपये जमा करनेवाले हैं। हिंदुओं को अपनी थैली का मुंह बंदकर लेना चाहिए। (13.10.23)
55. **लल्लू** नामक एक हिंदू के मुंह में **हयातबेग** नामक एक मुसलमान ने ज़बरदस्ती थूक दिया है। खूब किया! वाह! हिंदुओं का मुंह अब इसी क़ाबिल रह भी गया! (20.10.23)
56. वायसराय द्वारा स्थापित **जापान-सहायक-फंड** के लिए **बंबई** प्रांत की सरकार प्रजा से टैक्स के रूप में ज़बरदस्ती रुपये वसूल करा रही है। हलवाई की दुकान, दादा का फ़ातिहा! (20.10.23)
57. एक युवती पर अत्याचार करने के कारण **टुंडला-स्टेशन** के दो गोरे टिकट

कलक्टरों पर आगरा की अदालत में मामला चल रहा था। जज ने उन्हें निर्दोष बतलाकर छोड़ दिया। न्याय को भी याद रहेगा कि किसी जज से पाला पड़ा था! (20.10.23)

58. **मध्यप्रदेश** को **प्रयाग-विश्वविद्यालय** से अब कोई सरोकार न रहेगा; क्योंकि **नागपुर** में एक नया विश्वविद्यालय खुल रहा है। पहले **भारत** में गुलामों को ढालने की पांच ही बड़ी मशीनें थीं, अब एक और नई तैयार हो चली! (20.10.23)

59. **काशी** के प्रसिद्ध असहयोगी नेता **बाबू भगवानदास ने बनारस** के कमिश्नर साहब को 'विलायती ढंग' से चाय-पार्टी दी है! अगर 'बनारसी ढंग' से मुजरा-पार्टी भी दे देते, तो 'डबल जलसा' हो जाता! (20.10.23)

60. **कपूरथला-नरेश** ने अपनी रियासत की गायों का बाहर जाना रोक दिया है। क्या उनकी रियासत में अब अंग्रेजों को भोज भी नहीं दिया जाएगा? (20.10.23)

61. एक अमेरिकन ज्योतिषी ने भविष्यवाणी प्रकाशित की है कि, "सन् 1924 ई. में **कनाडा** अंग्रेजों के हाथ से निकलकर **अमेरिका** के हाथों में चला जायगा, **आयरलैंड** भी पूर्ण स्वतंत्र हो जायगा और **भारतवर्ष** भी स्वराज पा जायगा।" वाह! जब कुल असल माल हाथ से निकल ही जाएगा तब भला 'हाथ' में रहेगा क्या? 'सिर्फ **इंग्लैंड** की राजधानी?' (20.10.23)

62. एक रानी साहिबा की कोशिश से एक राजा साहब ने अपनी छिनी हुई गद्दी का अधिकार प्राप्त किया है। इस बीसवीं सदी में लेडियों और बीबियों की सिफारिशों से जो न हो जाय! (20.10.23)

63. लगभग 65 वर्ष की उम्र में इंग्लैंड के भूतपूर्व प्रधानमंत्री **मिस्टर बानरला** का देहांत हो गया। हम लोगों के अभाग्य से **किष्किंधापुरी** सूनी हो गई। न्यायी परमात्मा आपकी पूतात्मा को शांति दें। (3.11.23)

64. ता. 5-5-23 तक **दिल्ली** की जुमा-मसजिद में 2880 हिंदू मुसलमान बनाए गए हैं। मुसलमान भाइयों का शुद्धि-आंदोलन अंतःसलिला फल्गु नदी की तरह भीतर ही भीतर प्रवाहित हो रहा है। (3.11.23)

65. **अलवहीद** के संपादक **मौलवी अबदुल मजीद** को एक रेलवे स्टेशन पर गाड़ी में पुलिसवालों ने धक्का देकर एक कनचप्पड़ जमा दिया है। विश्वास है कि अब संपादकजी की खोपड़ी में यह बात धंस गई होगी कि सभ्य मालिक के नौकर भी सभ्य ही हुआ करते हैं। (3.11.23)

66. श्रीमान् **सीकर-नरेश** ने विजयादशमी के शुभ अवसर पर **रामगढ़, फतेहपुर**

और **लक्ष्मणगढ़** में भैंसा मारने की प्रथा उठा दी। बेचारे क्षत्रियों के पास अपनी वीरता दिखाने का जो एक सामान था वह भी जाता रहा! अब वे दशहरे में भैंसे के बदले में मक्खियां मारा करें। (3.11.23)

67. **पंजाब** सरकार ने उन पांच पुलिस-सिपाहियों के उत्तराधिकारियों को कुछ जमीन के 'टुकड़े' इनाम में दिए हैं जो **धन्नासिंह** नामक बब्बर अकाली नेता की गिरफ्तारी के समय बम से मारे गए थे। राजभक्ति के लिए जान देनेवालों के बाल-बच्चों को 'टुकड़े' ही नसीब होते हैं! (10.11.23)

68. **सर तेजबहादुर सप्रू** ने **लंदन** के इंपीरियल कानफरेंस में प्रवासी भारतीयों के लिए खूब लेकचर झाड़ा है—खूब रोना रोया है। अगर उसी तरह यहां अपने देश-भाइयों के सामने रोते तो उनके आंसू जो रंग लाते वह उनकी 'तेजस्विता' और 'बहादुरी' को मूर्त्तिमंत बना देने के साथ ही देशभक्ति की जो उत्ताल तरंग पैदा कर देता उसमें इस देश की पराधीनता अवश्य ही बह जाती। (10.11.23)

69. **लाहौर** की म्युनिसिपल कमिटी ने अपने एक प्रस्ताव द्वारा सरकार से प्रार्थना की है कि **लारेंस** के पुतले को वर्त्तमान स्थान से हटा दिया जाए। कमिटी के मेंबर चाहते हैं कि सत्याग्रह से जो काम न हुआ वह प्रस्ताव पास करके ही कर दिखायें। 'ऐसे भी चूतिया कहीं देखे हैं आपने?' (10.11.23)

70. **प्रयाग** में बड़े लाट के आने पर जो हड़ताल सफल न हो सकी उसके कई कारण हैं—माननीय **मालवीयजी** और **नेहरूजी** गैरहाजिर! **टंडनजी** और **जवाहिरलालजी** बीमार? **पंडित कृष्णाकांतजी** कौंसिल के चुनाव में व्यस्त! आप ही कहिए, कैसे सफल हो? ठट्ठा है? (10.11.23)

71. विलायत की स्त्रियां अब जहाज की कप्तानी भी कर सकेंगी। अब महिला समाज की लाज का जहाज कोई नहीं डुबो सकता। (10.11.23)

72. **बड़ौदा**-राज्य में पांच वर्ष से भी कम उम्र की 3215 लड़कियों का विवाह 1929 में हुआ था। उनमें 272 लड़कियां पांच महीने से भी कम उम्र की थीं अब अगर कोई कहे कि देशी राज्यों में **बड़ौदा** सबसे बढ़कर सभ्य, शिक्षित और सुधरा हुआ है तो उसे गुलाबी गोशमाली दे देना चाहिए। (10.11.23

73. **बंबे क्रानिकल** के संपादक **मि. हार्निमैन पंजाब** हत्याकांड के समय **भारत** से निकाल बाहर कर दिए गए थे। अब उन्हें फिर **भारत** में आने की आज्ञा मिल गई। ज़रा सोच-समझकर आइएगा जनाब! यहां फिर उस कांड का संस्करण होनेवाला है। (10.11.23

74. **इलाहाबाद** के डिस्ट्रिक्ट बोर्ड ने वायसराय महोदय को **भारत** और भारतवासियों का दुश्मन बतलाते हुए उनके स्वागत का घोर विरोध किया है। क्या उस डिस्ट्रिक्ट बोर्ड पर डिस्ट्रिक्ट मजिस्ट्रेट का कोई अस्त्र नहीं चल सकता? (10.11.23)

75. **अमृतसर** में अकालियों के जत्थे अपने को गैरकानूनी संस्था के सदस्य कहकर गली-गली घूम रहे हैं और अपनी गिरफ्तारी के लिए सरकार को चुनौती दे रहे हैं। क्या उन्हें मालूम नहीं कि सरकार ललकारने पर नहीं लौटती? (10.11.23)

76. **अलवर-नरेश** को भी **लंदन** में दीवाली का भोज खा लेने पर बड़ी दूर की सूझी है। उन्होंने कहा है कि इंपीरियल कानफरेंस का फल धीरे-धीरे कुछ दिनों के बाद प्रकट होगा—**भारत** और साम्राज्य का नाता गाढ़ा हो जायगा। **काशी** के पंडितों को चाहिए कि भगवान भोजन-भट्ट की यह भविष्यवाणी पंचांग में प्रकाशित कर दें। (17.11.23)

77. **अर्ल विंटरटन** साहब ने भगवान भोजन-भट्ट से कहा कि भारतवासियों से बढ़कर मित्रता, सहृदयता और स्वागत का भाव दर्शानेवाले मनुष्य किसी देश में नहीं हैं। कैसे हों? और किसी देश के लोगों का इस तरह अर्क भी तो नहीं चुवाया जाता? (17.11.23)

78. **कश्मीर** और **हैदराबाद** तथा **झिंद** के राजभक्त नरेशों ने **नाभा-नरेश** को फिर गद्दी पर बिठाने के लिए सरकार के पास मेमोरियल भेजा है और अन्यान्य नरेशों से भी मेमोरियल भेजने के लिए अपील की है। अब सरकार बहादुर को यह कहने का अच्छा मौका मिल जाएगा कि देशी नरेश यदि प्रार्थना न करते तो अकाली-आंदोलन के भय से नाभा नरेश को हरगिज़ गद्दी नहीं दी जाती। भला देशी नरेश यह कब देख सकते हैं कि उनके जीते जी उनकी प्राणप्यारी सरकार अकालियों की विजय से नीचा देखे? (17.11.23)

79. **पटना** के **तरुण भारत** के संपादक ने सरकार से क्षमा मांग ली। **राजेंद्र बाबू** को महीनों गाली देने का फल इतने दिनों के बाद कैसे मिला? सरकार ने दंडस्वरूप उनसे एक हजार रुपया बाढ़पीड़ितों को भी दिलवाया है। क्या टेढ़ी उंगली के बिना घी नहीं निकलता? (17.11.23)

80. वायसराय महोदय ने **उदयपुर** के राजभवन में अच्छी तरह चाबने के बाद महाराणा साहब से कहा है कि आपकी रियासत में अच्छी वर्षा और उपज होने पर ही हम आना चाहते थे, पर हमें बड़ा दुःख है कि इस साल यहां न बारिश ही अच्छी हुई और न फसल ही, अतएव आपकी प्रजा के दुःख में

हमारी सहानुभूति है। दयानिधान! दुर्भिक्ष को बगल में दबाए फिरने वाली अपनी सहानुभूति अपने ही खरीते में रखिए; नहीं तो **उदयपुर**-राज्य की रेतीली भूमि आपकी ज्वालामयी सहानुभूति से और भी धधक उठेगी। (1.12.23)

81. **रायपुर (मध्यप्रदेश)** से एक स्वयंसेवक-दल **कोकनद-कांग्रेस** में पैदल जा रहा है वह दल लगभग बीस दिनों में **कोकनद** पहुंचेगा। लोग कहते हैं कि वह वीरों का दल है। किंतु तुलसी बाबा के अनुसार तो 'चले बहुत सो वीर न होई।' (1.12.23)
82. **पंडित महावीरप्रसादजी द्विवेदी** ने **दिल्ली** के साहित्य-सम्मेलन का सभापतित्व अस्वीकार कर दिया। अब बेचारे नये उम्मीदवारों का भाग्य खुल गया। (15.12.23)
83. **डुमरांव** के महाराजा साहब बूढ़े पटवारियों पर खूब हंटर फटकारते हैं। पटवारियों को मिलजुलकर बस्ता डकार जाना चाहिए ताकि वे फटकारते ही रह जाएं। (15.12.23)
84. जैसे सरकारी कमीशनों की गवाहियां बंद कमरे में हुआ करती हैं वैसे ही अब **स्वराजदल** भी बंद कमरे में गुप्त मीटिंग करने लगा, क्योंकि "उघरे अंत न होई निबाहू।" (22.12.23)
85. **आगरा** के एक हत्यारे ने सेठ को मारने के बदले भ्रमवश सेठ के नौकर को मार डाला। सेठानी की तरह हत्यारा भी भ्रम में पड़ गया। (22.12.23)
86. **मुक्तसर** से **जैतूं** जानेवाले अकाली जत्थों को रास्ते में भोजन कराने के कारण दस-बारह आदमियों पर गिरफ्तारी वारंट जारी हुआ है। **भारतेंदु हरिश्चंद्र** का **अंधेर नगरी** नाटक जिन लोगों ने नहीं पढ़ा है, वे कृपा करके यह समाचार पढ़ लें। (22.12.23)
87. पांच सौ नौजवान यूरोपियन बीबियां वेश्यावृत्ति के लिए **इंग्लैंड** से **दक्षिण अफ्रीका** भेजी गई हैं। लाहौल-विलाकूअत! इलाहि तौबा! इलाहि तौबा! (22.12.23)
88. अगर स्वराज स्थापित हो गया—(दम बरकरार रहे स्वराज-दल का, कुछ मुश्किल नहीं है)—तो सबसे पहले नामर्दी की अचूक दवाएं बेचनेवाले भड़कीले विज्ञापनबाजों को गरम शीशा पिलाया जाएगा, क्योंकि अनेक वर्षों से नपुंसकता की औषधियों का रोजगार करके भी ये भारत के नामर्द नौजवानों को जवांमर्द न बना पाए। (29.12.23)
89. **मौ. हसरत मोहानी** का सौभाग्य-सूर्य उत्तरोत्तर प्रचंड होता जा रहा है। जेल

में उनके साथ खूब सद्व्यवहार हो रहा है। उन्हें नमाज पढ़ने के लिए रोशनी नहीं दी जाती, पढ़ने के लिए पुस्तकें नहीं दी जाती और वे फांसी की सजा पाये हुए कैदियों के साथ रखे गये हैं! सच पूछिए तो राजनीतिक कैदियों का आदर नौकरशाही के जेलों में, दामाद से कम नहीं होता। (5.1.24)

90. यही हालत **डॉक्टर वरदाराजुल** की है। उनकी धर्मिणी कहती हैं, कि उन पर जापान से मिले रहने का कलंक लगाकर, उनकी सुखशांति की पूरी व्यवस्था कर दी गई है। असल बात यह है, कि नौकरशाही का दिमाग आजकल बहुत खराब हो गया है। (5.1.24)

91. आगामी कांग्रेस कर्नाटक में होगी। कहीं धीरे-धीरे समुद्र-यात्रा न आरंभ कर दे। सनातन धर्मावलंबियो! सावधान। (5.1.24)

92. **पंजाब** के **लाला दुनीचंद** और **अमीचंद** एक साथ ही जेल गए थे और एक साथ ही छूटे! मालूम होता है, दोनों सज्जनों की जन्मकुंडली में एक ही ग्रह पड़े हैं। (5.1.24)

93. खबर है, **लाला दुनीचंद** फिर से बैरिस्टरी करेंगे! शायद राजनीतिक शौक मिट गया! (5.1.24)

94. **लंका** के बौद्धों ने भी **सी.आर. दासी** पैक्ट का प्रतिवाद कर डाला। हिंदू-मुस्लिम मेल देखकर बौद्धों को **'सौतियाडाह'** तो नहीं हो गया है? (5.1.24)

95. **सी.आर. दासी** दल का पैक्ट कांग्रेस ने पास न किया, तो भी **कलकत्ता** के कुछ बंगालियों ने उसका प्रतिवाद करके ही छोड़ा। इसी को कहते हैं,–मरे पर सौ दर्रे!!! (5.1.24)

96. आगामी कौंसिल में **मालवीयजी महात्माजी** को छोड़ देने के लिए प्रस्ताव पेश करेंगे। 'कर्मण्येवाधिकारस्ते मा फलेषु कदाचन।' (5.1.24)

97. भारतीय ईसाइयों में भी देशभक्ति-रोग का संचार हो रहा है। प्रभु ईसा मसीह उनकी रक्षा करें। क्योंकि यह बड़ी भयंकर व्याधि है। (5.1.24)

98. कांग्रेस में एक अमेरिकन खद्दर की पोशाक पहन कर गया था। इसलिए हिंदुओं को अब खद्दर छूना न चाहिए। क्योंकि उसे मलेच्छ धारण करने लग गए हैं। (5.1.24)

99. **कोंच** में एक स्त्री सती हो गई। मालूम नहीं, बीसवीं शताब्दी में यह रोग उसे कहां से लग गया! (5.1.24)

100. **दिल्ली** के हिंदुओं ने अछूतों को अपने कुओं में पानी भरने की आज्ञा दे दी! **काशी** के पंडितों को चाहिए कि फौरन जाकर **दिल्ली** के कुओं में गिर पड़ें, क्योंकि बिना हत्याग्रह के, खाली धर्मोपदेश से, अब हिंदू

सीधी राह पर न आवेंगे। (12.1.24)

101. गत मास **विलायत** में बेकारों की संख्या लगभग साढ़े ग्यारह लाख थी। इतने पर भी 'स्वराज' मांग-मांगकर लोग सरकार को चिढ़ा रहे हैं। 'सुधार' देने पर तो यह दशा है, 'स्वराज' दे देने पर तो 'ठनठनगोपाल' हो जाएगा। (12.1.24)

102. **बिजौलिया (मेवाड़)** के किसानों पर फिर अत्याचार होने लगा। क्यों न हो, राव साहब के विवाह की खुशी में अगर प्रजा आह न भरेगी तो मंगल कैसे होगा? (19.1.24)

103. **श्रीनिवास शास्त्री** अब दूसरी सरकार चाहते हैं। उन्हें यह सरकार पसंद नहीं है, क्योंकि बहुत दिनों का पाला-पोसा प्यारा हौसला लेकर श्रीमती सरकार के पास गए थे, पर वह मानिनी मुंह फेरकर बैठ गई! हाय रे कमबख्त, मार डाला! (19.1.24)

104. **कलकत्ता** का **केथोलिक हेरल्ड** कहता है, कि 'हमें अपनी गुप्त और प्रत्यक्ष (Direct) खबरों से पता लगा है कि **बंगाल** के 2000 आदमियों ने षड्यंत्रकारी गुप्त दल में अपने नाम लिखाए हैं। वे हथियार और धन इकट्ठा करने के लिए बड़े धनिक हिंदोस्तानियों के पास जाते हैं, जैसा कि वे कहते हैं, जिनका धन देश के काम नहीं आ रहा है। वे कहते हैं कि देश को हम ऊंचा उठायेंगे, जो अत्याचारों से दब गया है। वे यह कहते हैं कि हमारे प्रयत्न में यदि कुछ कमी है तो केवल धन और हथियारों की।" हम चाहते हैं, या तो **हेरल्ड** का संपादक **कलकत्ते** की खुफिया पुलिस का कमिश्नर बना दिया जाय या फिर उसे और उसके रिपोर्टर को 'सींखचों वाले सरकारी महल' का मेहमान होने दिया जाय। वह तो अपना प्रत्यक्ष संबंध षड्यंत्रकारियों से बताता है!–(प्रताप) (9.2.24)

105. **इंग्लैंड** के प्रधानमंत्री **मि. मेकडानल्ड** ने मंत्री होने से पहले **भारत** के संबंध में एक पुस्तक लिखी थी। **भारत-सरकार** ने उसका प्रचार यहां बंद कर दिया था। सुनते हैं, आजकल कुछ लोग उसके प्रचार की चेष्टा में हैं। यदि अब भी उस पुस्तक का प्रचार बंद ही रहा तो कहना होगा, कि "सकल तीर्थ कर आई तुमड़िया तब भी न गई तिंताई!" (9.2.24)

106. अब **इंग्लैंड** के प्रधानमंत्री भी **रूस** की बोलशेविक सरकार को 'सरकार' समझेंगे। पीछे से समझना अंग्रेजों की पुरानी आदत है। (9.2.24)

107. **बंबई** की मिलों में भयंकर हड़ताल जारी है। एक लाख से भी अधिक मजदूरों ने काम छोड़ दिया है। वे कहते हैं–"हम 40 रु. मासिक पाते हैं। हमारी

स्त्री 15 रु. मासिक पाती है। इस 55 रु. में 20 रु. तो मकान भाड़ा ही लग जाता है जो कुछ दिन पहले सिर्फ 5 रु. लगता था। बाकी 35 रु. में 11 रु. का तो सिर्फ चावल ही महीने भर में खर्च हो जाता है और 3 रु. का ईंधन लग जाता है। शेष 21 रु. में ही और सभी जरूरियात समझ लीजिए—नोनतेल इसी में, कपड़े-लत्ते इसी में, पान-बीड़ी इसी में, बाल-बच्चे इसी में, लेन-देन इसी में, बाहर-भीतर इसी में, और जन्म-मरण-ब्याह भी इसी में। और ऊपर से घानी यह कि सभी चीजें दिन-दिन महंगी होती जा रही हैं। मिल के मालिकों के आराम के लिए चार-चार बंगले और तीन-तीन मोटरें हैं! क्या वे एक बंगले और एक मोटर से काम नहीं चला सकते हैं?" चला क्यों नहीं सकते? मगर गरीबों का रक्त चूसने में अगर किफ़ायतसारी करेंगे तो यमपुरी का रौरव नरक क्या खाली ही रहेगा! (9.2.24)

108. नंगे बदन रहने के कारण **सरदार खड़गसिंह** की सज़ा पांच महीने और बढ़ा दी गई है! जिसे ससुराल जाने का शौक हो वह नंगा होकर थाने में चला जाए! (16.2.24)

109. **कानपुर** के **सत्यभक्तजी** ने नवजात **भविष्य** का संपादन छोड़ दिया! 'प्रथमग्रासे मक्षिकापातः?" जान पड़ता है **भविष्य** का भविष्य बड़ा उज्ज्वल है! (23.2.24)

110. **कलकत्ता** से **रसगुल्ला** निकला है और **भिवानी** से **संदेश** निकलेगा। हिंदी-साहित्य में बंगला से अनुवादित उपन्यासों का तो **प्रचार** था ही, अब बंगाली मिठाइयों का भी प्रचार हो चला! (23.2.24)

111. हिंदी के सुपरिचित लेखक **पंडित मनोहरप्रसाद मिश्र** लिखते हैं कि "मैं **जबलपुर** से 350 मील की दूरी पर **रायगढ़** में बैठकर **कर्मवीर** प्रेस में छपनेवाले **छत्तीसगढ़** का संपादन करता हूं। मेरा सहकारी इतना स्वच्छंद और धृष्ट है कि मेरी रुचि के विरुद्ध अंटशंट लिख मारता है।" तो आप इतना घबराते क्यों हैं? 'प्रधान' और 'सहकारी' में जब 350 मील का अंतर है, तब दोनों की रुचि और विचार में तो आकाश-पाताल का अंतर होना चाहिए। (23.2.24)

112. **मध्यप्रदेश** के **अभाना** (**दमोह**) नामक स्थान से बड़ी सजधज के साथ **मोहिनी** निकली है और अब **प्रयाग** के **'**बलभद्र मुद्रणालय' से **मनोरमा** निकलनेवाली है। मालूम होता है कि **माधुरी** की सखी-सहेलियां सारे **भारतवर्ष** में एक दिन आग लगा देंगी। **माधुरी** की देखादेखी अब 'मासिक' पत्रिकाएं मकार से आरंभ होनेवाले सभी शब्दों पर अपना आधिपत्य जमाना चाहती हैं। खबरदार! पंच

मकार पर अधिकार न जमाना—'मत्स्यं मांस तथा मद्यं मुद्रा मैथुनमेव च।' क्योंकि ये **मतवाला** की संपत्तियां हैं। (23.2.24)

113. श्रीयुत **सत्यभक्तजी** ने **कानपुर** के ग्वालटोली मुहल्ले में एक 'श्रमजीवी पुस्तकालय' खोला है और विद्यादान के प्रेमियों से उनकी नम्र प्रार्थना है कि वे कृपा करके अन्याय और कष्ट से पीड़ित मजदूर-भाइयों के उपकार के लिए रुपये-पैसे, पुस्तकें और पत्र-पत्रिकाएं सहायता-स्वरूप भेजा करें; क्योंकि मुफ्तखोरों के राज्य में मुफ्तखोरी के सिवा और कोई चारा नहीं है। (1.3.24)

114. **अजमेर** की कांग्रेस-कमिटी आजकल चरखों की खैरात बांट रही है। वह 300 चरखे ऐसे लोगों को देगी जो चरखा कातने का **प्रण** करेंगे। आशा है, **प्रण** करनेवालों की कमी न होगी; क्योंकि भारतवासियों से बढ़कर दृढ़प्रतिज्ञ कौन है? "रामनाम में आलसी, भोजन में हुसियार!" (1.3.24)

115. **अकोला (बरार)** के कलक्टर ने एक रायबहादुर महाशय का अपमान किया था। इसलिए वे रूठकर गवर्नर के स्वागत से विमुख हो गए। रायबहादुर महाशय के गाल फुलाने पर गवर्नर साहब के पेट में चूहा कूदने लगा। उन्होंने कलक्टर को माफी मांगने के लिए बाध्य किया। लाचार होकर कलक्टर को गवर्नर साहब का सत्याग्रह सफल करना पड़ा। गवर्नरों पर प्रभाव डालने के लिए रायबहादुरी एक अच्छा नुस्खा है! (1.3.24)

116. सहयोगी **स्वतंत्र** कहता है, "**आंध्रप्रदेश** ने जिस प्रकार हिंदी को अपनाया है, उसके लिए उसकी प्रशंसा शब्दों द्वारा नहीं की जा सकती।" तो क्या उसकी प्रशंसा के लिए कोई हथियार बनवाया जाये? (1.3.24)

117. **फरीदाबाद** के आसपास बहुसंख्यक मुसलमानों ने यह निश्चय किया है कि हिंदू स्त्रियों को इसलाम धर्म की शिक्षा दी जाय, हिंदुओं से लेन-देन का कारोबार बंदकर दिया जाए, हिंदुओं के हाथ की चीजें न खाई जाएं और उनकी दुकानों से कोई चीज भी न खरीदी जाए! खिलाफत के सच्चे दोस्त **महात्मा गांधी** के छुटकारे की खुशी में मुसल्लम ईमानवालों को हर जगह ऐसे ही निश्चय से काम लेना चाहिए। 'कृतघ्ने नास्ति निष्कृतिः!' (1.3.24)

118. अपने ढंग के एकमात्र हिंदी मासिक पत्र **समन्वय** की तीन सौ प्रतियां, श्रीमान् **अलवर-नरेश** की ओर से, प्रतिष्ठित सार्वजनिक संस्थानों और विद्यानुरागिनी महिलाओं को मुफ्त दी जाएंगी। आशा है मुफ्तखोर टूट पड़ेंगे। (8.3.24)

119. **काशी** के **भूमिहार-ब्राह्मण** के संपादक ने एक भूमिहार डिपटी-कलक्टर की

नियुक्ति पर बधाई देते हुए यह आशा प्रकट की है कि उनसे देश और समाज का उपकार होगा! आशा है, ऐसे आशावादियों से देश और समाज का अवश्य उपकार होगा। (8.3.24)

120. एक गयावाल-पंडे ने विष्णुपद-मंदिर में लाट साहब के जूते ले जाने का समर्थन करते हुए अपने एक मुद्रित व्यवस्था-पत्र में लिखा है कि "अंग्रेज भाइयों को जूता उतारने में अत्यंत कष्ट होता है। अतः गयावालों ने राष्ट्रीय जाति को पीड़ा देना उचित नहीं समझा क्योंकि 'परोपकारः पुण्याय पापाय परपीडनम्!" **भगवान व्यास** के शुभ वचन का ऐसा अच्छा प्रयोग आज तक देखने में नहीं आया! पंडाजी की जूता-भक्ति अपरंपार है। (8.3.24)

121. गत सप्ताह से श्रद्धेय **गणेशशंकरजी प्रताप**-संपादक की कुर्सी पर बैठ गए। मालूम होता है, **विद्यार्थीजी** फागुन की हवा लगते ही फिर ससुराल जाने की तैयारी करने लगे। (8.3.24)

122. स्वधर्माभिमानी पांच सौ अकालियों का जत्था जब अकाल तख़्त के सामने शपथ लेकर धर्म पर बलिदान होने के लिए **अमृतसर** से चला तब हजारों दर्शकों की आंखों से आंसू टपक पड़े! ओह हो! वास्तव में बेचारे हिंदुस्तानी रोने में बड़े बहादुर हैं? खुदा कसम, ज़नाना रस्में अदा करने में तो इन्हें अज़हद कमाल हासिल है! (15.3.1924)

123. **अजमेर** के वकील बाबू **राधेलाल जायसवाल** मजदूरों का संगठन करके 'पृथ्वी पर ही स्वर्ग की पहली झलक' दिखलाना चाहते हैं। मजदूरों की हितैषिणी नौकरशाही को चाहिए कि उन्हें 'पृथ्वी पर ही नरक की अंतिम झलक' दिखला दे! (15.3.24)

124. सुविख्यात गोरखा नेता **श्रीयुत दलबहादुर गिरि** जीते जी छोड़ दिए गये! बड़ा भारी झमेला टल गया। उनके लिए लोगों को बड़ी सहानुभूति खर्च करनी पड़ी थी। यदि वे कुछ दिन और जेल में रहते तो देशवासियों के स्टाक की सारी सहानुभूति ही खर्च करा डालते! (29.3.24)

125. **महात्माजी** के परामर्श से स्वास्थ्य सुधारने के लिए **श्रीमान् लालाजी विलायत** जानेवाले हैं। शायद मजूर दल का राज्य हो जाने से वहां की गोरी आबोहवा कालों के उपयुक्त हो गई है! (29.3.24)

126. **नाभा** में अकालियों के जत्थे पर जिस **मि. जानस्टन** नाम के गोरे ने गोलियां चलवाई थीं, वह बेचारा मोटर से गिरकर घायल हो गया है। माडरेटों की शीघ्र एक सभा करके उसके प्रति सहानुभूति दिखानी चाहिए! क्योंकि ऐसे उपकारी जीव के प्रति सहानुभूति न दिखाना, सरासर कृतघ्नता होगी। (29.3.24)

127. **कवींद्र रवींद्रनाथ चीन** के लिए सदलबल रवाना होकर **रंगून** पहुंच गए आजकल **चीन** में उनकी दावत की तैयारियां होती होंगी। बेचारे लालबेगों (तेलचट्टों) पर बड़ी आफत आई होगी। (26.3.24)

128. **मिर्जापुर** के रईस **बाबू मिश्रीलालजी जौहरी** ने हिंदी साहित्य पुस्तकालय को उजाड़ कर एक विद्यालय बनाने का शुभ अनुष्ठान आरंभ कर दिया है। आशा है **दिल्ली** उजाड़कर **तुगलकाबाद** आबाद करनेवाले बादशाह **मुहम्मद तुगलक** की तरह उनका नाम भी इतिहास में चिरस्मरणीय हो जाएगा। (29.3.24)

129. **बंगाल** के स्वराजवादियों को उनकी गुस्ताखी का मजा चखाने के लिए, बंगाल की सरकार ने 9,200 बंगालियों को मुअत्तिल करने की नोटिस दी है। ठीक है, धोबी से नहीं जीत सके तो गधे का ही कान उमेठ डाला! (12.4.24)

130. स्वराजवादियों की अड़ंगा नीति से घबराकर विलायती अखबारवाले बेतरह विष वमन कर रहे हैं। बेचारों को खबर ही नहीं कि आजकल भारतवासी ऐसी गीदड़-भभकियों को पशम ही नहीं समझते हैं। "गर्ज-गर्ज क्षणं मूढ़ मधु यावत् पिवाम्यहम!" घबराओ न दोस्तो, समय आता है। (12.4.24)

131. **कानपुर** की म्युनिसिपलिटी ने हताहत मजदूरों की सहायता के लिए 2500 रु. देना निश्चय किया है। युक्त प्रदेश की सरकार को इन अदूरदर्शी मेंबरों का दिमाग दुरुस्त करने की चेष्टा शीघ्र ही करनी चाहिए; नहीं तो इस प्रोत्साहन से प्रसन्न होकर भारत के भिखमंगे मजदूर श्वेतांग मिल-मालिकों की जान आफत में डाल देंगे। (12.4.24)

132. **लंदन** से आये हुए 6 तारीख के **इंग्लिशमैन** के खास तार से पता लगता है कि गत कई दिनों से जो यह अफवाह उड़ रही थी कि ब्रिटिश गवर्नमेंट ने स्वराज दलवालों को परामर्श के लिए निमंत्रित किया है वह झूठ है। हाय! हाय! बेचारे परमुखापेक्षी देशभक्तों की सारी आशाओं पर बेमौका पानी फिर गया! (12.4.24)

133. **कानुपर** का कवि-सम्मेलन **श्रीपुरुषोत्तमदास टंडन** के सभापतित्व में निर्विघ्न संपन्न हुआ। कविता पाठ के अतिरिक्त कई राजनीतिक प्रस्ताव भी पास कर डाले गए। एक पंथ दो काज की कहावत चरितार्थ करने के इस सुयोग से लाभ उठाने की उपस्थित बुद्धि के लिए हम **टंडनजी** को बधाई देते हैं। (12.4.24)

134. **फर्रुखाबाद** जिले के पुलिस कर्मचारी बड़े लापरवाह बतलाए जाते हैं। कहा जाता है कि वे बदमाशों के अत्याचार से जनता की रक्षा करने में जरा भी तत्परता नहीं दिखाते। अरे भाई! अराजकता असहयोगियों के उत्पीड़न से

जनता की रक्षा करने के गुरुभार से उसे छुट्टी भी तो मिले। (12.4.24)

135. एक बंगाली नौजवान ने एक साढ़े तीन वर्ष की बालिका के साथ व्यभिचार कर डाला है। जिस देश में ऐसे उन्नत चरित्र नवयुवक मौजूद हैं, उनके उद्धार में इतनी देर लग रही है, यही आश्चर्य है। (19.4.24)

136. **पंजाब-हाईकोर्ट** ने फैसला किया है कि कृपाण (तलवार) रखना सिक्खों के लिए जुर्म नहीं है! सरकार को चाहिए कि **पंजाब-हाईकोर्ट** को 'गैरकानूनी' घोषित कर दे, नहीं तो 'प्रेस्टिज' पर पानी फिर जायेगा। (19.4.24)

137. **डुमरांव** के राजासाहब की नादिरशाही रेशम के कीड़े की तरह दिन दूनी रात चौगुनी होती जा रही है। ईंटें तैयार करने के लिए भट्ठा लगाने वालों से पच्चीस रुपये प्रति लाख ईंट के हिसाब से कर वसूल किया जाता है। राजप्रासाद की मरम्मत के लिए मजदूरों से हंटर-फटकार मंत्र के बल पर बेगार ली जाती है। इस तरह के अत्याचारों के कारण डुमरांव निवासियों की जान दूभर हो रही है। परंतु **मतवाला** राम की राय में तो इन कृत्यों की गणना अत्याचार में नहीं ही हो सकती, क्योंकि ब्रिटिश-शासन की छत्रछाया में पनपनेवाला अधिकारमत्त शासक यदि दयार्द्र-हृदय और प्रजारंजक हो जाए तो कलि महाराज को अपने पांव फैलाने के लिए स्थान मिलना मुश्किल हो जाए। (26.4.24)

138. एक मेवाड़ी सज्जन ने राजपूताना के **सिंह श्रीविजयसिंहजी पथिक** के मुकदमे की ओर हमारा ध्यान आकर्षित करते हुए लिखा है कि **श्री पथिकजी** के साथ न्याय के नाम पर घोर अन्याय किया गया है और इससे **राजस्थान** की प्रजा को बड़ा दुःख हुआ है। जनाब आली! क्या आप चाहते थे कि **राजस्थान** के हुक्काम प्रजा को खुश करने के लिए युग-धर्म के प्रतिकूल आचरण करके अपनी आक़बत बिगाड़ते! (26.4.24)

139. **पटना** जिला के **विक्रम** थाना में **लई** नाम का एक गांव है। वहां के **जमींदार बाबू रघुनंदन प्रसादसिंह** आजकल अपने असामियों पर अत्याचार करने में स्वेच्छाचारी नौकरशाही के भी कान कतर रहे हैं। इनके उत्पीड़न से बचने के लिए बहुत से लोग अपने पूर्व-पुरुषों के माथे के पसीने से सींची हुई भूमि को छोड़कर अन्यत्र जा बसे हैं। सिंहजी! अत्याचारियों की मौत का घंटा बज चुका है; अब भी सावधान हो जाइए, नहीं तो 'स्यारी' से कान कटाकर बुरी तरह नीचा देखना पड़ेगा। (26.4.24)

140. **इलाहाबाद** में **यू.पी.** हें-हें दल की कानफरेंस हो गई। 'देहि पदपल्लव-मुदारम्' की गिड़गिड़ाहट से सभामंडल गूंज उठा। (26.4.24)

141. **वैकुम** के सत्याग्रहियों के खर्च के लिए **मि. जे.आर. विनसेंट** नामक एक अंग्रेज ने भी चंदा दिया है। यह **रावण** के वंश में **विभीषण** कहां से आया? (3.5.24)

142. अखबारों में खबर छपी है, कि **गोरखपुर** के चमारों ने अपने लिए स्वतंत्र देव-मंदिर बनाने का संकल्प किया है। सनातन धर्म के देवताओं को चाहिए, कि शीघ्र ही 'हड़ताल' कर दें या सत्याग्रह आरंभ कर दें, नहीं तो अछूतों के संसर्ग से उनकी जाति नष्ट हो जाएगी। (3.5.24)

143. **कानपुर** में बोलशेविकों का मुकदमा बड़ी धूमधाम से चल रहा है। **रूस** का भूत ब्रिटिश साम्राज्य में ऊधम मचाने की कोशिश कर रहा है। खुदा खैर करे। (3.5.24)

144. अकालियों ने तो नौकरशाही को वह चूना लगाया, कि **बेचारी** परीशान हो गई! बेचारी पुलिस गांवों में घूम-घूमकर इस बात की कोशिश कर रही है, कि कोई जत्थे में शामिल न हो। पेंशन पानेवालों को धमकी दी जाती है, कि वे यदि अकाली आंदोलन में भाग लेंगे तो उनकी पेंशन जब्त कर ली जाएगी। दिमाग खराब होने पर मनुष्य जो कुछ करता है नौकरशाही के अधिकारी भी वही कर रहे हैं। (3.5.24)

145. ता. 6 और 7 मई को **बलिया** हिंदी प्रचारिणी सभा का वार्षिकोत्सव होगा। सभापति होंगे लाला **भगवानदीनजी** प्रोफेसर। (3.5.24)

146. **बंगाल** की खादी प्रतिष्ठान समिति के मंत्री को खबर लगी है कि कुछ कपड़े के दुकानदार विलायती सूत के बुने मिल के कपड़े को शुद्ध खद्दर कह के बिक्री करते हैं। यदि अनुसंधान किया जाए तो पता लगे कि 'घी में चरबी मिलानेवाले' मारवाड़ी दूकानदार ही ऐसा करते होंगे। (10.5.24)

147. **रंगून** की पुलिस के खुफिया विभाग के सब-इंस्पेक्टर **ए. डासन** और कनिष्ट बल **सी.आर. नंदन** की एक वर्ष और छह महीने की सख्त कैद की सजा हो गई है। उक्त दोनों मुजरिमों ने किसी चोरी के मामले में एक हिंदुस्तानी लड़के की स्वीकारोक्ति प्राप्त करने के उद्देश्य से उसे कोड़े मारे थे और निर्दयतापूर्वक उसके नखों में आलपीन कोंची थी। शायद सजा देनेवाले मजिस्ट्रेट साहब पुलिस विभाग के कर्मचारियों की कार्यवाही से वाकिफ नहीं। अपराधियों से अपराध स्वीकार कराने के लिए इस प्रकार का उत्पीड़न तो उनके मामूली हथकंडों में दाखिल है। यदि वे अपराध स्वीकार कराने के लिए ऐसे उपायों से काम न लें तो पुलिस की छत्रछाया में अमन-चैन से कार-बार करनेवाली गरीब प्रजा के नाकों दम न हो जाए। (10.5.24)

148. लेजिस्लेटिव एसेंबली के सदस्य **शेख सादिक हुसैन इंग्लैंड** और **अमेरिका** की यात्रा करनेवाले हैं। अन्यान्य उद्‌देश्यों के साथ गरीबों की अवस्था का अध्ययन करना भी एक उद्‌देश्य है। भारतीय गरीबों की अवस्था का अध्ययन शायद खत्म हो चुका है। (10.5.24)

149. **रंगून** के 8000 कुलियों ने हड़ताल कर दी है। **बर्मा गवर्नमेंट** इन कुलियों को सबक सिखाने के लिए किसी हिंदुस्तानी मजिस्ट्रेट को भारत गवर्नमेंट से उधार क्यों नहीं ले लेती। (10.5.24)

150. **सी.आर. दासी** हिंदू-मुसलमान पैक्ट धीरे-धीरे अपना जौहर प्रकट कर रहा है। **पवना** जिले में किसी एक पीर साहब ने मुसलमानों को समझा दिया है कि इस पैक्ट के अनुसार गोकुशी करने और मस्जिद के सामने बाजा बंद करा देने का अधिकार मुसलमानों को प्राप्त हो गया है। मामला यहां तक बढ़ गया है कि लोग भयानक दंगा हो जाने की आशंका कर रहे हैं। इस प्रकार स्वराज्य का पथ परिष्कृत कर देने के लिए स्वराज्य-दल धन्यवाद का पात्र है इसमें संदेह नहीं। (10.5.24)

151. **मि. विपिनचंद्रपाल** ने **महात्माजी** को एक लंबा पत्र लिखकर कौंसिल के चुनाव के समय काम में लाई जानेवाली चालबाजियों की ओर उनका ध्यान आकर्षित किया है और उन चालबाजियों से देश की रक्षा करने की प्रार्थना की है। इसी को कहते हैं 'गुड़ खाकर गुलगुला से परहेज' करना। पाश्चात्य सभ्यता के सर्वश्रेष्ठ दान कौंसिलों के स्वागत और चुनाव-युद्ध में सफलता प्रदान करनेवाली सभ्य चालबाजियों के बहिष्कार का समर्थन एक साथ ही **मि. पाल.** जैसे दोमुंहे व्यक्ति के उपयुक्त ही हुआ है। (10.5.24)

152. **लार्ड रेडिंग इंग्लैंड** के भूतपूर्व चीफ जस्टिस हैं। ये जब भारत पधारे थे तब इन्होंने कहा था कि ये अंग्रेजों और भारतीयों के बीच के मामलों में जाति-भेद की ईर्ष्या को दूर करने का प्रयत्न करेंगे। परंतु उनके शासन समय में कई घटनाएं ऐसी हो गईं जिसमें एक अंग्रेज ने एक निरीह अपराध हिंदुस्तानी को मार डाला और किसी न किसी बहाने वह अंग्रेज दंड से बरी कर दिया गया। अभी **पूना** में एक पल्टनिहे गोरे ने एक गरीब हिंदुस्तानी को केवल इसलिए गोली मार दी थी कि उसने कंटकाकीर्ण तालाब में से उसका शिकार निकाल लाने से इंकार किया था। यह वीर भी बेलाग बच गया। इस पर लोग चारों ओर से **लार्ड रेडिंग** को ताने दे रहे हैं और उनके कथन की हंसी उड़ा रहे हैं। **मतवाला** की राय में तो लोग लाट साहब के प्रति अन्याय कर रहे हैं; क्योंकि जो जाति चिरस्मरणीय **महारानी विक्टोरिया** की घोषणा को राजनैतिक चाल

कहकर हवा में उड़ा दे सकती है उसके लिए चीफ जस्टिस के, और सो भी भूतपूर्व, सिद्धांत की अवहेलना कर देना कितनी बड़ी बात है।(10.5.24)

153. **ओसाला असाही** नाम के **जापानी** पत्र ने **अमेरिका** इमीग्रेशनबिल के संबंध में **देशबंधु दास** की सम्मति पूछी थी। **देशबंधु** ने भी **मौलाना मुहम्मद अली** की सम्मति की प्रतिध्वनि की है। **मौलाना** और **देशबंधु** दोनों की सम्मति का सारांश थोड़े से शब्दों में इस प्रकार है–'**एशिया** की स्वतंत्रता की रक्षा के लिए एशियाई जातियों के संगठन की आवश्यकता है।" वाह क्या कहना है! 'मन अति रंक मनोरथ राऊ।' घर तो संभाले नहीं संभलता और एशियाई संगठन के लिए इतनी व्यग्रता! (17.5.24)

154. **देशबंधु** को इस बात के दृढ़ और विश्वसनीय प्रमाण प्राप्त हुए हैं कि कुछ लोग उन्हें तथा उनकी पार्टी को जनता की दृष्टि में हेय बना देने के लिए सुसंगठित प्रयत्न कर रहे हैं। जनता की दृष्टि में आदरणीय बने रहने का यह आत्मविश्वास अवश्य प्रशंसनीय है। (17.5.24)

155. **इलाहाबाद** यूनिवर्सिटी की बी.एस-सी. परीक्षा में एक सौ तिरासी विद्यार्थियों में 129 पास हुए, एल.टी. परीक्षा में 71 में से 63 और बी.काम. की परीक्षा में 23 में से 18 पास हुए। एक साथ इतने गुलाम तैयार हुए, बुरा क्या हुआ? (17.5.24)

156. **कानपुर** में, कुछ लोगों पर **भारत** में बोलशेविज्म फैलाने के अपराध में मुकदमा चल रहा है। उसके संबंध में विलायत के मजदूर दल के नेता **मि. लेंसबरी ने यू.पी.** के गवर्नर के पास तार भेजकर कहा है, कि आपके प्रांत में बोलशेविकों पर जो मुकदमा चल रहा है, उसे स्थगित कर दीजिए, जिससे इस पवित्र आंदोलन की रक्षा के लिए कुछ प्रबंध किया जा सके। खैरियत हुई मि. लेंसबरी भारत में न हुए। नहीं तो बोलशेविज्म जैसे खूंखार आंदोलन को 'पवित्र' कहने के अपराध में वे **मि. हानिमैन** की तरह इंटर्न कर दिए गए होते! (17.5.24)

157. **वैकम** में अछूत सत्याग्रह पूर्ववत् जारी है। अकालियों ने सत्याग्रही सिपाहियों के भोजन के लिए वहां 'गुरु का लंगर' जारी कर दिया है। परंतु **महात्माजी** इसे नहीं पसंद करते। आपकी राय में अछूतों का उद्धार हुआ तो क्या हुआ। परंतु उच्च जाति के हिंदू तो आत्महत्या करने पर तुले हैं। वे म्लेच्छों का चरण पूजते हैं और अपने भाइयों की परछाईं से भी अशुद्ध हो जाते हैं। इस खब्ती का क्या इलाज है? (17.5.24)

158. **वैकम** के छूतों का कहना है, कि शूकर-मांस और गोमांस खानेवाले होने पर

भी ईसाई और मुसलमान अस्पृश्य नहीं हैं, क्योंकि हिंदू शास्त्रकारों ने उन्हें चांडाल नहीं माना है और निम्न श्रेणी के हिंदू 'चांडाल' हैं। इसलिए उन्हें छूने से धर्म की धज्जियां उड़ जाती हैं, परंतु अपने भाइयों से इस तरह घृणा करना कितना घोर चांडालपना है, एक बार इसे भी तो सोचो। (17.5.24)

159. एक विलायती अखबार ने लिखा है, कि **सर अली इमाम बिहार** के मंत्री और **निजाम** हैं। उनके पास इतने हीरे हैं, कि उसमें छह आदमी छिप सकते हैं। मालूम नहीं, इस अखबार के संपादक महाशय को 'चंडू' से शौक है या नहीं! (17.5.24)

160. दो मुसलमानों ने एक हिंदू कन्या को बीस रुपये में बेच दिया! इतना सस्ता! हिंदू कन्या-विक्रेता कन्या बेचते हैं, परंतु इतना कम दाम लेकर बाजार नहीं बिगाड़ते! (24.5.24)

161. **विलायत** से खबर आई है, कि राइट आनरेबल **मि. शास्त्री** वहां दौरा करनेवाले हैं। ठीक है, बिना फेरी लगाए भींख कैसे मिलेगी! (24.5.24)

162. हाल में, सरहदी महसूदों ने ब्रिटिश सरकार की फौज पर धावा बोलकर ग्यारह सैनिकों को मार डाला, तीन को जख्मी कर दिया और दस रायफलें छीन ले गए। मामला बेढब देखकर ब्रिटिश वीर नौ दो ग्यारह हो गए! सरकार को चाहिए, कि अपने इन विजयी वीरों को अकाली संग्राम में जौहर दिखाने के लिए नाभा भेज दे। क्योंकि वहां कोई खतरा नहीं है, अकाली निरस्त्र हैं। ऐसी जगह ये वीर अपनी करामात खूब दिखा सकेंगे। (24.5.24)

163. अखबारों में खबर छपी है, कि भारत-सरकार के दफ्तर से **नाभा** और **पटियाला** के मुकदमें की मिसिल ग़ायब हो गई! न्याय पहले ही गुम हो चुका था, तो बेचारी मिसिल किसके आसरे बैठी रहती! (24.4.24)

164. **ब्रह्मदेश** की पढ़ी-लिखी स्त्रियों ने अपने सम्मेलन में प्रस्ताव पास किया है, द्वैध शासन प्रणाली के तरफदारों और विदेशियों से शादी नहीं करनी चाहिए। नौकरशाही को चाहिए कि अपने **बर्मी** खैरख्वाहों के लिए **विलायत** से कुछ बीवियां मंगा ले! (24.4.24)

165. **कानपुर** के बोलशेविक मामले का फैसला हो गया। प्रत्येक अपराधी को चार-चार वर्ष की जेल दे दी गई। अब अंग्रेजी राज्य चार वर्ष के लिए निष्कंटक हो गया! (24.4.24)

166. **मुरादाबाद** जिले के मुसलमानों ने एक हिंदू मंदिर का ध्वंस कर डाला! ठीक किया! निर्जीव मूर्त्तियों के लिए घर की जरूरत ही क्या थी? (24.4.24)

167. सुप्रसिद्ध देशभक्त **श्रीयुत अर्जुन लालजी सेठी** के देशभक्त पुत्र **प्रकाशचंद्र**

सेठी की मृत्यु का दुःखद संवाद पढ़कर हृदय विदीर्ण हो गया! यह अनन्य भारतभक्त युवक मृत्यु की अंतिम घड़ी तक अभागिनी भारतमाता की स्वतंत्रता की चिंता में लगा था। "**महात्माजी** ने कौन-सा कार्यक्रम निश्चित किया, भारत का उद्धार कैसे होगा, आपस में मेल करो और अमुक देशभक्त के मुकदमे का क्या हुआ?"—यही उस राष्ट्रसेवक के अंतिम उद्‌गार थे। प्रकाश!—घोर तिमिराछन्न, अभागिनी भारतमाता की आंखों के क्षीण प्रकाश! जाओ! इस दीनाहीना पराधीना दुःखिनी की करुणकथा जगन्नियंता को सुनाने जाओ! तुम्हारे शोक-संतप्त पिता-माता को क्या कहकर सात्वना दूं? भगवान उन्हें मानव-जीवन की इस कठिन परीक्षा में उत्तीर्ण होने का बल दे! (24.5.24)

168. **नाभा** में चौथा अकाली जत्था भी पकड़ लिया गया। मार खाते-खाते एक अकाली की आंख निकल पड़ी। नौकरशाही को अकालियों पर ही अपनी सारी वीरता दिखा देनी चाहिए क्योंकि इस जाति ने अंग्रेजों का बड़ा उपकार किया है। (24.5.24)

169. खबर थी, कि बड़े लाट छुट्टी लेकर घर जाएंगे। परंतु अब खबर छपी है, कि नहीं जाएंगे। कहां जाइएगा, हुजूर! ऐसी बादशाहत छोड़कर भी कोई छुट्टी लेता है! (24.5.24)

170. मई के अंत में **मालवीयजी वैकम** जाएंगे। क्योंकि वहां के उच्च हिंदुओं की सेवा में कुछ निवेदन करने का अवसर आ गया है? (24.5.24)

171. **दैनिक वर्तमान** को खबर लगी है, कि **बीकानेर** में एक पंद्रह महीने की कन्या (!) का विवाह छह वर्ष के वर से होनेवाला है। परमात्मा करे, वरवधू दीर्घजीवी होकर हिंदू जाति के नाक की रक्षा करते रहें। अब कौन अभागा कहेगा, कि हिंदुओं का विवाह उपयुक्त समय पर नहीं होता? (31.5.24)

172. **पूना** के **फरगुसन कालेज** के प्रिंसिपल ने कॉलेज के अहाते में स्वर्गीय **भगवान तिलक** की प्रस्तर मूर्त्ति नहीं रखने दी! जिस महापुरुषों की प्रतिभा ने एक दिन प्रबल पराक्रांत भारत की नौकरशाही को सुख की नींद सोने नहीं दिया था, उसकी प्रस्तरमूर्त्ति का नाम सुनकर प्रिंसिपल **परांजपे** का प्राण कांप उठा हो तो आश्चर्य ही क्या है। सुना नहीं है? 'रा अस नाम सुनत दसकंधर। रहत प्राण नहिं मम उर अंतर॥' (31.5.24)

173. **दिल्ली** के कई मुसलमान एक दस वर्ष के खत्री बालक को गोमांस खिलाकर उसकी आकबत का सुधार करना चाहते थे। इतने में उसकी चिल्लाहट सुनकर कुछ हिंदू पहुंच गए और उसे विहिश्त के आधे पथ से फेर लाए!

खैरियत हुई, अल्लाह मियां की एक 'हूर' बच गई। (7.6.24)

174. **फैजाबाद** के एक गरीब चमार ने अपनी दूधमुंही बच्ची को भवानी के सामने बलि दे दिया! उसे विश्वास था, कि बलि पाकर भवानी खुश हो जाएंगी, और उसके भोजन वस्त्र के लिए अवश्य ही कोई उचित प्रबंध कर देंगी। साथ-साथ भवानी की कृपा से उसकी बच्ची भी जी उठेगी। भूख की ज्वाला जो न करा दे! (7.6.24)

175. **देहरादून** में एक मुसलमान ने देवता की मूर्त्ति को उठाकर मोरी में फेंक दिया! चलिए, अल्लाह मियां का एक दुश्मन कम हुआ! (7.6.24)

176. **अमृतसर** की गलियों में बुरका ओढ़कर, ज़नाना वेष में मुसलमान **गुंडे** घूमा करते हैं, और मौका पाकर हिंदू बच्चों को चुरा ले जाते हैं। घूमो पट्ठो, श्रीकृष्ण की तरह कोई बालक मिल जाएगा, तो पूतना बनने का मजा पा जाओगे। (7.6.24)

177. **लाहौर** का **बंदेमातरम्** अखबार अब दिन में दो बार प्रकाशित हुआ करेगा। बेचारे गोरों के मान का खुदा हाफिज! (7.6.24)

178. **कलकत्ता** कारपोरेशन ने थियेटरों के गंदे स्थानों को सुधार करने के लिए एक कमिटी बनाई है। एक कमिटी नाटककारों के गंदे दिमागों की सफाई के लिए भी बन जाती तो अच्छा था। (7.6.24)

179. बोलशेविक षड्यंत्र के एक अपराधी ने **इंग्लैंड** के मजदूर लीडर **मि. लेंसबरी** के पास एक पत्र भेजा था। परंतु वह पत्र रोक लिया गया। अच्छा हुआ, नहीं तो वह कमबख्त पत्र अवश्य ही **इंग्लैंड** में बोलशेविज्म का हैजा फैला देता? (7.6.24)

180. **बंगाल** की सिराजगंजी कानफरेंस ने **मि. दास** का हिंदू-मुस्लिम पैक्ट पास कर लिया? आशा है, अब कोई मुसलमान किसी बंगालन का सतीत्व न बिगाड़ेगा! (7.6.24)

181. **कवींद्र रवींद्र** आजकल **चीन** में विश्वप्रेम फैला रहे हैं। आप एक साथ ही सारे संसार का उद्धार करनेवाले हैं। (14.6.24)

182. प्रेस एक्ट मर गया, परंतु उसकी प्रेतात्मा ने अभी **भारत** का पिंड नहीं छोड़ा है। आजकल वह महीशूर राज्य पर मंडरा रही है। (14.6.24)

183. बूढ़े बड़े लाट ने आज्ञा दी है, कि आपकी किसी मजलिस में कोई धोती पहनकर न आये। कौंसिल के हिंदुस्तानी मेंबरों में यदि हिम्मत और आत्माभिमान हो तो आइंदे से लाट साहब की सभा में नंगे ही पहुंचा करें! (14.6.24)

184. **नागपुर** के स्वराजवादियों ने भी **गोपीनाथ साहा** की देशभक्ति का समर्थन कर दिया! इससे मालूम होता है, अंग्रेजी राज्य पर साढ़ेसाती सनीचर चढ़ बैठा है। लाट साहब को काली वस्तु उत्सर्ग करने की व्यवस्था करनी चाहिए। (21.6.24)

185. **चौबीस परगना** जिले के कई गरीबों पर नमक बनाने का अपराध लगाया गया है। संभवतः इसके लिए उनकी सजा भी हो जाएगी। **भारत** का नमक अंग्रेज जाति बहुत दिन से खा रही है, इसलिए नमक की रक्षा करना नमकहलाल सरकार का प्रधान कर्त्तव्य है। परंतु उन गरीबों को क्या अपनी मातृभूमि की मिट्टी में से नमक निकालकर खाने का भी अधिकार नहीं? हा! विधि विडंबना!!! (21.6.24)

186. अकाली सिक्खों का सातवां शहीदी जत्था भी **जैतू** के लिए रवाना हो गया। मालूम होता है, यह युद्ध **जर्मन-वार** की तरह दीर्घस्थायी होगा। (21.6.24)

187. **पंजाब** की महीयसी महिला **श्रीमती पार्वती देवी** का **लाहौर** में खूब स्वागत हुआ। स्वागत करने और बंदेमातरम् की ध्वनि से कान के पर्दे फाड़ने में भारतवासी बड़े पटु हैं। (28.6.24)

188. **इंग्लिशमैन** के **लंदन** वाले संवाददाता ने खबर दी है, कि स्वर्गीय **गोपीनाथ साहा** संबंधीय प्रस्ताव के बारे में **बंगाल** या **भारत** की सरकार ने अभी तक इंडिया आफिस से कोई लिखा-पढ़ी नहीं की है तो सचमुच भयंकर भूल की है। स्वराजवादियों को कुचल डालने का ऐसा नायाब मौका फिर कहां मिलेगा? (28.6.24)

189. **महात्माजी** के **यंग इंडिया** में छपा है, कि विगत सन् 1814 ई. में सिर्फ **कलकत्ता** से एक करोड़ रुपये का देशी कपड़ा **विलायत** गया था और उसके सौ वर्ष बाद सन् 1914 में सिर्फ **कलकत्ता** में 66 करोड़ का कपड़ा **विलायत** से आया था। तब तो बेचारे खद्दरराम को बड़े जबरदस्त शत्रु से मोरचा लेना पड़ा है! (28.6.24)

190. अकालियों का नवां जत्था भी **जैतू** के लिए रवाना हो गया! इसके अलावे **काबुल** और **कलकत्ता** भी जत्थे जानेवाले हैं। अब तक तीन हजार से अधिक अकाली गिरफ्तार हो चुके हैं। नौकरशाही को चाहिए, कि अपने रक्षक जनरल डायर को बुला लें। क्योंकि बिना बम बरसाए अकाली नहीं मानेंगे। (28.6.24)

191. **कानपुर** के **बोलशेविक** षड्यंत्र के पांचवें अपराधी **एम. सिंगारावेलू** का विचार आगामी 1 जुलाई से आरंभ होगा। क्या अभी इस षड्यंत्र की दुम

बाकी ही थी? (28.6.24)

192. **बंबई** कारपोरेशन ने प्रस्ताव पास किया है, कि स्कूलों के शिक्षक राजनीति में भाग न लें। मालूम नहीं, कारपोरेशन को राजनीति के हौआ ने डराया है, या राजभक्ति ने जोर मारा है? (28.6.24)

193. **अर्जुन** का संवाददाता लिखता है, कि **गढ़वाल** जिले के कुछ उच्च जाति के हिंदुओं ने वहां के अछूतों से स्टांप लिखा लिया है कि वे संध्यावंदन और हवन न किया करें। उन हिंदुओं को चाहिए था, कि ईश्वर की रजिस्ट्री करा लेते अथवा विवाह-कर्म-पद्धति के अनुसार उनका पाणिग्रहण कर घर में डाल लेते! (28.6.24)

194. **प्रयाग** म्युनिसिपल बोर्ड के अध्यक्ष **पंडित जवाहरलालजी नेहरू** ने आज्ञा दी है कि बोर्ड का समस्त पत्र-व्यवहार हिंदी में ही हो। **विलायत** से बैरिस्टरी पास कर आने पर भी, मालूम होता है, **पंडितजी** कूपमंडूक ही रह गए! किसी ने सच कहा न, "सकल तीर्थकर आई तुमड़िया तबहुं न गई तिताई।" ईश्वर **संयुक्त प्रांत** की अन्यान्य म्युनिसिपलिटियों को हिंदी की आफत से बचाए रखें। (5.7.24)

195. **भारत** में बोलशेविज्म फैलाकर **भारत सरकार** को औंध देने की चेष्टा करने वाले, बोलशेविक पलटन के 'पांचवें सवार' **श्रीयुत सिंगारावेलू चेटी** ने माफी मांगकर पिंड छुड़ा लिया। अच्छा ही किया। बेचारे की समझ में आ गया होगा, कि अंगूर खट्टे हैं। (5.7.24)

196. **ब्रिटिश गायना** में, मजूरी के अभाव से प्रवासी भारतीयों को भूखों मरना पड़ता है, परंतु तो भी कुली यहां से भेजे ही जाते हैं। शायद अभागे भारतवासियों को, जन्मभूमि से अलग ले जाकर मार डालने में कुछ अधिक पुण्य प्राप्त होता है! अहा! हमारी सरकार बड़ी धर्मात्मा है। अल्लाह मियां इसे 'जुग जुग' जिलावें! (5.7.24)

197. बड़ी कौंसिल में **मि. रंगा अय्यर** एक साथ ही आधे दर्जन से भी अधिक प्रस्ताव उपस्थित करनेवाले हैं। पहला प्रस्ताव है, कि सरकार ने राउंडटेबिल कानफरेंस अस्वीकार कर दिया, इसलिए कौंसिल असंतोष प्रगट करती है, दूसरा, राजनीतिक कैदी छोड़ दिये जाएं, तीसरा, ब्रिटिश उपनिवेशों का माल भारत में न आने पाए, चौथा, **भारत** में शराब की बिक्री बिल्कुल बंद कर दी जाए, पांचवां, सरकार सूत के प्रचार में सहायता प्रदान करें, छठा, सरकार को कपड़े की जरूरत हो तो खद्दर खरीदे, और सातवां यह, कि राजनीतिक कैद डिस्ट्रिक्ट बोर्ड और म्युनिसिपल बोर्ड की मेंबरी में बाधा न डाल सके!

दरअसल **रंगा अय्यर** बड़े रंगीले मालूम होते हैं। उन्हें प्रस्ताव ही करना है तो कोई ऐसा प्रस्ताव क्यों नहीं कर देते, कि **भारत सरकार** अपना बोरिया-बंधना लेकर यहां से चल दे! (5.7.24)

198. **कलकत्ते** से सिक्खों का एक जत्था **जैतू** के लिए रवाना हो गया! सुनते हैं—**अमेरिका** से भी एक जत्था आनेवाला है। 'मरज' बढ़ता गया ज्यों-ज्यों दवा की!' नौकरशाही **पंजाब** में एक बार कत्लेआम क्यों नहीं जारी करा देती! (5.7.24)

199. **दक्षिण अफ्रीका** के **जेनरल स्मट्स** ने इस्तीफा दाखिल कर दिया। महाराज **अलवर** को चाहिए, कि अपने परमप्रिय मित्र को अपनी रियासत के इंतजाम के लिए बुला लें! क्योंकि "जे न मित्र दुख होंहि दुखारी, तिनहि विलोकत पातक भारी!" (5.7.24)

200. **पूना** की म्युनिसिपलिटी ने स्वर्गीय **लोकमान्य** की एक अतीव सुंदर प्रस्तर-मूर्त्ति बनवाई है। पूना की म्युनिसिपलिटी में क्या कोई राजभक्त नहीं रह गया है। पूना में यदि **भगवान तिलक** की मूर्त्ति स्थापित हो जाएगी तो नौकरशाही का राज्य कैसे रहेगा। (5.7.24)

201. **वाइकोम** में सत्याग्रह-संग्राम पूर्ववत् जारी है। अस्पृश्य भाई अपने मानवोचित अधिकार के लिए शांतिपूर्ण अहिंसात्मक सत्याग्रह कर रहे हैं और उच्च कुल के हिंदू (!) उन्हें मारते हैं, उनके चर्खे छीन लेते हैं, उनकी दाढ़ी और सिर के बाल नोंच लेते हैं, उन्हें गालियां देते हैं। ठीक सत्य युग का दृश्य है। मानो धर्मप्राण ऋषिगण यज्ञानुष्ठान कर रहे हैं और नीच प्रकृति राक्षसगण तरह-तरह के अत्याचारों द्वारा उसे विध्वंस करने की चेष्टा कर रहे हैं! देखिए, इस कलियुगी देवासुर संग्राम का परिणाम क्या होता है। (5.7.24)

202. **वाइकोम-सत्याग्रह** संग्राम के एक सत्याग्रही की आंख में एक नायर ने चूना डाल दिया था। पीछे से उसे इतनी ग्लानि हुई कि इस पाप के प्रायश्चित के लिए उसने आत्महत्या कर ली। अछूतों को उनके जन्मसिद्ध अधिकारों से वंचित रखने वाले उच्च जाति के सभी हिंदुओं को एक दिन इसी तरह आत्महत्या करनी पड़ेगी। गरीबों की आह कभी खाली न जाएगी। कूपमंडूकों! अब से संभल जाओ! "न चैन पाएगा तू भी ज़ालिम किसी का खाना खराब करके। यह याद रखना, कि लेगा बदला जनाब-बारी हिसाब करके।" (12.7.24)

203. **कानपुर** के सहयोगी **प्रताप** को खबर मिली है कि भारत में बोलशेविज्म फैलाने के अपराध में जिन भले आदमियों को कैद की सजा दी गई है, उनके साथ साधारण कैदियों का-सा व्यवहार होता है। उन्हें भोजन अच्छा नहीं दिया

जाता। इसलिए उन्होंने 'बिना अफतार का रोज़ा' रखना आरंभ कर दिया है। बात असल यह है, कि हमारी सरकार की दृष्टि में सभी काले बराबर हैं, चाहे वे चोर हों या राजनीतिक! इस समदर्शिता के लिए हमें सरकार का मशकूर होना चाहिए! (12.7.24)

204. हिंदू-मुसलमानों में उत्तेजना फैलाने के कारण **पंजाब** के दो अखबारों पर मुकदमे चल रहे हैं। आशा है अखबारों के मिजाज ठंडे हो जाएंगे। (12.7.24)

205. **कोचीन** में एक स्त्री ने भूत प्रसव किया है और **आजमगढ़** में एक भैंस ऊंट बियायी है। मालूम होता है वृद्धावस्था के कारण बूढ़े विधाता इधर का उधर कर देते हैं? (12.7.24)

206. **पूना** की म्युनिसिपलिटी स्वर्गीय भारत-भाल-**तिलकदेव** की एक प्रस्तर प्रतिमा बनवा रही है। इससे **बंबई** की नौकरशाही का घांघरा ढीला हो गया। ऐसे अनुचित कार्य में रुपये खर्च करने के अपराध में उसने म्युनिसिपलिटी पर दावा दायर किया है। देवता की मूर्त्ति से घबराना शैतानी के लिए अस्वाभाविक क्या है? (12.7.24)

207. **भगवान तिलक** की मूर्त्ति स्थापना में नौकरशाही का बाधा डालना देखकर **केसरी** और **मराठा** के ट्रस्टियों ने **पूना** म्युनिसिपलिटी को दस हजार रुपये प्रदान किये हैं। आगामी 22 जुलाई को भगवान की मूर्त्ति स्थापित हो जाएगी। देखें बेहया नौकरशाही अब क्या करती है। (12.7.24)

208. **दक्षिण अफ्रीका** का दिग्विजय करके **श्रीमती सरोजिनी नायडू** वापस आ गईं और फैसला सुना दिया, कि प्रवासियों के दुःखों के कारण केवल गोरे ही नहीं काले भी हैं। ठीक है। आपके स्वागत में गोरे काले दोनों शामिल भी तो थे। (19.7.24)

209. अट्ठारह लाख मखलूकात की चटनी बनानेवाले **चीन** को विश्वप्रेम का पाठ पढ़ाकर **कवींद्र रवींद्रनाथजी कलकत्ते** लौट आए। अब शीघ्र ही **अमेरिका** जाएंगे। बात असल यह है कि देशप्रेम की तरह विश्वप्रेम खतरनाक नहीं है। यह अभागा देशप्रेम बस 'तरवारि की धार पै धावनो हैं।" (19.7.24)

210. **वाइकोम** सत्याग्रह के वीरों पर राक्षसी अत्याचार करनेवाले उच्चों को **महात्माजी** ने 'गुंडा' कह दिया है। इससे वे सख्त नाराज हैं। काने को काना कहने से वह नाराज तो होता ही है। (19.7.24)

211. **पंजाब** के नये गवर्नर **सर मलकम हेली** ने पंजाबियों पर रोब गांठना आरंभ कर दिया। आपकी आज्ञा के अनुसार अकालियों का शहीदी जत्था व्यास नदी

के उस पार नहीं जाने पाया। **सर मलकम** अकालियों के घरों में ताले क्यों नहीं लगवा लेते। (19.7.24)

212. खैरियत हुई! **दिल्ली** और **नागपुर** ने देश की नाक रख ली। बकरीद के शुभ अवसर पर मूंडफुटौव्वल करके इन दोनों स्थानों के वीर मुसलमानों और हिंदुओं ने साबित कर दिया, कि इन दोनों जातियों में जीवन बाकी है। वाह बहादुरों, जीते रहो! (19.7.24)

213. **संयुक्त प्रांत** की सरकार ने **श्रीयुत् रामदास गौड़** लिखित रीडर नं. 3, 4, 5, और 6, जिन्हें **कलकत्ता** की हिंदी-पुस्तक एजेंसी ने छापकर प्रकाशित किया है, जब्त कर लेने की आज्ञा दी है! क्यों उनमें कोई बम आदि बनाने का नुस्खा तो नहीं है? (26.7.24)

214. **आयरलैंड** के राष्ट्र नायक महामति **मि. डी. वेलेरा** छोड़ दिये गए। क्या **मि. मेकस्विनी** की तरह इन्हें भी जेल के अंदर ही मार डालने की कोई तदबीर नहीं सूझ पड़ी? (26.7.24)

215. **वाइकोम-सत्याग्रह** के संबंध में लगभग दो हजार मनुष्यों ने मजिस्ट्रेट के पास अर्जी दी है कि निषिद्ध रास्तों पर सब जाति के मनुष्यों को चलने का अधिकार दिया जाए। या खुदा, एक साथ ही इतने विभीषण कहां से पैदा हो गए? ओ भाई छापातिलक वालों, सावधान! (26.7.24)

216. **मद्रास** कौंसिल में प्रस्ताव होनेवाला है कि वहां की आरंभिक पाठशालाओं में हिंदी की पढ़ाई अनिवार्य कर दी जाए। **बंगाल** के हिंदीवालों को बैठकर झख मारना चाहिए था आपस में लतिहाउज आरंभ कर देना चाहिए। (26.7.24)

217. **श्रीयुत अर्जुन लालजी सेठी** स्वास्थ्य सुधारने के लिए **विलायत** जाना चाहते थे, परंतु नौकरशाही ने पासपोर्ट नहीं दिया! क्या करती बेचारी, इन लोगों के स्वास्थ्य के लिए अपना स्वास्थ्य बिगड़वाती। (26.4.24)

218. **लाहौर** का सहयोगी **वंदेमातरम्** लिखता है कि **नाभा** के जिस जेलखाने में अकाली कैद हैं वहां से हिंदू पुलिस हटा ली गई है। उसकी जगह चार सौ मुसलमान बुलाए गए हैं। क्योंकि क्या हिंदू पुलिसमैन अकाली मेहमानी की पूरी खातिरदारी नहीं कर सकते थे? (26.7.24)

219. **मुक्तिसर** के श्मशान में एक साधू आया है। कहते हैं, मुर्दा खाता है! हिंदू धर्म को जिंदा ही खा जानेवाले महंतों से तो बेचारा अच्छा ही है। (26.7.24)

220. **टर्की** के **गाजीमुस्तफा कमालपाशा** ने एक अमेरिकन अखबार में लिखा है

कि खलीफा पुराने ख्याल के आदमी हैं, उनके कारण 'अपटूडेट' सुधारों में बाधा पड़ती थी। वे बहुविवाह और पर्दा आदि के बड़े पक्षपाती हैं। इन बेहूदे रिवाजों के विरुद्ध कानून बनाने में वे अड़ंगा लगाते थे, इसी से हम लोगों ने उनको टर्की में रखना उचित नहीं समझा। धर्म के ख्याल से हम उन्हें श्रेष्ठ मानते हैं। दूसरे देशवाले यदि अपने यहां ले जाएं तो हमें कोई आपत्ति नहीं! वास्तव में जब तक संसार में दकियानूसी ख्यालवाले गुरुघंटालों का अस्तित्व रहेगा, तब तक मनुष्य जाति का कल्याण नहीं होगा। (26.7.24)

221. **पूना** में स्वर्गवासी **लोकमान्य तिलकजी** की प्रस्तर मूर्त्ति स्थापित हो गई। मूर्त्ति उद्घाटन का सौभाग्य **पंडित मोतीलालजी नेहरू** को प्राप्त हुआ था। आपने अपनी वक्तृता में **तिलकदेव** की प्रशंसा और असहयोग की निंदा की। क्या करते बेचारे एक ही ढेले में दो शिकार करने के मौके से कैसे चूकते? (26.7.24)

222. सहयोगी **विश्वामित्र** को खबर लगी है कि **सीकर** राज में दो घुड़सवारों ने एक नौ वर्ष की बालिका के ऊपर पाशविक अत्याचार कर डाला इससे अभागिनी बालिका को अस्पताल की शरण लेनी पड़ी। घुड़सवारों के इस राक्षसी कृत्य की इत्तला सीकर के रावराजा को की गई तो सुनकर आप हंस पड़े!!! अब **सीकर** वालों को चाहिए, बैठकर रावराजा के नाम को रोवें। इसके सिवा और उपाय ही क्या है? (26.7.24)

223. **बंगाल** के राजद्रोहियों का इश्तहार यहां के सरकार ने जब्त कर लिया। बहुत अच्छा किया। विष के दांत जन्मते ही तोड़ दिए। बस, अब कोई चिंता नहीं रही। (2.8.24)

224. **अमृतसर** का मलमूत्र साफ करनेवाली म्युनिसिपलिटी **सर मलकम** को मानपत्र देना चाहती है, इस पर कुछ लोगों ने एक सभा करके दुःख प्रकाश किया है। दुःख प्रकाश क्यों, बैठकर रोना चाहिए। क्योंकि म्युनिसिपलिटी खाए तो भतार का और गीत गाए यार का। इस अर्थ का कहीं ठिकाना है! (9.8.24)

225. **दिल्ली** में बहुत से लीडर एकत्र हो गए हैं। समर समाप्त होने पर समरांगण में भूतपिशाचों का आविर्भाव स्वाभाविक ही है! (9.8.24)

226. **जैतू** अकाली आंदोलन में अब तक अट्ठारह हजार आदमी जेल जा चुके हैं और दो सौ शहीद हो चुके हैं। बस! तब तो अभी पूर्णाहुति में बड़ी देर है! (9.8.24)

227. **बंगाल** के गवर्नर **लार्ड लिटन** ने पुलिस की खूब प्रशंसा की है। क्यों न

करते? अनारकिष्टों का उत्पात भी तो आरंभ हो गया है। (9.8.24)

228. **वर्तमान** को खबर लगी है, कि एक जमींदार ने अपनी एक प्रजा को मालगुजारी न देने के कारण नौकरों से पिटवाया और धूप में बैठाया। इससे वह बेचारा परमधाम को पहुंच गया! भगवान जाने यमराज के इन असिस्टेंटों से इस देश की गरीब प्रजा का पिंड कब छूटेगा? (9.8.24)

229. **जर्मनी** प्रतिमास तीन हजार हवाई जहाज तैयार करा रहा है। मालूम होता है अपने उपकारी मित्र राष्ट्रों पर फूल बरसाएगा? (16.8.24)

230. **बंगाल** सरकार ने घोषणा की है कि **रेड बंगाल** के नाम से जो पर्चे जहां तहां सटाए गए हैं, जिनमें पुलिस अफसरों को मार डालने की धमकी दी गई है, उनके छापनेवाले या सटानेवाले का पता लगानेवाले को एक हजार रुपये इनाम दिए जाएंगे। बस! इतनी थोड़ी रकम के लिए खूनियों से रार कौन बेसाहेगा? (16.8.24)

231. **भविष्य** में खबर छपी है, कि **कानपुर** जिले के किसी मवेशीखाने के मुसलमान मुहर्रिर ने एक बछिया को आग से दाग-दागकर मार डाला। आशा है, इस पुण्यकार्य के बदले कयामत के दिन अल्लाह मियां उसे दोजख की आग से बचा लेंगे। (16.8.24)

232. सुप्रसिद्ध देशभक्त **मौलाना हसरत मोहानी** जेल से छूट गए। इसलिए हिंदू मुसलमानों में एक पकड़ हो जानी चाहिए। क्योंकि मौलाना साहब हिंदू-मुसलिम एकता के पक्के हिमायती हैं। (16.8.24)

233. **पूना** के पास **लोहगांव** में **वाकर** नाम के एक गोरे ने किसी काले को गोली मार दी! न्याय का अभिनय करने के लिए गोरे पर मुकदमा चला। परंतु हाईकोर्ट ने उसे निर्दोष छोड़ दिया! इस पर **केसरी** संपादक **श्रीयुत नरसिंह चिंतामणि केलकर** महाशय ने हाईकोर्ट के न्याय की आलोचना कर डाली। आपके उस लेख से हाईकोर्ट के मान का कंगूरा भहराकर जमीन पर गिर पड़ा, इसलिए मान की मरम्मत के लिए केलकर महाशय पर 5200 रुपये (आना पाई नहीं?) जुर्माना ठोंक दिया गया। कुकुरमुत्ता की तरह नाजुक मन से ईश्वर देशी पत्रों की रक्षा करें! (23.8.24)

234. बड़े लाटसाहब आगामी अक्टूबर में **कश्मीर** जाएंगे। सुनते हैं, आपके स्वागत में **कश्मीर** नरेश लाख-डेढ़ लाख रुपये खर्च करेंगे। क्या करें, यहां की म्युनिसिपलिटियां ऐसी कंजूस हो गई हैं, कि लाटों के स्वागत में कौड़ी भी नहीं खर्चतीं, ऐसी दशा में यदि देशी रजवाड़ों में भी धूमधाम से स्वागत न होगा तो बेचारी लाटगिरी की जान कैसे बचेगी? (23.8.24)

235. **हैदराबाद (निजाम)** के गुलबर्गा नामक स्थान में गत मुहर्रम के अवसर पर हिंदू-मुसलमानों में खूब मारपीट हुई! होनी ही चाहिए। क्योंकि **मौ. हसन निजामी** का कदम वहां पहले ही पहुंच चुका था! (23.8.24)

236. गत सोमवार को **कलकत्ता** कारपोरेशन ने दिनदहाड़े स्वराजी नेताओं को मानपत्र दे दिया! अंग्रेजी राज्य में देश-सेवकों का सम्मान!!! अभागा कलिकाल जो न करावे वही थोड़ा है। लाटसाहब को नवग्रह की शांति का आयोजन कराना चाहिए। नहीं तो जमाना बदल रहा है! (23.8.24)

237. गत 14 अगस्त को **जबलपुर** के स्टेशन पर, दिनदहाड़े, रेलवे पुलिस और सरकारी पुलिस के सामने, सैकड़ों भारतीय वीरों (!) की उपस्थिति में एक गोरे ने एक युवती भिखमंगिन को अपनी एम्बुलेंस गाड़ी पर चढ़ा लिया और अपने पितृ-पुरुषों का श्राद्ध करके छोड़ दिया! लीडरों को चाहिए कि झटपट एक प्रतिवाद सभाकर डालें और यूरोपियन एसोसिएशन को चाहिए कि ब्रिटिश कुलतारक गोरे की यादगार बनवा दे! (23.8.24)

238. **हैदराबाद** के **निजाम** ने अपने राज्य में 'सर्वेंट ऑफ इंडिया' का प्रचार बंद कर दिया है! **निजाम साहब** को चाहिए, कि अपने राज्य में 'नमक-हराम ऑफ इंडिया' का प्रचार कराना आरंभ कर दें तो **बरार** उन्हें शीघ्र मिल जाएगा। (23.8.24)

239. आजकल सरकारी कर्मचारियों द्वारा देशी अखबारों पर मानहानि के मामले बहुत चला करते हैं। 'टकही' सरकार ने अखबारों का गला घोंटने के लिए यह अच्छा तरीका निकाला है! इससे काम भी बनता है और माल भी हाथ लगता है! (23.8.24)

240. आगामी कौंसिल में **श्रीयुत श्यामलाल नेहरू** प्रस्ताव करनेवाले हैं, कि भारत से विदेशों को मांस न भेजा जाए। वाहियात प्रस्ताव है। भारत से रक्तमांस नहीं जाएगा, तो विदेशी जिएंगे कैसे? (23.8.24)

241. **मथुरा** जिला के पांच सौ चमार चोटी कटाकर ईसाई होने को तैयार हैं। अच्छी बात है। इन अछूतों से हमारे उदार सनातन धर्म का पिंड जहां तक जल्द छूटे वहीं तक अच्छा है। हिंदू सभा को यह खुशखबरी अपने आमालनामे में दर्ज कर लेनी चाहिए। (23.8.24)

242. **बंबई** के गवर्नर साहब ने एक भाषण में फरमाया है, कि अंग्रेज प्रजातंत्र के बड़े प्रेमी है। इसमें क्या संदेह। इसी से तो अभी तक **आयरलैंड** का रक्त चूस रहे हैं। (23.8.24)

243. **बंगाल** के प्रत्येक नगर से **लार्ड लिटन** की गाली का प्रतिवाद हो रहा है।

प्रतिवाद करने में देशवासी पटु भी तो हैं। (23.8.24)

244. **इंग्लिशमैन** ने **लार्ड लिटन** का समर्थन किया है, इसलिए **जैसोर** की एक सभा ने **इंग्लिशमैन** के बायकाट का प्रस्ताव पास किया है। **इंग्लिशमैन** पढ़े बिना तो हमारे देश के बाबुओं का अन्न ही नहीं पचता। इस तरह के प्रस्ताव से 'बाबूकौम' में अवश्य ही उदरामय रोग बढ़ेगा। इसलिए **जैसोर** वालों को यह प्रस्ताव वापस ले लेना चाहिए। (23.8.24)

245. **लंका** से खबर आई है कि **श्रीमान् पंडित मोतीलालजी नेहरू** फिर वकालत आरंभ करनेवाले हैं। देश के लिए रोजी-रोजगार छोड़कर बेचारे कब तक बैठे रहेंगे? इधर बिना कौंसिल तोड़े और अदालत गये स्वराज्य मिलने की भी तो कोई आशा नहीं। (30.8.24)

246. **बंबई** की सरकार ने अपने पेंशनरों को सूचना दी है, कि वे किसी राजनीतिक आंदोलन में भाग न लें, वरना पेंशन बंद कर दी जाएगी। नमकख्वारों सावधान! (30.8.24)

247. **करौली** राज्य को सशरीर रसातल भेजने के लिए वहां के चमारों ने एक स्कूल खोल डाला था! परंतु बड़ी कुशल हुई, कि राज्याधिकारियों को इस भयंकर षड्यंत्र की खबर लग गई और उन्होंने फौरन स्कूल उठवा दिया! अल्लाह मियां ने राज्य को हाथों-हाथ बचा लिया। नहीं तो चमारों के लड़के पढ़-लिखकर अवश्य ही **करौली** हो जाते और बिना चिकनाहट के ही राज्य के पेट में घुस जाते! (30.8.24)

248. **करौली-राज्य** में, उस दिन जगदीश की सवारी निकली थी, उसके आगे-आगे वेश्याएं नाचती जाती थीं। जगदीश के आगे 'जगद्धात्री' का नृत्य! वाह वा! बोल एक साथ ही सनातन धर्म और संतान धर्मावलंबी **करौली-नरेश** की जय! (30.8.24)

249. भारत धर्म महामंडल ने **लार्ड लिटन** से प्रार्थना की है, कि वे दुःखित भारतीयों के हृदय को सांत्वना देने के लिए अपना वक्तव्य वापस ले लें। दुहाई **लार्ड लिटनजी** की, मान जाइए, 'विद्या'-व्यासंगी बाबा की प्रार्थना स्वीकार कर लीजिए, नहीं तो दुःख से उनकी छाती फट जाएगी, बेचारे बेमौत मर जाएंगे, बुढ़ौती का सारा मजा किरकिरा हो जाएगा। (30.8.24)

250. **अमृतसर** की म्युनिसिपलिटी ने वहां के भंगियों को मंदिर बनाने के लिए मुफ्त में जमीन देने का वादा किया है। अन्यान्य म्युनिसिपलिटियों को चाहिये, कि **अमृतसर** की म्युनिसिपलिटी का हुक्का पानी बंद कर दें। क्योंकि उसने अछूतों को मंदिर बनाने के लिए स्थान देकर हिंदू धर्म का घोर

अपमान किया है! (6.9.24)

251. बड़े दिन की छुट्टियों में **लखनऊ** में माडरेटों की महफिल होनेवाली है, स्वराज के लिए लाट साहब के चरणों पर नाक रगड़ने का प्रस्ताव होने वाला है। क्या करें, बेचारे, जब तक जीते हैं, तब तक सीते हैं। (6.9.24)

252. **श्रीमती एनी बेसेंट** भारत के विभिन्न राजनीतिक दलों में मेल कराने वाली हैं। मालूम होता है, जगद्गुरु जल्द ही आनेवाले हैं या पैगंबर बनने का कोई नया नुस्खा हाथ लगा है! (6.9.24)

253. गत 30 अगस्त को **नागपुर** के हिंदू-मुसलमान में फिर एक पकड़ हो गई! कुछ परवाह नहीं! "फिर से लड़ै सो कादर नाहीं!" (6.9.24)

254. हें हें-पंथी सिखों के मानपत्र के उत्तर में **सर मलकम हेली** ने कहा है, कि सिखों का कोई संप्रदाय अदालतों के निर्णय का अपमान करे, यह मैं बरदाश्त नहीं कर सकता। बरदाश्त न करने की तो बात ही है। अदालत, पुलिस, करघा और युनिवर्सिटी यही चार तो ब्रिटिश साम्राज्य की जड़ें ठहरीं। इनके विरुद्ध कोई बात आप कैसे बरदाश्त कर सकते हैं? (6.9.24)

255. **सर मलकम** ने यह फरमाया है, कि हमें अमन और कानून दोनों की रक्षा करनी ही पड़ेगी। लेहाजा अकालियों को पीसकर पी जाने की कोई तदबीर ढूंढ़ निकालिए! (6.9.24)

256. बड़े लाट की कौंसिल में एक सज्जन **दक्षिण-भारत** के बाढ़-पीड़ितों की सहायता के लिए एक करोड़ रुपये की मांग पेश करने वाले हैं। वास्तव में कौंसिल वालों को कभी-कभी अच्छी दिल्लगी सूझ जाती है। "देइ दिलावै दै दै करै, सो प्रानी भवसागर तरै!" खुदा प्रस्तावकजी को सद्गति प्रदान करें! (6.9.24)

257. **बिहार** में खूब हैजा फैला है। मालूम होता है, अल्लाह मियां बाढ़ की कसर पूरी कर रहे हैं! (6.9.24)

258. अफवाह है कि **सर शंकरन नायर** पार्लामेंट की मेंबरी प्राप्त करने की चेष्टा कर रहे हैं। ओडायर-नायर मुकदमें का घाटा किसी-न-किसी तरह पूरा करना ही होगा। (6.9.24)

259. **मद्रास** प्रांत में एक हिंदू महिला को मजिस्ट्रेटी मिली है। स्त्री-शिक्षा के विरोधियों को लज्जा से घूंघट काढ़ लेना चाहिए। (6.9.24)

260. **पंजाब** की सरकार ने अकाली नेताओं के मामले में अब तक 11781 रुपये और अकाली कैदियों के लिए जेलखाने कायम करने में अब तक 10,984 रुपये खर्च किये हैं। इतने मेहमानों की मेहमानदारी में बस यही मामूली रकम

खर्च हुई है! इतना तो लोग जोरू का जेवर बेचकर पिता के श्राद्ध में खर्च कर डालते हैं! (13.9.24)

261. **मलाया** स्टेट में एक गोरे ने एक हिंदुस्तानी स्त्री के साथ जबरदस्ती व्यभिचार कर डाला! भारतीयों को कापुरुषता का पुरस्कार देश-परदेश सब जगह मिल रहा है! लक्षण अच्छे हैं! (13.9.24)

262. **श्रीयुत पांडेय बेचन शर्मा 'उग्र'** ने प्रस्ताव किया है, कि हिंदी साहित्य-सम्मेलन का सभापति कोई क्रांतिकारी बनाया जाय। इसलिए जिन्हें सभापति होना हो वे बम बनाने का अभ्यास करें! (13.9.24)

263. **विलायत** के साम्यवादियों ने **श्रीदास बाबू** को तार दिया है, कि यदि **भारत** में कामयाबी हासिल करना चाहते हैं तो किसानों और मजदूरों का संगठन कीजिए। बंगाल की मिनिस्टरी टूट गई, देश का उद्धार हो गया! अब संगठनों की क्या जरूरत है? (13.9.24)

264. **भरतपुर**-नरेश ने शिकारगाह बनाने के लिए अपनी रियासत के बारह गांवों को उजाड़ डालने की आज्ञा दी है। परंतु गांववाले उजड़ना नहीं चाहते, उन्होंने सत्याग्रह करने का विचार किया है। महाराज के 'शौक' में बाधा डालनेवाले नालायकों को गोली क्यों नहीं मार दी जाती? (13.9.24)

265. **जबलपुर** जिले के किसी गांव में चालीस फीसदी मनुष्य चर्खा कातते हैं। इन बेवकूफों को क्या कोई काम नहीं मिला। बेकार थे तो लेक्चर देना क्यों नहीं सीख लिया? (13.9.24)

266. **पंडित मोतीलालजी नेहरू** वकालत करने अदालत नहीं जाएंगे, परंतु घर पर बैठकर वकीलों की बुद्धि पर 'शान' दिया करेंगे! खैर, यही क्या कम है। (13.9.24)

267. **श्रीमान् लालाजी** लौट रहे हैं। एक पत्र प्रतिनिधि से उन्होंने कहा है, कि भारतवर्ष की जनसंख्या तीस करोड़ है, इसलिए वहां किसी आंदोलन को सफल बनाने में बड़ी कठिनता पड़ती है। तब तो सब प्रकार का आंदोलन बंद करके पहले प्लेग का ही प्रचार करना उचित है। (13.9.24)

268. दसवें शहीदी जत्थे के कुछ अकालियों को सात से लेकर चौदह वर्ष तक की सजा दी गई है। धर्म के लिए आंदोलन करनेवालों को फांसी नहीं दे दी गई, यही आश्चर्य है! (13.9.24)

269. **कविवर रवींद्र बाबू** के वापस आते ही चीन में भयंकर गृहविवाद उपस्थित हो गया है, संकीर्ण भ्रातृप्रेम और देशप्रेम का नाश हुए बिना विश्वप्रेम की उत्पत्ति भी तो नहीं हो सकती! (13.9.24)

270. **पंजाब** के **कोहाट** नामक स्थान में हिंदू-मुसलमान में भयंकर दंगा हो गया। कितने मर गए और कितने ही घायल हो गए। धीरे-धीरे हिंदू-मुस्लिम एकता रंग ला रही है। देखें कुंभकर्णों की नींद कब खुलती है। (13.9.24)

271. **आर्य्यजगत्** को खबर मिली है, कि भूख की ज्वाला से **मालाबार** के बाढ़ पीड़ितों ने 131 पेड़ खा डाले हैं। हलवा-पूरी खाकर मुलायम शय्या पर विश्राम करनेवालों को बधाई है। (13.9.24)

272. ईसाइयों के पोप जिस कुर्सी पर बैठते हैं, उसका दाम 27 लाख रुपये है। सुनते हैं, **तारकेश्वर** के महंत के खज़ाने में पचास मन सोने के विस्वपत्र हैं। महंतजी को चाहिए, कि वह भी पोप की तरह एक कुर्सी बनवा लें। (13.9.24)

273. **निजाम** के **हैदराबाद** में तीन लाख, चार हजार और छह सौ चौबीस भिखमंगे हैं। तब **बरार** लेकर क्या **निजाम साहब** अपने राज्य में और भिखमंगे बढ़ाना चाहते हैं? (13.9.24)

274. **दिल्ली** में सब दल के राजनैतिक नेताओं की एक खिचड़ी कानफरेंस होने वाली है! इसमें पार्लमेंट में पेश करने के लिए स्वराज का मसौदा भी बनेगा। तालाब का पता ही नहीं परंतु 'मगर' पहले से ही डेरा जमाएंगे। (20.9.24)

275. **बंगला** की **खुदीराम** नाम की पुस्तक **बंगाल सरकार** की आज्ञा से जब्त हो गई। इससे मालूम होता है अब कि **बंगाल** के क्रांतिकारियों की कमर टूट जाएगी। (20.9.24)

276. खबर है कि दलबंदी और मतविरोध के कारण **डॉ. किचलू** ने **पंजाब** खिलाफत कमिटी के सभापति का पदत्याग कर दिया, परंतु उनका त्यागपत्र स्वीकृत नहीं हुआ। कैसे हो?—अभी हाल ही के तिलकजयंती के समय **तिलक** की तस्वीर का बहिष्कार जो कर चुके हैं। (20.9.24)

277. **मौ. अब्दुल कलाम आज़ाद** ने देशवासियों से प्रार्थना की है कि वे अपनी सारी शक्ति हिंदू-मुस्लिम एकता में लगा दें। वाह हजरत, सारी शक्ति एक ही काम में खर्च हो जाएगी तो और काम कैसे चलेगा? (27.9.24)

278. बड़ी व्यवस्थापिका परिषद् के मुसलमान सदस्यों ने अपनी एक अलग पार्टी बनाई है। वाह, काम तो बड़े मौके से हुआ है। क्योंकि मेल के लिए महात्माजी फाके पर फाके कर रहे हैं और **मि. एनी बेसेंट** सारे राजनीतिज्ञों को मिलाने के लिए बुढ़ौती में चरखा चला रही हैं। ऐसी दशा में परिषद् के सदस्यों ने अपनी अलग पार्टी बनाकर बड़ी दूरदर्शिता दिखाई है। (27.9.24)

279. गत ता. 23 को **शाहजहांपुर** में भी हिंदू-मुस्लिम दंगा हो गया। तीन मरे और तैंतालिस घायल हो गए। इस 'तीन-तैंतालिस' के अनुप्रास से मालूम होता है, कि दंगा करनेवाले कवि थे। (27.9.24)

280. **मैमन सिंह** जिले में एक विधवा को हैजा हो गया था, परंतु उस दिन एकादशी थी, इसलिए दवा देना दूर रहा बेचारी को पानी भी नहीं दिया गया! विधवा मर गई। मरकर ही सही, इस 'कूपमंडूकी' धर्म से बेचारी का पिंड तो छूटा। (27.9.24)

281. **इंग्लैंड** और **टर्की** में दांत पिसौअल हो रही है। देखें 'खोपड़ी चचोरौअल' कब आरंभ होती है? मालूम होता है, रणचंडिका की रक्तपिपासा अभी नहीं बुझी है। (27.9.24)

282. भगवान भूतभावन की नगरी काशी से **भूत** नाम का एक पत्र निकलनेवाला है, श्रीयुत **पंडित दुलारेलाल भार्गव** को चाहिए, कि झटपट **लखनऊ** से एक **चुड़ैल** नाम की पत्रिका निकाल डालें जिसमें एक बार और 'राजा-रानी' का जोड़ मिल जाए! (4.10.24)

283. सुविख्यात बौद्ध भिक्षु **पुंगी उत्तम** की राजद्रोह के अपराध में, गिरफ्तारी के कारण बौद्ध भिक्षु अत्यंत बौखला उठे हैं और **बर्मा** प्रवासी अंग्रेजों पर दल बद्ध होकर सशस्त्र आक्रमण कर रहे हैं। हाय! हाय!! बेचारे **बर्मा** के गवर्नर ने रस्सी के धोखे में सांप पकड़ लिया। (18.10.24)

284. **श्रीमती एनी बेसेंट** ने प्रतिज्ञा की है, कि वे अबसे अपने विपक्षियों पर आक्रमण नहीं करेंगी, वरन् मतभेदों का उत्तर शांति से देंगी। उमर भी तो 'हज' करने के लायक हो गई है! (18.10.24)

285. **श्रीमती एनी बेसेंट** 78 वर्ष की हो गई हैं, परंतु अभी तक खूब व्याख्यान देती हैं। कुछ लोगों का तो कहना है, कि मरने पर उनकी कब्र भी बोलती रहेगी! (18.10.24)

286. सहयोगी **स्वतंत्र** अपने 22 अक्टूबर के अंक में **पंडित राधाचरणजी गोस्वामी** के आगामी हिंदी साहित्य-सम्मेलन का सभापति निर्वाचित होने पर प्रसन्नता प्रकट करता हुआ लिखता है—"उचित तो यह था कि **गोस्वामीजी** आज से 80 वर्ष पहले सभापति बनाए जाते। परंतु नाना कारणों से ऐसा न हो सका, जिनमें एक यह भी है कि उन्होंने सभापति होने के लिए कोई आंदोलन न किया और न कराया।" गत 90 वर्षों में होनेवाले सम्मेलन के सभापतियों के प्रति कैसी खासी टिप्पणी है? सम्मेलन के भूत सभापतियों का **स्वतंत्र** संपादक के प्रति कम से कम 'साधुवाद' का प्रस्ताव तो अवश्य पास कर

डालना चाहिए। (25.10.24)

287. **चीन** में इस समय गृहकलह बड़े जोरों पर चल रहा है। इसके कारण **कैंटन** निवासी योरोपियनों की जान बड़े खतरे में है। उनकी रक्षा के लिए शास्त्रास्त्रों और मशीनगनों से सुसज्जित 50 भारतीय पैदल सैनिकों की एक टोली नियुक्त की गई है। भारतीयों की इसी परोपकारवृत्ति के लिए ही तो अंग्रेज उनके 'अमनचैन' की व्यवस्था करने की कल्पनातीत असुविधाओं को हंसते हुए झेल लेते हैं। भगवान भूतनाथ इस 'परोपकार वृत्ति' की प्रलयकाल तक रक्षा करें। (25.10.24)

288. **रूस** भी बोलशेविक संप्रदाय विदेशी साम्राज्यवादियों के पंजे से एशियायी जातियों का उद्धार करने और राज्यलोलुप पश्चिम देशवासियों को परास्त करने के उद्देश्य से संयुक्त विद्रोह करने का विचार कर रहा है। समय रहते ही भारतीयों को, एशियाई जाति के होने के नाते, **हिमालय** की चोटी पर से यह घोषणा कर देनी चाहिए कि वे साम्राज्यवाद के सबसे जबर्दस्त हिमायती गौरांगप्रभुओं की छत्रछाया में स्वर्गीय शांति को भंग करने की कामना करने के लिए बोलशेविकों को घृणा की दृष्टि से देखते हैं!! (25.10.24)

289. **अहमदाबाद** में कुछ हिंदू साधुओं और मुसलमानों में मुठभेड़ हो गई। तीन साधु गिरफ्तार किए गए थे परंतु जमानत पर छोड़ दिए गए हैं। साधुओं के चोले में यह असाधुता कब की छिपी बैठी थी? (25.10.24)

290. **आंध्रप्रांतीय** राजनीतिक कानफरेंस में प्रस्ताव किया गया था, कि कांग्रेस से सिफारिश की जाए कि वह स्वराज्य की परिभाषा 'पूर्ण स्वाधीनता' निश्चित करे और उसके लिए देश को तैयार करे। परंतु सभापति के 'कास्टिंग' वोट से प्रस्ताव रद्द हो गया। बधाई है, सभापति महोदय को कांग्रेस की नाक ऐन मौके पर बचा लेने के लिए बधाई है। (25.10.24)

291. आगामी 13 तारीख को होनेवाली स्वराजियों की सभा में **महात्माजी** से यह प्रार्थना की जानेवाली है, कि वे अखिल-भारतवर्षीय कांग्रेस कमिटी के खद्दर संबंधी प्रस्ताव को रद्द कर दें। **मतवाला** तहेदिल से इस विचार का समर्थन और अनुमोदन करता है; क्योंकि हाथी निकल जाने के बाद दुम का अटका रहना शोभा भी तो नहीं देता। (25.10.24)

292. **लाहौर** के जिला मजिस्ट्रेट ने **प्रो. जयचंद्र** को **भारतेंदु** का **भारत दुर्दशा** नाटक खेलने की आज्ञा नहीं दी। कैसे देता? बेचारा सर **मलकम हेली** की छाती पर कोदो दला जाना कैसे देखता? (25.10.24)

293. **कोहाट** के हिंदुओं की दुर्दशा का दुःखद दृश्य देखकर महामना **मालवीय जी**

इस कदर मर्माहत हुए, कि अपने को रोक न सके, और झट जाकर वायसराय महोदय को बेचारों की दर्द भरी दास्तान सुना आए! (25.10.24)

294. **प्रयाग** के हिंदू-मुसलमान दंगे के निपटारे के लिए दोनों जाति के चुने हुए नेताओं की जो कानफरेंस **पं. मोतीलाल नेहरू** के मकान पर हो रही थी। वह विफल हुई और ब्रिटिश अदालत द्वारा ही फैसला कराना स्थिर रहा ठीक ही हुआ 'घर की खांड खुरखुरी लागै चोरी का गुड़ मीठा।' (25.10.24)

295. **बंगाल** की गिरफ्तारियों पर विलायती मजदूर दल कहता है, कि वायसराय का यह कार्य पाषाण-हृदयता का परिचायक है और सच्ची बातों पर घोर अन्याय करता है। जी नहीं, हिंदुस्तानियों के माई-बाप **लार्ड रीडिंग** को ऐसी कटूक्ति सुनानेवाले मजदूर-दलवालों की भारत में घर-घर निंदा होनी चाहिए! (1.11.24)

296. **महात्मा गांधी** अपने मुसलमान मित्रों के साथ हिंदू-मुसलमान में भ्रातृभाव पैदा करने **कोहाट** जा रहे थे, किंतु वायसराय ने उन्हें वहां प्रवेश की आज्ञा नहीं दी! अच्छा ही किया। नहीं तो सरकारी अफसरों की कलई न खुल जाती। (1.11.24)

297. **अलीपुर** जेल में **श्री सुभाषचंद्र बोस** और **अनिल वरण राय** आदि से **श्री जे.एम. सेनगुप्त** मुलाकात करने गए थे। उनका कहना है, कि वे लोग वहां बड़े प्रसन्न हैं। होना ही चाहिए, क्योंकि कहावत मशहूर है कि "आसरे खलु संसारे सारं श्वसुर मंदिरम्।" सो भाई, ससुराल में जाकर प्रसन्न नहीं होंगे तो और कहां होंगे? (1.11.24)

298. लेकिन एक बात है, जिस दिन **सुभाष बाबू** पकड़कर **अलीपुर** लाए गए थे। उसी दिन **सुभाष बाबू** के घर जेल सुपरिंटेंडेंट ने टेलीफोन किया था कि, अभी कुछ दिन उनके भोजन का प्रबंध हम लोग नहीं कर सकते। हाय भैय्या **सुभाष** ससुराल जाकर भरपेट भोजन के लाले ही पड़े रहे। (1.11.24)

299. **मि. जिन्ना** की राय है, कि क्रांतिकारियों का संगठन चाहे कितना ही संकुचित क्यों न हो, वह दमन से नहीं दब सकता। मालूम पड़ता है, नहीं तो ऐसी बात क्यों कहते? **मि. जिन्ना** पर सरकार को कानूनी कार्रवाई करनी चाहिए! (1.11.24)

300. **लार्ड रींडिग** ने आखिरश अपनी एक्स चीफ जस्टिसी बुद्धि का अंतिम प्रमाण पेश कर ही दिया। आपने एक आर्डिनेंस बनाकर **बंगाल** की पुलिस को अधिकार दिया कि वह जिसे चाहे उसे बिना वारंट के केवल संदेह पर ही गिरफ्तार कर ले। (1.11.24)

301. **कलकत्ता** के पुलिस कमिश्नर **मि. टेगार्ट** ने लोगों को आश्वासन देकर बतलाया है; कि **देशबंधु दास** की गिरफ्तारी की अफवाह में जरा भी सत्यता नहीं है। लोगों को अब संतुष्ट होकर सरकार के अपराध को भूल जाना चाहिए! (1.11.24)

302. **मि. टेगार्ड** ने एक और भी आश्वासन वाणी दी है, कि रेगुलेशन् और आर्डिनेंस के बल से जिन लोगों को गिरफ्तार किया गया है; वे लोग वस्तुतः विप्लववादियों के साथ संश्लिष्ट हैं और भविष्य में भी ऐसे ही लोगों के प्रति इस कानून का उपयोग किया जाएगा! अन्य किसी उद्देश्य से आर्डिनेंस का व्यवहार न किया जाएगा। बहुत अच्छा साहब! (1.11.24)

303. **माननीय मालवीयजी** कहते हैं, मुझे इस बात से अत्यंत दुःख हुआ कि **बंगाल** में पुनः दमन-नीति का जन्म हुआ है। **मालवीयजी** सठिया गए हैं, नहीं तो 'खरासोना' परखने की इस कसौटी को देखकर उन्हें दुःख क्यों होता? (1.11.24)

304. **बंगाल** के लाट **लार्ड लिटन** के **जैसोर** जाने के विचार की खबर पाकर **जैसोर** की जनता की ओर से उनका स्वागत न किया जाएगा। क्या खूब—'होम करते हाथ जला'। बेचारे लाट साहब ने जनता के अमनचैन की रक्षा के लिए इतनी जांनिशानी की और जनता कुत्ते की पूंछ की तरह टेढ़ी की टेढ़ी ही रही। **मतवाला** की राय है कि लाट साहब फौरन से पेश्तर **जैसोर** चले जाएं। स्वागत न होगा बला से। **जैसोर** के बाहर की जनता देखने तो जाएगी ही नहीं। एसोसिएटेड प्रेस की मारफत ऐंग्लो इंडियन पत्रों में इतना छपवा देने से ही काम चल जाएगा कि लाट साहब का स्वागत बड़ी धूमधाम से हुआ। (8.11.24)

305. **अमृतसर** के कलक्टर की अदालत में इजहार देते हुए **सरदार जोधसिंह** ने अदालत से प्रश्न किया कि जब हम **जर्मनी** में लड़ते रहे तब **जैकारे** लगाने और अखंड पाठ करने के खिलाफ कानून क्यों नहीं करार दिया गया था। अरे सरदार साहब! उस समय तो सरकार बहादुर राजनीति शास्त्र का आपातधर्म पालन कर रही थी। इस समय अमनचैन के युग में उसी आपातधर्म की दुहाई देकर अपनी मोटी अक्ल का परिचय देने से लाभ? (8.11.24)

306. नए भारत सचिव **लार्ड बरकेनहेड** शीघ्र ही **भारत** आने का विचार कर रहे हैं। उद्देश्य है **भारत** की वास्तविक स्थिति का ज्ञान प्राप्त करना। हां हुजूरदल को स्वागत का और देशभक्ति का दम भरनेवालों को स्वागत बहिष्कार का

आयोजन अभी से आरंभ कर देना चाहिए। (15.11.24)

307. खबर है कि **मि. मेकडोनाल्ड** अब साहित्य-सेवा करेंगे। ठीक ही है 'नख रद टूटा' केसरी घास न खाएगा तो और क्या करेगा? (15.11.24)

308. **मौलाना हसरत मोहानी** की राय है कि दमन-नीति के जवाब में पूर्ण स्वाधीनता की घोषणा कर देनी चाहिए। जी हां, परंतु आत्मरक्षा के लिए पहले चूड़ी साड़ी पहन कर तब। (15.11.24)

309. **भारत** के पुराने उपमंत्री, **अर्लविंटर्टन,** पुनः सहकारी भारत सचिव हुए हैं। महामाननीय **शास्त्रीजी** को चाहिए कि एक बार पुनः उनके दरवाजे पर जाकर 'दे खुदा की राह पर' की आवाज लगाएं। शुभस्यशीघ्रम्। (22.11.24)

310. **मौलाना विलायत हुसैन** की खोपड़ी खास **विलायत** की बनी मालूम पड़ती है। जैसे गैर विलायत वाले हमारे टुकड़ों से पेट पालते हुए भी हमें 'नेटिव' और नापाक समझते हैं वैसी ही हालत **मौलाना साहब** की भी है। पाकीज़गी के इन इकलौते फरज़ंदों को चाहिए कि फौरन से पेश्तर इस नापाक मुल्क से अपना जनाज़ा उठा ले जाएं! (22.11.24)

311. स्थानीय समाचारपत्रों को पता लगा है कि **बंगाल** आर्डिनेंस के अनुसार गिरफ्तार राजनैतिक कैदियों के साथ, बीवी नौकरशाही का भयंकर व्यवहार हो रहा है। उन्हें साधारण भोजन दिया जाता है, वे गर्म कपड़ों के अभाव से सर्दी से सिकुड़ रहे हैं और उन्हें अखबारों से उतना ही दूर रखा जाता है जितना भारत को स्वराज्य से! फिर? इसमें शिकायत की गुंजाइश कहां है? श्वसुर पुर में 'पुष्पं पत्रं फलं तोयं' जो कुछ मिल जाय वही गनीमत है। (22.11.24)

312. **युक्तप्रांत** की सदा सतर्क सरकार ने **इंडियन कम्युनिस्ट पार्टी** नामक अंग्रेजी पर्चा और उसका अनुवाद जप्त कर लिया है। **लार्ड रीडिंग** को चाहिए कि हिंदुस्तान से मुक्ति पाने के पूर्व ही युक्तप्रांत के सुयोग्य **गवर्नर मारिस साहब** को गोद ले लें। उनको, **मारिस साहब** की जोड़ का उत्तराधिकारी संसार में नहीं मिलेगा। (22.11.24)

313. **युक्तप्रांत** की सरकार और **सत्यभक्तजी** के सम्मुख **मतवाला** राम का यह प्रस्ताव है कि दोनों मिलकर एक 'पैक्ट' तैयार कर डालें। उसका नाम हो **मारिस-सत्यभक्त-पैक्ट** और उसकी मुख्य शर्त यह हो कि **सत्यभक्तजी** पहले प्रसिद्ध **नैनीजेल** में साम्यवाद का प्रचार कर लें तब आगे पैर बढ़ाएं, आशा है दोनों दल हमारे इस प्रस्ताव को—'अर्ध तजहि बुध सर्बस जाता'—सिद्धांतानुसार

स्वीकार करेंगे। (22.11.24)

314. गत 18 नवंबर को **गया** की एक सार्वजनिक सभा में भाषण करते हुए **स्वामी विश्वानंदजी** ने गयावाल पंडों को सबूट गवर्नर को **विष्णुपद** के मंदिर में जाने देने के लिए, फटकारते हुए चेतावनी दी है कि वे दो मास के भीतर ही अपनी दुर्बलताओं को दूर कर लें। अन्यथा स्वामीजी, **तारकेश्वर** की तरह, **गया** में भी सत्याग्रह डिक्लेयर कर देंगे। वाह रे! चेतावनी देनेवाले! तुम्हारे कहने से बेचारे गयावाल अपना 'सनातन धर्म' छोड़ देंगे? (22.11.24)

315. यह समाचार सुनकर हमारी छाती सौ गज चौड़ी हो गई कि महाराज **पटियाला** का कुत्ता-प्रेम बहुत बढ़ गया है। शायद इसी महीने के इसी सप्ताह में कुत्ता-प्रदर्शिनी में शामिल होने के लिए महाराज **लाहौर** जानेवाले हैं। इसके लिए उन्होंने एक लाख रुपये के कुत्ते खरीदे हैं! **अमेरिका** के धनेश हवाई जहाज के कारखाने खरीदते हैं, **इंग्लैंड** के कुबेर 'ड्रेडनाट' और 'सबमेरीन' खरीदते हैं, तो क्या हमारे धनपति कुत्ते थी न खरीद सकेंगे? (29.11.24)

316. बूढ़ी **बसंती बीवी** ने एकता सम्मेलन में, **बंगाल** के काले कानून का समर्थन किया है। अपने भाषण में उन्होंने कहा कि **बंगाल** में भयंकर क्रांतिकारियों का दल है। केवल **दासबाबू** ने ही नहीं, **कानपुर** बोलशेविक के गवाहों ने भी यह सिद्ध किया है कि देश में क्रांतिकारी दल है। **मि. डे** और पोस्ट मास्टर की हत्या और **कलकत्ता** में खद्दर की दुकान पर बम का चलाया जाना इस बात के सबूत हैं। अतः बंगाल आर्डिनेंस की आवश्यकता है। कोई हमारे नेताओं को यह क्यों नहीं समझाता कि—'वायस पालिय अति अनुरागा, होई निरामिष कबहूं कि कागा?' (29.11.24)

317. आर्डिनेंस-विरोधी प्रस्ताव में, 'सुधार का एक पुछल्ला जोड़ने की इच्छा प्रकट करते हुए **मि. जार्ज जोजेफ** ने कहा, 'विप्लववादी कामों के प्रति मौन सहानुभूति भी 'दिखाई' पड़ रही है।' यह हिंसा से भी अधिक भयंकर है! जान पड़ता है कि चश्मा लगानेवाले लीडरों को 'दिखाई' अधिक पड़ता है, चार आंखें हो जाती हैं न! (29.11.24)

318. एकता सम्मलेन में **लार्ड लिटन** की बहन **श्रीमती एमिली** भी सम्मिलित हुई थीं। बहुत अच्छा हुआ, नहीं तो, 'इमिली' के अभाव में खिचड़ी अच्छी भी न होती। खिचड़ी के चार यार, दही, पापड़, घी और 'अचार'। (29.11.24)

319. **लार्ड लिटन** की बहिन **श्रीमती एमिली** ने व्यर्थ ही कानफरेंस में सम्मिलित होने का कष्ट स्वीकार किया, बूढ़ी नानी तो थी हीं। जब तक **बसंती बीबी** की 'ठटरी' में प्राण और प्राण में 'चें चें' करने की शक्ति है तब तक भारतवर्ष

में ब्रिटिश राज के पैर अचल हैं। (29.11.24)

320. **मालदह** के अभिनंदन पत्रों के उत्तर में **लार्ड लिटन** ने जो भाषण दिया था उसमें उन्होंने यह भी कहा था कि—हस्तांतरित विषयों के संबंध में मैं स्वेच्छाचारी हूँ, क्योंकि न तो पार्लमिंट के सामने उत्तरदाता हूं और न **बंगाल** कौंसिल के सामने? फिर क्या? 'परम स्वतंत्र न सिर पर कोई, भावै मनहि करौ तुम सोई!' (29.11.24)

321. **अमेरिका** के **प्रोफेसर** वार्ड ने **नागपुर** के यंगमैंस क्रिश्चियन एसोसिएशन में 'कम्युनिज्म' पर एक व्याखान दिया था उसमें उन्होंने कम्युनिज्म या साम्यवाद की बड़ी तारीफ की और कहा कि **रूस** की गवर्नमेंट इस समय संसार की सब गवर्नमेंटों से ज्यादा मजबूत है और इसका विशेष कारण यह है कि इस गवर्नमेंट का संचालन कम्युनिज्म के आधार पर होता है। होता होगा प्रोफेसर साहब, पर हम आपकी बातों पर विश्वास नहीं कर सकते। हमारी नौकरशाही-शासन प्रणाली से कहीं कम्युनिज्म अच्छा हो सकता है? कम्युनिज़्म शासन प्रणाली में **जलियानवाला** का आनंद, **जैतू** का उपहार और 'आर्डिनेंस' का सुख कहां? (29.11.24)

322. हाय, हाय! हें हें दल के हजार प्रयत्न करने पर भी **बंबई** में वायसराय का स्वागत नहीं हो सका! इसी को कहते हैं—'भा विधिना प्रतिकूल जबै तब ऊंट चढ़े पर कुकूर काटत।' (6.12.24)

323. सुना है आजकल **दिल्ली** की सड़कों पर अंग्रेजी रिसाला और तोपखाने का रिसाला चक्कर लगाया करता है। क्यों? क्या फिर राक्षसी **दिल्ली** की खून पीने की इच्छा है? (6.12.24)

324. कहा जाता कि **ब्रिटेन** के बेकार लोगों की संख्या ग्यारह लाख से अधिक और बारह लाख से कुछ कम है! **भारत सरकार** को चाहिए कि उन बेकारों को भारतीय सेना में भर्ती कर ले। रुपयों की कुछ कमी तो है ही नहीं। (13.12.24)

325. **ली कमीशन** ने, सिविलियनों के तनख्वाह पेंशन और सफर खर्च के लिए जो सिफारिशें की थीं उन्हें कंजर्वेटिव गवर्नमेंट ने मंजूर कर लिया है। हिंदुस्तानियों को चाहिए कि जी लगाकर सरकार के खजाने को टैक्स से भरना आरंभ कर दें क्योंकि इस देश का वही धन सार्थक है जो गोरों के पेट में जाए। (13.12.24)

326. **नाभा** की जेलों में इस समय तक 103 अकाली कैदी मर चुके हैं। सरकार को चाहिए कि अभी उनकी आत्माओं को स्वर्ग की ओर न जाने दें। कम

से कम पांच सौ आत्माओं का जत्था तो तैयार हो जाए। (13.12.24)

327. **बंबई** के गवर्नर **सर लेसली विल्सन** की राय शरीफ में **भारत** की संपत्ति और उसकी सभ्यता भी सर्वथा अंग्रेजों के ही उद्योग का फल है। दरींचेशक जनाब गवर्नर साहब यदि इतना कह देते कि भारत की दरिद्रता भी अंग्रेजों के उद्योग का फल है तो ठीक होता। (13.12.24)

328. **गोरखपुर** के निर्भीक राष्ट्रीय पत्र **स्वदेश** के संपादक **श्री दशरथ प्रसाद जी द्विवेदी** 124 (अ) धारा के अनुसार गिरफ्तार किए गए हैं। खबर है कि **स्वदेश** के विजयादशमी के विशेषांक में भी कुछ रचनाएं राजविद्रोहात्मक हैं। इस अंक का संपादन **पांडेय बेचन शर्मा 'उग्र'** ने किया था। आगामी 16 ता. को **गोरखपुर** के ही मुकदमे की पेशी है। इसी संबंध में **काशी** के **सरस्वती प्रेस** की तलाशी भी ली गई है। (13.12.24)

329. **बड़े लाट** की स्वागत-सभा में शरीक न होने के उपलक्ष में **बंबई** के नागरिकों ने **श्रीयुत पटेल** को बधाई दे दी। **भारत** में नौकरशाही के जीते जी यह अंधेर!!! बंबईवालों के दिमाग की कोई दवा होनी चाहिए। (20.12.24)

330. आगामी ता. 24 दिसंबर को **बेलगांव** में **बाबू राजेंद्र प्रसादजी** स्वदेशी प्रदर्शनी का उद्घाटन करेंगे। अच्छा ही करेंगे। अन्यान्य असहयोगी नेताओं को भी इसी तरह 'उद्घाटन फुद्घाटन' करते रहना चाहिए। क्योंकि बेकार रहने की अपेक्षा बाकार रहना अच्छा है। (20.12.24)

331. **बंगाल** के आर्डिनेंस जारी होने की खबर पाकर **लंदन** का इंडियन एसोसिएशन भी बिगड़ उठा है। शायद 'लंदनी' एसोसिएशन' को खबर नहीं कि बंगालियों ने **ब्रिटिश** साम्राज्य को धूलिसात कर डालने का पूरा आयोजन कर लिया था। यदि दूरदर्शी लाटसाहब आर्डिनेंस न जारी करते तो साम्राज्य के कुश्ते का भी पता न लगता। (20.12.24)

332. **पूना** के पास एक गोरे ने एक काले को गोली मार दी थी। उसकी विधवा को **बंबई** की सरकार ने 1500 रुपये दिये हैं। इतने पर भी कुछ लोग कहते हैं, कि सरकार गोरों की पक्षपातिनी है। खैर, मेरी राय में तो सरकार ने एक काले की जान का मूल्य 1500 रुपये देकर बाजार बिगाड़ा है और कालों की मुक्ति के मार्ग में व्यर्थ का रोड़ा अंटकाया है। (20.12.24)

333. लाट साहब के स्वागत में शरीक न होने के लिए **अहमदाबाद** की म्युनिसिपलिटी ने भी बंबई म्युनिसिपलिटी के चेयरमैन **मि. पटेल** की पीठ ठोंक दी। देखते हैं रोग बढ़ता जा रहा है। मालूम होता है, अब **भारत** में कर्जनी शान न होगी। (20.12.24)

334. **बलिया** में एक विधवा युवती देह पर किरासन तेल डालकर जल मरी! बाबा **भृगु** और **पराशर** का आश्रम पवित्र हो गया! अन्यान्य अभागिन विधवाएं भी इस तरह जल मरें तो हिंदू जाति का कंटक दूर हो जाए! हिंदू महासभा को शीघ्र ही एक 'विधवा भस्मकारी' प्रस्ताव पासकर डालना चाहिए। (27.12.24)

335. **हैदराबाद** के **निजाम** ने अपने राज्य में **काशी** के **हिंदी केसरी** का जाना भी बंद कर दिया। तीतर-बटेर की लड़ाई देखकर खुश होनेवाले नवाबी राज्य में 'सिंह' (**केसरी**) को न घुसने देना वाकई बुद्धिमानी से खाली नहीं! सरकार को चाहिए कि फौरन से पेश्तर सारा **बरार** प्रांत **निजाम** राज्य में चस्पां कर दे। (27.12.24)

336. गोरे कर्मचारियों की वेतन-वृद्धि के कारण **भारत** का व्यय पूरे एक करोड़ बढ़ गया है। बस, इस थोड़ी-सी रकम के लिए लोग सरकार के साथ ही बेचारी ली कमीशन को कोस रहे हैं! अपने 'माई-बाप' गोरों के लिए यदि तीस करोड़ भारतवासी साल में एक मास उपवास कर दें तो एक करोड़ रुपये एकत्र हो सकते हैं। फाके मस्तों के लिए महीने-भर का उपवास कौन-सी बड़ी बात है। (27.12.24)

337. **दक्षिण अफ्रीका** वालों ने सरकारी उपाधि लेना नामंजूर कर दिया। अधिकारियों के चाहिए कि उनका ठुकराया हुआ उपाधि का टोकरा यहां भेज दें। क्योंकि नकली सींग लगाकर शृंग बनने का शौक मिटानेवाले गधे यहां बहुत हैं। (27.12.24)

338. **जैतू में अत्याचार** नाम की पुस्तक लिखने के अपराध में एक पंजाबी लेखक को दो साल की कड़ी सजा दी गई। अच्छा हुआ है। **जैतू** में ऐसा कौन-सा बड़ा भारी अत्याचार हुआ था, जिसके लिए पुस्तक लिखने की जरूरत पड़ी। वह तो **फ्रांस** में जाकर **ब्रिटेन** के लिए खून बहाने का पुरस्कार था। उसके लिए तो सिक्खों को सरकार का आभारी होना चाहिए। (27.12.24)

339. **चीन** की सरकार अफीमखोरी बंद कराने की चेष्टा में है। **भारत** की सरकार अपने राज्य में शराबखोरी बढ़ाने की चेष्टा करें। (27.12.24)

340. हिंदी साहित्य-सम्मेलन का एक डेपुटेशन धनसंग्रह के लिए **कलकत्ता** आया है। यहां के धनवानों को सावधान हो जाना चाहिए क्योंकि परिश्रम का पैसा ऐसे ऐरे-गैरे कामों में खर्च करना अकलमंदी नहीं है! (27.12.24)

341. **भारत** के गोरे फौजी अफसरों को जो भत्ता मिलता है, उस पर **इंग्लैंड** में 'इन्कमटैक्स' न लगेगा। न लगना ही चाहिए। क्योंकि उस भत्ते का भारत

के भुक्खड़ों के रक्त से गहरा संबंध है। (3.1.25)

342. सरकार ने घोषणा की है, कि **कोहाट** के हिंदू-मुसलमानों में मेल कराने का प्रयत्न असफल हो गया। **भारत** की नौकरशाही का सौभाग्य सूर्य जब तक मध्य गगन में स्थित है, तब तक ऐसे प्रयत्न बराबर असफल होते रहेंगे। सरकार ने मेल का प्रयत्न किया था, यही भारत के लिए परम सौभाग्य का विषय है। (3.1.25)

343. प्रसन्नता की बात है कि भारतवासियों का ध्यान आर्थिक उन्नति की ओर विशेषरूप से आकर्षित हुआ है। क्योंकि इस साल **बेलगांव** कांग्रेस में अन्यान्य भारतोन्नति संबंधी कार्यों के सिवा चोरियां भी खूब हुई। एक अखबार के प्रतिनिधि महाशय के सब रुपये चोरी हो गए। **श्रीयुत राजगोपालाचार्य** के नकद 500 रुपये और **सरदार मंगलसिंह** के 250 रुपये गायब हो गए। राष्ट्रसभा के कैंप में 'अहिंसा चौर्य्यवृत्ति' का सूत्रपात भावी भारतोन्नति का विधायक हैं, इसमें अणुमात्र भी संदेह नहीं। (3.1.25)

344. **बंगाल** की सरकार आर्डिनेंस का उत्तराधिकारी एक नया कानून बनाने वाली है। इसका खसरा आगामी कौंसिल में पेश होगा। इस ताजे कानून के बन जाने पर लोगों को यह कहने का मौका न मिलेगा, कि सरकार 'बासी' कानूनों से काम लिया करती है। (3.1.25)

345. अखबारों में खबर छपी है, कि **तरुण भारत** के संपादक श्रीयुत **नागेश्वर प्रसाद** भी **हजारीबाग** जेल में बहुत बीमार हैं, उनके पेट में प्लीहा पड़ गई है। न्यायनिष्ठ और धर्मभीरु सरकार के विरुद्ध लेख लिखने से पेट में प्लीहा न पड़ेगा तो क्या हाथी पड़ेगा? **नागेश्वरजी** अभी तक जीवित हैं, यही उनकी धृष्टता है। **मतवाला** की अपनी सरकार होती तो इस अपराध के लिए उन्हें कालकोठरी की सजा दिलवायी जाती। (10.1.25)

346. **अलीगढ़** के हिंदू धर्मरक्षिणी सभा के जलसे में एक अछूत ने कहा है, कि यदि हिंदू खुशी से हमें धर्म मंदिरों में न घुसने देंगे, तो हम जबरदस्ती घुसेंगे। धर्मध्वजियों को चाहिए, कि ठाकुरजी के मंदिर का फाटक लोहे का बनवा लें और सरकार से कहकर संगीन का पहरा बैठवा दें। (10.1.25)

347. एक धनवान बंगाली जमींदार ने अपने हाथी और हथिनी का बड़े धूमधाम से विवाह कराया है। इस अद्‌भुत 'बेटा-बेटी' की शादी में आपने दिल खोलकर खर्च किया है। भगवान ऐसे धनवानों को चिरायु करें। यही बेचारे तो इस अभागे भारत के गौरव हैं। वर-वधू चिरंजीव होकर अपने आश्रयदाता पिता का नाम कायम रखें, संतान-संतति की वृद्धि हो यही **मतवाला** का

आंतरिक आशीर्वाद है। (10.1.25)

348. खबर है, कि **हुगली** जेल के कुछ राजनीतिक कैदियों ने खाना-पीना छोड़ दिया है। इसी तरह सभी राजनैतिक कैदी खाना-पीना छोड़ दें तो हमारी सरकार का बड़ा उपकार हो। बहुत पैसे बच जाएं और उससे **विलायत** के बेकारों को बहुत कुछ मदद दी जावे। (10.1.25)

349. 'मठाधीश सम्मेलन', **काशी** के **श्रीयुत धर्मदत्त वेदशास्त्री** लिखते हैं कि गया का बौद्ध-मंदिर हिंदुओं का है। उस पर हिंदुओं का ही अधिकार रहना चाहिए। जी हां, जरूर रहना चाहिए और खासकर उन महंतजी का जिन्होंने लाट साहब के सबूट चरणों से उसे पवित्र कराया था। बौद्धों के हाथ में मंदिर चला जाएगा तो आराम से बैठकर मालपूआ उड़ाने का एक साधन जो हाथ से निकल जाएगा। (17.1.25)

350. **फारवर्ड** को खबर मिली है कि बड़े लाट ने नारकीय बिल के लिए सर्टीफिकेट दे दिया। दे न देते तो क्या करते? अपने अमल धवल न्याय सुयश में बट्टा लगने देते? (17.1.25)

351. **पंजाब** की विधवा विवाह सहायक सभा ने गत दिसंबर मास के भीतर 221 विधवाओं को सधवा बना डाला है। यदि क्रम जारी रहा तो चिराग लेकर ढूंढ़ने पर भी इस देश में विधवाएं नहीं मिलेगी और हिंदू धर्म की सुकीर्ति पर पानी फिर जाएगा। सनातनवाले क्यों चुप बैठे हैं? (17.1.25)

352. इस साल **गंगासागर** का मेला बहुत बढ़िया रहा, 'बिना धोती वाले' महात्माओं का दर्शन प्राप्त कर पुण्यार्थी और पुण्यार्थिनियों ने खूब पुण्य लूटा। वास्तव में साधुता की नग्न-मूर्त्ति इसी पुण्य क्षेत्र में दिखाई पड़ती है। (24.1.25)

353. **अमृतसर** के **बबर शेर** के संपादक भी गिरफ्तार हो गए। 'लोमड़ियों' के संपादकों की ईश्वर रक्षा करे। (24.1.25)

354. सुनते हैं, **कोहाट** के हिंदू-मुस्लिम समझौते पर जबरदस्ती दस्तखत करा लिया गया है। ठीक ही है। जबरदस्ती न की जाती तो **लार्ड रीडिंग** को असेंबली में हिंदू-मुस्लिम मेल कराने की डींग मारने का मौका कैसे मिलता? (24.1.25)

355. **अलीगढ़** के **शिक्षा प्रभाकर** के संपादक के नाम बड़े घर से निमंत्रण आया था, परंतु उन्होंने माफी मांगकर पिंड छुड़ा लिया! क्या करते, पेट में जेल की मोटी रोटियां पचाने की ताकत भी तो होनी चाहिए। (24.1.25)

356. **देशबंधु दास** को भारत में स्वराज स्थापित करने के लिए अब तक केवल रुपया दो ही लाख प्राप्त हुए हैं इसलिए आपने फिर अपील की है। सवा दो

लाख में तो स्वराज की दुम भी नहीं मिल सकती। (24.1.25)

357. **सीकर रियासत** में गधों के दिन फिरे हैं। राज्य ने फी गधा एक रुपया टैक्स लगाया है। गधों की इज्जत अफजाई करके सीकर राज्य ने अपनी कद्रदानी का परिचय दिया है। 'कदर उल्लू की उल्लू जानता है, हुमा को कब चुगद पहचानता है।' (29.1.25)

358. **मध्य-प्रांत** के गवर्नर **सर फ्रेंक सलाई** की बिदाई हो गई! जाते समय बेचारे बहुत रोये। हाय हाय, रोने की तो बात ही है! बूढ़े भारत की-सी मुलायम गोद **इंग्लैंड** में कहां मिलेगी? (29.1.25)

359. **बंबई-कारपोरेशन** ने मुसलमान लड़कियों के लिए अनिवार्य शिक्षा की व्यवस्था की है। प्रत्येक दस वर्ष से कम उमर की लड़की को अवश्य ही पढ़ना पड़ेगा। हिंदुओं सावधान! तुम अपने समाज में इस तरह का अंधेर हरगिज न होने देना। (29.1.25)

360. **मद्रास-प्रांत** की किसी जिला-कांग्रेस-कमिटी के ब्राह्मण अध्यक्ष ने किसी मामले में अछूतों का पक्ष लिया था, इसलिए उनके सजातियों ने उन्हें जातिच्युत कर दिया है। देश में घोंघाबसंतों का यों ही दौर-दौरा रहा तो कुछ दिन में मुंह से 'अछूत' शब्द उच्चारण करनेवाले भी जातिच्युत कर दिए जाएंगे। (29.1.25)

361. **बंगाल** की स्वराज पार्टी के अन्यतम नेता **श्रीयुत प्रतापचंद्र गुह राय** को नौकरशाही ने गिरफ्तार कर लिया है। आपके नाम 124 (ए) धारा के अनुसार वारंट था। देखते हैं, स्वराज पार्टी के प्रति नौकरशाही का प्रेमघट बेतरह फट पड़ा है। आशा है कि एक दिन पाप-घट भी फूटेगा। (29.1.25)

362. सुनते हैं, सारे भारत में कुल पांच ही लाख कोढ़ी हैं। यह संख्या बहुत थोड़ी है। इसलिए **मतवाला** की राय है, कि देश के साधुओं और महंतों को भी इसी श्रेणी में शामिल कर लिया जाए। क्योंकि इनके हाथ पैर भी तो कोढ़ियों की तरह किसी काम नहीं आते। (29.1.25)

363. **श्रीयुत रासबिहारी बोस जापान** से एक लेख लिखते हुए कहते हैं कि "**सिंगापुर** का **ब्रिटिश** जहाजी अड्डा एक पिस्तौल है, जो **जापान** पर तानी गई है, इसका लक्ष्य केवल **चीन** और **जापान** को कुचलना ही नहीं बल्कि **एशिया** के अन्य राष्ट्रों को दबाना भी इसका खास लक्ष्य है।" अरे भैया, **भारत** को इसकी क्या चिंता है? मुर्दे पर जैसे एक टोकरी मिट्टी वैसे ही सौ। (7.2.25)

364. यमराज ने सूतिका-गृह में ही **कानपुर** के **वालंटियर** मासिक पत्र का गला

चांप दिया। न जाने क्यों, हमारी भड़कीली सरकार वालंटियरों को देखकर बहुत भड़कती है। वालंटियर शायद जंगी घोड़े हैं और सरकार अल्हड़ भैंस। (7.2.25)

365. स्थानीय लाल बाजार थाने की हवालात से एक अपराधी गोरा चंपत हो गया। तारीफ यह कि हिरासत के दरवाजे में ताला बंद ही रह गया। यह नया आविष्कार काले कैदियों को भी सीख लेना चाहिए। (7.2.25)

366. **वर्दवान** और **चटगांव** आदि स्थानों में शीतला (चेचक) का बड़ा प्रकोप है। शीतला का शुभनाम तो बड़ा सुहावना है, पर रूप बड़ा ही डरावना है। अगर किसी सुंदरी पर कृपा कर दे, तो बेचारी नखशिख बूंटेदार बन जाए। जिनकी स्त्रियां सुंदरी हैं, उन्हें तो शीघ्र ही 'शीतला-वाहन' की शुश्रूषा शुरू करनी चाहिए, नहीं तो इस बंगला 'बसंत' के उत्पात से बसंत का मजा किरकिरा हो जाएगा! (7.2.25)

367. स्थानीय खादी प्रतिष्ठान के खद्दर-भंडार में, गत जनवरी में इस प्रकार खद्दर की बिक्री हुई है—प्रथम सप्ताह 1306 रुपये 8 आना, द्वितीय सप्ताह 2253 रुपये 9 आना, इससे मालूम होता है कि खद्दर की बिक्री क्रमशः बढ़ रही है। अगर यही दशा रही, तो यह साल लगते-लगते **कलकत्ता** के विदेशी-वस्त्र-व्यापारियों का चरखा ढीला हो जाएगा। मारवाड़ियों को प्रतिष्ठान के फाटक पर धरना देना चाहिए। (7.2.25)

368. सरकारी रिपोर्ट के अनुसार प्रति वर्ष फांसी दिए जानेवाले पुरुषों की संख्या 600 से 800 तक और स्त्रियों की 15 से 25 तक होती है। सन् 1829 में 251 **पंजाबी**, 182 **युक्त प्रदेशी**, 136 **मद्रासी**, 11 **बंगाली** फांसी लटकाये गए थे। **बंगाल** के 11 में 6 तो स्त्रियां ही थीं। अब आप ही समझिए कि किस प्रांत के लोग अधिक शरारती होते हैं। हमारी समझ में तो **बंगाल-आर्डिनेंस** के प्रताप से फांसी पड़ने में **बंगाल** अब पीछे न रहेगा। (7.2.25)

369. नये **गिद्धौर-नरेश** की गद्दी-नशीनी के जलसे में बधाई का भाषण देते हुए **बिहार** के छोटे लाल **व्हीलर साहब** ने कहा है कि **वीर विक्रमसिंह** से शुरू होकर आज आपकी यह चौबीसवीं गद्दी है। सरकारी खिदमतों के लिए सन् 1865 में आपके पूर्वजों को महाराजा की पदवी दी गई थी। 1874 के अकाल में की गई सार्वजनिक सेवाओं के बदले 1875 में वह पदवी वंश परंपरागत स्वीकृत हुई और 1877 में जब **महारानी विक्टोरिया** भारतेश्वरी हुईं तब महाराजा की पदवी स्थायी कर दी गई। परिवर्तन का युग है। इसलिए यदि आप अपने पूर्वजों की नीति धारण किए रहेंगे तो नई लहर का मुकाबला कर

सकेंगे। अहा! राजा प्रतापभानु को तपस्वी एक तन का उपदेश इसके आगे किस गिनती में है? (7.2.25)

370. हिंदी पत्रों के वर्तमान विशेषांकों में **प्रयाग** का मासिक **चांद** देखने ही लायक है। चांद-सा मुखड़ा देख ही लीजिए, नहीं तो खपत हो जाने पर छाती पीटते रह जाइएगा। तीन ही वर्ष में **चांद** के सात विशेषांक निकल चुके और अब वह आगे बढ़ने के लिए पुष्टई खाना चाहता है। भला तीन साल के अंदर जो सात हृष्ट-पुष्ट और सुंदर संतान पैदा कर के रख देने में समर्थ है, उसके लिए कैसी पुष्टई चाहिए, यह आप-जैसे अनुभवी के सिवा और कौन समझ सकता है? (14.2.25)

371. **त्रिवांकुर** की व्यवस्थापिका सभा में प्रस्ताव पेश हुआ था, कि **वायकोम** की आम सड़कों पर अछूतों को चलने दिया जाए। परंतु ईश्वर की दया से प्रस्ताव फेल हो गया। धर्म की जय-जयकार रही, नहीं तो **त्रिवांकुर**-राज्य में भयंकर भूचाल अदा होता कि खुदा की पनाह। (14.2.25)

372. **आगरा** की जीव-दया-सभा ने बड़ी कोशिश करके **मालवा** की **देवास रियासत** के एक भगवती-मंदिर में पशु वध बंद करा दिया है। कहते हैं कि प्रति वर्ष उस मंदिर में लगभग बारह हजार पशु बधे जाते थे। फिर भी वह 'मंदिर' ही कहा जाता था,—'कसाईखाना' नहीं। (21.2.25)

373. सहयोगी **तेज** को शायद पता लगा है कि सरकार की ओर से एक गुप्त विज्ञप्ति द्वारा यह आज्ञा निकली है कि जिन सिक्खों ने अकाली आंदोलन में भाग लिया था या उसके साथ सहानुभूति दिखाई थी, उन्हें न तो फौजी नौकरी दी जाए और न कलर्की। वेश्या रूठी धर्म बचा! (21.2.25)

374. **मैसूर-नरेश** और उनका राज-परिवार चरखा कातने लगा। लोग व्यर्थ ही कहते हैं कि **मिसेज बेसेंट** का प्रभाव देश से उठ गया। देखिए, अभी तो **दक्षिण भारत** के घरानों तक में उनकी तूती बोल रही है। तभी तो उन्हें चरखा कातते देखकर **मैसूर-नरेश** को भी चस्का लगा गया। **मिसेज बेसेंट** की तारीफ तो तब है जब अपनी जादू की छड़ी फेरकर **लार्ड रीडिंग** से चरखा कतवावें। अगर **लेडी रीडिंग** भी कातने लगें, तो गनीमत है! (21.2.25)

375. **अलवर-नरेश** अपने पूर्वजों की संपत्ति के पीछे हाथ धोकर पड़े हुए हैं। गड़ी हुई पुरानी दौलत के लिए बड़ी-बड़ी इमारतें ढहवा रहे हैं। हिंदू विश्वविद्यालय में भाषण करते हुए आपने कहा था कि हिंदुओं की भावी संतान विश्वविद्यालय का भव्य-भवन देखकर फूले अंग न समाएगी और आपके पूज्य पूर्वज भी स्वर्ग से अपनी प्यारी इमारतों की दुर्दशा देखकर फूले अंग न समाते होंगे, बल्कि

आपको भी असीसते होंगे। (21.5.25)

376. **चांद** के शिशु-अंक में एक-दो-लेख ऐसे भी हैं जिन्हें लोग अश्लील कहे बिना न रहेंगे। विधाता ने जब आदमी की पैदाइश का ढंग अश्लीलतापूर्ण बनाया, तो उनके हाथ पकड़ने लोग क्यों नहीं गए? (21.2.25)

377. **बनारस** के **लालघाट** निवासी **पं. गिरिजाप्रसाद शर्मा** ने **गाजीपुर** जिले के एक साधु से **गोस्वामी तुलसीदास** 'श्रीरामनाम कलामणि-कोष मंजूषा' नामक ग्रंथ प्राप्त किया है, जो अब तक अज्ञात और अप्राप्त था। **मिश्र-बंधुओं** को **मिश्र बंधु-विनोद** के दूसरे संस्करण में उक्त साधु और शर्माजी का नामोल्लेख अवश्य करना चाहिए। पर, अगर वह ग्रंथ किसी नकली 'तुलसी' का हो तो **बाबू श्यामसुंदर दास** के पास, खोज रिपोर्ट में दर्ज करने के लिए—भेज देना चाहिए। 'यस्य क्वाऽपि गतिर्नास्ति तस्य तत्र गतिर्भवेत्'। (21.2.25)

378. **काशी** के **प्रह्लाद** घाट पर **गोस्वामी तुलसीदास** का एक मंदिर बना है, जिसमें उनकी एक उज्ज्वल मूर्त्ति स्थापित है। उसके द्वारोद्घाटन महोत्सव में साधुओं का भंडारा होना चाहिए; क्योंकि गुसांईजी साधु भी थे और कवि भी। निमंत्रण देने योग्य साधुओं और कवियों की परिभाषा यह हो कि साधु तो भगवद्भक्ति की जान के गाहक हों और कवि लोग कविता की जान के। फिर देखिए, मालपुआ चभंत तुकभिड़ंत! (28.2.25)

379. गत सोमवार को विश्वप्रेमी **रवींद्रनाथ ठाकुर** यहां पहुंच गए। विश्वप्रेम के प्रचार में वे कई बार विश्व-भ्रमण कर चुके। विदेश में उनका जितना सम्मान होता है, उतना स्वदेश में नहीं। स्वदेश-प्रेम के पूजक विश्वप्रेम की महिमा क्या जानें, 'मूर्त्ति-पूजक क्या कभी सर्वव्यापी परमात्मा का ध्यान धर सकते हैं,' गंगा में चलनेवाली किश्ती क्या **प्रशांत महासागर** में चल सकती है? सुनते हैं, जैसे मूर्त्तिपूजा में सैकड़ों बखेड़े हैं और निराकार की उपासना में कोई झंझट नहीं, वैसे ही स्वदेश-प्रेम में भी बहुतेरे झमेले हैं और विश्वप्रेम में कोई खटका नहीं।

"दौड़ो यारो देश-प्रेम का मार्ग भरा कुश-कंटक है।
पकड़ो विश्व-प्रेम की चौड़ी सड़क बड़ी निष्कंटक है।" (28.2.25)

380. **लंदन** के हाउस-ऑफ-कामंस में एक सज्जन ने, प्रमाणों के साथ बतलाया है, कि **बंबई** में सैकड़ों बच्चे उन मजदूरिनों के नष्ट होते हैं, जो कारखानों में काम करने के समय अपने बच्चों को अफीम की घुट्टी पिलाकर सुला देती हैं। उनका तो यहां तक कहना है कि **बंबई** में फी हजार 666 बच्चे मरते

हैं। **लंदन** में हजार पीछे सिर्फ 80। **बंबई** है या ब्रजमंडल की पूतना। जो हो, **भारत** के बच्चों का जीवन शायद **इंग्लैंड** के बच्चे चूसते चले जाते हैं। (28.2.25)

381. गत 26 फरवरी को **कलकत्ता कारपोरेशन** ने स्थानीय **शिवलेन** के एक मंदिर से एक साथ ही तीन शिवलिंग उखड़वा लिया और मंदिर भी तुड़वा डाला। मुसलमान भाई तो हिंदू बालकों की ही सुन्नत किया करते थे—कारपोरेशन ने तो हिंदू देवताओं की भी सुन्नत आरंभ कर दी। (7.3.25)

382. **महात्माजी** ने विप्लववादियों को सलाह दी है कि वे देश के कोने-कोने में छोटे-से गांवों तक में चले जाएं और इस तरह चारों ओर फैलकर अपने अशिक्षित देश-भाइयों को जगावें। यह लीजिए रद्दे पर रद्दा जमा! पहले जबकि विप्लवकारियों का कार्य-क्षेत्र केवल कुछ बड़े-बड़े नगरों तक ही सीमाबद्ध था, तब तो सरकार के पेट में चूहे कूदते थे, और अब जबकि क्रांतिकारियों के दल गांव-गांव में फैल जाएंगे, तब क्या बेचारी के पेट में बनबिलाव कूदेंगे? (21.3.25)

383. भूतपूर्व भारत-सचिव **लार्ड ओलिवियर** को आजकल भारत की कठिनाइयां खूब सूझ रही हैं। **विलायत** के **मैंचेस्टर गार्जियन** में उन्होंने एक लेखमाला शुरू की है। वे अब अंग्रेजों को सिखलाना चाहते हैं कि भारत को अब अपनी मौरूसी जागीर न समझो, क्योंकि इससे भारतवासी भड़कते हैं और अशांति मचाते हैं। अगर यही सद्‌बुद्धि भगवान ने उस समय दी होती, जबकि आप भारत के भाग्य-विधाता थे, तो आज व्यर्थ ही 'वृद्ध वेश्या तपस्वनी' वाली कहावत पर लोग ध्यान देते।' (21.3.25)

384. बड़ी कौंसिल में वायसराय की कौंसिल मेंबरों के मार्ग-व्यय का प्रस्ताव स्वराज-दल ने नामंजूर कर दिया है, मगर उन मेंबरों की आशा है कि वायसराय महोदय अपने विशेषाधिकार द्वारा फिर उनका मार्ग-व्यय ज्यों-का-त्यों मंजूर कर देंगे। बाहर से निकाले गए तो क्या, भीतर जाकर शरण लेंगे, राजा के दरबार से निकाले जाने पर तो रनवास की सिफारिश दीनों की बिगड़ी बना ही देती है। (21.3.25)

385. सेंट्रल-सिक्ख-लीग के प्रेसिडेंट ने सन् 1920 से आज तक के अकाली आंदोलन पर प्रकाश डालते हुए जो ब्योरा प्रकाशित किया है, उसके अनुसार पिछले पांच वर्षों में **अकाली ते परदेशी** नामक पत्र के दो दर्जन संपादक जेल जा चुके, और अब तक **नाभा**-जेल में 165 अकाली कैदी पकड़े गए, 4003 अकालियों की मौतें हुई और 15 लाख जुर्माना वसूल हुआ। इतने पर भी

अगर पाप का घड़ा न भरे, तो कहना होगा कि अंग्रेज इस देश में वह घड़ा लेकर बैठे हुए हैं, जिससे समुंद्रर-सोख (कुंभज) ऋषि पैदा हुए थे! (21.3.25)

386. **उन्नाव**-जिले के **कोरारीकलां** नामक स्थान में वेद-धर्म-प्रचारक-मंडल स्थापित हुआ है, जिसका उद्देश्य है वेदों का प्रचार करना। देश में मूर्खता तो इस दर्जे तक है कि वर्णमाला की पोथियों का प्रचार भी नहीं हो पाता और मंडल झट वेदों का ही झंडा ले उठा। वेद-भगवान भी क्या समझेंगे कि किसी से काम पड़ा था! (28.3.25)

387. **अमरोहा** की **श्री विष्णु-अग्रसेन**-गोशाला के लिए अपना जीवन न्योछावर कर देनेवाले बेचारे **महादेव राय** भभूतिया भाट ने घर-घर घूमकर बरसों में बड़े परिश्रम से नौ हजार रुपये गौओं के लिए एकत्र किए थे, सो किसी एक कलकतिया सेठ के तोंद में समा गए। बेचारे भभूतिया ने तोंद-महासागर में कितने महाजाल डाले, पर किसी एक रूपचंद की लाश भी न मिली। गौओं का अंश और सेठजी के तोंद से निकल जाय! भला यह कैसे हो सकता है? तब उस तोंद की तारीफ ही क्या रही? सेठों के तोंद में एक प्रकार का गोंद होता है, जिससे स्पर्श होते ही धर्म-खाते के रुपये चिपक जाते हैं। वह भी तो एक प्रकार का 'पिंजरा-पोल' ही है। (28.3.25)

388. **बलिया** की हिंदी-प्रचारिणी सभा का द्वितीय वार्षिक अधिवेशन वैशाख शुक्ल 1-2 को, साहित्यरत्न **पं. अयोध्यासिंह उपाध्याय** के सभापतित्व में होने वाला है। आशा है, उपाध्यायजी एक निराले ढंग से अपने भाषण में **ठेठ हिंदी का ठाट** दिखावेंगे क्योंकि ठेठ भोजपुरी बोलनेवाले बेचारे **बलिया** निवासी **प्रियप्रवास** का 'समास' कदापि न समझेंगे। (4.4.25)

389. कुछ लोगों को ऐतराज है कि अगर ईसाई और मुसलमान वेद पढ़ सकते हैं, तो बेचारे अछूत हिंदू क्यों नहीं पढ़ सकते। बात असल यह है कि वेदों को स्वयं निराकार महाप्रभु ने अपनी अलक्ष्य लेखनी से लिखा है और ईसाई-मुसलमान निराकार के सच्चे उपासक हैं। इसलिए उन्हें वेद पढ़ने का अधिकार है। परंतु अछूत हिंदू साकार ब्रह्म के उपासक हैं, इसलिए महामति **मालवीयजी** की राय है कि उन्हें पंचम वेद **महाभारत** पढ़कर सब्र कर लेना चाहिए। (18.4.25)

390. **महाभारत, पुराण** और **गीता** आदि वेदों के ही तो फल हैं। इसलिए अछूतों को चाहिए कि आंख मूंदकर फल चखा करें, पेड़ गिनने के फेर में न पड़ें। (18.4.25)

391. हिंदू-महासभा में अछूत नहीं बुलाए गए थे, क्योंकि अछूतोद्धार तो महासभा का प्रधान उद्देश्य ही है। (18.4.25)

392. 31 मई 1923 से एक वर्ष के अंदर भारत-सरकार ने 1500 मजदूर परिवार मारिशस द्वीप में भेजने की आज्ञा दी थी, जिसके अनुसार **बनारस डिपो** से 303 परिवार भेजे गए, जिनमें 303 पुरुष, 111 स्त्रियां और 105 बालक-बालिकाएं थीं। 519 सिर्फ एक डिपो से! आश्चर्य है कि हम खर्च करने से तो हाथ रोकते ही नहीं, उलटे आमदनी का रास्ता बंद करना चाहते हैं। **भारतवर्ष** में संतान-वृद्धि-निग्रह का तब तक प्रचार न होना चाहिए, जब तक कुली-प्रथा बंद न हो जाए। अगर खटमलों की तरह भारतीयों की संख्या वृद्धि न होगी, तो जंगलों से ढके हुए टापुओं को आबाद करके संसार में सभ्यता का प्रचार कौन करेगा! (2.5.25)

393. यद्यपि पूज्य **लालाजी** अपने भाषण में कह चुके थे कि 'हम हिंदू-राज्य स्थापित करना नहीं चाहते' तथापि **पं. दीनदयालुजी** ने अपनी यह लालसा प्रकट ही कर डाली कि भगवान करे इस देश का हिंदू राजा हो और मैं पादरी बनकर उसके पास जाऊं तो वह सिर झुकाए। मगर भगवान की ऐसी लीला कि 'हिंदू राजाजी' का सिर तो झुका ही, अपना सिर भी ऐसा झुका कि अब शायद ही उठे। (2.5.25)

394. आजकल स्थानीय बड़ा बाजार में नोटिसों और हैंडबिलों की बड़ी धूम है। लिक्खाड़ माल मार रहे हैं। छापाखानेवालों की पांचों उंगलियां घी में हैं। किसी रास्ते से निकालिए, दो-चार-दस पर्चे जरूर मिलेंगे। किसी में फटकार, किसी में ललकार, किसी में बहिष्कार, किसी में धिक्कार! किसी में करारी चपत, किसी में जबरदस्त घूंसे, किसी में मुंहतोड़ थप्पड़, किसी में पड़ापड़ जूते। जुग-जुग जिएं हमारे सेठ कि चांदी काटें हम लिखे-पढ़े! (9.5.25)

395. **आगरा** से **श्रीकृष्णदत्तजी पालीवाल** के संपादकत्व में प्रकाशित होनेवाला **सैनिक** सबसे पहले कवियों का मुंह मीठा करेगा। **सैनिक** में छपनेवाली साल-भर की कविताओं पर क्रमशः 40 रुपये 31 रुपये और 21 रुपये का पुरस्कार दिया जाया करेगा। कविताओं की श्रेष्ठता का निर्णय निर्णायक समिति करेगी। आशा है, यह शुभ संवाद हमारे कवि महोदयों की खोपड़ी में कंडुयन पैदा किए बिना न रहेगा और कविताओं की गोलेबारी से **सैनिक** थर्रा उठेगा। (30.5.25)

396. **श्रीमती एनी बेसेंट** अपना होमरूल बिल लेकर **विलायत** जानेवाली हैं। **लार्ड बिरकनहेड** कुछ पसीजे हैं। इसलिए मुमकिन है, 'देहि पदपल्लव मुदारम'

कुछ असर कर जाए। श्रीमती के साथ ही **श्रीमान् शास्त्री** और **सप्रू** भी चले जाएं तो सोने में सुगंध आ जाए। (30.5.25)

397. **जोधपुर** की महारानी साहिबा आजकल **लंदन** की सैर कर रही हैं। वहां के अखबारों में आपके रूप-छटा की खूब तारीफें छप रही हैं। परंतु खैरियत है, कि वहां जाकर भी आपने घूंघट नहीं खोला है। बेचारे लंदनी अखबार घूंघट से छनी हुआ सौंदर्य सुधा पीकर ही तृप्ति लाभ कर रहे हैं। (6.6.25)

398. **चीन** की खूनखराबी की खूब खबरें आ रही हैं। यूरोपवाले लड़ते ही नहीं तो बेचारी रणचंडी क्या करें! (6.6.25)

399. **अलवर** से फिर गोली चलाने की खबर आई है। जब तक महायज्ञ पूर्ण न होगा, तब तक आहुति-प्रदान बंद कैसे हो सकता है। मालूम होता है, **अलवर** नरेश अपने देश को समुन्नत करके दम लेंगे। (6.6.25)

400. सहयोगी **प्रताप** का प्रतिनिधि **अलवर** के समरांगण की सैर करने चला था। परंतु अधिकारियों ने घुसने ही नहीं दिया। घुसने देते, क्या अपना यज्ञस्थल अपवित्र कराते। (6.6.25)

401. गत 25 मई के **प्रताप** के मुखपृष्ठ पर कविवर **सियारामशरण गुप्त** की एक अनूठी कविता छपी है। उसके अंतिम दो पद यों हैं,—"उस तहखाने तक तुम पहुंचाओ हमें। अपना विचित्र कोश खोल के दिखाओ हमें।" एवमस्तु। (6.6.25)

402. **पवना** की म्युनिसिपलिटी ने अपनी सीमा से शराब, अफीम और गांजा आदि मादक चीजों की दुकानें हटा देने का संकल्प किया है। ऐसी म्युनिसिपलिटी को तो पागलखाने भेज देना चाहिए। हमारे देश के बड़े-बड़े त्यागी लीडरों ने सर्वस्व छोड़ने पर भी जिस वस्तु को नहीं छोड़ा है, उसे ही यह म्युनिसिपलिटी शहरबदर कर रही है! (13.6.25)

403. **तुर्की** की सेना में दो स्त्रियां फौज की कर्नल और सैकड़ों अन्य सैनिक पदों पर हैं। इधर **हिंदोस्तान** की औरतें तो क्या मर्द भी यदि किसी फौजी सिपाही को देख लें, तो मृगी आ जाए! (13.6.25)

404. **त्रिवांकुर** राज्य के दीवानजी ने वहां की महारानी से प्रार्थना की है, कि अछूतों को आम सड़कों पर चलने की आज्ञा दे दी जाए। यदि कहीं दीवान साहब की बात मान ली गई और आम सड़कों पर अछूत चलने-फिरने लगे तो वर्णाश्रम धर्म का जहाज 'भगदत्त' के 'खंदक' में दिन-दहाड़ों ग़रक़ाब हो जाएगा। (20.6.25)

405. गत रविवार को स्थानीय अलवर्ट हाल में 'विधवा' विवाह सहायक' सभा का

वार्षिक अधिवेशन था। **आचार्य प्रफुल्लचंद्रराय** ने सभापति का आसन सुशोभित किया था। विधवा विवाह की आवश्यकता पर बड़े-बड़े विद्वानों के व्याख्यान हुए। अब लगे हाथ 'विधवा-विवाह-विरोधिनी' वालों को भी अपना एक अधिवेशन कर डालना चाहिए, वरना विधवाएं सधवा होने लगेंगी, तो रंडुओं को टापना पड़ जाएगा। (27.6.25)

406. **अलीपुर** की दौरा अदालत ने **मुहम्मद** नाम के एक मुसलमान को, एक सात वर्ष की सजातीया बालिका पर बलात्कार करने के अपराध में पांच साल की जेल दी है। दो साल की कमी कर दी गई! सात वर्ष की बालिका और सात वर्ष की जेल! मालूम होता है दौरा जज केवल कानून ही जानते हैं, कविता नहीं? (27.6.25)

407. इस साल **इंग्लैंड** में भयंकर गर्मी पड़ी है। गर्मी की शिद्दत से कितने ही गोरे मर चुके हैं। नाजुकअंदाज गोरियों और किशोरियों को छन-छन मूर्च्छा आई है। मालूम होता है, इतने दिनों के बाद भारत के गर्म नमक ने कुछ असर दिखाया है। (27.6.25)

408. **यूरोप** के **एडमिरल स्लेड** की लड़की **मिस स्लेड** चर्खा कातती हैं, कपड़ा बुनती हैं, खद्दर पहनती हैं और महात्माजी के सत्याग्रह आश्रम में आकर निवास करनेवाली हैं। इस खबर को पढ़कर विलायती मलमल और तनज़ेब 'ज़ेबतन' करनेवाली देशी बीबियों के शरीर पर खद्दर की साटें पड़ जाएं तो आश्चर्य नहीं। न जाने किस संगदिल ने यह खबर अखबारों में छपवाई है? निर्दयी के घर में कोई बीबी है या रंडुआ है? (27.6.25)

409. **चीन** वालों ने विदेशी बहिष्कार आरंभ कर दिया है। केवल माल ही नहीं, विदेशी मनुष्यों को भी ठोंकपीट कर निकाल रहे हैं। गोरे-गोरियां चीन से प्रस्थान करने लगी हैं। बहुत दिनों के बाद अफीम की पिनक टूटी है, खुदा खैर करे। (27.6.25)

410. श्रीयुत **पं. नरदेव शास्त्री** ने **जापान** जाने के लिए सरकार से पासपोर्ट मांगा था। खैरियत हुई **यू.पी.** की सरकार ने यह गलती नहीं की, **शास्त्रीजी** को पासपोर्ट नहीं मिला। इसे जापानियों के पितरों का सौभाग्य समझना चाहिए। वरना कहीं **शास्त्रीजी जापान** में आर्य समाज का प्रसार करके श्राद्ध में बाधा डाल देते तो हिंदुओं के पितरों की तरह **जापानी**-पितरों को भूखों मर जाना पड़ता। (27.6.25)

411. स्वर्गवासी **देशबंधु** के स्थान पर **बंगाल** का नेतृत्व ग्रहण करने के लिए कुछ लोगों ने तार देकर **योगिराज अरविंद** को बुलाया था। परंतु खबर मिली है,

कि आप **पांडीचेरी** नहीं छोड़ सकते। योग छोड़कर राज-भोग के पचड़े में कैसे पड़ें? अपनी मुक्ति की फिक्र करें या देश की? (4.7.25)

412. **कानपुर** में कांग्रेस की खूब तैयारियां हो रही हैं। **डॉक्टर मुरारीलाल** सिरतोड़ परिश्रम कर रहे हैं। लेक्चरबाजों को 'कुलज्जन' खाकर गला साफ कर लेना चाहिए। (4.7.25)

413. गत 9 अप्रैल से लेकर 15 जून तक छह लाख बोरे गेहूं **विलायत** जा चुके हैं। कुछ परवाह नहीं, इस साल यहां गेहूं की फसल अच्छी हुई है। इसके सिवा यदि कांग्रेसवाले प्रार्थना करेंगे तो उदार हृदय **लार्ड बिरकनहेड** कुछ चोकर वापस भी कर देंगे। **लार्ड रीडिंग** से सलाह-मशविरा हो चुका है। (4.7.25)

414. बड़े लाट की बड़ी कौंसिल में 'बदन रक्षा' बिल पेश होनेवाला है। सुनते हैं यह 'सहवास सम्मति' बिल का सगा भाई होगा। समझ में नहीं आता कि लोग आनंद के मार्ग में रोड़े अंटकाने के लिए इस तरह क्यों उतारू हो गए हैं? (11.7.25)

415. **लाला लाजपतरायजी** के **वंदेमातरम्** पर **मुलतान** के जेल से मानहानि की नालिश की थी। फैसला हो गया। जेलर जी को 100/- हरजाना और मुकदमे का खर्च मिलेगा। मालूम होता है, मान का एक कंगूरा ही टूटा था। 100/- में संभवतः मरम्मत हो जाएगी। (11.7.25)

416. **डॉ. एनी बेसेंट** के बिल पर **भारत** के चालीस लीडरों ने हस्ताक्षर किया है। कुछ दिन पहले **कलकत्ता** की गलियों में अंधों की एक टोली भीख मांगा करती थी। एक आंखवाले के पीछे प्रायः एक दर्जन अंधे एक दूसरे के कंधे पर हाथ रखे समस्वर से 'दे खुदा की राह पर' गाते हुए घूमा करते थे। एक साथ इतने अंधों को देखकर लोगों को बड़ी दया आती थी, उन्हें खूब पैसे मिलते थे। यदि बीबी के बिल पर दस्तखत करनेवाले लीडर भी दया करके उपर्युक्त भिखारियों की तरह **लंदन** की गलियों में जाकर फेरी लगाएं तो बात की बात में **इंग्लैंड** वाले होमरूल दे दें। सुना नहीं है, 'बिना भेख के भीख नहीं मिलती।' (11.7.25)

417. **डॉ. एनी बेसेंट** अपना 'कामन वेल्थ ऑफ इंडिया बिल' पास कराने **लंदन** जा रही हैं। आजकल के वजीर आजम **लार्ड बिरकनहेड** एक तो स्वयं ही बड़े सहृदय और दयालु हैं, दूसरे हमारे बूढ़े-बड़े लाट ने समझा बुझाकर उन्हें और भी पिघला दिया है। ऐसी अवस्था में शुभ्रकुंतला कंपित कलेवरा बूढ़ी बसंत का खसरा देखकर बेचारे बह जाएं तो आश्चर्य नहीं। लीजिए,

'बिन प्रयास लंकागढ़ टूटा!' (11.7.25)

418. **सिलहट** जिले के एक-चाय-बागान के गोरे ने एक काले को जूते की ठोकर से मारकर सुरधाम भेज दिया है। बहुत दिनों के बाद यह शुभसंवाद सुनने को मिला है। साहब के बूट-विमंडित चरणों को लेकर किसी मंदिर में स्थापित करा देना चाहिए। **लार्ड हार्डिंग** यह शुभकार्य अपनी ही देखरेख में संपन्न करा सकें तो बहुत अच्छा हो। (11.7.25)

419. **जर्मन** राजधानी **बर्लिन** की म्युनिसिपलिटी ने वहां के कुत्तों पर सालाना चार पौंड टैक्स लगाने की घोषणा की थी। इसके विरोध में एक दिन वहां पांच हजार कुत्तों का एक जुलूस निकाला गया। इस जुलूस में सभी नस्ल के कुत्ते शामिल थे। जुलूस नगर के प्रधान-प्रधान रास्तों से गुजरता हुआ म्युनिसिपल ऑफिस के सामने पहुंचा और उच्च स्वर से भौंकने लगा, यहां तक कि म्युनिसिपलिटी वाले उनकी 'भौं-भौं' से घबरा उठे और अंत में उनकी शिकायत पर विचार करने का वचन दिया। काश, हमारे देश के राजनैतिकों में भी **बर्लिन** के कुत्तों की तरह भौंकने की शक्ति होती तो बड़े साहब को बाध्य होकर **भारत** को स्वराज दे देना पड़ता। अधिकार प्राप्ति की शिक्षा ग्रहण करने के लिए कुछ राजनैतिक बर्लिन क्यों नहीं चले जाते? (11.7.25)

420. फुटबाल मैच में हार जाने के कारण स्थानीय 'मोहनबगान टीम' के एक खिलाड़ी ने आत्महत्या कर ली। परंतु **लार्ड बिरकनहेड** से सूखा उत्तर पाकर भी हमारे नेता जीते ही रह गए। इससे मालूम होता है, कि मृत्यु और हया में भी कुछ संबंध है। (18.7.25)

421. **सर मांटेगू बेब** नाम के एक अंग्रेज ने किसी सभा में कहा है, कि "इस समय **भारत** इतना समृद्धशाली है, जितना कभी नहीं था।" **भारत** के संबंधों में तो **बेब साहब** बिल्कुल बेबी (baby) ही मालूम पड़ते हैं। (18.7.25)

422. परसों यहां स्वराजपार्टी की बड़ी बैठक थी। सारे देश के स्वराजी लीडर उपस्थित थे। दास महाशय की मृत्यु पर शोक प्रकट किया गया और निश्चय हुआ कि **लार्ड बिरकनहेड** की बंदर घुड़की के कारण पार्टी अपनी नीति नहीं बदलेगी। न बदले, **लार्ड बिरकनहेड** भी 1925 तक टस से मस नहीं होंगे! (17.8.25)

423. **भारत** में फौजी तालीम के लिए एक संस्था खुलनेवाली है। उसके संबंध में विचार करने के लिए सरकार ने एक कमिटी बनाई है। सुनते हैं, स्वराजदल के बड़े साहब **पंडित मोतीलाल नेहरूजी** भी उसके गैरसरकारी मेंबर हुए हैं।

क्या करें, असहयोग और कोआपरेशन की तैयारी है। इसलिए **पंडितजी** ने पहले से ही 'रिहर्सल' आरंभ कर दिया। (25.7.25)

424. **कानपुर** में कांग्रेस की बड़ी तैयारी हो रही है। इस नायाब मौके पर अपना भी कुछ और दिखा देने के लिए वहां की हिंदी साहित्य परिषद् भी कछनी काछकर तैयार हो गई है। उसकी ओर से कांग्रेस के मौके पर एक कवि-सम्मेलन होनेवाला है। हमारी राय है कि इस कवि-सम्मलेन के सभापति कविवर **बिंदुजी** बनाए जाएं क्योंकि आजकल हिंदी के कविता संसार में आपकी ही तूती 'रेंक' रही है। नमूना लीजिए, **'छत्रपति** से रहित हो जिस भांति सूना हो गया, **तिलक** के अवसान में दक्षिण नमूना हो गया। और **बिंदु** हम सबको निपट औरत अनाथ बना गए। हाहा, विदेश स्वदेश के श्री देशबद्ध कहां गए?' (25.7.25)

425. शिरोमणि गुरुद्वारा कमिटी ने घोषणा की है, कि यदि सरकार **पंजाब** में शांति चाहती है तो सिक्ख कैदियों को बिना किसी शर्त के छोड़ दे। सरकार शांति तो चाहती है, परंतु उसके भाग्य में शांति बदी ही नहीं है तो क्या करे। (25.7.25)

426. **बंबई** के 'अपोलो बंदर' के पास समुद्र में एक मुसलमान डूब रहा था और सैकड़ों हिंदुस्तानी खड़े-खड़े तमाशा देख रहे थे। अंत में एक गोरे ने पानी में कूदकर उसका उद्धार किया। तमाशाइयों के लिए क्या अगाध समुद्र के पास भी चिल्लू-भर पानी न मिला। हत्तेरे अभागे की! (1.8.25)

427. गत 25 जुलाई को **कानपुर** में अछूत भाइयों की शानदार कानफरेंस समाप्त हो गई। इस बात पर विशेष जोर दिया गया, कि अछूतों को देवमंदिरों, पाठशालाओं और कुओं का इस्तेमाल अबाध रूप से करने दिया जाए। अब बेचारे ठाकुरजी की जान गई। कहीं अछूतों ने उन्हें छू दिया तो बेचारे की जाति-पाति सब नष्ट हो जाएगी। (1.8.25)

428. **बिहार प्रादेशिक कांग्रेस कमिटी** ने आगामी **कानपुर** कांग्रेस के सभापतित्व के लिए **मि. मज़रूल-हक़, ब्रजकिशोर प्रसाद** और **मि. सरोजिनी नायडू** का नाम लिया है। पोलिटिकल ग्रौंड के फुटबाल **मि. पाल** का नाम कोई नहीं लेता। क्या **महात्मा गांधी** को गालियां देकर उन्होंने अब तक इतना भी पुण्य संचय नहीं कर पाया है? (1.8.25)

429. **चंपारण** जिले के कोई पुलिस इंस्पेक्टर साहब को भी **भारत भारती** में कोई 'हौआ' नजर आया। इसलिए एक विद्यालय पर चढ़ाई करके आप उसे उठा ले गए। बहुत अच्छा किया। कहीं **भारत भारती** पढ़कर **चीन** के छात्रों की

तरह चंपारण के छात्र भी उत्पात मचाने लगते तो बड़ी मुश्किल होती। या अल्लाह! हमारे 'मिसपट्टर' साहब 'दारोगा' हो जायें। (8.8.25)

430. **कानपुर** के दैनिक सहयोगी **वर्तमान** के 'जेलस्थ' संपादक **पं. रमाशंकर जी अवस्थी** ने अपनी दंडाज्ञा के विरुद्ध हाईकोर्ट में अपील की थी। जजों ने अपील खारिज कर दी। ठीक है, **अवस्थीजी** की तकदीर में जेल बदा है, जज क्या करें! (8.8.25)

431. **स्टेटमैन** का संवाददाता कहता है, कि **लार्ड रीडिंग** के बाद **लार्ड बिरकनहेड भारत** के बड़े लाट होंगे। ज़हे किस्मत! जरूरत भी आप ही की है। क्योंकि आप "दाता से सूम भला जो तुरतहि देइ जवाब" वालों में अग्रगण्य हैं। (8.8.25)

432. इधर कुछ दिनों से **शांघाई (चीन)** के छात्रों ने बड़ा ऊधम मचा रखा था। उदारहृदया नौकरशाही के आराम में खलल डाल रहे थे, इसलिए नौकरशाही ने उन्हें गोली मरवा दिया। अब जांच हो रही है। अंत्येष्ठि के बाद मृतक-श्राद्ध की बारी तो आती ही है। (8.8.25)

433. **संयुक्त प्रांत** का स्वराजदल समस्त प्रांतों के जिला बोर्डों पर चढ़ाई करनेवाला है। बड़ी धूमधाम से तैयारियां हो रही हैं। स्वराज मिलने पर एकाएक देश का शासन जरा कठिन होगा, इसलिए जिला बोर्डों पर दखल जमाकर अभ्यास कर लेना बहुत आवश्यक है। (8.8.25)

434. **कांग्रेस** की कार्यकारिणी समिति ने निश्चय किया है, कि कांग्रेस के अधिवेशन में कोई बिना खद्दर पहने न जाएं। ठीक है, नाचने के समय पेशवाज न होने से कैसे काम चलेगा। हां मोजरा के समय न भी रहे तो कोई हानि नहीं। (15.8.25)

435. **कलकत्ता** विश्वविद्यालय ने निश्चय किया है, कि 'मातृ कुलशन' के छात्रों को अंग्रेजी भाषा और **इंग्लैंड** के इतिहास के सिवा और सब विषयों की शिक्षा मातृभाषा द्वारा दी जाय। पूज्यपाद **मालवीयजी** महाराज को चाहिए, कि अपने काशी विश्वविद्यालय के चारों ओर शीघ्र कांटे रुंधवा दें, नहीं तो बंगला भाषा की देखादेखी अभागिनी हिंदी भी हिंदू विश्वविद्यालय में 'अनाधिकार प्रवेश' करने की चेष्टा करने लगेगी। (22.8.25)

436. **मद्रास** प्रांत में कुछ अछूत सछूतों की सड़क से जा रहे थे। सनातन धर्म की छाती पर अछूतों का यह तांडवनृत्य देखकर सछूत बौखला उठे और अछूतों पर ईंटें बरसाकर किसी तरह अपने धर्म की रक्षा की। परंतु अछूतों को यह 'पुण्य वृष्टि' बिल्कुल अच्छी न लगी। इससे वे अब मुसलमान होने जा रहे

हैं। जाने दीजिए। रहेंगे तो फिर कभी सनातन धर्म की छाती रोंदेगे। बला का टल जाना ही अच्छा है। (22.8.25)

437. भारतीय व्यवस्था परिषद् में किसी सदस्य के पूछने पर बताया गया है, कि बड़े लाट साहब की **विलायत** यात्रा में **भारत** के खजाने से 64 हजार रुपये खर्च हुए हैं। तब तो बड़े लाट ने संदेशा सुनाया है, वह वास्तव में कीमती है। (29.8.25)

438. खबर है, कि आगामी नवंबर में **श्रीमती एनी बेसेंट विलायत** से वापस आ जाएंगी। **लार्ड बिरकनहेड** ने 'माफ करो बाबा' कह दिया होगा तो अब बेकार वहां रहकर क्या करेंगी? (29.8.25)

439. **बैरीसाल** के वीरों ने सत्याग्रह आरंभ कर दिया। गत 3 सितंबर से विलायती कपड़ेवालों की दुकानों पर धरना आरंभ हो गया। नौकरशाही को अपने जेलखानों में झाड़ू दिलवाना आरंभ कर देना चाहिए। क्योंकि "राम कृपा निधि कछुक दिन बांस करहिंगे आई।" (5.9.25)

440. **इंग्लैंड** के मजूर दल के मंत्री ने एसेंबली में शानदार विजय प्राप्त करने के लिए **पं. मोतीलाल नेहरू** को बधाई तार भेजा है। मंत्री महाशय थोड़ा-सा 'शहद' भी भेज देते तो **नेहरूजी** को सुविधा होती। (19.9.25)

441. **स्वराज पार्टी** और **इंडिपेंडेंट पार्टी** के कुछ सदस्य बड़े लाट से अनुरोध करने वाले हैं, कि वे कौंसिल तोड़ दें नहीं तो हम इस्तीफा दाखिल कर देंगे। आखिर स्वराज दलवाले कौंसिल तोड़ने के लिए ही तो कौंसिल में गए थे। परंतु हजार सिर पटकने पर भी निगोड़ी ने टूटने का नाम नहीं लिया। ऐसी अवस्था में यदि बड़े लाट साहब दया करके कौंसिल तोड़ दें तो बेचारों का मान रह जाए और एक बार फिर लेक्चरबाजी करने का मौका मिल जाए। (26.9.25)

442. अपनी 26वीं वर्षगांठ के उपलक्ष में **भरतपुर** के महाराज साहब ने अपने राज्य से बेगार-प्रथा उठा दी, प्रजा की सुविधा के लिए पंचायतें कायम करने की घोषणा कर दी और खास **भरतपुर** शहर में **म्युनिसिपलिटी** भी कायम कर दी। एक देशी रियासत के विधाता ने एक साथ ही तीन सुधार करके किया तो अनर्थ ही। **महाराज अलवर** को चाहिए, कि एक बार फिर कहीं गोली चलवाकर इस क्षति की पूर्ति करवा डालें। (10.10.25)

443. राजनीतिक क्षेत्र की संकीर्णता देखकर **श्रीमती सरोजिनी नायडू** वैराग्य लेने वाली हैं। कांग्रेस की सभानेत्री होते ही यह विराग! खुदा खैर करे। (10.10.25)

444. **विलायत** की मजूर पार्टी वाले भी वास्तव में बड़े दिल्लगीबाज हैं। जब शासन

की बागडोर उनके हाथ में थी तो हिंदोस्तान वालों की 'निबुआनोन' चटाया अब स्वराज दिलाने के लिए प्रस्ताव पास कर रहे हैं। बेवकूफों को चकमा देने का यह तरीका अच्छा है। माडरेट महानुभावों को थिरकना आरम्भ कर देना चाहिए। (10.10.25)

445. सुविख्यात वैज्ञानिक **सर जगदीशचंद्र बोस** वनस्पति जीवन के संबंध में लाटसाहब को अपने नये आविष्कार दिखाएंगे। **भारत** के दरिद्रों की जीवन-रक्षा के संबंध में यदि बोस साहब कोई नये आविष्कार दिखाते तो **मतवाला** राम भी बोतल पियाली बेचकर तमाशा देख आते। (10.10.25)

446. **ऋषिकेश** की सनातन धर्मसभा ने दरभंगा के राजासाहब को मानपत्र दे दिया। इतना बड़ा गजब का काम कर दिया। तब तो निश्चय ही सनातन धर्म की धुरी शेषनाग की खोपड़ी पर पहुंच गई होगी। साथ ही यदि सभा **बाबा ज्ञानानंद** को भी एक मानपत्र दे देती तो हिंदू सभा का तूफान हमारे सनातन धर्म का बाल भी बांका न कर सकता। (17.10.25)

447. महाराजा ने मानपत्र के उत्तर में 'साधू' लोगों से सनातन धर्म का प्रचार करने को कहा! यदि महाराज की बात मानकर 'साधू' लोग धर्म के प्रचार में लग जाएंगे तो **मतवाला** राम को बड़ी खुशी होगी। क्योंकि गांजा और चरस अवश्य ही कुछ सस्ता हो जाएगा। फिर तो खूब दम-पर-दम लगेंगे। "मारा चिलम पे दम तो शरारे निकल पड़े! एक बुर्ज आतशी से सितारे निकल पड़े!" (17.10.25)

448. गत सन् 1923-24 साल में **इंदौर** राज्य में 1723 मन 25 सेर 2 छटांक अफीम पैदा हुई। इससे राज्य को आमदनी भी खासी हुई। भगवान दिन दूनी रात चौगुनी तरक्की करें। एकआध तोले की ज़कात इधर भी!! क्योंकि आजकल यहां महंगी हो गई है। (17.10.25)

449. सन् 1923-24 में **इंदौर** राज्य की कुल आमदनी 1,24,33,467 रही। जिसमें से 93,14,931 शासन कार्य में लग गए और 31,18,536 की बचत रही। 'मुमताज महायज्ञ' में कितने लगे उसका हिसाब शायद अभी तैयार नहीं है। (17.10.25)

450. गत सितंबर महीने में समस्त देश में चुंगी से 4 करोड़ 26 लाख की आमदनी हुई! भगवान इस हलाल की आमदनी को 'दिन दूनी रात चौगुनी' तरक्की दे! आमीन! ऐसे ही हलाल का माल चाबकर तो हमारी नौकरशाही फूली फिरती है। (24.10.25)

451. **पांडेय बेचन शर्मा 'उग्र' गोरखपुर** से लाकर **काशी** के सेंट्रल जेल में रखे गए

हैं। अस्तबल की बला बंदर के सिर क्यों डाली गई? कहीं **काशी** आकर किसी और पत्र का संपादन कर दें तो श्रीमती नौकरशाही की जान कैसे बचेगी? (24.10.25)

452. **लंदन** में साम्यवादियों की तलाशी होने पर एक दफ्तर में इतनी राजद्रोही पुस्तकें और पत्रिकाएं मिली हैं कि तीन-तीन मोटर-लारियां भर गई हैं। अररररर! तीन मोटर लारियां! भर गईं? राजद्रोही पुस्तकों और पत्रों से? साम्राज्य के दुर्ग **लंदन** में? हरे नारायण! नारायण! नारायण! यह क्या गजब हुआ? तीन-तीन लारी बंब इकट्ठे? जय हो हमारी न्यासी सरकार की। (31.10.25)

453. मालूम होता है, **बिहार प्रांतीय** हिंदी-साहित्य-सम्मेलन इस बार **दरभंगा** में दफनाया जाएगा, क्योंकि **दरभंगा** नरेश उसके लिए **मैथिली** का अंचल फाड़कर कफन तैयार कर चुके हैं। (7.11.25)

454. लोग कहते हैं कि बोलशेविक दल **भारत** के सीमाप्रांत तक पहुंच आया है। क्यों भई, बोलशेविक मत कहां तक पहुंच पाया है? (21.11.25)

455. **लाला हरदयाल** ने **स्वीडन** से संदेश भेजा है कि **पंजाब** के उर्दू पत्र अब हिंदी में दर्शन दें तो फिर **पंजाब** के हिंदी-उर्दू-लेखक किस रूप में दर्शन दें? मुख में कालिख पोतकर? (21.11.25)

456. **बंबई** में स्वराज्य दल के धुरंधरों ने भावी कार्यक्रम पर विचार किया है। **केलकर, जयकर, मंजे, नेहरू**-सर्व श्रीमान् थे। कुछ समझ में नहीं आता कि बार-बार एकत्र होकर केवल विचार ही किया जाता है या उस विचार को कभी कार्य रूप में परिणत करने की चेष्टा भी की जाती है? हमारी समझ में जैसे सरकार पक्ष में रायबहादुर हैं वैसे ही जनता पक्ष में ये विचार बहादुर हैं। विचार के साथ व्यभिचार कर बैठते हैं। बड़े भाग्य से भारत को ऐसे विचारशील नेता मिले हैं! (12.12.25)

457. **पंजाब** के सनातनधर्मी और आर्यसमाजी आपस में लड़कर मर गए हैं, यह बड़े आनंद की बात है। दोनों बड़े लड़ाके खानदान की संतान हैं। वह सनातनधर्मी ही कैसा, जो झगड़ालू न हो? और वह आर्यसमाजी ही कैसा, जो हठी न हो? (12.12.25)

458. **दक्षिण अफ्रीका** के अभागे प्रवासी भारतीयों की ओर से आजकल यहां एक डेपुटेशन आया है। इसी को कहते हैं, "आप मियां मंगते, दुआरे दरवेश!" परंतु सहानुभूति की कमी नहीं है। 'वचने किं दरिद्रता!' (18.12.25)

459. **श्रीमान् लाला लाजपतरायजी** ने जेल जांच कमिटी के सामने गवाही देते हुए

कहा है, कि जेलों में खाने और पाख़ाने का बड़ा कष्ट है। जब खाने का ही कष्ट है, तो पाख़ाने में आराम होकर ही क्या होगा? (26.12.25)

460. श्रीयुत **जितेशचंद्र लाहिड़ी** नामक एक बंगाली नवयुवक **बंगाल आर्डिनेंस** के अनुसार नजरबंद है। उसे 'कालाज़ार' नामक भयंकर रोग हो गया है, इसलिए उसके बड़े भाई ने सरकार से प्रार्थना की थी, कि वह छोड़ दिया जाए या कहीं अच्छी जगह नजरबंद किया जाए। सरकार ने उत्तर दिया कि ऐसी प्रार्थना नहीं स्वीकार की जा सकती! ठीक है, राजनीतिक अपराध के संदेह में नजरबंद रोगी यदि किसी अच्छे स्थान में नजरबंद रखा जाएगा, तो हमारी सरकार का राज्य कैसे रहेगा? **जितेश बाबू** के भाई को ऐसी अनुचित प्रार्थना करना उचित नहीं था। (26.12.25)

461. **काकोरी-डकैती** के दो अभियुक्त सरकारी गवाह बन गए। बड़ी बुद्धि मानी की! खामख्वाह पचड़े में फंसने में लाभ ही क्या था? (26.12.25)

462. हां, साम्यवादियों को कोसने में कोई कोर कसर नहीं रखी गई, यह बहुत अच्छा हुआ। क्योंकि ग्रह-शांति के लिए मंत्र पढ़ना बहुत जरूरी था। आशा है, जाली-मंत्र के प्रभाव से इस आंदोलन की जड़ नहीं जमने पाएगी! (2.1.26)

463. **कानपुर** में साम्यवादी सम्मेलन हो गया। मगर इसमें कांग्रेसी लेक्चरबाज लीडर नहीं गए। अच्छा हुआ, बेचारे राजनीति के भैरवीचक्र से अलग ही रहे। अन्यथा पोल खुल जाती तो सारा मजा ही गड़बड़ हो जाता। (2.1.26)

464. **कानपुर** का राष्ट्रभाषा सम्मेलन देखकर तो गिटपिट-प्रेमियों के कलेजे कांप गए। देश में यदि कहीं राष्ट्रभाषा का प्रचार हो गया तो बड़ी कठिनता पड़ेगी। अंग्रेजी ढंग से मूतने का मजा ही जाता रहेगा। हिंदुस्तानियों का 'टेस्टलेस' ढंग भी कोई ढंग है। हाय रे, पलतूनुमा मुंहों को राष्ट्रभाषा के शब्द वास्तव में बड़ा कष्ट देंगे। (2.1.26)

465. **कानपुर** के कम्युनिस्ट सरदार **श्रीयुत सत्यभक्तजी** की तलाशी के साथ ही हमारे बूढ़े **श्री राधामोहन गोकुलजी** की भी पुलिस ने तलाशी कर ली। यद्यपि दादाजी बहुत दिनों से अफीम छोड़ चुके हैं और मुंह में जो दांत हैं, वे भी नकली हैं, परंतु हमारी सरकार तो दादाजी के मसूड़ों से ही डरती है। अच्छा हुआ तलाशी ले ली गई, वरना ये मसूड़े हमारी नौकरशाही को चूस डालते! (9.1.26)

466. **आगरा** के बहुत मेहतर ईसाई हो रहे हैं। अच्छी बात है, द्विजातियों के लिए मैदान खाली हो रहा है। (23.1.26)

467. बागी स्वराजिस्ट लीडर **श्रीमान् केलकरजी** ने कांग्रेस के अंदर अपनी एक पार्टी खड़ी की है। इस पार्टी का शुभ नाम हुआ है, **डिमोक्रेटिक** पार्टी। देखते हैं, लक्षण शुभ हैं क्योंकि कांग्रेस में भी सनातनी वर्णव्यवस्था घुस रही है। यदि कुछ दिन यही दशा रही तो कांग्रेसी अछूतों के उद्धार के लिए भी आंदोलन करना पड़ेगा। (23.1.26)

468. गजब हो गया! **गंगासागर** मेले की हिंदू सभा में किसी संन्यासी बाबा ने साधु-संन्यासियों से बुरे व्यसनों को परित्याग करने का अनुरोध कर डाला! इस पर किसी साधु ने अनुरोध करनेवाले संन्यासी बाबा की संड़सों खबर ली, इसे दूसरा गजब समझिए! यदि साधु-संन्यासी ही भले आदमी बन जाएंगे तो बेचारे कुव्यसन रहेंगे कहां? विधाता ने उनकी सृष्टि किसलिए की है? (30.1.26)

469. **दिल्ली** में भारतीय नरेंद्र मंडल का सालाना जलसा, बंद कमरे में, बड़ी धूमधाम से समाप्त हो गया। अधिवेशन में 39 नरेंद्र उपस्थित थे। उद्‌बोधन की क्रिया महानरेंद्र श्रीमान् बड़े लाट ने की। श्रीमान् का मंगलाचरण पाठ भी गुप्त ही रहा! लज्जाजनक बातों का गुप्त रहना ही अच्छा है। (30.1.26)

470. **काकोरी** ट्रेन-डकैतीवाले मामले में सरकार की ओर से गवाही देने के लिए एक 9 वर्ष का बच्चा पेश किया गया था। देखते हैं, इन डाकुओं के मारे हमारी सरकार को गवाह जनने की भी आवश्यकता पड़ गई है। (30.1.26)

471. **ऑक्सफोर्ड यूनिवर्सिटी** के वाईस चांसलर ने भारतीय छात्रों से प्रतिज्ञा कराई है, कि वे प्रत्यक्ष-अप्रत्यक्ष किसी रूप से कम्युनिस्टों से संपर्क न रखें। सब धान बाइस पसेरी समझनेवालों से छात्रों का संपर्क न रहना ही अच्छा है। चांसलर ने तुलसी, गंगाजल देकर कसम क्यों नहीं खिला लिया। (30.1.26)

472. **भारत उत्थान** नाम की एक पुस्तिका छापने के कारण स्थानीय वणिक प्रेस के मुद्रक श्रीयुत **रामकुमार मुआलका** पर 'राजद्रोह' का अभियोग चलाया गया है। अंग्रेजी राज्य और भारत उत्थान से क्या मतलब बाबा! (6.2.26)

473. **मध्यप्रांत** में स्वतंत्र पार्टी खड़ी हो गई। यह सुधारकों को भी सफल बनाएगी और नौकरशाही की टांग में टांग भी अड़ाएगी, छिनालपना भी करेगी और सतीत्व भी दिखाएगी। (13.2.26)

474. गुरुद्वारा आंदोलन में शामिल होने के कारण सरकार ने जिन सिक्ख सैनिकों की जमीन जब्त कर ली है। वे सत्याग्रह करनेवाले हैं। कुछ परवाह नहीं!

हमारी सरकार अपने दुराग्रह से बाज न आएगी। (13.2.26)

475. **रूस** के भूतपूर्व जार का राजमुकुट बिकने के लिए **अमेरिका** के बाजार में भेजा गया है। वहां के जौहरियों ने इस मूल्यवान मुकुट का दाम चार करोड़ रुपये आंका है। इसमें कितने ही मूल्यवान हीरे-जवाहरात लगे हैं। मुकुट का वजन प्रायः ढाई सेर है। इसके अलावे ज़ारीना के दो मुकुट तथा बहुत-से कीमती जवाहरात भी बिकने के लिए अमेरिका भेजे गए हैं। इन मूल्यवान वस्तुओं में एक भारतीय पद्मराग मणि भी है। सब चीजें प्रायः 65 करोड़ रुपये की हैं। (13.3.26)

476. **आसाम** कौंसिल के स्वराजिस्टों ने **आसाम** सरकार के फौजी खर्च में से पूरे सोलह आने कम करके सरकार के प्रति धिक्कार का प्रस्ताव पास कर दिया। परंतु हमारी सरकार धिक्कार-फटकार से भयभीत होनेवाली नहीं है। धिक्कार-फटकार, लाज-हयावाले भले आदमियों के लिए होता है, न कि सरकार के लिए। (13.3.26)

477. **मध्य प्रांत** कौंसिल ने अपने प्रांत के मिनिस्टरों का वेतन 9/- मासिक मंजूर किया है। सोलह आने बहुत है। रायबहादुरी का टाइटिल भी तो मिलेगा। (13.3.26)

478. गत 12 मार्च को **पंडित मोतीलाल नेहरू** ने अपने कौंसिल औखा को दिल्ली में भोज दिया था। इस भोज में मदरत, निरत, विरत सभी प्रकार के कौंसिलकर्मी उपस्थित थे, इसके अलावे भारतीय स्वार्थों को होम करनेवाले होम मेंबर भी आए थे। खा-पी लेने पर स्वराजियों की चुटकियां लेकर मेहमानों ने नमक अदा कर दिया। (20.3.26)

479. **काकोरी-केस** के भावी कैदियों को खाने के लिए गेहूं का आटा 4 छटांक, ज्वार 4 छटांक, दाल 1 छटांक, तरकारी 3 छटांक, तेल पच्चीस आदमियों को 4 छटांक, मिरचा समूचा 1 अदद, नमक 150 ग्रेन और कोयला दो सेर तीन छटांक दिया जाता है। ऐसा ठाटदार भोजन तो यारों को ससुराल में भी नसीब नहीं हुआ होता। (20.3.26)

480. गोरे रंगवाले कैदियों को क्या मिलता है? जरा वह भी तो सुन लीजिए। **लुधियाना** के जूते की तरह मोटी डबल रोटी एक, मक्खन आधा छटांक (क्योंकि हिंदुस्तान की गायें इन्हीं के बाबा के गोठ से आती हैं), दूध 4 छटांक, चावल (शायद बासमती), क्योंकि मोटा चावल गले में गड़ जाता है—21 छटांक, आलू ढाई छटांक, मसूर दाल सवा छटांक, तरकारी ढाई छटांक, नमक, घी, शक्कर, मसाला, चाय, हल्दी 3 छटांक और लकड़ी तीन सेर। बात यह

है कि यह नौकरशाही के सगे हैं। इनके लिए सखी को कठोर प्रसव-पीड़ा सहनी पड़ी थी। (20.3.26)

481. **इंग्लिशमैन** का संवाददाता **दिल्ली** से लिखता है कि **लार्ड रीडिंग** के जाने के कारण दिल्लीवासियों को बड़ा दुःख हुआ। अरे भाई, दुःख तो कुत्ते-बिल्ली के मर जाने पर होता है, वे तो भला देश के बड़े लाट ही थे। (3.4.26)

482. **श्रीमती सरोजिनी नायडू** हिंदू-मुसलमानों का गठबंधन कराने के लिए **बंगाल** का दौरा करनेवाली हैं। परंतु ये कमबख्त कोकिलकंठी की मधुर तान पर रीझें तब तो। (15.5.26)

483. कानपुर के दैनिक सहयोगी **वर्तमान** के संपादक श्रीयुत **पं. रामाशंकरजी अवस्थी** अर्थात् **मतवाला**-मंडल के 'अवस्थी दादा' भी तकदीर के पूरे सांड मालूम होते हैं। अभी कई मास हुए जेल की रोटियां भकोसकर आए थे। इतने ही में फिर तैयारी है। दादाजी ताजिरात हिंदी की 153ए धारा के अनुसार गिरफ्तार होकर जमानत पर छूटे हैं। जिस समय **मतवाला** संपादक **श्रीयुत महादेवप्रसाद सेठ** 153ए धारा में बह रहे थे, उस समय अवस्थीजी यहीं थे, इससे मालूम होता है कि 153 के दूषित कीटाणुओं ने यहीं से आपका दामन पकड़ लिया था। इस संक्रामक व्याधि से संपादकों की ईश्वर रक्षा करें। (19.6.26)

484. गत 26 जून को सिटी मजिस्ट्रेट की इजलास में **तरुण राजस्थान** के संपादक **श्रीयुत रामनारायणजी चौधरी** के विचार का फैसला हो गया। जयपुर की 966 धारा के अनुसार इन्हें पांच महीने के लिए सश्रम कारा दंड की आज्ञा दी गई। **रामनारायणजी** ने अपील की इच्छा जाहिर की है। (3.7.26)

485. **जयपुर-नरेश** की ओर से **रामनारायणजी** के लिए राज्य की मुमानियत थी। इस आज्ञा को गैरकानूनी समझकर वे राज्य के अंदर गए, इतना ही अपराध है और इतने ही में उन्हें दंड मिला। (3.7.26)

486. **आचार्य जगदीशचंद्र बसु** को **बेलजियम** के महाराजा ने 'कमांडर डी लिओपेंड' की उपाधि से भूषित किया है। 'वृक्ष स्पंद' पर **आचार्य जगदीशचंद्र** की हृदय ग्राहिणी वकृता सुनने के लिए महाराजा मंत्रियों सहित उपस्थित थे। (3.7.26)

487. हमारे नये हलधर लाट साहब **नागपुर** के कमिश्नर के साथ **दहीगांय** और **महादुला** नामक गांवों में देहातियों की दशा देखने गए थे। परंतु अब उन बेचारों की दशा देखकर क्या कीजिएगा, उनका रक्त तो **भारत** से लेकर **विलायत** तक की काली-गोरी जोंकों ने अच्छी तरह चूस लिया है। केवल हाड़

की ठठरी रह गई है। बन पड़े तो शीघ्र कोई सालसा पिलाकर ठठरियों में रक्त का संचार कराएं, नहीं तो जोंकें भूखों मर जाएंगी। (31.7.26)

488. **कानपुर** से स्वराज पार्टी की ओर से **प्रताप** के संपादक श्रीयुत **गणेशशंकर विद्यार्थीजी** कौंसिल की मेंबरी के लिए कमर कसकर तैयार हैं। सुनते हैं, नागरिकों के बहुत चिरौरी-मिनती करने पर शायद मुरव्वत में पड़कर तो कितनी ही स्त्रियां अपना सतीत्व तक खो बैठती हैं, **विद्यार्थीजी** कौंसिल में जा रहे हैं तो क्या बुरा कर रहे हैं! (31.7.26)

489. परंतु इतने पर भी अनंत भक्तों ने लाट दर्शन पर पुण्य लूट ही लिया। बाहर बड़ा बाजार के तमाशबीनों का हाल यह सौ-सौ जूते खाय तमाशा घुसके देखें। (11.12.26)

490. **कलकत्ता** में गत शुक्रवार को वायसरायजी का शुभागमन क्या हुआ, बेचारे नगरवासियों की शामत आ गई। प्यारी पुलिस ने अकारण ही कितने ही घरों की तलाशी लेकर बेचारों का अपमान कर डाला, रास्ते के मकानवालों को धमकाया गया कि, खबरदार छतों पर किसी को चढ़ने न देना। शुभागमन से घंटों पहले रास्ते में लोगों का निकलना बंद कर दिया गया। हर एक घर के पास पुलिस का पहरा नियुक्त करके घरवालों के स्वतंत्रतापूर्वक निकलने-पैठने में रुकावट डाली गई। नजर लग जाने का इतना भय है तो पुलिस कमिश्नर **बहादुर लाल** साहब के गले में कोई गंडा या ताबिज क्यों नहीं बांध देते? यह तो वही कहावत हुई कि साफ छिपते भी नहीं, सामने होते भी नहीं। इस तरह घूंघट काढ़कर नाचे बिना बिगड़ा की क्या जाता था! (11.12.26)

491. **चीन** की परिस्थिति पर भाषण करते हुए **लार्ड जार्ज** ने कहा है, कि **चीन** में पश्चिमी सभ्यता की कार्यावली बड़ी काफी है। वहां विदेशी लोग अति लोभ का फलभोग रहे हैं। इस पर हमारे **भारत** सिकंदर **लाट बिनटरटन** साहब एकदम लाल-पीले हो रहे हैं। खफा होने की तो बात ही है। बेचारे स्वार्थी त्यागी गोरों का लोभ से क्या वास्ता? वे तो **चीन** को शीघ्रातिशीघ्र भव-बंधन से विमुक्त करने के लिए, बलपूर्वक उन्हें अफीम खिला चुके हैं और धीरे-धीरे उसका रक्त शोषण कर रहे हैं। ऐसी दशा में उन्हें लोभी कहना महा अन्याय नहीं तो क्या है? (11.12.26)

492. **रूस** की सोवियत सरकार ने अपने दसवें वार्षिकोत्सव में शामिल होने के लिए कई भारतीय नेताओं को निमंत्रण दिया है! देखना, कहीं हमारी सखी नौकरशाही की "दलकि उठी सुनि वचन कठोरा, जनु छुई गयेउ पाक बरतोरा!" वाली दशा न हो जाए। (1.10.27)

493. **त्रिवांकुर** राज्य के **थिरवारपुर** के किसी देवमंदिर के पास की सड़क पर अछूतों को नहीं चलने दिया जाता। इसलिए **महात्माजी** ने अछूतों को अपने अधिकार के लिए सत्याग्रह करने की सलाह दी है। अछूतों के सत्याग्रह से देवताजी महाराज पिघल तो नहीं जाएंगे? (15.10.27)

494. **वारडोली** ताल्लुका के किसानों ने निश्चय किया है, कि सरकार ने जो मालगुजारी बढ़ाई है, वह अदा न की जाए। परंतु पैसा न पाने से तो सखी नौकरशाही बहुत लाल-पीली होगी। क्योंकि वह परम पतिव्रता है। पैसा ही उनका पति है! (15.10.27)

495. सम्राट की प्रजा में विद्वेष फैलाने के अपराध में **अर्जुन** के संपादक **प्रोफेसर इंद्र विद्यावाचस्पति** को दिल्ली की पुलिस ने गिरफ्तार किया है। प्रोफेसर साहब जमानत पर छूटे हैं। (15.10.27)

496. **बीकानेर-नरेश** ने अपने राज्य में अपने नाम पर 'गंगा नहर' खुदवाई है, उसका उद्घाटन (?) **लार्ड इर्विन** महोदय करेंगे। जैसी मरुस्थल की गंगा (नहर) वैसे ब्रिटिश वंशीय भगीरथ! राम ने खूब मिलाया मेल। (22.10.27)

497. **रूस** के बोलशेविक जलसे में शरीक होने के लिए, सरकार ने **हसरत मोहानी** को पासपोर्ट नहीं दिया। अच्छा किया। बोलशेविज्म के दीमक से साम्राज्यवाद को बचाए रखने में ही कल्याण है। **मौलाना हसरत** के पायजामे में घुसकर बोलशेविज्म का कोई कीटाणु इस देश में चला आता तो अनर्थ ही हो जाता। (22.10.27)

498. **लंदन** की एक सभा में व्याख्यान देते हुए **सर क्रेडाक** ने फरमाया है कि 'भारतीय शासन-यंत्र चलाने में अक्षम हैं। ...**भारत** कभी भी एक होकर नहीं रह सकता यदि कार्य शासन कार्य और सेना **ब्रिटेन** के हाथ में न रहे।' बिल्कुल ठीक फरमाया है, कभी नहीं, प्रलय होने के समय तक तो **ब्रिटेन भारत** के ऊपर से अपना हाथ उठाने का नहीं। हम चाहते हैं कि **सर क्रेडाक** ऐसा तिकड़म भिड़ावें कि प्रलय के अनंतर, जब नवीन सृष्टि हो तब भी **भारत** की संरक्षता का पट्टा **ब्रिटेन** के हाथ में दे दिया जाए जिससे हम भारतीयों में फूट न फैले और हम सब आज के समान मिले हुए एक बने रहें! (29.10.27)

499. **त्यागमूर्ति नेहरूजी**, समाचार है कि दिसंबर में **भारत** आ जाएंगे। दिसंबर में ही कांग्रेस होती है। सो दिसंबर में ही उनका स्वदेश में आ जाना भी ठीक है। अन्य महीनों में, भारत में उनके रहने की क्या आवश्यकता है? भारतवासी अंग्रेजी छत्र की शीतल छाया में सुख की नींद सोते हैं, वे बेखटके **स्वीटजरलैंड**,

लंदन और **पेरिस** में चहलकदमी करें। बूढ़े हो गए हैं, 'तीर्थयात्रा' करके कुछ आकबत का सामान कर लेना जरूरी है। (29.10.27)

500. गत 25 अक्तूबर की शाम को **बंगाल** के राजनीतिज्ञों ने बड़ी धूमधाम से 'राजबंदी दिवस' मना डाला। दर्जनों सभाओं में कोड़ियों वक्ताओं ने लेक्चर झाड़ा! सखी नौकरशाही के किले पर प्रस्तावों के हवाई बमगोलों की खूब वर्षा हुई। बेचारे राजबंदियों का तो कुछ नहीं बना-बिगड़ा परंतु चाय के दुकानदारों का पौ-बारह रहा। लेक्चरबाजों ने गला साफ करने के लिए खूब गर्मागरम चाय पी! (29.10.27)

501. वृहत्तर **भारत** अर्थात् **जावा, सुमात्रा** और **बाली** आदि द्वीपों में विमल विश्वप्रेम का प्रचार कर कविवर **सर रवींद्रनाथ ठाकुर** महाशय सकुशल लौट आए। बड़ी बात हुई। अपने राम को कविवर की लीडरी बहुत पसंद है। न हर्रे लगे न फिटकरी, पर काम चोखा और नाम तो वह जो यहां के लीडरों को सात जन्म में नसीब न हो। (29.10.27)

502. समाचार आया है कि **प्रसिद्ध नाट्यकार श्रीहरींद्रनाथ चटर्जी** जो आजकल **बर्लिन** में हैं, **भारत** के प्रतिनिधि-रूप से उस कानफरेंस में सम्मिलित होंगे जो सोवियत जयंती के अवसर पर **रूस** में होगी और जिसके लिए **भारत** के अनेक नेताओं को निमंत्रण मिला है। **भारत** सरकार को चाहिए कि **जर्मनी** सरकार से लिखा-पढ़ी करके **चटर्जी** महाशय का **रूस** जाना रुकवा दें, नहीं तो **रूस** का बोलशेविज्म **जर्मनी** से पलकर आवेगा तो बकाइन के वृक्ष पर फैली हुई तितलौकी की तरह जहरीला होगा। (29.10.27)

503. **पंजाब**-प्रांत के पुलिस-विभाग की 1926 की वार्षिक रिपोर्ट प्रकाशित हो गई। इस वर्ष प्रांत-भर में केवल 660 बलवे, 600 कत्ल, 147 डाके, 433 राहजनी और 13750 चोरियां हुईं। बस, यह संख्या तो सर्वथा नगण्य है। पुलिस ने खूब शांति-रक्षा की। हम चाहते है कि बीबी नौकरशाही अपनी इस लाड़िली बेटी को इनाम-इकराम देकर भविष्य के लिए कर्त्तव्य-परायणता को और भी सुदृढ़ बना दे। (5.11.27)

504. **उड़ीसा** के बाढ़-पीड़ितों की सहायता के लिए **भारत** के परम दयालु सम्राट महोदय ने नकद 500 रु. भेजने की कृपा की है। भारत के गरीबों पर श्रीमान की बड़ी कृपा रहती है। भगवान करें, आप दूधों नहाय पूतों फलें! (12.11.27)

505. **कानपुर, बनारस, इलाहाबाद, जलपाईगड़ी, देवघर** और **जमशेदपुर** आदि स्थानों से तलाशियों की खबरें आई हैं। चिट्ठी-पत्री पुस्तक-पर्चा आदि एक

से एक भयंकर सामान पुलिस के हाथ लगे हैं। मालूम नहीं, बेचारी को विद्रोहांतक रोग का सालाना दौरा हो गया है, या **रायल कमीशन** के शुभागमन की खुशी में थिरकने लगी है! (12.11.27)

506. **रायल कमीशन** के बारे में सलाह लेने के लिए **भारत** के बड़े लाट ने व्यापारियों को नहीं बुलाया, इसलिए अभिमान के मारे कुछ लोगों की आंखें डबडबा गई हैं! अहा, अभिमान की तो बात ही है! **भारत** में अंग्रेजी राज की जड़ मजबूत की बेचारे व्यापारियों ने और लाट साहब ने निबुआ नून का निमंत्रण दिया केवल नेताओं को! क्या करोगे भाई, आंसू पोंछ डालो! आजकल कृतघ्नता का ही जमाना है। (12.11.27)

507. **लंदन** के **डेलीमेल** को खबर लगी है, **रूस** के बोलशेविकों ने **मंगोलिया** में अपना अड्डा जमा लिया है और वहीं से बैठे-बैठे **भारत** में बोलशेविज्म का प्रचार करेंगे। तब तो भारतीय नौकरशाही को चाहिए कि जल्दी से जल्दी शाहमदार की दरगाह में मानता मान आवे। (12.11.27)

508. **श्री संपूर्णानंदजी** के प्रश्न करने पर श्रीमती **संयुक्त प्रांत** की सरकार ने जुरी और असेसरों को 'तुम' की जगह 'आप' लिखने का वादा किया है और जेल के कैदियों को जो फार्म लिखते हैं, वह उर्दू के साथ ही हिंदी में भी हुआ करेंगे। इससे मालूम होता है, कि ज्यों-ज्यों उमर बढ़ती जाती है, त्यों-त्यों हमारी सरकार शऊरदार होती जाती है। यह कम संतोष की बात नहीं है। (19.11.27)

509. **पंडित मोतीलाल नेहरू** ने राय दी है, कि **शाही कमीशन** के साथ ही कौंसिलों का भी बहिष्कार किया जाए। मालूम होता है, निकल-घुस्स नीति से बूढ़े बाबा नकिया गए हैं। ठीक है, रुठने में मजा तो आता है, जब कोई मनानेवाला हो। अरसिका नौकरशाही भला क्या जाने वह कला! (19.11.27)

510. भारतीय कांग्रेस की ओर से **पं. मोतीलाल नेहरू** ने **चीन** की **श्रीमती सनयात सेन** को भारत आने और कांग्रेस में शामिल होने का निमंत्रण दिया है। इसीलिए सखी नौकरशाही को चाहिए कि **भारत** के सीमांत पर अभी से कांटे रुंधवाना आरंभ कर दें। (26.11.27)

511. गत 13 नवंबर को समाप्त होनेवाले सप्ताह में **भारत** सरकार ने साठ लाख पचहत्तर हजार रुपये अपने घर अर्थात् **इंग्लैंड** भेजा। गत 9 अप्रैल से आज तक कुल 28,65,60,000 रुपये भेजे गए। कुटुंब भी तो बड़ा है न भेजे तो बेचारे जियें कैसे? (26.11.27)

512. **मेरठ** के **मियां मुहम्मद यामिन ख़ां** एम.एल.ए. ने फरमाया है कि **रायल**

कमीशन के बहिष्कार का आंदोलन कृत्रिम है, क्योंकि शिमलावाली बैठक की व्यर्थता ने प्रमाणित कर दिया है कि भारतीय नेताओं का किसी विषय में एकमत हो ज़ाना असंभव है। इतने पर भी नये साल के उपलक्ष में ससुरी खानबहादुरी मियां साहब पर न टपकी तो उसकी बदकिस्मती ही समझिए। (10.12.27)

513. आगामी 30 दिसंबर को **रायल कमीशन** के संबंध में विचार करने के लिए **कलकत्ता** में, **बिहार** और **बंगाल** के जमींदारों की एक सभा होगी। सभापति होंगे, **दरभंगा नरेश**। इससे मालूम होता है कि **रायल कमीशन** के सामने दुम हिलानेवाले अछूतानंदों की कमी नहीं रहेगी। (10.12.27)

514. मुस्लिम **अछूतानंद मियां मोहानी** ने भी अपना रंग धो डाला है। **रायल कमीशन** की पूजा के लिए सिरतोड़ परिश्रम कर रहे हैं। **पेशावर** में उलमाओं की सभा से कमीशन के सामने दुम हिलाने का प्रस्ताव समर्थन करने का सिरतोड़ परिश्रम कर रहे हैं। मालूम होता है, कमीशन के ठेले से इस्लाम को इफ्तअक़लीम पर चढ़ाकर ही दम लेंगे। (10.12.27)

515. **बंगाल** के **हाजी गजनवी डॉ. सुहरावर्दी** और कतिपय दस्तर खानबहादुरों ने घोषणा निकाली है, कि मुसलमानों को रायल कमीशन का समर्थन करना चाहिए। अवश्य करना चाहिए। जन्मजन्मांतर से 'हुज़ूर का इकबाल बना रहे' कहने की पड़ी हुई आदत को हठात् छोड़ देना भला कौन-सी बुद्धिमानी है? (10.12.27)

516. खबर मिली है कि बंबई के अब्राह्मणों ने कमीशन बहिष्कार का समर्थन किया है। किया होगा, खानदान में सब लायक ही थोड़े हुआ करते हैं? (10.12.27)

517. **मद्रास** में कांग्रेस की तैयारियां बड़ी धूमधाम से हो रही हैं। अब की जो सबसे नई बात होती है, वह यह है, कि मुसलमानों के लिए मसजिद और हिंदुओं के लिए मंदिर बन रहा है। परमात्मा सुबुद्धि दे दें और वहीं कुर्बानी और बाजे का भी प्रबंध हो जाय तो फिर क्या कहना? (17.12.27)

518. **श्रीमान् लाला लाजपतराय** की लिखी **यंग-इंडिया** नाम की पुस्तक को हमारी नामदार सरकार ने जब्त कर लिया था अब उसकी जब्ती उठा ली गई। अब कोई खतरा नहीं है, क्योंकि इतने दिनों तक खटाई में पड़ी रहने से उसके साम्राज्य-विध्वंसक जीवाणु अवश्य ही विनष्ट हो गए होंगे। (17.12.27)

519. **बंगाल** की भारतीय ईसाई सभा ने भी **साइमन कमीशन** के बहिष्कार का समर्थन कर दिया। कोई चिंता नहीं, जब स्वयं चोखानी-झुनझुनवाला एंड

कंपनी कमीशन के स्वागत के लिए तैयार है तो सारी दुनिया भी विरोध करके कुछ नहीं बिगाड़ सकती। सारी खुदाई एक तरफ नौकरशाही के सफ़रदाई एक तरफ़! (17.12.27)

520. सांप्रदायिक प्रश्नों की मीमांसा के लिए **बिहार** के हिंदू-मुस्लिम लीडरों ने 'गोलमेज सभा' करने का विचार किया है। तो कुछ करते रहना चाहिए। 'बेकार न रह कुछ किया कर, गुदड़ी उधेड़ के सिया कर!' (17.12.27)

521. **काकोरी केस** के कैदी, **श्री रामप्रसाद 'बिस्मिल', श्री राजेंद्रनाथ लाहिड़ी, श्री रोशनसिंह** और **मौ. अशफ़ाक़ उल्लाह** की ओर से फांसी की आज्ञा के विरुद्ध प्रिवी कौंसिल में जो अपील की गई थी, वह खारिज हो गई! देशभक्ति का समुचित पुरस्कार तो इन प्रातःस्मरणीय वीरों को मिलना ही चाहिए, तभी तो पाप घर परिपूर्ण होगा और वह सीता जन्मेगी जो 'शीत-निसा सम' असुरों का कलेजा कंपाएगी। (17.12.27)

522. **पार्लामेंट** में एक सदस्य के प्रश्न के उत्तर में लार्ड **बर्केनहेड** ने कहा कि रायल कमीशन के प्रति सद्भाव पैदा करने के लिए **बंगाल** के नजरबंदों को छोड़ने की जरूरत नहीं! बिल्कुल नहीं, उसके लिए तो **गजनवी** और **शफी** ने मीरजाफरों का दल तैयार करने का बीड़ा लिया ही है! (17.12.27)

523. **पूना** के **स्वतंत्र** पत्र ने एक लेख छापकर दिनदहाड़े **ब्रिटिश** साम्राज्य को ध्वंस कर डालने की चेष्टा की थी। इसलिए उसके संपादक और मुद्रक पर मामला चल रहा है। अच्छा हो रहा है, परंतु सखी नौकरशाही बबुआ **ब्रिटिश** साम्राज्य को इन टोनहे संपादकों की नजरों से बचाने के लिए उसके ललाट पर काजल का टीका क्यों नहीं लगा देती? (17.12.27)

524. **भरतपुर** नरेश की शासन-व्यवस्था की जांच के लिए सरकार की ओर से एक कमीशन बैठनेवाला है और साथ ही यह भी खबर आई है कि जब तक कमीशन अपनी जांच करेगा तब तक महाराज बहादुर राजकाज से अलग रहकर केवल 'टुकुर-टुकुर दीदम दम न कशीदम!' कहीं ऐसा न हो कि एकाएक **महाराज नाभा** की अवस्था पर पहुंचने पर **महाराज भरतपुर** को कोई तकलीफ हो, इसलिए जांच के साथ ही उन्हें दूध की मक्खी बना डाला जाएगा। वाकई हमारी सरकार बड़ी लायक, बड़ी सदाशया है और न्याय तो इसमें अल्लाह मियां ने अपने हाथ से ठूंस-ठूंसकर भर दिया है। (17.12.27)

525. अपनी राजकुमारी की शादी में शरीक होने के लिए **इंदौर** के महाराज बहादुर **इंग्लैंड** से **भारत** आना चाहते थे, परंतु सरकार ने नहीं आने दिया। **लंदन** के परिस्तान का लुत्फ छोड़कर इस उजड़े दयार में आने की जरूरत ही क्या थी? (24.12.27)

526. एक बंगाली मोशाय कांग्रेस में प्रस्ताव करनेवाले हैं, कि कांग्रेस के सदस्यों से यह प्रतिज्ञा करा ली जाय कि पहले वे भारतीय हैं, इसके बाद हिंदू-मुसलमान या ईसाई। खद्दर धारण वाले प्रस्ताव के 'खरकोंच' का घाव अभी सूखने भी नहीं पाया, तब तक यह दूसरा रद्दा क्यों बाबा? बेचारी बुढ़िया को एकदम स्वर्ग भेज देने का विचार है क्या? (24.12.27)

527. उर्दू दैनिक **ज़लज़ला** के संपादक, मुद्रक और प्रकाशक पर धारा 153ए के अनुसार **दिल्ली** के सिटी मजिस्ट्रेट के इजलास में मामला चल रहा है। संपादक की लीडरी थोड़े ही है, जो केवल चैन से कटती रहेगी! (31.12.27)

528. **हिंदू विश्वविद्यालय** अंग्रेजी के स्थान पर हिंदी को शिक्षा का माध्यम बनाने का घोर अपराध करने जा रहा है। अपने श्वेतांग महाप्रभुओं की लाड़िली भाषा को इस प्रकार दुतकारने से कहीं अफिलिएशन ही न रद्द हो जाय, तो सारी हेकड़ी ही भूल जाएगी। (7.1.28)

529. अंग्रेज मुसलमान **लार्ड हेडले** ने कहा है कि मैं 5 बार के बदले 50 बार नमाज पढ़ने के लिए तैयार हूं पर साथ ही आपने यह क्यों फरमा दिया कि एक बार के बदले कै बार मुहर्रम मनाने और एक महीने के बदले कै महीने रोजा रखने को तैयार हैं? (7.1.28)

530. **महामति अलवेरेंद्र बहादुर** ने **प्रताप, मतवाला, तरुण राजस्थान, सैनिक, रियासत, बंबे क्रानिकल, हिंदूपंच** और **विश्वमित्र** आदि पत्रों का, अपने राम-राज्य में, प्रवेश-निषेध कर दिया है। अच्छा किया है, अब हुजूर चाहें तो **नीमूचाणा** की तरह सारी प्रजा को भून डालें। कोई कुछ कहनेवाला नहीं! (21.1.28)

531. अलवरेंद्र की तरह **त्रिवांकुर** राज्य की सरकार ने भी अपने राज्य में, अपने प्रांत के दो अखबारों का प्रवेश-निषेध कर दिया है। जब रोग एक ही है तो दवा भी एक ही होनी चाहिए। (21.1.28)

532. असेंबली के मध्य-प्रांतीय सदस्य **डॉ. गौर साइमन कमीशन** के बहिष्कार के विरोधी हैं। साधुवाद, बेचारों ने **भारत** के अन्य प्रांतों की तरह **मध्य प्रांत** भी विभीषण-विहीन नहीं, यह ऐन मौके पर सिद्ध कर दिया! (4.2.28)

533. **मद्रास** के गढ़े हुए बखेड़े को लेकर **भारत** के नमक को उसका खून पीकर अदा करनेवाले, प्रातःस्मरणीय पंजाबी नादिरशाह सर **माइकेल आडोयार** ने विलायत के एक अखबार में एक लेख लिखकर निहायत जबरदस्त गुस्सा कै कर मारा है। उन्होंने इशारतन गोरी नौकरशाही को सलाह दी है कि देखती

क्या हो, खुलकर एक बार उसी जलियानवाला की तरह-खेलती क्यों नहीं? एकबार नंगी होकर नाचो मेरी जान! बस इन 'नेटिवों' की राष्ट्रीयता 'चें' बोल जाएगी। (11.2.28)

534. **अफगानिस्तान-नरेश** आजकल **रूस** की सैर कर रहे हैं। गत 5 मई को आपने **महात्मा लेनिन** के मकबरे की जियारत की और उस पर फूल चढ़ाया। **अफगान-नरेश** का यह कार्य इस्लाम और साम्राज्यवाद दोनों के लिए चिंता का कारण है। भगवान यह दुःखद संवाद-शूल सहने की बेचारों को शक्ति दें। (12.5.28)

535. **लंदन** में व्याख्यान देते हुए **श्रीमती एनी बेसेंट** ने कहा है कि यदि **भारत** को शीघ्र ही औपनिवेशिक स्वराज नहीं दिया जाएगा तो **भारत** में राजद्रोह फैले बिना न रहेगा। इसकी सूचना **एशिया** की वर्तमान जागृति दे रही है। देने दीजिए। कुछ देती ही है। लेती क्या है? जब लेने के लिए खड़ी हो जाएगी तो देखा जाएगा। (30.6.28)

536. **बंगाल** के गवर्नर कौंसिल इस बात के कायल हैं कि इस साल राजनैतिक हत्याएं नहीं हुईं, इसका सारा श्रेय पुलिस को है। हम चाहते हैं कि इस देश में अंग्रेजी राज्य के कायम रहने का सारा श्रेय भी पुलिस को है ही। ऐसी पानी में आग लगानेवाली पुलिस और कहां है? (7.7.28)

537. **बंगाल** की सरकार ने अपनी वार्षिक विवरणी में इस बात के लिए खेद प्रकट किया है उसे प्रतिदिन सबेरे अखबारों का गाली-गीत सुनना पड़ता है। दुर्भाग्यवश सखी सरकार से अखबार वालों का रिश्ता ही कुछ ऐसा मधुर स्थापित हो गया है। (7.7.28)

538. **मतवाला** राम की तरह **पटियाला-नरेश** को भी दूर की सूझती है! **साइमन कमीशन** और बटलर कमीशन के इस युग में आपने **जर्मनी** से 60 जर्मन बैंड बजाने वाले तीन बरस के कंट्राक्ट पर बुलाए हैं! (28.7.28)

539. रही खरच की बात, सो बैंड-मास्टर को महीने में केवल इक्कीस सौ रुपये ही तो देने पड़ेंगे। हां, महल, नौकर-चाकर, घोड़े आदि का प्रबंध करना होगा। दल के दूसरे लोगों को भोजन, निवास-स्थान के अतिरिक्त केवल सत्तर-सत्तर रुपये ही देने पड़ेंगे। स्टेट में तो लाखों रुपया आता है, उसका फिर और क्या किया जाएगा? (28.7.28)

540. **महर्षि दयानंद स्वामी** के **सत्यार्थ प्रकाश** का **जर्मन** अनुवाद होने जा रहा है। इसके लिए रुपये की जरूरत है। इसलिए रुपयेवालों को सावधान हो जाना चाहिए। क्योंकि **सत्यार्थ प्रकाश** पढ़कर जो दो-चार जर्मनवासी यदि आर्ष हो

जाएंगे और यज्ञ-हवन आदि करने लगेंगे तो हिंदू-धर्म की रही सही नाक भी 'स्वाहा' हो जाएगी। (18.8.28)

541. सन् 1927-28 में हमारी श्रीमती सरकार को 2 करोड़ 24 लाख और 98 हजार रुपये की आमदनी शराब की चुंगी से हुई। भगवान भला करें। ऐसी पुण्य की कमाई जिसके पास हो उसे परलोक की क्या चिंता! अल्लाह करे सखी सरकार को शीघ्र जन्नत नसीब हो। (22.9.28)

542. आगामी 12 अक्टूबर को **साइमन कमीशन** पुनः भारत आएगा और जांच-पड़ताल पूरे करके आगामी मार्च में **लंदन** वापस चला जायेगा। समय थोड़ा है, इसलिए दांत निपोरू दल को चाहिए कि स्वागत की तैयारी आरंभ कर दे। (29.9.28)

543. सहयोगी **प्रताप** को खबर लगी है कि, **काकोरी केस** के अभियुक्त **शचींद्र नाथ बक्शी** के प्रति जो इस समय **फतेहगढ़** जेल में आबद्ध हैं, जेल कर्मचारी बड़ा दुर्व्यवहार कर रहे हैं। अरे दोस्त, दुर्व्यवहार न करें तो क्या सरकारी अफसरों की श्रेणी में 'हंस मध्ये बको' की-सी बदनामी उठावें। (17.11.28)

544. **देशमान्य लाला लाजपतराय** के विचार में उस दिन पुलिस की गुंडई, अंग्रेजी शासन के जनाज़े की एक कील है। हुआ करे ब्रिटिश शासन के भूत को कब्र में से भी बोलने की शक्ति प्राप्त है। दो एक कांटे उसका कुछ बिगाड़ नहीं सकते। (17.11.28)

545. **भारत** के प्रायः सभी प्रमुख स्थानों के सिवा **अमेरिका, इंग्लैंड, सीलोन** और **बर्मा** आदि संसार के सभी स्थानों में स्वर्गवासी **पंजाब केसरी** के लिए शोक सभाएं हुईं और हो रही हैं। परंतु सबसे अधिक कारुणिक दृश्य दिखाया है, **लाहौर** सेंट्रल जेल के कैदियों ने। बेचारों ने भोजन तक नहीं किया और अपने स्वर्गवासी नेता के लिए रात-भर तड़पते रहे। आह! इससे पता लगता है कि राज्य के उस गरीब परवर नेता की पहुंच कहां तक थी। (24.11.28)

546. एक प्रश्न के उत्तर में भारत के छोटे भाग्य-विधाता **अलेविंटर्टन** ने फरमाया है कि इसका कोई प्रमाण नहीं कि पुलिस की मार से ही **लालाजी** की मृत्यु हुई है। इसका कोई प्रमाण हो या नहीं, पर इस उत्तर में जो बेहयाई भरी है। उसका अंदाजा लगाना अवश्य ही बड़ा कठिन काम है। (1.12.28)

547. हिसाबियों का कहना है कि उन्नीसवीं शताब्दी के अंत तक साठ अरब रुपये **भारत** से **इंग्लैंड** को गए और बीसवीं शताब्दी के इन 29 वर्षों में 75 अरब!

प्रति वर्ष साढ़े बावन करोड़ के हिसाब से रुपये **इंग्लैंड** चले जाते हैं। सोने का अंडा देने वाली मुर्गी हाथ में लगी है, तो साल में 52.5 करोड़ कौन-सी बड़ी बात है। इतने पर भी तो इस देश के कितने ही अभागे दोनों वक्त भरपेट खाते ही जाते हैं। खुदा जाने इन कलूटों के पास अभी कितना धन है? मालूम होता है क़ारू अपना सारा खजाना इन्हीं को सौंप गया था। (8.12.28)

548. हमारे देश के गौरांग शासकों की तरह **मिस्र** के गौरांग शासकों में भी 'बोलशेविकांग' रोग बुरी तरह फैल गया है। वहां भी घर में घुस-घुसकर गिरफ्तारियां हो रही हैं। अगर शीघ्र किसी 'इंजेक्शन' का बंदोबस्त नहीं हुआ तो सारी गोरी दुनिया में यह भयंकर रोग फैल जाएगा। (15.12.28)

549. **श्रीयुत श्रीनिवास शास्त्री दक्षिण अफ्रीका** से आ रहे हैं। विदाई का भोज खाकर आपने **दक्षिण अफ्रीका** के गोरों को त्यागी बनने का उपदेश दिया है और कहा है कि ब्रिटिश साम्राज्य का आधार न्याय और ईमानदारी है। बात तो आपने पूरे लाख रुपये की कह दी पर दुःख है कि सम्राट महोदय बीमार हैं, नहीं तो अब की पहली जनवरी खाली न जाती। (12.1.29)

550. साम्राज्यवाद का अंत करके अब रूसियों ने धार्मिक ढकोसलों के विरुद्ध भी आंदोलन आरंभ कर दिया है। **योरोप** से अल्लाह मियां अपना बोरिया बंधना समेट ही चुके थे, अब **एशिया** में भी ठिकाना नहीं है। बुढ़ौती में बेचारे कहीं के न हुए। (12.1.29)

551. **महीशूर (मैसूर)** की सरकार ने **मैसोर-पेट्रियट** और संप्रदाय नाम के अखबारों के साथ ही **साध्वी** नाम की पत्रिका को बंद कर देने की आज्ञा दी है। अच्छा ही किया है, इस **मिस मेयो** युग में साध्वी की जरूरत ही क्या? महीशूरवालों को चाहिए कि साध्वी की जगह पर कोई 'हरजाई' निकलना आरंभ कर दें। (12.1.29)

552. **फारवर्ड** के संपादक और प्रिंटर पर जो मामला चल रहा था, उसका फैसला हो गया। संपादकजी छह महीने के लिए और प्रिंटरजी तीन महीने के लिए बड़े घर भेजे गए हैं। **फारवर्ड** पर इधर कुछ दिनों से सखी नौकरशाही की जैसी प्रेम-दृष्टि है, उसे देखते हुए तो यह सजा बहुत थोड़ी है। खुशकिस्मती से यार लोग शिकंजे में आ गए थे तो अच्छी तरह पीस देने की ज़रूरत थी। ऐसे मामलों में अदालतों की 'किफायत शुआरी' अंग्रेजी राज्य के रीति-रिवाज के बिल्कुल खिलाफ है। (12.1.29)

553. बड़े लाट छुट्टी पर घर जानेवाले हैं। **लाहौर** के **ट्रिब्यून** का संवाददाता कहता है कि वह जाने से पहले राजनीतिक सुधार के संबंध में **मि. गांधी, मि. सप्रू,**

पं. नेहरू और **मि. जिन्ना** से सलाह भी करते जाएंगे। बस अब क्या है, लीजिए स्वराज और मंगाइए बागबाजार के रसगुल्ले! क्योंकि अब मुंह मीठा कराए बिना काम नहीं चलेगा। नेताओं की लेक्चरबाजी का असर खाली थोड़े जानेवाला है, बस! समझ लीजिए कि 'बिन प्रयास लंकागढ़ टूटा।'

(19.1.29)

554. **चीन** की पिनक जब से टूटी है तब से **जापान** बहुत चौकन्ना हो गया है। नशा छोड़ा है **चीन** ने और होश हुआ है **जापान** को। इसलिए जिस तरह अंग्रेज **भारत** की चिंतना में व्याकुल रहते हैं, उसी तरह आजकल **जापान** भी **चीन** के लिए चितिंत रहने लगा है। उसकी राय में **चीन** ने अफीम का नशा छोड़कर बहुत बुरा किया है। अगर यही दशा रही तो एक दिन **चीन** और **जापान** की सीमा पर भी रणचंडी का तांडव-नृत्य हुए बिना न रहेगा। नशा उतरा है तो फिर चैन कहां! (26.1.29)

चंडूखाने की गप्प

फक्कड़ बादशाह

सत्यं ब्रूयात् प्रियं ब्रूयात् न ब्रूयात् सत्यमप्रियम

1. **बाबू श्यामसुंदरदासजी** देवनागरी लिपि के स्थान पर एक ऐसी लिपि आविष्कृत करना चाहते हैं जो अंग्रेजी की तरह शीघ्र लिखी जा सकती हो। (22.9.23)
2. **दिल्ली** में अफवाह है, कि यदि **श्रीयुत देशबंधु** कौंसिल-प्रवेश आंदोलन स्थगित कर दें तो बड़े लाट उनसे समझौता करने को तैयार हैं। (22.9.23)
3. विलायती अखबारवालों की धारणा है कि यदि अकालियों के साथ कांग्रेस वालों की सहानुभूति ऐसी ही बनी रही तो **भारत-सरकार नाभा-नरेश** को बिना किसी शर्त के, छोड़ देने के लिए बाध्य होगी। (12.1.24)
4. **विलायत** की लेबरपार्टी यह घोषणा करनेवाली है कि यदि **भारत** की मांगें शीघ्र पूरी न की जाएंगी, तो **इंग्लैंड** में भी अहिंसात्मक असहयोग जारी किया जाएगा और उसके नेतृत्व के लिए मि. **सी.आर. दास** बुलाए जाएंगे। (12.1.24)
5. **काशी-नरेश** के राज्य में प्रजा पर एक नया 'कर' लगाया गया है, क्योंकि वे स्वतंत्र हो गए हैं। प्रजा को सत्याग्रह के लिए तैयार देखकर दीवान साहब ने 'कर'-मुक्त करने का वादा किया है। (19.1.24)
6. **मिस्टर पाल** ने प्रतिज्ञा की है कि यदि सरकार **महात्माजी** को नहीं छोड़ेगी तो हम सारे देश में बोलशेविज्म का प्रचार करना आरंभ कर देंगे। (19.1.24)
7. **डुमरांव** के महाराजा साहब शीघ्र ही सरकार की खिदमत में यह अर्जी देनेवाले हैं कि उनकी रियासत में **मतवाला** का प्रवेश निषेध कर दिया जाय। दो अर्जियां और दी जाने वाली हैं—एक तो पोस्ट-मास्टर-जनरल को, ताकि **डुमरांव** के डाकखाने से बिना रियासत की इजाजत के किसी ग्राहक को **मतवाला** की डेलिवरी न दी जाए,—और दूसरी, ई.आई.आर. के जनरल-ट्राफिक-मैनेजर को, ताकि रविवार को **मतवाला** की डाक लेकर पंजाब-मेल

डुमरांव-स्टेशन से होकर न गुजरे! या अल्लाह! (26.1.24)

8. **महात्माजी** से अस्पताल में मुलाकात के समय **लालाजी** के रोकर यह कहने पर कि "आप जल्दी बाहर निकलिए, हम लोग आपस में लड़ रहे हैं" **महात्माजी** इस कदर जोर से हंस पड़े हैं कि उदर में लगा हुआ टांका अकस्मात् टूट पड़ा है। अब वे शायद ही बाहर निकलें। (2.2.24)
9. राजपुताना के **करौली-राज्य** में गरीब किसानों और पीड़ित बेगारों के एकमात्र प्रियबंधु **कुंवर मदनसिंहजी** वसंत पंचमी के दिन राजमहल के आंगन में सूली पर चढ़ाए जाएंगे। **प्रताप, तरुण राजस्थान** और **कर्त्तव्य** के संपादक उक्त कुंवर साहब से आखिरी मुलाकात करने के लिए शीघ्र ही जानेवाले हैं। (2.2.24)
10. **कानपुर** के **सत्यभक्तजी** की अध्यक्षता में भारतीय मजूरों का एक डेपुटेशन **विलायत** के मजूर-दल के पास जानेवाला है। सुना जाता है कि **कानपुर** की मिलों में जो हड़तालें हो रही हैं, उनके लिए **सत्यभक्तजी** ही पकड़े जाएंगे। यदि ऐसा हुआ, तो डेपुटेशन के अध्यक्ष होकर **स्वामी विश्वानंद विलायत** जाएंगे। (2.2.24)
11. दैनिक **वर्तमान** के संपादक **पंडित रमाशंकरजी स्वर्गीय महात्मा लेनिन** की कब्र देखने के लिए **रूस** की यात्रा करनेवाले हैं। कहते हैं कि होली के बाद वे **नेपाल** और **तिब्बत** पार करते हुए पैदल जाएंगे! (2.2.24)
12. दो वर्ष के बाद **आरा** के असहयोगी वकील बाबू **विंध्यवासिनी प्रसाद हजारीबाग-जेल** से छूटकर आए हैं। उनकी स्वागत-सभा में **सरदार हरिहर सिंह** ने एक ऐसी जोशीली कविता पढ़कर सुनाई है कि वह कविता भी जब्त हो गई और उन पर मामला भी चलनेवाला है। तथास्तु! (2.2.24)
13. **काशी** के पंडितों ने अपनी एक विराट सभा में यह दृढ़ निश्चय किया है कि कोई भी ब्राह्मण अब **बड़ौदा-नरेश** का दिया हुआ दान ग्रहण न करे, क्योंकि उन्होंने हिंदू-विश्वविद्यालय में भाषण देते हुए कहा है—"विद्यामंदिर में ब्राह्मण और अब्राह्मण का भेद न रक्खो।" (9.2.24)
14. हिंदी के भावुक और होनहार कवि **पंडित सुमित्रानंदन पंत** अपना नाम अंग्रेजी में नहीं लिखते, क्योंकि 'पंत' अंग्रेजी में लिखने पर Pant हो जाता है जिसके मानी 'पतलून' है। (23.2.24)
15. **मिश्रबंधुओं** ने **लंदन** की 'स्टैंडर्ड-लिटरेचर-सोसाइटी' को एक खुर्दबीन भेजने का आर्डर दिया है, क्योंकि अब उन्हें 'मिश्रबंधुविनोद' का नवीन संस्करण तैयार करने के लिए हिंदी के लेखकों और संपादकों तथा कवियों की संख्या

गिनने में बड़ी कठिनाई पड़ती है। (23.2.24)

16. **लार्ड कर्जन** की अतीव सुंदरी कन्या **लेडी एलेक्जेंड्रा** का शुभ विवाह एक जहाज के अफसर **छोटे राजकुमार जार्ज** के साथ होने वाला है। **श्रीमती एनी बेसेंट** और **श्रीनिवास शास्त्री** आमंत्रित होकर विलायत जा रहे हैं। अफसोस है कि मानसिक खिन्नता के कारण **सर सुरेंद्रनाथ** न जा सकेंगे। (8.3.24)

17. गत सप्ताह चार सौ अमेरिकन विद्वान भारत-भ्रमण करने के उद्देश्य से बंबई में उतरे हैं। वे तीन सप्ताह भारत के प्रसिद्ध स्थानों में भ्रमण करेंगे। किंतु भारत सरकार की विशेष आज्ञा के कारण न तो वे **साबरमती** के सत्याग्रहाश्रम में जा सकेंगे और न **अमृतसर** के स्वर्णमंदिर अथवा **नाभा**-राज्य में! (8.3.24)

18. अभी तक **मतवाला** किसी राजा के राज्य में घुसने से रोका नहीं गया है। खबर है कि सबसे पहले **डुमरांव-नरेश** अपने राज्य में इसका प्रवेश निषेध करने वाले हैं। (8.3.24)

19. स्वराज पार्टी ने यह वादा किया है, कि स्वराज मिलने पर वह **भारत** की लाटगिरी सर **मलकम हेली** को देगी, इसलिए अब वे 'पार्टी' के किसी प्रस्ताव का विरोध न करेंगे। (15.3.24)

20. **गंडक**-तटवासी ऋषिकल्प ज्योतिषियों ने बताया है कि नवदंपति **मतवाला** और **माधुरी** के संयोग से **कलकत्ता** में शीघ्र की एक **मौजी** बच्चा पैदा होगा! यह महातेजस्वी बालक कार्तिकेय की तरह महासुंदर और 'मदन' की तरह अनंग होगा। इसका प्रभाव मनुष्य-शरीर के स्थान-विशेष पर पड़ेगा। 'महादेव' ने चाहा, तो यह 'मकार-परिवार' शीघ्र बहुवंश हो जाएगा! (5.3.24)

21. **काशी** की विद्वान-मंडली इस बात पर विचार कर रही है कि **बिजनौर** की चमार कानफरेंस में सम्मिलित होने पर हिंदूशास्त्रानुसार **पंडित मदनमोहनजी मालवीय** को देव-मंदिरों में प्रवेश करने का अधिकार रहेगा या नहीं। कुछ लोग इस जटिल प्रश्न की मीमांसा का भार बाबू **भगवान दासजी** को देना चाहते हैं, इससे पंडित मंडली बिगड़ उठी है। (24.5.24)

22. **इलाहाबाद,** भंगी महाल के जंगी चौधरी को उड़ती हुई खबर मिली है, कि **मनोरमा** के बड़े संपादक **श्रीयुत पंडित महावीर प्रसाद मालवीय** वैद्य ने बड़े परिश्रम से आयुर्वेदिक रीत्यानुसार साहित्यिक 'फिनैल' तैयार किया है और **पंडित गिरिजादत्त शुक्ल** की सहायता से शीघ्र ही साहित्य की सारी गंदगी साफ कर देनेवाले हैं। (7.2.25)

23. पिशाचमोचन-**काशी** से शीघ्र ही **प्रेतिनी** नाम की पाक्षिक पत्रिका निकलनेवाली है। संपादन भार **लाला भगवानदीन** ने ले लिया है। (3.2.25)
24. **लखनऊ** से खबर आई है कि **समालोचक**–संपादक **मिश्रबंधु** नं. 2 अर्थात् **पं. कृष्णबिहारी मिश्र** वगैरह, **मिश्रबंधु** नं. 1 अर्थात् **पं. गणेश बिहारी मिश्र, पंडित श्यामबिहारी मिश्र** और **पंडित शुकदेवबिहारी मिश्र** पर साहित्यिक उत्तराधिकार प्राप्त करने के लिए इलाहाबाद-हाईकोर्ट में दावा करनेवाले हैं। सबूत के गवाह शिक्षा के संपादक द्वय होंगे। सुनते हैं, गवाहों ने हलफन बयान करने का वादा किया है। (7.3.25)
25. सम्मेलन-मंत्री **पंडित रामजीलाल शर्मा** के अनुरोध से **वियोगी हरिजी** ने अपना नाम बदलकर 'संयोगी हरि' कर लिया है। **चांद** और **गृहलक्ष्मी** ने इसके उपलक्ष में उन्हें एक प्रीतिभोज देना निश्चित किया है। (7.3.25)
26. **लखनऊ** के चंडूखानों में अफवाह फैली है, कि राजपुताना की एक बुढ़िया भीलनी ने हिंदी के उपन्यास-सम्राट् **श्रीयुत प्रेमचंदजी** को एक वशीकरण बूटी दी है। इस अद्‌भुत जड़ी के प्रभाव से आपने केवल सात ही दिन में श्रीयुत लाला बाबू **पंडित दुलारे लालजी भार्गव** को अपने वश में कर लिया है। (28.3.25)
27. सुना है, **पंडित गिरिजादत्त शुक्ल** बी.ए. और **पंडित देवीदत्त शुक्ल** में **सरस्वती** के कवर पर अपना-अपना नाम छपाने के लिए चख-चख चल रही है। **गिरीशजी** कहते हैं कि हम ऊपर रहेंगे–आप नीचे रहिए; क्योंकि आप एक ग्रेजुएट के नीचे रह भी चुके हैं। शुक्लजी कहते हैं कि आप ही नीचे रहिए; क्योंकि आप भी तो एक 'वैद्य' के नीचे रह चुके हैं। क्या यह नीचे-ऊपर का झगड़ा सचमुच ठीक है? (12.12.25)
28. कविवर **पंडित सूर्यकांत त्रिपाठी 'निराला' जी** ने बालक, युवा, वृद्ध, नर-नारी, हिंदी के छोटे-बड़े सभी ध्वजधारी, अधिकारी सज्जनों और सज्जनियों को, आमतौर पर तथा **अमीनाबाद** के कोठेवाली श्रीमती प्रोषितपतिका **रामदुलारी** और **श्रीमती रूपकिशोरी** गणिका को, ताल ठोंककर खुला चैलेंज दिया है, कि होली के दिन अपने बंधु-बांधवों और बंधुनियों को साथ लेकर आवें और भरपेट भिंड-भिड़ावें। (20.2.27)
29. **भरतपुर** के हिंदी साहित्य सम्मेलन के सभापति चुने गए हैं–**अलवर-नरेश!** उन्होंने अपने भाषण में एक जगह दीर्घ-शंका उपस्थित की है कि मुसलमान भाई अगर हिंदी की होड़ में अपनी उर्दू की भिड़ावेंगे तो हिंदू क्या कर सकेंगे? (12.3.27)

30. **पंडित जगन्नाथ प्रसाद चतुर्वेदी** ने एक बहुत ही सुंदर हिंदी-व्याकरण की पुस्तक लिखी है। वह कलकत्ते की हिंदी-पुस्तक-एजेंसी द्वारा प्रकाशित होगी। उसमें एक जगह 'औटा' प्रत्यय जोड़ने का उदाहरण देकर चतुर्वेदी जी ने अपनी मर्मज्ञता का अच्छा परिचय दिया है। यथा—कजरौटा, छनौटा, उपरौटा, तरौटा आदि। (12.3.27)

31. **पंडित सूर्यकांत त्रिपाठी 'निराला'** आजकल संस्कृत के प्राचीन कवियों के संबंध में शोधन-कार्य कर रहे हैं। करीब-करीब सबका शोधन हो चुका, केवल 'विकट-नितंबा' का शोधन करना शेष है। (12.3.27)

32. बहुत दिनों के बाद यह भेद खुला है कि **पंडित सुमित्रानंदन पंत** जुल्फें बढ़ाकर लचक-मटक सीखकर नाना भांति के प्रयत्नों से स्त्रीत्व प्राप्त करने की चेष्टा कर रहे हैं, यहां तक कि पुल्लिग शब्दों में भी धीरे-धीरे स्त्रीलिंग का आरोपण कर रहे हैं। उन्होंने प्रोफेसर **पंडित बदरीनाथ भट्ट** बी.ए. को लिखा था कि हमारा स्त्रीत्व सार्थक कीजिए। इस पर भट्टजी ने भी उत्तर दे दिया है कि हम तो आप ही के लिए आज तक कौमार्य व्रत धारण कर लखनऊ की आबहवा का सेवन कर रहे हैं। (12.3.27)

33. **कानपुर** में अफवाह फैली है, कि **चाकलेट** पढ़कर 'अहले लखनऊ' का चित्त चिंता से चुनचुनाने लग गया है। इसलिए **पंडित रूपनारायण पांडेय** के 'नशाविहीन' परामर्श के अनुसार **श्री दुलारेलालजी** शीघ्र ही एक 'आल इंडिया हम-मज़हब कानफरेंस' बुलानेवाले हैं। आपका दावा है, कि जब तक ब्रह्मांड की छाती पर लखनऊ कायम है और गोमती के जल में वह 'अलौकिक असर' मौजूद है, तब तक चाकलेट-चर्चा का 'बाल न बांका करि सके जो जग वैरी होय!' (1.10.27)

34. मछुआ बाजार चंडूखाने के एक पहुंचे हुए वैज्ञानिक ने **श्रद्धेय वाजपेयी** दादा को एक विचित्र चश्मा बनाकर दिया है। इसके इस्तेमाल से आपको व्याकरण के छिपे-लुके लिंग प्रत्यक्ष-शहतीर की तरह दिखाई देते हैं। विशेषतः नगरों के लिंग निर्णय में तो इससे बड़ी ही सहायता मिलती है। इसी से आप अपनी आवश्यकता के अनुसार **पटना** को **पटने, आगरा** का **आगरे** और **कलकत्ता** का **कलकत्ते** बना लेते हैं परंतु **'गया'** का **'गये'** नहीं बनाते। क्योंकि उपर्युक्त नगर पुल्लिग और शेषोक्ति आपको स्त्रीलिंग दिखाई देता है। (5.11.27)

मतवाले की होली

बाबा नागार्जुन
की
पुण्य-स्मृति को

अपनी बात

'मतवाला' पर काम करते हुए, सबसे आत्मीय और उत्तेजक अनुभव था, इसके होली विशेषांकों से गुजरना। महत्वपूर्ण सामग्री चयन के क्रम में इसके होली विशेषांक लगभग विस्मित कर देने वाले थे। तभी मेरे भीतर इसके होली विशेषांकों को लेकर स्वतंत्र संकलन करने की बात मन में आई। पूरे वर्ष में यह इकलौता विशेषांक होता, जिसकी हिंदी जगत में न सिर्फ व्यापक चर्चा होती, बल्कि पाठकों के बीच भी यह सबसे अधिक दिलचस्पी का सबब बनता। कई पाठक भी प्रेरित होकर उत्साह में टिप्पणियां लिख भेजते। शिवपूजन जी ने लिखा है कि वे उसे संजा-संवारकर 'रंगरूटों की फौज' नाम से प्रकाशित भी कर देते।

'मतवाला' के मन-मिजाज और मतवालेपन की संगति में होली विशेषांकों की अनूठी और मौलिक प्रस्तुति का ऐसा असर हुआ कि आगे कई पत्र इसका अनुसरण करने लगे और कुछ ने तो सामग्री के स्तर पर भी पूरी तरह अनुकरण किया। दरअसल यह शिल्प-शैली हिंदी की जातीय पत्रकारिता का अर्जित उत्कर्ष था। होली या इस तरह के पर्वों के ऐसे सृजनात्मक इस्तेमाल की परंपरा भारतेंदु युग में ही विकसित हो चुकी थी। भारतेंदु , बालकृष्ण भट्ट, राधाचरण गोस्वामी, प्रतापनारायण मिश्र की रचनाओं में इसके उत्स हम देख सकते हैं। इसी कड़ी में बालमुकुंद गुप्त का नाम भी अत्यंत महत्वपूर्ण है—जिनके जोगीड़े और चिट्ठे में इस शिल्प-शैली का आदर्श रूप मूर्त्त हुआ है। यह अकारण नहीं कि डॉ. रामविलास शर्मा ने 'मतवाला' को द्विवेदी युग से नहीं जोड़कर, भारतेंदु युग की अगली कड़ी के रूप में रेखांकित किया। तथ्य और तरीके दोनों दृष्टियों से उनकी स्थापना इन रचनाओं से पुष्ट और प्रमाणित होती है।

होली के आसंग में इन चयनित रचनाओं से गुजरते हुए आप महसूस करेंगे कि 'मतवाला' की चोट और चुहल, गुदगुदाने वाली ही नहीं, तिलमिला देने वाली भी है। ब्रिटिश साम्राज्यवाद की लूट, जन विरोधी नीतियों और क्रूर शासन प्रणाली पर बार-बार प्रहार किया गया है। लेकिन सबसे अधिक गौर करने वाली बात है भारतीय नेताओं की तीखी आलोचना। चंदा हड़पना, भाषणबाजी, चापलूसी और अवसरवाद के तमाम हथकंडे! यह बात आपको विस्मित करेगी कि आज की राजनीतिक विकृतियों के सूत्र बहुत पुराने हैं। सामाजिक छुआछूत, धार्मिक पाखंड और ऐसी तमाम विडंबनाओं पर तीखी टिप्पणियां हमें गहरे प्रभावित करती हैं; लेकिन

यहां यह बात भी विचारणीय है कि अपने वैचारिक मूल में 'मतवाला' का हिंदूत्व से गहरा जुड़ाव था। उस समय प्रेमचंद की मौजूदगी के बावजूद 'मतवाला' में उन जैसी प्रगतिशीलता या आधुनिकता देखने को नहीं मिलती। बेशक वे साम्यवाद के मुखर समर्थक थे और क्रांतिकारियों के समर्थन में आगे बढ़कर मोर्चा लेते थे। तत्कालीन राजशाही का भी डरकर प्रतिकार करते थे। यह बात भी सही है कि हम उनको कहर सांप्रदायिक भी नहीं कह सकते, मगर यह बात सत्य है कि हिंदू-मुस्लिम और हिंदी-उर्दू की अभिदेता के उस बोध का अभाव था, जिसे प्रेमचंद और गणेशशंकर विद्यार्थी ने उसे समय संभव कर दिया था।

'मतवाला' में होली, दशहरा, दीपावली या कृष्णजन्माष्टमी पर तो राष्ट्रीय भावों को उत्प्रेरित करने वाले अग्रलेख या अन्य सामग्री छपी, मगर ईद, बकरीद, मुहर्रम या बैसाखी को लेकर ऐसी रचनाएं कभी नहीं छपीं; इस तरह 'मतवाला' में बुनियादी रूप से इस चेतना का अभाव था। एक बहुरंगी, बहुजातीय समाज में व्यापक राष्ट्रीय एकता का महत्तर दृष्टिकोण, जो तत्कालीन समय की जरूरत थी और प्रेमचंद या विद्यार्थी जी ने इसे शिल्पित भी किया था—वह 'मतवाला' में नहीं था; बेशक इस अपेक्षा के अभाव में हम उसके महत्व या योगदान की उपेक्षा नहीं कर सकते, लेकिन उसकी सीमाओं को तो रेखांकित कर ही सकते हैं।

आप इन चयनित रचनाओं से गुजरते हुए अपने समय में 'मतवाला' के गहरे, प्रभावशाली और व्यापक हस्तक्षेप को देख-समझ सकते हैं। राजनीतिक, सामाजिक, सांस्कृतिक, धार्मिक और साहित्यिक परिदृश्य के दीठ-अदीठ कोनों-अंतरों तक उसकी गहरी आलोचनात्मक दृष्टि न सिर्फ प्रभावित करती है, बल्कि कहीं-कहीं चकित भी। बेशक वह कभी-कभी हिंदू समाज का प्रवक्ता बन जाता है, लेकिन हिंदुत्व की इन सीमाओं के बावजूद वह कभी सांप्रदायिकता का समर्थन नहीं करता। वह धार्मिक टकराव को भरसक रोकने और न्यायपूर्ण बराबरी वाली एकता की बात करता है। वह बनावटी एकता, अथवा मुस्लिम कहरता को ढंकने में यकीन नहीं करता। ये सारी बातें सहीं हैं लेकिन यह बात भी उतनी ही सत्य है कि उसमें प्रेमचंद वाली अभेद दृष्टि का अभाव है।

'मतवाला' की इन रचनाओं में सबसे महत्वपूर्ण बात है इसकी अभिव्यक्ति कौशल और कथन भंगिमा। हास-परिहास और चुहल की नायाब सूझ! उसका विशिष्ट तेवर, जो होली विशेषांकों की संगति में और प्रभावशाली ढंग से उभरता है। अपने विचारों को कारगर तरीके से जनता के बीच ले जाने के लिए किस तरह इस पर्व का आत्मीय इस्तेमाल करते थे—ये बात गौर करने वाली है। यह सच्चे जनवादी लेखन के उत्कृष्ट नमूने हैं; जनता से उसकी सांस्कृतिक भाषा में ही सकर्मक संवाद

संभव है। पराधीन देन की जनता के लिए उल्लास और उमंग से भरे इस पर्व की अभिव्यक्ति एक कठिन त्रासदी ही रही होगी। उल्लास और पीड़ा की अभिव्यक्ति के इस दोहरे दायित्व का 'मतवाला' ने जिस कौशल से व्यक्त किया—इसका अनुभव इन रचनाओं के स्पर्श से सहज-संभव है।

'मतवाला' में उत्कट देशभक्ति के केंद्रीयता थी जो बनारसी मन का हुलास भी था। कुछ सीमित अपवादों को छोड़ दिया जाए, तो उसकी तमाम शरारतों में एक सांस्कृतिक संस्कार था। हमें उम्मीद है इसकी आत्मीय छवि इस संकलन में दिखाई पड़ेगी। लेकिन 'मतवाला', 'माधुरी' की नोक-झोंक का एक हिस्सा इतना ग्राम्य था अश्लील हो गया था कि प्रेमचंद्र को सीणे हस्तक्षेप करना पड़ा। उन्होंने शिवपूजन सहाय को पत्र लिखा कि—"एक बात और लिखने की जरूरत मालूम होती है। यों तो 'मतवाला' में 'माधुरी' पर नित्य दो-चार छींटे उड़ा दिए जाते हैं पर अबकी होली के अंक (6 मार्च 1926) में तो उसने सुरुचि और सभ्यता का अंत ही कर दिया। आपके देखते यह अनर्थ हो उसका मुझे दुःख है। आपस की थोड़ी सी चुहल जिससे दिल खुश हो, बुरी नहीं, लेकिन जब यह चुहल साहित्यिक मनोरंजन की सीमा से निकलकर द्वेष की हद तक पहुंच जाती है तो कहना पड़ता है कि यह हिंदी भाषा का दुर्भाग्य है जहां ऐसे-ऐसे गंदे, अपमानजनक, भ्रष्ट लेख निकालने में संपादकों को आपत्ति नहीं होती। मालूम नहीं 'मतवाला' के पाठकों को इन लेखों से कोई विशेष रुचि है या इस अनवरत प्रवाह का और कोई कारण है। बहरहाल जो कुछ हो यह बात बुरी है और अब उस हद सक कहीं आगे बढ़ गई है जिसे दिल्लगी कहकर क्षम्य समझा जाए। दुलारेलाल और 'माधुरी' के और सेवक कितनी ही गए-गुजरे हों, पर वे हिंदी की कुछ-न-कुछ सेवा अवश्य कर रहे हैं और उनके काम की कद्र न करके नित्य खिल्ली उड़ाते रहना अपने को गुण-ग्राहकता से शून्य सिद्ध करना है। मैं आपको यह शब्द इसलिए लिखने का साहस कर रहा हूं क्योंकि मैं आपको, बहुत थोड़े दिनों के परिचय होने पर भी अपना मित्र समझता हूं और आपकी शिष्टता और सज्जनता का कायल हूं। यदि 'मतवाला' की पॉलिसी में आपका कुछ दखल हो और इसका हमारे पास प्रमाण है कि है तो खुदा और परमेश्वर के लिए आप इसी सिलसिले को बंद कर दें या करा दें; आप उस आदमी को जिसने उस लेख लिखा है, फिर 'मतवाला' में ऐसे लेख लिखने का मौका न दीजिए। इस लेख में उसने खुली-खुली चोटें की हैं और यहां कुछ लोगों की सलाह हो रही है कि 'मतवाला' पर अपमान करने की दीवानी और फौजदारी अभियोग चलाया जाए। अगर आपस में यह नौबत आ गई तो क्या मजा रहा। 'मतवाला' भी हैरान होगा, उसका नशा भी हिरन हो जाएगा और यहां वालों को भी काफी मानसिक वेदना होगी। मैं नहीं चाहता

कि मित्रों में जूतियां चलें। लेकिन इसको रोकना 'मतवाला' के अपने हाथ में है। आश्वर्य तो यह है कि यहां से कोई उत्तेजना न मिलने पर भी 'मतवाला' को क्यों लगातार एक Fair Sex पर ऐसे अश्लील आक्रमण करने का साहस करने का साहस होता है; क्या उसमें महिला-सम्मान बिलकुल नहीं रहा?

आशा है आप मुझे क्षमा करेंगे। मैं जो कुछ लिखा है मित्र भाव से लिखा है और आप इसे इसी भाव से देखिएगा।

आशा है अपने कुटुब सहित सकुशल होंगे।

भवदीय प्रेमचंद

प्रेमचंद के इस नैतिक, सुरुचिपूर्ण दृष्टिकोण में गौर करने वाला शब्द 'महिला-सम्मान' भी है। 'मतवाला' के हास्य में एक तरह का भदेसपन था। यह सब कुछ उस युग की छवियां हैं। पूर्व प्रकाशित संकलन से कुछ अग्रलेखों को (जो पहले खंड में संकलित हैं) आवृत्ति दोष के कारण हटा दिया गया है। आशा है पाठकों को यह यचन अच्छा लगेगा।

कर्मेन्दु शिशिर

होली कब खेलोगे?

श्वेत साड़ी पहने कब से खड़ी हूं, तुम्हारा पता ही नहीं है। आओ प्यारे, इस श्वेत साड़ी को पिचकारियों की मार से—अबीरी रंग की बौछार से—सराबोर कर दो—लाल कर दो, जब तक नहीं आओगे—आकर धुंआधार होली नहीं खेलोगे—तब तक यह श्वेत साड़ी मेरे शरीर से कोरे कफन की तरह लिपटी रहेगी। इधर देखो, अबीरी रंग के मटके भरे रक्खे हैं, पिचकारियां तुम्हारी बाट जोह रही हैं—दूर ही से तुम्हें देखकर रंग की धार छोड़ेंगी। जरा आओ तो, तुम हाथ ओड़ते ही रहोगे, मैं दनादन पिचकारी की धार से तुम्हें बेकार कर दूंगी। भला कहो तो कितने दिन हो गये, अब आते हो, तब आते हो, राह देखते-देखते आंखें पथरा गईं—उधर पिचकारी के अंदर रंग खौल रहा है, इधर कलेजे के अंदर हौसला तड़प रहा है। इस बार तुम मिलो तो, श्यामवर्ण शरीर को रक्तवर्ण न कर डालूं तो फिर नाम क्या?

सच कहती हूं, तुम्हारी तरह होली खेलने वाला कहीं देखने में नहीं आता। न जाने तुम होली के कितने स्वांग धारण करना जानते हो। तुम्हारे होली खेलते समय के कितने ही स्वांग आज भी मेरी आंखों के सामने नाच रहे हैं। दया कर इस समय उनमें से कोई एक स्वांग भी तो दिखाओ। वह स्वांग मुझे आज तक याद है—तुम्हारे हाथ न पिचकारी, न कुमकुमा; ग्वाल-बाल की टोली लिये टूट पड़ते थे—बाज की तरह—गोरियों पर। अब आज जरा इस गोरी पर तो टूटो—बड़ी देर से पिचकारी भर कर ललकार रही है। क्या कुंज की ओट से छापा मारना भूल गए? कम-से-कम इस श्वेत साड़ी पर अपने रतनारे लोचनों का रंग तो छिड़को, इस श्वेत साड़ी का हौसला तो पूरा करो। तुम्हारे लिये यह कुछ कठिन तो नहीं है। तुम तो अकेले ही गोरियों के झुंड में बैठकर होली खेलने वाले हो। निकट आओ मैदान में, कहीं यहीं पर छिपे तो जरूर होंगे, अवसर की ताक में कब तक तरसाओगे?

तुम्हारा वह स्वांग तो भुलाये नहीं भूलता—तुम चुपचाप बागडोर थामे हुए थे, चारों ओर से लोग तुम पर बौछारें कर रहे थे—पीतांबर से रंग टपक रहा था—मोतीमाला लाल हो गई थी—श्याम कांति पर लोहित वर्ण की आभा!—ओह! विचित्र ही छटा थी। तुम्हारे इशारे पर लाखों होली-खेलवैया नाचते थे। क्या उन सिद्धहस्त खेलाड़ियों का जमघट फिर न जुटाओगे?

अरे तुम्हारा वह स्वांग भी क्या कम था—आंखें लाल थीं—दांत लाल थे—नख लाल थे! दोनों जंघों पर 'रंग का मटका' लिये बैठे थे, और मस्ती में इतने चूर थे

कि भर-भर अंजलि रंग अपने आप ही उंड़ेल रहे थे। वह मस्ती क्या हो गई? एक बार तो उसकी झलक दिखाओ। जी करता है, तुम किसी तरफ से भरी पिचकारी लिये आते हुए देख पड़ते, और मैं तुम्हारी पिचकारी की धार से अपनी पिचकारी की धार लड़ाने के लिये ललक कर आगे बढ़ती, तुम मेरी श्वेत साड़ी सराबोर कर देते, मैं कृतार्थ हो जाती। आश्चर्य है कि तुम एक पिचकारी देखकर भी ललकार पर नहीं डटते। वह उमंग आखिर क्या हुई, जिसके बल तुम दस-दस पिचकारियों को जवाब अकेले देते थे—बीस-बीस भुजाएं भी पिचकारी चलाकर तुम्हारे दम को तोड़ नहीं सकती थीं, बताओ तो, फिर वैसी होली कब खेलोगे?

[वर्ष 3, अंक 27, 20 फरवरी 1926]

चंद्र खिलौना

ठहरो, ठहरो, व्यर्थ बहको मत! जरा होश संभालो! इस प्रकार सुध-बुध खोकर उन्मत्त होने से काम नहीं चलेगा। क्या कहते हैं? होली आ गई। क्या सचमुच होली आ गई? तो फिर वह है कहां? हम तो आंखें फाड़-फाड़कर देख रहे हैं और वह कहीं दिखाई नहीं पड़ती। स्वयं उसका दिखाई पड़ना तो दूर, हमें तो उसके आगमन की सूचना देने वाले चिह्न भी दिखाई नहीं पड़ते। यह जो पांच पंचों की दान दी हुई लकड़ियों को जला कर होली मनाते हो और प्राचीन अभ्यासवश कल की पुतली की भांति–देश और जाति के बदरंग रहते हुए भी–विलायती बुकनी घोलकर रंग खेल लेते हो–असली होली नहीं है? यदि वास्तव में तुम इतने ही को होली समझते हो तो, बलिहारी है तुम्हारी सहृदयता की।

होली ऋतुराज बसंत की अग्रदूती है। इसी के द्वारा ऋतुराज के उन्मादकारी आगमन को संदेश पाकर तो प्रकृति महारानी बाग-बाग हो जाती है? और इसी आगमन-संदेश को पाकर तो वसुंधरा का अंचल विविध भांति के शस्त्रों से परिपूर्ण होकर अपूर्व शोभा धारण करता है! तो फिर कहां है प्रकृति की वह रोग-शोक संतापहारी श्री समृद्धि और वह मुक्तहस्त उदारता जो छोटे-बड़े, शूद्र-द्विज और दरिद्र-धनवान–सबको बिना किसी प्रकार के भेदभाव के, सब प्रकार की सुख-शांति प्रदान करती थी? कहां है वसंत महाराज के आगमन का वह प्राणोन्मादकारी प्रभाव जिसमें विभोर होकर हम चांडाल को भी अपना भाई समझते और उसे सप्रेम गले लगाकर होलिकोत्सव मनाते थे? जरा आंखें खालो और देखो। आज न तो इस अभागे देश में शस्य की ही इतनी प्रचुरता है कि बेचारा कृषक तुम्हारे इस होली के स्वांग में दिल खोलकर योग दे सके, और न, हममें इस समय इतनी उदारता ही है कि हम ऊंच-नीच का भेदभाव भूलकर हिंदू मात्र को प्रेम-गद्गद होकर आलिंगन कर सकें। इस समय तो महाकवि बिहारी के शब्दों में–

भौं यह ऐसोई समै जहां सुखद दुख देत,
चैत चांद की चांदनी, डारति किए अचेत।

का ही दृश्य नजर आ रहा है। ऐसी स्थिति में हमें न तो होलिकोत्सव मनाना ही समीचीन प्रतीत होता है और न ऋतुराज का स्वागत करना ही।

इसमें कोई संदेह नहीं कि तुम कई अपने को भूलकर इस दुर्दिन में भी होली

मना ही लोगे और इतने ही के लिए गर्व से 'बचे सो खेले फाग' कहते हुए अपने को धन्य समझोगे, क्योंकि 'लंगोटी में फाग' खेलने का असाध्य रोग तुम्हारी पैतृक-संपत्ति हो गई है। परंतु संसार तुम्हारी इस हृदयहीन बेहयाई को देखकर तुम्हें उस अज्ञान बालक के समान ही समझेगा तो चंद्रमा की मनो-मुग्धकारी छटा को देखकर 'चंद्र खिलौना लेइहौं' कहता हुआ रोता है और जल भरे थाल में चंद्र-प्रतिबिंब को देखकर समझता है कि उसने चंद्रमा पा लिया और चुप हो जाता है। अतएव, यदि तुम्हें अपनी प्राचीन परिपाटी के अनुसार होलिकोत्सव मनाने की अभिलाषा हो तो, इस साम्यतत्त्व के प्रचारक जातीय त्यौहार के अवसर पर अछूत कहलाने वाले भाइयों के प्रति अपने मनोभाव को सबसे पहले बदल दो। और अवनति काल में उत्पन्न हुए विषमता और घृणा के भाव की होली जलाकर, परस्पर प्रेम और सहानुभूति का गुलाल मलकर अपनी जाति को अपने शत्रुओं की दृष्टि में बचाओ।

[वर्ष 4, संख्या 40, 12 मार्च 1927]

होली होगी

खूब होगी! अच्छी तरह होगी! देख लेना! कहे देता हूं। गांठ दे रक्खो। बड़ी जबरदस्त और घमासान होली मचेगी। सारे संसार के इतिहासकार एक स्वर से कह उठेंगे—उफ! ऐसी होली तो 'न भूतो न भविष्यति।'

शायद तुम्हें तो वही होली याद होगी, जिसकी धूम कालिंदी-कूल के कदंब-कुंजों में मची थी—जबकि ब्रजमंडल का चंद्रिका-चर्चित आकाशमंडल देव दर्शकों के विमान बेड़ों से भरा रहता था—छः-छः महीने तक राका रजनी ठगी रह जाती थी—अनवरत पुष्पवृष्टि से ब्रज वसुंधरा सुशोभित हो उठती थी—झांझ, मृदंग की मधुर ध्वनि से वायुमंडल परिपूर्ण हो जाता था—श्याम सलिल वाहिनी यमुना भी रक्तवर्ण होकर अपने सौभाग्य पर इठलाती हुई बहा करती थी—शीतल मंद सुगंध समीर भी अभ्रक-अबीर-कुमकुमे के रंगीन पराग से रंजित होकर कुंज-कुटीरों के तीर-तीर डोलती फिरती थी।

किंतु शंकर की समाधि भग्न करने वाली वह होली—ब्रह्मा की तपस्या भुला देने वाली वह होली—इंद्रासन के जमे हुए जल्से को उखाड़ने वाली वह होली—मालूम है, कब हुई थी?

वह उस समय हुई थी, जब भारत में घी, दूध की नदियां बहती थीं—जब भारतीय वीरों का प्रबल आतंक सारे भूमंडल पर स्थापित था—जब भारत की विजय-वैजयंती नभोमंडल में सगर्व उड्डीयमान होकर भगवान् सहस्रांशु के रथ की गति को भी रोके रहती थी।

किंतु आज? क्या दशा है? करोड़ों भारतवासी मुश्किल से एक जून सत्तू घोलकर गुजर करते हैं—भारत मां के करोड़ों मासूम बच्चों को दाने-दाने के लाले पड़ रहे हैं—दुर्भिक्षों और महामारियों की भरमार से भारतीय प्रजा त्रस्त हो उठी है—रोगाक्रांत, क्षुधा-पीड़ित एवं दारिद्र्य-दलित प्राण-शेष नर-कंकालों से भारत-भूमि के प्रत्येक खंड का इंच-इंच छा गया है। कहो, ऐसी दशा में होली होगी? बोलो—होगी, ऐसी दशा में? हो सकती है ऐसी भीषण परिस्थिति में?

आह! भले ही न हो सके आज, किंतु होगी अवश्य, अनति दूर भविष्य में ही होगी, और बड़े मजे की होगी—सचमुच कहता हूं—सच्ची होली होगी—ऐसी-वैसी नहीं। वह सर्वथा अद्वितीय होगी। संसार का इतिहास पलट जायेगा। पृथ्वी असंख्य बार प्रकंपित होकर तो कहीं स्थिर हो पायेगी। अनंतसागर महीनों क्षुब्ध हिलोलों से

मथित होकर अशांत हो उठेगा। सूर्य और चंद्रमा आंखें फाड़-फाड़ कर विस्मय के साथ देखते रह जायेंगे। भयंकर उल्का-पात की अविश्रांत धारा से समस्त जगत् कंपायमान हो जायेगा। हवा थरथराती फिरेगी, पेड़-पत्ते स्तब्ध हो रहेंगे, पक्षी अपने बसेरे छोड़ भागेंगे, भैरवी के प्रलय-हुंकार से दसों दिशाएं कांप जाएंगी और भीमाकृति रणचंडी के अट्टहास से आकाश विदीर्ण हो जायेगा।

हाः हाः हाः हाः हाः!!! कैसी अच्छी होली होगी वह? कल्पना तो करो? नाच उठोगे मतवाला-पाठको! सम्हलकर सोचो—कितनी विचित्र होली होगी वह! हाः हाः हाः हाः हाः!!! उस दिन भारतवासियों के शरीर की नाड़ियां अदम्य पिचकारियां बनेंगी लाल रंग की! उन देव-विमानों की जगह आकाश में गीध मंडरायेंगे। उस दिन भारतीय नर-नारियों की चिताभस्म राशि पर धुलहंडी मचेगी। उस दिन अभ्रक-बिंदु के बदले देश-भक्ति की मस्ती में झूमने वाले अक्लांत नवयुवक वीरों के तेजस्वी नेत्रों से राष्ट्रप्रेम की चिनगारियां वायुमंडल में उड़ती फिरेंगी। उस दिन कुमकुम के बदले भारत के अनमोल लालों की बोटियां उड़ाई जायंगी। उस दिन साम्राज्यवाद के पलीते से उकसाई हुई तोपें ही भारत की जनमंडली में प्रचंड मृदंग ध्वनि की तरह घहरायेंगी। उस दिन भारतीयों के हाथ-पैर की बेड़ियों की झनकार ही झांझ का मजा देगी। उस दिन करताल की जगह करवाल ले लेगी और गुलाल की जगह गोलियां।

आह! कैसा अद्भुत दृश्य होगा भगवन्! निहत्थे भारतीयों की लोथों से पटी हुई पृथ्वी पर साम्राज्यवाद की अधिष्ठात्री शक्तिचंडी का वह उल्लासपूर्ण अंतिम तांडव नृत्य कैसा सुंदर होगा प्रभो! मेरे प्यारे इष्टदेव—बोलते क्यों नहीं? मेरे आराध्यदेव संहार-मूर्त्ति शंकर! कहो, उस दिन तो तुम्हारे तीसरे नेत्र के खुले बिना ही तुम्हारा मनोरथ सिद्ध हो जावेगा। तुम तो सहज ही अखंड तांडव-नृत्य में निमग्न हो जाओगे—तुम्हारे सहेला-सहेली भारतीयों की मुंडमालाएं पहनकर—खप्परों में भर-भर उनके तप्त रक्त को पी-पीकर, युगों के बाद, तृप्ति लाभ करेंगे। बताओ तो, उस दिन के बाद!

हां, वास्तव में उसी दिन के बाद—ठीक उसी दिन के बाद भारत—यही भारत—यही पददलित भारत, अपने श्मशान से, उस प्रह्लाद ही फूफी—उस सत्याग्रही की निठुर-निगोड़ी बुआ—की चिताभस्म, अपने ललाट में लगाकर अभूतपूर्व आनंद की मस्ती में झूम-झूम कर गावेगा—

अब होगी—
अब होगी हमारी होली!
सच्ची होली, प्यारी होली!

गाओ, बजाओ धूम मचाओ!
यारो! होली होगी! होली होगी!!

[वर्ष 5, संख्या 29, 3 मार्च 1928]

मतवाले की बहक

इन्तहाये नशा में आता है होश
होशियारी इंतहाये नशा है॥

1. 'मतवाला' की संगदिल माशूका 'माधुरी' ने ऐन होली के अवसर पर दगा दिया! क्या पूछते हो यार, जमाना पलट गया! सारा नशा किरकिरा हो गया!! हौसिला पस्त हो गया और सारी उमंग खाक में मिल गई!!! अब होली क्या तुम्हारे सर से खेलें या अपने? उफ कमबख्त ने बड़ा धोखा दिया! लिखा था यों कि 'फसलेगुल में छूटे आशियां अपना!'
2. अब की होली की धूम कौंसिलों में खूब है! मालवीयजी रंग छोड़ने के लिए जब पिचकारी उठाते हैं तब सर मलकम हेली उनकी पिचकारी ही पकड़ लेते हैं!
3. यार, ये मजूरदल वाले भी बड़े चकमेबाज निकले, 'स्वराज्य पार्टी' की घुड़कियों से जरा भी नहीं डरे! अब 'पार्टी' को किसी नये नखरे का अभ्यास करना चाहिये। नहीं तो यदि प्रियतम यों ही रूठ गये तो होली का मजा ही बिगड़ जायेगा।
4. नौकरशाही ने न्याय की गर्दन तो पहले ही मरोड़ डाली थी, अब लज्जा की भी तिलांजलि देने वाली है! एसेंबली ने उसका बजट बिगाड़ डाला! इसलिये या तो वह स्वराज दल के आगे सीधी सो जायेगी या नंगी नाचेगी।
5. सुनते हैं महात्मा जी का स्वास्थ्य बहुत कुछ सुधर गया है, इसलिये उनके दर्शन के लिए भक्तों को टूट पड़ना चाहिये। नहीं तो, पूर्ण स्वास्थ्य लाभ कर लेने पर वे बड़ी आफत मचायेंगे। सत्याग्रह कर लेंगे, विलायती 'पटों' की होली जलायेंगे, चरखा चलवायेंगे, मलमल का मुंह मलकर खद्दर की हलचल मचायेंगे। गर्जे कि भारत में 'वही रफ्तार बेढंगी जो पहले थी' उसे फिर जारी करायेंगे। इसलिये उनको कुछ दिन और बीमार रखने की कोशिश करना, जरूरी ही नहीं, अजहद जरूरी है!
6. अब तुर्की में खुदा की खुदाई न रहेगी क्योंकि उनके प्रतिनिधि को अंगोरा एसेंबली ने स्विट्जरलैंड भेज दिया। अब अल्लाह मियां वहां से अपना उपनिवेश उठा लें।
7. मि. दास, श्रीयुत लालाजी और हकीम साहब ने तर्क का तूफान बरपा दिया, युक्तियों का जाल बुन डाला और दलीलों का दरिया बहा दिया। परंतु महात्मा

के असहयोग सिद्धांत का एक केश भी न हिला! ‘ न टरै पग मेरुहुं ते गरु भो, सु मनो महि संग बिरंची रचा!’

8. अरे ओ, मुहर्रमी सूरत वाले खब्बीसो, दकियानूसो और आबनूसो! जरा इस होली के मौके पर तो हंसो! यों न हंसी आती हो तो ‘स्वराज पार्टी’ की अक्ल पर हंसो, नौकरशाही की अदूरदर्शिता पर हंसो, ‘मतवाला’ के नक्कालों पर हंसो, और परिहास के बदले गलीज वमन करने वाले संपादकों और लेखकों की दशा पर हंसो! तुम्हें तुम्हारे बाप की कसम, एक दफे जरूर हंस पड़ो!

[वर्ष 1, संख्या 30, 15 मार्च 1924]

9. लोग कहते हैं—होली आई! हम कहते हैं—होली गई! पूछिये, कहां? क्यों नहीं, कोई बुलाने वाला भी तो हो! उड़ा ले जाने वाला जितना चालाक था, बुलाने वाला अगर उसका भी चचा हो, तो आना क्या मुश्किल है? सुबह-शाम में आ सकती है। मगर वही मेकराजी चाल! क्या वह चाल महात्मा गांधी नहीं चल सकते? लोग तो उन्हें लक्ष्य कर कहा करते हैं कि ‘भतीजों’ को ‘चचा’ अच्छे मिले हैं! बेशक ‘चचा’ तो ऐसे अच्छे मिले हैं कि ‘भतीजे’ अपने बाप का जमाना भी भूल गए!

10. सरकारी नौकरियां सूखी हड्डियां हैं। हिंदू और मुसलमान ‘नेटिव डॉग’ हैं। चबा रहे हैं चाव से और चख रहे हैं अपने ही मुंह के रक्त का स्वाद! फिर भी तारीफ में कहते जा रहे हैं कि ‘ऊख में पियूख में मयूख में न पाई जात, जैसी मधुराई सूखे हाड़ के चबाने में!’ [वर्ष 2, संख्या 29, 7 मार्च 1925]

11. थोड़ा-सा गुलाल, भूत-भावन भगवान् शंकर के प्रलयंकर चरणों पर, जिनमें चंचलता आते ही अनंत ब्रह्मांड आपस में एक दूसरे से धक्के लेने लगते हैं, ज्वालामुखियों का समूह अपनी छाती के अग्नि-स्फुलिंगों से आकाश को आग-आग करने लगता है, समुद्र सूख जाते हैं, पृथ्वी पर हाहाकार उपस्थित हो जाता है!

12. थोड़ा-सा गुलाल जगजननी, मंगलमयी, मुंड-मालिनी, महाशक्ति, माता महिषि-मर्दिनी के चरणों पर, जिनके नीचे लेटकर भाव-मुग्ध भूतेश्वर भी अपने भाग्यों को सराहते हैं!

13. लगवा लो, लेखनी के लाड़लो! थोड़ा-सा गुलाल तुम भी अपने गोरे, काले, मटमैले, चितकबरे चेहरों पर मस्त होकर मलवा लो! साथ ही, लगवाते वक्त, एक बार अपने आपको भूलकर मुग्ध होकर हंस भी लो! आज ‘फागुन मस्त महीने की होरी’ है!

14. निर्मला, भक्ति-शिरोमणि, भठिहारिणी ‘भीरुप्रिये’ ‘मनोरमा’! देखो, चोंचले न

बधारो, दूर ही से नजारे न मारो, जरा पास आ रहा और मुझे जी खोलकर लगा लेने दो थोड़ा-सा गुलाल अपने 'फुटबाल' की तरह फूले गालों पर! सुकुमारी हो तो क्या, कुमारी हो तो क्या, निर्भतारी हो तो क्या, आज 'ऐसा करा लेने से' कोई कुछ न कहेगा। यह तो रस्मे दुनिया भी है, मौका भी है, दस्तूर भी है।

15. थोड़ा-सा गुलाल महाकवि 'शंकर' जी के भाल पर, थोड़ा-सा गुलाल कवि सम्राट पंडित अयोध्यासिंह उपाध्यायजी की दीर्घ-दाढ़ी पर, थोड़ा-सा गुलाल प्रेमचंदजी की प्रतिमा पर, थोड़ा-सा गुलाल कविवर मैथिलीशरण की सुंदर कविता पर और थोड़ा-सा गुलाल 'नारी-रूप-धारी-नर' ठाकुर गोपाल शरण सिंहजी की घनाक्षरी पर भी छिड़के देते हैं। इन्हीं महानुभावों की, वक्ते-जरूरत उदारता से 'देने' की आदत से ही, हम पियक्कड़ों के प्यालों की लाली है!

16. थोड़ा-सा गुलाल 'मतवाला'-मंडल के सहृदय सखा पंडित चंद्रशेखर पाठक की लंबी-लंबी तावदार मूंछों पर, जिनकी कृपा से हमारा 'अफजल-वध' सचित्र हो गया है। [वर्ष 4, संख्या 40, 12 मार्च 1927]

17. आज भारतीय प्रजा के प्रतिनिधियों की नस-नस में फगुनहट ने मस्ती भर दी है। वे बड़ी उमंग से, साइमन-सतभैयों के साथ, स्पीच-पिचकारियां तान-तान कर होली खेल रहे हैं। हाय! मैं मर्दुआ किसके साथ होली खेलूं? 'मदर इंडिया' प्रसव करने वाली 'मिस मेयो' बीबी तो लौट गई अमेरिका! हाय रे! हाय रे! उनके रहते एक भी होली नहीं कटी। कहीं आज वह होतीं! आह! कैसा रंग गठता! या अल्ला!!

18. 'निराला' महाराज ने पिचकारी तानी 'पंत' महारानी पर, तो वह बसंती चुनरी समेटकर अंदर ही अंदर ऐंठती हुई फूल सेज की पाटी पकड़कर चुप बैठ गईं। यह 'निष्क्रिय-प्रतिरोध' (Passive Resistance) तो बड़े मजे का रहा! लाख छेड़ो—बोलूंगी नहीं। अगर घूंघट टारोगे तो सिर्फ मुस्कुराऊंगी। अरे वाह री तेरी अदा! तभी तो फिदा है सारा जमाना! [वर्ष 5, संख्या 29, 3 मार्च 1928]

चलती चक्की

पंपदार हजारा पिककारा

कह रहा आसमां यह सब समां कुछ भी नहीं।
पीस दूंगा एक गर्दिश में जहां कुछ भी नहीं॥

1. गत सप्ताह से श्रद्धेय गणेशशंकरजी 'प्रताप'-संपादक की कुर्सी पर बैठ गये। मालूम होता है, 'विद्यार्थीजी' फागुन की हवा लगते ही फिर ससुराल जाने की तैयारी करने लगे। [वर्ष 1, संख्या 30, 15 मार्च 1924]
2. गत 26 फरवरी को कलकत्ता कारपोरेशन ने स्थानीय शिव लेन के एक मंदिर से एक साथ ही तीन शिवलिंग उखड़वा लिया और मंदिर भी तुड़वा डाला। मुसलमान भाई तो हिंदू बालकों की ही सुन्नत किया करते थे, कारपोरेशन ने तो हिंदू देवताओं की भी सुन्नत आरंभ कर दी।
3. हिंदी-संसार में पत्रों की बाढ़ देखकर 'माधुरी' बीवी बहुत घबरा उठी हैं। जानेमन! सुथना संभाले रहो। पत्रों की बाढ़ गोमती की बाढ़ थोड़े है? पत्रों की स्वयंवर-सभा में तुम्हें भटकने न दूंगा! बंदाराम तो तुम्हारे 'पेटेंट' पति मौजूद ही हैं। घबराती क्यों हो? [वर्ष 2, संख्या 29, 7 मार्च 1925]

रंगरूटों की फौज

1. काशी के पंडित रामप्रसाद पांडेय 'विशालरद' होली के दिन 'मतवाला' की टक्कर का 'भांड़' नामक एक पत्र निकालेंगे। अब वे अपने नाम के अंत में 'पांडेय' के बदले 'भांडेय' लिखेंगे, क्योंकि 'भाण्डस्यायं संपादकः इति भांडयेः!' ठीक है—'तस्य तदेव हि मधुरं पयस्य मनो पत्र संलग्नम्'!
2. जबलपुर की 'श्रीशारदा' का मासिक बिगड़ गया! एक साल में अनेक-पतिगामिनी होने का फल इसके सिवा और हो ही क्या सकता है?
3. सुनते हैं कविता-कामिनी-कांत पं. नाथूराम शंकर शर्मा को मतवाला माधुरी की जोड़ी बहुत पसंद है। कहीं इस पसंद की निगाह में कोई दूसरी चाह न भरी हो! फागुन में बूढ़े भी उत्पाती हो जाते हैं।
4. काशी के ज्ञानमंडल ने अपनी 'मर्यादा' खो दी, क्योंकि जब 'स्वार्थ' सिद्ध नहीं होता तब 'मर्यादा' का ध्यान नहीं रहता!
5. सुनते हैं, दरभंगा-नरेश अपने गढ़ की रक्षा के लिये एक नये फैशन के हथियार की खोज में हैं। यह भी सुनने में आया है कि होली के दिन उनके गढ़ में हथियारों की प्रदर्शनी होने वाली है! [वर्ष 1, संख्या 30, 15 मार्च 1924]
6. इधर असहयोग की लहर से उन बेचारे टकैहा सनातन धर्मोपदेशकों का रोजगार एकदम पट पड़ गया था, जो भोली-भाली धार्मिक जनता को उलटी-सीधी बताकर मजा मारने वाले और एकमात्र स्वार्थांध अर्थ-दास थे। इन दिनों हिंदू सभा के कारण इन्हें नोच-खसोट करने का अच्छा मौका मिला है। एक गुरुजी ने तो गुरुणां गुरु काशी के पंडों पर ही जाल फेंका था। परंतु दैवयोग से गुरुजी की पटरी चौचक बैठ न सकी। इधर ठठेरे-ठठेरे बदलौअल का तार देखकर गुरुजी ने ग्रहण के मौके पर मोहांध महंतों की उमड़ी हुई तोंद सुहलाना शुरू किया है। देखें, मुटठी भरती है या कोरा 'रामलड्डू' ही मिलता है।

   [वर्ष 2, संख्या 29, 7 मार्च 1925]
7. भारत-धर्म महामंडल की ओर से एक सर्वधर्म-सदन बनने वाला है। उसमें सब धर्मों और संप्रदायों के उपासना ग्रह बनेंगे—मसजिद, गिरजा, मंदिर आदि। हमारी राय है कि पालटपंथी-संप्रदाय का भी एक उपासना-मंदिर अवश्य रहना चाहिये। आइंदे 'विद्याव्यासंगी' महाराज की मर्जी!

   [वर्ष 3, संख्या 27, 20 मार्च 1926]

8. मतवाला-मंडल के प्रसिद्ध पियक्कड़ मुंशी नवजादिकलाल श्रीवास्तव की लगातार तीन शादियां एक ही घर में हो चुकीं—बड़े भाग्य से उनको एक 'त्रिफला साला' मिल गया है—तीन फल दे चुका, चौथे फल को 'पाल' डाल रक्खा है। अगर वह भी मुंशीजी के बांटे पड़ा तो कहना न होगा कि उनकी 'सारी खुदाई' चारों पदार्थ देने वाली कामधेनु है।
9. काशी के जिन पंडितों ने गजाकार लंबायमान घोषणापत्र निकालकर भारतधर्म-महामंडल और महाराज दरभंगा का बहिष्कार किया था, वे ही सारे के सारे पंडित उनकी सभाओं में मक्खन ले-लेकर बड़े हौसले से पहुंचे थे। इन्हें तो टका थमा दो, 'चचा' कहवा लो।
10. कौंसिलों के मेंबर बहुत दिनों से अपना-अपना 'बिल' पेश करते आ रहे हैं, मगर आज तक कुछ फल नहीं निकला। अब उन्हें यह देखना चाहिये कि उनके 'बिलों' में कौन-सा ऐसा दोष अटका हुआ है, जिससे इतनी मशक्कत करने पर भी कुछ पैदावार नहीं होती। [वर्ष 4, संख्या 40, 12 मार्च 1927]

चंडूखाने की गप्प

फक्कड़ बादशाह

सत्यं ब्रूयात् प्रियं ब्रूयात् न ब्रूयात् सत्यमप्रियम

1. जब से इस देश में अछूतोद्धार का आंदोलन उठा है, तब से देवलोक में बड़ी सनसनी फैली है। बेचारे देवता घबरा उठे हैं। सुनते हैं, वहां की 'नेशनलिस्ट पार्टी' इस प्रश्न पर विचार कर रही है। यदि आवश्यक हुआ तो वहां भी यह आंदोलन जारी किया जायेगा। पार्टी की इस दुरभि-संधि की खबर पाकर विधाता की सरकार ने देवलोक के तमाम मंदिरों और कुओं पर 'प्युनिटिव पुलिस' तैनात की है और इस आंदोलन का विरोध करने के लिये काशी से कई अच्छे-अच्छे पंडित वहां बुलाये गये हैं।
2. गंडक-तट-वासी ऋषिकल्प ज्योतिषियों ने बताया है कि नवदंपती 'मतवाला' और 'माधुरी' के संयोग से कलकत्ता में शीघ्र ही एक 'मौजी' बच्चा पैदा होगा! यह महातेजस्वी बालक कार्तिकेय की तरह महासुंदर और मदन की तरह अनंग होगा। इसका प्रभाव मनुष्य-शरीर के स्थान-विशेष पर पड़ेगा। 'महादेव' ने चाहा तो यह 'मकार-परिवार' शीघ्र बहुवंश हो जायेगा।

[वर्ष 1, संख्या 30, 15 मार्च 1924]

3. हिंदू-तीर्थों के पंडों ने तीर्थराज प्रयाग में एक सभा करके इस शर्त पर दक्षिणा लेने की प्रथा उठा देने का संकल्प किया है कि यजमानो या यात्रियों की युवती स्त्रियां स्वच्छंदता पूर्वक मंदिरों में दर्शनार्थ आया करें।

[वर्ष 2, संख्या 29, 7 मार्च 1925]

4. कविवर पंडित सूर्यकांत त्रिपाठी 'निराला' जी ने बालक, युवा, वृद्ध, नर, नारी, हिंदू के छोटे-बड़े सभी 'ध्वजधारी' अधिकारी सज्जनों और सजनियों को, आमतौर पर तथा अमीनाबाद के कोठेवाली श्रीमती प्रोषितपतिका रामदुलारी और श्रीमती रूपकिशोरी गणिका को, ताल ठोंककर खुला चैलेंज दिया है कि होली के दिन अपने बंधु, बांधवों और बंधुनियों को साथ लेकर आवें और भरपेट भिंड भिड़ावें।

[वर्ष 3, संख्या 27, 20 मार्च 1926]

5. भरतपुर के हिंदी साहित्य सम्मेलन के सभापति चुने गये हैं अलवर-नरेश। उन्होंने अपने भाषण में एक जगह दीर्घ-शंका उपस्थित की है कि मुसलमान-भाई अगर

हिंदी की होड़ में अपनी उर्दू को भिड़ावेंगे तो हिंदू क्या कर सकेंगे।

6. पंडित सूर्यकांत त्रिपाठी 'निराला' आजकल संस्कृत के प्राचीन कवियों के संबंध में शोधन-कार्य कर रहे हैं। करीब-करीब सबका शोधन हो चुका, केवल 'विकट नितंबा' का शोधन करना शेष है।
7. बहुत दिनों के बाद यह भेद खुला है कि पं. सुमित्रानंदन पंत जुल्फें बढ़ाकर, लचक-मटक सीखकर, नाना भांति के प्रयत्नों से स्त्रीत्व प्राप्त करने की चेष्टा कर रहे हैं, यहां तक कि पुल्लिग शब्दों में भी धीरे-धीरे स्त्रीलिंग का आरोपण कर रहे हैं। उन्होंने प्रोफेसर पं. बदरीनाथ भट्ट बी.ए. को लिखा था कि हमारा स्त्रीत्व सार्थक कीजिये। इस पर भट्टजी ने भी उत्तर दे दिया है कि हम तो आप ही के लिए आज तक कौमार्य व्रत धारण कर लखनऊ की आबहवा का सेवन कर रहे हैं। [वर्ष 4, संख्या 40, 12 मार्च 1927]

हमारी तो बस 'हो-ली'!

रामनाथ लाल 'सुमन'

हाय! वे भी एक दिन थे, जब इस शस्यश्यामला भूमि पर दूध की धारायें बहा करती थीं, जब कालिंदी के कलित कलेवर में सुंदर सरोजों की बाढ़ थी, जब सुरसरि का तट आनंदोन्मत्त मोरों से और कोकिलों के कल-कूजन से गूंज उठता था। उसके बाद—वे भी एक दिन थे, जब मेखलाधारी ऋषियों की 'तत्त्वमसि' ध्वनि से वायुमंडल में प्रकंपन होता था, यज्ञकुंड की लपटें संसार में दिव्य ज्ञान की ज्योति फैलाती थीं। और—वे भी एक दिन थे, जब योद्धाओं के भयंकर हुंकार से मेदिनी कांप उठती थी, ऊपर-नीचे होने लगती थी। और सुनोगे? वे हमारे ही दिन तो थे, जब एक साधारण योद्धा ने स्वयं भगवान् को ही ललकार कर कहा था—'सूच्यग्रं न दास्यामि बिना युद्धेन केशव!'

और सुनना चाहते हो? नहीं, जाने दो, गुलामी की चक्की के गेहुंओ! अपनी कायरता की कहानी सुनकर क्या करोगे? उधर से आंखें ही फेर लेना अच्छा है, जिनकी आंखों के सामने से, अभागे अशांत विश्व का त्राता, महात्मा ईसा की पवित्र वाणी से संसार को कंपा देने वाला, शांति का उपासक, तपस्वी—अशांति फैलाने के अपराध में—देखते-देखते छीनकर जेल की कोठरी में ढकेल दिया गया हो; किंतु ईश्वरेच्छा कहकर पिंड छुड़ाने में जिन्हें जरा भी लाज न आई हो, उन्हें उनकी मर्यादा सुनाना क्या और न सुनाना क्या? जीवन में ही मरे हुए हम अभागे गुलामों की संतान हमारे नाम अपने मुंह पर किस हौसले से लावेगी?

हां, तो उस समय भी हम होली खेला करते थे और आज भी खेलते हैं—पर उस समय अपने हृदय के आनंदोल्लास में डूबकर, प्रेमरंग से सराबोर होकर खेलते थे और आज रोकर, अपना कलेजा मसोसकर खेलते हैं। उन दिनों भी हम होली मनाते थे, जब हमारे बनाये हुए दिव्य मलमल से यूरोप की नवोढ़ा युवतियों का शृंगार होता था और आज भी होली खेलते हैं, जबकि हमारी बहुएं वस्त्राभाव से गीली धोती पहने हुए उसके छोर सुखाकर दिन बिताती है। तब भी हम होली खेलते थे जब रुपये के मनों अन्न मिलते थे और आज भी मनाते हैं जबकि वमन किये हुए अन्न को धो-धोकर खाने वालों की कमी नहीं है!!! हमारी बेशर्मी पर, हमारी बेगैरती पर, भले ही लोग

थूका करें, हंसी उड़ायें, आवाजें कसें, किंतु हम अभागे जीव सुनते कब हैं?

आज नारद की वीणा ध्वंस हो चुकी है। हमारा संगीत भंग की धारा में बह गया है। हमारी लाज कुलवधुओं की ओर झांकते-झांकते दूर हो गई है। होली का संजीवोत्पादक पवित्र प्रेम वेश्याओं के मुखड़े तक ही खतम हो रहा है। हमारी पवित्र जिह्वा दूसरे को गंदी गालियां सुनाकर तृप्ति-लाभ करती है। विदेशी गुलाल और चकचकाती हुई अद्धी के कुर्त्ते, शतशत विधवाओं की आहों को कुचलकर, पहने जाते हैं। हमारी ऐंठ, अपने सेवकों तक ही समाप्त हो जाती है। हम अपने नाच-रंग, खुशी-मुजरे और भंगभवानी की उपासना में यह सोचकर कभी खलल नहीं डालना चाहते कि हमारे ही घर के दस करोड़ भाइयों के पेट में मुश्किल से एक समय चारा पड़ता है। आज यही हमारी होली है! हम अभागों को कौन बतावेगा कि ये आंसू हर्षातिरेक में उमड़े हुए हृदय के मोती हैं वा कलेजे को चीरकर दो टूक कर देने वाली निगूढ़ क्रंदन-ध्वनि के अशक्त और मौन दूत?

[वर्ष 1, संख्या 30, 15 मार्च 1924]

144!!!

कविरत्न 'विनोदानंद'

अरे क्या पूछते हो? मेरा नाम 144 है। मैंने बड़ों-बड़ों का मान-मर्दन कर दिया। पुण्य-शय्या पर शयन करने वालों को कारागार की कंकरीली धरती पर सुला दिया। सिंह की तरह गरजने वाले वक्ताओं के मुंह पर ऐसा मुछीका चढ़ाया कि उनकी बोलती बंद कर दी। जो काम बड़ी-बड़ी शक्तियों से महीनों में नहीं हुआ था उसे मैंने मिनटों में कर दिखाया!!! जिस सभा में पहुंच गई उसमें बस मैं ही मैं मटकने लगी। बड़े-बड़े वीर मुझसे मगज मारकर मर गये, पर किसी से मेरा बाल बांका भी न हुआ। मैं मोम की तरह इतनी मुलायम हूं कि मजिस्ट्रेट-मदारी चाहे जिस ओर मुझे घुमा सकता है। साथ ही, मैं बज्र की तरह ऐसी कठोर हूं कि जहां पंजे अड़ा देती हूं फिर संपटपाट किये बिना नहीं टलती। कहो, खबर है असहयोग आंदोलन की, पता है नान-कौपरेशन मूवमेंट का? कैसे करिश्मे दिखाये, क्या गुल खिलाये, कितना कौतुक किया? रोज यही सुन पड़ती थी कि आज फलाने लाल लद गये, कल अमुक दास गये, परसों इनके देव बेड़ियां खटका रहे हैं और तरसों ढिमके दत्त हथकड़ी पहने जा रहे हैं। भाई, सच समझना, मेरी बदौलत लोगों में हिम्मत आ गई। जो लोग कैद के नाम से कानों पर हाथ रखते थे, वे भी मेरी ललकार पर 'जेल की चिड़िया' बनने को तैयार हो गये। और तो और, अबला कहाने वाली स्त्रियां भी 'सबला' बन बैठी! ह ह ह ह ह! इन बातों से मैं खूब मशहूर हो गई हूं। मेरा नाम शैतान की तरह शोहर-ए-आफाक हो गया है। मेरी सर्वतोमुखी गति है। मैं पहले ही मोम की तरह 'मुलायम' और बज्र की तरह कठोर बन चुकी हूं। राजनैतिक दंगल से जी ऊब गया, तो अब मेरे मदारी ने मुझे धार्मिक और सामाजिक क्षेत्रों की पैमायश करने भेजा है। पटना, बहराइच, लखनऊ, कानपुर में मैं तमाशा दिखा चुकी हूं। अहा! मेरे नाम में बड़ी विचित्रता है। मैं तीन अंकों से बनी हूं, जिनका योग 9 होता है। संसार का गणितशास्त्र इन अंकों में ही समाप्त हो जाता है। अर्थात् मैं 'इल्म हिंदसा' की दादी हूं, या यो कहिए कि जनता से पूजा पाने के लिए नवग्रह-स्वरूप हूं। मैं एक हूं और चार-चार भी। अर्थात् संसार को उपदेश देती हूं कि एक परमात्मा पर विश्वास रखते हुए काम, क्रोध, मद, लोभ से बचो; धर्म, अर्थ, काम, मोक्ष की प्राप्ति में प्रयत्नवान होओ। पोलीटिकल पार्टी

व्यर्थ ही मुझसे भयभीत होती है। मेरा '1' उन्हें एकता का बोध कराता है, '4' साम, दाम, दंड, भेद सिखाता है और दूसरा '4' चरखा, करघा, खद्दर एवं अछूतोद्धार की ओर जाता है। समझे? मैं इतनी विशाल और ऐसी व्यापक हूं। मैं लोगों से मैत्री करने आती हूं। लोग मुझे देखकर बिदकते हैं, कोसते हैं, भागते हैं। इसमें मेरा क्या दोष? मैं क्या जानूं? मेरा मदारी जाने, जो मेरी डोरी इधर से 'उधर और उधर से इधर करता रहता है–

वा की माया मोहि नचावे–
मैं कठपुतली वह डोरी है
दई मारे, भारत हीरो है!

[वर्ष 3, संख्या 27, 20 मार्च 1926]

जोगीड़ा

हिंदी-संसार की होली

मिस्टर परगेटिव

अरररररर भैया! सुन लो मोर कबीर!
कोई नचावे रंडी-मुंडी, भांड-भगतिये कोई।
आप नचाओ लेखकगण को, देश देश यश होई।।
भला यह ढंग निराला आला है।।1।।

छोड़ा बूढ़े 'महावीर' को कर बख्शी से प्रीति।
कलियुग की 'विद्यादेवी' की खरी अनोखी रीति।।
भला यह 'पदुमलाल' मनभाया है।।2।।

'माखनलाल' 'प्रताप' बने थे लेकर कर करवाल।
'बालकृष्ण' की 'प्रभा' निराली, मूरति मंजु रसाल।।
कृपा 'शिवनारायण' गणेश की है।।3।।

'राधामोहन' ने 'गोकुल' तज 'नागनगर' में आई।
'प्रणवीरों' में नाम लिखाया, शासक रहे लजाई।।
बड़ा संग्राम-वीर यह बूढ़ा है।।4।।

ब्याह 'माधुरी' के संग होता, 'मतवाले' का आज।
देख लार टपकी यारों की,—गिरी गगन से गाज।।
मरे उल्लू चुल्लू भर पानी में।।5।।

'लाल दुलारे' नये पुरोहित 'नारायण' के 'रूप'।
मंगल ब्याह रचायें इनका, जोड़ी अजब अनूप।।
भला अब मंगल गीत सभी गाओ ।।6।।

'महादेव' मतवाले नाचें 'शिवपूजन' के संग।
'मुंशी नौजादिकलालजी' देवें ताल मृदंग।।
मजीरा 'सूर्यकांतजी' खनकाते।।7।।

कल का पैदा चला ब्याहने 'सरस्वती' को आज।
माता से परिहास! छोकरे? तुझे ने आई लाज?
भला कैसा खाया 'रसगुल्ला' है।।8।।

'कर्मवीर' के 'ठाकुर छेदीलाल' रहे प्रण ठान।
कौंसिल के द्वारा काटेंगे नौकरशाही-कान।।
भला वे भी तो रहे बैरिस्टर हैं।।9।।

'गहमर' के 'गोपालरामजी' हिंदी के जासूस।
करें विलास 'विलास भवन' में छोड़ा छप्पर फूस।।
अहा! क्या उलटी बानप्रस्थी है।।10।।

आज बनाओ 'श्यामसुंदर' का 'सभा' बीच अलबेली।
अंगिया चोली भी पहनाओ, होवे रेलापेली।।
भला यह होली बरसाने की है।।11।।

'लाला' ने 'भगवा ना दीना' 'दीन' बने दिन रात।
'उग्र' भाव धारण कर अब तो, खड़े चलावें लात।।
भला यह वीर बड़ा किष्किंधा का।।12।।

'नाथूराम' सदा 'शंकर' का 'जगन्नाथ' से जोड़।
बदाबदी साहित्य क्षेत्र में, करें परस्पर होड़।।
भला यह तांडव नृत्य अनोखा है।।13।।

है 'समस्त नारायणजी' 'शिक्षा' अगम अपार।
मिले आय 'विधुशेखरजी' से जहं विल से तलवार।।
भला 'असिधारा-ब्रत' कब तक होगा।।14।।

'भारतमित्र' हुआ 'शैदा' है चोरों पर ही आज।
दिल से, जां से, हुआ फिदा है, 'विश्वंभर' के राज।।
भला 'गर्देजी' ने गहरी छानी।।15।।

है 'स्वतंत्र' और 'विश्वमित्र' का यह सिद्धांत अपेल।
छुआछूत का भूत भगे हो ब्राह्मण-भंगी-मेल।।
भला जग 'मूल' 'अंबिकाजी' ही हैं।।16।।

'झाबरमलजी' ने झांसी दे, दिया 'उमा' को ठेल।
चले छोड़ कलकत्ते को वह, यह 'नेकी' का खेल।।
नया 'संदेश' सुनाया यह हमने।।17।।

'बंगवासी' को फांसी देकर पड़े 'मदन' के फेर।
छोड़ा 'रामदत्त' 'जौहर' ने पाया 'तुलसी'—ढेर।।
भला हो ताकधिनाधिनताधिनता।। 18।।

कालिदास और शेक्सपियर के नाम करें बदनाम।
महामुछंदर बड़े लफंदर खावें माल हराम।।
भला सब माल मसाला चोरी का।। 19।।

'जयशंकर' के नाटक पढ़ लो खुल जायेगी आंख।
'भारतेंदु' के रहते होगा कभी अंधेरा पाख?
भला दुस्साहस की भी तो हद है।। 20।।

'दफ्तर' देख 'दरोगाजी' का 'कातिकजी' का मोर।
'व्यास नरोत्तमजी' का देखो दाढ़ी-दंगल शोर।।
भला यह सब 'प्रसाद ईश्वर' का है।। 21।।

'नागराजजी' नागफांस में फंसे बड़े बेतौर।
मिटी तरुणता की चंचलता बदल गया सब तौर।।
भला यह, करनी की भरनी देखो।। 22।।

है न नाम को 'पाठकजी' के मन में तनिक 'प्रमोद'।
'बंधु-बिहार' बंद होने से लहते नहीं विनोद।।
भला अब धीरज कैसे होवेगा?।। 23।।

'लक्ष्मी बाबू' ने 'लक्ष्मी' से कीरति लही अमंद।
कौंसिल के झक्काझूमर में हुई पत्रिका बंद।।
भला 'लाला' की यह लुटिया डूबी।। 24।।

'लाला रामसहायलाल' की 'श्रीविद्या' घर-फोड़।
'विधु' से नौसिखुए को छोड़ा 'दीन' से नाता जोड़।।
भला यह 'गया' से जाती काशी है।। 25।।

नाम 'केसरी' 'सूंड गजों' सी है बकरे सी पूंछ।
छूंछ मनोरथ रहे तुम्हारे ज्यों बिल्ली की मूंछ।।
तुच्छ यह 'नौरंग' तेरा रंग सारा।। 26।।

काककंठ ने चोंच निकाली काव्यकंठ कर बंद।
पिता-पुत्र-संग्राम मचा है लड़ने दो स्वच्छंद।।
भला इस बीच तीसरे क्यों बनते?।। 27।।

[वर्ष 1, संख्या 30, 15 मार्च 1924]

होली की झोली

पं. गौरीशंकर शर्मा

अरररररर सुन लो यारो मोर कबीर!
लंबा टीका हाथ सुमिरनी गेरुआ कफनी धार।
पर नारी पर डीठ लगावें फैलावें व्यभिचार।
भले जी बगुला-भगत बने फिरते।। 1।।

नित्य 'अहिंसा परमो धर्मः' करते रहे प्रचार।
दीन दुखी पर छुरी चलावें, निकले रंगे सियार।
भला खद्दरपोशों से पिंड छुटा।। 2।।

कोट बूट पतलून डाटकर सिर पर रखते हैट।
समझे हमी मनुष्य जगत में, बाकी सब हैं 'रैट'।
भले तुम फैट बने हो ऐ मामू।। 3।।

पर्दा-'सिस्टम' बहुत बुरा है, इसको करके दूर।
संग लिये लेडी को घूमें नकली बने हुजूर।
भले दिन-रात फिरें चपलूसी में।। 4।।

हिंदी 'लैंगवेज' को मुर्दा कह बोलें गिटपिट बैन।
समझें उसी गुणी को धन दे बाकी फूलिशमैन।
बने इंगलिशमैनों के शहजादे।। 5।।

नया ब्याह बूढ़ों को भैया कहीं अगर रुक जाय।
सच मानो तो युवक पड़ोसी बिना मौत मर जाय।
हाय बाबा का ब्याह करा दो राम।। 6।।

कलकत्ते के धरमतला में अधरामृत की आस—
रखकर धरमधका खाते हैं कितने लक्ष्मीदास।
नई बीवी घर में 'ग्वाला'-संग है।। 7।।

दुराचार दुरि जाय देश से, चाहें नेता लोग।
तो बस एक एक वेश्या से, करलें शीघ्र नियोग।
बांस जब रहे न वंशी कहां बजे?।।8।।

बंधु अछूत विधर्मी होकर यदि अफसर हो जाय।
भाग सराहें तो फिर उससे सादर हाथ मिलाय।
यही तो धर्म-सनातन-लीला है।।9।।

चेतगंज काशी में देखो 'मंडल' एक महान।
भांति-भांति के 'भूषण' बिकते, जहां खुले मैदान।
टका दे इच्छा पूरी कर लीजै।।10।।

ज्ञानी ध्यानी दास पहनते हैं तन पर कोपीन।
खड़े घाट पर नजर लड़ाते उनके सुत शौकीन।
अजब है भोला बाबा की काशी।।11।।

धंधा कोई मिले न तो फिर संपादक बन जाव।
कहीं का ईंट कहीं का रोड़ा कर दो लेख चुनाव।
कला का धता बता दो अब भाई।।12।।

काव्य-कनक की कड़ी कसौटी 'खन्नाजी' का द्वार।
रगड़ रहे हैं पकड़-पकड़ कर कवियों के हथियार।
बड़ा अफसोस धातु खोटा निकला।।13।।

छैल-छबीली अति गरबीली 'रूप' 'माधुरी' ओर।
ताक रहा छैला 'मतवाला' उड़ा न ले चितचोर।
'लालजी' संभल जाइये होली है।।14।।

दिखलाई देता 'भविष्य' है 'वर्तमान' अरु 'आज'।
पर न 'भूत' के दर्शन होते, बिगड़ रहा सब साज।
भला भेजो दाता कोई घर-बैठे।।15।।

है 'गणेश' विघ्नों को हरता, देता खरी सलाह।
कितने अन्यायी कठपुतलों को सिखलाता राह।
धन्य है उस 'प्रताप' कनपुरिया को।।16।।

इक 'वकील साहब' की 'लक्ष्मी' जाती देश विदेश।
दो रुपये लेकर सालाना, हरती विरह कलेश।
धन्य इन उपकारी भगवतियों को।।17।।

एक 'प्रयागी पंडितजी' की 'गृहलक्ष्मी' चितचोर।
'शिशु' समेत प्रतिमास पधारे पहन घांघरा घोर।
भेंट में सिर्फ चार रुपये लेती।। 18।।

[वर्ष 1, संख्या 30, 15 मार्च 1924]

गुलाल की मूंठ

श्री बैताल

छ र र र र र र र कबीर!
लेकर कामन बिल का खसड़ा गईं 'बसंती' पार।
सनहक लेकर बांग लगाया पड़ी किंतु फटकार।।
कौन है पुर्सा हाल तुम्हारा।। 1।।

पार्लमिंट-मेंबरों ने भी कही यही ध्रुव बात।
चल शतरंजी चाल अनोखी किया सभी को मात।।
टैक्स की बंदी कर दो।। 2।।

'होमरूल' का पचड़ा छेड़ा रचकर अजब प्रपंच।
धूमधाम कर आयीं बूढ़ा खाकर टी और लंच।।
मंच पर धर ललकारें।। 3।।

द्वापर युग में रही पूतना धरती रूप अनेक।
कलियुग की भी देखो लीला यारो खाकर 'केक'।।
'लेक' यह राजनीति की।। 4।।

सपरू के संग लाला जी भी बने कौंसिल-भक्त।
लेकर चरखा गांधी बाबा बैठे बने विरक्त।।
वीर 'सन्यस्त' हुए हैं।। 5।।

केल्कर, किलक किलक कर गावें प्रति सहयोगी गीत।
जोर शोर से रोर मचाकर लेंगे भारत जीत।।
मंत्री-पद के ये भूखे हैं।। 6।।

मिस्टर ताम्बे भी पीछे से छोड़ स्वराजी मंत्र।
लगे घुमाने बड़े लाट का धर के शासन-यंत्र।।
पेट अब खूब भरेगा।। 7।।

लिबरल दल की बात निराली 'मद-रत' हैं सब लोग।
पूंछ हिलाकर खीस निपोरें लगा स्वार्थ का रोग।।
यही 'हें हें' दल है।। 8।।

कष्ट उठाना देशभक्ति हित है यह बुरा विचार।
लेक्चर झाड़ो मौज उड़ावों केवल करो प्रचार।।
बनो उपदेशक बाबा।।9।।

'अलीबंधु' अल्लाह मनाते सर रहीम के हेत।
'गढ़' में आज 'अली' चिल्लाते खाते हिंदू-खेत।।
लखो उजड़ी जाती खेती।।10।।

'श्रद्धानंद' ने धूम मचाई शुद्धि किया भरपूर।
कहां निजामी के भंड़वे हैं, कहां सरंगी-शूर।।
तबल-तबलीगी ठनकावें।।11।।

'दीनदयालु' मीन बिन पानी मलें हाथ पछतांय।
टका पंथ तो बंद हो गया बैठ सुंठौरा खांय।।
बुढ़ौती में कोंपर चाटैं।।12।।

[वर्ष 3, संख्या 27, 20 मार्च 1926]

होली की फूलझड़ी

श्री सिड़ी

हिंदू-महासभा ने यारो, नष्ट किया सब खेल।
मरे पुराने पोंगापंथी, लगी कलेजे सेल।।
मिले गुलछर्रे सारे मिट्टी में।।1।।

दहल उठी है तोंद महंती, खुल गई सारी पोल।
हा! हराम का हलुआ पूरी, होगा मोती-मोल।।
जमाना बदल रहा है।।2।।

माथे खौर लगाकर, बनना पंडित परम प्रवीन।
धर्म-कर्म का ठीका लेकर, बैठ बजाना बीन।।
न बन आंवेगा बाबाजी।।3।।

जिनके धन से तोंद फुलाया; बैठे करते चैन।
हाय! उन्हीं की कन्याओं से, लगे लड़ाने नैन।।
हद्द हो गई हरामीपन की भी।।4।।

बाल पके हैं कमर झुकी है, भुरकुस हो गये दांत।
धनुही से अकड़े फिरते हैं, धरे हाथ से आंत।।
किंतु है हविस ब्याह की बनी हुई।।5।।

बोतल छाकें रांड़ नचावें, हरें पराया माल।
वही अभागे धर्म-ध्वजा धर, बैठ बजावें गाल।।
हाल है यही सनातन हिंदू की।।6।।

घर में विधवा पोती बैठी, बाबा करते ब्याह।
ऐसे उल्लू के पट्ठे का, कर दो चेहरा स्याह।।
जला दो जीते-जी होली।।7।।

जिनके बल से बढ़े विधर्मी, करते अत्याचार।
उन्हीं अछूतों को अपनाते क्यों फटती है यार।।
उन्हें क्या नहीं बनाया ईश्वर ने।।8।।

विधवाओं को ब्रह्मचर्य का देते हो उपदेश।
किंतु स्वयं हो काम-कीच में रहते सने हमेश।।
लाज की चाट गये हड्डी।।9।।

टेढ़ी टोपी चख में चश्मा, छिकुनी पकड़े हाथ।
गिरगिट करते टहल रहे हैं, धरे फ्रेंड का हाथ।।
यही नवयुवक देश की आशा हैं।।10।।

धर्म कर्म का मर्म न जानें, कहें पिता को 'फूल'।
सारा बाना धरे जनाना, बकते ऊलजलूल।।
'फूल' ये बैठेंगे अब कोठे पर।।11।।
—होली है, भई होली है!

[वर्ष 3, संख्या 27, 20 मार्च 1926]

लीडरों की होली

ऐण्टी लीडर

लीडर सारे हुए इकट्ठे, खेल रहे हैं फाग!
करो एकता, करो एकता, रोज अलापें राग।।
पोल, पर खुल ही जाती है।।1।।

सत्य, अहिंसा, खद्दर, चर्खा, छिन्न-भिन्न है आज।
फिर भी यारों टपक पड़ेगा, एकाएक स्वराज।।
'लंगोटी बाबा' की जय हो।।2।।

'कौंसिल रेकिंग' का चमका दे, बिछा वकीली जाल।
बमभोला को झांस लिया है, किया देश बेहाल।।
कौंसिलें टूट गईं यारो।।3।।

हम तो हैं 'बापू के सैनिक, गांधी है सरदार।
हिंदू-मुसलिम-इत्तहाद पर, सब कुछ दारमदार।।
ढोल दिन-रात पीटते हैं।।4।।

कभी गगन तो कभी धरातल तक की दौड़ लगाय।
भोली जनता श्रद्धा-पथ में सौ-सौ चक्कर खाय।।
गर्जना करे शेर-पंजाब।।5।।

सदा संभल कर रहते बाबा, बिगड़ न जावे जात।
खूब जमाई अहा! बेचारे समधी के सिर लात।।
तरीका यही संगठन का।।6।।

बुलबुल चहक रही भैया, सुनो आज चहकार।
मतलब क्या उसूल से हमको, असहकार सहकार।।
रिझाना ही है अपना काम।।7।।

कांग्रेस वालों की होली

चंदा लाओ नियम करेंगे जल्दी सविनय भंग।
गोरी 'गवरमिंट' भागेगी, दुनिया होगी दंग।।
देश की काया पलटेगी।।8।।

देश-प्रेम है कैसी चिड़िया राजनीति-मैदान।
नहीं मिलावें हां-में-हां जो, वहीं उमेठो कान।।
यही गांधी-युग का है धर्म।।9।।

'सेठी' कौन 'मुहानी' कैसा कम्यूनिस्ट ये यार।
डंडे से कामिल-आजादी का दे दो उपहार।।
लाठियां कब आवेंगी काम?।।10।।

सत्य, अहिंसा, प्रेम आदि का खूब दिखाया नाच।
वह 'हथियार बंद' बागी-दल कुचल दिया शाबास।।
सबक डायर से सीखा था।।11।।

नौकरशाही की होली

न्याय करूंगा, न्याय करूंगा, खूब मचाया शोर।
अहा न्याय की हनी दुलत्ती, लौट गया इंदौर।।
अनूठा न्याय लादकर लाया था।।15।।

'बूढ़े बुल' के सिर में देख, घुसा बावला-भूत।
यही सबब है फागुन में ही चिलवाया है जूत।।
नफा नीली आंखों का है।।13।।

[वर्ष 3, संख्या 27, 20 फरवरी 1926]

व्यंग्य रंग से रंगी हुई कबीर की ललकार

कमला

अ र र र र र र र...कबीर! भला जी भला—
होरी की मैं करूं ठठोली, बुरा न मानैं कोय।
जो कबीर को दोष लगावे, उल्टा दोषी होय।।
भला यह बरस दिनों की होली है।।1।।
जात पांत का ख्याल न रखना, आया फागुन मास।
साठ बरस के बूढ़े बाबा, रखे नवोढ़ा पास।।
भला यह मस्त महीना फागुन का।।2।।
कोल्हिन रक्खे, भूमिन रक्खे, रखनी रखे चमैन।
बूढ़े रंडुए युवक हो गये, युवकन को कब चैन।।
भला बोतल ने रंग जमाया है।।3।।
कोटि-कोटि जीवों की हत्या, करें लहेड़ी आप।
भक्त कहावें निर्दय होकर, करें कभी नहिं पाप।।
भला धर्म्मादा खाता खोल दिया।।4।।
तीन दिनों में गाल मारकर हुए दरिद्री सेठ।
लंबी चौड़ी डींग हांकते, दुष्टों के ये मेठ।।
भला यह नया नशा है दौलत का।।5।।
कभी भलाई करो न भाई, छिपकर रखना द्वेष।
मिले बड़ाई कर कुटिलाई, रक्खो सज्जन द्वेष।।
भला इज्जत तो मिलती इसमें है।।6।।
कंठी बांधो तिलक लगाओ, लेव द्वारका छाप।
धोखा देना कभी न छोड़ो, बगुला भगत के बाप।।
भला टट्टी की ओट शिकार करो।।7।।
बेटी बेचो, बेटा बेचो, बेचो दासी दास।
बेच चुके अब हल्दी धनियां, कपड़ा और कपास।।
भला इसमें क्या दौलत होती है।।8।।

[वर्ष 5, संख्या 29, 3 मार्च 1928]

होरी है

लाला भगवानदीन

एक ओर मोहन से मोहन सखान संग,
दूजी ओर शाहशाही कीरति किशोरी है।
परी झकझोर घोर फटी है सुधार चोली,
दीन्हीं लुढ़काय हेली पटुता कमोरी है।
चीर फार डारे सबैं कुटिल कानून चीर,
वाक्य पिचकारी मारि कीन्हीं बुद्धि भोरी है।
'दीन' कवि देखो आज देशभक्त खेलि रहे,
कौंसिल के आंगन में नोखी नई होरी है।

[वर्ष 1, संख्या 30, 15 मार्च 1924]

माधुरी-मतवाला की तान

कविता-कामिनी-कांत पं. नाथूराम शंकर शर्मा

कर ले प्यारी माधुरी, पातिव्रत-रस-पान।
देख सुनाता है तुझे, मतवाला वर तान।
छबि निरख माधुरी बाला।
मटकता मोद-मढ़ा मतवाला।।
नाच दिखाता, गाल बजाता, उगले राग निराला।
हा! पर तू न दाद देती है, अटका कोप कसाला।।
मौज उड़ाती है बिन ब्याही, कर मुकावला चाला।
तुझ-सी-रंग-ढंग-ढक्कों के, संग पड़ गया पाला।।
रामदुलारी रूप किशोरी बरज रही मा खाला।
तो भी तजती कुलटूटों, पकड़ा छांट छिनाला।।
गोपीनाथ 'कृष्ण' कपटी का, ओढ़ न कंबल काला।
आ शंकर से धरे बर का, धार धरैल दुशाला।।

[वर्ष 2, संख्या 29, 7 मार्च 1925]

'मतवाला' बनाम 'माधुरी'!

[होली का पत्र-व्यवहार]

(1)

माइ डार्लिंग!

हुए नमूदे जवानी उभार के काबिल,
दिन आ गये हैं मुहब्बते प्यार के काबिल।
खुदा के वास्ते छोड़ो ख्याल सादःपन,
तुम्हारा हुस्न है सोलह सिंगार के काबिल।
चुकाना दिल का सौदा है तो नकद बोसे दो,
यह जिंस तो नहीं हरगिज उधार के काबिल।

कलकत्ता
7-2-26

—अधरामृताकांक्षी
मतवाला

(2)

[कोरा जवाब]

मेरे खूसट...!

न कर तू बोसये रुखसार की हविस खूसट!
यह गुल नहीं रूखे खारदार के काबिल!

लखनऊ
15-2-26

—**माधुरी**
20-2-26

उदार मतवाले

पं. लोचनप्रसाद पांडेय

पाते हैं प्रमोद माते रहते विनोद ही में
मित्र-मंडली के नीके प्रेम प्रतिपाले हैं।
महादेव 'शंकर' महेश 'शिवपूजन' के
नव-नव जाति कमनीय पुष्प थाले हैं।
लेख-कविताओं के लिए न कभी तंग करै
वणिक-प्रसंग से हैं दूर, शीलवाले हैं।
हिंदी में निराली रंग-ढंग के दिखानेवाले
आले गुणवाले ये उदार मतवाले हैं।

[वर्ष 3, संख्या 27, 20 मार्च 1926]

माधुरी द्विरागमन

प्रद्युम्न कृष्ण कौल

आई गवनवा की सारी उमरि अबहीं मोरी बारी।
साज समान पिया लै आये कलकतिया संग चारी।
'नवजादिक', 'महादेव', 'निराला', 'उग्गर' निपट अनारी।
बने सब खद्दर धारी।।

चौक पुराय पूजि गौरी को लंबोदर भुज चारी।
अंचरा पकरि कै 'निरलवा' बेदर्दी जोरत गंठिया हमारी।
सखी सब गावत गारी।।

विधना गति 'सरसुती', 'मनोरमा' बैरी भई महतारी।
'रूप' 'दुलारी' संग सहेली घरवा से देत निकारी।
भई सबको हम भारी।।

गंवन कराय चले कलकतवा इत-उत बाट निहारी।
छुटत नवाबी नगर-लखनऊ छुटत गोमती प्यारी।
करम गति टरत न टारी।।

शंकर घोष लेन में राख्यो दीन्ह घूंघट पट टारी।
बोतलवारो बलम मोरा बौरा भरि कै पियलवा मारी।
न लेऊं देत है गारी।।

कोरो घट रंग से भर राख्यो भख्यो कुमकुमा थारी।
भरी पिचकारी बेदर्दी ने मारी तंग भई चोलिया हमारी।
अनोखी निपट गंवारी।।

'मतवारो' गलबहियां देके सुंदर पलंग बैठारी।
मलत गुलाल गुलगुले गालन ऐसो दुर्गति कारी।
बड़ी यह आफत भारी।।

बूढ़े बड़े सामने मांगत जोबन दान अनारी।
झूम-झूम पीवत अधरामृत सगरी सुध-बुध हारी।
जुलुम कर डारी भारी।।

कहत जान माधुरी दुलारी हम पति हैं तुम नारी।
रूठ न जाहु रंग-रस लूटौ कर लैं भेंटे अंकवारी।
गोद में बैठहु प्यारी।।

[वर्ष 4, संख्या 40, 12 मार्च 1927]

मतवाला-माधुरी जन्मपत्रिका!

(गणनाकार श्रीमान् ज्योतिषाचार्य पंडित यमुनाप्रसाद शुक्ल शास्त्री विद्यामार्तंड, शिवकुमार-भवन, कलकत्ता)

आदित्यादि ग्रहाः सर्वे नक्षत्राणि च राशयः।
आयुः कुर्वन्तु ते नित्यं यस्यैषा जन्मपत्रिका।।

आयुष्मान 'मतवाला' का जन्मलग्न।
जन्मकाल—श्रावण शुक्ला पूर्णिमा
रविवार प्रातःकाल धनिष्ठा नक्षत्र
दंड 2 पल 25

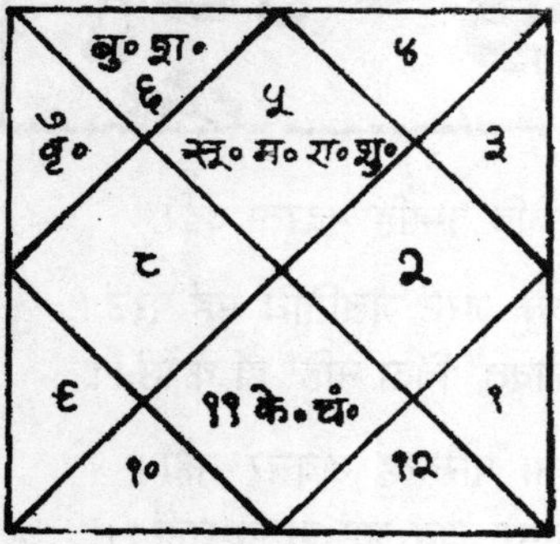

आयुष्मती 'माधुरी' का जन्मलग्न।
जन्मकाल—श्रावण शुक्ला सप्तमी
शनिवार प्रातःकाल 'स्वाती' नक्षत्र
दंड 2 पल 5

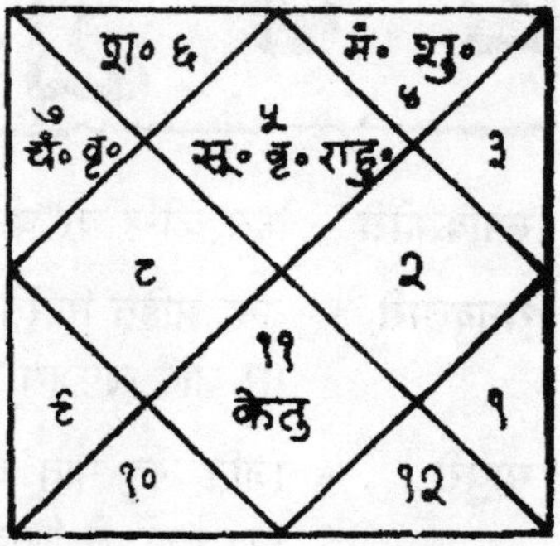

फल—"दोनों जन्मपत्रिकाओं में 'ग्रहमेलापक' तथा 'गणना' बहुत ही उत्तम हैं। संतान, आयु, धन और सौभाग्य के योग भी अत्युत्तम पड़े हैं। परंतु कन्या में 'पुंश्चली' और वर में 'लंपट' के योग आ पड़े हैं! कन्या का गण 'देवता' और वर का गण 'राक्षस' है! अतएव निरंतर वैर-भाव की संभावना है। इतिशुभम्।"

जेहि बिधि तुम्हहि रूप अस दीन्हा।
तेहि जड़ बर बाउर कस कीन्हा?

रूपकिशोरी – कस कीन्ह बर बौराह बिधि जेहि तुम्हहिं सुंदरता दई!

रामदुलारी – तुम्ह सहित गिरिते गिरउं पावक जरउं जलनिधि महं परउं।
घर जाउ अपजस होउ जग जीवत 'बिदा नहि' हौं करउं।।

माधुरी – जिनि लेहु मातु कलंक करुना परिहरहु अवसर नहीं।
दुख सुख जो लिखा लिलार हमरे जाब जहं पाउब तहीं।।

मतवाला – चलो जल्दी करो, नहीं तो गाड़ी छूट जायेगी।

केहि हेतु रानि रिसानि?

मतवाला – कारन मोहि सुनाउ गजगामिनि निज कोप कर।
जानति मोर सुभाउ, बरोरू!
मन तब आनन चंद चकोरू।।

माधुरी – चलो हटो, बातें न बनाओ, जले पर नोन न लगाओ, तुम बड़े नटखट हो, प्रेम दिखाते हो, मुंह भी चिढ़ाते हो, और मेरी बोली में भूल भी दिखाते हो। अब मैं तुमसे न बोलूंगी।

मानिनी-मान-मोचन

मतवाला – तुम लाख अनीति करौ पै करो हमैं नेह को नातो निबाहनो है!

माधुरी – ओ अम्मीजान! ओ खाला! देखो, यह दाढ़ीजार फिर मुझे तंग करने आया है!

आनंद-नृत्य

मतवाला–मेरी तेरी जोड़ी बनी मजेदार!
माधुरी–प्यारे सैयां पै मैं हूं निसार।

श्री लंडन-स्तोत्रम्

गांगेय नरोत्तम शास्त्री

तंत्रादौ विनियोगः

ओम् अस्य श्री लंडनस्तोत्र-महा-माला मंत्रस्य गांगेय ऋषिः अनुष्टुप्छंदः श्रीलंडनो देवता, विदग्धः साधकः परतंत्र्य-बीजं, उत्तेजना शक्तिः, साम्यविचार कीलकम्, कूट-नीति-ज्ञानपूर्वकम् अर्थ-काम संपादने विनियोगः।

ऋषिरुवाच–

उन्नताय सुरक्ताय बलिने छलिने भृशम्।
अबलानां खंडनाय लंडनाय नमो नमः।।1।।
अनेक-देश-जनता गर्व-गंजन - कारिणे।
धनाऽपहारिणे तुभ्यं लंडनाय नमो नमः।।2।।
मदोन्मतं महोत्थानं लोकच्छिद्र-गवेषकम्।
उग्र रूपं महाक्रूरं प्रचंडं लंडनं भजेत्।।3।।
मंडनं भोग-लिप्सानां, खंडनं धर्म-कर्मणाम्।
दंडनं श्रमिणां लज्जा-भंडनं लंडनं भजेत्।।4।।
देवैर्दैत्यैश्च यक्षैश्च पूजितं श्रम-कूजितम्।
अप्सरोभिश्च गंधर्वैः शोभितं लंडनं स्मरेत्।।5।।
सुराऽह्लादमानंतं सुरा-प्राणं सुरा-प्रियम्।
सुरा-सेवन-संवृद्धं प्रसिद्धं लंडनं भजेत्।।6।।
अनेक-योनि-संसिद्धं ततो यातं परां गतिम्।
वेदांति-साधुवद्विश्वे निर्लज्जं लंडनं नमेत्।।7।।

कर्ज-व्यथने

भर्जनं भव्यं-भावानां 'कर्जनं' युव-चेतसाम्।
तर्जनं तपसां स्त्रीणां स्वर्जनं लंडनं नमेत्।।8।।
महाप्राणवतीं पुष्टां प्रजां बलबलायिताम्।
दृष्ट्वा प्रौढ़ां स्खलद्गर्व लंडनं तं स्मराम्यहम्।।9।।

अभावैरभियोगैश्च खिन्ना ये निर्धनाः सदा।
तेषां कृषक-भृत्यानां खंडनं लंडनं भजे।।10।।
शीघ्रं समुन्नति कृत्वा विशालाकार-धारक।
प्रचंड-वेग दुर्दान्त भो भो लंडन पाहि माम्।।11।।

युग्मम्–

अग्रे बलाऽबलं वीक्ष्य नत्युन्नति-विधायक।
शुक्राचार्यदुदग्राक्ष कौटिल्य-पथ-पारग।।12।।
कदाचिद्वधितं-वन कदाप्युच्छिन्न-जंगल।
ब्रह्मांड-गोल के पूज्य अहो लंडन ते नमः।।13।।
नाना-क्रीड़ा-कृतोत्थान प्रिय-नाटक दुर्दम।
भद्र-भोगेश भगवन् भो भो लंडन ते नमः।।14।।
रात्रौ प्रदीप्त रोचिष्मन् निद्र-नाशिन् क्षुधाऽतुर।
क्रीडा-निशाचरीं कुर्वन् कुरु लंडन मे कृपाम्।।15।।
समस्त-लोक-संतापिन्-नारी-हारिन् निशाचर।
अहो रावणबद्वीर्य वीर लंडन ते नमः।।16।।
कंसवद्बंधु-विद्रोहिन! एकांत-व्यवसायकृत्।
शिशुहत्या - भ्रूणहत्याहेतो लंडन ते नमः।।17।।
दुर्योधन-समं माने वर्द्धने केतुवंमतम्।
प्रवेशे सर्पवत्तूर्णं सरलं लंडनं भजे।।18।।
युवती-संघ-संचारिन् युवती-भ्रंश-भावुक।
युवती-व्यवसाये च धूर्त्त लंडन ते नमः।।19।।
भुक्त्वा भुक्त्वाऽपि भुंजान भक्ष्याऽभक्ष्य सुभक्षक।
पिशाचवद्भोजनेच्छो भो भो लंडन ते नमः।।20।।
अपूर्यमाण-भोगेच्छ! पर - भूति - प्रकामुकः।
रात्रिन्दिवमसंतोषित् लोभिन् लंडन ते नमः।।21।।
अहो बलमहो वेगः अहो क्रौर्यमथोन्नतिः।
तव लंडन भूताऽद्य अदृष्टा चाऽश्रुता पुरा।।22।।
अद्य ब्रह्मा च विष्णुस्त्वं शंभुरिंद्रः प्रजापति।
कुबेरो वरुणो ह्याग्निः अश्विनौ मरुतस्तथा।।23।।
दंड-दाता यमश्चासि, धर्मराट् च स्व-धर्मदः।
साष्टांगप्रणतिं कुर्वे, तुभ्यं लंडन दंडवत्।।24।।

जगत्पूज्य जगद्गीत! परमाऽनंद - मंडन।
भक्ताऽनुकंपिन् भगवन् रक्ष मां रक्ष लंडन।। 25।।
इदं स्तोत्रं महापुण्यं दुःख-शोक-विनाशनम्।
श्री लंडन-सुलीलानां ज्ञापकं नीति-मापकम्।। 26।।
अर्थं विचारयन् सम्यग् यः पठेद्भक्तिमान्नरः।
आगलाडंत-मोदः स्यात् तस्य प्रेयान् पदे पदे।। 27।।
रात्रौ स्वप्ने यथा शंभुः प्रोक्तवान् प्रीति-पूर्वकम्।
तथैव कृतवान् प्रातः गांगेयः स्तोत्रमुत्तमम्।। 28।।
इदं स्तोत्रं महासत्यं सत्य-लीला-समन्वितम्।
प्रत्यक्ष-फलदं चैव लक्ष्मी-नीति-मति-प्रदम्।। 29।।
गंगा-तीरे मंदिरे वा वने वा जपतां शुभम्।
शांतिः क्रूर-ग्रहस्येव लंडनस्य प्रसादनम्।। 30।।
महा-भोग-प्रदं भव्यं महा-शक्ति-विधायकम्।
महा-सृष्टिकरं रम्यं महा-साहस-दायकम्।। 31।।
प्रचंडं लंडनं चित्ते चिंतयन् यः पठेदिदम्।
लंडनाऽनुग्रहात्तस्य भवेत्सर्व-सुखं ध्रुवम्।। 32।।

[काशीस्थ पंडितों की सेवा में नित्य पठनार्थ!]

[वर्ष 3, संख्या 27, 20 फरवरी 1926]

साहित्य-शब्दार्थ-गड़ही

कोशकार–श्री एकलिंग

1. **अंबिकाप्रसाद वाजपेयी** [पहले पुल्लिग अब नपुंसक लिंग]–आप नीम गोरे हैं, नीम वयोवृद्ध हैं, नीम मोटे हैं, और नीम-प्रसन्न मुख हैं। आपने अनेक अखबारों की बैलगाड़ियां हांकी हैं और आजकल कलकत्ते के मशहूर मारवाड़ी स्वतंत्र की लैंडो, बड़े रफ्तार से हांक रहे हैं। वैसे तो आपका जीवन सदैव पवित्र रहा मगर एक बार सन् 1921 में आप बीबी नौकरशाही पर आशिक हो गये थे। इसी से जेल काट चुके हैं।
2. **अयोध्यासिंह उपाध्याय** [नपुंसक लिंग]–यदि आप अपनी पगड़ी से लैस होकर अचानक किसी महफिल में पहुंच जावैं तो–अजी वाह, वाह! की ऐसी आवाज उठे कि आफत मच जाय। आप लाइब्रेरियन से, कानूनगो से, कवि से, लेखक से, प्रोफेसर तक हुए। प्रोफेसर भी ऐसे कि जी ही जानता होगा। आप कवि सम्राट हैं, महाकवि हैं, हिंदी भाषा के आचार्य हैं, कवि-सम्मेलनों के पेटेंट सभापति हैं, ब्रिटिश गवर्नमेंट के अनन्य दास हैं। साठा के बाद पाठा हैं और काव्य रस, पिंगलादि को चौपायों के रूप में हांकने वाले हैं। आप शापत, ताड़त, पुरुष कहत्ता, जूआ खेलक, रंडी कंता मनुष्य को भी, यदि वह ब्राह्मण हो तो, अन्य जातियों के बड़े-बड़ों से बड़ा मानते हैं। आप महा-ब्राह्मण समर्थक हैं। जवानी में एक बार बाबा ज्ञानानंद आपके ऊपर आशिक हो गये थे। उन्हीं ने आपको 'साहित्यरत्न' बना डाला है। आपके गर्भ से निकले हुए चौपाये सुंदर होते हैं।
3. **अंबिकाप्रसाद गुप्त** [नपुंसक लिंग]–आप पुराने और नये इंदुओं के प्रकाशक और एडीटर, गल्पमाला के गड़क और पुस्तक प्रकाशन के बहाने हजारों मन कागज और सैकड़ों मन स्याही के बर्बादक हैं। पौने छः फीट ऊंचे हैं और दो फीट चौड़े। खाना एक छटांक से ज्यादा नहीं हजम कर सकते हैं। मगर, जीवन बेगार ढोने में अद्वितीय दिलचस्पी लेते हैं, अथवा परिश्रम करते हैं। कवि-सम्मेलनों में आपके पहुंचते ही कविता सुंदरी घिघियाती हुई भाग खड़ी होती है।
4. **अमृतलाल चक्रवर्ती**–आप हिंदी-साहित्य के 'बड़हर' सेवक हैं। कई पत्रों का संपादन कर चुके हैं तथा पचासों से अधिक होलियों में, लाखों से अधिक गालियां खा चुके हैं। 'तुलसी बूढ़े बैल को कौन बांधि भुस देइ', न्यायानुसार

आजकल आपकी पूंछ बिलकुल छोटी हो गई है। कल के पैदा बहुत से छोकरे तो आपको जानते भी न होंगे।

5. **अनूप शर्मा** [पुल्लिग]—आप साधारण लंबे-चौड़े गोरे, ग्रेजुएट एंड एल.टी. हैं। आपने लखनौवे बाबू दुलारेलाल भार्गव के पीछे काम करने में काफी यश प्राप्त किया है। आपको कविता में वह कमाल हासिल है कि वर्तमान हिंदी साहित्य के सैकड़ों कवि आपके ठीक पीछे हैं।
6. **अन्नपूर्णानंद** [पुल्लिग]—[इधर चार-पांच महीनों से उभयलिंगी]—सभ्य भाषा में आप कृष्ण हैं, सीधी भाषा में काले और बदमाशी भाषा में 'जेट ब्लैक' हैं। कहने का मतलब यह है कि आप अपनी कालिमा के लिये भी काफी प्रसिद्ध हैं। यू. पी. की युनिवर्सिटियों ने आपको दुमदार आदमी बनाने की भरपूर चेष्टा की थी, मगर आपने हमेशा यही कहकर उन दुमों को कालिजों की दीवारों में घिस-घिस दिया, कि जब तक जी.पी. श्रीवास्तव की दुम झड़ नहीं जाती, तब तक मैं दुमदार बनूंगा ही नहीं। एक जंगल में दो शेर नहीं रह सकते। आप कुछ लोगों की दृष्टि में निखट्टू हैं और कुछ की दृष्टि में—'मंत्री श्री शिवप्रसाद गुप्त।'
7. **आनंदीप्रसाद श्रीवास्तव** [नपुंसक लिंग]—आप अभी महज लौड़े हैं। पहले जबलपुर की 'श्रीशारदा' में 'किरीट' नाम से कविता-सुंदरी के कोमल-कलेवर में किरिच कोंपा करते थे। अब अभ्युदयादि इलाहाबादी पत्रों की मैटर-भर्ती अपने पूरे नाम से किया करते हैं। काफी कलम-घिस्सू हैं। शायद अब तक आपने सैकड़ों महाकाव्य और लाखों खंड-काव्य लिखकर दीमकों को समर्पण कर दिया होगा।
8. **इंद्र विद्यावाचस्पति** [पुल्लिग]—आप प्रोफेसर हैं—गुरुकुल के एडीटर हैं गत 'विजय' और वर्तमान 'अर्जुन' के, 'सन' हैं स्वर्गवासी स्वामी श्रद्धानंद के, धन हैं—आर्यसमाज के। न लंबे हैं, न गोरे हैं, न सुंदर हैं और न बदशकल हैं। न जाने क्यों दड़ियल आपसे दहला करते हैं।
9. **ईश्वरीप्रसाद शर्मा** [पहले उभयलिंगी अब पुल्लिग]—आप हिंदी के भयानक अनुवादक, वीभत्स दंतनिपोड़ और वीर (संपादक बनने के) प्रेमी हैं। किसी दूसरी भाषा की पुस्तक की 'जान' निकाल कर अपनी भाषा में डाल देना आपकी बायीं खोपड़ी का काम है। हंसी-मजाक के आप ऐसे प्रेमी हैं कि उस क्षेत्र की गंदी से गंदी चीजें मुंह में भरे घूमा करते हैं। गद्य के अलावा आप पद्य भी लिखते हैं, जैसे—

खद्दर-चद्दर वाले हैं जो
वेश दरिद्दर वाले हैं जो

आफत के परकाले हैं जो
देश-नाशने वाले हैं जो
उनसे सदा रहो होशियार
मेरे भाई ! मेरे यार!!

10. **कामताप्रसाद गुरु** [पुल्लिंग]—आप व्याकरण व्याघ्र हैं। कोई भी नाम सुनते ही उसका लिंग ढूंढ़ निकालते हैं। आप ही के मत से प्रयाग के श्री सुमित्रानंदन पंतजी 'स्त्रीलिंग' हैं।

11. **किशोरीलाल गोस्वामी** [पुल्लिंग]—आप सम्राटों के मजमूआ हैं। याने उपन्यास-सम्राट, कवि-सम्राट, हास्य-सम्राट, अश्लील-सम्राट, बकबक-सम्राट, आदि, आदि। बूढ़े हो गये हैं मगर अभी तक श्रृंगार-प्रकरण में पूरे गो-स्वामी हैं।

12. **केदारनाथ सारस्वत** [पुल्लिंग]—आप बिलकुल नवयुवती (ओ, आई बेग योर पार्डन) नवयुवक हैं, संस्कृत के अच्छे विद्वान् और सुलेखक हैं, भावुक हैं, भंगभक्षी हैं—पूरे झपसट हैं।

13. **कृष्णकांत मालवीय** [उभयलिंगी]—आप हिंदी जगत् कें पड़सिद्ध एडीटर हैं, दुमदार भी हैं मगर दुम को पर्स में रखकर चलते हैं पीछे खोंसकर नहीं। आप आज के अनेक हिंदी-लेखकों के 'चचा' हैं और आपके भी चचा हैं पंडित मदनमोहन मालवीयजी? पंडित मोतीलाल नेहरू के प्रसाद से आप तीन वर्षों तक बड़ी कौंसिल की कुर्सी की छाती के भार भी रह चुके हैं। भाषा तूफानी लिखते हैं, व्याख्यान उथल-पुथलकारी देते हैं। आप इलाहाबादी 'अभ्युदय' के यशस्वी प्रवर्तक हैं और आप ही की 'मर्यादा' बाबू शिवप्रसाद के हाथों में पड़कर चौपट हुई है। आपको सदा सोहागिन बने रहने का शौक है। 'वजीर' को आप 'जान' की तरह 'लव' करते हैं। याने मिनिस्टिरी के समर्थक हैं—कोई दूसरा अर्थ न समझ ले। हां, आपका एक विख्यात गुण यह है कि यदि आप पान की 'भीट' में छोड़ दिये जायं तो घंटे-दो घंटे में खेत का खेत चर सकते हैं।

14. **कृष्णदेवप्रसाद गौण** [उभयलिंगी]—आप एम.ए. हैं, एल.टी. हैं, लंबे हैं, गोरे हैं, परम चाकलेट हैं, 'सरस' हैं, हसीस हैं, हुस्नपरस्त हैं, दिलदार हैं, एक खूबसूरत दिल्लगी हैं।

15. **कृष्णबिहारी मिश्र** [पुल्लिंग]—आप दुलारेलालाकाश के झाड़ू-तारा हैं 'साहित्य-समालोचक' के एकमात्र सहारा हैं, छोटे हैं, कुछ मोटे हैं, वकील हैं, शायद सज्जन भी हैं। कवि नहीं हैं, केवल काव्य मर्मज्ञ हैं। मगर अक्सर कविता-कानन में बटोर-बहार करते हैं। आप 'ज्ञानमंडल' और 'माधुरी मंडल' दोनों में फेरी लगा चुके हैं। देव के भयानक समर्थक हैं और उनकी इस लाइन पर डेढ़-जान

से फिदा हैं—'भोगहू ते कठिन संजोग पर नारी को।' बाबू दुलारेलाल की अनुपस्थिति में आपने उनकी दुलारी 'माधुरी' का अभिभावक होना सहर्ष स्वीकार किया है।

16. **गणेशशंकर विद्यार्थी** [पुल्लिग]—आप 'प्रताप' के सर्वे-'सरवा' हैं। यू.पी. नौकरशाही के 'सगे हसवेंड' हैं। इस बार वोटरों की दया से एम.एल.सी. भी हैं। नादिरशाहों की नानी देखकर मरा करती है। कहा जाता है कि आप ही का शरीर देखकर डॉक्टर एस.के. बर्मन को अपने साइनबोर्डों में एक अस्थिपंजरावशिष्ट पुरुष को दिखाने की बात सूझी थी।

17. **गयाप्रसाद शुक्ल 'सनेही'** [उभयलिंगी]—मनहूसों-सा मुंह है, मगर बड़ी-बड़ी पटाखा-कविता-कामिनी के विख्यात जनक हैं। आप ही 'त्रिशूल' या 'शंकर' के हथियार' हैं। देशी दुकानों के सभी 'बोसो' और विलायतियों के 'चाकलेट' आपको ज्यादा पसंद हैं, ऐसा विद्यार्थी शांतिप्रिय द्विवेदी का 'ऑब्जरवेशन' है। भविष्य की राम जानें, मगर आपका भूत साहित्यिक-युग 'वर्तमान' से 'वेटर' था।

18. **गांगेय नरोत्तम शास्त्री** [पुल्लिग]—कविचक्र चूड़ामणि, मगर हिंदी-कविता कामिनी-शृंगार-संहारक। भारी खिस-खिस, विकट गलफरानंद।

19. **गिरिधर शर्मा 'नवरत्न'**—दुबले, पतले, लंबे, भांटाकार हैं। आपकी सबसे अधिक ख्याति उमर खैय्याम और रवि ठाकुर की दुर्दशा करने के कारण हुई है। आप कविता क्या लिखते हैं साहित्य का गला घोंटते हैं। आप नवरत्न हैं—पत्थर हैं।

20. **गोपालशरण सिंह** [पुल्लिग]—आप ताड़वत लंबे और पहाड़वत् तगड़े हैं। रींवा रियासत के लाखों के जागीरदार हैं। आपकी गठरीदार-प्रतिभा देखकर अनेक हिंदी कविरायों के मुंह में लारों का तूफान उठ खड़ा होता है। आप बहुत दिनों से कवि हैं और हमारा विश्वास है बहुत दिनों तक कविता की छाती पर सवार रहेंगे।

21. **गोपालराम गहमरी** [असार लिंग]—गहमरीजी हिंदी-संसार में जासूसी करते-करते अब बिलकुल जुल-जुल जासूस बन गये हैं। किसी जमाने में आपकी सीटी बोलती थी—अब शंख बजता है।

22. **चतुरसेन शास्त्री** [महापुल्लिग]—गद्य के घमासान गढ़क, कभी-कभी पद्य-पग तोड़क तथा तुक जोड़क; 'व्यभिचार-प्रचारक' भारी 'टाकू' आदि-आदि।

23. **चंद्रशेखर पाठक** [पुल्लिग]—अधेड़ावस्था के पार अनुवादों के अवतार, वारांगना-रहस्य-फोड़कों के सरदार, पाठक एंड को. के सरकार।

24. **चंडीप्रसाद हृदयेश** [पुल्लिंग]—आप बी.ए. हैं, गल्प लेखक हैं और औपन्यासिक हैं। आपकी संस्कृत समलंकृता भव्या-भाषा-भेजा-भेदिनी होती है।
25. **जगन्नाथदास 'रत्नाकर'** [प्रचंड पुल्लिंग]—आप सचमुच हिंदी भाषा के दिग्गज—शरीर और खोपड़ी दोनों से विद्वान हैं। कुरूपनारायण की आप पर असीम कृपा है। लोगों का कहना है कि आप बीवी 'माधुरी' के नव्य बिहारी के 'द्विपदों' में अक्सर तेल लगाया करते हैं। आप अंग्रेजी के बी.ए. और ब्रजभाषा के आचार्य हैं।
26. **जगन्नाथप्रसाद 'भानु'** [पुल्लिंग]—एक शब्द में आप भारी पिंगल हैं।
27. **जगन्नाथप्रसाद चतुर्वेदी** [चाकलेट लिंग]—चौबेजी हिंदी-चंद्र के चमचमाते चकोर हैं। आपकी आंखें आठों पहर अनुप्रास के अन्वेषण में ही अटकी रहती हैं। आपने लाहौर साहित्य-सम्मेलन की गद्दी पर अपना गौरवमय गोल गाड़ा था। जिस साहित्यिक महफिल में आप नहीं रहते वह वीरान समझी जाती है।
28. **जयशंकर प्रसाद** [उभय लिंग]—आप कवि, नाटककार और गल्पक तो हैं ही, खिस-खिस भी भारी हैं।
29. **जी.पी. श्रीवास्तव** [उजबक लिंग]—कहा जाता है, मरने के बाद फ्रांस के मोशिये मोलियर की आत्मा बरसों चारों ओर घूम-घूमकर अपने लिये एक दरबा खोज रही थी। अंत में वह हमारे जी.पी. श्रीवास्तवजी के भीतर जा घुसी। आप वकील और विद्वान तो हैं ही भारी 'ह्यूमर' भी हैं। दुमदार आदमी भी हैं, मर्दानी औरत भी हैं। अब सुनते हैं आजकल आपकी खोपड़ी से मोलियर की आत्मा उतरी सी जा रही है। आपके पीछे हमेशा करोड़ों काम लगे रहते हैं।
30. **ज्योतिप्रसाद मिश्र 'निर्मल'** [नपुंसक लिंग]—यह बीवी 'मनोरमा' के हरम के बेदम के रखवाले हैं। 'मतवाला' का और इनका बड़ा मधुर नाता है। उजबकई में आप पूरे प्रयाग में प्रख्यात हैं। कविता सुंदरी के दो-चार सुंदर पाद आपके माथे में हमेशा ही भरे रहते हैं।
31. **दशरथप्रसाद द्विवेदी** [पुल्लिंग]—आप गोरखपुरी 'स्वेदश' के जेलजानक संपादक हैं। कलम पर आपका एकाधिकार है, अवस्था पैंतीस के पार है। आपकी अजीबोगरीब खोपड़ी में 'स्कीमों' की भरमार है। जैसी चाहिये, जो चाहिये, जब चाहिये तैयार है। आप 'स्वदेश' को जी-जान से सजाते हैं और अपनी गरीब शक्तियों को लेकर अच्छे-अच्छे अमीरों को लजाते हैं।
32. **दीनदयाल शर्मा** [सनातन लिंग]—चतुरानंद ने आपको रचने के पहले एक भैंसा रचा था। उसी 'मेंटलिटी' में आपका भी निर्माण होने से आप कुछ-कुछ तदाकार हो गये हैं। सड़ातन-धर्म के आप झनाझन्न ठेकेदार हैं। आदर्शों के

नाम पर आप गरजते हैं विकट-बाघ की तरह, मगर जरूरत पड़ने पर बरसते हैं खाली बंदूक की तरह। सुना है आपका मत है कि चालीस हजार की गठरी का दाता महान् पतित, नारकी और हत्यारा होने पर भी पुरुषोत्तम कहा जा सकता है। संसार-स्टेज पर आपका ड्रामा प्रायः समाप्त हो चला है—आप घोर ओल्ड हैं।

33. **दुलारेलाल भार्गव** [हिंजी लिंग]—दुबले हैं, अध-पतले हैं, नमकीन हैं, हिंदी के अभिमानी सेवक हैं, अपने को जरूरत से ज्यादा लगानेवाले हैं 'माधुरी' के फादर हैं, पंडित अनूप शर्मा के प्यारे विरादर हैं, गंगा-पुस्तकमाला वाले हैं और हिंदी कवियों के अब क्या कहें? सुना है रत्नाकरजी की कृपा से आप महाकवि बिहारी के टक्कर के दोहाकार हो गये हैं। आपके दोहे के चंद उदाहरण—

मेरी भव बाधा हरौं परी-माधुरी प्यारि,
नीके हैं छीके हुए ऐसी ही रह नारि।
सखी सिखावति मान विधि, सैननि बरजति बाल,
'हिवूस्पर' कर मो मन बसैं, सदा दुलारेलाल।
जरी हरी आसा लता, 'प्रेम' 'कृष्ण' दोउ टूट
हरी परी माधुरी प्रिय, करी खरी रस लूट?

34. **नवजादिक लाल** [भ्रष्ट लिंग]—आप भी 'चालीसा' का विक्टोरिया-क्रास वाली उम्र के मैदान में पा चुके हैं। कोड़ियों किताबों के टायटिल पेज पर हजारों बार चिपक चुके हैं। 'मतवाला' एडीटर की हैसियत से 'ब्यूटीफुली' बहक चुके हैं। मगर आपकी अधिक शुहरत का कारण आपकी बीवियां हैं। आप **'आल्टर्नेट इयर्स'** बीवी बदल लिया करते हैं।
35. **नरदेव शास्त्री** [पुल्लिग]—दाढ़ियां आपसे दाढ़ी-सी रहा करती हैं—आप 'आरिया' हैं। लाल पगड़ियों की आंखें आपकी ओर लाल-लाल रहा करती हैं—आप बलवाई हैं। नामधारी नेता आपसे नकियाये रहते हैं—आप एडीटर—शंकर हैं। बड़े भयानक जीव हैं।
36. **पद्मसिंह शर्मा** [पुल्लिग]—आप हिंदी संसार के झंझावात हैं। एक बार हवा होकर बहे उखाड़-पछाड़ किया। हाहाकार उपस्थित किया और शांत हो गये।
37. **परिपूर्णानंद** [स्त्रीलिंग]—आप शुद्ध चाकलेट 'कलर' के हैं। श्री संपूर्णानंदजी के छोटे भाई हैं। प्रेम महाविद्यालय के पुजारी हैं, भारी बक-बक हैं, गल्पू हैं, उपन्यासू हैं और नाटकू भी हैं।
38. **पांडेय बेचन शर्मा 'उग्र'** [उभयलिंगी]—आप देश, साहित्य और स्वराज्य सबसे

अधिक अपनी जुल्फों को प्यार करते हैं। सखी-भाव में रहना आपको ज्यादा पसंद है। आप 'चाकलेट' शब्द के भारत-विख्यात निर्माता और दर्जनों चाकलेट-स्टोरियों के विधाता है। चाकलेट भी हैं और चाकलेटों के कमांडर-इन-चीफ भी। झूठी-मूठी कहानियां लिखने के लिए आप काफी बदनाम हैं।

39. **प्रेमंचद** [पुल्लिग]—आप ही वर्तमान हिंदी औपन्यासिकों के माथे पर के कांटेदार ताज हैं। कितनों की आंखों में खटकते हैं। आपके नाम का 'इनलार्ज फार्म है—श्री धनपत राय बी.ए.। आप 'माधुरी' जनक बाबू दुलारेलाल के फ्रैंड हैं और आप ही ने अब 'माधुरी' को अपने गार्जियनशिप में लिया है। आपने नाटक के मैदान में भी दौड़ने की चेष्टा की थी, मगर सुना है, चारों खाने चित्त गिर पड़े थे। कलम घिस-घिस में आपको भी कमाल हासिल है। साल में दर्जनों किताबें कांख देते हैं।

40. **बदरीनाथ भट्ट** [उभयलिंगी]—आप लखनऊ युनिवर्सिटी के प्रोफेसर हैं—बस इतने ही से आपका शुद्ध परिचय मिल सकता है। दंतनिपोरई में आपको खासी इज्जत मिली है। आपके शिर पर अक्सर 'कवितास' भी चढ़ती है—कभी अच्छी, कभी अनच्छी। आप नाटककार भी भारी हैं, मगर वैसे ही जैसे पारसी स्टेज के 'जौहरजी'।

41. **बाबूराम विष्णु पराड़कर** [पुल्लिग]—आप बनारसी 'आज' के संपादक हैं, मनहूसी के लिये मशहूर हैं और साथ ही, चालीसा लग जाने पर विधवा-विवाह के मजेदार-मैदान में छलांगें मारने के लिये यशस्वी हैं। हिंदी के, खासकर काशी के, कितने अखबार केवल आपका नाम लेकर अपना जीवन धन्य बनाया करते हैं।

42. **बालकृष्ण शर्मा 'नवीन'** [उभयलिंगी]—आप सुंदर हैं, सुंदर देशसेवक हैं, सुंदर लेखक हैं और सुंदर कवि भी हैं। हुस्नपरस्ती आपकी आदत है और बुतपरस्ती पेशा। चार यारों के बीच में आप बहुत अच्छे लगते हैं।

43. **विश्वंभनाथ शर्मा 'कौशिक'** [उभयलिंगी]—कानपुर के दर्जनों साहित्यिक-भंगियों के आप प्यारे सखा हैं। 'कौशिकजी' के नाम से आप प्रसिद्ध हैं जिसका संस्कृत अर्थ बड़ा विचित्र होता है। आप मशहूर गल्प गड़क हैं।

44. **विश्वंभरनाथ जिज्जा** [उद्धतलिंग]—आप जो कुछ ही हैं भारी ही हैं। भारी लिक्खू, भारी गल्पू, भारी लंबक, भारी भंगक और क्या-क्या गिनाएं? सुना है ऐसा कोई दिन नहीं जाता जिस दिन, किसी न किसी बोलशेविक की आत्मा आपकी खोपड़ी पर चढ़कर आपको घंटे-दो घंटे न 'हबुअवाती' हो।

45. **विनोदशंकर व्यास** [उभयलिंगी]—आप हिंदी के उभरते हुए मुछमुंडे हैं। बाबू

जयशंकर प्रसादजी आपको नीचे से ऊपर तक जानते हैं।

46. **महादेव प्रसाद सेठ** [पुल्लिग]–आप 'मतवाला' के मशहूर पियक्कड़ एडीटर हैं.। दाढ़ियों के मूल में घुन बनकर घुसने में आपको 'जेलानंद' मिल चुका है। पहुंचे हुए संपादक हैं। निराली प्रतिभाओं के पीछे आप चारों पांव से दौड़ते हैं। इस वक्त आप बुढ़ापा और जवानी के बीच में खड़े होकर 'बैलंस' ठीक कर रहे हैं।

47. **माधव शुक्ल** [पुल्लिग]–आप नाटक भी हैं, नट भी, गायन भी हैं, गान भी, साहित्यिक भी हैं, साहित्य भी, दीवाने भी हैं, होशियार भी।

48. **माखनलाल चतुर्वेदी** [स्त्रीलिंग]–आप मूक पहेली से सुंदर हैं। अंधकार पूर्ण संसार में भाव-जुगुनूमयी कविताएं प्रसव किया करते हैं। 'प्रताप' और 'प्रभा' को भरपेट संपाद चुके हैं। आजकल 'कर्मवीर' में पैंतरे बदल रहे हैं। आप, सुना है 'दिल' भी रखते हैं।

49. **मिश्रबंधु** [बहु-लिंगी]–आप लोगों के फुलबेंच में तीन हिंदी महारथी हैं (i) पंडित गणेशबिहारी मिश्र (ii) पंडित श्यामबिहारी मिश्र और (iii) रायबहादुर पंडित शुकदेवबिहारी मिश्र। आप लोग सैकड़ों हिंदी लेखकों के 'श्रेद्धय' हैं। एक शब्द में आप हिंदी साहित्य की पुरानी रागिनी हैं।

50. **मुच्छन द्विवेदी** [बटुक लिंग]–आप सनसना कर सनकते और बमबमा कर बमकते हैं। आपने अपने 'मुच्छन' को, अपने 17-18 वर्षों के जीवन में, साढ़े तीन बार छीला-खरादा है। अब उसका शुद्ध रूप श्री शांतिप्रिय द्विवेदी के रूप में प्रकट हुआ है। जरा भी भाव का जुलाब मिलते ही आपकी प्रतिभा महीनों तक 'पोंका' करती है।

51. **मैथिलीशरण गुप्त** [पुल्लिग]–आप वर्तमान खड़ी बोली की कविता के नखशिख हैं। मधुर भी हैं, कर्कश भी। कवि भी हैं तुक्कड़ भी!

52. **रघुपति सहाय** [अजीब लिंग]–आप हजारों में एक बी.ए. हैं, खूब नवयौवन हैं, आंखें खुलती ही नहीं, पूरा छायावाद। Sheयों से अधिक Heयों को 'इम्पोर्टेंस देने वाली उर्दू शायरी के आप मास्टर हैं! एक शब्द में आप एक नमकीन शेर हैं।

53. **रमाशंकर अवस्थी** [नपुंसक लिंग]–आप कनपुरिया 'वर्तमान' के मूक 'भूत' और 'सतर्क' भविष्य हैं।

54. **रायकृष्ण दास** [उभयलिंगी]–आप भयानक भावुक हैं। भाव-साहित्य-समुद्र में अक्सर डुबकियां लगाया करते हैं। फलतः आपके हाथों में कभी-कभी साहित्य-मुक्ता भी दिखाई पड़ते हैं, मगर अधिक तादाद शंखों और घोघों की ही होती है।

55. **रामनरेश त्रिपाठी** [पुल्लिंग]—आप राष्ट्रभाषा सब गुन आगरी नागरी के वणिक-सूत्र हैं। 'लंडन-टाइम्स' में एक बार पढ़ा था कि 'एलाहाबाड का पंडत रामनरेश त्रिपाठी चूरन का लटका आच्चा लिक लेटा हाय।' आप हिंदी के 'खंड' कवि हैं। बड़े मीठे हैं।

56. **रामचंद्र शुक्त** [मौन-लिंग]—हिंदू विश्वविद्यालय की भाषा के 'वीपिंग फिलासफर' हैं, विद्वतसमाज की भाषा में आप 'गंभीर' हैं, रायसाहब बाबू श्यामसुंदर दास की भाषा में आप 'सर्वस्व' हैं; हमारी भाषा में आप 'धन्य' के 'फाल्स' हैं।

57. **रामचंद्र वर्मा** [पुल्लिग]—आप काशी नागरी-प्रचारिणी-सभा के लवण ही हैं। क्या नमकीन तबीयत पायी है। आप ही की कृपा से हिंदी-शब्द-सागर-कोष का पानी बरकरार है।

58. **रामचरित उपाध्याय** [पुल्लिग]—आप भारी महाकवि हैं। आपकी महा-कविता 'सरस्वती' में हर महीने मिल-मिलाया करती है।

59. **राधेश्याम कथावाचक** [उभयलिंगी]—आप अपने को नाटककार भी कहते हैं, कवि भी। यदि जौहर और शैदा नाटककार कहे जायं तो राधेश्यामजी उनसे पहले नाटककार हैं। कविता तो क्या आप कविता की नौटंकी रचा करते हैं। महाकवि शंकरजी ने 'डींग राधेश्याम से कथक्कड़ों की फीकी है' लिखकर आपको अमर कर दिया है। इसमें कोई शक नहीं कि आप नमकीन बक्कू हैं। हजारों और लाखों के नीचे बोलते ही नहीं।

60. **रामवृक्ष शर्मा 'बेनीपुरी'** [अभी अवस्था नहीं]—आप हैं तो वर्षों के मगर बनते हैं 'बालक'। 'मिठाई' की तरह गद्य लिखते हैं और 'खिलौने' की तरह कविता। आपके 'बालक' पन पर सैकड़ों साहित्यिक फिदा हैं।

61. **रामनाथलाल 'सुमन'** [नपुंसक लिंग]—कहा जाता है एक बार सुमनजी को किसी आबनूस ने देख लिया। उफ!! आफत आ गई गरीब पर—बेचारा बिलकुल ब्लैक पड़ गया था। आप संसार की ठेलों भाषा के पंडित हैं। 'बायरन' और 'कीट्स' से आपका पत्र-व्यवहार होता है। 'मिल्टन' और 'शेली' ने आपको लंडन में बुलाया है। आप लंबे बिलकुल नहीं हैं। खाली चौड़े हैं। आपको भी बहुतों की तरह अक्सर 'प्रियतम' रोग हुआ करता है।

62. **रामाज्ञा द्विवेदी** [उभय लिंग]—आप बड़े भारी 'अंग्रेजी' हैं, कविता उड़ावन कला के आप 'स्पेशलिस्ट हैं। सुना है बात रोग भी अक्सर उभड़ा करता है। आप जब अंग्रेजी पोशाक धारण करते हैं तब बड़ा मजा आता है! भ्रम होने लगता है।

63. **रूपनारायण पांडेय** [भ्रष्ट लिंग]—आप ही 'माधुरी' के प्रसवक नंबर-2 हैं।

साहित्य में आपकी ख्याति अंधाधुंध अनुवादने से हुई है। कविता का कचमूर निकालने में आपको मजा आता है। आप बाबू दुलारेलाल के दाहिने...।

64. **लाला भगवानदीन** [पुल्लिग]—आपको 'गुरु' बनने का रोग है। काशी का सारा 'गुरुडम' आप ही के पास बिखरा पड़ा रहता है। ब्याह करने में आप मुंशी नवजादिकलालजी से फर्लांगों और पराड़करजी से योजनों आगे हैं।

65. **सकलनारायण शर्मा** [जरठ लिंग]—आप 'शिक्षा' के सुधारक हैं, हिंदी भाषा के कर्त्ता, कर्म, करण, संप्रदान हैं, तीन गो 'तीर्थ' हैं, योगी हैं, कुंडलिन चढ़ा लेने वाले हैं और 'जो हैं सो' हैं।

66. **संपूर्णानंद** [पुल्लिग]—आप भी काले हैं, श्रृंगार रस की तरह। चूकनेवाले चाचा चतुरानन आपके जाति निर्माण में ही चूक कर गये हैं। आप ऐसे चतुष्कोण ब्राह्मण को 'लाला' बना दिया है। आप बी.एस-सी. और एल.टी. हैं तथा प्रचंड पंडित हैं। बीवी नौकरशाही है। आप पर हजार जान से निसार रहती है। आप एम.एल.सी. भी हैं। अभी कल आपने भी दूसरी शादी की है। आप बड़े इंद्रिय-दमनी भी हैं। कोषकार का भ्रम है कि आप ग्रेट आदमी हैं, मगर केवल महीने में दो या तीन रोज।

67. **श्यामसुंदरदास** [नपुंसक लिंग]—आप हिंदी साहित्य के 'अनुदार' इतिहास हैं। हिंदू विश्वविद्यालय के प्रवीण प्रोफेसर हैं। पंडित रामचंद्र शर्मा के 'आदान-प्रदान' हैं। हिंदी-सेवी होकर भी और इस सूर्यास्त काल में टाई-शू और पैंट हैं।

68. **सियारामशरण गुप्त** [उभयलिंगी]—देखने में आप बिलकुल सियारामशरण नहीं मालूम पड़ते। अभी महज कच्ची उम्र है। मगर आप हजारों में एक तुक्कड़ हैं।

69. **श्रीधर पाठक** [ओल्ड लिंग]—हिंदी साहित्य के पुराने मधुकर हैं। एक दिन ऐसा भी था जब चारों ओर आप ही आप नजर आते थे। अब लोगों की नजरों पर 'बदली' का परदा चढ़ गया है। आप कम नजर आते हैं।

70. **श्रीकृष्णदत्त पालीवाल** [शुद्ध पुल्लिग]—आप एम.ए. हैं, साहित्यरत्न हैं, 'प्रताप' और 'प्रभा' के भूत संपादक हैं, कानपुर के मशहूर 'एजीटेटर' हैं और आजकल आगरा के सुंदर सहयोगी 'सैनिक' के तड़ातड़ एडीटर हैं। हां, वर्तमान चुनाव के पहले आप एम.एल.सी. भी थे मगर इस बार की चढ़ाई में फील्ड आपके हाथों से निकल गया। 'सनेहीजी' के तो आप भक्त सुने गये थे, मालूम नहीं उनके 'च्वायसों' के भी भक्त हैं या नहीं।

71. **सुदर्शन** [अज्ञात लिंग]—अधिक नहीं एक शब्द में आप मुंशी धनपतराय की शुद्ध स्टाइल हैं।

72. **सुमित्रानंदन पंत** [स्त्रीलिंग]—यद्यपि आपका रंग 'चाकलेट' नहीं है फिर भी,

हजारों चाकलेट आपका मुंह ताका करें। कनक-छरी-सी काया पायी है। 'कपि' कलर के काकुल पाये हैं। 'मुग्धा की-सी मृदु मुस्कान' पायी है। आप अपनी अनोखी कविताओं में लिंगों को तोड़ने-मरोड़ने के लिये मशहूर हैं। साहित्यिक पकी दाढ़ियां आपको 'छोकरा' समझती हैं और अपने राम 'छोकरी'।

73. **सूर्यकांत त्रिपाठी** [पुल्लिग]—आप ही 'निराला' हैं। अपनी अनगढ़रागिनी से आप ही ने 'मतवाला' के प्यालों मे एक बार तूफान पैदा किया था। आप देखने में कवि से अधिक 'कोंपर' मालूम पड़ते हैं। आप 'रवि बाबू' और डी.एल. राय के मिक्सचर भी कहे जा सकते हैं। सबसे बड़ी बात यह है कि आप उजबकाचार्य पंडित शांतिप्रिय द्विवेदी (मुच्छन) के गुरु हैं।

74. **शिवप्रसाद गुप्त** [वीभत्स पुल्लिग]—आपका शुद्ध 'डिस्क्रिप्शन' पेश करना मुश्किल जो नहीं है तो फिर आसां भी नहीं है। दूर से आप 'रुई की गांठ' की तरह दिखाई पड़ते हैं। आपकी गांठ टटोलने वाले खाली काशी में ही नहीं तमाम यू.पी. में और खाली यू.पी. में नहीं 'होल इंडिया' में भरे पड़े हैं। लोगों का कहना है कि आप अगड़बंब-भोला-बाबा की तरह उदार और औढरदानी हैं। काशी की जागृति के आप जाग्रत इतिहास हैं। आप पक्के नो-चेंजर थे, मगर गत चुनाव में 'आज' के भूत-एडीटर-दार्शनिक-प्रवर श्रद्धेय बाबू भगवानदास जी के फर्स्ट पिसरे लंडनी बैरिस्टर, भैया जी बाबू श्री प्रकाश के लिये आप भी स्वराजियों के गोल में आकर—काफिर बन गये! कोई करे क्या!—'बुरो है बालेपन को नेह।'

75. **शिवपूजन सहाय** [स्त्रीलिंग]—आप कुछ दिनों तक अध्यापक तथा बहुत दिनों तक आरा की एक छोटी लाइन के गार्ड रह चुके हैं, अस्तु, बटुकविलसित हैं। चमेली के फूल की माला की तरह भाषा लिखते हैं। आपकी अवस्था तीस-एकतीस के ऊपर-नीचे है।

76. **हनुमान प्रसाद पोद्दार** [उभयलिंगी]—आप कलकत्ते के भारी आदमी है। हां, हां! आदमी ही से हैं! खूब 'सासी' शकल पायी है। कलकत्ता कवि-सम्मेलन के आप ही संयोजक हैं।

77. **हरिकृष्ण 'जौहर'** [नपुंसक लिंग]—आप पहले हिंदी के संपादक थे, अब पारसी स्टेज के 'छीछालेदरक' हैं। हजारों नाटकों को फांक गये हैं। मगर आप स्वयं जो लिखते वह शुद्ध घोंघा-पंथी होता है।

78. **हरिशंकर शर्मा** [पुल्लिग]—महाकवि शंकरजी के सुपुत्र, 'आर्यमित्र' के एडीटर—खूब लेखक और बहुत खूब कवि हैं।

79. **हेमचंद्र जोशी** [उभय लिंग]—राय साहब, श्यामसुंदर दास आपको लौंडा समझते

हैं क्योंकि आपने उनको एक बार घिसा था। प्रेमचंदजी आपको आफत समझते हैं क्योंकि, उन पर भी आप टूट चुके हैं। स्वामी सत्यदेव परिव्राजक आपको 'लुच्चा' और 'आवारा' और 'खुफिया' समझते हैं क्योंकि, आप स्वामी जी के ढोंग में सहायक नहीं होते। हम आपको हिंदी का उज्ज्वल घोंघा समझते हैं।

80. **हेरम्ब मिश्र** [नपुंसक लिंग]—आप कई पत्रों को, खासकर काशी के 'केसरी' को 'ऐडिट' करने के बाद अब 'सूर्य' को संपाद रहे हैं। बरे योग्य मित्र, भाड़ी लिक्खाड़ औड़ औंधें संपादक हैं।

[वर्ष 4, संख्या 4, 12 मार्च 1927]

नवाविष्कृत गणित-सिद्धांत

[योग-वियोग की महिमा]

प्लस-प्रपंच

मतवाला	+	माधुरी	=	बालक
दुलारेलाल	+	दोहावली	=	महाकवि बिहारीलाल
प्रेमचंद	+	अवध उपाध्याय	=	समालोचना
लखनऊ	+	बदरीनाथ भट्ट	=	ब्रह्मचर्य
रामजीलाल वर्मा	+	द्वारिकाप्रसाद चतुर्वेदी	=	हिंदी-साहित्य-सम्मेलन
निराला	+	पंत	=	छायावाद
रामनाथ लाल सुमन	+	कविता	=	विधवा-विलाप
सेठ-साहूकार	+	राजा-महाराजा	=	रामनरेश त्रिपाठी
मनोरमा	+	फव्वारे के छींटे	=	सभ्यता
किशोरीलाल गोस्वामी	+	हेरंब मिश्र	=	बनारस की ठंढाई
जगतनारायण लाल	+	महावीर	=	बिहार हिंदूसभा
अलवरेंद्र	+	व्याख्यान वाचस्पति	=	रु. 40000
सरोजिनी नायडू	+	मोतीलाल नेहरू	=	स्वराज्य
उग्र	+	जुल्फ	=	कयामत
मसजिद	+	बाजा	=	खूनखराबा
पिस्तौल	+	बंगाली	=	राज्यक्रांति
चंदा	+	गबन	=	देशोद्धार
रसगुल्ला	+	मोटर	=	वोट
व्यवस्था	+	लड्डू	=	शास्त्रीजी
प्रस्ताव	+	बहस	=	कौंसिल
न्याय	+	अत्याचार	=	ब्रिटिश शांति
चुरुट	+	हैट	=	नेटिव
पान	+	मुस्कान	=	फांसा

काजल	+	कटाक्ष	=	General Massacre कत्लेआम
रेशमी जैकट	+	पारसी साड़ी	=	महाप्रलय
कात्तिक	+	कुत्ता	=	कोर्टशिप

माइनस-माया

दुलारेलाल	–	माधुरी	=	0
माधुरी	–	मतवाला	=	0
महामंडल	–	ज्ञानानंद	=	0
स्वराज पार्टी	–	नेहरूजी	=	0
सनातन धर्म	–	भ्रूणहत्या	=	0
ब्रिटिश गवर्नमेंट	–	हिप्लामेसी	=	0
बारिस्टरी	–	यंग लेडी	=	0
इसलाम	–	छूरा	=	0
मारवाड़ी	–	विदेशी व्यापार	=	0
कलकत्ता	–	सोनागाछी	=	0
लखनऊ	–	चाकलेट	=	0
बनारस	–	दाल की मंडी	=	0
पटना	–	गंदगी	=	0
कांग्रेस	–	वकील-दलील	=	0
महंत	–	मालपूआ	=	0
टीचर	–	बटुकोपासना	=	0
देशभक्त	–	लेक्चर	=	0
लेखक	–	चश्मा	=	0
संपादक	–	ऐंठ	=	0
सुंदरी	–	सिंदूरबिंदु	=	0
जोरू	–	साला	=	0
हिंदू-परिवार	–	बाल-विधवा	=	0
महामहोपाध्याय	–	चापलूसी	=	0
सुशिक्षित	–	चुलबुलाहट	=	0

कॉलेज छात्र	–	दरबार सिगरेट	=	0
अंगरेज-जाति	–	बंदरघुड़की	=	0
साहित्य-सम्मेलन	–	दलबंदी	=	0
सनातनधर्म मंडल	–	भारतमित्र	=	0
लिहाफ	–	बाबी	=	0
होली	–	साला	=	0

[वर्ष 4, संख्या 40, 12 मार्च 1927]

विविध

पैसा

यही है वह शजर जिसमें गरूर और जुल्म फलते हैं।
यही सांचा है जिसमें पाप के औजार ढलते हैं।। 1।।
यही चश्मा है जिसमें आदमीयत डूब जाती है।
यही सोता है जिसमें जुर्म के दरिया निकलते हैं।। 2।।

गरीबी बीवी का गरूर

वफायें मेरा सुख नेकी मेरा गंजीन-ए-जर है।
हया पोशाक मेरी औ' 'मुहब्बत मेरा जेवर है।। 1।।
गरीबी में भी हंस पड़ती है नेकी मालवालों पर।
मेरी खद्दर की चादर थूक देती है दुशालों पर।। 2।।

'हूर'

[वर्ष 1, संख्या 23, 26 जनवरी 1924]

होली

पं. अयोध्यासिंह उपाध्याय

खेलो रंग अबीर उड़ावो लाल गुलाल लगावो।
पर अति सुरंग लाल चादर को मत बदरंग बनाओ।
न अपना रंग गंवाओ।।

जनम-भूमि की रज को लेकर सिर पर ललक चढ़ाओ।
पर अपने ऊंचे भावों को मिट्टी में न मिलाओ।
न अपनी धूल उड़ाओ।

प्यार उमंग रंग में भीगो सुंदर फाग मचाओ।
मिलजुल जी की गांठें खोलो हिय की गांठ बंधाओ।
प्रीति की बेलि उगाओ।

[वर्ष 1, संख्या 30, 15 मार्च 1924]

एक बैठे-ठाले की प्रार्थना

प्रोफेसर पं. बदरीनाथ भट्ट

लीडरी मुझे दिला दो राम,
चले जिससे मेरा भी काम।
कुछ ही दिन चलकर दलदल में फंस जाती है नाव,
भूख लगे पर दूना जोर पकड़ते मन के भाव—
कि मैं भी कर डालूं कुछ काम।
लीडरी मुझे दिला दो राम।।1।।
हिंदू-मुस्लिम-प्रेम-भाव का करूं गर्म बाजार,
देश-भक्ति का मेरे ही सिर रख दो दारमदार—
लगा दूं लेक्चरों का लाम,
लीडरी मुझे दिला दो राम।।2।।

धर्म कर्म की धूम मचाकर कलि को कर दूं चूर,
पृथ्वी पर ही स्वर्ग दिखा दूं, करूं दिलद्दर दूर—
दाम के दाम, नाम का नाम!
लीडरी मुझे दिलो दो राम।।3।।

[वर्ष 1, संख्या 30, 15 मार्च 1924]

चौपट का नगाड़ा

हिज होलीनेस स्वामी चौपटानंद शास्त्री

बजा नगाड़ा चौपट का, चारों ओर मचा अंधेर।
माल मारते हैं मूजी सब, मिले नहीं सज्जन को बेर।।1।।

बदमाशों की बन आयी है, सब मिल पूजें उनके पैर।
सीधे-सादे बेचारों की, कहीं नहीं दिखलाती खैर।।2।।

जाति-देश के नेता-पद तक, पा जाते हैं लंठ लबार।
क्यों न रकम वे हजम करें? क्यों चंदा जावें नहीं डकार?।।3।।

देश-प्रेम का दम भर-भर कर, भरमाया लोगों को खूब।
अपना काम बनाया सब विधि, दुनिया को लूटा है खूब।।4।।

ऐसे ही चौपटचंदों ने, असहयोग की थाम लगाम।
लुटिया खूब डुबायी इसकी, हुए आप पूरे बदनाम।।5।।

चंदा खाया, फंड सफाया किया, हुए बस मालामाल।
छोड़ देश-सेवा का धंधा, अब हैं पूरे बने दलाल।।6।।

कभी धर्म-सेवा का रंग था, उसमें पाये पांच हजार।
कांगरेस के मंत्री बनकर, रुपये खाये बीस हजार।।7।।

खुली पोल, सब लगे पीटने, उनकी बदनामी का ढोल।
जूते पड़े हजारों सिर पर, नहीं निकलता मुंह से बोल।।8।।

बड़े सोच में पड़े, करूं क्या, कैसे बच जायेगी लाज।
कैसे मुंह दिखलाऊं जग में, गिरी गगन से कैसी गाज।।9।।

बड़े भाग्य से अवसर आया, हुआ गिरफ्तारी का जोर।
वह भी पकड़े गये मचाकर, गांधीजी की जय का शोर।। 10।।

वह भी खासा मेला ही था, पूरी थी भेड़िया धसान।
सच्चा-झूठा कौन देखता? सत्तू में मिल गया पिसान।। 11।।

(अंश)

[वर्ष 1, संख्या 41, 7 जून 1924]

वर्षा-वर्णन

(बीसवीं सदी की रामायण के लीडर-कांड से उद्धृत)

बाबा बबूलदास

घन घमंड नभ गरजत घोरा।
टका-हीन कलपत मन मोरा।
दामिनी दमकि रही घनमाहीं।
जिमी लीडर की मति थिर नाहीं।
वर्षहिं जलद भूमि नियराये।
लीडर जिमि चंदा-धन पाये।
बूंद-अघात सहहिं गिरि कैसे।
लीडर-वचन प्रजा सह जैसे।
क्षुद्र नदी भरि चलि उतराई।
जस कपटी-नेता-मति भाई।
भूमि परत भा डाबर पानी।
जिमि नेतहिं माया लपटानी।
सिमिटि-सिमिटि जल भरहिं तलावा।
जिमि चंदा नेता पंह आवा।
सरिता जल जलनिधि मंह जावै।
जिमि पबलिक-धन नेता खावै।

दोहा हरित भूमि तृण-संकुलित, समुझि परै नहिं पंथ।
जिमि मिलाय नेता दिये, श्रुति-कुरान-गुरु-ग्रंथ।

चौपाई दादुर-धुनि चहुं ओर सुहाई।
जिमि लीडर भाषन मनभाई।
नव पल्लवमय विटप अनेका।
वर्तमान-युग लीडर-भेका।[1]
अर्क जवास पास बिन भयऊ।
जस स्वराज्य के उद्यम गयऊ।
खोजत कतहुं मिली नहिं धूरी।
जिमि स्वराज्य की आशा दूरी।
सस-संपन्न सोह महि कैसी।
लीडर-गण की बातें जैसी।
निशि-तम-घन खद्योत विराजा।
नकली नेतन-केर समाजा।
महावृष्टि चलि फूटि कियारी।
जिमि कौंसिल ने बात बिगारी।
कृषी निरावहिं चतुर किसाना।
सत्य तजहिं जिमि सुबुध सयाना।
देखिय चक्रवाक खग नाहीं।
जिमि गांधी जी कौंसिल मांही।
ऊसर बरसै तृण नहिं जामा।
कौंसिल गरजे सरै न कामा।
विविध-जंतु-संकुल महि भ्राजा।
भारत जिमि अंगरेजी राजा।
जहं-तहं पथिक रहे थकि नाना।
जिमि नेतागण मुंह पियराना।

---

1. अर्थात् वर्तमान युग-रूपी वर्षाकाल में जैसे लीडर-रूपी भेक अर्थात् मेंढक बहुत पैदा हो गये हैं, वैसे ही इस बरसात में नये-नये पल्लव और शाखाएं वृक्षों में निकल आयी हैं। इति संजीवनी-भाष्यः।

दोहा कबहुं प्रबल चल मारुत, जहं-तहं मेघ बिलाहिं।
जिमि गांधी की फूंक ते, मिथ्या-भ्रम नसि जाहिं।[1]

[वर्ष 2, संख्या 3, 30 अगस्त 1924]

खुशामदी टट्टू

वशिष्ठ नारायण 'निर्बल'

दुम टाइटिल की लगी है बड़ी देखो पीछे;
हुंआं हुंआं सबके ही हां में हां मिलाते हैं।
दूसरे मरें कि जियें कुछ न पड़ी है इन्हें;
अपनी भलाई में ही खुशी ये मनाते हैं।।
अड़ते न मौके पर धीमे से हैं भाग जाते;
हाकिम घुड़कते तो पूंछ ये हिलाते हैं।
इन्हें कहें गीदड़ या हम 'हां हजूर' कहें;
दीखता न भेद कुछ एक सम पाते हैं।।

[वर्ष 2, संख्या 9, 18 अक्टूबर 1924]

आश्चर्य

निर्मल

जिसने विधर्मियों की धुर्रियां उड़ाई और,
जिसने कुशासन को बार बार मसका।

---

1. इस कविता में लीडर या नेता से उन स्वयंसिद्ध लीडरों और नेताओं का ही अर्थ लेना, जो केवल पब्लिक का धन नष्ट करते हैं। सबको बबूल के कांटे में एक ही तरह घसीटना बाबा बबूलदास का अभिप्राय नहीं है। —बाबा बबूलदास का शिष्य हेंगादास

नोट : 'मतवाला' में शिवपूजन सहाय एक ऐसे सदस्य थे जो पं. ईश्वरी प्रसाद शर्मा के शिष्य थे। अन्य कोई किसी के शिष्य रूप में ख्यात न था। अनुमान किया जा सकता है इसके कवि पं. शर्मा ही होंगे। वे ऐसी कविताएं लिखते भी थे।

जिसने बहाई शांति क्रांति की लहर लोल,
'निर्मल' सचाई से नहीं जो नेक खसका।
पार महासागर के जिसका अखंड बल,
गोरी गरबीली के हिये में जाय कसका।
ऐसे वीर गांधी भी दरिद्र देशवासियों को,
पान न करा सके स्वराज-सुधा रस का।

[वर्ष 2, संख्या 14, 22 नवंबर 1924]

खाएंगे

कालिकाप्रसाद 'कमल'

पूरे हैं प्रवीण स्वांग भरने में हिंदू लोग,
सैकड़ों नुमाइशी ढकोसले बनाएंगे।
आड़ लेके धर्म की चलेंगे चाल जाल भरी,
संगठन का भी शोर जोर से मचाएंगे।
भाई भाई कहेंगे अछूतों को सभा के बीच,
गंदगी न छूत की कलेजे से हटाएंगे।
खाएंगे स्वधर्मियों के हाथ का प्रसाद नहीं,
चांद पर जूतियां विधर्मियों की खाएंगे।

[वर्ष 2, संख्या 15, 29 नवंबर 1924]

लीडरावतार

[वर्तमान पुराणात् बाबा बबूलदासेन संगृहीतः,
तस्य शिष्येण हेंगादासेन प्रेषितश्च]

पार्वती उवाच

मूल : कैलासशिखरे रम्ये गौरी पृच्छति शंकरम्।
लीडराणांतु माहात्म्यं श्रोतुमिच्छाम्यहं प्रभो।

भाषाटीका : रमणीय कैलास-पर्वत के शिखर पर बैठी हुई गौरी-जो है सो जाय करकै, शिवजी से पूछती भईं कि हे महाराज! मैं लीडरों का माहात्म्य सुनना चाहती हूं, सो जाय करकै आप मुझे सुनाइये।।1।।

शंकरोवाच

मूल : श्रृणु देवि प्रवक्ष्यामि लीलां रम्यां सुखप्रदाम।
लीडराणां महापुण्यां ज्ञान-वैराग्यदायिनीम्।।

भाषाटीका : शिवजी कहते भये कि हे देवि जो है सो जाय करकै सुनो, मैं तुम्हें बड़ी ही सुंदर और सुख देने वाली, पुण्य से भरी हुई, ज्ञान और वैराग्य को उत्पन्न करने वाली लीडरों की लीला सुनाता हूं।।2।।

मूल : कलियुगे भारतेदेशे श्वेतद्वीपसमागताः।
कोट-बूट-धराः लोकाः राज्यं कुर्वन्ति वै सुखम्।।

भाषाटीका : कलियुग में भारतवर्ष में, जो है जो जाय करकै, सफेद टापू से आये हुए कोट-बूट धारण करने वाले लोग, जो हैं सो जाय करकै, बड़े सुख से राज्य करेंगे।।3।।

मूल : भारतीयाः नराः सर्वे तेषां चरण-पूजकाः।
चाटुकाराः भविष्यन्ति श्वेतांगभयपीडिताः।।

भाषाटीका : हे देवि ! जो है सो जाय करकै, भारत के सब लोग इनके पैर पूजेंगे और इनके खुशामदी टट्टू हो जायेंगे और सदा गोरे चमड़े के डर से डरते रहेंगे।।4।।

मूल : अवलोक्य दुर्दशां ह्येषां भगवान्कमलापतिः।
गांधीनाम महात्मानं प्रेषयिष्यति भूतले।।

भाषाटीका : इनकी ऐसी जो है सो दुर्दशा देखकर भगवान् लक्ष्मीनाथ गांधी नाम के महात्मा को पृथ्वी पर भेजेंगे।।5।।

मूल : निर्भयो सदयो गांधी अहिंसाव्रतमुद्वहन।
भारतोद्धारणं कर्तुं तत्परो भविता लघुः।।

भाषाटीका : वह निर्भय और सदय गांधी, जो है सो जाय करकै, अहिंसाव्रत को धारण कर भारत का उद्धार करने के लिये शीघ्र की तत्पर हो जायेगा।।6।।

मूल : तस्मिन् काले महादेशे भारते वायुमंडलम्।
क्षुब्धं मेघसमाच्छन्नं भविष्यति न संशयः।।

भाषाटीका : उस समय, जो है सो जाय करकै, इस बड़े भारी भारतदेश का वायुमंडल

क्षुब्ध हो उठेगा और बादलों से ढंक जायेगा, इसमें कोई संदेह नहीं है।।7।।

मूल : शासकाः मुह्यमानास्तु यास्यन्ति निभृतालयम्।
पश्यन्नेवेदृशीं देशे लोकानां शुभजागृतिम्।।

भाषाटीका : देश में लोगों की ऐसी शुभ जागृति देखकर, जो है सो जाय करकै, शासक लोग मोह में पड़कर सूने घरों में जा छिपेंगे।।8।।

मूल : अस्मिन् काले भविष्यन्ति गेहे गेहे चतुष्पथे।
लीडराख्याः नराः सर्वे शुक्ल-खद्दर-धारिणाः।।

भाषाटीका : इसी समय जो है सो जाय करकै, घर-घर और गली-गली हर चौराहे पर सफेद खद्दर पहने हुए सब लोग, लीडर बने हुए नजर आने लगेंगे।।9।।

मूल : स्वार्थत्यागं महापुण्यं धारयन् व्रतमुत्तमम्।
अहिंसां धारयिष्यन्ति सर्वभूतहितेरताः।।

भाषाटीका : महापुण्यमय स्वार्थत्याग-रूपी उत्तमव्रत धारण करकै, जो है सो, ये सब प्राणिमात्र के हित में लगे हुए, अहिंसा का व्रत ग्रहण करेंगे।।10।।

पार्वती उवाच

मूल : क्षिप्रं वद देवेश देशदुर्भाग्य दुःखिताः।
लीडराः किं करिष्यन्ति ईदृशं व्रतमुद्वहन्।।

भाषाटीका : पार्वती ने कहा—हे देवताओं के देवता! आप जो हैं सो जाय करकै, शीघ्र ही मुझे बतालाइये कि ये देश के दुर्भाग्य से दुःखित लीडर लोग ऐसा व्रत ग्रहण कर क्या करेंगे?।।11।।

शंकर उवाच

मूल : शक्नोमि वक्तुं नहिं लीडराणां यथार्थ रूपं शृणु देवि सत्यम्।
अशेषलीलाचरितानि तेषां सहस्र-जिह्वो कथनेऽसमर्थः।।

भाषाटीका : शिवजी ने कहा—हे देवि! जो है सो जाय करकै, इन लीडरों का यथार्थ रूप मैं वर्णन नहीं कर सकता। इनकी लीलाएं और चरित अशेष अर्थात् जो है सो अनंत हैं। इनका वर्णन करने में सहस्र जिह्वाएं रखने वाले शेष भी समर्थ नहीं हैं।।12।

मूल : प्रगृह्य चंदाधनमप्यकातराः स्वदेशकल्याण निमित्तमात्रकम्।
क्रमेण सर्वं निजलालसाग्नौ दास्यन्ति होता इव लीडरास्ते।।

भाषाटीका : चंदे का धन अकारभाव से स्वदेश के कल्याण के ही निमित्त ग्रहणकर, ये धीरे-धीरे, जो है सो जाय करकै, सफाचट कर जायेंगे और अपनी लालसा रूपी अग्नि में होता की तरह सारा धन डाल देंगे।। 14।।

मूल : यदाकदा जेल-समागतास्ते भूयोऽपि सर्वानपि वंचयन्ति,
स्वदेशभक्तिर्खलु बाह्यदर्शनं निजार्थसिद्धिस्तु यथार्थ लक्ष्यम्।

भाषाटीका : यदि कहीं जेलखाने से लौट आये, तो फिर भी, जो है सो जाय करकै, लोगों को ठगेंगे। इनकी स्वदेश-भक्ति ऊपर से दिखाने-भर की और यथार्थ लक्ष्य स्वार्थसिद्धि ही होगी।। 15।।

मूल : सहस्त्रशः भान्ति इमैव लीडराः धूर्त्ताः नटाः नित्यविवर्त्तशीलाः।
प्रवंचयन् सर्वजनान् समुत्सुकान् विहाय लज्जां जयमाप्नुवन्ति।।

भाषाटीका : इस तरह के हजारों लीडर जो हैं सो, शोभायमान होंगे। ये धूर्त्त और नटों की भांति नित्य नये रंग बदलने वाले होंगे। ये देश की उन्नति के लिये उत्सुक सर्वसाधारण जनता को खूब ठगेंगे और बेहयाई का पल्ला पकड़कर जय को प्राप्त होंगे अर्थात् लोगों से जय-जयकार कहलवायेंगे।। 16।।

पार्वती उवाच

मूल : कथं इमे लीडर-नाम-धारिणः कुर्वन्ति देशस्य हितार्थसाधनम्।
वद प्रभो श्रोतमहं समीहे विदक्तृसम्भूतविचारमालाम्।।

भाषाटीका : पार्वती ने कहा,—हे प्रभो! ये लीडर नाम रखाने वाले लोग किस प्रकार देश का हित साधन करेंगे? मैं जो है सो, आपके मुंह से निकले हुए विचारों को सुनने की बड़ी इच्छा रखती हूं।। 17।।

शंकर उवाच

मूल : पुरा शुंभनिशुंभानां सेनानी रक्तबीजकः
रावणस्य सभामध्ये ये च राक्षस-पुंगवाः।।
ते एव सद्यः सम्भूताः धूर्त्तलीडरसंज्ञकाः।
तैर्वंचितो महात्मा सः लुप्तशक्तिर्भवष्यति।।

भाषाटीका : प्राचीनकाल में जो है सो शुंभ निशुंभ का सेनापति जो रक्तबीज था अथवा रावण के दरबार में जो बड़े-बड़े राक्षस थे, वे ही आजकल धूर्त्त लीडरों के रूप में घूम रहे हैं। इनसे ठगा जाकर वह महात्मा अपनी सारी

शक्ति खो देगा।। 18-19।।

मूल : ये त्यागिनः सत्यसंधाः तेऽपि यान्ति पराभवम्।
नष्टे प्रभावे लोकानां शासकाः उग्रमूर्त्तयः।।
पुनः पुनः प्रजापुंजं पीडयिष्यन्त्यकातराः।
लोकानां ताडनं सम्यक् प्रेक्षयिष्यन्ति लीडराः।।

भाषाटीका : [इन्हीं धूर्त्तों के करते] जो त्यागी और सत्यसंध होंगे, वे भी पराभव को प्राप्त होंगे और लोकसत्ता का प्रभाव नष्ट हो जाने पर शासक उग्रमूर्त्ति धारणकर बारंबर प्रजापुंज को पीड़ित करेंगे तथा लीडरगण, जो हैं सो, टुकुर-टुकुर लोगों को दमन की चक्की में पिसते हुए देखा करेंगे।। 20-21।।

मूल : दास्यामि हृदये स्थानं भारतोद्धारकल्पना।
न तावद्देवि कल्याणि यावद्धूर्त्तलीडराः।।
लोकान् वंचयिष्यन्ति भाषयन् प्रियभाषणम्।
धारयन् शुक्लवेशंतु हृदि हालाहलं विषम्।।

भाषाटीका : हे देवि! हे कल्याणि! जब तक जो है सो, इस प्रकार के धूर्त्त लीडर, लोगों को मीठी-मीठी बातें सुनाकर—अर्थात् जो है सो लच्छेदार व्याख्यान दे-देकर, हृदय में हलाहल-विष रखते हुए भी, सफेदपोश बनकर ठगते फिरेंगे, तब तक मैं भारत के उद्धार की कल्पना को हृदय में स्थान नहीं दूंगा।। 22-23।।

[इति श्रीवर्त्तमान पुराणे लीडरावतारवर्णने पार्वती-शंकर संवादो नाम प्रथमोऽध्यायः।।]

[वर्ष 2, संख्या 17, 13 दिसंबर 1924]

कच्चा चिट्ठा

लेखक—मुनीमजी

1. आज तक मौज से बहार लूटि वाह-वाह,
सबसे कराई पिटवाई घोर तालियां।
झाड़-झाड़ वक्तृता सुनाई देशभक्ति-राग,
गोरी सरकार को सुनाई खूब गालियां।।

रेख नहीं भीनी, अभी उम्र है नवीनी,
तऊ लीनी सब देश से बधाई अरु डालियां।।
खांस-खांस कंठ खोल आफत खिलाफत की,
सबको सुनाई और चलाई चक्रवालियां।।

2. कोट डाट खद्दर को, टोप गांधी बाबा को सो,
धोतिहू सु-मोटी या लंगोटी बांधि लीनी है।
सूधो सो सुबेस यह देखि देस मोहि रह्यो,
मीठी-मीठी बातन में देस-भक्ति भीनी है।
सांचे स्वार्थ त्यागी देस-सेवक को पूछे कौन?
लंठ और लबारन की लीला परबीनी है।
याही हेत देस सब आंखि मूंदि मूंदि निज,
बार-बार थैलियां इन्हीं की भरि दीनी है।

3. जन्म धारि हिंदू-कुल जाइ जवनों से मिले,
आफत खिलाफत की अपनी बनाई है।
नाम लिखवायो जाति-पांति-तोड़कों में जाइ,
खाइ सब संग चुटिया भी कटवाई है।
मौलवी के संग इकरंग भए पंडित जू,
दंग दुनिया है, धूम चारों ओर छाई है।
एकता के धोखे एकाकार करि याही भांति,
हिंदू जनता को खूब जूतियां खिलाई है।

4. खाइ-खाइ चंदा-धन मोटे अलमस्त फिरैं,
घूमते हैं लाखन में धाक-सी जमाई है।
धारि कै अहिंसा छिपे हिंसा का प्रचार करैं,
मेल को हिमायती है रार मचवाई है।
गुंडे करैं लूटपाट हिंदू सब खावैं लात,
कहां है स्वराज? जान आफत में आई है।
पूछें जाइ नेतन सों हिंदू और मुसलमान,
मेल की दीवार वह कौन ढहवाई है?

5. कोऊ लेवैं मोटर बनावैं घर-द्वार कोऊ,
खावैं धन चंदा को निकाला नया धंदा है।
नेक ना लजावैं औ बनावैं बात भांति-भांति,
ऐसो बनि जावैं ज्यों खुदा का प्यारा बंदा है।

राम ही बचावैं ऐसे ढोंगी देसभक्तन सों,
अजब अनोखा विकराल जाल-फंदा है।
ऊपर सों राम राम, भीतर सों सिद्ध काम,
बाहर सों साफ-साफ, भीतर सो गंदा है।

[20-12-24]

लीडरी

रंग गिरगिट-सा बदलता हूं सभाओं में जनाब।
आर्य होकर भी उड़ाता होटलों में जा कबाब।।
मूंछ देता घूमता हूं चाभता हूं माल तर।
मिस शरीफा हैं पिलाती नाज से मुझको शराब।।
मारकर चंदा मजे में पेलता हूं डंड रोज।
'स्टुपिड पब्लिक' न मुझसे ख्वाब में लेती हिसाब।।
'फर्स्ट' श्रेणी का मुझे है रेल में डब्बा 'रिजर्व'।
आज कलकत्ता तो कल हूं लखनऊ का मैं नवाब।।
लाद सिर से पैर तक खद्दर महा मोटा सफेद।
मौज से चलता, मटकता, दाबकर इंगलिश किताब।
देखकर भौहें तनीं 'सर्जेंट' की बंदूक सी।
बीवियों सा डाल लेता हूं दबक मुख पर नकाब।।
मार पालथी ध्यान बक-सा हूं लगाता सुबह-शाम।
ढोंग रचकर साधुता का देखता रंगीन ख्वाब।।
लीडरी है इस सदी का सबसे आला रोजगार।
इससे बेहतर हो नहीं सकता कोई कारे-सवाब।।

—तूफानप्रसाद ग्रेजुएट

[6-6-25]

लीडर

लीडरः किं न करोति पापम्।
देश हितार्थय लीडर शिपार्थाय।

दिखाई दे रहे हैं मुल्क में, चारों तरफ लीडर।
यहां लीडर, वहां लीडर जहां देखो वहीं लीडर।।
किसी की है बढ़ी दाढ़ी, किसी की मूंछ गायब है।।
घुटा करके कई सिर-मूंछ-दाढ़ी हैं बने लीडर।
जमाते रोब हैं अपना, डपटकर बोलते इंगलिश।
जबाने हिंद से लेकिन, हैं कोसों दूर पर लीडर।।
बदन के फेंक कर कपड़े, बगल में दाबकर झोला।
खुले सिर घूमते फिरते, अनोखे रूप में लीडर।।
कई तबलीग के हामी, कई हैं संगठन करता।
कई तंजीम शुद्धि में, बने फिरते बड़े लीडर।।
कहीं गांधी की आंधी में, जो हजरत जेल जा पहुंचे।
तो घर आते ही आते छूटकर, वे बन गये लीटर।।
बघारेंगे बड़ी शेखी, य' जनता में शुजाअत की।
मगर मौका पड़े पर दुम दबाकर भागते लीडर।।
कई 'एमेलसीयों' ने, लिया है देश का ठेका।
नचाते हैं इशारे पर, समूचे देश को लीडर।।
भरे हैं 'कांगरेस' में ये, न चलने दें किसी की भी।
गरीबों की कमाई पर, उड़ाते माल हैं लीडर।।
बहस करते रहें दिन रात, कर दें, खोपड़ी खाली।
न करते हैं, न करने दें, किसी को काम ये लीडर।।
पड़ी है हिंद की किश्ती, भंवर में डगमगाती है।
किनारे पर लगे कैसे, ठसाठस भर गये लीडर।।

—एंटी लीडर

[23-10-26]

लो सुन लो

[कवित्त-घनाक्षरी]

1. रंडियों पै खोल के खजाने खूब खर्च करो,
पंडितों को दान दे कलंक अंक लेओ ना।

आप तर माल को उड़ाओ सुख पाओ फूल,
भूल के चबेना भी स्वबंधुओं को देओ ना।
बारे बेटा बेटियों के ब्याह में बड़ाई हित,
रकम लुटाओ पर जाति नाव खेओ ना।
जाने दो रसातल को खूब सुख नींद सोओ,
नाम संगठन के छदाम एक देओ ना।

2. अधम महान् छूत पापी हैं अछूत बड़े,
इनको समाज बीच स्वप्न में मिलाओ ना।
लुटने दो लाल ललनायें सरेआम यों ही,
जग को विरोध को आवाज से हिलाओ ना।
मुक्ति-मार्ग से जो पथभ्रष्ट हो गये हों उन्हें,
सच्ची सुधा शांति की स्वधर्म की पिलाओ ना।
पिटने दो पद-पद पर परधर्मियों से,
जीवन दे किंतु कभी जाति को जिलाओ ना।

3. फैली हैं कुरीतियां समाज में अनेक आज,
किंतु कभी साहस से उनको भगाओ ना।
मुर्दा जो रहे हैं दिल देशवासियों के किंतु,
जीवन की ज्योति से उन्हें तुम जगाओ ना।
हो के हतबुद्धि पथभ्रष्ट हो रहे हैं कुछ,
जाने भी दो उनको सुकर्म में लगाओ ना।
पायेंगे किये का फल आप ही विरोधी सब,
भाई-भाई पर आप प्रेम में पगाओ ना।

दोहा पड़े-पड़े यों ही पिटो, होकर कूर निकाम।
किंतु संगठन का कभी, भूल न लेना नाम।।

—कंटक (इटावा)

[7-7-26]

मनोरमा की सौगात

प्यारी सखी 'मनोरमा' ने अब की होली के अवसर पर 'मतवाला' के लिये बहुत बढ़िया सौगात भेजी है। यह सुंदर सौगात संग्रह करने में सखी के उत्तमांग को जो

अनिर्वचनीय कष्ट पहुंचा होगा, उसके प्रति 'मतवाला' अपनी आंतरिक सहानुभूति प्रगट करता है और प्रेषित सौगात की दीर्घता देखकर राखी की अवस्था का अनुमान करता हुआ, उसके अभिभावकों से अनुरोध करता है, कि 'अब विलंब केहि काज!' कोई सुपात्र न प्राप्त हो तो हजरत जहूर के ही गले मढ़कर बला टालिये।

(1) सौगात का प्रतिचित्र (2) मंजूषा का अग्रभाग (3) मंजूषा का पश्चाद् भाग।

'मतवाले'

मेरे छींटों से शायद तुझे छींक आ गयी। खैर, अब दो-चार बाल सेवा में उपस्थित हैं। इन्हीं को लेकर संतोष कर। तू इसी के लायक है।

—**'मनोरमा'**

From
The Editor
'Manorama'
Belvedera Press
Allahabad

The Editor
"Matwala"
Bal Krishna Press
36, Shanker Ghosh Lane
Calcutta

सौगात पर अभिमत

ले. कविकुल-कुमुद-कलाधर कविवर श्री घोंघाकार

लज्जा की सुलंक तोड़ मूंड फोड़ भद्रता का,
सभ्यता को हुकुम सुना दिया कड़ा-कड़ा।
प्रेमी 'मतवाला' को पठाय चोंथ 'झौआ भर',
शीलता व श्लीलता को खा गई खड़ा-खड़ा।
'धो-धाकर' देखि के प्रताप बी 'मनोरमा' का,
भय से है कांपता पतिव्रत पड़ा-पड़ा।
अभी तो है छोटी जब उमर हो जायेगी तो,
गजब करेगी यह छोकरी बड़ा-बड़ा।

[6-3-26]

'मनोरमा' संपादक श्री ज्योतिप्रसाद निर्मल घोर निराला विरोधी थे। 'मतवाला' के साथ हास-परिहास और विरोध का आदान-प्रदान लगातार रहा। इस प्रकरण में ग्राम्यता का रंग ज्यादा की गाढ़ा है। इस प्रकार प्रेमचंद ने शिवपूजन सहाय को पत्र लिख कड़ा प्रतिरोध किया। सौगात-प्रसंग में बालों की तस्वीर सचमुच अश्लीलता की पराकाष्ठा थी।

कम्युनिस्ट

अष्टावक्र

जाग रे गरीब, जाग! जाग!!
यह पूंजीपति पापी हैं
त्रिभुवन के संतापी हैं
विश्व सकल यह तेरा है
जिस पर इनका घेरा है
तू है हजार ये चार
तू सिंह और ये स्यार
यार! इनके चंगुल से–
भाग रे गरीब; भाग! भाग!!
तू जिस दिन करवट लेगा
इनको इक धक्का देगा
गुल ऐसा यहां खिलेगा
जिससे त्रिभुवन महकेगा
फिर, क्यों करता है देर
हो एक; जमाना फेर
लगा दे विषम-विश्व में
आग रे गरीब; आग! आग!!

[वर्ष 5, संख्या 1, 13 अगस्त 1927]

फरियादे 'बिसमिल'

बिसमिल

हमें होता है जाहिर 'पानियर' के भी खयालों से।
वह आजिज आ गये हैं आजकल अखबार वालों से।।
खराब दिन करे बरबाद रात कौन करे।
वह कह रहे हैं कि ऐसों से बात कौन करे।।

परीशां रातदिन तू ऐ दिले नाशाद होता है।
कोई ऐसा भी महयो नाल ओ फरियाद होता है।।
किसी को कर नहीं सकता कोई बरबाद आलम में।
जिसे बरबाद तुम करते हो वह बरबाद होता है।।
हजारों मर गये इस कोशिशे बेजा में ऐ 'बिसमिल'।
गुलामी से कहीं 'हिंदोस्तां' आजाद होता है।।
परवा जो 'डॉक्टर' को नहीं मेरे हाल की।
बेकार पी रहा हूं दवा 'अस्पताल' की।।

[वर्ष 5, संख्या 13, 12 नवंबर 1927]

जजबाते 'कैस' – 1

शिवमूरतलाल 'कैस' बनारसी

जेल होगा उसको या कुर्सी मिले दरबार की।
जिसकी जानिब घूम जायेगी नजर सरकार की।।
गर कोई सच्ची खबर छापी कहीं सरकार की।
आ गई शामत एडीटर की भी और अखबार की।।
चलते हैं जूते यहां भी गालियों के साथ-साथ।
आजकल हालत न पूछो कोर्ट में कुछ 'बार' की।।
गोलियों से कम नहीं है लीडरों की बात 'कैस'।
हिंद को हाजत नहीं बंदूक की तलवार की।।

[वर्ष 5, संख्या 17, 10 दिसंबर 1927]

शाही कमीशन

आजाद

बहार आई है घूरे पर कि आमद है कमीशन की।
सबा होशियार हो जाना तबाही है ये गुलशन की।।

शफी भूले शफक्कत पर नजर पर गजनवी भूले।
मनायें खैर कह दो चुपके-चुपके अपने खिरमन की।।
तमन्नाओं की खिचड़ी 'सर' की हांड़ी में पका लेवें।
जो फ्रीडम बेच कर उम्मीद करते हैं कमीशन की।।
पड़े थे ख्वाबे गफलत में जगाया आप जैसों ने।
हमें भी पड़ गई है फिक्र अब 'आजाद' गुलशन की।।
अगर होगा कवी बाजू तो ले लेवेंगे हक अपना।
जरूरत अब नहीं भारत को है शाही कमीशन की।।

[वर्ष 5, संख्या 19, 24 दिसंबर 1927]

जजबाते 'कैस'–2

शिवमूरतलाल 'कैस'

हजारों गालियां खाएं न क्यों साहेब के दफ्तर में।
करें क्या ए बेचारे जब गुलामी है मुकद्दर में।।
यही कुछ वाकयाते जिंदगी जम है रजिस्टर में।
छुटे कालिज से तो जाकर फंसे साहेब के दफ्तर में।।
फकत इतना ही तो है फर्क पबलिक और लीडर में।
फंसा है एक रोटी में और यक कौंसिल के चक्कर में।।
खुशामद एक करता है और यक हंस हंस के सुनता है।
जमीनों आसमां का फर्क है आका में नौकर में।।
खुदा भी दो नजर से देखता है अपने बंदों को।
कोई रोता है गाड़ी को कोई बैठा है मोटर में।।
कोई मजमून लिखता है कोई रुपया कमाता है।
न पूछो फर्क क्या है आज कल राइटर एडीटर में।।
जनाबे 'कैस' फन्ने शायरी आसां नहीं यक दम।
बहुत दुश्वार कहना शेर का है रंग 'अकबर' में।।

[वर्ष 5, संख्या 19, 24 दिसंबर 1927]

तीन आंखों में साम्यवाद

मुक्त

लीडर – मुक्त हम सम्मति न प्रकट करेंगे अभी
समय स्वयं ही सब कुछ कहलायगा।
किंतु, देने पर भी दुहाई हिंदू-हित की न
वोट कौंसिलों के लिए हमें मिल पायगा।।
क्रांति की लहर से भरेगा सब ही का हिदै
देश का विभाग एक बार चकरायगा।
रोकने से किंतु वह रुक भी सकेगा नहीं
झंडा साम्यवाद का यहां पै फहरायगा।।

पूंजीपति – नाशकारा का प्रचार हो रहा है वह
हिंदवासियों के हिदै में ठौर पा न जाय।
ज्वालामुखी अपनी भयंकर लपट डाल
देश को हमारे कहीं हाय! झुलसा न जाय।।
वैभव हमारा दीखता है जो अतुल 'मुक्त'
उसके बढ़े हुए उदर में समा न जाय।
पा न जाय शासन की बागडोर हाय? कहीं
'बोल-शिव-जय' का नाद भारत में आ न जाय।।

दलित – यातना से भूख की मरे जो जा रहे हैं नित्य
उनको जिलाया, अन्न सूखा भी खिलाया करे।
अंधे औ अपंग हों जो पीड़ित अनेक भांति
'मुक्त' उनकी तो दिव्य-कंचन सी काया करे।।
अपनी बना के स्कीम नाश देश का जो करें
उन लीडरों को सीधा पथ दिखलाया करें।
देव दलितों का दुख दूर करने के लिए
ऐसा दिन भारत में रोज-रोज आया करें।।

[वर्ष 5, संख्या 21, 7 जनवरी 1928]

जजबाते 'कैस'–3

शिवमूरतलाल 'कैस'

बढ़ के है सरकार से नौकर मेरे सरकार का।
कुछ कलक्टर से नहीं कम रौब थानेदार का।।
जो न हो जाए यहां, यह राज है सरकार का।
काम बी.ए. कर रहे हैं आजकल बेगार का।।
हो के आजिज कर दिया दरवाजा मुखतारी का बंद।
हश्र होता क्या बतावो आखिर इस भरमार का।।
नाम ऐ जानां समझ लोग पढ़ते हैं इसे।
आजकल तो है जमाना पानियर अखबार का।।
माडरेट के नाम से मशहूर हैं पबलिक में वो।
चैन से रहते हैं जो गुन गाते हैं सरकार का।।
दस्ते शफकत वो बढ़ा कर फीस करते हैं तलब।
डाक्टर साहेब से कहिये हाल जो बीमार का।।
इन मिसों के 'कैस' जो तेगे नजर के हैं शिकार।
भूल जायेंगे वो एक दिन नाम भी तलवार का।।

[वर्ष 5, संख्या 23, 21 जनवरी 1928]

जजबाते 'कैस'–4

शिवमूरतलाल 'कैस'

'लब' का मुआमला कहां मगरिब में 'डीप' है।
बासों को 'मार्केट' तो वहां 'वेरी चीप' है।।
लीडरों का आजकल तैयार है कितना गला।
तोप की आवाज से कुछ कम नहीं इनकी सदा।।
जो म्युनिसपिल्टी के कुछ दिन हेल्थ अफसर हो गए।
घर के कोने-कोने में आबाद मच्छड़ हो गए।।

मुफ्त का तो माल है जो चाहिये सो कीजिये।
भेजकर 'रायल कमीशन' को कमीशन दीजिये।।
हिंद वालों की कहां हिम्मत जो मुंह से चूं करें।
आप खुद मुखतार हैं जो दिल में आये कीजिये।।
पहनने को 'सूट' और रहने को 'होटल' चाहिये।
और 'हनटिंग' के लिये चिड़ियों का जंगल चाहिये।।
आरजू है एक 'अप टू डेट जेंटिल मैन' की।
रोज 'डीनर' में हमें 'ह्विसकी' बोतल होना चाहिये।।
क्या बताऊं दोस्ती में साहेबों के क्या हुआ।
उनका 'डीनर' हो गया और अपना दीवाला हुआ।।
पालिसी से उनके बचना 'कैस' कुछ आसां नहीं।
सख्त मुशकिल से है बचता सांप का काटा हुआ।।

[वर्ष 5, संख्या 24, 28 जनवरी 1928]

परिशिष्ट

1. लेखक विवरणी
2. राजनीतिक, सामाजिक, सांस्कृतिक व्यक्तियों की विवरणी
3. पत्र-पत्रिका विवरणी
4. नामानुक्रमणिका
5. रचना-प्रसंग
6. पत्र-पत्रिका संक्षिप्त-संकेत
7. अंग्रेजी पत्र-पत्रिका
8. अंग्रेज नाम-संदर्भ
9. घटना-प्रसंग

परिशिष्ट 1

लेखक विवरणी

श्री अन्नपूर्णानंद वर्मा

जन्म : 21 सितंबर 1895 ई., काशी (उ.प्र.)।

काल : उत्तर द्विवेदी युग के लेखक।

निधन : 4 दिसंबर 1962 ई.।

कृतियां : महाकवि चच्चा, मगन रहु चोला, मेरी हजामत, मंगल मोद, मिसिर जी, मन मयूर।

श्री अनूप शर्मा

जन्म : 5 सितंबर 1899, नवीनगर, सीतापुर (उ.प्र.)।

काल : द्विवेदी युगीन कवि।

निधन : 1960 ई.।

कृतियां : सिद्धार्थ, फेरि मिलिबो, सुमनांजलि, सुनाल वर्धमान, शर्वाणी अग्नि पथ, गांधी चरित्र।

संपादन : कवींद्र (कानपुर, 1924)।

पंडित अंबिकाप्रसाद वाजपेयी

जन्म : 30 दिसंबर 1880 ई., कानपुर (उ.प्र.)।

काल : द्विवेदी युग के पत्रकार, लेखक।

निधन : 21 मार्च 1988 ई.।

कृतियां : हिंदी कौमुदी, हिंदी पर फारसी का प्रभाव, हिंदी सिद्धांत प्रकाश, अभिनव हिंदी व्याकरण, हिंदुओं की राज-कल्पना, शिक्षा, हिंदुस्तानी मुहावरे, भारतीय शासन पद्धति, चीन और भारत, समाचार पत्रों का इतिहास, समाचार पत्र-कला, हिंदू राज्यशास्त्र, हिंदुस्तानी।

संपादन : नृसिंह (मा.), भारतमित्र (1911 ई.), स्वतंत्र (सा., 1920 ई.)।

पंडित अमृतलाल चक्रवर्ती

जन्म : 1863 ई., नावदा बंगाल (जिला : चौबीस परगना)।

काल : पूर्व द्विवेदी युग के पत्रकार।

निधन : 1936 ई.।
कृतियां : शिवाजी की जीवनी, सिक्ख युद्ध, चंदा (उप.), कविता पाठ, सती सुखदेई (उप.), विलायत की चिट्ठी, शुद्धद्वैतदर्शन।
अनुवाद : महाभारत, भगवद्गीता, संस्कृत का एक ज्योतिष ग्रंथ, गीत-गोविंद।
आत्मसंस्मरण : 'विश्वमित्र' में।
संपादन : उपन्यास-कुसुम (मा., प्रयाग), हिंदी बंगवासी (सा., कलकत्ता) निगमागमचंद्रिका (मथुरा), श्री वेंकटेश्वर समाचार (सा., बंबई), श्री सनातन धर्म (सा., कलकत्ता), भारतमित्र (कलकत्ता) हिंदुस्तान (दैनिक, कालाकांकर), प्रयाग समाचार (प्रयाग)।

पं. अयोध्या सिंह उपाध्याय 'हरिऔध'

जन्म : 1865 ई., निजामाबाद, आजमगढ़ (उ.प्र.)।
काल : पूर्व द्विवेदी युग के कवि। खड़ी-बोली के प्रथम महाकवि।
निधन : 6 मार्च 1947 ई.।
कृतियां : प्रद्युम्न विजय, रुक्मिणी परिणय, प्रेमकांता, ठेठ हिंदी का ठाठ, अधखिला फूल; रसिक रहस्य, प्रेमाम्बुवारिधि, प्रेम-प्रपंच, प्रेमाम्बु-प्रस्रवण, प्रेमाम्बु-प्रवाह, प्रेम पुष्पहार, उद्बोधन, काव्योपवन, कर्मवीर, ऋतु मुकुर, पारिजात, चोखेचौपदे, पद्य-प्रसून, पद्य-प्रमोद चुभते चौपदे, प्रियप्रवास, वैदेही वनवास, रसकलस, उपदेश-कुसुम, बाल-विभव, बाल बिलास, बोलचाल, बालगीतावली, बच्चों के भावगीत, मर्म-स्पर्श, व्याकुल व्रज, सवेरा और साया, स्वर्गीय संगीत, विनोद वाटिका, हिंदी भाषा और साहित्य का इतिहास, हिंदी भाषा और साहित्य का विकास, विभूतिमती ब्रजभाषा, इतिवृत्त, रस साहित्य और समीक्षाएं, सर्वस्व।
संपादन : कबीर वचनावली।
अनुवाद : वेनिस का बांका (मर्चेंट आफ वनिस)।

(डॉ.) अवध उपाध्याय

जन्म : 1893 ई., ऊंचल, बलिया (उ.प्र.)।
निधन : 1941 ई.।
कृतियां : अंकगणित, इंटरस्टेटिस्टिक्स, नवीन पिंगल, हिंदी साहित्य, सापेक्षवाद, चित्रकला, सत्यहरिश्चंद्र टीका, रूबिया (उपन्यास), काशी के छायाचित्र (संकलन)।

प्रो. इंद्र विद्या वाचस्पति

जन्म : 9 नवंबर 1889 ई., जालंधर (पंजाब)।

काल : उत्तर द्विवेदी युग के पत्रकार, रचनाकार।

निधन : 23 अगस्त 1960।

कृतियां : भारत में ब्रिटिश साम्राज्य का उदय और अस्त, मुगल साम्राज्य का क्षय और उसके कारण, भारतीय स्वाधीनता संग्राम का इतिहास, आर्य समाज का इतिहास, संस्कृत साहित्य का अनुशीलन, भारतीय संस्कृति व राजनीति, उपनिषदों की भूमिका, भारतीय संस्कृति का प्रवाह, ईशोपनिषद् भाष्य, राष्ट्रों की उन्नति, राष्ट्रीयता का मूल मंत्र, स्वतंत्र भारत की रूपरेखा, राजधर्म, गांधी हत्या कांड, स्वराज्य और चरित्र-निर्माण, भारत में वक्तृत्व कला की प्रगति, जीवन-संग्राम, मेरे पत्रकारिता संबंधी अनुभव, मैं इनका ऋणी हूं, लोकमान्य तिलक, मेरे पिता, नेपोलियन बोनापार्ट, प्रिंस बिस्मार्क, जीवन झांकियां, गैरीबाल्डी, महर्षि दयानंद, पं. जवाहर लाल नेहरू, हमारे कर्मयोगी राष्ट्रपति, सम्राट रघु, अपराधी कौन, शाह आलम की आंखें, जमींदार, सरला की भाभी, सरला, आत्म बलिदान, गुलाम कादिर, स्वर्ण देश का उद्धार, घरों की सफाई, दीर्घायु, स्वप्नदोष, स्वास्थ्य उपदेश, यौवन के आंसू, संतान शास्त्र, शरीर और व्यायाम, स्त्रियों के व्यायाम, भारत में दुर्भिक्ष, खादी का इतिहास, ग्रामसुधार, व्यवहारिक सभ्यता, रेलवे थर्ड क्लास।

संपादन : विजय (सा.), सत्यवादी (सा.), नवराष्ट्र, जनसत्ता, अर्जुन (सा.), वीर अर्जुन (दै.), उषा, सत्यप्रकाशक (हस्त.), मनोरंजन (मा.)।

पं. ईश्वरी प्रसाद शर्मा

जन्म : 1893 ई., मिश्रटोला, आरा (बिहार)।

काल : पूर्व द्विवेदी युग के लेखक।

निधन : 1927 ई.।

कृतियां : श्रीराम चरित, सीता, शकुंतला, सती पार्वती, मातृवंदना, सूर्योदय, रंगीली दुनिया, सिपाही विद्रोह, सन् सत्तावन का गदर, पंजाब का हत्याकांड, अंयोक्ति तरंगिणी, जल चिकित्सा, उद्भ्रांत प्रेम, आनंदमठ, किन्नरी, अन्नपूर्णा का मंदिर, रत्नदीप, इंदुमती, प्रेमिका, प्रेमगंगा, बंगला-हिंदी-कोश, हिंदी-बंगला कोश, कोकिला सौरभ, चना चबेना, मानमर्दन, ईसप की कहानियां, बाल-गल्प-माला, कर्मक्षेत्र, लाल

मिट्टी, वारूणी, अद्भुत प्रेम, प्रणयालन, मानसिंह, सप्तसुमन, सुनहली नदी का राजा, सुशील शिक्षा, सौंदर्य चित्रावली, वीर-व्रत-पालन, हिरण्यमयी, मागधी, कुसुम, पंचशर, चंद्रकुमार, मनोरमा, गल्पमाला, सच्ची मैत्री, मानमोचन, लवकुश, दादाभाई नौरोजी, अंग्रेजी की सीढ़ी, षटचक्र निरूपण।

संपादन : मनोरंजन (आरा), पाटलिपुत्र (पटना), लक्ष्मी (गया), श्री विद्या, शिक्षा (पटना), धर्माभ्युदय (आगरा), हिंदू-पंच (कलकत्ता)।

कृष्णकांत मालवीय

जन्म : जून 1883 ई. इलाहाबाद में।

निधन : 3 जनवरी 1941।

मदनमोहन मालवीय के चचेरे भाई। 1904 में बी.ए.। 1910 से लगातार 25 वर्षों तक सा. 'अभ्युदय' का संपादन। 'मर्यादा' का संपादन। 12 वर्षों तक केंद्रीय विधानसभा के सदस्य। 1928-31 तक अखिल भारतीय हिंदी साहित्य सम्मेलन के प्रधानमंत्री।

कृतियां : विश्व का राजनीतिक इतिहास, संसार की राजनीतिक विजय, स्वराज्य और साहित्य, सुहागरात, मनोरमा के पत्र, मातृत्व, संसार संकट—बंगला और मराठी से अनेक पुस्तकों का अनुवाद किया।

कृष्णदत्त पालीवाल

जन्म : 1894, तनौरा नूरपुर, आगरा (उ.प्र.)।

निधन : 1968 ई.।

1923-26 संयुक्त प्रांतीय विधान परिषद् के सदस्य। 1928-31 आगरा जिला बोर्ड। 1947 में उ.प्र. के मंत्रिमंडल में सदस्य और हिंदी राजभाषा की स्वीकृति में योगदान। संविधान निर्मात्री सभा के सदस्य।

संपादन : पालीवाल ब्रह्मोदय (1913-14), प्रभा (देवदत्त शर्मा के छद्म नाम से) (1918-20), दैनिक 'प्रताप' और 'सुधा' (1921-23), सैनिक (1925-37)।

कृतियां : साम्यवाद (1920), अमरपुरी, सेवाधर्म और सेवामार्ग, हमारा स्वाधीनता संग्राम, तीन करोड़ किसानों की तकदीर बदले, किसान राज, गांधीवाद और मार्क्सवाद, गीतामृत।

पं. किशोरीलाल गोस्वामी

जन्म : 1866 ई., वृंदावन (उ.प्र.)।

काल : पूर्व द्विवेदी भारतेन्दु युग के रचनाकार।

निधन : 1932 ई.।

कृतियां : प्रणयिनी परिणय, प्रेममयी, कनककुसुम, चपला (चार भाग), प्रेमरत्नमाला, काजी की चिट्ठी, राजकन्या, चंद्रिका, हीराबाई, चंद्रावली, नाट्य संभव, लावण्यमयी, मुखर्शवरी, चौपट चपेट, राक्षसेंद्र राक्षस या घड़ा भर विष, सुजान रसखान, इंदुमती, मल्लिका देवी, तरुण तपस्विनी, गुलबहार, सांप की बीबी, सेज पर सांप, हृदयहारिणी, लवंगलता, रजिया बेगम, लखनऊ की कब्र, तारा (तीन भाग), राजबाला, नरक-नसेनी, अंधेरी रात, सोना और सुगंध, लालकुंवर राजकुमारी, लीलावती, चैती गुलाब, आदर्श प्रणय, शांति निकेतन, कपिल सूत्रम्, संध्या प्रयोग, वेदांत तत्वसुधा, हंसावतार चरित, पवित्र होली, शांति कुटीर, वार विलासिनी, बसंत बहार, भारतीय पवित्र चैती, गुलाब, सावन सुहावन, होली, होली या मौसम बहार, आप आप ही हैं, करुणा, याकूती तख्ती, कटे मूंड की दो-दो बातें, जिंदे की लाश, पुनर्जन्म, त्रिवेणी, माधवी माधव, राजराजेश्वरी, जड़ाऊ कंगण में काला भुजंग, अरसी में हीरे की कनी, विहार रहस्य, ठगिनी, जगदीशपुर की गुप्त कथा, राजगृह की सुरंग, प्रहसन, पथिक या पथ-प्रदर्शिनी, कुंवर सिंह, बनारस रहस्य, हमारी रामकहानी, इसे चौधराइन कहे कि डाइन, अंगूठी का नगीना, इसे जिंदा कहें कि मुर्दा, सदा सुहागिन, दिल्ली की गुप्तकथा, जनानखाने में दीपक, प्रेम परिणाम, पातालपुरी, दो सौ तीन, औरत से औरत का ब्याह, रोहतासगढ़ की रानी, अंधेरी कोठरी।

संपादन : बालप्रभाकर (काशी), वैष्णव सर्वस्व (वृंदावन), सरस्वती-संपादक मंडल में, उपन्यास (मासिक, 1898)।

गणेशशंकर विद्यार्थी

जन्म : 25 अक्टूबर 1890 ई., अतरसुइया, प्रयाग (उ.प्र.)।

काल : द्विवेदी युग के प्रखर पत्रकार, सुलेखक।

निधन : 25 मार्च 1931 ई.।

कृतियां : बलिदान (उप.) अनुवाद।

संपादन : अभ्युदय (सा., इलाहाबाद), प्रताप (सा., 9 नवंबर 1913, कानपुर) (दै., सन् 1920), प्रभा (मा.) सहयोगी पं. माखनलाल चतुर्वेदी।

श्री गयाप्रसाद शुक्ल 'सनेही'

जन्म : 1883 ई., हड़हा, उन्नाव (उ.प्र.)।

काल : द्विवेदी युग के कवि।

निधन : 20 मई 1972 ई.।

कृतियां : प्रेम पचीसी, कृषक-क्रंदन, राष्ट्रीय मंत्र, राष्ट्रीय वीणा, त्रिशूल तरंग, कलामे त्रिशूल, संजीवनी, करुणा कादंबिनी, मानस तरंग, करुण भारती।

गांगेय नरोत्तम शास्त्री

जन्म : सन् 1900 काशी (उ.प्र.)।

काल : द्विवेदी युग के लेखक, कवि।

कृतियाँ : आचरण दर्शन, करूणा तरंगिणी, मालिनी मंदिर, श्री रघुनाथ स्तवराज, गांगेय वाग्बाण, प्रपंच पूरण, अन्योक्तिरत्नावली, समस्यापूर्ति चंद्रिका, श्रीकाशीराज पद्यपुष्पांजलि, कर्म में धर्म, श्री संकटमोचन स्तवराज, भारतीय महिला महत्व, वैश्य समाज, गांगेय गद्य माला, श्री कश्मीरेश-प्रशस्ति, स्पृश्यास्पृश्य-व्यवस्था, भारतीयोद्‌बोधन, अमनसभा नाटक, गांगेय दोहावली, श्रीवामनविजय, निर्वेदवेदन, श्री हनुमज्जन्म वर्ण, साहस समालंबन, सपण घोटक धावन, श्री तिलकस्त्रोत, गांगेय गीत-गुच्छक, आर्य-साम्राज्य में नमक कर, वेदों में बिजली, श्री गंगागुण माला, श्री लंडन स्त्रोत, भारतीय वायुयान, ब्राह्मण सम्राट पुष्यमित्र शुंग, गांगेय तरंग, चारों वेदों में आयुर्वेद, आत्मानंद, नूतन-निकुंज।

गिरिजादत्त शुक्ल

जन्म : 1899, कोदईपुर, जौनपुर (उ.प्र.) में।

निधन : 6 जून 1959 ई.।
हरिऔधजी के शिष्य।

कृतियां : गुप्तजी की काव्यधारा, आचार्य रामचंद्र शुक्ल, महाकवि हरिऔध (आलोचना); बाबू साहब, जगत्‌गुरु, आस्तिन का सांप, नादिरा-प्रेम की पीड़ा, पाप की पहेली, प्रमाण, जगत्‌गुरु का विचित्र चरित्र, संदेह, स्मृति, प्रोफेसर, विद्रोह, पंडाजी, लंबोदर त्रिपाठी, बहता पानी (उपन्यास, कहानी) तारक-बध (कविता)।

संपादन : श्रीशारदा, अरुणोदय, मनोरमा, बालसखा, प्रेम-पत्र, वनलता, गृहवाणी, विद्यार्थी।

श्री ठाकुर गोपालशरण सिंह

जन्म : 1891 ई., नई गढ़ी (रीवां)।

काल : द्विवेदी युगीन कवि।

निधन : 2 अक्टूबर 1960 ई.।

कृतियां : जगदालोक, ज्योतिष्मती सागरिका, सुमना, प्रेमांजलि ग्रामिका, विश्वगीत, माधवी, कादंबिनी, संचिता, मानवी।

पंडित गोविन्दनारायण मिश्र

जन्म : 1859 ई., कलकत्ता (बंगाल)

काल : उत्तर भारतेंदु युग के निबंधकार।

निधन : 23 अगस्त 1923 ई.।

कृतियां : शिक्षा सोपान, सारस्वत सर्वस्व, कवि और चित्रकार (अधूरा), प्राकृत विचार, विभक्ति विचार, आत्माराम की टें-टें (अधूरा), गोविंदनिबंध माला (दो भागों में)।

संपादन : सारस्वत सर्वस्व (मा., 1903, कलकत्ता)।

गौरीशंकर हीराचंद ओझा

जन्म : 15 सितंबर 1963 ई., रोहेड़ा, सिरोही (राजस्थान)।

काल : पूर्व द्विवेदी युग के प्रमुख शोधकर्त्ता, लेखक इतिहासकार।

निधन : 1947 ई.।

कृतियाँ : राजस्थान का इतिहास, प्राचीन भारतीय लिपिमाला, सिरोही राज्य का इतिहास, भारत के प्राचीन राजवंश, सोलंकियों का इतिहास, राजपूताने का इतिहास, बांसबाड़ा राज्य का इतिहास, बीकानेर राज्य का इतिहास (दो भाग), मध्यकालीन भारतीय संस्कृति, अशोक की धर्म-लिपियाँ, ओझा-निबंध-संग्रह, पद्य रत्नमाला, नागरी अंक और अक्षर, प्राचीन लिपिमाला, उदयपुर राज्य का इतिहास, डूंगरपुर राज्य का इतिहास, पृथ्वीराज विजय।

संपादन : नागरी प्रचारिणी पत्रिका (1920, काशी)।

पंडित चन्द्रशेखर पाठक

जन्म : 1886 ई., बिहार शरीफ, पटना (बिहार)।

काल : द्विवेदी युगीन लेखक।

निधन : 1941 ई.।

कृतियां : मदालसा, अर्थ में अनर्थ, वीरांगना रहस्य, विलासिनी विलास, शशिबाला, भीमसिंह, शोषित चक्र, हेमलता, आदर्श लीला, कृष्ण वसना, सुंदरी, लीला, प्रतिमा विसर्जन, मायापुरी, विचित्र समाज सेवक, श्री कर्मवीर गांधी, महाराणा प्रताप, नेपोलियन बोनापार्ट, लार्ड किचनर, सिकंदरशाह, पृथ्वीराज, लाल लाजपतराय, सन् सत्तावन का गदर, पंजाब का भीषण हत्याकांड, व्रतकथा।

संपादन : मारवाड़ी (सा., नागपुर), बड़ा बाजार गजट (कलकत्ता)।

जगन्नाथ चतुर्वेदी

जन्म : 10 अक्टूबर 1875 ई., मलयपुर, मुंगेर (बिहार)।

काल : द्विवेदी युगीन लेखक।

निधन : 2 अक्टूबर 1939 ई.।

कृतियां : वसन्त मालती, संसारचक्र, तूफान, भारत की वर्तमान दशा, विचित्र विचरण, स्वदेशी आंदोलन, गद्यमाला, निरंकुशता निदर्शन, कृष्णचरित्र, अनुप्रास का अन्वेषण, सिंहावलोकन, हिंदी लिंग विचार, भाषण, मधुर मिलन, अभिभाषण, निबंध-निचय, विचित्र वीर, तुलसीदास, पद्यमाला, जोजेफ, बिलमाट।

जगन्नाथदास 'रत्नाकर'

जन्म : 1866 ई., शिवाला घाट, काशी (उ.प्र.)।

काल : पूर्व द्विवेदी युग में ब्रजभाषा के कवि।

निधन : 22 जून 1932 ई.।

कृतियां : हिंडोला, समालोचनादर्श, साहित्य रत्नाकार, घनाक्षरी नियम रत्नाकर, शृंगार लहरी, हरिश्चन्द्र, गंगा विष्णु लहरी, रत्नाष्टक, गंगावतरण, कल काशी, उद्धव शतक, कविवर बिहारी।

संपादक : हमीर हठ, हिततरंगिनी, कविकुल कंठाभरण, बिहारी रत्नाकर, सूर सागर।

संपादन : साहित्य सुधानिधि।

जी.पी. श्रीवास्तव

जन्म : 23 अप्रैल 1891 ई., छपरा (बिहार)।

काल : छायावादी काल के हास्य लेखक।

निधन : 30 अगस्त 1976 ई.।

कृतियां : लंबी दाढ़ी, उलटफेर, मार-मारकर हकीम, मीठी हंसी, मिस्टर लतखोरीलाल, स्वामी चौपटानन्द, मास्टर भड़ामसिंह शर्मा, नोंक-झोंक, दुमदार आदमी, मर्दानी औरत, विलायती उल्लू, बौछार, गड़बड़झाला, गंगा-जमुनी, कुर्सी मैन, आंखों में धूल, हवाई डाक्टर, बदौलत सीट, जवानी बनाम बुढ़ापा, नाक में दम, रंग बेढब, धोखाधड़ी, चुड्ढा गुलखैरू, काठ का उल्लू, प्राणनाथ, रेखागणित के खेल, हवाई लीला।

दशरथ प्रसाद द्विवेदी

जन्म : 1891 डोहरिया, गोरखपुर।

निधन : 9 अप्रैल 1962 ई.।

1919 में 'प्रताप' से जुड़े। 1920 में गोरखपुर से सा. 'स्वदेश' का संपादन 1938 तक। विजयांक प्रसिद्ध हुआ, इसका संपादन पांडेय बेचन शर्मा 'उग्र' ने किया था। इस अंक को जब्त कर लिया गया। 1945 से पुनः प्रकाशन प्रारंभ हुआ। 1952 से 1957 तक सांसद रहे।

दुलारेलाल भार्गव

जन्म : 1895 ई., लखनऊ (उ.प्र.)।

काल : छायावादी काल के कवि, संपादक।

निधन : 6 सितंबर 1975 ई.।

कृतियां : हृदय तरंग, दुलारे दोहावली।

संपादन : माधुरी (1922), सुधा (1927), बाल विनोद, भार्गव पत्रिका।

पं. नरदेवशास्त्री वेदतीर्थ

जन्म : 21 अक्टूबर 1880 ई., शढ़म, हैदराबाद (आ.प्र.)।

काल : द्विवेदी युगीन लेखक।

निधन : 24 सितंबर 1962 ई.।

कृतियां : पत्र पुष्प (दो भाग), आर्य समाज का इतिहास (दो भाग), गीत विमर्श, ऋग्वेदालोचन, सचित्र शुद्धबोध, यज्ञ में पशु वध वेद-विरुद्ध, देहरादून-गढ़वाल के राजनीतिक आंदोलन का इतिहास, स्वामी दर्शनानंद सरस्वती का संक्षिप्त जीवन-चरित्र, आत्मकथा या आपबीती-जगबीती।

संपादन : भारतोदय, शंकर (मा., मुरादाबाद), दिवाकर (सा., आगरा)।

श्री बदरीनाथ भट्ट

जन्म : 1891 ई., गोकुलपुरा, आगरा (उ.प्र.)।

काल : द्विवेदी युगीन लेखक।

निधन : 1934 ई.।

कृतियां : हिंदी, चंद्रगुप्त नाटक, कुरुवन दहन, चुंगी की उम्मीदवारी वेणी संहार की आलोचना, दुर्गावती, बेन चरित, लबड़ धोंधों, तुलसीदास, विवाह विज्ञापन, मिस अमरीका।

संपादन : बालसखा (प्रयाग), सुधारक (आगरा)।

बनारसी दास चतुर्वेदी

जन्म : 24 दिसंबर 1892, फिरोजाबाद।

निधन : 1985 ई.।

1914 से प्रवासी भारतीयों के बारे में पत्रकारिता। इसी पर केंद्रित 'मर्यादा' का विशेषांक संपादित।

संपादन : विशाल भारत, मधुकर।

कृतियां : रेखाचित्र, साहित्य और जीवन, सत्यनारायन कविरत्न, राष्ट्रभाषा, भारतभक्त एंड्रूज, संस्मरण, फीजी द्वीप में मेरे 21 वर्ष, रानाडे की जीवनी, प्रवासी भारतवासी, फीजी में भारतवासी, फीजी की समस्या, केशवचंद्र सेन, हमारे आराध्य, सेतबंधु, शहीदों पर 22 पत्रिकाओं और स्मारिकाओं का संपादन।

बारह वर्षों तक राज्यसभा सदस्य, संसदीय हिंदी परिषद्, हिंदी पत्रकार संघ, हिंदी-भवन, सत्यनारायण कुटीर, गांधी-भवन, अंतर्जनपदीय परिषद्, ब्रजसाहित्य मंडल की स्थापना।

श्री बाबूराव विष्णु पराड़कर

जन्म : 6 नवंबर 1883 ई., काशी (उ.प्र.)।

काल : द्विवेदी युगीन पत्रकार।

निधन : 12 जनवरी 1955 ई.।

कृतियां : देश की बात, श्रीमद्भागवतगीता।

संपादन : हिंदी बंगवासी, हितवार्ता, भारतमित्र, आज, रणभेरी (गुप्त पत्र), संसार, कमला, हंस (प्रेमचंद निधनोपरांत विशेषांक)।

बालकृष्ण शर्मा 'नवीन'

जन्म : 8 दिसंबर 1897 ई., भयाना, शुजालपुर (ग्वालियर)।

काल : द्विवेदी युगीन कवि।

निधन : 29 अप्रैल 1960।

कृतियां : कुंकुम, रश्मिरेखा, अपलक, कवासि, विनोबा स्तवन, हम विषयायी जन्म के, उर्मिला।

भगवानदास

जन्म : 12 जनवरी 1869।

निधन : 17 सितंबर 1958, काशी।

18 वर्ष की उम्र में एम.ए. करने के बाद कुछ दिन डिप्टी कलक्टर रहे। ऐनी बेसेंट के निजी सचिव भी रहे हैं। ग्रंथ समन्वय, केंद्रीय विधानसभा के सदस्य। काशी विद्यापीठ, नागरी प्रचारिणी सभा, हिंदी साहित्य सम्मेलन प्रयाग से संबद्ध रहे। 1920 में कलकत्ता हिंदी सहित्य सम्मेलन के सभापति हुए थे। भारतीय हरिजन सम्मेलन, भारतीय संस्कृति सम्मेलन के अध्यक्ष मनोनीत हुए थे। संस्कृत, हिंदी, अरबी, फारसी, अंग्रेजी के प्रकांड विद्वान् थे।

कृतियां : समन्वय, पुरुषार्थ, दर्शन का प्रयोजन, अनेक गंभीर लेख विभिन्न पत्र-पत्रिकाओं में बिखरे पड़े हैं।

लाला भगवानदीन 'दीन'

जन्म : अगस्त 1866 ई., बरबट, फतेहपुर (उ.प्र.)।

काल : पूर्व द्विवेदी युग के लेखक, कवि, टीकाकार।

निधन : 1930 ई.।

कृतियां : धर्म और विज्ञान, वीर प्रताप, वीर बालक, वीर क्षत्राणी, अलंकार मंजूषा, व्यंग्यार्थ मंजूषा, नवीन बीन, नदीमें दीन, वीर पंचरत्न, प्रिया प्रकाश, सूर-पंचरत्न, सूक्ति सरोवर, ठाकुर ठसक, धर्म प्रचार मर्यादा, प्रकाशिका, इतिहास विद्या, बाल कथा माला।

टीकाएं : राम चंद्रिका, कविप्रिया, रसिक प्रिया, कवितावली, बिहारी सतसई (बिहारी बोधिनी), संक्षिप्त हिंदी भाषा सार।

संपादन : लक्ष्मी (गया)।

श्री भवानीदयाल संन्यासी

जन्म : 10 सितंबर 1892, शाहबाद (बिहार)।

काल : द्विवेदी युग के पत्रकार, लेखक।

निधन : 1951 ई.।

संपादन : धर्मवीर (सा.), हिंदी (1922), कारागार (हस्तलिखित, मासिक, हजारीबाग), आर्यावर्त्त (स., पटना)।

कृतियाँ : दक्षिण अफ्रीका के मेरे अनुभव, सत्याग्रही महात्मा गांधी, हमारी कारावास कहानी, ट्रांसवाल में भारतवासी, नेटाली हिंदू, शिक्षित और किसान, वैदिक धर्म और आर्य सभ्यता, वैदिक प्रार्थना, भजन प्रकाश, प्रवासी की आत्मकथा, वर्ण व्यवस्था और मरण व्यवस्था, बोअरयुद्ध का इतिहास, स्वामी शंकरानंद की वृहत् जीवनी, सत्याग्रह का इतिहास, दक्षिण अफ्रीका में आर्य संन्यासी (अप्रकाशित)।

पंडित माधव शुक्ल

जन्म : 1881 ई., इलाहाबाद (उ.प्र.)।

काल : द्विवेदी युगीन के कवि।

निधन : 1943 ई.।

कृतियां : भारत गीतांजलि, राष्ट्रीय गान, उठो हिंद संतान, भामाशाह की राजभक्ति, मेवाड़ पतन, सीय स्वयंवर, महाभारत।

मिश्रबंधु

गणेशबिहारी मिश्र, शुकदेवबिहारी मिश्र, श्यामबिहारी मिश्र, इंटौजा (लखनऊ) के रहनेवाले थे।

श्यामबिहारी मिश्र का जन्म 1883 और निधन 19 फरवरी 1947 को तथा शुकदेवबिहारी मिश्र का जन्म 1878 और निधन 19 मई 1951 को हुआ था। हिंदी में इन बंधुओं का समवेत योगदान एक रोचक और आत्मीय सच रहा है।

कृतियां : मिश्रबंधु विनोद (तीन भाग), हिंदी नवरत्न।

नाटक : नेत्रोन्मीलन, शिवाजी।

उपन्यास : उदयन, चंद्रगुप्त मौर्य, पुष्यमित्र, विक्रमादित्य, चंद्रगुप्त विक्रमादित्य, वीरमणि, स्वतंत्र भारत।

रमाशंकर अवस्थी

जन्म : 26 अप्रैल 1901, कासगंज-एटा (उ.प्र.)।

निधन : 14 जुलाई 1959।

कृतियां : बोलशेविक रूस, लेनिन। विद्यार्थीजी के साथ 'प्रताप' में पत्रकारिता की। 1920 में दैनिक 'वर्तमान' निकाला। 1924 में दो वर्ष सश्रम कारावास मिला। 1929 में 'मनसुखा' नाम से एक पत्र निकाला। इसी नाम से व्यंग्य स्तंभ लिखते थे। आगे प्रेस नीलाम हुआ। 'वर्तमान' को साप्ताहिक पत्र के रूप में निकाला। 1952 में

समाजवादी पार्टी के सदस्य बने। विधानसभा का चुनाव भी लड़े मगर पराजित हो गए।

रवींद्रनाथ टैगोर

जन्म : 6 मई 1861 ई., जोड़ा सांको (कलकत्ता)।

निधन : 7 अगस्त 1941 ई.।

कानून पढ़ने 1877 में इंग्लैंड गए। रुचि न थी। 1874 में पहली कविता छपी। 1901 में शांतिनिकेतन की स्थापना। जलियांवाला बाग कांड के विरोध में 'नाइटहुड' की उपाधि लौटाई।

कृतियां : 15 नवंबर 1913 को 'गीतांजलि' पर नोबुल पुरस्कार। धर्म-5, विज्ञान-1, कविता-48, नाटक-23, काव्य-नाटक-9, उपन्यास-12, कहानी-संकलन-8, भाषा और साहित्य विषयक निबंध-8, विधि निबंध-15, पत्र-संकलन-16, संगीत-38, यात्रा-8, जीवनी-10, बाल साहित्य-8, पाठ्य-पुस्तक-25, कुल 264 पुस्तकें लिखीं।

राधाचरण गोस्वामी

जन्म : 25 फरवरी 1859, वृंदावन (उ.प्र.)।

निधन : दिसंबर 1925 ई.।

कृतियां : वानर-चरित्र, भंग-तरंग, मूषक स्त्रोत, भगवान की विभूति, उल्लू गाथा, श्रीमदंग्रेज महापुराणा, नवभक्तमाल, शृंगार तिलक, ब्रजेंद्र विजया, गोपिका गीत, रहस्यपद, चैतन्य बारहखड़ी, शिशिर-सुषमा, भ्रमरगीत, इश्क चमन, राधारमणपद मंजरी, चैतन्य चरित्र सार, पावस प्रमोद, निपट-निदान, भारत-संगीत, विधवा विलाप, प्रेम बगीची, कल्क्यवतार, श्रीदाम, अमरसिंह राठौर, सती चंद्रावती, स्वर्ग यात्रा विचार, बूढ़े मुंह मुंहासे, तप्ता संवरण, तन मन धन गुसाईंजी के अर्पण, जावित्री, सरोजनी, सौदामिनी, विरजा, बिंदो चतुरा, विधवा विपत्ति, मृण्मयी, पतित पावन श्री गौरांग, श्रीराधिकोपनिषद्, उपनिषच्चतुष्टय, व्यवस्था वैष्णव बोधिनी, श्रीकृष्ण चैतन्य जयंती व्रत व्यवस्था, आर्य शब्द का उपपादन, शिक्षासार, अबला हित कारक, विदेश यात्रा विचार, उपासना तत्व, वैष्णव दीक्षामृत, वैष्णव नित्यकृत ग्रंथ, शिक्षामृत, युगलछद्म, विधवा विवाह विवरण, हिंदी बंगला वर्ण शिक्षा तथा लगभग 200 असंकलित रचनाएं। कर्मेन्दु शिशिर के संपादन में प्रतिनिधि रचनाओं का प्रकाशन। 'भारतेंदु' पत्र का संपादन। अनेक संस्थाओं के जनक और कांग्रेस आंदोलन में सक्रिय।

रामदास गौड़

जन्म : 1881 ई.।

निधन : 1937 ई.।

प्रयाग में विज्ञान परिषद् की स्थापना। वैज्ञानिक लेखन में योगदान। रामचरितमानस का पाठ शोधन।

कृतियां : हिंदुत्व, वैज्ञानिक अद्वैतवाद इत्यादि। अनेक लेख असंकलित।

पं. रूपनारायण पांडेय

जन्म : 1884 ई., रानीकटरा, लखनऊ (उ.प्र.)।

काल : द्विवेदी युग के साहित्यकार।

निधन : 12 जून 1958 ई.।

कृतियां : शुकोक्ति-सुधासागर, आंख की किरकिरी, शांति कुटीर, चौबे का चिट्ठा, दुर्गादास, उस पार, शाहजहाँ, नूरजहाँ, सीता, पाषाणी, सूम के घर घूम, भारतरमणी, बंकिम-निबंधावली, तारा, ताराबाई, ज्ञान और कर्म, विद्यासागर, बाल-कालिदास, बाल-शिक्षा, राजा-रानी, घर बाहर, भूप्रदक्षिणा, गल्प-गुच्छ, भाग, समाज, शिक्षा, महाभारत के कतिपय पर्व, रमा, पतित पति, शूरशिरोमणि, हरीसिंह नलवा, गुप्तरहस्य, खां जहां, मूर्खमंडली मंजरी, कृष्णकुमारी, बंकिमचंद्र, अज्ञातवास, बहता हुआ फूल, पोष्य पुत्र, चंद्रप्रभाचरित्र, पृथ्वीराज, प्रफुल्ल, शिवाजी, वीर-पूजा, नारी-नीति आचार-प्रबंध, घर जमाई स्वतंत्रता देवी, नीति-रत्नमाला, भगवती शतक, शिव-शतक, रंभा शुक-संवाद, पात्र-पुष्प, दुरंगी दुनिया, गोरा, बुद्धचरित, खोई हुई निधि, गृह-लक्ष्मी विजया, पराग, अशोक नाटक, पद्मिनी नाटक, सचित्र हिंदी भागवत, सुबोध बाल भागवत, प्रतापी परशुराम, महारथी अर्जुन, महावीर हनुमान्, गजरा, हिंदी हितोपदेश, श्रीकृष्ण चरित, वन-वैभव, सुबोध रामायण, शिवसिंह सरोज, स्त्री सुबोधिनी, शिवराजभूषण, कृतिवास रामायण।

संपादन : निगमागमचन्द्रिका, कान्यकुब्ज, इंदु, माधुरी।

राधामोहन गोकुल

जन्म : 1865 ई., लाल गोपालगंज, इलाहाबाद (उ.प्र.)।

काल : पूर्व द्विवेदी युग के प्रमुख क्रांतिकारी लेखक।

निधन : 1935 ई.।

कृतियाँ : देशभक्त लाला लाजपत राय, मेजिनी का जीवन-चरित, गैरीबाल्डी

का जीवन-चरित, नेपोलियन बोनापार्ट, गुरुगोबिंद सिंह, नीति दर्शन, (दो भाग), कम्युनिज्म क्या है? देश का धन, क्रांति का आगमन, सभा वक्ता, विप्लव, तिलकदेव का वर्तमान स्थिति पर भाषण, तिलक के स्वराज्य पर 20 व्याख्यान और जनता का मुकदमा, स्वराज्य गुटका, श्रमोपजीवी समवाय, अंग्रेज डाकू (उपन्यास), कर्मेन्दु शिशिर द्वारा संपादित 'गोकुल-समग्र' [दो भाग]।

संपादन : सत्य सनातन धर्म (1904, कलकत्ता), समाजसेवक (कलकत्ता), प्रणवीर (कलकत्ता), विज्ञान नवयुग (1923, आगरा)।

पं. रामगोविन्द त्रिवेदी

जन्म : 1895 ई., कूसी, गाजीपुर (उ.प्र.)।

काल : उत्तर द्विवेदी युग के लेखक।

कृतियां : हिंदी ऋग्वेद, दर्शन परिचय, हिंदी विष्णुपुराण, वैदिक साहित्य, ईश्वर सिद्धि, हिंदी पुस्तक कोष।

संपादन : आर्यमहिला विश्वदूत (मा., रंगून), सेनापति (1926), गंगा।

पं. रामनरेश त्रिपाठी

जन्म : 1890 ई.।

काल : द्विवेदी युग के कवि।

निधन : 16 जनवरी 1962 ई.।

कृतियां : कविता कौमुदी (सात भाग), मानसी, टीका रामचरित मानस, पथिक, जयंत, हिंदी पद्य रचना, मिलन, स्वप्न, हिंदी का संक्षिप्त इतिहास, महात्मा बुद्ध, इतना तो जानो, स्वप्नचित्र, देश का दुखी अंग, आल्हा, अशोक, कविता विनोद, बानर संगीत, मोहनमाला, आदमी की कीमत, बालकथा कहानी, कहानी के कल, नीति रत्नमाला, नीति शिक्षावती, हिंदुस्तानी कोश, कन्या शिक्षावली (6 भाग), हिंदी प्राइमर (2 भाग), हिंदी पत्र शिक्षक, गांव के घर, चंद्रगुप्त, घाघ और भड्डरी, चिंतामणि, सुकवि कौमुदी, सोहर, कौन जानता है, गुपचुप कहानियां (2 भाग), बताओ तो जाने, हंसू की हिम्मत, पेखन, बुद्धि विनोद, नेता बुझौवल, हिंदी ज्ञानोदय (6 भाग), सुदामा चरित्र, कन्याबोधिनी (1-5), आर्य संगीत शतक, हमारा ग्राम साहित्य, प्रेम लोक, तुलसीदास और उनकी कविता, मारवाड़ के मनोहर गीत, पार्वती मंगल, शिवाबावनी, मोतीचूर के लड्डू।

पं. लक्ष्मीनारायण गर्दे

जन्म : 6 नवंबर 1889 ई., पत्थर गली, काशी (उ.प्र.)।

काल : पूर्व द्विवेदी युगीन पत्रकार।

निधन : 23 जनवरी 1960 ई.।

कृतियां : योग प्रदीप, गीता प्रबंध, ज्ञानेश्वर, तुकाराम, एकनाथ, नकली प्रोफेसर, मियां की करतूत, हिंदुत्व, श्रीकृष्ण चरित्र, एशिया का जागरण, गांधी सिद्धांत, आयोग्य और उसके साधन, श्री अरविंद योग, जेल में चार मास, सरल गीता, माता संध्या रहस्य, श्री अरविंद और उनका उपदेश, महाराष्ट्र रहस्य, जापान की राजनीतिक प्रगति।

संपादन : भारतमित्र, बंगवासी वेंकटेश्वर समाचार, कल्याण, श्री कृष्ण संदेश, नवजीवन (दै., लखनऊ), भारतवर्ष, नवनीत (मा., काशी), औदुम्बर।

श्री विजयसिंह 'पथिक'

जन्म : 1882 ई., गुठावली अख्तियारपुर, बुलंदशहर (उ.प्र.)।

काल : पूर्व द्विवेदीकाल के क्रांतिकारी पत्रकार।

निधन : 28 मई 1954 ई.।

कृतियां : प्रह्लाद विजय, पथिक प्रमोद, पथिक विनोद, अजयमेरू तथा बिकरा भाई (अप्रकाशित)।

संपादन : राजस्थान केसरी 1920 (साप्ताहिक वर्धा), नवी राजस्थान (अजमेर), तरुण राजस्थान (अजमेर), राजस्थान संदेश (अजमेर), नव संदेश (1938-39, आगरा)।

महाकवि नाथूरामशर्मा 'शंकर'

जन्म : 1857 ई., हरदुआगंज, अलीगढ़ (उ.प्र.)।

काल : द्विवेदी युग के प्रमुख कवि।

निधन : 1932 ई.।

कृतियाँ : अनुराग रतन, शंकर सरोज, वायस, विजय, गर्भरंडारहस्य। शंकर सर्वस्व नाम से 1951 ई. में रचनावली का प्रकाशन।

श्यामसुंदर दास

जन्म : 1875 ई., काशी।

निधन : 1945 ई.।

संपादन : 'सरस्वती' 1901 से 1902 तक। मनोरंजन पुस्तक माला।

कृतियां : साहित्यालोचन, हिंदी भाषा और साहित्य, रूपक-रहस्य, गोस्वामी तुलसीदास।

संपादन : वैज्ञानिक कोश, हिंदी शब्द सागर में मुख्य संपादक, नागरी प्रचारिणी सभा के संस्थापकों में। छठे हिंदी साहित्य सम्मेलन प्रयाग के सभापति।

शिवप्रसाद गुप्त

जन्म : 1813 ई. काशी।

निधन : 1944 काशी।

शिक्षा : बी.ए.।

30 अप्रैल 1914 तथा 1929 को विदेश यात्राएं। 1916 में ज्ञानमंडल की स्थापना। 1919 से मुद्रण हिस्सेदारी। 1904 में बंबई कांग्रेस तथा 1905 में काशी में सक्रिय हिस्सेदारी। 1920 से 'आज' जैसे प्रसिद्ध राष्ट्रवादी हिंदी दैनिक का प्रकाशन। 1930 में समाचार-पत्रों के दमन के समय साइक्लोस्टाइल 'रणभेरी' जैसी भूमिगत पत्रिका का प्रकाशन। 30 जुलाई 1931 को 'टूडे' अंग्रेजी दैनिक संपूर्णानंद के संपादन में। 'मर्यादा' और 'स्वार्थ' मासिक पत्र भी निकाले। 19 जुलाई 1946 को नरेंद्रदेव के संपादन में 'समाज' का प्रकाशन। 10 लाख दान देकर काशी विद्यापीठ की स्थापना। 1936 में भारतमाता मंदिर की स्थापना। 1924 में पृथ्वी प्रदक्षिणा नामक वृहद यात्रा-पुस्तक। अनेक बार जेल यात्रा। काशी विश्वविद्यालय, नागरी प्रचारिणी सभा, साहित्य सम्मेलन प्रयाग को अनुदान दिया। डॉ. रामविलास शर्मा के अनुसार इनका लेखन बहुत महत्वपूर्ण है।

पंडित सकलनारायण शर्मा

जन्म : 1871 ई., आरा (बिहार)।

काल : पूर्व द्विवेदी काल के लेखक।

निवन : 1953 ई.।

कृतियां : हिंदी-सिद्धांत-प्रकाश, सृष्टि-तत्व, प्रेम-तत्व, ब्रह्मचर्य और सच्चरित्रता, प्रबंधावली (2), व्याकरण-तत्व, आरा-पुरातत्व, सिद्धनाथ, कुसुमांजलि, राजरानी, अपराजिता, शंकरप्रसाद मीमांसा, तारकेश्वर यशोगानम, यशः प्रकाश, जैनेंद्र किशोर, पेडलर साहब की जीवनी, निम्नशिक्षक समुदाय, आत्मकथा, वीरबाला निबंधमाला, कलवार की उत्पति।

संपादन : शिक्षा, (पाटलिपुत्र) व हरिऔध अभिनंदन ग्रंथ।

सियारामशरण गुप्त

जन्म : 1895, झांसी जिले के चिरगांव में।

निधन : 1963 ई.।

कृतियां : काव्य—मौर्य विजय, इवदिल, अनाथ, विषाद, आर्द्रा, खादी की चादर, आत्मोत्सर्ग, पाथेय, मृणमयी, बापू, उन्मुक्त, नकुल, नोवाखाली, जयहिंद, गीता-संवाद।

उपन्यास : गोद, अंतिम-आकांक्षा, नारी।

निबंध : झूठ-सच।

कहानी-संकलन : मानुषी।

नाटक : पुराणपर्व।

डॉ. हेमचन्द्र जोशी

जन्म : 21 जून 1894 ई., नैनीताल (उ.प्र.)।

काल : छायावादी काल के लेखक।

निधन : 16 अक्टूबर 1967 ई.।

कृतियाँ : स्वाधीनता के सिद्धांत, भारत का इतिहास, विक्रमादित्य, व्युत्पति कोश।

संपादन : हिंदी विश्व-कोश।

अनुवाद : प्राकृत व्याकरण (पिशेल)।

संपादन : कलकत्ता समाचार, कूर्मांचल केसरी (सा., अल्मोड़ा), विश्व-वाणी (सा., कलकत्ता), विश्वमित्र (सा., कलकत्ता), धर्मयुग (सा., बंबई। प्रथम संपादक)।

परिशिष्ट 2

राजनीतिक, सामाजिक, सांस्कृतिक व्यक्तियों की विवरणी

अजमल खां हकीम–जन्म : 1865 ई., दिल्ली। पुश्तैनी हकीमी। 1918 में राजनीति में प्रवेश । 1919 में महात्मा गांधी से संपर्क। रौलट बिल का विरोध किया और दिल्ली में हड़ताल के मुख्य प्रेरणा स्रोत रहे। हिंदू भावनाओं का ख्याल रख वे गोहत्या बंद करने की भी अपील करते थे। 1927 में मृत्यु से महात्मा गांधी बहुत आहत हुए और शोक में शामिल भी। तिब्तिया कॉलेज को सारी संपत्ति दान दी–जो उनकी स्मृति का मूर्त्त प्रतीक है।

अर्जुनलाल सेठी–जन्म : सितंबर 1880। निधन : 22 दिसंबर 1941 ई.। राजस्थान कांग्रेस में क्रांतिदल के नेता। जयपुर में एक राष्ट्रीय विद्यालय खोलकर युवकों को क्रांति की प्रेरणा दी। वर्षों नजरबंद रहे। 1925 में कम्युनिस्ट कानफरेंस में मदद की। कानपुर अधिवेशन के समय पांडाल प्रवेश के विवाद में कांग्रेसियों ने पीटा था। सेठीजी ने साम्यवादी नेता शौकत उस्मानी और प्रसिद्ध क्रांतिकारी चंद्रशेखर आजाद की फरारी में बड़ी सहायता की थी।

डॉ. अंसारी–1912 में बलकान युद्ध में मेडिकल मिशन के साथ तुर्की गए थे। 1927 में मद्रास कांग्रेस की अध्यक्षता की। 1936 में निधन हुआ।

अब्दुल कलाम आज़ाद–जन्म : 1888। निधन : 1958 ई.। 1923 और 1940 में कांग्रेस के अध्यक्ष रहे। मुस्लिम सांप्रदायिकता से अलग हिंदू-मुस्लिम एकता पर बल देते रहे। इनकी आत्मकथा के प्रकाशन से नये रहस्य उद्‌घाटित हुए। स्वाधीनता आंदोलन के प्रमुख नेता, प्रभावशाली वक्ता और आज़ाद भारत के शिक्षा मंत्री।

अरविंद घोष–जन्म : 15 अगस्त 1872 ई., कलकत्ता। निधन : 5 दिसंबर 1950 ई.। इंग्लैंड में शिक्षा। 1906 में सूरत कांग्रेस में गरमदल से अलग हुए और नेशनलिस्ट दल के नेता। 18 मई 1908 को सोये में गिरफ्तार। अलीपुर कांड का मुकदमा सी.आर. दास लड़े थे। 13 अप्रैल 1909 में रिहाई हुई। 19 जून 1909 से 'कर्मयोगिन' का संपादन। जुलाई 1909 में निवेदिता से परिचय। 4 अप्रैल 1910 में पांडिचेरी आश्रम में निवास। इनका 'सावित्री' महाकाव्य प्रसिद्ध

हुआ। संपूर्ण रचनाएं उक्त आश्रम से प्रकाशित हैं।

अली इमाम–बिहार के मुस्लिम नेता 'सर' की उपाधि प्राप्त। मुस्लिम लीग के प्रसिद्ध नेता। लखनऊ मुस्लिम लीग की अध्यक्षता। गवर्नर जेनरल के 'एक्जीक्यूटिव कौंसिल' के इंग्लैंड में सदस्य। 1932 में मृत्यु।

अशफ़ाक़ उल्ला ख़ां–काकोरी-कांड के मशहूर क्रांतिकारी। रामप्रसाद बिस्मिल के दोस्त। शाहजहांपुर के सांप्रदायिक दंगे में मंदिर ध्वस्त करनेवालों पर बंदूक तान दी थी। काकोरी-कांड में 19 दिसंबर 1927 को फैजाबाद जेल में फांसी दी गई।

कमाश पाशा–जन्म : 1880 ई., सालोनीका (टर्की) में । 1904 ई. में सैनिक शिक्षा समाप्त। 1911 ई. इटली-टर्की युद्ध में मशहूर हुए। 1912 में बालकन युद्ध। 1918 में सेनापति बने। अनेक दुष्कर युद्ध लड़े। 29 अक्टूबर 1923 को अंगोरा की राष्ट्रीय महासभा के प्रजातंत्र-शासन में प्रथम राष्ट्रपति। टर्की के इतिहास निर्माता।

किचलू सैफुद्दीन–जन्म : 1888 ई. अमृतसर में। निधन : 1963 ई.। इंग्लैंड में कानून की शिक्षा ली और जर्मनी से शोधोपाधि। अमृतसर में वकालत। 1919 में गांधीजी से संपर्क और असहयोग आंदोलन में संलग्न। 1920 में खिलाफत आंदोलन में शामिल हुए और वकालत छोड़ दी। लगभग 14 वर्ष कारावास भुगते। अखिल भारतीय शांति परिषद् के संस्थापक अध्यक्ष और विश्व शांति परिषद् के उपाध्यक्ष। 1954 में स्टालिन शांति पुरस्कार पानेवाले प्रथम भारतीय। पुरस्कार राशि 1 लाख 25 हजार शांति आंदोलन में दान।

खुदीराम बोस–जन्म : 3 दिसंबर 1889 में मेदिनीपुर के बहुबैनी गांव में। मुजफ्फरपुर में किंग्सफोर्ड के धोखे में दूसरे की हत्या। गिरफ्तार और 12 अगस्त 1907 को फांसी।

गोपीनाथ साहा–क्रांतिकारी, 1 जनवरी 1924 को कुख्यात पुलिस अफसर टेगार्ट के धोखे में अंग्रेज अर्नेस डे को गोली मार दी। सर्वत्र साहस की प्रशंसा की गई परंतु महात्मा गांधी ने इस हिंसा की निंदा की।

गौहरजान–दूसरे दशक की अत्यंत रूपवती और प्रसिद्ध अभिनेत्री। 'मतवाला' के सदस्यों में भी लोकप्रिय थी।

चंद्रमा सिंह–क्रांतिकारी बैकुंठ शुक्ल के साथी। समस्तीपुर (बिहार) की एक दुकान पर क्रांतिकारियों को गाली देते हुए दो गद्दारों में एक ही हत्या कर दी और एक का हाथ काट लिया। बाद में सोनपुर में गिरफ्तार हुए। 12 मई 1934 को शुक्लजी को फ़ांसी दी गई और चंद्रमासिंह को गया जेल में सश्रम कारावास मिला।

चितरंजनदास देशबंधु–जन्म : 5 नवंबर 1870 ई., कलकत्ता। निधन : 16 जून

1925 ई., दार्जिलिंग। पिता भुवनमोहन दास प्रसिद्ध बैरिस्टर। पत्नी वसंती देवी भी सक्रिय राजनीतिककर्मी रहीं। 1885 ई. में इंट्रेंस पास। 1890 ई. में स्नातक। दर्शन और धर्म में भी गहरी रुचि। 1890-94 तक इंग्लैंड प्रवास। 1894 में भारत आकर कलकत्ता हाईकोर्ट में वकालत। 1908 ई. में अरविंद के अलीपुर बम कांड के पैरवीकार। 50,000 रु. की मासिक आमदनी छोड़कर 1917 ई. से सक्रिय राजनीति में। स्वराज दल की 1923 में स्थापना। कौंसिल सदस्य। 1924 ई. में स्वराज दल से निर्वाचित होकर कलकत्ता के मेयर बने।

'भालांया' कविता पुस्तक के अतिरिक्त अंतर्यामी, किशोर-किशोरी और सागर-संगीत पुस्तकों की रचना। कहानी और लेख भी लिखे। 1914 में 'नारायण' साहित्यिक पत्रिका के संपादक। 1922 ई. में 'बंगलार कथा' का प्रकाशन।

जगदीशचंद्र बसु—जन्म : 30 नवंबर 1858, मैमनसिंह (ढाका)। निधन : 23 नवंबर 1937, गिरिडीह (बिहार)। प्रारंभिक शिक्षा कलकत्ता में, उच्च शिक्षा इंग्लैंड में। 1885 में प्रेसीडेंसी कॉलेज में प्राध्यापक। 1887 में अबलादास से शादी। 1916 में 'सर' की उपाधि। पत्रों और भाषणों का प्रकाशन। दस पुस्तकें लांगमैन प्रकाशन लंदन से छपीं। महान् वैज्ञानिक और बंगला साहित्य में दुर्लभ निबंध लेखक। बालोपयोगी रचनाएं भी लिखीं। ग्यारह खंडों में लिखी रचनाओं का प्रकाशन।

जमनालाल बजाज—जन्म : 4 नवंबर 1889, सीकर (राजस्थान)। निधन : 11 नवंबर 1942। सेठ बच्छराज ने 1894 में गोद लिया। 1919 से राष्ट्रीय जीवन शुरू। 1921 में कांग्रेस के नागपुर में स्वागताध्यक्ष। 1937 में अखिल भारतीय हिंदी साहित्य सम्मलेन के मद्रास में सभापतित्व। 8 भाग में पत्र-व्यवहार और 5 भाग में डायरी प्रकाशित।

जयकर मुकुंद राव, रामराम—जन्म : 13 नवंबर 1873। निधन : 10 मार्च 1959। नरमदल के प्रसिद्ध कांग्रेस नेता। सप्रू और जयकर ने ही मिलकर 'गांधी इरविन पैक्ट' कराया था। ये दक्षिणपंथी थे।

जवाहरलाल नेहरू—जन्म : 14 नवंबर 1889। निधन 1964 में। 1929 में लाहौर कांग्रेस के अध्यक्ष। स्वाधीनता आंदोलन के दौरान कांग्रेस में महात्मा गांधी के बाद सर्वाधिक प्रभावशाली और बुद्धिमान नेता। स्वतंत्र भारत के प्रथम प्रधानमंत्री होने का ऐतिहासिक गौरव उन्हें ही मिला।

जानकी प्रसाद बगरहट्टा—जन्म : 5 सितंबर 1900 ई., डूंगरगढ़ बीकानेर में। निधन : 10 फरवरी 1965 ई., बीकानेर में।

हिंदी, अंग्रेजी, उर्दू, बंगला, पंजाबी, तेलगु, मराठी—भाषाओं के बहुत अच्छे

जानकार थे। सविनय अवज्ञा आंदोलन में पढ़ाई छोड़ दी थी। लाला लाजपत राय और चितरंजनदास के गहरे संपर्क में थे। लालाजी के साथ दो वर्ष के लिए इंग्लैंड भी गए। जयपुर से 'द न्यू लीडर' तथा बीकानेर से 'राजस्थान स्टैंडर्ड' नामक पत्रों का संपादन किया। अर्जुनलाल सेठी के देशी राज्य प्रजा परिषद् के प्रधानमंत्री रहे। एम.एन. राय, जयप्रकाश नारायण, अमृत डांगे, अरूणा अली इत्यादि के संपर्कों में रहे। बी.जी. हार्नीमन द्वारा संपादित 'बांबे क्रानिकल' के सहकारी संपादक भी रह चुके थे। सत्यभक्त द्वारा स्थापित साम्यवादी पार्टी से भी संबद्ध।

जे.एम. सेन गुप्ता (यतींद्र मोहन सेन गुप्ता)—बंगाल में देशबंधु के बाद दूसरे बड़े राष्ट्रीय नेता। स्वराज पार्टी के समर्थक। अबला आश्रम के संरक्षक। हिंदी को राष्ट्रभाषा स्वीकार करते थे। 1931 में हिंदी साहित्य सम्मेलन में जोरदार व्याख्यान दिया। बंगला भाषा के बड़े ही गहरे प्रशंसक थे। 'एडवांस' पत्रिका का संपादन भी किया।

तेजबहादुर सप्रू—जन्म : 1872 । निधन : 1949।
संवैधानिक कानून के प्रसिद्ध वकील। ऐनी बेसेंट को बनारस में सेंट्रल हिंदू कॉलेज बनाने में सहयोग। मदनमोहन मालवीय द्वारा विश्वविद्यालय स्थापना में योगदान। होमरूल लीग आंदोलन के समय राजनीति में प्रवेश। 1910 में कांग्रेस सचिव और उदारवादी नेता के रूप में मशहूर भी हुए। 1928 में नेहरू रिपोर्ट बनाने में महत्वपूर्ण भूमिका निभाई। 1944 में सप्रू कमिटी ने विभाजन का कड़ा विरोध किया। वे एक ऐसे अनुबंध पर बल दे रहे थे जो सभी को मान्य हो।

दयानंद महर्षि—जन्म : 1824, टंकरा। संस्कृत के प्रकांड विद्वान। वैदिक ग्रंथों के मनीषी। 7 अप्रैल 1875 को 'आर्य समाज' की बंबई में स्थापना की। किसी ने दूध में शीशा पीसकर पिला दिया जिससे 1883 में उनका निधन हो गया। **कृतियां**—सत्यार्थ प्रकाश, संस्कार, विधि, अनुभ्रमोच्छेदन, अष्टाध्यायी भाष्य, आत्मचरित, आर्याभिविनय, आर्योद्देश्यरत्नमाला, हिंदी कुरान, गोकरुण निधि, गौतम अहिल्या की कथा, जालंधर की बहस, संध्या भाष्य, भावार्थ, पोपलीला, प्रतिमापूजन विचार, प्रश्नोत्तर हलधर, प्रश्नोत्तर उदयपुर, प्रभोच्छेदन, मेला चांदपुर, ऋग्वेदादिभाष्य भूमिका, ऋग्वेद भाष्य, यजुर्वेद भाष्य, वेदविरुद्ध मत खंडन, वेदांतिध्वांत निवारण, व्यवहार भानु, शिक्षापत्रीध्वांत निवारण, संस्कृतवाक्य प्रबोध, सत्यासत्य विवेक, वर्णोच्चारण, संधि विषय, नामिका, आख्यातिक, पारिभाषिक, सौवर, अनादि कोष, निघंटु पाणिनी के ग्रंथ अष्टाध्यायी धातुपाठ, गणपाठ, शिक्षा और प्रतिपादिक, आलंकारिक कथा।

दीनदयाल शर्मा–जन्म : मई 1863, झज्झर, रोहतक (हरियाणा)। निधन : 1930 ई.। 31 अगस्त 1898 को कलकत्ता आए। ये बहुत प्रभावशाली वक्ता थे–व्याख्यान वाचस्पति। देवनागरी लिपि की पक्षधरता। सनातनी। हरिजन उद्धार समर्थक। बालमुकुंद गुप्त के घनिष्ठ मित्र। गुप्तजी ने इनके विरुद्ध नहीं लिखने के कारण हिंदी 'बंगवासी' से इस्तीफा दे दिया था। 'कोहेनूर' में सहकारी संपादक उर्दू पत्र 'हरयाना', 'मथुरा समाचार' के संपादक। अनेक संस्थाओं के जनक।

नंदकुमार महाराज–नवाब मीरजाफर के दीवान। क्लाइव के निकटस्थ। प्लासी युद्ध के पूर्व अंग्रेजों की सहायता की। वारेन हैस्टिंग्स से विवाद और अंग्रेजों के विरुद्ध। फ्रांसीसी-अंग्रेजों के विवाद में इन्होंने कूटनीतिज्ञता बरती और अंततः इन्हें फांसी दी गई। श्री चंडीचरण सेन ने 'महाराज नंदकुमार को फांसी' नामक एक ऐतिहासिक उपन्यास लिखा।

पार्वती देवी–जन्म : 1888, कमालिया, लायलपुर, पंजाब। निधन : 1973-74 ई.। 1905 ई. में जाति विरुद्ध डॉ. मिल्खीराम भाटिया से विवाह किया जो 'गदर पार्टी' से संबद्ध रहे। ढाई वर्ष बाद विधवा हुईं, उस समय मात्र 20 वर्ष की उम्र थी। संस्कृत और अंग्रेजी की शिक्षा। दिल्ली और अमृतसर में शिक्षिका रहीं। 1919 में रोलेट एक्ट में डॉ. किचलू के साथ, 1920 में प्रांतीय कांग्रेस की सदस्य। व्याख्यान बहुत जोरदार देती थीं। 19 नवंबर 1922 को लाहौर में कैद हुईं। 'हिंदी-भवन' में योगदान दिया। 1926 में बेटी विद्याधरी का जाति विरुद्ध विवाह। 1930, 1932 तथा 1941-42 में कई बार गिरफ्तार हुईं। भारत विभाजन की गहरी पीड़ा।

पुरुषोत्तमदास टंडन–जन्म : 11 अगस्त 1882 ई.। निधन : 1 जुलाई 1962 ई.। कांग्रेस अध्यक्ष। हिंदी हिमायत के कारण पं. नेहरू से विवाद और त्यागपत्र। अखिल भारतीय हिंदी साहित्य सम्मेलन की स्थापना और कई संस्थाओं के जनक। 1961 में 'भारत रत्न' की उपाधि।

प्रफुल्लचंद्र राय–जन्म : 1861 ई.। निधन : 1944 ई.।

बंगाल के गांव में जन्म। कलकत्ते में शिक्षा। ब्रह्म समाज और सुरेंद्रनाथ बनर्जी से प्रभावित। तेजस्वी शैक्षणिक जीवन। एडिनवरा में उच्च शिक्षा। वापसी के बाद प्रेसीडेंसी कॉलेज कलकत्ता में अध्यापन। मातृभाषा में विज्ञान शिक्षण पर विशेष जोर। रसायनशास्त्रज्ञ। बंगला में पाठ्यक्रम पुस्तकों को तैयार किया। विज्ञान, सामाजिक, आर्थिक और शैक्षणिक विकास में विशेष अभिरुचि। 'बंगाल केमिकल और फार्माक्युकल वर्क्स' की स्थापना। आशुतोष मुखोपाध्याय के आमंत्रण पर कलकत्ता विश्वविद्यालय में रसायन विज्ञान के प्रोफेसर।

रसायन-शास्त्र में विश्व प्रसिद्ध। समाज-सेवा से भी जुड़े। 'विज्ञान रुक सकता है, किंतु स्वराज नहीं'—इनका मूलमंत्र था। प्रसिद्ध ग्रंथ 'हिस्ट्री ऑफ हिंदू केमिस्ट्री' के लेखक।

वल्लभभाई पटेल—जन्म : 21 अक्टूबर 1879, गुजरात। निधन : 1950 ई.। 1923 में नागपुर में सत्याग्रह का नेतृत्व। 1937 में कांग्रेस संसदीय बोर्ड के अध्यक्ष। 1942 में भारत छोड़ो आंदोलन का नेतृत्व। 1947 में अंतरिम सरकार में गृहमंत्री और उपप्रधानमंत्री।

ब्रजकिशोर प्रसाद—जन्म : 14 जनवरी 1877। निधन : 15 अक्टूबर 1946। बिहार में सीवान के प्रसिद्ध स्वाधीनता सेनानी। जयप्रकाश नारायण के श्वसुर और डॉ. राजेंद्र प्रसाद के समधी।

बालकृष्ण शिवराम मुंजे—नागपुर के निवासी। मध्यप्रांत के प्रख्यात वकील 1921 में वकालत छोड़कर स्वाधीनता आंदोलन में सक्रिय। आगे चलकर हिंदू महासभा के कट्टर हिंदू समर्थक नेता हुए।

बालगंगाधर तिलक—जन्म : 1856 ई., रत्नागिरी, महाराष्ट्र। निधन : 1 अगस्त 1920 ई.। संस्कृत, मराठी, अंग्रेजी के प्रकांड विद्वान। 'मराठा-केसरी अंग्रेजी मराठा (सा.) का प्रकाशन। 1899 में कांग्रेस सदस्य। गणपति उत्सव के बहाने राष्ट्रीय चेतना का संचार। 1895 में शिवाजी समारोह। सुधारवादी कांग्रेसियों से क्षुब्ध होकर 1907 में अलग। 1916 में कांग्रेस से अलग और होमरूल आंदोलन। राजद्रोह का मुकदमा। कारागार। 1914 में मुक्त। पूर्ण स्वाधीनता के पहले उद्घोषक। 'गीता-रहस्य' तथा The Aretic Home of the Vedas प्रसिद्ध ग्रंथ।

बासंती देवी—जन्म : 1880 कलकत्ता। चितरंजनदास की पत्नी। 1920-21 के आंदोलन में सक्रिय हिस्सेदारी। देश-बंगलार कथा संपादन। 1922 में बंग प्रादेशिक सम्मेलन की अध्यक्षा। 1925 में पति और 1926 में इकलौते पुत्र का निधन : जीवन में बड़ी दारुण पीड़ा मिली। फिर भी अपनी सक्रियता बनाए रहीं।

बिपिनचंद्र पाल—जन्म : 1858, सिलहट (बंगाल)। निधन : 1932 में। 1887 में कांग्रेस सदस्य। 1907 में निर्वासित जीवन। पूर्ण स्वाधीनता के पक्षधर। बहिष्कार, स्वदेशी, राष्ट्रीय शिक्षा, सत्याग्रह, मूल सिद्धांत। 1920 में कांग्रेस से अलग। 1928 में सर्वदल सम्मेलन में हिस्सा।

मज़हर-उल-हक़—जन्म : 1866 ई. छपरा (बिहार)। जमींदार परिवार में जन्म। लंदन से कानून की शिक्षा। पटना में वकालत। कांग्रेस से जुड़े। 1909 में भारत में

लागू किए गए सांप्रदायिक चुनाव सुधार की निंदा की। 1912 में कांग्रेस स्वागत समिति के अध्यक्ष बने। बांकीपुर जेल में रहे। 1914 में भारतीय प्रतिनिधि मंडल में इंग्लैंड गए। 1915 में मुस्लिम लीग के अध्यक्ष हुए। 1917 में गांधीजी के चंपारण सत्याग्रह में शामिल। तीन बार साम्राजी विधायक चुने गए। 1918 में रॉलेट बिल के विरोध में इस्तीफा दिया। खिलाफत आंदोलन में प्रसिद्धि मिली। 1921 में स्वदेशी की वकालत के साथ पेशे का त्याग किया। अंग्रेजी साप्ताहिक 'दी मदर लैंड' का संपादन। भारत के प्रति समर्पित।

मदनमोहन मालवीय–जन्म : 25 दिसंबर 1861। निधन : 12 नवंबर 1946। इंट्रेंस 1879, बी.ए. 1884। 1886 में राष्ट्रीय महासभा कलकत्ता में भाग लिया। 1891 में वकालत परीक्षा पास। हिंदुस्तान, इंडियन ओपिनियन, एडवोकेट, अभ्युदय, लीडर, मर्यादा–जैसे ऐतिहासिक पत्रों के संपादक, संचालक और संस्थापक रहे। 4 फरवरी 1918 को बनारस में काशी हिंदू विद्यालय की स्थापना। ऐसे आदर्श को मूर्त्त करने के लिए किया–जिससे भारतीय संस्कृति की भव्यता दीप्त हो सके, स्वभाव से हिंदू थे लेकिन कट्टर सांप्रदायिक नहीं। 1902 में उ.प्र. की विधान परिषद् के सदस्य, 1910 से 1920 तक केंद्रीय विधानसभा के सदस्य। 1918 में दिल्ली कांग्रेस के अध्यक्ष। 1919 में रॉलेट बिल का विरोध। 1931 में दूसरे गोलमेज सम्मेलन के लिए लंदन गए। 1932 में एकता सम्मेलन प्रयाग की अध्यक्षता की। 1934 में एम.ए. अणे के साथ रेमजे मैकडोनल्ड के सांप्रदायिक निर्णय का विरोध। 1934 मे ही नेशनल पार्टी और हिंदू महासभा की स्थापना। स्त्रियों की स्थिति में सुधार का आंदोलन। बंगाल के अकाल में सेवा।

महात्मा गांधी–जन्म : 2 अक्टूबर 1869। निधन : 30 जनवरी 1948। भारतीय स्वाधीनता आंदोलन के श्लाका-पुरुष महात्मा गांधी को राष्ट्रपिता का सम्मान मिला। छात्र जीवन में ब्रिटिश समर्थक विचारों के कारण 'कैसरहिंद' स्वर्णपदक प्राप्त करनेवाले गांधी को उसके साम्राज्य को समाप्त करने का श्रेय मिला। 1914 में दक्षिण अफ्रीका से जो साम्राज्यवाद विरोधी भावना जगी वह स्वदेश आने पर कार्यरूप में बदली। भारत-भ्रमण। साबरमती आश्रम की स्थापना। 1917 में चंपारण में किसान-आंदोलन। 1919 से स्वाधीनता आंदोलन का नेतृत्व। 1921 में असहयोग आंदोलन। 1931 में इरविन समझौता। 1942 में 'भारत छोड़ो' का नारा दिया। पूरे भारत को आमूल बदलकर गरिमा के अनुरूप बनाने की रचनात्मक परिकल्पना वाले वे महान् राजनेता थे। 'मतवाला' ने कभी उनकी आलोचना न की, बावजूद वह उनके विपरीत विचारोंवाले स्वाधीनता

आंदोलनों के तरीकों का खुलकर समर्थन करता था।

मुदालियर गोविंद स्वामी–मद्रास हाईकोर्ट के प्रसिद्ध एडवोकेट। अप्रैल 1930 में समुद्र तट पर पुलिस गोली के शिकार।

मुहम्मद अली जिन्ना–जन्म : 15 दिसंबर 1876 ई., करांची। निधन : 12 सितंबर 1948 ई.। पिता का नाम जिन्नाह पोंजा। प्रारंभिक शिक्षा मकतब में। बंबई से स्कूली शिक्षा प्राप्त कर 1892 में लंदन प्रवास। 1816 में बैरिस्टर बने। 1905 में कलकत्ता कांग्रेस में दादाभाई नौरोजी के निजी सचिव। फिर कांग्रेस में शामिल। 1913 में मुस्लिम लीग की सदस्यता। प्रारंभ में लीग और कांग्रेस में एकता का प्रयत्न। आगे मुस्लिम लीग के कट्टर नेता और विभाजन का हठ। अदूरदर्शिता के कारण अलगाव बढ़ा और अंग्रेजों की शातिर कोशिशों से 1947 को पाकिस्तान बना। पाकिस्तान के राष्ट्रपिता।

मोतीलाल नेहरू–जन्म : 6 मई 1861 ई.। निधन : 1931 ई.। इलाहाबाद के प्रसिद्ध वकील और प्रारंभ में ब्रिटिश सरकार के समर्थक। जालियांवाला बाग हत्याकांड के बाद ब्रिटिश सरकार के विरोधी हुए। चितरंजनदास के साथ स्वराज पार्टी का गठन। 1908 से 1920 तक उ.प्र. कौंसिल के सदस्य। 1920 में कौंसिल त्याग, फिर कौंसिल सदस्य। जालियांवाला बाग कांड की स्वयं तहकीकात की। सर्वदल सम्मेलन द्वारा संविधान बनानेवाली समिति के अध्यक्ष।

मौलाना मुहम्मद अली–जन्म : 1878, रामपुर (उ.प्र.)। निधन : 4 जनवरी 1931 लंदन। राष्ट्रवादी और उदार नेता। शिक्षा–रामपुर, बरेली और अलीगढ़ कॉलेज, 1898 में विलायत। 1902 में वापसी। रामपुर में शिक्षा अधिकारी। बड़ौदा सिविल सर्विस में। 1906 में मुस्लिम लीग के संस्थापकों में एक।

यतींद्रनाथ दास–जन्म : 1904, कलकत्ता। निधन : 13 सितंबर 1928। काकोरी कांड में थे नहीं, पर अभियुक्त बनाए गए। जेल। पिटाई। 27 सितंबर 1926 को रिहा। लाला लाजपतराय पर लाठी प्रहार करनेवाले सैंडर्स की हत्या और लाहौर षड्यंत्र में गिरफ्तार। 1 जून 1928 में फिर निरपराध बंदी। 13 जुलाई से मृत्यु तक आमरण अनशन।

राजगोपालाचारी–जन्म : 8 दिसंबर 1876, होसूर (सैलेम)। निधन : 1972 में। मद्रास में 1900 में वकालत प्रारंभ की। 1912 में होमरूल आंदोलन तथा 1919 में सत्याग्रह में हिस्सा लिया। गांधीजी के जेल जाने पर 'यंग-इंडिया' का संपादन किया। 1921-22 में राष्ट्रीय कांग्रेस के जेनरल सचिव हुए। 1937 में अंतरिम सरकार में मद्रास के मुख्यमंत्री बने। 1939 में त्यागपत्र दे दिया। 1942 में क्रिप्स-योजना में भाग लिया। 4 दिसंबर 1940 को गिरफ्तार किए गए।

15 सितंबर 1946 को अंतरिम सरकार में गवर्नर जेनरल बनाए गए। 26 जनवरी 1956 तक मद्रास के मुख्यमंत्री हुए। तमिल के महान् लेखक।

राजेंद्र प्रसाद–जन्म : 3 दिसंबर 1884, जीरादेई (बिहार) निधन : 1963 ई.। स्वाधीनता आंदोलन में अग्रणी भूमिका। उच्चकोटि की शैक्षणिक योग्यता। मशहूर वकील। वकालत छोड़कर महात्मा गांधी के अनुयायी बने। 'देश' पत्रिका का संपादन किया। हिंदी के सुयोग्य लेखक। विचारों में दक्षिणपंथी। भारत के प्रथम राष्ट्रपति होने का सम्मान।

राजेंद्र लाहिड़ी–जन्म–जून 1901 ई., भड़गा (पवना-बंगाल) । 1909 में परिवार काशी में बसा। इतिहास में एम.ए.। काकोरी कांड के अभियुक्त। गोंडा जेल में 17 दिसंबर 1927 को फांसी पर चढ़ाए गए।

रामप्रसाद बिस्मिल–जन्म : 1900 ई., शाहजहांपुर (उ.प्र.) । जिंदादिल और शायर नौजवान क्रांतिकारी। काकोरी कांड के अभियुक्त। 19 दिसंबर 1927 को गोरखपुर जेल में फांसी पर चढ़ाए गए।

रायबहादुर नारायणराव केलकर–मांटेग्यू-चेम्सफोर्ड सुधार के अंतर्गत मध्यप्रदेश में शिक्षा मंत्री हुए थे। 1920 में इन्होंने बीस लोगों की एक कमिटी बनाई जिसमें 6 अंग्रेज, 5 देशी कर्मचारी और शेष गैरसरकारी सदस्य थे। पत्रकार-लेखक। नरमपंथी।

रोशन–शाहजहांपुर (उ.प्र.)। काकोरी कांड में अभियुक्त। 19 दिसंबर 1927 को इलाहाबाद जेल में फांसी पर चढ़ा दिए गए। प्रसिद्ध क्रांतिकारी। सुधीर विद्यार्थी ने इनकी जीवनी लिखी है।

रासबिहारी बोस–जन्म : 1865 ई., बंगाल । निधन : 1945 ई.। उच्च शिक्षा कलकत्ता में। दिल्ली-पंजाब में क्रांतिकारी गतिविधियां शुरू। 1911 में कलकत्ता से दिल्ली राजधानी स्थानांतरित हुई। 23 दिसंबर 1912 को नई राजधानी के उत्सव में लार्ड हार्डिंग की सवारी पर बमप्रहार। अंगरक्षक की मृत्यु। 1924 में जापान की नागरिकता ली। 1941 में आजाद हिंद फौज के संस्थापक संगठकों में मुख्य रहे।

लाला अमीचंद लाला दुनीचंद–जन्म : 1869 ई.। स्वामी रामतीर्थ से प्रभावित। लाला हरदयाल के सहयोगी। क्रांतिकारी। दिल्ली राजधानी बनने पर शोभा सवारी पर बम विस्फोट। गिरफ्तार। 16 मई 1915 को फांसी।

लाला लाजपतराय–जन्म : 1865 लुधियाना (पंजाब)। निधन : 16 नवंबर 1928 में। 1885 में वकालत शिक्षा पूरी। 1888 में कांग्रेस सदस्य। 1901 में गोखले के साथ इंग्लैंड शिष्टमंडल में गए। 1907 में कोलोनाइजेशन बिल के विरुद्ध

आंदोलन। 1918 में रेगुलेशन लीग के अधीन निर्वासित। 'यंग इंडिया' का संपादन। 1917 में 'यंग इंडिया' पुस्तक लिखी जिसे सरकार ने जब्त किया। 1920 में कांग्रेस अधिवेशन के सभापति। 1923 में स्वराज दल की ओर से व्यवस्थापिका के सदस्य। 1925 में दल के उपनेता। दलित तथा अछूतों के उद्धार के लिए कार्य। 'सर्वेंट ऑफ पीपुल्स सोसाइटी' की स्थापना। 1928 में साइमन कमीशन के विरोध में आंदोलन का नेतृत्व। पुलिस द्वारा निर्ममतापूर्वक लाठी से प्रहार और मृत्यु।

कृतियां–मैजिनी, गैरीबाल्डी, शिवाजी, श्रीकृष्ण, स्वामी दयानंद की जीवनियां। भगवत् गीता का संदेश। ब्रिटेन का भारत के प्रति ऋण, दुःखी भारत, हिंदू-मुस्लिम एकता, तरुण भारत, अनेक लेख और व्याख्यान असंकलित।

लाला हरदयाल–जन्म : 14 अक्टूबर 1884 दिल्ली। निधन : 1939 ई.। एम.ए. लाहौर। 200 पौंड की छात्रवृत्ति पर ऑक्सफोर्ड में शिक्षा। गदर पार्टी के महामंत्री। 1913 में 'गदर' का संपादन। जर्मनी में बंदी। 1917 में रिहा। मानवतावाद पर पुस्तक। व्याख्यान देने 1939 में फिलाडेल्फिया गए–वहीं उनकी मृत्यु हो गई।

श्रीनिवास अयंगार–जन्म : 1874 रामनाथपुरम् (मद्रास)। निधन : 1941 ई. में। 1916 में एडवोकेट जेनरल। 1920 में जालियांवाला बाग कांड में त्यागपत्र। चितरंजनदास और मोतीलाल नेहरू के साथ स्वराज पार्टी का गठन। 1923 में संसद् सदस्य। 1921 में सी.आई.ई. उपाधि छोड़ी। 1923-30 केंद्रीय धारा सभा के सदस्य। 1926 में गोहाटी कांग्रेस के अध्यक्ष। 1927 में कांग्रेस अधिवेशन मंडल के स्वागत समिति के अध्यक्ष। सुभाषचंद्र बोस के प्रबल समर्थक, उन्हें विदेश जाने में सहायता की।

श्रीनिवास शास्त्री–जन्म : 1869 (मद्रास) में एक गरीब ब्राह्मण परिवार में। निधन : 1945 में। मद्रास विश्वविद्यालय से बी.ए. में सर्वोच्च अंक प्राप्त। अंग्रेजी साहित्य के प्रकांड विद्वान। प्राध्यापक। 1913 में सरकार द्वारा मद्रास प्रांतीय कौंसिल के सदस्य। 1915 में गोखले के मरने पर भारत सेवक संघ के अध्यक्ष। 1921 ई. में इंपीरियल कानफरेंस में भारत के प्रतिनिधि। वाशिंगटन के निःशस्त्री सम्मेलन में भारत के प्रतिनिधि। गवर्नर के दूत बनकर दक्षिण अफ्रीका में गए।

श्याम नेहरू–राष्ट्रीय कौंसिल के सदस्य।

शंकरन नायर–प्रसिद्ध वकील। कांग्रेस के अमरावती बरार (महाराष्ट्र) में हुए 13वें अधिवेशन की अध्यक्षता की। 'सूर' की उपाधि मिली थी। जालियांवाला बाग कांड के विरोध में कर्मचारी परिषद् से इस्तीफा दिया था। दर्शन, राजनीति,

अर्थशास्त्र के विद्वान। ओडायर पर मुकदमा किया था। वर्ण-व्यवस्था के घोर विरोधी थे। मद्रास हाईकोर्ट में जोरदार बहस करते हुए वायसराय चेम्सफोर्ड को 'बेवकूफ' तक कह दिया था। अपनी पत्नी के साथ हिमालय की ओर गए और वहीं 1934 में ठंड से मृत्यु हो गई।

शौकत अली—प्रसिद्ध स्वाधीनता सेनानी। 1915 में कैद किये गए। गांधी जी के साथ असहयोग आंदोलन में हिस्सेदारी। 14 सितंबर 1921 को दुबारा कैद हुए। 1923 को कोकोनाद कांग्रेस के सभापति। 1927 में मद्रास कांग्रेस में मतभेद होने पर अलग हुए। राउंड टेबुल में प्रभावशाली व्याख्यान दिया।

स्वामी श्रद्धानंद—जन्म : 1856 जालन्धर। कांग्रेस सदस्य। शुद्धि आंदोलन के नेता। 23 सितंबर 1936 की अब्दुल रसीद द्वारा गोली मारकर हत्या। सद्धर्म-प्रचारक, दैनिक 'विजया' का संपादन।

कृतियां—कल्याण मार्ग का पथिक—आत्मकथा।

डॉ. सत्यपाल—जन्म : 1885 ई. में वजीराबाद (पश्चिमी पाकिस्तान)। निधन : 1954 ई.। 1908 में लाहौर से मेडिकल शिक्षा प्रथम श्रेणी में। पत्नी ज्ञानदेव तथा दो पुत्रियां। प्रारम्भ से ही राजनीतिक सक्रियता। रौलट-एक्ट के विरोध में आंदोलन। हिंदू-मुस्लिम एकता के प्रबल समर्थक। जालियांवाला बाग कांड के समय गिरफ्तार। द्वितीय विश्वयुद्ध में चिकित्सा दल के सदस्य। प्रखर वक्ता और संगठक। कई बार जेल की यात्रा की। पंजाब विधानसभा के अध्यक्ष रहे।

संपूर्णानंद—जन्म : 1 जनवरी 1890 ई. (काशी)। निधन : 1969 ई.। संस्कृत, फारसी, अंग्रेजी, बंगला, हिंदी के प्रकांड विद्वान। साहित्य, दर्शन, राजनीति, इतिहास के गहरे मर्मज्ञ और विचारक। विज्ञान में स्नातक थे। 1915 में पहली कविता छपी। 1918 में इंदौर हिंदी साहित्य सम्मेलन के सभापति। काशी विद्यापीठ, ज्ञानमंडल से संबद्ध। 1935 में 'समाजवादी' साप्ताहिक का प्रकाशन। जागरण, मर्यादा तथा अंग्रेजी 'टूडे' का संपादन। सक्रिय राजनीति में हिस्सा लिया। मुख्यमंत्री और राज्यपाल रहे।

कृतियां—कर्मवीर गांधी, महाराज छत्रसाल, भौतिक विज्ञान, ज्योति-विनोद, भारतीय सृष्टिक्रम विचार, भारत के देशी राष्ट्र, चेतसिंह और काशी का विद्रोह, सम्राट हर्षवर्द्धन, महादाजी सिंधिया, भाषा की शक्ति, चीन की राज्यक्रांति, मिस्र की स्वाधीनता, सम्राट अशोक, समाजवाद, अंतर्राष्ट्रीय विधान, व्यक्ति और राज, आर्यों का आदिदेश, दर्शन और जीवन, चिद्विलास, गणेश, पुरुष सूक्त, पृथ्वी से सप्तर्षि मंडल, भारतीय बुद्धिजीवी, हिंदू विवाह में कन्यादान का स्थान, अंतरिक्ष यात्रा, चेतसिंह, स्फुट विचार, देशबंधु चितरंजन दास, अलकनंदा

मंदाकिनी के दो तीर्थ।

सरोजिनी नायडू—जन्म : 13 फरवरी 1868। निधन : 2 मार्च 1949 ई.। डॉ. मेजर एम.जी. नायडू से अंतर्जातीय विवाह। 1921 से गांधीजी के नेतृत्व में आंदोलन में जमकर हिस्सा लिया। 1925 में कानपुर कांग्रेस की अध्यक्ष। अत्यंत प्रभावशाली वक्ता थीं।

सावरकर—जन्म : 18 मई 1883, नासिक (महाराष्ट्र)। निधन : 26 फरवरी 1966 ई.। 9 जून 1906 लंदन रवाना। मदनलाला धींगड़ा ने जब कर्जन वायली को भरी सभा में गोली मारी तो गुप्तचरों की रपट पर 15 सितंबर 1910 को गिरफ्तारी और मुकदमा। 23 जनवरी 1911 को आजन्म कारावास। समुद्री जहाज से कूदकर फरार परंतु एक द्वीप पर सैनिकों नें पकड़कर अंग्रेज सैनिकों को फिर सौंप दिया। कालापानी। 21 जनवरी 1921 को कालापानी से रिहाई। 22 जून 1940 में सुभाषचंद्र बोस से मिले। '1857 के स्वाधीनता संग्राम' पर अत्यंत महत्वपूर्ण पुस्तक लिखी। मगर विचारों से हिंदूवादी। हिंदू महासभा से संबद्ध।

सुभाषचंद्र बोस—जन्म : 23 जनवरी 1897। 1919 में कलकत्ता विश्वविद्यालय से बी.ए. (प्रतिष्ठा) में प्रथम। आई.सी.एस. 1921 में। त्यागपत्र। चितरंजनदास से संपर्क। 1923 में स्वराज दल का 'फारवर्ड' पत्र निकाला। दास कलकत्ता के मेयर और सुभाषचंद्र कार्यपालक अफसर हुए। 1925 में नजरबंद। 1927 में रिहा। 1928 में जवाहरलाल नेहरू के साथ इंडिया लीग। 1929 में पूर्ण स्वराज्य के साथ कांग्रेस में सक्रिय। हरिपुरा कांग्रेस के सभापति। 1939 में गांधीजी की इच्छा के विरुद्ध कांग्रेस अध्यक्ष। त्यागपत्र। 'फारवर्ड ब्लॉक' की स्थापना। 23 फरवरी 1941 को फरार। रासबिहारी बोस के साथ आजाद हिंद फौज का जुलाई 1943 में गठन। 14 अगस्त 1945 को हवाई जहाज से विदा और लापता।

हसरत मोहानी—जन्म : 1875 ई. मोहान (उन्नाव)। निधन : 23 मई 1951 ई.। मूलनाम—सैयद फजलुल हसन। पढ़ाई उन्नाव से प्रारंभ। उच्च शिक्षा अलीगढ़। छात्र जीवन से ही सक्रिय राजनीति में। उर्दू शायरी में महत्वपूर्ण नाम। 1925 के अखिल भारतीय कम्युनिस्ट सम्मेलन के अध्यक्ष और पार्टी प्रवक्ता। राष्ट्रवादी विचार और कम्युनिज्म में गहरी आस्था। सम्मेलन की अध्यक्षतावाले व्याख्यान की साम्यवादी देशों में व्यापक चर्चा।

परिशिष्ट 3

पत्र-पत्रिका विवरणी

1. **कर्मवीर**—संपादक और प्रकाशक : पंडित माखनलाल चतुर्वेदी, कर्मवीर प्रेस, खंडवा (मध्य प्रदेश)। बड़े आकार के 10 पृष्ठ, छपाई साफ। साप्ताहिक। यह पत्र पहले जबलपुर से निकलता था। बीच में किसी कारण से बंद हो गया था। अब इधर दो महीने से फिर निकलने लगा है। हम इसका हार्दिक स्वागत करते हैं भगवान इसको अमरत्व प्रदान करें। रतौना का कसाई खाना बंद कराने के आंदोलन में इसने अपना शुभ नाम सार्थक कर दिया था। इसके संपादक चतुर्वेदी जी बड़े भावुक लेखक हैं। कविता भी बड़ी जानदार करते हैं। उनके संपादकत्व में एक यह भी है। इसका संपादन बड़ी योग्यता से होता है। इसकी नीति गरमारम, निडर और खरी है। हम चाहते हैं कि हिंदी प्रेमी इसको अपनावें और यह चिरस्थायी हो। (9.5.25)
2. **कवींद्र**—यह कविता-संबंधी मासिक पत्र गत वैशाख कानपुर से प्रकाशित होने लगा है। इसके प्रधान संपादक स्वामी नारायणानंद सरस्वती और सहायक संपादक अनूप शर्मा बी.ए. हैं। इसकी प्रथम संख्या इस समय हमारे सामने है। इसमें शंकर, हरिऔध, रत्नाकार, सनेही आदि लब्ध प्रतिष्ठित कवियों के अतिरिक्त और भी अनेक नये पुराने कवियों के सब मिलाकर 28 पद्य और 10 गद्य लेख हैं। ये कवितायें और लेख अल्पाधिक प्रायः सभी सुपाठ्य हैं। पत्र बड़ा होनहार है। अभी जो कुछ थोड़ी-सी त्रुटि देख पड़ती है, आशा है वह बहुत शीघ्र ही सुधार ली जायगी। इस अंक में केवल एक बात खटकनेवाली हुई है। वह है 'माधुरी' संपादक पंडित रूपनारायण पांडेय कमलाकर की 'स्वयंभू कवि' नाम की कविता। यह पत्र पर ईर्ष्या-द्वेष की छाप लगाकर इसे कविता प्रेमी और काव्य-मर्मज्ञ साहित्यकारों की नजरों से गिरा रही है। यह कविता कमलाकर जी की 'माधुरी' संपादक उपाधि की घातक तो है ही, साथ ही, 'कवींद्र' के संपादकद्वय की 'स्वामी सरस्वती' और बी.ए. उपाधि के महत्व को भी कम कर रही है। कमलाकर जी और पंडित सूर्यकांत त्रिपाठी निराला जी में व्यक्तिगत वैमनस्य हो सकता है, परंतु उस वैमनस्य को साहित्य में गालियों के रूप में प्रकट करना अच्छा नहीं हुआ। कमलाकर जी की कविता से 'कवींद्र' का कलेवर

कलुषित हो गया है। हम कवींद्र की उन्नति की कामना करते हैं और आशा करते हैं कि हमारे उक्त कथन पर किसी दूसरे भाव का आरोप न कर इसके संचालक और संपादक शांतचित्त से इसका विचार करेंगे, और भविष्य में इस प्रकार की सुकविताओं से बचने की चेष्टा करेंगे। (14.6.24)

3. **गोलमाल**—पटना से डाक्टर दीनानाथ सिगतियाने अपना 'गोलमाल' आरंभ कर दिया है। आपके सहकारी हैं, शायद रामवृक्ष शर्मा बेनीपुरी। सुना था, आरा के 'हिंदी-भूषण' श्रीयुत् बाबू शिवपूजन सहायजी 'गोलमाल' के संपादकीय दफ्तर में जानेवाले थे, परंतु 'आदर्श' के 'गोलमाल' हो जाने की स्मृति ने न जाने दिया। 'गोलमाल' की अब तक पांच संख्यायें मुझे मिल चुकी हैं। (10.5.24)

4. **जासूस**—संपादक और प्रकाशक : श्री गोपालरामजी, मैनेजर जासूस गहमर (गाजीपुर)।
'जासूस' बहुत दिनों के बाद आया है। जासूस ही ठहरा। कहीं भटक गया होगा। खैर! (18.7.25)

5. **चांद**—संपादक : रामरिखसिंह सहगल, इलाहबाद।
यह 'वेश्या-अंक' यथाशक्ति सर्वांगसुंदर बनाया गया है। यदि प्रूफ संशोधन और खासकर संपादकीय स्तंभों की भाषा पर विशेष ध्यान दिया जाय, साथ ही सुगम सुबोध भाषा पर भी दृष्टि रखी जाय तो 'सोने में सुगंध' की कहावत चरितार्थ होने में कोई संदेह न रहे। हम 'चांद' संपादक को एक ऐसी नई चीज पैदा करने पर बधाई देते हैं, और इस अंक का प्रचार चाहते हैं, क्योंकि इस विषय पर अधिक दिन तक परदा पड़े रहने से समाज का ध्वंस अवश्यंभावी है। (16.5.25)

6. **छत्तीसगढ़**—संपादक : मनोहर प्रसाद मिश्र, रायगढ़ (मध्य प्रदेश)। मैं नवीन सहयोगी की अनुदिन उन्नति चाहता हूं। (10.10.23)

7. **देश**—संपादक : मथुराप्रसादसिंह, सर्चलाइट मशीन, पटना। संस्थापक—श्री राजेंद्र प्रसाद।
लेखों का चुनाव और संपादन शैली सुंदर है। हम 'देश' की स्तुत्य सेवा की प्रशंसा करते हैं और उसकी उन्नति चाहते हैं। (2.5.25)

8. **देशभक्त**—अर्द्ध साप्ताहिक, आगरा सिटी।
हिंदी में अपने ढंग का अनोखा, सस्ता, निर्भय, राष्ट्रीय अर्द्ध-साप्ताहिक समाचारपत्र है। 'देशभक्त' की विशेषतायें—ताजे और अद्भुत समाचार, जोशीली कवितायें, गम्भीर टिप्पणियां, अनाथों की आहें, असर डालनेवाली गप्पें, सामायिक व्यंग-चित्र, जालिमों का पोल खाता, आगरा का बाजार भाव, आपदाओं की दुर्दशायें, भेदिया और फाकानन्द की झोली। (5.1.25)

9. **प्रणवीर**—संपादक : राधामोहन गोकुल (अर्द्ध-साप्ताहिक), नागपुर (मध्य प्रदेश)। इसके सहकारी संपादक हैं श्रीयुत रामगोपाल विद्यालंकार। यह पूर्ण स्वाधीनता निर्भीक प्रचारक है। 'प्रणवीर' वास्तव में 'प्रणवीर' ही है। क्यों न हो, बुड्ढे की फौलादी हड्डी जो है। खोपड़ी भी तो पुरानी है। (8.12.23)

10. **प्रताप**—संपादक : श्री गणेशशंकर विद्यार्थी 'प्रताप', कानपुर। कानपुर का भारत विख्यात कट्टर साप्ताहिक।

'प्रताप' हिंदी साप्ताहिकों में सर्वश्रेष्ठ है। उसकी ज्वलंत देशभक्ति और चिरस्मरणीय देश-सेवा से भारतीय जनता खूब परिचित है। वह दमन की आँच में तपाया हुआ खरा सोना है, आज तक कोई कसौटी उसे खोटा साबित नहीं कर सकी। देशी राज्यों में जागृति फैलाने का एक मात्र श्रेय 'प्रताप' को प्राप्त है। (22.10.23)

11. **बालक**—संपादक : श्रीयुत्त शिवपूजन सहाय, हिंदी-पुस्तक-भंडार, लहेरियासराय, दरभंगा।

हिंदी बालकों के लिये जितने पत्र निकले हैं, 'बालक' उन सब में अच्छा है। अच्छा भी एक ही बात से नहीं, हर तरह से। इसकी छपाई-सफाई संपादक बाबू शिवपूजन सहाय हिंदी-भूषण की रुचि-मर्मज्ञता का मनोहर उदाहरण है। लेख उतम, सुरुचिवाले, भारत के नये पौधों में नई जान, नई चमक, नया जीवन भरने वाले हैं। बाबू शिवपूजन सहाय के मौन कर्म की उज्ज्वल महिमा को साधुवाद। (9.5.23)

12. **भागीरथ**—संपादक : पं. कृष्णकुमार मिश्र, प्रकाशक : श्रीयुत बल्लभ हरिप्रसाद, कालवा देवी रोड मुंबई। छपाई साफ। धार्मिक, और राष्ट्रीय तथा व्यापारिक साप्ताहिक, कट्टर सनातन धर्मी।

श्री हरिप्रसाद भगीरथ जी तो बंबई के प्रसिद्ध पुस्तक प्रकाशक हैं। संभवतः यह उन्हीं का पत्र है। सुनते हैं, वे परम वैष्णव हैं। किंतु समझ में नहीं आता कि पुरानी लकीर पीटने से या किसी और कारण से इसकी भाषा में जोर नहीं है। भाषा की भूलें भी रह जाती हैं। मिश्रजी को इसके लिये भगीरथ प्रयत्न करना चाहिये। (28.3.24)

13. **भविष्य**—(दैनिक) संपादक : पं. अंबिकाप्रसाद त्रिपाठी। पुस्तक प्रकाशक हैं पं. गिरिजाशंकर मिश्र, स्वदेशी प्रेस (कानपुर), कागज और सफाई साधारण। दैनिक 'भविष्य' लगभग 2 मास से कानपुर से प्रकाशित होता है। पत्र राष्ट्रीय दल का है। नीति स्पष्ट है। 'सत्यं ब्रूयात् प्रियं ब्रूयात्' का अनुयायी है, कभी-कभी 'अप्रिय सत्य' भी कह देता है। संपादन अच्छा होता है, परंतु

अखबारों के चुनाव में कभी-कभी बड़ी असावधानी की जाती है। सारांश यह कि पत्र अच्छा है। होनहार है। सस्ता है। हम सहयोगी का हार्दिक स्वागत करते हैं। भगवान् भूतनाथ की कृपा से दैनिक 'भविष्य' का भविष्य उज्ज्वल हो, यही हमारी अभिलाषा है। (10.5.24)

14. **भविष्य**–संपादक : पं. रामरतन द्विवेदी और पं. गिरिजाशंकर मिश्र कानपुर के स्वदेशी प्रेस से। 32 पृष्ठ मतवाला साइज, छपाई आदि साधारण।

हम जोर देकर कह सकते हैं कि जो लोग भारत के भविष्य का असली रूप देखना चाहें, कम-से-कम वे तो जरूर ही इस 'भारत-भविष्य' को (विशेषांक) देख लें। इसके रोम-रोम से भारत के भविष्य की सूचना मिल रही है।

(28.3.24)

15. **भांड़**–होली के शुभ अवसर पर बनारस से किसी भांडेय जी ने एक 'भांड़' निकाला! सोचा था, चलो, मुहफिल की वीरानी दूर हुई। 'भांड़' के बाद अवश्य ही कोई 'रांडेय' हिंदी के मैदान में कोई 'रांड़' भी लाकर खड़ा कर देंगे। परंतु अफसोस! प्रसव होते ही एक चीख मारकर बेचारा 'भांड़' सदा के लिये चुप हो गया। मुहफिल वीरान की वीरान रह गई। 'फूल तो दो दिन बहारे जांफियां दिखला गये। हसरत उन गुंचों पे है जो बिन खिले कुम्हला गये।' 'मतवत्सा रोग' बड़ा भयंकर होता है। वैद्यक शास्त्रवालों ने इसे 'राजरोग' माना है। भगवान हिंदी को इस बुरी बीमारी से बचाये रखें, तभी कल्याण है। आइंदे से पत्र प्रसव का भार हृष्ट-पुष्ट प्रसूतियां ही लिया करें तो अच्छा है।

(10.5.24)

16. **भूत**–संपादक और प्रकाशक : श्रीयुत बालचंद्र अष्ठाना, बुलानाला, काशी।

'मतवाला' के बाद जितने हास्य रस के पत्र प्रकाशित और नष्ट हुए हैं उन सबमें 'भूत' का स्थान बहुत ऊंचा है। उसकी हास्य टिप्पणियों में मौलिकता होती है, बेढ़ब के कलम में जोर होता है तथा निखट्टजी के लेखनी में लासानी लोच होती है। 'भूत' सामाजिक कुरीतियों के सिर पर नाचता है। यह सब होते हुए भी हमारे सहयोगी में एक कमी दिखाई पड़ती है, वह राजनीति से विरक्त जान पड़ता है। देश की वर्तमान अवस्था देखते हुए राजनीति का त्याग, हमें तो उचित नहीं जान पड़ता है। आशा है सहयोगी अपने राजनीतिक पहलू पर पुनः विचार करेगा। हम प्रसन्न हृदय से अपने इस नय सहयोगी की उन्नति कामना करते हैं। (22.11.24)

17. **मनोरमा**–बेलवेडियर प्रेस, कटरा, प्रयाग से छपकर प्रकाशित होनेवाली, श्रीभक्ति शिरोमणि श्रीज्योतिप्रसाद मिश्र 'निर्मल' द्वारा संपादिता, हमारी मशहूर सखी

'मनोरमा' ने अपना महिलांक प्रकाशित किया है। इस अंक को इतना सुंदर निकालने के लिये हम अपनी सखी के समझदार गार्जियनों को अनेक-अनेक साधुवाद देते हैं। सखी 'मनोरमा' का वार्षिक मूल्य 6 रुपये है और उनकी इस झांकी की कीमत है दो रुपये! (27.8.27)

18. **रसगुल्ला**—कलकत्ता से 'रसगुल्ला' नामक एक पत्र निकला और दो-चार बार वाही-तबाही बककर सूतिकागार में ही मर मिटा। (10.5.24)

19. **वर्तमान**—संपादक : पं. छैल बिहारीलाल दीक्षित, प्रबन्ध—'वर्तमान', कानपुर। गद्य-संपादक : पं. रमाशंकर द्विवेदी।
पद्य-संपादक : पं. गयाप्रसाद शुक्ल सनेही। इस पत्र के प्रवर्तक हमारे अवस्थी दादा इस जमाने की रुचि के पूर्ण मर्मज्ञ हैं। अवस्थी दादा को इसके लिये बधाई है। (22.10.27)

20. **वीणा**—संपादक : पं. अंबिकाप्रसाद त्रिपाठी, 'वीणा' कार्यालय। यह मध्यभारत हिंदी-साहित्य-समिति इंदौर की मासिक पत्रिका है। अभी इसका पहला ही अंक निकला है। हम सखी 'वीणा' का सादर स्वागत करते हैं। (22.10.27)

21. **स्वतंत्र**—संपादक : पं. अंबिका प्रसाद वाजपेयी। प्रूफ की भूलों की भरमार है—और यह 'स्वतंत्र' सदा की पेटेंट संपत्ति भी है। कुछ मजेदार कार्टून भी हैं। (1.11.24)

22. **स्वदेश**—संपादक : पंडित दशरथ प्रसाद द्विवेदी द्वारा संपादित और स्वदेश-कार्यालय गोरखपुर द्वारा प्रकाशित—बाधायें सहने में और फिर भी मैदान में ठाट से डटे रहने में निपुण! (27.8.27)

23. **सत्यवादी (सा.)**—संपादक और प्रकाशक : भीमसेन विद्यालंकार, लाहौर। पहले यह दिल्ली से निकलता था। उस समय 'अर्जुन, संपादक 'इंद्रजी' इसका संपादन करते थे। अब करते हैं पं. भीमसेन जी। आप स्वभावतः जोशीले लेखक मालूम होते हैं। पत्र और संपादक के नाम अक्षरशः सार्थक हैं। हम हृदय से इसकी लोकप्रियता की वृद्धि चाहते हैं। (9.5.25)

24. **समालोचक** (त्रैमासिक)—संपादक : पं. कृष्ण बिहारी मिश्र, बी.ए., एल.एल. बी. और पं. विपिन बिहारी मिश्र तथा पं. नवलबिहारी मिश्र बी.एल.सी. अर्थात् मिश्रबंधु नं. 2। प्रकाशक का वर्तमान पता : पं. विपिन बिहारी मिश्र, 172 झाउलाल का बाजार, लखनऊ,। गर्भस्थ पता : पं. डिट्टो, गंधाली, सिधौली, सीतापुर (अवध)। पत्र बड़े काम का निकला। जैसा चाहिये वैसा ही निकला। खूब निकला। एक नंबर का निकला। यों तो कसर खुदाई में भी है। धब्बे चांद में भी हैं। लेकिन सिर्फ असलियत देखी जाती है। 'समालोचक' में वह पूरी

मात्रा से मौजूद है। नाम और गुण में एक इंच का भी भेद नहीं है। इसके नाम और उद्देश्य की सार्थकता के लिये प्रूफ-संशोधन की सुव्यवस्था होनी चाहिये। आशा है, हिंदी-संसार इस पत्र को सप्रेम अपनावेगा, जिसके फलस्वरूप यह पत्र सोत्साह मासिक-रूप धारण कर हिंदी की वाटिका दुरुस्त करने में परम चतुर माली का काम करे। हम अनुदिन इसकी उन्नति चाहते हैं। (21.2.25)

25. **सुदर्शन**—संपादक और प्रकाशक : पं. गोपीवल्लभ उपाध्याय, सुदर्शन प्रेस, देहरादून।

यह नवीन सहयोगी लगभग चार महीने से निकलने लगा है। इसके सुयोग्य संपादक उपाध्यायजी पहले कुछ दिन हिंदी चित्रमय-जगत् के संपादक थे। इसकी स्वच्छता और शुद्धता सराहनीय है। इसके मन्तव्य भी विचार-पूर्ण होते हैं। आशा है इसकी यथेष्ट उन्नति होगी। पर 'गोलीवल्लभ' के हाथ में तो मुरली चाहिये। 'सुदर्शन' चाहिये रुक्मिणीवल्लभ के हाथ में।

26. **सूर्य**—(सा.), सं. जानकीशरण त्रिपाठी, पं. विनोदशंकर व्यास, बनारस। इसमें कहानी और चुटकुले भी रहते हैं। समाचारों का संग्रह अच्छे ढंग से किया जाता है। संपादन प्रणाली भी अच्छी है। 'सूर्य' में प्रचंडता और तेजस्विता की पूर्ण मात्रा होनी चाहिए। बिना प्रखरता के सार्थकता नहीं होगी। उदयाचल प्राची दिशा में है, पश्चिम की ओर से अरुणाचल है। (17.11.23)

27. **सूर्योदय**—संपादक : श्री विंधेश्वरी प्रसाद शास्त्री, प्रकाशक : वी.पी. शास्त्री, भारत धर्म प्रेस, काशी।

'सूर्योदय' श्रीवाराणसी विद्या परिषद् का पाक्षिक मुखपत्र है। भाषा इसकी सरल और मनोहारिणी होती है। पत्र कूप-मंडूक दल का नहीं है। पत्र सुसंपादित है। जो थोड़ी सी भी संस्कृत जानते हैं वे इस पत्र को अवश्य पढ़ें। 'सूर्योदय' आदि काशी के पंडितों का 'जड़वाद' और 'तामिस्त्र' मिटा सके तो निःसंदेह साधुवाद-भाजन होगा। भगवान भूतभावन से सहयोगी की दीर्घायु कामना करते हैं। (18.7.25)

28. **सैनिक**—संपादक : साहित्यरत्न पंडित श्री कृष्णदत्त पालीवाल, एम.ए., एम.एल.सी.। प्रकाशक : श्री शिवचरण लाल शर्मा, आदर्श प्रेस, आगरा।

हमारे सम्मुख आगरा से प्रकाशित होनेवाले सहयोगी 'सैनिक' का छठा अंक उपस्थित है। पालीवालजी पहले बहुत दिनों तक 'प्रताप' और 'प्रभा' का योग्यतापूर्वक संपादन कर चुके हैं। 'सैनिक' आप ही के द्वारा संपादित है। अतएव इसके संबंध में अधिक लिखना व्यर्थ है। पत्र बहुत ही उपयोगी और होनहार है। हम सहयोगी का हृदय से स्वागत करते हैं। आशा है, हिंदी भाषी

जनता में उचित स्थान मिलेगा। (18.7.25)

29. संजीवन—संपादक : आयुर्वेदाचार्य प्रो. चतुरसेन शास्त्री। प्रकाशक : भद्रसेन वर्मा, गंगानिवास, चांदनी चौक, देहली।

'संजीवन' मासिक पत्र है। सुनते हैं, 'संजीवन' बूटी से मृतों को भी जिलाया जा सकता था। भारतवासी इस समय मृत नहीं जीवन्मृत हैं, यदि 'संजीवन' उन लोगों को थोड़ा बहुत भी संजीवित कर सके तो हम इसे बहुत बड़ा काम समझेंगे। हम सहयोगी का स्वागत हृदय से करते हैं और चाहते हैं कि उसकी उत्तरोतर उन्नति हो और जनता का करावलंब इसे सदा प्राप्त रहे।

(18.7.25)

30. हिंदी (सा.), संपादक : पंडित भवानी दयाल संन्यासी, जकोब्स नटाल (दक्षिण अफ्रीका)

विदेश में हिंदी की विजय-वैजयंती फहराने का श्रेय उक्त पंडितजी को दिया जा सकता है। हमलोगों के लिये यह बड़े सौभाग्य, गौरव और गर्व का विषय है कि विदेश में भी हिंदी का एक सुसंपादित साप्ताहिक पत्र निकल रहा है। 'हिंदी' की छपाई-सफाई अच्छी और भाषा बड़ी सरल होती है। और चित्रों की सूची न रहने से सिर्फ दुम की कसर रह गई है। (8.12.23)

नोट : पत्रिकाओं की यह विवरणी **मतवाला** में ही प्रकाशित अंशों का संपादित संकलन है।

परिशिष्ट 4

नामानुक्रमणिका

हिंदी प्रदीप	पं. बालकृष्ण भट्ट	प्रयाग, 1877
हिंदोस्थान	प्र.सं. मालवीयजी	कालाकांकर, 1885
भारत जीवन	रामकृष्ण वर्मा	काशी, 1884
आज	बाबूराव विष्णु पराड़कर	काशी, 1920
मर्यादा	कृष्णकांत मालवीय	प्रयाग, नवंबर 1910
माधुरी	रूपनारायण पांडेय	लखनऊ, 1921
सुधा	दुलारेलाल भार्गव	लखनऊ, 1927
ज्ञानशक्ति	शिवकुमार शास्त्री	गोरखपुर, 1915
संदेश	श्यामापति पांडेय	आजमगढ़
प्रभा	माखनलाल चतुर्वेदी	खंडवा, 1913
शिक्षा	सकलनारायण शर्मा	पटना
सारस्वत सर्वस्व	गोविन्द नारायण मिश्र	कलकत्ता, 1903
भारतमित्र	छोटूलाल मिश्र, बालमुकुंद, गुप्त, अमृतलाल चक्रवर्ती, गर्दे, अंबिका प्रसाद वाजपेयी इत्यादि	कलकत्ता, 17 मई 1878
विशाल भारत	पं. बनारसीदास चतुर्वेदी	कलकत्ता, 1928
विश्वमित्र	मूलचंद अग्रवाल	कलकत्ता, 1916
हिंदी केसरी	माधव प्रसाद सप्रे	नागपुर, 1905
कर्त्तव्य	पं. ब्रह्मदेव शर्मा शास्त्री	इटावा
आर्य सेवक (पा.)	पं. गणेशप्रसाद शर्मा	नरसिंहपुर, 1900
आर्य सेवक (मा.)	पं. गणेशप्रसाद शर्मा	नरसिंहपुर, 1909

परिशिष्ट 5

रचना-प्रसंग

फिरंगिया : प्रि. मनोरंजन की ख्यातिलब्ध भोजपुरी देशभक्ति रचना—जो असहयोग आंदोलन के समय अत्यंत लोकप्रिय हुई थी।

भारत-दुर्दशा : भारतेंदु हरिश्चंद का 1876 ई. में छपा प्रसिद्ध नाटक।

अंधेर नगरी : भारतेंदु हरिश्चंद का 1871 ई. में छपा प्रसिद्ध नाटक।

ठेठ हिंदी का ठाठ : अयोध्याप्रसाद 'हरिऔध' का उपन्यास।

प्रियप्रवास : हरिऔधजी का ही प्रसिद्ध महाकाव्य।

भारत-भारती : मैथिलीशरण गुप्त की स्वाधीनता आंदोलन के समय मशहूर कविता-पुस्तक।

परिशिष्ट 6

पत्र-पत्रिका (संक्षिप्त संकेत)

अर्जुन : (1923 ई.) दिल्ली। सं. प्रो. इंद्र विद्यावाचस्पति।

आर्यजगत : सा. (1924 ई.) लाहौर, सं. खुशहालचंद खुरसंद।

केसरी : (3 जनवरी 1881 ई.) पूना। सं. नरसिंह चिंतामणि। लोकमान्य तिलक, वासुदेवराय केलकर मराठी में। विष्णुशास्त्री चिपलूणकर बाद में संपादक हुए। तिलक पर 1897 में मुकदमा चला। 'केसरी' ने क्षमा नहीं मांगी। 1907 में निकलकर फिर 1909 में बंद हुआ था।

छत्तीसगढ़-मित्र : छत्तीसगढ़ (बिलासपुर)। रामराव चिंचोलकर इसके संस्थापकों में थे। आगे माधवप्रसाद सप्रे के संपादन में 1899 से 1902 तक निकला।

तरुण-भारत : दैनिक (1921 ई.), सं. नागेश्वर प्रसाद। सा. सं. शर्मा।

तरुण-राजस्थान : सा. अजमेर। सं. शोभालाल गुप्त।

वंदेमातरम् : दैनिक (लाहौर, कलकत्ता), 1908 में बंद फिर निकला। संपादक विपिनचंद पाल जेल गए तो हरिदास हालदार संपादक बने। बाद में श्याम बाबू संपादक हुए।

भूमिहार (ब्राह्मण पत्रिका) : मा. बनारस।

मोहिनी : द्वैमासिक (1903 ई. में कन्नौज)। सं. पं. पुत्तनलाल सरस्वती। मासिक, अर्द्धसाप्ताहिक, साप्ताहिक फिर मासिक का क्रम रहा। इसके दूसरे संपादक रामेश्वर दयाल हुए थे।

राजस्थान-केसरी : (1920) वर्धा। सं. सत्यदेव विद्यालंकार।

लक्ष्मण : सा. (1923 ई.) लखनऊ।

वर्त्तमान : दैनिक (1920 ई.) कानपुर। सं. रमाशंकर अवस्थी (द्विवेदी)। 32 वर्षों तक निकला।

शिक्षा-प्रभाकर : मा. अलीगढ़।

समन्वय : 1922 ई. कलकत्ता। सं. निराला लगभग ढाई वर्षों तक रहे।

हिंदी केसरी : 1914 ई., सं. हेरम्ब मिश्र, गंगाप्रसाद गुप्त।

परिशिष्ट 7

अंग्रेजी पत्र-पत्रिका

इंग्लिशमैन : 17वीं शती के अंत में लंदन से निकला। लगभग 100 वर्षों तक चलने के बाद 1900 ई. के तीसरे दशक में 'स्टेट्समैन' के हाथों बिका। गैर-सरकारी अनुदार अंग्रेजों ने 1921 ई. में 'जॉनबुल' नामक पत्र को 'इंग्लिशमैन' में मिला दिया। लंदन से कलकत्ता लाने में जे.एच. स्टोक्वेलर की भूमिका थी। इसके प्रारंभिक संपादकों में ए.जे. फ्रेजर व्लेयर और सर रोपर लेथब्रिज थे।

इंडिपेंडेंट : पं. मोतीलाल नेहरू के संपादन में इलाहाबाद से।

कैथोलिक हेरल्ड : कलकत्ता से प्रकाशित होने वाला ईसाई धर्म प्रचारक पत्र।

डेलीन्यूज : लंदन का अखबार बाद में कलकत्ता से भी छपने लगा।

डेलीमेल : लंदन से प्रकाशित प्रसिद्ध पत्र।

पायनियर : पं. मदनमोहन मालवीय का 1865 में इलाहाबाद में प्रकाशित होनेवाला पत्र।

फार्वर्ड : कलकत्ता से 1780 में पहला पत्र 'इंडिया गैजेट' और 'कैलकटा पब्लिक ऐडवाइजर' निकला। 50 वर्ष बाद 'बंगाल हरकारा' में मिल गया। 1866 में 'इंडियन डेलीन्यूज' से भी मिल गया। 1923 में चितरंजनदास ने बैरिस्टर ग्रैहम से इस पत्र को खरीदा और 'फार्वर्ड' नाम से दैनिक पत्र निकला। इसमें पर्दे के पीछे कार्य करने का श्रेय मृणालकांति घोष को था जो 'अमृत बाजार' पत्रिका के कार्यकारी संपादक थे।

मार्निंग पोस्ट : लंदन से प्रकाशित प्रसिद्ध पत्र।

यंग इंडिया : महात्मा गांधी के संपादन में निकलनेवाला अत्यंत महत्वपूर्ण पत्र।

स्टेट्समैन : 1875 ई. में कलकत्ता धनपाईकपाड़े के जमींदार राजा इंद्रचंद्र सिंह का पत्र जो बाद में दिल्ली से भी छपा। 'फेंड ऑफ इंडिया' नामक पत्र भी इसी में मिल गया।

परिशिष्ट 8

अंग्रेज नाम-संदर्भ

अर्ल विंटरटन—भारत के पुराने मंत्री

इरविन लार्ड—जन्म : 1881 ई.। 1921-22 में संसदीय उपसचिव। 1922-24 में शिक्षा बोर्ड के अध्यक्ष। 1924-25 में कृषि मंत्री। 1926-31 तक वायसराय। अनुदारवादी।

ओलिवियर लार्ड—भारत सरकार का सचिव।

एंड्रूज—बहुत दिनों तक दक्षिण अफ्रीका में रहे। 1904 में भारत आए। महात्मा गांधी और टैगोर के अनन्य रहे। शांतिनिकेतन और साबरमती आश्रम में रहे। 5 अप्रैल 1940 को निधन।

ऐनी बेसेंट—जन्म : 1856, आयरिश महिला। थियोसोफिकल आंदोलन के क्रम में 1893 में भारत आईं और स्वामी दयानंद से प्रभावित हुईं। 1914 में कांग्रेस में शामिल। सितंबर 1916 को मद्रास में अखिल भारतीय होमरूल लीग की स्थापना। 'न्यू इंडिया' और 'कॉमन बिल' में पत्रकारिता। जेल। 1917 में कांग्रेस अधिवेशन की अध्यक्षता।

कर्जन लार्ड—जन्म : 1959 केडिल्स्टन (डवीशायर, इंग्लैंड)। 1880 में ऑक्सफोर्ड विश्वविद्यालय में छात्र संघ का अध्यक्ष। पूरा नाम—जार्ज नैथानियल कर्जन। 1886 में संसद सदस्य। 1891-92 में भारत का उपसचिव। जनवरी 1899 से 1905 तक भारतवर्ष का गवर्नर जेनरल। 1899 में कलकत्ता कारपोरेशन 3 दिसंबर 1903 में बंगाल विभाजन। 1904 में भारतीय विश्वविद्यालय और सरकारी गोपनीयता संबंधी विवादास्पद अधिनियम।

जार्ज पंचम—1906 में भारत आए। इंग्लैंड की व्यवस्थापिका में लोकप्रिय। 1911 में सम्राट की गद्दी पर बैठे। 1936 में मृत्यु।

जार्ज वाल्डविन—1929 में इंग्लैंड का कंजरवेटिव पार्टी की ओर से निर्वाचित प्रधानमंत्री।

टेगार्ट—कुख्यात पुलिस कमिश्नर, जिसे क्रांतिकारियों ने मारने की कोशिश की परंतु असफल रहे।

डायर जेनरल—जालियांवाला बाग कांड का कुख्यात अधिकारी। जिसे क्रूरतम हत्या

के लिए बड़ी धनराशि और तलवार देकर इंग्लैंड ने सम्मानित किया था।

डी. वेलेरा—स्वतंत्र आयरलैंड के लिए इंग्लैंड से लड़ता रहा, तीसरे दशक में प्रसिद्ध प्रजातांत्रिक नेता।

फेंक सलाई, सर—मध्यप्रांत के गवर्नर।

बिरकनहेड लार्ड—भारत-सचिव।

बानर-ला—विख्यात राजनीति शास्त्री बोनर लॉ।

मलकम हेली—पहले पंजाब का, फिर उत्तरप्रदेश का गवर्नर।

माइकेल ओडायर—जालियांवाला बांग कांड के समय पंजाब का गवर्नर।

मॉण्टेगू ई.एम.—जन्म : 1879। 1906-1922 तक संसद सदस्य। 1910-1914 में भारत के सरकारी मंत्री। 1912 में भारत आया और भारत मंत्री बना। प्रसिद्ध मॉण्टेगू-सुधार लागू किया। 15 नवंबर 1924 को मृत्यु।

लार्ड रिपन—जन्म : अक्टूबर 1827। 1852 में संसद सदस्य। 1861 में भारत-सचिव। जून 1880 से 1884 तक वायसराय। 1883 ई. में इलवर्ट बिल लागू। उदारवादी।

लार्ड रीडिंग—जन्म : 1860 ई., यहूदी। बैरिस्टर। उदारवादी। 1904-13 तक संसद सदस्य। 1913 से 1921 तक प्रधान न्यायाधीश। 1921-26 तक वायसराय। 1931 में विदेश सचिव। 1935 में निधन। इनके कार्यकाल में मोपला विद्रोह, चौरी-चौरा जैसा कांड हुआ।

रैमजे मेकडानल्ड—तीसरे दशक में लेबर पार्टी की ओर से इंग्लैंड के प्रधानमंत्री। सांप्रदायिकता पर विवादास्पद निर्णय दिया।

लारेंस लार्ड—जन्म : 1811 ई.। 1830 में कलकत्ता आया। 1859 में पंजाब का ले. गवर्नर। 1860 में बंबई का गवर्नर। 1864-69 तक वायसराय।

लिटन लार्ड—जन्म : नवंबर 1831। उपन्यासकार बुलवर लिटन का पुत्र। कवि, निबंधकार, वक्ता। अनुदारवादी। 1870-1880 तक भारत का वायरस।

लेंसवरी—मजदूर दल के नेता। जार्ज वाल्डविन के प्रधानमंत्रित्व काल (1929) में प्रख्यात सांसद।

लेसरी विल्सन—बंबई का गवर्नर।

विलिंगटन—जन्म : 1866 ई.। 1900 में सांसद। 1913-19 तक बंबई का गवर्नर। 1926 से 31 तक कनाडा का गवर्नर जेनरल। 1931-36 तक वायसराय। 1941 में निधन। क्रूर और मानवता विरोधी।

डॉ. होरेस हेमैन—प्राचार्य फोर्ट विलियम कॉलेज। जन्मोहन तर्कालंकार और क्षेत्र मोहन मुकर्जी के साथ 'संस्कृत अंग्रेजी कोश' तैयार किया था।

परिशिष्ट 9

घटना-प्रसंग

असहयोग-आंदोलन—1 अगस्त 1921 को महात्मा गांधी के नेतृत्व में असहयोग का आंदोलन शुरू हुआ था। सिद्धांत यह था कि यदि सरकार जनता की आकांक्षाओं के अनुरूप कार्य नहीं कर रही है तो उससे असहयोग करना है। असहयोग की यह अवधारणा अरविंद, तिलक और विपिनचंद्र पाल को भी स्पष्ट थी—लेकिन इसे मूर्त्त करने का श्रेय महात्मा को ही है।

अहमदाबाद-कांग्रेस—कांग्रेस का 37वां अधिवेशन जो दिसंबर 1921 को हुआ। इसके सभापति हकीम अजमल ख़ां थे। इसमें कवि हसरत मोहानी ने पूर्ण स्वतंत्रता की मांग रखी तो महात्मा गांधी ने विरोध किया। प्रस्ताव गिर गया। इसमें बारदोली में लगानबंदी आंदोलन का निश्चय किया गया।

इंडिपेंडेंट पार्टी—नवंबर 1927 ई. में आम चुनाव के समय लाला लाजपत राय स्वराज पार्टी से अलग हो गए। उन्होंने मदनमोहन मालवीय के साथ इंडिपेंडेंट कांग्रेस पार्टी का गठन किया।

इंडियन कम्युनिस्ट पार्टी—1924 तक बंबई, बंगाल, मद्रास, लाहौर से कानपुर तक असंगठित कम्युनिस्ट आंदोलन चल रहे थे। इसके तेजी से बढ़ते प्रसार को दमित करने के लिए सरकार ने एक षड्यंत्र को आधार बनाकर 21 फरवरी 1924 को एम.एन. राय, मुजफ्फर अहमद, डांगे, उस्मानी, गुलाम हुसैन, रामचरण लाल शर्मा और सिंगारवेलु चेट्टियार पर मुकदमा चलाया। राय और शर्मा भारत से बाहर थे। गुलाम हुसैन सरकारी गवाह बन गए। सिंगारवेलु बीमार थे। 20 मई 1924 को फैसला सुनाया गया जिसमें नलिनी गुप्ता, उस्मानी, डांगे और मुजफ्फर अहमद को चार-चार साल कैद की सजा हुई। इसके तुरंत बाद 1 सितंबर 1924 को सत्यभक्त ने कानपुर में साम्यवादी दल की स्थापना की। स्वयं सचिव बने और हसरत मोहनी, बी.एम. जोशी, रमाशंकर अवस्थी और पंडित रामगोपाल सदस्य बने। 25 दिसंबर को सत्यभक्त ने विभिन्न ग्रुपों को कानपुर में आमंत्रित किया। इसमें एम.वी. घाटे, के.एन. जोगलेकर, आर.एस. नाम्बियर, लाहौर के शम्सुद्दीन हसन, सिंगारावेलु चेट्टियार, कृष्ण स्वामी आयंगार, अयोध्याप्रसाद, जानकीप्रसाद बागरहट्टा और मुजफ्फर अहमद शामिल हुए। सत्यभक्त **भारतीय कम्युनिस्ट पार्टी** का गठन चाहते थे। जबकि अहमद

नलिनी गुप्त 'कम्युनिस्ट इंटरनेशनल' से जुड़ा **भारत की कम्युनिस्ट पार्टी** चाहते थे। इस पर विवाद हुआ। सत्यभक्त अल्पमत में थे। अंततः उन्हें हटाकर 27 दिसंबर 1925 को **भारत की कम्युनिस्ट पार्टी** की विधिवत स्थापना हुई।

इंडियन नेशनल पार्टी—स्वराज पार्टी के कुछ लोग विरोध के कार्यक्रम को पसंद नहीं कर रहे थे। वे अन्य तत्वों के साथ इंडियन नेशनल पार्टी बनाकर अलग हो गए। 21 अप्रैल 1925 को महात्मा गांधी ने उन्हें मिलाने के लिए एक समझौता किया मगर वे लोग विधान-मंडल में जाने को काफी उत्सुक थे। समझौता टिका नहीं।

कलकत्ता-कांग्रेस—कांग्रेस का 44वां अधिवेशन 1928 में कलकत्ता में हुआ। अध्यक्षता मोतीलाल नेहरू ने की। महात्मा गांधी द्वारा नेहरू रिपोर्ट को रखा गया। पं. जवाहर लाल नेहरू और सुभाषचंद्र बोस द्वारा संशोधन पेश किया गया। 31 दिसंबर 1929 तक सर्वदल सम्मेलन की मांग को ब्रिटिश संसद नहीं मानेगी तो अहिंसात्मक असहयोग, टैक्स बंदी तथा अन्य उपाय किये जाएंगे। देशी रिसायतों को चेतावनी दी गई।

काकोरी कांड—चौरा-चौरी कांड के बाद आंदोलन वापस लेने पर क्रांतिकारियों में क्षोभ पैदा हुआ और वे संगठित होने लगे। धन के उद्देश्य से लखनऊ के पास काकोरी स्टेशन से कुछ फासले पर आठ डाउन पैसेंजर को रोक कर खजाना लूटा गया। सरकार ने गिरफ्तारियां कीं और मुकदमे पर 15 लाख रुपये खर्च किये। पं. रामप्रसाद बिस्मिल, राजेंद्र लाहिड़ी, रोशनसिंह तथा अशफाकुल्ला खां को फांसी हुई। बाकी अभियुक्तों को कालापानी से चार साल की सजा हुईं। 17 से 19 दिसंबर 1927 को क्रांतिकारियों को फांसी दी गई थी।

कानपुर-कांग्रेस—कांग्रेस का 41वां अधिवेशन 1925 को कानपुर में हुआ। अध्यक्षता सरोजिनी नायडू ने की। इसमें असहयोग आंदोलन और हिंदू-मुस्लिम एकता पर विशेष बल दिया गया। अछूत, सांप्रदायिकता और चरखा संबंधी रचनात्मक कार्यों के प्रसार का निश्चय किया गया। प्रांतीय कमिटियों को आगामी आम चुनाव के उम्मीदवार चुनने का अधिकार दिया गया।

कोकनद-कांग्रेस—कांग्रेस का 39वां अधिवेशन 28 दिसंबर 1923 से 1 जनवरी 1924 तक कोकनद में हुआ। सभापति मौलाना मुहम्मद अली थे। कौंसिल के विरुद्ध प्रस्ताव की वापसी हुई। अहिंसा और असहयोग पर बल दिया गया। एकता और त्याग का आह्वान किया गया। स्वदेशी, असहयोग आंदोलन के प्रति समर्पित संकल्प रखा गया।

कोहाट-दंगा—1923 में कई जगह दंगे हुए, कोहाट में सितंबर का दंगा बहुत ही

भयंकर था। इसकी जांच के लिए महात्मा गांधी और शौकत अली की एक समिति बनी। शौकल अली ने राय जाहिर की कि दोष हिंदुओं का था। सैकड़ों हिंदू भी मारे गए थे। इससे कांग्रेस में अंतर्विरोध बढ़े। अली बंधु भी सांप्रदायिकता की ओर मुड़े। गांधीजी ने मुहम्मद अली के घर में 21 दिन का उपवास किया। परंतु न एकता हुई, न दंगे रुके।

केंद्रीय-व्यवस्थापिका—1919 अधिनियम के अंतर्गत केंद्रीय व्यवस्थापिका सभा—दो सदन कायम हुए। राज्य परिषद् में 60 सदस्य थे जिसमें उपनिर्वाचित और 20 सरकारी पदाधिकारी और 6 वायसराय द्वारा मनोनीत। व्यवस्थापिका सभा में 145 सदस्य थे जिसमें 105 निर्वाचित, 26 अधिकारी, 14 मनोनीत। केंद्रीय कार्यपालिका का सर्वोच्च गवर्नर जेनरल था। यह द्वैध शासन प्रणाली 1921 से 1937 तक भारतीय प्रांतों में लागू रही।

गया-कांग्रेस—कांग्रेस का 38वां अधिवेशन 1922 में हुआ। सभापति देशबंधु चितरंजनदास थे। कमाल पाशा के नेतृत्व में नवीन राष्ट्र तुर्की का स्वागत और एशियाई संघ का नारा दिया गया। परिवर्तनवादियों ने कौंसिल प्रवेश की अनुमति मांगी। प्रस्ताव अस्वीकृत हो गया। देशबंधु ने इस्तीफा दे दिया।

गोहाटी-कांग्रेस—कांग्रेस का 42वां अधिवेशन 1926 ई. में गोहाटी में हुआ। अध्यक्षता एस. श्रीनिवास आयंगर ने किया। किसानों, मजदूरों की अधिकार रक्षा का संकल्प किया गया। स्वराज पार्टी मंत्री का पद नहीं ले तथा सभी को खद्दर पहनना अनिवार्य है—यह प्रस्ताव लिया गया। स्वामी श्रद्धानंद की हत्या पर शोक प्रकट किया गया।

चौरी-चौरा—असहयोग आंदोलन के जबर्दस्त प्रसार के साथ सरकारी दमन बढ़ता गया। 1 फरवरी 1922 को गांधीजी ने वायसराय को पत्र लिखकर कठोर नीति की निंदा की। 15 फरवरी 1922 को गोरखपुर जिले के चौरी-चौरा में आंदोलनकारियों ने 21 सिपाहियों और थानेदारों को थाने में ही बंद कर आग लगा दी। गांधीजी ने तुरंत आंदोलन वापस कर लिया जिसकी सर्वत्र तीखी निंदा हुई। सरकार ने उन्हें कैद कर सुरक्षित किया।

जालियांवाला बाग-कांड—सत्याग्रह के समर्थन में अमृतसर में सभाएं हो रही थीं। पंजाब सरकार ने लोकप्रिय नेता डॉ. सत्यपाल और डॉ. किचलू पर रोक लगाई और 10 अप्रैल को कैद कर दिया। महात्मा गांधी 9 अप्रैल को ही गिरफ्तार किये जा चुके थे। विरोध में हड़ताल हुई। गोली चली, घोड़ों से लोगों को रौंदा गया। प्रतिरोध में 13 अप्रैल को जालियांवाला बाग में सभा आयोजित हुई। बीस हजार से ज्यादा लोग जमा थे। निकलने का एकमात्र संकरा रास्ता था—जिसे

जेनरल डायर ने घेर रखा था। 150 सशस्त्र सैनिकों के साथ वह मुहाने पर ही खड़ा रहा। उसने वहीं सभा को गैरकानूनी घोषित किया और बिना चेताये गोली चलाने का हुक्म दिया। सरकार ने 379 मौत स्वीकार की, कांग्रेस ने 500 से 1000 मौत बतायी। 1500 घायल हुए, रवींद्रनाथ टैगोर ने 'नाइटहुड' की उपाधि लौटाई, सर शंकर नायर ने परिषद् के गवर्नर जेनरल पद से त्यागपत्र दिया। अंग्रेजों के दत्तक विद्वानों को नोट करना चाहिए—अंग्रेजों ने बेशर्मी से इस क्रूरतम कुकृत्य और अश्लील अति को सम्मानित किया। न्यायप्रिय हाउस-ऑफ-लॉर्ड्स ने डायर को तलवार तथा 26,000 पौंड से पुरस्कृत किया। पृथ्वी की सभ्य कही जाने वाली यह जाति, संभवतः दुनिया की सबसे अधिक बर्बर और घृणित जाति है।

दास-कांग्रेस पैक्ट—फरवरी 1924 में गांधीजी जेल में बीमार पड़े। देशबंधु और मोतीलाल नेहरू मिलने गए। दोनों के बीच बातें हुई। अंततः नवंबर में एक संयुक्त वक्तव्य दिया गया जो गांधी-दास पैक्ट के नाम से जाना जाता है।

दिल्ली का अधिवेशन—कौंसिल प्रवेश के लिए उत्सुक लोगों को स्वतंत्र कर दिया गया। चुनाव में स्वराज पार्टी की अच्छी जीत हुई।

नाभा—पंजाब की दो सिक्ख रियासतों—पटियाला और नाभा में झगड़ा था। सरकार ने नाभा के महाराजा को गद्दी से उतारकर वहां अंग्रेज प्रशासक नियुक्त कर दिया। इसके विरुद्ध सिक्खों ने जबर्दस्त आंदोलन किया। इस बीच नये प्रशासक ने जैतू के पास अखंड पाठ रोक दिया। सिक्खों ने पाठ जारी करने के लिए जत्था भेजना शुरू किया—जिसका पुलिस दमन करती थी।

बेलगांव-कांग्रेस—कांग्रेस का 40वां अधिवेशन 26-27 दिसंबर 1924 को बेलगांव (महाराष्ट्र) में हुआ। राष्ट्रीय एकता की पेशकश रखी गई। हिंदू-मुस्लिम एकता पर जोर दिया गया। अहिंसा अपनाने की अपील की गई। लिबरल ग्रुप को कांग्रेस में वापसी का आह्वान किया गया।

बंगाल-आर्डिनेंस—बंगाल में क्रांतिकारी आंदोलन को कुचलने के नाम पर 25 अक्टूबर 1924 को 'बंगाल आर्डिनेंस' जारी किया गया।

भारत-कौंसिल अधिनियम—1861 ई. में लागू, जिसके द्वारा कौंसिलों में गैर सरकारी या जमींदारों का मनोनयन होता था। 1892 ई. में भारतीय कौंसिल अधिनियम लागू हुआ जिसके अनुसार गैरसरकारी सदस्यों की संख्या बढ़ी लेकिन मत का अधिकार नहीं दिया गया।

मद्रास कांग्रेस—कांग्रेस का 43वां अधिवेशन 1927 ई. में मद्रास में हुआ। अध्यक्षता डॉ. अंसारी ने की। साइमन कमीशन के बायकाट का प्रस्ताव किया गया और

विराट् प्रदर्शन का निर्णय हुआ। काकोरी शहीदों की फांसी की निंदा की गई तथा उनके परिवार वालों से सहानुभूति प्रकट की गई।

मॉण्टेगू-सुधार—प्रथम विश्वयुद्ध में मेसोपोटामिया के युद्ध को लेकर ब्रिटिश कॉमन्स-सभा में ई.एम. मॉण्टेगू और भारत मंत्री चैंबरलेन के बीच जोरदार बहस हुई। चैंबरलेन ने इस्तीफा दे दिया और मॉण्टेगू भारतमंत्री बना। 20 अगस्त 1917 को घोषणा में स्वशासन प्रणाली समाप्त कर भारत को ब्रिटिश साम्राज्य के अंग रूप में माना गया। शांति के नाम पर शातिर इस चाल का नरमपंथियों ने समर्थन किया। ऐनी बेसेंट ने तिलक को मनाकर इसको समर्थन दिलाया। जुलाई 1918 में मॉण्टेगू सुधारों की घोषणा हुई। इसे मॉण्टेगू-चेम्सफोर्ड सुधार कहते हैं। इसी आधार पर 1919, भारत सरकार अधिनियम लागू किया गया। सत्ता विकेंद्रीकृत कर राज्यों में गवर्नरों के हाथों अधिकार दिया गया।

मुस्लिम लीग—अंग्रेजों ने मुसलमानों के पृथक अधिकारों की मांग सरकार के सामने रखने का आयोजन कराया। वायसराय लार्ड मिंटो के निजी मंत्री कर्नल स्मिथ ने अलीगढ़ के अंग्रेज प्राचार्य को पत्र लिखा। अक्टूबर 1906 को आगा खां के नेतृत्व में प्रतिनिधिमंडल वायसराय से शिमला में मिला। इसमें सिद्धांत रूप से जातीय प्रतिनिधित्व स्वीकार किया गया। लार्ड मिंटों ने कहा—इससे आज 6 करोड़ बीस लाख मुसलमान विद्रोह करने से रुक गए। 30 दिसंबर 1906 को ढाका में मुस्लिम लीग का विधान बना और एक वर्ष बाद लखनऊ में स्वीकृत हुआ। इसमें तय हुआ कि राजभक्ति का प्रसार करना है तथा सरकारी कानूनों के भ्रमों का निवारण करना है। मुसलमानों के हितों और अधिकारों की सुरक्षा करनी है तथा उनकी जरूरतों की मांग रखनी है। 1909 के मार्ले-मिंटो सुधार में मुसलमानों को प्रतिनिधित्व मिला और अंग्रेज 'फूट डालो, राज करो' की विषबेलि रोपने में सफल रहे।

रॉलेट-एक्ट—1918 में सरकार ने सर सिडनी रॉलेट की अध्यक्षता में एक कमिटी बनाई जो भारत में क्रांतिकारी आंदोलन के प्रसार को रोकने के लिए कानून सुझाती। भारत रक्षा-कानून की अवधि समाप्त हो रही थी अतः यह तरीका जरूरी था। इसमें युद्ध समाप्ति पर भारत रक्षा-कानून जैसा काम हो। फौजदारी कानून में ऐसे स्थाई परिवर्तन हों—जिससे आंदोलन कुचला जा सके। यह एक्ट 21 मार्च 1919 में हुआ और इसकी अवधि तीन वर्ष रखी गई।

लाहौर-कांग्रेस—कांग्रेस का 45वां अधिवेशन 1929 में लाहौर में हुआ। अध्यक्षता पं. जवाहरलाल नेहरू ने की। पहली बार पूर्ण स्वाधीनता की मांग की गई। प्रजातंत्रवादी और समाजवादी घोषणाएं की गईं। राजशाही का बहिष्कार किया

गया। कौंसिल और असेंबली से सदस्यों के इस्तीफे की मांग की गई। 26 जनवरी 1930 ई. को स्वाधीनता दिवस मनाने का निश्चय किया गया।

लिबरल-फेडरेशन—1918 में उदारवादियों ने कांग्रेस से संबंध तोड़कर लिबरल फेडरेशन की स्थापना की थी।

ली-कमीशन—1924 में गठित। सितंबर में सरकार को रिपोर्ट दी। इसका एकमात्र उद्देश्य था—सरकारी सेवाओं में प्रजातीय उच्चता को बनाए रखना। मगर स्वराज दल ने इसे स्वीकृत नहीं होने दिया।

स्वराज पार्टी—1922 के गया कांग्रेस में परिवर्तनवादियों के नेता देशबंधु के इस्तीफे के बाद मार्च 1923 को इलाहाबाद में अपने समर्थकों का अखिल भारतीय सम्मेलन बुलाया और स्वराज पार्टी की स्थापना की। नई पार्टी कांग्रेस के अंदर रहेगी लेकिन चुनाव लड़ेगी। सदस्य कोई सरकारी पद न लेंगे। अपरिवर्तनवादियों के नेता गांधीजी थे। वे चुनाव से अलग रहकर चर्खा, शराब-बंदी और अछूतोद्धार का काम करेंगे। कांग्रेस में परिवर्तनवादी (गरम दल, अनुदारवादी) और अपरिवर्तनवादी (माडरेट, उदारवादी, नरमदल) दो ग्रुप थे।

सत्याग्रह—सत्य पर अटल रहना ही सत्याग्रह है। सत्याग्रह को जनांदोलन के रूप में लागू कर हड़ताल, उपवास, धरना, प्रार्थना सभाएं, असहयोग, नागरिक अवज्ञा, पद-यात्राएं आदि हैं—जिसका आधार अहिंसा हो।

हंटर-रिपोर्ट—19 अक्टूबर 1919 को जनता के दबाव पर हंटर समिति बनाई गई। समिति ने सरकार को निर्दोष माना। गोली चलाना न्यायोचित सिद्ध किया। डायर को निर्णय लेने की भूल भर बताया। जालियांवाला बाग हत्याकांड की हंटर रिपोर्ट अंग्रेजी हुकूमत की करतूतों और अंग्रेजों के न्याय-यश का ज्वलंत और स्थायी लेकिन कलंकित प्रमाण है।

हिंदू महासभा—स्वामी दयानंद, तिलक और अरविंद घोष के विचारों, शिवाजी और गणपति महोत्सव जैसे आयोजनों और लगातार पत्रों-प्रकाशनों से राष्ट्रभक्ति के भीतर ही हिंदू सांप्रदायिकता को भी लगातार बल मिल रहा था। उन ताकतों के साथ मुस्लिम लीग की प्रतिक्रिया भी थी। अंततः 1907 में हिंदू महासभा की स्थापना कर डाली।

होमरूल लीग—1914 में 6 साल की सजा काटकर आये तिलक के नेतृत्व में राष्ट्रवादी फिर सक्रिय हुए। माडरेटों ने कांग्रेस पर अधिकार जमा रखा था। 1915 में 23-24 दिसंबर को पूना में सम्मेलन हुआ और 28 अप्रैल 1916 को पूना में होमरूल लीग की स्थापना हुई। एनी बेसेंट ने मद्रास में इसको खोला।

नवजागरणकालीन पत्रकारिता और मतवाला

नवजागरणकालीन पत्रकारिता और मतवाला

खंड 3

संपादक

कर्मेन्दु शिशिर

अनामिका पब्लिशर्स एंड डिस्ट्रीब्यूटर्स (प्रा.) लिमिटेड

4697/3, 21-ए, अंसारी रोड, दरियागंज, नई दिल्ली 110 002

टैलीफोन : 011-2328 1655, 011-2327 0239;

फैक्स : 011-2786 8035

Email : anamikapublishers@yahoo.co.in

प्रथम संस्करण 2012

आई.एस.बी.एन. 978-81-7975-393-4

आई.एस.बी.एन. 978-81-7975-390-3 (सेट)

भारत में मुद्रित

अनामिका पब्लिशर्स एंड डिस्ट्रीब्यूटर्स (प्रा.) लिमिटेड, 4697/3, 21-ए, अंसारी रोड, दरियागंज, नई दिल्ली 110 002 द्वारा प्रकाशित। अर्पित प्रिंटोग्राफर्स, शाहदरा, दिल्ली 110 032, द्वारा शब्दांकित एवं मुद्रित।

नाना मुंशी नवजादिक लाल श्रीवास्तव,
नानी रामसंवारी देवी
और
प्रकाश तथा जगदीश मामा
की पुण्य-स्मृतियों को

विषय-सूची

अपनी ओर से

नवजागरणकालीन साप्ताहिक हिंदी पत्र 'मतवाला' के महत्त्वपूर्ण सामग्री चयन के क्रम में मैंने उसके तीन प्रमुख स्तंभों—'मतवाले की बहक', 'मतवाले की चक्की' और 'मतवाले का मत' नाम से टिप्पणियों और अग्रलेखों का चयन-संपादन किया। 'मतवाला' की होली, नाम से 'मतवाला' के अत्यंत महत्त्वपूर्ण होली विशेषांकों और उसकी संगति में पड़ने वाली अन्य रचनाएं भी अलग पुस्तिका रूप में छप चुकी हैं। इस संकलन में मैंने शेष तमाम सामग्री से उन रचनाओं को चयनित किया है, जो किसी न किसी दृष्टि से मुझे महत्त्वपूर्ण लगीं। लेकिन इस पूरे चयन-संकलन में सूर्यकांत त्रिपाठी 'निराला' और पांडेय बेचन शर्मा 'उग्र' की नामित रचनाएं यह सोचकर छोड़ दीं कि वे स्वतंत्र रूप से प्रकाशित हो चुकी हैं और सुलभ भी हैं। बीच में जो अंक सुलभ नहीं हो सके—जाहिर है उनकी तमाम सामग्री इन संकलनों में आने से रह गईं। अगर कोई निष्ठावान और धुनी व्यक्ति उन अंकों को हासिल कर शेष का बेहतर चयन-संकलन करे, तो निस्संदेह यह बड़ी ही सराहनीय बात होगी। अनुमानतः वह सामग्री भी 'मतवाला' के इसी सोच और स्वरूप को ही संपन्न करेगी, कोई बुनियादी पहचान का विस्तार नहीं करेगी। लेकिन साक्ष्य-संपन्नता का महत्त्व भी असंदिग्ध है। इसलिए इस कार्य को भी किया जाना चाहिए। मेरे चयन-विवेक पर संदेह करने वाले विवेकवान व्यक्ति भी अगर छोड़ दी गई सामग्री की गहरी छानबीन कर, कुछ और संपदा सुलभ करा दें तो सबसे पहली प्रसन्नता मुझे ही होगी।

अगर आप तमाम चयनित खंडों को देखें तो इसमें कविताएं लगभग अनुपस्थित मिलेंगी। दरअसल 'मतवाला' की श्रेष्ठतम उपलब्धि निराला जी की वे कविताएं ही हैं, जो उनकी पुस्तकों और रचनावली में सहज-सुलभ हैं। प्रसाद जी और पंत जी की कविताएं भी उनके काव्य-संकलनों में शामिल हैं। इसके अतिरिक्त उल्लेखनीय कवियों में श्रीधर पाठक, मैथिलीशरण गुप्त, हरिऔध, नाथूराम शर्मा 'शंकर', अनूप शर्मा, गोपाल शरण सिंह, पं. माधव शुक्ल, किशोरीलाल गोस्वामी, मोहनलाल महतो 'वियोगी', केदारनाथ मिश्र 'प्रभात', मुक्त जी, गांगेय नरोत्तम शास्त्री, पं. गिरिधर शर्मा 'नवरत्न', बालकृष्ण शर्मा 'नवीन'—जैसों की कविताएं प्रकाशित होती थीं—जिनमें अधिकांश राष्ट्रवादी और छायावादी धारा के कवि थे। क़ैस और बिसमिल नामक दो शायरों की कई रचनाएं बाद के अंकों में मिलती हैं—जिनमें से कुछ को मैंने जहां-तहां संकलित किया भी है।

पं. गिरिधर शर्मा 'नवरत्न' की वंदेमातरम् कविता 'मतवाला' [8 मार्च 1924] के मुखपृष्ठ पर छपी है। उसके नीचे यह सूचना है कि 'दिल्ली के साहित्य-सम्मेलन में मतवाला-मंडल के 'निराला' कवि द्वारा इस कविता का गायन किया गया। पंत जी की कविता 'स्याही का बूंद' 29 मार्च 1924 के आवरण पर छपी है और इसी कविता के दूसरी ओर निराला जी की 'प्रिय' प्रकाशित हुई है। द्विवेदी काल के कवियों में भी छायावादी तत्त्व पर्याप्त रूप से मौजूद थे। यह अकारण नहीं था कि 'परिमल' की भूमिका में निराला जी ने मैथिलीशरण गुप्त की कविताओं का साक्ष्य छायावादी धारा के समर्थन में रखा। इस तरह अधिकांश कविताओं की भाव-भंगिमा छायावादी थी। पं. श्रीधर पाठक की एक छोटी-सी कविता 'भ्रमरगीत' 10 मई 1924 के मुखपृष्ठ पर छपी है–

मधुकर प्रेम-गुंज सुनाउ।
प्रेम-मद-मकरंग-मधु छकि प्रेम-दुंद मजाउ।
प्रेमरंग रंगी, प्रेम-मग गहि, प्रेम-पयहि बढ़ाउ।
जाउ सजग स्वतंत्र जग में प्रेम-मंत्र जगाउ।
मधुकर प्रेम-गुंज सुनाउ।

श्रीधर पाठक स्वच्छंदतावादी धारा के प्रारंभिक कवियों में हैं। छायावाद के तत्त्वों का नाभि-नाल रिश्ता उनसे जोड़ा जाता रहा है। पूरी कविता में सिर्फ एक पंक्ति–'जाउ सजग स्वतंत्र जग में प्रेम-मंत्र जगाउ।' ही ऐसी है जिसे किसी तरह तत्कालीन सरोकारों से परोक्ष रूप में जोड़ा जा सकता है। लेकिन श्रीधर पाठक अपने दौर के अत्यंत महत्त्वपूर्ण कवियों में थे और 'मतवाला'-मंडल के सदस्यों के बीच उनका बड़ा ही आदर था। देहरादून-इलाहाबाद मेल में लिखी इसी शीर्षक से उनकी दूसरी कविता भी बड़े सम्मानजनक तरीके से 'मतवाला' [7 मार्च 1925] में छपी। उसके नीचे यह दर्ज था कि यह कविता 23.10.1924 को देहरा-इलाहाबाद मेल में लिखी गई थी।

पुनि पुनि भ्रमर चुंबन करत,
केतकी के अंत आय निशंकता मन धरत।
कबहुं अचरत, कबहुं कचरत, कबहुं मचरत अरत।
निरत-रत अति, सुरति बिसरत, कबहुं रति आचरत।
पुनि पुनि भ्रमर चुंबन करत।
कबहुं परि परकीयता-रस स्वीयता संचरत।
कपट-प्रीति दिखाय कुनृप कुनीति जिमि अनुसरत।
पुनि पुनि भ्रमर चुंबन करत।

यह कविता गहरे रोमान से भरी कुछ-कुछ रीतिकालीन प्रभाववाली लगती है। केवल एक उपमा पंक्ति—'कपट-प्रीति दिखाय कुनृप कुनीति जिमि अनुसरत।' ही ऐसी है जिसमें परोक्ष रूप में ब्रिटिश राज तक टिप्पणी जाती है, अथवा खींचकर ले ज़ाई जा सकती है। लेकिन 'मतवाला' में निराला जी की छपी कविताएं ही उसकी सर्वोत्तम उपलब्धि हैं। अपवाद स्वरूप प्रसाद और पंत की कविताएं भी छपी हैं लेकिन तब निराला जी की कविताओं से तत्कालीन काव्य परिदृश्य में खलबली मच गई थी। डॉ. रामविलास शर्मा ने काफी विस्तार से 'मतवाला' में छपी निराला जी की कविताओं का महत्त्व आकलित किया है जिसे दुहराना अनावश्यक है। निराला जी की कविताओं को छोड़ दिया जाय, तो कविता में 'मतवाला' का योगदान उपेक्षणीय रहा। अनुकूल अवसर मिलने पर रीतिकालीन कवियों की चयनित कविताएं भी छपती थीं। रीतिकाल की क्षीण काव्य-परंपरा वाले अनेक कवि उस दौर में लिख रहे थे और उनकी रचनाएं समय-समय पर छपती रहती थीं। सिर्फ 'क़ैस' और 'बिसमिल' नामक दो शायरों की ऐसी काफी रचनाएं बाद के अंकों में मिलती हैं जिसमें राष्ट्रीय स्वर की गूंज है।

इसलिए मेरे द्वारा चयनित संकलनों में काफी कम कविताएं शामिल हैं। सिर्फ 'मतवाले की होली' में ही मैंने ऐसी कुछ कविताएं शामिल कर लीं जो उसकी व्यंग्य परंपरा की संगति में आती थीं।

'मतवाला' पर काम करने के दौरान मेरा सामना उसमें आए छद्मनामों से पड़ा। दरअसल छद्म नाम से लिखने की परंपरा हमारे यहां प्रारंभ से ही रही है। आज भी अनेक प्राचीन रचनाएं ऐसे विवाद के घेरे में हैं। हिंदी पत्रकारिता में तो यह परंपरा प्रारंभ से ही रही है और आज तक चली आ रही है। यह समस्या थोड़ी जटिल तब हो गई जब 'मतवाला' मंडल से जुड़े दो सदस्यों शिवपूजन जी और बेचन शर्मा 'उग्र' के वारिसों ने अपने-अपने पक्ष में दावे पेश किए। दुर्भाग्य से दोनों में किसी ने इसके लिए जरूरी अनुसंधान नहीं किए और रचनात्मक तरीका अख्तियार नहीं किया। जाहिर था इससे कई तरह के भ्रम उत्पन्न हुए इसलिए इस पर किंचित् विस्तार से बातचीत अपेक्षित है।

'मतवाला' में छद्म नामों से काफी रचनाएं छपीं और लगातार छपीं। इसलिए दावे की कोशिश और आकांक्षा स्वाभाविक ही कही जायेगी। इस प्रसंग में जहां-तहां जो संकेत बिखरे पड़े हैं वे भी परस्पर एक-दूसरे से भिन्न हैं। अगर महादेवप्रसाद सेठ और आचार्य शिवपूजन सहाय के दिये संकेतों को एक जगह जुटाकर देखा जाय, तो काफी उलझनें निकल आती हैं। इसलिए इसको पूरी तरह सुलझाना अत्यंत कठिन है। कुछ लोगों की राय है कि गद्य-शैली के आधार पर छद्म नामों की समस्या को

सुलझाया जा सकता है। लेकिन 'मतवाला' के प्रसंग में इस तरीके की मुश्किलें भी कम नहीं। 'मतवाला' में छपे लेख और टिप्पणियां सिर्फ गद्य-शैली का चमत्कार भर नहीं हैं। वे विशेष राजनीतिक सोच, विचार और भाव की मांग करती हैं। 'मतवाला'-मंडल की अंतर्कथा और सामूहिक एकत्व को देखते हुए ऐसा लगता है कि एक ही छद्म नाम में सभी शामिल हैं और कुछ के तो लेखन तक में सामूहिक सहभागिता से इंकार नहीं किया जा सकता। 'मतवाला' का मन-मिजाज अनोखा होते हुए भी एक तरह से ऐसा रूढ़ था कि उनको पूरी तरह हिगरा पाना लगभग दुष्कर है। ऐसी स्थिति में 'मतवाला' में छद्म नामों से छपी रचनाओं की भाषा, भाव, शैली अथवा विचार के आधार पर भी रचनाकार की परख-पहचान मुश्किल है। गोस्वामी तुलसीदास का जन्म कहां हुआ था—इस पर हजार पृष्ठों के शोध का आखिर क्या रचनात्मक फलाफल है? बावजूद साहित्य में हर कोई रचनात्मक उद्देश्य से ही काम करे—इसकी तो कोई गारंटी नहीं। मैंने 'मतवाला' पर काम करते हुए अपना ध्यान उसके देश, काल और समाज के सरोकारों से जोड़कर तत्कालीन संघर्ष को समझने पर केंद्रित किया, जिससे हमारे आज के संघर्षों का ऐतिहासिक सूत्र जुड़ सके। हिंदीभाषी समाज के बहुविध संघर्षों का गौरवशाली अतीत हमारे नवजागरण साहित्य में है—इसी क्रम में मैंने 'मतवाला' की छानबीन की। इसीलिए छद्म नामों के प्रसंग में 'मतवाले की बहक' और 'मतवाले की चक्की' की भूमिका में थोड़ी-सी चर्चा की है। लेकिन यहां किंचित् विस्तार के पीछे यही निर्दोष आशय है कि इससे किसी तरह का भ्रम उत्पन्न न हो।

'मतवाला' में आये छद्म नामों के प्रसंग में सबसे अधिक संकेत आचार्य शिवपूजन सहाय के संस्मरणों में ही मिलता है। लेकिन एक-दो स्थलों पर उनके संकेत भी परस्पर विरोधी हैं—बावजूद उनका महत्त्व असंदिग्ध है। डॉ. रामविलास शर्मा भी निराला जी के प्रति अपनी पक्षधरता के बावजूद अनेक महत्त्वपूर्ण संकेत देते हैं। लेकिन शिव जी की अप्रकाशित सामग्री में मिले संकेतों को जिस तरह डॉ. मंगलमूर्त्ति जी ने रखा है, उससे गंभीर संदेह पैदा होता है और वे विवादास्पद हैं। इसलिए इसकी समीक्षा जरूरी है।

साहित्य अकादेमी ने 'भारतीय साहित्य निर्माता' की कड़ी में शिवपूजन जी पर जो पुस्तिका प्रकाशित की है उसे मंगलमूर्त्ति ने ही लिखा है। उसकी भूमिका में 'मतवाला' के छद्म नामों से छपी रचनाओं पर उनके दावे पर विस्तार से यहां चर्चा जरूरी है। डॉ. मंगलमूर्त्ति की तरह डॉ. भवदेव पांडेय भी हैं जिन्होंने उग्र जी की पक्षधरता में छद्म नामों से छपी रचनाओं पर बात की है। संभव है इनकी ऐसी कोई मंशा नहीं हो। लेकिन इसका बुरा असर यह है कि जो बात 'मतवाला' की भूमिका पर होनी चाहिए, वह ऐसे प्रपंचों में उलझ जाती है। साथ ही इससे 'मतवाला' की

मौलिक प्रकृति भी क्षतिग्रस्त होती है।

'मतवाला'—मतवाला-मंडल के लेखकों की सामूहिक भागीदारी से शुरू हुआ। उनके सबके समवेत प्रयत्नों से ही उसने उत्कर्ष हासिल किया। जैसे-जैसे 'मतवाला-मंडल में अंतर्विरोध बढ़े, बिखराव आया—उसका प्रभाव भी असरहीन हुआ। आगे चलकर तो उसने अपनी संकीर्णता से पतन का इतिहास रचा। दरअसल छद्म नामों से लिखने और छपने का चलन हिंदी पत्रकारिता में प्रारंभ से ही रहा है और उस युग की तो यह मुख्य प्रवृत्ति ही थी। उस समय 'मतवाला' के अलावा प्रताप, प्रभा, कर्मवीर, प्रणवीर लगभग अधिकांश पत्रों में ऐसा होता था। लोगों को अपने स्वार्थ में अप्रामाणिक दावे करने से परहेज करना चाहिए और एकत्व के स्वर की पहचान कर उसकी गरिमा का सम्मान करना चाहिए। बेहतर तो यह होगा कि उन रचनाओं के भावों और विचारों का विश्लेषण कर नवजागरण के अदीठ महत्त्व को उद्घाटित किया जाता। लेकिन ऐसा हो नहीं रहा। छद्म नामों को लेकर प्रामाणिक निष्कर्ष तक पहुंचने में कई मुश्किलें हैं। इसलिए जहां बिलकुल प्रमाणित हो, वहां तो ठीक, बाकी को प्रामाणित करने की निष्कलुष कोशिश करनी चाहिए। जहां ऐसा करना संभव न हो, वहां बगैर किसी हुज्जत के चुप लगा जाना चाहिए। यह भी अत्यंत गहन शोध का विषय है। एक ही लेखक कई छद्म नामों से लिखता था। एक ही छद्म नाम पर भी कई अलग-अलग लिखने वालों की रचनाएं छपती थीं।

'मतवाला' से जुड़े छद्म नामों की रचनाओं पर विचार के लिए हम सबसे पहले शिवपूजन सहाय के लेखन को ही लें। उन्होंने 'मतवाला' और उसके मंडल से जुड़े लेखकों पर बहुत ही मार्मिक संस्मरण लिखे हैं। उनकी जीवंत गद्य-शैली का उत्कर्ष भी इन्हीं संस्मरणों में देखने को मिलता है। उन्होंने मतवाला-मंडल की प्रतिदिन की शहंशाही अंदाज वाली मस्त बैठकों का बहुत ही सजीव चित्र खिंचा है। उनके संस्मरणों में अनेक तरह के दिव्य शरबतों और मिष्ठानों की किस्मों से भरी-पूरी भंग-संध्याओं का अविस्मरणीय वर्णन है। "भंग छानने के बाद कुछ घंटे हम लोगों की सम्मिलित बैठक होती थी। उसमें अखबार की खबरों पर विचार-विनिमय होता था। देश, समाज, धर्म और साहित्य से संबंध रखने वाले महत्त्वपूर्ण समाचारों और ज्वलंत राजनीतिक समस्याओं पर सूझ-बूझ भरी टिप्पणियां लिखने के लिए निश्चय किया जाता था। भंग की तरंग में सेठ जी की सूझ-बूझ बड़ी निराली होती थी। मुंशी जी भी स्वाभाविक हास्य-विनोद लिखने में बड़े सिद्धहस्त थे।" [*वे दिन वे लोग*, पृ. 58]

ऐसी ही समृद्ध संध्याओं में उनकी मैत्री अटूट बनी जो अंत तक सघन बनी रही। ऐसी मिसाल आज के साहित्यकारों के लिए दुर्लभ ही है। यही कारण था कि

बिखराव के बाद हर एक को बिछोह अंत-अंत तक सालता रहा। आचार्य शिवपूजन सहाय और मुंशी नवजादिक लाल के लेखन और उनके पत्रों में इस अंदरूनी कसक की अनेक मार्मिक छवियां मौजूद हैं। बड़ी से बड़ी प्रतिकूल स्थितियां और बहुतों के कलुषित प्रयत्नों का इन लोगों के आपसी रिश्तों पर कोई असर नहीं पड़ा। 'मतवाला' में तो महादेव प्रसाद सेठ के नाम से कभी कुछ नहीं छपा है, तो क्या इस आधार पर हम यह निष्कर्ष निकाल लें कि 'मतवाला' की छपी रचनाओं में उनका कोई रचनात्मक योगदान न था? क्या 'मतवाला-मंडल' में वही इकलौते अलेखक थे। 'मतवाला' के पहले उनके लेख 'सरस्वती' में छप चुके थे। शिव जी उन पर लिखे संस्मरण में बताते हैं कि अखबार पढ़ते समय सेठ जी निशान लगाकर उन्हें देते। तरंग में उनकी मौलिक सूझ की वे खासतौर से सराहना भी करते हैं। लिखते हैं–"सेठजी बड़े अध्ययनशील व्यक्ति थे। विशेषतः इतिहास की पुस्तकों के स्वाध्याय का उन्हें अनुराग था। अंग्रेजी और हिंदी की कोई महत्त्वपूर्ण पुस्तक हाट-बाट में कहीं देख लेते थे तो उसे खरीदे बिना चैन नहीं पाते थे। अंग्रेजी की शिक्षा में उन्होंने कोई डिगरी नहीं पाई थी, पर योग्यता बड़ी अच्छी थी। अंग्रेजी समझने और समझाने में बड़े दक्ष थे। अंग्रेजी का हिंदी-अनुवाद करने में भी बड़े सिद्धहस्त थे। अंग्रेजी के इतिहास-ग्रंथों से उन्होंने बहुत से भारत-गुन-संबंधी उद्धरण चुनकर हिंदी में उनका अनुवाद किया था। ...पढ़ने में जितना उनका मन लगता था उतना लिखने में नहीं। उनके विचार सुनने में बड़े ओजस्वी होते थे। यदि वे अपने विचारों को लिख पाते तो निस्संदेह प्रभावशाली लेखक होते। मनन और चिंतन में ही अधिक लीन रहते थे।" [*शिव. रच.*, भाग 4, पृ. 253]

मुंशी नवजादिक लाल पर लिखे संस्मरण में भी उन्होंने जिक्र किया है कि "भंग की तरंग में जब किसी राजनीतिक या सामाजिक विषय पर बातें करते-करते सेठ जी उत्तेजित हो बहकने लगते, मुंशी जी झिड़क देते, बस सटक सीताराम।" [वही, पृ. 256] उग्र के नाम अपने पत्र [16 मई 1927] में वे लिखते हैं–"सेठ जी का परिश्रम मैं देख चुका हूं। प्रेस में वे खूब लगन से खटते हैं।" जहां तक मुंशी जी का सवाल है तो उनके लेखन पर शिव जी के अलावा, और किसी दूसरे की टिप्पणी नहीं मिलती। लेकिन उन्होंने 'वीर भारत', 'मतवाला', 'सरोज', 'चांद' और 'जागृति' जैसे पत्रों का संपादन किया। उनके लिखे 'श्रीकृष्ण-चरित' आख्यान पर पं. महावीरप्रसाद द्विवेदी और ईश्वरीप्रसाद की सराहना 'मतवाला' सहित कुछ दूसरे पत्रों में खूब विज्ञापित है। उस समय के कई पत्रों में जो इसकी समीक्षाएं देखने को मिलीं, उसमें भी सराहना है। यह पुस्तक 'श्रीकृष्ण' को ऐतिहासिक पुरुष मानकर लिखी गई है और इसमें विस्तृत शोधात्मक अंश भी है। तत्कालीन समय में ब्रिटिश सत्ता

के अन्यायपूर्ण शोषण के विरुद्ध संघर्ष करने वाली भावना पैदा करने की कोशिश की गई है। इसी से प्रभावित होकर पं. ईश्वरीप्रसाद शर्मा ने भी 'श्रीरामचरित' लिखा जिसकी उन दिनों बड़ी चर्चा हुई। 'शांतिनिकेतन' नाम से उसका एक लघु उपन्यास भी छपा था जिसमें पाश्चात्य और भारतीय संस्कृति का द्वंद्व चित्रित किया गया है। साधारण कोटि के होने के बावजूद तत्कालीन समय में भाव और विचार की दृष्टि से ऐसे लेखन को प्रोत्साहन मिलता था। स्त्रियों को लेकर मुंशी जी ने काफी कुछ लिखा और लगातार लिखा। 'गृहिणी-कर्त्तव्य' उस समय बहुत मशहूर हुई। उनके लिखे पौराणिक आख्यानों में 'चिंता' बहुत ही रोचक है। यह घरेलू स्त्रियों के पढ़ने योग्य आख्यानपरक उपन्यासिकाएं थीं जो बहुत बिकती थीं। उनका एक उल्लेखनीय काम है 'पराधीनों की विजय यात्रा'। इसमें 36 देशों के तत्कालीन स्वाधीनता संघर्षों की गाथाओं को बड़ी ही रोचक भाषा-शैली में लिखा गया है। 'बेगमों के आंसू' का उनका अनुवाद भी बहुत प्रसिद्ध हुआ था जिसकी समीक्षा प्रेमचंद जी ने की थी। शिवपूजन जी की टिप्पणी है–"उनमें एक बात बड़ी विलक्षण यह थी कि संस्कृत से अनभिज्ञ होते हुए भी बंगला के संसर्ग से संस्कृत-बहुल भाषा भी लिख लेते थे और उर्दू-फारसी के तो उस्ताद ही थे।" [वही, पृ. 261]

अगर वाकई कोई दक्ष व्यक्ति बिना किसी पूर्वाग्रह के 'मतवाला' में छपी छद्म नामों वाली रचनाओं की भाषा-शैली के आधार पर गहरी पड़ताल करे तो एक रचनात्मक बात सामने आ सकती है। क्योंकि तमाम एकत्व के बावजूद बारीकी से मिलान करने पर उग्र जी की भाषा-शैली अपेक्षाकृत आसानी से पहचान में आ जाती है। उनके गद्य की अपनी विशिष्ट मौलिकताएं थीं, उनका अपना एक अलग ही अंदाज था। लेकिन शिवपूजन जी और मुंशी जी की भाषा-शैली, कम से कम 'मतवाला' के दौर में अपेक्षाकृत एक-दूसरे के करीब थी। बावजूद उनके बीच हुए पत्राचार से उस काल के 'मतवाला' के अंकों की छानबीन करने पर उनकी पहचान थोड़ी आसान हो जाती है। फिर भी, ऐसी कई रचनाएं हैं जिसे लेकर दुविधा बनी रह जाती है। कम से कम भाषा-शैली के इकलौते आधार पर ऐसा पूरी तरह कर पाना मुश्किल है। स्वयं शिवपूजन जी, मुंशी जी की भाषा पर मुग्ध रहा करते थे। "मुंशी जी का तो कहना ही क्या? वे तो 'मतवाला-मंडल' के प्राण ही थे। उनकी 'बहक' का मजा मैं प्रूफ में लेता था। उनकी मुहावरेदार चुलबुली भाषा ने 'मतवाला' का रंग जमा दिया।" [*हंस*, जनवरी-फरवरी 1932]। महाकवि रवींद्रनाथ टैगोर से साथ मिलने के एक प्रसंग में शिव जी ने लिखा है कि बंगला के सिद्ध अनुवादक होने और धारा प्रवाह बंगला बोलने वाले–"मुंशी जी आद्यंत केवल हिंदी में ही बातचीत करते रह गये, अतः इनकी ओर महाकवि का झुकाव कम रहा। इस बात की चर्चा लौटती बार रास्ते में बराबर होती आयी। मुंशी

जी को यह बात कुछ खली भी थी। मुंशी जी से महाकवि ने जब हिंदी बोलने में अपनी असमर्थता प्रकट की तब मुंशी जी ने बहुत नम्रता से निवेदन किया कि अनेक बंगाली विद्वानों की तरह आप टूटी-फूटी हिंदी भी बोलने का अभ्यास कीजिए और भारत के एक महान् युगस्रष्टा पुरुष के नाते भारत व्यापिनी हिंदी के साहित्य से भी परिचित होने की कृपा दिखाइये। इसके उत्तर में जब महाकवि ने यह कह दिया कि 'तुम्हारी हिंदी में अभी मेरे पढ़ने योग्य कुछ नहीं है'—तब मुंशी जी सहसा मौन और गंभीर हो गये—उनके चेहरे का रंग बदल गया। एक तो हिंदी की बातचीत के प्रसंग में महाकवि का अंगरेजी में बोलना मुंशी जी को खटक चुका था, दूसरे यह उदासीनपूर्ण उत्तर सुनकर मुंशी जी और भी हतप्रभ हो गये। फिर भी अपनी श्रद्धा निवेदित करने में मुंशी जी पूरे शीलवान रहे।" [*मराल*, नवंबर 1961] सेठ जी मुंशी जी को निराला जी से भिड़ा देते थे। निराला जी के उदात्त दार्शनिक व्याख्यान के सुनने की रोचक चर्चाएं शिव जी के संस्मरणों में हैं। उन्होंने एक जगह लिखा है कि "मुंशी जी अपनी लिखी चीज में किसी को कलम नहीं लगाने देते थे। मुंशी जी पुराने अनुभवी थे, कई अखबारों में रह चुके थे, उर्दू-फारसी के अच्छे जानकार थे, हाथ मंजा हुआ था।" [*रचनावली*, भाग 4, पृ. 113] जहां तक निराला जी का सवाल है तो शिवपूजन जी ने लिखा है—"मेरी भाषा का संशोधन निराला जी कर दिया करते थे। 'मतवाला-मंडल' में वही भाषा के आचार्य थे। ×× निराला जी बड़े स्नेह के साथ मेरी लिखी चीजें देखते, संशोधन करते और परामर्श देते थे। उनसे मैंने बहुत-कुछ सीखा है। उनकी योग्यता का मैं कायल हूं।"

इन तमाम आसंगों के बीच अब हम उन व्यंग्य टिप्पणियों को देखें तो यह हिगराना कठिन है कि किसकी, कहां-कहां सूझ, समझ, विचार, भाव या भाषा अंश है! 'मतवाला' का टोन, उसका अंदाजे बयां यानी उसकी जो विशिष्ट शैली निर्मित हुई उसे सामूहिक मानने में ही इतिहास और अर्थवत्ता की गंभीरता, गरिमा तथा सच्चाई की सुरक्षा संभव है। 'मतवाला' में प्रकाशनार्थ आने वाली रचनाओं के संपादन-संशोधन से उसे अपने रंग में ढालने के भी कई प्रमाण हैं। 'रंगरूटों की फौज' नामक तो ऐसा एक स्तंभ ही था। शिवपूजन जी ने लिखा है कि वे पाठकों की तरंग में लिखी अनेक रचनाओं को इस स्तंभ में शामिल करने योग्य बनाते थे। संशोधन से विचलित होकर छद्‌म नाम से लिखी एक रचना 'मतवाला महाराज की मनमानी' 'हिंदू-पंच' में छपी थी। 'आलोचना-67' में छपी शिवपूजन जी की डायरी में है—"भगतसिंह ने 'मतवाला' में एक लेख लिखा था; [वस्तुतः दो लेख लिखे थे।] जिसको संवार-सुधार कर मैंने छापा था। वह लेख 'बलवंत सिंह' के नाम से छपा था।"—आप, पायेंगे उक्त दोनों लेखों में शिवपूजन जी के गद्य का छायाभास दिखेगा।

फिर स्तंभों में किसी एक की पूरी और पक्की सहभागिता हिगराना मेरी समझ में दुष्कर है। मेरा ख्याल है कि आज भी किसी समाचार-पत्र की संपादकीय टिप्पणियों को ही लिया जाय तो शैली-विज्ञान के आधार पर उसके वास्तविक लेखक की परख शायद ही संभव हो। संपादकीय लेख या टिप्पणियां किसी भी पत्र की मौलिक और सामूहिक प्रयत्न-साधित विशिष्टता होती है। यह एक से निर्मित नहीं होती। ऐसे में सामूहिक से किसी एक के लेखन को हिगराना रचनात्मक कार्य नहीं हो सकता। वह मज्जा और रक्त की तरह अविच्छिन्न है। इस एकत्व को भंग करना न तो 'मतवाला' के अनुकूल होगा, न हिंदी के और न ही उस एकत्व में शामिल लेखकों के ही। तत्कालीन समय और समाज में 'मतवाला' का हस्तक्षेप सामूहिक कोशिश थी—इसे हमेशा ध्यान में रखना चाहिए।

शिवपूजन जी की सहभागिता की स्वतंत्र परख के क्रम में यह भी विचारणीय है कि उनके संपूर्ण लेखन में राजनीतिक ताप से आश्चर्यजनक रूप में परहेज है। यहां तक कि सन् 1942 की तप्त क्रांति-काल में भी उन्होंने राजनीतिक संस्पर्श वाला लेखन किया। राजनीतिक सोच, संपर्क और विचार से ऐसे सायास परहेज करने वाले लेखक नवजागरण काल में विरले ही मिलेंगे। यह उनके व्यक्तित्व और लेखन की ही पहचान है लेकिन उनके योगदान का यह निर्णायक तत्त्व नहीं। अगर 'मतवाला' के उग्र राजनीतिक लेखन में उनकी सहभागिता के बलात दावे को यों ही मान लिया गया तो उस राजनीतिक चेतना के आलोक में उनकी अगली तमाम रचनाओं में इस अभाव असंगति को भी विवेचित करना होगा। उनके निजी और रचनात्मक व्यक्तित्व की सर्वमान्य पहचान को बिना आधार और प्रमाण के ही बदल देना होगा। डा. दूधनाथ सिंह जैसे प्रखर लेखक ने शिवपूजन जी की इसी राजनीतिक अनुपस्थिति को लक्षित करते हुए 'देहाती दुनिया' के यथार्थ को प्रेमचंद के यथार्थ से हिगराया था। इसलिए 'मतवाला' के छद्म नामों से लिखे राजनीतिक लेखन को शिवपूजन जी के नाम बलात जोड़ने वाले वस्तुतः उनकी साहित्यिक मौलिकता को क्षति ही पहुंचाते हैं।

'मतवाला' प्रकाशन के प्रारंभ से ही शिवपूजन जी उसके मंडल के प्रमुख सदस्य रहे, लेकिन मात्र सात महीने बाद ही वे उससे अलग हो गये। दूसरी बार 1925 में जुड़े भी तो केवल तीन माह के बाद ही फिर अलग हो गये और दुबारा कभी नहीं जुड़े। शिवपूजन जी 'मतवाला' में आने के पूर्व और उससे अलग होने के बाद अड़तीस वर्षों तक किसी न किसी रूप में संपादकीय कर्म से जुड़े रहे और इस दौरान कई पत्रिकाओं के संपादक रहे। लेकिन इस दौरान उनके लिखे संपूर्ण संपादकीय में एक भी राजनीतिक टिप्पणी नहीं है, स्वतंत्र राजनीतिक लेखों की बात तो दूर की

है। इसके विपरीत महादेवप्रसाद सेठ के संपादक रहने के बावजूद उनके नाम से कभी कुछ 'मतवाला' में नहीं छपा, बावजूद वे कलकत्ता और वहां से लौटकर मिर्जापुर में लगातार राजनीतिक स्तर पर सक्रिय रहे। मुंशी नवजादिक लाल की राजनीतिक चेतना भले ही उन्नत न हो लेकिन उन्होंने आजीवन राजनीतिक टिप्पणियां, लेख और अन्य तरह का लेखन किया। निराला जी के राजनीतिक लेखन से हिंदी जगत् पूरी तरह परिचित है ही। उनकी रचनात्मक उपलब्धि और उत्कर्ष में राजनीतिक चेतना की उपस्थिति अब हिंदी में अदीठ नहीं रह गई है। उग्र जी के व्यक्तित्व और लेखन में राजनीतिक स्वर इतना मुखर था कि उन्हें जेल तक जाना पड़ा। 'चिंगारी' और 'स्वेदश' का संपादन उनके राजनीतिक सरोकारों को सिद्ध करने के लिए पर्याप्त है। यह भी ध्यान देने की बात है कि अपनी रचनावली में उन्होंने 'मतवाला' में छद्‌म नामों से छपे 'राधामोहन गोकुल जी' और 'पं. ईश्वरीप्रसाद शर्मा' नामक दो सामान्य लेखों को शामिल किया लेकिन यह बात विचारणीय है कि राजनीतिक अग्रलेखों को जो बेशक महत्त्वपूर्ण हैं उन्हें आखिर क्यों नहीं शामिल किया? 'मतवाला' के पूर्व और बाद की संपादित पत्रिकाओं की अति सामान्य टिप्पणियों तक को भी उन्होंने अपनी रचनावली में शामिल किया है, लेकिन 'मतवाला' की नहीं। बेशक ये बातें गौर करने लायक हैं।

'मतवाला' पर काम करते हुए जहां तक मेरी समझ है—उसके स्तंभों, अनाम या छद्‌म नामों से छपी रचनाओं को बिना किसी ठोस और तार्किक प्रमाण के किसी एक के नाम दर्ज करना एक तरह का साहित्यिक अपराध है। परस्पर टकराने वाले ऐसे दावे शिवपूजन जी और बेचन शर्मा 'उग्र' को ही लेकर हुए हैं जो अनावश्यक और मेरी समझ से गलत हैं। दरअसल संपादकीय टिप्पणियां या अग्रलेख किसी पत्रिका की मौलिक और सामूहिक रचनात्मक अभिव्यक्ति होती हैं। इसमें किसी एक की पूरी और पक्की सहभागिता को अलगाना अत्यंत कठिन है। अगर कोई हिगराने का हठ करे ही तो उसे आर्थिक स्वार्थ का हिस्सा तो माना जा सकता है—रचनात्मक कार्य का नहीं। मेरी समझ से 'मतवाला' के व्यंजित होने वाले एकत्व को प्रमाद या लोभ में भंग करना, न तो इन रचनाकारों के हित में होगा, न ही साहित्य के। इस एकत्व के उत्कर्ष को मूर्त्त करने वाले उन पुण्यश्लोक आत्माओं को पीड़ित और लांछित करना पूरी तरह अनुचित है।

जहां तक शिवपूजन जी की बात है तो हिंदी जगत् उनके योगदान और महत्त्व से परिचित होने के लिए ऐसे किसी प्रयत्न पर निर्भर नहीं है। उनका योगदान इतना बड़ा है कि उनके महत्त्व को बताने के लिए किसी राजनीतिक वैशाखी की जरूरत नहीं। यही बात बेचन शर्मा 'उग्र' के प्रसंग में भी सही है। शिवपूजन जी, महात्मा

गांधी के नैतिक और सात्त्विक आचरण को कठोरतापूर्वक निजी जीवन में उतारने वाले साधक साहित्यकार थे। इसके बावजूद वे गांधी जी द्वारा घोषित 'करो या मरो' आंदोलन के मूक पक्षधर भी नहीं थे। यहां तक कि उन्होंने सन् 1942 के तप्त क्रांति-काल में भी राजनीतिक संस्पर्श वाला लेखन नहीं किया। उनकी राजनीति से विमुखता का सबसे सबल प्रमाण तो उनकी डायरियों में दर्ज है। 1942 के 'अंग्रेजों भारत छोड़ो' जैसे ऐतिहासिक आंदोलन के दौरान भी राजनीतिक ऊष्मा से उन्होंने सायास परहेज किया। इस दौरान उनकी डायरियों में वही प्रूफ-पांडुलिपि का संशोधन-संपादन, साहित्यिक समागम, पत्राचार, अध्यापन, बच्चों की चिंता, पारिवारिक मोह-माया की चर्चा, दिवंगता पत्नी की बिछोह की करुण कसक और घनघोर ईश्वर-भक्ति की बातें दर्ज हैं। आस्तिकता का ऐसा अतिरेक कि वर्ग में अच्छा पढ़ाया, यह भी ईश्वर की कृपा, आकाशवाणी से रचना प्रसारित हुई—यह भी प्रभु-कृपा! जीवन में पटवारी से प्रोफेसर बनने को वे ईश्वर का वरदान मानते थे। गुलामी के विरुद्ध 1942 के धधकते स्वाधीनता संघर्ष के दौरान ऐसी सांसारिक उपलब्धियों को वे निजी जीवन का उत्कर्ष मानते थे। थोड़े-बहुत आर्थिक दबावों को निरंतर झेलने के बावजूद वे प्रसन्न और संतुष्ट नागरिक थे। 5 अगस्त 1942 की डायरी में एक वाक्य है—'साहित्य-सेवी को राजनीति में नहीं कूदना चाहिए।' ऐसे में उनकी डायरियों में यदा-कदा देश-सेवा में उतरने की व्यक्त कामनाएं कोई खास महत्त्व नहीं रखतीं। 9 अगस्त 1942 जैसे महान् ऐतिहासिक दिन की डायरी भी निर्लिप्त भाव से ही लिखी गई है—"आज दिन-भर 'बिहार विभाकर' की कॉपी संपादित करता रहा। सुना कि गांधी जी आदि बंबई में पकड़े गये। पटना में राजेंद्र बाबू भी पकड़े गये। हे प्रभो! देश की यह अग्निपरीक्षा कब सफल होगी? शीघ्र ही देश में जीवन संचार करो। ईश्वर ही भारत का उद्धार करे तो कर सकता है।" उन दिनों वे किसी दिन श्री विष्णु पुराण पढ़ते थे तो किसी दिन विनय-पत्रिका। उनकी जीवन-शैली 'जाही विधि राखे राम ताही विधि रहिये' वाली थी। क्रांतिकारी कार्यों के प्रति उनकी धारणा का एक प्रमाण 14 अगस्त 1942 की डायरी में देखिये—"आज छपरा-जंक्शन स्टेशन दिन-दहाड़े लुटा गया। एक अंग्रेज पीटा गया। यह सुनकर बड़ा दुःख हुआ। हिंसा से कोई लाभ न होगा। सुना कि उससे पिस्तौल छीना गया। चुपचाप कोठरी में बैठकर यही चर्चा सुनता रहा। इससे आंदोलन को कुछ फायदा नहीं होगा। अहिंसा से ही फायदा होगा। गांधी जी ने अहिंसा-पालन पर जोर दिया है। जनता नेता-विहीन पागल हो गई है। राम ही संभाल सकता है। स्टेशन की लूट सुनकर सोचा, रावण भी श्रीहत हो गया।" [*जीवन-दर्पण*]

क्या 'मतवाला' की प्रखर और राजनीतिक रूप से बनबनाती टिप्पणियों और

अग्रलेखों को लिखने वाले लेखक ने अगस्त 1942 के सुलगते समय में ऐसा जीवन जीया? इस तरह सोचा? ऐसी डायरी लिखी? पराधीनता के पूरे दौर में किसी वर्ष की, किसी दिन की डायरी में न तो अंग्रेजी राज्य की आलोचना है, न ही कहीं अंग्रेजों के दमन के प्रति नफरत। दरअसल उनका मन-मिजाज ही अलग था और उन्होंने उसी के अनुरूप साहित्य में अपनी भूमिका तय की थी जिसका भाषा के विकास में भारी योगदान है। इस बात को जानने वाले आज भी उसी कारण उनके प्रति असीम श्रद्धा रखते हैं और उन्हीं गुणों और योगदान से वे हिंदी में समादृत भी हुए। हिंदी भाषा की निष्काम सेवा और सामाजिक कुरीतियों को दूर कर गांवों की सुधारवादी चिंता उनके भीतर भरपूर थी—जो उनके लेखन और कार्यों में व्यक्त भी हुई। उन्होंने अपने मन को समझा लिया था कि हिंदी-सेवा ही देश-सेवा है। बिना राजनीतिक लेखन, सरोकार और सक्रियता के भी उन्होंने हिंदी की ऐसी सेवा की जिसकी स्वीकृति पूरे हिंदी जगत् में हुई। बावजूद इसके अगर कोई छद्म नामों से प्रकाशित राजनीतिक लेखन को शिवपूजन जी की ही लिखी ठहराने का हठ करता है तो उससे यह भी अपेक्षा सहज ही होती है कि वह उनकी सनाम छपी रचनाओं से एक वैचारिक और तार्किक रिश्ता जरूर उद्घाटित करे। शिवपूजन जी की मूल चेतना और व्यक्तित्व की प्रकृति परखे बिना ऐसा संभव नहीं। इसलिए किसी भी लेखक का महत्त्व अंततः उसकी मूल प्रकृति के आलोक में ही स्थापित की जा सकती है—अलग आरोपण से नहीं। शिवपूजन जी का महत्त्व इतना बौना नहीं है कि किसी अतिरिक्त सहारे की उन्हें दरकार हो।

इस पृष्ठभूमि में अब हम डॉ. मंगलमूर्त्ति के आग्रहों पर विचार करें। डॉ. मंगलमूर्त्ति ने इस तथ्य का सही हवाला दिया है कि शिवपूजन जी ने 'मतवाला' के अग्रलेखों का प्रतिलिपिकरण कराया था। डॉ. मंगलमूर्त्ति ने उनके संग्रह में फाड़कर रखे गये अग्रलेखों को सिर्फ इसी आधार पर उनका मान लिया है कि उन्होंने आखिर इन्हें फाड़कर क्यों रखा था? यह विचित्र किस्म का तर्क है। शिवपूजन जी के संग्रह में मैंने कुछ पत्रिकाओं पर उनका लिखा यह पढ़ा है—'यह मेरी रचना है।' या 'इसमें मेरी रचना है।' इन फाड़कर रखे 'मतवाला' के पृष्ठों पर ऐसा कहीं नहीं लिखा है। 'मतवाले का मत' की भूमिका में मैंने मंगलमूर्त्ति जी के कहने पर यह लिखा था कि शिवपूजन जी के 'नोटबुक' में उनके लिखे अग्रलेखों का संकेत या प्रमाण दर्ज है। दरअसल इन्हीं फाड़कर रखे अग्रलेखों का विवरण ही ये प्रमाण हैं।

फाड़कर रखे अग्रलेखों की बात तो छोड़िये, उनके भांजे सिद्धेश्वरीप्रसाद द्वारा प्रतिलिपि कराये गये सारे अग्रलेख शिवपूजन जी के ही हैं—इसका भी कोई प्रमाण दर्ज नहीं है। अगर वाकई ये अग्रलेख शत-प्रतिशत उनके ही लिखे हुए थे, तो अत्यंत

महत्त्वहीन टिप्पणियों को रचनावली में शामिल करने वाले शिवपूजन जी को इन महत्त्वपूर्ण अग्रलेखों को शामिल करने में क्या हिचक थी? कौन-सी बात उन्हें रोक रही थी। सामूहिक एकत्व की यही वह कुंजी है जिसे जानने के लिए उनका साहित्यिक वंशज होना जरूरी है। साहित्यिक वंशज ही विरासत की गरिमा और शील की रक्षा करते हैं।

आचार्य शिवपूजन सहाय की यह विलक्षणता थी कि वे संस्मरण लेखन में कभी नोटबुक या संदर्भ का सहारा नहीं लेते थे। कई लोग उन्हें जीवित साहित्य-कोश मानते थे। लेकिन अपवाद की गुंजाइश से इंकार भी नहीं होना चाहिए। शिवपूजन जी का मुंशी के निधन के बाद जो संस्मरण [*विश्वमित्र*, सितंबर 1939 ई.] छपा, उसमें लिखा है कि "प्रति सप्ताह 'मतवाला की बहक' लिखना उन्हीं के जिम्मे था, 'अग्रलेख' और 'चलती चक्की' मेरे जिम्मे। संयोगवश इसमें कभी-कभी उलट-फेर भी हो जाता था। पर नियमित क्रम यही था।" क्या सात महीने के भीतर इस होने वाले 'उलट-फेर' को हम बिल्कुल नजरअंदाज कर दें? इसी संस्मरण में आगे लिखते हैं–"जब मैं 'माधुरी' में चला गया, मुंशी जी अकेले ही सब कर लेते थे। पीछे भाई उग्र ने आकर उनका भार हल्का कर दिया। किंतु जब तक 'मतवाला' कलकत्ते में रहा, मुंशी जी की लेखनी ही उसे चमकाये रही।" यहां 'लेखनी ही' पर गौर करना चाहिए। कार्य बढ़ने पर मुंशी जी की जिम्मेदारी और व्यस्तता का वर्णन इस तरह किया है–"प्रेस की सारी व्यवस्था मुंशी जी के हाथ में थी। कागज, स्याही, ब्लॉक सबका ब्योंत वही करते थे। प्रेस के कर्मचारियों को रोजाना मजूरी देना, समय पर वेतन बांटना, चौके का भी इंतजाम करना, एजेंटों और हॉकरों का हिसाब रखना, अखबार के लिए मैटर लिखना, कार्टूनों के लिए भाव 'आइडिया' सोचना, साथ-साथ हाट-बाजार भी करना, सारा काम अपने सिर उठा लिया था। यह कुल काम मुंशी जी चुटकियों में उड़ा देते–कभी क्लांत न होते। मुंशी जी बही-खाता लिखने में लगे हैं, 'मतवाला' के मैटर के लिए कंपोजिटर सामने खड़ा है। मैटर लिख रहे हैं।" इस तरह पूरे कार्य-भार के दौरान उनकी लेखन-सहभागिता भी बनी रही।

मुंशी जी पर लिखे इस संस्मरण के छपने के लगभग 12-13 वर्षों बाद उन्होंने 'नई धारा' में 'कलकत्ता प्रवास के संस्मरण' चार किश्तों में लिखे। भाषा-शैली और संस्मरण-कला की दृष्टि से ये आज भी बेजोड़ हैं। लेकिन इसमें पहले लिखे के आलोक में देखें तो थोड़ा तथ्यात्मक बदलाव मिलता है। यह बदलाव स्मृति आधार के कारण है अथवा तथ्य के–कहना मुश्किल है। लिखते हैं–"प्रेस की व्यवस्था स्वयं सेठ जी करते थे और 'मतवाला' का प्रबंध-विभाग मुंशी जी के हाथ में था। जब 'मतवाला' का प्रबंध संबंधी काम बहुत बढ़ गया तब मुंशी जी

'मतवाला की बहक, लिखने के लिए समय नहीं निकाल पाते थे। ××× इस तरह 'बहक' का बोझ भी मेरे ही ऊपर आ पड़ा। मुंशी जी यथावकाश कुछ लिख दिया करते।" [*वे दिन वे लोग*, पृ. 54] इसी संस्मरण में आगे लिखते हैं—"पहले साल के अंदर ही वह [मतवाला] दस हजार की संख्या में छपने लगा।" [पृ. 55] आप विचार कीजिए शिवपूजन जी 'मतवाला' के पूरे प्रकाशन काल में मात्र दस महीने रहे। लेकिन डॉ. मंगलमूर्त्ति ने पं. ईश्वरीप्रसाद शर्मा के 20 जुलाई 1925 के पत्र का हवाला दिया है—"तुम कहते हो कि 'मतवाला' में जाता ही नहीं, पर लीडर तो बीस बिस्वे तुम्हीं हरदम लिखते हो। कहो तो मैं इसका पक्का प्रमाण दे दूं।" दरअसल यही वह काल है जब शिवपूजन जी 'मतवाला' में दुबारा तीन माह के लिए आये थे। लेकिन ईश्वरीप्रसाद शर्मा के इस पत्रांश के बल पर शिवपूजन जी के लखनऊ और काशी प्रवास के दौरान भी इन स्तंभों में उनकी लेखन सहभागिता सिद्ध करने पर तुल जाना उचित नहीं है। अब आप 28 जून 1924 को शिवपूजन जी के नाम लिखे मुंशी जी के पत्र को देखें—"सामयिक अखबारी विषयों पर मैं जैसा लिख लेता हूं, लिखा करूंगा। प्रति सप्ताह नोट मैं जैसा लिख लेता हूं, लिखा करूंगा। प्रति सप्ताह 'नोट' लिखकर भेजने में बड़ी दिक्कत होगी और कोई-कोई विषय वहां से आते-आते पुराना पड़ जायेगा। उपर्युक्त विषयों के सिवा प्रहसन या और जो कुछ आप पसंद करें, कभी-कभी लिखते रहें।" उस समय के संचार युग में किसी साप्ताहिक पत्र की संपादकीय टिप्पणियां कोई लखनऊ या काशी रहकर कलकत्ता के पत्र में लिखे, यह पूरी तरह अव्यावहारिक है। बाद के अंकों में शिवपूजन जी की रचनाएं उनके नाम से मिलती हैं। यह भी ध्यान देने वाली बात है कि शिवपूजन जी की तुलना में मुंशी जी, निराला जी और उग्र जी तीनों ने ज्यादा और नियमित राजनीतिक लेखन किया।

दूसरी बात यह कि शिवपूजन जी 'मतवाला' में न लिखें—यह उनके गुरु पं. ईश्वरीप्रसाद शर्मा चाहते थे। इसकी ध्वनि 'प्रेमचंद : पत्र-प्रसंग' में 20 जुलाई 1925 वाले पत्र में भी स्पष्ट है। शर्मा जी विद्वान्, प्रतिभाशाली, भारी लिक्खाड़ और जगत् व्यवहारी प्राणी थे। उनमें दबंगई भी थी। दब्बूपन की हद तक अतिशय विनम्र और संकोची शिवपूजन जी उनके घोषित ही नहीं, व्यवहार में भी गुरु थे। वे कभी 'मतवाला-मंडल' के अंदरूनी कक्ष के सदस्य नहीं रहे। उग्र जी के नाम मुंशी का एक पत्र 24 मई 1924 का है। उसमें लिखते हैं—"कलकत्ते में एक दल 'मतवाला' का 'विशेष शुभचिंतक' है। वह इसे फूटी आंखों भी देखना नहीं चाहता।" अगर आप शर्मा जी के 'मतवाला' से रिश्ते के ग्राफ पर गौर करें तो पता चलेगा—यह रिश्ता निरंतर क्षीण ही नहीं हुआ—इससे आगे भी बहुत कुछ हुआ। 21 जुलाई 1927 के

'हिंदू-पंच' के बतौर संपादक शर्मा जी ने एक टिप्पणी छापी—'मतवाला महाराज की मनमानी'। इसे आप पढ़ें तो पायेंगे बात थप्पड़ तक जा पहुंची थी। डॉ. रामविलास शर्मा ने शर्मा जी के बारे में लिखा है कि "बनियों से पैसा वसूल करने की कला में पं. ईश्वरीप्रसाद शर्मा कलकत्ते के हिंदी लेखकों के आचार्य थे।" [*निराला की साहित्य साधना,* भाग 1, पृ. 82] गुरु ईश्वरीप्रसाद शर्मा इसका हिसाब लगाये बैठे थे कि 'मतवाला' ने किस लेखक के कितने रुपये दबा लिये हैं। चंद्रशेखर शास्त्री का हवाला देते हुए उन्होंने शिवपूजन जी को सलाह दी, "शास्त्री जी अपनी घात में हैं,—'मतवाला' वाले अपनी में। तुम अपनी घात में रहो और मैं अपनी [में], फिर तुम देखोगे कि कैसा मजा आता है। ये लेखक बेचारों को धोखा देना जानते हैं...सत्य हरिश्चंद बनने का काम नहीं। यह दुनिया मकर की है—सफाई का यहां कुछ भी मोल नहीं है।" [पत्र : 15 नवंबर 1924] शिवपूजन जी के सामने उन्होंने यह प्रस्ताव भी रखा; वह आकर ईश्वरीप्रसाद की जगह काम करने लगें, तनख्वाह, आधी-आधी बांट लेंगे। कलकत्ता जाकर 'मतवाला' से रुपये जरूर वसूल करें पर उसमें काम न करें। [*निराला की साहित्य साधना,* भाग 1, पृ. 86]

शिवपूजन जी का असंतोष मुखर न होकर या कम मुखर होकर भी अंदर-अंदर बना रहा। 13 मई 1924 को शिवपूजन जी ने बेचन शर्मा 'उग्र' के नाम पत्र लिखा—"खैर! सौ बात की एक बात। मैं अधिक दिनों तक ['माधुरी' में] न रहूंगा और अब 'मतवाला' की शरण में न जाऊंगा।" इसमें 'शरण' उनकी दीनता को भले व्यक्त करे, पूरे वाक्य में एक मूक लेकिन दृढ़ प्रतिकार का भी स्वर है। विनयशीलता और स्वाभिमान का एक सधा व्यक्तित्व था—शिवपूजन जी का। दरअसल 'मतवाला' की सनसनीखेज उपस्थिति से तत्कालीन पत्रकारिता जगत् में खलबली मच गई थी और तुरंत उत्कर्ष तक पहुंचने के कारण 'मतवाला' जल्द ही ईर्ष्याजनक निशाने पर आ गया। 'मतवाला' और 'माधुरी' की चुहल के लिए 'मतवाले की होली' पलटना चाहिए। 'मतवाला' और 'माधुरी' की नोकझोंक जबर्दस्त थी। ऐसे में 'मतवाला' से निकलकर शिवपूजन जी का 'माधुरी' में जाना काफी माने रखता था। उनके ऐसा करने पर 'शिक्षा' में एक प्रतिकूल टिप्पणी छपी जिस पर 'मतवाला' ने तीखी प्रतिक्रिया जाहिर की। 'मतवाला' ने यहां तक लिखा कि—जो लोग शिवपूजन जी के चलते 'मतवाला' पढ़ते हैं, वे न पढ़ें। लेकिन इस बात की चोट शिवपूजन जी के मन पर किस तरह पड़ी इसका उल्लेख तो मुझे नहीं मिला, जो असर 'मतवाला' सदस्यों पर पड़ा—उसके साक्ष्य जरूर मिले। 24 मई 1924 का लिखा उग्र के नाम मुंशी का पत्र देखें। लिखते हैं—"'मतवाला' में भाई शिवपूजन के बारे में जो कुछ छपा, वह मेरा ही लिखा है। उन पर किसी तरह की कटाक्ष करने की इच्छा से नहीं

लिखा गया है। ××× उनके जाने से हम लोग दुःखी हैं। उन पर असंतुष्ट नहीं। वह प्रेम की मूर्त्ति हैं।"

लेकिन एक गांठ तो ऐसी जरूर पड़ी जिसका असर परस्पर मित्रता पर भले न पड़ा, मगर 'मतवाला' के साथ उनके रिश्ते पर जरूर पड़ा। ऐसे माहौल और खिन्न मनःस्थिति में शिवपूजन जी 'मतवाला' में दुबारा गये जरूर। लेकिन अंदर कहीं न कहीं मलाल बना रहा। इस तरह के उचाट भरे रिश्ते में जीवंत गर्मजोशी नहीं रहती। यही कारण था कि वे अनमने ढंग से जुड़े तो लेकिन लंबा निर्वाह नहीं कर सके और सिर्फ तीन महीने में फिर न जुड़ने के भाव सहित अलग हो गये। 19 अगस्त 1925 को उग्र के नाम खत में उन्होंने लिखा कि "तीन-चार महीने हुए, 'मतवाला' छोड़कर सनातन-धर्म-मंडल में 150/- पर गया। वहां ढाई माह टिका। अब उसे छोड़कर वणिक प्रेस में चला आया। 'उपन्यास-तरंग' सचित्र मासिक पत्र निकला है। 'मतवाला' का केवल अग्रलेख लिखता हूं। बस, इति आत्मकथा।" जाहिर है, शिवपूजन जी ने 'मतवाला' से अलग हटने के बाद अग्रलेख लिखने में अपना योगदान दिया। इस दौर के लिखे अग्रेलखों को ध्यान से पढ़ने पर शिवपूजन जी अपनी गद्य-शैली में दिख जाते हैं। शिवपूजन जी ने आगे चलकर गद्य-शैली को अप्रतिम ऊंचाई दी। ऐसी निच्छल भाषा-शैली उनके समकालीनों में भी दुर्लभ थी।

अगर इस अंतर्कथा को और विस्तार दिया जाय तो उग्र और मिर्जापुर में बैठे महादेवप्रसाद के तत्कालीन पत्राचार को भी ध्यान से पढ़ना चाहिए। लेकिन मूल बात यह है कि 'मतवाला-मंडल' बिखरा और उसके स्तर में भारी गिरावट आ गई। चरम दुर्दशा तो तब हुई जब भयानक सांप्रदायिक दंगे के दौर में उसने बचा-खुचा संतुलन भी खो दिया। 'मतवाला' के नामित संपादक महादेवप्रसाद सेठ सांप्रदायिक दुर्भावना फैलाने के आरोप में जेल चले गये। यह 'मतवाला' के गौरवशाली अतीत के बरक्स एक शर्मनाक अध्याय की तरह है। 'मतवाला-मंडल' के सभी रचनाकार जब तक साथ बने रहते हैं—उनके लेखन-विचार और सक्रियता में प्रगतिशीलता और क्रांतिकारिता कायम रहती है लेकिन बिखराव के साथ ही पतनशीलता शुरू हो जाती है। अगर हम उनके व्यक्तित्व को अलग-अलग देखें तो निस्संदेह निराला का व्यक्तित्व अप्रतिम था। उग्र प्रतिभा के धनी थे और उनकी भाषा बड़ी चुटीली थी लेकिन विचारों के स्तर पर अगर उनका मन किया, तो वे मनमानी भी कर बैठते थे। इसी कमजोरी के कारण महादेवप्रसाद सेठ ने दंगे में हिंदुओं की हत्या से बौखलाकर उग्र को चढ़ा दिया। उन्होंने अपनी उत्तेजक भाषा में 'मतवाला' को गरमा दिया। शिव जी अहिंसा और धार्मिक भीरुता से कट्टर धार्मिक हिंदू होकर भी मनसा-वाचा-कर्मणा कभी सांप्रदायिक न रहे। लेकिन मुंशी जी तो शिवपूजन जी की तरह

धार्मिक भी नहीं थे, बावजूद उनमें संकीर्णता के तत्त्व मौजूद थे। तत्कालीन समय में हिंदुओं की हत्या से सबसे अधिक बौखलाये मुंशी जी ही थे। उनकी ही रणनीति के तहत 'मतवाला' का जहरीलापन बढ़ा और सेठ जी को जेल-यात्रा करनी पड़ी। सेठ जी कोई सांप्रदायिक मन-मिजाज वाले व्यक्ति नहीं थे, मगर विशेष हालात में वे विचलन के शिकार हुए। आगे चलकर जब माहौल में बदलाव आया तो इनकी कट्टरता भी बदली। मुंशी जी को अपनी गलती का अहसास हुआ। बुनियादी रूप से वे भी कहीं से कट्टर सांप्रदायिक नहीं थे। यही कारण था कि फासीवादी प्रवृत्तियों की प्रबलता के दुष्परिणामों ने इन दोनों को अंदर से हिला दिया। हालात सामान्य होते ही सभी संतुलित हुए।

सारतः यह सच्चाई है कि शिवपूजन जी 'मतवाला' से अलग होने के बाद भी उसके सदस्यों से जुड़े रहे और सबके साथ उनकी आत्मीय सघनता अंत-अंत तक बनी रही। कभी मुंशी जी, कभी सेठ जी, तो कभी उग्र जी के आग्रहों पर वे यदाकदा 'मतवाला' में लिखते रहे। यह बात इनके आपसी पत्राचार को देखने से स्पष्ट हो जाती है। 20 अक्टूबर 1929, 20 फरवरी 1929 और 3 दिसंबर 1929 के शिव जी के नाम लिखे सेठ जी के पत्रों पर गौर करना चाहिए। इसमें रुचि रखने वालों को इस दौरान 'मतवाला' में छपी ऐसी रचनाओं का ध्यान रख, गहरी छानबीन कर निर्दोष निष्कर्षों तक पहुंचना चाहिए। 26 जनवरी 1929 को सेठ जी, उग्र जी को लिखते हैं कि—"चक्की, बहक, अग्रलेख इस बार भी मुंशी जी ने ही लिख दिया है।" जबकि मुंशी जी उन दिनों 'मतवाला' से कटते जा रहे थे और 'सरोज'-सी महत्त्वपूर्ण मासिक पत्रिका का संपादन-प्रकाशन भी करने लगे थे। उन दिनों वे 'मतवाला-मंडल' में साथ रहते भी नहीं थे।

लेकिन मूल बात यह है कि ऐसी कौन-सी विवशता है जो हिंदी-प्रेमी इस बात पर इस हद तक माथा पच्ची करें? वे तो उन रचनाओं के भावों, विचारों और तत्कालीन समय में उनकी भूमिका पर ही विचार करना चाहेंगे। किसी भी विवेकवान और सहृदय पाठक का ध्यान इन पत्रों में उनकी सघन आत्मीयता और मैत्री के उत्कर्ष की ओर ही जायेगा अथवा उसमें आये तथ्यों पर ही केंद्रित होगा। उनके बीच मनमुटाव वाले प्रसंग अल्पजीवी और गौण रहे हैं। आप 'मतवाला-मंडल' पुस्तिका में इनके बीच की अंतर्कथाओं को देखें तो इनकी मित्रता की मिसाल मिलनी मुश्किल है। उनके बीच की अटूट अंतरंगता ने ऐतिहासिक अमरता हासिल की। यह बात आज के रचनाकारों को समझनी चाहिए और इससे प्रेरणा लेनी चाहिए। बिना परस्पर विश्वास और आत्मीयता के रचनाकार रचनात्मक स्तर पर असरकारी हस्तक्षेप नहीं कर सकता। अपने संकीर्ण स्वार्थ में उनके रचनात्मक एकत्व को अनाड़ी तरीके से हिगराने की कोशिश, उनकी

आत्माओं को आहत ही करेगी। 'मतवाला' उन सबकी सामूहिक रचना थी और जब तक ऐसी रही, पत्रकारिता के नये प्रतिमान रचती गई। ध्यान रहे 'मतवाला-मंडल' में इनके अलावा भी और रचनाकार थे, जो सीधे नहीं जुड़े होने के बावजूद छद्म नामों से लिख रहे थे। ईश्वरीप्रसाद शर्मा ने कई छद्म नामों से हास्य-व्यंग्य वाली कविताएं लिखीं। 'ब्रजवासी' छद्म नाम पं. किशोरी लाल गोस्वामी का था तो 'प्रत्यक्षवादी'—राधामोहन गोकुल जी का। इसलिए छद्म नामों की निर्दोष पहचान, पूर्वाग्रहों से मुक्त होकर धैर्य, विवेक और मेहनत से करनी होगी। सिर्फ किसी साहित्यकार विशेष की पक्षधरता गलत निष्कर्षों तक ले जायेगी। इसलिए निर्दोष मन से गंभीर शोध का श्रम और परख-पहचान का विवेक भी विकसित करना होता है तथा उसकी भाषा परंपरा से सघन और सच्चा जुड़ाव भी अपेक्षित होता है।

कर्मेन्दु शिशिर

चयनित लेख

'मतवाला' सीमित संसाधनों में निकलने वाला एक साप्ताहिक था जो बड़े आकार में आठ पृष्ठों से शुरू होकर बारह, सोलह या अधिक से अधिक संभवतः चौबीस पृष्ठों तक में निकला। बाद में पृष्ठों की घट-बढ़ भी हुई। इसकी असल पूंजी इसकी सामग्री थी। व्यापक विचार-क्षेत्र को संयोजित और प्रभावपूर्ण बनाने के लिए कई स्तंभ निश्चित किये गये थे—इसमें अग्रलेख, बहक, चक्की और किसी न किसी रूप में पुस्तक-समीक्षा के स्तंभ नियमित रहे। आगे दो मुख्य स्तंभ 'मधुचक्र' और 'भानुमती की पिटारी' भी अपेक्षाकृत ज्यादा छपी। स्वभावतः इन स्तंभों से ही पत्रिका लगभग भरपूर हो जाती थी। इस कारण अलग छपी सामग्री में व्यंग्य या लेख ज्यादा नहीं हैं। जो हैं उसमें महत्त्वपूर्ण सामग्री का मैंने भरसक चयन कर लेने की कोशिश की है। इसे कालानुक्रम से रखना ही न्यूनतम दोषपूर्ण लगा।

'मतवाला' के इन चयनित लेखों को पूरी पत्रिका के मूल आसंग में ही देखने की जरूरत है। 'साजदार घोड़ा' या इस व्यंग्य-स्वर में आने वाली अन्य सामग्री पर विचार करते हुए हम 'मतवाला' के सोच का आकलन कर सकते हैं। तत्कालीन राजनेताओं, दलों और प्रवृत्तियों से संबंधित सामग्री हमें उत्तेजक अनुभवों तक ले जाती है।

व्यक्तियों के मामले में 'मतवाला' उनके विचार और व्यवहार को देशभक्ति की कड़ी कसौटी पर कसकर परखता है। इस पड़ताल में तनिक भी खोट मिलने पर वह उनके व्यक्तित्व की धौंस या आतंक में नहीं आकर अपनी बेबाक टिप्पणी जड़ देता है। कटार जैसी तीखी ईमानदारी और कठिन साहस तो कबीर के वंशजों से ही संभव था। नवजागरण के अधिक लेखक इस मामले में कबीर खानदान से ही जुड़ते हैं। इसलिए नवजागरण की अकूत संपत्ति को हमें समकालीन चिंतन के लिए सुलभ करना चाहिए। इस आसंग में हम बहुत सारी चूकें दुरुस्त कर सकते हैं। व्यक्तित्वों में महात्मा गांधी, पं. जवाहरलाल नेहरू, मदनमोहन मालवीय, लोकमान्य तिलक, लाला लाजपत राय, डॉ. जिन्ना, डॉ. अंसारी, विपिन चंद्रपाल, श्री शंकर नायर, श्री सप्रू, श्री श्रीनिवास को उनके मूल महत्त्व और तत्कालीन समय में उनकी भूमिका के फर्क को समझने का कार्य तो दूसरी ओर तमाम क्रांतिकारियों का खुल्लमखुल्ला समर्थन। दूसरी ओर 'मतवाला' अपने हिंदी नवजागरण के सक्रिय

संघर्ष कर्मियों को लगातार ऊंचे सम्मान से रेखांकित करता रहा—जैसे राधामोहन गोकुल, सप्रे जी, विद्यार्थी जी या विजय सिंह पथिक। इस तरह पूरी तत्कालीन राजनीतिक धाराओं, उपधाराओं और अंतर्धाराओं का अंदरूनी यथार्थ हम देख पाते हैं। 'मतवाला' इस आसंग में उन प्रवृत्तियों और प्रयत्नों को जो स्वाधीनता आंदोलन के पक्ष में थे, उनका लगातार समर्थन और इसके विपरीत अवसरवादी, स्वार्थी, पाखंडी, ढोंगी या संकीर्ण प्रवृत्तियों या हरकतों का जोरदार विरोध दर्ज करता है। इस तरह तत्कालीन समय की वास्तविकता के स्याह-सफेद दोनों पक्ष हमारे सामने स्पष्ट हो जाते हैं। दरअसल 'मतवाला' का आकलन आधार देश था। कठोर और सात्त्विक देशभक्ति के आइने में वे तत्कालीन वास्तविकता को मूल रूप में पहचानते हैं। दुर्लभ देशभक्ति के कारण ही उनकी क्षमता, कौशल और विवेक आज संजोने और सीखने वाली थाती बन जाती है।

'मर्म-वाणी' के अंतर्गत देशभक्त साहा पर लिखी टिप्पणी पर विचार करें तो एक ऐसा संकेत द्वार मिलता है जिससे झांककर तत्कालीन राजनीतिक चरित्र का एक भिन्न यथार्थ देखा जा सकता है। यह सही है कि 'मतवाला' को भी साहा द्वारा की गई एक अकारण हत्या को जायज ठहराने में मुश्किल हो रही है—वह साहा के भावना-स्थल का चुनाव करता है, दलीलें पेश करता है। अंततः वह उसे भारत-वसुंधरा का लाड़ला सिद्ध कर देता है। 'मतवाला' यहीं नहीं रुकता और साहा की हत्या की निंदा करने वाले भारतीय नेताओं की तहकीकात करता है। महात्मा गांधी की वैचारिक आस्था को सर झुका, अवसरवादी नेताओं की ओर पलटता है और उनकी अंदरूनी स्वार्थी प्रवृत्तियों की पोल खोलते हुए धिक्कार लगा देता है। 'दलबंदी' पर छोटी टिप्पणी आज के राजनीतिक विघटन के पूर्व सूत्रों का प्रमाण रखती है।

'भारतीय साम्यवादी दल' सत्यभक्त का आलेख है। सत्यभक्त जी 'भारतीय साम्यवादी दल' की बुनियाद रखने वालों में हैं। इस दस्तावेजी सामग्री तथा ऐसी अन्य दूसरी सामग्री से हम भारत में साम्यवादी उभार के प्रारंभिक स्पंदन को महसूस कर सकते हैं।

'लखनऊ की चिट्ठी' आचार्य शिवपूजन सहाय की दंगे पर लिखी रपट है। 'मतवाला' में प्रकाशित इस रपट से हम दंगों का आंखों देखा दृश्य देखते हैं। 'चार प्रकार के जीव' 'मतवाला' की व्यंग्य-शैली का नमूना है। यह लेख तत्कालीन समय में सक्रिय लोगों के पाखंड को खोलता है। आचार्य शिवपूजन जी की प्रकाशित डायरी के अंश से यह प्रमाणित हुआ कि बलवंत सिंह के नाम से भेजे गये ये लेख शहीदे आजम भगतसिंह के हैं। 'विश्व-प्रेम' और 'युवक' इन दोनों लेखों का भाषा-सुधार या परिवर्तन शिव जी ने किया था। स्वभावतः इसकी भाषा पर उनकी छाप आ गई है।

राधामोहन गोकुल एक असाधारण व्यक्तित्व के हिंदी लेखक थे। वे 'रेडिकल' माने जाते थे और निराला जी उन्हें गुरु का सम्मान देते थे। नास्तिकता संबंधी उनके लेख बहुत चर्चित हुए थे। उनका व्यक्तित्व—तेजस्वी, प्रखर बौद्धिक, पांडित्य, कर्मठता और वैचारिक दृढ़ता से संपन्न था। एक विचित्र बात यह कि वे गैर-सांप्रदायिक हिंदू संगठन चलाते हुए आर्यसमाज से साम्यवाद तक पहुंचे थे। साम्यवाद के पक्ष में ओजस्वी पक्षधरता सिद्ध करने से लेकर उन्होंने किसानों में जागरण लाने का स्तुत्य कार्य किया। बुढ़ापे में कई बार जेल यात्राएं करने वाले गोकुल जी की मृत्यु 80 वर्ष की आयु में अत्यंत सुदूर एक पिछड़े हुए गांव में हुई थी।* वे उस उम्र में भी गांव-गांव घूमकर किसानों में जागृति लाने के लिए व्याख्यान दिया करते थे। पेचिस से मरे गोकुल जी की 'मृत्यु-सूचना' 'मतवाला' जैसे सजग पत्र को भी कुछ दिनों बाद मिली थी। अगर राजनीतिक सक्रियता के लिए हम राहुल जी को अन्य लेखकों की तुलना में विशेष रूप से रेखांकित करते हैं—जो उचित ही है तो हमें गोकुल जी, विजयसिंह पथिक, नंदकुमार शर्मा या सत्यभक्त जैसे लेखकों को भी उसी परंपरा में विशेष सम्मान देना चाहिए। ये लोग भारतीय नवजागरण के दुर्लभ संवाहकों में थे जिन्होंने अपनी ईमानदारी, सक्रियता, निष्ठा, समर्पण और त्याग ये शहादत-सम्मान की ऊंची मिसाल हासिल की। जरूरत इस बात की है कि इनकी बिखरी पड़ी सामग्री को नवजागरण के आलोक में देखा-परखा जाय। अंग्रेजियत के जामे में इन पर हिंदूवाद का ठप्पा मारकर इतिहास से बाहर करना आत्मघाती भूल होगी। ऐसे लोग न सिर्फ नवजागरण की रचनात्मक भूमिका को नजरअंदाज कर रहे हैं बल्कि मौलिक चिंतन की धार को भी कुंद कर रहे हैं। यह एक तरह का बौद्धिक-द्रोह है। बहरहाल, राधामोहन गोकुल और सत्यभक्त की चयनित सामग्री हमारी जातीय पत्रकारिता के गौरवशाली पृष्ठ हैं जिनके बीच से गुजरते हुए हम आज भी विचारोत्तेजकता महसूस करते हैं। तत्कालीन रूस में घटित हो रहे क्रांतिकारी परिवर्तनों की आंच से भारतीय स्वाधीनता का ताप लगातार ऊपर चढ़ रहा था। वह प्रेरणा-स्रोत था। 'पराधीनों की विजय-यात्रा' के क्रम में देखने पर पहले 'प्रत्यक्षवादी' छद्म नाम का अनुमान मुंशी नवजादिक लाल का हुआ। लेकिन विचार और इसमें आयी एक पंक्ति [साठ के ऊपर उमर की] से मैं इस निश्चय पर पहुंच गया कि इसके लेखक गोकुल जी ही हैं। बाद में उनकी ग्रंथावली तैयार करने वाले स्वर्गीय उदयशंकर शास्त्री के एक पत्र से प्रमाणित हो गया कि राधामोहन गोकुल 'प्रत्यक्षवादी' नाम से लिखते थे। 'नारियों का अधिकार' धारावाहिक छपा था। इसमें बहुत आगे की आधुनिकता और प्रगतिशीलता दिखाई पड़ती है—यह अत्यंत महत्त्वपूर्ण सामग्री है। 'धर्म का ढकोसला' पढ़कर सहसा

---

*राधामोहन गोकुल की मृत्यु हमीरपुर जिले के खोही गांव में हुई थी।

विश्वास नहीं होता कि उस काल में हिंदी का धर्म-विरोधी स्वर इतना प्रमुख था, इतना तीखा!

मालवीय जी मूलतः हिंदू धर्म के प्रवक्ता थे। उनके संकलित व्याख्यान और आज के हिंदू प्रवक्ताओं के व्याख्यानों से तुलना कर देखें कि कौन कितना सांप्रदायिक है। दरअसल सांप्रदायिकता के सवाल पर एकदम नरम, कम नरम, थोड़े उग्र या ज्यादा उग्र—कई तरह के स्वर हैं। इनका पूरी तरह घालमेल नहीं करना चाहिए। पं. चंद्रशेखर शास्त्री असाधारण विद्वान् और देशभक्त थे। उनका आलेख उनकी गहन निष्ठा और ईमानदारी का प्रमाण है। इसमें संभ्रांत व्यंग्य-भाव है—स्तरीय और सघन।

सप्रे जी के स्वर्गवास पर संकलित मार्मिक टिप्पणी उनके महत्त्व को रेखांकित करती है। सप्रे जी बड़े ही प्रगतिशील, क्रांतिकारी और गंभीर लेखक थे। 'मतवाला' में सबसे गहरा और ऊंचा सम्मान गांधी जी का है लेकिन उनसे अलग भी 'मतवाला' का विस्तार रहा। 'नागपुर-सत्याग्रह और गांधी जी' सामग्री तो उनके प्रतिकूल या विरोध में जाती है लेकिन 'मतवाला' ने अपने आदर्श पुरुष के विरोध की इस सामग्री को प्रकाशित कर पत्रकारिता में उच्चस्तरीय लोकतांत्रिक मर्यादा की मिसाल कायम की।

मिस मेयो की कुख्यात पुस्तक 'मदर इंडिया' का जवाब जिस भाषा में टंडन जी ने दिया है उसे पढ़कर हंसी भी आती है और टंडन जी की उत्कट देशभक्ति के प्रति गहरा सम्मान भी उपजता है। कैसे लोग थे वे! 'हिंदू समाज के तीन गुंडे' अत्यंत उत्तेजक भाषा में लिखा कबीर-शैली का एक जबर्दस्त लेख है। आज के पिछड़े बिहार को देखकर नहीं लगता कि इतने दशकों पूर्व 'बिहार में पर्दा-प्रथा' लिखने की बात यथार्थ भी थी। ये तमाम लेख अन्य कई दृष्टियों से उपयोगी और महत्त्वपूर्ण हैं—इन्हें बिना टिप्पणी के भी आप समग्रता और वास्तविकता में समझ सकेंगे।

1. साजदार घोड़ा

एफ-डबल ओ-एल

भारत-पिता [माफ कीजिए, मैं भारतमाता कहने वालों को जरा बेवकूफ समझता हूं] के खास सपूत सर तेजबहादुर सप्रू आजकल इंगलैंड में हैं और वहां साम्राज्य-प्रदर्शनी में अपनी तेजी और बहादुरी दोनों का पिटारा खोले बैठे हैं। चूंकि आप शुरू से ही वकीलाना तबीयत रखते हैं और एक बहुत बड़ी हद तक वकील हैं भी, इसलिए आप उक्त कांफ्रेंस में भारत सरकार की ओर से भारतवासियों की वकालत करने गये हैं। बड़े-बड़े वकीलों का काम खाली बहस करना है; अतः यदि आप बहस के सिवा और भी कुछ करें तो बेचारी वकालत के पाक दामन पर धब्बा लग जाय और उस वकालत के साथ ही साथ आप भी कहीं के न रहें। पर सप्रू साहब को जिस वकालत ने इस मरतबे तक पहुंचाया है, कम से कम उसकी इज्जत रखना वे अपना प्रधान कर्त्तव्य समझते हैं। और इसी कर्त्तव्य का पालन करने के लिए आपने उक्त कांफ्रेंस में अपनी लियाकत से भी ज्यादा लंबी और अपनी पुरानी कारगुजारियों से भी ज्यादा चौड़ी बहस ले जाकर बिछा ही तो दी। अब भारतवासी चाहें तो उस बहस को ओढ़ें, चाहें बिछावें और चाहे उसे पैरों तले रौंदे। पर शर्त यह है कि उन्हें मुक्तकंठ से न सही तो बद्धकंठ ही से सही, सप्रू साहब की तारीफों का तराना अवश्य गाना पड़ेगा और ईश्वर से उनके दीर्घजीवी होने की प्रार्थना करनी पड़ेगी।

एक कहावत है कि 'बड़े की बात बड़े पहिचाना'। अतः सप्रू साहब की बहस—बीबी पर किसी प्रकार का दोषारोपण करना सहज नहीं है और न उस पर आलोचना की दृष्टि डालना ही हर एक का काम है। पर फिर भी तमाशा यह है कि यारों को भी हर जगह [आलू-चना] आलोचना का मसाला मिल ही जाता है। यों तो आपका सारा व्याख्यान ही दिल्लगियों से लबालब है, पर उसमें का एक वाक्य केवल मेरे ही लिए नहीं, हमारे नरमदल वाले भाइयों के लिए भी बहुत महत्त्व का है। उस वाक्य-रत्न की तराश यह है,—"मैं आपसे साफ-साफ कहे देता हूं कि महाराज जार्ज की प्रजा की हैसियत से मैं उनके घर में जगह पाने के लिए (कुश्ती नहीं, जबानी लड़ाई) लड़ता हूं और उनके अस्तबल में स्थान पाकर कभी संतुष्ट न रहूंगा।"

मैं पाठकों से निवेदन करूंगा कि वे क्षण-भर के लिए 'मतवाला' हाथ से रखकर इस वाक्य पर कम से कम ताली अवश्य पीट दें।

सप्रू साहब इलाहाबादी हैं और ऊपर से रईस भी हैं। वे अवश्य जानते होंगे कि भारत में बड़े-बड़े रईसों के यहां कुछ साजदार घोड़े रहा करते हैं जो बारातों और जलूसों के साथ निकालने के लिए इधर-उधर मंगनी भेजे जाते हैं। ऐसे घोड़ों पर सवारी नहीं होती और वे प्रायः आगे रखे जाते हैं। उनके सिर पर कलंगी, गले में हैकल, दुम पर दुमची और पीठ पर मखमल आदि की बढ़िया और कामदार झूलें रहा करती हैं। अब अगर आप चाहें तो कह सकते हैं कि सप्रू साहब ने कांफ्रेंस में अपनी स्थिति का ठीक-ठीक ज्ञान प्राप्त करके और साजदार घोड़ों से उसे राई-रत्ती मिलाकर ही उक्त वाक्य कहा था; और इसीलिए वह भारतवासियों के लिए विशेष महत्त्वपूर्ण भी है। खैरियत यही है कि सप्रू साहब ने यह समझ लिया कि ब्रिटिश सरकार ने उन्हें अपने अस्तबल से मंगवाया है, और उससे भी बढ़कर खैरियत यह है कि वे अब अस्तबल में संतुष्ट होकर नहीं रह सकते और महाराज जार्ज के मकान में घुसना चाहते हैं। अब आपके जानने योग्य केवल एक ही बात बाकी रह गई है, और वह यह कि जो जीव अस्तबल में न रहकर घर में रहना चाहते हैं वे अपने लिए आप घर बनाते हैं, दूसरों के घर में नहीं घुसते फिरते। यदि आपकी समझ यों ही सरपट दौड़ती रही तो संभव है कि समय पाकर यह सिद्धांत भी उसमें समा जाय। आमीन!

हमारी भारत-सरकार भी किसी से कम शौकीन और रईस नहीं है। वह अपने अस्तबल में सैकड़ों साजदार घोड़े रखती है। किसी के सर पर 'सर' की कलंगी लगाती है, किसी के गले में मेडलों और क्रांसों की हैकल डालती है, किसी को सी.आई.ई. और के.सी.आई.ई. आदि की दुमची पहनाती है और किसी की पीठ पर एक्जीक्यूटिव कौंसिल अथवा कौंसिल ऑफ स्टेट की मेंबरी की झूल लटका देती है। पर तंग खूब कसबर बंधा रहता है और लगाम भारत-सरकार के हाथ में रहती है। ऐसे घोड़े बड़े-बड़े दरबारों और कांफ्रेंसों आदि के समय शोभा बढ़ाने के लिए ही पाले-पोसे जाते हैं, सवारी के काम के तो वे होते ही नहीं। मुझे आश्चर्य है कि सप्रू साहब जिस अस्तबल में सदा बंधते आये हैं, उससे अब असंतुष्ट हो गये हैं और सम्राट जार्ज के घर में घुसना चाहते हैं। मेरी समझ-शरीफ में तो इससे कहीं अच्छा होता अगर आप भी राइट ऑनरेबुल मि. शास्त्री [श्रीनिवास शास्त्री] की तरह अगाड़ी-पिछाड़ी तुड़ाकर अस्तबल से निकल आते और अपने इलाहाबाद वाले घर की ही शोभा बढ़ाते, क्योंकि मुझे बड़ा डर हो रहा है कि आपके इस हौसले के कारण कहीं आपकी भी वही दशा न हो जो अस्तबल से निकलकर सम्राटों के घर में घुसने वाले जीवों की हुआ करती है।

नरमदल वाले मेरा उपकार मानें और चाहे न मानें, पर मैं उन्हें बिना मांगे एक

सलाह दिए ही देता हूं। उन्हें चाहिए कि वे सप्रू साहब की भारतभूमि को पवित्र करने के पहले ही, चंदा करके बनारस से एक बढ़िया, सुनहली और बहुत बड़ी हैकल बनवा लें जिसके एक-एक पान पर सप्रू साहब के इस वाक्य का एक-एक अक्षर खुदा रहे—"मैं अस्तबल में रहकर संतुष्ट न रहूंगा।" और यह हैकल सप्रू साहब के जहाज से उतरते ही उनके गले में डाल दी जाय। क्यों? कैसी कही?

[24.11.1923]

2. मर्म-वाणी

कर्मदेव

देशभक्त साहा : अर्नेस्ट डे नामक एक निरपराध अंग्रेज की भूल से हत्या करने वाले और उस भूल के लिए सच्चे हृदय से पश्चाताप तथा अपने उद्देश्य की पवित्रता पर गौरव अनुभव करते हुए प्रसन्नतापूर्वक फांसी की सजा स्वीकार करने वाले नवयुवक गोपीनाथ साहा की पवित्र स्मृति के प्रति सम्मान प्रदर्शन के उद्देश्य से बंगाल प्रांतीय राजनीतिक कांफ्रेंस ने जो प्रस्ताव पास किया है उसके कारण भारत का विशेषतः बंगाल का राजनीतिक वायुमंडल अत्यंत विक्षुब्ध हो उठा है। एंग्लो इंडियन समाज की बौखलाहट और उनके पत्रों की छंदोक्तियां ध्यान देने योग्य नहीं, क्योंकि जिस प्रकार एक सड़े हुए मांस के भी टुकड़े पाकर गिद्ध का गद्‌गद होकर उस पर टूट पड़ना स्वाभाविक है उसी प्रकार एंग्लो इंडियनों का हमारे किसी नेता को—और खासकर उस अवस्था में जब उसका जनता पर प्रभाव हो—'इंडियन पेनल कोड' की राजद्रोह संबंधी किसी धारा का अपराधी सिद्ध करने का छोटे से छोटा भी कारण पाकर उस पर टूट पड़ना और उसके ऊपर मुकदमा चलाने के लिए गवर्नमेंट का सक्रिय होना स्वाभाविक है। परंतु भारतीय पत्रों का इस संबंध में कौवारोर मचाना और नेताओं का परस्पर गाली-गलौज करना हमारी दयनीय पराधीनता का परिचायक और परामर्श निराशाजनक है।

नरहत्या धार्मिक दृष्टि से घोर पाप और नैतिक दृष्टि से गुरुतर अपराध है—इसमें कोई संदेह नहीं, परंतु यही नरहत्या जब पराधीनता के विषाक्त प्रभाव के कारण अवसन्न होकर मनुष्योचित सद्‌गुणों से हाथ धो बैठने वाली जाति को स्वाधीन करने के महाउद्देश्य से प्रेरित होकर की जाती है। उस समय इस पाप का गुरुत्व बहुत कुछ कम हो जाता है और जिस जाति को लक्ष्य कर हत्या की जाती है उस जाति के मनुष्यों के हृदय में हत्याकारी के पवित्र उद्देश्य के प्रति सहानुभूति और प्रशंसा के भाव स्वतः जाग्रत हो उठते हैं। योरोप का इतिहास इस प्रकार के उदाहरणों से भरा पड़ा है जिनमें अपराधी के कार्य निंदनीय समझे जाने पर भी उद्देश्य स्तुत्य और सहानुभूति के अधिकारी समझे गये हैं। इस दृष्टि से विचार करने पर स्वर्गीय गोपीनाथ साहा नर-हंता होते हुए भी उसका उद्देश्य प्रशंसनीय है और जाति को स्वतंत्र बनाने की चेष्टा में अम्लान बदन से आत्मदान करने के कारण वह भारतीयों

की सहानुभूति का सर्वथा अधिकारी है। अपना उल्लू सीधा करने के अभिप्राय से एक जाति को पराधीनता की अनैसर्गिक जंजीर से जकड़कर उसके मनुष्यत्व का लोप कर देने के अभिलाषी स्वेच्छाचारी शासक स्वार्थवश उस उद्देश्य को गर्हित और निंदनीय भले ही समझें, परंतु भगवती भारत-वसुंधरा की आत्मा साहा के अलौकिक आत्मोत्सर्ग पर स्वर्गीय आनंद अनुभव कर रही है।

महात्मा गांधी के उक्त प्रस्ताव की निंदा करना उतना आश्चर्यजनक नहीं, क्योंकि अहिंसा उनका जीवनव्रत है और अपनी साधना के बल पर उन्होंने विचारों पर विजय प्राप्त कर ली है। परंतु महात्मा का अनुसरण कर साहा की देशभक्ति से कानों पर हाथ रखते हुए उन लोगों का इंकार करना जो विकारों के हाथ की कठपुतली बने हुए हैं एक अक्षय सत्य से इंकार करना है और स्वतंत्र भारत के भविष्य में लिखे जाने वाले इतिहास में उनके नामों के आगे 'कायर' शब्द विशेषण के रूप में चमकता हुआ दिखाई देगा इसमें लेशमात्र भी संदेह नहीं।

इस प्रस्ताव के असली रूप के लिए—इसके शब्दविन्यास के लिए इसके प्रस्तावक देशबंधु दास और उनके अनुयायी जो असाधारण व्यग्रता प्रदर्शित कर रहे हैं, वह उन्हें संसार की दृष्टि में उपहासास्पद बनाए बिना नहीं रह सकती। क्योंकि उनकी व्यग्रता से यह स्पष्ट झलक रहा है कि 'पेनल कोड' के निजी पंजे से बचने के लिए वे अपने अंतःकरण की निर्भय आवाज को शब्दों के आवरण में ढंकने की चेष्टा कर रहे हैं। यदि वे ऐसा न कर उक्त प्रस्ताव द्वारा राजनीति के एक अक्षय सत्य को प्रकट करने के लिए उसके परिणाम को वीरों की भांति झेलने के लिए तैयार रहते तो उन्हें जो सम्मान प्राप्त होता उसकी ओर देवता भी ललचाई आंखों से देखते। वीरत्व के इसी भाव का परिचय पाकर जनता ने एकमत से स्वर्गीय बालगंगाधर तिलक को 'लोकमान्य' और 'भगवान्' के विशेषणों से विभूषित किया था।

दलबंदी : इस समय देश के सामने जितनी समस्याएं उपस्थित हैं उनमें सबसे अधिक जटिल और असाध्यप्राय दलबंदी की समस्या है। यह प्रथा राष्ट्र की रक्तवाही नाड़ियों को अनुदिन अत्यंत तीव्र गति से शुष्क किए डाल रही है और हम 'हिए कपार' दोनों को बरकरार रखते हुए भी प्रतिकार का कोई उपाय नहीं करते। बंगाल में तो इस दलबंदी ने ऐसी भीषण और वीभत्स मूर्त्ति धारण की है जिसे देखकर कलेजा टूट जाता है। देशबंधु दास, श्यामसुंदर चक्रवर्ती, विपिनचंद्रपाल आदि बंगाल के पूज्य नेता, जिनकी ओर वंगभूमि और उसके व्याज से भारतभूमि दीन एवं सकरुण दृष्टि से ताक रही है—आपस में पार्टी के सिद्धांत के लिए जो वाक्-युद्ध कर रहे हैं और वाच्य-कुवाच्य कहने में जो व्यस्तता प्रदर्शित कर रहे हैं उसे देखते हुए इन स्वातंत्र्य

युद्ध के पथप्रदर्शकों में देशहित नाम का कोई भाव है इसमें भी संदेह होने लगता है। श्रीमती हेमप्रभा मजुमदार ने बंगाल प्रा.कां. कमिटी की बैठक में अपनी पार्टी (स्वराज्य) का पक्ष समर्थन करते हुए आवेश में आकर विरोधी पार्टी (अपरिवर्तनवादी) के गण्यमान्य व्यक्तियों को जो स्वराज पार्टी के लीडर दास साहब से एक परमाणु भी कम नहीं लक्ष्य कर कह डाला कि ऐसे कापुरुषों को जन्म देने के लिए इनकी माताओं को लज्जित होना चाहिए। स्त्रियां करुणा, प्रेम, कोमलता आदि मधुर भावों की अधिष्ठात्री देवी कही जाती हैं। उन्हीं देवियों में एक श्रीमती मजुमदार स्वयं मातृजातीया होते हुए भी माता शब्द के प्रति इस प्रकार ताच्छिल्य प्रकट करें! इतना घोर अधःपतन पार्टी फीलिंग को छोड़ और किसी दूसरे दुर्गुण से संभव नहीं।

[28.6.1924]

3. भारतीय साम्यवादी दल

सत्यभक्त

जिस बात की राह हम बहुत समय से देख रहे थे वह अब पूरी होती दिखलाई देती है। साम्यवाद के प्रेमी कुछ सज्जनों ने मिलकर निश्चय किया है कि हिंदुस्तान में साम्यवादी दल की स्थापना की जाय। अब इस दल के आरंभिक नियम और उद्देश्य आदि तैयार हो गये हैं और देश के बड़े-बड़े नेताओं और कार्यकर्त्ताओं ने इस काम में सहानुभूति प्रकट की है और सहायता का वचन दिया है।

बोलशेविज्म या कम्युनिज्म का नाम हम पांच-छह वर्ष से बराबर सुन रहे हैं। शुरू में लोगों का ख्याल था कि बोलशेविज्म कोई बड़ी बला है जिसका उद्देश्य तमाम संसार को बर्बाद और खराब करना है। जब इस संबंध की सच्ची बातें मालूम होने लगीं तब हमने समझा कि बोलशेविज्म या कम्युनिज्म तो संसार के उद्धार का एकमात्र रास्ता है। केवल इसी के द्वारा संसार से वर्तमान दोष, बुराइयां दूर हो सकती हैं और भूखे, नंगे, गरीब लोगों की दुर्दशा का अंत हो सकता है।

कम्युनिज्म की सच्चाई और लाभों को जान लेने पर भी इस समय तक हिंदुस्तान में इसके प्रचार का कोई विशेष उद्योग नहीं हुआ था। इसका एक कारण तो यह था कि यहां कम्युनिज्म के सिद्धांतों को अच्छी तरह जानने वाले और मानने वाले लोगों की संख्या बहुत ही कम है। और दूसरी बात यह थी कि यहां की सरकार समय-समय पर ऐसी पेचीली बातें कह दिया करती थी जिससे लोग समझते थे कि वह काम कानून के खिलाफ है और इसके करने से सरकार नाराज होगी।

पर अभी तीन-चार महीने पहले कानपुर में बोलशेविक कांसपिरेसी केस चला था। उससे यह बात साफ हो गई कि कम्युनिज्म के सिद्धांतों को मानना और उनका प्रचार करना कोई जुर्म नहीं है। गत 14 अप्रैल को इंगलैंड की पार्लमिंट में मि. लैंसबरी के सवाल करने पर होम मेंबर मि. हैंडरसन ने जवाब दिया था कि कम्युनिज्म का प्रचार करना या इसके लिए किसी संस्था का संगठन करना जुर्म नहीं है। भारतमंत्री ने भी मजदूर नेताओं के एक डेपुटेशन को जबाव देते हुए कहा था कि कानपुर में चार शख्सों पर जो मुकद्दमा चलाया गया था उसका कारण यह नहीं था कि वे लोग कम्युनिज्म का प्रचार करते थे। वरन् उसका कारण यह था कि उन्होंने सम्राट के विरुद्ध षड्यंत्र किया था।

इस तरह कम्युनिज्म के संबंध में जो एक कानूनी भय था, वह दूर हो गया पर जिन लोगों ने कम्युनिज्म का अध्ययन किया है उनको सदा से अच्छी तरह मालूम है कि उसमें कानून के विरुद्ध कोई बात नहीं है। वह समाज संगठन का एक स्वरूप है जिसमें समस्त संपत्ति का अधिकार कुछ व्यक्तियों के हाथ में न रहकर तमाम समाज के अधिकार में रहे। इसलिए जिस प्रकार पुराने जमाने में [जमीन, कारखाने आदि] संपत्ति का अधिकार और शासन की सत्ता जमींदारों, सरदारों के हाथ में थी, बाद में राजा के हाथ में आ गई और अब राजा से हटकर पार्लमिंट आदि प्रतिनिधि संस्थाओं के हाथ में है। अगर इन परिवर्तनों को गैर-कानूनी काम नहीं समझा गया तो तमाम संपत्ति को समस्त समाज के अधिकार में करने का आंदोलन भी गैर-कानूनी नहीं है।

इन्हीं सब बातों को लक्ष्य में रखकर इंडियन कम्युनिस्ट पार्टी की स्थापना की गई है। संभव है कि दस-बीस धनकुबेर व्यक्ति इसके विरुद्ध हों, पर गरीब और मध्यम श्रेणी के व्यक्ति केवल जिनसे तमाम समाज बना हो, कभी इस आंदोलन के विरुद्ध नहीं हो सकते। हमारे गरीब भाइयों को अच्छी तरह समझ लेना चाहिए कि उनकी मुक्ति को—दुःखों से छूटने का एकमात्र मार्ग साम्यवाद या कम्युनिज्म ही है। इसलिए उनका कर्त्तव्य है कि वे इस विषय को समझें और इसमें यथाशक्ति सहायता और सहयोग करें। इस संबंध में जिन सज्जनों को जो कुछ जानना या पूछना हो वे मुझसे पूछ सकते हैं। निवेदक, सोशलिस्ट बुक शॉप, कानपुर।

[6.9.1924]

4. लखनऊ की चिट्ठी

मान्यवर संपादक जी,

शायद आपको यह सुनकर प्रसन्नता होगी कि मैं साढ़े सोलह आने बच गया—एक पाई अपनी पत्नी के सौभाग्य से, एक पाई मित्रों की शुभकामना से और सोलह आने ईश्वर की कृपा से। सचमुच, मैं बाल-बाल बचा, बल्कि यों कहिए कि मौत के मुंह से जिंदा निकल आया! सराहिये मेरी पत्नी का भाग्य और धन्यवाद दीजिए भक्तरक्षक भगवान् को।

लखनऊ के दंगे का हाल आपने पत्रों में पढ़ा ही होगा। लेकिन जो कुछ पत्रों में छपा है, उसे पढ़कर आप वहां की असली अवस्था का कदापि अनुमान नहीं कर सकते। मैं आपबीती सुनाता हूं। आंखों-देखी और कानों-सुनी बातों में क्या अंतर है, देखिये।

अमेठी के दंगे के समय से ही लखनऊ में हिंदुओं और मुसलमानों में मन ही मन मनोमालिन्य फैलने लगा। रोज ही दोनों की सभाएं होती थीं। जोशीली वक्तृताएं भी होती थीं। समझदारों को आशंका हो रही थी कि इसका परिणाम भयंकर होगा। अस्तु।

गत मंगलवार ता. 9 सितंबर को हिंदुओं का रामडोल बड़ी धूमधाम से निकला। डोल का जलूस कानूनन रोक दिया गया था। हिंदुओं के उत्साह और सिफारिश से भगवान् की फूल-डोल-यात्रा बड़ी शान से निकली। उस दिन के जलूस में अनुमानतः 25 हजार हिंदू थे। दर्शक तो इससे भी दुगुने थे। सैकड़ों शंख और घंटे तथा मृदंग बज रहे थे। बाजे-गाजे के साथ कई सुंदर सजीले सिंहासन थे। शंख बजाने वालों की टोली बनी थी। हजारों जवान पट्ठे पेड़ों की डालें हाथ में लिए हुए थे। यहां तक कि लाठियों के अभाव में लोगों ने लकड़ी की टाल से चैलियां उठा ली थीं। मुसलमानों का एक हथियारबंद दल भी वहां पहुंच गया था। किंतु डिप्टी कमिश्नर साहब ने फौजी रिसालों का ऐसा अच्छा प्रबंध किया था कि जरा भी गड़बड़ नहीं हुई। शांतिपूर्वक महोत्सव संपन्न हो गया। किंतु मुसलमान भाइयों के दिल में एक प्रकार के आतंक के साथ ही साथ घोर वैमनस्य पैदा हो गया।

ता. 10 बुधवार को संध्या समय अमीनाबाद पार्क में मुसलमान लोग मगरीब की नमाज पढ़ रहे थे। अमीनाबाद पार्क के एक कोने में श्रीरामचंद्र जी और हनुमान जी का मंदिर है। हिंदुओं का हौसला बढ़ा हुआ था, नमाज के वक्त मंदिर में आरती

शुरू हुई। घंटा-घड़ियाल और शंख बजने लगे। जय-जयकार से अमीनाबाद गूंज उठा। मैं गंगा पुस्तकालय कार्यालय की छत से यह दृश्य देख रहा था। अमीनाबाद में मुसलमानों की कई मसजिदें हैं। फिर भी वे पब्लिक पार्क [सार्वजनिक सैरगाह] में नमाज पढ़ते हैं। हिंदू भी उस दिन जानबूझकर नमाज के वक्त आरती करने पर उतारू हो गये। किसी तरफ के किसी आदमी ने यह नहीं सोचा कि इसका भावी परिणाम कितना भयानक होगा। खैर, उस दिन हिंदू तो खूब उछले-कूदे, पर मुसलमान खून के घूंट पीकर रह गये।

ग्यारह तारीख गुरुवार को शांतिभंग होने की आशंका से जिलाधीश ने नमाज के बाद आरती करने की आज्ञा दे दी। मंदिर के फाटक पर नोटिस सट गया। हिंदुओं ने इस आज्ञा के विरुद्ध हड़ताल कर दी। अमीनाबाद पार्क में सार्वजनिक सभा होने वाली थी। किंतु अशांति हो जाने के भय से सरकार ने सभाओं का होना रोककर बड़ी बुद्धिमानी का काम किया। किंतु दो मूर्खों के बीच से किसी बड़े बुद्धिमान की बुद्धि भी बेदाग नहीं निकल सकती।

शुक्रवार ता. 12 की शाम को हिंदुओं की सभा अमीनाबाद की छेदीलाल वाली धर्मशाला में हो रही थी। मैं भोजन करके पार्क में टहलने के लिए चला गया था। चांदनी रात थी। एकाएक घनघोर हाहाकार सुन पड़ा। जो जहां था वहीं से दौड़ पड़ा। आप जानते ही हैं, मैं अमीनाबाद के रॉयल हिंदू होटल में रहता था। पार्क से मेरा होटल बहुत नजदीक था। मैं भी दौड़कर होटल में पहुंचा। होटल की सीढ़ी तक पहुंचकर मैंने देखा कि होटल के पास कुछ मुसलमान चौकन्ने होकर खड़े हैं। मैं चुपचाप ऊपर अपने कमरे में चला गया। मेरे होटल से दस-बीस कदम आगे छेदीलाल की धर्मशाला है। ऊपर से मैंने देखा, वहां बड़ी भीड़ थी, घोर कोलाहल मचा हुआ था, छूतिहे घड़े की तरह सिर फूट रहे थे। लोग कहते थे, किसी ने धर्मशाला में आकर कह दिया है कि मुसलमानों ने एक लड़के की चुटिया काट ली है, इसी का झगड़ा उठा है। कोई कहता था, रामेश्वर होटल के एक ब्राह्मण को नानबाई की दुकान पर मुसलमानों ने गाली दी है और मारा भी है, इसीलिए फसाद मचा है। इतने में एक मुसलमान नवयुवक ने आकर कहा, धर्मशाला के पास एक आदमी गिर पड़ा है। यह सुनते ही मुसलमान कुछ उत्तेजित हुए। दो-चार उत्साही और साहसी मुसलमान अपने दल के लोगों से कहने लगे, ताकते क्या हो यारो, चलो, बस आज ही आखिरी फैसला हो जाय। इतना कहना था कि दल के सब लोग 'अल्लाहो अकबर' चिल्ला उठे। फिर क्या था, आगे बढ़े, भिड़ गये। धर्मशाला के सामने एक रईस रहते हैं, उन्होंने आसमानी फायर किया। फसादियों की भीड़ छंट गई। मगर सुना कि अमीनाबाद के दोनों पार्कों के चारों ओर की दूकानें धड़ाधड़ बंद होने लगीं,

क्योंकि मारपीट हर जगह शुरू हो गई और कुछ दुकानें भी लुट गईं। मालूम हुआ, शहर भर में सनसनी फैल गई। होटल के सामने वाली सड़क से कई हिंदू गुजरे। सबके हाथ से मुसलमानों ने छाते और डंडे या छड़ियां जबर्दस्ती छीन लीं। ऊपर से पत्थर के टुकड़ों की मार भी पड़ी। पं. शांतिप्रिय द्विवेदी मेरे ही साथ होटल में रहते थे। वे प्रोफेसर पं. बदरीनाथ भट्ट बी.ए. के यहां गये थे, इसी बीच दंगा हो गया। वे रात को आये ही नहीं। मैं रात-भर उनके लिए बड़ा चिंतित रहा; मुसलमान कहते रहे, चढ़ चलो होटल पर, सोते ही कत्ल कर डालें। सुबह होते ही द्विवेदी पहुंचे। उनके सिर में पट्टी बंधी हुई थी। पूछने पर उन्होंने कहा, मुसलमानों ने पकड़ लिया था और कहते थे कि ले चलकर इसको मसजिद में जिबह करो। मुसलमान बनाने के लिए धमकाते भी थे। अनुनय-विनय करने से छुट्टी मिली। जान लेकर भागे, पर फिर पकड़ लिये गये। वहां ऐसी मार पड़ी कि सिर में तीन जगह चोट आई। त्राहि-त्राहि करते भगे, तो जाकर मिश्र-बंधुओं के घर पर शरण ली। वहीं पट्टी बंधी, रात-भर आराम से रहे। तड़के मेरे पास आये। पट्टी खोलकर मैंने देखा, तीन जगह चोट लगी थी।

शनिवार के प्रातःकाल लोग कहने लगे, रात सारे शहर में खून खच्चर मचा रहा। एक सज्जन सड़क पर बड़े क्रोध से कह रहे थे, सिर्फ तीन हिंदू और सोलह मुसलमान अस्पताल में घायल पड़े हुए हैं, सबकी हालत खराब है। मैंने स्वयं देखा, एक मरणासन्न मुसलमान खाट पर सुलाकर अस्पताल जा रहा था। लोग कहते थे, यह लाश चारों ओर घुमाई गई है। उसे देखकर मुसलमानों के क्रोध का पारा बेहद चढ़ गया। जोश और तैश इस कदर बढ़ गया कि दांत पीसने लगे। उस दिन होटल का कोई आदमी बाहर नहीं निकला। सब ऑफिस भी बंद थे। शहर में तो इस कदर सन्नाटा था कि होटल में तरकारी तक नहीं मिली, एक पैसे की कोई चीज खरीदने के लिए भी कोई दुकान खुली नहीं थी। उस दिन होटल के केवल दो सज्जन अपने ऑफिस गये। शाम को लौटकर उन्होंने कहा, नजीराबाद में दो जगह मुझ पर हमला हुआ, मगर शरीर-रक्षक ने रिवॉल्वर दिखाकर जान बचाई। दूसरे सज्जन पोस्ट ऑफिस के इंस्पेक्टर बाबू करन सिंह ऑफिस जाने के लिए निकले। उनके हाथ में एक छोटा-सा डंडा था। उस दिन हजरतगंज का हेड-पोस्ट ऑफिस बंद था, मगर बाबू करन सिंह को इसका पता नहीं था। वे गये तो, मगर लौटकर नहीं आये। रविवार के 12 बजे दिन तक तो नहीं आये थे। अफवाह सुनी गई कि भिन्न-भिन्न ऑफिसों के दो मुलाजिम हिंदू जान से मार डाले गए। होटल में बड़ी चिंता फैली, पर चिंता दूर करने का साधन नहीं था।

होटल वाली सड़क पर शनिवार की शाम तक मुसलमान लोग हिंदुओं से छाता-घड़ी आदि छीनते रहे। स्कूली विद्यार्थियों के छाते भी छीन लिए गये। शाम को

6 बजे होटल में रहने वाला एक मेरठ-निवासी बनवारी नामक नवयुवक अपनी दुकान की देखभाल कर लौटा आ रहा था। एकाएक उस पर आक्रमण हुआ। बड़े जोर से उसके सिर पर एक जूता जमाया गया। जूता बजते ही उसका खून खौल उठा। उसने चाकू चला दिया। एक मुसलमान नवयुवक की बांह से खून निकल आया। उसके चाकू चलाने के समय मुसलमान भगे, मगर फिर खून देखते ही वे उत्तेजित हो उठे। बनवारी होटल में भग गया। होटल का एक दरवाजा कुछ खुला था। वह भी धड़ल्ले से बंद हो गया। हल्ला सुनकर एक अंग्रेज अफसर महाशय आये। उनके सामने ही मुसलमानों ने एक दरवाजे की सांकल उखाड़कर ताला तोड़ दिया और दूसरे सदर दरवाजे के किवाड़ में दनादन कुल्हाड़े मारने लगे। आज तक किवाड़ में कुल्हाड़े के निशान हैं। किवाड़ खुले। बनवारी बाहर आया। उसे पुलिस पकड़ ले गई। अफसर महाशय से होटल के मालिक ने कहा कि हम लोगों की मदद के लिए पुलिस तैनात कीजिए। उन्होंने स्पष्ट शब्दों में कहा, स्वराज लो, गांधी से मदद मांगो, हम नहीं देना मांगता!

बनवारी के पकड़े जाने पर होटल की खिड़कियां तक बंद कर दी गईं। मुसलमान लोग बेतरह धमकाने और गालियां बकने लगे। होटल के सब लोग त्रस्त हो गये। किंतु बाहर निकलना दूभर हो गया था, इसलिए कोई भाग न सका। मगर भागकर जाता ही कहां, चारों ओर से भयानक खबरें सुनी जा रही थीं। खैर, बनवारी की रिहाई हो गई। उसे हथियारबंद पुलिस चुपके से होटल में पहुंचा गई। उस समय कुछ बादल घिरने से अंधेरा सा हो आया था। रात-भर नींद नहीं आई। अन्न के दर्शन ही न हुए, नींद क्या आवे खाक?

रविवार प्रातःकाल अवस्था अत्यंत भयंकर हो गई। अपने ऊपर वाले कमरे से मैंने देखा, सिक्ख सिपाही बंदूक लिए दौड़े जा रहे थे। एक कांस्टेबल ने सीटी दी, कुछ पठान घुड़सवार और गोरे रिसाले भी दौड़े। थोड़ी देर में गोलागंज की ओर से वे लोग बहुत सी लाठियों का गट्टर ले लौटे। बनवारी के चाकू चलाने से मुसलमान खार खाए बैठे थे। अब वे होटल पर हमला करने की सलाह करने लगे। उसी महल्ले के एक शरीफ मुसलमान से विनीत प्रार्थना की गई। उन्होंने बड़ी कृपा करके उत्तेजित भीड़ को समझाया। अंत में उन्होंने कहा, बारह से एक बजे के अंदर तक सब लोग भाग जाइये, नहीं तो जान शायद ही बचे। वही हुआ। अधिकांश सज्जन अपना-अपना असबाब अपने-अपने कमरे में छोड़कर जान लेकर भागे। मैं, पं. शांतिप्रिय द्विवेदी, श्रीभद्भागवत प्रसाद और पं. भगवती प्रसाद त्रिपाठी [जो लोग गंगा पुस्तकमाला कार्यालय में काम करते और होटल में मेरे साथ ही रहते थे] अपना-अपना असबाब संभालने लगे। ताबड़तोड़ जैसे-तैसे बांध-बूंधकर इकट्ठा किया। इतने में बाहर से

अंतिम सूचना मिली। सब चीजें ज्यों की त्यों वहीं छोड़कर सब लोग होटल से बाहर निकल आये। हम लोगों के निकलते ही बनवारी बड़ी फुर्ती से निकल कर भागा। वह बड़ी तेजी से दौड़कर पुलिस के पास चला गया। होटल से करीब सौ कदम के फासले पर, इक्कों और तांगों के अड्डे पर, फौज का पड़ाव पड़ा हुआ था। लगभग सौ घुड़सवार और ऐसे ही कुछ सशस्त्र सिपाही थे। गोरी और काली पल्टन की मिश्रित संख्या लगभग दो सौ होगी। मैंने देखा, रिसालों में अंग्रेज और बल्लमटेर पठान थे पैदल सिपाहियों में सिक्ख और हिंदू। डॉक्टर भी थे, ऐम्बुलेंस कार मोटर भी थी। खैर, हम लोगों के साथ ही होटल के मालिक और मैनेजर तथा नौकर भी थे। कई मुसलमान हम लोगों के पीछे-पीछे चले। वे कहने लगे, चलो, स्टेशन के रास्ते में मजे चखावेंगे। हम लोगों ने बड़ी आतुरता के साथ कोतवाल साहब से स्टेशन तक सुरक्षित पहुंच जाने के लिए सिपाहियों की सहायता मांगी। उन्होंने कतई इंकार किया। जवाब वही मिला जिसके मिलने की आशा थी। अफसर लोग तो अंधे की रेवड़ी की तरह, स्वराज बांट रहे थे। बात-बात में कह देते थे, स्वराज लो। उनका यह कहना मुझे बड़ा अच्छा मालूम होता था; क्योंकि एक तो उनके कहने में औचित्य भी था और बात समयानुकूल भी थी। मौके की गाली भी अच्छी लगती है। खैर, हम लोग हताश होकर आगे बढ़े। अमीनाबाद चौक में खड़े होकर चारों ओर गौर से देखा जहां तक नजर पहुंची, सन्नाटा छा रहा था; दुकानें बंद, सड़कें सूनी, मकानों के दरवाजे बंद, बिलकुल निशीथकालीन श्मशान का दृश्य! हां, कोठों पर बरामदों में कुछ लोग बैठे थे और फौल के पास सड़कों पर करीब 50-60 मुसलमान कुछ बैठे और कुछ इधर-उधर खड़े तथा टहल रहे थे। हम लोगों को एक सज्जन ने सलाह दी कि हम लोग आसपास के किसी होटल में रात-भर और भी ठहर जाएं, क्योंकि स्टेशन का कोई भी रास्ता खतरे से खाली नहीं है। हिंदू इक्केवाले भी नजर नहीं आते थे। मुसलमान तांगेवाले थे, लेकिन कुछ लोगों ने भड़का दिया कि ये मुसाफिर को ले जाकर आफत में फंसा देते हैं और इसी तरह कई हिंदुओं को मरवा चुके हैं। खैर, यही ठहरा कि आज स्टेशन जाना ठीक नहीं, पास ही के प्रेम वैष्णव होटल में रह जायं, कल देखा जायेगा।

हम लोग प्रेम वैष्णव होटल के सामने वाले मकान में ठहरे। उस होटल के एक सज्जन कहने लगे, कल सैकड़ों मुसलमान इस होटल पर चढ़ आये थे, पर हम लोग लाठी और तलवार तथा कटारी-भुजाली आदि लेकर सिर्फ 15/20 आदमी निकल पड़े, फिर तो वे सबके सब भाग चले! इतने में डिप्टी कमिश्नर साहब ने पहुंचकर हम लोगों के हथियार छीन लिये।

प्रेम होटल के सामने वाले मकान की छत से हम लोग देख रहे थे, गोरे रिसाले

बड़ी मुस्तैदी से सड़कों पर चक्कर काट रहे थे। बहुत से फसादियों को पुलिस गिरफ्तार भी करती जाती थी, उनमें हिंदू और मुसलमान दोनों थे, और उनमें कितने घायल और रक्तात थे। देखते ही देखते पास ही की मारवाड़ी गली में दंगा मचा। ऊपर से ईंटों के टुकड़े बरसने लगे। गोरे रिसाले दौड़े। पठान रिसालों से गोरे रिसाले अधिक मुस्तैद थे और बड़ी शांति से भीड़ को तितर-बितर करते थे। मारवाड़ी गली में गोरे रिसालों पर भी ईंटों की पुष्पवृष्टि होती सुनी गई, क्योंकि वे भीड़ में पैठकर बड़ी तत्परता से फसादियों को हटाते थे। मारवाड़ी गली में शांति हो जाने के बाद भी सड़क पर भीड़ नजर आई। लखनऊ के प्रायः अधिकांश मुसलमान रईस अपनी-अपनी मोटरों पर शहर में गश्त लगा रहे थे, शायद मुसलमान-समाज के कुछ नेता भी जगह-जगह मुसलमानों की भीड़ देखकर मोटर रोक लेते और उन्हें कुछ समझाते थे। पर हिंदू समाज के अगुओं का कहीं पता भी नहीं था। जोशीले व्याख्यान देने वाले, जय-जयकार करने वाले और घंटा-शंख बजाने वाले घर के अंदर ही बैठकर घंटा हिला रहे थे, बाहर झांकने की भी हिम्मत नहीं थी।

मैं पं. भगवती प्रसाद त्रिपाठी के साथ 'माधुरी'-संपादक पं. दुलारेलाल जी भार्गव के घर पर गया। किंतु वे अपने घर पर नहीं मिले। नौकर ने कहा, वे सपरिवार हजरतगंज पं. विष्णुनारायण भार्गव (नवल किशोर प्रेस के मालिक) के घर पर चले गये हैं। उसने यह भी कहा कि पं. दुलारेलाल जी के छोटे भाई ज्योति बाबू बहुत घायल हुए हैं, हालत खराब है। पहले ही रोज के दंगे में आठ बजे रात के लगभग वे अमीनाबाद में घायल हुए थे। दूसरे दिन आठ बजे सुबह तक उनकी खोपड़ी का खून बंद नहीं हुआ था और छाती के सिवा सारे शरीर में गहरी चोट लगी है। मैं तो इतना सुनते ही हताश हो गया। मैंने टेलीफोन से बातें कीं। मालूम हुआ, ज्योति बाबू कुछ अच्छे हो रहे हैं। मैंने मोटर के लिए पूछा, ताकि किसी तरह स्टेशन तक पहुंच जाऊं। मगर वहां तो सब लोग ज्योति बाबू की सेवा-सुश्रूषा में ही परेशान थे। इसलिए मैं निराश लौट आया। लौटकर देखा कि सूर्य होटल पर मुसलमानों ने धावा बोल दिया है। तीन मंजिले प्रेम होटल से लोग हल्ला कर रहे थे। गोरे रिसाले पहुंचे! भीड़ छंट गई। उस होटल से भागकर एक तेरह-चौदह वर्ष का लड़का हांफता हुआ आया। उसने कहा, आक्रमणकारियों ने ताला तोड़कर होटल लूट लिया, कपड़े चिथड़े कर डाले, ट्रंक तोड़ डाले। हमने एक गढ़े में छिपकर ऊपर से टाट डाल लिया था, इसलिए किसी तरह जान बच गई।

कहां तक लिखूं, लिखा नहीं जाता। लिखने की शक्ति रहते हुए भी लिख नहीं सकता; क्योंकि वहां की असली अवस्था का स्पष्ट चित्र अंकित करने में भाषा बिलकुल असमर्थ हो रही है। "गिरा अनयन नयन बिनु बानी" को ही चरितार्थ

समझिये। सरकार की ओर से चेष्टा हो रही थी कि शांति बनी रहे, पर मूर्खता के राज्य में बेचारी शांति कहां टिके? पुलिस भी परेशान थी। यदि सरकार अपनी पूरी सैनिक-शक्ति भिड़ा देती, तो दंगा संभवतः शीघ्र दब जाता; पर वैसा करने से भी खून-खच्चर बहुत हो जाता। सरकार की ओर से शांतिपूर्वक शांति स्थापित करने का आयोजन हो रहा था।

खैर, शनिवार की रात बड़ी मुश्किल से कटी। राम-राम करते भोर हुआ। सुनने में आया कि रात के सात बजे से सुबह सात बजे तक किसी के बाहर निकलने की आज्ञा नहीं है, इसलिए सोमवार के प्रातःकाल हम लोग सात बजते ही स्टेशन की ओर चले। ईश्वर का नाम लेते स्टेशन पर पहुंचे। वहां पहुंचने पर जान में जान आई। स्टेशन पर एक सज्जन मिले। वे दो भाई थे। दोनों भाई दो वक्त से फाकाकशी कर रहे थे। उनकी दो स्त्रियां घर में बंद थीं। वे बेचारे घर में जा नहीं पाते थे। दरवाजे के सामने ही मुसलमानों की भीड़ लगी रहती थी। बेचारे रो रहे थे और कहते थे कि हम लोगों को मारे गए समझकर स्त्रियां प्राण दे दें तो कोई आश्चर्य नहीं। एक सज्जन मनोरमा भोजन भंडार से आये। वे कहने लगे कि मुसलमानों ने धमकाकर भोजन भंडार खाली करा लिया, उसके मालिक की जान पुलिस की कृपा से बची है। उसमें एक पहाड़ी हिंदू बीमार पड़ा था। होटलवालों के भाग निकलने पर मुसलमान उसके अंदर घुस गये थे और उस मरीज की चुटिया काटकर हल्ला करने लगे कि होटलवाले एक मुसलमान की लाश घर में छोड़े जा रहे हैं। सरकारी डॉक्टर ने आकर जांच की। आखिर वह मरीज हिंदू ही तो था, कलई खुल गई। उक्त सज्जन के एक साथी ने यहां तक कहा कि आज ग्रैंड हिंदू होटल भी खाली हो जायेगा, भगदड़ मच गई है; क्योंकि रॉयल हिंदू होटल का ताला टूट चुका है और वह लुट गया होगा। सुनकर घोर मानसिक कष्ट हुआ, क्योंकि मेरा सामान होटल में अस्त-व्यस्त पड़ा हुआ है। औरों का सामान उतना बहुमूल्य नहीं था जितना मेरा, क्योंकि मेरे पास कई महत्त्वपूर्ण ग्रंथों की हस्तलिखित कापियां थीं, और मेरे जीवन-भर का संग्रह किया हुआ साहित्यिक मसाला मेरी नोटबुकों, डायरियों में है, सब तहस-नहस हो गया होगा; मालूम नहीं, क्या हुआ होगा, मगर विश्वास नहीं है कि अब तक कुछ भी बचा होगा। मेरा तो सर्वस्व नष्ट हो गया! जान बची, मगर मेरी समझ में जान से भी बेशकीमती चीज बरबाद हो गई। खैर, मैंने प्रतिज्ञा की थी कि अगर जान बच जायेगी तो श्री विश्वनाथ जी के दर्शन करके ही अन्न ग्रहण करूंगा। इसलिए मैं काशी चला आया। सोमवार की डाकगाड़ी से विश्वनाथ जी की शरण में पहुंच गया। काशी में मित्रवर पं. केदारनाथ सारस्वत काव्यतीर्थ के यहां मैं बड़े आराम से हूं। पूज्यपाद पं. ईश्वरीप्रसाद जी शर्मा से मेरा कुशल-मंगल कह दीजिएगा। आशा है, सब मित्रों के

पास यह शुभ संवाद पहुंच जायेगा, क्योंकि अखबारों में लखनऊ के दंगे की भीषणता का हाल पढ़कर मेरे मित्र बहुत घबरा गये होंगे। पं. शांतिप्रिय जी प्रयाग गये हैं, क्योंकि मेरा भांजा विंध्येश्वरी वहां साहित्य-सम्मेलन में काम करता है, उसे सांत्वना देकर वे काशी चले आवेंगे। मैं अभी काशी में ठहरूंगा। किसी बात की चिंता न कीजिएगा, मैं सानंद हूं। किंतु एक प्रार्थना करता हूं, आप हिंदुओं को सावधान कीजिए कि पहले झगड़े का बीज बोकर फिर पीछे पैर न धरा करें। लखनऊ के दंगे के लिए मुसलमानों से अधिक हिंदू ही जवाबदेह हैं।

काशी 16-9-24 —शिवपूजन सहाय

[20.9.1924]

5. चार प्रकार के जीव

बाबा बबूलदास 'उदासीन'

1. **देशभक्त :** ये एक विचित्र प्रकार के जीव हैं। दिल में अपना मतलब गांठने की धुन रखते हुए देशभक्ति की सुरीली तानें छेड़ना ही इनका पेशा है। इसी की आड़ में ये सब प्रकार के कर्म करते हैं। और जनता मुंह पर मुहर लगाये चुपचाप उनके करतब देखकर भी कुछ नहीं बोलती। यदि देशभक्त के नाम से प्रसिद्ध होने वाले ये जीव सच्चे देशभक्त होते, तो भारत का उद्धार यों अधर में ही नहीं लटकता रहता। ये देशभक्त नहीं, कोरे उदरदास, सरकारी कृपा के इच्छुक, अच्छी सी सरकारी नौकरी पाने पर झट रंग पलट देने वाले, घोर 'महाशय' हैं। महाशय का अर्थ है—'बड़ा भारी मतलब।' यह शब्द 'महान्' और 'आशय'—इन दो शब्दों के मेल से बना है। 'महान्' के मानी 'बड़ा' और 'आशय' के मानी 'मतलब' के होते हैं। इन महात्माओं का एकमात्र गुण सभा में लेक्चर झाड़ना है, जिससे कुछ युवक उत्तेजित होकर इनका यश गाने लगते हैं। लेक्चर झाड़ते समय तो ये क्रामवेल, वाशिंगटन, मेजिनी, गैरीबाल्डी, रूसो, वाल्टेयर आदि को भी मात कर देते हैं। परंतु 'कार्यवाले समुत्पन्ने अंदर महले विराजित!'
2. **स्वार्थ-त्यागी :** कहते हैं कि बिना स्वार्थ के संसार में कोई नहीं है। जो कुछ भी कार्य कोई प्राणी करता है, उसमें उसका कुछ न कुछ स्वार्थ अवश्य ही रहता है। निरा निःस्वार्थ शायद ईश्वर, अल्लाह या God ही हो; परंतु आजकल देश में बरसाती मेढ़कों की तरह स्वार्थ-त्यागियों की बहुत बड़ी पल्टन तैयार हो गई है। यों तो स्वार्थत्यागीपन का दम भरने वाले पहले भी कम न थे, पर जब से निःस्वार्थता की पहचान खद्दर की धोती, खद्दर का कुर्त्ता और खद्दर की गांधी-टोपी हो गई है, तब से तो इतने स्वार्थ-त्यागी भारत में छा गये हैं, जितने शायद आसमान में तारे भी न होंगे। देशभक्तों से इनका दर्जा दो अंगुल ऊंचा है। इनका पेशा हर सूरत से निःस्वार्थता का ढोंग रचकर पब्लिक का धन उड़ाना, खाना और छिपे-छिपे मौजें मारना है। इनका सबसे बड़ा गुण यह है कि चाहे एक पैसे से तेरह लाख रुपये तक इनके पास जमाकर दो, ये सबका सफाया किये बिना दम न लेंगे। प्रायः प्रत्येक नगर की कांग्रेस-कमेटी में इस तरह के निःस्वार्थी जीव घुसे पड़े हैं। भले ही लिहाज के मारे सच्चे स्वार्थीत्यागी नेता इन कपटी

स्वार्थत्यागियों की पोल न खोलें, पर धीरे-धीरे इनकी पोल खुल ही जाती है, परंतु इस पोल खुलने न खुलने का कोई प्रभाव इनके पेशों पर नहीं पड़ता, कारण ऐसी स्वार्थ-त्याग की साक्षात् मूर्तियां जिस सभा में न हों, वह तो सभा ही नहीं हो सकती। इन स्वार्थ-त्यागियों की एकमात्र इच्छा यही रहती है कि जितनी सभा-सुसाइटियां स्थापित हों, सभी में ये रहें और मंत्री या उपमंत्री—कोई पदाधिकारी क्यों न बनाया जाय, पर चंदे का काम अपने हाथ में जरूर रखें, क्योंकि इसके बिना तो स्वार्थत्याग का उज्ज्वल आदर्श दिखलाया ही नहीं जा सकता।

3. **हिंदी-प्रेमी :** जब से हिंदी को राष्ट्रभाषा बनाने का शोर शुरू हुआ है, तब से हिंदी-प्रेमी भी बहुत बढ़ गये हैं। हिंदी-प्रेम का दरिया अधिकतर प्रकाशक महोदयों के दिल में ही उमड़ता दिखलाई पड़ता है। इनके सिवा हिंदी-संबंधिनी सभाओं के मंत्री कोषाध्यक्ष आदि पदाधिकारियों पर भी इसका बड़ा जोर है। हिंदी-प्रेमीपन ही प्रकट करके ये लोग भोले-भाले जीवों को भरमाते चलते हैं। प्रकाशक तो रुपये पेज की एवज में धेले पेज देकर ये लेखकों को कृतार्थ कर रहे हैं और ऊपर से यह अहसान लाद रहे हैं कि मैंने तुम्हारी किताब छापकर दुनिया के कोने-कोने में पहुंचा दी, इसके बदले में तुम्हें स्वयं ही कुछ इनाम मुझे देना चाहिए था, फिर मैंने तुम्हारी 'पत्रं पुष्पं फलं तोयं' से पूजा कर दी, ये क्या कम है? ऐसे ही हिंदी-प्रेमी बेचारे हिंदी के सच्चे सेवकों को अपने यहां नौकर रखकर उनकी भली-भांति से इत्र निकाल रहे हैं। दूसरी श्रेणी के हिंदी-प्रेमी सभाएं स्थापित कर उनका कोष और पुस्तकालय हड़प कर पूरे हिंदी-प्रेमी बन गये हैं और यदि कभी कोई सच्चे दिल से नयी सभा स्थापित कर हिंदी की कुछ सेवा करना चाहता है, तो उसकी राह में बड़े-बड़े रोड़े अटकाने को तैयार रहते हैं।
4. **धर्म-ध्वजी :** धर्म की टट्टी की ओट में यही क्या, सारे संसार में, सदा से धर्म-ध्वजी-गण शिकार करते चले आ रहे हैं। आजकल यहां कलियुग व्याप्त रहा है, तो भी धर्म की धूम है। कहीं भारत-धर्म-महामंडल स्थापित होकर 'उषाकाल' में 'विद्या' की आंराधना हो रही है, तो कहीं अबलाश्रम और अनाथाश्रम स्थापित कर आधुनिक 'शुकदेव जी' 'वात्सायन-सूत्र' का नया भाष्य लिख रहे हैं। बड़े-बड़े महंत और साधु-संत सुंदर स्त्रियों को देखते ही जामे से बाहर हो जाते और "माई-माई कहि कै लुगाई करि लेत हैं।" क्या सनातन धर्म, क्या आर्यसमाज, क्या ब्रह्मसमाज क्या देवसमाज, क्या राधास्वामी समाज, क्या थियोसोफिकल समाज,—सभी में ऐसी-ऐसी विचित्र खोपड़ियां भर गई हैं, जो धर्म के नाम पर साफ अधर्म करते हुए भी जरा नहीं हिचकिचातीं। इसीलिए आज धर्म की इतनी

उन्नति हो रही है कि सामने ही मंदिर और मूर्तियां तोड़ी जाती हैं और 'आप नशे के बीच' हैं।

यदि आप ऊपर लिखे चारों प्रकार के जीवों से बचकर चलेंगे, तो जीवन में कभी दुःख न पायेंगे, नहीं तो इनके चक्र में पड़कर धन-दौलत, इज्जत-हुरमत, सब कुछ गंवा देना पड़ेगा। आंखें पसारकर देखिये, ये चारों प्रकार के जीव इस समय देश पर कैसी धाक जमाये हुए हैं।

[18.10.1924]

6. विश्व-प्रेम

बलवंत [शहीद भगत सिंह का छद्म नाम]

"वसुधैव कुटुंबकम्!" जिस कवि सम्राट की यह अमूल्य कल्पना है, जिस विश्व-प्रेम के अनुभवी का यह हृदयोद्गार है, उसकी महत्ता का वर्णन करना मनुष्य शक्ति से सर्वथा बाहर है।

'विश्वबंधुता।' इसका अर्थ मैं तो समस्त संसार में समानता [समाजवाद world-wide equality in the true sense] के अतिरिक्त और कुछ नहीं समझता!

कैसा उच्च है यह विचार! सभी अपने हों। कोई भी पराया न हो। कैसा सुखमय होगा वह समय, जब संसार से परायापन सर्वथा नष्ट हो जायेगा। जिस दिन यह सिद्धांत समस्त संसार में व्यावहारिक रूप में परिणत होगा, उस दिन संसार को उन्नति के शिखर पर कह सकेंगे। जिस दिन प्रत्येक मनुष्य इस भाव को हृदयंगम कर लेगा; उस दिन संसार कैसा होगा? जरा कल्पना करो तो!

उस दिन इतनी शक्ति होगी कि 'शांति शांति' की पुकार भी शांति भंग न कर सकेगी। उस दिन भूख लगने पर रोटी के लिए किसी को भी चिल्लपों मचाने की आवश्यकता नहीं हुआ करेगी। व्यापार उस दिन उन्नति के शिखर पर होगा, परंतु फ्रांस और जर्मनी में व्यापार के नाम पर घोर युद्ध न हुआ करेंगे, उस दिन अमरीका और जापान दोनों होंगे, परंतु उनमें पूर्वीय और पश्चिमीयपन न होगा। काले-गोरे उस दिन भी होंगे परंतु अमरीकावासी वहां के काले निवासी (Red Indians) को जीते-जी जला न सकेंगे। शांति होगी परंतु पीनल कोड की आवश्यकता न होगी। अंग्रेज भी होंगे और भारतवासी भी, परंतु उस समय उनमें गुलाम और शासक का भाव न होगा। उस दिन महात्मा टॉलस्टाय के Resist not the evil [बुराइयों का प्रतिकार मत करो] वाले सिद्धांत की उच्च ध्वनि न लगाने पर भी संसार में बुराइयां नजर न आयेंगी। उस समय होगी पूर्ण स्वतंत्रता। कैसा होगा वह समय? जरा कल्पना तो करो!

वर्तमान दशा को देखकर कौन कह सकता है कि ऐसा समय भी आ सकता है जिस समय किसी के भय से नहीं, परंतु अपने हृदय की प्रेरणा से ही मनुष्य पाप-कर्म नहीं करेंगे। यदि उस दिन भी हमें किसी कल्पित स्वर्ग की लिप्सा होगी तो हम कह देंगे कि स्वर्ग कोई वस्तु है ही नहीं। क्या वह समय आ सकता है? यह है एक समस्या—एक बड़ी समस्या है। इसका उत्तर देना कोई सुगम कार्य नहीं है। परंतु मैं

पूछता हूं कि क्या लोग उस समय को लाना चाहते हैं? वह लोग जो 'विश्वबंधुता' [Universal brotherhood या Cosmopolitanism] का घोर नाद किया करते हैं, क्या वास्तव में उसे लाने के इच्छुक हैं? 'हां' कह देने से ही काम नहीं चलेगा। कांग्रेस का प्रस्ताव नहीं है। प्रश्न गंभीरतापूर्वक विचार करने योग्य है। क्या लोग उसके लिए बलिदान देने को तैयार हैं? उस कल्पित भविष्य के लिए हमें घोर वर्तमान देना होगा। उस कल्पित शांति के लिए हमें अपनी अशांति फैलानी होगी। उस हवाई किले के लिए हमें सर्वस्व देना होगा। उस शांतिपूर्ण राज्य की स्थापना के लिए हमें घोर अराजकता फैलानी होगी। उस अत्याचाररहित संसार को अपनी ओर खींचने के लिए अत्याचार करने होंगे। उस सुखमय जीवन के लिए—नहीं, नहीं उसकी आशामात्र के लिए मर मिटना होगा। क्या लोग उसके लिए तैयार हैं?

हमें प्रचार करना होगा समता-समानता का। अत्याचार करना होगा उन पर जो उससे इंकारी हों। अराजकता फैलानी होगी उन राज्य-साम्राज्यों के स्थान पर जो शक्ति-मद से अंधे होकर करोड़ों की पीड़ा का कारण हो रहे हैं। क्या लोग उसके लिए तैयार हैं?

हमें समस्त संसार को उस सिद्धांत के स्वागत के लिए तैयार करना होगा। उस आशामयी खेती के लिए हमें खेतों में से सब कुछ उखाड़ फेंकना होगा। कांटेदार झांड़ियों को उखाड़कर ज्वाला की शांति के लिए मटियामेट कर देना होगा। रोड़ा, कंकड़ पीस डालना होगा? हमें घोर परिश्रम करना होगा। गिरे हुओं का उत्थान करना होगा। 'पस्ती' वालों को उन्नति का मार्ग दिखाना होगा। मिथ्या शक्तिवादियों को घसीटकर अपने साथ खड़े होने को विवश करना होगा। अहंकारियों का अहंकार तोड़ उन्हें नम्रता प्रदान करनी होगी। निर्बलों को बल, पराधीनों को स्वाधीनता, अशिक्षितों को शिक्षा, निराशावादियों को आशा की आभा, भूखों को रोटी, बेघरों को घर, नास्तिकों को विश्वास, अंधविश्वासियों को विचार स्वतंत्रता देनी होगी। क्या लोग इतना काम करेंगे। ऐ विश्वबंधुता, विश्वबंधुता चिल्लाने वालो! क्या तुम उसके लिए तैयार हो? यदि नहीं तो आज से इस ढोंग को छोड़ दो। हमें उस विश्व-प्रेम की देवी के चरणों पर तुम्हारा भी बलिदान देना होगा। क्योंकि तुम मिथ्यावादी हो! अगर तैयार हो तो आ जाओ कर्मक्षेत्र में, अभी परीक्षा हो जायेगी। घर में बैठे हुए, कोनों में दुबके हुए कर्मक्षेत्र के भयंकर दृश्य की कल्पनामात्र से कांपते हुए, सत्यप्रकाश से 'बाज' रहने के लिए इस महान् सिद्धांत की आड़ मत लो। यदि सचमुच उस कल्पित समय को लाने की चेष्टा है तो आओ। पहला काम पतित भारत का उत्थान करना होगा। गुलामियों की जंजीरों को काटना होगा। अत्याचार का सर्वनाश करना होगा। पराधीनता को मिट्टी में मिला देना होगा क्योंकि यह अपनी कमजोरी के कारण उस

मनुष्य जाति को जिसकी सृष्टि परमपिता ने अपने ही अनुरूप की थी, न्यायपथ से भ्रष्ट करने का प्रलोभन हो रहा है।

यदि उपरोक्त कथन की सत्यता को मानते हुए भी तुम जेल के डर से या फांसी के डर से इस मार्ग में आने से झिझकते हो तो आज से इस ढोंग को छोड़ दो।

अगर इस भय से कि क्रांति के पीछे घोर अराजकता फैल जायेगी या घोर रक्तपात होगा, एकदम अशांति होगी—तुम इस मार्ग में नहीं आते तो तुम भीरू हो, कायर हो, बुजदिल हो, इस आडंबर को छोड़ दो।

अशांति फैलती है तो फैलने दो, परतंत्रता भी तो न होगी। अराजकता फैलती है तो फैलने दो, पराधीनता का भी तो सर्वनाश हो जायेगा। आहा! उस कशमकश में कमजोर पिस जायेंगे। रोज-रोज का रोना बंद हो जायेगा। निर्बल न रहेंगे, बलवानों में मैत्री होगी। बलिष्ट लोगों में घनिष्ठता होगी। उनमें प्रेम होगा, संसार में विश्व-प्रेम का प्रचार हो सकेगा।

हां! हां!! निर्बलों को एकबारगी पिस जाना होगा। वे समस्त संसार के अपराधी हैं, उन्होंने ही घोर अशांति फैला रखी है। सब बलवान बनें, नहीं तो उस चक्की में पिस कर मलीदा हो जायेंगे।

आये! कौन माता का लाल सच्चे हृदय से विश्वबंधुता का इच्छुक है। कौन है समस्त संसार के लिए अपना सुख बलिदान करने वाला।

कोई गुलाम जाति इस उच्चतम सिद्धांत का नाम तक लेने की अधिकारिणी नहीं है। एक गुलाम मनुष्य के मुख से निकलकर इसका महत्त्व ही जाता रहता है। एक अपमानित मनुष्य, पददलित मनुष्य, पैरों तले रौंदे जाने वाला मनुष्य यदि कहे—"मैं विश्वबंधुता का अनुगामी हूं, Universal brotherhood का पक्षपाती हूं, इसलिए इन अत्याचारों का प्रतिकार नहीं करता—तो उसका कथन क्या मूल्य रख सकता है? कौन सुनेगा उसके इस कायरतापूर्ण वाक्य को? हां—तुममें शक्ति हो, तुममे बल हो, चाहो तो बड़े-बड़ों को पैरों तले रौंद सको, एक इशारे से बड़े-बड़े अभिमानियों को मिट्टी में मिला सको, तख्तोताज वालों को खाक में सुला सको, उनको धूल में मिला सको, और फिर तुम यह वाक्य कहते हुए कि 'हम विश्व-प्रेमी हैं' ऐसा न करो, तो तुम्हारी बात वजनदार होगी—फिर तुम्हारा एक वाक्य प्रभावशाली होगा।" फिर 'वसुधैव कुटुंबकम्' भी महत्त्वपूर्ण हो जायेगा।

आज तुम गुलाम हो, पराधीन हो, परतंत्र हो, बंदी हो, तुम्हारी यही बात आज ढोंग प्रतीत होती है, एक आडंबर दीख पड़ता है, बकवास मालूम देती है। क्या तुम उसका प्रचार करना चाहते हो? अगर हां तो उसका अनुसरण करना होगा। जो कहता था, "He who loveth Humanity loveth God" "God is love and love is

God"—जो राजद्रोह के अपराध में फांसी चढ़ा। उसकी तरह वीरतापूर्वक विश्व-प्रेम का प्रचार करने को तैयार हो, जिस दिन तुम सच्चे प्रचारक बनोगे इस अद्वितीय सिद्धांत के—उस दिन तुम्हें मां के सच्चे सुपुत्र गुरुगोविंद सिंह की तरह कर्मक्षेत्र में उतरना पड़ेगा। उस विश्व-प्रेम के सच्चे अनुगामी—सच्चे पक्षपाती की तरह—सब सपूत हैं, एक पिता के कहने वाले उस महापुरुष की तरह, अपने चारों आंखों के तारों, लख्ते जिगर को, जाति के भेंटकर माता के पूछने पर सरलता से उत्तर देने वाले की तरह तुम्हें धैर्य दिलाना होगा क्या तुम अपने प्रिय से प्रिय को जिसकी स्मृति मात्र से हृदय धड़कने लगता हो, जिसे तुम हर समय अपने हृदय में छुपाये रखने के इच्छुक हो—को अपनी आंखों के सामने बलिवेदी पर चढ़ता देख, अकथनीय कष्ट सहता देख धैर्य रख सकोगे? क्या उसके सामने ही तुम जीते-जी अग्नि-चिता पर प्रसन्नतापूर्वक चढ़ सकोगे; और हंसते हुए संसार की ओर करुणाभरी दृष्टि से देखते हुए विदा हो सकोगे? यदि हां तो आओ परीक्षा हो जायेगी, समय आ गया है। यदि हृदय में कुछ भी झिझक है तो खुदा के वास्ते इस आडंबर को छोड़ दो।

[15.11.1924]

जब तक 'काला-गोरा', 'सभ्य-असभ्य', 'शासक-शासित', 'धनी-निर्धन', 'छूत-अछूत' आदि शब्दों का प्रयोग होता है, तब तक कहां विश्वबंधुता और विश्व-प्रेम, यह उपदेश स्वतंत्र जातियां कर सकती हैं। भारत जैसी गुलाम जाति इसका नाम नहीं ले सकती।

फिर उसका प्रचार कैसे होगा? तुम्हें शक्ति एकत्र करनी होगी। शक्ति एकत्र करने के लिए अपनी एकत्रित शक्ति खर्च कर देनी पड़ेगी। राणाप्रताप की तरह आयु पर्यंत ठोकरें खानी होंगी, तब कहीं उस परीक्षा में उत्तीर्ण हो सकोगे। देखते नहीं विश्वबंधुता का सच्चा प्रचारक था मेजिनी। बीस वर्ष स्वयं ही एक जगह बंद रहता है। लेनिन था उसका पक्षपाती—अकथनीय कष्ट सहन किये थे उसने। विश्वबंधु का अनुगामी जार्ज वाशिंगटन था—अमेरिका का मुक्तिप्रदाता—फ्रांस के क्रांतिकारी नेता थे कट्टर पक्षपाती—कितना रुधिर उन्होंने बहा दिया था। आदर्शवादी ब्रूटस था विश्व-प्रेमी जिसने अपनी मातृभूमि के लिए अपने परमप्रिय 'सीजर' को अपने हाथों कतल कर डाला था और पीछे स्वयं भी आत्महत्या कर ली थी। सानंद युद्धों में प्रवीण रहने वाला गैरीबाल्डी था जिसे विश्व-प्रेमी होने का श्रेय प्राप्त हो सकता है।

विश्व-प्रेमी वह वीर है जिसे भीषण विप्लववादी, कट्टर अराजकतावादी कहने में हम लोग तनिक भी लज्जा नहीं समझते—वही वीर सावरकर। विश्व-प्रेम की तरंग में आकर घास पर चलते-चलते रुक जाते थे, कोमल घास पैरों तले मसली जायेगी।

75 दिन अनशन करके स्वर्गधाम को सिधारने वाला वीर मैकस्वेनी इस मार्ग का

पथिक होने का श्रेय प्राप्त कर सकता है जो कहता था : It is the love of the country that inspires us and not the hate of the enemy and the desire for full satisfaction for the past.

विश्व-प्रेम की देवी का उपासक था 'गीता रहस्य' का लेखक पूज्य लोकमान्य तिलक। और देखोगे। वह सूखा सुकड़ा-सा 'लंगोटबंद' जो सजा का हुक्म सुनाये जाने पर स्वर्गीय हंसी के साथ कह सकता था कि—मुझे जो दंड दिया गया वह अत्यंत हल्का है और मेरे साथ जैसे विनम्र व्यवहार किया गया है उससे अधिक की आशा मैं नहीं कर सकता था। जिसके मर्मस्पर्शी कथन का तुम्हारे पत्थर के हृदयों पर कुछ प्रभाव नहीं होता—महात्मा है इस सिद्धांत का पक्षपाती।

अरे! रावण और बाली को मार गिराने वाले रामचंद्र ने अपने विश्व-प्रेम का परिचय दिया था भीलिनी के जूठे-कूठे बेरों को खाकर। चचेरे भाइयों में घोर युद्ध करवा देने वाले, संसार से अन्याय को सर्वथा उठा देने वाले कृष्ण ने परिचय दिया अपने विश्व-प्रेम का, सुदामा के कच्चे चावलों को फांक जाने में।

तुम भी विश्व-प्रेम का दम भरते हो। पहले पैरों पर खड़ा होना सीखो। स्वतंत्र जातियों में अभियान के साथ सिर ऊंचा करके खड़े होने के योग्य बनो। जब तक तुम्हारे साथ कामागाटामारू जहाज जैसे दुर्व्यवहार होते रहेंगे, जब तक 'डैम काला मैन' कहलाओगे, जब तक तुम्हारे देश में जालियांवाले भीषण हत्याकांड होते रहेंगे, जब तक वीरांगनाओं का अपमान होगा और तुम्हारी ओर से कोई प्रतिकार न होगा, तब तक तुम्हारा यह ठोंग कुछ मानी नहीं रखता। कैसी शांति, कैसा सुख और कैसा विश्व-प्रेम?

यदि वास्तव में चाहते हो कि संसार-व्यापी सुख-शांति और विश्व-प्रेम का प्रचार हो तो पहले अपमानों का प्रतिकार करना सीखो। मां के बंधन काटने के लिए कट मरो। बंदी मां को स्वतंत्र करने के लिए आजन्म काले पानी में ठोकरें खाने को तैयार हो जाओ। सिसकती मां को जीवित रखने के लिए मरने को तत्पर हो जाओ। तब हमारा देश स्वतंत्र होगा। हम बलवान होंगे। हम छाती ठोककर विश्व-प्रेम का प्रचार कर सकेंगे। संसार को शांति-पथ पर चलने को बाध्य कर सकेंगे।

[22.11.1924]

7. रूस की अतिक्रांति

श्रीयुत् 'प्रत्यक्षवादी' [राधामोहन गोकुल का छद्म नाम]

रूस की सैकड़ों बातों में हम भारत से पटतर दे सकते हैं, इसलिए रूस की अतिक्रांति का इतिहास पढ़ने वाले यदि ध्यान से पढ़कर विचारेंगे तो उन्हें भावी भारत के इतिहास का धुंधला मानचित्र दिखाई पड़ेगा। रूस भी भारत की तरह अपनी खास परिस्थितियों के कारण सोवीट सरकार की स्थापना के पहले और अनेक बातों में अब भी एक विचित्र देश है। गवर्नमेंट के अत्याचारों से पीड़ित रूस की प्रजा योरोप की अन्य जातियों की अपेक्षा सब प्रकार की उन्नति में सौ वर्ष से अधिक पीछे हैं, यद्यपि सोवीट सरकार के प्रसाद से अब वह अनुदिन उन्नत होती जा रही है। सन् 1855 के पहले का रूसी इतिहास तो और भी कहीं अधिक राजकीय क्रूरता का अनुपम चित्र दिखलाता है—पर अनुपम वहीं तक जहां तक उसका संबंध योरोप से है। जब हम भारत की दुर्दशा को देखते हैं तो कहना पड़ता है कि केथरीन, अलक्षेंदु प्रथम और निकोलस का शासन अभागे भारत के वर्तमान शासन से लाख बार अच्छा था। अस्तु—

रूस को अन्य योरोपीय जातियों के समीप होने के कारण योरोपीय राजनैतिक हवा लगती रहती है, इसलिए वहां नम्रतम रूसी भक्तों से लेकर निःशासनवादियों (From conservative to the anarchist) तक में संगठनशील स्वातंत्र्य की उत्कंठा बेढब फैल रही थी। विचार निस्संदेह अंतर्जातीय था। जो लोग प्रतिनिधि सत्तात्मक सरकार अथवा संगठनशील शासन के लिए झगड़ते थे वे लोग चार्ल्स प्रथम के समय के मांग-पट्टी-हीन कट्टर व पवित्राचार ईसाइसों के अथवा फ्रांस के गिरोण्डानों के समकक्ष लोग थे। ये सभी कार्ल मार्क्स और प्राउटन के लिखे ग्रंथों के कीड़े थे और जर्मनी और फ्रांस आदि का हाल इन्हें रत्ती-रत्ती अवगत था। रूस की धरती को उसकी परिस्थिति के प्रतिकूलगामी लोगों ने बुरी तरह से घेर रखा था। एक ओर स्वेच्छाचारी शासन और ब्रह्मा के समय की पुरोहिती लूट [ये दोनों भारत में अभी मौजूद हैं] आनंद से डटी हुई नररक्त पी रही थीं और दूसरी ओर निःशासनवादी और निहिलिष्ट लोग [अनारकिष्ट और निहिलिष्ट दोनों ही वर्तमान शासन-पद्धति और समाज को नष्ट करके एक सुंदर नैसर्गिक समाज संगठन उपस्थित करना चाहते हैं जिसमें वर्तमान राजकीय अत्याचार और धन-जनित दुष्टता से मनुष्यों को जो कष्ट होता है वह मिटे]

दूसरे ही दिन रूस को आदर्श देश बनाने की फिक्र में मरते थे। बहुत लोग समझते हैं कि समाज की कायापलट का काम बहुत दिनों की उत्क्रांति का है, समाज की अवस्था धीरे-धीरे शताब्दियों में सुधरा करती है, बहुतों का यह भी ख्याल है कि यदि शीघ्र ही उपाय न किया जाय तो रोग असाध्य हो जाता है। भारत, मिस्र और आयरलैंड का इतिहास हमारे सामने हैं। पाठक स्वयं उन्हें पढ़कर निश्चय करें कि कौन सा पक्ष तर्कसंगत और कौन असंगत है। रूस का राजनैतिक जीवन 'ज़ार' अर्थात् एकमुखी राजा पर निर्भर करता और कृषक जनता का सामाजिक संगठन जो 'मीर' (रूसी में 'मीरू') कहलाता था, राष्ट्र का सार्वभौम संपत्ति का आधार होता था। जारडम अर्थात् राजशक्ति एक प्रधान बलप्रद केंद्रिक शक्ति थी जिसके आश्रय से रूसी लोग तुर्कों, तातारों और पोलों से कृतकार्यता के साथ लोहा ले सकते थे। यह न होता तो संभव था योरोप वाले रूस देश को बांट खाते या उसके रईस ही आपस में लड़कर उसे नष्ट कर डालते, जैसा कि भारत में हुआ।

दूसरे देशों की तरह रूस में भी छोटे-छोटे जमींदारों, रईसों, भूमियों और मांडलिकों को दमन करके राजाओं ने एक प्रधान शक्ति स्थापित की थी। रूस के ज़ारों में पीटर महान् एक बड़ा जबर्दस्त और प्रतिभाशाली ज़ार हुआ था। इसने प्रजा को बेंतों, कोड़ों और तलवारों के जोर से पाश्चात्य उत्कर्ष की ओर अग्रसर किया था। बड़े-बड़े धराधीश और रईस ज़ार के विरुद्ध सिर उठाने में असमर्थ थे और पुरोहित मंडल में गड़बड़ मचाने की न तो योग्यता ही थी और न इच्छा ही। रूस में पुरोहितों का ऐसा बल न था जैसा रोम में पोपों का। कारण यह था कि रूसी पुरोहितमंडल पूर्वीय यूनान के अत्याचारों की परंपरा के अनुसार पला था और अपने शासकों के विरुद्ध सिर उठाने की इच्छा नहीं करता था। ग्रामीणों में राजनैतिक शक्ति न थी, हां, कभी-कभी तंग आकर विद्रोह पर उतर पड़ा करते थे। कहावत है कि 'तंग आयद बजंग आयद'। ज़ारों ने रूस को लाभ भी बहुत पहुंचाया। राज्य की सीमावृद्धि की और प्रबल शत्रुओं के आक्रमण और अत्याचारों से प्रजा को बचाया इसीलिए प्रजा पर उनका प्रभाव भी बहुत रहा।

लेकिन नौकरशाही की लीला विचित्र होती है। एकमुखी शासकों के भी आंखों में धूल डालना नौकरशाही के बायें हाथ का खेल है। आज भारत में भी यही हाल हम संगठनशील शासन में देख रहे हैं।

ये नौकर केंद्र से बहुत दूर-दराज स्थानों तक फैले रहते हैं, ये सरकारी आज्ञाओं के पालन में विलंब कर सकते, आज्ञाओं के विरुद्ध वावेला भी मचा सकते हैं। (जैसे इलवर्ट बिल के समय, लाट रिपन के शासनकाल में भारतस्थ नौकरशाही ने गोरे पूंजीपतियों से मिलकर किया था।) प्रबल राजचक्र सरकारी आज्ञाओं के प्रचलित होने

में बाधक हो जाता, उल्टी-सीधी सम्मतियां देता, झूठ बोलता, छल करता। इस नौकरशाही के कारण रूस की प्रजा को जितना कष्ट था उतना ज़ार से नहीं। ये अपने स्वामी की आज्ञाओं की अवहेलना करते, उसकी इच्छाओं के प्रतिकूल काम करने के अनेक बहाने निकाल लेते, बहुत बातों की खबर भी राजा तक न पहुंचती और राजाज्ञाएं रद्दी की टोकरी में डाल दी जातीं। केंद्रित शक्ति का यह हाल था।

[13.9.1924]

अब रूस की जनता का हाल देखें। यहां बड़े-बड़े नगर और उद्योग-धंधे न थे। अधिकांश जनसमूह अब भी धरती के आश्रय में जीवन व्यतीत करता है और अपनी 'मीरू' में सम्मिलित होकर रहता है। मीरू ग्राम्य पंचायत की भांति ही होती है।

अन्यान्य देशों में विशेषतः योरोप और भारत में तो ग्राम्य संगठन (मीरू) का तो नाश हो चुका है, उसकी छाया मात्र कहीं-कहीं देखी जाती है। इस संस्था के विनष्ट होने के कई सांपत्तिक कारण हैं जिनका ज्ञान साम्यवाद के सिद्धांतों में गहरा घुसने से हो सकता है। परंतु अनेक कारणों से रूस की 'मीरू' अभी तक बिल्कुल न मरीं। इसी से उनको सामाजिक जीवन और स्वराज्य का आनंद मिलता था। अब सोवीट सरकार के शासन में इनमें अंतर पड़ा है और यह पहले से अधिक सुखी हैं। इन मीरुओं को खाने-पहनने आदि के लिए दूसरे का मुंह नहीं देखना पड़ता था। इनके प्रत्येक प्राणी को पूर्ण समता और स्वतंत्रता प्राप्त होती थी। लेकिन कानून के अनुसार सब क्रीतदास थे। सन् 1861 के कानून के अनुसार इन्हें गुलामी के बंधन से मुक्त किया गया था। इस समय अलक्षेंद्र दूसरा शासन करता था। मीरू में सामाजिक-सांपत्तिक प्रबंध आप करता था जिससे रईस धराधीशों और ज़ार दोनों को सुविधा होती थी, कर उगाहने, सेना संग्रह करने और लोकल गवर्नमेंट बनाने में कुछ भी कष्ट नहीं उठाना पड़ता था। इसीलिए आज ब्रिटिश गवर्नमेंट भी छोटे-छोटे राजाओं को बिना विशेष कारण से नहीं सताती, बड़े-बड़े भूमिआओं का होना पंसद करती है, गांवों में चौधरियों को कायम रखती है और ऐसा प्रबंध करती रहती है जिससे उसे इस प्रकार के बड़े खूथ (Unit) तैयार मिलें जिनके द्वारा वह अपना अभीष्ट काम, धन और श्रम से सिद्ध कर सके। इसी निमित्त सब डिवीजनों, तहसीलों और थानों के अफसरों के बड़े-बड़े पापों और दोषों पर पर्दा डालने का सीमातीत प्रयत्न होता रहता है क्योंकि जहां जमींदार रईस नहीं हैं, वहां इन्हीं के द्वारा सारा काम सिद्ध होता है। 19वीं सदी के अंत में रूस की सरकार ने मीरुओं को तोड़कर उनके स्थान में धनवान किसानों को तैयार करने का प्रयत्न किया, लेकिन जो हक प्रत्येक कृषक को नया कानून देता था वह व्यवहार में नहीं आया था। रूस का किसान अपनी धरती

का स्वतंत्र मालिक नहीं होता था अर्थात् वह न उसे दान कर सकता न बेच या गिरवी रख सकता था। इसी बंधन को हटाने पर गरीबों की धरती धनवानों के हाथ खरीदने से बड़े-बड़े धनी जमींदार पैदा हो सकते थे लेकिन यह हो न सका और समय ने पलट खाया।

पाश्चात्य योरोप के अतिक्रांतिकारी विचार रूस में घुसने लगे। इसके पहले रूस में विद्रोह के भाव अज्ञान थे। यद्यपि अनंतकाल की अज्ञान, दुःखी, ग्रामीण जनता में असंतोष पराकाष्ठा को पहुंच चुका था, वह लगातार धन और जन का कर देते-देते थक चुकी थी, राजकीय अत्याचारों से उसका कलेजा पक रहा था। वह कई बार बगावत भी कर चुकी थी, पर इस तरह पर राज उलट देने के भाव उसमें पहले कभी पैदा नहीं हुए। 'कैथरीन' और अलक्षेंद्र प्रथम के शासनकाल में उच्च वर्गों में एक प्रकार की मनोमयी उदारता का बर्ताव एक धज बना हुआ था क्योंकि इससे महापुरुषता को कोई भारी धक्का लगने की आशंका न थी। 'निकोलस' के शासनकाल में अभिजात उदार हृदय अफसरों के नेतृत्व में सिपाहियों ने (Guards) राजधानी सेंट पीटर्सवर्ग में विप्लव किया, जिसे जार 'निकोलस' बहुत जोर के सथ मरने दम तक दबा रहा। 1855 ई. में निकोलस का देहांत हुआ और अलक्षेंद्र दूसरा सिंहासनासीन हुआ।

दूसरे अलक्षेंद्र के गद्दी पर बैठते ही रूस के राजनैतिक गगन में नये प्रकाश का प्रादुर्भाव हुआ। क्रिमिया के समरांगण में जो अवांछित विपर्यय देखा गया था उससे स्पष्ट हो चुका था कि पाश्चात्य विज्ञान, कला, कौशल, भाव, विचार रणनीति, शासन पद्धति और राजा-प्रजा के संबंध और प्रबंध रूस से कहीं उत्कृष्ट हैं। अब इस नौजवान ज़ार को पाश्चात्यों की तरह अपनी प्रजा को भी बनाने की उत्कट इच्छा का होना स्वाभाविक था। इसने अपने राज्य में शिक्षा-प्रचार का खासा प्रबंध किया, म्युनिसिपल शासन की नई पद्धति प्रचलित की, नये न्यायालयों की स्थापना हुई, रूस की प्रजा क्रीतदासता के गढ़े से मुक्त की गई।

लेकिन थोड़े ही दिनों में इसने देखा कि मैंने जिस उदारता से शक्ति को स्वच्छंदता दी है वह मेरे ही लिये भयावह हो रही है, रूस राज्य का नक्शा ही पलटता मालूम होता है, सामाजिक चित्रपट के हर एक अंक दूसरी ही तरह पर संगठित होने को जा रहे हैं, इसलिए अपने किए पर पछताने लगा और आगे के लिए हाथ खींच बैठा। जो परिवर्तन हो चुके थे और जिनके होने की निकट भविष्य में आशा थी उनके विरुद्ध रूस का रूढ़िप्रिय समुदाय अपने पुराने रूसी कुसंस्कारों के कारण कोलाहल मचाने लगा। किंतु साधारण जनसमूह एक बार जाग उठने के बाद थपकियों से सोने वाला न था। उधर 1863 में पोलैंड में जो राजद्रोह खड़ा हुआ उसके साथ अनेक

उदारचेतना रूसीवासियों की सहानुभूति थी। इस बात से रूस के प्राचीन नीतियों में वामगति और बढ़ी इधर स्वातंत्र अभिलाषिणी प्रजा भी क्रमशः कड़ी होकर तनती गई।

1866 में 'केराकोज़फ' ने 'ज़ार' का वध करने की चेष्टा की। इसी समय से दूसरे अलक्षेंद्र के शासन ने दूसरी मुड़की ली। हम कह चुके हैं कि एक ओर रूढ़ि प्रियगण, अधिकार प्राप्त धींग, रूस के राज्य में सुधार होना फूटी आंखों देखना नहीं चाहते थे और रूस की प्रजा अपने जन्मसिद्ध अधिकारों और स्वत्वों के लिये जान हथेली पर लिए फिरती थी। यही खींचतान रूस की अतिक्रांति (Revolution) की जड़ है। स्वतंत्रता देवी के नये उपासकों ने या यों कहें कि गर्मदल वालों ने समाज के मौलिक सिद्धांतों में सार्वभौम फेरफार करना चाहा, वे संपत्ति, समाज और धर्म में भी सुधार के लिए अड़ गये, इसलिए अधिकार प्राप्त धनिकों, जमींदारों और महंतों, पंडों और पुजारियों के साथ खांडा बजना अवश्यंभावी हो गया। [20.9.1924]

रूसी अतिक्रांति की तीन अवस्थायें हैं—पहली अवस्था 1855 से आरंभ होकर 1870 में समाप्त होती है। इन 15 वर्षों में जो काम किया गया वह सब ध्वंसात्मक और इनकारी था जैसा कि अतिक्रांति के लिए करना ही पड़ता है। जो किसी देश की परिस्थिति को सुधारने जाता है उसे पहले बुरी परिस्थिति को विध्वंस करना जरूरी होता है। अनुपयोगी मकान को जब तक ढहा न दिया जाय उसके स्थान पर दूसरा निर्माण नहीं हो सकता, यह एक प्रत्यक्ष और निर्विवाद बात है। इन्हीं अतिक्रांतिकारी लोगों को रूस में 'निहिलिष्ट' नाम से पुकारा जाता था। जैसे भारत में शांतशील असहयोगियों को राजविद्रोही कहकर ब्रिटिश गवर्नमेंट ने 25,000 देशभक्तों को जेल में ठेल दिया था, निहिलिष्टों के साथ भी ऐसा ही कुव्यवहार रूस में हुआ। यह प्रत्यक्षवाद 'हीगेल' के वामांगी लोगों की मनोवृत्ति का परिणाम हुआ कि लोग 'बूशनर' और 'मोलशोर' के द्रव्यवाद (Materialism) जगत को ही सब कुछ मानना (ईश्वर को न मानना) के कायल हो गये और इसी को दर्शन का अंतिम सिद्धांत समझने लगे। ऐसा देश में जहां न तो धर्म का प्रभाव पढ़े-लिखे लोगों पर हो, न जहां धीरे-धीरे—क्रमशः दर्शनों का ही विकास हुआ हो, लेकिन बाहर से किसी धज (फैशन) को ले लिया गया है? नाशकारी नास्तिकता (द्रव्यवाद) सहज में ही विजयी होता है। यही बात रूस में हुई। [मैं समझता हूं संसार में धर्म वा ईश्वर के ही नाम पर समस्त उत्पात हुए और होते हैं। ईश्वर की कल्पना ही राजा और पुरोहितों के अत्याचार की जड़ है।] यह रूस के सौभाग्य की बात थी कि उसमें धर्मान्धता ने घर न कर पाया था। इस विषय पर सबसे बड़ा और विद्वान् गवेषणा करने वाला महात्मा 'मिकाइल बेकुनिन' रूस का ही था। इसका एक प्रबंध ईश्वर और राज्य (God and State) प्रत्येक देशभक्त के

पढ़ने के योग्य है। एक नौकर दो स्वामी की सेवा नहीं कर सकता। चाहे काल्पनिक, लापता और व्यर्थ ईश्वर की भक्ति में जन्म नष्ट करे, चाहे प्रत्यक्ष पुण्यमय देश की उपासना से जीवन सार्थक बनावें। चना चबाना और गाल फुलाना एक साथ नहीं हो सकता। यदि रूस के हृदय पर कोई काल्पनिक चित्र गहरा न खिंचा था तो वह इतनी जल्दी सोवीट सरकार स्थापित कर सकता। वह भी आंखों पर अविश्वास करता हुआ सुनी हुई कहानियों के पीछे दौड़ता और अपना सुधार और उद्धार न कर सकता। आज भी हम पोथियों के पीछे पड़े हुए करोड़ों लड़कियों को विधवा बनाकर क्या कुछ पाप नहीं करते।

एक लेखक ने अपने उपन्यास में इन निहिलिष्टों को यह कहकर दोषी सिद्ध करने का प्रयास किया है कि "यह किसी के सामने सिर न झुकाते थे, किसी सिद्धांत पर धार्मिक विश्वास न रखते थे, चाहे वह व्यक्ति या सिद्धांत कितना भी प्रतिष्ठापात्र क्यों न हो। लेकिन मेरी समझ में वे बहुत ठीक करते थे। हर एक को उचित है कि प्रत्येक राजनैतिक संस्था को, सामाजिक सुधार को, धर्म और कुटुंब को अंधा बनकर मान न दे, प्रत्येक बात के दूसरे पार्श्व पर विचार करे। उनकी समझ में उपर्युक्त सारी बातें दूषित मार्ग पर थीं तब उनका उन्हें न मानना उचित ही था। अंधविश्वास या विश्वास जो सर्वथा अंधा ही होता है, समझदार के पास रहने की चीज है। आंख वाला देखकर काम करना चाहता है लेकिन अंधे दूसरे की लकड़ी के सहारे चलते हैं। जो बात हमारे सामने आवे हम उसके विरुद्ध आलोचना पर ध्यान देकर न्याय तुला पर तोलें। किसी ने कहा एकादशी को अमुक वस्तु मत खाओ और अमुक पदार्थ खूब खाओ तो क्या जो बिना बात को तोले इस पंडित नामधारी की बात मानता है, चतुर है? कदापि नहीं। भारत में विधवा-विवाह का विरोध, छूतछात का ढोंग, अपने धन से कुकर्म के अवतार महंतों और पंडों का पालना सारी बातें वज्र मूर्खता की हैं, चाहे सारे संसार के धर्म और पंडित इन बेहूदगियों का समर्थन करें, तो क्या होता है। संसार की उन्नति में बुद्धि और विरोध ही प्रधान कारण हैं। कहा जाता है कि उस समय के रूसवासी कला, पद्य, भावुकता और औपन्यासिक बातों की कुछ प्रतिष्ठा नहीं करते थे। लेकिन यह ठीक नहीं, अत्याचार के नाश करने की तदबीर संसार में सबसे बड़ी कला है। देश-प्रेम ही सर्वप्रधान कवित्व है, देश की दशा को देखना और प्रकट करना ही विचार और भावुकता है, देश के लिए निर्भय होकर मर-मिटने में ही उपन्यास का बीज है। आज भारत में गान-बजाने, कविता रचने, नाटक-उपन्यास लिखने और चित्रकारी करने के बदले जो रूस की उन्नीसवीं शताब्दी के अंत की मूर्खता (यदि हमारे दोस्त उसे मूर्खता ही कहने से प्रसन्न हों तो) आ जाय तो देश की आधी जनता भूख के पंजे से छूट सकती है। लेकिन हमारे देश की

चातुरी नित्यप्रति इन गरीबों की संख्या बढ़ाती जा रही है।

निहिलिज्म का घोर विरोधी 'टरजीनीप' अपने उपन्यास में कहता है—"हम उसके (निहिलिष्ट के) साहस, ईमानदारी, पूर्णता और स्वाभाविक स्वाधीनता की प्रतिष्ठा करते हैं, लेकिन उसकी कठोरता, उसकी झक और उसके कुटुंब संबंधी भाव घृणाजनक हैं। भाई, कठोरता, झक और कुटुंब संबंधी भाव के कुछ अर्थ भी हैं? मनु शूद्र की जबान ब्राह्मण की खातिर जला देगा, हजारों निर्दोष पापियों की हत्या के लिए डायर और ओडायर पूजे जाएंगे, हेस्टिंग्स सदृश बेईमान राष्ट्र निर्माता माना जायगा। रात-दिन गरीबों के खून चूसने वाले सेठ जी और पंडित जी प्रतिष्ठा के पात्र होंगे। तब कठोरता का क्या अर्थ हुआ? बात यह है कि 'फिक्र हरकस बकद्र हिम्मत ओसा'। लोगों ने सभ्यता, दयालुता, नम्रता, कठोरता की अपनी-अपनी न्यारी ही कसौटी बनाई, तब निहिलिष्टों का ही क्या अपराध जो वे अपना मयार नया ही कायम करें। सच तो यह है कि 'पर उपदेश कुशल बहुतेरे।' [27.9.1924]

निहिलिष्ट ने संसार का विस्तृत रूप समझा और देखा था, उसने डार्विन, स्पेंसर, मिल के लेखों का रस लेकर फेंक-फांक दिया था, उसने सेंट साइमन, फोरियर, राडवटस, ओयन, प्राउढन, लेसाली और मार्क्स प्रभृति मनुष्य-भक्तों के मूल तत्त्व को पा लिया था। आदि से अंत तक उसने दीन-दुखी गरीबों के दु:ख से दुखी होना सीखा था। वह कांग्रेस कर के एक शब्द पर चार-चार घंटे कुत्तों की तरह लड़ना नापसंद करता था। वह शांति और अशांतिपूर्ण उद्योगों के झगड़े में पड़कर देश को कायर बनाने की चेष्टा को पाप समझता था। उसे दीनों के दुःख दूर करने की लगन थी, दुखियों से प्रेम था, दूसरों के दुःख के लिए वीरगति को प्राप्त होना उसके आनंद का विषय था। रोटीविहीनों को दर्शन सिखाना मूर्खता है, साधारण ज्ञानहीनों को निरक्षर रखते हुए बड़ी-बड़ी बुद्धिमत्तापूर्ण पुस्तकों का लिखना दंभ है। गरीब-अमीर, धनी-निर्धन, स्त्री-पुरुष, पढ़े-अनपढ़े, सबका इस पृथ्वी पर समान अधिकार स्थापित करना निहिलिष्ट के पवित्र हृदय का ध्येय था।

निहिलिज्म में दार्शनिक बकवास के सिवा सच्ची कार्यकारिणी शक्ति थी, उसका रूस पर बड़ा सुंदर प्रभाव पड़ा। जो देश अनंतकाल के कुसंस्कारों और अत्याचारों से पीड़ित था उसे सारी बातों को भुलाने के लिए गहरी बेहोशी की दवा देने की जरूरत थी। उसी के तैयार किये हुए खेत में महात्मा लेनिन का बीज फला-फूला और रूस के वृहत् भाग को सुख दे रहा है।

यहां से आगे अतिक्रांतिकारी आंदोलन की दूसरी अवस्था प्रारंभ होती है। इसमें साम्यवाद की शिक्षा और प्रचार का प्राधान्य है। पाश्चात्य घटनाओं ने रूस के

स्वतंत्रता उपासकों में एक प्रचंड प्रेमाग्नि प्रज्वलित कर दी थी। 'अंतर्राष्ट्रीयता' के आविर्भाव और उन्नति ने इन्हें नयी उमंगों से भर दिया था, जर्मनी के सामाजिक (Democracy) जनपदीय शासन की वृद्धि, फ्रांस में कम्यून की भयानक चेष्टाओं ने रूस के नवयुवकों को स्वातंत्र्य की अधिष्ठात्री शक्ति की बलिवेदी पर चढ़कर सुखी होने के नये भावों से अनुप्राणित और व्रती किया। स्वाधीनता के मतवालों की आकांक्षाएं प्रत्यक्ष और बहुत लंबे आदर्श की ओर दौड़ पड़ीं। इनकी पवित्र वासनाएं दीनों के छुटकारे के भावों से गर्वित, रूस के अशिक्षित, अभागे, और विवश नीच श्रेणी के लोगों के दुःख से क्षुब्ध चुटैल सर्पिणी की भांति फुंकारें मारने लगीं। सच है, मरता क्या न करता? इस समय महात्मा मिकाईल वेकुनिन की उदार और पवित्र शिक्षा का गहरा नशा नवयुवकों पर चढ़ चुका था, रूसी आंदोलन में 'शासनहीन साम्यवाद' बस गया था, रूस का सारा वायुमंडल 'स्वतंत्रता किम्बा प्राण विसर्जन' के नाद से गूंज उठा। 'लेवरफ' नामक किंचित् नम्र नीति का पोषक 'शासनहीन साम्यवादी' का भी इस अभिनव उत्थान चेष्टा में हाथ था। यह अपने सिद्धांत की पूर्ति क्रमशः उत्कर्ष के साथ चाहता था और संगठनशीलता का भी छायावादी था, जैसे आजकल के हमारे स्वराज्यवादी नेतागण हैं। इस समय रूस की विचित्र दशा थी। [18.10.1924]

बेकुनिन के सिद्धांत का जनता में प्रचार करना ही काम करने वालों के सामने प्रधान काम था। इस काम में रूस सरकार ने अपनी कुकृतियों से और भी मदद पहुंचाई, मानो बिगड़े हुए घोड़े को कोड़े से किसी ने चमका दिया हो। 1870 के लगभग बहुत से रूसी नवयुवक पश्चिम योरोप में शिक्षा पा रहे थे, इनमें से अधिकतर पवित्र स्वीजरलैंड के अंतर्गत ज्यूरिच की पुण्य नगरी में ही थे। यहां इन्हें रूस के निर्वासित देशभक्तों से मिलने-जुलने का सौभाग्य प्राप्त होता रहता था, और पश्चिम की आबोहवा का नैसर्गिक रंग भी चढ़ता जाता था, इसी बीच में (सन् 1873 में) ज़ार ने एक राजकीय 'अकासी, (राजाज्ञा) निकालकर सबको देश में वापस बुला लिया। इन सब स्वतंत्रता के मंत्रपाठ से विक्षिप्तों ने घर आकर विद्रोह की आग जलाने में घी का काम दिया। इनका काम था देश के भीतर स्थानांतर में यात्रा करके स्थान-स्थान की प्रजा के हृदय मंदिर में भगवती स्वतंत्रता की प्रतिष्ठा करना और शासनहीन साम्यवाद वा कम्युनिज्म का महामंत्र पढ़ाकर लोगों को दीक्षित करना। यह लोग लैखिक को त्याग मौखिक नियमों के अनुसार अपना काम करते थे, ध्येय निर्धारित था ही, साम्यवाद का मंत्र देना, और जनता के भीतर नये प्राणों का संचार करना, इसमें लिखा-पढ़ी की क्या जरूरत थी। ये भारतीय कांग्रेस के काकरूपी नेता तो थे ही नहीं, जो हर साल दो दिन व्यर्थ की झक-झक में लगा दें,

पहाड़ खोदकर चूहा निकालें, ये तो कर्मवीर थे, ये समझते थे 'कांस्टीट्यूशन' के नाम पर लड़ना, पोथे रंगना अदूरदर्शी मूर्खों का काम है, सयाने तो कार्य की सिद्धि थोड़े ही में कर लिया करते हैं 'एकै अक्षर प्रेम का पढ़े सो पंडित होय' एक बार मुझसे एक मित्र ने पूछा कि आपने भगवान तिलक और महात्मा गांधी को समझा, गवर्नमेंट ऑफ इंडिया एक्ट को पढ़ा, देश की बाबत क्या विचारा? मैं तो इन प्रश्नों से घबरा उठा और बोला, 'दादा, मैं सबको पका उसका तत्त्व निकालकर पी गया हूं वही मेरे लिये काफी हैं। पुनः प्रश्न हुआ वह क्या? मैंने कहा एक नवयुवक के शब्दों में "प्रिय देश देश रटते यह प्राण तन से निकलें"—इसी के नशे में जहां रहता हूं बहकता रहता हूं, बस, और जो महीन प्रश्न करते हैं अपने से ज्यादा पागल व बेसमझ समझता हूं।

रूस के प्रेम के पागलों ने ग्राम-ग्राम में शिक्षक, वैद्य, दाई, आदि होकर सेवा काम ग्रहण किया और अपना मंत्र जपते फूंकते रहे। कुछ लोग बढ़ई, लोहार, चमार, दर्जी, कहार आदि का काम सीखकर जनता के अंग बन गये और भक्ति के लिए अपना गुरुमंत्र जपने और जपवाने लगे। कुछ लोगों ने कारखानों में मजूरी कर ली और अवसर पाकर मजूरों को दीक्षा देने लगे। अनेक अधिकार प्राप्त धनिकों के पुत्रों और पुत्रियों ने जो भोगविलास की गोद में पले थे, संतोष के साथ अपना नाम व निशान मिटाकर, मोटा-झोटा खा पहनकर रूसी मजूरों के साथ दिन काटना शुरू किया। इन्होंने पूरी कोशिश की कि इनका रंगरूप, आहार-विहार, भोजन आच्छादन, चाल-ढाल सब मजूरों का-सा ही रहे जिसमें मजूरों को इन पर अविश्वास न हो।

लेकिन इन प्रचारकों का प्रभाव बहुत कम पड़ता था। अविश्वासपूर्णता और विचारों की संकीर्णता इन बेपढ़े ग्रामीणों को इन अजनबी लोगों की अजनबी शिक्षा समझने में बाधा देती थी। इस नवीन शिक्षा में न ग्रामीणों का विश्वास था और न प्रेम, वे उसे उपेक्षा की दृष्टि से देखते थे। इसके सिवा जो उनसे कहा जाता था, अधूरे गुरों के रूप में कहा जाता। जिसका अधिक संबंध पाश्चात्य योरोप के राजनैतिक उत्कर्ष से होता था और वह रूस के लोगों के अनुभव के बाहर की बात होती थी। यह प्रचार चिरस्थायी न हुआ। प्रचारकगण अपना काम करने में पूरी तरह से सारी बात—चारों ओर का दिग्दर्शन कराकर न कहते, बेपरवाही के साथ काम करते रहते। इस बेपरवाही का फल यह हुआ कि सरकार को खबर पड़ गई और 1876 तक 2000 से अधिक प्रचारक जेल में डाल दिये गये। बहुतेरे वर्षों तक जेल में सड़ा किये तब कहीं 1877 में 50 मास्को में और 183 सेंट पीटर्सबर्ग में अदालत के सामने लाये गये। बहुतों को अदालत ने निर्दोष कहकर छोड़ दिया फिर भी उनको प्रबंधकर्तृक अधिकार से देशनिकाला दे दिया गया। ऐसा ही हम आज भारत में भी देखते हैं कि

बिना तहकीकात के ही कितनों को कैद में सड़ाया जा रहा है, फिर भी ग्रेट ब्रिटेन को अभिमान है कि उसका शासन रूस के ज़ार के शासन से अच्छा!

इस सरकारी अन्याय का फल यह हुआ कि शांतिपूर्ण प्रचार बंद हो गया और क्रांतिकारी दल प्रत्यक्ष क्रियाशीलता पर अग्रसर हो गया। देशभक्त लोग जाकर श्रमजीवियों में बस गये और सरकार के विरुद्ध विद्रोह करने की तैयारी करने लगे। जब शांतिपूर्ण प्रचार रुका तो हिंसात्मक क्रिया की ओर लोगों की प्रवृत्ति हो गई।

[1.11.1924]

अतिक्रांतिकारियों ने ग्रामीणों को यह कहकर विद्रोह के लिए खड़ा किया कि यह ज़ार की ही अनुमति है कि वर्तमान सरकार के विरुद्ध शस्त्र उठाया जाय। एक दिन अतिक्रांतिकारी 'जेकब स्टिफेनोविट्ज' (Jacob Stephenovitz) ने दक्षिण-पश्चिम रूस में मशहूर कर दिया था कि "मुझे ज़ार महोदय की आज्ञा मिली है कि मैं साधारण प्रजा में 'गुप्तगोष्ठियां स्थापित करूं जिनके द्वारा प्रतिष्ठित धनिकों, पुरोहितों और राजकर्मचारियों के विरुद्ध काम किया जाय क्योंकि जार की इच्छा होते हुए भी यह लोग (पुरोहितमंडल, धनिक, जमींदार और सरकारी कर्मचारी) ग्रामीणों को स्वतंत्रता और धरती प्रदान नहीं करने देते"। यद्यपि लोगों को विश्वास न हुआ कि ज़ार इतना बेबस है कि ये लोग उसकी इच्छा न पूरी होने दें, फिर भी जेकब ने 1,000 लोगों की एक गोष्ठी स्थापित कर ही ली। जब यह बात पुलिस को मालूम हुई तो उसने कठोरता प्रारंभ की! वे लोग भी जो जेकब के चकमे में आ गये थे, उससे बिगड़े साथ ही इसको अतिक्रांतिकारी दल ने भी अच्छा न समझा।

सुतराम् अहिंसात्मक प्रचार की तरह यह हिंसात्मक प्रचार भी अकृत कार्य हुआ। क्रांतिवादियों के काम में बाधा डालने को सर्वत्र सरकार के दूत लट्ठ लिये खड़े रहने लगे। बिना छानबीन इन पर आघात होने लगा। तब तो दुखी होकर लोग खुल्लम-खुल्ला अत्याचारी शासन और उसके अधिकारियों पर आक्रमण करने लगे। जिस निर्दयता का व्यवहार इनके साथ सरकार करती थी यह भी उसी निर्दयता से काम लेने पर उतर पड़े। इस तरह ज़ार के शासन के साथ पक्का, लगातार क्रमबद्ध युद्ध खड़ा हो गया। इस काम के लिए क्रांतिकारियों को अपना ढंग बदलना स्वाभाविक था। इन्होंने अब बेकुनिन के बतलाये ढीलेपन को छोड़कर कड़ी शिस्त (Discipline) से काम लेना आरंभ किया। एक गुप्त केंद्रिक संगठन बनाया गया जिससे जान लड़ाकर इस दल ने अपने उद्देश्य को पूरा करने की कोशिश की। यही रूस की अतिक्रांति की तीसरी अवस्था है जो 1978 से प्रारंभ हुई। यों पहली अवस्था 1855 से 70 तक, दूसरी 1870 से 1877 तक और तीसरी 1878 से ज़ार के पतन तक।

इस तीसरी अवस्था का सबसे बड़ा काम पुलिस के प्रधान अफसर का घात हुआ। यह काम सेंट पीटर्सबर्ग में सन् 1878 में 'वीर ससोलिट्श' ने किया। हाकिम का नाम था जनरल ट्रीयोफ। इस 'वीरा' नाम्नी महिला ने इस हत्या से उस अपमान का बदला लिया जो ट्रीयोफ ने एक राजनैतिक कैदी को अपने हुक्म से बेंतों से पिटवाकर देशभक्तों का काम किया था। यद्यपि इसकी उस राजनैतिक कैदी के साथ जान-पहचान भी न थी परंतु वह अपने दल (पार्टी) का अपमान न देख सकी। इस बदले का भी अंतिम परिणाम जनता को दुःखी करने वाली सरकार के नौकर को मार प्रजा का पक्ष समर्थ करना ही था। मुकद्दमा चलने पर ज्यूरी ने इस महिला को निर्दोष बतलाकर छोड़ दिया, इससे सरकारी अदालत (Imperial Court) को आश्चर्य हुआ। अदालत से निकलते ही पुलिस ने उसे पुनः पकड़ना चाहा पर वह भीड़ में गायब हो गयी। इसके बाद वह स्विट्जरलैंड चली गई। पुलिस को कुछ पता न लगा।

[22.11.1924]

इस 'वीरा' नाम्नी महिला के साथ जिस सहानुभूति का परिचय जनता ने दिया उससे देश के हृदय की गति प्रगट होने लगी। क्रांतिकारी दल में बहुत बड़े स्वाभाविक उत्साह और होड़ा-होड़ी की वृद्धि हुई। इसके बाद दूसरा पुलिस चीफ राजधानी में ही दिन दोपहर भाले के हवाले किया गया, 'चारकोफ' के गवर्नर राजकुमार क्रोपाटकिन, जो क्रांतिकारियों का नातेदार था, गोली से खत्म किया गया। जेनरल ड्रेंथन पर भी आक्रमण हुआ। इस तरह शासन प्रबंध विभाग की खबर लेने के बाद अत्याचारी शासन के प्रमुख ज़ार को मारने की तैयारियां होने लगीं। एक बार इस पर तीन गोलियां चलीं पर खाली गयीं। तीन बार ट्रेन उलटने का भी प्रयत्न हुआ, लेकिन तो भी ज़ार बच ही गया। अंत में 13 मार्च 1881 को अलक्षेंद्र द्वितीय को क्रांतिकारियों ने खेत रखा।

इस घटना से योरोप में बड़ी सनसनी फैली। यह उदार शासक समझा जाता था। लोग यह न जानते थे कि यह किस तरह प्रजा की प्यास बुझाने को हाथ उठाकर पीछे हट गया था जिससे प्रजा क्षुब्ध हुई। कुशासन का एक न एक दिन यही फल होना था। अत्याचारों से पीड़ित प्रजा का जब कलेजा पक जाता है तो वह पागल हो उठती है। प्रजा का निर्दयता से लट्ठ के बल शासन करना घोर पाप है, उसके मोटे-मोटे साधारण अधिकारों से इंकार करना उसको भड़काना है, वक्तृता, संवाद-पत्र और जूरी शासन साधारणतः हर व्यक्ति का जन्मसिद्ध अधिकार है, अपने उपार्जित धन को भोगना प्रजा का स्वत्व है, जो शासन छल से, बल से, कर से, कानून बनाकर या हथफेर से इन स्वत्वों में बाधक होता है, उसको एक न एक दिन प्रजा

चाट ही जाती है। सच है जो राजा दंड का शुद्ध व्यवहार नहीं करता उसे वही दंड मार कर छोड़ता है। जो काम क्रांतिकारी प्रचारक एक सदी में कर सकते वह राजकीय अत्याचार एक वर्ष में कर दिखाता है। सरकारी अत्याचार ही सरकार को नाश करता है। अनार्किज्म, निहिलिज्म, कम्युनिज्म आदि का प्रचार तो निमित्त मात्र बन जाता है।

रूस का क्रांतिकारी दल सब श्रेणी के छटे-छटे लोगों को शामिल करके बना था। बाजे तो राजघराने से संबंध रखने वाले थे, बाजे पुरोहित दल के शिष्ट सज्जन थे। सरकारी अफसर के बच्चों से भी यह दल खाली न था। बाद में देहाती और कस्बाती भी इसको दृढ़ करने के कारण बने। बड़े मार्के की बात तो यह थी कि इस दल का प्रभाव स्त्रियों पर भी खूब पड़ा। 1878 में जो उदाहरण देवी 'वीरा सुशीलता' ने उपस्थित किया था उसका अनुकरण 1881 में सोफिया (Sophia Perouskain) ने किया। उसने अपने घूंघट के (हिलाकर) इशारे से अलक्षेंद्र द्वितीय के घात में पथ प्रदर्शन किया। मानो चांद बीबी की बहिन थी। इस समय रूस के क्रांतिकारी दल में क्या स्त्री क्या पुरुष कोई भी 25 वर्ष से अधिक अवस्था का न पाया जाता था। इनमें अगर-मगर की पापिनी बुद्धि न थी। ये उत्साह से उछल रहे थे, इन्हें देश-प्रेम की मदिरा ने मतवाला बना रक्खा था। क्रांतिकारियों की संख्या जनसंख्या के देखते बहुत थोड़ी थी। लेकिन इनके काम से जनता की सहानुभूति पूरी थी, यही इनके उत्साह और काम का रहस्य था। एक अधिकारी लेखक ने रूस के अतिक्रांति आंदोलन के संबंध में जो कुछ कहा है वह नीचे दिया जाता है—

> "रूस की क्रांति वास्तव में आप ही आप पैदा हुई क्रांति है, इसको हाथ में लेने व चलाने वाला यद्यपि प्रजा समूह न था, उसे इसकी जरूरत का ज्ञान था प्रत्युत् उसका प्रतिनिधि दल था जो प्रजा समूहों की ओर से उनकी खातिर काम करता था। इस दल के जन-बल का अनुमान करना कठिन है। यह कौन कह सकता है कि कोटि-कोटि प्रजा में से कितने लोग थे जो इस दल के विश्वास, वासना और आकांक्षा में शामिल थे। इस समय इस दल की संख्या लाखों से भी कहीं ज्यादा है, करोड़ों कहें तो भी अत्युक्ति नहीं। यह ठीक है कि यह सबके सब झगड़े में खुल्लमखुल्ला भाग नहीं लेते थे लेकिन इन्होंने अतिक्रांतिकारी समूह को अपने स्वार्थ, अपनी प्रतिष्ठा, अपनी घृणा और बदले के भावों को सौंप दिया है। उन प्रतिनिधि क्रांतिकारियों का यह एकमात्र काम है कि क्रांति के लिए रात-दिन काम किया करें। रूस के साधारण जनपद की परिस्थिति ऐसी नहीं है कि वे साम्यवाद और क्रांति में भी भाग लें और मामूली प्रजा भी बन बैठे रहें।

असली अतिक्रांति दल, उसकी सेना और उर्द्धतन कर्मचारी सब उपर्युक्त, प्रतिनिधि समूहों से समय-समय पर चुने जाते हैं।"

गवर्नमेंट की दमन नीति में कुछ काल के लिए क्रांतिकारियों को दबा दिया था लेकिन किसी ने सच कहा है 'उमड़ा हुआ अनुराग दबाए नहीं दबता।' विद्रोह की आग भीतर ही भीतर सुलगती रही। इसी बीच में कस्बों (नगरों) में औद्योगिक कामों—बल-कारखानों की उत्पत्ति व वृद्धि हुई और गरीब ग्रामीण धरती से विच्छिन्न कर दिये गये थे, ग्रामों से निकल-निकल कर कस्बों में मजूरी करने आये और जातीय जीवन के एक महदंग बनने लग गये। [20.12.1924]

नवीन औद्योगिक परिस्थिति के कारण 1896 में पुनः अतिक्रांतिकारी आंदोलन प्रारंभ हुआ और कार्ल मार्क्स के सिद्धांतों पर विश्वास रखने वाला एक नया साम्यवादी जनपदीय दल उत्पन्न हो गया। इसी वर्ष लण्डन में साम्यवादियों का अंतर्राष्ट्रीय महासम्मेलन (International Congress) हुआ, इसमें रूस के साम्यवादी नेता पहली बार सम्मिलित हुए। इस समय तक साम्यवादियों के झुंड सारे रूस में पैदा हो गये थे और होते जाते थे। इनमें अनेक लोगों ने यही उचित जाना कि क्रमशः सांपत्तिक उत्कर्ष की बाट न देखकर रूस की विशिष्ट परिस्थिति में अतिक्रांतिक कठोर मार्गों का अवलंबन किया जाय। 1901 में पुराने अतिक्रांतिवादी दल के बचे हुए लोगों ने अपना दल पुनरुज्जीवित और परिवर्द्धित किया। इस तरह रूस में दो अतिक्रांतिकारी दल हो गये। एक जनपदीय साम्यवादी जो सांपत्तिक अभ्युदय के लिए कुछ ठहरना चाहते थे, दूसरे क्रांतिकारी साम्यवादी जो तत्काल अतिक्रांति करने का बीड़ा उठा चुके थे।

इधर तो यह दो दल थे, उधर लूथानिया, रूसी वोलैंड और पश्चिमी रूस के और कई जगहों में यहूदी मजूरों और कारीगरों के भी संगठन हो गये थे। इनका नाम था 'बंद'। रूस में यहूदियों की बड़ी दुर्दशा थी। इधर तो क्रांतिकारी यहूदी सरकार की आंखों के फोड़े, उधर व्यापार और ब्याज से लुटने वाले ग्रामीण किसानों और मजूर कारीगरों के छाती के पीपल। किसान दल का भी रूस में संगठन हो चला था। यद्यपि जैसा चाहिए वैसा न था। पर एकदम उपेक्षणीय भी न था। 1901 में ही छात्रों का भी हुल्लड़ हो पड़ा और सैकड़ों ही अपराधी सेना-भुक्त करके पोर्ट आर्थर को रवाना कर दिये गये। इन विद्रोही छात्रों को मास्को और सेंट पीटर्सबर्ग के मजदूरों (workers) ने मदद दी थी। खूब लड़ाई हुई। दमन-नीति के कारण प्रजा में घोर असंतोष की लहरें उठीं। अंत में आमात्यों (वजीरों) की कमेटी ने छात्रों को फौज में भेजने की आज्ञा

रद्द करा ली तो भी सरकारी अत्याचारों ने इन्हें सरकार का पहले से कहीं अधिक शत्रु बना दिया।

रूस में सब प्रकार का प्रचार कानूनन बंद था। न तो क्रांतिकारी लोग सभा कर सकते थे, न संवादपत्र निकाल सकते थे। न और तरह पर इन्हें कहीं जबान खोलने की इजाजत थी। चारों ओर खुफिया पुलिस बुरी तरह से फैली हुई थी। देशभक्तों की प्रत्येक बात का बुरे से बुरा अर्थ लगाना इन चरों का काम था। बहुधा जिन्हें यह सिखाने जाते वे ही पुलिस में रिपोर्ट कर देते। कितने ही काम करने वालों को दबाया-धमकाया जाता तो वे अपने दल के साथ विश्वासघात कर बैठते। कभी लोभ-विवश इनके साथी इन्हें धोखा देते। साम्यवादीय क्रांति के भावों को सुनते ही गवर्नमेंट जल उठती और जिसको इस भाव के रखने के अपराध में पकड़ती उसे कठोर दंड देती। अपराधी को अपील से भी न्याय का भरोसा न होता था क्योंकि अदालतों का झगड़ा छोड़कर वैसे भी इन्हें फांसी हो सकी थी। देश से निकालकर साइबेरिया में भेजे जा सकते थे। इसलिए देश का स्वतंत्रता के दीवानों को गुप्त गोष्ठियों के सिवा और दूसरा उपाय ही न रहा। ब्रिटिश शासन में आज भारत की ठीक यही दशा है।

सार यह कि रूसी देशभक्तों ने हारकर संगठनशीलता और उदारता की सीमा का उल्लंघन किया। इनका इसमें कुछ भी दोष न था। जब इनके साधारण से साधारण जन्मसिद्ध अधिकारों को भी राज्य से इनकार किया गया तब इनको अंधे होकर लड़ने-मरने के सिवा और कोई उपाय न सूझा। 1881 में, सिकंदर द्वितीय (Alexander the II) के मरने के बाद जब तीसरा सिकंदर (Alexander the III) गद्दी पर बैठा था, तभी देशभक्तों ने एक सूचना भेजी थी, उसमें अपने हिंसात्मक कामों को छोड़ने की प्रतिज्ञा की थी, किंतु इस शर्त के साथ कि प्रजा की स्वतंत्र चुनी हुई राज परिषद् (National Assembly elected by the people) के द्वारा शासन किया जाय, अर्थात् यह लोग संगठनशील सरकार चाहते थे। पर सिकंदर तीसरा राजमद का माता था, उसने कुछ ध्यान न दिया। नतीजा जो हुआ वह ऊपर कहा जा चुका है।

इन तमाम घटनाओं को आंख से देखते हुए मिनिस्टरों (आमात्यों) के कई बार समझाने पर भी सिकंदर तृतीय ने शासन में संगठन संबंधी सुधार करना अस्वीकार ही नहीं किया प्रत्युत 'क्रैंट विट्टे' को सुधार के लिए कहने के अपराध में नौकरी से निकाल दिया और 'फान पहलवी' को उसकी जगह नियत किया। इतने में घातक समर छिड़ गया। 1904 में 'पहलवी' को भी संसार से उच्छिन्न किया गया और उपद्रवों की खूब धूम मची। यहूदियों पर जार की अनुमति से एक ओर घृणित सरकारी अत्याचार हुए, दूसरी ओर प्रजा की ओर से इन्हें अच्छी तरह सताया गया।

1904 के दिसंबर में गेम्स टब की कांग्रेस बैठी। इसने 104 मत में से 102 मत से संगठनशील शासन मांगना निश्चय किया। जनवरी 1904 में एक 'गेपन' नामक पादड़ी ने राजनैतिक अधिकारों के लिए 1 लाख आदमियों की भीड़ लेकर लोकमत का प्रदर्शन किया। यह भीड़ बिलकुल निहत्थी थी। फिर पुलिस ने इस भीड़ पर गोली चलाई। 1,000 हताहत हुए। 'गेपन' भागकर बचा, परंतु उसे क्रांतिकारियों ने विश्वासघात के अपराध में मार डाला। ऐसे ठग धनवानों और धर्मयाजकों में बहुत होते हैं जो पहले प्रजा के प्रदर्शक बनते हैं पर मुसीबत का सामना पड़ने पर अत्याचारी से जा मिलते हैं। इन्हीं दुष्ट देशद्रोहियों में 'गेपन' भी था। 'टामस वेंडवर्थ' 'लार्ड स्ट्रफोर्ड' की प्रतीकें संसार में बहुत हैं। देशभक्तों को सब देश में सब काल में ऐसे नालायकों का सामना करना पड़ा है, पड़ता है और पड़ेगा। धन्य हैं वे जो देशमाता के एकांत भक्त होते हैं, देश के दुखियों के लिए मरना जीने वा सुख भोगने से कहीं श्रेयस्कर जानते हैं।

इस घटना के बाद ही 'वासा' और 'पोलैंड' में जोर से हड़तालें हुईं और बहुत जल्दी हड़ताल की लहर सारे रूस में फैल गई। ओडेसा में बड़ा उभाड़ हुआ। कृष्णसागर का बेड़ा बिगड़ उठा। पोटेमकिन नाम का रणपोत लेकर बलवाइयों ने खूब इधर-उधर समुद्र में खोज करते रहे अंत में मांझियों ने उसे रोमानिया के बंदर पर छोड़ दिया। अंत में हठी 'जार' (Alexander III) ने एक प्रकार का 'संगठन' स्वीकार किया। किंतु मानदाताओं की सूची में सारे काम करने वालों को और बहुत से दूसरे लोगों को भी न शामिल किया। इस सुधार से किसी को भी संतोष न हुआ। फिर मास्को में हड़ताल हुई और सारे रूस में फैल गई। यह हड़ताल बड़े ही मार्के की थी। तमाम रेलगाड़ियां बंद हो गईं। सेंट पीटर्सबर्ग का सारा काम रुक गया। यह ऐसी सार्वभौम हड़ताल थी कि जजों ने भी इसमें भाग लिया, न्यायालय बंद पड़े रहे। सार यह कि गवर्नमेंट वातरोग बिताड़ित मनुष्य के शरीर की भांति सुन्न पड़कर बेकार हो गई। क्यों न हो किसी देश की समस्त जनता चाहे तो बिना हथियार उठाये ही अपनी अन्याय परायण सरकार को एक दिन में मुर्दा बना छोड़े। किंतु जिस देश में स्वार्थी, देशद्रोही, नीच प्रकृति, आपस में धर्म के नाम पर कुत्तों की तरह लड़ने वाले यात्रियों की तादाद ज्यादा होती है वह सदा अपनी गुलामी की जंजीर कड़ी करता चला जाता है। [27.12.1924]

देशद्रोहियों का मरना जीने से लाख बार अच्छा है, इनका कौओं की तरह बहुत दिनों तक बलि खाकर जीना किस काम का। देशद्रोही अपनी जाति, धर्म और घराने का मुंह सदा के लिए काला करते और नरक में निवास करते हैं। ऐसे कायरों को जीते

जी अनेकों बार मरना पड़ता है—Cowards die many times before their death. The valiant never taste of death but once.

इसीलिए वीर प्रवर भगवान् कृष्ण ने कहा है कि देश के लिए अपने शत्रु से लड़ने को सदा तैयार रहना चाहिए—

हतोवा प्रस्यसि स्वर्ग जित्वा वा भोक्ष्यसे महीम्।
तस्मादुत्तिष्ट कौंतेय युद्धाय कृतनिश्चयः ॥ अस्तु—

यह रूस की अतिक्रांतिकारी हड़ताल ऐसी सुंदर रीति से हुई कि पत्ता तक न खड़का, सर्वत्र शांति और नियम विराजता रहा, सैनिकों के हस्तक्षेप का जरा भी अवसर न दिया गया। अब जार ने 'कौंट विटे' को याद किया और 30 अक्टूबर को 'डयूमा' (रूस राज परिषद्-पार्लीमेंट) को बुलाने की घोषणा निकाली और 1 नवंबर को सबको एक ओर से क्षमा कर दिया। लेकिन इसका कोई फल न हुआ। जनवरी 1906 को मास्को में विप्लव हुआ, साथ ही बाल्टिक प्रांत में भी उपद्रव मचा, यहां तक कि 1,600 जगह ग्रामीणों ने सिर उठाया और बहुत ही निर्दयता से कुचले गये, जैसा कि अत्याचारी शासनों का दस्तूर होता है।

1906 में पहली 'ड्यूमा' बैठी, और 70 दिन तक चली। साम्यवादी दल अलग रहे लेकिन ग्रामीणों और कमेरों के 107 आदमियों का बल चुना गया था। 1907 की 'ड्यूमा' के चुनाव में साम्यवादी प्रजा-पक्षी और अतिक्रांति दल साम्यवादी, जिनका ऊपर जिक्र हो चुका है, दोनों ने भाग लिया और सब 524 मेंबरों में से 132 साम्यवादी चुने गये। यद्यपि 'साम्यवाद' का मत रखने वालों के साथ खूब अत्याचार हो रहे थे तो भी इतने साम्यवादियों का चुना जाना इस बात का प्रत्यक्ष प्रमाण है कि इनका खासा जोर देश में हो गया था। जून 1907 में 'ड्यूमा' भंग की गयी और प्रधानामात्य के प्रस्ताव पर राज ने 16 साम्यवादी मेंबरों को गिरफ्तार करने का और 55 पर भूसैन्य और नौसैन्य 'Army and Navy' में क्रांति के प्रचार करने का दोष लगाया गया और यह मामला 'ड्यूमा' की पूर्व अनुमति के अनुसार एक विशिष्ट समिति को सौंपा गया। अतः, पर बिना 'ड्यूमा' की स्वीकृति के ही नया चुनाव का कानून जारी हुआ। इस नये कानून के अनुसार 'ड्यूमा' का सदस्य चुनने का अधिकार जमींदारों और धनपात्रों को ही विशेष करके मिला और राजकर्मचारियों को चुनाव में हस्तक्षेप करने का भी अधिकार मिला, साथ ही सभासदों की संख्या 524 से घटा कर 442 कर दी गई। 15 नवंबर 1907 को सम्मिलित होने वाली ड्यूमा के लिए कुल 14 सदस्य साम्यवादी और 14 श्रमदल के चुनाव में आये। इसके साथ-ही-साथ दलन-नीति भी प्रारंभ हुई, सैकड़ों पत्र-संपादक देश-बहिष्कृत होकर

साइबीरिया भेजे गये। (साइबीरिया रूस का कालापानी है) दूसरी 'ड्यूमा' के 26 साम्यवादी कठोर कारागार के अधिकारी बने, पहली 'ड्यूमा' के 163 सदस्य 3 महीने के लिए जेल भेजे गये और साथ ही इनके राजनैतिक अधिकार भी छिन गये, क्योंकि इन्होंने 1905 में निष्क्रिय प्रतिरोध की जो प्रार्थना प्रजा से की गई थी उस पर हस्ताक्षर किये थे। पोलैंड के 600 राष्ट्रीय स्कूल सरकारी लट्ठ द्वारा बंद हुए।

1908 ई. में धरपकड़ का बाजार और भी अधिक गरम हुआ। अनुमान 70,000 आदमी राजनैतिक अपराधों में देश से निकाले गये, 782 को फांसी हुई। सब मिलाकर 1,80,000 से कम लोग देशनिकाले में न रहे होंगे। ड्यूमा ने एक कानून पास किया, इसके अनुसार 1906 की वह कच्ची अकासी (राज की आज्ञा–फर्मान) जो उस समय काम चलाने के लिए निकाली गयी थी, पक्की की गई और किसान लोग धरती के वैयक्तिक स्वामी हुए। यह इस समय एक बड़ा भारी परिवर्तन हुआ।

1909 में 'एजेब' नामक एक व्यक्ति के मुकद्दमे ने एक असाधारण गुल खिलाया। यह अपने को अतिक्रांतिकारियों का नेता बतलाता था, लेकिन वास्तव में पुलिस का दाहिना हाथ था। इसका काम था पुलिस से मिलकर मारधाड़, घात-प्रतिघात करना-कराना। इसने आठ वर्ष पर्यंत यही कार्यवाही करके पुलिस को साम्यवादी दल के पकड़ने का अवसर और राजकीय अत्याचारों के लिए बहाना पैदा किया था। भारत में हाल में जो नोटिसें अराजकतावादियों ने निकाली थीं वे सब पुलिस को ही मिलीं। हम लोग रात-दिन के फिरने वाले हैं तो भी नहीं जानते कि किस रंग-रूप की ये नोटिसें थीं। नहीं कह सकते क्या बात है? बिना निश्चय कौन क्या कह सकता है। जो भी हो राजमाया व पुरोहिती माया स्त्री-चरित्र से भी अधिक गहन है। 1909 की वार्षिक बही से ज्ञात होता है कि जो षड्यंत्र पलेहवी और ग्रांड ड्यूक सर्जियस के घात करने के लिए पुलिस से मिलकर 'एजेब' ने रचा था उसे पुलिस यथासमय पहुंचकर रोक न सकी थी।

मई महीने में भूतपूर्व प्रधान पुलिस अफसर को अपराधकारी संघ का सदस्य होने के कारण 5 वर्ष का कठोर कारावास का दंड दिया गया। दिसंबर महीने में कारपफ नाम का एक अफसर जो सेंट पीटर्सबर्ग के गुप्त विभाग (C.I.D.) का प्रधान सरदार था बम के गोले से मारा गया; घातक पुलिस का ही एक एजेंट था। इन सारी बातों से प्रत्यक्ष यही परिणाम निकलता है कि स्वेच्छाचारी पद्धति से किसी भी वृहत् देश का शासन करने की चेष्टा सर्वथा विफल ही होती रही है। अब, जबकि संसार इतनी उन्नति कर चुका है, यदि कोई सरकार इतिहास की ओर से मुंह मोड़ती है तो निश्चय ही वह अपने लिए समाधि तैयार करना चाहती है। जहां सैकड़ों वर्ष का ब्रिटिश इतिहास हमें यह साक्षी देता है कि समस्त शासन पद्धतियों में संगठनशील शासन

पद्धति ही दृढ़ हो सकती है, और अदृढ़ता और नाश अत्याचार परायण सरकारों के घातक साथी हैं, वहां नवीन संसार की प्रगति हमें यह बतलाती है कि साम्यवाद के सिवा कोई सामाजिक व्यवस्था किंबा शासन दृढ़ नहीं रह सकता। 1910 में ड्यूमा के निश्चय द्वारा बिना अदालत की जांच के ही प्रबंध के नाम पर निर्वासित करने की प्रथा उठा दी गई। यह वही प्रथा थी जिसे भारत में—अंग्रेज सरकार के अधिगत भारत में हम लोग रेग्यूलेशन 3 वा 'लैटर ही कैचिट' कहते हैं। इस प्रकार के कानून जिस राज्य में होते हैं उसका प्रजा के हाथ से शीघ्र ही विनाश होता है, क्योंकि प्रजा घबराकर हत्या करने पर उतर पड़ती है। प्रजा जितना राजकीय अत्याचारों से जागृत होती है उतना किसी भी प्रचार 'Propaganda' से नहीं हो सकती। इसी सिद्धांत को संस्कृत साहित्य यों बतलाता है—'पापी को उसका पाप ही शीघ्र विनाश कर डालता है।'

1910 की दूसरी नवंबर को ऋषि टाल्सटाय का देहांत हो गया। यह बड़ा जबर्दस्त अतिक्रांतिकारी था। किंतु यह हत्याकारी न था, महात्मा गांधी की तरह शांतक्रांति का पक्षपाती था। इस महापुरुष का थोड़ा-सा हाल यहां पाठकों की जानकारी के लिए दे देना मुझे उचित प्रतीत होता है। यह नरपुंगव बड़ा भारी साहित्यज्ञ और ऐसा महत् व्यक्ति था कि जिसे संसार महात्मा गांधी की भांति प्रतिष्ठा की दृष्टि से देखता है। इसका सिद्धांत नवीन और मध्यकालीन भावों का सम्मिश्रण था और समयानुसार बदलता रहता था, किंतु आद्योपांत लगातार सरकारी अत्याचारों की तीव्र आलोचना, उनकी अमानुषिक कृतियों के दृढ़ खंडन से परिपूर्ण पाया जाता है। इसने अपने देश की बहुत बड़ी सेवा की। इस प्रकार लगातार सरकार के कुशासन की कठोर निंदा करते रहना साधारण व्यक्ति का काम नहीं है। यह शक्ति इसी में थी। इसका कारण इस महापुरुष की विद्वत्ता, सुख्याति और हार्दिक महत्ता थी जिसके भय से रूस सरकार इस पर हाथ डालने की हिम्मत न करती थी, फिर यह एक बड़े घराने का मनुष्य था जैसा कि इसके नाम के आगे का काउंट 'Count' शब्द की प्रकट करता है। यह जो जी चाहता, कहता और लिखता कोई इसकी ओर आंख उठाकर न देखता।

[3.1.1925]

8. कम्युनिस्ट पार्टी क्या चाहती है?

एक अप्रत्यक्षवादी

भारतवर्ष में भारतीय साम्यवादी दल की प्रतिष्ठा हो चुकी है। यों तो साम्यवाद (Communism) के भाव भारत ही से संसार ने पाये हैं। सम्मिलित कुटुंब शासन-पद्धति इसका प्रमाण है। परंतु हाल में समस्त भारत के साम्यवादी दल का प्रधान केंद्र कानपुर में कायम हुआ है। हमारे देश के बहुतेरे लोग पार्टी का उद्देश्य नहीं जानते इसीलिए इस पार्टी का काम यथेष्ट नहीं फैला। अतः इसके उद्देश्यों पर प्रकाश डालना आवश्यक है। सुनिये, भारतीय साम्यवादी दल चाहता है—

1. हर एक खेतिहर अपने खेत का मालिक हो। जमींदार लोग किसी किसान को बेदखल न कर सकें। ईश्वर की दी हुई जमीन, ईश्वरदत्त जलवायु की तरह, बिना रोक-टोक सबकी जरूरतों के मुताबिक, भोग में आये। जमींदारी रूपी महामारी से किसानों की रक्षा हो। जमींदारी और जागीरदारी तोड़ दी जाय। उनके अत्याचारों का अंत हो जाय।
2. कल-कारखानों के चलाने वाले थोड़े से धनवान बहुत-सी ईश्वरीय प्रजा को बेरोजगार कर डालते हैं। कपड़े के मिलों और पुतलीघरों के बनने से हमारे देश के जुलाहों, तांतियों और कोरियों का नाश हो गया। यह सब आधा पेट अन्न खाकर पुतलीघरों में गुलामी करते हैं। थोड़े-से कारखाने वाले देश का धन बटोर-बटोरकर धनवान हो जाते हैं। जब ये पुतलीघर न थे, तब हमारे कपड़े बुनने वाले और कातने वाले भूखों नहीं मरते थे। सबके घर ही कारखाने थे। बच्चों और स्त्रियों के साथ पुरुष अपने ही घर की कलों और औजारों से अपना काम करते थे। पसीने की कमाई खाते और मौज से स्वतंत्र रहते थे। अपने देश-भाइयों को सस्ते कपड़े पहनाते थे। गुलामी का अपमान और कष्ट स्वप्न के समान था। पेट के दुःख का तो पता ही न था।

    इसी प्रकार अगर हम रेल को देखें, तो इसने सराय वालों, गाड़ी वालों, मजदूरों और दूसरी सभी देशी सवारियों का नाश कर दिया। देश के कोने-कोने से सारा धन समेट-समेट कर रेलवे कंपनियों के हिस्सेदार करोड़पति बन गये और बनते ही चले जाते हैं।

    इस तरह की फैलती हुई अनुचित दरिद्रता को रोकने के लिए सभी

कल-कारखाने और रेलवे लाइनें राष्ट्रीय संपत्ति बना ली जायें। किसी एक आदमी या कुछ आदमियों की कंपनी को देश के लूटने का अधिकार नहीं है।

3. स्वामी और सेवक तथा मालिक और मजदूर के झूठे बनावटी भावों को एकदम मिटा दिया जाय। मनुष्य-मात्र में बराबरी का प्रेमभाव स्थापित हो। मनुष्य, सभ्यता, चातुरी या धन का बहाना करके पशुओं की तरह एक-दूसरे का रक्त पीना छोड़ दें।

4. प्रत्येक मनुष्य अपने शारीरिक अथवा मानसिक परिश्रम से अपनी जीविका प्राप्त करे। स्वावलंबी बनकर जिंदगी बिताये। प्रत्यक्ष या परोक्ष भाव से हरामखोरी न करके ईमानदारी के साथ समाज की भलाई करे।

    यह उचित नहीं है कि जिस मजूर की दिन-भर की मजूरी से हम 3 रु., पैदा करें, उसे पचास पैसे या 1 रु. देकर टरका दें, और हराम के दो रुपये अपनी जेब में डाल दें, बड़े-बड़े मकानों में रहें—मोटरें खरीदें, शराब पीयें, अपने उन्हीं अन्नदाता श्रमजीवियों की बहू-बहन-बेटियों की ओर कुदृष्टि से देखें, उनका सतीत्व नष्ट करें! अमीरों की बदमाशी और अनुचित स्वार्थपरता का अंत हो। जो हाथ-पैर चलाकर मेहनत से पदार्थ नहीं पैदा करता, वह हरामखोर है—उसको अन्न-वस्त्र पाने का कोई अधिकार नहीं।

5. हर एक मनुष्य का जन्मसिद्ध अधिकार है कि जिस देश में वह पैदा हुआ है, वहां उसे पेट भर—तंदुरुस्त रखने वाला—भोजन, रहने के लिए नीरोग घर, पीने को अच्छा जल और पहनने के लिए काफी कपड़े मिलें। एक आदमी सड़क की पटरी पर पड़ा हुआ सर्दी से सिकुड़कर प्राण दे और दूसरा कई शाल-दुशाले ओढ़कर महलनुमा कोठियों में मौज उड़ावे! यह मनुष्यता नहीं। यह तो पशुता है। नीचता की पराकाष्ठा।

6. इस बात का ऐसा कोई भी धर्मानुमोदित कारण नहीं हो सकता कि कुछ लोगों के लड़के तो सुखपूर्वक विद्याभ्यास करें, बड़े-बड़े पंडित और वैज्ञानिक तथा दार्शनिक बनें, नये-नये आविष्कार करें, पर अन्य असंख्य लोगों के बालक होश संभालने के पहले ही से पेट की चिंता में लग जायें—कुछ सीखने या लिखने-पढ़ने का सुयोग ही न पा सकें। देश के हर एक बच्चे की शिक्षा का भार सरकार पर होना चाहिए। प्रत्येक मनुष्य को अपनी शारीरिक और मानसिक उन्नति करने के लिए एक-सा सुअवसर मिलना चाहिए।

7. जरूरत से ज्यादा जमीन, मकान, कपड़े और रुपये-पैसे आदि दबाकर बैठ जाना तथा गृह-अन्न-वस्त्र-विहीनों को बेमौत मरने देना, मनुष्यता नहीं शैतानी है। इसलिए इस प्रकार के अनुचित धरा-धाम-धन के मालिक बनाने

के सारे रास्तों को बंद करना और सार्वजनिक सरकार को ही मालिक बनाना।

8. कुटुंबवत् एक सार्वजनिक सरकार कायम करना। इसी प्रकार की अनेक सरकारों का एक केंद्र स्थापित करना और मनुष्य मात्र में प्रेम तथा भ्रातृ-भाव का संचार करना।
9. जाति, वंश, वर्ण, धन और रूप-रंगादि के कारण किसी का पक्षपात न करना। सबमें समता, दया, प्रेम और सद्भाव फैलाना। राजनीतिक और सामाजिक तथा धार्मिक अथवा सांप्रदायिक भेदभावों को एकदम मिटा देना। किसी आदमी को अछूत, नीच, अधर्मी, घृणित, गुलाम और काफिर समझना जड़ता और पशुता है।
10. सब प्रकार की कारीगरी, वैज्ञानिक उन्नति, कल-कारखाने और कलाएं रहें, पर उनसे जो द्रव्य और सुख-सुविधा प्राप्त हो, उसमें सबका समान अधिकार हो। किसी तरह का आविष्कार करने वाला कोई भी विद्वान् हाथ-पैरों से काम करने वालों की सहायता के बिना कुछ नहीं कर सकता। हाथ और दिमाग का समान मूल्य है। कोई कसौटी या प्रमाण नहीं हो, यह तय करे कि हाथ, पैर, कान, नाक, आंख, दिल और दिमाग में से किसके काम का मूल्य कितना कम और ज्यादा है, और अगर है तो क्यों? इसलिए कोई मनुष्य बल, बुद्धि प्रतिष्ठा और धन के सबब से कभी बड़ा नहीं माना जा सकता। धरतीमाता के सभी पुत्र उसके दिये हुए सुखों के समान अधिकारी हैं।
11. ऐसे मार्गों का अवलंबन करना जिससे बड़े-बड़े धनी, जमींदार और राजा हो ही न सकें, क्योंकि ये लोग बेचारे गरीबों का धन लूटकर अपनी पाशविक इच्छाओं की तृप्ति में स्वाहा करते हैं और संसार के सामने राक्षसी आदर्श उपस्थित करते हैं। इसलिए धनी, जमींदार और राजा-रईस बनने का साधन ही निर्मूल कर देना।
12. सूद, भाड़ा, नजर, सट्टा, फाटका और घुड़दौड़ आदि सब प्रकार के अधर्म कार्यों को निरुत्साह तथा निर्जीव कर देना, इनकी स्थिरता के मार्गों को बंद कर देना।
13. स्त्री और पुरुषों के अधिकारों को एक समान रखना। दोनों में किसी एक को यह अधिकार प्राप्त नहीं कि दूसरे पर अपना प्रभुत्व स्थापित करे।

बस, यही इतना साम्यवाद के सदुद्देश्यों का दिग्दर्शन है। कम्युनिस्ट पार्टी (साम्यवादी दल) इन्हीं उद्देश्यों की सिद्धि तथा प्रचार चाहती है। इसके बिना कदापि संसार में स्थायी शांति न होगी—न होगी—न होगी।

[7.2.1925]

9. युवक

बलवंत सिंह [अमर शहीद सरदार भगतसिंह]

युवावस्था मानव-जीवन का वसंतकाल है। उसे पाकर मनुष्य मतवाला हो जाता है। हजारों बोतल का नशा छा जाता है। विधाता की दी हुई सारी शक्तियां सहस्त्र-धारा होकर फूट पड़ती हैं। मदांध मातंग की तरह निरंकुश, वर्षाकालीन शोणभद्र की तरह दुर्द्धर्ष, प्रलयकालीन प्रबल प्रभंजन की तरह प्रचंड, नवागत वसंत की प्रथम मल्लिका कलिका की तरह कोमल, ज्वालामुखी की तरह उच्छृंखल और भैरवी संगीत की तरह मधुर युवावस्था है। उज्ज्वल प्रभात की शोभा, स्निग्ध संध्या की छटा, शरच्चंद्रिका की माधुरी ग्रीष्म-मध्याह्न का उत्ताप और भाद्रपदी अमावस्था के अर्द्धरात्र की भीषणता युवावस्था में सन्निहित है। जैसे क्रांतिकारी के जेब में बमगोला, षड्यंत्री की अंटी में भरा-भराया तमंचा, रण-रस-रसिक वीर के हाथ में खड्ग, वैसे ही मनुष्य की देह में युवावस्था। 16 से 25 वर्ष तक हाड़-चाम के संदूक में संसार भर के हाहाकारों को समेटकर विधाता बंद कर देता है। दस बरस तक यह झांझरी नैया मंझधार, तूफान में डगमगाती रहती है। युवावस्था देखने में तो शस्यश्यामला वसुंधरा से भी सुंदर है, पर इसके अंदर भूकंप की-सी भयंकरता भरी हुई है। इसीलिए युवावस्था में मनुष्य के लिए केवल दो ही मार्ग हैं—वह चढ़ सकता है उन्नति के सर्वोच्च शिखर पर, वह गिर सकता है, अधःपात के अंधेरे खंदक में। चाहे तो त्यागी हो सकता है युवक, चाहे तो विलासी बन सकता है युवक। वह देवता बन सकता है, तो पिशाच भी बन सकता है। वही संसार को त्रस्त कर सकता है, वही संसार को अभयदान दे सकता है। संसार में युवक का ही साम्राज्य है। युवक के कीर्तिमान से संसार का इतिहास भरा पड़ा है। युवक ही रणचंडी के ललाट की रेखा है। युवक स्वदेश की यश-दुंदुभि का तुमुल निनाद है। युवक ही स्वदेश की विजय-वैजयंती का सुदृढ़ दंड है। वह महासागर की उत्ताल तरंगों के समान उद्दंड है। वह महाभारत के भीष्मपर्व की पहली ललकार के समान विकराल है, प्रथम मिलन के स्फीत चुंबन की तरह सरस है, रावण के अहंकार की तरह निर्भीक है, प्रह्लाद सत्याग्रह की तरह दृढ़ और अटल है। अगर किसी विशाल हृदय की आवश्यकता हो, तो युवकों के हृदय टटोलो। अगर किसी आत्मत्यागीवीर की चाह हो, तो युवकों से मांगो। रसिकता उसी के बांटे पड़ी है। भावुकता पर उसी का सिक्का है। वह छंदःशास्त्र से अनभिज्ञ होने पर भी

प्रतिभाशाली कवि है। कवि भी उसी के हृदयारविंद का मधुप है। वह रसों की परिभाषा नहीं जानता, पर वह कविता का सच्चा मर्मज्ञ है। सृष्टि की एक विषम समस्या है युवक। ईश्वरीय रचना-कौशल का एक उत्कृष्ट नमूना है युवक। संध्या-समय वह नदी के तट पर घंटों बैठा रहता है। क्षितिज की ओर बढ़ते जानेवाले रक्त-रश्मि सूर्यदेव को आकृष्ट नेत्रों से देखता रह जाता है। उस पार से आती हुई संगीत-लहरी के मंद प्रवाह में तल्लीन हो जाता है। विचित्र है उसका जीवन। अद्भुत है उसका साहस। अमोघ है उसका उत्साह।

वह निश्चिंत है, असावधान है। लगन लग गयी, तो रात-भर जागना उसके बायें हाथ का खेल है, जेठ की दुपहरी चैत की चांदनी है, सावन-भादों की झड़ी मंगलोत्सव की पुष्पवृष्टि है, श्मशान की निस्तब्धता, उद्यान का विहंग-कल-कूजन है। वह इच्छा करे तो समाज और जाति को उद्बुद्ध कर दे, देश की लाली रख ले, राष्ट्र का मुखोज्ज्वल कर दे, बड़े-बड़े साम्राज्य उलट डाले। पतितों के उत्थान और संसार के उद्धारक सूत्र उसी के हाथ में हैं। वह इस विशाल विश्वरंगस्थल का सिद्धहस्त खिलाड़ी है।

अगर रक्त की भेंट चाहिए, तो सिवा युवक के कौन देगा? अगर तुम बलिदान चाहते हो, तो तुम्हें युवक की ओर देखना पड़ेगा। प्रत्येक जाति के भाग्यविधाता युवक ही तो होते हैं। एक पाश्चात्य पंडित ने ठीक कहा है—It is an established truism that young men of today are the countrymen of tomorrow in their hands the high destinies of the land. They are seeds that spring and bear fruit. भावार्थ यह कि आज के युवक ही कल के देश के भाग्य-निर्माता हैं। वे ही भविष्य के सफलता के बीज हैं।

संसार के इतिहासों के पन्ने खोलकर देख लो, युवक के रक्त से लिखे हुए अमर संदेश भरे पड़े हैं। संसार की क्रांतियों और परिवर्तनों के वर्णन छांट डालो, उनमें केवल ऐसे युवक ही मिलेंगे, जिन्हें बुद्धिमानों ने 'पागल छोकड़े' अथवा 'पथभ्रष्ट' कहा है। पर जो सिड़ी हैं, वे क्या खाक समझेंगे कि स्वदेशाभिमान से उन्मत्त होकर अपनी लोथों से किले की खाइयों को पाट देने वाले जापानी युवक किस फौलाद के टुकड़े थे। सच्चा युवक तो बिना झिझक के मृत्यु का आलिंगन करता है, चोखी संगीनों के सामने छाती खोलकर डट जाता है, तोप के मुंह पर बैठकर भी मुस्कराता ही रहता है, बेड़ियों की झनकार पर राष्ट्रीय गान गाता है और फांसी के तख्ते पर अट्टहासपूर्वक आरूढ़ हो जाता है। फांसी के दिन युवक का ही वजन बढ़ता है, जेल की चक्की पर युवक ही उद्बोधन-मंत्र गाता है, कालकोठरी के अंधकार में धंसकर ही वह स्वदेश को अंधकार के बीच से उबारता है। अमरीका के युवक-दल के नेता 'पैट्रिक हेनरी'

ने अपनी ओजस्विनी वक्तृता में एक बार कहा था—Life a dearer outside the prison-walls but it is immeosuably dearer within the prison-cells, where it is the price paid for the freedom's fight. अर्थात् जेल की दीवारों से बाहर की जिंदगी बड़ी महंगी है, पर जेल की काल-कोठरियों की जिंदगी और भी महंगी है, क्योंकि वह स्वतंत्रता-संग्राम के मूल्य-रूप में चुकायी जाती है।

जब ऐसा सजीव नेता है, तभी तो अमरीका के युवकों में यह ज्वलंत घोषणा करने का साहस भी है कि, "We believe that when a Government becomes a destructive of the natural right of man, it is the man's duty to destroy that Government" अर्थात् अमरीका के युवक विश्वास करते हैं कि जन्मसिद्ध अधिकारों को पद-दलित करने वाली सत्ता का विनाश करना मनुष्य का कर्त्तव्य है।

ऐ भारतीय युवक! तू क्यों गफलत की नींद में पड़ा बेखबर सो रहा है। उठ, आंखें खोल, देख, प्राची दिशा का ललाट सिंदूर-रंजित हो उठा। अब अधिक मत सो। सोना हो तो अनंत निद्रा की गोद में जाकर सो रह। कापुरुषता के क्रोड़ में क्यों सोता है? माया-मोह-ममता त्यागकर गरज उठ—

"Farewell farewell my true love
The army is on move;
And if I stayed with you love,
A coward I shall prove."

तेरी माता, तेरी प्रातः स्मरणीय, तेरा परम वंदनीय, तेरी जगदंबा, तेरी अन्नपूर्ण, तेरी त्रिशूलधारिणी, तेरी सिंहवाहिनी, तेरी शस्यश्यामलांजला आज फूट-फूटकर रो रही है। क्या उसकी विकलता तुझे तनिक भी चंचल नहीं करती? धिक्कार है तेरी निर्जीवता पर। तेरे पितर भी नतमस्तक हैं इस नपुंसत्व पर। यदि अब भी तेरे किसी अंग में टुक हया बाकी हो, तो उठकर माता के दूध की लाज रख, उसके उद्धार का वीणा उठा, उसके आंसुओं की एक-एक बूंद की सौगंध ले, उसका बेड़ा पार कर और बोल मुक्तकंठ से वंदेमातरम्।

[16.5.1925]

10. नारियों के अधिकार

राधामोहन गोकुल

भूमंडल के सभी देशों में स्वभाव से ही सबल निर्बल को अपने स्वार्थों का साधन बनाता रहा है और अब भी बनाता है। पुराने इतिहासों और धर्मशास्त्रों को देखते हैं, तो यह बात निर्विवाद सिद्ध होती है। विद्वान् अपढ़ों को, बलवान कमजोरों को, धनवान निर्धनों को अपने हाथ की कठपुतली बनाये रखना चाहते हैं। प्रकृति ने स्त्रियों को एक खास अभिप्राय से उसी तरह जन्म दिया है जैसे पुरुषों को हम अभीष्ट-सिद्धि के लिए अधिक बल दिया और स्त्रियों को पुरुषों से कुछ कोमल बनाया, पर स्त्रियों की इस सुकुमारता का पुरुषों ने अनुचित लाभ उठाया। आजकल भी, कहीं कम कहीं ज्यादा, यही बात देखने में मिलती है।

प्राचीन काल में अरब में, और भारत में भी, बहुधा, लोग लड़कियों को अपने सिर नीचा कराने वाली समझकर मार डालते थे, मानो उन्हें माताओं की जरूरत ही न हो, या यह समझते हों कि केवल पुरुषों से ही सृष्टि कायम रह सकती है। स्त्रियों को पर्दों में डाल रखना कहीं-कहीं सामाजिक धर्म का एक अंग बन गया। इनको बलवान बनाने के बदले पर्दे के बल से और अधिक कमजोर किया गया। इन्हें व्यायाम (कसरत) करने का मौका न देकर और इनकी बुद्धि को विकसित न होने देने के लिए अनेक स्थानों में विद्या पढ़ने, प्रकृति का निरीक्षण करने आदि कामों से रोका गया। इन्हें राज-काज के सब तरह के कामों में भाग लेने का अधिकार भी नहीं दिया गया। इस तरह भूमंडल के आधे सज्ञान प्राणियों को निकम्मा बनाने का गुरुतर कार्य पुराणों ने किया। नर और नारियों के संपत्ति का, राजनैतिक और सामाजिक अधिकारों—कहीं-कहीं तो धार्मिक अधिकारों में भी—सीमातीत कमी की गई। फिर भी स्त्रियों को बुद्धिहीन कहा जाता है। यह कैसा अन्याय है?

जिसने कभी विचार किया है, अनुभव से काम लिया है, यह निःसंकोच कहेगा कि मनुष्य के ख्याल दो प्रकार के होते हैं—एक वह जो हम वाह्य जगत् को देखकर और सोच-विचार कर पैदा करते हैं, और दूसरा वह, जो स्वतः मन में पढ़ा जाता है। जो समाज या विचार मन में स्वतः उत्पन्न होते हैं, उनका प्रेम से स्वागत करना और उनकी परीक्षा करना हमारा काम है। हम देखें कि वे विचार मन में रखने के योग्य हैं या नहीं। संसार का सारा ज्ञान जो ब्याज हममें है, इन्हीं विचारों से हमें मिला है

जो ज्ञान [विद्या] किसी को स्कूल की शिक्षा से प्राप्त होता है वह ओछी पूंजी के समान होता है, और अधिक ज्ञान-प्राप्ति का साधन-मात्र हो सकता है। प्रत्येक प्राणी अपना शिक्षक वास्तव में आप ही होता है। सिद्धांत, अवस्था या परिस्थिति के भेद से, विचार चाहे लाये गये हों, चाहे खुद आये हों, होते हैं जुदा-जुदा। और याददाश्त या स्मृति पर अंकित नहीं किये जा सकते। उनका मानसिक आवास 'समझ' है। इसलिए वे तब तक स्थायी नहीं बन सकते जब तक अपने ही मस्तिष्क से उत्पन्न न हुए हों।

अब हम देखें कि स्त्रियों को न तो पाठशाला की पूरी शिक्षा का ही मौका दिया जाता है, न उन्हें स्वभावतः विचारों की वृद्धि का ही अवसर मिलता है। इस दशा में स्त्री-स्वभाव पर, उनके आचार-विचार पर लांछना लगाना पुरुषों का घोर अत्याचार नहीं तो और क्या है? जब पहली बार मुझे स्त्री-जाति की दुर्दशा का ज्ञान हुआ, तब लगातार बहुत काल तक मैं इस विषय को सोचता रहा। अंत में इस नतीजे पर पहुंचा कि पुरुषों में अपने बड़प्पन का अभिमान, अपनी श्रेष्ठता का ढोंग, नितांत निर्मूल है। उस अभिमान और ढोंग का आधार स्वार्थपरायणता और निष्ठुरता है।

जहां तक प्रकृति स्वयं बाधक न हो, स्त्री और पुरुषों के अधिकार समान होना ही न्याय और मनुष्यता है। स्त्रियों को पराधीनता की बेड़ी से जकड़ना बड़ी भूल है। प्रकृति की बाधा स्त्रियों के साथ पुरुषों की भी उन्नति की समता करने में बड़ी हो सकती है। इसलिए पुरुषों का कभी-कभी यह ताना कि स्त्री रणक्षेत्र में जाया करें, और दूसरे बड़े-बूढ़े कठिनाई के काम किया करें, ठीक नहीं है, क्योंकि स्त्रियां भी तो कह सकती हैं कि पुरुष बच्चे जन लिया करें और अन्य अनेक प्रकार के काम—जो प्रकृति ने स्त्रियों के लिए ही बनाये हैं—पुरुष कर लिया करें। यह सूखा तर्क, कटुवाद था—खाली जबानदराजी है, इससे हमारे इस तर्क को तनिक भी धक्का नहीं पहुंचता है कि 'स्त्री-पुरुषों' के सामाजिक, धार्मिक, नैतिक और सांपत्तिक अधिकार एक समान होने चाहिए।

जो लोग स्त्रियों के अधिकार के पक्षपातियों के साथ कठबैठी दलीलें करते हैं, तो तर्क नहीं करते, न उन्हें तर्क मिलता है, न किसी तर्कानुमोदित आधार पर वे स्त्रियों की पराधीनता का समर्थन करना चाहते हैं। लेकिन वे अपनी आदत और पुरानी पड़ी हुई परिपाटी के गुलाम हैं। रूढ़िप्रियता ने, बहुत दिनों के रिवाज ने, उनकी मानसिक विचार-दृष्टि को खराब कर दिया है। कोई कैसा भी रिवाज क्यों न हो, जब हम देखें कि वह मनुष्यों की कमजोरी, स्वार्थपरता और नीचता आदि विकारों से प्रचलित है, तो हमारा धर्म है कि हम उसे तुरंत मिटाने के लिए दत्तचित्त होकर खड़े हो जायें। स्त्रियों के साथ पुरुषों की निष्ठुरता या दुर्व्यवहार है, वह सब मानसिक नीचता पर आश्रित है। केवल पाशविक बल की अधिकता के कारण जो हम स्त्रियों

को अपने अंगूठे के नीचे दबाकर रखना चाहते हैं, यह सर्वथा बुरा है। आदिकाल में स्त्रियों और पुरुषों के अधिकारों में भेद न था। स्त्रियां पुरुषों की दासी या उनके संभोग की चीज नहीं समझी जाती थीं। यह बात हमें प्राचीन सामाजिक रीति-नीतियों के देखने से प्रत्यक्ष मालूम होती है। बाद में हम लोगों ने स्त्रियों की निर्बलता से अनुचित लाभ उठाने का इरादा किया। क्योंकि लूट-खसोट प्रत्येक पशु के स्वभाव में होती है, मनुष्य भी पशु है। लेकिन आज जब हमारी पशुता घट रही है और सज्ञानता अनदिन वृद्धि पाती जा रही है, तब हमें दूसरों के अधिकारों पर अत्याचार करना शोभा नहीं देता।

जिसकी लाठी उसकी भैंस! जबर्दस्त का ठेंगा सिर पर। इन कहावतों का अंधकारमय समय गया और जो थोड़ा बाकी है, उसके हटाने के लिए संसार के चतुर नर-नारी लगातार परिश्रम कर रहे हैं। इस समय हम भारतवासियों के लिए जरूरी है कि मनुष्य पर मनुष्य का जो अत्याचार हो रहा है, उसको हटाने के लिए प्राण-प्रण से तैयार हो जायें, स्त्रियों और गरीबों पर अत्याचार करना छोड़कर उन्हें अपना सहयोगी बना लें। जब हम कई करोड़ पुरुष और इसी तरह कई करोड़ स्त्रियां एक साथ मिलकर किसी काम में जुट जायेंगे, तो उस अनर्थ को बहुत जल्दी मिटा सकेंगे जिसके व्याज से प्रत्येक भारतवासी का हृदय व्यथित हो रहा है, अधमरे पशु-पक्षी की तरह तड़प रहा है। साधारण नियम यही हैं कि बलवान निर्बल पर हुकूमत करता है, लेकिन जब निर्बल में ताकत आ जाती है और वह तर्कों-बितर्कों का जवाब देने को तैयार हो जाता है तब पहले का बलाभिमानी शासक दुम दबाकर भाग जाता है। समय आ सकता है, जबकि स्त्रियां बलवती होकर पुरुषों की वैसी ही खबर लें, जैसी वे इन स्त्रियों की ले रहे हैं। ऐसे भी देशों और जातियों का नितांत अभाव नहीं है, जिसमें स्त्रियों को प्राधान्य पाया जाता हो। हम निःसंकोच होकर कह सकते हैं कि आजकल पुरुषों का जो संबंध स्त्रियों के साथ है वह पशु-बल पर ही अवलंबित है। खाकर भारत में।

कौन नहीं जानता कि 19वीं शताब्दी में जो लोग हमको कच्चा खा जाया करते थे, अब खून पीकर छोड़ देते हैं, इसलिए कि हममें जागृति होने लगी है। जब दुर्बल गुलामों में कुछ बल आता है, वह अपनी परिस्थिति को समझने लगता है तब वह कभी-कभी मालिक के सामने अकड़ जाता है। और मालिक को भी कुछ दबकर उससे वादे या इकरार करने पड़ते हैं। इसका अर्थ यही है कि बलवान ने निर्बल के स्वत्वों को स्वीकार करना आरंभ किया। जैन तीर्थंकरों, बुद्धदेव और मसीह सदृश अनेक सहृदयों ने शांति का पाठ पढ़ाया, पर मनुष्य की समझ में एक न आया क्योंकि एक शांति का पाठ अस्वाभाविक, मनुष्य प्रकृति के विरुद्ध है, तभी तो भगवान् कृष्ण बारंबार

कहते हैं—"युद्धस्व विगत ज्वर उत्तिष्ठ कांतेय युद्धाय कृत निश्चय।"

जब तंग आई हुई भारतीय महिलायें भी बिगड़ खड़ी होंगी, तब पुरुषों को बगलें झांकनी पड़ेंगी। अच्छा होगा जो हम ईमानदारी के साथ उनके अधिकारों को उन्हें प्रेमपूर्वक सौंप दें।

यदि संसार में दास-दासियों के क्रय-विक्रय की प्रथा मिटने पर आ चुकी है, यदि व्यक्ति की एक मुखी सत्ता का नाश मनुष्य-जाति ने करना निश्चय कर लिया है, तो स्त्रियों का दासत्व भी अब बहुत दिन नहीं रह सकता। भारत की पराधीनता उसी दिन तक है, जिस दिन तक छूत का भूत और स्त्रियों के गले का बंधन न हटा है। इसमें संदेह नहीं कि अधिकार का मजा बड़ा बुरा है। मुंह लगी हुई शराब को छोड़ना टेढ़ी खीर नजर आता है। हुकूमत करने में एक शान है, जिसके प्रेम में शक्तिशाली मनुष्य अत्याचार का अंत नहीं करने देता। पुरुषों को चस्का पड़ा हुआ है कि स्त्रियों को वे इस तरह बरतें जैसे बालक काठ या मिट्टी के खिलौने को बरतते हैं। पुरुष अपने स्वार्थ के लिए स्त्रियों को बल दे यह बात अब अधिक दिन तक नहीं चल सकती।

पाप-कर्मों का समर्थन पाप ही है जिनको पुरोहिती-ठगी से जीवन व्यतीत करना है, जो पीढ़ियों से हराम का माल खाते चले आते हैं और खाते ही रहना चाहते हैं, उनको ही धर्म के नाम पर की जाने वाली सारी बेहूदगियां प्राकृतिक धर्मानुमोदित और न्यायसंगत प्रतीत होती हैं।

जिस तरह आज 'एंग्लो सेक्सन' कहते हैं कि इस संसार पर हुकूमत करने के लिए पैदा हुए हैं वैसे ही पुरुष भी प्रमादवश कहते चले आये हैं कि हमारा स्त्रियों पर शासन करने का जन्मसिद्ध अधिकार है। स्त्रियां भी बहुत दिनों की गुलामी के कारण अपने को पुरुषों से हेय और नीच समझने लगी हैं। क्या हम नहीं देखते कि बहुधा हिंदुस्तानी अपने को अंग्रेजों से छोटा समझते हैं और सफेद चेहरा या टोप देखते ही सिर झुका देते हैं। कौन इनकार कर सकता है कि रिवाज की ओर से संसार का पिता किसान, सूदखोर बनिये, डाकू क्षत्रीय और हरामखोर ब्राह्मण से छोटा समझा जाता है। हमारे कई अछूत भाई स्वयं अपने को अछूत मानते हैं। बहु-काल व्यापी दासता का यह स्वाभाविक परिणाम है। यहां मर्द पातिव्रत की दुहाई देते हैं, वहां बेचारी स्त्रियां भी गुलामी की गर्त में पड़ी-पड़ी पातिव्रत की महत्ता के राग गाती हैं। हमारे माडरेट राजनीतिज्ञ भी तो हां-हुजूर करने में ही देश और जाति का सुधार और उद्धार माने बैठे हैं। मनुष्य स्वभाव से नैसर्गिक स्वतंत्रता चाहता था कि स्त्रियां भी पत्नी-व्रत पर जोर देतीं, लेकिन दासता ने उनके हृदय के महीन, पवित्र और स्वाभिमानपूर्ण भावों को नष्ट कर डाला है। वे भी अपने शत्रुओं की ही विजय की

कामना करती दिखाई देती हैं। इसलिए प्रत्येक सहृदय व्यक्ति का कर्त्तव्य है कि जाति-जाति को गुलामी से बचाने के लिए अपनी आवाज उठावें और स्वयं उनके अधिकारों को देने में क्षणमात्र की भी देर न करें।

कहा जाता है कि मनुष्य जाति की महत्ता का कारण न्याय है। न्याय स्वर्गीय प्रकाश है, जो मनुष्य समाज को देदीप्यमान बनाये रहने की शक्ति रखता है। परंतु जब हम नर और नारियों के संबंध पर दृष्टि डालते हैं तो प्रत्यक्ष हो जाता है कि हमारा बड़े-बड़े शब्दों द्वारा याद किया जाने वाला न्याय क्या है? समता और स्वतंत्रता किस प्रतिष्ठा से मनुष्यों में देखी जाती हैं। नीचे लिखे कुछ पृष्ठों में उस न्याय का विश्लेषण के साथ दिग्दर्शन कराने की कोशिश करूंगा, जो नर नारियों के साथ करते हैं।

इसमें संदेह नहीं कि अपनी चिरकालीन दासता के लिए नारियां खुद भी बहुत कुछ दोषी हैं। परंतु यह मनुष्य स्वभाव है कि जब वह एक परिस्थिति में बहुत काल तक रह जाता है तो उसी को नैसर्गिक परिस्थिति मान लेता है। कोई गुलाम जाति अपने स्वामी से एकदम पूरी स्वतंत्रता मांगने की हिम्मत नहीं करती। इस बात के लिए हमारे देश भारतवर्ष की ही प्रज्ञा साक्षी है। अछूतों के साथ जो घृणित व्यवहार उस वंश के हिंदू करते हैं, वह ग्रीष्म के प्रचंड मार्तंड के समान देदीप्यमान है। फिर भी बेचारे अछूत कहाने वाले 6 करोड़ हिंदू एक साथ उठकर अपने अधिकारों के लिए लड़ना नहीं चाहते। प्रत्युत दया करके जो कुछ उनको दिया जाय उसी में संतोष कर लेने को तैयार हैं। भारतीय नारियों की स्थिति इन अछूतों से भी गई-बीती है। हाल में सभ्यताभिमानी यूरोप ने कुछ नाममात्र के अधिकार यूरोप महिलाओं को दिये हैं, वह भी बड़ी माथापच्ची के बाद। भारतवर्ष में स्त्रियों की दशा बहुत ही शोचनीय है। अभी कुछ दिन पहले एक कुलीन बंगाली बीस-बीस विवाह कर सकता था और अंत में इतनी स्त्रियों को रांड बनाकर चल देता था। बंगाल में मुसलमान धर्म की वृद्धि का यही प्रधान कारण हुआ। एक से अधिक विवाह अब तो भारत में जो चाहे कर सकता है। कोई रोक-टोक नहीं है। परंतु विधवाओं को विवाह करने का अधिकार देने को समाज बिलकुल तैयार नहीं है। कानून ने विधवाओं को विवाह करने की खुली इजाजत दे रखी है, परंतु समाज की हृदयहीनता के कारण बेचारी इस कानून से लाभ नहीं उठा सकती। वे जानती हैं कि उनको सताने वाले उन्हें कितनी तकलीफ दे सकते हैं, कितने कड़े बंधनों में रखते हैं। हृदयगत संस्कारों के कारण प्रतिकार के लिए सिर नहीं उठा सकतीं। आजकल कुछ सहृदय पुरुषों की अनुकंपा से साल में थोड़े से उच्च कुलोद्भव विधवाओं के विवाह होने लगे। परंतु उसकी गति नितांत धीमी है। इस तरह के विवाह का नाम सुनते ही पुराने विचार वाले कांव-कांव करना आरंभ कर देते हैं। और जहां तक होता है इस कार्य में बाधा उपस्थित करने की चेष्टा करते हैं।

स्त्रियों के सर न उठाने का एक कारण और भी है और वह इनकी शिक्षा-दीक्षा है जो बिलकुल पुरुषों के हाथ में है। अंग्रेजों ने भारतवासियों को गुलाम बनाये रखने के अभिप्राय से जैसे स्कूलों की शिक्षा अपने हाथ में कर रखी है वैसे ही पुरुष भी स्त्रियों को अपने विलास की सामग्री बनाये रहने की नीयत से इनकी शिक्षा और चाल-चलन को अपनी इच्छा के अनुसार एक विशेष सांचे में ढालकर रखना चाहते हैं। जिस तरह छूतों और अछूतों के अंदर उच्च वंशजों ने अपनी स्वार्थपरता से आज तक कायम रखा है उसी तरह नरों ने नारियों को पददलित करके, दोनों में अंतर कायम किया है।

क्या कोई वजह हो सकती है कि क्यों एक स्त्री अपने पति के मरने पर सती हो अर्थात् जलकर प्राण त्याग दे और पुरुष अपनी स्त्री के मरने पर हंसता हुआ दूसरी कुमारी के साथ विवाह करके मजे उड़ावे? हम जानते हैं कि आज से पचास-साठ वर्ष पहले कितनी स्त्रियां पतिव्रत की वेदी पर हवन की जा चुकी हैं और आज भी किसी न किसी तरह की जाती हैं। जब तक एक पत्नी-व्रत की मर्यादा एक कड़ाई के साथ न स्थापित की जाय, पतिव्रत धर्म की रक्षा के नाम पर नारियों पर अत्याचार करना सर्वथा अनुचित है।

कहावत है 'पासा पड़े तो दांव, राजा करे सो न्याव'—यह गुलामों की उक्ति है, इसमें संदेह नहीं। यह कायरों का भी भाव है, यह स्वतःसिद्ध होता है। किंतु यह कायरता, यह गुलामी, जबर्दस्तों के लगातार संपीड़न से ही पुष्ट हुई है। नारियों के भाग्य का फैसला पुरुषों ने बलात् अपने हाथ में ले लिया और उन्हें जन्म से मरण पर्यंत के लिए एक बेड़ी में जकड़ डाला। एक धर्मशास्त्र बनाने वाला कहता है कि बाल्यकाल में पिता रक्षा करता है, जवानी में भर्ता [पति] रक्षा करता है, बुढ़ापे में बेटे रक्षा करते हैं। स्त्री कभी स्वतंत्र नहीं रह सकती। इससे जान पड़ता है कि स्त्रियों पर अयोग्यता की छाप लगाई गई है। लेकिन यह बात दुरुस्त नहीं है। प्रकृति के विकास और मनुष्य-जाति की उन्नतिशीलता पर ध्यान देने से प्रकट होता है। ये कमजोरियां या अयोग्यताएं असली हों या बनावटी (मैं तो कहूंगा कि बनावटी हैं) अब नहीं रह सकती।

इस स्वतंत्रता के युग में प्रत्येक सज्ञान प्राणी स्त्री हो या पुरुष अपनी इच्छा के अनुसार स्वतंत्रता के साथ अपनी उन्नति करेगा। अपने कल्याण का मार्ग स्वयं खोजकर निकालेगा। यह बहुत दिन तक नहीं चल सकता कि किसी को पशु की तरह खूंटे से बांध दे और अपनी बांधने वाली रस्सी से अधिक लंबाई पर दायरा न बना सके। आज हम किसी को नैसर्गिक शक्ति का कार्य-क्षेत्र बिना उसकी इच्छा के केंद्रित नहीं कर सकते। यदि हम ऐसी कोई बुरी कोशिश करते हैं तो अपनी भावी उन्नति को, आगे

आने वाली संतान की भलाई को पीछे डाल रहे हैं। समाज का विधान, समाज का संगठन, समाज का संचालन शक्तियों के मनोभावों को ध्यान में रखने योग्य पुरुषों के हाथ में होगा। धींगाधांगी बहुत दिनों तक नहीं चलेगी।

एक तरफ तो कहा जाता है कि आत्मा से ही पुत्र उत्पन्न होता है, आत्मा से ही पुत्री पैदा होती है और दूसरी तरफ लड़की पैदा होने पर वह प्रसन्नता नहीं प्रकट की जाती है जो पुत्र के पैदा होने पर की जाती है। लड़का सारी संपत्ति का मालिक माना जाता है और लड़की सेविका समझी जाती है। पिता के घर और लड़की के घर जहां रहे, उसका धर्म अपमान सहकर भी सेवा करना ही है। यह कैसी अंधेर की बात है। लड़की होने से ही वह समाज में समान स्थान, समान काम नहीं कर सकती है, इसका कोई अर्थ समझ में नहीं आता। किसी योग्य नारी को समाज के उपयुक्त काम से वंचित रखना, केवल इसलिए कि वह नारी है, समाज का बड़े भारी अहित का कारण है। किसी को पहले ही से अयोग्य या योग्य मान लेना सर्वथा भूल है। योग्यता और अयोग्यता की कसौटी काम है। स्त्री हो वा पुरुष, जब काम करने लगेगा और योग्य होगा तो संलग्न रहेगा और यदि अयोग्य होगा तो स्वयं बहिष्कृत हो जायेगा। बिना आजमाइश महज स्त्री होने ही के कारण किसी को अयोग्य प्रमाणित कर देना भारी अत्याचार है—और अपराध भी।

बहुधा आपत्ति की जाती है कि यदि स्त्रियों को किसी काम में लगाया जाय तो प्रसवकाल में प्रत्येक काम में कुछ पहले से और कुछ पीछे तक वह अपने काम करने में असमर्थ रहेगी। लेकिन मैं तो इसमें कोई भी आपत्ति नहीं देखता। नारियों की यह परिस्थिति समाज की सबसे बड़ी सेवा का फल है। इसी महाकार्य के लिए प्रकृति ने उन्हें कोमल और चित्ताकर्षक बनाया है। नहीं तो संतान पालन के कष्ट से भागने की इच्छा से 100 में से 99 नर-नारी सर्वथा अलग ही रहते और सृष्टि की वृद्धि न होती। जिस तरह और अनेक प्रकार के पशुओं का नाम संसार से मिट गया शायद मनुष्यों का नाम भी मिट जाता। स्त्रियों के सूक्ष्मांगों, चंद्रमुखी, मनोहारिणी, मंजु मधुरभाषिणी और सुकुमार बनाने में प्रकृति की बड़ी भारी निपुणता है। इससे पुरुषों को स्त्रियों की और अधिक प्रतिष्ठा, सेवा और सुश्रूषा करनी चाहिए, न कि उनका तिरस्कार करके उन्हें नीच और छोटा समझना चाहिए। यदि नारियों को किसी काम के करने की योग्यता निसर्ग ने नहीं दी होगी तो वह स्वयं उसे न कर सकेगी, पुरुष उनके कामों में बाधक होने का कोई भी उचित अधिकार नहीं रखते।

यदि पुरुषों की इस बात को मान लें कि नर नारियों से सबल, श्रेष्ठ और पूज्य है इसलिए उन्हें नारियों को दबाकर रखने का अधिकार है। हमें इस तर्क के अनुसार डाकुओं की लूटमार और राजाओं के अत्याचार को भी धर्मसंगत मानना पड़ेगा।

लेकिन कौन नहीं जानता एक व्यक्ति या जाति जब दूसरे व्यक्ति या जाति के अधिकारों या संपत्ति को छीनती है तो वह डाकू और शैतान समझी जाती है और उसके नाश करने की आयोजना करना मनुष्य का प्रधान धर्म समझा जाता है। किसी जाति या व्यक्ति के लिए अधिक अधिकारों की सृष्टि करना ही महापाप है। संसार के सारे दुःखों की जड़ यही अधिकार [प्रिविलेज] है। कौन कह सकता है कि वेदों या ईश्वर का 'वयनामा' मर्दों या पंडे-पुरोहितों के नाम है। फिर भी लोग निर्लज्जता से आज भी कहते देखे जाते हैं कि 'स्त्री शूद्रो नाधीयाताम्'! आज भी लोग अछूत कहकर अपने अगणित सधर्मियों को धर्म मंदिरों में नहीं जाने देते। इसी तरह स्त्रियों की भी दुर्दशा की जा रही है। यदि यह बुराई मनुष्य अपने में से जल्दी नहीं निकालेंगे तो उनकी आगे आने वाली औलाद उन्हें उसी तरह दुर्वाक्यों से याद करेगी जिस तरह हम लोग अपने कायर बाप-दादों की याद करते हैं जिनकी नालायकी से भारत में विदेशी विधर्मी और विजातीय शासन आया।

विधवा-विवाह के विरोधी हिंदू मानो अपनी 26,00,000 बहिनों को विधर्मियों को सौंप देने की व्यवस्था देते हैं। यह हिंदू जाति का दुर्भाग्य है। मैं नर-नारी, छूत-अछूत प्रकृति के सभी प्रजाओं के समान अधिकार का पक्षपाती हूं। दुनिया में मनुष्य एक जाति है। काला, पीला, लाल और सफेद चार वर्ण हैं। सबका भूमंडल पर समान अधिकार है।

मैं स्त्रियों और अछूत कहलाने वाले भाइयों को नम्रतापूर्वक सलाह देता हूं कि आप अपनी सम्मिलित शक्ति से अपने ऊपर अत्याचार करने वालों से बदला लेने को तैयार हों। जिन लोगों ने अपने बड़े-बड़े अधिकार लट्ठ के बल से बना रखे हैं उनका मुंह तोड़ना ही नर-नारियों का सबसे पहला धर्म है। निःसर्ग जैसे एक दृष्टि से संसार को देखता है हमें भी वैसे ही एक दृष्टि से देखना चाहिए। जो भेद-भाव करता है वह नर हो या नारी, चोर है और उसे कठोर दंड देने की जरूरत है।

हमारे बहुत से भोले भाई कहेंगे कि स्त्रियों की पराधीनता के होते हुए भी तो हम लोगों ने सृष्टि में इतनी उन्नति कर ली है। परंतु यह एक मोटी बात है कि यदि स्त्रियां भी हमारे हाथ बैठातीं तो हम इससे कहीं अधिक समुन्नत होते। स्त्रियों की पराधीनता जंगलीपन है न कि सभ्यता। खैर, और कुछ हो या नहीं पुरानी मूर्खता की यादगार जरूर है, इसलिए इस यादगार को पुस्तकों के हवाले करके हमें नारियों के सारे अधिकार पुरुषों के समान कर देने ही चाहिए।

याद रहे कि जिस तरह गोरे सारी दुनिया पर लट्ठ के बल राज्य करने के लिए नहीं बनाये गये, पुरोहित और पंडे तथा उनके मालदार दोस्त अधिकांश गरीबों को तिरस्कृत करने के लिए नहीं बनाये गये, उसी तरह नर भी नारियों पर हुकूमत करने

के लिए नहीं बनाये गये हैं। आज यदि स्त्रियों को स्वतंत्रता होती तो वे मर्दों के बनाये गये कानून और धर्मशास्त्र के उन स्थलों को जिनसे उनका संबंध है, पैर से ठुकरा देतीं और अपना कानून और धर्मशास्त्र स्वयं बना लेतीं। साथ ही उस धर्मशास्त्र में लिखतीं कि स्त्रियां अपने आचार-विचार, विवाह संबंध आदि के लिए स्वतंत्र हैं लेकिन यदि कोई पुरुष एक स्त्री से अधिक के साथ संपर्क रखे तो उसे तत्काल फांसी दे दी जाय। यदि किसी पुरुष की स्त्री मर जाय तो उसे उस स्त्री के साथ फौरन गाड़ या जला दिया जाय। आज जो लाइसेंस मर्दों ने ले रखा है वही स्त्रियां ले लेतीं। खैर, वह समय आएगा जब मर्दों को अपने पापों का कुफल अच्छी तरह भोगना पड़ेगा।

हममें [पुरुषों] एक बड़ी कमी यह भी है कि हम नारियों के विशिष्ट परिचायक लक्षणों को नहीं जानते। हमें विश्लेषण करके जानना चाहिए कि परिचायक लक्षणों का स्वभावों पर परिस्थिति के प्रभाव के नियम क्या हैं? खास हालतों में व्यक्तियों पर कैसे और कौन-सी खास बात असर करती है। ये बातें शिक्षा और बाहरी हालतों से जहां पर हल नहीं होती वहां हमें स्त्रियों की खास प्रकृति के निरीक्षण की जरूरत पड़ती है। हम नहीं जानते कि पुरुषों और स्त्रियों में वस्तुतः मानसिक अंतर क्या है! बुरी स्त्रियों के ख्यालों को उनके इर्द-गिर्द के बुरे लोग जानकर सारी स्त्रियों के प्रकृति और लक्षणों का निर्णय कर डालते हैं। विदुषी और बुद्धिमती महिलाओं के हृदय हमसे छिपे रहते हैं। विशेषकर नारियों की प्रेम-संबंधी गाथाएं हम अधिक सुनते हैं, उन्हीं का विचार करते हैं। किंतु क्या प्रेम ही मानव-जीवन का एकमात्र विभाग है? जीवन के और भी अंग तो हैं—उन पर भी तो हमें विचार करना चाहिए।

बहुधा लोग एक स्त्री के चरित्र, आचार-विचार और प्रवृत्ति के अनुभव से जो परिणाम निकालते हैं वही संसार-भर की स्त्रियों के सिर मंढ़ लेते हैं। किसी भी ग्राम में एक मनुष्य को चोर पाकर सारे ग्राम को चोर समझ लेना क्या बुद्धिमत्ता है? जुदा देश, काल और सामाजिक परिस्थिति का ख्याल रखकर किसी जाति की प्रकृति का मनन करना चाहिए। नारियों को अपनी बात स्वयं कहने की पूरी स्वतंत्रता और पूरा अधिकार होना चाहिए। यह अधिकार देने पर स्त्रियां एकदम अपना दिल खोलकर सारी बातें जो उन्हें कहनी हैं न, कह देंगी! धीरे-धीरे उनका भय, उनकी झिझक निकलती जायेगी। बहुत काल की पददलित, भयभीत नाारियां तो क्या पुरुष भी एकदम अपने मन का सारा हाल कहते डरते हैं। यह हमारा प्रत्यक्ष अनुभव है।

प्रकृति ने नरों और नारियों में स्पष्ट भेद बनाये हैं उनके सिवा मैं तो नहीं देखता कि संसार में ऐसा कोई दूसरा काम है जो केवल पुरुष कर सकते हैं और नारियां नहीं कर सकतीं। दर्शन, विज्ञान, साहित्य और रणकला आदि से भी स्त्रियां वैसी अच्छी बन सकती हैं जैसे पुरुष बन सकते हैं। यदि सब स्त्रियां बहादुर नहीं बन

सकतीं तो सब पुरुष भी बहादुर नहीं होते। अगर नारियां दुर्गावती, लक्ष्मीबाई, जीजाबाई हो सकती हैं तो निश्चय ही वे सुविधा, स्वतंत्रता और अनुकूल परिस्थिति पाने पर अपनी बड़ी बलवती सेना भी तैयार कर सकती हैं। जिस जाति में एक विक्टोरिया जॉन डी आर्क हो सकती हैं उसमें अनेक विक्टोरिया और जॉन डी आर्क का होना असंभव नहीं माना जा सकता। स्त्रियों को अपनी पसंद का काम आप चुनने की पूरी स्वाधीनता होनी चाहिए।

यदि नारियों की प्रकृति को स्वतंत्र काम करने का अवसर दिया जायेगा तो वे कभी भी वस्तुस्थिति के विपरीत न जायेंगी। जब मनुष्यों के साथ सांसारिक काम में उन्हें स्वाभाविक होड़ा-होड़ी से काम करना पड़ेगा तो वे स्वयं ऐसा काम अपने लिए चुनेंगी जिसे वे अच्छी तरह कर सकती हैं। मनुष्यों को स्त्रियों की जरूरत है तो स्त्रियों को भी पुरुषों की जरूरत है। यदि इस जरूरत को समता, न्याय और स्वतंत्रता के साथ नर-नारी मिलकर पूरा करेंगी तो अच्छी गृहिणी और उत्तम माताओं का अभाव कभी न होगा, न उत्तम गृहस्थ और सहृदय पिता की ही कमी रहेगी। पति-पत्नी धर्म को एक सामाजिक नियम के अधीन होने की बहुत बड़ी जरूरत है। स्त्रियों को गुलामी के लिए समझाना, इसी अभिप्राय से उन्हें शिक्षा देना, वर्तना, विवाह के नियमों को एकमुखी अत्याचारी राजा के कानून की भांति एक पक्ष की भलाई को ध्यान में रखकर बनाना, संसार के लिए बहुत अहितकर है।

विवाह-संबंधों में कहा तो यह जाता है कि स्त्री-पुरुष मिलकर एक अंग होते हैं, स्त्री-पुरुष की अर्द्धांगिनी है। परंतु उसके साथ गुलामों की तरह बुरा बर्ताव किया जाता है, वह पशु-तुल्य समझी जाती है।

1. रीति पूरी करने के लिए चाहे कुछ भी दिखावा क्यों न किया जाता हो, पर होता यही है कि लड़की को समझदार होने से पहले ही बिना उसकी अनुमति के उसका पिता चाहे जिसके पल्ले उसे बांध देता है। यदि पशु-विक्रेता यह समझता हो कि अपने पशु को ऐसे मनुष्य के हाथ बेचे जो इसका यथोचित् पालन-पोषण करें तो पुरुष भी यह समझे कि लड़की का किसे किसके साथ विवाह करना चाहिए। अज्ञान और सज्ञान प्राणी का भेद ही नारियों के प्रश्न में अलग रख दिया जाता है।
2. पति व्यभिचारी हो, बदमाश हो, जुआरी हो, निकम्मा हो, नपुंसक हो, स्त्री को मारता हो, सताता हो, खाने को न देता हो, तो भी, स्त्री उसकी गुलामी करते रहने के लिए बाध्य है। क्या यही न्याय है, यही दया है, यही धर्म है, जिसके आधार पर पुरुष स्त्रियों को पतिव्रत धर्म सिखलाते लज्जित नहीं होते।

स्त्री का सर्वस्व पति है। परंतु पति की संपत्ति में स्त्री का हक एक पाई भी नहीं।

क्यों? इसलिए कि नारी उसका आधा अंग है? बेचारी स्त्री न तो पिता की संपत्ति में हिस्सा पा सकती है और न पति या पुत्र की संपत्ति में। आजन्म केवल गुलामी करते रहना ही उसका धर्म है। वाह! अर्द्धांगिनी का क्या सुंदर सम्मान है! कतिपय धर्मधुरीण नीतिकारों ने तो पुरुषों की उदारता की हद कर दी है। इनका फरमान है कि एक श्रेणी में रखना कितनी बड़ी मूर्खता है, इसे वे नहीं समझ सकते, जो ऐसे स्वार्थियों को बुद्धिसागर की उपाधि दे रहे हैं। कोई सहृदय और न्यायपरायण मनुष्य ऐसी पुस्तकों को अग्निदेव को समर्पण करने में तनिक भी संकोच नहीं कर सकता।

पुरुष स्त्री को छोड़ सकता है, लंपटता के गहरे गर्त में पड़ा रह सकता है, संसार के सारे अमानुषिक काम कर सकता है फिर भी वह समाज का नेता, पंच पुरोहित, पंडा, पुजारी बना रहता है, परंतु स्त्री झूठे संदेह पर भी निकम्मी, पतित और घृणित समझी जाती है। क्योंकि उसने विवाह की मर्यादा का उल्लंघन किया। कैसा सुंदर धर्म और न्याय है।

खरीदी हुई दासी चाहे अपने क्रेता के सहवास से इनकार कर दे, परंतु विवाहिता को इस बात का अधिकार नहीं। स्त्री यदि अपने पति से दया, प्रेम, अन्न, वस्त्र आदि किसी चीज की आशा कर सकती है, तो केवल अपनी अनन्य सेवा के बदले में। इसके सिवा उसका और कोई हक नहीं। घर की संपत्ति को पति चाहे जैसे उड़ा दे, नष्ट-भ्रष्ट कर डाले, उसे अधिकार है, परंतु उसकी अर्द्धांगिनी एक कौड़ी भी खर्च करने का अधिकार नहीं रखती। प्राचीन काल में कम से कम पत्नी के अपने स्त्री-धन के ऊपर पूरा अधिकार दिया गया था, परंतु आजकल इस प्रथा की भी विडंबना ही है। स्त्री-धन आजकल होता भी है, या केवल पोथियों की ही शोभा बढ़ा रहा है, इसका कुछ निर्णय नहीं किया जा सकता।

कानून पुरुषों के ही बनाये हुए हैं। उनमें बेचारी नारियों के अधिकारों का लिहाज स्वार्थपरायण पुरुष कैसे कर सकते थे। सामाजिक, राजनैतिक और धार्मिक अधिकारों का आत्मघात करके निर्दय पुरुष-समाज ने स्त्रियों के ऊपर इतना नैतिक बोझ लाद दिया कि अबलाओं को उठाना मुश्किल हो गया है। क्या इन कानूनों में शीघ्र परिवर्तन की जरूरत नहीं है?

आजकल सब संप्रदाय के मनुष्य अपने स्वत्वों की रक्षा के लिए राज-काज में मताधिकार प्राप्त करने की जरूरत समझते हैं, परंतु अपने घर के काम-काज में अथवा राजकीय कामों में अपनी पत्नियों के अधिकारों की रक्षा के लिए उनके मतों की जरूरत नहीं समझते। बहुत लड़ाई-झगड़े के बाद कहीं-कहीं कुछ नाममात्र का मताधिकार नारियों को प्राप्त हुआ है।

काम पड़ने पर, आंखों में धूल झोंकने के लिए मनु के श्लोकों की आवृत्ति कर

दी जाती है। जहां नारियों की प्रतिष्ठा होती है वहां देवता वास करते हैं। नारी रजस्वला होने से शुद्ध हो जाती है—परंतु व्यवहार में इनका कहीं भी पता नहीं लगता। यदि कोई पुरुष अपनी स्त्री के रूपलावण्य पर मुग्ध होकर या उसकी सेवा-सुश्रूवा के कारण उसका सम्मान न करता हो, तो उसे सार्वभौम नियम का एक अपवाद मात्र जानना चाहिए।

लड़कियों को आरंभ से ही गुलामी की शिक्षा प्रदान करने के लिए बचपन में ही उनका विवाह कर दिया जाता है और वर की उमर अधिक रखी जाती है, ताकि वह सदैव पत्नी को लाठी के बल अपने वश में रख सके। अपनी बुद्धि की पराकाष्ठा दिखाने के लिए मनुष्यों ने तो यहां तक व्यवस्था दे दी है कि 8 वर्ष की कन्या का विवाह 24 वर्ष के वर से और 12 वर्ष की कन्या का विवाह 30 वर्ष के वर से करना चाहिए। इस तरह की मनोहर जोड़ी आजकल बहुत देखने में आती है। विद्वानों को चाहिए कि ऐसे श्लोकों को धर्मशास्त्रों से निकालकर किसी अजायबघर में सुरक्षित रखने के लिए भेज दें। आजकल कितने बूढ़े अपनी पाशविक सुख की निवृत्ति के लिए अल्पवयस्का बालिकाओं को वर लेते हैं और पुरुष समाज निर्लज्जतापूर्वक यह घृणित कांड देखा करता है। परंतु कोई प्रतिकार की चेष्टा नहीं करता। जिन अपराधों के लिए स्त्रियों को सामाजिक दंड दिये जाते हैं, उन्हें तिरष्कृत किया जाता है। यदि उन्हीं अपराधों के लिए पुरुषों के गालों पर भी तमाचे लगाने की व्यवस्था हो सके, तो बहुत कुछ भलाई हो सकती है। परंतु स्वार्थ बड़ी बुरी बला है। कहने को तो स्त्रियों को गृहलक्ष्मी कहते हैं किंतु वास्तव में उन्हें गृह-किंकरी का भी स्थान प्राप्त नहीं होता है। कहने और करने के कितना बड़ा अंतर है?

स्त्रियों में जितने अवगुण बताये जाते हैं, वे सभी खोज करने पर मुझे मिथ्या प्रतीत हुए। स्त्रियों के समान सहनशील, सरल, त्यागशील, प्रकृत धर्मप्राण पुरुष बहुत कम देखने में आते हैं। वैयक्तिक रूप से दुर्गुण संपन्ना स्त्रियां मिलती हैं, तो सद्गुण संपन्न पुरुष भी मिलते हैं, परंतु समष्टि रूप से नारियां नरों से कहीं अधिक पवित्र और अच्छी हैं।

स्त्रियों, बच्चों और शूद्रों को सब कामों में परतंत्र रखा जाता है। बात-बात में मर्दों की आज्ञा के अनुसार चलने के लिए उन पर अनुचित दबाव डाला जाता है, ताकि उनमें आज्ञा पालन करने की आदत बनी रहे और वे कभी किसी काम के करने से इनकार न करें। परंतु यह न तो कोई तर्क है और न मानव धर्म। जिस तरह अंग्रेजों ने हिंदुस्तान के कानून में अपनी जाति के लिए विशेष अधिकार रखे हैं, इसी तरह संसार के पुरुषों ने मुकाबले में अपने लिए अधिक अधिकार ले रखे हैं। यह एक प्रकार की डकैती है।

यह कहना कि लड़के अपने माता-पिता की आज्ञाएं माना करें, पत्नियां पतियों

की सब आज्ञाओं का पालन किया करें और दास अपने स्वामियों की इच्छा के अनुकूल ही सब काम करें, यही उनका धर्म है और इसीलिए वे बनाये गये हैं। वास्तव में इस तरह का तर्क बड़ा ही बेहूदा मालूम होता है। यदि उचित बातों के ही मानने की आज्ञा होती, तो भी गनीमत थी, यहां तो अन्य सेवा का पाठ पढ़ाया गया है। मुझे लिखना होता तो मैं लिखता—बालको, माता-पिता की उचित बातों को ध्यान से सुनो और माता-पिताओ! बालकों की बातों को तुम ध्यान से सुनो। ऐसी ही आज्ञा पति-पत्नी स्वामी-सेवक के लिए भी निकालता। इकतरफा फैसला पापमूलक है, अन्याय है, घोर अत्याचार है।

मोह बुरे अर्थों में लिया जाय तो भी कोई ऐसा प्रमाण नहीं मिलता, जिससे समस्त स्त्रियां अपराधिनी मानी जायें। छल और मोह उन पर अनुचित कठोरता रखने से भी बढ़ जाते हैं। जेल के कैदियों पर अनुचित कठोरता की जाती है इसलिए वे बहुधा कपटी और छली बन जाते हैं। यदि हम किसी की नैसर्गिक स्वतंत्रता छीन लेते हैं तो निश्चय है कि वह अपनी अनिवार्य जरूरतों के लिए छल करेगा। इस प्रकार के छल का अपराधी बहुधा कठोरता का व्यवहार करने वाला होता है, न कि छल करने वाला। गंदापन मनुष्यों की अपेक्षा स्त्रियों में कम होता है। क्योंकि शृंगार या प्रेम जितना नारियों में स्वाभाविक होता है, उतना पुरुषों में नहीं होता, फिर स्त्रियां क्यों गंदी मानी जाती हैं, यह समझ में नहीं आता है। यदि उनके मासिक धर्म आदि के ख्याल से अपवित्र कहा जाय तो सरासर अन्याय है, क्योंकि वह प्राकृतिक है और सृष्टि हेतु है, इसलिए वह घृणा की वस्तु नहीं है।

कृपणता स्त्रियों में कुछ अधिक होती है उसका कारण यह है कि धन के संबंध में उन्हें अर्थोपार्जन का समय नहीं दिया जाता। इसलिए उन्हें सदैव धनाभाव रहता है। यदि वे अर्थोपार्जन की स्वतंत्रता पा जायें और अपनी इच्छा के अनुसार खर्च कर सकें तो उनमें यह दोष नहीं रह सकता। फिर भी स्त्रियां अपनी कृपणता से जो थोड़ा-सा अर्थ संचय करती हैं, उसे अवसर पड़ने पर बड़ी उदारता से अपने पति और पुत्रों को दे देती हैं। उनके मरने के बाद भी इस संचित अर्थ के उत्तराधिकारी उनके पति या पुत्र ही होते हैं। इसलिए यह दोषारोपण भी निर्मूल है। कायरता के संबंध में हम पहले भी एक जगह कह चुके हैं और फिर बतला देना चाहते हैं कि जब हम नारियों को पशुओं के समान ताड़ना का अधिकारी समझते हैं और उन्हें सदैव अपने वश में रखना चाहते हैं तो उनसे वीरता की आशा करना ही मूर्खता है। वीरता उन्हीं व्यक्तियों में होती है जो स्वतंत्र वायुमंडल में पलते हैं। फिर भी स्त्रियों की वीरता और सहिष्णुता का साक्षी भारतवर्ष का इतिहास है।

स्त्रियों-पुरुषों का एकनिष्ठ अधिकार होना ही पुरुषों को उन पर अत्याचार करने

का लाइसेंस देता है। जब तक जहां कहीं भी ये बातें रहेंगी, तब तक पुरुष नारियों के साथ दुर्व्यवहार करते रहेंगे। आजकल जो स्त्रियां राजनीतिक और सामाजिक कामों में भाग लेती हैं, उनके आचरण की ओर जैसे कठोर दृष्टि रखी जाती है! मैंने कितने ही गणमान्य नेताओं को यह कहते सुना है कि अमुक सार्वजनिक काम करने वाली स्त्री आचारभ्रष्ट है, उसे प्लेटफॉर्म पर मत जाने दो। वह चंदे की रकम अपने खर्च में लगाती है, इसलिए उसे धन नहीं मिलना चाहिए। परंतु यह बहुत कम सुनने में आता है कि अमुक पुरुष दुराचारी है, इसलिए इसे चंदा मत दो, और न उसे प्लेटफॉर्म पर व्याख्यान देने दो। कई प्रसिद्ध नेता घोर दुराचारी हैं, गुजरे हैं, कई का भीतरी चरित्र अब भी इतना भ्रष्ट है कि इसका ठिकाना नहीं। फिर भी वे देश के मान्य और पूज्य बने फिरते हैं। जरा आंखें खोलकर देखें तो मालूम हो जायेगा कि जेलों में जितने कैदी हैं! उनमें अनुमानतः पनचानवे प्रतिशत सौ से अधिक पुरुष ही हैं। जुआखानों में जाने वाले, शराबखानों में पुरुषों की ही संख्या देखने में आती है। एक पत्नीव्रतधारी और ब्रह्मचारियों की संख्या उंगलियों पर गिनने के योग्य ही देखने में आती है।

ऐसे बहुत थोड़े उदाहरण मिलेंगे जिनमें स्त्रियों ने आगे बढ़कर पुरुषों को दुराचार में प्रवृत्त किया है। प्रायः यही देखा जाता है कि पुरुष ही स्त्रियों को कुमार्गगामिनी बनाया करते हैं। क्या स्त्रियों की पाशविक कामना की तृप्ति के लिए कहीं पुरुषों का भी बाजार है, जहां स्त्रियां स्वच्छंदता से जा सकती हैं। परंतु पुरुषों की कामशक्ति के लिए स्त्रियों का बाजार सर्वत्र देखा जाता है। क्या पुरुषों का नैतिक पतन सिद्ध करने के लिए यह एक ही उदाहरण काफी नहीं है? अंत में महिलाओं के प्रति दो शब्द कहकर मैं इस लेख को समाप्त करना चाहता हूं।

देवियो! आपकी दासता सीमा को पहुंच चुकी है, आप पर पुरुषों का अत्याचार सीमातीत हो चुका, अब आप सावधान होकर अपने सत्त्वों की रक्षा के लिए उठें। आप में वह बला है कि आप कह सकेंगे—

यो माम् जयति संग्रामे यो में दर्प व्यपोहति।
यो में प्रतिवलो लोके समें भर्त्ता भविष्यति।।

क्या आप नहीं देखती कि (1) कितने अर्थलोलुप पिता आपको बूढ़े और अयोग्य वरों के हाथ बेचते हैं। (2) छोटी उम्र में छोटे बालक के गले में बांधी जाती है। (3) पुरुष एक स्त्री होते हुए भी एक से अधिक विवाह कर लेता है। रंडुओं की तो एक के बाद दूसरी कुमारी से विवाह करने का मैदान बिलकुल साफ कर लिया है, और (4) आपके विधवा होने पर आपसे लट्ठ के बल ब्रह्मचर्य पालन कराया जाता है। (5) आपको पुरुषों के अत्याचार से पीड़ित होकर अपना धर्मत्याग विधर्म में शरण लेनी पड़ती है। (6) आपको पिता और पति किसी की भी संपत्ति में कोई भाग नहीं मिलता। (7) आपको पुरुषों ने

अपने भोग-विलास सामग्री और सेवा के काम का साधन बनाकर रखा है। (8) आपको कसरत करने, विद्या पढ़ने, कला-कौशल सीखने का अवसर लड़कों की तरह नहीं दिया जाता। (9) आपको परदे में रखकर और अनेक प्रकार के कृत्रिम उपायों से निर्बल बनाकर अबला कहा जाता है। (10) आपको समाज के किसी काम में सम्मति देने का अधिकार नहीं है। (11) आपके लिए आपकी बिना राय के कानून या स्मृति बनाने का अधिकार पुरुषों ने अपने हाथ में रखा है। (12) आप पर दोषारोपण करने और फिर उसका फैसला करने वाले भी पुरुष ही हैं।

आपकी दुर्गति का पूरा-पूरा विवरण दिया जाय तो एक खासी पोथी बन सकती है। मैंने इस छोटे लेख में वस्तुस्थिति का दिग्दर्शन कराया है। आशा है कि आप इन बातों पर बड़े ध्यान से विचार करेंगी।

यद्यपि आपकी परिस्थिति ऐसी नहीं है कि आप बगावत का झंडा पुरुषों के विरुद्ध उठायें लेकिन बगावत का भाव आपके हृदय में सुदृढ़ होना चाहिए। क्रमशः आप दृढ़ता के साथ पुरुषों के अत्याचारों से बचाने की कोशिश करें। कुछ ऐसी स्त्रियां तैयार हो जायें जो आजीवन विवाह न करें। किंतु अपने विचार की पक्की हों, ब्रह्मचर्य और विद्या से विभूषित हों। क्योंकि प्रारंभ में पुरुषों की नालायकी का प्रतिकार वह कर सकेगी, जो आचार, विचार और विद्या में उनसे श्रेष्ठतर होगी। सब स्त्रियां मिलकर खाना बनाना छोड़ दें, पुरुषों के भोग-विलास का साधन बनने से इनकार करें, बिना संपत्ति के अधिकार पाये संपत्ति की रक्षा से उदासीन हो जायें। और हर तरह से पुरुषों के अत्याचार सहते हुए अपना सत्याग्रह न छोड़ें।

मेरा विश्वास है कि केवल पिटते रहने और सत्याग्रह की दुहाई देने से थोड़ी बलवान-निर्बल कुछ नहीं देता, लेकिन यह जरूर है अत्याचारों को आमंत्रित करने और अपनी बात पर डटे रहने से लड़ने का बल मनुष्यों में आता है और धीरे-धीरे वह सच्चे युद्ध के लिए तैयार हो जाता है। इसी तरह नारियों को भी अपने में मन्यु (?) उत्पन्न करने के लिए, दुष्टों को दंड देने के लिए शक्ति संपादन के निमित्त पहले सत्याग्रह की शरण लेनी होगी। यह अतिक्रांति करने की शक्ति संपादन करने के लिए बड़ा भारी हथियार है।

पुरुष मुझे इस लेख के लिखने के कारण बहुत गालियां देंगे। इसे आप तक पहुंचाने में बहुत विघ्न-बाधा उपस्थित करेंगे, लेकिन जो इस लेख को कुछ थोड़ी सी भी पढ़ी-लिखी बहनें पढ़कर अपनी जाति की स्वतंत्रता के लिए उद्योगशील बनेंगी तो आत्मा सुख पायेंगी।

सत्येनास्ति भयं क्वचित्।

[4.7.1925]

11. माननीय मालवीय जी का वज्र-निर्घोष शंखध्वनि

[लखनऊ में दिया हुआ मालवीय जी का यह भाषण प्रत्येक हिंदू को ध्यान से पढ़ना चाहिए। हिंदुओं और मुसलमानों–दोनों के लिए इसमें संदेश है।]

मुझे यह सुनकर बड़ा खेद हुआ कि जहां गत 50 वर्षों से बाजा नहीं रोका गया वहां इस वर्ष बाजा बंद करवाया गया है। सभाओं तक में मैं संध्या कर लेता हूं। परंतु मुझे सभा की आवाज तक नहीं मालूम होती। दिल्ली के एकता-सम्मेलन में मौलाना सब्बीर अहमद ने एक प्रस्ताव पेश किया था कि प्राचीन प्रथानुसार सभी स्थानों पर बाजा बजाया जाय। बहुमत इस पक्ष में था परंतु समयाभाव से इस पर विचार न हो सका। यदि हम लोग इस समस्या को इसी तरह हल नहीं कर लेते तो इसका अंत होना कठिन है। प्रयोग में अनेकों हिंदू प्रतिदिन 4 बजे वेद-मंत्र उच्चारण करते हुए गंगा स्नानार्थ जाते हैं परंतु कुछ मुसलमानों ने वेद-मंत्र उच्चारण करने से रोका। यदि मुसलमानों की यही रफ्तार रही तो हम इसे सहन नहीं कर सकेंगे। यदि यही स्थिति रही तो संसार में ऐसी कोई ताकत नहीं जो उत्तेजित जनता को रोक सके। मैं मुसलमानों से कहता हूं कि इस पर भली प्रकार सोचो।

मैं आशा करता हूं कि समस्त मौलवी और मुल्ला एकत्रित होकर मेरी उपर्युक्त बातों पर विचार करेंगे और मसजिदों के सामने बाजे का प्रश्न सदैव के लिए हल करेंगे। इंगलैंड में अनेक जातियां थीं परंतु अब सब एक हैं। वे उपजातियां इतनी सभ्य हो गई हैं कि उनमें धार्मिक झगड़े नहीं होते। भारत के हिंदू और मुसलमान क्यों नहीं उनकी नकल करते? मैं दोनों से कहता हूं कि पिछली बातों को भूल जाओ। यदि मनमुटाव नहीं भूल सकते और लड़ने की ही इच्छा है तो चार-चार और पांच-पांच की संख्या में एक खेत में जाओ और खूब लड़ लो। यह तो लज्जा की बात है कि यदि एक वृद्ध हिंदू जा रहा है उस पर मुसलमान नवयुवक आक्रमण करें या किसी मुसलमान पर हिंदू नवयुवक आक्रमण करे। जनता को व्याख्यानों द्वारा भड़काना भी बुजदिली है। मैं भी हिंदू और मुसलमान को ऐसे व्याख्यान देकर उत्तेजित कर सकता हूं कि जाओ खूब लड़ो। यह काम मौलाना या हकीम या राजा या डॉक्टर का ही हो सकता है परंतु मैं उन्हें बुजदिल समझता हूं। यदि उन्हें लड़ाई से ही मनोरंजन करना है, तो उन्हें चाहिए कि दूसरे दल के पास प्रार्थना भेजे जिसमें उस मनुष्य की उम्र,

शारीरिक बल आदि का विवरण हो जो लड़ना चाहता हो। जब दूसरा दल उस चैलेंज को स्वीकार कर ले तो एक तारीख और खेत नियत करो और ठीक समय वहां पर जाकर खूब लड़ो तथा अपना मनोरंजन कर लो।

संगठन और तंजीम करो पर ईश्वर को मत भूलो! यह कभी मत सोचो कि दूसरों को दबाने तथा मारने के लिए हमें संगठन या तंजीम करना है! अपनी रक्षा के लिए संगठन और तंजीम करो। तुम जितनी कसरत कर सकते हो करो, जितनी पहलवानी करना चाहते हो, करो और जितने अखाड़े खोल सकते हो, खोलो। सभी मनुष्य बिना हथियार के होंगे पर ब्रिटेन स्वयं कहेगा कि अब भारत स्वराज्य के योग्य है। यही बात दरवाजे-दरवाजे पर समझाओ कि बलवान बनो, जब तुम बलवान हो जाओगे फिर दंगा कभी भी न होगा। संगठन और तंजीम सभ्यतापूर्वक करो। लड़ो, पर सभ्य मनुष्यों की तरह लड़ो। एक समय आवेगा कि जब हर आदमी को हथियारों के लिए लाइसेंस मिलेगा। तुम्हें बंदूक मिलेगी पर दूसरों पर आक्रमण करने के लिए नहीं स्वयं अपनी रक्षा के लिए। सरकार तुम्हारे आंदोलन में किसी की तरफदारी नहीं कर सकती। जहां कहीं अधिकारियों ने एक पार्टी की ही तरफदारी की है वहां सरकार की नीति नहीं है—उन अधिकारियों ने या तो स्थिति को नहीं समझा या अपने निजी मनोरंजन के लिए भूल की है। भारत सरकार या यू.पी. सरकार की यह नीति नहीं है पर भिन्न-भिन्न स्थानों पर सरकारी अधिकारियों की निर्बलता के कारण दंगे हुए हैं। मैं तुम्हारे साथ हूं और जब तक मेरे शरीर में जान है मैं बराबर सच्चाई के लिए लड़ने को तैयार हूं।

मैंने सुना है कि कुछ प्रतिष्ठित हिंदू सज्जन हिंदू संगठन के सदस्य बनने से हिचकते हैं। पर उन्हें चाहिए कि हिंदू संगठन में अवश्य भाग लें।

मैंने सुना है कि कुछ हिंदू और कुछ मुसलमान, भंगी और चमारों के नल से पानी लेने में एतराज करते हैं। यदि मैं कल दस हजार भंगियों को बुलाकर डलिया उठाने से रोक दूं तो फिर क्या परिणाम होगा? परंतु ऐसा करना मेरा धर्म नहीं है। क्या हिंदू चाहते हैं कि वह चमार और भंगी, ईसाई हो जावें? मैं उनसे कहता हूं कि यह असंभव है। हिंदुओ! उन्हें समान भाग दो, उन्हें कथा में आने दो और प्यार से अपने पास बैठा लो, यह तुम्हारे भाई सेवा-कार्य करते हैं—इन्हें मत भूलो। जो अभिमानी और द्वेषी हैं उसका शरीर गीदड़ तक नहीं खायगा। अपने धर्म से चमारों और भंगियों को मत निकालो।

[17.10.1925]

12. राष्ट्र-पुरुष का मतिभ्रम

पं. चंद्रशेखर शास्त्री

हमारा राष्ट्र इस समय किंकर्त्तव्यविमूढ़ हो गया है। वह देखता है और समझता भी है, पर उल्टा। वह हाथ-पैर चलाता है, काम भी करता है, पर बेमतलब का। वह बोलता है कुछ और करता है कुछ और।

बीमारी है समूचे राष्ट्र को, दवा की जाती है उसके अंगों की, सो भी अलग-अलग। एक अंग होमियोपैथी चिकित्सा में है, दूसरा एलोपैथी में। इसी तरह की अनेक चिकित्सा एक ही रोग की, की जाती है। ऐसी चिकित्सा से रोग दूर होने की आशा कैसे की जाय! पर हम लोगों को आशा करने की आज्ञा दी जाती है।

व्यक्ति समाज का अंग है। व्यक्ति स्वयं स्वतंत्र पर समाज के सामने परतंत्र। व्यक्तित्व सामाजिकता के लिए अर्पित किया जाता है और किया जाना चाहिए। पर हमारा समाज ऐसे व्यक्तियों का समूह है जो अपने व्यक्तित्व को सामाजिकता से ऊंचा समझते हैं। जो आत्म-विश्वास के लिए समाज का त्याग करने को तैयार हो जाता है। यदि उनकी बात मानी गई तब तो ठीक नहीं तो वे अलग हो जाते हैं। उनकी पार्टियां बनती हैं, दल खड़े किये जाते हैं। उस दल का एक प्रधान बनता है दूसरे उसके अनुयायी। जिस दिन अनुयायियों का कोई प्रधान बनने के लिए उत्सुक हुआ और उसने दूसरा दल खड़ा किया। यह सब किसलिए होता है—सामाजिकता के लिए, एकता के लिए और इनके द्वारा स्वराज्य पाने के लिए। यह सब क्या है? मतिभ्रम या और कुछ?

कहा जाता है कि देश के लिए हम सब कुछ करने को तैयार हैं। पर खद्दर पहनने की बात उनको पसंद नहीं आती। वे देश के लिए खद्दर नहीं पहन सकते, चरखा नहीं चला सकते क्योंकि किसी देश के स्वाधीनता के इतिहास में यह बात नहीं लिखी है। दूसरा कारण यह दिया जाता है कि इससे आमदनी कम होती है। विचार है देश के लिए त्याग करने का, उपाय बतलाया जाता है स्वराज्य के लिए व्रत-साधना का, और आमदनी की बात उठायी जाती है। यह क्या मतिभ्रम नहीं है?

कहा गया कि खद्दर पहनने वाले ही कांग्रेस में आवें। लोगों ने कहा—यह पराधीनता है। आपके देश के लिए एक वेष बतलाया जाता है। जिस देश ने अपना वेष त्याग दिया है उसे वेष ग्रहण करने की शिक्षा दी जाती है। पर आप उसे पराधीनता

बतलाते हैं। अपना वेष धारण करना पराधीनता है और इस न्याय बात का विरोध करना स्वाधीनता, तो फिर उच्छृंखलता क्या है?

स्वराज्य के लिए एक राष्ट्र—एक जाति बनने की जरूरत है, पर सभायें प्रतिदिन नई-नई खड़ी की जाती हैं। जितनी उपजातियां हैं उन सबकी सभाएं स्थापित हो चुकी हैं। कहा जाता है कि यह राष्ट्रीयता की सीढ़ी है। कौंसिलों में अलग-अलग प्रतिनिधि भेजने की मांग पेश की जाती है। कहिये यह मतिभ्रम नहीं है?

नये बड़े लाट की सेवा में बंबई वालों ने अभिनंदन-पत्र देकर प्रांतिक स्वराज्य की मांग की है। भारत मंत्री ने कह दिया है कि अभी प्रांतिक स्वराज्य न मिलेगा। कई बार प्रांतिक स्वराज्य की मांग देशवासियों ने की। फल कुछ न हुआ। फिर भी उसकी मांग। जिसका ना मिलना निश्चय है। कई बार न देने की बात कही जा चुकी है, फिर भी उसी की मांग क्या मतिभ्रम नहीं है?

सनातन धर्म खतरे में है। उसके उद्धार के लिए देश के राजा-महाराजा सेठ-साहूकारों को बड़ी चिंता है। सनातन धर्म का खतरा दूर किया जाता है अखबार निकालकर और उस अखबार के द्वारा गाली दिलवाकर। बतलाइये यह क्या है?

सनातन धर्म का ह्रास असहनीय हो गया है। हिंदुओं की पामाली हो रही है इसलिए सनातन धर्म कॉलेज की स्थापना होती है, हिंदू यूनिवर्सिटी कायम की जाती है। पढ़ाई होती है अंग्रेजी की। संस्कृत-हिंदी यहां दाल में हींग बराबर रहती है। क्या आप इसे मतिभ्रम न कहियेगा?

एक शास्त्री जी कहते हैं अंग्रेजों के साथ खानपान करने वाला म्लेच्छ हो जाता है। इस हिसाब से बच्चे के साथ खाने वाले बूढ़े को क्या हो जाना चाहिए या बच्चा को बूढ़ा। वे ही शास्त्री जी फिर कहते हैं म्लेच्छ का संबंध छोड़ देना चाहिए, उससे बात करना भी पाप है। पर अंग्रेज राजकुल के हैं इसलिए मान्य हैं। यह तर्कशास्त्र है या मतिभ्रम?

हमारी बहू-बेटियां हमारी आंखों के सामने से हटी जाती हैं हम देखते रहते हैं, फिर थाने में जाकर रिपोर्ट लिखा आते हैं। व्याह में उमर की परख लगाने वालों को कोसा करते हैं। जवानी में तो औरत रखते बनता नहीं और बुढ़ापे में ब्याह के लिए कर्ज ढूंढ़ते फिरते हैं। क्या यह विशुद्ध मतिभ्रम नहीं है?

नेताओं ने हिंदू संगठन को आज्ञा दी, जरूरत भी थी, पर हिंदू संगठन के लिए काम करने वाले कुछ ही लोग हैं सो भी भाड़े के टट्टू। जो काम प्रत्येक हिंदू का है वह काम कुछ लोगों को जिम्मे किया जाता है। इसे क्या कहिएगा?

ये उदाहरण मतिभ्रम के हैं। यह मतिभ्रम व्यक्ति विशेष का नहीं है, राष्ट्र का है। हम-आप सभी इसी में हैं। हम लोगों ने अपनी ही बुद्धि को प्रमाण मान लिया

है और कुछ लोगों को अपनी ओर मिलाकर देशोद्धार और धर्मोद्धार करने पर उतारू हो गये हैं। इन सबके लिए साधन बना लिया है अखबार को। दूसरे की बात मानना हम हतक इज्जत समझते हैं। हमारा अनुकरण हमारा दूसरा भाई करता है। इस आदत की बढ़ती इसी रफ्तार में रही तो थोड़े दिनों में हर आदमी नेता और अनुयायी रहेगा।

यह सब पश्चिमी शिक्षा का—पश्चिमी सभ्यता का फल है, जिसमें भूख बढ़ाने की ताकत है, भोजन देने की नहीं। महापुरुष गांधी ने यह बात समझी और लोगों को बतलायी, पर सुनता कौन है। देश के विद्वान् इस तर्क की कसौटी पर कसने लगे। रटे हुए अर्थशास्त्र के सिद्धांत उगल दिये गये। इन बातों में अराजनीतिज्ञता की बदबू आयी। बात जहां की तहां रह गई।

संग्रहणी के रोगी को वैद्य ने बतलाया कि दूध छोड़ दो, पतला मट्ठा पीओ जिसमें घी का शले भी न हो। रोगी के दोस्त पंडितों ने इस पर विचार किया और निश्चय किया कि वैद्य की बात बिलकुल गलत है। दूध पुष्टिकारक है, उसमें जीवनी शक्ति है। भला मट्ठे में क्या है, उसमें खाली पानी है उससे क्या होगा। दूध छोड़ना ठीक नहीं। पंडित दोस्तों की राय रोगी के लिए भयंकर हुई।

पंडितों ने राय ठीक दी पर रोगी को भुलाकर। किसके लिए दूध चाहिए और किसके लिए मट्ठा इस बात पर उन लोगों ने विचार न किया। हमारे देश के पंडितों ने भी महात्मा गांधी के उद्देश्य के संबंध में देश का ध्यान छोड़कर विचार किया, फल सामने है।

यह हमारा मतिभ्रम तब तक दूर न होगा जब तक राष्ट्र पुरुष की हम पर कृपा न होगी, और उसकी कृपा पाने के लिए हमें अपने को राष्ट्र के चरणों में अर्पित कर देना होगा। अपना व्यक्तित्व राष्ट्र में मिला देना होगा। कहिए आप तैयार हैं?

अंग्रेजी कॉलेजों में, प्रेसिडेंसी कॉलेज कालकत्ता को छोड़कर खगोल विज्ञान की शिक्षा दी जाती है दिन में। दिन में केवल गोल रहता है और 'ख' की जगह केवल 'ख' 0 रहता है इससे विद्यार्थियों का ज्ञान भी ख = 0 ही समझिए। हमारे नेता देश का उद्धार करते हैं इतिहास से, अर्थशास्त्र से और तर्कशास्त्र से, कौंसिलों में बैठकर या सजे मंच पर व्याख्यान देकर। जब तक यह क्रम रहेगा मतिभ्रम भी कोई हटा न सकेगा।

राष्ट्र के उद्धार के लिए राष्ट्र पुरुष के दर्शन की जरूरत है, उसकी सेवा की जरूरत है। इतिहास राष्ट्र नहीं है, अर्थशास्त्र राष्ट्र नहीं है। राष्ट्र के स्वरूप का दर्शन कीजिए गांवों में। पर दिक्कत है मोटरें वहां नहीं पहुंचतीं।

[13.3.1926]

13. कानपुर कांग्रेस का एक नतीजा

सत्यभक्त

झगड़े का मूल कारण : कानपुर कांग्रेस में अजमेर के प्रतिनिधियों के साथ जो मारपीट की गई थी और जिसको आमतौर पर अखबारों में 'कांग्रेस और साम्यवादी दल के झगड़े' के नाम से प्रकाशित किया गया था, उसका सिलसिला अभी बंद नहीं हुआ है। कुछ दिन हुए बनारस के 'आज' में श्रीयुत् गणेशशंकर विद्यार्थी ने, जो कांग्रेस की स्वागत समिति के मंत्री थे, इस विषय में एक लंबा लेख छपाया था, जिसमें उन्होंने झगड़े की तमाम जिम्मेदारी साम्यवादी दल वालों पर रखी थी। अभी दो हफ्ते पहले आगरे के 'सैनिक' में कांग्रेस के गुप्तचर विभाग के अध्यक्ष श्री सद्गुरुशरण अवस्थी का 'कांग्रेस की खुफिया पुलिस' शीर्षक लेख प्रकाशित हुआ है, जिसमें 'कम्युनिस्टों और गिरहकटों' की करतूतों का बड़ा मनोरंजक पर मनगढ़ंत वर्णन किया गया है। इस झगड़े की मुख्य घटनाओं का वर्णन मैंने एक लेख में किया है जो कई अखबारों में प्रकाशित हो चुका है। आज मैं यहां इस झगड़े के मूल कारण पर कुछ रोशनी डालना चाहता हूं। क्योंकि मैं देखता हूं कि किस दल ने पहले हमला किया–अजमेर वालों का चुनाव बाकायदा था या नहीं–कांग्रेस में पुलिस बुलायी गई थी या नहीं–आदि गौण सवालों में फंसकर लोग इस बात पर विचार करना भूल जाते हैं कि दरअसल यह झगड़ा क्यों पैदा हुआ और इसका क्या फल निकला।

इस झगड़े के दो मुख्य कारण थे। इस बार कांग्रेस के सामने कई खतरे की बातें थीं। महाराष्ट्र के लोग स्वराज्य पार्टी की नीति से असंतुष्ट होकर 'रैसपोंसिव कोपरेशन' [प्रतियोगी सहयोग] का प्रस्ताव पेश करना चाहते थे। असहयोगियों और स्वराज पार्टी वालों की असफलता को देखकर कितने ही नौजवान पूर्ण स्वाधीनता को कांग्रेस का ध्येय बनाने की कोशिश कर रहे थे। साम्यवादी दल वालों का इरादा था कि कांग्रेस में किसान और मजदूरों के संगठन का प्रस्ताव पास करके इसी काम में देश की तमाम ताकत लगाई जाय। बहुत से लोग कांग्रेस में अनिवार्य रूप से खद्दर पहिनने की शर्त के विरोधी थे। कुछ हिंदू संगठन के प्रेमी श्रीमती सरोजिनी नायडू के सभानेत्री बनाये जाने से नाराज होकर उनके खिलाफ प्रस्ताव पेश करना चाहते थे। हमारा इरादा था कि इन सब ताकतों को मिलाकर कांग्रेस को बातूनी और शौकीन नेताओं के पंजे से छुड़ाया जाय और उसकी ताकत को किसान और मजदूरों

के संगठन में लगाया जाय जिसके बिना देश की आजादी केवल एक स्वप्न है। कांग्रेस के मुंड लोगों को डर लगा कि कहीं ये तमाम लोग मिलकर कांग्रेस में अपना बहुमत कर लें, जिससे हमको गद्दी से उतरना पड़े। कांग्रेस के भीतर इन विरोधियों को रोक सकना मुश्किल था और उससे गड़बड़ी और बदनामी ज्यादा होती। इसलिए उनको कांग्रेस में घुसने न देना ही सुभीते का काम समझा गया, क्योंकि इस काम को वे पैसे के जोर और भाड़े के गुंडों की सहायता से सहज में कर सकते थे।

दूसरा कारण यह था कि कांग्रेस में मालदार लोगों का जोर है। उसके कितने ही नेता खुद मालदार हैं और कितने ही मालदारों के खुशामदी। इन लोगों को स्वभावतः साम्यवाद और किसान मजदूर संगठन की बातें अच्छी नहीं लगतीं। यही कारण है कि कांग्रेस में बार-बार मजदूर संगठन का प्रस्ताव पास हो जाने पर भी उस पर अमल नहीं किया गया। कितने ही कांग्रेस वाले हमारी इन बातों को सुनकर बड़े बिगड़ते हैं, पर अभी बनारस के 'आज' ने जो कांग्रेस पार्टी का पूर्ण पक्षपाती है, इसी बात को लिखा है। इसके 11 मार्च के अंक में 'कांग्रेस और भावी निर्वाचन' शीर्षक एक लेख छपा है। उस लेख में देहली की आल इंडिया कांग्रेस कमेटी के प्रस्तावों का वर्णन करते हुए एक जगह कहा गया है–"हमारे मत से इस निर्णय में सबसे अधिक महत्त्व का भाग श्रमजीवियों के संगठन के संबंध हैं। हमें खेद के साथ कहना पड़ता है कि कांग्रेस ने अभी इस ओर उतना ध्यान नहीं दिया है जितना देना चाहिए। बड़ी व्यवस्थापक सभा में स्वराज्य दल का भाव भी इस विषय में संतोषजनक नहीं था। पूंजी वालों को मिलाकर उनसे देश-सेवा कराने का मोह अभी कांग्रेस त्याग नहीं सकी है। हमारे नेताओं के ध्यान में अभी तक बात नहीं आयी है कि अमीर स्वभावतः अपरिवर्तनशील होते हैं।" हम नहीं समझते कि जब इसी बात को हम इन शब्दों में कहते हैं कि–'कांग्रेस अमीरों की संस्था है'–तो उसमें क्या बुराई हो जाती है। साम्यवादी विचार वालों के कांग्रेस में न घुसने देने का एक कारण इन मालदार लोगों का अप्रत्यक्ष प्रभाव भी था।

अब सिर्फ एक सवाल रह जाता है कि इस झगड़े का फल क्या हुआ? चाहे यह एक बहुत छोटी घटना थी और इसका जाहिर में कोई फल नहीं हुआ पर एक निगाह से इसने वर्तमान कांग्रेस का पर्दाफाश कर दिया जिसे उसके पतन का सूत्रपात समझना चाहिए। इस घटना ने यह प्रगट कर दिया कि सरकार की तरह कांग्रेस भी एक निरंकुश संस्था बन गई है। हम कांग्रेसी नेताओं के इस काम को एक चैलेंज समझते हैं कि–"कांग्रेस हमारी मिल्कियत है। उसमें हमसे मतभेद रखने वालों का स्थान नहीं है। अगर तुममें हमसे ज्यादा ताकत हो तो तुम उसके भीतर कदम रख सकते हो।"–इस तरह कांग्रेस को तमाम हिंदुस्थानियों की संस्था बतलाने

और नियम तथा अधिकार की बातें कोरी बहानेबाजी है। असली फैसला ताकत से ही होगा, चाहे दो-चार साल बाद हो। जब तक ऐसा फैसला नहीं होता तब तक स्थानीय विचार वालों का कांग्रेस में भाग लेना फिजूल है। अभी वहां सिर्फ दो-एक नेताओं की हां में हां मिलाने के सिवाय और कोई काम नहीं हो सकता। तब तक हमको स्वतंत्र रूप से ही किसान-मजदूरों के संगठन की ताकत एक ऐसी चीज है जो समय आने पर पचासों बातूनी नेताओं और उनके खुशामदी टटूओं को फूंक मारकर उड़ा देगी। उसी समय उन लोगों का भी असली स्वरूप प्रगट होगा जो आज ऊपर से किसान-मजदूरों के हितैषी बनकर दरअसल मालदारों से मिले हुए हैं और उनसे चंदे तथा सहायता के रूप में रुपया लेकर गरीबों को आगे बढ़ने से रोक रहे हैं। यही लोग साम्यवादियों को देश का शत्रु, कायर, स्वार्थी आदि कहकर बदनाम करने की कोशिश कर रहे हैं। पर उन्होंने जिस प्रकार कांग्रेस को अपनी बपौती समझ रखा है और अपना मतलब सिद्ध करने के लिए वे जिस तरह बड़े नेताओं की हां में हां मिलाते रहते हैं इसी से समझा जा सकता है कि उनकी बातों का क्या मूल्य है! गरीबों की भलाई की निगाह से ऐसे धोखेबाज लोग प्रगट शत्रुओं की अपेक्षा ज्यादा हानिकारक हैं और सबसे पहले उन्हीं का इलाज किया जाना जरूरी है। यह समझना भूल कि ये लोग देश की कुछ न कुछ सेवा करते ही हैं इसलिए उनको नुकसान पहुंचाना बुरा है। जिस तरह एक समय नरमदल के राजनीतिज्ञ ही देश-सेवक समझे जाते थे, पर जब गरमदल और असहयोगी दल पैदा हुए तो वे सरकार के साथ जा मिले, इसी तरह अबकी बार क्रांतिवादियों और किसान मजदूरों का जोर बढ़ेगा तो आजकल के ज्यादातर कांग्रेसी नेता सरकार के साथी बन जायेंगे। यही कानपुर कांग्रेस के झगड़े का निचोड़ है।

कानपुर, 24.3.26

[3.4.1926]

14. सप्रे जी का स्वर्गवास

अफसोस है कि मध्यप्रांत के सुप्रसिद्ध हिंदी-सेवक श्रीमान् पं. माधवराव जी सप्रे बी.ए., अब इस संसार में नहीं हैं। गत 23 अप्रैल को रायपुर में आपका स्वर्गवास हो गया। सप्रे जी महाराष्ट्र-ब्राह्मण होते हुए भी हिंदी के अनन्य भक्त और सेवक थे। अपनी आयु का अधिकांश उन्होंने हिंदी की सेवा में ही व्यतीत किया था। सप्रे जी पुराने हिंदी साहित्य-सेवियों में थे और केवल मध्य प्रांत ही नहीं, बल्कि बहुत से अन्यान्य प्रांतवासी हिंदी-सेवियों के भी आप गुरु थे। 'हिंदी-ग्रंथमाला', 'छत्तीसगढ़ मित्र', 'कर्मवीर' और 'हिंदी केसरी' द्वारा तथा अन्यान्य ग्रंथों के संपादन और प्रणयन द्वारा आपने हिंदी की जो प्रभूत सेवा की है, वह वस्तुतः स्तुत्य और आदरणीय है। 'दास-बोध' और भगवान् तिलकदेव के 'गीता-रहस्य' के हिंदी अनुवाद के रूप में श्री सप्रे जी ने हिंदी साहित्य भंडार को जो अमूल्य रत्न प्रदान किये हैं, वे कोहिनूर से कम मूल्यवान नहीं हैं। ये दोनों सुप्रसिद्ध ग्रंथ-रत्न आपकी उज्ज्वल कीर्त्ती के अटल स्मारक हैं। इसके लिए हिंदी-संसार चिरकाल तक आपका ऋणी रहेगा। साहित्य-सेवा के सिवा राजनीतिक और सामाजिक कामों में भी सप्रे जी प्रमुख भाग लिया करते थे। आप भगवान् तिलक के अनन्य भक्त और अनुयायी थे। सनातन धर्म पर आपकी अटल आस्था थी। आप आडंबरहीन, सरल, सादगी-पसंद, गंभीर और साधु प्रकृति के मनुष्य थे। आपकी विचार-शैली, लेखन-शैली बड़ी मधुर और गंभीर होती थी। आप व्यवहार कुशल और अनुभवी विद्वान् थे। बंगाल के बम-विभ्राट पर स्पष्ट मंतव्य प्रकाशित करने के कारण श्री तिलक महाराज के निर्वासित होने पर नागपुर के 'हिंदी केसरी' में आपका जो अग्रलेख प्रकाशित हुआ था, उसकी प्राण-विमोहिनी ध्वनि आज भी इन पंक्तियों के लेखक के कानों में गूंज रही है। उस सुंदर लेख की प्रत्येक पंक्ति में सहृदयता, स्पष्टवादिता, निर्भीकता, बहुज्ञता, देश-प्रेम और तिलक-प्रेम मौजूद था। उस लेख में सप्रे जी ने 'कागज पर रख दिया था—कलेजा निकाल के।' सप्रे जी साधु थे और साधुओं की तरह सादगी से रहते थे। अपने जीवन के अंतिम समय में आप रायपुर के रामदासी मठ में साधु की तरह जीवन व्यतीत करते थे। सप्रे जी को खोकर हिंदी संसार ने एक मूल्यवान रत्न खो दिया इसमें जरा भी संदेह नहीं। आपकी आयु 56 वर्ष की थी, परंतु काम करने में आप किसी नवयुवक से कम न थे। आपके परिवार में आपके वृद्ध भ्राता और तीन पुत्र आदि हैं। 'मतवाला'-मंडल, इस देश में सप्रे-परिवार के साथ अपनी गंभीरतम सहानुभूति प्रकट करता हुआ, जगदीश्वर से स्वर्गवासी माधवराव सप्रे महाशय की आत्मा के लिए चिर-शांति की प्रार्थना करता है।

[8.5.1926]

15. स्वराज पार्टी और जनता

राधामोहन गोकुल

आजकल जनता का विश्वास स्वराजिस्टों के ऊपर नहीं रहा, यह बात प्रत्येक स्वराजिस्ट वैसी ही अच्छी तरह से जानता है जैसे कोई दूसरा राजनीतिज्ञ। स्वराजिस्टों के प्रति जनता के इस अविश्वास का कारण और सबसे बड़ा कारण यह है कि इन्होंने अपनी पटु मूढ़ता से हिंदू-मुस्लिम झगड़े के इस बीज को जो लखनऊ में बोया गया था, तन, मन और धन लगाकर, खूब जी भरकर सींचा और जनता आज उस विष-वृक्ष का घातक फल खाकर घबरा उठी है।

जिस समय कांग्रेस ने समस्त भारत के लिए एक ऐसा समझौता बनाने का आदेश किया था कि जिससे सारे देश में सांप्रदायिक कलह का अंत हो, उस समय उसे स्वप्न में भी यह बात न सूझी थी कि उसके चुने हुए सुयोग्य दिल और दिमाग वालों को एक तरफ रखकर कोई एक स्वराजिस्ट नेता ऐसी विष-बल्ली अपने प्रांत के नाम पर पैदा कर लेगा जो सारे भारत के राजनैतिक काम को सौ वर्ष पीछे ढकेल देगी और उसका सारे भारत के लिए एक समझौता तैयार करने का अभीष्ट विफल हो जायेगा। लेकिन अपने किये शुभाशुभ कर्मों का फल भोगने से कोई बच नहीं सकता। धन और खुशामद से खरीदी वोटें आज हमें विश्वास दिला रही हैं कि हमने गेहूं समझकर जौ खरीदा था।

सबसे अधिक दुःख तो इस बात का है कि लगातार तीन वर्षों तक जनता का समय, शक्ति और संबल नष्ट करने और अपनी भूल से सारे भारत में कलह उत्पन्न कर देने पर भी स्वराजिस्टों का दिमाग ठिकाने नहीं आया। अभी तक वे कौंसिल के पीछे पागल बने फिर रहे हैं। इन्हें तो ईमानदार आदमियों की तरह उचित था कि कह देते कि 'हम हार गये, हमारे विचार गलत निकले, हम अब कौंसिलों के मायाजाल में फंसने से तोबा करते हैं।' आज से हमारा काम होगा दलितोद्धार और जनता को समुचित राजनैतिक कामों के लिए तैयार करना।

लेकिन भूल स्वीकार करना भी बहादुरों का काम है और यह बहादुरी स्वराजिस्टों में नहीं पायी जा सकती। ये तो मौखिक बकवास, वाग्युद्ध और कौंसिल के वाद-विवाद के कीड़े हैं, इन्होंने आज तक कोई वास्तविक काम न तो किया और न करने का विचार रखते हैं। अज्ञातरूप से काम करते हुए अज्ञातरूप से मर जाने की महिमा

इन तड़क-भड़क के प्रेमियों को मालूम ही नहीं है। गत तीन वर्षों से जितनी शक्ति और धन स्वराजिस्टों ने मिट्टी में मिलाया है, वह यदि इस देश के मजूरों और किसान की भलाई में लगाया जाता, साधुता के साथ ग्राम में फिरकर उनको अपने कर्त्तव्य-पथ पर आरूढ़ किया जाता तो आज देश में जीवन होता। स्वराजिस्टों के हाथ में जब कांग्रेस की बागडोर आयी तब देश की क्या दशा थी और अब क्या है, यह किसी समझदार से छिपी बात नहीं है।

वह पाखंडी जो बनते हुए राष्ट्र सभामंडप [पंडाल] पर निर्धन दर्शकों से चार-चार आना कर लेकर राजनैतिक पवित्र समारोह को क्रिसमस का मेला बनाकर धन एकत्र करते हैं—केवल इसलिए कि 500 रुपये के विलायती मसाले से 'य', 'व', 'र' की खातिर की जाय क्योंकि वह अधिकारी हैं, क्या वास्तविक देश का उपकार कर सकते हैं?

आज हमें स्वराजिस्ट नीति से सावधान होना चाहिए, स्वराजिस्ट टिकट लेकर जो काम के लिए था कौंसिल के लिए आये। उसे हम बतला दें कि हमारा स्वराजिस्टों पर विश्वास नहीं रहा। याद रहे इस बार सिर तोड़ कोशिश करने पर भी स्वराजिस्ट काफी संख्या में कौंसिलों में नहीं जा सकेंगे। जो अल्पसंख्यक किसी तरह रह जाएंगे। उन्हें बात-बात पर मुंह की खानी पड़ेगी क्योंकि इन्होंने अपने को शेर की खाल में गीदड़ साबित किया है। इनसे लिबरल नामधारी सरकारी खुशामदी हिंदुस्तानी हजार बार अच्छे हैं क्योंकि वह जो हैं, प्रकट हैं, गेहूं के बहाने जौ बेचने वाले नहीं हैं।

[12.6.1926]

16. धर्म का ढकोसला

श्री प्रत्यक्षवादी

मनुष्य समाज में बहुत सी मूर्खताएं अयौक्तिकताएं और धीरे-धीरे घर कर चुकी हैं। इन्हें हम चाहे धर्मांधता कहें, रूढ़िप्रियता कहें, चाहे उच्च कक्षा के दार्शनिक या वैज्ञानिक विचार का फल कहें, पर किसी भी अविकृत मस्तक, आंख, कान रखने वाले को इस बात से इनकार नहीं हो सकता कि मनुष्य-जाति के लिए धर्म घातक विष का काम करता रहा है, करता है और करता रहेगा। हमारे मित्र धर्म, मजहब या रिलीजन की अपने-अपने तौर पर लंबी-चौड़ी व्याख्या कर सकते हैं व करते हैं, और इन्हीं अनर्गल व्याख्याओं के बल से इन्होंने सदा जनसमूहों को अंधकारमय गर्त में रखा है व रखते हैं। लेकिन वे देखने वाली आंखों को, समझने वाले दिमागों को और अनुभव करने वाले हृदयों को, यदि वे धर्म की कोकीन से बिलकुल गत चेतना नहीं हो गये, तो धोखा नहीं दे सकते। धर्म का अर्थ चाहे धारण करने वाला हो, मजहब का अर्थ तुर्की में चाहे 'गरोह' के हो, रिलीजन का अर्थ चाहे अंग्रेजी में नैतिक नियमों से बांधने वाला हो किंतु इनके जो व्यावहारिक फल गत सहस्र वर्षों से हम देख रहे हैं वह हमें यह बात कहने को बाध्य करता है कि धर्म, मजहब या रिलीजन आदि शब्दों का एक ही अर्थ है और वह है मनुष्य-संज्ञापहारी। आदमी को पागल बनाने वाला नशा। धर्म के मानने वाले छोटे बच्चों से भी अधिक बुद्धिहीन होते हैं, इसलिए धर्मों का संसार में कोई भी सदुपयोग नहीं है।

मसीह ने बे-समझों की हंसी उड़ाने के लिए एक समय कहा था कि तुम उस गली में खड़े हुए बच्चे के समान हो जो कहता है कि हमने वंशी बजाई तुम नाचे नहीं और रूठ बैठता है। आज भी हम यही देखते हैं। शिआ और सुन्नियों का फसाद, वहावियों और गैर-वहावियों की तकरार, कादरियों का पत्थरों से मार डाला जाना, मद्रास में रोमन कैथालिक ईसाइयों और मुसलमानों की मारपीट, ग्लासगो में कैथालिक और प्रोटेस्टेंटों की जूतम-पैजार, भारत में हिंदू-मुसलमानों का रक्तपात, धर्म के नाम पर इतिहास के पृष्ठों को कलंकित कर रहे हैं। दिगंबरों, श्वेतांबरों, आर्यों, सनातनधर्मियों और पंच-देवता के उपासकों के आपस के झगड़ों को कोई झुठला नहीं सकता। लेकिन जब हम इन झगड़ों की गहरी तह तक पहुंचते हैं तो मालूम होता

है कि केवल लड़कबुद्धि मात्र पागलपन, सरासर बेहूदगी से सिवा कोई भी ऐसा कारण धार्मिक झगड़ों में नहीं होता जिस पर समझदार हंसकर चुपका न रह जाय।

गत कलकत्ते के दंगे की जड़ को ही लीजिए। एक 200-250 आदमियों का हिंदू समारोह अपने ढंग पर अपने ईश्वर को प्रसन्न करने के लिए किया जाता है। अस्पताल के कोने पर पुलिस इंस्पेक्टर ने बाजा [जिसमें एक ढोलक और एक तुरुही थी] बंद कर देने को कहा। ढोलक बंद हो गई। इतने में एक मुसलमान ने आकर ढोलक पकड़ी और कुछ कहा। इसके बाद ही मसजिद से काठ, ईंट, पत्थर, कांच आदि के प्रहार प्रारंभ हो गये क्योंकि मुहम्मदी ईश्वर किसी न किसी कारण अत्यंत क्रुद्ध हो गया। मद्रास में भी ईसाइयों के जुलूस से मुहम्मदी खुदा नाखुश हो गया। मैं नहीं समझता कि कोई समझदार आदमी इस प्रकार के झगड़े को पसंद करेगा। जब खुदा दंगा कराते हैं और गवर्नमेंट तलवार और बंदूकों से खुदा की इच्छा पूरी नहीं होने देती तो मैं गवर्नमेंट को खुदा से लाख बार ज्यादा ताकतवर, जानकार और सर्वव्यापी मानूंगा।

मैंने अपनी साठ वर्ष से अधिक अवस्था में जहां तक खोज की, धर्म या मजहब को मनुष्य के लिए कहीं भी उपयोगी नहीं पाया, न कहीं मैंने ईश्वर या खुदा की जरूरत देखी। वह दिन दुनिया के लिए बड़ा पवित्र होगा जिस दिन मजहबी डिपार्टमेंट मानव-समाज से सदा के लिए उठा दिया जायेगा। मजहब उसी तरह गुंडेपन की जड़ है जैसे इंपीरियलिज्म।

वह भाव जो एक मनुष्य को दूसरे के अधिकारों पर आक्रमण करने का रास्ता बताते हैं, अत्यंत बुरे हैं। परंतु जो झगड़े रोटी के लिए होते हैं उनमें सार है—वह पशु स्वभाव या प्रकृतजन्य हैं, बुरे होने पर भी हमें समय-समय पर उनका सामना करना ही होगा, और समस्त संसार में साम्यवाद फैलाकर इनको भी, मनुष्यों का संबंध है, मिटाना पड़ेगा। परंतु झूठमूठ धर्म का मिथ्या पचड़ा खड़ा करके मनुष्यों के दुःख को चौगुना करना कहां की बुद्धिमानी है, मैं नहीं समझ सकता।

रोटी-कपड़े के दुःख से दुःखी चोर या उठाईगीर जब अपने धनिक या संपन्न पड़ोसी का माल चुराता, छीनता या उड़ा लेता है तो उसका कारण प्रकट और पशु-प्रवृति का परिचायक है। जब कोई धनिक जबर्दस्त जाति या व्यक्ति, दूसरी जाति या व्यक्ति को लाठी के बल दबाता या लूटता है तो यह भी मनुष्य से संबंध रखने वाली एक पाशविक कृति है। परंतु एक ईश्वर की कल्पना करके धर्मों की बेसिर-पैर की इमारत खड़ी करना और परस्पर सिर फोड़ना तो पशुओं से भी नीचे गिरे हुए लोगों के काम हैं। क्या सचमुच मनुष्य पशुओं और असभ्यों की अवस्था से भी अभी बहुत नीचा है।

मुसलमानों ने मंदिर तोड़ने का नमूना हिंदुओं के सामने रखा, उन्होंने भी मसजिद तोड़कर बतलाया कि वे इस कला को सीख चुके। लेकिन यह न मालूम हुआ कि गुरु-चेला में से किसी को कुछ लाभ भी हुआ। ईंट, पत्थर और गारों में पहले लाखों रुपये बिगाड़े, फिर उन्हें तोड़ा और अपने सिर तुड़ाये और अब फिर उन्हें तैयार करेंगे, इसी प्रकार इस बेहूदगी की पुनरावृत्ति होती रहती है। जो मसजिद व मंदिर टूट गये, चाहिए था उन्हें सदा के लिए छोड़ देते वहां उन गरीबों के लिए सस्ते झोपड़े बनाते जिन्हें मजहब से ज्यादा शीत और वर्षा से बचने के लिए घर की जरूरत है।

एक हिंदू जब मुसलमान या ईसाई होता है या एक मुसलमान जब हिंदू या ईसाई बनता है तब चेहरे में, बुद्धि में, चाल-ढाल में कोई भी अंतर नजर नहीं आता। सब ज्यों-के-त्यों मनुष्य बने रहते हैं। हां, एक बात जरूर है वह यह कि जो आज तक भंग पीकर पागल हो रहा था वह कल से स्कॉच, ह्विस्की पीकर विक्षिप्त बनेगा। मनुष्य जाति के लिए यह कहीं अच्छा होगा कि वह धर्म की शराब पीना छोड़कर सीधा-साधा मनुष्य बन बैठे और धर्म के नाम पर रक्तपात कर मनुष्य को कलंकित करने का कारण न बने।

भारत में इन लड़ाइयों का एक उपयोग है वह यह कि हिंदू-मुसलमान-ईसाई आपस में लड़-लड़ कर लड़ना सीखते हैं, तबीयतों को लड़ाका बनाते हैं, संभव है एक दिन यह सब मिलकर धर्म के भूत के पंजे से निकलें और अपनी मातृभूमि को स्वतंत्र करें। देखूं वह पवित्र दिन कब आता है!

[26.2.1927]

17. नागपुर सत्याग्रह और गांधी जी

सत्याग्रह से ही स्वराज्य मिलेगा

श्री बी.एफ. भड़ूचा ने नीचे लिखा वक्तव्य समाचार-पत्रों में प्रकाशित होने के लिए भेजा है–

महात्मा गांधी ने 14 जुलाई 'यंग इंडिया' में 'सत्याग्रह की सीमाबद्धता' शीर्षक जो लेख लिखा है उसे मैंने पढ़ा है। गांधी जी बराबर सच्चे समाचारों के आधार पर लेख लिखा करते हैं और उन समाचारों के संबंध में सावधानी से जांच भी करा लेते हैं तथा विवेकपूर्वक किसी विषय पर अपना मत प्रकट करते हैं। पर इधर तीन महीने के अंदर 'यंग इंडिया' में गांधी जी के ऐसे कई लेख प्रकाशित हुए हैं जिन्हें पढ़कर मुझे दुःख हुआ। क्योंकि वे लेख अपूर्ण समाचारों के आधार पर लिखे गये हैं और उनसे भ्रांत विचार प्रकट किये गये हैं। इस संबंध में मैं नीचे लिखे तीन लेखों का यहां उल्लेख करना चाहता हूं–(1) पारसी शराब बेचने वाले और रानी परज की स्त्रियां, (2) नागपुर सत्याग्रह और अवारी, और (3) नागपुर सत्याग्रह और इन पंक्तियों का लेखक।

आज मैं पहले लेख पर विचार नहीं करूंगा। मुझे केवल दूसरे और तीसरे लेख पर विचार करना है।

नागपुर के लोगों को यह शिकायत है और मैं भी इसका समर्थन करता हूं कि महात्मा जी को एसोसियेटेड प्रेस के समाचार के आधार पर श्री अवारी के चलाते हुए सत्याग्रह के विरुद्ध मत न प्रगट करना चाहिए था, उन्हें अवारी से इस विषय में पूछ लेना चाहिए था।

उसी तरह गांधी जी यदि मेरे विषय में भी तब तक कोई टीका न करते जब तक मुझसे उन्हें पूरी कैफियत न मिल जाती तो देश की कोई हानि नहीं होती।

इन बातों से यह प्रगट होता है कि बीमारी के कारण महात्मा जी इतने अवसन्न हो गये हैं कि उनकी धीरता की मात्रा कुछ घट गई है जिसका परिचय उनके उपर्युक्त तीनों लेखों में मिलता है। उनके अनुयायियों को उचित है कि उन्हें ज्यादा आराम पहुंचावें और खादी के संबंध में भी उनसे ज्यादा मेहनत न करावें।

नागपुर सत्याग्रह : अपने 14 जुलाई के लेख में गांधी जी ने ठीक ही कहा है कि मैं [गांधी जी] मानचित्रविहीन भारतीय राजनीतिक समुद्र के सत्याग्रह रूपी

दीपस्तंभ का रक्षक हूं। पर हमें यह देखना चाहिए कि क्या गांधी जी सत के रक्षक रहे हैं?

1. क्या गांधी जी ने अवारी को, नागपुर वालों को और भारतवासियों को यह चेतावनी दी थी कि अस्त्र-विधान के विरुद्ध सत्याग्रह करना वास्तविक सत्याग्रह नहीं है? —नहीं।
2. अवारी के संबंध में टीका करते समय गांधी जी ने इस पर कोई प्रकाश डाला था? —नहीं।
3. कांग्रेस कार्यसमिति या भारतीय कांग्रेस कमेटी को गांधी जी ने यह सूचना दी थी कि नागपुर सत्याग्रह पक्का सत्याग्रह नहीं? —नहीं।
4. कांग्रेस के अध्यक्ष गांधी जी के मत से परिचित थे? —नहीं।
5. श्री वल्लभभाई पटेल या महात्मा जी के और किसी मुख्य अनुयायी को इसकी कोई खबर थी? —नहीं।
6. कांग्रेस के अध्यक्ष ने नागपुर सत्याग्रह कमेटी को सहायता देने की बात क्यों लिखी? वल्लभभाई पटेल नागपुर जाकर सत्याग्रह के संबंध में अनुसंधान करने को क्यों तैयार हुए?

बे-बादल की बिजली : मैं अपनी इच्छा से सत्याग्रह के संबंध में पता लगाने नागपुर गया और गांधी जी को वहां का हाल लिखा। 27 जून को या उसी के लगभग किसी दिन मुझे महात्मा जी का पत्र मिला कि सत्याग्रही हथियार नहीं बांध सकते। वह खबर मुझे बे-बादल की बिजली जैसी मालूम पड़ी। गांधी जी ने मुझे जो पत्र लिखा था उसका आशय अपने सम्मानित मित्र श्री साम्बमूर्त्ति को समझाना मैंने अपना कर्त्तव्य समझा। हम दोनों मित्रों ने विचार कर पीछे यह स्थिर किया कि सत्याग्रह के संचालकों को भी महात्मा जी के मत से परिचित करा देना चाहिए। उन लोगों ने सत्याग्रह कमेटी में बड़ी देर तक इस विषय पर विचार किया और अंत में महीने-भर के लिए सत्याग्रह स्थगित करना निश्चय किया। नगर-कांग्रेस कमेटी ने भी म. भगवानदीन जी के यह विश्वास दिलाने पर कि फिर सत्याग्रह शुरू किया जायेगा, सत्याग्रह स्थगित करने का निश्चय मान लिया। मुझसे बार-बार लोगों ने राय पूछी और मैंने यही जवाब दिया कि आप लोग जो अच्छा समझें सो करें। मेरे चुप रहने के दो कारण थे—(1) मैं चाहता था कि नागपुर सत्याग्रह के संचालकगण स्वतंत्र विचार करके जो उचित समझें सो करें और (2) मैं गांधी जी से सहमत नहीं था इसलिए मैं सत्याग्रह के संचालकों को कोई सलाह नहीं देना चाहता था।

सत्याग्रह से ही स्वराज मिलेगा : गांधी जी का मत उनकी सम्मति से प्रकाशित किया गया था। मैंने तो इस बारे में कोई भूल नहीं की थी। मैंने नागपुर में जिस सावधानी से काम लिया उसका गांधी जी आसानी से पता लगा सकते हैं। मैंने क्या भूल की उनके यह बताने से मैं प्रसन्न होऊंगा।

मुख्य विषय यह है कि स्वराज कैसे मिलेगा और मिल जाने पर उसकी रक्षा कैसे होगी?

1. स्वराज्य आसमान से नहीं टपक पड़ेगा।
2. क्रिसमस की मिठाई की तरह वह भारत-सचिव के दफ्तर से भी यहां नहीं भेजा जायेगा।
3. कौंसिलों के द्वारा भी स्वराज्य नहीं मिलने का।
4. केवल सत्याग्रह से ही स्वराज्य मिल सकता है।
5. स्वराज्य प्राप्त करने तथा उसकी रक्षा करने में क्या आत्मरक्षा के लिए हथियार की जरूरत न पड़ेगी?
6. क्या हथियार चलाने की शिक्षा हमारे लिए आवश्यक न होगी?
7. यदि नौकरशाही सदा हमें निहत्था बनाये रखेगी तो हम अपने घर-बार की रक्षा कैसे कर सकेंगे?
8. भगवान् श्रीकृष्ण और बुद्धदेव क्या आत्मरक्षा के लिए हथियार चलाने का आदेश नहीं देते?

मेरा यह दृढ़मत है कि आत्मरक्षा के लिए हथियार बांधना हमारा कर्त्तव्य है। गांधी जी से मेरा मतभेद होने का वह पहला ही अवसर नहीं।

गांधी जी से पहले भी मतभेद हुए हैं :

1. 1918-19 में जब गांधी जी ने सत्याग्रह आंदोलन शुरू किया था तब मैंने एक खुली चिट्ठी लिखकर उसका विरोध करते हुए कहा था कि देश अभी सत्याग्रह के लिए तैयार नहीं है। गांधी जी के अहिंसा सिद्धांत का उस समय इतना प्रकाश भी नहीं हुआ था।
2. 1921 में जब गांधी जी ने विदेशी कपड़ों के जलाने का आंदोलन उठाया तब भी मैंने यह कहकर उसका विरोध किया कि इससे राष्ट्रगत द्वेष उत्पन्न होगा। गांधी जी मान गये और सूती कपड़े अकाल पीड़ितों की सहायता के लिए अहमदनगर और ऊनी कपड़े तुर्कों की सहायता के लिए स्मरना भेजे जाने लगे।

3. 1920 में जब छात्रों से स्कूल-कॉलेज छोड़ने को कहा जा रहा था तब भी मैंने यह कहकर विरोध किया था कि जो लड़के स्वेच्छा से स्वार्थत्याग करने को तैयार हों और जिन्हें अभिभावकों की आज्ञा मिले वे ही स्कूल और कॉलेज छोड़ें।
4. पिकेटिंग के लिए वेतन पर लोगों के नियुक्त किये जाने का भी मैंने घोर विरोध किया था। इन्हीं पिकेटिंग करने वालों के कारण 1921 में बंबई में उतना उपद्रव मचा।
5. 1921 में गांधी जी ने सब नेताओं को घोषणा-पत्र पर हस्ताक्षर करने और सबको मिलकर सत्याग्रह करने को कहा था। मैंने उस योजना का भी घोर विरोध किया था।
6. आज भी मेरा विनम्र पर दृढ़ मत है कि सत्याग्रह के संबंध में गांधी जी भगवान् श्रीकृष्ण और बुद्धदेव से भी ऊपर उठना चाहते हैं। गांधी जी जिस ढंग से सत्याग्रह करना चाहते हैं उसमें कोई भी मामूली आदमी शामिल नहीं हो सकता।

इतना मतभेद होते हुए भी अंत में मेरा यही कहना है कि यदि गांधी जी भारत के विषय में कुछ अधिक और योग के विषय में कुछ कम सोचा करें तो गांधी जी ही ऐसे व्यक्ति हैं जो रक्तहीन क्रांति से भारत को स्वतंत्रता दिला सकते हैं। यदि गांधी जी इसमें देर करेंगे तो दिनानुदिन स्थिति प्रतिकूल ही होती जायेगी।

[6.8.1924]

18. मदर-इंडिया

शिवनारायण टंडन

उस पाजी औरत का नाम मिस मेयो है जिसने हाल ही में 'मदर इंडिया' नाम की एक गंदी पुस्तक लिखी है। यह औरत अमरीका की बिलासपुरी न्यूयॉर्क की रहने वाली है! यह उस देश की बसने वाली है जहां की गोरी सुंदरियां बहुधा विवाह के व्यथापूर्ण बंधन में रहना पसंद नहीं करतीं और यदि वैवाहिक सूत्र में आबद्ध भी हुईं तो उनके स्वच्छंद जीवन में कोई बाधा-विघ्न नहीं आने पाता! अमरीकन सुंदरियों की उच्छृंखल काम-प्रवृत्ति एक खसम के सहवास से शांत नहीं हुआ करती, बाजारू कुतियों की तरह अपनी व्यभिचार-लालसा पूरी करने के लिए वे नित्य नये-नये छबीले युवकों को अपनी रूप-माधुरी द्वारा रिझाया करती हैं! ये 'कलोर बछियां' या 'सदा सुहागिनें' 'मिस' के नाम से पुकारी जाती हैं! 'मिस' के माने हैं, 'कुंआरी कन्या!' यह नाम उनके लिए सजता भी खूब है।

यह यौवन की दोपहरी क्या हर घड़ी खिली रहेगी? यह गोरे शरीर का जामा क्या बार-बार मिलेगा? यही सब सोच-समझकर हमारी पुण्यात्मा कैथराइन मेयो ने भी विवाह का झंझट, लड़कपन से ही अपने सिर पर नहीं लिया है। पैंतीस साल पार कर चुकने पर भी आपका पैर कभी टेढ़े-मेढ़े रास्ते पर नहीं पड़ा है। आप अभी तक कुंआरी 'मिस' बनी हुई हैं। मिस मेयो साहिबा जब सोलह से पचीस वर्ष तक की चुलबुली हसीना थीं, तब आपका 'हेड ऑफिस' न्यूयॉर्क नगर था, आवारा अमरीकन समाज में आपका खूब नाम था। उसके बाद जवानी के मध्याह्न काल में—मेयो महाशया इंगलैंड के कीड़ा-स्थल लंडन में पहुंचीं। वहां आपके प्रेमियों की श्रेणी में भारतद्रोही अंग्रेज संतानों की संख्या ही अधिक रही—यहां तक कि भारत शासक-मंडली में भी आपका भरपूर दौर-दौरा रहा!

सबसे पहले इस कमीनी औरत ने फिलीपाइन टापुओं के निवासियों के विषय में, उन्हें उनके जन्मसिद्ध अधिकारों से वंचित रखने के लिए एक निहायत बेहूदी, झूठी और गंदी पोथी लिखी है। इस पुस्तक द्वारा इसने ख्याति भी खूब अर्जित की! इसी से भारत की उठती हुई उमंगों को कुचल देने के लिए, भारतवासियों को संसार के सामने बदनाम करने के लिए, हिंदुस्तानी पुरुषों और स्त्रियों को पतित और असभ्य साबित करने के लिए कूटनीतिज्ञ अंग्रेज राजनीतिज्ञों ने इस पाजी औरत को

अपनी कलमुंही कलम चलाने के लिए भारतवर्ष भेजा! इसकी भारत यात्रा को सफल और सुखकर बनाने में इस देश के ठेकेदारों ने भी भरसक खूब प्रयत्न किया। सभी प्रकार की सुविधाएं इस औरत को मुहैया की गईं। यह बहुतेरी जगह घुमी-फिरी, बुरी से बुरी बातें जो इसे यहां कहीं भी दिखलाई पड़ीं उन्हें खोज-खोजकर इकट्ठा किया, और तिल का ताड़ बनाकर 'मदर इंडिया' नाम एक पाप पुराण लिख डाला। आज उसी 'मदर इंडिया' के संबंध में पाठकों को कुछ सुनाऊंगा—

पुस्तक के प्रथम परिच्छेद में, 21वें पन्ने की 25वीं लाइन में 'मदर इंडिया' लिखने का उद्देश्य बताती हुई मिस मेयो लिखती है—"मैं कोई राजनीतिक दूत नहीं वरन् एक साधारण अमरीकन नागरिक हूं और अपने देशवासियों के सामने सच्ची-सच्ची बातें रखने की इच्छुक हूं।" चोर की दाढ़ी में तिनका! कहते हैं कि, पाप सर पर चढ़कर बोला करता है। नहीं तो 'पोलीटिकल एजेंट' बनने-न बनने का पवड़ा अपनी सफाई के लिए रखने का उद्देश्य ही क्या हो सकता है! इसको यह बात पहले ही खटकी कि दुनिया वाले, हो न हो, मुझे अंग्रेज-सरकार का एजेंट कहने लगेंगे, इसलिए अपनी सफाई पेश करते हुए आखिर उसने यह बात कह ही तो डाली! इसमें संदेह नहीं कि यह औरत छद्मवेषिनी कुट्टनी थी, इसके भारत-भ्रमण का उद्देश्य निरा राजनीति के दांव-पेंचों से संबंध रखता था! हाल के समाचारों से जो बड़े-बड़े अंग्रेजी अखबारों में प्रकाशित होते रहे हैं, यह पता चलता है कि 'मदर इंडिया' की हजारों प्रतियां यूरोपीय देशों में और ब्रिटिश-पार्लामेंट के मेंबरों में मुफ्त बांटी जा रही हैं! 'मदर-इंडिया' दो-चार आने की पुस्तक नहीं, उसका खरा मूल्य प्रायः आठ रुपये प्रति प्रति है। यदि समाचार-पत्रों के समाचार सत्य हैं तो हमें विश्वास करना चाहिए पांच-सात हजार प्रतियां ऐसे ही 'फ्री' वितरण की गई हैं, जिसके माने तीस-चालीस सहस्र रुपये होते हैं। मिस मेयो कहां की कुबेर की पोती हो गईं जो इतनी बड़ी रकम बैठे-बैठाये बहा देंगी! जिस औरत ने दस-बीस हजार रुपयों के लालच के पीछे अपनी आत्मा बेचकर, सत्यासत्य का बिना विचार किये ही ऐसी पुस्तक लिखी वह, यह असंभव है कि इस तरह पुस्तकें वितरण करें! यदि पुस्तक का उद्देश्य केवल अमरीकावासियों को भारतीय वातावरण और उनके सामाजिक रीति-व्यवहारों से आगाह करना था तो मेयो बीबी को ब्रिटिश प्रेस की शरण लेने की क्या आवश्यकता आ पड़ी? क्या अमरीका में छापने वाले प्रेसों का टोटा था या अमरीकन प्रकाशक उसे प्रकाशित करने को तैयार नहीं थे? और, फिर इस तरह इस बेदर्दी के साथ, धन का कोई ख्याल न रखते हुए, मुफ्त में पुस्तक वितरण करने के क्या मानी हैं? जिन्हें भगवान् ने जरा भी समझ दी है वे फौरन कहेंगे लेखिका ने पुस्तक लिखने का उद्देश्य बतलाते हुए जो कुछ लिखा है वह महज सफेद झूठ है, पढ़ने वालों की आंखों में धूल झोंकने का प्रयास है, दुनिया वालों को बरगलाने

और बहकाने की एक तरकीब है। निस्संदेह मेयो ने 'मदर-इंडिया' को रुपया पैदा करने के लिए लिखा है और लिखवाने वाले ने भरपूर रकम खर्च कर, प्रत्येक उपलब्ध साधन का साहाय्य लेकर पराधीन भारत और उसके परतंत्र देशवासियों को भरपूर बेइज्जत करने की मनचीती मुराद पाई—हम इस विषय में बस इतना ही कह सकते हैं! अपनी पुस्तक के 13वें पन्ने में मेयो लिखती हैं—

> "In many little bookstalls where narrow chested near sighted, anaemic young Indian students in native dress, brood over pils of fly blown 'Russian pamphlets'."

अर्थात् इस अंधी औरत को सभी भारतीय युवक विद्यार्थी सिकुड़ी छाती वाले, कमजोर निगाह वाले और दूषित रक्तवाले दिखाई दिये! हम तो यही कह सकते हैं कि जिसकी आंखों में पती रोग होता है उसे संसार की सफेद और काली वस्तुएं पीली ही दिखाई देती हैं। हमारा विद्यार्थी समुदाय यदि 'बृकोदर' के समान बलवान नहीं तो उसकी स्थिति साधारण तौर से अच्छी ही कही जा सकती है! कॉलेजों और स्कूलों के विद्यार्थी खेल-कूद, दौड़-धूप और परिश्रमपूर्ण काम करने के लिए उत्सुक रहते हैं। जिसके फलस्वरूप उनका शरीर पर्याप्त रूप से बलिष्ट रहता है! यह दूसरी बात है कि उनमें स्वास्थ्य-रक्षा के नियमों के प्रचार की और भी अधिक आवश्यकता है। मिस मेयो को भारतीय विद्यार्थियों की शक्ति का अंदाजा तभी लग सकता था जब वे उनसे ताकत आजमाइश की चेष्टा करतीं। तभी उसे मालूम हो जाता कि उसके अमरीकन छैलों से बलबूते में हिंदुस्तानी नवयुवक किसी तरह न्यून नहीं हैं। परंतु बीबी जी ने बिना 'प्रैक्टिकल प्रूफ' लिए ही झूठे और अधझूठे शब्दों में अपनी थ्योरी रच डाली। मेयो को भारतीय पोशाक से भी बड़ी चिढ़ है, जैसा कि उसके उपरोक्त कटुवचनों से विदित होता है, मालूम होता है, इंडिया ऑफिस ने बोलशेविज्म का आतंक चलते समय उसके दिल पर अच्छी तरह जमा दिया था, तभी तो उसे दौड़ती हुई 'मोटरबस' से सिकुड़े हुए सीने वाले भारतीय विद्यार्थी रूसी प्रचार के परचे पढ़ते हुए दिखलाई दिये! यह सब विद्वेष भाव से लिखी हुई बेबुनियाद बातें हैं, जिसे दुनिया वाले समझ लें कि भारतीय युवक पतित, निर्बल और बोलशेविक हैं।

पुस्तक के द्वितीय परिच्छेद का शीर्षक है—'दास्य प्रवृत्ति'! इस परिच्छेद में लेखिका ने अंग्रेजी राज्य के उपकार दर्शाने की भरपूर चेष्टा की है। वह लिखती है—

> "The British Goverment, in administering the affairs of India, would seem to have reached a set rate of progress.... So many wells sunk.... So much rice and wheat and millet and cotton added to the country's food and trade resources."

जिसकी आंखों पर पक्षपात का परदा पड़ा हो, उसे सीधी सी बात समझना भी दूभर होता है! मेयो कहती हैं कि ब्रिटिश शासन में यहां बहुत से कुएं खोदे गये। इतना चावल, गेहूं, मक्का और रूई यहां पैदा होने लगी और निजारत के जरिये बढ़े!! इस अक्ल की अंधी लेखिका को शायद यह पता नहीं कि अंग्रेजी शासन के पहले भी यहां सिंचाई और आब पाशीका—हिंदुओं और मुगलों के जमाने में—बहुत उत्तम प्रबंध था! यह तो ऐसा लिखती है, मानो अंग्रेजी शासन के पहले यहां पानी पीने के कुएं थे ही नहीं, नहरें थीं ही नहीं, चावल, गेहूं और रूई वगैरह यहां पैदा ही न होते थे! क्या मिस मेयो बतलावेंगी तब कौन-कौन महादेशों से अनाज और रूई के जहाज लदकर यहां आया करते थे? हम पूछते हैं, क्या रुपये के एक मन गेहूं बिकना कंगाली का लक्षण था? क्या ढाका का सुप्रसिद्ध वस्त्र-व्यवसाय अमरीकन रूई के भरोसे पर होता था? हां, उस समय यहां आज की जैसी भुखमरी नहीं फैल रही थी कि करोड़ों देशवासियों को एक बार आधापेट रूखा-सूखा भोजन मिलना भी मुश्किल हो रहा है! ब्रिटिश राज्य से पहले वह जमाना था जब हिंदू के पचास आदमियों के सम्मिलित कुटुंब में एक कमाता था और बाकी लोग चैन से रहते थे। आज दिन की जैसी छीछालेदार नहीं मची थी कि घर के दस में दस आदमी चोटी का पसीना ऐड़ी तक बहाकर परिश्रम करते हैं और फिर भी टोटा का टोटा ही बना रहता है! प्रतिवर्ष अन्यायपूर्वक लाखों टन खाद्य-पदार्थ विदेशों को लाद दिया जाता है, क्या यह भारत सरकार की न्यायप्रियता है? अच्छी रूई जो कुछ भी यहां पैदा होती थी उसकी पैदावार भी अंग्रेजी राज्य में मारी गई है! हमारे यहां कपड़े बुनने वाले अच्छे-अच्छे तंतुकार थे, परंतु हमारे प्रभुओं ने देश के व्यापार का सत्यानाश करने के लिए उनके अंगूठे कटवा डाले! क्या गवर्नमेंट की यह हमदर्दी कही जायेगी? मिस मेयो इन सब बातों को जानती हुई भी नमकहलाली दिखाने के लिए अनजान बन गई हैं? भारतीय इतिहास से अनभिज्ञ दुनिया की आंखों में खूब धूल झोंकी है। धन्य हो ताड़का रानी, सफेदी पर कालिख पोतने में बड़ी दक्ष हो।

21वें पेज के तीसरे पैरे में लिखती हैं—

> "The whole pyramids of the Indian woes, material and spiritual ponereg, sickness, ignorance, political minority, melancholy ineffectiveness, not targetting that subconscious conviction of inferiority which he forever hears and advertises by his gnawing and imaginative alertness for social affronts rests upon a rock-bottom physical base, the base in simply his manner of getting into the world and his sex life thence forward.
>
> The Indian girl in common practice looks for motherhood nine months after reaching puberty–orancy where between the eyes of fourteen and eight. The latter age is extreme...."

क्या मिस मेयो यह सच्चाई के साथ कह सकती हैं कि अमरीका या इंगलैंड प्रभृति देशों में बीमारी की समस्या नहीं है? यदि नहीं है तो डॉक्टरों की टिड्डी दल की तरह बढ़ती किसलिए है? हजारों और लाखों डॉक्टरों की पलटन क्या बेकारी का बाना पहने यूरोप और अमरीका की छाती पर कोदों दला करती हैं? यदि वहां उनकी जरूरत है तो दूसरे देश क्यों दोषी हैं? नौकरशाही शासन के कारण भारत गरीब है, यहां के अधिवासियों को अच्छा भोजन नहीं मिलता, उनकी स्वास्थ्य-रक्षा के लिए स्वार्थी शासन यथेष्ट पैसा नहीं खर्च करता, वे अर्थकरी विद्याओं से वंचित रखे जाते हैं, उनकी गायें गोरे मारकर खा जाते हैं, उन्हें दूध-घी नसीब नहीं होता है, यही कारण है कि यहां रोगों की वृद्धि है, डॉक्टरों की भरमार है और मृत्यु-संख्या बढ़ती जा रही है और इसकी सारी जिम्मेवारी मिस मेयो के प्रशंसित राम-राज्य पर है। उफ, कितनी बड़ी बेशर्म यह औरत है! जिस शासनकाल में यहां के अधिवासियों की रोजाना औसत आमदनी तीन पैसा रोज आदमी है, उसे वह कोटि-कोटि आशीर्वाद है और कोस रही है, बेचारे गरीबों को! अंग्रेजी राज्य की बदौलत यहां सौ पीछे आठ-दस पढ़े-लिखे, जिन्हें साधारण भाषा का ज्ञान है, पाये जाते हैं? विलायती व्यापार, वाणिज्य, व्यवसाय की उन्नति के पीछे 'व्यापारी शासक मंडल' ने यहां की शिल्पकारी वस्त्र-व्यवसाय और चलते हुए ऐसे ही ठोस व्यापारों को चकनाचूर कर डाला! ज्ञान-विज्ञान की उन्नति कैसे हो पाती—नवीन-नवीन आविष्कारों को करने का कभी प्रोत्साहन ही नहीं मिल पाता। उलटा यदि किसी मेधावी ने अपने उत्साह और परिश्रम से कोई खोजपूर्ण योजना तैयार की तो उस पर शनिश्चर की क्रूर दृष्टि के समान सरकार का कोप भहरा पड़ता है! अच्छे कल-पुरजों के निर्माण करने का हुक्म ही नहीं। परंतु यह सब होते हुए भी मेयो जैसी औरत की निगाह में अंग्रेजी शासन रामराज्य से बढ़ा-चढ़ा है।

मेयो लिखती है कि भारतवर्ष में आमतौर से लड़कियों को आठ से चौदह वर्ष तक की अवस्था में संतानोत्पत्ति हो जाती है! कैसा नीचतापूर्ण और सरासर झूठ आपेक्ष है! कभी किसी समाचारपत्र में पढ़ने को मिला कि एक नववर्षीया कन्या के यूरोप के फलां शहर में दो मुंह और चार पैर वाला बच्चा पैदा हुआ तो क्या हम समझ लें कि मेयो के देश की नववर्षीया मिसें ऐसे ही 'जंतु' जना करती हैं?

पुस्तक का 32वां पन्ना देखिये—"देश के बहुत से भागों में, उत्तर और दक्षिण सभी तरफ, छोटे लड़के जो सुंदर होते हैं बहुधा जवान आदमियों की कामपिपासा शांत करने के साधन बनते हैं या सुंदर-सुंदर लड़के वेश्याओं की तरह मंदिरों में रहते हैं! उनके मां-बाप इसमें कुछ हर्ज नहीं समझते! उल्टा वे यह देखकर अतीव आह्लादित होते हैं कि उनका लड़का लोगों के दिलों को लुभाने वाला है!"

शायद किसी लौंडेबाज अंग्रेज या हिंदुस्तानी से मिस मेयो का पाला पड़ गया

होगा और उन्होंने जो कुछ आंखों देखा होगा, सत्यता के नाते हलफिया बयान कर दिया है! मैं यह नहीं कहता कि हमारे यहां लड़कों के साथ व्यभिचार है ही नहीं, और हमें उसे समूल नष्ट कर देने का भरसक प्रयत्न करना है, पर जिस बेहूदगी और लुच्चेपन से मेयो ने उसका बखान किया है, वह कमीनापन है! हां, यह बातें यूरोप और अमरीका के समाजों में बहुतायत से पाई जाती हैं, मुसलमानों देशों में भी इसका पूरा प्रचार है, इन्हीं स्थानों के अनुभव से मिस मेयो को शायद याद रहे हैं, और उसने अपने प्रलाप में उन्हीं को बक डाला है। लड़कों का मंदिरों से जो संबंध लिखा है, वह तो एक भयानक झूठ है! न जाने किस आधार पर इसने ऐसी वाहियात बात का उल्लेख ऐसे अंधेपन से किया है। एक नहीं बीसों गिरजाघरों के पादरी ऐसे होते हैं जो बीसियों मिस कहलाने वाली सदा सुहागिनों से, और बालकों से व्यभिचार करते पकड़े जाते हैं पर इसके अर्थ यह तो नहीं निकलते कि सभी पादरी ऐसे ही हैं? लौंडेबाजी की शुरुआत मुसलमानों के देश से हुई, उसके बाद उसका प्रवेश यूरोप के फैशनेबिल घरानों में हुआ। अमरीका में भी इसका विस्तार हुआ और अभाग्यवश उसकी कुछेक छूत हमारे देश को भी लग गई है। हम इस घृणित पापाचार के पृष्टपोषक नहीं, तीव्र से तीव्र शब्दों में उसकी आलोचना करने को तत्पर रहते हैं। ऐसे ही मिस मेयो को चाहिए था कि जहां भारतवर्ष पर उसने इतना जहर उगला, पहले अपने समाज के दुराचरणों पर भी दृष्टिपात कर लेती। हमारे यहां तो अमरीका वगैरह के मुकाबले के वह नहीं के समान है! लंदन तो आजकल संसार के लौंडेबाजों का प्रसिद्ध अड्डा हो रहा है! [25.10.1927]

'मदर इंडिया' की लेखिका के मन में, मालूम होता है, हर घड़ी व्यभिचार ही बसा रहता है। आगे चलकर वह लिखती है—

> "They [Indians] commonly experience marital use two and three times a day."

अर्थात् "भारतवासी आमतौर से दिन में दो-तीन बार स्त्री-सहवास करते हैं।" न जाने इस बदतमीज औरत को कहां ऐसे गुंडे मिले हैं! दिन में स्त्री-सहवास हिंदूशास्त्र के विरुद्ध है और नीच से नीच मनुष्य भी इसकी पाबंदी करते हैं। प्रतिदिन दो-तीन बार व्यभिचार करने वाला प्राणी कितने दिन जीवित रह सकता है; इस पर भी इस अक्ल की अंधी औरत ने विचार नहीं किया है। एक स्थान पर तो यह भारतीयों को अत्यंत निर्बल और क्षीण-वीर्य बतलाती है और दूसरी जगह उनकी विषय-पिपासा का ऐसा घृणित वर्णन करती है! नापाक विचार वाली यह लेखिका अपने उद्देश्य की पूर्ति की धुन में इतनी मस्त हो गई थी कि उसे पूर्वापर की भी कुछ सुध न रही। उसे ख्याल

ही न रहा कि क्या गत-वीर्य दुर्बल प्राणी भी इतने व्याभिचारी हो सकते हैं?

अच्छा अब आप मिस मेयो और एक सुशिक्षित ब्राह्मण सज्जन के बीच जो बातचीत हुई उसका सारांश सुनिये–

मेयो – अच्छा बतलाइये, प्राचीनता के कट्टर उपासक ब्राह्मण अपनी कन्याओं का विवाह किस वय में करते हैं?

ब्राह्मण – कन्या जब पांच वर्ष की हो, सात वर्ष की हो। प्रत्येक दशा में नौ वर्ष की हो जाने से पहले।

मेयो – मान लो, यदि कन्या के नौ वर्ष पूरे हो जाने तक विवाह न किया जा सका तब?

ब्राह्मण – यदि मेरी कन्या हो और नौ वर्ष की हो जाने तक मैं उसका विवाह न कर सकूं तो मुझे जातिच्युत हो जाना पड़ेगा। मेरे साथ खान-पान विवाहादि सब संबंध तोड़ दिये जायेंगे।

मिस मेयो ने किस ब्राह्मण-समाज का चित्र खींचा है, बेचारा लेखक हजार सिर पटकने पर भी न मालूम कर सका। इसलिए मैंने यह आवश्यक समझा कि उत्तर और दक्षिण; पूरब और पश्चिम चारों दिशाओं के भूदेवों से वार्तालाप कर लूं और यदि यह सामाजिक नियम [नौ वर्ष के बाद विवाह करने पर जाति बहिष्कार] कहीं जारी हो तो उससे जानकारी प्राप्त करूं! परंतु मुझे कहीं ऐसे सामाजिक नियम का कोई पता नहीं लगा। हमारे देश में बालिकाओं के विवाह दस और चौदह के बीच में होते हैं, जाति बहिष्कार का तो कोई प्रश्न ही नहीं! पांच और सात वर्ष की अवस्था वाली दुधमुंही बच्ची को ब्राह्मण-मंडली तो क्या मूर्ख से मूर्ख भारतवासी भी शादी की फांसी नहीं लगाता। मिस मेयो ने अपनी इस मनगढ़ंत कथा में ब्राह्मण को अंग्रेजी का अच्छा विद्वान बतलाकर अपने पैर में अपने आप ही कुल्हाड़ी मारी है। क्योंकि अंग्रेजी शिक्षा से शिक्षित ब्राह्मण, क्षत्री, वैश्य और शूद्र सोलह और बीस वर्ष की कन्याओं का विवाह करते हैं यह कौन नहीं जानता? मिस मेयो ने जैसे ब्राह्मण का खाका खींचा है वैसा जीव सन् 1926 और 1927 के भारत में एक भी नहीं मिल सकता।

उसने 'पद्म-पुराण' से कुछ वाक्य उद्धृत किये हैं, जिसका भावार्थ यह है, "पति चाहे बूढ़ा हो, चाहे शराबी हो, चाहे जुआरी हो, चाहे अंधा हो, बहरा, गूंगा चाहे जैसा भी हो, स्त्री का कर्त्तव्य है कि वह उस पर भक्ति करे, उससे प्रेम करे और उसको अप्रसन्न होने का मौका न दे।"

मिस मेयो की उपरोक्त बातों में सत्यता है परंतु हमें उस सत्यता के विषय में कुछ और भी कहना है! चूंकि मिस मेयो का उद्देश्य ही हम भारतीयों को भरसक

जलील करने का है इसी वास्ते उसने "यत्र नार्यास्तुः पूज्यंते रमंते तत्र देवताः" और "कुल नारी देवी समानाः पूज्याः भवन्ति" आदि शास्त्रोक्त बातों को देखी-अनदेखी कर उपरोक्त बात का उल्लेख कर दिया है! जहां हिंदू-शास्त्र स्त्रियों को अपने पतियों के ऊपर देवता की तरह श्रद्धा और प्रेम रखने की शिक्षा देते हैं वहां वे पुरुषों को भी बतलाते हैं कि अपनी धर्मपत्नियों को देवी के समान समझो अर्थात् पुरुष और स्त्री देवताओं और देवियों की तरह सद्वृत्ति और समानता से रहें! चूंकि पाश्चात्य देशीय और अमरीका वाले स्त्रियों का विशेष ध्यान रखते हैं, इसलिए वे अच्छी तरह समझ जायें कि हिंदुस्तानी अपनी स्त्रियों के साथ अमानुषिक बर्बरता का व्यवहार करते हैं, जिससे गौरांग जातियां भारतवासियों से घृणा करने लगें। ऐसी बर्बर कौम के अस्तित्व को पामाल कर देने का सम्मिलित प्रयत्न किया जाय! पर मेयो सुंदरी यह नहीं जानतीं कि भारत और भारतवासियों का सभ्य अस्तित्व उनके सभ्य होने के लाखों वर्ष पहले से चला आ रहा है–उस हस्ती को बालू की गेंदों की मार से मिटा देना जरा टेढ़ी खीर है।

75वें पृष्ठ के आरंभ में मेयो ने जो कुछ लिखा है उसका तात्पर्य यह है कि हिंदू स्त्री केवल पति के भोग की सामग्री है! हिंदुओं के कुटुंब में हिंदू स्त्रियों का स्थान क्या है इसे वही जान सकते हैं जो हिंदू हैं या जिन्हें हिंदू कुटुंबों में कुछ दिन रहने का सुअवसर मिला है। हिंदू समाज के सारे सामाजिक और धार्मिक नियमों का आधार हिंदू ललनायें ही हैं, गृहस्थी के छोटे से छोटे और बड़े से बड़े कार्य में भी पुरुष समुदाय हस्तक्षेप करने का साहस नहीं करता। जो वे चाहती हैं होता है, जो वे कहती हैं वह किया जाता है! पर 'कुंआरी' मिस मेयो यह कैसे समझ सकती हैं?

आगे चलकर मिस मेयो ने बड़ी ढूंढ़-खोज के बाद लिखा है–"देश के इस छोर से उस छोर तक देख जाइये, हिंदू तीस ही वर्ष में बूढ़ा हो जाता है और इन वर्ष के बूढ़े-सूखे खूसरों में फी दस आदमी पीछे सात और साठ आदमी 'नपुंसक' होते हैं।" 'नपुंसक' शब्द पर जरा पाठक ध्यान दें। मालूम नहीं, इसका पता मिस साहिबा ने कैसे पा लिया है? हमने तो अभी तक यही सुन रखा था कि गत महायुद्ध में पेरिस और लंदन के परिस्तानों में भारतीय सिपाही बहुत पसंद किये गये थे।

मिस मेयो भारतीय रजवाड़ों, नवाबों और नरेशों से बहुत संतुष्ट हैं। The Indian Princes शीर्षक देकर आपने एक पूरा का पूरा परिच्छेद राजाओं की गुण-गाथा गाते-गाते समाप्त कर डाला है। आपकी कुछ लाइनों का भाव यह है–

"यह स्पष्ट रूपेण दिखलाई पड़ता है कि बहुतेरी रियासतें बहुत अच्छी तरह से शासित हैं, अनेक की राज्य-व्यवस्था उत्तमतापूर्वक है। हां, कुछ जरूर ऐसी हैं जो पीछे हैं और ऐसी तो बहुत ही थोड़ी हैं जिनकी शासन-व्यवस्था बुरी हो!

कहने का तात्पर्य यह कि सभी उन्नति कर रहे हैं...उदाहरण के लिए माईसोर की मिसाल है...गत महायुद्ध में भारतीय नरेशों का व्यवहार अत्यंत राजभक्तिपूर्ण था और उन्होंने प्रशंसात्मक रूप से धन, जन द्वारा सरकार की सहायता की थी! सारांश में इतना कह देना अलम होगा कि यह देशी नरेशों का समूह अत्यंत शीलवान, उच्च भावनामय राजभक्त समुदाय है, जिसकी यह अटल धारणा है कि बृटिश सिंह का झंडा सदा इस देश पर मजबूती के साथ लहराता रहेगा!"

मेयो कैसी सत्यवक्ता और तटस्थ समालोचक हैं यह बात उक्त वृत्तांत पढ़ लेने के बाद भली-भांति समझ में आ जायेगा। मेयो का कहना है कि कोई 70 फी शतक रियासत बहुत अच्छी तरह से शासित हैं, कोई 20 फी शतक उससे कम, पर उत्तमतापूर्वक व्यवस्थित हैं, कोई सात-आठ प्रति सैकड़ा पीछे हैं और एक-दो सौ पीछे बुरी हैं। अच्छी सुशासित रियासतों का उदाहरण देते हुए आप केवल माइसोर 'Mysore' का ही उल्लेख करके चुप्पी साध लेती हैं! माइसोर ही एक ऐसी रियासत है जो अपनी सुव्यवस्था के कारण कुछ ख्याति अर्जित कर चुकी है। मिस मेयो की बड़ी कृपा होती यदि वे दो-चार और रियासतों का उल्लेख कर देतीं। प्रजा की पसीने की कमाई के लाखों पर पानी फेरकर यूरोप की सैर करने वाले, स्विस सुंदरियों के साथ नाचने वाले विलासी और सैकड़ों रानियां या दासियां रखने वाले रजवाड़े मिस मेयो को बहुत पसंद आये। ये उसे उन्नति के जीते-जागते, बोलते हुए बबुए मालूम पड़े। शायद इन देशी नरेशों ने अपनी गौरांग 'महाप्रभु जी' की आवभगत में लाट साहब के स्वागत जैसी तैयारियां की होंगी। अपने महल दिखलाये होंगे और राज्य का एक-आध हाईस्कूल दिखला दिया होगा। सुनहली-रूपहली कुर्सियों की चमक से मेयो जैसी मिस की आंखों में चकाचौंध हो जाना कुछ असंभव नहीं! मेयो रजवाड़ों को विचारशील शासक इस वास्ते कहती हैं कि उन्होंने ब्रिटिश राजभक्ति का अच्छा सबक सीखा है। उसकी राय में इन शासकों के समान विचारशील व्यक्ति भारत में दूसरे नहीं। पढ़ाये हुए पटुवें ऐसे ही तो पढ़ा करते हैं। सचमुच यह रुपया पाप का मूल है, जो न कराये सो थोड़ा है।

सन् 1921 के चौरीचौरा वाले हत्याकांड का जिक्र करती हुई बड़े पुरदर्द शब्दों में मिस मेयो बतलाती हैं कि वहां कांग्रेस के स्वयंसेवकों और जनता ने मिलकर 21 आदमियों को जीता-जागता जला दिया था! मिस मेयो को मालूम होना चाहिए भारतीय पुलिस अंग्रेजी शासन-सूत्र की दाहिना हाथ लाल पगड़ीधारी पुलिस—एक अत्यंत वाहियात और उद्दंड संस्था है! अपने देशवासियों के साथ इसकी ज्यादतियां प्रसिद्ध हैं। चौरीचौरा कांड उसी का परिणाम था। तथापि हम उसको अच्छा नहीं कहते। हमें, हमारे श्रद्धेय नेता को उसके लिए सदा दुःख है! पर अमरीका में तो ऐसी

बातें आये दिन रोज ही हुआ करती हैं। जीते-जागते हब्शी वहां जलाये जाते हैं। कू-कलेंस-कहान जैसी वहां सभा-सोसाइटियां हैं जिनके सदस्य बड़े-बड़े अमीर-उमरा हैं—ये संस्थाएं हब्शियों को आग की लपटों में जलाने का आमोद किया करती हैं। हब्शियों को कुत्तों से नुचवा डाला जाता है! अभी बहुत दिन नहीं बीते वहां गुलामी की भयंकर प्रथा प्रचलित थी! ऐसे राक्षसी मुल्क से आई हुई जब एक चुड़ैल, हमारी किसी एक, न जाने कब की किन परिस्थितियों की, बुराई का 'तिल का ताड़' चित्र खींचती है तब खून खौलने लगता है! बात यह है कि ऐसी आवारा लेखिका की लेखनी से, रुपये के जूते के बलबूते पर, हमारे प्रभु हमें संसार में बदनाम कर, हमें जंगली और बेसमझ करार देना चाहते हैं जिससे भारत को परतंत्रता की बेड़ियों से छुड़ाने में संसार के किसी भी प्राणी को कोई सहानुभूति न हो, पर लेखक को विश्वास है कि सूर्य पर चाहे जितनी धूल फेंको उसका प्रकाश वैसा बना रहता है! मिस मेयो भारत और भारतवासियों को चाहे भी जितनी फूहर गालियां दें, झूठ और गप की गाथाएं गा-गाकर संसार के सामने हमें नीचा दिखलाना चाहें पर जिनके कुछ अपनी समझ हैं जिन्हें खुदा ने दो आंख और दो कान दिये हैं वे सच्ची परिस्थिति को यहां आकर देख सकते हैं या कानों से सुन सकते हैं। मिस मेयो को हम क्या कहें? गाली के जवाब में गाली देना हमारा काम नहीं—हां, हम इतना जरूर कह देना चाहते हैं कि—"त्वदीयं वस्तु 'मिस मेयो!' तुम्यमेव समर्पित!" मिस मेयो ने परदे की कुप्रथा, जच्चाखाने की बुराइयां, धर्म के नाम पर अंधेर, बहु-विवाह, वृद्ध-विवाह और समाज की ऐसी ही बुराइयों पर भी प्रकाश डाला है। चूंकि लेखिका का दृष्टिकोण मालिक की नमकहलाली की ओर था इस वास्ते इसकी वर्णन-शैली अत्यंत कटु है, और बातें बहुत बेतुके तरीके से बढ़ा-चढ़ाकर गाई गई हैं। उसके विचार में इन बुराइयों को दूर करने का हिंदू-समाज में कोई आंदोलन ही नहीं हो रहा है।

[5.11.1927]

19. हिंदू समाज के तीन गुंडे : पंडे, पंडित, भिखमंगे

शिवनारायण टंडन

हमारे धर्मभीरु हिंदू भाई जिस तिकड़म के आदर-सत्कार और पूजा-अर्चना में बड़ी सद्भावना और भक्ति-भाव का परिचय देते हैं, आज हम उसी के खिलाफ अपनी आवाज बलंद करना चाहते हैं। हम इस बात को उत्तरदायित्व के साथ साबित करना चाहते हैं कि ये तीनों--पंडे, पंडित और भिखमंगे हमारे समाज के कोढ़ हैं। इन्हीं तीन गुंडों ने इस विशाल हिंदू जाति को पतन के गड्ढे में ढकलने का सफल प्रयत्न किया है और आज दिन भी अपनी हरकतों से बाज नहीं आते। देश चाहे रसातल को जाये और जाति चाहे प्रलयकाल की अंतिम घड़ियों तक गुलामी की सांसें भरती रहे इन्हें इससे कोई सरोकार नहीं। इनका तो सदा से एक ही ध्येय रहा है कि येन-केन प्रकारेण समाज का खून निचोड़कर अपने व्यक्तित्व और अपने समुदाय की समृद्धि करना। इसके लिए यदि इन्हें अपनी आत्मा भी बेचनी पड़े, असत्य भाषण से लेकर खानसामागिरी भी करनी पड़े तो भी ये ऋषियों की औलाद कहलाने का फख्र रखने वाले आगा-पीछा करने वाले नहीं हैं।

ये पंडिताई का पेशा करने वाले धर्म के मुखिया, पुरोहित, पंड़े, पंडित वगैरह ही हैं जो समझते हैं कि बारह साल में बालिका की शादी करने से प्राचीन 'सड़ातन धर्म' देवलोक को चला जायेगा। यह विद्वान् मंडली (?) लड़कियों की शिक्षा की पक्षपातिनी नहीं है, विधवा विवाह की कायल नहीं है परंतु कुंवारी-अधखिली कन्याओं के साथ रंडुवों का विवाह कराने में आवश्यकता से भी अधिक दत्तचित्त दिखाई देती हैं।

इस लेख में हम पंडितों के विषय में अधिक न कहकर पाठकों का ध्यान पंडे और पुरोहितों की ओर आकर्षित करना चाहते हैं। इनके संबंध में हम इस लेख के दूसरे भाग में विस्तारपूर्वक विचार करेंगे।

पंडे, हिंदू समाज के सबसे बड़े गुंडे हैं। आजकल देश की आर्थिक अवस्था अत्यंत दयनीय दशा पर पहुंच गई है। देश के कई करोड़ आदमी दिन में एक बार भी भोजन नहीं पाते। असमर्थ करोड़ों भाइयों को चिथड़ा लपेट कर रहना पड़ता है, पास में पैसा नहीं, घर में दो दाने नहीं, पर ये पंडे इस परिस्थिति से भी गुलछर्रे उड़ाते हैं, राजे-महराजों की तरह ठाटबाट से रहते हैं। सारे तीर्थ-स्थानों पर इन्होंने अपना एकाधिपत्य जमा रखा है, सब मंदिरों में इनका प्रभुत्व है।

लेखक ने काशी, प्रयाग, पुरी और हरिद्वार प्रभृति स्थानों का भ्रमण किया है और इनकी करतूतें अच्छी तरह देखी हैं। यात्रियों के प्रति इनका अशिष्ट, अभद्र और दंभयुक्त व्यवहार देखकर किसी भी भले आदमी को क्रोध आये बिना नहीं रह सकता। आप देश के एक कोने से दूसरे कोने तक चले जाइये--पुरी से पुष्कर तक हो आइये। सब जगह इन निरक्षर भट्टाचार्यों के यूथ के यूथ आपके पीछे दौड़ पड़ेंगे, जिससे आपको अपनी जान बचानी मुश्किल हो जायेगी। आपको ये लूट न लें तो गनीमत समझिये। आपको अपने निवास-स्थान पर टिकाकर आपका लुंजिया-पुंजिया चोरी न कर लें तो बस अपना भाग्य समझिये। आपके हाथ यदि आपकी पत्नी है तो उस पर भी हाथ साफ करने से ये महानुभाव बाज नहीं आयेंगे।

हिंदू जाति में श्रद्धालु व्यक्तियों का समारोह है। जिन कृपणों की गांठ से शिक्षा और अनाथालय आदि के लिए एक फूटी कौड़ी ले लेना भी बालू में से तेल निकालना है, वे मरने पर बैकुंठ जाने के लिए पंडों को हजारों की थैलियां सौंप देते हैं। धर्म पर विश्वास रखने वाले इन भाइयों को पूर्ण विश्वास दिलाया जाता है कि तुम जो कुछ दे रहे हो वह भगवान् के यहां धरा रहेगा और जब तुम मरोगे तो इसके बदले सुख से स्वर्ग में कालयापन कर सकोगे। इसी अंधविश्वास के कारण हिंदू इन झूठों के बहकावे में आ जाते हैं और अपनी कमाई के पैसे इन अभागों को दान कर देते हैं। इस विश्वास ने इतना जोर पकड़ रखा है कि गंगा के तट पर खड़े होकर यात्रा को बछिया की पूंछ पकड़ाकर उसे समझा दिया जाता है कि तुम्हें अक्षय पुण्य प्राप्त हो गया। और वे दान की हुई गायें कसाइयों के हाथ कौड़ियों के मोल बेच दी जाती हैं। रुपये की लंबी-चौड़ी सुपुष्ट गऊ के अगर पचास भी सीधे हो गये तो पंडे महराज का क्या चला गया। उनका तो यह रोज का व्यापार ही ठहरा। बेचारे दया कहां तक करें। इस तरह गोवध की कमाई खा-खाकर ये संड-मुसंडे कंजर दौलतमंद बन जाते हैं। हम उन दानी हिंदुओं को क्या कहें, जो गाय की पूंछ पकड़कर अपने लिए स्वर्ग की राह खोलना चाहते हैं। जिसकी हिये, तक की फूट जायें उससे कौन-सा रोना रोया जाय। शिक्षा का अभाव, समझ का अभाव और आसानी से स्वर्ग पहुंचने की उत्कट अभिलाषा! 'एक व्याधि तें नर मरहिं ये असाध्य बहु व्याधि।'

अच्छा, और सुनिये इस दान में प्राप्त धन का पंडे महराज ऐसा सदुपयोग करते हैं कि दान करने वालों के पुरखों की स्वर्गस्थ आत्माएं अवश्य ही खुश हो जाती होंगी और अपने पृथ्वीस्थ बाल-बच्चों के लिए आशीषों की बौछारें अवश्य करती होंगी।

गांजा, चरस और चंडू का दम लगाना पंडेपन का प्रधान लक्षण है। तिस पर मजा यह है कि इन मादक वस्तुओं का सेवन देवताओं के नाम पर—शिवजी के पवित्र नाम पर—किया जाता है और वह धर्म का एक अंग माना जाता है। रंडीबाजी, मांसाहार,

शराबखोरी और जुआ खेलना भी पंडों के लिए आवश्यक-सा हो रहा है। इतना ही नहीं, इनमें चाकलेट पंथियों की भी बहुतायत होती है। पंडों को आप बहुधा फोश-महाफोश गाली-गलौज करते घाटों पर पाइयेगा। इनमें परस्पर कभी-कभी बड़ी भयंकर मारकाट भी हो जाया करती है।

अब आप मंदिरों के पुजारियों की दशा पर दृष्टिपात कीजिये। मथुरा, वृंदावन, गोकुलनाथ जी और श्रीनाथजी के विश्वास मंदिरों में जाइये। आपको इन स्थानों की अमित द्रव्य-राशि, वैभव और समारोह देखकर आश्चर्यचकित हो जाना पड़ेगा। प्रत्येक मूर्ति के गले में लाखों के मूल्य की चमचमाती हुई मणियां होंगी। प्रत्येक मंदिर का पुजारी ही इस माल का अधीश्वर है। ये पुजारी इन्हीं देवताओं के वंशज कहे जाते हैं। इन देव-पुत्रों के रहने के लिए वृहत् अट्टालिकायें [जिनके नाम मोतीमहल और रंग महल हैं] निर्मित हैं। इन स्थानों की सजावट और ऐयाशी ठाट देखकर हमारे राजे-महराजे भी डफ करते रह जायेंगे। ये पुजारी लोग बहुधा गुसाईंजी के नाम से पुकारे जाते हैं। गुसाइयों का स्नेह या प्रेम बाहर से आई हुई माताओं और बहनों पर विशेष रहता है। इनके यहां का यह नियम है कि सदा एक ही स्त्री या पुरुष दीवान-खास में आज्ञा लेकर पधार सकता है और वहीं पर श्रीमहराज अपने उपदेशामृत से अशांत स्त्री-पुरुषों के हृदयों को शांत-शीतल किया करते हैं। इन गुसाइयों के परिवार में गजब की सुंदरता है। तिस पर विलासमय जीवन बिताने के कारण बिलकुल राजकुमारों जैसे दिखलाई पड़ते हैं। तीर्थ-स्थानों के मंदिरों में स्त्रियों का आवागमन ही अधिक रहता है क्योंकि ये स्त्रियां भक्ति की पुतलियां हैं जो अपनी भांति-भांति की मनोकामनाएं पूर्ण कराने इन दूर-सुदूर देवालयों में तशरीफ लाया करती हैं। देवदासी रखने का रिवाज भी कहीं-कहीं विशेषतः मद्रास प्रांत के मंदिरों में बहुत है। ये देवदासियां सुंदरी युवतियां होती हैं जो धर्म के नाम पर अपना सतीत्व और यौवन कुलांगार पंडों और पंडों की कामधेनु यात्रियों के हाथ बेचा करती हैं। यहां भी आपको 'चाकलेट-पंथियों' की भरमार मिलेगी। ये लोग वैष्णव या ऐसे ही समुदाय विशेष के नाम पर अपने-अपने अंधभक्त अनुयायियों को कंठियां दिया करते हैं। कंठी तुलसी या ऐसे ही किसी वृक्ष के लकड़ी की छोटी-सी माला होती है, जो गुंसाईं जी महाराज से मंत्रपूत करवाकर गले में कवच या धर्म-चिह्न की तरह बांध दी जाती है। इस व्यवसाय से गुंसाइयों को सबसे ज्यादा आमद है।

अब जरा पंडा नंबर तीन यानि घरों के पंडों का जिन्हें हम 'पुरोहित' कहते हैं, कच्चा-चिट्ठा सुनिये। ये पुरोहित लोग हिंदुओं के अंतःपुर के जन्मजात प्रधान या सर्वे-सर्वा होते हैं। इनकी रोजी का जरिया बालक के जन्म ले लेकर उसके देहावसान तक है। हिंदू के घर में बालक जन्मा और 'जजमान, माई-बाप की जै' का पाठ पढ़ते हाथ बांधे आ खड़े हुए। इन मूर्ख गंजेड़ी, भंगेड़ी, पुरोहित, व्यवसायियों का आशीर्वाद ब्रह्मा बाबा की

आशीष समझी जाती है। इन पुरोहितों का आशीर्वाद वैसा ही वजनी होता है जैसी उन्हें दक्षिणा मिलती है। एक मुद्रा के देने वाले को ये मन ही मन मूड़ी हिलाकर मानसिक शुभाशीष दे देंगे, मुद्रा द्वै के दिवाल को 'आनंदित रहो' कह डालेंगे पर जिन्होंने खड़े-खड़े पांच रुपये सेवा में अर्पण कर दिये अथवा अशरफी की सुनहली चमक से आंखें चका-चौंध कर दीं उन्हें लंबे-चौड़े श्लोक के पाठ के साथ आशीर्वाद प्राप्त होता है। यज्ञोपवीत और विवाह-संस्कार है। इनकी मेधाशक्ति अपने स्वार्थ साधन के लिए बेसिर-पैर की वाहियात रस्मों की सृष्टि कर डालने में बड़ी प्रबल है जिनका अस्तित्व न तो कहीं वेदों में मिलता है न स्मृतियों ही में। यदि प्रमाण जानना चाहें तो झट अपनी गढ़ी हुई या तरमीम की हुई पोथी से इधर-उधर के दो-चार ऊटपटांग श्लोक सुनाकर आपको संतुष्ट करने की चेष्टा करेंगे और यदि आप अपने कूढ़ दिमाग के कारण इतने पर भी उनसे सहमत न हों तो नास्तिक की उपाधि से विभूषित कर आस्तिकों के समुदाय से पृथक् कर दिये जायेंगे। विवाह-व्यय का बहुलांश धर्म के ठेकेदार कुलीन कहलाने वाले इन्हीं पुरोहितों के गले उतरता है। मृत्यु-शय्या पर पड़े होने पर भी ये पातकी जीव आकर दान भिक्षा के लिए झोली फैलाते हैं। गऊदान, स्वर्णदान और अन्न का दान लेकर मृतक की आत्मा को स्वर्गीय शांति पहुंचाने का बीमा ले लेते हैं। मंगलमय भगवान् का नाम लेकर अपना स्वार्थ साधन करना और समाज को पीसते चले जाना ही पंडे और पुरोहितों का काम है। ये हिंदू समाज के फलने-फूलने वाले उद्यान में विषैले कीड़ों की तरह चिपटे हुए हैं। तुर्की ने पागल मुल्लाओं को अपने देश से निकालकर एशिया महाखंड के दूसरे देशों को मार्ग दिखला दिया है। क्या हम उन्नतिशील नहीं होना चाहते, क्या हम पतन के पथ पर ही अग्रसर होते रहेंगे क्या इस बीसवीं शताब्दी में भी हमारी आंखें न खुलेंगी? करोड़ों की तादाद में ये पंडे, पुजारी और पुरोहित अकर्मण्यता का बाना पहने हमारे ऊपर भार स्वरूप हो रहे हैं, हमें लकीर के फकीर बनाये रख अपना उल्लू सीधा करना चाहते हैं जिससे हमारी जाति के उत्थान में महान् विलंब हो रहा है। हम नवयुवकों का यह फर्ज है कि इन चिड़ीमारों के पंजे से जाति का गला छुड़ावें और इन भाइयों को हितकारी मार्ग दिखला स्वावलंबन का पाठ पढ़ावें जिससे यही हमारे पतित भाई अशुद्ध और गंदे वायुमंडल से निकलकर समाज-सेवा के क्षेत्र में पदार्पण कर देश और जाति की उन्नति में सहायक हो सकें। [21.1.1928]

मुसलमानों में जिस तरह मुल्ले हैं, हिंदुओं में, उसी तरह पंडित हैं। ये दोनों एक ही थैली के चट्टे-बट्टे हैं! परंतु मुल्ले तो अपना उल्लू सीधा करने के साथ ही साथ मुसलमानों को संगठित कर सारे काफिरों को मुसलमान कर हिंदुस्तान में मुसलिम राज्य का सुख स्वप्न देखा करते हैं और हमारे पंडित जी हमारे समाज में परस्पर वैमनस्य की आग भड़काकर

उसे तीन तेरह करने में लगे हैं। इनका काम ही है सामाजिक गुत्थियों को उलझाते चले जाना और जाति-पांति के भेद को पुष्ट करने में सहायक होना। ये 'धर्म धर्म' चिल्लाकर दिन-रात चील-चुथोऊल मचाये रहते हैं। प्राचीनता-प्रिय बुजुर्गों के दिलों पर इन्होंने यह विश्वास जमा दिया है, कि इनके पापी पेट की पूजा में आनाकानी करने से साक्षात् रौरव नर्क की प्राप्ति होती है। ये ढोंगी अपने को ब्रह्मा बाबा के मुख से उत्पन्न खास उन्हीं की औलाद बतलाते हैं। पंडित चाहे दुराचारी हो, महापापी हो, शराबी हो, वेश्यागामी हो, पर 'दीयते हि यद्दानं दीयते ब्राह्मण कुले।' इसी कारण से हमारी दान शैली चौपट हो गई है। पैसों की कमी के कारण शिक्षालयों की अकाल-मृत्यु हो जाती है, अनाथालयों के मासूम बच्चे शीत के मारे ठिठुरा करते हैं और बेवायें आहें भर-भर डबडबायी आंखों से कातरतापूर्वक हमारी ओर निहारा करती हैं पर हम कुछ नहीं करते। क्योंकि हमारा विश्वास है कि ऐसा दान करने से पुण्य नहीं प्राप्त होता। और, ये दान लेने वाले सुपात्र नहीं हैं। क्योंकि सुपात्रता का ठेका तो पंडित समाज ने ले रखा है!

प्राचीनकाल में हमारे यहां गुण और धर्म के अनुसार वर्ण-व्यवस्था चलाई गई थी। जिनकी पठन-पाठन की ओर अधिक रुचि थी और जो अपना समय तत्त्व-ज्ञान की बातों और भगवतभजन में बिताया करते थे उन्हें 'ब्राह्मण' की उपाधि मिलती थी। अर्थात् वे ब्राह्मण कहलाते थे। जो ब्रह्म को पहचानने की क्षमता रखता था वही ब्राह्मण कहलाये जाने का अधिकारी था। सुप्रसिद्ध महर्षि विश्वामित्र क्षत्रिय होते भी ब्रह्मर्षि हुए थे। पुलत्स्य ऋषि के कुल में जन्म लेकर भी रावण राक्षस कहलाया। स्पष्ट कथन है कि "जन्मना जायते शूद्रः कर्मणा द्विज उच्चते।" पर ब्राह्मणों ने अपना एक समुदाय बनाकर अपने को जाति का मस्तिष्क उद्घोषित कर दिया। वेदों के पठन और पाठन का अधिकार अपनी मुट्ठियों में रखा। फल यह हुआ कि पंडितों की आगामी संतान यह समझने लगी कि हम तो हिंदुओं के धर्म के कानूनी ठीकेदार हैं और इनसे कर लेना हमारा जन्मसिद्ध अधिकार है, मूर्ख हिंदू इनके दिखलाये मार्ग पर अंधों की तरह अग्रसर होते गये। श्रद्धा, भक्ति और धर्म के नाम पर करोड़ों की संपत्ति ब्राह्मणों के चरणों पर निछावर होती रही। फल यह हुआ कि शिक्षा के अभाव और लक्ष्मी की बढ़ती के कारण इनकी उच्छृंखलता बढ़ गई। इन्होंने अपने अनेक विभाग कर डाले। कोई ज्योतिषी बनकर भाग्यचक्र का विधाता बन बैठा तो कोई पुरोहित बनकर धर्म का एजेंट बन गया। इसके सिवा अपना उल्लू सीधा करने के लिए इन्होंने अपने और भी कितने ही रूप बनाये। हमारे हिंदू भाई उठना-बैठना, खाना-पीना, आना-जाना, व्याह-शादी आदि सभी काम ब्रह्मा दादा के इन लकड़पातों की आज्ञा के अनुसार करने लगे। हमारे अंतिम सम्राट प्रातःस्मरणीय महाराजा पृथ्वीराज अपनी रणवाहिनी सुसज्जित कर, गोरी से युद्धस्थल में भेंट करने का शुभ-मुहूर्त पूछने के लिए राज-ज्योतिषी के समीप उपस्थित हुए। मुहम्मद

गोरी हिंदुओं की इस बेवकूफी से आगाह था। उसने राजज्योतिषी को एक लाख रुपया देकर पहले ही गांठ लिया था। इसलिए ज्योतिषी जी ने महाराज से कह दिया कि अभी मुहूर्त अच्छा नहीं है। उत्तम मुहूर्त के इंतजार में महाराज घर बैठे और उधर गौरी ने चढ़ाई कर दी। दिल्ली लुट गई, दिल्ली का राजमहल लुट गया और पृथ्वीराज मुसलमानों के कैदी हो गये। पर यह तो दीमक चाटे हुए इतिहास के पत्रों की पुरानी घटना है। आप अपने दैनिक जीवन में, अपने कुटुंबीय जीवन में और अपने जातीय जीवन में इस घटना से मिलती-जुलती हुई मिसालें प्रत्यक्ष अपनी आंखों से देख सकते हैं! आपको घर के बाहर कहीं दस कोस की दूरी पर भी यदि जाना होता है तो अच्छी घड़ी और अच्छे दिन का निदान आप किसी 'नजूमी पंडत' से निकलवाते हैं। आज एकादशी है, गंगा-स्नान कर यथाशक्ति, ब्राह्मण को दान देना लाजिमी बात है। कल पूर्णिमा है, ब्राह्मण को अन्नदान देने का बड़ा माहात्म्य होता है! यों ही एक दिन फिर दशहरा आया, रक्षाबंधन की तिथि आई, पितृपक्ष के पंद्रह दिन आये, इन सब अवसरों पर अन्न और द्रव्य से पंडितों का घर भरना चाहिए। क्योंकि ऐसा करने से बिना चूंचरा के स्वर्ग की प्राप्ति होती है। इसके बाद गर्भाधान से लेकर चिता की शरण में जाने तक, अनेक वाहियात रस्में हुआ करती हैं और उन सबका उद्देश्य है, पंडित जी को कुछ न कुछ देना। इन पंडितों ने अपनी भिक्षावृत्ति के ऐसे अनेक जरिये बने रखे हैं! इन पंडित कहलाने वाले शास्त्र कीटों ने हमारी विवाह-पद्धति में जो अंधेर मचा रखा है उसका जिक्र करके जी कांप उठता है! विवाह से पूर्व ज्योतिषी जी वर और वधू का जन्मपत्र लेकर उसके गुण मिलाने का ढकोसला रचते हैं। एक तो फलित ज्योतिष स्वयं संदेहास्पद है दूसरे जब उसका उपयोग महान् मेधावी और वज्र स्वार्थी पंडित जी करते हैं, तब तो सोने में मानो सुहागा मिल जाता है। क्या कोई सच्चाई से कह सकता है कि भाग्य की अमिट लिपि को जानने को मनुष्य के पास कोई साधन है? हां, यह बात दूसरी है कि लोगों को ठगने के लिए अनेकों साधन हो सकते हैं। इसके बाद लेखक ने एक अनुभवजनित घटना का विस्तृत उदाहरण दिया है कि किस तरह एक ज्योतिषी ने पैसे के लोभ में बेमेल विवाह कराने में भूमिका अदा की। लेकिन वे पूरे विस्तार में जाकर उसमें पति द्वारा वेश्यागामी होने और सारी संपत्ति लुटा देने का हवाला दिया है। अंत में वह असाध्य रोगों से ग्रस्त होकर मर जाता है। अंतिम अंश इस प्रकार है–

> बेमेल विवाह का कैसा दुष्परिणाम है, पाजी पंडितों की कमीनी हरकतों का कैसा सच्चा खाका है। आंख के अंधे और गांठ के पूरे हिंदू अगर ऐसी घटनाओं से भी उपदेश ग्रहण न करें तो सिवा इसके कि हम जी मसोसकर रह जायें और क्या किया जा सकता है?

[28.1.1928]

20. बिहार में पर्दा-प्रथा

श्रीमती किशोरी देवी*

आजकल बिहार की स्त्रियों में एक सामाजिक क्रांति-सी मची है। संपूर्ण बिहार की महिलाएं उस बेहूदी प्रथा को हटाने के अनुष्ठान में लगी हैं। जिसने हमारी सभी शक्तियों का नाश कर दिया है, जिसने स्त्रियों के जीवन को बिलकुल निकम्मा कर दिया है, हम लोगों को पशुवत् बना डाला है और जो हम लोगों की अवनति का मूल कारण है।

पर्दा का स्थान आर्यसभ्यता में कहीं भी नहीं है। वेदों के समय से लेकर बौद्ध काल तक बराबर स्त्रियां पुरुषों की ही तरह स्वतंत्र थीं। आजकल की तरह घरों की चहारदीवारी में बंद नहीं रहती थीं। वे सभी कामों में पुरुषों का साथ देती थीं। वेदों का निर्माण, यज्ञ करना-कराना, पढ़ना-पढ़ाना यहां तक कि युद्ध-विद्या और अस्त्र परिपालन में भी वे पुरुषों से पीछे न थीं। महारानी कैकेयी राजा दशरथ के साथ युद्ध में गई थीं, सुभद्रा जी लड़ाई में अर्जुन के रथ की सारथी बनी थीं, भगवान् बुद्ध की शिष्य सेना में उनकी स्त्री यशोधरा भी शामिल थीं तथा सम्राट अशोक ने धर्म-प्रचार के लिए भिक्षु-बाना पहनाकर अपने भाई के साथ अपनी बहिन को भी सिंहल-द्वीप भेजा था। सीता, द्रौपदी और दमयंती का चरित्र तथा तत्कालीन स्वयंबर की प्रथा बतला रही है कि प्राचीन भारत में पर्दा का कहीं नाम-निशान भी न था। वास्तव में पर्दा मुसलमानी सभ्यता का अंग है और मुसलमानों के अत्याचारों से स्त्रियों को बचाने के लिए अथवा उनके सहवास के कारण हिंदुओं में भी यह प्रचलित हो गई होगी। किंतु यह सत्य है कि पर्दा मुसलमानी काल से ही आरंभ होता है। परंतु आजकल का पर्दा तो अब और भी गया-गुजरा हो गया है। अपरिचितों के बदले अब तो हमारे यहां पर्दा अपने परिचित व्यक्तियों से, यहां तक कि स्त्रियां स्त्रियों से भी पर्दा करने लगी हैं। भला बतलाइये, इसके भीतर कौन-सा सिद्धांत धरा है? पर्दे के कारण शारीरिक, मानसिक तथा अन्यान्य बुराइयां किसी से छिपी नहीं हैं। इस कारण पर्दा के विरुद्ध आंदोलन बहुत ठीक हो रहा है। जब इसके अपने-आप जाने का कोई लक्षण दिखाई

---

*लेखिका श्री बाबू गयाप्रसाद सिंह एम.एल.सी., मुजफ्फरपुर की सुपुत्री हैं। सन् 1928 में 8 जुलाई को मुजफ्फरपुर के टाउन हॉल की पर्दा विरोधिनी सभा में यह भाषण दिया गया था।

नहीं दे रहा है, तब क्यों न दबाव और आंदोलन द्वारा इसे मिटाने की कोशिश की जाय? अगर यह कहिये कि शिक्षा के विस्तार के साथ यह प्रथा भी आप ही आप दूर हो जायेगी, तो क्या वर्षों तक—जब तक महिलाएं पूर्ण शिक्षित न हों लें तब तक—उन्हें अंधकार और पर्दे में छोड़ देना बुद्धिमानी होगी? यदि यही मान लिया जाय तो असहयोग, अछूतोद्धार, बाल-विवाह तथा विरोध आदि आंदोलनों की आवश्यकता है? क्योंकि शिक्षा के साथ-साथ देश और समाज की दशा भी तो आप ही आप सुधर जायेगी और भारत को स्वराज भी मिल जायेगा। परंतु वास्तव में यह संभव नहीं है क्योंकि समाज में कुरीतियों का प्रचार तो अपने-आप ही हो जाता है परंतु सुरीतियों के लिए चेष्टा करने की जरूरत पड़ती है।

इसलिए जरूरी है कि इस प्रकार के आंदोलन तथा सभाएं बिहार के गांव-गांव में हों ताकि लोगों के कानों तक यह बात पहुंच जाय और उनके पुराने विचारों में जबरदस्त परिवर्तन हो जाय। साथ ही हम लोगों को यह भी ध्यान रखना होगा, कि यह आंदोलन यूरोपियन ढंग न पकड़ ले और पर्दा के छूटते कहीं स्वेच्छाचार न बढ़ जाय। इसलिए पुराने वैदिक तथा आर्य-आदर्शों से पूर्ण इतिहास और साहित्य तथा देशभक्ति, समाज-सेवा और हिंदू धर्म की शिक्षा का प्रचार भी स्त्रियों में करना अत्यंत आवश्यक होगा। नहीं तो हमारा समाज यूरोपियन कुप्रथाओं का शिकार बन जायेगा और हमारा उद्देश्य नष्ट हो जायेगा।

[18.8.1928]

कहानी

कुछ अपवाद मानें तो 'मतवाला' में तत्कालीन महत्त्वपूर्ण कथाकारों की कहानियां लगभग नहीं छपी हैं। इस बात का आप रचना-विवरणी से सहज ही अनुमान लगा सकते हैं कि कहानियों के मामले में अकेला महत्त्वपूर्ण नाम उग्र जी का ही है। उनकी कहानियों और उपन्यासों के लगातार प्रकाशन से अंक भरा होता था—कभी-कभी कुछ नियमित स्तंभों के अलावा अकेले उग्र की ही उपस्थिति रहती थी। 'उग्र जी' की 'मतवाला' में प्रकाशित कहानियां और उपन्यास पुस्तकों के रूप में सुलभ हैं। लेकिन चाकलेटी या घासलेटी आंदोलन के आसंग में नमूने के बतौर दो कहानियां 'साभार' संकलित की गई हैं। इसमें एक कहानी में उग्र-शैली वाली उत्कट देशभक्ति है और दूसरी कहानी में यौन-व्यापार की अनैतिकता पर चोट की गई है। इससे पाठकों को उस चर्चा की सनसनी का अनुमान हो जायेगा जो उग्र के आसंग बहुत मशहूर रही है। 'मतवाला' में प्रकाशित ज्यादातर कहानियां सामान्य कोटि की हैं और उनके लेखकों के नाम गौण हैं। अपवाद में हिंदी के दो धुरंधर कथाकार प्रेमचंद और प्रसाद की निम्नलिखित कहानियां हैं—प्रेमचंद जी की 'यह भी नशा, वह की नशा' [12.3.27] और 'प्रेम की होली' [23.2.29]। प्रसाद जी की 'अमिट स्मृति' [5.3.28], 'बनजारा' [20.10.28], 'रमला' [23.3.29], 'घीसू' [24.8.29]—कहानियां विशेष उल्लेखनीय हैं। प्रसाद-स्कूल के रोमांटिक कथाकार विनोदशंकर व्यास की भी एक कहानी 'चिड़ियावाला'—23.2.29 के अंक में छपी है। इसके अतिरिक्त और किसी उल्लेखनीय कथाकार अथवा कोई उल्लेखनीय कहानी मेरे देखने में नहीं आयी है। गोर्की या चेखव या अन्य किसी देशी-विदेशी भाषा के कथाकारों की प्रकाशित कुछ कहानियां हैं जरूर! लेकिन अनुवाद का स्तर काफी खराब है। अपेक्षाकृत अल्पख्यात श्रीकृष्ण पांडे के 'विलाप' को संकलित करने का एक उद्देश्य गद्यकाव्य की विधा के प्रतिनिधित्व का भी था। भावुक-उच्छ्वास शैली में लिखे जाते गद्यकाव्य छायावादी युग की दिलचस्प पहचान रही है। श्री रायकृष्ण दास इस विधा के उल्लेखनीय लेखकों में रहे हैं।

1. देशभक्त

पांडेय बेचन शर्मा 'उग्र'

(1)

"स्वामिन् आज कोई सुंदर सृष्टि करो, किसी ऐसे प्राणी का निर्माण करो जिसकी रचना पर हमें गौरव हो सके। क्यों?"

"सचमुच? प्रिये, आज तुम्हें क्या सूझी जो सारा धंधा छोड़कर यहां आयी हो और मेरी सृष्टि-परीक्षा लेने को तैयार हो।"

"तुम्हारी परीक्षा और मैं लूंगी? हरे, हरे! मुझे व्यर्थ ही कांटों में क्यों घसीट रहे हो नाथ? यों ही बैठी-बैठी तुम्हारी अद्भुत रचना 'मृत्युलोक' का तमाशा देख रही थी। जब जी ऊब गया तब तुम्हारे पास चली आई हूं। अब संसार में मौलिकता नहीं दिखाई पड़ती। वही पुरानी गाथा चारों ओर दिखायी-सुनायी पड़ रही है। कोई रोता है, कोई खिलखिलाता है; एक प्यार करता है, दूसरा अत्याचार करता है; राजा धीरे-धीरे भीख मांगने लगता है और भिक्षुक शासन करने! इन बातों में मौलिकता कहां? इसीलिए प्रार्थना करती हूं कि कोई मनोरंजक सृष्टि कीजिये। संसार के अधिकतर प्राणी आपको शाप ही देते हैं, एक बार आशीर्वाद भी लीजिये।"

"अच्छी बात है। इस समय चित्त भी प्रसन्न है। किसी से मानव-सृष्टि की आवश्यक सामग्रियां यहीं मंगवाओ। आज मैं तुम्हारे सामने ही, तुम्हारी सहायता से सृष्टि करूंगा।"

"मैं? और आपको सहायता दूंगी? तब रहने दीजिए। हो चुकी सृष्टि। सृष्टि करने की योग्यता यदि मुझमें होती तो मैं आपको कष्ट देने के लिए यहां आती?"

"नाराज क्यों होती हो भाई, तुमसे पुतला तैयार करने को कौन कहता है? तुम यहां पर चुपचाप बैठी भर रहो। हां, कभी-कभी मेरी और कभी मेरी कृति की ओर अपने मधुर कटाक्ष को फेर दिया करना! तुम्हारी इतनी ही सहायता से मेरी सृष्टि में जान आ जायगी। समझी?"

"समझी? देखती हूं तुम्हारी आदत भी कलियुगिये बूढ़ों-सी हुई जा रही है। अभी तक आंखों में जवानी का नशा छाया हुआ है।"

"और तुम्हारी आदत तो बहुत ही अच्छी हुई जा रही है। बूढ़े मारवाड़ियों की

युवती कामिनियों की तरह जब होता है तभी 'खांव, खांव' किया करती हो। चलो जल्दी करो, सब चीजें मंगाओ।"

(2)

क्षिति, जल, अग्नि, आकाश एवं पवन के सम्मिश्रण से विधाता ने एक पुतला तैयार किया। इसके बाद उन्होंने सबसे पहले तेज को बुलाकर उस पुतले में प्रवेश करने को कहा। तेज के बाद सौंदर्य, दया, करुणा, प्रेम, विद्या, बुद्धि, बल संतोष, साहस, उत्साह, धैर्य, गांभीर्य आदि समस्त सद्गुणों से उस पुतले को सजा दिया। अंत में, आयु और भाग्य की रेखाएं बनाने के लिए ज्यों ही विधाता ने लेखनी उठायी त्यों ही ब्रह्माणी ने रोका—"सुनिये भी, इसके भाग्य में क्या लिखने जा रहे हैं! और, आयु कितनी दीजिएगा?"

"क्यों? तुमको इन बातों से मतलब? तुम्हें तो तमाशा भर देखना है, वह देख लेना। भौंहें तनने लगीं न? अच्छा, लो सुन लो। इसके भाग्य में लिखी जा रही है भयंकर दरिद्रता, दुःख, चिंता और इसकी आयु होगी बीस वर्षों की।"

"अरे! यह आप क्या तमाशा कर रहे हैं? बल, साहस, दम, तेज, सौंदर्य, विद्या, बुद्धि आदि के देने की क्या आवश्यकता है? इस सृष्टि को देखकर लोग आपकी प्रशंसा करेंगे या गालियां देंगे? फिर, केवल बीस वर्षों की अवस्था! इन्हीं कारणों से तो मृत्युलोक के कवि आपकी शिकायत करते हैं। क्या फिर किसी से 'नाम-चुरानन पै चूकतै चले गये!' लिखवाने का विचार है?"

विधाता ने मुस्कराकर कहा—"अब तो रचना हो गयी। चुपचाप तमाशा भर देखो। इसकी आयु इसीलिए कम रखी है जिसमें हमें तमाशा जल्द दिखायी पड़े।"

ब्रह्माणी ने पूछा—"इसे मृत्युलोक वाले किस नाम से पुकारेंगे?"

प्रजापति ने गर्व भरे स्वर में उत्तर दिया—"देशभक्त।"

(3)

अमरावती से इंद्र ने, कैलास से शिव ने, बैकुंठ से कमलापति ने—संसार-रंगमंच पर देशभक्त का प्रवेश उस समय देखा जब उसकी अवस्था उन्नीस वर्ष की हो गयी। इसमें कोई आश्चर्य की बात नहीं। देवमंडली का एक दिन हमारी अनेक शताब्दियों से भी बड़ा होता है। हमारे उन्नीस वर्ष तो उसके कुछ मिनटों से भी कम थे!

देशभक्त के दर्शनों से भगवान् कामारि प्रसन्न होकर नाचने लगे। उन्होंने अपनी प्राणेश्वरी पार्वती का ध्यान देशभक्त की ओर आकर्षित करते हुए कहा—"देखो, यह

सृष्टा की अभूतपूर्व रचना है। कोई भी देवता देशभक्त के रूप में नरलोक में जाकर अपने को धन्य समझ सकता है। प्रिये, इसे आशीर्वाद दो।"

प्रसन्नवदना उमा ने कहा—"देशभक्त की जय हो।"

एक दिन देशभक्त के तेजपूर्ण मुखमंडल पर अचानक कमला की दृष्टि पड़ गयी। उस समय वह (देशभक्त) हाथ में पिस्तौल लिये किसी देशद्रोही का पीछा कर रहा था। इंदिरा ने घबराकर विष्णु को उसकी ओर आकर्षित करते हुए कहा—"यह कौन है? मुख पर इतना तेज—ऐसी पवित्रता और करने जा रहे हैं राक्षसी कर्म—हत्या! यह कैसी लीला है लीलाधर!"

विष्णु ने कहा—"चुपचाप देखो। 'परित्राणाय साधुनां विनाशायच दुष्क्रताम् धर्म संस्थापनार्थाय संभवामि युगे युगे।' यदि यह—देशभक्त—राक्षसी कर्म करने जा रहा है तो राम, कृष्ण, प्रताप, गोविंद, नेपोलियन सबने राक्षसी कर्म किया है। देवि, इन्हें प्रणाम करो! यह कर्त्ता की पवित्र कृति है।"

हाथ की पिस्तौल देशद्रोही के मस्तक के सामने कर देशभक्त ने कहा—"मूर्ख! पश्चात्ताप कर, देशद्रोह से हाथ खींचकर मातृसेवा की प्रतिज्ञा कर। नहीं तो मरने के लिए तैयार हो जा।"

देशद्रोही के मुख पर घृणा एवं अभिमान की मुस्कराहट दौड़ गयी। उसने शासन के स्वर में उत्तर दिया—"अज्ञान, सावधान! हम शासकों के लाड़ले हैं। हमारे मां-बाप और ईश्वर, सर्वशक्तिमान सम्राट हैं। सम्राट के सम्मुख देश की बड़ाई!"

"अंतिम बार पुनः कह रहा हूं, 'माता की जय!' बोल अन्यथा इधर देख!" देशभक्त की पिस्तौल गरजने के लिए तैयार हो गयी।

सिर पर संकट देखकर देशद्रोही ने अपनी जेब से सीटी निकालकर जोर से बजाई। जान पड़ता है देशद्रोही के अनेक रक्षक गुप्त रूप से उसके साथ थे। देखते-देखते बीस देशद्रोहियों का दल देशभक्त की ओर लपका! फिर क्या था, देशभक्त की पिस्तौल गरज उठी!! क्षणभर में देशद्रोहियों का सरदार, कबूतर की तरह पृथ्वी पर लोटने लगा। गिरफ्तार होने के पूर्व सफल प्रयत्न देशभक्त आनंद-विभोर होकर चिल्ला उठा—"माता की जय हो!"

कांपते हुए इंद्रासन ने पुष्पवृष्टि करते हुए नंदन कानन ने, तांडव नृत्य में लीन रुद्र ने, कलकल करती हुई सुर-सरिता ने एक स्वर से कहा—"देशभक्त की जय हो!"

विधाता प्रेम गद्गद होकर ब्रह्माणी से बोले—"देखती हो देशभक्त के चरण-स्पर्श से अभागा कारागार अपने को स्वर्ग समझ रहा है, लोहे की कड़ियों—हथकड़ी-बेड़ियों—ने मानो पारस पा लिया है, संसार के हृदय में प्रसन्नता का समुद्र उमड़ रहा है, वसुंधरा

फूली नहीं समाती! यह है मेरी कृति, यह है मेरी विभूति—प्रिये गाओ, मंगल मनाओ, आज मेरी लेखनी धन्य हुई!!!"

जिस दिन देशभक्त की जीवनी का अंतिम पृष्ठ लिखा जाने वाला था उस दिन स्वर्गलोक में आनंद का अपार पारावार उमड़ रहा था। त्रिंशकोटि देवांगनाओं की थालियों को उदार कल्पवृक्ष ने अपने पुष्पों से भर दिया था। अमरावती ने अपना अपूर्व शृंगार किया था, चारों ओर मंगल गान गाए जा रहे थे।

समय से बहुत पहले ही देवतागण विमान पर आरूढ़ होकर आकाश में विचरने और देशभक्त के आगमन की प्रतीक्षा करने लगे।

सम्राट के समर्थक भीषण शस्त्रास्त्रों से सुसज्जित होकर एक बड़े मैदान में खड़े थे। देशभक्त पर 'सम्राट के प्रति विद्रोह' का अपराध लगाकर न्याय का नाटक खेला जा चुका था। न्यायाधीश की यह आज्ञा सुनायी जा चुकी थी कि "या तो देशभक्त अपने कर्मों के लिए पश्चात्ताप प्रकट कर 'सम्राट की जय' घोषणा करे या तोप से उड़ा दिया जाय।" देशभक्त पश्चात्ताप क्यों करता? अतः उसे सम्राट के सैनिकों ने जंजीर में कसकर तोप के सम्मुख खड़ा कर दिया!

सम्राट के प्रतिनिधि ने कहा—"अपराधी! न्याय की रक्षा के लिए अंतिम बार फिर कह रहा हूं, 'सम्राट की जय!' घोषणा कर पश्चात्ताप कर ले!"

मुस्कराते हुए देशभक्त बंदी ने कहा—"तुम अपना काम करो, मुझसे पश्चात्ताप की आशा व्यर्थ है। तुम मुझसे 'सम्राट की जय' कहलाने के लिए क्यों मरे जा रहे हो? सच्चा सम्राट कहां है। तुम्हारे कहने से संसार के लुटेरे को मैं कैसे सम्राट मान लूं। सम्राट मनुष्यता का द्रोही हो सकता है? सम्राट न्याय का गला घोंट सकता है? सम्राट किसी के सिर पर अपना दंड जबर्दस्ती लाद सकता है? सम्राट रक्त का प्यासा हो सकता है? भाई, तुम किसे सम्राट कहते हो? उसे मनुष्यता और मनुष्यता के उपासक 'राक्षस' कहते हैं। फिर सम्राट की जय घोषणा कैसी? तुम मुझे तोप से उड़ा दो—इसी में सम्राट का मंगल है, इसी से उसके पापों का घड़ा फूटेगा और उसे मुक्ति मिलेगी!"

देवमंडली के बीच में बैठी हुई माता मनुष्यता की गोद में बैठकर देशभक्त ने और साथ ही त्रिंशकोटि देवताओं ने देखा, पंचतत्त्व के एक पुतले को अत्याचार के उपासकों ने गोली से उड़ा दिया!

उस पुतले के एक कण को देवताओं ने मणि की तरह लूट लिया। बहुत देर तक देवलोक 'देशभक्त की जय'! से मुखरित रहा।

[15.11.1924]

2. कमरिया नागन-सी बल खाय!

पांडेय बेचन शर्मा 'उग्र'

(1)

अन्य थिएट्रिकल कंपनियों की तरह वह कंपनी भी सप्ताह में एक दिन अपने नटों एवं दर्शकों को विश्राम करने का मौका देती थी। शुक्रवार के दिन कोई खेल नहीं दिखाती थी। उस दिन थिएटर हॉल में 'सिनेमा' दिखाया जाता था। सप्ताह भर स्टेज पर गला फाड़-फाड़ कर चिल्लाने वाले एक्टर, शुक्रवार को दिन-भर लेट विश्राम करते थे। कोई दस बजे रात तक शहर में घूमता, कोई दाल की मंडी की वेश्याओं पर अपने जौहर की परीक्षा करता, कोई शहर की नव्य मित्रमंडली में बैठकर अपने नाट्य कौशल की प्रशंसा सुनता, कोई, और कुछ नहीं तो, एकांत में शराब की बोतल ढालता और कुछ लोग 'सिनेमा-भवन' में जाकर डट जाते! शुक्रवार को सिनेमा में भीड़ भी काफी होती थी, कारण, शहर के मनचले स्कूलों के लाड़ले-थिएटर वालों से मुहब्बत बढ़ाने के लिए, उस दिन सिनेमा देखने जरूर जाते थे। ऐसे मनचलों को, शुक्रवार के सिनेमा में, थियेटर की वेश्याओं के दर्शन मिल जाते थे और अक्सर मिल जाते थे अनेक थिएट्रिकल-चाकलेट! चाकलेटों को मनचला-मंडल अधिक पंसद करता था क्योंकि बिना अधिक कठिनता का सामना किये ही लोग मुन (चाकलेटों) से बातें कर सकते और--कुछ घनिष्ठता बढ़ जाने पर--हाथ तक मिला सकते थे। दरस-परस एवं सरस-संभाषण से भी वासना-विकृत मस्तिष्कों को एक प्रकार की अशांतिमयी शांति मिलती है, वैसी ही जैसी बोतल की बोतल उदरस्थ करने वाले को दो-एक प्याली शराब से!

"अभी समाप्त कहां हुआ? ठहरो भी, मानते ही नहीं! इसीलिए आज जबर्दस्ती यहां लिवा लाये थे? अरे भाई, एक सीन छोड़कर क्यों भागने की तैयारी कर रहे हो?

बलपूर्वक अपनी ओर खींचते हुए हरनारायण ने मुझसे कहा--"अरे यार, क्यों सितम ढा रहे हो? मेरा सब मजा किरकिरा हो जायगा, प्रोग्राम ही चौपट हो जायगा--चलो!"

मैं साधारण रूक्षता के साथ उत्तर दिया--"कैसा मजा और कैसा किरकिरापन? जिस काम के लिए पैसे खर्च हुए हैं उसका पूर्ण आनंद तो ले लेने दो, एक बार 'पर्लह्वाइट' का हंसता हुआ मुखड़ा तो देख लेने दो।"

चूल्हे में जाय तुम्हारी पर्लह्वाइट। हजारों बार देखने पर भी अभी तक तुम्हें संतोष नहीं मिला। अब मैं तुम्हें यहां नहीं बैठने दूंगा। बाहर चलो भी, ऐसी चीज दिखाऊं कि रूह फड़क उठे, होश दुरुस्त हो जायें, 'अल्लाह की कुदरत का तमाशा नजर आये।' बस चले चलो!"

लाचार होकर मुझे सिनेमाहॉल का परित्याग करना पड़ा। बाहर आकर एक तमोली की दुकान पर हरनारायण बाबू खड़े हो गये। उन्होंने मुझसे कहा—"तंबोली से कह दो कि धीरे-धीरे जरा अच्छा, पान तैयार करे। तब तक मैं अपने शिकार पर नजर दौड़ता हूं।"

एकाएक सिनेमाहॉल की ओर देखकर हरनारायण बाबू चमक उठे!

"वह देखो, वही आ रहा है। अभी पान का ध्यान छोड़ दो, थोड़ी देर बाद। तब तक इधर आओ!"

सिनेमाहॉल से निकलकर जो भीड़ दक्षिण की ओर जा रही थी उसी तरफ मुझे घसीटते हुए हरनारायण जी झपटे! प्रायः तीन मिनटों तक तीव्र गति से चलने के बाद अपनी गति मंद करते हुए उन्होंने कहा—"देखो, वही जा रहा है। आज अच्छा मौका मिला है। चलो उसे रोका जाय, घबराना मत, मैं सब ठीक कर लूंगा। तुम चुपचाप खड़े भर रहना।"

जरा आगे बढ़कर हरनारायण बाबू ने पुकारा—"ए जनाब, जरा सुनिये भी।"

पास जाकर मुझे मालूम हुआ, हरनारायण बाबू के 'जनाब' और कोई नहीं, थिएटर के एक अल्पवयस्क नायक थे। बाबू साहब ने अपने हृदय के सारी मिठाई में अपनी जबान को डुबोकर पूछा—"आप ही का शुभ नाम 'रामू' है न?"

"जी हां, क्यों? आप कौन हैं?"

"यूं ही पूछता हूं, आप में गुण ही ऐसे हैं जिन पर सबकी दृष्टि पड़ती है। आज तो थिएटर नहीं हैं, फिर इतनी जल्दी क्या पड़ी है? जरा पान खाते जाइये।"

"पान? हां, पान खाने में कोई आपत्ति तो नहीं है मगर जानते हैं, हम लोग परतंत्र हैं। थिएटर के मालिक की आज्ञा नहीं है कि हम लोग बाहरी लोगों से संबंध रक्खें।"

"यहां पर कौन मालिक है? फिर मेरा परिचय तो इस कंपनी के अनेक एक्टरों और मैनेजर तक से है। आप पर कोई रुष्ट न होगा। आइये।"

हम लोग पुनः तंबोली की दूकान की ओर लौटे। वह लड़का [रामू] सचमुच बहुत सुंदर था। उसके विस्तृत नेत्र, उन्नत कपोल और गर्दन तक झोंके खाते हुए केश बहु आकर्षक जान पड़ते थे। पान लगाने वाला तंबोली रामू को देखकर मुस्करा पड़ा, आसपास के पथिक, उसकी और हमारी ओर इस तरह देखने लगे मानो हम लोगों के हाथ में कोई सोने की चिड़िया आ फंसी थी। धीरे-धीरे बातें शुरु हुईं—

हरनारायण—(रामू से) "इस कंपनी में आपका कोई रिश्तेदार भी रहता है?"

रामू—"जी हां, मेरे पिता जी भी इसी कंपनी में हैं। वही जो खूबसूरत बला में 'तौफीक' का पार्ट करते हैं।"

हरनारायण—"ओ हो! वह तो बड़े अच्छे एक्टर हैं। आप लोग गुजराती हैं न?"

रामू—"जी हां, हम गुजराती ब्राह्मण हैं। हमारी जन्मभूमि अहमदाबाद जिले में है।"

हरनारायण—(रामू को पान देते हुए) "लीजिये पान खाइये। आपके पिता जी तो घूमने-फिरने के लिए जरूर स्वतंत्र होंगे। बड़े एक्टरों को तो कंपनी वाले नहीं रोकते।"

रामू—(पान खाते हुए) "पिताजी घूमने-फिरने के लिए स्वतंत्र हैं, वह चाहें तो मुझे भी अपने साथ घुमा सकते हैं। बस, अब क्षमा कीजिये, देर हो रही है।"

हरनारायण—"हां, हां, जाइये। क्षमा कीजियेगा, आपको हमने बड़ा कष्ट दिया। आप तो मेरे छोटे भाई के समान हैं। कल आपके पिता जी से भेंट करूंगा तब आप लोगों को एक दिन अपने गरीबखाने पर बुलाऊंगा। आइयेगा न?"

रामू—"यदि पिताजी की इच्छा होगी तो मुझे कोई इनकार नहीं।"

"अरे! यह क्या?" हरनारायण बाबू ने अपने रूमाल से रामू के कपोलों को, हल्के हाथ, दो-तीन बार स्पर्श करते हुए कहा—"आपकी ठुड्डी पर चूना लग गया था!"

(2)

उनका उद्देश्य मेरी समझ में आ गया। यद्यपि यह मुझे बहुत दिनों से मालूम था कि हरनारायण बाबू सदा के लंपट हैं, फिर भी मैं यह नहीं जानता था कि तीस वर्ष की अवस्था हो जाने पर भी बाबू साहब 'चाकलेटों' के फेर में पड़ेंगे। रामू के प्रति उनका अनुराग देखकर मेरा जी जल गया। घर की तरफ लौटते हुए मैंने उनसे कहा—"इसी को कहते हैं कि 'बूढ़ हो गये पर नाक लगी है।' क्यों?"

"क्या??" जरा रूक्षता से उन्होंने पूछा।

"यही"—मैंने उत्तर दिया 'बटुक-प्रेम' का आदत। आप जानते हैं, समाज इन थिएटर वालों को किस दृष्टि से देखता है?

"समाज की चिंता मैं कभी नहीं करता। समाज तो मूर्ख है—अंधा है। समाज के डर से मैं अपने आनंद को क्यों नष्ट करूं?"

"इसे आप 'आनंद' समझते हैं? छिः! जिसे समाज और 'कानून' दोनों ही पाप कहते हैं और जो सचमुच महा भयानक पाप है, उसे आप आनंद कह रहे हैं—राम, राम!!"

"इसी तरह"—हरनारायण बाबू ने उत्तर दिया। "तुम्हारे जैसे अट्ठारहवीं सदी के

लोग इसी तरह की कल्पना किया करते हैं। हमारा तो सिद्धांत है 'सौंदर्योपासना'। जहां भी सौंदर्य दिखायी पड़ेगा हम वहीं आकर्षित हो जायेंगे—हम इश्क के बंदे हैं।"

"तो क्या सचमुच रामू को अपने जाल में फंसाइयेगा।"

"अवश्य—निश्चय। तुमने देखा नहीं? वह कितना सुंदर कितना मनोहर और कैसा कातिल चाकलेट था! ऐसी चीज को कोई भरसक छोड़ सकता है?"

"यह पाप होगा।"

"जिसे तुम 'पाप' कहते या समझते हो उसे मैं कुछ और ही समझता हूं। हमारी-तुम्हारी पाप की परिभाषाएं अलग-अलग हैं। तुम झगड़े में क्यों पड़ते हो? तमाशा भर देखो। चाहे मेरे हजारों रुपये बिगड़ जायें पर एक बार रामू को अपने घर पर अवश्य बुलवाऊंगा—

सोना मोहाल हिज्र में अब रात भर हुआ,
एक जान का अजाब य' दर्दे-जिगर हुआ।

(3)

हरनारायण बाबू की पूरी मित्रमंडली एकत्र थी। उस दिन उनके घर पर रामू के आगमन के उपलक्ष में एक साधारण जलसा ही हुआ था। भंग बूटी छन जाने के बाद रामू के पिता गोपाल का एक गाना हुआ, रामू ने भी अपने कोमल कंठ से एक भजन सुनाया। रामू का गान समाप्त होते ही उसके पिता ने कहा—"अब आज्ञा दीजिये, आठ बज रहे हैं हमें स्टेज पर भी अभी झख मारना है।"

हरनारायण के उत्तर देने के पूर्व ही उनके एक मुसलमान मित्र ने कहा—"क्या खूब! आप लोग झख मारते हैं या हम लोगों की जान?"

मेरे कान में धीरे से कुछ कहने के बाद हरनारायण ने रामू के पिता से कहा—"कुछ जलपान पी लीजिये तब जाइयेगा। भंग छानने के बाद जलपान की आवश्यकता भी होती है।"

"होती तो जरूर है" गोपाल ने कड़ी नम्रता दिखाते हुए उत्तर दिया—"मगर खा लेने के बाद नींद आने लगती है, एक्टिंग भी मजे में नहीं होती। जलपान करने के लिए तो माफ ही कीजिये।"

हरनारायण—"खैर, आप न कीजियेगा तो जाने दीजिये। जलपान अभी मैं भी नहीं करूंगा। इन्हें (रामू को) तो कुछ खा लेने की इजाजत दे दीजिये।"

"हां, हां।" स्वीकृति देते हुए गोपाल ने रामू से कहा—"पानी पीने की इच्छा हो तो कुछ खा ले, मगर इतना न खा लेना कि हैजा हो जाय। अभी मालिक की नौकरी बजानी होगी।"

पिता की बात सुनकर रामू झेंप गया और दूसरे लोग हंसने लगे। रामू से उठने को कहते हुए हरनारायण ने मुझसे कहा—"इसी (सामने वाली) कोठरी में जलपान का सामान तैयार है, आपको जलपान कराइये।"

बाकी लोग बाहर ही बैठे रहे। जलपान की कोठरी थी तो सामने ही पर, रामू किसी को दिखायी नहीं पड़ता था। वह धीरे-धीरे खा रहा था, और मैं कोठरी में चारों ओर टहलता हुआ उसके भोले मुख की ओर देख रहा था। मुझे दया आती थी उस बालक की सरलता पर और क्रोध आता था हरनारायण के दुष्ट षड्यंत्र पर। अभी वह खा ही रहा था कि हरनारायण भी वहीं आ गये और कहने लगे—"क्यों, मैंने जो कुछ आपके कान में कहा था उसकी सच्चाई दिखाऊं?"

मैं—"उहं, जाने भी दीजिये। आप भी विचित्र आदमी है।"

हरनारायण—"विचित्र आदमी क्या, रामू मेरी बात मान लेगा।

खाते-खाते मुस्कुराते हुए रामू ने पूछा—"कौन-सी बात?"

हरनारायण—"पहले खा लीजिये, फिर सुनियेगा।"

"आपको मेरे हाथ से पान खाना पड़ेगा। यही वह बात है जिसे मैं आपसे मनवाना चाहता हूं।" उसके जलपान कर लेने पर हरनारायण ने कहा।

हरनारायण की बात का कुछ भी उत्तर न देकर रामू सिर झुकाकर खड़ा हो गया और रूमाल से मुंह पोंछने लगा। तब तक पान लिये हुए बाबू साहब उसके निकट पहुंच गये और कहने लगे—"लो, मुंह ऊपर उठाओ!!"

भोले रामू का मुंह ऊपर उठा, नीच हरनारायण ने उसमें चार पान भी ठूंसे, पर, हाय पान की सच्ची लाली रामू के मुख में ही रह गयी! लज्जा की लालिमा से उसके कपोल और कान लाल हो गये!! पान खिलाने से पूर्व हरनारायण ने रामू के ओष्टाधरों को चूम लिया था!!!

दोनों एक्टरों के चले जाने पर, जलपान की बात लेकर हरनारायण के मित्रों ने वाबेला मचाना आरंभ कर दिया। मोहम्मद सिद्दीक ने कहा—"अरे वाह उस्ताद! जलपान की कोठरी में घुस कर अकेले-अकेले कचालू काट आये? यहां हम लोग सौत के लड़के की तरह मुंह ताकते ही रह गये! वाह, दोस्त हरनारायण वाह!"

सिद्दीक की बातों से मेरे जिस्म में आग-सी लग गयी। मैंने कहा—"देखिये जनाब, आप लोगों की ऐसी हरकतें मुझे अच्छी नहीं लगतीं।"

"अच्छी क्यों कर लगेंगी?" हरनारायण के दूसरे मित्र ने जो एक स्कूल के मास्टर थे, कहा—"जलपान की कोठरी ऐसा आनंद हमारी बातों में कहां? हमारे सामने बनने चले हो? सत्तर चूहे खाकर बिल्ली हज करने चली है।"

मैंने कहा—"जबान संभाल कर बोलो, मैं ऐसी बातें नहीं सुन सकता।"

मास्टर—"नहीं सुन सकते तो कान बंद कर लो। यहां कोई तुमसे दबने वाला नहीं है। जो तुम्हें न जानता हो उसके सामने अपनी पवित्रता की दोहाई दो। हमारे सामने ढोंग नहीं चल सकता।"

इसके आगे मैं बर्दाश्त न कर सका। फौरन घूसा तान कर उस दुष्ट अध्यापक की ओर झपटा। पर, हरनारायण बाबू ने मुझे बीच ही में रोकते हुए कहा—"फौजदारी करने की जरूरत? जो बात तुम्हें नहीं अच्छी लगती हो उससे दूर रहा करो। चलो कुछ खा-पी लो, अभी थियेटर देखने चलना होगा। मैंने आज रामू और उसके बाप को 'गोल्ड मेडल' देने का निश्चय किया है।"

(4)

हरनारायण बाबू के साथ उनकी पूरी चांडाल चौकड़ी थिएटर देखने गयी थी। सब 'आर्क्रेस्ट्रा' ही में बैठे थे और सबके टिकट हरनारायण ने ही खरीदे थे। जलपान वाली और उस दुष्ट अध्यापक के साथ विवाद वाली घटनाएं मेरे माथे में नाच रही थीं। हृदय में प्रतिहिंसा की भयंकर ज्वाला धधक रही थी। मैं उन दुष्टों की ओर देखता भी नहीं था। चुपचाप अपनी 'सीट' पर बैठकर, मैं कभी रंगमंच की यवनिका की ओर देखता और कभी गैलरी की ओर। इतने में किसी ने पीछे से पुकारा—"मोहन जी!"

मेरे साथ ही सबकी दृष्टि पुकारने वाले की ओर गई। वह मेरे मित्र थे और थे मेरे ही वार्ड के पुलिस इंस्पेक्टर। मैं उठकर उनके पास चला गया। कुशल-मंगल के बाद हममें इस प्रकार बातें होने लगीं—

वह—"आपके साथ और कौन लोग हैं? बड़ी भीड़ लेकर थियेटर देखने आये हैं।"

मैं—"सब दुष्ट हैं दारोगा साहब, सबके सब एक लौंडे की फिराक में यहां आये हैं।"

वह—(आश्चर्य से) "आपके दोस्त और लौंडे के फिराक में, खैरियत तो है?"

मैं—"आप इन्हें किसी तरह रास्ते पर ला देते तो सब खैरियत ही है?"

वह—"मैं? इन्हें कैसे दुरुस्त कर सकता हूं। कोई सबूत?"

मैंने धीरे से उनके कान में कहा—"परसों हरनारायण बाबू के यहां एक बड़ा परंतु गुप्त जलसा होगा। उसी जलसे के समय आप सदल-बल उनके घर पर अगर आ सकें तो सब काम बन जाय। पर, एक बात है, किसी को गिरफ्तार न कीजियेगा, दंड चाहे तो दे दीजियेगा।"

"अच्छी बात है" दारोगा साहब नें कहा "आप ठीक वक्त पर मुझे खबर दीजियेगा। मैं आपसे बाहर नहीं हूं।"

इतने में नाटक आरंभ हो गया।

एक तो भारतीय नाटक दूसरे पारसी स्टेज। पारसी स्टेज पर जाकर प्रतिशत 70 भारतीय लेखकों के नाटक, नीम पर के करैले हो जाते हैं। जिस नाटक का निरीक्षण हम कर रहे थे उसकी भी वही दशा थी। उसका हास्यरस अश्लीलता की नदी की तरह वीभत्स एवं घृणित था। उस नाटक के 'कॉमिक' में रामू 'मियां झगड़ू' की बीबी बनता था। जिस समय वह स्टेज पर आता था उस समय चारों ओर 'हाहाकार' मच जाता था।

झगड़ू की बीबी (रामू) अपने पति की अनुपस्थिति में किसी परपुरुष के साथ बातें कर रही थी। गोविंद! गोविंद!! उस वक्त का संवाद, और कुछ नहीं, केवल 'चूमन-चाटन और लपटावन लीला' का पूर्व रूप था। वह लीला देखकर शैतान जनता 'हाय राजा!' 'मार डाला!' की आवाज पर आवाज लगा रही थी। जिस समय रामू 'कमरिया नागन-सी बल खाय' गाता हुआ, कमर हिलाकर नाचने लगा, उस समय भी जनता की अश्लील पुकार मुझसे न सुनी गई। मैं उठकर अपने घर का राही बना।

मनुष्य पैसे के लिए क्या जाने क्या-क्या करता और सहन करता है।

(5)

हरनारायण बाबू के घर में एक बड़ा 'हॉल' था। उसी में उस दिन के जलसे की तैयारी हुई थी। रुपये के जूतों से प्रसन्न होकर रामू के पिता गोपाल ने यह स्वीकार कर लिया था कि रामू जनाने वेश में उस दिन के जलसे में सम्मिलित होगा और वही 'नागन-सी बल खाय' गाकर नाचेगा! हॉल के बीचोबीच एक रिंगदार पर्दा डाल दिया गया। पर्दे के सामने शैतान-मंडली बैठी और पर्दे के भीतर गोपाल, रामू को औरत बनाने लगा! उस दिन के उत्सव के प्रारंभ के पूर्व ही हरनारायण की मंडली ने सुरा सुंदरी का भरपेट आनंद ले लिया था, सबके सब मदहोश से हो रहे थे!

जलसा शुरू हुआ। गोपाल ने हारमोनियम बजाना शुरू किया और रामू ने गाना-नाचना। इधर यार लोगों ने बोली बोलना आरंभ कर दिया। नशे से कांपते हुए हरनारायण ने मुझसे कहा–

"देखो, अगर तुम्हें हमारी कोई बात बुरी मालूम पड़ती हो तो, यहां से चले जाओ। आज हम अपने सब अरमान निकाल लेंगे। देखते नहीं हो–

किस शान से घर में मेरे वह आए हुए हैं।
सहमे हुए, झिझके हुए, शरमाए हुए हैं।

मैंने कहा–"हरनारायण बाबू, चुप रहिये। पागल न बन जाइये, आदमीयत से हाथ न धोइये"।

"हा, हा, हा, हा!" हरनारायण ने कहा—"आदमीयत? आदमीयत कहां है? बुलाओ तो मेरे सामने। हरामजादी आदमीयत को सैकड़ों जूते न लगाऊं तो कहना! हा हा हा हा!

सरसर से कहो जल्द चिराग आ के बुझा दे,
तुरबत प' कई पर्दानशीं आए हुए हैं।

दुष्ट मोहम्मद सिद्दीक भी हरनारायण की वासना को उत्तेजित करते हुए बोला—"उस्ताद, अब देर काहे की? मै भी हैं, मीना भी है, साकी भी है, सागर भी है। क्यों?"

"हा-हा-हा" मदहोश हरनारायण ने कहा—

करता दिले बेताब कमयामत मगर अब तक
रोके हुए, थामे हुए, बहलाये हुए हैं।

इतना कहकर हरनारायण खड़े हो गये और सतृष्ण दृष्टि से रामू की ओर देखने लगे! उस समय उनकी आंखों में राक्षसी-भाव खेल रहे थे, वह एकदम दीवाने बन गये थे। क्षण-भर बाद सबने देखा कि हरनारायण बाबू, रामू को गोद में उठाकर पर्दे की ओर बढ़ रहे थे और चिल्ला रहे थे—

फिर हाथ न आयेगा जो लेना हो ले लो,
अब तक दिले बेताब को ठहराए हुए हैं।

पर्दे के भीतर रामू 'हाय हाय' चिल्ला रहा था और बाहर उसका नीच बाप बैठा हारमोनिम पर हाथ फेर रहा था। हरनारायण के अन्य मित्र भी पर्दे के भीतर ही थे। बाहर अकेले मैं ही व्यग्र रूप में खड़ा, पुलिस के आक्रमण की आशा देख रहा था।

उसी समय मेरे मित्र पुलिस इंस्पेक्टर साहब पंद्रह-बीस सिपाहियों के साथ हॉल में प्रविष्ट होते दिखाई पड़े! उन्हें देखकर मेरी छाती मारे प्रसन्नता के फूल उठी। मैंने कहा—"इंस्पेक्टर साहब, इन हरामजादों को सौ-सौ जूते लगवाइये! ये सबके सब मनुष्य रूपधारी राक्षस हैं, पिशाच हैं!"

पुलिस के जूतों ने गोपाल को इसलिए विवश किया कि वह रामू को पढ़ने के लिए गुजरात भेज दे। हरनारायण की शैतान चौकड़ी के होश दुरुस्त हो गये और मास्टर साहब की खोपड़ी मजे में थूर दी गयी। उस दिन के बाद हरनारायण ने भी फिर कभी 'चाकलेट चर्चा' करने की हिम्मत नहीं की! इश्क की आग जूतों ने राख बना दी!

[6.12.1924]

3. विलाप

श्रीकृष्ण पांडे

हृदय! इतना बेचैन क्यों है? क्या अब भी कुछ लालसा बाकी है? ...क्या कहा? आजादी! चुप! अब यह शब्द भूलकर भी जबान पर न लाना! नहीं तो जबान खींच ली जायगी। ...किसलिये! अपराध पूछता है? अभागे! अभी भी तूने नहीं समझा! तेरी आजादी ने कितनों का सर्वनाश कर दिया। तेरी इच्छापूर्ति के लिए किसने क्या नहीं किया। पृथ्वीराज टुकड़े-टुकड़े हुए, लक्ष्मण सिंह ने बारह पुत्रों का बलिदान किया, प्रताप ने घास की रोटी खाई, शिवाजी ने पहाड़ी कंदराओं को राजमहल समझा, गोविंदसिंह ने अपनी आंखों के तारों को दीवाल में चुनवा दिया। ...क्या कहा? मेरा क्या?...अहसान फरामोश! कहते शर्म भी नहीं आती? तिलक ने किसके लिए कष्ट सहा? खुदीराम ने किसके लिए कष्ट सहा? कन्हाई ने किसके लिए प्राण दिये? गांधी ने किसके लिए अपनी अतुल संपत्ति और भोग-विलास का त्याग किया? लाला हरदयाल, महेंद्र प्रताप, हरिश्चंद्र आदि किसके लिए विदेश में अथक परिश्रम कर रहे हैं? चुप क्यों हो गया? क्या अब भी भूखा है? अभी भी तेरी भूख न मिटी? इस अहिंसा के जमाने में भी गोपी को भक्षण कर ही बैठा? हाय रे राक्षस! न मालूम तेरी भूख कैसे मिटेगी! मान जा! मान जा! मैं हाथ जोड़ती हूं। तेरे पांव पड़ती हूं। नहीं मानता? बड़ा निर्मोही है। मैं इतनी मिन्नत कर रही हूं, इतनी चिरौरी कर रही हूं तो भी तू अपनी जिद नहीं छोड़ता? देख मैं फिर कहती हूं, इस बेजा हठ से बाज आ, नहीं तो पछतायेगा। आज दूसरों को रुला रहा है एक दिन तू भी रोयेगा।

हाय! हाय! तू बड़ा ही कठोर है। पंजाब, रायबरेली, बंबई, कानपुर में खून की नदियां बह जाने और हजारों के गोली का निशाना बन जाने पर भी नहीं पिघलता? जरा भी विचलित नहीं होता? लोग कहते हैं माता का हृदय बड़ा ही कोमल होता है! लेकिन तू तो बड़ा ही पाषाण है। जो अपने पुत्रों पर इतना अत्याचार देखकर भी एक आंसू नहीं बहाता। बल्कि हंस रहा है! उपहास कर रहा है? उन्हें मरने के लिए उत्तेजना दे रहा है। क्या यही तेरी सहृदयता है? तेरी यह इच्छा कभी पूरी नहीं होगी। ...क्यों? अरे मूढ़! जहां एक ही परमात्मा के बनाये हुए जीव शूद्र कहकर नफरत की निगाह से देखे जाते हैं! जहां भगवान् के मंदिरों को ब्राह्मण और महंतों

ने अपनी पैतृक संपत्ति समझ लिया है! जहां बाल-विवाह और वृद्ध-विवाह के कुछ दोष नहीं माना जाता! वहां क्या स्वाधीनता की देवी कभी आ सकती है? नहीं! कभी नहीं। तू चाहे जितने उपाय कर तेरी यह इच्छा कभी पूरी नहीं होगी। आखिर, अपनी करनी पर पछतायेगा! चिल्लायेगा! रोयेगा! खूब रोयेगा। खून के आंसू बहायेगा।

[7.6.1924]

मतवालों के पत्र

किसी पत्र में पाठकीय पत्रों का भी एक अपना स्वाद होता है, अपना रंग होता है, वह संपादकीय या अन्य सामग्री-रूपों में नहीं मिल सकता। इस अर्थ में 'मतवाला' के विविध रूपों में प्रकाशित पाठकीय पत्रों की विशिष्ट उपादेयता है। 'मतवाला' की असाधारण लोकप्रियता का अंदाज इन प्रतिक्रियाओं के शोर में सुनाई पड़ता है। तत्कालीन लगभग तमाम महत्त्वपूर्ण पत्रिकाओं, विशिष्ट साहित्यकारों और पाठकों ने जिस अंदाज में अपनी दिल-खोल प्रतिक्रियाएं व्यक्त की हैं, उससे 'मतवाला' के धूमगज्जर मच जाने का सहज अनुमान होता है। इन प्रतिक्रियाओं में एक आकलन भी है। इसमें गैर-हिंदीभाषी पत्रों की प्रतिक्रियाएं भी शामिल हैं।

'मतवाला' के अनूठे मतवालेपन का ऐसा जबर्दस्त प्रभाव था कि पत्र भी उसी भाव में लिये जाते थे। इन पत्रों से गुजरना उस रोमांचभरी हलचल को महसूस करना है जिसे पैदा करने का श्रेय 'मतवाला' और दूसरी समकालीन पत्रिकाओं को जाता है। अंतिम पत्र पं. श्रीधर पाठक का है, जो 'मतवाला' के एक अलग स्तंभ 'भानुमती की पिटारी' में छपा था। उक्त स्तंभ में छपने वाली सामग्री के सापेक्ष यह पत्र अनमेल लगता है। इसे इसी के अंतर्गत शामिल करना उचित लगा।

बेशक, कुछ पत्रों को मैंने संपादित किया लेकिन सहजबोध में यह कोशिश रही कि कुछ महत्त्वहीन भले रह जाय, महत्त्वपूर्ण न छूटे। इन पत्रों की आकृष्ट करने वाली भाषा में जो मतवालापन है—उसमें सोच और भाव भी शामिल हैं। कई तत्कालीन दिग्गजों के पत्रों को पढ़ना बेहद दिलचस्प अनुभव है। 'मतवाला' में ये पत्र अपनी विशेष अदा में ही प्रकाशित किये जाते थे—जो इसके स्तंभ-शीर्षकों से भी व्यंजित हैं। 'मतवाला' के लिए 'मत' का महत्त्व प्राथमिक था। पाठकीय पत्रों की तुकबंदियां जो आज भी यदा-कदा मिलती हैं—उसकी परंपरा हम यहां तक पाते हैं। इन पत्रों का याराना अंदाज ऐसा है जिनके बीच से गुजरना हमें उत्तेजक अनुभवों से भर देता है।

—संपादक

20 अक्टूबर 1923

1. 'मतवाला' अपने नाम के अनुसार कार्य करने और अपने पाठकों को हंसाने का प्रयत्न करता है। इस पत्र पर इसके संपादक का नाम अंग्रेजी में छपता है।
—'हिंदी-केसरी', बनारस
2. लेखों में हास्यरस और व्यंग्य की बड़ी बहार है। खूब मनोरंजन हुआ।
—महावीर प्रसाद द्विवेदी
3. 'मतवाला' की सब संख्याएं रोचक हैं। —श्रीधर पाठक
4. हिंदू-मुसलिम ऐक्य तथा संगठन पर जो इसके विचार हैं उनसे मैं बिलकुल सहमत हूं। अपने ढंग का निराला होने के कारण हिंदी-संसार में विशेष स्थान पावेगा।
—प्रो. बदरीनाथ भट्ट
5. सजीव भाषा में पाठकों के विनोदार्थ प्रकाशित किया गया है। यह पत्र चिरस्थायी हो और इसके द्वारा हिंदी-संसार को लाभ हो। —दैनिक 'विश्वमित्र', कलकत्ता
6. नूतन सहयोगी का सप्रेम स्वागत। 'आत्मपरिचय' विनोदपूर्ण है। पत्र अपने ढंग का निराला है। —दैनिक 'भारतमित्र', कलकत्ता
7. पत्र में रोचकता पर्याप्त है। 'कसौटी' में सचमुच मतवालेपन से काम लिया गया है। हिंदी में व्यंग्य का यह पहला पत्र है। —दैनिक 'कलकत्ता-समाचार'
8. इस पत्र की विशेषत यह है कि राजनैतिक, साहित्यिक एवं सामाजिक समस्याओं और प्रश्नों को हास्य के इतने अच्छे ढंग में प्रकट करता है कि पाठक के चित्त पर पूरा प्रभाव पड़ जाता है। पत्र सुसंपादित है। 'मतवाला' अपना निजी कोई इतिहास समाचार-पत्र-संसार में छोड़ जायेगा और अन्य लोगों के लिए भी पथप्रदर्शक होगा। —'कर्मवीर', जबलपुर
9. 'मतवाला' मतवाला होने पर भी असहयोग का समर्थक है। इसके हर प्याले के घूंट में राष्ट्रीय भाव का ही नशा विशेष रूप से वर्तमान है। विनोदपूर्ण लेखों और टिप्पणियों द्वारा राष्ट्र और हिंदी-साहित्य संबंधी बातों का हृदयंगम करना ही इसका उद्देश्य है। कोई आश्चर्य नहीं कि इसके 'चाबुक' का डर कितने ही साहित्यिकों का खाना-पीना हराम कर दे। इसकी 'चलती चक्की' कितनों को पीसेगी। हम इसकी शैली को पसंद करते हैं। —'देश', पटना
10. पत्र की नीति स्पष्ट तथा निर्भीक है। साथ ही पक्का राष्ट्रवादी है। हिंदी-संसार में अपने ढंग का अनोखा है। संपादन परिश्रम से और विद्वतापूर्ण होता है। 'मतवाला' के तरंग के सामने कोई बचकर नहीं जा सकता, चाहे वह अपने को कितना ही विद्वान् तथा लेखक क्यों न मानता हो। —'तरुण भारत', पटना
11. पत्र का उद्देश्य मनोरजन के साथ देश की वर्तमान समस्याओं पर प्रकाश

डालना है। —'तरुण राजस्थान', अजमेर

12. पत्र क्या है हंसाने वाला पूरा विदूषक है। ताजे समाचार और संपादकीय स्वतंत्र विचार भी पढ़ लें और साथ ही खूब हास्यरस का मजा भी चख लें।
—'कर्त्तव्य', इटावा

13. मतवाली चाल से चलते-चलते डाकिये के साथ आकर 'मतवाला' हमारे हाथ लगा। तबियत मस्त हो गई। 'मतवाला' का ढंग देखकर मिजाज दंग हो गया। सचमुच 'मतवाला' नये ढंग का मतवाला है। इसका सभी आलम ही निराला है। 'मतवाला' अपने कौल-करार में खूब ठीक उतरा है। साहित्य, समाज और राष्ट्र के रंगमंच पर 'मतवाला' सच्चे विदूषक का काम करेगा और अपने व्यंग्य और हास्यरस के प्रसाद से सबके हृदय को डोलायमान कर देगा। 'मतवाला' रोते हुए को हंसाने वाला, आलस्य में बैठे हुए को उठाने वाला और सोते हुए को जगाने वाला मालूम पड़ता है। मतवाले की पहुंच घर-घर में दरकार है। इसके प्रचार की बड़ी जरूरत है। जो मसाला यह अपने पास रखता है वह मामूली नहीं है। —'नारद', छपरा

14. पत्र अपने ढंग का निराला है। पढ़ने से देश की वर्तमान स्थिति मालूम होने के साथ-साथ मनोरंजन भी होता है। —'जयाजी प्रताप', ग्वालियर

15. 'मतवाले' का मजाक खासा चुभता हुआ होता है। कभी-कभी उसके मजाक में आच्छादित करुणा (Suppressed patnos) भी रहती है। साहित्य की इस पूर्णता तक पहुंचने की इस कोशिश के लिए हम 'मतवाले' को बधाई देते हैं। आशा है यह सहयोगी अपने सात्विक और तीक्ष्ण मजाकों से हिंदी-संसार का उपकार करेगा। —'प्रताप', कानपुर

16. पत्र का नाम ही मनोरंजक है। फिर उसकी भाषा, विचार और व्यंग्ययुक्त टिप्पणियों की क्या प्रशंसा की जाय। —'शिक्षा-प्रभाकर', अलीगढ़

17. 'मतवाला' के संबंध में इतना ही कहना बस होगा कि 'मतवाला' मतवाला ही है। यह 'यथा नाम तथा गुण' की कहावत भलीभांति चरितार्थ करता है। इसमें ढोल की पोल खोलने की भी चेष्टा रहती है। —'मिथिलामिहिर', दरभंगा

18. बातें 'मतिवालों' की-सी हैं। बकौल शख्से कि 'पागल है तो क्या बात पते की कहता है।' इसके लेखों और नोटों की शैली व्यंग्यपूर्ण रहती है। समाचारों को भी व्यंग्य के सांचे में ढालकर प्रकाशित किया जाता है। —'भ्रमर', बरेली

19. 'मतवाला' का उद्देश्य संसार की संपूर्ण बातों को हास्यरस में ही हिंदी-संसार के सम्मुख रखना है। हिंदी साहित्य में इस भांति के पत्रों की बड़ी आवश्यकता है।
—'निगमागमचंद्रिका', काशी

20. यह पत्र हिंदी-संसार में सभ्य हास्यरस का अच्छा नमूना उपस्थित करता है। इसमें संदेह नहीं कि 'मतवाला' अपने पाठक को हर्ष से मतवाला कर देता है।

—'सूर्य', काशी

21. इस 'मतवाले' की चाल हमें बहुत पसंद है। हमारी समझ में इसका एक प्याला यदि सप्ताह में एक बार पी लिया जाय तो अच्छा होगा।

—'ज्ञानशक्ति', गोरखपुर

22. इसके संपादक पूरे पियक्कड़ हैं, प्याले पर प्याला उड़ाया करते हैं। इसके लेख सरस और कटाक्ष तेज होते हैं। आनंद की बात है कि 'मतवाला' न तो किसी को शराब पिलाता है और न भंग। परंतु ठंडक सबको पहुंचाता है। हंसी-दिल्लगी के लेख पढ़ने वालों को 'मतवाला' अवश्य पढ़ना चाहिए।

—'नवरोज', गुजराती, कलकत्ता

10 नवंबर 1923

23. 'मतवाला' बड़ी योग्यता से निकल रहा है। उसकी चुटकियां मार्मिक और चुटीली होती हैं। उसमें सहृदयता झलकती है। आलोचनाएं चटपटी होती हैं, तथापि उनमें मर्यादा मर्यादित रहती है।

—अयोध्या सिंह उपाध्याय 'हरिऔध'

24. 'मतवाला' के नाम से ही गुण प्रकट है। सब तरह के समाचारों को हास्यरस में प्रकट करना ही उसका मुख्य लक्ष्य है। —'आर्यमहिला', काशी

25. इसमें हंसी करने वाले देशहितैषी मजमून रहते हैं। —'जैनमित्र', सूरत

26. 'मतवाला' पूरा मतवाला है। —दैनिक 'विक्रम', कानपुर

27. एक सुंदर, साफ-सुथरा, सुष्ठु, सुगंधित द्रव्य से लबालब भरा 'मतवाला' का एक आला दर्जे का निराला प्याला देखा। नक्कासी अच्छी थी। उन्मादप्रिय होने के कारण मैंने भी दो-चार घूंट उड़ाया और माल खरा पाया! जायका मजेदार था। मैंने तो पहले इसे अंगूरी शराब समझा था। परंतु सस्ती कीमत देखकर भ्रम मिट गया। यह देशी जड़ी-बूटियों का बना हुआ सोम-रस के टक्कर का कोई पदार्थ था। थोड़ी ही देर में अंग में गंगतरंग के बेढंगे ढंग भंग की सत्ता सिद्ध करने लगे। 'मतवाला' के मतवालेपन में बावलापन या उतावलापन का नाम नहीं है। इसमें निरुत्साह नहीं, उत्साह है; निष्कर्मण्यता नहीं, कर्मप्रियता है; क्षुद्रता नहीं, उदारता है; छिछोरापन नहीं, गंभीरता है। —'क्षत्रियमित्र'

28. 'मतवाला' इस युग की एक चीज है। इसकी संपादकीय टिप्पणियां, अग्रलेख, मतवाले की बहक, चलती चक्की आदि शीर्षक बड़ी ही पैनी आलोचना, रंगीली

और चुटीली भाषा तथा मतवाली और निराली अदा के साथ देखने में आते हैं। मीठा साहित्यिक हास्य इसका प्राण है। हमें तो इसे पढ़कर पूज्य भट्ट जी के 'हिंदी-प्रदीप' के कतिपय लेखों की झलक मिलती है। यह अपने मीठे नशे की झोंक में बड़े-बड़े गंभीर प्रश्नों पर जो निर्भीक आलोचना कर जाता है, वह देखते ही बनती है। भगवान् करें हमारे सहयोगी 'मतवाले' का सदा बोलबाला बना रहे।

—'सम्मेलन-पत्रिका', प्रयाग

5 दिसंबर 1923

29. जो विशेषता इसमें है वह किसी में नहीं है। इसके लिखने का ढंग निराला है और आला दरजे का है। यह एक नये ही सांचे में ढाला गया है। यह शत्रुओं का मुंह काला करने वाला है। जो निठाला बैठा हो वह इसे जरूर पढ़े। इसने हिंदी का बहुत बड़ा अभाव टाला है। इसलिए जयमाला पहनने के योग्य है। इस पत्र में सब प्रकार नूतनता है। —पं. अक्षयवट मिश्र, पटना
30. हिंदी में इस ढंग का एक भी पत्र नहीं। पत्र ने तृप्त किया।
—'शिक्षा', पटना
31. हिंदी में अपने रंग-ढंग में एक ही है जो समाज और देश का उद्धार करने पर उतारू हो कार्य कर रहा है। —'विजयवर्गीय', कलकत्ता
32. अपने ढंग का निराला पत्र है। पत्र राष्ट्रीय मत का पोषक और उदार नीति का है। —'वैद्य', मुरादाबाद
33. इसमें राष्ट्र, जाति, धर्म, भाषा, समाज, व्यवहार आदि पर 'मतवाले' ढंग से विचार होता है। —'श्री वेंकटेश्वर समाचार', बंबई
34. इसकी शब्दावली बहुत सरल और अलंकार युक्त है। सबकी समझ में आ सकने के कारण यह पत्र धीरे-धीरे उन्नति कर ले जायेगा। रंगीन-मिजाज संपादक का हम तहेदिल से शुक्रिया अदा करते हैं।
—दैनिक 'वर्तमान', कानपुर
35. क्या बतायें संपादक जी, ऐसी नींद उचटी कि सोना हराम है। वाह रे 'मतवाला', तेरा एक मसाला लाखों रुपये का है, तभी तो सुरूर गुलाबी है—फिर भी तू इतना सस्ता है कि सभी तेरा मजा ले सकें—भला टके प्याला कौन भकुआ न पियेगा? क्यों भई पुरातन का सोम-रस यही तो नहीं है।
—बी.पी. सिन्हा, गोंडा

8 दिसंबर 1923

36. सेठ महादेवप्रसाद जी छुपे हुए हीरे थे। 'मतवाले' का मजाक बहुत चुभता हुआ

होता है। भाषा बड़ी बामुहाविरा और शुद्ध होती है, उसमें रवानी होती है। श्रीयुत् 'निराले' महाशय सहृदय कवि प्रतीत होते हैं। —'प्रभा', कानपुर

37. हिंदी-संसार में अनूठी वस्तु है। अतएव प्याले सस्ते जान पड़ते हैं। इसकी हंसी ऐसी हंसी भी नहीं है कि मुंह पर आकर ही पिंड छोड़ दे। मन पर भी कुछ हाथ साफ करती है—वहां भी उथल-पुथल मचाती है। 'मतवाला' पीता तो आप है पर नशा बांट देता है न जाने कितने आदमियों को।—'श्रीशारदा', जबलपुर

38. इसके लेख, कविता, चुटुकिले, टिप्पणियां तथा विज्ञापन, सभी अपने 'मतवाला' नाम को सार्थक करते हैं। —'माधुरी', लखनऊ

39. 'मतवाले की भाषा' चटकीली, चुटकियां मार्मिक और आलोचना सारयुक्त होती है। हफ्ते भर की भारत की कोई महत्त्वपूर्ण घटना शायद ही बचती हो। 'मतवाला' का एक ही 'प्याला' थके-मांदे-उदास मन को मतवाला बना देने के लिए काफी है। दूध-पूत आबाद रहे। —'हिंदी नवजीवन', अहमदाबाद

40. कलि-कत्ते से एक आठबाड़िक अखबार निकला है। उसका शुभ नाम है—'मतवाला'। इसके शरीर का वस्त्र इस ढंग से रंग दिया गया है कि 'अंधों' के आगे अमावस्या छा जाती है और आंख वालों के आगे अपूर्व आलोक। मैंने 'मतवाला' से हाथ मिलाया और उसे अपनी कुटी का मेहमान बनाया। यह सलाह दी—"तू उतने दिनों तक जीने की इच्छा कर जितने दिनों तक तू अपनी निर्भीकता की रक्षा कर सके। मैं तेरे अमर-जीवन की कामना करता हूं। किंतु याद रख कि यदि विधि-विडंबना से तेरी अकाल मृत्यु हुई तो तू अमर कीर्ति अपने पीछे छोड़ जायेगा।" —'हिंदी', दक्षिण अफ्रीका

41. हिंदी में 'मतवाला' जैसे व्यंग्यपूर्ण पत्र की जरूरत भी थी। आशा है कि 'मतवाला' इसी भांति देश और समाज के कल्याण-साधन में सदैव सहायक रहेगा। —दैनिक 'स्वतंत्र', कलकत्ता

42. हिंदी भाषा-भाषी आपके बड़े कृतज्ञ हैं। भविष्य में इससे बड़ी आशा है। —'मारवाड़ी अग्रवाल', कलकत्ता

43. 'मतवाला' के लेख तथा समाचार आदि व्यंग्यपूर्ण भावों से भरे रहते हैं। —'मारवाड़ी', नागपुर

44. प्रत्येक बात अनोखी है, हास्यरस से भरी हुई मतवालों जैसी होती हुई भी मतिवालों जैसी हैं। —'जैसवाल-जैन', आगरा

45. इसके राजनैतिक, साहित्यिक तथा सामाजिक लेख हास्यपूर्ण तथा मनोरंजन करने वाले होते हैं। —'अग्रवालबंधु', आगरा

46. 'मतवाला' शुद्ध राजनैतिक पत्र है। परमात्मा करें सहयोगी 'मतवाला' भारत की

मदांधता दूर करके, नवकलेवर को प्राप्त करें। —'आर्यसेवक', नरसिंहपुर

47. आपने 'मतवाला' क्या निकाला दुनिया में नाम कर दिया है। हमने हिंदुस्तान भर के साप्ताहिक अखबार देखे हैं किंतु जो रस 'मतवाला' के प्याले में है वह और किसी में नहीं पाया। इसके सामने तमाम फीके और नीरस हैं। जिस वक्त 'मतवाला' मिला कि जब तक कुल प्याला नहीं पी लिया जाय, प्याला मुंह और आंखों के सामने से हटाया नहीं जाता। —एक ब्रजवासी मतवाला

48. मतवाले की चाल-ढाल सब है मतवाली।
लेखन-शैली हास्यमयी, मन हरने वाली।
उच्चकोटि के भाव हृदय में भरने वाली।
नीतिविज्ञतापूर्ण प्रफुल्लित करने वाली।
'मतवाला' साहित्य में व्यंग्य रंग बरसा रहा।
चित्र विचित्र पवित्र है अजब ढंग दरसा रहा। —संपादक 'सूर्य', कानपुर

29 दिसंबर 1923

49. MATWALA is a newly started political weekly in Hindi pledged to the non-co-operation movement. It seeks to serve the country by correcting its evils through the instrumentality of humour and wit. It is thus a new departure in Hindi. Its writings are thoughtful and forcible. —Prabuddha Bharata, Almora

50. मीठे मजाक की अद्‌भुत छटा दिखाई देती है। समालोचना करने में 'मतवाला' किसी की रियायत नहीं करता, उसे जो कुछ कहना होता है, खुले शब्दों में, मुंह फाड़कर, दिन-दहाड़े, बावन तोले पाव रत्ती, कह डालता है। 'मतवाला' पागलों की-सी बेसुरी तान नहीं अलापता, बल्कि मजाक ही मजाक में बड़े पते की कह डालता है, खूब फबती सुना जाता है। बहुत से समझदार तो मतवाले की मस्ती का मजा लूटने के लिए बुरी तरह बेताब रहते हैं। परमात्मा करें 'मतवाला' स्वयं मदमत्त बेहोशों को होश में लाने तथा होशमंदों को होशियार करने में सेंट-परसेंट नंबर प्राप्त करता है। —'आर्यमित्र', आगरा

51. चलती चक्की, चाबुक, मतवाले की बहक वगैरह शीर्षकों के नीचे की बातें मनोरंजन के साथ ही ज्ञान प्रदान करने वाली हैं। 'मतवाला' ने थोड़े समय में जो उन्नति कर ली है, उससे उसके संचालकों की योग्यता प्रगट होती है।
—'नवरोज'—गुजराती, कलकत्ता

5 जनवरी 1924

52. सुस्वागतम्! आइये, महाशय मतवाले जी, आपका प्रकाशन जनता के लिए

उपयुक्त एवं शुभप्रद हो। भाषा इसकी तेज है। इसकी बातें बड़ी ही रोचक और मर्मस्पर्शी होती हैं क्योंकि यह है ही मतवाला। —'हिंदी-चित्रमयजगत्', पूना

53. इसकी छटा एकदम अनोखी है। उसके व्यंग्यों की मधु-मिश्रित तीक्ष्णता दिल में चुभे बिना नहीं रहती। —'ज्योति', लाहौर

54. परमात्मा करे 'मतवाला' अपनी मनोरंजक चुटकियों और मधुर प्यालों से देश और समाज की सेवा करता रहे। —जी.आई.पी. संघप्रकाश, झांसी

26 जनवरी 1924

55. 'मतवाला' का संपादन बड़ी योग्यता से हो रहा है। उसके लेख बड़े ही मार्मिक, भावपूर्ण और मनोरंजक होते हैं। आपको अनेक बधाई।

—नाथूराम शंकर शर्मा

56. इसमें राष्ट्र, जाति, धर्म, भाषा, समाज, व्यापार आदि सभी उपयोगी और आवश्यक विषयों पर बड़े मार्के की बातें होती हैं। 'मतवाला' मतवाला ही ठहरा। इसकी बातों और घातों को कोई मतवाला की समझ सकता है। देश और जाति तथा भाषा और भाव का उद्धार ऐसे ही मतवालों और पागलों से होता है। पर हो वस्तुतः वह खून का प्याला भर कर देने वाला पागल मजनू। दूध के प्याले उड़ाने वाले मतवाले मजनू, देश और जाति में अब भी बहुत हैं।

—'प्रेम', वृंदावन

57. इतना सुंदर और सस्ता पत्र हिंदी में आज तक प्रकाशित नहीं हुआ। 'मतवाला' का प्रति प्याला मीठी चुटकियां लेने वाला और हंसाने वाला होता है। 'मतवाला' की हंसी निरर्थक नहीं, सर्वथा सार्थक, गंभीर और चुभ जाने वाली होती है। परमात्मा करे कि 'मतवाला' चिरकाल तक अपनी मतवाली बोतलों और छलकते हुए प्यालों से हिंदी संसार को मस्त करता रहे। हमारे कहने से एक प्याला पीकर तो अवश्य देखें। —'समालोचक', सागर

58. लेखन-शैली विनोदी होते हुए चुभने वाली है। इसके सभी लेखक मतवाले ही हैं। मतवाले की एक पूरी बोतल पीने वाला निःसंदेह फायदे में रहेगा।

—'माहेश्वरी', दिल्ली

59. मैं प्याला पीने के बाद एकदम मस्ताना हो गया। वाह!

मौज-भरा मस्ताना भैया, मोह-भरा मतवाला।
अजब शान का गजब जोगिया, छका हास्यरस प्याला ॥
भाषा-भूषा-भेष-भाव में, रखता पन-मतवाला।
जबरदस्त है पिनल कोड में, बोतल प्यालावाला ॥ —'राम', आरा

60. 'मतवाला' का आना बंद करा दिया जाय, तो भी दिल की बेचैनी बनी रहेगी और आवे तो भी बेचैनी है। —'सुमन' सं. 'बालविनोद', दानापुर

1 फरवरी 1924

61. 'मतवाला'—कलकत्ते से निकलने वाला, हिंदी भाषा में छपने वाला, देश सेवा और हिंदी साहित्य के प्याले उड़ाने वाले, पक्षपात को छोड़ बेलाग-सीधी और खरी-खरी सुनाने वाला, खुशामदी और पक्षपाती लीडरों को झाड़ बताने वाला, अपने ढंग का अनोखा, अछूत मगर मनोरंजन से भरे मजबूत लिखने वाला, हिंदी समाचार-पत्रों में सबसे आला, सबके पढ़ने योग्य गोरा हो या काला।

—'जागिड़ा समाचार', दिल्ली

19 फरवरी 1924

62. 'मतवाला' अपनी शान का निराला है। यह दूसरी बात है कि यह लंबा और काला है। इसी से इसके एडीटोरियल कालमों में जरूर कुछ दिमाग से खींच कर लाया हुआ मसविदा होता है। इसकी बहक ही बहक में सबकी चुटकियां ले ली जाती हैं। इसके कार्टूनों को देखकर तो शायद नौकरशाही और जी-हजूरों का खून ही खुश्क हो जाता है। इसकी चलती चक्की के गलबे में पड़ जाने वाले की एक दफा तो ऐसी शामत आती है कि छट्ठी का दूध याद आ जावे और इसकी चंडूखाने की गप्प भी माशा-अल्लाह बड़ी ही बेतुकी होती हैं! इसके अलावा और भी ऐसे तमाम मजामीन फड़कते हुए होते हैं कि हंसते-हंसते आंतों में बल पड़ जायें या लोटन कबूतर हो जायें तो ताज्जुब नहीं। यह अपनी हिंदी ब्राडी में अपने तर्ज का एक ही है। —'देशभक्त', आगरा

23 फरवरी 1924

63. 'मतवाला' ने एक बड़ी भारी कमी को पूरा कर दिया है। जिस समय संपादकों के भरकम संपादकीय अग्रलेख और टिप्पणियां पढ़ते-पढ़ते सिर का कचूमर निकलने लगता है और एक ही दलील को सौ बार तोड़-मरोड़ पढ़ते-पढ़ते पागलपन सवार होने लगता है तक 'मतवाले' की मीठी और खट्टी चुटकियां, नरम-नरम थप्पड़ और खंजर के व्रज-प्रहार एक ऐसी दुनिया को नजर के सामने रख देती है जहां हंसती-रोती, फुदकती, बिलबिलाती तस्वीरें दिखलाई पड़ती हैं। 'मतवाला' कभी-कभी बड़ी कड़ी और खरी बात कह जाता है। उसे लीडरों के लीडरत्व का कुछ भय नहीं। जहां उसे कोई बात अंटसंट दिखाई पड़ी कि गला

दबाया। आशा है कि 'मतवाले' की डांट-फटकार से स्वयंसिद्ध कवि और स्वयं प्रशस्त्र संपादक अब जरा होशियारी से काव्य और संपादकीय स्रोत बहायेंगे।

—'स्वाधीन', झांसी

7 मार्च 1924

64. आपका पत्र उत्तम है और हिंदी में ऐसे पत्र की भी आवश्यकता थी जिसे आपने पूर्ण किया। हिंदी में 'पंच' की शैली का पत्र ही न था जो मनोविनोद का काम दे। हम आपके पत्र की भावी उन्नति चाहते हैं और इससे यह भी संभव है कि हिंदी-भाषा-भाषियों की संख्या वैसी ही बढ़ेगी जैसी कि प्रारंभ में 'चंद्रकांता' उपन्यास से बढ़ी। मतवाले की प्रत्येक संख्या में किसी न किसी हिंदी साहित्य-सेवी का चरित्र छपता है यह प्रयत्न भी प्रशंसनीय है। —गौरीशंकर हीराचंद ओझा

65. मतवाला कर डाला मुझको, 'मतवाला' यह आला है।
खूब निकाला इसको, यह तो सब पत्रों में आला है॥

—किशोरीलाल गोस्वामी

66. मैं आजकल सदैव श्वास-रोग-ग्रसित रहता हूं। उस पर भी मैंने चाहा कि कुछ 'मतवाला' की भेंट कर सकूं, परंतु न बन पड़ा। इसका अत्यंत खेद है। अब फिर की भी अवश्य कुछ न कुछ उसकी सेवा करने का प्रयत्न करूंगा। मुझे 'मतवाला' बहुत पसंद आया है और उसे बिना पढ़े नहीं छोड़ता।

—श्रीधर पाठक

8 मार्च 1924

67. 'मतवाला' को देखकर कितनी ही बार इच्छा हुई कि धन्यवाद लिख भेजूं। आपको पहचानने में देर न लगी। मैंने पहली ही मर्तबा आपका परिचय देते हुए एक मित्र से कहा था—

निगाहें शौक ने महशर में साफ ताड़ लिया।
कहां वो छिपते कि आंखों में थे समाये हुए॥

फिर भी उनको विश्वास न हुआ। उनके विशेष आग्रह से मैंने आपको लिख भेजने का निश्चय किया था कि—

यूं न पर्दा करो खुदा के लिए, देखो दुनिया तबाह होती है।

पर पूरी कमबखती थी, तुरंत ही ध्यान गया—

"इतने हिजाबों पर तो यह आलम है हुस्न का,
क्या हाल हो जो देख ले पर्दा उठा के हम।"

इसीलिए लंबा मौन धारण करना पड़ा। 'मतवाले' में जो सरूर है उसे मैं बहुत दिनों से खोज रहा था। दो पैसे के प्याले में एकदम 'प्रिंसेज ड्रिंक'—बढ़िया 'शेंपियन' की सृष्टि हुई है! हमारे उन्मत्त कलेजे ने तृप्त होकर बार-बार आपके पास लिख भेजने का अनुरोध किया है कि—

रहे लाखों बरस साकी तेरा आबाद मैखाना।

—अंत में मुझे सिर्फ इतना ही कहना है कि आपका 'मतवाला' A Tajmahal in beauty and Kutubminar in object है। मेरे ही नहीं, न जाने कितने हृदयों से प्रेममयी शंका की प्रतिध्वनि में प्रश्न होता है—

खूब परदा है कि चिलमन से लगे बैठे हो,
साफ दिखते भी नहीं सामने आते भी नहीं

—आप छिपे रूस्तम निकले—

हरचंद है यह चाह न कहूं दर्दे जिगर को।
दिल ही तो है बेचैन छिपाने नहीं देता।

—फिर भी प्रतिज्ञा करता हूं—

आये जबां पे राज कोई क्या मजाल है?
तुमसे मुझे अजीज तुम्हारा ख्याल है।

—रामनाथ 'सुमन', काशी

5 अप्रैल 1924

68. आपने 'मतवाला' को जन्म देकर हिंदी के क्षेत्र में जो एक विशेष आवश्यकता की पूर्ति की है, उसके लिए बधाई स्वीकार कीजिए। जिस योग्यता के साथ आप उसका संपादन कर रहे हैं उसे देखते हुए मैं शीघ्र ही उसके अपने क्षेत्र में उच्च स्थान प्राप्त कर लेने की आशा करता हूं। सच पूछिये तो खुली आलोचना की अपेक्षा 'मतवाला' के ढंग पर की गई टिप्पणियां ही समाज को सुधारने में विशेष उपयोगी प्रमाणित हो सकती हैं। अवश्य ही इस संबंध में बंकिम बाबू के आदर्श को सामने रखना चाहिए। मैं भाद्रपद में गिरफ्तार हो चुका था। 'मतवाला' होने पर भी आपका 'मतवाला' बरोकटोक मेरे पास झूमता हुआ चला आता है।

—विजयसिंह पथिक

12 अप्रैल 1924

69. मैंने 'मतवाला' के कई अंक ध्यानपूर्वक पढ़े हैं। मैं धन्यवाद देता हूं कि ऐसा सर्वांगसुंदर पत्र निकाला। —श्री नरदेव शास्त्री

70. पत्र बड़ा सुंदर है। हंसने-हंसाने का एकमात्र साहित्यिक उच्च साधन है। व्यंग्य-चित्र भी बड़े बढ़िया हैं। मजाक ऊंचे दर्जे का है, भाषा हृदयग्राही है। पढ़ने से एक ऊंचे दर्जे का सुहर पैदा होता है। मुखपृष्ठ पर नटराज का चित्र बड़ा भावभरा है। —गिरिधर शर्मा 'नवरत्न'

71. आपका पत्र हिंदी का 'लुकर ऑन' (Looker on) है। वह विलायत के 'पंच' तथा 'टिट् विट्स से टक्कर' लेने वाला है। यह कोई मैं आपके पत्र की तारीफ नहीं कर रहा हूं। जो कुछ यथार्थ है वही लिख रहा हूं।
—हेमराज गोपालराम, महाराजा कॉलेज, उदयपुर

72. हमारे पास होली पर जितने अंक आये हैं उनमें पहला नंबर कलकत्ता के 'मतवाला' का है। —'स्वदेश', गोरखपुर

73. 'मतवाला' का होलिकांक वास्तविक में होलिकांक है। यों तो इसकी विनोदपूर्ण शैली पूर्व से ही संसार को आमोदित करने के विषय में एक ही नीति पर डटी है, किंतु इसका यह अंक नितांत आदरणीय हो गया है।
—'तिरहुत समाचार'

74. 'मतवाला' के संबंध में कुछ कहना व्यर्थ है। वह हमेशा दो पैसे का प्याला पीता था। इस बार उसने एक आने का प्याला पिया है। फिर डबल डोज के असर में यदि वह थोड़े छींटे कीचड़ के भी उड़ा बैठे तो यह अपराध क्षंतव्य होना चाहिए। सच पूछिये तो हम यह कहेंगे कि इस 'मतवाले' की मतवाली अदा में बहुतों को 'मतवाला' बना डाला। 'मतवाला' होते हुए भी वह मतलब की बात बड़े मौके से कह जाता है। 'असगर फिर उठ के घर से चला कुये यार को। दीवाना काहे को है, बड़ा होशियार है।' —वीरभूमि

75. पीता हूं प्याला पर प्याला।
फिर भी तृप्ति नहीं होती है, है यह नशा निराला।
तुमने खूब पात्र में भर-भर बार-बार मधु ढाला।
बंद न हुआ किंतु मेरे इस और और का नाला।
मेरे प्रेम! शांत होती क्या बूंद-बूंद से ज्वाला?
अरे निकलता है उसके हित सागर का दीवाला।
दे दो एक बार ही मुझको सारा माल-मसाला।
पी लूं, हां छककर मैं पी लूं हो जाऊं 'मतवाला'। —श्रीरत्न शुक्ल

3 मई 1924

76. 'मतवाले' के दो प्याले हमें मिले हैं। रंगमंच से खिंच कर प्यालों को पड़तालने में लाचार होना पड़ा। उमर खैयाम ने एशियाई आशिकों को फारसी की शिराजी प्यालों में भर-भर पिलायी थी। भरे प्यालों के पुरजोर प्रभाव से फारसी की औलाद, उर्दू अभी तक खुमारी के प्याले नहीं पड़ी। बंगाल के बंकिम ने कमलाकांती अफीम बंगालियों में बांटी थी। उस अजीब अफीम के लुत्फ से बंगाल में अब तक पीनक का प्रवेश नहीं होने पाता। हिंदी के बालमुकुंद ने एक कलकतिये मित्र से मिलकर शिवशंभु की भंग हिंदी के भंगड़ों से छनवायी थी। तब की कमसिन हिंदी भी उस गाढ़ी बूटी से चनमना उठी थी। अब हिंदी में 'मतवाले' के प्यालों से मस्त होने की जवानी आ गई है और 'मतवाला' भी मौके को ताड़कर यह अपूर्व नयापन दिखला रहा है कि हफ्ते के हफ्ते प्याले ही प्याले की डाली देने लग गया है। जो मस्त नहीं, वह न मौके को ताड़ सकता और न मस्ती ही ला सकता है। मस्त 'मतवाला' मौके का ताड़ने वाला भी है और मस्ती लाने वाला भी। एक अंग्रेजी के दार्शनिक कवि का कहना है, "जो हंसोड़ नहीं वह क्या हंसाने वाला हो सकता है?" इसी का मतवाले की बोली में उल्था यह है, "जो मस्त नहीं वह क्या मस्ती लाने वाला हो सकता है?" मस्ती लाना जरूरी है, जिंदगी को खिलाने के लिए। जिंदगी रोटी-दाल से चलती है, लेकिन खिलती है मस्ती से। मस्ती के बिना फूले हुए मुखड़े की जिंदगी तो कंकड़ी की क्यारी है। इसलिए मस्ती लाने वाले 'मतवाले' की जरूरत थी, जरूरत है और जरूरत रहेगी। 'मतवाले' की मस्ती में ताकत यह दिखलाई देती है कि फूले हुए मुखड़े वाली जिंदगी की कंकड़ी की क्यारी में भी फूल खिला दे। छाती में गड़ने की बात से रुलाई आ जाती है। लेकिन 'मतवाले' का प्याला ऐसी मस्ती ला देता है, कि जो आंसू पोंछकर, हंसाकर छाती में गड़ने की बात का हितकर असर कराता है। —'श्री सनातन धर्म', कलकत्ता

77. इसे चाहे 'मतवाला' कहें या 'मत' 'वाला' बहुत कम फर्क है। क्योंकि इसका मत निराला है। व्यंग्य व विनोदपूर्ण बातें कभी-कभी जादू का-सा काम कर जाती हैं। जो बात व्याख्याता अपने व्याख्यान में, तार्किक तर्क में, और लेखक अपने लेख में नहीं समझा सकता वह विनोदी या मजाकिया 1-2 चुटकियों में कह डालता है। समाज में हर व्यक्ति को निरंकुशता से बचने की तरकीबें होती हैं। किसी को प्रेम से, किसी को डांट-डपट से, किसी को आश्वासन से ऐसा किया जाता है वह साहित्य की मधु चटनी है। कहते हैं कि सुस्वाद चटनी ही से खाना पचता है पर कभी कड़वी व उग्र औषधि से ही रोग दूर होता है।

'मतवाला' की सभी प्रकार की चुटकियां गजब ढाती हैं। फटकारने में 'मतवाला' दोस्त, दुश्मन, ऊंच-नीच, छोटे-बड़े, किसी को नहीं रखता। हमारा तो निवेदन है कि 'मतवाला' सदा अपने नैसर्गिक उड़न खटोले में बैठे सांसारिक पुरुषों पर विहंगम दृष्टि डाल उन्हें आदर्श-पथ की ओर ले जाता रहेगा और अश्लीलता से दूर रहेगा। —'शक्ति', अलमोड़ा

16 अगस्त 1924 [भानुमती की पिटारी]

78. प्रियवर, 'मतवाला' की 43वीं संख्या में ब्रजवासी लिखित श्रीयुत् पंडित राधाचरण गोस्वामी की संक्षिप्त जीवनी पढ़ चित्त को परम परितोष हुआ। निस्संदेह गोस्वामी जी से हिंदी-सेवा का उतना समाहार नहीं हुआ है, जितना उचित था। मुख्य हेतु इसका यह प्रतीत होता है कि गोस्वामी जी ने बहुत दिनों से मातृभाषा की ओर कुछ औदास्या-सा ग्रहण कर लिया था। आशा है हिंदी प्रेमाभिमानी जगत् शीघ्र ही इस त्रुटि की पूर्ति करने में प्रवृत्त होगा। एक अल्प बात उक्त जीवनी के संबंध में मुझे निवेदनीय है। वह यह है कि 'उल्लूगाथा' जिसका उसमें उल्लेख है, वह इस निवेदक का लेख है, तथाच 'इंडियन यूनियन' में जो तारीफ 'विधवा-विवाह विवरण' की छपी थी वह भी मेरी लिखी थी। उन दिनों उक्त पत्र का संपादक एक साहब था, मालवीय जी नहीं थे। गोस्वामी जी की ओर घनिष्ठ प्रीतिभाव है। मेरे चित्त में हिंदी की ओर रुचि अधिकांश में गोस्वामी जी के 'भारतेंदु' से उदित हुई थी। अतः मैं उनका ऋणी हूं। मेरे 'एकांतवासी योगी' का प्राथमिक भाग 'भारतेंदु' में छपा था।

[शुभैषी—श्रीधर पाठक]

7 मार्च 1928

79. आयी अति उत्तम ललाई रोशनाई भरी,
पत्रिका मनोहर प्रसन्नकारी भाषा ठेठ।
पागल पियक्कड़ों को सुरा की सुराही यह,
देगी खूब ठंडक करीब आ रहा जेठ।
धन्य! की है कायम महान् कलकत्ता बीच,
रुद्र घोष-लेन में पूरी पागलों की पेट,
ऐसी सुखदाई, छबि छाई अपनाई आज,
होली की बधाई पायी भाई महादेव सेठ। —'अनूप'

2 जून 1928

80. नया तर्ज़े जफ़ा करेंगे जब नये सर से।
नया कर यक लगाकर वो वसूलंगे हर यक घर से ॥

*　　　*　　　*

हिंद में संपादकों की ज़िंदगी दुश्वार है।
सर पर है कानून और कानून पर सरकार है ॥
जी हजूरों का जनाबे 'कैस' बेड़ा पार है।
अपना ही क़ानून है और अपनी ही सरकार है ॥　　—'क़ैस बनारसी'

अपील

'अपील' शीर्षक देकर मैंने 'मतवाला' में प्रकाशित ऐसी सामग्री का चयन किया है जो नवजागरण के एक प्रमुख मुद्दे भाषा से जुड़ी है। स्वदेशी भाषा का सवाल नवजागरण का मुख्य स्वर रहा है। 'मतवाला' में भाषा-संबंधी कुछ और सामग्री है लेकिन यहां मैंने उन्हीं का चयन किया है जो अपील की शक्ल में है। महात्मा गांधी ने अपने बहुमुखी स्वाधीनता आंदोलन में राष्ट्र भाषा के जटिल सवाल को रचनात्मक स्तर पर सुलझाने के लिए क्रियात्मक कोशिशें कीं। इसी के अंतर्गत गैर-हिंदीभाषी प्रदेशों में हिंदी प्रचार-प्रसार के लिए स्वयंसेवकों की जरूरत पड़ती थी। दरअसल राष्ट्रभाषा का सवाल देशभक्ति का पर्याय रहा है। आज जब अरबों रुपये के घोटाले देशद्रोह की परिधि में नहीं आते तब राष्ट्रभाषा जैसे सवाल को देशभक्ति का पर्याय सिद्ध करना निस्संदेह कठिन है। लेकिन आजादी के दरम्यान ऐसा ही था। यह सामग्री उसी क्रियात्मक कोशिशों को प्रमाणित करती है। अंतिम सामग्री सुदूर दक्षिण अफ्रीका में हिंदी का अलख जगाने वाले भवानीदयाल संन्यासी के दुर्लभ कार्य 'हिंदी' पत्रिका के लगातार प्रकाशन से संबंधित है—जो महत्त्वपूर्ण है। अगर आजादी के बाद हिंदी का विकास इसी गति और अपेक्षा के अनुरूप होता तो आज भारत का व्यक्तित्व विश्व में ज्यादा गौरवपूर्ण होता।

'हिंदी में अंधाधुंध' ईश्वरीप्रसाद शर्मा की एक भाषा स्वरूप पर प्रकाशित टिप्पणी है। इसे इसी के साथ रखना अपेक्षाकृत उचित लगा।

—संपादक

1. मातृ-मंदिर में निमंत्रण!
"एक राष्ट्रभाषा हिंदी हो एक हृदय हो भारत जननी"

काकिनाड़ा दक्षिण भारत में है; यह समुद्र-तट पर बसा हुआ आंध्रदेश का प्राचीन और मशहूर शहर है। यहीं पर हमारी राष्ट्रीय महासभा का 38वां अधिवेशन दिसंबर में होगा। आगत नेताओं और प्रतिनिधि-बंधुओं की खिदमत के लिए एक हजार स्वयंसेवक तैयार रहेंगे। वे हिंदी भाषा सीख रहे हैं। उन्हें कवायद की तालीम भी हिंदी बोली में दी जा रही है। कांग्रेस की स्वागतकारिणी के अध्यक्ष अपना स्वागत-भाषण हिंदी में पढ़ेंगे।

यदि आप राष्ट्रभाषा हिंदी के पक्षपाती हैं, आपकी अगर यह दृढ़ इच्छा है कि भारत-माता के पुत्र हिंदू, मुसलमान, ईसाई, पारसी, यहूदी, सिख, आसामी और बर्मी मिलजुल कर रहें, उनमें सच्ची एकता हो, तो काकिनाड़ा के 'मातृ-मंदिर' में पधारकर समस्त देश के सच्चे संगठन के लिए हिंदी-भाषा और एक-लिपि की घोषणा कर दीजिए। फिर तो बिखरी हुई शक्तियां सिमटकर एक हो जायेंगी और स्वराज्य का पथ निष्कंटक हो जायगा। अंग्रेजी के जरिये हासिल किया हुआ स्वराज्य 'अंग्रेजी स्वराज्य' होगा और हिंदी के द्वारा प्राप्त स्वराज्य 'हिंद स्वराज्य' कहलायेगा। दोनों में गहरा फर्क है। हिंदी संस्थाओं और सभाओं से प्रार्थना है कि वे अपने-अपने प्रतिनिधियों को चुनकर भेजें।

हृषीकेश शर्मा
मंत्री
स्वा.का. समिति, हिंदी सा.स.
काकिनाड़ा
[8.12.1923]

आसाम में हिंदी प्रचार के लिए पांच देशभक्त नवयुवक हिंदी प्रचारक चाहिए, जो हिंदी में अच्छी योग्यता रखते हों, अंग्रेजी भी जानते हों। बंगला और आसामी भाषा जानने वालों पर विशेष ध्यान दिया जायगा।

रामनरेश त्रिपाठी
प्रचार मंत्री, हिंदी सा.स., प्रयाग
[29.3.1924]

अब मुझे फिर आवश्यकता पड़ी है कि मैं हिंदी प्रेमियों, देशभक्तों, दानवीरों, विद्वान पुरुषों और अपने साहित्य मित्रों की शरण जाऊं जिनके हिंदी प्रेम के भरोसे ही मैंने यह गुरु-भार स्वीकार किया है। मद्रास के सिवा आसाम और ब्रह्मा में भी हिंदी प्रचार की बड़ी आवश्यकता है। इस वर्ष यदि समर्थ हो सका तो आसाम को हिंदी प्रचार का नया कार्य-क्षेत्र बनाने का हमारा विचार है।

रामनरेश त्रिपाठी
हिंदी साहित्य सम्मेलन, प्रयाग
[5.4.1924]

मुझे हिंदी के साहित्य-सेवियों, प्रचारकों और प्रेमियों को यह सूचना देते अत्यंत हर्ष होता है कि लाहौर के द्वादश सम्मेलन में जिस पौधे का बीज बोया था वह अब पनपने लगा है। उसकी पहली बरसगांठ आगामी 19, 20 जेष्ठ (31 मई, 1 जून) को मुलतान में राष्ट्र के और राष्ट्रभाषा के निर्भीक योद्धा स्वामी सत्यदेवजी की अध्यक्षता में मनाई जाने को है; हम प्रत्येक हिंदी प्रेमी को इस उत्सव में सम्मिलित होने के लिए सादर निमंत्रित करते हैं।

निवेदक : जयचंद्र विद्यालंकार
मंत्री
पंजाब प्रांत हिंदी साहित्य सम्मेलन
[24.5.1924]

'हिंदी प्रचारक' दक्षिण भारत का एकमात्र हिंदी पत्र है। मद्रास से निकलने वाला हिंदी का यही एक राष्ट्रीय सचित्र मासिक पत्र है। भाषा इसकी बहुत सरल है। हर एक हिंदी-भाषाभिमानी भारतीय को इस पत्र का ग्राहक बनकर हिंदी प्रचार में सहायता देनी चाहिए। 'हिंदी प्रचारक' दक्षिण भारत को उत्तर भारत के साथ मिलाने का सच्चा माध्यम है। अपने दोस्तों को भी इसे सहायता देने के लिए प्रेरणा कीजिए।

—व्यवस्थापक
हिंदी प्रचारक, ट्रिप्लिकेन मद्रास
[31.5.1924]

रंगून में हिंदी साहित्य का प्रचार

यों तो रंगून में हिंदी साहित्य के प्रचारार्थ कई एक संस्थाएं वर्तमान समय में कुछ न कुछ कार्य अवश्य ही कर रही हैं, परंतु पूर्वकाल में इस भाषा का यहां जैसा अभाव

था उसको दूर करने के लिए स्थानीय मारवाड़ी समाज ने लगभग 12 वर्ष से अपने निज खर्च द्वारा परोपकारार्थ एक ऐसा पुस्तकालय स्थापित कर रक्खा है कि वैसी संस्था इस प्रांत भर में दूसरी नहीं है। जिसमें हर एक विषय की पुस्तकें अधिक संख्या में पाई जाती हैं। दैनिक, साप्ताहिक, पाक्षिक और मासिक समाचार पत्र भी आया करते हैं। पुस्तकालय भवन में जाने और वहां का कार्य देखने से बड़ा आनंद प्राप्त होता है। ब्रह्मदेश में पधारने वाले हिंदी साहित्य-प्रेमी महानुभावों से भी मेरा सादर अनुरोध है कि वे भी पुस्तकालय का निरीक्षण करना न भूलें।

प्रार्थी—पं. राजनाथधर द्विवेदी [रंगून]

[6.9.1924]

हिंदी साहित्य सम्मेलन : वृंदावन में होने वाले षोडश हिंदी साहित्य सम्मेलन के लिए स्थायी समिति तथा स्वागत समिति ने निम्नलिखित निबंध सूची स्वीकार की है। इस बार ऐसा प्रबंध किया गया है कि सभी निबंध अवश्य पढ़े जायें। इस कार्य के लिए एक दिन सुरक्षित रखा जायेगा। जो सज्जन जिस विषय पर निबंध लिखना चाहें उसकी सूचना शीघ्र देने की कृपा करें।

निबंध सूची : (1) हिंदी साहित्य में ब्रजभाषा का स्थान और उसका भविष्य, (2) हिंदी साहित्य निर्माण में वृंदावन का स्थान, (3) मथुरा का ऐतिहासिक महत्त्व, (4) हिंदी में अंतर्राष्ट्रीय भाषा होने की योग्यता, (5) हिंदी साहित्य-सेवियों की कठिनाइयां और उनके दूर करने के उपाय, (6) हिंदी भाषा में वैज्ञानिक साहित्य, (7) हिंदी भाषा में अर्थशास्त्र, (8) हिंदी भाषा में राजनीति, (9) भारतीय भाषाएं, उनका उद्‌गम, विकास और आधुनिक स्थिति, (10) हिंदी साहित्य की वर्तमान दशा, (11) हिंदी में उच्च-शिक्षा की पाठ्य-पुस्तकें, (12) आधुनिक हिंदी कविता, (13) भारतीय राष्ट्र-निर्माण में हिंदी का स्थान, (14) प्राचीन भारत में शिल्प-विद्या, (15) साहित्य द्वारा सभ्यता का अनुशीलन, (16) हिंदी के पत्रों का इतिहास, (17) हिंदी के वर्तमान सुलेखक और कवि, (18) भारत की वर्तमान लिपियों से नागरी लिपि की तुलना, (19) अदालतों में हिंदी भाषा व देवनागरी लिपि के प्रचार के उपाय, (20) उच्चारण से नागरी वर्णमाला का वैज्ञानिक संबंध, (21) अलंकारों का महत्त्व, (22) नवरस निरूपण, (23) समालोचना की आवश्यकता और शैली, (24) समाज और साहित्य, (25) प्राचीन और अर्वाचीन भारत, (26) राष्ट्रपति, (27) संपादन कला, (28) संपादन कला की शिक्षा का पाठ्यक्रम, (29) हिंदी में मुद्रण कला की शिक्षा, (30) हिंदी में ग्राम्य कविता, (31) हिंदी लेखक संघ [आवश्यकता और कार्य-क्षेत्र]

—राधाचरण गोस्वामी, स्वागताध्यक्ष [22.8.25]

प्रवासी भारतवासियों की सहायता कीजिए : समाचारपत्रों के पाठक जानते हैं कि स्थिति इस समय कैसी भयंकर और संकटापन्न हो रही है। वहां के मदांध गोरे ऐसे गलाघोंटू बिलों को पास कराने की चेष्टा कर रहे हैं जिनसे प्रवासी भारतवासियों का वहां रहना ही असंभव हो जायेगा। ऐसी दशा में दक्षिण अफ्रीका में एक ऐसे निर्भीक पत्र का होना अत्यंत आवश्यक है, जो वहां की त्रस्त जनता की शिकायतों को संसार के कानों तक पहुंचावे और उसके अधिकारों की रक्षा के लिए निःस्वार्थ भाव से लड़े। संतोष की बात है कि भाई भवानीदयाल जी के सराहनीय उद्योग से वहां 'हिंदी' नामक साप्ताहिक पत्रिका बरसों से अंग्रेजी और हिंदी भाषा में निकल रही है। उसकी वजह से प्रवासी भारतीयों में जागृति, शिक्षा, स्वदेशाभिमान, मातृभाषानुराग, हिंदू धर्म और स्वत्व ज्ञान का यथेष्ट प्रचार हो रहा है। एकमात्र वही एक ऐसी पत्रिका है जो प्रवासी भारतवासियों के प्रकृत अधिकारों के लिए दृढ़तापूर्वक आंदोलन कर रही है। बरसों से हजारों कोस दूर विदेशों में बसे हुए भारतवासियों के अंदर राष्ट्रभाषा हिंदी और हिंदी धर्म के प्रति प्रेम तथा श्रद्धा के शुद्ध भाव जगाये रखने का सारा श्रेय 'हिंदी' को ही प्राप्त है। हिंदी भाषा के लिए वहां अत्यंत गौरव और गर्व का विषय है कि विदेशों में भी उसका झंडा फहरा रहा है। 'हिंदी' ने भारत के लाखों प्रवासी सपूतों में केवल राष्ट्रभाषा का ही प्रचार नहीं किया है बल्कि उन्हें भारतीय सभ्यता और भारतीय साहित्य तथा भारतीय धर्म के ओजस्वी भावों से दीक्षित करके उनमें भारतीयता की सत्ता भी स्थापित की है। 'हिंदी' ही की यह महिमा है कि दक्षिण अफ्रीका और केनिया तथा फीजी और मॉरीशस में भी हिंदी के पत्रों और ग्रंथों की खपत हो रही है। हिंदी के पुस्तकालय और विद्यालय खुल रहे हैं। भोले-भाले हिंदू कहीं विधर्मियों के पंजे में फंसने नहीं पाते और समुद्र के उस पार भी सनातन धर्म और आर्य समाज की पताकाएं उड़ रही हैं। 'हिंदी' ने अपने कई विशेषांक निकालकर जिस उत्साह और सेवापरायणता का परिचय दिया है, वह हिंदी पाठकों से छिपा नहीं है। किंतु खेद है कि उसी 'हिंदी' के लिए भाई भवानीदयाल जी अपना यथासर्वस्व बेचकर मस्त फकीर भी हो गये। अभी तक उसकी ['हिंदी' की] आर्थिक स्थिति संतोषजनक नहीं है। उनकी अपीलें बहरे कानों से सुनी गईं। क्या हिंदी-प्रेमियों के लिए यह लज्जा का विषय नहीं है? क्या प्रवासी भाइयों के एकमात्र आधार 'हिंदी' को स्थायी और ऋणमुक्त करके विदेशों में भारतीयता की ध्वजा फहराते रहना हमारा कर्त्तव्य नहीं है?

इस समय धनाढ्यों के महानगर में भाई भवानीदयाल जी के छोटे भाई श्रीयुत् देवीदयाल जी आये हुए हैं। आशा और विश्वास है कि यहां के उदार, धनिक तथा सहृदय स्वदेश-भक्त आर्थिक सहायता करने के लिए अग्रसर होंगे—ग्राहक बनकर और दान देकर कर्त्तव्य पालन करेंगे।

[5.9.1925]

2. हिंदी में अंधाधुंध

पं. ईश्वरीप्रसाद शर्मा

हिंदी में घोर अंधाधुंध जारी है। व्याकरण बेचारा रो रहा है। उसका गला यह कह कर घोंट दिया जा रहा है कि हिंदी जीवित भाषा है—इसको अभी व्याकरण के नियमों से बेतरह जकड़ देने से यह भी संस्कृत की तरह मर जायेगी। इसीलिए जिसके जी में जैसा आता है, वह वैसा ही लिखता है। हिंदी साहित्य-सम्मेलन को अपने प्रचार-कार्य से ही अवकाश नहीं मिलता। यदि मिलता, तो आज एक युग से भी अधिक समय बीत जाने पर भी, हिंदी लेखन-शैली के विवादग्रस्त विषयों की मीमांसा जरूर ही कर डालता। कुछ दिन हुए आरा की नागरी-प्रचारिणी-सभा ने हिंदी के विद्वानों के पास कुछ प्रश्न भेजकर उनकी सम्मतियों का संग्रह किया था और उन्हें 'हिंदी-सिद्धांत-प्रकाश' नाम से पुस्तकाकार प्रकाशित भी किया था; परंतु इधर कुछ दिनों से वह पुस्तक भी अप्राप्य हो रही है। इस पुस्तक के बहुत से विवादों का निर्णय हुआ था और हिंदी के अनेक साहित्य-सेवियों ने उसके सिद्धांतों को स्वीकार कर वैसा ही लिखना शुरू भी कर दिया था। यदि हम भूलते नहीं हैं, तो 'गया' का स्त्रीलिंग रूप 'गयी' होना चाहिए, 'गई' नहीं—यह बात इसी पुस्तक के द्वारा निर्णीत हुई थी और सबसे पहले सभा की पुस्तकों और पत्रिकाओं में ही इस नियम का पालन होना आरंभ हुआ था। तब से युक्त-प्रदेश के कुछ लेखकों को छोड़कर प्रायः सर्वत्र इसी परिपाटी का प्रयोग gks kgSA[1] इसी तरह उस साल 'विभक्ति-विचार' का प्रश्न छिड़ने पर भी हिंदी में दो दल हो गये—एक सटाऊ सिद्धांत का पक्षपाती और दूसरा अलगाऊ सिद्धांत का। इसी प्रकार आजकल 'कोई और कोई भी', 'अभी और अभी भी' का झगड़ा चल पड़ा है। एक पक्ष एक रूप को शुद्ध मानता है और दूसरा पक्ष दूसरे रूप को। मतलब यह कि यह निर्णय नहीं हो पाता कि कौन-सा रूप वास्तव में शुद्ध है। ऐसी अवस्था में हिंदी के आचार्यों की इस विषय में चुप्पी अच्छी नहीं। इन आचार्यों में पं. महावीरप्रसाद द्विवेदी, और सम्मेलन के भिन्न-भिन्न सभापतियों की गणना करना बेजा न होगा। इन लोगों को परस्पर पत्र-व्यवहार कर अथवा अखबारों में लिखकर

---

1. हिंदी भाषा की लेख तथा लिपि प्रणाली संबंधी प्रश्नों पर काशी-नागरी-प्रचारिणी-सभा की मीमांसा के अनुसार 'गई' लिखना ही उचित है। 'मतवाला'-संपादक

इन विवादग्रस्त विषयों का निराकरण करना चाहिए, जिसमें हम जैसे नौसिखुए शुद्ध लिखना सीख सकें।

आजकल एक और अंधाधुंध नयी जारी है। यह सबसे निराली है। हिंदी के व्याकरणों में 'विकृत' और 'अविकृत' दो प्रकार के शब्द माने गये हैं। जिनके रूप में आगे विभक्ति लगने पर विकार होता है, वे 'विकृत' और जिनमें विकार नहीं होते, वे 'अविकृत' कहलाते हैं। हिंदी के आकारांत 'देशज' और 'तद्भव' शब्द 'विकृत' ही माने गये हैं—हां, 'तत्सम' शब्दों को विकार नहीं होता। पर हिंदी वाले इन एकबारगी सिद्ध नियमों को भी पैरों से कुचलने को तैयार हैं। इसका कुछ नमूना लीजिए।

हिंदी की पुरानी और सर्वश्रेष्ठ पत्रिका 'सरस्वती' के मार्च 1924 वाले अंक में 'तीर्थ-रेणु' शीर्षक एक लेख छपा है। उसके लेखक लिखते हैं—"बाजाओं में युद्ध डंका ही सबसे श्रेष्ठ है।"

यहां 'बाजा' का यह अविकृत रूप खटके बिना नहीं रहता। शुद्ध रूप बाजों में होना चाहिए। 'पत्रिकाओं की रानी' 'माधुरी' तो 'राजे' ही नहीं 'देवते' भी लिखती है। क्यों? सो वही जाने।

कलकत्ते के 'मतवाला' ने तो अजीब गोरखधंधा कर रखा है। वह कहीं तो 'मतवाला पर मतवालों का मत' लिखता है, तो पास ही बड़े-बड़े अक्षरों में 'मतवाले की बहक' भी है। पटना में, पूना में, कलकत्ता में तो जो अंधेर था, वह था ही, 'ढकोसला का ढोल' भी पीटा जाता हैं।[2]

क्या हम आशा करें कि हिंदी के धनी झोरी इस पर कुछ बोलेंगे? यह होना तो जरूर है कि लोग अपनी लकीर गलत साबित किये जाने पर भी पीटना न छोड़ेंगे, क्योंकि हिंदी में जिसे भी कलम पकड़ना आता है, वह आचार्य के आसन पर बैठ जाता है; तथापि हिंदी को वर्तमान उन्नत अवस्था में लाने का प्रयत्न किया है, उन्हें इसका रूप ऐसा 'विकृत' नहीं होने देना चाहिए। उनका कुछ बोलना बहुत जरूरी है।

[7.6.1924]

---

2. मेरी राय में आकारांत व्यक्तिवाचक संज्ञा Proper Noun शब्दों में विकार नहीं हो ना चाहिए। 'आरे के लेखक' और 'गये के पंडे' में मैं 'आरे' और 'गये' को अशुद्ध मानता हूं। यहां 'आरा' और 'गया' ही होने चाहिए। 'मतवाले की बहक' ब्लाक बनाने वाले के बंगाली होने के कारण और 'ढकोसला को ढोल' हिंदी की 'अनस्थिरता' के कारण हो गये हैं ये दोनों ही प्रयोग अशुद्ध हैं। —'मतवाला'-संपादक

आग्रह

'आग्रह' शीर्षक नाम देकर मैंने 'मतवाला' में प्रकाशित कुछ खास तरह के पत्रों को संकलित किया है। इसमें पहला पत्र आत्मग्लानि से भरा एक मार्मिक पत्र है। भारतीय साम्यवादी दल के संस्थापक सत्यभक्त जी ने भारतीय मजदूरों के सवाल को लोकतांत्रिक तरीके से उठाने की उल्लेखनीय कोशिश की है। 'आरा पर आरा' तत्कालीन राजनेताओं के स्वार्थी और धंधे वाली अवसरवादी राजनीति के पाखंड को खोलने वाला एक ऐसा पत्र है—जिससे उनके चरित्र का पता चलता है—जिसे पढ़कर आज के कई राजनेताओं को राहत महसूस होगी। वे अपने कुकृत्यों की ऐतिहासिक जड़ें पाकर अपने शर्म को बेशर्मी से स्वाभाविक मानने की थेथरई कर सकते हैं। अंतिम दो पत्र किसानों से संबंधित हैं। हिंदी पत्रों में स्वाधीनता के दौरान किसानों की दशा-दुर्दशा, दमन और प्रतिकार संबंधी अनेक सामग्री देखने को मिलती है। अगर कोई सुधी, विवेकवान व्यक्ति भारतेंदु युग से स्वाधीनता पूर्व तक तमाम पत्रों से किसान संबंधी सामग्री का चयन करें तो काफी उपयोगी कार्य हो सकता है। हमारे आज के किसानों के विभिन्न आंदोलनों की ऐतिहासिक कड़ी भी जुड़ जायेगी।

'ब्रिटिश वस्तुओं का बहिष्कार' स्वदेशी आंदोलन के आसंग में अत्यंत महत्त्वपूर्ण सामग्री है। इतने आंकड़ों के बीच हम आंदोलन की अर्थवत्ता महसूस करते हुए आज के समय को और भी बेहतर तरीके से समझते हैं।

—संपादक

क्या इस अभागे पतित का उद्धार करेंगे?

मैं यहां पर अपनी स्थिति को स्पष्ट करने के लिए अपने परिवार का परिचय देना आवश्यक समझता हूं। मेरे बड़े भाई लेजिस्लेटिव असेंबली के मेंबर है, बीच का मैं अभागा हूं और छोटे भाई 'सिविलियन' हैं। खानदान सम्मिलित है। घर के मालिक बड़े भाई हैं। मेरी विधवा माता जीवित हैं। गत 17 जून के 'तरुण भारत' में सैनिकों का गान प्रकाशित हुआ था। यह गाना पं. माधव शुक्ल का बनाया है। 'तरुण भारत' में यह पहले भी दो बार निकला था। जिस समय नागपुर में सत्याग्रह-संग्राम चल रहा था उस समय हमारे सहकारी संपादक ने उक्त कविता को पुनः तीसरी बार छाप दिया। खैर, जिम्मेदार मैं ही हूं। हमारे ऊपर 124ए और 153ए धारा का वार किया गया। जब हमको मालूम हुआ तब मैंने निश्चय किया कि मैं डिफेंस नहीं लूंगा! घरवालों का दबाव पड़ने लगा। मैं मुकदमा लड़ने को राजी कराया गया। मुझ पर हर तरह से दबाव डाला गया। अंत में जब मैं किसी तरह राजी नहीं हुआ तो घरवालों ने पूज्या माता को मेरे पैरों पर गिरा दिया। मुझे वकालतनामा पर हस्ताक्षर कर देना पड़ा। हमारे परिवारवालों ने हमारे साथ अन्याय और अत्याचार किया। जिस समय यह अपमान याद आता है, आत्महत्या करने को जी चाहता है। लेकिन आत्महत्या से क्या होगा? मुझे तो प्रायश्चित करना है। मैं उस दिन की प्रतीक्षा करता हूं जब कि इस अन्यायी नौकरशाही के हाथों गोली से मारा जाऊं। यह मेरा अभाग्य है कि स्वदेश को अपमान पहुंचाने वाले के घर में उत्पन्न हुआ। मैं अपराधी हूं। मैं आप लोगों से न्याय चाहता हूं।

आपका पतित सेवक
नागेश्वर प्रसाद शर्मा
सं. 'तरुण भारत' [पटना]
[15.12.1923]

हिंदुस्तान के मजदूरों का प्रार्थना-पत्र ब्रिटिश मंत्रिमंडल के नाम

अंत में इंगलैंड का शासन मजदूर-दल के हाथों में आ गया। विश्वास है कि इंगलैंड की राज्यसत्ता पाकर मजदूर-दल चाहे और कुछ न करे, पर कम से कम अपने भाई दूसरे मजदूरों के कष्टों को कम करने की कोशिश जरूर करेगा। यदि भारतवर्ष के मजदूर इस अवसर से कुछ लाभ उठाना चाहते हैं तो उनको चाहिए कि वे अपनी मांगों को निम्नलिखित प्रार्थना-पत्र के रूप में, दस-पांच लाख मजदूरों से दस्तखत

लेकर, इंगलैंड के मजदूर-दल के पास भेजें—'ब्रिटिश पार्लीमेंट शीघ्र ही एक कमीशन हिंदुस्तान के मजदूरों की हालत की जांच करने को भेजे। यहां के मजदूरों को शीघ्र ही वे सब अधिकार दिये जायें जो आजकल दूसरे सभ्य देशों के मजदूरों को प्राप्त हैं। जैसे 8 घंटे का दिन, 40 घंटे का सप्ताह और काफी मजदूरी। मजदूरों की शिक्षा के लिए खास इंतजाम किया जाना चाहिए। उनके रहने के मकानों का सुधार किया जाय और उनके स्वास्थ्य की तरफ सरकार खास तौर पर ध्यान रखे—आदि।' यह काम बिना जोरदार आंदोलन के नहीं हो सकता। तमाम मजदूर-सभाओं, संघों और ट्रेड यूनियन कांग्रेस को इस तरफ ध्यान देना चाहिए। बड़े भाग्य से ऐसा मौका मिला है। बहती नदी पांव पखारि लेरी!

—सत्यभक्त

[9.2.1924]

आरा पर आरा [बाढ़ के बाद ही टिकस की बाढ़!]

"चुप, जरा भी न बोलो, हरगिज चोंच न खोलो। कांग्रेस का नाम मत लो। ऐसी पवित्र संस्था को इस विवाद में नाहक क्यों घसीटते हो? महात्मा जी जिस कांग्रेस को इतना मान देते हैं, उसे जली-कटी सुनाओगे, तो तुम्हारी जीभ कटकर गिर जायेगी, देह गल जायेगी, मरने पर नरक में भी जगह न मिलेगी। यदि आरा की मनहूस पलीती ने चौगुने-पचगुने टिकट का पलीता दाग दिया है, तो कांग्रेस के नाम पर क्यों हाय-हाय मचाते हो? जिसका चुन्न, उसका पुन्न। जिसका पाप, उसका बाप, कांग्रेस कौन होती है, जो कांग्रेस-कांग्रेस करके कान के परदे फाड़ रहे हो?"

यदि उपदेश दिया जाता है; पर क्या हम पूछ सकते हैं कि चुनाव के समय भाई-भतीजे, मामू-भांजे, बाप-बेटे, ऐसे-ग़ैरे, नत्थू खैरे सबको चुनवाने में भी तो कांग्रेस का ही हाथ था? अब कांग्रेस यदि प्रजा की हितैषिणी है, तो वह रेट पेयरों को इस सितम से निजात दिलाये। परंतु श्रीरामचरितमानस और श्रीमद्भगवद्गीता का गहरा संबंध देखकर तो आशा नहीं होती कि आरा की कांग्रेस कमेटी पर इस प्रजा की पुकार का कोई असर होगा। लोग देशभक्त और त्यागी ही बनते हैं; पर जब प्रजा पुकार-पुकार कर कह रही है कि तुम कुर्सी त्यागकर घर की राह नापो, तो कुर्सी तक नहीं त्यागी जाती और आगे की स्वार्थ-सिद्धि की आशा उसी से चिपके रहने की सलाह देती है। राम बचाये ऐसे खद्दरपोशों से। आरा वालों को चाहिए कि बाबू राजेंद्रप्रसाद को एक दिन चुपचाप यहां बुला लायें और बतलायें, कि बरसात शीघ्र शुरू होने वाली है, सोन में फिर बाढ़ आयेगी, फिर आरा डूबेगा, फिर यहां वालों के लिए आपको देश-भर से चंदा इकट्ठा करना होगा,

पर उसके पहले एक बार विगत बार की सतायी हुई प्रजा की छाती पर मूंग की दलिया तो दली जाती देख जाइये। पर हां, यदि उन्हें भी गुसाईं जी की रामायण की चौपाइयां ही पसंद आयीं, तो सारा मामला गोलमाल ही समझिये!

—एक जला हुआ नागरिक

[3.5.1924]

किसान भाइयों को सूचना

गांवों में सरकारी नौकर और जमींदारों के नौकर किसान भाइयों को कैसे-कैसे कष्ट देते हैं यह किसी से छिपा नहीं। दीन किसान अपने ही गांव में अपने ही घर में उपनिवेश निवासी भारतीय भाइयों के समान सताये, अपमानित किये और अधिकारच्युत किये जाते हैं और उनकी सुनने वाला कोई नहीं है। हम देश के नेताओं और किसान भाइयों को सूचित करना चाहते हैं कि जहां जिन किसानों पर कोई अत्याचार करे और उनके स्वत्वों का अपहरण करे, चाहे वह नहर का नौकर, पुलिस कर्मचारी, तहसील के चपरासी हों और चाहे जमींदार या उनके नौकर अथवा गांव के दलाल जो सरकारी नौकरों या जमींदारों को नाजायज कामों के करने में सहायता दिया करते हैं और लोगों पर अपना दबाव रखते हैं, तुरंत उसकी सच्ची खबर जिसमें अत्युक्ति न हो, संयुक्त प्रांतीय किसान संघ को लिखें। इस संघ में इसके लिए खास प्रबंध किया गया है कि किसान भाइयों की शिकायतों को प्रकाश में लाया जाय, उनके कष्टों को दूर करने का प्रबंध किया जाय और सरकारी अधिकारियों और देश के नेताओं के कानों तक खबर दी जाय। आशा है हमारे किसान भाई और उनके हितैषी इस ओर ध्यान देंगे।

—संगललाल अग्रवाल, एम.ए., एल.एल.बी.

एम.एल.सी., मंत्री किसान संघ, प्रयाग

[2.8.1924]

जमींदारों को चेतावनी

इस समय किसानों का कानून सुधारा जाने वाला है। किसान संघ ने इसके संबंध में अपनी राय भी दी है परंतु दूसरे बहुत से किसान उस राय से सहमत नहीं हैं। उनका अभीष्ट किसानों को उनके पूरे अधिकार दिलाने का है। वे चाहते हैं कि जमींदार भाई भी सुख की नींद सोवें और किसान भी। यह तभी हो सकता है जब

दोनों को पूरी स्वतंत्रता हो और एक का नाजायज दबाव दूसरे पर न हो। ऐसी दशा में देश के सभी न्यायप्रेमी सज्जन किसानों की बात से ही सहमत होंगे। किंतु कौंसिलों में उनकी संख्या कम और जमींदारों की संख्या अधिक है। इसीलिए इस समय हम जमींदारों को चेतावनी देते हैं कि भाइयो, सावधान! अपने को देश का प्रतिनिधि, जिसमें सबसे बड़ी संख्या किसानों की है, समझिएगा। क्योंकि आप लोग उन्हीं किसानों के वोट से चुने गये हैं। उनके विरुद्ध राय देना, उनके स्वत्वों को नष्ट करना या करने देना विश्वासघात होगा। स्मरण रखियेगा, दो ही वर्ष के बाद फिर कौंसिलों का चुनाव होगा और फिर किसानों के वोट की जरूरत होगी। तब जिसके गले पर कौंसिलों में छुरी चलाइएगा, उससे वोट किस मुंह से मांगिएगा? क्या फिर उस समय की कौंसिल में किसानों की हामी अपनी मनमानी न करेंगे? इसलिए आप लोग कोई ऐसा काम न करें कि न हर लोक बने और न परलोक, दीन के रहें न दुनिया के। इसलिए जो भी नियम बनाया जाय उसमें सबसे आगे बढ़िए और देश में सुख-शांति तथा स्वराज्य का चमत्कार दृश्य देखिये।

—इंद्रनारायण द्विवेदी

[16.8.1924]

ब्रिटिश वस्तुओं का बहिष्कार

[बायकाट-कमेटी ने देश के सामने यह कसौटी रख दी है। यदि देशवासी इतने रुपये बचा लेने का उद्योग करें तो इंगलैंड तकुए की तरह सीधा हो जा सकता है। हाय! शौकीनों की जान घपले में! मारवाड़ियों की जान खतरे में! इंग्लैंड की जान होठों पर! देशभक्तों की जान हथेली पर! और भारत-सरकार का हाथ मशीनगन के हैंडल पर।

—'मतवाला'-संपादक]

गत वर्ष दिल्ली की विशेष कांग्रेस में ब्रिटिश माल का बहिष्कार करने के लिए एक उपसमिति संगठित हुई थी। उस कमेटी ने आसानी से बहिष्कार किये जाने योग्य वस्तुओं की निम्नलिखित तालिका तैयार की है। 1921-22 साल में भारत के अंदर आई हुई ब्रिटिश वस्तुओं का मूल्य पहले दिया गया है और दूसरा मूल्य अन्य विदेशों से आयी हुई वस्तुओं का है—

1. कला-कौशल की वस्तुएं	836747 रु.	405987 रु.
2. बटन	167883 रु.	2556924 रु.
3. बेंत और बांस की बनी हुई वस्तुएं	20896 रु.	7017 रु.

4.	रोशनी के सामान	126900 रु.	3949 रु.
5.	बूट और जूते आदि	1040497 रु.	501058 रु.
6.	बग्घी, टमटम, फ़िटन आदि	3244935 रु.	3089006 रु.
7.	रासायनिक पदार्थ	14361259 रु.	4726374 रु.
8.	घड़ियां	305649 रु.	2393814 रु.
9.	रस्सियों के सामान	956132 रु.	126457 रु.
10.	छुरियां-कैंचियां आदि	899418 रु.	782877 रु.
11.	साइकिल	1355708 रु.	327620 रु.
12.	दवाएं	8887935 रु.	6949237 रु.
13.	रंगने के सामान	9463084 रु.	22588547 रु.
14.	पाउडर आदि	65020 रु.	527176 रु.
15.	घर सजाने के नफीस सामान	1668822 रु.	885079 रु.
16.	शीशे के सामान	4621318 रु.	17628114 रु.
17.	पहनने के सामान (कपड़े आदि)	3177123 रु.	3101861 रु.
18.	जवाहिरात के सामान	1149456 रु.	176000 रु.
19.	जूट की बनी चीजें	1963804 रु.	20387 रु.
20.	चमड़े के सामान	2499764 रु.	407662 रु.
21.	शराब और सुगंधित द्रव्य आदि	24993274 रु.	12668273 रु.
22.	मोटर आदि	16557924 रु.	10614731 रु.
23.	बाजे के सामान	1027794 रु.	755873 रु.
24.	बार्निश के सामान	1357447 रु.	155843 रु.
25.	खाद्य पदार्थादि	19161723 रु.	7874532 रु.
26.	नमक	10553044 रु.	4615013 रु.
27.	साबुन	8738537 रु.	204059 रु.
28.	कपड़े का मांड़ी	865276 रु.	353885 रु.
29.	लिखने-पढ़ने के सामान	6782988 रु.	2354352 रु.
30.	चीनी	30970149 रु.	244058109 रु.
31.	तंबाकू, सिगरेट आदि	13362622 रु.	3143141 रु.
32.	खिलौने आदि	1261470 रु.	2164165 रु.

उक्त वायकाट-कमेटी ने सिफारिश की है कि 'प्रत्येक भारतवासी को' ब्रिटिश माल का बहिष्कार करना' अपना प्रधान एवं महत्त्वपूर्ण कर्त्तव्य समझना चाहिए। खद्दर आंदोलन के प्रत्यय प्रगट कर दिया है कि कपड़े के लिए भारतवर्ष किस वर्ष

स्वावलंबी बन सकता है। खद्दर और भारतीय मिलों के देशी कपड़ों से भारत का काम मज़े से चल सकता है। विलासिता की सामग्रियों (सेंट, सिगरेट, शराब आदि) का बायकाट शीघ्र ही किया जा सकता है।

उक्त, कमेटी का यह भी कहना है कि "कांग्रेस से संबंध और सच्ची सहानुभूति रखने वाली सभी संस्थाओं को इस काम में जी-जान से लग जाना और खद्दर-भंडार वालों को अन्यान्य स्वदेशी वस्तुओं का स्टॉक भी रखना चाहिए। समस्त देश में अबाधित गति से खद्दर और चरखे का प्रचार होना चाहिए। भारत में तैयार होने वाली शुद्ध स्वदेशी वस्तुओं की एक विवरणात्मक सूची तैयार करने की आवश्यकता है। भारतीय कारीगरों को भी प्रोत्साहन देना और जो चीजें यहां नहीं बन सकतीं उनके लिए अन्यान्य विदेशी कारखानों से संबंध स्थापित करना चाहिए। घर-घर जाकर देशवासियों से अनुरोध करने, छपे हुए पर्चे बांटने और साप्ताहिक पत्र निकालकर सबके पास यह संदेशा पहुंचाने का शांतिपूर्ण प्रचारांदोलन करना अत्यंत आवश्यक है!"

—फ़ोरम

अपनी बात

कोई पत्र अगर अपनी अंदरूनी व्यवस्था के बारे में आंकड़ों के स्तर पर उतर कर पारदर्शिता का निर्दोष तरीका अपनावें तो थोड़ा ठहरकर सोचना पड़ता है कि पत्र प्रकाशन के पीछे निष्ठा और संकल्प सहित सोद्देश्यता कितनी पोख्ता है! उसकी प्रकृति क्या है, उसका आशय कितना सात्विक और सार्थक है? उसका अपने कार्य और पाठकों से कैसी निष्ठा और पारिवारिकता है? इस आसंग में 'मतवाला' में प्रकाशित आय-व्यय की विवरणी ऐसे कई संकेतों की ओर सोचने को विवश करती है। यह विवरणी मिशन और व्यापार की पत्रकारिता का फर्क स्पष्ट करती है। 'निराला' जी जब 'मतवाला' से अलग हए तो उनकी ओर से एक सूचना प्रकाशित हुई। 'मतवाला' की तलाशी और संपादक पर जारी वारंट की सूचना भी मुख पृष्ठ पर छापी गई। 2 जून 1926 के अंक में बाबू महादेवप्रसाद सेठ का जेल में खींचा गया चित्र प्रकाशित हुआ। सांप्रदायिकता के आरोप में गिरफ्तार सेठजी के मुकद्दमे का विवरण भी ऐतिहासिक महत्त्व का है। यह घटना उस समय हुई जब 'मतवाला' से निरालाजी और शिवपूजन जी अलग हो गये थे। उग्र का लगभग वर्चस्व कायम हो चुका था। सेठ जी पर उनका चादू चढ़ चुका था। नतीजन निराला की युगांतकारी कविताओं को मुखपृष्ठ पर छापने वाला 'मतवाला' उग्र की 'बेस्टसेलिंग' पुस्तकों का विज्ञापन प्रकाशित करने लगा। 'मतवाला' जिस आस्था से शुरू हुआ था उसमें परिवर्तन हुए और वह व्यावसायिक सहूलियत के आकर्षण में आ गया।

'मतवाला' का अन्य पत्रों से जो रिश्ता था उसमें टकराव और विवाद अवश्यंभावी था। उसके टोन में ही तिलमिला देने वाली उत्तेजकता थी। इसमें सबसे रोचक और दिलचस्प विवाद 'माधुरी' से चलता था। उसे वह अपनी प्रेमिका मानता था और हमेशा व्यंग्य बेधता रहता था। 'मनोरमा'-संपादक ज्योतिप्रसाद 'निर्मल' निराला विरोधी थे। फलतः उन्हें भी बहुत कटूक्तियां झेलनी पड़ती थीं। 'चांद' और 'सुधा' भी इस क्रम में थीं। 'मतवाला की होली' में व्यंग्य-चित्रों साहित इन रोचक प्रसंगों को मैंने संकलित कर लिया है इसलिए उसकी आवृत्ति न कर पाने का खेद है। 'हिंदी-केसरी', 'भारत-मित्र', की विवाद सबंधी सामग्री यहां संकलित है। मेरा अनुरोध है कि पाठक 'माधुरी', 'मनोरमा', 'चांद', 'सुधा' के साथ 'मतवाला' के रिश्तों को देखें। उसमें से कुछ सामग्री मैंने यहां के लिए रख छोड़ी थी जिसकी चर्चा

से उस अहसास का स्पर्श हो सके। श्री अनूप शर्मा ने उसके दोनों संपादकों को इंगित कर एक विशेषांक पर यह सवैया लिख 'मतवाला' के 10.5.24 अंक में प्रकाशित कराया—लखनऊ की 'मछलीवाली'

> बोझ अपार उरोज उभार के भार से दोनों गये झुकि कंधा।
> पांवन में सुथनी, तेहि में बटुआ लटकै मुख पीक सुगंधा॥
> बोलत बोल गली गली में, झख मारि कै बेचिबे को कियो धंधा।
> औधट घाट में ढूंढै पराशर मानौ मछोदरी-योजन-गंधा॥

अंक 24.5.24 में 'मतवाला' ने ग्राहक नंबर-2073 से एक 'हाय मेरी माधुरी!' नाम पत्र प्रकाशित किया गया है—

> "एक दिन वह था, जब 'माधुरी' प्रतिमास बिना बुलाये दौड़ी चली आती थी और अब बार-बार बुलाने पर नकद पैसे पेशगी वसूल कर लेने पर भी, बाजार में आती है पर मेरे पास नहीं आती! उसके अभिभावक पत्रों का उत्तर तक नहीं देते! हाय, हाय, इस निष्ठुरता का—इस बेरहमी का भी कोई ठिकाना है। क्यों दोस्तो, साल-भर के लिए तो वह मेरी जरखरीद है, फिर क्यों नहीं प्रतिमास भेजा करते?"

यह लगातार चलने वाली नोक-झोंक इतनी बढ़ गई कि इसमें ग्राम्यता और अश्लीलता आने लगी। प्रेमचंद जी अपने एक पत्र [17.3.25—चिट्ठी-पत्री-2] में शिवपूजन को इस पर अपना कड़ा विरोध भेजा। उनके अनुसार होली अंक ने तो 'सुरुचि और सभ्यता का अंत ही कर दिया।' प्रेमचंद जी मानते थे कि "आपस की थोड़ी-सी चुहल जिससे दिल खुश हो बुरी नहीं, लेकिन जब यह चुहल साहित्यिक मनोरंजन की सीमा से निकलकर द्वेष की हद तक पहुंच जाती है तो यही कहना पड़ता है कि यह हिंदी भाषा का दुर्भाग्य है, "उन्होंने शिव जी से इस सिलसिले को बंद कराने का आग्रह किया। इसमें यह भी है कि "यहां कुछ लोगों की सलाह हो रही है कि 'मतवाला' पर अपमान करने का दीवानी और फौजदारी अभियोग चलाया जाय। अगर आपस में यह नौबत आ गई तो क्या मजा रहा। 'मतवाला' भी हैरान होगा, उसका नशा ही हिरन हो जायेगा और यहां वालों को भी काफी मानसिक वेदना होगी। मैं नहीं चाहता कि मित्रों में जूतियां चलें। लेकिन इसका रोकना 'मतवाला' के अपने हाथ में है। आश्चर्य तो यह है कि यहां से कोई उत्तेजना न मिलने पर भी 'मतवाला' को क्यों लगातार एक Fair sex पर ऐसी अश्लील आक्रमण करने का साहस होता है। क्या उसमें महिला-सम्मान बिल्कुल नहीं रहा।" लेकिन यह सिलसिला रुका नहीं। 3.1.25 के अंक में एक कविता छद्म नाम से छपी थी—**मैं बनाम 'माधुरी'**

माधुरी बड़े घरों की बेटी।
छिपी डाकगाड़ी में आई मुझ तक कवर लपेटी।
मैंने मोटी पाकर उसको युगल भुजा भर भेंटी।
बांके नैन-सैन की उपमा कहे थकेगा 'गेटी'।
देखा नीचे से ऊपर तक रंचक नहीं ससेटी।
खोला 'कवर' सप्रेम गोद में बड़े मजे में लेटी।
मैंने भी सब देख-देख कर खूब खुजाहट भेटी।
पुनः किया अवसर अनूप-सा चाकलेट पालेटी।
हुई दुलारी की ख्वारी बन मतवाले की चेटी।

लेकिन 'मतवाला की होली' में संकलित अंश इसकी तुलना में ज्यादा दिलचस्प है। 'शिक्षा' में शिव जी के 'माधुरी' में जाने पर लिखी टिप्पणी का प्रतिवाद भी ध्यातव्य है।

निराला जी पर रवींद्रनाथ टैगोर की कविताओं के भावापहरण का प्रसंग पर डॉ.रामविलास शर्मा ने 'निराला की साहित्य साधना' भाग 1 में काफी विस्तार से लिखा है। उसमें उन्होंने मुंशी जी के लिखे दोनों लेखों के बारे में यह लिखा है कि लेख तो मुंशी जी के हैं–लेकिन युक्तियां और तर्क निराला जी ने दिये। [पृ. 89 और 94] उन्होंने यह अनुमान किस आधार पर किया इसकी कोई चर्चा नहीं है। इन लेखों को पढ़कर भी ऐसा नहीं लगता कि इसमें कोई ऐसी बात, युक्ति या तर्क है जिसके लिए मुंशी जी को निराला जी की सहायता लेनी पड़ती। अगर ऐसा है तो निराला जी की प्रतिभा और प्रतिष्ठा दोनों इससे प्रभावित होती हैं। संभव है रामविलास जी को यह जानकारी खुद निराला जी से मिली हो। अब पाठक खुद विचार करें।

–संपादक

'मतवाला' के प्रेमियों की सेवा में यह निवेदन करते मुझे हार्दिक प्रसन्नता हो रही है कि जिस समय 'मतवाला' का प्रकाशन प्रारंभ किया गया था, उस समय स्वप्न में भी यह आशा नहीं की गई थी, कि हिंदी-संसार इसे इतना शीघ्र अपनाकर मुझे चिरकृतज्ञ कर लेगा। इसीलिए इसकी प्रथम संख्या, केवल अपने मनोविनोद के लिए, कुल 500 छापी गई थी। परंतु तब से आज तक उत्तरोतर इसकी वृद्धि हो रही है, और ईश्वर की दया से अब प्रति सप्ताह, 10,000 कापियां छापनी पड़ती हैं। पहली संख्या केवल आठ पृष्ठ थे और अब बीस हैं। इसके अलावा आरंभ से अब तक पांच आने पौंड दाम का 14 पौंड वजन वाला सुंदर देशी कागज व्यवहार किया जाता है और प्रेमियों के मनोरंजनार्थ प्रायः प्रति सप्ताह एक विनोदपूर्ण व्यंग्य-चित्र भी दिया जाता है। साथ ही आजकल प्रति सप्ताह किसी न किसी हिंदी साहित्य-सेवी का सचित्र चरित्र भी प्रकाशित हो रहा है। यह सब कुछ होने पर भी अब तक मूल्य वही लिया जाता है, जो आठ पृष्ठ की संख्या के लिए लिया जाता था। फलतः खर्च तो असाधारण रूप से बढ़ गया है आमदनी भी वही है। 'मतवाला के लिए मुझे कितना नुकसान सहना पड़ता है, यह अच्छी तरह समझाने के लिए आय-व्यय का पूरा विवरण नीचे दिया जाता है।

आय–प्रति सप्ताह	**व्यय–प्रति सप्ताह**
195.25 रु. 10,000 प्रतियों का दाम ग्राहकों का टिकट है और हॉकरों का कमीशन काट कर प्रति सप्ताह	218.75 रु. कागज डबल फुलस्केप 50 टीम दर 4.37 रु. = रीम 150 रु. छपाई
57.50 रु. विज्ञापन द्वारा आय आरंभ के 5 महीनों तक प्रति सप्ताह	150 रु. संपादन, आफिस खर्च, चित्र, दफ्तरी —
115 रु. बाद के 3 महीने में प्रति सप्ताह	
367.75 रु.	518.75 रु.

इस हिसाब से प्रकट होता है कि जो कुछ मुझे प्राप्त होता है, वह महज़ सादे कागज के दाम के लिए भी यथेष्ट नहीं होता। ऐसी दशा में आप स्वयं विचार कर सकते हैं कि इतने कम मूल्य में ऐसा उत्तम पत्र देना बिलकुल असंभव है। इसलिए 'मतवाला' के शुभचिंतकों की सलाह लेकर, आगामी 1 मई सन् 1924 से इसका वार्षिक मूल्य देश में 4 रु. विदेशों में 10 शि. और प्रति संख्या एक आना कर दिया गया है। आशा है, 'मतवाला' के प्रेमी पाठक प्रसन्नतापूर्वक इसे स्वीकार करेंगे और

मुझे 'मतवाला' द्वारा अपनी तथा मातृभाषा की सेवा के लिए पूर्ववत् उत्साह प्रदान करते रहेंगे।

विनम्र

'मतवाला'-व्यवस्थापक

[26.4.1924]

आवरण

1. मेरे पूज्यपाद और मेरे मित्र अब से मुझे किसी कार्यालय के पते से पत्र न लिखकर 36 शंकर घोष लेन, कलकत्ता के पते से लिखा करें। उस तरह पत्र समय पर नहीं मिलता और आवश्यक कार्य के लिए मेरी ओर से देर हो जाती है।

—सूर्यकांत त्रिपाठी 'निराला'

5.12.25

2. 'मतवाला' ऑफिस में तलाशी

संपादक के नाम वारंट

250 रु. की जमानत

शनिवार ता. 15 मई को पुलिस ने 'मतवाला' ऑफिस की तलाशी ली और ता. 27, 28 और 29 अप्रैल के दंगा विशेषांकों की प्रतियां, ग्राहकों की एक फिहरिस्त और दैनिक बिक्री का रजिस्टर ले गई। 'मतवाला' संपादक के नाम गिरफ्तारी का वारंट था। पुलिस ने 850 रु. की जमानत पर संपादक जी को छोड़ दिया। मुकद्दमे की पेशी आगामी 30 मई को है।

15.5.26

आवरण पर चित्र

[सेठ जी जेल में]

12.6.26

'मतवाला' के मामले में मजिस्ट्रेट का फैसला

भारत सम्राट बनाम महादेव प्रसाद सेठ

हसब दफा 153 ए. ताजीरात हिंद

फैसला : अभियुक्त पर, तारीख 27, 28, और 29 अप्रैल सन् 1926 के उसके 'मतवाला' पत्र में प्रकाशित तीन प्रबंधों द्वारा हिंदुओं और मुसलमानों में शत्रुता के भाव बढ़ाने की चेष्टा करने के कारण, इस मुकद्दमे में, ताजीरात हिंदी की 153ए धारा लगाई गई थी।

प्रतिवाद में अभियुक्त ने कहा है कि उसके अभिप्राय अच्छे थे, दूषित भावों को बढ़ाना उसका उद्देश्य न था और न वह कोई असदनुष्ठान ही करना चाहता था। यह सोचकर थर्रा जाता हूं कि यदि उसके अभिप्राय बुरे होते तो न जाने वह क्या कर डालता।

प्रमाण दिया जा चुका है कि अभियुक्त पत्र का संपादक, लेखक और प्रकाशक है तथा पत्र प्रकाशित हुआ यह विवादास्पद नहीं।

प्रबंधों पर टीका-टिप्पणी या बहस-मुबाहसा करना कदाचित् ही आवश्यक है, क्योंकि वे खुद अपना इज़हार दे रहे, जहरीले हैं। मैं कहूंगा कि कलकत्ता के संवाद पत्रों के विरोध में इस ढंग के जितने मुकद्दमे मेरे सामने आये हैं, यह उन सबमें बुरा है। सविस्तार कानूनी बहस की आवश्यकता नहीं। ताजीरात हिंद की 153 ए. धारा में वे प्रबंध खुद-ब-खुद बहुत खुले तौर से आ जाते हैं, वे प्रतिवाद के पर्दे के अंदर नहीं छिपाये जा सकते।

बहस में कुछ चेष्टा यह दिखलाने की की गई थी कि सिर्फ मुसलमान गुंडों पर ही आक्रमण किया गया है, सर्वसाधारण मुसलमानों पर नहीं। लेकिन प्रबंधों के पढ़ने पर मालूम हो जायगा कि गुंडा और मुसलमान, दोनों शब्द उनमें पर्यायवाची हो गये हैं जो एक बहुत ही दोषकर हो गया है। लेखक का बुरा अभिप्राय इससे साफ टपक रहा है, और संप्रदायों के अंदर जिनसे बुरे भाव फैल रहे थे उन्हें दूर करने के लिए उसने जरा भी सुदृष्टि से काम नहीं लिया। यह हो सकता है कि इस पर भी वह सोचे कि उसके उद्देश्य असत् नहीं थे, क्योंकि कभी-कभी आदमी की सच्ची सूरत उसकी बुराइयों के पीछे छिपी रहती है, परंतु उसके शब्द और संघटन दिखलाते हैं कि उसे अपने यथार्थ अभिप्रायों में भ्रम हुआ है। दुःख की बात है कि वह अपने को धोखा दे रहा है। वह अब भी सोचता है कि उसके अभिप्राय अच्छे थे, इससे यह बहुत आवश्यक हो गया कि उसे प्रतिरोधकारी सजा दी जाय। विद्वान् पब्लिक प्राक्युटर ने मेरा ध्यान आकर्षित किया है कि अभियुक्त अब तक भी उसी ढंग पर लिखता चला आ रहा है।

मैं अभियुक्त महादेवप्रसाद सेठ को इंडियन पिनल कोड की दफा ए के अनुसार अपराधी पाता हूं।

उसे चार महीने की सादी कैद की सजा दी जाती है। हर अभियोग को लेकर सजा एक साथ दी गई है।

हस्ताक्षर—टी राक्स बग
चीफ़ प्रेसीडेंसी मजिस्ट्रेट
कलकत्ता 4.6.26
[12.6.26]

आवरण : दिल्ली का दलाल का विज्ञापन [31.12.27]
चंद हसीनों के खुतूत [7.1.28]
रंगमहल-रहस्य [12.5.28]
आवरण : मेरा स्थायी पता : [19.1.29]

मेरे कृपालु मित्र, मुझे नीचे लिखे पते पर पत्रादि भेजा करें। अब यही मेरा स्थायी पता है।

नवजादिक लाल श्रीवास्तव सह-'संपादक'
151, मछुआ बाजार स्ट्रीट, कलकत्ता

1. हिंदी-केसरी के प्रति

1. समालोचना पढ़कर किसी को चिढ़ना न चाहिए। यह ठीक है, परंतु समालोचना के चाबुक की चोट से तिलमिलाकर साधारण शिष्टाचार के दायरे को पार कर जाने वाले के मुंह से निकलने पर इस सम्मान्य तत्त्व में कोई महत्त्व नहीं रह जाता। यदि तुम 'मतवाला' की प्रथम टिप्पणी से घबराकर 'हिंदी के प्रसिद्ध कवि और सुलेखक' को 'बछिया के ताऊ', 'कनचप्पड़' और 'तोंदवाला लिंग' आदि अश्लील शब्दों का प्रयोग करने के लिए न बरगलाते तो उन्हें 'केसरी' के 5 नवंबर के 'नोक-झोंक' जैसे अर्थहीन, विशृंखल और ऊल-जलूल लेख से 'केसरी' का कलेवर कलंकित करने की आवश्यकता न पड़ती।

भैया कैसरी-संपादक! तुम हमारे 'हमपेशा' और 'हम मशरब' हो। हम तुम्हें अधिक कुछ कहना नहीं चाहते। तुम अपने ही हृदय से पूछो कि 'मतवाला' के कटाक्ष में 'किसी दूसरे भाव' का व्यर्थ आरोप करके तुमने उसके साथ जो अन्याय किया था, क्या वह सदाचार और सहयोगिता के भाव का घातक नहीं था? या तुमने हिंदी साहित्य के किसी बहुत बड़े अभाव की पूर्ति के विचार से वैसा किया था? एक बात और! ज़रा यह तो बतलाओ कि गत पहली अक्टूबर के 'केसरी' की 'नोकझोंक' की अश्लीलता का समर्थन करने वाले आश्चर्य पुंगव कौन हैं जो 50 वर्षों से हिंदी की निःस्वार्थ सेवा करते आ रहे हैं और जिन्हें हिंदी के अनेक वर्तमान लेखकों के आचार्य कहलाने का दावा है। अगर तुम्हें अपने दायित्व का जरा भी ख्याल हो तो तुम उनका नाम अवश्य प्रकट करो। नहीं तो, यही कहना पड़ेगा कि 'केसरी' के जातीय प्रभाव से तुम नहीं बच सके।

अपनी पांचवीं नवंबर के अंक में प्रकाशित 'नोक-झोंक' को ५ढ़कर देखो, उसमें क्या सार है? इस प्रकार के निस्सार लेखों से 'मतवाला' की जुबान बंद करने की चेष्टा में तुम्हें कभी सफलता प्राप्त नहीं हो सकती, क्योंकि ईंट का जवाब पत्थर से देने के लिए 'मतवाला' सदैव तैयार रहता है। हां, स्वयं छेड़खानी करके कीच फेंकना उसका उद्देश्य नहीं। उसने अब तक 'गुलाल' का ही व्यवहार किया है और जब तक उसके ऊपर कीच न फेंकी जायेगी तब तक वह बराबर ऐसा ही करता रहेगा। अस्तु।

अंत में एक बात हिंदी के प्रसिद्ध कवि और सुलेखक नवरंगजी से भी कहनी है। वह यह कि अबकी बार तुम्हारा रोना अरण्यरोदन ही हुआ है। उसे कोई समझ न सकेगा। यदि रोकर सहानुभूति प्राप्त करना ही अभीष्ट है तो स्पष्ट और उच्च स्वर

से रोओ। किंतु अच्छा तो यह होगा कि तुम शेखसादी की इस उक्ति को सदा स्मरण रखने की चेष्टा करो कि "चेरा कारे कुनद आक़िल कि बाज़ आयद पशेमानी।"

—संपादक

[10.11.1923]

2. मिसरा 'शेखसादी' का न निकला, अच्छा हुआ, क्योंकि नवरंग की जुबान खुली। किंतु हम अपने बड़े-बड़े आचार्यों और ऋषि-मुनियों की आज्ञा के अनुसार भ्रम स्वीकार करते हैं, और सर्वज्ञ बनने का दावा कोई दूसरा ही कर सकता है, हम या कोई मनुष्य नहीं। जिन लोगों ने उभय पत्रों की भाषा देखी होगी, अश्लीलता का पता उन्हें मिल गया होगा। अतएव, हम जिससे अब तक बचे, अब भी और भविष्य के लिए भी हम उससे बचते रहेंगे। यही कारण है कि व्यक्तिगत आक्षेपों से पूर्ण 'नवरंग' की-सी भाषा हम नहीं लिख सके।

'नवरंग' का चैलेंज हम क्या स्वीकार करें—वह है किस खेत की मूली? हां, 'मतवाला' में अगर उसे भूलें मिलें तो वह खुशी से किसी पत्र में प्रकाशित कर सकता है। उसे शुद्ध लिखने का अभिमान है। यह हर्ष की बात है। परंतु कभी ऐसा भी होता है—

"नयन दोष जा कहं जब होई। पीत बरन ससि कहं कह सोई॥"

उसने हमें लिखा है—"शुद्ध लिखने के लिए तुम्हें..., तालीम लेना (?) चाहिए"। और उसके श्रीगणेश ही में है—"पहले अपनी...कहावत ढाल लो (!) तब...अभिमान करना।" अच्छा होता यदि 'नवरंग' अपने आचार्य से 'लेना' और 'जो' की शुद्धि और अशुद्धि के संबंध में कुछ पूछ लेता।

—संपादक

[24.11.1923]

'भारतमित्र' और 'मतवाला' : 'भारतमित्र' हिंदी का एक बहुत पुराना और प्रतिष्ठित पत्र है। सौभाग्य से उसे सदा ही अच्छे-अच्छे संपादक मिलते चले आये हैं। इस समय भी उसके प्रधान संपादक साधु-स्वभाव पं. लक्ष्मण नारायण जी गर्दे हैं। हम लोग उन्हें बड़े आदर की दृष्टि से देखते हैं। हाल में श्रीयुत् धानकलाल पोद्दार नामक एक मारवाड़ी नवयुवक ने एक स्वयंभू-शेक्सपियर की चोरी का हाल 'मतवाला' में लिखकर हिंदी-पठित समाज के सामने उनकी पोल खोलने का जो प्रयास किया था, उसके उत्तर में 'भारतमित्र' का कलेवर गंदी गालियों से भरे हुए एक लेख से दूषित किया गया। इस पर 'मतवाला' के 1 मार्च के अंक में एक हास्यपूर्ण टिप्पणी

निकली। उसमें गर्दे जी को गाली नहीं दी गई थी वरन् उनका सादर स्मरण करते हुए आश्चर्य प्रकट किया गया था। इसके बाद होली के अंक में हमारे एक लेखक ने हिंदी-संसार से होली खेलते हुए इतना ही कहा, कि 'भारतमित्र' आजकल चोरों पर ही शैदा है, क्या गर्दे जी ने गहरी छानी है? इस बार भी हमने 'भारतमित्र' या उसके संपादकीय विभाग के किसी व्यक्ति के प्रति अशिष्ट भाषा का प्रयोग नहीं किया। वास्तव में यह हमारी नीति नहीं, कि भठियारों की तरह गाली-गलौज हो। सभ्य-शिष्ट भाषा में परिहास करना ही हमारा उद्देश्य है और इसी उद्देश्य से 'मतवाला' में प्रकाशित सामयिक समाचारों तक को विनोदपूर्ण बनाने की चेष्टा की जाती है।

होली के 'भारतमित्र' में हम लोग उसकी प्रतिष्ठा के अनुकूल ही लेख और कविताएं देखना चाहते थे, पर उसके बदले में हमें केवल अपने प्रति किया हुआ असभ्य शब्द-जाल ही देखने को मिला। यों तो कितने ही ऐरे-गैरे पत्रों ने गालियां बकीं; पर हमें 'भारतमित्र' के कलेवर का इस प्रकार कलुषित किया जाना बहुत खटका। औरों की बकझक या बड़बड़ को हम उपेक्षा की दृष्टि से देखते आये हैं और आगे भी देखते रहेंगे।

हर्ष की बात है, कि हमारे कुछ कहने के पहले ही गर्दे जी को स्वयं 'भारतमित्र' के पृष्ठों के इस दुरुपयोग का दुःख उत्पन्न हुआ और उन्होंने 'मतवाला' के प्रति किये गये अशिष्ट प्रयोगों के लिए गत 25 फरवरी के 'भारतमित्र' में क्षमा मांगी है। सच पूछिये तो हम उनकी क्षमा-याचना के तलबगार नहीं थे। हम केवल यही चाहते थे कि श्री गर्दे जी स्वयं अपनी जवाबदेही सोच लें। हर्ष है कि अंत में उन्हें बेजा संकोच या लिहाज़-मुरौवत में आकर अंड-बंड छाप देने का दुःख हुआ। 'मतवाला' किसी से द्वेष या वैर नहीं रखता। वह सभी सहयोगियों के प्रति आदरभाव रखता है। यदि 'भारतमित्र' के संपादक उस चोरी या तुंबाफेरी को गलत साबित करने की चेष्टा करते और उसमें सफल होते, तो हम उनके निर्णय को सादर स्वीकार कर लेते; पर उलटे ऐसे धृष्टों की लंगड़ी कविता छापना और कविता की टांग-पूंछ न समझने वाले चोरों की हिमायत करना हमें अवश्य ही आश्चर्यचकित किये हुए था।

जो हो, हम 'भारतमित्र' के संपादक के इस वस्तुस्थिति को समझ लेने पर उन्हें धन्यवाद देते हैं और उन्हें विश्वास दिलाते हैं कि हमारा दिल उनसे सदा साफ था और आगे भी रहेगा।

'मतवाला' हिंदी-संसार को अपनी विनोदमय रीति से प्रसन्न करने के लिए क्षेत्र में आया है, किसी से वैर-विरोध या झगड़ा करने के लिए नहीं। हां, हमारे कहने का ढंग निराला है। इसलिए यदि हम सीधी बात भी विनोद के साथ कहें, तो यह हमारा नहीं, हमारे नाम का अपराध है।

[29.3.1924]

2. 'भारतमित्र' की शिष्टता

गत तारीख 25 फरवरी के 'भारतमित्र' में एक संपादकीय 'नोट' छपा था, जिसमें गत होली वाले अंक में 'मतवाला'-मंडल पर किये गये अभद्रतापूर्ण प्रयोगों के लिए क्षमा मांगी गई थी। उसे पढ़कर मुझे प्रसन्नता हुई और 'भारतमित्र' के प्रति जो श्रद्धा मेरे दिल में थी, वह और भी बढ़ गई! इसलिए गत चैत कृष्ण 9 के 'मतवाला' में मैंने 'भारतमित्र'-संपादक की इस सज्जनता की प्रशंसा की थी, वस्तुस्थिति को समझ लेने के लिए उन्हें बधाई दी थी और स्पष्ट शब्दों में श्रीमान् गर्दे जी के प्रति यथोचित सम्मान दिखाते हुए उन्हें विश्वास दिलाया था कि 'हमारा दिल उनसे [सदैव] साफ था और आगे भी रहेगा।' परंतु मालूम होता है, कि 'भारतमित्र' का वह नोट सहृदयता या सज्जनता के लिहाज से नहीं लिखा गया था बल्कि वह भद्रता का ढोंगमात्र था और उसके द्वारा जनता को भ्रम में डालकर झूठी शराफत दिखाने का अनुचित प्रयास किया गया था, इसलिए 'भारतमित्र'-संपादक की, तारीख 4 अप्रैल के 'भारतमित्र' में फिर एक 'नोट' प्रकाशित कर 'मतवाला'-मंडल के प्रति अभद्रोचित वाक्य का प्रयोग कर उस 'पाप' [क्षमा प्रार्थना] का प्रायश्चित कर डालने की जरूरत पड़ी थी अन्यथा उस अप्रिय प्रसंग के पुनः उत्थापित करने की क्या जरूरत पड़ी थी, यह मेरी समझ में नहीं आया। 'मतवाला' के हर्ष-प्रकाश से 'भारतमित्र' की कौन सी बेइज्जती हो गई थी जिसे झटपट सुधार डालना परमावश्यक प्रतीत हुआ? खैर, अपनी महान्! ग़लती का सुधार करते हुए 'भारतमित्र' के संपादक लिखते हैं—"जिस वस्तुस्थिति के साथ 'मतवाला' ने हमारे दुःख-प्रकाश का संबंध लगाना चाहा है वह वस्तुस्थिति नहीं है! 'धानक-शैदा-विवाद' से इसका कोई संबंध नहीं है।" पाठक स्वयं विचारें कि इस कथन द्वारा 'भारतमित्र' ने सत्य के मूल पर कैसा भयंकर कुठाराघात किया है! 'मतवाला'-मंडल की नम्रता और सज्जतना का जो करारा उत्तर 'भारतमित्र' ने प्रदान किया है, उससे यह आशा तो नहीं होती कि वह सत्य और न्याय का आश्रय लेकर वस्तुस्थिति पर विचार करेगा। तथापि मैं यह जानना चाहता हूं कि जिस नीचतापूर्ण 'गालीनामा' को वह निःसंकोच होकर 'प्राप्त पद्य-रचना' (?) कह रहा है, क्या उसका 'धानक-शैदा-विवाद' से कोई संबंध नहीं है? तब क्या महज जनता को धोखा देने के लिए ही उसने यह लिख मारा है, कि "एक प्राप्त पद्य-रचना में उस पर ['मतवाला' पर] कुछ ऐसे प्रयोग किये गये जिनसे स्वयं हमको कष्ट हुआ?" क्या इस कथन से यह बात स्पष्ट प्रकट नहीं हो जाती कि 'भारतमित्र' के मिथ्या दुःख-प्रकाश से 'धानक-शैदा-विवाद' का कम अज कम उतना ही गहरा संबंध है, जितना 'भारतमित्र'-संपादक और शैदा से?

आगे चलकर संपादकीय कर्त्तव्य-ज्ञान का गला रेतते हुए 'भारतमित्र' के स्वनामधन्य संपादक जी लिखते हैं, "श्रीयुत् धानकलाल ने पं. तुलसीदत्त शैदा पर कोई आक्षेप किया है, उसका उत्तर-प्रत्युत्तर आदि भी हुआ है। पर हमें न तो आक्षेप पर विचार करने का अब तक अवसर मिला, न उसके उत्तर पर ही।" ठीक है। कोई आश्चर्य की बात नहीं। जो मनुष्य अपनी सज्जनता की झूठी डींग मारने के लिए एक बार दुःख प्रकाश करता है और फिर शब्दों का जाल बुनकर उससे इनकार करने का प्रयत्न करता है, ऐसे थूककर चाट लेने वाले के लिए यह कोई बड़ी बात नहीं। महात्मन्! आप इतने बड़े, पुराने तथा प्रतिष्ठित पत्र के संपादक हैं, लीडर हैं, लोग आपकी बहुज्ञता और बुद्धिमत्ता की प्रशंसा करते हैं और आप इसकी भी खबर नहीं रखते कि आपके पत्र में क्या छपता है? संपादकीय उत्तरदायित्व की ऐसी भद्दी अवहेलना आप जैसे बहुदर्शी संपादक को शोभा नहीं देती!

जिस चिरस्मरणीय नोट को लिखकर 'भारतमित्र'-संपादक ने सभ्यता और शिष्टता को जलांजलि प्रदान कर दी है, उसके अंत में आपने लिखा है—"शैदा के संबंध में 'मतवाला' में जो शब्द प्रयोग (!) हुए हैं वे सभ्यता के सर्वथा विपरीत हैं।" जिस वाद-विवाद पर विचार करने का आपको अब तक अवसर ही न मिला उसमें से इतना बड़ा तथ्य ढूंढ़ निकालने के लिए आपकी बुद्धि की तारीफ करने को जी चाहता है। 'धानक-शैदा-विवाद' एक महत्त्वपूर्ण विषय है। मारवाड़ी नवयुवक श्रीयुत् धानकलाल जी पोद्दार ने विनोदपूर्ण भाषा में एक मार्केदार साहित्यिक डकैती का रहस्योद्घाटन कर हिंदी-संसार के सामने सप्रमाण रख दिया है। एक विचारशील संपादक के नाते 'भारतमित्र'-संपादक को उस पर विचार करना चाहिए था। परंतु दुःख है कि आपका ध्यान उस महत्त्वपूर्ण विषय की ओर न जाकर इन व्यंग्यपूर्ण [जिन्हें आपकी अनोखी बुद्धि 'सभ्यता के सर्वथा विपरीत' कहते जरा भी संकुचित नहीं होती] शब्दों पर की गई! सच है, "पिये रुधिर पय न पिये लगी पयोधर जोंक।" अच्छा महात्मन्! प्रस्तुत नोट में कोष्टक के भीतर श्रीयुत् धनकलाल जी के साथ ही अपने छोटे भाई तुल्य 'मतवाला'-मंडल के प्रति आपने जिस शिष्टतापूर्ण वाक्य का प्रयोग किया है, वह तो सभ्यता के सर्वथा अनुकूल है न? आशा है अपने भाइयों को भठियारा बनाकर आपने अपार आनंद अनुभव किया होगा और आपकी लेखनी भी धन्य हो गई होगी! पाठक गत चैत वदी 9 के 'मतवाला' में 'होली का हाल' लिखते हुए श्रीयुत् धानक जी ने 'भारतमित्र' के उस 'गालीनामा' का भी उल्लेख किया था, जिसे 'भारतमित्र'-संपादक सगर्व 'पद्य-रचना' कह रहे हैं! उसके साथ ही धानकलाल जी ने सभ्यतापूर्ण परिहास करते हुए यह भी लिखा था कि यदि गालियां देने में ही 'भारतमित्र' की भलाई समझी जाती है, तो संपादकीय विभाग में कोई अच्छी-सी भठियारन क्यों नहीं भरती कर ली जाती!" इसके उत्तर में 'भारतमित्र'-संपादक ने लिखा है—"इस हर्ष में 'मतवाला'-मंडल

के श्री धानकलाल को अपने भठियारन डिपो की किसी 'भठियारन' को 'भारतमित्र'-कार्यालय में नौकरी दिलाने की जो आशा हुई है वह पूर्ण नहीं हो सकती, क्योंकि यहां भठियारनों का कुछ काम नहीं है।" जी नहीं। कुछ काम नहीं है। यहां भठियारनों भठियारों के कान कतरने वाले उनके लकड़दादा संपादक ही मौजूद हैं, वहां उनका क्या काम है? बेचारे धानकलाल जी को इसकी खबर न थी।

यह बात स्पष्ट है कि धानक-शैदा-विवाद की सारी जिम्मेदारी श्री धानकलाल और मि. शैदा के अलावा 'मतवाला'-संपादक और 'भारतमित्र'-संपादक पर है। परंतु दुःख से कहना पड़ता है कि 'भारतमित्र' में प्रकाशित 'पद्य-रचना' में मुंशी नवजादिक लाल श्रीवास्तव, बाबू शिवपूजन सहाय और सं. सूर्यकांत त्रिपाठी को भी गालियां दी गई हैं? क्या 'भारतमित्र'-संपादक बता सकते हैं कि उन्होंने इन निर्दोष सज्जनों के प्रति किये गये अन्यथा प्रयोगों को क्यों प्रकाशित किया है? यह कौन-सी सभ्यता, कहां का न्याय और कैसी भद्रता है? इन भले मानसों ने 'भारतमित्र' का, उनके संपादक का तथा शैदा का क्या बिगाड़ा था, जिसके लिए वे इस तरह लांछित और अपमानित किये गये हैं? क्या 'भारतमित्र'-संपादक इन प्रश्नों का उत्तर देने का साहस करेंगे। वास्तव में 'भारतमित्र' ने इस मामले में जैसी अदूरदर्शिता से काम लिया है, वह उसकी तथा उसके संपादक श्रीमान् लक्ष्मणनारायण गर्दे के गौरव के सरासर विपरीत है। यदि 'भारतमित्र' शैदा का इतना बड़ा अंधबंधु है, तो उनके नाटकों पर किये गये आक्षेपों का उत्तर दे या उनकी 'तुंबाफेरी' को मिथ्या सिद्ध करे। झगड़ालू खटकिनों की तरह गाली-गलौज करने से क्या लाभ है।

[12.4.1924]

खुली चिट्ठी—'भारतमित्र'-संपादक की सेवा में—

विज्ञवरेषु,

आपको यह भूल न जाना चाहिए कि 'भारतमित्र' निर्भीकता, स्पष्टवादिता, और सभ्यतानुमोदित सरस व्यंग्य के लिए विख्यात था, न कि 'गू गोबर', 'मैला पर मुंह मारना' और घोड़ा दडीम [घोड़े का अंडा या अंडी] आदि फूहड़ प्रयोगों के लिए। बुजुर्गों द्वारा ऐसा घृण्य प्रयोग हम अबोधों के लिए अत्यंत हानिकर उदाहरण है। क्या आप मेरी इस विनीत प्रार्थना पर ध्यान देने का अनुग्रह करेंगे?

मऊनाथ भंजन — विनम्र

आजमगढ़ ता. 3 जून 1924 — गोपालदास खत्री

पुनश्च : कृपाकर 'मतवाला'-संपादक भी मेरी प्रार्थना पर ध्यान दे। गो.दा.ख.

नोट : इस संबंध में 'मतवाला' का निवेदन सिर्फ यही है,—"जे मोहि मारा तिन्ह मैं मारा!"—'मतवाला'-संपादक

[7.6.1924]

3. 'शिक्षा' का प्रतिवाद

खड्ग विलास प्रेस की 'शिक्षा' ने लिखा है–"एक प्रसिद्ध मासिक पत्रिका [सरस्वती] के भूतपूर्व संपादक [पूज्यास्पद पंडित महावीरप्रसाद द्विवेदी?] भिन्न-भिन्न नामों से उक्त पत्रिका के लिए लेख लिख रहे हैं। इससे उसकी दशा सुधर रही है। उसकी प्रतिद्वंद्विनी (!) पत्रिका [माधुरी?] ने अपनी लोकप्रियता बढ़ाने के लिए [अपने] संपादकीय विभाग में श्रीयुत् बाबू शिवपूजन सहाय को नियुक्त किया है। 'मतवाला' पत्र के पाठक उनके लेखों पर लट्टू रहते थे। हिंदी की दुनिया में इस पत्र की प्रशंसा का अधिकांश श्रेय उक्त बाबू साहब को प्राप्त है।" 'मतवाला'-मंडल भाई शिवपूजन सहाय का अन्यन्य प्रेमी और उनकी योग्यता का खूब कायल है और इसमें भी संदेह नहीं, कि उन्हें पाकर 'माधुरी'-संपादकों ने एक योग्य सहायक पा लिया है। परंतु इस तरह का ख्याल जाहिर करना बिलकुल वाहियात है कि 'सरस्वती' की दशा खराब थी अब पंडित द्विवेदी जी विभिन्न नामों से उसमें लेख लिखते हैं इससे उसकी दशा सुधर रही है, और उसकी दशा सुधर रही है इससे 'माधुरी' को अपनी लोकप्रियता बढ़ाने की जरूरत आ पड़ी है, इसीलिए उसने बाबू शिवपूजन सहाय को अपने संपादकीय विभाग में नियुक्त कर लिया है। इस टिप्पणी को छापकर 'शिक्षा' ने 'माधुरी'-संपादकों और बाबू शिवपूजन सहाय के साथ ही और भी कई विद्वानों का नाहक अपमान किया है। 'माधुरी'-कार्यालय में बाबू शिवपूजन सहाय के जाने से और 'सरस्वती' के जिक्र से क्या संबंध है, उसे 'शिक्षा' ही समझ सकती है। क्या 'प्रसिद्ध मासिक पत्रिका के भूतपूर्व संपादक' की प्रतिद्वंद्विता के लिए माधुरी वालों ने बाबू शिवपूजन सहाय को अपने संपादकीय विभाग में नियुक्त किया है? मालूम नहीं, किस महत्त्वपूर्ण गूढ़तम उद्देश्य की सिद्धि के लिए 'का.ती.व्या.ती. सा.ती.' या पंडित चंद्रशेखर शास्त्री ने 'शिक्षा' में यह टिप्पणी लिखी है। हां, इसी प्रसंग में यह कह देना भी अनुचित न होगा कि प्रायः दो महीने से भाई शिवपूजन सहाय 'मतवाला' में नहीं हैं, इसलिए जो लोग उनके लेखों पर 'लट्टू' रहे हों, वे अब कृपा कर 'मतवाला' न पढ़ा करें और इधर दो महीनों तक जो कुछ पढ़ चुके हैं, उसे वापस कर दें। साथ ही आइंदे से 'शिक्षा' पढ़ा करें, क्योंकि उसमें 'मतवाला' से भी बढ़कर मतवालापन रहता है। उपर्युक्त उद्धरण उसी का नमूना है!

[17.5.1924]

4. अंध-परंपरा

मुंशी नवजादिकलाल श्रीवास्तव

मनुष्य जो कुछ करता है, उसे एक उद्देश्य स्थिर करके करना पड़ता है। सच तो यह है कि बिना उद्देश्य के—बिना लक्ष्य के कोई काम हो ही नहीं सकता। संसार की प्रगति में भी एक उद्देश्य छिपा हुआ है। सूक्ष्म दृष्टि से विचार करने पर प्रत्येक वस्तु की प्रगति में एक उद्देश्य दिखाई पड़ता है। अभिप्राय यह कि जहां प्रगति है वहां उद्देश्य या लक्ष्य भी है, और कानपुर जाना किसी का लक्ष्य होगा तो, इस लक्ष्य के साथ, कानपुर तक की प्रगति भी होगी। जब कोई प्रगति लक्ष्यहीन होती है तब, लक्ष्यभ्रष्ट होने के कारण, उसे अपना सरल मार्ग भी छोड़ना पड़ता है। जहां शृंखला है, वहां शृंखला का विपरीत भाव भी है। अतएव सुशृंखल लक्ष्य-संबद्ध प्रगति के साथ विशृंखल लक्ष्यभ्रष्ट प्रगति भी दिख पड़ती है। लक्ष्यभ्रष्ट होकर स्थान-च्युत हो जाते हैं, लक्ष्यभ्रष्ट होकर कुपथगामी होने के कारण गाड़ियां आपस में लड़ जाया करती हैं, ऐसे और भी बड़े-बड़े अनर्थपात हो जाते हैं, लक्ष्यभ्रष्ट होकर ही मनुष्य पागल हो जाया करते हैं। अस्तु, यह निश्चित है कि प्रगति के साथ लक्ष्य भी होता है, यदि न हुआ तो वह प्रगति अवश्य ही किसी घोर अनर्थ का कारण हो जाती है।

मनुष्य के जीवन में लक्ष्य है, समाज के जीवन में लक्ष्य है, किंबहुना विश्व-ब्रह्मांड से लेकर एक क्षुद्र कण तक की प्रगति में लक्ष्य विद्यमान है। इसी तरह कुछ लिखने या बोलने में भी लक्ष्य रहता है? यदि न रहा तो वह बिना लक्ष्य या उद्देश्य का लिखना या बोलना भी महा अनर्थ का कारण हो जाता है। जिनमें लक्ष्य स्थिर करके कुछ लिखने का शृंखलित विचार नहीं पाया जाता उन्हें भी विद्वंमंडली विशृंखल-प्रगति पागल या ऐसा ही कुछ समझती है।

'मनोरमा' में 'हिंदी कविता की गति' शीर्षक नोट का ऐसा ही हाल है। इस शीर्षक को पढ़कर किसी भी पाठक के मन में पहले-पहल यही विचार उठ सकता है कि या तो इस नोट में हिंदी कविता की कोई गति निश्चित की गई होगी या पहले ही से निश्चित की हुई किसी गति का अनुमोदन या विरोध किया गया होगा। हमें दुःख के साथ लिखना पड़ता है कि इस नोट के पढ़ने पर इस तरह के किसी भी उद्देश्य की पूर्ति नहीं होती। संपादक महोदयों का वक्तव्य कितना बेढंगा है, इसका ज्ञान पाठकों को उन्हीं की पंक्तियों से हो जायेगा।

पहले नोट के लक्ष्य की बात लीजिए। हिंदी कविता का परिवर्तन दिखाते हुए और उसे सामयिकता के बल से समर्थ मानते हुए संपादक महोदय लिखते हैं–

> "परिवर्तन की यह धारा कितने वेग से बह रही है, इसका पता पाठक इसी से लगा सकते हैं कि अभी प्राचीन ढंग की कविता करने वाले कवियों की विद्यमानता में भी (?) ऐसे नवीन कवि उत्पन्न हो गये हैं जिनकी कविता का ढंग और भाषा उनकी कविता के ढंग और भाषा से बहुत भिन्न हो गई है। यह हर्ष की बात है कि भाषा, शैली और भाव सभी में युगांतर उपस्थित करने की चेष्टा की जा रही है।"

इतना लिखकर आप अपने ही भाव के विरोध में लिखते हैं–

> "हमने इन [नवीन] कविताओं से आनंद पाने की भरसक चेष्टा की है, किंतु हमारी दशा ठीक उसी आदमी की तरह होती है जिसने एक ऐसे कवि से दरबार का वर्णन करने के लिए निवेदन किया था जो वहां से एक मणिमाला चुराकर इतना प्रसन्न हो रहा था कि उसके मुख से न कोई ठीक शब्द निकलता था और न निकले हुए शब्दों से समझने योग्य कोई वाक्य ही बन सकता था।"

हम संपादक महोदयों से पूछते हैं, उन कविताओं से यदि आपकी ऐसी शोचनीय दशा हो जाती है तो उनके संबंध में आपने पहले ऐसा क्यों लिखा कि यह हर्ष की बात है कि भाषा-शैली और भाव सभी में युगांतर उपस्थित करने की चेष्टा की जा रही है। संपादक महोदयों के ऐसे विरोधी भावों से इस नोट का उतना ही मूल्य है जितना एक प्रलाप का। जिसे आप समझे ही नहीं या आपकी समझ में जो निरर्थक सा है, उसके संबंध में युगांतर उपस्थित करने की इतनी बड़ी सम्मति देकर आपने कैसी दूरदर्शिता दिखाई है, इसका विचार पाठक स्वयं करें। ऐसे ही नोट लक्ष्यभ्रष्ट, निस्सार और अनर्थकारी कहलाते हैं।

संपादक महोदयों के लिखने के ढंग से प्रतीत होता है कि आप हमारे निराला जी को परिवर्तनकारी कवियों के अगुआ मानते हैं। आपने जो उद्धरण दिया है वह भी उन्हीं की लिखी 'मतवाला' में प्रकाशित 'सिर्फ एक उन्माद' शीर्षक कविता का कुछ अंश है। आपने उस कविता का जो अंश उद्धृत किया है वह यह है–

न कोई पाया उसमें राग
जिसे गाते जीवन भर
न कोई ऐसा तीव्र विराग
जिसे पा कहीं भूलते अपनापन यह क्षणभर

अपने लिए घोर उत्पीड़न
किंतु क्रीड़नक था लोगों के लिए
पक्षी का-सा जीवन
हंसमुख किंतु ममत्वहीन निर्दय बालों के लिए।

निराला जी की कविताएं पढ़कर कोई-कोई महाशय उन्हें न समझने के कारण अपना ही अज्ञान उन पर लाद देते हैं, कोई-कोई उन्हें छायावाद की कविताएं सिद्ध करते हैं, कोई कुछ कहते हैं—कोई कुछ। इसमें संदेह नहीं कि 'निराला' जी की कविताएं हिंदी के लिए बिलकुल नई चीज हैं। स्वाभाविक कवि में मौलिकता होती ही है, फिर निराला जी स्वाभाविक कवि के अतिरिक्त और भी बहुत कुछ हैं।

निरालाजी की कविताएं उस हिंदी की संपत्ति हैं जो हिंदी राष्ट्रभाषा होगी। आपके भावों में कहीं भी प्रांतीयता नहीं पाई जाती। जो भाव व्यापक है, कवि के हृदय से निकलकर जो भाव विश्व-भर में व्याप्त हो जाते हैं उनकी जांच कभी संकीर्ण दृष्टि से नहीं की जा सकती। निराला जी के भाव जितने उच्च होते हैं उनकी भाषा भी उतनी ही संयत और व्याकरणसम्मत होती है। थोड़ा ही ध्यान देने पर कविता का मर्म समझ में आ जाता है। हां, उनकी प्रायः अधिकांश कविताएं ऐसी हैं जिन्हें यदि कोई गाकर पढ़ना चाहे तो उसे निराश होना पड़ता है। उन्हें भावपूर्वक पढ़ने ही से उनका अर्थ समझ में आ जायेगा। अब मैं 'मनोरमा'-संपादकों से उन उद्धृत पंक्तियों के अर्थ पर ध्यान देने का अनुरोध करता हूं।

पहले ही कहा जा चुका है कि कविता 'उन्माद' पर लिखी गई है, जिसे लक्ष्य करके कवि कहता है—"हमें उसमें ['उन्माद' में] कोई ऐसा राग नहीं मिला जिसे हम जीवन-भर गाते, न कोई तीव्र विराग ही मिला जिसे पाकर हम क्षण-भर के लिए यह अपनापन भूलते। वह ['उन्माद'] अपने लिए घोर उत्पीड़न था परंतु लोगों के लिए खिलौना, जैसे हंसते हुए भी ममत्वहीन, निर्दय बालकों के हाथ में पक्षी का जीवन!" 'उन्माद' का भाव और उसका कष्ट सीधे शब्दों में व्यक्त करके कवि ने कमाल किया है। उसी पर आगे चलकर लिखा है—

निरलंकार कवित्व अनर्गल
किसी महाकवि कलित कंठ से
झरता था जैसे अविराम कुसुम दल।

उसे अनर्गल कवित्व कहने पर भी कवि उसे निरलंकार बतलाता है। यही उसकी शोभा है। निराला जी की कविताओं में विषय तो छूटता ही नहीं, फिर उनमें न समझने का दोषारोप क्यों?

हिंदी साहित्य में निराला जी का स्थान कितना ऊंचा है, यह वही समझते हैं जो उनकी कृतियों को ध्यान लगाकर पढ़ते हैं और जो हिंदी तथा दूसरी भाषाओं के धुरंधर विद्वान् समझे जाते हैं। मौलिक विचार आपके भावों में तो हैं ही किंतु छंदों में भी आपकी मौलिक उद्भावना शक्ति का परिचय मिलता है। जिन दो तरह के विषम छंदों का आपने आविष्कार किया है, आपका कहना है कि जब वर्णात्मक, गणात्मक और मात्रात्मक छंदों में एक साधारण नियम, एक कॉमन फैक्टर [Common factor] निकाला जाता है तब वह ऐसा ही विषम छंद बन जाता है। कविता की एक ही साधारण गति है और वह विषय छंद ही है। जब कविता का वेग स्वभावतः अबाध गति से निकलता रहता है तब उसकी गति विषम हो जाती है। गति कभी सरल रेखा की तरह ऋजु नहीं होती, वह नदी या सर्प की गति की तरह वक्र तथा विषम होती है। जीवन की गति भी पाप और पुण्य, धर्म और अधर्म द्वारा नियंत्रित होती है। शास्त्रों में इसके अनेक प्रमाण मिलते हैं। पश्चिम के विद्वान् भी इसके पक्ष में हैं। जब कविता धाराप्रवाह निकलने लगती है उस समय कवि का ध्यान तुक की ओर नहीं रहता, वह भावों का ही अनुसरण करता जाता है। तुकबंदी कविता की नक्काशी है, वह मुक्तकाव्य नहीं। मुक्तकाव्य ही कविता का सच्चा स्वरूप है। निराला जी ने मुक्तकाव्य के दो स्वरूप निकाले हैं, एक पढ़ने के लिए, दूसरा गाने के लिए। 'मतवाला' की अधिकांश कविताएं मुक्त गीति काव्य हैं, 'दिल्ली' और आपकी 'अनामिका' का 'पंचवटी-प्रसंग' मुक्त विषम काव्य में लिखे गये हैं। वे पढ़ने ही के लिए हैं किंतु गाने के लिए नहीं।

'मनोरमा'-संपादक शायद यह नहीं जानते कि बिना किसी कारण के परिवर्तन नहीं होता। आप परिवर्तित रूप को अस्थायी और अनादर योग्य मानते हैं। मैं आपसे पूछता हूं, क्या वैदिक युग में भी यह हिंदी थी? यदि नहीं, तो आपको स्वीकार करना पड़ेगा कि समय ने ही भाषा को यह रूप दिया है। वह रूप चिरस्थायी भले ही न हो, चिरस्थायी तो संसार में कोई भी वस्तु नहीं है, परंतु यह निस्संदेह है कि आवश्यकता जिस रूप की सृष्टि करती है, चिरकाल तक समाज में उसी का प्रभाव रहता है। यदि ऐसा न होता तो उस रूप की सृष्टि भी न होती। संपादक महोदय इस परिवर्तन की जड़ में बंगला और अंग्रेजी का प्रभाव बतलाते हैं और कहते हैं कि परिवर्तनवादी कवि बंगला के उत्कृष्ट कवियों की प्रतिभा से प्रतिभायुक्त, तपस्या से तपस्वी और साधना से साधक बन रहे हैं। आपके ऐसे आक्षेपों पर हमारा यह निवेदन है कि अच्छा होता यदि आप एक भी उदाहरण अपने वाक्य की पुष्टि में रख देते, बंगला की कविता और निराला जी की कविता में साम्य दिखला देते। मैं हिंदी-संसार से अनुरोध करता हूं कि वह निराला जी की मौलिकता में प्रमाण देकर त्रुटि दिखलावे, इससे हिंदी-संसार का

बड़ा लाभ होगा अन्यथा एक मौलिक और युगप्रवर्त्तक कवि पर इस तरह आक्षेप करने से लेखक की ही क्षुद्रता प्रमाणित होगी। निराला जी क्या हैं, क्या नहीं; उनका स्थान ऊंचा है या नीचा, यह समय खुद जाहिर कर देगा। मैंने उन्हें देखा है उनकी कवित्व-शक्ति और उनकी भावुकता के मुझे यथेष्ट प्रमाण मिल चुके हैं, और ऐसे युगप्रवर्त्तक कवि को प्राप्त करके 'मतवाला' अपने को धन्य भी समझता है। हम पहले ही लिख चुके हैं और अब भी लिखते हैं कि 'निराला जी किसी समाज या किसी प्रांत के कवि नहीं, वे राष्ट्रभाषा हिंदी के प्रथम महाकवि हैं। उनकी कविताएं वर्तमान समय की लोकरुचि के अनुकूल नहीं होती, वे भविष्य की परिष्कृत रुचि का आदर्श जनता के सामने रखती हैं। निराला जी की कविताओं में आप कहीं भी उपदेश न पाइयेगा, वे बाह्य प्रकृति और अंतःप्रकृति का चित्र-चित्रण करके ही समाप्त हो जाती हैं।' संपादक महोदयों ने लिखा है—"इन कविताओं से हमारी दशा ठीक उसी आदमी की तरह होती है जिसने एक ऐसे कवि से दरबार का वर्णन करने के लिए निवेदन किया था जो वहां से एक मणि-माला चुरा लाकर इतना प्रसन्न हो रहा था कि उसके मुख से न कोई ठीक शब्द निकलता था और न निकले हुए शब्दों से कोई समझने योग्य वाक्य ही बन सकता था।" ऐसे स्थलों में यदि संपादक महोदय यह लिखते तो उनके भाव का सच्चा चित्र खिंच जाता—

सो मो सन कहि जात न कैसे।
साक-बनिक मनि-गुन-गन जैसे॥

[9.8.1924]

5. निराला जी का पत्र*

श्रद्धेय मुंशी जी,

'मतवाला' के गत किसी अंक में आपने मेरे संबंध में जो कुछ लिखा है उस पर मैं आपसे कुछ निवेदन करना चाहता हूं। आशा है, आप मेरा पत्र 'मतवाला' में प्रकाशित कर देंगे।

मेरे कुछ मित्रों का आग्रह है, अपनी कविता की मौलिकता और अमौलिकता के संबंध में मैं स्वयं कुछ लिखूं, अतएव स्वतंत्र रूप से विशेष कुछ न लिखकर मैं आपके इस पत्र में ही उनके संबंध में कुछ निवेदन करूंगा।

आपके पत्र में मेरी जितनी कविताएं प्रकाशित हो चुकी हैं, उनमें मौलिक कविताओं की संख्या ही अधिक है। उन अधिक संख्यक कविताओं का नामोल्लेख मैं निष्प्रयोजन समझता हूं। अतएव मैं केवल उन्हीं कविताओं का उल्लेख करूंगा जिन्हें मैंने पहले डाक्टर टैगोर की कविताएं पढ़ लेने पर, दो भिन्न रूपों के चित्रण में सादृश्य देखने के अभिप्राय से लिखा था। मेरी 'क्यों हंसती हो, कहां देश है' कविता की 43 लाइनों में सात-आठ लाइनें डॉक्टर टैगोर की हैं। मेरी 'प्रिया से' और 'क्षमा-प्रार्थना' में डॉक्टर टैगोर के ही भाव अधिक हैं। कविवर की 'जीवन देवता' का उद्देश्य दूसरा है, मेरा दूसरा; उनकी कविता में वही भाव दूसरी ओर झुकाये गये हैं, मेरी में दूसरी ओर। मेरी यह कविता उन्हीं के भावों पर लिखी गई है। 'तट पर' में चार-पांच लाइनें महाकवि की हैं। 'ज्येष्ठ' के भाव में उनके 'वैशाख' के कुछ भाव आये हैं। संभव है, और किसी कविता में उनका कोई भाव आ गया हो, परंतु उसके लिए मैं कुछ कह नहीं सकता। इस संबंध में बहुत कुछ लिखने की इच्छा है। परंतु किसी विशेष कारण से आज यहीं तक।

एक बात और। मेरी 'अनामिका' पुस्तिका की 'लज्जिता' कविता को, सुना लखनऊ के कोई साहित्य-सेवी मेरे एक मित्र से रवि बाबू की कविता का अनुवाद या ऐसा ही कुछ बतलाते थे। सौभाग्य से 'केन जामिन ना जेते जागाले ना नाथ वेला हो लो मरी लाजे' मैं भी गाता हूं। मैंने अपने मित्रों को दोनों के पद सुनाये। न जाने क्यों, उन्होंने उसे न अनुवाद माना और न भावापहरण।

---

*यह पत्र निराला जी ने मुंशी नवजादिक लाल जी को लिखा था। पत्र का संबंध उनके लेख से है, इसलिए प्रकाशित किया गया।—संपादक [30.8.1924]

'कवींद्र' में मेरी एक कविता निकली है, मुझे उसका नाम याद नहीं। कोई सज्जन उसमें भी रवी बाबू के काव्य की छाया पाते हैं। कलकत्ते में मेरे एक मित्र से उन्होंने कहा भी था। यह चोरी मेरी समझ में नहीं आई। रवि बाबू की कविता के साथ उसका उद्धरण करने से, संभव है, मेरी समझ में आ जाय।

विनीत

सूर्यकांत

6. निराला बनाम रवींद्र

मुंशी नवजादिक लाल श्रीवास्तव

सितंबर की 'प्रभा' [पूर्ण संख्या 51] में 'भावों की भिड़ंत' शीर्षक एक समालोचना निकली है। लेखक है 'प्रभा'-संपादक पं. बालकृष्ण शर्मा के मित्र कोई भावुक महाशय। 'भावों की भिड़ंत' का विशेष परिचय देने के उद्देश्य से 'प्रभा'-संपादक ने एक अलग नोट भी लिखा है, नाम यही 'निराला बनाम रवींद्र' है। 'भावों की भिड़ंत' में निराला जी की दो कविताओं की समालोचना करके सिद्ध किया गया है कि वे दोनों महाकवि रवींद्रनाथ की 'विजयिनी' और 'निरुद्देश्य यात्रा' के आधार पर लिखी गई हैं और कई जगह महाकवि के शब्द भी ले लिए गये हैं। 30 अगस्त के 'मतवाला' में निराला जी का जो पत्र छपा है, उसमें उन्होंने पहले ही स्वीकार कर लिया है कि उनकी कुछ कविताएं महाकवि टैगौर की कविताएं पढ़ लेने पर लिखी गई हैं। उन कविताओं में 'तट पर' और 'क्यों हंसती हो?—कहां देश है?' इन दोनों कविताओं के नाम आ गये हैं। 'प्रभा' में इन्हीं दोनों की आलोचना निकली है।

मैं आलोचना पर कुछ न लिखता। परंतु 'प्रभा'-संपादक का नोट पढ़कर मुझे कुछ लिखना आवश्यक प्रतीत हुआ। अतः थोड़े ही शब्दों में मैं अपना वक्तव्य निवेदित करता हूं। 'प्रभा'-संपादक मेरे प्रबंध का—जो गत 9 अगस्त के 'मतवाला' में निकला था—कुछ अंश उद्धृत करके लिखते हैं—"श्रीवास्तव जी को चाहिए था कि वे 9 अगस्त के 'मतवाला' में यह न कहते कि अच्छा होता यदि आप एक भी उदाहरण अपने वाक्य की पुष्टि में रख देते, बंगाल की कविता और निराला जी की कविता में साम्य दिखलाई देते।" मुझे विश्वास है, 'प्रभा'-संपादक भाषा-तत्त्व समझते हैं। मुझे बड़ा आश्चर्य हुआ जब मेरी पंक्तियों का दूसरा अर्थ लगाया गया जो कष्टकल्पित है। मेरे इस वाक्य की ध्वनि स्पष्ट है, वह यह कि आपको ['मनोरमा'-संपादकों को] उचित था कि आप जो कुछ कहते हैं उस पर लोगों का विश्वास दिलाने के लिए सप्रमाण लिखते। हिंदी-संसार में जहां मैंने निराला जी की मौलिकता में त्रुटि दिखलाने का अनुरोध किया है, वहां पहले निराला जी का नोट जिसे पत्रकार को दोबारा छापना पड़ा है, छपने के लिए प्रेस में दिया था, परंतु छोटा-सा चुटका न जाने किसके भ्रम से कंपोज होने के पहले ही खो गया।

अब निराला जी की मौलिकता के संबंध में, मैं 'प्रभा'-संपादक से पूछता हूं, आप

मौलिकता का क्या अर्थ बतलाते हैं? आपका सूत्र देखकर, उसी कसौटी में कसने के लिए, मैं आपको निराला जी की 50 से अधिक कविताएं दूंगा जो केवल 'मतवाला' में प्रकाशित हुई हैं और जिन्हें मैं आपके आलोचित भावानुकरण से श्रेष्ठ समझता हूं।

'प्रभा'-संपादक ने, मुझे आवेश में आकर निराला जी को युगांतरकारी आदि लिखने की युक्तिपूर्ण टिप्पणी की है। मेरे विचार से 'प्रभा'-संपादक ने वहां भूल की है। क्योंकि आवेश में वह आता है जिसे अंधभक्त कहते हैं। परंतु जिसका ज्ञान प्रत्यक्ष-अनुभव पर अवस्थित है, वह कभी आवेश में नहीं आता। निराला जी के संबंध में मुझे जितना ज्ञान है उतना 'प्रभा'-संपादक को नहीं हो सकता। उनके लिए तो तभी संभव है जब उनका ज्ञान भी प्रत्यक्ष अनुभव पर अवलंबित हो। 'प्रभा'-संपादक मेरे आवेश में आने के प्रमाण देते हैं, परंतु मेरे 'युगप्रवर्त्तक' शब्द पर असंतुष्ट और क्षुब्ध होकर वे स्वयं आवेश में आ गये हैं। प्रमाण यह है कि पत्र में उन्होंने मुझे लिखा था, परंतु अपने नोट में लिखते हैं—"हमने निराला जी को एक पत्र लिखा...हमारे पत्र के उत्तर में नवजादिकलाल जी ने लिखा..." 'प्रभा'-संपादक का वह पत्र अब भी मेरे पास है। आपके पत्र की भाषा से भी आपके आवेश में आने की बात सूचित हो जाती है। फिर आपने तार दिया। वह भी आवेश का प्रमाण है। तार का विस्तृत उत्तर मैंने पत्र द्वारा सूचित किया था। आप आवेश में नहीं आये तो मुझे पत्र में यह लिखने की क्या जरूरत थी कि हम सप्रमाण सिद्ध कर सकते हैं कि निराला जी के भाव रवींद्रनाथ से लिए गये हैं? आपके इस वाक्य पर मैंने निवेदन किया था, "आप लेख 'मतवाला' में भेज दीजिए, मैं सहर्ष उसे प्रकाशित कर दूंगा।" अपने नोट में जबकि मेरी दूसरी बातों का उल्लेख आपने किया तो आपको उचित था कि इन पंक्तियों का भी उल्लेख कर देते। यदि आप आवेश में नहीं आये तो क्या आप इस लेख को महीने-भर अप्रकाशित नहीं रख सकते थे? सब बातें अच्छी तरह जानकर प्रकाशित करते। मैं आपसे विनयपूर्वक कहूंगा, वास्तव में मेरे आवेश में आने का आपका अनुमान गलत है।

मेरे उस लेख से आप ही नहीं आपके मित्र भी आवेश में आ गये हैं। वे लिखते हैं—"...दूसरी [कविता] है कलकतियां 'मतवाला' के शब्दों में 'हिंदी के युगप्रवर्त्तक कवि' श्री सूर्यकांत जी त्रिपाठी 'निराला' की।" आप अपने मित्र के 'कलकतिया मतवाला' शब्द पर ध्यान दीजिए। मुझे यह शब्द पढ़कर उतना ही दुःख हुआ जितना 'प्रभा' में हमारे किसी सहयोगी ने अपनी समालोचना पढ़कर कहानी के रूप में उसे 'प्रभवतिया' संबोधन किया था और शायद आपके लिए भी किसी अपशब्द का प्रयोग किया था। मुझे दुःख है, आपके साथ रहकर भी आपके

मित्र को शिष्टाचार का ज्ञान नहीं हुआ।

निराला जी की मौलिकता के संबंध में मुझे अनेक प्रमाण मिल चुके हैं। आप 15 साल की उम्र में संस्कृत-कविता करते थे। स्थानाभाव है, फिर कभी उन कविताओं को प्रकाशित करूंगा। मैंने अपनी आंखों देखा है, कई पुस्तकों के प्रणेता—संसार का भ्रमण करने वाले—अंग्रेजी और बंगला के पत्रों के संपादक-बाबू यामिनी मोहन घोष के दूसरे विवाह में, कहने के साथ ही, निराला जी ने बंगला में कविता लिख दी, और बंग-समाज में उसका आशातीत आदर हुआ। तब से यामिनी बाबू-जैसे बंगभाषा के आचार्य जब कोई कविता लिखते हैं तो निराला जी को अवश्य दिखाते हैं। मैंने देखा है, निराला जी ने किसी मित्र के विवाह में हिंदी और बंगला दोनों भाषाओं में कविताएं लिखीं, हिंदी की कविता लोगों की रुचि का विचार करके लिखी गई थी, इसलिए उसके भाव बंगला की कविता तक पहुंच नहीं सके। पढ़कर कई बंगाली सज्जनों ने आपसे बंगला लिखने का अनुरोध किया। इस पर आपने अपनी दोनों कविताएं पूज्यपाद विद्यावयोवृद्ध श्रीमान पं. महावीर प्रसाद जी द्विवेदी की सेवा में भेजकर बंगला में कुछ लिखने की आज्ञा-प्रार्थना की। मुझे विश्वास है, कमर्शल प्रेस के पास रहने के कारण 'प्रभा'-संपादक को मालूम होगा, निराला जी द्विवेदी जी महाराज के पवित्र स्नेह के पात्र हैं। अस्तु, द्विवेदी जी महाराज ने हिंदी में ही लिखते रहते की आज्ञा दी यद्यपि आपने उनकी बंगला कविता को ही हिंदी की अपेक्षा अच्छी बतलाया। मैंने देखा है, अंग्रेजी पर भी निराला जी का उतना ही अधिकार है जितना अवगत अन्य भाषाओं पर। अतएव मैंने उनके संबंध में जो कुछ लिखा है, वह आवेश में आकर नहीं लिखा, उसकी जड़ प्रत्यक्ष ज्ञान है।

निराला जी के रवींद्र बाबू की कविताओं का अनुरूप खींचने का उद्देश्य भी मुझे मालूम है। आप हिंदी और बंगला में सादृश्य देखना चाहते हैं। बंगालियों के सामने जिस आदर्श के रखने से उनके लिए हिंदी की शिक्षा सुगम होगी—हिंदी पढ़ने में उत्साह बढ़ेगा, उसकी चेष्टा करते हैं, परंतु इससे कोई यह न समझे कि वे हिंदी को बंगला बनाना चाहते हैं या बंगला उनका आदर्श है। निराला जी की हिंदी की प्रशंसा द्विवेदी जी महाराज जैसे स्पष्टवक्ता भी कर चुके हैं। बंगाली हिंदी से कितनी नफरत रखते हैं और हिंदी सीखना बंगालियों के लिए कितना कठिन है इस पर मैं स्वयं कुछ नहीं लिखता, बंगाली होकर भी हिंदी की सेवा में अपना जीवन अर्पित करने वाले श्रीयुत् बाबू अमृतलाल चक्रवर्ती के शब्द उद्धृत करता हूं—"मैं बंगाली हूं, इतने वर्ष हिंदी की सेवा करने पर भी मैं हिंदी बोलने में चूक जाया करता हूं, इस हालत में बंगालियों के लिए हिंदी सीखना कठिन काम है, इसका आप अनुमान कर सकते हैं।"

निराला जी इस बंधन को दूर करना चाहते हैं। उन्हें विश्वास है, वे सफल होंगे। अपने अनुमान की पुष्टि को हिंदी के रूप में देखने के लिए ही उन्होंने रवि बाबू की कविताओं के कुछ प्रतिरूप खींचे थे। उनकी मौलिकता सिद्ध करने के लिए बादल-राग, हमारी बहू, भारत की विधवा, जूही की कली, शरत् पूर्णिमा की विदाई में, संध्या-सुंदरी, वन-कुसुमों की शय्या, प्रलाप, धारा, उस पार, उसकी स्मृति में, कहां तक लिखूं—पचासों कविताएं हैं।

मैं दूसरे महाकवियों पर भी बहुत कुछ लिखता, परंतु अब समयाभाव है। अस्तु, यदि कहीं 'प्रभा'-संपादक के प्रति मुझसे कोई अनुचित प्रयोग हो गया हो तो मुझे विश्वास है, वे मुझे क्षमा करेंगे।

[13.9.1924]

7. व्यंग्य-चित्र

'मतवाला' में छपने वाले व्यंग्य-चित्रों का अध्ययन भी एक रोचक अनुभव है। इसी उद्देश्य से मैंने रचना-विवरणी में भरसक जरूरी संकेत देने की कोशिश की है। व्यंग्य-चित्रों का चयन एक हद तक अव्यावहारिक था और पत्रिका से स्वतंत्र निकालकर उनको देखने पर अपेक्षित प्रभाव भी नहीं बन सकता। मैंने 'मतवाला की होली' में कई दिलचस्प व्यंग्य-चित्रों को संकलित करने की कोशिश की है। 'उदार आश्वासन!' एक बहुअर्थी मार करने वाला अत्यंत व्यंजक व्यंग्य-चित्र है जिसे देखकर हम तत्कालीन समय के ताप को महसूस कर सकते हैं। यह व्यंग्य-चित्र 20 अक्टूबर 1923 के अंक में छपा था।

–संपादक

भारतमाता – देवी! अपने इन उपनिवेशों, विषधर भुजङ्गों और रक्त-लोलुप जोंको से मेरी रक्षा करो।

बरतानिया – ठहरो, ये उपचार तुम्हारे उपकारार्थ हैं। भयभीत न हो।

मधुचक्र

संकलित : मधुकर

जब 'मतवाला' से निराला जी और शिव जी अलग हो गये तो उसका तेवर मद्धिम पड़ने लगा और प्रति सप्ताह रचनाओं की किल्लत होने लगी। संभवतः इसी क्षतिपूर्ति में विकल्प की तलाश हुई और 'मधुचक्र' स्तंभ सामने आया। इसमें हिंदी, गैर-हिंदी पत्रों या पुस्तकों से इच्छित सामग्री का सार-संग्रह किया जाने लगा। इसमें अधिकांश सामग्री पाठकों को गंभीर राजनीतिक आशय तक ले जाती है। तत्कालीन भारतीय स्वाधीनता का आंदोलन बहुमुखी और विविधपक्षीय था। उन्हीं में से कुछ चयनित सामग्री है, जो गंभीर और ज्वलंत प्रश्नों के मुहानों तक पाठकों को ले जाती हैं। साथ ही पाठकों के भीतर राजनीतिक आशय का उद्रेक करती हुई पत्रकारिता के समवेत परिवर्तन-स्वर को भी सामने रखती है। 'मधुचक्र'-'मतवाला' का एक दिलचस्प स्तंभ बन जाता है क्योंकि इसके द्वारा हम समकालीन राजनीति का ताप तत्कालीन पत्रों के माध्यम से महसूस करते हैं।

'मधुचक्र' में विचित्र और विविध सामग्री का चयन होता था जो विभिन्न स्रोतों से इकट्ठी की जाती थी। इसके संयोजक का छद्म नाम 'मधुकर' था। छायावादी नामों की छाप 'मतवाला' में अक्सर देखने को मिल जाती है। इसी तरह का एक और स्तंभ था—'भानुमती की पिटारी!' इसके प्रस्तुतकर्त्ता का नाम था—मुअल्लिक मदारीलाल साहब! इसके अंतर्गत कुछ सामग्री 'विचित्र किंतु सत्य' जैसी होती थी। मैंने चयन में तथ्य और विचारपूर्ण सामग्री को ही प्राथमिकता दी है। इस तरह 'भानुमती की पिटारी' में काफी कम सामग्री चयन करने को मिली। लेकिन जो भी प्रासंगिक या उपयोगी सामग्री लगी, उसे मैंने इसी के अंतर्गत शामिल कर लिया।

संकलित सामग्री अपने समय की जरूरी सच्चाइयों को सामने लाती है—इतना कहना ही पर्याप्त न होगा, बल्कि यह अपने मूल आशय में पत्रकारिता के ऊंचे आदर्श और उनकी नीयत को भी बिंबित करती है। हिंदी की साहित्यिक पत्रकारिता अपने समय में जिस दक्षता से हस्तक्षेप करती है—उसके कई प्रमाण यहां मौजूद हैं। इसका एक कारण यह है कि 'मधुचक्र' में 'मतवाला' ने तत्कालीन पत्रिकाओं के ताप संचय का सूझभरा कार्य किया है इससे उस समय के बहुविध सोच और

सक्रियता पर रोशनी पड़ती है।

इस स्तंभ की शुरुआत संभवतः 21 मार्च 1925 के ही अंक से होती है। यह सिलसिला आगे काफी अंकों तक चला। लेकिन जब 'मतवाला' की धार थोड़ी कुंद हुई, वह पूर्व आदर्शों से थोड़ा विचलित हुआ, उसका टेंपो शिथिल पड़ा तो 'मधुचक्र' में ज्यादा सामग्री भरी जाने लगी। कभी-कभी कोई सामग्री पाठक भी मुहैया करा देता था। इसमें कभी कोई समाचार, उद्धरण, कथन, घटना, खबर या रपट तक शामिल कर ली जाती थी। इस तरह हम पायेंगे कि 'मधुचक्र' 'मतवाला' का एक अनूठा स्तंभ है जिसमें अनेक महत्त्वपूर्ण सूचनाएं शामिल हैं। इसमें संकलित सामग्री में अगर हम सांप्रदायिकता के आसंग वाली सामग्री को देखें तो वह कई दृष्टियों से आज महत्त्वपूर्ण और विचारणीय लगेगी।

जो लोग भारतीय स्वाधीनता आंदोलन और हिंदी के स्वाधीनता आंदोलन की मुख्य पत्रकारिता पर हिंदुत्व की गहरी छाप देखते हैं उन्हें गंभीरता से अपने सोच पर पुनर्विचार करना चाहिए। इसमें एक वर्ग तो उन लोगों का है जो आजाद भारत में अंग्रेजियत की ज़ारज संतानें हैं। इनमें मूढ़ अहम् और कुटिल शातिरपना कूट-कूट कर भरा होता है। उन्हें कोई ईमानदार अंग्रेज लेखक ही समझा सकता है। लेकिन जो लोग किसी भ्रम में उनके सोच की परिधि में आ गये हैं उन्हें 'मतवाला' की सांप्रदायिकता संबंधी सामग्री का गंभीरता से मनन करना चाहिए। मेरा ख्याल है वे इस तरह ज्यादा स्वस्थ और निर्दोष यथार्थ के समीप पहुंच जायेंगे। दरअसल बुद्धि के वणिक, भाव और आस्था के निर्दोषपन को समझ ही नहीं सकते।

इस स्तंभ में प्रकाशित सामग्री का क्रमिक आकलन करें तो पायेंगे कि तत्कालीन राजनीति और आने वाली भारतीय राजनीति का धुंधला ही सही—लेकिन आगामी समय का एक अनुमान तो संभव होता ही है। राष्ट्रभाषा देशभक्ति का पर्याय है। तत्कालीन राजनीति के अवसरवाद के प्रति तीखी प्रतिक्रिया है। यूरोपियनों पर व्यंग्यात्मक टिप्पणियां हैं। रूस और चीन तथा अन्य आजादीकामी मुल्कों की जनप्रिय परिवर्तनशील कोशिशों का प्रेरणाप्रद आमंत्रण है। गणेशशंकर विद्यार्थी की 'झांसी की रानी' के स्मारक के लिए एक राष्ट्रीय अपील ध्यातव्य है। यहां अंग्रेजों की दी गई यातनाओं और दमन को सप्रमाण तथ्यात्मक तरीके से रखने की कोशिश की है। आर्यसमाज तथा अन्य ऐसी संस्थाओं के रचनात्मक, क्रियाशील और सार्थक कार्यों का विवरण है। जब्त रचनाओं पर डंके की चोट वाली भाषा में अंग्रेजी शासन का उपहास है। बार-बार भारतीय गौरव, गरिमा को पददलित करने वाले अंग्रेजों को प्रतिउत्तर उन्हीं की विरादरी से दिलाने वाली विस्तृत सामग्री यहां संकलित हो गई है। मजदूरों और किसानों की दशा और उनके प्रति ब्रिटिश शासन के सलूक को सामने लाने वाली कुछ दस्तावेजी सामग्री भी संकलित है। अंग्रेजी शासन के बहुविध शोषण का खुलासा करने वाली विविध सामग्री आंकड़ों की शक्ल तक में

आकर अपनी प्रामाणिकता को तथ्यपरक ढंग से सिद्ध करती है। गांधी जी से भगवान दास का साक्षात्कार भी उपयोगी सामग्री है, यो कि प्रश्न बहुत अच्छे नहीं हैं। चीन में साक्षरता की रपट में भारतीय जनता की निरक्षरता का मार्मिक अहसास है। इस समस्या के लिए जो आशंका की गई है वह आज कितनी सच है! इसे हम आज के साक्षरता कार्यों में लगे लोगों से पूछकर जान सकते हैं। भारतीय क्रांतिकारियों से जुड़ा काकोरी-कांड और जालियांवाला बाग हत्याकांड पर जो दस्तावेजी सामग्री है उसे पढ़कर हम आज भी उस ऐतिहासिक रोमांच की सिहरन महसूस करते हैं। रियासतों से जुड़ी सामग्री तत्कालीन राजतंत्र के सामंतवाद के प्रति ब्रिटिश साम्राज्यवाद के रिश्ते को नंगा करती है। सोच से अंग्रेजियत की औलाद बने बुद्धिजीवी यह कहते नहीं थकते कि अंग्रेजी शासन भारतीय सामंतवाद की रीढ़ तोड़कर प्रगतिशीलता कायम कर रहा था। ऐसे बेलगाम विचारकों को 'मतवाला' में प्रकाशित राजतंत्र-संबंधी सामग्री ध्यान से पढ़नी चाहिए और कोशिश करनी चाहिए कि वे ब्रिटिश साम्राज्यवाद और भारतीय राजतंत्र की सामंतशाही के आत्मीय रिश्तों को परखें।

सबसे महत्त्वपूर्ण सामग्री सांप्रदायिकता पर है। जो लोग हिंदी नवजागरण पर कट्टर हिंदूवादी होने का आरोप लगाते नहीं थकते, उन्हें इसमें शामिल सामग्री गौर से पढ़नी चाहिए। धर्मनिरपेक्षता का ऐसा आदर्श उनके तमाम आरोपों को झुठलाने के लिए काफी है। दरअसल यूरोपीय रेनांसा की तरह हमारे यहां धार्मिकता और सांप्रदायिकता में फर्क करने का विवेक ही विकसित नहीं किया गया। आप पायेंगे किस तरह दोनों संप्रदायों की कट्टर मानसिकता की पहचान की गई है और उसे स्वाधीनता के लिए केंद्रीय अवरोध बताया गया है। यह दुर्भाग्य है कि हमारे बुद्धिजीवी अपने अहम् की प्रतिष्ठा में हर हालत में हठ बनाये रखते हैं।

–संपादक

1. पंच-परमेश्वर

21 मार्च 1925

1. भविष्यवाणी : संसार का इतिहास देखने पर पता चलता है कि प्रथम पुरोहित संप्रदाय ने दुनिया के ऊपर शासन किया। पुरोहितों के मुख से निकली हुई बात ही उस समय कानून हो जाती थी। जो उनकी इच्छा होती थी, वही वे करते थे। इसको हम जगत् का ब्राह्मण युग कहते हैं। उसके बाद क्षत्रियों ने संसार पर राज्य किया। इस समय जिसके पास बाहुबल होता था, वही गण्यमान्य गिना जाता था। फिर वैश्वयुग आया, तो अब केवल विद्या-बुद्धि और बाहुबल होने से ही दुनिया सम्मान करने के लिए राजी नहीं है। जब तक रुपयों का बल न हो, तब तक समाज में किसी व्यक्ति का सम्मान नहीं होगा। वैश्य युग में रुपया ही प्रधान है। इसके बाद अब कौन युग आवेगा? भगवान् का विधान और प्रकृति का नियम ही प्रबल है। इस विधान के अनुसार भविष्य में शूद्र लोग दुनिया का शासन करेंगे। इसके लक्षण रूस में दिखाई देने लगे हैं। दुनिया में आजकल शूद्र संप्रदाय [लेबर] मस्तक ऊंचा कर रहा है। अब उन लोगों का समय आ गया है। ब्राह्मण, क्षत्रिय और वैश्य युग में दुनिया के लोग सुखी नहीं हुए। पृथ्वी पर शांति स्थापित नहीं हुई। शूद्र युग में भी दुनिया में सुख और शांति का विस्तार नहीं होगा। इसके बाद एक 'न्यू पीरियड' प्रारंभ होगा उस समय दुनिया में सुख-शांति का साम्राज्य होगा।

—जापान-प्रवासी श्री रासबिहारी बोस

2. मातृभाषा और मातृभूमि : देशभक्ति और एकता के लिए एक मातृभाषा में साहित्य पढ़ना और राष्ट्रीय सभा करना आवश्यक है। मातृभाषा ही जातीयता का एकमात्र चिह्न है। जिन लोगों की एक मातृभाषा और एक साहित्य है उन्हीं को एक जाति [नेशन] कहते हैं। उनकी मातृभूमि को 'देश' कहते हैं। जहां तक मातृभाषा बोली जाती है वहां तक ही मातृभाषा या भूमि है। उसके पूरे प्रवास हैं। हम हिंदी भाषा-भाषी हिंदू 8 करोड़ हैं, परंतु टूटी हुई माला के मोतियों की भांति अलग-अलग छितर-बितर पड़े हुए हैं। आओ अब इन भाइयों को एक राष्ट्रीय लड़ी में पिरोएं। और उस माला का सूत्र क्या है जिसमें यह पिरोए जायेंगे? यह हमारी प्यारी मीठी प्राचीन तुलसी-भाषा हिंदी भाषा है जो इन बिछड़े हुए भाइयों को फिर मिलायेंगे विविध भाषाएं बोलकर अथवा विदेशी भाषा बोलकर एक बड़ी सार्वजनिक भारतीय 'कांग्रेस' करना

मूर्खता है। यह केवल गड़बड़ है। इससे प्राकृति एवं गहरी देशभक्ति कभी उत्पन्न नहीं होगी। प्रत्येक व्यक्ति अपनी मातृभाषा और मातृभूमि से प्रेम रखे।

–स्वीडन-प्रवासी लाला हरदयाल

3. स्वराज्य दल दलदल में : शुद्ध अडंगे की नीति पर जिस दल की सृष्टि हुई, जिसको जन्मघुट्टी में अड़ंगे और अभ्यंतर असहयोग की वटिका दी गई, वही दल आज अपनी पुरानी नीति को परित्यक्त करता-सा दिखाई देता है। ठीक तो है। जन्मघुट्टी की उपयोगिता तभी तक रहती है, जब तक पांव नहीं आ जाते। अब तो वह ढाई बरस का नटखट लड़का हो गया है। अब उसे पुरानी बातों से क्या ताल्लुक? हमारा यह विश्वास है कि जब तक देश तैयार न होगा तब तक काउंसिल के अंदर की सारी-की-सारी चिल्लाहट व्यर्थ होगी। इस विश्वास के पीछे ऐतिहासिक अनुभव सन्निहित है। सरकार ने स्वराज्य दल की तमाम चिल्लाहट के बाद भी देश की छाती पर चने दले। उसने वही किया जो उसे करना था। स्वराज्य दल के कारण सरकारी नीति में रंचमात्र भी परिवर्तन नहीं हुआ। सरकार ने कहा–'बंगाल में काले कानून का दौर-दौरा शुरू हो।' स्वराज्य-दल चिल्लाया, 'नहीं'। एक की आवाज के पीछे ताकत थी दूसरे की आवाज के पीछे खोखलापन और नपुंसकता। शक्ति-संपन्न आवाज की प्रतिध्वनि अनेक शक्ति-केंद्रों से प्रतिध्वनित हुई। काले कानून का दौर-दौरा शुरू हो गया। स्वराज्य-पार्टी ने कहा–'हम बजट ठुकराते हैं।' राज्य की ताकत कड़क उठी–'चुप रहो! रुपया हमारे हाथ में है, यह हमारी मर्जी के मुताबिक खर्च होगा।' वही हुआ। स्वराज्य-दल बोल उठा–'राउंड टेबल कानफरेंस करो–क्योंकि हम प्रस्ताव पास कर सकते हैं।' ताकत बोली–'हम सुधारों की सिर्फ जांच कमेटी बनावेंगे–क्योंकि हम शक्ति हैं।' वही हुआ। यदि व्यवस्थापिका सभाओं के सब सदस्य भी स्वराज्य-दल के होते तो वे उस शक्ति को कैसे झुकाते जो मदमस्त है? यदि हम काउंसिल के सब सदस्यों के बहुमत के भरोसे अपनी शक्ति का ढोंग रच लें, तब भी क्या देश स्वराज्य के नजदीक पहुंचने में समर्थ हो सकेगा। सरकार बेवकूफ नहीं है। वह हमारी शक्ति को समझती है। जिस समय हम किसी लायक थे, उस समय सरकार बिना बड़ी व्यवस्थापिका-सभा में प्रस्ताव हुए और काउंसिल में हमारे बहुमत के न रहते हए भी, हमारे साथ गोलमेजों पर मंत्रणा करने को तैयार थी। कहने का सारांश यह है कि जब तक हम संगठित शक्ति प्रदर्शित नहीं कर सकते तब तक सरकार नहीं झुकती। काउंसिलों का मार्ग देश के गांवों के संगठन का मार्ग नहीं है। इन दो वर्षों के अनुभव ने यह बात सिद्ध कर दी है। **–'प्रभा'**

4. यूरोपियनों की उदारता : यूरोप के अधीश्वर दूसरों की रक्षा करने के लिए सदा

तत्पर रहते हैं। वे इतने दयाक्त हैं कि किसी अन्य देश के ऊपर किया गया अत्याचार नहीं सह सकते। जहां किसी ने सिर उठाया कि वे दौड़ पड़े। टर्की ने कुछ जातियों को सताया। बस, उसकी खबर ले ली गई। जर्मनी ने फ्रांस पर चढ़ाई की और बेलजियम पर अत्याचार किया। बस, उसका गर्व खंडित कर दिया गया। उसकी सामरिक शक्ति खाक में मिला दी गई। लो, अब करो दूसरों पर अत्याचार, टपकाओ अब औरों की धन-दौलत देखकर लार। यूरोप के इन परोपकार-रत देशों की दया का यह हाल है कि ये परदुःख कातरता की प्रेरणा से अफ्रीका, अमरीका और एशिया में फैले हुए हैं। इनकी यह आंतरिक इच्छा है कि असभ्य देश ही नहीं, टापू तक सभ्य हो जायें। इन्होंने यह घोषणा कर दी है और इस घोषणा की याद भी वे समय-समय पर दिलाया करते हैं कि तुम लोग राज करना सीख लो, जहां तुम्हें राज करने की तमीज आ गई तहां हम तुम्हारा घर-द्वार तुम्हीं को सौंपकर अपने देश चले जायेंगे। हमें क्या करना है। हमें कमी किस बात की है। दया परवशता ही के कारण हम तो कुछ समय के लिए तुम्हारे यहां आकर टिक गये हैं। ऐसा करने के लिए हमें ईश्वरादेश हुआ है। समय के पहले ही हमें यहां से चले जाने की हठ न कर बैठना। ऐसा करोगे तो बड़ी भूल करोगे। पास-पड़ोस के बलवान देश तुम्हें निगल जायेंगे। फिर कुछ भी करते-धरते न बनेगा। तुम्हारी रक्षा का जो भार हम पर परमेश्वर ने रक्खा है उसे उठाने की योग्यता अभी केवल हममें है। —**'सरस्वती'**

10 अक्टूबर 1925

5. रूस में ग्राम-संगठन : काबुल के हबीबिया कॉलेज में एक बंगाली प्रोफेसर हैं। उन्होंने पैदल ही सारे यूरोप की यात्रा की है। खैबरघाटी और हिंदुकुश पर्वत को घोड़े पर सवार होकर पार किया। तीन वर्ष में उनकी पूरी यात्रा समाप्त हुई। वे केवल बड़े-बड़े नगरों में ही न घूमे, बल्कि देहातों की भी खबर ली। और केवल घूमे ही नहीं, सामाजिक और आर्थिक अवस्था की भी जांच की। वे 1923-24 साल में रूस में थे, जबकि वहां भीषण क्रांति का युग उपस्थित था। खैर, उन्हीं ने अंग्रेजी में एक लेख लिखकर रूस की सोवियत सरकार द्वारा किये गये 'ग्राम संगठन' पर प्रकाश डाला है। यहां हम उनके लेख की दो-चार महत्त्वपूर्ण बातें संक्षेप में लिखते हैं—

"क्रांति-युग से पूर्व रूसी किसानों की दशा ठीक भारतीय किसानों की-सी थी। कई अंशों में उनसे भी गई-बीती थी। बहुत-सी जमीन बरसों परती पड़ी रहती थी। उपजाऊ खेतों को बड़े-बड़े जमींदारों ने हथिया लिया था। प्राचीन रूस में भारतीय पंचायतों के ढंग की ग्राम-समितियों द्वारा खेतों का बंदोबस्त होता था। उस समय किसान बड़ी मौज में थे। रूसी ग्राम समितियां 'मीर' कहलाती थीं। समय के प्रवाह

के अनुसार पूंजीपतियों ने मीरों को तहस-नहस करके अपना सिक्का जमा लिया। किसान ऋणग्रस्त हो गये। सूद चुकाते-चुकाते मर गये, पर मूल न चुका। अपनी पैदावार सस्ती दर में बेच देते थे और महंगा दाम देकर अपनी आवश्यकताएं पूरी करते थे। पूंजीपतियों ने उनका रक्त चूस लिया। बेचारे अज्ञानवश मारे गये। रूस में प्राच्य और पाश्चात्य का सम्मिश्रण है। इसलिए वहां के किसान भी बड़े सीधे-साधे भोंदू थे। किंतु समय के वेगवान प्रवाह ने तख्ता उलट दिया। शासन की बागडोर बोलशेविकों के हाथ में आ गई। पूंजीपतियों का दम उखड़ गया। बोलशेविकों ने सबसे पहले ग्रामवासियों की खबर ली। उन्हें जोतने के लिए अच्छे-अच्छे खेत दिये। भू-संपत्ति को राष्ट्रीय धन घोषित कर दिया। किसानों के दिन फिरे। वे सोवियट-ग्राम-पंचाचत की देख-रेख में अपनी-अपनी शक्ति-भर खेत लेकर जोतने लगे। लेनदार महाजनों का अत्याचार भी बंद हो गया। गांव-गांव में सहयोग-समितियां स्थापित हो गईं। समितियों द्वारा बैंक खोले गये। देहाती बैंकों ने किसानों को हर तरह की सुविधाएं और रियायतें दीं। कड़े दर का सूद किसानों के लिए स्वप्न हो गया। एक भयंकर प्रपीड़न से वे छुटकारा पा गये।

बोलशेविकों ने इतना ही नहीं किया, रूस की पुरानी राजधानी मास्को में एक कृषि-कॉलेज भी खोला। ग्राम-पंचायतें चुन-चुनकर चतुर किसानों को उस कॉलेज में भेजती हैं। वहां तीन साल तक व्यावहारिक शिक्षा दी जाती है। ग्राम-पंचायतों द्वारा केंद्र स्थानों में कृषि-भवन स्थापित किये गये हैं। उन्हीं भवनों में कॉलेज से निकले हुए शिक्षित किसान भेजे जाते हैं। वे वहां रहकर आसपास के देहातों में निरंतर घूमते और व्याख्यानों तथा प्रकाश-चित्रों द्वारा किसानों को कृषि-कला के रहस्य समझाते हैं। खेत की मिट्टी की परीक्षा, बीजों की परीक्षा, कृषि-नाशक कीट-पतंगों की पहचान और उनके निवारण के उपाय, पशु-रक्षा और कृषि के लिए पशु-पालन का महत्त्व देहात की बस्तियों की सफाई, खादों का उपयोग, फसल की पैदावार बढ़ाने के उपाय तथा अन्यान्य अनेक लाभदायिनी बातें बताते हैं। केवल बताते ही नहीं, प्रमाणों द्वारा सिद्ध कर दिखाते हैं। अलावा इसके, कृषि-भवनों द्वारा प्रति वर्ष, कृषि-प्रदर्शनी भी हुआ करती है। उसमें किसानों को विशेष लाभ पहुंचाने का उद्योग किया जाता है।

जगत् प्रसिद्ध रूसी नेता म. लेनिन ने सन् 1921 में रूसी किसानों की आर्थिक परिस्थिति सुधारने के लिए एक समिति संयोजित की थी। उसी ने किसानों की आंखें खोलीं। पूंजीपतियों के स्वार्थचक्र में पिसे हुए किसान जग पड़े। धड़ाधड़ 41,000 कृषि सहयोग समितियां स्थापित हो गईं। उनमें तीन करोड़ सदस्य भी हो गये। फिर तो उन्नति का प्रवाह अनर्गल उमड़ चला। कृषि के साथ-साथ गृह-शिल्प की भी

खासी उन्नति हुई। रूस शीत-प्रधान देश है। लगभग छह महीने तक सारा देश बर्फ से ढंका रहता है। सिर्फ छह ही महीने तक किसानी होती है। शेष छह मास किसान चुपचाप बैठे रहते हैं। अब ऐसा नहीं होता। अब हर साल बैठे-बैठे किसान को छह महीने तक शिल्प-कौशल सिखलाया जाता है। बढ़ई, लुहार, दर्जी और जुलाहे के काम सिखलाये जाते हैं। इसलिए कि देहातियों की अपनी आवश्यकताओं की पूर्ति के लिए शहरों का मुंह न जोहना पड़े। खेती से उपजने वाले कच्चे माल का उपयोग करके किस प्रकार देश को स्वावलंबी बनाया जा सकता है, इसकी शिक्षा भी भली-भांति दी जा रही है—बहुत कुछ तो दी जा चुकी है, जिससे किसान प्रचुर लाभ उठा रहे हैं। इसी उद्योग-धंधों की शिक्षा के लिए धड़ल्ले से गृह-शिल्प-समितियां खुलती जाती हैं। 11,000 समितियां जो पहले ही खुल चुकी हैं, जिनके सदस्यों की संख्या 4,00,000 है। लेनिनगार्ड नामक नगर में ऐसी प्रयोगशालाएं भी खोली गई हैं, जो खेतों को वर्षा की कमी, जल की बाढ़, पाला, पत्थर, तूफान, कीड़े और टिड्डी दल से बचाने के तरीके सोच निकालेगी।

रूसी ग्राम-संगठन का उद्देश्य केवल किसानों की आर्थिक अवस्था सुधारना ही नहीं है, बल्कि उनकी शारीरिक तथा मानसिक उन्नति भी अभीष्ट है। इसलिए शारीरिक व्यायाम के विचार से उन पुराने स्वास्थ्यवर्धक रूसी खेलों को पुनरुजीवित किया गया है, जो प्रायः मृतप्राय हो गये थे। अनेक प्रकार के व्यायाम और खेल वहां की देहातों में नियमित हुआ करते हैं। प्रारंभिक शिक्षा के लिए लड़के-लड़कियों के स्कूल खुलते जा रहे हैं। बालकों के लिए रात्रि-पाठशालाएं भी खुल रही हैं। निःशुल्क वाचनालयों और पुस्तकालयों की संख्या दिनोंदिन बढ़ रही है। सभी तरह की पत्र-पत्रिकाएं किसानों को पढ़ने के लिए मिल जाती हैं। इस प्रकार वे संसार की प्रगति से परिचित रहते हैं। जगह-जगह ऐसी टोलियां भी बनी हैं, जहां आमोद-प्रमोद के लिए, फुरसत के वक्त किसान लोग गाते-बजाते और नाच-तमाशे करते हैं। ऐसे स्थानों में उन्हें स्वास्थ्य रक्षा, शिशु पालन और कृषि-कौशल आदि विषयों पर विशेषज्ञ विद्वानों के व्याख्यान भी सुनने को मिलते हैं।

किसानों की इस उन्नति का यह परिणाम हुआ है कि गत पांच वर्षों से गेहूं की उपज में रूस सारे संसार से बाजी मार ले जा रहा है। इस पैदावार में रूस के बाद अमरीका के संयुक्त राज्य का ही दर्जा है। जौ और जई की पैदावार में तो रूस भूमंडल पर अपना सानी नहीं रखता। बल्कि तीसी की उपज में भी वह सबसे नंबर मार ले गया है। सन् 1920-21 में 10 करोड़ रूबल का माल रूस ने विदेशों को भेजा था। पर सन् 1924-25 में उसने 600 करोड़ रूबल का माल बाहर भेजा है।

तेल का व्यापार वहां जोर पकड़ता जा रहा है। यह तेलहन की काफी उपज का

परिणाम है। साथ ही, तेल की खानें भी रूसी प्रजा की श्रीवृद्धि कर रही हैं। इस समय संसार में वही शक्ति सर्वश्रेष्ठ मानी जाती है, जिसके हाथ में अच्छे-से-अच्छे कोयले की बड़ी-बड़ी खानें हैं। किंतु वह समय बहुत दूर नहीं—शीघ्रता से समीप आ रहा है—जब संसार में वही शक्ति सर्वोपरि मानी जायेगी, जिसके पास तेल का अघट खजाना होगा। भावी विश्व-महाभारत केवल तेल की शक्ति पर ही चलेगा। हवाई जहाजों और जंगी बेड़ों को तेल की सहारा देगा। 1921 में रूस की सोवियत सरकार के हाथ में तेल का व्यापार आया। अक्टूबर 1920 में 1,81,670 टन तेल तैयार हुआ था। किंतु 1924 में कुल 43,20,000 टन तेल तैयार हुआ।

क्या रूसी किसानों की यह आर्थिक, सामाजिक, शारीरिक, मानसिक तथा व्यापारिक उन्नति संतोषजनक और आश्चर्यजनक नहीं है?

5 दिसंबर 1925

6. झांसी की रानी लक्ष्मीबाई का स्मारक : रविवार 1 नवंबर को झांसी के सार्वजनिक पुस्तकालय में झांसी के कुछ नागरिक जमा हुए। उन्होंने एक कमेटी बनाई। इस कमेटी का काम होगा झांसी की प्रसिद्ध रानी लक्ष्मीबाई का स्मारक स्थापित करना। रानी लक्ष्मीबाई का यश केवल बुंदेलखंड ही में छाया हुआ नहीं है। देश-भर में उनकी वैसी ही ख्याति है। सभी समुदायों के लोग उनकी दृढ़ता और वीरता के कायल हैं। भारतवर्ष के गिरते हुए दिनों में, रानी लक्ष्मीबाई भारतीय स्त्रीत्व की अंतिम अत्यंत उज्ज्वल आभा के समान थीं। इस देश ही में क्या, स्वाधीनता और साहस का जहां कहीं भी आदर हो, वहां झांसी की रानी के गुण-गान के सामने गुणी और पारखी जनों के मस्तक आदर से झुक-झुक पड़ेंगे। झांसी के लोगों ने आज इतने दिनों बाद, इसी वीर देवी के स्मारक की स्थापना के लिए जो पवित्र संकल्प किया, उसके लिए वे देश के प्रत्येक उठते हुए हृदय की ओर से बधाई के पात्र हैं। झांसी म्युनिसिपल बोर्ड के त्यागी चेयरमैन पं. आत्माराम खेर और राष्ट्रीय दल के अन्य मेंबरों का उद्योग सराहनीय है। वे इस स्मारक को बना हुआ शीघ्र ही देखना चाहते हैं। उनके उद्योग से झांसी के म्युनिसिपल बोर्ड ने इस शुभ काल के लिए 5,000 रुपया देने का निश्चय किया है। यह रकम बहुत छोटी है। काम कितना बड़ा होगा, इसका अभी तक ठीक-ठीक अंदाजा नहीं किया गया है। अनुमान किया जाता है कि एक अच्छे बाग में, रानी की वीर वेष में घोड़े पर सवार अच्छी मूर्ति होगी। बाग रमणीय हो। उसमें सार्वजनिक पुस्तकालय हो, बच्चों के खेलने-कूदने के लिए स्थान हो और नागरिकों के टहलने-फिरने के लिए घास के लंबे-चौड़े फर्श हों। हर साल वहां मेला लगे। देश के कोने-कोने से लोग इस अवसर पर, इस पवित्र स्थान पर इकट्ठा हों। संक्षेप में, कुछ ऐसी

चीज बने कि बुंदेलखंड वाले उससे नित्य लाभ उठावें और देश-भर के लोग उसे राष्ट्रीय तीर्थ समझकर उससे जीवन और साहस का संदेश प्राप्त करें। काम छोटा नहीं है किंतु, बहुत बड़ा भी नहीं। यदि, अकेले बुंदेलखंड निवासी चाहें तो उसे अच्छी तरह कर सकते हैं। झांसी की रानी उनके हृदय की रानी है। बुंदेलखंड का बच्चा-बच्चा महारानी के यश के गीत मुग्ध होकर गाता है इसलिए बुंदेलखंड ही से सब कुछ हो जाना तनिक भी कठिन नहीं है। किंतु रानी का जो स्थान भारतीय इतिहास और हमारे राष्ट्रीय उत्थान के काम में है, उसे देखते हुए इस शुभ काम में, पूरे प्रांत का नहीं, पूरे देश का, योग देना आवश्यक और देश के लिए अत्यंत हितकर है। जो कमेटी बनी हैं उसका काम अभी केवल इतना ही है कि वह स्मारक का रूप तय करे, और उसके लिए झांसी में कोई उपयुक्त स्थान ढूंढ़े। साथ ही वह अपने सदस्यों की संख्या भी बढ़ावे। प्रांत के प्रत्येक प्रमुख कार्यकर्त्ता से प्रार्थना की जा रही है कि वह इस कमेटी में शामिल होकर इस पुण्य कार्य में योगदान दे। कानपुर कांग्रेस के अवसर पर, देश के बड़े-बड़े नेताओं से भी कमेटी में शामिल होने की प्रार्थना की जायेगी। कमेटी को बड़ी और सार्वदेशिक बना लेने के पश्चात्, स्मारक, स्थान और खर्च की बातें तय की जायेंगी। जो सज्जन इस शुभ कार्य में सहायता देना चाहें, वे स्मारक कमेटी के संयोजक—पंडित रघुनाथराव धुलेकर वकील, झांसी से पत्र व्यवहार करें। अभी तक इस कमेटी में, झांसी और कानपुर के कुछ कार्यकर्त्ता ही हैं, किंतु आशा है कि शीघ्र ही प्रांत भर के कार्यकर्त्ता इस कमेटी में शामिल हो जायेंगे और कांग्रेस के अधिवेशन के पश्चात् कमेटी में, देश भर के खास-खास आदमियों के नाम दिखाई देंगे।

—गणेशशंकर विद्यार्थी, 'प्रताप'-संपादक

7. बंगाल के जेलखाने : 1924 की जेल-रिपोर्ट के अनुसार 23,865 कैदी भर्ती हुए। इनमें 54-76 सैकड़ा मुसलमान और 42-41 सैकड़ा हिंदू थे। यह बंगाल की हिंदू-मुसलिम जनसंख्या के अनुसार ही तो है!

16 वर्ष से कम अवस्था वाले कैदियों की संख्या थी कुल 255 और 16 और 18 वर्ष वाले सैकड़ा 4-44 तथा 19-21 वाले सैकड़ा 9-31 थे। पुनः 22 से 30 वर्ष वाले कैदी फीसदी 34-41 थे।

कैदियों में फीसदी 10-85 सुशिक्षित मनुष्य थे। 4-14 फीसदी केवल पढ़ना मात्र जानते थे। शेष 85-2 निरक्षर भट्टाचार्य। निस्संदेह मूर्खता भी अपराध वृद्धि का एक कारण है।

कैदी स्त्रियों की संख्या 427 थी। उनमें 239 हिंदू, 125 मुसलमान, 8 ईसाई, और 63 अन्यान्य धर्मावलंबी। 16 वर्ष से कम उम्र की स्त्रियां सिर्फ 4 थीं। 16-18

वर्ष की केवल 20 और 21-21 वर्ष की 39 तथा 22-30 वर्ष की 143। पुनः 31-40 वर्ष वाली 123 अर्थात् पुरुषों की अपेक्षा 22 से 30 वर्ष वाली स्त्रियां अधिक वंदिनी थीं।

–'आनंदबाजार पत्रिका'–बंगला

8. 'भारत भारती' की 'विनय' की जब्ती : 'भारत भारती' की अंतिम सोहनी है– 'विनय'। कई प्रांतों की सरकारों ने उसे उपद्रवजनक या आक्षेप योग्य समझ कानूनन अप्रकाशनीय ठहरा दिया। जनाब आली, उसकी कई सतरें ऐतिहासिक सत्य से गिरी हुई हैं। उसकी दो पंक्तियों का आशय है कि "न मालूम कब से यह भारत सुनसान मसान हो रहा है। इस कारण, हे व्योमकेश जी, झटपट आकर इसे विकराल-विपत्ति विष से बचा लीजिए।"

यहां न तो बंगाल की खाड़ी और न अरब सागर ही में विष भरा हुआ है और न किसी नदी, नद, नाले, तालाब, कुएं या बावड़ी ही से वह निकलता है। फिर जलप्रलय और अग्निवर्षा की भी खबर नहीं। बताइये, फिर, वह विपत्ति-विष है कहां जिससे बचाने के लिए व्योमकेश का आह्वान किया गया है? अच्छा आप ही बताइये, यहां करोड़ आदमी कहां रहते हैं? अफ्रीका के रेगिस्तान में या गोबी नाम के बियाबान में। जिस देश के बड़े-बड़े शहरों में बिजली की रोशनी जगमगा रही हो, सैकड़ों नाचघर, थियेटर और सिनेमा खुले हों, नहरों की बदौलत लाखों बीघे जमीन पर गेहूं-जौ की फसलें लहरा रही हों, वही देश यदि श्मशान समझा जाय, तो फिर नंदनवन कहां होगा? मान लीजिये कि श्मशान ही है। अच्छा तो कब से? सृष्टि के आरंभ से, वेदों के जमाने से, बौद्धों के जमाने से या कंपनी बहादुर के राजत्वकाल से, या तब से जब से सरकार अंग्रेज का राज्य हुआ। कुछ समय-सीमा भी तो बता देनी थी। इसी अनैतिहासिकता के कारण ही सरकार ने इस कविता का प्रचार रोका होगा।

21 जनवरी 1926

9. आर्यसमाज का शिक्षा-संबंधी कार्य : ता. 1 जून सन् 1886 ई. को लाहौर का दयानंद एंग्लो-वैदिक हाई स्कूल खुला था। उसी समय लाला हंसराज बी.ए. अवैतनिक हेडमास्टर हुए थे। एक ही वर्ष में यह संस्था ऐसी लोकप्रिय हो गई कि छात्रों की संख्या 500 तक पहुंच गई। 1880 ई. में आई.ए. क्लास खुली और 1894 में बी.ए. क्लास तथा 1895 में संस्कृत की एम.ए. क्लास। विज्ञान, आयुर्वेद, धर्म, पुरातत्त्व और उद्योग-धंधे की शिक्षा का भी अच्छा प्रबंध है। इन भिन्न-भिन्न विभागों में 3,006 छात्र पढ़ते हैं और शिक्षकों तथा अध्यापकों की संख्या 110 है। दयानंद कॉलेज-सोसायटी का सालाना खर्च 2,07,556 रु. है। इमारत आदि सामानों की

लागत 20,00,000 रु. से कुछ ही कम है। इस समय आर्यसमाज द्वारा संचालित और संपोषित छोटी-बड़ी 350 शिक्षा-संस्थाएं केवल पंजाब-प्रांत में काम कर रही हैं। इन संस्थाओं में 36,964 विद्यार्थी पढ़ रहे हैं। 51 हाई स्कूल बड़े मजे से चल रहे हैं। आपको सुनकर आश्चर्य होगा कि सिर्फ एक जिले में 52 स्कूल चल रहे हैं। अपार संपत्तिशाली विदेशी मिशनरियां भी इस तरह का गौरवपूर्ण कार्य अभी तक नहीं कर पाई हैं। होशियारपुर जिले में 23 एंग्लो वर्नाक्युलर स्कूल आर्यसमाज द्वारा संचालित हो रहे हैं। उनमें 9 हाई स्कूल हैं। किंतु पंजाब के सिवा अन्य प्रांतों में भी आर्यसमाज का शिक्षा-कार्य सुचारु रूप से संपादित हो रहा है। देखिये—

प्रांत	*संस्थाएं*	*छात्र*	*प्रांत*	*संस्थाएं*	*छात्र*
1. युक्त प्रदेश	127	8,991	9. मद्रास [मालावार]	5	525
2. सीमा-प्रांत	22	3,421	10. बंगाल	4	745
3. दिल्ली	14	2,433	11. मध्य प्रदेश	2	30
4. बिहार-उड़ीसा	11	409	12. बड़ौदा	1	10
5. बंबई	9	1,429	13. भोपाल	1	70
6. बर्मा	9	500	14. हैदराबाद	2	200
7. राजपूताना	6	1,045	15. पंजाबी रियासतें	6	331
8. जम्मू-कश्मीर	18	525	16. कोल्हापुर-राज्य	5	1,072
				592	58720

इस शिक्षा-प्रचार के कार्य में 20,05,541 रुपया सालाना खर्च है। सन् 1923-24 में पंजाब की सरकार ने अपने शिक्षा-विभाग में जितना खर्च किया था, उससे यह रकम कुछ ही कम है।

—प्रोफेसर श्रीराम शर्मा

मद्रास के 'इंडियन रिव्यू' के दिसंबर विशेषांक में

10. किसानों के विधाता आ रहे हैं : अंग्रेजी गवर्नमेंट की शीतल छत्रछाया का सुखोपभोग करते-करते भारत के किसानों को कोई डेढ़ सौ बरस बीत चुके, तिस पर भी वे इतने अभागे निकले कि सैकड़ों नहीं, हजारों, हजारों भी नहीं, लाखों मदरसों के खुले रहने पर भी, उनमें से फीसदी 10 भी साक्षर न हो पाये। यह कसूर सरकार का नहीं, काश्तकारों ही का समझना चाहिए। क्योंकि जब स्कूल और मदरसे खुले हुए हैं तब वे वहां क्यों न शिक्षा प्राप्त करने गये? सरकार क्या शिक्षा और विद्या घोलकर उन्हें उनके घर में पिला जाय? लड़के मवेशी चराने और काश्तकारी के काम में बचपन ही से लगा दिये जायें, तो सरकार का क्या अपराध? वह क्या हर काश्तकार के लिए एक-एक हलवाहा मुकर्रर कर दे? ये लोग फीस न दे सकें तो मदरसे किस

तरह चलें? बिना फीस दिये मुफ्त में शिक्षा नहीं मिल सकती। सरकार के पास इतना रुपया नहीं कि शिक्षा मुफ्त कर दे और तालीम का सारा खर्च अपने खजाने से चलावें। जो लोग किसानों को शिक्षित कराना चाहते हैं वही क्यों न सरकार की कुछ मदद रुपये-पैसे से करें? व्यर्थ बातें बनाने से क्या लाभ? काश्तकार यदि शिक्षित होते तो अनेक कष्टों से बचते, जिलेदार साहब और जमींदार साहब के पेंचों में न फंसते, बेकायदे बेदखल किये जाने पर उज्रदारी करके अपनी जोत की रक्षा करते और वैज्ञानिक खेत करके मालामाल हो जाते। मगर यह सब अब तक उनके भाग्य में बदा न था। उनके मस्तक पर लिखी हुई ब्रह्मलिपि को मिटा देना क्या कोई सहज बात है? उसे मेटेगी वही सरकार जिसकी महत्ता और प्रभुता ब्रह्मदेव से शायद ही कुछ कम होगी। श्रीमान् 35 साहब भारत के विधाता होकर आने वाले हैं। विलायत में वे महकमा जिरात के सर्वेसर्वा रहे हैं। कृषि को आप बड़े महत्त्व का पेश समझते हैं। शायद भारतीय कृषकों का भाग्य फेरने के लिए ही आपको भारत भेजने की योजना हुई है। **–'ज्ञ'-'सरस्वती'**

11. स्वराज्य-दल में फूट : यदि भारतीय राजनीतिक नेताओं से कोई एक ऐसा संगठित दल तैयार करते नहीं बनता, जो स्वराज्य हासिल करे तो कम से कम उन्हें एक ऐसी मजबूत पार्टी जरूर बना लेनी चाहिए, जो ब्रिटिश सरकार और ब्रिटिश जनता पर दबाव डाल सके। स्वराजी अगर चाहते, तो वैसी पार्टी बना लेते, पर दुःख है कि उनमें फूट पैदा हो गई। अपनी दृढ़ और क्रमबद्ध अड़ंगे की नीति पर कायम न रह सके। प्रतियोगी सहयोग को उन्हीं लोगों ने कार्य-रूप में परिणत करके चरितार्थ कर दिखाया है। उनमें से कुछ लोगों ने सरकारी पद स्वीकार कर लिए हैं। उदार दल का भी तो यही सिद्धांत है। हां, कुछ लोगों की बुद्धि ने अड़ंगे की नीति को कुछ ग्रहण किया है। किंतु समष्टि-रूप से कौंसिलों में सभी दलों की नीति का झुकाव अब प्रतियोगी सहयोग ही हो गया है। हम लोग उच्छृंखलों के साथ जबानी लड़ाई लड़ना पसंद नहीं करते। साथ ही, नाम-मात्र के सिद्धांत-भेद पर दल-निर्माण की नीति भी हमें पसंद नहीं। अलावा इसके, सत्याग्रह को अपना अंतिम अस्त्र बतलाते रहने की आवश्यकता भी हमारी समझ में नहीं आती। **–'मॉडर्न रिव्यू'**

6 फरवरी 1926

12. भारत पर एक अमरीकन विद्वान् : गत वर्ष अमरीका के प्रोफेसर एडवर्ड उत्सवर्थ रास भारत में आये थे। उन्होंने कई प्रांतों में भ्रमण किया था। जिस समय महात्मा गांधी दिल्ली में 21 दिन का उपवास कर रहे थे, उस समय प्रोफेसर साहब भी दिल्ली

में मौजूद थे। उपवास समाप्त होने पर प्रोफेसर साहब ने उनसे बातचीत की। महात्मा जी पूरे त्यागी [संन्यासी] नजर आये। महात्मा जी ने कहा भी था कि मुगल शासन का विशेष प्रभाव भारतीयों के जीवन पर नहीं पड़ा था, पर यह ब्रिटिशराज तो बड़ा उत्पीड़क और तीक्ष्ण है। फिर भी हम लोग अंग्रेजों को जबर्दस्ती निकाल बाहर करना नहीं चाहते। हम लोग तो उनकी सहृदयता के द्वारा अपना लक्ष्य सिद्ध करना चाहते हैं।

प्रोफेसर रॉस ने स्वदेश लौटकर 'सेंचुरी मैगेजीन' में एक लंबा लेख लिखकर स्वदेशवासियों को बताया है कि ब्रिटिश-राज की शिकायत के कारण क्या हैं? लेख का मुख्य अंश स्थानीय 'मॉर्डन रिव्यू' में प्रकाशित हुआ है। उसका किंचित् सारांश मात्र हम संकलित करते हैं—

"ब्रिटिश-राज में शिक्षा का बहुत अभाव है। बर्मा में बौद्ध भिक्षुओं ने जितना शिक्षा-प्रचार किया है, डेढ़ सौ वर्ष से राज करते रहने पर भी अंग्रेज उसका आधा नहीं कर सके। फिलिपाइन में अमरीका ने सार्वजनिक शिक्षा का प्रचार करके वहां की प्रजा को स्वायत्त शासन के योग्य तैयार किया, पर अंग्रेजों ने भारतीय प्रजा के लिए ऐसा कुछ नहीं किया। यदि भारतीयों को शिक्षा देकर वास्तविक नागरिक बनाने की चेष्टा की गई होती, तो आज भारत में जितने शिक्षित नजर आते हैं, उससे तिगुने नजर आते। और तो और, भारत की देशी रियासतों में—कोचीन, ट्रावनकोर, बड़ौदा आदि में ब्रिटिश भारत से कहीं अधिक शिक्षा का प्रचार है। भारत के देशभक्तों का यह दुःखानुभव ठीक है कि ब्रिटिश शासन भारतवासियों को पूरी तरह से अपनी अधीनता में रखना चाहता है, उन्हें अपने पैरों खड़ा होने देना नहीं चाहता। 1857 के गदर के बाद ब्रिटिश सैनिक नीति में अविश्वास पैठ गया है। इसीलिए भारत में 61,000 गोरी सेना रखी जाती है। अच्छे-अच्छे हथियार तथा फौजी ओहदे भारतीय सिपाहियों को नहीं दिये जाते। हवाई सेना या तोपखाना के रिसालदार भारतीय नहीं रखे जाते। गैर-सरकारी विद्यालयों के वैज्ञानिक-प्रोफेसरों से गुप्त अनुरोध किया जाता है कि बेतार के तार के विषय में अपने छात्रों को कुछ न बतावें। 1,37,000 भारतीय सेना में अफसरों के पद केवल गोरों को ही दिये जाते हैं। भारतीय सिपाही अगर बहुत तरक्की भी करते हैं, तो हद से हद सूबेदार मेजर या रिसालदार मेजर के पद तक पहुंचकर रह जाते हैं। कहा जाता है कि भारतीय सिपाही भारतीय अफसरों की आज्ञा नहीं मानते। तुर्की सेनापति के अधीन तुर्क सिपाही और जापानी सेनापति के अधीन जापानी सिपाही खूब लड़ सकते हैं, पर क्या आश्चर्य है कि भारतीय सेनापति के अधीन भारतीय सैनिक नहीं लड़ सकते। भारतीयों को युद्ध-कला सिखाना ब्रिटिश चाहते ही नहीं? जब कभी भारतीय प्रजा स्वायत्त

शासनाधिकार चाहती है, तब यही कहकर टाल दिया जाता है कि तुम अभी आत्म-रक्षा के योग्य नहीं हो। तो आत्म रक्षा के योग्य बनने के लिए अवसर भी तो नहीं दिया जाता। भारत सरकार की दो तिहाई आमदनी खा जाने वाली सेना व्यर्थ ही भारत की खोपड़ी पर सवार रहती है। भारत को उतनी बड़ी सेना की कोई जरूरत नहीं।"

भारत में एक मिशन कॉलेज के अर्थशास्त्र के सहृदय अंग्रेज प्रोफेसर ने स्वीकार किया था कि भारत का व्यापार वाणिज्य पहले बड़ी उन्नत दशा में था। किंतु ब्रिटिश क्रूर नीति ने सब तहस-नहस कर दिया। भारतीय व्यापार की उन्नति के लिए कोई औद्योगिक बैंक भारतवर्ष में नहीं है। कोई बढ़िया इंजीनियरिंग कॉलेज भी नहीं है। भारत में ऐसे गोरे अफसर और व्यापारी 15,000 से कम नहीं हैं जो विलायत से यहां दुगना पैसा पैदा कर रहे हैं। जब कभी भारत ब्रिटिश शासन से मुक्त होगा, तब ब्रिटिश जाति की बड़ी हानि होगी, क्योंकि कनाडा और न्यूजीलैंड की तरह भारत उसके साथ रियायत न करेगा।

भारत में कुल 147 प्रकार की मुख्य भाषाएं हैं। उनमें 14 भाषाएं ऐसी हैं, जिनके बोलने वाले 10 लाख से दस करोड़ तक हैं। हिंदू-मुसलमानों के झगड़े बहुत होते रहते हैं। लाहौर में लाला लाजपत राय ने हमसे कहा था कि अंग्रेज जब हमारे सामने इन झगड़ों की युक्तिपूर्ण त्रुटि पेश करते हैं तब हमें विवश होकर चुप रह जाना पड़ता है, कोई जवाब नहीं सूझता। हिंदुओं में जात-पांत का बड़ा बखेड़ा है। वह देशभक्ति और नागरिकता के अधिकार के लिए घातक है। प्रधानतः 67 जातियों में हिंदू विभक्त हैं। इनमें अभी अनेक और अंतर्जातियां हैं। यही राष्ट्रीयता का बड़ा भारी बाधक है। अब्राह्मणों और अछूतों का झमेला भी जारी है। हमें आश्चर्य है कि कहीं भारत का स्वराज भी उसी तरह निराशाजनक न हो, जैसे चीन का प्रजातंत्र।

–भानुमती की पिटारी

20 मार्च 1926

13. गैरों से लुट रहे हैं, फ़ाकों से मर रहे हैं।
दुनिया ये जानती है, हम ऐश कर रहे हैं॥

भारतवर्ष में प्रतिवर्ष 100 करोड़ रुपये की शराब और 60 करोड़ रुपये का विदेशी कपड़ा आया करता है।

27 मार्च 1926

14. वर्तमान भारत : विलायत की स्वतंत्र मजदूर पार्टी द्वारा नियुक्त एक कमेटी ने

भारत की राजनीतिक और अर्थनीतिक अवस्था की जांच करके एक रिपोर्ट प्रकाशित की है। इस रिपोर्ट का नाम उन्होंने 'वर्तमान भारत' रखा है। आगामी ईस्टर की छुट्टियों में विलायत मजदूरों की सभा में यह 'वर्तमान भारत' पेश होगा और मजदूर पार्टी भारत के संबंध में भविष्य में किस नीति का अवलंबन करेगी इस बात पर भी विचार होगा। यह रिपोर्ट बहुत बड़ी और विस्तृत है। जांच करने वालों ने बड़ी उदारता से भारत की अभ्यंतरीन अवस्था तक पहुंचने की चेष्टा की है। इसके लिए वे हमारे धन्यवाद के पात्र हैं। यद्यपि इस रिपोर्ट से विशेष भलाई की कोई आशा नहीं की जा सकती। परंतु इसमें संदेह नहीं कि सत्य में एक स्वाभाविक शक्ति होती है, उसका प्रकाशित हो जाना ही अच्छा होता है। यह रिपोर्ट नौकरशाही का काला दर्पण है और कुछ न होगा, तो वह अपना काला मुंह ही देख सकेगी। इसके अलावा भारत सरकार विदेशों में 'भाट' भेजकर जो अपने गुणों का डंका पिटवाया करती है उसकी भी कुछ पोल अवश्य ही खुलेगी।

भारत में स्वायत्त शासन का नामोनिशान तक नहीं है, विलायती पार्लिमेंट अपनी इच्छा से भारत का शासन किया करती है। भारत सचिव तथा गवर्नर जनरल आदि पार्लिमेंट के ही अधीन हैं। भारतवासियों का शासन-कार्य में कोई हाथ नहीं है। नये रिफार्म के अनुसार जो भारतीय जनता द्वारा निर्वाचित होकर असेंबली और कौंसिल में जाते हैं, उन्हें कोई अधिकार प्राप्त नहीं है। वे केवल प्रस्ताव करते हैं और वक्तता दे सकते हैं। परंतु सरकार उनके गृहीत प्रस्तावों और मंतव्यों की कोई परवाह नहीं करती। वह अपनी इच्छानुसार उन्हें ठुकरा देती है। वे राजनीतिक संख्या में पूर्णरूप से प्रतिनिधिमूलक भी नहीं हैं क्योंकि ब्रिटिश भारत के 25 करोड़ मनुष्यों में केवल 20 हजार मनुष्यों को कौंसिल ऑव स्टेट और केवल 10 लाख मनुष्यों को असेंबली के लिए सदस्य निर्वाचन का अधिकार प्राप्त है। प्रादेशिक कौंसिलों के लिए प्रतिनिधि भेजने का अधिकार सौ में केवल तीन मनुष्यों को है। प्रादेशिक कौंसिलों की शांति और शृंखला, राजस्व विभाग, वन विभाग, सेना विभाग आदि सभी आवश्यक और आमदनी के विभाग सरकार के रिजर्व या खास विभाग में शामिल हैं। सिविल सर्विस और विचार विभाग संपूर्ण रूप से सरकार के हाथ में है। भारतीय पत्रों को स्वाधीनता नहीं है, सभा करने और बोलने की भी स्वतंत्रता नहीं है। यहां तक कि भारतीय प्रजा व्यक्तिगत स्वतंत्रता से भी वंचित है। ब्रिटिश भारत में केवल 72 सैकड़ा मनुष्य पढ़-लिख सकते हैं। शिक्षा के संबंध में बड़ौदा आदि देशी रियासतों से ब्रिटिश भारत पीछे है। समाज संस्कार की चेष्टाओं में भी सरकार बाधा प्रदान करती है। स्वास्थ्य संस्कार में भी वह जनता की यथोचित सहायता नहीं करती। भारत से बाहर पृथ्वी के अन्यान्य स्थानों में यहां तक कि ब्रिटिश साम्राज्य में भी भारतीयों

को मनुष्योचित अधिकार प्राप्त नहीं है। वे कहीं भी मनुष्योचित अधिकार नहीं प्राप्त करते। आस्ट्रेलिया और न्यूजीलेंड में कार्यतः भारतवासियों को घुसने नहीं दिया जाता। कनाडा और दक्षिण अफ्रीका आदि देशों में वर्ण दोष के कारण भारतवासी सब प्रकार के अधिकारों से वंचित हैं।

रिपोर्ट में कहा गया है कि स्वतंत्र मजदूर दल भारत के स्वायत्त शासनाधिकार का पूर्ण समर्थक है और इस कार्य में उनकी सहायता करने को भी प्रस्तुत है। किंतु अधिक दल यह नहीं चाहता कि भारत में केवल धनियों या मध्य श्रेणी वालों का आधिपत्य कायम हो। भारत की साधारण जनता यदि स्वराज लाभ नहीं कर सकेगी तो भारत का कल्याण नहीं होगा। इसलिए वे चाहते हैं कि भारत के जनसाधारण में शिक्षा का प्रचार हो और भारतीयों में राष्ट्रबोध जाग्रत किया जाय।

भारत की आर्थिक अवस्था पर विचार करते हुए उदार हृदय रिपोर्टकारों ने लिखा है कि भारत की दरिद्रता बड़ी ही शोचनीय है। चार करोड़ भारतवासी प्रतिदिन केवल एक वेला भोजन कर पाते हैं। भारतीय किसानों में प्रायः आधे जिनकी संख्या सात करोड़ है—एक समय भी भरपेट भोजन नहीं करते। इस अवस्था का शीघ्रातिशीघ्र प्रतिकार नहीं किये बिना भारत की मुक्ति नहीं हो सकती। रिपोर्टदाताओं के मतानुसार भारत में समवाय समितियों और कृषि बैंकों की स्थापना होनी चाहिए। किसानों की शोचनीय अवस्था के प्रतिकार का यही एकमात्र उपाय है।

किसानों की ही तरह भारतीय मजदूरों की अवस्था भी अति शोचनीय है। बंबई-सरकार की एक रिपोर्ट के आधार पर उन्होंने लिखा है कि एक श्रमिक परिवार [जिसमें 402 मनुष्य हैं] की आय प्रति सप्ताह 10 रु. से अधिक नहीं है। व्यक्तिगत हिसाब से भी श्रमिकों की आय बिलकुल ही कम है। इधर गत 10 वर्षों में पटुआ और कपड़ों के मिल वालों ने आशातीत लाभ उठाया है। पाट के कल वालों ने सैकड़े 90 रु. तक नफा पाया और कपड़े की मिलों में गत सन् 1920 ई. में सैकड़े 120 रु. तक लाभ हुआ था। चाय-बागान के कुलियों की अवस्था और भी अधिक शोचनीय है। इन बेचारों की साप्ताहिक आमदनी कुल 3 रु. है। वे जिस तरीके से गुजर करते हैं, वह बड़ा ही दर्दनाक है। दुरवस्था के कारण ही उनमें नाना प्रकार की व्याधियां और दुर्नीतियां फैल जाती हैं।

श्रमिक दल के 'वर्तमान भारत' का यही सार मर्म है। इससे मालूम होगा कि अंग्रेजी राज्य की कृपा से भारतीयों की दुरवस्था किस हद तक पहुंच गई है।

10 जुलाई 1926

15. (1) हिंदुस्तान मालदार मुल्क है। क्योंकि दुनिया भर का सड़ा माल यहां खप

जाता है। तमाम हिंदुस्तान की बात जाने दीजिए, एक बंगाल में, गत वर्ष 79 करोड़ 8 लाख 84 हजार 1 सौ 78 रुपये का माल आया।

(2) गत वर्ष शराब की ही आमदनी हुई है। 83 लाख 47 हजार 1 सौ रुपये की। 8 लाख रुपये की ब्रांडी, 31 लाख की ह्विस्की, 31 लाख की बीयर। इतनी शराब विलायत वाले अकेले नहीं पी गये, वे तो बेचारे मुफ्त में बदनाम हैं, पी गये सोनागाछी, राबगान और बहुबाजार के तीर्थयात्री! इस देश वाले आखिर कुंभकर्ण के पड़ोसी ही तो हैं? सरकारी रिपोर्ट में लिखा गया है कि हर्ष की बात है कि विलायती शराब की आमदनी बढ़ गई है।

(3) तमाखू की आमदनी सुनियेगा 175 लाख 10 हजार 6 सौ 3 रुपये की। कच्चे-पक्के दोनों तरह के तमाखू इसके साथ हैं। चुरुट के अलावा तमाखू–16 लाख 41 हजार की। सिगार–1 लाख 5 हजार के। सिगरेट–41 लाख, 29 हजार के। बीड़ी–16 लाख 35 हजार। इसके अलावा इस देश में भी सिगार और सिगरेट तैयार होते हैं। अब सोचिये कि बाबूगिरी में बंगाल के रहने वाले और बंगाल की सभ्यता के नक्काल कितना खर्च करते हैं।

(4) साबुन के कारखाने यहां कितने ही हैं लेकिन फिर भी घाटा रहता है। हमारे मुख से कलंक की कालिमा धोने के लिए 25 लाख 72 हजार 8 सौ रुपये का साबुन आया।

[इस तरह चूड़ियां, नमक, कृत्रिम मोती, नकली रेशम, कंबल, गलीचे, दियासलाई, तेल, सेंट, रेशम और कपास के कपड़ों के आयात का ब्यौरा दिया गया है]

26 फरवरी 1927

16. स्वराज्य का वास्तविक स्वरूप : महात्मा गांधी और श्री भगवानदास में प्रश्नोत्तर

प्रश्न : आपके विचार में सच्चे स्वराज का यह मुख्य तत्त्व है या नहीं, कि जनता के चुने हुए प्रतिनिधियों द्वारा देश का कानून बने और ऐसे प्रतिनिधि चुने जायें जो समाज के उत्तम स्व हों, अधम स्व नहीं, अर्थात् जो ज्ञानी, अनुभवी, निःस्वार्थ, लोकहितैषी हों?

उत्तर : यह भी मुख्य तत्त्वों में हैं।

प्रश्न : इसके सिवा यदि और भी कोई मुख्य तत्त्व है तो वे कौन हैं?

उत्तर : मेरी कल्पना है कि प्रत्येक मनुष्य धर्म समझे। तब प्रतिनिधि की आवश्यकता ही नहीं रहती। यह आदर्श स्वराज है। उसमें शासक और शासन की

आवश्यकता नहीं रहती। कोई सरकारी कर्मचारी नहीं रहते, सब आदमी एक-दूसरे के सेवक होते हैं। इस आदर्श स्वराज को मन में रखने से भूल न करेंगे या कम करेंगे। यह निश्चय है कि ऐसा आदर्श स्वराज मिलेगा नहीं, पर इसके निकटतम पहुंच सकेंगे।

प्रश्न : यह तो पराकाष्ठा का स्वराज हुआ जैसा स्यात् महाभारत में वर्णित उत्तर कुरुओं का था जो सब योगसिद्ध देवप्राय जीवनमुक्त थे। पर हम लोगों की अवस्था की दृष्टि से अहमदाबाद में आपने कहा था कि देश को औपनिवेशिक स्वराज तक मैं पहुंचा सकता हूं। यह तत्काल हमारे उपयोगी बीच का स्वराज हुआ?

उत्तर : हां!

प्रश्न : ऐसे मध्यकाष्ठा के स्वराज में व्यवस्थापक सभाएं अवश्य होंगी!

उत्तर : हां!

प्रश्न : उनके लिए प्रतिनिधि चुनना होगा?

उत्तर : हां!

प्रश्न : वे प्रतिनिधि जहां तक मिल सकें, अधिकतम ज्ञानी, अनुभवी, निःस्वार्थ और लोकहितैषी होने चाहिए।

उत्तर : हां!

प्रश्न : निर्वाचक को यह आदर्श सदा अपनी आंख के सामने रखना चाहिए?

उत्तर : हां!

प्रश्न : तत्काल डिस्ट्रिक बोर्ड, म्युनिसिपल बोर्ड, आदि तथा कांग्रेस कमेटियां जितनी चुनी जाती हैं—उनमें भी इसी आदर्श से काम लेना चाहिए?

उत्तर : अवश्य!

प्रश्न : व्यवस्थापक सभाओं में यही आदर्श बरतना चाहिए?

उत्तर : आजकल जो भी चुनाव होते हैं उन सबमें यही आदर्श बरतना चाहिए।

प्रश्न : इस आदर्श के अनुकूल वायु पैदा करने का यत्न करना चाहिए या नहीं?

उत्तर : निरंतर करना चाहिए।

प्रश्न : किस प्रकार का यत्न इसके लिए उपयोगी होगा?

उत्तर : ऐसे प्रयत्न करने वाले व्यक्तियों की संख्या बढ़ती रहे और ऐसे प्रयत्नशील व्यक्तियों की संख्या बढ़ाने का एक ही रास्ता है और हमेशा रहा है वह यह कि जिनका ऐसे आदर्श पर विश्वास है वह कितनी ही कठिनाइयां होते हुए भी अपने आदर्श को न छोड़े।

प्रश्न : अर्थात् व्यक्तियों को लेख और व्याख्यान द्वारा इस आदर्श का प्रचार करना चाहिए।

उत्तर : व्यक्तियों को अपने आचार द्वारा प्रचार करना चाहिए। व्याख्यान, लेख द्वारा कुछ नहीं होता यदि उदाहरण न हो। यदि उदाहरण हो तो लेख और व्याख्यान से भी सहायता मिलती है। आचार में व्याख्यान, लेख आदि भी आ जाते हैं।

प्रश्न : ...बीच के स्वराज में, जिसमें प्रतिनिधियों का स्थान है, उसमें योग्य प्रतिनिधि प्राप्त करने के लिए क्या उपाय करना चाहिए, क्या मर्यादा बांधनी चाहिए? किन लक्षणों से योग्य प्रतिनिधि पहिचाने जायें? जहां तक मुझे देखने में आया पश्चिम के राज्यों में और आधुनिक भारत के निर्वाचन में अच्छे प्रतिनिधि नहीं चुने जाते। यही बड़ा भारी दोष प्रचलित स्वराज के प्रकारों में हो रहा है।

उत्तर : यही एक बलवान कारण है कि मैं धारा सभाप्रवेश का सख्त विरोध करता हूं। जब तक जनता को स्वत्व का ज्ञान नहीं हुआ है उनकी बुद्धि की जागृति नहीं हुई है तब तक किसी कानून द्वारा प्रतिनिधित्व की शुद्धता को नहीं संभाल सकेंगे। और मेरी आज की प्रवृत्ति में इस बुद्धि का बड़ा हिस्सा है। आरंभ से आत्मशुद्धि, तपस्या और जनता की इसके द्वारा शक्ति-वृद्धि करने का मेरा प्रयत्न रहा है। ऐसी तपस्या से उनकी बुद्धि भी ठीक हो जायेगी और इसी कारण से असहयोग के आरंभ के बाद जो म्युनिसिपलिटी का चुनाव हुआ वहां अच्छे आदमी चुने गये—बिना परिश्रम या व्यय के। जब वह तपस्या टूट गई, तब गड़बड़ होने लगी।

प्रश्न : इस देश की पुरानी प्रथा यह है कि तपस्या और विद्या यह दो पदार्थ हैं। दोनों का संपादन करने से ही सच्चा मनुष्यत्व कहिये, ब्रह्म संपन्नत्व कहिये, ब्राह्मणत्व कहिये, जिसको शायद आप स्वत्व पहचानना कहते हैं, सिद्ध होता है। पुराणों में कथा है, रावणादि ने बड़ी तपस्या की, पर उसका उनको भोगरूप फल मिला। स्वत्व की, आत्मस्वरूप की ओर नहीं गये। मेरे विचार में जो असहयोग के बाद हवा बंधी उसमें तपस्या का अंश था, पर विद्या का अंश नहीं था। इसी कारण से वह हवा स्थिर न रही और दो ही तीन वर्ष में लुप्त हो गई। यह मेरा विचार आप ठीक समझते हैं या नहीं?

उत्तर : यह प्रायः ठीक है। थोड़ी सुधारणा की आवश्यकता है। उस समय की हमारी तपस्या का प्रमाण (?) कम था। यदि हमारी तपस्या का प्रमाण (?) योग्य रहता तो हम अवश्य संपादन कर लेते। एक जगह गीता में भगवान् ने कहा है कि जिसकी भक्ति चिरस्थायी रहती है उसकी बुद्धि वही दे देता है। इस वाक्य पर मेरी बड़ी श्रद्धा है।

—**'आज'**

26 मई 1927

17. साम्राज्यवाद का भयंकर फल या राष्ट्रीय पराधीनता : [कुख्यात अमरीकन कुमारी मेयो की 'मदर इंडिया' के जवाब में लिखित श्री लाला जी की Unhappy India के इंट्रोडक्शन का पूर्वार्द्ध!]

राष्ट्रीयता के विचार से, विदेशीय पराधीनता से बढ़कर दूसरा कोई अभिशाप नहीं। विदेशी सेना द्वारा विजित और अधिकृत और उनकी तलवार के भय द्वारा शासित देश की स्वतंत्रता के क्रमिक ह्रास के मुकाबले में किसी एकछत्र शासक की आक्रमणकारी सेना के आक्रमण या विनाशकारी परिणाम कुछ भी नहीं है। एकछत्र शासक की आक्रमणकारी सेना आंधी की तरह आक्रमण करती, लूटती, ढहाती, उखाड़-पछाड़ करती और लूटपात कर या तो चलती बनती है या आक्रांत देश में रहकर उस देश के निवासियों में हिल-मिल जाती है। प्रथम ढंग के आक्रमणकारियों में सिकंदर, महमूद गजनवी, चंगेज खां, नादिरशाह और अहमद शाह अब्दाली का उल्लेख हो गया है। दूसरे ढंग के आक्रमणकारियों में शक, हूण प्रभृति हैं जो यहां बस गये और भारतीय राष्ट्र के एक अंश हो गये या गोरी और बाबर हैं जिन्होंने अपने वंश का सुदृढ़ राज्य इस देश में स्थापित कर दिया।

यह सत्य है कि उक्त दोनों प्रकार के आक्रमणकारियों के कारण आक्रांत देश को अपकर्ष, अवमानना और सांपत्तिक हानि सहन करनी पड़ती है परंतु अंत में आक्रांत और आक्रमणकारी एक हो जाते हैं, धीरे-धीरे उनका खून एक हो जाता है और वे परस्पर अपनी संस्कृति और जीवनचर्या के आदान-प्रदान द्वारा दोनों के सद्गुणों के सम्मिश्रण से एक नवीन संस्कृति और नवीन जाति के निर्माण की चेष्टा करते हैं। फलतः उक्त दोनों प्रकार के विदेशी शासनों में कोई भी उतना तीव्र और वैसा विषाक्त अथवा हानिकर और अपकर्षकारी नहीं जितना और जैसा कि एक राष्ट्र का दूसरे राष्ट्र को अधिकृत कर उस पर अपनी समस्त राजनीतिक, सांपत्तिक और सामरिक साधनों के बल पर शासन करता होता है। व्यक्ति-विशेष शासक की उदारता, महत्ता और न्यास बुद्धि की दुहाई देकर कभी-कभी सफलता लाभ की जा सकती है, किंतु शासक राष्ट्र या जनतंत्र में वैसी आशा भी नहीं की जा सकती। विदेशी शासन का कोई ही रूप अपने व्यवहारों में उतना निर्दय और उत्पीड़क नहीं होता जितना विदेशी जनतंत्र शासन। किसी देश के जनतंत्र का शासन उसी देश के जनतंत्र का शासन उसी देश के लिए अच्छा भले ही हो किंतु किसी दूसरी जाति पर किसी दूसरे देश के जनतंत्र के शासन का परिणाम सदा ही हानिकर और अनंत अवगुणपूर्ण होता है।

राजनीतिक पराधीनता सामाजिक दुर्गुणों और जातीय अपराधों का दंड है। परंतु

यह दंड एक बार लगाया जाकर फिर निरवधि हो जाता है और इसका आयतन और गुरुत्व उत्तरोत्तर बढ़ता रहता है। यह जीर्णोद्धार और पुनर्निर्माण का रास्ता ही रोक देता है। इससे सामाजिक बुराइयां और कमजोरियां वृद्धि पाती हैं। इसके परिणामस्वरूप दरिद्रता अपने मानसिक, नैतिक और शारीरिक तमाम घृणित और भयावह रूपों में प्रकट हो जाती है। यदि पराधीन जाति कभी जाग्रत होती भी है तो कानून और राजनीतिज्ञता और मक्र और फरेब उस जागृति की गति अवरोध करते, उसे नष्ट करते और विलंब साध्य बना देते हैं। पराधीन जाति को जहां तक संभव हो सके असित रूप का सिद्ध करना तथा निर्लज्ज भाव से उसकी व्यर्थ निंदा करना साम्राज्यवाद रूपी खेल का एक अंग है, जिसका उद्देश्य पराधीन जाति में दास्य-मनोवृत्ति उत्पन्न करना और कायम रखना तथा अन्य जाति के ऊपर शासन करने तथा उनके अधिकारों, संपत्तियों और स्वाधीनता को आत्मसात् करने के लिए अवशिष्ट संसार का नैतिक समर्थन प्राप्त करना होता है। 'गोरे का बोझ [White man's burden] के सिद्धांत का यही मूल है। यही मनोवृत्ति साम्राज्य निर्माता को उत्साहित करती है और इसी उपादान से पराधीन जाति को वश में रखने और उन्हें अपनी पराधीनता की कामना और चेष्टा द्वारा अपने को क्षतिग्रस्त करने की भूल से विरत करने वाले फौलादी पंजे [Steel frames] ढाले जाते हैं। इसी तरह से ब्रिटेन ने भारत में अपना साम्राज्य कायम किया, इसी तरह से अमरीका ने फिलिपाइन को अधिकृत किया और अब उसे छोड़ने से इनकार करता है।

यह सत्य है कि कभी-कभी साम्राज्य-निर्माण का आरंभ आत्मविस्मृति की अवस्था में, क्षणिक संरक्षण या व्यवसाय के लिए होता है, किंतु तत्काल ही यह इच्छाकृत और निश्चयात्मक साम्राज्य-निर्माण का रूप धारण कर लेता है। साम्राज्य एक बार निर्मित हो जाने पर उसकी परिवर्द्धन, संरक्षण और उसकी व्यवस्था आवश्यक हो जाती है। तथापि छल-छद्म द्वारा स्थापित और पशुबल द्वारा संरक्षित साम्राज्य कभी-कभी गुलाम जाति के लोगों में अपनी भद्दी चतुरता द्वारा राजनीतिक चैतन्य जाग्रत कर देते हैं। राजनीतिक प्रभुत्व से सांपत्तिक लूट का जन्म होता है। सांपत्तिक लूट के कारण गंदे रोग और यातनाओं का जन्म होता है और ये सब अंत में पराधीन जाति को, वह चाहे कितनी भी सहनशील क्यों न हो, क्रांति के लिए लाचार करते हैं—यह क्रांति चाहे सक्रिय हो या निष्क्रिय। शासकों को यह बुरा लगता है और वे इसका विरोध करते हैं। आरंभ में वे स्वतंत्र लाभ की इस आकांक्षा को परिहास और ताच्छिल्य अथवा संपूर्ण अवहेलना के बल पर उड़ा देना चाहते हैं। उसके बाद दमन और समझौते का युग आरंभ होता है जिसमें छल-दंभ और प्रवंचना का बोलबाला होता है। इस संघर्ष के जारी रहने पर साम्राज्यवाद दो दलों में विभक्त हो जाते हैं।

(1) वे लोग जो शुद्ध पशुबल का प्रयोग करने के पक्षपाती और (2) वे जो संरक्षता का बहाना कर अपने आश्रितों को तथा बाहरी जगत् को यह समझाने की चेष्टा करते हैं कि उनकी आश्रित जाति अपना शासन आप करने में अयोग्य है तथा उसकी भलाई के लिए शासक जाति का संरक्षण अनंत काल तक के लिए आवश्यक है। कुछ शर्त भी निश्चित कर दी जाती है जिनके पूर्ण होने पर इस संरक्षण काल का अंत हो सकता है किंतु वास्तविक नीति इन शर्तों के पूरा होने में बाधा उपस्थित करती रहती है। इस प्रकार एक ऐसी परिस्थिति उत्पन्न हो जाती है जिसके कारण पराधीन जाति तथा बाहरी संसार दोनों धोखा खा जाते हैं। अपने आधिपत्य के समर्थन में शिक्षा का अभाव, सामाजिक शुद्धि और संगठन का अभाव, अछूत और उत्क्रांत जाति का अस्तित्व, प्रकाश्य और प्रच्छन्न सदाचार की हीनता, शस्त्र निर्माण करने, सेना परिचालन करने और वैज्ञानिक प्रणाली पर अपने देश की रक्षा करने की शक्ति का अभाव आदि की दुहाई देते हुए शासक जाति बड़े निरीह भाव से कहती है कि शासित जाति में स्वायत्त शासन की तथा दो संप्रदायों के बीच न्याय-साम्य बनाए रखने की क्षमता प्रदान करने वाले एकमात्र गुण चारित्र्य का अभाव है और यह दास्य मनोवृत्ति के दल-दल में ऐसा फंस गई है कि अपने बंधन को प्रेमालिंगन करती, अपनी अज्ञानता से प्रेम करती, अपने अभाव का आदर करती है। गंदे रोग और यातनाओं से इसे विशेष रगवत है, स्वाधीनता से यह भय खाती है और स्वाधीनता के लिए आंदोलन करने वालों से जो वर्तमान सुदृढ़ एकछत्र राज्य और उसकी मूर्तिमान लूट के विरुद्ध क्रांति करते हैं, घृणा करती है। राजनीतिक पराधीनता और सांपत्तिक बंधन का अभिशाप ऐसा भयानक है कि गुलाम जाति स्वयं भी यह भूल जाती है कि स्वायत्त शासन के उपयुक्त चरित्र-निर्माण करने के लिए अपनी जंजीरों को तोड़ डालना और जुआ डाल देना ही एकमात्र उपाय है।

साम्राज्यवाद का सम्मोहन और उसके सुसंगठित, सुचिंतित तथा छल गर्भित प्रचार का ऐसा प्रभाव है कि शासित जाति अपनी पराधीनता से ऊब उठने पर भी, स्वाधीनता का नाम सुनकर डर जाती है, यह दुष्ट चक्र इसी प्रकार घूमा करता है। अंत में महाकाल इन सबको उदरसात कर इतिहास का एक नया अध्याय आरंभ कर देते हैं।

6 अगस्त 1927

18. भारत की पराधीनता का स्वरूप : गत ज्येष्ठ मास के प्रवासों में, भारतवर्ष के दीर्घकालीन पराधीनता के ऐतिहासिक कारणों पर विचार करते हुए, श्रीयुत् प्रबोधचंद्र सेन नाम के एक बंगाली विद्वान ने एक बड़ा ही सुंदर प्रबंध लिखा है। उसका सार मर्म नीचे दिया जाता है—

यद्यपि मुसलमानों के आने के पूर्व भी कई बार भारत की राजशक्ति पराभूत हुई थी। परंतु भारत की पूर्ण पराधीनता मुसलमानों के आगमन के बाद से ही आरंभ हुई। भारत की पराधीनता के इतिहास को मुसलमानों के आने के पहले का युग और मुसलिम काल इन दो भागों में विभक्त किया जा सकता है। इन दोनों युगों की पराधीनता के स्वरूप विभिन्न प्रकार के थे।

भारत के इन दोनों युगों की पराधीनता का मूल कारण था, भारत की राजशक्ति को 'बहिर्विमुखता' और 'गृह परायणता'। अर्थात् भारतीय राजशक्ति में अतुल शौर्य-वीर्य, विजय-गौरव प्राप्त करने की लिप्सा, चक्रवर्ती या सार्वभौम साम्राज्य स्थापन करने की उत्कट अभिलाषा और दिग्विजयी होने की महान् इच्छा मौजूद रहते हुए, विदेशियों से बार-बार पराभूत होने का प्रधान कारण यही था कि इस राजशक्ति ने कभी विदेश-विजय करने की चेष्टा नहीं की। उसका वीरत्व भारतवर्ष में ही सीमाबद्ध था। उसने अपनी अतुल शक्ति द्वारा कभी विश्व को चमत्कृत करने की कोशिश नहीं की। भारत के क्षत्रिय नरेशों ने आपस में ही लड़-झगड़कर सैकड़ों वर्ष व्यतीत कर दिया था। किसी एक भारतीय वीर ने अपनी विजयवाहिनी लेकर किसी दूसरे देश पर चढ़ाई करना तो दूर रहा, भारत की सीमा को लांघने की भी कभी चेष्टा नहीं की। उनके मन में कभी यह आकांक्षा ही नहीं उत्पन्न हुई कि भारत के बाहर भी देश हैं, वहां भी राज्य विस्तार किया जा सकता है, और समर-गौरव लाभ किया जा सकता है अथवा अपना क्षात्रबल दिखाया जा सकता है। क्यों ऐसी आकांक्षा उनके दिलों में उत्पन्न नहीं हुई, उसके पांच कारण हैं। प्रथम, भारतवर्ष की विशालता। जब विजय-गौरव प्राप्त करने की लालसा के चरितार्थ होने का सामान यहां मौजूद था, तो बाहर जाने की जरूरत ही क्या थी? द्वितीय, भारतवर्ष का अतुल ऐश्वर्य। ईश्वर की दया से विपुल संपत्ति घर में ही मौजूद थी, सब प्रकार का सुख-ऐश्वर्य यहीं प्राप्त हो जाता था, फिर बाहर क्यों जाया जाय? तृतीय, भारत की सीमा की रक्षा करने वाली दुर्गम पर्वत मालायें। इस समुद्रविस्तीर्ण, गगनभेदी पर्वत श्रेणी ने जिस तरह बाहरी शत्रुओं के आक्रमण से भारत की रक्षा की है, उसी तरह अपनी विजयकामी क्षात्र-शक्ति को भी भारत में ही रहने के लिए बाध्य किया है। अर्थात् जिस तरह हिमालय लांघ कर भारत पर आक्रमण करने के लिए आना शत्रुओं के लिए टेढ़ी खीर थी, उसी तरह हिमालय लांघकर दिग्विजय के लिए जाना भारत के लिए भी कठिन था। चतुर्थ, भारत का राष्ट्रीय केंद्र अति प्राचीन काल से ही देश के पूर्व भाग में आबद्ध था। अर्थात् पाटलिपुत्र और कान्यकुब्ज प्रदेश को छोड़कर भारत के विभिन्न प्रांतों में जाकर साम्राज्य-विस्तार करना भी सहज नहीं था। पंचम अथवा अंतिम महान् कारण यह था, कि जो दुर्द्धर्षता और अमित पराक्रम मनुष्य को सागर-गिरी लांघने और मरुभूमि पार करने के लिए

उत्साहित किया करता है, उनकी इस देश के क्षत्रियों में कमी थी और उस कमी का कारण था, भारत का अतुल ऐश्वर्य सुख-संपत्त की लीला भूमि भारत में अभाव का तो नामो-निशान ही नहीं था, इसलिए क्यों कोई दूसरे का ऐश्वर्य छीनने जाता? इसके सिवा आसपास के दरिद्र देशों में धरा ही क्या था? अलेक्जेंडर, नेपोलियन और हानोवल आदि विदेशी वीरों की तरह साम्राज्य स्थापित करने की लालसा, असाधारण वीरता और पराक्रम भारत के लिए स्वाभाविक नहीं था।

खैर, कारण चाहे कुछ भी हो। परंतु भारतीय क्षात्र-शक्ति ने कभी भारत के बाहरी देशों पर चढ़ाई नहीं की, इसलिए इसमें निश्चेष्टता समा गई थी और इस निश्चेष्टता ने ही शक, यवन, पह्लवल, हूण, गुर्जर और मुगलों के लिए खैबर और बोलान का दरवाजा खोल दिया था, जिसके कारण विदेशियों के अविरल स्रोत से भारत की श्यामल भूमि प्लावित हो गई थी।

आरंभिक मुसलिम काल की पराधीनता में भारत की आत्मा की शक्ति नष्ट नहीं हुई थी। भारत ने कभी दुःख का एकांत अनुभव नहीं किया था। वह सदैव दुःख पर आत्मा को विजयी मानता था। उसने अपनी पराजय की अवस्था में भी कभी अपने कल्याण धर्म का त्याग नहीं किया था। "नहि कल्याण कृत कश्चित् दुर्गतिम् तात गच्छति" यह महावाणी सदैव उसके जीवन में सार्थकता लाभ करती रही, अपनी कल्याण-साधना द्वारा उसने राष्ट्रीय पराजय को भी अकल्याण की ग्लानि से विमुक्त कर रखा था। केवल यही नहीं, अस्त्र-निपुण दुर्द्धर्ष शत्रु को भी अपने कल्याण-धर्म में दीक्षित करके वह उसे अपना एकांत अनुयायी बना लिया करता था। यवन धर्म देव, शक ऋषभ दत्त, कृषण वासुदेव ने भारती कल्याण धर्म स्वीकार करके भारत की साधना में ही आत्म नियोग किया था। इसी प्रकार यह अस्त्र-विजय के गौरव को धर्म-विजय से म्लान करके अपने विजेता पर भी विजय प्राप्त कर लेता था। उसी प्रकार ऋषि सम्राट प्रियदर्शी अशोक ने भगवान शाक्य मुनि के धर्म संघ का आश्रय लेकर ब्रज गंभीर कंठ से यह घोषणा की थी कि अस्त्र द्वारा जो विजय प्राप्त होती है, उसका कुछ भी मूल्य नहीं, धर्म द्वारा जो विजय प्राप्त होती है, वही वास्तविक विजय है। उसी समय भारत के दूतों ने सारे संसार में धर्म और शांति की घोषणा की थी।

मुसलमानों के आने के पहले भारतीय पराधीनता का वही रूप था। उस समय भारत आत्मा की शक्ति से शक्तिमान था। इसलिए विदेशिक अस्त्र-शक्ति के द्वारा उसकी राष्ट्र-शक्ति का पराजय होने पर भी कोई उसकी आत्मा-शक्ति को पराभूत नहीं कर सका था। इसी से वह अपने आत्मबल द्वारा पराजय को भी विजय के रूप में परिणत कर सकता था।

परंतु मुसलमानों के आने पर भारत अपनी आत्मा को खोकर कल्याण-साधना

के मार्ग से विमुख हो गया था। जिस आत्म-शक्ति की बदौलत भारतवर्ष ने दुःख और दुर्भाग्य को भी कल्याणप्रद कर लिया था, अंत में उस शक्ति को उसने खो दिया। उसी से मुहम्मद बिन कासिम, सुलतान महमूद, मुहम्मद गौरी, मुहम्मद खिलजी आदि की भारत विजय-गाथा हमारे लिए इतनी लज्जा, इतना अपमान, और इतनी लांछना संचित कर गई है।

वर्तमान समय की पराधीनता का उल्लेख करके लेखक ने लिखा है–"भारतवर्ष वैदेशिक पशुबल और अस्त्रबल से हार गया है, केवल यही हमारे लिए दुःख की बात नहीं है। वह अस्त्र-शक्ति के ऊपर आत्म-शक्ति को विजयी रखने वाली क्षमता को भी खो बैठा है, यही हमारे लिए अत्यंत दुःख की बात है। बाहर से जो अधीनता हमारे ऊपर चढ़ बैठी है, केवल वही हमारे अंतर को व्यथित नहीं करती वरन् हमने अपने चित्त की स्वाधीनता को भी खो दिया, यही हमारे लिए अत्यंत दुःख की बात है। आज हम अपनी महामुक्ति की वाणी को भी भूल गये हैं।

19. साम्राज्य का ढोंग : कुछ अंग्रेजों ने ब्रिटिश सरकार के नाम का एक ढोंग रच रखा है। उन्होंने बुरे-भले तरीके से भारतीय जाति के एक तिहाई हिस्से को अपनी इच्छा के अधीन कर रखा है और अपने मातहत देशों की तो मानो जान ही ले ली है। पीड़ित जातियों से घोर अन्यायपूर्वक वसूल किया हुआ द्रव्य जहरीली गैस और दूसरी प्राणनाशिनी वस्तुओं के लिए खर्च कर रहे हैं तथा यूरोप और एशिया को तबाह और बर्बाद कर डालने के लिए नाना प्रकार के भीषण अस्त्रास्त्र तैयार कर रहे हैं।

20. भारतीय राष्ट्रवादियों का अपराध : अंग्रेजों की इस दुर्नीति का विरोध करने के कारण भारतीय राष्ट्रवादी उनकी आंखों में खटक रहे हैं। इसलिए समय-समय पर वे उनको विविध नामों से याद किया करते हैं। गत यूरोपीय महासमर के समय भारतीय राष्ट्रवादी दल जर्मनी का एजेंट कहा जाता था और चीन में राष्ट्रवादी हिंदू बोलशेविकों के एजेंट बताये जाते हैं। आइंदा इन पर क्या-क्या लांछन लगाये जायेंगे, यह कोई नहीं कह सकता। चीन में हिंदुओं पर यह इलजाम लगाने का उद्देश्य यह है कि चीनी उनसे सद्भाव वा सहानुभूति न रखें और अपने हिंदुस्तानी सिपाहियों को रोक सकें।

हिंदुस्तान की गदर पार्टी चीन वालों को विश्वास दिलाती है कि राष्ट्रवादी हिंदू उनके सच्चे दोस्त हैं। चीन में हिंदू सिर्फ यही चाहते हैं कि चीन से लड़ने में अंग्रेज हिंदुस्तानी सिपाही और हिंदुस्तान का द्रव्य काम में न लायें। उसे चीन के भीतरी मामलों में दखल देने का कोई अधिकार नहीं है। हम अपने चीनी भाइयों को ब्रिटिश प्रचारकों की चालों से अवगत कर देना चाहते हैं।

21. गदर पार्टी की चीन से अपील : सुदूर अमरीका में भारत मुक्त प्रवासी भारतीयों ने अपनी प्यारी मातृभूमि को पराधीनता के कठोर शृंखला से विमुक्त करने के लिए हिंदुस्तान 'गदर पार्टी' नाम की एक संस्था बनाई है और अपने जीवन को संकट में डालकर यथासाध्य भारतमाता की सेवा की चेष्टा किया करते हैं। अभी हाल में उक्त पार्टी के सेक्रेटरी श्रीयुत् मुंशी सिंह जी ने चीनी महाराष्ट्र के नाम निम्नलिखित अपील भेजा है।

> "हिंदुस्तान के भारतीय दल के लोग अन्यान्य पीड़ित और पराधीन जातियों की तरह द्वैध ब्रिटिश शासन का ध्वंस करना चाहते हैं। वे अच्छी तरह जानते हैं, कि जब तक इसे समाप्त नहीं किया जायेगा, तब तक भारतवर्ष तथा दूसरे पराधीन देशों को स्वाधीनता नहीं मिलेगी। लिंकन ने कहा था कि ऐसी जातीयता नहीं हो सकती जो आधी स्वाधीन और आधी पराधीन हो। जो बात उसके समय में एक देश के लिए मुनासिब थी वही आज सारे संसार के लिए उचित प्रमाणित हो रही है। मनुष्यत्व एक शरीर है। शरीर के किसी हिस्से को यदि लकवा मार गया हो, तो उसके दूसरे अंग कदापि स्वस्थ नहीं रह सकते। मनुष्य-जाति का एक बहुत बड़ा अंश ब्रिटेन की यह पालिसी जातियों के उत्थान में बड़ी खौफनाक प्रमाणित होती है, जिससे कोई भी देश या जाति उसे नाराज किये बिना अपना पैर आगे नहीं बढ़ा सकती। इसलिए पेश्तर इसके कि वह सबको तबाह कर दे यह आवश्यक है कि इस शासन पद्धति को मिटा दिया जाय।"

13 अगस्त 1927

22. चीन में साक्षरता : चीन के मि. येन अत्यंत बुद्धिमान और अक्लांत कर्मचारी हैं। चीन की वर्तमान जागृति का बहुत कुछ श्रेय मि. येन को भी है। महात्मा सनयात सेन की कृपा से आजकल चीन को समुन्नत करने के लिए वहां कितने ही देशसेवक कार्य कर रहे हैं। कोई चीन को अफीम के कराल पंजे से छुड़ाने की चेष्टा में लगा है, कोई उसे वीर बना रहा है। कोई उसकी पराधीनता की कठिन बेड़ी तोड़ डालने का प्रयत्न कर रहा है तो कोई उसे विदेशियों के माया-जाल से विक्त करने में दत्तचित्त है। परंतु येन का काम इन सभी महावीरों के कामों से निराला है। आप सब कुछ छोड़कर चीन में शिक्षा का विस्तार करने में लगे हैं। प्रतिवर्ष दस लाख चीनियों को शिक्षा दान करके धीरे-धीरे आपने बत्तीस करोड़ चीनियों को शिक्षित बना डाला है। प्रति छात्र को साल में 96 घंटे आप स्वयं शिक्षा देते हैं और प्रति छात्र को शिक्षा के लिए साल में 50 सेंट खर्च करते हैं। अन्यान्य देशों की तरह चीन में कोई केंद्रीभूत शासनतंत्र नहीं है इसलिए वहां की सरकारें शिक्षा विभाग के लिए विशेष कुछ खर्च

नहीं करतीं। वहां की साधारण प्रजा अपनी इच्छा से जो कुछ दे देती है, उसी से मि. येन चीन से अशिक्षा का अस्तित्व विलुप्त कर डालना चाहते हैं। मि. येन चीनियों को केवल साक्षर बनाकर ही नहीं संतुष्ट होते, उनमें देशप्रेम, जातीयता, वीरत्व और काम की शक्ति भी भर देते हैं। चीन के अतीत गौरव की कहानी सुनाकर वे उनमें नवजीवन का संचार करते हैं। आंतरिक इच्छा और उत्साह रहने से एक ही मनुष्य अपने देश का कितना कल्याण-साधन कर सकता है, मि. येन इसके प्रत्यक्ष उदाहरण हैं। भारत की वर्तमान अवस्था किसी दृष्टि से भी चीन से अच्छी नहीं है। संसार के किसी भी सभ्य देश में इतने अशिक्षित आदमी नहीं हैं, जितने भारत में हैं। हमारी वर्तमान अधोगति का यह सर्वप्रधान कारण है, परंतु इसके लिए हम केवल नौकरशाही सरकार को कोस कर रह जाते हैं। वार्षिक बजट में शिक्षा के लिए बहुत थोड़ी रकम देखकर हम एक बार नाक-भौं चढ़ा लेते हैं और फिर शायद यह सोचकर निश्चिंत हो जाते हैं कि जाने दो, स्वराज मिल जाने पर देखा जायेगा, उस समय भारत सरकार के खजाने की चाबी अपने हाथ में रहेगी और शिक्षा-विभाग के लिए खूब रुपया खर्च किये जायेंगे। अभी हमें अन्यान्य कामों से फुर्सत कहां है? परंतु चीन पंद्रह वर्षों से गृह-विवाद, अफीम की बेहोशी और राजनीतिक विप्लव में पड़े रहने पर भी अपने शिक्षा का स्वयं प्रबंध कर रहा है। सरकारी बजट की आलोचना कर देने में ही अपने कर्त्तव्य की इतिश्री नहीं समझता बल्कि जहां तक बन पड़ता है, अपनी शिक्षा के लिए स्वयं प्रयत्न करता है। यदि भारत के प्रत्येक नर-नारी अपने जीवन में पांच मनुष्यों को शिक्षित बनाने की प्रतिज्ञा कर लें तो पचास वर्ष में एक भी अशिक्षित इस देश में दिखाई न देगा।

23. भारत के पुराने कागजात : विलायत के इंडिया ऑफिस के पुस्तकालय में भारत संबंधी एक लाख पचास हजार छपी तथा 8,060 संस्कृत भाषा की, 7,000 फारसी की और 5,000 अरबी भाषा की अप्रकाशित पुस्तकें मौजूद हैं। इनमें बहुत से खुदरा कागजात और ऐतिहासिक पत्रादि हैं। इनमें अधिकांश पत्रों की लिखावट और सजावट बड़ी ही सुंदर है। पत्रों के हाशियों पर सुनहरी स्याही से निहायत नफीस बेलबूटे बने हैं, जिनकी शोभा और चमक आज भी उसी तरह बनी है। मालूम होता है कि अभी किसी ने तैयार किया है। कर्नाटक के नवाब का लिखा हुआ, ईस्ट इंडिया कंपनी के नाम का एक पत्र बड़ा ही सुंदर है। इस पर सोने का चूर्ण छींटा हुआ है, जो आज भी ज्यों का त्यों है। इसके सिवा, इस पुस्तकालय में बहुत-सा प्राचीन बौद्ध साहित्य भी संगृहीत है। ताल पत्र पर लिखा हुआ, वर्मा के बौद्धों का वृहद् धर्म-ग्रंथ मौजूद है जो 29 खंडों में है। इसकी लिखावट बड़ी सुंदर है। दूसरा एक सुबृहद् बौद्ध-ग्रंथ पाली भाषा में है, जो तिब्बत की राजधानी लासा से लाया गया है। इसके पत्रों की

लंबाई दो फुट और चौड़ाई छह इंच है। खूब बड़े-बड़े सुंदर सुनहरे अक्षरों में यह ग्रंथ लिखा गया है। मुगल बादशाह शाहजहां के बड़े पुत्र दारा ने अपनी प्यारी पत्नी को एक चित्र ग्रंथ उपहार दिया था, वह भी इस लाइब्रेरी में मौजूद है। इस ग्रंथ में 17वीं सदी के मुगल चित्रकारों के अंकित किये हुए बहुत से सुंदर चित्र हैं। शाहजहां के हाथ की लिखी हुई भी एक पुस्तक है। सन् 1129 में एक ईरानी विद्वान् ने कुरान पर एक बड़ी सी टीका लिखी थी, उसकी भी एक प्रति यहां मौजूद है। इसके अक्षर भी बड़े खूबसूरत हैं। इंडिया ऑफिस में भारत के इतिहास की जितनी सामग्री मौजूद है, उतनी और कहीं नहीं है। इसके सिवा आधुनिक भारतीय साहित्य का बहुत बड़ा संग्रह है। क्योंकि इस देश में जितनी पुस्तकें प्रकाशित होती हैं, उनकी एक-एक प्रति लेकर अवश्य ही इस पुस्तकालय में रख दी जाती है।

20 अगस्त 1927

24. चीन में जापानी वस्तु-वर्जन : चीन वालों ने ब्रिटिश माल का बायकाट करके अंग्रेजों के मुंह पर ऐसा करारा थप्पड़ जमाया है कि अभी तक तिलमिलाहट नहीं गई और अब सुनने में आया है, उन्होंने जापानी माल के बायकाट का भी आंदोलन आरंभ कर दिया है। उनका कहना है कि जापान अंग्रेजों की हाथ की कठपुतली बनकर साम्राज्यवादियों को मदद कर रहा है और एशिया के अभ्युत्थान में भयंकर बाधा कर रहा है, इसलिए जापान के मुंह पर भी वैसी ही, बावन तोले की एक करारी चपत जड़ने की बड़ी जरूरत है। इसके लिए सबसे बेहतर तरीका है जापानी माल का बायकाट करना। जब तिजोरी की गर्मी ठंडी होगी तब उसका दिमाग ठिकाने आयेगा और अंग्रेजों की दुम सहलाना छोड़ेगा। अभी हाल में जापान ने चीनियों को दमन के लिए सांगटांग में अपनी फौज भेजी भी तथा एक दूसरी फौज शीघ्र ही भेजने वाला है। इसी से चीनी और भी चिढ़ गये हैं। जापान की इस शरारत का बदला देने के लिए चीनियों ने जापानी माल का बायकाट करना ही उत्तम समझा है। इस कार्य के लिए उन्होंने एक 'बाढ़ काटलीग' स्थापित की है और कतिपय नियम भी बनाये हैं। हमारे देश में भी एकाधिक बार ब्रिटिश बायकाट आंदोलन आरंभ किया जा चुका है, परंतु असंगठित और अनियमित होने के कारण उसे सफलता नहीं मिली। परंतु चीन वालों ने जिस मुस्तैदी से यह आंदोलन आरंभ किया है उससे मालूम होता है कि उन्हें अवश्य की सफलता प्राप्त होगी और जापानी को विशेष रूप से क्षतिग्रस्त होना पड़ेगा। चीन का महान् राष्ट्र जाग्रत हो चुका है। अब जो कोई उसके पथ में रोड़ा अटकाने की चेष्टा करेगा उसको अवश्य ही मुंह की खानी पड़ेगी। बायकाट लीग ने तमाम चीनी बंदरगाहों को सूचना दी है कि कोई जापानी माल उतरने न दें। बायकाट

कानून का एक मसौदा राष्ट्रीय सरकार की सेवा में भेजा है, उसमें प्रार्थना की गई है कि वह शीघ्र ही इसे कानून के रूप में परिणत करें और वह कानून फौरन अमल में लाया जाय। मसौदे में कहा गया है कि चीन वाले जापानी बैंकों से फौरन अपने रुपये निकाल लें और जो ऐसा न करें उसे सख्त सजा दी जाय। चीनी बैंक जापानी बैंक से कोई संबंध न रखें। ट्रेन और स्टीमरों द्वारा जापानी माल का यातायात रोक दिया जाय। कोई चीनी किसी प्रकार की जापानी चीज व्यवहार न करें। जापानी वस्तुओं के व्यापारियों की तलाशी ली जाय। चीन का कोई अधिवासी किसी जापानी से किसी प्रकार का आर्थिक संबंध न रखे। 10 जून के बाद से जो चीनी जापानी माल का ऑर्डर देगा या जापानी माल बेचेगा, उसे दस दिन या उससे कम दिन तक पिंजड़े में बंद रहना पड़ेगा। इसके बाद पांच दिन तक वह शहर में घुमाया जायेगा और उसकी सारी संपत्ति सरकार जब्त कर लेगी। 10 जून के बाद जापानी माल की आमदनी करने वाले को सात दिन तक पिंजरेबद्ध रहना पड़ेगा। बायकाट-लीग के काम में बाधा प्रदान करने वाले को 20 दिन पिंजड़ा-कैद की सजा दी जायेगी। विदेशियों का प्रश्रय पाकर यदि कोई चीनी लीग से घृणा करेगा और जापानी वस्तु की खरीद-बिक्री करेगा, उसे कठोर दंड मिलेगा। उसकी जायदाद जब्त कर ली जायेगी। अगर कोई चीनी किसी जापानी के हाथ खाने-पीने की चीज या अपने देश का कच्चा माल बेचेगा तो वह बीस रोज के लिए पिंजड़े में बंद कर लिया जायेगा और जितने रुपये का माल बिक्री किया होगा, उतने ही रुपये जुर्माना उसे अदा कर देना होगा। परंतु लोग द्वारा अनुज्ञापत्र प्राप्त करने वाले पर इन नियमों का प्रयोग नहीं किया जायेगा। चीन के तमाम शहरों में मोड़ों पर लोहे के मजबूत पिंजड़े लटका दिये गये हैं। परंतु अभी तक उन्हें व्यवहार में लाने की नौबत नहीं आयी है। चीन के मजदूर संघ से अनुरोध किया गया है कि वे अपने प्रत्येक सदस्य से प्रतिज्ञा करायें कि वह कोई जापानी चीज हाथ से नहीं छुएगा।

27 अगस्त 1927

25. हिंदू-मुसलिम समस्या पर रवींद्रनाथ : इस समस्या की मीमांसा सहज नहीं है, यह इतनी जटिल है कि इसका समाधान मैं सोच ही नहीं सकता। दोनों ही संप्रदाय वाले कट्टर [Fanatic] हैं। हिंदू निष्क्रिय और मुसलमान सक्रिय हैं। दोनों ही संप्रदायों का धर्म है—खड़े होने की भूमि! यूरोप में किसी धर्म को ग्रहण करने, उसका अनुसरण करने और उसका पालन करने पर अंग्रेज अंग्रेज ही रहता है; फ्रांसीसी फ्रांसीसी ही रहता है। उन लोगों का ध्येय है जातीयता, वहां धर्म के नाम पर किसी प्रकार का झगड़ा नहीं है और यहां तो सब कुछ धर्म ही है। राजनीति में धर्म है, शिक्षा

में धर्म है और आचार में धर्म है। शायद शिक्षा-विस्तार से इस समस्या का समाधान हो सके, किंतु शिक्षा का अभाव इतना अधिक है और लोग इतने अधिक निरक्षर हैं कि यह सोचना भी कठिन है कि कितने दिनों में लोग शिक्षित हो जायेंगे।

26. काकोरी कांड समाप्त : खुदा-खुदा करते गत 22 अगस्त को काकोरी कांड की इतिश्री हो गई। अवध चीफ कोर्ट की बेंच अदालत ने इस कांड के अभागे अभियुक्तों की तकदीर का अंतिम फैसला सुना दिया। इसके पहले इन अभियुक्तों को जो सजायें दी गई थीं, वह सरकार की दृष्टि में काफी नहीं थीं, इसलिए उसने अदालत से सजायें बढ़ाने की प्रार्थना की थी। इसके साथ ही अभियुक्तों की ओर से भी अपील दायर थी। चीफ कोर्ट के विद्वान् जजों ने अभियुक्तों की अपील तो खारिज कर दी और सरकारी दरख्वास्त अंशतः मंजूर करके अभियुक्तों की सजाओं में परिवर्तन कर दिया। रामप्रसाद लाहिड़ी, रोशन सिंह और अशफाकुल्ला की फांसी की सजा कायम रही। चटर्जी, गोविंदचरण और मुकुंदीलाल को दस बरस की सख्त कैद की जगह आजीवन कालापानी का हुक्म हुआ। भट्टाचार्य और विष्णुशरण दुबलिस की सजा सात बरस की जगह दस बरस कर दी गई। रामनाथ पांडेय की सजा 5 से घटाकर 3 बरस और पी.के. चटर्जी की 5 से 4 बरस कर दी गई। पी.के. चटर्जी ने अपना कसूर मान लिया था। अन्य सजाओं के संबंध में कोई परिवर्तन नहीं हुआ।

27. मुकदमे का इतिहास : सन् 1924 में चार पृष्ठों में छापी गई पुस्तिका डाक से और हाथ से संयुक्त प्रांत और भारत के अन्य प्रांतों में गुप्त रीति से बांटी गई थी। पुस्तिका का शीर्षक 'क्रांतिकारी' भारत के क्रांतिकारी दल का मुखपत्र था। इसमें लिखा था कि क्रांतिकारी दल का उद्देश्य भारत में संघटित और सशस्त्र क्रांति के द्वारा प्रजातंत्र स्थापित करना है।

इन पुस्तिकाओं के वितरण के प्रायः एक महीना पहले पीलीभीत जिले के बमरौली में सशस्त्र डाका पड़ा जिसमें एक आदमी गोली से मारा गया और सात घायल हुए। 9 मार्च 1925 को पीलीभीत जिले के बीबीपुर में भी डाका डाला गया जिसमें एक आदमी मरा और एक घायल हुआ। 24 मई 1925 को प्रतापगढ़ जिले के द्वारकापुर में तीसरा सशस्त्र डाका पड़ा। इसमें एक आदमी गोली से मरा और पांच घायल हुए। 9 अगस्त 1925 को चौथा सशस्त्र डाका डाला गया। नंबर 8 डाकन ट्रेन काकोरी से लखनऊ जा रही थी। उसी समय किसी आदमी ने दूसरे दर्जे के डब्बे में जंजीर खींच ली और गाड़ी खड़ी हो गई। कुछ लोग गाड़ी में से उतरे इनमें से कुछ लोग हथियार बंद थे। इन्होंने ब्रेक यान में से तिजौरी लूट ली। इन डाकुओं ने घोषित कर दिया था कि हमारा उद्देश्य केवल सरकारी माल लूटना है। मुसाफिरों को चेतावनी

दी गई कि अगर वे गाड़ी से उतरेंगे तो उनकी जान ले ली जायेगी। अहमद अली नाम का एक आदमी अपने साथ के जनाने डब्बे में बैठी हुई स्त्रियों को देखने के लिए उतर पड़ा था और उसे डाकुओं ने गोली से मार डाला।

खुफिया विभाग के आर.ए. हर्टन इस डाके के संबंध में पता लगाने के लिए नियुक्त किये गये। आपने जांच के बाद 26 सितंबर 1925 को कई वारंट निकाले। बनारसी लाल, बनवारी लाल और इंदुभूषण मिश्र नाम के एक लड़के ने पुलिस के सामने जो बयान दिया उससे मि. हर्टन की राय का समर्थन हुआ कि संयुक्त प्रांत में क्रांतिकारी दल है। सरकार ने कुल 28 आदमियों पर मुकदमा चलाने की मंजूरी दी। इसमें से तीन व्यक्ति उस समय गायब थे।

गिरफ्तार हुए लोग स्पेशल मजिस्ट्रेट सैयद ऐनुद्दीन के सामने उपस्थित किये गये। बनारसी लाल और इंदुभूषण इकबाली गवाह हो गये। लेकिन बनारसी लाल अपनी बातों से हट गया और वह तथा अन्य 20 अभियुक्त अप्रैल 1926 में दौरा सपुर्द हुए।

28. सजाएं : दौरा जब श्री ए.एच. हेमिल्टन ने 21 अभियुक्तों में से 18 को अपराधी ठहराया। तीन को फांसी की सजा दी और शेष 15 अभियुक्तों को दूसरी सजाएं दीं। दामोदर स्वरूप सेठ नाम के एक अभियुक्त को उसकी अस्वस्थता के कारण मुचलके पर छोड़ दिया और मुकदमा स्थगित कर दिया। हरगोविंद और शचींद्रनाथ विश्वास छोड़ दिये गये। तीन भागे हुए अभियुक्तों में से अशफाकुल्ला और एल.एन. बख्शी बाद को गिरफ्तार किये गये। मि. जे.आर.एन. बेनेट की अदालत में उनका मुकदमा चला। दोनों अपराधी साबित हुए। अशफाक को फांसी की सजा हुई, बख्शी को आजीवन कालेपानी की।

29. अपील और सरकार की दरखास्त : चार को छोड़कर अन्य अपराधी साबित हुए व्यक्तियों ने अवध चीफ कोर्ट में अपील की और प्रांतीय सरकार ने योगेशचंद्र चटर्जी, सुरेश भट्टाचार्य, विष्णुशरण दुबलिस, मन्मथनाथ गुप्त, सी.सी. कर और मुकुंदीलाल की सजाओं को बढ़ाने की दरखास्त की।

3 सितंबर 1927

30. नील और महात्मा जी : सन् 1857 के गदर में कर्नल नील नाम के एक फौजी गोरे ने भारत में ब्रिटिश साम्राज्य की जड़ जमाने के लिए, भारतवासियों पर घोर अत्याचार करने में असामान्य बहादुरी दिखाई थी। उसकी विमल कीर्ति को स्थायी बनाने के लिए हमारी सदाशया सरकार ने मद्रास के माउंट रोड पर उसकी एक

विशाल मूर्ति बनवाकर खड़ी कर दी है। उसे कुछ नये ख्याल के मद्रासी युवक अपमानजनक समझने लगे हैं और तोड़ डालना चाहते हैं। कई दिन हुए उसे तोड़ने की चेष्टा करने के अपराध में दो नवयुवक पकड़े गये थे और अदालत से अपराधी प्रमाणित होकर आजकल जेल में हैं। इन वीर युवकों के संबंध में महात्मा गांधी जी ने जो अपनी राय दी है, उसे हम 'नवजीवन' से उद्धृत करते हैं–

मद्रास में दो नवयुवकों पर मद्रास के माउंट रोड पर 1857 ई. के बलवे के मशहूर जनरल नील की मूर्ति तोड़ने की कोशिश करने के लिए मुकदमा चल रहा है। इनमें एक हिंदू कोई तीस साल की उम्र का और दूसरा 25 वर्ष का मुसलमान है। इस मुआमले का मर्म गहरा है। इनका प्रयत्न तो असहयोग की चलती के जमाने की याद दिलाता है जबकि लाहौर में लारेंस मूर्ति को या कम से कम उस पर के लेख, 'कलम या तलवार' को हटा लेने की असफल कोशिश की गई थी। लाहौर वाला आंदोलन तो सर्वसाधारण की ओर से था। मद्रास में तो सिर्फ दो नौजवान चुपचाप दृढ़ता से काम में लग गये। उनका अदालत में दिया गया बयान रोचक होगा। 'हिंदू' में वह यों छपा है–

> "पहले आसामी ने कहा कि टिनेवेली में मेरा जन्म हुआ था, मगर मैं मदुरा में रहता हूं। यह काम करने के पहले मैं इसकी सजा को जानता था। इसके लिए हम सब कुछ सहने को तैयार हैं। इतिहास को पढ़कर मैंने जाना है कि नील ने हमारे देश का बहुत अहित किया है और उसकी मूर्ति यहां नहीं होनी चाहिए। मैंने उसे तोड़ने का निश्चय कर लिया। घर से चलते समय हम छेनी और हथौड़ी लिए आये थे, मगर खास इसी के लिए नहीं। मद्रास में पहुंचकर शहर घूमने को निकलने पर हमने यह मूर्ति देखी। हमें उसके इतिहास की याद हो आयी और हमने आज इसे तोड़ने की कोशिश की। मगर यह मूर्ति न पत्थर की है, न कांसे की, परंतु तांबे की है, इसलिए सिर्फ कुछ ही हिस्से टूटे। इसके बाद सार्जेंट हमें पुलिस थाने पर ले गया। इस कसूर के लिए अदालत जो कोई सजा उचित समझे, झेलने को तैयार हूं।"

यह पूछने पर कि 'तुम अपना कसूर कबूल करते हो या नहीं'। उन्होंने कहा–

> "अगर सरकारी कायदों से देखा जाय तो हम कसूरवार हैं, नहीं तो अपनी समझ में हमने कोई कसूर नहीं किया है।"

इन बहादुर नवजवानों से हमदर्दी न दिखलाना असंभव है। जितनी हमदर्दी उनके उद्देश्य से होती है, उतनी ही उस शोभा से जो उन्होंने मुकदमे में दिखलायी थी। रिपोर्ट

से यह भी जान पड़ता है कि उनकी ओर से कोई वकील न था और उन्होंने सरकारी गवाहों से जिरह भी न की। इसमें कोई शक नहीं मालूम पड़ता कि ज्यों-ज्यों राष्ट्रीय चेतना बढ़ती जायेगी, दुरुपयुक्त ब्रिटिश अधिकार और ब्रिटिश पशुता के गुश्ताखाना स्मारक इन मूर्तियों के प्रति क्रोध बढ़ता ही जायेगा। बुद्धिमान सरकार, चाहे कितनी ताकतवर क्यों न होवे, मगर वह हर एक ऐसे दिल दुखाने वाली यादगार को दूर करेगी और क्रुद्ध लोकमत को ऐसे काम करने को उत्तेजित न करेगी जो काम चाहे जितने बुरे क्यों न होवें, मगर राष्ट्रीय भावनाओं के प्रति अक्षम्य उदासीनता के जवाब में उचित और न्यायरूप ही माने जायेंगे और ऐसे मर्जों को दूर करने के प्रयत्नों की हर एक असफलता से हमारे और अंग्रेजों के बीच कड़वापन और अंतर बढ़ता ही जाता है। निश्चय ही मूर्ति की मालिक मद्रास म्युनिसिपलिटी को वह मूर्ति हटा देनी चाहिए।

–मोहनदास करमचंद गांधी

24 सितंबर 1927

31. वायसराय को उपदेश : कुछ वर्ष हुए 'डेली क्रानिकल' के लंडन स्थित संवाददाता ने तत्कालीन वायसराय को निम्नलिखित सलाहें दी थीं जो 'अमृतबाजार पत्रिका' की राय में वर्तमान वायसराय के लिए भी उतनी ही उपयोगी हो सकती हैं जितनी वे छह वर्ष पहले के वायसराय के लिए थीं।–(1) पार्थक्य मत रखो। (2) जनता में अपना दिमाग खराब मत करो। (3) प्राइवेट उद्योगों को निरुत्साहित मत करो। (4) जिसकी पूर्ति न कर सको उसका वचन मत दो। (5) लालफीते और नियमों से शासन मत करो। (6) भारत-सचिव के हाथ की कठपुतली न बनो। (7) उतावली में कानून मत बना डालो और आराम में संशोधित न करो। (8) राष्ट्रीय जीवन से पृथक् करने की भी चेष्टा मत करो। (9) राजनीतिक पक्षपात मत करो, क्योंकि तुम शासक हो। (10) अपराधी अधिकारियों की रक्षा करने में अपनी पोजिशन का उपयोग न करो। (11) भारतीय छात्रों को उनका शरीरबल और चरित्रबल नष्ट करके शिक्षा मत दो। (12) जब पुरानी लकीर पीटते रहने से काम नहीं चलता तो रास्ता बदल दो। (13) अपने सलाहकारों की सभी बातों पर विश्वास मत करो, यद्यपि वे जो कुछ कहते हैं वह बहुत सोच-समझकर कह सकते हैं, तथापि वे मनुष्य हैं, और मनुष्य से कभी-कभी गलती हो सकती है। (14) दूसरी आंख से इशारेबाजी मत करो। कपटपन पूर्व में अक्षम्य अपराध माना जाता है। पूर्वीय लोग इसे पाते ही तुरंत निकाल बाहर करते हैं। (15) यह मत समझ लो कि भारतवर्ष पांच-छह नगरों, कुछ प्राचीन संग्रामों और एक-दो छिन्न-भिन्न भग्नावशेषों तथा उत्तरी-पश्चिमी सीमांत प्रदेश से बना है।

1 अक्टूबर 1927

32. देशी रियासतों की संख्या : भारत में आजकल कुल 562 देशी रियासतें हैं जिसमें 30 बड़ी और बाकी सब छोटी हैं। इनमें 15 तो इतनी छोटी हैं कि उनका विस्तार केवल एक वर्ग मील है। सब रियासतों का क्षेत्रफल 6,75,267 वर्ग मील है। इनमें 9 रियासतों के अधिपति मुसलमान और बाकी के हिंदू हैं। हिंदू नरेशों के अधिकार में कुल चार लाख सत्तर हजार वर्ग मील भूमि है। बाकी प्रायः दो लाख वर्ग मील भूमि मुसलमान नरेशों के अधिकार में है।

15 अक्टूबर 1927

33. भारत की योग्यता पर धुरंधर अंग्रेजों की सम्मति : 'मॉडर्न रिव्यू' के संपादक महाशय ने India's case for freedom पुस्तक अंग्रेजी में लिखी है जिसका एक अध्याय अक्टूबर के 'मॉडर्न रिव्यू' में प्रकाशित हुआ है। हम उसका भावार्थ देते हैं।

> "भारत सरकार का यह दावा है कि हिंदुस्तान के लोगों में अभी वह योग्यता नहीं आई कि वे खुद अपना शासन कर सकें। उनमें उस तरह की मेधा-शक्ति और चरित्र-बल नहीं जो उनके देश के शासन के लिए आवश्यक हैं, इसलिए हिंदुस्तान ग्रेट ब्रिटेन द्वारा ही शासित रहना चाहता है।"

इसके उत्तर में लेखक ने कुछ ऐसे अनुभवी अंग्रेज विद्वानों की सम्मतियां दी हैं जो धुरंधर पंडित होते हुए भारत के बारे में विशेष ज्ञान रखते हैं। उनके दिये गये प्रशंसा-पत्रों को पढ़कर पाठक स्वयं सोचें कि ग्रेट ब्रिटेन किस न्याय के अधिकार पर अपना दावा पेश करता है या हिंदुस्तान खुद अपना शासन आप कर लेने में असमर्थ है—

1. प्राच्य विद्या विशारद मैक्समूलर—What India has to teach us में लिखते हैं—"अगर मुझे कहा जाय कि तमाम संसार में एक ऐसा देश चुनो जो ऐश्वर्य, शक्ति और सौंदर्य में संसार का स्वर्ग हो तो मैं कहूंगा वह भारतवर्ष है, अगर मुझसे पूछा जाय कि किस आकाश के नीचे मनुष्यों के मन में कुछ चुने हुए विषयों की पूर्णता की, साधना की, जीवन के बड़े से बड़े प्रश्नों पर विचार किया गया, वे हल किये गये, कांट और प्लेटो पढ़ने वालों की भी उलझन जिसने मिटाई, मैं उस भारतवर्ष को कहूंगा। अगर मुझसे पूछा जाय कि हम यहां यूरोप से किस साहित्य को चुने जो हमारे अंतर से अंतरतम प्रदेश को पवित्र करने वाला अधिक व्यापक, अधिक मानवीय यथार्थ हो तो फिर मैं हिंदुस्तान की ओर इंगित करूंगा।"
2. जब अंग्रेज भारतवर्ष आये व्यवसायी और भ्रमणकारियों के रूप में उन्होंने

इसे नीच सभ्यता में पाया या उच्च में, इस प्रश्न का उत्तर दिया था मद्रास के गवर्नर सर टामस मुनरो ने और उत्तर भी हाउस ऑफ कॉमंस के सामने सन् 1813 में–"अगर सुव्यवस्था के मानी यही है कि कृषि के कौशल विदित हों जिससे हर तरह की खाने की चीजें मिलें–ऐशो-आराम हो, गांव-गांव स्कूल हों, लिखने-पढ़ने और गणित की शिक्षा दी जाती हो–आतिथ्य-सत्कार आदि के नियम परिचित हों, बरते भी जाते हों, और सबसे पहले स्त्रियों की जाति विश्वास से भरी, विनीत और लावण्यवती हो, मैं कहूंगा हिंदू किसी तरह भी यूरोप की जातियों से घटकर नहीं, और यदि दोनों में सभ्यता के अर्थ से व्यवसाय का प्रबंध तैयार हो तो जरूर इंगलैंड का व्यापार-कौशल बाजी मार ले जायेगा।"

3. **संसार में भारत का महत्तम स्थान :** संसार के इतिहास और सभ्यता में भारत के विशेष स्थान के संबंध में एच.एम. हिंडमैन महाशय, एक जबर्दस्त अंग्रेज राजनीतिक लेखक लिखते हैं–"अंग्रेज जब नहीं आये थे, उसके हजारों वर्ष पहले भारत सभ्य था, और मामूली सभ्य नहीं, सभ्यता के उच्च शिखर पर था। वह ऐश्वर्य-संपत्ति से भी भरपूर था। उसकी भाषा विशेष महत्त्व की थी। उपयुक्त कानून, कायदे और सामाजिक प्रथाएं वहां प्रचलित थीं। उसे कला का ज्ञान भी था, वैज्ञानिक सन्निवेश और साजो-सामान से भी वह परिचित था। वहां हर तरह की सुंदर से सुंदर वस्तु तैयार होती थी। वह धार्मिक धारणाओं से भी विभूषित था। उसके दार्शनिक और वैज्ञानिक अनुभवों से पश्चिम की बढ़ी हुई जातियां विशेष रूप से प्रभावित हुई हैं और उनसे अपनी पुष्टि की है। बड़े से बड़े सचरित्रों में एक शाक्य मुनि [बुद्ध] हिंदू थे। मनु का विधान-शास्त्र ई. सन् के आरंभ से पहले ही प्रचलित हो गया था और इस समय भी विचारकों के लिए वह तत्त्वप्रद पाठ्य-विषय हो रहा है। अकबर मुसलमान थे, ये पूर्वीय देशों के राज्य करने वालों में एक बहुत बड़े सम्राट थे। वेदों, महाभारत और रामायण के प्रणयनकर्त्ताओं, ताजमहल के निर्माताओं और बाबर, हैदरअली और रंजीत सिंह जैसे सूरों और राजनीतिज्ञों के योग्य वंशधर इस परवर्त्ती युग में भी हिंदुस्तान में मौजूद हैं।

4. हिंदुस्तान की तरह जीवन अनेक पथों के पारंगत मनुष्यों की तुलना में, दूसरा कोई पूर्वी देश नहीं जहां इतने कुशल मनुष्य रहते हों। जैसे टैगोर, जिनकी रचनाएं तमाम यूरोप और अमरीका में पढ़ी जाती हैं। सर जे.सी. बोस, जिनका वनस्पति का अनुसंधान संसार-प्रसिद्ध है। मेजर बी.डी. बसु भारत के इतिहासज्ञ, धनगोपाल मुखर्जी My brother's face के प्रणेता।

ऐसे अनेक महानुभाव हैं जो यूरोप में विशेष उच्च निर्णय-स्थान पर अधिकार कर सकते हैं। इनमें एक-एक के अनेक-अनेक शिष्य हैं जो यूरोप में शिक्षा के किसी भी विभाग में रत्न रह सकते हैं। हम अंग्रेजों को और यूरोपियनों को इन सबका सम्मान करना चाहिए, समझना चाहिए और इनके साथ बराबर भूमि पर पूर्ण समता के ज्ञान से काम करना चाहिए।

5. 1901 ई. दिसंबर में कलकत्ते में सर एंड्रयूज, कलकत्ता विश्वविद्यालय के अंग्रेज वायस चांसलर ने कहा है—"उस समय जब हमारे पूर्व-पितामह वन्य मनुष्यों से कुछ ही बेहतर थे, बड़े से बड़े भाषा और विचार के ग्रंथ इस देश में तैयार हो चुके थे। यद्यपि वह महान् ग्रंथों वाला युग अब नहीं रहा, परंतु हममें से पढ़े-लिखे लोग जो भारतीयों से वार्तालाप करते हैं उन्हें विश्वास हो जाता है कि ये अपने पूर्व-पुरुषों के योग्य वंशधर हैं।"
6. जनरल स्मट्स दक्षिण अफ्रीका के प्रीमियर, जोहांसबर्ग में दिये गये अपने भाषण में अगस्त 26 सन् 1901 ई. में कहते हैं—"मैं भारतीयों से घृणा नहीं करता। मैं उन्हें ऊंची निगाह से देखता हूं। दो आदमियों से मैं मिला। एक थे, लार्ड सिन्हा और दूसरे थे बीकानेर के महाराजा। मुझे विश्वास है कि मेरे जाने हुए लोगों में ये शक्तिमान मनुष्य थे। संसार के इतिहास में जो सर्वाधिक शक्ति वाले हुए उनमें भारतीयों की भी खासतौर से जगह है। ऐसे भी भारतवासी हैं जो मनुष्य-जाति के बड़े से बड़े नेता हो चुके हैं। जिनकी पादुका स्पर्श करने की भी योग्यता मेरे अंदर नहीं। न आज की रात में कोई मनुष्य ऐसा है ही जो इस कार्य के योग्य हो।"

5 नवंबर 1927

34. भारत के राजनीतिक बंदी : भारत के राजनैतिक बंदियों की चर्चा करते हुए पंजाब निवासी लाला दुनीचंद जी के विचारों का एक लेख 'गुजराती' में प्रकाशित हुआ है, हम उनका मुख्य अंश देते हैं—"सर अलेक्जेंडर मुडीमैन ने सन् 1926 की जनवरी में राजनीतिक बंदियों की संख्या 961 बतलायी थी। यह संख्या किसी भी दृष्टि से ठीक नहीं है। इस संख्या में उन कैदियों को सम्मिलित नहीं किया गया है जिन पर दूसरे अपराध मढ़े गये हैं और जिनको राजनीतिक कैदी नहीं बनाया गया है। अकाली कैदियों का भी इस संख्या में यथातथ्य सम्मिश्रण नहीं है। 1926 की जनवरी में यह संख्या 961 से कहीं अधिक होनी चाहिए थी। इधर यह संख्या घटने की अपेक्षा और अधिक बढ़ गई है।

1919 में सैनिक-विधान के नाम पर 80 मनुष्यों को दंड देकर देश की

भिन्न-भिन्न जेलों में रखा गया। भारत की बहुसंख्यक जनता की धारणा है कि सैनिक-विधान के अनेक बंदी सर्वथा निर्दोष हैं। जेल में सड़ते हुए उनको अब आठ-आठ वर्ष बीत रहे हैं।

सर माइकेल ओडायर के शासनकाल में तीन बार पंजाब के युवक पकड़े गये। पहली बार 80, दूसरी बार 100, तीसरी बार कितनों पर नौबत आई, ठीक संख्या तो याद नहीं, पर यह याद है कि यह संख्या बहुत बड़ी थी।

उठते हुए युवकों को ही नहीं, 14-14 वर्ष के बच्चों तक को मृत्यु तथा देशनिकाला का दंड दिया गया। ये युवक सर माइकेल ओडायर की राजनीति पर भेंट हो गये। इनको अधिकार न दिया गया कि वे साधारण न्यायालयों से अपना न्याय करा सकें, अपील करने का ही हक न था। अंड और भारत दोनों जगह जेलों में इनके साथ भयंकर अमानुषिक व्यवहार किया गया।

35. स्वदेश नहीं लौट सकते : निम्नलिखित भारतीयों ने बाध्य होकर विदेश में आश्रय लिया है। वे स्वदेश-सेवा अपराध के अपराधी हैं। अपनी समझ और शक्ति के अनुसार इन्होंने भारत को गुलामी से मुक्त करने की चेष्टा की है, इसी से सरकार की नजरों के कांटे बन गये हैं। इन्हें अपने देश में आने की आज्ञा नहीं है। यदि वे स्वदेश लौटें तो जेल जाना पड़े इसलिए यह नहीं लौटते—(1) श्री हरदयाल, दिल्ली निवासी, स्वीडन, (2) श्री नरेंद्र भट्टाचार्य (श्री मानवेंद्रनाथ राय) पता नहीं कहां हैं। (3) श्री धीरेंद्रनाथ सरकार, जर्मनी, (4) श्री तारकनाथ दास, जर्मनी, (5) श्री शैलेंद्रनाथ घोष, अमरीका, (6) श्री हेरम्बलाल गुप्त, अमरीका, (7) श्री धीरेंद्रनाथ सेन, अमरीका, (8) श्री ज्ञानेंद्रनाथ सान्याल, अमरीका, (9) श्री प्रफुल्ल मुकर्जी, अमरीका, (10) श्री प्रमथनाथ दत्त, रूस, (11) श्री रासबिहारी वसु, जापान, (12) श्री वीरेंद्रनाथ चट्टोपाध्याय, जर्मनी, (13) श्री चंपकवरण पिसाई, जर्मनी, (14) श्री हृषीकेश दत्त, जर्मनी, (15) श्री अमीनचंद चौधरी, जर्मनी, (16) श्री कर्त्ताराम सिंह, जर्मनी, (17) श्री हरद्वार सिंह (सेना से भागे हुए) कहां है, पता नहीं, (18) श्री अब्दुल हाफीज, जर्मनी, (19) इकबाल सैदाई, यूरोप के किसी देश में, (20) श्री अबू सैयद, तुरकिस्तान, (21) श्री वाहिदुल्ला, तुरकिस्तान, (22) श्री भगवान सिंह, अमरीका, (23) श्री मोदाराम, अमरीका, (24) श्री गोपाल सिंह, अमरीका, (25) श्री मिट्ठा सिंह, अफ्रीकी प्रदेश में, (26) श्री त्रिमूर्ति आचार्य प्रतिवादी मयंकर, जर्मनी, (27) श्री अमीन फरुखी, जर्मनी, (28) श्री अब्दुल रोब, तुरकिस्तान, (29) श्री मनसूर अहमद, जर्मनी, (30) श्री नाथप्रसाद वर्मा, जर्मनी, (31) श्री पांडुरंग आंकाजी, जर्मनी, (32) श्री अब्दुलशऊर, जर्मनी, (33) श्री अब्दुल जब्बार, जर्मनी, (34) श्री बिहारी लाल, अमरीका, (35) श्री नंदकेर, अमरीका, (36) श्री मुहम्मद बरकतुल्ला, यूरोप के किसी देश में, (37) श्री राजा महेंद्र प्रताप सिंह, अफगानिस्तान,

(38) श्री राणा, फ्रांस, (39) श्री स्वामी कृष्ण वर्मा, स्विट्ज़रलैंड, (40) श्री बी.आर. गामा, फ्रांस, (41) श्री वीरेंद्रनाथ दास गुप्त, जर्मनी, (42) श्री के.के. नायक, (43) श्री सैयद अब्दुल वाहिद।

26 नवंबर 1927

36. कमीशन में जितने सदस्य हैं, उतने ही गैर-सरकारी भारतीय होने चाहिए।

—लाला लाजपत राय

कमीशन में केवल अंग्रेजों को रखकर आत्मसम्मान की दृष्टि से भारत का असहनीय अपमान किया गया है। **—डॉ. वेसेंट**

हम सरकार से सहयोग करना चाहते हैं परंतु जब समभूमि में हम खड़े नहीं हो पाते तो सहयोग कैसे कर सकते हैं? **—सर दीन शा पेटिट**

कमीशन का वर्तमान रूप लार्ड बर्केनहेड के जीवन की सबसे बड़ी भूल है।

—सर चिमन लाल

मुझे दृढ़ विश्वास है कि हिंदू-मुसलमान सभी संप्रदाय के लोग इस कमीशन को भारत के प्रति अपमान अनुभव करेंगे। **—मि. जिन्ना**

3 दिसंबर 1927

37. स्वतंत्र अफगानिस्तान : 'पायोनियर' का विशेष संवाददाता लिखता है—'काबुल के एक प्रसिद्ध पत्र में यह समाचार प्रकाशित हुआ है कि पहले सैकड़ों अफगान भारत और दूसरे देशों की जेलों में सड़ा करते थे, परंतु अब यह बात नहीं है, अफगान सरकार के प्रतिनिधि अब अपनी प्रजा की देखभाल रखते हैं। अभी, पिछले दिनों कराची के अफगान-प्रतिनिधि को जब यह समाचार मिला कि लरकाना दंगे के संबंध में दो अफगान-प्रजा मुहम्मद मीर और मुहम्मद आरिफ गिरफ्तार हैं तो उसने प्रादेशिक सरकार से उन्हें छोड़ देने का अनुरोध किया। अंत में कराची के अधिकारियों ने अफगान-प्रतिनिधि को वहां के मजिस्ट्रेट के चिट्ठी की नकल यह लिखकर भेज दी कि दोनों अफगानों ने दंगे में निश्चय रूप से भाग लिया था किंतु कौंसिलरी मांग की प्रबलता के कारण अब उनके विरुद्ध गवाहियां नहीं ली जायेंगी और वे छोड़ दिये गये।

38. बाजा और सरकार : गत 26 नवंबर को अलीगढ़ में संयुक्त प्रांतीय राजनैतिक सम्मेलन के सभापति श्री गोविंद बल्लभ पंत ने अपने अभिभाषण में कहा है—

"संयुक्त प्रांत की सरकार ने आज तक नहीं बतलाया कि मसजिदों के सामने

बाजा बजाने के संबंध में उसकी क्या नीति है। कहीं बाजे का जुलूस रोका जाता है, कहीं घरों तक का बाजा रोक दिया जाता है, कहीं सभी मसजिदों के लिए और कुछ अवसरों पर, और कहीं मुसलमानों के विरोध करने पर भी धूमधाम से जुलूस निकलने दिया जाता है। कई प्रयत्न किये गये पर सरकार ने यह न बतलाया कि उसकी कोई एक स्थिर नीति है भी या नहीं। न तो वह कानून का अनुसरण करती प्रतीत होती है, न स्थानीय रिवाज का। परिणाम यह होता है कि सर्वत्र ऐसे अवसरों पर अनिश्चय बना रहता है और इसी के कारण लोग लड़ पड़ते हैं क्योंकि यह पहले से कोई नहीं जानता कि सरकार किसका साथ देगी। फलतः सरकार की और उसके अफसरों की प्रतिष्ठा बढ़ती है। कौंसिल में दो वर्ष पहले एक प्रस्ताव स्वीकृत हुआ कि गैर-सरकारी सदस्यों की कमेटी इसलिए नियुक्त की जाय कि वह सांप्रदायिक झगड़ों के कारणों का अन्वेषण करें और उनके प्रतिकार के उपाय बतलावें पर सरकार ने उस पर आज तक अमल नहीं किया। बद्रीसाह और बहादुर सिंह की हत्याओं को कई महीने हो गये पर आज तक इस संबंध में किसी का न अभियोग खुला न किसी को दंड मिला। शहरों में दिन-दहाड़े दंगे हो जाते हैं और घंटों पहले से उनकी तैयारी खुलकर होती है पर पुलिस कभी उनका पहले से पता नहीं लगाती। सरकार यह शिकायत नहीं कर सकती कि उसके पास साधन नहीं हैं। उसके पास पुलिस की खासी फौज है। हम असहयोग के दिनों में इस फौज की तत्परता देख चुके हैं। अब भी राजनीतिक अपराधों की छानबीन में साधारण और खुफिया पुलिस जान लड़ा देती है और पानी की तरह रुपया बहाया जाता है। पर यह सांप्रदायिक झगड़े जो समाज की सत्ता ही मिटाये दे रहे हैं उसकी शक्ति के बाहर है।

31 दिसंबर 1927

39. देशी राज्य : 'तरुण राजस्थान' में श्री विजयसिंह 'पथिक' का 'रक्षणनीति का ढकोसला राज्यों में ब्रिटिश पंजा' शीर्षक एक लेख प्रकाशित हुआ है। जिसका कुछ अंश नीचे देने से देशी राज्यों की अवस्था का ज्ञान 'मतवाला' के पाठकों को हो जायेगा। देशी राज्यों के राजा राज्यकोष के धन को स्वेच्छानुसार व्यय करना अपना अधिकार मानते हैं। मनमाने निरर्थक 'कर' लेते हैं। प्रजा की स्त्रियों को कुदृष्टि से देखते हैं। राजनीति में बुद्धू हैं। स्वभाव से असहिष्णु और अनुदार हैं। हिंसा और कपटप्रिय हैं। खुशामदी हैं। अधिकारी अधिकार का दुरुपयोग करने वाले हैं। नौकरी को धन एकत्र करने का साधन मानते हैं। रिश्वत, जाल आदि को विहित गिनते हैं। भय के शासन में विश्वास करते हैं। परले सिरे के अपव्ययी हैं। राज्य, प्रजा दोनों को

धोखा देते हैं। प्रजा मूर्ख है। दरिद्र है। साहसहीन है। चोरों से मेल रखने को बाध्य है। उसे लिखने, बोलने और संगठन का अधिकार नहीं। अपने दुःखों के विरुद्ध आंदोलन करने का हक नहीं। अधिकार मांगने का अधिकार नहीं। अच्छा खाने, पहनने और चाहे जिससे अपना कार्य कराने का हक नहीं। न उसकी शिक्षा का प्रबंध है, न उसकी रक्षा का। उसे राज्य, चोर, साहूकार, जागीरदार, देशी-विदेशी सब लूटते हैं। और सरकार क्या करती है—राज्यों में विदेशी माल की खपत कराने वालों को जाने से नहीं रोकती, सहयोग और असहयोगियों को रोकती है। राज्यों को भीतरी सुधार में सहायता नहीं देती, दमन में देती है। राज्यों में प्रतिनिध्यात्मक शासन को प्रोत्साहन नहीं देती है। राज्यों को अंग्रेज नौकर रखने और रेल आदि बनाने को दबाती है, अपने आदमियों को योग्य बताने को नहीं दबाती। राज्य, प्रजा के पारस्परिक वैमनस्य की उपेक्षा करती है, ब्रिटिश विरोधी भावों की उपेक्षा नहीं करती। राज्यों की खरी बातें पसंद नहीं करती, खुशामद की प्रशंसा करती है। अपनी प्रजा और ब्रिटिश भारतीयों पर उन्हें मनमानी करने देती है, किंतु अंग्रेजों, ईसाइयों, यूरोपियनों और अपने कृपापात्रों को शुद्ध न्याय [अंग्रेजी कानून और अदालत द्वारा] दिलाती है।

7 जनवरी 1928

40. गोरों की काली करतूतें : भारत उपसचिव अर्ल पिंटर्टन ने गत 11 नवंबर को हाउस ऑफ कॉमंस में बोलते हुए कहा था कि “हमने भारत की रक्षा की, भारत की भावी उन्नति की एवं उसे संरक्षण का उत्तरदायित्व हमारे ऊपर है, और इस उत्तरदायित्व को हम अनुभव करते हैं।”

इस कथन की आलोचना करते हुए एक विदेशी सामाजिक पत्र लिखता है कि अर्ल विंटर्टन के कथन का सार निम्नलिखित बातों से प्रकट होता है। प्रत्येक भारतीय की वार्षिक आय साढ़े सात पौंड से भी कम है। भारतीय जनसंख्या में से 96 प्रति सैकड़ा जनता निरक्षर है। लेजिस्लेटिव असेंबली के निर्वाचन में वोट देने का अधिकार एक प्रति सैकड़ा भारतीय को भी प्राप्त नहीं है।

जलियांवाला हत्याकांड में जनरल डायर के सैनिकों द्वारा 379 भारतीय परलोक सिधारे और इससे तिगुने घायल हुए। नेन्स के अनुसार 171 व्यक्ति, बिना उस पर किसी प्रकार का मामला चलाये, जेलों में बंद हैं।

इसी वर्ष अगस्त महीने में मास्को यूनिवर्सिटी देखने जाने के अभियोग में एक विद्यार्थी को पांच वर्ष की सजा की कैद हुई। सोवियत जयंती के अवसर पर आमंत्रित किये हुए प्रतिष्ठित भारतीयों को पासपोर्ट नहीं दिये गये।

कामरेड सकतवाला को रूस जाने के लिए पासपोर्ट नहीं मिला।

41. श्रीयुत् पाल का अभिमत : कांग्रेस के स्वाधीनता वाले प्रस्ताव पर रायजनी करते हुए श्रीयुत् विपिनचंद्र पाल ने 'इंगलिशमैन' में लिखा है कि मुख्यतः इस प्रस्ताव का कोई अर्थ नहीं है, परंतु गौणतः इस प्रस्ताव से जाहिर होता है कि भारतीय राजनीतिकों में से अधिकांश की आस्था अब ब्रिटिश नीति पर नहीं रही और इनकी सारी जिम्मेदारी वर्तमान टोरी गवर्नमेंट पर है। साइमन कमीशन द्वारा भारत के आत्मबोध पर भयंकर आघात किया गया है। लार्ड बर्केन हेड ने हमें बता दिया है कि भारत के भविष्य का नियंत्रण अनंतकाल तक इंगलैंड की इंपीरियल पार्लामेंट और इंपीरियल कैबिनेट के हाथों में रहेगा। परंतु भारत का कोई राजनीतिक इसे मानने को तैयार नहीं है। अवश्य भारतवासियों की इच्छा का ख्याल न कर गवर्नमेंट मनमानी कर सकती है। क्योंकि उसके पीछे प्रबल पाशविक शक्ति है। परंतु आज प्रत्येक आत्मबोध संपन्न भारतवासी साफतौर से यह कह देने को तैयार है कि यद्यपि तुम्हारे पास सेना का बल है, हवाई जहाजों, जंगी जहाजों की शक्ति है। परंतु जब तक तुम हमारे न्यायसंगत अधिकारों को स्वीकार नहीं करते, तब तक हम तुम्हारा नैतिक समर्थन नहीं कर सकते। कोई भी विलक्षण राजनीतिक प्रतिरोध की अवहेलना नहीं कर सकता। किसी भी जाति को उसकी सम्मति बिना कोई दूसरी जाति शासित नहीं कर सकती। इतिहास के सर्व प्रधान अत्याचारियों ने केवल अपने पशु-बल द्वारा ही किसी जाति को वशीभूत नहीं करने पाया है। वरन् हीन वीर्य होने के कारण ही प्रजा ने उनके प्रभुत्व को स्वीकार किया है। प्रत्येक स्वेच्छाचारी प्रभुत्व का कारण यही प्रजा का हीन वीर्य भाव है। ब्रिटिश शासन के अधीन रहने से भारतवासियों में जो हीन-वीर्यता समा गई थी, वह अब बड़ी तेजी से भाग रही है। ब्रिटिश शक्ति ने भारत में जो मोहजाल फैला रखा था, वह क्रमशः छिन्न-भिन्न हो रहा है। कांग्रेस के पूर्ण स्वाधीनता का प्रस्ताव इसी बात का परिचायक है।

42. कांग्रेस और महात्मा जी : मद्रास-कांग्रेस के संबंध में अपना अभिमत प्रकाशित करते हुए महात्मा जी ने अबकी 'यंग इंडिया' में डॉ. अंसारी और पं. मालवीय जी की खूब तारीफ की है। इसके बाद आपने लिखा है कि हमें आशा है कि हिंदू-मुसलमानों का पारस्परिक विश्वास जो अब की कांग्रेस में देखने में आया है, चिरस्थायी होगा और वह सारे देश के हिंदू-मुसलमानों में विशेष रूप से फैल जायेगा। इस मिलन के संबंध में कांग्रेस ने जो प्रस्ताव पास किया है, उससे कोई हानि न होगी। इस अवस्था में इससे बेहतर कोई प्रस्ताव हो भी नहीं सकता था। यद्यपि मैं स्वयं इस प्रस्ताव से जरा भी उत्साहित नहीं हुआ हूं, परंतु मैं यह कह सकता हूं कि काम चलाने के लिए प्रस्ताव अच्छा है। इससे बहुत कुछ काम हो सकेगा। कांग्रेस की प्रार्थना यदि हिंदू-मुसलमानों के हृदयों को स्पर्श कर सके और एक दल दूसरे

दल की मांगों के प्रति सम्मान प्रदर्शित कर सके तो शीघ्र ही शांति की स्थापना होगी और सहज ही स्वराज की भी प्राप्ति होगी। उसी समय हम जातीय कलह संबंधी अपनी मूर्खता को भी समझ सकते और लार्ड बर्केन हेड द्वारा प्रदर्शित ब्रिटिश शक्ति के औद्धत्य का भी मुंहतोड़ उत्तर प्रदान किया जा सकेगा। इस अत्यावश्यक विषय के प्रचार के लिए डॉक्टर अंसारी की अधीनता में एक शांतिदल का संगठन करना चाहिए। यह दल सर्वसाधारण में कांग्रेस की शांतिवाणी का प्रचार करेगा और इस संबंध में उनकी सम्मति अर्जन करेगा। क्या इस प्रचार-कार्य के लिए यथेष्ट शक्ति हममें है? सच्चे परिश्रमी और शांतिकामी प्रचारक क्या हमें यथेष्ट संख्या में मिल सकेंगे? हमें विश्वास है, मिलेंगे।

इसके बाद महात्मा जी ने लिखा है कि अबकी कांग्रेस के अधिवेशन में बहुत-सी दायित्वहीन बातें, आलोचनायें और कार्य भी हुए हैं। विशृंखलता की कमी नहीं थी। कितने ही विकट प्रस्ताव विषय निर्वाचिनी समिति में आये और बिना विशेष विचार किये ही पास कर डाले गये। गत वर्ष स्वाधीनता का प्रस्ताव नहीं पास हो सका, परंतु इस साल वह बिना प्रतिवाद के ही ग्रहण कर लिया गया। उससे कोई हानि नहीं होगी, परंतु मेरी राय तो यह है कि प्रस्ताव पास करने में बड़ी जल्दबाजी से काम लिया गया है और उस पर अच्छी तरह विचार भी नहीं किया गया। विलायती चीजों का बहिष्कार संबंधी प्रस्ताव भी इसी तरह, अपने गुरुत्व का ख्याल किये बिना ही, पास कर डाला गया है। कांग्रेस जानती है कि वह ऐसे प्रस्तावों को कार्य में परिणत नहीं कर सकती तथापि वह हर साल ऐसे प्रस्ताव पास कर अपने को बेवकूफ साबित कर रही है। इस तरह के प्रस्ताव पास कर हम अपनी निर्वीर्यता का परिचय देते हैं, अपने समालोचकों के आगे हास्यास्पद होते हैं और विपक्षियों के घृणा का पात्र बनते हैं। कांग्रेस यदि चाहे तो विलायती चीजों के बहिष्कार का अधिकार उसे प्राप्त है, परंतु वह इसे कार्य में परिणत नहीं कर सकती, ऐसा करने का अधिकार भारत की इस जातीय प्रतिनिधिमूलक संस्था को बिलकुल नहीं है। कांग्रेस के प्रस्ताव यदि अच्छी तरह विवेचना करके पास न किये जायें, सर्वसाधारण द्वारा उन प्रस्तावों का समर्थन न हो, सर्वसाधारण के अभाव अभियोगों तथा उनकी आकांक्षाओं की पूर्ति की शक्ति उन प्रस्तावों में न हो और कांग्रेस के सदस्य यदि शृंखला, मर्यादा और साधारण सत्यता संबंधी नियमों का पालन न करें तो कांग्रेस जिस अमोघ शक्ति की प्रत्याशा करती है, वह उसे नहीं प्राप्त हो सकती। कांग्रेस के सदस्य यदि अपने को समग्र जाति का सेवक समझें तो संसार की किसी भी पार्लामेंट के सदस्य की तरह जाति की सेवा की सुविधा और अधिकार उन्हें प्राप्त हो सकता है। परंतु वर्तमान समय में हमारी कांग्रेस बालकों की वितर्क-सभा के रूप में परिणत होती जा रही है।

21 जनवरी 1928

43. पूर्ण स्वाधीनता का अर्थ : मद्रास कांग्रेस के पूर्ण स्वाधीनता वाले प्रस्ताव का स्पष्टीकरण करते हुए कांग्रेस के प्रधानमंत्री पं. जवाहर लाल नेहरू लिखते हैं– "प्रस्ताव में कोई अस्पष्टता नहीं है। इस समय जैसा है, वैसा कोई संबंध अंग्रेजों के साथ नहीं रहेगा, यह निश्चय है। परंतु इससे यह नहीं समझा जा सकता कि अंग्रेजों के साथ भारत की मित्रता भी न रहेगी। जब तक भारत को स्वतंत्रता नहीं मिल जाती तब तक इंगलैंड या और किसी देश के साथ भारत की मित्रता का कोई प्रश्न ही नहीं रह सकता। स्वाधीनता का स्पष्ट और सीधा अर्थ यह है कि जिस विदेशी सेना ने भारत को दबा रखा है, उसे हटा लेना होगा। भारत विदेशी सेना के अधीन रहेगा और जातीय कामों में बाधा प्रदान करेगा, अथवा पूर्ण स्वाधीनता भी बनी रहेगी, ऐसा हो नहीं सकता। इसी से कांग्रेस ने यह दावा पेश किया है कि विदेशी सेना हटा लेनी होगी और राष्ट्रीय सरकार वैदेशिक विशेषत्व की तत्त्वावधानता में देशी सेना द्वारा राज्य की रक्षा करेगी।

स्वाधीनता ही भारत का अंतिम लक्ष्य है, इसके बीच में कोई दूसरा आदर्श नहीं है और न रह सकता है। यह स्वाधीनता आसानी से मिल जायेगी या मिलने में देर होगी, यह जाति की शक्ति पर निर्भर है। यदि जाति कमजोर होगी तो देर होगी और शक्ति रहेगी तो शीघ्र ही मिल जायेगी। किंतु दुर्बल हो या बलवान, कांग्रेस ने यह साफ कह दिया है कि स्वाधीनता ही हमारा लक्ष्य है। हम अंग्रेजों से कोई संबंध नहीं रखेंगे। भारत की सेना का संचालन संपूर्ण रूप से भारत के अधीन रहेगा और विदेशों की मित्रता का अधिकार भी भारत को ही रहेगा।

44. स्वाधीनता और महात्मा जी : महात्मा जी ने अपने 'यंग इंडिया' में कांग्रेस के स्वाधीनता वाले प्रस्ताव पर एक निबंध लिखा है उसका सार मर्म नीचे दिया जाता है–

> सब लोग कहते हैं कि लार्ड बर्केन हेड की दंभभरी स्वाधीनता वाला एक प्रस्ताव पास किया है। परंतु मैं इसे नहीं मानता। कमीशन की नियुक्ति के विरुद्ध हम लोग क्या कर सकते हैं? कुछ वीरत्व व्यंजक वक्तृताएं देने से क्या होगा? मैं तो समझता हूं कि कांग्रेस कोई प्रस्ताव न पास करके यदि विलायती वस्त्रों की होली जला देती और देशवासियों को भी ऐसा ही करने के लिए बाध्य कर सकती तो कमीशन की नियुक्ति का कुछ प्रतिवाद हो सकता। कांग्रेस यदि सेना विभाग छोड़कर सरकार के सभी छोटे-बड़े कर्मचारियों से हड़ताल करा सकती तो कुछ सच्चा काम होता। शासक हमारी बातों की कीमत जानते हैं और हमें किस तरह ठगना चाहिए, यह भी जानते हैं। जब तक हम लोग उनके दंभों का वास्तविक उत्तर नहीं देते, तब तक केवल धमकी से कोई फल नहीं होगा वरन् ऐसी धमकियों से

केवल हमारी कमजोरी और छिछोरापन ही प्रगट होगा। स्वाधीनता ही यदि हमारा लक्ष्य हो तो हमें उसके अनुसार कार्य करना चाहिए। परंतु असल बात तो यह है कि हम लोग यह जानते ही नहीं कि हमारा लक्ष्य क्या है? मेरी समझ में स्वराज्य ही एक ऐसा शब्द है जो सबके लिए संतोषजनक है। इसके बदले में स्वाधीनता का अर्थ वाला किसी विदेशी शब्द का व्यवहार करने में मैं धर्म की हानि समझता हूं। मैं अंग्रेजों की अधीनता से मुक्त होना चाहता हूं। मैं शांति चाहता हूं, परंतु अंग्रेजों की दी हुई शांति नहीं, क्योंकि वह शांति मृत्यु के बाद की शांति है। अंग्रेजों का शैतानी शासन देशवासियों को जीवित अवस्था में ही धीरे-धीरे मार रहा है। देश की संपत्ति चली गई है और शक्ति भी धीरे-धीरे नष्ट हो रही है। अहिंसा ही हमारा एकमात्र ध्येय है। मेरी उच्च आशाएं स्वाधीनता से भी बड़ी हैं। भारत की मुक्ति द्वारा मैं संसार की समस्त निर्यातित जातियों को पाश्चात्य शोषण-नीति से मुक्त करना चाहता हूं। इस शोषण के सबसे बड़े अंशीदार अंग्रेज हैं। इस उच्च आशा को लेकर जीना और मरना दोनों हमारे लिए गौरव की बात हैं। इसका परिणाम अच्छा होगा या बुरा, इसके लिए मैं किसी हीन वस्तु की आकांक्षा नहीं करता। मैं चाहता हूं कि भारत फिर स्वतंत्र हो और स्वतंत्रता के लिए स्वराज के सिवा और कोई अच्छी संज्ञा नहीं।

45. अलवरेंद्र की नादिरशाही : नीमूचाणा हत्याकांड के अभिनायक, प्रजा की आधी कमाई को व्यक्तिगत भोग-विलास में उड़ा देने वाले अलवर के सरकार के कृपापात्र बने हुए प्रभुजी ने फरमान जारी किया है कि–

पांच आदमियों से अधिक की सभा 'सार्वजनिक सभा' समझी जायेगी, जब तक कि इसके विपरीत सिद्ध न कर दिया जाय। किसी ऐसे विषय के लिए जिससे उपद्रव होने की आशंका हो अथवा किसी राजनैतिक विषय पर विचार या किसी ऐसे विषय संबंधी लिखे हुए या छपे हुए विवरण के प्रदर्शन या वितरण के लिए कोई सभा न हो सकेगी। किसी भी सार्वजनिक सभा में किसी ऐसे विषय पर चर्चा या उपदेश न होंगे जिससे अलवर राज्य, उसकी सरकार, उसके शासक या भारत सम्राट, उनकी सरकार या भारत के किसी देशी नरेश के हितों के विरुद्ध कोई बात होने की संभावना हो। कोई व्यक्ति सार्वजनिक सभा के बुलाने, संगठन करने अथवा जानबूझकर उसमें भाग लेने में अपना संबंध नहीं रखेगा या षड्यंत्र नहीं करेगा। कोई व्यक्ति राज्य के भीतर अथवा बाहर कोई लेख या विवरण लिख, छापकर प्रकाशित या प्रचारित नहीं कर सकेगा, या उसका प्रयत्न भी नहीं कर सकेगा, जिसका परिणाम प्रत्यक्षतः अथवा अप्रत्यक्षतः

अलवरेंद्र, उनके राजकीय कुटुंब या उनकी सरकार या भारत सम्राट या भारत के किसी अन्य देशी नरेश के हित के विरुद्ध हो। अलवर सरकार जब आवश्यक होगा समाचारपत्र, पुस्तकें जब्त करेगी इस आधार पर कि उनमें राजद्रोहात्मक विषय हैं। कोई व्यक्ति ऊपर उल्लिखित चीजें न खरीदे, न बाहर से लावे और न अपने कब्जे में रखे, उदाहरणार्थ 'प्रताप' [कानपुर] 'तरुण राजस्थान' [अजमेर] आदि।

ऐसे व्यक्तियों को जब कभी उनका पता चलेगा, पांच वर्ष की सजा या दो हजार रुपया तक जुर्माने की सजा दी जायेगी। यदि आवश्यक हुआ तो ऐसे अपराधियों को राज्य छोड़ कर चले जाने की आज्ञा भी दी जा सकेगी।

46. होल्कर-मिलर प्रणय संवाद : इंदौर के भूतपूर्व महाराज श्री तुकाजी राव होल्कर की प्रणय-लीला के संबंध में 'बंबे क्रानिकल' के संवाददाताओं ने इंदौर में लिखा है कि सबसे पहले लूसार्न में महाराज के साथ मिस मिलर की मुलाकात हुई थी। यूरोप जाने से पहले महाराज एक बार मसूरी गये थे, वहां आपको एक यूरोपियन मिला। महाराज ने उसे नौकर रख लिया और अपने साथ यूरोप ले गये। उसी ने मिस मिलर को लूसार्न ले जाकर महाराज से मिलाया था। प्रथम परिचय के साथ ही दोनों का हृदय एक-दूसरे की ओर आकर्षित हो गया। फलतः उसी दिन से मिस का आना-जाना और सुदीर्घ काल तक महाराज के साथ वार्त्तालाप करना आदि जारी हो गया। इस समय महाराज की दूसरी रानी श्रीमती इंदिराबाई साथ ही थीं इसलिए मिस के साथ प्रेमालाप करने की इच्छा से, महारानी को लूसार्न में छोड़कर महाराजा बहादुर मिस को लेकर पेरिस चले गये और कितने ही जरूरी कामों में व्यस्त रहने का बहाना कर बहुत दिनों तक मिस के साथ पेरिस की सैर करते रहे। उस समय मि. रसीद की दोख्तरे नेक अख्तर भी साथ थीं। ये मि. मिलर के केश आदि बांध देतीं, उन्हें साड़ी और गहने पहनाकर 'हिंदुस्तानी' बनातीं। इसके लिए महाराज ने बहुत से बेशकीमती जेवरात और नफीस साड़ियां मंगवा दी थीं। इसी तरह कई महीने बीत गये। इधर लूसार्न में पतिदेव की प्रतीक्षा करते-करते महारानी महोदया घबराने लगीं। परंतु किसी कारणवश एक साथ जाना उचित न समझा गया, इसलिए मिस पहले चली गईं और महाराज पीछे पहुंचे। यह काक-कबूतरी की मनोहर जोड़ी बहुत दिनों तक अमरीका के नाना स्थानों में भ्रमण करती हुई प्रणय-सुख का उपभोग करने लगी। इधर पतिदेव के पदार्पण करने में विलंब होते देख महारानी इंदिरा बेचैन होने लगीं। इतने में महाराज ने तार द्वारा आज्ञा दी कि तुम इंदौर चली जाओ, क्योंकि मैंने जो अत्यावश्यक कार्य आरंभ किया है, उसके संपन्न होने में विशेष विलंब की संभावना है। महारानी को मजबूर होकर इंदौर चला आना पड़ा। उनके आने के बाद गत

अगस्त महीने में महाराज ने अपने दो सालों को बुलाकर कहा कि मैं नई शादी करना चाहता हूं, आप लोग मंजूरी दें। इधर मिस मिलर को शुद्ध करके 'हिंदुस्तानी' बनाने की चेष्टा भी होने लगी। कई हिंदू-संस्थाओं से इसके लिए लिखा-पढ़ी होने लगी और इंदौर से एक कर्मचारी नासिक भेजा गया। उसने वहां जाकर एक पुरोहित से कहा कि यदि मिस को शुद्ध कर डालो तो तुम्हें नगद तीस हजार दक्षिणा मिलेगी और ऊपर से श्री महाराज के प्राइवेट सेक्रेटरी बना दिये जाओगे। परंतु मालूम नहीं, पुरोहित जी के भाग्य में यह डबल लाभ बदा था या नहीं, उन्होंने यह समीचीन प्रस्ताव स्वीकार किया या नहीं।"

खैर, इसके बाद महाराज बहादुर 'समिस' भारत चले आये। अखबारों ने बावला मचाना आरंभ किया। लोगों को मनोरंजन की एक नई सामग्री मिली। महारानी इंदिरा ने अन्न-जल त्यागा और मूर्च्छित होने लगीं। भतीजी के हिंदुआनी होने की खबर पाकर मिस मिलर की मौसी बिगड़ने लगीं। सरकार ने नाराजगी प्रकट की। इंदौर की प्रजा नाक-भौं सिकोड़ने लगीं। महाराज के खास नियुक्त किये हुए मंत्री, दीवान सभी अपना-अपना असंतोष प्रगट करने लगे। वसंत पंचमी के शुभ-लग्न में विवाह अवश्य हो जाना चाहिए। इसलिए महाराज साहब ने किसी के चीखने-चिल्लाने की परवाह न कर विवाह की तैयारी आरंभ कर दी हैं। मिस भी बिना 'रानी' बने मानने वाली नहीं। इंदौर की प्रजा को शांत कर भरसक वहीं यह शुभ-प्रणय कार्य संपन्न होगा। वसंत-पंचमी का लग्न टलने न पाये, इसकी भरपूर चेष्टा हो रही है। मूल्यवान गहनों और कपड़ों के लिए बंबई के कई दूकानदारों को ऑर्डर दिये गये हैं। परंतु हाल में खबर आई है कि यह महाशुभ विवाह कार्य संपन्न होगा राक्षसराज रावण की पावनपुरी लंका में और मधुयामिनियां व्यतीत होंगी यूरोप की यात्रा करते-करते महाभाग महासिंधु की छाती पर।

[**नोट :** इसमें राजतंत्र की उच्छृंखलता के अलावा दो बातें और संकेतित होती हैं। एक तो पैसे से धर्म को अनुकूल करने का, दूसरे निजी स्वतंत्रता और समानता की आधुनिकता के संवाहक माने जाने वाले अंग्रेजों की संकीर्णता का। इसमें एक वाक्य है—'सरकार ने नाराजगी प्रकट की।' अंग्रेजों की जारज भारतीय संतानों को कौन समझाये कि हर जाति में, हर समाज में रूढ़िवादी और प्रगतिशील होते हैं। परंपरावादी और आधुनिक होते हैं और लगभग हर काल में होते आये हैं। इस पर किसी भाषा, जाति या देश का अधिकार नहीं होता।

—संपादक]

28 जनवरी 1928

47. फांसी की शोभा : हमें इस बात का अफसोस नहीं है कि 4 आदमी फांसी

लटका दिये गये—भारत के स्वाधीन होने तक अभी तो कई हमारे लाल फांसी लटकेंगे, गोलियों से भूने जायेंगे, जेलों में सड़ाये जायेंगे। पर इस बात पर घोर वेदना हो रही है कि उन्हें प्रार्थना, क्षमा-याचना आदि के रूप में इस तरह जलील होना पड़ा। इतने अनुनय-विनय के बाद अब उनकी फांसी में वह शोभा और गौरव नहीं रह जाता। हम उन फांसी पाने वाले युवक देशभक्तों के मार्ग को पसंद नहीं करते हैं—हम तो हिंसाकांड तक के प्रबल विरोधी हैं—पर हम इतना अवश्य मानते हैं कि उन्होंने जो कुछ किया, देश की स्वाधीनता के लिए किया। हमारा यह दृढ़ विश्वास है कि इस तरह की बमबाजी से कभी भारत का उद्धार नहीं हो सकता; पर वे लोग उन्हें किस मुंह से कोस सकते हैं जो खुद हत्याकांड और पशुबल के ऊपर अपनी हस्ती जमाये हों? लुक-छिपकर कभी-कभी कुछ हत्या कर देने से बढ़कर, और भयंकर हत्या और जुर्म है सरेआम, कानून की और रक्षा की ओट में, सुसंगठित हत्या और लूट। बल और भय-प्रदर्शन पर जीने वाले यदि अपना ही अनुकरण होता हुआ देखें तो कौन आश्चर्य की बात है? हम इस अवसर पर भारत के नवयुवकों से बस इतना ही कहना चाहते हैं कि...तुम्हारी ऐसे फांसियों में अब वह स्फूर्ति नहीं रह गई। अब तो बलिदान के नये क्षेत्र तुम्हें ढूंढ़ने पड़ेंगे।...और यदि देश और स्वाधीनता के लिए बम फेंकना और मरना ही तुम्हें एकमात्र उपाय दिखाई देता हो और इसके फलस्वरूप जल और मृत्यु जबकि अनिवार्य हैं तो फिर सफाई, पैरवी, अपील, क्षमा-प्रार्थना की जिल्लत में पड़कर क्यों अपने बलिदान की शोभा नष्ट करते हो? अदालत में साफ-साफ कह दो कि हां, हमने ऐसा किया है, और इस गरज से किया है।...हमें तो अपनी जान देनी है या सजा काटनी है। इसमें स्वाद है, शोभा है, गौरव है और देश-सेवा का यह रास्ता गलत होने पर भी इस बलिदान में असीम स्फूर्तिदायिनी शक्ति है।

11 फरवरी 1928

48. हिंदू-मुस्लिम दंगे और उनकी जवाबदेही : इस समय हमारी स्वराज्य-चेष्टा का सबसे बड़ा और अन्यापेक्षा अधिक कष्ट-साध्य अंतराय हिंदू-मुसलमान के झगड़े हैं। पराधीनता की असहनीय वेदना से व्यथित होकर जब कभी हमने स्वतंत्र होने के लिए हाथ-पैर मारे हैं तभी हमारे स्वेच्छाचारी स्वयंभू शासकों ने इन झगड़ों की विभीषिकापूर्ण मूर्ति हमारे सामने खड़ी कर दी है और देव सुलभ सरलता का बहाना करके यह कहा है कि अंग्रेजों का शासन इस देश के हित के लिए अत्यंत आवश्यक है, यदि अंग्रेजों का कठोर शासन न रहेगा तो ये दोनों जातियां आपस में कट मरेंगी और देश में खून की नदी बह जायेगी। यदि यह सच है और ये हिंदू-मुसलमान इतने अज्ञान हैं कि अंग्रेजों के अत्याचारी राज-दंड के लोप होते ही बनैले, हिंस्र पशुओं की तरह एक-दूसरे

पर टूट पड़ेंगे तो इन दोनों जातियों की प्राचीन संस्कृति के लिए अत्यंत लज्जा की बात है और हम स्वाधीनता प्राप्त करना तो दूर, स्वाधीनता जैसे पवित्र शब्द के उच्चारण करने के भी योग्य नहीं। किंतु क्या यह सच है? इस प्रश्न का बड़ा ही सारगर्भित और सप्रमाण उत्तर गत जनवरी मास के 'मॉडर्न-रिव्यू' में मि. जे.टी. संडरलैंड ने 'हिंदू-मुस्लिम दंगे' शीर्षक अपने लेख में दिया है जिसका सारांश हम 'मतवाला' के पाठकों के लाभार्थ नीचे संकलित करते हैं।

"भारत में जहां कहीं भी अंग्रेजों की प्रधानता है, ये दंगे वही सबसे अधिक भीषण रूप धारण करते हैं। विरुद्ध इसके जिस अंश में अंग्रेजों का अस्तित्व कम है, वहां दंगे कदाचित ही सुने जाते हैं।

इस देश में अंग्रेजों के पदार्पण के पूर्व यहां हिंदू-मुसलमानों में किंचित् मात्र भी भेदभाव नहीं था, हर जगह ये दोनों शांति और सद्भाव पूर्वक परस्पर मिलकर रहते थे। अंग्रेजों के आगमन के बाद से ही, सो भी विशेषतः उन्हीं स्थानों में जहां अंग्रेजों का शासन प्रत्यक्ष और सुसंगठित है, हिंदू-मुसलमान के झगड़े होने लगे हैं।

इस परिस्थिति का एकमात्र निष्कर्ष यही निकलता है कि इन दोनों जातियों के पारस्परिक दंगों को रोकने के लिए इस देश में अंग्रेजों की उपस्थिति की अपेक्षा अनुपस्थिति ही अधिक वांछनीय है।

अंग्रेजों ने अपने राजत्व के आरंभ से ही इस देश के शासन में भेद-नीति से काम लिया है। ऐसा करना अंग्रेजों की ही विशेषता नहीं, संसार के प्रायः सभी विजयी शासकों ने पराजित देशों के शासन में इसी नीति से काम लिया है जैसा कि प्राचीन बेविलोनिया, असीरिया, परशिया और मिस्र तथा नेपोलियन के समय के यूरोप के इतिहास से स्पष्ट है। वस्तुतः इस नीति का प्रयोग किये बिना अंग्रेजों का इस देश को अधिकृत करना ही असंभव था।

इस बात को सप्रमाण सिद्ध करने के लिए यहां बड़े-बड़े सरकारी अफसरों के कतिपय कथन उद्धृत किये जाते हैं। सन् 1821 में 'कारनाटिक्स' नाम से उस समय के 'एशियाटिक रिव्यू' में लिखा था—Dived it impera अर्थात् भेदनीति ही हमारे इस देश के नागरिक, राजनीतिक तथा सैनिक शासन का मूल सिद्धांत होनी चाहिए।

सिपाही-विद्रोह के समय लेफ्टिनेंट कर्नल जॉन कोक ने, जो मुरादाबाद के सेनाध्यक्ष थे, लिखा था—...हम लोगों के सौभाग्य से इस देश के भिन्न-भिन्न धर्मों तथा जातियों में जो मतभेद उपस्थित है, हमें उनको दूर करने का उद्योग नहीं करना चाहिए वरन् और भी अधिक तीव्र बनाने की चेष्टा करनी चाहिए। हमारे भारतीय शासन का सिद्धांत भेदनीति ही होनी चाहिए।

बंबई गवर्नर लार्ड स्लफिंस्टन ने सन् 1820 के अपने एक खरीते में लिखा

था–भेदनीति प्राचीन रोम निवासियों का सिद्धांत था और यही हमारा भी होना चाहिए।

प्रसिद्ध और प्रतिष्ठित अंग्रेज सिविलियन सर जनास्टैची ने भी भारत के संबंध में लिखते हुए एक स्थान पर लिखा था–भारतीय जनता में परस्पर धार्मिक विरोध भारत की हमारी राजनीतिक स्थिति का एक जबर्दस्त कारण है।

महात्मा गांधी के कथनानुसार मि. ओ.ए. ह्यूम ने जो भारत में बहुत दिनों तक एक उच्चपदस्थ राजकर्मचारी थे, एक बार यह स्पष्ट स्वीकार किया था कि 'भेदनीति ही अंग्रेजी शासन की प्रधान भित्ति है।'

यह है भी बिलकुल स्वाभाविक और यदि एक राष्ट्र को किसी दूसरे राष्ट्र पर, उसकी इच्छा के विपरीत शासन करने का अधिकार है तो अंग्रेजों का अपने शासन को दृढ़ करने के उद्देश्य से भारतीय जनता में भेदभाव उत्पन्न करना पूर्णरूप से उचित है। क्योंकि सम्मिलित राष्ट्र को विजय करने और अपनी गुलामी में रखने की अपेक्षा विशृंखलित राष्ट्र को जय करना और अपने अधीन रखना कहीं अधिक आसान है। फलतः यदि विजेता अंग्रेज इस देश के उपस्थित भेदभाव से लाभ न उठाते तो यह महान् आश्चर्य की बात होती।

फलतः, अंग्रेजों के ह्दय में आरंभ में ही प्रश्न उपस्थित हुआ कि किस भेदभाव का सहारा लिया जाय जो सर्वापेक्षा अधिक प्रभावोत्पादक हो? इसके उत्तर के लिए उन्हें विशेष माथापच्ची करने की जरूरत नहीं पड़ी। क्योंकि धार्मिक मतभेद का प्रभाव स्वभावतः अत्यंत गहरा होता है। अतः इस देश की प्रधान जाति हिंदू-मुसलमानों के धार्मिक मतभेद को उकसाने और पुष्ट करने की ओर अंग्रेजों ने विशेष ध्यान दिया। इन दोनों जातियों में पूर्ण राष्ट्रीय ऐक्य का अर्थ समग्र भारत का राष्ट्रीय ऐक्य है। अंग्रेज यह भली-भांति जानने थे कि स्वतंत्रता के लिए सम्मिलित भारत की चेष्टा का विरोध करना असंभव और असाध्य है। अतएव भारत में राष्ट्रीय ऐक्य न होने देने के लिए उन्होंने प्राण-प्रण से चेष्टा की।

अपने उक्त उद्देश्य को अंग्रेजों ने आरंभ में मुसलमानों के प्रति अधिक कृपा प्रदर्शन और बाद में पृथक निर्वाचन प्रथा के प्रचलन द्वारा सफल किया।

अपनी 'अवेकनिंक ऑफ इंडिया' [भारत का जागरण] नाम की पुस्तक में रैम ने मेकडोनल्ड महोदय ने एक स्थान पर लिखा है–'यह संदेह किया जाता है कि सरकार ने असत् उपायों का प्रयोग किया है और कर रही है। मुसलिम नेता अंग्रेज अफसरों द्वारा भड़काए जाते हैं और ये शिमला तथा लंडन स्थित अफसर मुसलमानों के प्रति विशेष कृपा प्रदर्शित करके हिंदू और मुसलमानों के बीच भेदभाव उत्पन्न करते हैं।

बंगाल के गवर्नर सर बाम्फील्ड फुलर ने तो स्पष्ट शब्दों में स्वीकार किया है कि 'ब्रिटिश सरकार की भारत में दो बीवियां हैं—हिंदू और मुसलमान, जिनमें मुसलमान बीबी सरकार का अधिक प्रेमपात्री है।'

भारत के सेक्रेटरी ऑफ स्टेट लार्ड ओलिवियर ने 'लंडन टाइम्स' में एक पत्र प्रकाशित करवाया था जिसमें उन्होंने स्पष्ट कहा था—"भारत के मामलों का घनिष्ठ ज्ञान रखने वाला कोई भी यह अस्वीकार नहीं कर सकता कि अंग्रेज अफसरों में मुसलमानों के प्रति विशेष पक्षपात पाया जाता है।

सांप्रदायिक निर्वाचन प्रथा के प्रचलन द्वारा तो इस भेदनीति को गोया अमृत पिला दिया गया। इस मेदोन्दाविनी प्रणाली का जो परिणाम होना था वही हुआ और इस अभागे देश से सांप्रदायिकता की आंधी में स्वदेश भक्ति हवा हो गई। सत्य तो यह है कि राजनीतिक, सामाजिक और धार्मिक भेदों को उत्पन्न करने के लिए इससे बढ़कर कोई अन्य उपाय मनुष्य-बुद्धि सोच ही नहीं सकती थी।

इस सांप्रदायिक निर्वाचन प्रथा के जन्मदाता यह भली प्रकार समझते थे कि इससे भिन्न-भिन्न संप्रदायों में एक-दूसरे के प्रति ईर्ष्या उत्पन्न होगी जिससे राष्ट्रीय एकता के मूल में कुठाराघात होगा। इसलिए उन्होंने इसे अल्पसंख्यक संप्रदायों के हित की रक्षा के भ्रामक किंतु प्रलोभक आवरण में छिपाकर प्रचलित किया। किंतु क्या हिंदू-मुसलमानों को इसकी इच्छा और आवश्यकता है? इसके उत्तर में इतना तो अवश्य ही मानना पड़ेगा कि हां, कुछ स्वार्थी तथा अभिमानी व्यक्ति इसे पसंद करते हैं सही परंतु ये नगण्य हैं। क्योंकि इस राष्ट्र की आजादी आबादी के दो-तिहाई अंश, हिंदू-समाज का बच्चा-बच्चा तो इसका विरोधी है। तीन या चार लाख देशी ईसाई भी सम्मिलित रूप से इसके विरोधी हैं। मुसलमानों में भी अनेक उन्नतिशील अग्रसर और बुद्धिमान व्यक्ति इसके विपक्ष में हैं। तब इस राष्ट्रघातिनी प्रणाली का उत्तरदायी कौन है?

इसका एकमात्र और निश्चयात्मक उत्तर है—'सरकार'। उसी ने इसे जन्म दिया और वही इसका अस्तित्व किसी न किसी बहाने से कायम रख रही है।

यह सत्य है कि भारतीय राष्ट्रीय कांग्रेस ने सन् 1916 ई. में इस सांप्रदायिक निर्वाचन प्रथा को स्वीकार किया था किंतु उसे शीघ्र ही अपनी भूल मालूम हो गई। इधर गत कई वर्षों से भारत की प्रायः सभी विचारशील और स्वाधीनताकामी जाति और सभी संप्रदाय द्वारा इस प्रथा का अंत कर देने के लिए सरकार पर जोर दिया जा रहा है किंतु सरकार बराबर सुनी-अनसुनी कर रही हैं।

सन् 1860 के लगभग सर सैयद अहमद खां के नेतृत्व में कुछ मुसलमानों ने विशेषाधिकार पाने के लिए सरकार के पैर पकड़े थे अवश्य, परंतु उस समय भी

विचारशील मुसलमानों ने इसका विरोध किया था। 'मुस्लिम हेरल्ड' ने इसे 'देहातों और नगरों के सामाजिक जीवन को विषम और देश को नरक बनाने वाला बतलाते हुए इसकी घोर निंदा की थी। सांप्रदायिक निर्वाचन प्रथा का श्रीगणेश मार्ले-मिंटो सुधार द्वारा हुआ और इस सांप्रदायिक भाव के और विशेषाधिकार के विचार के प्रधान जन्मदाता लार्ड मिंटो हैं।

मार्ले-मिंटो-सुधारों के बाद सन् 1919 के मांटेगू-चेम्सफोर्ड-सुधारों के समय भी शासन पद्धति निर्माण करने वाले इस निंदनीय निर्वाचन प्रथा को कायम रखने के लिए कितने व्यग्र थे इसके संबंध में कर्नल वेजउड का कहना है कि 'भारत की वर्तमान राज्य पद्धति के निर्माताओं के हृदयों में सांप्रदायिक निर्वाचन प्रथा का प्रलोभन इतना तीव्र था कि गवर्नमेंट ऑफ इंडिया बिल से राष्ट्र के हित का विचार पर्यंत लोप हो गया।

यद्यपि सांप्रदायिक निर्वाचन प्रथा के प्रचलन से मुसलमान संप्रदाय को उसके अल्पसंख्यक होने की बुनियाद पर हिंदू संप्रदाय के मुकाबले में विशेषाधिकार प्राप्त होता है तो भी मुसलमानों ने एकमत होकर गवर्नमेंट के इस मायाजाल को स्वीकार नहीं किया है। मुसलमानों के अनेक सुयोग्य, सम्मान्य और प्रभावशाली नेता यह समझ गये हैं कि यह विशेषाधिकार की कृपा किस उद्देश्य से की जा रही है इसलिए इन्होंने क्रोध और घृणापूर्वक इससे इनकार कर दिया है जैसा कि मौ. शौकत अली के इस कथन से स्पष्ट है कि, 'इस समय हिंदू-मुसलमानों में सांप्रदायिक निर्वाचन प्रथा के कारण जो भेदभाव और मनोमालिन्य पैदा हो गया है वह दुःखद और निंदनीय है।'

निबंध की समाप्ति के लेखक के ये शब्द विशेष महत्त्व के और ध्यान देने योग्य हैं।

यह ध्रुव सत्य है कि भारत निवासी अपने इन दो प्रधान और महान् धर्म हिंदू और मुसलमान के बीच के सारे भेदभावों को दूर कर पारस्परिक दंगों को सदा के लिए अंत कर देने के यत्परोनास्ति अभिलाषा है। इस अभिलाषा की पूर्ति का उपाय क्या है?

यह स्वाभाविक है कि विदेशी शासकों की सहायता से यह नहीं हो सकता, क्योंकि अपना प्रभुत्व स्थिर रखने के लिए इन मतभेदों को कायम रखना ही इनका ध्येय है। यह तो केवल स्वायत शासन-स्वराज द्वारा ही हो सकता है जिसका हित और रक्षा राष्ट्रीय ऐक्य द्वारा ही हो सकता है।

49. भारत में इंगलैंड के काले कारनामे :

1. मि. जस्टिस टौंकन [हंटर कमेटी-सदस्य] : जनरल, मेरे इस ढंग से पूछने को क्षमा कीजिएगा, किंतु क्या यह कार्य भयानक और खूंखार नहीं था?

   जनरल डायर [जालियांवाला-कांड का खलनायक] : नहीं ऐसा नहीं था। मैंने जो किया वह एक भयंकर कर्त्तव्य था। मेरे विचार में वह एक

कृपापूर्ण कार्य था। मैंने विचार किया था कि मुझे अच्छी तरह और दृढ़ता से गोली चलानी चाहिए जिससे मेरे बाद किसी को गोली चलाने की आवश्यकता न पड़े।

2. ब्रिटिश राज की स्थापना हिंदू-मुसलमानों को और देशी राज्यों को एक-दूसरे के विरुद्ध भड़काकर की गई थी।

—**इंटरनेशनल स्टडी क्लब**, बुलेटिन नं. 2 टोकियो, (1926)

3. हमको यथाशक्ति हिंदुस्तानियों का एक ऐसा दल तैयार करना चाहिए जो हाड़-मांस और रंग के विचार से हिंदुस्तानी हो परंतु मत, बुद्धि और रुचि में अंग्रेज हो। **—मैकाले**

4. सब 'जुओं' से अधिक भारी अपरिचित विदेशियों का जुआ होना है।

—मैकाले

5. इस हिंदुस्तान में जनरल, राजनीतिज्ञ और व्यवस्था-निर्माता नहीं उत्पन्न करना चाहते वरन् परिश्रमी किसान उत्पन्न करना चाहते हैं। **—थैकरे**

6. मार्शल ला की घोषणा कर दी गई थी। उन भयंकर कानूनों का पूर्ण मात्रा में प्रयोग होता था। सैनिक और नागरिक दोनों तरह के अफसर खूनी न्यायालयों के अधिकारी थे तथा बिना न्यायालय के भी हिंदुस्तानियों का कत्ल कर रहे थे और बुड्ढे-जवान या स्त्री, पुरुष किसी का भी विचार नहीं करते थे। इतना ही नहीं खून की प्यास उत्तरोत्तर बढ़ रही थी। हमारी ब्रिटिश पार्लमिंट के दफ्तर में, हिंदुस्तान के तत्कालीन गवर्नर जनरल के भेजे हुए कागजों से यह स्पष्ट है कि बूढ़े, स्त्रियां और बच्चे भी बलवाइयों के साथ मार डाले गये थे। इन्हें फांसी दे दी गई हो यह नहीं वरन् अपने गांव में ही जला कर मार डाले गये थे—और कभी-कभी इत्तफाकन गोली के निशाना बना दिये गये थे।

—**सिपाही विद्रोह का इतिहास** के और मेलीसन कृत, दूसरा खंड

7. प्रति मुहूर्त भारत में 23 व्यक्ति मरते हैं, 4 बच्चे मरते हैं। 2 क्षय रोग से मरते हैं, 7 मलेरिया से मरते हैं। 2,000 व्यक्ति मरते हैं, 816 बच्चे मरते हैं, 200 स्त्रियां मरती हैं, 300 क्षय रोग से मरते हैं।

8. जिनके न्याय-आसनों पर अपरिचित विदेशियों का अधिकार है तथा जिनके प्रवेश-द्वारों की रक्षा विदेशियों द्वारा होती है—उनके लिए शोक है।

—डी बैलेरा

9. ब्रिटिश साम्राज्य में किसी की भी अवस्था वैसी करुणाजनक नहीं है जैसी भारतीय किसान की है। उसके मालिक उसके प्रति हमेशा ही अन्याय

करते आए हैं। उसे इतना पीसा जाता है कि उसकी हड्डियों का सत् छोड़कर और सब कुछ निचुड़ जाता है।

—मि. हर्बर्ट काम्प्टन इंडियन लाइफ, 1904 ई. में

10. हमने भारत का विजय भारतीयों की भलाई के लिए नहीं किया है। पादरियों की सभाओं में कहा जाता है कि हमने भारतीयों की अवस्था उन्नत करने के उद्देश्य से भारत का विजय किया है। किंतु यह सत्य नहीं है। भारत का विजय हमने ग्रेट ब्रिटेन के माल की खपत के उद्देश्य से किया है। तलवार के बल पर हमने भारत को जीता है और तलवार के ही बल पर हमें उसे अपने अधीन रखना चाहिए। हमने भारत को भारत की भलाई के लिए अपने अधीन रखा है। यह कहने का पांखंड मैं नहीं करना चाहता हूं। साधारणतः सभी ब्रिटिश माल की खपत के लिए और विशेषतः लंकाशायर के सूती माल के खपत के लिए हमने उसे अपने अधीन रखा है। **—सर डब्ल्यू. जायन्सन हिक्स**

11. भारत की दरिद्रता ही इसका असली प्लेग है और इस प्लेग को फैलाने वाला कीड़ा ब्रिटिश गवर्नमेंट है। जनता के चूसे हुए रक्तहीन शरीर में प्लेग रोकने की शक्ति ही शेष नहीं रह गई है और इसीलिए भारत इस घृणित बीमारी का शिकार आसानी से हो जाता है।

—सिनेटर जे.आई. फ्रांस, यू.एस.ए.

12. जब मैं भारत की अशिक्षित अवस्था का विचार करता हूं तब मुझे कार्लाइल के ये शब्द याद हो आते हैं कि ज्ञानार्जन के उपयुक्त व्यक्ति का मूर्ख रहना अत्यंत दुःख की बात है। **—डॉ. सी. हॉल**

13. प्लासी के युद्ध के कुछ ही बाद बंगाल से लूटा हुआ माल लंदन पहुंचने लगा। संभवतः संसार के आरंभ से आज तक किसी भी लागत से उतनी आय नहीं हुई है जितनी भारत की लूट से हुई। भारतीयों से बलपूर्वक छीनकर जो द्रव्य अंग्रेजी बैंकों में—प्लासी के युद्ध से वाटरलू के युद्ध के बीच के समय में [57 वर्ष] भेजा गया उसकी तखमीना दो अरब पचास करोड़ से पांच लाख तक किया गया है। जिन तरीकों से भारत को लूटकर प्रत्येक अंग्रेज ईस्ट इंडिया कंपनी के आरंभिक युग में अपना जेब भरता था। वे तरीके धीरे-धीरे लुप्त हो गये परंतु लूट ज्यों-की-त्यों बनी हुई है। भेद केवल इतना ही हुआ है कि खुले खजाना लूट के स्थान पर वर्तमान समय में परोक्ष रूप से और कानून की दुहाई देकर लूट होती है। मि. हाइंडमैन का अंदाज है कि कम से कम एक अरब पचहत्तर करोड़ प्रतिवर्ष

भारत से इंगलैंड चला जाता है, जिसका एक कपर्दक भी किसी रूप में भारत को लौटाया नहीं जाता।

–ऐडम बुक्स की 'सभ्यता और पतन', पृ. 246-259

14. किसी न किसी रूप में हम उस अभागे देश से [भारत] तीस लाख पौंड प्रति वर्ष खींच लेते हैं, जिसमें प्रत्येक व्यक्ति की औसत आय दो पौंड साल और कहीं-कहीं और भी कम है। इसका आशय यह है कि भारत की खुराक का दसवां हिस्सा प्रतिवर्ष हम कर के रूप में हड़प लेते हैं।

–ए.जे. विल्सन [फोर्ट नाइटली रिव्यू, मार्च 1884]

15. प्रतिशोध की मेरी प्यास इतनी प्रबल थी कि हमने दायें-बायें चारों ओर, बिना विचार, गोले बरसाना आरंभ कर दिया। शासन और शासक जाति के विरुद्ध बगावत करने वालों का न्याय करने वाली एक कमीशन का मैं नेता बनाया गया था और हम प्रतिदिन आठ-दस आदमियों को फांसी पर झुलाते थे। **–चार्ल्स बॉल-'इंडियन म्यूटिनी'**, खंड-1, पृ. 257

16. किसानों से उपज का 50 से 75 प्रतिशत अंश हम लगान के रूप में वसूल कर लेते हैं। भारत की तीव्र दरिद्रता का यही कारण है। **–केयर हार्डी**

17. भारत की अपनी खास शिक्षा-प्रणाली थी। इसे अंग्रेजों ने नष्ट कर दिया। भारतीयों की शिक्षा के लिए इंगलैंड जो रकम खर्च करता है वह उसके मुकाबले में बहुत कम है जो हम फिलीपाइन में खर्च करते रहे हैं। सात करोड़ पचास लाख लड़कों में महज सरसठ लाख अस्सी हजार सात सौ इक्कीस लड़के स्कूल जाते हैं। इनकी ज्ञानार्जनी शक्ति अत्यंत उच्चकोटि की होने पर भी इनमें प्रतिशत निरक्षर हैं। हिंदुओं में अंग्रेजों के इस देश पर 140 वर्ष राज्य करने पर भी सात प्रतिशत साक्षर हैं।

–एक अमरीका वासी–'फारवर्ड' से

50. डाकुओं के गीत

1. मुल्क की खातिर मेरी दुनियां में यह तौक़ीर हो।
हाथ में हो हथकड़ी पैरों में भी जंजीर हो॥
तीर आंखों के लिए, मिलती गले शमशीर हो।
सूली हो, फांसी मिले या मौत दामनगीर हो॥
इससे भी बढ़कर मेरी हर क़िस्म की ताज़ीर हो।
मेरी ख़ातिर हिंद में दोज़ख नया तामीर हो॥

2. ऐ ज़मीने हिंद! तू मत ज़ार हो,
रूख से आंसू पोंछ ले बेदार हो।

दिल में फरज़ंदों ने तेरे ठान ली,
जान तक दे देंगे गर दरकार हो।
हैफ़ हम सब यों खड़े देखा करें,
और तू रुसवा सरे बाज़ार हो।
हाय हम उस दिन को ज़िंदा क्यों रहें,
तू तो मांगे जां हमें इनकार हो।
हथकड़ी पहनेंगे कंगन की तरह,
क्यों न फांसी फिर गले का हार हो।
बेड़ियां पाजेब से बढ़कर हमें,
जेलख़ाना कूचये-दिलदार हो।
ऐ तिलक महराज, भारत के यती,
क्या शिवाजी के तुम्हीं अवतार हो।
हाय पूना भी तो सूना हो गया!
जैसे बुलबुल के बिना गुलज़ार हो।
देखें, फिर क्यों कर न आज़ादी मिले,
जब कि हर एक क़ौम का ग़मख्वार हो।

[6.2.1926]

गत 21 जनवरी को काकोरी ट्रेन-डकैती के अभियुक्तों ने अदालत में प्रवेश तथा वहां से प्रस्थान करने के समय ये गाने गाये।

पुस्तक-परिचय

तत्कालीन पुस्तक प्रकाशनों से हिंदी जगत् को परिचित कराने और उनका समीक्षात्मक आकलन प्रस्तुत करने के लिए 'मतवाला' में मुख्यतः पांच स्तंभ थे। इसमें सबसे महत्त्वपूर्ण 'चाबुक' स्तंभ था। जिसे प्रारंभ में निराला जी ने लिखा। उनके इस समीक्षात्मक लेखन में बारीक विश्लेषण होता था—जो उनके संग्रह 'चाबुक' तथा उनकी रचनावली में संकलित है। सहज उपलब्ध होने के कारण मैंने उसे छोड़ दिया है। दूसरा स्तंभ 'कसौटी' था जिसके अंतर्गत महत्त्वपूर्ण पुस्तकों की समीक्षात्मक सामग्री मैंने 'पुस्तक-परिचय' के अंतर्गत ही शामिल कर ली है।

'पुस्तक-परिचय' तत्कालीन प्रकाशनों का समीक्षात्मक स्तंभ था। 'प्राप्ति-स्वीकार' नामक स्तंभ भी इसी के अंतर्गत आने वाला लेकिन स्वतंत्र स्तंभ था। इसमें कोई विशेष अंतर नहीं था सिर्फ यही कि 'प्राप्ति-स्वीकार' की तुलना में 'पुस्तक-परिचय' में किंचित् विस्तार मिलता है। 'मतवाला' में प्रकाशित कुछ पुस्तकों के विज्ञापन भी लगभग समीक्षात्मक कोटि में ही आते हैं। मैंने उसे अलग से चयनित-संपादित किया है। इसके अतिरिक्त कुछ स्वतंत्र प्रकाशित समीक्षाओं, पुस्तकों पर विभिन्न लोगों की प्रतिक्रियाएं और सम्मतियां भी संकलित की गई हैं क्योंकि वे भी कहीं न कहीं से पुस्तक के समीक्षात्मक आकलन में जरूरी तथा आत्मीय मदद पहुंचाती हैं।

मैंने इसके चयन-संपादन में सूचनात्मक स्तर पर महत्त्वहीन या उल्लेखनीय नहीं होने पर भी सभी नाम संकलित करने की कोशिश की है। ऐसा करते समय परिचय विस्तार में कहीं-कहीं संपादन भी किया है। सारे नाम समेटने के पीछे मेरी यह मंशा रही है कि इससे तत्कालीन हिंदी निर्माण के संघर्ष और शोर का स्पर्श पाठकों को हो सके। समय, समाज और साहित्य की हलचलों और विविध प्रवृत्तियों और हिंदी की बहुविध प्रगति को प्रतिबिंबित करने वाली ये समीक्षाएं अपनी प्रस्तुति में बेहद रोचक हैं। महत्त्वपूर्ण यह है कि इन समीक्षाओं का उद्देश्य स्पष्ट है। इसके पीछे तत्कालीन सामाजिक, राजनीतिक और साहित्यिक आशय है। हिंदी भाषा और समाज के व्यापक हितों की गहरी समझ है। इनके लेखकों के रोचक छद्म नाम, 'घी का लड्डू टेढ़ा भला; सांच कहे मुंह मारा जाय, झूठ कहे तो जग पतिआय; ऊधो को लेना, न माधो को देना या पत्थर दिल—ऐसे हैं—जिनसे आप बेबाक राय का अंदाज कर सकते हैं। मुंहदेखी 'मतवाला' के स्वभाव में नहीं थी। समीक्षकों के ये छद्म नाम जहां एक ओर 'मतवाला' की संगति-स्वभाव में हैं वहीं अपने अर्थ में निष्पक्षता और निष्कपटता को भी व्यंजित करते हैं।

तत्कालीन राजनीतिक परिदृश्य में चल रहे विभिन्न आंदोलनों को नजरअंदाज

कर हम इन समीक्षाओं के महत्त्व और आशय को ठीक-ठीक नहीं समझ सकते। सामाजिक जीवन पर पश्चिम के पड़ते प्रभावों के विरुद्ध विकल्प के रूप में जो आंदोलनात्मक और रचनात्मक कोशिशें हो रही थीं। उसे हम सिर्फ हिंदुत्व के नाम पर अस्वीकार कर स्वस्थ प्रगतिशीलता का अहम् नहीं पाल सकते। यह देखना होगा कि उस समय ब्रिटिश साम्राज्यवाद जैसी शक्तिशाली ताकत से जूझने के लिए भारतीय जनमानस के पास पूर्व उपलब्ध क्या विकल्प थे? जो विकल्प सहजता से दीख पड़ने वाले थे उसमें धर्म प्रमुख था। अगर कोई जनमानस उसे साम्राज्यवाद के विरुद्ध इस्तेमाल कर रहा है और उसकी नीयत संकीर्ण नहीं है तो हमें भी समकालीन परिस्थितियों के आसंग में सहानुभूतिपूर्वक विचार करना चाहिए। दूसरी बात यह कि इसमें हो रहे क्रमिक परिवर्तनों का भी आकलन करना चाहिए। जैसे-जैसे रूसी क्रांति की गति तेज होती जाती है—भारतीय आंदोलन में साम्यवादी प्रभाव का प्रवेश बढ़ता जाता है। तब अधिकांश हिंदुत्व के सहारे विरोध करने वाली ताकतें उसे स्वीकार करती हैं। राधामोहन गोकुल इसके अन्यतम उदाहरण हैं।

जिस भी कोने से कोई भी कोशिश ब्रिटिश साम्राज्यवाद के विरोध में उठती थी—'मतवाला' उसकी ओर बेखटके हाथ बढ़ा देता था। 1857 का विद्रोह हो या आयरलैंड का गदर अथवा अन्य किसी देश के क्रांतिकारी आंदोलनों से संबंधित पुस्तक हो 'मतवाला' उसकी समीक्षा में अपनी देशभक्ति की उत्कट भावना का इजहार करता था। नारी-मुक्ति आंदोलन में भारतीय नैतिकता पर बल देने वाली विपुल सामग्री देखने को मिलती है। तमाम पौराणिक और ऐतिहासिक नारी-चरित्रों के औपन्यासिक आख्यानों के द्वारा वे इसी आशय को सिद्ध करना चाहते थे। राजनीतिक रूप से सक्रिय—राधामोहन गोकुल, विजयसिंह 'पथिक' या नंदकुमार शर्मा जैसे लेखकों की पुस्तकों की समीक्षा में 'मतवाला' इन लेखकों की दुर्लभ सक्रियता को खासतौर से रेखांकित करता है, दूसरी ओर विषय की महत्ता को स्वाधीनता से जोड़कर विस्तार देता है। गैर-साहित्यिक, मानविकी या अन्य व्यवहार में आने वाली उपयोगी विषयों पर हिंदी में प्रकाशित छोटी से छोटी सामग्री भी 'मतवाला' की निगाह में होती और हिंदी के व्यापक व्यवहार और विस्तार की दृष्टि से वह उन्हें रेखांकित करता। विषय में भले अर्थशास्त्र हो, रेलवे टाइम टेबुल हो या आयुर्वेद या होमियोपैथी पर ही पुस्तकें क्यों न हों।

धार्मिक रूढ़िग्रस्त अप्रासंगिक सामग्री पर 'मतवाला' अपनी अनिच्छा भी प्रकट कर देता है। आर्यसमाज या उस जैसी दूसरी संस्थाओं द्वारा सामाजिक परिवर्तन या सुधार की कोशिशों को 'मतवाला' महत्त्वपूर्ण मानता था। एक और खास बात पुस्तकों की प्रकाशन-प्रस्तुति, प्रूफ और भाषा-शुद्धता की है। इस विषय पर 'मतवाला' की निगाह अत्यंत पैनी थी और उसने किसी भी पुस्तक के इस पक्ष पर भरसक चुप्पी नहीं बरती है। कई समीक्षाओं में 'मतवाला' की भाषा-शैली, भाव-आशय या सांस्कृतिक परिवर्तनों का मनोभाव आपको मुग्ध कर लेगा।

—संपादक

1. समीक्षाएं

[घी का लड्डू टेढ़ा भला, सांच कहे मुंह मारा जाय, झूठ कहे तो जग पतिआय, ऊधो का लेना न माधो का देना]

प्रेम [बंगला उपन्यास] : श्री अश्विनी कुमार दत्त, बाबू पुरुषोत्तम दास लोहिया

इस पुस्तक के एक ही समय में तीन अनुवाद हो गये हैं; परंतु अनुवाद-सौंदर्य की दृष्टि से तीनों ही समान हैं। भावों की हत्या, हमारी समझ में मनुष्य-हत्या से किसी अंश में कम नहीं। शब्दों और अक्षरों की तो बात ही क्या, यदि कहीं किसी विराम-चिह्न में भी गड़बड़ हो गई तो अर्थ का अनर्थ हो जाता है। अतएव, मातृभाषा की सेवा के नाम से किसी अन्य भाषा और उसके लेखक के गले पर दुर्भावों की छुरी न फेरनी चाहिए। अनुवाद ऐसा ही भ्रमपूर्ण है। परंतु इतना सब होने पर भी अनुवाद का परिश्रम प्रशंसनीय है; क्योंकि आप मारवाड़ी हैं। [22.9.1923]

भारतीय शासन-पद्धति [दो भाग] : पं. अंबिका प्रसाद वाजपेयी

दोनों भागों का द्वितीय संस्करण सात-आठ वर्षों के बाद (?) इस साल प्रकाशित हुआ है। यह हिंदी वालों के लिए बड़ी लज्जा की बात है। यदि यह पुस्तक अंग्रेजी भाषा में लिखी गई होती तो सात-आठ वर्षों में इसके अनेक संस्करण हो जाते। बड़ी मेहनत और छानबीन से यह पुस्तक लिखी गई है। ऐतिहासिक ज्ञान के बिना राजनैतिक योग्यता हो ही नहीं सकती। इसमें आदि से लेकर आज तक के विदेशी शासन का सुसंबद्ध इतिहास इतने अच्छे ढंग से लिखा गया है कि जानने योग्य सारी मुख्य बातें भी आ गई हैं और अनावश्यक विस्तार भी नहीं होने पाया है। हज़रत गौरांगदेव की कुटिल चालबाजियों और मुसलमान बादशाहों तथा नवाबों की चूतियापंथी देखने की इच्छा हो तो अवश्य पढ़िये। [17.11.1923]

मालाबार और आर्यसमाज : मंत्री, आर्य प्रादेशिक सभा, लाहौर, भूमिका लेखक महात्मा हंसराज जी

इसमें मालाबार का संक्षिप्त इतिहास, भोपला-विद्रोह के कारण, हिंदू समाज के नाश का दृश्य, आर्यसमाज का शुद्धि-कार्य-विवरण और पीड़ितों के बयानात संग्रह हैं। [17.11.1923]

रानी जयमती [बंगला उपन्यास] : शरच्चंद्रधर-युधिष्ठिर प्रसाद सिंहानिया और गोपाल नेवटिया

एक वीर महिला का ओजस्वी चरित्र। भाषा साधारण। सतीत्व के महत्त्व का सुंदर भावमय वर्णन। [8.12.1923]

धरकट सूमट [प्रहसन] : हरद्वार प्रसाद जालान

तीन अंकों में समाप्त। भाषा दिलचस्प। भाव मनोरंजक। चुटकियां और तुकबंदियां मजे की हैं। गाने भी अच्छे हैं। सेठ सूमड़ाचंद जैसे मक्खीचूस को बुद्धू जैसा बातूनी नौकर खूब मिला है। [8.12.1923]

धूर्ताख्यान : एक श्वेतांबर भिक्षुक, अनुवादक—लापता

अद्भुत और मनोरंजक। पुस्तक ऐसी विचित्र है कि आनंद से आश्चर्य की मात्रा बहुत अधिक बढ़ जाती है। ठगों की लीला में कोई गूढ़ तत्त्व छिपा हुआ है। [8.12.1923]

मधुप [काव्य] : पं. जगन्नारायणदेव शर्मा 'कवि पुष्कर'

छपाई जैसी सुंदर है, कविता भी यदि वैसी ही सुंदर होती तो 'सोने में सुगंध' कहा जा सकता। किंतु पद्यों में तुकबंदी पर जितना ध्यान दिया गया है, उतना ही यदि भाव के गांभीर्य और पद-लालित्य पर ध्यान दिया जाता तो 'मधुप' सचमुच बड़ा रसिक निकलता। भाषा की शुद्धता पर ध्यान नहीं दिया गया है। [5.12.1924]

पद्य पयोनिधि : श्री विद्याभूषण 'विभु'

इस पयोनिधि में पांच तरंगें हैं—भक्ति, नैसर्गिक, राष्ट्रीय, ऐतिहासिक और स्फुट। दूसरी तरंग में पंद्रह और पांचवीं में सत्रह पद्य हैं। पहली, तीसरी और चौथी तरंगों में पांच-पांच पद्य हैं। तुकबंदी अच्छी है। भाव पवित्र है। किंतु "पयोनिधि में धंसि कै हंसि कै कढ़िवो हंसि खेल नहीं है।" कहीं-कहीं भाषा की त्रुटियां हैं। [5.1.1924]

सती-शिरोमणि (?) चंदनबाला : पं. काशीनाथ जैन

सरल भाषा में एक जैन सती का चरित्र-चित्रण। [5.1.1924]

सुदर्शन सेठ : उपर्युक्त

एक महापुरुष की शिक्षाप्रद जीवनी है। प्रूफ संशोधक को व्यर्थ साधुवाद दिया गया है। [5.1.1924]

पत्र-संपादन कला : पं. नंदकुमार देव शर्मा

पत्र-संपादन कला का प्रामाणिक इतिहास बड़ी खोज और संबद्धता के साथ संकलित किया गया है। यद्यपि हिंदी में यह अपने विषय की एक ही पुस्तक है और

बहुलांश में अधूरी है। पढ़ने से ही लेखक के परिश्रम और अनुसंधान तथा अनुभव का अंदाज लगाया जा सकता है। [12.1.1924]

रेलवे टाइम टेबल : कुंवर बलवंत सिंह मेहता

रेलवे कंपनियां अंग्रेजी में ही 'टाइम टेबल' निकालती हैं। किंतु यह हिंदी-टाइम टेबल हिंदीभाषी जनता के लिए अत्यंत उपयोगी है। देखने की तरकीब, रिजर्व कराने के कायदे, असबाब और पार्सल के नियम, भारत की मुख्य लाइनें और शाखाएं, प्रधान तीर्थ और धर्मशालाओं तथा नगरों का वर्णन आदि से यह उपयोगी हो गया है। आशा है, इसके प्रकाशक को हिंदी वालों की ओर से पूर्ण प्रोत्साहन प्राप्त होगा।

[12.1.1924]

दामोदर-प्रकाश : जोशी रामप्रसाद जी शर्मा

श्रीकृष्ण लीला संबंधी भजन और गाने हैं। सबमें विविध अशुद्धियां भरी हुई हैं। भजनों और गानों में न तो कवित्व का चमत्कार है न गद्‌गद भक्तिभाव का उद्रेक है, केवल शब्दजाल का आडंबर मात्र है। एक सेठ जी ने इसका प्रथम संस्करण प्रकाशित कराया था और सेठानी जी ने दूसरा। इस तरह धन का दुरुपयोग सेठ-सेठानियों के सिवा और कौन कर सकता है? हिंदी के कितने अमूल्य ग्रंथ अप्रकाशित पड़े हुए हैं। उनके उद्धार और प्रचार की ओर सेठ-सेठानियों का ध्यान नहीं जाता। जाय भी कैसे? बाबा जी पिंड छोड़ें तब तो? [19.1.1924]

खतरे का घंटा : मथुरा प्रसाद शिवहरे

यह एक करोड़ हिंदुओं को मुसलमान बनाने के हथकंडों का विवरण है। इस पुस्तक का प्रचार हिंदुओं के घर-घर में होना चाहिए। पुस्तक में धार्मिक द्वेष की प्रधानता है। [19.1.1924]

रसपुंज कुंडलिया : पं. लक्ष्मीनारायण चतुर्वेदी

त्रुटियों की ओर ध्यान न दिया जाय तो कुंडलियों में एक देहाती कवि की साधारण प्रतिभा का अच्छा चमत्कार है। [19.1.1924]

पत्रपुष्प : कोई भगवत्‌भक्त

प्राचीन भक्ति-साहित्य को अंधकार में रखकर नवीन भक्ति-साहित्य के खद्योत-प्रकाश से भक्तों के हृदय-कमल को विकसित करने की चेष्टा अनधिकार चेष्टा मात्र है। [19.1.1924]

बाबू कुंवर सिंह [ऐतिहासिक जीवनी] **:** पं. मथुराप्रसाद दीक्षित, भूमिका राजेंद्र प्रसाद

जिस वीर-व्याघ्र महापुरुष की यह जीवनी है उस भीम-पराक्रम रणधीर का परिचय देने की आवश्यकता नहीं। सन् सत्तावन के गदर में उस प्रतापी योद्धा ने

बिहार-प्रांत में अपने ज्वलंत क्षात्र तेज से फिरंगियों को चकित कर दिया था। भाषा सरल है। लेखक ने स्वयं विश्वसनीय सामग्री संग्रह करके इस पुस्तक की रचना की है, अंग्रेजी भाषा के इतिहासों से बहुत कम सहायता ली है। [26.1.1924]

गृहलक्ष्मी [बंगला नाटक] : गिरीशचंद्र घोष, पं. वासुदेव मिश्र

इस 'गृहलक्ष्मी' ने गिरीश बाबू की नाटकीय प्रतिभा का रस इस कदर चूस डाला कि वे आखिर चल ही बसे! और अनुवादक ने भी 'मूल' को ऐसा चूस डाला है कि हिंदी वाले मौलिकता का रस पीकर छक जायेंगे। [26.1.1924]

प्रेम [बंगला उपन्यास] : अश्विनी कुमार दत्त, पं. भुवनेश्वर झा 'रुद्र'

अश्विनी बाबू की ओजस्विनी लेखनी का तो कहना ही क्या है, 'रुद्र' जी की लेखनी भी बड़े गजब की जान पड़ती है। पुस्तक सुपाठ्य और मनोहर है। [26.1.1924]

साहित्यालोचन : बाबू श्यामसुंदरदास, काशी

साहित्यानुरागियों के लिए यह पुस्तक बड़े काम की है। पुस्तक बड़े परिश्रम से लिखी गई है और इसे यथाशक्ति उपयोगी एवं सुंदर बनाने में लेखक को जो कुछ भी सफलता हुई है उसके लिए हिंदी-संसार को उनका अभिनंदन करना चाहिए।

साहित्य-सिद्धांत : पं. सीताराम शास्त्री, भिवानी

पुस्तक पांडित्यपूर्ण है। किंतु हिंदी वालों के लिए यह पुस्तक बहुत कठिन है। विषय तो गंभीर है ही, प्रतिपादन-प्रणाली भी बड़ी दुरूह है। संस्कृत-हिंदी-प्रेमी के लिए यह पुस्तक उपयोगिनी हो सकती है, पर बेचारे हिंदी वाले इससे विशेष लाभान्वित नहीं हो सकते। इसकी भाषा पंडिताऊ हिंदी है। उदारण सब संस्कृत साहित्य के हैं। लेखक ने हिंदी साहित्य का अध्ययन नहीं किया है। प्रचंड पांडित्य ने साहित्य का लालित्य छिपा लिया है। विषय के साथ-साथ शैली की गहनता ने इसे नीरस बना डाला है। कहीं-कहीं यह पुस्तक इतनी जटिल हो गई है कि आगे पढ़ने के लिए दुस्साहस करना पड़ता है। मुझे इस बात का हर्ष है कि संस्कृत के एक मर्मज्ञ विद्वान् ने हिंदी में इतना बड़ा ग्रंथ लिखा है। यदि इस ग्रंथ के दूसरे संस्करण में यथेच्छ भाव से 'हिंदीपन' लाने का प्रयत्न किया गया तो यह एक उज्ज्वल ग्रंथ-रत्न हो जायेगा। [23.2.1924]

केनिया में हिंदुस्तानी : पं. बाबूराम मिश्र [भूमिका–लक्ष्मणनारायण गर्दे]

प्रारंभ में पूर्व भूमंडल के भिन्न-भिन्न भागों में बसने वाले भारतीयों की संख्या दी गई है। अपनी सभ्यता के उत्कर्ष पर इतराने वाले अंग्रेजों की बर्बरता का जैसा नग्न और वीभत्स चित्र इसमें दिखलाया गया है, वह अपने सुदूरवर्ती भाइयों की

पीड़ाओं और कठिनाइयों से हार्दिक सहानुभूति रखने वाले प्रत्येक भारतवासी के लिए दर्शनीय है। केनिया में कालों पर गोरों की ओर से जो अमानुषिक अत्याचार हो रहे हैं उन्हें दूर करने के विषय में जो विचार इसके अंदर प्रकट किये गये हैं उनसे बहुलांश में हम सहमत नहीं हैं, क्योंकि प्रार्थनाओं और डेपुटेशनों से कुछ होने-जाने का नहीं। दवा तो बस एक ही है–"आपको न चाहे ता के बाप को न चाहिए।"

[17.5.1924]

श्रीरामचरित्र : पं. ईश्वरीप्रसाद शर्मा

वाल्मीकीय रामायण की मूल कथाओं का रोचक, मधुर एवं ललित वर्णन अच्छे ढंग से किया गया है। भाषा में प्रवाह, भावों में प्राण, शैली में सरसता, वर्णन में ओजस्विता, विचारों में सामयिकता, चरित्र-चित्रण में पवित्रता और रचना में प्रसाद है। जितनी देर तक यह ग्रंथ हाथों में रहता है उतनी देर तक विवश होकर इसके हाथ की कठपुतली बन जाना पड़ता है। कहीं तो यह आदर्श चरित्र-चित्रण के ऊंचे शैल-शिखर पर चढ़ाकर दिव्य वायुमंडल में विचरण कराता है, कहीं करुणा की कलकल निनादिनी के कमनीय कूल पर स्वर्गीय आनंद से ओत-प्रोत कर भाव-विभोर कर देता है और कहीं भाव-मंदाकिनी की मुक्तोज्ज्वल धारा में प्रवाहित कर शिथिल बना देता है। ऐसी पुलक-प्रफुल्लता-प्रदायिनी रचना और समलंकृत-सद्ग्रंथ-प्रकाशन के लिए लेखक और प्रकाशक दोनों ही–हिंदी-प्रेमियों के, विशेषतः रामभक्तों के धन्यवाद-भाजन होने योग्य हैं। [17.5.1924]

एम.ए. बनाके क्यों मेरी मिट्टी खराब की? [लंबा सुनाम (?) रखके क्यों पुस्तक खराब की?]

अनुवादक : पं. छन्नूलाल द्विवेदी और मूल लेखक का पता? सं.पं. गया प्रसाद शुक्ल तो भी भूमिका नदारद? अनुवादक भी चुप, प्रकाशक भी चुप और संपादक भी चुप? ईश्वर जाने, चुप्पी की कुप्पी क्यों बंद रखी गई है। खैर, इस उपन्यास में वर्तमान विदेशी शिक्षा प्रणाली की बुराइयों का बड़ा ही प्रभावशाली चित्र अंकित है। भाषा बड़ी सरल और मुहावरेदार है। यत्र-तत्र, प्रसंगानुकूल वर्णन-क्रम के बीच-बीच में उर्दू के चुभते हुए शेरों और अनूठी उक्तियों की खासी बहार है। नई रोशनी वाले अंग्रेजी-शिक्षार्थियों को तो, कम से कम एक बार अवश्य ही इस पुस्तक का पारायण करना चाहिए। इससे उन्हें मालूम होगा कि वास्तव में अंग्रेजी विश्वविद्यालयों की डिग्रियों का क्या मूल्य है और अधिकांश भारतीय नवयुवकों के जीवन पर उनका कैसा प्रभाव पड़ता है। मालूम होता है कि मूल पुस्तक उर्दू में है, क्योंकि शैली भी हिंदी से निराली है और भाषा में भी लोचदार उर्दू का पुट है। भाषा की गति देखने पर मालूम होता है कि अनुवादक ने बाईं ओर मुंह फेर कर

बैठे हुए अक्षरों को ज्यों का त्यों घसीट-घसीट कर दाहिनी ओर के रुख से बिठला दिया है। हां, संपादक जी ने क्या परिश्रम किया है, यह अनुवादक और प्रकाशक के सिवा तीसरे बाबा विश्वनाथ ही जानते होंगे। [17.5.1924]

बिहारी की सतसई : [प्रथम और द्वितीय भाग] टीकाकार—पं. पद्मसिंह शर्मा

कविवर बिहारी लाल और उनकी अमरकृति 'सतसई' का परिचय देना सूर्य को दीपक के सहारे दिखाने के समान ही होगा। बिहारी ने अपने अत्युत्कृष्ट पद-विन्यास, अप्रतिम-भाव माधुर्य और अर्थ गांभीर्य के बल पर अपने काव्य-कौशल के बल पर ब्रजभाषा के काव्य-संसार में जो विशिष्ट स्थान प्राप्त कर दिया है वह जिस प्रकार प्रायःगत तीन शताब्दियों से अप्रतिवादित चला आ रहा है उसी तरह भविष्य में भी अनंत काल तक अप्रतिवादित बना रहेगा, इसमें तिल भर भी संदेह नहीं। परंतु 'ब्रजभाषा' के अप्रचलित भाषाओं की कोटि में चले जाने के कारण आज इस काव्य-विरोधी विज्ञान-प्रधान युग में हमारे लिए बिहारी की सतसई सम्यक् रूप से समझना अत्यंत कठिन हो गया था। परम प्रसन्नता की बात है कि पं. पद्मसिंह शर्मा ने अपने सतसई-संजीवन भाष्य द्वारा उसे सर्वबोधगम्य बना दिया।

श्री पं. पद्मसिंह जी शर्मा हिंदी के उन इने-गिने हिमायतियों में हैं जो हिंदी साहित्य के आधार-स्तंभ बिना किसी प्रकार की अत्युक्ति के कहे जा सकते हैं और जिनके प्रगाढ़ पांडित्य, गंभीर साहित्य-मर्मज्ञता और विवेचना-शक्ति आदि गुणों पर किसी भी उन्नत भाषा को गर्व हो सकता है। प्रथम भाग भूमिका रूप में लिखा गया है और इसमें 'सतसई' की तुलनात्मक आलोचना, सतसई का सौष्ठव और वही सतसई-संहार शीर्षक लेखमाला सम्मिलित हैं। दूसरे भाग में 'सतसई' के 126 दोहों पर टीका है। सतसई की टीका कर शर्मा जी बिहारी की 'नानार्थदा सुफल-पल्लव-कल्प वल्ली' की रक्षा के साथ ही स्वयं भी अक्षय कीर्ति के भागी हुए हैं। तुलनात्मक आलोचना लिखने की प्रथा हिंदी में नहीं है और जहां तक हमें ज्ञात है शर्मा जी का प्रयास प्रथम प्रयास है। [31.5.1924]

सुमन : पं. महावीरप्रसाद द्विवेदी

संस्कृत की (सटीक) कविताएं आठ और हिंदी (खड़ी बोली) की 23 हैं। एक तो द्विवेदी जी महाराज खड़ी बोली की कविता के प्रधान प्रवर्त्तक और वर्तमान लेखन-शैली के सर्वमान्य आचार्य हैं, दूसरे, इनकी रचनाएं स्वभावतः प्रांजल, सुष्ठु, साधु एवं स्पष्टार्थ बोधक होती हैं, तीसरे, इसमें चुनी हुई रचनाओं का संग्रह है। एक तो ब्रजमंडल का दही, दूसरे उसमें पड़ गई शुद्ध स्वदेशी चीनी, तीसरे सोने के कटोरे में सुंदरी गृहलक्ष्मी लाई खिलाने को। फिर आप ही कहिए, भुक्खड़ चौबे जी की क्या दशा होगी? [31.5.1924]

सती रुक्मिणी : मुंशी नवजादिकलाल श्रीवास्तव

यह सचित्र पौराणिक उपाख्यान है। भगवान् श्रीकृष्ण की प्राणवल्लभा रुक्मिणी की ऐसी सर्वांगसुंदर चरितावली अभी तक हिंदी में दुर्लभ थी। इसके लेखक महाशय स्त्री-शिक्षा-सबंधी तथा स्त्रीजनोचित पवित्र साहित्य की रचना करने में बड़े सिद्धहस्त हैं। एक प्रकार से उन्होंने महिलोपयोगी साहित्य की सृष्टि करना अपने जीवन का व्रत-सा बना लिया है। इसीलिए स्त्रियों के निमित्त जो कुछ उपदेशजनक साहित्य उनकी लेखनी से प्रसूत होता है, वह स्वभावतः भावमय और शुद्ध होता है।

[31.5.1924]

दर्शन परिचय : पं. रामगोविंद त्रिवेदी

इसमें संसार-भर के दर्शनों का संक्षिप्त विवरण है। आरंभ के चार पृष्ठों में प्रो. पं. सकलनारायण शर्मा लिखित ग्रंथकार-परिचय है। यह कहना अत्युक्ति में परिगणित न होगा कि हिंदी में अभी यह अपने ढंग का एक ही ग्रंथ है। लेखक के कथनानुसार यह ग्रंथ ऐसे ही ऐसे दस खंडों में समाप्त होगा। यह झांझरी नैया ईश्वर ही पार लगावें!

हिंदी-संसार के पाठकों की दशा देखते हुए यह कहना पड़ता है कि लेखक और प्रकाशक महमूद गजनवी से भी बढ़े-चढ़े दुस्साहसी हैं। पूरा हो जाने पर निस्संदेह हिंदी में यह एक ग्रंथ-रत्न तैयार होगा, पर ऐसे ही ऐसे दस खंडों की बात जब याद आती है तब अनायास धारणा करनी ही पड़ती है कि कौंसिल-युद्ध में जैसे मि. दास सफलीभूत हुए हैं वैसे ही इस ग्रंथ के प्रकाशन-संग्राम में लेखक और प्रकाशक भी सफल होंगे।

[31.5.1924]

सिपाही-विद्रोह : पं. ईश्वरीप्रसाद शर्मा

पृ. 525। यह 1857 के भारतीय गदर का संपूर्ण सचित्र इतिहास है। उस गदर की घटनाएं क्रमबद्धता और प्रामाणिकता के साथ यह पुस्तक लिखी गई है। गदर के नेताओं का सचित्र परिचय भी दिया गया है। अंतिम अध्याय में पुस्तक-गत वर्णित विषय का सिंहावलोकन बड़ी मार्मिकता, निष्पक्षता और सहृदयता से किया गया है। सिंहावलोकन के कारण पुस्तक की नवीनता और बड़े परिश्रम तथा प्रचुर व्यय से प्राप्त किये गये चित्रों से पुस्तक की महत्ता बहुत बढ़ गई है। शर्मा जी की सीधी-सादी, मुहावरेदार और रुचिकर भाषा तथा मनोरंजक वर्णन शैली ने इसे एक घटना-बहुल ऐतिहासिक उपन्यास बना दिया है। इसके पढ़ने से मालूम होता है कि अंग्रेजों के अविश्वास, अधर्म और अन्याय से ही गदर की पैदाइश हुई थी; भारतीयों को व्यर्थ ही कलंकित किया जाता है। इससे भी प्रकट होता है कि भारतीयों से बढ़कर संसार में कोई राजभक्त जाति नहीं है और यदि दगा या फरेब से काम न लिया जाता

तो प्रजावर्ग का भीषण असंतोष विद्रोह के रूप में न फट पड़ता। उस ग़दर में अपने ही घर के विभीषणों के कारण भारतीयों की हानि और गोरों की विजय हुई थी, यही इस पुस्तक की अंतिम शिक्षा है। [31.5.1924]

चोखे-चौपदे : पं. अयोध्यासिंह उपाध्याय 'हरिऔध'

इसका दूसरा नाम 'हरिऔध-हजारा' भी है। कवि के भाषाधिपत्य की प्रशंसा निश्चय ही करनी पड़ती है। बोलचाल की हिंदी में ऐसी मुहावरेदार कविताएं अत्यंत विरल हैं। [7.6.1924]

चुभते चौपदे : पं. अयोध्यासिंह उपाध्याय 'हरिऔध'

दिल में चुभ जाने का असर इसकी कविता में भी है। ये चौपदे हिंदी की मुहावरेदार कविता के अनौखे नमूने हैं। हां, कहीं-कहीं ऐसा अलबत्ता मालूम होता है कि मुहावरों के पीछे बेचारी कविता बेतरह घसीटी गई है; पर ऐसे स्थल बहुत ही कम हैं। इस पुस्तक का दूसरा नाम 'देश-दशा' है। सचमुच इसमें देश की दशा का बड़ा भी मार्मिक विवेचन हुआ है। कोई-कोई पद्य बड़े ही चुभते हुए हैं। जो कवि की सहृदयता और भाषाधिकार का परिचय दे रहा है। [7.6.1924]

आदिनाथ चरित्र : मूल—हेमचंद्राचार्य, अनु. श्रीप्रताप मुनि जी महाराज

इसमें जैनियों के प्रथम तीर्थकर श्री ऋषभदेव के 12 'भावों' का सचित्र चरित्र वर्णित हुआ है। कोई-कोई स्थल तो इतना मनोहर है कि जैनेतरों को भी पढ़ने में कम मनोरंजन न होगा। अभी तक श्वेतांबर जैन संप्रदाय की बहुत ही कम पुस्तकें हिंदी में निकली हैं। इसके द्वारा यह अभाव दूर हो, तो बहुत ही अच्छा है। [7.6.1924]

व्यभिचार : श्री चतुरसेन वैद्य शास्त्री

'व्यभिचार' नाम देखते ही हमने समझा, यह कोकशास्त्र के ढंग की, व्यभिचार, अत्याचार, अनाचार और दुराचार की विधिपूर्वक शिक्षा देने वाली कोई नई पुस्तक किसी नवीन प्रकाशक की कृपा से प्रकाशित की गई है। परंतु साथ ही शास्त्री जी का नाम देखकर चरित्रहीन-व्यभिचार-चर्चा पर कुछ संदेह और आश्चर्य भी हो रहा था। जब पढ़ने लगे तब मालूम हुआ कि यह व्यभिचार सिखाने वाली नहीं, व्यभिचार के सहस्रों उपाय दिखलाकर उसे रोकने वाली पुस्तक है। इसे पढ़कर मालूम हुआ, वैद्य शास्त्री होने के कारण, Practical व्यभिचार-साहित्य के सूक्ष्मातिसूक्ष्म अंगों पर ध्यान देने का लेखक महोदय को अवसर मिला है और उसके निराकरण के लिए उन्होंने परिश्रम भी किया है। पुस्तक की भाषा प्रांजल और सरस है, पढ़ने में इतना जी लगता है कि किसी अच्छे उपन्यास में शायद ही इतनी आकर्षणी शक्ति हो। [2.8.1924]

चाणक्य और चंद्रगुप्त : मूल—स्व. हरिनारायण आपटे, अनु. पं. लक्ष्मीधर वाजपेयी

इसमें ऐतिहासिक सत्य के साथ-साथ उपन्यास का भी आनंद मिलता है, यही इसकी विशेषता है। अनुवाद भी अच्छा हुआ है। परंतु बहुत ऐसे शब्दों का प्रयोग किया गया है जो हिंदी में प्रचलित नहीं है। [2.8.1924]

सुदर्शन चरित्र : मूल—श्रीमद् भिक्षु स्वामी, अनु.—पं. श्यामसुंदर अवस्थी

कहानी रोचक है। भाषा कहीं-कहीं कुछ खटकती है। [2.8.1924]

मेघदूत : अनु.—पं. केशवप्रसाद मिश्र

यह मेघदूत का ही पद्यात्मक हिंदी अनुवाद है। अनुवाद शुद्ध, सरल और कवित्वमय हुआ है। [2.8.1924]

तुलसीकृत रामायण [भूमिका, जीवनी, शब्द-कोष सहित] : प्रो. रामदास गौड़

इस सस्ते संस्करण का पाठ शुद्ध करने में गौड़ जी ने बेशक बड़ा परिश्रम किया है। कलकत्ता के प्रकाशक बाहरी तड़क-भड़क के फेर में इस कदर पड़ गये हैं कि उनकी पुस्तकों में मंगलामुखियों की तरह ऊपरी चामचुम तो बहुत रहता है पर भीतरी सौंदर्य कम। कलकत्ता के प्रकाशकों का यह संक्रामक रोग अब बनारस, लखनऊ तथा लाहौर तक के प्रकाशकों में फैल रहा है, बहुत कुछ तो फैल चुका है। बड़े संतोष की बात है कि कलकत्ता में रहकर भी उक्त एजेंसी अभी तक इस संक्रामक रोग के प्रभाव से बहुत कुछ बची हुई है। गुसाईं जी की जीवनी में गौड़ जी ने अपना मत प्रकट किया है—कोई खोज की हुई नई बात नहीं लिखी है। उनका मत विचारपूर्ण और प्रमाण-सम्मत है। फुटनोट में पाठांतरों का उल्लेख किया गया है। क्षेपक निकाल दिये गये हैं। भूमिका की बातों में मतैक्य अधिक, मतभेद बहुत कम हो सकता है।

पंजाब हरण [महाराज दिलीप सिंह] : पं. नंदकुमार देव शर्मा

शर्मा जी हिंदी में इतिहास लिखने के लिए काफी बदनाम हैं। उन्हें इतिहास लिखने और पढ़ने का मर्ज है, और वह भी लाइलाज मर्ज है। इतिहास के अध्ययन-यज्ञ में उन्होंने अपनी आंखों को स्वाहा कर दिया है। आप बड़े भारी खोजी हैं। आपको खासकर सिक्खों और राजपूतों तथा मराठों के इतिहास से बड़ा प्रेम है। आपने दिखलाया है कि पंजाब का पतन किस प्रकार हुआ और वह किस प्रकार अंग्रेजों के अधिकार में आया। सहायक-ग्रंथों की सूची देखने से यह स्पष्ट मालूम होता है कि पुस्तक बड़े गवेषणा से लिखी गई है। कहीं तो सिक्खों का प्रचंड पराक्रम देखकर स्वदेशाभिमान से छाती फूल उठती है और कहीं स्वदेशी विभीषणों की निंदनीय करतूत देखकर सवा सौ डिग्री बुखार चढ़ आता है। राजस्थान के बाद भारतीय वीर्य-शौर्य का अद्भुत प्रदर्शन सिक्खों और मराठों के इतिहास में ही पाया जाता है। अतएव निर्वीर्य

भारतीयों में इस पुस्तक का प्रचार बड़ा लाभदायक होगा। [12.7.1924]

मौलाना रूम और उनका काव्य : श्री जगदीशचंद्र वाचस्पति

यह फारसी के मशहूर शायर मौलाना रूम की जीवनी, उनकी मसनवी का परिचय और उत्कृष्ट रचनाओं के चुने हुए [सटीक] नमूने तथा सुभाषितावली का सुरुचिपूर्ण [सटीक] संग्रह है। हिंदू विश्वविद्यालय के प्रो. महेशप्रसाद मौलवी फाजिल ने इसकी भूमिका लिखी है। एक प्रकार से इसको ग्रंथ की उत्कृष्टता के लिए सर्टिफिकेट ही समझ लीजिए। [12.7.1924]

हिंदी-साहित्य-विमर्श : श्री पदुमलाल पुन्नालाल बख्शी

बहुत-सी बातें इसमें ऐसी भी हैं जिनसे सभी साहित्यिक सहमत नहीं हो सकते। किंतु अधिकांश बातें ऐसी ही हैं जिनसे लेखक की स्पष्टवादिता, साहित्य-विषयक पांडित्य, काव्यमर्मज्ञता और गंभीर भावुकता झलकती है। कुछ बातें इसमें ऐसी भी हैं जिन्हें समयानुसार शीघ्र ही बदल देना पड़ेगा। पुस्तक के गहन विषय को विचारपूर्ण शैली द्वारा सरल और सुबोध बनाने की चेष्टा की गई है। [12.7.1924]

हिंदी मुहावरे : पं. रामदहिन मिश्र

इसमें हिंदी के सुप्रसिद्ध और प्रचलित मुहावरे, उनके भिन्न-भिन्न अर्थ और प्राचीन तथा नवीन गद्य-पद्य के उदाहरण और अर्थ-सहित कहावतें हैं। यह पुस्तक तो बहुत ही अच्छी है। हिंदी में मुहावरा-कोष का अभाव था। उर्दू में कई अच्छे मुहावरा-कोष हैं। जहां तक मुझे मालूम है, हिंदी में यही सबसे पहला मुहावरा-कोष है। मिश्र जी ने 5 पृष्ठों की एक भूमिका लिखी है। उनमें बहुत-सी विचारणीय बातें हैं। हिंदी का बड़ा उपकार हो यदि मिश्र जी एक 'कहावत-कोष' भी इसी आदर्श पर तैयार कर डालें। मिश्र जी से एक प्रार्थना है। कृपा करके वे 'गुह खाना, गुह मुंह में देना और गुह में नहाना' आदि घृणित मुहावरे निकाल डालें, क्योंकि कोष में पाखाना रखना ठीक नहीं। अगर दूसरे संस्करण में उनसे ऐसा न हो सके, तो उनकी बड़ी कृपा हो यदि वे हिंदी शब्दसागर के उन सभी (लगभग 3 दर्जन) मुहावरों का भी संग्रह कर लें जो उसके दूसरे खंड के पृ. 788 के पहले और दूसरे कॉलम में दिये हुए हैं। [12.7.1924]

कुसुम-संग्रह : श्रीमती बंगमहिला

इस संग्रह में दस भावमयी रोचक कहानियां, छह स्त्री-शिक्षा-संबंधी उपदेशप्रद निबंध और दो महिलोपयोगी जीवनियां हैं। पं. रामचंद्र शुक्ल ने इसका संपादन किया है। जिस घर की स्त्रियों में इस पुस्तक का प्रचार होगा उस घर की स्त्रियां सशिक्षिता होने पर भी मेम साहबा या फैशनेबुल लेडी न बन सकेंगी।

रहिमन विलास : सं. बाबू ब्रजरत्नदास

इस संग्रह के संकलन में 15 पुस्तकों से सहायता ली गई है। दोहावली में 258 दोहे और 7 सोरठे हैं। 'बरवै नायिका भेद' में 96 बरवै छंद हैं। दोहों के साथ-साथ उनमें वर्णित नायिकाओं के नाम भी दिये गये हैं। 'शृंगार-सोरठा' में 6 पद्य हैं। छहों अनूठे हैं। 'मदनाष्टक' और 'फुटकर पद' भी बड़े ही मधुर हैं। इन सबके बाद 'रहीम काव्य' है जिसमें रहीम के रचे हुए सात सरस एवं ललित श्लोक हैं। श्लोकों का सरलार्थ भी दिया गया है। अंत में दी गई टिप्पणियों के कारण साधारण श्रेणी के कविताप्रेमियों के लिए भी यह पुस्तक बड़े काम की हो गई है। रहीम के दोहे कितने सरल, भावपूर्ण, चुभते हुए, सरस, गंभीर और चुटीले हैं, यह वे ही जानते हैं जो हिंदी की प्राचीन कविताओं का कुछ मर्म समझते हैं। रहीम के बरवै छंद तो इतने मधुर हैं कि प्रत्येक काव्यरसिक उन्हें पढ़कर मुग्ध और चकित हो सकता है। ऐसे उदार, भक्त, भावुक मर्मज्ञ और सिद्धहस्त सरस्वती-पुत्र की कीर्ति कौमुदी का विलास उपभोग कराने के लिए ब्रजरत्नदास जी को जितना धन्यवाद दिया जाय, थोड़ा है।

[12.7.1924]

हिंदी लोकोक्ति कोष : सं. श्री विश्वंभरनाथ खत्री

ग्रंथ-परिचय पं. लक्ष्मणनारायण गर्दे ने लिखा है। प्रायः सभी प्रचलित कहावतें एकत्र कर ली गई हैं। बड़े अभाव की पूर्ति की है। प्रयत्न प्रशंसनीय है। लोकोक्तियां साहित्य की अंग हैं। कहीं-कहीं कुछ साहित्यिक त्रुटियां रह गई हैं। अगले संस्करण में ठीक कर दी जायेंगी। [12.7.1924]

सती चित्रावली : इसमें सती, सावित्री, चिंता, सुभद्रा और संयुक्ता की जीवन-घटनाएं चित्रों के भावों में प्रकाशित करके दिखाई गई हैं। साहित्य और कला-कौशल में बंगाल को इस समय भारत का शीर्ष स्थान है। श्री आशुतोष बाबू के ऐसे भावमय चित्रों को देखकर हिंदी के नौसिखुए चित्रकार बहुत कुछ लाभ उठा सकते हैं। चित्रों में बंगलापन रहने पर भी, उनके भाव सार्वभौमिक हैं। परिचय की भाषा अच्छी नहीं। अच्छा होता यदि आशुतोष बाबू हिंदी के किसी अच्छे विद्वान् से इसकी भाषा शुद्ध करा लेते। [16.8.1924]

श्री शांतिनाथ चरित्र : इसके मूल लेखक भावचंद्र सूरि हैं। यह पुस्तक जैन-शास्त्रों में वर्णित श्री शांतिनाथ जी के बारह भवों (जन्मों) का चरित्र है। [23.8.1924]

जातक कथा-माला [पहला भाग] **:** अनु. रामचंद्र वर्मा। अनुवाद बड़ा ही सुंदर है। [23.8.1924]

पद्यरत्न प्रभा : यह पंडितराज जगन्नाथ के कुछ संस्कृत श्लोकों का हिंदी अनुवाद

है। हिंदीकर्त्ता पं. गिरिधर नवरत्न हिंदी के अच्छे कवि हैं। [23.8.1924]

राई का पर्वत : अनुवादक पं. गिरिधर शर्मा नवरत्न

मूल नाटक गुजराती का है। नाटक चित्ताकर्षक है। [30.8.1924]

गीता विमर्ष : श्री नरदेव शास्त्री

शास्त्री जी ने बड़े ही अच्छे ढंग से इस पर विचार किया है। आपके विचारों में स्वतंत्रता और मौलिकता है। इसकी भाषा सरल है और भाव गहन। [30.8.1924]

गीता सारसुधा : पं. अनंतलाल मिश्र

यह गीता का पद्यात्मक अनुवाद है। छपने की भूलें कविता में हुईं तो न जिह्वा को आराम, न कर्णों को। जीभ बेचारी को धोखे में ठोकर खाना पड़ता है और कानों में किरकिराहट भर जाती है। [6.9.1924]

उषा चरित : श्री देवीप्रसाद वर्णवाल

श्री 108 परमेश्वरी आद्या विंध्यवर भूधर विहारिणी की अमोघ अनुकंपा से सर्व संज्जनों के चित्त विनोदार्थ आल्हा छंद में, लेखक को यह ग्रंथ लिखने का सौभाग्य प्राप्त हुआ है। सौभाग्य कहीं से प्राप्त हुआ हो, पुस्तक के पाठ में मन अवश्य लगता है। [6.9.1924]

वन-देवी : पं. बालदत्त पांडेय

यह एक उपन्यास है। कहानी रोचक है। [13.9.1924]

सत्यार्थ प्रकाश : स्वामी दयानंद सरस्वती

उज्ज्वल चित्र और प्रखर प्रतिभा इस पुस्तक में देखने को मिली। इस पुस्तक में कुछ बातें ऐसी भी हैं जिनसे हम सहमत नहीं हो सके। विद्वानों से प्रार्थना है, वे इसको अवश्य पढ़ें। [27.9.1924]

धनकुबेर कारनेगी : श्री अशर्फी मिश्र

इसमें अमरीका के प्रसिद्ध धनकुबेर कारनेगी का जीवन-चरित लिखा गया है। पुस्तक अच्छी है। 'कारनेगी' नाम के साथ 'श्री' का प्रयोग खटकता है। [18.10.1924]

भड़ाम सिंह शर्मा [हास्यपूर्ण उपन्यास] : श्री जी.पी. श्रीवास्तव [18.10.1924]

प्राणनाथ : अनुवादक—श्री जी.पी. श्रीवास्तव

स्व. रमेशचंद्र दत्त के उपन्यास The Lake of the palms का स्वतंत्र अनुवाद है। पढ़ने में जी लगता है। [18.10.1924]

छत्रपति शिवाजी : पं. रूपनारायण पांडेय

मनमोहन गोस्वामी के बंगला नाटक शिवाजी के आधार पर लिखा गया है। अच्छा हुआ है। प्रेस की भद्दी भूलें बहुत रह गई हैं। [18.10.1924]

समाज : मूल—श्री रवींद्रनाथ ठाकुर, अनुवादक—प्रो. बदरीनाथ वर्मा

निबंधों का अनुवाद है। भाषा निर्दोष है।

सती सारंधा : श्री रसिकेंद्र, भूमिका लेखक—प्रेमचंद जी

खंडकाव्य है। प्रेमचंद जी की रानी सारंधा नामक गल्प से है। कविता साधारण है।

वीरांगना वीरा [खंडकाव्य] : भगवती सिंह विशारद

पुस्तक की वर्णन-शैली रोचक है। कहीं-कहीं छंद भंग हो गया है। पुस्तक अच्छी है।

मोहिनी [आख्यायिका] : भैयालाल जैन

पुस्तक अच्छी है। परिच्छेद के आदि में विभिन्न भाषाओं के सुंदर सुभाषित लिखे हुए हैं।

युवक-रहस्य : श्रीयुत् व्यग्र

चाकलेट चर्चा का अच्छा खाका खींचा गया है। लेखक के शब्दों में 'प्रकृति-विरुद्ध' व्यभिचार का नंगा चित्र है। [25.10.1924]

स्त्री कर्त्तव्य-शिक्षा : पं. छविनाथ पांडेय

यह पुस्तक भारतीय नारी-समाज के बड़े काम की है। प्रत्येक गृहलक्ष्मी के कोमल कर-कमलों में सुशोभित होने के योग्य है। [6.12.1924]

साहित्य परिचय : पं. रामशंकर त्रिपाठी

भारत में अर्थशास्त्र और लगान : शिवप्रसाद सिंह विशारद

स्वतंत्र वनिता विनाश : मुंशी पन्नालाल जी 'प्रेमपुंज', [6.12.1924]

पंचायती होली : छगनलाल मांडव्य

लौकिक दृश्य : भीमराज लोहिया

मारवाड़ का राजिया : मुरलीधर केजड़ीवाला

मेरी भावना : युगल किशोर, [13.12.1924]

गुलामी से छूटने का उपाय : अनुवादक—जनार्दन भट्ट

महाजनी सार प्रकाश : जानकी प्रसाद गहानी

वीरबाला : लक्ष्मीसहाय माथुर

हंगरी में असहयोग : जनार्दन भट्ट

नवोढ़ा गमन मीमांसा : श्रीनिवास शर्मा

जमालमाला : जमाल कवि

अर्थ का अनर्थ [समालोचना] : श्री लाल जैन [20.12.1924]

बनारस : बालमुकंद वर्मा

महाजनी व्यापार दर्पण : केदारनाथ गुप्त

विश्वासघात : गणपति राय अग्रवाल

चरखा : कविताएं

स्वराज की कुंजी : महात्मा गांधी

अहिंसा तत्त्व : एक दीन

अछूत मीमांसा : श्री ज्योतिस्वरूप शर्मा, [27.12.1924]

भारत की विदुषी नारियां : श्रीमती कृष्ण कुमारी

श्री मणिलाल गंगोपाध्याय की भारतीय विदुषी नाम की पुस्तक के आधार पर लिखी गई है।

उद्यान : श्री शंकरराव जोशी, सं.—दुलारेलाल भार्गव

हम भार्गव जी के मिथ्या कीर्ति-लालसा की धुन में उद्यान-विद्या का व्यावहारिक ज्ञान प्राप्त किए बिना ही इसका संपादक बन बैठने के दुस्साहस की प्रशंसा करते हैं।

सम्राट चंद्रगुप्त : श्री बालमुकुंद वाजपेयी

अक्ल की आजमायश : मोहनलाल राठी

इस पुस्तक को बना और छपाकर राठी जी ने व्यर्थ ही समय और काग़ज़ आदि नष्ट किया है।

बालचर-विनोद : पं. रामप्रीत शर्मा

रामायण : गोस्वामी झामदास कृत

मातृभूमि : राजस्थान का एक आदर्श आत्म त्यागी

करौली स्टेट की अत्याचार पीड़ित प्रजा का पक्ष लेकर आंदोलन करने ओर उसके लिए असह्य राजदंड भोग करने वाले वीरात्मा कुंवर मदन सिंह जी का करौली-नरेश की सेवा में निवेदन।

पवित्र होली : पं. किशोरीलाल गोस्वामी [3.1.1925]

वृक्ष में जीव है : स्वामी मंगलानंद जी पुरी

संस्कृत, अंग्रेजी की अनेकानेक पुस्तकों तथा समाचारपत्रों से संग्रहीत प्रमाणों की सहायता से यह प्रतिपादित किया गया है कि वृक्षों में जीव है। इस पुस्तक से हिंदी साहित्य का गौरव बढ़ेगा।

विचित्र जीवन : कालीचरन शर्मा आर्योपदेशक

आर्योपदेशक महाशय की अरबी-फारसी की योग्यता और इस्लाम धर्म संबंधी बहुज्ञता का तो अच्छा परिचय मिलता है, परंतु भारतमाता की सात करोड़ संतानों के रहनुमा पैगंबर मुहम्मद साहब की अनावश्यक निंदा के कारण आपकी अध्ययनशीलता और आपके परिश्रम पर पानी फिर गया है। यदि इतना परिश्रम हिंदू समाज के मर्मस्थान के छिद्रों का दिग्दर्शन कराने तथा उनके प्रतिकार के उपायों का निरूपण करने में करते तो मरणोन्मुख हिंदू जाति का प्रभूत उपकार साधन करने के लिए यशभागी होने के साथ ही हिंदू-मुस्लिम वैमनस्य की गांठ को और भी पेचीदा बनाने के पाप से बच जाते।

सुलोचना सती : बलदेव जी अग्रहरी

इसमें 'मेघनादिनी' का वृत्तांत गद्य-पद्य मिश्रित भाषा में लिखा गया है। पुस्तक नाटकीय गुणों से शून्य और भाषा 'विपत-मरुआ' आदि शब्दों के कारण अत्यंत शिथिल है। [10.1.1925]

वंदेमातरम्-चित्राधार : श्री तेजकुमार मित्र

प्रथम और अंतिम चित्र बड़े भावमय हैं। आशा है, और अभिलाषा है कि इसका यथेष्ट प्रचार होगा और होना चाहिए। [29.1.1925]

उषा : मूल—नान्हा हलाल दलपतराम, हिंदीकार—गिरिधर शर्मा जी 'नवरत्न'

यह एक गंभीर भावमय ललित गद्यकाव्य है। रचना बड़ी सरस और चित्ताकर्षक है। शर्मा जी ने उल्था करने में बड़ी सरल भाषा से काम लिया है। किंतु अनुवाद की भाषा कहीं-कहीं खटकती है। भाषा में यत्र-तत्र प्रांतीयता की गंध और शर्मा जी की खास छाप है। [7.2.1925]

गोस्वामी तुलसीदास के दार्शनिक विचार : रायकृष्ण जी

यह एक बृहत् आलोचनात्मक लेख है। राय साहब की लेखनी तह की मिट्टी लाती है, इसलिए यह आलोचनात्मक दार्शनिक लेख बड़ा ही उपयोगी हुआ है। [7.2.1925]

भगवान् महावीर : कामताप्रसाद जी जैन

पहले तो आप यह बतलाइये कि लेखक जो कुछ लिख मारते हैं उन्हें आप उलट-पलट कर देखते भी हैं या यों ही प्रेस के धरम-धक्के में डाल देते हैं? अनेक क्रांतिकारी शब्दों के नाम शीघ्र ही वारंट जारी करके शुद्धिपत्र के कैदखाने में ठुंसवा दीजिये। [14.2.1925]

वारांगना-रहस्य : पं. चंद्रशेखर पाठक

हिंदी में 'लंदन-रहस्य' और 'पेरिस-रहस्य' तथा 'रंगमहल-रहस्य' आदि कितने 'रहस्य' निकल चुके हैं। सब अनुवाद हैं। यह मौलिक है। यह छह भागों में समाप्त एक मनोरंजक और शिक्षाप्रद उपन्यास है। जो सोलहों आने 'आंख के अंधें' और गांठ के पूरे' हैं, उन घोंघा वसंतों और 'अंधे नैनसुखों' के लिए यह पुस्तक वेश्याओं के चक्रव्यूह से निकल भागने का सुगम मार्ग सुझा सकती है। इस पुस्तक की स्वाभाविक रचनाशैली देखकर कोई लालबुझक्कड़ यह समझे बिना नहीं रह सकता कि पाठक जी इस विषय के पक्के अनुभवी हैं। [21.2.1925]

मेरी जर्मन यात्रा : स्वामी सत्यदेव परिव्राजक

आपकी 'कैलाश-यात्रा' और 'अमरीका भ्रमण' आदि हिंदी में भ्रमण संबंधी अच्छी पुस्तकें हैं। यह पुस्तक भी यात्रा-विषयक है। वहां जो कुछ देखा-सुना, सो हिंदी को सौंप दिया। पुस्तक रोचक है। [28.3.1925]

क्रूर बेण : हरद्वार प्रसाद जालान

यह एक पौराणिक रूपक है। गद्य-भाग ललित और पद्य-भाग सरस है। सभी नाटकीय दोषों से मुक्त न होने पर भी मौलिक सुरुचिपूर्ण है। [28.3.1925]

भाषा-भूषण [महाराज यशवंत सिंह] : सं. ब्रजरत्न दास

'भाषा-भूषण' हिंदी साहित्य का एक अमूल्य धन है। उसका ऐसा सर्वांगसुंदर संस्करण अभी तक हमारे देखने में नहीं आया। [28.3.1925]

वीर श्रेष्ठ सावरकर : अनु.—श्री सिद्धनाथ माधव लोंढे

मराठी भाषा में श्री सदाशिव राजाराम रानडे ने जीवनी लिखी है। उसी का हिंदी रूपांतर है।

अंदमान की गूंज : लेखक-अनुवाद—श्री सिद्धनाथ माधव लोंढे

इसमें वीर श्रेष्ठ सावरकर जी के, कालापानी की जेल से, अपने भाई के नाम लिखे हुए पत्र संकलित हैं। पत्रों के पढ़ने से हृदय में सहानुभूति और करुणा का उद्रेक होता है, शिक्षाएं मिलती हैं, घोर संकट में धैर्य की दृढ़ता का आदर्श दीख पड़ता है। भगवान् करें यह समस्त हिंदी-संसार के कानों में गूंज उठे! [28.3.1925]

ब्राह्मी लिपि की उत्पत्ति : डॉ. आर.एन. साहा

यह पुस्तिका अत्यंत महत्त्वपूर्ण और गवेषणापूर्ण है। संग्रह और मनन करने योग्य है। [28.3.1925]

पुनर्जन्म : पं. नंदकिशोर विद्यालंकार

हिंदी में दार्शनिक विषय का यह एक नया ग्रंथ है। स्वामी श्रद्धानंद जी ने चार पृष्ठ का एक उपोद्घात लिखा है। हमारी दृष्टि में भी यह स्पष्ट है कि ग्रंथकार ने यह पुस्तक बड़ी खोज और विद्वत्ता से लिखी है। परिश्रम भी खूब किया है। चीज अच्छी है। [11.4.1925]

चना-चबेना : पं. ईश्वरीप्रसाद शर्मा

इसमें पंडितजी की हास्य-व्यंग्य-विनोद भरी 46 कविताओं का संग्रह है, जिनमें कुछ तो मतवाला-प्रेमियों की भेंट हो चुकी हैं और कुछ अप्रकाशित भी हैं। दो कविताएं संस्कृत की भी हैं। इस झोले के कुछ चने 'मनोरमा' के भाड़ में भी भुने गये हैं। वास्तव में 'मनोरमा' के भाड़ में भुने हुए चनों का स्वाद ही कुछ और है। चखिये न? [11.4.1925]

हिंदी-मेघदूत-विमर्श : श्री कन्हैयालाल पोद्दार

प्रत्येक पृष्ठ से पोद्दार जी का पांडित्य प्रकट हो रहा है। शुरू के 33 पृष्ठों की विद्वत्तापूर्ण भूमिका है। पोद्दार जी की बहुज्ञता और मननशीलता प्रत्यक्ष विदित होती है। समश्लोकी पद्यानुवाद में प्रांजलता की कमी है। वह कुछ दुरूह हो गया है। [2.5.1925]

प्रेमसागर : स्व. लल्लू जी लाल, सं.—रामदास गौड़

ऐसा सस्ता और शुद्ध तथा सर्वांसुंदर संस्करण निकालने के लिए हिंदी-प्रेमियों को कृतज्ञ होना चाहिए। [2.5.1925]

संसार को भारत का संदेश : विश्वविख्यात पाश्चात्य विद्वान् मेक्समूलर के India—what can it teach us नामक प्रसिद्ध ग्रंथ का अनुवाद। अनुवादक : लाला कन्नोमल

इस समय, जबकि हमारे देश के शिक्षित लोग भी स्वदेश की महिमा भूले बैठे हैं, इस पुस्तक का यथेष्ट प्रचार होना चाहिए, ताकि एक पाश्चात्य पंडित की प्रेरणा उनके सुप्त स्वदेशाभिमान को जगा दे। [2.5.1925]

भारत में रेल-पथ : बाबू रामनिवास पोद्दार

प्रारंभ में दो शब्द—श्री कृष्णदत्त पालीवाल। पुस्तक बड़े परिश्रम और खोज से लिखी गई है। प्रत्येक पृष्ठ से लेखक की अध्ययनशीलता प्रकट होती है। इस पुस्तक

के लिखने में निस्संदेह उन्होंने प्रशंसनीय परिश्रम किया है। [23.5.1925]

सम्राट अशोक : बाबू संपूर्णानंद जी

यह सम्राट अशोक की एक प्रामाणिक जीवनी है। बाबू संपूर्णानंद जी की विद्वत्ता और सेवा काफी प्रसिद्ध है। उनके समान विचारशील इतिहासज्ञ की लिखी हुई पुस्तक जैसी उत्तम होनी चाहिए, यह वैसी ही है। [23.5.1925]

अरविंद-मंदिर में : पं. देवनारायण द्विवेदी

बंगला 'प्रवर्त्तक' संपादक मोती बाबू के साथ योगी अरविंद की जो बातचीत हुई थी—यह उसी का हिंदी भाषांतर है। [23.5.1925]

भारतीय शासन : श्री भगवानदास केला

चतुर्थ संस्करण है। ऐसी उत्कृष्ट पुस्तकों का अधिकाधिक प्रणयन और प्रचार वांछनीय है। [30.5.1925]

भारतीय-राष्ट्र-निर्माण : श्री भगवानदास केला [तीसरा संस्करण है।]

भारतीय चिंतन : श्री भगवानदास केला

भारतीय राजस्व : श्री भगवानदास केला

भारतीय राजस्व के संबंध में हमने हिंदी में कोई पुस्तक नहीं देखी है। पुस्तक सर्वथा उपयोगी है। [30.5.1925]

हिंदू संगठन : भाई परमानंद जी [6.6.1925]

भारत-रमणीरत्न : भाई परमानंद जी

नाम से पुस्तक का ठीक-ठीक परिचय नहीं मिलता। कारण, इसमें स्त्री और पुरुष दोनों की बातें हैं। [6.6.1925]

जनन-विज्ञान : पं. शिवशंकर मिश्र

पुस्तक बड़े काम की लिखी गई है। इसकी बड़ी जरूरत थी। आखिर लोग करेंगे अपने मन ही की, मगर यह शिकायत तो न रह गई कि हिंदी वालों के पास कोई जननशास्त्र नहीं है। क्या इतने ही के लिए लेखक को धन्यवाद नहीं दिया जा सकता? आपकी क्या राय है? [13.6.1925]

साम्य तत्त्व : बंगला के बंकिमचंद्र चटर्जी के 'साम्य' का चंद्रिकाप्रसाद वाथम का अनुवाद।

इस साम्यवाद के युग में ऐसी पुस्तकों की बड़ी जरूरत है। पुस्तक अच्छी हुई है। [25.7.1925]

सावित्री-सत्यवान, नल-दमयंती, शैव्या-हरिश्चंद्र, सीता देवी, सती पार्वती, शकुंतला, संयुक्ता, सुभद्रा : सभी के लेखक—पं. उमादत्त शर्मा

देवी-द्रौपदी : पं. रमानाथ शास्त्री

शार्मिष्ठा-देवयानी : पं. पार्वतीनंदन मिश्र

साहित्य-विहार : वियोगी हरि, उपोद्‌घात—पं. जगन्नाथ प्रसाद चतुर्वेदी

[25.7.1925]

गोरा : मूल—रवींद्रनाथ टैगौर, अनुवादक—रूपनारायण पांडेय [1.8.1925]

देशभक्त मैकिस्वनी : मूल—आयरिश देशभक्त-टेरेन्स मकिस्वनी के मित्र। अनुवादक—पं. विश्वंभरनाथ जिज्जा

इस क्रांतिवाद के युग में ऐसी पुस्तकों का बहुल प्रचार वांछनीय है।

गुलामी का नशा : ठाकुर लक्ष्मण सिंह

सन् 1921-22 में जब असहयोग आंदोलन पूर्ण यौवन पर था—इसमें तब का चित्र खींचा गया है। इस नाटक में लेखक को यथेष्ट सफलता मिली है।

भारतीय इतिहास का भौगोलिक आधार : प्रो. जयचंद्र विद्यालंकार

बहुत अच्छी बात है। एक तो प्रूफ की अनेक अशुद्धियां, दूसरे नक्शों का अभाव।

नीति वाक्यमाला : गुजराती से पं. नंदन लाल जैन का अनुवाद

मेवाड़ का इतिहास : ठाकुर हनुमंत सिंह रघुवंश और ठाकुर पूर्ण सिंह वर्मा

प्रस्तुत पुस्तक में स्वाधीनता के पुजारी मेवाड़वासियों की गाथा बड़े अच्छे ढंग से लिखी गई है। [1.8.1925]

यंग इंडिया [प्रथम भाग] : महात्मा गांधी, अनुवादक—पं. छविनाथ पांडेय

'यंग इंडिया' साप्ताहिक पत्र है, महात्मा गांधी जी इसका संपादन करते हैं। इस प्रथम खंड में इसी 'यंग इंडिया' में प्रकाशित लेखों का संग्रह है। इस प्रथम भाग में सत्याग्रह, पंजाब और खिलाफत पर महात्मा जी के जितने लेख निकले थे, उनका संग्रह किया गया है। अनुवादक की भाषा सरल, सुंदर और मनोहर है।

[8.8.1925]

यंग इंडिया [द्विती य भाग]

असहयोग के संबंध में महात्मा जी ने जितने लेख 'यंग इंडिया' में लिखे थे, उनमें अधिकांश इसमें संग्रहीत है। मूल्य तो सस्तेपन की हद है। [8.8.1925]

यंग इंडिया [तृतीय भाग]

इसमें असहयोग आंदोलन, स्वराज्य और सविनय-भंग आदि विषयों पर महात्मा जी ने जो कुछ लिखा था उसका संग्रह है। पाठकों! अब ऐसा गुड़ बाजार में और नहीं आयेगा। [8.8.1925]

हिंदू धर्म-मीमांसा : डॉ. शिवाजी गणेश पटवर्धन

लेखक हिंदू शास्त्रों के अच्छे जानकार मालूम होते हैं। इस पुस्तक के पढ़ने से हिंदू धर्म के संबंध में बहुत-सी बातें मालूम हो जाती हैं। लेखक महाशय महाराष्ट्र के हैं, किंतु राष्ट्रभाषा के नाते आपने हिंदी में ही पुस्तक लिखी है।

[15.8.1925]

वैदिक-जीवन : प्रो. विश्वनाथ विद्यालंकार

इसमें स्तुति, प्रार्थनोपासना, वैयक्तिक जीवन की उच्चता, पारिवारिक व्यवहार, राष्ट्रीय जीवन और अंतर्राष्ट्रीय तथा विश्व-प्रेम के भाव इत्यादि कुल मिलाकर 10 प्रकरण हैं। अर्थ लिखने का ढंग अच्छा है। व्यर्थ की खींचातानी नहीं की गई।

[15.8.1925]

स्वाधीनता के पुजारी : पं. भूदेव विद्यालंकार

इसमें रूस के देस क्रांतिकारियों की जीवन-कथा लिखी गई है। सभी की जीवन-कथायें अत्यंत मर्म-स्पर्शी और उच्च भावों की उद्‌बोधक हैं। स्वदेश के उद्धार के लिए रूसियों ने जेल की यम-यातना में, सिपाहियों के भीषण अत्याचार और निष्ठुर जारशाही द्वारा बार-बार कठोर और रोमांचकर उत्पीड़न सभी कुछ अम्लान-बदन से सहन किया। लेकिन 'उफ' तक नहीं की। एक-दो दिन नहीं, वर्षों इसी प्रकार वे लोग अत्याचार की चक्की में पीसते रहे, लेकिन वे तो 'खरा सोना' थे ज्यों-ज्यों जलाये गये त्यों-त्यों और भी मूल्यवान होते गये। पढ़ते-पढ़ते हृदय गद्‌गद हो जाता है। पुरुषों के साथ-साथ कई महिलाओं की जीवनियां भी और कार्य-कलाप लिखे गये हैं। हमारी राय में इसका खूब प्रचार होना चाहिए। [15.8.1925]

जर्मनी और टर्की में 44 मास : लाला हरदयाल

लाला हरदयाल की लेखन-प्रणाली बहुत अच्छी है। वे नीरस विषयों को भी सरस बना देते हैं, जिससे पढ़ने वाले का जी नहीं ऊबता। प्रस्तुत पुस्तक इसी ढंग की है। अनेक ज्ञातव्य तथ्यों से परिपूर्ण है। [15.8.1925]

अहंकार : मूल–अनातोल फ्रांस, अनुवादक–प्रेमचंद जी

अनातोल फ्रांस के साहित्य-संसार में बहुत बड़ा काम कर गये हैं। आपकी लिखी हुई पुस्तकों की फ्रांस में बहुत खपत है। जगत् की अन्यान्य भाषाओं में भी आपकी पुस्तकों के अनुवाद हो चुके हैं। 'अहंकार' आपकी प्रसिद्ध पुस्तक 'थायस'

का अनुवाद है। अनुवाद और उसकी भाषा के संबंध में कुछ भी लिखना व्यर्थ है। इस संबंध में श्रीयुत् प्रेमचंद जी का नाम ही काफी है। [22.8.1925]

संगठन का बिगुल : स्वामी सत्यदेव

यद्यपि पुस्तक में लिखी हुई कितनी ही बातों से हमारा मत नहीं मिलता, तथापि इसकी उपयोगिता हम मुक्तकंठ से स्वीकार करते हैं। [22.8.1925]

बनाम स्वदेश : आचार्य चतुरसेन शास्त्री

असहयोग आंदोलन के जमाने में शास्त्री जी ने विभिन्न पत्रों में कुछ सामयिक लेख लिखे थे। प्रस्तुत पुस्तक में उन्हीं का संग्रह है। यह समझ में नहीं आता कि हिंदी पाठकों का इसमें क्या उपकार होगा? न तो इससे मनोरंजन ही होता है और न ज्ञान-वृद्धि ही। [22.8.1925]

विनोद-रत्नाकर : संग्रहकर्त्ता–पं. श्यामसुंदर चतुर्वेदी

इसमें मनोरंजक हास्यपूर्ण कहानियों तथा चुटकुलों का संग्रह किया गया है। [22.8.1925]

क्रांतिकारी राजकुमार : प्रिंस क्रापटकिन, अनुवादक–प्यारे मोहन चतुर्वेदी

इस किताब में रूस देश के प्रसिद्ध महापुरुष, अन्याय और अत्याचार के प्रबल प्रतिरोधक प्रिंस क्रापटकिन का जीवन-चरित लिखा गया है। अनुवाद सुंदर हुआ है। इस पुस्तक से रूस का और मजदूर आंदोलन का तात्कालिक इतिहास भी मालूम हो जाता है। [29.8.1925]

सतीत्व-प्रभा या सती बिपुला : ठाकुर नंदकिशोर सिंह 'किशोर'

सती बिपुला का चरित्र विश्व-विश्रुत है। भाषा में कहीं प्रांतीयता की झलक है, लेकिन ऐसा होना स्वाभाविक ही है। [29.8.1925]

अज्ञातवास [नाटक] : आनंदप्रसाद कपूर

पांडवों ने 12 वर्ष का वनवास करने के बाद राजा विराट का आश्रय लिया था। उस पर यह नाटक लिखा गया है। पुस्तक में गद्य और पद्य दोनों हैं। लिखने का ढंग भी नाटक जैसा ही है। पुस्तक के ऊपर नाटक शब्द लिखा हुआ भी है, अतएव यह तो कैसे कहें कि यह नाटक नहीं है परंतु यदि हम इसे नाटकों की सीमा से दूर–अति दूर रख सकते तो हमें बड़ी प्रसन्नता होती जिसे न गद्य लिखने का शऊर और न पद्य। इस प्रकार की पुस्तकों की आलोचना लिखकर वक्त बर्बाद करना पड़ता है। यह खेद की बात है। [29.8.1925]

स्नेहलता : आत्माराम देवकर

इसमें कई कहानियां हैं। छोटी-छोटी हैं। कोई-कोई अच्छी भी हैं। [29.8.1925]

बांकीदास-ग्रंथावली [पहला भाग] : सं. रामकृपा जी

कवि राजा बांकीदास जी डिंगल भाषा [मरुभाषा] के महाकवि थे। संपादन अच्छा हुआ है। कठिन शब्दों के अर्थ दे देने के कारण समझने में दिक्कत नहीं होती।

[29.8.1925]

सोने की जंजीर या मेंढकी को जुकाम : विजयकृष्ण गुप्त

यह एक छोटा-सा नाटक है। अनाविल हास्य की धारा सर्वत्र प्रवाहित हो रही है।

[5.9.1925]

मुक्तधारा : मूल–श्री रवींद्रनाथ ठाकुर, अनुवादक–रमाचरण

विश्व-कवि की कृति का जैसा स्वांग सुंदर अनुवाद होना चाहिए था, यह अनुवाद वैसा नहीं हुआ यह दुःख की बात है। बंगला और हिंदी दोनों भाषाओं का जो बहुत बड़ा पंडित होगा, वही रवींद्र बाबू की किताबों के अनुवाद में सफलता प्राप्त करेगा, दूसरा नहीं। विश्वकवि की कृति जितनी उत्तम है, अनुवाद उतना ही भद्दा और दोषपूर्ण।

[5.9.1925]

हिंदी पद्य रत्नावली : सं. वियोगी हरि

इसमें 37 प्राचीन और नवीन कवियों की कवितायें संगृहीत हैं। संग्रह बुरा नहीं है। परंतु कई ऐसे कवियों की उपेक्षा की गई है, जिनकी कविताओं का होना इस संग्रह में बहुत जरूरी था। खैर! लेकिन एक बात बहुत खटकती है, और वह यह कि संग्रह मूल पुस्तकों को पढ़कर नहीं प्रत्युत् दूसरे 'संग्रहों' से 'संग्रहीत' है।

[5.9.1925]

महिला-सुधार : लाला कन्नोमल

स्त्रियों को यह किताब अवश्य पढ़नी चाहिए।

[5.9.1925]

एक ही आवश्यक बात : टॉलस्टाय, अनुवादक–प्रो. जगतनारायण लाल

अनुवाद अच्छा हुआ है। अनुवादक ने एक बहुत बड़ी और बढ़िया भूमिका लिखी है।

[5.9.1925]

यूरोपीय राजकीय आदर्शों का विकास : गोपाल दामोदर तामस्कर

हिंदी में राजनैतिक पुस्तकों का बेतरह अभाव है। यदि ऐसे-ऐसे ग्रंथ छपने लगे तो शीघ्र ही वह अभाव मिट जाय। लेकिन पुस्तक वर्णाशुद्धियों से परिपूर्ण है। मालूम नहीं क्यों अनधिकारी प्रूफ-रीडरों के हाथ में ऐसी पुस्तक दे दी जाती है।

[12.9.1925]

कंपनी व्यापार प्रवेशिका : कस्तूरमल बांठिया

पुस्तक कैसी है, इस पर कोई व्यापारी ही अपनी सम्मति दे सकता है।

व्यापारियों को चाहिए कि ऐसी पुस्तकें अवश्य पढ़ें। [12.9.1925]

गृहिणी-गौरव : अनुवादक–कृष्णलाल वर्मा

इसमें सात कहानियां हैं। सभी बंगला से अनुवादित हैं। अच्छी हैं। अनुवाद भी अच्छा हुआ है। हमारी राय में इसका नामकरण ठीक नहीं हुआ है। [12.9.1925]

विश्राम-बाग : मूल–मि. रेनाल्ड, अनुवादक–पं. जे.पी. चौधरी काव्यतीर्थ

उपन्यास सामाजिक है। अनुवाद की भाषा सैकड़ों दोषों से भरी हुई है। शायद इसलिए कि अनुवादक महाशय काव्यतीर्थ हैं, कोई हिंदी-तीर्थ थोड़े ही हैं! [12.9.1925]

नीति-विज्ञान : श्री गोवर्द्धन लाल

नीति-विज्ञान हिंदी में अपने ढंग की अनोखी पुस्तक है। विवेचना पद्धति निर्दोष और तर्कावली सबल है। लेखक को प्रतिपाद्य विषय में आशातीत सफलता मिली है। बहुत संभव है लेखक को कट्टर लोग 'नास्तिक' पदवी से विभूषित करें। कोई कानों में कह रहा है कि इस बार का मंगलाप्रसाद पारितोषिक इसी ग्रंथ पर मिलेगा। जो हो, पुस्तक विचार-स्वातंत्रवादियों के बड़े काम की है। परंपरागत रूढ़ियों और कुसंस्कारों के दल-दल में फंसे हुए भारतीयों–विशेषतः हिंदीभाषी भारतीयों को इससे बहुत लाभ पहुंचेगा। [12.9.1925]

अपूर्व ब्रह्मचारी : पं. विंध्येश्वरीदत्त शुक्ल वकील

भाषा की भूलें यत्र-तत्र हैं। [19.9.1925]

अजेय तारा : रा. रा. हरिनारायण आपटे, अनुवादक–पं. जे.पी. चौधरी

पुस्तक अच्छी है। पढ़ने में जी लगता है। अनुवाद की भाषा उतनी साफ नहीं है।

राष्ट्रीय रंग : बाबू वसिष्ठ नारायण निर्बल

संगृहीत कविताएं विभिन्न पत्रों में निकल चुकी हैं।

खद्दर-शिक्षक : भगवती सिंह

लेखन-शैली अच्छी है। [19.9.1925]

आदर्श बहू : मूल बंगला–शिवनाथ शास्त्री, अनुवादक–शिवसहाय चतुर्वेदी

मूल उपन्यास दुःखांत था, परंतु अनुवादक महाशय ने इसे सुखांत बना दिया है। [10.10.1925]

सुर सुंदरी : पं. मुरलीधर शर्मा

यह ऐतिहासिक उपन्यास है। याद आता है कि इसी नाम और इसी घटना से युक्त एक उपन्यास बंगला में भी मैंने पढ़ा है। परंतु इस पुस्तक में ऐसा कहीं लिखा नहीं है। संभव है मेरी ही भूल हो। यदि यह उक्त बंगला पुस्तक का ही अनुवाद

हो, तो लेखक को सूचना दे देनी चाहिए थी। [10.10.1925]

वीर राजपूत : मूल–श्रीनाथ माधव, अनुवादक–पं. लक्ष्मीधर वाजपेयी

मूल लेखक मराठी के और अनुवादक महोदय हिंदी के नामी लेखक हैं। उपन्यास के संबंध में इतना लिखना आशा है परिचय के लिए यथेष्ट होगा।

[10.10.1925]

उमासुंदरी : श्रीमती शैलकुमारी देवी

यह समझ में नहीं आता कि मौलिक उपन्यासों में भी केवल 'ललित बाबू और सतीश बाबू' ही क्यों होते हैं। क्या बंगालियों के अतिरिक्त और प्रांत वालों के नाम उपन्यासों के लिए उपयुक्त नहीं होते? या बंगाल ही में सामाजिक क्रांति करना सभीष्ट है।

खेल-खिलौना : ब्रजभूषण प्रसाद

संतोष की बात है, हिंदी में भी शिशु-साहित्य तैयार हो रहा है। ऊपर खिलौना और नीचे कविता। लेकिन कविता की भाषा प्रायः क्लिष्ट कर दी गई है। हमारी समझ में शिशु-साहित्य की भाषा खूब सरल होनी चाहिए। [10.10.1925]

पुनर्विवाह-विधान : पं. मातासेवक पाठक

प्रस्तुत पुस्तक में सुदृढ़ प्रमाणों और युक्तियों द्वारा अक्षतयोनि विधवाओं का विवाह शास्त्रीय सिद्ध किया गया है। भारतवर्ष में विधवाओं की बहुत बड़ी संख्या है। उन बेचारियों का जीवन बड़ा ही दुखमय है। हर्ष की बात है, लोगों का ध्यान उनके दुखों की ओर आकृष्ट हुआ है। आप 'पर उपदेश' में ही कुशल नहीं हैं–प्रत्युत अक्षतयोनि विधवा से विवाह भी कर चुके हैं, यह बड़े आनंद की बात है।

[10.10.1925]

मनहर चित्रावली : पं. मोतीलाल शर्मा

चित्र की बाईं ओर परिचय के रूप में निराला जी की कविताएं हैं। निराला जी छंदोबद्ध खड़ी बोली और ब्रजभाषा की कविताएं हमें बड़ी ही सुंदर, भावपूर्ण और तुली हुई जान पड़ीं। श्रीकृष्ण के परिचय में दोहा देखिये–

'लहत न कछु मन कहि थकत तकत देखि दुइ नैन।
पद्म-पलासन में कहां वह अपनोपन–दैन॥

'मोहन' पर लिखा गया एक कवित्त देखिये–

सोभित मयूर-पंख मुकुट-किरनि सीस
जगति मनोज शत कोटि दुति अंग अंग।

नायिका नवेली त्रिगुनों की मुकतान-लरी
गारति गुमान कच-प्रीतम-कुटिल-संग॥
अधर-सरोज पै छायो है प्रभात-काल
तिलक-तसन लाल-भाल पै असन-रंग
काढ़ि लेन सुजन-अजान-मन ताकत ही
बरबस सब करि लेत भ्रू-नयन-भंग॥

इस चित्रावली में कुल 30 चित्र हैं। यह हिंदी में अपने ढंग की एक ही है। पूर्वी और पश्चिमी भावों का विकास बड़े अच्छे ढंग से किया गया है। [10.10.1925]

श्री गोविंद निबंधावली : श्री गोविंदनारायण मिश्र, प्राक्कथन—पं. जगन्नाथ प्रसाद चतुर्वेदी

पं. लक्ष्मण शास्त्री का उद्गार। पंडित श्यामसुंदर द्विवेदी का परिचय। वास्तव में प्रकाशक ने बड़ा परिश्रम किया है। किंतु निबंधावली का संपादन जैसा होना चाहिए वैसा नहीं हुआ है। प्राचीन लेखकों के निबंधों में संपादन की गुंजाइश वहीं तक है, जहां तक उत्तमोत्तम रीति से प्रूफ-संशोधन करके लेखक की मौलिकता और शैली की पूरी-पूरी रक्षा की जा सके। हिंदी में कोई ऐसी संस्था नहीं, जो प्राचीन प्रतिष्ठित लेखकों की सस्ती ग्रंथावलियां प्रकाशित करके हिंदी की लुप्त संपत्ति का उद्धार करे। बंगला में इस समय 40 ग्रंथावलियां प्रकाशित हैं। जिस दिन हिंदी में ऐसा होगा, उस दिन हिंदी साहित्य की शोभा ही कुछ और होगी। [28.11.1925]

रामचरितमानस [सटीक] : टीकाकार—पं. बाबूराम मिश्र 'विशारद'

पाठ बहुत शुद्ध है। क्षेपक आदि के दूषण से भी दूषित नहीं है। किंतु यह सटीक रामायण जितनी सस्ती है, इसकी टीका भी उतनी ही सस्ती और साधारण है। सस्ते साहित्य के प्रचार करने का जो महान् यश है, वह टीका की साधारणता और विशेषत्व-शून्यता के कारण अत्यंत लघुत्व को प्राप्त हो गया है। यह सस्ती टीका ऐसी होनी चाहिए थी, जिसे देहात के अपढ़ भी भली-भांति स्पष्ट रीति से समझ लेते। हिंदीभाषी किसान रामायण के अनन्य प्रेमी हैं; पर उन्हें ऐसी कोई सुबोध टीका नहीं मिलती जिसे पाकर वे रामायण का अर्थ सहज ही समझ सकें। [28.11.1925]

दक्षिण अफ्रीका का सत्याग्रह : महात्मा गांधी, अनुवादक—बैजनाथ जगन्नाथ मोयदे

पुस्तक की उत्तमता के विषय में लेखक के नाम से पूछिये।

हिंदुत्व [अंग्रेजी अनुवाद] : अनुवादक—पं. लक्ष्मणनाराण गर्दे

महाकवि बाणभट्ट : केदारनाथ शर्मा सारस्वत

इस प्रथम बिंदु से ही संस्कृत-साहित्यानुरागियों की निराशा की खेती हरी हो

जायगी, क्योंकि अनतिदूर भविष्य में सुधा-बिंदु की अनवरत वर्षा होने वाली है। इस प्रथम बिंदु को रत्नाकर के रूप में परिणत करे, ताकि संस्कृत-साहित्य के अमूल्य रत्नों से हिंदी-साहित्य-भंडार की श्रीवृद्धि हो। प्रस्तुत पुस्तक में बाणभट्ट पर एक गवेषणापूर्ण ललित हिंदी-निबंध है। [9.1.1926]

पद्य-प्रसून : पं. अयोध्यासिंह उपाध्याय 'हरिऔध'

उनकी सरलता, सरसता और ओजस्विता तो एक स्वाभाविक बात है। भाव-गांभीर्य का तो कहना ही क्या! आशा है, इस 'प्रसून' के पवित्र परिमल से पाठक पूर्णतः परितृप्त होंगे। [9.1.1926]

पंडित जी : मूल—शरदचंद्र चट्टोपाध्याय, अनुवाद—पं. रूपनारायण पांडेय

इस उपन्यास में बंगाल के एक वैष्णव परिवार का चित्र अंकित है। किंतु विधवा-विवाह प्रधान समाज का वर्णन है। इसमें मनुष्य के मानसिक भावों का परिवर्तन बड़े अच्छे ढंग से दिखलाया गया है। वर्णन शैली मनोरंजक है। कहीं-कहीं समाज का चित्र खींचने में लेखक ने बड़ी स्वाभाविकता और सहृदयता दिखाई है। [13.2.1926]

बड़ी दीदी : लेखक—शरदचंद्र चट्टोपाध्याय, अनुवादक—पं. रूपनारायण पांडेय

इसमें एक बड़ी ही करुणाजनक घटना का वर्णन है। जमींदारों के कारिंदों का अत्याचार और अन्याय खूब दिखलाया गया है। पढ़ते-पढ़ते बरबस आंखें छलछला उठती हैं। शिक्षाप्रद और हृदयग्राही है। [13.2.1926]

सूरीश्वर और सम्राट अकबर : मूल गुजराती—मुनिराज श्री विद्याविजयी, अनुवादक—कृष्णलाल वर्मा, उपोद्घात—गौरीशंकर हीराचंद ओझा

इतिहास की दृष्टि से यह ग्रंथ बड़े गौरव का है। लेखक ने बड़ी श्रद्धा से कठिन परिश्रम करके यह ग्रंथ तैयार किया है। यह जैसा ही गवेषणापूर्ण है वैसा ही मनोरंजक और उपदेशजनक भी है। हिंदीभाषी इतिहास-प्रेमियों के लिए तो एक अमूल्य वस्तु है। इसके पढ़ने से मालूम होता है कि जैनाचार्यों के संसर्ग और उपदेश से मुगल-सम्राट अकबर और कई यवन सरदारों के मन पर जैन धर्म के अहिंसा-भाव का यथेष्ट प्रभाव पड़ा था। [13.2.1926]

धर्मचंद्रिका [दोनों भाग] : पं. ब्रजभूषण मिश्र

इन पुस्तकों में सामयिकता लाने की आवश्यकता है। इस समय प्राचीनता और नवीनता के संयोग से ही समाज का संघटन और कल्याण हो सकता है! धर्मशक्ति के साथ-साथ देशभक्ति, जातिप्रेम और समाज-सेवा के भावों को हृदयंगम कराना भी इन पुस्तकों का उद्देश्य होना चाहिए था। [13.2.1926]

दागे 'जिगर' : रामनाथ लाल 'सुमन', भूमिका—प्रेमचंद जी

पीछे उर्दू शब्दार्थ। मुझे हर्ष हुआ कि 'सुमन' खुलने लगा और आज उसके विकसित और सुंदर दो दल मैंने देखे।

'दागे जिगर' में पहले कवि जिगर का परिचय है, फिर है उनकी कुछ कविताओं की समालोचना और फिर उनकी गजलों का उद्धरण। परिचय सुमन जी ने बहुत ही अच्छा लिखा है। एक आकर्षण आ गया है। साथ ही रोचकता भी है। कहीं-कहीं 'तू' और 'तुम' का एक ही जगह पर आना भावापघातक हो गया है, जैसे—"तूने ऐसा क्यों किया भाई? क्या मेरा सुख तोड़कर तुम कुछ भी पा सके?"

समालोचना में एक बात खटकने लायक और मिली, वह है समालोचक पर कविता का प्रभाव। कविता पर समालोचक की समझ का उतना प्रभाव नहीं है जितना समालोचक की समझ पर कविता का प्रभाव है। पद्मसिंह जी की 'आह-ऊह' का दौर-दौरा इसमें भी हो गया है। यह प्रथा हमारे समालोचक छोड़ दें तो बहुत-सा सुधार हो।

एक निवेदन मुझे इसकी भूमिका के कुछ शब्दों पर करना है। प्रेमचंद जी लिखते हैं—"गजल के एकाध शेर से जो आकर्षण आ जाता है, जो शेखी, जो चुलबुलाहट पैदा हो जाती है, वह दोहा, चौपाई एवं कवित्तों में कहां? उसकी बारीकियां चाहे सर्वसाधारण की—श्रोताओं की, समझ में न आवे पर उसके भाव अवश्य ही हृदय में चुभ जाते हैं और यही कारण है कि उर्दू के मामूली कवियों की गजलें लोगों में इतनी प्रचलित हैं कि हिंदी के बड़े-बड़े कवियों को भी वह बात हासिल नहीं।" शांतं। बताइये तो, आपने हिंदी के कितने दोहे, चौपाइयां और कवित्त पढ़े जो इस तरह की निर्भय सम्मति निस्संकोच होकर दे दी? अभी उस दिन तक तो आपकी हिंदी लिखी रचनाओं का संशोधन होता और इधर साल ही भर में आप हिंदी के ऐसे प्रकांड पंडित हो गये कि एक शेर के इतना आकर्षण भी आपको दोहे, चौपाई और कवित्तों में नहीं मिला? भगवन्, गजलों के प्रचार का कारण उनकी खूबियां हैं या नहीं, वे सेंट-परसेंट मुसलमान रंडियों और उनके मुसलमान भंडुवे जो संयुक्त-प्रदेश और बिहार की महफिलों को आबाद किये रहते हैं यदि बंगाल की तरह हिंदू-वेश्याएं आज युक्त-प्रदेश और बिहार में होतीं तो वहीं की अनुकरण-स्वभाव-शील जनता में आप गजलों की जगह हिंदी-संगीतों का प्रचार अधिक देखते। उर्दू और हिंदी की कविता पर आपने जैसा लिखा है, इस पर बहुत ज्यादा लिखने की इच्छा थी, परंतु यह सोचकर कि आप जैसे हिंदी के एक उम्मेदवार के लिखने से उन साहित्य-सम्राट और रसराज महाकवियों का कुछ नहीं बिगड़ता बल्कि आप ही की हिंदी-योग्यता का पर्दाफाश होता है, मैं अब ज्यादा कुछ न लिखूंगा। जिन उर्दू कवियों के लिए आप सर के बल खड़े हो गये हैं, जरा बतलाइये तो, 'सत्यं शिवं सुंदरं' तथा 'सौंदर्य-विभूति और कला'

को उन उर्दू कवियों में, किसने ऐसी सुंदर मूर्ति खींची जैसी तुलसी, सूर, कबीर आदि महाकवि आज संसार के सामने रखे हुए हैं? क्या नजाकत और फरियाद वाले उर्दू कवियों को आप इनसे बढ़कर बतलाइयेगा?—क्या सौंदर्य, सत्य और कला पर आपकी परिभाषा उर्दू से सीखी हुई कुछ और होगी? आपके फरियादी कवियों के लिए हिंदी में नायिकावादी हजारों हैं।

मुझे विश्वास है इस अप्रिय सत्य के लिए मुझे आप क्षमा करेंगे। मुझे दुःख है कि चोट खाकर मुझे चोट करना पड़ा।—**दुर्मुख** [26.6.1926]

निर्माल्य : पं. मोहनलाल महतो 'वियोगी'

'निर्माल्य' पर पं. जगन्नाथ प्रसाद जी चतुर्वेदी की विज्ञप्ति मुझे हिंदी की सोलहवीं सदी के गद्य की याद दिलाती है, इसे मैं अपना परम सौभाग्य समझता हूं, इस बीसवीं सदी में सोलहवीं सदी का एक नमूना तो है।

तेरह लाइन की विज्ञप्ति में तेरतियां उनतालीस अनुप्रास तो चतुर्वेदी जी की कृपा से जरूर आ गये होंगे—मैंने गिना नहीं, मैं तो यही विचारता रह गया कि चतुर्वेदी जी ने इस विज्ञप्ति में कविता के संबंध में भी कुछ लिखा है या अपने अनुप्रासों की आतिशबाजी ही दिखाते रह गये हैं?

कवि-परिचय लिखते हुए रामबृक्ष शर्मा बेनीपुरी जी ने जिन शब्दों में वियोगी जी की तारीफ की है, मुझे उनमें आवश्यकता से अधिक बहुत अनौचित्य दृष्टिगोचर हो रहा है। यह मैं अपनी दृष्टि से लिख रहा हूं। बेनीपुरी जी यदि महतो जी की कविता में जौहर ही जौहर देखते हैं तो वे शौक से देखें, मुझे इसके लिए ईर्ष्या नहीं, दुःख इतना ही है कि मेरी दृष्टि महतो जी की कविता में कहीं कोई जौहर नहीं देख सकी। मेरे लिए तो वियोगी जी की कविताओं से उनकी पुस्तक का आवरण पृष्ठ कहीं अधिक कवित्वपूर्ण है। वियोगी जी की कविता में दोषों की कमी नहीं। बहुत मामूली दोष भी वियोगी जी से नहीं छूटने पाये। या तो छंदों को गोली मार दीजिये या उसे दुर्दशा से बचाइये, ऐसा क्योंकि "गये दोनों जहां से खुदा की कसम, न इधर के रहे न उधर के रहे'। पद्य के भाव पर विचार किया जाय तो और गुल खिले। इसलिए अब बस करता हूं! महतो जी नाराज न हों, कविता कवि के मनोभावों की छाया है। महतो जी यदि अपने मनोभावों को कोमल करने की चेष्टा करें तो मुझे विश्वास है, भविष्य फलप्रद होगा—वे होनहार हैं।

"हे कवित्ते। कैसे इस तुक्कड़ को
तुने अपनाया?
वाल्मीकि की प्रिये! दीन यह
कैसे तुझको भाया?"—

इस तरह का अहंकार सत्य से दूर है। गला फाड़कर क्या आप बड़े कवि हो जायेंगे? आप ही की पंक्तियों में मैं प्रश्न करता हूं, बतलाइये तो—कब आप तुक्कड़ थे जो अब कविता देवी की कृपा से वाल्मीकि के सहोदर बन गये? आपकी उत्पत्ति, स्थिति और प्रलय सब तो बस इस पुस्तिका की ही हद तक है? फिर आपने भला कैसे लिखा कि तुक्कड़पन से आपको कविता ने वाल्मीकि के आसन पर बैठा दिया? क्या यह असत्य नहीं? आशा है आप संभल जायेंगे।—**वज्रदंष्ट्रा** [26.6.1926]

कविरत्न मीर : रामनाथ लाल 'सुमन', श्री प्रेमचंद जी के दो शब्द, बाबू शिवपूजन सहाय जी का 'परिचय' और फिर लेखक का लिखा हुआ 'बेहोश लहरों में'—इस पुस्तक के अग्रभाग की शोभा बढ़ा रहे हैं।

दागे जिगर की अपेक्षा कविरत्न मीर की समालोचना में सुमन जी अधिक सफल हुए हैं। 'ख़ाक थी मौज जन जहां में और, हमको धोका यह था कि पानी है।'

इसका अर्थ सुमन जी ने बड़ा ही साफ और मर्मस्पर्शी कर दिया है। पढ़कर एकाएक हृदय कह उठता है कि सुमन जी वास्तव में कविता के मर्मज्ञ हैं। इनकी उम्र तो कुछ नहीं, पर इनकी सूझ सचमुच बहुत कुछ है। जान पड़ता है यह सुमन जी की दूसरी रचना है। 'दागे जिगर' की अपेक्षा इसमें परिमार्जन, गंभीरता और भाषा-सौष्ठव शायद इसलिए बढ़ भी गया है। समालोचना भी इसकी सूक्ष्मदर्शिता की पराकाष्ठा तक पहुंच गई है।

इसकी समालोचना में खटकने वाला एक भी शब्द नहीं आया—जैसे सुमन जी एक पूरे वेदांती होकर समालोचना लिख रहे हों। इस पुस्तक को पढ़कर सुमन जी की कृपा से मीर की कविता का जो आनंद मुझे मिला इसकी याद मेरी स्मृति की अंतिम सामग्री होगी। ऐसी पुस्तकों के प्रकाशक को हज़ारों धन्यवाद। विश्वास है, वे लेखक के श्रम का मूल्य भी समझते होंगे।

चारों धाम की यात्रा : ठाकुरदत्त शर्मा दाधीच

नाम मात्र से पुस्तक के भीतरी विषय का पता चल जाता है। भाषा मार्जित और सरल है। भाव निर्दोष। प्राकृतिक वर्णन मनोहर और आकर्षक हो गये हैं।

[10.7.1926]

कलकत्ता-रहस्य : पोलख़ोलानंद

कलकत्ता-रहस्य अभी और कई भागों में निकलेगा। पुस्तक में कलकत्ता संबंधी आवश्यक बहुत-सी बातें आ गई हैं। भाषा सदाबहार, सरल और आकर्षक है। मन खूब लगता है। जिनका समय न कटता हो, पुस्तक पढ़े, दो-तीन घंटे मजे में पार कर जायेंगे। [10.7.1926]

हिंदू-संगठन : श्री गंगाप्रसाद गुप्त

त्वारी-हृदय : ठाकुर नंदकिशोर सिंह 'किशोर'

वीरांगना-तारा : श्री सुरेंद्रनाथ तिवारी

रहीम-कवितावली : सं. सुरेंद्रनाथ तिवारी

तपस्विनी पार्वती देवी : 'प्रताप' कार्यालय

इस पुस्तक में पंजाब की प्रसिद्ध तपस्विनी बहन पार्वती देवी की जीवनी और जेल-जीवनी का वर्णन प्रायः उन्हीं के द्वारा किया गया है।

श्री माइकेल मधुसूदन दत्त : श्री बजरंगबली गुप्त 'विशारद'

पद्य-पारिजात : संग्रहकर्त्ता—ब्रह्मचारी भद्रजित 'भद्र'

अधिकार : श्रीपराग—एक छोटा-सा नाटक है। भाषा अच्छी है।

झांसी की रानी : श्री सीताराम शर्मा

महारानी लक्ष्मीबाई का ऐतिहासिक जीवन-चरित है। प्रत्येक भारतीय के घर में इस छोटी पुस्तक के लिए स्थान होना चाहिए।

वियोग कथा : पं. जगन्नाथ मिश्र 'कमल'—सुंदर खंड काव्य है।

शिव-पार्वती [नाटक] : परिपूर्णानंद वर्मा

यह एक थर्ड-क्लास का नाटक है, पारसी-स्टाइल की तुकबंदियों की भरमार है। लेखक चेष्टा कर इससे सुंदर नाटक लिख सकते थे। [15.1.1927]

राजपूताने का इतिहास [पहला खंड] : पं. गौरीशंकर हीराचंद्र ओझा

इस अपूर्व इतिहास के 6 खंड प्रकाशित होंगे। ओझा जी बड़ी खोज के साथ लिख रहे हैं। इसके सब खंड प्रकाशित हो जाने पर अब तक प्राप्त राजपूताने के इतिहासों में एक प्रकार की क्रांति-सी हो जायगी।

कवित्त रामायण : स्वर्गवासी भक्तकवि पं. रामगुलाम द्विवेदी

बड़ी सरल और हरि-भक्त-रस से ओतप्रोत हैं। प्रायः सवा दो सौ छंदों में पूरी रामायण का वर्णन है।

मास्टर साहब : रवि बाबू

रवि ठाकुर की एक छोटी परंतु सुंदर कहानी का अनुवाद है।

व्याकरण-पद्य-चंद्रिका : लोकमणि शर्मा जोशी

संस्कृत के आरंभकों के बड़े मसरफ की चीज़ है।

निर्वाह : ग.यु. 'अनल'—विशेषकर विधवा-विवाह पर विचार किया गया है।

मैथिलीय-भाषा व्याकरण-भाष्कर : हीरालाल झा 'हेम' [26.2.1927]

संकेत-विद्या : पं. मुंशीलाल

भारतवर्ष महामंडल का कच्चा चिट्ठा : एक अधिकारी

काशी के कुख्यात मंडल की अनेक पोलों का वर्णन है।

हिंदुओं की उन्नति का उपाय : संग्रहकर्त्ता—श्री कृष्णानंद

कृतघ्नता और विश्वासघात : पं. जगपति चतुर्वेदी

हमारा प्राचीन गौरव : श्री आनंद भिक्षु

बालक धर्मशिक्षा : पं. रामप्यारे सिपाही [26.2.1927]

कामना [नाटक] : जयशंकर प्रसाद

किसी समुद्रतट के कल्पित फूलों के द्वीप की एक कोमल कहानी का इस नाटक में वर्णन है। कल्पना, भाषा, भाव और सुंदर कविताएं सभी दृष्टियों से।

[13.8.1927]

कम्युनिज़्म क्या है : राधामोहन गोकुल

राधामोहन गोकुल जी विदेशियों और विदेशी अत्याचारों के विरुद्ध इस देश के वयोवृद्ध और तपे हुए योद्धा हैं। इस विषय पर उनका ज्ञान भी असाधारण है। पाठकों से, किसानों से सहर्ष निवेदन करते हैं कि वे इस पुस्तक को पढ़ें। इससे उनकी आंख खुलेंगी और वे जानेंगे कि संसार के दूसरे भागों के गरीब अपने को क्या-से-क्या समझने लगे हैं; गरीबों का अमीरी और अमीरों के विषय में क्या मत हैं, तथा आधुनिक वैषम्य या अमीरी का नाश कैसे हो सकता है।

गदर की कहानियां : सत्यभक्त

यह गदर की कहानियां आयरलैंड की हैं। लेखक ने इसे ऐसी भाषा में 'अनुवादा' है कि पढ़ने में खूब जी लगता है। साथ ही कहानियों के अंग्रेजों के विरुद्ध होने के कारण, नसों में एक तरह की गर्मी-सी भी महसूस होती है। प्रत्येक युवक को इस पुस्तक को पढ़ना चाहिए। [13.8.1927]

कविता-कौमुदी [दूसरा भाग] : पं. रामनरेश त्रिपाठी

यह ग्रंथ खड़ी बोली की कविता का संक्षिप्त इतिहास है। इसमें भारतेंदु बाबू हरिश्चंद से सुभद्रा कुमारी चौहान तक की चुनी हुई रचनाएं हैं। इसमें खड़ी बोली की कविता का जो इतिहास दिया गया है उससे इस पुस्तक की श्री और भी बढ़ गयी है।

सत्य हरिश्चंद्र [नाटक] **:** मूल—भारतेंदु, सं.—लाला भगवानदीन

'दीन' जी टीका-टिप्पणी करने में कैसे अद्वितीय हैं, यह किसी से छिपा नहीं है। हमने और भी अनेक संस्करण देखे हैं मगर ऐसा संपूर्ण और कहीं भी हमें नहीं

दिखाई पड़ा। पुस्तक का परिशिष्ट जो दीन जी की विद्वत्ता का कमाल है, बहुत ही सुंदर है।

चरकला, मोहन भोग, रसाल, वृक्ष निर्जीव हैं संगीत सुधाकर [13.8.1927]

जनरल अवारी : सत्यदेव विद्यालंकार

इसमें उन्हें वीरवर जनरल अवारी और उनके आंदोलनों की चर्चा है जिनके चलाये हुए नागपुर शस्त्र-सत्याग्रह ने आज भारत के कोने-कोने में एक मधुर सनसनी-सी पैदा कर दी है। जनरल अवारी ने लिखा था—"नागपुर के प्रत्येक छोटे-बड़े अंग्रेज को बोरिया-बिस्तरा और अंग्रेजी मिलिटरी औरत-बच्चे सहित हमारा नागपुर शहर खाली कर देना चाहिए। अगर तारीख 16 मार्च 1928 को कोई भी अंग्रेज दिखाई देगा तो हम तारीख 16 मार्च 1928 की शाम को 4 बजे निःशस्त्र हमला करेंगे और सबको गिरफ्तार करके एक साल की सख्त मजरी की सज़ा देंगे। बाद में देश पार की सजा देकर अपने हिंदुस्तान से निकाल देंगे।" उन्हीं जनरल अवारी ने अपनी गिरफ्तारी के बाद मुकदमा चलने पर मैजिस्ट्रेट के आगे अंकपित स्वर में कहा था—"मैं ब्रिटिश साम्राज्यवादियों पर यह जुर्म लगाता हूं कि तुम लोग हत्यारों, अत्याचारियों, राक्षसों, डाकुओं, शराबखोरों और लंपटों के दल वाले हो और संसार तुम्हें भ्रष्टों और कायरों का राष्ट्र समझता है।" अमीर देशभक्तों को चाहिए कि सैकड़ों और हजारों की संख्या में इस पुस्तक को खरीदकर देश के युवकों और गरीबों में बांट दें। [20.8.1927]

अवतार : अनुवादक—बजरंगबली गुप्त विशारद, भूमिका—प्रेमचंद

अवतार का मूल लेखक कोई फ्रेंच उपन्यासकार थियोफाइल गाटियर है। मगर यह अनुवाद तो गाटियार की पुस्तक के बंगला का दर अनुवाद है।

नवीन पद्य-संग्रह : संग्रहकर्त्ता—भगवतीप्रसाद वाजपेयी

भारतेंदु से लेकर आजकल के प्रायः सभी छोटे-बड़े कवियों की संक्षिप्त जीवनी और एक-दो सुंदर रचनाओं का संग्रह है।

अशांत [उपन्यास] **:** विनोदशंकर व्यास—सामाजिक चित्रण है।

आनरेरी मैजिस्ट्रेट : सुदर्शन

यह प्रहसन वर्षों पहले 'माधुरी' में प्रकाशित हुआ था।

मादक-द्रव्य-निषेध, संसार हितैषी, अंकविलास, संसार के संवत्, गीतानुशीलन, वीर लव-कुश, श्री रामचरितार्णव, मिथिला भाषाविद्योतन [20.8.1927]

हिंदुस्थानी-संगीत प्रवेशिका [दो भाग] **:** मुरारी प्रसाद

भारत की सभी भाषाओं के संगीत-ग्रंथों को मथकर और अपने प्रगाढ़ पांडित्य

का पुट देकर इसे तैयार किया है। इतना ही नहीं, आपने अंग्रेजी, फ्रेंच, जर्मन आदि भाषा-भाषियों के संगीत विशारदों की छानबीन का रस भी इसमें संचित किया है। राग, रागिनी, स्वर, ताल, लय, मूर्छना आदि संगीत के गूढ़ विषयों को ऐसे सरल ढंग से समझाया गया है कि कोई बालक भी जरा ध्यान से इस पुस्तक की सहायता से उस्ताद हो सकता है। बहुत-सी बातें ऐसी भी बतायी गई हैं जिन्हें अक्सर पुराने ढंग के उस्ताद लोग अपने शागिर्दों को बताते ही नहीं और 'उस्तादी-हथौटी' के बहाने पेट में भरे-ही-भरे मर जाते हैं। अंग्रेजी आदि विदेशी भाषाओं में यदि किसी विद्वान् ने इतने परिश्रम से ऐसी कोई रचना की होती तो लोग उसे सर-आंखों पर उठा लेते।

[27.8.1927]

गोरा चाम, काले काम : बालमुकुंद वाजपेयी

अफ्रीका महाद्वीप के अधिकांश भू-भाग पर यूरोप की गोरी जातियों का कैसे और किन उपायों से अधिकार हुआ और वहां के काले मनुष्यों से गोरे देवों ने कैसा सुसभ्य और ईसाई धर्म से संगत सलूक किया, यही इस पुस्तक में अत्यंत संक्षेप में दिखाने का यत्न किया गया है। लेखक ने मि. ई.डी. मोरले कृत 'ब्लैक मैंस बर्डेन' के आधार पर लिखी है। इसमें गोरों की भयानक काली करतूतों को पढ़कर एकाएक मुंह से 'उफ!' निकल पड़ता है। इन सभ्यताभिमानियों की यह तस्वीर कैसी घृणित और कितनी भयानक है यह देखने से ही जाना जा सकता है। भारत के स्वराज्य-संग्राम से प्रेम रखनेवाले प्रत्येक योद्धा को इसे अवश्य पढ़ना चाहिए।

प्रेतलोक : पं. रामनारायण पाठक

सुभद्रा अथवा मरणोत्तर जीवन : वी दा ऋषि

अनेक अद्भुत बातें मालूम होंगी। उन्हें स्वर्ग-नरक का वर्णन मिलेगा, आत्माओं के मरणोत्तर जीवन का रहस्य मालूम होगा और मालूम होगी परलोक की अनेक विचित्र प्रथाएं और बातें। [27.8.1927]

अल्लाहो अकबर : पं. रामप्रसाद पांडेय

किसी मराठी उपन्यास के आधार पर स्वतंत्र रूप से लिखा मनोरंजक उपन्यास है।

सांख्य दर्शन : अनुवाद—क्षेत्रपाल शर्मा

सर्वसाधारण को समझने के योग्य बहुत सरल भाषा में अनुवाद है।

कला कौमुदी : श्रीमती ओइमूवती

यह पुस्तक हमारी बहिनों के बड़े मसरफ की है।

नायिका भेद शंकावली : पं. जगन्नाथ भानु, [27.8.1927]

वीर सतसई : वियोगी हरि

भिन्न-भिन्न विषयों पर सात सौ दोहे। रचना सुंदर है और कवित्व से परिपूर्ण है। [5.11.1927]

पंचपात्र : पदुमलाल पुन्नालाल बख्शी

गद्य, पद्य, आख्यायिका, आलोचना—सब कुछ इसमें मिलेगा। [5.11.1927]

प्रेमिका : मिस मेरी कारेली, अनुवादक—ईश्वरी प्रसाद शर्मा

प्रेमिका 'थेल्मा' उपन्यास का हिंदी रूप है। [5.11.1927]

यूथिका : गोपाल नेवटिया—8 कहानियां हैं। [5.11.1927]

अन्योक्ति कल्पद्रुम : गोस्वामी दीनदयालु गिरि

सारपूर्ण है। करीब 70 वर्ष पूर्व की रचना है। [5.11.1927]

कन्याओं की पोथी : रामदास गौड़

भाषा सरल है, वाक्य प्रायः छोटे और सुलझे हुए हैं। [5.11.1927]

सत्य कथा-संग्रह : राजा खलकसिंह जूदेव

पश्चिम की तीन कथाएं हैं। भाषा सरल और परिमार्जित है। इतिहास प्रेमियों के काम की है। [12.11.1927]

राजा बीरबल : श्री बल्लभ भट्ट शास्त्री

बीरबल की जीवनी है। कागज रद्दी, छपाई भद्दी और 6 पृष्ठ का शुद्धिपत्र! हिंदी में अब इस प्रकार के गंदे ढंग से पुस्तक प्रकाशन की आवश्यकता नहीं है। [12.11.1927]

अछूतोद्धार [नाटक] **:** रामेश्वरी प्रसाद 'निगम'

लेखक की पहली रचना है। [12.11.1927]

शहीद संन्यासी : किशनचंद ज़ेबा

स्वामी श्रद्धानंद की जीवनी पर ही इस नाटक के भवन का निर्माण हुआ है। [12.11.1927]

बौद्धकालीन भारत : जनार्दन भट्ट

प्रसिद्ध प्रो. वेणी प्रसाद ने लिखा है—'भट्ट जी ने इस आदर्श तक—सच्चे इतिहासकार के कर्त्तव्य तक—पहुंचने की चेष्टा की है।' [19.11.1927]

नवीन वीन : लाला भगवान दीन

रचनाओं की भाषा सरल और प्रसादगुण संपन्न है। [19.11.1927]

हिंदी-जेवी-कोष : रामचीज सिंह 'वल्लभ' और हरिदेव सिंह 'देव' [19.11.1927]

मानवीय शक्तियों का परिचय और उनका विकास : श्री प्रियरत्न

इसमें कर्मेंद्रिय, ज्ञानेंद्रिय और अंतःकरण की शक्तियों का विवेचन है। [19.11.1927]

बीकानेर राज्य में नादिरशाही : विजय सिंह

बीकानेर से संबंध रखने वाले तथा देशी राज्यों की स्थिति का अध्ययन करने वाले व्यक्तियों के लिए यह पुस्तक काम की चीज़ है। [19.11.1927]

मित्रता : श्री प्रतापमल नाहरा

पुस्तक में मित्रता का विवेचन है। लेखक ने पुस्तक के प्रारंभ में अपना चित्र अपने मित्र के साथ देकर 'मित्रता' की सब कोर-कसर मिटाने की चेष्टा की है। [19.11.1927]

व्यंग्यार्थ-मंजूषा : लाला भगवानदीन

पुस्तक काव्य-विषय की है। साहित्य-परीक्षा संबंधी योग्यता प्राप्त करने के लिए विशेष रूप से सहायता देने वाली है। [26.11.1927]

बालचर जीवन : लालबहादुर सिंह

बालचर की अनेक बातें हैं। पुस्तक काम की है। [26.11.1927]

विधवा विवाह : ईश्वरचंद्र शर्मा विद्यासागर

इस पुस्तक में, कूप-मंडूक हिंदुओं की आंखें खोलने के लिए हिंदू शास्त्रों से विधवा-विवाह को उचित ठहराने वाले प्रमाणों को एकत्र कर दिया है। पुस्तक समाज-सुधारकों के मनन योग्य है। [26.11.1927]

तीसी : धनी किसानों और जमींदारों को इसे पढ़कर लाभ उठाने की चेष्टा करनी चाहिये। [26.11.1927]

बिहार का साहित्य : बिहार-प्रादेशिक हिंदी-साहित्य-सम्मेलन के प्रथम पांच सभापतियों तथा स्वागताध्यक्षों के भाषण का संग्रह है। [26.11.1927]

सुदामा-चरित्र : इसकी रचना श्री नरोत्तमदास जी ने संभवतः 16वीं शताब्दी में की थी। मूल के साथ आलोचना, शब्दार्थ, छंद और अलंकार भी संपादित दिये गये हैं। [26.11.1927]

संलाप : रायकृष्ण दास

पुस्तक साहित्यज्ञों के काम की है। [3.12.1927]

वीरांगना : मूल—माइकेल मधुसूदन दत्त, अनुवादक—'मधुप'

अनुवाद पद्य में है। पुस्तक के अंत में शब्दकोष के अतिरिक्त योगींद्रनाथ वसु

की आलोचना भी दे दी गई है। 'मधुप' ने भी मधुसूदन के भावों की सफलतापूर्वक रक्षा की है। [10.12.1927]

भारत का धार्मिक इतिहास : शिवशंकर मिश्र

आरंभ में वैदिक काल की चर्चा की गई है, तदनंतर ब्राह्मण काल की। आगे चलकर प्राचीन काल से अब तक के अनेक मत-मतांतरों का, जो भारत में थे अथवा पाये जाते हैं, परिचय दिया गया है। [10.12.1927]

अमरपुरी : भाषांतर—श्रीकृष्ण दत्त पालीवाल

सी.एच. हालकेन के उपन्यास 'दी इंटरवेल सिटी' का हिंदी रूप 'अमरपुरी' है। यह कैसा उपन्यास है, इसका आभास कराने के लिए केवल यह बतला देना ही हम पर्याप्त समझते हैं कि 1925 ई. तक, इस उपन्यास की दस लाख से ऊपर प्रतियां, यूरोप की एक भाषा केवल अंग्रेजी में बिक चुकी हैं। [10.12.1927]

विनय : रामवचन द्विवेदी 'अरविंद'

अभिलाषा, भारत-विनय, शिवपुकार आदि विभिन्न विषयों पर छोटी-छोटी रचनायें हैं। [10.12.1927]

सौरभ : प्रो. रामाज्ञा द्विवेदी 'समीर'

यह पुस्तिका श्री 'समीर' जी की ब्रजभाषा तथा खड़ी बोली की कतिपय कमनीय कविताओं का सुंदर संग्रह है। [3.2.1928]

ब्रह्मचर्य-विज्ञान : पं. जगन्नारायण देव शर्मा

पुस्तक सात खंड में है। यदि बालक पढ़ेंगे तो उनका यौवन और युवक पढ़ेंगे तो उनका वार्द्धक्य अवश्यमेय आशापूर्ण होगा। [3.2.1928]

कलवार की करतूत : क्षेमानंद राहत

यह महात्मा टॉल्स्टॉय के The First Distiller नाटक का अनुवाद है। [3.2.1928]

दुर्गावती, सांवल देवी, कलावती, कृष्ण कुमारी

चारों पुस्तकों के लेखक ठाकुर इच्छरचंद हैं। इनमें चार स्त्रियों की वीरतापूर्ण जीवनी औपन्यासिक भाषा में लिखी गई है। [3.2.1928]

क्षार निर्माण विज्ञान : स्वामी हरिशरणानंद वैद्य [3.2.1928]

मित्रता : प्रतापमहल नाहटा और सं. लक्ष्मणप्रसाद गर्दे [3.2.1928]

मानवीय शक्तियों का परिचय और उनका विकास : श्री प्रियरंजन [3.2.1928]

गऊवाणी : ऋषभचरण

चेतावनी : हिंदू-संगठन तथा हिंदू-मुसलिम समस्या पर ऊल-जलूल विचारों का संग्रह है। [3.2.1928]

प्रतिबिंब : सत्यप्रकाश

भिन्न-भिन्न विषयों पर लिखी हुई 36 कविताओं का संग्रह है। [26.5.1928]

तमिल वेद : अनुवादक—श्री क्षेमानंद राहत, प्रस्तावना—राजगोपालाचारी

दाक्षिणात्य ऋषि तिरुवल्लुवर के मनुष्य-जीवन पर धर्म और अर्थ के विषयों से अमृतमय उपदेश। [26.5.1928]

देशभक्त मेज़िनी के लेख : अनुवादक छबिनाथ पांडेय

स्वदेश प्रेम और स्वदेश भक्ति को अनुप्राणित करने के साधनों में मेज़िनी के लेख अन्यतम हैं। अतएव स्वातंत्र्यकामी प्रत्येक व्यक्ति और विशेषतः नवयुवकों के पठन और मनन योग्य है। [26.5.1928]

बिक्री बढ़ाने के उपाय, शक्ति संचय, रत्नों की खान, सरल रोगी परिचर्या, वेदना-विहीन, वृद्धावस्था दूर करने के उपाय, राजा बीरबल, संत-प्रसंग, बालोध, सत्य हरश्चिंद रहस्य [26.5.1928]

विधवोद्वाहमीमांसा : बद्रीदत्त जोशी

इस पुस्तक में शास्त्रीय और लौकिक प्रमाणों के आधार पर विधवा-विवाह की निष्पक्ष आलोचना की गई है। [2.6.1928]

इंडियन इंकमटैक्स एक्ट : बृज बहादुर

अफ्रीका यात्रा : मंगलानंदपुरी संन्यासी [2.6.1928]

दक्षिण अफ्रीका के मेरे अनुभव : भवानीदयाल संन्यासी

संपूर्ण पुस्तक पढ़ जाने पर प्रवासी भाइयों की सामाजिक तथा राजनीति दशा का खासा परिचय प्राप्त होता है। [2.6.1928]

नाद तत्त्व-प्रकाश : पं. चंद्रभूषण चतुर्वेदी, [2.6.1928]

ज्ञानसूर्यप्रकाश [18.8.1928]

तरंगिणी : जगदीश झा 'विमल'

इसके भूमिका लेखक हैं 'मतवाला' के प्राण मुंशी नवजादिक लाल श्रीवास्तव। पुस्तक को पढ़ने में पद्य का-सा आनंद मिलता है। कवि-कल्पना की उड़ान मन को मोह लेती है। [18.8.1928]

हिंदी करीमा : अनु. इकबाल वर्मा 'सेहर'

यह फारसी की संसार प्रसिद्ध 'करीमा' नामक नीति-विषयक पुस्तिका का सरल पद्यानुवाद है। [18.8.1928]

ग्राम-सुधार : गिरिवरधर

वकील साहब का प्रयत्न सराहनीय है। [18.8.1928]

एक प्याला : श्रीयुत् मुंशी फख्त

शिक्षाप्रद सामाजिक नाटक है जिसमें मदिरा पीने के दुर्गुणों की ओर पाठकों का ध्यान खींचा गया है। [22.9.1928]

मेरी रूस यात्रा : शौकत उस्मानी

पुस्तक का विषय-विन्यास, उसकी लेखन-शैली इतनी मनोरंजक और मनमोहक है कि एक बार पुस्तक को आरंभ करने पर छोड़ने को जी नहीं चाहता। [22.9.1928]

आयरलैंड का स्वातंत्र्य-युद्ध : अनु.—'बलवंत' ['प्रताप' कार्यालय]

वीर आयरिश क्रांतिकारी श्री देनब्रेन ने स्वयं My Fight for Irish Freedom नाम की पुस्तक लिखी है, प्रस्तुत पुस्तक उसी का अनुवाद है। [13.10.1928]

शेरशाह : रामनाथ लाल 'सुमन'

भौगोलिक कहानियां : जगपति चतुर्वेदी

वेणी : जगदीश झा 'विकल'

ऋग्वेदालोचन : नरदेव शास्त्री

इस पुस्तक में ऋग्वेद संबंधी अनेक विषयों का विवेचन है। हमारी योग्यता इतनी नहीं कि हम इसकी आलोचना कर सकें। अंग्रेजी की भूमिका सिवा शास्त्री जी के अंग्रेजी ज्ञान का विज्ञापन करने के और कोई महत्त्व नहीं रखती अपितु अनावश्यक और हास्यापद है। [13.10.1928]

प्राप्ति-स्वीकार

घी का लड्डू टेढ़ा भला
ऊधो का लेना ना माधो का देना

26 जनवरी 1924

कोकनद को विशेष हिंदी साहित्य सम्मेलन के सभापति बाबू राजेंद्र प्रसाद जी का भाषण राष्ट्रीयता और विद्वत्ता से परिपूर्ण है। भाषण गंभीर, महत्त्वपूर्ण, उपयोगी और

सारगर्भ है। किंतु सरस और ललित नहीं है।

23 फरवरी 1924

सीठणा-सुधार [नाटक] : भगवती प्रसाद दारूका—मारवाड़ी समाज में अश्लील गीतों का प्रचार रोकने के लिए यह पुस्तक लिखी और निकाली गई है। इसलिए इस पुस्तक का प्रचार भी रोक देना चाहिए। नहीं तो मां-बहनों के श्रीमुख से स्वादिष्ट सीठणा सुनने का सौभाग्य जाता रहेगा।

विजय-ध्वनि : बलदेव प्रसाद खरे—लेखक ने अपने पांच नाटकों से गानों को चुनकर संग्रह कर दिया है।

पशु-महासभा [दो खंड] : अमरसिंह चैतराम मसानिया

Word's Book in Poetry: मौलवी मुहम्मद यासीन

इसी नाम की दो पुस्तक हैं। एक हिंदी में, दूसरी उर्दू में।

नित्यकर्म : पं. महाराज शर्मा, **बालविनय** [प्रथम-भाग] : धर्मचंद्र खेमका बालकों के गाने योग्य गीत।

7 फरवरी 1925

अखिल भारतवर्षीय मारवाड़ी अग्रवाल **महासभा के षष्टम महाधिवेशन का कार्य** विवरण

उदयपुर की विशेष अदालत में श्री पथिक जी का बयान

जल-चिकित्सा : ले. कमलाकांत श्रीवास्तव

पंचों का पोल-खाता और संक्षिप्त जीवन का मसाला

श्री यमुना स्तुति : पं. केदारनाथ बी.ए.

28 मार्च 1925

भाषण : षष्ठ बिहार हिंदी साहित्य सम्मेलन के सभापति राजा की र्त्यानंद सिंह जी का

अभिभाषण : बिहार प्रांतीय देशी भाषा शिक्षक सम्मेलन के अध्यक्ष कीर्त्यानंद सिंह जी का

वार्षिक विवरण : अखिल भारतवर्षीय हिंदी साहित्य सम्मेलन की सं. 1980-81 की रिपोर्ट, **बोलशेविज्म क्या है**?—ले. सत्यभक्त, **दिल्ली के फिसाद**—श्री इंद्र विद्यावाचस्पति, **हिंदू-संगठन, गोरक्षा डंका, सुरेंद-सुरभि-संवाद**—शोभाराम धेनुसेवक, **हिंदी भाषा में राजनीति**—देवी प्रसाद सक्सेना, **हिंदी भाषा में अर्थशास्त्र**—भगवानदास केला, **हमारे प्राचीन गौरव**—आनंद भिक्षु, **संध्यापद्धति**—पं. दुर्गाप्रसाद द्विवेदी, तिलक पुस्तकालय की वार्षिक रिपोर्ट, बस्तर-मयूरभंज के वैवाहिक

संबंध के जांच-कमीशन की रिपोर्ट, श्री बड़ा बाजार कुमार सभा का पंचम वार्षिक विवरण।

4 अप्रैल 1925

मन्नन-वियोग पर दो आंसू—चंद्रसेन गुप्त चंचरीक—मन्नन द्विवेदी गजपुरी के प्रति शोकोद्धार, **गाजी मियां**—नंदकिशोर जायसवाल, **हिंदू और ताजिया**—नंदकिशोर जायसवाल, **द्विजातियों** (?) **को हल चलाना पाप नहीं**—ब्रह्मचारी प्रभुदत्त शर्मा, **ध्वजारोहण नाटक**—लेखक ने बड़ी धूमधाम से अपना नाम छिपाया है, **वर्ण-बोध**—रामनारायण सिंह, **बाल-चिकित्सा**—विंध्येश्वरी प्रसाद, **विषैले जंतुओं की चिकित्सा**—विंध्येश्वरी प्रसाद, **कलियुग-लीला**—वेकल कविराय, **शैतान-मंडली**—पांडेय बेचन शर्मा 'उग्र'।

11 अप्रैल 1925

दलितोद्धार—कुंवर चांदकरण शारदा, **शुद्धि**—कुंवर चांदकरण शारदा, **गया-पथ-प्रदर्शक**—बा.प्र. साव, **सावित्री-सत्यवान्**—रामचरणलाल रत्न, शांति-वाणी—मैत्रेयी द्वारा बंगला से अनुवाद, **क्षत्रिय वर्त्तमान**—अजीत सिंह, प्रहलाद सिंह परिहार।

2 मई 1925

कपड़े की आमदनी की मासिक रिपोर्ट, **वस्त्रभूषणमाला, भीष्म-प्रतिज्ञा**—राधेश्याम मोहिले, **धार्मिक लक्षण वर्णनम्** [काव्यम्]—पं. कृष्णचंदु सूरि, **गौरीशंकर नाटक**—श्री रामनारायण सिंह, **श्री स्वामी शंकराचार्य का जीवन-वृत्तांत**—श्री रामनारायण सिंह।

16 मई 1925

आदर्श ग्राम, ग्राम पंचायत, खेती की दशा, देश की दशा, कानूनी बातें, स्त्री-पुरुष संबंधी बातें, घर का वैद्य—सभी के लेखक श्री राजेंद्र सिंह, **भारत की जनता और गोपालन, गौओं का पालन और उनसे लाभ, भारत की किसानी की उपज और उसकी कमी**—सभी के लेखक श्री गंगाप्रसाद अग्निहोत्री, वर्णाश्रम-धर्म, **शुद्धि और संगठन**—दोनों के लेखक पं. जन्मेजय विद्यालंकार, **क्रोमोपेथी अर्थात् रंग-चिकित्सा**—धनीराम बक्शी, **भक्ति-भट्ट**—श्री गोकुलानंद प्रसाद वर्मा, **भगवान् महावीर और उनका उपदेश**—श्री कमलाप्रसाद जैन, **धनसत्ता का नाश और विश्व की शांति, ईश्वरी बोध, सफलता की कुंजी**—दोनों के लेखक केदारनाथ गुप्त, **हिंदी में इंकम टैक्स ऐक्ट**—कन्हैयालाल गार्गीय दत्त, **विधान या कानून गोद बाबू प्यारे लाल वृष्णि, समय**—कन्हैयालाल गार्गीय, **श्री विष्णुप्रिया गौरांगस्तवावली**—अनु. पं. रामानंद व्याख्यान विशारद, **सच्चा स्वराज्य अथवा खुदाई खलतनत** प्रस्तावना—गर्देजी, श्री फणिभूषण अधिकारी का व्याख्यान।

9 जनवरी 1926

नेशनल कलेंडर 1926–चित्र बड़ा सुंदर है। देशभक्तों के कमरे की शोभा है। ऐसे स्वदेशी-भावपूर्ण कलेंडरों का खूब प्रचार होना चाहिए। नहीं तो गुलामी गालाली बिल्ली-सी, आंख वाली मेमों के चित्रों से युक्त विदेशी कलेंडर देश के नौजवानों को एकांत में लूट लेंगे।

23 जनवरी 1926

आदर्श हिंदू [मासिक]–सं. प्रभुदयाल मीतल–हिंदू संगठन का समर्थक है।

हितैषी [मासिक]–शिवनारायण रामप्रताप उपाध्याय

Student's own Magazine [मासिक] –सं. शिवदास–अंग्रेजी भाषा के लिए उपयोगी है।

30 जनवरी 1926

मारवाड़ी-रिलिफ-सोसायटी के लोक सेवा-संबंधी कार्यों का विवरण, प्रयाग-सेवा-समिति की रिपोर्ट अंग्रेजी में छपी हुई आई है। संभव है, हिंदी में भी छपी हो, और वह अंग्रेजी पत्रों के पास भेजी गई हो! हिंदी में न होने के कारण इस रिपोर्ट का, न कि समिति की सेवाओं का मूल्य बहुत कम हो गया है। समिति के सभापति पूज्य मालवीय जी हैं, इसलिए इस रिपोर्ट की अंग्रेजियत और भी निंदनीय है।

पॉलिसी और उन्नति–रामलोटन प्रसाद 'विशारद', **चिकित्सक** [मासिक]–आयुर्वेदिक पत्र–सं. डॉ. रामनारायण वैद्यशास्त्री, श्री ठाकुर रणविजय सिंह जी, प्रधानमंत्री सीकर, राज्य का भाषण, **शिल्प-सर्वस्व** [मासिक]–सं. पं. चंद्रिकाप्रसाद आत्रेय, **यादव** [पाक्षिक]–सं. चौधरी राजित सिंह यादव, **भट्ट-भास्कर** [मासिक]–सं. रामलाल भट्ट हकीम और पं. सुखदयाल राय, बाबा भिखारी गोस्वामी द्वारा प्रेषित आरंभिक शिक्षा पाने वालों के लिए चार पोथियां, **हिंदी-ला-जर्नल-कानून** और **नज़ीरों का मासिक**–सं. बाबू गिरजाशंकर और पं. चंद्रशेखर शुक्ल, **श्री कान्यकुंज हितकारी**–सं. लक्ष्मीकांत त्रिपाठी और सद्गुरुशरण अवस्थी।

26 मई 1928

होमियोपैथिक चिकित्सा-सार, आदर्श मेटेरियामेडिका, फामीकापीया, सरल शरीर-तत्त्व, इंजेक्शन चिकित्सा।

2 जून 1928

चित्राधार–जयशंकर प्रसाद–इसमें संदेह नहीं कि भावमय गद्य-काव्य तथा लालित्यपूर्ण पदों और चित्ताकर्षक नाटकों का इतना उत्कृष्ट और मनोहर संग्रह आपने अब तक

न देखा होगा। यदि आप उत्तम कविता के प्रेमी हैं तो इस पुस्तक को अवश्य पढ़ें। भारती जीवन पुस्तकालय, काशी।

28 जुलाई 1928

अमरपुरी : राष्ट्रीय रामायण, संसार के सर्वश्रेष्ठ उपन्यास का हिंदी अनुवाद। उग्र-लिखित नयी, मौलिक, क्रांतिकारी पुस्तक।

बुधुवा की बेटी : अद्भुत रस का, सामाजिक उथल-पुथल का, अछूतों का उद्धार की ओर ध्यान दिलाने वाला, परम मौलिक उपन्यास धड़ाधड़ बिक रहा है और उपन्यास-प्रेमियों की अंगुलियों पर नाच रहा है।

बलात्कार : नाम से न घबराइये, जरा कहीं से मंगाकर इसकी कोई भी कहानी पढ़िये तब आप बिना प्रसन्न हुए न रह सकेंगे। खासकर 'बलात्कार' कहानी तो अद्भुत है, अद्वितीय है, विस्मयकारिणी है। 'करुण कहानी' इसमें है, 'हत्यारा समाज' इसमें है, 'अभागा किसान' इसमें है, 'ब्राह्मण-द्रोही' इसमें है, और बेचारे गरीब पशु 'घोड़े की जीवनी' इसमें है। और भी बहुत कुछ है।

इंद्रधनुष : इसमें उग्र जी की ऐसी-ऐसी कृतियां हैं जिन्हें पढ़कर कोई भी 'अमर' कह उठेगा। इसकी प्रत्येक रचना उग्र जी के खास चमत्कार से भरी है। गद्य काव्य का मजा इसमें है, नाटक का आनंद इसमें है, कहानी का लुत्फ इसमें है, प्रहसन की हास्य धारा इसमें है, गंभीरता की खान इसमें है, उच्छृंखलता की जान इसमें है। यह इंद्रधनुष ऐसा रंगीन है कि रंग और रचना के पारखी इसे देखकर सिहर उठेंगे।

चुंबन : इसके प्रकाशन में देर होने का सबसे बड़ा कारण है कि इसकी छपाई, सजाई ऐसी हो रही है जैसे किसी तस्वीर की। यह नाटक भी हिंदी-संसार में गंभीर हड़कंप डालने वाला होगा। इसमें स्त्रियों के अधिकारों और उनकी स्वतंत्रता के आवश्यक विषय का अभूतपूर्व वर्णन है। चुंबन के लिए सांस रोककर इंतजार कीजिये। जरा और, जरा और!

बीसवीं सदी पुस्तकालय, गऊघाट, मिर्ज़ापुर

22 सितंबर 1928

मेरी रूस यात्रा : ले. शौकत उस्मानी—प्रस्तुत पुस्तक उस्मानी साहब की अंग्रेजी पुस्तक का हिंदी अनुवाद है। इसके अनुवादक हैं हिंदी पाठकों के सुपरिचित विद्वान् देवव्रत शास्त्री। आपके अनुवाद के संबंध में कुछ कहने की आवश्यकता नहीं, अनुवाद क्या है मानो मौलिक पुस्तक का ही दूसरा रूप है।

शौकत उस्मानी साहब ने हिज...के साथ हिंदुस्तान से...था, पर अपनी क्रांति...और राष्ट्रीय...आप हिजरत करने...चले गये।...कारण, आपको अनेक

भयंकर कठिनाइयों का सामना करना पड़ा। कई मौकों पर तो आप और आपके साथियों के प्राण जाने का भी भय हो गया था। पर ईश्वर की कृपा से आप लोग काल के कराल गाल से सकुशल प्रगट किये हैं, उनसे हिंदुस्तान के कट्टर मुसलमानों को बहुत कुछ शिक्षा मिल सकती है। इस कट्टर मनोवृत्ति का विश्लेषण और उसकी बुराइयों का अच्छा दिग्दर्शन कराया गया है। अफगानिस्तान, तुर्किस्तान और रूस की सामाजिक तथा राजनीतिक प्रगति पर भी बड़े मनोरंजक ढंग से अच्छा प्रकाश डाला गया है। आजकल वे देश किस तेजी से प्रगति की ओर अग्रसर हो रहे हैं, इसका भी पता पुस्तक के पाठक को सहज में ही लग जाता है। रूस संबंधी पुस्तक का अंश बहुत ही महत्त्वपूर्ण है। रूस की तत्कालीन परिस्थिति और प्रगति पर बड़े विशद और सुंदर ढंग से प्रकाश डाला गया है। पुस्तक का विषय-विन्यास, उसकी लेखन-शैली, इतनी मनोरंजक और मनमोहक है कि एक बार पुस्तक को आरंभ करने पर छोड़ने को जी नहीं चाहता और उसे पढ़ने में उपन्यास पढ़ने का आनंद मिलता है। पुस्तक का कागज रफ है और छपाई भी साधारण ही। अगले संस्करण में छपाई और कागज में भी उन्नति होनी चाहिए। ऐसी सर्वोपयोगिनी पुस्तक का सर्वांग सुंदर होना अत्यावश्यक है। [29.9.1929]

13 नवंबर 1928

आयरलैंड का स्वातंत्र्य-युद्ध : यह पुस्तक वीर आयरिश क्रांतिकारी श्री डेनब्रान की आत्मकथा है। श्री डेनब्रान ने स्वयं My Fight for Irish Freedom नाम की पुस्तक लिखी है, प्रस्तुत पुस्तक उसी का भावानुवाद है। आयरलैंड की स्वतंत्रता के लिए वहां के निःस्वार्थ देशभक्त वीरों ने बड़े धैर्य के साथ जो-जो यत्न किये, जैसी-जैसी कठोर यंत्रणाएं सहीं, और जो बलिदान किये, उनका कुछ-कुछ परिचय पाठकों को इस पुस्तक के द्वारा मिलेगा। पुस्तक के उत्साहप्रद और मनोरंजक विवरण पढ़ने में खूब जी लगता है। लेखन-शैली सुरुचिपूर्ण और आकर्षक है। स्वतंत्रता के प्रेमी देशभक्तों को इस पुस्तक का एक बार अवश्य अवलोकन करना चाहिए।

'मेरी रूस यात्रा' की आलोचना करते हुए भी हमने लिखा था कि ऐसी-ऐसी पुस्तकों में कागज आदि भी अच्छा लगाना चाहिए। छपाई आदि की ओर भी ध्यान देना चाहिए। आज भी इस पुस्तक के संबंध में हमारी वही शिकायत है। क्या प्रकाशक अगली पुस्तकों में अच्छा कागज लगाने के हमारे अनुरोध की ओर ध्यान देंगे?

शेरशाह : हिंदी पुस्तक भंडार चारू चरितमाला नामक एक सीरीज निकाल रहा है।

प्रस्तुत पुस्तक उसी का 6वां पुष्प है। इस माला में पहले शिवाजी, लंगट सिंह, विद्यापति, माइकेल मधुसूदन दत्त और गुरु गोविंद सिंह की छोटी-छोटी जीवनियां प्रकाशित हो चुकी हैं। सभी पुस्तकों का आकार-प्रकार और मूल्य एक ही है। सभी पुस्तकें अच्छी हैं। इन जीवनियों से कितना उपकार होगा, इसे बताने की आवश्यकता नहीं। प्रस्तुत पुस्तिका भी बड़े परिश्रम से लिखी गई है। शेरशाह के जीवन की प्रायः सभी घटनाओं पर प्रकाश डाला गया है।

[30.10.1928]

विनयपत्रिका [सटीक] : टीकाकार—वियोगी हरि

विनयपत्रिका, गोस्वामी तुलसीदास जी की परम-प्रौढ़ रचना है। अंतस्तल की वीणा को जिस कौशल के साथ उन्होंने विनयपत्रिका में छेड़ा है वैसा अन्यत्र कहीं नहीं। अपने हृदयेश के सम्मुख उन्होंने अपना कलेजा निकालकर रख दिया है। दीनहृदय का क्रंदन, प्रेमपूर्ण पगले कलेजे की चीख जिस स्वाभाविकता के साथ उन्होंने इस प्रेमपत्रिका में सजीव रूपेण व्यक्त करने की चेष्टा की है, वैसा वे रामायण में भी न कर सके। यही कारण है कि विनयपत्रिका भगवद्भक्तों को, जितना प्रिय है, काव्यानुरागी पाठकों को उससे कम मनोरंजक नहीं। साहित्यिक दृष्टि से देखा जाय तो इसकी मर्यादा रामायण से अधिक आदर की चीज होगी। ऐसी उत्तम पुस्तक और फिर उसकी टीका!—क्या कहना है?

विनयपत्रिका, रामायण की अपेक्षा दुरूह है। अतएव इस निर्मल शब्द स्रोत की ओर लोगों का हृदय आकृष्ट करने के लिए स्वाभाविक अर्थ बताने वाली एक टीका सतत वांछनीय है। पाठ-भेद, शब्दार्थ, अलंकार, समानार्थवाची सूक्तियां, सब कुछ मौजूद हैं। पाठ में शुद्धता का ध्यान रखा गया है। आरंभ में हरि जी ने 50 पृष्ठ की जो भूमिका लिखी है, उसके लिखने का क्रम बड़ा ही सुंदर और उपयोगी हुआ है। यद्यपि मैं टीकाकार द्वारा भूमिका में लिखी गई सब बातों से सहमत नहीं हूं, फिर भी यह कहने में मुझे संकोच नहीं कि, टीका सर्वांगसुंदर है। और टीकाकारों की भांति, वियोगी जी ने इसमें शब्दों की तोड़-मरोड़ और अर्थों की खींचातानी नहीं की है। विनयपत्रिका के पाठकों को उसका स्वाभाविक अर्थ बताने में टीका बहुत दूर तक सहायक होगी, इसमें संदेह नहीं।

—श्री रामनाथ लाल 'सुमन'

[19.4.1924]

कसौटी : लेखक—श्रीमान् नाहर सिंह

रास्ता रोक के कह लूंगा जो कहना होगा।
क्या मिलोगे न कभी राह में आते जाते॥

इलाहाबाद के पंडित रामनरेश जी त्रिपाठी हिंदी-कविता-साहित्य में बहुत बड़ा काम कर रहे हैं। वह स्वयं सुकवि हैं, सुलेखक हैं, काव्य-मर्मज्ञ हैं, देशभक्त, संपादक हैं, और न जाने क्या-क्या हैं। आपकी कृपा से कविता-प्रेमियों को बहुत लाभ पहुंचा है। आपके द्वारा संपादित 'कविता-कौमुदी' के 2 भाग निकल चुके हैं, और उनका आदर भी हिंदी-संसार में खूब हुआ है। अब उन्होंने कविता-कौमुदी का तृतीय भाग प्रकाशित किया है। इसमें संस्कृत-भाषा के 57 कवियों की कविताएं संगृहीत हैं और सरल भाषा में उनका अर्थ भी दे दिया गया है। इसका संपादन एक साहित्याचार्य महोदय ने किया है। हमें इस संग्रह में कुछ त्रुटियां प्रतीत हुई हैं, और हम उन्हीं पर कुछ निवेदन करना चाहते हैं। आशा है, हमें त्रिपाठी जी के कोपानल में दग्ध न होना पड़ेगा।

संस्कृत भाषा कई सहस्र वर्षों तक कविता की एकमात्र भाषा रही है। समय-समय पर अनेक सुकवि अपनी-अपनी रचनाओं से संस्कृत-साहित्य को अलंकृत करते रहे हैं। यद्यपि उनकी सब कृतियां आज उपलब्ध नहीं हैं, तो भी जो कुछ मिलती हैं, वही इस जमाने में—जबकि संस्कृत-भाषा किसी-किसी के मतानुसार मृत है—किसी भी सभ्य और जीवित भाषा से टक्कर लेने के लिए पर्याप्त हैं। आर्य कवीश्वरों की यशो-रक्षा के लिए अलम हैं। भले ही उनमें पूर्व और पश्चिम के संधि-स्थल में खड़े होने की क्षमता न हो। और वे आर्य कविगण विश्व-साहित्य में स्थान पाने के अनुपयुक्त हों, फिर भी जो कुछ उन्होंने कहा है, वह उनका अपना है। उस पर उनकी छाप लगी हुई है। वह उनकी अपनी सूझ-बूझ है। वह उनके हृदय की, उनके मस्तिष्क की उपज है। किसी की चोरी नहीं है। यद्यपि इस छोटी-सी पुस्तक में उन सब कवियों का स्थान नहीं हो सकता था, दिया भी नहीं गया, किंतु संग्रह किस क्रम से हुआ है, यह हमारी समझ में न आया। समझ में आये कैसे? संपादक महोदय ने भूमिका लिखने में पूरी कंजूसी की है। हां, पूरी कंजूसी। अजी साहब, संपादकीय वक्तव्य है ही नहीं, अतएव यह जानने का कोई उपाय नहीं है कि इन 57 कवियों की रचनाओं को ही संपादक ने क्यों पसंद किया? और योग्य होने पर भी अन्य कवियों को इस संग्रह में स्थान क्यों नहीं मिला। स्थानाभाव का कारण तो नहीं है, इतना हम अपनी ओर से बलपूर्वक कह सकते हैं। कारण, पुस्तक के अंत में एक बहुत विस्तृत कौमुदी-कुंज है, अभी तक तो लता-कुंज आदि ही सुन पड़ते थे, अब त्रिपाठी जी की कृपा से कौमुदी-कुंज के भी दर्शन होने लगे। हिंदी भाषा-भाषियों का सौभाग्य! हां, तो स्थानाभाव के अतिरिक्त कोई और ही गूढ़ कारण होगा? इस रहस्य पर प्रकाशक महोदय ने भी अपनी भूमिका में कुछ प्रकाश डालने का कष्ट नहीं स्वीकार किया!

फिर काव्य-प्रकाश रचयिता मम्मट भट्ट को इसमें स्थान क्यों नहीं मिला, यह कह सकना हमारे जैसे नाहर के लिए भी असंभव है। कविता-कौमुदी [अवश्य ही तृतीय भाग] के सब पन्ने उलट डालिए, तो भी निम्नलिखित कवियों का नाम नहीं मिलेगा। काव्यादर्श और दशकुमार चरित आदि के प्रणेता, दंडी, काव्यालंकार निर्माता रुद्रट, चंड कौशिक-प्रणेता आर्य क्षेमेश्वर, मृच्छकटिक के शूद्रक, विक्रम की सभा के नवरत्न घटकर्पर, भट्टि-काव्य के भट्टि, पंचरात्र के विष्णु शर्मा कहां तक गिनावें, अभिनवगुप्त, गुणाढ्य, व्याडि, विल्हण और उमापतिधर आदि कवियों को क्यों इसमें स्थान नहीं मिला? इन लोगों की क्यों उपेक्षा की गई है, यह बतलाना संपादक महाशय का काम है, हमारा नहीं! यदि कौमुदी-कुंज कुछ संक्षिप्त कर दिया जाता, और उस रिक्त-स्थान में यदि इन उपर्युक्त कवियों के विषय में संक्षेप में ही कुछ कह दिया जाता, तो शायद कविता-कौमुदी की शोभा में किसी प्रकार की बाधा न उपस्थिति होती। लेकिन संपादक हैं, साहित्याचार्य, अतएव उनसे कुछ कहते भी डर लगता है। एक बात और है, इसमें वर्णानुक्रम से कवियों को स्थान मिला है। अन्य भागों से इसमें यह व्यतिक्रम क्यों हुआ? यह हम नहीं जानते! कविता-कौमुदी के प्रथम और द्वितीय भाग में समय के अनुसार और एक ही समय के कवियों को शायद गुणानुसार स्थान दिया गया है! किंतु तृतीय भाग में बूढ़े बाबा बाल्मीकि पीछे भटक रहे हैं, और अकाल-जलद, महाशय आगे ही गंभीर घोष कर रहे हैं। संभवतः इसमें भी कोई रहस्य ही होगा।

महाशयो, थोड़ा-सा निवेदन अभी और है, वह यह कि इसमें प्रूफ की गलतियां बहुत हैं। प्रकाशक महाशय ने यद्यपि इसके लिए खेद प्रकट कर दिया है और पाठकों से क्षमा-प्रार्थना भी कर लिया है, तथापि हमें तो इसमें जरा भी संतोष नहीं हुआ। पुस्तक शुद्ध रूप से निकालने में शायद कुछ ही अधिक देर लगती, किंतु वह न करके अगले संस्करण में सुधारने का वादा किया गया है। इससे जबर्दस्त हानि होने की संभावना है। पढ़ने वाले सब धनाढ्य नहीं होते। न हर एक संस्करण की पुस्तक ही हर बार खरीदी जा सकती है। ऐसी दशा में जिनके हाथ में इस संस्करण की पुस्तक रहेगी, उन्हें गलतियों से आप कैसे बचाइयेगा? हम केवल दो उदाहरण रखते हैं, ये श्लोक हैं, पंडितराज जगन्नाथ के। पृ. सं. 104, पृ. 18 से 21, पृ. 105—और भी इसी प्रकार की प्रूफ की अगणित गलतियों से पुस्तक परिपूर्ण है। क्या ऐसी भद्दी भूलों के लिए भी क्षमा-प्रार्थना की जा सकती है? श्लोकों के अर्थ जो 'सरल-भाषा' में लिखे गये हैं, उन पर बहुत कुछ कहना है सो तो फिर कहेंगे। आज इतना कहे देते हैं कि अधिकांश अर्थों में श्लोकों का भाव ठीक-ठीक व्यक्त नहीं हो सका। कम से कम हम तो हजार चेष्टा करने पर भी नहीं समझ सके। कवियों की कृतियों की विशेषताओं पर कुछ नहीं कहा गया पदों का अर्थ कहकर पिंड छुड़ाया गया है। ऐसी दशा में संस्कृत-कवियों का बहुत गौरव-हानि हुई है।

बानगी फिर पेश करेंगे। आज तो अब विदा होते हैं। अच्छा। त्रिपाठी जी प्रणाम।

[25.10.1924]

द्वादश हिंदी साहित्य सम्मेलन के सभापति, सुप्रसिद्ध हास्यरस-रसिक हिंदी के 'मौजी' लेखक कविवर श्रीमान् पंडित जगन्नाथ प्रसाद चतुर्वेदी का, हिंदी के युग-प्रवर्त्तक कवि पं. सूर्यकांत त्रिपाठी 'निराला'-लिखित 'अनामिका' पुस्तक के विषम छंदों में प्रथम प्रयास।

अनामिका

आयी अनामिका अद्‌भुत,
धन्यवाद देता हूं,
करूं क्या आलोचना मैं
और दूं क्या सम्मति भी।
देखा पढ़ा सोचा किंतु
समझ में न आया कुछ।
अद्‌भुत है आविष्कार
रचना भी नयी है।
कविता है
छंदोबद्ध; किंतु नहीं
गद्य है न पद्य है
दोनों का मिश्रण है
अजब अनूठी यह अकथ कहानी है
क्षम्य है बेतुका छंद
बोली बोलचाल की भी
किंतु अमाजेनीय है
छंदच्युत पदावली
स्वेच्छाचार अनुचित है,
आदर के योग्य नहीं
नियम विरुद्ध कार्य
नूतन भी निबिद्ध है।

['शिक्षा' से ज्यों का त्यों उद्धृत]

[10.5.1924]

2. चिनगारियां

[पं. माखनलाल चतुर्वेदी संपादित 'कर्मवीर' की सम्मति]

'चिनगारियां' उग्र के कहानी जीवन का 'क, ख, ग' है। छोटी कहानियों का प्रणयन आसान नहीं है—उनमें मानव-जीवन की घटनाओं को इतने परिमित दायरे में उलझाना पड़ता है कि उसकी अंतिम प्रतिध्वनि हृदय की एक-बस एक अभिलषित बात हो। हम छोटी कहानी को अंग्रेजी के Lyric शब्द के मुकाबिले में रखते हैं। जिस प्रकार Lyrical poem किसी एक भाव, आवेग और स्थिति (Situation) को छूकर रुक जाती है, उसी प्रकार, कहानी भी, पात्र के जीवन के एक अंश या अनुभव को रोशनी में लाकर चुप हो जाती है। कहानी में 'संधि' और रोचकता की शृंखला अविच्छिन्न रहनी चाहिए। उसकी वस्तु (Plot) अधिक जकड़ी हुई न हो—सीधी-सादी हो। पात्रों में Psychological या Sentimental Interest (मानसिक या भावुक दिलचस्पी) आवश्यकता से अधिक न भर देना चाहिए। कहानी कितनी बड़ी हो? इसमें बड़ा मतभेद है। E.A. POE कहते हैं कि कहानी उतनी ही बड़ी होनी चाहिए, जो आध घंटे से लगाकर एक या दो घंटे में पढ़ ली जा सके। (A prose narrative requiring from half an hour to one or two hours in its perusal) पो के मतानुसार कहानी कम से कम इतना विस्तार अवश्य लिए हो, जो आधा घंटे में पढ़ी जा सके। परंतु हम, पो के इस कथन को नहीं मानते। हम, कविता—Lyrical poem—के अनुसार ही छोटी कहानियों को भी 'लाइसेंस' दे देना चाहते हैं।

यदि वह दस मिनट ही में 'अपनी बात' कह देना चाहती है, तो हम क्यों उसे घंटे-दो घंटे की 'कैद' में डालें? हम तो छोटी कहानियों को 'Prose Lyric' मानते हैं, जिनमें हम आवेगात्मक अनुभवों (Emotional experiences) को पाते हैं। 'उग्र' की 'चिनगारियां' भी बहुत कुछ इसी ढंग की हैं। उनमें हृदय की धधकती आग है जो 'चिनगारियां' बनकर बाहर चमक उठी है। इन कहानियों का प्रणयन उस युग में हुआ था जब भारतवर्ष ने ब्रिटिश सत्ता के विरुद्ध 'शांत युद्ध' का बिगुल बजा दिया था। क्रूरता, अमानवीयता और उच्छृंखलता अपना खूब तांडव नृत्य दिखा-दिखाकर थिरक रही थीं। भारतीय हृदयों की कामना 'आग' से खेलने को स्वयं 'आग' हो गई थी। इसी चिनगारियों के युग में 'उग्र' का जन्म हुआ और उसने चिनगारियों का ही 'क, ख, ग' लिखना सीखा। श्री महादेव प्रसाद सेठ ने, लेखक की इन्हीं बारह

'चिनगारियों' को बटोरकर एकत्र कर दिया है। हम भी, 'उग्र' के शब्दों में—"आजकल के समाज की, शासन की, सभ्यता की, उदारता की और मानवता-रूपधारिणी दानवता की चिता देखने के लिए छटपटा रहे हैं।" हमारी भी इच्छा-कामना है कि "भयंकर ज्वालायें जाग उठें, सब ओर आग की हो जाये भरमार, मधुर रागिनी नहीं चाहते और न स्वर-सुकुमार, वज्र नाद-सा बोल उठे हम सबके उर का तार!"

'चिनगारियां' में लेखक ने अपनी 'इच्छा-कामना' को दिखाने की चेष्टा की है। इन सभी कहानियों में, हमें लेखक का जिंदा दिल उछलता मिलता है। भाषा खूब परिष्कृत-मंजी हुई है। विचार, सुंदरता से उलझाये हुए हैं। उड़ान स्वच्छंदता से ली गई है। कल्पना भी मौलिकता की झांकी दिखा रही है।

[28.1.1927]

3. सम्मतियों का 'पेट पोंछना'

खुतूत पर 'आज' का मत

लेखक और पुस्तक का नाम देखकर शायद कुछ लोग भड़कें, सोचें कि उग्र जी ने कोई नयी बला तो नहीं खड़ी कर दी। पर बात ऐसी नहीं है। अभी एक साल हुआ होगा, कलकत्ते में हिंदू-मुसलमानों में एक भीषण मारकाट हो गयी थी। उसी दंगे का वर्णन और धर्मांधता का परिणाम इस पुस्तक में दिखलाया गया है।

सारी घटना सात पत्रों में जो मित्रों ने एक-दूसरे को अथवा अपने परिचित और संबंधियों को लिखा है, समाप्त की गयी है। भाषा जानदार और चुलबुली है। 'सीरियस' पुस्तकें पढ़ने वालों के लिए चाहे इसमें कुछ न हो और सूक्ष्म मनोवृत्ति का विश्लेषण न मिले पर एक विशेष 'साइकोलॉजी' का सुंदर फोटो अवश्य है। और मनोरंजक है।

[17.9.1927]

4. चंद हसीनों के खुतूत

[हिंदी-भूषण बाबू शिवपूजन सहाय क्या कहते हैं?]

मेरे-जैसे रंडुए के लिए असंभव है कि अचंचल मन से 'चंद हसीनों के खुतूत' को अंत तक पढ़ जाऊं और उसके बाद सम्मति लिखने के लिए होश में रहूं। शुरू के ही चंद खुतूत पढ़कर मैं बिस्तर पर बेचैनी की करवटें बदलने लगा। कितनी ही लाइनों और कितने ही वाक्यों को पढ़कर मैं गोपद-जल की शफरी की तरह तड़फड़ाने लग गया। भैया उग्र की लेखनी में कितनी जोशे-जवानी है, कितनी चुलबुलाहट है, कितनी लचक और फड़क है—यह वही परख सकेगा, जो उनकी जानदार शैली की बारीकियों और खूबियों के मर्म तक पैठकर कोई दिल को गुदगुदाने वाली चीज टटोलेगा।

वाह! कैसी शोख लेखनी है। कैसी स्वाभाविकता है! कितनी सजीवता है! कितनी चुहल है! कैसा खुला दिल है! कैसी बेफ्रिक तबीयत पायी है। खूब! बहुत सोच-समझकर अद्‌भुत दूरदर्शिता के साथ 'उग्र'-जैसा सार्थक उपनाम चुना था! जैसा नाम वैसा ही काम! निर्द्वंद्व भाव से 'स्वांतः सुखाय' जो कुछ लिखा, दिल के पर्दे-पर्दे को खोलकर रख दिया, कुछ भी छिपाकर न रखा, जैसा भीतर वैसा बाहर, जैसा प्राइवेट वैसा पब्लिक! न खुदा का खौफ, न निगोड़ी दुनिया की परवाह! चाहे कहीं महंगी हो या सस्ती, भैया उग्र के लिए चौबीसों घंटे एक रंग की मस्ती! कोई कुछ समझे, कोई कुछ भांपे; मगर कह डालेंगे दो-टूक जो कहना होगा। ऐसी दिल की सफाई, ऐसी पक्की धुन, ऐसी मौज की लहर, बहुत ही कम हिंदी-लेखकों में देखने में आती है—मुझे तो ऐसा कोई एक भी नजर नहीं आता—थोड़ा-बहुत जी.पी. श्रीवास्तव जी में यह रंग है मगर गुलाबी, इतना गाढ़ा नहीं। भैया उग्र तो हिंदी-संसार के ज्वालामुखी हैं—हाविटज़र तोप हैं—जिधर गोलाबारी शुरू करते हैं, बम्बार्ड करके ही सांस लेते हैं। उनकी लेखनी में एक विचित्र बिजली है, उनकी कल्पना में प्रलयाग्नि की लपटें हैं! उनके शब्द क्या हैं, अचूक अहेरिया के अमोघ तीर हैं!

खुतूत में एक उथल-पुथल है—लिफाफे में आंधी बंद है! मिस नर्गिस की सच्ची लगन में उतनी ही चोट करने की शक्ति है, जितनी भीम की गुरु गदा में घाव करने की। वह प्रेम की पगली, वह मजहब को मुहब्बत पर निसार करने वाली 'स्टुडेंटा'-जैसी उग्र लेखनी से अंकित की गई है, वैसी और किसी से शायद हो नहीं सकती। पामाल हूं इस कमाल पर!

[1.10.1927]

सहयोगियों का सादर स्वागत!

1. बावन तोला पाव रत्ती

'मतवाला' या उस युग के अन्य दूसरे पत्रों की भी एक दुर्लभ विशेषता यह थी कि वे तत्कालीन पत्रकारिता को समेटकर एक सामूहिक प्रभाव पैदा करने की सार्थक कोशिश करते हैं। आज की पत्रकारिता में एक अघोषित व्यापारिक काइयांपन है– जिसमें वे लोकतांत्रिक मर्यादा (?) की संभ्रांतता में दूसरे पत्र के नामोल्लेख तक में संकोच और सावधानी बरतते हैं। इसके मूल में विशुद्ध व्यापारिक आशय होता है और कुछ नहीं।

'सहयोगी पत्रों के सादर स्वागत' के इस स्तंभ में तत्कालीन पत्रकारिता का एक मोटा-मोटी आकलन आप सहजता से कर लेंगे। मैंने इसके चयन-संपादन में भरसक तमाम जरूरी वाक्यों को समेटने की कोशिश की है। इनमें कुछ बातें हमारा ध्यान आकृष्ट करती हैं। 'मतवाला' प्रशंसा-प्रोत्साहन देने में बेहद उदार है लेकिन जहां भी संपादन-योग्यता, भाषा-विकारों या अन्य तरह के विचलनों और दुष्प्रवृत्तियों की प्रतिकूल बूं मिलती है–वह बड़ी बेबाकी से कबीराना अंदाज में उतर आता है। प्रशंसा-विरोध की कठिन ईमानदार और विवेक सम्मत दृढ़ता का संतुलन देखकर हम उसके प्रति गहरे सम्मान से भर उठते हैं। पत्र धार्मिक हो या गैर-साहित्यिक–'मतवाला' अपने यहां आए घी के टेढ़े लड्डू की अवहेलना नहीं करता। सबको समेटकर हिंदी के व्यापक वितान में शामिल करता है। लेकिन धर्म के रूढ़िवादी या सामाजिकता के अछूते आचरण की चूक को नहीं बख्सता! इससे हम तत्कालीन हिंदी परिदृश्य में पाठकीय विस्तार और मनोभूमि का भी अंदाज कर सकते हैं–आखिर इन तमाम पत्रों का प्रकाशन पाठकीय भरोसे पर ही तो होता होगा! गैर-साहित्यिक पत्रों के प्रति स्पष्टतः 'मतवाला' का दृष्टिकोण हिंदी भाषा को संपूर्णता में संपन्न देखने का है। राजनीतिक स्तर पर तत्कालीन समय में गंभीर हस्तक्षेप करने वाले और लगातार स्तरीय वैचारिक, राजनीतिक या सांस्कृतिक संवाद कायम करने वाले पत्रों के आसंग में 'मतवाला' का सम्मान और गंभीरता देखते बनती है। देशभक्ति की भावना को रेखांकित करने का छोटे से छोटा प्रसंग भी 'मतवाला' से अदीठ नहीं बचता। जहां भाषा का सवाल है–"वे नौकरशाही के नुकीले नयनों की किरकिरी हैं, इसलिए बड़े घर भी हो आये हैं।"–जैसे अनेक उदाहरण दिये जा सकते हैं। भाषा का चटकीलापन इसकी सजीवता में है और यह इसकी भाषा का प्रमुख तत्त्व है। कहीं-कहीं कटाक्ष, व्यंग्य और विरोध का अंदाज भी आपको बिलमने के लिए विवश करेगा। ज्योतिप्रसाद

'निर्मल' निराला विरोधियों में थे फलतः उनकी 'मनोरमा' को मसल डालने की बनारसी गुंडई आज एक रोचक लालित्य से मुग्ध करती है। चांद, माधुरी, सुधा जैसी सहेलियों का सखी-भाव तो 'मतवाला की होली' में देखने ही योग्य है। उसकी यहां आवृत्ति नहीं कर सका। **–संपादक**

आर्य-महिला : काशी के भारतधर्ममहामंडल से त्रैमासिक पत्रिका। आर्यमहिला हितकारिणी महापरिषद् की संपादकीय (?) समिति द्वारा संपादित। जान पड़ता है, महामंडल में विदुषियों का अच्छा जखीरा है। यह हिंदी में उच्चकोटि के नारी-साहित्य की सृष्टि कर रही है। संपादकीय टिप्पणियों में स्त्रियों में जानने योग्य उपदेशजनक बातों का यथेष्ट संग्रह रहना चाहिए। [15.9.1923]

निगमागम चंद्रिका : सं. पं. गोविंद शास्त्री दुर्गवेकर। मासिक। विद्वत्तापूर्ण धार्मिक लेख शुद्धता से प्रकाशित होते हैं। 'चंद्रिका' को अपने मंडल से बाहर भी छिटकना चाहिए। [15.9.1923]

हिंदी गल्पमाला : सं. श्री ए.पी. गुप्त। काशी के हिंदी ग्रंथ भंडार से मासिक। इसमें दिलचस्प गल्प विनोदपूर्ण चुटकुले और हंसी-खेल के शिक्षाप्रद लेख हैं। संपादन में एक-दो इंच की कसर है। [15.9.1923]

जासूस : सं. गोपालराम गहमरी। बनारस से मासिक। अधीर हो-होकर और तरस-तरसकर अनोखी कहानियां पढ़ने की इच्छा हो तो जोड़ा रुपया अंटी से निकालिये। [15.9.1923]

विज्ञान : सं.पं. गोपालस्वरूप भार्गव। हिंदी में अपने विषय का एक ही मासिक पत्र है। यह पत्र गहन वैज्ञानिक विषयों को भी सरल भाषा में मनोरंजक रीति से समझाता है। प्रयाग। [15.9.1923]

श्रीविद्या : सं. लाला भगवान दीन। गया। लेखादि अच्छे हैं। [22.9.1923]

भ्रमर : बरेली से मासिक। इस मधु-लुब्ध की गुंजन ध्वनि बड़ी मधुर है। भ्रमर की 'विनोद-वाटिका' बिहार करने योग्य है। सिद्धांत वाक्य बदला रहता है। भ्रमर ही तो है। एक फूल को चूस कर दूसरे पर मंडलाने लगता है। [22.9.1923]

वैद्य : सं. शंकरलाल जी वैद्य, मुरादाबाद, मासिक। इसमें 'वैद्यक शब्दसागर' छपता है। वह हिंदी में एक नई चीज होगा। [22.9.1923]

अग्रवाल-वंधु : सं. मिट्ठनलाल अग्रवाल, आगरा मासिक। [22.9.1923]

शिशु : सं. सुदर्शनाचार्य, प्रयाग, मासिक। [22.9.1923]

हिंदी-प्रचारक : सं. हृषीकेश शर्मा, मद्रास, मासिक। लेखक अधिकांश दक्षिणी मालूम पड़ते हैं, पर उनकी रचनाएं शुद्ध हैं। कुछ चुनी हुई बातें भी हैं जैसे—इंगलैंड

के लाखों मनुष्य सड़ी मछलियों नमक के साथ भून पर कच-कच चबा जाते हैं। कैसी बच्छी सभ्यता है! [22.9.1923]

गृहलक्ष्मी : सं. सुदर्शनाचार्य, प्रयाग! मासिक। शायद समय पर नहीं निकलती। आषाढ़ की चली आज यहां पहुंची है। रास्ते में ही बरसात कट गई। [22.9.1923]

माधुरी : सं. दुलारेलाल भार्गव, रूपनारायण पांडेय। लखनऊ से मासिक। संपादन शैली सराहनीय है। [13.10.1923]

प्रभा : सं. पं. बालकृष्ण शर्मा 'नवीन', कानपुर, मासिक। हिंदी के राजनैतिक साहित्याकाश को अपनी दिव्य किरणों से उद्‌भासित करने वाली सर्वांगसुंदरी 'प्रभा' का 'झंडा-अंक' देखकर जो तृप्ति हुई है, वह अनिर्वचनीय है। पंजाब-हत्याकांड, रायबरेली-हत्याकांड और अकाली-सत्याग्रह-संग्राम तथा 'लोकमान्य की स्मृति' आदि विशेषाकों द्वारा जिस प्रकार प्रभूत-प्रभावशालिनी 'प्रभा' ने वर्तमान राजनैतिक युग का सचित्र रेकार्ड हिंदी के भंडार में सुरक्षित कर दिया है उसी प्रकार यह 'नागपुर के झंडा-युद्ध का अतीव सुंदर सचित्र इतिहास' प्रकाशित करके उसने हिंदी वालों की इस उपयुक्त धारणा को और भी पुष्ट कर दिया है, "हिंदी में तो 'प्रभा' सर्वश्रेष्ठ राजनैतिक मासिक पत्रिका है ही, भारत की अन्याय उन्नत भाषाओं में भी उसके जोड़ की कोई राजनैतिक मासिक पत्रिका नहीं है।" इसे पढ़ते-पढ़ते अनायास एक गौरवपूर्ण गर्व से मस्तक ऊंचा हो जाता है। शुरू से ही देश की महत्त्वपूर्ण राजनैतिक घटनाओं पर 'प्रभा' अपनी निष्पक्षता और सच्चाई की उज्ज्वल किरणों का प्रकाश डालती आ रही है। हिंदी वालों का यह प्रमुख कर्त्तव्य है कि इस अमर कल्पलतिका को सहृदयता से शीतल सलिल से सदा सींचते रहें। [13.10.1923]

कवि : सं. त्रिशूल, पीपीगंज, गोरखपुर, मासिक। गद्यात्मक लेख अच्छे हैं। सिर्फ 'प्रत्यालोचना' शीर्षक लेख से अहंकार, विद्वेष और अशिष्टता की दुर्गंध निकल रही है। प्रेस की कुछ भूलें रह गई हैं। वर्तमान हिंदी संसार में राष्ट्रीयता की लहर को तीव्र बनाने वाले तेजस्वी 'त्रिशूल' की शरण में जाकर भी 'कवि' आदर्श एवं अभय न हुआ तो उसका अभाग्य ही समझना चाहिए। [13.10.1923]

प्रबुद्ध भारत [अंग्रेजी] : सं. श्री मत्स्वामी यतीश्वरानंद जी महाराज। अल्मोड़ा। मासिक संपादकीय विचारधारा की विमलता और शीतलता संतापनाशिनी तथा शांतिप्रदायिनी है। सरल भाषा में गूढ़ विचार बड़ी स्पष्टता से प्रकट किये गये हैं। [13.10.1923]

चित्रमय जगत् : पूना, मासिक। संपादक का नाम और वार्षिक मूल्य प्रकाशक महाशय से पूछिये।

क्षत्रिय मित्र : बनारस, पाक्षिक। सं. लालजी सिंह गहरवार। दशा दयनीय! क्योंकि जिस जाति में बड़े-बड़े राजा-महाराजा और तअल्लुकेदार रईस मौजूद हैं उस क्षत्रिय-जाति के 'मित्र' की ऐसी हीन दशा? बड़े शर्म की बात है। [13.10.1923]

खंडेलवाल-हितैषी : आगरा, मासिक। सं. राधावल्लभ जसोरिया। सामाजिक सूचनाएं और लेखादि स्वजाति-हितैषणापूर्ण हैं। भाषा की कुछ भूलें रह जाया करती हैं। [13.10.1923]

दैनिक जैन गजट : कलकत्ता, मासिक। संपादक पं. रघुनाथ दास जी। शिक्षाप्रद धार्मिक लेख और उपयोगी सांप्रदायिक सूचनाएं हैं। यह पत्र 28 वर्ष से घाटा उठाकर चल रहा है। जैनी भाइयों की धर्मनिष्ठा पर हार्दिक बधाई! [130.10.1923]

स्वतंत्र : कलकत्ता, साप्ताहिक। सं. पं. अंबिकाप्रसाद वाजपेयी। टटके समाचारों, ताजे तारों और जोरदार टिप्पणियों को देखते हुए यह निःसंकोच कहा जा सकता है कि हिंदी में 'स्वतंत्र' भी एक उच्चकोटि का साप्ताहिक है। [13.10.1923]

हिंदी-केसरी : बनारस, साप्ताहिक। सं. पं. हेरम्ब मिश्र। यह अपने नाम के अनुसार गरजता है, पर बरसता नहीं । इसने जन्म लिया था लोकमान्य के 'मराठा-केसरी' का पदांकानुसरण करने के लिए पर अब स्वतंत्रतापूर्वक 'मानमहतामग्रेसर : केसरी' बन गया! [20.10.1923]

विक्रम : कानपुर, दैनिक। सं. नारायणप्रसाद अरोड़ा। इसके विचार प्रौढ़ और निर्भीकतापूर्ण हैं। समाचारों का चुनाव भी विचारपूर्वक किया गया है। [20.10.1923]

प्रताप : कानपुर, साप्ताहिक। सं. गणेशशंकर विद्यार्थी। भारत-विख्यात कट्टर राष्ट्रीय साप्ताहिक 'प्रताप' हिंदी-साप्ताहिकों में सर्वश्रेष्ठ है। उसकी ज्वलंत देशभक्ति और चिरस्मरणीय देश-सेवा से भारतीय जनता खूब परिचित है। वह दमन की आंच में तपाया हुआ खरा सोना है,—आज तक कोई कसौटी उसे खोटा साबित नहीं कर सकी। देशी राज्यों में राष्ट्रीय जागृति फैलाने का श्रेय एकमात्र 'प्रताप' को ही प्राप्त है। [20.10.1923]

हिंदी बंगवासी : कलकत्ता, साप्ताहिक। सं. रामदत्त राय शर्मा। कितने कोरे देहाती तो अखबार का मतलब ही समझते हैं 'हिंदी बंगवासी'। इस पत्र की सबसे बड़ी विशेषता यह है कि जन्म से लेकर आज तक इसकी नीति, शैली, आकार, मूल्य, टाइप, भाव, भाषा, कुछ भी नहीं बदली—सदा एकरस! [20.10.1923]

सनातन धर्म-पताका : मुरादाबाद, मासिक। सं. ऋषिकुमार रामस्वरूप शर्मा। श्री

सनातन धर्म के दुर्ग पर यह पताका बहुत दिनों से फहरा रही है। लेख और कविताओं में धार्मिक भावों की प्रधानता है। [20.10.1923]

तरुण राजस्थान : अजमेर, साप्ताहिक। सं. एस.एल. गुप्त। देशी रियासतों की प्रजा के स्वत्वों के लिए जी-जान से लड़ने वाला। इसका संपादन बड़ी निर्भीकता और योग्यता से होता है। इसके द्वारा देशी राज्यों की जनता की आह-भरी पुकार बड़े स्पष्ट और जोरदार शब्दों में सुनाई दे रही है। [20.10.1923]

देश : पटना, साप्ताहिक। सं. राजेंद्रप्रसाद, पं. पारसनाथ त्रिपाठी। असहयोग का कट्टर पक्षपाती और राष्ट्रीयता का निर्भीक समर्थक है। कविताएं और संपादकीय टिप्पणियों पर देशभक्ति तथा स्पष्टवादिता का गाढ़ा रंग चढ़ा हुआ है। 'देश' का टाइप तो इस देश की दशा से भी खराब है। [20.10.1923]

जयाजी प्रताप : लश्कर, ग्वालियर, साप्ताहिक। ग्वालियर राज्य की उन्नति इसका प्रधान लक्ष्य है। [20.10.1923]

सत्यवादी : दिल्ली, सं. इंदु विद्यावाचस्पति। राष्ट्रीयता का उपासक और भारतीयता का भक्त है। इसके विचारों से स्वाभिमान टपकता है। हिंदू-संगठन और शुद्धि-आंदोलन का पक्ष समर्थन करने में यह बड़ी निष्पक्षता और तीव्रता से काम लेता है। इसके शब्दों की ध्वनि बड़ी गंभीर और सार्थक है। इसकी सत्यवादिता में अप्रियता का अभाव और स्पष्टवादिता का जोर है। [20.10.1923]

शिक्षा-प्रभाकर : अलीगढ़, पाक्षिक। सं. हरिशंकर नागर। संपादकीय विचार ओजस्वी हैं।

राजपूत : आगरा, पाक्षिक। सं. ठाकुर हनुमंत सिंह रघुवंशी। इसमें हिंदुत्व और जातीय गौरव के स्वाभाविक अभिमान का भव्य भाव भरा रहता है। यह भी हिंदू-संगठन और शुद्धि-आंदोलन का कट्टर पक्षपाती मालूम पड़ता है। [20.10.1923]

कर्मवीर : जबलपुर, साप्ताहिक। सं. पं. विष्णुदत्त शुक्ल, ठाकुर छेदालाल जी। 'यथा नाम तथा गुण' वाले इस सुसंपादित पत्र ने मध्य प्रदेश में चार वर्ष के अंदर ही काफी जागृति पैदा कर दी है। इसमें फड़कती हुई कविताएं भी हैं और समयानुकूल भावमय लेख भी। देश के राजनीतिक स्वार्थ की रक्षा करने में यह किसी से पीछे नहीं है। [20.10.1923]

भारतजीवन : काशी, संपादक दुर्गाप्रसाद खत्री। संपादकीय विचारों की गंभीरता में वर्तमानकालीन देश-दशा की सच्ची अनुभूति का संवेग प्रवाह है।

[20.10.1923]

बिहारबंधु : फतुआ [पटना], साप्ताहिक। सं. मदनमोहन भट्ट, पं. केशवराम भट्ट, प्रमोदशरण शर्मा। शर्मा जी को चाहिए कि इसके संपादन की ओर विशेष ध्यान

दें और बिहार-निवासियों को चाहिए कि इसकी उन्नति में सहायक होकर बिहार की लाज रखें।

नारद : छपरा [बिहार], साप्ताहिक। सं. गोविंदप्रसाद श्रीवास्तव। नारद जी की दशा देखकर दुःख हो रहा है। पत्र का जैसा सुंदर नाम है, यदि परिश्रम करके उसका अंग-प्रत्यंग भी वैसा ही सुंदर और सजीला बनाया जाय तो, 'नारद' वस्तुतः हिंदी में एक अनूठा साप्ताहिक बन सकता है। तो भी इसके 'संसार-चक्र' और 'नारद बाबा की झोली' में बड़ा आनंद है। [20.10.1923]

श्री वेंकटेश्वर समाचार : बंबई, साप्ताहिक। सं. चंदूलाल मेहता। आज भी अपनी उसी बंधी हुई शैली का परिपालन करता हुआ निकल रहा है। इसके कोमल विचार संपादक जी की शांतिप्रियता प्रकट करते हैं। [20.10.1923]

भारतमित्र : कलकत्ता, साप्ताहिक। सं. लक्ष्मणनारायण गर्दे। बहुत प्रतिष्ठित और सच्चा स्वदेश हितैषी पत्र है। जिस सराहनीय योग्यता और अनवरत तत्परता के साथ इसने हिंदी की सेवा की है वह हिंदी के इतिहास का एक महत्त्वपूर्ण अंग है और इसके लिए वह स्तुत्य सेवा महान् यश तथा गौरव की थाती है। गर्दे जी की राजनीतिक योग्यता का परिचय देने की जरूरत नहीं है। [20.10.1923]

तरुणभारत : पटना, साप्ताहिक। सं. नागेश्वर प्रसाद शर्मा। प्रसिद्ध असहयोगी। असहयोग के शांतिपूर्ण रणांगण में वीरतापूर्वक डटा हुआ है। नीति गरम है। कुद्ध होकर बिहार की नौकरशाही ने इसके सुयोग्य संपादक पर मामला चलाया है। [20.10.1923]

कर्त्तव्य : इटावा, साप्ताहिक-अर्द्धसाप्ताहिक। सं. ब्रह्मदेव शर्मा। संपादक धर्म के मर्मज्ञ तो थे ही, राजनीति के भी पंडित निकले। हिंदी के हिमायती और बीसवीं सदी की राष्ट्रीयता के सहृदय समर्थक हैं। दृढ़ विचारों और समयोपयोगी समाचारों से पाठक संतुष्ट हो सकते हैं। [20.10.1923]

सम्मेलन-पत्रिका : मासिक। सं. वियोगी हरि। भाषा सरस है। संपादन शैली स्तुत्य है। हिंदी-प्रेमियों को इसकी सहायता करनी चाहिए। [10.11.1923]

विद्यार्थी : प्रयाग, मासिक। सं. रामजी लाल शर्मा। 'निर्मल' जी की एक कविता है 'मैं हूं हिंदी का लिक्खाड़!' उससे ईर्ष्या-द्वेष की असह्य दुर्गंध निकल रही है। न जाने 'निर्मल' जी ने किस म्युनिसिपैलिटी का कूड़ा-करकट लाकर बेचारे 'विद्यार्थी' के कमरे की निर्मलता नष्ट कर दी है।

छत्तीसगढ़ : रायगढ़, मासिक। सं. पं. मनोहरप्रसाद मिश्र। इसमें बड़े-बड़े विद्वानों के सुपाठ्य लेख हैं। मैं अपने नवीन सहयोगी की अनुदिन उन्नति चाहता हूं। [10.11.1923]

देशभक्त : आगरा, साप्ताहिक। सं. ठाकुर महताब सिंह वर्मा। कविताओं में भावों का जोर है, पर भाषा मसालेदार खिचड़ी है। इस 'देशभक्त की झोली' में दिल बहलाने योग्य काफी सामान है। यह 'देशभक्त' भारतीय नेताओं की तरह स्वार्थ-त्यागी नहीं है।

ओमर-वैश्य-शुभचिंतक : कानपुर, मासिक। सं. ऋषिप्रसाद गुप्त, महादेव प्रसाद वैश्य। अधिकांश पद्य अशुद्ध हैं। गद्य लेखों में भी अशुद्धियां बहुत हैं। संपादकीय टिप्पणियां व्यर्थ ही विस्तृत बनाई गई हैं। न जाने क्यों संपादकीय टिप्पणी में भी 'होली का हुल्लड़' मचाया गया है। [10.11.1923]

जैनमित्र : सूरत (बंबई), साप्ताहिक। सं. शीतलाप्रसाद जैन। संपादन-शैली अच्छी नहीं है। इसे संकीर्णता के क्षेत्र से निकलकर उदारता के मैदान में आना चाहिए। 'जैनमित्र' ने केवल जैन-संस्थाओं की सूचनाएं और चंदादाताओं की नामावलियां छापने में ही अपना जीवन नष्ट किया। प्रार्थना है कि जैन-समाज में पुराने गीत गाकर जागृति पैदा करने की आशा एक सदी के लिए ताक पर रख दें।

[10.11.1923]

स्त्रीदर्पण : कानपुर। सं. श्रीमती सुमति देवी, फूलकुमारी महरोत्रा। सभी लेख विद्वानों के लिखे हुए हैं। समाचारों का चुनाव अच्छे ढंग से किया गया है। स्त्रियों के संबंध में कुछ विशेष लिखा जाना चाहिए। [10.11.1923]

हिंदी : जकोब्स, नटाल, दक्षिण अफ्रीका, साप्ताहिक। सं. पं. भवानीदयाल संन्यासी। प्रवासी भारतीयों में और अपने प्रवासी भाइयों से प्रेम रखने वाले भारतवासियों में 'हिंदी' का अच्छा प्रचार जान पड़ता है। विदेश में हिंदी की विजय वैजयंती फहराने का श्रेय पंडित जी को दिया जा सकता है। हम लोगों के लिए यह बड़े सौभाग्य, गौरव और गर्व का विषय है कि विदेश में भी हिंदी का एक सुसंपादित साप्ताहिक पत्र निकल रहा है। यह राष्ट्रीयता का उपासक और निर्भीक है। संपादकीय टिप्पणियां मार्मिकतापूर्ण हैं। प्रवासी भाइयों की ओर से यह हिंदी-माता के चरणों में एक अपूर्व और पवित्र भेंट है। विदेशों में रहकर भी स्वदेश-भाषा के साथ इतना अनुराग रखने वाले प्रवासी भाई वस्तुतः धन्यवाद के पात्र हैं। [8.12.1923]

प्रणवीर : नागपुर, अर्द्धसाप्ताहिक। सं. राधामोहन गोकुल। यह पूर्ण स्वाधीनता का निर्भीक प्रचारक है। 'प्रणवीर' वास्तव में प्रणवीर ही है। क्यों न हो, बुड्ढे की फौलादी हड्डी जो है। खोपड़ी भी तो पुरानी है। नौकरशाही के कच्चे चिट्ठे प्रकाशित करके उसे गिन-गिनकर सुनाया गया है। [8.12.1923]

चित्रमय जगत् : पूना। संपादक पं. उदयचंद वैद्य। मराठी भाषा के गढ़ में रहकर भी चौदह वर्ष से यह पत्र हिंदी की सेवा कर रहा है। हिंदीभाषियों से हमारा विशेष

अनुरोध है कि वे ज्ञानोपार्जन और मनोरंजन के लिए 'चित्रमय जगत्' की जरूर सैर करें। [16.2.1924]

निगमागमचंद्रिका : काशी। सं. ब्रह्मचारी प्रभुदत्त शर्मा। संपादन बड़े सुंदर ढंग से हुआ है।

भूमिहार ब्राह्मण : काशी, पाक्षिक। प्र.सं. पं. श्यामनारायण शर्मा, सहकारी—श्रीकृष्ण शुक्ल। यह एक ऐसी जाति का मुखपत्र है जिसमें बहुसंख्यक राजे, महाराजे, रईस, जमींदार और धनाढ्य हैं। फिर भी इस पत्र का रूप-रंग उतना सुंदर नहीं है जितना अभीष्ट है। हां, संपादन योग्यतापूर्वक होता है। [16.2.1924]

दिगंबर जैन : सूरत। सं. मूलचंद किसनदास कापड़िया। संपादन शैली सराहनीय है।

मारवाड़ी-अग्रवाल : कलकत्ता। सं. तुलसीराम सरावगी। मारवाड़ी समाज का यही सर्वश्रेष्ठ पत्र है।

कलवार-क्षत्रिय-मित्र : प्रयाग। सं. रघुनाथ प्रसाद उपदेशक। [16.2.1924]

भ्रमर : बरेली। सं.—पं. रामनारायण पाठक। संपादकीय टिप्पणियां महत्त्वपूर्ण हैं। [16.2.1924]

रसगुल्ला : कलकत्ता। **भांड़ :** काशी। **गोलमाल :** पटनासिटी। [10.5.1924]

प्रभा : कानपुर। पं. बालकृष्ण शर्मा 'नवीन'। 'प्रभा' यद्यपि हिंदी की एकमात्र सर्वश्रेष्ठ राजनैतिक पत्रिका है तथापि उसका साहित्यिक अंक निकालने में संपादक और प्रकाशक ने सराहनीय सफलता प्राप्त की है। [17.5.1924]

हिंदी प्रचारक : भारत जीवन : काशी। सं. दुर्गाप्रसाद खत्री।

चांद : प्रयाग। सं. रामरिख सिंह सहगल।

श्री सनातन धर्म : कलकत्ता। सं. बैजनाथ जी केडिया।

नवयुवक मारवाड़ी : कलकत्ता। सं. मोतीलाल लाठ। [17.5.1924]

हिंदी-मनोरंजन : कानपुर। सं. पं. विश्वंभरनाथ शर्मा 'कौशिक'। आज के बारह वर्ष पहले आरा से पं. ईश्वरीय प्रसाद शर्मा ने 'मनोरंजन' नाम का एक मासिक पत्र निकाला था। कठिनाइयों में पड़ जाने के कारण उन्होंने 1915 ई. में ही उसे बंद कर दिया। उसी का यह एक प्रकार से रूपांतर है। एक वर्ष निकलकर यह भी कुछ दिनों के लिए बंद हो गया था। अब फिर नयी सजधज के साथ निकलने लगा है। [7.6.1924]

कवींद्र : मासिक। सं. स्वामी नारायणानंद सरस्वती और अनूप शर्मा। कविता संबंधी सामग्री।

मालव-मयूर : सं. हरिभाऊ उपाध्याय। इसका संपादकीय अंश अत्यंत प्रशंसनीय होता है। उसके विचार बड़े ही मार्जित होते हैं। वास्तव में इस पत्र-रत्न की

जितनी प्रशंसा की जाय, थोड़ी है। [14.6.1924]

मनोरमा : प्रयाग। सं. महावीर प्रसाद मालवीय, गिरिजादत्त शुक्ल 'गिरीश'। आजकल हिंदी की मासिक पत्रिकाओं में होड़-सी लगी हुई है। [14.6.1924]

समन्वय : कलकत्ता। सं. स्वामी माधवानंद। 'समन्वय' का स्थान हिंदी के स्थायी साहित्य में है। [14.6.1924]

मारवाड़ी ब्राह्मण : कलकत्ता। सं. पं. हनुमानदत्त जोशी।

संदेश : भिवानी [पंजाब]। सं. पं. नेकीराम शर्मा। इसके संपादक अपनी-अपनी देशभक्ति के लिए सारे देश में काफी बदनाम हो चुके हैं। वे नौकरशाही के नुकीले नयनों की किरकिरी हैं, इसलिए बड़े घर भी हो आये हैं। 'संदेश' घर-घर में राष्ट्रीय संदेश पहुंचाने वाला, हिंदू संगठन, अछूतोद्धार, हिंदी-मुस्लिम ऐक्य का पक्का पक्षपाती और राष्ट्रभाषा हिंदी का हिमायती है। [26.7.1924]

आर्यजगत् : लाहौर, साप्ताहिक। पं. खुशालचंद जी खुरसंद। उर्दू के दुर्गम दुर्ग में हिंदी का उत्तरोत्तर प्रवेश, वाकई बड़े आनंद की बात है। 'आर्यजगत्' नाम से ही आप समझ गये होंगे कि पत्र सामाजिक विचार का है। विधवा-विवाह-प्रचार, अछूत-उद्धार और धार्मिक ढकोसलों का मूलोच्छेद करना इसका उद्देश्य है। पंजाब और बलूचिस्तान की आर्य प्रादेशिक सभा का मुखपत्र है। [26.7.1924]

देशबंधु : कलकत्ता, साप्ताहिक। सं. डा. बुद्धिधन शर्मा। पत्र में कहीं-कहीं हाथ की सफाई के भी कुछ नमूने मिलते हैं। [2.8.1924]

धर्मरक्षक : कलकत्ता, साप्ताहिक। सं. पं. शिवदयाल शर्मा। पत्र होनहार है। [2.8.1924]

अग्रसर : कलकत्ता, साप्ताहिक। सं. ठाकुर राजकिशोर सिंह। आजकल बरसाती मेंढकों की तरह कलकत्ते में पत्रों की बाढ़-सी आ गई है। परंतु जिस तरह और-और पत्रों में टर्राने के सिवा और कुछ सार नहीं दिखलाई पड़ता, इसमें वैसा नहीं, इसका उद्देश्य उच्च और युगधर्म के अनुकूल है। इसमें लेख जोरदार होते हैं। मसाला भी बहुत रहता है। [2.8.1924]

प्रणवीर [तिलक-विशेषांक] : अर्द्धसाप्ताहिक। सं. राधामोहन गोकुल। हिंदी में इसके जोड़ का दूसरा निर्भीक पत्र नहीं है। आपके पत्र का ध्येय है पूर्ण स्वाधीनता। इसकी छपाई बंबई में होने के कारण प्रूफ देखने की असावधानी से कहीं-कहीं कुछ त्रुटियां रह गई हैं। फिर भी इतना सुंदर निकला है कि आज तक हिंदी में ऐसा उत्कृष्ट विशेषांक हमें देखने को नहीं मिला। [16.8.1924]

प्रताप का विशेषांक : सं. गणेशशंकर विद्यार्थी। 'प्रताप' हिंदी का प्रसिद्ध राष्ट्रीय पत्र है। राजनीतिक लेखों में 'पूर्ण स्वाधीनता का प्रश्न' अच्छा हुआ है। 'सभ्य संसार

का भावी धर्म' पर दो प्रबंध हैं। एक है श्रीयुत् रामचंद शुक्ल एम.ए.एल.टी.। विशेषांक के संग्रह योग्य होने में कोई संदेह नहीं। [13.9.1924]

सावधान : भिवानी, साप्ताहिक। पत्र कट्टर स्वराज्यवादी होते हुए हिंदू संगठन, शुद्धि और एकता का समर्थक होगा। [27.9.1924]

आर्यमित्र का ऋष्यंक : ऋषि गुणगान के अतिरिक्त इसमें शुद्धि और हिंदू संगठन संबंधी लेख भी पर्याप्त मात्रा में रहेंगे। [4.10.1924]

ब्राह्मण-हितैषी का विजयांक : मैनपुरी, पाक्षिक। [4.10.1924]

वर्तमान [विजय-अंक] : गद्य सं.—रमाशंकर अवस्थी, पद्य संपादक—गयाप्रसाद शुक्ल 'सनेही'।

स्वदेश [विजयांक] : सं. बेचनशर्मा उग्र।

स्वतंत्र [दीवाली अंक] : सं. अंबिकाप्रसाद वाजपेयी।

विश्वमित्र [दीपावली अंक] : सं. रामदयाल अग्रवाल।

आर्यमार्तंड [ऋष्यंक] : सं. पं. रामसहाय जी उपदेश। [1.11.1924]

समालोचक : सीतापुर। सं. कृष्ण बिहारी मिश्र। [8.11.1924]

अभय : सं. स्वामी विचारानंद सरस्वती-हिंदू-संघटन का समर्थक राष्ट्रीय पत्र है। [22.11.1924]

भूत : सं. बालचंद्र अस्थाना—इसकी हास्य टिप्पणियों में मौलिकता होती है। 'भूत' सामाजिक कुरीतियों के सिर पर नाचता है तथा साहित्यिक गोलमाल की छाती पर ताडंव नृत्य करता है। एक कमी, राजनीति से विरक्त जान पड़ता है। देश की वर्तमान अवस्था देखते हुए राजनीति का त्याग, हमें तो उचित नहीं जान पड़ता है।

गरीब : साप्ताहिक। सं. महावीर त्यागी। 'गरीब' किसानों का भाई, मजूरों का मित्र और देश का दास है। नौकरशाही के अत्याचारों की तीव्र आलोचना करने से वह कभी नहीं डरता। ईश्वर 'गरीब' का सहायक हो। [22.11.1924]

शंकर : मुरादाबाद, साप्ताहिक। सं. पं. बदरीदत्त जोशी। 'शंकर' का संपादन सुंदर रीति से होता है। यह हिंदी-हिंदू-हिंद का सहायक पत्र है। [22.11.1924]

कैलाश : मुरादाबाद। सं. पं. ज्वालादत्त शर्मा। हिंदी-सेवी 'कैलास' को हाथों-हाथ उठा लें। इस 'कैलास' को उठाने वाला अवश्य ही 'रावण' नहीं समझा जायेगा।

आर्यजीवन : कलकत्ता। सं. जयदेव शर्मा। आर्य समाज के सिद्धांतों के प्रचार के लिए बंगाल को 'आर्यजीवन' ऐसे पत्र की बहुत दिनों से आवश्यकता थी। [22.11.1924]

जीवन : पंजाब, साप्ताहिक। सं. श्री मदन शर्मा 'माधव'। पंजाब प्रदेश में हिंदी-प्रचार की जो आवश्यकता है वह किसी से छिपी नहीं है। पंजाब के किसी भी सुंदर

हिंदी पत्र को देखकर हमारी शुभाशंसा प्रसन्न हो जाती हैं। [22.11.1924]

धर्मवीर : मधुबनी (बिहार)। सं. चंद्रमा राय शर्मा। [22.11.1924]

जाटव : शाहगंज, आगरा, पाक्षिक। सं. हेतराम। जाटव वंश का मुख पत्र। [22.11.1924]

बिजली : बंगला, साप्ताहिक। सं. सावित्री प्रसन्न चट्टोपाध्याय 'आलोचना' मजेदार और संवाद सरस है। यह सुसंपादित प्रकाशित होता है। [29.1.1925]

हिंदू-समाचार : उर्दू, साप्ताहिक। सं. पं. राजनारायण षटशास्त्री 'अरमान' यह पत्र हिंदू-संगठन, शुद्धि-आंदोलन, अछूतोद्धार और मठ-मंदिर-महंत-सुधार का कट्टर पक्षपाती है। इसके विचार बड़े ओजस्वी और स्पष्ट होते हैं। भाषा बड़ी मजेदार और मुहावरेदार होती है। अच्छी हिंदी सीखने के लिए उर्दू भाषा की बारीकियां परखने की जरूरत है। इस दृष्टि से भी, उर्दू के किले [दिल्ली] से निकलने वाले इस पत्र का, हिंदी संसार में, प्रचार होना चाहिए। [29.1.1925]

दिगंबर जैन : सं. मूलचंद किशनदास कापड़िया। एक लेख अंग्रेजी में है। कुछ गुजराती भाषा के लेख भी हैं। अधिकांश सांप्रदायिक हैं। [7.2.1925]

शिक्षामृत : सं. गोपालदास रेजा।

भूगोल : सं. रामनारायण मिश्र। हिंदी में अपने विषय का सबसे पहला पत्र है। ऐसे पत्र की बड़ी आवश्यकता थी। हिंदी वालों को विशेष उत्साह के साथ इसका स्वागत करना चाहिए। [7.2.1925]

अलंकार : सं. सत्यव्रत सिद्धांतालंकार। आरंभ में कविवर पं. श्रीधर पाठक जी की पेटेंट कविता 'भ्रमर-गीत' है। अन्य पद साधारण हैं। 'अलंकार' को अलंकृत के बदले कलंकित करते हैं। [7.2.1925]

योगप्रचारक : सं. स्वामी अभयानंद सरस्वती। स्वामी जी महाराज! देशवासियों को योगी मत बनाइये। अजी, योगी नहीं, योद्धा बनाइये योद्धा। [7.2.1925]

सरस्वती : छपाई, सफाई, सादगी, शुद्धता और नयापन में 'सरस्वती' बाजी मार ले गई है। लेखों और कविताओं का चुनाव तथा उनकी सविधि संपादन शैली भी सराहनीय है। [14.2.1925]

मनोरमा : खूब बन-ठनकर आई है। हां, प्रूफ की कुछ भूलें जरूर हैं। संभव है, 'मनोरमा' का आंचल फगुनहट से उड़कर 'वनलता' में उलझ गया हो। [14.2.1925]

चांद [शिशु-अंक] **:** ऐसी चीज की बस वाह रे वाह! सिर्फ एक बात का मलाल है! जल्दी में अंक छपने के कारण प्रेस के यमदूतों की अंधाधुंधी से भूलों की लीला देखने लायक हो गई है। प्रत्येक हिंदी-प्रेमी इस 'चांद' का चकोर बने। सिर्फ

अपने तीन साल के जीवन में आज तक किसी हिंदी पत्र ने इतने विशेषांक नहीं निकाले। फिर भी बेचारे को घाटा! फिर भी हिंदी संसार में सन्नाटा! धत्तेरी हिंदी की दुनिया निगोड़ी! अरे यारो, हिंदी के लाड़लो, खुद नहीं उठा जाता तो अपनी स्त्रियों को भी तो उठने दो। याद रहे 'चांद' ही के करते उनका और उन्हीं के करते तुम्हारा उत्थान होगा। [14.2.1925]

समालोचक : सं. कृष्णबिहारी मिश्र, विपिन बिहारी मिश्र, नवल बिहारी मिश्र। इस ढंग के पत्र की बड़ी जरूरत थी। खूब निकला। एक नंबर का निकला। यों तो कसर खुदाई में भी है। हम अनुदिन इसकी उन्नति चाहते हैं। [21.2.1925]

सुप्रभातम् : सं. विंध्येश्वरी प्रसाद शास्त्री। इसका संपादन बड़ी योग्यता से होता है। भाषा बहुत ही सरल और सुबोध है। भाषा की प्रांजलता, विचार की प्रौढ़ता और छपाई की शुद्धता है। संस्कृत के बड़े-बड़े अगड़धत विद्वान् इसमें नियमित रूप से लिखा करते हैं। कम से कम उन पंडितों को यह पत्र अवश्य पढ़ना चाहिए, जो पी तो गये छहों शास्त्र घोंट-छानकर, पर बने हुए हैं कूपमंडूकदास-गोबरगनेसमल और घोख गये हैं। [21.2.1925]

कैलाश [महाशिवरात्रि-अंक] : सं. लक्ष्मीनारायण शुक्ल। संपादन शैली चित्ताकर्षक। शिवभक्तों के लिए एक अनूठा उपहार है। [21.2.1925]

शिशु : सं. सुदर्शनाचार्य। सहकारी सं.—श्रीनाथ सिंह। बच्चों के लिए ऐसा उपयोगी और मनोहर पत्र निकालने के लिए हार्दिक बधाई देते हैं। [21.2.1925]

भविष्य : सं. रामरतन द्विवेदी, पं. गिरिजाशंकर मिश्र। हम जोर देकर कहते हैं कि जो लोग भारत में भविष्य का असली रूप देखना चाहें, कम से कम वे तो जरूर ही इस भारत-भविष्य को देख लें। इसके रोम-रोम से भारत के भविष्य की सूचना मिल रही है। [21.2.1925]

ब्राह्मण हितैषी [होलिकांक] : सं. पं. बिहारीलाल गौड़, उप सं. विद्याधर शास्त्री और पं. लक्ष्मीनारायण। तीन-तीन संपादकों की सूरतें देखते हुए हम इस अंक को सुसंपादित नहीं कह सकते। [21.2.1925]

माहेश्वरी : सं. पं. धर्मानंद त्रिपाठी और बाबू ब्रजमोहन बागड़ी। यह विशेषांक है। पं. माधव शुक्ल, श्री गोविंददास जी, सेठ जमनालाल, गर्दे जी, छविनाथ पांडेय, पथिक जी और राजकिशोर सिंह आदि के लेख भी हैं। [11.4.1925]

आर्यमित्र (दयानंद जन्म शताब्दी अंक) : सं. हरिशंकर शर्मा। शताब्दी-महोत्सव की स्मृति को यह अंक बहुत दिनों तक गौरवास्पद और जीवित रखेगा। हिंदी के भंडार में आर्यसाहित्य की एक बहुमूल्य भेंट है। [11.4.1925]

शंकर : साप्ताहिक। सं. पं. नरदेव शास्त्री। यह ऋष्यंक सुसज्जित है। चुनाव और

संपादन अच्छा हुआ है। संपादकीय विचार-तरंग बड़ा तृप्तिकर है। यह अंक भी आर्यसमाज के सिद्धांतों और स्वामीजी के आदर्शों पर अच्छा प्रकाश डालता है। [11.4.1925]

आर्यजगत् : साप्ताहिक। सं. श्री खुशहालचंद। यह इतना सुंदर और सस्ता विशेषांक बेशक देखने लायक है। [11.4.1925]

अलंकार : सं. श्री सत्यव्रत विद्यालंकार। 'अलंकार' का ऋष्यंक भी दयानंद शताब्दी-साहित्य के रेकर्ड-रूम का सुंदर अलंकार है। [11.4.1925]

प्रेम : सं. श्री देवीप्रसाद सक्सेना और ब्रह्मचारी हरिश्चंद्र—पद्य भाग कमजोर और गद्य भाग कुछ पुष्ट है। हमारे समाचारपत्र, आधुनिक भारत में राजनैतिक दलबंदी, भारतीय कृषकों की अवस्था, सन् 1924 में प्रवासी भारतीय, राष्ट्रीय शिक्षा, खद्दर और चर्खा का राष्ट्रीय महत्त्व आदि लेख अच्छे हैं। [11.4.1925]

अग्रसर [हिंदू महासभा विशेषांक] : सं. ठाकुर राजकिशोर सिंह [2.5.1925]

मालव-मयूर : सं. हरिभाऊ उपाध्याय। संपादकीय टिप्पणियां भी विचारपूर्ण और जोरदार हैं। हम चाहते हैं कि 'मयूर' हिंदी साहित्य-कानन में सदा सानंद विहार करता रहे। [2.5.1925]

देश : सं. मथुराप्रसाद सिंह। महात्मा जी और मौलाना शौकत अली के संदेश के अतिरिक्त अधिकतर प्रसिद्ध देशभक्त लेखकों के ही लेख हैं। हम उसकी उन्नति चाहते हैं। [2.5.1925]

कर्मवीर : सं. पं. माखनलाल चतुर्वेदी। इसका संपादन बड़ी योग्यता से होता है। इसकी नीति गरमागरम, निडर और खरी है। [9.5.1925]

सत्यवादी [साप्ताहिक] : सं. भीमसेन विद्यालंकार। पत्र और संपादक के नाम अक्षरशः सार्थक हैं।

सुदर्शन : सं. पं. गोपीवल्लभ उपाध्याय। [9.5.1925]

भगीरथ [साप्ताहिक] : सं. पं. कृष्णकुमार मिश्र। धार्मिक और राष्ट्रीय तथा व्यापारिक। कट्टर सनातनधर्मी। किंतु समझ में नहीं आता कि पुरानी लकीर पीटने से इसकी भाषा में जोर नहीं है। भाषा की भूलें भी रह जाती हैं। [9.5.1925]

वर्णाश्रम : सं. पं. धर्मदत्त त्रिपाठी। दुराग्रह से धर्म की रक्षा नहीं होती। समय के प्रवाह और मनुष्यता के तकाजे पर ध्यान देना अत्यंत आवश्यक है। [9.5.1925]

माहेश्वरी-बंधु : सं. श्री वसंतीलाल मालपाणी। यह वर्णाश्रम धर्म का पक्षपाती एक सांप्रदायिक पत्र है। [9.5.1925]

The New Life: प्रधान सं. एस.एम. रहमान।

The Bihar Advocate: सं. ए.बी. नारायण। [9.5.1925]

चांद [वेश्या-अंक] : सं. रामरख सिंह सहगल। टिप्पणियों की भाषा ललित और अलंकृत है। कुछ और सरल होनी चाहिए। कहीं-कहीं भाषा की भूलें बड़ी बेढब हैं। हम संपादक को एक ऐसी नई चीज पैदा करने पर बधाई देते हैं, क्योंकि इस विषय पर अधिक दिन तक परदा पड़े रहने से समाज का ध्वंस अवश्यंभावी है। [16.5.1925]

ब्राह्मण-सर्वस्व : सं. पं. ब्रह्मदेव मिश्र। पं. कृष्ण बिहारी मिश्र, नरदेव शास्त्री, गिरिधर शर्मा चतुर्वेदी, स्वामी दयानंद, नंदकिशोर जी, पं. ज्वालादत्त शर्मा आदि विद्वानों के सुविचारपूर्ण लेख हैं। [23.5.1925]

शुद्धि-समाचार : सं. स्वामी चिदानंद संन्यासी। इसमें अंग्रेजी महीने और तारीख की ही प्रधानता देखते हैं। हिंदी संवत् और मास तिथि का कहीं पता नहीं। क्या अंग्रेजी महीने और तारीख की शुद्धि नहीं हो सकती? [23.5.1925]

हिंदू-सर्वस्व : सं. श्री रघुनंदन झा। हिंदू महासभा का समर्थक। संपादन में कुछ विशेष परिश्रम होना चाहिए। [23.5.1925]

संजीवन : सं. प्रो. चतुरसेन शास्त्री। [18.7.1925]

सैनिक : सं. पं. श्री कृष्णदत्त पालीवाल। पत्र बहुत ही उपयोगी और होनहार है। [18.7.1925]

दैनिक भविष्य : सं. पं. अंबिकाप्रसाद त्रिपाठी। पत्र राष्ट्रीय दल का है। नीति स्पष्ट है। होनहार है। सस्ता है। [18.7.1925]

जासूस : सं. श्री गोपालराम गहमरी। जासूस बहुत दिनों के बाद आया है। जासूस ही ठहरा। कहीं भटक गया होगा। [18.7.1925]

सूर्योदय : सं. श्री विंध्येश्वरीप्रसाद शास्त्री। [18.7.1925]

दि पीपुल : सं. लाला लाजपत राय। यह अंग्रेजी का एक लोकप्रिय साप्ताहिक है। अंग्रेजी के बड़े-बड़े राजनीतिज्ञ विद्वान् इसके नियमित लेखक हैं। इसकी प्रत्येक संख्या सुरक्षित रखने योग्य होती है। [13.2.1926]

बिहार एंड ओरिस्सा को-आपरेटिव फेडरेशन गजट [अंग्रेजी त्रैमासिक] : सं. ए. रहीम। भूतपूर्व संपादक 'कामरेड'। यदि यह पत्र हिंदी में इसी तरह योग्यतापूर्वक संपादित होकर निकलता, तो हिंदी-प्रधान बिहार-प्रांत की जनता का बड़ा उपकार होता। अगर सचमुच यह प्रजा के हित के लिए निकाला जा रहा है, तो इसका हिंदी संस्करण भी ऐसा ही सुंदर निकलना चाहिए; और तभी जनता पर पूरा प्रभाव पड़ेगा। साथ ही जिस उद्देश्य से को-आपरेटिव सोसाइटी चलाई जाती है, वह उद्देश्य भी सिद्ध होगा। हम इसका उत्तम हिंदी संस्करण देखने के लिए बहुत उत्सुक हैं। आशा है इसके विद्वान् संपादक इधर ध्यान देंगे। [13.2.1926]

महारथी : दिल्ली, मासिक। सं. वेदव्रत विशारद। भारतवर्ष की राजधानी से भारत की राष्ट्रभाषा का एकमात्र सचित्र पत्र जैसा निकलना चाहिए, अभी यह वैसा तो नहीं है, मगर नामानुसार राष्ट्रीयता का गुण यथेष्ट होने के कारण इसका भविष्य उज्ज्वल जान पड़ता है। हिंदी वालों को चेष्टा करनी चाहिए कि भारत की पहली राजधानी कलकत्ता से बंगला के जैसे मासिक पत्र निकलते हैं; उनके जोड़ का यह पत्र भी बन जावे, क्योंकि राजधानी में राष्ट्रभाषा का एक अच्छा सचित्र पत्र रहना चाहिए। [13.2.1926]

युगप्रवेश : मद्रास। सं. रामचंद्र शुक्ल एम.ए. और गोकुल बिहारी लाल वर्मा। सभी लेख उपयोगी और सुपाठ्य तथा विद्वान लेखकों के लिए हुए हैं! दो-चार महत्त्वपूर्ण लेख अंग्रेजी से अनुवादित हैं। संभवतः यह श्रीमती एनी बेसेंट की थियोसोफी सुसाइटी का हिंदी मुखपत्र है। इसका उद्देश्य है विश्व-बंधुत्व का प्रचार करना, आशा है हिंदी में अपने ढंग का यह अच्छा पत्र होगा। [13.2.1926]

बालक [मासिक] : सं. रामवृक्ष शर्मा बेनीपुरी। भाषा सुबोध और सरस है। हिंदी में ऐसे विविध-विषय-संपन्न बालोपयोगी पत्र की आवश्यकता थी।

[13.2.1926]

हिंदू-पंच : सं. पं. ईश्वरीप्रसाद शर्मा। [26.2.1927]

सेनापति : सं. पं. रामगोविंद त्रिवेदी। इस हाय-हाय के युग में यदि 'सेनापति' की कागजी-वाहिनी चल जाय तो फिर क्या कहना। [26.2.1927]

महावीर : सं. जगतनारायण लाल [पीछे एक लंबा उपाधि-पुच्छ!] संपादक महोदय 'आत्म-विज्ञापन' के घोर पक्षपाती हैं। [26.2.1927]

मनोरमा : सं. श्रीभक्त शिरोमणि और ज्योतिप्रसाद मिश्र। हमारी चरबांक और भठिहारिन, लड़ाकू और गंदी चहेती प्यारी 'मनोरमा' का यह पूर्ण-यौवनांक है, लेने लायक है। बेशक इतना बड़ा 'कलेक्शन' तैयार करने के लिए 'मनोरमा' संपादकों की 'जोड़ी' को बहुत दौड़ लगानी पड़ी होगी। बीबीजी ने अपने इस रूप-शृंगार की फीस कस कर रखी है। तीन रुपये। 'मतवाला' महाराज पाठकों से आग्रह करते हैं कि वे भी एक बार इस प्रयागी नायिका का आनंद लें।

[26.2.1927]

बालसखा : सं. गिरिजादत्त शुक्ल। [26.2.1927]

'बालक' [वीरांक] : इस अंक के संपादक श्री शिवपूजन सहाय, अन्याय अंकों के संपादक रामवृक्ष बेनीपुरी। हिंदी में बालकों के लिए जितने पत्र निकले हैं, 'बालक' उन सबमें अच्छा है। अच्छा भी एक ही बात से नहीं, हर तरह से। बाबू शिवपूजन सहाय हिंदी-भूषण की रुचि-मर्मज्ञता का मनोहर उदाहरण है।

लेख उत्तम, सुरुचि वाले, भारत के नये पौधों में नई जान, नई चमक, नया जीवन भरने वाले हैं। हिंदी में इसके जोड़ का दूसरा पत्र नहीं है, किंतु यह किसी भी उन्नत भाषा के बालोपयोगी पत्र से प्रतियोगिता की स्पर्द्धा कर सकता है।

[22.10.1927]

वीणा [इंदौर, मासिक] : सं. अंबिकाप्रसाद त्रिपाठी। यह मध्य भारत-हिंदी-साहित्य-समिति इंदौर की मुख पत्रिका है। अभी पहला ही अंक निकला है। हम सखी 'वीणा' का सादर-स्वागत करते हैं। [22.10.1927]

हिंदूपंच [विजयांक] : सं. कार्त्तिकेयचरण मुखोपाध्याय और प्रद्युम्नकृष्ण कौल।

वर्तमान [विजय-अंक] : सं. छैलबिहारी दीक्षित।

गुजराती : गुजराती जानने वाले पाठक अवश्य पढ़ें।

करमवीर [उर्दू] : सं. अर्जुनदेव। उर्दू में यह बड़ा शानदार अखबार है।

चिकित्सा-चमत्कार : सं. डॉ. भोलानाथ टंडन।

त्यागभूमि : सं. हरिभाऊ उपाध्याय और क्षेमानंद 'राहत'।

2. 'मतवाला' महाराज की मनमानी

एक जबलपुरीय साहित्य-सेवी

वाचक-वृंद, हिंदी-साहित्य-संसार में तथा हिंदी-संपादक-संसार में, आजकल जो अंधेर मचा है, उसे मैं आप लोगों की सेवा में पेश करता हूं। जरा ध्यान देकर पढ़ने की बात है।

मेरा एक लेख 'मतवाला' नामक पत्र के 18 जून 1927 वाले अंक में 'श्री सुकवि किंकर तथा विकसित जी' शीर्षक छपा था। उक्त पत्र के संपादक महोदय ने जिस प्रकार टट्टी की ओट से अपने शिकार पर निशाना जमाया है और जिस प्रकार उन्होंने मेरे लेख में घटा-बढ़ी की है, बस, वे ही बातें मैं आप लोगों को बताना चाहता हूं।

पहली बात तो यह है कि मेरा लेख किसी प्रकार पक्षपातपूर्ण नहीं था। मैंने न तो 'श्री सुकवि किंकर' के प्रति और विकसित जी के प्रति किसी प्रकार के द्वेष-भाव रखते हुए यह लेख लिखा था। परंतु 'मतवाला' संपादक के अधिकार में शायद लेख के ध्येय तथा आशय तक पलट देने की बात भी है। आज कुछ संपादकों ने कितने बढ़िया-बढ़िया अधिकार प्राप्त कर लिए हैं कि वे चाहे जिस करवट अपना ऊंट बिठा सकते हैं। यदि कोई उनसे प्रार्थना भी करे तो व्यर्थ! फिर उसकी फरियाद नक्कारखाने में तूती की आवाज की तरह मेघाच्छन्न गमन में बिलकुल विलीन हो जाती है। लेख छप जाने के बाद ही मैंने श्री संपादक जी से अनुनय-विनय की, कि आप कृपा कर अगले अंक में एक नोट निकालकर पाठकों को यह बता दीजिये कि आपने उक्त लेख में कितनी घटा-बढ़ी करने की कृपा की है। किंतु संपादक महोदय के कान पर जूं तक नहीं रेंगी। उत्तर न देता तो आजकल के संपादकों का एक प्रकार का बड़प्पन समझा जाता है। आज तक न तो आपने अपने अंकों में ही यह बात स्वीकार की और न किसी प्रकार का उत्तर ही मुझे दिया। अतएव दुःख के साथ मुझे लेखनी उठाने [मानो गदा! या तलवार] का सौभाग्य प्राप्त हुआ। आप वह लेख पूरा पढ़ जाइये। पश्चात् आपको ऐसा प्रतीत होगा मानो मैंने सुकवि किंकर साहब को अच्छी फटकार सुनायी है। तथा इसके विपरीत विकसित जी के विकस जाने के भय से उन्हें अधिक विकसाने की चेष्टा नहीं की। हमारे पूर्णाधिकारी महामना 'मतवाला' संपादक ने लेख के अंत में एक छह लकीरों का पैराग्राफ और भी जोड़ देने की कृपा

की है। वह इस प्रकार का है–"हमें आशा है हमारे वर्तमान साहित्यिक महारथी गंभीरता और शांति से इस छायावाद की ओर देखेंगे और शाब्दिक आडंबरों को छोड़ सद्भाव से प्रेरित होकर साहित्य की उन्नति की ओर ध्यान देंगे। हमारी समझ में तो अब यह धारा रुकती नहीं। इसे संभालना और ठीक पथ की ओर मोड़ना ही उचित होगा।"

पाठकगण इस Addition को जरा ध्यानपूर्वक पढ़ेंगे। मेरे लेख का अंतिम पैराग्राफ यह है–"मेरा हिंदी के दिग्गज लेखकों, धुरंधर समालोचकों तथा उठते हुए कवि से यही निवेदन है...किसी व्यक्ति विशेष पर घात-प्रतिघात करना कहां तक न्यायसंगत है...यह भी विचार लेने की बात है।" आप ही बताइये, दोनों विचारों में कितना अंतर है। मैंने हिंदी के वर्तमान साहित्यिक महारथियों से गंभीरता और शांति से छायावाद की ओर देखने की अपील कभी नहीं की। जो बात उन्हें ठीक न जंचे, उसे वे गलती ही कहें। इसमें गंभीरता और शांति की आवश्यकता ही क्या? मेरी समझ में चाहे यह धारा रुके या ठीक बंगाल की खाड़ी में जाये, इससे मुझे क्या प्रयोजन? जब वह स्वयं ही संभलने की चेष्टा न करे, तो दूसरे क्या संभाल सकते हैं? हाथ पकड़कर उठाने और कंधों पर लादकर ले जाने के सिवाय और संभलना हो ही क्या सकता है? जब कोई धारा स्वयं ही खाड़ी की ओर जा रही हो तो महारथी तो क्या स्वयं वीरवर भीमसेन भी नहीं संभाल सकते। खैर, मुझे इससे कोई मतलब नहीं। मेरा अभिप्राय तो यह था कि हिंदी साहित्य में जो समालोचनाएं होती हैं वे कृपा कर वैयक्तिक रूप से न की जायें तथा उनके उत्तर देने वाले भी दया कर अपनी लेखनी में लगाम लगाकर चलाने का यत्न करें।

महामान्य 'मतवाला'-संपादक ने मेरे लेख के चतुर्थ पैराग्राफ में भी थोड़ी-सी चटपटी चटनी चिपकाकर ही दम लिया है। आपने इसे ही ठीक समझा है। यथा, "क्यों महाराज? यदि आपका साहित्य आगे बढ़कर विश्व-साहित्य की गति में मिलना चाहता है तो इसमें क्या बुराई है? हमने माना आज के छायावादियों में कमजोरियां हैं। मगर अभी उनको उठे कितने दिन हुए? आप शांत रूप से उनके आगे आकर त्रुटियां रखें और उन्हें सुंदर गति से आगे बढ़ाने का उत्साह दें। यह घातक आलोचना कैसी? यह व्यंग्यों की बौछार कैसी?"

मालूम पड़ता है छायावाद का साहित्य विश्व-साहित्य में समाकर गगनभेदी स्वर से नवीन रागिनी अलापकर इस जगन्नियंता के विश्व में एक नवीन चक्र चलाने पर तुला है।

शायद 'मतवाला'-संपादक ने अपनी शिष्यावस्था में अपने गुरुदेव के कोमल दंड का स्पर्श नहीं किया। आपकी राय है कि गुरु को चाहिए कि वह शांत रूप से आगे

आकर त्रुटियां रखे। नहीं तो शिष्य महाराज साढ़े पांच के तो हैं ही, एक झापड़ गुरुदेव के लटके हुए चमड़े वाले गालों पर रसीद करेंगे।

आज ही से सब गुरु लोगों को सावधान हो जाना चाहिए नहीं तो ये ही महोदय सारे शिष्यों को ऐसी शिक्षा देंगे कि फिर सारे का सारा शिष्यमंडल, गुरुमंडल की चांद चाट जायेगा, कान भर देगा, मुंह बंद कर देगा। समझे गुरुवर!

केवल इन्हीं दो जगहों में नमक-मिर्च लगा देने से ही लेख के स्थायी भावों का हरण हुआ है। इसके अतिरिक्त जो काट-छांटकर दी गई है वह कदाचित् मानवीय हो सकती है। परंतु चतुर्थ पैराग्राफ के शब्दों ने तथा अंतिम पैराग्राफ जोड़ देने में ही तमाम गुड़ गोबर किया गया है। कोई भी लेख आये, उसे फौरन अपने सांचे में ढाल लेना संपादकों के बायें हाथ का खेल तो है ही, फिर यदि कोई अपनी फरियाद पेश करे तो धता बता देना मामूली बात है।

यहां मैं 'मतवाला'-संपादक के प्रति द्वेष-भाव रखते हुए नहीं कहता, मैं तो आपसे निवेदन ही कर रहा था, कर रहा हूं और करूंगा भी। आप ठहरे संपादक, और वह भी 'मतवाला' के। मैं हूं एक नचीज। मेरी हस्ती आपका मुकाबला करने की नहीं है। क्षमा कीजिएगा।

[**हिंदू-पंच**, वर्ष 2, अंक 5]
[21.7.1927]

विज्ञापन

'मतवाला' में छपने वाले विज्ञापनों को मैंने क, ख, ग—पुस्तक, पत्रिका और सामग्री—तीन खंडों में वर्गीकृत किया है। पुस्तकों का विज्ञापन हो या पत्रिकाओं का—उनके बारे में सामान्य जानकारी ही सही—लेकिन जिस अंदाज और भाषा में—दी गई है—उसके पीछे 'मतवाला' का खास उद्देश्य—आशय भी व्यंजित होता है।

(क) पुस्तकों के विज्ञापन में यह उचित था कि मैं एकदम महत्त्वहीन और अप्रासंगिक नाम छोड़ देता। लेकिन ऐसा नहीं कर पाने के पीछे यह सोच थी कि हिंदी में तत्कालीन पुस्तक व्यवसाय का अनुमान अदीठ रह जायेगा। अंततः पुस्तक-व्यवसाय में पाठकीय रुचियां महत्त्वपूर्ण होती हैं। इससे हमें दोनों तत्कालीन वास्तविकताओं को जानने में सहूलियत होगी। ज्यादातर विज्ञापन 'मतवाला' के अपने प्रकाशन-व्यवसाय से ही होते थे। ऐसा लगता है जैसे 'मतवाला' ने विक्रय-केंद्र भी खोल रखा था जहां विभिन्न प्रकाशकों से पुस्तकें मंगाकर विज्ञापन से प्रचारित और बेचा जाता था। इस तरह 'मतवाला' ने न सिर्फ अपने व्यवसाय बल्कि विचार के स्तर पर भी अतिरिक्त कोशिश की थी। मेरा अनुमान है पुस्तक-पत्रिका का विज्ञापन समूल्य नहीं था।

इन पुस्तकों के विषय पर ध्यान दें तो ये राष्ट्रीय, राजनीतिक, ऐतिहासिक, सामाजिक, धार्मिक या नारी-विषयक हों, चरित्र-निर्माण करने वाला बालोपयोगी साहित्य हो, या स्वास्थ्य रक्षक—इन सबकी संगति तत्कालीन आंदोलनों से थी। जासूस, ऐयारी या रोमांचक उपन्यासों की सूची काफी लंबी है। उनमें से कुछ मुझे पढ़ने का अवसर मिला है। यहां तनिक अप्रासंगिक होने पर भी मैं एक पक्ष की चर्चा करना चाहूंगा। इस तरह के उपन्यासों में पश्चिमी या अमरीकी तर्ज से अपने को हिगराने की मौलिक कोशिश भी है। जैसे गोपालदास गहमरी के उपन्यासों में अपराधी मुख्य जासूस को इसलिए नहीं मारता कि एक अद्भुत मस्तिष्क मिट जायेगा। वहां हत्या में एक तरह का नैतिक संकोच है। दूसरी बात इनकी मुहावरेदार, सरस, प्रवाहमयी और जीवंत भाषा है। इनकी भाषा में एक साहित्यिक संस्कार है जो पढ़ने वाले की भाषा को बेहतर बनाने में उल्लेखनीय योगदान करता है।

'मतवाला' में प्रकाशित इन विज्ञापनों में सात्विक आशय को रेखांकित

करने की कोशिश की गई है। मिस्र की स्वाधीनता या 1857 से संबंधित किसी भी पुस्तक की विज्ञापन-भाषा में उत्कट देशभक्ति को उदीप्त करने वाली कोशिश स्पष्ट दिखाई देती है। 'गृहिणी-कर्त्तव्य' या 'सती चरित्र' आख्यानों में भारतीय नारी के आदर्श जीवन-मूल्यों पर बल दिया गया है। पूरे समाज के चारित्रिक निर्माण में ऐसे कारगर साहित्य की एक लंबी परंपरा दिखाई पड़ती है। निराला जी की पहली कविता पुस्तिका बतौर मुंशी नवजादिक लाल के प्रकाशकीय नाम से छापी गई। इस विज्ञापन को पढ़कर यह सोचना सुखद लगता है कि अपने सहज-बोध में बड़ी सरलता से विज्ञापन-लेखक ने निराला जी की इन कविताओं को आने वाले समय में युगांतकारी घोषित किया है!

अंत में उग्र की उन्माद भरी प्रसिद्धि के जिस बुखार को आप उनकी लिखी पुस्तकों के विज्ञापनों और सम्मतियों में पायेंगे—उसका अतिरेक 'मतवाला' के मुखपृष्ठों पर विज्ञापन तक जाता है। ये सम्मतियां हमें तत्कालीन हिंदी-संसार के बारे में विस्मय और रोचक अनुभवों से गुजारती हैं। हिंदी में उग्र के पहले कोई उग्र नहीं हुआ और न शायद आज तक भी! उग्र का अनूठापन, उनका अंदाजे बयाँ और उनकी विचित्र हरकतें तब के लोगों से दुलार ही पाती रहीं।

(ख) *पत्रिकाओं के विज्ञापन में कुछ काम की सूचनाएं हैं। इसमें लगभग वही तरीका अपनाया गया है जैसा 'सहयोगियों के सादर स्वागत' में किया गया है। हिंदी के व्यापक प्रसार-प्रचार की आकांक्षा, अपने अनुकूल विचारों और भावों का विस्तार और निर्दोष सक्रिय मन इसके पीछे दिखाई पड़ता है। यहां व्यापारिक प्रतिस्पर्द्धा से अलग एक आंदोलन की निष्ठा और आकांक्षा का बल है।*

(ग) *'मतवाला' में प्रकाशित अन्य उपभोक्ता वस्तुओं के विज्ञापन में से मैंने उन कुछ विज्ञापनों को संकलित किया जिनकी भाषा में 'मतवाला' के लेखकों का कौशल व्यंजित हुआ है। ओटो भूतनाथ, भूतनाथ तेल, किशोरी फ्लावर तेल, आटो किशोरी फ्लावर कंपनी—ये सभी कंपनियों के मैनेजर थे मुंशी नवजादिक लाल जी! वे यहीं से सौ रुपये माहवार को छोड़कर पचीस रुपये [शायद] माहवार पर 'मतवाला' में आये थे। 'मतवाला' को इन कंपनियों का निश्चित और लगातार विज्ञापन मिलता रहा है। इसकी 'मतवाला' के आंदोलन में एक स्मरण करने योग्य भूमिका रही है। होम प्रिंटर और स्वदेशी सिगरेट विज्ञापन में—भारतीय कारीगरी और स्वदेशी की ऐसी उत्कट इच्छा है कि 'मतवाला' को लगता है स्वदेशी सिगरेट पर भी गौरव से इतराया जाना चाहिए।*

—संपादक

1. (क) पुस्तक-विज्ञापन

सुलभ-ग्रंथ–प्रचारक मंडल की नई पुस्तकें।

गृहिणी-कर्त्तव्य [द्वितीय संस्करण] : मुंशी नवजादिक लाल श्रीवास्तव : क्या आप गृहस्थ है? तब तो आप कर्कश स्त्रियों के कलह-कोलाहल से अवश्य परिचित होंगे। क्योंकि आजकल भारतवर्ष के घर-घर में स्त्रियों के कलह ने अशांति मचा रखी है जिससे समाज की भीतरी दशा अत्यन्त शोचनीय हो गई है। क्या आप इस दुर्दशा का कारण जानते हैं? स्त्री-शिक्षा का अभाव ही इस दुर्गति का मुख्य कारण है। किंतु बेचारी स्त्रियों को तो सूरज और चांद की रोशनी भी नहीं मिलती, तो शिक्षा कहां से मिलेगी, जो स्कूल की हवा खाये बिना कभी मिलती ही नहीं। इसलिए, अगर आप चाहते हैं कि आपके घर की स्त्रियां घर में बैठे ही बैठे नारी-धर्म की आदर्श शिक्षा प्राप्त करके आपका पारिवारिक और सामाजिक जीवन सुख-शांतिमय बना दें, तो यह पुस्तक आज ही मंगाकर उनके हाथों में दे दीजिए। यह पुस्तक स्त्रियों के समस्त आवश्यक ज्ञानों की खान है। हिंदू धर्मशास्त्रों में जहां कहीं स्त्रियों के योग्य उपदेश मौजूद हैं उन सबका संग्रह इसमें कर दिया गया है। इस एक ही पुस्तक को पढ़कर स्त्रियां अपने शास्त्रोक्त कर्त्तव्यों का संपन्न ज्ञान प्राप्त कर सकती हैं और उनके शुद्ध हृदय पर प्राचीन भारतीय आदर्श अंकित हो जाने से वे वास्तविक आर्य महिला बन सकती हैं।

मिस्र की स्वाधीनता : श्री संपूर्णानंद–भारतवासी मुंह ताकते ही रह गये और पड़ोसी मिस्र स्वाधीन हो गया! कैसे हो गया? क्यों हो गया? यह जानने के लिए इस पुस्तक को पढ़ जाने के सिवा कोई दूसरा उपाय ही नहीं। इस पुस्तक को पढ़कर हर एक हिंदीभाषी इंगलैंड की कुटिल कूटनीति का गूढ़ रहस्य समझ सकेगा। मिस्र-निवासियों की ज्वलंत देशभक्ति और स्वतंत्रता प्राप्त करने के लिए उनकी उत्कट लालसा देखकर एक बार आपका सिर चकरा उठेगा। इस पुस्तक के लेखक राजनीति और इतिहास के एक अनुभवी विद्वान् हैं और उन्होंने अपनी मननशीलता का तथ्यपूर्ण परिणाम बड़ी ही जोशीली और फड़कती हुई भाषा में प्रकट किया है जिसे पढ़कर आप दांतों तले अंगुली दबाकर, कलेजा थामकर रह जायेंगे। स्वार्थान्ध शासकों की निष्ठुरता, स्वेच्छाचारिता और चालबाजियां देखकर आपके ललाट में सिकुड़न पड़ जायेगी! इसकी छपाई और सजावट की ओर उतना ही ध्यान दिया गया है जितना इसके अंतरंग को चित्ताकर्षक बनाने

में लेखक ने कमाल किया है। यदि आप स्वाधीनता की चटशाला में दाखिल होना चाहते हैं तो इसी को अपनी पाठ्य-पुस्तक बनाइये। नहीं तो आप वैसे ही फेल हो जायेंगे जैसे असहयोग में देशबंधुदास।

The Complete Works of Swami Vivekananda, in 7 volumes

[Prabuddha Bharata, Mayavati Dt. Almora U.P.]

अनामिका : पं. सूर्यकांत त्रिपाठी—इस कविता पुस्तक ने हिंदी संसार में खलबली मचा दी है! क्योंकि इसके प्रतिभाशाली लेखक खड़ी बोली के कवियों की तरह सनातन भेड़ियाधसान के पीछे नहीं पड़े हैं बल्कि उन्होंने अपने लिए एक ऐसा मुक्त मार्ग निश्चित किया है जिस पर केवल वही चल सकता है जो स्वभावतः भावुक कवि है और जिसके मुख से अनवरत धारावाहिक रूप से ललित भावमयी कविता निकलती है तथा स्वच्छंद भावावेश में मग्न होकर जो अपने साथ ही साथ पाठकों को भी कल्पना की अगाध तरंगिणी में दबोच देता है। आप यदि बिना हवाई जहाज के कल्पना के मेघयुक्त आकाश में उड़ना चाहते हैं तो इस पुस्तिका को अवश्य पढ़िये। इसकी नवीनता और अपूर्वता पर मुग्ध होकर हिंदी-साहित्य-संसार के प्रसिद्ध महारथी पंडित महावीरप्रसाद द्विवेदी और साहित्याचार्य पंडित चंद्रशेखर शास्त्री ने मुक्तकंठ से प्रशंसा करते हुए इसके लेखक को उत्साहित किया है। उक्त विद्वानों की राय में यह पुस्तक हिंदी में युगांतर उपस्थित करने वाली है। [26.8.23]

कर्मक्षेत्र : पं. ईश्वरीप्रसाद शर्मा—सांसारिक झंझटों के कारण जिन्हें संसार दुःखमय प्रतीत होता हो तथा सांसारिक विघ्न-बाधाओं के कारण जिन्हें अपना जीवन भार हो उठा हो उनके हतोत्साह हृदयों में नवजीवन का संचार करने के लिए यह पुस्तक 'संजीवन रसायन' के तुल्य है। इसमें प्रसिद्ध-प्रसिद्ध महापुरुषों की जीवन-गाथाओं से चुने हुए दृष्टांतों द्वारा यह समझाया गया है कि छोटे-बड़े, धनी-दरिद्र प्रायः प्रत्येक मनुष्य में अमोघ इच्छा-शक्ति है। संकल्प दृढ़ करके अध्यवसायपूर्वक साधना करने से मनुष्य असंभव को संभव कर दिखला सकता है। मुमूर्षप्राय वृद्ध भारतवर्ष के अभ्युत्थान में यह पुस्तक 'चंद्रोदय' का काम करेगी।

कपाल कुंडला : अनु. दामोदर दास खत्री—स्वर्गीय बंकिमचंद चटर्जी के लिखे हुए उपन्यासों में यह उपन्यास सर्वश्रेष्ठ है। संसार के छल-छद्म से रहित व्यक्ति की सरलता कैसी लोकोत्तर आनंदप्रदायिनी होती है तथा पाषाण-हृदय निष्ठुर व्यक्ति का स्वार्थपूर्ण हृदय भी प्रेम का वशवर्त्ती होकर कैसा निःस्वार्थ हो जाता है, यदि यह जानना हो और रस और अलंकार के सागर में गोता लगाना हो तो इस गद्य काव्य को अवश्य पढ़िये।

प्रेमकांत : अनु. पं. ऋषिनाथ भट्ट—जगत् प्रसिद्ध अंग्रेज महाकवि 'गोल्ड स्मिथ' के विश्वविख्यात उपन्यास 'विकार ऑफ वेल फील्ड' का सरस-सरल भाषा में अनुवाद। बड़े-बड़े विद्वानों की राय है कि जिसने यह पुस्तक नहीं पढ़ी उसने अंग्रेजी साहित्य का मजा ही नहीं पाया। कष्ट पड़ने पर मनुष्य की बुद्धि किस प्रकार डावांडोल हो जाती है, स्वार्थ साधन के लिए मनुष्य अपनी भद्रता भूलकर किस तरह अन्यायपूर्ण नीच उपायों का अवलंबन करता है, अपनी अवस्था से अधिक संपन्न दिखाई देने के लिए थोथे आडंबरों का सहारा लेने से स्त्रियां किस प्रकार हास्यापद होती हैं, मेलों-ठेलों में ठग-बदमाश किस प्रकार भोले-भाले लोगों की आंखों में दिन-दहाड़े धूल झोंकते हैं, परोपकारी पुरुष दूसरों की विपत्ति के चंगुल से छुड़ाने के लिए किस प्रकार प्रसन्नतापूर्वक अपनी जान जोखिम में डाल देते हैं आदि बातों का समावेश इसमें इस उत्तमता से किया गया है और मनोभावों का स्वाभाविक विकास तथा उनके पारस्परिक आघात-प्रतिघात इस खूबी से दिखाए गये हैं कि यदि उपन्यास न कह इसे मनोविज्ञान कहा जाय तो अत्युक्ति न होगी। [8.9.1923]

महिला-महत्त्व : आचार्य शिवपूजन सहाय—दस सरस सुंदर आख्यायिकाओं का प्रसिद्ध अनूठा संग्रह। ललित भाषा और मधुर भावों की अद्भुत बहार! सभी पत्र-पत्रिकाओं द्वारा मुक्त कंठ से प्रशंसित। वीररस, शृंगार रस, करुण रस और शांत रस की नव निर्मल धारा। परम विचित्र एवं रमणीय वर्णनशैली। प्रेम और आनंद का भरपूर भंडार। अंतरंग और बहिरंग विधिपूर्वक सुसज्जित। [6.10.1923]

वारांगना-रहस्य : इसमें वेश्याओं के समस्त भेद, उनकी पुरुषों को फंसाने की समस्त चालें, किस समय वे कैसा भाव बनाती हैं, महफिल से किस तरह प्रेमियों को फंसा लाती हैं, उन्हें आरंभ में कैसी शिक्षा दी जाती है, आंखों का कटाक्ष, भावों का परिवर्तन—किस समय किस ढंग से उन्हें काम करना पड़ता है, दो प्रेमियों के एक साथ उपस्थित रहने पर वे क्या करती हैं, नौकर तथा स्वतंत्र-वेश्याओं के कार्यों का भेद धूर्त पुरुष किस तरह वेश्याओं के जाल में फंसकर उन्हें ही फंसा लेते हैं, वेश्याओं की जवानी से लेकर बुढ़ापे तक के सभी कार्य, उनके षड्यंत्र कितने ही वे प्रपंच जो नित्य होते हैं, लिखे हैं। साथ ही वेश्यासक्त स्वामी की सती, साध्वी, सुशीला का अद्भुत चरित्र देखकर आप दंग रह जायेंगे। बड़ी ही शिक्षाप्रद और चित्ताकर्षक पुस्तक है। जितने प्रकार की वेश्याएं होती हैं—सबका पूरा-पूरा हाल इसमें मिलेगा। [24.11.1923]

शिक्षाप्रद, सरस, अद्भुत एवं मनोरंजक उपन्यास और गल्प : पैशाचिक कांड, जापान रहस्य, शेक्सपियर-ग्रंथावली, राबर्ट मैकेयर, उद्भ्रांत प्रेम, प्रेमाश्रय,

हेमलता [दोनों भाग]] आदर्श महिला, रजनी, कनकलता, डबल जासूस, जासूसी कुत्ता, भीषण डकैती, होनहार, कृष्णकामिनी, प्रेममोहिनी या चेतकुमारी, कामिनी, मायारानी, दो बहन, जवाहिरात की पेटी, अनन्त उपन्यास, माया, विचित्र जाल, किरण शशि, दिल का कांटा, उमा, कृष्णवसना सुंदरी, जयश्री या वीर बालिका, सोने की राख, डाली, लक्ष्मी देवी, नूरजहां या संसार सुंदरी, लंगड़ा खूनी, भयानक भेदिया, दर्शनी हुंडी, मूर्ख और बुद्धिमान, वीर बालक, शूर शिरोमणि, राजा साहब, परिणाम, भूतों का मकान, सेलीमा बेगम, दुर्जन, साहसी डाकू, देवी जालिया, शेरसिंह जासूस, मदालसा, प्रभात कुमारी, भोजपुर की ठगी, विचित्र दगाबाजी, मोहिनी, हमारी दाई, मनोहरकली, हिरण्यमयी, नौलखा हार, गुप्त रहस्य, हत्यारी कौन है? हत्या रहस्य, मोतीमहल [छह भागों में], दो खून, गुलबदन रजिया बेगम, हसीना सलीमा [दोनों भाग], खूनी खंजर, पुतली महल [तीनों भाग], अनंगरंग [तीनों भाग], हृदय की परख, मोतियों का खजाना [दोनों भाग], अवध की बेगम [दोनों भाग]।

उपदेशप्रद मनोहर जीवनियां : नेपोलियन बोनापार्ट, सिकंदर शाह, धर्मवीर गांधी, पृथ्वीराज, देशभक्त लाजपत, देशबंधु दास, भीमसिंह, गुरु गोविंद सिंह, महाराणा प्रताप, श्री अरविंद घोष, देवा जोन, महाराजा बड़ौदा, तांतियां भील, शिवाजी की योग्यता, सरदार हरीसिंह नलवह, वीरांगना चरित्र, सिक्खों का साहस, सम्राट बाबर, गांधी चरित, ध्रुव चरित्र, अभिमन्यु चरित्र, बालवीर चित्रावली, प्रेसिडेंट विलसन, राणा प्रताप।

शिक्षाप्रद नाटक और प्रहसन : किन्नरी, जीव-मुक्त, नेत्रोन्मीलन, पाप परिणाम, शहीदे नाज़, काली नागिन, प्रायश्चित, नूरजहां, रणधीर मोहिनी।

अन्याय राष्ट्रीय, साहित्यिक एवं आध्यात्मिक पुस्तकें : स्वदेश [रवींद्रनाथ टैगोर], इटली की स्वाधीनता, लोकमान्य के 20 व्याख्यान, राष्ट्रीय गीत, त्रिशूल-तरंग, ब्रजभाषा-खड़ीबोली, भक्ति का मार्ग, शांति व आनंद का मार्ग, आत्म-संयम, कर्मवीर, स्वराजसोपान, भारत की सांपत्तिक अवस्था, प्रेमलतिका [नख-शिख], चित्रावली [उसमान कवि], नवीन अंग्रेजी शिक्षा [दोनों भाग], स्वामी विवेकानंद के व्याख्यान, जीवन-मृत्यु का प्रश्न, भारत में पोर्च्युगीज़, गृहदेवी, मोहिनी [उपन्यास], विवाह का उद्देश्य, स्वतंत्र वनिता विनाश, महिला-सुधार [लाला कन्नोमल], ऐतिहासिक स्त्रियां, कायापलट [उपन्यास] [15.12.1923]

मधुप [काव्य], महाकवि कालिदास कृत मालविकाग्निमित्र [नाटक], शतकत्रयी नवकुसुम, पद्य-प्रवाह [22.12.1923]

ललना-सहचरी : इसमें स्त्रियों से संबंध रखने वाले हर एक महत्त्वपूर्ण विषयों पर

सरल हिंदी में बड़े उपयोगी और प्रामाणिक विचार लिखे गये हैं। इस एक ही पुस्तक को पढ़कर स्त्रियां अपने काम की सब बातें सीख सकती हैं।

[5.1.1924]

कर्मफल : पं. ईश्वरीप्रसाद शर्मा—यदि आप अनुचित स्नेह का परिणाम, असमय के बेमेल विवाह का फल, वेश्या का जंजाल, जुए का प्रताप, मदिरा का प्रभाव, पत्नी की पतिभक्ति, मित्र का कपट, अत्याचारी का अंत, दुराचारी की दशा, सहिष्णुता की पराकाष्ठा आदि विषयों का एक ही पुस्तक में अवलोकन करना चाहते हैं, अपनी गृहिणियों तथा बालकों को उपन्यास द्वारा कुछ शिक्षा देना चाहते हैं, अपनी गृहस्थी के कलहों को मिटाना चाहते हैं, सामाजिक कुरीतियों को हटाना चाहते हैं तो एक बार उक्त पुस्तक अवश्य मंगाकर पढ़िये। [5.1.1924]

बाबू कुंवरसिंह : मथुराप्रसाद दीक्षित, भूमिका : राजेंद्र प्रसाद सिंह—महाराजा विक्रमादित्य से लेकर सन् 1857 के गदर और बाबू अमर सिंह के देहांत-काल तक का इतिहास है। हफ्तों बाबू साहब की जन्मभूमि में रहकर इसका सामग्री-संग्रह किया गया है। आज तक हिन्दी की किसी भी पुस्तक की ऐसी सजावट नहीं हुई है। इससे आपकी लाइब्रेरी जगमगा उठेगी। [26.1.1924]

गृहलक्ष्मी : स्वनामधन्य नाट्यकार बाबू गिरीशचंद्र घोष की अंतिम कृति होने के कारण इसका आदर सर्वापेक्षा अधिक है। इसमें सती रमणियों का ऐसा दिव्य आदर्श अंकित है कि इसे पढ़कर लेखक की लेखनी चूम लेने को जी चाहता है; सचमुच आज तक ऐसा ग्रंथ नहीं निकला है। [5.4.1924]

प्रेम : प्रसिद्ध देशभक्त बाबू अश्विनी कुमार दत्त की सजीव लेखनी से लिखे हुए बंगला 'प्रेम' का हिंदी अनुवाद है। इसमें सृष्टि के आदि से लेकर आज तक के संसार के समस्त प्रेमियों और विभिन्न प्रेमों का ऐसा खाका खींचा गया है कि आप इस पुस्तक को पढ़कर सचमुच आनंदलहरी में एकबारगी ही डूब जायेंगे। यदि आपने सूखे जीवन को पवित्र प्रेमामृत पिलाना चाहें, तो आज ही। [5.4.1924]

धार्मिक-लक्षण-वर्णन-काल : यह छोटा-सा काव्य संस्कृत और भा.टी. साहित्य है। इसमें मनु के बताए हुए धर्म के लक्षणों का वर्णन सुंदर छंदों में किया गया है।

[5.4.1924]

धर्म-विज्ञान : इसमें स्वामी विवेकानंद कृत सांख्य अद्वैत आदि की तुलनात्मक विवेचना और धर्म के जटिल प्रश्नों की सरल मीमांसा है। [5.4.1924]

सिद्ध जिंदा करामात : मंत्र द्वारा रोग दूर करने और सर्प बिच्छू आदि के विष उतारने, भूत, प्रेत सिद्ध करने, मृत आत्माओं से बातचीत करने, त्रिकालदर्शी आइना, जादू की मेज, जादू की अंगूठी, आदि के बनाने तथा छाया पुरुष, हिप्नाटिज्म

विद्या और मोहिनी विद्या आदि का बड़ी ही सरल भाषा में वर्णन है।

[12.4.1924]

असल सचित्र करामात, हारमोनियम बजाना, मनचाही इच्छा व मौत जानने की पुस्तक, हिंदी इंगलिश टीचर, प्राचीन इंद्रजाल, असली कोकशास्त्र, बूढ़ का ब्याह। [12.4.1924]

सिपाही विद्रोह : श्री रजनीकांत गुप्त—सन् सत्तावन का गदर। सभी समाचारपत्रों द्वारा प्रशंसित। इससे अच्छा अब तक कोई गदर का इतिहास नहीं निकला। क्रमबद्ध ओजस्विनी भाषा और मर्मस्पर्शी रोमांचकारी भीषण घटनाओं को पढ़कर आप अवाक् रह जायेंगे। हजारों प्रतियां बिक चुकीं। पृ. 550, चित्र 24।

[28.6.1924]

कारावास कहानी : केथोराइन, राजनीतिक षड्यंत्र

जागता-जादू : इस अनूठे ग्रंथ में सात भाग हैं। ग्रंथ क्या है कल्प वृक्ष है।

[28.6.1924]

चिकित्सा-चमत्कार : डॉ. हैनिमन, अनु. प्रो. भोलानाथ टंडन

स्वर्ग की सड़क, स्त्रियों का स्वर्ग, चंद्रकांता [4 भाग], चंद्रकांता संतति [24 भाग], कादंबरी, भारभक्ति, उपदेश रत्नमाला, आदर्श सम्राट, चरित्रहीन : शरदचंद्र

प्रेमाश्रम : इसमें किसानों की दुर्दशा, जमींदारों के अत्याचार, पुलिस के कारनामे, वकीलों और डाक्टरों का पतन, देशवासियों का कष्ट, सरकारी नौकरी का दुष्परिणाम इस सब को देखकर एक बार हृदय से आह निकल ही आती है।

[16.8.1924]

विसर्जन : रवींद्रनाथ टैगोर।

शैलवाला : इसमें देश की उस समय की परिस्थिति का रोमांचकारी वर्णन है। जब मुगल-साम्राज्य का एक प्रकार से अंत हो गया, मराठों में अकर्मण्यता आ गई थी और ईस्ट इंडियन कंपनी का दबदबा बढ़ रहा था। [16.8.1924]

कुसुम-संग्रह : 25 अनूठी आख्यायिकाओं का सुंदर संग्रह। [16.8.1924]

एम.ए. बना के क्यों मेरी मिट्टी खराब की—आधुनिक शिक्षा प्राप्त नवयुवकों की कैसी दुर्दशा होती है, किस प्रकार वे दर-दर की ठोकरें खाते फिरते हैं? अंत में किस प्रकार चारों ओर से निराश होकर आत्महत्या करने के लिए तैयार हो जाते हैं—आदि बातों का वर्णन बिलकुल नये ढंग से किया गया है।

[16.8.1924]

रामचंद्रिका सटीक : मूल के साथ शब्दार्थ, अन्वय तथा टीका भी दी हुई है।

[16.8.1924]

कशमीरी कोकशास्त्र, हिंदी-डायरेक्टरी [23.8.1924]

सरल आयुर्वेदिक चिकित्सा, ध्रुव तपस्या नाटक, तरुणी तापसी, बाह्य वस्तु मीमांसा।

जापान-रहस्य : देश के लिए किस प्रकार हंसते हुए मातृवेदी पर आत्मबलि करने वाले अपने को अमर कर जाते हैं। इस बात को पढ़कर गुलाम भारत के प्रत्येक युवक को अपने हिम शीतल हृदय को उष्ण करने की चेष्टा करनी चाहिए। [30.8.1924]

भारतीय वीरता : श्री रजनीकांत गुप्त—दीन भारत को गुलामी की जंजीर से छुड़ाने की चेष्टा में अपना सर्वस्व उत्सर्ग कर देने वाले वीर पुरुषों एवं वीरांगनाओं का सचित्र चरित्र तथा उनके कृत्यों का हृदयग्राही वर्णन है। [30.8.1924]

गोलमाल : देश में इस समय कहां नहीं गोलमाल है? शासन-व्यवस्था में देखिये, समाज में देखिये, साहित्य में देखिये, घर-द्वार में देखिये, व्यक्तिगत जीवन में देखिये, सर्वत्र ही गोलमाल मचा हुआ है। इसी रहस्यमय बात को इस पुस्तक में देखिये, पढ़िये, हंसते-हंसते लोटपोट हो जाइयेगा। [30.8.1924]

आनंदमठ—इसमें मातृभूमि के प्रति उत्कट अनुराग और प्रेम का प्रत्यक्ष स्वरूप अंकित है। इस पुस्तक ने बंगाल में कैसी हलचल मचा दी है, विरागी-संन्यासियों ने देश की स्वतंत्रता के लिए अनेकों कष्ट सहे और तो भी देशव्रत से तनिक भी विचलित नहीं हुए। [30.8.1924]

हिंदी में कानून : ताजीरात हिंद, जाबता दीवानी, कार्रवाई अदालत दीवानी, कार्रवाई अदालत फौजदारी, कानून पुलिस, कानून डाकखाना, तार, जुआ, खानदान मुश्तरका, कानून मार्त्तंड अर्थात् समस्त कानूनों का सरल खुलासा। [20.9.1924]

प्राणनाथ [उपन्यास] : जी.पी. श्रीवास्तव। [4.10.1924]

सती विपुला : सती विपुला सती-कुल-शिरोमणि सावित्री से बढ़कर नहीं तो घटकर भी नहीं है। सती विपुला का जीवन आदर्श की खान है। [4.10.1924]

मदालसा : मदालसा महिला साहित्य का मुकुट, स्त्री-शिक्षा का शृंगार, बाल-शिक्षा का भंडार, घटनाओं और चरित्रों का महासागर तथा वर्णाश्रम धर्म की शिक्षा देने वाला सरल, सरस, सुंदर ग्रंथ है। इसीलिए बालिका पाठशालों में पढ़ाने, बालक-बालिकाओं को उपहार देने और युवक, वृद्ध सबके पढ़ने और मनन करने योग्य है। [4.10.1924]

विचित्र समाज-सेवक : यदि सच्चे जाति-भक्त, देशभक्त और समाज-सेवक के आदर्श कार्य देखने हों, यदि जानना हो कि आपके देशवासियों की उन्नति कैसे

हो सकती है, देश का सुधार कैसे हो सकता है, पश्चिमी सभ्यता का स्त्री समाज पर कैसा प्रभाव पड़ता है और पादड़ी कैसी-कैसी लीलाएं करते हैं, प्रकृत सुधार क्या है, भारतवर्ष को किस सुधार की आवश्यकता है, तो हमारा यह विचित्र समाज-सेवक पढ़िये। [4.10.1924]

आदर्श लीला : विधवा-विवाह का कैसा फल होता है, इस प्रथा के प्रचलित होने से स्त्री तथा पुरुषों के विचार, कार्य और व्यवहार में कितना अंतर उत्पन्न हो सकता है, लीलावती का आदर्श चरित्र। [4.10.1924]

सती-रुक्मिणी : श्रीकृष्ण की हृदय-देवी का जीवन-चरित्र। हम डंके की चोट पर कहते हैं कि महिला-साहित्य पढ़ने वालों के लिए यह एक आदर्श का खजाना है। [4.10.1924]

सती-पंचरत्न—इसमें लीलावती, कलावती, लक्ष्मी आदि पति-पदारता, वीरांगना, धर्मप्राणा देवियों की जीवन-कथा, घटनाओं की घटा, उपन्यासों की छटा और मनोरंजकता की मधुरता से इस तरह सजाकर लिखी गई है कि लेखक का हाथ चूम लेने की इच्छा होती है। [4.10.1924]

व्रत कथा, महात्मा विदुर, शैतानी पंजा, शैतानी-चक्कर, शैतानी फंदा या स्वर्ग में नरक, शैतानी लीला या सुनहरा सांप, देवयानी, पाप-परिणाम, विश्वामित्र, सती चिंता, मोरध्वज, कृष्ण-सुदामा, राजा शिवि, कन्या विक्रय, विपद्-कसौटी, दीर्घायु। [4.10.1924]

समाज-कंटक या मामा : उड़िया लेखक फकीर मोहन सेनापति की इस सर्वोत्कृष्ट रचना का अद्भुत कौशल! [4.10.1924]

भारत का धार्मिक इतिहास : भारत में वैदिक काल, बुद्धकाल, जैन धर्म, शाक्त-संप्रदाय, चोली-पंथी, वाममार्गी, मातापंथी, अघोरी, वैष्णव संप्रदाय, दत्तात्रेय पंथ, यहूदी धर्म, पाशुपत मार्ग, रसेश्वर मार्ग, जरथोस्ती, केवलाद्वैत लिंगायत अथवा वीर शैव संप्रदाय, विशिष्टाद्वैत, कबीर पंथ, पीराना-पंथ, सिक्ख-संप्रदाय, शुद्धाद्वैत, रामानंदी संप्रदाय, क्रिश्चियन धर्म, इलाही, खीजड़ा पंथ, उद्धवी संप्रदाय, राधा स्वामी, प्रचूर्ण धर्म पंथ, ब्रह्मसमाज, आर्यसमाज, थियोसोफिकल सोसाइटी प्रभृति भारत के सभी मत-मतांतरों का वर्णन खूब ही सरस भाषा में समझाया गया है। [4.10.1924]

श्रीकृष्ण : मुंशी नवजादिकलाल श्रीवास्तव—हिंदी सम्राट श्रीमान् पं. महावीर प्रसाद द्विवेदी ने 7.9.22 को पत्र में लिखा—"इसे मैं बड़े प्रेम और बड़े आदर से अपने संग्रह में रखूंगा।" [4.10.1924]

पार्वती : मायापुरी [उपन्यास]।

चंद्रकला : काशीराज सुबाहु की सौदामिनी सुकन्या। [4.10.1924]

शांति निकेतन [उपन्यास] **:** मुंशी नवजादिकलाल श्रीवास्तव—मौलिक और मार्मिक।

गृहलक्ष्मी : गिरीशचंद्र घोष के नाटक का अनुवाद। [25.10.1924]

मानस-रामायण : परमहंस शिवजन्मदासी जी—इसे पढ़कर आपका रामायण-प्रेम प्रांजल हो जायेगा। [25.10.1924]

प्रेम : स्व. अश्विनी कुमार दत्त।

राष्ट्रभाषा भूषण : हिंदी का अद्वितीय व्याकरण।

साम्यवाद के दादागुरु : यूरोपीय क्रांतिकारियों के अग्रज गरीबों के जबर्दस्त हिमायती कार्ल मार्क्स का सचित्र जीवन-चरित्र और शिक्षाएं शीघ्र ही छपकर तैयार होगी। [25.10.1924]

संसार की राज्यक्रांतियां, अकालियों का सत्याग्रह, भारत और अंग्रेज, सती सुनीति, आदर्श सम्राट, उपदेशरत्नमाला, भारत-भक्ति, चंद्रकांता [चार भाग], सोने की राख, स्वर्ग की सीढ़ी। [25.10.1924]

दाम्पत्य-विज्ञान [8.11.1924]

साहित्य परिचय [काव्यशास्त्र] [22.11.1924]

टॉल्सटाय की आत्मकहानी, मुगलों के अंतिम दिन, उपयोगितावाद, महाकवि अकबर और उनका काव्य, सखाराम, गल्पांजलि, शांता, गौरीशंकर, राष्ट्रीय गान, उमा सुंदरी, मालती, राणा प्रताप, लार्ड किचनर, अनारकली, भारतीय विद्रोह, सप्तसरोज, राम बादशाह के छह हुकमनामे, लोकरहस्य, रागिणी, विवेक वचनावली, सेवासदन, पश्चिमी सभ्यता का दिवाला, मैं निरोग हूं या रोगी, बच्चों की रक्षा, जनन-विज्ञान, न्यू इंगलिश टीचर। [22.12.1924]

भारत-रत्न : बुंदेलखंड के प्रसिद्ध कवि श्री गोपालदास जी। बारह सर्ग भाषा अत्यंत सरल, सरस एवं रोचक है। यह रोचक ग्रंथ प्रत्येक घर में रहना चाहिए। [20.12.1924]

सी.आर. दास : लेखक—उन्हीं के भाई श्री सुकुमार रंजनदास, भूमिका—गर्देजी। **धर्म विज्ञान, स्वामी विवेकानंद, राजपूत बाला, भीष्म पितामह, राजर्षि ध्रुव, भक्त प्रह्लाद, वीर अभिमन्यु, सती पद्मिनी, पंचभूत, सती शर्मिष्ठा, वीर अर्जुन, मनीषी चाणक्य, पृथ्वीराज, राणा प्रताप।** [15.8.1924]

नेपोलिन बोनापार्ट, विसर्जन, सरल आयुर्वेदिक चिकित्सा, प्राकृतिक जीवन, दादाभाई नौरोजी, दानवी-लीला, वारांगना-रहस्य, तरुण-तापसी, बाह्य वस्तु मीमांसा [दो भाग], गोलमाल, आनंदमठ, बाबू कुंवरसिंह, चरित्रहीन, महिला-महत्त्व, भक्ति का मार्ग, आत्म-संचय, शांति और आनंद का मार्ग, साहित्य-परिचय।

नायिकाभेद शंकावली [29.8.1925]

दिल्ली का दलाल : अ : आपने उग्र-लिखित औरतों-अभागिनी हिंदू-औरतों की खरीद-बिक्री का रोमांचकारी उपन्यास 'दिल्ली का दलाल' नहीं पढ़ा? अफसोस! सद अफसोस!! आपने गलती की, आप चूक गये। आपको अब कुछ दिनों तक सब्र करना पड़ेगा। क्योंकि अब पुस्तक का पहला संस्करण प्रायः दो महीने में समाप्त हो गया!!

अभी हमारे पास एजेंटों और ग्राहकों के कई सौ आर्डर पड़े हैं। हम बड़ी तेजी से 'दिल्ली का दलाल' का दूसरा संस्करण छाप रहे हैं। आप अपना ऑर्डर अभी से भेज रखिये। नहीं तो, इस बार भी टापते रहना होगा। [13.8.1925]

कम्युनिज़्म क्या है? : राधामोहन गोकुल—अचानक जिसकी चारों ओर चर्चा है वह कम्युनिज्म या बदनाम बोलशेविज्म क्या? उसका विधाता कौन है? उसे इतना प्रसिद्ध किसने किया? उसके नाश के लिए संसार के कौन प्राणी उत्सुक हैं? कम्युनिज्म किसानों और गरीबों का कैसा हितचिंतक है। कम्युनिज्म संसार के भूखों मरतों का कैसा उदार रक्षक है आदि सभी बातें इस 159 पृष्ठ की पुस्तक में कूट-कूट कर भरी हैं। इसे जरूर पढ़िये। [13.8.1927]

गदर की कहानियां [अनुवादक—सत्यभक्त] : प्रसिद्ध आयरलैंड ने अपने विपक्षों, अपने देश के परतंत्र करने वालों, अंग्रेजों से अहिंसात्मक नहीं, घोर हिंसात्मक युद्ध किया था। वहां के गदर के समय किस-किस तरह से अंग्रेज और उनके पक्षपाती मारे और सताये गये और अंग्रेजों और उनके पक्षपातियों ने वहां के देशभक्तों का वैसा दमन किया इन सब बातों का इस पुस्तक में रोमांचकारी और मनोरंजक वर्णन है। जरूर पढ़िये।

चंद हसीनों के खुतूत : उग्र—पं. माखनलाल चतुर्वेदी द्वारा संपादित 'कर्मवीर' की सम्मति—"लेखक महोदय ने, इसमें कुछ ऐसे पत्रों का वर्णन किया है, जिनसे मुहब्बत के साथ समाज-सुधार का खासा सबक मिलता है। लेखक की भाषा में उन्माद है, लगन है, सबसे परे जगत् के दूषित भावों से ऊंचे उठकर प्रेमी के हृदय को समझने की शक्ति है, किंतु उन्माद की मात्रा कुछ अधिक हो गई है।"—100 प्रतियां और बची हैं।

काम व रतिशास्त्र [प्रथम भाग] : कवि विनोद वैद्यभूषण पं. ठाकुरदत्त शर्मा वैद्य। **कश्मीरी कोकशास्त्र** [पं. कोकाजी महाराज] **हिंदू-पद-पादशाही और हिंदुत्व : विनायक दामोदर सावरकर, बालचर जीवन।** [13.8.1927]

चिनगारियां : उग्र—आगामी सप्ताह तक अवश्य प्रकाशित होगी। उग्र लिखित एक दर्जन क्रांतिकारी कहानियों का सुंदर संग्रह। फौरन मांगिये। उथल-पुथल मची हुई है। [20.8.1927]

मिलन-मंदिर [उपन्यास] **रूस में युगान्तर, सन् 57 का ग़दर, इंगलैंड के सांगठनिक कानून, शांता, ललना सहचरी, फिर निराश क्यों, भारतीय सभ्यता, उमासुंदरी, प्रेम पुष्पांजलि, त्रिवेणी, गृहलक्ष्मी, मैं निरोग हूं या रोगी, भारत के हिन्दू-सम्राट्, देशबंधु चितरंजनदास, जापान-रहस्य, पश्चिम सभ्यता का दिवाला, विवेक वचनावली, राजपथ का पथिक, अनंतमयी, स्वदेशी धर्म, तीन रत्न, सर्वोदय, गांधी जी का बयान, पुनरुत्थान, कारनेगी और उसके विचार, पंचरत्न, भक्त तुलसीदास, गौरीशंकर मालती, राष्ट्रीय गीत, नैतिक जीवन, हरफन मौला, सखाराम, बच्चों की रक्षा, लाजपतराय, सप्त सरोज, शैलबाला, कुसुम संग्रह, दरिद्रकथा, बोलशेविकों की करतूत, सेवाधर्म, गल्पांजलि, उपयोगितावाद, जीवन-मृत्यु का प्रश्न।** [20.8.1927]

सौंदर्य-चित्रावली : आज तक भारतीय चित्रमय संसार में इतनी सुंदर चित्रावली कहीं से नहीं निकली। घंटों तक देखते रहने पर भी आंखें तृप्त नहीं होतीं। चित्रों के साथ कविताएं भी दी गई हैं। हम डंके की चोट कहते हैं कि हिंदी संसार में इससे सुंदर अन्य कोई भी चित्रावली नहीं निकली है। [20.8.1927]

लालपंजा [उपन्यास] : दुर्गाप्रसाद खत्री, **रक्तमंडल** [उपन्यास] : दुर्गाप्रसाद खत्री।
[20.8.1927]

स्त्री-कर्त्तव्य-शिक्षा : पं. छविनाथ पांडेय। [10.9.1927]

चाकलेट : उग्र—सामाजिक हलचल अब जिगर थाम के बैठो मेरी बारी आयी। चाकलेट! ध्यान रहे केवल एक हज़ार प्रतियां छपी हैं और हमारे पास 700 से ऊपर ऑर्डर हैं! यह क्रांतिकारी कहानी 'उग्र' जी की वही पुस्तक है जिसकी कुछ कहानियां 'मतवाला' में पढ़कर हिंदी-जगत् सन्नाटे में आ गया था। इस पुस्तक को अवश्य पढ़िये—अवश्य पढ़िये—अवश्य पढ़िये। और, अपने बच्चों को आरंभ में ही जनाने बनने से, व्यभिचार की ओर झुकने से, बचाइये। [17.9.1927]

इसे जल्द ही न खरीद लीजियेगा तो पछताना पड़ सकता है। उग्र लिखित चाकलेट धड़ाधड़ बिक रहा है। जल्दी कीजिए नहीं तो यह पुस्तक अलभ्य हो जायगी। फिर दूसरे संस्करण तक रुकना भी पड़ सकता है और पछताना भी।
[24.9.1927]

सोहागरात : पं. कृष्णकांत मालवीय, भूमिका लेखक : लाला लाजपत राय।
[26.11.1927]

श्री रामकृष्ण के उपदेश, शिकागो वक्तृता, धर्म विज्ञान, गुरु-शिष्य सत्संग, स्वामी परमानंद के ग्रंथ—भक्ति का मार्ग, शांति और आनंद का मार्ग, आत्म-संयम, जीवन और मृत्यु का प्रश्न। [3.12.1927]

होमियोपैथिक चिकित्सा सार, आदर्श मेटेरिया मेडिका, फामीकोपीया सरल शरीर तत्त्व, इंजेक्शन चिकित्सा। [17.12.1927]

हसीनों के खुतूत पर सम्मतियां

कर्मवीर [सं. पं. माखनलाल चतुर्वेदी]–लेखक की भाषा में उन्माद है, लगन है और सबसे परे जगत् के दूषित भावों से ऊंचे उठकर प्रेमी के हृदय को समझने की शक्ति है।

भारतजीवन [सं. दुर्गाप्रसाद खत्री]–लेखक ने बड़ी सुंदरता से बड़ी सजीव भाषा में यह दिखलाने की चेष्टा की है कि हिंदू-मुसलमान धर्मों का तत्त्व एक है। सबसे बड़ा मानव धर्म जो प्रेम है उसी का विजय दिखलाया है। आजकल जब देश में कलह और वैमनस्य की आग धधकी हुई है ऐसी पुस्तकों से बड़ा लाभ हो सकता है।

वर्तमान [सं. सी.पी. दीक्षित]–उग्र हिंदी के उभरते सितारों में से हैं। आप एक नये ढंग के साहित्य की सृष्टि कर रहे हैं। 'हसीन' होकर यह जो आपने चंद हसीनों के खुतूत लिखे हैं वह देखने और पढ़ने की चीज है; कम-से-कम हम इतना कह सकते हैं कि एक बार पुस्तक उठा लेने पर बिना खत्म किये छोड़ने का जी न चाहेगा।

शिक्षा [सं. पं. सकलनारायण शर्मा, चंद्रशेखर शास्त्री]–इसके विप्रलंभ शृंगार तथा करुणा रस पढ़ने वालों के हृदय को द्रवीभूत कर देते हैं। इसके द्वारा अंतर्जातीय विवाह समर्थित किया गया है।

सैनिक [सं. श्री कृष्णदत्त पालीवाल]–उग्र महोदय बड़े उग्र लेखक हैं। सहयोगी 'मतवाला' में आपकी रचनाओं की धूम रहती है। यह भी एक उग्र कहानी है।

विश्वमित्र [सं. मूलचंद जी अग्रवाल]–इस खुतूत को लिखने में उग्र जी को कमाल दर्जे की कामयाबी हासिल हुई है इसमें कोई शक नहीं है।

स्वतंत्र [सं. पं. अंबिकाप्रसाद वाजपेयी]–उग्र जी हसीन हैं, हुस्नपरस्तों के दिल को अपनी ओर खींचना जानते हैं, अतएव, 'चंद हसीनों के खुतूत' लिखने के अधिकारी हैं। इसमें प्रेमियों और प्रेमिकाओं के मनोहर शब्द चित्र हैं।

अभ्युदय [सं. पं. कृष्णकांत मालवीय]–उग्र जी ने कहानियां लिखने में अच्छा यश कमाया है। वास्तविक बात यह है कि भाषा लिखने में आप कमाल कर देते हैं। मुर्दा से मुर्दा विषय पर लिखना और उसे जानदार बना देना आपके लिए कोई कठिन कार्य नहीं। [10.9.1927]

बालकृष्ण शर्मा 'नवीन' की सम्मति : 'चंद हसीनों के खुतूत' एक सांस में पढ़ गया। क्या मजाल कि आखिरी पन्ने तक किताब हाथ से छूटती? भाषा की शोखी और रवानी, भावों की उत्ताल तरलता, गुदगुदी पैदा करने वाले संबोधन, 'मेरे राजा', 'मेरी जान' आदि की चुहल—क्या कहूं—क्या न कहूं? मैं तो यह सब पढ़कर व्याकुल हो उठा। तुम्हारी कलम में कितना नशा है, कितना विष है, भाई, यह तुम शायद नहीं जानते! भगवान् करें तुम्हारा यह मस्तानापन अलबेले औघट-घाट पर फिसलता चढ़ता रहे। [24.12.1927]

दिल्ली का दलाल पर पं. सकसनारायण शर्मा की सम्मति : यह पुस्तक प्रत्येक हिंदू गृहस्थ को पढ़ना चाहिए। स्त्रियां तीर्थ-यात्रा, पतिवशीकरण तथा पुत्र-प्राप्ति की वासना से मुसलमान गुंडों के हाथ कैसे फंस जाती हैं, और वेश्याएं बना दी जाती हैं, और इसके लिए किस-किस प्रकार की दलालियां होती हैं इत्यादि बातों का वर्णन बड़ी मनोरंजकता से किया गया है। इसका कथा-भाग इतना हृदयग्राही है कि जो पढ़ना प्रारंभ करेगा वह बिना समाप्त किये दूसरा काम नहीं करेगा। [24.12.1927]

दोज़ख की आग : उग्र—मसजिद के सामने बाजे के सवाल पर डंडे चल गये। खून पी लिया गया और खून पिला दिया गया। एक मियां जी मरकर बहिश्त के बदले दोज़ख में गये। अब जरा इस पुस्तक में उनके जलने की दर्दनाक कहानी पढ़िये। [24.12.1927]

दिल्ली की बात : उग्र—कटा सर हिंदू का है, हत्यारा मुसलमान है। मगर जरा 'दोज़ख' की उसकी कहानी पढ़िये। मुसलमान की मां की दास्तान सुनिये। ऐसी दर्दनाक, ऐसी मार्मिक, ऐसी सत्य कहानी जिसको पढ़कर आप तड़प उठेंगे।
हिंदू-मुसलिम झगड़े में किसका नुकसान होता है? 'दोज़ख की आग' में देखिये। हिंदू-मुसलिम झगड़े कैसे रुक सकते हैं? इस किताब में देखिये! [24.12.1927]

दोज़ख की आग दनादन बिक रही है।
चंद हसीनों के खुतूत, दिल्ली का दलाल पढ़ने ही लायक है। [28.1.1928]

चिनगारियां : उग्र

1. *देशभक्त* स्वर्गलोक में देशभक्त की प्रतिष्ठा की अद्भुत कहानी।
2. *स्वदेश के लिए*—स्वदेश प्राणों से भी अधिक मूल्यवान है, सिद्धांत की कहानी।
3. *पागल*—स्वदेश के लिए मारे गये अपने बंधु के विरह में व्याकुल एक पागल की कहानी।

4. *नादिरशाही*—सन् 1857 के गदर की एक रोमांचकारिणी कहानी।
5. *कर्त्तव्य और प्रेम*—कर्त्तव्य प्रेम से बड़ा है सिद्ध करने वाली दिलचस्प कहानी।
6. *मां कैसे मरी?*—जलियांवाला बाग की व्यथा भरी कहानी।
7. *निहिलिस्ट*—रूस की क्रांतिकारी दल की कहानी।
8. *भीषण संतोष*—भयानक क्रांति-कहानी।
9. *वीर कन्या*—उथल-पुथलकारिणी क्रांति-कहानी।
10. *नेता का स्थान*—नेता और अनुगामी दोनों के पढ़ने लायक कहानी।
11. *जैतू मे*—जैतूं की इतिहास सिद्ध घटना पर सुंदर कहानी।
12. *वह दिन*—असहयोग युग की करुण कहानी। [10.9.1927]

दिल्ली का दलाल : उग्र—चुड़हारिन ने अनेक हिंदू स्त्रियों को कोल्हू टोला के पीर के लिए फंसाया था। 'दिल्ली का दलाल' में इसका वर्णन पढ़ने ही लायक है।

शिवप्रसाद गुप्त : इन पुस्तक की रचना के लिए मैं तुम्हें फिर-फिर बधाई देता हूं। इसमें आजकल के कुटिल समाज और हिंदू सामाजिक कुचालियों और बुराइयों का सुंदर खाका खींचा गया है। ऐसी पुस्तकों की आवश्यकता जनसाधारण के लिए बहुत है।

छविनाथ पांडेय : 'दिल्ली का दलाल' खूब जंचा। वर्तमान सामाजिक दुरवस्था की भयंकरता का सजीव चित्र खींचा है। यदि समाज इसे केवल आमोद की सामग्री न समझकर विचारपूर्वक पढ़ने का कष्ट उठावेगा तो बड़ा लाभ होने की आशा है।

जी.पी. श्रीवास्तव : पुस्तक हाथ में लेते ही अपने पाखंडी समाज के भीतरी रहस्यों की गुप्त लीलाएं दिखाने वाली उग्र जी की निडर लेखनी पर मैं कुछ ऐसा मोहित हो गया कि किताब हाथ से छूटी ही नहीं। छूटी भी तो कब, आधी रात को, जब यह समाप्त हुई। [24.9.1927]

व्यावहारिक ज्ञान : महात्मा गांधी—लगभग 800 पृष्ठों की।

विक्रमादित्य [24.9.1927]

प्रेम-प्रतिमा, कायाकल्प : प्रेमचंद।

भूल-चूक : जी.पी. श्रीवास्तव।

57 के गदर का पूरा इतिहास : जिस तरह गदर के कारण भारत से लेकर यूरोप तक कांप उठा था, जिसकी भयानक घटनाएं, रोमांचकारी कार्य और भीषण प्रतिहिंसा के कारण हजारों भारतीय और अंग्रेज काल के गाल में चले गये थे, जिसने भारत के अंग्रेजों का सुदृढ़ राज्य उखाड़ फेंकना चाहा था, उसी गदर का पूरा-पूरा इतिहास छपकर तैयार है; इसमें सिपाहियों के बिगड़ उठने के कारण, कितने ही स्थानों में भयानक युद्ध, कानपुर भीषण हत्याकांड, दिल्ली का

अधिकार, नाना साहब, तांतिया टोपे, कुंवर सिंह, महारानी लक्ष्मीबाई प्रभृति से भयानक युद्ध, प्रत्येक स्थान से अंग्रेजों का पलायन, लखनऊ का अत्याचार, अंग्रेजों का भीषण हत्या से चक्रवर्त्ती हो हजारों निरीहों का प्राणनाश करना—बंगाल युक्त प्रदेश, पंजाब, अवध प्रभृति खान की भयानक हलचल-प्रभृति ऐसी-ऐसी घटनाओं का वर्णन है कि पढ़कर हृदय कांप उठता है और उस काल का भारत के सम दृश्य आंखों के सामने आ जाता है। [17.3.1928]

मिलन-मंदिर : इस सचित्र सामाजिक उपन्यास में वह दिखलाया गया है कि भारत की देवियां संकटावस्था में किस प्रकार अपने सतीत्व की रक्षा करती हैं। मोहांध युवक किस प्रकार क्षणिक सुख के लिए नाना प्रकार के कष्ट झेलते हैं, पारस्परिक डाह के कारण कैसे गृहस्थी चौपट हो जाती है और मेल से जीवन सुखमय होता है, गरीबी-अमीरी का किस प्रकार फेरा लगा करता है तथा किस संतान पर लोग इतनी ममता करते हैं—जिसके लिए घर वालों के साथ अन्याय करते हैं, वही संतान क्षण भर में किस प्रकार नाता तोड़कर चल देती है। ससुराल का मानापमान, अपनी नासमझी पर पश्चाताप, भाग्यचक्र तथा ढोंगियों का चित्र इस पुस्तक में बड़ी कुशलता के साथ चित्रित किया गया है। [17.3.1928]

रंगमहल-रहस्य : मुगल बादशाहों के अंतःपुर के गुप्त रहस्य—जगद्विख्यात मुगल सम्राट अकबर की शासन-व्यवस्था, शराब-अरगवाना के नशे में मस्त शाहजादियों की विलास लीला, शाहजादा सलीम, शहंशाह जहांगीर की प्रेम-लिप्सा, भारत की उस समय की राजधानी आगरा के गुंडों की नृशंसता, महाराज बीरबल की शासन चातुरी आदि का सजीव वर्णन पढ़कर दंग रह जाइएगा। इतिहास और उपन्यास का ऐसा अद्भुत मेल और कहीं मिलना असंभव है। पृ. 700।

[12.5.1928]

आत्मकथा : गांधी जी

भारत के स्त्री रत्न

गोरों का प्रभुत्व : रामचंद्र वर्मा

अनोखा [उपन्यास] : विक्टर ह्यूगो

सामाजिक कुरीतियां : टॉलस्टाय

यूरोप का संपूर्ण उपन्यास ब्रह्मचर्य विज्ञान [12.5.1928]

अनहैप्पी इंडिया

मदर इंडिया : बदनाम मिय मेयो

फादर इंडिया : श्री रंगा ऐयर

यंग इंडिया : श्रद्धेय लाला लाजपत राय [26.5.1928]

प्रकाशन :

1. सुलभ-ग्रंथ-प्रचारक-मंडल, कलकत्ता
2. महावीर-ग्रंथ कार्यालय, आगरा [15.12.1923]
3. बी.पी. गुप्त एंड को., 22 मछुआ बाजार स्ट्रीट, कलकत्ता [22.12.1923]
4. 'मतवाला' कार्यालय, कलकत्ता [5.4.1924]
5. राष्ट्रीय ग्रंथरत्नाकर कार्यालय, 7/2 हैलीडे स्ट्रीट, कलकत्ता [28.6.1924]
6. पाठक एंड संस कंपनी, कलकत्ता [5.8.1925]
7. जगन्नाथ प्रेस, विलासपुर सी.पी. [29.8.1925]
8. 'समन्वय' कार्यालय, कलकत्ता [3.12.1927]
9. 'भारत जीवन' कार्यालय, पुस्तकालय, बनारस [24.9.1927]
10. सस्ता साहित्य मंडल [12.5.1928]

2. (ख) पत्रिका विज्ञापन

समन्वय : धर्म, दर्शन, समाज, शिक्षा आदि संबंधी उत्तमोत्तम लेखों से विभूषित। सरस्वती, प्रभा, माधुरी, श्री शारदा, वर्तमान, स्वतंत्र, कलकत्ता समाचार, प्रताप, कर्मवीर आदि पत्रों ने मुक्तकंठ से इसकी प्रशंसा की है। पं. महावीरप्रसाद द्विवेदी, पं. श्रीधर पाठक, बाबू श्यामसुंदर दास, पं. जगन्नाथप्रसाद चतुर्वेदी, पं. पद्मसिंह शर्मा आदि हिंदी के धुरंधर आचार्यों ने भी 'समन्वय' की बड़ी सराहना की है। [1.9.1923] कलकत्ता

कर्त्तव्य : हर्ष है कि तीन वर्ष से देश-सेवा करने वाला राष्ट्रीय साप्ताहिक 'कर्त्तव्य' गत अक्टूबर से अर्द्धसाप्ताहिक रूप में प्रकाशित होने लगा है। पत्र होनहार और उन्नतिशील है। [3.11.1923] इटावा

प्रणवीर : प्रणवीर का 'सावरकर विशेषांक' निकाला जायेगा।

[10.11.1923] नागपुर

प्रेम : शिल्प-विज्ञान, कला-कौशल का ज्ञान देने वाला 'प्रेम', शिक्षा और साहित्य की वृद्धि करने वाला 'प्रेम', स्वदेशोन्नति का मार्ग दर्शाने वाला प्रेम, नैतिक व सामाजिक विषयों का विवेचन करने वाला प्रेम, निस्संदेह आपको प्रेम-दृष्टि और सहायता का अधिकारी है। [10.11.1923] वृंदावन

युगांतर : यह पंजाब प्रांत का प्रधान धार्मिक, सामाजिक और साहित्यिक तथा राष्ट्रीय है। इसकी गरमागरम नीति में निर्भीकता और सत्यता भरी रहती है। ताजे समाचार और जोशीली टिप्पणियां पढ़कर दंग हो जाइयेगा।

[15.12.1923] लुधियाना

समालोचक : इसके संपादक देशभक्त अब्दुल गनी दो बार जेल-यात्रा कर आये हैं और असहयोग आंदोलन में जिनका जेल से बाहर रहना सी.पी. सरकार को सह्य है। 'समालोचक' निर्भीकतापूर्वक सरकार, समाज तथा आंदोलन की आलोचना करेगा। जनता का पूर्ण पक्षपाती रहेगा। इसकी भाषा सरल रहेगी।

[15.12.1923] सागर

देशभक्त : देशभक्त की विशेषताएं—ताजे और अद्भुत समाचार, जोशीली कविताएं, गंभीर टिप्पणियां, अनाथों की आहें, असर डालने वाली गल्पें, सामयिक व्यंग्य-चित्र, पोल-खाता, आगरा का बाजार-भाव, अबलाओं की दुर्दशायें, भेदिया और फाकानंद की झोली। [5.1.1924] आगरा

हिंदी-प्रचारक : श्रीमन्! आप हिंदी-प्रेमी हैं। आप चाहते हैं कि सारे हिंदुस्थान में हिंदी-हिंदुस्थानी ही राष्ट्रभाषा हो जाय। दक्षिण भारत में अब तक हिंदी प्रचलित भाषा नहीं हुई है। उसे यहां प्रचलित करने के उद्देश्य से ही यह निकाला गया है। दक्षिण भारत को उत्तर भारत के साथ मिलाने का सच्चा माध्यम है। मदरास-प्रांत में हिंदी-प्रचार का आंदोलन जोर-शोर से किया जा रहा है। [2.2.1924] मदरास

कायस्थ-पत्रिका : यदि आप चाहते हैं कि भारतवर्ष के कायस्थ-समाज की उन्नति हो तो अवश्य ही अपनाइये। [2.2.1924] गया

कवींद्र : कानपुर में 'कवींद्र' नाम का एक कविता संबंधी मासिक पत्र प्रकाशित होगा। यह कवियों का हृदयहार, साहित्य का शृंगार और काव्य-संसार का सार होगा। इसका संपादन 5 कवियों की एक समिति द्वारा होगा। [5.4.1924]

देशबंधु : उक्त नाम का एक साप्ताहिक पत्र कलकत्ता से प्रकाशित होगा। इसके संपादक होंगे श्री सीतला सहाय और डॉ. बुद्धिधन शर्मा। [12.4.1924]

वीर बालक : दिल्ली से उक्त नाम का एक सचित्र राष्ट्रीय मासिक पत्र प्रकाशित होगा। इसका उद्देश्य बालक-बालिकाओं के हृदय में राष्ट्रीय भावों की प्रेरणा करना होगा। [17.4.1924]

मालव-मयूर : संपादक पं. हरिभाऊ उपाध्याय, बनारस सिटी।

छत्तीसगढ़ : रायगढ़ [म. प्र.]।

धन्वंतरि : विजयगढ़, अलीगढ़।

संदेश [सा.] : पं. नेकीराम शर्मा [अगस्त 24, जनवरी 25]

उपन्यास तरंग : [26.9.1925]

तेज : दिल्ली के मशहूर उर्दू दैनिक सहयोगी 'तेज' का कृष्णांक पढ़कर तबीयत मस्त हो गई। 'मतवाला' के उर्दू दां पाठकों से अनुरोध है कि मैनेजर 'तेज' देहली को लिखकर एक प्रति अवश्य संग्रह कर लें। [15.8.1925]

नारायण [मासिक] : धर्म, समाज-नीति और साहित्य पर निर्भीकतापूर्वक विचार करने वाला। हिंदी के सभी नामी-गिरामी लेखकों के लेख। विश्वमय विज्ञान, महिला-मंदिर, चित्रशाला, इतिहास विकास, संगीत-लहरी, चिकित्सा-चमत्कार और बिखरे हुए मोती के स्थायी स्तंभ। [13.8.1927] कलकत्ता

श्रीकृष्ण-संदेश : सं. पं. लक्ष्मणनारायण गर्दे : साप्ताहिक, कलकत्ता। यह भारतीय स्वराज्य का व्रती, राष्ट्रधर्म का प्रतिपादक, हिंदू संघटन का पोषक, सनातन धर्म का आश्रित और भगवान् श्रीकृष्णचंद्र के संदेश का प्रचारक समाचारपत्र है। [22.10.1927]

विशाल भारत : सं. पं. बनारसीदास चतुर्वेदी : राष्ट्रभाषा हिंदी का एक उत्तम मासिक पत्र, राष्ट्रीय भावों से परिपूर्ण यदि आपकी साहित्य, राजनीति, समाज-सुधार, इतिहास, अर्थशास्त्र इत्यादि विषयों पर उत्तमोत्तम लेख। क्या आप सुरुचिपूर्ण गल्पों तथा उपन्यासों का आनंद लूटना चाहते है? यदि हां तो 'विशाल भारत' मंगाइये। [29.10.1927]

त्यागभूमि : सं. श्री हरिभाऊ उपाध्याय, श्री क्षमानंद राहत, अजमेर।

सरोज : सं. मुंशी नवजादिक लाल श्रीवास्तव : पं. नरदेव शास्त्री ने लिखा है कि खिले हुए सुंदर 'सरोज' के साक्षात्कार से सहृदय पाठकों का हृदय सरोज खिल उठा। [18.8.1928]

विश्वामित्र : श्री मुंशी नवजादिकलाल श्रीवास्तव के संपादकत्व में पत्र की उत्तरोत्तर उन्नति देखने के लिए हृदय अभिलाषी है। [13.10.1928]

चांद का फांसी-अंक : प्रस्तुत अंक ऐसा भावपूर्ण विशेषांक है, जो आज तक हिंदी क्या, किसी भाषा में प्रकाशित नहीं हुआ। आचार्यश्री चतुरसेन जी शास्त्री की लौह-लेखनी का यह प्रसाद न जाने शास्त्री जी को क्या प्रसाद दिलावे और आजकल जैसा राजनीतिक वातावरण है उसे देखते हुए आवश्यकता पड़ने पर इस अंक का दूसरा संस्करण निकल सकेगा, ऐसा संभव नहीं है। हर हालत में 'चांद' के संचालक और इस अंक के सुयोग्य संपादक सिर पर कफन बांधकर यह महान्, अद्भुत और मनुष्यमात्र के हृदय में हड़कंप पैदा करने वाला फांसी अंक निकाल रहे हैं, इसलिए इस दुर्लभ अंक की एक प्रति यथासंभव प्रत्येक देशवासी को अपनी जान के साथ चुराकर रखनी चाहिए, यह उन्हें अमरत्व प्रदान करेगा। [13.10.1928]

3. (ग) सामग्री विज्ञापन

1. **ओटो भूतनाथ :** यह वह सुगंधित द्रव्य है जिसने खुशबू के बाजार में हलचल मचा दी है। जो एक बार इसका व्यवहार कर लेता है वह फिर किसी दूसरी सुगंध को पसंद नहीं करता। यह भारतवर्ष के अनेक प्रसिद्ध सुगंधित पुष्पों के रस से बनाया गया है। बड़े-बड़े रासायनिकों ने बरसों परिश्रम करके इसका आविष्कार किया है। इसकी सुगंध बहुत दिनों तक ठहरती है और क्रमशः भीनी-भीनी सुगंध की सुकुमारता बढ़ती ही जाती है। इसकी शीशी खोलते ही मालूम होगा कि आप काश्मीर के किसी फूले-फले बाग में खड़े हैं। इस एक ही शीशी में सुगंध का समुद्र भर दिया गया है, गागर में सागर ही समझिये।
2. **भूतनाथ तेल :** यह तेल क्या है, खुदा की कुदरत का एक अजीब खेल है। इसका व्यवहार करने से मालूम होता है कि आप अपने सिर पर इंद्र का नंदन बाग लिये फिरते हैं। फिर तो आपके सिर पर स्वर्ग की अप्सराएं भी मंडलाने लगेंगी। आप अगर किसी सड़क या गली से निकल जाइयेगा तो नाक रखने वाले मनुष्य इसकी सुगंध से मतवाले हो जायेंगे। आपके बाल भौंरे से काले, रेशम से चिकने-चमकीले और मक्खन की तरह मुलायम हो जायेंगे। उनकी जड़ें मजबूत हो जायेंगी। मस्तक के समस्त रोग नष्ट हो जायेंगे। आंखों की ज्योति बढ़ जायगी। चित्त प्रसन्न रहा करेगा। पास बैठने वाले भी मस्त बने रहेंगे। दिमाग के पुर्जे दुरुस्त रहेंगे।

   [ये विज्ञापन लगातार या कम अंतराल से छपते रहे।] [26.8.1923]
3. **किशोरी फ्लावर तेल :** देवलोक की देवियां जिस नंदन कानन के सुंदर और सुगंधित पुष्पों को धारण कर ब्रह्मांड को विमुग्ध कर देती हैं, और मर्त्यलोक में मलयागिरी के सुहावन पुष्पोद्यान जिसकी एक छाया मात्र है, उसकी कुछ झलक इस धरातल पर भी यदि देखना चाहते हैं, तो किशोरी फ्लावर तेल की एक शीशी उठा लीजिए और धीरे-धीरे उसकी रंगीन टोपी के नीचे वाली डाट को खोल दीजिए! मालूम होगा कि स्वर्ग की खिड़कियां खुल पड़ीं। दिमाग ताजा और हरा हो जायगा, आंखों में तरावट आयेगी और मस्तक तथा शरीर में कुछ दैवी स्फुरण आ जायगा। हमने तमाम खुशबू के खजाने ढूंढ़कर अत्यंत गुणकारी महौषधि और खुशबूदार फूलों के प्रयोग से इस जगद्विख्यात 'किशोरी फ्लावर तेल' को तैयार किया है। इसकी मीठी सुगंध तेजी के साथ चारों ओर फैलती जायगी। लगाने

के बाद शीशी की अपेक्षा इसकी खुशबू तेज होती जाएगी और कई तरह की खुशबू बदलती जायेगी। मालूम होगा कि आसपास चुने हुए फूलों का बाग लग गया है। एक बार लगाने से इसकी खुशबू तीन-चार दिनों तक बरबाद नहीं होती।

4. **ओटो किशोरी फ्लावर :** तरह-तरह के स्वदेशी गुलेनर्गिस के फूलों से बने हुए हमारे 'ओटो किशोरी फ्लावर' की निराली पायदार और भीनी-भीनी मधुर खुशबू का करिश्मा देखना चाहते हैं तो सिर्फ दो बूंद ओटो अपनी कमीज पर मल लीजिए। जिधर निकल जाइयेगा, उधर हलचल मच जायेगी और सवाल पर सवाल होने लग जायेंगे कि यह मनोहर सुगंध कहां से आई? दरअसल इसकी दिलफरेब खुशबू मन को मस्त बना देती है और घर बैठे ही खुशबूदार फूलों की फुलवारी का मजा चखा देती है। [1.9.1923]

[ये विज्ञापन लगातार या अंतराल से छपते रहे।]

5. **होमप्रिंटर :** एक भारतीय यंत्रविद् का कौशल—इसका आविष्कार विशेषकर छोटे-छोटे कामों के छापने के लिए हुआ है। इसमें सीसे के टाइप हैं, जो आमतौर से छापने के काम आते हैं। इसका प्रेस टीक की लकड़ी का है और इसका हत्था लोहे का है। इसकी विधि से छापने का ढंग आप ही मालूम हो जायेगा।

6. **एक स्वदेशी सिगरेट का विज्ञापन यों छपा :** ठहरो! इधर देखो!! ठहरो!!! स्वदेशी सिगरेट पी लो! अब जरूरत नहीं कि विलायती तंबाकू के बने हुए सिगरेट इस्तेमाल करो, 'दमदमा' में स्वदेशी सिगरेट का कारखाना खुल गया है, हिंदुस्तानी कागज, हिंदुस्तानी बनाने वाले!

   आजकल जब कपड़ा देशी, जूता देशी, गरज सारी चीजें देशी इस्तेमाल करते हो, तो सिगरेट भी देशी पिओ, फिर देखो कि स्वदेशी का प्रचार कैसे नहीं होता है। [29.12.1923]

7. **एक विज्ञापन इस तरह है :** विलायती को मात करने वाली इटावा की अपूर्व कारीगरी [स्वदेशी ऊनी फलालेन], इसी कारीगरी को नष्ट करने के लिए कारीगरों के हाथ काट दिये गये थे। फिर भी नष्ट न हो सकी, उसी का जीता-जागता नमूना—विलायती से बढ़िया, दामों में सस्ता, मक्खन-सा मुलायम, वजन में हलका, तर्ज में निराला, फाड़े से भी न फटने वाला, जाड़े को भगाने वाला...। [2.2.1924]

4. अनुपलब्ध अंकों का विवरण

'मतवाला' साप्ताहिक पत्र था–जिसके वर्ष में अमूमन 50 अंक निकलते थे। प्रवेशांक 26 अगस्त 1923 से 24 अप्रैल 1926 तक के मुझे लगातार अंक मिले। उसके बाद क्रम भंग हुआ। मुझे 'मतवाला' का आखिरी अंक 26 जनवरी 1929 का मिला था–जिसका मैंने उपयोग किया। इसके बाद अपवाद स्वरूप केवल एक अंक 17 जुलाई 1930 का भी मिला। अनुपलब्ध अंकों की विवरणी इस प्रकार है।

1 मई 1926, 15 जून 1926, 31 जुलाई 1926 से 20 नवंबर 1926
4 दिसंबर 1926, 18 दिसंबर 1926 से 1 जनवरी 1927 –1926
22 जनवरी 1927, 16 अप्रैल 1927, 1 मई 1927, 8 मई 1927
15 मई 1927, 29 मई 1927 से 26 जून 1927, 30 जुलाई 1927 –1927
18 फरवरी 1928 से 5 मई 1928, 19 मई 1928
9 जून 1928 से 23 जून 1928, 14 जुलाई 1928
21 जुलाई 1928, 4 अगस्त 1928, 11 अगस्त 1928
25 अगस्त 1928, 1 सितंबर 1928, 6 अक्टूबर 1928
20 अक्टूबर 1928 से 10 नवंबर 1928
22 दिसंबर 1928 से 5 जनवरी 1929 –1928
2 फरवरी 1929 के आगे अपवाद स्वरूप 17 जुलाई 1930 का अंक छोड़कर शेष अनुपलब्ध। –1929

5. रचना-विवरणी

'मतवाला' साप्ताहिक से सामग्री-चयन के क्रम में मुझे प्रवेशांक 26 अगस्त 1923 से 24 अप्रैल 1926 तक के लगातार अंक उपलब्ध हुए थे। उसके बाद लगभग 64 अंकों के व्यतिरेक के साथ आखिरी अंक 26 जनवरी 1929 तक उपलब्ध हुआ। इन अनुपलब्ध अंकों की विवरणी टिप्पणी के अंतिम हिस्से में दी गई है। जे.एन.यू. से शोध करने वाले सुधी मित्र डॉ. शिशिर पांडेय को कुछ ऐसे अंक उपलब्ध हुए जो मुझे नहीं मिले थे। इसी तरह उनको भी कुछ ऐसे अंक नहीं मिल सके जो मुझे उपलब्ध हुए थे। मैंने अपने उपलब्ध अंकों की रचना-विवरणी उन्हें भेज दी। उन्होंने अंतिम रूप से जो रचना-विवरणी मुझे भेजी उसका मैं यहां उपयोग कर रहा हूं।

इस रचना-विवरणी में प्रवेशांक 26 अगस्त 1923 से 13 अक्टूबर 1928 तक की रचना-विवरणी में मैंने उन रचनाओं का विवरण देना उचित नहीं समझा जिसका मैंने चयन-संकलन किया है लेकिन कुछ अपवाद भी हैं क्योंकि बाद में मैंने कुछ और सामग्री शामिल कर लिया था। 13 अक्टूबर 1928 से मुझे प्राप्त आखिरी अंक 26 जनवरी 1929 के बीच केवल आठ अंक ही सुलभ हुए थे, लेकिन इन अंकों की पूरी रचना-विवरणी दी गई है। ये आठ अंक इस प्रकार हैं—17 नबंबर 1928, 24 नवंबर 1928, 1 दिसंबर 1928, 8 दिसंबर 1928, 15 दिसंबर 1928, 12 जनवरी 1929, 19 जनवरी 1929 और 26 जनवरी 1929।

'मतवाला' प्रवेशांक से 13 अक्टूबर 1928 तक दी गई रचना-विवरणी में जो अंश नहीं दिये गये हैं—उनके बारे में कुछ संकेत स्पष्ट करना अपेक्षित है।

(क) 'मतवाले की बहक' और 'मतवाले की चक्की' : व्यंग्य टिप्पणियों के ये दोनों स्तंभ 'मतवाला' में नियमित छपते थे। संभवतः 'मतवाले की चक्की' एक या दो अंकों में अपवाद स्वरूप नहीं छपी। इन दोनों स्तंभों से मैंने बेहतर सामग्री का चयन कर शेष टिप्पणियां छोड़ दी हैं। ' चंडूखाने की गप्प' और 'रंगरूटों की फौज' से मैंने थोड़ी-सी उपयोगी सामग्री इन्हीं संकलनों में शामिल कर ली थी। इसलिए मैंने इन दोनों स्तंभों के विवरण को रहने दिया है।

(ख) 'मतवाले का मत' : इसमें मैंने जिन अग्रलेखों का चयन नहीं किया है उनकी विवरणी रहने दी है। यह भी नियमित छपने वाला स्तंभ था। मेरे चयन का आखिरी अग्रलेख 13 अक्टूबर 1928 का है। 17 जुलाई 1930

के संकेत से छपा 'राष्ट्र-धर्म' अग्रलेख संभवतः 12 जुलाई 1930 का है। बहरहाल! 26 जनवरी 1929 के बाद यही इकलौता अग्रलेख मुझे उपलब्ध हुआ था। वह भी पूरा अंक नहीं सिर्फ यही अग्रलेख ही।

(ग) 'मतवाले की होली' : इसमें मैंने 1924, 1925, 1926, 1927 और 1928 के कुल पांच होली विशेषांकों से बेहतर सामग्री का संकलन किया था। इसी संकलन में मैंने 'मतवाला' के अन्य अंकों से कुछ हास्य-व्यंग्य की रचनाएं भी संकलित कर ली थीं। इन होली विशेषांकों में उपयोग नहीं की गई सामग्री का विवरण यथावत रहने दिया गया है।

'मतवाला' साप्ताहिक के सामग्री चयन में मेरे कार्य की अपूर्णता दूर करने वालों को इस विवरण से थोड़ी सहूलियत होगी। हिंदी में ऐसे विवेकवान समीक्षकों का अभाव नहीं—जो शीर्षक पढ़कर ही सामग्री की महत्ता का अंदाज कर लेते हैं और उन पर टिप्पणी भी कर देते हैं। छोड़ दी गई सामग्री की उपादेयता के कई दूसरे उपयोगी आधार तलाश किये जा सकते हैं। ऐसा करने का हक सभी को है और ऐसा करना सकारात्मक भी है। मेरा निवेदन सिर्फ इतना है कि बिना सामग्री देखे किसी तरह की टिप्पणी करना उचित नहीं—इससे चूक की गुंजाइश बनी रहती है। 'जनसत्ता' [9.10.88] के एक समीक्षक ने 'मतवाले की बहक' के समीक्षा संदर्भ में ऐसी ही चूक का प्रमाण दिया था। मेरे चयन विवेक और संपादन कार्य पर किसी को शंका करने की पूरी गुंजाइश है। बिना ऐसे किये आगे का कार्य संपादन नहीं हो सकता। ऐसी रचनात्मक शंका और आलोचना वाले ही ज्यादा सक्षम और बेहतर तरीके से इस पूरे कार्य की अपूर्णता दूर कर सकते हैं।

'मतवाला' के उपलब्ध अंकों में दो-तीन अंक ऐसे भी थे जिनके कुछ पृष्ठ नहीं थे जैसे—31 जुलाई 1926 और 12 फरवरी 1927 के अंक! इस रचना-विवरणी से पाठकों को सुलभ न हो पाने वाली रचनाओं का एक अंदाज जरूर होगा। कुछ नहीं तो इतनी उपादेयता भी कम नहीं है। 'मतवाला' के कलकत्ता, मिर्जापुर, जोधपुर से प्रकाशन के प्रमाण तो संकलित है हीं—एक अप्रमाणित संकेत लाहौर से प्रकाशन का भी मिला था। इसके लगातार छपने, बंद होने और फिर शुरू होने का सिलसिला काफी लंबा है। महादेवप्रसाद सेठ, मुंशी नवजादिक लाल, निराला जी, शिव जी, उग्र जी, नंद किशोर तिवारी से श्री चंद्र शर्मा तक के संपादन-प्रकाशन का विस्तृत विवरण उपलब्ध करना मेरे लिए संभव नहीं हो सका। श्रीचंद्र शर्मा ने अपने संपादन के दो अंकों की रचना-विवरणी तथा कुछ सामग्री की फोटो प्रति भेजी थी। उसके साथ किन्हीं बाबा कानपुरी का एक आलेख भी था जिसमें श्रीचंद्र शर्मा द्वारा 'मतवाला' संपादन की धुन में उनकी करुण गाथाओं और अकल्पनीय संघर्षों का मार्मिक विवरण

दिया गया था। फिलहाल उनके संपादन में निकले दो अंकों तथा मेरे शोध क्रम में सुलभ एक अंक नवंबर 1949 [सं.—उग्र] की रचना-विवरणी भी अंत में दे दी गई है। इनकी प्रकाशन तिथियों और वर्ष, अंक विवरण से यह भ्रम होता है कि क्या दोनों स्वतंत्र रूप से प्रकाशित होते थे? जो हो! इसके बारे में ज्यादा सूचनाएं उपलब्ध नहीं हो सकीं।

24 अप्रैल 1926 से 26 जनवरी 1929 के बीच अनुपलब्ध अंकों की विवरणी इस प्रकार है—

1926 ई.

1 मई, 5 जून, 31 जुलाई, 7 अगस्त, 14 अगस्त, 21 अगस्त, 28 अगस्त, 4 सितंबर, 11 सितंबर, 18 सितंबर, 25 सितंबर, 2 अक्टूबर, 9 अक्टूबर, 16 अक्टूबर, 23 अक्टूबर, 30 अक्टूबर, 6 नवंबर 13 नवंबर, 20 नवंबर, 4 दिसंबर, 18 दिसंबर, 25 दिसंबर।

1927 ई.

1 जनवरी, 22 जनवरी, 29 जनवरी, 5 फरवरी, 5 मार्च, 19 मार्च, 16 अप्रैल, 1 मई, 8 मई, 15 मई, 29 मई, 5 जून, 12 जून, 18 जून, 26 जून, 30 जुलाई।

1928 ई.

18 फरवरी, 25 फरवरी, 17 मार्च, 24 मार्च, 31 मार्च, 7 अप्रैल, 14 अप्रैल, 21 अप्रैल, 28 अप्रैल, 5 मई, 19 मई, 9 जून, 16 जून, 23 जून, 24 जुलाई, 31 जुलाई, 4 अगस्त, 11 अगस्त, 25 अगस्त, 1 सितंबर, 6 अक्टूबर, 20 अक्टूबर, 27 अक्टूबर, 3 नवंबर, 10 नवंबर, 22 दिसंबर, 29 दिसंबर। इस तरह प्रवेशांक से 26 जनवरी 1929 तक उपलब्ध आखिरी अंकों के बीच कुल 64 अंक [1926 में विजयादशमी के अवकाश पर एक अंक की कम गणना करने पर] उपलब्ध नहीं हुए हैं।

6. असंकलित रचना-विवरणी

मतवाला [साप्ताहिक पत्र]

अमिय-गरल, शशि-सीकर, रवि-कर राग-विराग भरा काला,
पीते हैं जो साधक उनका प्यारा है यह 'मतवाला' ॥

प्रति प्याला : दो पैसा नगद कलकत्ता [वार्षिक बोतल : दो रुपये पेशगी]

कविता : अग्रलेख—जा के घर में नौलख गाय। रक्षा-बंधन—पुराने महारथी, रक्षा-बंधन—निराला। 'सर' की दवा—'सर' की उपाधि पर व्यंग्य, 'सर' की दवा व्यंग्य-चित्र, कसौटी [26 अगस्त 1923] अग्रलेख—नीम-गुड़ बटिया, कविता—श्री कृष्ण जन्मोत्सव—भक्त सूरदास, कृष्ण महातम—पुराने महारथी। अभय दान—व्यंग्य-चित्र, मतवाले का चाबुक : श्रीमान गरगज सिंह वर्मा, कसौटी, 'समन्वय' पर सम्मति : द्विवेदी जी, पं. पद्मसिंह शर्मा [1 सितंबर 1923], अग्रलेख—चुटिया ने लुटिया डूबो दी। कविता : गये रूप पहचान—निराला। कसौटी [8 सितंबर 1923], मतवाले का चुक्कड़—एक काशीवासी धार्मिक पियक्कड़, आदर्श-दान—व्यंग्य-चित्र [15 सितंबर 1923], अग्रलेख—हासा-तमासा। कविताः दिव्य-प्रकाश—निराला। मतवाले का चाबुक, चंडूखाने का गप्प, श्मशान-घाट—व्यंग्य-चित्र [22 सितंबर 1923], कविता : नयन-निराला, दृष्टि का अर्थ—लघुकथा-खोजी, हमारा अजायबघर, चंडाल चौकड़ी—श्री युत् कपिराज, चतुरघुरीण, पशुबल का उल्लास—व्यंग्य-चित्र [29 सितंबर 1923], कविता : चुंबन—निराला, 'मतवाला'—प्रभाकर श्रीखंडे 'प्रेम', गरीबों की पुकार—अनाम। नाभा में नौकरशाही का तांडव-नृत्य और पितृ-उपपितृ श्राद्ध—दो व्यंग्य-चित्र [13 अक्टूबर 1923] कविता : उसकी स्मृति से—निराला। चांडाल चौकड़ी, लेखक-प्रकाशक—दो व्यंग्य-चित्र [13 अक्टूबर 1923], कविता : कविप्रिया [विजया की भेंट]—निराला। कहानी : जनाब आली। चाबुक, कौंसिल का भविष्य—व्यंग्य-चित्र [20 अक्टूबर], अग्रलेख—आख थू! कविता : भारत की विधवा—निराला, नवरंग की कथा—आप ही हैं। कहानी : क्या देखा?—जनाब आली। चाबुक, विशेष कांग्रेस में दिये हुए अंडे—व्यंग्य-चित्र [27 अक्टूबर 1923], कविता : देवि! कौन वह? शौहर, अब पहचाना—निराला। कहानी : वोट के लिए चोट—आंख का अंधा नाम नैन-सुख, सूम के घर शैतान—कपिराज चतुरघुरीण [3 नवंबर 1923], कविता : दीवाली—हरिऔध,

शुभकामना—हरिऔध, उस पार—निराला, पाषाणी—गुलाब। कहानी : छक्के पवे-चौपड़ानंद चौपट—चतुरघुरीण, चाबुक, अर्थ से अनर्थ और सर्कस मास्टर कहां हैं?—दो व्यंग्य-चित्र। [10 नवंबर 1923] कविता : भिक्षुक—निराला, जीन-नक्काल, कसौटी, व्यंग्य-चित्र [17 नवंबर 1923] कविता : संध्या-सुंदरी—निराला। कहानी : नवाब साहब—बाबू कनका प्रसाद चौधरी। कौंसिल पर दो व्यंग्य-चित्र [24 नवंबर 1923], अग्रलेख—मुखड़ा क्या देखो दरपन में। कविता : शरत् पूर्णिमा की विदाई—निराला। कहानी : क्या देखा?—जनाब आली, कसौटी, कौंसिल पर दो व्यंग्य-चित्र [1 दिसंबर 1923], कविता : खंडहर के प्रति—निराला। कहानी : क्या देखा?—जनाब आली, चाबुक, सप्रू पर व्यंग्य-चित्र [8 दिसंबर 1923] अग्रलेख—काजल की कोठरी। कविता : प्रार्थना—निराला। कहानी : क्या देखा?—जनाब आली, कत्ल की रात—कपिराज चतुरघुरीण, कसौटी, इंडियन नेशलन कांग्रेस पर व्यंग्य-चित्र [15 दिसंबर 1923], कविता : जूही की कली—निराला ('अनामिका' से उद्धृत), हूं दूर—अनाम। कहानी : प्रेमपूर्ण तरंग—निराला, रेस के पीछे केस में फंसा—कपिराज चतुरघुरीण [22 दिसंबर 1923], अग्रलेख—मुख में राम, बगल में छुरी, कविता : धारा—निराला, आशे-गुलाब। रथ-यात्रा—रवींद्रनाथ ठाकुर 'बहता हुआ फूल' पहला परिच्छेद, सटीक 'रामचंद्रिका'—बजरंगराव गुप्त, स्वराज-दर्शन और हिंदू-मुसलिम विवाद पर दो व्यंग्य-चित्र, खादी-समाचार—मगनलाल स्व. गांधी [29 दिसंबर 1923], अग्रलेख—का चुप साधि रहे बलवाना? कविता : आत्म-समर्पण—मैथिलीशरण गुप्त, आवाहन—निराला, सहचरी—गुलाब। कहानी : खूसट शौहर के नाम नौखेज बीबी का खत—स्वं. पं. रतनलाल कर लखनवी, बुद्धू बारिस्टर—बटूटी चतुरघुरीण। चाबुक, सं. 1980 की सम्मेलन-परीक्षा का फल। बिहार प्रादेशिक हिंदी साहित्य सम्मेलन, अद्‌भुत उन्नति कांग्रेस 1923-24—व्यंग्य-चित्र [5 जनवरी 1924], कविता : वन कुसुमों की शैय्या—निराला, उठेंगे निज लक्ष पर—गांगेयनरोत्तम शास्त्री। रथ-यात्रा—अनु. पं. सूर्यकांत त्रिपाठी निराला [नाटक], अखिल भारतवर्षीय छछूंदर जातीय महासभा—स्वामी रिपोर्टरानंद—रिफार्म स्कीम का कोल्हू—व्यंग्य-चित्र, चोंचों का मुरब्बा—मि. रसगुल्ला, चंडूखाने की गप्प [12 जनवरी 1924], लेख : राजनीति की अंतड़ी, कविता : प्रलाप—निराला, आधुनिक आदर्श कविता—कविकुल खद्योत प्रभाकर चुक्कड़ाचार्य! कहानी : मायाविनी मोहिनी—चतुरघुरीण। चाबुक, चोंचों का मुरब्बा, स्त्री-चरित्र—हिज होलीनेस स्वामी चौपरानंद शास्त्री, बिहार प्रादेशिक हिंदी साहित्य सम्मेलन—रपट का उत्तर—श्री रामधारी प्रसाद, मुक्ति बनाम बंधन व्यंग्य-चित्र [19 जनवरी 1924], कविता : रास्ते के मुरझाये हुए फूल से—निराला, पैसा, संतोष बीबी, गरीब बीबी का गरूर—'हूर' से उद्धृत। कहानी : मायाविनी मोहिनी—चतुरघुरीण। चंडूखाने की गप्प,

चाबुक अखिल भारतवर्षीय छछूंदर, जातीय महासभा—स्वामी रिपोर्टरानंद [26 जनवरी 1924], अग्रलेख—जीना हो तो मरना सीखो, कविता : तट पर—निराला, अनुपात—निराला, कहानी : मायाविनी माहिनी—चतुरधुरीण। स्वामी विवेकानंद-परिचय—शांतानंद शर्मा, चंडूखाने की गप्प। प्रयाग के विद्ध परिषद में मंडूकराज शास्त्री का भाषण, छुआछूत पर—व्यंग्य-चित्र [2 फरवरी 1924]। अग्रलेख—दूज का चांद, कविता : शंकिता-निराला, अजी मैं हूं, मैं!—चूडांत चक्रवर्ती। श्रद्धेय गणेशशंकर विद्यार्थी—परिचय 'मतवाला'-मंडल का एक अक्खड़, छाती पर हाथ—श्रीमती बासंती देवी, गोमाता—एक दर्शक, चंडूखाने की गप्प, रंगरूटों की फौज, एक सज्जन का मतिभ्रम—प्रतिवाद, चतुर्दश हिंदी-साहित्य-सम्मेलन दिल्ली का कार्यक्रम। कवि-सम्मेलन—व्यंग्य-चित्र [9 फरवरी 1924], कविता : भट्टी—निराला। तिरस्कार और सत्कार—व्यंग्य-चित्र। आचार्य श्रीमान् द्विवेदी जी—परिचय—श्रीमती श्रद्धांजलि देवी, हिंदी का वर्त्तमान नाटक साहित्य—किताब का कीड़ा, आजकल का बाज़ार भाव!—गुजराती लेख की छाया पर बाबू मदनगोपाल काबरा, हिंदी साहित्य सम्मेलन का प्रथम परीक्षा-फल, दिल्ली में कवि सम्मेलन [16 फरवरी 1924] अग्रलेख : अंधा बाटे रेवड़ी, फिर-फिर अपनेहि देहि, कविता : स्वप्न में—निराला, वीणावादिनी—निराला, अंतर से—एक बनारसी सुमन। पं. अयोध्या सिंह उपाध्याय 'हरिऔध'—परिचय—भृंगराज शर्मा, तुंबाफेरी—ज्यों का त्यों [शैदा जी पर], एक चिनगारी—रामनाथ लाल 'सुमन', रोब जमाने का नया ढंग—केदारनाथ शर्मा 'सारस्वत', धन्य और अनन्य—लीलावती, चंडूखाने की गप्प, भाग चली कविता भयभीता—तुक्कड़ों पर व्यंग्य-चित्र, पथ-भ्रष्ट—स्वराज्यवादी नेहरू पर व्यंग्य-चित्र [23 फरवरी 1924], अग्रलेख—कोमल कांत पदावली की बाढ़, कविता : हमारी बहू—निराला। कहानी : खादी की शादी—चतुरधुरीण, खादी-समाचार—मगनलाल म. गांधी। राधामोहन गोकुल—परिचय—एक श्रद्धालु, रंगरूटों की फौज, चंडूखाने की गप्प, अन्याय की चक्की—सिक्खों पर दमन—व्यंग्य-चित्र [1 मार्च 1924] कविता : वंदेमातरम्—पं. गिरिधर शर्मा 'नवरत्न', परिवर्तन—'हरिऔध', तू है केवल मेरा ही मेरा है एकमात्र—पं. गिरिधर शर्मा 'नवरत्न'। प्रो. श्री योगेंद्रनाथ—परिचय—अक्षय मिश्र, दिल्ली के सम्मेलन का वह गांव कोरन, रपट—लालमणि, चोर की दाढ़ी में तिनका—धानकलाल पोद्दार ['शैदा' पर], संस्कृत-साहित्य-समाज-सूचना—केदारनाथ शर्मा 'सारस्वत'। चंडूखाने की गप्प। ओलिवर स्पीच—व्यंग्य-चित्र [8 मार्च 1924] कविता : विफल-वासना—निराला, रंग भरी होली—बिहारी, हरिश्चंद्र, पद्माकर, गिरिधर दास, कवित्त-कुमकुमा—अक्षयवट मिश्र 'विप्रचंद' साहा-स्मृति—रामनाथलाल 'सुमन', कमनीय कामना—हरिऔध, नई रोशनी की होली—कुमार हरवंश सिंह। कहानी : अंट संट—श्री जी.पी. श्रीवास्तव।

प्रहसन : कवि-सम्मेलन—राइट आंहर बुल सिडीयुत हैं जी, गड़बलझाला प्रकरणम्—महात्मा शुक्ल चौपायन लबदे व्यासजी, अखिल भारतीय चोर डाकू सम्मेलन प्रथम अधिवेशन, रपट—स्वामी तस्करानंद, भैंस के आगे बीन बजाया—चतुरघुरीण, चंडूखाने की गप्प, रंगरूटों की फौज, हिंदू-मुस्लिम एकता—व्यंग्य-चित्र, मालवीय-मलकम युद्ध—व्यंग्य-चित्र, रंग के छींटे—व्यंग्य-चित्र [15 मार्च 1924], कविता : स्याही का बूंद—सुमित्रानंदन पंत, प्रिया से—निराला, कुमार रंडा रहस्य-कविता कामिनी कांत—पं. नाथूराम शर्मा शंकर। मां—उग्र, सम्पादक-सम्मेलन—किशोरीलाल गोस्वामी, होली का हाल—धानकलाल, खादी समाचार—मगनलाल खु. गांधी [25 मार्च 1924], कविता : प्रगल्भ प्रेम—निराला, पिता-पुत्र संवाद—श्री दशरथ जी काक कांड। पागल—चतुरसेन शास्त्री, परमहंस श्रीरामकृष्ण देव—परिचय। आर्य समाज का उत्सव, रंगरूटों की फौज, चाबुक, चंडूखाने की गप्प, फौजी-खर्च—व्यंग्य-चित्र [5 अप्रैल 1924], कविता : गा अपने संगीत—निराला, बूंद—रामाज्ञा द्विवेदी 'समीर', नहीं—मदन मोहन 'मिहिर', एको अहम् द्वितीयो नास्ति—मियां मिट्‌ठू। कहानी : अछूत रामदास—देवकीनंदन 'विभव'। पं. ईश्वरीप्रसाद शर्मा—परिचय, खादी समाचार [12 अप्रैल 1924], कविता : ज्येष्ठ—निराला। कहानी : अछूत रामदास—देवकीनंदन 'विभव'। बाबू जी.पी. श्रीवास्तव—परिचय—श्री झुमका, खादी समाचार—मगनलाल खुशालचंद गांधी [19 अप्रैल 1924], कविता : खोज और उपहार—निराला, बुद्ध और मुक्त पंक्षी—गिरिधर शर्मा 'नवरत्न'। कहानी : भूला—परिपूर्णानंद वर्मा। पं. रामगोविंद त्रिवेदी—परिचय, खादी, समाचार—म.खु. गांधी। मातृ-बंधन—अछूत समस्या—व्यंग्य-चित्र [26 अप्रैल 1924], कविता : क्यों सती हो? कहां देश है?—निराला, एरंड वन विडाल व्याघ्र—पं. नाथूराम शंकर शर्मा, मियां मिट्‌ठू—जयनारायण व्यास। कहानी : दो आंखें—उग्र। कविवर सुमित्रानंदन पंत—परिचय—निराला, खादी समाचार—चक्रवर्ती राजगोपालाचारी, जागरण—व्यंग्य-चित्र [3 मई 1924], कविता : तरंगों से—निराला, अंत—दुर्गादत्त त्रिपाठी, वैषम्य—उग्र, छूत का भूत—श्री त्रिदंडी, हमारी नानी—नानी का नालायक नाती। कहानी : प्रायश्चित—वाष्पवारि। बाबू श्यामसुंदर दास, परिचय—ईश्वरीप्रसाद शर्मा, नीरव—गद्य काव्य—श्री चतुरसेन शास्त्री, खादी समाचार—खादी विक्रय का आंकड़ा, कसौटी, चाबुक, नारी-रक्षा—व्यंग्य-चित्र [10 मई 1924], कविता : क्षमा-प्रार्थना—निराला, तुकबंदी—कविवर 'आप ही हैं'। कहानी : कृतघ्न अतिथि—रामनाथ लाल 'सुमन', चित्रपट—कृपानाथ मिश्र। पं. नरदेव शास्त्री—परिचय—श्री रामावतार शर्मा, चाबुक, कसौटी, खादी समाचार, म.खु. गांधी, महंत-माया—व्यंग्य-चित्र [17 मई 1924], अग्रलेख—अब क्या हो? कविता : क्या दूं? निराला, बढ़िया व्यापार—पं. नाथूराम शर्मा 'शंकर', तुमसे—त्रिपाठी कैलाशपति शर्मा, कलियुगी संत—घोर नास्तिक। कविवर बिहारी और

कवींद्र-रवींद्र लेख—सूर्यकांत त्रिपाठी निराला, पं. जगन्नाथ प्रसाद चतुर्वेदी—परिचय—ईश्वरी प्रसाद शर्मा, सूर्य लेख—गुप्त, कसौटी, चंडूखाने की गप्प, विचित्र [24 मई 1924], कविता : गाता हूं गीत मैं तुम्हें ही सुनाने को—स्वामी विवेकानंद, अनु. सूर्यकांत त्रिपाठी, महंत रामायण, [मौरन कांड—बाबा रमैयादास], कहानी : चाकलेट—उग्र। प्रहसन : ढंढोरानंद स्वामी। कवि शिरोमणि शंकर, परिचय—ज्योति प्रसाद 'निर्मल' स्व. सर आशुतोष मुखर्जी—संवदेना प्रकाश [सचित्र], चंडूखाने की गप्प, रंगरूटों की फौज, भानुमती की पिटारी—मुंशी मदारी लाल, विधवा-विवाह सहायक सभा [31 मई 1924], कविता : प्रपात के प्रति—निराला, प्रथम प्रभात—निराला, चौपट का नगाड़ा—स्वामी विवेकानंद स्वामी। कहानी : धर्मधुरंधर—वाष्पवारि। खादी समाचार—मगनलाल खु. गांधी, रंगरूटों की फौज, चाबुक, भानुमती की पिटारी। [7 जून 1924], कविता : सिर्फ एक उन्माद—निराला, जागी—निराला, तुम सर्वत्र हो—प्रमुदित, विरहिनी—जगदीश झा 'विमल', ज्येष्ठ ज्वाला—ज्योति प्रसाद 'निर्मल'। कहानी : प्रत्यक्ष देवता—वाष्पवारि। हास्य में हाहाकार—गद्य काव्य—चतुरसेन शास्त्री। लेख : खादी समाचार—राजगोपालाचारी, बद्रीनारायण के यात्रियों की सूचना। कसौटी [14 जून 1924], कविता : संतप्त—निराला, भर देते हो—निराला, आदान-प्रदान—निराला, मुस्कुराहट—गुलाब। कहानी : बाला—परिपूर्णानंद वर्मा। परिचय : श्री राधाचरण गोस्वामी—ब्रजवासी। लेख : कवींद्र का व्याकरण ज्ञान—पं. चंद्रशेखर शर्मा, खादी समाचार—म.खु. गांधी, हिंदी में समालोचनाएं—पं. श्रीकृष्ण बिहारी मिश्र। चाबुक, विसर्ज्जन—व्यंग्य-चित्र [21 जून 1924], अग्रलेख—अति की भली न चुप्प, कविता : कण—निराला, नाचे उस पर श्यामा—स्वामी विवेकानंद—अनु. निराला, सखी से—गुलाब। कहानी : खाली हाथ—एक विद्यार्थी। कसौटी, भानुमती की पिटारी, मूलोच्छेद—व्यंग्य-चित्र [28 जून 1924], कविता : दिल्ली—निराला, यमुने (अपूर्ण)—निराला। कहानी—प्रणयिनी का प्रेम—सरजू पंडा गौड़। प्रत्यालोचना—रमाशंकर त्रिपाठी, कैलाशवासी झाड़खंडी जी। विफल प्रयास—व्यंग्य-चित्र [5 जुलाई 1924], अग्रलेख—आंसू का मूल्य, कविता : अपनी ध्वनि—निराला, पापी का प्रकाशक—एक पुराना पापी, यमुने—निराला। कहानी : पाप का घड़ा फूटा—चतुरघुरीण। पथ का कांटा—व्यंग्य-चित्र [12 जुलाई 1924], अग्रलेख—अब भी तो चेतो, कविता : दिल्ली—निराला, फूलझड़ियां—विदग्ध। कहानी : पालट—उग्र, स्व. लोकमान्य तिलक—वक्तव्य—स्व. बाबू मोतीलाल घोष। छोटों की ताकत—विविध—ज्वालादास विन्नानी [19 जुलाई 1924], कविता : बादल-राग—निराला, यमुने—निराला, रंगे कपड़े और रंगे सियार—स्वामी गेरुआनंद। कहानी : गड़बड़ घोटाला—चतुरघुरीण। दास-विविध—चतुरसेन वैद्य। दर्शन-परिचय—कन्नोमल (समीक्षा), भानुमती की पिटारी।

महंत-माया—दो व्यंग्य-चित्र [26 जुलाई 1924], कविता : वोट-भिक्षुक—नाथूराम शर्मा शंकर, बादल-राग—निराला। कहानी : वीर कन्या—उग्र, भानुमती की पिटारी, प्रफुल्ल पत्रावली—वियोगी हरि, मानस-दर्पण—व्यंग्य-चित्र [2 अगस्त 1924], अग्रलेख—देहरादून-सम्मेलन, कविता : बादल राग—निराला, तुलसी—ज्योति प्रसाद 'निर्मल', प्रफुल्ल पत्रावली—वियोगी हरि, तुलसी जयंती-सूचना, मंगला प्रसाद पारितोषिक, साहित्य वाटिका में बिहार, कसौटी। भ्रात-प्रेम—सांप्रदायिकता पर व्यंग्य-चित्र [9 अगस्त 1924], अग्रलेख—आत्मकथा, कविता : उपेक्षाष्टक—नाथूराम शर्मा शंकर, यमुने—निराला, उदास-दीपक—गुलाब। कहानी : पतित 'पतित'। प्रफुल्ल पत्रावली—वियोगी हरि, कसौटी, भानुमती की पिटारी, असहयोगी—स्वराजी [भारतमाता]—व्यंग्य-चित्र [16 अगस्त 1924], कविता : स्वाधीनता पर—निराला, यमुने—निराला, अविदित—पद्मादत्त त्रिपाठी, आघात—विजय कुमार शर्मा, कहानी : पतित-'पतित'। चाकलेट और पालट—श्री रामनाथ लाल 'सुमन', प्रफुल्ल पत्रावली—वियोगी हरि [23 अगस्त 1924], कविता : स्वाधीनता पर—निराला, संदेश और विसर्जन—शांतिप्रिय द्विवेदी। कहानी : अतीत चिंता, सुन सिय सत्य असीस हमारी। पंचदश हिंदी साहित्य सम्मेलन। भानुमती की पिटारी, नमो विश्वदेवाय—रवि बाबू पर व्यंग्य-चित्र [30 अगस्त 1924], कविता : बादल-राग—निराला। कहानी : हम फिदाये, लखनऊ—उग्र। चंडूखाने की गप्प, मुख मर्दन उर्फ चुंबन—तांडव नृत्य-समालोचना [6 सितंबर 1924], अग्रलेख—टांय टांय फिस्स। कविता—जीवन—हरिऔध, बादल राग—निराला, अंतिम—शांतिप्रिय द्विवेदी, वह—पद्मादत्त त्रिपाठी, ध्यान—विजय कुमार शर्मा, वजारत का मर्सिया—वज़ीर-उल-मुल्क। विप्लव गान—गद्यकाव्य—उग्र। हिंदू-संगठन—राधामोहन गोकुल; भारत नौकरशाही—व्यंग्य-चित्र [13 सितंबर 1924], कविता : बादल-राग—निराला, बादल—रामनाथ लाल 'सुमन'। अध्यापकों के नाम खुली चिट्ठी—संगम लाल अग्रवाल। कलकत्ता नागरी प्रचारिणी सभा और हिंदी साहित्य परिषद—मुंशी नवजादिक लाल श्रीवास्तव। रंगरूटों की फौज [20 सितंबर 1924], कविता : दीन—निराला, अज्ञान—निर्मल, बनलते—रामनाथ लाल 'सुमन', खोपड़ी—व्यंग्य—निखट्टू, निराधार समाचार, रधिया नौची—ग्रामीण-सत्य घटना पर, सम्मेलन सूचना, भानुमती की पिटारी, कलयुगी कृष्णावतार—सर आगा खां—व्यंग्य-चित्र [27 सितंबर 1924], कहानी : प्यार—उग्र। भानुमती की पिटारी, माहेश्वरी समाज [4 अक्टूबर 1924], अग्रलेख—धूल में क्यों मेल के नाते मिले? कविता : अरण्य रोदन—ज्योतिप्रसाद 'निर्मल'। पार्वती देवी का पत्र, अपील। श्रद्धानंद स्वामी, राधामोहन गोकुल। भानुमती की पिटारी। हिंदू-मुसलिम एकता पर व्यंग्य-चित्र [18 अक्टूबर 1924], कविता : हां हुजूर—महाकवि अकबर। कसौटी, चाबुक,

भानुमती की पिटारी, मेरा साहित्य ज्ञान—व्यंग्य—निखट्टू। हिंदू-समाज की वर्तमान अवस्था—व्यंग्य-चित्र [25 अक्टूबर 1924], कविता : स्वागत—शांतिप्रिय द्विवेदी। जनेऊ—व्यंग्य—निखट्टू—भानुमती की पिटारी, नौकरशाही। क्रांतिकारी : वाह रे दुःसाहस व्यंग्य-चित्र [1 नवंबर 1924], कहानी : पुरस्कार—परिपूर्णानंद वर्मा, भानुमती की पिटारी [8 नवंबर 1924], मेरे काम की संक्षिप्त रिपोर्ट—राधामोहन गोकुल—भानुमती की पिटारी [15 नवंबर 1924], अग्रलेख—सम्मेलन समारोह। कविता : आश्चर्य—निर्मल। मंगला पारितोषिक—वीपिंग फिलासफर—व्यंग्य, मुए करैं का सुधा तड़ागा—व्यंग्य-चित्र, [22 नवंबर 1924], कविता : नानी की कहानी, वही नालायक नाती, लखनऊ लीला खायेंगे—कालिका प्रसाद 'कमल'। सम्मेलन के अधिकारियों के नाम खुली चिट्ठी, हा हिंदू!! भानुमती की पिटारी, नागरी प्रचारिणी सभा, आगरा—प्रार्थी महेंद्र [29 नवंबर 1924], कविता—दाढ़ी-चुटिया सम्मेलन—ईश्वरी प्रसाद शर्मा, पतलून ढीली हो गई—व्यंग्य-चित्र, [6 दिसंबर 1924], अग्रलेख—आगे की सुधि ले, कविता : अशांति—निर्मल। कहानी : चाकलेट चर्चा—उग्र। स्व. पं. चंदूलाल मेहता—परिचय—अज्ञातवासी। कलयुगी नेता—व्यंग्य-चित्र [13 दिसंबर 1924], कविता : कच्चा चिट्ठा—मुनीम जी, कवि मानस—अनु. रामशंकर रंगरूटों की फौज, मजहबी जोश—व्यंग्य चित्र [20 दिसंबर 1924], अग्रलेख—क : पंथा, कविता : अपने मुंह मियां मिट्ठू—कविता का ठेकेदार। आदि कथा—घोड़ा—रवींद्रनाथ टैगोर—अनु. चंचरीक। भानुमती की पिटारी [27 दिसंबर 1924], लेखक-प्रकाशक-संवाद-साहित्य-संकट, कहानी : पक्षी की अगुआई—'दर' [जर्मन], अनु. चंचरीक, नाग-फांस—व्यंग्य-चित्र [3 जनवरी 1925], अग्रलेख—नाचना है तो घूंघट क्यों? कविता—चंडाल चौकड़ी—प्रो. चेंजर। कहानी : सुख की खोज—महामती टॉलस्टाय। मेरी सम्मति ऐसी क्यों हुई? स्पष्टीकरण—नरदेव शास्त्री, कसौटी, वर्तमान सी.पी. कौंसिल—व्यंग्य-चित्र [10 जनवरी 1925], अग्रलेख—खुद बन गये डर की सूरत। कविता : संपादक जी—एक गुंडानुरागी। कहानी : भविष्य गणना [अंग्रेजी]—वाष्पवारि, अस्वीकृति गद्यकाव्य—रामनाथ लाल 'सुमन', रंगरूटों की फौज [17 जनवरी 1925], हिंदू और मुसलमान—लेख—पं. ईश्वरीप्रसाद शर्मा, शराफत की हद—'प्रताप' से। कहानी : पांडे का पाखंड—विश्वनाथ सिंह शर्मा, मान में—हृदय कंटक [गद्यकाव्य], कवियों की खेती—व्यंग्य-चित्र [24 जनवरी 1925], कविता : वसंत-वर्णन—राजा राजेश्वरी प्रसाद सिंह, सरस्वती-पूजा—पं. ईश्वरीप्रसाद शर्मा। कहानी : थैली लेकर चंपत—चतुरघुरीण। बसंती फुलझड़ियां—घोंघा वसंत, पंच परमेश्वर—चलिये गांव की तरफ, चंडूखाने की गप्प, पंचमेल मिठाई—पिसान प्रसाद—पंचानन हलवाई [31 जनवरी 1925], अग्रलेख—आसमान पर न थूकिये। टांय-टांय फिस्स, गद्यकाव्य,

रंगरूटों की फौज, चंडूखाने की गप्प, सम्मेलन के भिखारी—व्यंग्य-चित्र [7 फरवरी 1925], कहानी : देशद्रोह—परिपूर्णानंद वर्मा, साहित्य का काम—रामशंकर त्रिपाठी, रंगरूटों की फौज, पंचमेल मिठाई [14 फरवरी 1925], अग्रलेख—श्रीमद्दयानंद शताब्दी, कविता : विरह—गुलाब। कहानी : आपबीती—भट्ट ब्रजनाथ शास्त्री। कुर्गराज्य और अंग्रेज—पं. नंदकुमार देव शर्मा [टिप्पणी], रंगरूटों की फौज, कसौटी, कौंसिल, क्रूजर—व्यंग्य-चित्र [21 फरवरी 1925], भारतवर्ष के विचित्र जंतु—व्यंग्य—प्रो. आचार्य, कुर्गराज्य और अंग्रेज—पं. नंदकुमार शर्मा, कसौटी, चाबुक, रंगरूटों की फौज [28 फरवरी 1925], कविता : होली—हरिऔध, रंगभरी होली—राजा राजराजेश्वरी सिंह, स्फुट कविताएं—राजा साहब प्यारे कवि, होली की बहार—कालिका प्रसाद 'कमल', अधीर भक्त की फरियाद—पं. बद्रीनाथ भट्ट, होली की ठिठोली—प्रद्युम्नकृष्ण कौल 'कुमुद', सत्य-वक्ता—कृष्ण बिहारी मिश्र, होली का हुल्लड़—विमल, काशी का कुमकुमा—लाला भगवानदीन, 'मतवाला'-मंडल—लोचनप्रसाद पांडेय, विरहिणी की होली—पं. अक्षयवट मिश्र विप्रचंद। व्यंग्य : ढपोरशंख की आत्मकहानी—पं. रामशंकर त्रिपाठी, मुंशीजी बुरा न मानो होली है—जी.पी. श्रीवास्तव, होली की झोली—नरोत्तम व्यास, हाय रे बीबी-निखट्टू, जिगर के टुकड़े—रामनाथ लाल 'सुमन'। काव्य नाटिका—होली का हुरदंग, वही पुराना पापी, लेख : हिंदी में लिंग निर्णय—कार्त्तिकेय चरण मुखोपाध्याय, रंगरूटों की फौज, चंडूखाने की गप्प। हिंदी साहित्य-समालोचना, बाबा जी का उषाकालीन विद्या व्यासंग योग, पद-विच्छेद—तीन व्यंग्य-चित्र [7 मार्च 1925], अग्रलेख—किस मर्ज की दवा? कविता : खरी खोटी—आलू बुखारा, आंखें—वशिष्ठ नारायण 'निर्मल', कहानी : हाय रे बीबी-निखट्टू। कुर्गराज्य और अंग्रेज, लेख—पं. नंदकुमार देव शर्मा। रंगरूटों की फौज, चण्डूखाने की गप्प, पंच-परमेश्वर। महाधीश सम्मेलन—व्यंग्य-चित्र [21 मार्च 1925], कविता : व्यथा—विजयकृष्ण शर्मा, आजकल—लंगूर। कहानी : तेजस्विनी—परिपूर्णानंद वर्मा। चंडूखाने की गप्प, कसौटी चाबुक [28 मार्च 1925], अग्रलेख—ठोक-पीटकर वैद्यराज, कविता : प्रेम-पंथ, प्यारे कवि, चिराग जलता है—पं. राजनारायण चतुर्वेदी 'आजाद', कभी से—शांतिप्रिय द्विवेदी। कहानी : चिह्न—छद्मनारायण सरीन। रायबहादुर सेठ नवरंगजी खेतान—जीवनी। कसौटी, चंडूखाने की गप्प, चुटकुले। [4 अप्रैल 1925], अग्रलेख—स्वागतम, कविता : अंखियां—प्यारे कवि, विस्मृति पर—नवीन पांडेय, उत्सर्ग—पद्मादत्त त्रिपाठी, शुभैषण—निर्मल, रंडुआ रोहन—कुमुद, हमारा वर्त्तमान—गांगेय नरोत्तम शास्त्री, कहानी : धर्म के नाम पर निर्दोष की हत्या—ब्रजनाथ रामनाथ भट्ट शास्त्री, कसौटी, चंडूखाने की गप्प, लाला लाजपत राय—कथन सहित चित्र, हिंदू-मुस्लिम मेल और हिंदू महासभा पर दो व्यंग्य-चित्र। [11 अप्रैल 1925], अग्रलेख—एक सौ पांच। रपट—अखिल

भारतवर्षीय हिंदू-महासभा—रिपोर्टरानंद रूटराचार्य, चुटकुले [18 अप्रैल 1925], अग्रलेख—ते के न जानी महे! कविता : तरंग, बाला—केनिया प्रवासी गोवर्धनदास, अपनी हाथ से अपनी पीठ ठोकता हूं—कुमुद। कहानी : पतित—परिपूर्णानंद वर्मा। हिंदू महासभा के विरोधी सर्वानंद, पंडित जी का मुंह काला : बाबू हासानंद वर्मा ने कर डाला—दैनिक स्वतंत्र [24 अप्रैल 25], साहित्यिक डाका—रामकिशोर मालवीय। धर्म का बेड़ा पार—व्यंग्य-चित्र [25 अप्रैल 1925], अग्रलेख—केशों की कथा! कविता : इसे कहते हैं—तूफान प्रसाद ग्रेजुएट 'भुक्तभोगी' स्वप्न में—गौरीशंकर द्विवेदी। हिंदू सभाओं को निम्नलिखित बातों पर ध्यान देना चाहिए—लाला लाजपत राय, एक विधवा की खुली चिट्ठी, पांडेय जी का प्रलाप—पं. हरिमोहन झा, चेचक, शीतला या वसंत—कविराज गणेश प्रसाद वैद्यराज, कसौटी [2 मई 1925], कविता : चरखा-गायन—ईश्वरीप्रसाद शर्मा, बैलगाड़ी में खबरदार, न भैंसा निकले—माता दयाल श्रीवास्तव। एक विधवा की खुली चिट्ठी, 'वंगवासी' के ऊपर 'कर्मवीर', पं. अनंतकृष्ण शास्त्री एंड कंपनी ध्यान से पढ़े—राधामोहन गोकुल, झा जी की झांसी पट्टी—पं. छविनाथ पांडे, चुंबन—कुमुद [अंग्रेजी अनुवाद], धर्म-भवन भगदत्त भैरव—व्यंग्य-चित्र [9 मई 1925], कविता—हमें तुम खाक नहीं समझते—कुमुद। वर्णाश्रमी बेचारे बेमौत मरे। एक विधवा की खुली चिट्ठी, युवक—बलवंत सिंह [भगत सिंह], हिंदू महासभा की आज्ञाएं याद रखो, चुटकुले—प्रद्युम्नकृष्ण कौल। फिसड्डी—व्यंग्य-चित्र [16 मई 1925], अग्रलेख—दाल-भात में मूसरचंद। कविता—नशे के झोंक में—परिपूर्णानंद वर्मा, एक विधवा की खुल चिट्ठी, आगाखानी इंद्रजाल—आनंदप्रिय जी, सनातन धर्म की जय—वाचस्पति निधान मालवीय, चुटकुले—प्र. कृ. कौल, कसौटी [24 मई 1925], अग्रलेख—पतित पावन। कविता : अविदित—निराला, फिजूलखर्ची—गजाधर तिवारी, टकाचंद चरित्र (कविता) एक विधवा की खुली चिट्ठी, खत्री समाज में शुद्धि समारोह, अशुद्ध वेश—बेनीमाधव खत्री। रंगरूटों की फौज, कसौटी [30 मई 1925], कविता : वे भजन गाये टका मिलता नहीं—'आजाद', एक अनोखा अभियोग—साहित्य-सेवी, ओसवाल समाज में हलचल, संवाददाता ने पिंड छुड़ाया—बुद्धिधन शर्मा, कैलाक्षरी लज्जा की। सेठ रूखानी—व्यंग्य-चित्र। कसौटी [6 जून 1925], अग्रलेख—आर्य समाज का उत्तरदायित्व। एक विधवा की खुली चिट्ठी, आगारबाती इंद्रजाल, कसौटी, चाबुक [13 जून 1925], कर्त्तव्य और प्रेम, चाबुक, कसौटी [20 जून 1925], किचकिच—विमलादत्त राम, सुप्रभातम् और बाबा ज्ञानानंद, चाबुक, कसौटी [27 जून 1925], अग्रलेख—एकां लज्जां परित्यज्य त्रैलोक्य विजयी भवेत्! कहानी : चक्षुहीना—अनु. श्रीकृष्ण पांडेय, चाबुक, कसौटी [4 अप्रैल 1925], अग्रलेख—एकहिं साधे सब सधे, सब साधे सब जाय। राधा—मैक्सिम गोर्की—अनु. चंचरीक, चाबुक

[11 जुलाई 1925], कविता : स्मृति–निराला। बड़ा बाजार का कच्चा चिट्ठा–रपट–एक जासूस, कसौटी, बरकन वज्रपात–व्यंग्य-चित्र [18 जुलाई 1925], कविता : स्मृति–निराला, बड़ा बाजार का कच्चा चिट्ठा–रपट–एक जासूस, कहानी–डालिम–देशबंधु चितरंजन दास–अनु. चंचरीक आगारबाती इंद्रजाल–आनंदप्रिय जी, हाय टका–व्यंग्य-चित्र [25 जुलाई 1925], अग्रलेख–संकल्प–मात्रेण मदीयसिद्धिः। कविता : स्मृति–निराला, स्मृति–त्रिशूल। बड़ा बाजार का कच्चा चिट्ठा–रपट–एक जासूस, डालिम–उपर्युक्त [1 अगस्त 1925], 'सर' का स्वर्गवास, बड़ा बाजार का कच्चा चिट्ठा–उपन्यास, कहानी : जैसे को तैसा–निखट्टू। बंदर घुड़की और स्वराजदल–दो व्यंग्य-चित्र [8 अगस्त 1925], अग्रलेख–अब अन्नपूर्णा के मंदिर में चलिए। चुटकुले–प्र.कृ. कौल, एक मजेदार पत्र, बड़ा बाजार का कच्चा चिट्ठा–उपर्युक्त, कहानी : जैसे को तैसा–निखट्टू रंगरूटों की फौज। राजनीतिक कटहल–व्यंग्य-चित्र [15 अगस्त 1925], कविता–'उग्र' महाराज हैं–उग्र, दाल जेलखाने की–उग्र। कहानी : जैसे को तैया–निखट्टू, लेख-टिप्पणी–विवेकानंद का कथन, संपादकों का एक नवीन आविष्कार–लक्ष्मीनारायण, हिंदी सहित्य सम्मेलन–राधाचरण गोस्वामी। इसी उम्मीद में हम सांस लिये जाते हैं–कविता : पन्नालाल पारिख, कहानी–जैसे को तैसा–निखट्टू। चंडूखाने की गप्प, रंगरूटों की फौज, कसौटी [22 अगस्त 1925], अग्रलेख–खरा खेल फर्रुखाबादी, कहानी : जैसे को तैसा, कविता : धर्म-धुरंधरों की धूल–ऊल जलूल जी। विवेकानंद का कथन, चाबुक, कसौटी, सहयोग का शंख–व्यंग्य-चित्र [29 अगस्त 1925], अग्रलेख–ईश्वर भी बड़ा भारी दिल्लगीबाज है, कविता : आंखें–राजनारायण चतुर्वेदी 'आजाद', कहा दिल ने जवां से–राजनारायण चतुर्वेदी, कहानी : रौगन जूस–प्रेमशंकर सिंह। लेख : विवेकानंद की मर्मवाणी, प्रवासी भारतीयों की सहायता कीजिए, पालघाट के हिंदुओं के धर्म परिवर्तन की करुण-कथा–आनंद प्रिय जी, कसौटी [5 सितंबर 1925], कविता : जागृति में सुप्त थी–निराला, नये कवि और वसंत–अबोध मिश्र, दिल लगाये तो कोई किस दिल से–आजाद, भोंदू-भावना, पुराना पिट्ठू काव्यकूप, विश्व-उल्लास–शांतिप्रिय द्विवेदी, आत्मगौरव न भूलें हम–पद्मधर अवस्थी 'पद्म', कलोद-ग्यू–विक्टर ह्यूगो–अनु. निर्मल, कसौटी [12 सितंबर 1925], कविता : अंधे को अंधेरे में बड़ी दूर सूझी–आजाद उपहार-शांतिप्रिय द्विवेदी, प्यार–त्रिदंडी, कहानी : कर्त्तव्य रक्षा–शिशिर कुमार घोष–अनु. शारदा प्रसाद 'भंडारी', लेख–प्रयाग में पत्रिका, परिषद, संस्कृत-सेवा-संघ, कसौटी, रंगरूटों की फौज, भानुमती की पिटारी। नेहरू–मुड़ी मैन मल्लयुद्ध–व्यंग्य-चित्र [19 सितंबर 1925], [विजयादशमी पर अवकाश]–अग्रलेख–गोरे का काला बिल, कविता : अमृत में गरल–निराला, हुक्का–'कर्मवीर' से उद्धृत,

रामलीला—परिपूर्णानंद वर्मा, भारत-भूमि—कमल, चंडूखाने की गप्प, भानुमती की पिटारी [10 अक्टूबर 1925], कविता : हे हृदयेश—जगन्नाथ मिश्र 'कमल', मनोरथ—कमल, दीवाली—शांतिप्रिय द्विवेदी, कहानी : आत्मकथा—खुदा जाने। लेख—वीर-वाणी—स्वामी विवेकानंद। रंगरूटों की फौज, अछूतों पर डलिया और सखी चुनरिया में लगा दाग—दो व्यंग्य-चित्र। भानुमती की पिटारी [17 अक्टूबर 1925], अग्रलेख : समय चूकि पुनि का पछिताने। कविता : पतनोन्मुख—निराला। कहानी : स्वप्न-सुंदरी—विक्टर ह्यूगो—अनु. निर्मल। लेख-टिप्पणी—काशी में तुलसी-स्मारक की आवश्यकता, प्राचीन राजपूताना में चरखा का महत्त्व, दोजख—गणेशदत्त शर्मा गौड़ 'इंद्र'। रंगरूटों की फौज, कसौटी, भानुमती की पिटारी [24 अक्टूबर 1925], स्थान-परिवर्तन 26 नं. शंकर घोष 'मतवाला' कार्यालय जाने की सूचना। अग्रलेख—धातु-पुष्टि की गोलियां। कविता : कल्पने इंद्रकुमार देव शर्मा। विदेशों में हिंदू उपदेशकों की आवश्यकता। भानुमती की पिटारी। उरुभंग की समीक्षा। कवि-सम्मेलन या दो बीबियों के मियां—व्यंग्य-चित्र [31 अक्टूबर 1925], 'मतवाला' के एक दिन देर से निकलने पर क्षमा-प्रार्थना। कहानी : सुधार, जमालगोटा। राधाचरण गोस्वामी का परिचय, अमृतलाल चक्रवर्ती का परिचय, राजस्थानी कवि मीराबाई। भानुमति की पिटारी [7 नवंबर 1925], लेख—चोर और सीनाजोरी, षोड़स हिंदी साहित्य सम्मेलन वृंदावन की रपट—रिपोर्टानंद, दीन मुहम्मद—दुलीचंद्र अग्रवाल, क्या मारवाड़ी समाज में कोई जौहरी नहीं है? भानुमती की पिटारी [14 नवंबर 1925] अग्रलेख—कान पकड़कर निकालं बाहर करो। लेख—सनातन धर्म मंडल, कलकत्ता, क्या करता है? केदारनाथ शर्मा, 'मतवाला' के माधवजी—उमा दत्त शर्मा, पुजारी जी—हरद्वार प्रसाद जालान, रंगरूटों की फौज, भानुमती की पिटारी [21 नवंबर 1925], लेख : नोंक-झोंक, बिना जोड़ू का खसम, सा.स. की धारावाहिक रपट, मतवाला में माधव जी—श्री शंकर—भानुमती की पिटारी [28 नवंबर 1925], अग्रलेख : आटा-दाल का भाव मालूम हो जायेगा। कविता : कौन मतवाला है? अनूप, समस्यापूर्त्ति—अवधबिहारी मालवीय, कहानी : हमारा देवदर्शन, गोपालराम गहमरी। सा.स. की धारावाहिक रपट। शंकर जी की महिमा—श्रीरत्न, भानुमती की पिटारी [5 दिसंबर 1925], अग्रलेख : चोर की दाढ़ी में तिनका। आंखों में धूल न झोंकिये—माधव, सा.स. की धारावाहिक रपट, राजनीतिक कैदी सम्मेलन—मंगलदेव शर्मा। कहानी : वोट का भिखमंगा—श्री पृथ्वीपाल सिंह, कुरूपा—मोहनलाल महतो 'वियोगी'। चंडूखाने की गप्प, भानुमती की पिटारी [12 दिसंबर 1925], भंग के चंग पर—हास्य कहानी—निखट्टू। महाअंधेर! महाअंधेर—पूर्णेंदु शेखर शास्त्री, तेषांमूछिर्नदधभिवास चरम्—रामशंकर, अपूर्व दर्शन—प्रो. अक्षयवट मिश्र विप्रचंद्र, वार्षिक रपोर्ट। भानुमती की पिटारी।

कविता : भयंकर भूत भैरव–गांगेय नरोत्तम शास्त्री, भारतकोकिला सरोजिनी नायडू का सचित्र परिचय, दुखी मिश्र, कहानी–निखट्टू। कानपुर में अंड-भंड सम्मेलन–व्यंग्य-चित्र। इस असभ्यता का कौन ठिकाना–'मतवाला', जन्नत श्री गणेशदत्त शर्मा गौड़ 'इंद्र'। भानुमती की पिटारी [26 दिसंबर 1925], कविता : प्रार्थना–निराला। कहानी : बड़ा दिन–निखट्टू। नाटक–मोलियर के आधार पर–लाल बुझक्कड़–जी.पी. श्रीवास्तव। हिंदी साहित्य में अफरीदी डाकू–रामवृक्ष बेनीपुरी। अभय-दान–व्यंग्य-चित्र [2 जनवरी 1926], कविता : आवेदन–निराला, जागो फिर एक बार–निराला, कहानी : बड़ा दिन–निखट्टू। लाल बुझक्कड़ (नाटक)–जी.पी. श्रीवास्तव, पं. मंगतराम शर्मा का स्वर्गवास, कानपुर कविता सम्मेलन की रपट–चक्रपाणि चौबे। भानुमती की पिटारी [9 जनवरी 1926] अग्रलेख : दस हजार गजबल घट्यौ, घट्यो न दस गज चीर! कविता : पारस–निराला, मंगल-कामना–मोहनलाल महतो 'वियोगी'। कहानी : बड़ा दिन–निखट्टू। लाल बुझक्कड़ (नाटक)–जी.पी. श्रीवास्तव। रंगरूटों की फौज–भानुमती की पिटारी [16 जनवरी 1926], कविता : वृत्ति–निराला। लेख–खिसयानी बिल्ली खंभा नोचे। लाल बुझक्कड़ (नाटक)–जी.पी. श्रीवास्तव दलदल में गजराज–व्यंग्य-चित्र [23 जनवरी 1926] अग्रलेख–हिंदुओं की खिलाफत। कहानी : बड़ा दिन–निखट्टू। लाल बुझक्कड़ (नाटक)–जी.पी. श्रीवास्तव, पं. विजयानंद त्रिपाठी 'श्रीकवि' का स्वर्गवास, भानुमति की पिटारी। हिंदू-मुसलमान पर एक व्यंग्य-चित्र [30 जनवरी 1926], अग्रलेख–एकतरफा डिगरी। कविता–अंत, बसंत–गौरी शंकर द्विवेदी। बुलबुल से–आजाद ब्यूटी बहार–प्यारे बसंत-समीर–गांगेय नरोत्तम शास्त्री। कहानी : बड़ा दिन-निखट्टू। लाल बुझक्कड़ (नाटक) जी.पी. श्रीवास्तवं। उग्र जी के जेल से नौ महीने बाद आने पर आवरण पर तस्वीर–कथन। [6 फरवरी 1926] अग्रलेख : हिंदीभाषियों की उदासीनता। लाल बुझक्कड़(नाटक) जी.पी. श्रीवास्तव। स्थानीय बड़ा बाजार में, कलियुग शत सहो–कलियुगानंद मिश्र, काव्य क्रष्माण्ड, पुण्य पिशाच, साहित्य-शोषक। रंगरूटों की फौज, भानुमती की पिटारी। जान बुलहिं मरकट ही नाईं, रही नचाई कुनारि गुंसाईं–व्यंग्य-चित्र [13 फरवरी 1926] कविता : रंग-ढंग–मैथिलीशरण गुप्त, गीतक्कड़ मीत–नाथूराम शंकर शर्मा, देश-दशा, लाला भगवानदीन, झुरमुट की ओट–बालकृष्ण शर्मा 'नवीन', मधुर-मधु–हरिऔध, 'मिसों' पर 'अकबर'-प्रेषित–हरद्वार प्रसाद जालान, जोरू के जांनशान–किशोरीलाल गोस्वामी, हाय होली, प्रफुल्लचंद ओझा 'मुक्त', होली है–देवीप्रसाद शर्मा शुक्ल, बह जाने दो–त्रिवेदी, होली की बहारें–नजीर, नादिरशाही हुक्म–सरदार, वियोगिनी की होली, वर्षा में होली–सुखसागर कवि, साफ इंकार–ठाकुर, शराबोर होली–पद्माकर, चितवन का जादू–पं. रामनरेश त्रिपाठी, पिचकारी की मार-नयन।

हास्य-व्यंग्य लेख : हाथ नहीं है–किशोरीलाल गोस्वामी, हास्य-रस–रामशंकर त्रिपाठी, प्रथम ग्रासे मक्षिता पातः–रमेश प्रसाद, रास लीला–परिपूर्णानंद वर्मा, मजेदार धोखा–नटवर, रंग-बिरंगी होली-ऐण्टी लीडर, अनोखे अबीर कुमकुमे–गांगेय नरोत्तम शास्त्री, नई वर्षा-व्यवस्था–हंसोड़ मिश्र। रंगरूटों की फौज, चंडूखाने की गप्प। व्यंग्य-चित्र : (1) धर्म-सांड़, (2) इलाहाबादी भठियारन, (3) होयहुं संतति पतिहि पियारी, (4) आवागमन, (5) धर्म के ठेकेदार, (6) धत्तेरे न्याय की ऐसी-तैसी [20 फरवरी 1926], कविता : लुक्कड़ लीला–नाथूराम शंकर शर्मा, होली–ठाकुर गोपालशरण सिंह, औंधी खोपड़ी के लीडर–किशोरी लाल गोस्वामी, मतवाली बातें–गिरधर शर्मा 'नवरत्न', होली–अनूप शर्मा, होली–जगन्नाथ मिश्र 'कमल', आह्वान–'प्रभात',–कामना–मदुजित 'मदु'–अभिलाषा–पद्म। लाल बुझक्कड़–नाटक-जी.पी. श्रीवास्तव। भानुमती की पिटारी, होली की रोकड़ बाकी, सदावर्त्ती सेठ (नाटक) [6 मार्च 1926] कविता : नम्र-निवेदन, कीर्ति वधु-वर महाभाष्यम–भृगुवंशी भट्टाचार्य, शोलये हुस्न तो है मर्सिया बाज़ार नहीं–राजनारायण चतुर्वेदी 'आजाद', वसंतागमन–गिरिधारीशरण उपाध्याय, बदला–निराला; कलयुगी शत सही–कलियुगानंद मिश्र। लाल बुझक्कड़ (नाटक)–जी.पी. श्रीवास्तव। भानुमती की पिटारी। निकल जा काला–व्यंग्य-चित्र [13 मार्च 1926] अग्रलेख–निडर होकर आगे बढ़ो। कविता : जान न पहचान–आजाद, जीवन-बेलि–नटवर। लाल बुझक्कड़ (नाटक) –जी.पी.. श्रीवास्तव। स्वर्ग की सैर–राजेश्वरी प्रसाद। भानुमती की पिटारी; सभ्य भिखमंगा–व्यंग्य-चित्र [20 मार्च 1926] कविता : जागो फिर एक बार–निराला, जादू–मोहनलाल महतो 'वियोगी', परलोक–निराला, शेष [दो]–निराला, आदेश (2)–प्रफुल्लचंद ओझा 'मुक्त', कवित्त–किंकर, तुक्कड़ों की तान–जगन्नाथ प्रसाद खत्री 'मिलिंद'। कहानी : मुक्ति का मूल्य [अंग्रेजी] अनु. चंचरीक। लाल बुझक्कड़(नाटक)–जी.पी श्रीवास्तव। मोहिनी बी.ए. समीक्षा–कनकाप्रसाद चौधरी। भानुमती की पिटारी। कौंसिल-सदस्यों के भाषण–लार्ड-व्यंग्य-चित्र [27 मार्च 1926] अग्रलेख–बातें हम बनाते नहीं बात को बनाते हैं। कविता–महाराज शिवाजी का पत्र–निराला, कवि–मोहनलाल महतो 'वियोगी', आत्म-परिचय–कमल। लाल बुझक्कड़ (नाटक)–जी.पी. श्रीवास्तव। कहानी : बुढ़वा मंगल–निखट्टू। [3 अप्रैल 1926] अग्रलेख–अब लौ नसानी, अब ना नसै हो, दाढ़ी चोटी-संघर्ष [10 अप्रैल 1926] अग्रलेख–पुलाव, लाल बुझक्कड़ (नाटक)–जी.पी. श्रीवास्तव। दाढ़ी-चोटी-संघर्ष [सांप्रदायिक रपट] [17 अप्रैल 1926], अग्रलेख–मासूम बच्चा। कविता : महाराज शिवाजी का पत्र–निराला, हवा है उखड़ी हुई आजकल–बिसमिल। क्या वे याद करते हैं–बिसमिल। कहानी : बुढ़वा-मंगल–निखट्टू। लाल बुझक्कड़(नाटक)–जी.पी. श्रीवास्तव। दंगे की दुम। बड़ा बाज़ार

के दादा, भानुमती की पिटारी [24 अप्रैल 1926] अग्रलेख—ओम शांतिः! शांतिः!! शांतिः!!! कविता : फरियादे बिसमिल—बिसमिल, छुआछूत, अपनी बात [दो कविताएं]—प्रफुल्लचंद ओझा 'मुक्त', शंकर का विज्ञापन—मोहन लाल महतो 'वियोगी'। लाल बुझक्कड़(नाटक)—जी.पी. श्रीवास्तव। बुढ़िया की कहानी—पं. ईश्वरीप्रसाद शर्मा। दाढ़ी-चोटी-संघर्ष। दंगा-प्रसंग। दंगे पर लोकमत। [8 मई 1926] अग्रलेख—खाली पेट। 'मतवाला' आफिस में तलाशी, संपादक के नाम वारंट। हिंदू-मुस्लिम पैक्ट [बंगवाणी से], विचित्र बाजी [15 मई 1926] अग्रलेख—सांष्टांग प्रणाम; कविता : फरियादे बिसमिल [दो कविताएं]—बिसमिल। लाल बुझक्कड़—नाटक—जी.पी. श्रीवास्तव। श्मसान की उत्पत्ति—गणेशदत्त शर्मा गौड़ 'इंद्र'। मतवाले वीर [22 मई 1926] कविता : वर्तमान परिस्थिति; प्रेम के पुजारी—ब्रह्मचारी भद्रजित 'भद्र', गिरनारे सितार—नयन चंद्र। गजल बिसमिल; लाल बुझक्कड़ (नाटक)—जी.पी. श्रीवास्तव। मतवाला का मामला। दंगे से लाभ—पं. ईश्वरीप्रसाद शर्मा [29 मई 1926]—अग्रलेख—रति हुते गई पति हुते गई। सेठ जी जेल में : आवरण पर चित्र, सरकारी इश्तिहार [12 जून 1926] अग्रलेख—बेहोशी की दवा, कविता : सूये मज़ार—आज़ाद, फूल-फूल में—ब्रह्मचारी भद्रजित 'भद्र', महाराज शिवाजी का पत्र—निराला। कहानी : पावरोटी की पनही (अंग्रेजी) अनुवाद श्री विलालाल बर्मन, बेहोशी की दवा, उभय संकट—दो व्यंग्य-चित्र [19 जून 1926] अग्रलेख : मुए चाम सेवहि चरन। कविता : साहित्यिक लूट—ग्रंथकीट, बंगभाषा—रवींद्रनाथ, हिंदी—गोपाल नेवटिया 'विशारद'। आधुनिक हिंदी कविता—रामशंकर त्रिपाठी [26 जून 1926], अग्रलेख—पालिसी पोल; कविता : मस्त 'मतवाला' के मठाधीश की तपोभूमि यात्रा पर—दो कविताएं—दीक्षित शैल बिहारी लाल अनुरोध—कंटक। नारी-हरण—रपट, सामाजिक घाव—रामशरण सिंह, नाट्य-शास्त्र—लेख : शशि शेखर त्रिवेदी 'विशारद' [3 जुलाई 1926], अग्रलेख—बहुत निकले मेरे आरमान, लेकिन फिर भी कम निकले। कविता : महाराज शिवाजी का पत्र—निराला, कहानी : भारी भ्रम,—पं. खेमहरी शर्मा 'हृदयेश', जेल में—केदारनाथ मिश्र 'प्रभात'। हिंदुओं की विराट सभा—चित्र [10 जुलाई 1926], अग्रलेख—बोतल में तूफान। कविता : गैरों से लुटा रहे हैं...—राजनारायण चतुर्वेदी 'आजाद', मौन—निराला, 'मतवाला'-मंडल को बधाई—जगतनारायण मेहरोत्रा। शोकाश्रु [देशबंधु के सुपुत्र पर शोक—कंटक, लो सुन लो, सहृदय [दो कविताएं]—कंटक। कहानी : जेल में—[अनुवाद]—केदारनाथ मिश्र 'प्रभात'। सब हिंदू भाइयों से निवेदन—शिवसिंह जी, अभय सिंह जी ठाकुर। पं. कन्हैयालाल शर्मा गोपालाचार्य—चित्र [17 जुलाई 1926], कविता : अनुरोध—मोहनलाल महतो 'वियोगी', जो उनकी सी कहे—बिसमिल, फरियादे बिसमिल,

संधान—बिसमिल, उत्तर—प्रफुल्लचंद ओझा 'मुक्त'। इज़हार सफाई—ग्रंथकीट जी का, उत्तर गोपाल नेवटिया का। उठाईगीर लेखक—ग्रंथकीट, मुहरहुलहराम का मेला—रपट।—'निर्माल्य' निर्माता के चरणों में—समीक्षा—चंद्रशेखर उपाध्याय 'चंद्र' [24 जुलाई 1926] **[31 जुलाई 1926 से 20 नवंबर 1926 तक के अंक अनुपलब्ध रहे]** अग्रलेख : यही पाखें पतिव्रत ताखे धरो। कविता : अनुरोध—ब्रजकिशोर लाल, कामना—रामवचन द्विवेदी 'अरविंद', आंसुओं के प्रति—कंटक। बलिया मातृ-मंडल की धमकियों का मुंह तोड़ उत्तर—शिवध्यान सिंह तोमर, कवि—शब्द चित्र—बालकृष्ण बलदुआ, सागर-सुता-यात्रा—सूर्यनारायण व्यास 'सूर्य', शुद्धि-लेख—रमेशचंद्र त्रिपाठी। ठेंगा—व्यंग्य-चित्र। [27 नवंबर 1926] **[4 दिसंबर 1927 का अंक अनुपलब्ध रहा]** अग्रलेख—हिंदू आतंक रोग। कविता : शोकोच्छास [सेठ जी के पितृव्य सेठ जगन्नाथ प्रसाद जी]—नारायण दत्त चतुर्वेदी 'आनंदकुटी', सौभाग्य—मोहनलाल महतो 'वियोगी', शायर और दिल—राजनारायण चतुर्वेदी 'आजाद', बंशीवाला—जगन्नाथ मिश्र 'कमल', बक से जैसा को तैसा (2)—चंद्रशेखर उपाध्याय, आफिस—शिवकुमार केडिया। लेख—हिंदुओं अपने आपको पहचानो—पं. रमेशचंद त्रिपाठी। दरवाजे पर, जीता-हारा, हरा-भरा—व्यंग्य-चित्र [11 दिसंबर 1926]

[18 दिसंबर 1926 से 8 जनवरी 1927 तक के अंक अनुपलब्ध रहे] अग्रलेख : हत्या-रहस्य [दाढ़ी—द्रोही देव] कविता : अन्योक्ति—पं. पुष्प मुनि जी, अंतिम बार—जगन्नाथ मिश्र गौड़ 'कमल', छेड़छाड़—गोविंदप्रसाद झंगर, 'मतवाला' मतवाला हो, हिंदू नहीं जानिये—रामबचन द्विवेदी 'अरविंद', बुलबुल की फरियाद—आजाद, मर मिट जाने दो—बलभद्र प्रसाद गुप्त। कहानी : चंद हसीनों के खतूत—उग्र, मिट्टी में मिलावेंगे—कविता—अरविंद। कर्त्तव्य-पालन-पत्र। आत्मा का वजन—नारायण प्रसाद बेताब [15 जनवरी 1927]

[22 जवनरी 1927 से 5 फरवरी 1927 तक के अंक अनुपलब्ध रहे।] अछूतों की दशा—बेनीमाधो सिंह, भाव-साम्य—रमाशंकर त्रिपाठी। चाबुक **[12 फरवरी 1927 अंक के कुछ ही पृष्ठ फटी स्थिति में उपलब्ध हो पाये थे]** अग्रलेख : खांस लेना। कविता : खोज—केदारनाथ मिश्र गौड़ 'कमल', धूर्त समालोचक—तूफान प्रसाद ग्रेजुएट, कैसा न्याय। कहानी : दिल्ली का दलाल—उग्र, अछूतों की दशा—बेनीमाधव प्रसाद सिंह, खड्गहस्त राष्ट्रीय चीन—व्यंग्य-चित्र [26 फरवरी 1927] कविता : दुरंगी होली—नाथूराम शर्मा 'शंकर', अंतर्दाह—हरिऔध, कुल्हड़ी होली, तुम और मैं—निराला, शुभकामना—पं. लोचनप्रसाद पांडेय, गजल—बिसमिल, बाबा घसीटानंद, लाल गुलाब—कृष्णदेव प्रसाद गौड़ 'सरन', गुलाल की लाली—प्रभात, होली में गाली—शर्मा, होलिकोत्सव, कला में बेढ़ब—बेढब बनारसी, रंगीन फव्वारा—गोपालशरण सिंह, होली—मैथिलीशरण

गुप्त, तृण कुसुम का गान—प्रसाद, हयाहीन होली—अनूप, क्या दूं?—द्विज, मिस होली—किशोरीलाल गोस्वामी, तितली—शांतिप्रिय द्विवेदी, होली में—किशोरीलाल गोस्वामी, प्रिया के प्रति—प्रभात, खूबंद की होली-होली—विपिन, होली—माधवचरण द्विवेदी 'माधव', होली—जगन्नाथ मिश्र गौड़ 'कमल'। हास्य-व्यंग्य लेख : क्षमा कीजिए होली है—नरदेव शास्त्री, मालिक मौक्यू—गोपालदास गहमरी, होली में गाली—शर्मा, होलिकोत्सव, दिवाला निकल गया—भगवान दीन, बात की बतास—निखट्टू, होली—देवराज उपाध्याय, मतवाले की बड़ा-बड़ी सहज शत्रु, रविराय—राधेश्याम कथावाचक, परमार्थ पियारी : पं. हरिशंकर शर्मा, होली में मस्ती—विश्वनाथ सिंह शर्मा। रंगरूटों की फौज। दो महाकवि [निराला, पंत—व्यंग्य-चित्र] घों घों घों की खोपड़ी पर—व्यंग्य-चित्र, अर ररर कबीर—व्यंग्य-चित्र [12 मार्च 1927] **[होली—अवकाश में संभवतः, एक अंक का अंतराल रहा]** अग्रलेख—बहादुर खड्ग बहादुर। मौत की वारंट की नायिका, हिंदी साहित्य में हास्य-रस और व्यंग्य-विनोद—शिवपूजन सहाय, होली का वह रूप, होली का यह रूप, विभिन्न होली। होलिकांक शो, कसौटी, पुरुष की स्त्रियों के प्रति—व्यंग्य-चित्र [26 मार्च 1927] **[सिर्फ 2.4.27, 9.4.27, 28.5.27, 2.7.27, 9.7.27, 16.7.27, 16.7.27, 23.7.27, 30.7.27 के अंक उपलब्ध रहे लेकिन इसकी उपयोग नहीं की गई सामग्री की रचना-विवरणी असावधानी से खो गई। पाठक क्षमा करें। फिर अग्रलेख उपलब्ध रहे**—पागल और मूर्ख [2.4.27] अफजल-बध [28.5.27], आर्डिनेंस किसके लिए? [16.7.27], भीषण वज्रपात [23.7.27]]

अग्रलेख—भयानक भूल; कविता : शोकोच्छ्वास—जगन्नाथ मिश्र गौड़ 'कमल', मुक्ति-पथ—रामनारायण 'आनंद, लेखनी से—भुवनेश्वर सिंह 'भुवन'। मेरा रोना—उग्र, भानुमती की पिटारी [6 अगस्त 1927] अग्रलेख—ट्रंप चाल। कविता : आप क्या जानिये पराई चोट—हजरत 'नूह', मेरी इच्छा—बेढब बनारसी, नेतृत्व—अनूप शर्मा, गजल—बिसमिल, क्यों—जयशंकर प्रसाद, मर्मकथा—हरिऔध। आवरण पर पटेल की किसानों से अपील, क्लब की सालगिरह—निखट्टू, दाढ़ी-चोटी, बुधुवा की बेटी—उग्र, आंय-बांय, शांय—अष्टावक्र, विश्वासघात करनी—उत्पल, भानुमती की पिटारी [13 अगस्त 1927] अग्रलेख—नीचता। कविता—निरा नीच—जगनारायण पगदेव शर्मा—परिचिता अज्ञाते—वीरात्मा, अलबेला के प्रति-औघड़ों के चाचा, ग़ज़ल—हजरत 'नूह', वर्षा-बहार—रामवचन द्विवेदी 'अरविंद', बीवी जी के गहने—रा. द्वि. 'अरविंद', कलामे बेढ़ब—बेढ़ब बनारसी, गजल—बिसमिल। उपन्यास-कहानी : बधुआ की बेटी—'उग्र', मां को चुनरी की साध—'उग्र'। लेख-विविध : आवरण पर गुजरात के किसानों से गांधी जी की अपील, केदार भट्ट जी का पत्र, अयोध्यापुरी का झूलन—विद्याभूषण रामनाथ, हिंदू महासभा का कार्य—नेकीराम शर्मा, रंगरूटों की फौज, भानुमती की पिटारी

[20 अगस्त 1927] कविता : फरियादे बिसमिल-बिसमिल, अन्योक्ति–रमाशंकर दीक्षित, औघड़ से–मंगभगत जुबलपुरी विरहणी–रामशंकर दीक्षित, उलाहना–विश्वंभर नाथ शुक्ल। कथा-सामग्री : बधुवा की बेटी–उग्र, दिल्ली का दलाल–उग्र, बुद्धि-विपत्ति–त्रिलोकीनाथ सेठ। विविध-सर्पोत्पति और चिकित्सा–पं. भगीरथ स्वामी आयुर्वेदाचार्य। कसौटी, भानुमती की पिटारी [27 अगस्त 1927], कविता : अनुरोध–प्र.चं. ओझा 'मुक्त', शिवप्रकार–रा.द्वि. 'अरविंद', गज़ल–बिसमिल, श्रृंगार–वीरात्मा, पावस की अभिसारिका–देवदत्त मिश्र। कथा सामग्री : बधुवा की बेटी–उग्र, बदला–भाष्यकारानंद तस्कर। विविध : चाबुक, भानुमती की पिटारी, स्वामी सारदानंद जी महाराज–जीवन-परिचय [3 सितंबर 1927], अग्रलेख–अल्लाहाबाद वालों से। कविता : प्रलयकाल–हरिऔध, गज़ल–बिसमिल, जय-पराजय–उत्पल, हिंदी के गद्य–कृष्णमुरारी पंत, उचार कविता–बालकृष्ण बलदुआ, वाह रे हम–प्रेम, आओ–प्र.चं. ओझा 'मुक्त'। कथा–बुधुवा की बेटी–उग्र, शवदाह–भाष्यकरानंद तस्कर। विविध : वर्षा-ऋतु–देवकी नंदन गौर। भानुमती की पिटारी, रंगरूटों की फौज [10 सितंबर 1927], कविता : कुंज कुटीरे यमुना तीरे–एक भारतीय आत्मा, प्रलयकाल–अनूप शर्मा, वर्षा से–बालकृष्ण बलदुआ, भावों की अधिष्ठात्री से–बा.कृ. बलदुआ, पावस अभिनय–भुवनेश्वर सिंह 'भुवन', हताश हृदय–प्र.च. ओझा 'मुक्त', विविध ग्राम्य गीत (समीक्षा)–'मुक्त', भगवान् कृष्ण की खुली चिट्ठी–गोस्वामी सुधाकर देव शर्मा, मालवीय प्रपंच–लक्ष्मीकांत भट्ट, हिंदू प्रभुता के विनाश के कारण। भानुमती की पिटारी [7 सितंबर 1927], अग्रलेख–अपना मुंह देखो। कविता : आलाप-आलोचना, विवश–प्रफुल्लचंद्र ओझा 'मुक्त', प्रलय–भुवनेशवर सिंह 'भुवन', स्थिति-निवेदन–बा.कृ. बलदुआ–कालिका–भुवनेश्वर सिंह 'भुवन'। कथा : विपरीत-विचित्र, रंगरूटों की फौज, भानुमती की पिटारी [14 सितंबर 1927], कविता : शिवयोगी कनफट्टा है–पं. देवी प्रसाद शुक्ल, पंचवटी-प्रसंग–बर्क देलहवी, अंतिम उल्लास–'प्रभात', रणभेरी–हरिकृष्ण विजयवर्गीय 'प्रेमी'। विविध : अखबारी दुनिया की सैर–साढ़े अट्ठारह इंच, मोहन लाल महतो 'वियोगी'–परिचय, साहित्यिक डाका–'मुक्त', हिंदू-कुटुंब का डाका–शिवनारायण टंडन, भानुमती की पिटारी [1 अक्टूबर 1927], **[8 अक्टूबर 1927 का अंक विजयादशमी के कारण नहीं प्रकाशित हुआ]** अग्रलेख–मुसलमान सभाओं का जहर। कविता : गुरुडम के प्रति–निराला, आग–प्रभात, ब्रिज बोइबों जानै–रमाशंकर दीक्षित, मन की मन माहीं–विश्वंभरनाथ शुक्ल, कैसे–वीरात्मा–कथा : सर्वेश्वरी–रेणु, आदम की कथा–गणेशदत्त शर्मा गौड़ 'इंद्र'। विविध : भूदेव शर्मा का उत्तर, ग्राम्य-गीत–रामनरेश त्रिपाठी। चंडूखाने की गप्प [15 अक्टूबर 1927], कविता : जीवन हो चिरकालिक क्रंदन, हो मेरी प्रार्थना विफल–दो गीत–निराला, गज़ल–बिसमिल,

आह्वान—दयाशंकर वाजपेयी 'प्रमुदित', अंतरवेदना—मान। विविध : एक अनाथ विधवा की चिट्ठी, भूदेव शर्मा को उत्तर—भगवानदीन, बैरागी—शिवनारायण टंडन। भानुमती की पिटारी, रंगरूटों की फौज [22 अक्टूबर 1927], अग्रलेख—नपुंसक सरकार। कविता : देखना—विकसित, मुस्कान—भुवनेश्वर सिंह 'भुवन', गज़ल [दो]—बिसमिल, सलाह—बा.कृ. बलदुआ, आ जाऊंगा—वीरात्मा। विविध : दीवाली—रामलाल गर्ग, सिंदूर की चोरी—जेल-जीवन, भानुमती की पिटारी [29 अक्टूबर 1927] अग्रलेख : सावधान-कविता : कैसा खेल है—विकसित, गज़ल : शिवमूरत लाल 'कैस' बनारसी, उद्‌गार—वीरात्मा, सूखे आंसू—ललित, मनोकामना—रमाशंकर दीक्षित 'रमेश'। कथा : नौकर की तलाश—भाष्करानंद तस्कर। विविध : उड़ीसा की बाढ़—रामकृष्ण मिशन शुद्धानंद, लाला भगवानदीन और मैं—कृष्णबिहारी मिश्र, खादी और चर्खे के लाभ—हरिभाऊ उपाध्याय। चंडूखाने की गप्प [5 नवंबर 1927], कविता : इसलिए क्या श्वेत पड़ गई चंद्रिके—विकसित, रणभेरी—हरिकृष्ण विजयवर्गीय 'प्रेमी', कौन—विमल, विरह—भुवनेश्वर सिंह 'भुवन'। उपदेश पालन—हास्य कहानी—उत्पल। विविध : रायल कमीशन, हिंदी साहित्य में क्रांति—गुलाब, रंगरूटों की फौज, भानुमती की पिटारी, कसौटी [12 नवंबर 1927] अग्रलेख : राजधानी में गुंडों का राज। कविता : कुंज में—जगन्नाथ मिश्र गौड़ 'कमल'। विविध : स्त्री से पुरुष, प्रेतात्मा की शैतानियां, ऐतिहासिक चुंबन, भगलू चमार, जेल जीवन, उड़ीसा की बाढ़—शुद्धानंद, मिश्र जी की महत्ता—भगवानदीन, एक सच्ची सेविका का प्रमाण—'यंग इंडिया', हिंदी साहित्य में क्रांति—गुलाब, भानुमती की पिटारी [19 नवंबर 1927], विविध : मुझसे सब अच्छे—घनश्याम दास बिड़ला, अधोगति की पराकाष्ठा—हीरानंद प्रसाद श्रीवास्तव, 'चचा' की चोरी—राजाराम अग्रवाल, कसौटी, भानुमती की पिटारी [26 नवंबर 1927], आवरण : गीता-जयंती, अग्रलेख—तूफान। कविता : मेरी आह—विमल, गजल—बिसमिल। विविध : विह्वल-बुद्धि का नमूना—वैद्यनाथ मिश्र 'विह्वल' का प्रति उत्तर—संपादक 'मतवाला', नाम की चोरी-अष्ट्रावक्र, उमर खय्याम—मुहम्मद काजिम शीराजी, मेरी रिपोर्ट—कलम कुठार। कसौटी, भानुमती की पिटारी। [3 दिसंबर 1927], कविता : हार—देवराज उपाध्याय कथा : बुधुवा की बेटी—उग्र, विविध : उमर खय्याम—मु. काजिम शीराजी, दीनजी की दानाई—भूदेव शर्मा, गोलमाल कारिणी महासभा [10 दिसंबर 1927], कविता : अज्ञात—'प्रभात', जानने योग्य जीवन—निरंकुश, काल को—अनूप, कब तक—ज.मि. गौड़ 'कमल', पिस्तौल का पश्चाताप—नारायण प्रसाद जी 'बेताब'। कथा : बुधुवा की बेटी—उग्र। विविध : दीनजी की दानाई—भूदेव शर्मा, हिंदी साहित्य में क्रांति—गुलाब, डाकेजनी का अभियोग—भुवनेश्वर सिंह 'भुवन', रंगरूटों की फौज [17 दिसंबर 1927], कथा : बुधुवा की बेटी—उग्र। विविध : साहित्यिक डाकेबाजी—ग्रंथकीट, रिपोर्टर की खिदमत में—

प्र.चं. ओझा 'मुक्त', हमारे प्रांत का नाम—नरदेव शास्त्री, दीनजी की दानाई—भूदेव शर्मा, कसौटी [24 दिसंबर 1927], कविता : अग्नि-गान—प्रभात, अंत में—प्रभात, जजबाते कैस—शिवपूजन 'कैस', जल-प्रलंयकर—मोहनलाल महतो 'गयावाल', अपने प्रति—भुवनेश्वर सिंह 'भुवन'। भूदेव जी की महत्ता—लाला भगवानदीन। कथा : बुधुवा की बेटी—'उग्र'। विविध—हकीम अजमल खां, कांग्रेस-प्रसंग, हिंदू महासभा का कार्य और उद्देश्य—नेकीराम शर्मा, [31 दिसंबर 1927] अग्रलेख : मिलनपथ, कविता : गजल—बिसमिल, पश्चाताप, सच्चा हिंदू, शक—बलभद्र प्रसाद गुप्त 'रसिक', उपमा—कमल, सुकवि—देवीदीन दीक्षित 'दिवाकर'। कथा : समाज का अग्निकुंड—शिवनारायण टंडन। विविध : सनातनधर्मियों से निवेदन [7 जनवरी 1928], कविता : भाव—बा.कृ. बालदुआ, आगंतुक के प्रति—देवराज उपाध्याय, अदृश्य—विमल। ग़ज़ल—बिसमिल, कवि—गंगाचरण दीक्षित, पानी में वैषम्य—रसिक। कथा : इक्यावन-बावन—उत्पल। हिंदू समाज का अग्निकुंड—शिवनारायण टंडन, सम्मेलन की उपेक्षा—जगमोहन 'विकसित', उलटफेर—ग्रंथकीट, भूदेवजी की महत्ता—लाला भगवानदीन, हास्यवाद—गुलाब [14 जनवरी 1928], कविता : : गजल—बिसमिल, कल-प्रभात, खद्दर के गुण—महेश्वरी सिंह 'महेश', मदिरा—देवीदीन दिवाकर, अन्योक्तियां—'मधुप'। कथा : बुधुवा की बेटी—उग्र। विविध : सनातन धर्म महासभा की घोषणा—मदनमोहन मालवीय, हिंदू अनाथिनी की पुकार—हिंदुओं का कर्त्तव्य—नेकीराम शर्मा। कसौटी [21 जनवरी 1928] कविता : झूठा यह संसार—राम विभीषण उपाध्याय, हिंदी और हिंदू—बलभद्र गुप्त, सिरा तेरी ओर—'विमल', खोज—बा.कृ. बलदुआ, रवि—गंगाचरण दीक्षित। कथा : बुधुवा की बेटी—उग्र, ज्योति-रक्षा—देवराज उपाध्याय। विविध : सौदामिनी के प्रति, हिंदी के कवि-सम्मेलन [28 जनवरी 1928], कविता : उन्मादिनी—गंगाचरण दीक्षित 'आकुल', पूर्व परिपाटी—ब्रजकिशोर शर्मा 'पंकज', कथा : बुधुवा की बेटी—उग्र, निःस्वार्थ प्रेम—खुशहाल चंद। विविध : सौदामिनी के प्रति—[महंत प्रताड़ित नारी-कथा], विभिन्न प्रांत निवासियां की उपलब्धियां। [4 फरवरी 1928], कविता : आकांक्षा पूर्त्ति—पानी—रामबचन द्वि. 'अरविंद', दरेरे में—श्रीनाथ अवस्थी, अभिलाषा—श्रीनाथ अवस्थी। कथा : बुधुवा की बेटी—उग्र, दैवी प्रेरणा [अंग्रेजी] सच्ची घटना। विविध : दाढ़ी-चोटी कसौटी [11 फरवरी 1928], कविता : होलिका-प्रपंच—हरिऔध, शुभ-कामना—लोचन प्रसाद पांडेय, कलकत्ते के पत्र संपादकों की होली—'अलमस्त', कवि की होली—गुलाब, अररर सुन लो मोर कबीर—रमाशंकर मिश्र श्रीपति, मैं कवन हू बतावहु—मैं, मिस मेयो—दुलरा, गजल—बेढ़ब बनारसी, गजल—बिसमिल, मैं तो बेहोश था—हरिश्चंद्र गुप्ता, सुधा भरे कबीर—भूरा-भंगड़ी, बसंत—प्रभात, होली की बहार—बलभद्र गुप्त 'विशारद', गजल—कैस बनारसी, कसक होती है दिल में—हरिश्चंद, प्रिय से—शांतिप्रिय द्विवेदी, होली, होली

हुरदंग में—किशोरीलाल गोस्वामी, [तीन कविताएं] होलिका दहन—अनूप शर्मा, साहब के चक्कर में—बिसमिल, मौन—प्रभात, दर्शन—बालकृष्ण, होली—विमल, कबीर—विमल, होलिके—'मुक्त', रसातल बढ़ाओ ना—रा.द्वि. 'अरविंद', होली का रंग—देवकीनंदन 'गौर'। कहानी : समाधि—विनोद शंकर व्यास, अमिट-स्मृति—जयशंकर प्रसाद। गद्य-काव्य : हृदय के कर्ण—कृष्णदेव प्रसाद 'सरस', बहिन की होली—मुक्त, धूलि-बंदन—नरदेव शास्त्री। नाटिका—अफीम की पिनाक। विविध—मिस लंदन से मिलने जा रहे हो, गुणानुवाद सम्मेलन—चंपक गेहूं चंद शुक्ल, होली का संदेश—देवराज उपाध्याय, व्यंग्य के रंग में रंगी हुई—कमलाकृत। व्यंग्य-चित्र—1. समाज में घर का चक्कर, 2. विधि विडंबना, 3. चापलूस-चंपक, 4. छायावाद के शत्रु, [3 मार्च 1928] **[10 मार्च 1928 का अंक होली अवकाश में नहीं छपा]** अग्रलेख : कौन हो। कविता : नवीन वर्षाभिनंदन—शिवनारायण टंडन, जागरण—निराला, 'मतवाला'—मंडल की होली मुबारक—बिसमिल, 'मतवाला' की सूक्तियां—गिरिधर शर्मा 'नवरत्न'। कहानी : मीठी चुटकी—उग्र, सरला साहबी—खुशहालचंद। गद्य-काव्य—नदी-तीर—आनंदी प्रसाद मिश्र निर्द्वंद्व, आशा—जगदीश 'विमल'। विविध : इंगलैंड के कपड़े बहिष्कार करो, ग्राम-गीत—रामनरेश त्रिपाठी, पुराना-नया जमाना—व्यंग्य-चित्र [17 मार्च 1928], कहानी : परदे में पाप—उग्र, अंतर्द्धान—हास्य—वेद-व्यास के सगे नाती, चार चिट्ठियां : 'चांद का पत्रांक [12 मई 1928], अग्रलेख : तुम क्या हो। कविता : आंसू, फरियादे बिसमिल—बिसमिल, गजल—शातिर इलाहाबादी। कहानी : परदे में पाप—उग्र। सम्मेलन समस्या [26 मई 1928] **[24 मार्च, 31 मार्च, 7 मई, 19 मई 1928 का अंक अनुपलब्ध]**, अग्रलेख—तर्क या तर्काभास! गजल—बिसमिल, जजबाते कैस—कैस बनारसी, ढेर—ज.मि. गौड़ 'कमल'। कहानी : परदे में पाप—उग्र, जीवन का मौन—दुर्गादत्त त्रिपाठी [2 जून 1928], कविता : राजे दिल—गंगा सहाय 'दिल', क्यों—सत्यव्रत शर्मा 'सुजन', हिंदुओं—महेश्वरी सिंह 'महेश '। कहानी : स्त्री का हृदय—चतुर्भुज नारायण श्रीवास्तव, गद्य काव्य : दुर्भिक्ष—जगदीश झा 'विमल'। विविध : समालोचना का कलुष—नरोत्तम व्यास, 'चांद' संपादक से निवेदन—मोहन शर्मा [30 जून 1928] **[8 जून 1928, 15 जून 1928, 22 जून 1928 के अंक अनुपलब्ध रहे]**, अग्रलेख सफल-सम्मेलन। कविता—वीर रसिक, गजल—बिसमिल, गजल—धरीक्षण सिंह वर्क, शैशव-स्मृति—बा.कृ. बलदुआ, गजल—देवानंदपूर्ण। कहानी : विश्वासघात—सुरेंद्र बहादुर राय 'इंद्र'। विविध : अंतिम-दर्शन, हिंदी में साहित्यिक शासन—कृष्णदेव गौड़, निज़ामी हथकंडे, गोकुला घाट, कालेपानी का इतिहास, (स्वदेश) पुजारी की बेटी—हास्य—कुंडोदरानंद, वामन अवतार—नाटक, समीक्षात्मक रपट, स्वर्गवासी बाबू रामलाल जी वर्मा—सचित्र (दो) रपट [7 जुलाई 1928] **[14 जुलाई 1928, 21 जुलाई 1928 के अंक अनुपलब्ध]** कविता : दर्दे

वतन—वहशी लखनऊ, निष्ठुर—सत्यव्रत शर्मा 'सुजन', रसीले हैं—भु. सिंह 'भुवन', गज़ल—हरिश्चंद श्रीवास्तव। विविध : दो मतवाले—हास्य, कलकत्ता के कॉलेजों में हिंदी की पढ़ाई का प्रबंध। रंगरूटों की फौज, सूचनाएं [28 जुलाई 1928] **[4 अगस्त 1928 का अंक अनुपलब्ध]** अग्रलेख : नाक की रक्षा। विविध : सुधा संपादक के प्रति प्रेमचंद का पत्र, सुधाकर साहित्य, संगीत समिति [11 अगस्त 1928], अग्रलेख—नेहरू-विधान। कविता : अनुरोध—रसिक, अनुरोध—अज्ञात। विविध—साहित्य प्रतियोगिता, हिंदू जाति की दयनीय दशा—खूबलाल मंडल, सोहागरात [कृष्णकांत मालवीय] समीक्षा—मनसुखा। तरंगिणी—जगदीश झा 'विमल' [18 अगस्त 1928], अग्रलेख—भागे भूत की लंगोटी; कविता—मैं और वह—विंध्याचल प्र. वर्मा, विविध : गणेश-जन्म [पं. नारायण प्र. बेताब नाटक] समीक्षा—दामोदरदास खत्री। रक्षा-बंधन—रामदास बख्स। कसौटी। विभिन्न प्रेमियों के नौ पत्र [25 अगस्त 1928], अग्रलेख—बारह दरी की बैठक। कविता : तुलसीदास, ललित कुमार सिंह 'नटवर', प्रकृति शिक्षा—अरविंद। हिंदी साहित्य में आलोचना की घुड़दौड़—श्री चंद्रशेखर उपाध्याय [1 सितंबर 1928], कविता : पतन—जगदीश झा 'विमल', खोलो द्वार—कालीप्रसाद भटनागर 'विरही', वीणे—मा. सिंह 'महेश', रक्षा-बंधन—श.द. सक्सेना, बलि-विधान—घनश्याम दास पांडेय, सावधान—चंद्रभानु 'विभव', खुशामद—अयोध्या प्र. 'नेमा', कहानी : नौकरी की तलाश—नित्यानंद पंत। विविध : विधवा-विवाह पर महामहोपाध्याय जी—शुकदेव शर्मा, नेताओं पर धर्म-संकट—राधामोहन गोकुल [नेहरू कमिटी में इच्छा-शक्ति के अभाव पर, बेमलतब की बातें—पूर्व पत्र का जवाब—छविनाथ पांडेय, पर्दे की प्रथा—कुमारी गिरिजा देवी [8 सितंबर 1928], अग्रलेख—मैं तो तशरीफ लूंगा। कविता : गज़ल—कैस बनारसी, गजल—रामकृष्ण त्रिपाठी, प्रतिवाद—रसिक, गाय के प्रति—सत्यव्रत शर्मा 'सुजन'। कहानी : तांगेवाला—ऋषभ चरण। विविध : दो पत्र—जगदीश झा 'विमल', संपादकीय चोरी, मिथिला और 'चांद'। बांकुडा और बालूर घाट मे दुर्भिक्ष-कार्य—रामकृष्ण मिशन [15 सितंबर 1928], कविता : जज़बाते कैस-कैस बनारसी, चल जाय—अवधेश मालवीय मेरी कविता—देवीदीन दीक्षित 'दिवाकर', कहां है—देवराज उपाध्याय। एकांकी—दो डाकू, बीबी जी का व्रत—हास्य—कुंडोदरानंद। विविध : त्रिपाठी बंधु का तर्क—शारदा प्रसाद, बंग प्रांतीय हिंदी साहित्य सम्मेलन : रमाशंकर त्रिपाठी [22 सितंबर 1928], कविता : सिपाही—लहरी, खिली कली—दाराबखां 'अभिलाषी', गजल—बिसमिल, विचलित हृदय—बलभद्रप्रसाद गुप्त 'रसिक', गजल—विह्वल लखनवी। कहानी : सूखे आंसू—ऋषभ चरण। विविध : विवाह-विच्छेद और 'चांद' चंद्रावती देवी, लाख गुरु एक चेला—रामलाल गर्ग, पर्दा और बौखलाहट—जयमंगल प्र. सिंह सं. 'स्वास्थ्य'। कसौटी। [29 सितंबर 1928] अग्रलेख—गुंडई की दवा। कविता : गजल—कैस बनारसी,

गजल—बिसमिल। कहानी : मेरी लहरों का संगीत—चंद्रभानु 'विभव', लीला—मिसेज शिवरानी दत्त। विविध : पं. जवाहरलाल नेहरू को मानपत्र, धर्म—पं. प्रेमनारायण त्रिपाठी 'प्रेम', त्रिपाठी बंधु का उत्तर [6 अक्टूबर 1928], कविता : गज़ल—बिसमिल, हाहाकार—कालीप्रसाद भटनागर 'विरही', गज़ल—कैस बनारसी, गज़ल—रामकृष्ण त्रिपाठी लखनवी। कहानी : सौंदर्य-समाधि—गणेश दत्त शर्मा गौड़ 'इंद्र'। विविध : बादशाही जमाने में गोरक्षा, विवाह-विच्छेद—प्रत्यक्षवादी [13 अक्टूबर 1928]

नोट : इसके बाद 'मतवाला' सामग्री चयन में मैंने सिर्फ 17 नवंबर 1928, 24 नवंबर 1928, 1 दिसंबर 1928, 8 दिसंबर 1928, 15 दिसंबर 1928, 12 जनवरी 1929, 19 जनवरी 1929, 26 जनवरी 1929 के ही अंकों का उपयोग किया। सिर्फ 12 जुलाई 1930 का अग्रलेख ही सुलभ हुआ था। आगे प्राप्त अंकों की रचना-विवरणी के लिए हम अपने मित्र डॉ. शिशिर पांडेय के आभारी हैं। खेद है कि वे अंक मुझे सामग्री चयन के लिए उपलब्ध नहीं हो सके। **—संपादक**

वर्ष 6, सं. 11, कलकत्ता, आश्विन शुक्ल 6, सं. 1985, शनिवार, 20 अक्टूबर 1928

1. अग्रलेख—शक्ति साधना (शारदीय नवरात्र पर शक्ति-साधना एवं देश की स्वाधीनता हेतु जनता का आह्वान)। 2. मतवाला की बहक। 3. विजयादशमी (कविता) : श्यामसुंदर खत्री। 4. बनजारा (कहानी) : श्री जयशंकर प्रसाद। 5.चलती चक्की। 6. चांदनी (कहानी) : उग्र। 7. राम (कविता) : 'आजाद'। 8. बांसुरीवाला (कहानी) : चंद्रभानु 'विभव'। 9. काशी की चिट्ठी : प्रेषक बनरसिया अखाड़ा। 10. रंगरूटों की फौज : एक निर्भीक वक्ता।

वर्ष 6, सं. 12 कलकत्ता, कार्तिक कृष्ण 6, सं. 1985, शनिवार, 3 नवंबर 1928

1. अग्रलेख—सावधान! (हिंदू-मुसलमान दंगों पर दुःख)। 2. मतवाला की बहक। 3. मधुचक्र : श्री मधुकर (क) धर्मान्तर संपत्ति का प्रबंध। 4. चलती चक्की। 5. विजया तरंग (समसामयिक पत्र-पत्रिकाओं पर व्यंग्योक्ति, घासलेटी साहित्य कहकर आलोचना करने वाले पत्रों पर कटूक्ति)। 6. गज़ल (ताल नकटा दादर) : विह्वल लखनवी। 7. स्मृति : ले. सत्यव्रत शर्मा 'सुमन'। 8. पवित्र पाविनी (कहानी) : श्री महेश्वरी प्रसाद। 9. शरद-वर्णन (प्राकृतिक-सौंदर्यपरक गीत) : चंद्रभान 'विभव'। 10. चाबुक : उमावल्लभ चतुर्वेदी का पत्र। 11. विरोधी के प्रति : ले. रंजन। 12. पुस्तक-परिचय : लेखक, घी का लड्डू टेढ़ा भला—(क) मेघनाथ वध : अनु. मधुप। (ख) त्रिपथगा : मैथिलीशरण गुप्त (ग) आर्द्रा : श्री सियाराम शरण गुप्त।

वर्ष 6, सं. 13 कलकत्ता, कार्तिक कृष्ण 13, सं. 1985, शनिवार, 10 नवंबर 1928

1. अग्रलेख—मौलाना का प्रलाप (मौलाना शौकत अली द्वारा युक्त प्रांत सर्वदल मुस्लिम कांफ्रेंस के सभापति के आसन पर से किया गया हिंदुओं के प्रति विष-वमन)। 2. मतवाला की बहक। 3. विवाह-विच्छेद (प्रत्युत्तर) : लेखिका श्रीमती चंद्रावती देवी। 4. चलती चक्की। 5. हमारे दिल पर बिजली गिर पड़ी आज (गज़ल) : नाखुदाय सखुन हजरत नूह नारवी। 6. कलामे आकिल (गज़ल) : बाबू प्रेम बिहारी लाल 'अकिल' ग्वालिपरी। 7. काशी में महाब्राह्मण सम्मेलन (हास्यपरक लेख) : निज संवाददाता। 8. फरियादे बिसमिल : कविवर बिसमिल प्रयाग। 9. पुष्प की 'लाल समाधि' (कहानी) : चंद्रभानु 'विभव'।

वर्ष 6, सं. 14, कलकत्ता, कार्तिक शुक्ल 5, सं. 1985, शनिवार, 17 नवंबर 1928

अग्रलेख—दिव्यप्रकाश (पं. जवाहरलाल नेहरू के प्रस्ताव का स्वागत) पूर्ण स्वतंत्रता हेतु अंग्रेजों का भारत-त्याग अनिवार्य। 2. मतवाला की बहक। 3. दलित कुसुम (कविता) : कालीप्रसाद भटनागर 'विरही' चोचोड़ा। 4. चलती चक्की। घासलेटी या चाकलेटी ('विशाल-भारत' के सम्पादक पं. बनारसीदास चतुर्वेदी के घासलेटी आंदोलन के विरोध में 'भारत' से उद्धृत)। 6. तुमको आंखें पा गईं तो सारी दुनिया पा गई (गज़ल) : कविवर बिसमिल प्रयाग। 7. मधुचक्र—श्री मधुकर (क) यू.पी. और पंजाब में औरतें कैसे बेची जाती हैं, (ख) हिंदुओं की पाखंड-पूजा। 8. अर र र र मर गए साहब (कहानी) : पं. रामलाल गर्ग। 9. जमाना पूछता है दर्द दिल की दास्तां हमसे (गज़ल) : कविवर बिसमिल प्रयाग। 10. विवाह-विच्छेद (प्रति उत्तर-2) : श्रीमती चंद्रावती देवी। 11. पुस्तक-परिचय : घी का लड्डू टेढ़ा भला (क) श्रीमद्वाल्मीकीय रामायण : अनुवादक पं. चंद्रशेखर शास्त्री, (ख) जनमजेय का नागयज्ञ : श्री जयशंकर प्रसाद (नाटक) (ग) अजातशत्रु (नाटक) : जयशंकर प्रसाद।

वर्ष 6, सं. 15, कलकत्ता, कार्तिक शुक्ल 12, सं. 1985, शनिवार, 24 नवंबर 1928.

1. अग्रलेख—बलिदान (पंजाब केसरी लाला लाजपत राय के 17 नवंबर को शहीद होने पर मार्मिक शोकाभिव्यक्ति बड़े चित्र के साथ)। 2. मतवाला की बहक। 3. काशी में महाब्राह्मण सम्मेलन (अनियमित एवं अभद्र कार्यवाही आपसी खींचतान, प्रतिनिधियों के अपमान पर निज संवाददाता की रिपोर्ट)। 4. ब्राह्मण सभा की अनाधिकार चेष्टा : आनंद भिक्षु, मंत्री, संन्यासी मंडल (वृंदावन)। 5. चलती चक्की। 6. महावीर तौतियां का घोर शाप (नाटक) : श्री चंद्रभानु 'विभव'। 7. विवाह-विच्छेद : लेखक प्रत्यक्षवादी। 8. विवाह-विच्छेद (प्रत्युत्तर) : श्रीमती चंद्रावती देवी। 9. कसौटी

(स्तंभ) 'माधुरी' का विशेषांक : श्री ब्रजेंद्र।

वर्ष 6, सं. 16, कलकत्ता, मार्गशीर्ष कृष्ण 5, सं. 1985, शनिवार, 1 दिसंबर 1928

1. अग्रलेख—'इन लड़कों से लड़की भली' (लाला लाजपत राय के शहीद होने पर महात्मा गांधी, कृष्णकांत मालवीय आदि द्वारा उनकी स्मृति में भवन बनवाने की घोषणा। किंतु नवयुवकों द्वारा कोई प्रतिक्रिया नहीं होने पर, आंदोलन न करने पर तीव्र आक्रोश। बंगाल की श्रीमती सुशीला देवी का कथन—"यदि लालाजी की मृत्यु का नवयुवक बदला न ले सकेंगे तो नवयुवतियां मैदान में आएंगी। हम चूड़ियां न पहनकर वस्त्र धारण करेंगी।") 2. मतवाला की बहक। 3. मधुचक्र मधुकर—"पंजाब केसरी का अंतिम गर्जन।" 4. भारत के नौजवान जवाब दें। (लालाजी की मृत्यु पर भारतीय नवयुवकों से देशबंधु चितरंजनदास की धर्म पत्नी श्रीमती माता बसंती देवी की जवाब-तलबी); चलती चक्की। 6. काशी का महाब्राह्मण सम्मेलन (ब्राह्मणों द्वारा सामाजिक वर्गगत भेदभाव का मनोरंजक चित्रण)। 7. हाय। पंजाब-केसरी लाला लाजपतराय चल बसे! शोक! (कविता) : अयोध्या प्रसाद 'नेमा'। 8. देशी रजवड़े : प्रत्यक्षवादी (देशी रजवाड़ों के सामंतवादी व्यवस्था पर लेख)। 9. वह काम बताते हो जो कर नहीं सकता (गज़ल) नाखुदाय सखुन हजरत नूह नारणी। 10. है तो दो रास्ते मगर दोनों की मंजिल एक है (गज़ल) : कविवर, बिसमिल, प्रयाग। 11. कमल की अभिलाषा (कविता) दुर्गा प्रसाद नन्हें 'मुकुल'। 12. देवी! (कविता) : श्री सत्यव्रत शर्मा 'सुजन'। 13. भारत का भ्रम : दामोदर दास चतुर्वेदी। 14. चोरी नहीं डाका : श्री सत्यव्रत 'सुजन'। 15. हिंदी साहित्य सम्मेलन, प्रयाग (सम्मेलनों के विशारदों से निवेदन 'तरुण राजस्थान', के ग्राहकों को सूचना) : शोभालाल गुप्त। 16. राजस्थान सेवा संघ का मामला : विजय सिंह पथिक।

वर्ष 6, सं. 17, कलकत्ता, मार्गशीर्ष कृष्ण 12, सं. 1985, शनिवार 8 दिसंबर 1928

1. मुखपृष्ठ पर स्वर्गवासी लाला लाजपतराय के सुपुत्र डॉ. अमृतराय का पिता की मृत्यु पर भेजे गये शोक संवेदना-संदेशों के प्रति आभार। 2. अग्रलेख—राष्ट्रभाषा सम्मेलन—(बंगाल में राष्ट्रभाषा सम्मेलन के प्रशंसनीय आयोजन पर बधाई)। 3. मतवाला की बहक। 4. महाब्राह्मण सम्मेलन की अदूरदर्शिता (इस सम्मेलन का अखबारों, संस्थाओं द्वारा विरोध करने की अपील) । 5. चलती चक्की। 6. छायावाद और बिहार के छायावादी कवि : देवकीनंदन श्रीवास्तव 'गौर' (छायावादी कवियों और कविताओं की सम्यक् आलोचना)। 7. रहेगा हृदय में बाकी मजारों का निशां कब तक (गज़ल) : डॉ. नथुनी लाल धवन 'बहशत' अजीमाबादी, मुजफ्फरपुर। 8. रंगरूटों

की फौज : लेफ्टिनेट जनरल अजगरानंद आगर। 9. नोदिया बाबा की मुरली (कहानी) : लेखक श्री चंद्रभानु 'विभव'।

वर्ष 6, सं. 18, कलकत्ता, मार्गशीर्ष शुक्ल 3, सं. 1985, शनिवार, 15 दिसंबर 1928

1. अग्रलेख—सुभान अल्लाह। (मौलानाओं द्वारा हिंदुओं के प्रति विष-वमन के विरोध में)। 2. मतवाला की बहक। 3. चक्रवर्ती जी पर संकट। 4. यह कौन-सा साहित्य है—सत्यम्? शिवम्? सुंदरम्? (प्रश्नकर्ता चाकलेट विधाता श्री उग्र)। 5. विनम्र-निवेदन (कविता) लेखक अज्ञात। 6. चलती चक्की 7. जिंदा मरघट (कहानी) : श्री रामलाल गर्ग। 8. संग्रहालय। 9. उसकी स्मृति (कविता) : बालकृष्ण बलदुआ। 10. भंग-भगतजी की भद्रता : सत्यव्रत शर्मा 'सुजन'। 11. चिंता : लेखक श्री पांडेय पुष्यात्मा जी 'आत्मा'। 12. इस्लामी खतरा : लेखक वेणीमाधव सिंह चौहान, सासाराम, आरा। 13. स्मृति (कविता) : बालकृष्ण बलदुआ। 14. सुमन : लेखक चंद्रभानु 'विभव'। 15. बिहार के छायावादी कवि (प्रतिवाद) : श्री देवकी नंदन श्रीवास्तव 'गौर'।

वर्ष 6, सं. 19, कलकत्ता, मार्गशीर्ष शुक्ल 3, सं. 1985, शनिवार, 22 दिसंबर 1928

1. अग्रलेख—"स्वागत है" (पं. मोतीलाल नेहरू के सम्मान में)। 2. मतवाला की बहक। 3. स्वागत (कविता) : चंद्रभानु 'विभव'। 4. राष्ट्रीय सप्ताह कार्यक्रम (कांग्रेस अधिवेशन से संबंधित)। 5. अदालत में नंगी औरत (जर्मनी के बर्लिन नगर की एक घटना)। 6. मुसकान (कविता) : प्रेषक माहेश्वरी सिंह 'महेश'। 7. दिलफंसा जुल्फ में और जुल्फ फंसी शाने में (गज़ल) : वहशत 'अजीमावादी', मुजफ्फरपुर। 8. चलती चक्की। 9. मधुचक्र : श्री मधुकर लखनऊ में पुलिस के कारनामे, अमरीका में लालाजी, स्वर्गवासी लालाजी का संदेश। 10. म्याऊं-मुखर्जी पढ़े (एक एम.ए. हेडमास्टर और एक विद्वान् का मत 'चाकलेट आंदोलन पर'—"सचमुच उग्र साहित्य सबके मनन करने योग्य है।") 11. जजबातें 'क़ैस' (गज़ल) : क्रैस बनारसी। 12. बिरही (कविता) : सत्यव्रत शर्मा 'सुजन'। 13. क्या (कविता) : विष्णुदत्त मिश्र तरंगी। 14. सनकी साधु (कहानी) : श्री हरिश्चंद्र वर्मा, फतेहपुर।

वर्ष 6, सं. 20, कलकत्ता, पौष कृष्ण 3, सं. 1985, शनिवार, 5 जनवरी 1929

1. अग्रलेख—बुढ़ौती की विजय (गरम-नरम दल की टकराहट में नरम दल की विजय)। 2. मतवाला की बहक (3) क्या यह सच है? (प्रश्नकर्ता वही चाकलेट विधाता 'उग्र' घासलेटी-चाकलेटी आंदोलन पर)। 4. पुरस्कार पहेली : श्री कृष्णबिहारी मिश्र, 'माधुरी' संपादक लखनऊ। 5. 43वीं भारतीय राष्ट्रीय महासभा (कांग्रेस

महाधिवेशन की कार्रवाई)। 6. मदारी के प्रति (कविता) : रसिकेंद्र। 7. राष्ट्रभाषा हिंदी (कविता) : पांडेय मुकुटधर। 8. सरआगा खां और गोवध (गाय की कुरबानी, इस्लाम का आदेश नहीं)। 9. सभापति का भाषण (कांग्रेस महाधिवेशन में पं. मोतीलाल नेहरू का भाषण)।

वर्ष 6. सं. 22, कलकत्ता, पौष शुक्ल, सं. 1985, शनिवार, 12 जनवरी 1929

1. अग्रलेख–मान न मान मैं तेरा मेहमान (अंग्रेजी राज की हठवादिता पर)। 2. मतवाला की बहक। 3. अंग्रेजों के सहयोग से कब, किसका भला हुआ है? (43वीं राष्ट्रीय महासभा में स्वागताध्यक्ष श्री जे.एम. सेन गुप्ता का जोरदार अभियोग।)। 4. कला में बेढ़ब : बेढ़व बनारसी। 5. चलती चक्की। 6. चाकलेट आंदोलन : लेखक भवानीदयाल संन्यासी। 7. सोवियत रूस की कुछ बातें : मूल लेखक श्री जवाहरलाल नेहरू की पुस्तक 'सोवियत दशा' पर आधारित। 8. हम हर की देखा किये (गज़ल) : कविवर बिसमिल, प्रयाग। 9. रंग में (गजल) : जगदीश शरण। 10. मिल्ला बाला (कहानी) : श्री चंद्रभानु 'विभव'।

वर्ष 6, सं. 23, कलकत्ता, पौष शुक्ल, सं. 1985, शनिवार, 19 जनवरी 1929

1. अग्रलेख–मुंह तोड़ उत्तर (साइमन कमीशन के विरोध में लाखों लोगों द्वारा बंगाल में श्रीयुत जे.एम. सेन गुप्त के नेतृत्व में प्रदर्शन करने पर)। 2. मतवाला की बहक। 3. अफगान रंगभूमि का पट परिवर्तन : पं. विश्वंभरनाथ 'जिज्जा' (बादशाह अमानुल्लाह और बेगम सुरैया पर विशेष)। 4. सारी दुनिया तुम्हें जो कहती है। (गज़ल) नाखुदा सखुन हजरत नूह नारवी। 5. चलती चक्की। 6. रचना (कहानी) : पं. रामविलास शुक्ल (अपरिचित)। 6. कला में बेढ़व (गज़ल) : बेढ़ब बनारसी। 7. हिंदू नारी निर्यातन (समसामयिक विचारोत्तेजक लेख) : श्री रवींद्रनाथ शास्त्री। 8. प्रेम या वासना? (निराश प्रेमिका के हाथों प्रेमी का खून, युवतियों से सावधान–'भारत' से उद्धृत)। 9. चेतावनी (कविता) : प्रत्यक्षवादी। 10. सोवियत रूस की कुछ बातें। (मूल लेखक पं. जवाहरलाल नेहरू)। 11. नवयुवकों का कर्त्तव्य (आर्यकुमार सभा, आगरा के सभापति श्री स्वामी आनंद भिक्षु जी का भाषण)।

वर्ष 6, सं. 24, कलकत्ता, माघ कृष्ण 1, संवत् 1985, शनिवार, 26 जनवरी 1929

1. अग्रलेख–अमानुल्लाह की विजय (अफगानिस्तान के आपसी संघर्ष में अमानुल्लाह के विजय पर)। 2. मतवाला की बहक। 3. कुछ आवश्यक सूचनाएं (पाठकों के पत्र, जनता के नाम–स्तंभ) 'भूगोल' पत्रिका की सहायता से अपील : नरदेव शास्त्री

वेदतीर्थ। 4. देवदासी (कहानी) : श्री उग्र। 5. कार्टून–'विशाल-भारत' के संपादक पत्रिका रूपी झाड़ू से घासलेटी साहित्य के नाम पर राजनीति, धर्मनीति, अर्थनीति को साहित्य से हटाना चाहते हैं। 6. चलती चक्की। 7. चाकलेट आंदोलन : विद्यावाचस्पति पं. गणेशदत्त शर्मा की राय (घासलेटी आंदोलन का विरोध और 'चाकलेट' आंदोलन की प्रशंसा)। 8. पूर्व सैनिक सत्याग्रह। 9. हिंदू नारी निर्यातन : श्री रवींद्रनाथ शास्त्री। 10 स्मृति (कविता) : श्री शिवदेव उपाध्याय। 11. सोवियत रूस की कुछ बातें (मूल लेखक पं. जवाहरलाल नेहरू) : अनु. शिवनारायण टंडन। 12. रंगरूटों की फौज (स्तंभ) मांजरी आंख।

वर्ष 6, सं. 25, कलकत्ता, माघ कृष्ण 8, संवत् 1985, शनिवार, 2 फरवरी 1929

1. अग्रलेख–वायसराय का भाषण (भारतीय व्यवस्थापिका सभा की बैठक)। 2. मतवाला की बहक। 3. बाप की बेड़ी (कहानी) : श्री उग्र। 4. चलती चक्की। 5. कवि (कविता) : निराला। 6. मधुचक्र : श्री मधुकर (क) आई.सी.एस. की परीक्षाएं : आचार्य महावीर प्रसाद द्विवेदी। 7. हिंदी की सर्वश्रेष्ठ पत्रिका 'सरस्वती' की सम्मति–चाकलेट आंदोलन या उग्र साहित्य पर। 8. करिये कि मरिये (गज़ल) : निरंजनलाल अरोड़ा। 9. सोवियत रूस की कुछ बातें : अनु. शिवनारायण टंडन। 10. आपका तड़पाने वाला कान है (गज़ल) : नाखुदाय सखुन हजरत 'नूह' नारवी। 11. पुस्तक-परिचय (क) तुर्क तरुणी (उपन्यास) : विश्वंभरनाथ जिज्जा। (ख) दौलत का नशा : श्रीयुत विश्व। (ग) मकरंद : पं. गंगा सहाय पाराशरी। (घ) महारथी लाला लाजपतराय : विश्वंभर प्रसाद वर्मा (ङ) ग्राम गीतों के नमूने : सं. पं. रामनरेश त्रिपाठी।

वर्ष 6, सं. 26, कलकत्ता, माघ कृष्ण 30, संवत् 1985, शनिवार, 9 फरवरी 1929

1. अग्रलेख–बिल में बिल? (शारदा बिल को न स्वीकार करने पर ब्रिटिश सरकार की मनोरंजक शैली में तीव्र भर्त्सना एवं उपहास)। 2. मतवाला की बहक (5 टिप्पणी सर्दी पर, 4 मजदूरों की दयनीय दशा, 1 भारतीय स्वतंत्रता के समर्थक ब्रिटिश नागरिकों पर, 1 विदेशी शराब पर)। 3. वासंती (कविता) लेखक 'निराला'। 4. कसाई कहां है? (कहानी) : लेखक श्री उग्र। 5. चलती चक्की। 6. चीनी क्रांतिकारियों की सफलता : लेखक पं. विश्वंभरनाथ जिज्जा। 6. वसंती छींटे (श्री रामवृक्ष बेनीपुरी के 'युवक' और पूर्व 'मौजी' संपादक पं. महादेव सिंह शर्मा द्वारा 'देशसेवक' कलकत्ते के बंगाल दैनिक 'वासुमती' के हिंदी दैनिक संस्करण काशी से प्रकाशित होने के अफवाह के संबंध में। 'सुधा' संपादक पं. रूपनारायण पांडेय के संपादकत्व में गया (बिहार) से 'कृष्ण' के प्रकाशन पर, साथ ही 'माधुरी', 'काशी-नागरी-प्रचारिणी-सभा',

'प्रताप', पर हास्यात्मक टिप्पणी)। 7. कुछ आवश्यक सूचनाएं (पाठकों के पत्र, जनता के नाम)। 8. पुस्तक-परिचय—लेखक : घी का लड्डू टेढ़ा भला (क) 'स्त्री के पक्ष' : लेखक पं. चंद्रशेखर शास्त्री। (ख) मोतियों की लड़ी (गुंफनगर) : लेखक श्री शांतिप्रिय द्विवेदी। (ग) आर्यपथिक ग्रंथावली : (अनुवादक) श्री प्रेमशरण प्रणत। (घ) त्रेता के दो वीर (रचयिता श्री श्यामनारायण पांडेय)। (ङ) विधवाश्रम : लेखक जयनारायण मेहरा (च) पंजाब-केशरी (नाटक) : लेखक जमनादास मेहरा।

वर्ष 6, सं. 27, कलकत्ता, माघ शुक्ल 7, सं. 1985, शनिवार, 16 फरवरी 1929

1. अग्रलेख—श्री गौड़ जी की सेवा में (नौकरशाही के विरुद्ध वोल्शेविज्म, साम्यवाद, युवक-आंदोलन, मजदूर आंदोलनों की वृद्धि पर लेख)। 2. मतवाला की बहक। 3. कविता 'वसंत-समीर' : निराला। 4. लटकन मंत्र : विनोद (ब्लॉक सहित—दो व्यक्ति एक आशा एवं दूसरा विश्वास रूपी फल पर निगाह लटकाए हुए है कि यह जल्दी टूटे अर्थात् कांग्रेस के स्वतंत्रता की आशा मात्र पर कुछ न करने की निंदा। 5. प्रेमचंद जी और स्कंदगुप्त : अज्ञात (प्रेमचंद के उपन्यासों पर नवीन चिंतन-दृष्टि, 'सेवाश्रम' उपन्यास करने वालों को जवाब, प्रेमचंद्र के साहित्य की अंतर्राष्ट्रीय महत्ता पर विचार, साथ ही स्कंदगुप्त नाटक के विरुद्ध जैसे तीन हजार वर्षों का गड़ा मुर्दा उखाड़ना कहकर आलोचना करने वालों को प्रत्युत्तर। (3 पृष्ठ में)। 6. चलती चक्की। 7. भानुमती की पिटारी : मुआल्लिफ मुंशी मदारीलाल साहब (विज्ञान के आविष्कारों पर टिप्पणी)। 8. वासना की प्रतिहिंसा ठाकुर ने अबला को काट खाया : 'तरुण राजस्थान'। 9. लुट गई मिट गई बहारे वतन : कविवर बिसमिल, प्रयाग। 10. पुरोहित जी (कहानी) : श्री रवींद्र शास्त्री। 11. पोप पंचक (कविता) : जगन्नारायण देव शर्मा (पाखंडी पुजारियों, नकाब एवं सफेदपोश व्यक्तियों पर)। 12. सहयोगियों का सादर स्वागत (क) 'किसान' सं. सुख संपत्ति राम भंडारी। (ख) 'कृष्ण' सं. रूपनारायण पांडेय (ग) 'सार्वदेशिक' सं. इंद्रवाचस्पति (घ) 'युवक' रामवृक्ष बेनीपुरी। 13. पुस्तक-परिचय (क) युद्ध की कहानियां, (ख) समाज चित्र, (ग) दो वीर बालक, (घ) नल दमयंती : बेलवेडियर प्रेस, प्रयाग। (ङ) काकोरी के शहीद : श्री भीष्म। (14) कुछ आवश्यक सूचनाएं (पाठकों के पत्र।)

वर्ष 6, सं. 28, कलकत्ता, माघ शुक्ल 15, संवत् 1985, शनिवार, 23 फरवरी 1929

1. अग्रलेख—लाला जी का बदला (लाला लाजपतराय की मृत्यु पर असेंबली में प्रस्ताव के ऊपर हुई टीका-टिप्पणी। लाला जी की मृत्यु की जांच कमेटी से कराने की मांग)। 2. मतवाला की बहक। 3. मूल सुधार 'प्रेमचंद की स्कंदगुप्त' के लेखक

काशी विश्वविद्यालय के फाइनल एम.ए. के विद्याथी नंददुलारे बाजपेयी हैं। प्रूफरीडर की असावधानी से इनका नाम छूट गया। 4. स्मृति-चुंबन (कविता) : निराला। 5. कवि (कहानी) : श्री उग्र। 5. चलती चक्की। 6. लटकन मंत्र (द्वितीय पाद) (लेखक और संपादक के बीच होने वाला कथोपकथन एवं आपसी संबंध पर व्यंग्यात्मक लेख। 6. काशी में अभिनव साहित्य-समारोह-कोशोत्सव का विराट आयोजन (14 फरवरी 1928 गुरुवार को महामना मालवीय जी द्वारा किए गए नाट्यशाला के शिलान्यास एवं 'हिंदी शब्द सागर' के संपादकों के सराहनीय कार्य पर हुए सम्मान का 'मतवाला' संवाददाता द्वारा भेजी गयी जीवंत रिपोर्ट, साथ ही बाबू श्यामसुंदर दास का पृष्ठ के 1/3 साइज का फोटो)। 7. दो कविताएं—काशी-नागरी-प्रचारिणी-सभा के कोशोत्सव में पठित मंगलगान से संबंधित। (क) शिला-विन्यास : हरिऔध, (ख) कोशोत्सव : हरिऔध, (ग) साहित्य चर्चा : सोहनलाल द्विवेदी। 8. चिड़ियावाला (कहानी) : श्री विनोदशंकर व्यास। 9. पुस्तक-परिचय : घी का लड्डू टेढ़ा भला (क) ब्रह्मचर्य संदेश : लेखक सत्यव्रत सिद्धांतालंकार, (ख) शिलान्यास में स्थापित ताम्रपत्र की नकल : श्यामसुंदर दास सभापति। 10. सहयोगियों का सादर स्वागत (क) 'नवीन भारत' : जागेश्वर प्रसाद 'खल्विश'। (ख) भारत, प्रयाग। (ग) 'क्षत्रिय संसार': ठाकुर रामलगन सिंह। (घ) 'हिंदुस्तान' : अब्दुल मोजिद खां 'आजाद', जबलपुर। (ङ) 'हितवादी' पं. केदारनाथ शर्मा एवं प्यारेलाल शास्त्री। (च) 'क्रांतिकारी': श्री कृष्णगोपाल शर्मा, झांसी। 11. कुछ आवश्यक सूचनाएं (पाठकों की ओर से)।

वर्ष 6, सं. 29, कलकत्ता, फाल्गुन कृष्ण 7, सं. 1985, शनिवार, 2 मार्च 1929

1. अग्रलेख—साम्राज्य पर संकट (भारतीय व्यवस्थापिका परिषद के स्वनामधन्य सदस्य मि. एस.एन. हाजी द्वारा कोस्टल ट्राफिक रिजर्वेशन बिल और के.सी. नियोगी द्वारा सन् 1917 के इंगलैंड स्टीमपेसेल एक्ट में सुधार हेतु व्यवस्थापिका सभा में प्रस्तुत बिल के संबंध में अग्रलेख। इस बिल के पास हो जाने से भारतीय व्यापारियों को सुविधाएं प्राप्त हो जातीं। 2. मतवाला की बहक (नमक कर पर तीन टिप्पणी)। 3. कवि (कहानी) : श्री उग्र। 4. चलती चक्की। 5. लटकन मंत्र (तृतीय पाद) प्रकाशक, लेखक, ग्राहक एंड को. (प्रकाशकों की बेईमानी के विविध रूपों पर मनोरंजक लेख)। 6. मधुचक्र : श्री मधुकर (क) अफगानिस्तान और भारतवर्ष (अपनी स्वतंत्रता की चिंता न कर भारतवासियों द्वारा अफगानिस्तान के सवाल पर बोलने के विषय पर हास्य लेख)। (ख) फौजदारी कानून का भूत : हिंदी 'नवजीवन' से। (ग) नागरी-प्रचारिणी-सभा को कोशोत्सव (उक्त अवसर पर पं. बालकृष्ण भट्ट एवं जगमोहन वर्मा का मृत्युपरांत सम्मान न करने पर सभा की तीखी आलोचना,

बाबू शिवप्रसाद गुप्त के भाषण की प्रशंसा)। 7. सहयोगियों का सादर स्वागत–'पंजाब केसरी' का हिंदी संस्करण दिल्ली से 'क्रांति', कलकत्ता से 'स्वतंत्र भारत', सं. पं. शारदाप्रसाद अवस्थी। 'मेवाड़ केशरी'–प्रो. श्रीनिवास शर्मा, दिल्ली। 8. कुछ आवश्यक सूचनाएं (पाठकों के पत्र)।

वर्ष 6, सं. 30, कलकत्ता, फाल्गुन कृष्ण 13, सं. 1985, शनिवार, 9 मार्च 1929

1. अग्रलेख–शुभमस्तु (कांग्रेसी के विदेशी वस्तुओं के त्याग के आह्वान पर प्रथम चरण में मिली सफलता पर हर्ष, किंतु कांग्रेसजनों को सलाह कि वे आंदोलन की आरंभिक सफलता पर गर्व न करें, घर-घर जाकर जनसंपर्क करें एवं जनता में जागृति पैदा करें। 2. मतवाला की बहक (रेलवे के बजट में जन-सुविधाओं के अभाव पर व्यंग्य)। 3. शोक समाचार (बाबूराव विष्णु पराड़कर की धर्मपत्नी के निधन पर)। 4. तुमसे (कविता) : सतीश (छायावादी पृष्ठभूमि पर लिखी रहस्यमयी कविता)। 5. कुछ साहित्यिक चुटकियां : लेखक पते की बात जानने वाले (साहित्यिक गप्प की खबरें–रामअनुग्रह शर्मा 'व्यास', किशोरीलाल गोस्वामी, हरिऔध, लाला भगवानदीन, बेढब बनारसी आदि पर व्यंग्य)। 6. चलती चक्की। 7. पंडुवा (कहानी) : श्री उग्र। 8. दो महाकवि, गोस्वामी तुलसीदास और रवींद्रनाथ : लेखक सूर्यकांत त्रिपाठी (तुलनात्मक आलोचना)। 9. समाचार–(क) स्वाधीनता महायज्ञ का मंगलाचरण, (ख) महात्मा गांधी और बंगाल प्रांत कांग्रेस कमिटी के मंत्री श्री किरणशंकर राय गिरफ्तार, (ग) कलकत्ता पुलिस का नंगा नाच (3 मार्च को विदेशी वस्त्र बहिष्कार आंदोलन के दौरान महात्मा गांधी की गिरफ्तारी पर आक्रोश पूर्ण समाचार, श्रद्धानंद पार्क में विशाल जनसभा की उपस्थिति में महात्मा गांधी द्वारा पुलिस के काले कानूनों को मानने से इनकार, महात्मा गांधी के जोशीले भाषणों का उद्धरण)। 10. सहयोगियों का सादर स्वागत–(पत्र-पत्रिकाओं के प्रकाशन पर) 'अग्रवाल समाचार' 'किसान मित्र', 'लोकमत', 'बुंदेलखंड', 'संसार' श्री वशिष्ठ नारायण वर्मा–जुझौतिया, 'युवक' (पथिक) झांसी, 'चाईंवासा'–सिंहभूमि। 11. कुछ आवश्यक सूचनाएं (साप्ताहिक कार्यक्रमों से संबंधित जनता की सूचना का प्रकाशन)।

वर्ष 6, सं. 31, कलकत्ता, फाल्गुन शुल्क 5, संवत् 1985, शनिवार, 16 मार्च 1929

1. अग्रलेख–व्यर्थ प्रयास (महात्मा गांधी द्वारा 3 मार्च को विदेशी वस्त्रों के बहिष्कार आंदोलन में भाषण देने के कारण कलकत्ता पुलिस ने उन्हें गिरफ्तार कर लिया। 'मतवाला' के अनुसार यह नौकरशाही की राजनीतिक मूर्खता है। अंग्रेजी हुकूमत द्वारा महात्मा गांधी की गिरफ्तारी पर गलतबयानी की कटु आलोचना। 3. मतवाला

की बहक ('मतवाला' संपादक श्री महादेव प्रसाद सेठ के बड़े भाई बाबू बैजनाथ सेठ के निधन के कारण शोक के कारण इस अंक में बहक नहीं लिखा गया। 3. उल्लू (कहानी) : निर्माता श्री उग्र। 4. चलती चक्की। 5. दो महाकवि, गो. तुलसीदास और रवींद्रनाथ : लेखक सूर्यकांत त्रिपाठी (तुलनात्मक आलोचना–2 भाग)। 6. मधुचक्र : श्री मधुकर (भारतीयों के विदेशों में अध्ययन करने के कारण धनहानि पर प्रकाश)। 7. धन्यवाद–मुजफ्फरपुर से ठाकुर भुवनेश सिंह द्वारा भेजी गई आर्थिक सहायता पर। 8. अधूरी-कहानी : लेखक दुर्गादत्त त्रिपाठी। 9. सहयोगियों का सादर स्वागत (पत्रिकाओं के प्रकाश पर) 'नवयुग' सत्यदेवसिंह विद्यालंकार, कलकत्ता। 'भारतेंदु' ज्योतिप्रसाद मिश्र 'निर्मल', प्रयाग। 'मारवाड़ी ब्राह्मण हितैषी' 'आसी'। 11. कुछ आवश्यक सूचनाएं।

वर्ष 6, सं. 32, कलकत्ता, फाल्गुन शुक्ल, संवत् 1985, शनिवार, 23 मार्च 1929 (होलिकांक) गुलाबी रंग का मुखपृष्ठ, संपूर्ण मुद्रण लाल स्याही से

1. होली (कविता) : मैथिलीशरण गुप्त। 2. अग्रलेख–हट जाओ सामने से (होली के माध्यम से देशोद्धार, देशोन्नति एवं देशहित हेतु बलिदान होने के लिए युवकों का आह्वान)। 2. मतवाला की बहक (इस स्तंभ में दुलारेलाल भार्गव, मनोरमा, चांद, माधुरी, पर होलीरंग रूपी व्यंग्य)। 3. होली संसार की होली, यूरोप की होली, भारत की होली, विदेशी वस्त्रों की होली, मतवाले की होली : लेखक प्रचंड। 4. रमला (कहानी) : श्री जयशंकर प्रसाद। 5. चलती चक्की (स्तंभ)। 6. थोड़ा-सा गुलाल : 'मतवाला' मंडल की ओर से (पं. महावीर प्रसाद द्विवेदी, पं. रूपनारायण पांडेय, नवीन जी, विद्यार्थी जी, प्रसाद, विनोदशंकर व्यास, लाला भगवानदीन, हरिऔध, जी.पी. श्रीवास्तव, अन्नपूर्णानंद, केदारनाथ सारस्वत 'लीडर' संपादक तिवारी जी पर होली की रंग भरी टिप्पणी। 7. मन की मौज : पं. बनारसीदास चतुर्वेदी। 8. चंडूखाने की गप्प : श्रीयुत सत्य हरिश्चंद्र (इस स्तंभ में संपादकाचार्य अंबिका प्रसाद बाजपेयी, बनारसीदास चतुर्वेदी, रमाशंकर त्रिपाठी, श्यामसुंदरदास, दुलारेलाल भार्गव, अनूप जी, हरिऔध जी के साथ होली का हास्य एवं मजाक। 9. कामना (कविता) निराला। 10. तीन महत्त्वूपर्ण व्याख्यान–लेखक 11. वसंत के प्रति (कविता) : एक छायाकीट। 12. होली के हथकंडे (कविता) चौपदे : हरिऔध अयोध्या सिंह उपाध्याय। 13. व्यथिता की होली (कविता) : सत्यव्रत शर्मा 'सुजन'। 14. गुलाल उड़ावत हो (कविता) किशोरीलाल गोस्वामी। 15. काठ का उल्लू (हास्य-व्यंग्य लेख) : जी.पी. श्रीवास्तव। 16. ब्रज की होली (कविता–ब्रज के खास 'राग', 'रसिया' की धमाल धुन में) : किशोरीलाल गोस्वामी। 17. मलयानिल (कविता–छायावादी गीत) :

श्री शांतिप्रिय द्विवेदी। 18. अनंत की ओर कवि जी गण (चार छद्म कवियों की आपसी बातचीत कार्टून के माध्यम से)। 19. तब अब की होली (कविता) : भगवानदीन 'दीन'। 20. प्रेम की होली (कहानी) : प्रेमचंद। 21. हीनां की होली (कविता) : जगन्नारायणदेव शर्मा 'कवि पुष्कर' 22. साहित्यिक बुढ़वा मंगल की रिपोर्ट : प्रेषक 'हिंदी न फारसी भैयाजी बनारसी' (पं. बनारसीदास चतुर्वेदी के घासलेटी आंदोलन पर करारा व्यंग्य, पं. रामचंद्र शुक्ल, श्यामसुंदर दास, हरिऔध जी, दुलारेलाल भार्गव, रामदास जी गौड़ आदि के साहित्यिक कर्म का व्यंग्यात्मक लेखा-जोखा)। 23. बदला : लेखक श्री विनोद शंकर व्यास-देश की दयनीय दशा और अंग्रेजों द्वारा भारतीयों के शोषण पर विचारात्मक लेख। 24. वसंतागम (कविता) : लोचन प्रसाद पांडेय। 25. कला में बेढ़ब (कविता) बेढब बनारसी। 26. बेचारा प्रचारक (प्रहसन) : श्री उग्र ('चार बेचारे' प्रहसन के दो दृश्य)। 27. आश्चर्य (कविता) : लोचन प्रसाद पांडेय (अंग्रेजी शासन के विरोध में न उठने वाली आवाजों पर आश्चर्य)। 28. धोखा (कहानी) : श्री मोहनलाल महतो 'वियोगी'। 29. चमर चतुराई (कविता) : सियारामशरण गुप्त। 30. चंट-बहू-संवाद : ले. श्री बाबूलाल 'चौदहां' (होली के अवसर पर) 'माधुरी' और 'सुधा' के संपादकों की दिलचस्प साहित्यिक वार्ता)। 31. होली का अंगार (कविता) श्री जगदीश झा 'विमल'। 32. निराली होली (कविता) : श्री जगन्नारायण देव शर्मा। 33. कलेजे के टुकड़े (कविता) : प्रभात (वियोग-गीत)। 34. गरमागरम मसालेदार : बाबा औघड़नाथ (साहित्यिक चुहुलबाजी)। 35. भूल जाओ मलाल होली में (गजल) : पं. कालीप्रसाद मिश्र 'आसी' प्रयाग। 36. रंग बोल उठा : पं. विश्वंभरनाथ जिज्जा (हिंदू-मुसलमान के आपसी संबंध पर)। 37. पचरंगी होली : मि. हौआदि ग्रेट (विभिन्न व्यक्तियों एवं साहित्यिक आंदोलनों पर फुलझड़ियां। 38. हमारी जीत हुई उनकी हार होली में (हिंदी गज़ल) : जनाब "शातिर" इलाहाबादी। 39. उत्तेजना (कविता) : त्रिदंडी। 40. धोती-पायजामाबाद—पं. गणेश दत्त गौड़ 'इंद्र' विद्यावाचस्पति। नैमिषारण्य क्षेत्र में हुई पोशाक शो की कल्पना। 41. सादाए—'वहशत' (गज़ल) : 'वहशत' अजीमावादी। 42. लेखकों की होली (कबीर) : श्री भुवन। 43. जोड़ के गुलामों का स्कूल : श्री तरंगी (हास्य-व्यंग्य लेख) 44. अब मकतल में होली है (गज़ल) : जनाब बिसमिल साहब इलाहाबादी। 45. होली में मतवालों को मुबारकवाद (गज़ल) : कविवर बिसमिल। 46. 1921 का आभास : नरदेव शास्त्री वेदतीर्थ (महात्मा गांधी के आंदोलन की तीव्रता से संबंधित लेख) 47. चुंबन का विज्ञान : केदारनाथ मिश्र 'प्रभात' (चुंबन के संबंध में विभिन्न मतवादियों का मत)। 48. राष्ट्रीय होली : श्री जगदीश झा 'विमल'। 49. अनंत की ओर : श्री शिवदेव उपाध्याय 'सतीश' (स्मृति की स्मृति एवं विस्मृति पर लेख)। 50. कुछ हिंदी पत्र-पत्रिकाएं और उनके उद्देश्य : एक अन्वेषक

(होली के अवसर पर पत्र-पत्रिकाओं का टाइटिल) 51. गुरु-चेला का निर्णय (कविता) : बाबा वैताल। 52. बेतार के ताजा समाचार : ले. अज्ञात (कल्पित यमलोक से प्रकाशित विज्ञप्ति)।

(इस होलिकांक में 15 बड़े कार्टून साहित्य, 64 पेज) 'मतवाला' हर बार की तरह इस वर्ष भी अपने प्रिय पाठकों के गालों में होली का गुलाल मलकर **'मतवाला' एक सप्ताह की छुट्टी पर जायेगा—मैनेजर।**

वर्ष 6, सं. 33, कलकत्ता, चैत्र कृष्ण 12, संवत् 1985, शनिवार, 6 अप्रैल 1929

1. अग्रलेख—हिंदू महासभा (हिंदू महासभा के सूरत अधिवेशन की रिपोर्ट एवं श्री रामानंद चटर्जी के उद्‌गार)। 2. मतवाला की बहक। 3. शोक-संवाद (महामहोपाध्याय पं. रामावतार शर्मा के निधन पर)। 4. क्षत्रिय संसार के लिए अपील : निवेदक कालिकाप्रसाद सिंह आदि। 5. दो महाकवि, गो. तुलसीदास और रवींद्रनाथ : (तुलनात्मक आलोचना) सूर्यकांत त्रिपाठी। 6. चलती चक्की। 7. 'मधुकरी' की भूमिका : विनादेशंकर व्यास (हिंदी कहानियों के विकास पर 'मतवाला' प्रेस से शीघ्र प्रकाशित होने वाला ऐतिहासिक कहानी-संग्रह—'मधुकरी'। 8. सोवियत रूस की कुछ बातें : शिवनारायण टंडन (मोशिए लेनिन के जीवन एवं कर्म पर आधारित लेख)। 9. तुम और हम (कविता) : अरविंद। 10. अतीव निर्मला रजनी : ले. रामावतार शर्मा। 11. मतवाला है (कविता) : जगन्नारायण देव शर्मा। 12. कड़वा प्यार (कहानी) : ऋषभचरण। 13. बसंतोल्लास (कविता) : सोहनलाल द्विवेदी। 14. घासलेट साहित्य और भट्‌ट जी : ले. विकट वितंडावादी (पं. बदरीनाथ भट्‌ट के घासलेट साहित्य के विरोध में उठाए गए मुद्‌दों का जवाब)। 15. प्रयाग का परिहास सम्मेलन। हास्यरसाचार्य सभापति। क्या, क्या देखा? : निज संवाददाता के द्वारा। 16. सम्मेलन में पठित कुछ कविताएं : (क) रत्नाकर जी की गंगा शैली का अनुकरण और परिहास—गंगा-वंदना : भगवती प्रसाद वाजपेयी। (ख) लाट-वंदना : विद्याभास्कर शुक्ल। (ग) कबीर के दोहे, गिरिधर की कुंडलियां : श्रीनाथ सिंह। (घ) बिहारी विलास : भगवानदीन (दीन)। (ङ) साहब की चौखट है : कविवर बिसमिल, प्रयाग। (च) स्मृति तिलक : सत्यव्रत शर्मा। (छ) जाटों की कहावतें : रामनरेश त्रिपाठी। (ज) आसव : दुर्गादत्त त्रिपाठी। 17. आवश्यक सूचनाएं (हिंदी साहित्य सम्मेलन की परीक्षा विभाग की सूचना)। 18. पाठक के पत्र।

वर्ष 6, सं. 34, चैत्र शुक्ल 4, संवत् 1985, शनिवार, 13 अप्रैल 1929

1. अग्रलेख—पब्लिक सेफ्टी-पटेल और पटाखा (अध्यक्ष पटेल द्वारा कौंसिल में पब्लिक सेफ्टी बिल पर भाषण देने के लिए उठते ही दर्शक दीर्घा से दो पटाखों का छूटना,

तद्संबंधी रिपोर्ट, एक पेज का कार्टून-अध्यक्ष की व्यवस्था से घबराई हुई नौकरशाही। इसमें अध्यक्षरूपी व्यक्ति के चंगुल से भागने को आतुर नौकरशाही रूपी नवयुवती। कार्टून के नीचे लिखा है–'और व्यग्र नौकरशाही'। 2. हिंदी कहानियों का विकास ('मधुकरी' की भूमिका) : विनोदशंकर व्यास (हिंदी की प्रथम कहानी, कहानी का विकास, विकास में पत्र-पत्रिकाओं, लेखकों के योगदान पर विस्तृत लेख साथ ही व्यास जी का अंडाकार फोटो)। 3. चलती चक्की। 4. दो महाकवि, गो. तुलसीदास और रवींद्रनाथ (तुलनात्मक आलोचना) : ले. सूर्यकांत त्रिपाठी। 5. अखिल भारत वर्षीय हिंदू महासभा का 12वां अधिवेशन (अधिवेशन की कार्रवाई एवं महत्वपूर्ण प्रस्ताव पारित)। 6. अनुराग (कहानी) : पं. रामविलास शुक्ल 'अपरिचित'। 7. फरियादे विसमिल (हिंदी गज़ल) : कविवर 'बिसमिल', प्रयाग। 8. लगन (कविता) : लहरी। 9. लखनऊ की रेवड़ी : निर्माता लखनव्वा समालोचक ('सुधा', 'माधुरी', 'कल्पतरू', 'कादंबरी', 'चांद' पर फिकरा)। 10. मंजरिया (कविता) : श्री जटाडालटन गंजी (छंदबद्ध प्रकृति गीत)। 11. कुछ आवश्यक सूचनाएं।

वर्ष 6. सं. 35, कलकत्ता, चैत्र शुक्ल 11, संवत् 1985, शनिवार, 20 अप्रैल 1929

1. अग्रलेख–नाक की करामात। ('भविष्य' के संपादक श्री सुंदरलाल द्वारा 'भारत में अंग्रेजी राज्य' पुस्तक के मुद्रणाधीन काल में अंग्रेजी हुकूमतों द्वारा रोक दिए जाने पर आक्रोशपूर्ण लेख)। 2. शराबी (उपन्यास-धारावाहिक) : श्री उग्र। 3. एक अंग्रेजीराज के विरुद्ध तीन राज-बलराज, धर्मराज, गजराज (सेफ्टीबिल, ट्रेड्सडिसप्यूट बिल पर)। 4. चलती चक्की। 5. अमर शहीद महाशय राजपाल की हत्या (एक धर्मांध मुसलमान द्वारा 'रंगीन रसूल' के प्रकाशक राजपाल की हत्या 6 अप्रैल को किए जाने पर, बढ़ रही कट्टरता पर क्षोभ एवं उक्त हत्या पर सर रहीम के मार्मिक भावोद्गार)। 6. सरिशा (रामकृष्ण आश्रम की रिपोर्ट) : स्वामी गणेशानंद, सेक्रेट्री। 7. अवसि बांचिये बांचन जोगू। 8. राजा! (भक्ति) : गया का रसिया। 9. अंतर्दाह (कविता) : सत्यव्रत शर्मा 'सुजन' । 10. प्यासा (लघु कथा)। 11. जजबाते "कैस" (गज़ल) : जनाब 'कैश' बनारसी। 12. 12वीं हिंदू महासभा सूरत के सभापति का भाषण। 13. पुस्तक-परिचय (क) गोरों का प्रभुत्व। (ख) जब अंग्रेज नहीं आए थे। (ग) खद्दर की संपत्ति। (घ) शैतान की लकड़ी–सस्ता साहित्य मंडल–अजमेर। (ङ) समाज-विज्ञान : चंद्रराज भंडारी। 14. कुछ आवश्यक सूचनाएं (पाठकों की ओर से)।

वर्ष 6, सं. 36, कलकत्ता, बैशाख कृष्ण 3, संवत् 1985, शनिवार, 27 अप्रैल 1929

1. अग्रलेख–यह क्या हो रहा है? (कम्युनिस्ट आंदोलन के दौरान बंद व्यक्तियों के साथ अमानवीय व्यवहार पर ज्वलंत लेख)। 2. मतवाला की बहक। 3. शोक-संवाद

(कलकत्ता नागरी-प्रचारणी-सभा के सभापति श्री बैजनाथ चौबे के निधन पर)। 4. वाणी (कविता) : निराला। 5. शराबी (उपन्यास धारावाहिक) : श्री उग्र। 6. कहानी कला—आवश्यक और आरंभिक बातें ('मधुकरी' की भूमिका) : विनोदशंकर व्यास। 7. चलती चक्की। 8. जापान का अभ्युदय और भावी संकट का सामना (राजनीतिक-आर्थिक लेख) : पं. विश्वंभरनाथ जिज्जा। 9. मदारी—रत्नाकर संवाद (खंडकाव्य) : चपेटानंद भारती। 10. 12वीं हिंदू महासभा सूरत के सभापति का भाषण। 11. पुस्तक-परिचय—(क) उन्नति सोपान : उद्भवराव गौतम। खत्रियों की प्रथा : सं. सीताराम सेठ। (ग) अपठित भाषा-बोध : पं. जगपति चतुर्वेदी (घ) महिला व्यवहार चंद्रिका : श्री गंगा प्रसाद उपाध्याय।

वर्ष 6, सं. 37, कलकत्ता, वैशाख कृष्ण 10, संवत् 1985, शनिवार, 4 मई 1929

1. अग्रलेख—सर साइमन के काले आशिक (अतुल चटर्जी, सुरेंद्र मल्लिक तथा कुछ रायबहादुर नंदनों द्वारा भारत मंत्री लार्ड पीक्त महोदय के स्वागत पर क्षोभ)। 2. मतवाला की बहक। 3. वाणी (कविता-मल्हार) निराला। 4. शराबी (धारावाहिक उपन्यास) : श्री उग्र। 5. चलती चक्की। 6. सोवियत रूस के सुधार ग्रह : श्री शिवनारायण टंडन। 7. 12वीं हिंदू महासभा सूरत के सभापति का भाषण। 8. पेशा हमारा लीडरी (कविता) : श्री राधामोहन गोकुल जी। 9. चिड़ीमार (कविता) चिड़मार। 10. आराध्यदेव (कविता) : सत्यव्रत शर्मा 'सुजन'। 11. आप रहने दे मुसिफी अपनी (हिंदी गजल) : "कैस" बनारसी। 12. देखभाल के (कविता) कविवर बिसमिल, प्रयाग। 13. राष्ट्र हिंदू चिंतक ध्यान दें। (स्वर्गीय लाला लाजपतराय स्मारक निर्माण के लिए अपील)। 14. पुस्तक-परिचय (क) प्रारंभिक रसायन—अमीचंद विद्यालंकार। (ख) अमरीकन स्त्री शिक्षा—डॉ. महेंद्रपाल गर्ग। (ग) रूपक रत्नावली रामचंद्र वर्मा। (घ) सुनाल काव्य—श्री अनूप शर्मा। 15. सहयोगी स्वागत—'बालक' का चित्रांक और होलिकांक। 16. कुछ आवश्यक सूचनाएं (स्तंभ)।

वर्ष 6, सं. 38, कलकत्ता, वैशाख शुक्ल 2, संवत् 1985, शनिवार, 11 मई 1929

1. अग्रलेख—काम की बात (स्वाधीनता आंदोलन को तीव्रवर करने की अपील)। 2. मतवाला की बहक। 3. शराबी (धारावाहिक उपन्यास) : श्री उग्र। 4. चलती चक्की। 5. वीणा (कविता—चौथी किस्त) : निराला। 6. द्विवेदी जी का दान (श्री महावीर प्रसाद द्विवेदी दारा 6,400 रुपया दान देने के कारण)। 7. आत्महत्या (अंग्रेजी से अनुवादित मनोवैज्ञानिक लेख) : अनुवादक—अ, इ, उ। 8. मुंछमुंडा ओज (ब्रजभाषा एवं खडी बोली काव्य-भाषा के संदर्भ में) : विकट वितंडावादी। 9. ग्वालियर के हिंदी

नवरत्न : एक रंगीला रिसिंहर। 10. सोवियत रूस की कुछ बातें : श्री शिवनारायण टंडन (पं. जवाहरलाल नेहरू लिखित सोवियत देश के आधार पर)। 11. 12वी हिंदू महासभा सूरत के सभापति का भाषण। 12. विप्लववादी से (कविता) : पं. जयनारायण झा 'विनीत' विद्यालंकार विशारद। 13. पुस्तक-परिचय (ले. घी का लड्डू टेढ़ा भला) (क) चित्रांगदा—टैगोर का अनुवाद श्री मुंशी अजमेरी। (ख) गुरुकुल—मैथिलीशरण गुप्त। (ग) विकट भट : श्री मैथिलीशरण गुप्त। 14. प्राप्ति-स्वीकार। 15. कुछ आवश्यक सूचनाएं।

वर्ष 6, सं 39, कलकत्ता, बैसाख शुक्ल 1, संवत् 1986, शनिवार, 18 मई 1929

1. अग्रलेख—जीवन रक्षा कीजिए (हिंदी 'नवजीवन' की रक्षा हेतु, जनता से ग्राहक बनने की अपील) 2. मतवाला की बहक। 3. शराबी (धारावाहिक उपन्यास) : श्री उग्र। 4. 'चाकलेट और चाकू।' (छुरेबाजी की घटना एवं हत्याओं के विरोध में लेख)। 5. चलती चक्की। 6. जिझौतिया समाज ध्यान दे। 7. रोटी का टुकड़ा (कहानी) : ले. अज्ञात। 8. जजलाते "कैस" (ग़ज़ल) : कैस बनारसी। 9. सोवियत रूस में स्त्रियों का स्थान : ले. शिवनारायण टंडन (श्री जवाहरलाल नेहरू लिखित सोवियत रूस की दशा के आधार पर अनुवादित)। 10. स्मृति : श्री सत्यव्रत शर्मा 'सुजन'। 11. मेरे लाश के टुकड़े दफन करना सौ मजारों में (ग़ज़ल) : डॉ. नथुनीलाल धवन 'वहशत', मुजफ्फरपुर। 12. 'मधुकरी' कहानी-संग्रह में संकलित "कवि की स्त्री, और अमरीकन रमणी : श्री सुदर्शन। 'विधवा' तथा दर्शन : पं. ज्वालादत्त शर्मा, 'खूनी और जीजा जी' : आचार्य चतुरसेन शास्त्री का चित्र। 13. मधुचक्र : श्री मधुकर—(क) सांप काटे का इलाज। 14. चंडूखाने की गप्प (स्तंभ) : युधिष्ठिर। 15. मदालसा (कविता) : श्री दुर्गादत्त त्रिपाठी। 16. पुस्तक-परिचय (क) गीता-रहस्य : स्व. नीलकंठ मजूमदार। (ख) माधवी : ठाकुर गोपालशरण सिंह। (ग) अबला : रमाशंकर सक्सेना। (घ) कर्मफल : प्रो. बैजनाथ कोटी। (ङ) पतिव्रता : अनु. रूपनारायण पांडेय। (च) जुझारू तेजा : मेहता लज्जाराम शर्मा। (छ) कुछ आवश्यक सूचनाएं।

वर्ष 6, सं. 40, कलकत्ता, जयेष्ठ कृष्ण 5, संवत् 1986, शनिवार, 25 मई 1929

1. अग्रलेख—निराशाजनक और कायरतापूर्ण (सोवियत रूस की क्रांति एवं विचारधारा से भारतीयों द्वारा कुछ भी सीख न लिए जाने पर। 2. मतवाला की बहक। 3. शराबी (धारावाहिक उपन्यास) : श्री उग्र। 4. चलती चक्की। 5. साहित्य संसार में भूकंप और हड़कंप। : शेषनाग और बजरंग (पं. रूपनारायण पांडेय और दुलारे लाल भार्गव की परस्पर अभिन्नता एवं बाद में अनबन पर चुटीली शैली में व्यंग्य)। 6. नया

लाटमहल (दिल्ली में बनने वाले आधुनिक राष्ट्रपति भवन के बारे में)। 7. आयलैंड की क्रांति, एक झलक : श्री भगवतीप्रसाद। 8. मिला है रंज भी मेरी खुशी में (हिंदी गज़ल) : नाखुदाय सखुन हतरत नूह नारवी। 9. भीगी आंखें (कविता) : सोहनलाल द्विवेदी। 10. जेल में (कहानी) : 'श्रीमुक्त'। 11. पुस्तक-परिचय : घी का लड्डू टेढ़ा भला—(क) शिव-संकल्प : 'आर्यमित्र' संपादक पं. हरिहर शर्मा। (ख) सचित्र 'दिल्ली' : श्री दत्तात्रेय बलवंत पारसनीस। (ग) 'केसरी'-कीर्तन : पं. हरिशंकर शर्मा। (घ) धर्मशिक्षा : पं. लक्ष्मीधर वाजपेयी। (ङ) हिंदी माघ : अनुवादक पं. गिरिधर शर्मा। (च) आस्तिक स्मृति : शिवदत्त त्रिपाठी, काव्य तीर्थ। (छ) सच्ची सफलता की कुंजी : मि. पी.सी. जैन 11. कुछ आवश्यक सूचनाएं।

वर्ष 6, सं. 41, कलकत्ता, ज्येष्ठ कृष्ण 9, संवत् 1986, शनिवार, 1 जून 1929

1. अग्रलेख—पुरश्चरण करो पुरश्चरण (अफगानी नेता शाह अमानुल्लाह की प्रशंसा में)। 2. मतवाला की बहक। 3. कार्टून भारत को पहाड़ पर से धकेलता यू.एस.ए., साउथ अफ्रीका आदि। 4. शराबी (धारावाहिक उपन्यास) : श्री उग्र। 5. चलती चककी। 6. प्रबंध-काव्य में मुक्तक (आलोचनात्मक लेख) : श्री ईश्वर चंद्र शर्मा। 7. मुझको अपनी जिंदगी प्यारी नहीं : नाखुदाय सखुन हजरत नूर नारवी। 8. मधुचक्र : श्री मधुकर (विभिन्न पत्र-पत्रिकाओं से)। 9. पथिक (कविता) : श्री सत्यव्रत शर्मा 'सुजन'। 10. फरियादे बिसमिल : कविवर बिसमिल प्रयाग। 11. सोवियत रूस में अल्पसंख्यक समुदायों का प्रश्न : लेखक-अनुवादक शिवनारायण टंडन (श्री जवाहरलाल नेहरू के सोवियत रूस की दशा से)। 12. सौदाए बहशत (गज़ल) : बहशत अजीमावादी। 13. भानुमती की पिटारी : अअल्लिफ मुंशी मदारीलाल साहब। 14. पुस्तक परिचय : घी का लडडू टेढ़ा भला—(क) विजयी वारडोली : श्री बैजनाथ। (ख) बिखरे मोती : ऋषभचरण। (ग) मधुलहरी : रामसिंहासन सहाय। (घ) बालकथा कहानी : रामनरेश त्रिपाठी। 15. सहयोगियों का सादर स्वागत (पत्र-पत्रिका के प्रकाशन पर स्तंभ)—देश सेवक, यंगराजस्थान, राजस्थान संदेश। 16. कुछ आवश्यक सूचनाएं (स्तंभ)।

वर्ष 6, सं. 42, कलकत्ता, ज्येष्ठ-शुल्क 1, संवत् 1986, शनिवार, 8 जून 1929

1. अग्रलेख—प्रताप का रथ (महाराणा प्रताप के जीवन पर आधारित)। 2. मतवाला की बहक। 3. शोक संवाद—हां चाचाजी (मतवाला संपादक श्री महादेव प्रसाद सेठ के पिता श्री हरदेवदास सेठ के निधन पर, फोटो के साथ संतप्त मतवाला मंडल)। 4. शराबी (धारावाहिक उपन्यास) : श्री उग्र 5. चलती चक्की। 6. देवताओं के गुलाम (जमादारिन

मेयो की दूसरी रिपोर्ट, मूलतः मिस मेयो की (पुस्तक) अनु. शिवनारायण टंडन। 7. हमारा आयुर्वेद। अब विदेशियों की आंखें खुल रही हैं। ले. अज्ञात। 8. फरियादे बिसमिल (गज़ल) : बिसमिल, प्रयाग। 9. 'मधुकरी' का विज्ञापन : रायकृष्णदास एवं गुलेरीजी का फोटो। 10. खन्ना पुरस्कार—पुरस्कृत कविताएं—कविवर वचनेश, फर्रखाबाद कवींद्र रसिकेंद्र, कालपी। बेनीमाधव तिवारी, आनंदमठ, कानपुर। 11. हिंदी साहित्य में परिवर्तन (भिन्न-भिन्न वाद एवं विचारधाराओं के ऊपर लेख) : विद्यालंकार श्री जगन्नाथ मिश्र गौड़ 'कमल' साहित्य भूषण। 12. कुछ आवश्यक सूचनाएं।

वर्ष 6, सं. 43, कलकत्ता, ज्येष्ठ शुक्ल, संवत् 1986, शनिवार, 15 जून 1929

1. अग्रलेख—भई गति सांप छछुंदर केरी (कांग्रेसियों से विधानसभा की सदस्यता छोड़कर पार्टी मजबूत करने के लिए गांधी की अपील)। 2. मतवाला की बहक। 3. असीरे फिरंग (कविता) : लालचंद 'फलक' (श्री केदारनाथ सहगल को राजद्रोह के एक मुकद्दमे में लाहौर में सजा हुई थी। उसी पर कवि को मुबारकबाद)। 4. चलती चक्की। 5. राजद्रोह का अभियोग (अमरीकन पादरी की पुस्तक पर)। 6. बहिष्कार का पाठ (कांग्रेसी बहिष्कार आंदोलन पर 'कर्मवीर' की टिप्पणी)। 7. बम-बाजों का बयान (सरदार भगतसिंह तथा बटुकेश्वर दत्त द्वारा व्यवस्थापिका सभा में बम फेंकने के कारण सेशन जज का दिया गया उनके बयान का अंश)। 8. अध्यापक की करतूत (संपादक के नाम पत्र)। 9. झूठों की पिटारी या 'देवताओं के गुलाम' (पुस्तक लेखक मेयो की तीखी आलोचना) ले. शिवनारायण टंडन। 10. नीरव-वाणी (कविता) : सोहनलाल द्विवेदी। 11. सदके तेरी शोखी के जलवाए जानाना (गज़ल) : डॉ. नथुनीलाल धवन 'बहशत', मुजफ्फरपुर। 12. चिकित्सा गुरु-भारत (भारतीय प्राचीन चिकित्सा पद्धति के महत्त्व पर)।

वर्षा 6, सं. 44, कलकत्ता, ज्येष्ठ शुक्ल 1, संवत् 1986, शनिवार, 22 जून 1929

1. अग्रलेख—बोतल वासिनी जय। (शराब की बढ़ती खपत पर)। 2. मतवाला की बहक। 3. शराबी (धारावाहिक उपन्यास) : उग्र। 4. पदस्थ (कविता) : कृष्णदास ('माधुरी' से उद्घृत)। 5. प्रतिज्ञा की परख : लेखक पारखी (प्रेमचंद के उपन्यास 'प्रतिज्ञा' की समीक्षा। 6. चाकलेट-विधाता। 7. संसार पर भारत का ऋण (चिकित्सा विज्ञान एवं सभ्यता में भारतीयों तथा उनके ज्ञान का प्राचीनतम होना। 8. सौदाए बहशत (गज़ल) : 'बहशत', प्रयाग। 9. मुझे डर लगता है (स्वामी आनंद भिक्षु सरस्वती लिखित लेख) 10. 'आजकल' के संपादक : पंडित रामनारायण शर्मा 11. कुछ आवश्यक सूचना।

वर्ष 6, सं. 45, कलकत्ता, आषाढ़ कृष्ण 7, संवत् 1986, शनिवार, 29 जून 1929

1. अग्रलेख—माया मरीचिका। (अंग्रेजों द्वारा खंड-खंड छोटी-मोटी सुविधा देने पर कांग्रेसियों को चेतावनी)। 2. मतवाले की बहक। 3. शराबी (धारावाहिक उपन्यास) : उग्र। 4. चलती चक्की। 5. मधुचक्र : श्री मधुकर। 6. 'विशाल-भारत' की भारती : 'गुप्त' चोरी ऋषभचरण (श्री कृष्णानंद गुप्त पर लेखक का आरोप कि उसने 'कोयल का संगीत' 'कहानी का प्लॉट, से भाषा-भाव उनकी कहानी से चुराई है। 7. नेपाल में फूट की खेती : खेतिहर पं. रामगोविंद त्रिवेदी ('सार्वदेशिक' से उद्धृत)। 8. कुछ आवश्यक सूचनाएं।

वर्ष 6, सं. 46, कलकत्ता, आषाढ़ कृष्ण 30, संवत् 1986, शनिवार, 6 जुलाई 1929

1. अग्रलेख—प्रथम ग्रासे मक्षिका पातः। (इंग्लैंड की नई पार्लामेंट की उद्घाटन तिथि 2 जुलाई के अवसर पर)। 2. मतवाला की बहक। 3. शराबी (धारावाहिक उपन्यास) : उग्र। 4. चलती चक्की। 5. तुलसीदल : ले. सियारामशरण गुप्त (तुलसी-निधि द्वारा साहित्याकारों के सम्मान के लिए किया गया प्रस्ताव)। 6. जल-प्रलय पीड़ितों के प्राणार्थ : (श्री रामकृष्ण मिशन की अपील)। 7. लाख रुपए की बात ('त्यागभूमि' पत्रिका की सहायतार्थ जनता से अपील)। 8. पंजाबियों का जोश (कविता) : लाला लालचंद फलक। 9. तुम से (कविता) : श्री जगन्नाथ मिश्र गौड़ 'कमल'। 10. चाकलेटी दुराचार पर महात्मा जी का पत्र (चाकलेटी—घासलेटी आंदोलन पर)। 11. अप्राकृतिक व्यभिचार। 12. भारतीय कोकिला की कुहू-कुहू। (अमरीका में सरोजनी नायडू के स्वागत समारोह की रिपोर्ट) 13. एशिया के गौरव अमानुल्लाह—पतन सिंहावलोकन चित्र सहित (शाह अमानुल्ला एवं अलका सूर्या)। 14. कुछ आवश्यक सूचनाएं।

वर्ष, सं. 47, कलकत्ता, आषाढ़ शुक्ल 7, संवत् 1986, शनिवार, 13 जुलाई 1929

1. अग्रलेख—गोरों की जहराग्नि (अंग्रेजों की फिजूलखर्ची एवं भ्रष्टाचार पर)। 2. मतवाला की बहक। 3. शराबी (धारावाहिक उपन्यास) : श्री उग्र। 4. आसाम और बर्मा में जल-प्रलय (रामकृष्ण मिशन द्वारा पीड़ितों की सहायता)। 5. चलती चक्की। 6. नेहरू की तस्वीर। 7. सतीत्व बंगला में छपे उक्त निबंध की 'आनंद बाजार पत्रिका' द्वारा आलोचना करने पर जवाब। 8. वासना का नग्न-तांडव, समाज में बढ़ रहे अनाचार, व्यभिचार, भ्रूण-हत्या, सामाजिक अव्यवस्था पर ज्वलंत लेख। 9. पटियालाशाही प्रजा की पुकार, संपादक के नाम पत्र। 10. काबुल में सतीत्व पर हमला। 11. कुछ आवश्यक सूचनाएं।

वर्ष 6, संख्या 48, कलकत्ता, आषाढ़ शुक्ल 14, सं. 1986, शनिवार, 20 जुलाई 1929

1. अग्रलेख, सतीत्व (पति द्वारा धोखा देने तथा स्त्री उत्थान पर विचारोत्तेजक निबंध)। 2. मतवाला की बहक। 3. शराबी (धारावाहिक उपन्यास : श्री उग्र)। 4. कृष्ण के प्रति कविता : कविवर लाला भगवानदीन। 5. बाढ़ पीड़ितों के लिए (रामकृष्ण मिशन की अपील)। 6. दो छोटी कहानियां (क) मानवी-इच्छा—मोपांसा की एक कहानी का भाव, (ख) जवानबंदी—एक अंग्रेजी गल्प की छाया। 7. प्रलय-पीड़ितों के लिए : महात्मा गांधी, (महात्मा गांधी द्वारा बाढ़ पीड़ितों की सहायता की अपील)। 8. स्त्री और पुरुष के समान अधिकार : महात्मा गांधी (विधवा और विधुर के जीवन पर—'नवजीवन' से उद्धृत)। 9. परिचय : 'प्राण' शिवहरी (ऋतुपरक गीत)। 10. कोयल का संगीत : कृष्णानंद गुप्त, (गुप्त जी का ऋषभचरण को साहसपूर्ण पत्र)। 11. अंग्रेजों की कूट, नीच चालें, भारत की हस्तकला, बुनकर एवं लघु उद्योगों के विनाश पर खेल। 12. कुछ आवश्यक सूचना।

वर्ष 6, सं. 49, कलकत्ता, श्रावण कृष्ण 6, सं. 1986, शनिवार, 27 जुलाई 1992

1. अग्रलेख—पागलों की तलाश (देश की स्वतंत्रता के लिए नवजवानों को उद्बोधन)। 2. मतवाला की बहक। 3. शराबी (धारावाहिक उपन्यास) : श्री उग्र। 4. सरदार भगत सिंह एवं सरदार बटुकेश्वर दत्त के बलिदान पर संक्षिप्त गीत—चित्र सहित। 4. चलती चक्की। 5. गोधूलि (कहानी) : श्री मुक्त। 6. जजबाते "कैश" (ग़ज़ल) : कैस बनारसी। 9. फरियादे बिसमिल : कविवर बिसमिल, प्रयाग। 8. युवकों से (देश-दशा पर विचारोत्तेजक लेख) : काका कालेलकर। 9. कुछ आवश्यक सूचनाएं। 10. फासिस्ट नेता बेनितो मुसोलिनी (जीवन-चरित्र)।

वर्ष 6, सं. 50 कलकत्ता, श्रावण कृष्ण 13, सं. 1986, शनिवार, 3 अगस्त 1929

1. अग्रलेख—नाक रह गई (महात्मा गांधी के प्रस्तावानुसार कौंसिल वर्जन संबंधी प्रस्ताव, लाहौर कांग्रेस स्थगित)। 2. मतवाला की बहक। 3. जय हो भारत भाग्य विधाता (लोकमान्य तिलक के जन्मदिन 1 अगस्त पर)। 4. 'भारत'—संपादक से निवेदक—पांडेय बेचन शर्मा 'उग्र'। 5. मजिस्टर की ओडायरी और डायरी (घासलेटी साहित्य के प्रश्न पर तीखा उत्तर) : ले. अज्ञात। 6. डायरी (कवित्व) : ले. अज्ञात। 7. चलती चक्की। 8. परदे में पाप का प्लांट—साई खेड़े में मक्खियां : विशेष संवाददाता, 9. फरियादे बिसमिल : कविवर बिस्मिल प्रयाग। 10. तपस्वी बटुकेश्वर दत्त (जीवन परिचय—अभ्युदय प्रेस)। 11. दो गद्य-काव्य (क) 'न्यायालय'—आस्कर

वाइल्ड, (ख) 'ज्ञानदाता'–आस्कर वाइल्ड। 12. आल्लुरी : श्री राम राजू (एक आंध्रवीर की जीवन कला के ऊपर) 13. कुछ आवश्यक सूचनाएं।

वर्ष 6, सं. 51, कलकत्ता, श्रावण शुक्ल 6, सं. 1986, शनिवार, 10 अगस्त 1992

1. 'मतवाला' के मीरज़ापुर जाने की सूचना। 2. अग्रलेख–नमक हलाली का नया तरीका (भारतीयों द्वारा ब्रिटिश राज की प्रशंसा करने पर)। 3. मतवाला की बहक। 4. तुम्हारी इच्छा (कविता) : पं. दुर्गादत्त त्रिपाठी। 5. कांटों का ताज (कांग्रेस अध्यक्ष के पद पर जवाहरलाल नेहरू की नियुक्ति की ओर इशारा)। 6. अफगानिस्तान के बारे में (पठान स्त्रियों के अधिकार, कर्त्तव्य एवं सामाजिक स्थिति पर)। 7. चलती चक्की। 8. ताज कौन पहने : महात्मा गांधी (कांग्रेस महासभा की अध्यक्षता एवं नेहरू के योगदान पर महात्मा गांधी का बड़ा चित्र)। 9. एक खुली चिट्ठी (संपादक के नाम पत्र) : शिवनारायण टंडन। 10. कविता की मूर्ति (पंत जी की अस्वस्थता पर चित्र सहित) 11. पेनल कोड की आत्मकथा : गणेश दत्त शर्मा गौड़ 'इंद्र'। 12. कला के कैश (गज़ल) : कविवर कैश बनारसी। 13. हिंदू-समाज का अग्निकुंड : शिवनारायण टंडन। 15 अपराधी (कहानी) : ले. 'मुक्त'। 15. आवश्यक सूचनाएं।

वर्ष 7, सं. 1, कलकत्ता, भाद्र कृष्ण 4, संवत 1986, शनिवार, 24 अगस्त 1929

1. अग्रलेख–राजा कंस (पौराणिक मिथ के संदर्भ पर अंग्रेजों पर व्यंग्य)। 2. 'विनोद बरसा करे।' (कविता) : अनूप। 3. ऐ बागवान देख मेरा आशियां रहे (गज़ल) : कैश बनारसी। 4. मतवाला की बहक। 5. कवि, कविता, कवि सम्मेलन : मि. शेम-शेम। 6. वह मतवाला है (कविता) : कविवर ठाकुर गोपाल शरण सिंह। 7. चलती चक्की। 8. घीसू (कहानी) : जयशंकर प्रसाद। 9. अजीब अभिलाषा (कविता) : चपेटानंद भारती। 10. जागरण (कविता) : पं. दुर्गादत्त त्रिपाठी 11. मुक्त (कहानी) : उग्र। 12. प्रश्न कविता : भुवनेश्वर सिंह "भुवन"। 13. मतवाला (चौपदे) : कवि सम्राट पं. अयोध्यासिंह उपाध्याय। 14. 'मेरी हजामत' और भेड़िया धसान : समालोचक पंडित पीयूष मणि पारिख। 15. मेघाराम (कविता) : गायक उग्र। 16. एक महान संदेश : 'मतवाला'-संपादक।

शनिवार 31 अगस्त 1929

1. अग्रलेख–धन्यवाद (यतींद्रनाथ के बलिदान पर)। 2. मतवाला की बहक 3. राक्षस (मतवाला के लिए अनूदित) : ले. अज्ञात। 4. मधुचक्र : श्री मधुकर–यतींद्र के बलिदान पर। 5. अमर यतींद्र। 6. चलती चक्की। 7. जेलों में रोमांचकारी अत्याचार :

लेखिका श्रीमती कु. लज्जावती 'पंजाब केसरी' से। 8. उफ् जुल्म ।। : अनुसरण। 9. स्वर्गीय यतींद्रनाथ (संक्षिप्त परिचय 'आज' से)। 10. मरणा-मंगल (यतींद्रनाथ की शवयात्रा पर कलकत्ते के महाजुलूस का वर्णन। 11. सूचना।

7 सितंबर, 14 सितंबर और 21 सितंबर के अंक अनुपलब्ध

वर्ष 7, सं. 6, मिर्जापुर सिटी, आश्विन कृष्ण 10, सं. 1986, शनिवार, 28 सितंबर 1929

1. अग्रलेख (स्तंभ)। 2. मतवाला की बहक। 3. वीभत्स कहानी : श्री उग्र। 4. चलती चक्की। 5. त्याग : सार्वदेशिका से उद्धृत। 6. फुलझड़ियां (कविता) : श्री भुवनेश्वर सिंह 'भुवन'। 7. नगर जमानत (कहानी) : श्री मधुसूदन दास। 8. सहयोगियों के विशेषांक ('चित्रमय जगत' का एशिया—अंक एवं भूगोल का अफगानिस्तान अंक)।

वर्ष 7, सं. 7, मिर्जापुर सिटी, आश्विन शुक्ल 3, संवत् 1986 शनिवार, 5 अक्टूबर 1929

1. अग्रलेख (स्तभ)। 2. मतवाला की बहक। 3. गांधी-दर्शन। 4. चलती चक्की। 5. साहित्य-सेवा की धुन। 6. कविराज की छुट्टी।

वर्ष 7, संख्या 8, मिर्जापुर सिटी, आश्विन शुक्ल 9, संवत् 1986, शनिवार, 12 अक्टूबर 1929

1. अग्रलेख—त्रेतायुग की बात। 2. मतवाला की बहक। 3. एक रहस्य (प्रेमचंद की कहानी 'भूत' की नकल 'माधुरी' में प्रकाशित होने पर)। 4. धन्यवाद। 5. कला में 'मूह' (गजल) : नाखुदाए सखुन हजरत 'नूह' नारवी। 6. विक्रय : सत्यव्रत शर्मा 'सुजन'। 7. पद्य-पुष्पांजली (कविता) : पंडित ईश्वरदीन 'डिजराज'। 8. धन्यवाद : बिसमिल प्रयाग। 9. सूचनाओं की भरमार।

वर्ष 7, सं. 9, मिर्जापुर सिटी, कार्तिक कृष्ण 1, सं. 1986, शनिवार, 19 अक्टूबर 1929

1. अग्रलेख—श्री सतींद्रनाथ। 2. मतवाला की बहक। 3. मतवाला (कविता) : महेश। 4. चलती चक्की। 5. पथिक के प्रति : प्रणयेश। 6. महात्मा टॉलस्टाय के निवास-स्थान की यात्रा : राजा महेंद्रनाथ प्रताप। 7. काबुल का त्राता। 8. अश्रुदर्शन : 'केसरी' से। 9. मैं कवि हूं : हिंदू लेखक बाबा बालीदास। 10. आवश्यक सूचनाएं।

वर्ष 7, संख्या 10, मिर्जापुर सिटी, कार्तिक कृष्ण 8, सं. 1986, शनिवार, 26 अक्टूबर 1929

1. अग्रलेख–बादशाह अमानुल्लाह। 2. मतवाला की बहक। 3. पागल हंसी (कहानी) : कल्याण। 4. मधुचक्र : श्री मधुकर–श्री महात्मा जी का दौरा। 5. चलती चक्की। 6. तुलसीदास का अछूतोद्धार : पं. कामता प्रसाद जी गुरु। 7. आदर्श सभ्य : पं. पुन्नू लाल शर्मा। 12. आधुनिक कवियों की विद्वत्ता। 13. गोरी बीवियों से महाराजाओं का ब्याह। 14. आवश्यक सूचनाएं।

वर्ष 7, संख्या 11, मिर्जापुर सिटी, कार्तिक शुक्ल, सं. 1986, शनिवार, 2 नवंबर 1929

1. अग्रलेख (स्तंभ)। 2. मतवाला की बहक। 3. पतिव्रता (कहानी) : गुप्तेश्वर प्रसाद श्रीवास्तव। 4. श्री निरंजनदास की दृढ़ता (शाह अमानुल्लाह के प्रिय पात्र भारतीय अधिकारी)। 5. चलती चक्की। 6. शराब शराब : लेखक अज्ञात। 7. मरने की आरजू करते (गजल) : पं. बहशत, मुजफ्फरपुर। 8. उफ् (कहानी) : श्री श्यामबिहारी शर्मा। 9. भारत की राष्ट्रीय पताका : दत्ताकृष्ण बालकृष्णकेलकर। 10. आंसू : पं. ईश्वरदीन 'द्विजराज'। 11. भारत में मूक-बधिर शिक्षा। 12. आवश्यक सूचनाएं।

वर्ष 7, संख्या 12, मिर्जापुर सिटी, कार्तिक शुक्ल 9, संवत् 1986, शनिवार, 9 नवंबर 1929

1. अग्रलेख–दिल्ली के लड्डू (वायसराय द्वारा भारतीय नेताओं के साथ धोखा)। 2. मतवाला की बहक। 3. एक सुधारक का हृदय ('चांद' के मारवाड़ी अंक की समालोचना) : बैजनाथ देपड़। 4. चलती चक्की। 5. शहीद के पत्र : अनुवादक श्री अचलेश्वर शर्मा 'देवेश'। 6. स्वयं सेवक या सरदार? : महात्मा गांधी। 7. अफगानिस्तान का नया शाह : इंद्र। 8. आखिरी नबी का पहला पैगाम : लेखक अज्ञात। 9. आवश्यक सूचनाएं। 10. पार्टी पॉलिटिक्स के पाप : स्वामी सत्यदेवजी परिव्राजक।

वर्ष 7, सं. 13, मिर्जापुर सिटी, कार्तिक शुक्ल 14, संवत् 1986, शनिवार, 16 नवंबर 1929

1. अग्रलेख (स्तंभ)। 2. मतवाला की बहक। 3. गांधीजी (19 नवंबर को मिर्जापुर आगमन पर 'कर्मवीर' में प्रकाशित महात्मा गांधी का संक्षिप्त-परिचय)। 4. हिंदू समाज के घातक-चंगुल में (कविता) : नरसी मेहता। 5. चलती चक्की। 6. तब

क्या-क्या बहरों ने सुना (अंग्रेजों के अत्याचार पर) : श्यामबिहारी शर्मा। 7. सावन के अंधे : विद्याभूषण पं. रामनाथ ज्योतिषी। 8. क्रांतिकारी नास्तिक की आस्तिकता : श्री गणेशशंकर विद्यार्थी (विक्टर ह्यूगो के जगत् प्रसिद्ध उपन्यास "ला मिजरेबिल्स" के प्रथम खंड का संकलन) (नगर के विशप के गुणों का वर्णन)। 9. कान्यकुब्ज–युवक-बंधुओं के नाम (खुली चिट्ठी और अपील) : अपीलकर्ता रामसेवक त्रिपाठी, प्रबंधक तथा संपादक 'माधुरी' नरही रोड, लखनऊ। 10. कुछ आवश्यक सूचनाएं।

वर्ष 7, संख्या 14, मिर्जापुर सिटी, मार्गशीर्ष कृष्ण 7, संवत् 1986, शनिवार, 23 नवंबर 1929

1. अग्रलेख–सुफैदजादू–(भारत के स्वराज के लिए बलिदान हेतु तैयार रहने के लिए अपील, मात्र भाषण करने वालों की निंदा। 2. मतवाला की बहक। 3. इधर क्या है? : श्याम बिहारी शर्मा। 4. चलती चक्की। 5. गांधी टोपी : काशी नारायण त्रिवेदी। 6. विहंग बालिके : केसरी। 7. स्त्रियों का स्थान : श्री मसालेदार, बादाम के कच्छे की बहार। 9. क्रांतिकारी नास्तिक की आस्तिकता : 'त्यागभूमि' से। 10. आवश्यक सूचनाएं।

वर्ष 7, संख्या 15, मिर्जापुर सिटी, मार्गशीर्ष कृष्ण 14, सं. 1986, शनिवार, 30 नवंबर 1929

1. अग्रलेख–आप किसी खेत की मूली है? (स्वराज्य आंदोलन पर) 2. मतवाला की बहक। 3. संसार का सर्वश्रेष्ठ पुरुष : महात्मा गांधी ('कांग्रेस समाचार' से)। 4. साहित्यिक चुटकुले : चांद, सुधा, ग्राम्यगीत, राष्ट्रभाषा, हिंदू-पंच। 5. काशी की हवाई डाक : प्रभात। 6. चलती चक्की। 7. दो दिन की जिंदगी के लिए कुछ तो चाहिए (गज़ल) : नाखुदाए सखुन हजरत 'नूह' नारवी। 8. छः पहियों की दुनिया। 9. अनुरोध (कविता) : महेश। 10. ग्राम्यगीत (कविता) : लक्ष्मणप्रसाद मित्र : कमलापुर। 11. कानपुर म्युनिसिपल बोर्ड के शिक्षा विभाग के सेक्रेटरी का पोल खुलना : एक जानकार। 12. पद्य-पाठ परिषद्, मुजफ्फरनगर, मंत्री। 13. आवश्यक सूचनाएं।

वर्ष 7, सं. 16, मिर्जापुर सिटी, मार्गशीर्ष शुक्ल 6, संवत् 1986, शनिवार, 7 दिसंबर 1929

1. अग्रलेख (स्तंभ)। 2. मतवाला की बहक। 3. मोती की लड़ियां : 'कल्याण' से। 4. नाक न कट जायेगी?: श्री वीरेंद्रकुमार वर्मा, मालवीय। 5. चलती चक्की। 6. साल की जेल (कहानी) : श्री श्यामबिहारी शर्मा। 7. उत्सर्ग : श्री सुजन। 8. मधुचक्र :

श्री मधुकर। 9. रिश्वत से गरीबों की तबाही। 10. सर उठा सकते नहीं कानून में यह जोश है (ग़ज़ल) : कविवर 'बिसमिल' प्रयाग। 11. आवश्यक सूचनाएं।

वर्ष 7, सं. 17, मिर्जापुर सिटी, मार्गशीर्ष शुक्ल 13, संवत् 1986, शनिवार, 14 दिसंबर 1929

1. अग्रलेख—मूर्ति की प्रतिष्ठा (पंजाब केसरी लाला लाजपतराय की मूर्ति के अनावरण पर)। 2. मतवाला की बहक। 3. सचित्र समाचार। 4. 'अंग्रेज' : श्री श्यामबिहारी शर्मा। 5. चलती चक्की। 6. काशी की हवाई डाक : श्रीयुत प्रमत। 7. हे बलिदानी वीर राष्ट्र का तू गौरव है। राष्ट्रपति पं. जवाहरलाल नेहरू (संक्षिप्त जीवन-चरित्र) : लेखक श्रीयुत रूपनारायण जी शास्त्री। 8. सहयोगियों का सादर-स्वागत। 9. झिड़कियों का रहस्य (आचार्य कृपलानी पर) : लेखक महात्मा गांधी ('यंग इंडिया' से साभार)। 10. आवश्यक सूचनाएं।

वर्ष 7, सं. 18, मिर्जापुर सिटी, पौष कृष्ण 6, संवत् 1986, शनिवार, 21 दिसंबर 1929

1. अग्रलेख—जय कांटों के ताज की (जवाहरलाल नेहरू के प्रति)। 2. मतवाला की बहक। 3. कांव-कांव का कलेक्शन। (मारवाड़ी अंक के बारे में, 'लीडर' ने चौका लगा दिया)। 4. चलती चक्की। 5. अत्याचार का मूल्य (राजा चार्ल्स के सर से चुकाया गया—अंग्रेजी इतिहास के कुछ पन्ने) : विश्वेश्वर दयाल गुप्त। 6. दो गद्य-काव्य (क) प्रेमी : केदारनाथ मिश्र 'प्रभात'। (ख) वह आदर्श कैसे बना? : वीरेंद्र कुमार वर्मा, मालवीय। 7. पहला प्यार (कविता) : सत्यव्रत वर्मा 'सुजन'। 8. आवश्यक सूचनाएं।

वर्ष 7, सं. 19, मिर्जापुर सिटी, पौष कृष्ण 6, संवत् 1986, 28 दिसंबर 1929

1. अग्रलेख—(स्तंभ)। 2. मतवाला की बहक। 3. मधुचक्र : श्री मधुकर, (क) सत्ता के सामने सत्य पानी भरता है, (ख) खादी का सूची-पत्र, (ग) झूठी खबर, (घ) महीन खादी पहनने वालों से। 4. चलती चक्की। 5. दियासलाई (यूरोपीयन गल्प का अनुवाद : श्री रायकृष्ण दास)। 6. हम तो मर जाने से पहले ही मर बैठे हैं (ग़ज़ल) : नाखुदाये सखुन हजरत नूह नारवी। 7. कांग्रेस सप्ताह (कांग्रेस अधिवेशनों की सभाओं की सूची)। 8. अंग्रेजों के उपकार : पं. गणेशदत्त शर्मा गौड़ 'इंद्र'। 9. भारतीय स्वतंत्रता (संक्षिप्त इतिहास)। 10. आजाद रहने वाले गिरफ्तार हो गये (कविता) : बिसमिल, प्रयाग। 11. वस्त्र कहानी महात्मा जी की—रामजी सहाय 'रुद्रपुरी' 12. मतवाला हूं मैं : पं. ईश्वरदीन 'द्विजराज'। 13. काशी की हवाई डाक : श्रीयुत प्रमत।

वर्ष 7, सं. 20, मिर्जापुर, पौष शुक्ल 5, संवत् 1986, शनिवार, 4 जनवरी 1930

1. अग्रलेख—कांग्रेस अधिवेशन। 2. मतवाला की बहक। 3. क्रांति चिरंजीवी हो, साम्राज्यवाद का सत्यानाश, राष्ट्रपति के अभिभाषण का सार (लाहौर के 44वीं कांग्रेस में सभापति जवाहरलाल नेहरू का भाषण)। 4. चलती चक्की। 5. लाहौर कांग्रेस के बारे में—लाहौर की यात्रा : 'आज' से उद्धृत : नरदेव शास्त्री। 6. लाजपतनगर की विचित्र बातें। 7. तरुणाई के प्रख्यात प्रतिनिधि—राष्ट्रपति जवाहर का जुलूस—अद्भुत, अनुपम, अपूर्व : लाहौर अधिवेशन का वृत्तांत। 8. आचार्य राय का भाषण, लाहौर अधिवेशन का उद्घाटन भाषण : प्रफुल्लचंद। 9. दरित्र (कविता) : श्री जगन्नाथ मिश्र गौड़ 'कमल'। 10. नवीन युग लायेंगे : सुजन। 11. साइमन शनिचर की दुम—केंद्रीय कमेटी की सिफारिशें। 12. कुछ सूचनाएं।

वर्ष 7, सं. 21, मिर्जापुर सिटी, पौष शुक्ल 11, संवत् 1986, शनिवार, 11 जनवरी 1930

1. अग्रलेख (स्तंभ)। 2. मतवाला की बहक। 3. भारतीय राष्ट्रीय महासभा के ग्रह-उपग्रह। (कांग्रेस अधिवेशन पर)। 4. चलती चक्की। 5. 31 दिसंबर 1929 के नौजवानों (भारत माता का सजीव चित्र)। 6. 'गुलामी का तौक उतार फेंकों (संध्या से पहले) (ख) मिट जायं या मिटायें (कविता) संध्या के बाद रात 12 बजे के पहले : मौलाना अजहर हसन साहब, बी.ए. (वंदेमातरम् के आजादी नंबर से)। (ग) पूर्ण स्वाधीनता (कविता—रात 12 बजे) : जनाब रजा साहब लुधियानवी। 7. मधुचक्र : श्री मधुकर (युवक आंदोलन पर)। 8. आवश्यक सूचनाएं।

वर्ष 7, सं. 22, मिर्जापुर सिटी, माघ कृष्ण 4, संवत् 1986, शनिवार, 18 जनवरी 1930

1. अग्रलेख—स्तंभ। 2. मतवाले की बहक। 3. स्वाधीनता की पवित्र तिथि। (जवाहरलाल द्वारा 26 जनवरी को स्वाधीनता दिवस मनाने के आदर्श के संदर्भ में)। 4. चलती चक्की। 5. भारतीय रंगमंच पर स्वाधीनता के अभिनेता : (स्वतंत्रता आंदोलन में प्रायः सभी प्रमुख नेताओं के कथन का अंश)। 6. देख ले जालिम हमारा, तू कलेजा चीर के (ग़ज़ल) : लेखक अज्ञात। 7. जीवन सहचर : व्यथित हृदय। 8. तपस्या (कहानी : युवक हृदय। 9. मधुचक्र : श्री मधुकर (क) शिशु-रक्षा और मातृत्व। 10. आवश्यक सूचनाएं।

वर्ष 7, सं. 23, मिर्जापुर सिटी, माघकृष्ण 11, संवत् 1986, शनिवार, 25 जनवरी 1930

1. अग्रलेख—मनुष्यता की पुकार (देश-स्वाधीनता की चिंता)। 2. मतवाला की बहक। 3. पूर्ण स्वराज्य दिवस (कांग्रेस अधिवेशन में पढ़ा जाने वाला प्रस्ताव)। 4. अमरीकी-

स्वाधीनता-घोषणा (4 जुलाई 1776 का अंश)। 5. चलती चक्की। 6. मैं भ्रमित हूं : (इतिहास-विषयक लेख) : लेखक अज्ञात। 7. ध्रुव-सत्य (कहानी) : व्यथित हृदय। 8. मधुचक्र : श्री मधुकर (क) रूस का नया संसार। (9) आवश्यक सूचनाएं।

वर्ष 7, सं. 24, मिर्जापुर सिटी, माघ शुक्ल 3, संवत् 1986, शनिवार, 1 फरवरी 1930

1. अग्रलेख (स्तंभ)। (2) मतवाले की बहक। 3. द्रारिद्र्य दुःख दहनाय : (कार्ल मार्क्स पर विशेष लेख)। 4. भारत की आवश्यकताएं : (लीडर से उद्धृत)। 5. शिकार-शिकारी संवाद : व्यथित हृदय। 6. चलती चक्की। 7. पांच हजार वर्ष पहले की एक झलक : एक राष्ट्रीय सैनिक। 8. स्वाधीनता दिवस का अर्थ : महात्मा गांधी के शब्दों में। 9. भाई-बहन (कहानी) : लेखक अज्ञात। (10) मधुचक्र : मधुकर (क) भारतीय आलोचकों से। 11. आवश्यक सूचनाएं।

वर्ष 7, सं. 25, मिर्जापुर सिटी, माघ शुक्ल 10, संवत् 1986, शनिवार, 8 फरवरी 1930

1. अग्रलेख–हम नहीं रुकेंगे (स्वाधीनता आंदोलन के जारी रखने के परिप्रेक्ष्य में)। 2. मतवाला की बहक। 3. द्रारिद्र्य दुःख दहनाम (कार्ल मार्क्स पर) : लेखक अज्ञात। यु.प्रा. राज. कार्यकर्ता परि. सहायक संघ (युक्त प्रांत राजनीतिक कार्यकर्ता परिवार सहायक संघ के गठन पर)। 5. चलती चक्की। 6. मधुचक्र : श्री मधुकर (क) पर्दाफाश हो गया। 7. अभिनेत्री (कहानी) : व्यथित हृदय। 8. आवश्यक सूचनाएं।

वर्ष 7, सं. 26, मिर्जापुर सिटी, फाल्गुन कृष्ण 2, संवत् 1986, शनिवार, 15 फरवरी 1930

1. अग्रलेख–फिर वही आग (सन् 1921-22 के स्वाधीनता आंदोलन की याद)। 2. मतवाला की बहक। 3. द्रारिद्र्य दुःख दहनाय (कार्ल मार्क्स पर) : लेखक अज्ञात। 4. कुंभ का फल (हास्य टिप्पणियां) : माहुर मुखर्जी। 5. चलती चक्की। 6. जन्मभूमि (कविता) : पं. उमाशंकर तिवारी। 7. अंधी जवानी (कहानी) : श्री व्यथित हृदय। 8. मधुचक्र : श्री मधुकर जी, एक अंग्रेज यात्री के मौखिक विचार। (ख) निःशुल्क गांधी विद्यालय। 9. आवश्यक सूचनाएं।

वर्षा 7, सं. 27, मिर्जापुर सिटी, फाल्गुन कृष्ण 9, संवत् 1986, शनिवार, 22 फरवरी 1930

1. अग्रलेख–कमर कसे रहो (पूर्ण स्वाधीनता की मांग पर कांग्रेस में जोश भरते हुए)। 2. मतवाला की बहक। 3. द्रारिद्र्य दुःख दहनाय (कार्ल मार्क्स पर) : लेखक अज्ञात।

4. बुढ़िया के चोंचले (प्रहसन) : श्री व्यथित हृदय। 5. चलती चक्की। 6. पगली (कहानी) : श्री अनूप, साहित्य रत्न। 7. मधुचक्र : श्री मधुकर (क) स्वाधीनता के गर्भ में। 8. आवश्यक सूचनाएं।

वर्ष 7, सं. 28, मिर्जापुर सिटी, फाल्गुन शुक्ल 1, संवत् 1986, शनिवार, 1 मार्च 1930

1. अग्रलेख (स्तंभ)। 2. मतवाले की बहक। भगवति स्वतंत्रे! : काका कालेलकर–'हिंदी नवजीवन' से साभार। 14. द्रारिद्र्य दःुख दहनाय (कार्ल मार्क्स पर) : लेखक अज्ञात। 5. किस्मत का फेर (माइनरटी सभा के नेताओं पर व्यंग्य-प्रहसन) : लेखक अज्ञात। 6. चलती चक्की। 7. नमक सत्याग्रह (आकड़ों के साथ विवरण)। 8. उस पार (कहानी) : व्यथित हृदय। 9. मधुचक्र : श्री मधुकर (क) वर्तमान प्रजातंत्रों ने क्या किया? : लेखक एम. अमेरिकन।

वर्ष 7, सं. 29, मिर्जापुर सिटी, फाल्गुन शुक्ल 8, संवत् 1986, शनिवार, 8 मार्च 1930

1. अग्रलेख–अपने व्यक्तिगत पाठक से (पत्र-स्वाधीनता पर हस्तक्षेप पर रोष) 2. मतवाला की बहक। 3. सत्याग्रह की नियमावली। 4. चलती चक्की। 5. अबलाओं का इंसाफ (कविता) : श्रीमान् इत्यादिजी। 6. कवित्त (बेनीपुरी जी एवं शिवपूजन सहाय पर)। 7. बाल्यबंधु (मैक्सिम गोर्की पर)। 8. आवश्यक सूचनाएं।

वर्ष 7, सं. 30, मिर्जापुर सिटी, चैत्र कृष्ण 1, संवत् 1986, शनिवार, 15 मार्च 1930

1. होली की ठिठोली (चौपदे) : कवि सम्राट पं. अयोध्या सिंह उपाध्याय 'हरिऔध' 2. अग्रलेख–कबीर नहीं कउवा (स्वाधीनता का रंग होली के अवसर पर)। 3. मतवाला की बहक। 4. ऋषि का आत्मोसर्ग : दार्शनिक प्रवर श्री भगवानदास जी का महात्मा गांधी को शुभाशीर्वाद। 5. लाल गुलाल (नाटक) : व्यथित हृदय। 6. चलती चक्की। 7. बालबंधु (मैक्सिम गोर्की पर गतांक से आगे)। 8. मधुचक्र : श्री मधुकर (क) सत्याग्रही का बयान। 9. खिलौने (कहानी) : व्यथित हृदय। 10. लोग क्या कहते हैं? (मत-अभिमत)।

वर्ष 7, सं. 31, मिर्जापुर सिटी, चैत्र कृष्ण 7, संवत् 1987, शनिवार, 22 मार्च 1930

1. क्या अंग्रेज अपनी इच्छा से हमें स्वाधीन होने देंगे (विचारक लार्ड कर्जन, ह्वाइट, साइरिल, रेंसम, लार्ड बर्केन हेड के विचार) 2. अग्रलेख 3. मतवाला की बहक 4. रत्न के परीक्षक अथवा पत्थरों के पारखी (हिंदी के राष्ट्रभाषा के प्रश्न पर) : विश्वनाथ मिश्र श्री देवाचार्य। 5. विदा (कविता) : प्राण शिवहरी 6. तूफाने जराफत (ग़ज़ल) : नाखुदाय

सखुन हजरत नूह नारवी 7. चलती चक्की 8. मधुचक्र : श्री मधुकर (क) राष्ट्रपुरुष सरदार बल्लभ पटेल। 9. बचपन (कहानी) : रामविलास शुक्ल 'अपरिचित'। 10. आवश्यक सूचनाएं।

वर्ष 7, सं. 32, मिर्जापुर सिटी, चैत्र कृष्ण 14, संवत् 1987, शनिवार, 29 मार्च 1930

1. अग्रलेख—स्तंभ। 2. पुत्रवधू को महात्मा गांधी का उपदेश। 3. मतवाले की बहक। 4. करवाल (कविता) : श्री पं. ईश्वरदीन द्विजराज। 5. प्रोफेसर शर्मा का तमाशा। 6. समाचार-शहर में जुआ। 6. चलती चक्की। 7. उसका ब्याह (कहानी) : श्री श्यामबिहारी शर्मा। 8. यह समझकर वह समझ जाय कि हम भाई हैं (गजल) : नाखुदाय सखुन हजरत 'नूह' नारवी। 9. मधुचक्र : श्री मधुकर (क) रूस के नौजवानों का कार्य। (10) आवश्यक सूचनाएं।

वर्ष 7, सं. 33, मिर्जापुर सिटी, चैत्र शुक्ल 6, संवत् 1987, शनिवार, 5 अप्रैल 1930

1. मुखपृष्ठ—आजादी की ओर (कविता) : वीरात्मा (महात्मा गांधी पर 'कर्मवीर' से उद्धृत)। 2. अग्रलेख—कत्ल (स्वतंत्रता आंदोलन पर)। 3. मतवाला की बहक। 4. क्या समझा (गजल) रोशन। 5. परख (कहानी) : श्री सिद्धनाथ माधव 'आगरकर'। 6. साधन (लघुकथा) : शीतला सहाय। 7. चलती चक्की। 8. नमक कर का इतिहास। 9. मधुचक्र : श्री मधुकर (क) राजद्रोह धर्म है। 10. आवश्यक सूचनाएं।

वर्ष 7, सं. 34, मिर्जापुर सिटी, चैत्र शुक्ल 14, संवत् 1987, शनिवार, 12 अप्रैल 1930

1. मुखपृष्ठ—मृत्यु के प्रति (कविता) : व्यथित हृदय (स्वतंत्रता के लिए सत्याग्रह की भावना से पूरित)। 2. अग्रलेख—नमक का मोर्चा। 3. मतवाले की बहक। 4. नमक मोर्चे पर विजयी वीर तपस्वी (महात्मा गांधी के प्रति, चित्र सहित)। 5. चलती चक्की। 6. संग्राम के तपस्वी (राष्ट्रीय कहानी) : व्यथित हृदय। 7. मधुचक्र : श्री मधुकर। 8. आवश्यक सूचनाएं।

वर्ष 7, सं. 35, मिर्जापुर सिटी, बैसाख कृष्ण 6, संवत् 1987, शनिवार, 19 अप्रैल 1930

1. "धिक्कार है" (कविता) : रसिकेंद्र (भारतीय नवयुवकों के प्रति क्षोभ भावना, जो दुःख-कष्ट और दीनता तो झेल रहे हैं, सिंह कुमार होकर भी स्यार जैसा जीवन जी रहे हैं किंतु स्वतंत्रता के लिए कुछ नहीं कर रहे हैं)। 2. अग्रलेख—आज नहीं तो कल (पं. जवाहरलाल नेहरू की जेल-यात्रा और स्वतंत्रता प्राप्ति की आशा पर)। 3. मतवाला की बहक। 4. चलती चक्की। 5. मेरी मां (कहानी) : श्री उग्र। 6. बहिष्कार की मर्यादा

(महात्मा गांधी द्वारा सरकारी अधिकारियों एवं समारोहों के बहिष्कार के स्वरूप पर 'नवजीवन' में छपे लेख का उदाहरण)। 7. मधुचक्र : श्री मधुकर (क) यूरोप से लुटे हुए एक यात्री के विचार—'लोकमत' से उद्धृत। 8. आवश्यक सूचनाएं।

वर्ष 7, सं. 36, मिर्जापुर सिटी, बैसाख कृष्ण 13, संवत् 1987, शनिवार, 26 अप्रैल 1930

1. मुखपृष्ठ—विप्लव गायन (कविता) : प्रदीप ('युवक' के विप्लव अंक से उद्धृत) 2. अग्रलेख—हिंसा का उत्तर अहिंसा से। 3. मतवाला की बहक। 4. कांटों के हीरे (मोतीलाल नेहरू पर) : श्री व्यथित हृदय। 5. मधुचक्र : श्री मधुकर (क) देशभक्त का धर्म। 6. चलती चक्की। 7. आवश्यक सूचनाएं।

वर्ष 7, सं. 37, मिर्जापुर सिटी, बैसाख शुक्ल 5, संवत् 1987, शनिवार, 3 मई 1930

1. मुखपृष्ठ—चूड़ी पिन्हानी चाहिए (कविता) : आजाद। 2. अग्रलेख—स्तंभ। 3. मतवाला की बहक। 4. चलती चक्की। 5. अमर हो : श्री अभिराम शर्मा। 5. आबिला और ऐलोआ के प्रेमपत्र, अनु. श्री नंदकिशोर तिवारी। 6. मधुचक्र : श्री मधुकर। 7. स्वप्न (कहानी) : युगराज सेठिया। 8. टिकुली लगानी चाहिए : रामलाल भट्ट हकीम। 9. सहयोगियों का स्वागत (पत्र-पत्रिकाओं के प्रकाशन पर) (क) 'बालक'—श्री रामवृक्ष 'बेनीपुरी'। (ख) धन्वंतरि। (ग) भारतेंदु : ज्योतिप्रसाद मिश्र 'निर्मल'।

वर्ष 7, सं. 38, मिर्जापुर सिटी, बैसाख शुक्ल 13, संवत् 1987, शनिवार, 10 मई 1930

1. जीवन में (कविता) : व्यथित हृदय। 2. अग्रलेख—स्तंभ। 3. आबिला और ऐलोआ के प्रेम-पत्र : अनु. पं. नंदकिशोर तिवारी। 4. मधुचक्र : श्री मधुकर (क) राक्षसी कर। (ख) काली करतूत : श्री मोहनदास करमचंद गांधी। 5. रणयात्रा (कड़खा गायन—कविता) : विद्यार्थी महेशप्रसाद मिश्र 'रसिकेश' मुख्तार, गोरखपुर। 6. यू.पी. राजनैतिक कार्य पं. संघ। 7. हिंदी साहित्य सम्मेलन, सूचना।

वर्ष 7, सं. 39, मिर्जापुर सिटी, ज्येष्ठ कृष्ण 5, संवत् 1987, शनिवार, 17 मई 1930

1. मुखपृष्ठ समाचार—मतवाला-संपादक श्री महादेव प्रसाद सेठ की गिरफ्तारी और छः माह की कैद सत्याग्रह आंदोलन पर। 2. अग्रलेख—स्तंभ। 3. नमक आंदोलन का चित्र। 4. पेशावर हत्याकांड का आंखों देख हाल (पेशावर हत्याकांड का असली हाल, जलियांवाला बाग की दूसरी आवृत्ति, जनता में अहिंसा व्रत-पालन की

पराकाष्ठा–पुलिस की बर्बरता का रोमांचकारी वर्णन)। 5. मतवाला की बहक। 6. चलती चक्की। 7. मधुचक्र : श्री मधुकर (क) वाइसराय के नाम, (ख) महात्मा जी का दूसरा पत्र 'नवजीवन' से। 8. आवश्यक सूचनाएं।

वर्ष 7, सं. 40, मिर्जापुर सिटी, ज्येष्ठ कृष्ण 11, संवत् 1987, शनिवार, 24 मई 1930

1. मुखपृष्ठ–तीन बूंद (कविता) : व्यथित हृदय। 2. हम फिसल न जाय (शोलापुर में फौजी तानाशाही के बावजूद अहिंसा के मार्ग को कायम रखने की अपील)। 3. मतवाला की बहक। 4. चलती चक्की। 5. मधुचक्र : श्री मधुकर (क) महात्मा गांधी के कुछ संस्मरण–'भारत से'। 6. रणयात्रा (कविता–कड़खा गाना) : विद्यार्थी महेश प्रसाद मिश्र 'रसिकेश' मुख्तार, गोरखपुर। 7. आवश्यक सूचनाएं।

वर्ष 7, सं. 41, मिर्जापुर सिटी, ज्येष्ठ शुक्ल 4, संवत् 1987, शनिवार, 31 मई 1930

1. मुखपृष्ठ–जीवन की संध्या से (कविता) : व्यथित हृदय। 2. अग्रलेख–जीत और हार (स्वाधीनता आंदोलनकारियों विशेष तौर से महिलाओं–रुक्मणी लक्ष्मी देवी, श्रीमती कमला चट्टोपाध्याय, श्रीमती सरोजिनी नायडू, श्रीमती सत्यवती देवी की गिरफ्तारी पर)। 3. मतवाला की बहक। 4. शोलापुर मार्शल लॉ की 10 अमानुषिक आज्ञाएं। 5. चलती चक्की। 6 संक्षिप्त समाचार। 7. मधुचक्र : श्री मधुकर (क) नहीं छोडु रे बाबा रामनाम। 8. सज्जनता का पुरस्कार (कहानी) कुंज। 9. लोग क्या कहते हैं (संपादक के नाम पत्र)।

वर्ष 7, सं. 42, मिर्जापुर सिटी, ज्येष्ठ शुक्ल 11, संवत् 1987, शनिवार, 7 जून 1930

1. मुखपृष्ठ–अपमान (कविता) : व्यथित हृदय। 2. अग्रलेख–स्तंभ। 3. मतवाला की बहक। 4. चलती चक्की। 5. मिर्जापुर का म्युनिसिपल बोर्ड पर राष्ट्रीय तिरंगा झंडा। 6. बबुरा ग्राम में प्रचार। 7. घरसना नमक गोदाम पर धावा। 8. संक्षिप्त समाचार। 9. नये आर्डिनेंसों का संक्षिप्त विवरण। 10. देश की छाती पर दमन का तांडव नृत्य, लखनऊ में नादिरशाही का रोमांचकारी दृश्य (24 मई को हजरतगंज में जुलूस निकालने के अपराध में पुलिस द्वारा भयंकर खूनखराबा)। 11. मधुचक्र : श्री मधुकर (क) अमृतवाणी (नमक आंदोलन के सिलसिले में महात्मा गांधी द्वारा सूरत में दिया गया भाषण 'नवजीवन' से)। 12. भारत में विलायती कपड़ा (आंकड़ों में)। 13. आवश्यक सूचनाएं। 14. चुनार में नमक-कानून।

वर्ष 7, सं. 43, मिर्जापुर सिटी, आषाढ़ कृष्ण 3, संवत् 1987, शनिवार, 14 जून 1930

1. मुखपृष्ठ–कौन आग (कविता) : मुक्त। 2. अग्रलेख–स्तंभ। 3. मतवाला की

बहक। 4. चलती चक्की। 5. घरसना के नमक आंदोलन पर धावा। 6. संक्षिप्त समाचार। 7. गवर्नमेंट को सूचना। 8. मधुचक्र : श्री मधुकर (क) घरसना की चिट्ठी 'नवजीवन' से। 9. आवश्यक सूचनाएं।

वर्ष 7, सं. 44, मिर्जापुर सिटी, आषाढ़ कृष्ण 10, संवत् 1987, शनिवार, 21 जून 1930

1. मुखपृष्ठ—जिज्ञासा (कविता) : 'मुक्त'। 2. स्वतंत्रता नहीं बलिदान (जनता को क्रांति के लिए तैयार रहने एवं गिरफ्तारी देने के लिए उद्बोधन)। 3. अग्रलेख—स्तंभ। 4. मतवाला की बहक। 5. संक्षिप्त समाचार। 6. चलती चक्की। 7. मिर्जापुर में स्वराज्य आंदोलन की प्रगति। 8. कांग्रेस वर्किंग कमेटी। 9. सात सयानों का एक मत (साइमन कमीशन की रिपोर्ट पर)। 10. मधुचक्र : श्री मधुकर (क) मुट्ठी भर हों पर सत्याग्रही हों 'नवजीवन' से। 11. भारत पर हमारा भय का शासन (एक अंग्रेज राजनयिक मि. ब्रेल्सफोर्ड द्वारा 'न्यू लीडर' में व्यक्त किया गया मत)। 12. आवश्यक सूचनाएं।

वर्ष 7, सं. 45, मिर्जापुर सिटी, आषाढ़ शुक्ल 2, संवत् 1987, शनिवार, 28 जून 1930

1. मुखपृष्ठ—'ओ नतमस्तक' : 'मुक्त'। 2. अग्रलेख—बंबई (बंबई में लार्ड इरविन प्रशासन द्वारा धड़ाधड़ की जाने वाली गिरफ्तारी पर)। 3. मतवाला की बहक। 4. चलती चक्की। 5. संक्षिप्त समाचार। 6. मधुचक्र : श्री मधुकर (क) चुनौती (धारा सभा के सदस्य श्री वामन मुकदमा के साथ पुलिस द्वारा किया गया अत्याचार 'नवजीवन' से)। 7. हिंदी-साहित्य-सम्मेलन की सूचना।

वर्ष 7, सं. 46, मिर्जापुर सिटी, आषाढ़ शुक्ल 10, संवत् 1987, शनिवार, 5 जुलाई 1930

1. मुखपृष्ठ—अश्रुकण : नंदकिशोर तिवारी। 2. अग्रलेख—झांकी (अंग्रेजी अत्याचार पर)। 3. मतवाला की बहक। 4. चलती चक्की। 5. साइमन कमीशन की रिपोर्ट। 6. भारत और ब्रिटेन : रामनाथ सेठ एम.ए., एल.एल.बी।

वर्ष 7, सं. 47, मिर्जापुर सिटी, श्रावण 2, संवत् 1987, शनिवार, 12 जुलाई 1930

1. मुखपृष्ठ—अश्रुकण : नंदकिशोर तिवारी। 2. अग्रलेख—राष्ट्रधर्म (वसुधैव कुटुंबकम् की परिकल्पना)। 3. बिहार पुनः। 4. मतवाला की बहक। 5. देश की छाती पर। 6. चाबुक। 7. पुस्तक-परिचय : घी का लड्डू टेढ़ा भला (क) शारदा विधान मीमांसा : पं. राजमणि मिश्र वैद्य। 8. साइमन कमीशन की दकियानूसी सिफारिशें 'भारत' से। 9. आवश्यक सूचनाएं।

वर्ष 7, सं. 48, मिर्जापुर सिटी, श्रावण कृष्ण 8, संवत् 1987, शनिवार, 19 जुलाई 1930

1. मुखपृष्ठ–धन से (कविता) : व्यथित हृदय। 2. अग्रलेख–स्तंभ। 3. मतवाला की बहक। 4. चलती चक्की। 5. चाबुक : एक अनुभवी संपादक–रास्ता रोक के कह लूंगा जो कहना होगा। 6. वर्तमान आंदोलन। 7. मिर्जापुर में स्वराज्य आंदोलन की प्रगति। 8. देश की छाती पर। 9. असेंबली में वाइसराय के उद्गार।

वर्ष 8, सं. 1, मिर्जापुर सिटी, बैशाख शुक्ल 1, संवत् 1988, शनिवार, 18 अप्रैल 1931

1. अश्रुकण : नंदकिशोर तिवारी। 2. अग्रलेख–स्तंभ। 3. मतवाला की बहक। 4. चलती चक्की। 5. स्थानीय समाचार। 6. कहानी : शंकर जी श्रीवास्तव। 7. करांची कांग्रेस का स्वीकृत प्रस्ताव।

वर्ष 8, सं. 2, मिर्जापुर सिटी, बैशाख शुक्ल 8, संवत् 1988, शनिवार, 25 अप्रैल 1931

1. अश्रुकण : पं. नंदकिशोर तिवारी। 2. अग्रलेख–लार्ड इरविन और लेडी इरविन के भारत विदाई के संदर्भ में। 3. राष्ट्रीय मुसलमान। 4. शहीद विद्यार्थी जी का स्मारक। 5. गुंडों के खत (अंग्रेज गुंडों द्वारा जवाहरलाल नेहरू को गुमनाम खत भेजकर धमकी देने के संदर्भ में)। 6. मतवाला की बहक 7. सरदार भगतसिंह आदि के शवदाह की जांच (अधजले मांस पिंड मिलने पर)। 8. विद्यार्थी जी का अश्रुपूर्ण बलिदान (स्मारक समिति को एक लाख चंदा भेजने की जनता से अपील)। 9. हिंदी साहित्य-सम्मेलन। 10. पुरस्कार (कहानी) : शंकरचरण श्रीवास्तव।

वर्ष 8, सं. 3, मिर्जापुर सिटी, बैशाख शुक्ल 15, संवत् 1988, शनिवार, 2 मई 1931

1. अश्रुकण : पं. नंदकिशोर तिवारी। 2. अग्रलेख–स्तंभ। 3. मतवाला की बहक। 4. शुभ प्रयत्न (डॉ. अंसारी द्वारा महात्मा गांधी के सभापतित्व में निर्वाचन समस्या निपटाये जाने की अपील पर। 5. हिंदू-मुसलिम एक्य। 6. प्रशंसनीय कार्य (लाहौर किए जाने पर रोष)। 7. युक्त प्रांतीय राजनीतिक-सम्मेलन। 8. मतवाला की बहक (सोरठा छंद में 'सुधा' एव 'माधुरी' को सीख)। 9. श्री सुखदेव का पत्र (पंजाब सरकार से लाला चिंताराम की दरखास्त)। 10. हिंसावाद : महात्मा गांधी। 11. कहानी : लेखक अज्ञात। 12. आवश्यक सूचनाएं।

वर्ष 8, सं. 4., मिर्जापुर सिटी, ज्येष्ठ कृष्ण 7, संवत् 1988, शनिवार, 9 मई 1931

1. अश्रुकण : पं. नंदकिशोर तिवारी। 2. अग्रलेख–स्तंभ। 3. मतवाला की बहक। 4. चलती चक्की। 5. सत्याग्रह की आग : लेखक अज्ञात।

वर्ष 8, सं. 5, मिर्जापुर सिटी, ज्येष्ठ कृष्ण 7, संवत् 1988, शनिवार, 9 मई 1931

1. अश्रुकण : नंदकिशोर तिवारी। 2. अग्रलेख–स्तंभ। 3. मतवाला की बहक। 4. चलती चक्की। 5. निर्वासन : अनुवादक पं. नंदकिशोर तिवारी। 6. मधुचक्र : श्री मधुकर (क) महात्मा जी और हिंसावाद। 7. पुस्तक-परिचय : घी का लड्डू टेढ़ा भला (क) वारवधु विवेचन : अज्ञात (वेश्याओं का इतिहास)। 8. सहयोगियों का सादर स्वागत : पत्र-पत्रिकाओं पर समीक्षा (क) 'विजय', कलकत्ता : पं. लक्ष्मणनाराण गर्दे एवं बैजनाथ केडिया। 9. प्राप्ति-स्वीकार : डाबर के पंचांग प्रकाश पर। 10. आवश्यक सूचनाएं।

वर्ष 8, सं. 6 मिर्जापुर सिटी, ज्येष्ठ शुक्ल 6, संवत् 1988, शनिवार, 23 मई 1931

1. अश्रुकण : पं. नंदकिशोर तिवारी। 2. अग्रलेख–तिनके का सहारा (मुसलमानों की गलत मांगों को अस्वीकार करने की अपील)। 3. मतवाला की बहक। 4. निर्वासन : पं. नंदकिशोर तिवारी–अनुवाद। 5. वीरवर जेनरल अवारी–'कर्मवीर' से। 6. गजल : स्वर्गीय महाकवि 'चकबस्त'। 7. चलती चक्की। 8. मधुचक्र : श्री मधुकर (क) अ. भा. आर्यकुमार सम्मेलन। 9. मई को लखनऊ में आयोजित उक्त सम्मेलन में उर्दू दैनिक 'तेज' के डाइरेक्टर श्री देशबंधु गुप्त के उद्‌गार। 9. पुस्तक-परिचय : घी का लड्डू टेढ़ा भला। (क) करांची का कांग्रेस : संपादक जीतमल लूणिया। 10. आवश्यक सूचनाएं।

वर्ष 8, सं. 7, मिर्जापुर सिटी, ज्येष्ठ शुक्ल 14, संवत् 1988, शनिवार, 30 मई 1931

1. अश्रुकण : पं. नंदकिशोर तिवारी। 2. अग्रलेख–स्तंभ। 3. मतवाला की बहक। 4. मधुचक्र : श्री मधुकर (क) बदमाश राव साहब (महात्मा गांधी और बोरसद के कलेक्टर के बीच मनोरंजक बातचीत)। (ख) गांधी जी का हिंदुस्तान–बहिष्कार और खादी 'नवजीवन' से। (ग) भावी शासन में स्त्रियों के अधिकार। 5. अंतिम पाठ (कहानी) : अनुवादक शिवचरणजी श्रीवास्तव। 6. चलती चक्की। 7. पुस्तक-परिचय : घी का लड्डू टेढ़ भला (क) श्रद्धांजली : श्री भगवानदास केला। 8. आवश्यक सूचनाएं।

वर्ष 8, सं. 8, मिर्जापुर सिटी, आषाढ़ कृष्ण 6, संवत् 1988, शनिवार, 6 जून 1931

1. अश्रुकण : पं. नंदकिशोर तिवारी। 2. अग्रलेख–इस हाथ दें उस हाथ लें (गोलमेज कांफ्रेंस में देशी नरेशों के प्रतिनिधियों ने संघराज्य मे शामिल होने की अनुमति दी। 3. मतवाला की बहक। 4. हिंदुत्व का लोप हो गया है। 5. संघ शासन में आय-व्यय

संबंधी सिद्धांत : श्री रामनाथ जी सेठ एम.ए., एल.एल.बी. (भारतवर्ष का भविष्य और उसके शासन पद्धति पर)। 6. चलती चक्की। 7. भाग्य-प्रवाह : श्री शंकर चरण श्रीवास्तव।

वर्ष 8, सं. 9, मिर्जापुर सिटी, आषाढ़ कृष्ण 12, संवत् 1988, शनिवार, 13 जून 1931

1. अश्रुकण : पं. नंदकिशोर तिवारी। 2. अग्रलेख—स्तंभ। 3. कालदंड (पूंजीपतियों और भूमिपतियों के विरुद्ध मार्क्सवादी पद्धति में आलोचना)। 4. मतवाला की बहक। 5. गोरी मां (कहानी) : मूल लेखक फियोदोर सोलोगव—अनुवादक अज्ञात। 6. चलती चक्की। 7. पुस्तक-परिचय : घी का लड्डू टेढ़ा भला। (क) सचित्र श्रीराम कथा : शंकर लक्ष्मण थोरात। (ख) श्रीकृष्ण कथा : श्री नरहरि परशुराम महाजन। (ग) बालकथा (कहानी) : रामनरेश त्रिपाठी। (घ) लाल बुझक्कड़ श्री विद्याभूषण विभु। (ङ) बालक प्रह्लाद : पं. भगवती प्रसाद वाजपेयी। (च) मीठी कहानियां : अध्यापक जहूरबख्श। (छ) गुपचुप कहानियां : श्रीराम नरेश त्रिपाठी। (ज) आवश्यक सूचनाएं।

वर्ष 8, संख्या 10, मिर्जापुर सिटी, आषाण शुक्ल 5, संवत् 1988, शनिवार, 20 जून 1931

1. अश्रुकण : पं. नंदकिशोर तिवारी 2. अग्रलेख। 3. प्रवासी भाइयों की समस्या : भवानी दयाल संन्यासी द्वारा प्रवासी हिंदुस्तानियों के रिपोर्ट पर विचार। 4. मतवाला की बहक। (5) पत्र-पुष्प (कहानी)। 6. कीरित नाहिं कलंकित कीजै : महाराजा रामसिंह (सीसमऊ नरेश)। 7. किसान : बलदेव प्रसाद मिश्र। 8. चलती चक्की। 9. स्वर्गवास (कहानी) : श्री शंकरचरण श्रीवास्तव। 10. सहयोगियों का सादर स्वागत (स्तंभ—पत्र-पत्रिकाओं की समालोचना) (क) 'माधुरी'—हिंदी साहित्य में म+भ की चिरस्मरणीय जोड़ी की प्रधान पात्री के नौ वर्ष पूर्ण होने पर। (ख) वीणा। (ग) धन्वंतरि। (घ) वैद्य।

वर्ष 8, सं. 11, मिर्जापुर सिटी, अधिक आषाढ़ शुक्ल 12, संवत् 1988, शनिवार, 27 जून 1931

1. अश्रुकण : पं. नंदकिशोर तिवारी। 2. अग्रलेख—स्तंभ। 3. मतवाले की बहक। 4. नातलिया ब्लैडी मिरोत्मा : मूल लेखक एंटन चेखव (कहानी) : अनुवादक अज्ञात। 5. लोकमत की विजय निश्चित है—बोल्शेविज्म या कम्युनिज्म से बचने का एकमात्र उपाय है—उत्तरदायी शासन, स्वेच्छाचार के दिन गए : (देशी राज्य प्रजा परिषद के सभापति श्री रामानंद चटर्जी का भाषण। 6. पुस्तक-परिचय : घी का लड्डू

टेढ़ा भला (क) महाभारत संहिता : पं. चंद्रशेखर शास्त्री। (ख) सौरभ श्री रामाज्ञा द्विवेदी। 7. आवश्यक सूचनाएं।

वर्ष 8, सं. 12, मिर्जापुर सिटी, अधिक आषाढ़ कृष्ण 4, संवत् 1988, शनिवार, 4 जुलाई 1931

1. दिव्य संदेश : महात्मा गांधी। 2. अग्रलेख–क्रांति आ रही है। 3. मतवाला की बहक। 4. कहानी : शंकरचरण श्रीवास्तव। 5. खाई से निकलकर खंदक में : (लंकाशायर के माल की जगह यदि जापान ले लेगा तो हिंदुस्तान की हालत पहले से भी ज्यादा खराब हो जाएगी–जापानी कपड़े का बहिष्कार सर्वोपरि महत्व का है–महात्मा गांधी का कथन। 5. बहिष्कार मिलों की सूची। 6. पुस्तक-परिचय (समीक्षा) : घी का लड्डू टेढ़ा भला 1. गबन : प्रेमचंद। 2. परिचायक एक कोरा उपन्यास पाठक। 7. कला में बेढब : बेढ़ब बनारसी। 8. बन जाओ स्वतंत्रता के 'मतवाला' (गज़ल) : बैजनाथ सिंह सारथी। 9. सूचनाएं।

वर्ष 8, सं. 13, मिर्जापुर सिटी, अधिक आषाढ़ कृष्ण, संवत् 1988, शनिवार, 11 जुलाई 1931

1. दिव्य संदेश : महात्मा गांधी। 2. अग्रलेख–एक बूंद और (अलीपुर सेंट्रल जेल में 7 जुलाई को श्री दिनेश गुप्त को फांसी दिये जाने पर अंग्रेजी हुकूमत के पाप के घड़े में एक और बूंद बढ़ गया)। 3. मतवाला की बहक। 4. भारतीयों के नागरिक अधिकार। 5. शांतिप्रद स्वप्न : मूल लेखक फियोदोर सोलोगव : अनुवादक अज्ञात। 6. प्रणयोच्छ्वास : श्री माधव एम.ए.। 7. मधुचक्र : घी का लड्डू ढेढ़ा भला (क) बमबाजी का प्रधान जिम्मेदार–सरकार का खुफिया विभाग है। यह ब्रिटिश साम्राज्य के पतन का कारण होगा। ('नौजवान' बम क्यों फेकते हैं? इस विषय पर सत्यदेव परिव्राजक के विचार)। 8. पुस्तक-परिचय (क) रामायण में राजनीति : शालग्राम शास्त्री, (ख) भारतीय विद्यालय, हाईस्कूल कानपुर, (ग) उद्योग-धंधों की नई शिक्षा का प्रबंध।

वर्ष 8, सं. 14, मिर्जापुर सिटी, शुद्ध आषाढ़ 3, संवत् 1988, शनिवार, 18 जुलाई 1931

1. दिव्य संदेश : महात्मा गांधी। 2. अग्रलेख–स्तंभ। 3. मतवाला की बहक। 4. सांप्रदायिकता की समस्या का प्रस्तावित हल (कांग्रेस कार्य समिति की योजना–विशुद्ध संप्रदायवाद और विशुद्ध राष्ट्रवाद का समझौता, अवशिष्ट अधिकार प्रांतों को देने की मंजूरी)। 5. शाही मजदूर कमीशन की रिपोर्ट व सिफारिशें।

6. चलती चक्की। 7. मधुचक्र : श्री मधुकर (क) महात्मा जी से अमरीकनों की आशा। 8. दियासलाई वाली (कहानी) : मुक्त। 9. हिंदी प्रेमियों से अपील। 10. मिर्जापुर म्युनिसिपलटी की अंधाधुंधी। 11. आर्यसमाजों के मंत्रियों की सेवा में।

वर्ष 8, सं. 15, मिर्जापुर सिटी, माघ शुल्क 10, संवत् 1988, शनिवार, 25 जुलाई 1931

1. धुंधली स्मृति : श्री ब्रजकिशोर वर्मा 'श्याम'। 2. अग्रलेख–स्तंभ। 3. मतवाला की बहक। 4. प्रहसन : ठंठोरा नंद जी। 5. पत्र-पुष्प : ब्रजकिशोर वर्मा। 6. चलती चक्की। 7. भारतीय क्रांति : श्री हरिभाऊ उपाध्याय। 8. अपने उसकी याद में (कहानी) : श्री भैवरनाथ अग्रवाल 'आनन्द'। 9. सार सूचनाएं।

वर्ष 8, सं. 16 मिर्जापुर सिटी, श्रावण कृष्ण 3, संवत् 1988, शनिवार, 1 अगस्त 1931

1. धुंधली स्मृति : श्री ब्रजकिशोर वर्मा 'श्याम'। 2. अग्रलेख–हमारा रहनुमा। (लोकमान्य बालगंगाधर तिलक की पुण्य जयंती पर स्मृति-लेख)। 3. मतवाला की बहक। 4. स्मृति (कहानी) श्रीमती गयावंती देवी वर्मा, बनारस स्टेट। 5. चलती चक्की। 6. कार्टून। 7. भारत का सार्वजनिक कर्ज। (रिपोर्ट का संक्षिप्त सार) करांची कांग्रेस ने भारत की सार्वजनिक कर्ज की जांच करने के लिए श्री डी.एन. बहादुर, श्री खुशहाल टी शाह, श्री जे.सी. कुमारप्पा, श्री मूलाभाई देसाई की समिति गठित की थी। 14 जुलाई को उस समिति ने रिपोर्ट प्रकाशित की थी। उसी रिपोर्ट का संक्षिप्त सार। 8. भानुमती की पिटारी : मदारी लाल। 9. मुक्तधारा (कहानी) : श्री भैरवनाथ अग्रवाल 'आनंद'। 10. आवश्यक सूचनाएं।

वर्ष 8, सं. 17, मिर्जापुर सिटी, श्रावण कृष्ण 9, संवत् 1988, शनिवार 8 अगस्त 1931

1. धुंधली स्मृति : श्री ब्रजकिशोर वर्मा 'श्याम'। 2. अग्रलेख–जरा ठहरो। (देश के नवजवानों से महात्मा गांधी के कार्य में हाथ बंटाने की अपील, हिंसा त्यागकर अहिंसा–मार्ग अपनाने का आग्रह। 3. मतवाला की बहक 4. राष्ट्रीय झंडे का नया रूप। केसरिया रंग पर नीला चरखा। राष्ट्रीय झंडा कमेटी का रिपोर्ट (करांची कांग्रेस में 2 अप्रैल 1931 को राष्ट्रीय झंडे की रूपरेखा निश्चित करने हेतु कमेटी का गठन। 5. पत्र : शिवमूरत लाल श्रीवास्तव। स्त्रियों को शिक्षा-दीक्षा हेतु प्रेरणास्पद पत्र। 6. लिबरल फेडरेशन (13वां अधिवेशन) सभापति श्री चिंतामणि का भाषण गोलमेज की बनायी योजना की टीका। 7. चलती चक्की। 8. कार्टून 'छीना-छीनी'

अंग्रेजों द्वारा भारत रूपी मां की गोद से वर्मा रूपी बालक के छीनने पर–अंग्रेज अफसर है जॉन बुल। 9. चंदर (कहानी) : भैरवनाथ अग्रवाल 'आनंद' 10. आवश्यक सूचनाएं।

वर्ष 8, सं. 18, मिर्जापुर सिटी, श्रावण शुक्ल 2, संवत् 1988, शनिवार, 15 अगस्त 1931

1. धुंधली स्मृति : ब्रजकिशोर वर्मा 'श्याम'। 2. अग्रलेख–माहत्मा जी का निर्णय (महात्मा गांधी एवं कांग्रेस द्वारा गोलमेज परिषद के सम्मेलन में लंदन न जाने के निर्णय पर)। 3. मतवाला की बहक। 4. कसौटी (स्तंभ साहित्य-समीक्षा) शास्त्री जी और धर्मशास्त्र : लेखक श्रीकांत त्रिपाठी (आचार्य चतुरसेन शास्त्री द्वारा 'सुधा'–फाल्गुन अंक में–धर्मशास्त्र और हमारा राष्ट्र शीर्षक लेख में धर्मशास्त्र की आलोचना की थी, उक्त लेख की समीक्षा)। 5. चुटकले। 6. चलती चक्की। 7. महात्मा जी और गोलमेज सम्मेलन (कांग्रेस वस्तुतः किसान सभा है–बंबई 8 अगस्त को तीसरे पहर कांग्रेस कमेटी की बैठक में महात्मा गांधी द्वारा गोलमेज सम्मेलन में भाग लेने के पक्ष में सुनाया गया तर्कपूर्ण भाषण। 8. सपने की बात लेख (कहानी) भंड-भक्त। 9. भानुमती की पिटारी (स्तंभ) : मुंशी मदारीलाल।

वर्ष 8, सं. 19, मिर्जापुर सिटी, श्रावण शुक्ल 9, संवत् 1988, शनिवार, 22 अगस्त 1931

1. धुंधली स्मृति : श्री ब्रजकिशोर वर्मा 'श्याम'। 2. अग्रलेख (महात्मा गांधी और अंग्रेज शासकों के बीच हुए पत्र-व्यवहारों का विवरण (8 पेज में)। 3. मतवाला की बहक। 4. शास्त्री जी और धर्मशास्त्र : श्रीकांत त्रिपाठी (गतांक से आगे)।

वर्ष 8, सं. 20, मिर्जापुर सिटी, भाद्र कृष्ण 1, संवत् 1988, शनिवार, 29 अगस्त 1931

1. धुंधली स्मृति : श्री ब्रजकिशोर वर्मा 'श्याम'। 2. अग्रलेख–विदा करते समय (लंदन में गोलमेज परिषद सम्मेलन में भाग लेने जाते हुए महात्मा गांधी के प्रति आस्था, विश्वास एवं शुभकामना-भाव को प्रकट करना। उनसे अनुरोध किया गया है कि जिस प्रकार कौरवों से वार्ता हेतु कृष्ण जब हस्तिनापुर जा रहे थे तो द्रौपदी ने अपने साथ हुए अपमान की याद दिलाई और कहा कि यह प्रश्न भी वहां उठाइएगा। उसी प्रकार अंग्रेजों द्वारा समय-समय पर भारतीय नर-नारियों के साथ किए गए क्रूर-व्यवहारों का प्रश्न उठाने की अपील)। 3. मतवाला की बहक। 4. अभियोग पत्र निराधार है। सरकार ने संधि की अवज्ञा नहीं की (महात्मा गांधी

के शिमला-यात्रा पर अंग्रेजों द्वारा जारी किया गया वक्तव्य। 5. मधुचक्र : श्री मधुकर (क) गोलमेज पर लोकमत। 6. भानुमती की पिटारी मुंशी मदारीलाल (विभिन्न विषयक समयाचारों का स्तंभ)। 7. चलती चक्की। 8. ज्योत्स्ना (कहानी) श्री भैरवनाथ अग्रवाल 'आनंद'। अग्निगान (कविता) : ब्रजकिशोर वर्मा 'श्याम'।

वर्ष 8, सं. 21, मिर्जापुर सिटी, भाद्र कृष्ण 8, संवत् 1988, शनिवार, 5 सितंबर 1931

1. धुंधली स्मृति : श्री ब्रजकिशोर वर्मा 'श्याम'। 2. अग्रलेख–ओनर नागर। (जन्माष्टमी के पर्व पर भारत की स्वतंत्रता, सद्भावना के लिए कृष्ण को आगमन का आह्वान)। 2. मतवाला की बहक। 3. अभिभावक (कहानी) : लेखक अज्ञात। 4. अतीत के प्रति (कविता) : श्री रघुनाथ प्रसाद भारती। 5. जीवन मदिरा (कविता) : कुंवर मोहनसिंह सेंगर 'चक्र' जोधपुर। 6. चलती चक्की। 7. मधुचक्र : श्री मधुकर। 8. पत्र-पुष्प : ब्रजकिशोर वर्मा। 9. आवश्यक सूचनाएं।

वर्ष 8, सं. 22, मिर्जापुर सिटी, भाद्र कृष्ण 3, संवत् 1988, शनिवार, 12 सितंबर 1931

1. धुंधली स्मृति : श्री ब्रजकिशोर वर्मा 'श्याम'। 2. अग्रलेख–मिस्टर जिन्ना का प्रलाप (गोलमेज सम्मेलन के लिए प्रस्थान करते समय मु. अली जिन्ना द्वारा मुसलमानों की अनुचित मांगों एवं हिंदुओं को दबाने की प्रवृत्ति की निंदा। 3. मतवाला की बहक। 4. कार्टून (प्रेस पर नया प्रहार)। 5. जल-प्रपात (कविता) : केदारनाथ अग्रवाल 'बालेंदु'। 6. चीन का राष्ट्र विप्लव : श्री ब्रजकिशोर वर्मा। 7. चलती चक्की। 8. नम्र निवेदन : ब्रजकिशोर वर्मा 'अभ्युदय' छोड़कर 'मतवाला' में आए। 9. शास्त्री जी और धर्मशास्त्र : ऋषभचरण जैन (लेखक का स्पष्टीकरण)। 10. आवश्यक सूचनाएं।

वर्ष 8, सं. 23, मिर्जापुर सिटी, भाद्र शुक्ल 8, संवत् 1988, शनिवार, 19 सितंबर 1931

1. धुंधली स्मृति : ब्रजकिशोर वर्मा 'श्याम'। 2. अग्रलेख–नौकरशाही का नया बिल (प्रेस एक्ट के माध्यम से पत्र-पत्रिकाओं पर नया प्रहार)। 3. मतवाला की बहक। 4. ब्रज की छाती (कहानी) : श्री केदारनाथ अग्रवाल 'बालेंदु'। 5. खेवाघाट और मेरा अनुभव (संस्मरण, घाटों पर मल्लाहों का अत्याचार) : श्री ब्रजकिशोर वर्मा सहायक संपादक 'मतवाला'। 6. चलती चक्की। 7. प्रणय के पथ में (कविता) : कुंवर मोहनसिंह सेंगर 'चंद्र' जोधपुर। 8. मधुचक्र : श्री मधुकर। 9. चुटकले।

वर्ष 8, सं. 24, मिर्जापुर सिटी, भाद्र शुक्ल 15, संवत् 1988, शनिवार, 26 सितंबर 1931

1. उद्वेलित स्मृति : श्री ब्रजकिशोर वर्मा 'श्याम'। 2. अग्रलेख—समय की पुकार (भारतीय राष्ट्रीय कांग्रेस के एकाकी प्रतिनिधि के रूप में महात्मा गांधी के लंदन रवाना होने पर)। 3. मतवाला की बहक। 4. "मैं ब्रिटिश प्रजा नहीं बागी हूं"—लंदन में पागलबागी (!) का शानदार स्वागत "पराधीन भारत में गांधी राजभक्ति का शपथ न लेगा।" कांग्रेस के ध्येय पर भाषण : अमरीका को अहिंसा का संदेश (इंगलैंड में भारत के बेताज बादशाह महात्मा गांधी के स्वागत, भाषण, कार्यक्रमों का विवरण)। 5. फांसी (कविता) : कुंवर मोहनसिंह सेंगर 'चंद्र' जोधपुर। 6. चलती चक्की। 9. बड़प्पन (कहानी) : कुंवर कृष्ण सिंह सेंगर। 8. आवश्यक सूचनाएं।

वर्ष 8, सं. 25, मिर्जापुर सिटी, आश्विन कृष्ण 6, संवत् 1988, शनिवार, 3 अक्टूबर 1931

1. स्मृति (कविता) : श्री सतीश। 2. अग्रलेख—हिजली!!! (हिजली पश्चिम बंगाल—हत्याकांड पर शासन की अक्षमता, निर्बलता, नृशंसता की कटु निंदा)। 3. मतवाला की बहक। 4. पार्लियामेंट में महात्मा जी का भाषण। 'पराधीनता से मृत्यु बेहतर है।' ब्रिटिश शासन भारत के लिए हानिकारक है। : संसार को गरीबी का संदेश : स्वेच्छापूर्ण दरिद्रता का रहस्य। (लंदन कामन सभा के कमेटी रूम में महात्मा गांधी द्वारा दिए गए भाषण का अंश)। 5. चलती चक्की। 6. कार्टून (भारतमाता के एक हाथ को अपरिवर्तनवादी एवं दूसरे को स्वराज्यवादी खींच रहे हैं, मां चीत्कार कर रही है)। 7. मधुचक्र : श्री मधुकर। 8. स्वप्न (कविता) : रघुनाथ प्रसाद भारती। 9. स्वराज्य के लिए (कहानी) : श्री अचलेश्वर शर्मा 'देवेश'। 10. एक ज्योतिषी की भविष्यवाणी (महात्मा गांधी की लंदन यात्रा पर उज्जैन के ज्योतिषी की भविष्यवाणी)।

वर्ष 8, सं. 26, मिर्जापुर सिटी, आश्विन कृष्ण 14, संवत् 1988, शनिवार, 10 अक्टूबर 1931

1. धुंधली स्मृति : श्री ब्रजकिशोर वर्मा 'श्याम'। 2. अग्रलेख—'नंगी तलवार' (प्रेस बिल के पारित होने पर)। 3. मतवाला की बहक 4. स्वतंत्रता के बिना शांति नहीं लंकाशायर में बूढ़े सिंह की गर्जना (महात्मा गांधी द्वारा लंकाशायर में कांग्रेस के दृष्टिकोण को प्रस्तुत करना)। 5. चलती चक्की। 6. सुलोचना (कहानी) : श्रीमती गयावंती देवी, बनारस स्टेट।

वर्ष 8, सं. 27, मिर्जापुर सिटी, आश्विन शुक्ल 6, संवत् 1988, शनिवार, 17 अक्टूबर 1931

1. धुंधली स्मृति : श्री ब्रजकिशोर वर्मा 'श्याम'। 2. अग्रलेख—मुये करै का सुधा तड़ागा। (विजयादशमी के अवसर पर भारतीय स्वाधीनता की कामना)। 3. मतवाला की बहक। 4. पितृ-उपपितृ-श्राद्ध : श्री लेटर-बॉक्स जी श्रद्धपदा का वर्णन। 5. चुटकले : श्री भैरवनाथ अग्रवाल। 6. सांप्रदायिक समझौते का पटाक्षेप। "पराजय और निराशा मेरे कोष में नहीं है!!" मुसलमानों की अड़ंगा नीति। प्रधानमंत्री की घोषणा (5, 6, 7, अक्टूबर को सांप्रदायिक समस्या को सुलझा पाने में विफल महात्मा गांधी, सभापति मि. रेमजे मैकडानल्ड द्वारा बैठक स्थगित। 7. कार्टून—मृत्यु सेज पर भारत में अंग्रेजी व्यापार। 8. आगरा, मालवा 'धार्मिक उन्नति'। श्रीयुत धर्मानंद। 9. तपस्या (कहानी) : उदय। 10. चलती चक्की। 11. पीड़ा (कविता) : रघुनाथ प्रसाद भारती। 12. भानुमती की पिटारी : मुंशी मदारीलाल। 12. आवश्यक सूचनाएं।

वर्ष 8, सं. 28, मिर्जापुर सिटी, कार्तिक कृष्ण 5, संवत् 1988, शनिवार, 31 अक्टूबर 1931

1. धुंधली स्मृति : श्री ब्रजकिशोर वर्मा 'श्याम'। 2. अग्रलेख। 4. जरा ठहरो। (भावपूर्ण लेख) : श्री रामदेव शर्मा 'सतीश'। 4. चलती चक्की। 5. स्नेह समाधि (कहानी) : श्री उदय। 6. मतवाला की बहक। 7. चाबुक (स्तंभ) शास्त्री जी और धर्मशास्त्र : श्रीकांत त्रिपाठी। 8. पीड़ा (कविता) : श्री रघुनाथ प्रसाद भारती। 9. भानुमती की पिटारी।

वर्ष 8, सं. 29, मिर्जापुर सिटी, कार्तिक कृष्ण 12, संवत् 1988, शनिवार, 7 नवंबर 1931

1. धुंधली स्मृति : श्री ब्रजकिशोर वर्मा 'श्याम'। 2. अग्रलेख—मेघाच्छन्न (भारत की पराधीनता और ब्रिटेन में नया निर्वाचन तथा विजयी टोरी दल का बहुमत में आना, भयानक दमन का द्योतक।) 3. मतवाला की बहक। 4. दीपक (कविता) : श्रीयुत केदारनाथ जी अग्रवाल 'बालेंदु'। 5. पीड़ा (कविता) : श्री रघुनाथप्रसाद जी भारती। 6. चोंचों का मुरब्बा : श्री रसगुल्ला जी (हास्य-व्यंग्य लेख) 7. साजदार घोड़ा (अंग्रेज सरकार की शौकनी और रईसी पर) : लेखक एम डबल एम। 8. चलती चक्की। 9. मधुचक्र : श्री मधुकर। 10. हिंदू-संगठन का मूल मंत्र : लाला श्री अयोध्या प्रसाद जी अग्रवाल, एडवोकेट (हिंदू संगठन की महत्ता)

वर्ष 8, सं. 30, मिर्जापुर सिटी, कार्तिक शुक्ल 5, संवत् 1988, शनिवार, 14 नवंबर 1931

1. धुंधली स्मृति : श्री ब्रजकिशोर वर्मा 'श्याम'। 2. अग्रलेख 3. गोलमेज अथवा जेल (10 नवंबर को लंदन स्कूल ऑफ इकोनोमिक्स में ब्रिटिश विद्यार्थियों के सम्मुख महात्मा गांधी के भाषण का विस्तृत विवरण 5 पेज में)। 4. हिंदू संगठन का मूल मंत्र—गतांक से आगे। 5. एक रोटी की कथा (सत्याग्रह आंदोलन पर कहानी) : देवेश। 6. भानुमती की पिटारी : मुंशी मदारीलाल।

वर्ष 8, सं. 31, मिर्जापुर सिटी, कार्तिक शुक्ल 12, संवत् 1988, शनिवार, 21 नवंबर 1931

1. स्वागतम् (कविता) : सोहनलाल द्विवेदी। 2. अग्रलेख। 3. मतवाला की बहक। 4. कोट के लिए चोट। (कौंसिल के चुनाव में हुई धांधलेबाजी की व्यंग्यात्मक कहानी) : आंख का अंधा नाम नैन सुख। 5. अर्द्धनग्न विद्रोही (!) सिंह की गर्जना। 'अछूतों को पृथक् अधिकार न देने दूंगा।' अल्पसंख्यकों के समझौते का घोर विरोध। (अल्पसंख्यक समिति में महात्मा गांधी द्वारा दिया गया तर्कपूर्ण भाषण)। 6. भानुमती की पिटारी (स्तंभ) : मुंशी मदारीलाल (क) प्राचीन भारत में घुड़दौड़, (ख) सांप काटने की दवा, (ग) समुद्री लताओं का कागज। (घ) हवाई जहाज से पेड़ों की रक्षा। (ड) कैदी का अनोखा आविष्कार। 7. चलती चक्की। 8. भारत का फौजी खर्च : लेखक एक सेना-विशेषज्ञ।

'मतवाला' : 'मतवाला' कार्यालय, जोधपुर ख्राजस्थान,ए संपादक—श्रीचंद्र शर्मा, वर्ष 10, अंक : 2, 1 अगस्त 1947

मुखपृष्ठ—व्यंग्य-चित्र : लौहपुरुष की हैरानी—नीचे पद : "पद लोलुप नेता सबै, फंसे स्वार्थ के कीच। उठ न सकत पुनि-पुनि परत, ज्यों माखी मधु बीच।" संपादकीय—रामजी के ढेड़, नवीन विधवा-विवाह-कविता-आचार्य अलबेला मदनपुरीय, सन् 1942 की मूल-कविता—कवि कोल्हू, पत्र-पुष्प—लोकप्रिय मिनिस्टर स्तोत्र—विचित्रानंद, चलती चक्की, जयपुर स्थान-व्यंग्य, आनंद-भवन में मंगल—शंकर भारद्वाज, पूंजीपतियों की करतूत—कविता-वंशीधर सुकुल, पुलिस की देशभक्ति, मिल चुके हैं क्या?—श्री घास, दाल में काला, व्यंग्य-चित्र, मैं और वह—कविता—विश्वामित्र 'युगवीर', हुंकार पर फुंकार—कविता—चिरंजीव शास्त्री 'चक्रपाणि' मेरी काव्य-साधना—रसाकांत त्रिपाठी, वाह रे जमाना, गड़बड़ कुंडलियां—कविता—गड़बड़ गाजियावादी, रियासती रंगमंच घर की फिकर—व्यंग्य-चित्र, नेतागिरी—शुभराज

लोढा।

वर्ष : 26, अंक 23-6, शनिवार, नवंबर 1949 ई.,सं. 2006 [मिर्जापुर] प्रधान सं.—पं. बेचन शर्मा 'उग्र'। क्या 'शहीद'अच्छी फिल्म है—उग्र, संपादकीय—मुर्ग दो प्याजा, मतवाले की बहक, जेनी-विक्टर ह्यूगो—अनु. अमृतलाल नागर, ज्वालामय से—भवानीप्रसाद मिश्र, वाजिद अली शाह का अवध कैसा था—श्रीनिवास गुप्त, स्त्री का प्यार—दुर्गाशंकर व्यास, हमारी बात और 'मतवाला'—पाठकीय पत्र, महिला जागरण, हिंदी के कई सुसंपादित पत्र, अज़ब तेरी कुदरत, कलामे गुलजार—कविता—गुलजार, जबलपुर में साहित्यिक समारोह, विज्ञापन।

वर्ष : 13 अंक 3, मूल्य : एक रुपया, जून 1952 ई., जोधपुर राजस्थान, संपादक : श्रीचंद्र शर्मा

एटम-ज्योतिर्लिंग पूजा—3 व्यंग्य-चित्र, ऊं कलियुगी एटम-बम्बावतार शिवलिंगाकारं सकल-विश्व संहारकारं, विज्ञान संभूत सर्वशक्तिमान अनुपम हथियारं नमो नमः॥ अपने राम की थर्ड क्लास मंत्री का थर्ड क्लास प्रेम, दमली तेलन—कविता—संजय, चलती चक्की, आठ व्यंग्य-चित्र चंदा लेने-खाने पर, मतवाले की सब कहते हैं—कविता—क्षणिक कवि, पत्रं-पुष्पम्-एटम बम स्तोत्र—मिश्रीलाल जैन 'तरंगित', ये मर्द—कविता—प्रहलादचंद्र गोस्वामी, रंडुवा महात्म्य—कविता—दयाशंकर दीक्षित 'देहाती जी', साड़ी-सलवार, सेंडल संसार, दो गीत—छंगामल सरावगी 'अटल', बस तेरा सहयोग चाहिए—कविता-कवियाचक, भंगड़ा भैया का पत्र, मिल-मालिक मजदूर-सहयोग—व्यंग्य-चित्र, रंगरूट का चिट्ठा—जसवंत सिंह रंगरूट, राजस्थान विधानसभा का विरोधी संयुक्त दल, शिव-बारात—व्यंग्य-चित्र, कंट्रोल हट रहे हैं क्या—चिरंजीलाल पाराशर, शांतिप्रसाद जैन—व्यंग्य-चित्र, टोपी हटती जाती है—कविता—कुंजबिहारी लाल पांडेय, एक भीतर, दो बाहर—व्यंग्य-चित्र, जय टोपी—अरुण, मेरा लक्ष्य, एकमात्र लक्ष्य उत्पादन बढ़ाना है—सेठ गजाधर सोमाणी—व्यंग्य-चित्र, बरसात की—कविता—मानसिंह पवार, राजाजी का अन्नदान—व्यंग्य-चित्र, आदर्श चिट्ठा—डी.एस. मेहता, गांधी और व्यापार—प्रह्लादचंद गोस्वामी, रंगीला राजस्थान, व्यास-पालीवाल उवाच, मारवाड़ उपचुनाव के जख्मी वीर—व्यंग्य-चित्र, लाल बुझक्कड़ की बूझ, सेठ की गठरी, उम्मेद भवन में सरकारी सेठ, रंगरूटों की फौज़—कविताएं—कुछ की कयामत—श्याम गुप्त, हम कविता लिखना भूल गये—इंद्र, लीडर महिमा—ब्रह्मदत्त कुमार जोशी, भूतालिक बैताल नाचते—शीलकुमार शर्मा, दूंगा तलाक धमकाती हो—चंद्रमौलि, परेड गीत—प्रेमचंद गो.पं.।

'मतवाला' के अनुपलब्ध अंकों की विवरणी

1926

1 मई 1926, 5 जून 1926, 31 जुलाई 1926 से 20 नवंबर 1926
4 दिसंबर 1926, 18 दिसंबर 1926 से 1 जनवरी 1927

1927

22 जनवरी 1927, 16 अप्रैल 1927, 1 मई 1927, 8 मई 1927
15 मई 1927, 29 मई 1927 से 26 जून 1927, 30 जुलाई 1927

1928

18 फरवरी 1928 से 5 मई 1928, 19 मई 1928
9 जून 1928 से 23 जून 1928, 14 जुलाई 1928
21 जुलाई 1928, 4 अगस्त 1928, 11 अगस्त 1928
25 अगस्त 1928, 1 सितंबर 1929, 6 अक्टूबर 1928
20 अक्टूबर 1928 से 10 नवंबर 1928
22 दिसंबर 1928 से 5 जनवरी 1929
2 फरवरी 1929 से आगे अपवाद 17 जुलाई 1930 का अंक छोड़कर शेष अनुपलब्ध।